谨以此书献礼山西省考古研究所六十华诞

本书出版得到国家重点文物保护专项补助经费资助

滹沱河上游先秦遗存
调查报告（一）

上

山西省考古研究所
中国国家博物馆田野考古研究中心　编著
忻州市文物管理处

科学出版社
北京

内 容 简 介

本书是关于滹沱河上游先秦遗存调查成果的报告。书中较为详细地刊布了滹沱河上游繁峙、代县、原平三县发现的363处遗址，年代范围从新石器到战国。本书从微观到宏观对这些遗址分布的地理位置、自然地形地貌、遗存分布状况进行了详尽的阐述和呈现。对了解滹沱河上游先秦时期人类活动情况，以及为下一步相关聚落研究和文物保护奠定了基础。

本书可供从事考古、历史、古环境等方面研究人员及高等院校相关专业师生阅读。

图书在版编目（CIP）数据

滹沱河上游先秦遗存调查报告.1：全2册／山西省考古研究所，中国国家博物馆田野考古研究中心，忻州市文物管理处编著. —北京：科学出版社，2012.7

ISBN 978-7-03-035133-3

Ⅰ.①滹… Ⅱ.①山…②中…③忻… Ⅲ.①滹沱河－上游－文化遗址－调查报告－先秦时代 Ⅳ.①K878

中国版本图书馆CIP数据核字（2012）第160044号

审图号：晋S（2012）013号

责任编辑：雷 英 樊 鑫／责任校对：刘小梅
责任印制：赵德静／封面设计：美光制版

科 学 出 版 社 出版
北京东黄城根北街16号
邮政编码：100717
http://www.sciencep.com

北京通州皇家印刷厂 印刷
科学出版社发行 各地新华书店经销

＊

2012年7月第 一 版　　开本：889×1194 1/16
2012年7月第一次印刷　印张：62 1/4　插页：56
字数：1 687 000

定价：720.00元
（如有印装质量问题，我社负责调换）

主　编　宋建忠　王力之

撰　稿　王力之　郭银堂　李　刚　钟　杰

序

  一直以来，对人类遗存信息的获得主要通过考古发掘和调查。过去，虽有两次较大规模的文物普查，但所获信息都较为粗疏，与发掘获取的信息相去甚远，所以，实际工作和研究中可用的调查信息少之又少。近些年，越来越多的学者意识到调查的重要性和必要性，但如果继续沿用过去的方法和思路显然不会有较大突破，在新时期、新形势下，迫切需要新的手段、新的方法来代替过去传统的做法，滹沱河上游区域调查就是在这种背景下开始的。

  事实上，在滹沱河上游开展区域调查之前，有些区域已经进行了类似的尝试，包括我们课题组的几位成员过去都参加过晋南运城盆地的区域调查，前面的这些工作为滹沱河上游区域调查提供了有益的借鉴和反思，有助于我们更好地改进调查方法和手段。

  之所以选择滹沱河上游作为调查区域，首先是因为其相对封闭的自然地理环境和气候环境，一定时期内的文化特征和面貌应该相对稳定，不存在分区的问题，文化面貌的不同应该是因为年代早晚而不是区域的问题。另一方面，历史上这里一直都是农耕文化与游牧文化融合、碰撞的地区，源源不断的草原文化进入这里，最后都融入了中原文化，先秦时期的文化又是如何表现的呢？之所以只选择先秦时期是因为秦汉以来该地区文献记载逐渐增多，而秦汉以前文献记载极少。考虑到延长时段必然意味着增加较大的工作量，权衡之下只好放弃了对秦汉以来遗存的调查。其实，选择滹沱河上游作为调查区域有很大的不确定性，因为过去这个区域的考古工作比较薄弱，认识上还没有形成系统、完整的文化序列，但庆幸的是主要时段的文化面貌已基本清楚，我们可以通过已知的和周边相关的来判断未知。

  在今天文物保护工作面临越来越多压力的情况下，如何变被动为主动？先了解清楚文物遗存的分布状况无疑是第一要务。在一定意义上，全国第三次文物普查也正是在这种要求下开始的。这也是我们选择滹沱河上游作为调查区域的另一重要原因，以期通过系统调查对该区域内的文物保护和考古研究提供有益的帮助。我们的想法很快得到了国家文物局的支持，这是本项目最终得以顺利进行下去的很重要的原因之一。

  滹沱河上游的区域调查从 2006 年上半年开始，到 2008 年年底，历时近三年。三年时间我们完成了忻定盆地北半部分繁峙、代县、原平三县的调查工作。由于调查区域地形较为复杂，坡陡谷深，沟壑纵横，调查工作开展得异常艰苦，即便这样，经过大家多年不辞辛劳的努力，还是完成了第一阶段的田野工作。由于调查采集的信息量浩大，实物材料也颇为丰富，相关的整理工作从 2009 年夏天开始，一直持续到 2009 年下半年才告结束。之后，很快转入矢量图输出、器物图编排和文字撰写工作，并于 2010 年年底结束，顺利进入出版周期。经过作者和编者两年来的辛苦努力，今天呈现给读者的就是第一阶段的成果汇总。

　　本报告试图从微观到宏观展示给读者一幅较为详细的滹沱河上游先秦遗存分布图，力求尽可能做到客观、真实，避免主观因素的影响；但囿于遗存存在的环境、调查者的判断经验等，遗存分布图可能会与实际状况有一定的差距，这是仍需后来者继续努力完善的。同时，遗存最终是聚落或遗址构成的要素，我们不能也无法以遗存"点"的形式呈现给大家，所以，我们呈现给读者的遗存分布图也是以遗址的形式展示的，虽然有些遗址的划分因人而异，但我们努力做到报告的标准大体一致，并且为后来者重新划分留下余地。本报告主要是为了如实反映遗存及遗址的分布状况，所以并未涉及不同时期的聚落划分及分布等。我们会另文进行相关讨论或研究。

目　录

序
第一章　绪论 …………………………………………………………………………………… (1)
　一、课题的设想与规划 ………………………………………………………………………… (1)
　二、滹沱河上游的自然环境与气候环境 …………………………………………………… (3)
　三、滹沱河上游的考古工作和相关研究 …………………………………………………… (5)
　四、课题实施 …………………………………………………………………………………… (5)
第二章　调查方法及思路整理 ………………………………………………………………… (8)
第三章　繁峙县境内遗址 ……………………………………………………………………… (14)
　一、桥儿沟Ⅱ号遗址 …………………………………………………………………………… (14)
　二、桥儿沟Ⅰ号遗址 …………………………………………………………………………… (16)
　三、横涧Ⅰ号遗址 ……………………………………………………………………………… (17)
　四、横涧Ⅱ号遗址 ……………………………………………………………………………… (18)
　五、平型关遗址 ………………………………………………………………………………… (18)
　六、涧头Ⅱ号遗址 ……………………………………………………………………………… (19)
　七、涧头Ⅲ号遗址 ……………………………………………………………………………… (21)
　八、涧头Ⅰ号遗址 ……………………………………………………………………………… (21)
　九、上固庄遗址 ………………………………………………………………………………… (23)
　一〇、刘家尧遗址 ……………………………………………………………………………… (26)
　一一、西涧岔Ⅱ号遗址 ………………………………………………………………………… (28)
　一二、西涧岔Ⅰ号遗址 ………………………………………………………………………… (29)
　一三、涧峪遗址 ………………………………………………………………………………… (31)
　一四、上浪涧遗址 ……………………………………………………………………………… (34)
　一五、东沿口遗址 ……………………………………………………………………………… (37)
　一六、后庄Ⅰ号遗址 …………………………………………………………………………… (41)
　一七、后庄Ⅱ号遗址 …………………………………………………………………………… (43)
　一八、尧湾遗址 ………………………………………………………………………………… (44)
　一九、河东遗址 ………………………………………………………………………………… (45)
　二〇、下小沿Ⅰ号遗址 ………………………………………………………………………… (46)

二一、下小沿Ⅱ号遗址 ……………………………………………………………………（48）

二二、下小沿Ⅲ号遗址 ……………………………………………………………………（51）

二三、泉沟遗址 ……………………………………………………………………………（53）

二四、砂河遗址 ……………………………………………………………………………（56）

二五、西砂河Ⅰ号遗址 ……………………………………………………………………（59）

二六、西砂河Ⅱ号遗址 ……………………………………………………………………（62）

二七、四美地遗址 …………………………………………………………………………（67）

二八、兴旺庄遗址 …………………………………………………………………………（71）

二九、北胜地遗址 …………………………………………………………………………（73）

三〇、下双井遗址 …………………………………………………………………………（76）

三一、上双井遗址 …………………………………………………………………………（84）

三二、净林遗址 ……………………………………………………………………………（84）

三三、下永兴遗址 …………………………………………………………………………（85）

三四、大沟遗址 ……………………………………………………………………………（90）

三五、下茹越遗址 …………………………………………………………………………（93）

三六、赵家峪遗址 …………………………………………………………………………（98）

三七、作头Ⅰ号遗址 ………………………………………………………………………（99）

三八、作头Ⅱ号遗址 ………………………………………………………………………（102）

三九、作头Ⅲ号遗址 ………………………………………………………………………（105）

四〇、赵家庄Ⅲ号遗址 ……………………………………………………………………（109）

四一、赵家庄Ⅰ号遗址 ……………………………………………………………………（111）

四二、赵家庄Ⅱ号遗址 ……………………………………………………………………（114）

四三、高升寨Ⅰ号遗址 ……………………………………………………………………（122）

四四、高升寨Ⅱ号遗址 ……………………………………………………………………（124）

四五、高升寨Ⅲ号遗址 ……………………………………………………………………（127）

四六、南湾Ⅱ号遗址 ………………………………………………………………………（128）

四七、南湾Ⅰ号遗址 ………………………………………………………………………（131）

四八、西庄遗址 ……………………………………………………………………………（134）

四九、云雾峪遗址 …………………………………………………………………………（136）

五〇、老石塘沟遗址 ………………………………………………………………………（139）

五一、小柏峪Ⅲ号遗址 ……………………………………………………………………（141）

五二、小柏峪Ⅱ号遗址 ……………………………………………………………………（142）

五三、小柏峪Ⅰ号遗址 ……………………………………………………………………（144）

五四、西淤地遗址 …………………………………………………………………………（148）

五五、天岩Ⅰ号遗址 ………………………………………………………………………（149）

五六、天岩Ⅲ号遗址 …………………………………………………………………… (153)
五七、天岩Ⅱ号遗址 …………………………………………………………………… (154)
五八、天岩Ⅳ号遗址 …………………………………………………………………… (155)
五九、新蛟坨遗址 ……………………………………………………………………… (157)
六〇、山会Ⅱ号遗址 …………………………………………………………………… (157)
六一、山会Ⅰ号遗址 …………………………………………………………………… (161)
六二、南峪口Ⅰ号遗址 ………………………………………………………………… (164)
六三、南峪口Ⅱ号遗址 ………………………………………………………………… (167)
六四、中庄寨Ⅰ号遗址 ………………………………………………………………… (171)
六五、中庄寨Ⅱ号遗址 ………………………………………………………………… (174)
六六、中庄寨Ⅲ号遗址 ………………………………………………………………… (174)
六七、中庄寨Ⅳ号遗址 ………………………………………………………………… (178)
六八、小宋峪Ⅰ号遗址 ………………………………………………………………… (182)
六九、小宋峪Ⅱ号遗址 ………………………………………………………………… (187)
七〇、大宋峪Ⅰ号遗址 ………………………………………………………………… (189)
七一、大宋峪Ⅱ号遗址 ………………………………………………………………… (191)
七二、大宋峪Ⅲ号遗址 ………………………………………………………………… (194)
七三、小木瓜Ⅱ号遗址 ………………………………………………………………… (198)
七四、小木瓜Ⅰ号遗址 ………………………………………………………………… (200)
七五、大木瓜Ⅰ号遗址 ………………………………………………………………… (201)
七六、大木瓜Ⅱ号遗址 ………………………………………………………………… (203)
七七、大木瓜Ⅲ号遗址 ………………………………………………………………… (204)
七八、小李牛Ⅰ号遗址 ………………………………………………………………… (207)
七九、小李牛Ⅱ号遗址 ………………………………………………………………… (211)
八〇、大李牛Ⅰ号遗址 ………………………………………………………………… (212)
八一、大李牛Ⅱ号遗址 ………………………………………………………………… (214)
八二、华岩遗址 ………………………………………………………………………… (218)
八三、梨峪Ⅱ号遗址 …………………………………………………………………… (222)
八四、梨峪Ⅰ号遗址 …………………………………………………………………… (225)
八五、麻峪口遗址 ……………………………………………………………………… (226)
八六、公主Ⅰ号遗址 …………………………………………………………………… (230)
八七、公主Ⅱ号遗址 …………………………………………………………………… (233)
八八、大峪Ⅰ号遗址 …………………………………………………………………… (236)
八九、大峪Ⅱ号遗址 …………………………………………………………………… (241)
九〇、铁家会遗址 ……………………………………………………………………… (244)

九一、黄家庄Ⅰ号遗址 …………………………………………………………………… (253)
九二、黄家庄Ⅱ号遗址 …………………………………………………………………… (256)
九三、北家岭遗址 ………………………………………………………………………… (257)
九四、泽萌泉Ⅰ号遗址 …………………………………………………………………… (261)
九五、泽萌泉Ⅱ号遗址 …………………………………………………………………… (261)
九六、鳌子头Ⅰ号遗址 …………………………………………………………………… (263)
九七、鳌子头Ⅲ号遗址 …………………………………………………………………… (266)
九八、鳌子头Ⅱ号遗址 …………………………………………………………………… (266)
九九、南关遗址 …………………………………………………………………………… (269)
一〇〇、杏园遗址 ………………………………………………………………………… (273)
一〇一、古家庄Ⅱ号遗址 ………………………………………………………………… (280)
一〇二、古家庄Ⅰ号遗址 ………………………………………………………………… (281)
一〇三、大砂遗址 ………………………………………………………………………… (285)
一〇四、岗里Ⅰ号遗址 …………………………………………………………………… (287)
一〇五、岗里Ⅱ号遗址 …………………………………………………………………… (290)

第四章　代县境内遗址 …………………………………………………………………… (294)

一、神岗遗址 ……………………………………………………………………………… (294)
二、沙沟遗址 ……………………………………………………………………………… (297)
三、蒙家庄Ⅰ号遗址 ……………………………………………………………………… (298)
四、蒙家庄Ⅱ号遗址 ……………………………………………………………………… (300)
五、西留属Ⅱ号遗址 ……………………………………………………………………… (300)
六、西留属Ⅰ号遗址 ……………………………………………………………………… (303)
七、鹿蹄涧Ⅰ号遗址 ……………………………………………………………………… (303)
八、鹿蹄涧Ⅱ号遗址 ……………………………………………………………………… (303)
九、显旺遗址 ……………………………………………………………………………… (304)
一〇、枣林遗址 …………………………………………………………………………… (311)
一一、何家寨遗址 ………………………………………………………………………… (314)
一二、望台遗址 …………………………………………………………………………… (315)
一三、盆窑遗址 …………………………………………………………………………… (318)
一四、赤岸遗址 …………………………………………………………………………… (322)
一五、胡峪遗址 …………………………………………………………………………… (327)
一六、柳树坡遗址 ………………………………………………………………………… (329)
一七、中平安遗址 ………………………………………………………………………… (330)
一八、西马遗址 …………………………………………………………………………… (332)
一九、东马遗址 …………………………………………………………………………… (335)

二〇、段村Ⅱ号遗址 …………………………………………………………… (337)
二一、段村Ⅰ号遗址 …………………………………………………………… (338)
二二、东阳沟遗址 ……………………………………………………………… (339)
二三、西阳沟遗址 ……………………………………………………………… (341)
二四、小庄子遗址 ……………………………………………………………… (343)
二五、康户Ⅰ号遗址 …………………………………………………………… (346)
二六、康户Ⅱ号遗址 …………………………………………………………… (349)
二七、康户Ⅲ号遗址 …………………………………………………………… (350)
二八、康户Ⅳ号遗址 …………………………………………………………… (351)
二九、侯家沟遗址 ……………………………………………………………… (352)
三〇、马家梁遗址 ……………………………………………………………… (353)
三一、冯家岭遗址 ……………………………………………………………… (356)
三二、神涧Ⅰ号遗址 …………………………………………………………… (358)
三三、神涧Ⅱ号遗址 …………………………………………………………… (361)
三四、神涧Ⅲ号遗址 …………………………………………………………… (364)
三五、神涧Ⅳ号遗址 …………………………………………………………… (365)
三六、上磨坊遗址 ……………………………………………………………… (367)
三七、赤土沟遗址 ……………………………………………………………… (368)
三八、红泥湾Ⅰ号遗址 ………………………………………………………… (369)
三九、红泥湾Ⅱ号遗址 ………………………………………………………… (374)
四〇、红泥湾Ⅲ号遗址 ………………………………………………………… (382)
四一、红泥湾Ⅳ号遗址 ………………………………………………………… (383)
四二、小西庄遗址 ……………………………………………………………… (386)
四三、芳昌遗址 ………………………………………………………………… (387)
四四、窑子头Ⅲ号遗址 ………………………………………………………… (389)
四五、窑子头Ⅰ号遗址 ………………………………………………………… (390)
四六、窑子头Ⅱ号遗址 ………………………………………………………… (391)
四七、里回遗址 ………………………………………………………………… (392)
四八、十里铺遗址 ……………………………………………………………… (393)
四九、井沟Ⅲ号遗址 …………………………………………………………… (397)
五〇、井沟Ⅱ号遗址 …………………………………………………………… (399)
五一、井沟Ⅰ号遗址 …………………………………………………………… (401)
五二、富家窑Ⅰ号遗址 ………………………………………………………… (402)
五三、富家窑Ⅱ号遗址 ………………………………………………………… (405)
五四、闹市Ⅰ号遗址 …………………………………………………………… (408)

五五、闹市Ⅱ号遗址 …………………………………………………………………… (412)
五六、闹市Ⅳ号遗址 …………………………………………………………………… (415)
五七、闹市Ⅲ号遗址 …………………………………………………………………… (416)
五八、大烟旺Ⅱ号遗址 ………………………………………………………………… (418)
五九、大烟旺Ⅰ号遗址 ………………………………………………………………… (419)
六〇、小烟旺遗址 ……………………………………………………………………… (420)
六一、苏村遗址 ………………………………………………………………………… (422)
六二、橙槽沟遗址 ……………………………………………………………………… (423)
六三、两界沟Ⅰ号遗址 ………………………………………………………………… (428)
六四、两界沟Ⅱ号遗址 ………………………………………………………………… (429)
六五、两界沟Ⅲ号遗址 ………………………………………………………………… (430)
六六、试刀石Ⅰ号遗址 ………………………………………………………………… (432)
六七、老汉沟遗址 ……………………………………………………………………… (434)
六八、南口Ⅰ号遗址 …………………………………………………………………… (438)
六九、南口Ⅱ号遗址 …………………………………………………………………… (439)
七〇、南口Ⅲ号遗址 …………………………………………………………………… (440)
七一、南口Ⅳ号遗址 …………………………………………………………………… (441)
七二、试刀石Ⅱ号遗址 ………………………………………………………………… (442)
七三、试刀石Ⅲ号遗址 ………………………………………………………………… (445)
七四、两顷沟遗址 ……………………………………………………………………… (447)
七五、太和岭口Ⅰ号遗址 ……………………………………………………………… (449)
七六、太和岭口Ⅱ号遗址 ……………………………………………………………… (453)
七七、顾家遗址 ………………………………………………………………………… (455)
七八、北王庄遗址 ……………………………………………………………………… (458)
七九、张家河遗址 ……………………………………………………………………… (460)
八〇、下田遗址 ………………………………………………………………………… (463)
八一、五里Ⅰ号遗址 …………………………………………………………………… (466)
八二、五里Ⅱ号遗址 …………………………………………………………………… (468)
八三、七里铺Ⅰ号遗址 ………………………………………………………………… (471)
八四、七里铺Ⅱ号遗址 ………………………………………………………………… (472)
八五、马站遗址 ………………………………………………………………………… (473)
八六、古城遗址 ………………………………………………………………………… (475)
八七、上沙河遗址 ……………………………………………………………………… (479)
八八、新庄遗址 ………………………………………………………………………… (486)
八九、野庄遗址 ………………………………………………………………………… (488)

九〇、九龙遗址 (490)
九一、方村遗址 (492)
九二、宇文遗址 (493)
九三、窑子头遗址 (496)
九四、西庄Ⅰ号遗址 (500)
九五、西庄Ⅱ号遗址 (504)
九六、西庄Ⅲ号遗址 (507)
九七、沟子遗址 (510)
九八、峨口遗址 (514)
九九、富村遗址 (518)
一〇〇、窑子遗址 (521)
一〇一、聂营遗址 (524)
一〇二、东高泉遗址 (531)
一〇三、东段景遗址 (534)
一〇四、西段景遗址 (541)
一〇五、东章遗址 (542)
一〇六、下庄遗址 (546)
一〇七、选仁遗址 (550)
一〇八、下沙窊遗址 (556)
一〇九、峪口遗址 (558)
一一〇、西田Ⅰ号遗址 (561)
一一一、西田Ⅱ号遗址 (565)
一一二、上阳阁遗址 (569)
一一三、上苑庄遗址 (573)
一一四、口子遗址 (576)
一一五、张寨遗址 (577)
一一六、中解遗址 (581)
一一七、周流遗址 (583)

第五章　原平市境内遗址 (589)

一、李家庄Ⅰ号遗址 (589)
二、李家庄Ⅱ号遗址 (591)
三、李家庄Ⅲ号遗址 (592)
四、尹家洼Ⅰ号遗址 (594)
五、尹家洼Ⅱ号遗址 (598)
六、茹岳遗址 (600)

七、下班政遗址 …………………………………………………………………………（607）
八、南部遗址 ……………………………………………………………………………（610）
九、丁家寨遗址 …………………………………………………………………………（612）
一○、大营Ⅱ号遗址 ……………………………………………………………………（616）
一一、大营Ⅰ号遗址 ……………………………………………………………………（617）
一二、大营Ⅲ号遗址 ……………………………………………………………………（618）
一三、上阳贾遗址 ………………………………………………………………………（620）
一四、麻地沟遗址 ………………………………………………………………………（622）
一五、土屯寨遗址 ………………………………………………………………………（623）
一六、刘家窑Ⅰ号遗址 …………………………………………………………………（625）
一七、刘家窑Ⅱ号遗址 …………………………………………………………………（626）
一八、咸阳遗址 …………………………………………………………………………（626）
一九、璜珥遗址 …………………………………………………………………………（628）
二○、唐昌遗址 …………………………………………………………………………（630）
二一、沙沟窑遗址 ………………………………………………………………………（633）
二二、沙沟遗址 …………………………………………………………………………（636）
二三、平山梁Ⅰ号遗址 …………………………………………………………………（637）
二四、平山梁Ⅱ号遗址 …………………………………………………………………（638）
二五、上吉遗址 …………………………………………………………………………（640）
二六、庄头遗址 …………………………………………………………………………（641）
二七、大东关遗址 ………………………………………………………………………（643）
二八、上合河遗址 ………………………………………………………………………（646）
二九、白彪遗址 …………………………………………………………………………（649）
三○、新野庄遗址 ………………………………………………………………………（650）
三一、下连狄遗址 ………………………………………………………………………（653）
三二、黄牛遗址 …………………………………………………………………………（654）
三三、上连狄Ⅰ号遗址 …………………………………………………………………（656）
三四、上连狄Ⅱ号遗址 …………………………………………………………………（658）
三五、西神头遗址 ………………………………………………………………………（662）
三六、土黄沟Ⅰ号遗址 …………………………………………………………………（665）
三七、土黄沟Ⅱ号遗址 …………………………………………………………………（667）
三八、土黄沟Ⅲ号遗址 …………………………………………………………………（669）
三九、上大林遗址 ………………………………………………………………………（673）
四○、向阳Ⅰ号遗址 ……………………………………………………………………（677）
四一、向阳Ⅱ号遗址 ……………………………………………………………………（678）

四二、下申遗址 …………………………………………………………………………………… (680)

四三、上申遗址 …………………………………………………………………………………… (682)

四四、西会遗址 …………………………………………………………………………………… (686)

四五、磨头遗址 …………………………………………………………………………………… (688)

四六、上神山Ⅰ号遗址 …………………………………………………………………………… (690)

四七、上神山Ⅱ号遗址 …………………………………………………………………………… (693)

四八、下神山遗址 ………………………………………………………………………………… (693)

四九、小泉沟Ⅰ号遗址 …………………………………………………………………………… (695)

五〇、小泉沟Ⅱ号遗址 …………………………………………………………………………… (698)

五一、北岗Ⅱ号遗址 ……………………………………………………………………………… (700)

五二、北岗Ⅰ号遗址 ……………………………………………………………………………… (702)

五三、立道遗址 …………………………………………………………………………………… (702)

五四、尚家庄遗址 ………………………………………………………………………………… (704)

五五、上院Ⅱ号遗址 ……………………………………………………………………………… (705)

五六、上院Ⅰ号遗址 ……………………………………………………………………………… (708)

五七、于家沟遗址 ………………………………………………………………………………… (708)

五八、下院遗址 …………………………………………………………………………………… (711)

五九、南岗遗址 …………………………………………………………………………………… (713)

六〇、解村遗址 …………………………………………………………………………………… (715)

六一、中三泉遗址 ………………………………………………………………………………… (716)

六二、南三泉遗址 ………………………………………………………………………………… (717)

六三、小库狄遗址 ………………………………………………………………………………… (718)

六四、永兴庄Ⅰ号遗址 …………………………………………………………………………… (720)

六五、永兴庄Ⅱ号遗址 …………………………………………………………………………… (723)

六六、崖底Ⅰ号遗址 ……………………………………………………………………………… (725)

六七、崖底Ⅱ号遗址 ……………………………………………………………………………… (731)

六八、楼板寨遗址 ………………………………………………………………………………… (734)

六九、南庄头Ⅰ号遗址 …………………………………………………………………………… (735)

七〇、南庄头Ⅱ号遗址 …………………………………………………………………………… (738)

七一、卫村遗址 …………………………………………………………………………………… (739)

七二、河南遗址 …………………………………………………………………………………… (745)

七三、关子遗址 …………………………………………………………………………………… (746)

七四、皇家庄Ⅳ号遗址 …………………………………………………………………………… (749)

七五、皇家庄Ⅲ号遗址 …………………………………………………………………………… (751)

七六、皇家庄Ⅱ号遗址 …………………………………………………………………………… (754)

七七、皇家庄Ⅰ号遗址 …………………………………………………………………………… (757)

七八、上政化遗址 …………………………………………………………………… (759)
七九、龙王堂遗址 …………………………………………………………………… (765)
八〇、东松彰Ⅱ号遗址 ……………………………………………………………… (767)
八一、东松彰Ⅰ号遗址 ……………………………………………………………… (769)
八二、苏龙口Ⅰ号遗址 ……………………………………………………………… (772)
八三、苏龙口Ⅱ号遗址 ……………………………………………………………… (774)
八四、苏龙口Ⅲ号遗址 ……………………………………………………………… (776)
八五、前街遗址 ……………………………………………………………………… (779)
八六、南街Ⅰ号遗址 ………………………………………………………………… (781)
八七、南街Ⅱ号遗址 ………………………………………………………………… (786)
八八、梁顶遗址 ……………………………………………………………………… (786)
八九、下长乐Ⅰ号遗址 ……………………………………………………………… (791)
九〇、下长乐Ⅱ号遗址 ……………………………………………………………… (793)
九一、上长乐Ⅰ号遗址 ……………………………………………………………… (796)
九二、上长乐Ⅱ号遗址 ……………………………………………………………… (801)
九三、土沟遗址 ……………………………………………………………………… (804)
九四、白石Ⅰ号遗址 ………………………………………………………………… (805)
九五、白石Ⅱ号遗址 ………………………………………………………………… (808)
九六、白石Ⅲ号遗址 ………………………………………………………………… (809)
九七、白石Ⅳ号遗址 ………………………………………………………………… (814)
九八、水沟遗址 ……………………………………………………………………… (817)
九九、北王就遗址 …………………………………………………………………… (820)
一〇〇、南王就Ⅲ号遗址 …………………………………………………………… (823)
一〇一、南王就Ⅱ号遗址 …………………………………………………………… (826)
一〇二、南王就Ⅰ号遗址 …………………………………………………………… (827)
一〇三、大阳Ⅱ号遗址 ……………………………………………………………… (827)
一〇四、大阳Ⅰ号遗址 ……………………………………………………………… (831)
一〇五、西头遗址 …………………………………………………………………… (831)
一〇六、临河遗址 …………………………………………………………………… (834)
一〇七、中阳遗址 …………………………………………………………………… (836)
一〇八、南头Ⅰ号遗址 ……………………………………………………………… (839)
一〇九、南头Ⅱ号遗址 ……………………………………………………………… (842)
一一〇、上庄遗址 …………………………………………………………………… (842)
一一一、井沟Ⅴ号遗址 ……………………………………………………………… (844)
一一二、井沟Ⅳ号遗址 ……………………………………………………………… (845)
一一三、井沟Ⅰ号遗址 ……………………………………………………………… (845)

一一四、井沟Ⅱ号遗址 …………………………………………………………………… （847）
一一五、井沟Ⅲ号遗址 …………………………………………………………………… （851）
一一六、下木章遗址 ……………………………………………………………………… （855）
一一七、史家岗遗址 ……………………………………………………………………… （856）
一一八、上木章Ⅰ号遗址 ………………………………………………………………… （858）
一一九、上木章Ⅱ号遗址 ………………………………………………………………… （860）
一二〇、辛章Ⅱ号遗址 …………………………………………………………………… （863）
一二一、辛章Ⅰ号遗址 …………………………………………………………………… （864）
一二二、上神头遗址 ……………………………………………………………………… （871）
一二三、练家岗Ⅲ号遗址 ………………………………………………………………… （872）
一二四、练家岗Ⅱ号遗址 ………………………………………………………………… （875）
一二五、练家岗Ⅰ号遗址 ………………………………………………………………… （875）
一二六、上封Ⅲ号遗址 …………………………………………………………………… （878）
一二七、上封Ⅱ号遗址 …………………………………………………………………… （882）
一二八、上封Ⅰ号遗址 …………………………………………………………………… （884）
一二九、南神头遗址 ……………………………………………………………………… （886）
一三〇、峙峪Ⅰ号遗址 …………………………………………………………………… （889）
一三一、峙峪Ⅱ号遗址 …………………………………………………………………… （894）
一三二、停旨头Ⅱ号遗址 ………………………………………………………………… （897）
一三三、停旨头Ⅰ号遗址 ………………………………………………………………… （898）
一三四、子干Ⅰ号遗址 …………………………………………………………………… （899）
一三五、子干Ⅱ号遗址 …………………………………………………………………… （900）
一三六、西南贾Ⅰ号遗址 ………………………………………………………………… （904）
一三七、西南贾Ⅱ号遗址 ………………………………………………………………… （906）
一三八、西南贾Ⅲ号遗址 ………………………………………………………………… （907）
一三九、新村Ⅰ号遗址 …………………………………………………………………… （909）
一四〇、新村Ⅱ号遗址 …………………………………………………………………… （911）
一四一、南郭下遗址 ……………………………………………………………………… （914）

第六章　结语 ………………………………………………………………………………… （916）
一、遗址的分布规律及基本特征 ………………………………………………………… （916）
二、滹沱河上游先秦时期的基本文化面貌 ……………………………………………… （919）

附　表 ……………………………………………………………………………………… （925）
附表一　遗址登记表（繁峙县）………………………………………………………… （925）
附表二　遗址登记表（代县）…………………………………………………………… （928）
附表三　遗址登记表（原平市）………………………………………………………… （932）

后记 ………………………………………………………………………………………… （937）

插 图 目 录

图 1-1　调查区域分布图 ………………………………………………………………（3）
图 3-1　桥儿沟Ⅱ号遗址遗存分布图 …………………………………………………（15）
图 3-2　桥儿沟Ⅰ号遗址遗存分布图 …………………………………………………（16）
图 3-3　横涧Ⅰ号（右）、Ⅱ号（左）遗址遗存分布图 ………………………………（17）
图 3-4　横涧Ⅱ号遗址陶器 ……………………………………………………………（18）
图 3-5　平型关遗址龙山时期陶器 ……………………………………………………（18）
图 3-6　平型关遗址遗存分布图 ………………………………………………………（19）
图 3-7　涧头Ⅱ号（左）、Ⅲ号（右）遗址遗存分布图 ………………………………（20）
图 3-8　涧头Ⅱ号遗址东周时期陶器 …………………………………………………（21）
图 3-9　涧头Ⅰ号遗址遗存分布图 ……………………………………………………（22）
图 3-10　涧头Ⅰ号遗址陶、石器 ………………………………………………………（23）
图 3-11　上固庄遗址龙山时期遗存时期分布图 ………………………………………（24）
图 3-12　上固庄遗址陶器 ………………………………………………………………（24）
图 3-13　上固庄遗址二里头时期遗存分布图 …………………………………………（25）
图 3-14　上固庄遗址东周时期遗存分布图 ……………………………………………（26）
图 3-15　刘家尧遗址东周时期陶器 ……………………………………………………（27）
图 3-16　刘家尧遗址遗存分布图 ………………………………………………………（27）
图 3-17　西涧岔Ⅱ号遗址龙山时期遗存分布图 ………………………………………（28）
图 3-18　西涧岔Ⅱ号遗址东周时期遗存分布图 ………………………………………（29）
图 3-19　西涧岔Ⅱ号遗址东周时期陶器 ………………………………………………（29）
图 3-20　西涧岔Ⅰ号遗址遗存分布图 …………………………………………………（30）
图 3-21　西涧岔Ⅰ号遗址周时期陶器 …………………………………………………（31）
图 3-22　涧峪遗址龙山时期遗存分布图 ………………………………………………（32）
图 3-23　涧峪遗址陶器 …………………………………………………………………（33）
图 3-24　涧峪遗址二里头时期遗存分布图 ……………………………………………（33）
图 3-25　上浪涧遗址龙山时期遗存分布图 ……………………………………………（34）
图 3-26　上浪涧遗址二里头时期遗存分布图 …………………………………………（35）
图 3-27　上浪涧遗址陶器 ………………………………………………………………（36）

图 3-28	东沿口遗址龙山时期遗存分布图	(38)
图 3-29	东沿口遗址陶器	(38)
图 3-30	东沿口遗址二里头时期遗存分布图	(39)
图 3-31	东沿口遗址东周时期遗存分布图	(40)
图 3-32	后庄Ⅰ号遗址龙山时期遗存分布图	(41)
图 3-33	后庄Ⅰ号遗址东周时期遗存分布图	(42)
图 3-34	后庄Ⅰ号遗址东周时期陶器	(42)
图 3-35	后庄Ⅱ号遗址遗存分布图	(43)
图 3-36	尧湾遗址遗存分布图	(44)
图 3-37	尧湾遗址东周时期	(45)
图 3-38	河东遗址东周时期陶器	(45)
图 3-39	河东遗址遗存分布图	(46)
图 3-40	下小沿Ⅰ号遗址龙山时期遗存分布图	(47)
图 3-41	下小沿Ⅰ号遗址陶器	(48)
图 3-42	下小沿Ⅱ号遗址龙山时期遗存分布图	(49)
图 3-43	下小沿Ⅱ号遗址二里头、战国时期遗存分布图	(50)
图 3-44	下小沿Ⅱ号遗址陶器	(51)
图 3-45	下小沿Ⅲ号遗址龙山时期遗存分布图	(52)
图 3-46	下小沿Ⅲ号遗址东周时期遗存分布图	(52)
图 3-47	下小沿Ⅲ号遗址陶器	(53)
图 3-48	泉沟遗址龙山时期遗存分布图	(54)
图 3-49	泉沟遗址东周时期遗存分布图	(55)
图 3-50	泉沟遗址陶器	(56)
图 3-51	砂河遗址龙山时期遗存分布图	(57)
图 3-52	砂河遗址陶器	(58)
图 3-53	砂河遗址二里头、东周时期遗存分布图	(58)
图 3-54	西砂河Ⅰ号遗址龙山时期遗存分布图	(59)
图 3-55	西砂河Ⅰ号遗址二里头时期遗存分布图	(60)
图 3-56	西砂河Ⅰ号遗址战国时期遗存分布图	(61)
图 3-57	西砂河Ⅰ号遗址陶器	(62)
图 3-58	西砂河Ⅱ号遗址仰韶时期遗存分布图	(63)
图 3-59	西砂河Ⅱ号遗址龙山时期遗存分布图	(64)
图 3-60	西砂河Ⅱ号遗址二里头时期遗存分布图	(65)
图 3-61	西砂河Ⅱ号遗址晚商、东周时期遗存分布图	(66)
图 3-62	西砂河Ⅱ号遗址仰韶、龙山、二里头、晚商时期陶、石器	(67)

插图目录 ·xvii·

图 3-63　西砂河Ⅱ号遗址东周时期陶器 ……………………………………………（67）
图 3-64　四美地遗址龙山时期遗存分布图 ……………………………………………（68）
图 3-65　四美地遗址陶器 ………………………………………………………………（69）
图 3-66　四美地遗址二里头时期遗存分布图 …………………………………………（70）
图 3-67　兴旺庄遗址龙山时期遗存分布图 ……………………………………………（71）
图 3-68　兴旺庄遗址陶器 ………………………………………………………………（72）
图 3-69　兴旺庄遗址东周时期遗存分布图 ……………………………………………（73）
图 3-70　北胜地遗址龙山时期遗存分布图 ……………………………………………（74）
图 3-71　北胜地遗址东周时期遗存分布图 ……………………………………………（75）
图 3-72　北胜地遗址龙山时期陶器 ……………………………………………………（76）
图 3-73　下双井遗址仰韶时期遗存分布图 ……………………………………………（77）
图 3-74　下双井遗址仰韶、龙山时期陶器 ……………………………………………（78）
图 3-75　下双井遗址龙山时期遗存分布图 ……………………………………………（79）
图 3-76　下双井遗址二里头时期遗存分布图 …………………………………………（81）
图 3-77　下双井遗址二里头时期陶器 …………………………………………………（82）
图 3-78　下双井遗址东周时期遗存分布图 ……………………………………………（83）
图 3-79　上双井遗址龙山时期遗存分布图 ……………………………………………（84）
图 3-80　净林遗址龙山时期遗存分布图 ………………………………………………（85）
图 3-81　下永兴遗址仰韶时期遗存分布图 ……………………………………………（86）
图 3-82　下永兴遗址龙山时期遗存分布图 ……………………………………………（87）
图 3-83　下永兴遗址二里头时期遗存分布图 …………………………………………（88）
图 3-84　下永兴遗址东周时期遗存分布图 ……………………………………………（89）
图 3-85　下永兴遗址陶器 ………………………………………………………………（90）
图 3-86　大沟遗址龙山时期遗存分布图 ………………………………………………（91）
图 3-87　大沟遗址二里头时期遗存分布图 ……………………………………………（92）
图 3-88　大沟遗址陶器 …………………………………………………………………（93）
图 3-89　下茹越遗址龙山时期遗存分布图 ……………………………………………（94）
图 3-90　下茹越遗址二里头时期遗存分布图 …………………………………………（95）
图 3-91　下茹越遗址仰韶、东周时期遗存分布图 ……………………………………（96）
图 3-92　下茹越遗址陶、石器 …………………………………………………………（97）
图 3-93　赵家峪遗址龙山时期遗存分布图 ……………………………………………（98）
图 3-94　赵家峪遗址东周时期遗存分布图 ……………………………………………（99）
图 3-95　作头Ⅰ号遗址龙山、二里头时期遗存分布图 ………………………………（100）
图 3-96　作头Ⅰ号遗址二里头时期陶器 ………………………………………………（101）
图 3-97　作头Ⅰ号遗址东周时期遗存分布图 …………………………………………（101）

图 3-98	作头Ⅱ号遗址龙山时期遗存分布图	(102)
图 3-99	作头Ⅱ号遗址二里头时期遗存分布图	(103)
图 3-100	作头Ⅱ号遗址陶器	(104)
图 3-101	作头Ⅱ号遗址东周时期遗存分布图	(105)
图 3-102	作头Ⅲ号遗址龙山时期遗存分布图	(106)
图 3-103	作头Ⅲ号遗址二里头时期遗存分布图	(107)
图 3-104	作头Ⅲ号遗址东周时期遗存分布图	(108)
图 3-105	作头Ⅲ号遗址东周时期陶器	(108)
图 3-106	赵家庄Ⅲ号遗址仰韶时期遗存分布图	(109)
图 3-107	赵家庄Ⅲ号遗址二里头时期遗存分布图	(110)
图 3-108	赵家庄Ⅲ号遗址陶器	(111)
图 3-109	赵家庄Ⅰ号遗址龙山时期遗存分布图	(112)
图 3-110	赵家庄Ⅰ号遗址陶、石器	(113)
图 3-111	赵家庄Ⅰ号遗址二里头时期遗存分布图	(113)
图 3-112	赵家庄Ⅰ号遗址东周时期遗存分布图	(114)
图 3-113	赵家庄Ⅱ号遗址龙山时期遗存分布图	(115)
图 3-114	赵家庄Ⅱ号遗址龙山时期陶器	(116)
图 3-115	赵家庄Ⅱ号遗址龙山、二里头时期陶器	(118)
图 3-116	赵家庄Ⅱ号遗址二里头时期遗存分布图	(119)
图 3-117	赵家庄Ⅱ号遗址二里头、东周时期陶器	(120)
图 3-118	赵家庄Ⅱ号遗址东周时期遗存分布图	(121)
图 3-119	高升寨Ⅰ号遗址二里头时期遗存分布图	(122)
图 3-120	高升寨Ⅰ号遗址东周时期遗存分布图	(123)
图 3-121	高升寨Ⅰ号遗址陶、石器	(124)
图 3-122	高升寨Ⅱ号遗址龙山时期遗存分布图	(125)
图 3-123	高升寨Ⅱ号遗址仰韶、东周时期遗存分布图	(126)
图 3-124	高升寨Ⅱ号遗址东周时期陶器	(127)
图 3-125	高升寨Ⅲ号遗址陶器	(127)
图 3-126	高升寨Ⅲ号遗址遗存分布图	(128)
图 3-127	南湾Ⅱ号遗址龙山时期遗存分布图	(129)
图 3-128	南湾Ⅱ号遗址二里头时期遗存分布图	(130)
图 3-129	南湾Ⅱ号遗址龙山时期陶器	(130)
图 3-130	南湾Ⅱ号遗址东周时期遗存分布图	(131)
图 3-131	南湾Ⅰ号遗址龙山时期遗存分布图	(132)
图 3-132	南湾Ⅰ号遗址东周时期遗存分布图	(133)

图 3-133	南湾Ⅰ号遗址东周时期陶器	(133)
图 3-134	西庄遗址龙山时期遗存分布图	(134)
图 3-135	西庄遗址东周时期遗存分布图	(135)
图 3-136	西庄遗址东周时期陶器	(135)
图 3-137	云雾峪遗址龙山时期遗存分布图	(136)
图 3-138	云雾峪遗址二里头时期遗存分布图	(137)
图 3-139	云雾峪遗址二里头时期陶器	(138)
图 3-140	云雾峪遗址东周时期遗存分布图	(138)
图 3-141	老石塘沟遗址龙山时期遗存分布图	(139)
图 3-142	老石塘沟遗址龙山时期陶器	(140)
图 3-143	老石塘沟遗址东周时期遗存分布图	(140)
图 3-144	小柏峪Ⅲ号遗址遗存分布图	(141)
图 3-145	小柏峪Ⅲ号遗址龙山时期陶器	(142)
图 3-146	小柏峪Ⅱ号遗址龙山时期遗存分布图	(143)
图 3-147	小柏峪Ⅱ号遗址东周时期陶器	(143)
图 3-148	小柏峪Ⅱ号遗址东周时期遗存分布图	(144)
图 3-149	小柏峪Ⅰ号遗址龙山时期遗存分布图	(145)
图 3-150	小柏峪Ⅰ号遗址陶、石器	(146)
图 3-151	小柏峪Ⅰ号遗址二里头时期遗存分布图	(146)
图 3-152	小柏峪Ⅰ号遗址东周时期遗存分布图	(147)
图 3-153	西淤地遗址龙山时期遗存分布图	(148)
图 3-154	西淤地遗址龙山时期陶器	(149)
图 3-155	西淤地遗址东周时期遗存分布图	(149)
图 3-156	天岩Ⅰ号遗址龙山时期遗存分布图	(150)
图 3-157	天岩Ⅰ号遗址二里头时期遗存分布图	(151)
图 3-158	天岩Ⅰ号遗址东周时期遗存分布图	(152)
图 3-159	天岩Ⅰ号遗址陶器	(152)
图 3-160	天岩Ⅲ号遗址龙山时期遗存分布图	(153)
图 3-161	天岩Ⅲ号（下）、Ⅱ号（上）遗址东周时期遗存分布图	(154)
图 3-162	天岩Ⅱ号遗址陶器	(155)
图 3-163	天岩Ⅳ号遗址龙山时期遗存分布图	(155)
图 3-164	天岩Ⅳ号遗址龙山时期陶器	(156)
图 3-165	天岩Ⅳ号遗址东周时期遗存分布图	(156)
图 3-166	新蛟坨遗址遗存分布图	(157)
图 3-167	新蛟坨遗址陶器	(157)

图 3-168	山会Ⅱ号遗址仰韶、龙山时期遗存分布图	(158)
图 3-169	山会Ⅱ号遗址二里头时期遗存分布图	(159)
图 3-170	山会Ⅱ号遗址东周时期遗存分布图	(160)
图 3-171	山会Ⅱ号遗址陶器	(161)
图 3-172	山会Ⅰ号遗址龙山时期遗存分布图	(162)
图 3-173	山会Ⅰ号遗址二里头时期遗存分布图	(163)
图 3-174	山会Ⅰ号遗址二里头时期陶器	(163)
图 3-175	南峪口Ⅰ号遗址龙山时期遗存分布图	(164)
图 3-176	南峪口Ⅰ号遗址二里头时期遗存分布图	(165)
图 3-177	南峪口Ⅰ号遗址东周时期遗存分布图	(166)
图 3-178	南峪口Ⅰ号遗址陶器	(167)
图 3-179	南峪口Ⅱ号遗址龙山时期遗存分布图	(168)
图 3-180	南峪口Ⅱ号遗址陶器	(168)
图 3-181	南峪口Ⅱ号遗址二里头时期遗存分布图	(169)
图 3-182	南峪口Ⅱ号遗址东周时期遗存分布图	(170)
图 3-183	中庄寨Ⅰ号（上）、Ⅱ号（下）遗址龙山时期遗存分布图	(171)
图 3-184	中庄寨Ⅰ号遗址陶器	(172)
图 3-185	中庄寨Ⅰ号遗址二里头时期遗存分布图	(173)
图 3-186	中庄寨Ⅱ号遗址陶器	(174)
图 3-187	中庄寨Ⅲ号遗址龙山时期遗存分布图	(175)
图 3-188	中庄寨Ⅲ号遗址陶器	(176)
图 3-189	中庄寨Ⅲ号遗址二里头时期遗存分布图	(177)
图 3-190	中庄寨Ⅲ号遗址东周时期遗存分布图	(178)
图 3-191	中庄寨Ⅳ号遗址仰韶时期遗存分布图	(179)
图 3-192	中庄寨Ⅳ号遗址龙山时期遗存分布图	(180)
图 3-193	中庄寨Ⅳ号遗址二里头、东周时期遗存分布图	(181)
图 3-194	中庄寨Ⅳ号遗址陶器	(182)
图 3-195	小宋峪Ⅰ号遗址龙山时期遗存分布图	(183)
图 3-196	小宋峪Ⅰ号遗址二里头时期遗存分布图	(184)
图 3-197	小宋峪Ⅰ号遗址商时期遗存分布图	(185)
图 3-198	小宋峪Ⅰ号遗址东周时期遗存分布图	(186)
图 3-199	小宋峪Ⅰ号遗址陶器	(187)
图 3-200	小宋峪Ⅱ号遗址二里头时期遗存分布图	(188)
图 3-201	小宋峪Ⅱ号遗址东周时期陶器	(188)
图 3-202	小宋峪Ⅱ号遗址东周时期遗存分布图	(189)

图 3-203	大宋峪Ⅰ号遗址遗存分布图	(190)
图 3-204	大宋峪Ⅰ号遗址龙山时期陶器	(190)
图 3-205	大宋峪Ⅱ号遗址龙山时期遗存分布图	(191)
图 3-206	大宋峪Ⅱ号遗址陶器	(192)
图 3-207	大宋峪Ⅱ号遗址二里头时期遗存分布图	(192)
图 3-208	大宋峪Ⅱ号遗址东周时期遗存分布图	(193)
图 3-209	大宋峪Ⅲ号遗址仰韶、二里头时期遗存分布图	(194)
图 3-210	大宋峪Ⅲ号遗址龙山时期遗存分布图	(195)
图 3-211	大宋峪Ⅲ号遗址龙山时期陶、石器	(196)
图 3-212	大宋峪Ⅲ号遗址二里头、东周时期陶器	(197)
图 3-213	大宋峪Ⅲ号遗址东周时期遗存分布图	(198)
图 3-214	小木瓜Ⅱ号遗址龙山时期陶器	(199)
图 3-215	小木瓜Ⅱ号遗址龙山时期遗存分布图	(199)
图 3-216	小木瓜Ⅱ号（左）、Ⅰ号（右）遗址东周时期遗存分布图	(200)
图 3-217	大木瓜Ⅰ号遗址龙山时期遗存分布图	(201)
图 3-218	大木瓜Ⅰ号遗址二里头、东周时期遗存分布图	(202)
图 3-219	大木瓜Ⅰ号遗址二里头时期陶器	(202)
图 3-220	大木瓜Ⅱ号遗址遗存分布图	(203)
图 3-221	大木瓜Ⅱ号遗址二里头时期陶器	(204)
图 3-222	大木瓜Ⅲ号遗址龙山时期遗存分布图	(205)
图 3-223	大木瓜Ⅲ号遗址陶、石器	(205)
图 3-224	大木瓜Ⅲ号遗址二里头时期遗存分布图	(206)
图 3-225	大木瓜Ⅲ号遗址东周时期遗存分布图	(207)
图 3-226	小李牛Ⅰ号遗址龙山时期遗存分布图	(208)
图 3-227	小李牛Ⅰ号遗址陶器	(208)
图 3-228	小李牛Ⅰ号遗址二里头时期遗存分布图	(209)
图 3-229	小李牛Ⅰ号遗址东周时期遗存分布图	(210)
图 3-230	小李牛Ⅱ号遗址二里头时期遗存分布图	(211)
图 3-231	小李牛Ⅱ号遗址东周时期遗存分布图	(212)
图 3-232	大李牛Ⅰ号遗址龙山时期遗存分布图	(213)
图 3-233	大李牛Ⅰ号遗址二里头时期遗存分布图	(213)
图 3-234	大李牛Ⅰ号遗址东周时期遗存分布图	(214)
图 3-235	大李牛Ⅱ号遗址龙山时期遗存分布图	(215)
图 3-236	大李牛Ⅱ号遗址陶器	(216)
图 3-237	大李牛Ⅱ号遗址二里头时期遗存分布图	(216)

图 3-238	大李牛Ⅱ号遗址东周时期遗存分布图	(217)
图 3-239	华岩遗址仰韶时期遗存分布图	(218)
图 3-240	华岩遗址陶器	(219)
图 3-241	华岩遗址龙山时期遗存分布图	(219)
图 3-242	华岩遗址二里头时期遗存分布图	(220)
图 3-243	华岩遗址东周时期遗存分布图	(221)
图 3-244	梨峪Ⅱ号遗址龙山时期遗存分布图	(222)
图 3-245	梨峪Ⅱ号遗址二里头时期遗存分布图	(223)
图 3-246	梨峪Ⅱ号（右）、Ⅰ号（左）遗址东周时期遗存分布图	(224)
图 3-247	梨峪Ⅱ号遗址陶器	(225)
图 3-248	梨峪Ⅰ号遗址陶器及印文	(226)
图 3-249	麻峪口遗址龙山时期遗存分布图	(227)
图 3-250	麻峪口遗址二里头时期遗存分布图	(228)
图 3-251	麻峪口遗址东周时期遗存分布图	(229)
图 3-252	麻峪口遗址陶器	(230)
图 3-253	公主Ⅰ号遗址仰韶时期遗存分布图	(231)
图 3-254	公主Ⅰ号遗址陶器	(232)
图 3-255	公主Ⅰ号遗址东周时期遗存分布图	(232)
图 3-256	公主Ⅱ号遗址龙山时期遗存分布图	(233)
图 3-257	公主Ⅱ号遗址二里头时期遗存分布图	(234)
图 3-258	公主Ⅱ号遗址东周时期遗存分布图	(235)
图 3-259	公主Ⅱ号遗址陶器	(236)
图 3-260	大峪Ⅰ号遗址龙山时期遗存分布图	(237)
图 3-261	大峪Ⅰ号遗址二里头时期遗存分布图	(238)
图 3-262	大峪Ⅰ号遗址东周时期遗存分布图	(239)
图 3-263	大峪Ⅰ号遗址龙山、二里头时期陶器	(240)
图 3-264	大峪Ⅰ号遗址二里头、东周时期陶器	(241)
图 3-265	大峪Ⅱ号遗址龙山时期遗存分布图	(242)
图 3-266	大峪Ⅱ号遗址二里头、东周时期遗存分布图	(243)
图 3-267	大峪Ⅱ号遗址陶器	(243)
图 3-268	铁家会遗址仰韶时期遗存分布图	(245)
图 3-269	铁家会遗址龙山时期遗存分布图	(246)
图 3-270	铁家会遗址仰韶、龙山时期陶、石器	(247)
图 3-271	铁家会遗址二里头时期遗存分布图	(249)
图 3-272	铁家会遗址二里头时期陶器	(250)

图号	名称	页码
图 3-273	铁家会遗址二里头、东周时期陶、石器	(251)
图 3-274	铁家会遗址东周时期遗存分布图	(252)
图 3-275	黄家庄Ⅰ号遗址龙山、二里头时期遗存分布图	(253)
图 3-276	黄家庄Ⅰ号遗址陶器	(254)
图 3-277	黄家庄Ⅰ号遗址东周时期遗存分布图	(255)
图 3-278	黄家庄Ⅱ号遗址遗存分布图	(256)
图 3-279	黄家庄Ⅱ号遗址陶器	(257)
图 3-280	北家岭遗址龙山时期遗存分布图	(258)
图 3-281	北家岭遗址二里头时期遗存分布图	(259)
图 3-282	北家岭遗址东周时期遗存分布图	(260)
图 3-283	北家岭遗址陶器	(261)
图 3-284	泽萌泉Ⅰ号（上）、Ⅱ号（下）遗址东周时期遗存分布图	(262)
图 3-285	泽萌泉Ⅱ号遗址陶器	(262)
图 3-286	鳌子头Ⅰ号遗址仰韶时期遗存分布图	(263)
图 3-287	鳌子头Ⅰ号遗址龙山时期遗存分布图	(264)
图 3-288	鳌子头Ⅰ号（下）、Ⅲ号（上）遗址东周时期遗存分布图	(265)
图 3-289	鳌子头Ⅰ号遗址陶器	(266)
图 3-290	鳌子头Ⅲ号遗址陶器	(266)
图 3-291	鳌子头Ⅱ号遗址二里头时期遗存分布图	(267)
图 3-292	鳌子头Ⅱ号遗址东周时期遗存分布图	(268)
图 3-293	鳌子头Ⅱ号遗址陶器	(268)
图 3-294	南关遗址龙山时期遗存分布图	(269)
图 3-295	南关遗址二里头时期遗存分布图	(270)
图 3-296	南关遗址东周时期遗存分布图	(271)
图 3-297	南关遗址陶器	(272)
图 3-298	杏园遗址仰韶时期遗存分布图	(274)
图 3-299	杏园遗址龙山时期遗存分布图	(275)
图 3-300	杏园遗址仰韶、龙山时期陶、石器	(276)
图 3-301	杏园遗址二里头时期遗存分布图	(277)
图 3-302	杏园遗址二里头、东周时期陶器	(278)
图 3-303	杏园遗址东周时期遗存分布图	(279)
图 3-304	古家庄Ⅱ号遗址龙山时期陶器	(280)
图 3-305	古家庄Ⅱ号遗址遗存分布图	(281)
图 3-306	古家庄Ⅰ号遗址龙山时期遗存分布图	(282)
图 3-307	古家庄Ⅰ号遗址二里头时期遗存分布图	(283)

图 3-308	古家庄Ⅰ号遗址东周时期遗存分布图	(284)
图 3-309	古家庄Ⅰ号遗址陶器	(285)
图 3-310	大砂遗址仰韶、龙山时期遗存分布图	(286)
图 3-311	大砂遗址东周时期遗存分布图	(287)
图 3-312	岗里Ⅰ号遗址仰韶时期遗存分布图	(288)
图 3-313	岗里Ⅰ号遗址龙山时期遗存分布图	(289)
图 3-314	岗里Ⅰ号遗址陶器	(289)
图 3-315	岗里Ⅰ号遗址东周时期遗存分布图	(290)
图 3-316	岗里Ⅱ号遗址仰韶、龙山时期遗存分布图	(291)
图 3-317	岗里Ⅱ号遗址二里头时期遗存分布图	(292)
图 3-318	岗里Ⅱ号遗址东周时期遗存分布图	(292)
图 3-319	岗里Ⅱ号遗址东周时期陶器	(293)
图 4-1	神岗遗址仰韶、东周时期遗存分布图	(295)
图 4-2	神岗遗址龙山时期遗存分布图	(296)
图 4-3	神岗遗址陶、石器	(296)
图 4-4	沙沟遗址遗存分布图	(297)
图 4-5	蒙家庄Ⅰ号遗址东周时期陶器	(298)
图 4-6	蒙家庄Ⅰ号（右上）、Ⅱ号（左下）遗址遗存分布图	(299)
图 4-7	蒙家庄Ⅱ号遗址陶器	(300)
图 4-8	西留属Ⅱ号遗址二里头时期遗存分布图	(301)
图 4-9	西留属Ⅱ号遗址二里头时期陶器	(302)
图 4-10	西留属Ⅰ号（东）、Ⅱ号（西）遗址东周时期遗存分布图	(302)
图 4-11	鹿蹄涧Ⅰ号遗址陶器	(303)
图 4-12	鹿蹄涧Ⅰ号（右）、Ⅱ号（左）遗址遗存分布图	(304)
图 4-13	显旺遗址龙山时期遗存分布图	(305)
图 4-14	显旺遗址龙山时期陶器	(306)
图 4-15	显旺遗址龙山时期陶器	(307)
图 4-16	显旺遗址龙山、东周时期陶、石器	(308)
图 4-17	显旺遗址二里头时期遗存分布图	(310)
图 4-18	显旺遗址东周时期遗存分布图	(311)
图 4-19	枣林遗址龙山时期遗存分布图	(312)
图 4-20	枣林遗址二里头、东周时期遗存分布图	(313)
图 4-21	枣林遗址陶、石器	(314)
图 4-22	何家寨遗址遗存分布图	(315)
图 4-23	望台遗址龙山时期遗存分布图	(316)

图 4-24	望台遗址东周时期遗存分布图	(317)
图 4-25	望台遗址东周时期陶器	(317)
图 4-26	盆窑遗址仰韶时期遗存分布图	(318)
图 4-27	盆窑遗址龙山时期遗存分布图	(319)
图 4-28	盆窑遗址二里头时期遗存分布图	(320)
图 4-29	盆窑遗址东周时期遗存分布图	(321)
图 4-30	盆窑遗址龙山、二里头时期陶器	(321)
图 4-31	赤岸遗址仰韶时期遗存分布图	(322)
图 4-32	赤岸遗址龙山时期遗存分布图	(323)
图 4-33	赤岸遗址二里头、商时期遗存分布图	(324)
图 4-34	赤岸遗址东周时期遗存分布图	(326)
图 4-35	赤岸遗址仰韶、龙山、二里头、东周时期陶器	(327)
图 4-36	胡峪遗址陶器	(328)
图 4-37	胡峪遗址遗存分布图	(328)
图 4-38	柳树坡遗址遗存分布图	(329)
图 4-39	中平安遗址仰韶时期遗存分布图	(330)
图 4-40	中平安遗址龙山时期陶器	(331)
图 4-41	中平安遗址龙山时期遗存分布图	(331)
图 4-42	西马遗址龙山时期遗存分布图	(332)
图 4-43	西马遗址龙山时期陶、石器	(333)
图 4-44	西马遗址二里头、东周时期遗存分布图	(334)
图 4-45	东马遗址龙山时期遗存分布图	(335)
图 4-46	东马遗址二里头时期遗存分布图	(336)
图 4-47	东马遗址龙山、二里头时期陶、石器	(336)
图 4-48	东马遗址东周时期遗存分布图	(337)
图 4-49	段村Ⅰ号（左）、Ⅱ号（右）遗址遗存分布图	(338)
图 4-50	段村Ⅰ号遗址东周时期陶器	(339)
图 4-51	东阳沟遗址陶器	(339)
图 4-52	东阳沟遗址遗存分布图	(340)
图 4-53	西阳沟遗址仰韶时期遗存分布图	(341)
图 4-54	西阳沟遗址龙山时期遗存分布图	(342)
图 4-55	西阳沟遗址龙山时期陶、石器	(343)
图 4-56	小庄子遗址龙山时期遗存分布图	(344)
图 4-57	小庄子遗址东周时期遗存分布图	(345)
图 4-58	小庄子遗址龙山、东周时期陶器	(345)

图 4-59	康户Ⅰ号遗址龙山时期遗存分布图	(346)
图 4-60	康户Ⅰ号遗址二里头时期遗存分布图	(347)
图 4-61	康户Ⅰ号遗址东周时期遗存分布图	(348)
图 4-62	康户Ⅰ号遗址陶器	(349)
图 4-63	康户Ⅱ号遗址龙山时期陶器	(349)
图 4-64	康户Ⅱ号（上）、Ⅲ号（下）遗址遗存分布图	(350)
图 4-65	康户Ⅲ号遗址陶器	(351)
图 4-66	康户Ⅳ号遗址遗存分布图	(351)
图 4-67	康户Ⅳ号遗址陶器	(352)
图 4-68	侯家沟遗址遗存分布图	(352)
图 4-69	侯家沟遗址陶器	(353)
图 4-70	马家梁遗址仰韶、东周时期遗存分布图	(354)
图 4-71	马家梁遗址龙山时期遗存分布图	(355)
图 4-72	马家梁遗址陶器	(356)
图 4-73	冯家岭遗址龙山时期陶器	(356)
图 4-74	冯家岭遗址龙山时期遗存分布图	(357)
图 4-75	冯家岭遗址东周时期遗存分布图	(358)
图 4-76	神涧Ⅰ号遗址仰韶、龙山时期遗存分布图	(359)
图 4-77	神涧Ⅰ号遗址东周时期遗存分布图	(360)
图 4-78	神涧Ⅰ号遗址陶、石器	(361)
图 4-79	神涧Ⅱ号遗址龙山时期遗存分布图	(362)
图 4-80	神涧Ⅱ号遗址龙山时期陶器	(362)
图 4-81	神涧Ⅱ号遗址二里头、东周时期遗存分布图	(363)
图 4-82	神涧Ⅲ号遗址遗存分布图	(364)
图 4-83	神涧Ⅲ号遗址陶器	(365)
图 4-84	神涧Ⅳ号遗址仰韶时期遗存分布图	(366)
图 4-85	神涧Ⅳ号遗址陶器	(366)
图 4-86	神涧Ⅳ号遗址东周时期遗存分布图	(367)
图 4-87	上磨坊遗址东周时期陶器	(367)
图 4-88	上磨坊遗址遗存分布图	(368)
图 4-89	赤土沟遗址遗存分布图	(369)
图 4-90	赤土沟遗址仰韶时期陶器	(369)
图 4-91	红泥湾Ⅰ号遗址仰韶时期遗存分布图	(370)
图 4-92	红泥湾Ⅰ号遗址龙山时期遗存分布图	(371)
图 4-93	红泥湾Ⅰ号遗址二里头时期遗存分布图	(372)

图4-94	红泥湾Ⅰ号遗址东周时期遗存分布图	(373)
图4-95	红泥湾Ⅰ号遗址陶器	(374)
图4-96	红泥湾Ⅱ号遗址仰韶时期遗存分布图	(375)
图4-97	红泥湾Ⅱ号遗址龙山时期遗存分布图	(376)
图4-98	红泥湾Ⅱ号遗址仰韶、龙山、二里头陶器	(377)
图4-99	红泥湾Ⅱ号遗址龙山、二里头、商、东周陶器	(378)
图4-100	红泥湾Ⅱ号遗址二里头时期遗存分布图	(379)
图4-101	红泥湾Ⅱ号遗址商时期遗存分布图	(380)
图4-102	红泥湾Ⅱ号遗址东周时期遗存分布图	(381)
图4-103	红泥湾Ⅲ号遗址陶器	(382)
图4-104	红泥湾Ⅲ号遗址遗存分布图	(382)
图4-105	红泥湾Ⅳ号遗址仰韶、东周时期遗存分布图	(383)
图4-106	红泥湾Ⅳ号遗址龙山时期遗存分布图	(384)
图4-107	红泥湾Ⅳ号遗址陶器	(385)
图4-108	小西庄遗址遗存分布图	(386)
图4-109	芳昌遗址龙山、二里头时期遗存分布图	(387)
图4-110	芳昌遗址东周时期遗存分布图	(388)
图4-111	芳昌遗址东周时期陶器	(389)
图4-112	窑子头Ⅲ号遗址遗存分布图	(389)
图4-113	窑子头Ⅰ号遗址二里头时期陶器	(390)
图4-114	窑子头Ⅰ号遗址遗存分布图	(391)
图4-115	窑子头Ⅱ号遗址遗存分布图	(392)
图4-116	里回遗址遗存分布图	(393)
图4-117	里回遗址东周时期陶器	(393)
图4-118	十里铺遗址龙山时期遗存分布图	(394)
图4-119	十里铺遗址二里头时期遗存分布图	(395)
图4-120	十里铺遗址东周时期遗存分布图	(396)
图4-121	十里铺遗址陶器	(397)
图4-122	井沟Ⅲ号遗址遗存分布图	(398)
图4-123	井沟Ⅲ号遗址陶器	(398)
图4-124	井沟Ⅱ号遗址龙山时期遗存分布图	(399)
图4-125	井沟Ⅱ号遗址陶器	(400)
图4-126	井沟Ⅱ号遗址东周时期遗存分布图	(400)
图4-127	井沟Ⅰ号遗址遗存分布图	(401)
图4-128	富家窑Ⅰ号遗址龙山时期遗存分布图	(402)

图 4-129　富家窑Ⅰ号遗址二里头时期遗存分布图 …………………………………………（403）
图 4-130　富家窑Ⅰ号遗址东周时期遗存分布图 ……………………………………………（404）
图 4-131　富家窑Ⅰ号遗址陶器 ………………………………………………………………（404）
图 4-132　富家窑Ⅱ号遗址仰韶时期遗存分布图 ……………………………………………（405）
图 4-133　富家窑Ⅱ号遗址龙山时期遗存分布图 ……………………………………………（406）
图 4-134　富家窑Ⅱ号遗址二里头、东周时期遗存分布图 …………………………………（407）
图 4-135　富家窑Ⅱ号遗址陶器 ………………………………………………………………（408）
图 4-136　闹市Ⅰ号遗址龙山时期遗存分布图 ………………………………………………（409）
图 4-137　闹市Ⅰ号遗址二里头时期遗存分布图 ……………………………………………（410）
图 4-138　闹市Ⅰ号遗址战国时期遗存分布图 ………………………………………………（411）
图 4-139　闹市Ⅰ号遗址龙山时期陶、石器 …………………………………………………（411）
图 4-140　闹市Ⅱ号遗址仰韶时期遗存分布图 ………………………………………………（412）
图 4-141　闹市Ⅱ号遗址龙山时期遗存分布图 ………………………………………………（413）
图 4-142　闹市Ⅱ号遗址东周时期遗存分布图 ………………………………………………（414）
图 4-143　闹市Ⅱ号遗址陶器 …………………………………………………………………（414）
图 4-144　闹市Ⅳ号遗址遗存分布图 …………………………………………………………（415）
图 4-145　闹市Ⅲ号遗址仰韶时期遗存分布图 ………………………………………………（416）
图 4-146　闹市Ⅲ号遗址龙山时期遗存分布图 ………………………………………………（417）
图 4-147　闹市Ⅲ号遗址龙山时期陶器 ………………………………………………………（418）
图 4-148　大烟旺Ⅱ号遗址东周时期陶器 ……………………………………………………（418）
图 4-149　大烟旺Ⅱ号（左下）、Ⅰ号（右上）遗址龙山、东周时期遗存分布图 ………（419）
图 4-150　大烟旺遗址陶器 ……………………………………………………………………（420）
图 4-151　小烟旺遗址龙山时期遗存分布图 …………………………………………………（420）
图 4-152　小烟旺遗址二里头、战国时期遗存分布图 ………………………………………（421）
图 4-153　苏村遗址二里头时期陶器 …………………………………………………………（422）
图 4-154　苏村遗址二里头时期遗存分布图 …………………………………………………（422）
图 4-155　苏村遗址东周时期遗存分布图 ……………………………………………………（423）
图 4-156　橙槽沟遗址仰韶、龙山时期遗存分布图 …………………………………………（424）
图 4-157　橙槽沟遗址陶器 ……………………………………………………………………（425）
图 4-158　橙槽沟遗址二里头时期遗存分布图 ………………………………………………（426）
图 4-159　橙槽沟遗址东周时期遗存分布图 …………………………………………………（427）
图 4-160　两界沟Ⅰ号遗址遗存分布图 ………………………………………………………（428）
图 4-161　两界沟Ⅰ号遗址龙山时期陶器 ……………………………………………………（429）
图 4-162　两界沟Ⅱ号遗址遗存分布图 ………………………………………………………（429）
图 4-163　两界沟Ⅱ号遗址陶器 ………………………………………………………………（430）

图 4-164	两界沟Ⅲ号遗址遗存分布图	(431)
图 4-165	两界沟Ⅲ号遗址陶、石器	(431)
图 4-166	试刀石Ⅰ号遗址龙山、东周时期遗存分布图	(432)
图 4-167	试刀石Ⅰ号遗址二里头时期遗存分布图	(433)
图 4-168	试刀石Ⅰ号遗址陶器	(434)
图 4-169	老汉沟遗址龙山时期遗存分布图	(435)
图 4-170	老汉沟遗址二里头时期遗存分布图	(436)
图 4-171	老汉沟遗址龙山时期陶、石器	(437)
图 4-172	老汉沟遗址龙山、二里头时期陶器	(437)
图 4-173	南口Ⅰ号遗址遗存分布图	(438)
图 4-174	南口Ⅱ号遗址遗存分布图	(439)
图 4-175	南口Ⅱ号遗址陶器	(440)
图 4-176	南口Ⅲ号遗址陶器	(440)
图 4-177	南口Ⅲ号遗址遗存分布图	(441)
图 4-178	南口Ⅳ号遗址遗存分布图	(442)
图 4-179	试刀石Ⅱ号遗址龙山、战国时期遗存分布图	(443)
图 4-180	试刀石Ⅱ号遗址二里头时期遗存分布图	(444)
图 4-181	试刀石Ⅱ号遗址陶、石器	(445)
图 4-182	试刀石Ⅲ号遗址龙山、二里头时期遗存分布图	(446)
图 4-183	试刀石Ⅲ号遗址东周时期陶器	(446)
图 4-184	试刀石Ⅲ号遗址东周时期遗存分布图	(447)
图 4-185	两顷沟遗址龙山时期遗存分布图	(448)
图 4-186	两顷沟遗址龙山时期陶器	(448)
图 4-187	两顷沟遗址战国时期遗存分布图	(449)
图 4-188	太和岭口Ⅰ号遗址龙山时期遗存分布图	(450)
图 4-189	太和岭口Ⅰ号遗址二里头时期遗存分布图	(451)
图 4-190	太和岭口Ⅰ号遗址东周时期遗存分布图	(452)
图 4-191	太和岭口Ⅰ号遗址陶器	(453)
图 4-192	太和岭口Ⅱ号遗址遗存分布图	(454)
图 4-193	顾家遗址仰韶、龙山时期遗存分布图	(455)
图 4-194	顾家遗址二里头时期遗存分布图	(456)
图 4-195	顾家遗址东周时期遗存分布图	(457)
图 4-196	顾家遗址陶器	(458)
图 4-197	北王庄遗址仰韶、东周时期遗存分布图	(459)
图 4-198	北王庄遗址陶器	(459)

图 4-199　北王庄遗址龙山、二里头时期遗存分布图 ……………………………………………（460）
图 4-200　张家河遗址龙山、战国时期遗存分布图 ……………………………………………（461）
图 4-201　张家河遗址二里头时期遗存分布图 …………………………………………………（462）
图 4-202　张家河遗址陶器 ………………………………………………………………………（463）
图 4-203　下田遗址龙山时期遗存分布图 ………………………………………………………（464）
图 4-204　下田遗址二里头、战国时期遗存分布图 ……………………………………………（465）
图 4-205　下田遗址龙山时期陶器 ………………………………………………………………（466）
图 4-206　五里Ⅰ号遗址龙山、晚商时期遗存分布图 …………………………………………（467）
图 4-207　五里Ⅰ号遗址东周时期陶器 …………………………………………………………（467）
图 4-208　五里Ⅰ号遗址东周时期遗存分布图 …………………………………………………（468）
图 4-209　五里Ⅱ号遗址二里头时期遗存分布图 ………………………………………………（469）
图 4-210　五里Ⅱ号遗址战国时期遗存分布图 …………………………………………………（470）
图 4-211　五里Ⅱ号遗址二里头时期陶器 ………………………………………………………（470）
图 4-212　七里铺Ⅰ号（右）、Ⅱ号（左）遗址遗存分布图 ……………………………………（471）
图 4-213　七里铺Ⅰ号遗址陶器 …………………………………………………………………（472）
图 4-214　七里铺Ⅱ号遗址陶器 …………………………………………………………………（473）
图 4-215　马站遗址遗存分布图 …………………………………………………………………（474）
图 4-216　马站遗址陶器 …………………………………………………………………………（474）
图 4-217　古城遗址龙山、二里头、东周时期陶器 ……………………………………………（475）
图 4-218　古城遗址龙山时期遗存分布图 ………………………………………………………（476）
图 4-219　古城遗址二里头时期遗存分布图 ……………………………………………………（477）
图 4-220　古城遗址东周时期遗存分布图 ………………………………………………………（478）
图 4-221　古城遗址东周时期陶、石器 …………………………………………………………（479）
图 4-222　上沙河遗址龙山时期遗存分布图 ……………………………………………………（480）
图 4-223　上沙河遗址二里头时期遗存分布图 …………………………………………………（482）
图 4-224　上沙河遗址东周时期遗存分布图 ……………………………………………………（483）
图 4-225　上沙河遗址龙山、二里头时期陶器 …………………………………………………（484）
图 4-226　上沙河遗址龙山、二里头、东周时期陶、石器 ……………………………………（485）
图 4-227　新庄遗址龙山、东周时期遗存分布图 ………………………………………………（486）
图 4-228　新庄遗址二里头时期遗存分布图 ……………………………………………………（487）
图 4-229　新庄遗址陶、石器 ……………………………………………………………………（488）
图 4-230　野庄遗址遗存分布图 …………………………………………………………………（489）
图 4-231　野庄遗址陶器 …………………………………………………………………………（490）
图 4-232　九龙遗址遗存分布图 …………………………………………………………………（491）
图 4-233　九龙遗址陶器 …………………………………………………………………………（491）

图号	标题	页码
图 4-234	方村遗址遗存分布图	(492)
图 4-235	方村遗址陶器	(492)
图 4-236	宇文遗址龙山时期遗存分布图	(493)
图 4-237	宇文遗址陶器	(494)
图 4-238	宇文遗址二里头、东周时期遗存分布图	(495)
图 4-239	窑子头遗址龙山、东周时期遗存分布图	(496)
图 4-240	窑子头遗址二里头时期遗存分布图	(497)
图 4-241	窑子头遗址陶器	(498)
图 4-242	窑子头遗址商时期遗存分布图	(499)
图 4-243	西庄Ⅰ号遗址龙山时期遗存分布图	(500)
图 4-244	西庄Ⅰ号遗址二里头时期遗存分布图	(501)
图 4-245	西庄Ⅰ号遗址商时期遗存分布图	(502)
图 4-246	西庄Ⅰ号遗址龙山、二里头时期陶器	(503)
图 4-247	西庄Ⅰ号遗址二里头、商时期陶器	(503)
图 4-248	西庄Ⅱ号遗址龙山、商时期遗存分布图	(504)
图 4-249	西庄Ⅱ号遗址二里头时期遗存分布图	(505)
图 4-250	西庄Ⅱ号遗址龙山、二里头时期陶器	(506)
图 4-251	西庄Ⅱ号遗址二里头时期陶器	(507)
图 4-252	西庄Ⅲ号遗址龙山、东周时期遗存分布图	(508)
图 4-253	西庄Ⅲ号遗址二里头时期遗存分布图	(509)
图 4-254	西庄Ⅲ号遗址陶器	(509)
图 4-255	沟子遗址仰韶时期遗存分布图	(510)
图 4-256	沟子遗址龙山时期遗存分布图	(511)
图 4-257	沟子遗址二里头时期遗存分布图	(512)
图 4-258	沟子遗址东周时期遗存分布图	(513)
图 4-259	沟子遗址陶器	(514)
图 4-260	峨口遗址龙山时期遗存分布图	(515)
图 4-261	峨口遗址二里头时期遗存分布图	(516)
图 4-262	峨口遗址陶、石器	(517)
图 4-263	富村遗址仰韶时期遗存分布图	(518)
图 4-264	富村遗址龙山时期遗存分布图	(519)
图 4-265	富村遗址二里头时期遗存分布图	(520)
图 4-266	富村遗址陶器	(520)
图 4-267	窑子遗址仰韶时期遗存分布图	(521)
图 4-268	窑子遗址龙山时期遗存分布图	(522)

图4-269	窑子遗址仰韶、龙山时期陶器	(523)
图4-270	窑子遗址龙山时期陶、石器	(524)
图4-271	聂营遗址龙山时期遗存分布图	(525)
图4-272	聂营遗址龙山时期陶器	(527)
图4-273	聂营遗址二里头时期遗存分布图	(528)
图4-274	聂营遗址龙山、二里头时期陶器	(529)
图4-275	聂营遗址二里头、东周时期陶器	(530)
图4-276	聂营遗址东周时期遗存分布图	(531)
图4-277	东高泉遗址仰韶、东周时期遗存分布图	(532)
图4-278	东高泉遗址龙山、二里头时期遗存分布图	(533)
图4-279	东高泉遗址二里头时期陶器	(533)
图4-280	东段景遗址仰韶时期遗存分布图	(534)
图4-281	东段景遗址龙山时期遗存分布图	(535)
图4-282	东段景遗址仰韶、龙山时期陶器	(536)
图4-283	东段景遗址二里头时期遗存分布图	(538)
图4-284	东段景遗址东周时期遗存分布图	(539)
图4-285	东段景遗址二里头、东周时期陶器	(540)
图4-286	西段景遗址遗存分布图	(541)
图4-287	西段景遗址二里头时期陶器	(542)
图4-288	东章遗址龙山时期遗存分布图	(543)
图4-289	东章遗址二里头时期遗存分布图	(544)
图4-290	东章遗址陶、石器	(544)
图4-291	东章遗址晚商时期遗存分布图	(545)
图4-292	东章遗址东周时期遗存分布图	(546)
图4-293	下庄遗址仰韶时期遗存分布图	(547)
图4-294	下庄遗址陶、石器	(547)
图4-295	下庄遗址龙山时期遗存分布图	(548)
图4-296	下庄遗址二里头时期遗存分布图	(549)
图4-297	下庄遗址东周时期遗存分布图	(550)
图4-298	选仁遗址仰韶时期遗存分布图	(551)
图4-299	选仁遗址龙山时期遗存分布图	(552)
图4-300	选仁遗址二里头时期遗存分布图	(553)
图4-301	选仁遗址东周时期遗存分布图	(554)
图4-302	选仁遗址陶器	(554)
图4-303	选仁遗址龙山、二里头、东周时期陶器	(555)

图 4-304	下沙窊遗址仰韶时期遗存分布图	(556)
图 4-305	下沙窊遗址龙山、东周时期遗存分布图	(557)
图 4-306	下沙窊遗址二里头时期遗存分布图	(558)
图 4-307	下沙窊遗址陶器	(558)
图 4-308	峪口遗址龙山、东周时期遗存分布图	(559)
图 4-309	峪口遗址二里头时期遗存分布图	(560)
图 4-310	峪口遗址陶器	(560)
图 4-311	西田Ⅰ号遗址仰韶时期遗存分布图	(561)
图 4-312	西田Ⅰ号遗址龙山时期遗存分布图	(562)
图 4-313	西田Ⅰ号遗址二里头、东周时期遗存分布图	(563)
图 4-314	西田Ⅰ号遗址陶、石器	(564)
图 4-315	西田Ⅰ号遗址二里头时期陶器	(565)
图 4-316	西田Ⅱ号遗址仰韶时期遗存分布图	(566)
图 4-317	西田Ⅱ号遗址龙山时期遗存分布图	(567)
图 4-318	西田Ⅱ号遗址东周时期遗存分布图	(568)
图 4-319	西田Ⅱ号遗址陶、石器	(568)
图 4-320	上阳阁遗址龙山时期遗存分布图	(569)
图 4-321	上阳阁遗址龙山时期陶器	(570)
图 4-322	上阳阁遗址龙山、二里头、东周时期陶器	(571)
图 4-323	上阳阁遗址二里头、东周时期遗存分布图	(572)
图 4-324	上苑庄遗址龙山时期遗存分布图	(574)
图 4-325	上苑庄遗址二里头时期遗存分布图	(575)
图 4-326	上苑庄遗址二里头时期陶器	(575)
图 4-327	上苑庄遗址东周时期遗存分布图	(576)
图 4-328	口子遗址遗存分布图	(577)
图 4-329	张寨遗址龙山时期遗存分布图	(578)
图 4-330	张寨遗址二里头、春秋时期遗存分布图	(579)
图 4-331	张寨遗址陶器	(580)
图 4-332	中解遗址仰韶、东周时期遗存分布图	(581)
图 4-333	中解遗址龙山时期遗存分布图	(582)
图 4-334	中解遗址二里头时期遗存分布图	(583)
图 4-335	周流遗址仰韶、东周时期遗存分布图	(584)
图 4-336	周流遗址龙山时期遗存分布图	(585)
图 4-337	周流遗址二里头时期遗存分布图	(586)
图 4-338	周流遗址二里头、东周时期陶器	(587)

图号	标题	页码
图 4-339	周流遗址龙山、二里头时期陶器	(588)
图 5-1	李家庄Ⅰ号遗址龙山时期遗存分布图	(589)
图 5-2	李家庄Ⅰ号遗址东周时期遗存分布图	(590)
图 5-3	李家庄Ⅱ号遗址遗存分布图	(591)
图 5-4	李家庄Ⅲ号遗址龙山时期遗存分布图	(592)
图 5-5	李家庄Ⅲ号遗址二里头、东周时期遗存分布图	(593)
图 5-6	李家庄Ⅲ号遗址陶器	(594)
图 5-7	尹家洼Ⅰ号遗址龙山时期遗存分布图	(595)
图 5-8	尹家洼Ⅰ号遗址二里头时期遗存分布图	(596)
图 5-9	尹家洼Ⅰ号遗址东周时期遗存分布图	(597)
图 5-10	尹家洼Ⅰ号遗址陶器	(598)
图 5-11	尹家洼Ⅱ号遗址东周时期陶器	(598)
图 5-12	尹家洼Ⅱ号遗址龙山时期遗存分布图	(599)
图 5-13	尹家洼Ⅱ号遗址东周时期遗存分布图	(599)
图 5-14	茹岳遗址龙山时期遗存分布图	(600)
图 5-15	茹岳遗址龙山时期陶器	(602)
图 5-16	茹岳遗址龙山时期陶器	(603)
图 5-17	茹岳遗址龙山、二里头时期陶器	(604)
图 5-18	茹岳遗址二里头时期遗存分布图	(605)
图 5-19	茹岳遗址二里头时期陶器	(606)
图 5-20	下班政遗址龙山时期遗存分布图	(607)
图 5-21	下班政遗址二里头时期遗存分布图	(608)
图 5-22	下班政遗址东周时期遗存分布图	(609)
图 5-23	下班政遗址龙山、二里头时期陶器	(609)
图 5-24	南部遗址龙山时期遗存分布图	(610)
图 5-25	南部遗址东周时期遗存分布图	(611)
图 5-26	丁家寨遗址仰韶、东周时期遗存分布图	(612)
图 5-27	丁家寨遗址龙山时期遗存分布图	(613)
图 5-28	丁家寨遗址陶器	(614)
图 5-29	丁家寨遗址二里头时期遗存分布图	(615)
图 5-30	大营Ⅱ号遗址龙山时期遗存分布图	(616)
图 5-31	大营Ⅰ号（北）、Ⅱ号（南）遗址东周时期遗存分布图	(617)
图 5-32	大营Ⅲ号遗址龙山时期遗存分布图	(618)
图 5-33	大营Ⅲ号遗址二里头时期陶器	(619)
图 5-34	大营Ⅲ号遗址二里头、战国时期遗存分布图	(619)

图 5-35	上阳贾遗址仰韶、龙山时期遗存分布图	(620)
图 5-36	上阳贾遗址仰韶时期陶器	(621)
图 5-37	上阳贾遗址二里头、东周时期遗存分布图	(621)
图 5-38	麻地沟遗址陶、石器	(622)
图 5-39	麻地沟遗址遗存分布图	(623)
图 5-40	土屯寨遗址遗存分布图	(624)
图 5-41	土屯寨遗址陶器	(624)
图 5-42	刘家窑Ⅰ号（右）、Ⅱ号（左）遗址遗存分布图	(625)
图 5-43	刘家窑Ⅰ号遗址陶器	(625)
图 5-44	咸阳遗址龙山时期遗存分布图	(626)
图 5-45	咸阳遗址龙山时期陶器	(627)
图 5-46	咸阳遗址战国时期遗存分布图	(628)
图 5-47	璜珥遗址陶器	(629)
图 5-48	璜珥遗址遗存分布图	(629)
图 5-49	唐昌遗址龙山时期遗存分布图	(630)
图 5-50	唐昌遗址二里头时期遗存分布图	(631)
图 5-51	唐昌遗址东周时期遗存分布图	(632)
图 5-52	唐昌遗址陶器	(633)
图 5-53	沙沟窑遗址龙山时期遗存分布图	(634)
图 5-54	沙沟窑遗址二里头时期遗存分布图	(635)
图 5-55	沙沟窑遗址二里头时期陶器	(635)
图 5-56	沙沟窑遗址战国时期遗存分布图	(636)
图 5-57	沙沟遗址陶器	(636)
图 5-58	沙沟遗址遗存分布图	(637)
图 5-59	平山梁Ⅰ号遗址遗存分布图	(638)
图 5-60	平山梁Ⅱ号遗址遗存分布图	(639)
图 5-61	平山梁Ⅱ号遗址陶器	(639)
图 5-62	上吉遗址遗存分布图	(640)
图 5-63	庄头遗址龙山、二里头时期遗存分布图	(641)
图 5-64	庄头遗址东周时期遗存分布图	(642)
图 5-65	庄头遗址二里头时期陶器	(642)
图 5-66	大东关遗址龙山时期遗存分布图	(643)
图 5-67	大东关遗址二里头时期遗存分布图	(644)
图 5-68	大东关遗址东周时期遗存分布图	(645)
图 5-69	大东关遗址陶器	(646)

图 5-70	上合河遗址龙山时期遗存分布图	(647)
图 5-71	上合河遗址二里头时期遗存分布图	(648)
图 5-72	上合河遗址陶器	(649)
图 5-73	白彪遗址遗存分布图	(650)
图 5-74	新野庄遗址龙山、东周时期遗存分布图	(651)
图 5-75	新野庄遗址二里头时期遗存分布图	(652)
图 5-76	新野庄遗址陶器	(652)
图 5-77	下连狄遗址遗存分布图	(653)
图 5-78	下连狄遗址陶器	(654)
图 5-79	黄牛遗址遗存分布图	(655)
图 5-80	黄牛遗址陶器	(655)
图 5-81	上连狄Ⅰ号遗址仰韶时期遗存分布图	(656)
图 5-82	上连狄Ⅰ号遗址仰韶时期陶器	(657)
图 5-83	上连狄Ⅰ号遗址二里头时期遗存分布图	(657)
图 5-84	上连狄Ⅰ号遗址东周时期遗存分布图	(658)
图 5-85	上连狄Ⅱ号遗址龙山时期遗存分布图	(659)
图 5-86	上连狄Ⅱ号遗址二里头时期遗存分布图	(660)
图 5-87	上连狄Ⅱ号遗址东周时期遗存分布图	(661)
图 5-88	上连狄Ⅱ号遗址陶器	(661)
图 5-89	西神头遗址仰韶、二里头时期遗存分布图	(662)
图 5-90	西神头遗址龙山时期遗存分布图	(663)
图 5-91	西神头遗址东周时期遗存分布图	(664)
图 5-92	西神头遗址陶器	(665)
图 5-93	土黄沟Ⅰ号遗址战国时期陶器	(666)
图 5-94	土黄沟Ⅰ号遗址龙山时期遗存分布图	(666)
图 5-95	土黄沟Ⅰ号遗址战国时期遗存分布图	(667)
图 5-96	土黄沟Ⅱ号遗址龙山、东周时期遗存分布图	(668)
图 5-97	土黄沟Ⅱ号遗址东周时期陶器	(668)
图 5-98	土黄沟Ⅱ号遗址二里头时期遗存分布图	(669)
图 5-99	土黄沟Ⅲ号遗址龙山时期遗存分布图	(670)
图 5-100	土黄沟Ⅲ号遗址二里头时期遗存分布图	(671)
图 5-101	土黄沟Ⅲ号遗址东周时期遗存分布图	(671)
图 5-102	土黄沟Ⅲ号遗址陶器	(672)
图 5-103	上大林遗址龙山时期遗存分布图	(673)
图 5-104	上大林遗址陶器	(674)

图 5-105	上大林遗址陶器	(675)
图 5-106	上大林遗址二里头、东周时期遗存分布图	(676)
图 5-107	向阳Ⅰ号（左）、Ⅱ号（右）遗址仰韶时期遗存分布图	(677)
图 5-108	向阳Ⅱ号遗址陶器	(678)
图 5-109	向阳Ⅱ号遗址二里头时期遗存分布图	(679)
图 5-110	向阳Ⅱ号遗址东周时期遗存分布图	(680)
图 5-111	下申遗址龙山时期陶器	(681)
图 5-112	下申遗址龙山、东周时期遗存分布图	(681)
图 5-113	下申遗址二里头时期遗存分布图	(682)
图 5-114	上申遗址龙山时期遗存分布图	(683)
图 5-115	上申遗址二里头时期遗存分布图	(684)
图 5-116	上申遗址东周时期遗存分布图	(685)
图 5-117	上申遗址陶器	(686)
图 5-118	西会遗址遗存分布图	(687)
图 5-119	西会遗址龙山时期陶器	(688)
图 5-120	磨头遗址龙山时期遗存分布图	(688)
图 5-121	磨头遗址二里头、东周时期遗存分布图	(689)
图 5-122	磨头遗址龙山时期陶器	(690)
图 5-123	上神山Ⅰ号遗址龙山时期遗存分布图	(691)
图 5-124	上神山Ⅰ号遗址陶器	(691)
图 5-125	上神山Ⅰ号遗址二里头时期遗存分布图	(692)
图 5-126	上神山Ⅰ号遗址（左）战国时期遗存、Ⅱ号遗址（右）东周时期遗存分布图	(693)
图 5-127	下神山遗址仰韶时期遗存分布图	(694)
图 5-128	下神山遗址龙山时期陶器	(694)
图 5-129	下神山遗址龙山时期遗存分布图	(695)
图 5-130	小泉沟Ⅰ号遗址龙山时期遗存分布图	(696)
图 5-131	小泉沟Ⅰ号遗址二里头时期遗存分布图	(697)
图 5-132	小泉沟Ⅰ号遗址陶器	(698)
图 5-133	小泉沟Ⅱ号遗址二里头时期遗存分布图	(698)
图 5-134	小泉沟Ⅱ号遗址东周时期遗存分布图	(699)
图 5-135	北岗Ⅱ号遗址仰韶、龙山时期遗存分布图	(700)
图 5-136	北岗Ⅰ号（上）、Ⅱ号（下）遗址东周时期遗存分布图	(701)
图 5-137	北岗Ⅱ号遗址陶器	(702)
图 5-138	北岗Ⅰ号遗址陶器	(702)

图 5-139	立道遗址遗存分布图	(703)
图 5-140	立道遗址陶器	(704)
图 5-141	尚家庄遗址遗存分布图	(705)
图 5-142	上院Ⅱ号遗址龙山时期遗存分布图	(706)
图 5-143	上院Ⅱ号遗址龙山时期陶器	(706)
图 5-144	上院Ⅰ号（左）、Ⅱ号（右）遗址东周时期遗存分布图	(707)
图 5-145	上院Ⅰ号遗址陶器	(708)
图 5-146	于家沟遗址龙山时期遗存分布图	(709)
图 5-147	于家沟遗址东周时期遗存分布图	(710)
图 5-148	于家沟遗址陶器	(710)
图 5-149	下院遗址仰韶时期遗存分布图	(711)
图 5-150	下院遗址龙山时期遗存分布图	(712)
图 5-151	下院遗址龙山时期陶器	(712)
图 5-152	下院遗址东周时期遗存分布图	(713)
图 5-153	南岗遗址龙山、战国时期遗存分布图	(714)
图 5-154	南岗遗址二里头时期遗存分布图	(714)
图 5-155	南岗遗址陶器	(715)
图 5-156	解村遗址遗存分布图	(715)
图 5-157	中三泉遗址遗存分布图	(716)
图 5-158	南三泉遗址遗存分布图	(717)
图 5-159	南三泉遗址陶器	(718)
图 5-160	小库狄遗址龙山时期遗存分布图	(718)
图 5-161	小库狄遗址龙山时期陶器	(719)
图 5-162	小库狄遗址二里头时期遗存分布图	(719)
图 5-163	永兴庄Ⅰ号遗址龙山时期遗存分布图	(720)
图 5-164	永兴庄Ⅰ号遗址东周时期遗存分布图	(721)
图 5-165	永兴庄Ⅰ号遗址东周时期陶器	(722)
图 5-166	永兴庄Ⅱ号遗址龙山、二里头时期遗存分布图	(723)
图 5-167	永兴庄Ⅱ号遗址东周时期遗存分布图	(724)
图 5-168	崖底Ⅰ号遗址龙山时期遗存分布图	(726)
图 5-169	崖底Ⅰ号遗址龙山时期陶器	(727)
图 5-170	崖底Ⅰ号遗址二里头时期遗存分布图	(728)
图 5-171	崖底Ⅰ号遗址陶器	(729)
图 5-172	崖底Ⅰ号遗址东周时期遗存分布图	(730)
图 5-173	崖底Ⅱ号遗址龙山时期遗存分布图	(731)

图 5-174	崖底Ⅱ号遗址龙山时期陶器	(732)
图 5-175	崖底Ⅱ号遗址龙山时期陶器	(733)
图 5-176	崖底Ⅱ号遗址东周时期遗存分布图	(734)
图 5-177	楼板寨遗址遗存分布图	(735)
图 5-178	南庄头Ⅰ号遗址龙山时期遗存分布图	(736)
图 5-179	南庄头Ⅰ号遗址二里头、东周时期遗存分布图	(737)
图 5-180	南庄头Ⅰ号遗址龙山时期陶器	(737)
图 5-181	南庄头Ⅱ号遗址遗存分布图	(738)
图 5-182	南庄头Ⅱ号遗址龙山时期陶器	(739)
图 5-183	卫村遗址龙山时期遗存分布图	(740)
图 5-184	卫村遗址龙山时期陶器	(741)
图 5-185	卫村遗址龙山、二里头时期陶器	(742)
图 5-186	卫村遗址二里头时期遗存分布图	(744)
图 5-187	卫村遗址晚商时期陶器	(744)
图 5-188	卫村遗址晚商、东周时期遗存分布图	(745)
图 5-189	河南遗址遗存分布图	(746)
图 5-190	关子遗址仰韶时期遗存分布图	(747)
图 5-191	关子遗址龙山时期遗存分布图	(748)
图 5-192	关子遗址陶器	(749)
图 5-193	皇家庄Ⅳ号遗址龙山时期遗存分布图	(750)
图 5-194	皇家庄Ⅳ号遗址战国时期遗存分布图	(751)
图 5-195	皇家庄Ⅲ号遗址龙山时期遗存分布图	(752)
图 5-196	皇家庄Ⅲ号遗址陶、石器	(753)
图 5-197	皇家庄Ⅲ号遗址二里头、东周时期遗存分布图	(754)
图 5-198	皇家庄Ⅱ号遗址龙山时期遗存分布图	(755)
图 5-199	皇家庄Ⅱ号遗址龙山时期陶器	(756)
图 5-200	皇家庄Ⅱ号遗址二里头、东周时期遗存分布图	(757)
图 5-201	皇家庄Ⅰ号遗址龙山时期遗存分布图	(758)
图 5-202	皇家庄Ⅰ号遗址东周时期遗存分布图	(759)
图 5-203	上政化遗址龙山时期遗存分布图	(760)
图 5-204	上政化遗址二里头时期遗存分布图	(761)
图 5-205	上政化遗址东周时期遗存分布图	(762)
图 5-206	上政化遗址龙山时期陶器	(763)
图 5-207	上政化遗址龙山时期陶、石器	(764)
图 5-208	龙王堂遗址龙山时期遗存分布图	(765)

图 5-209	龙王堂遗址二里头、东周时期遗存分布图	(766)
图 5-210	龙王堂遗址陶器	(767)
图 5-211	东松彰Ⅱ号遗址龙山时期遗存分布图	(768)
图 5-212	东松彰Ⅱ号遗址战国时期陶器	(768)
图 5-213	东松彰Ⅱ号遗址战国时期遗存分布图	(769)
图 5-214	东松彰Ⅰ号遗址仰韶、龙山时期遗存分布图	(770)
图 5-215	东松彰Ⅰ号遗址二里头时期遗存分布图	(771)
图 5-216	东松彰Ⅰ号遗址陶器	(772)
图 5-217	苏龙口Ⅰ号遗址龙山时期遗存分布图	(773)
图 5-218	苏龙口Ⅰ号遗址陶器	(773)
图 5-219	苏龙口Ⅰ号遗址二里头、东周时期遗存分布图	(774)
图 5-220	苏龙口Ⅱ号遗址龙山、二里头时期遗存分布图	(775)
图 5-221	苏龙口Ⅱ号遗址东周时期陶器	(775)
图 5-222	苏龙口Ⅱ号遗址东周时期遗存分布图	(776)
图 5-223	苏龙口Ⅲ号遗址龙山、周时期遗存分布图	(777)
图 5-224	苏龙口Ⅲ号遗址二里头时期遗存分布图	(778)
图 5-225	苏龙口Ⅲ号遗址陶器	(778)
图 5-226	前街遗址龙山时期遗存分布图	(779)
图 5-227	前街遗址二里头时期遗存分布图	(780)
图 5-228	前街遗址二里头时期陶器	(780)
图 5-229	南街Ⅰ号遗址仰韶、东周时期遗存分布图	(781)
图 5-230	南街Ⅰ号（上）、Ⅱ号（下）遗址龙山时期遗存分布图	(782)
图 5-231	南街Ⅰ号遗址二里头时期遗存分布图	(783)
图 5-232	南街Ⅰ号遗址仰韶、龙山时期陶器	(784)
图 5-233	南街Ⅰ号遗址龙山、二里头时期陶、石器	(785)
图 5-234	梁顶遗址仰韶、东周时期遗存分布图	(787)
图 5-235	梁顶遗址龙山时期遗存分布图	(788)
图 5-236	梁顶遗址二里头时期遗存分布图	(789)
图 5-237	梁顶遗址陶、石器	(790)
图 5-238	下长乐Ⅰ号遗址龙山、东周时期遗存分布图	(791)
图 5-239	下长乐Ⅰ号遗址二里头时期遗存分布图	(792)
图 5-240	下长乐Ⅰ号遗址陶器	(793)
图 5-241	下长乐Ⅱ号遗址仰韶时期遗存分布图	(794)
图 5-242	下长乐Ⅱ号遗址龙山时期遗存分布图	(795)
图 5-243	下长乐Ⅱ号遗址陶器	(795)

图号	名称	页码
图 5-244	下长乐Ⅱ号遗址二里头时期遗存分布图	(796)
图 5-245	上长乐Ⅰ号遗址仰韶时期遗存分布图	(797)
图 5-246	上长乐Ⅰ号遗址龙山时期遗存分布图	(798)
图 5-247	上长乐Ⅰ号遗址仰韶、龙山时期陶器	(799)
图 5-248	上长乐Ⅰ号遗址龙山、东周时期陶器	(800)
图 5-249	上长乐Ⅰ号遗址二里头、东周时期遗存分布图	(801)
图 5-250	上长乐Ⅱ号遗址龙山、东周时期遗存分布图	(802)
图 5-251	上长乐Ⅱ号遗址二里头时期遗存分布图	(803)
图 5-252	上长乐Ⅱ号遗址陶、石器	(804)
图 5-253	土沟遗址龙山时期陶器	(804)
图 5-254	土沟遗址遗存分布图	(805)
图 5-255	白石Ⅰ号遗址龙山时期遗存分布图	(806)
图 5-256	白石Ⅰ号遗址二里头时期遗存分布图	(807)
图 5-257	白石Ⅰ号遗址龙山时期陶器	(807)
图 5-258	白石Ⅱ号遗址龙山时期遗存分布图	(808)
图 5-259	白石Ⅱ号遗址二里头时期遗存分布图	(809)
图 5-260	白石Ⅲ号遗址龙山时期遗存分布图	(810)
图 5-261	白石Ⅲ号遗址二里头时期遗存分布图	(811)
图 5-262	白石Ⅲ号遗址龙山时期陶器	(812)
图 5-263	白石Ⅲ号遗址陶器	(813)
图 5-264	白石Ⅲ号遗址东周时期遗存分布图	(813)
图 5-265	白石Ⅳ号遗址龙山时期遗存分布图	(814)
图 5-266	白石Ⅳ号遗址龙山时期陶、石器	(815)
图 5-267	白石Ⅳ号遗址二里头、战国时期遗存分布图	(816)
图 5-268	水沟遗址仰韶、东周时期遗存分布图	(817)
图 5-269	水沟遗址龙山时期遗存分布图	(818)
图 5-270	水沟遗址二里头时期遗存分布图	(819)
图 5-271	水沟遗址陶器	(820)
图 5-272	北王就遗址仰韶时期遗存分布图	(821)
图 5-273	北王就遗址陶器	(822)
图 5-274	北王就遗址龙山时期遗存分布图	(822)
图 5-275	北王就遗址二里头、东周时期遗存分布图	(823)
图 5-276	南王就Ⅲ号遗址龙山时期遗存分布图	(824)
图 5-277	南王就Ⅲ号遗址二里头时期遗存分布图	(825)
图 5-278	南王就Ⅲ号遗址陶器	(825)

图 5-279　南王就Ⅰ号（下）、Ⅱ号（上）遗址遗存分布图 …………………………………… (826)
图 5-280　南王就Ⅱ号遗址陶器 ………………………………………………………………… (826)
图 5-281　南王就Ⅰ号遗址陶器 ………………………………………………………………… (827)
图 5-282　大阳Ⅱ号遗址龙山时期遗存分布图 ………………………………………………… (828)
图 5-283　大阳Ⅱ号遗址二里头时期遗存分布图 ……………………………………………… (829)
图 5-284　大阳Ⅱ号（上）、Ⅰ号（下）遗址战国时期遗存分布图 …………………………… (830)
图 5-285　大阳Ⅱ号遗址陶器 …………………………………………………………………… (831)
图 5-286　西头遗址龙山时期遗存分布图 ……………………………………………………… (832)
图 5-287　西头遗址二里头时期遗存分布图 …………………………………………………… (833)
图 5-288　西头遗址陶器 ………………………………………………………………………… (833)
图 5-289　临河遗址龙山时期遗存分布图 ……………………………………………………… (834)
图 5-290　临河遗址龙山时期陶器 ……………………………………………………………… (835)
图 5-291　临河遗址二里头时期遗存分布图 …………………………………………………… (835)
图 5-292　临河遗址战国时期遗存分布图 ……………………………………………………… (836)
图 5-293　中阳遗址龙山时期遗存分布图 ……………………………………………………… (837)
图 5-294　中阳遗址二里头时期遗存分布图 …………………………………………………… (838)
图 5-295　中阳遗址陶器 ………………………………………………………………………… (838)
图 5-296　南头Ⅰ号遗址龙山时期遗存分布图 ………………………………………………… (839)
图 5-297　南头Ⅰ号遗址二里头时期遗存分布图 ……………………………………………… (840)
图 5-298　南头Ⅰ号遗址（下）东周时期遗存、南头Ⅱ号遗址（上）战国时期遗存
　　　　　分布图 ………………………………………………………………………………… (841)
图 5-299　南头Ⅰ号遗址龙山时期陶器 ………………………………………………………… (841)
图 5-300　南头Ⅱ号遗址陶器 …………………………………………………………………… (842)
图 5-301　上庄遗址龙山时期陶器 ……………………………………………………………… (842)
图 5-302　上庄遗址龙山时期遗存分布图 ……………………………………………………… (843)
图 5-303　上庄遗址二里头、东周时期遗存分布图 …………………………………………… (843)
图 5-304　井沟Ⅳ号（右下）、Ⅴ号（左上）遗址遗存分布图 ……………………………… (844)
图 5-305　井沟Ⅴ号遗址陶器 …………………………………………………………………… (845)
图 5-306　井沟Ⅳ号遗址陶器 …………………………………………………………………… (845)
图 5-307　井沟Ⅰ号遗址龙山时期遗存分布图 ………………………………………………… (846)
图 5-308　井沟Ⅰ号遗址晚商时期陶器 ………………………………………………………… (846)
图 5-309　井沟Ⅰ号遗址晚商、东周时期遗存分布图 ………………………………………… (847)
图 5-310　井沟Ⅱ号遗址仰韶、东周时期遗存分布图 ………………………………………… (848)
图 5-311　井沟Ⅱ号遗址龙山时期遗存分布图 ………………………………………………… (849)
图 5-312　井沟Ⅱ号遗址二里头时期遗存分布图 ……………………………………………… (850)

图 5-313	井沟Ⅱ号遗址陶器	(851)
图 5-314	井沟Ⅲ号遗址仰韶时期遗存分布图	(852)
图 5-315	井沟Ⅲ号遗址龙山时期遗存分布图	(853)
图 5-316	井沟Ⅲ号遗址二里头、东周时期遗存分布图	(854)
图 5-317	井沟Ⅲ号遗址陶器	(855)
图 5-318	下木章遗址陶器	(855)
图 5-319	下木章遗址遗存分布图	(856)
图 5-320	史家岗遗址龙山、东周时期遗存分布图	(857)
图 5-321	史家岗遗址二里头时期遗存分布图	(857)
图 5-322	史家岗遗址陶器	(858)
图 5-323	上木章Ⅰ号遗址遗存分布图	(859)
图 5-324	上木章Ⅰ号遗址战国时期陶器	(859)
图 5-325	上木章Ⅱ号遗址仰韶、龙山时期遗存分布图	(860)
图 5-326	上木章Ⅱ号遗址二里头时期遗存分布图	(861)
图 5-327	上木章Ⅱ号遗址陶器	(862)
图 5-328	上木章Ⅱ号遗址东周时期遗存分布图	(863)
图 5-329	辛章Ⅱ号遗址遗存分布图	(864)
图 5-330	辛章Ⅱ号遗址龙山时期陶器	(864)
图 5-331	辛章Ⅰ号遗址仰韶时期遗存分布图	(865)
图 5-332	辛章Ⅰ号遗址龙山时期遗存分布图	(866)
图 5-333	辛章Ⅰ号遗址二里头时期遗存分布图	(867)
图 5-334	辛章Ⅰ号遗址东周时期遗存分布图	(868)
图 5-335	辛章Ⅰ号遗址仰韶、龙山时期陶器	(869)
图 5-336	辛章Ⅰ号遗址龙山、二里头、东周时期陶器	(870)
图 5-337	上神头遗址遗存分布图	(872)
图 5-338	练家岗Ⅲ号遗址龙山、二里头时期遗存分布图	(873)
图 5-339	练家岗Ⅱ号遗址（下）东周时期、练家岗Ⅲ号遗址（上）战国时期遗存分布图 (874)
图 5-340	练家岗Ⅲ号遗址二里头时期陶器	(875)
图 5-341	练家岗Ⅱ号遗址陶器	(875)
图 5-342	练家岗Ⅰ号遗址仰韶时期遗存分布图	(876)
图 5-343	练家岗Ⅰ号遗址龙山时期遗存分布图	(877)
图 5-344	练家岗Ⅰ号遗址陶器	(877)
图 5-345	练家岗Ⅰ号遗址东周时期遗存分布图	(878)
图 5-346	上封Ⅲ号遗址龙山时期遗存分布图	(879)

图 5-347	上封Ⅲ号遗址陶器	（880）
图 5-348	上封Ⅲ号遗址商、东周时期遗存分布图	（881）
图 5-349	上封Ⅱ号遗址龙山时期陶器	（882）
图 5-350	上封Ⅱ号遗址龙山时期遗存分布图	（883）
图 5-351	上封Ⅱ号遗址东周时期遗存分布图	（883）
图 5-352	上封Ⅰ号遗址龙山时期遗存分布图	（884）
图 5-353	上封Ⅰ号遗址二里头时期遗存分布图	（885）
图 5-354	上封Ⅰ号遗址陶器	（886）
图 5-355	南神头遗址龙山时期遗存分布图	（887）
图 5-356	南神头遗址陶器	（887）
图 5-357	南神头遗址二里头、东周时期遗存分布图	（888）
图 5-358	峙峪Ⅰ号遗址仰韶时期遗存分布图	（889）
图 5-359	峙峪Ⅰ号遗址陶、石器	（890）
图 5-360	峙峪Ⅰ号遗址龙山时期遗存分布图	（891）
图 5-361	峙峪Ⅰ号遗址二里头时期遗存分布图	（892）
图 5-362	峙峪Ⅰ号遗址东周时期遗存分布图	（893）
图 5-363	峙峪Ⅱ号遗址龙山时期遗存分布图	（894）
图 5-364	峙峪Ⅱ号遗址二里头时期遗存分布图	（895）
图 5-365	峙峪Ⅱ号遗址东周时期遗存分布图	（896）
图 5-366	峙峪Ⅱ号遗址陶器	（897）
图 5-367	停旨头Ⅱ号遗址陶器	（897）
图 5-368	停旨头Ⅱ号（上）、Ⅰ号（下）遗址遗存分布图	（898）
图 5-369	子干Ⅰ号遗址遗存分布图	（899）
图 5-370	子干Ⅰ号遗址仰韶时期陶器	（900）
图 5-371	子干Ⅱ号遗址龙山、东周时期遗存分布图	（901）
图 5-372	子干Ⅱ号遗址陶器	（902）
图 5-373	子干Ⅱ号遗址二里头时期遗存分布图	（903）
图 5-374	西南贾Ⅰ号遗址龙山时期遗存分布图	（905）
图 5-375	西南贾Ⅰ号遗址二里头时期遗存分布图	（906）
图 5-376	西南贾Ⅱ号遗址遗存分布图	（907）
图 5-377	西南贾Ⅱ号遗址二里头时期陶器	（907）
图 5-378	西南贾Ⅲ号遗址龙山时期遗存分布图	（908）
图 5-379	西南贾Ⅲ号遗址二里头、东周时期遗存分布图	（909）
图 5-380	新村Ⅰ号遗址龙山时期遗存分布图	（910）
图 5-381	新村Ⅰ号遗址龙山时期陶器	（910）

图 5-382	新村Ⅰ号遗址二里头时期遗存分布图	(911)
图 5-383	新村Ⅱ号遗址仰韶、龙山时期遗存分布图	(912)
图 5-384	新村Ⅱ号遗址二里头、周时期遗存分布图	(913)
图 5-385	新村Ⅱ号遗址周时期陶器	(913)
图 5-386	南郭下遗址遗存分布图	(914)
图 5-387	南郭下遗址陶器	(915)
图 6-1	仰韶时期主要陶器	(920)
图 6-2	龙山时期主要陶器	(921)
图 6-3	二里头时期主要陶器	(922)
图 6-4	商时期主要陶器	(923)
图 6-5	周时期主要陶器	(924)

彩版目录

彩版一　　调查人员合影
彩版二　　调查人员合影
彩版三　　滹沱河上游卫星影像图
彩版四　　繁峙县境内遗址分布图
彩版五　　上固庄遗址遗存分布图
彩版六　　涧峪和上浪涧遗址遗存分布图
彩版七　　东沿口和后庄Ⅰ号遗址遗存分布图
彩版八　　下小沿Ⅱ号、Ⅲ号和泉沟遗址遗存分布图
彩版九　　砂河和西砂河Ⅰ号、Ⅱ号遗址遗存分布图
彩版一〇　下双井和下永兴遗址遗存分布图
彩版一一　大沟和下茹越遗址遗存分布图
彩版一二　作头Ⅰ号、Ⅱ号、Ⅲ号遗址遗存分布图
彩版一三　赵家庄Ⅰ号（右）、Ⅱ号（左）遗址遗存分布图
彩版一四　赵家庄Ⅲ号和高升寨Ⅰ号、Ⅱ号遗址遗存分布图
彩版一五　南湾Ⅱ号、Ⅰ号和西庄遗址遗存分布图
彩版一六　云雾峪和老石塘沟遗址遗存分布图
彩版一七　小柏峪Ⅲ号、Ⅱ号、Ⅰ号遗址遗存分布图
彩版一八　西淤地和天岩Ⅰ号、Ⅲ号、Ⅳ号遗址遗存分布图
彩版一九　山会Ⅱ号、Ⅰ号和南峪口Ⅰ号遗址遗存分布图
彩版二〇　南峪口Ⅱ号和中庄寨Ⅰ号遗址遗存分布图
彩版二一　中庄寨Ⅲ号、Ⅳ号和大木瓜Ⅰ号、Ⅱ号遗址遗存分布图
彩版二二　小宋峪Ⅰ号（右上）、Ⅱ号（左下）遗址遗存分布图
彩版二三　大宋峪Ⅰ号（右上）、Ⅱ号（右下）、Ⅲ号（中上）和
　　　　　小木瓜Ⅱ号（左）、Ⅰ号（中下）遗址遗存分布图
彩版二四　大木瓜Ⅲ号、小李牛Ⅰ号和大李牛Ⅰ号、Ⅱ号遗址遗存分布图
彩版二五　华岩和公主Ⅰ号、Ⅱ号遗址遗存分布图
彩版二六　梨峪Ⅱ号（右）、Ⅰ号（左上）和麻峪口（左下）遗址遗存分布图
彩版二七　大峪Ⅰ号、Ⅱ号遗址遗存分布图

彩版二八　铁家会遗址遗存分布图
彩版二九　黄家庄Ⅰ号和北家岭遗址遗存分布图
彩版三〇　鳌子头Ⅰ号、Ⅲ号、Ⅱ号和南关遗址遗存分布图
彩版三一　杏园和古家庄Ⅰ号遗址遗存分布图
彩版三二　大砂和岗里Ⅰ号、Ⅱ号遗址遗存分布图
彩版三三　代县境内遗址分布图
彩版三四　神岗、显旺、枣林遗址遗存分布图
彩版三五　胡峪、望台、盆窑、赤岸遗址遗存分布图
彩版三六　中平安和西马遗址遗存分布图
彩版三七　东马、东阳沟、西阳沟遗址遗存分布图
彩版三八　小庄子（上）和康户Ⅰ号（右）、Ⅱ号（左上）、Ⅲ号（左下）遗址遗存分布图
彩版三九　马家梁（右上）、冯家岭（上）和神涧Ⅰ号（右下）、Ⅱ号（左上）、Ⅲ号（左下）、Ⅳ号（下）遗址遗存分布图
彩版四〇　红泥湾Ⅰ号（右）、Ⅱ号（中）、Ⅲ号（左上）、Ⅳ号（左下）遗址遗存分布图
彩版四一　芳昌、小西庄、十里铺遗址遗存分布图
彩版四二　井沟Ⅱ号、Ⅲ号、小烟旺和闹市Ⅱ号、Ⅲ号、Ⅳ号遗址遗存分布图
彩版四三　富家窑Ⅰ号（右）、Ⅱ号（中）和闹市Ⅰ号（左）遗址遗存分布图
彩版四四　苏村和橙槽沟遗址遗存分布图
彩版四五　试刀石Ⅰ号（左下）、老汉沟（右）、南口Ⅰ号（左上）遗址遗存分布图
彩版四六　试刀石Ⅱ号（上）、Ⅲ号（中）和两顷沟（左）遗址遗存分布图
彩版四七　太和岭口Ⅰ号遗址遗存分布图
彩版四八　顾家、北王庄、张家河遗址遗存分布图
彩版四九　下田和五里Ⅰ号、Ⅱ号遗址遗存分布图
彩版五〇　上沙河遗址遗存分布图
彩版五一　宇文（上）、窑子头（下）遗址遗存分布图
彩版五二　新庄和西庄Ⅰ号、Ⅱ号、Ⅲ号遗址遗存分布图
彩版五三　沟子、峨口、富村遗址遗存分布图
彩版五四　窑子、聂营、东高泉遗址遗存分布图
彩版五五　下庄和选仁遗址遗存分布图
彩版五六　下沙窊和峪口遗址遗存分布图
彩版五七　西田Ⅰ号、Ⅱ号和上阳阁遗址遗存分布图
彩版五八　上苑庄和张寨遗址遗存分布图
彩版五九　中解和周流遗址遗存分布图

彩版六〇	原平市境内遗址分布图
彩版六一	李家庄Ⅲ号和尹家洼Ⅰ号、Ⅱ号遗址遗存分布图
彩版六二	茹岳和下班政遗址遗存分布图
彩版六三	南邨和丁家寨遗址遗存分布图
彩版六四	大营Ⅱ号、Ⅲ号、Ⅰ号和上阳贾遗址遗存分布图
彩版六五	咸阳和唐昌遗址遗存分布图
彩版六六	沙沟窑和庄头遗址遗存分布图
彩版六七	大东关和上合河遗址遗存分布图
彩版六八	新野庄和上连狄Ⅰ号、Ⅱ号遗址遗存分布图
彩版六九	西神头和土黄沟Ⅰ号、Ⅱ号、Ⅲ号遗址遗存分布图
彩版七〇	上大林、向阳Ⅱ号、下申遗址遗存分布图
彩版七一	上申和磨头遗址遗存分布图
彩版七二	上神山Ⅰ号和小泉沟Ⅰ号、Ⅱ号遗址遗存分布图
彩版七三	北岗Ⅱ号和于家沟遗址遗存分布图
彩版七四	下院、南岗、解村、永兴庄Ⅱ号遗址遗存分布图
彩版七五	崖底Ⅰ号、Ⅱ号遗址遗存分布图
彩版七六	南庄头Ⅰ号、Ⅱ号和卫村遗址遗存分布图
彩版七七	关子、上政化、龙王堂遗址遗存分布图
彩版七八	皇家庄Ⅳ号（右上）、Ⅲ号（下）、Ⅱ号（中）、Ⅰ号（左上）遗址遗存分布图
彩版七九	东松彰Ⅱ号、Ⅰ号和下长乐Ⅰ号遗址遗存分布图
彩版八〇	苏龙口Ⅰ号（上）、Ⅱ号（右下）、Ⅲ号（左下）遗址遗存分布图
彩版八一	前街（右上）和南街Ⅰ号（右中）、Ⅱ号（右下）、梁顶（左）遗址遗存分布图
彩版八二	下长乐Ⅱ号和上长乐Ⅰ号、Ⅱ号遗址遗存分布图
彩版八三	白石Ⅰ号和水沟遗址遗存分布图
彩版八四	白石Ⅱ号（左上）、Ⅲ号（左下）、Ⅳ号（右下）遗址遗存分布图
彩版八五	北王就（上）和南王就Ⅲ号（左下）、Ⅱ号（右下）、Ⅰ号（右中）遗址遗存分布图
彩版八六	大阳Ⅱ号、Ⅰ号和南头Ⅰ号、Ⅱ号遗址遗存分布图
彩版八七	西头（上）、临河（中）、中阳（下）遗址遗存分布图
彩版八八	上庄（左上）和井沟Ⅴ号（左中）、Ⅳ号（右上）、Ⅰ号（右）、Ⅱ号（右下）、Ⅲ号（左下）遗址遗存分布图
彩版八九	史家岗和上木章Ⅱ号、Ⅰ号、辛章Ⅰ号遗址遗存分布图
彩版九〇	练家岗Ⅲ号（上）、Ⅱ号（中）、Ⅰ号（下）遗址遗存分布图

彩版九一　上封Ⅲ号、Ⅱ号、Ⅰ号和南神头遗址遗存分布图
彩版九二　崞峪Ⅰ号（上）、Ⅱ号（下）遗址遗存分布图
彩版九三　子干Ⅱ号和新村Ⅰ号、Ⅱ号遗址遗存分布图
彩版九四　西南贾Ⅰ号（左上）、Ⅱ号（左下）、Ⅲ号（右下）
　　　　　遗址遗存分布图
彩版九五　下双井遗址地貌（东北—西南）
彩版九六　兴旺庄和大宋峪Ⅲ号遗址地貌
彩版九七　大李牛Ⅱ号和大峪Ⅰ号遗址地貌
彩版九八　铁家会和显旺遗址地貌
彩版九九　赤岸和老汉沟遗址地貌
彩版一〇〇　峨口和聂营遗址地貌
彩版一〇一　唐昌和崖底Ⅰ号遗址地貌
彩版一〇二　卫村和白石Ⅲ号遗址地貌
彩版一〇三　繁峙县、代县调查采集陶器
彩版一〇四　代县调查采集陶器
彩版一〇五　代县、原平市调查采集陶器
彩版一〇六　原平市调查采集陶器

第一章 绪　　论

一、课题的设想与规划

20世纪80年代以来，随着学科的发展、区系类型的逐步建立，考古学关注的重点已不单单是考古学文化面貌和年代序列，学术研究的深度和广度都在拓展，特别是以聚落考古等为代表的宏观研究越来越多地受到学术界的重视。宏观研究需要相应的"面"上材料来支持，但很多情况下，已有的材料根本无法满足研究的需要。从现实来看，我们不可能、事实上也不能等发掘完所有的遗址再做研究，所以，利用现有条件最大限度地获得相关的资料和信息成为学术界苦苦追寻的目标。

伴随我国的经济建设，大量基本建设陆续展开，越来越多的人类文化遗存面临被破坏甚至消亡的危险。虽然我们为配合基本建设进行了大量的文物保护工作和抢救性发掘工作，但由于人力、物力、财力的缘故，通过考古工作所获得的资料和信息只是冰山一角，还有相当多的人类遗存没有得到有效的保护和信息提取，尤其是那些因为各种原因并未被发现的人类遗存。如何在基本建设开始之前尽可能多地提取人类遗存信息成为当务之急，全面系统的信息是进行文物保护的基础。

这些年，随着大遗址保护工作的推进和深入，区域内较为全面且详尽的人类遗存信息成为大遗址规划保护的基础，但原有的资料和信息已远远跟不上时代发展的要求，迫切需要通过新方法、新手段获得较为准确的信息日益成为必要。

面对时代发展的新要求和新需要，在当前技术和条件下，通过田野调查获得较为翔实的资料是唯一的途径。过去，在我国，大规模的文物普查工作已进行过两次，现在第三次全国文物普查也已接近尾声，个别地区的调查更是数不胜数，记录在档或陆续公布的调查资料也很多。但在实际工作和研究中，真正可以利用的材料并不多，有些材料即便可以利用但根本无法满足相关研究的需要。所以，为了实现不同的目的和任务，在同一区域经常重复着相同的调查工作，耗费了大量的人力、物力等。鉴于上述原因，简单地使用以前的田野调查方法肯定无法满足时代的需要，迫切需要以全新的视角、全新的手段和调查方法来获取较为全面、系统的信息。

在今天看来，过去调查所获得的资料在后来的工作中不能得到很好的利用，其中一个很重要的原因是信息记录不完整，具体表现为缺少系统性，没有准确的坐标等。相比田野调查，信息记录可能更重要，因为调查获得的全面信息如果无法得到完整体现，田野调查收集的信息即便再详尽也是徒劳的。特别是在现阶段很多文化遗存无法进行及时保护和抢救的前提下，记录在保存人类文化遗存信息方面显得尤为重要。所以，如何克服以往的缺陷，一劳永逸地解决过去调查记录存在的问题，这是田野调查迫切需要解决的又一重要任务。如此，就必须对整个调查方法和记录方式进行全新的设计和改进。

从19世纪末田野考古传入我国开始，我国的田野调查走过了漫长的摸索过程，通过借鉴、吸收西方的经验，后来逐渐总结出一套适合我国文化遗存分布特点的田野调查方法，成为近一个世纪的主要调查方法。虽然这套方法延续至今，并且成为今天主要的调查方法，但随着上述新要求的出现，这些方法所暴露的缺陷越来越大。鉴于此，20世纪90年代以来，学术界开始谋求突破，通过与国外合作，借鉴和学习国外的区域系统调查方法，在一些区域展开了一系列区域系统调查，取得了很大的收获。由于区域系统调查方法更多重视的是聚落分布及其变化，所以，目前看到更多的是相关区域内的聚落研究，而看不到太多的原始调查材料，即便有也是以研究形式展现的，使得此后其他的工作和研究仍然无法充分利用这些成果。虽然学术研究是考古调查的重要目的之一，但不是唯一目的。一直以来，以学术研究为目的的调查和以了解人类遗存分布为目的的调查基本是两套"各自为政"的做法，彼此共用的东西并不多。同时，由于调查的首要目的是人类遗存信息的保存，其次才是之上的文物保护和学术研究等，考古调查应尽可能充分兼顾研究和保护等多种现实需要。如此，今天的调查方法和手段还存在很多不能适应时代需要的地方，迫切需要全新的视角、全新的理念来重新定位考古调查的目的和方法。

2006年，我们选定了滹沱河上游作为试点区域，同时向国家文物局提交课题申报并得到了大力支持。之所以选择滹沱河上游作为我们的调查区域，首先是因为滹沱河上游是一个较为封闭、独立的地理单元（图1-1）。滹沱河上游分布于忻定盆地，四周为高山丘陵。这样的地理单元在一定时期内往往容易形成较为稳定的区域文化特征。其次，整个滹沱河上游可调查面积在5000平方千米之内，从流域所覆盖的面积看，较为适合区域性考古调查和研究。因为如果地域太大则有进一步分区的可能，而且费时费力非几年时间可以完成；地域太小又不足以反映区域内聚落发展变化的全貌。再次，该区域以往的考古工作虽然相对薄弱，但自20世纪80年代以来，包括忻州游邀和尹村、五台阳白等一批遗址的发掘已基本确立了忻定盆地内相关考古学文化的年代序列，为区域调查提供了可能。最后，希望通过滹沱河上游的区域调查及其成果为以后的考古调查提供借鉴和反思，这也是此课题设想的另一目的。

此次调查的年代范围仅限于先秦时期，而未有进一步延伸，主要考虑到该区域秦汉以来文献记载逐渐增多，同时，进一步延伸意味着工作量的加大。由于旧石器时期遗存埋藏的特殊性，加之调查人员中缺少相应的研究人员，此次调查工作中放弃了对旧石器时期遗存的采集、记录。所以，本课题的先秦时期实际包含新石器时期以来至秦汉之前的数千年历史。

鉴于以往调查中存在的问题，此次调查把信息收集放在了首位，其次才是之上的研究等。除了优先考虑调查数据的全面性和系统性外，还着重考虑所收集数据的客观性和科学性，尽可能减少调查中的主观因素。前几年，在晋南运城盆地的调查中我们已做过一些有益的尝试并获得了成功,过去的经验和教训为滹沱河上游的调查提供了借鉴和反思,从一定意义上来说,滹沱河上游的调查方法是运城盆地调查方法的深入和发展。所以,就调查方法和手段而言,二者有很多相似之处。

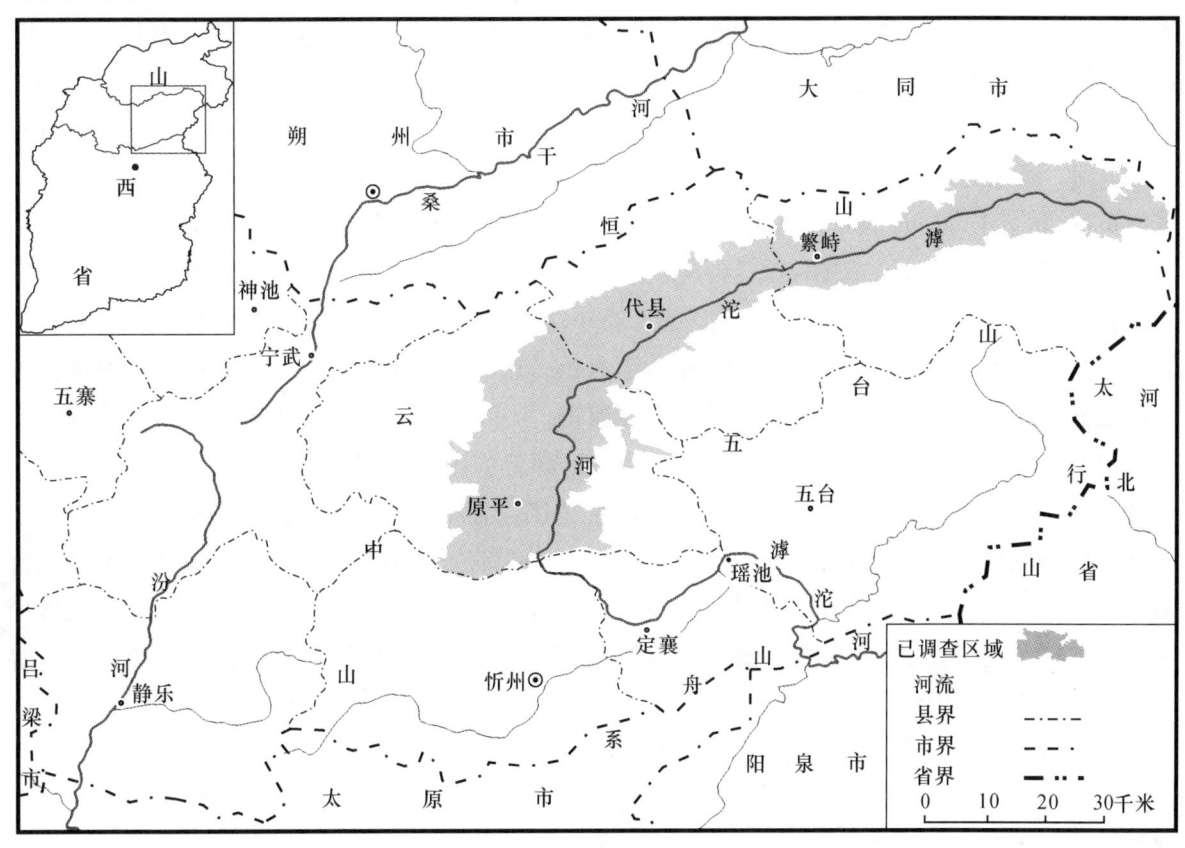

图 1-1　调查区域分布图

二、滹沱河上游的自然环境与气候环境

历史上,滹沱河名称较杂,尤以先秦最多:战国时有呼沧水之称,秦称厚池河,《礼记》称之为恶池或霍池,《周礼》称之为厚池。东汉以来始有滹沱河之称,《史记》称滹沱,也称亚沦,曹魏称呼沱河,西晋复称滹沱河,虽然北魏一度改称清宁河,但《水经注》仍称滹沱。北魏之后,滹沱河之称基本固定下来,延续至今。

滹沱河发源于山西繁峙县横涧乡桥儿沟村泰戏山(恒山南麓、五台山东北),河流先向西流,进入原平市后折向南流,进入忻府区后再折向东流。在山西境内先后流经繁峙、代县、原平、忻府、定襄、五台和盂县七个区县,穿过太行山山脉进入河北境,最后汇入渤海。以五台瑶池为界,以上属于滹沱河上游,以下属于滹沱河中游(彩版三)。

滹沱河上游大多处于河谷或盆地的最低处,发源于两边山前的水流大都垂直奔向滹沱河,由高到低，携带大量泥沙而下。一旦雨季来临，暴雨对沟谷的冲刷侵蚀尤其严重，助长了沟壑扩展，加速了水土流失，河流改道，大小支流不计其数。其中，流域面积较大的支流有峨河、峪河、阳武河、云中河、牧马河、同河等。由于气候的原因，滹沱河河水流量受降雨和季节影响较大，加之河谷低、周围高的地形地貌以及支流较多等原因，雨季来临时河道变宽，流量明显增大，容易泛滥成灾。不过，其他季节降水较少时，河流变窄，流速变缓。这个时期地下水是河流的主要补给来源，特别是在枯水期主要依靠地下水来维持水量，尤其是山前源源不断的泉水不断补充了滹沱河。滹沱河在繁峙大营镇上浪涧、郝家湾一带潜入地下，在下茹越乡永兴东再出于地上，暗流长达20余千米，形成较长的伏流河。除此之外，整个滹沱河上游都见于地上。

课题调查规划的地域范围仅限于滹沱河上游地区，主要涉及繁峙、代县、原平、忻州市区（忻府区）及定襄五县、区，从流域范围看，整个滹沱河上游地区全部属于忻定盆地范围（见图1-1）。盆地北有恒山，西有云中山，南有系舟山，东有太行山。五台山山脉横亘于中部把整个盆地分为南、北两部分：北部为狭长的河谷地貌，中间低，两边为地势逐渐抬升的冲积扇和洪积扇地形，涉及繁峙、代县、原平三县地域；南部地势则相对开阔，中部低平，周边为逐渐抬升的冲积层地貌，主要涉及忻府、定襄两区县范围。盆地南部的地形相对平坦，海拔较低，最低海拔不足800米，但环绕盆地周边的山脉高度一般都在2000米以上，横亘盆地中部的五台山山脉更是华北地区的最高峰，其最高海拔达3058米，只有盆地南部边缘的石岭关一带地势稍低，是忻定盆地与太原盆地连接中最容易逾越的通道。较为封闭的地形地貌造就了滹沱河上游相对独特的自然环境和气候环境。

滹沱河上游全部属于黄土高原。黄土覆盖深厚，具垂直节理，直立性强，适于窑洞的掏挖，所以，几千年来，窑洞一直是当地重要的居住形式。但最上层的黄土土质相对疏松，极易遭受侵蚀，特别是容易遭到暴雨及山洪冲刷。黄土高原的典型地貌特征——塬、梁、峁在滹沱河上游基本可见，整体地形地貌表现为千沟万壑，纵横交错，支离破碎，形态较为复杂。

整个滹沱河上游都属于暖温带大陆性季风气候，因偏居内陆，气候大陆性特征强。冬半年在内蒙古高压控制下多北风和西北风，夏半年受大陆低压的影响多南风和东南风。气温年平均值在8~10℃，无霜期120~180天。整个滹沱河上游地区都属于半干旱地区，降雨量较少，年平均降雨量在450毫米左右，其中，盆地北部繁峙一带甚至不足400毫米。降雨年际变化大，年平均降雨量不均，降雨主要集中在夏季，其次为秋季，但春、冬季很少降雨，特别是春季容易发生春旱。气候总体特征表现为：春季风沙较多，夏季多雨不长，秋季短暂温和，冬季寒冷干燥。所以，流域内的植物生长受气候环境的变化影响较为明显，特别是降雨对植物的生长影响尤以显著。

基于上述自然环境、气候环境以及特殊的地理位置，几千年来，滹沱河上游人类生产方式主要以耕作农业为主，兼有家庭饲养、渔猎等，不过，具体在不同时期、不同地域辅助的生产方式又略有差异。由于所处地理位置及气候环境的特殊性，很多时候滹沱河上游人类生产生活中融合了农耕文化和草原文化两类不同的文化因素。这种现象不仅在后世的历史文献中有所反映，在今天的考古工作中也往往有所发现。

三、滹沱河上游的考古工作和相关研究

从考古发现来看，不晚于晚更新世，滹沱河上游已有人类在此活动[1]。与很多区域相类似，人类在滹沱河上游大规模的开发约在新石器时代晚期及稍早阶段，之后，整个滹沱河上游地区进入快速发展时期。

过去，由于滹沱河上游地区先秦时期的人类文化遗存发现甚少，该地区在中国考古学中的重要性并未受到应有的重视。所以，一直以来，滹沱河上游的考古工作都比较薄弱，更多的是一些零星的墓葬清理，主动进行的遗址发掘和调查都很少。实际上，该地区在新中国成立前已有一些重要发现：清同治年间代县蒙王村出土有吴王夫差鉴[2]；1938年，忻府区连寺沟牛子坪有晚商铜器发现[3]。这些零星发现都暗示该地区在青铜时代的重要地位。新中国建立后，该地区发现的人类遗存逐渐增多，不过，仍以墓葬发现为主。墓葬清理中又以先秦以后居多，先秦时期的很少，先秦时期的墓葬主要集中于晚商和东周两个时期。晚商时期墓葬只见于忻府区连寺沟，加上新中国成立前的两次发现共出土铜器十多件[4]。东周时期墓葬发现地点较多，做过清理发掘的有代县沙洼[5]、上沙河[6]，原平刘庄[7]、练家岗[8]、峙峪[9]、王北尧[10]，定襄中霍[11]，忻府区上社[12]和忻口[13]等地。20世纪80年代以来，随着太原盆地白燕遗址的发掘以及晋中地区陆续开展的调查，忻定盆地的重要性逐渐受到重视。以忻州游邀遗址[14]的发掘为契机，随着忻州尹村遗址[15]和原平唐昌遗址[16]等的发掘，该地区先秦时期文化的重要性越来越多地受到关注。近些年，为配合基本建设，考古工作者对定襄青石遗址进行了较大规模的发掘，又一次获得了一批较为全面、系统的资料[17]。除此之外，还有区域内零星的考古调查[18]以及靠近滹沱河上游地区的五台阳白和下西等遗址的发掘，这些考古工作使得滹沱河上游先秦时期的考古学文化面貌逐渐清晰起来。

对该区域内先秦时期考古学文化的探讨虽然很早就已开始，但研究较多地集中于东周时期，这与过去的发现主要集中于东周有关。该区域内发现的东周铜器有较鲜明的地方特征，所以较多地受到了学术界的重视，但相关的研究基本集中于铜器的分期和族属性质，其他很少涉及。而对其他时期文化的研究，过去因为相关资料较少，很多文章以周边地区文化面貌来涵盖该区域，随着五台阳白遗址和忻州游邀、尹村遗址的发掘，相关研究也越来越多，近些年该区域逐渐成为高校学位论文研究的热点，研究范围拓展到整个先秦时期。

四、课题实施

滹沱河上游的田野调查工作从2006年上半年开始，截至2008年年底，完成了忻定盆地北部的全部野外探查工作，除原平境内的同河流域未进行调查外（属于盆地南部区域），滹沱河上游的繁峙、代县、原平三县的调查计划已全部完成。三年共踏查2263平方千米（投影面积），因为调查范围内地形起伏较大，特别是山前坡地较多，实际踏查面积要远大于此。在上

述范围内，共发现仰韶、龙山、二里头、商、周（含西周、春秋、战国）五个时期的遗址或地点（以下统称遗址）363处。调查发现的遗址数远远超过我们的预想，尽管调查中还存在诸多问题和需要改进的地方，但田野工作完全实现了预期的调查目标和任务。

由于田野调查受季节和植物生长影响较大，所以，每年的田野调查都安排在3~5月和10~12月间进行，具体的调查时间和调查面积因天气状况和植物生长情况有所不同。繁峙、代县、原平三县田野调查工作从2006年开始，前后持续进行了三年、共六个季度的野外探查工作。因为持续时间较长，先后参与调查工作的人员较多，主要如下。

2006年上半年，参加田野调查的人员有：国家博物馆王力之；忻州市文物管理处郭银堂、王继平；山西大学在校本科生樊娇凤、郝晓宏、魏石磊、王艳忠、陈树奇、温亮、葛茂亮、张建峰、冯雄杰。冯荣、张光辉、祁小东三人参加了短期田野调查工作（彩版一，1）。

2006年下半年，参加田野调查的人员有：国家博物馆王力之；忻州市文物管理处李刚、钟杰；北京师范大学在读研究生陈亮；河南大学本科生余勇、张南、吕广超、梁永鹏；技工王凯峰、李治华、康建名、王瑞龙。忻州市文物管理处郭银堂、李培林、路宁参加了短期调查工作（彩版一，2）。

2007年上半年，参加田野调查的人员有：国家博物馆王力之；忻州市文物管理处李刚、钟杰；河南大学本科生刘华伟、童黎明、刘丁辉、张博、黄超、王磊、韩飞、王思源；技工王凯峰、李志华。忻州市文物管理处郭银堂、河南大学本科生余勇和张南、山西大学本科生张光辉、魏石磊参加了短期田野工作（彩版二，1）。

2007年下半年，参加田野调查的人员有：国家博物馆王力之；忻州市文物管理处李刚、钟杰；河南大学本科生陶伟、李浩、陈天柱、贾臻、魏晨、朱占营、周正红、陆朋朋、黄明；技工王凯峰、李志华。

2008年上半年，参加田野调查工作的人员有：忻州市文物管理处李刚、钟杰；山西大学本科生李鹏为、褚亚龙、冀瑞宝、刘朋朋、刘青山、荀雄；技工王凯峰、李志华；国家博物馆王力之、忻州市文物管理处郭银堂、山西大学本科生杨晓芳和刘佳君。河南大学陶伟和童黎明参加了短期田野调查工作（彩版二，2）。

2008年下半年，参加田野调查的人员有：忻州市文物管理处钟杰；技工王凯峰、李志华；河南大学本科生周少龙、何强、章水根。

正是由于上述同志的不辞辛劳，才有今天如此成就。

2008年下半年完成了预定的调查目标后，我们于2009年上半年有选择地对一些重点遗址进行了复查和土样采集，从而使第一阶段的调查任务圆满地画上了句号。土样采集和浮选的相关信息资料我们会在合适时间另行发表，以供学界研究使用。

本报告只包括上述六个季度的田野调查收获，即忻定盆地北部的全部调查成果，忻定盆地南部的调查和整理工作还在继续。届时，我们会把滹沱河上游剩余区域的调查成果完整地展示给大家。

注 释

[1] 郭俊卿、丁建平、陈哲英：《山西原平后口发现旧石器》，《史前研究》1989 年辑刊。

[2] 陶正刚：《山西出土的吴越地区青铜器及其研究》，《吴越地区青铜器研究论文集》，（香港）两木出版社，1997 年。

[3] 沈振中：《忻县连寺沟出土的青铜器》，《文物》1972 年 4 期。

[4] 沈振中：《忻县连寺沟出土的青铜器》，《文物》1972 年 4 期。

[5] 贾志强：《无终·娄烦考》，《山西省考古学会论文集》（1），山西人民出版社，1992 年。

[6] 资料未发。

[7] 忻州地区文物管理处：《原平刘庄塔岗梁东周墓》，《文物》1986 年 11 期；忻州市文物管理处、原平市博物馆：《山西原平刘庄塔岗梁第二次清理简报》，《文物季刊》1998 年 1 期。

[8] 李有成：《原平县练家岗战国青铜器》，《山西省考古学会论文集》（1），山西人民出版社，1992 年。

[9] 戴尊德：《原平峙峪出土的东周青铜器》，《文物》1972 年 4 期。

[10] 贾志强：《无终·娄烦考》，《山西省考古学会论文集》（1），山西人民出版社，1992 年。

[11] 李有成：《定襄县中霍村东周墓发掘报告》，《文物》1997 年 5 期；郭银堂、李培林：《定襄中霍村出土的一批青铜器》，《文物》2004 年 12 期。

[12] 山西省考古研究所、忻州市文物管理处：《忻州上社战国墓发掘报告》，《三晋考古》第三辑，山西人民出版社，2006 年。

[13] 资料未发。

[14] 忻州考古队：《忻州游邀考古》，科学出版社，2004 年。

[15] 资料未发。

[16] 资料未发。

[17] 资料待发。

[18] 山西博物馆：《山西定襄县西社村龙山文化遗址调查》，《考古》1987 年 11 期；侯毅：《山西滹沱河流域考古调查报告》，《山西省考古学会论文集》（3），山西古籍出版社，2000 年。

第二章 调查方法及思路整理

中国考古学是从田野调查开始起步的，从19世纪末考古调查传入我国开始到20世纪末，经过近一个世纪的摸索和总结，逐渐形成了一套行之有效的调查方法，今天或可称之为传统调查方法。其主要是依据经验，对那些可能存在人类遗存的地形地貌进行踏查，如：两河交汇处、河流两岸的台地、地形开阔的丘陵等，是有选择、有重点的地面踏查。传统调查方法立足点较低，这与当时尚处于基础资料的累积阶段有关，同时，也与过去的客观条件制约有关。在当时有限的条件下，传统调查方法达到了事半功倍的效果。传统调查方法目的相对单一，重在找寻遗址并了解遗址的面积、文化内涵及其不同时期的遗存分布状况等。同样，记录也较为简单，遗址的面积基本是一个大概的估数，不同时期遗存的分布范围及由此构成的不同聚落情况记述甚少，甚或以遗址堆积状况等同聚落分布状况，不同种类的遗存分布状况仅限于笼统的文字描述。同时，调查发现的遗存既没有准确的位置，也没有精确的坐标值。这种粗放式的调查方式造成在后来的考古工作和文物保护中无法有效利用以前的调查成果，为了不同的目的，在同一区域不停地重复着相同的调查工作，造成了人力、财力等的极大浪费，同时，反映在"面"上的宏观研究也无法深入下去。

20世纪80年代以来，随着各地区、系、类型的完善，特别是聚落考古在国内的兴起，运用传统调查方法获得的信息已经无法满足学术研究的需要。于是，国内的少数学者开始尝试新的方法[1]，以求突破。后来，更多的学者、更多的机构通过与国外的合作，开始引入国外的区域系统调查方法（或称系统区域调查方法），在河南、山东、内蒙古等地开展了一系列不同区域的系统调查（有些并非严格的区域系统调查）。具体的做法大同小异，已有不少学者做过详细介绍[2]。相对于传统的调查方法，区域系统调查方法无论在踏查面积的覆盖上，还是信息的收集上都较为全面、系统，所以，近些年逐渐受到重视和追捧。随着这些区域调查简报和报告的陆续公布，可以看到运用区域系统调查方法获得的成果确实是非常大的。

2003年秋冬，我们尝试着用区域系统调查的方法在晋南夏县青龙河流域做了短暂的工作，调查获得了不小的收获，但也暴露了一些问题。这些问题实际上在已发表的调查成果中已有所体现，那就是，读者只能看到调查的结论，无法看到其过程。具体来说，所谓的聚落面积和规模从何而来？依据是什么？我们知道，所有的遗址或聚落都是由一定的遗存构成的，但很多情况下遗存的分布不是连续不断的，更多的情况下遗存的分布是以遗物体现的。什么情况下的遗存分布可以归入同一遗址或聚落呢？遗迹的发现无疑是聚落存在的证据，但是，在没有发现遗迹的情况下，只有遗物发现，如何对待？由于区域系统调查方法主要是以遗物的分布为聚落范围,那么,一片陶片算一个聚落吗?若不是,几片算一个?还有,多大距离内的遗存可以归入同一个聚落?不同的标准得出的聚落数量和规模会完全不一样。在多处区域系统调查中,运用的是人工在大比例尺(主要是1:10 000)地形图上标注调查发现的遗存及不同时期聚落的分布范围,试想,图上1毫米的误差意味着实际距离10米的误差,实际标注中又何止1毫米误差?较早的地形图,往往与今天的地貌标准有很大的差别,即便是最新的地形图,在一些较为平坦的地方,在地形图上也很难找到遗存所在的准确位置,这些都导致了人工标注的难度和误差,由遗存分布来确定的聚落面积更是差之千里。除此之外,在实际踏查中,区域系统调查方法似乎更适于起伏较小、能见度较好的地形地貌,但在地形复杂、起伏较大的区域严格的拉网式踏查根本无法展开,费时费力效果却很差。类似的例子还有很多。但不否认,区域系统调查方法提出了考古调查的全新思路——全覆盖,这正是未来考古调查的发展方向。

针对上述问题,我们在晋南涑水河流域的考古调查中取长补短,改进和吸收了已有调查方法的优点,在实践中不断完善,逐渐形成了今天的调查方法[3]。滹沱河上游的调查方法基本同于涑水河流域的做法,但在实际工作中针对具体的地形地貌又有一些改进。

(1)首先我们对调查范围内所用的地形图进行了矢量化处理,不过,只选择调查工作中有用的要素进行矢量化,如等高线、高程点、河流、建筑物、道路、铁路等,放弃那些对后期分析无用的要素,这既省时省力,同时也是保密工作的需要。矢量化地形图是后期分析、研究的基础数据,是所有调查数据叠加的基础平台。地形图的矢量化是逐渐展开的,但全部放在了季度调查之前,主要是为了调查过程中随时使用,随时发现问题。从实际情况看,测绘年代越早的地形图保留的原始地貌越完整。为了更好地考察聚落或遗址所在的环境背景,无论地面踏查,还是地形图矢量化,我们都选用了较早的北京54坐标系1:10 000地形图。依靠较早的地形图,通过地面踏查,我们可以根据遗存分布规律部分或完全得到被破坏遗址的原来地貌状况以及遗存的真实分布状况,这在过去的调查中已有很好的例子。当然,使用较早的地形图意味着与现在的实际地物会有所不同,所以,需要对矢量化图中不相符的地物进行更正和添加,如高速路等。整个调查区域中所需地形图较多,矢量化后的地图拼接也是必需的。需要说明的是,由于调绘年代不同,虽然绝大多数地形图的等高距相同大,但还是有少量地形图的等高距不同,虽然不影响数据的叠加与分析,但有可能给读者带来疑惑,所以,在出版的报告中我们统一进行了删减和处理。

(2)地面踏查实行统一指挥,分组控制,顺延地形推进的方法。每组由3人组成,每次调查有3~4组,参加人员在9~12人之间,一般分两大组分别进行,根据实际需要随时调整组与组之间的组合。调查人员之间的距离以30米为标准,最小不小于20米,最大不超过50米,之所以保持至少20米以上的距离主要是考虑到单机GPS的误差范围。考虑到滹沱河上游主要表现为"两山夹一谷"的地形,在调查线路设计中,我们在起伏较小、相对平缓的地形上运用的是等距离同向前行的拉网式踏查,在线路选择上尽可能选择沟坎等有断面的地方。在沟壑较多、起伏较大的山地进行调查时,实行分块分片踏查。由于此类地形多被开辟成梯田,且多不规整,所以,调查人员主要沿梯田或沟坎的断面行进,以观察断面为主,兼顾地面为辅,不再刻意强调等距离踏查，只是加大对山地的踏查密度，人与人之间的距离原则上不超过30米。在踏查线路的安排上，无论在平地还是山地，尽可能安排调查人员沿梯田、沟坎等断面行进，之所以这样做，主要是考虑到断面上更易于发现遗存，特别是遗迹。在整个调查过程中，更多地重视遗迹现象（含文化层）在判断聚落范围、结构、功能等方面的不可替代性。一般来说，即便在平地进行的等距离拉网式踏查，调查者左右可以目测到遗物的范围很难达到15米以上（30米的一半），当然，这与遗物的大小、植被覆盖等有很大关系。所以，准确地说，我们的全覆盖调查只是一条"调查带"，反映在山地地形则是一条不规整的"调查带"。但不可否认，虽然只是"调查带"，应该仍可反映遗址或聚落的全貌。

（3）对调查发现的遗存，全部采用GPS测点记录。测点之间的最小距离为20米，否则，一概归入同一测点。由于没有得到区域内准确的北京54坐标参数，为了尽可能减少不必要的误差，此次调查使用的是GPS默认的WGS84坐标系，所有测点的坐标都是以度、分体现。过去的试验表明，在开阔的地带，正确使用单机GPS，测点的误差是可以控制在20米之内的。不过，需要说明的是，除了环境和人为操作等因素外，GPS测点的误差主要由两部分构成：①来自单机精度的误差；②来自全球定位系统本身以及其与地图坐标系之间的误差。其中，来自②的误差在一定时期内是固定的，即统一偏向某一方向一定的距离。对此，我们根据发现遗存的相对位置（如相对于沟坎等明显地物的位置），统一对所测数据进行偏差纠正。这样，可以最大限度地减少单机GPS测点与实际位置的误差。调查者之间保持至少20米的距离已满足了测点误差的最小横向间距，而我们把一测点到下一测点之间的最小距离定为20米也达到了纵向间误差的最低要求。这样，可以确保任何一个测点的坐标都会落在实际希望的范围内。在横向30米（最大不超过50米）、纵向20米的范围内，调查发现的全部遗存都归入同一测点。实际上，任何一个测点都代表了一定的面积范围，在此范围内发现的任何信息都归入该点。为了保证测点的合理、科学分布，要求调查队员之间相互协调，保持合适的速度和距离，避免测点在空间分布上的重叠与空白，同时，要求测点要尽可能选择在所发现遗存的中心区域。

（4）调查者除了对发现的遗存（遗物和遗迹）进行GPS测点记录外，还要对该点内所有发现的遗存信息进行记录。鉴于过去的经验和教训，我们继续把记录和遗物标签合二为一，使用全新的调查标签[4]，用调查标签记录调查发现的全部信息。调查者不再做单个的调查记录，只由负责人做调查总记录。为了便于记录，同时，也为了后期大量数据检索、整理的方便，每一个测点都有唯一的编号，对此，我们同样使用了指代方式的编号。以编号DX070511F005为例，是指在代县（DX）07年5月11日F（F为调查队员的代码，每个季度每个调查者的代码都是唯一的）所做的第5个测点。每个调查者根据当天的发现各自独立进行测点编号，各自独立进行信息记录。在具体的记录中，除了测点编号、坐标及位置（相对于村落）外，首先要对发现的遗存按遗物和遗迹区别对待，遗物指可移动的遗存，遗迹指不可移动的遗存。由于文化层（指原生堆积层，可能包含无法分割的几种遗迹现象或不同时代的文化堆积）属不可移动的遗存，所以我们把此类遗存归入遗迹类。其次，还要对发现遗存的文化性质（年代）和丰富程度进行记录。如果是遗迹，还要分别对遗迹的种类（灰坑、房址等）、文化性质（或年代）、数量、特点（形制、结构、尺寸）等尽可能地进行详尽的记录。以 DX070511F005 为例，该点只有龙山时期遗存，遗存分布非常丰富，包含有 1 处文化层、1 个灰坑、1 处白灰面房址和 1 座陶窑。每个测点的信息都要求尽可能地具体、详细，不同调查者的无数测点信息最后汇集成聚落以及遗址的全部信息。所以，对于测点内信息记录越详细越好。

（5）对发现的遗存进行记录的同时，原则上对每个测点内发现的不同时期的遗物都要进行采集。不过，可以确认遗物的准确时代且遗物较为碎小的，可以只做记录不做采集。除此之外，还有少量遗迹由于特殊原因无法采集遗物的（如所处位置较高或在断崖上等），甚或个别遗迹（如房址）根本采集不到遗物的，在这种情况下只做记录。对同一测点内同一时期的遗物实行有选择的采集，优先选择遗迹内出土的遗物，尽量选择时代特征明显的遗物（如器物口、底、耳等），同时尽可能选择不同器类，以此类推，其他时期的遗物采集也如此。为保证调查工作的顺利进行，我们每季调查前尽可能先安排调查人员观察不同时期的陶片等遗物。在整个滹沱河上游地区，但凡有土壤的地方基本都被开垦，所以，有些遗物的分布地点不排除是人类后期搬迁的结果，但我们的测点还是要求如实反映今天遗存的分布状况，如何选择由报告的研究者来决定。采集与记录是一个连续的整体，需要保持完全的统一。不同于地表遗物，对遗迹内遗物的采集则是分别进行，分别编号，单独装袋。其中，C 代表文化层，H 代表灰坑，F 代表房址，Y 代表窑址，M 代表墓葬（包括瓮棺葬），T 代表夯土等，除 C 和 T 外，其他指代方式基本同于考古发掘。同一测点的同类遗迹单位，由调查者自行进一步编号，如 DX070419N004 发现有 5 个灰坑，调查者分别编为 N004-H1、N004-H2、……N004-H5，遗物分别进行采集。实际调查中，不是每名调查队员都能准确判断所有遗物的文化性质的，在无法判断遗物文化性质的时候，我们要求采集回调查发现的全部遗物。

（6）除文字记录外，对调查中发现的遗迹现象，我们尽可能地进行影像和绘图记录。在绝大多数情况下，调查所发现的遗迹实际暴露的只是其局部形状、结构，所以，在不做清理的前提下，绘图记录的意义并不大。并且由于调查中可使用的记录时间非常有限，加之此次调查以不破坏原生文化堆积为原则，不可能做太多的遗迹清理工作，所以，绘图记录不是此次调查的重点，但对发现的遗迹现象，我们还是尽可能地进行影像记录。影像记录主要针对的是遗迹现象及遗址所处的地形地貌，对于有些只可肉眼识别、影像无法分辨的遗迹现象，我们会对遗迹轮廓做适当的清理，确保影像记录的真实性和可辨性。由于经费等原因，本报告没有把各个遗址的主要遗迹照片如实展示出来，只是作为资料另外归档保存。

（7）从测点到采集、记录，说到底是一个完整的不可分割的整体。同时，为了后期数据整理的方便及信息的保存，建立相应的数据库是调查中最重要的部分。为此，此次调查有相应的数据库来管理所有的调查数据和信息，数据库的内容与记录的内容完全一致，基本是记录的翻版，这样做在确保提高效率的同时，可以保证数据的统一性。当天调查的信息和数据，原则上当天全部录入数据库，之所以这样做，是考虑到一旦发现个别调查信息有问题，可以尽快纠正。数据库的建立除了便于检索与管理外，也为后期与相关分析软件的链接提供了可能。需要说明的是，此次建立的数据库是开放式的、随时可供修改的。我们知道，由于遗存埋藏环境和暴露程度的不同，任何一次全覆盖式调查都不可能彻底了解一个测点的全貌，更不可能了解一个遗址的全貌，也就是说，任何一次调查都不是终极的调查，随时有补充、修改的可能。特别是在现代化建设对遗址破坏日趋加重的情况下，建立这种可供修改的数据库对信息的保存无疑是最好的办法。

（8）资料的整理及时代划分。虽说田野踏查收集的实物资料在当天已核实，信息也于当天录入，但后期的整理还是必需的。每年夏季统一对前两季的调查资料集中进行全面、系统的整理，除了再次核实遗物年代和其他调查信息有无错误外，还对每一测点内不同时期的器类等进行登记录入，形成最终的数据库。虽然近些年滹沱河上游的发掘资料越来越多，先秦时期的文化面貌也越来越清晰，但由于资料的不均衡，现有资料还不足以把整个先秦时期文化谱系完整无缺地排列下来，现有材料也不足以细分到期别。所以，我们只能通过对已有的较为单纯的发掘单位和采集单位进行观察、分析，最后确定所有的遗物按五个较大的时间段落来划分，依次是：仰韶时期、龙山时期、二里头时期、商时期、周时期。需要说明的是，几乎每个年代段落都有进一步分期的必要，但由于缺少较为系统的资料，未敢进一步细分。在山西其他区域，仰韶与龙山时期之间往往有一个时代特征鲜明的阶段——庙底沟二期阶段，不过，从滹沱河上中游现有的发掘和调查材料看，还找不到介于二者之间的明显证据，很多疑似庙底沟二期阶段的遗物往往与龙山时期的遗物共存，所以，本报告缺少相应的年代段落，一并归入龙山时期。此外，有一部分兼有前后两个阶段特征的遗物，我们主要依据器物的整体特征来确定所属年代，如介于龙山与二里头时期的少量陶器，其纹饰、器形更多表现为龙山时期风格，但已出现实足跟等后期文化特征，对此，我们还是依据整体风格归入龙山时期。

（9）调查信息的展现和后期的分析、研究。最后形成的数据库为下一步展现提供了可能。由于每一个测点都有自己的坐标，通过 Supermap 等软件我们把所有的调查信息叠加到已经矢量好的地形图上，今天这本报告呈现给读者的就是整个滹沱河上游北部地区先秦时期人类遗存分布的状况。我们以遗存分布的"点"的形式呈现给读者，这样，一个"点"可能包含一个或多个遗迹，没有直接以面的形式，这样做是为了给后来的研究者提供更多独立思考的机会，而不是只能盲从。不过，遗存总归是有所属的，而且我们也不可能把每一"点"的所有信息都呈现出来，只能展示其主要内容——时代和遗存的种类（遗物或遗迹），无法展示其丰富程度、特点，等等。我们按遗址来串联众多发现的遗存。基于过去的经验以及今天该区域内村落分布的距离，我们把 500 米之内没有明显水流、沟壑等区隔的遗存归入同一遗址，同时，以至少三"点"以上遗存的发现才可以构成一个遗址作为标准，对所有发现的遗存进行遗址划分，当然，具体划分时还要根据实际情况合理处理。如此一来，遗址之外有很多散点的存在在所难免，而且遗址"面"的划分也不可避免有人为之嫌。但不论合适与否，至少可以给每个读者更多选择和判断的权利。需要说明的是，有些遗址只发现遗物，未发现遗迹，对此，我们并未以"地点"区别对待[5]，一概以遗址笼统称之，这主要是考虑到很多未发现遗迹的遗址其遗物分布非常丰富，而且有些往往分布于人迹罕至的半山腰，简单的否定未必合适。虽然对于只有一"点"遗物发现并未归入遗址，但对于只有一处遗迹现象的发现，一概归入遗址。遗址的定名一般是根据遗址附近村落名来定,但并未核实其所在位置是否为该村所属土地。

从遗存分布情况来看,遗址是由不同时期的遗存构成的,是不同时期不同聚落叠加的产物,考虑到不同研究者对由"点"构成的聚落划分同样可能不一致,报告并没有涉及聚落层面的划分等,更多的是希望展示给读者一个真实的遗存分布状况。对于聚落层面的划分和认识,我们会在不久的将来以研究的形式另外呈现给大家。

滹沱河流域考古调查立足于基础资料的收集,力图通过微观的遗存分布,展现聚落、遗址的空间布局,为后期的考古工作和文物保护提供科学依据,同时,推动该区域相关学术研究的深入。由于任务紧迫,没有来得及进行系统的钻探和复查,未能对所有的遗址进行确认和细分,所以说本报告只是一个初级调查报告。如果有可能,我们还会推进相关工作的进一步深入。

注　释

[1]　赵辉:《石家河遗址群的田野调查方法》,《考古学研究》(三),科学出版社,1997年。
[2]　中美两城地区联合考古队:《山东日照市两城地区的考古调查》,《考古》1997年4期;方辉:《对区域系统调查法的几点认识与思考》,《考古》2002年5期;赤峰联合考古调查队:《内蒙古赤峰地区1999年区域性考古调查报告》,《考古》2003年5期。
[3]　王力之:《涞水河流域考古调查方法》,《中国历史文物》2007年6期。
[4]　王力之:《涞水河流域考古调查方法》,《中国历史文物》2007年6期。
[5]　按照最新的《田野考古工作规程》,未发现遗迹的只能算地点。

第三章　繁峙县境内遗址

繁峙县位于北部盆地的最东部。其南为五台山山脉，其北为恒山山脉，南、北两山遥相对望，中部是地势较低的滹沱河。滹沱河发源于繁峙县东部的泰戏山，由东北向西南横贯繁峙全境，绵延六七十千米。以滹沱河河谷为中心，地形向北、东、南三面逐渐抬升。其中，北、东面为黄土覆盖较厚、延伸较长的山前台地和冲积扇；南面则多为山前冲积扇和洪积扇，或陡或缓，或长或短，短则几十米，长则几千米，黄土覆盖相对较薄。北、东面地形支离破碎，深沟险壑随处可见；南面地形相对整齐，但地表泥沙和石子覆盖较多、较厚。在所调查范围，繁峙境内共发现先秦时期的遗址（或地点）104处，这些遗址靠近水源分布，空间上遍及整个黄土覆盖区（彩版四）。

一、桥儿沟Ⅱ号遗址

桥儿沟Ⅱ号遗址位于繁峙县横涧乡桥儿沟村东南650米，面积1.3万平方米。遗址处于滹沱河源头，地势较高，海拔在1350~1365米，东高西低，东面靠山，南、北面有冲沟分布。遗址位于相对开阔的地带，北面有发源于山间的季节性水流，由东向西流过。遗存分布较为密集，包含龙山、东周两个时期的遗存，其中，部分东周时期的遗存可进一步确认为战国时期。

1. 龙山时期

龙山时期遗存分布于遗址北部（图3-1），遗存分布略显稀疏。未见任何遗迹现象，只在地表发现有陶片。陶片多夹砂灰陶，纹饰有篮纹、绳纹，可辨器形有鬲、罐等。

2. 东周时期

东周时期遗存分布于遗址东部（图3-1），遗存分布较为密集。未见任何遗迹现象，只在地表发现有陶片。陶片多夹砂灰陶，纹饰以绳纹为主，可辨器形有盆、罐等。

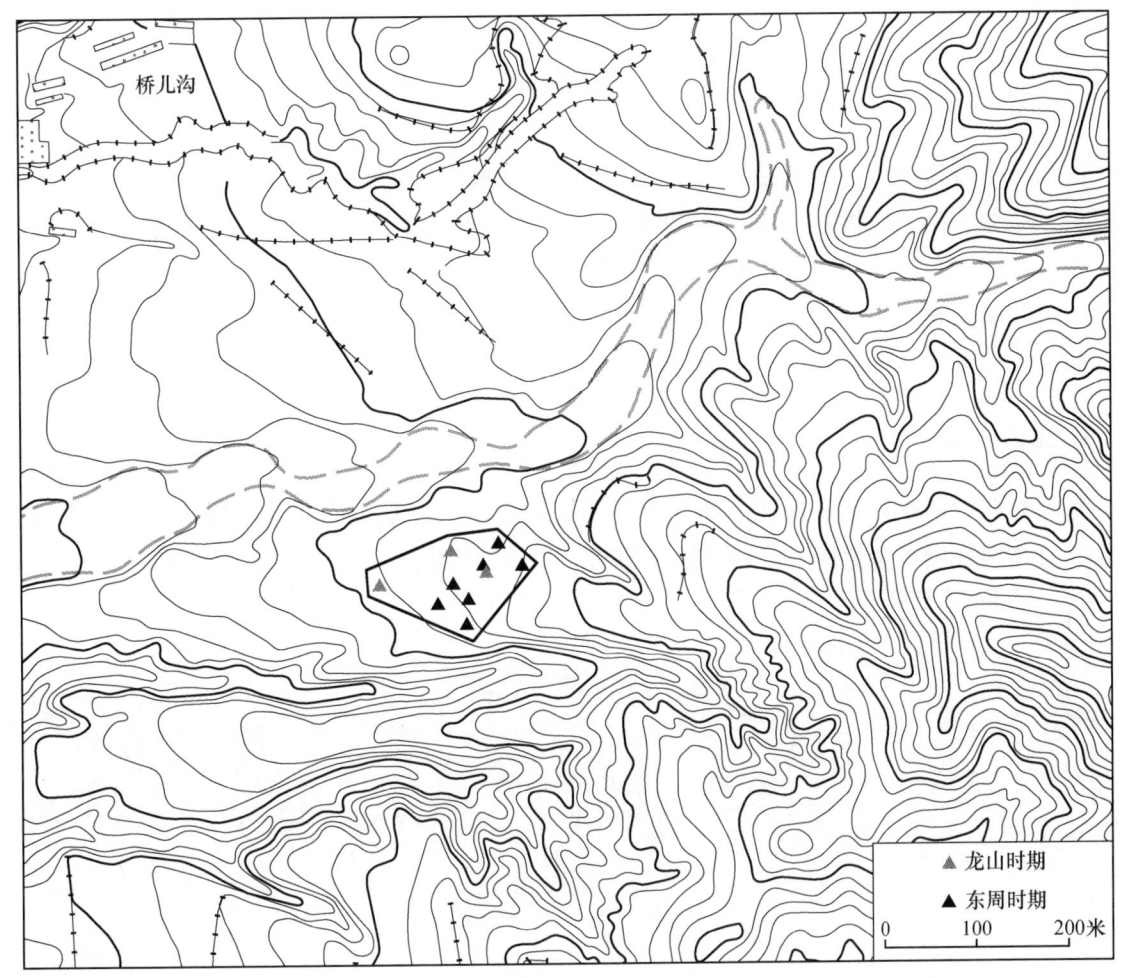

主要图例说明（以下图例同此）

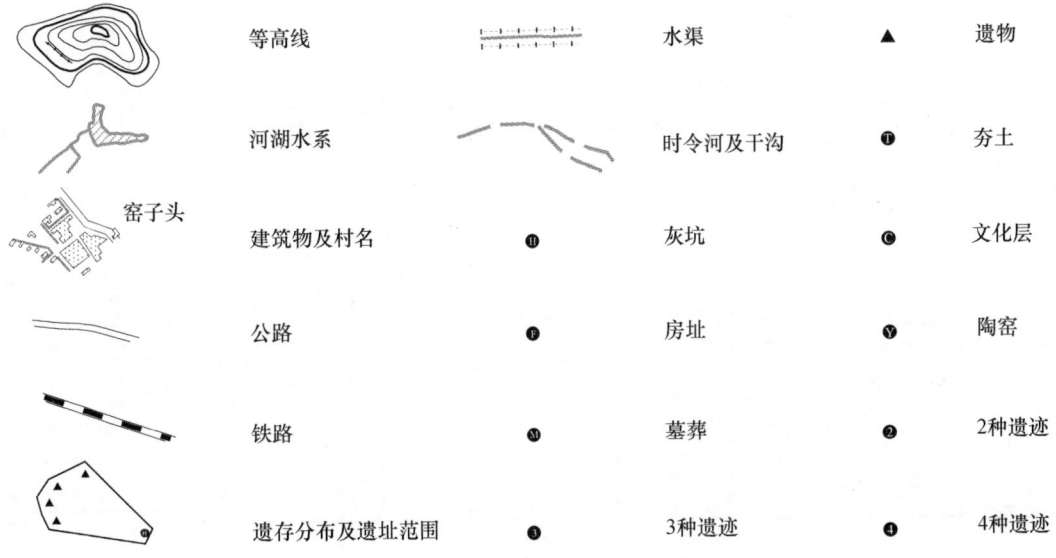

图 3-1　桥儿沟 II 号遗址遗存分布图

二、桥儿沟Ⅰ号遗址

桥儿沟Ⅰ号遗址位于繁峙县横涧乡桥儿沟村东 500 米，面积 3.6 万平方米。遗址处于滹沱河源头，地势较高，海拔在 1355～1380 米，东北高，西南低，遗址分布在地势趋缓的山前坡地上，南、北面均有冲沟。遗址东面、南面有发源于山间的季节性水流流过。遗存分布稀疏且有一定的落差，包含龙山、东周两个时期的遗存，其中，东周时期的遗存部分可进一步确认为战国时期。

1. 龙山时期

龙山时期的遗存只见于遗址南部（图 3-2），仅有个别发现，遗存分布稀疏。未见任何遗迹现象，只在地表发现少量陶片。陶片多夹砂陶，纹饰有篮纹，可辨器形有罐等。

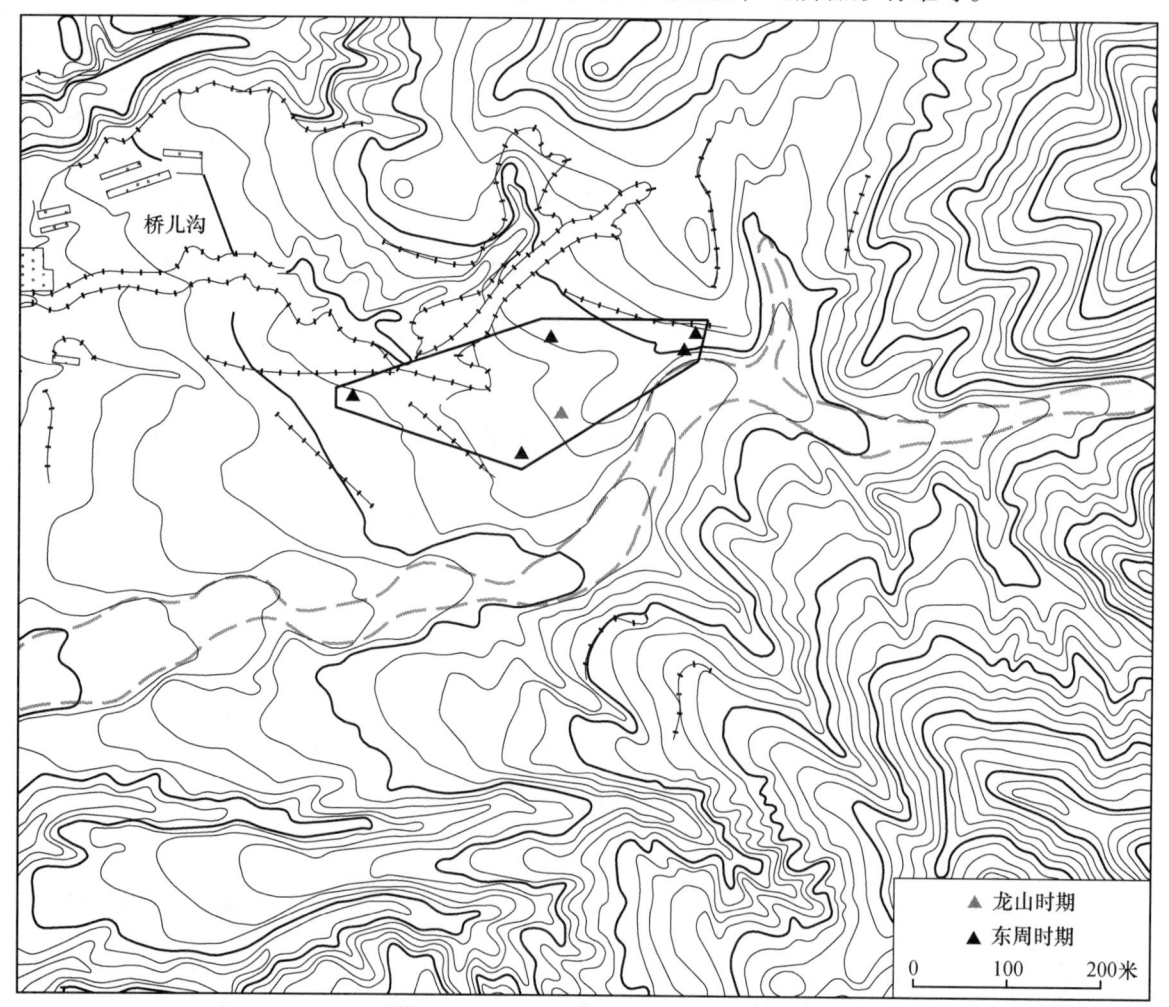

图 3-2　桥儿沟Ⅰ号遗址遗存分布图

2. 东周时期

东周时期遗存见于整个遗址（图3-2），但遗存分布较为稀疏。未见任何遗迹现象，只在地表发现有陶片。陶片多夹砂灰陶，纹饰以绳纹为主，可辨器形有罐等。

三、横涧Ⅰ号遗址

横涧Ⅰ号遗址位于繁峙县横涧乡横涧村东北950米，面积较小，只有0.8万平方米。遗址处于滹沱河北岸逐渐抬升的山前冲积扇上，南距今天的滹沱河2千米左右。海拔1250～1260米，北高南低，地势相对平坦，起伏很小，只在遗址西南面不远处有一小山丘。遗址东面有废弃的小河道，西面不远处有发源于山间的水流由东北向西南流过。遗址内只有战国时期的遗存（图3-3）。

遗存分布略显稀疏，未见任何遗迹现象，只在地表发现有陶片，但并不丰富。陶片多夹砂灰陶，纹饰以绳纹为主，有粗大绳纹，可辨器形有罐等。

在遗址西北700米处发现有这个时期的零星陶片。

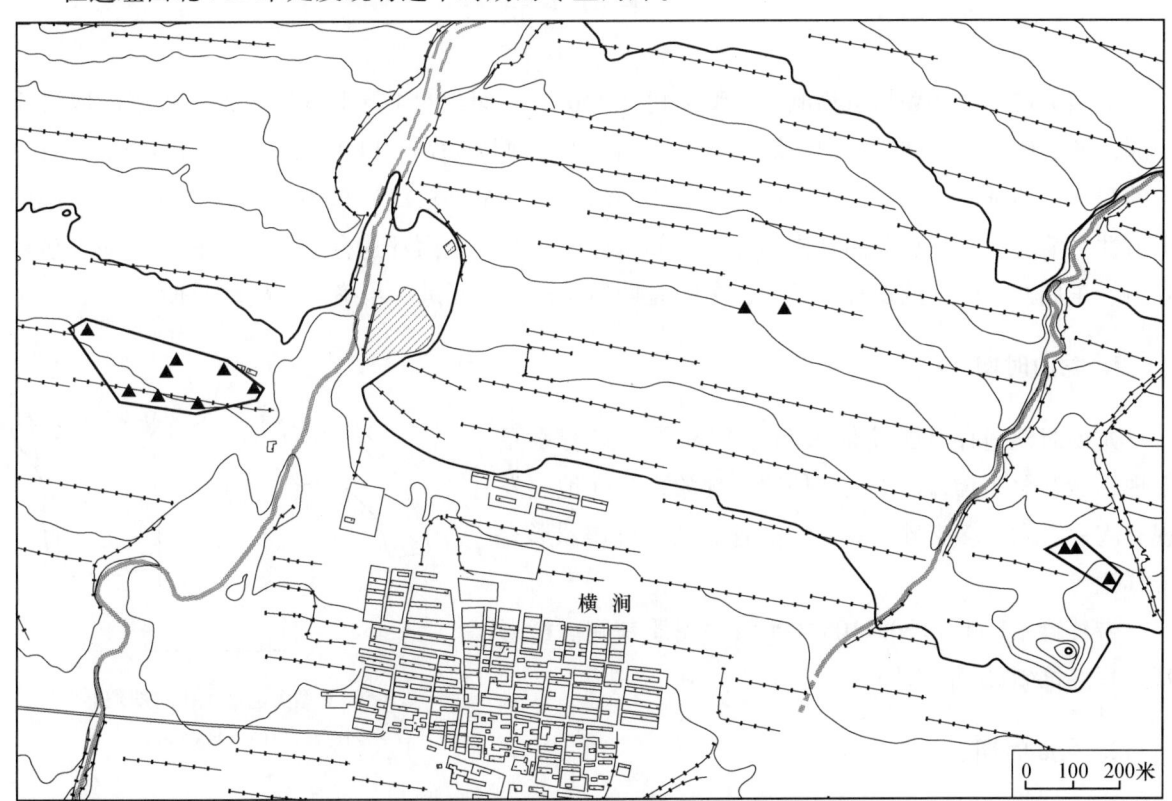

图3-3 横涧Ⅰ号（右）、Ⅱ号（左）遗址遗存分布图

四、横涧Ⅱ号遗址

横涧Ⅱ号遗址位于繁峙县横涧乡横涧村西北500米，面积4.4万平方米。遗址处于滹沱河北岸逐渐抬升的山前冲积扇上，南距今天的滹沱河约2千米。海拔1240～1250米，北高南低，地势相对平坦，起伏很小。东面有发源于山间的水流由北向南流过。遗址内只有东周时期的遗存，其中部分遗存可进一步确认为战国时期（图3-3）。

遗存分布密集，但未见任何遗迹现象，只在地表发现有陶片。陶片多夹砂灰陶，纹饰以绳纹为主，有粗大绳纹，可辨器形有豆、罐等。

豆 1件。FS060604L003:1，泥质灰陶。细柄中空，喇叭口矮圈足。素面（图3-4）。

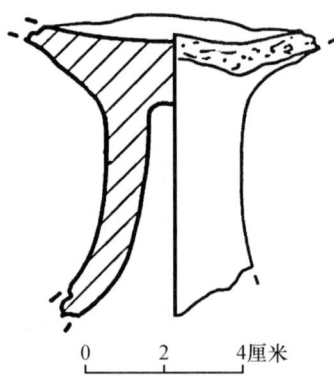

图3-4 横涧Ⅱ号遗址陶器
豆（FS060604L003:1）

五、平型关遗址

平型关遗址位于繁峙县横涧乡平型关村北150米，面积6.4万平方米。遗址处于山坡的近底部，地势较高，由陡峭趋向平缓，但坡度仍较大，海拔1370～1440米，东北高西南低，有一定的起伏。遗址东、西两侧都有冲沟，西侧冲沟较深，东侧较浅，东侧浅沟内有发源于山间的季节性水流流过。遗存分布疏密不等，东部遗存分布密集，西部遗存分布较为稀疏。遗址包含龙山、东周两个时期的遗存，其中，东周时期的遗存部分可进一步确认为战国时期。

1. 龙山时期

龙山时期遗存见于遗址东部（图3-6），只有零星发现，遗存分布稀疏。未见任何遗迹现象，只在地表发现有陶片。陶片多夹砂灰陶，纹饰有篮纹，可辨器形有带耳罐等。

带耳罐 1件。FS081105A006:1，泥质灰陶。桥形耳。耳部饰斜篮纹（图3-5）。

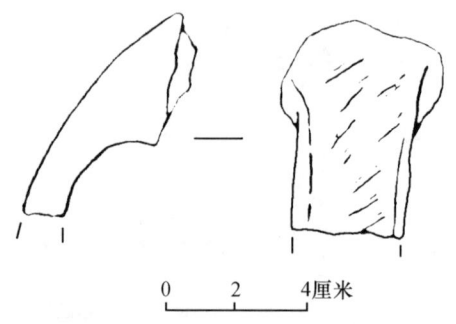

图3-5 平型关遗址龙山时期陶器
带耳罐（FS081105A006:1）

2. 东周时期

东周时期遗存分布于整个遗址（图3-6），遗存分布疏密不等，遗址西部遗存分布较为稀疏，东部则分布密集，遗迹现象集中发现于此。共发现3处文化层，未见其他遗迹现象。文化层内包含有少量陶片，地表也有陶片发现。陶片多夹砂灰陶，纹饰以绳纹为主，可辨器形有豆、盆、罐等。

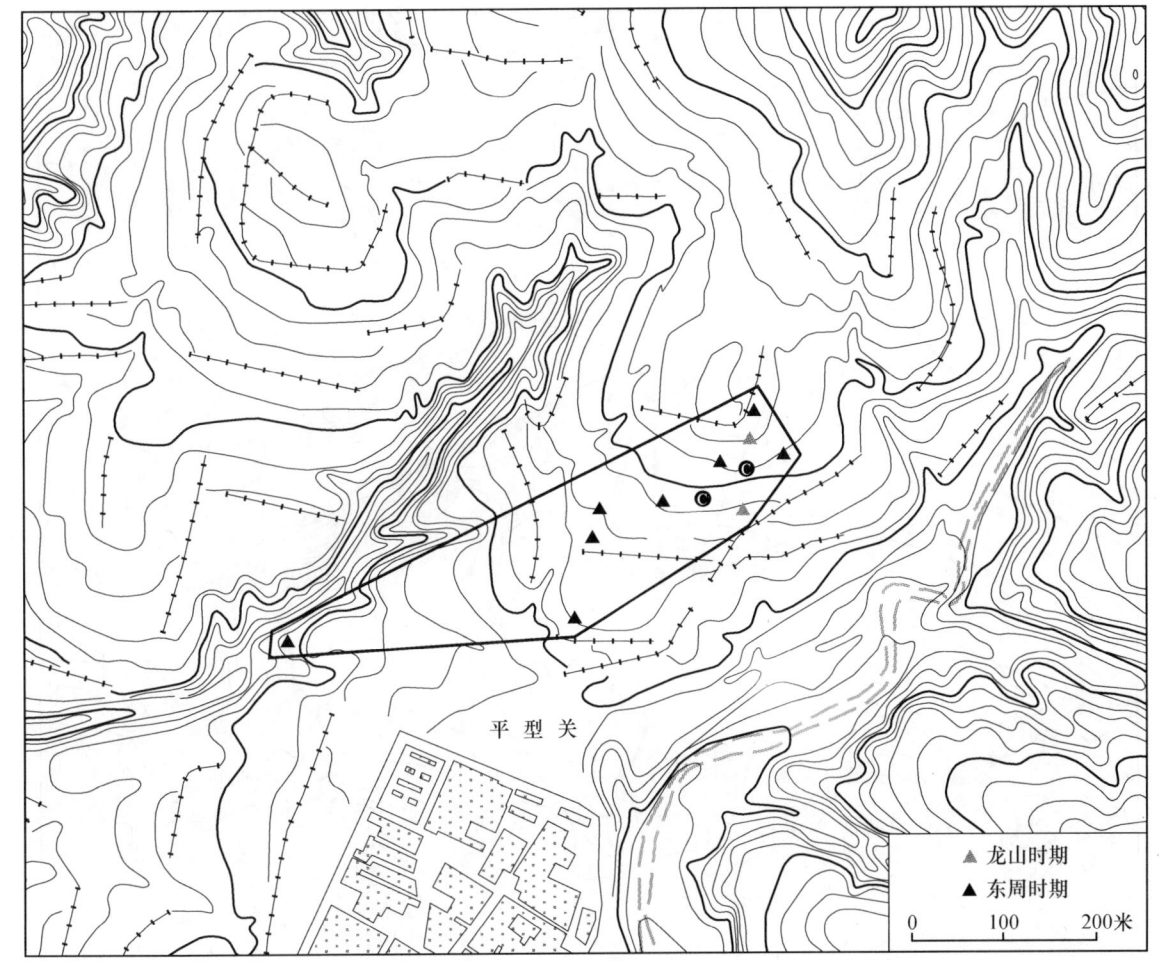

图 3-6 平型关遗址遗存分布图

六、涧头Ⅱ号遗址

涧头Ⅱ号遗址位于繁峙县大营镇涧头村南，面积11.1万平方米。遗址处于山坡的底部，坡度大，地势较陡，海拔1275～1335米，南高北低，中部有冲沟，高低起伏较大。北部有发源于山间的水流由东向西流过。遗存分布疏密不等，包含龙山、东周两个时期的遗存，其中，东周时期遗存部分可进一步确认为春秋时期。

1. 龙山时期

龙山时期遗存只见于遗址东南角（图3-7），所在位置较高，仅有个别发现，遗存分布非常稀疏。只发现1处文化层，未见其他遗迹现象。文化层内包含有少量陶片，地表未发现陶片。陶片多灰陶，纹饰有篮纹，可辨器形有罐等。

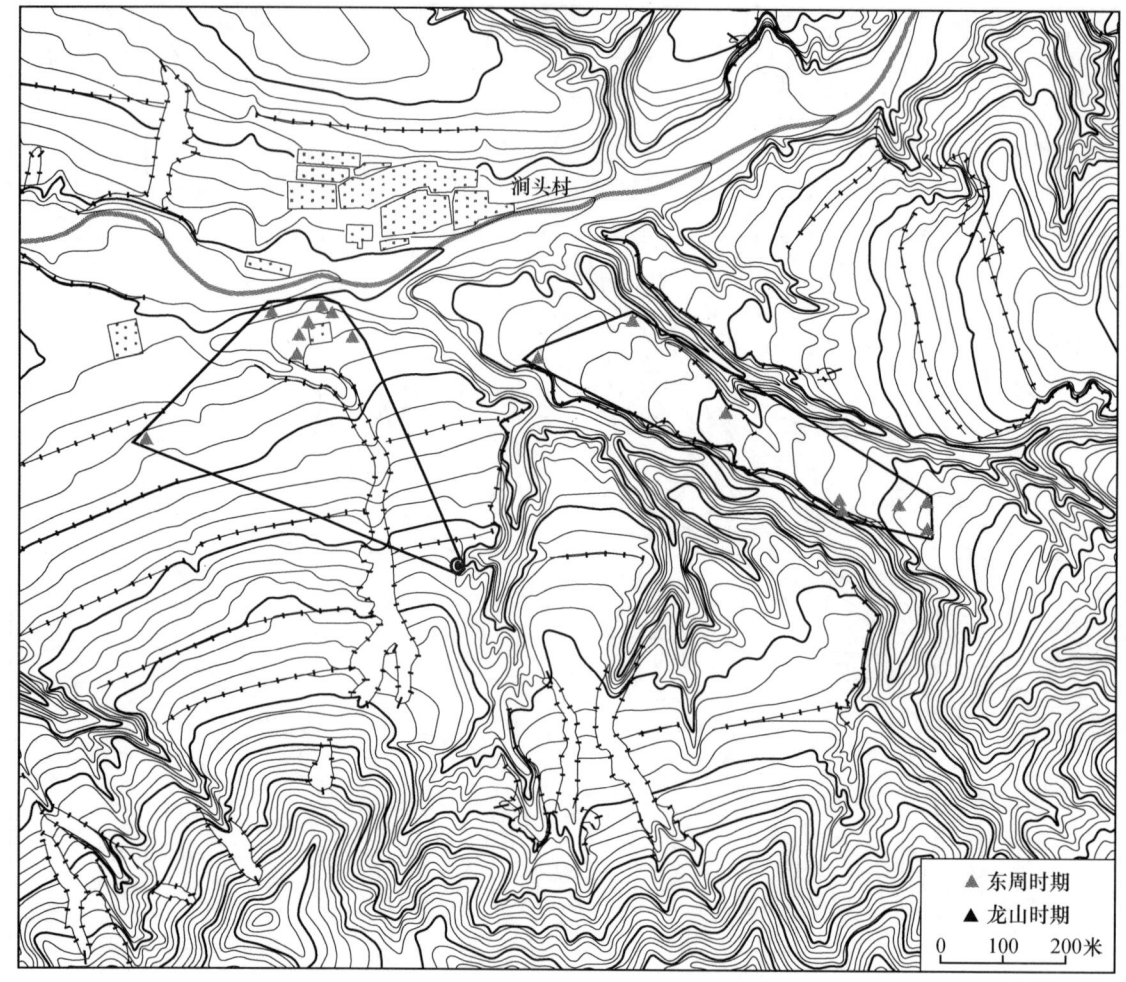

图3-7 涧头Ⅱ号（左）、Ⅲ号（右）遗址遗存分布图

2. 东周时期

东周时期遗存主要分布于遗址北部，遗存分布疏密不等，北部偏东较为密集，北部偏西则较为稀疏（图3-7）。未见任何遗迹现象，只在地表发现有陶片，陶片多夹砂灰陶，纹饰以绳纹为主，可辨器形有盆、豆、罐等。

罐　1件。FS060601I003：1，夹砂灰陶。方唇，翻沿，沿上下起脊，束颈，鼓腹。腹部饰粗大绳纹，中部有一周抹去痕迹。口径24、残高10.8厘米（图3-8，1）。

盆　1件。FS060601B004：1，夹砂灰陶。近方唇，宽折沿，深腹。沿内外各有一周凹槽，腹部饰绳纹。口径26、残高7.2厘米（图3-8，2）。

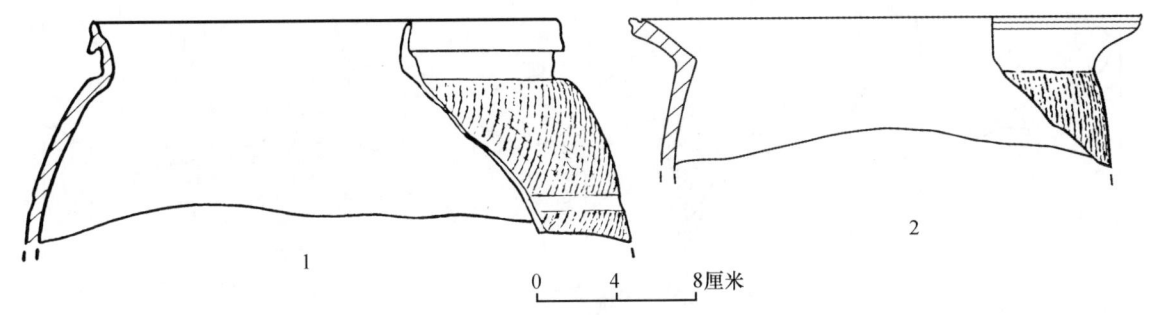

图 3-8　涧头Ⅱ号遗址东周时期陶器
1. 罐（FS060601I003：1）　2. 盆（FS060601B004：1）

七、涧头Ⅲ号遗址

涧头Ⅲ号遗址位于繁峙县大营镇涧头村东南 250 米，面积 7.6 万平方米。遗址处于山前一突出的山脊上，地势由陡峭逐渐下降趋向平缓，东、西两侧都有深沟，海拔 1285～1365 米，东南高西北低，有一定的起伏。遗址只有东周时期的遗存，其中，部分遗存可进一步确认为战国时期。

遗存分布相对稀疏且有较大落差，遗址东南部遗存分布相对密集（图 3-7）。未见任何遗迹现象，只在地表发现有陶片。陶片多夹砂灰陶，纹饰以绳纹为主，有粗大绳纹，可辨器形有豆、罐等。

八、涧头Ⅰ号遗址

涧头Ⅰ号遗址位于繁峙县大营镇涧头村北，面积 36.6 万平方米。处于山前缓坡的近底处，海拔 1300～1350 米，北高南低，遗址北部相对平缓，南部则较为陡峭，特别是东北部有较深冲沟，地势起伏大。遗址南部有发源于山间的水流由东向西流过。遗存分布疏密不均，北部遗存分布较为稀疏，南部则较为密集，尤以遗迹主要分布在南部。遗址包含仰韶、龙山两个时期的遗存。

1. 仰韶时期

仰韶时期遗存只见于遗址东南部（图 3-9），只有个别发现，遗存分布非常稀疏。未见任何遗迹现象，只在地表发现有少量陶片。陶片多夹砂褐陶，以素面为主，可辨器形有钵等。

陶钵　1 件。FS060531L003：1，夹砂褐陶，杂有蚌粉。圆唇，敛口，鼓腹。素面，腹最大径处有纽状鋬手。口径 19、残高 4.8 厘米（图 3-10，1）。

2. 龙山时期

龙山时期遗存见于整个遗址，遗存分布疏密不等（图 3-9），北部遗存分布较为稀疏，南部

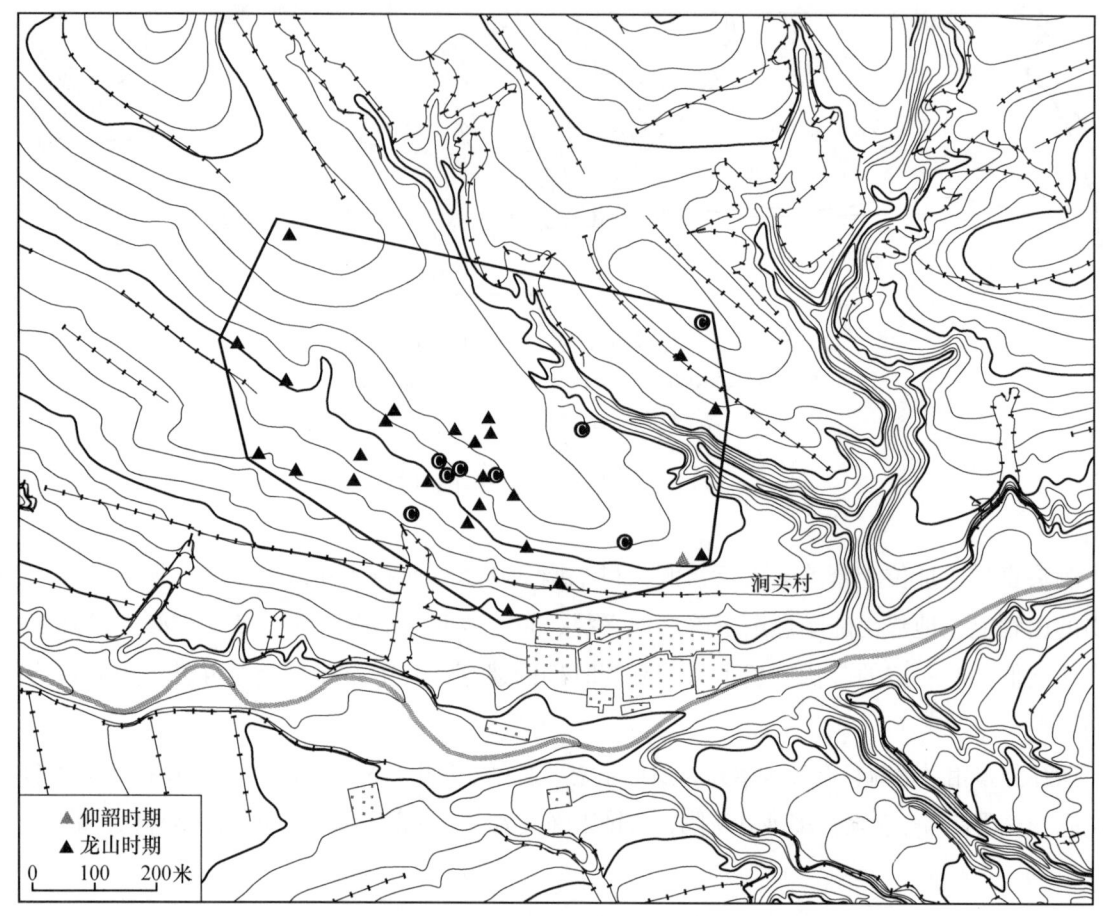

图 3-9　涧头 I 号遗址遗存分布图

则较为密集。共发现 10 处文化层，未见其他遗迹现象，文化层主要分布在遗址南部。文化层主要见于梯田的断面，包含物丰富，地表也发现较多遗物。遗物以陶片为主，此外，还有少量石器等。陶片多夹砂灰陶，纹饰多篮纹，可辨器形有鬲、盆、罐等。石器有石环及石环毛坯等。

陶盆　1 件。FS081106A003：1，夹砂灰陶。近方唇，敛口，鼓腹。腹部饰方格纹（图 3-10，2）。

陶罐　1 件。FS060531B009：1，夹砂灰褐陶。深腹，平底。腹部饰斜篮纹。底径 9.6、残高 4 厘米（图 3-10，3）。

石环　1 件。FS060531B008：1，黄褐色，已残。器薄，剖面呈"T"形，内桶形，器外中间位置有突棱。内径 5.7 厘米（图 3-10，4）。

石环毛坯　1 件。FS060531I002-C：1，黄褐色，圆形，已残。两面中部有管钻深窝（图 3-10，5）。

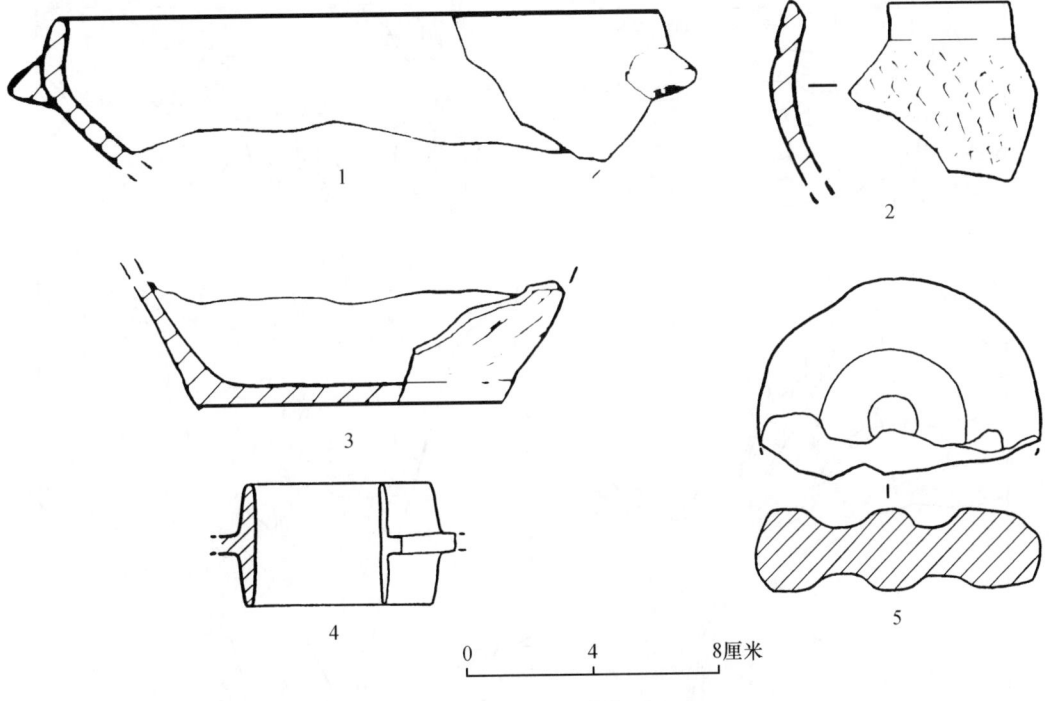

图 3-10 涧头 I 号遗址陶、石器
1. 陶钵（FS060531L003：1） 2. 陶盆（FS081106A003：1） 3. 陶罐（FS060531B009：1） 4. 石环
（FS060531B008：1） 5. 石环毛坯（FS060531I002-C：1）
（1. 仰韶时期；2~5. 龙山时期）

九、上固庄遗址

上固庄遗址位于繁峙县大营镇上固庄村南、北，面积 18.4 万平方米（彩版五）。遗址处于山前半山腰的较高处，地势较高，海拔 1320~1355 米，北高南低，背风向阳，整体地势呈缓坡逐渐下降。东部有发源于山间的水流由北向南流过。中部遗存分布很少，南、北两端遗存分布相对密集。遗址包含龙山、二里头、东周三个时期的遗存，其中，部分东周时期的遗存可进一步确认为战国时期。

1. 龙山时期

龙山时期的遗存见于遗址南、北部，中部未见，遗存分布稀疏（图 3-11）。未见任何遗迹现象，只在地表发现有陶片。陶片多灰陶，纹饰有篮纹，可辨器形有鬲、盆、罐等。

盆　1 件。FS081107F001：1，泥质灰陶。胎厚，深腹，平底。器表饰斜篮纹（图 3-12，1）。

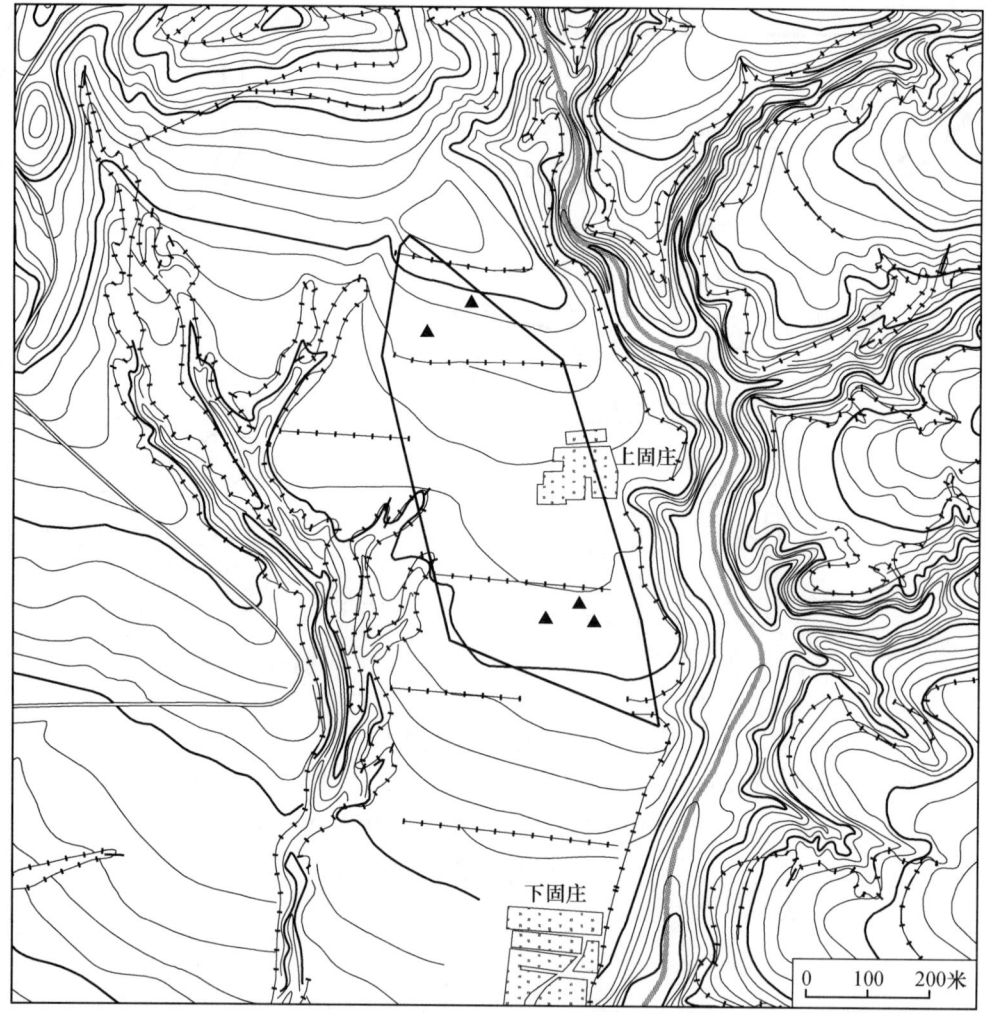

图 3-11 上固庄遗址龙山时期遗存时期分布图

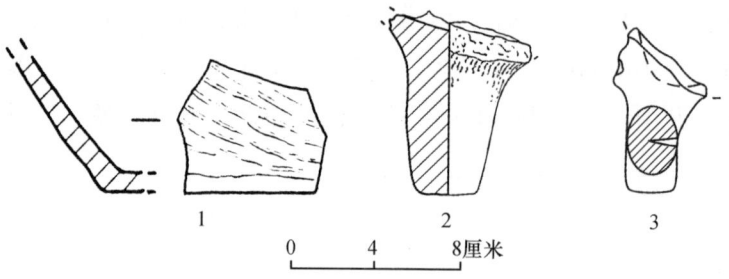

图 3-12 上固庄遗址陶器
1. 盆（FS081107F001：1） 2. 蛋形瓮足（FS060530F006：1） 3. 鼎足（FS060530D006：1）
（1. 龙山时期；2. 二里头时期；3. 东周时期）

2. 二里头时期

二里头时期遗存见于遗址偏东位置，遗存分布非常稀疏（图3-13）。未见任何遗迹现象，只在地表发现有零星陶片。陶片多夹砂灰陶，纹饰以绳纹为主，可辨器形有蛋形瓮等。

蛋形瓮足　1件。FS060530F006:1，夹砂灰陶。柱状实足跟。足部有绳纹（图3-12，2）。

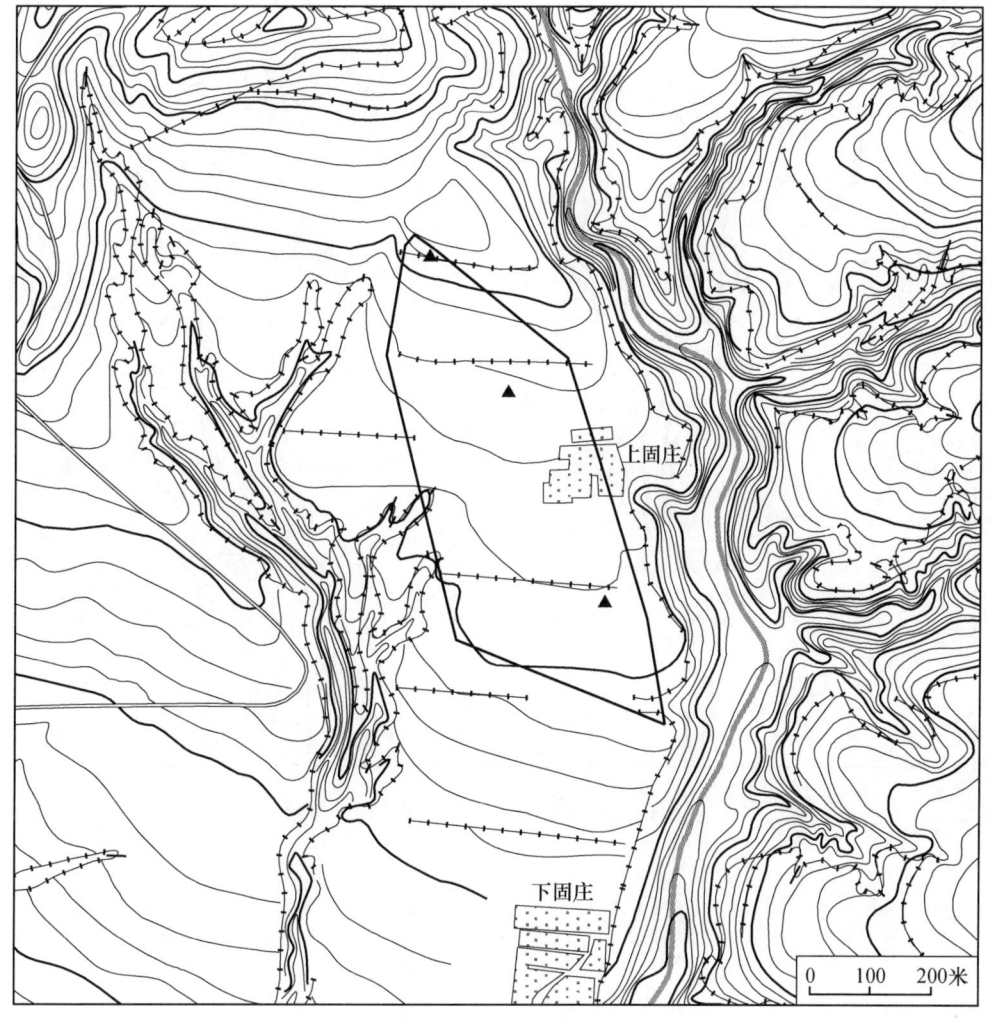

图3-13　上固庄遗址二里头时期遗存分布图

3. 东周时期

东周时期遗存见于整个遗存，不过，遗址中部遗存分布很少，南、北部遗存分布则相对密集（图3-14）。未见任何遗迹现象，只在地表发现有陶片。陶片多夹砂灰陶，纹饰以绳纹为主，可辨器形有鼎、罐等。

鼎足　1件。FS060530D006:1，夹砂灰陶，杂有蚌粉。柱足。足外侧有扉棱，内侧有深沟槽（图3-12，3）。

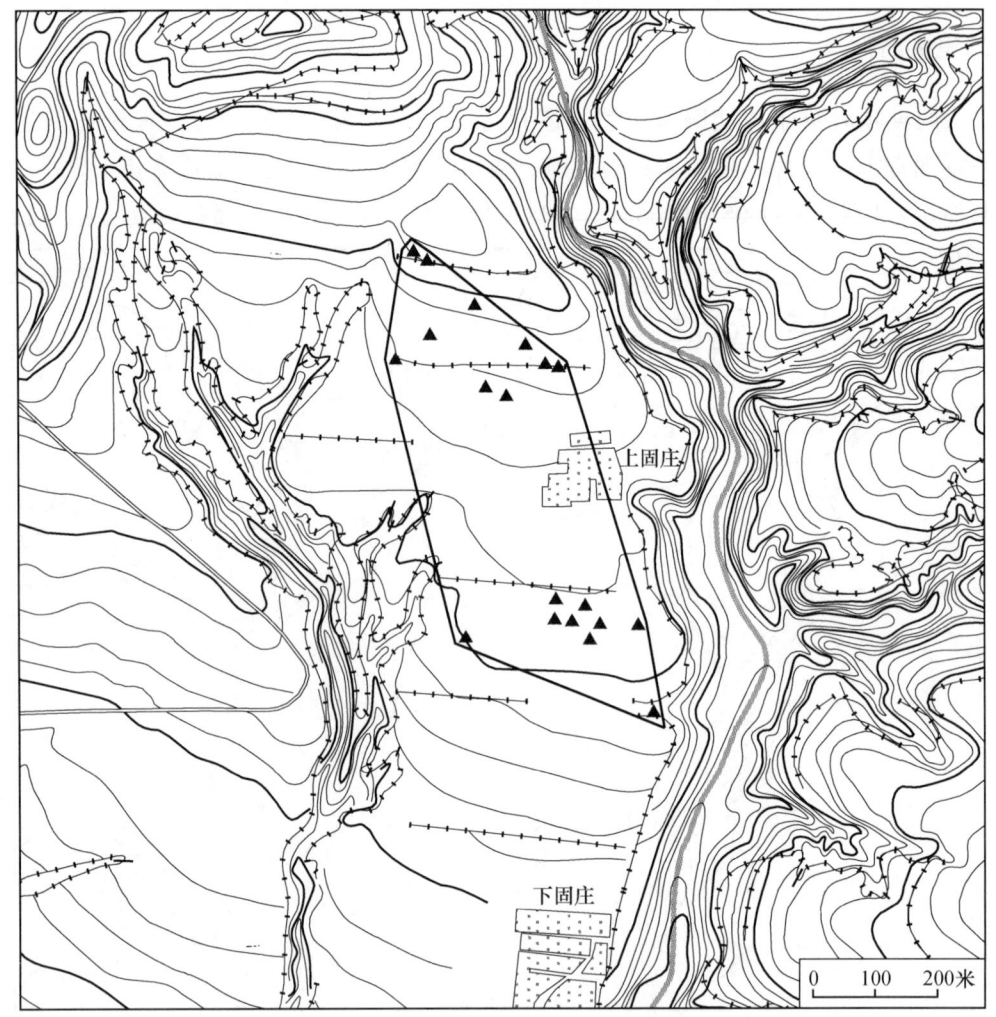

图 3-14 上固庄遗址东周时期遗存分布图

一〇、刘家尧遗址

刘家尧遗址位于繁峙县大营镇刘家尧村东南 150 米，面积 13.5 万平方米。遗址处在山前由陡趋缓的半山腰上，地势较高，海拔 1350～1390 米，北高南低，遗址北部有冲沟，地势起伏较大。遗址东、西两面都有深沟，深沟内有泉水。遗存分布稀疏，遗址包含龙山、东周两个时期的遗存。

1. 龙山时期

龙山时期遗存分布于遗址东部，遗存分布稀疏（图 3-16）。未见任何遗迹现象，只在地表发现有陶片。陶片多夹砂灰陶，纹饰多绳纹、篮纹，可辨器形有鬲、罐等。

2. 东周时期

东周时期的遗存只发现于遗址西南角地势较低处，遗存分布较少且非常稀疏（图3-16）。未见任何遗迹现象，只在地表发现有少量陶片。陶片多夹砂灰陶，纹饰以绳纹为主，其次为素面，可辨器形有盆、豆、罐等。

盆 1件。FS060529C003:1，夹砂灰陶。方唇，折沿，深腹。腹部饰绳纹，中间有一周抹去痕迹。口径30、残高6.8厘米（图3-15）。

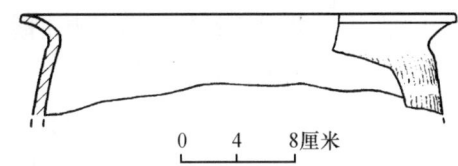

图3-15 刘家尧遗址东周时期陶器
盆（FS060529C003:1）

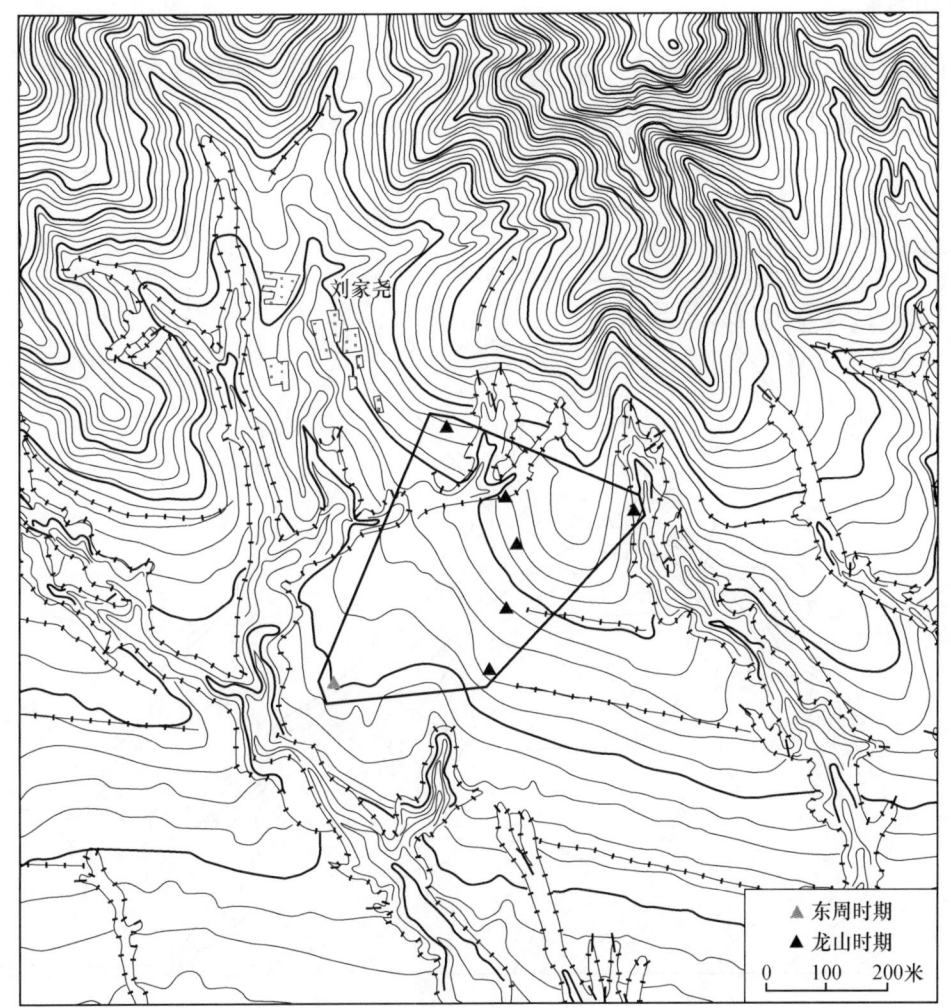

图3-16 刘家尧遗址遗存分布图

一一、西涧岔Ⅱ号遗址

西涧岔Ⅱ号遗址位于繁峙县柏家庄乡西涧岔村东南200米，面积5.8万平方米。遗址处在滹沱河北岸山坡的背后、滹沱河一支流西岸的缓坡上，海拔1225～1245米，西高东低，遗址北部有冲沟，地势起伏较大。遗址东面有水流由西北向东南流过。遗址南部遗存分布密集，北部则相对稀疏，遗址包含龙山、东周两个时期的遗存，其中部分东周时期的遗存可进一步确认为春秋、战国时期。

1. 龙山时期

龙山时期遗存只见于遗址南部，只有零星发现，遗存分布非常稀疏（图3-17）。未见任何遗迹现象，只在地表发现少量陶片。陶片多灰陶，纹饰有篮纹。

图3-17　西涧岔Ⅱ号遗址龙山时期遗存分布图

2. 东周时期

东周时期遗存分布于整个遗址，尤以南部遗存分布最为密集（图3-18）。不过，未见任何遗迹现象，只在地表发现有陶片。陶片多夹砂灰陶，纹饰以绳纹为主，可辨器形有盆、豆、罐、鼎等。

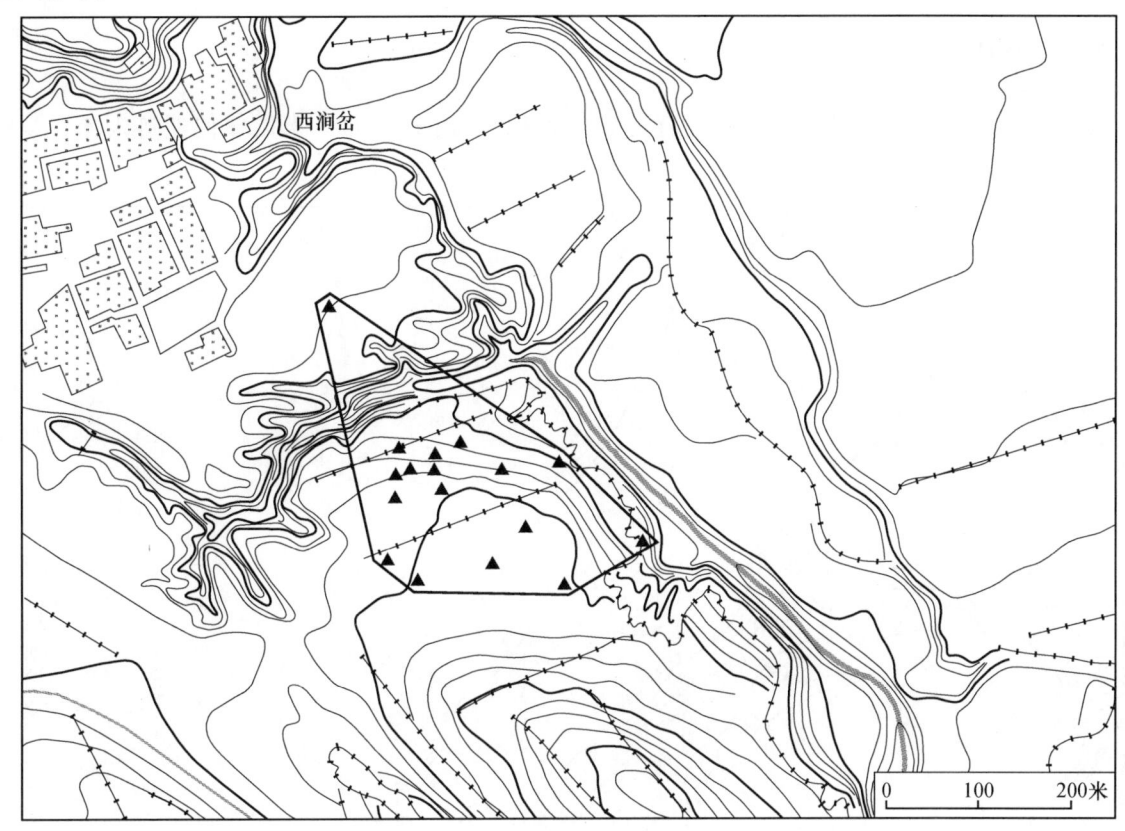

图3-18 西涧岔Ⅱ号遗址东周时期遗存分布图

盆 1件。FS060523I001:1，泥质灰陶。方唇，折沿，深腹。沿内外各有一周凹槽，腹部饰绳纹（图3-19，1）。

罐 1件。FS060523E002:1，夹砂灰陶。方唇，翻沿，沿上起脊，束颈，鼓腹。腹部饰绳纹（图3-19，2）。

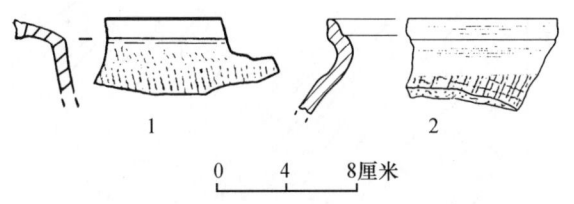

图3-19 西涧岔Ⅱ号遗址东周时期陶器
1. 盆（FS060523I001:1） 2. 罐（FS060523E002:1）

一二、西涧岔Ⅰ号遗址

西涧岔Ⅰ号遗址位于繁峙县柏家庄乡西涧岔东南1000米，面积较小，只有0.8万平方米。遗址处在滹沱河北岸山坡的背后、滹沱河一支流西岸的山丘上，地势高，海拔1225~1240米，西高东低，地形略陡，有一定的起伏。遗址北部有汇入滹沱河支流流过。遗存分布略显稀疏，遗址包含龙山、周两个时期的遗存，其中，周时期的遗存部分可进一步确认为战国时期，个别遗存可早到西周时期。

1. 龙山时期

龙山时期遗存只见于遗址西部，遗存分布非常稀少（图3-20）。未见任何遗迹现象，只在地表发现少量陶片。陶片多夹砂灰陶，纹饰有篮纹，可辨器形有罐等。

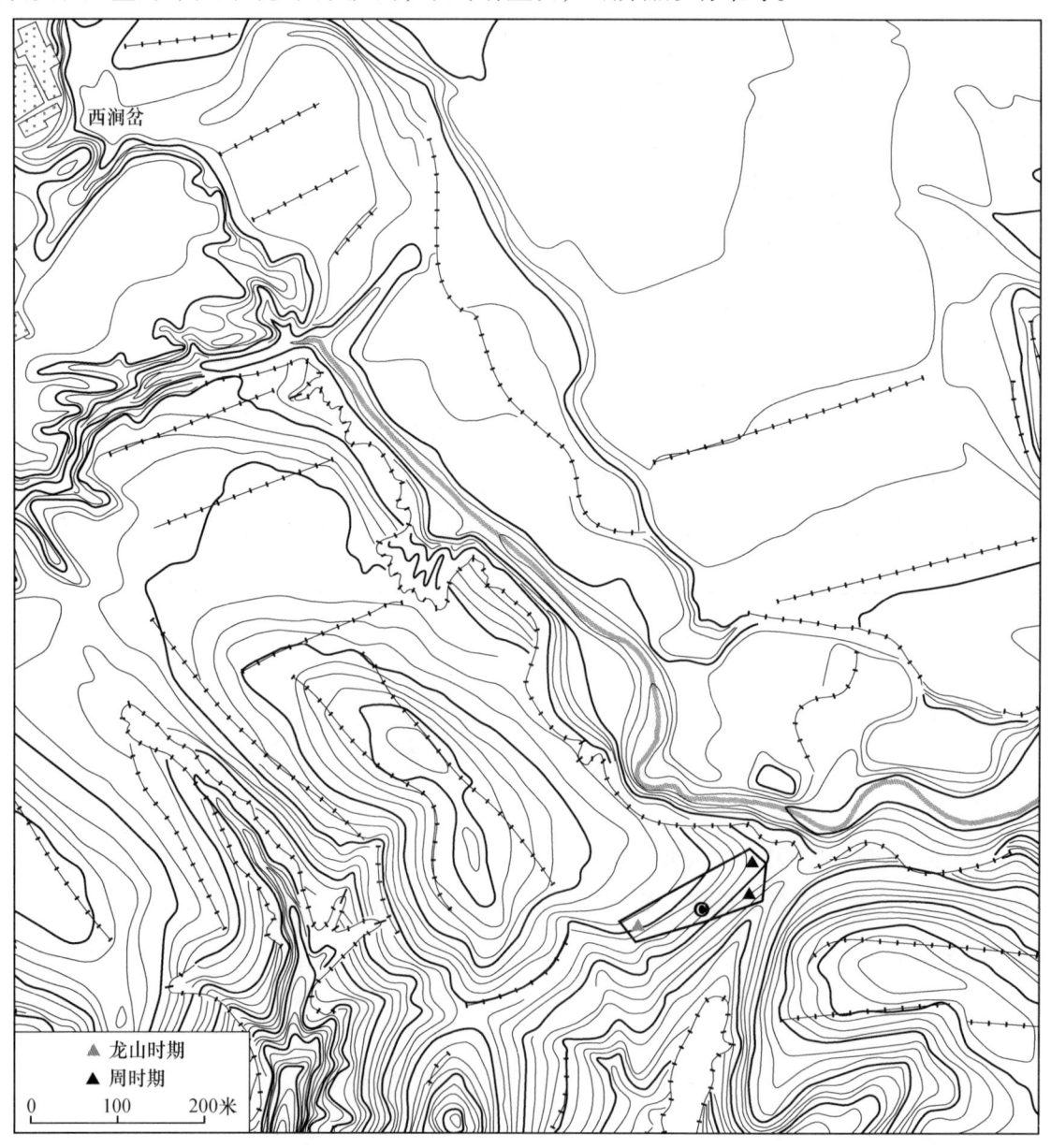

图3-20　西涧岔Ⅰ号遗址遗存分布图

2. 周时期

周时期遗存见于遗址中、东部，遗存分布相对稀疏（图3-20）。只在遗址中部发现1处文化层，未见其他遗迹现象。文化层内包含有较多陶片，地表也发现有陶片。陶片多夹砂灰陶，纹饰以绳纹为主，可辨器形有盆、罐等。

盆　1件。FS060523D004：1，夹砂灰褐陶。方唇，折沿，鼓腹。腹部饰绳纹（图3-21，1）。

罐　1件。FS060523H002-C：1，夹砂灰陶。圆唇，口外翻，束颈，鼓腹。沿外侧有一周凹槽，腹部饰绳纹（图3-21，2）。

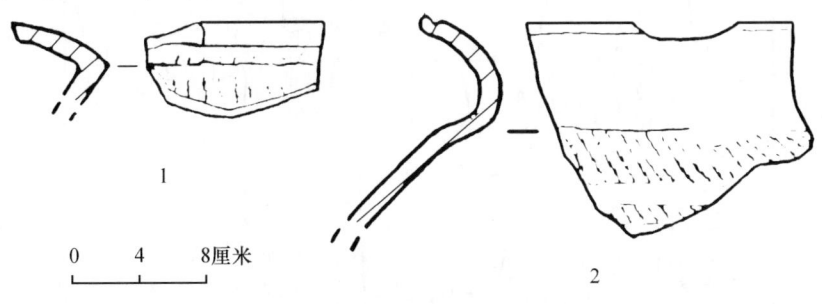

图3-21　西涧岔Ⅰ号遗址周时期陶器
1. 盆（FS060523D004：1）　2. 罐（FS060523H002-C：1）

一三、涧峪遗址

涧峪遗址位于繁峙县金山铺乡涧峪村西北，面积5.8万平方米（彩版六，1）。遗址处在滹沱河北岸逐渐抬升的山坡上，海拔1170～1205米，北高南低，地势起伏大。山坡下滹沱河自西向东流过。遗存分布稀疏且落差大，遗址包含龙山、二里头两个时期的遗存。

1. 龙山时期

龙山时期的遗存分布于整个遗址，但遗存分布较为稀疏，尤以中部遗存分布最少（图3-22）。未见任何遗迹现象，只在地表发现有陶片。陶片多夹砂灰陶，纹饰以绳纹为多，可辨器形有鬲、罐等。

在遗址西南约200米处发现有这个时期的零星陶片。

鬲足　1件。FS060520L001：1，夹砂灰陶。空袋足，有短实足跟。跟部有零星绳纹（图3-23，1）。

2. 二里头时期

二里头时期遗存主要分布于遗址北部，中部几乎不见，南部只有零星发现，北部遗存分布较为集中、密集（图3-24）。只在遗址北部发现1处文化层，未见其他遗迹现象。文化层内包含有少量陶片，地表也发现有陶片。陶片多夹砂灰陶，纹饰以绳纹为主，可辨器形有鬲、盆、杯、罐等。

鬲　1件。FS060520L005∶1，夹砂灰黑陶。圆唇，侈口，束颈，袋足外鼓。器表饰绳纹（图3-23，3）。

罐　1件。FS060520L002∶1，夹砂褐陶。圆唇，侈口，束颈，鼓腹。器表饰绳纹（图3-23，2）。

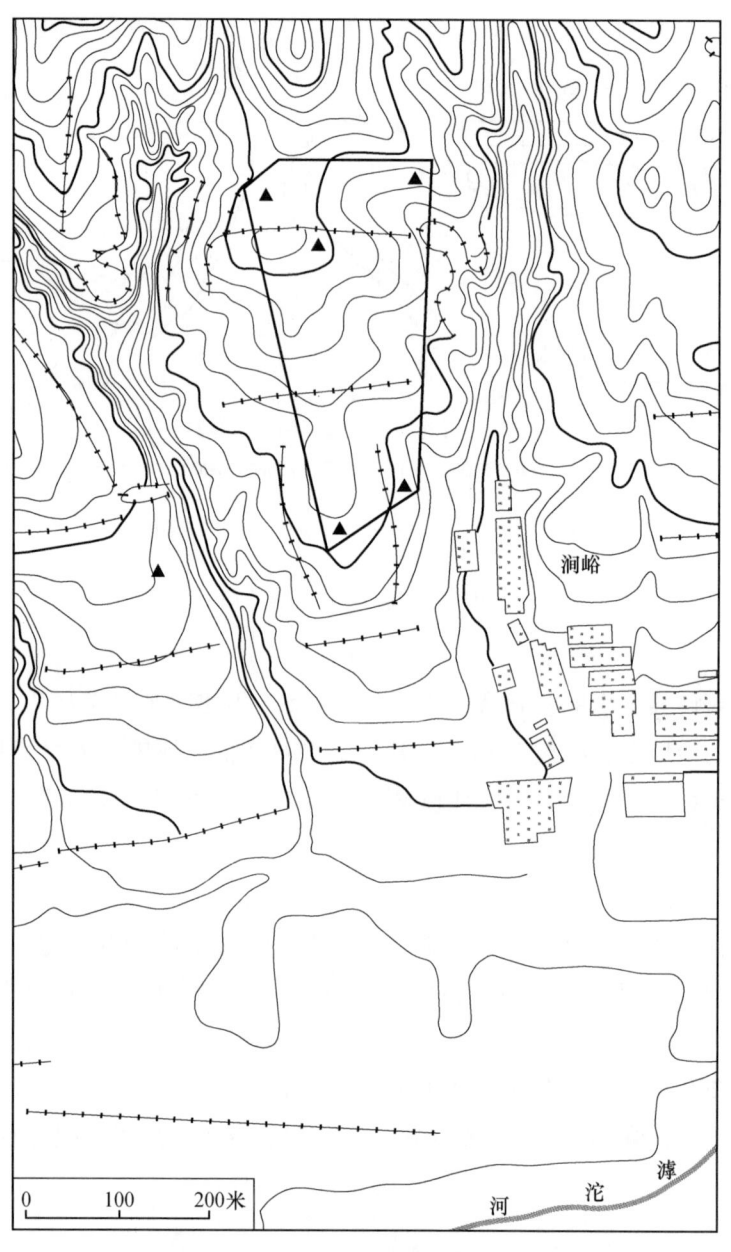

图3-22　涧峪遗址龙山时期遗存分布图

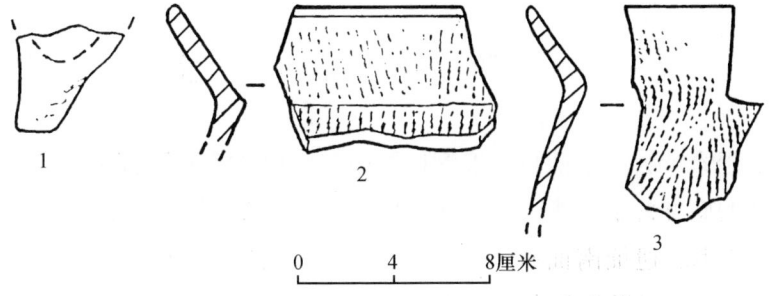

图 3-23 涧峪遗址陶器

1. 鬲足（FS060520L001:1） 2. 罐（FS060520L002:1） 3. 鬲（FS060520L005:1）

（1. 龙山时期；2、3. 二里头时期）

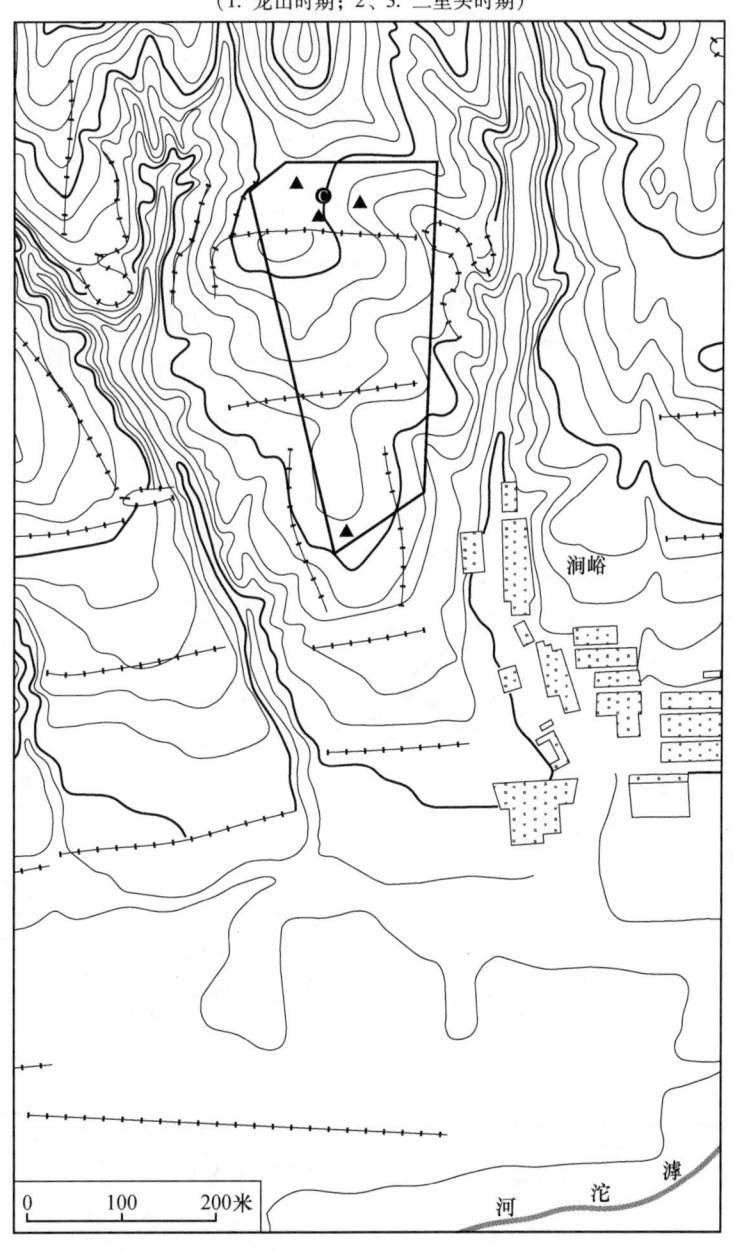

图 3-24 涧峪遗址二里头时期遗存分布图

一四、上浪涧遗址

上浪涧遗址位于繁峙县金山铺乡上浪涧村西南,面积3.7万平方米(彩版六,2)。遗址处在滹沱河北岸山坡的底部,紧邻滹沱河河床,地势较低且较为平坦,海拔1130~1140米,略高于今天的河床数米。遗址南面有滹沱河由东向西流过。遗存分布疏密不等,尤以东部相对密集,遗址包含龙山、二里头两个时期的遗存。

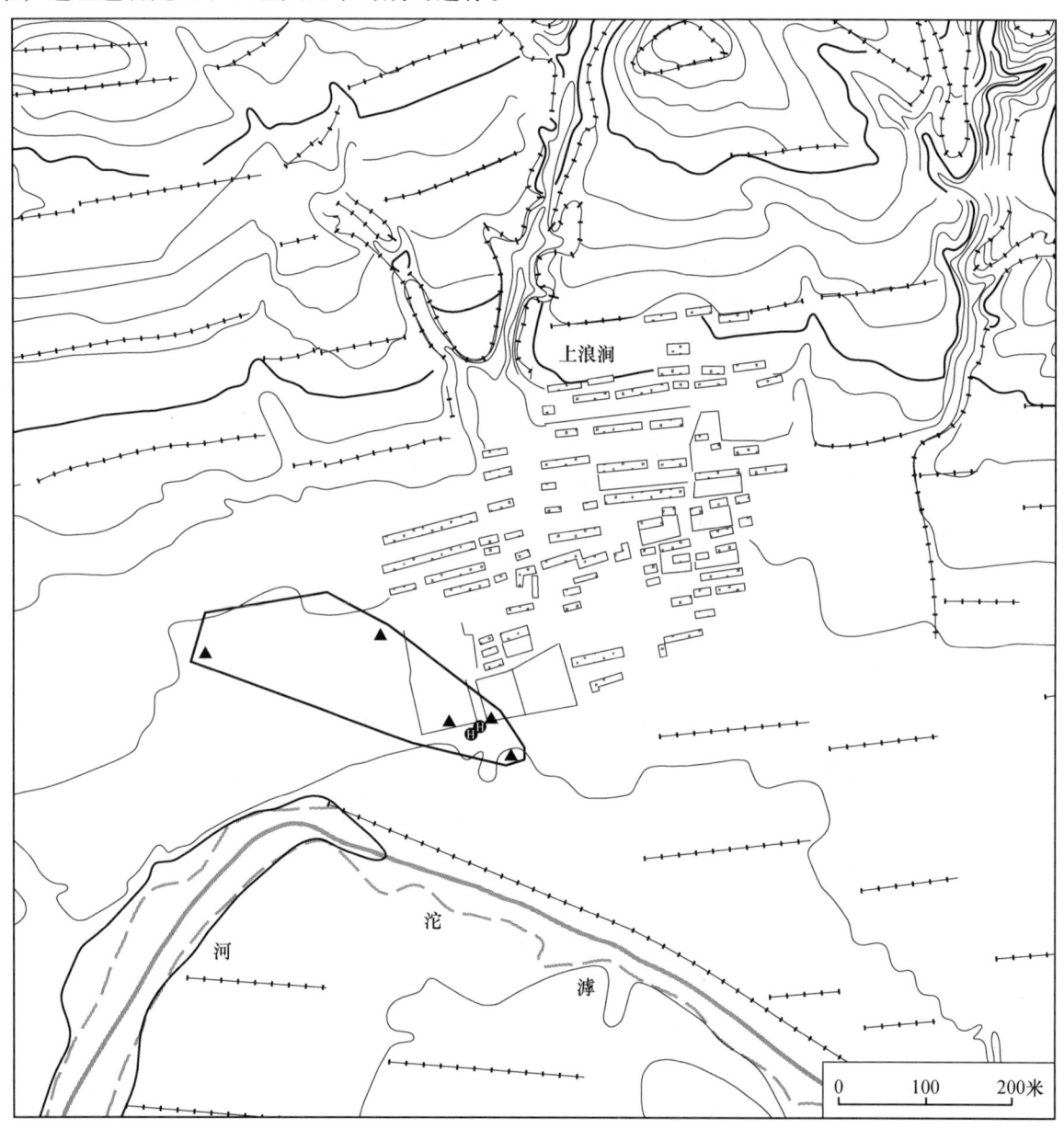

图3-25 上浪涧遗址龙山时期遗存分布图

1. 龙山时期

龙山时期遗存见于遗址绝大分布范围，西部遗存分布稀疏，东部分布密集，遗迹也集中分布于此（图3-25）。共发现2个灰坑，未见其他遗迹现象。灰坑内包含物丰富，尤以陶片最多，地表也发现较多陶片。陶片多夹砂灰陶，纹饰以绳纹为主，可辨器形有盆、蛋形瓮等。

蛋形瓮 1件。FS060607E003：1，夹砂灰褐陶。宽平沿，微敛口，深鼓腹。器表饰绳纹（图3-27，9）。

盆 1件。FS081111E001-H：1，夹砂灰陶。圆唇，口外翻，深腹。腹部饰绳纹（图3-27，5）。

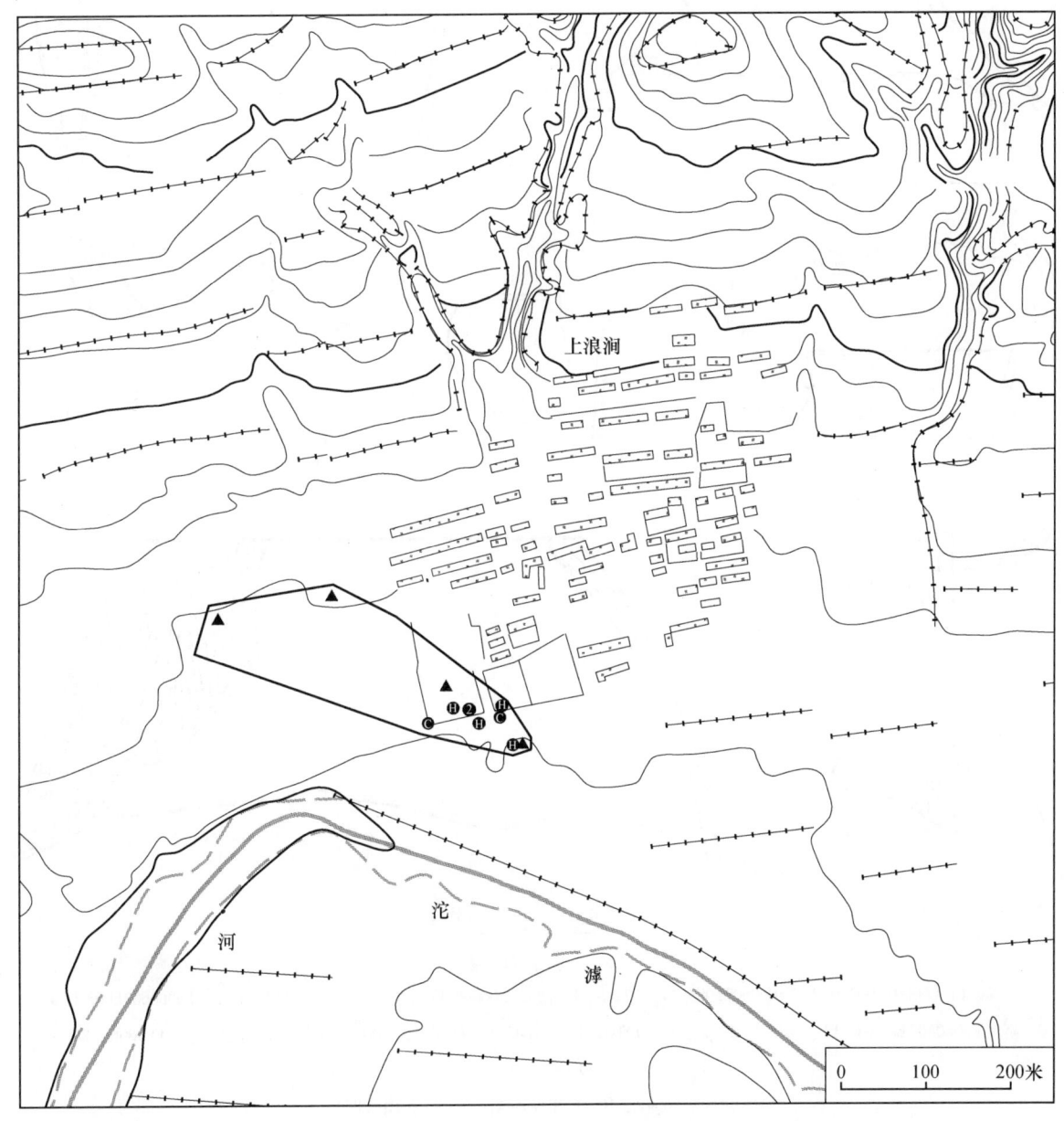

图3-26　上浪涧遗址二里头时期遗存分布图

2. 二里头时期

二里头时期遗存基本分布于整个遗址，西部遗存分布稀疏，中部几乎不见，东部遗存分布较为密集，遗迹也集中分布于此（图3-26）。共发现2处文化层、5个灰坑和1座红烧土面房址。除房址内没有发现遗物外，文化层和灰坑内均包含有较多遗物，遗物以陶片为主，此外有少量石器，地表也发现较多陶片。陶片多夹砂灰陶，纹饰以绳纹为主，可辨器形有鬲、蛋形瓮、盆、罐等。

鬲 1件。FS060607E002-H:1，夹砂灰黑陶。圆唇，口外翻，矮领，袋足外鼓。腹部饰绳纹，袋足有鋬手。口径12.8、残高5.6厘米（图3-27，3）。

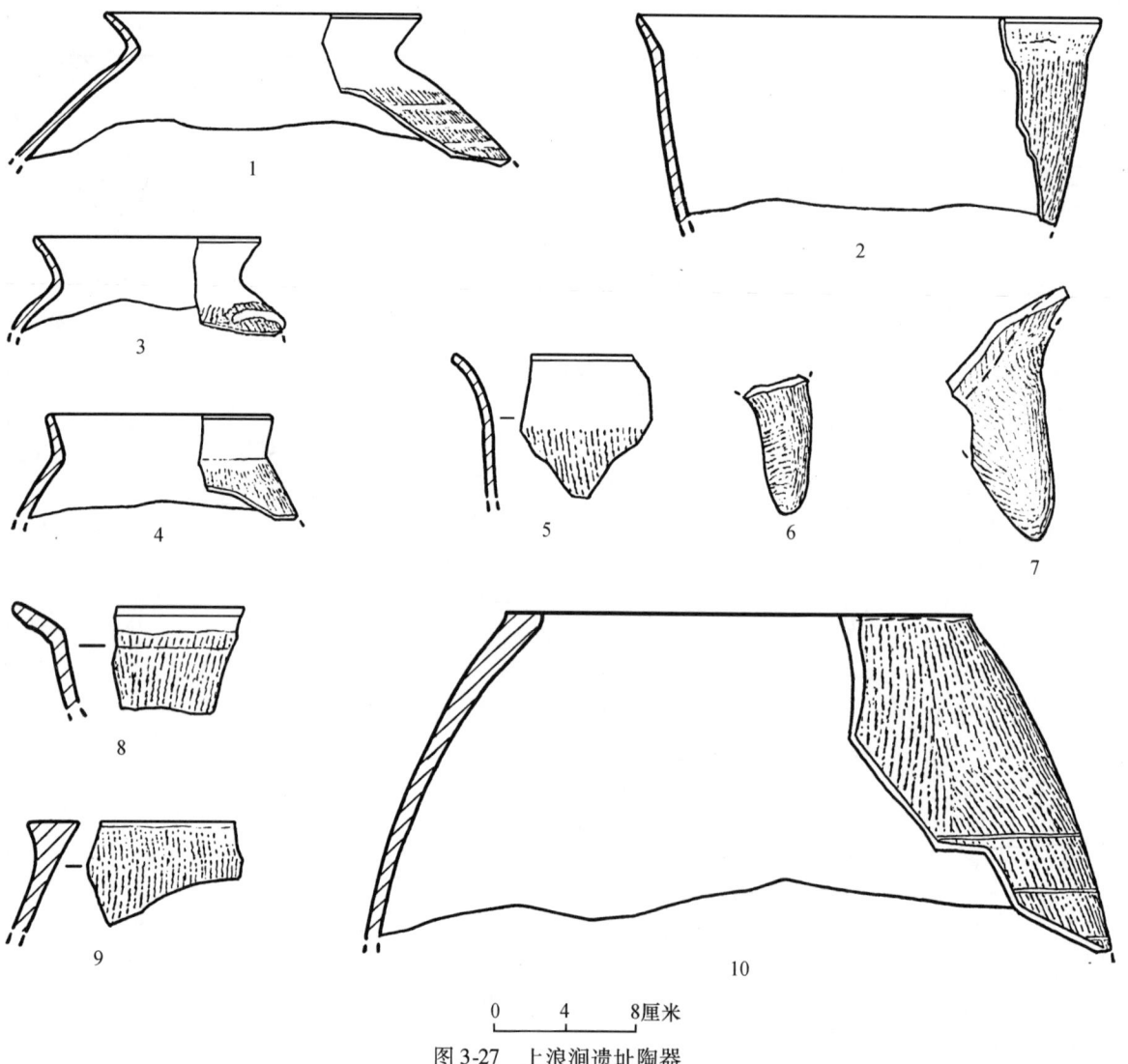

图3-27 上浪涧遗址陶器

1、4. 罐（FS060607E002-H:2、FS060607F003:2） 2、5、8. 盆（FS060607E002-H:3、FS08111E001-H:1、FS060607E002-H:4）
3. 鬲（FS060607E002-H:1） 6、7. 蛋形瓮足（FS081111C002-H:1、FS060607C001:1） 9、10. 蛋形瓮（FS060607E003:1、FS060607F003:1）

（1~4、6~8、10. 二里头时期；5、9. 龙山时期）

蛋形瓮 1件。FS060607F003：1，夹砂灰褐陶。宽平沿，敛口，深鼓腹。腹部饰旋断绳纹。口径26、残高18厘米（图3-27，10）。

蛋形瓮足 2件。FS060607C001：1，夹砂灰陶。矮胖锥状实足跟。器表饰绳纹（图3-27，7）。FS081111C002-H：1，夹砂褐陶。锥状实足跟。足部饰绳纹（图3-27，6）。

盆 2件。FS060607E002-H：3，夹砂灰陶。圆唇，敞口，深腹。器表饰绳纹。口径26、残高11厘米（图3-27，2）。FS060607E002-H：4，夹砂灰陶。圆唇，翻沿，斜腹。腹部饰绳纹（图3-27，8）。

罐 2件。FS060607F003：2，夹砂红褐陶，杂有蚌粉。圆唇，近直口，鼓腹。腹部饰细绳纹。口径12.8、残高6厘米（图3-27，4）。FS060607E002-H：2，夹砂灰陶。圆唇，口外翻，束颈，鼓腹。腹部饰旋断绳纹。口径18、残高8厘米（图3-27，1）。

一五、东沿口遗址

东沿口遗址位于繁峙县砂河镇东沿口村西北250米，面积19.5万平方米（彩版七，1）。遗址处在滹沱河北岸缓坡的最底处，地势较低，海拔1155～1175米，北高南低，遗址北部有浅冲沟，中部有20世纪修建的引水渠，地势有一定的起伏。遗址有滹沱河支流沿口河由北向南流过。遗存分布略显稀疏，遗址包含龙山、二里头、东周三个时期的遗存，其中东周时期的遗存部分可进一步确认为春秋、战国时期。

1. 龙山时期

龙山时期遗存分布于南部之外的整个遗址，遗存分布略显稀疏（图3-28）。遗迹发现很少，只在中部后来修建的沟渠旁发现1座窑址，未见其他遗迹现象。陶窑尚存窑室部分，其内包含有较多陶片，地表也发现较多陶片。陶片多夹砂灰陶，纹饰以绳纹为多，可辨器形有鬲、盘、罐等。

鬲 1件。FS060513D001：1，夹砂灰褐陶。厚圆唇，口微外翻，矮领，袋足外鼓。领部以下饰绳纹。口径24、残高6厘米（图3-29，1）。

鬲足 1件。FS060513G005：1，夹砂灰陶。空袋足，微有实足跟。器表饰绳纹（图3-29，5）。

盘 1件。FS060513H002-Y：1，泥质灰陶。圆唇，小平沿，大敞口，斜浅盘。素面。口径30、残高6厘米（图3-29，3）。

2. 二里头时期

二里头时期遗存见于遗址南、北两端，中部未见，遗存分布非常稀疏（图3-30）。未见任何遗迹现象，只在地表发现少量陶片。陶片多灰陶，纹饰以绳纹为主，可辨器形有鬲、蛋形瓮等。

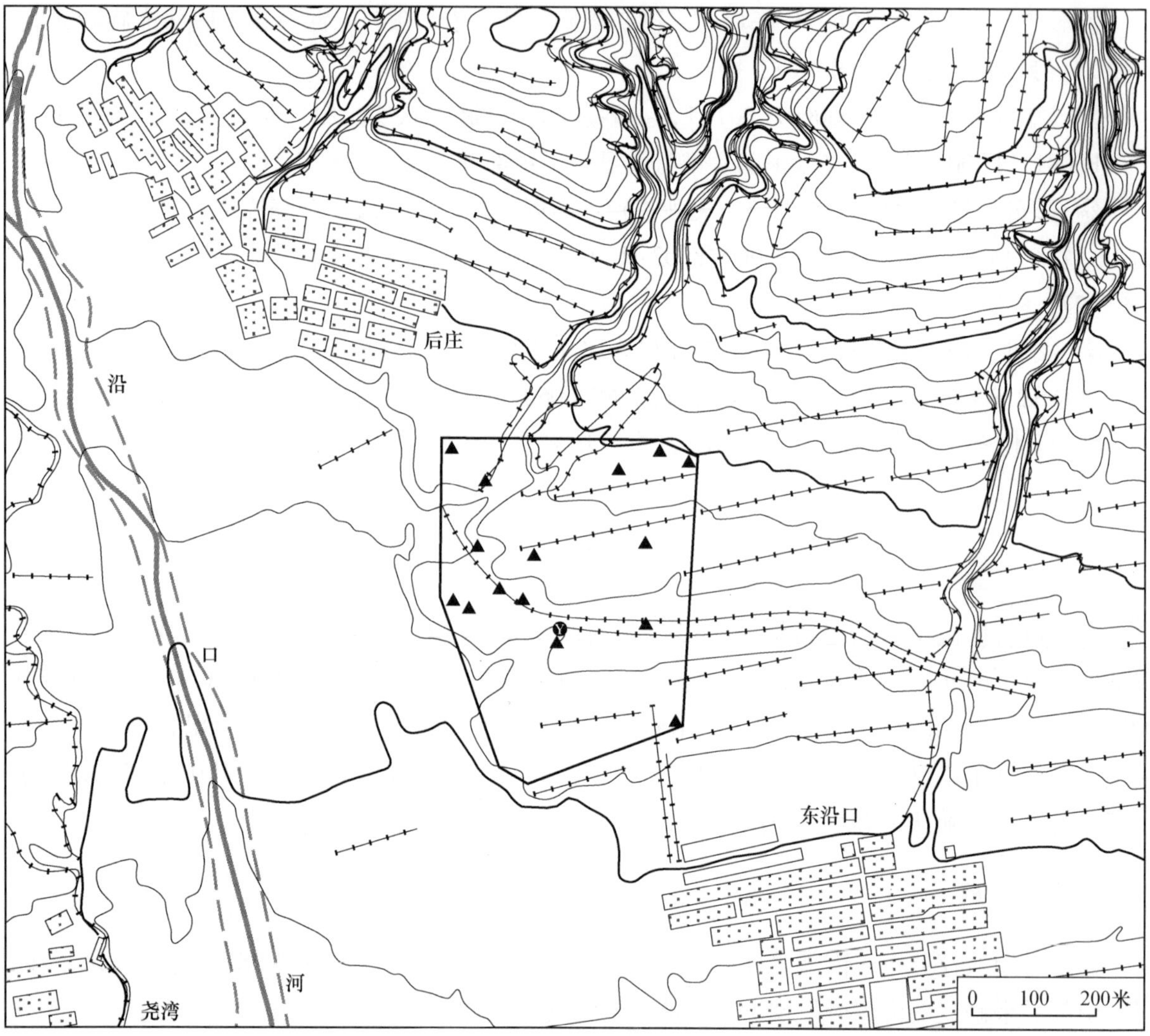

图 3-28　东沿口遗址龙山时期遗存分布图

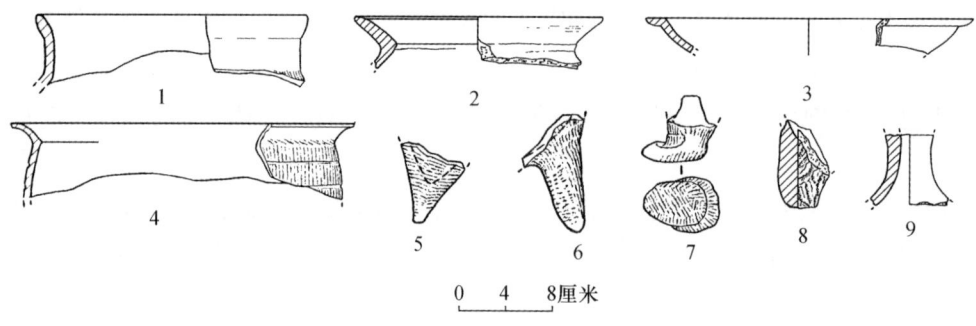

图 3-29　东沿口遗址陶器

1. 鬲（FS060513D001:1）　2. 罐（FS060513E002:1）　3. 盘（FS060513H002-Y:1）　4. 盆（FS060513G002:1）　5、8. 鬲足（FS060513G005:1、FS060513G004:1）　6、7. 蛋形瓮足（FS060513H003:1、FS060513D006:1）　9. 豆（FS060513E003:1）

（1、3、5. 龙山时期；2、4、8、9. 东周时期；6、7. 二里头时期）

蛋形瓮足　2件。FS060513H003：1，夹砂褐陶。扁实足跟。足部饰绳纹（图3-29，6）。FS060513D006：1，夹砂灰陶。靴形。器表饰绳纹（图3-29，7）。

3. 东周时期

东周时期遗存主要见于遗址西部偏中和偏南位置，局部遗存分布密集（图3-31）。未见任何遗迹现象，只在地表发现有陶片。陶片多夹砂灰陶，纹饰以绳纹为主，可辨器形有鬲、盆、豆、罐等。

盆　1件。FS060513G002：1，泥质灰陶。方唇，折沿，深腹。腹部饰旋断绳纹。口径30、残高6.4厘米（图3-29，4）。

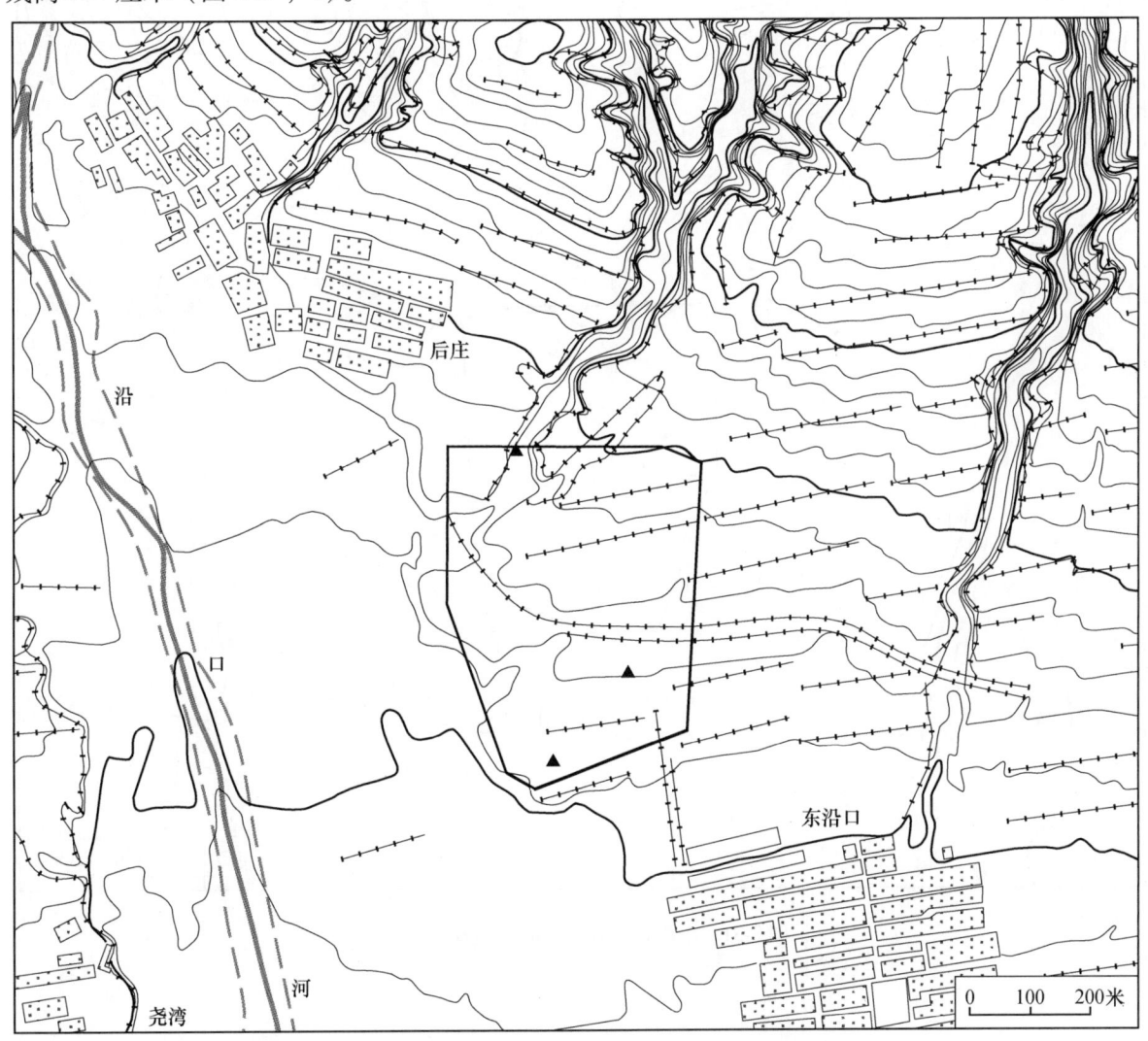

图3-30　东沿口遗址二里头时期遗存分布图

鬲足　1件。FS060513G004:1，夹砂灰陶。联裆，矮胖实足跟。器表饰粗大绳纹（图3-29，8）。

豆　1件。FS060513E003:1，泥质灰陶。只有柄部，细柄中空，喇叭口圈足。素面（图3-29，9）。

罐　1件。FS060513E002:1，夹砂灰陶。圆唇，折沿，束颈，鼓腹。素面。口径20.2、残高5厘米（图3-29，2）。

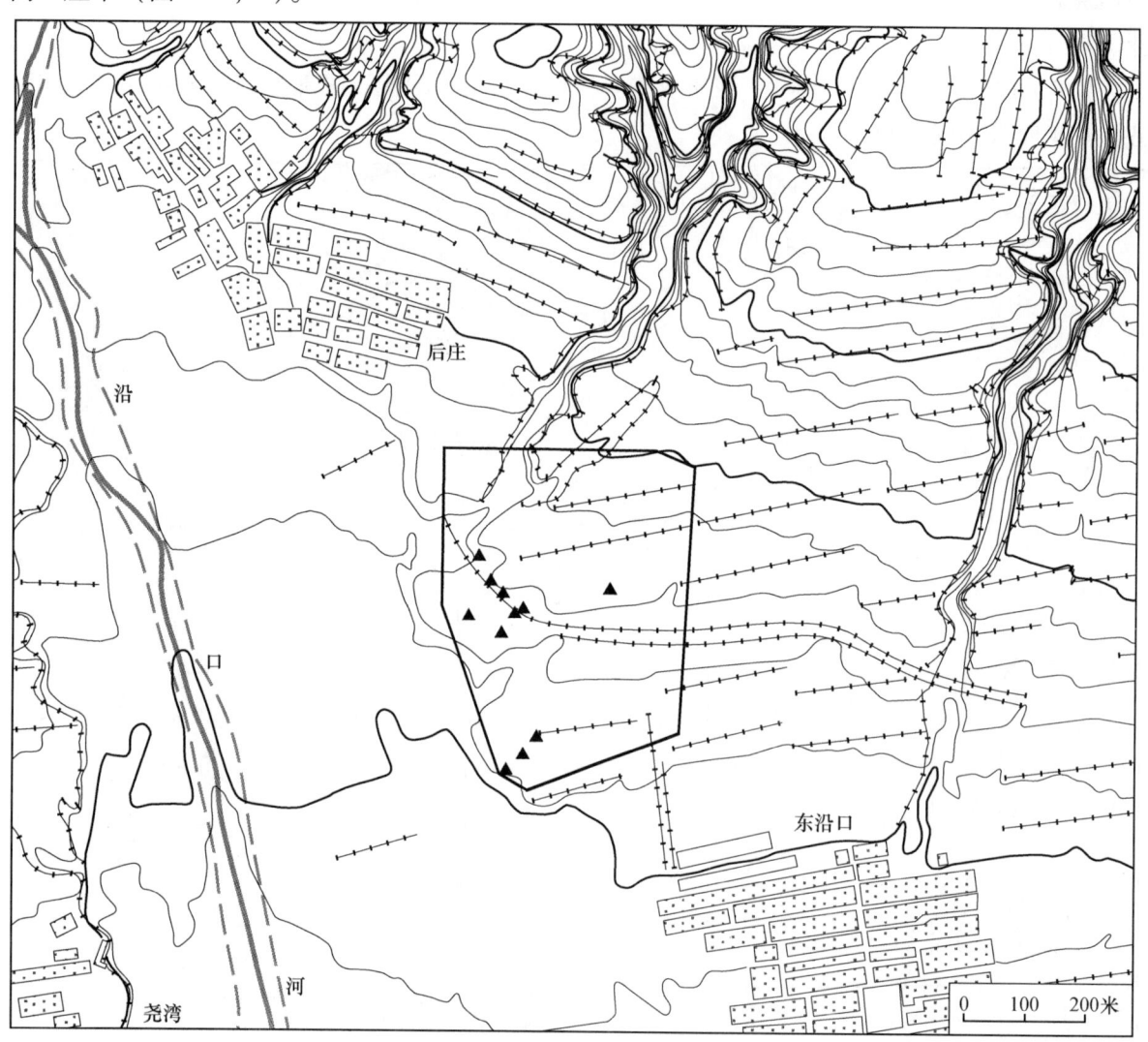

图3-31　东沿口遗址东周时期遗存分布图

一六、后庄 I 号遗址

后庄 I 号遗址位于繁峙县砂河镇后庄村北，面积 1.4 万平方米（彩版七，2）。遗址处在滹沱河北岸山坡的最低处，地势较低，地形趋缓，海拔 1175~1190 米，北高南低，遗址东、西两侧均有冲沟，有一定的起伏。遗址西面有滹沱河支流沿口河流过，西北面不远处有后来修建的水库。遗址包含龙山、东周两个时期的遗存，其中，东周时期的遗存部分可进一步确认为战国时期。

1. 龙山时期

龙山时期遗存见于遗址西部，遗存分布非常稀疏（图 3-32）。未见任何遗迹现象，只在地表发现有零星陶片。陶片多夹砂灰陶，纹饰有篮纹，可辨器形有罐等。

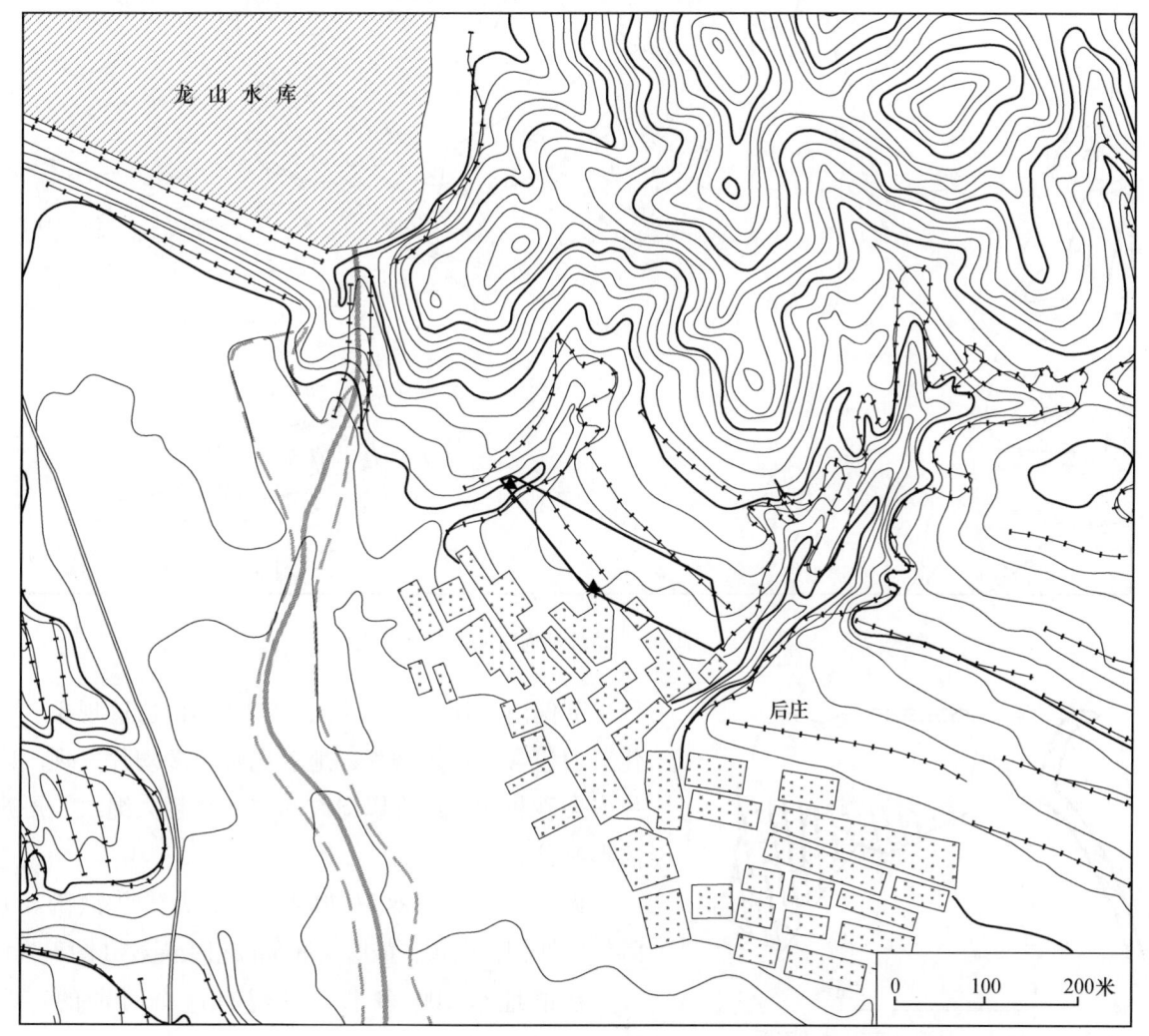

图 3-32　后庄 I 号遗址龙山时期遗存分布图

2. 东周时期

东周时期遗存主要分布在遗址中、东部，遗址东部遗存分布较为密集（图3-33）。只在遗址中部偏南发现1处文化层，未见其他遗迹现象。文化层内包含有较多陶片，地表也有较多陶片发现。陶片多夹砂灰陶，纹饰以绳纹为主，有粗大绳纹，可辨器形有盆、罐等。

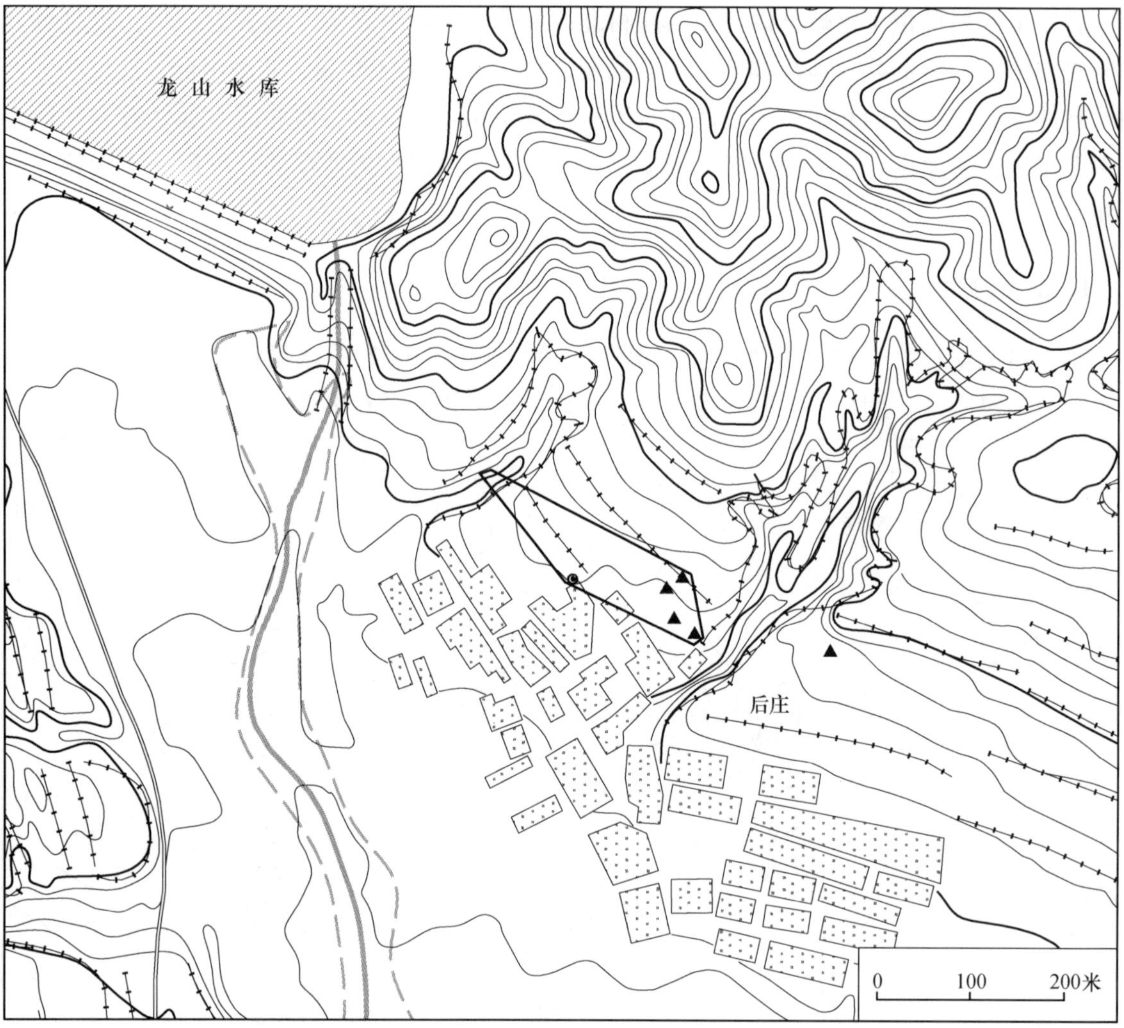

图3-33 后庄Ⅰ号遗址东周时期遗存分布图

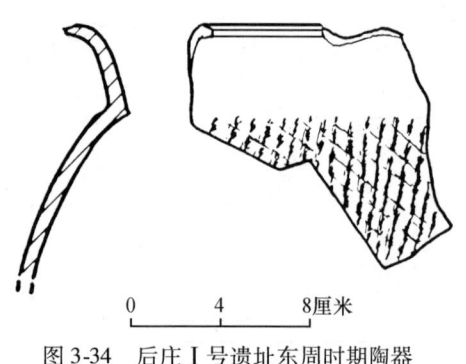

图3-34 后庄Ⅰ号遗址东周时期陶器
罐（FS060513J004-C:1）

罐 1件。FS060513J004-C:1，夹砂灰黑陶。方唇，口外翻，束颈，鼓腹。腹部饰粗大绳纹（图3-34）。

在遗址东100多米处发现有这个时期的零星陶片。

一七、后庄Ⅱ号遗址

后庄Ⅱ号遗址位于繁峙县砂河镇后庄村西北900米，面积0.9万平方米。遗址处在滹沱河北岸坡地上，海拔1135～1160米，西高东低，地形略陡，地势起伏大。遗址东面滹沱河支流由北向南流过。遗存分布相对密集，但并不丰富，遗址包含龙山、战国两个时期的遗存。

1. 龙山时期

龙山时期遗存见于遗址东部，遗存分布相对密集（图3-35）。未见任何遗迹现象存在，只在地表发现陶片。陶片多夹砂灰陶，纹饰有篮纹，可辨器形有鬲、罐等。

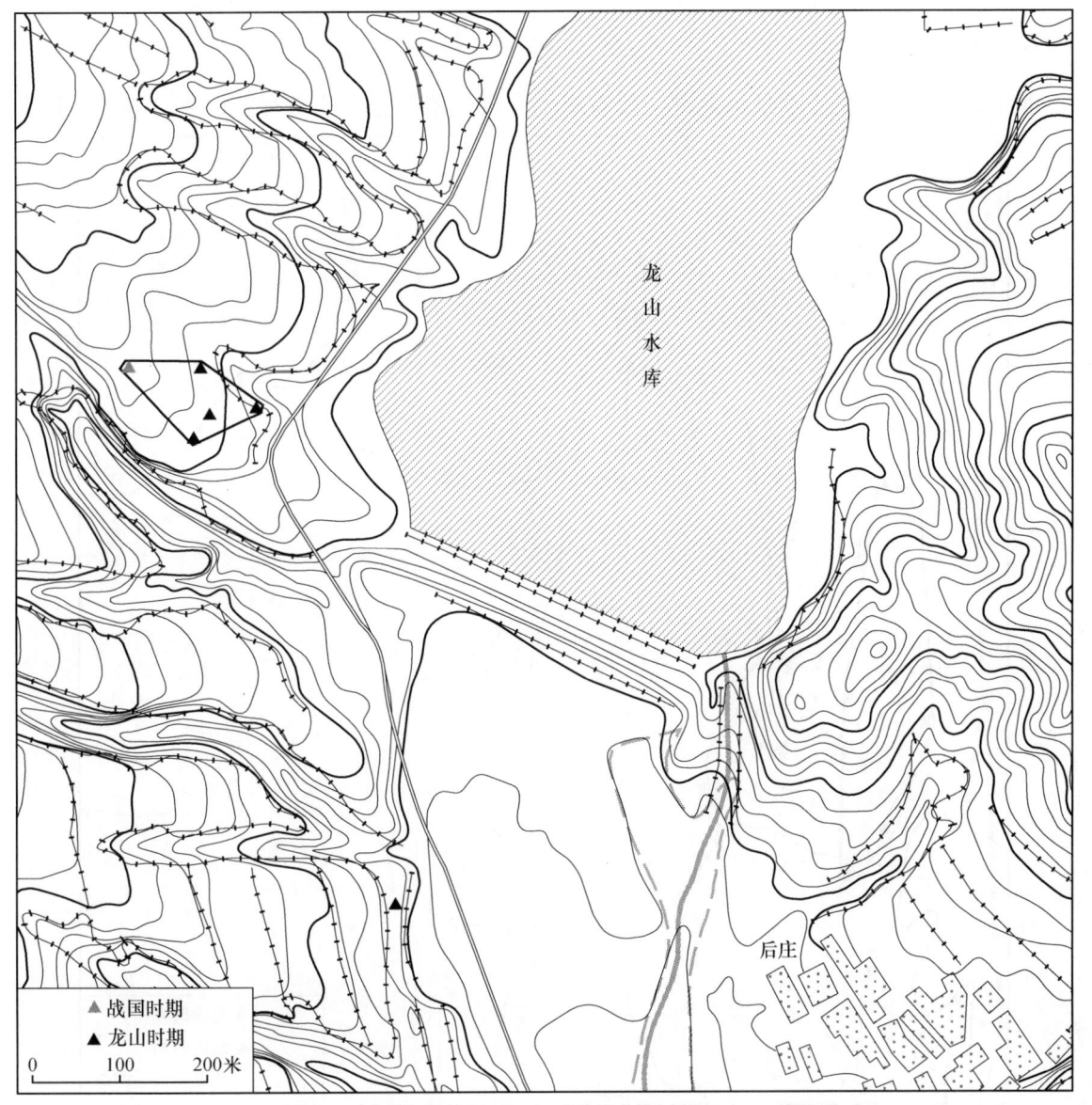

图3-35　后庄Ⅱ号遗址遗存分布图

在遗址东南 800 米处发现有这个时期的陶片。

2. 战国时期

战国时期遗存只见于遗址西部，仅有个别发现，遗存分布非常稀少（图 3-35）。未见任何遗迹现象，只在地表发现少量遗物。陶片多夹砂灰陶，纹饰有粗大绳纹，可辨器形有罐等。

一八、尧湾遗址

尧湾遗址位于繁峙县砂河镇尧湾村西，面积 3.3 万平方米。遗址处在滹沱河北岸坡地的近底处，海拔 1145～1160 米，地势较低，较为平坦。遗址东面有滹沱河支流流过。遗址包含龙山、东周两个时期的遗存，其中，东周时期的遗存部分可进一步确认为战国时期。

1. 龙山时期

龙山时期遗存只见于遗址最北部，仅有个别发现，遗存分布非常稀疏（图 3-36）。未见任

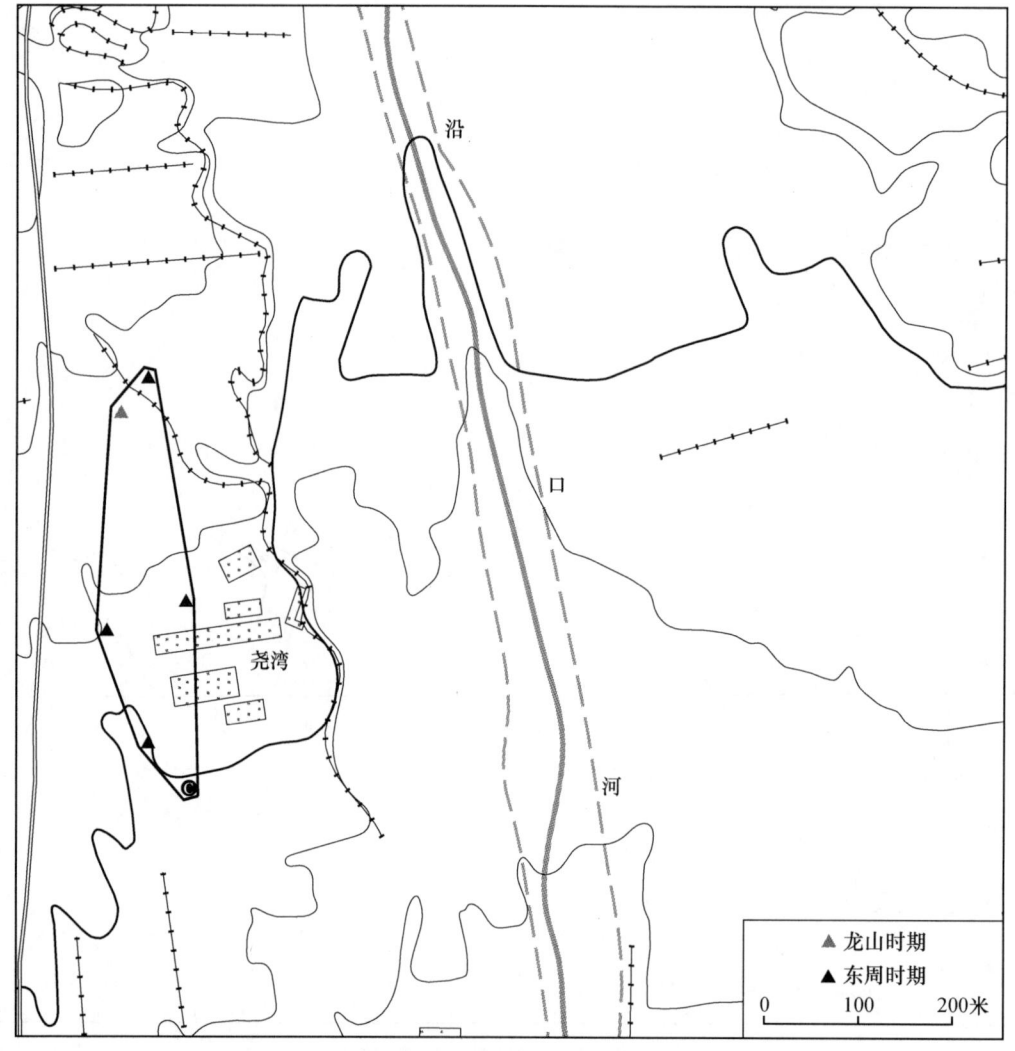

图 3-36　尧湾遗址遗存分布图

何遗迹现象，只在地表发现少量陶片。陶片多夹砂灰陶，纹饰有篮纹。

2. 东周时期

东周时期遗存基本见于整个遗址，遗存分布略显稀疏（图3-36）。只在遗址南部发现1处文化层，未见其他遗迹现象。文化层内发现有少量陶片，地表也发现陶片。陶片多夹砂灰陶，纹饰以绳纹为主，有粗大绳纹，可辨器形有鼎、豆、罐等。

鼎足　1件。FS060519C002：1，夹砂灰陶。柱足，已残。器表饰粗绳纹，足外侧有纽状突起，内侧有深沟槽（图3-37）。

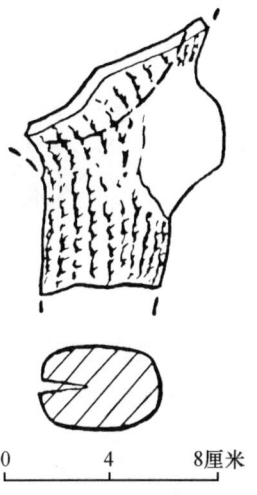

图3-37　尧湾遗址东周时期陶器鼎足（FS060519C002：1）

一九、河东遗址

河东遗址位于繁峙县砂河镇河东村东南350米，面积1.8万平方米。遗址处在滹沱河北岸的山坡上，海拔1295～1325米，北高南低，地势有一定的起伏。遗址西面有汇入滹沱河的季节性河流由北向南流过。遗址北部遗存分布密集，遗址包含龙山、东周两个时期的遗存，其中，东周时期遗存部分可进一步确认为战国时期。

1. 龙山时期

龙山时期的遗存只见于遗址最北部，仅有个别发现，遗存分布非常稀疏（图3-39）。未见任何遗迹现象，仅在地表发现少量陶片。陶片多夹砂灰陶，纹饰有篮纹。

2. 东周时期

东周时期遗存见于整个遗址，遗址北部遗存分布密集（图3-39）。未见任何遗迹现象，只在地表发现有陶片。陶片多夹砂灰陶，纹饰以绳纹为主，可辨器形有盆、罐等。

盆　1件。FS060516E003：1，泥质灰陶。方唇，折沿，深腹。沿面有暗纹，上腹部有数周旋纹，下部饰是旋断绳纹（图3-38，2）。

罐　1件。FS060516D001：1，夹砂灰陶。方唇，小翻沿，沿上下起脊，束颈，鼓腹。腹部饰交错绳纹。口23.6、残高6厘米（图3-38，1）。

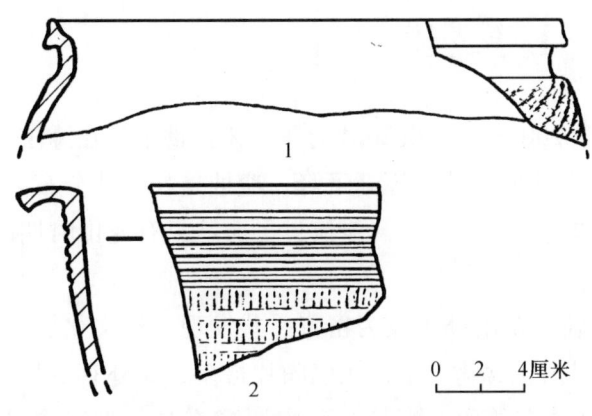

图3-38　河东遗址东周时期陶器
1. 罐（FS060516D001：1）　2. 盆（FS060516E003：1）

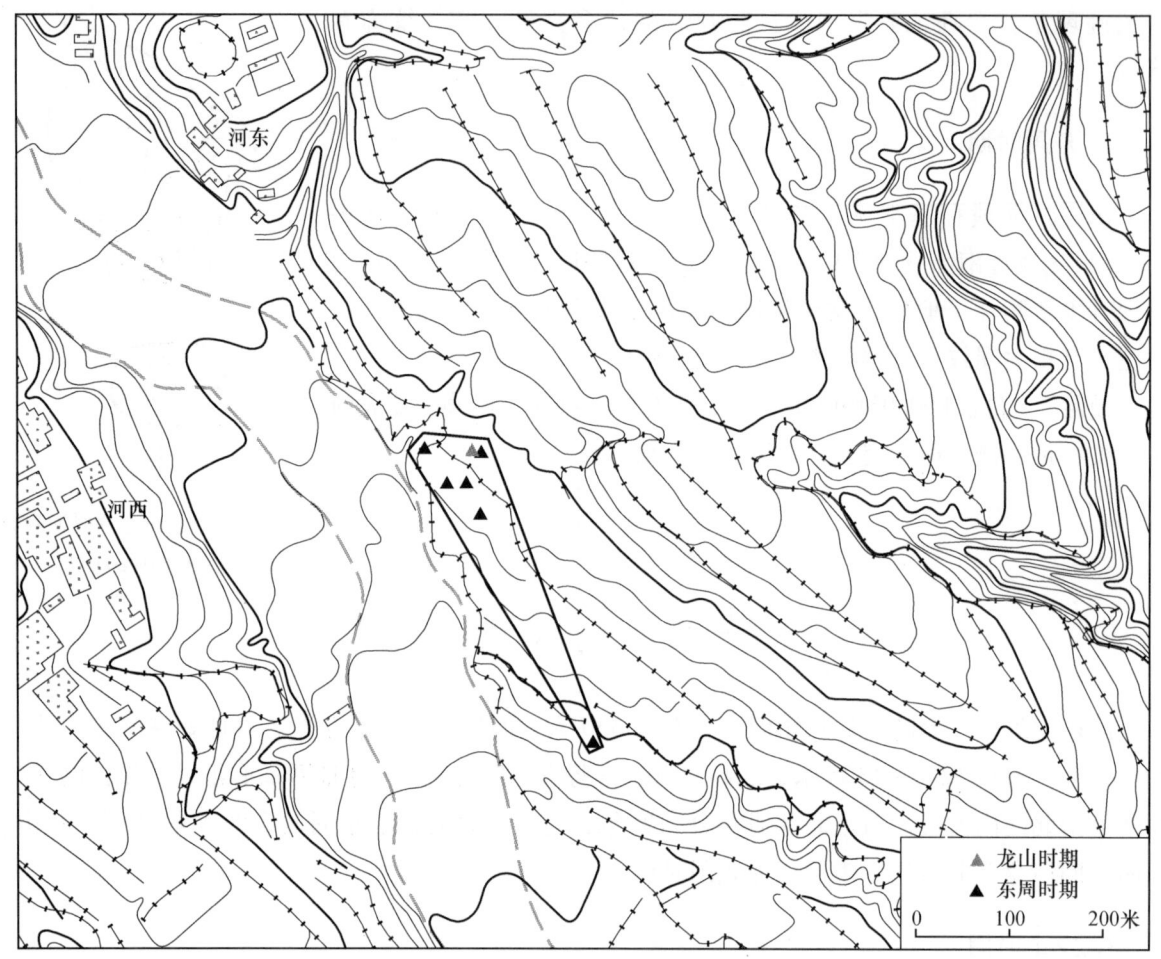

图 3-39　河东遗址遗存分布图

二〇、下小沿Ⅰ号遗址

下小沿Ⅰ号遗址位于繁峙县砂河镇下小沿村东 200 米，面积 20.4 万平方米。遗址处在滹沱河北岸的缓坡上，海拔 1190~1240 米，西北高，东南低，地势逐渐下降，遗址呈长条状分布，内有冲沟，地势有一定的起伏。遗址西面有汇入滹沱河的季节性河流流过。遗址只有龙山时期的遗存（图 3-40）。

遗存分布疏密不等，遗址西北部遗存分布稀疏，东南部则较为密集。共发现 3 处文化层，全部集中于遗址中部，未见其他遗迹现象。文化层内包含物丰富，尤以陶片最多，此外有少量石器，地表也发现有陶片。陶片多夹砂灰陶，纹饰多篮纹、绳纹，可辨器形有鬲、蛋形瓮、盆、高领罐等。

蛋形瓮　1 件。FS060517D004-C:1，夹砂灰陶（细砂）。平沿，敛口，深鼓腹。器表饰绳纹（图 3-41，1）。

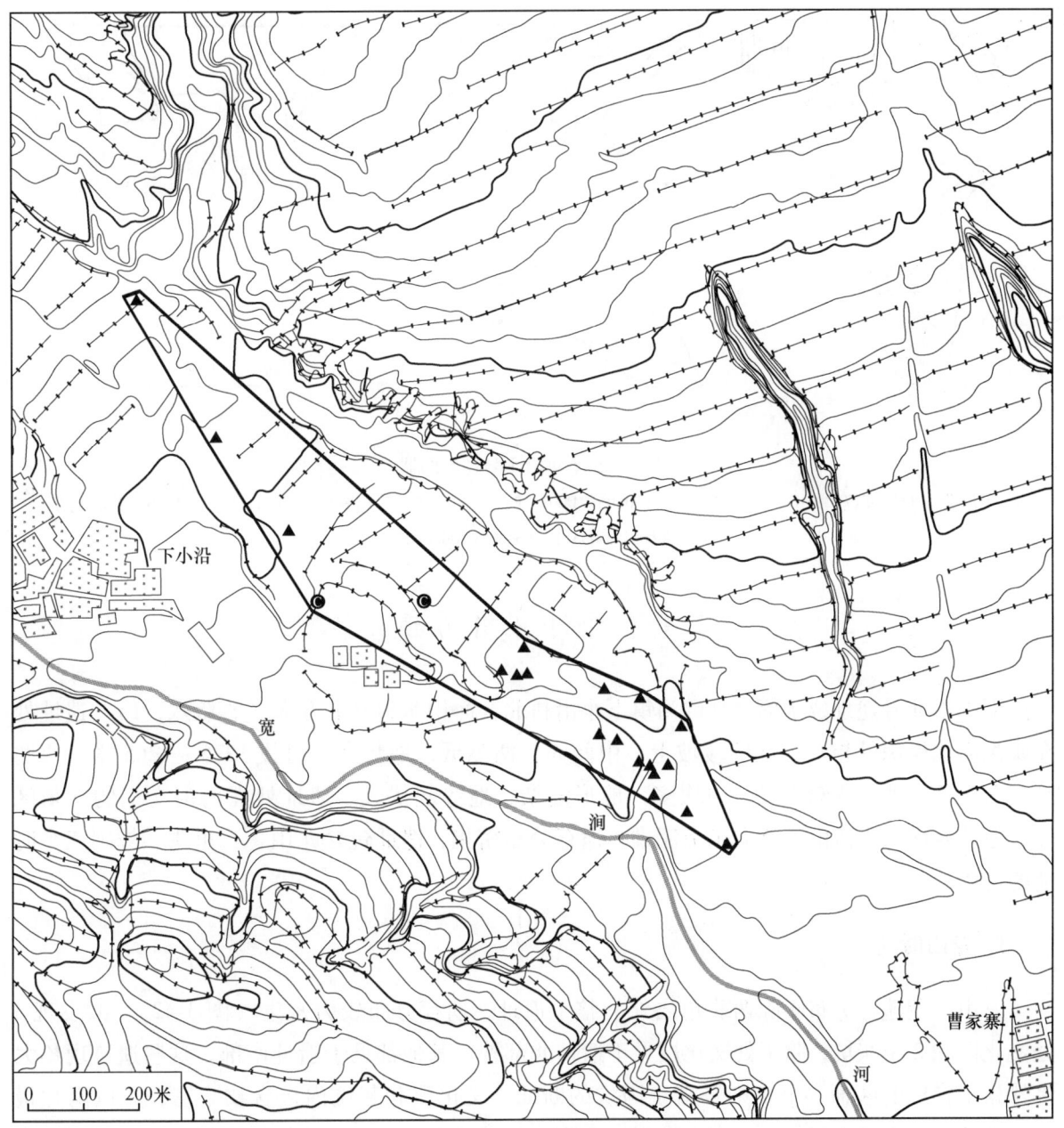

图 3-40 下小沿 I 号遗址遗存分布图

蛋形瓮足 2 件。FS060517D005：1，夹砂灰陶。柱状实足跟。器表饰绳纹（图 3-41，4）。FS060517D006-C：1，夹砂褐陶。矮胖实足跟。器表饰绳纹（图 3-41，5）。

盆 1 件。FS060517D009：1，泥质灰褐陶。近方唇，宽折沿，鼓腹。沿下饰竖篮纹（图 3-41，2）。

高领罐 1 件。FS060517I001：1，夹砂灰陶。圆唇，侈口，高领。领部饰浅斜篮纹。口径 16、残高 5.2 厘米（图 3-41，3）。

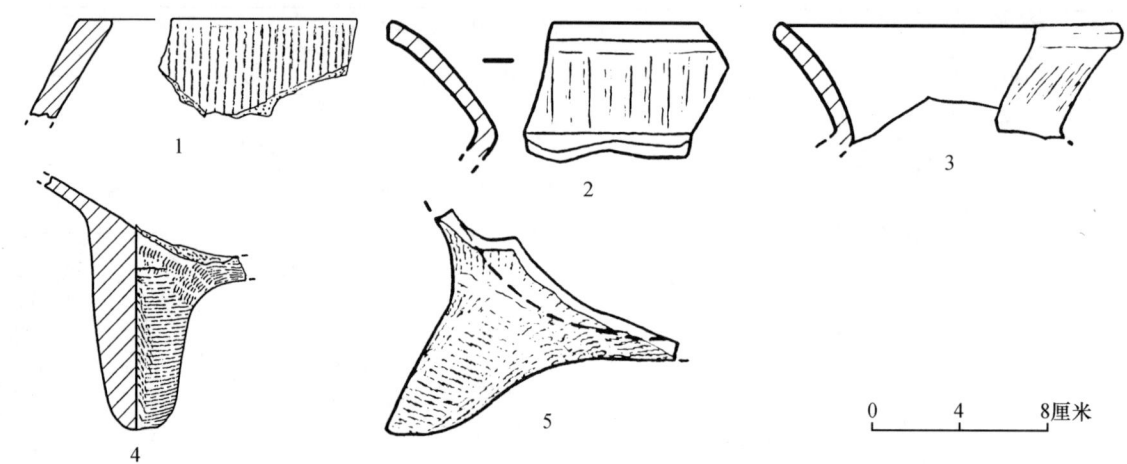

图 3-41　下小沿Ⅰ号遗址陶器

1. 蛋形瓮（FS060517D004-C∶1）　2. 盆（FS060517D009∶1）　3. 高领罐（FS060517I001∶1）　4、5. 蛋形瓮足（FS060517D005∶1、FS060517D006-C∶1）

二一、下小沿Ⅱ号遗址

下小沿Ⅱ号遗址位于繁峙县砂河镇下小沿村北，面积5.9万平方米（彩版八，1）。遗址处在滹沱河北岸深处相对突起的缓坡上，中间高，两侧低，地势高，海拔1225～1265米，西北高，东南低，地势逐渐下降，沟坎多，地形复杂，地势起伏大。遗址处在两河交汇的三角区域，遗址西面有水流由西北向东南流过。遗存分布密集，遗址包含龙山、二里头、战国三个时期的遗存。

1. 龙山时期

龙山时期遗存分布于除西北角之外的整个遗址，遗存分布较为密集（图3-42）。共发现3处文化层和2个灰坑，除1处文化层见于遗址北部外，其他都见于遗址南部，这些遗迹现象大多暴露于梯田的断面，个别则暴露于沟坎的断面。文化层和灰坑内包含物丰富，尤以陶片最多，此外，有少量石器等，地表也发现较多陶片。陶片多夹砂灰陶，纹饰多绳纹，可辨器形有鬲、盆、罐等。

鬲　1件。FS060517J005∶1，夹砂灰陶。圆唇，近直口，矮领，分裆，大袋足外鼓。唇部有花边装饰，口部以下饰绳纹，袋足一侧有附加堆纹。口径26、残高9厘米（图3-44，1）。

盆　1件。FS081114F001-H∶1，夹砂褐陶。圆唇，宽沿，口外翻，斜腹。器表饰绳纹（图3-44，2）。

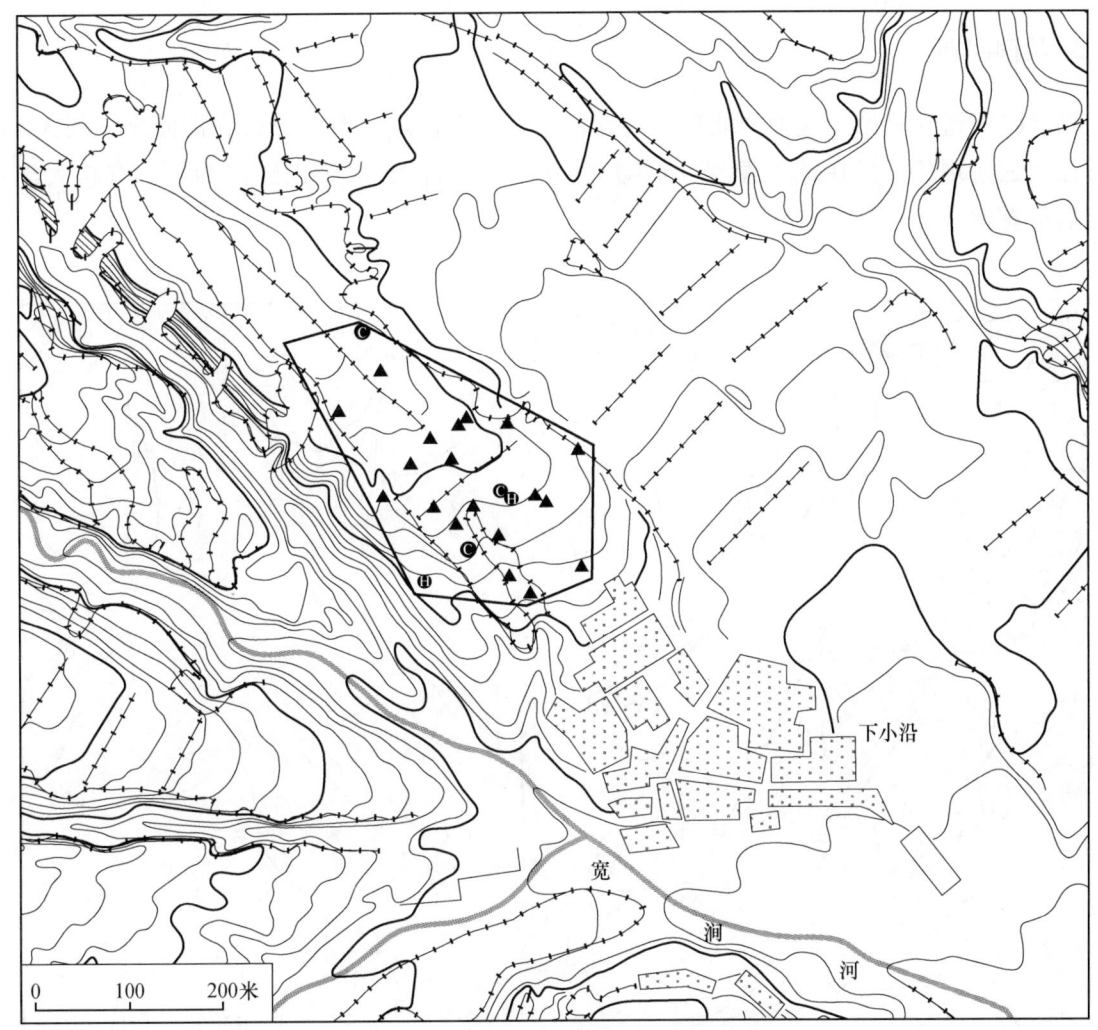

图 3-42 下小沿Ⅱ号遗址龙山时期遗存分布图

2. 二里头时期

二里头时期遗存见于遗址东、西两端，中部不见，遗存分布较为稀疏（图 3-43）。未见任何遗迹现象，只在地表发现有陶片。陶片多夹砂灰陶，纹饰以绳纹为主，可辨器形有鬲、蛋形瓮等。

鬲足　1 件。FS060517C003：1，夹砂褐陶。空袋足，下有锥状实足跟。足部饰绳纹（图 3-44，4）。

蛋形瓮足　1 件。FS060517B004：1，夹砂褐陶。锥状实足跟，粗大。跟部饰绳纹（图 3-44，3）。

3. 战国时期

战国时期遗存只见于遗址西北角最高处，仅有个别发现，遗存分布非常稀疏（图 3-43）。未见任何遗迹现象，只在地表发现少量陶片。陶片多灰陶，纹饰以绳纹为主，有粗大绳纹，可辨器形有罐等。

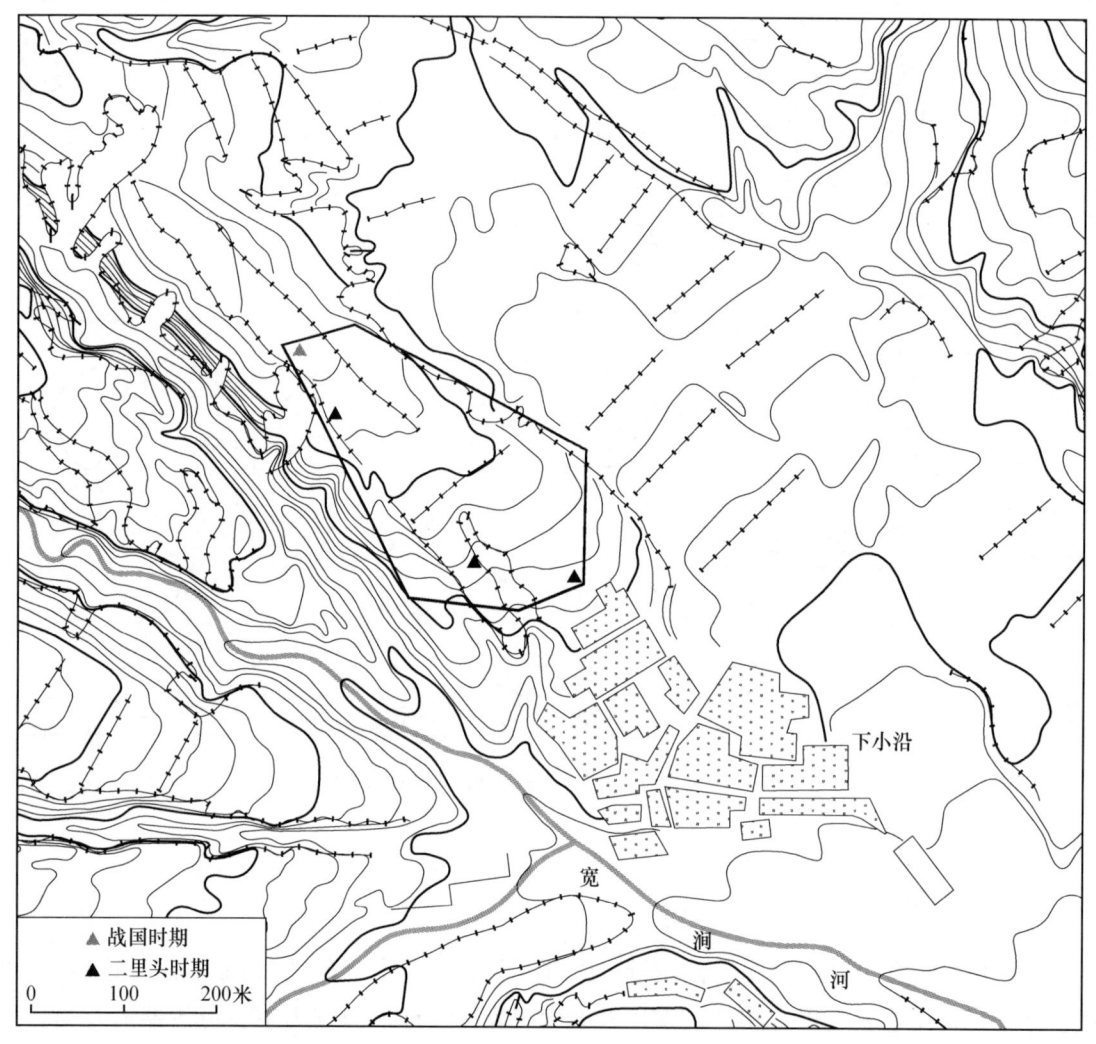

图 3-43　下小沿 II 号遗址二里头、战国时期遗存分布图

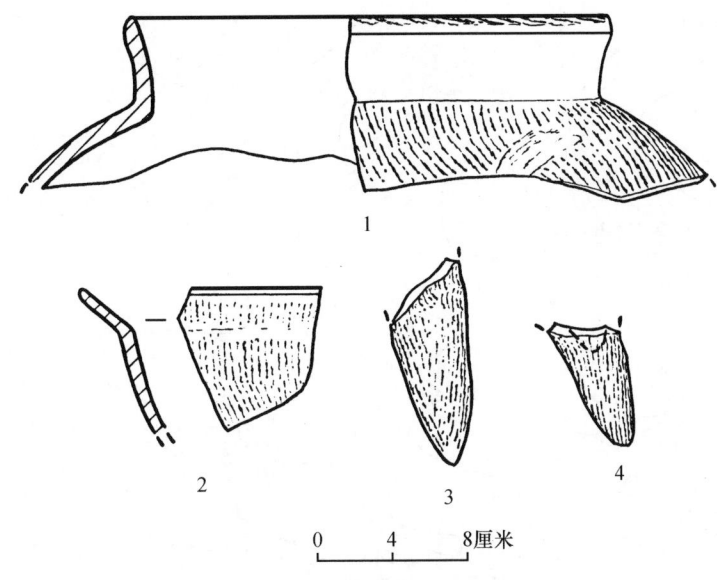

图 3-44　下小沿Ⅱ号遗址陶器

1. 鬲（FS060517J005：1）　2. 盆（FS081114F001-H：1）　3. 蛋形瓮足（FS060517B004：1）　4. 鬲足（FS060517C003：1）

（1、2. 龙山时期；3、4. 二里头时期）

二二、下小沿Ⅲ号遗址

下小沿Ⅲ号遗址位于繁峙县砂河镇下小沿村西南350米，面积6.8万平方米（彩版八，1）。遗址处在滹沱河北岸深处的缓坡上，海拔1230～1275米，西高东低，地势呈逐渐下降趋势，有一定的起伏。遗址南、北面均有冲沟，南面有发源于山间的水流由西向东流过。遗存分布较为密集，遗址包含龙山、东周两个时期的遗存，其中，东周时期的遗存部分可进一步确认为战国时期。

1. 龙山时期

龙山时期遗存基本见于整个遗址，遗存分布相对密集，局部略显稀疏（图3-45）。未见任何遗迹现象，只在地表发现有陶片。陶片多夹砂灰陶，纹饰多绳纹、篮纹，可辨器形有鬲、罐等。

鋬手　1件。FS060517C006：1，夹砂灰褐陶。器腹有宽鋬手。素面（图3-47，1）。

2. 东周时期

东周时期遗存见于整个遗址，遗存分布相对密集，局部稀疏（图3-46）。未见任何遗迹现象，只在地表发现有陶片。陶片多夹砂灰陶，纹饰以绳纹为主，有粗大绳纹，可辨器形有鼎、罐等。

鼎足　1件。FS060517B012：1，夹砂褐陶。柱足。足部饰粗大绳纹，外侧有扉棱（图3-47，2）。

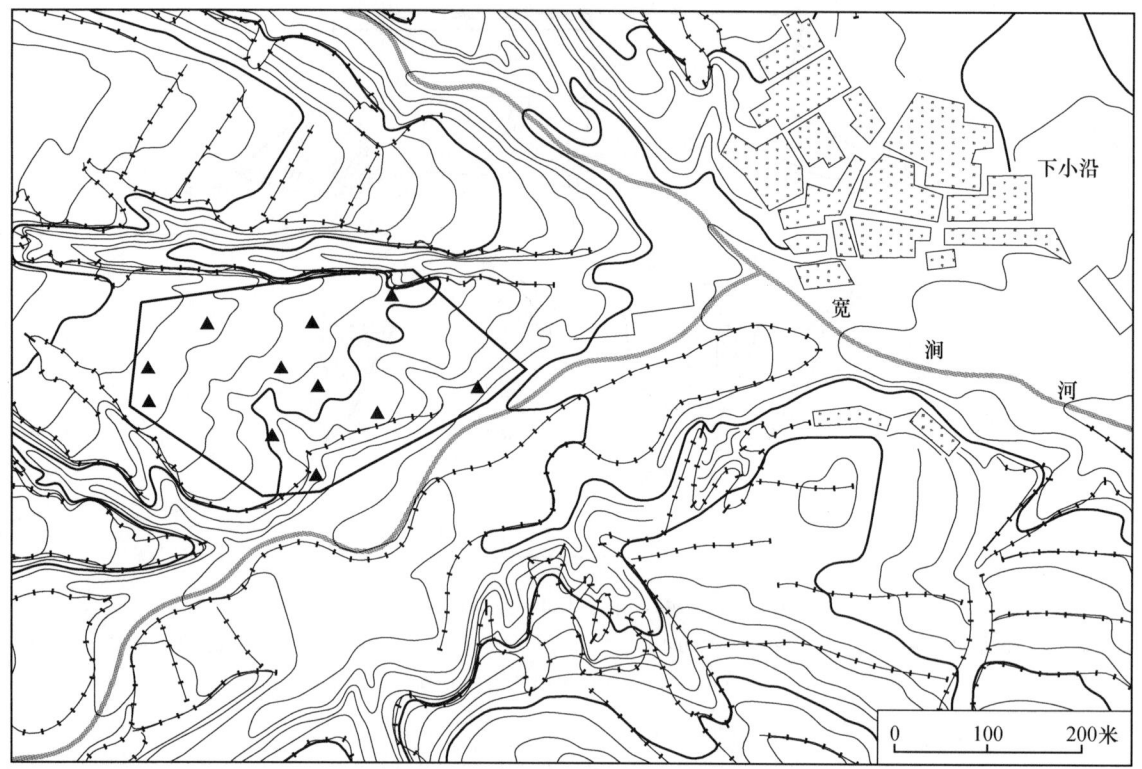

图 3-45　下小沿Ⅲ号遗址龙山时期遗存分布图

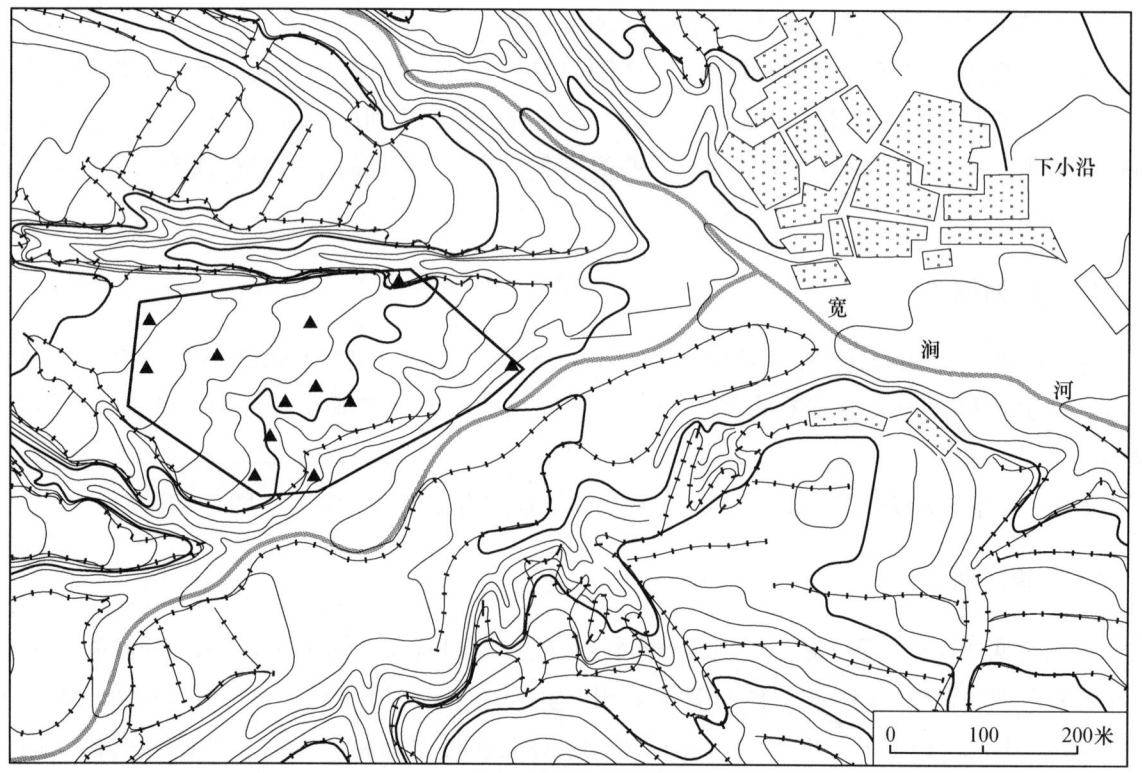

图 3-46　下小沿Ⅲ号遗址东周时期遗存分布图

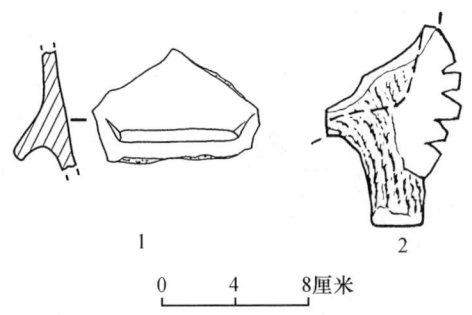

图 3-47　下小沿Ⅲ号遗址陶器
1. 鏊手（FS060517C006:1）　2. 鼎足（FS060517B012:1）
（1. 龙山时期；2. 东周时期）

二三、泉 沟 遗 址

泉沟遗址位于繁峙县砂河镇泉沟村北，面积4.9万平方米（彩版八，2）。遗址处在滹沱河北岸台地的深处，分布在一突起的山丘南侧，海拔1150～1220米，北高南低，背风向阳，遗址东、西、南三面临冲沟，坡度大，地势起伏较大。遗址西面的沟谷中有泉水向南流去。遗存分布较为密集，但有一定的落差。遗址包含龙山、东周两个时期的遗存，其中，东周时期的遗存部分可进一步确认为战国时期。

1. 龙山时期

龙山时期遗存见于遗址中、南部，遗存分布相对密集（图3-48）。只在遗址东部发现1处文化层，未见其他遗迹现象。文化层内发现少量陶片，地表也有陶片。陶片多夹砂灰陶，纹饰多篮纹、绳纹，可辨器形有鬲、蛋形瓮、盆、尊、罐等。

鬲　2件。FS060518B003:1，夹砂褐陶。方唇，口外翻，高领，分裆，大袋足外鼓。领部以下饰绳纹。口径26、残高7.6厘米（图3-50，1）。FS060518C003:1，夹砂灰黑陶。圆唇，口外翻，高领，袋足外鼓。器表饰绳纹。口径25、残高10厘米（图3-50，2）。

鬲足　1件。FS060518K004:1，夹砂灰陶。空袋足，微有实足跟。足部饰绳纹（图3-50，7）。

蛋形瓮　1件。FS060518J005:1，夹砂褐陶。平沿，微敛口，深腹。腹部饰绳纹（图3-50，4）。

蛋形瓮足　1件。FS060518J003:1，夹砂红褐陶。长锥状实足跟。足部饰绳纹（图3-50，8）。

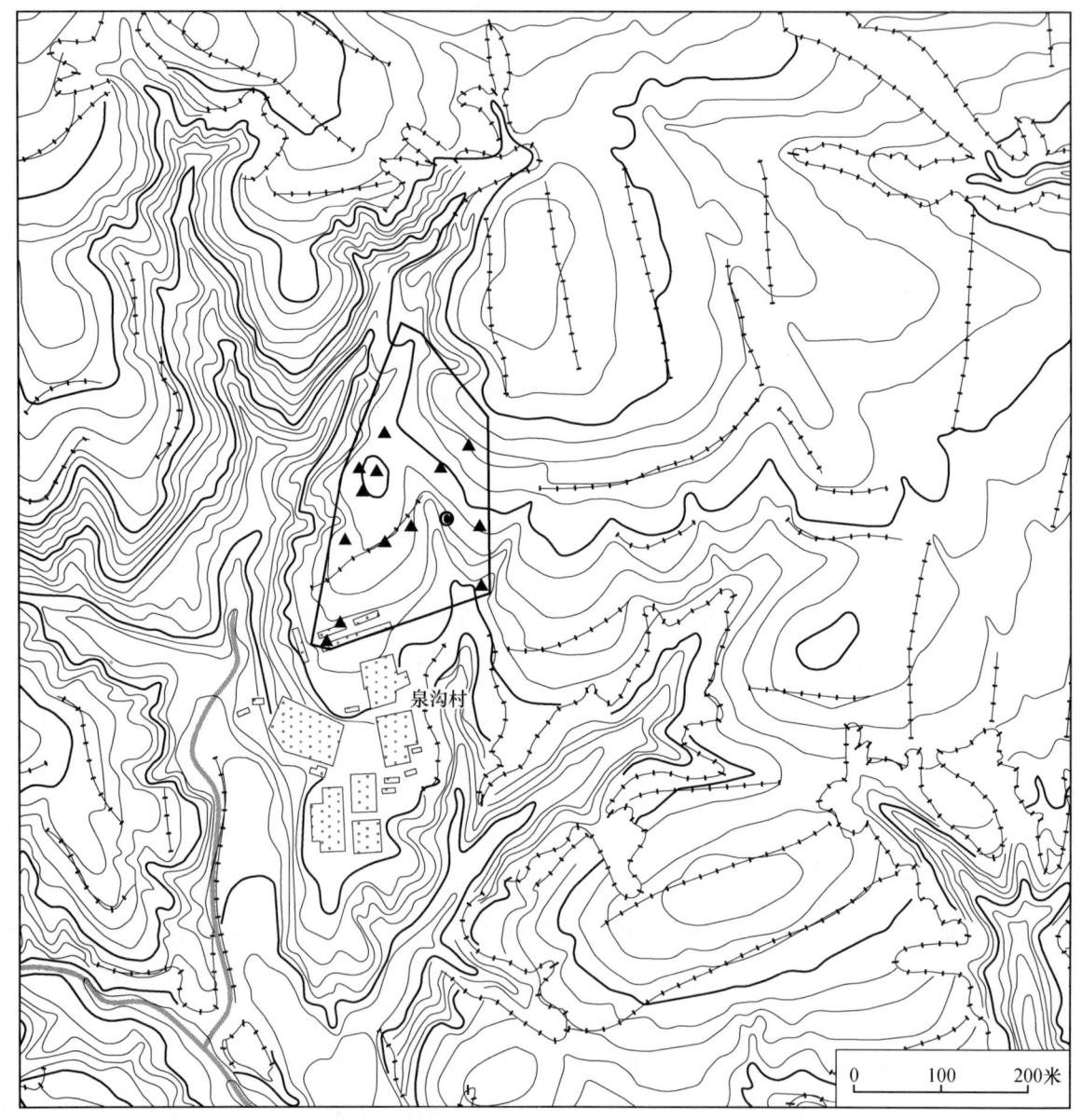

图 3-48　泉沟遗址龙山时期遗存分布图

盆　1 件。FS060518K002:1，泥质灰陶。敞口，弧腹。口部有小泥条堆纹，腹部饰篮纹（图 3-50，5）。

尊　1 件。FS060518B005:1，泥质褐陶。厚圆唇，折沿，折肩，深腹。沿下饰横篮纹，腹部有鋬手，通体磨光（图 3-50，3）。

2. 东周时期

东周时期遗存见于遗址东南角之外的其他位置，遗存分布稀疏（图 3-49）。共发现 2 处文化层，分别见于遗址北端和南部偏东，未见其他遗迹现象。文化层内包含物丰富，尤以陶片最多，地表也有陶片发现。陶片多夹砂灰陶，纹饰以绳纹为主，有粗大绳纹，可辨器形有盆、豆、罐等。

罐　1件。FS060518C001-C:1，夹砂灰陶。小方唇，大翻沿，束颈，鼓腹。腹部饰粗大绳纹（图3-50，6）。

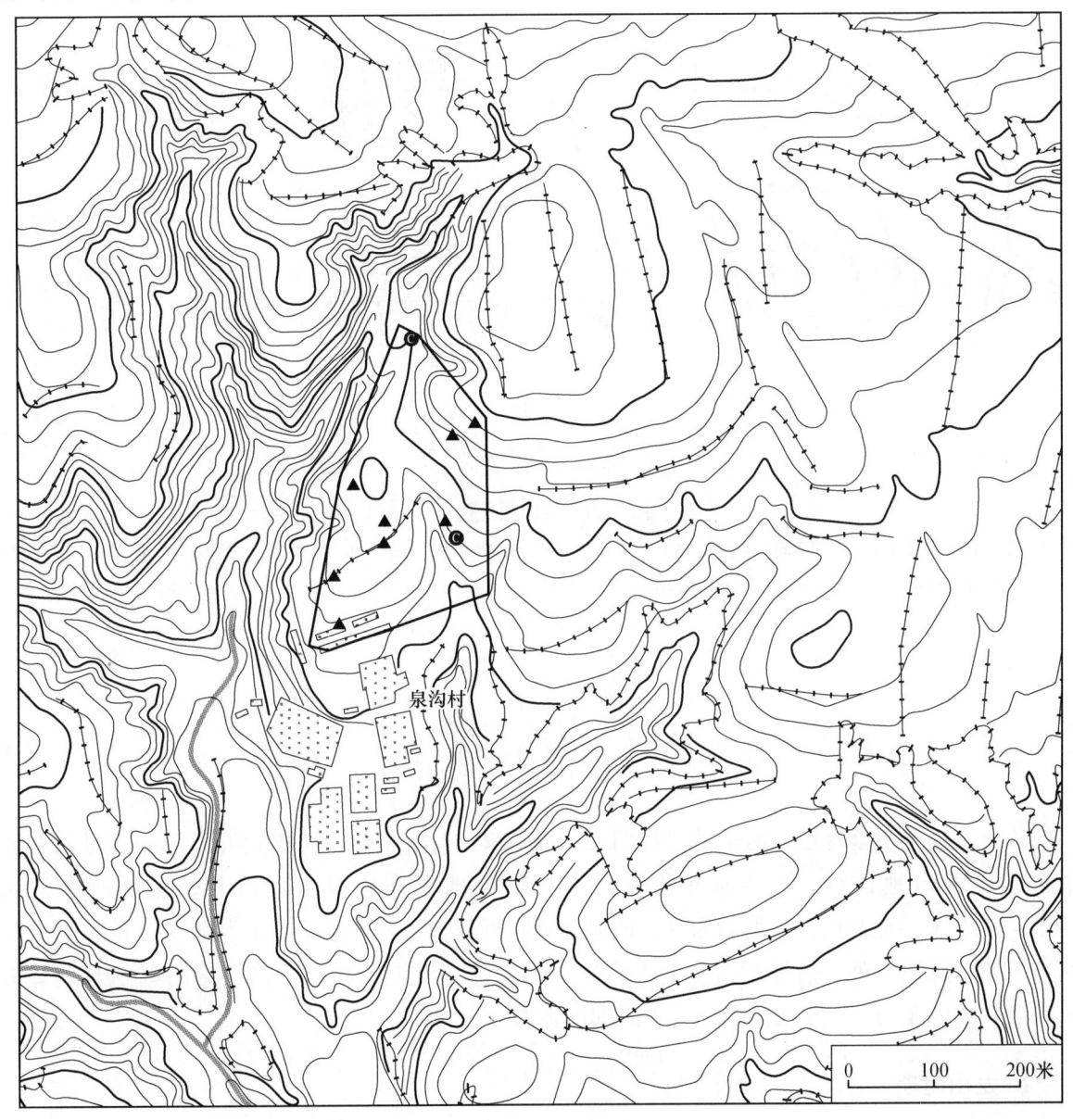

图3-49　泉沟遗址东周时期遗存分布图

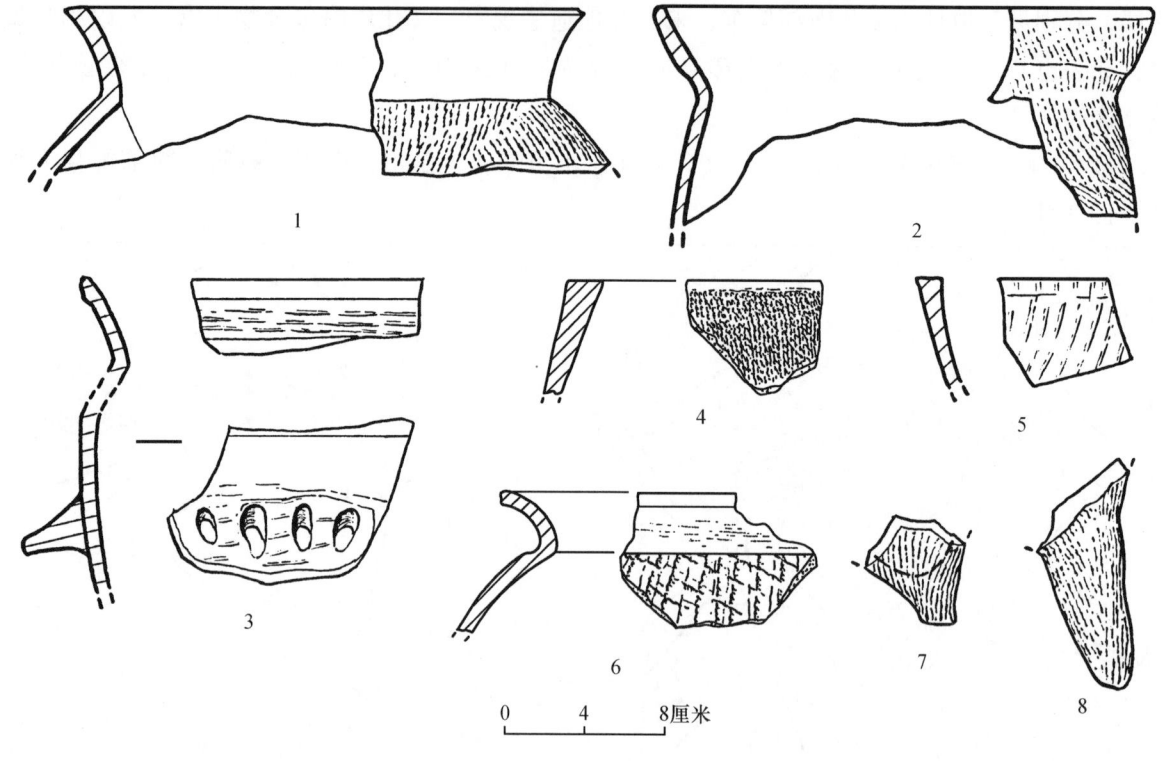

图 3-50　泉沟遗址陶器

1、2. 鬲（FS060518B003：1、FS060518C003：1）　3. 尊（FS060518B005：1）　4. 蛋形瓮（FS060518J005：1）　5. 盆（FS060518K002：1）　6. 罐（FS060518C001-C：1）　7. 鬲足（FS060518K004：1）　8. 蛋形瓮足（FS060518J003：1）

（1~5、7、8. 龙山时期；6. 东周时期）

二四、砂河遗址

砂河遗址位于繁峙县砂河镇砂河村西北，面积 27.1 万平方米（彩版九，1）。遗址处在滹沱河北岸的台地前缘，由于常年雨水冲刷，整个地形向南呈坡状堆积，遗址所在海拔 1105~1175 米，北高南低，西高东低，地势逐渐降低，由于沟坎较多，起伏较大。除了遗址南部不远处有滹沱河外，遗址东面有汇入滹沱河的支流由北向南流过。遗存分布稀疏且落差较大，遗址包含龙山、二里头、东周三个时期的遗存。

1. 龙山时期

龙山时期遗存主要分布在遗址中、南部，遗存分布较为稀疏（图 3-51）。未见任何遗迹现象，只在地表发现有陶片。陶片多夹砂灰陶，纹饰多绳纹，可辨器形有鬲、罐等。

鬲足　1件。FS060518G001：1，夹砂灰陶。空袋足，下有实足跟。器表饰绳纹（图 3-52，2）。

图 3-51　砂河遗址龙山时期遗存分布图

2. 二里头时期

二里头时期遗存见于遗址最南端地势较低处，遗存分布密集但范围非常小（图 3-53）。未见任何遗迹现象，只在地表发现有零星陶片。陶片多夹砂陶，纹饰以绳纹为主，可辨器形有鬲等。

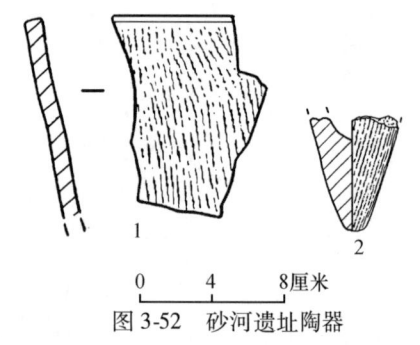

图 3-52 砂河遗址陶器

1. 板瓦（FS060518E001:1） 2. 鬲足（FS060518G001:1）

（1. 东周时期；2. 龙山时期）

3. 东周时期

东周时期遗存见于遗址最北部较高处，遗存分布稀疏（图3-53）。未见任何遗迹现象，只在地表发现有陶片。陶片多夹砂灰陶，纹饰以绳纹为主，可辨器形有盆、板瓦等。

板瓦 1件。FS060518E001:1，夹砂灰黑陶。胎厚，横截面呈弧形。器表饰绳纹（图3-52，1）。

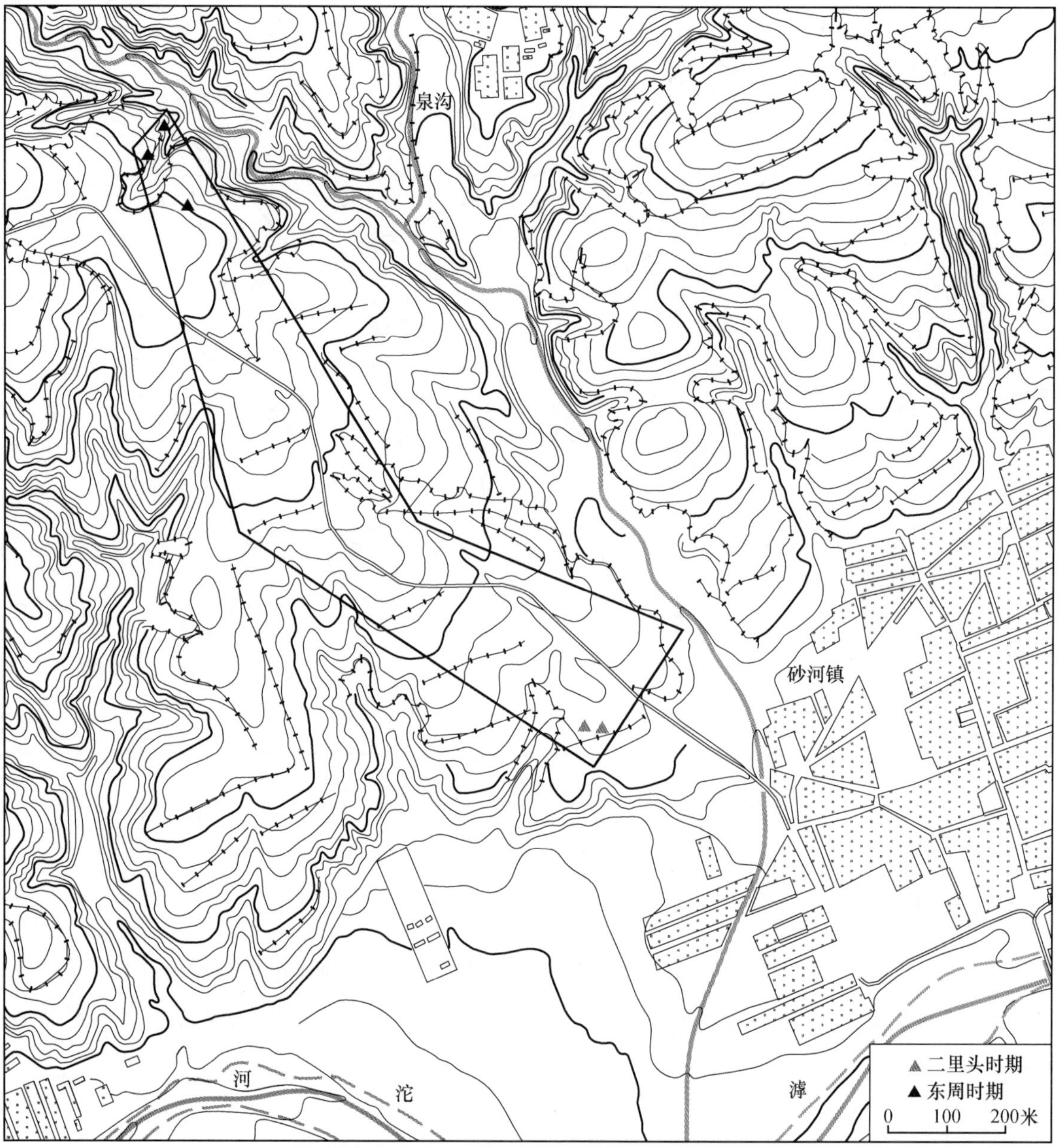

图 3-53 砂河遗址二里头、东周时期遗存分布图

二五、西砂河Ⅰ号遗址

西砂河Ⅰ号遗址位于繁峙县砂河镇西砂河村东北,面积8.5万平方米(彩版九,2)。遗址处在滹沱河北岸的台地前缘,海拔1060~1100米,北高南低,背风向阳,坡度大,加之遗址中部有较宽冲沟,地势起伏也较大。遗址南面不远处有滹沱河由东向西流过。遗存分布密集但落差大,遗址包含龙山、二里头、战国三个时期的遗存。

1. 龙山时期

龙山时期遗存分布于整个遗址,遗址东、西部遗存分布密集,但中部发现很少(图3-54)。

图3-54　西砂河Ⅰ号遗址龙山时期遗存分布图

除遗址西部发现 3 处文化层外，未见其他遗迹现象。文化层内包含陶片较多，地表也发现较多陶片。陶片多夹砂灰陶，纹饰多绳纹，可辨器形有鬲、甗、蛋形瓮等。

甗　1 件。FS060520B010:1，夹砂褐陶。上鼓腹，下深腹，束腰，有隔。腹部饰绳纹（图 3-57，3）。

蛋形瓮　1 件。FS060520B003:1，夹砂褐陶。小平沿，直深腹。器表饰细绳纹（图 3-57，2）。

2. 二里头时期

二里头时期遗存见于遗址西部偏北、东部偏南的位置，遗存分布稀疏（图 3-55）。未见任何遗迹现象，只在地表发现有陶片。陶片多夹砂灰陶，纹饰以绳纹为主，可辨器形有鬲、蛋形瓮等。

图 3-55　西砂河 I 号遗址二里头时期遗存分布图

图 3-56 西砂河Ⅰ号遗址战国时期遗存分布图

鬲　2件。FS060520C009:1，夹砂褐陶。圆唇，侈口，高领，分裆较低，袋足外鼓。器表饰绳纹。口径16、残高8.5厘米（图3-57，1）。FS060520C010:1，夹砂灰陶。器厚，分裆，空袋足，下接实足跟。器表饰绳纹（图3-57，4）。

3. 战国时期

战国时期遗存只见于遗址西部偏南，仅有零星发现，遗存分布稀疏（图3-56）。未见任何遗迹现象，只在地表发现有陶片。陶片多夹砂灰陶，纹饰以绳纹为主，有粗大绳纹，可辨器形有豆、罐等。

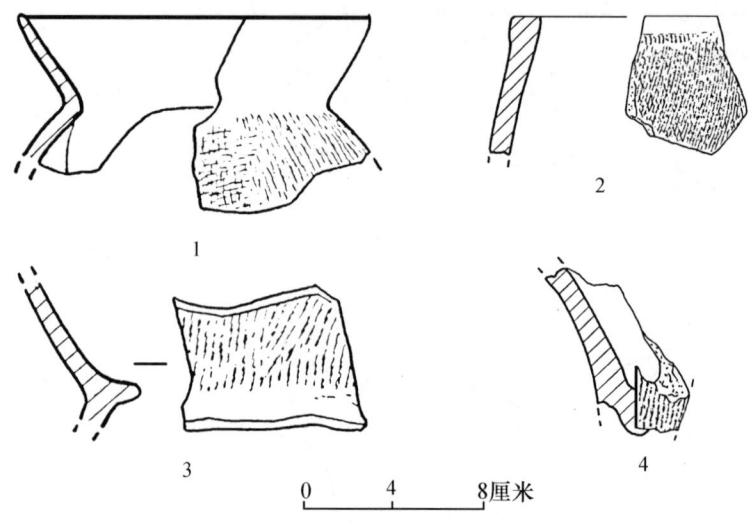

图 3-57　西砂河Ⅰ号遗址陶器

1、4. 鬲（FS060520C009:1、FS060520C010:1）　2. 蛋形瓮（FS060520B003:1）　3. 甗（FS060520B010:1）

（1、4. 二里头时期；2、3. 龙山时期）

二六、西砂河Ⅱ号遗址

西砂河Ⅱ号遗址位于繁峙县砂河镇西砂河村西北，面积49.6万平方米（彩版九，2）。遗址处在滹沱河北岸的台地前缘，海拔1055～1140米，北高南低，背风向阳，坡度大，加之内有数条冲沟，地势起伏较大。遗址南面有滹沱河由东向西流过，遗址东、西面都有发源于沟谷中的水流流过，最后汇入了滹沱河。遗存分布略显稀疏且落差大，遗址包含仰韶、龙山、二里头、晚商、东周五个时期的遗存。

1. 仰韶时期

仰韶时期遗存主要分布在遗址中部及东南部，遗存分布较为稀疏（图3-58）。未见任何遗迹现象，只在地表发现有零星陶片。陶片多泥质褐陶，多素面，可辨器形有钵、带耳罐等。

陶带耳罐　1件。FS061008K003:1，泥质红陶。深腹，腹部有耳。素面（图3-62，5）。

2. 龙山时期

龙山时期遗存见于遗址最北部和西南部之外的其他位置，遗存分布略显稀疏（图3-59）。未见任何遗迹现象，只在地表发现有遗物，遗物有陶片、石器等。陶片多夹砂灰陶，纹饰多绳纹，可辨器形有鬲、罐等。石器有石斧等。

在遗址东北300多米处发现有这个时期的零星陶片分布。

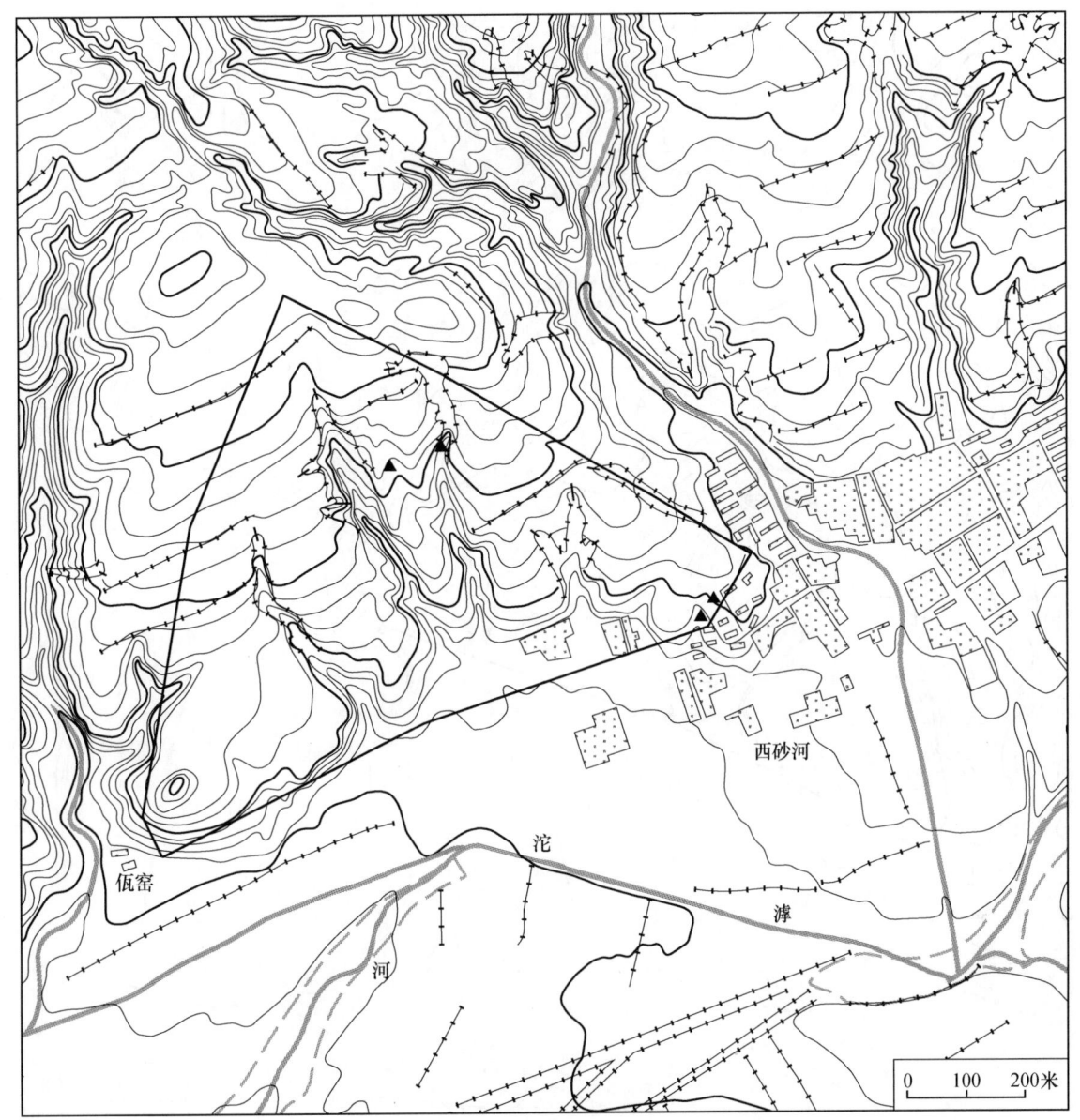

图 3-58　西砂河Ⅱ号遗址仰韶时期遗存分布图

石斧　FS061008B003：1，青灰色。近长方体，两端圆润，中部较厚，两端较薄。通体琢制，一侧面磨光。长 22.4、宽 6、厚 2.2~4 厘米（图 3-62，7）。

3. 二里头时期

二里头时期遗存见于遗址中部，遗存分布稀疏（图 3-60）。未见任何遗迹现象，只在地表发现有陶片。陶片多夹砂灰陶，纹饰以绳纹为主，可辨器形有鬲、甗、蛋形瓮、盆等。

陶鬲足　1 件。FS061008D001：1，夹砂褐陶。空袋足，有锥状实足跟。足部饰绳纹（图 3-62，6）。

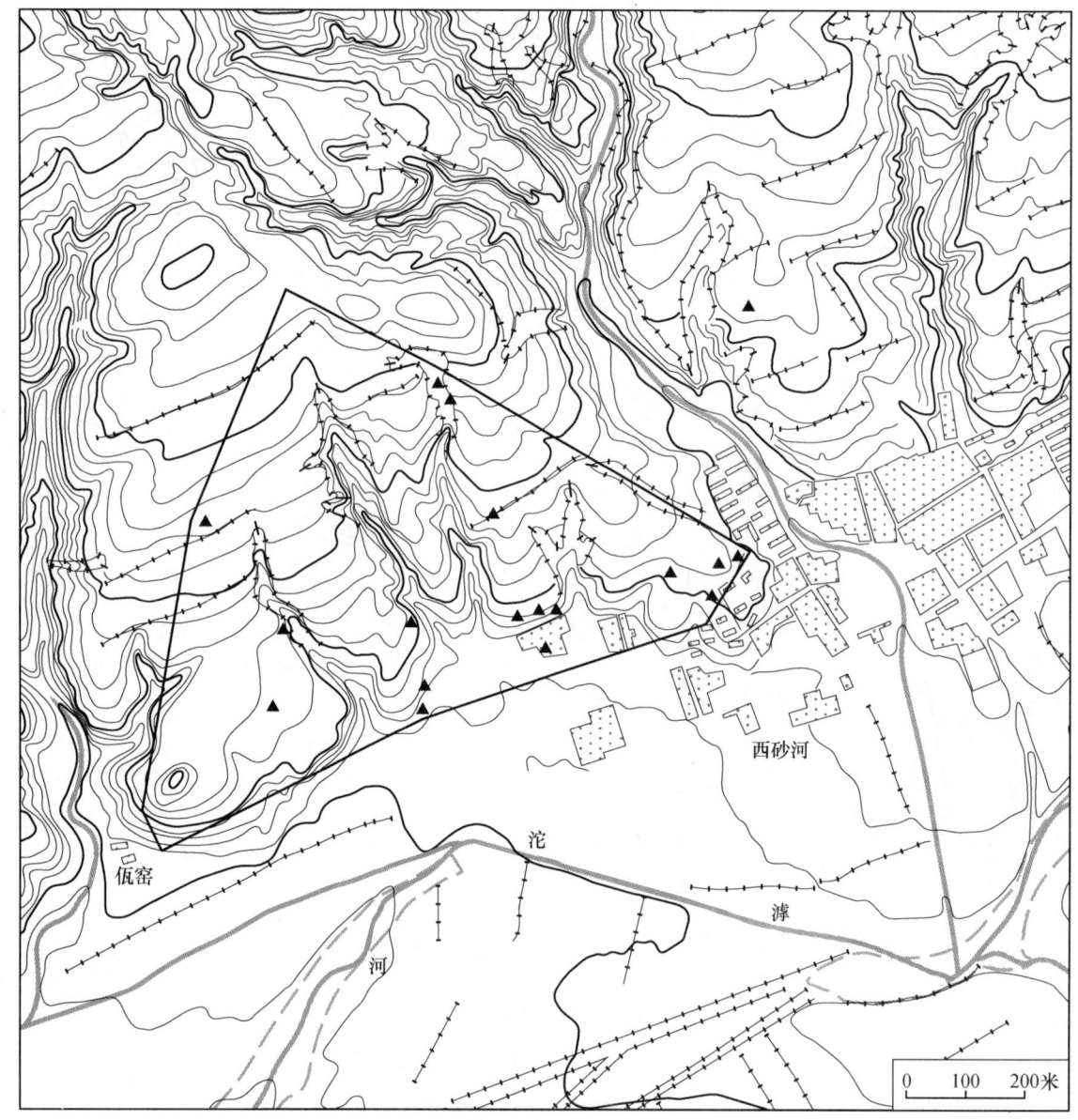

图3-59 西砂河Ⅱ号遗址龙山时期遗存分布图

陶鬲 1件。FS061008B001:1，夹砂褐陶。深腹，束腰，有隔，袋足外鼓。腹部饰绳纹，腰部有按捺状附加堆纹（图3-62，3）。

陶蛋形瓮 1件。FS061008B002:2，夹砂红褐陶。平沿内折，敛口，深鼓腹。器表饰绳纹（图3-62，2）。

陶盆 1件。FS061008B002:1，夹砂褐陶。圆唇，翻沿，深腹。器表饰绳纹。口径28、残高9.6厘米（图3-62，1）。

4. 晚商时期

晚商时期的遗存仅见于遗址最北端，仅有个别发现，遗存分布非常稀疏（图3-61）。未见任

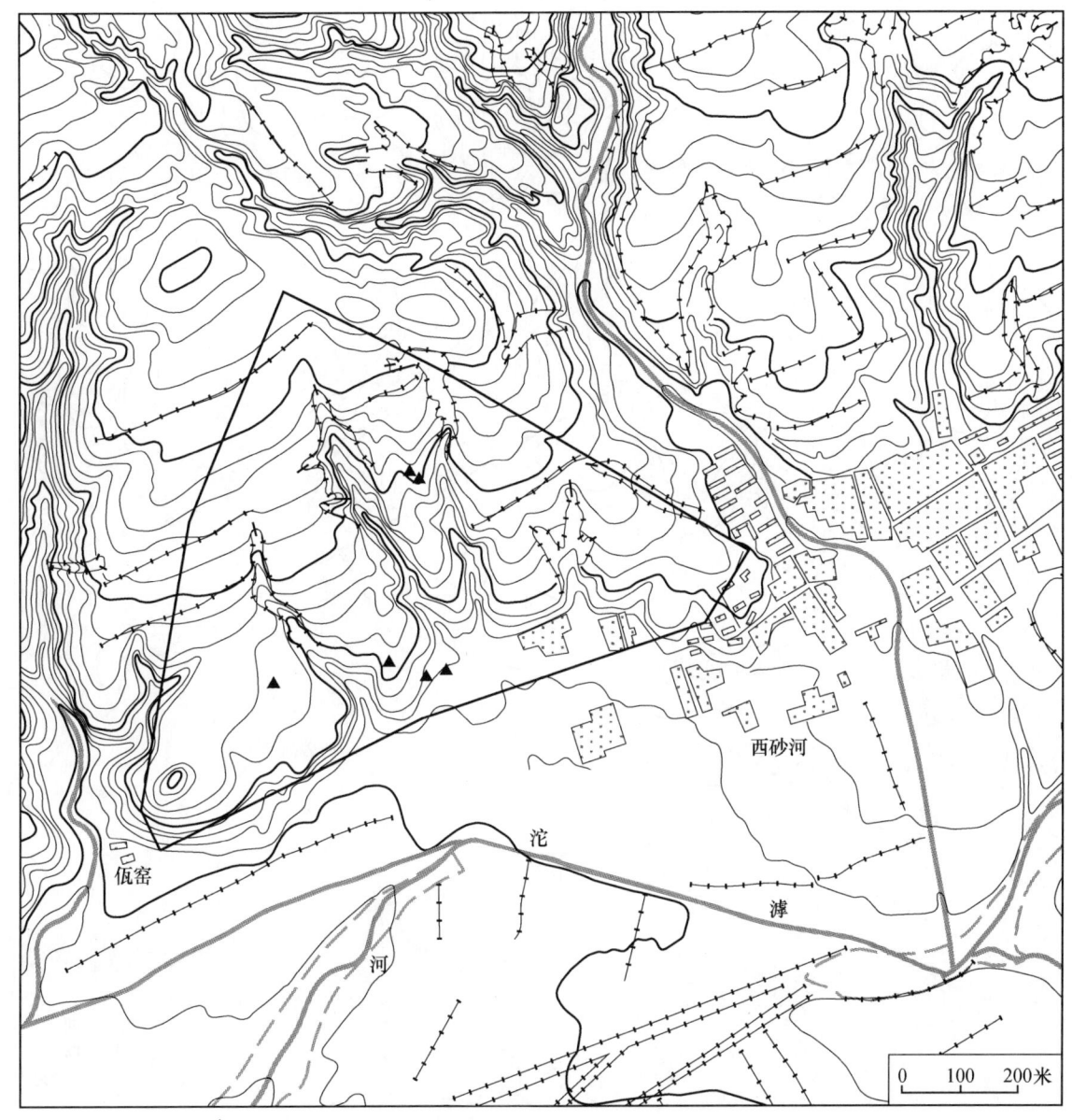

图 3-60　西砂河Ⅱ号遗址二里头时期遗存分布图

何遗迹现象，只在地表发现少量陶片。陶片多夹砂灰陶，纹饰以绳纹为主，可辨器形有簋等。

陶簋　1件。FS061008F001：1，泥质灰褐陶。方唇，敞口，斜腹。素面（图3-62，4）。

5. 东周时期

东周时期遗存见于遗址西南角，遗存分布稀疏（图3-61）。只在断崖上发现1座竖穴土坑墓，未见其他遗迹现象。墓葬内有陶器暴露，地表也有少量陶片。陶片多泥质灰陶，纹饰以绳纹为主，可辨器形有盆、罐等。

陶盆　3件。FS061008F004-M：5，泥质灰陶。方唇，折沿下耷，深腹。沿外有一周凹槽，

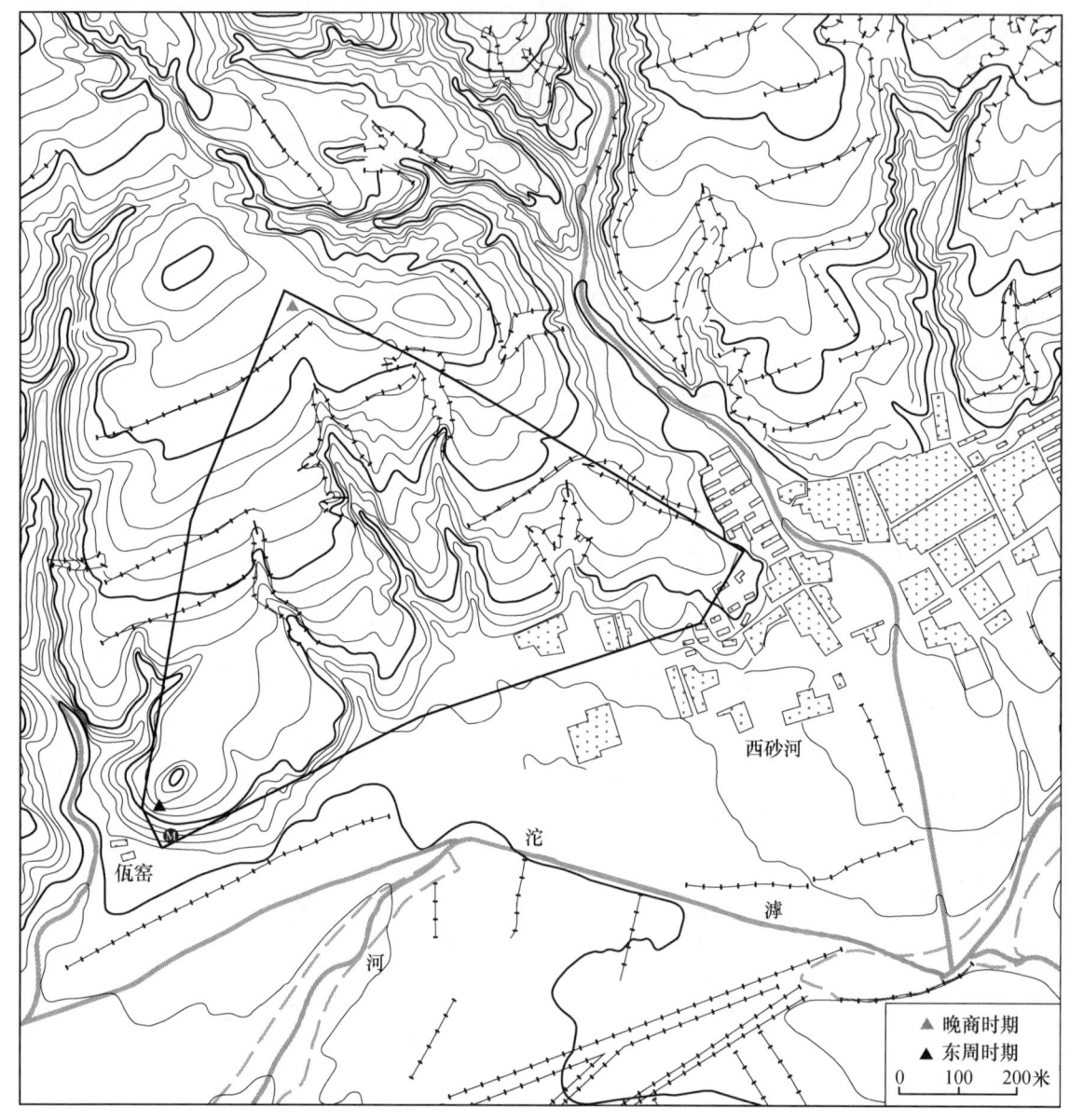

图 3-61　西砂河Ⅱ号遗址晚商、东周时期遗存分布图

上腹部有数周旋纹，下腹部饰绳纹，有抹去痕迹。口径 44、残高 10 厘米（图 3-63，1）。FS061008F004-M:4，泥质灰陶，方唇，折沿下耷，深腹。沿外有一周凹槽，上腹部有数周凹旋纹，下腹部饰规整细绳纹，有抹去痕迹。口径 40、残高 6.4 厘米（图 3-63，5）。FS061008F004-M:2，泥质灰陶。圆唇，近直口，折壁，斜腹。素面（图 3-63，2）。

陶罐　2 件。FS061008F004-M:1，泥质灰陶。双方唇，翻沿，束颈，鼓腹。腹部饰绳纹（图 3-63，4）。FS061008F004-M:3，夹砂灰陶。方唇，翻沿，沿上下起脊，束颈，鼓腹。腹部饰绳纹。口径 25、残高 5 厘米（图 3-63，3）。

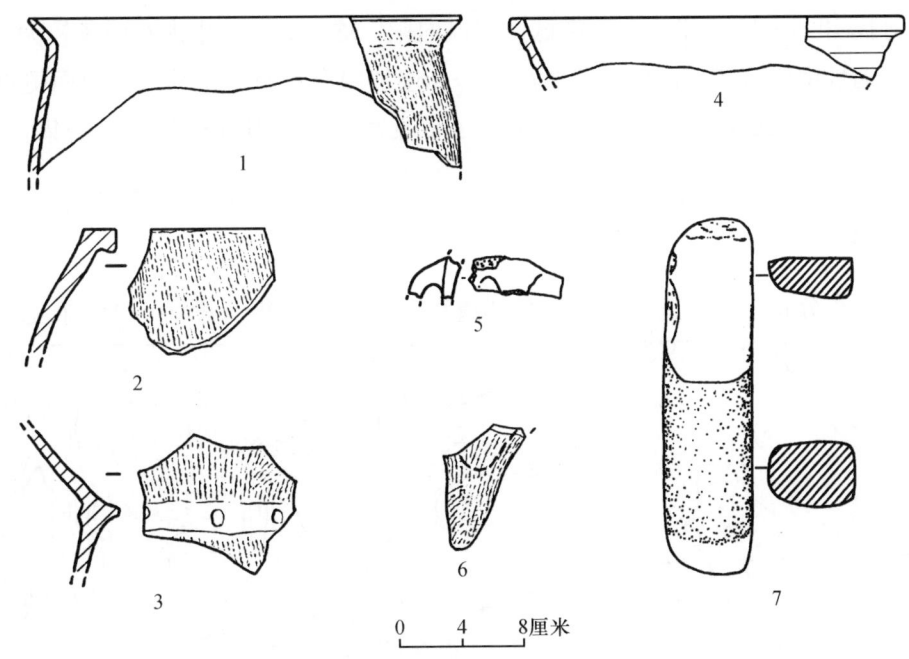

图 3-62 西砂河Ⅱ号遗址仰韶、龙山、二里头、晚商时期陶、石器

1. 陶盆（FS061008B002:1） 2. 陶蛋形瓮（FS061008B002:2） 3. 陶甗（FS061008B001:1） 4. 陶簋（FS061008F001:1）
5. 陶带耳罐（FS061008K003:1） 6. 陶鬲足（FS061008D001:1） 7. 石斧（FS061008B003:1）

(1~3、6. 二里头时期；4. 晚商时期；5. 仰韶时期；7. 龙山时期)

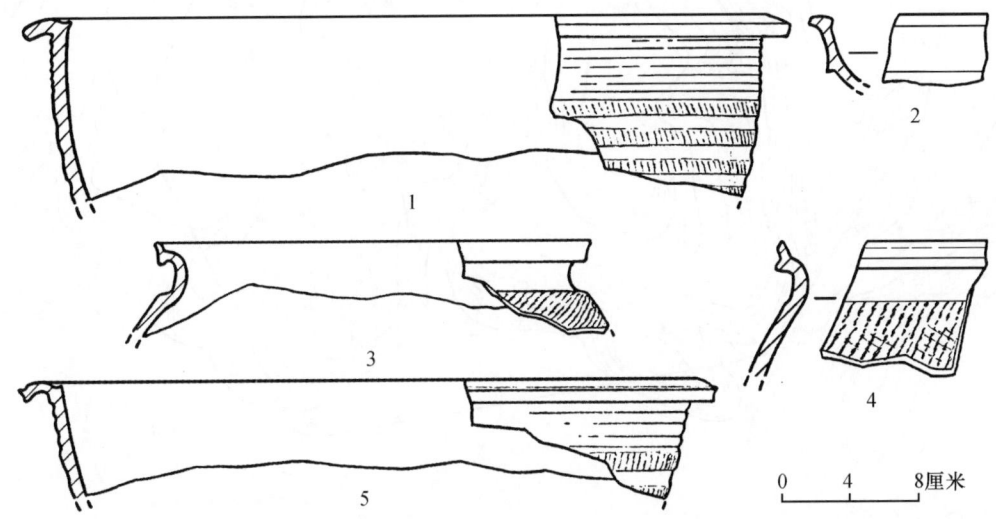

图 3-63 西砂河Ⅱ号遗址东周时期陶器

1、2、5. 陶盆（FS061008F004-M:5、FS061008F004-M:2、FS061008F004-M:4） 3、4. 陶罐（FS061008F004-M:3、FS061008F004-M:1）

二七、四美地遗址

四美地遗址位于繁峙县砂河镇四美地村北，面积50.2万平方米。遗址处在滹沱河北岸台地

的最前缘，海拔 1045~1115 米，北高南低，背风向阳，坡度大，加之内有两条较大冲沟，地势起伏较大。除遗址南面有滹沱河由东向西流过外，遗址内有水源，遗址东、西两侧都有发源于沟谷中的水流流过，最后汇入了滹沱河。遗存分布疏密不等，遗址东部相对密集，包含龙山、二里头两个时期的遗存。

1. 龙山时期

龙山时期遗存分布于整个遗址，遗址东部遗存分布相对密集（图 3-64）。未见任何遗迹现

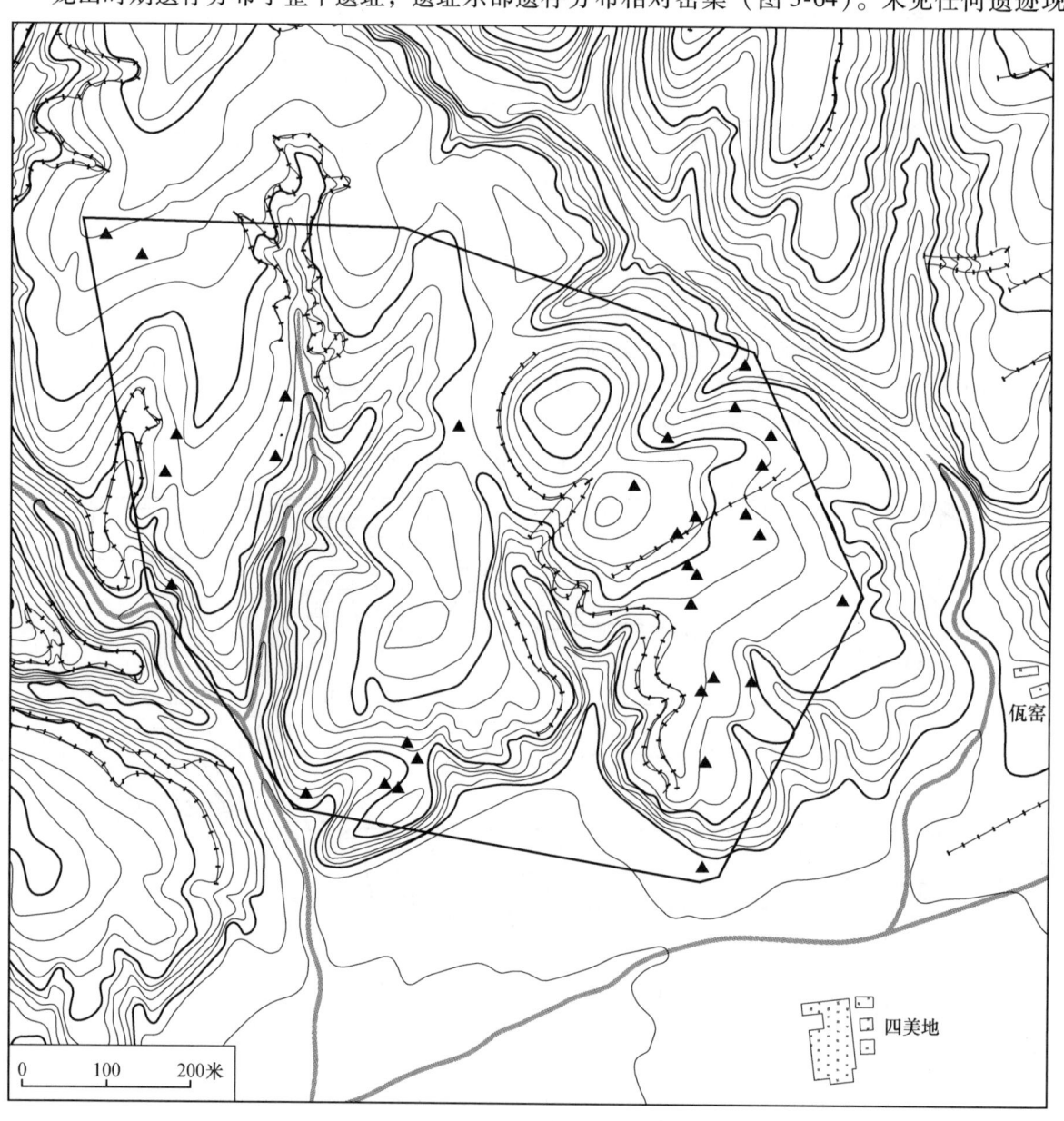

图 3-64　四美地遗址龙山时期遗存分布图

象，只在地表发现有陶片。陶片多夹砂灰陶，纹饰多绳纹、篮纹，可辨器形有鬲、斝、蛋形瓮、瓮、盆、盘等。

斝足　1件。FS061008A007：1，夹砂黑灰陶。空袋足。器表有篮纹（图3-65，5）。

蛋形瓮　1件。FS061008K009：1，平沿内折，敛口，深鼓腹。器表饰绳纹（图3-65，7）。

瓮　1件。FS061008B006：1，夹砂灰陶。平沿，微敛口，深腹。口下有附加堆纹，腹部饰斜篮纹。口径30、残高12厘米（图3-65，1）。

盆　2件。FS081110C001：1，夹砂褐陶。圆唇，折沿，束颈，鼓腹。腹部饰绳纹。口径26、残高12.8厘米（图3-65，4）。FS061008L005：1，夹砂灰褐陶。方唇，口外翻，深腹。唇部有花边装饰，腹部饰绳纹（图3-65，2）。

盘　1件。FS061008B005：1，泥质灰陶。圆唇，折沿，斜浅腹。素面，沿下有按捺状附加堆纹（图3-65，6）。

2. 二里头时期

二里头时期遗存见于遗址中、东部，遗存分布非常稀疏（图3-66）。共发现1处文化层和1座房址，其中文化层分布在遗址最东部，房址分布在遗址中部偏南。房址为红烧土面，出土陶

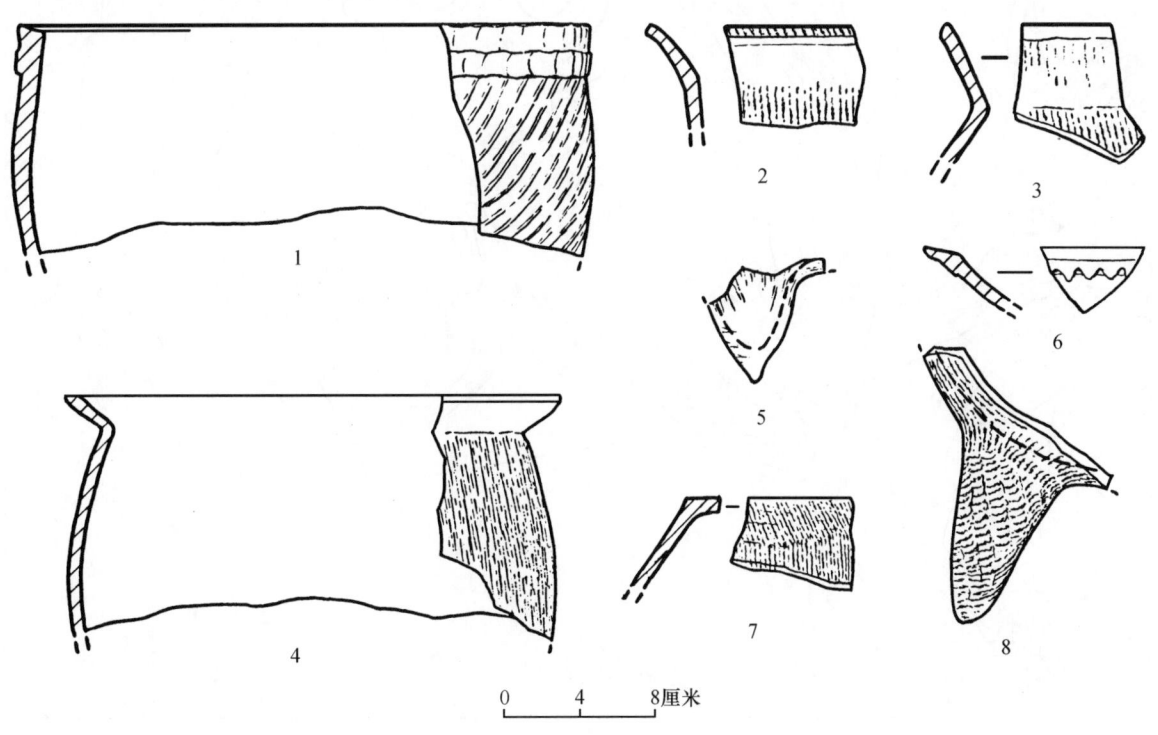

图3-65　四美地遗址陶器

1. 瓮（FS061008B006：1）　2、4. 盆（FS061008L005：1、FS081110C001：1）　3. 鬲（FS061008B008-C：1）
5. 斝足（FS061008A007：1）　6. 盘（FS061008B005：1）　7. 蛋形瓮（FS061008K009：1）　8. 蛋形瓮足（FS061008B008-C：2）
（1、2、4~7. 龙山时期；3、8. 二里头时期）

片很少，文化层堆积较薄，但文化层内包含物丰富，尤以陶片最多，地表也发现有陶片。陶片多夹砂灰陶，纹饰以绳纹为主，可辨器形有鬲、蛋形瓮、罐等。

鬲　1件。FS061008B008-C：1，夹砂灰陶。圆唇，侈口，高领，袋足外鼓。器表饰绳纹（图3-65，3）。

蛋形瓮足　1件。FS061008B008-C：2，夹砂灰褐陶。鼓腹，长锥状实足跟。器表饰绳纹（图3-65，8）。

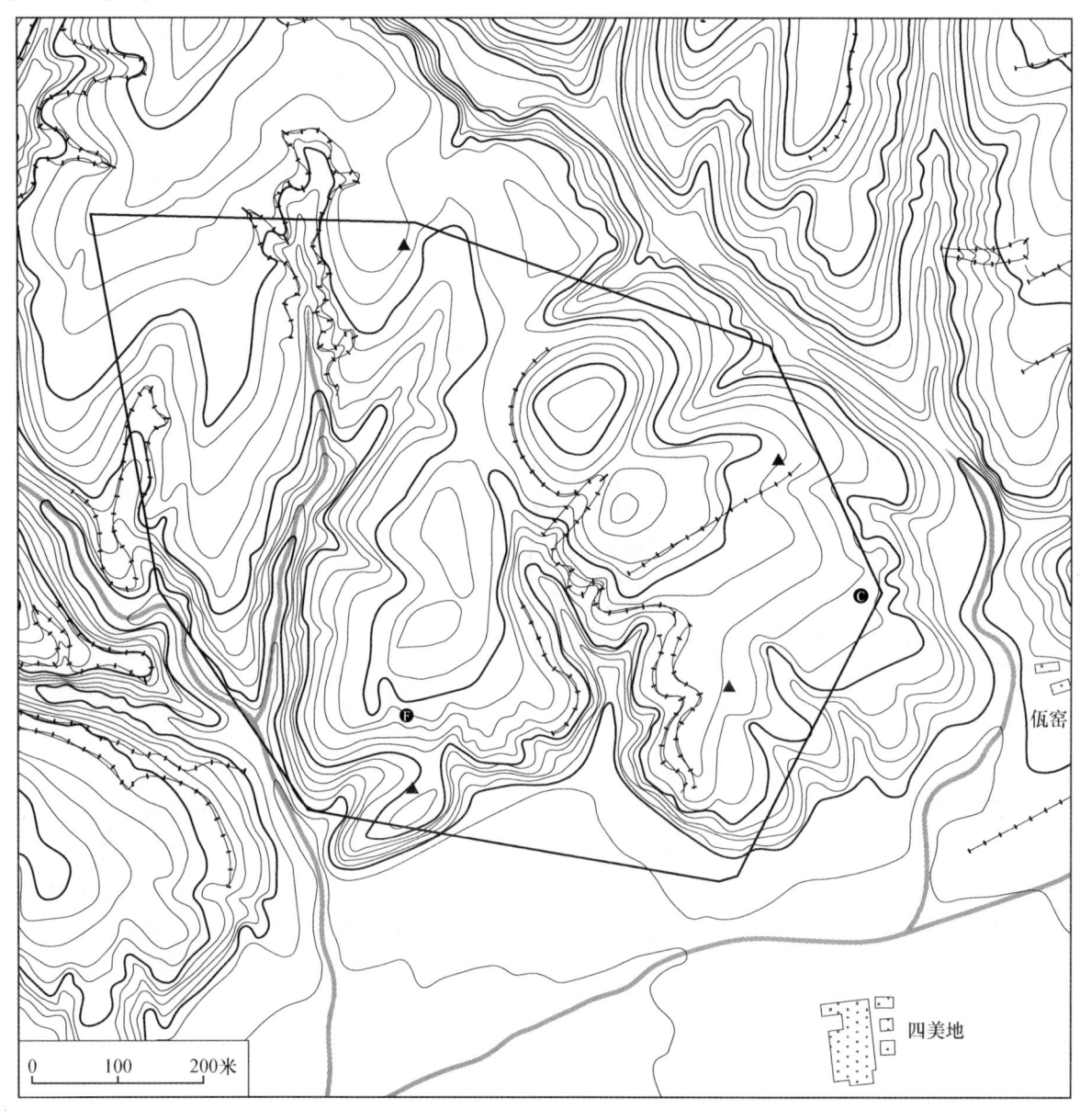

图3-66　四美地遗址二里头时期遗存分布图

二八、兴旺庄遗址

兴旺庄遗址位于繁峙县集义庄乡兴旺庄村北，面积31.9万平方米。遗址处在滹沱河北岸台地最前缘的斜坡上，两侧均临深沟，海拔1050～1125米，北高南低，背风向阳，坡度大，加之内有冲沟，地势起伏较大。遗址南面有滹沱河由东向西流过，东面有发源于山间的水流流过，最后汇入了滹沱河（彩版九六，1）。遗存分布稀疏且落差大，遗址包含龙山、东周两个时期的遗存。

1. 龙山时期

龙山时期遗存分布于整个遗址，除遗址最东部和西南角遗存分布密集外，其他位置遗存分

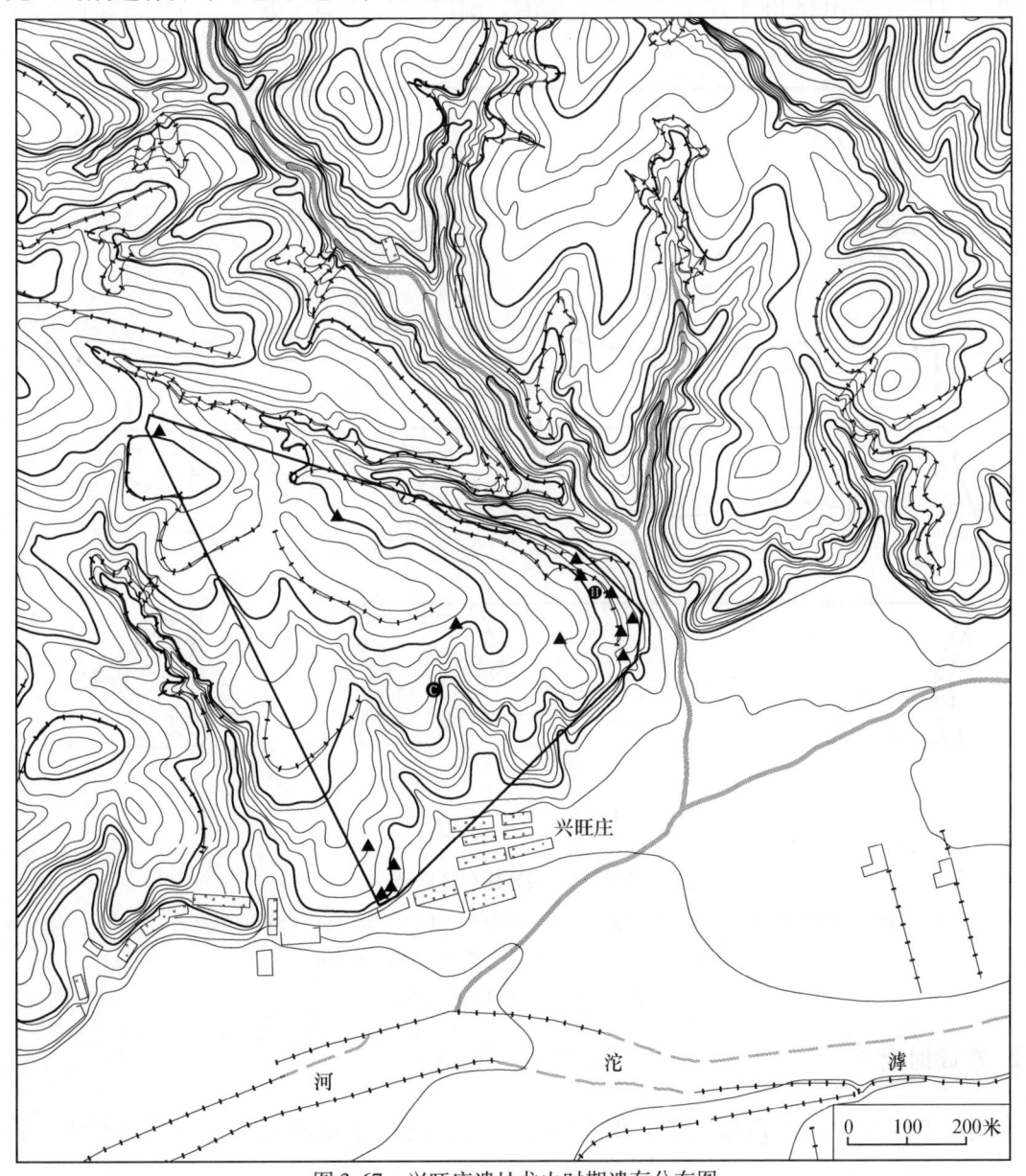

图3-67　兴旺庄遗址龙山时期遗存分布图

布都较为稀疏，遗址西部甚至没而发现遗存（图3-67）。共发现1处文化层和1个灰坑，文化层见于遗址中部偏南，堆积较薄，灰坑则见于东部，为锅底状坑。文化层和灰坑内包含物都较为丰富，尤以陶片最多，地表也有陶片。陶片多夹砂灰陶，纹饰多绳纹，可辨器形有鬲、蛋形瓮、盆、罐等。

鬲　1件。FS061009K005-C∶1，夹砂灰褐陶。圆唇，口外翻，束颈，深腹。器表饰绳纹。口径28、残高6厘米（图3-68，4）。

蛋形瓮　1件。FS061009L007∶1，夹砂灰褐陶。小平沿，敛口，深鼓腹。腹部饰绳纹。口径24、残高4.8厘米（图3-68，2）。

蛋形瓮足　1件。FS061009L010∶1，夹砂灰陶。矮柱足，足部饰绳纹（图3-68，5）。

罐　1件。FS061009I005-H∶1，夹砂灰褐陶。圆唇，口外翻，束颈，鼓腹。素面，器表粗糙。口径32、残高12厘米（图3-68，1）。

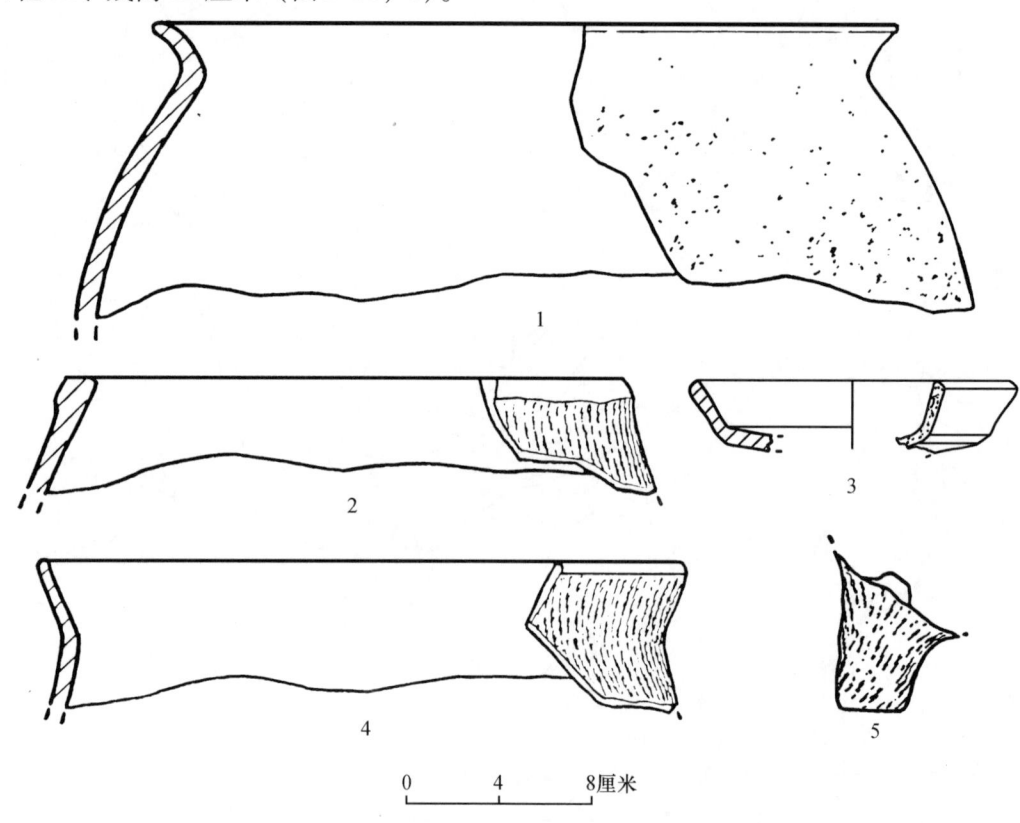

图3-68　兴旺庄遗址陶器

1. 罐（FS061009I005-H∶1）　2. 蛋形瓮（FS061009L007∶1）　3. 豆（FS061009K003∶1）　4. 鬲（FS061009K005-C∶1）　5. 蛋形瓮足（FS061009L010∶1）

（1、2、4、5. 龙山时期；3. 东周时期）

2. 东周时期

东周时期遗存只见于遗址南部，仅有零星发现，遗存分布较为稀疏（图3-69）。未见任

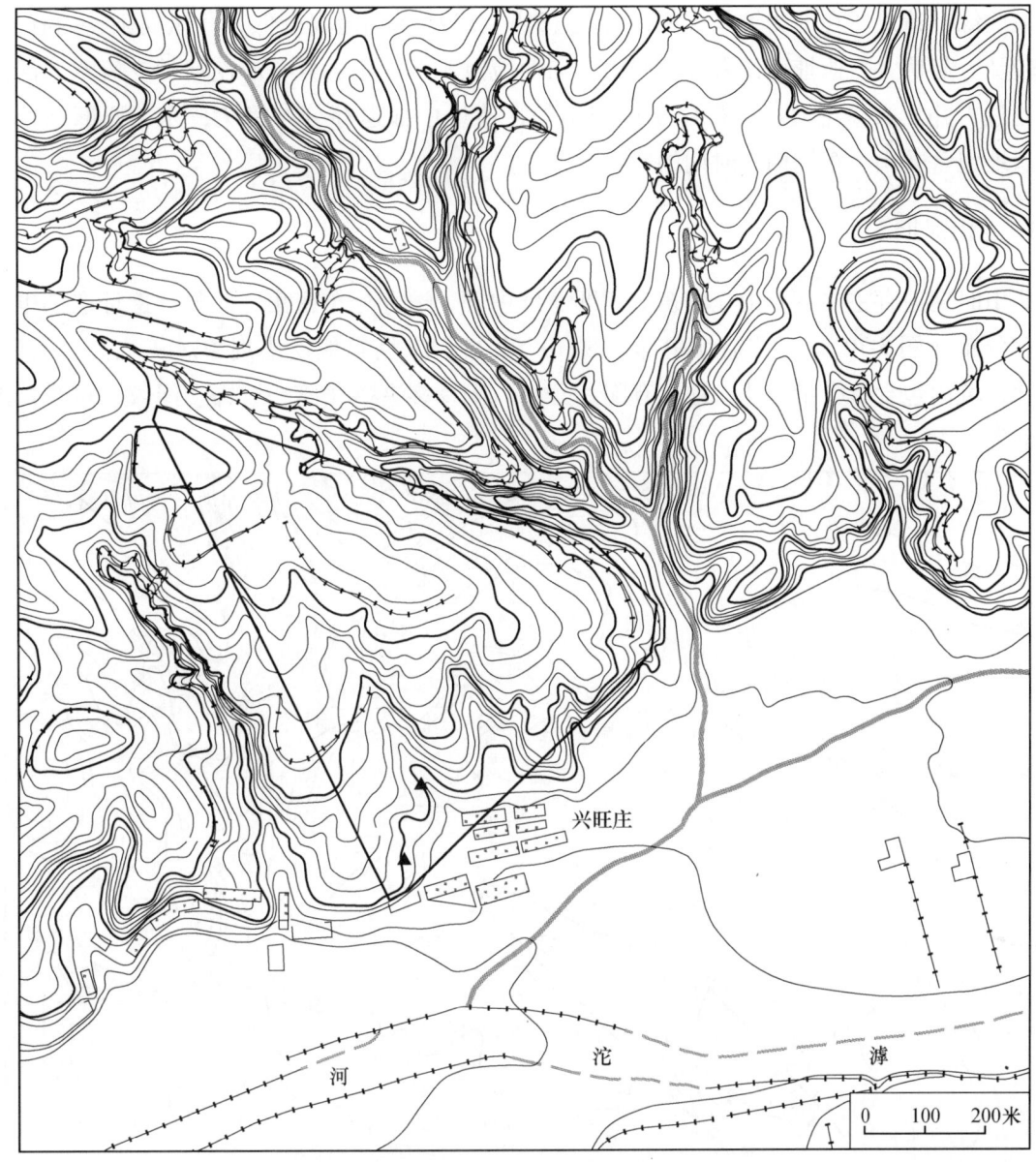

图 3-69 兴旺庄遗址东周时期遗存分布图

何遗迹现象，只在地表发现有陶片。陶片多夹砂灰陶，纹饰以绳纹为主，可辨器形有盆、豆、罐等。

豆 1件。FS061009K003：1，泥质灰陶。方唇，敞口，浅盘。素面。口径13.6、残高3.2厘米（图3-68，3）。

二九、北胜地遗址

北胜地遗址位于繁峙县集义庄乡北胜地西北，面积4.8万平方米。遗址处在滹沱河北岸台地的最前缘，遗址所在地为坡状堆积，海拔 1045～1095 米，北高南低，背风向阳，内有冲沟，地势较陡，起伏大。遗址南面有滹沱河由东向西流过，西面不远处有滹沱河的支流双井河由北向南流过，并汇入滹沱河。遗存分布疏密不等，遗址中部遗存分布密集，东、西部则较为稀疏。遗址包含龙山、东周两个时期的遗存。

1. 龙山时期

龙山时期遗存主要见于山丘的东侧，即遗址中部，遗存分布密集，此外，遗址东部也有零星遗存分布（图3-70）。只在遗址中部发现 1 个灰坑，未见其他遗迹现象。灰坑为口大底小，锅底状，坑内包含有少量陶片，地表有陶片分布。陶片多夹砂灰陶，纹饰多绳纹，可辨器形有鬲、盆等。

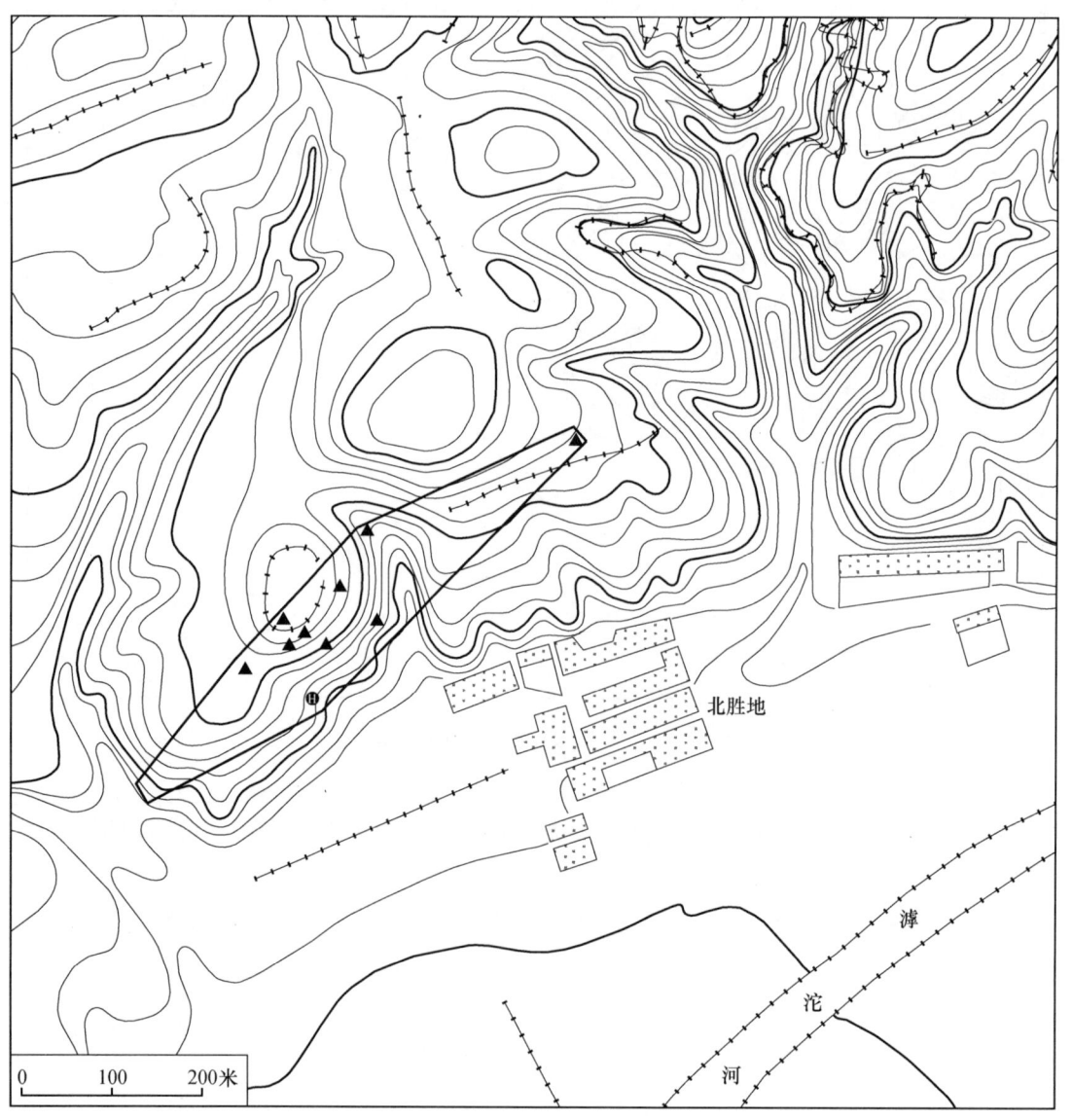

图 3-70　北胜地遗址龙山时期遗存分布图

盆 1件。FS061009B001:1，夹砂褐陶。小圆唇，小折沿，斜腹内收。素面。口径26、残高6.8厘米（图3-72）。

2. 东周时期

东周时期遗存见于遗址中、西部，遗存分布较为稀疏（图3-71）。未见任何遗迹现象，只在地表发现有陶片。陶片多夹砂灰陶，可辨器形有豆、罐等。

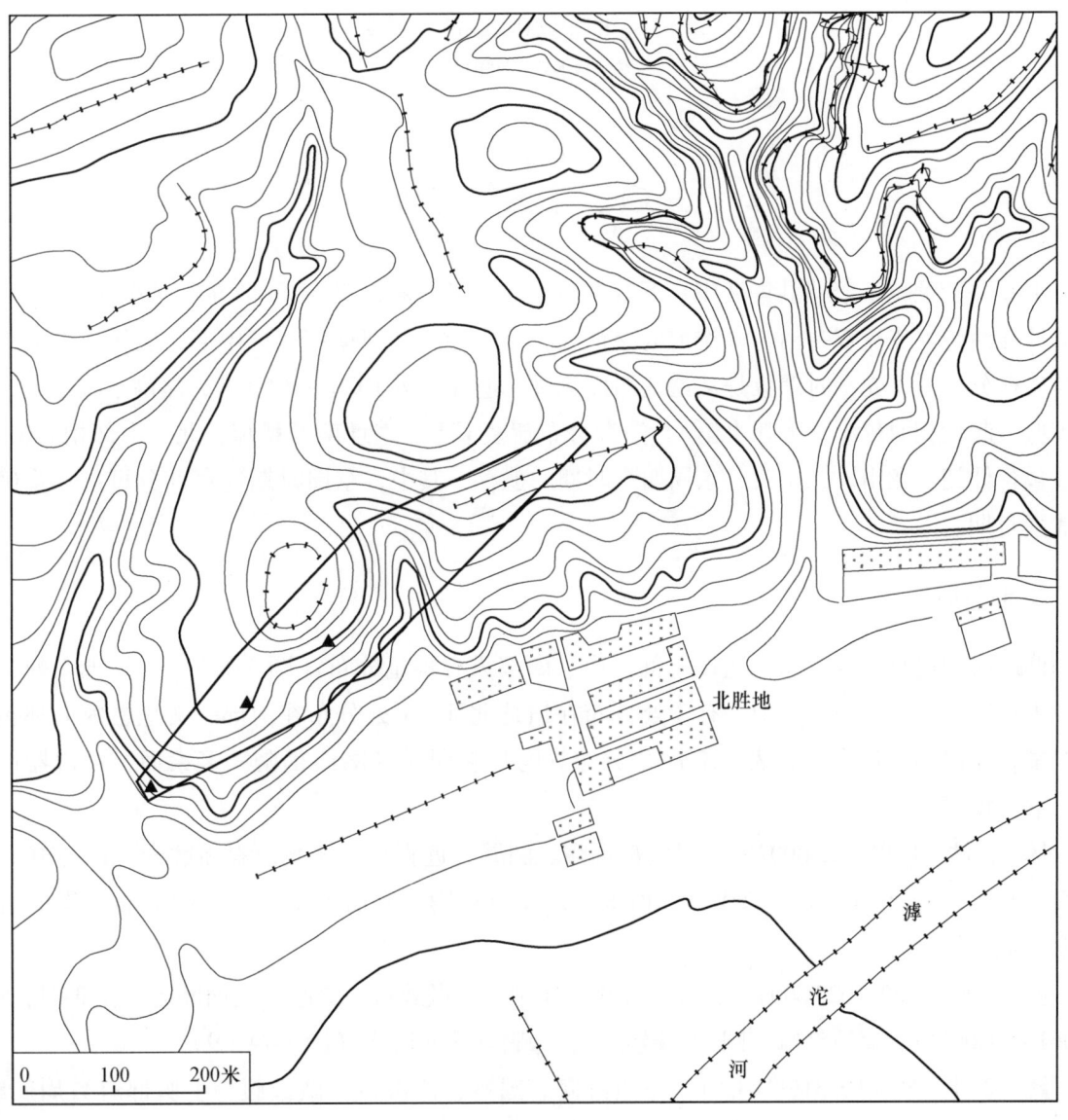

图3-71 北胜地遗址东周时期遗存分布图

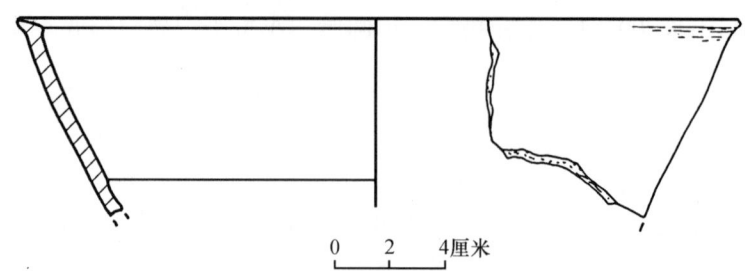

图 3-72　北胜地遗址龙山时期陶器
盆（FS061009B001：1）

三〇、下双井遗址

下双井遗址位于繁峙县集义庄乡下双井村东 500 米，面积 50.4 万平方米（彩版一〇，1）。遗址处在滹沱河支流双井河与滹沱河的交汇处，今天的双井河横穿遗址中部，但从地形地貌特点及遗存分布看，先秦时期应是从遗址西面流过。遗址海拔 1020~1060 米，略高于滹沱河，地势较低，起伏相对较小（彩版九五）。遗存分布疏密不等，遗址南部稀疏，北、中部相对密集。遗址包含仰韶、龙山、二里头、东周四个时期的遗存，其中，东周时期遗存部分可进一步确认为战国时期。

1. 仰韶时期

仰韶时期遗存主要分布在遗址北部，中、南部只有零星分布（图 3-73）。共发现 4 处文化层，未见其他遗迹现象，其中，有 3 处分布在遗址北部，1 处分布在南部。文化层内大都包含物丰富，尤以陶片最多，地表也有陶片分布。陶片多泥质红陶或褐陶，多素面，可辨器形有钵、盆、罐等。

钵　2 件。FS061023B007：1，泥质灰褐陶。圆唇，近直口，弧腹。素面磨光。口径 16、残高 5.2 厘米（图 3-74，6）。FS061023I008：1，泥质红陶。圆唇，微敛口，微鼓腹。素面磨光（图 3-74，7）。

盆　2 件。FS061023C004：1，泥质红陶。厚圆唇，微敛口，弧腹。素面磨光（图 3-74，8）。FS061023G002：1，泥质红陶。圆唇，微敛口，深腹。素面磨光（图 3-74，9）。

罐　2 件。FS061023H004-C：1，泥质红陶。圆唇，微敛口，微鼓腹。上腹部有数周旋纹。口径 15.2、残高 12.4 厘米（图 3-74，16）。FS061023B007：2，泥质褐陶。厚圆唇，小翻沿，束颈，鼓腹。上腹部有数周旋纹。口径 20、残高 4 厘米（图 3-74，2）。

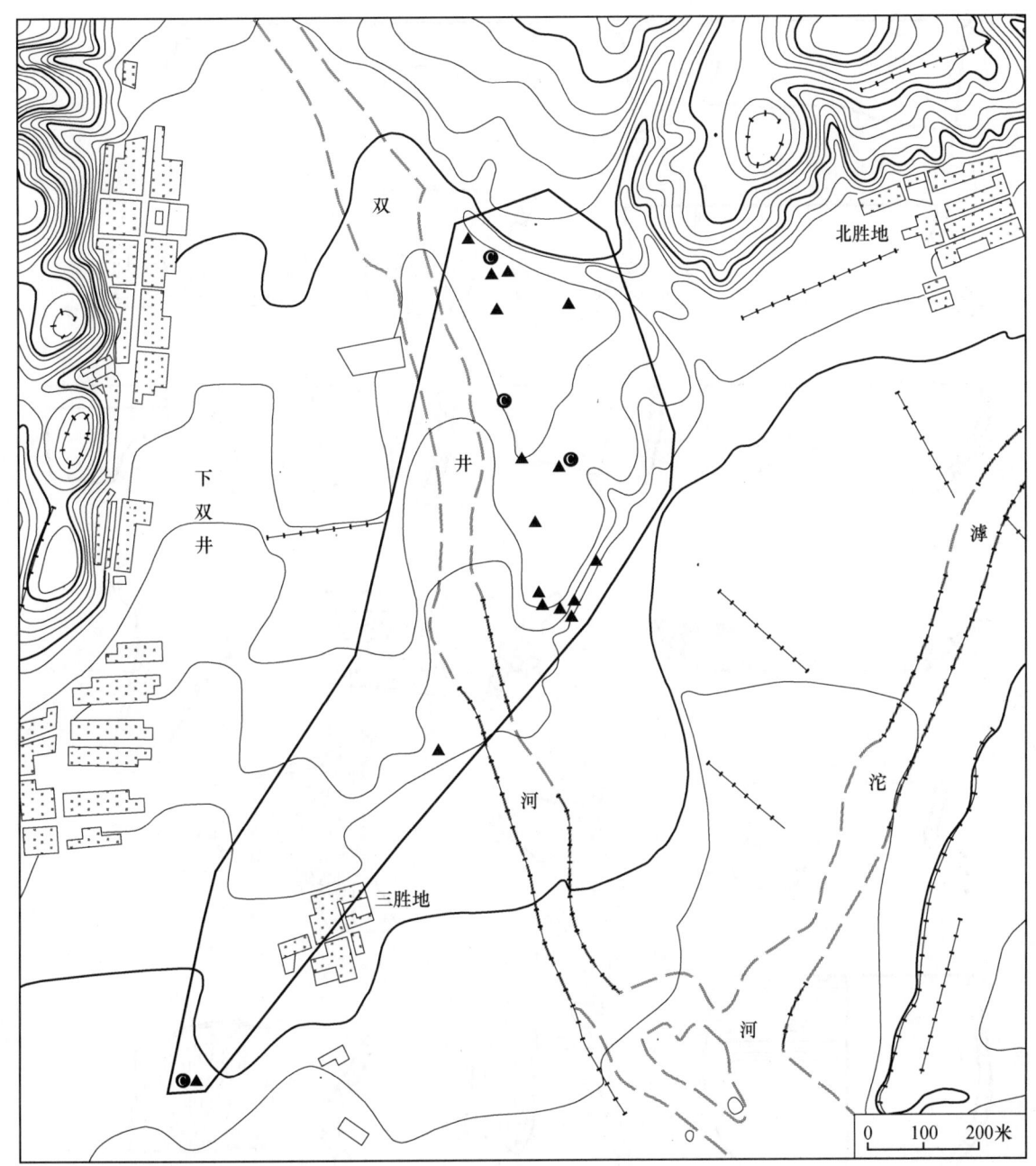

图 3-73　下双井遗址仰韶时期遗存分布图

2. 龙山时期

龙山时期遗存见于遗址中、北部，遗存分布密集（图 3-75）。共发现 8 处文化层和 5 个灰坑，所有的遗迹现象全部发现在遗址中部和北部偏中位置，灰坑多口大底小。遗迹内大多包含物丰富，尤以陶片最多，地表也发现较多陶片。陶片多夹砂灰陶，纹饰多绳纹，可辨器形有鬲、甗、蛋形瓮、盆、罐等。

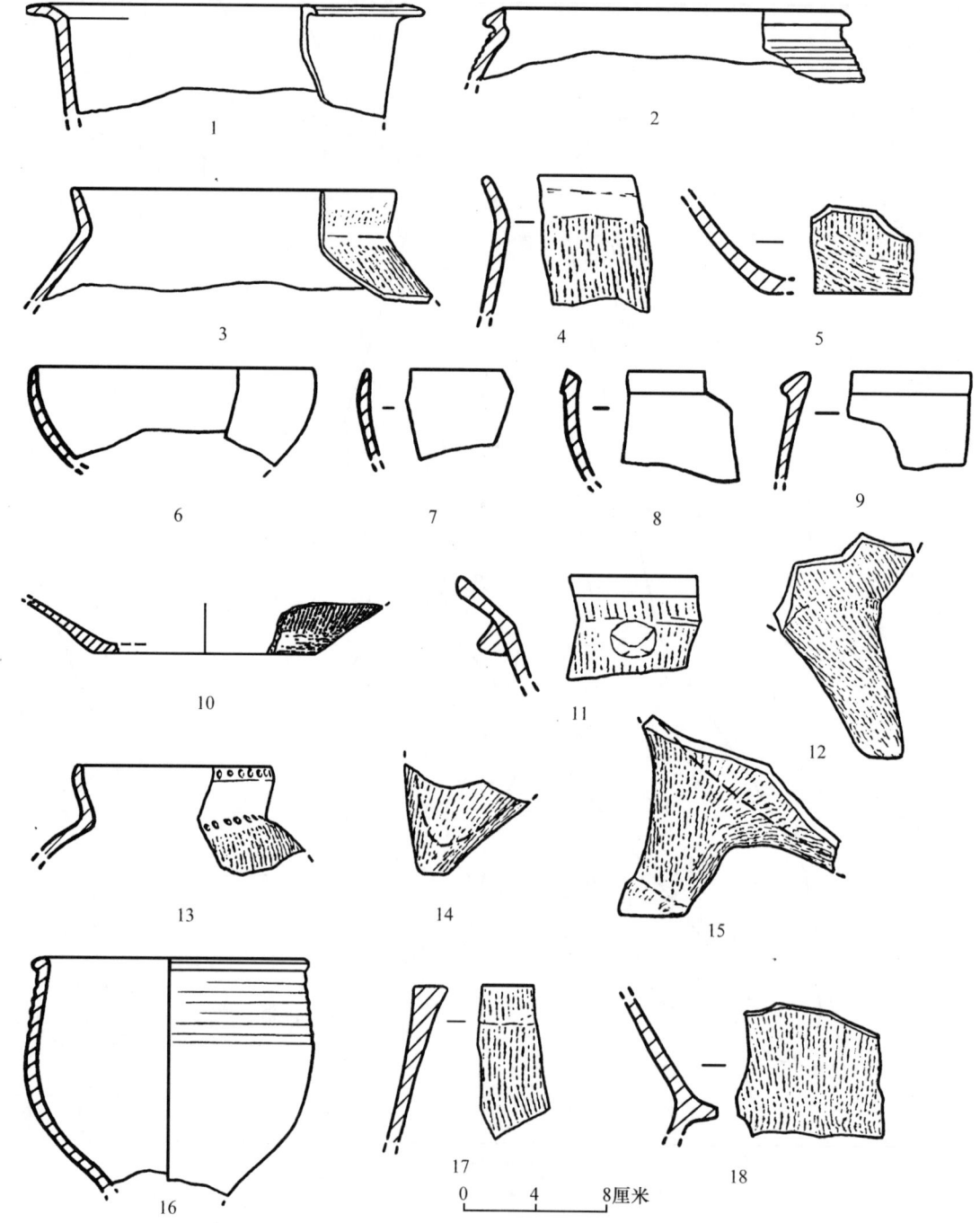

图 3-74 下双井遗址仰韶、龙山时期陶器

1、8、9、11. 盆（FS061023E001-C1:3、FS061023C004:1、FS061023G002:1、FS061023I005-C:1） 2、3、5、10、16. 罐（FS061023B007:2、FS061023L004:1、FS081108F001-H:1、FS061023B001:1、FS061023H004-C:1） 4、13. 鬲（FS061023I004:1、FS061023E001-C1:1） 6、7. 钵（FS061023B007:1、FS061023I008:1） 12、15. 蛋形瓮足（FS081108E002-H:1、FS061023F003-H:1） 14. 鬲足（FS061023F003-H:2） 17. 蛋形瓮（FS061023I004-C1:1） 18. 甗（FS061023E001-C1:2）

（1、3~5、10~15、17、18. 龙山时期；2、6~9、16. 仰韶时期）

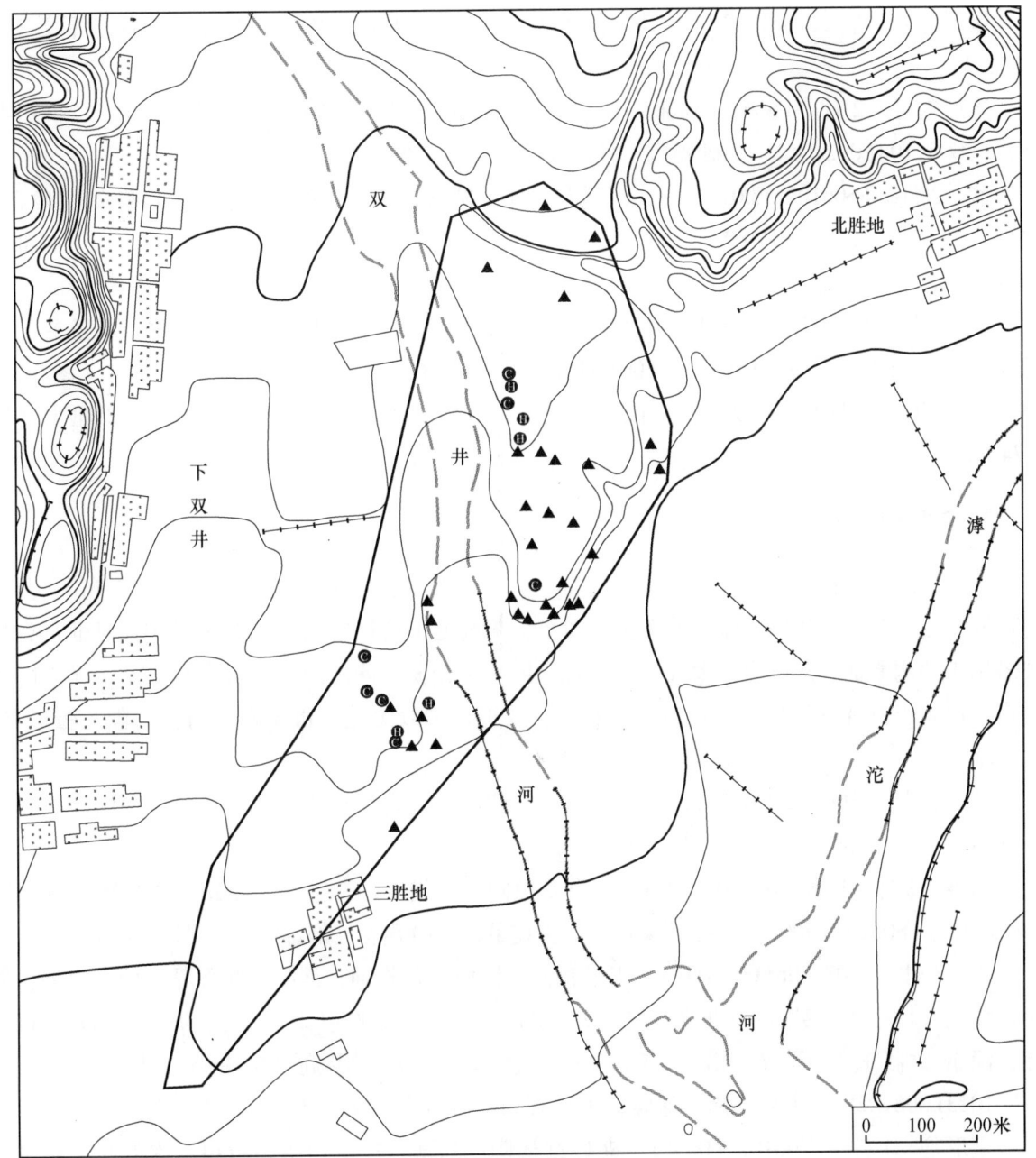

图 3-75　下双井遗址龙山时期遗存分布图

鬲　2件。FS061023E001-C1：1，夹砂灰黑陶。器薄，圆唇，口外翻，矮领，袋足外鼓。口部及颈部有两周戳印纹，颈部以下饰绳纹。口径11、残高6厘米（图3-74，13）。FS061023I004：1，夹砂灰黑陶。圆唇，侈口，矮领，袋足外鼓。领部以下饰绳纹（图3-74，4）。

鬲足　1件。FS061023F003-H：2，夹砂灰陶。空袋足。袋足饰绳纹（图3-74，14）。

甗　1件。FS061023E001-C1：2，夹砂灰褐陶。深鼓腹，束腰，有隔。器表饰绳纹（图3-74，18）。

蛋形瓮　1件。FS061023I004-C1：1，夹砂红褐陶。小平沿，敛口，深腹。器表饰绳纹（图3-74，17）。

蛋形瓮足　2件。FS061023F003-H：1，夹砂灰褐陶。柱状实足跟。器表饰绳纹（图3-74，15）。FS081108E002-H：1，夹砂褐陶。柱状实足跟。器表饰绳纹（图3-74，12）。

盆　2件。FS061023E001-C1：3，泥质灰褐陶。圆唇，卷沿，深腹。素面。口径22、残高6厘米（图3-74，1）。FS061023I005-C：1，夹砂红褐陶。圆唇，大敞口，翻沿，斜腹。上腹部有纽状鋬手，器表饰绳纹（图3-74，11）。

罐　3件。FS061023L004：1，夹砂褐陶。圆唇，近直口，鼓腹。腹部饰绳纹。口径18、残高6厘米（图3-74，3）。FS081108F001-H：1，夹砂褐陶。鼓腹，平底。器表饰绳纹（图3-74，5）。FS061023B001：1，夹砂褐陶。鼓腹，平底。腹部饰绳纹。底径14、残高3.2厘米（图3-74，10）。

3. 二里头时期

二里头时期遗存集中见于遗址中、北部，其中，北部偏中遗存相对密集（图3-76）。共发现6处文化层和4个灰坑，除2处文化层和2个灰坑见于遗址中部外，其余见于遗址北部，遗迹多见于冲沟断面，灰坑多口大底小，文化层堆积多较薄。遗迹内大多包含物丰富，尤以陶片最多，地表也发现有陶片。陶片多夹砂灰陶，纹饰以绳纹为主，可辨器形有鬲、甗、蛋形瓮、盆、罐等。

鬲　1件。FS061023H003：1，夹砂灰褐陶。圆唇，近直口，微束颈，分档，深腹。腹部饰杂乱绳纹。口径24、残高13厘米（图3-77，3）。

鬲足　2件。FS061023I004-C2：1，夹砂灰黑陶。空袋足，有锥状实足跟。袋足饰绳纹（图3-77，9）。FS061023H003：2，夹砂灰褐陶。空袋足，足跟残。足部饰绳纹（图3-77，10）。

甗　3件。FS081108E001-H1：1，夹砂褐陶。圆唇，口外翻，深腹。腹部靠上处有鋬手，器表饰绳纹。口径34、残高10厘米（图3-77，2）。FS061023L006-C2：1，夹砂褐陶。圆唇，口外翻，深腹。器表饰绳纹，沿下有抹去痕迹。口径34、残高14厘米（图3-77，1）。FS061023L006-C2：2，夹砂褐陶。深腹，束腰有隔。器表饰绳纹（图3-77，4）。

蛋形瓮　1件。FS061023L003：1，夹砂红褐陶。器薄，平沿内折，敛口，深鼓腹。器表饰绳纹（图3-77，5）。

蛋形瓮足　5件。FS061023H007：1，夹砂灰陶。矮蹄状实足跟。器表饰绳纹（图3-77，7）。FS061023L006-C1：1，夹砂灰褐陶。锥状实足跟。器表饰绳纹（图3-77，13）。FS061023I004：2，夹砂灰陶。锥状实足跟。跟部饰绳纹（图3-77，11）。FS061023I003：1，夹砂灰褐陶。锥状实足跟。跟部有刮抹痕迹（图3-77，12）。FS061023B005：1，夹砂褐陶。锥状实足跟。器表饰绳纹（图3-77，14）。

小罐　1件。FS061023I004-C1：2，夹砂灰褐陶。圆唇，小口，鼓腹，平底，最大径靠下。腹部饰绳纹。口径6.8、底径8、高9.8厘米（图3-77，8；彩版一〇三，1）。

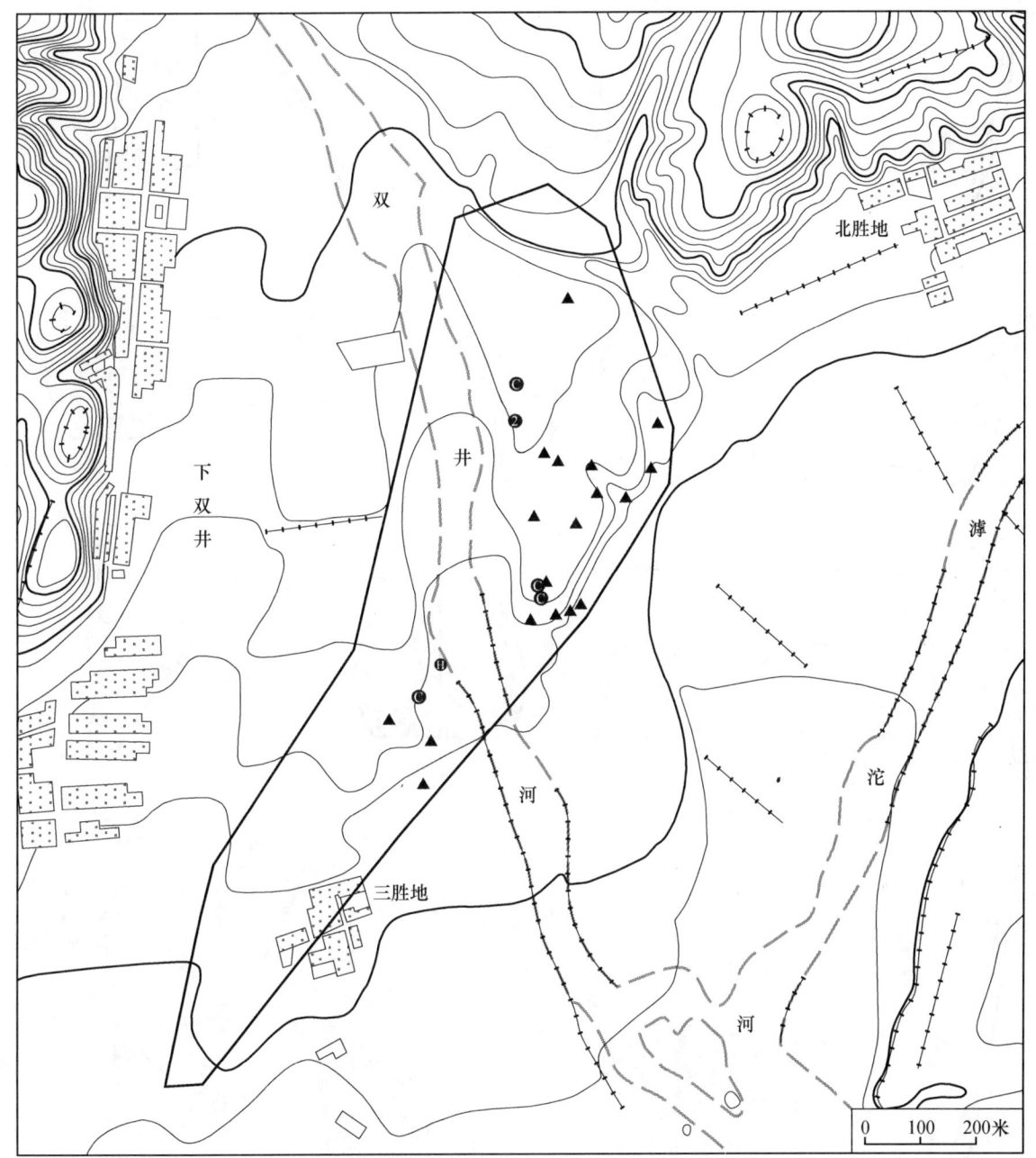

图 3-76 下双井遗址二里头时期遗存分布图

罐 1件。FS061023H008:1,夹砂褐陶。圆唇,侈口,束颈,鼓腹。器表饰绳纹(图3-77,6)。

4. 东周时期

东周时期遗存见于遗址北部和南部,遗存分布非常稀疏(图3-78)。只在遗址南部发现1

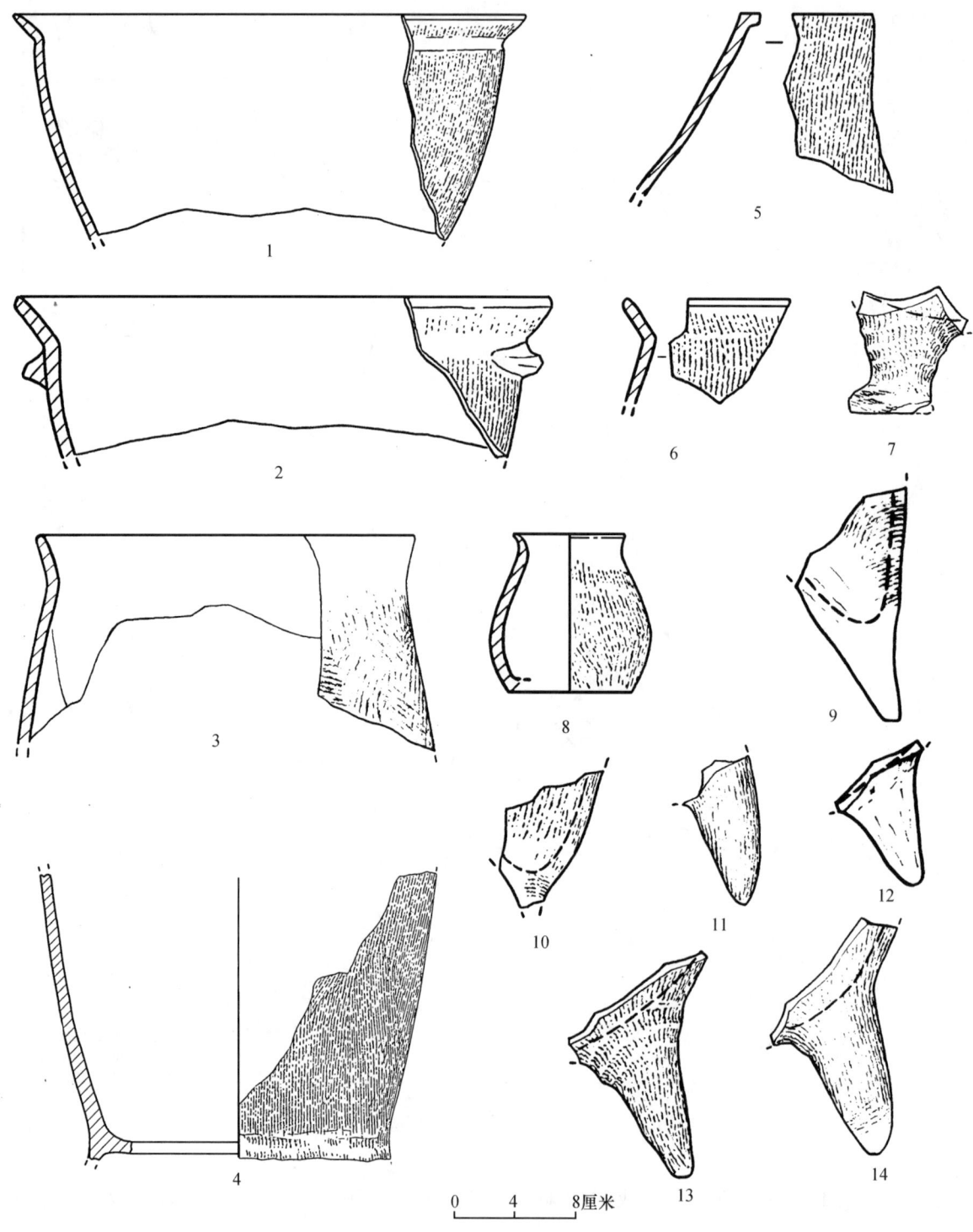

图 3-77 下双井遗址二里头时期陶器

1、2、4. 甗（FS061023L006-C2：1、FS081108E001-H1：1、FS061023L006-C2：2） 3. 鬲（FS061023H003：1） 5. 蛋形瓮
（FS061023L003：1） 6. 罐（FS061023H008：1） 8. 小罐（FS061023I004-C1：2） 7、11~14. 蛋形瓮足（FS061023H007：1、
FS061023I004：2、FS061023I003：1、FS061023L006-C1：1、FS061023B005：1） 9、10. 鬲足（FS061023I004-C2：1、
FS061023H003：2）

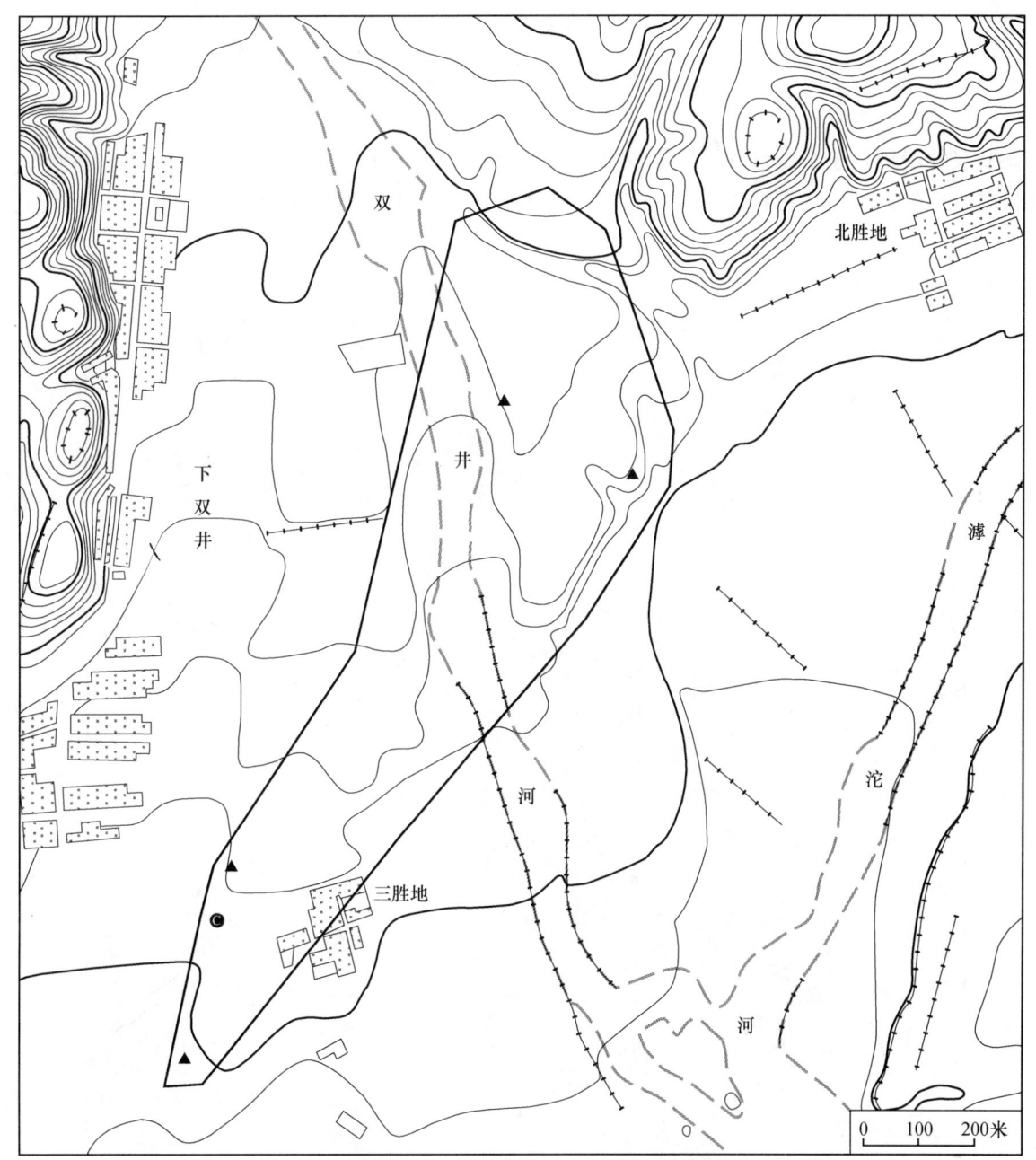

图 3-78 下双井遗址东周时期遗存分布图

处文化层,未见其他遗迹现象。文化层内发现少量陶片,地表也有零星陶片分布。陶片多夹砂灰陶,纹饰以绳纹为主,可辨器形有盆、豆等。

三一、上双井遗址

上双井遗址位于繁峙县砂河镇上双井村南，面积较小，小于0.4万平方米。遗址处在滹沱河北岸台地的深处，分布在滹沱河支流双井河东岸的台地上，海拔1270~1280米，地势较高，较为陡峭，起伏较大。遗址西面有发源于山间的水流由北向南流过，遗址与水流的垂直落差达50米。遗址只有龙山时期的遗存（图3-79）。

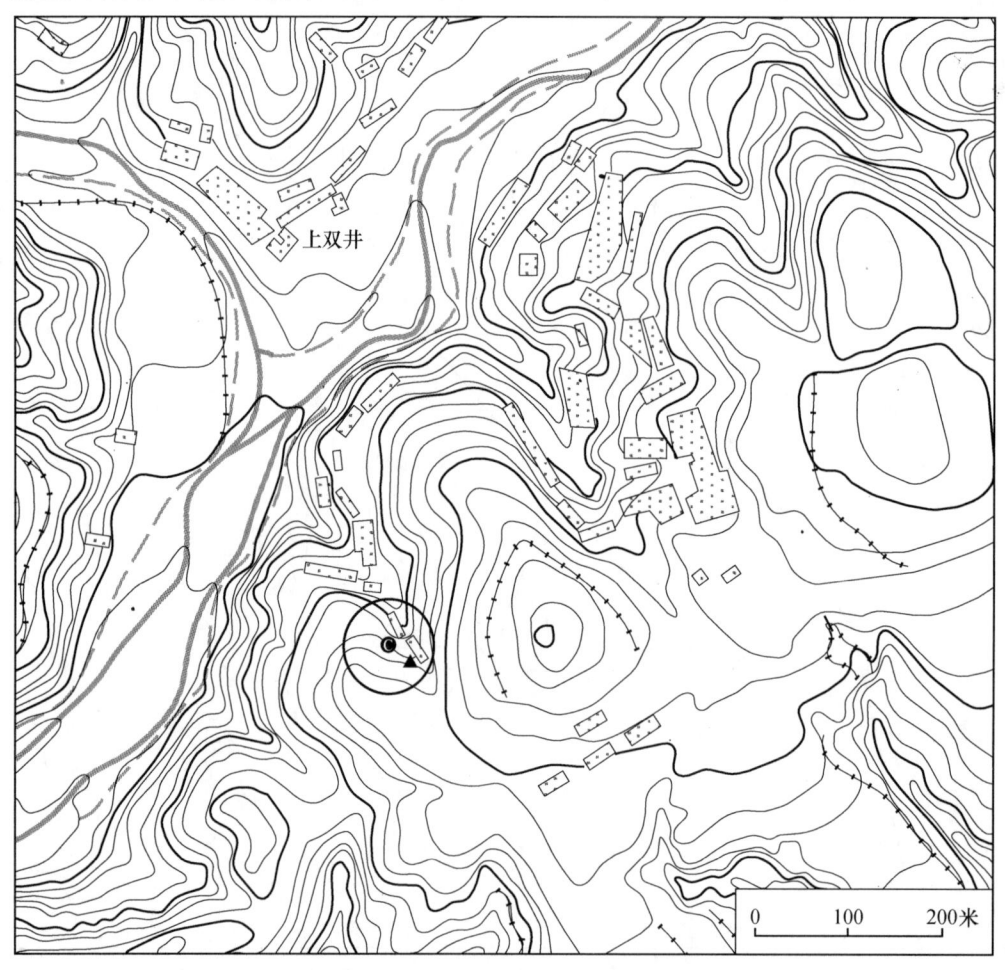

图3-79　上双井遗址龙山时期遗存分布图

遗存分布较为稀疏。只发现1处文化层，未见其他遗迹现象。文化层内包含有少量陶片，地表也有少量陶片发现。陶片多灰陶，纹饰多绳纹，可辨器形有鬲、罐等。

三二、净林遗址

净林遗址位于繁峙县集义庄乡净林村南350米，面积1.1万平方米。遗址处在滹沱河北岸台地的深处，分布在滹沱河支流双井河西岸的台地上，遗址面向河水的一侧分布，海拔1090～1125米，坡度大，地势起伏较大。遗址东面有河流由北向南流过。遗址只有龙山时期的遗存（图3-80）。

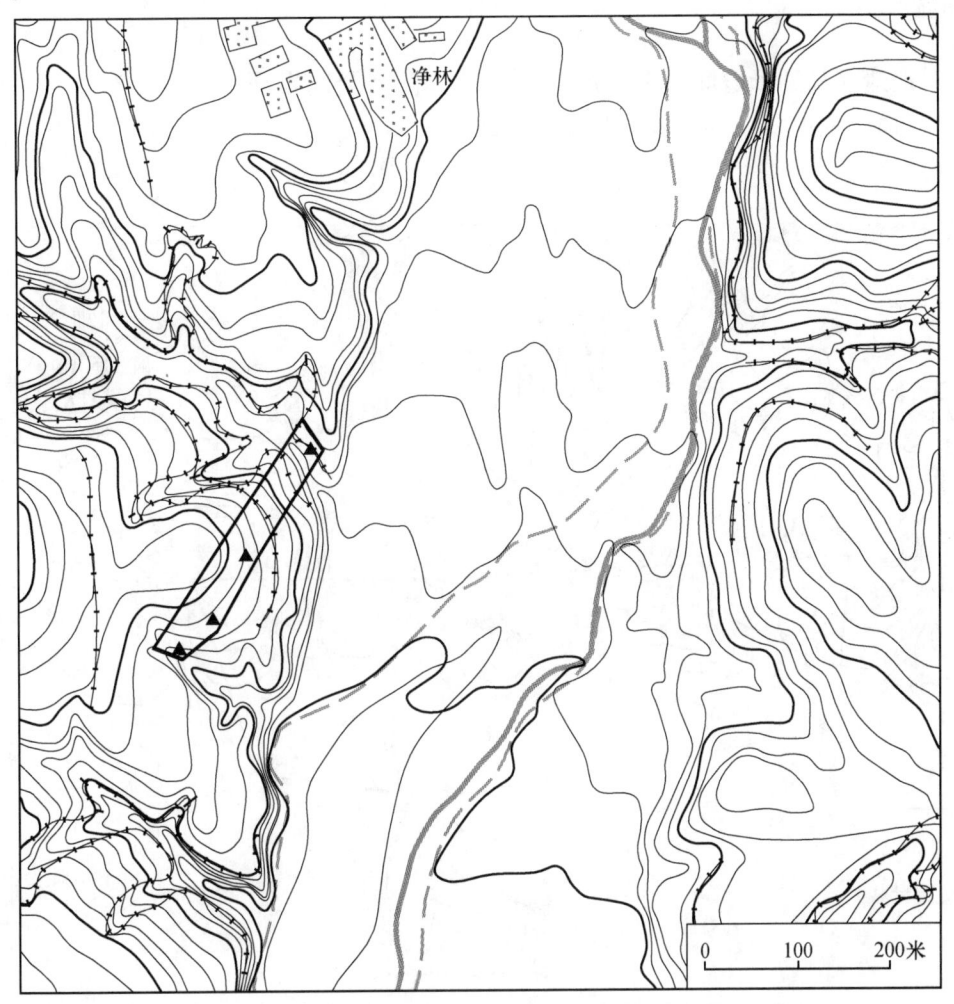

图3-80　净林遗址龙山时期遗存分布图

遗存分布稀疏。未见任何遗迹现象，只在地表发现有陶片分布。陶片多夹砂灰陶，纹饰多绳纹、篮纹，可辨器形有鬲、折肩罐等。

三三、下永兴遗址

下永兴遗址位于繁峙县集义庄乡下永兴村北，面积55.2万平方米（彩版一〇，2）。遗址处在滹沱河北岸台地最前缘的缓坡上，局部分布在台地下，遗址所在海拔1005～1050米，北高南低，背风向阳，有一定的坡度，加之内有数条冲沟，地势较低，但起伏较大。遗址南面有由东向西流过的滹沱河。

遗存分布较为稀疏，遗址包含仰韶、龙山、二里头、东周四个时期的遗存，其中，东周时期遗存部分可进一步确认为战国时期。

1. 仰韶时期

仰韶时期遗存只见于遗址东南角位置较低处，仅有个别发现，遗存分布非常稀疏（图3-81）。未见任何遗迹现象，只在地表发现少量陶片。陶片多泥质红陶，多素面，有线纹，可辨器形有钵等。

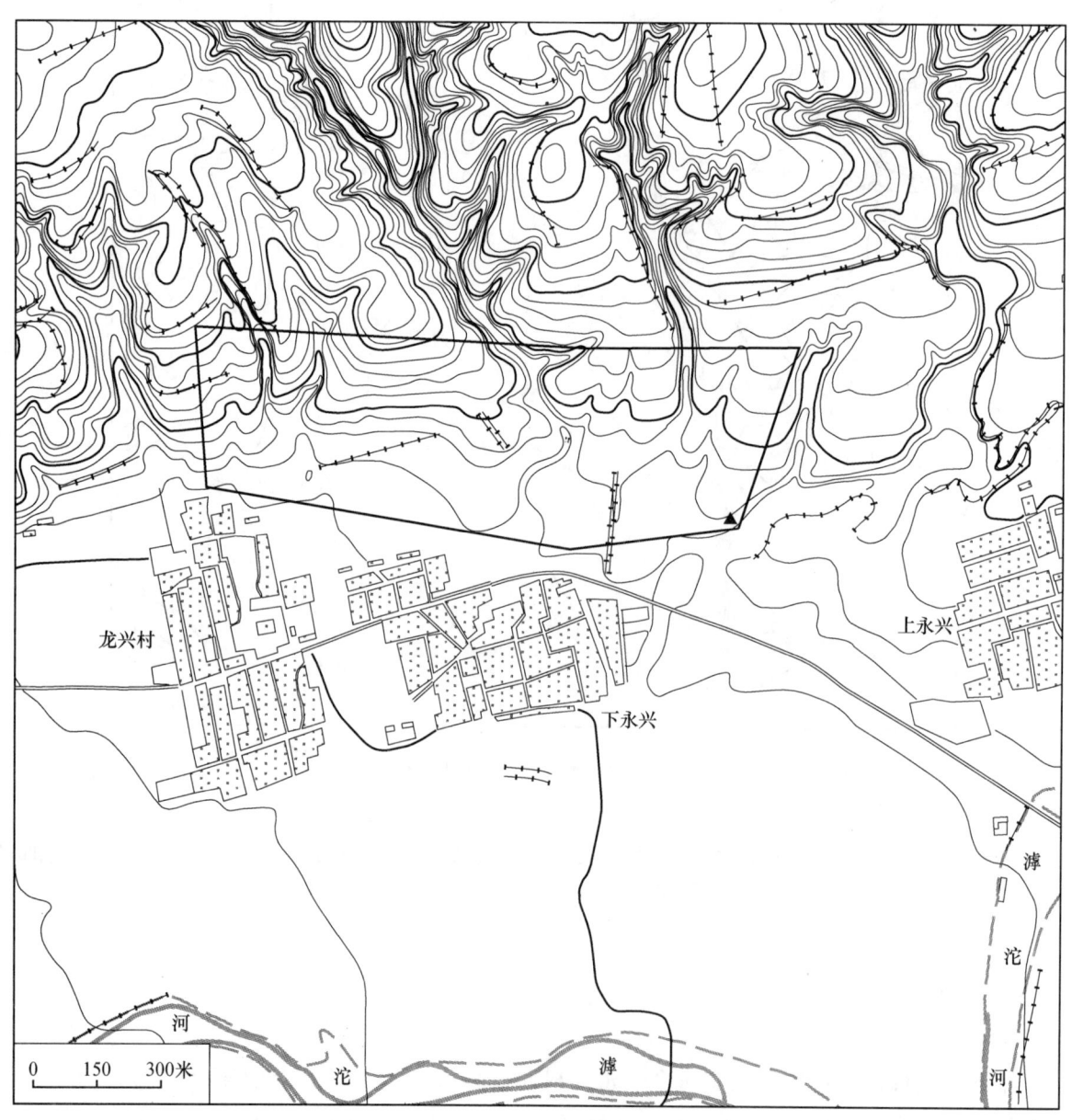

图3-81　下永兴遗址仰韶时期遗存分布图

2. 龙山时期

龙山时期遗存主要见于遗址北部位置较高处，遗存分布非常稀疏（图3-82）。只在遗址北部发现1个灰坑，未见其他遗迹现象。灰坑暴露于梯田断面，为口大底小状，其内发现少量陶片，地表也有陶片分布。陶片多夹砂灰陶，纹饰多绳纹、篮纹，可辨器形有盆等。

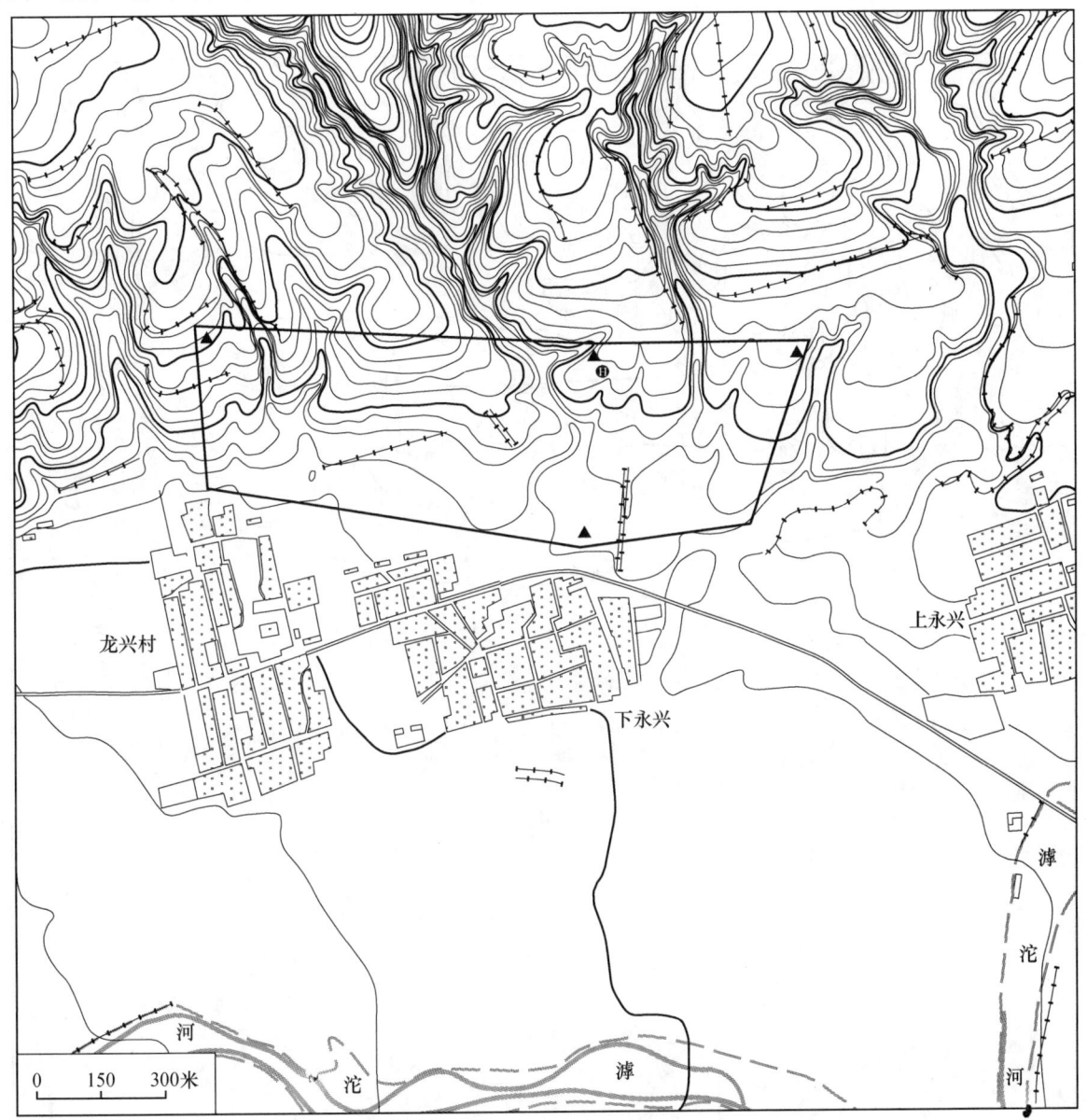

图3-82　下永兴遗址龙山时期遗存分布图

3. 二里头时期

二里头时期遗存只见于遗址东部位置较高处，只有个别发现，遗存分布非常稀疏（图3-83）。只发现1处文化层，未见其他遗迹现象。文化层堆积较薄，里面包含有较多陶片，地表未发现有陶片。陶片多夹砂灰陶，纹饰以绳纹为主，可辨器形有鬲、蛋形瓮等。

蛋形瓮足　1件。FS061011B001-C:2，夹砂灰陶。矮实足跟。跟部饰绳纹（图3-85，3）。

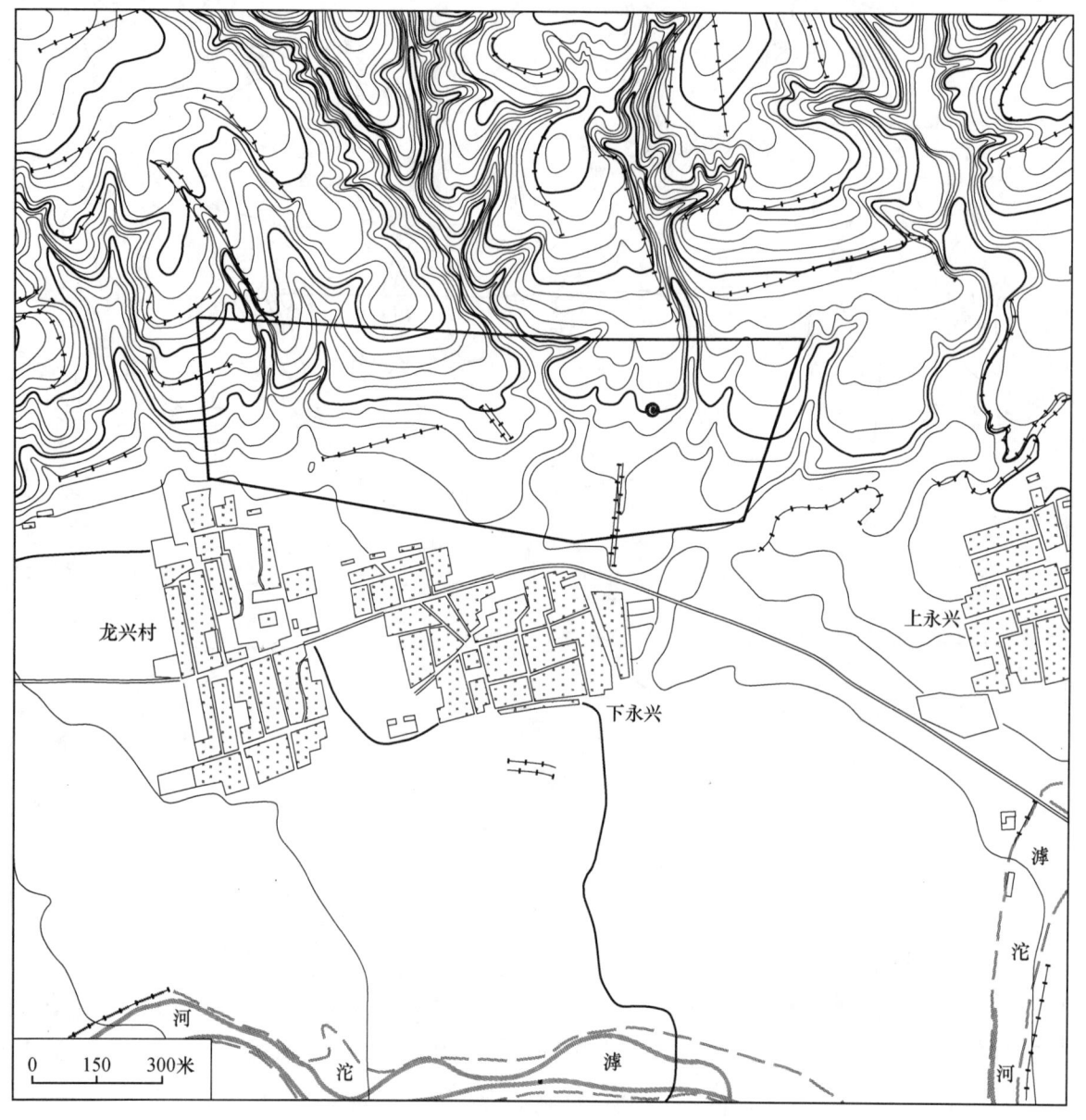

图3-83　下永兴遗址二里头时期遗存分布图

4. 东周时期

东周时期遗存分布于遗址大部分范围，但遗存分布较为稀疏（图3-84）。共发现2处文化层和2个灰坑，其中文化层全部见于遗址东部，堆积均薄，长度不清。灰坑全部见于遗址西部，一个为口大底小状，一个为口小底大状。遗迹内包含物丰富，尤以陶片最多，地表也有陶片分布。陶片多夹砂灰陶，纹饰以绳纹为主，可辨器形有盆、罐等。

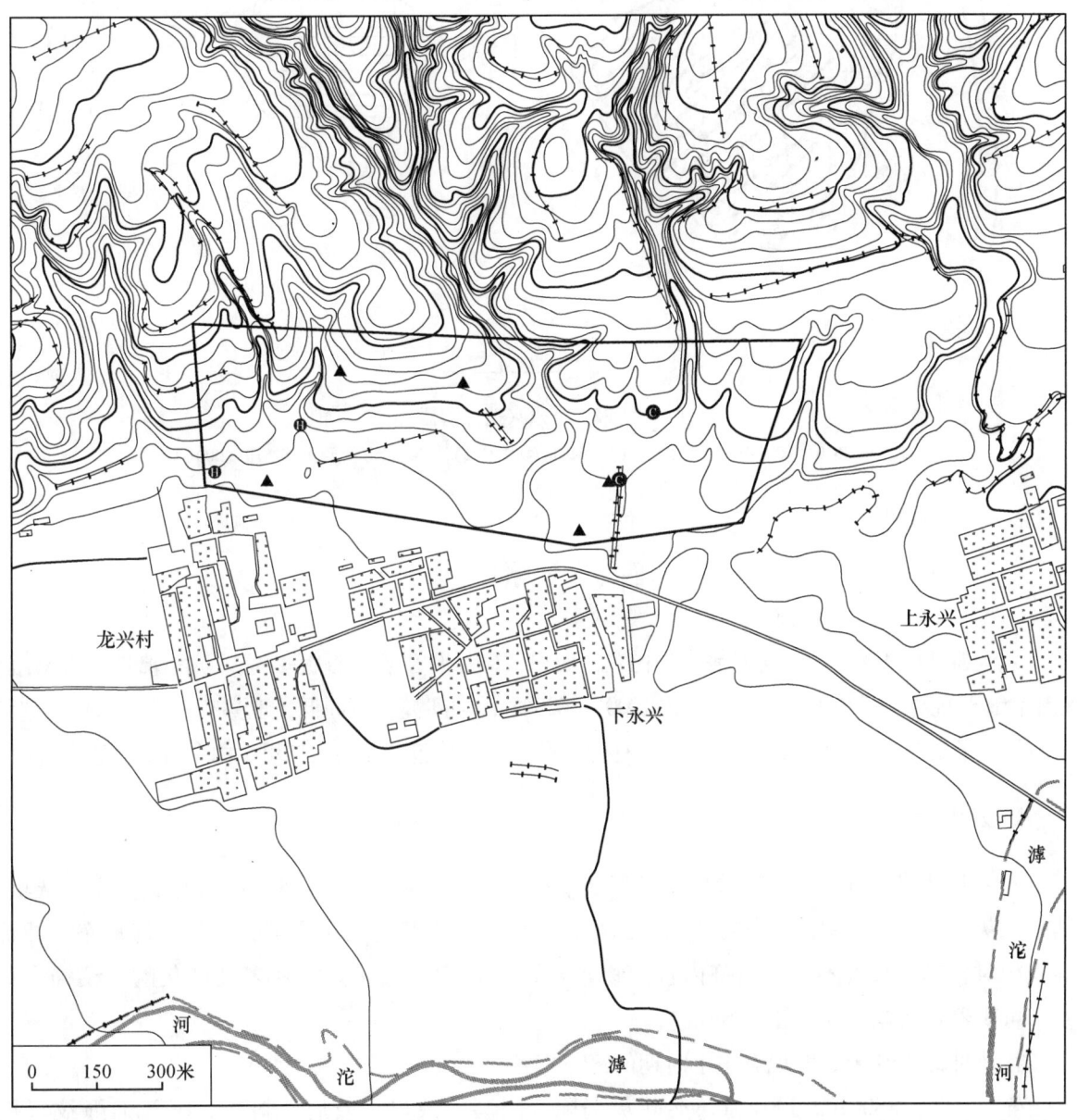

图3-84 下永兴遗址东周时期遗存分布图

盆 1件。FS061011B001-C:1，泥质灰陶。方唇，折沿，深腹。上腹部有数周旋纹，下腹部饰绳纹（图3-85，2）。

罐 1件。FS061011C001-H:1，夹砂灰陶。器薄，小方唇，宽折沿，深腹。沿下有一周三角戳印纹，腹部饰粗大绳纹（图3-85，1）。

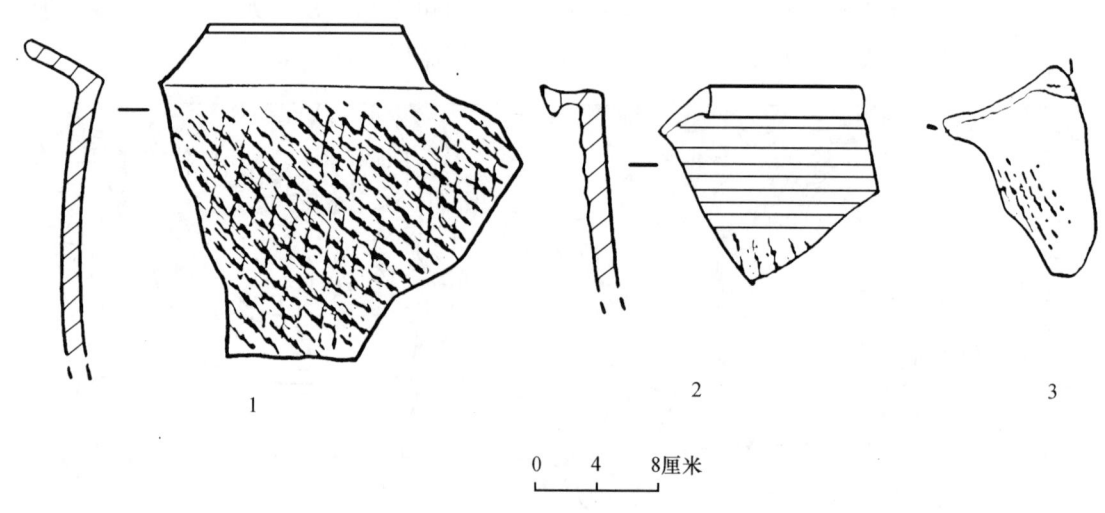

图3-85 下永兴遗址陶器
1. 罐（FS061011C001-H:1） 2. 盆（FS061011B001-C:1） 3. 蛋形瓮足（FS061011B001-C:2）
（1、2. 东周时期；3. 二里头时期）

三四、大沟遗址

大沟遗址位于繁峙县下茹越乡大沟村东，面积2.6万平方米（彩版一一，1）。遗址处在滹沱河北岸台地最前缘一突出的圆丘上，海拔1000~1025米，中间高，四周低，地势有一定的起伏。遗址南面几百米处有滹沱河由东向西流过。遗存分布密集，遗址包含龙山、二里头两个时期的遗存。

1. 龙山时期

龙山时期遗存分布于整个遗址，遗存分布密集（图3-86）。共发现2处文化层和2个灰坑，其中，灰坑见于遗址中部，暴露于梯田断面，为口大底小状，文化层则分别见于遗址东、西部堆积相对较厚，长度不清。遗迹内包含物丰富，尤以陶片最多。陶片多夹砂灰陶，纹饰多绳纹，可辨器形有鬲、斝、蛋形瓮等。

在遗址北150米处发现有这个时期的零星陶片。

斝 1件。FS061027J001:1，夹砂灰褐陶。圆唇，敛口，鼓肩，斜腹。腹部饰绳纹（图3-88，2）。

蛋形瓮 1件。FS061027G002:1，夹砂红褐陶。平沿，微敛口，深腹。腹部饰绳纹（图3-88，3）。

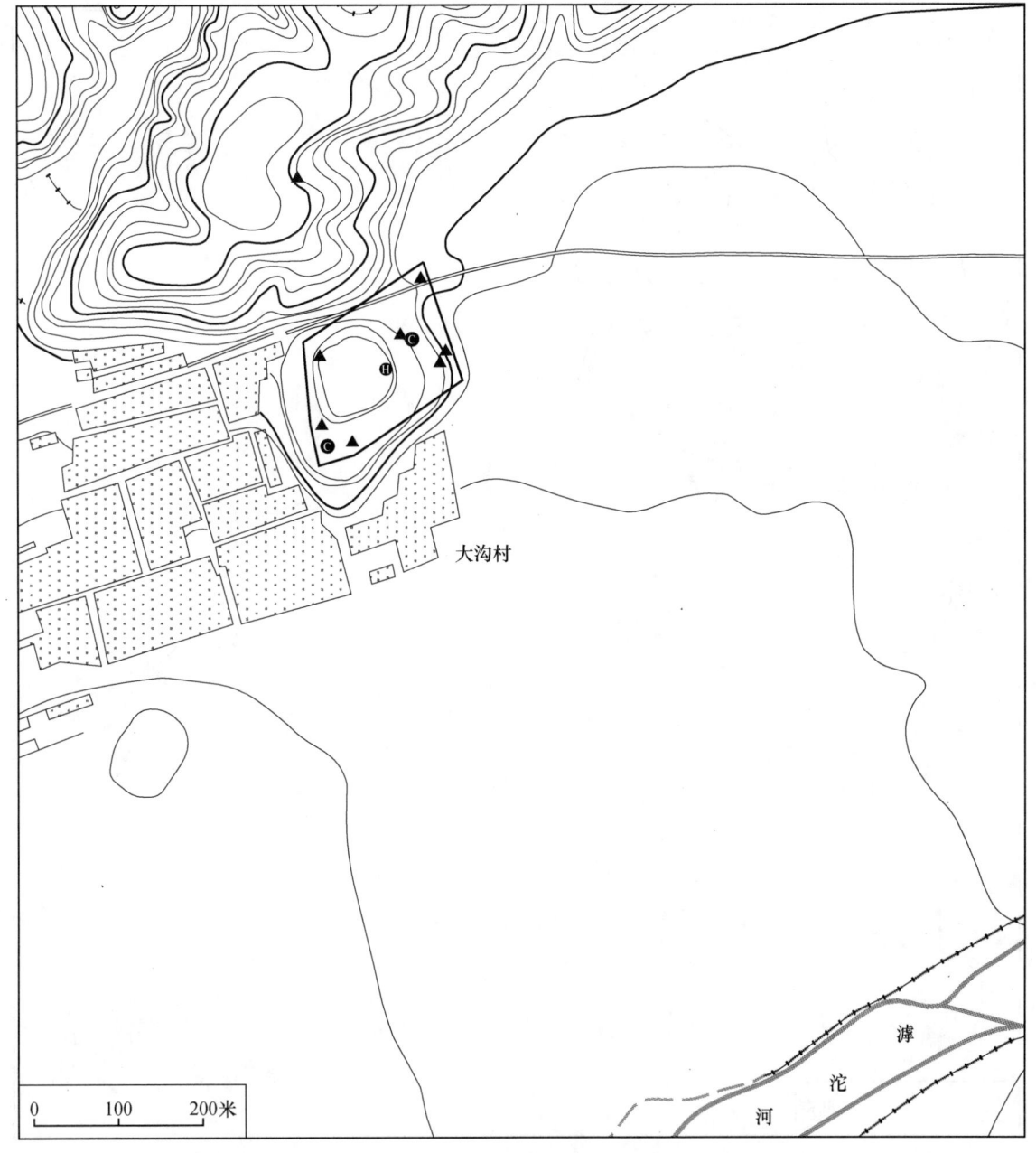

图 3-86　大沟遗址龙山时期遗存分布图

蛋形瓮足　1件。FS061027G003：1，夹砂灰陶（夹细砂）。锥状实足跟。器表饰绳纹（图3-88，4）。

2. 二里头时期

二里头时期遗存基本见于整个遗址，遗存分布略显稀疏（图3-87）。共发现3处文化层，堆积均较厚，长度不清。文化层内包含有少量陶片，地表也有陶片分布。陶片多夹砂灰陶，

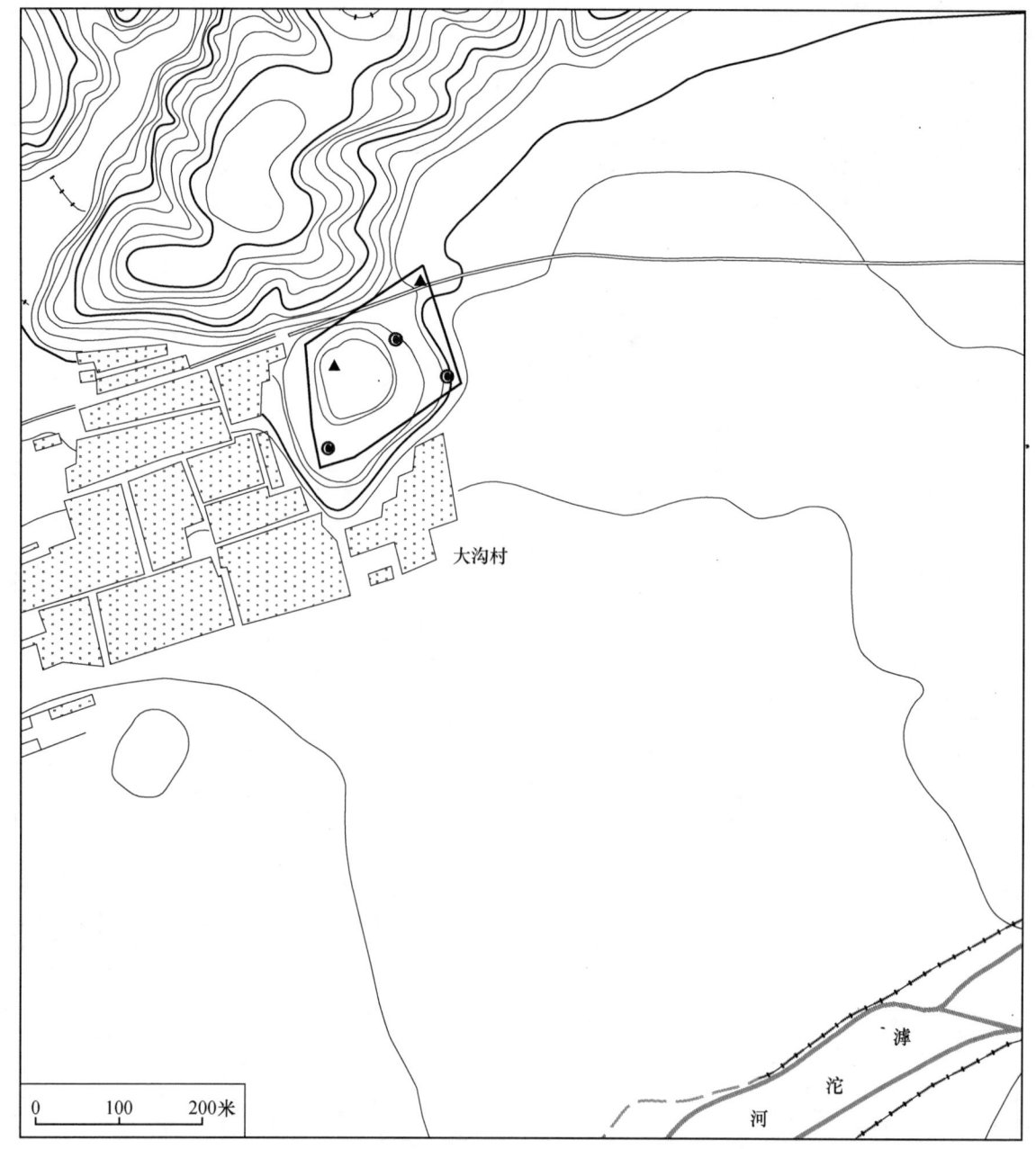

图 3-87　大沟遗址二里头时期遗存分布图

纹饰以绳纹为主,可辨器形有蛋形瓮、罐等。

蛋形瓮　1件。FS061027B003：1,夹砂红褐陶。平沿内折,敛口,深鼓腹。器表饰绳纹。口径18、残高2.8厘米(图3-88,1)。

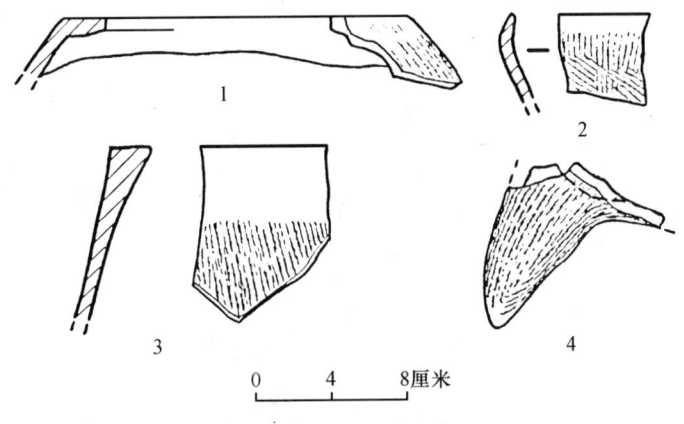

图 3-88 大沟遗址陶器

1、3. 蛋形瓮（FS061027B003：1、FS061027G002：1） 2. 斝（FS061027J001：1） 4. 蛋形瓮足（FS061027G003：1）

（1. 二里头时期；2~4. 龙山时期）

三五、下茹越遗址

下茹越遗址位于繁峙县下茹越乡下茹越村东1000米，南面为繁代水库，面积12.7万平方米（彩版一一，2）。遗址处在滹沱河北岸台地的最下缘，遗址所在地形为缓坡，海拔990~1005米，地势较低，北高南低，背风向阳，内有冲沟，沟坎多，地势有一定的起伏。遗址南面原来为由东向西流过的滹沱河。遗存分布疏密不等，遗址东部遗存分布密集。遗址包含仰韶、龙山、二里头、东周四个时期的遗存。

1. 仰韶时期

仰韶时期遗存仅见于遗址东部，只有零星发现，遗存分布非常稀少（图3-91）。未见任何遗迹现象，只在地表发现少量陶片。陶片多泥质褐陶，多素面。

2. 龙山时期

龙山时期遗存分布于整个遗址，遗存分布疏密不等，遗址东部遗存分布密集，其他位置分布稀疏（图3-89）。遗迹集中分布在遗址东部，共发现1处文化层和4个灰坑，文化层见于遗址北部断崖上，堆积较薄，灰坑则全部分布在遗址东部梯田断面上，多口大底小状。遗迹内包含物丰富，尤以陶片最多，地表也发现有陶片。陶片多夹砂灰陶，纹饰多绳纹，可辨器形有鬲、盆、带耳罐、罐等。

陶鬲　1件。FS061101I002：1，夹砂灰陶。圆唇，微敛口，矮领，袋足外鼓。器表饰绳纹。口径9.2、残高4.4厘米（图3-92，5）。

陶小盆　1件。FS061101E002-H1：2，泥质褐陶。圆唇，近直口，深腹微鼓。器表有绳纹。口径24、残高3.6厘米（图3-92，4）。

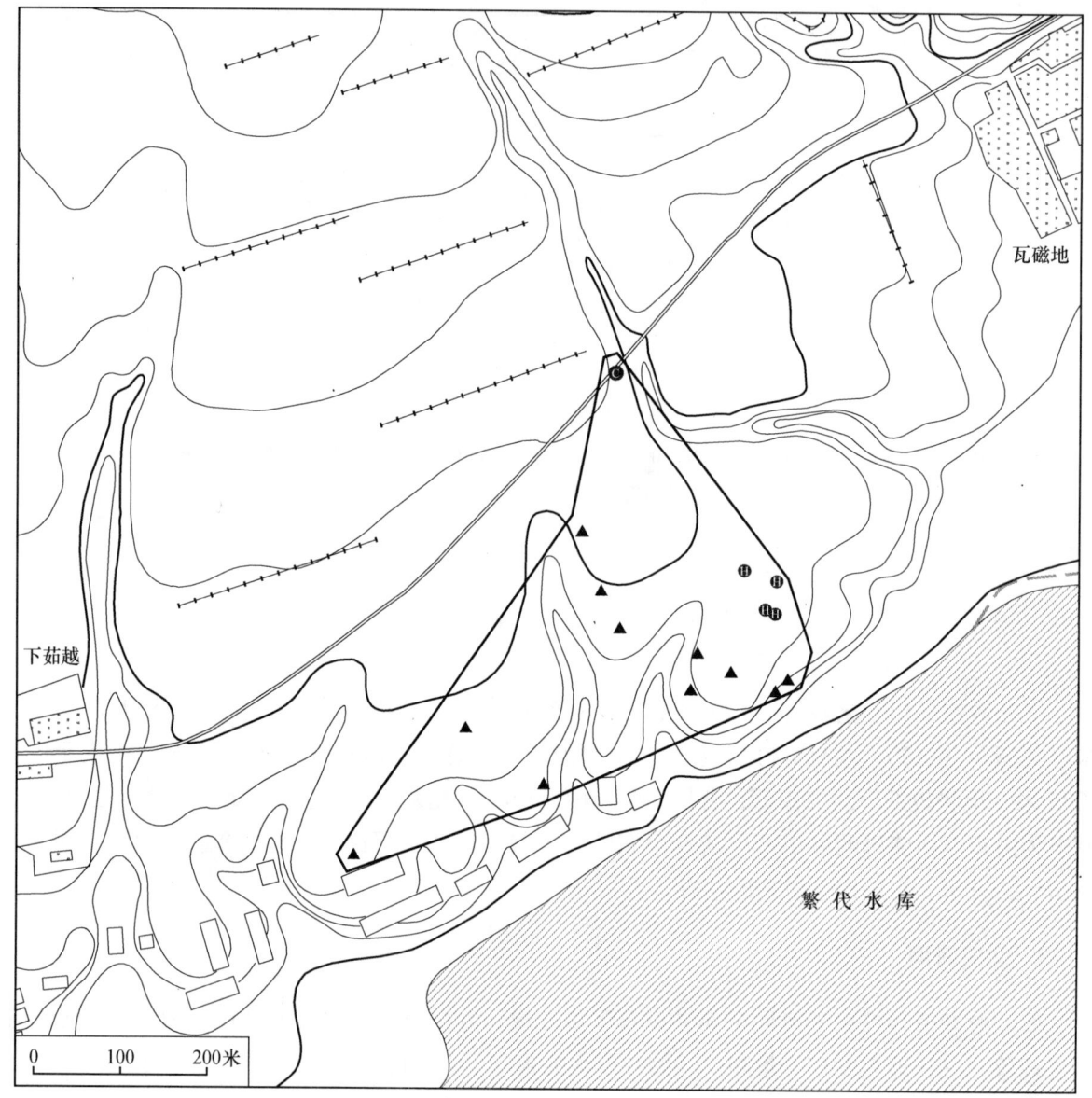

图 3-89　下茹越遗址龙山时期遗存分布图

陶带耳罐　1件。FS061101E002-H1:1，夹砂灰褐陶。圆唇，口外翻，束颈，鼓腹，口部有桥形耳。器表饰绳纹（图3-92，12）。

陶罐　1件。FS081112F005-H1:1，夹砂褐陶。鼓腹，平底。腹部饰绳纹（图3-92，6）。

3. 二里头时期

二里头时期遗存见于遗址东部，遗存分布密集且较为集中（图3-90）。只发现4个灰坑，未见其他遗迹现象，灰坑多口大底小状。灰坑内包含物丰富，地表也发现较多遗物。遗物以陶片为多，此外有石器等。陶片多夹砂灰陶，纹饰以绳纹为主，可辨器形有鬲、甗、蛋形瓮、

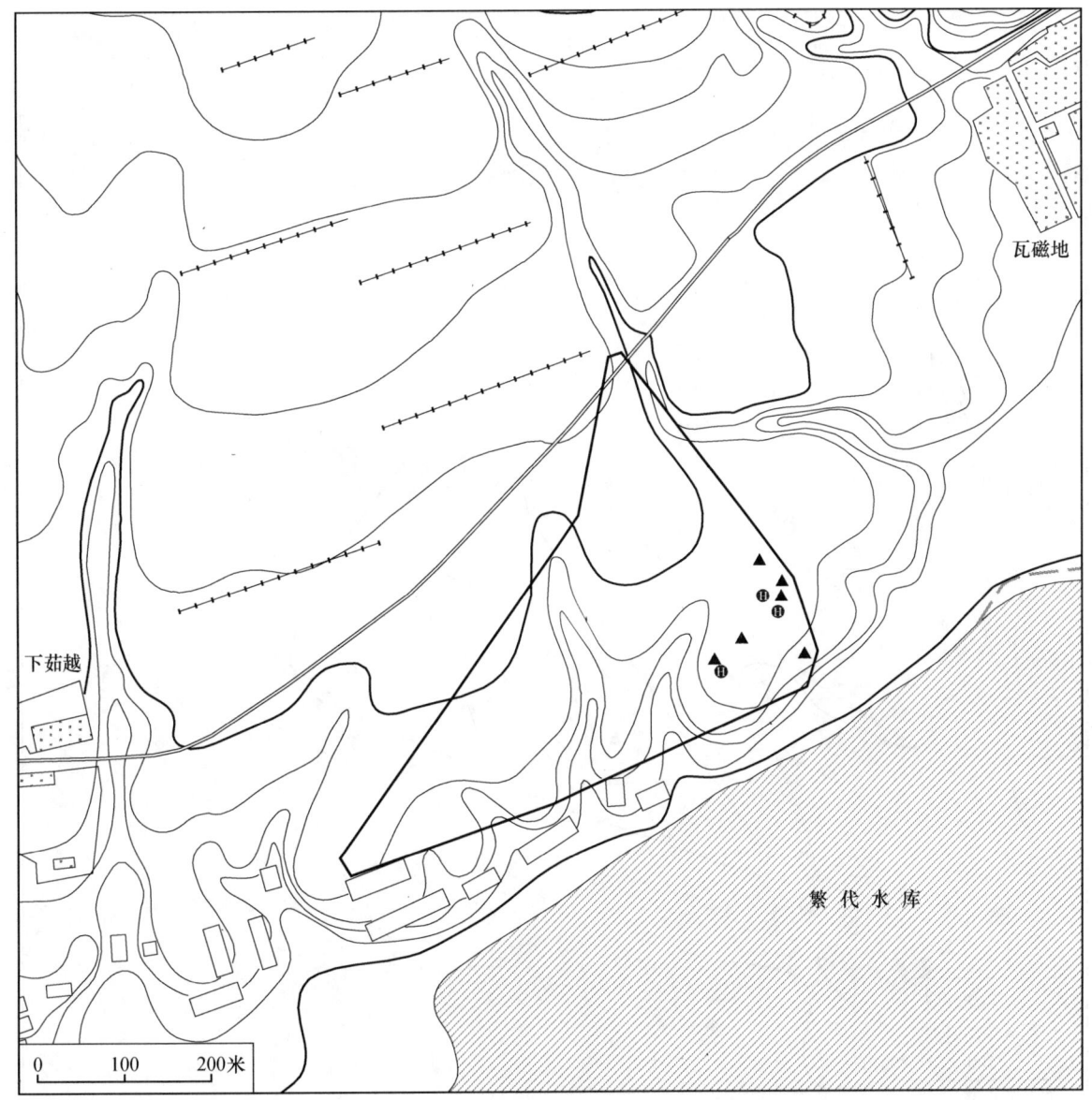

图 3-90 下茹越遗址二里头时期遗存分布图

盆、罐等。石器有石铲等。

陶鬲足　1件。FS061101E002：1，夹砂灰陶。锥状实足跟。跟部饰绳纹（图3-92，13）。

陶甗　1件。FS061101C002-H2：2，夹砂灰陶。近方唇，口外翻，微束颈，深腹。腹部饰绳纹。口径40、残高14.5厘米（图3-92，1）。

陶蛋形瓮　3件。FS061101C002-H2：1，夹砂黑灰陶。小平沿，敛口，鼓腹。腹部饰绳纹（图3-92，9）。FS061101L005：1，夹砂黑陶。小平沿，敛口，鼓腹。腹部饰绳纹（图3-92，2）。FS061101L001：1，夹砂灰黑陶。小平沿，微敛口，深腹。腹部饰绳纹（图3-92，11）。

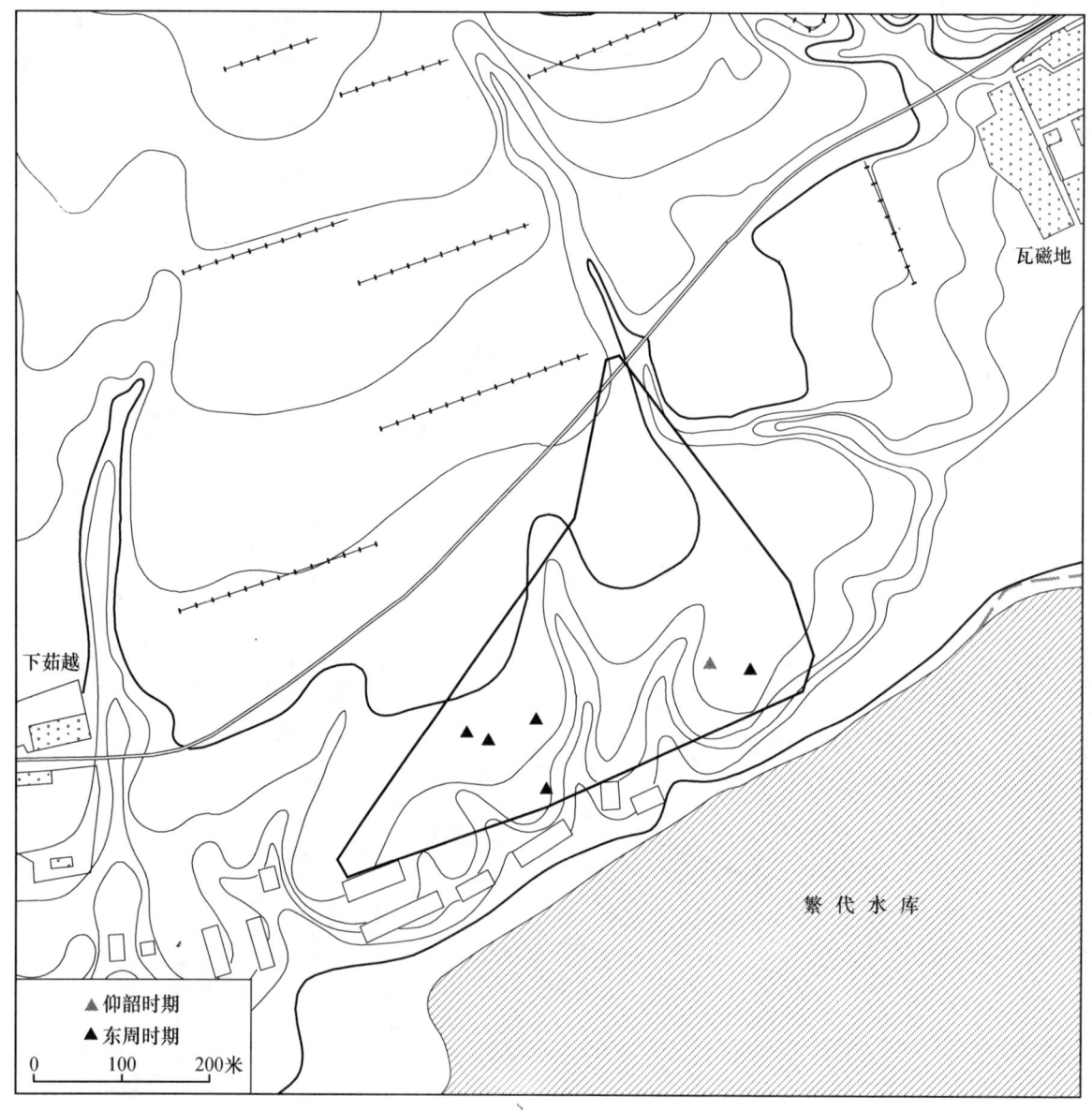

图 3-91　下茹越遗址仰韶、东周时期遗存分布图

陶蛋形瓮足　2件。FS061101L001:2，夹砂灰褐陶。实足跟。器表饰绳纹（图3-92，15）。FS061101E001:1，夹砂灰陶。锥状不规整实足跟。器表饰绳纹，跟部有少量绳纹（图3-92，10）。

陶盆　3件。FS061101E002-H2:1，夹砂灰褐陶。方唇，口外翻，斜深腹。腹部饰绳纹。口径24、残高9厘米（图3-92，8）。FS061101E001:2，夹砂灰褐陶。圆唇，翻沿，深腹。腹部饰旋断绳纹（图3-92，7）。FS061101C001:1，夹砂褐陶。近方唇，翻沿，深腹。器表饰绳纹（图3-92，3）。

石铲 1件。FS061101L002：1，青灰色。上窄下宽，上端翘起，下端平直。周边打制，余部磨制。长27、宽10、厚2.5厘米（图3-92，16）。

4. 东周时期

东周时期遗存主要见于遗址中部，东部有零星发现，遗存分布相对稀疏（图3-91）。未见任何遗迹现象，只在地表发现有陶片。陶片多夹砂灰陶，纹饰以绳纹为主，可辨器形有豆、盆等。

陶豆 1件。FS061101J001：1，泥质灰陶。细柄中空，喇叭口圈足。素面。底径10、残高5厘米（图3-92，14）。

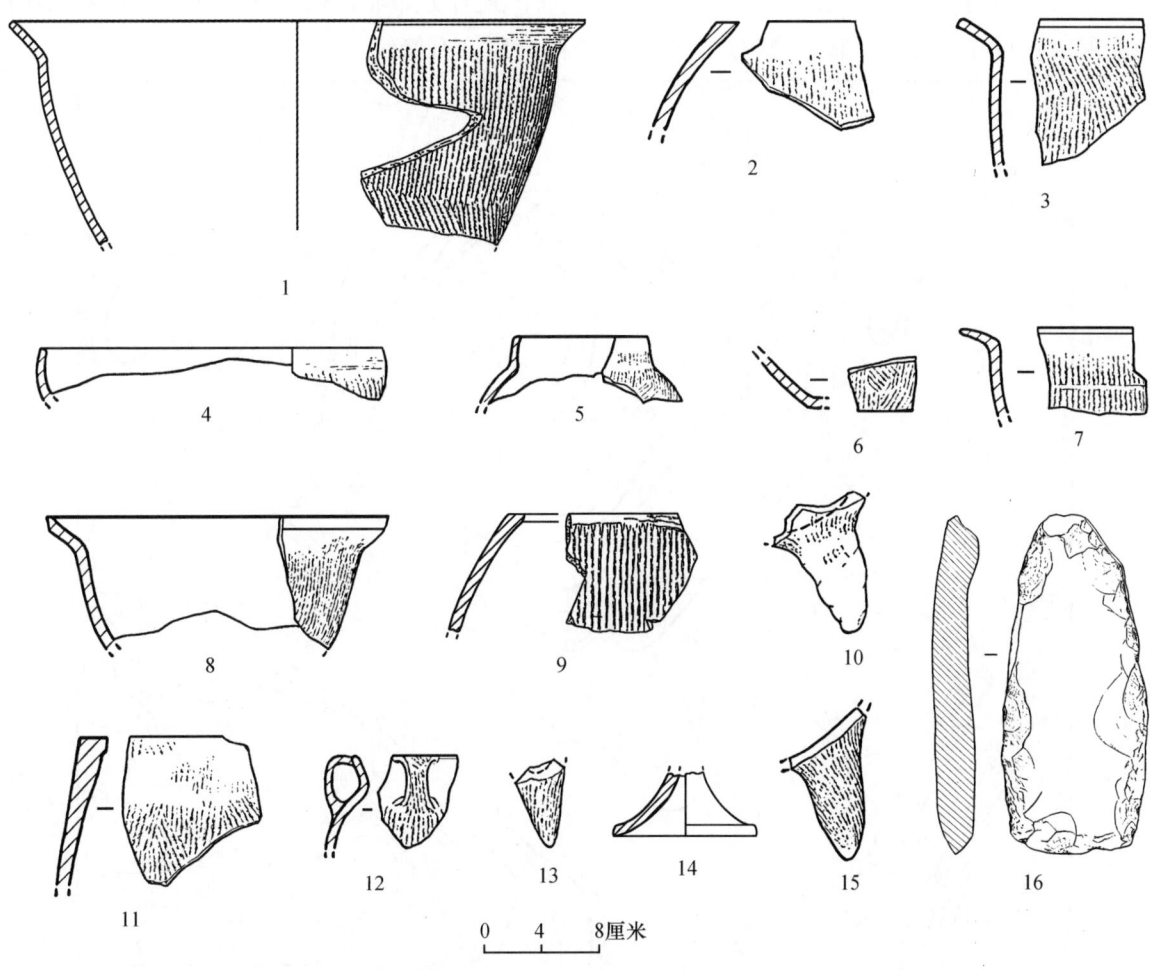

图3-92 下茹越遗址陶、石器

1. 陶甗（FS061101C002-H2：2） 2、9、11. 陶蛋形瓮（FS061101L005：1、FS061101C002-H2：1、FS061101L001：1） 3、7、8. 陶盆（FS061101C001：1、FS061101E001：2、FS061101E002-H2：1） 4. 陶小盆（FS061101E002-H1：2） 5. 陶鬲（FS061101I002：1） 6. 陶罐（FS081112F005-H1：1） 10、15 陶蛋形瓮足（FS061101E001：1、FS061101L001：2） 12. 陶带耳罐（FS061101E002-H1：1） 13. 陶鬲足（FS061101E002：1） 14. 陶豆（FS061101J001：1） 16. 石铲（FS061101L002：1）

（1~3、7~11、13、15、16. 二里头时期；4~6、12. 龙山时期；14. 东周时期）

三六、赵家峪遗址

赵家峪遗址位于繁峙县下茹越乡赵家峪村西400米，面积1.2万平方米。遗址处在滹沱河北岸台地的深处，分布在滹沱河一支流东岸的缓坡上，海拔1125～1140米，位置较低，东高西低，所处地势有一定的坡度，但起伏较小。遗存分布密集，遗址包含龙山、东周两个时期的遗存，其中，东周时期遗存部分可进一步确认为战国时期。

1. 龙山时期

龙山时期遗存只见于遗址中部，仅有个别发现，遗存分布非常稀疏（图3-93）。未见任何遗迹现象，只在地表发现有少量陶片。陶片多灰陶，纹饰有篮纹。

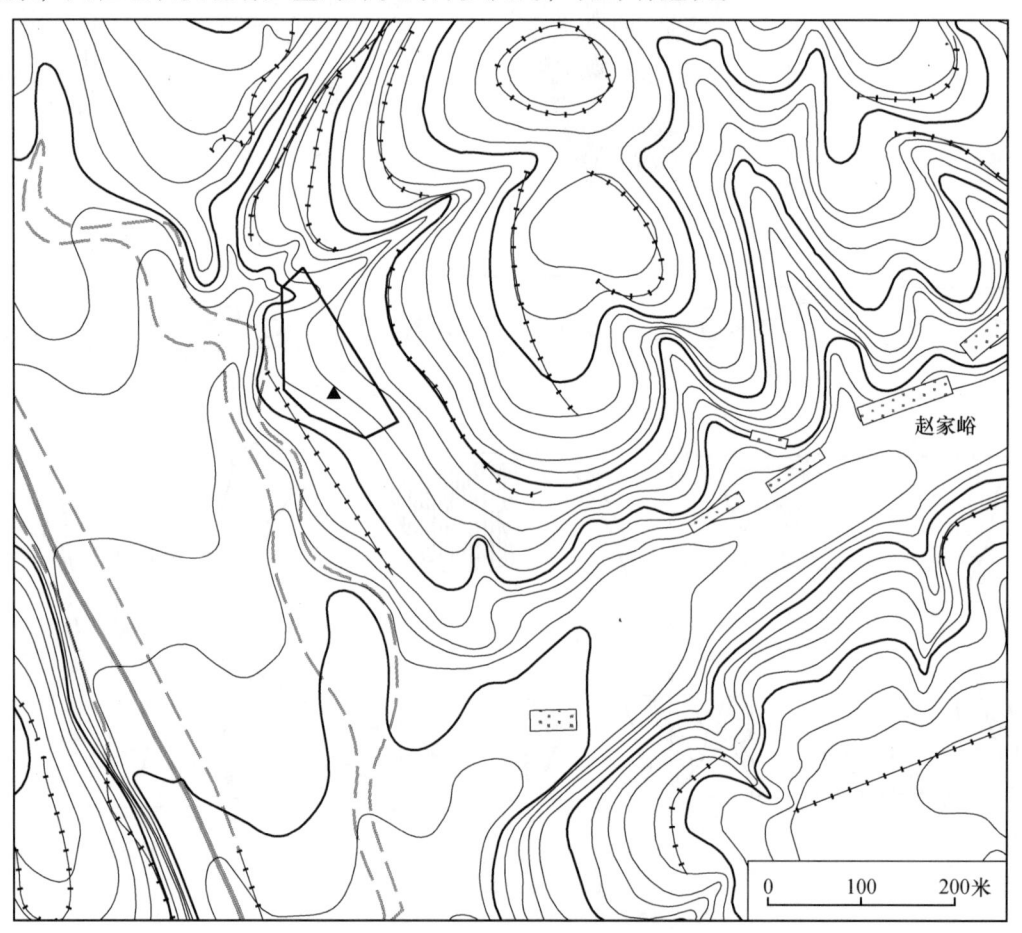

图3-93　赵家峪遗址龙山时期遗存分布图

2. 东周时期

东周时期遗存分布于整个遗址，遗存分布较为密集（图3-94）。只发现1处文化层，未见其他遗迹现象，文化层堆积薄，长度不清。文化层内包含有陶片，地表也发现较多陶片。陶片

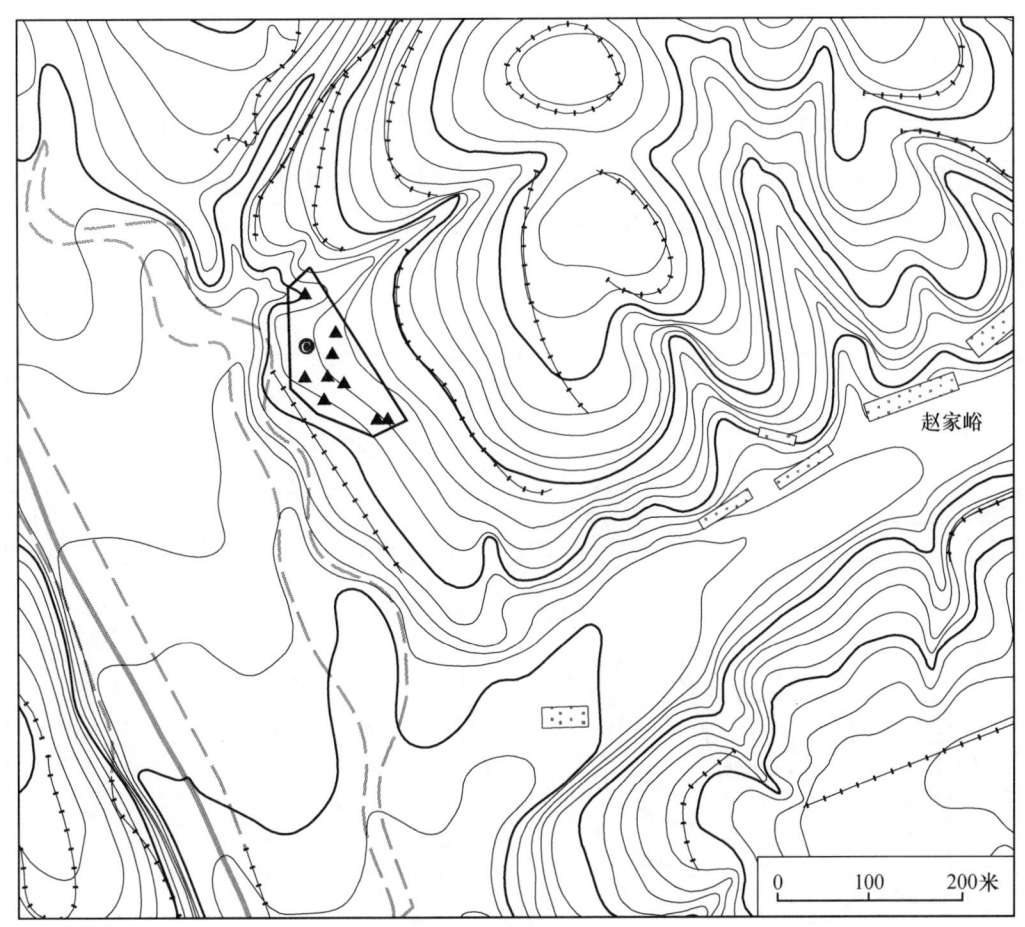

图 3-94　赵家峪遗址东周时期遗存分布图

多夹砂灰陶，纹饰以绳纹为主，有粗大绳纹，可辨器形有盆、豆、罐等。

三七、作头Ⅰ号遗址

作头Ⅰ号遗址位于繁峙县繁城镇作头村东北、下茹越乡福连坊村西，面积 26.8 万平方米（彩版一二，1）。遗址处在滹沱河北岸台地的最下缘，为坡状地形，地势较低，海拔 955～975 米，北高南低，背风向阳，来自北部纵深地带的冲沟把遗址分割成南、北两部分，南部地势相对整齐，北部地势起伏较大。遗址南面滹沱河由东向西流过。遗存分布稀疏，包含龙山、二里头、东周三个时期的遗存，其中，东周时期遗存部分可进一步确认为战国时期。

1. 龙山时期

龙山时期遗存见于遗址中、南部，只有零星发现，遗存分布非常稀疏（图 3-95）。未见任何遗迹现象，只在地表发现有陶片。陶片多夹砂灰陶，纹饰有篮纹。

2. 二里头时期

二里头时期遗存见于遗址南部，只有零星发现，遗存分布稀疏（图 3-95）。共发现 1 个灰坑和 1 座瓮棺葬，灰坑为袋状坑。遗迹内包含有较多陶片，地表也有零星陶片发现。陶片多夹砂灰陶，纹饰以绳纹为主，可辨器形有蛋形瓮、高领罐等。

高领罐　1 件。FS061107E008-H:1，夹砂褐陶。圆唇，口微外翻，矮领，鼓肩。肩部饰绳纹（图 3-96）。

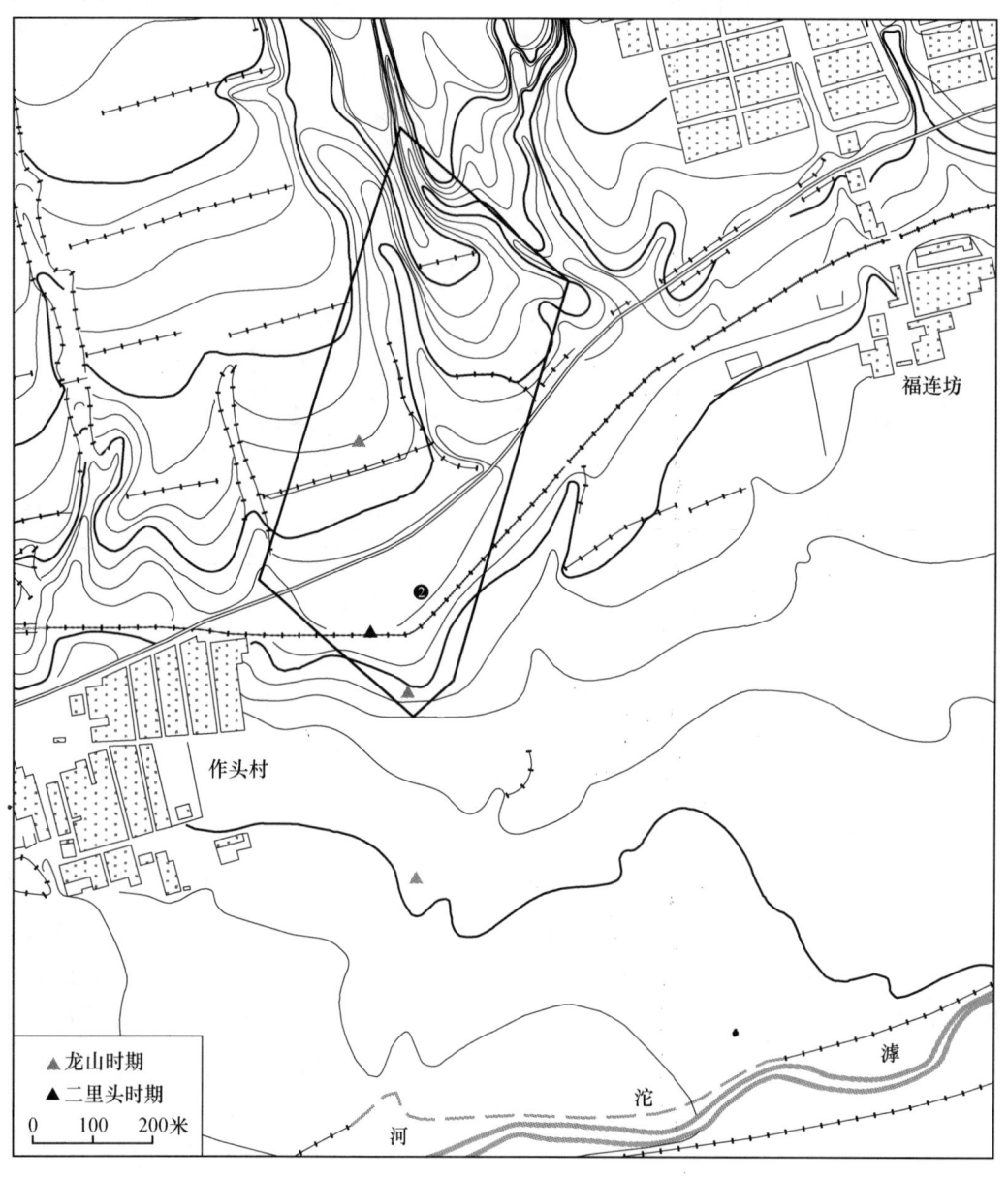

图 3-95　作头 I 号遗址龙山、二里头时期遗存分布图

3. 东周时期

东周时期遗存分布于整个遗址，遗存分布略显稀疏（图3-97）。只在遗址北部偏东的断面上发现1个灰坑，未见其他遗迹现象。灰坑内发现少量陶片，地表也有陶片分布。陶片多夹砂灰陶，纹饰以绳纹为主，有粗大绳纹，可辨器形有盆、豆、罐等。

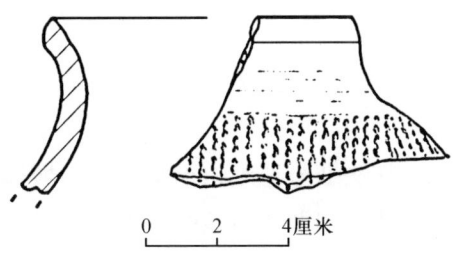

图3-96　作头Ⅰ号遗址二里头时期陶器

高领罐（FS061107E008-H:1）

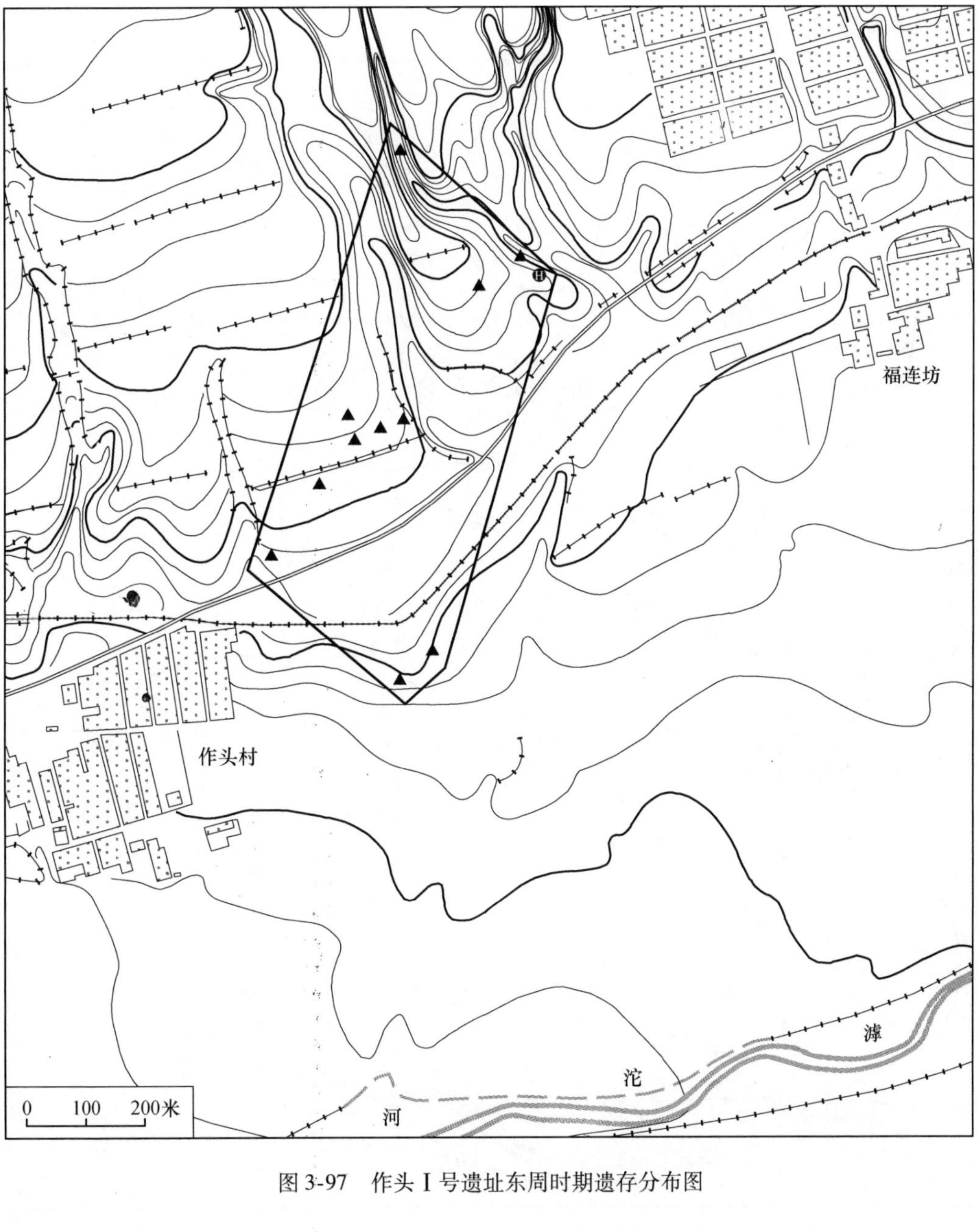

图3-97　作头Ⅰ号遗址东周时期遗存分布图

三八、作头Ⅱ号遗址

作头Ⅱ号遗址位于繁峙县繁城镇作头村西北，面积28.6万平方米（彩版一二，1）。遗址处在滹沱河北岸台地的最下缘，地势较低，为坡状地形，前面地势较陡，后面地势相对平缓，后期修建的繁代渠穿过遗址中部。遗址海拔950~975米，北高南低，背风向阳，两条南北向冲沟横穿遗址，地势起势较大。遗址南面有滹沱河由东向西流过。遗存分布疏密不等，遗址南部和东部相对密集。遗址包含龙山、二里头、东周三个时期的遗存，其中，东周时期的遗存部分可进一步确认为战国时期。

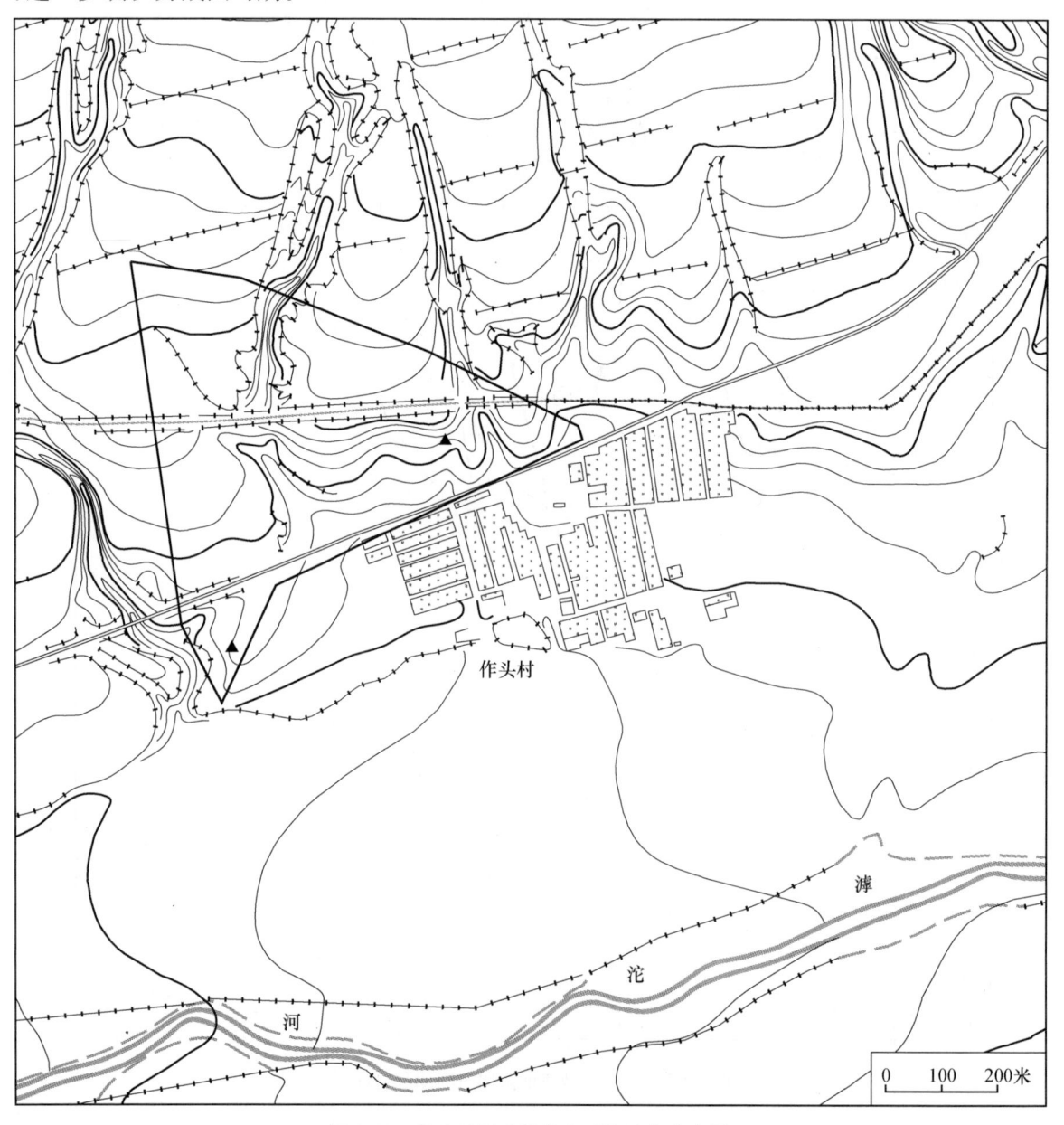

图 3-98　作头Ⅱ号遗址龙山时期遗存分布图

1. 龙山时期

龙山时期遗存见于遗址南部和东部，遗存分布较为稀疏（图3-98）。未见任何遗迹现象，只在地表发现有陶片分布。陶片多夹砂灰陶，纹饰多绳纹，可辨器形有鬲等。

鬲　1件。FS061013G005:1，夹砂褐陶。分裆，空袋足。器表饰绳纹（图3-100，5）。

2. 二里头时期

二里头时期遗存主要见于遗址南部，尤以西南部遗存分布最为集中、密集（图3-99）。只

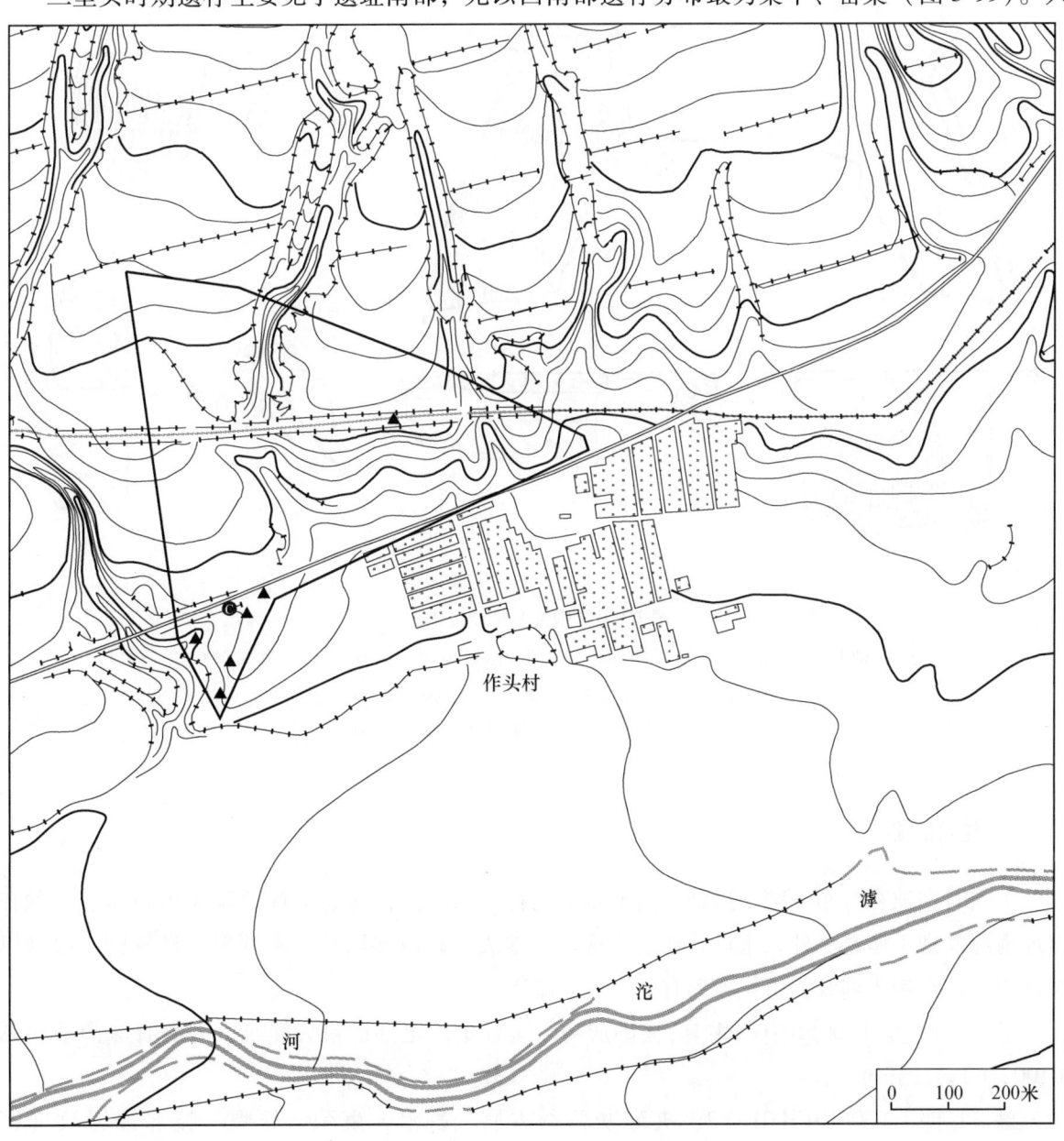

图3-99　作头Ⅱ号遗址二里头时期遗存分布图

发现 1 处文化层，未见其他遗迹现象。文化层内包含有较多陶片，地表也发现有陶片。陶片多夹砂灰陶，纹饰以绳纹为主，可辨器形有鬲、甗、盆、罐等。

鬲　1 件。FS061107G003-C1：1，夹砂灰陶。方唇，口外翻，矮领，分裆低，袋足外鼓。器表饰绳纹。口径 22、残高 12 厘米（图 3-100，1）。

甗　1 件。FS061013L010：1，夹砂灰黑陶。方唇，口外翻，深腹。腹部饰旋断绳纹（图 3-100，2）。

盆　1 件。FS061107I005：1，泥质黑灰陶。圆唇，敞口，翻沿，深腹。腹部饰绳纹（图 3-100，3）。

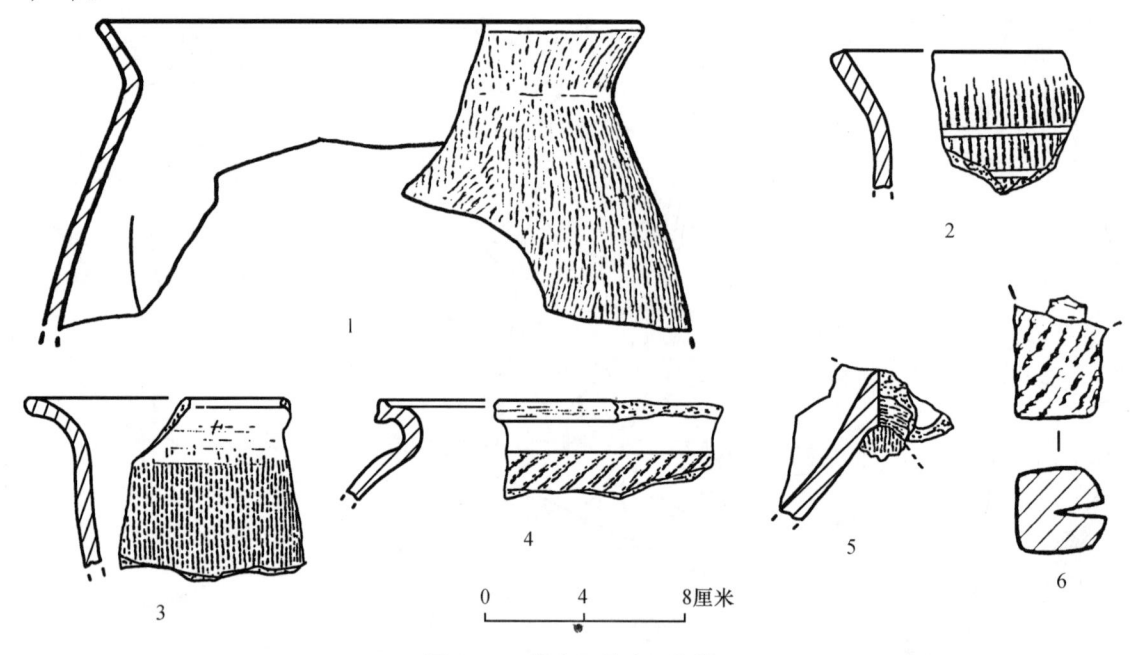

图 3-100　作头Ⅱ号遗址陶器

1、5. 鬲（FS061107G003-C1：1、FS061013G005：1）　2. 甗（FS061013L010：1）　3. 盆（FS061107I005：1）
4. 罐（FS061013L010：2）　6. 鼎足（FS061107G004：1）
（1~3. 二里头时期；4、6. 东周时期；5. 龙山时期）

3. 东周时期

东周时期遗存分布于整个遗址，遗址东部遗存分布密集，其他位置稀疏（图 3-101）。除在遗址南部发现 1 座墓葬外，未见其他遗迹现象。地表发现较多陶片。陶片多夹砂灰陶，纹饰以绳纹为主，有粗大绳纹，可辨器形有鼎、豆、罐等。

鼎足　1 件。FS061107G004：1，夹砂灰陶。矮柱足。足部饰粗大绳纹，内侧有深沟槽（图 3-100，6）。

罐　1 件。FS061013L010：2，夹砂灰陶。方唇，翻沿，束颈，鼓腹。腹部饰绳纹（图 3-100，4）。

图 3-101　作头Ⅱ号遗址东周时期遗存分布图

三九、作头Ⅲ号遗址

作头Ⅲ号遗址位于繁峙县繁城镇作头村西南,面积 24.1 万平方米(彩版一二,2)。遗址呈长条状分布在滹沱河北岸的洪积扇上,该洪积扇为滹沱河支流赵家庄河长年累月携带大量泥沙形成的。遗址所在海拔为 945~960 米,因处在洪积扇的最前缘,沟坎较多,地势较低,有较大起伏。遗址南面滹沱河由东向西流过。遗存分布疏密不等,遗址东部相对密集,其他部位则较为稀疏。遗址包含龙山、二里头、东周三个时期的遗存，其中，东周时期遗存部分可进一步确认为战国时期。

1. 龙山时期

龙山时期遗存见于整个遗址，遗存分布非常稀疏（图3-102）。只在遗址西部发现1座墓葬，未见其他遗迹现象。墓葬内发现有随葬陶器，地表有零星陶片发现。陶片多夹砂灰陶，纹饰多绳纹、篮纹，可辨器形有鬲等。

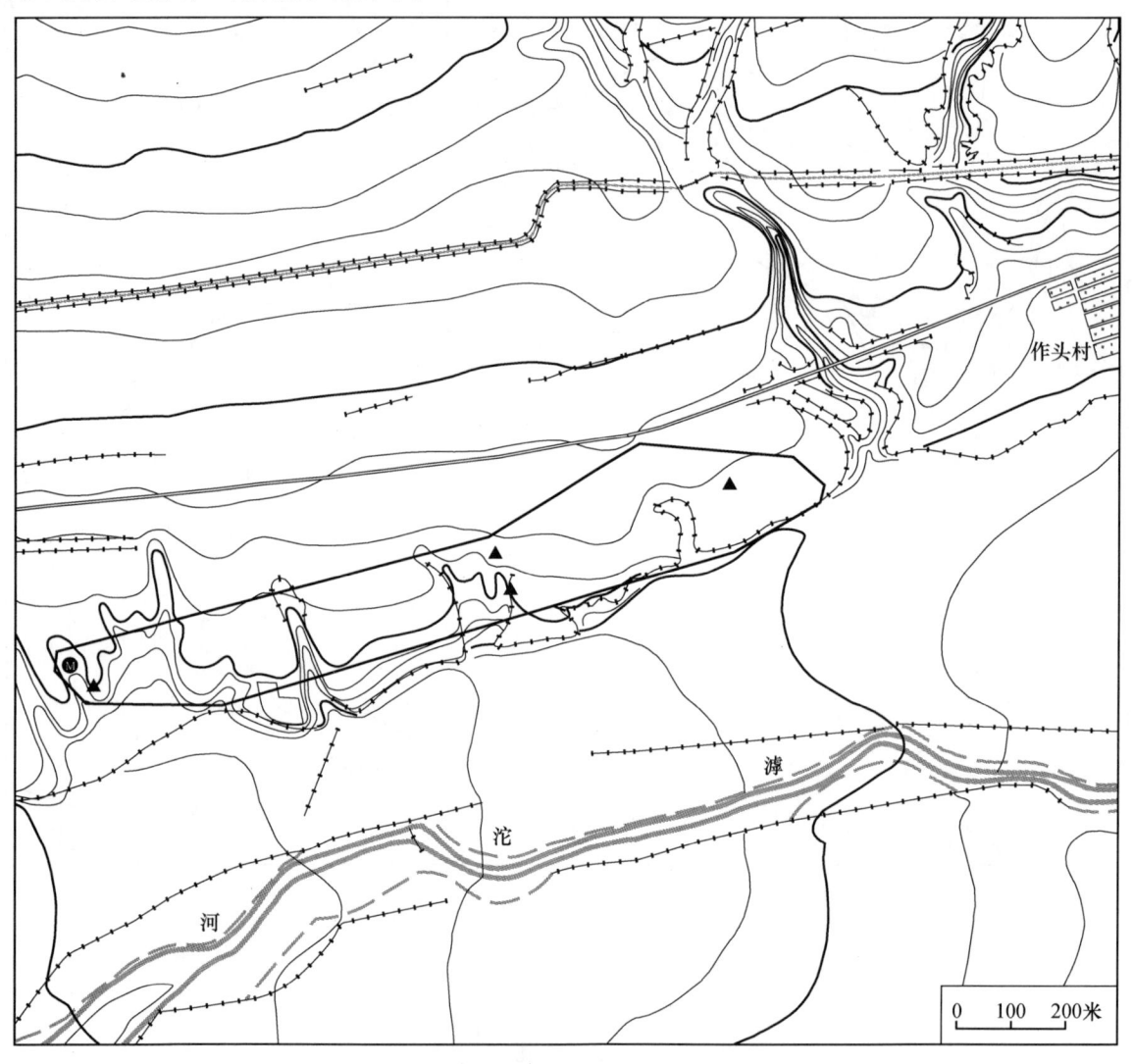

图3-102　作头Ⅲ号遗址龙山时期遗存分布图

2. 二里头时期

二里头时期遗存见于遗址中、西部，遗存分布非常稀疏（图3-103）。未见任何遗迹现象，只在地表发现零星陶片。陶片多灰陶，纹饰以绳纹为主。

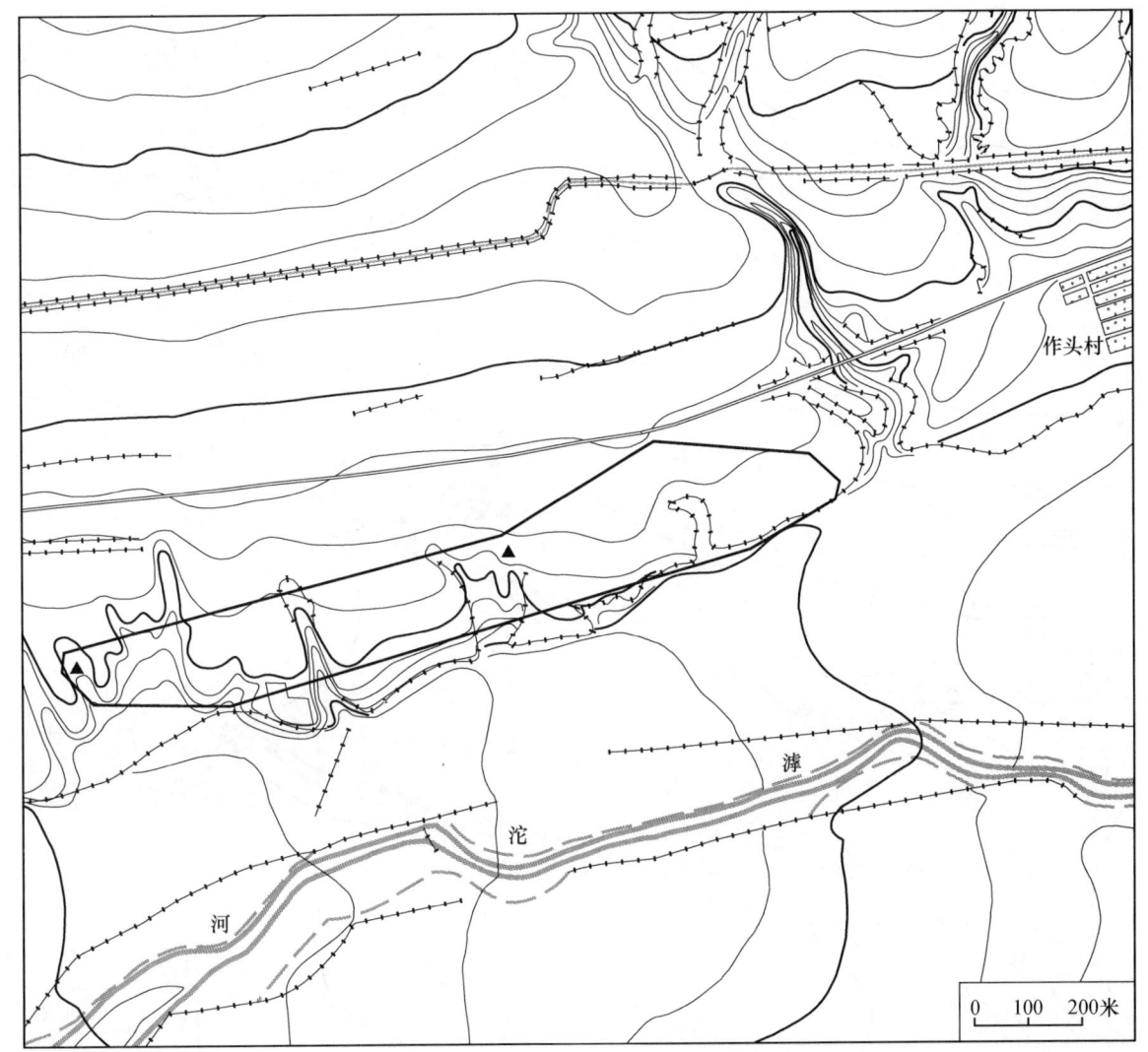

图 3-103　作头Ⅲ号遗址二里头时期遗存分布图

3. 东周时期

东周时期遗存主要分布于遗址中、东部，东部遗存分布最为密集，其他位置稀疏（图 3-104）。未见任何遗迹现象，只在地表发现有陶片。陶片多夹砂灰陶，纹饰以绳纹为主，有粗大绳纹，可辨器形有鬲、瓮、罐等。

鬲足　1 件。FS061107E009：1，夹砂灰陶。联裆，矮实足跟。器表饰粗大绳纹（图 3-105，3）。

瓮　1 件。FS061107F005：1，夹砂灰陶。方唇，敛口，深鼓腹。腹部饰绳纹（图 3-105，1）。

罐　1 件。FS061107F004：1，夹砂黑灰陶。大方唇，翻沿，沿上下起脊，束颈，鼓腹。腹部饰交错绳纹（图 3-105，2）。

图 3-104　作头Ⅲ号遗址东周时期遗存分布图

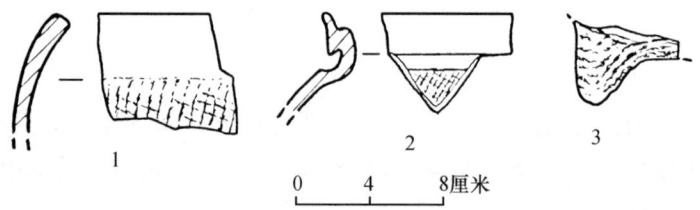

图 3-105　作头Ⅲ号遗址东周时期陶器
1. 瓮（FS061107F005:1）　2. 罐（FS061107F004:1）　3. 鬲足（FS061107E009:1）

四〇、赵家庄Ⅲ号遗址

赵家庄Ⅲ号遗址位于繁峙县繁城镇赵家庄村东南1000米，面积5.4万平方米（彩版一四，1）。遗址处在滹沱河北岸的山前台地上，海拔1045～1070米，北高南低，背风向阳，地势开阔且起伏很小。遗址西面不远处有汇入滹沱河的支流赵家庄河由北向南流过。遗存分布密集，遗址包含仰韶、二里头两个时期的遗存。

1. 仰韶时期

仰韶时期遗存基本见于整个遗址，遗存分布密集（图3-106）。只在遗址中部发现1处文化层，未见其他遗迹现象，文化层堆积较厚。文化层内包含有较多陶片，地表也发现有陶片。陶片多泥质红陶，多素面，可辨器形有钵、盆、罐等。

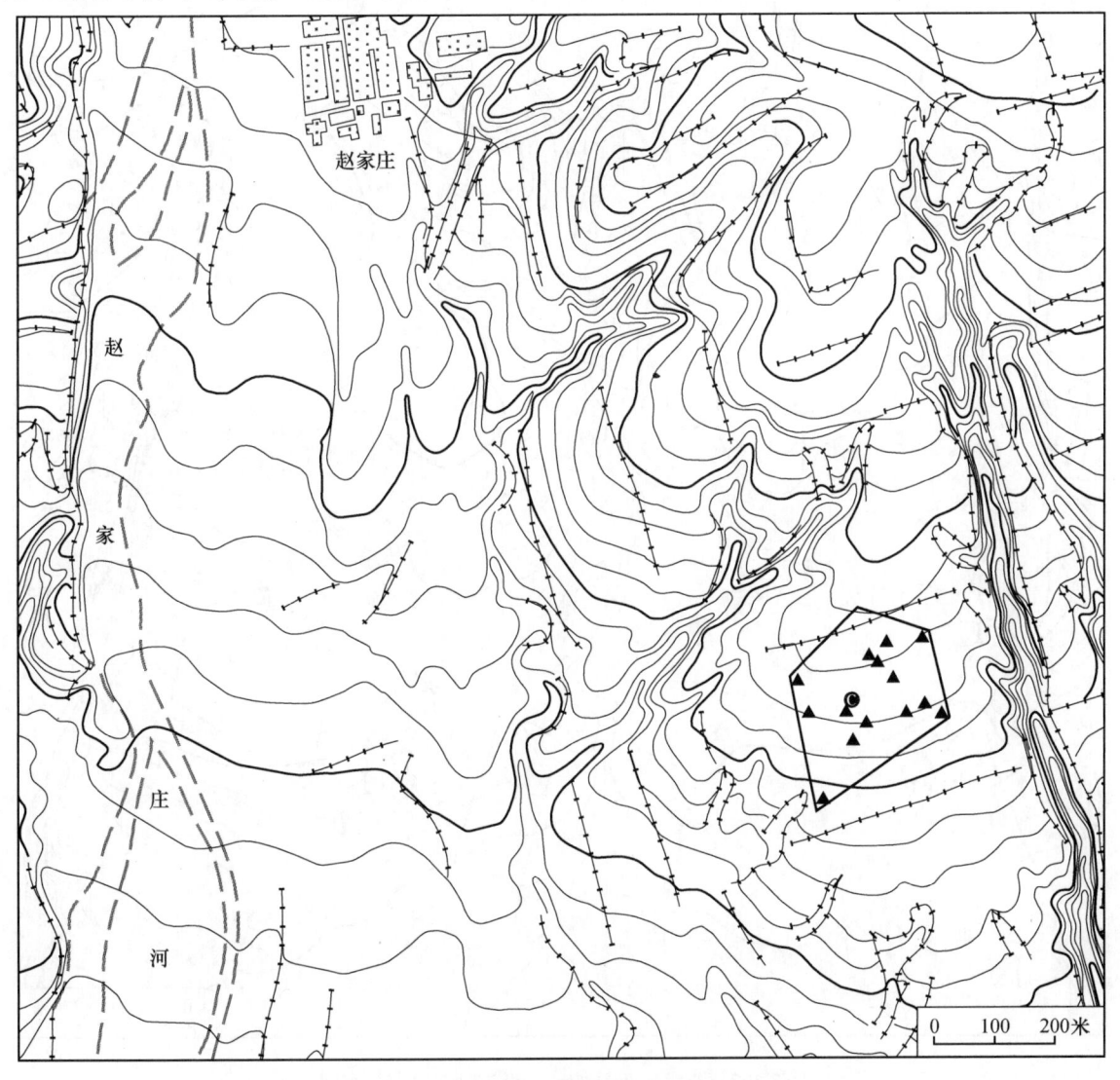

图3-106 赵家庄Ⅲ号遗址仰韶时期遗存分布图

钵　2件。FS061107L005∶1，泥质红陶。圆唇，敞口，弧腹。素面，口下一周颜色偏红。口径28、残高6厘米（图3-108，3）。FS061107J006-C∶1，泥质红陶。器薄，小圆唇，敛口，深腹。素面磨光。口径19、残高8.8厘米（图3-108，4）。

盆　2件。FS061107J006∶1，泥质红陶。圆唇，折沿，弧腹。素面。口径22、残高5.2厘米（图3-108，6）。FS061107J006∶2，泥质红陶。微敛口，微鼓腹。素面磨光。口径44、残高9.2厘米（图3-108，1）。

罐　1件。FS061107C001∶1，夹砂黑灰陶。斜方唇，口外翻，深腹。上腹部有数周凹旋纹（图3-108，2）。

2. 二里头时期

二里头时期遗存只见于遗址北部，遗存分布稀疏（图3-107）。未见任何遗迹现象，只在地

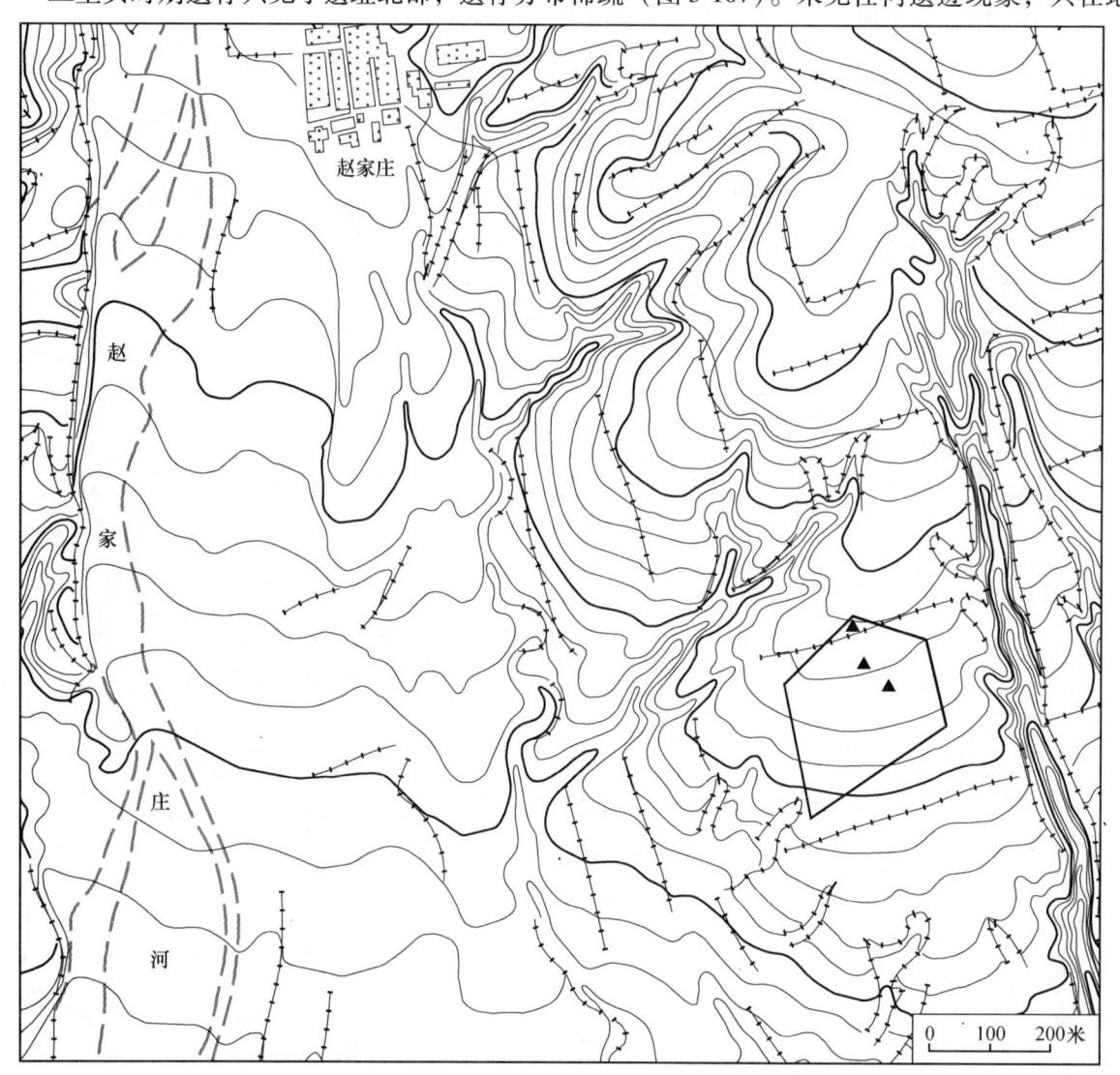

图3-107　赵家庄Ⅲ号遗址二里头时期遗存分布图

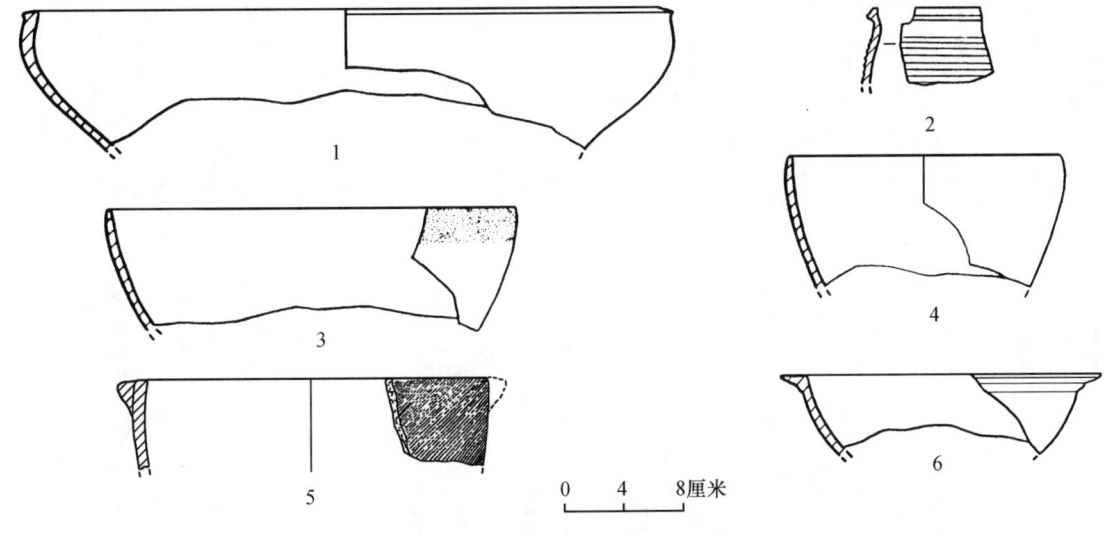

图 3-108　赵家庄Ⅲ号遗址陶器

1、5、6. 盆（FS061107J006：2、FS061107B002：1、FS061107J006：1）　2. 罐（FS061107C001：1）　3、4. 钵（FS061107L005：1、FS061107J006-C：1）

（1~4、6. 仰韶时期；5. 二里头时期）

表发现有陶片。陶片多夹砂灰陶，纹饰以绳纹为主，可辨器形有盆等。

盆　1件。FS061107B002：1，夹砂灰陶。近直口，口部有鋬手，深腹。腹部饰绳纹。口径24、残高6.2厘米（图3-108，5）。

四一、赵家庄Ⅰ号遗址

赵家庄Ⅰ号遗址位于繁峙县繁城镇赵家庄村东北，面积5.8万平方米（彩版一三）。遗址处在滹沱河北岸的山前台地上，主要分布在一略高的土丘周围，海拔1125~1165米，中间高，四周低，地势较高，但有一定的起伏。遗址北面有较深的冲沟，西面有汇入滹沱河的支流赵家庄河由北向南流过。遗存分布密集，遗址包含龙山、二里头、东周三个时期的遗存。

1. 龙山时期

龙山时期遗存见于遗址南部之外的其他区域，遗存分布密集（图3-109）。发现1处文化层和1座白灰面房址，文化层见于遗址北部，房址分布在遗址中部土丘的西侧。房址内没有发现人工遗物，但文化层内包含物丰富，尤以陶片最多。此外，还有石器等，地表也有陶片分布。陶片多夹砂灰陶，纹饰多绳纹，可辨器形有鬲、甑等。石器有穿孔石器。

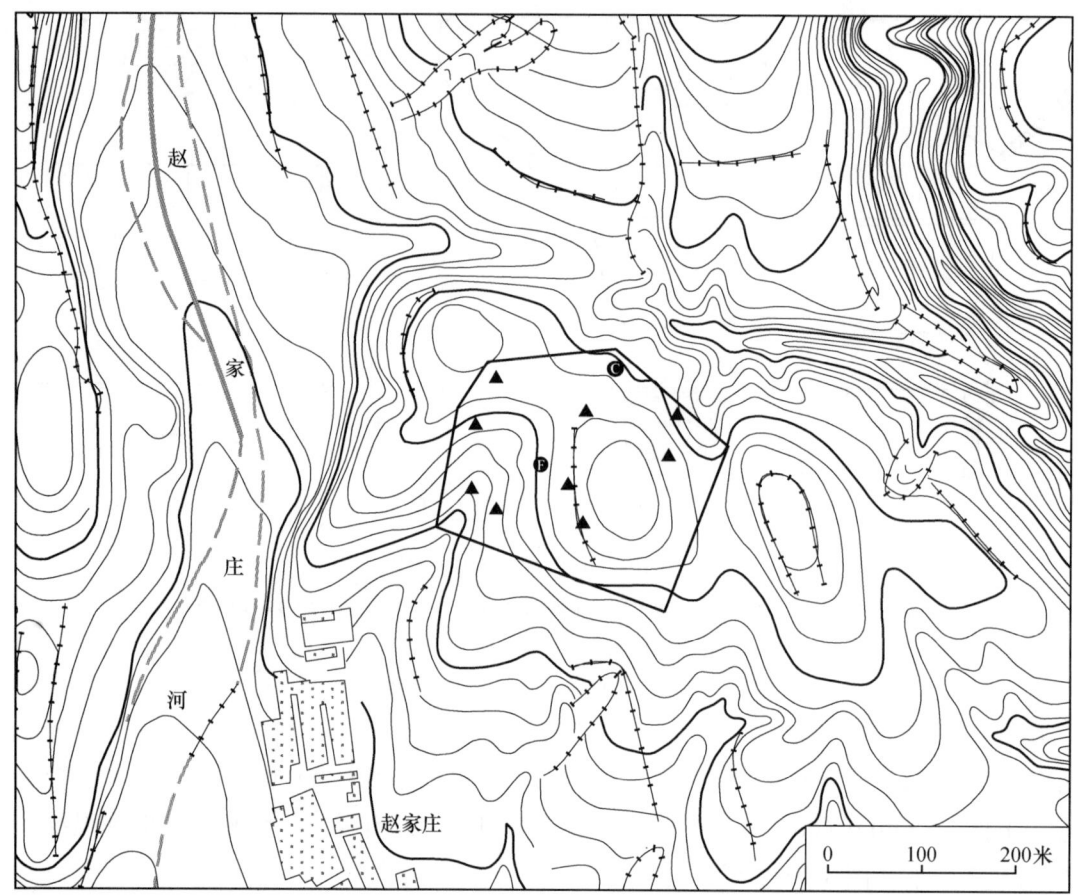

图 3-109　赵家庄 I 号遗址龙山时期遗存分布图

陶鬲足　1件。FS061107E003-C:3，夹砂灰褐陶。空袋足。袋足饰绳纹（图 3-110，4）。

陶甑　1件。FS061107E003-C:1，夹砂灰陶。圆唇，敞口，深腹，底部有箅孔。器表饰绳纹。口径 19.2、底径 11.2、高 8.8 厘米（图 3-110，1）。

穿孔石器　1件。FS061107E003-C:2，青灰色，已残。体形厚重，通体琢制，近中部有对钻孔（图 3-110，5）。

2. 二里头时期

二里头时期遗存分布于整个遗址，遗存分布密集（图 3-111）。只在遗址西部发现 1 处文化层，未见其他遗迹现象。文化层内包含有较多陶片，地表也有陶片分布。陶片多夹砂灰陶，纹饰以绳纹为主，可辨器形有鬲、蛋形瓮等。

第三章 繁峙县境内遗址

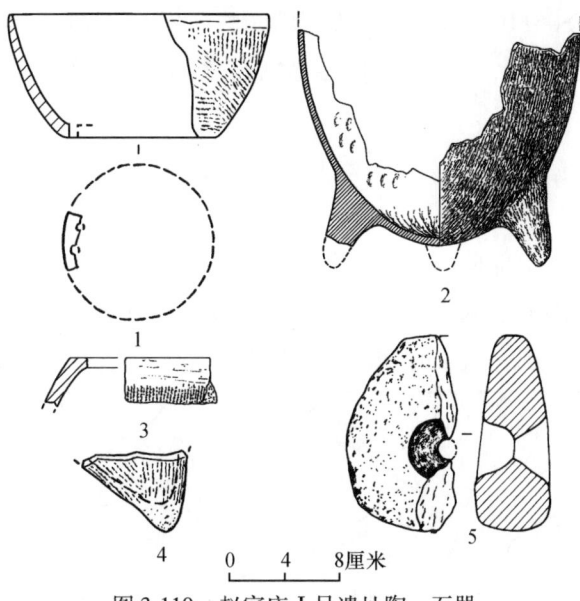

图 3-110　赵家庄 I 号遗址陶、石器

1. 陶甑（FS061107E003-C:1）　2、3. 陶蛋形瓮（FS061107H001-C:1、FS061107B001:1）　4. 陶鬲足
（FS061107E003-C:3）　5. 穿孔石器（FS061107E003-C:2）

（1、4、5. 龙山时期；2、3. 二里头时期）

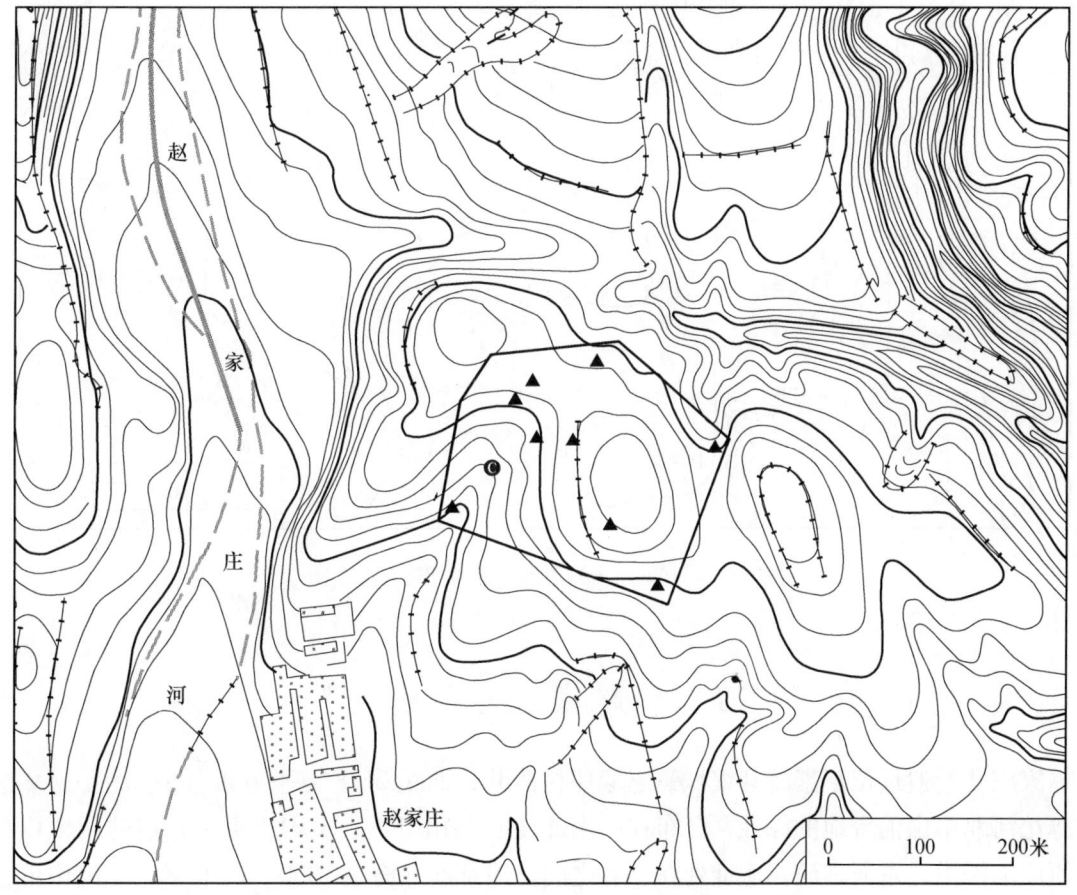

图 3-111　赵家庄 I 号遗址二里头时期遗存分布图

陶蛋形瓮　2件。FS061107B001：1，夹砂灰陶。平沿，敛口，鼓腹。腹部饰绳纹（图3-110，3）。FS061107H001-C：1，夹砂灰陶。深鼓腹，圜底，下接三实足跟。腹部饰绳纹（图3-110，2）。

3. 东周时期

东周时期遗存见于遗址中部偏西，遗存分布略显稀疏（图3-112）。未见任何遗迹现象，只在地表发现有陶片。陶片多夹砂灰陶，纹饰以绳纹为主，可辨器形有盆、罐等。

在遗址北约200米处发现有这个时期的零星陶片。

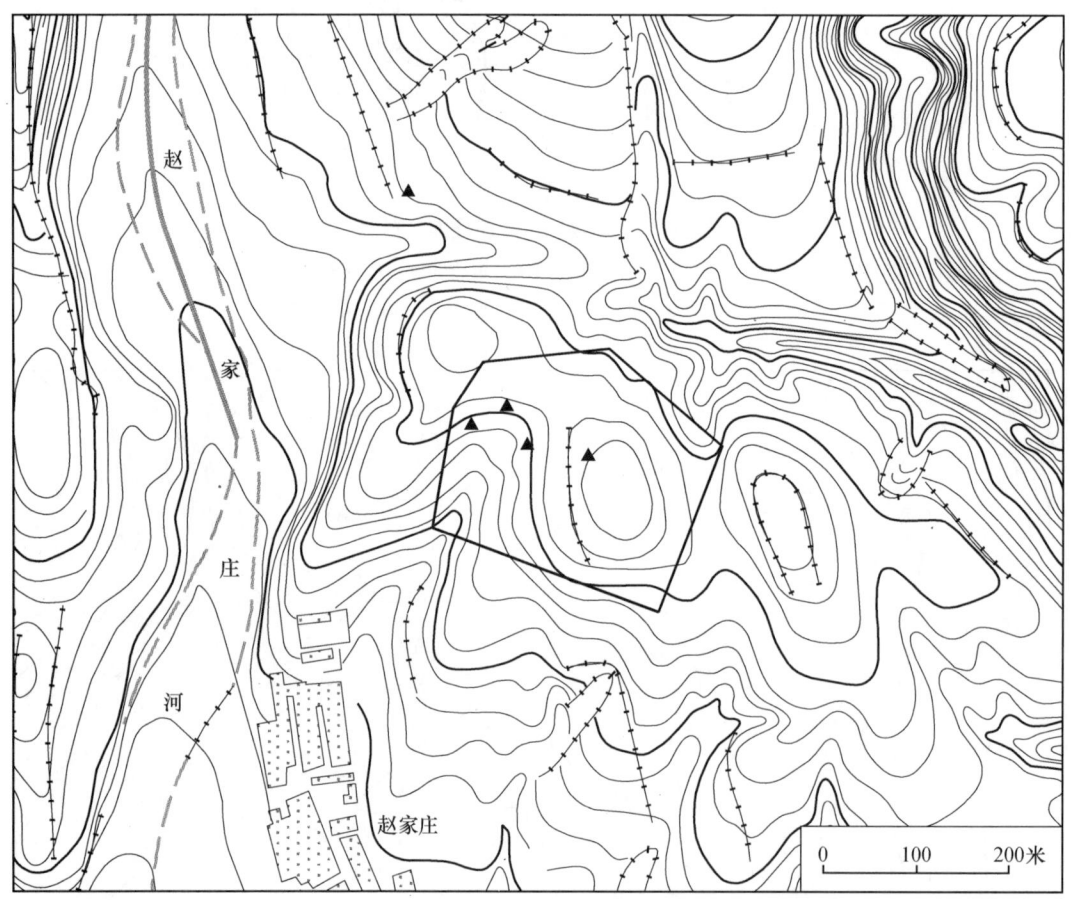

图3-112　赵家庄Ⅰ号遗址东周时期遗存分布图

四二、赵家庄Ⅱ号遗址

赵家庄Ⅱ号遗址位于繁峙县繁城镇赵家庄村西北，面积26.8万平方米（彩版一三）。遗址处在滹沱河北岸山前台地的深处，分布在一南北狭长的山脊上，由大小不一相连的两个山丘组成，西面临深沟，东面临河，遗址处在二者之间。遗址所在海拔1090~1190米，北高南低，崎岖不平，地势起伏较大。遗址东面有汇入滹沱河的赵家庄河由北向南流过。遗存分布密集，遗址包含龙山、二里头、东周三个时期的遗存。

1. 龙山时期

龙山时期遗存分布于整个遗址，遗存分布疏密不等，地形较高的两个山丘周围遗存分布较为密集（图3-113）。共发现4处文化层和1个灰坑，其中，文化层分布于遗址北部，大多堆积较厚，灰坑则分布于遗址中部梯田断面上，为袋状坑。文化层和灰坑内包含物丰富，尤以陶片最多，地表也发现较多陶片。陶片多夹砂灰陶，纹饰多绳纹，可辨器形有鬲、甗、斝、蛋形瓮、豆、盆、尊、双耳罐、高领罐、罐等。

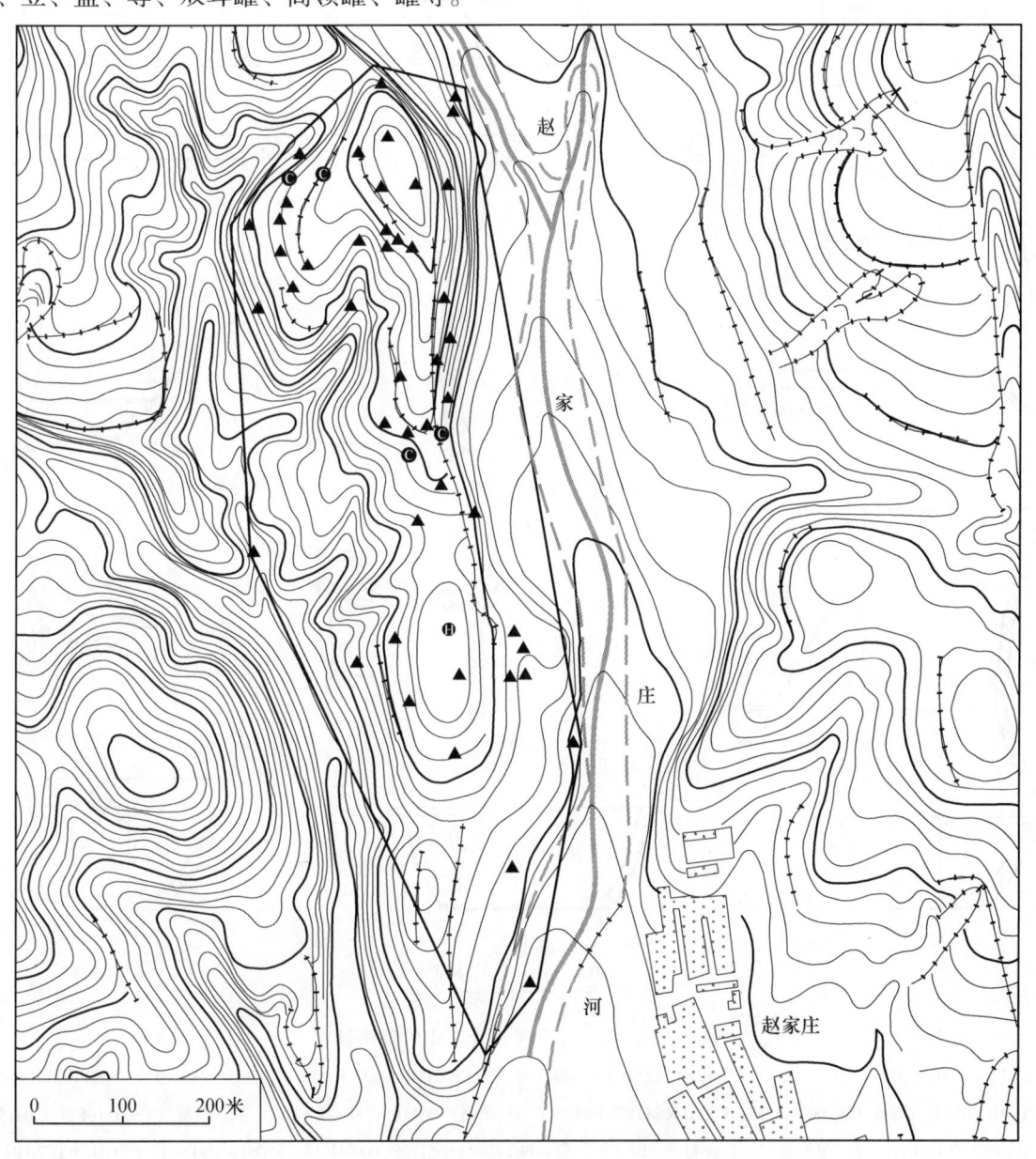

图3-113 赵家庄Ⅱ号遗址龙山时期遗存分布图

鬲　1件。FS061108C007-H:17，夹砂灰陶。方唇，口外翻，矮领。领部以下饰绳纹。口径20、残高6.5厘米（图3-114，1）。

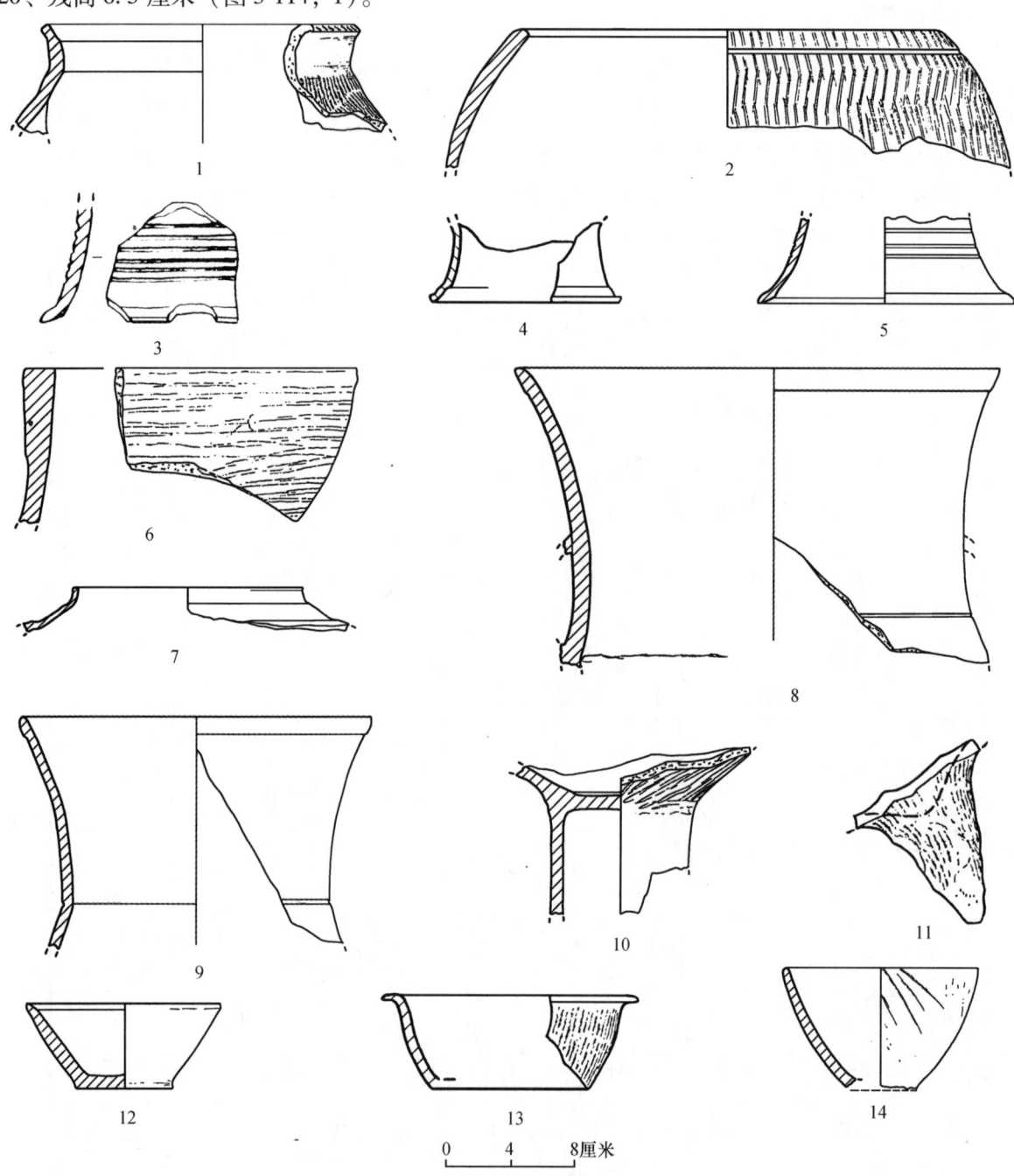

图3-114　赵家庄Ⅱ号遗址龙山时期陶器

1. 鬲（FS061108C007-H:17）　2、6. 蛋形瓮（FS061108C007-H:7、FS061108C007-H:8）　3~5、10. 豆（FS061108I014:1、FS061108I013:1、FS061108C007-H:13、FS061108C007-H:10）　7. 斝（FS061108C007-H:11）　8、9. 尊（FS061108C007-H:9、FS061108C007-H:16）　11. 蛋形瓮足（FS061108I019:1）　12~14. 盆（FS061108C007-H:15、FS061108H008:1、FS061108C007-H:6）

斝 1件。FS061108C007-H：11，泥质灰陶。器薄，方唇，矮领，敛口，折肩。素面磨光。口径14.5、残高2.8厘米（图3-114，7）。

蛋形瓮 2件。FS061108C007-H：7，泥质黑皮陶。圆唇，敛口，鼓腹。器表饰篮纹。口径26、残高6厘米（图3-114，2）。FS061108C007-H：8，夹砂灰陶。宽沿，微敛口，深腹。腹部饰横篮纹（图3-114，6）。

蛋形瓮足 1件。FS061108I019：1，夹砂灰褐陶。制作粗糙，空袋足，有粗锥状实足跟。足部饰绳纹（图3-114，11）。

豆 4件。FS061108C007-H：10，泥质灰黑陶。斜倾盘，粗柄，喇叭口高圈足。盘壁饰篮纹，圈足素面磨光有旋纹（图3-114，10）。FS061108C007-H：13，泥质灰黑陶。粗柄，喇叭口圈足。柄部有三周斜纹。底径16.2、残高5.4厘米（图3-114，5）。FS061108I013：1，泥质褐陶。器薄，圈足。素面。底径12、残高4.8厘米（图3-114，4）。FS061108I014：1，夹砂灰褐陶。圈足，粗柄。柄部有六周凹旋纹（图3-114，3）。

尊 2件。FS061108C007-H：9，泥质黑皮陶。圆唇，微敞口，高领，鼓腹，领部有桥形耳。素面磨光，颈部有旋纹。口径30、残高17厘米（图3-114，8）。FS061108C007-H：16，泥质灰陶。圆唇加厚，微敞口，高领。素面磨光，颈部有旋纹。口径22、残高14厘米（图3-114，9）。

盆 4件。FS061108C007-H：15，夹砂灰黑陶。圆唇，敞口，斜腹，平底。素面。口径12.2、底径6.4、高5.4厘米（图3-114，12；彩版一〇三，2）。FS061108C007-H：6，夹砂灰褐陶。圆唇，喇叭口，斜腹。器表粗糙，素面。口径12、底径4.5、高7.5厘米（图3-114，14）。FS061108H008：1，泥质灰陶。圆唇，卷沿，深腹，腹部饰绳纹。口径16、底径9.4、高5.6厘米（图3-114，13）。FS061108H004-C：1，夹砂灰陶。方唇，口外翻，直深腹。腹部饰绳纹（图3-115，10）。

双耳罐 1件。FS061108C007-H：12，泥质灰陶。亚腰，折腹，腰腹部有桥形耳。腰部有旋纹一周（图3-115，7）。

高领罐 2件。FS061108C007-H：3，夹砂褐陶。圆唇，口外翻，高领，广肩。素面。口径16、残高5厘米（图3-115，11）。FS061108J004-C：1，泥质灰陶。厚圆唇，高领，鼓肩。领部饰横篮纹（图3-115，12）。

罐 6件。FS061108C007-H：5，泥质褐陶。圆唇，口外翻，深腹。口下有篮纹，器表素面磨光。口径28.2、残高8厘米（图3-115，5）。FS061108C007-H：4，泥质灰陶。圆唇，颈直口，微束颈，鼓腹。口下饰篮纹。腹部素面。口径28、残高8厘米（图3-115，1）。FS061108C007-H：2，泥质灰陶。圆唇，口外翻，束颈，折肩，深腹。腹部饰篮纹。口径22.6、残高12厘米（图3-115，3）。FS061108C007-H：1，泥质灰陶。方唇，颈直口，高领，折肩，深腹。腹部饰篮纹。口径23、残高15.4厘米（图3-115，8）。FS061108C007：1，泥质褐陶。圆唇，侈口，束颈，鼓腹。素面。口径33.6、残高9.4厘米（图3-117，1）。FS061108C007-H：14，泥质灰黑陶。深腹，平底。腹部饰篮纹。底径14.6、残高10厘米（图3-115，4）。

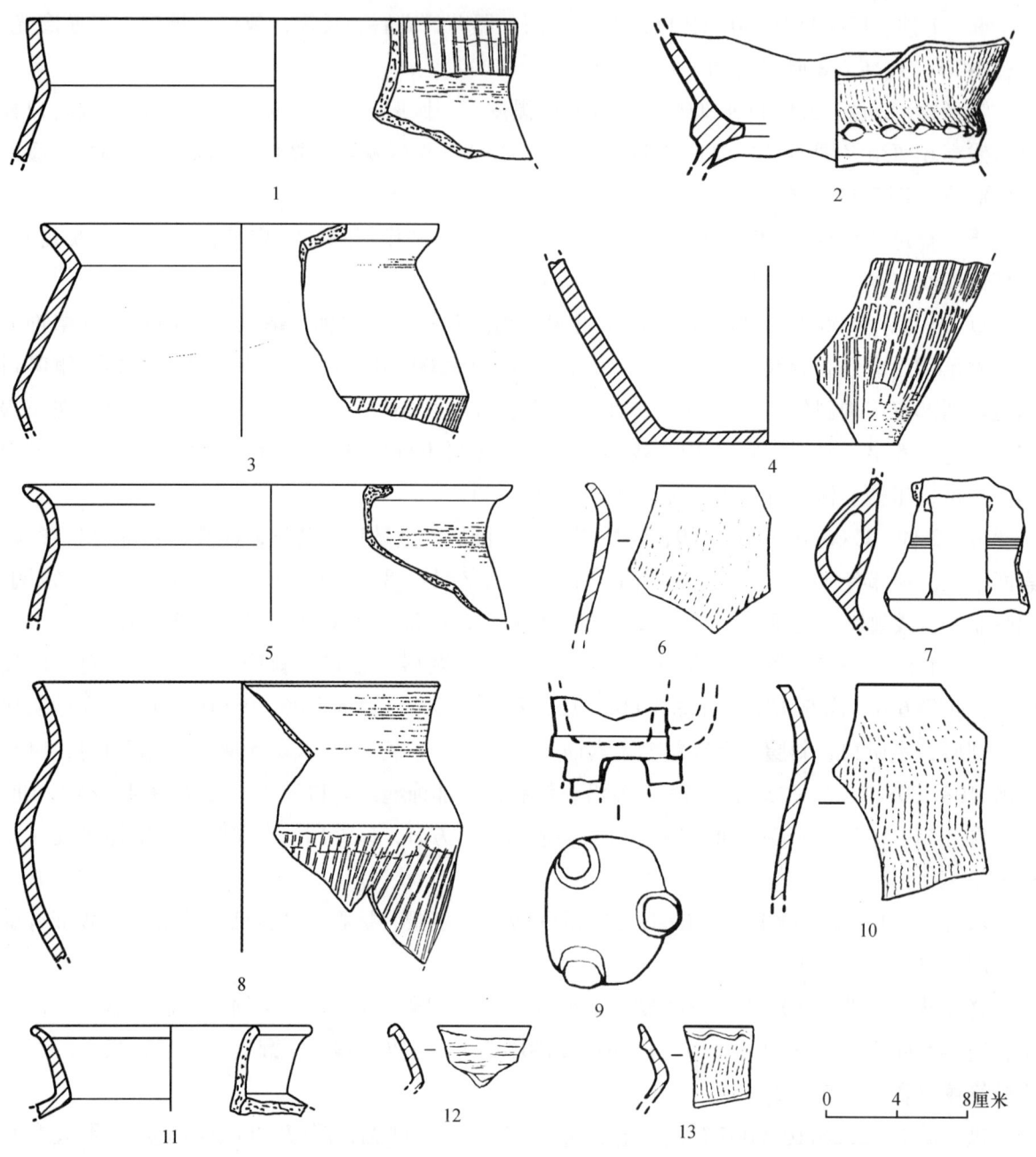

图 3-115 赵家庄 Ⅱ 号遗址龙山、二里头时期陶器

1、3~5、8. 罐（FS061108C007-H：4、FS061108C007-H：2、FS061108C007-H：14、FS061108C007-H：5、FS061108C007-H：1）
2. 甗（FS061108I012：1） 6、13. 鬲（FS061108I008：1、FS061108G010：1） 7. 双耳罐（FS061108C007-H：12） 9. 爵（FS061108I017：1） 10. 盆（FS061108H004-C：1） 11、12. 高领罐（FS061108C007-H：3、FS061108J004-C：1）

(1、3~8、10~12. 龙山时期；2、9、13. 二里头时期)

2. 二里头时期

二里头时期遗存见于遗址绝大部分范围，遗址北部遗存分布密集（图3-116）。共发现3处文化层和1个灰坑，全部分布在遗址北部的梯田断面上。遗迹内包含物丰富，尤以陶片最多，地表也发现有陶片。陶片多夹砂灰陶，纹饰以绳纹为主，可辨器形有鬲（含蛇纹鬲）、甗、爵、蛋形瓮、盆、罐等。

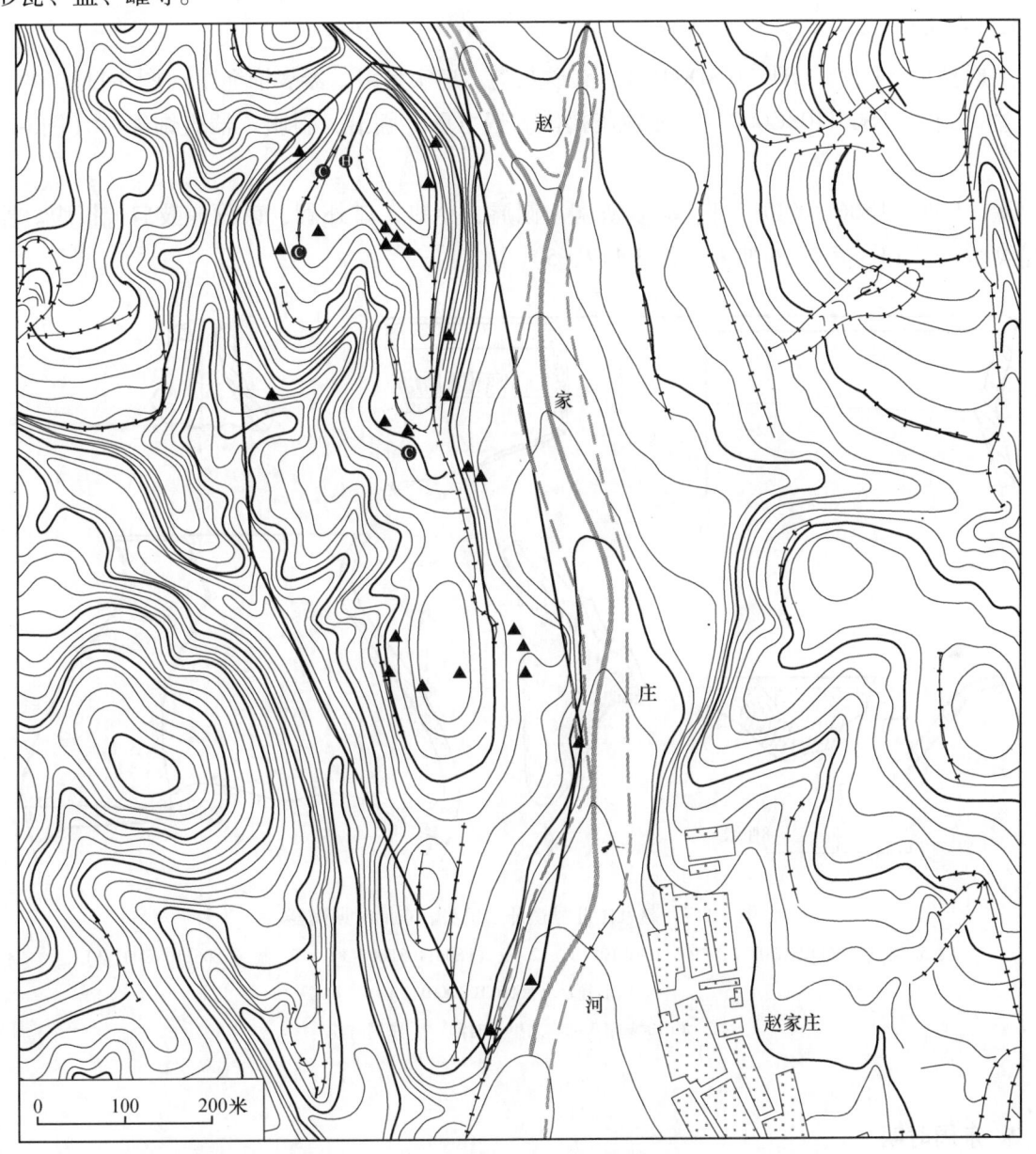

图3-116 赵家庄Ⅱ号遗址二里头时期遗存分布图

鬲 2件。FS061108I008:1，夹砂灰陶（夹细砂）。圆唇，口外翻，矮领，袋足外鼓。器表饰绳纹（图3-115，6）。FS061108G010:1，夹砂红褐陶。圆唇，口外翻，矮领，袋足外鼓。口下有花边泥条装饰，器表饰绳纹（图3-115，13）。

甗 1件。FS061108I012:1，夹砂褐陶。深腹，束腰，有隔。腰部有按捺状附加堆纹，腹部饰绳纹（图3-115，2）。

爵 1件。FS061108I017:1，夹砂红褐陶。深腹，平底，三足，横截面呈椭圆形。素面（图3-115，9）。

蛋形瓮足 1件。FS061108D001:1，夹砂灰陶。扁实足跟。器表饰绳纹（图3-117，4）。

盆 1件。FS061108G007:1，夹砂灰褐陶。近方唇，翻沿，斜腹。器表饰绳纹（图3-117，3）。

罐 1件。FS061108I010:1，夹砂灰陶。圆唇，小口，口外翻，束颈，鼓肩，折腹。器表饰绳纹。口径14、残高16厘米（图3-117，5）。

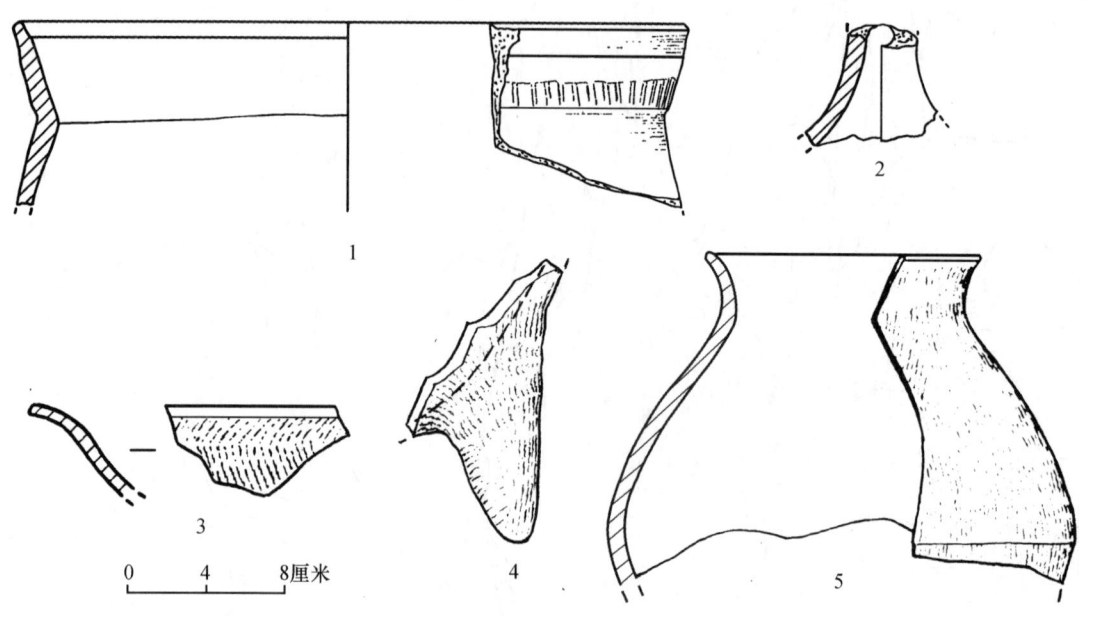

图3-117 赵家庄Ⅱ号遗址二里头、东周时期陶器

1、5. 罐（FS061108C007:1、FS061108I010:1） 2. 豆（FS061108F006:1） 3. 盆（FS061108G007:1）

4. 蛋形瓮足（FS061108D001:1）

（1. 龙山时期；3~5. 二里头时期；2. 东周时期）

3. 东周时期

东周时期遗存主要见于遗址中、北部，遗址中部遗存分布略显密集（图3-118）。只在遗址北部断崖上发现1处文化层，未见其他遗迹现象，文化层堆积较薄，长度不清。文化层内包含

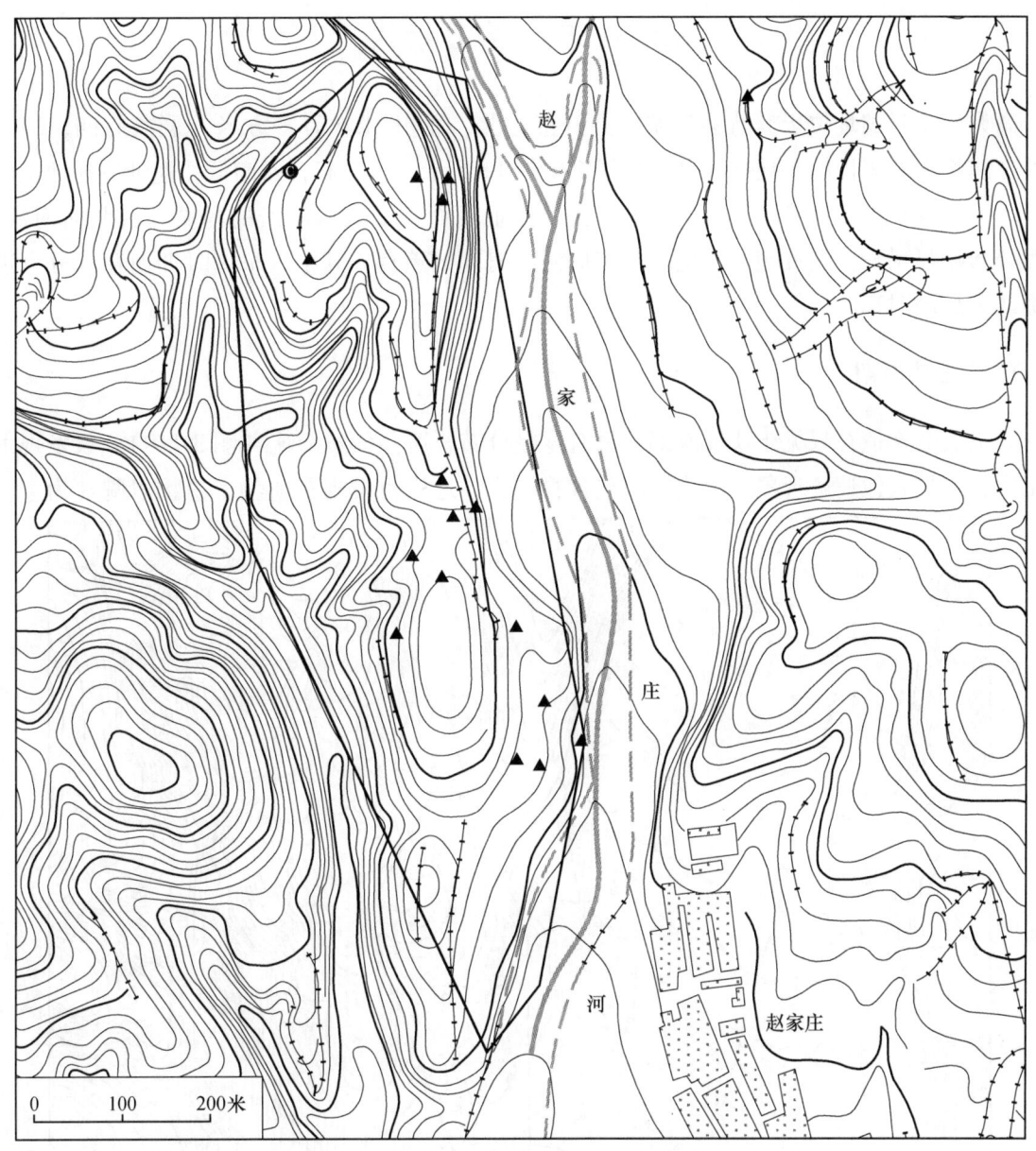

图 3-118　赵家庄Ⅱ号遗址东周时期遗存分布图

有少量陶片，地表也发现有陶片。陶片多夹砂灰陶，纹饰以绳纹为主，可辨器形有盆、豆、罐等。

在遗址东 300 米处发现有这个时期的零星陶片。

豆　1 件。FS061108F006:1，泥质灰陶。细柄中空，喇叭口圈足。素面（图 3-117，2）。

四三、高升寨Ⅰ号遗址

高升寨Ⅰ号遗址位于繁峙县繁城镇高升寨村北,面积 11.6 万平方米(彩版一四,2)。遗址处在滹沱河北岸山前台地的深处,海拔 1075~1155 米,东北高,西南低,遗址所在地虽较为开阔,但坡度较大,地势较高,起伏也较大。遗址西面有汇入滹沱河的马峪河由北向南流过。遗存分布略显稀疏,遗址包含二里头、东周两个时期的遗存,其中,东周时期遗存部分可进一步确认为战国时期。

1. 二里头时期

二里头时期遗存只见于遗址南部,只有零星分布,遗存分布稀疏(图 3-119)。只发现 1 处文化层,未见其他遗迹现象。文化层内包含物丰富,地表也发现有遗物。遗物以陶片为主,此

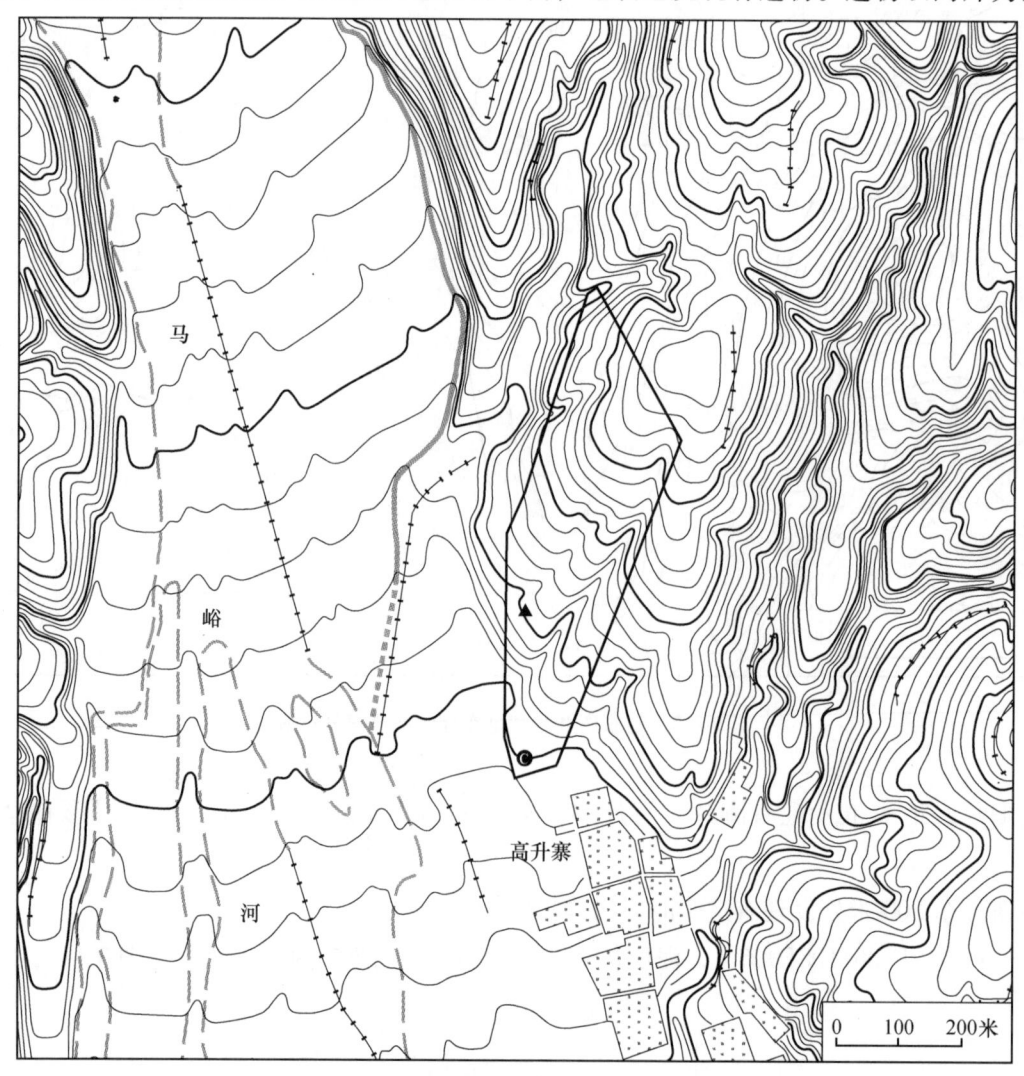

图 3-119　高升寨Ⅰ号遗址二里头时期遗存分布图

外，有少量石器。陶片多夹砂灰陶，纹饰以绳纹为主，可辨器形有蛋形瓮、盆等。石器有石斧、石刀等。

陶盆 2件。FS070410L009-C:2，夹砂灰陶。小平沿，微敞口，微束颈，深腹。腹部饰绳纹。口径18、底径10、高10厘米（图3-121，5）。FS070410L009-C:1，泥质灰陶。方唇，口外翻，束颈，鼓腹。腹部饰旋断绳纹（图3-121，4）。

石斧 1件。FS070410L006:2，青灰色，已残。近长方形，通体琢制，刃部有磨光痕迹。残长7.5、宽3、厚1.9厘米（图3-121，3）。

石刀 1件。FS070410L006:1，青灰色，已残。近长方形，双面刃，中部有对钻孔（图3-121，2）。

2. 东周时期

东周时期遗存分布于整个遗址，遗址中、南部遗存分布相对密集，北部稀疏（图3-120）。

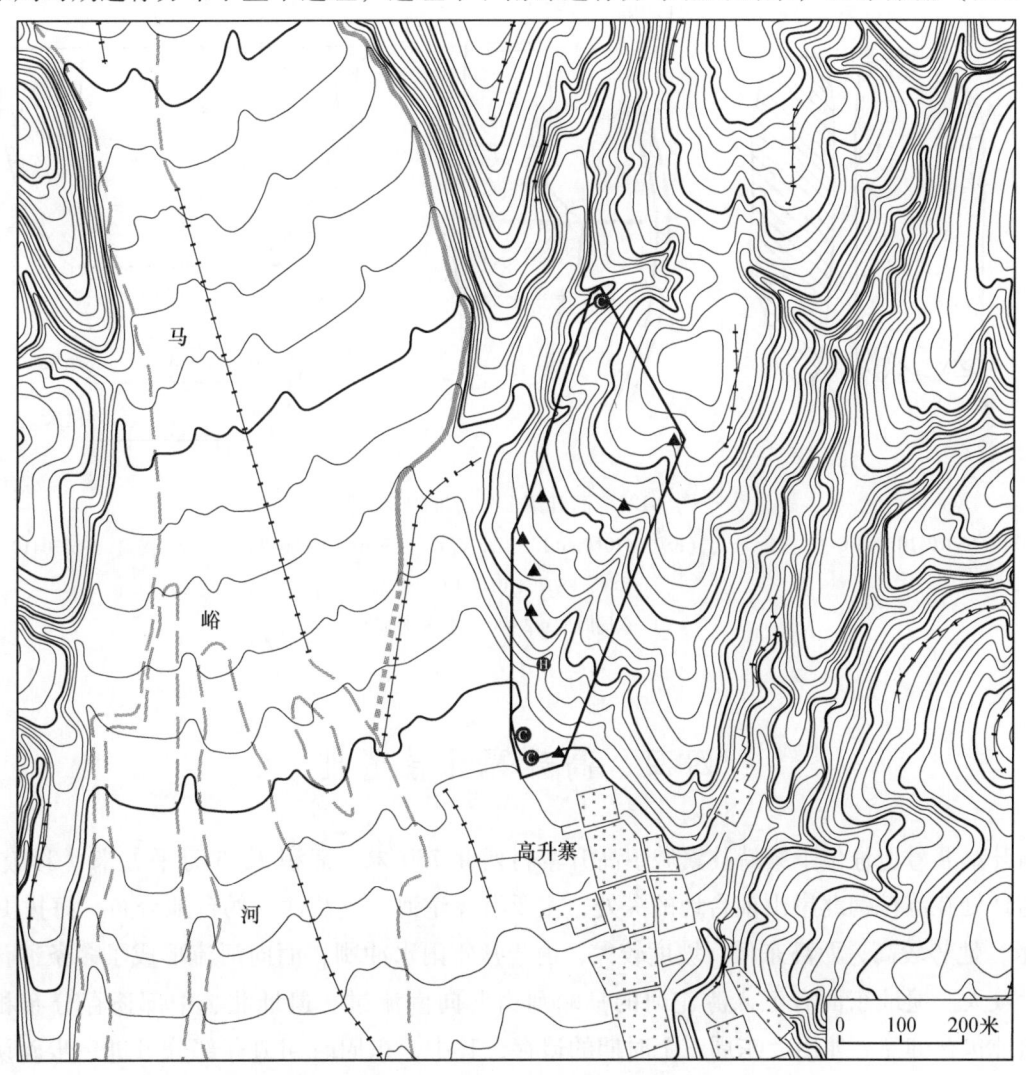

图3-120　高升寨Ⅰ号遗址东周时期遗存分布图

共发现3处文化层和1个灰坑,全部暴露于梯田的断面,灰坑见于遗址南部偏中位置,文化层见于遗址南、北两端,其中,最北端分布有一处,最高部分布有两处。遗迹内包含物丰富,尤以陶片最多,地表也发现有陶片。陶片多夹砂灰陶,纹饰以绳纹为主,有粗大绳纹,可辨器形有盆、罐等。

陶罐　1件。FS070410L008-C:1,夹砂灰陶。斜方唇,大翻沿,深束颈,鼓腹。腹部饰粗大绳纹。口径28、残高10厘米(图3-121,1)。

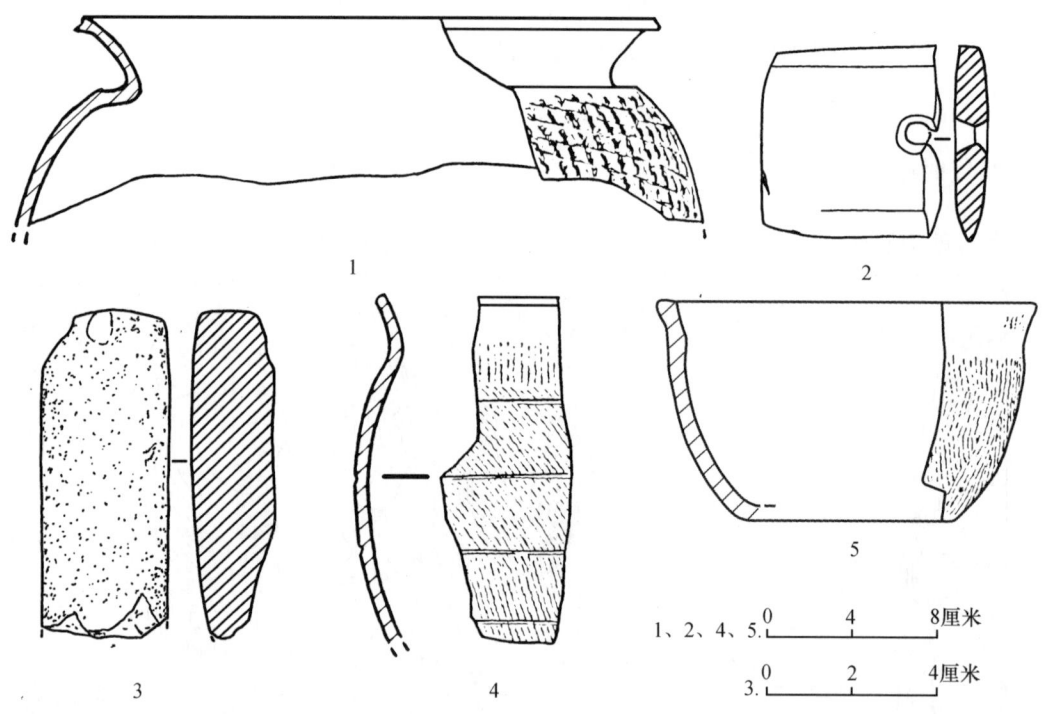

图3-121　高升寨Ⅰ号遗址陶、石器
1. 陶罐(FS070410L008-C:1)　2. 石刀(FS070410L006:1)　3. 石斧(FS070410L006:2)　4、5. 陶盆(FS070410L009-C:1、FS070410L009-C:2)
(1. 东周时期;2~5. 二里头时期)

四四、高升寨Ⅱ号遗址

高升寨Ⅱ号遗址位于繁峙县繁城镇高升寨村西北750米,面积22.5万平方米(彩版一四,2)。遗址处在滹沱河北岸山前台地的深处,主要沿滹沱河一支流西岸的台地分布,海拔1055~1140米,地势较高,西高东低,坡度较大,由于常年雨水冲刷,面向河流形成了多条冲沟,地势起伏较大。遗址东面有汇入滹沱河的马峪河由北向南流过。遗址北、中部遗存分布相对密集。遗址包含仰韶、龙山、东周三个时期的遗存,其中,东周时期遗存部分可进一步确认为战国时期。

1. 仰韶时期

仰韶时期遗存只见于遗址北部，仅有个别发现，遗存分布非常稀疏（图3-123）。未见任何遗迹现象，只在地表发现少量陶片。陶片多泥质红陶，多素面。

2. 龙山时期

龙山时期遗存分布于整个遗址，其中，遗址北部遗存分布最为密集，中部其次，南部最为稀疏（图3-122）。未见任何遗迹现象，只在地表发现有陶片。陶片多夹砂灰陶，纹饰多绳纹、

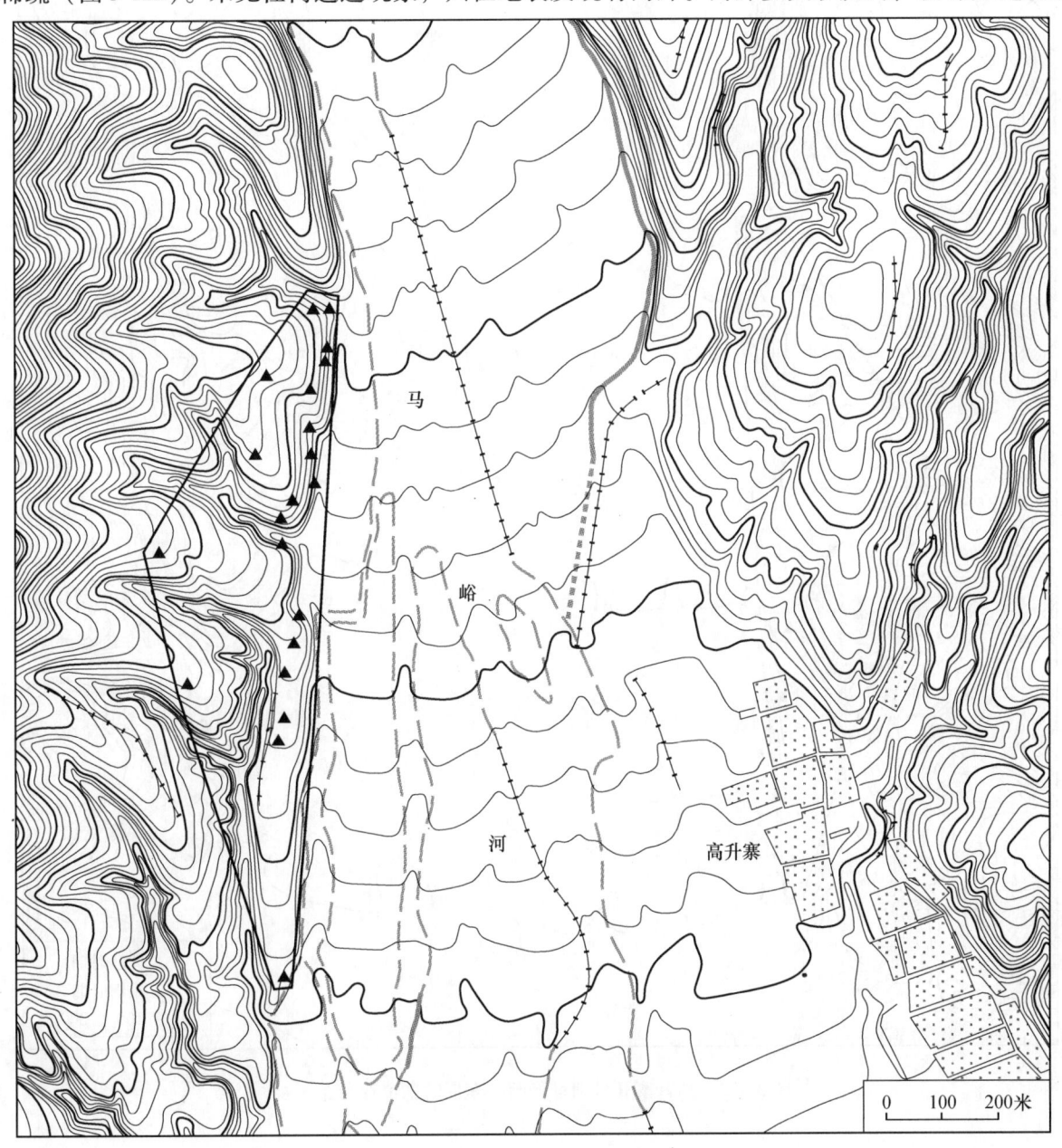

图3-122　高升寨Ⅱ号遗址龙山时期遗存分布图

篮纹，可辨器形有瓮、罐等。

3. 东周时期

东周时期遗存见于遗址北、中部，遗存分布略显稀疏（图3-123）。未见任何遗迹现象，只在地表发现有陶片。陶片多夹砂灰陶，纹饰以绳纹为主，有粗大绳纹，可辨器形有鬲、豆、罐等。

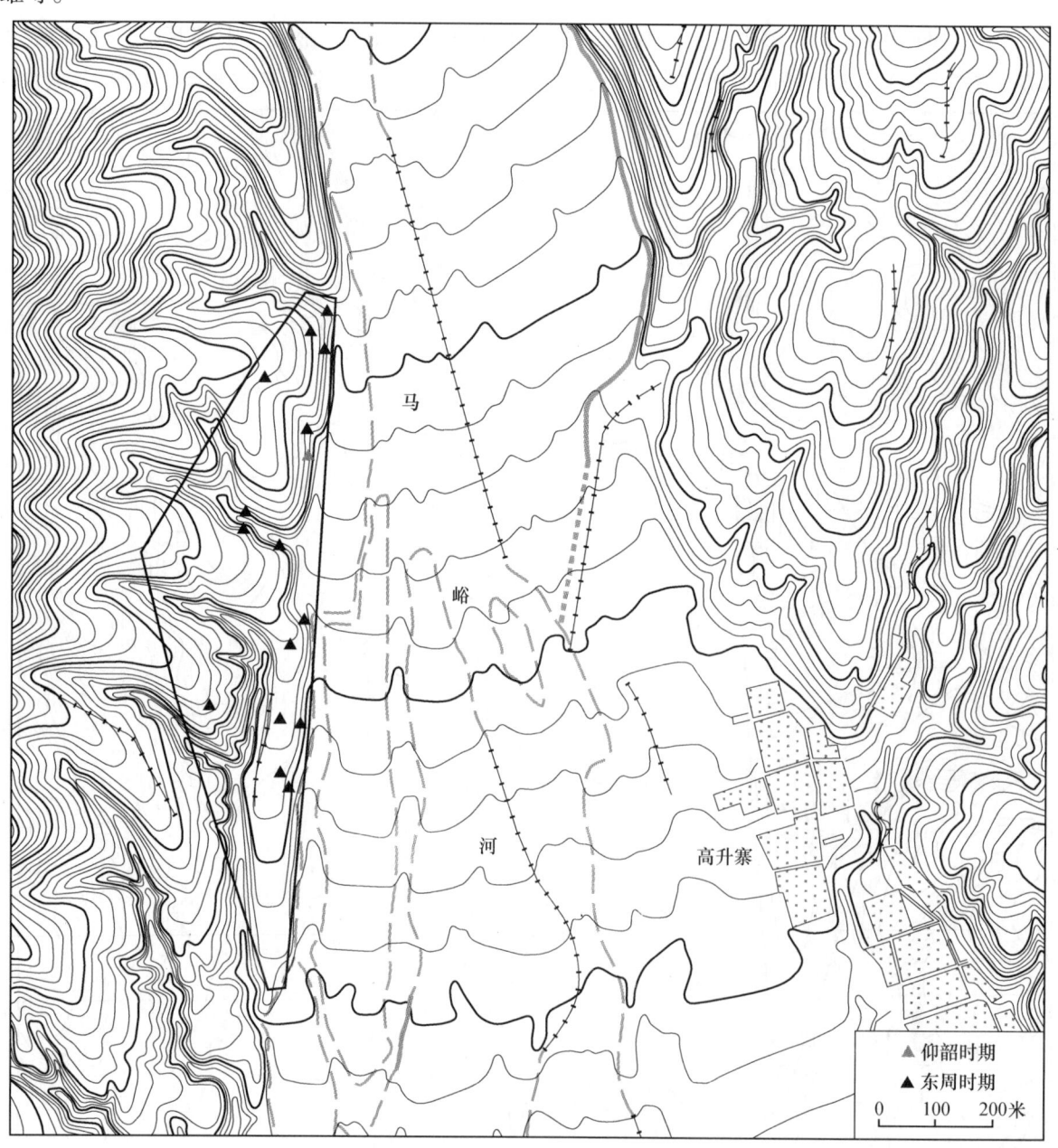

图3-123　高升寨Ⅱ号遗址仰韶、东周时期遗存分布图

鬲足　1件。FS070410C017:1，夹砂灰陶。联裆，矮实足跟。器表饰粗大绳纹（图3-124，2）。

豆　1件。FS070410B010:1，泥质灰陶。细柄中空。素面（图3-124，3）。

罐　1件。FS070410C014:1，夹砂灰陶。方唇，折沿，深腹。腹部饰粗大绳纹（图3-124，1）。

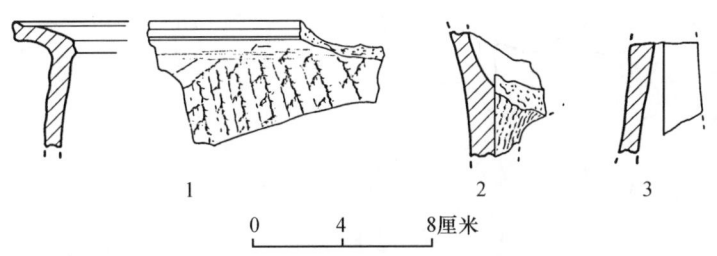

图3-124　高升寨Ⅱ号遗址东周时期陶器
1. 罐（FS070410C014:1）　2. 鬲足（FS070410C017:1）　3. 豆（FS070410B010:1）

四五、高升寨Ⅲ号遗址

高升寨Ⅲ号遗址位于繁峙县繁城镇西魏家村北、高升寨村西南850米，面积2.6万平方米。遗址夹处于滹沱河支流马峪河两河道之间地势略高位置，遗址所在海拔1025～1040米，地势较低且平坦，应为临时性或短暂时间内形成的遗址。遗址只有东周时期的遗存，其中部分遗存可进一步确认为战国时期（图3-126）。

在遗址西南400米处发现有这个时期的陶片。

遗存分布范围虽小，但略显密集。未见任何遗迹现象，只在地表发现有陶片。陶片多夹砂灰陶，纹饰以绳纹为主，有粗大绳纹，可辨器形有鬲、罐等。

鬲　1件。FS070410H013:1，夹砂灰陶。方唇，口外翻，深腹。腹部饰粗大绳纹（图3-125）。

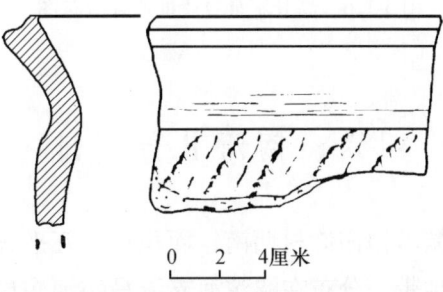

图3-125　高升寨Ⅲ号遗址陶器
鬲（FS070410H013:1）

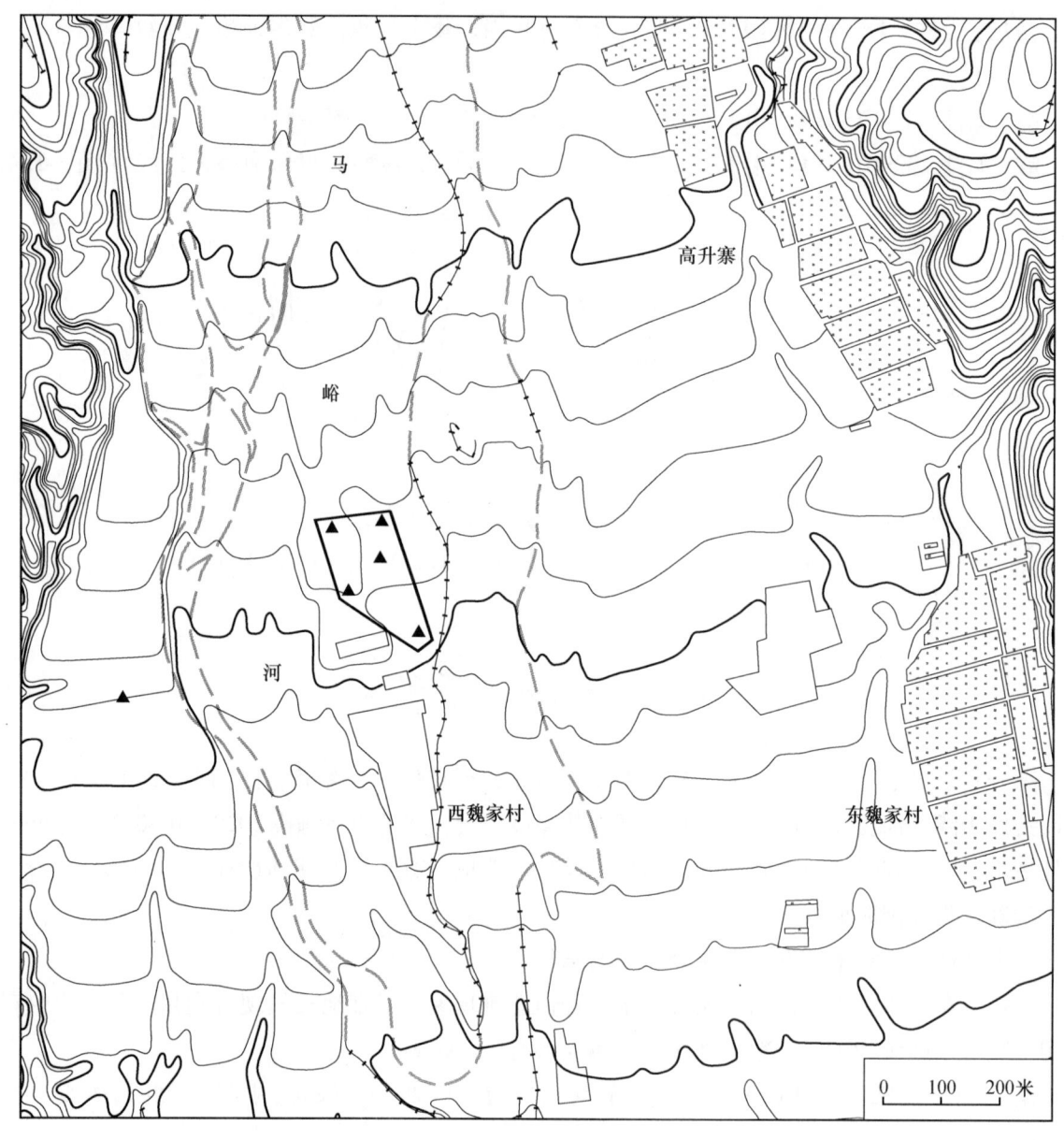

图 3-126　高升寨Ⅲ号遗址遗存分布图

四六、南湾Ⅱ号遗址

南湾Ⅱ号遗址位于繁峙县繁城镇南湾村西南，面积6.5万平方米（彩版一五，1）。遗址处在滹沱河北岸山前台地的纵深地带，分布在滹沱河支流马峪河东岸的缓坡上，海拔1160～1195米，东北高，西南低，遗址所在位置地势开阔但有一定的坡度。遗址北面、西面有季节性水流流过。西部位置较低处遗存分布密集，东部稀疏。遗址包含龙山、二里头、东周三个时期的遗存。

1. 龙山时期

龙山时期遗存见于遗址北部，其中，北部偏西遗存分布最为密集，北部偏东分布稀疏（图 3-127）。未见任何遗迹现象，只在地表发现有陶片。陶片多夹砂灰陶，纹饰多绳纹，可辨器形有鬲、罐等。

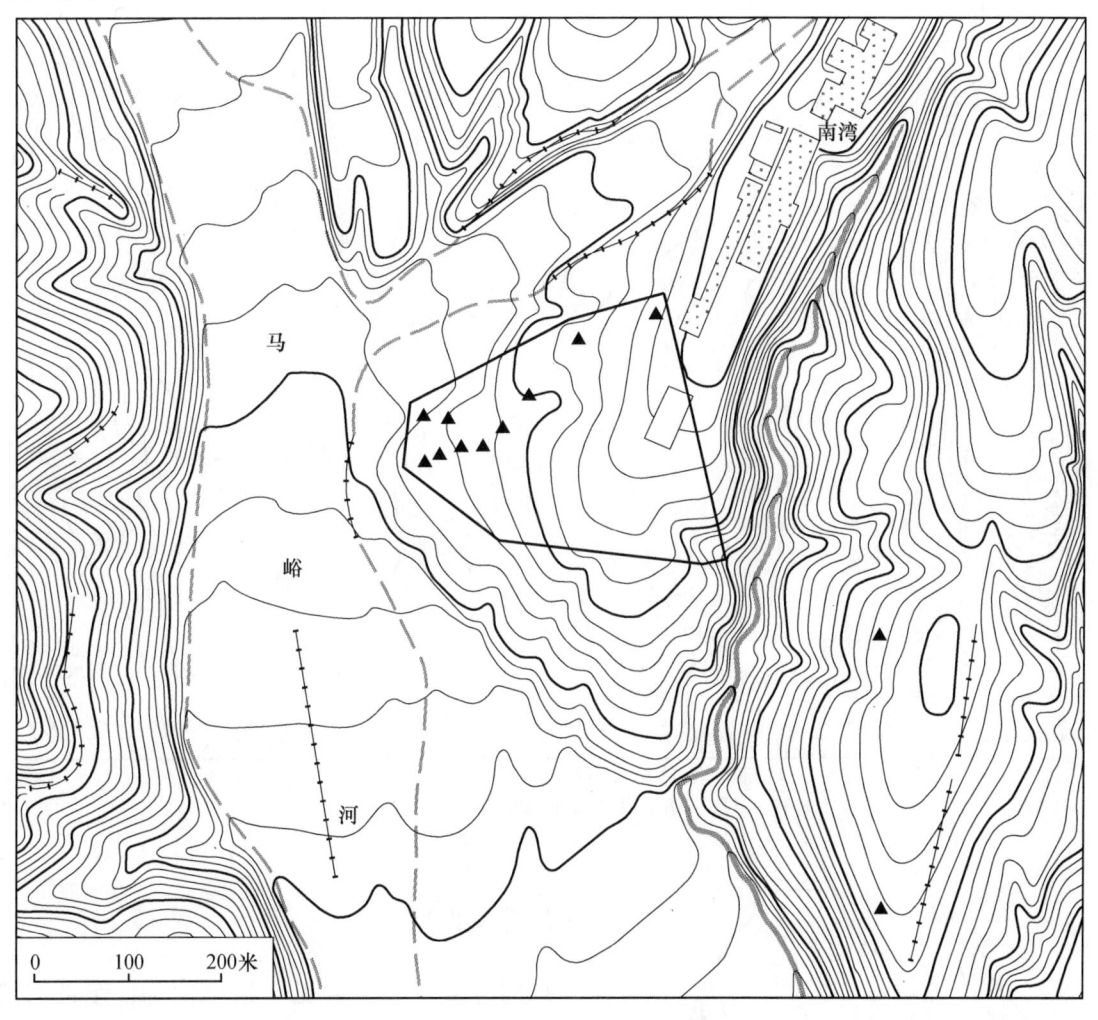

图 3-127　南湾Ⅱ号遗址龙山时期遗存分布图

鬲　1件。FS070410I008：1，夹砂灰陶。圆唇，口外翻，矮领，大袋足外鼓。领部以下饰绳纹，袋足有鋬手（图3-129）。

2. 二里头时期

二里头时期遗存见于遗址西部，遗存分布稀疏（图3-128）。只在地表发现有零星陶片。陶片多夹砂灰陶，纹饰以绳纹为主。

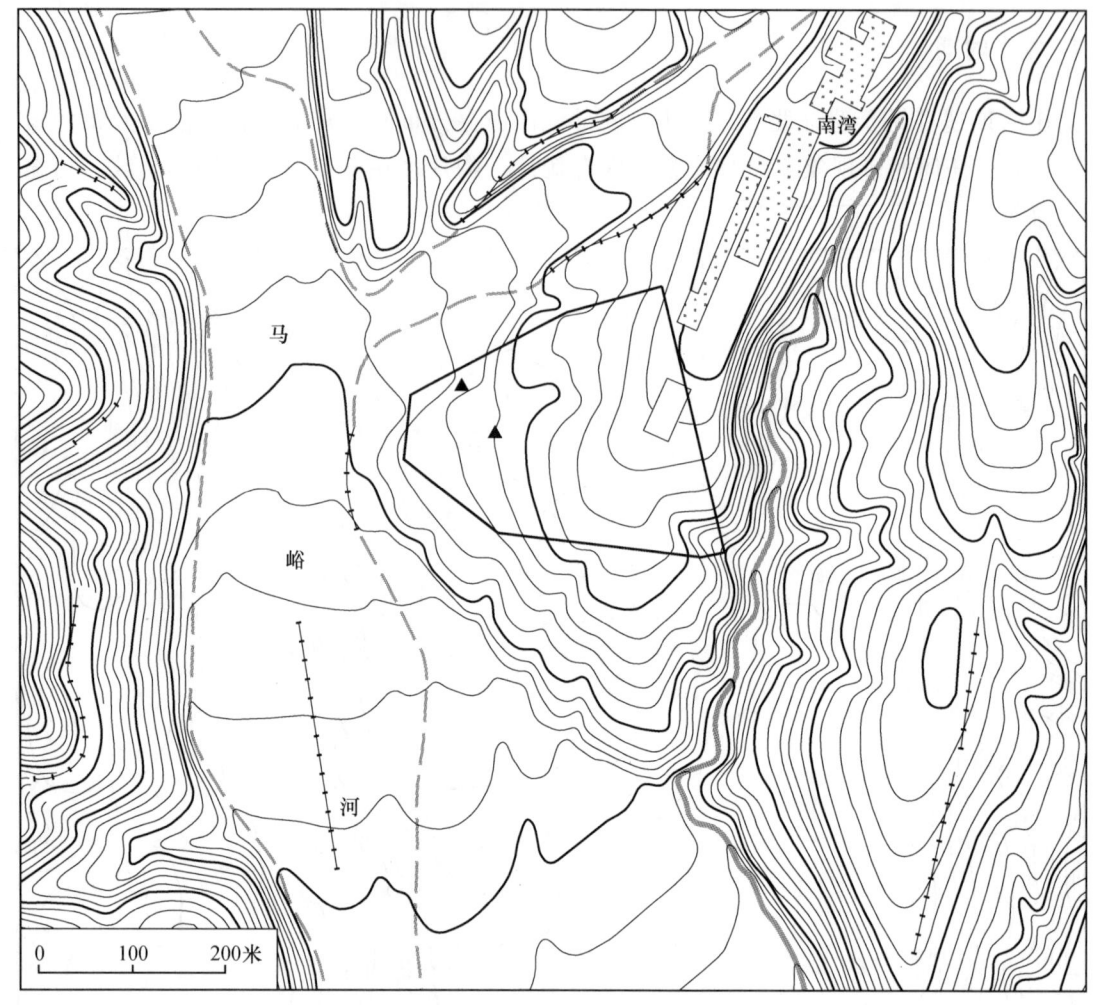

图 3-128　南湾Ⅱ号遗址二里头时期遗存分布图

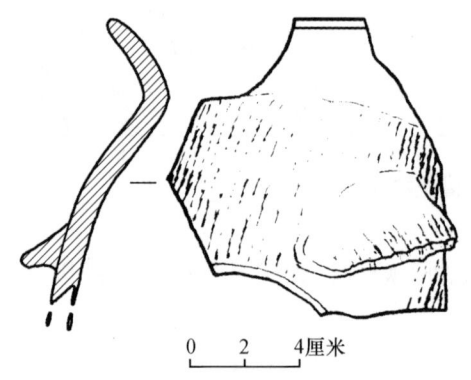

图 3-129　南湾Ⅱ号遗址龙山时期陶器
鬲（FS070410I008:1）

3. 东周时期

东周时期遗存主要见于遗址西部，东部有零星分布，遗址西部遗存分布密集，东部则较为稀疏（图3-130）。未见任何遗迹现象，只在地表发现有陶片。陶片多夹砂灰陶，纹饰以绳纹为主，可辨器形有盆、罐等。

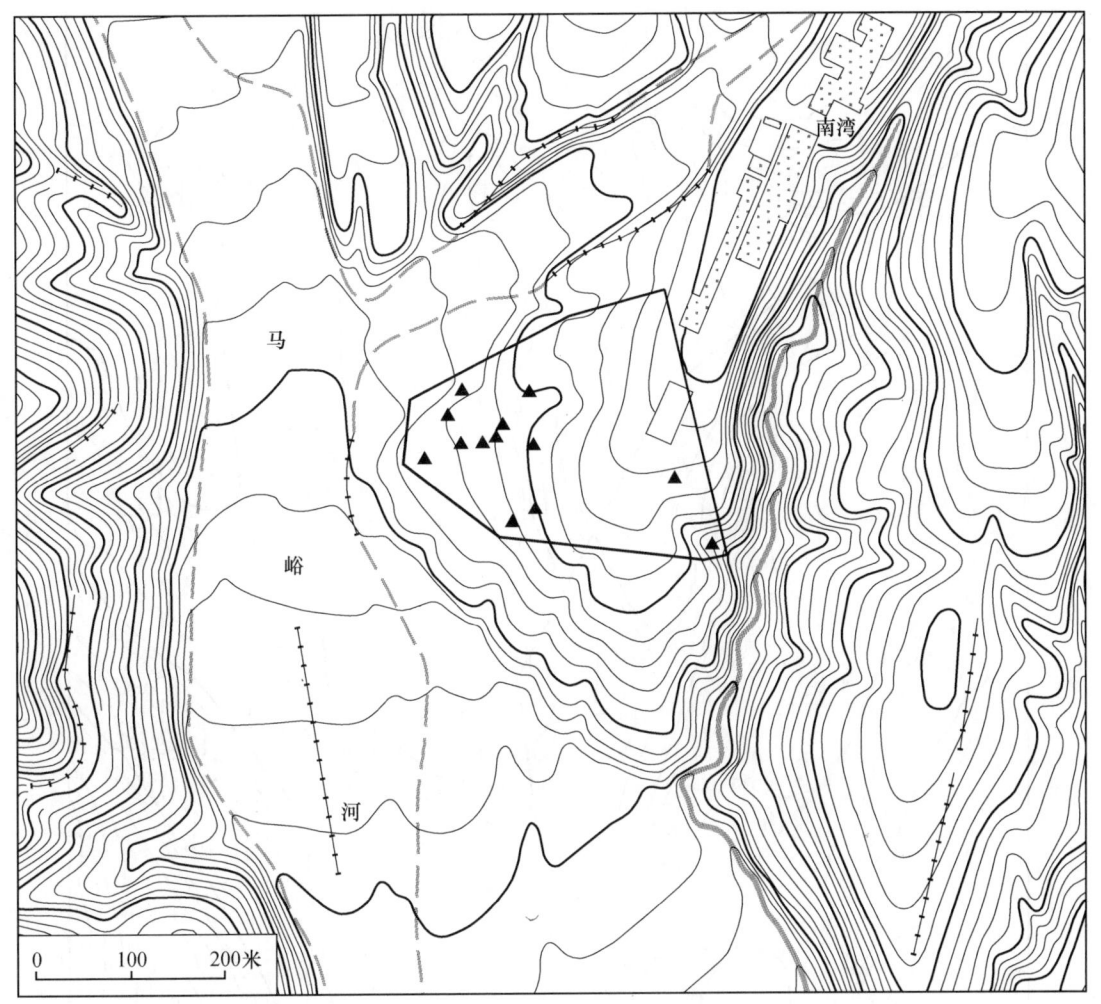

图 3-130　南湾Ⅱ号遗址东周时期遗存分布图

四七、南湾Ⅰ号遗址

南湾Ⅰ号遗址位于繁峙县繁城镇南湾村西北，面积 8.8 万平方米（彩版一五，1）。遗址处在滹沱河北岸山前台地的纵深地带，分布在滹沱河支流马峪河东岸的山坡上，海拔 1160～1230 米，地势较高，北高南低，背风向阳，遗址南部有宽冲沟，地势起伏较大。遗址处于两河交汇的三角区域，发源于山间的水流经过遗址西面、南面。遗址南部遗存分布相对密集，北部较为稀疏。遗址包含龙山、东周两个时期的遗存，其中，东周时期遗存部分可进一步确认为战国时期。

1. 龙山时期

龙山时期遗存只见于遗址中部，仅有个别发现，遗存分布非常稀疏（图 3-131）。未见任何遗迹现象，只在地表发现少量陶片。陶片多夹砂灰陶，纹饰有篮纹。

图 3-131 南湾 I 号遗址龙山时期遗存分布图

2. 东周时期

东周时期遗存分布于整个遗址，遗址南部遗存分布略显密集，北部较为稀疏（图 3-132）。未见任何遗迹现象，只在地表发现有陶片。陶片多夹砂灰陶，纹饰以绳纹为主，有粗大绳纹，可辨器形有盆、豆、罐等。

罐 2 件。FS070410C002：1，夹砂灰陶。方唇，翻沿，鼓肩。素面（图 3-133，1）。FS070410C007：1，夹砂灰陶。翻沿，鼓腹。腹部饰粗大绳纹（图 3-133，2）。

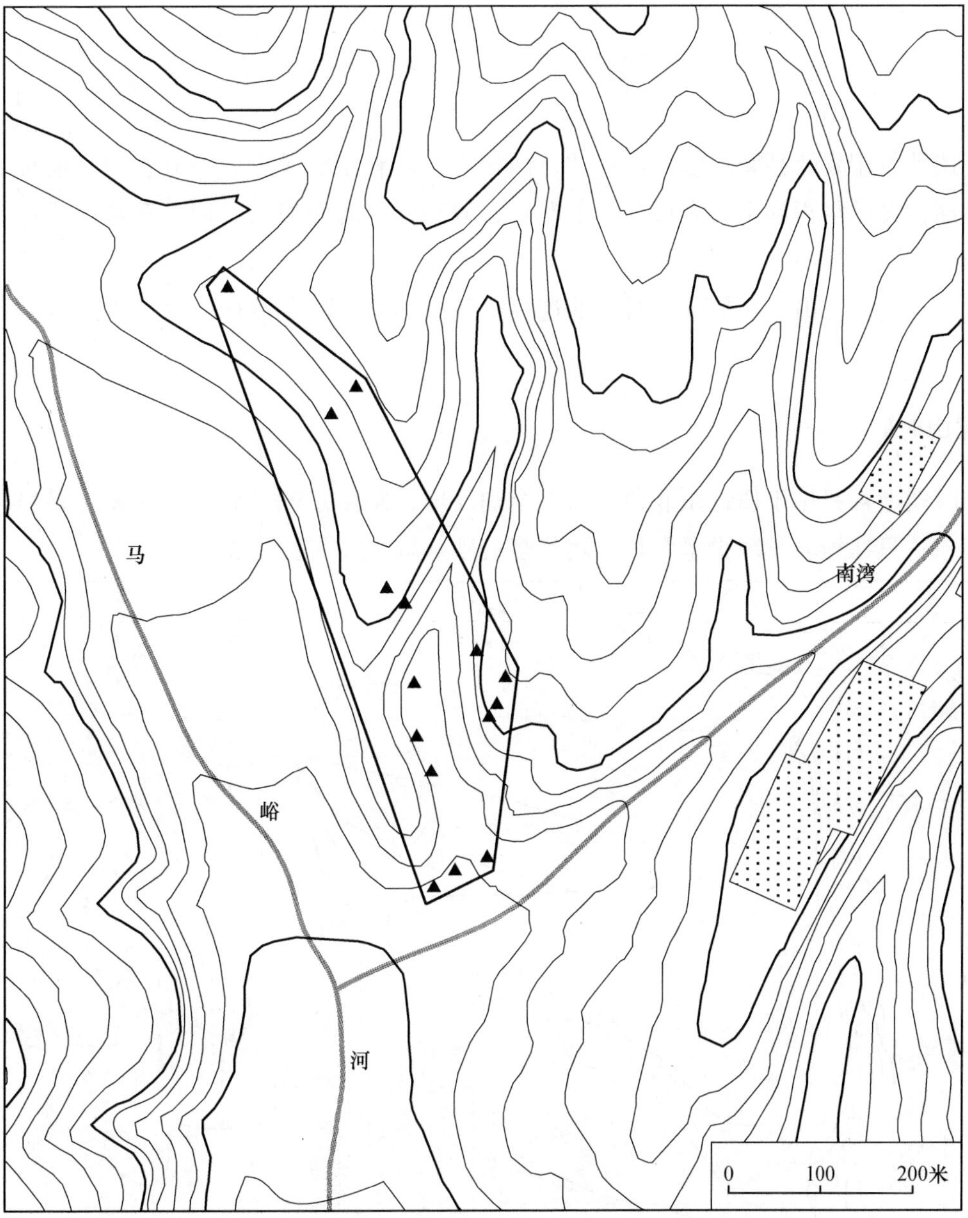

图 3-132 南湾 I 号遗址东周时期遗存分布图

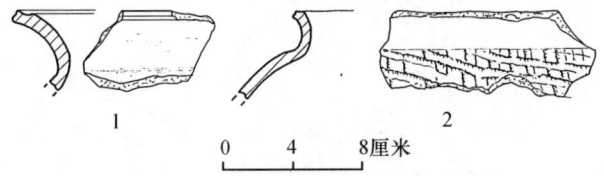

图 3-133 南湾 I 号遗址东周时期陶器
1、2. 罐（FS070410C002:1、FS070410C007:1）

四八、西庄遗址

西庄遗址位于繁峙县繁城镇西庄村北,面积4.1万平方米(彩版一五,2)。遗址处在滹沱河北岸逐渐抬升的洪积扇上,海拔980米左右,地势低,北面略高,遗址东部有浅冲沟,地势有一定的起伏。遗址西、南面有冲沟,东面有汇入滹沱河的马峪河由北向南流过。遗存分布略显稀疏,遗址包含龙山、东周两个时期的遗存,其中,东周时期遗存部分可进一步确认为战国时期。

1. 龙山时期

龙山时期遗存只见于遗址东北角,只有个别发现,遗存分布非常稀疏(图3-134)。未见任何遗迹现象,只在地表发现少量陶片。陶片多夹砂灰陶,纹饰有篮纹。

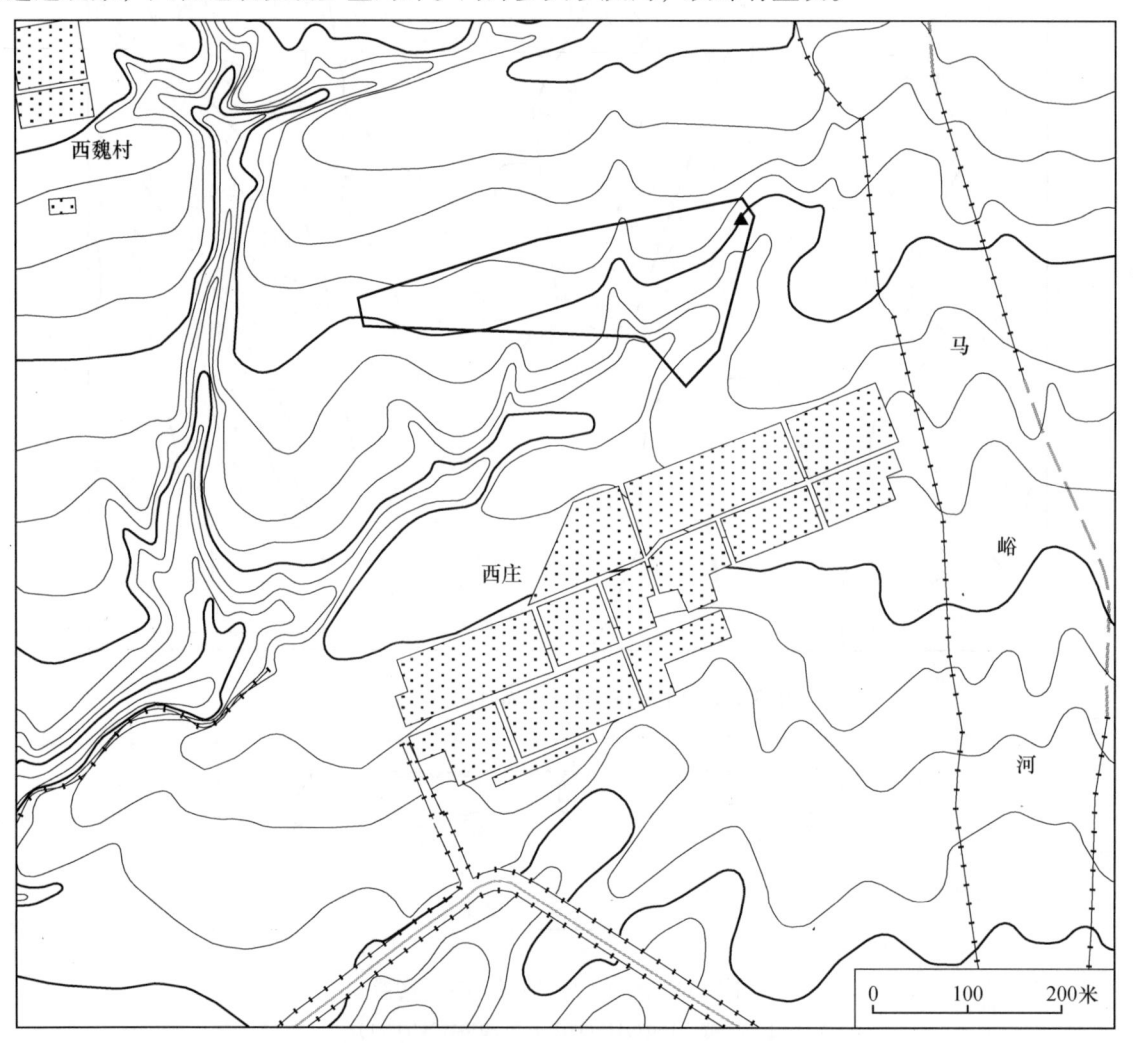

图 3-134　西庄遗址龙山时期遗存分布图

2. 东周时期

东周时期遗存见于整个遗址，遗存分布略显稀疏（图3-135）。未见任何遗迹现象，只在地表发现有陶片。陶片多夹砂灰陶，纹饰以绳纹为主，有粗大绳纹，可辨器形有罐等。

在遗址西300米处发现有这个时期的零星陶片。

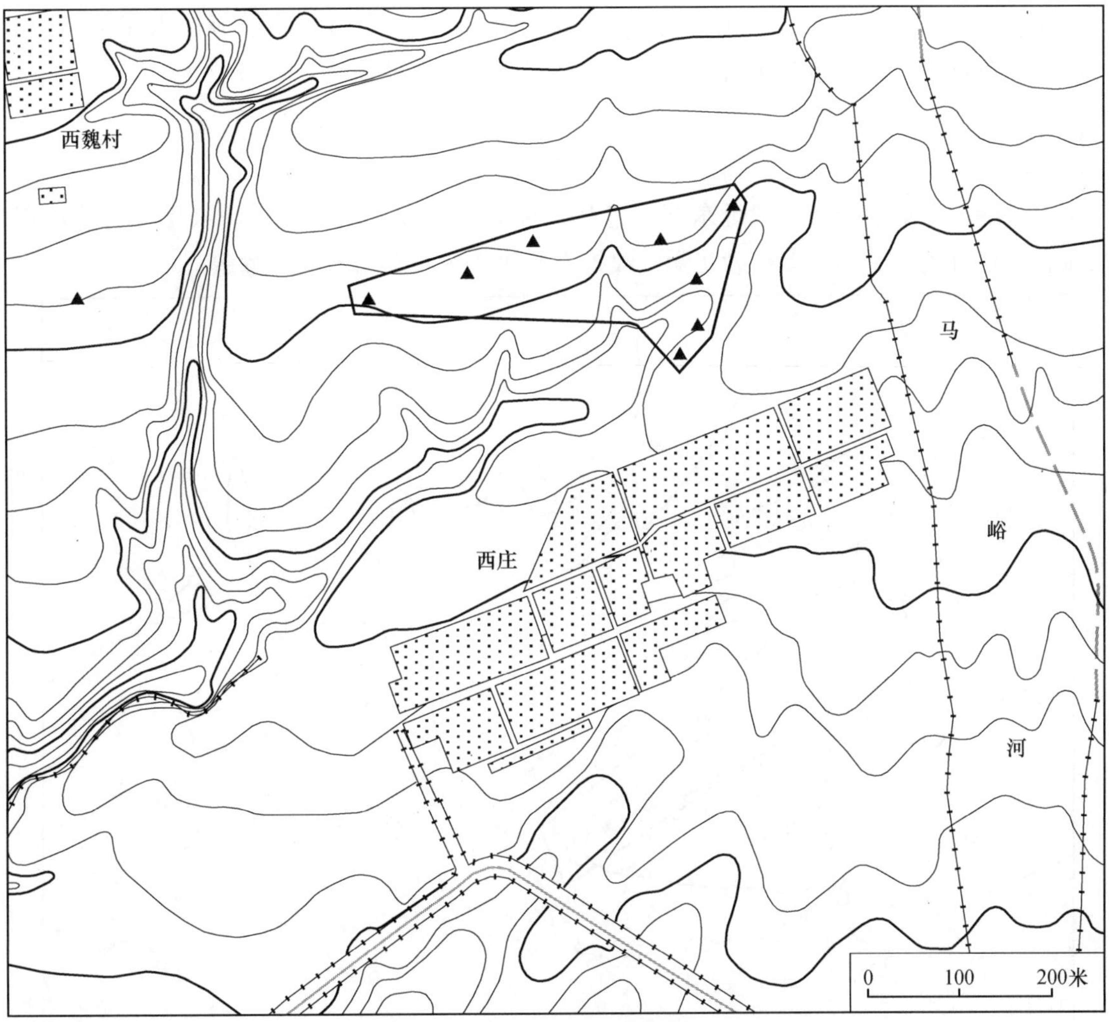

图 3-135　西庄遗址东周时期遗存分布图

罐　2件。FS070414N002：1，夹砂灰陶。大方唇，翻沿，沿外上下起脊，束颈，鼓腹。腹部饰绳纹（图3-136，2）。FS070414N002：2，夹砂黑陶。大方唇，翻沿，沿外侧上下起脊，束颈，鼓腹。腹部饰交错绳纹（图3-136，1）。

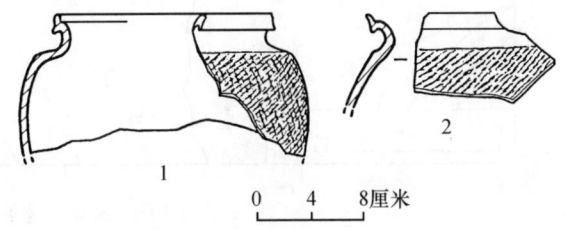

图 3-136　西庄遗址东周时期陶器

1、2. 罐（FS070414N002：2、FS070414N002：1）

四九、云雾峪遗址

云雾峪遗址位于繁峙县横涧乡云雾峪村西 300 米，面积 1.8 万平方米（彩版一六，1）。遗址处在滹沱河南岸的山前冲积扇上，分布在一略微高起的土丘上，海拔 1315～1335 米，地势较高，西高东低，地形较陡，有一定的起伏。遗址东面有发源于山间的季节性水流由南向北流过。遗存分布密集，遗址包含龙山、二里头、东周三个时期的遗存。

1. 龙山时期

龙山时期遗存集中分布于遗址东部，遗存分布略显稀疏（图 3-137）。未见任何遗迹现象，只在地表发现有陶片。陶片多夹砂灰陶，纹饰有篮纹，可辨器形有鬲、盆等。

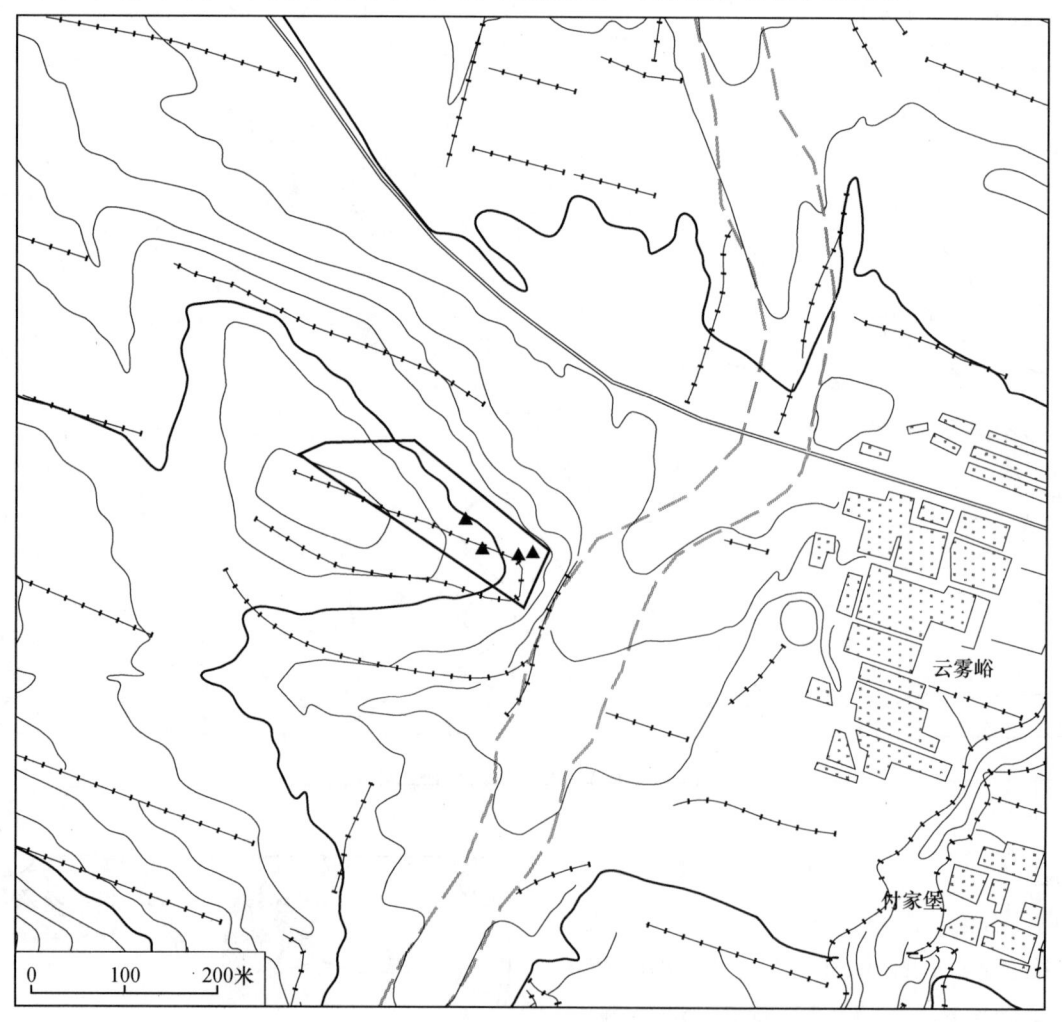

图 3-137　云雾峪遗址龙山时期遗存分布图

2. 二里头时期

二里头时期遗存分布于整个遗址，遗存分布密集（图3-138）。未见任何遗迹现象，只在地表发现有陶片。陶片多夹砂灰陶，纹饰以绳纹为主，可辨器形有鬲、蛋形瓮等。

鬲足　1件。FS060606H001:1，夹砂灰褐陶。空袋足，下有锥状实足跟。器表饰绳纹（图3-139，4）。

蛋形瓮　2件。FS060606F001:1，夹砂灰陶。平沿内折，敛口，深腹。腹部饰绳纹。口径24、残高5厘米（图3-139，1）。FS060606I003:1，夹砂灰陶。宽平沿，敛口，深腹。腹部饰绳纹。口径26、残高4.8厘米（图3-139，3）。

蛋形瓮足　1件。FS060606F004:1，夹砂灰陶。矮实足跟。跟部饰绳纹（图3-139，2）。

3. 东周时期

东周时期遗存见于遗址东部，只有零星发现，遗存分布非常稀疏（图3-140）。未见任何遗迹现象，只在地表发现有陶片。陶片多夹砂灰陶，以绳纹为主，可辨器形有罐等。

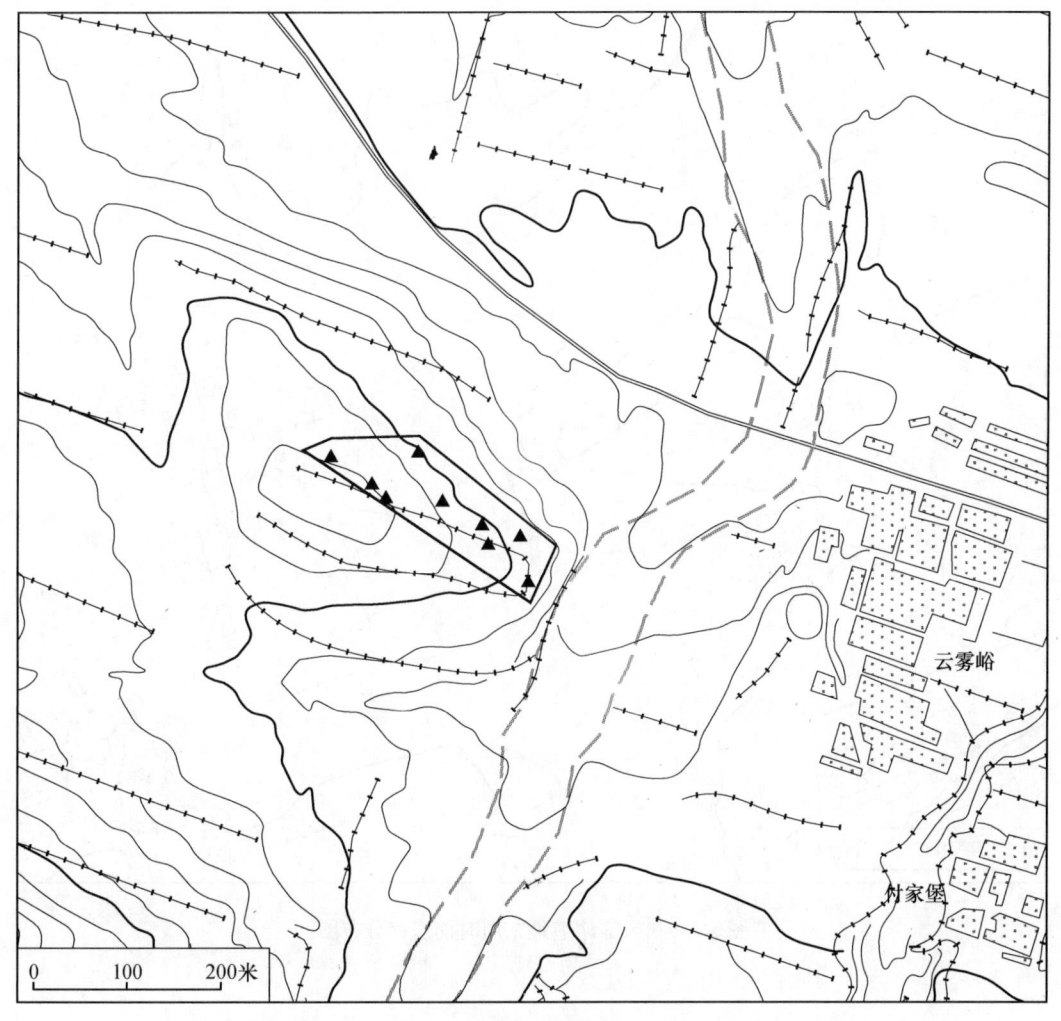

图3-138　云雾峪遗址二里头时期遗存分布图

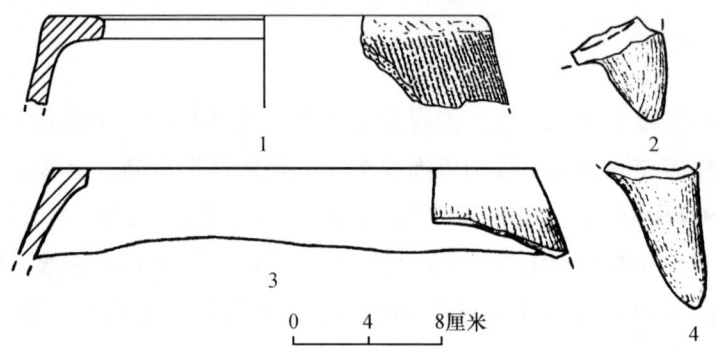

图 3-139 云雾峪遗址二里头时期陶器

1、3. 蛋形瓮（FS060606F001:1、FS060606I003:1） 2. 蛋形瓮足（FS060606F004:1） 4. 鬲足（FS060606H001:1）

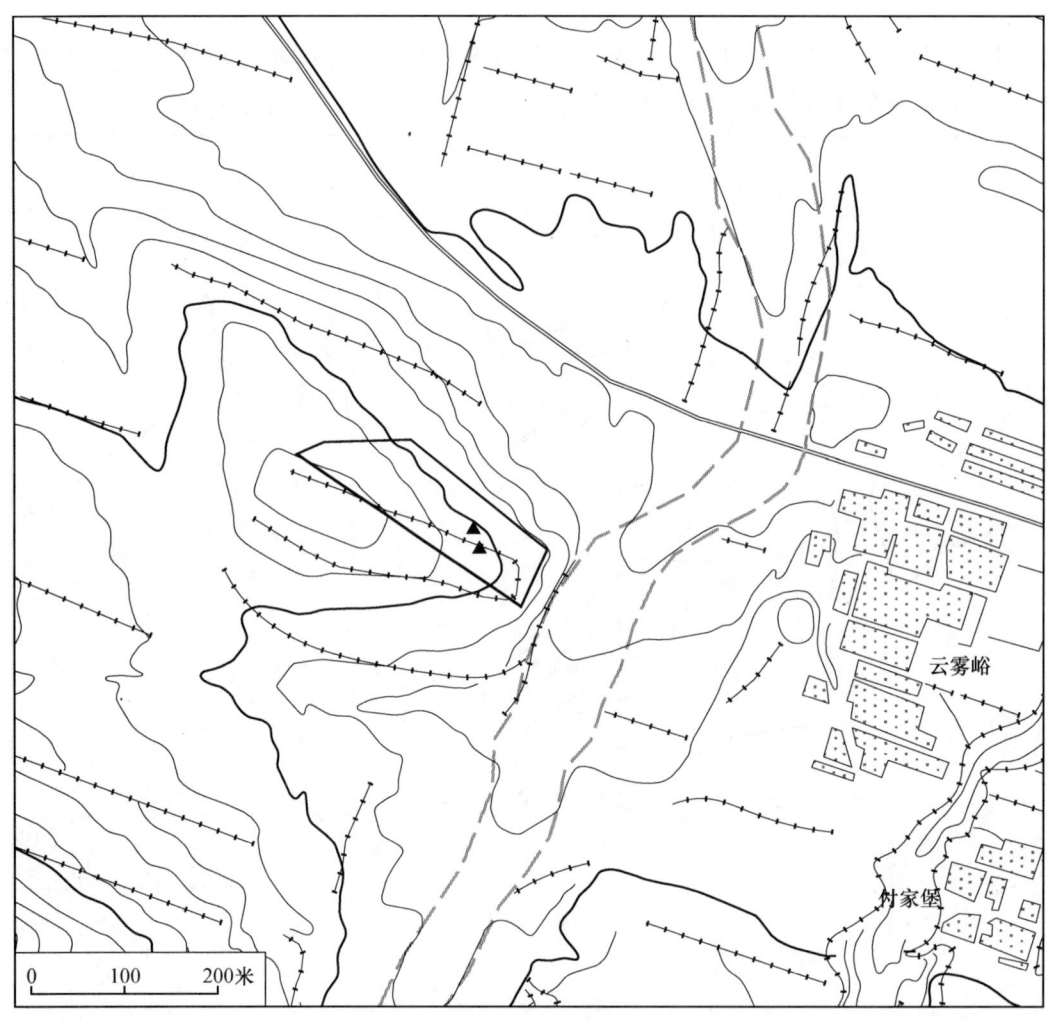

图 3-140 云雾峪遗址东周时期遗存分布图

五〇、老石塘沟遗址

老石塘沟遗址位于繁峙县横涧乡老石塘沟村西，面积1.8万平方米（彩版一六，2）。遗址处在滹沱河南岸的山坡上，分布在一溪流西岸的山脚下，海拔1420~1440米，西高东低，坡度大，地势起伏也较大。遗址东面有发源于山间的季节性水流由南向北流过，遗址南、北面都有泉水汇入东面的水流。遗址包含龙山、东周两个时期的遗存，其中，东周时期遗存部分可进一步确认为战国时期。

1. 龙山时期

龙山时期遗存只见于遗址中部偏东，只有个别发现，遗存分布非常稀疏（图3-141）。未见任何遗迹现象，只在地表发现少量陶片分布。陶片多灰陶，纹饰多绳纹、篮纹，可辨器形有瓮等。

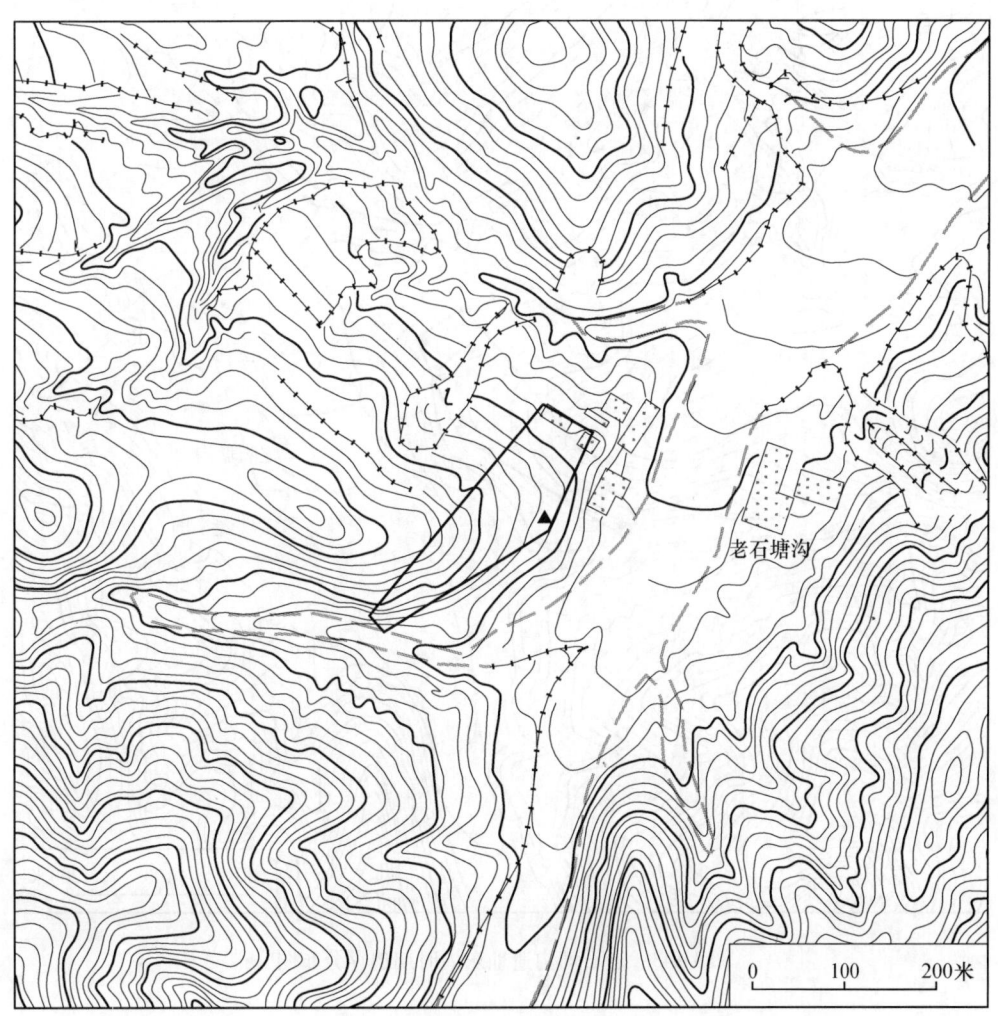

图3-141 老石塘沟遗址龙山时期遗存分布图

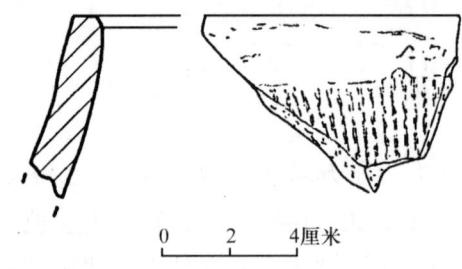

图3-142 老石塘沟遗址龙山时期陶器
瓮（FS060606D003：1）

瓮 1件。FS060606D003：1，夹砂褐陶。微敛口，鼓腹。腹部饰绳纹（图3-142）。

2. 东周时期

东周时期遗存分布于整个遗址，不过，遗址中部很少有发现，遗存分布略显稀疏（图3-143）。未见任何遗迹现象，只在地表发现有陶片。陶片多夹砂灰陶，纹饰以绳纹为主，有粗大绳纹，可辨器形有盆、豆、罐等。

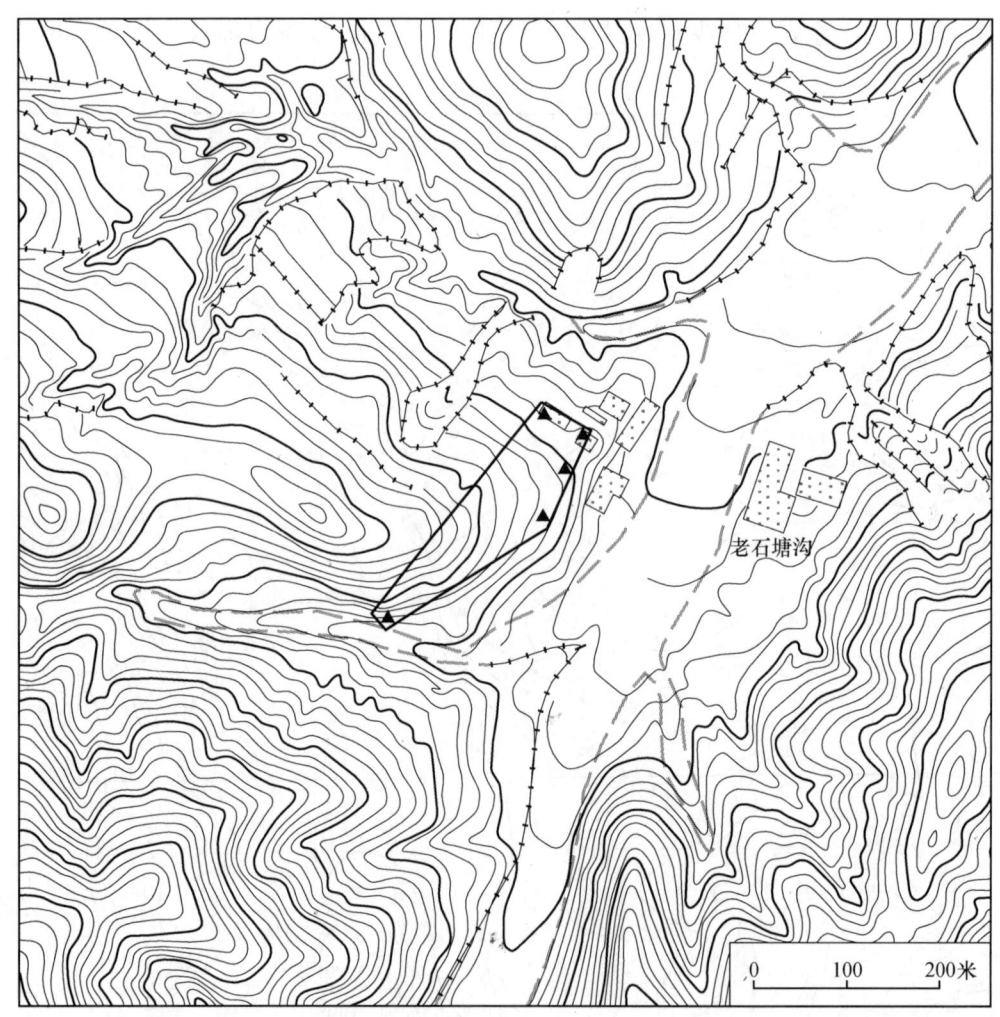

图3-143 老石塘沟遗址东周时期遗存分布图

五一、小柏峪Ⅲ号遗址

小柏峪Ⅲ号遗址位于繁峙县金山铺乡小柏峪村东南850米，面积2.5万平方米（彩版一七，1）。遗址处在滹沱河南岸山坡的较高处，地势较高，海拔1420~1470米，南高北低，坡度大，地势起伏较大。遗址东面有发源于山间的季节性水流由南向北流过。遗存分布稀疏，遗址包含龙山、二里头两个时期的遗存。

1. 龙山时期

龙山时期遗存分布于整个遗址，遗存分布稀疏（图3-144）。除在遗址东北部发现2座白灰

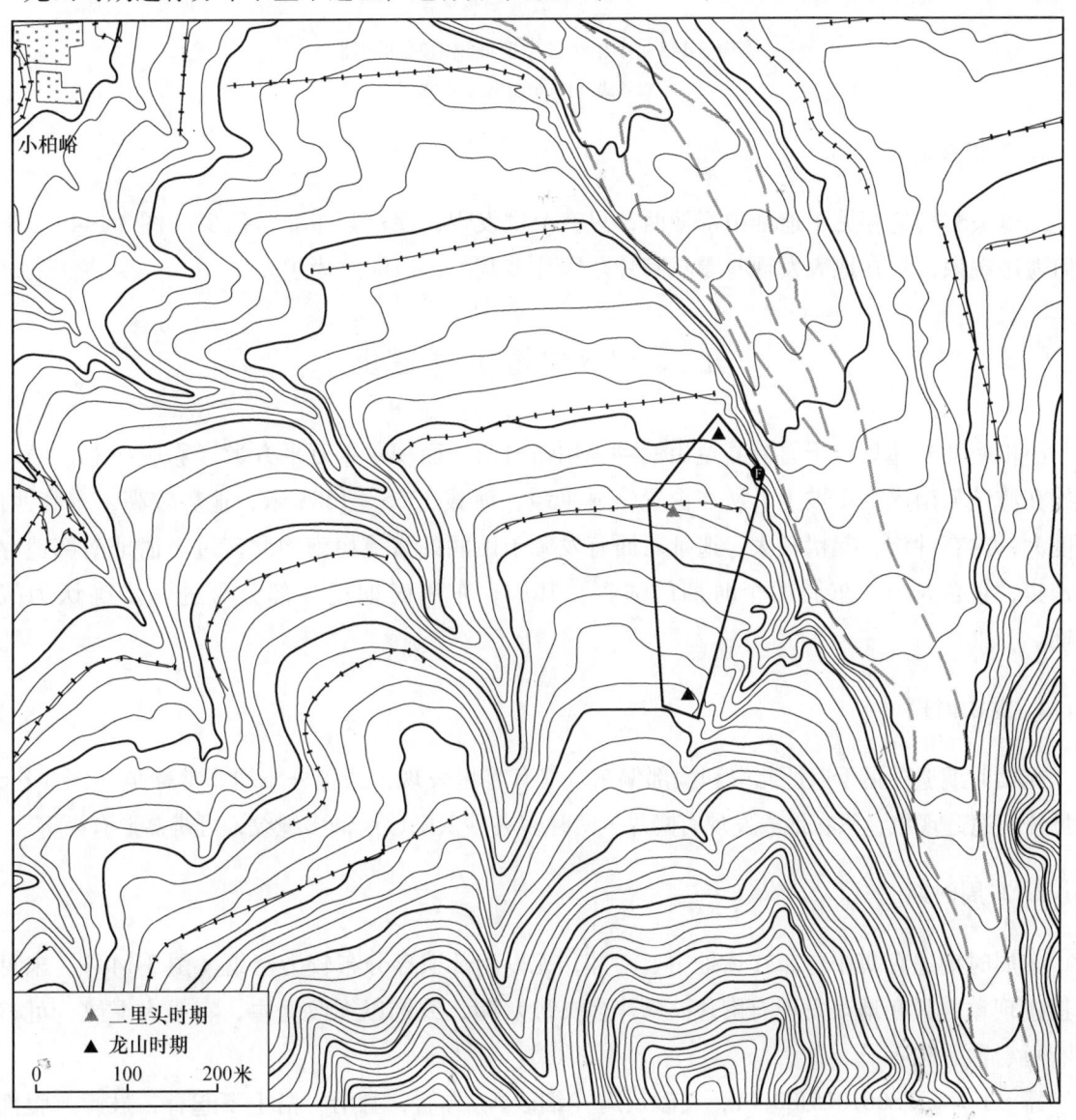

图3-144　小柏峪Ⅲ号遗址遗存分布图

面房址外，未见其他遗迹现象。房址内包含有少量陶片，地表也发现有陶片。陶片多夹砂灰陶，纹饰多绳纹、篮纹，可辨器形有鬲、双耳罐等。

双耳罐　1件。FS061015C003:1，夹砂灰陶。桥形耳。素面（图3-145）。

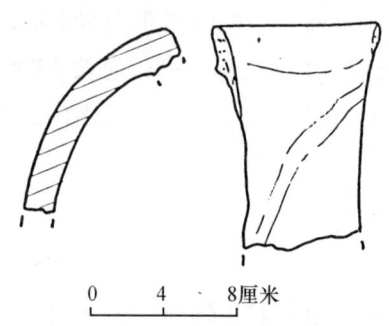

图3-145　小柏峪Ⅲ号遗址龙山时期陶器

双耳罐（FS061015C003:1）

2. 二里头时期

二里头时期遗存见于遗址中部偏西，只有个别发现，遗存分布非常稀少（图3-144）。未见任何遗迹现象，只在地表发现有零星陶片。陶片多灰陶，以绳纹为主。

五二、小柏峪Ⅱ号遗址

小柏峪Ⅱ号遗址位于繁峙县金山铺乡小柏峪村南，面积4.1万平方米（彩版一七，1）。遗址处在滹沱河南岸的山坡上，所在位置略显平缓，海拔1355～1385米，地势较高，东高西低，坡度大，内有冲沟，起伏较大。遗址西面有发源于山间的水流由南向北流过。遗址南部遗存分布密集，包含龙山、东周两个时期的遗存，其中，东周时期遗存部分可进一步确认为战国时期。

1. 龙山时期

龙山时期遗存见于遗址北端和南部偏东，仅有零星发现，遗存分布均非常稀疏（图3-146）。未见任何遗迹现象，只在地表发现有陶片。陶片多夹砂灰陶，纹饰多绳纹，可辨器形有鬲等。

2. 东周时期

东周时期遗存集中分布在遗址中、南部，尤以南部遗存分布较为密集（图3-148）。未见任何遗迹现象，只在地表发现有陶片。陶片多夹砂灰陶，纹饰以绳纹为主，有粗大绳纹，可辨器形有豆、盆、罐等。

罐　1件。FS061015J001:1，夹砂灰陶（细砂）。方唇，翻沿，沿上下起脊，鼓腹。腹部饰绳纹（图3-147）。

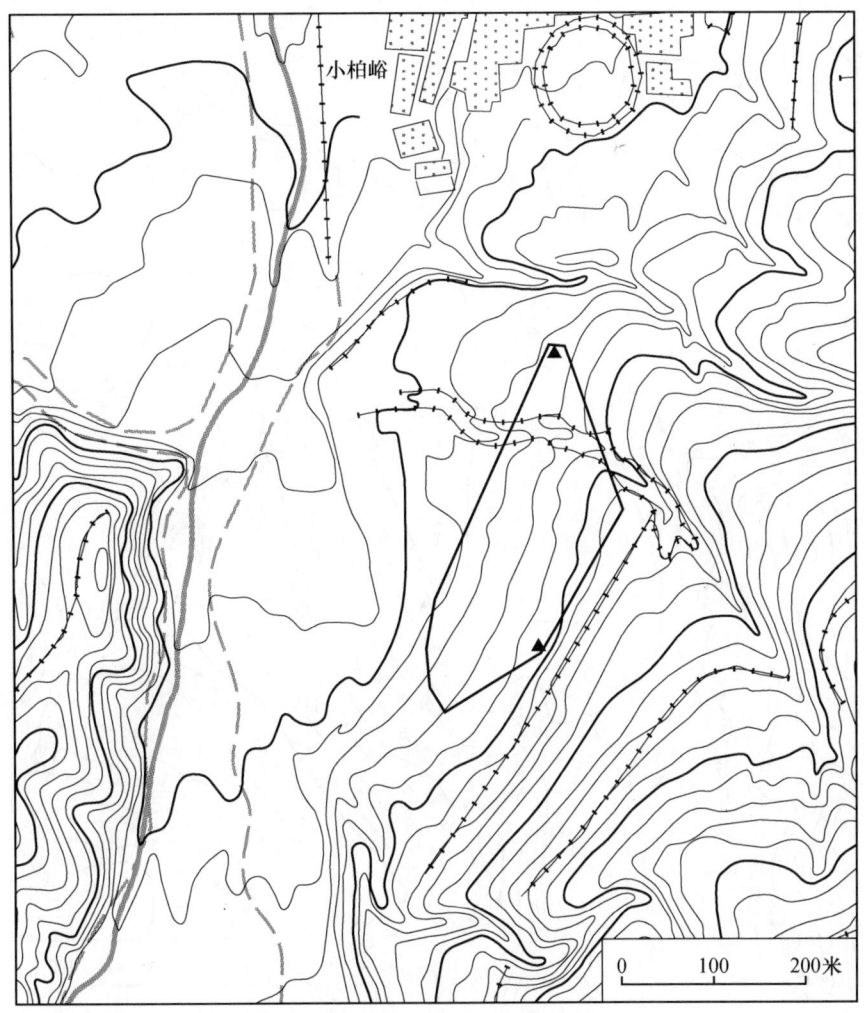

图 3-146　小柏峪Ⅱ号遗址龙山时期遗存分布图

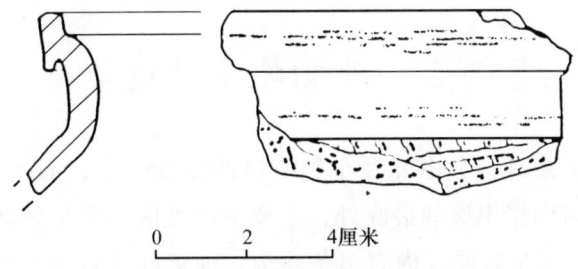

图 3-147　小柏峪Ⅱ号遗址东周时期陶器
罐（FS061015J001∶1）

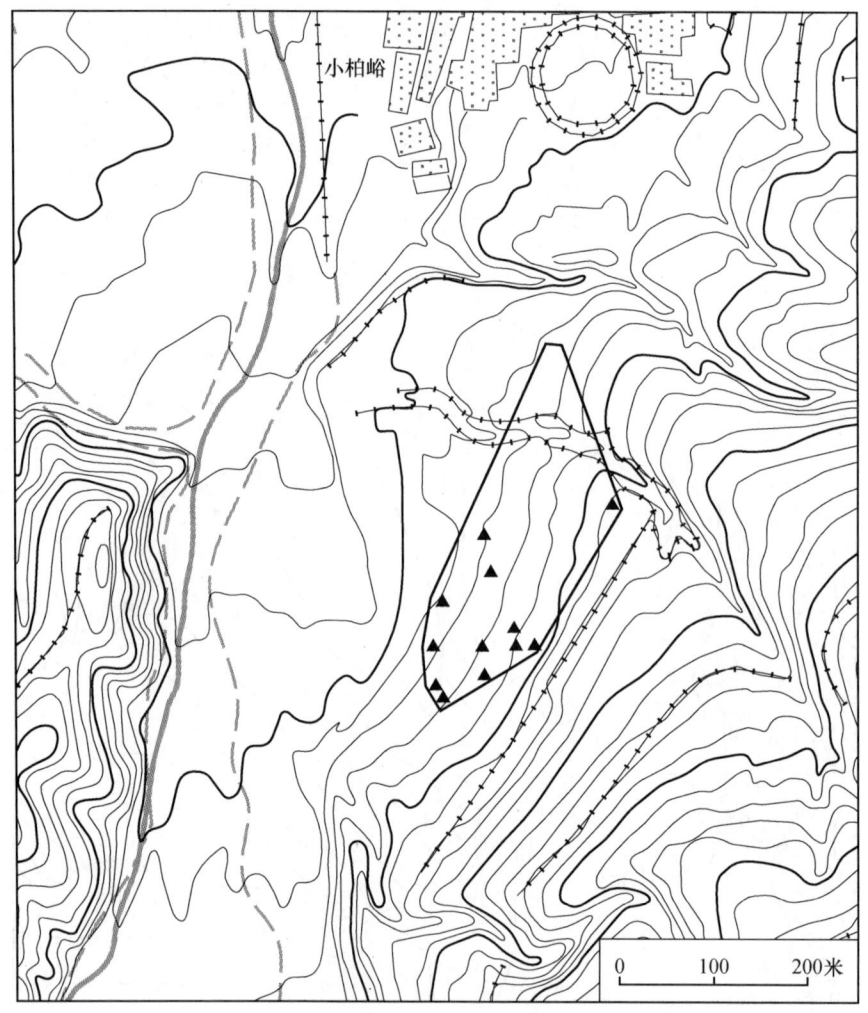

图 3-148　小柏峪Ⅱ号遗址东周时期遗存分布图

五三、小柏峪Ⅰ号遗址

小柏峪Ⅰ号遗址位于繁峙县金山铺乡小柏峪村西南 650 米，面积 19.5 万平方米（彩版一七，2）。遗址处在滹沱河南岸山坡的最底处，主要沿山坡的底部呈条状分布，海拔 1310～1410 米，南高北低，坡度大，地形较陡，内有多条冲沟，地势起伏较大。有山间的水流横穿遗址西部，遗址东面和北面都有发源于山间的水流流过。遗存分布略显稀疏，遗址包含龙山、二里头、东周三个时期的遗存。

1. 龙山时期

龙山时期遗存分布于整个遗址，遗存分布稀疏（图 3-149）。共发现 1 处文化层和 1 个灰坑，全部分布在遗址中部位置较低处。遗迹内包含物丰富，地表也发现有遗物，遗物以陶片为

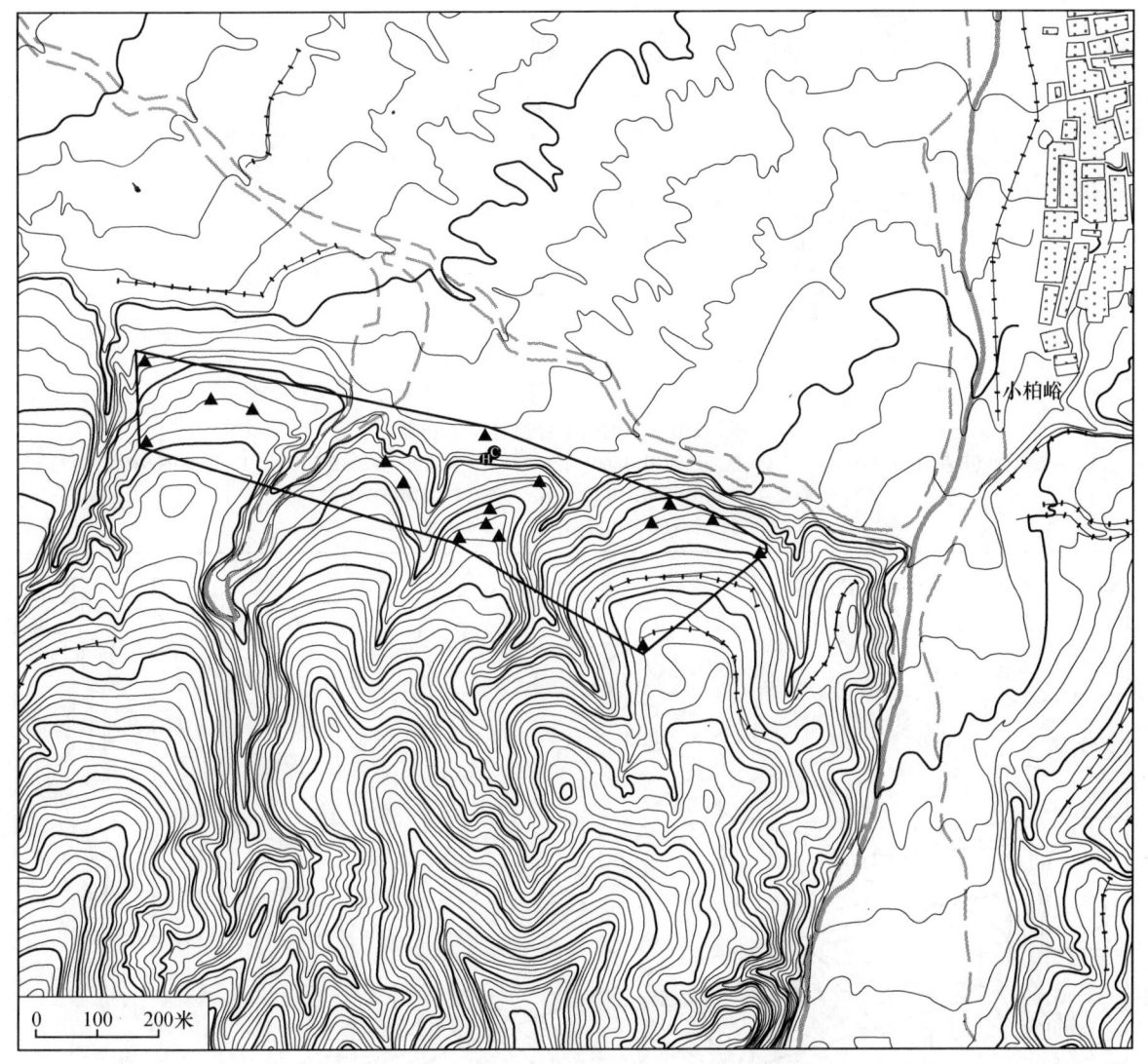

图 3-149　小柏峪Ⅰ号遗址龙山时期遗存分布图

主，其次有石器等。陶片多夹砂灰陶，纹饰多绳纹，可辨器形有鬲、斝、蛋形瓮等。石器有石斧等。

陶鬲足　2件。FS081030C001：1，夹砂褐陶。空袋足，微有实足跟。足部饰绳纹（图3-150，3）。FS081030F001-H：2，夹砂灰陶。空袋足，有实足跟，足跟残。足部饰绳纹（图3-150，4）。

陶斝　1件。FS081030F001-H：1，夹砂灰陶。器薄，空袋足。足部饰绳纹（图3-150，5）。

陶蛋形瓮　1件。FS061015L008：1，夹砂褐陶。小平沿，敛口，深腹。腹部饰绳纹（图3-150，1）。

石斧　1件。FS061015E001：1，青灰色。上端略窄下端略宽，通体琢制，刃部磨光，双面刃。长13.7、宽4.5、厚3.8厘米（图3-150，6）。

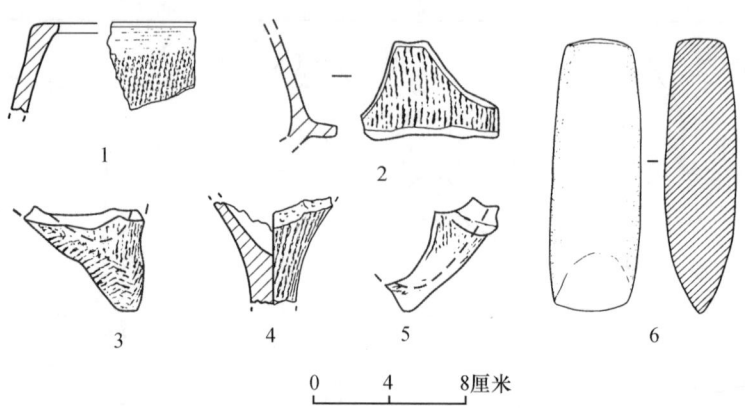

图 3-150　小柏峪 I 号遗址陶、石器
1. 陶蛋形瓮（FS061015L008：1）　2. 陶甗（FS081030E001：1）　3、4. 陶鬲足（FS081030C001：1、FS081030F001-H：2）
5. 陶斝（FS081030F001-H：1）　6. 石斧（FS061015E001：1）
（1、3~6. 龙山时期；2. 二里头时期）

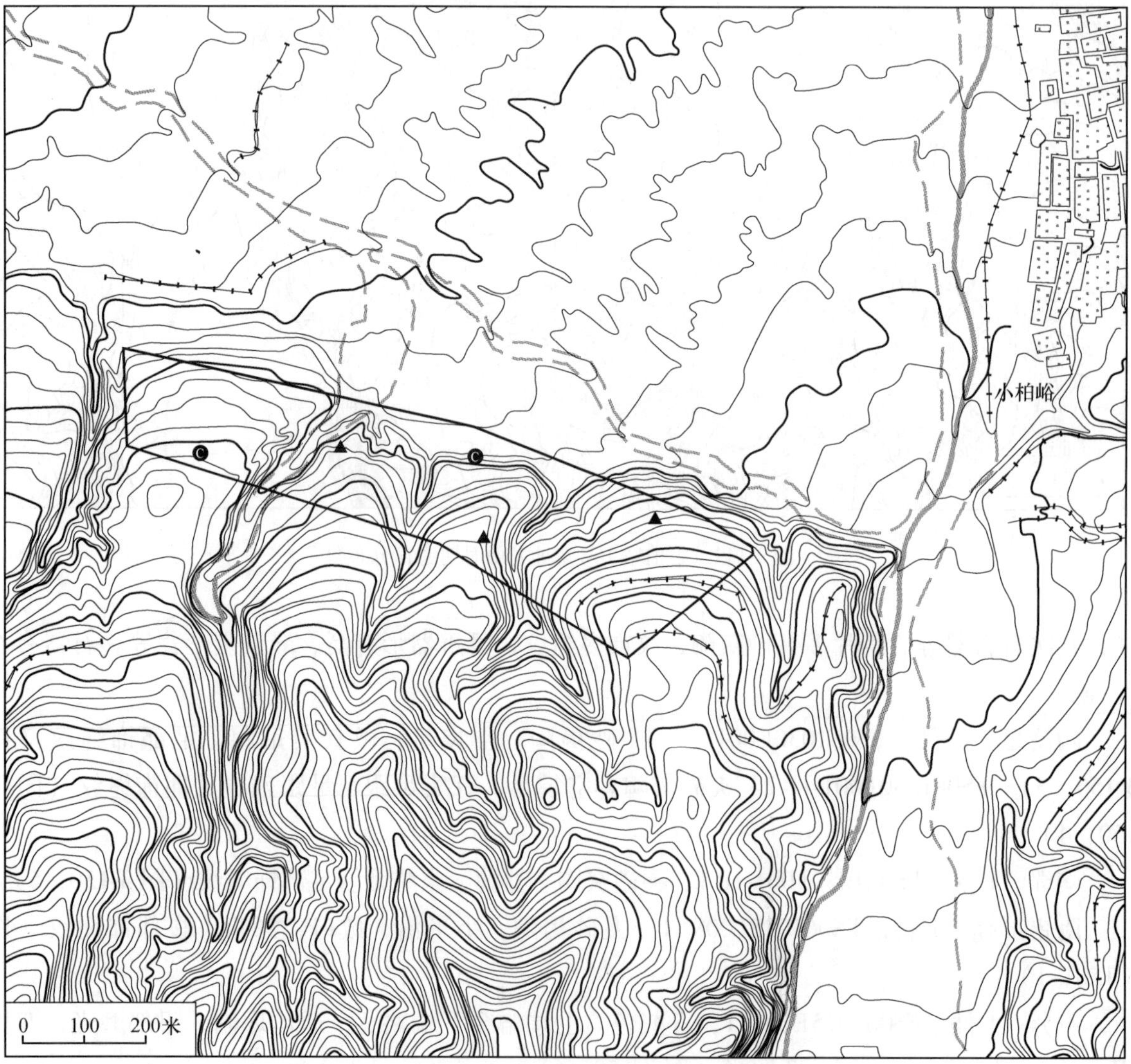

图 3-151　小柏峪 I 号遗址二里头时期遗存分布图

2. 二里头时期

二里头时期遗存主要见于遗址中部和靠近中部位置，遗存分布较为稀疏（图3-151）。共发现2处文化层，一处分布较高，一处分布较低，未见其他遗迹现象。文化层内包含物丰富，尤以陶片最多，地表也发现有陶片。陶片多夹砂灰陶，纹饰以绳纹为主，可辨器形有鬲、蛋形瓮等。

陶甗　1件。FS081030E001:1，夹砂灰陶。深腹，束腰，有隔。器表饰绳纹（图3-150，2）。

3. 东周时期

东周时期遗存见于遗址东部和西部较高处，遗存分布非常稀疏（图3-152）。除在遗址西部发现1处文化层外，未见其他遗迹现象。文化层内包含有少量陶片，地表也有少量陶片发现。陶片多灰陶，纹饰以绳纹为主，可辨器形有盆、罐等。

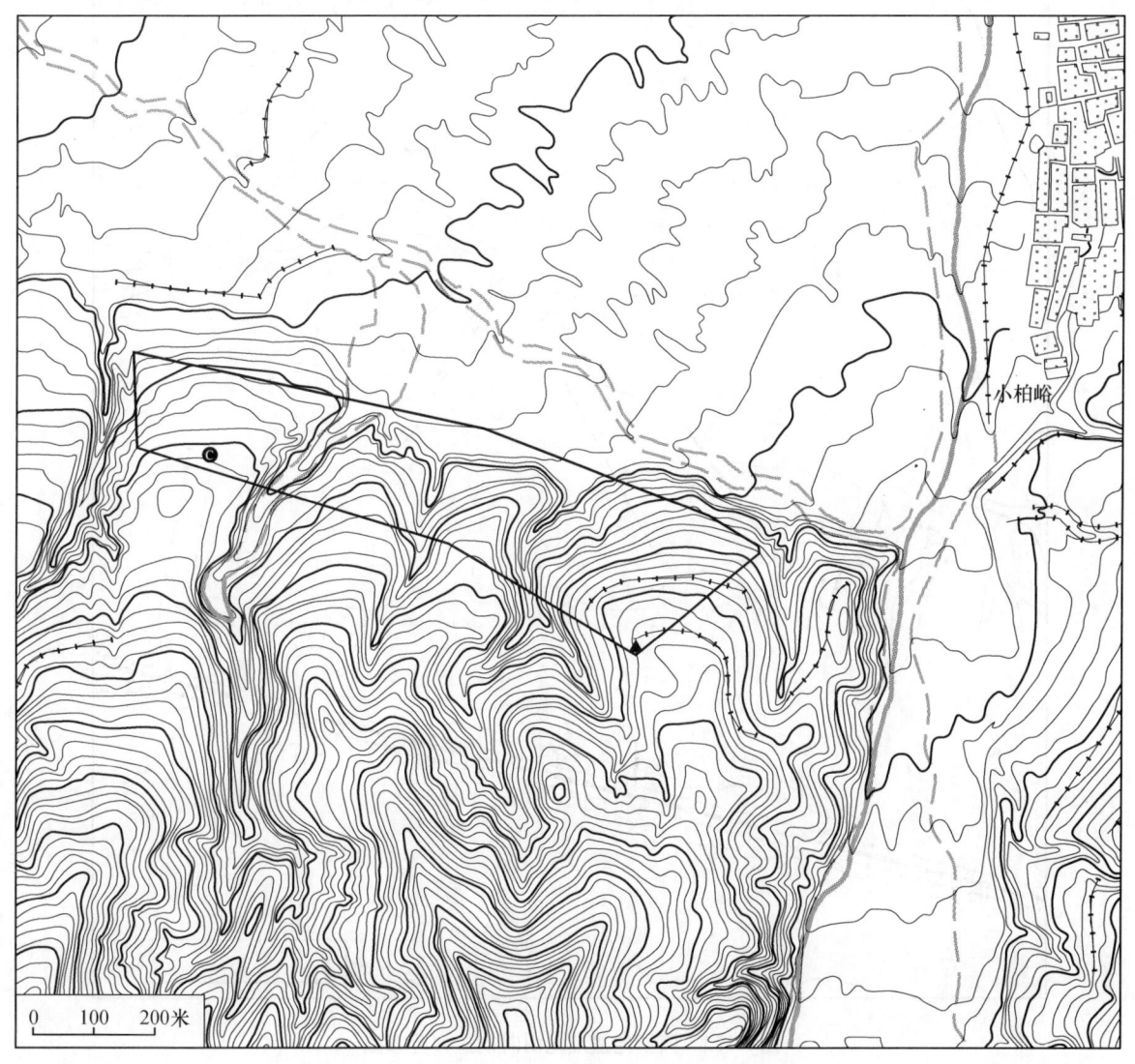

图 3-152　小柏峪Ⅰ号遗址东周时期遗存分布图

五四、西淤地遗址

西淤地遗址位于繁峙县金山铺乡西淤地村北 300 米，面积 2.1 万平方米（彩版一八，1）。遗址处在滹沱河南岸阶地上，紧邻滹沱河分布，海拔 1125～1135 米，略高于滹沱河河床数米，地势较低，但较为平坦。遗存分布略显稀疏，遗址包含龙山、东周两个时期的遗存。

1. 龙山时期

龙山时期遗存只见于遗址西南部，只有个别分布，遗存分布非常稀疏（图 3-153）。未见任何遗迹现象，只在地表发现少量陶片。陶片多夹砂灰陶，纹饰以绳纹为主，可辨器形有蛋形瓮等。

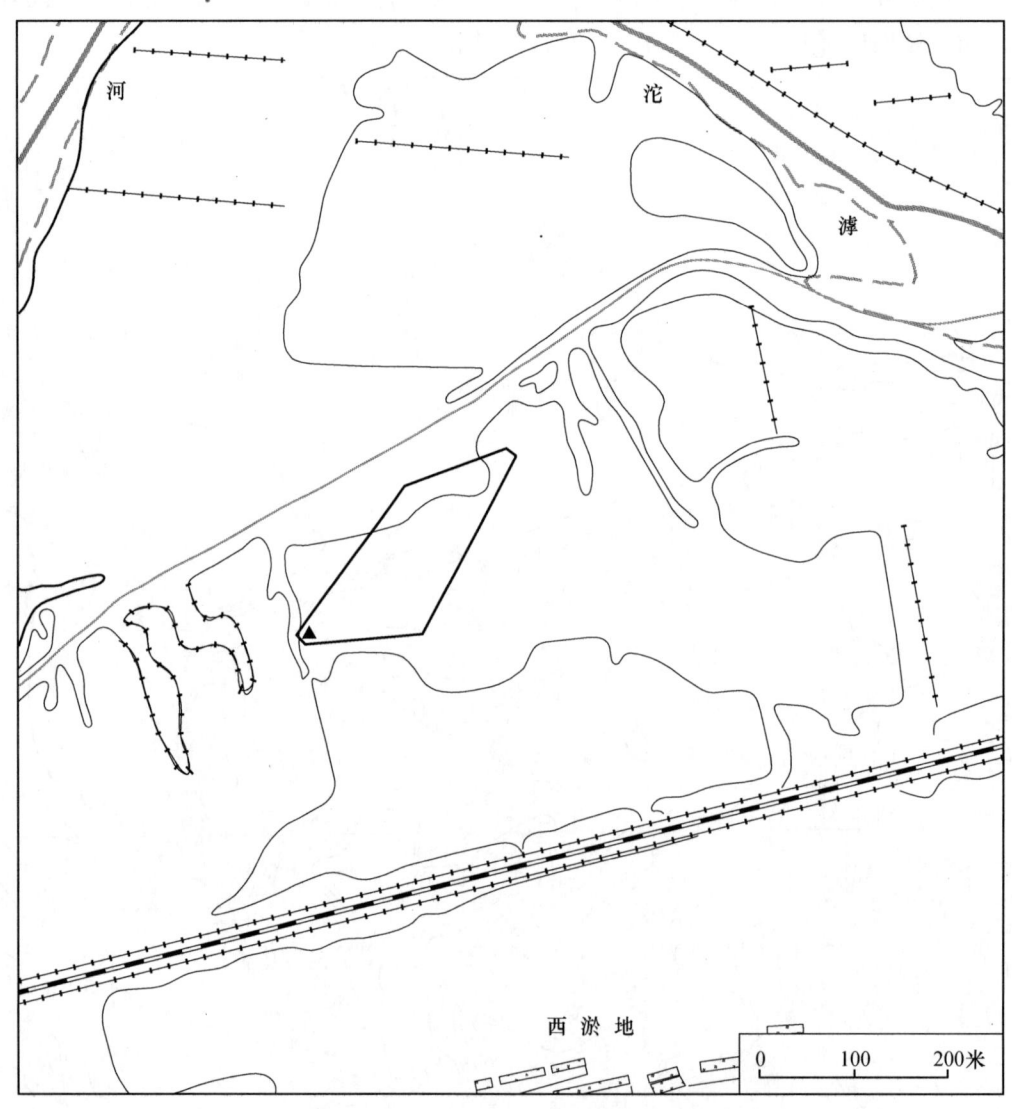

图 3-153　西淤地遗址龙山时期遗存分布图

蛋形瓮　1件。FS061030L003：1，夹砂灰陶。实足跟。器表饰绳纹（图3-154）。

2. 东周时期

东周时期遗存见于整个遗址，遗存分布相对稀疏（图3-155）。未见任何遗迹现象，只在地表发现有陶片，陶片多夹砂灰陶，纹饰以绳纹为主，可辨器形有豆、罐等。

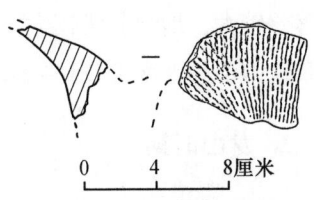

图3-154　西淤地遗址龙山时期陶器蛋形瓮（FS061030L003：1）

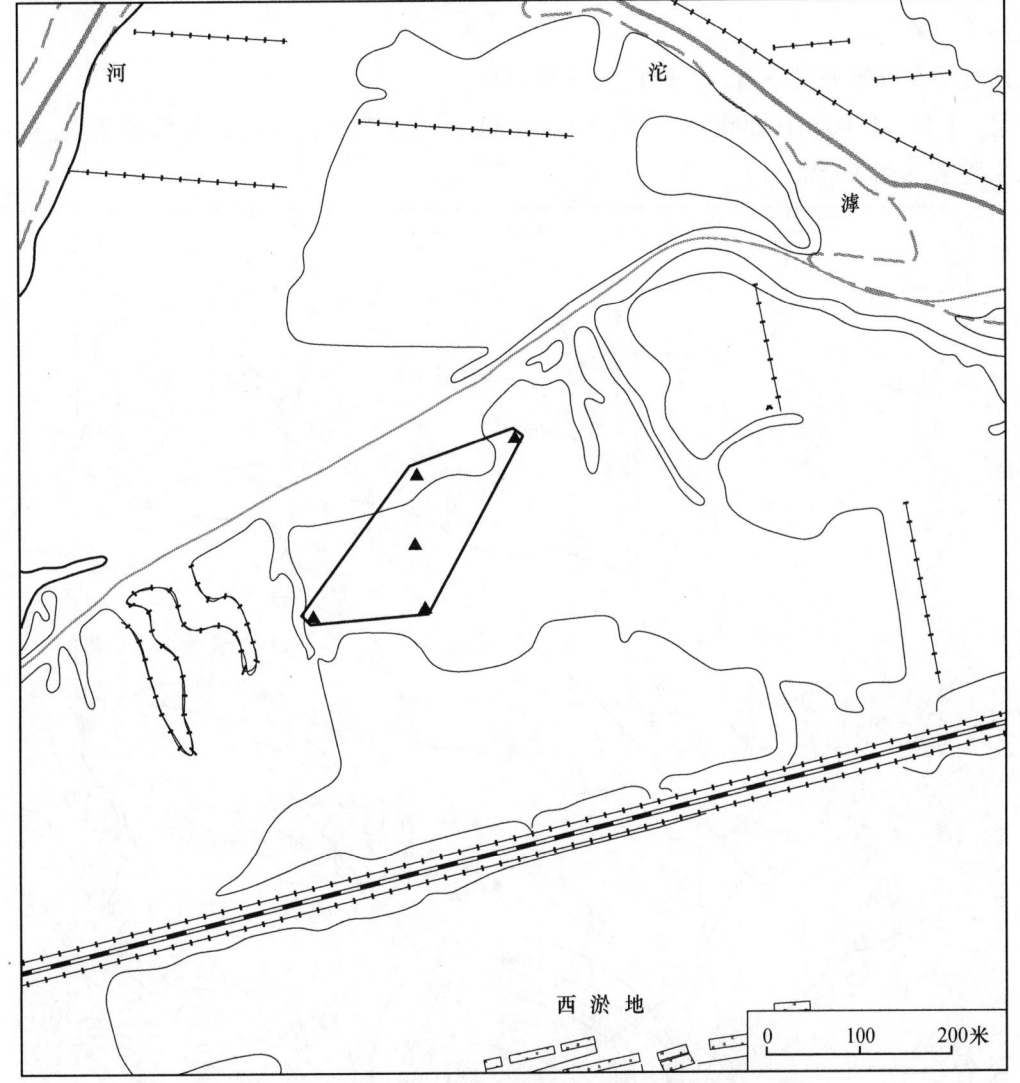

图3-155　西淤地遗址东周时期遗存分布图

五五、天岩Ⅰ号遗址

天岩Ⅰ遗址位于繁峙县东山乡天岩村东，面积15.7万平方米（彩版一八，2）。遗址处在滹沱河南岸山坡的底部和山前冲积扇的最高处，地势较高，海拔1430~1530米，南高北低，南陡北缓，南北落差较大，地势起伏较大。有山间溪流横穿遗址东部，遗址西面有发源于山间的水流流过。遗存分布疏密不等，南部较高处遗存分布密集，遗址包含龙山、二里头、东周三个时期的遗存。

1. 龙山时期

龙山时期遗存分布于整个遗址，遗存分布相对密集，尤以南部遗存分布最为密集（图3-156）。在遗址南部的山坡较缓处发现1个灰坑，未见其他遗迹现象。灰坑内包含物丰富，地表也发现较多遗物。遗物以陶片为最多，陶片多夹砂灰陶，纹饰多篮纹、绳纹，可辨器形有鬲、蛋形瓮、罐等。

在遗址北300米处发现有这个时期的零星陶片。

鬲足　1件。FS061016H006：1，夹砂灰陶。圆唇，近直口，矮领，领部饰篮纹。口径18、残高6.8厘米（图3-159，1）。

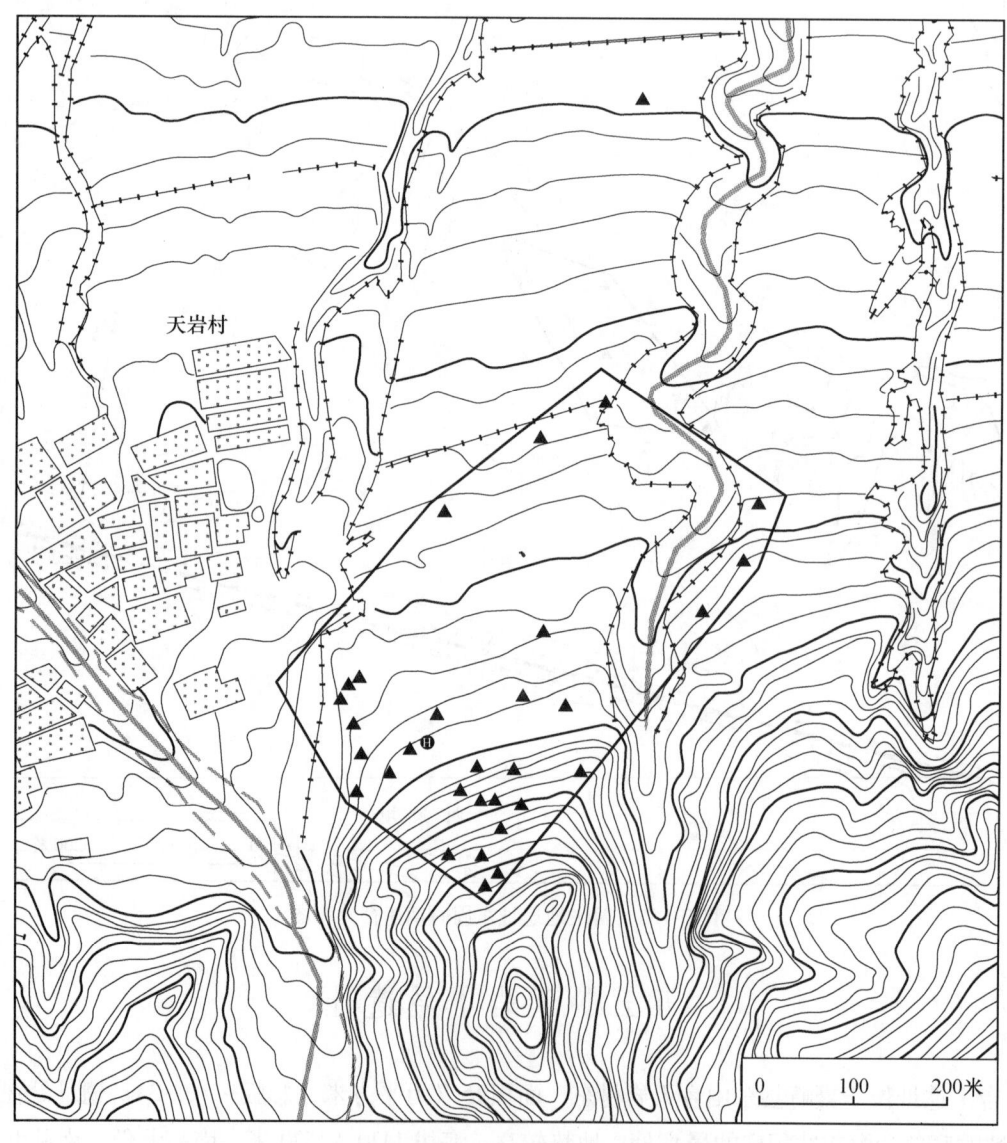

图3-156　天岩Ⅰ号遗址龙山时期遗存分布图

2. 二里头时期

二里头时期遗存见于遗址南部地势最高处，遗存分布稀疏（图3-157）。未见任何遗迹现象，只在地表发现有陶片分布。陶片多夹砂灰陶，纹饰以绳纹为主，可辨器形有鬲等。

鬲足　1件。FS061016I009∶1，夹砂褐陶。空袋足，有锥状实足跟。跟部饰绳纹（图3-159，3）。

3. 东周时期

东周时期遗存主要见于遗址西南部地势较高处，遗存分布稀疏（图3-158）。只在遗址西部地势较低处发现1处文化层，未见其他遗迹现象。文化层内包含有较多陶片，地表也发现有陶

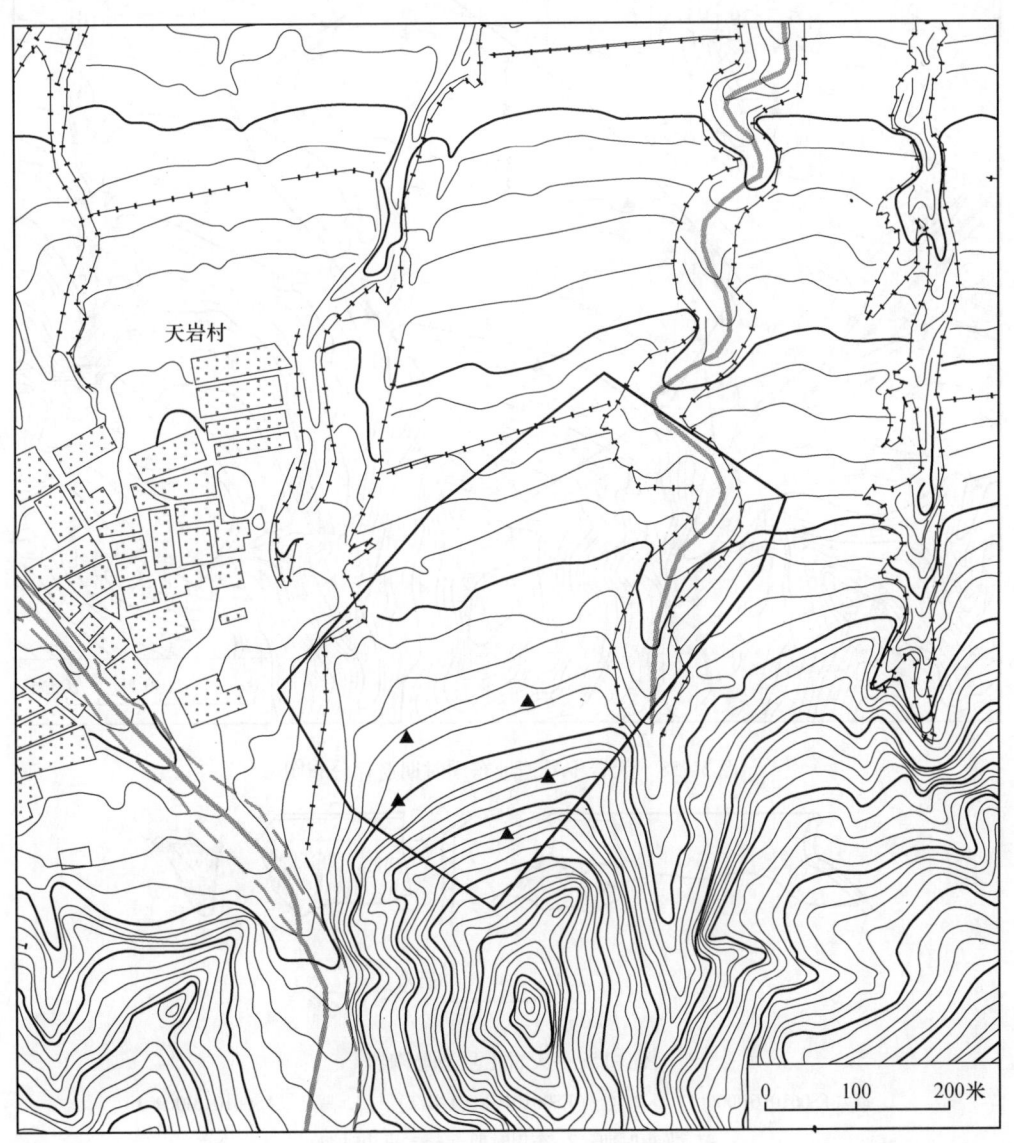

图3-157　天岩Ⅰ号遗址二里头时期遗存分布图

片。陶片多夹砂灰陶，纹饰以绳纹为主，可辨器形有盆、罐等。

盆　1件。FS061016K001-C:1，夹砂灰陶。方唇，折沿，深腹。腹部饰绳纹（图3-159，2）。

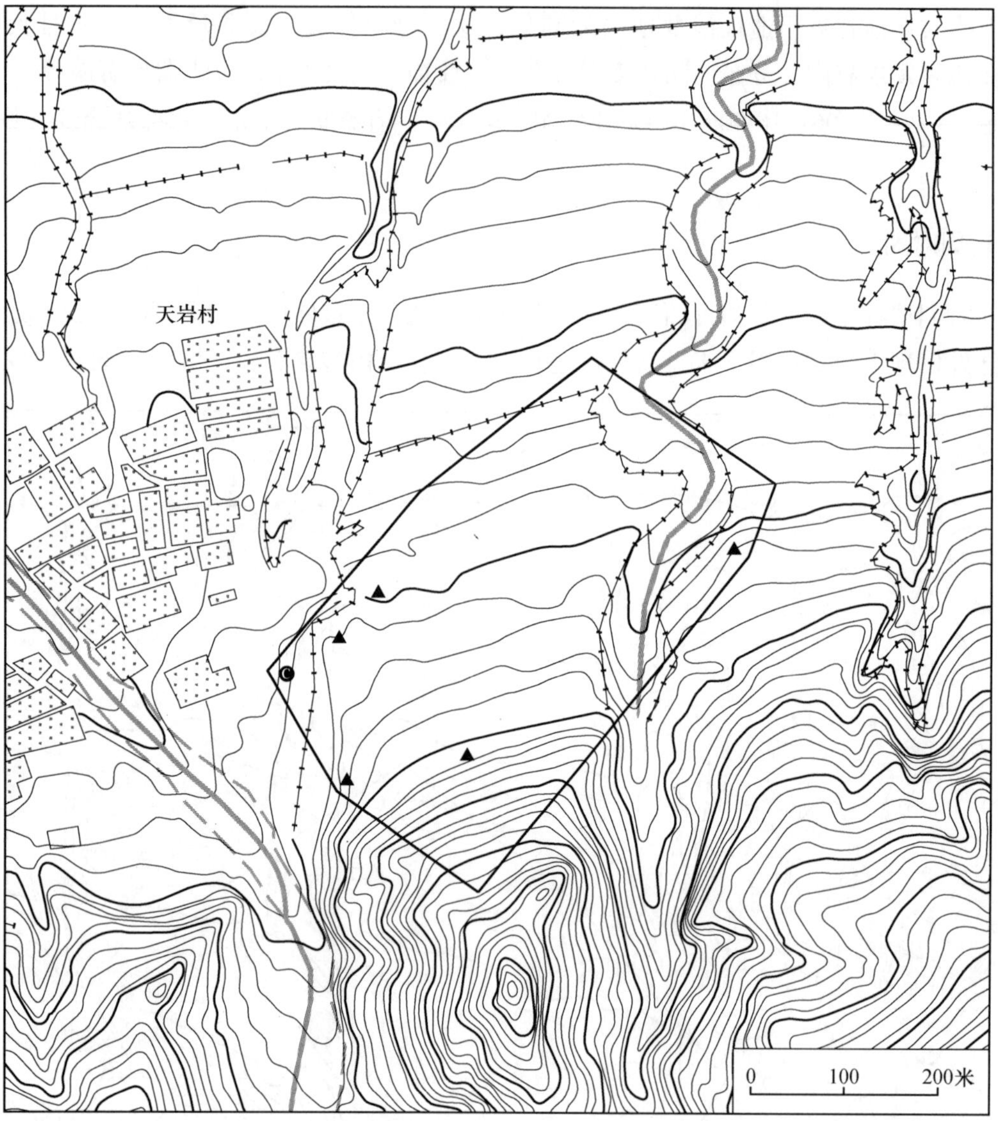

图3-158　天岩Ⅰ号遗址东周时期遗存分布图

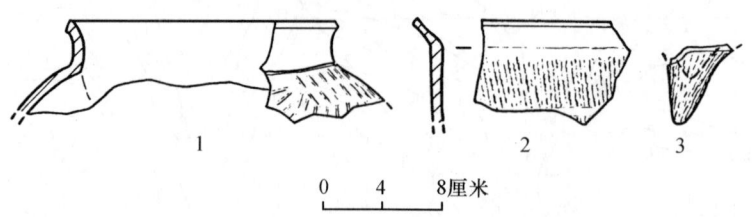

图3-159　天岩Ⅰ号遗址陶器

1. 鬲（FS061016H006:1）　2. 盆（FS061016K001-C:1）　3. 鬲足（FS061016I009:1）

（1. 龙山时期；2. 东周时期；3. 二里头时期）

五六、天岩Ⅲ号遗址

天岩Ⅲ号遗址位于繁峙县东山乡天岩村北 300 米，面积 10.7 万平方米（彩版一八，2）。遗址处在滹沱河南岸山前冲积扇的较高处，为缓坡地形，海拔 1360～1400 米，南高北低，遗址东西部都有浅冲沟，地势有一定的起伏，该遗址应为临时性或人类短期活动留下的。遗存分布稀疏，遗址包含龙山、东周两个时期的遗存，其中，东周时期遗存部分可进一步确认为战国时期。

1. 龙山时期

龙山时期遗存只见于遗址东、西两端，遗存分布非常稀疏（图 3-160）。未见任何遗迹现象，只在地表发现有零星陶片。陶片多灰陶，纹饰有篮纹。

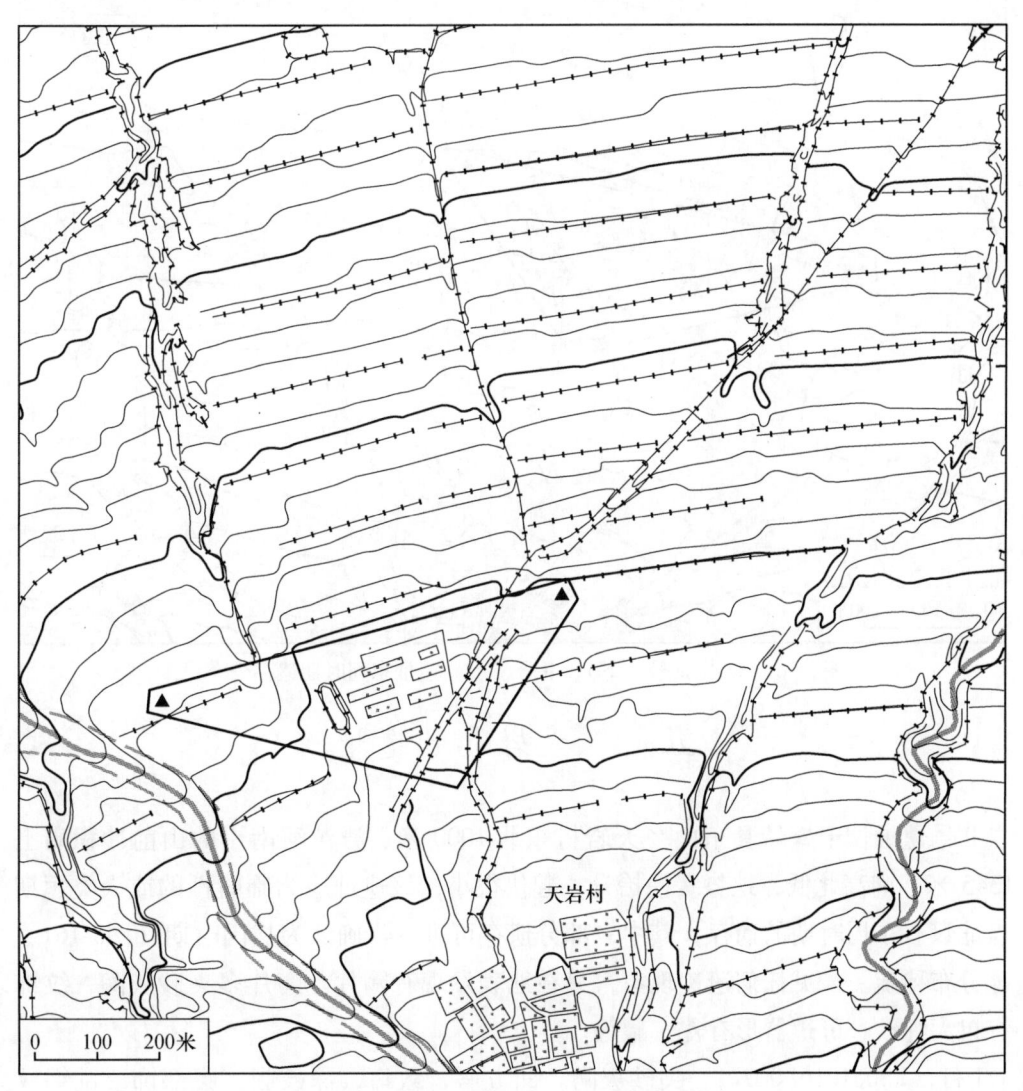

图 3-160　天岩Ⅲ号遗址龙山时期遗存分布图

2. 东周时期

东周时期的遗存见于整个遗址，遗存分布稀疏（图3-161）。未见任何遗迹现象，只在地表发现有陶片。陶片多夹砂灰陶，纹饰以绳纹为主，可辨器形有豆、罐等。

图3-161　天岩Ⅲ号（下）、Ⅱ号（上）遗址东周时期遗存分布图

五七、天岩Ⅱ号遗址

天岩Ⅱ号遗址位于繁峙县东山乡天岩村东北1000米、滹沱河南岸的山前冲积扇上，海拔1320~1345米，南高北低，地势缓慢抬升，起伏很小，该遗址应为临时性的或人类短期活动留下的。遗址只有东周时期的遗存，其中，部分遗存可进一步确认为战国时期（图3-161）。

遗存分布稀疏。未见任何遗迹现象，只在地表发现有陶片。陶片多夹砂灰陶，纹饰以绳纹为主，有粗大绳纹，可辨器形有瓮、罐等。

瓮　1件。FS061016L007:1，夹砂灰陶。凹方唇，敛口，深鼓腹。腹部饰凌乱绳纹。口径22、残高14厘米（图3-162）。

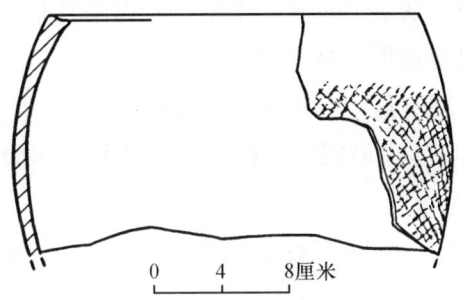

图 3-162 天岩Ⅱ号遗址陶器

瓮（FS061016L007∶1）

五八、天岩Ⅳ号遗址

天岩Ⅳ号遗址位于繁峙县东山乡天岩村西北 150 米，面积 1.8 万平方米（彩版一八，2）。处在滹沱河南岸山前冲积扇的最高处，紧靠山脚下，海拔 1390～1405 米，南略高，北略低，西部有冲沟，遗址东部地势起伏很小，但西部较大。遗址东北面不远处有发源于山间的水流流过。遗存分布疏密不等，西部稀疏，东部密集。遗址包含龙山、东周两个时期的遗存。

1. 龙山时期

龙山时期遗存分布于遗址东部，遗存分布相对密集（图 3-163）。只发现 2 个灰坑，暴露于

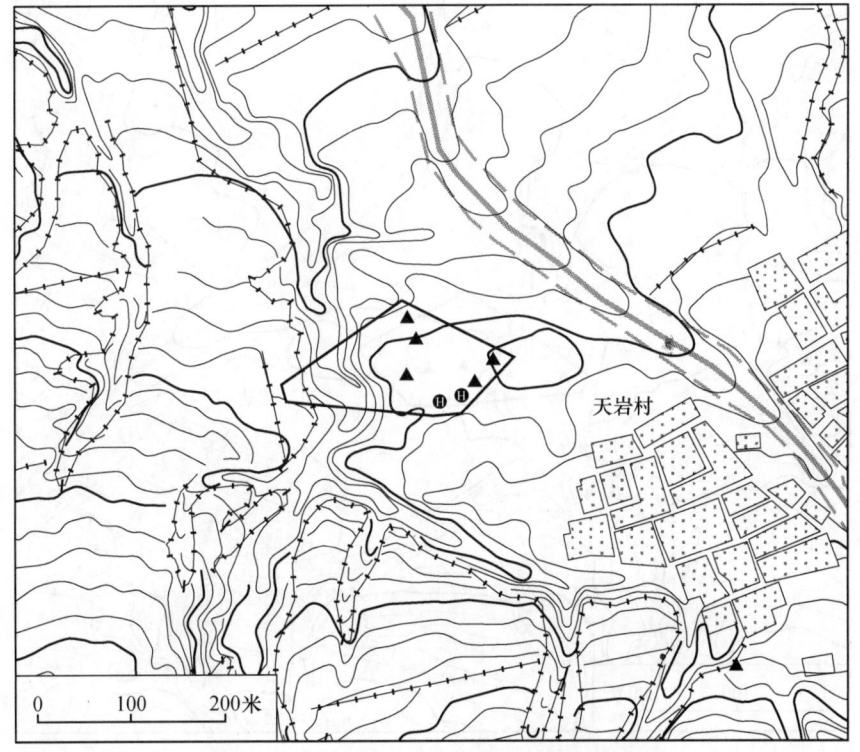

图 3-163 天岩Ⅳ号遗址龙山时期遗存分布图

梯田断面，未见其他遗迹现象。灰坑内包含物丰富，尤以陶片最多，地表也发现有陶片。陶片多夹砂灰陶，纹饰多绳纹，可辨器形有鬲、盆、罐等。

在遗址东南约400米处发现有这个时期的零星陶片。

盆 1件。FS081030F002:1，夹砂褐陶。圆唇，口外翻，深腹。腹部饰绳纹。口径22、残高7.2厘米（图3-164，1）。

罐 1件。FS061016D002:1，夹砂灰褐陶。圆唇，口外翻，束颈，深腹。腹部有绳纹（图3-164，2）。

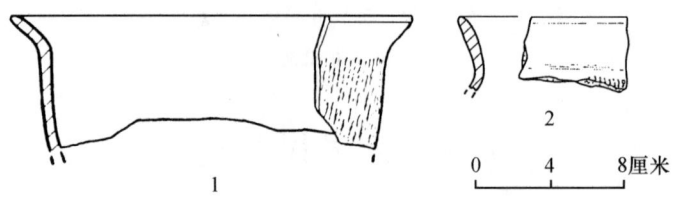

图3-164 天岩Ⅳ号遗址龙山时期陶器
1. 盆（FS081030F002:1） 2. 罐（FS061016D002:1）

2. 东周时期

东周时期遗存分布于遗址西部和东部偏中位置，遗存分布较为稀疏（图3-165）。未见任何遗迹现象，只在地表发现有陶片。陶片多夹砂灰陶，纹饰以绳纹为主，可辨器形有豆、罐等。

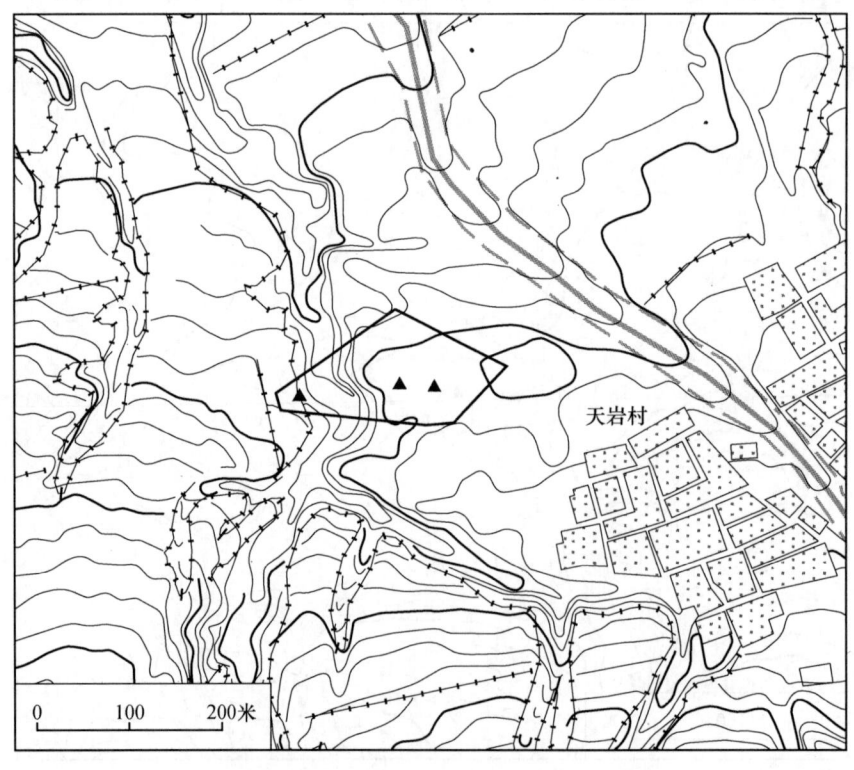

图3-165 天岩Ⅳ号遗址东周时期遗存分布图

五九、新蛟坨遗址

新蛟坨遗址位于繁峙县东山乡新蛟坨村东北350米，面积较小，只有0.7万平方米。遗址处在滹沱河南岸的山前冲积扇上，海拔1270～1290米，北高南低，地势起伏较小。遗址东面有水流由南向北流过。遗址只有龙山时期遗存（图3-166）。

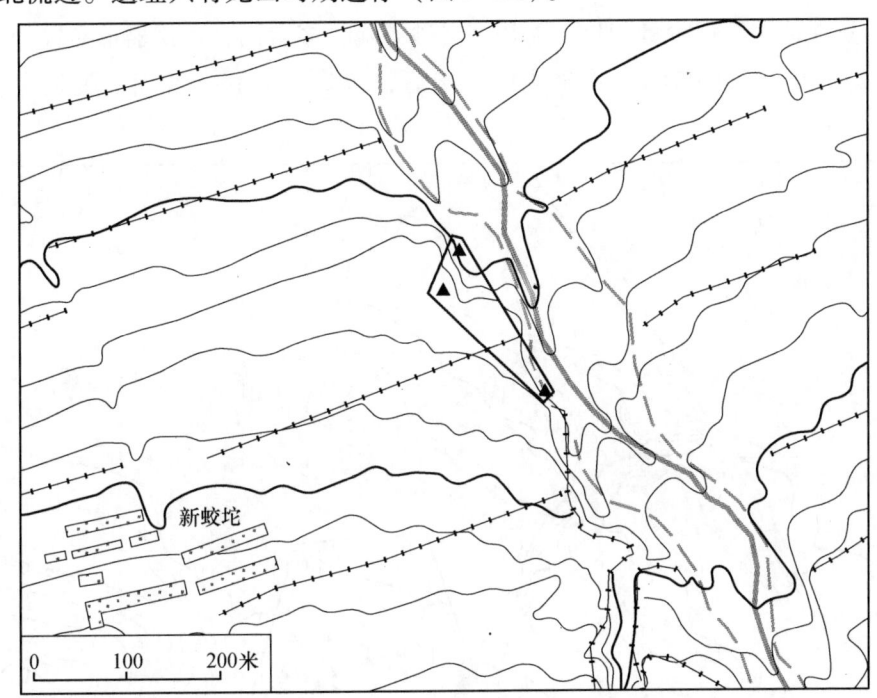

图3-166 新蛟坨遗址遗存分布图

遗存分布范围虽小，但遗存分布密集。未见任何遗迹现象，只在地表发现有陶片。陶片多夹砂褐陶，纹饰以绳纹为多，可辨器形有鬲、罐等。

小杯 1件。FS061017L001：1，夹砂褐陶。敛口，折肩，深腹，平底。肩部有小纽状鋬手。口径5.6、底径4.8、高4.6厘米（图3-167，2）。

罐 1件。FS061017D001：1，夹砂褐陶。圆唇，口外翻，束颈，鼓腹。器表饰绳纹（图3-167，1）。

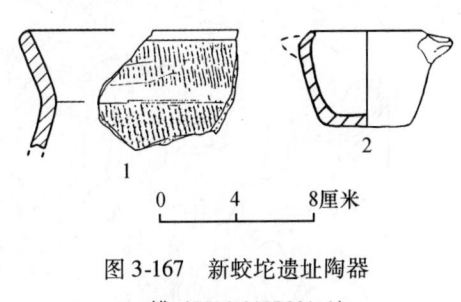

图3-167 新蛟坨遗址陶器
1. 罐（FS061017D001：1）
2. 小杯（FS061017L001：1）

六〇、山会Ⅱ号遗址

山会Ⅱ号遗址位于繁峙县东山乡山会村东南650米，面积8.8万平方米（彩版一九，1）。

遗址处在滹沱河南岸的山坡上，地势较高，海拔1215~1285米，南高北低，迎风背阴，横跨一条南北向冲沟的两侧，所在地势坡度大，起伏也较大。遗存分布密集，遗址包含有仰韶、龙山、二里头、东周四个时期的遗存。

1. 仰韶时期

仰韶时期遗存只见于遗址东南部，仅有个别发现，遗存分布非常稀疏（图3-168）。未见任何遗迹现象，只在地表发现少量陶片。陶片多夹砂褐陶，多素面，可辨器形有钵等。

钵　1件。FS061017I005：1，夹砂褐陶。圆唇，敛口，鼓腹。素面，腹最大径处有鋬手（图3-171，1）。

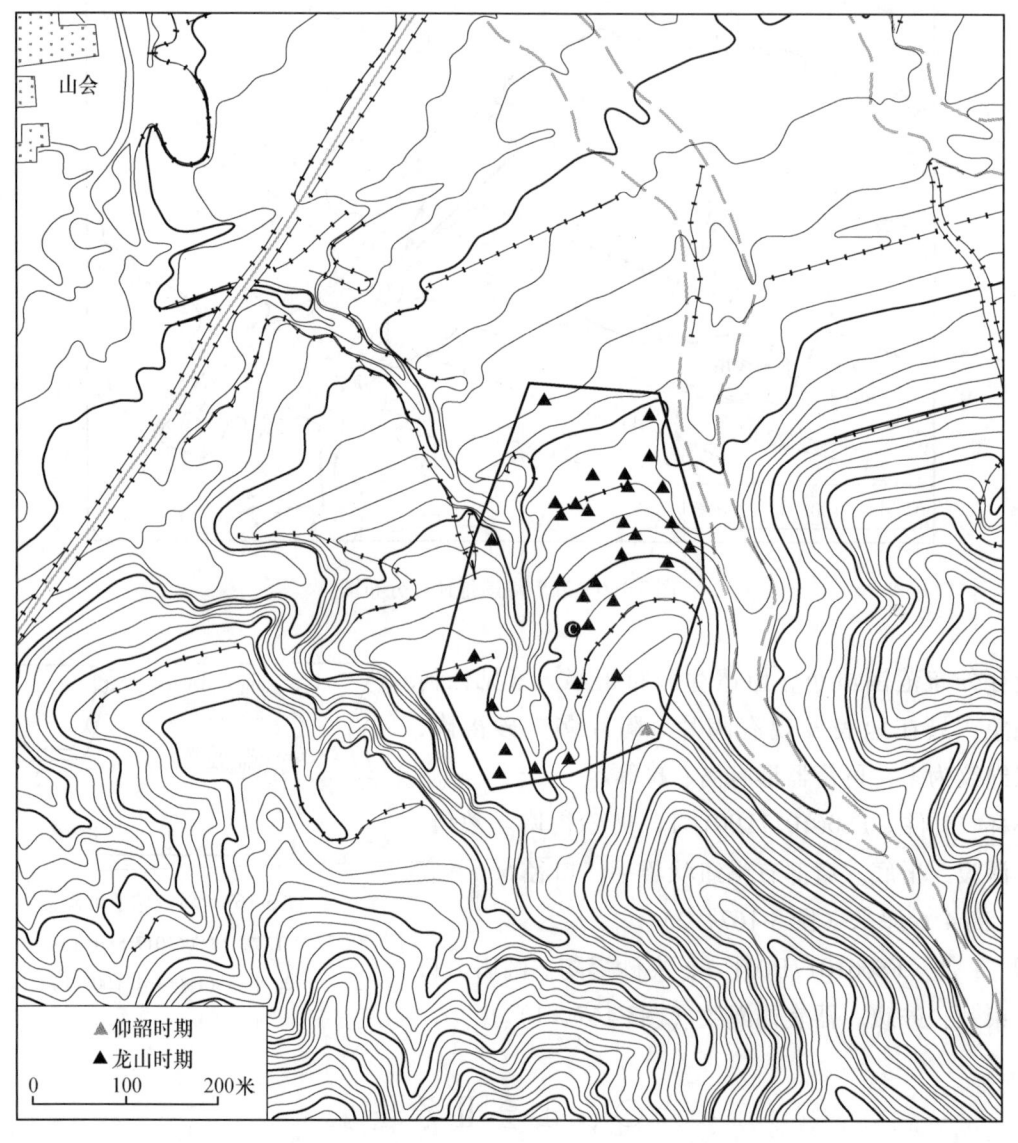

图3-168　山会Ⅱ号遗址仰韶、龙山时期遗存分布图

2. 龙山时期

龙山时期遗存分布于整个遗址，遗存分布密集（图3-168）。只在遗址中部梯田的断面发现1处文化层，未见其他遗迹现象。文化层内包含物丰富，尤以陶片最多。陶片多夹砂灰陶，纹饰多绳纹，可辨器形有鬲、蛋形瓮、盆、罐等。

鬲　1件。FS061017L005-C:1，夹砂灰黑陶。圆唇，侈口，矮领，深腹。器表饰绳纹，口下有纽状鋬手。口径28、残高8厘米（图3-171，5）。

蛋形瓮　1件。FS061017F002:1，夹砂灰陶。平沿，敛口，深鼓腹。腹部饰绳纹（图3-171，3）。

盆　1件。FS061017F003:1，夹砂灰陶。方唇，口外翻，深腹。器表饰绳纹（图3-171，2）。

罐　1件。FS061017G002:1，夹砂灰陶。深腹，平底。器表饰绳纹（图3-171，4）。

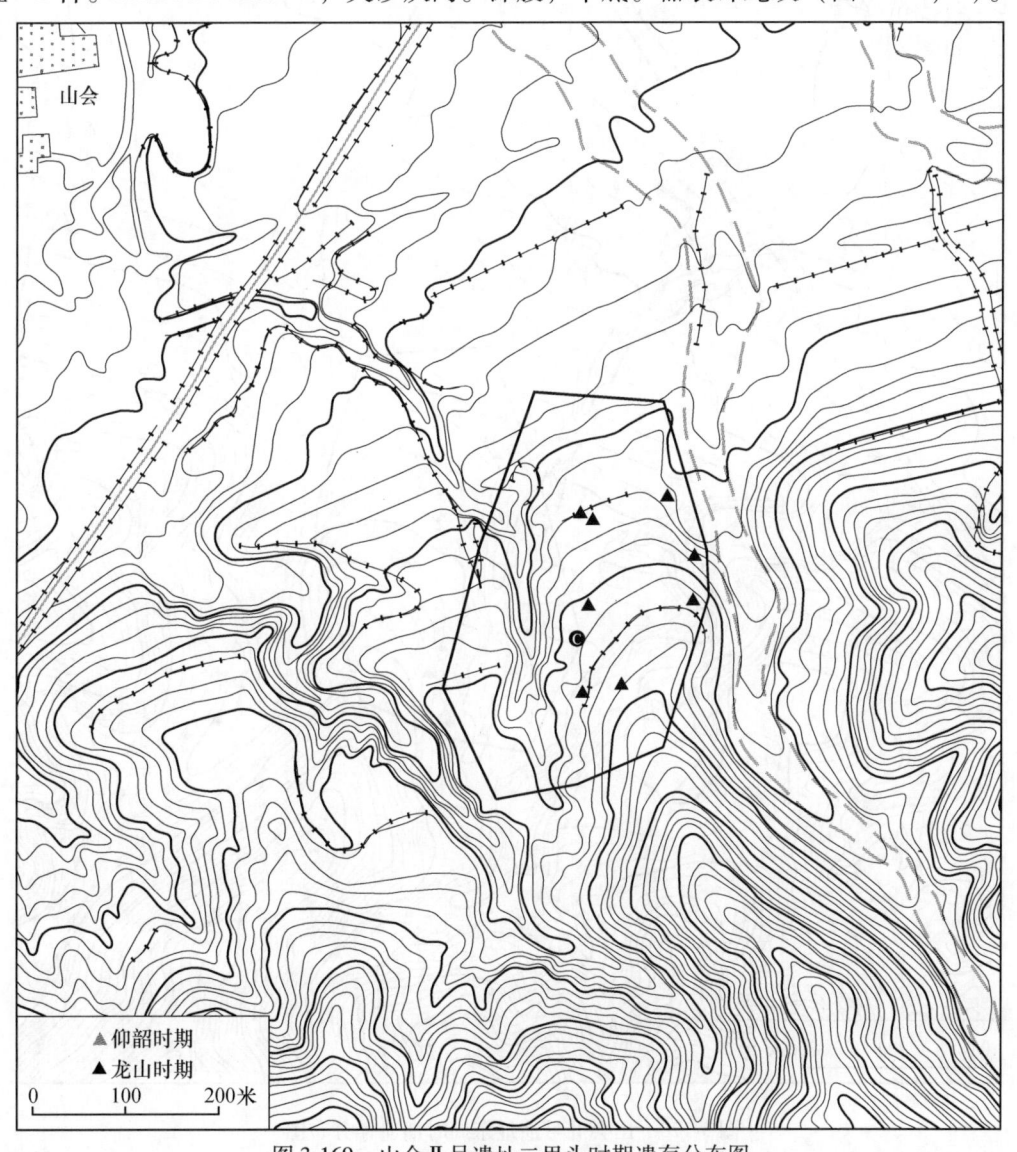

图3-169　山会Ⅱ号遗址二里头时期遗存分布图

3. 二里头时期

二里头时期遗存主要见于遗址中部偏东突出的山脊上，遗存分布稀疏（图3-169）。只在遗址中部梯田的断面发现1处文化层，未见其他遗迹现象。文化层内包含有少量陶片，地表也发现有陶片。陶片多夹砂灰陶，纹饰以绳纹为主，可辨器形有鬲等。

4. 东周时期

东周时期遗存主要见于遗址南部偏东位置较高处，冲沟一侧遗存分布密集，其他位置较为稀疏（图3-170）。未见任何遗迹现象，只在地表发现有陶片。陶片多夹砂灰陶，纹饰以绳纹为主，可辨器形有罐等。

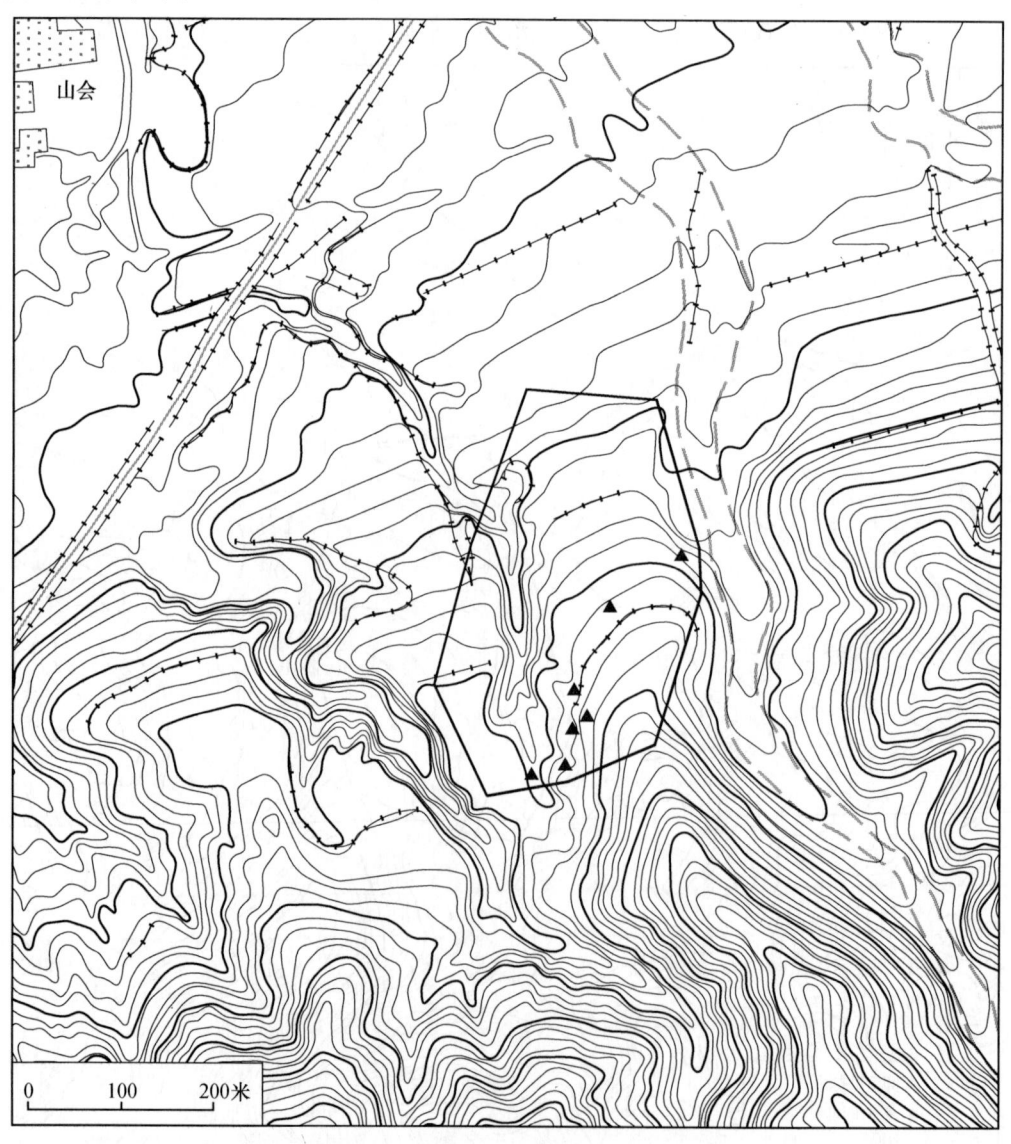

图3-170　山会Ⅱ号遗址东周时期遗存分布图

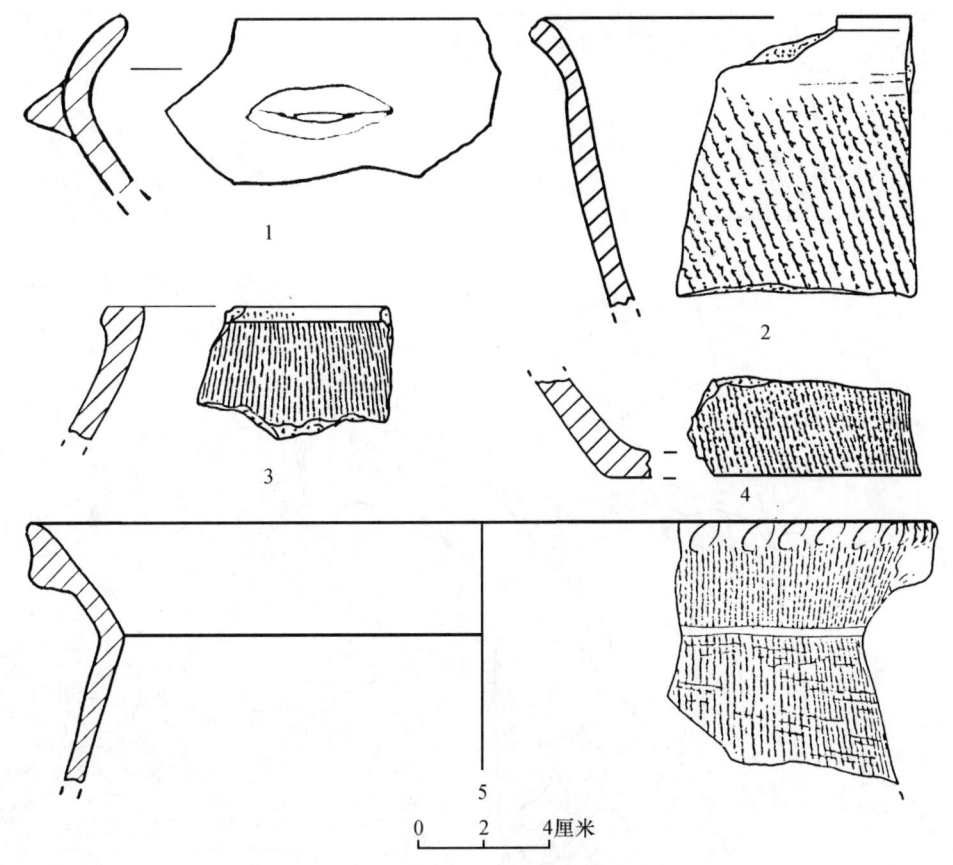

图 3-171　山会 II 号遗址陶器

1. 钵（FS061017I005：1）　2. 盆（FS061017F003：1）　3. 蛋形瓮（FS061017F002：1）　4. 罐（FS061017G002：1）

5. 鬲（FS061017L005-C：1）

（1. 仰韶时期；2~5. 龙山时期）

六一、山会 I 号遗址

山会 I 号遗址位于繁峙县东山乡山会村西南 400 米，面积 5 万平方米（彩版一九，1）。遗址处在滹沱河南岸山坡的底部，海拔 1180~1250 米，南高北低，南部为山坡，北部为缓坡，迎风背阴，遗址南部有冲沟，后期修建的引水渠穿过遗址北部，整体地势起伏较大，尤以南部起伏最大。遗址西部不远处有水流由面向北流过。遗存分布略显稀疏，遗址包含龙山、二里头两个时期的遗存。

1. 龙山时期

龙山时期遗存分布于整个遗址，遗存分布略显稀疏（图 3-172）。未见任何遗迹现象，只在地表发现有陶片。陶片多夹砂灰陶，纹饰多绳纹、篮纹，可辨器形有鬲等。

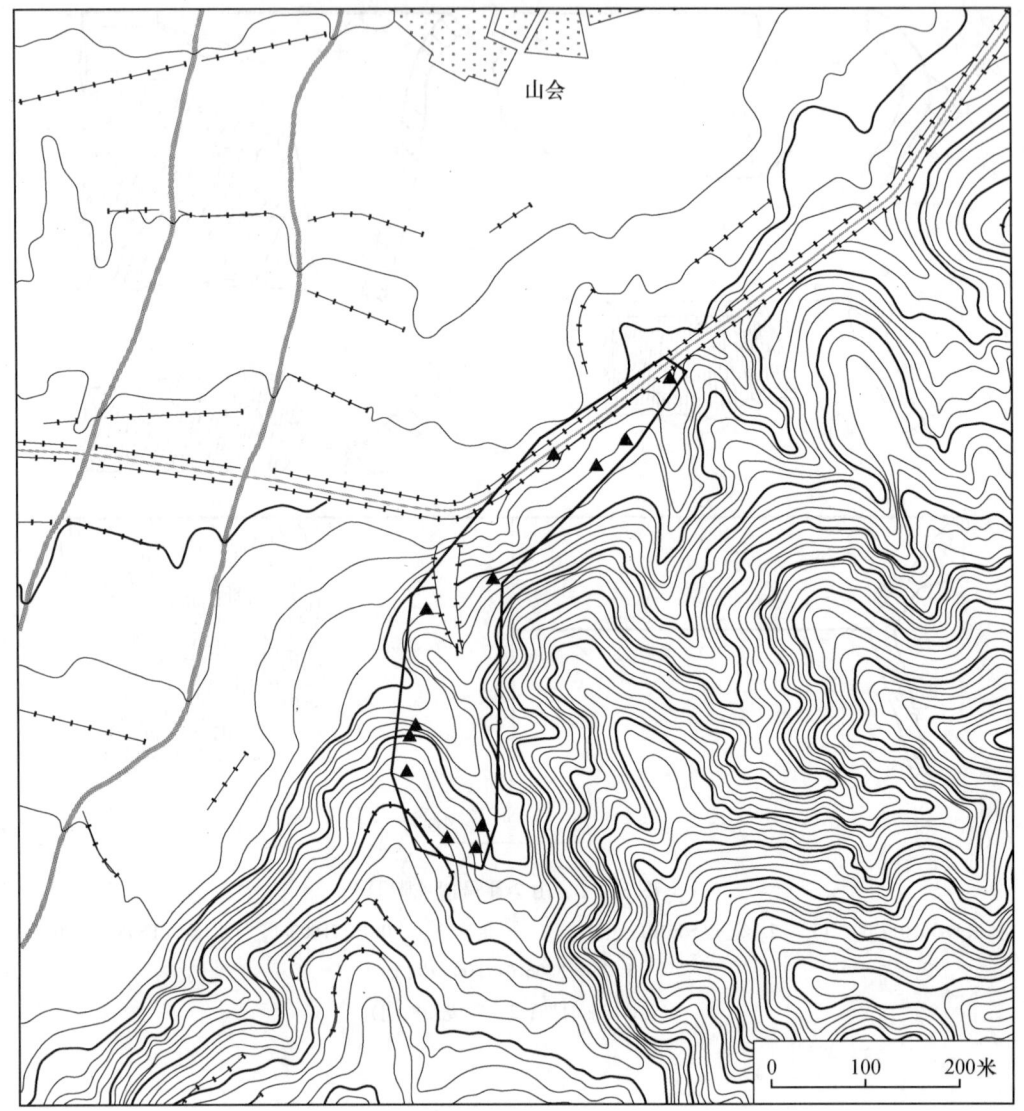

图 3-172　山会 I 号遗址龙山时期遗存分布图

2. 二里头时期

二里头时期遗存主要分布在遗址南部，遗存分布较为稀疏（图 3-173）。未见任何遗迹现象，只在地表发现有陶片。陶片多夹砂灰陶，纹饰以绳纹为主，可辨器形有鬲、蛋形瓮等。

鬲　1 件。FS061020K002∶1，夹砂灰陶。圆唇，口微外翻，高领，分裆，袋足外鼓。器表饰绳纹（图 3-174，1）。

蛋形瓮足　1 件。FS061017B006∶1，夹砂灰陶。矮实足跟。腹部饰绳纹，跟部素面（图 3-174，2）。

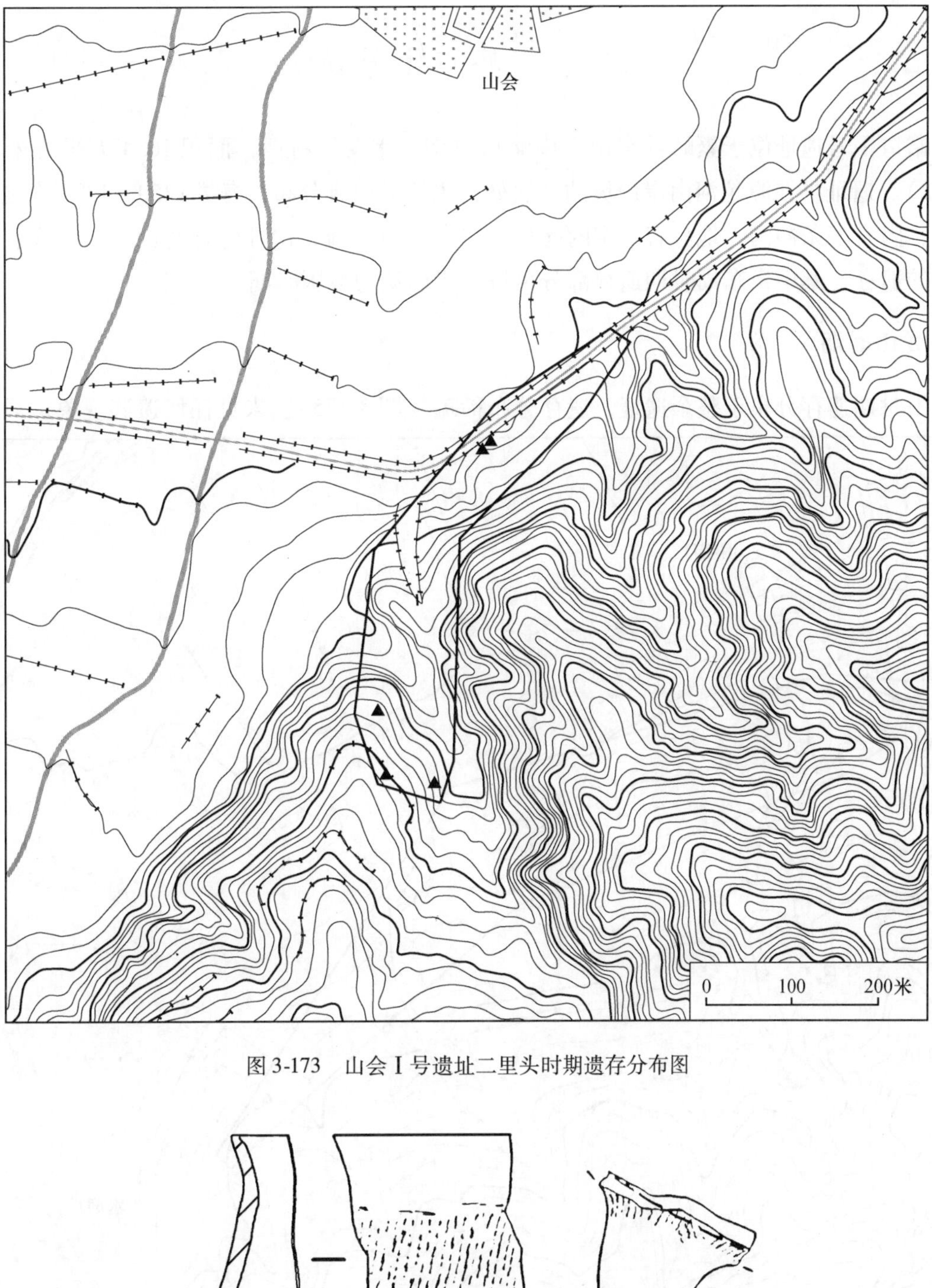

图 3-173　山会 I 号遗址二里头时期遗存分布图

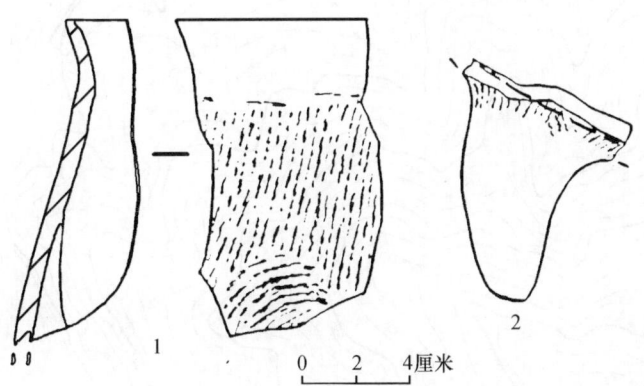

图 3-174　山会 I 号遗址二里头时期陶器
1. 鬲（FS061020K002：1）　2. 蛋形瓮足（FS061017B006：1）

六二、南峪口Ⅰ号遗址

南峪口Ⅰ号遗址位于繁峙县东山乡南峪口村南、水磨石村西，面积10.4万平方米（彩版一九，2）。遗址处在滹沱河南岸山坡的最底处，主要沿山脚分布，海拔1250～1300米之间，南高北低，内有多条冲沟，地势有一定的起伏。遗存分布稀疏，遗址包含龙山、二里头、东周三个时期的遗存，其中，东周时期遗存部分可进一步确认为战国时期。

1. 龙山时期

龙山时期遗存分布于整个遗址，遗存分布稀疏（图3-175）。未见任何遗迹现象，只在地表

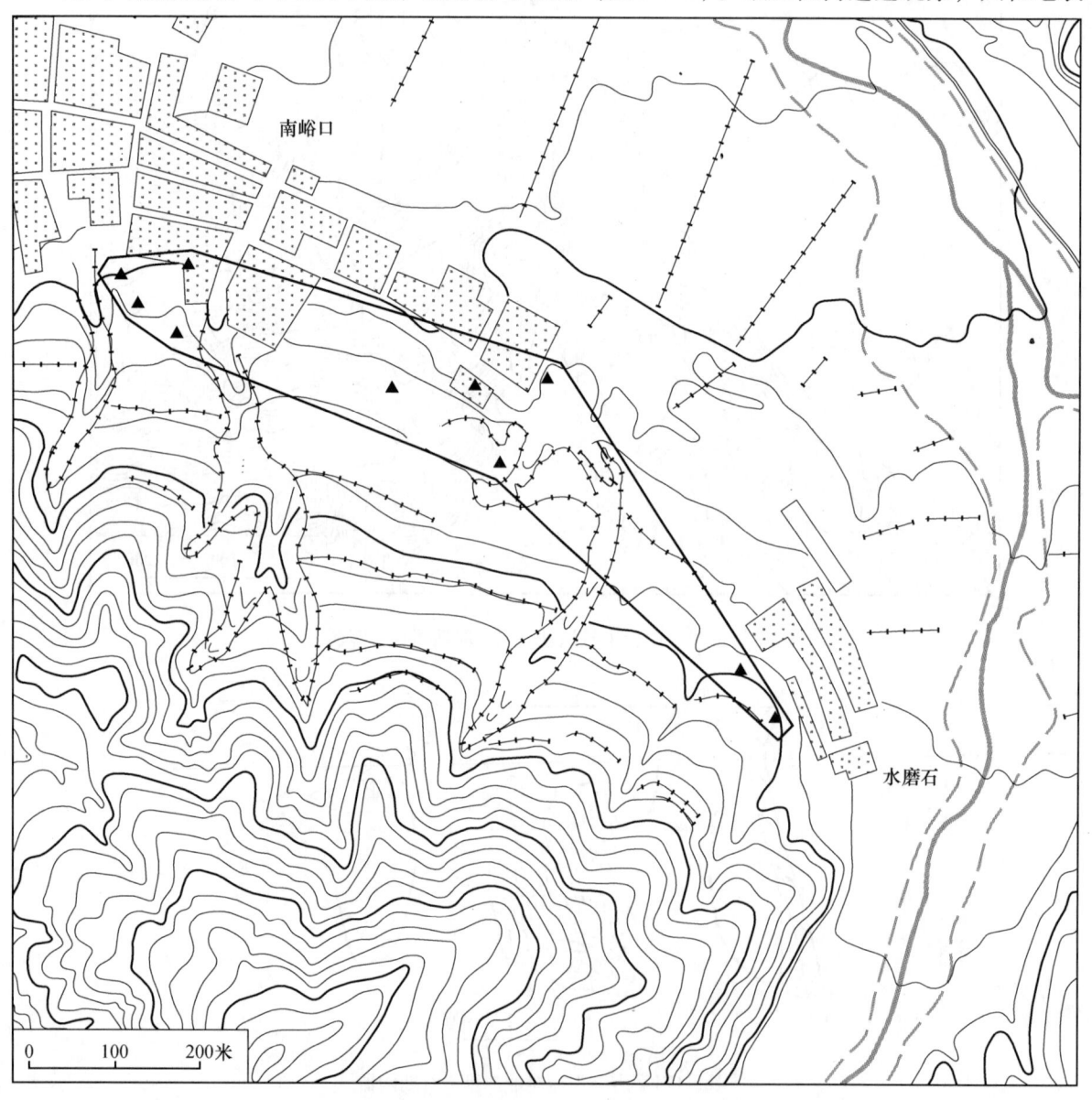

图3-175　南峪口Ⅰ号遗址龙山时期遗存分布图

发现有陶片。陶片多夹砂灰陶，纹饰多绳纹，可辨器形有鬲等。

鬲足　1件。FS061020L001:2，夹砂灰陶。空袋足，微有实足跟。器表饰绳纹（图3-178，3）。

2. 二里头时期

二里头时期遗存主要见于遗址中部，遗存分布稀疏（图3-176）。只在遗址中部的梯田断面上发现2处文化层，未见其他遗迹现象。文化层内包含物丰富，尤以陶片最多，地表也有陶片发现。陶片多夹砂灰陶，纹饰以绳纹为主，可辨器形有鬲、甗、蛋形瓮等。

鬲足　1件。FS061020C001-C2:1，夹砂褐陶。袋足，下有锥状实足跟。器表饰绳纹（图3-178，4）。

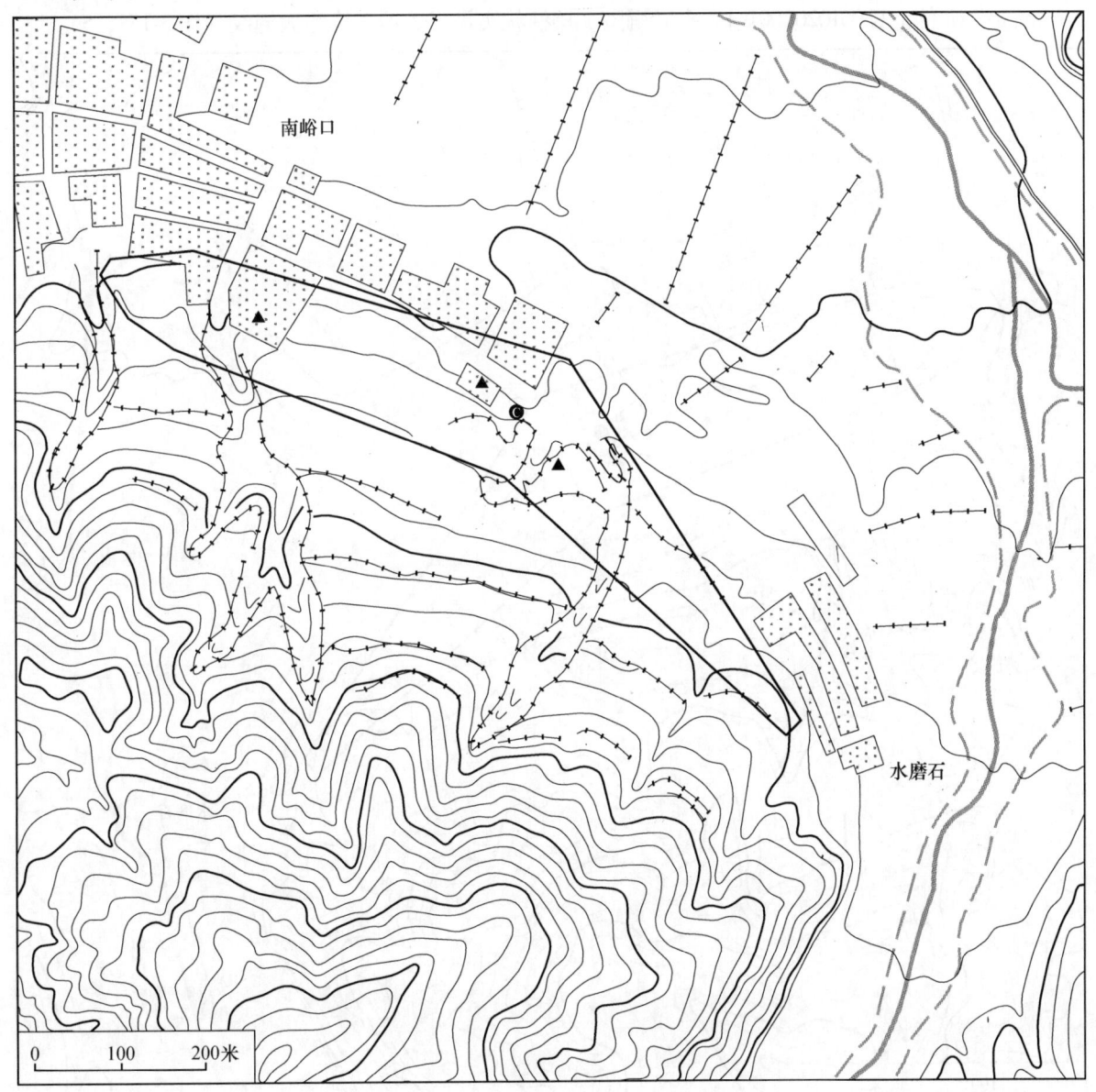

图3-176　南峪口Ⅰ号遗址二里头时期遗存分布图

甗　1件。FS061020C001-C1∶1，夹砂黑灰陶。深腹，束腰，有隔。器表饰绳纹，上腹部有四周旋纹（图3-178，2）。

蛋形瓮　1件。FS061020L002∶1，夹砂红褐陶。平沿，敛口，深鼓腹。器表饰绳纹。口径22、残高6厘米（图3-178，1）。

3. 东周时期

东周时期遗存主要见于遗址中部，遗址南、北都有零星发现，除遗址中部外，遗存分布稀疏（图3-177）。只在遗址中部的断面上发现2处文化层，未见其他遗迹现象。文化层内发现有少量陶片，地表也有陶片分布。陶片多夹砂灰陶，纹饰以绳纹为主，可辨器形有鬲、罐等。

鬲足　1件。FS061020L001∶1，夹砂褐陶。矮柱状实足跟。器表饰粗大绳纹（图3-178，5）。

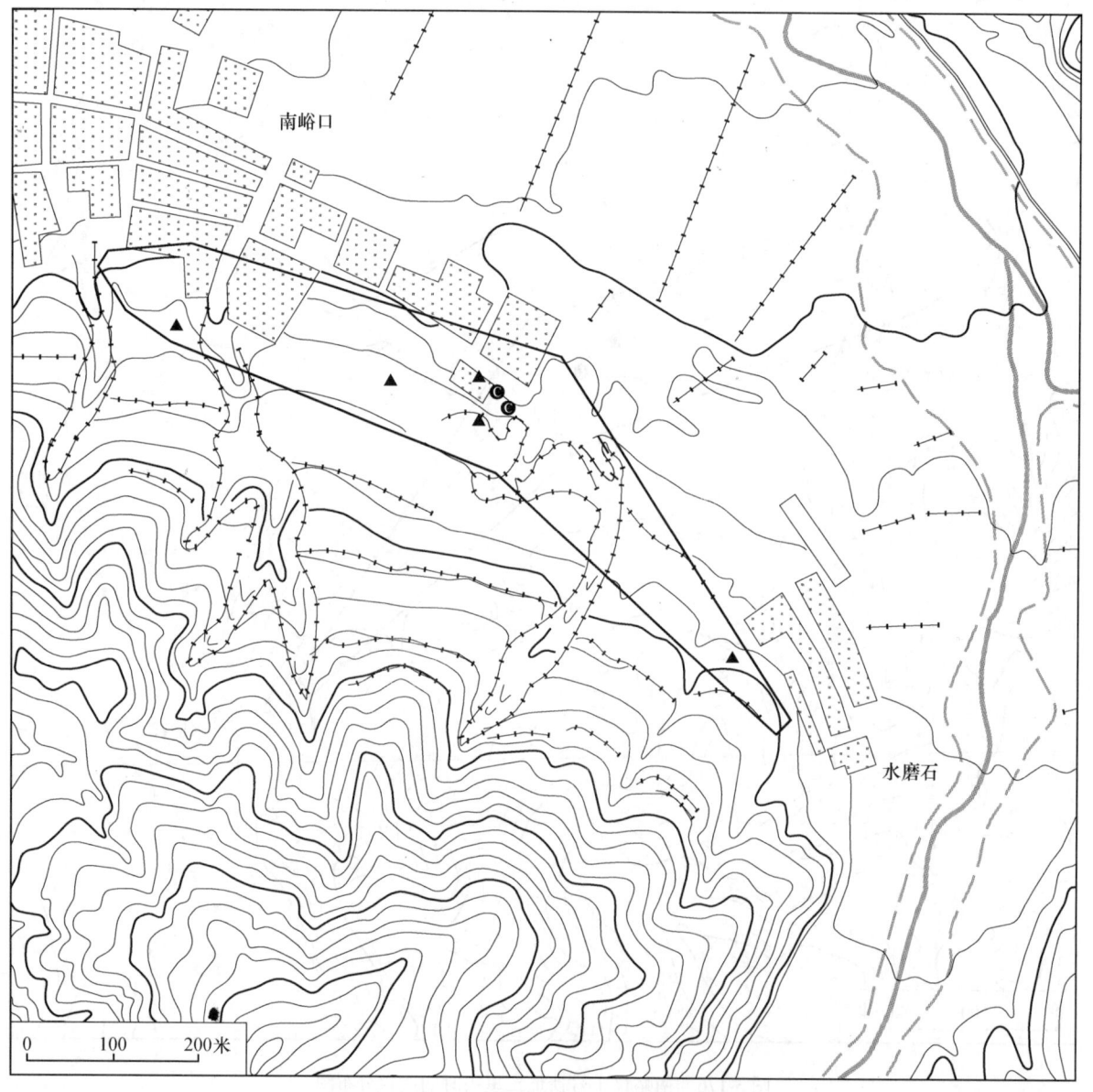

图3-177　南峪口Ⅰ号遗址东周时期遗存分布图

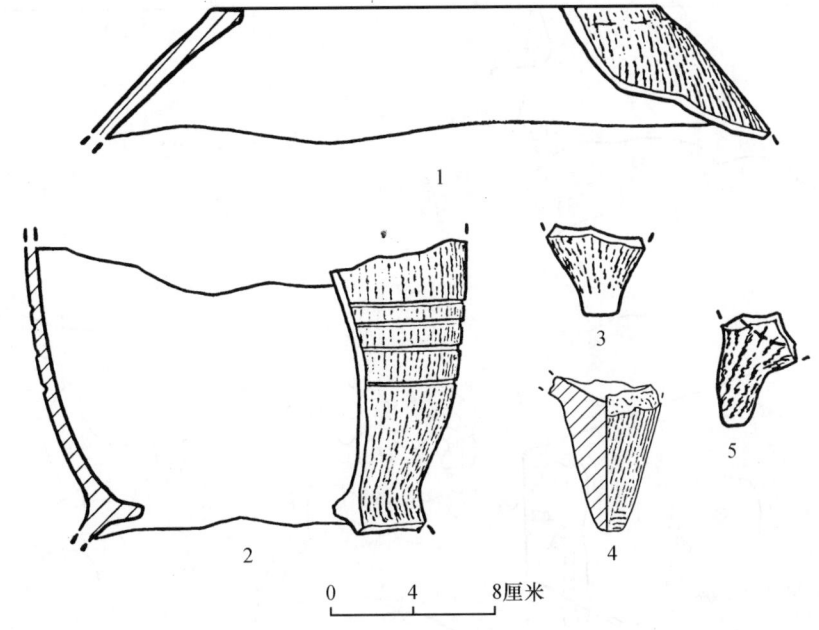

图 3-178　南峪口Ⅰ号遗址陶器
1. 蛋形瓮（FS061020L002:1）　2. 甗（FS061020C001-C1:1）　3～5. 高足
（FS061020L001:2、FS061020C001-C2:1、FS061020L001:1）
（1、2、4. 二里头时期；3. 龙山时期；5. 东周时期）

六三、南峪口Ⅱ号遗址

南峪口Ⅱ号遗址位于繁峙县东山乡南峪口村西南900米，面积11万平方米（彩版二〇，1）。遗址处在滹沱河南岸山坡的最低处，主要沿山脚下分布，海拔1210～1290米，南高北低，迎风背阴，遗址横跨两条较宽冲沟，主要分布在两条突出的山脊上，地势起伏较大。遗址北面不远处有汇入滹沱河的水流由东向西流过。遗址中、南部遗存分布密集，北部地势较低处遗存分布非常稀疏，遗址包含龙山、二里头、东周三个时期的遗存。

1. 龙山时期

龙山时期遗存分布于整个遗址，遗址中、南部遗存分布密集，但冲沟内不见遗存，遗址北部遗存分布稀疏，北部分布的遗存很可能是后期自然或人为搬迁原因造成的（图3-179）。共发现4处文化层、1个灰坑和1座白灰面房址，全部集中分布在遗址中部山脊梯田断面上，其中，房址分布在山脊较低处，灰坑分布于山脊较高处，文化层则分布于山脊不同位置。遗迹内包含物丰富，尤以陶片最多，陶片多夹砂灰陶，纹饰多绳纹，可辨器形有鬲、蛋形瓮、盆、罐等。

鬲足　1件。FS061020I007-C:1，夹砂褐陶。空袋足。足部饰绳纹（图3-180，7）。

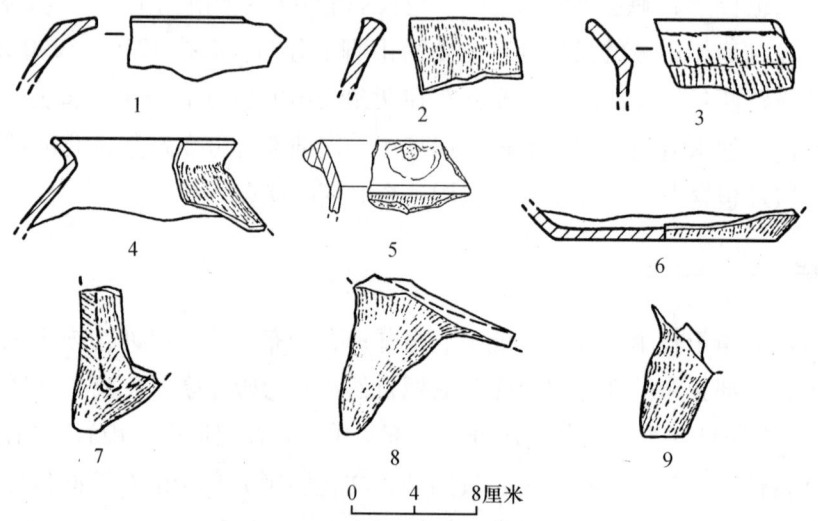

图3-179 南峪口Ⅱ号遗址龙山时期遗存分布图

图3-180 南峪口Ⅱ号遗址陶器

1、2. 蛋形瓮（FS061020I005：1、FS061020I010：1） 3. 盆（FS061020C002：1） 4、6. 罐（FS061020B008-C：1、FS081111C001-H：1） 5. 鬲（FS061020H002：1） 7. 鬲足（FS061020I007-C：1） 8、9 蛋形瓮足（FS061020B005-H：1、FS061020G006：1）

（1~4、6、7. 龙山时期；5、8、9. 二里头时期）

蛋形瓮　2件。FS061020I005：1，夹砂灰褐陶。宽沿，敛口，深鼓腹。素面（图3-180，1）。FS061020I010：1，夹砂灰褐陶。小平沿，微敛口，深腹。器表饰绳纹（图3-180，2）。

盆　1件。FS061020C002：1，夹砂灰黑陶。厚圆唇，宽折沿，深腹。器表饰绳纹（图3-180，3）。

罐　2件。FS061020B008-C：1，夹砂褐陶（夹细砂）。器薄，圆唇，口外翻，束颈，鼓肩。口部以下饰绳纹。口径12、残高5.6厘米（图3-180，4）。FS081111C001-H：1，夹砂黑灰陶。斜腹，平底。腹部饰绳纹。底径14、残高2厘米（图3-180，6）。

2. 二里头时期

二里头时期遗存见于遗址中、西部的山脊上，遗存分布稀疏（图3-181）。在山脊的较高处断面上，共发现1处文化层和2个灰坑，其中，文化层分布于遗址中部山脊的偏南位置，灰坑分布在遗址西部山脊最南部的较高位置。遗迹内包含物丰富，尤以陶片最多。陶片多夹砂灰陶，纹饰以绳纹为主，可辨器形有鬲、蛋形瓮、罐等。

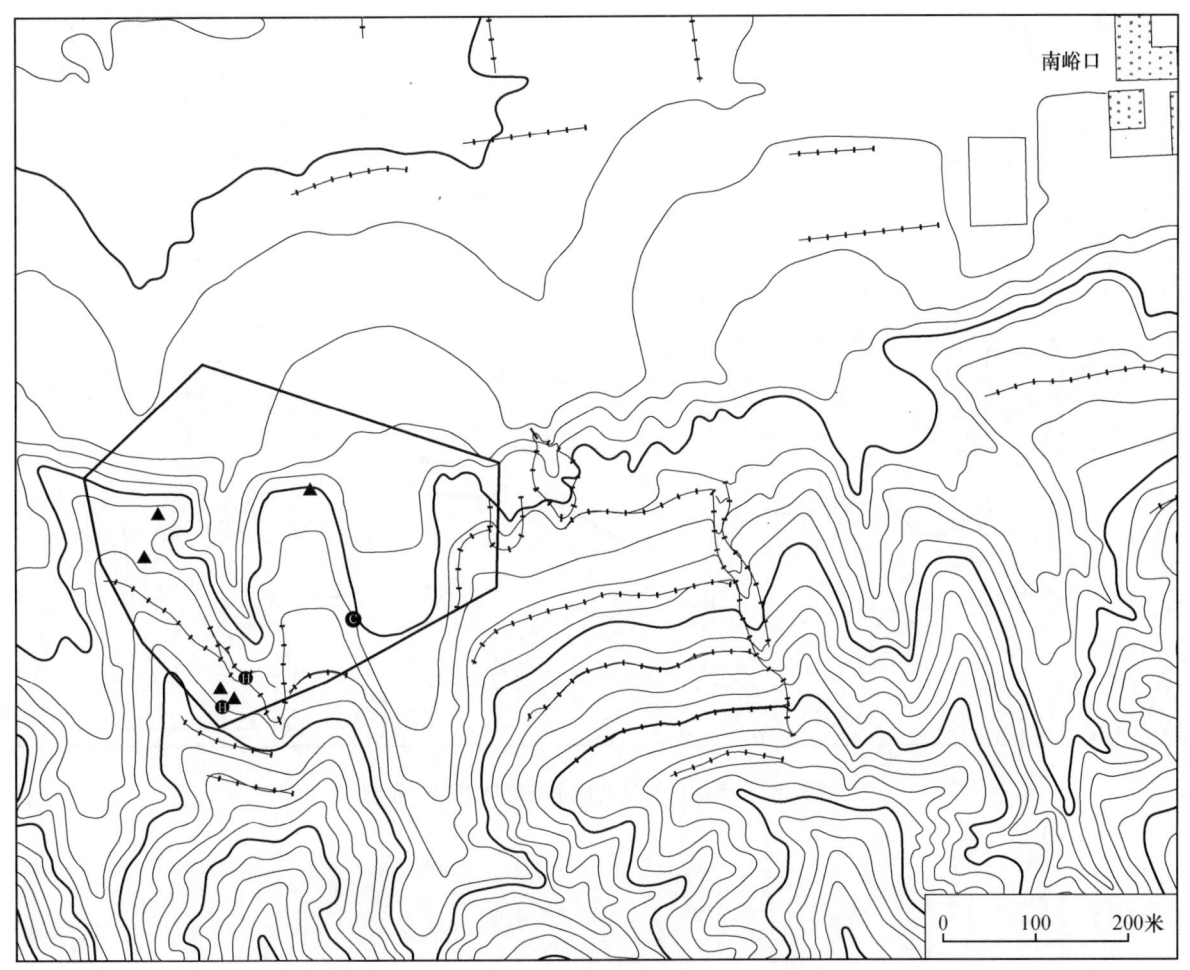

图3-181　南峪口Ⅱ号遗址二里头时期遗存分布图

鬲　1件。FS061020H002：1，夹砂灰陶。圆唇，口微外翻，矮领，微束颈，袋足外鼓。领下饰绳纹（图3-180，5）。

蛋形瓮足　2件。FS061020B005-H：1，夹砂褐陶。胎厚，锥状实足跟。器表饰绳纹（图3-182，8）。FS061020G006：1，夹砂灰褐陶。柱足。足部饰绳纹（图3-180，9）。

3. 东周时期

东周时期遗存见于遗址中、西部，遗存分布较为稀疏（图3-182）。未见任何遗迹现象，只在地表发现有陶片分布。陶片多夹砂灰陶，纹饰以绳纹为主，可辨器形有豆、罐等。

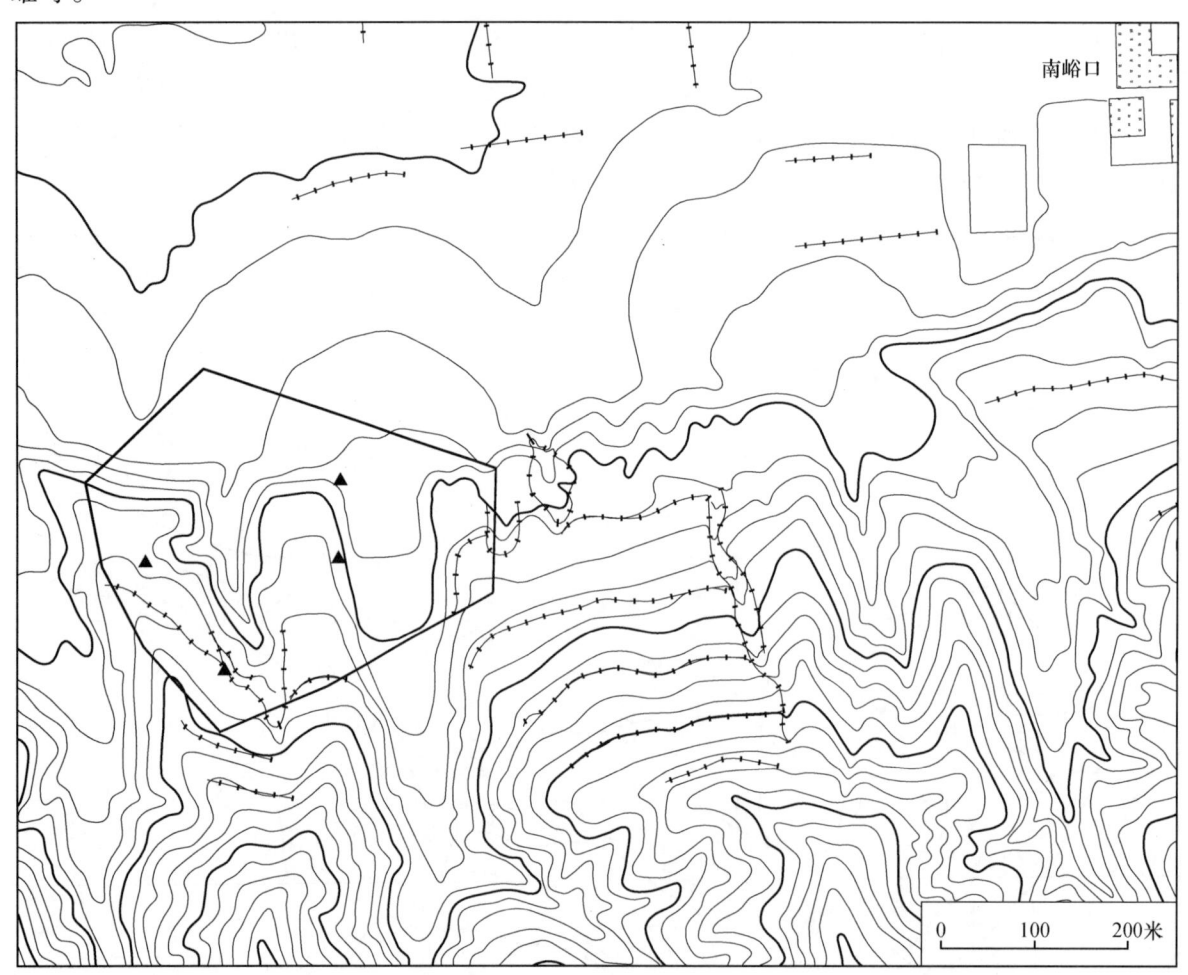

图3-182　南峪口Ⅱ号遗址东周时期遗存分布图

六四、中庄寨Ⅰ号遗址

中庄寨Ⅰ号遗址位于繁峙县东山乡中庄寨村东南1800米，面积6.1万平方米（彩版二○，2）。遗址处在滹沱河南岸的山脚下，海拔1180~1280米，南高北低，迎风背阴，遗址北部地势较低且平坦，南部坡度大，且有小冲沟，有较大的起伏。遗址西侧有发源于山间的水流由南向北流过，北面不远处有汇入滹沱河的水流流过。遗存分布密集，遗址包含龙山、二里头两个时期的遗存。

1. 龙山时期

龙山时期遗存分布于整个遗址，遗存分布密集（图3-183）。共发现2个灰坑和1座房址，其中，1个灰坑分布于遗址中部近山脚下位置，1个灰坑和房址分布于遗址东南部地势较高处。房址内有少量陶片发现，灰坑内则包含较多陶片。陶片多夹砂灰陶，纹饰多绳纹、篮纹，可辨器形有鬲、蛋形瓮、盆、豆、罐等。

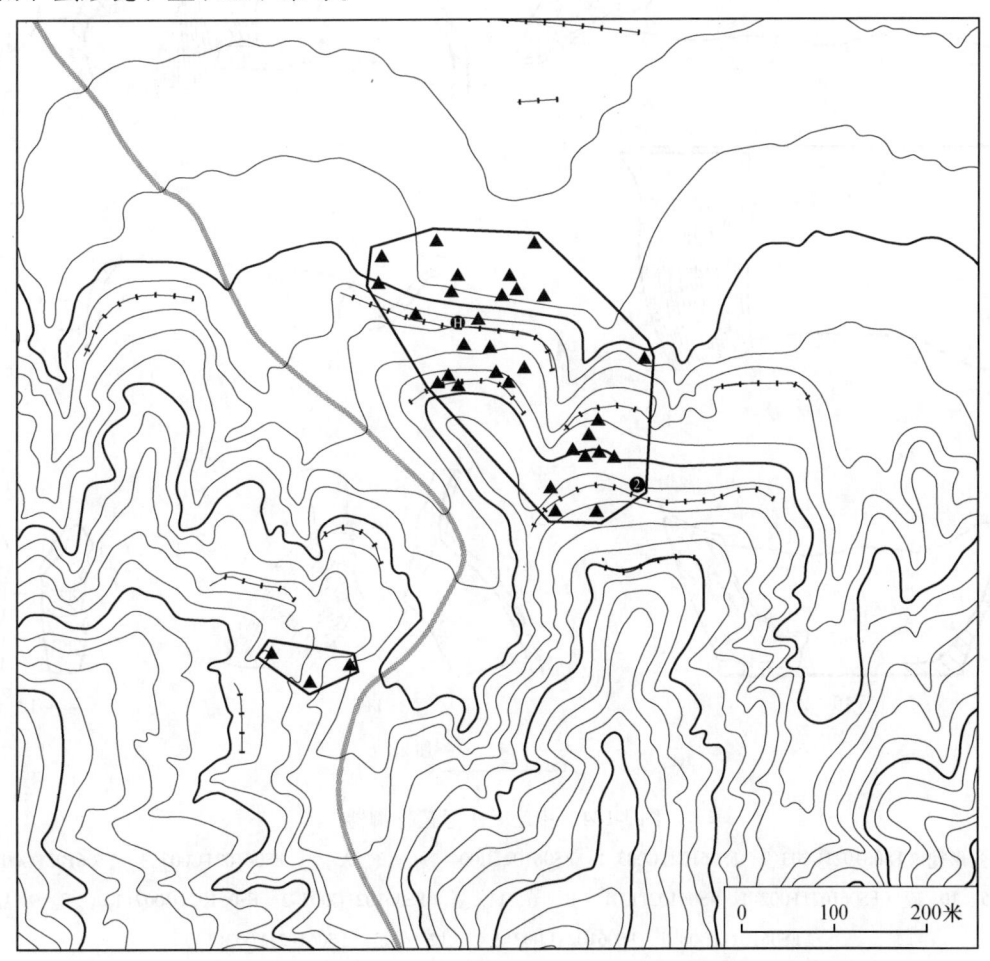

图3-183 中庄寨Ⅰ号（上）、Ⅱ号（下）遗址龙山时期遗存分布图

鬲 1件。FS061021G007:1，夹砂黑陶。圆唇，侈口，高领，分裆，大袋足外鼓。领部最下端有一周凹槽，其下饰绳纹（图3-184，11）。

蛋形瓮 2件。FS061021G003:2，夹砂灰陶。宽沿，敛口，深鼓腹。器表饰绳纹。口径18、残高4.8厘米（图3-184，1）。FS061021G003:1，夹砂灰褐陶。宽沿，微敛口，深腹。腹部饰绳纹（图3-184，2）。

盆 1件。FS061021G007-H1:1，夹砂灰陶。方唇，口外翻，微束颈，深腹。腹部饰绳纹。口径29、残高14厘米（图3-184，7）。

豆 1件。FS061021B008:1，泥质灰陶。圆唇，小平沿，敞口，斜浅盘。素面（图3-184，8）。

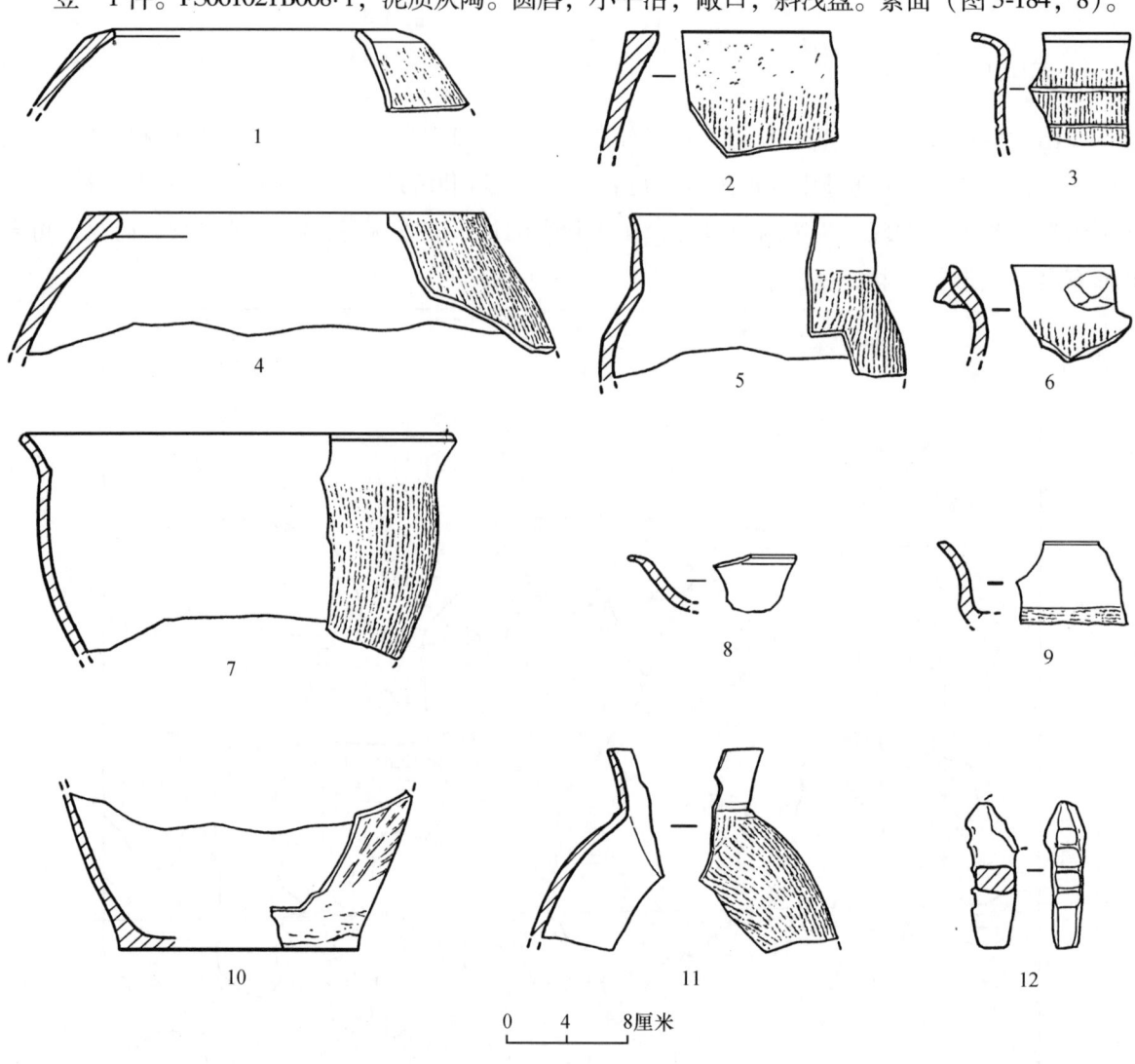

图3-184 中庄寨Ⅰ号遗址陶器

1、2、4.蛋形瓮（FS061021G003:2、FS061021G003:1、FS061021C004:1） 3、7.盆（FS061021G003:3、FS061021G007-H1:1）
5、10.罐（FS061021F002:1、FS061021I001:1） 6、11.鬲（FS061021G007:2、FS061021G007:1） 8、9.豆
（FS061021B008:1、FS061021C002:1） 12.鼎足（FS061021L002:1）
（1、2、5、7、8、10、11.龙山时期；3、4、6、9、12.二里头时期）

罐 2件。FS061021F002：1，夹砂灰陶。圆唇，近直口，高领，鼓腹。腹部饰绳纹。口径14、残高10厘米（图3-184，5）。FS061021I001：1，夹砂灰陶（夹细砂），深腹，平底。腹部饰斜篮纹。底径16、残高10厘米（图3-184，10）。

2. 二里头时期

二里头时期遗存见于遗址中、北部地势略低的位置，遗存分布疏密不等（图3-185）。未见任何遗迹现象，只在地表发现有陶片。陶片多夹砂灰陶，纹饰以绳纹为主，可辨器形有鬲、鼎、蛋形瓮、盆、豆、罐等。

鬲 1件。FS061021G007：2，夹砂褐陶。圆唇，口外翻，高领，袋足外鼓，领部有纽状鋬手，其下饰绳纹（图3-184，6）。

鼎足 1件。FS061021L002：1，夹砂红褐陶。扁平足。足跟外侧有扉棱（图3-184，12）。

蛋形瓮 1件。FS061021C004：1，夹砂灰陶。平沿内折，敛口，深鼓腹。器表饰绳纹。口径26、残高8.5厘米（图3-184，4）。

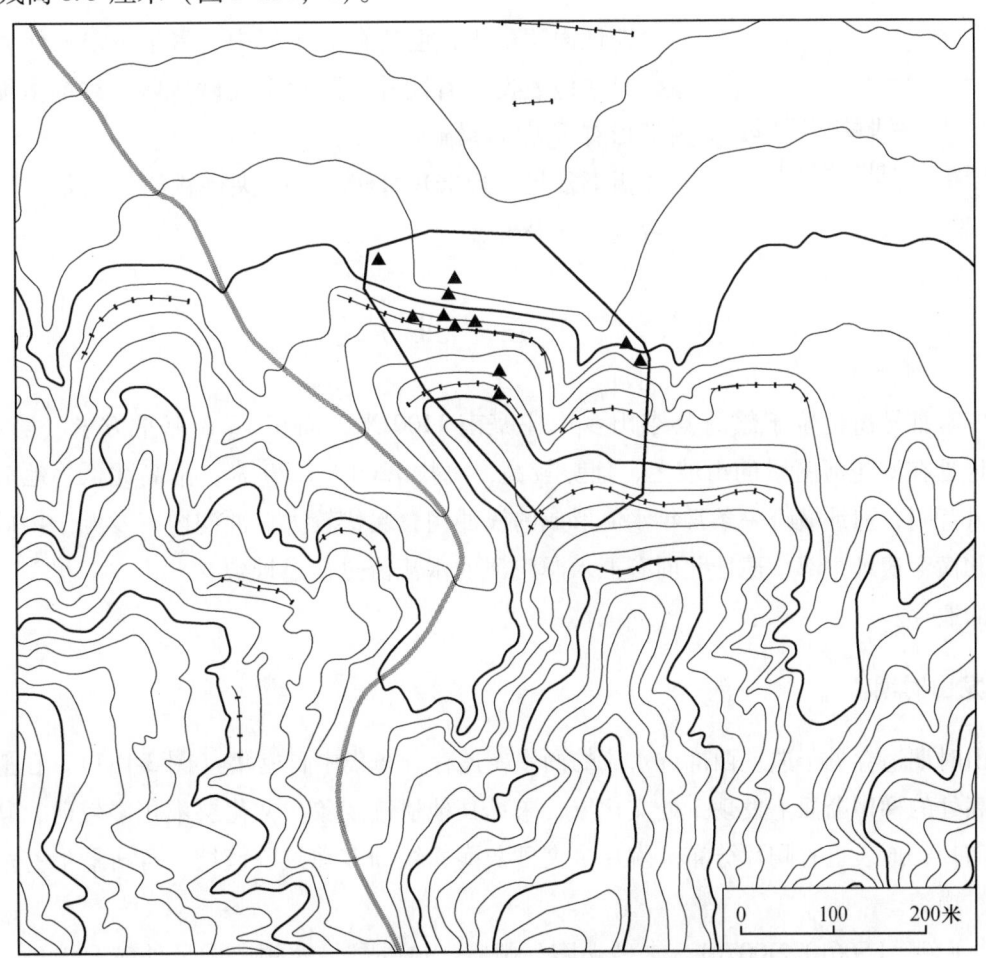

图3-185 中庄寨Ⅰ号遗址二里头时期遗存分布图

盆　1件。FS061021G003：3，夹砂黑灰陶。圆唇，翻沿，深腹。器表饰旋断绳纹（图3-184，3）。

豆　1件。FS061021C002：1，夹砂灰陶。方唇，敞口，斜腹，柄部残。底部饰绳纹（图3-184，9）。

六五、中庄寨Ⅱ号遗址

中庄寨Ⅱ号遗址位于繁峙县东山乡中庄寨村东南1900米，面积较小，只有0.4万平方米。遗址处在滹沱河南岸的山坡较高处，地势较高，海拔1260～1290米，西高东低，遗址所处地势略显开阔，但有一定的起伏。遗址东面有发源于山间的水流由南向北流过。遗址只有龙山时期的遗存（图3-183）。

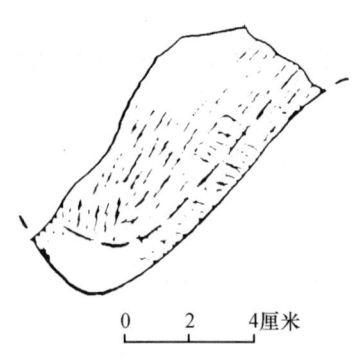

图3-186　中庄寨Ⅱ号遗址陶器蛋形瓮足（FS061021F001：1）

遗址面积虽小，但遗存分布集中、密集。未见任何遗迹现象，只在地表发现有陶片。陶片多夹砂灰陶，纹饰多绳纹，可辨器形有蛋形瓮、罐等。

蛋形瓮足　FS061021F001：1，夹砂褐陶。空足。足部饰细绳纹（图3-186）。

六六、中庄寨Ⅲ号遗址

中庄寨Ⅲ号遗址位于繁峙县东山乡中庄寨南1100米，面积16.3万平方米（彩版二一，1）。遗址处在滹沱河南岸的山坡上，地势较高，海拔1200～1270米，南高北低，地势逐渐降低，迎风背阴，遗址横跨一条常年水流形成的浅冲沟，起伏较大。冲沟内有发源于山间的水流由南向北横穿遗址中部，遗址北面有汇入滹沱河的水流流过。遗址包含龙山、二里头、东周三个时期的遗存。

1. 龙山时期

龙山时期遗存见于遗址西部、水流的西岸，遗存分布集中且密集（图3-187）。在遗址西部偏南较高处的梯田断面上发现3处文化层，未见其他遗迹现象。文化层堆积多较薄，其内包含有较多陶片，地表也有陶片分布。陶片多夹砂灰陶，纹饰多绳纹、篮纹，可辨器形有鬲、蛋形瓮、盆、罐等。

鬲　1件。FS061022I007：1，夹砂褐陶。圆唇，口外翻，矮领，袋足外鼓。袋足一侧有桥形耳，器表饰绳纹。口径10、残高7.5厘米（图3-188，9）。

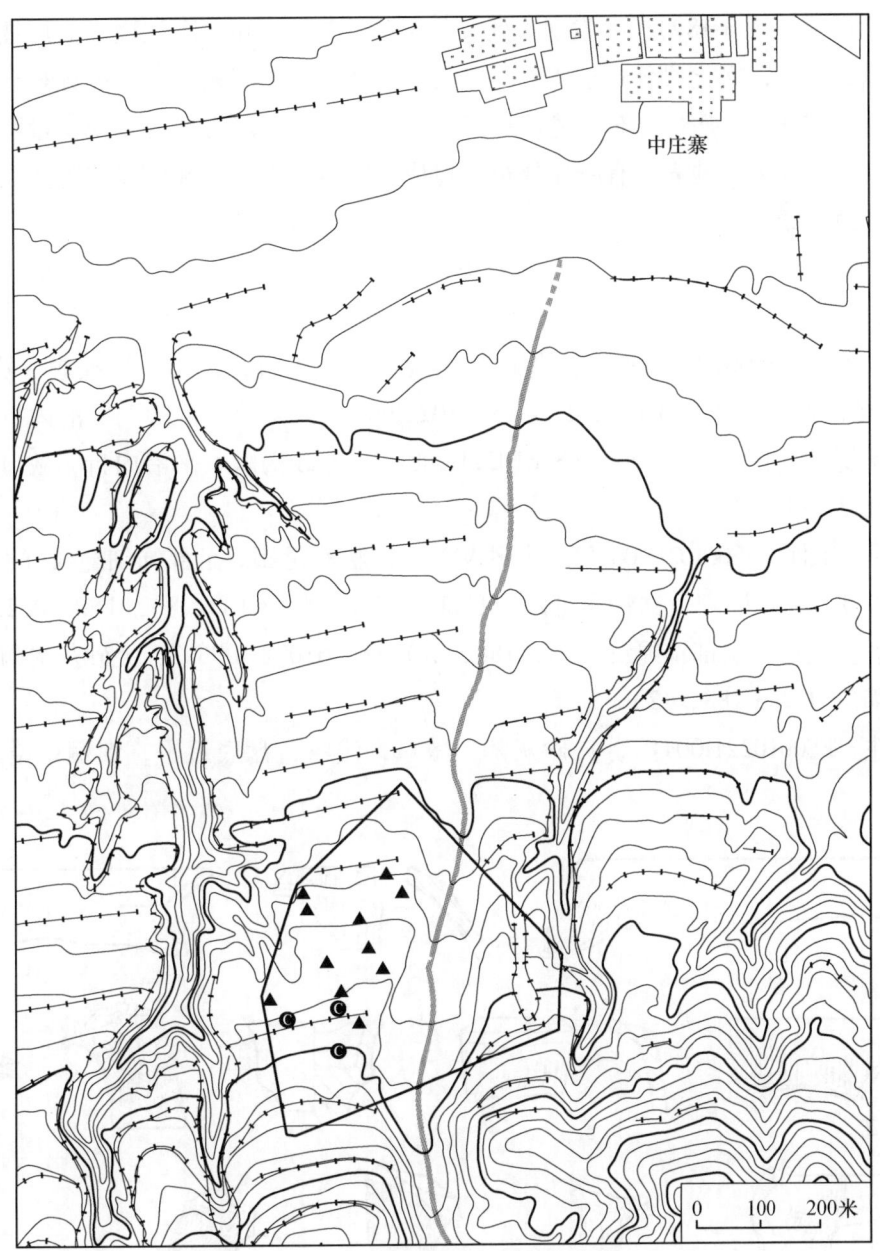

图 3-187 中庄寨Ⅲ号遗址龙山时期遗存分布图

蛋形瓮 1件。FS061022I001:1，夹砂褐陶。方唇，敛口，鼓腹。器表有篮纹（图3-188，2）。

盆 1件。FS061021G009-C:1，泥质灰陶。器薄，圆唇，折沿，深腹。素面。口径20、残高4.8厘米（图3-188，3）。

2. 二里头时期

二里头时期遗存分布于整个遗址，遗存分布疏密不等，遗址西部偏北遗存分布密集，其他位置分布较为稀疏（图3-189）。共发现1处文化层、1个灰坑和1座红烧土面房址，全部暴露于梯田的断面，其中，文化层分布于遗址西部偏南较高处，堆积较厚；灰坑分布于遗址最西部位置较低处，为袋状坑；房址分布于遗址最东部，为半地穴式。房址内发现少量陶片，文化层和灰坑内发现陶片较多，地表也有陶片分布。陶片多夹砂灰陶，纹饰以绳纹为主，可辨器形有鬲、蛋形瓮、豆、罐等。

鬲足　1件。FS061022G003：1，夹砂灰褐陶。空袋足，有锥状实足跟。跟部饰绳纹（图3-188，10）。

蛋形瓮　3件。FS061022I005：1，夹砂灰褐陶。平沿内折，敛口，深鼓腹。器表饰绳纹。口径22、残高5.2厘米（图3-188，1）。FS061022I007：2，夹砂灰褐陶。平沿内折，敛口，深鼓腹。腹部饰绳纹（图3-188，4）。FS061022H008：1，夹砂褐陶。平沿内折，敛口，深腹。器表有绳纹（图3-188，5）。

蛋形瓮足　4件。FS061021H008：1，夹砂灰陶。柱状实足跟。足部饰细绳纹（图3-188，7）。FS061022I008：1，夹砂褐陶。锥状实足跟。足部饰绳纹（图3-188，8）。FS061022H006：1，夹砂褐陶。矮胖实足跟。足部饰绳纹（图3-188，11）。FS061022H006：2，夹砂灰褐陶。柱状实足跟。足部饰绳纹（图3-188，12）。

豆　1件。FS061022H004：1，夹砂灰陶。敞口，浅盘，盘底近平，细柄中空。素面（图3-188，6）。

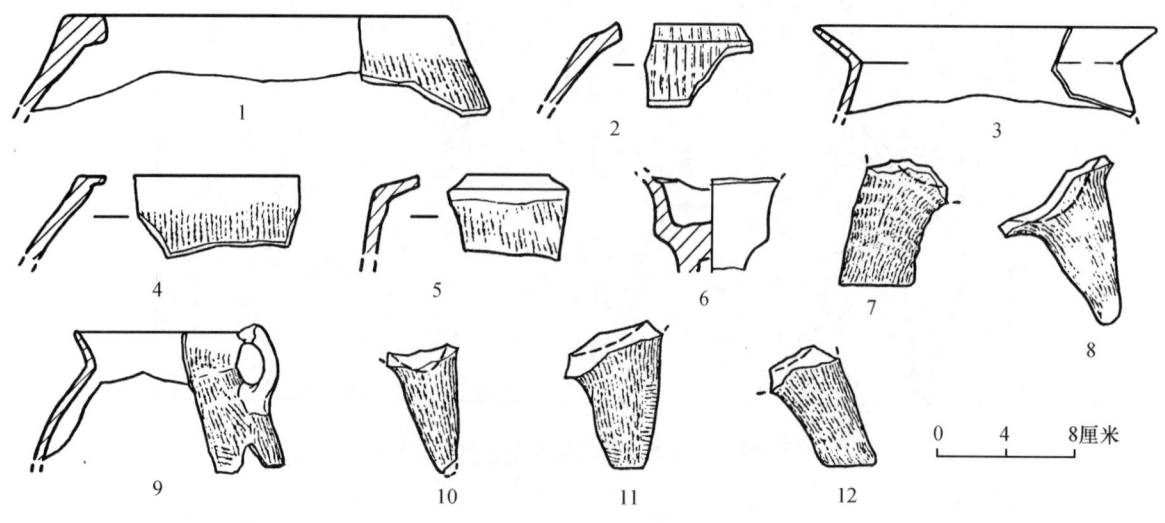

图3-188　中庄寨Ⅲ号遗址陶器

1、2、4、5. 蛋形瓮（FS061022I005：1、FS061022I001：1、FS061022I007：2、FS061022H008：1）　3. 盆（FS061021G009-C：1）
6. 豆（FS061022H004：1）　7、8、11、12. 蛋形瓮足（FS061022I008：1、FS061021H008：1、FS061022H006：1、FS061022H006：2）
9. 鬲（FS061022I007：1）　10. 鬲足（FS061022G003：1）
（1、4~8、10~12. 二里头时期；2、3、9. 龙山时期）

3. 东周时期

东周时期遗存见于遗址北部位置较低处，遗存分布稀疏（图 3-190）。未见任何遗迹现象，只在地表发现有陶片。陶片多夹砂灰陶，纹饰以绳纹为主，可辨器形有罐等。

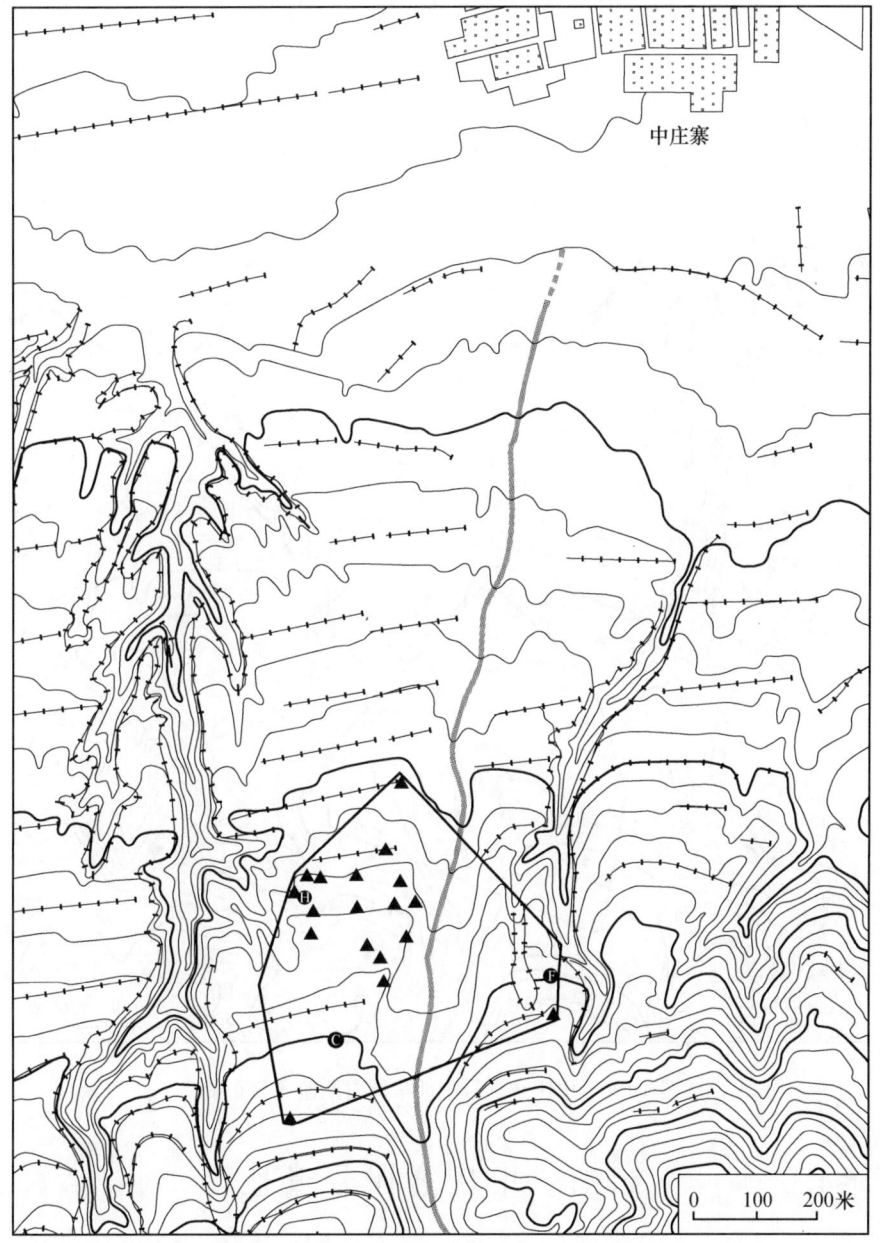

图 3-189　中庄寨Ⅲ号遗址二里头时期遗存分布图

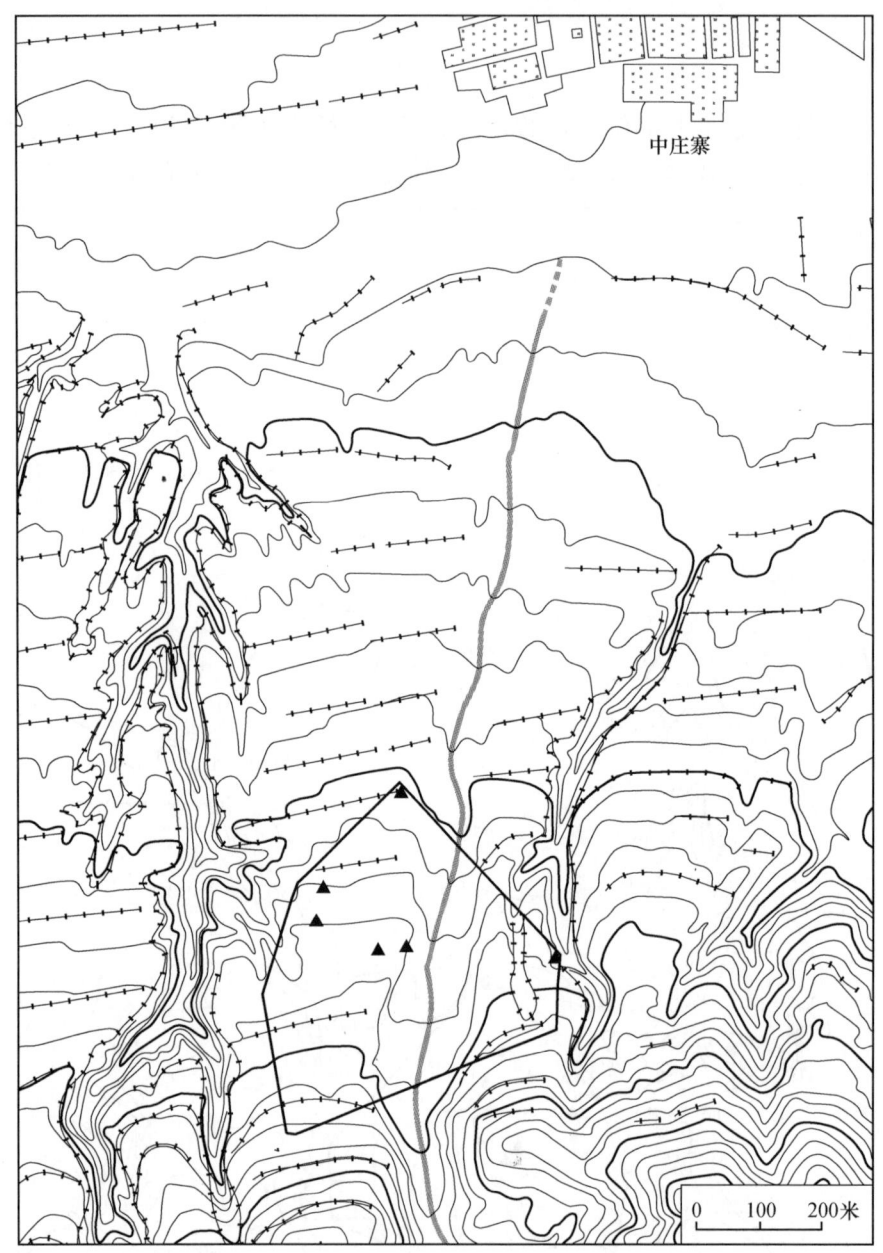

图 3-190　中庄寨Ⅲ号遗址东周时期遗存分布图

六七、中庄寨Ⅳ号遗址

　　中庄寨Ⅳ号遗址位于繁峙县东山乡中庄寨西南 1400 米，面积 10.8 万平方米（彩版二一，1）。遗址处在滹沱河南岸的山坡上，地势较高，海拔 1210～1270 米，南高北低，地势略显开阔，迎风背阴，有一定的坡度，有一定的起伏。遗址东面有冲沟，西面有发源于山间的水流由南向北流过。遗址包含仰韶、龙山、二里头、东周四个时期的遗存，其中，东周时期的遗存部分可进一步确认为战国时期。

1. 仰韶时期

仰韶时期遗存主要分布于遗址最西部，位置较低处，分布范围虽小，但比较集中（图3-191）。只发现1座红烧土面房址，为半地穴式，形状、长度不清，未见其他遗迹现象。房址内包含有较多陶片，地表也有零星陶片分布。陶片多泥质红陶，纹饰有线纹，可辨器形有尖底瓶、钵、罐等。

尖底瓶 1件。FS061022F001-F:1，泥质红陶。鼓腹，尖底。素面，有泥条盘筑的痕迹（图3-194，2）。

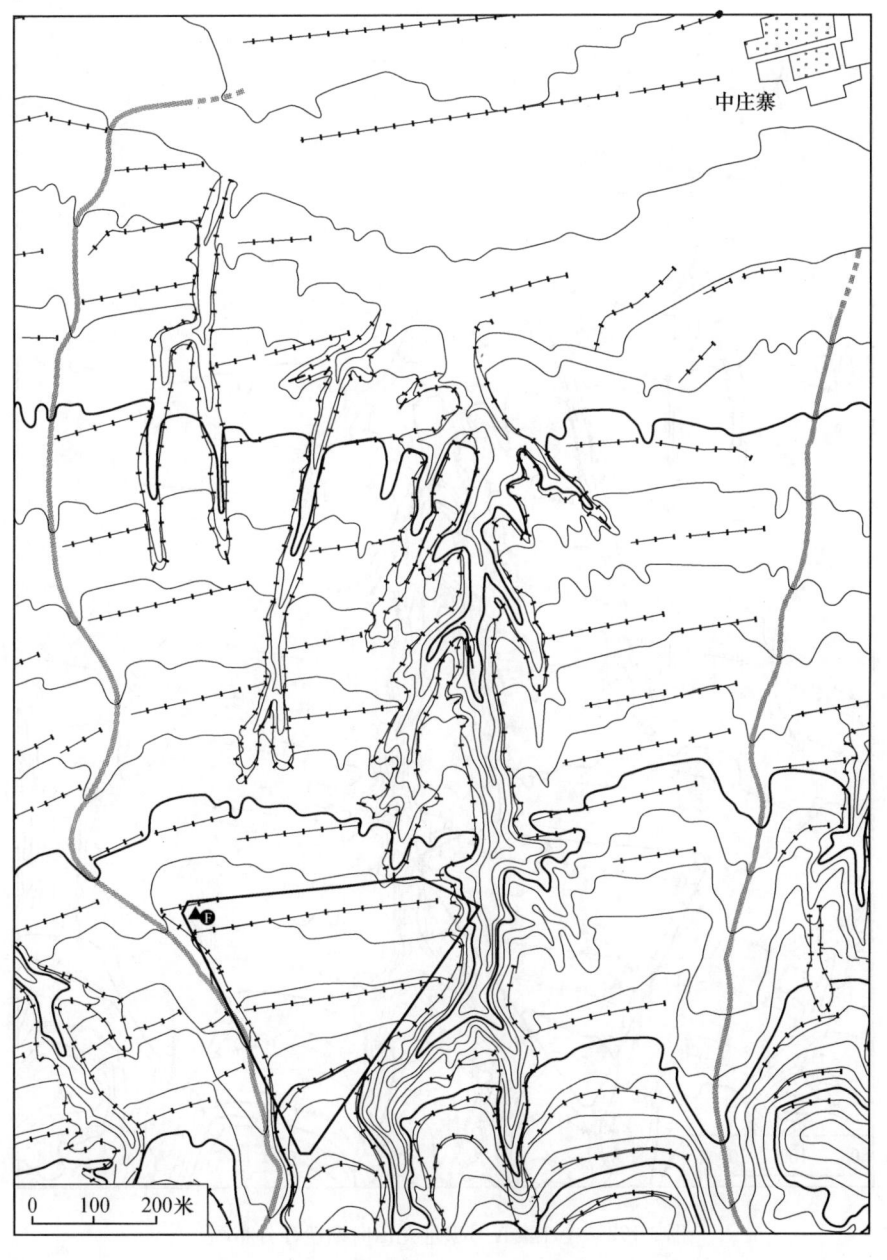

图3-191 中庄寨Ⅳ号遗址仰韶时期遗存分布图

罐　1件。FS061022F001-F:2，夹砂灰黑陶。厚圆唇，近直口，微束颈，深腹。沿内外各有一周凹槽，腹部饰线纹（图3-194，1）。

2. 龙山时期

龙山时期遗存基本分布于整个遗址，遗存分布略显稀疏（图3-192）。只在遗址西部发现1处文化层，未见其他遗迹现象。文化层内包含有少量陶片，地表也有陶片分布。陶片多夹砂灰陶，纹饰多绳纹，可辨器形有鬲、罐等。

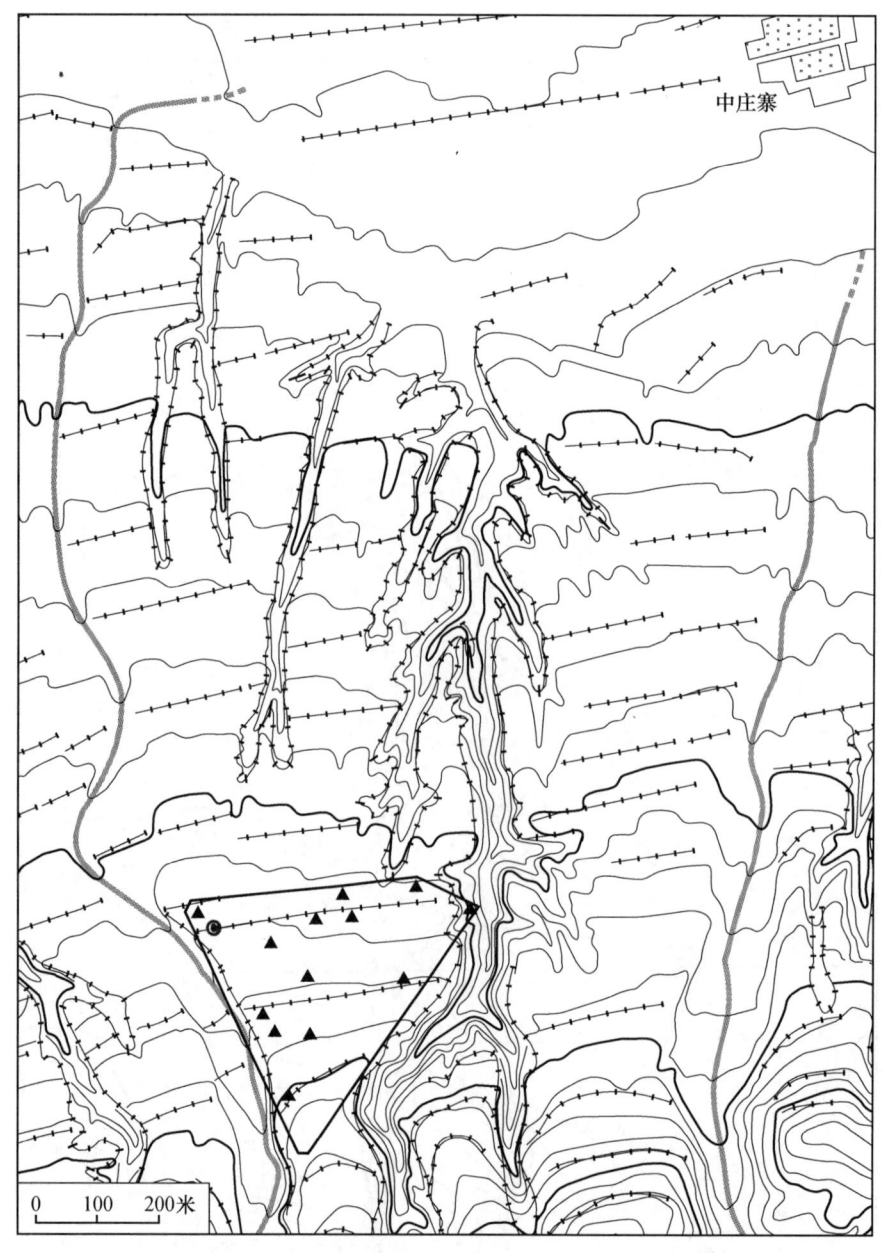

图3-192　中庄寨Ⅳ号遗址龙山时期遗存分布图

罐　2件。FS061022B002：1，夹砂褐陶。鼓腹，平底。素面。口径13、残高4.5厘米（图3-194，3）。FS061022L006：1，夹砂灰陶。鼓腹，平底。腹部饰绳纹（图3-194，4）。

3. 二里头时期

二里头时期遗存见于遗址中、南部偏西位置，只有零星分布，遗存分布非常稀疏（图3-193）。未见任何遗迹现象，只在地表发现零星陶片。陶片多灰陶，纹饰以绳纹为主，可辨器形有蛋形瓮等。

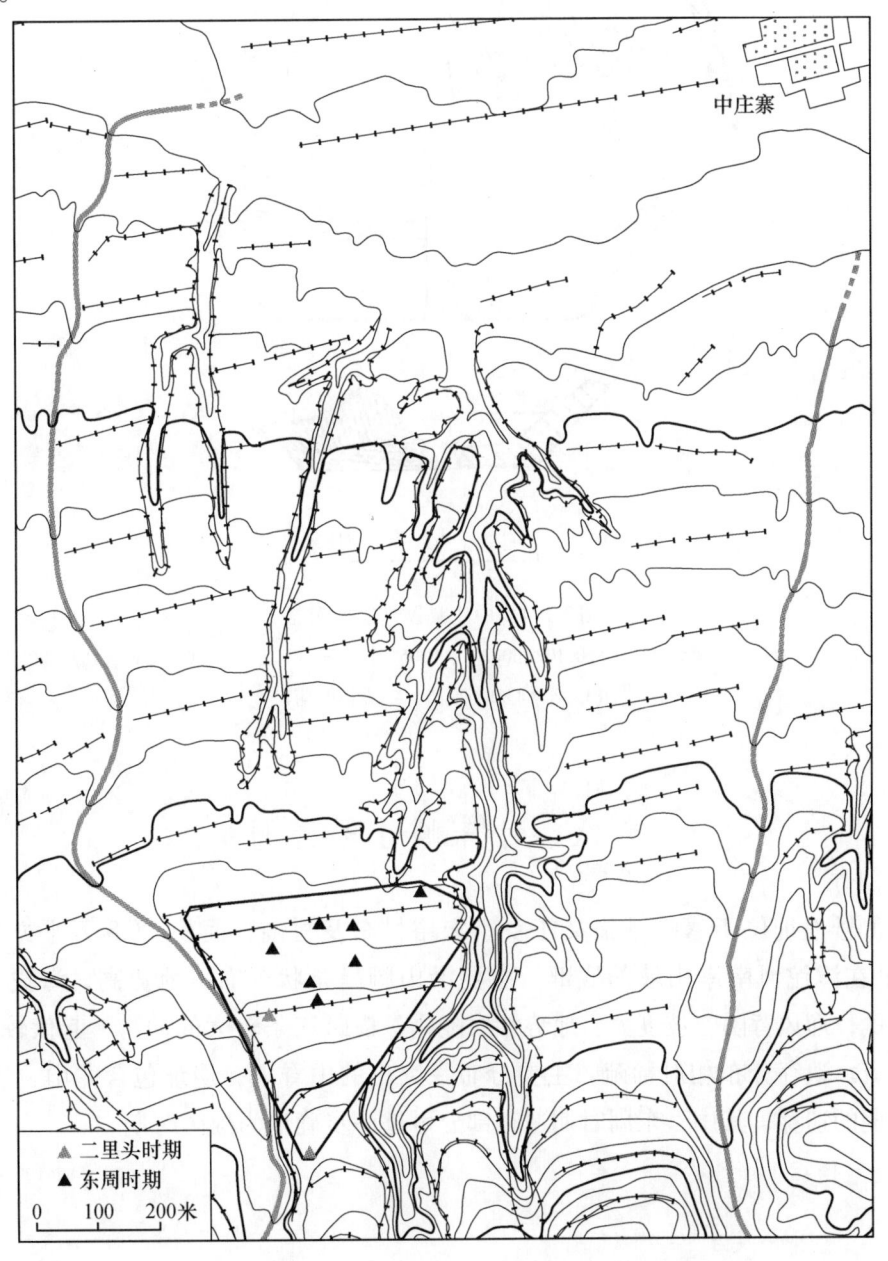

图3-193　中庄寨Ⅳ号遗址二里头、东周时期遗存分布图

4. 东周时期

东周时期遗存见于遗址北、中部位置较低处，遗存分布略显稀疏（图3-193）。未见任何遗迹现象，只在地表发现有陶片，陶片多夹砂灰陶，纹饰以绳纹为主，有粗大绳纹，可辨器形有盆、罐等。

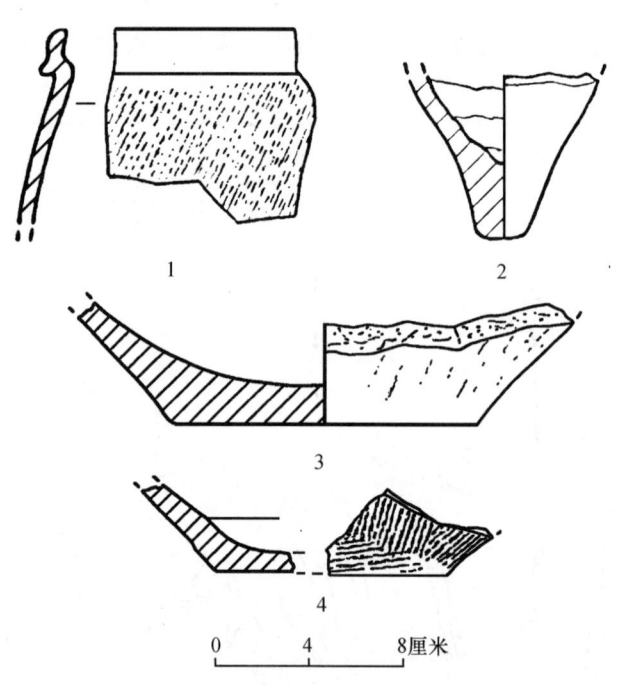

图 3-194　中庄寨Ⅳ号遗址陶器

1、3、4. 罐（FS061022F001-F:2、FS061022B002:1、FS061022L006:1）　2. 尖底瓶（FS061022F001-F:1）

（1、2. 仰韶时期；3、4. 龙山时期）

六八、小宋峪Ⅰ号遗址

小宋峪Ⅰ号遗址位于繁峙县集义庄乡小宋峪村东及村南，面积23.8万平方米（彩版二二）。遗址处在滹沱河南岸山坡的底部，主要沿山脚呈条状分布，地势高，海拔1170～1320米，南高北低，迎风背阴，坡度大，地势相对陡峭，横跨三条较大的冲沟，起伏较大。冲沟内有季节性水流。遗存分布相对稀疏，主要分布在突出的山脊上，遗址包含龙山、二里头、商、东周四个时期的遗存，其中，东周时期遗存部分可进一步确认为战国时期。

1. 龙山时期

龙山时期遗存分布于整个遗址，遗存分布相对稀疏（图3-195）。只在遗址北部偏东发现1个灰坑，未见其他遗迹现象。灰坑内包含物丰富，尤以陶片最多，地表也有陶片分布。陶片多夹砂灰陶，纹饰多绳纹、篮纹，可辨器形有鬲、甑、罐等。

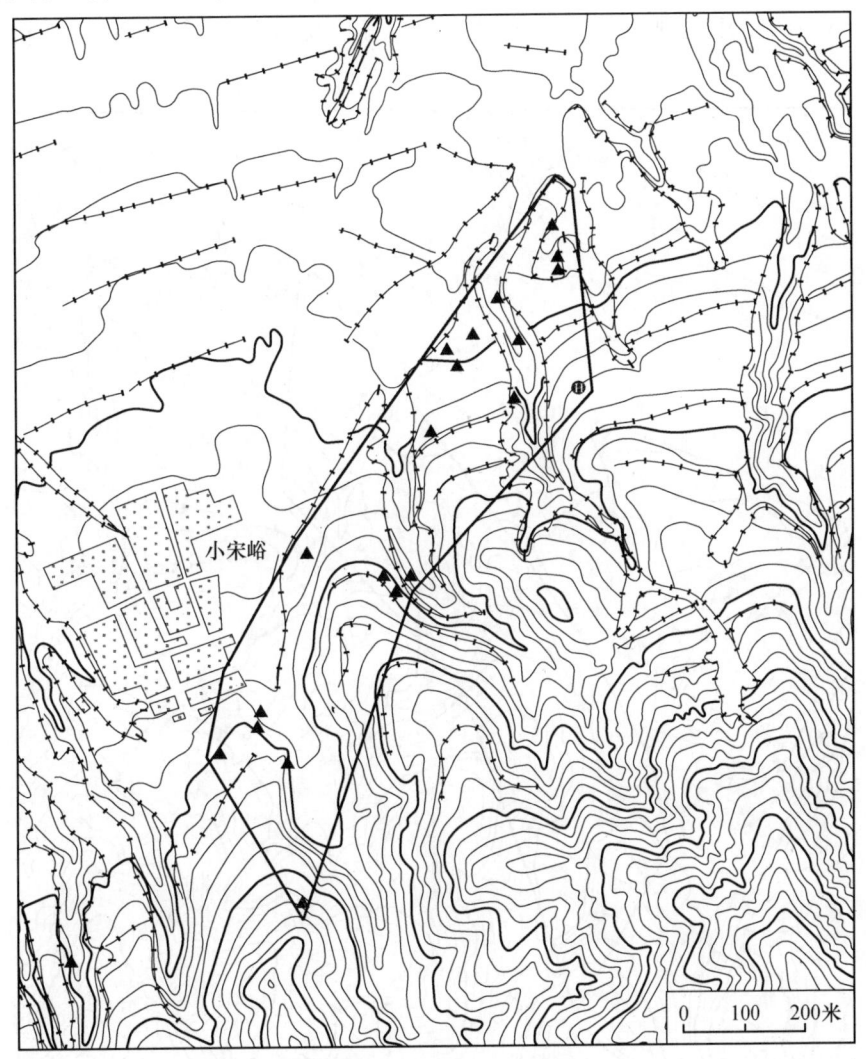

图3-195 小宋峪Ⅰ号遗址龙山时期遗存分布图

甑 1件。FS061022D004:1，夹砂灰陶（夹细砂）。深腹，平底，底部多箅孔。腹部饰篮纹。底径18、残高2.4厘米（图3-199，2）。

小罐 1件。FS061022C002-H：1，夹砂灰褐陶。深鼓腹，平底。素面，腹部有纽状鋬手。底径6.8、残高8厘米（图3-199，4）。

2. 二里头时期

二里头时期遗存只见于遗址南部，只有零星发现，遗存分布稀疏（图3-196）。未见任何遗迹现象，只在地表发现有陶片。陶片多灰陶，纹饰以绳纹为主，可辨器形有蛋形瓮等。

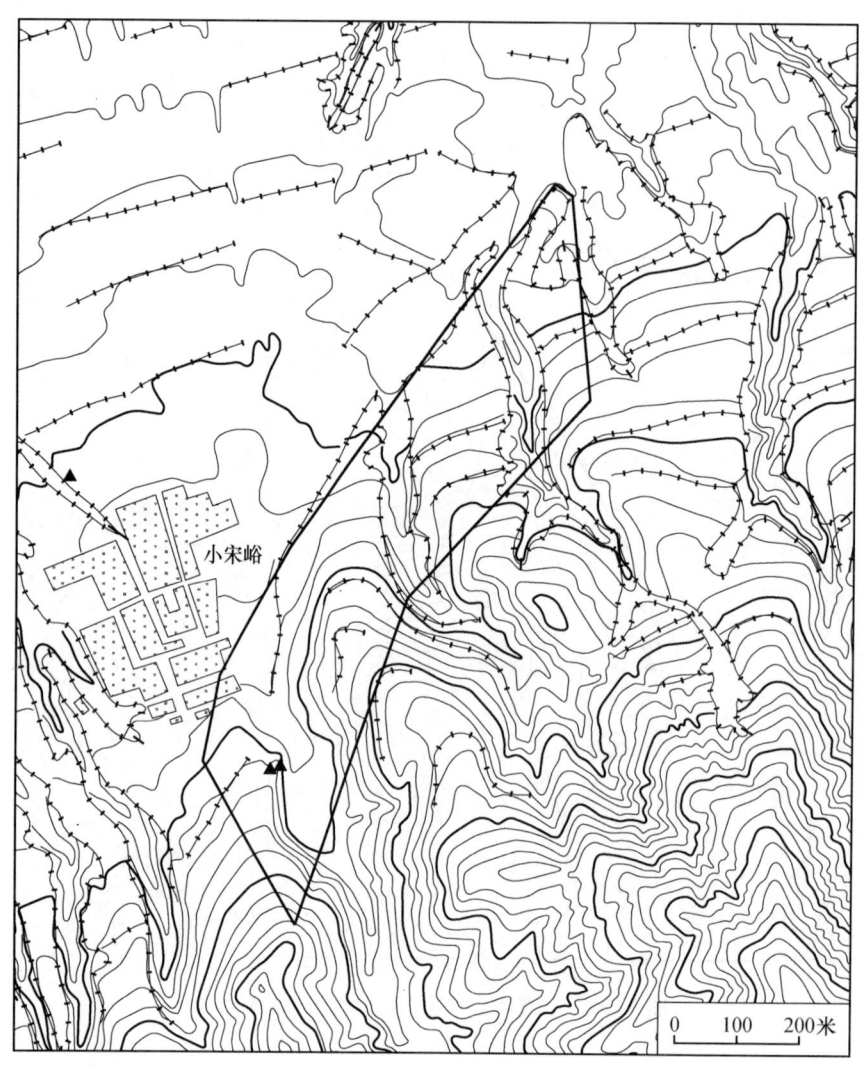

图3-196 小宋峪Ⅰ号遗址二里头时期遗存分布图

3. 商时期

商时期遗存只见于遗址南部，只有个别分布，遗存分布非常稀疏（图 3-197）。未见任何遗迹现象，只在地表发现少量陶片。陶片多灰陶，纹饰多绳纹，可辨器形有豆等。

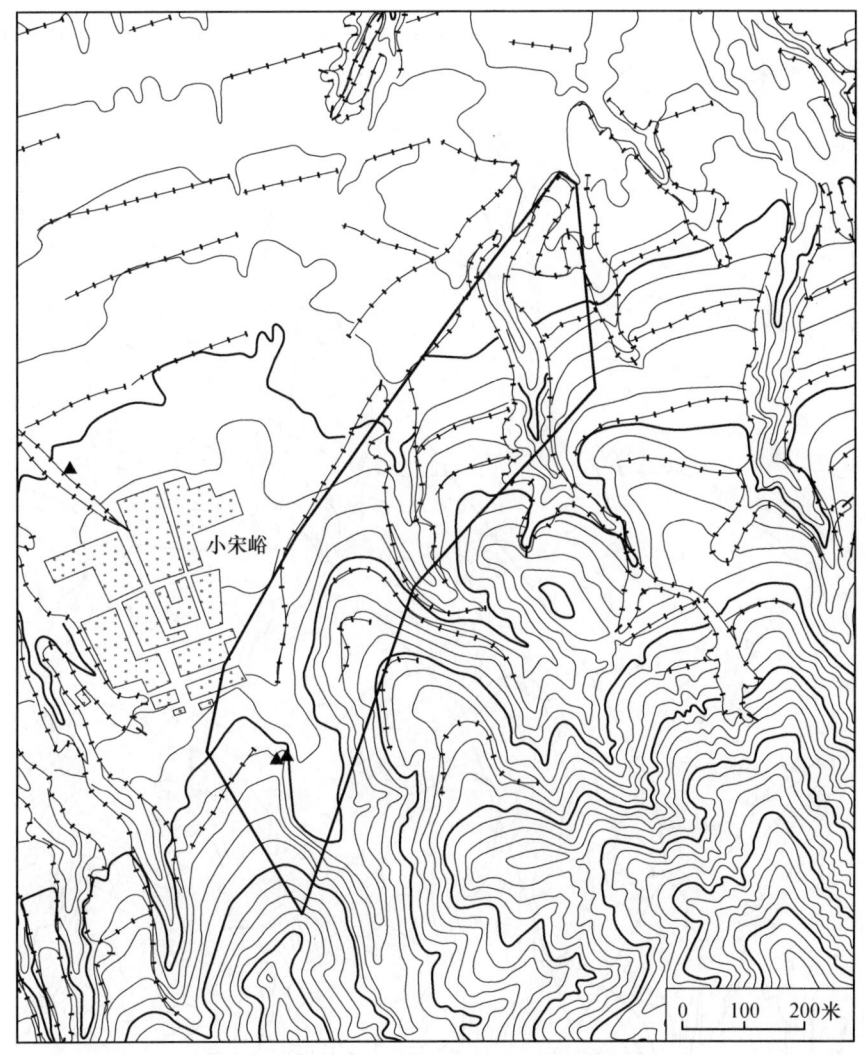

图 3-197 小宋峪 I 号遗址商时期遗存分布图

豆　1件。FS061022E001：1，泥质灰陶。方唇，浅盘，粗柄。盘外有两周凹旋纹。口径16、残高9.2厘米（图 3-199，3）。

4. 东周时期

东周时期遗存除遗址北端零星发现外，主要分布于遗址南部，南部遗存分布密集（图3-198）。只在遗址南部发现1个灰坑，未见其他遗迹现象。灰坑内包含有较多陶片，地表也发现有陶片。陶片多夹砂灰陶，纹饰以绳纹为主，可辨器形有盆、罐等。

罐 1件。FS061022F004∶1，夹砂灰陶。近方唇，翻沿，束颈，鼓腹。腹部饰粗大绳纹。口径28、残高17厘米（图3-199，1）。

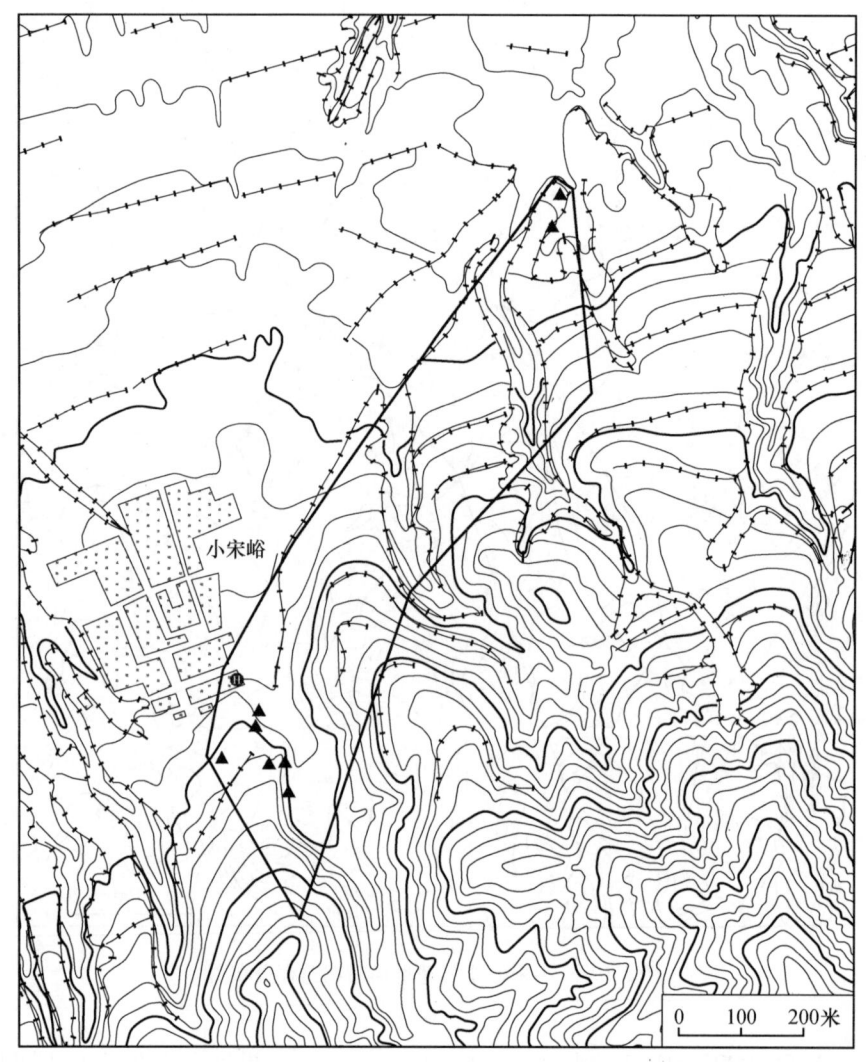

图3-198 小宋峪Ⅰ号遗址东周时期遗存分布图

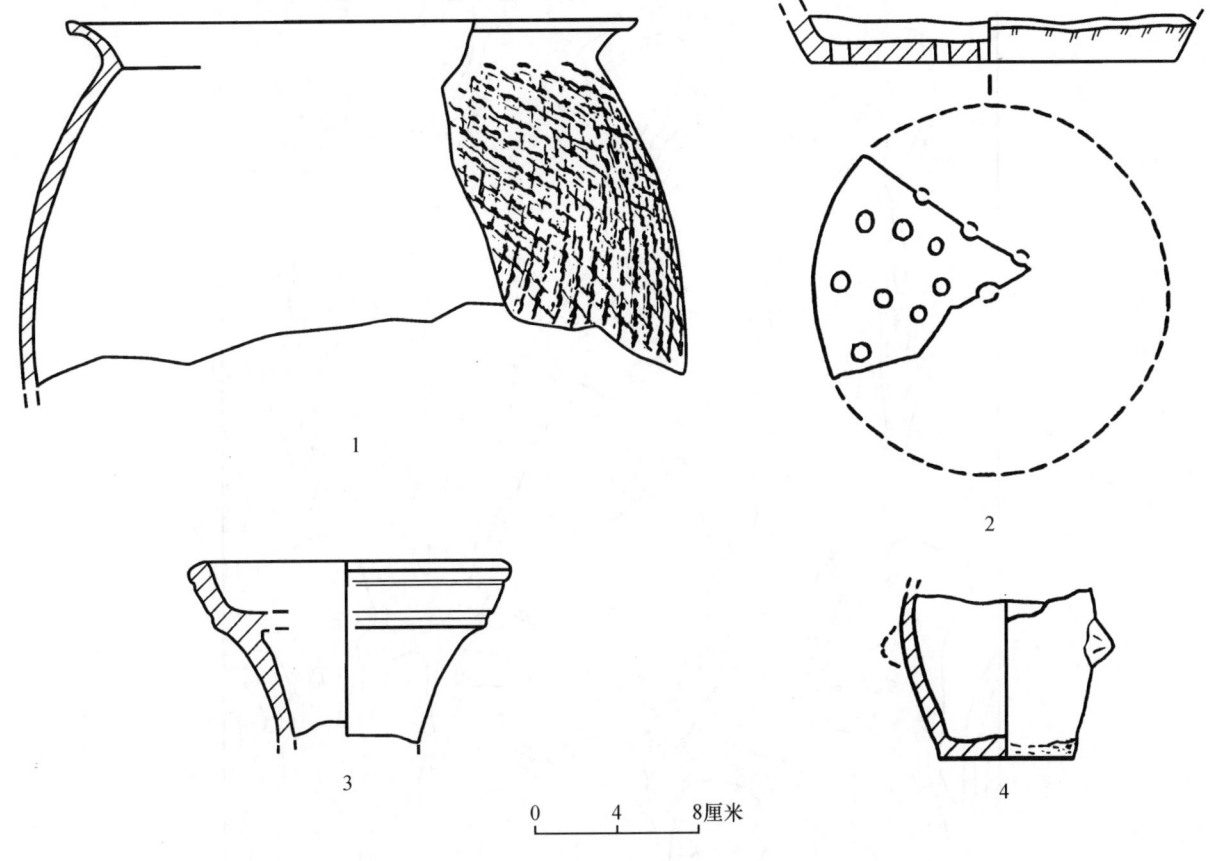

图 3-199　小宋峪 I 号遗址陶器

1. 罐（FS061022F004:1）　2. 甑（FS061022D004:1）　3. 豆（FS061022E001:1）

4. 小罐（FS061022C002-H:1）

（1. 东周时期；2、4. 龙山时期；3. 商时期）

六九、小宋峪 II 号遗址

小宋峪 II 号遗址位于繁峙县集义庄乡小宋峪村西南 800 米，面积较小，只有 0.3 万平方米（彩版二二）。遗址处在滹沱河南岸的山坡上，海拔 1260～1270 米，南高北低，遗址所在地势相对平缓。遗址东、西两面都有冲沟，与季节性水流有关。遗存分布相对稀疏，遗址包含二里头、东周两个时期的遗存。

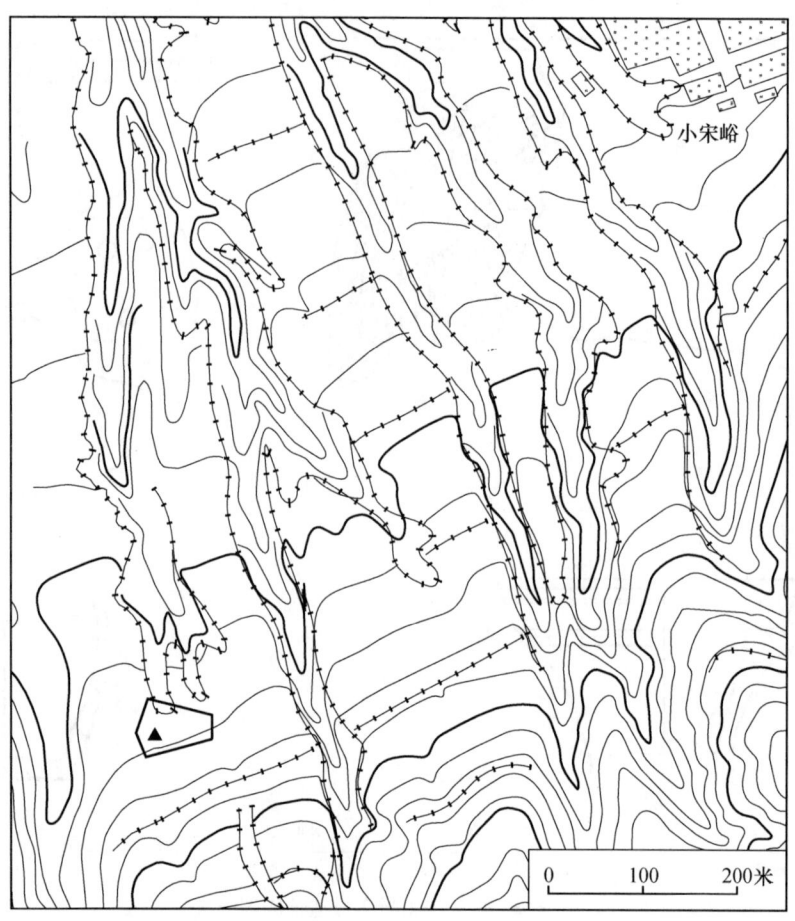

图 3-200　小宋峪Ⅱ号遗址二里头时期遗存分布图

1. 二里头时期

二里头时期遗存只见于遗址西部，仅有个别发现，遗存分布非常稀疏（图 3-200）。未见任何遗迹现象，只在地表发现少量陶片。陶片多灰陶，纹饰以绳纹为主。

2. 东周时期

东周时期遗存见于整个遗址，遗存分布略显稀疏（图 3-202）。未见任何遗迹现象，只在地表发现有陶片。陶片多夹砂灰陶，纹饰以绳纹为主，可辨器形有豆、罐等。

豆　1件。FS061025F001:1，泥质灰陶。细柄中空，高圈足。素面（图 3-201）。

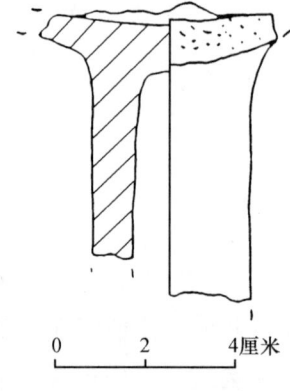

图 3-201　小宋峪Ⅱ号遗址东周时期陶器豆（FS061025F001:1）

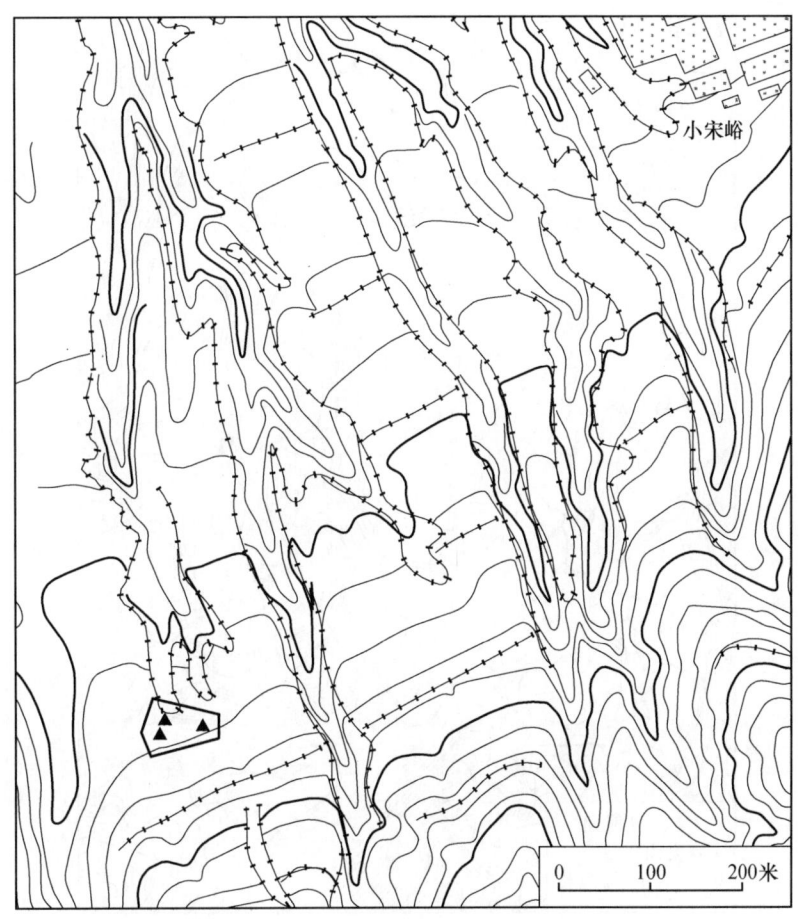

图 3-202　小宋峪Ⅱ号遗址东周时期遗存分布图

七〇、大宋峪Ⅰ号遗址

大宋峪Ⅰ号遗址位于繁峙县集义庄乡大宋峪村东南 200 米，面积 2.4 万平方米（彩版二三）。遗址处在滹沱河南岸山坡的较高处，海拔 1325~1390 米，东高西低，坡度大，地势较高较陡，起伏较大。遗址南面有发源于山间的季节性水流流过，遗存分布稀疏，遗址包含龙山、二里头两个时期的遗存。

1. 龙山时期

龙山时期遗存分布于遗址绝大多部分区域，遗存分布稀疏（图 3-203）。只在遗址中部发现 1 座白灰面房址，未见其他遗迹现象。房址内发现遗物很少，地表发现有陶片。陶片多夹砂灰陶，纹饰多绳纹，可辨器形有蛋形瓮等。

在遗址北 400 米处发现有这个时期的零星陶片。

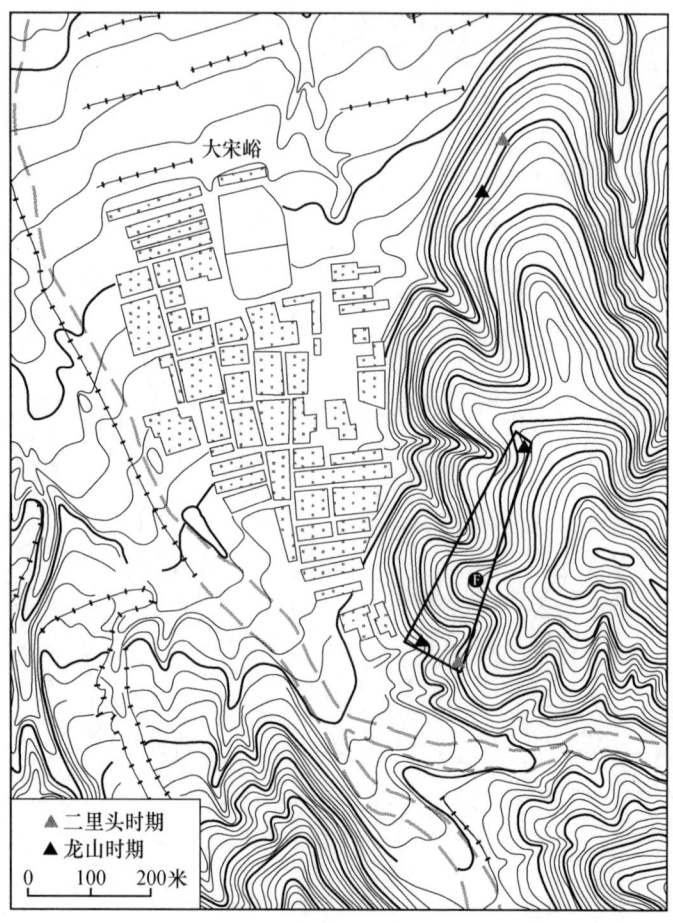

图 3-203　大宋峪Ⅰ号遗址遗存分布图

蛋形瓮足　1 件。FS061026C002:1，夹砂褐陶。空袋足。足部饰绳纹（图 3-204）。

2. 二里头时期

二里头时期遗存只见于遗址最南部，仅有个别发现，遗存分布非常稀疏（图 3-203）。未见任何遗迹现象，只在地表发现少量陶片。陶片多灰陶，纹饰以绳纹为主。

在遗址北 450 米处发现有这个时期的零星陶片。

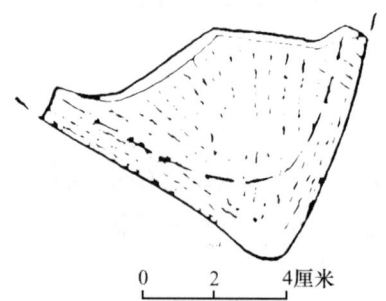

图 3-204　大宋峪Ⅰ号遗址龙山时期陶器

蛋形瓮足（FS061026C002:1）

七一、大宋峪Ⅱ号遗址

大宋峪Ⅱ号遗址位于繁峙县集义庄乡大宋峪村东南 250 米,面积较小,只有 0.4 万平方米(彩版二三)。遗址处在滹沱河南岸山坡的底部,海拔 1320~1335 米,所在位置较低,地势相对平缓,起伏较小。遗址处在两河交汇的三角区域,遗址北、西面都有发源于山间的季节性水流流过,并汇合于遗址西北。遗存分布范围虽小,但分布密集,遗址包含龙山、二里头、东周三个时期的遗存。

1. 龙山时期

龙山时期遗存见于遗址东部,遗存分布稀疏(图 3-205)。只在遗址东南角发现 1 处文化层,堆积较薄,未见其他遗迹现象。文化层内包含有较多陶片,地表也有零星陶片发现。陶片多夹砂灰陶,纹饰多绳纹,可辨器形有鬲、蛋形瓮等。

蛋形瓮足 1 件。FS061026B001:1,夹砂褐陶。空袋足,底微突。器表饰绳纹(图 3-206,3)。

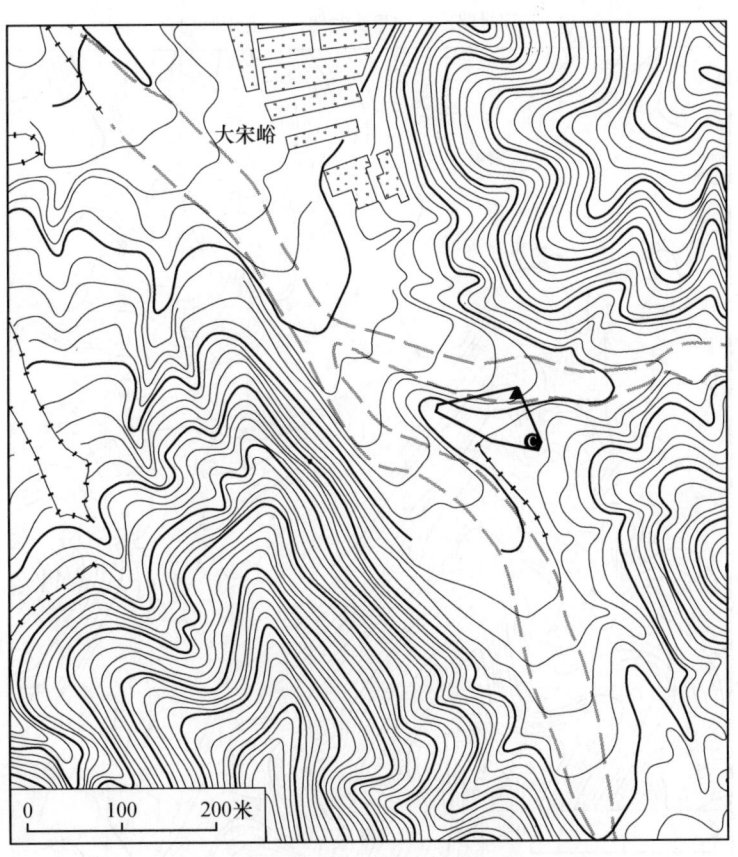

图 3-205　大宋峪Ⅱ号遗址龙山时期遗存分布图

2. 二里头时期

二里头时期遗存见于遗址中、东部,遗存分布密集(图 3-207)。只发现 2 处文化层,堆积均较薄,未见其他遗迹现象。文化层内包含物丰富,地表也有零星发现。陶片多夹砂灰陶,纹饰以绳纹为主,可辨器形有鬲等。

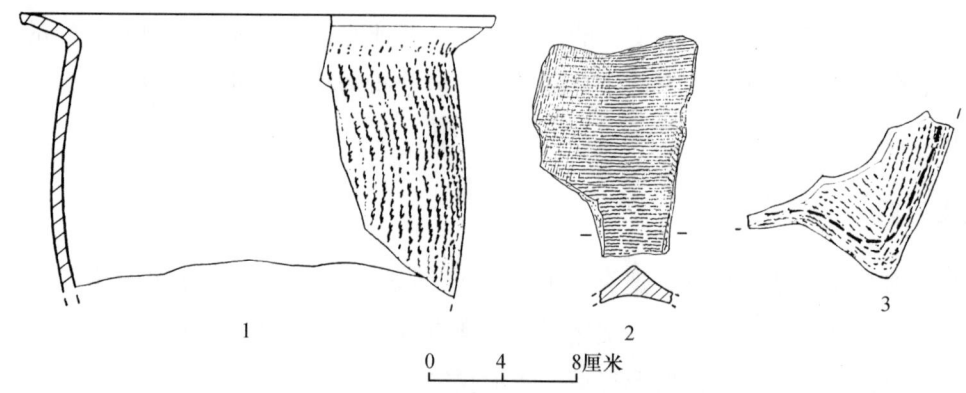

图 3-206　大宋峪Ⅱ号遗址陶器

1. 罐(FS061026I003-C:1)　2. 鬲(FS061026C003-C:1)　3. 蛋形瓮足(FS061026B001:1)

(1. 东周时期;2. 二里头时期;3. 龙山时期)

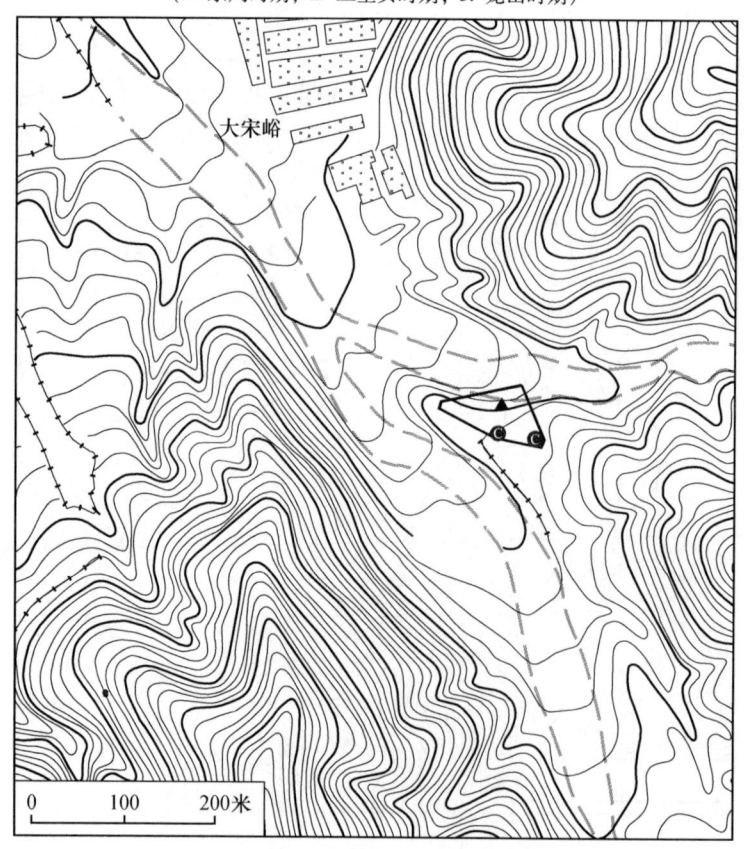

图 3-207　大宋峪Ⅱ号遗址二里头时期遗存分布图

鬲　1件。FS061026C003-C：1，夹砂灰褐陶。分裆，肥袋足。器表饰绳纹（图3-206，2）。

3. 东周时期

东周时期遗存见于遗址中、西部偏北位置，遗存分布略显稀疏（图3-208）。发现1处文化层和1个灰坑，文化层堆积薄，灰坑近桶形，深度不清。文化层内包含有较多陶片，但灰坑内发现陶片较少，地表也有零星陶片发现。陶片多夹砂灰陶，纹饰以绳纹为主，可辨器形有鬲、罐等。

罐　1件。FS061026I003-C：1，夹砂灰褐陶。方唇，大翻沿，深腹微鼓。腹部饰粗大绳纹。口径26、残高14.8厘米（图3-206，1）。

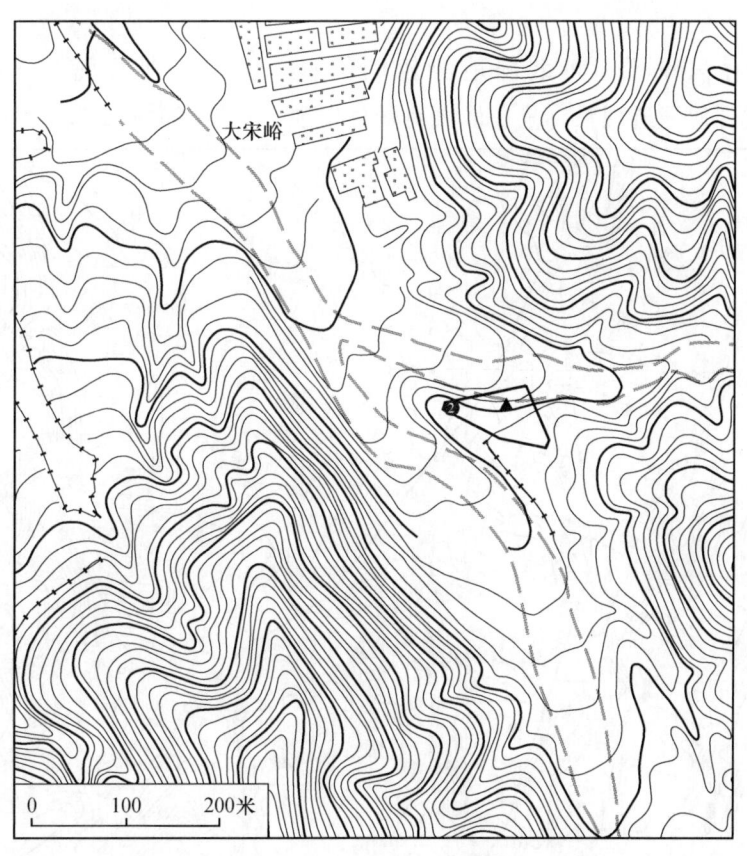

图3-208　大宋峪Ⅱ号遗址东周时期遗存分布图

七二、大宋峪Ⅲ号遗址

大宋峪Ⅲ号遗址位于繁峙县集义庄乡大宋峪村西，面积33.8万平方米（彩版二三）。遗址处在滹沱河南岸山坡的最底部、山前冲积扇的最高处，海拔1230～1375米，南高北低，内有多条深浅、宽窄不一的冲沟，北部地势相对平缓，南部地势则略显陡峭，整体地势起伏较大。遗址东面有发源于山间的季节性水流流过。遗存分布疏密不等，南部密集，北部稀疏（彩版九六，2）。遗址包含仰韶、龙山、二里头、东周四个时期的遗存，其中东周时期遗存部分可进一步确认为战国时期。

1. 仰韶时期

仰韶时期遗存只见于遗址北部地势较低位置，仅有个别发现，遗存分布非常稀疏（图3-209）。未见任何遗迹现象，只在地表有陶片发现。陶片多泥质红陶，多素面。

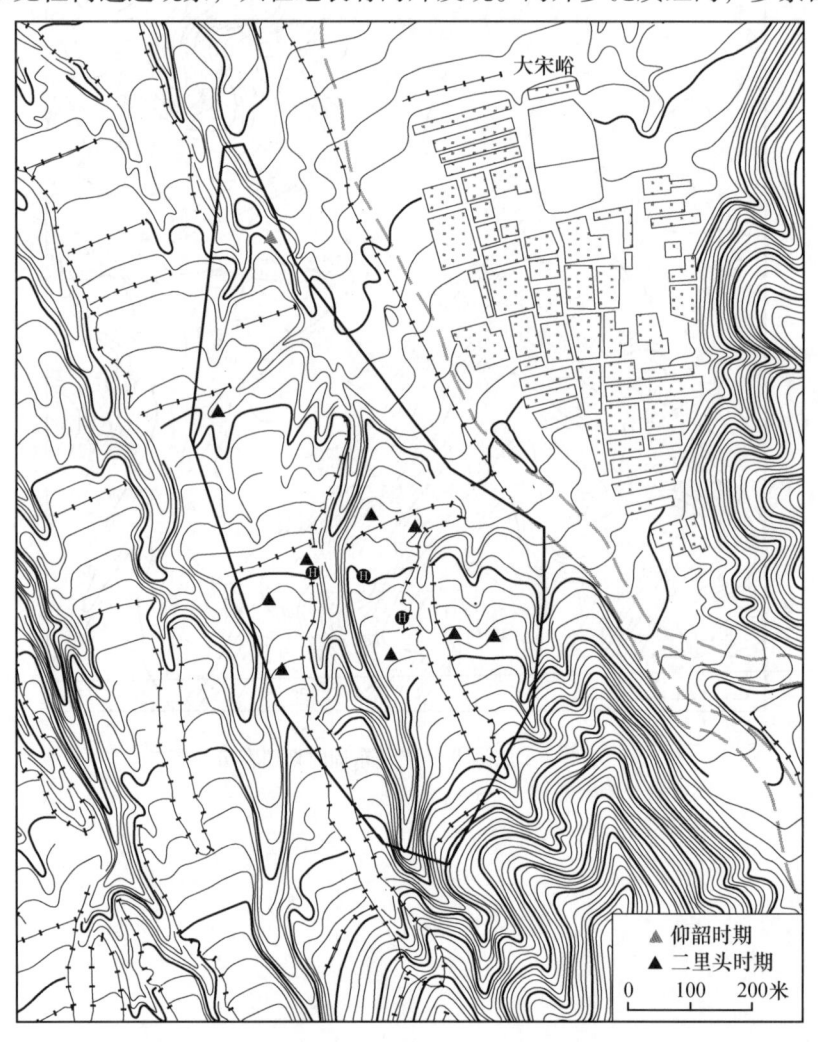

图3-209　大宋峪Ⅲ号遗址仰韶、二里头时期遗存分布图

2. 龙山时期

龙山时期遗存分布于整个遗址，其中，遗址北部遗存分布稀疏，中、南部较为密集（图3-210）。遗迹发现较多，共发现3处文化层和12个灰坑，全部分布在遗址中、南部，多暴露于梯田的断面，文化层堆积多较薄，灰坑多口大底小，但深浅不一。文化层和灰坑内大多包含物丰富，地表也发现较多遗物。遗物主要是陶片，此外，有少量石器。陶片多夹砂灰陶，纹饰多篮纹、绳纹，可辨器形有鬲、甗、盆、盘、带耳罐、高领罐、罐等。石器有石斧等。

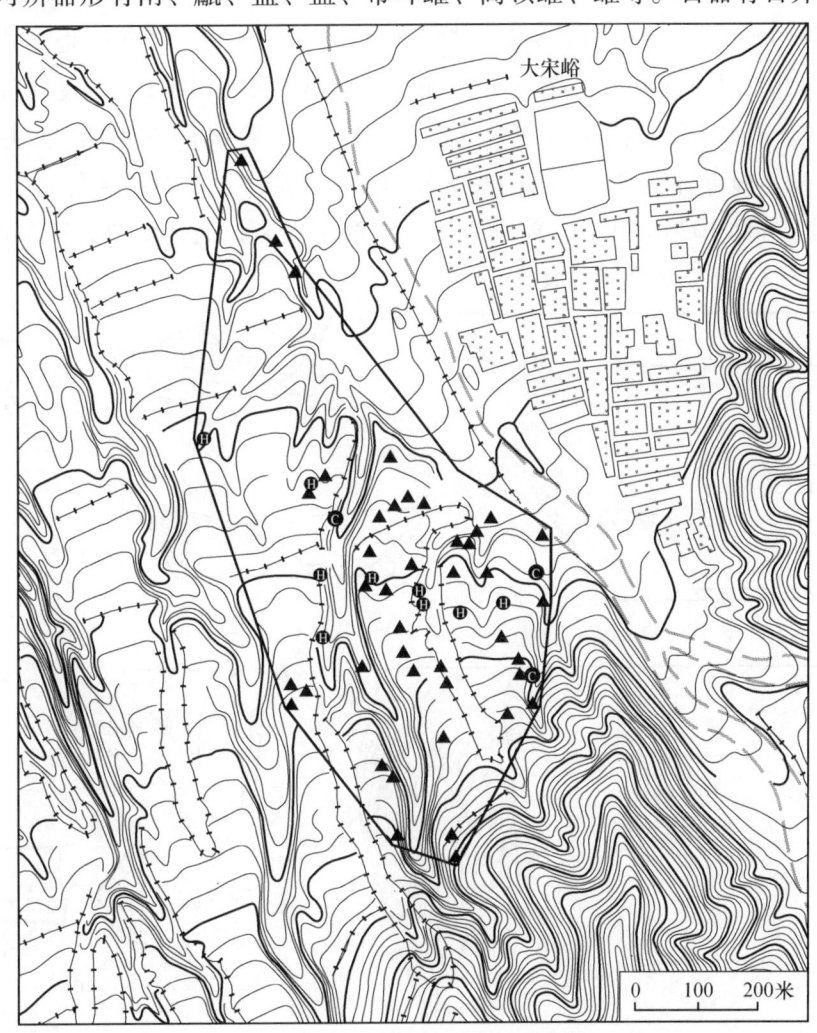

图 3-210　大宋峪Ⅲ号遗址龙山时期遗存分布图

陶甗　2件。FS061026F006-H1∶1，夹砂灰陶。敛口，鼓肩，深腹。口部有附加堆纹，腹部饰绳纹。口径36、残高22厘米（图3-211，7）。FS061026A017∶1，夹砂褐陶。深腹，束腰，有隔。腰部有附加堆纹，腹部饰绳纹（图3-211，2）。

陶盆　1件。FS081109F003-H∶1，夹砂褐陶。圆唇，口外翻，深腹。器表饰绳纹（图3-211，

8)。

陶盘　1件。FS061026F011:1，夹砂褐陶（夹细砂）。圆唇，大敞口，斜腹。腹部饰篮纹。口径34、残高5.2厘米（图3-211，1）。

陶带耳罐　1件。FS061026D020:2，夹砂褐陶。圆唇，口外翻，束颈，鼓腹，口部有桥形耳。腹部饰绳纹（图3-211，3）。

陶高领罐　1件。FS061026A014:1，夹砂褐陶。方唇，小口，口外翻，高领，鼓肩。领部饰横篮纹，肩部饰竖篮纹（图3-211，9）。

陶罐　3件。FS061026A005:1，夹砂灰陶。厚圆唇，口外翻，矮领，袋足外鼓。领下有一周附加堆纹，领部及以下饰篮纹（图3-211，10）。FS061026F014-H1:1，夹砂灰陶。深腹，平底。腹部饰绳纹。底径14、残高4.8厘米（图3-211，5）。FS061026F011:2，夹砂灰陶（夹细砂）。深腹，平底。腹部饰斜篮纹。底径16、残高8.4厘米（图3-211，4）。

石斧　1件。FS061026L001:1，黄褐色。上端窄下端宽，通体琢制，刃部磨光，双面刃。长10、宽1.3~3.2，厚2.2厘米（图3-211，6）。

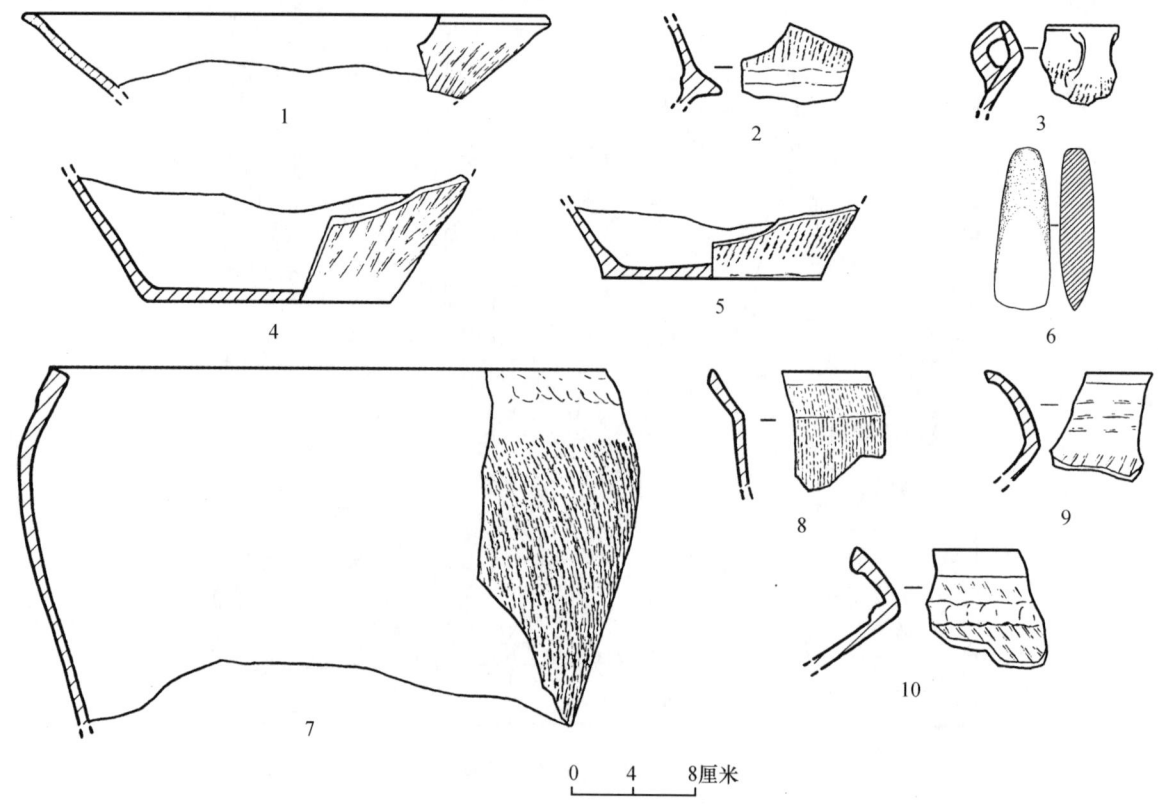

图3-211　大宋峪Ⅲ号遗址龙山时期陶、石器
1. 陶盘（FS061026F011:1）　2、7. 陶甑（FS061026A017:1、FS061026F006-H1:1）　3. 陶带耳罐（FS061026D020:2）
4、5、10. 陶罐（FS061026F011:2、FS061026F014-H1:1、FS061026A005:1）　6. 石斧（FS061026L001:1）　8. 陶盆（FS081109F003-H:1）　9. 陶高领罐（FS061026A014:1）

3. 二里头时期

二里头时期遗存主要见于遗址中部，北部有零星分布，即便遗址中部遗存分布也略显稀疏（图3-209）。共发现3个灰坑，全部见于遗址中部的梯田断面上，全部为口大底小，未见其他遗迹现象。灰坑内包含物丰富，尤以陶片最多，地表也发现有陶片。陶片多夹砂灰陶，纹饰以绳纹为主，可辨器形有鬲、蛋形瓮、豆等。

鬲足　2件。FS061026D012-H:1，夹砂褐陶。空袋足，下有锥状实足跟。器表饰绳纹（图3-212，4）。FS061026F012:1，夹砂灰褐陶。空袋足，有实足跟。器表饰绳纹（图3-212，3）。

蛋形瓮足　1件。FS061026D018:1，夹砂褐陶。扁平足。器表饰绳纹（图3-212，6）。

豆　1件。FS061026A021:1，泥质灰陶。近方唇，敞口，深腹，细柄，高圈足。素面。口径14、高13.4、底径9.2厘米（彩版一〇三，3；图3-212，7）。

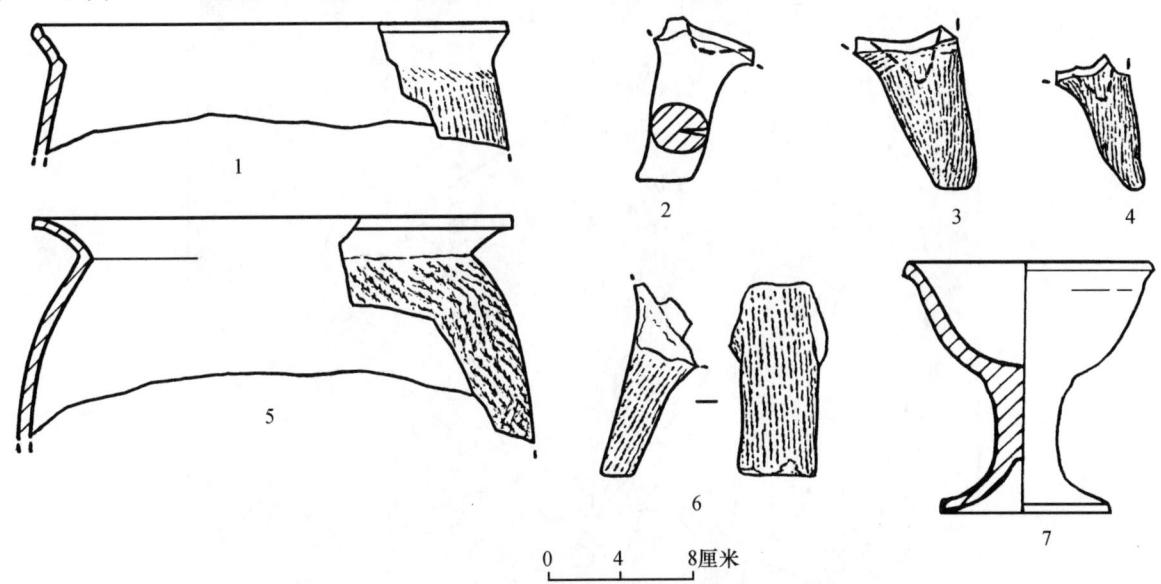

图 3-212　大宋峪Ⅲ号遗址二里头、东周时期陶器
1. 盆（FS081109F002-H:2）　2. 鼎足（FS061026A021:2）　3、4. 鬲足（FS061026F012:1、FS061026D012-H:1）
5. 罐（FS081109F002-H:1）　6. 蛋形瓮足（FS061026D018:1）　7. 豆（FS061026A021:1）
（1、2、5. 东周时期；3、4、6、7. 二里头时期）

4. 东周时期

东周时期遗存基本见于整个遗址，尤以南部偏东遗存分布略显密集（图3-213）。共发现2处文化层和3个灰坑，全部集中分布在遗址中部偏东的断面上，文化层堆积较薄，灰坑基本为口大底小状。文化层和灰坑内包含物丰富，尤以陶片最多，地表也发现有陶片。陶片多夹砂灰陶，纹饰以绳纹为主，可辨器形有鼎、盆、罐等。

鼎足　1件。FS061026A021:2，夹砂褐陶。柱足。素面，足内侧有深沟槽（图3-212，2）。

盆　1件。FS081109F002-H:2，夹砂灰黑陶。方唇，翻沿，深腹。沿内外各有一周凹槽，腹部饰绳纹。口径26、残高7厘米（图3-212，1）。

罐　1件。FS081109F002-H:1，夹砂灰陶。方唇，折沿，束颈，深鼓腹。腹部饰粗大绳纹。口径26、残高12厘米（图3-212，5）。

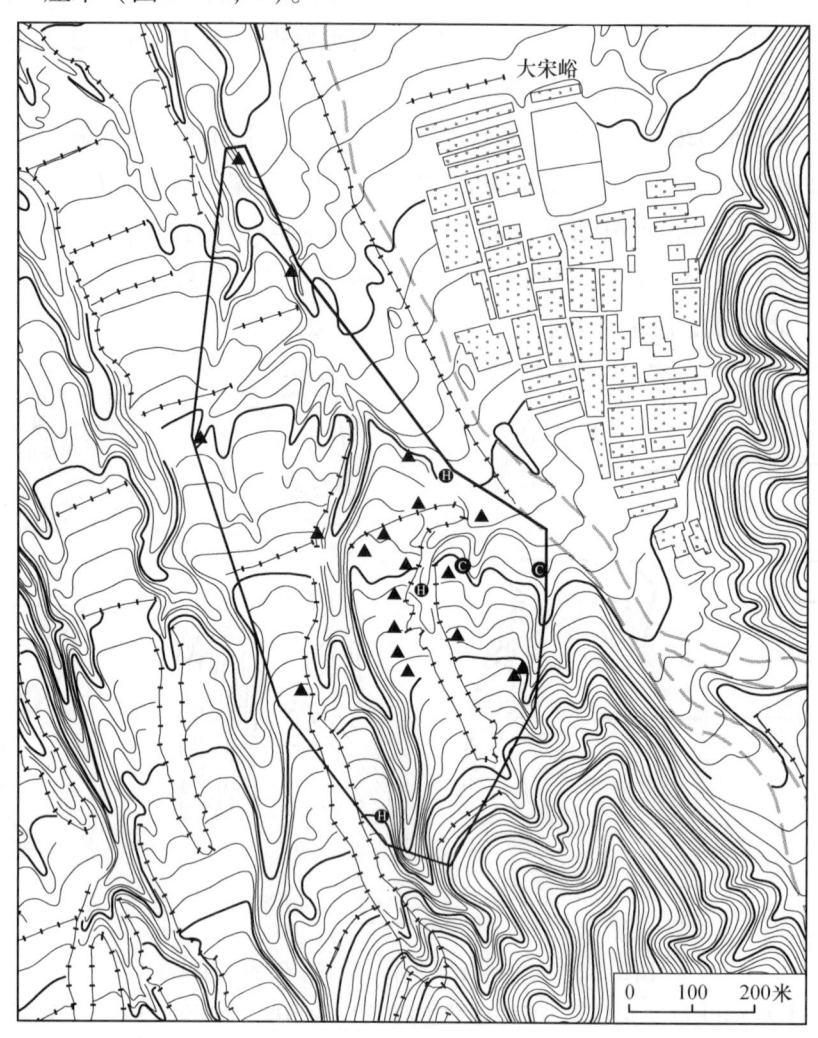

图3-213　大宋峪Ⅲ号遗址东周时期遗存分布图

七三、小木瓜Ⅱ号遗址

小木瓜Ⅱ号遗址位于繁峙县光裕堡乡小木瓜村东250米，面积较小，只有0.7万平方米（彩版二三）。遗址处在滹沱河南岸的山坡上，地势较高，海拔1335～1380米，内有冲沟，坡度大，起伏较大。遗址西面的冲沟内有季节性水流由北向南流去。遗存分布稀疏，遗址包含龙山、东周两个时期的遗存。

1. 龙山时期

龙山时期遗存分布于整个遗址，遗存分布稀疏（图3-215）。只在遗址东部发现1处文化层，未见其他遗迹现象。文化层内包含有较多陶片，地表也有陶片分布。陶片多夹砂灰陶，纹饰多绳纹、篮纹，可辨器形有带耳罐等。

带耳罐 1件。FS061027H001-C:1，夹砂灰陶（细砂）。深腹，腹部有桥形耳。腹部饰篮纹（图3-214）。

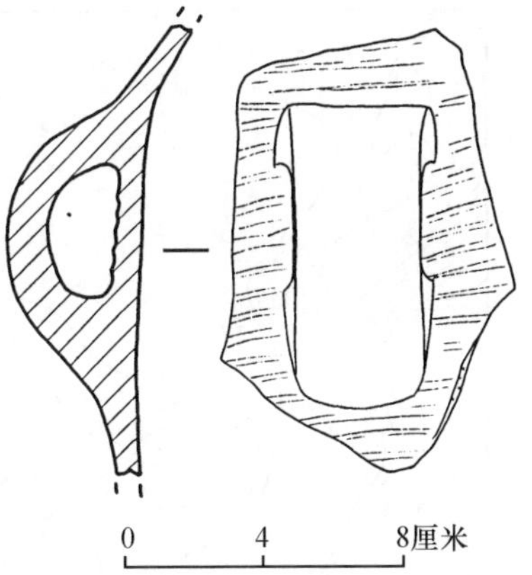

图3-214 小木瓜Ⅱ号遗址龙山时期陶器
带耳罐（FS061027H001-C:1）

2. 东周时期

东周时期遗存见于遗址西部，仅有个别发现，遗存分布非常稀疏（图3-216）。未见任何遗迹现象，只在地表发现有少量陶片。陶片多灰陶，纹饰以绳纹为主，可辨器形有罐等。

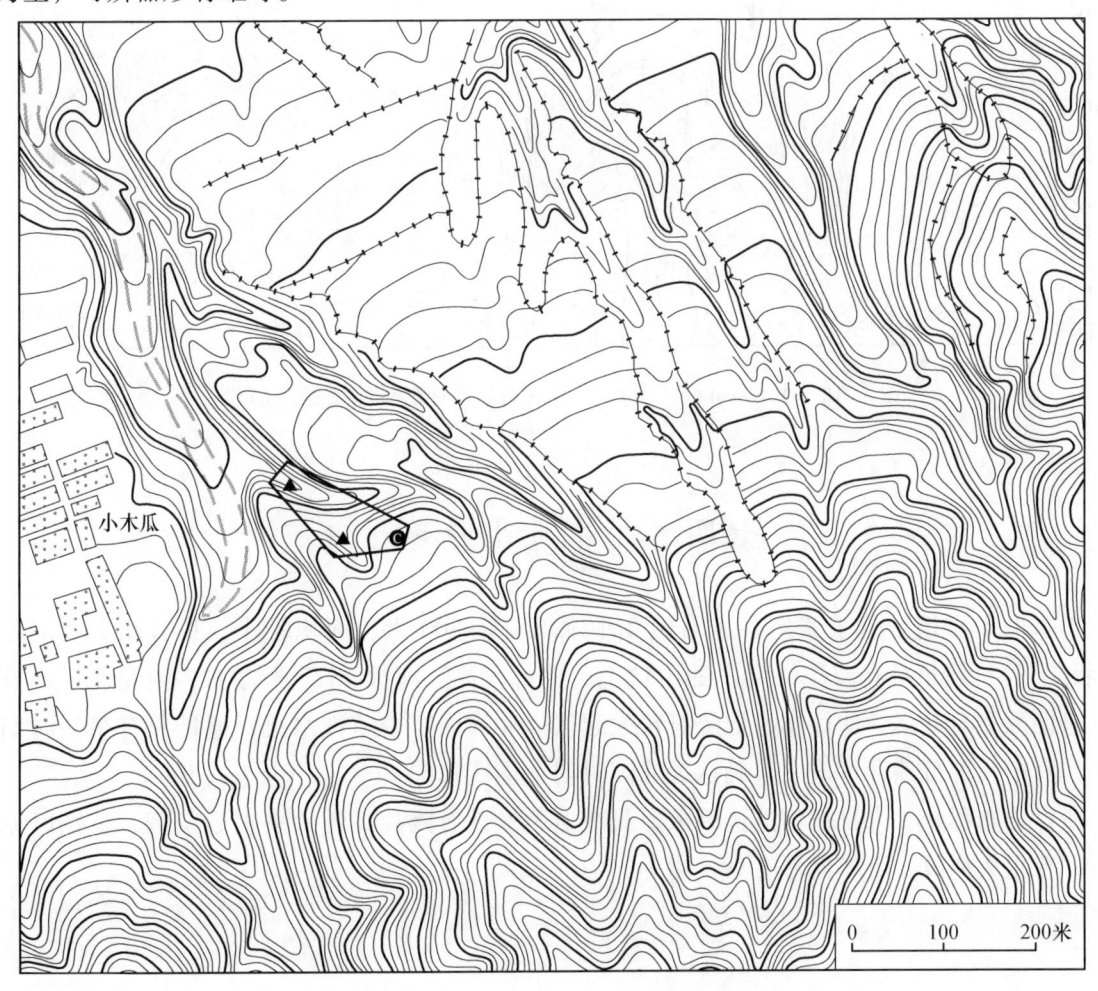

图3-215 小木瓜Ⅱ号遗址龙山时期遗存分布图

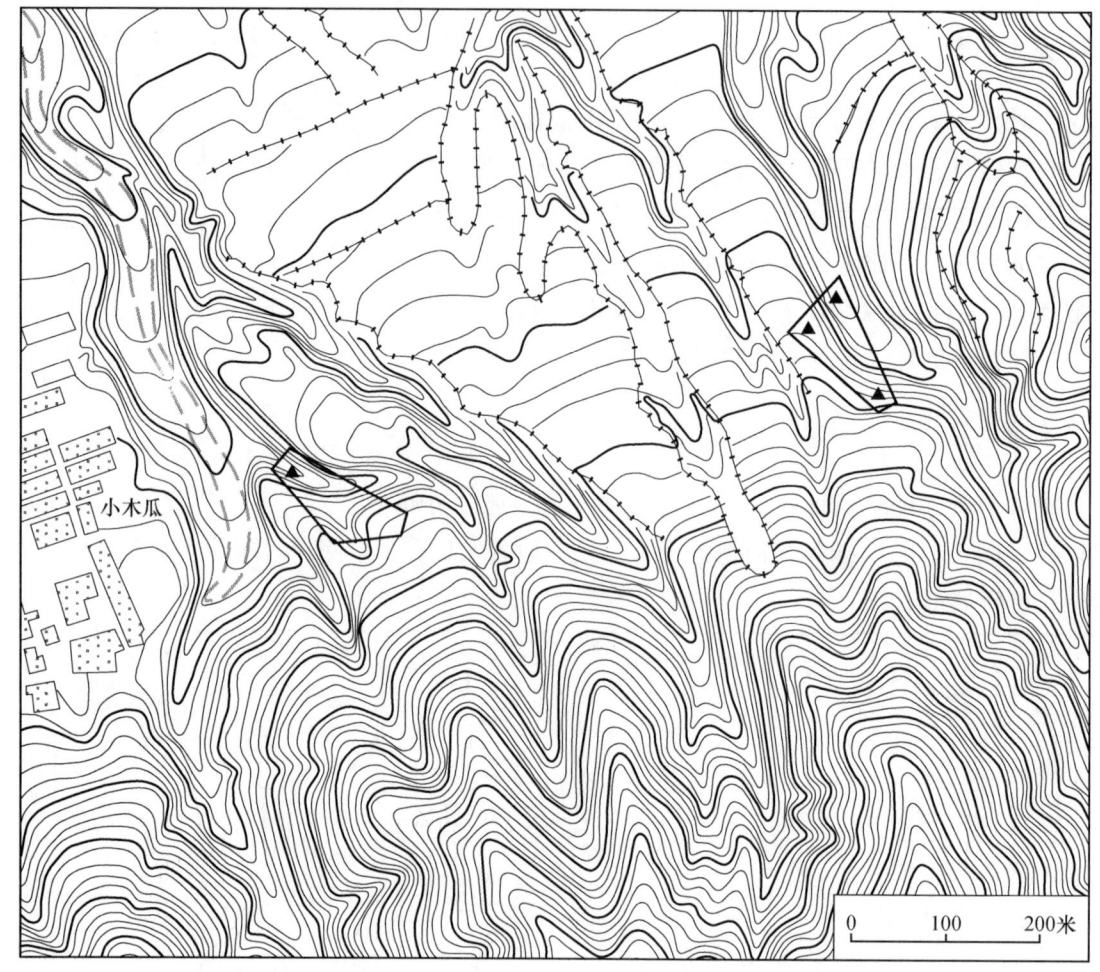

图 3-216　小木瓜Ⅱ号（左）、Ⅰ号（右）遗址东周时期遗存分布图

七四、小木瓜Ⅰ号遗址

小木瓜Ⅰ号遗址位于繁峙县光裕堡乡小木瓜村东 800 米，面积较小，只有 0.7 万平方米（彩版二三）。遗址处在滹沱河南岸的山坡上，地势较高，海拔 1375 米左右，南高北低，坡度大，遗址两侧有冲沟，遗址本身地势有较大起伏。冲沟内有季节性水流。遗址只有东周时期的遗存，其中，部分遗存可进一步确认为战国时期（图 3-216）。

遗存分布稀疏。未见任何遗迹现象，只在地表发现有陶片。陶片多夹砂灰陶，纹饰以绳纹为主，有粗大绳纹，可辨器形有豆、罐等。

七五、大木瓜Ⅰ号遗址

大木瓜Ⅰ号遗址位于繁峙县光裕堡乡大木瓜村东600米，面积2.5万平方米（彩版二一，2）。遗址处在滹沱河南岸山坡的近底部，东、西两侧有冲沟，地势较高，海拔1320~1360米，南高北低，所在地略显开阔，遗址南部有冲沟，整体地势起伏相对较小。遗址北面不远处山下有发源于山间的季节性水流流过。遗存分布稀疏，遗址包含龙山、二里头、东周三个时期的遗存。

1. 龙山时期

龙山时期遗存见于遗址东部，遗存分布稀疏（图3-217）。只在遗址最东部发现断面上1个灰坑，为袋状坑，未见其他遗迹现象。灰坑内包含有少量陶片，地表也有陶片分布。陶片多夹砂灰陶，纹饰多绳纹，可辨器形有鬲、罐等。

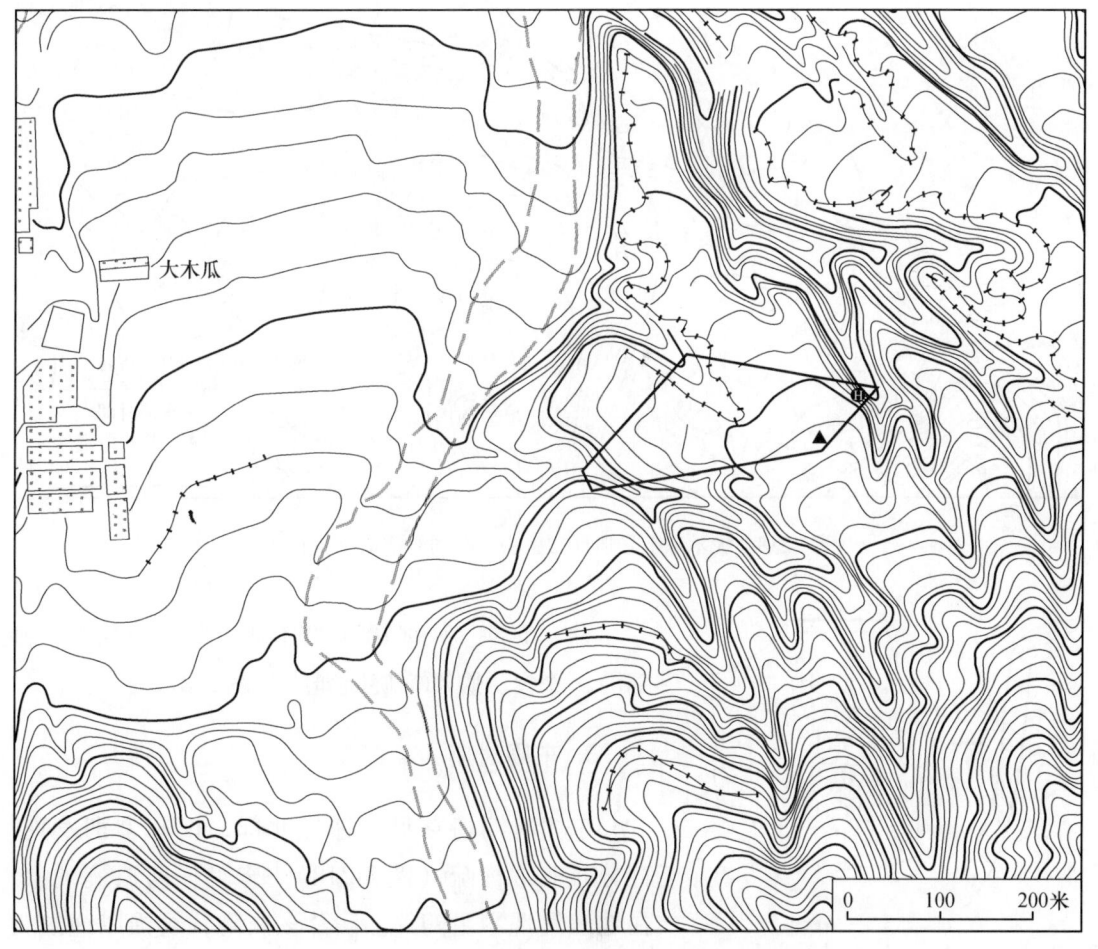

图3-217　大木瓜Ⅰ号遗址龙山时期遗存分布图

2. 二里头时期

二里头时期遗存见于遗址西部，仅有个别发现，遗存分布非常稀疏（图3-218）。未见任何遗迹现象，只在地表发现零星陶片。陶片多夹砂灰陶，纹饰以绳纹为主，可辨器形有盆等。

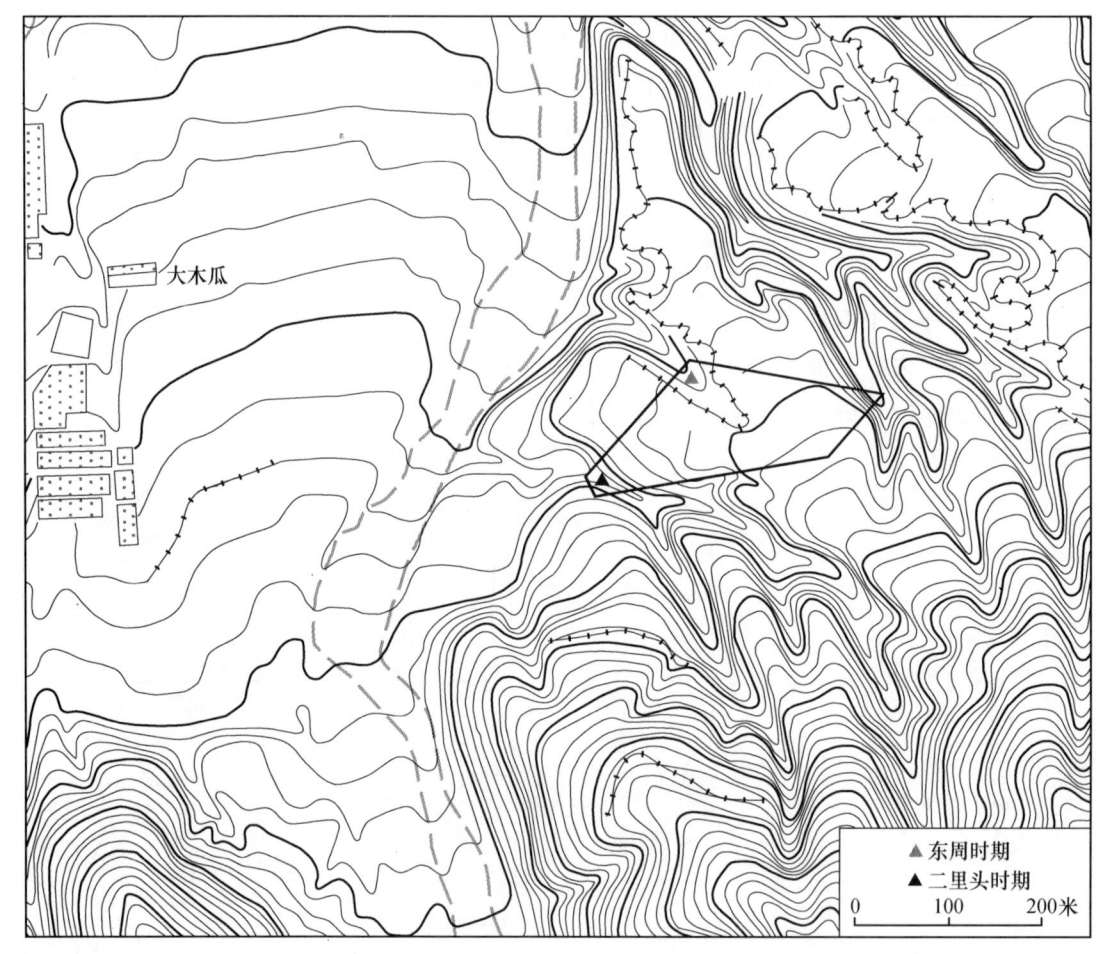

图3-218　大木瓜Ⅰ号遗址二里头、东周时期遗存分布图

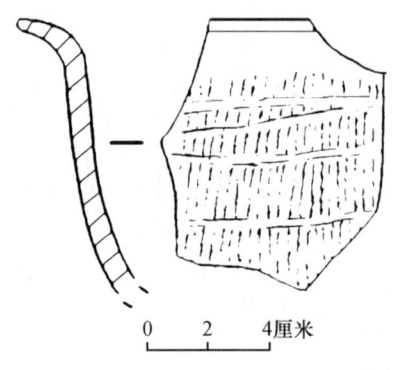

图3-219　大木瓜Ⅰ号遗址二里头时期陶器盆（FS061027D001∶1）

盆　1件。FS061027D001∶1，夹砂灰褐陶。圆唇，翻沿，深腹。腹部饰旋断绳纹（图3-219）。

3. 东周时期

东周时期遗存见于遗址北部，仅有个别发现，遗存分布非常稀疏（图3-218）。未见任何遗迹现象，只在地表发现零星陶片。陶片多灰陶，纹饰以绳纹为主，可辨器形有罐等。

七六、大木瓜Ⅱ号遗址

大木瓜Ⅱ号遗址位于繁峙县光裕堡乡大木瓜村东南250米，面积较小，只有0.5万平方米（彩版二一，2）。遗址处在滹沱河南岸的一山谷口地势略高的位置，海拔1325～1335米，所处地势较低，且较为平坦。遗址东面有发源于山间的季节性水流流过，水流于遗址之间的落差很小，所以，该遗址很可能是临时性或人类短暂活动形成的。遗址范围虽小，但遗存分布密集。遗址包含龙山、二里头两个时期的遗存。

1. 龙山时期

龙山时期遗存见于遗址东部，遗存分布略显密集（图3-220）。未见任何遗迹现象，只在地表发现有陶片。陶片多夹砂灰陶，纹饰有篮纹，可辨器形有蛋形瓮、罐等。

2. 二里头时期

二里头时期遗存见于遗址西部，遗存分布相对稀疏（图3-220）。未见任何遗迹现象，只在

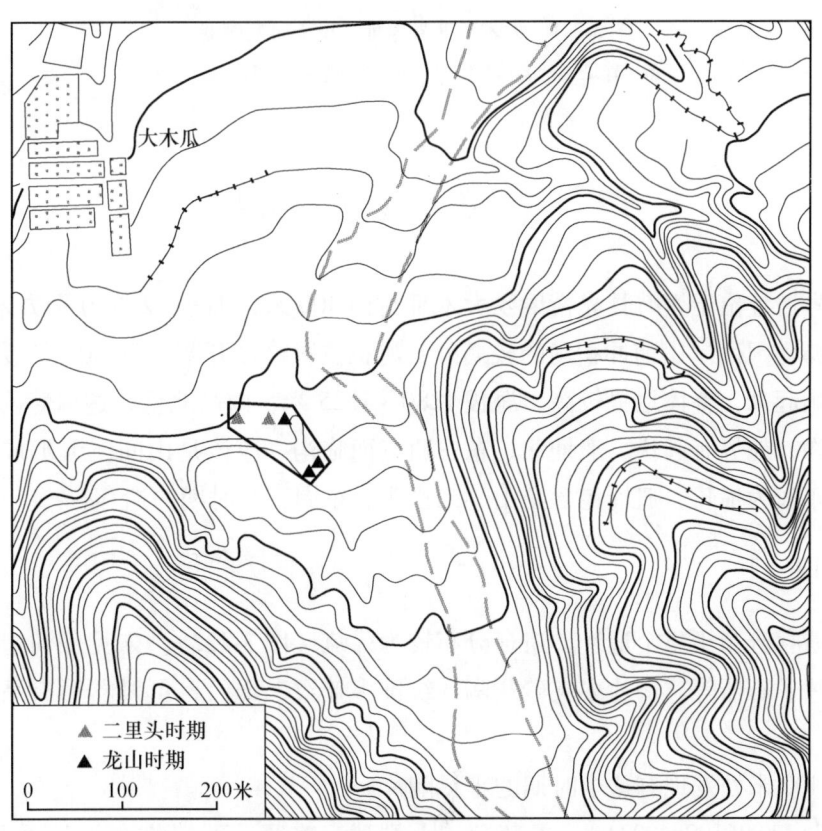

图3-220　大木瓜Ⅱ号遗址遗存分布图

地表发现有陶片。陶片多夹砂灰陶，纹饰以绳纹为主，可辨器形有蛋形瓮、盆等。

蛋形瓮足　1件。FS061027C001：1，夹砂褐陶。锥状实足跟，粗大。足部饰绳纹（图3-221，1）。

盆　1件。FS061027C001：2，夹砂灰褐陶。圆唇，大敞口，斜深腹。器表饰绳纹（图3-221，2）。

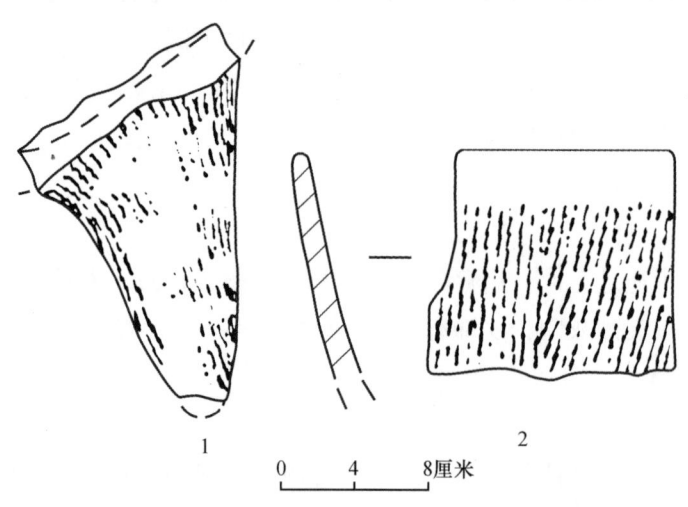

图3-221　大木瓜Ⅱ号遗址二里头时期陶器
1. 蛋形瓮足（FS061027C001：1）　2. 盆（FS061027C001：2）

七七、大木瓜Ⅲ号遗址

大木瓜Ⅲ号遗址位于繁峙县光裕堡乡大木瓜村西400米，面积12.6万平方米（彩版二四，1）。遗址处在滹沱河南岸山前冲积扇的较高处，所在位置略显开阔，且趋向平缓，往北和往南地势都逐渐陡峭起来，整体地势较高，海拔1280~1325米，南高北低，迎风背阴，四周有多条深浅不一的冲沟，地势有起伏。遗址北、东、西三面临沟，应该是山间溪流形成的。除局部区域外，遗存分布较为稀疏，遗址包含龙山、二里头、东周三个时期的遗存。

1. 龙山时期

龙山时期遗存分布于整个遗址，遗存分布较为稀疏（图3-222）。未见任何遗迹现象，只在地表发现有陶片、石器等。陶片多夹砂灰陶，纹饰多篮纹、绳纹，可辨器形有鬲、罐等。石器有石斧等。

在遗址东400米处发现有这个时期的零星陶片。

石斧　1件。FS061028J003：1，青灰色。上端残、略窄，下端略宽，双面刃。通体琢制，刃部磨光（图3-223，1）。

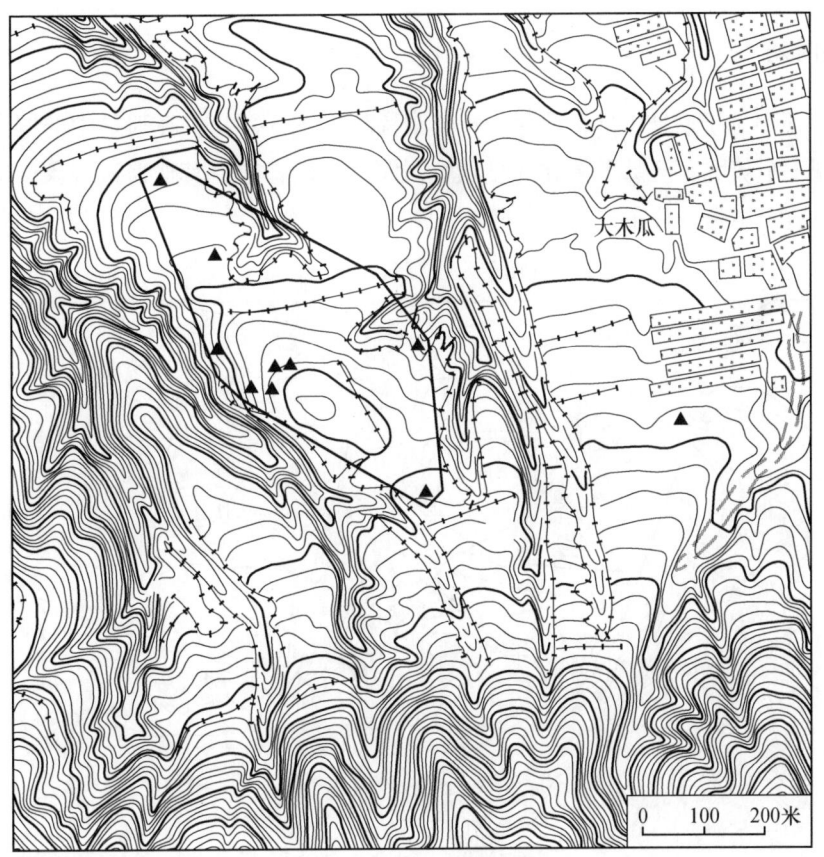

图 3-222 大木瓜Ⅲ号遗址龙山时期遗存分布图

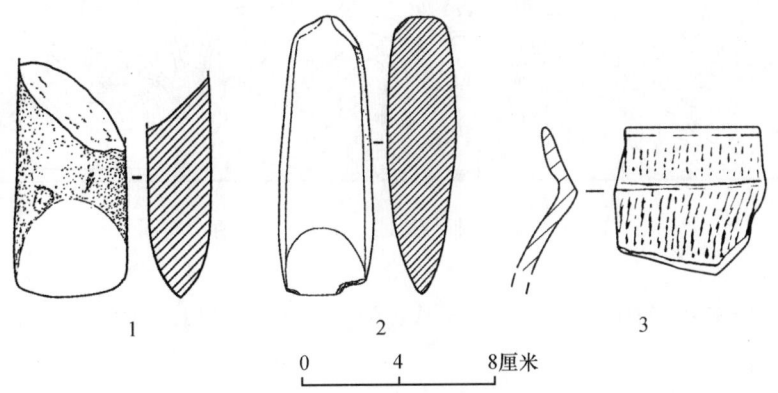

图 3-223 大木瓜Ⅲ号遗址陶、石器

1、2. 石斧（FS061028J003:1、FS061028B003:1）　3. 陶鬲（FS061027F001-H:1）

（1. 龙山时期；2. 东周时期；3. 二里头时期）

2. 二里头时期

二里头时期遗存见于遗址中部，遗存分布非常稀疏（图3-224）。在遗址中部偏南地势最高处的梯田断面上发现1个灰坑，已暴露部分为袋状坑，深度不清，未见其他遗迹现象。灰坑内包含有较多陶片，地表也有零星陶片分布。陶片多夹砂灰陶，纹饰以绳纹为主，可辨器形有鬲、蛋形瓮等。

在遗址东450米处发现有这个时期的零星陶片。

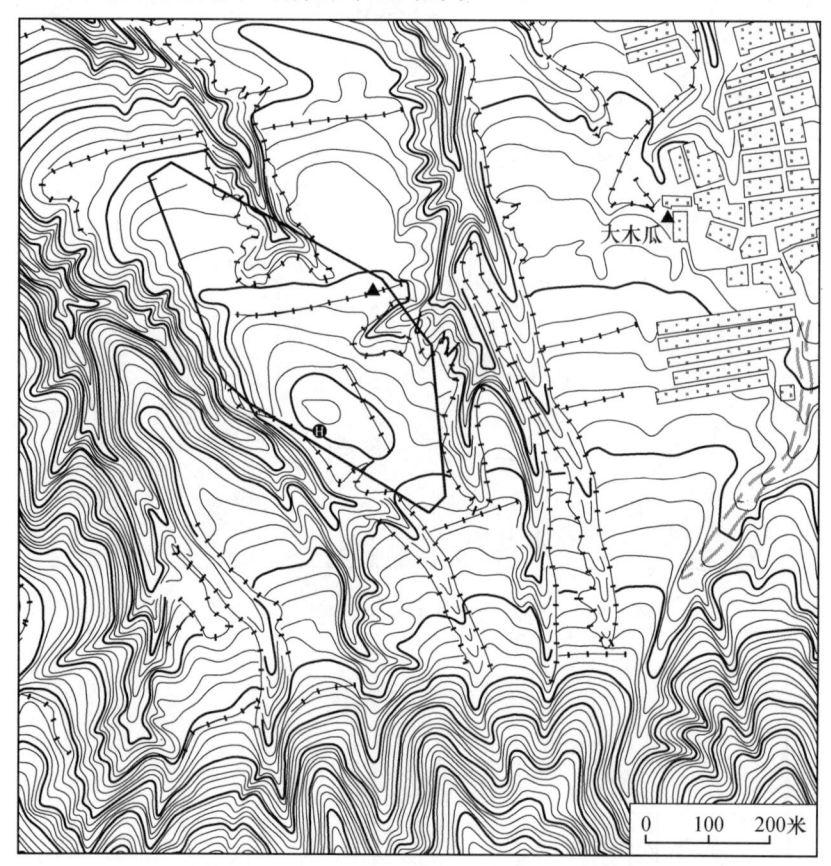

图3-224　大木瓜Ⅲ号遗址二里头时期遗存分布图

陶鬲　1件。FS061027F001-H:1，夹砂黑灰陶。圆唇，侈口，矮领，袋足外鼓。器表饰细绳纹（图3-223，3）。

3. 东周时期

东周时期遗存集中分布于遗址中部偏西，遗存分布相对密集（图3-225）。未见任何遗迹现象，只在地表发现有陶片、石器等。陶片多灰陶，纹饰以绳纹为主，可辨器形有豆、罐等。石器有石斧等。

在遗址东400米处发现有这个时期的陶片。

在遗址550米处发现有这个时期的零星陶片。

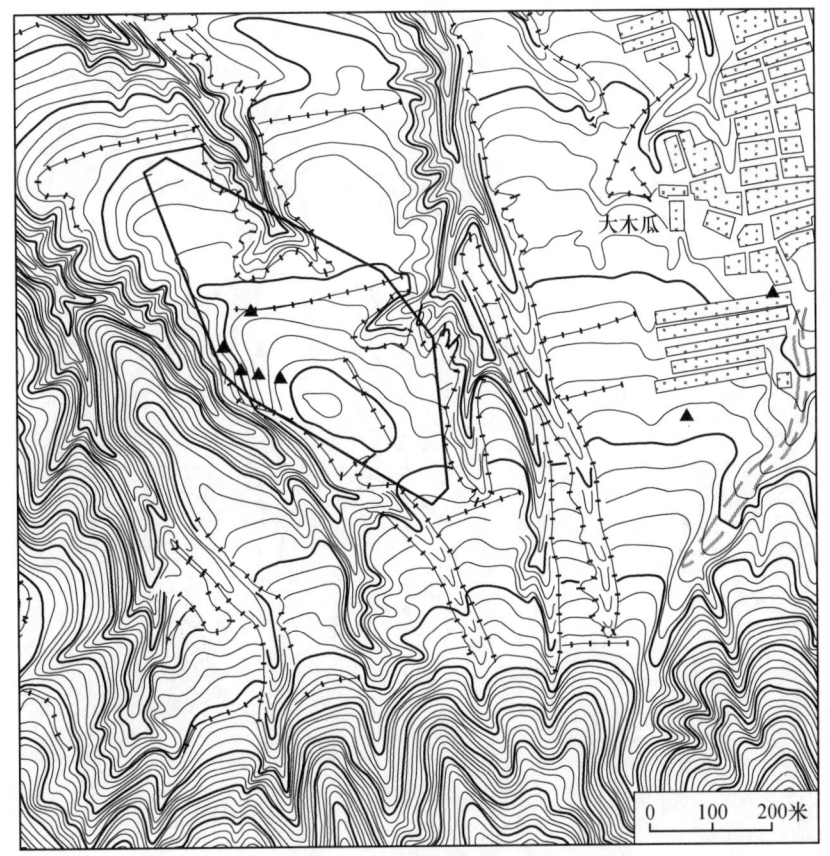

图 3-225　大木瓜Ⅲ号遗址东周时期遗存分布图

石斧　1件。FS061028B003：1，黑灰色。上端略窄下端略宽，双面刃。通体琢制，刃部磨光。长11.2、宽3.9、厚3厘米（图3-223，2）。

七八、小李牛Ⅰ号遗址

小李牛Ⅰ号遗址位于繁峙县光裕堡乡小李牛村东，面积33.1万平方米（彩版二四，1）。遗址处在滹沱河南岸的山坡上，地势较高，海拔1180～1375米，南高北低，迎风背阴，北中部地势平缓，南部则较为陡峭，遗址中部有一条较长的南北向冲沟，地势起伏也较大。遗址东面有冲沟，西面有发源于山间的季节性水流流过。遗存主要分布在中、北部地势较低处，南部地势较高处遗存分布非常稀疏，遗址包含龙山、二里头、东周三个时期的遗存，其中，东周时期遗存部分可进一步确认为战国时期。

1. 龙山时期

龙山时期遗存分布于整个遗址，遗存分布较为稀疏，中、北部遗存分布略显密集（图3-226）。除在遗址西南部发现4个灰坑外，未见其他遗迹现象，灰坑有口大底小状，也有口小底

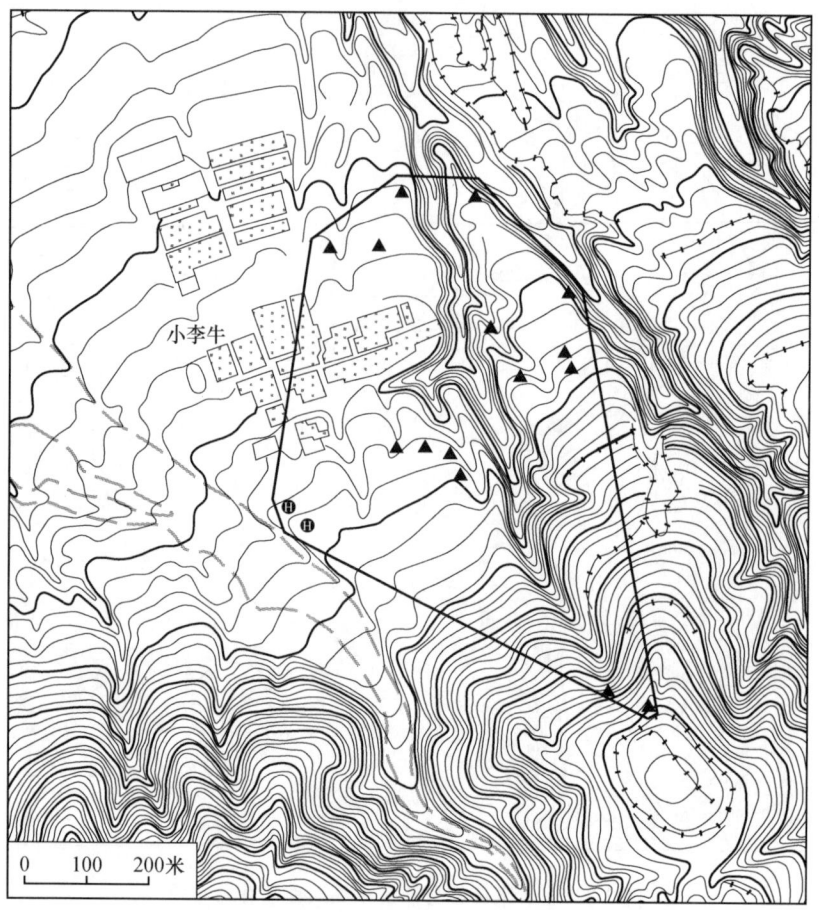

图 3-226　小李牛Ⅰ号遗址龙山时期遗存分布图

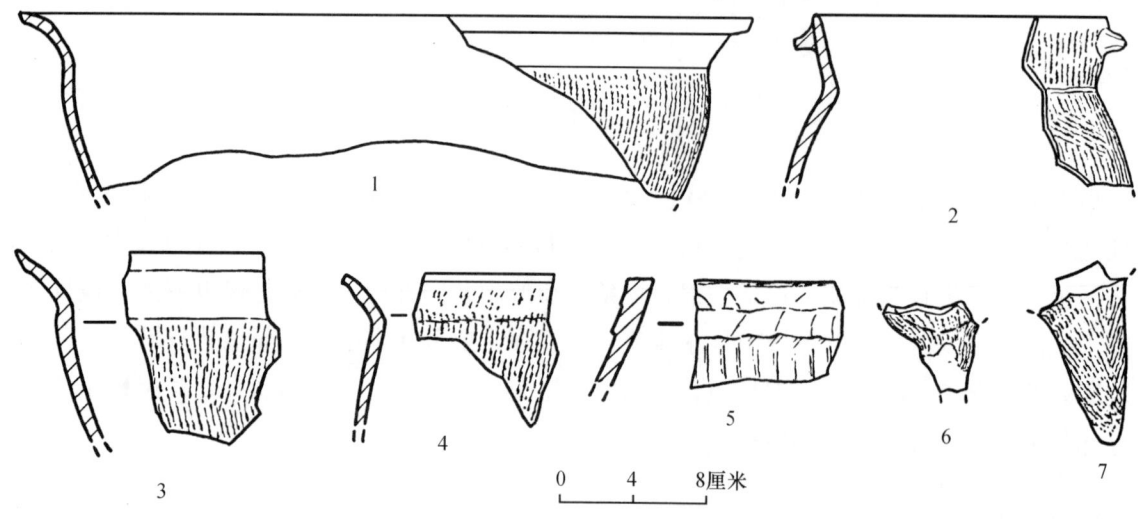

图 3-227　小李牛Ⅰ号遗址陶器

1、3、4. 盆（FS061028I006-H：1、FS061028I002：1、FS061028I006-H：2）　2. 罐（FS061028I002-H5：1）
5. 瓮（FS061028D007：1）　6、7. 鬲足（FS061028I002-H3：1、FS061028I002-H2：1）
（1~4、6、7. 二里头时期；5. 龙山时期）

大状,深度大多不清。灰坑内包含有较多陶片,地表也发现有陶片。陶片多夹砂灰陶,纹饰多篮纹、绳纹,可辨器形有鬲、瓮等。

瓮 1件。FS061028D007:1,泥质灰褐陶。小平沿,微敛口,深腹微鼓。口下有附加堆纹,腹部饰竖篮纹(图3-227,5)。

2. 二里头时期

二里头时期遗存见于遗址中部偏西,遗存分布相对稀疏,但遗迹分布较为集中(图3-228)。共发现6个灰坑,未见其他遗迹现象,灰坑全部暴露于梯田的断面,多口大底小的,深度不一,最深有2米以上。灰坑内包含有较多陶片,地表也有零星陶片发现。陶片多夹砂灰陶,纹饰以绳纹为主,可辨器形有鬲、盆、罐等。

鬲足 2件。FS061028I002-H3:1,夹砂灰陶。空袋足,有小实足跟。足部饰绳纹,跟部素面(图3-227,6)。FS061028I002-H2:1,夹砂灰陶。锥状实足跟。足部饰绳纹(图3-227,7)。

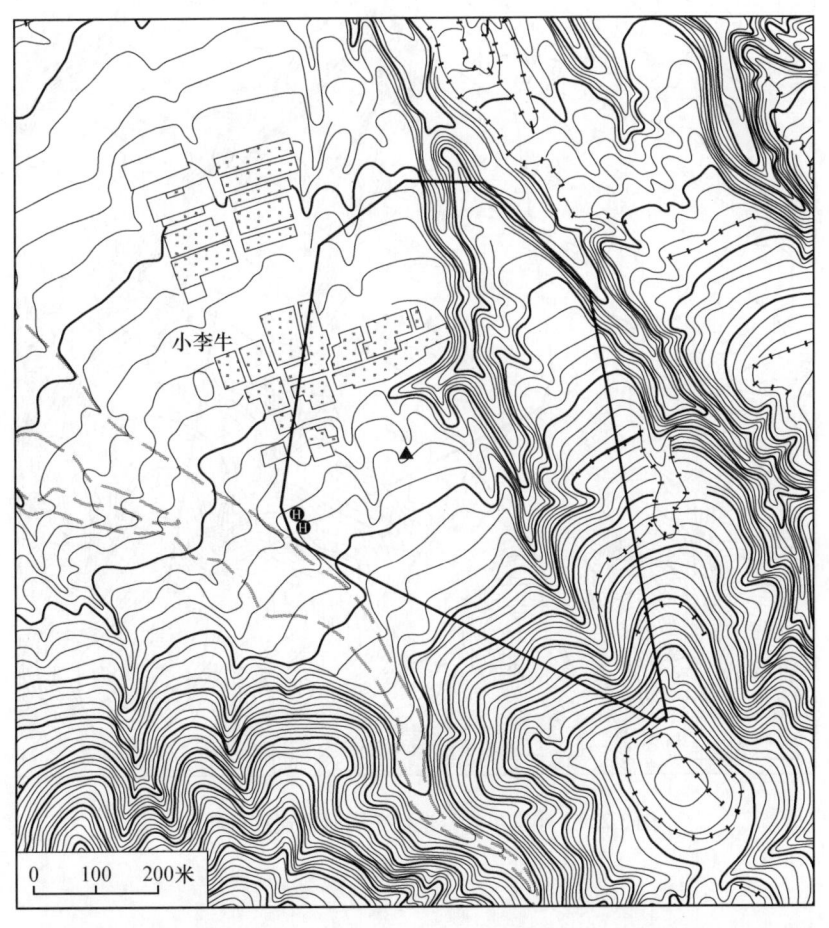

图3-228 小李牛Ⅰ号遗址二里头时期遗存分布图

盆 3件。FS061028L006-H:1，夹砂灰黑陶。厚圆唇，小平沿，口外翻，微束颈，微鼓腹。腹部饰绳纹。口径40、残高9.6厘米（图3-227，1）。FS061028L006-H:2，夹砂灰黑陶。方唇，翻沿，深腹。唇部及腹部饰绳纹（图3-227，4）。FS061028I002:1，夹砂灰陶。圆唇，口外翻，深腹。腹部饰绳纹（图3-227，3）。

罐 1件。FS061028I002-H5:1，夹砂灰黑陶。圆唇，近直口，矮领，鼓腹。器表饰绳纹，颈部有抹去痕迹，领部有纽状錾手（图3-227，2）。

3. 东周时期

东周时期遗存见于遗址中部，遗存分布稀疏（图3-229）。未见任何遗迹现象，只在地表发现有陶片，陶片多夹砂灰陶，纹饰以绳纹为主，有粗大绳纹，可辨器形有盆、罐等。

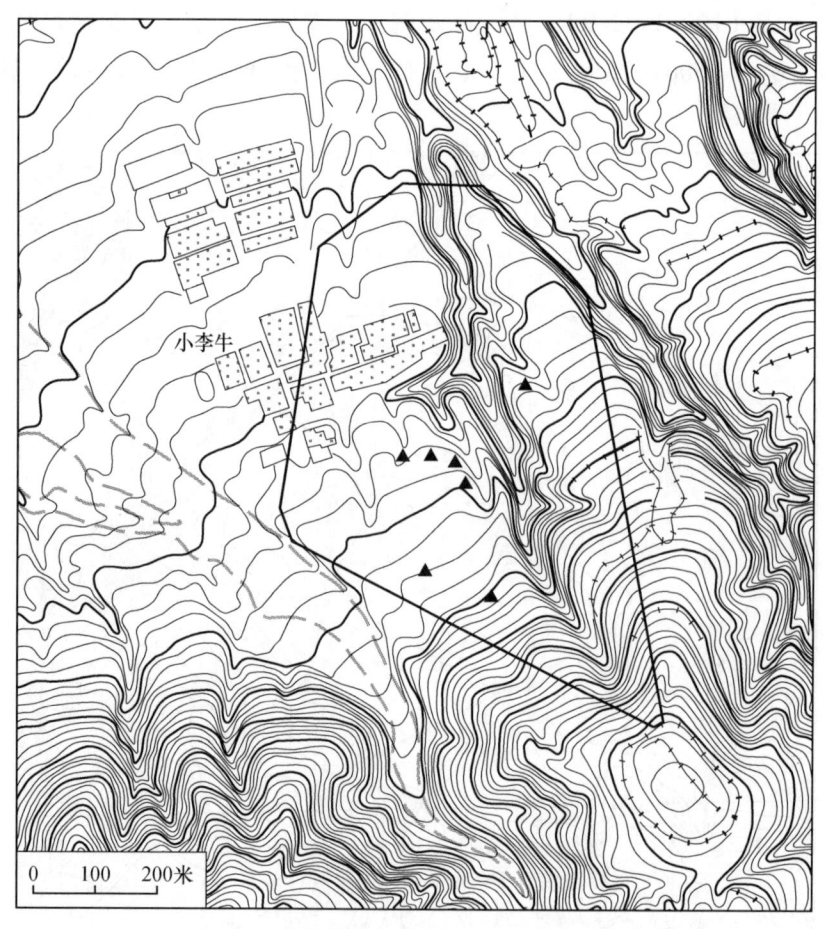

图3-229 小李牛Ⅰ号遗址东周时期遗存分布图

七九、小李牛Ⅱ号遗址

小李牛Ⅱ号遗址位于繁峙县光裕堡乡小李牛村西南300米，面积较小，只有0.7万平方米。遗址处在滹沱河南岸山坡的底部，海拔1190米左右，内有多条浅冲沟，地势有一定的起伏。遗址东面有季节性水流由南向北流过。遗存分布稀疏，遗址包含二里头、东周两个时期的遗存，其中，东周时期遗存部分可进一步确认为战国时期。

1. 二里头时期

二里头时期遗存只见于遗址西部，只有个别发现，遗存分布非常稀疏（图3-230）。未见任何遗迹现象，只在地表发现有少量陶片。陶片多灰陶，纹饰以绳纹为主，可辨器形有罐等。

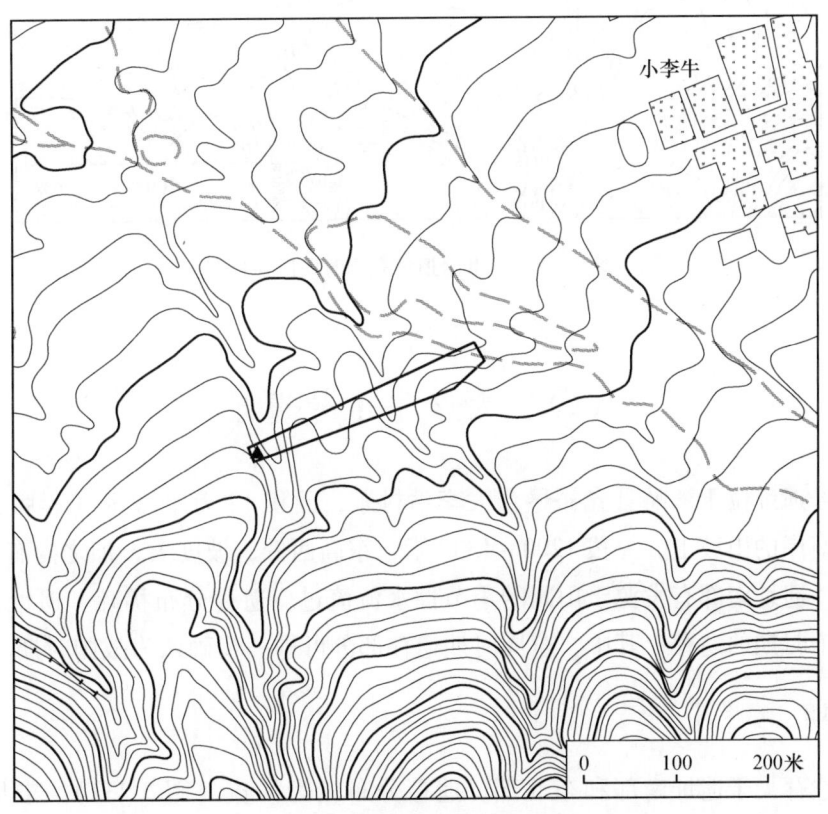

图3-230 小李牛Ⅱ号遗址二里头时期遗存分布图

2. 东周时期

东周时期遗存见于遗址东部，遗存分布稀疏（图3-231）。未见任何遗迹现象，只在地表发现有陶片。陶片多夹砂灰陶，纹饰以绳纹为主，可辨器形有豆、罐等。

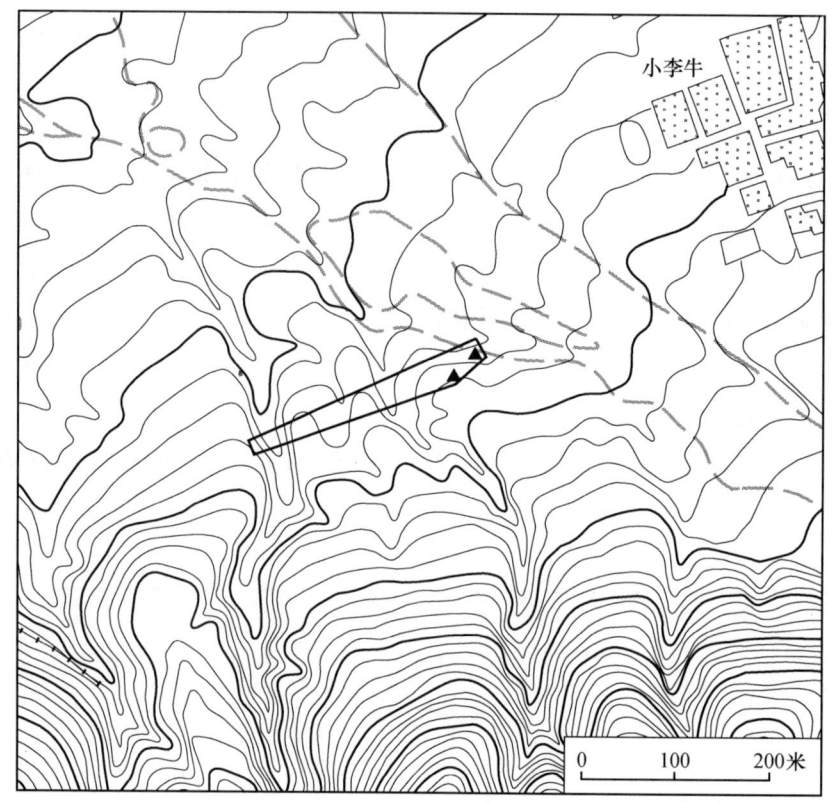

图 3-231　小李牛Ⅱ号遗址东周时期遗存分布图

八〇、大李牛Ⅰ号遗址

大李牛Ⅰ号遗址位于繁峙县光裕堡乡大李牛村东，面积 12 万平方米（彩版二四，2）。遗址处在滹沱河南岸的山坡上，海拔 1200~1330 米，东高西低，坡度大，加之内有冲沟，地势较陡，起伏较大。遗址南部有发源于山间的季节性水流流过。遗存分布稀疏，遗址包含龙山、二里头、东周三个时期的遗存，其中，东周时期遗存部分可进一步确认为战国时期。

1. 龙山时期

龙山时期遗存见于遗址南部和东北部，遗存分布较为稀疏（图 3-232）。未见任何遗迹现象，只在地表发现有陶片。陶片多夹砂灰陶，纹饰多绳纹，可辨器形有鬲等。

2. 二里头时期

二里头时期遗存只见于遗址中部偏西位置较低处，仅有个别发现，遗存分布非常稀疏（图 3-233）。只发现 1 座窑址，窑室直径 1 米多，窑壁较厚，未见其他遗迹现象。窑址内包含有少量陶片，陶片多灰陶，纹饰以绳纹为主，可辨器形有蛋形瓮、罐等。

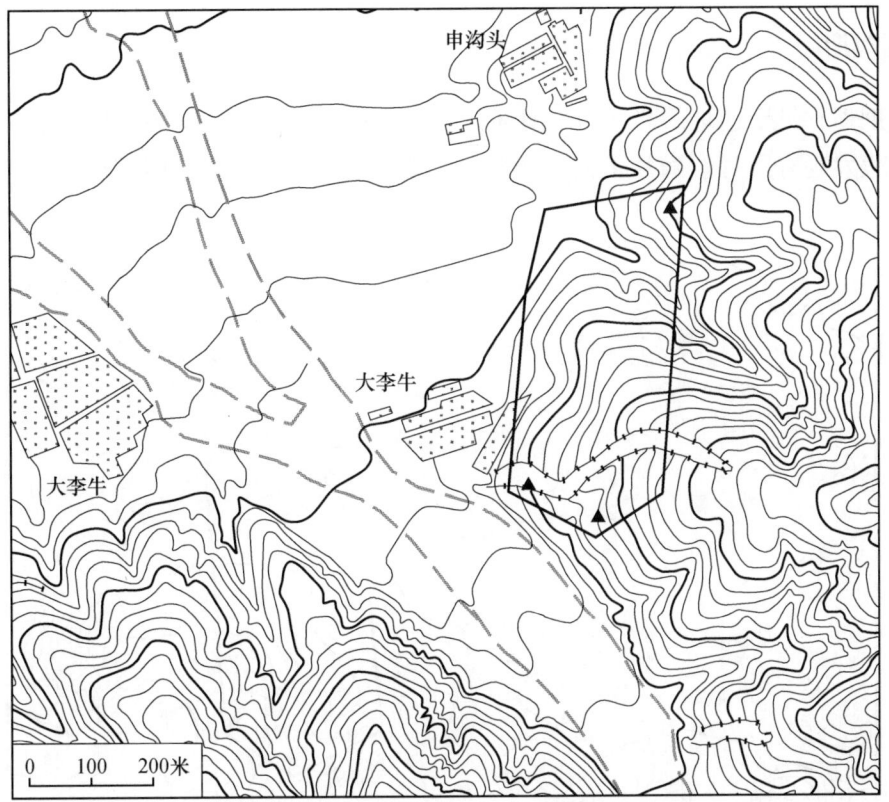

图 3-232　大李牛 I 号遗址龙山时期遗存分布图

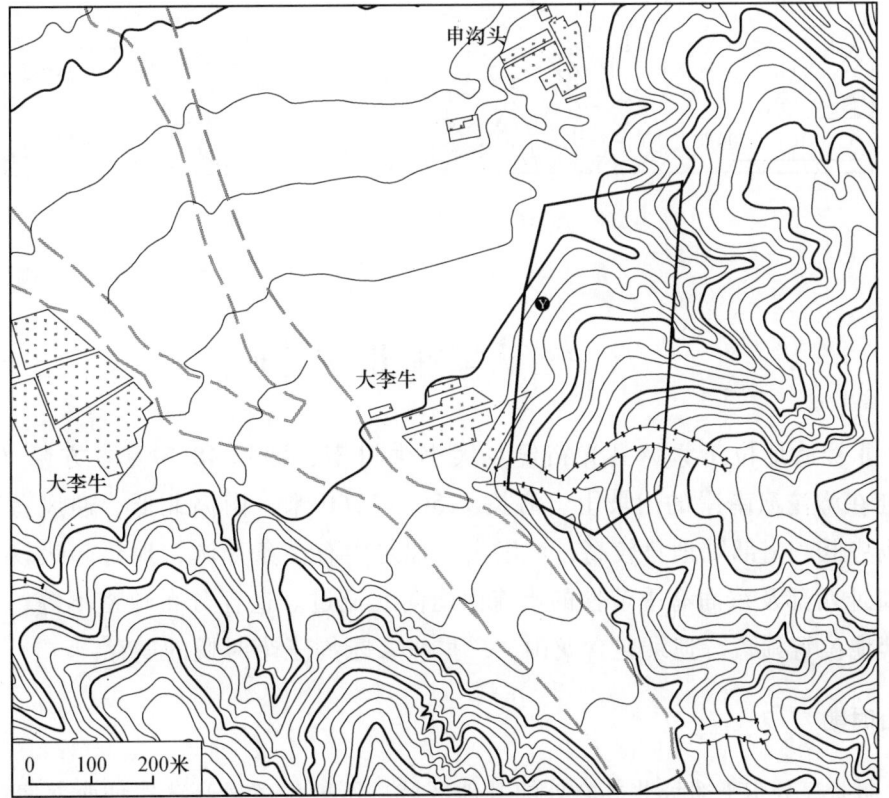

图 3-233　大李牛 I 号遗址二里头时期遗存分布图

3. 东周时期

东周时期遗存见于遗址西北部和东南部，遗存分布非常稀疏（图3-234）。未见任何遗迹现象，只在地表发现有陶片。陶片多夹砂灰陶，纹饰以绳纹为主，有粗大绳纹，可辨器形有豆、罐等。

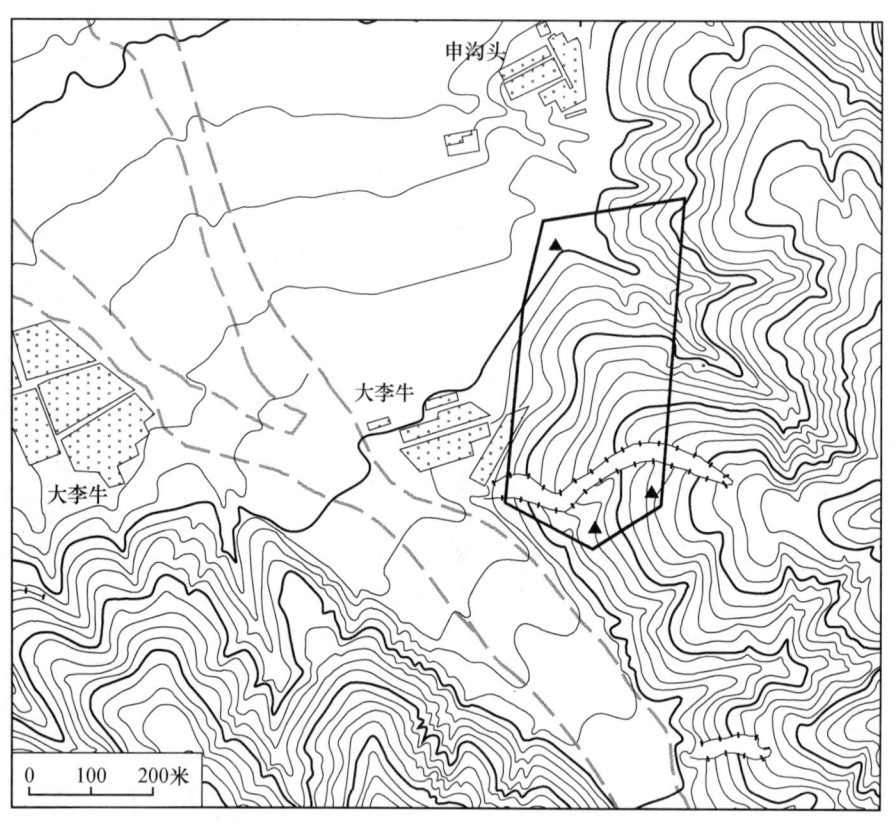

图 3-234　大李牛Ⅰ号遗址东周时期遗存分布图

八一、大李牛Ⅱ号遗址

大李牛Ⅱ号遗址位于繁峙县光裕堡乡大李牛村南，面积48.3万平方米（彩版二四，2）。遗址处在滹沱河南岸的山坡上，海拔1150～1260米，南高北低，迎风背阴，北部相对平缓，地势低，南部则地势较高，坡度大，加之内有多条冲沟，地势起伏较大（彩版九七，1）。遗址西部及东面有季节性的水流由南向北流过。遗存分布疏密不等，遗址西部分布密集，其他位置稀疏。遗址包含龙山、二里头、东周三个时期的遗存。

1. 龙山时期

龙山时期遗存分布于遗址北部之外的其他区域，所处位置较高，遗址西部遗存分布密集，东部则略显稀疏（图3-235）。除在遗址西部发现4个灰坑外，未见其他遗迹现象，灰坑多暴露于梯田的断面，多口大底小，最深者有2米以上。灰坑内包含物丰富，尤以陶片最多，地表也发现较多陶片。陶片多夹砂灰陶，纹饰多绳纹、篮纹，可辨器形有鬲、盆、直口罐、罐等。

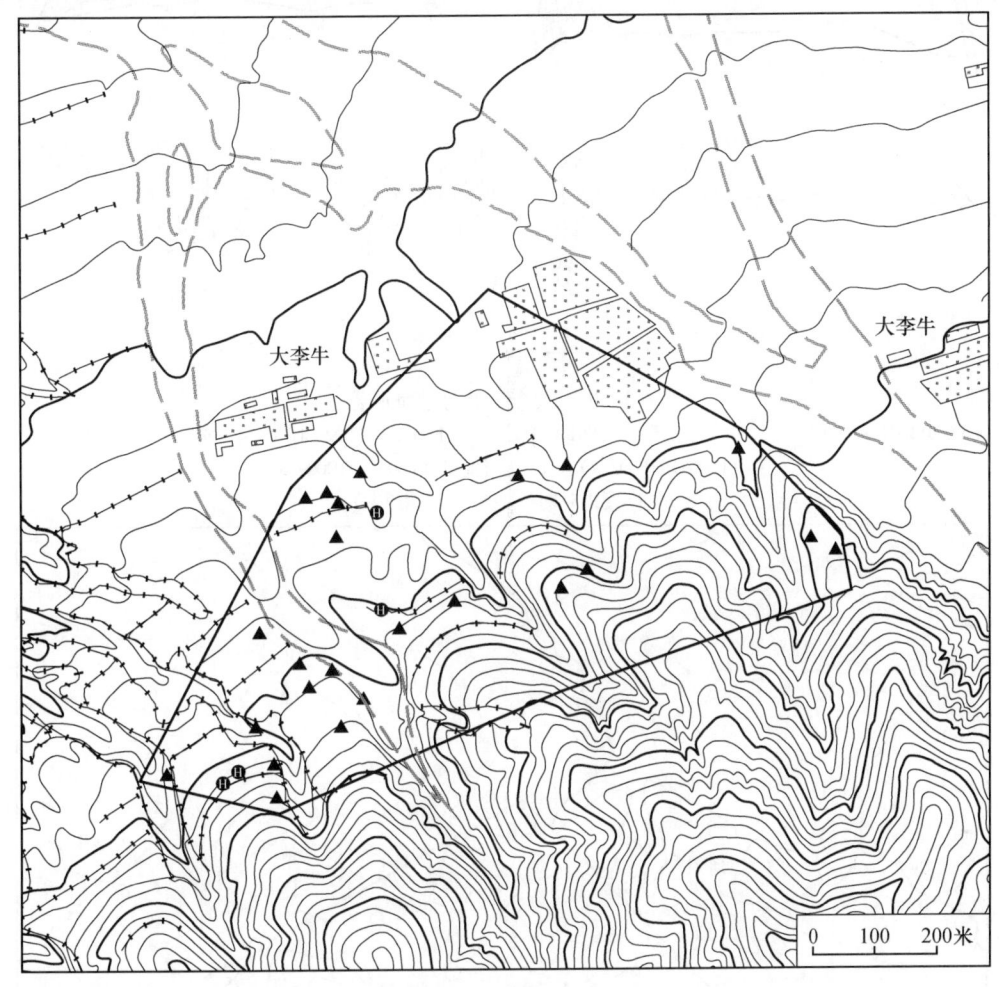

图3-235　大李牛Ⅱ号遗址龙山时期遗存分布图

直口罐　1件。FS061102D007：1，夹砂灰陶。方唇，近直口，深腹。腹部饰绳纹，上有泥饼及附加堆纹。口径29、残高14厘米（图3-236，1）。

2. 二里头时期

二里头时期遗存见于遗址西南部之外的其他区域，遗存分布较为稀疏（图3-237）。只在遗址北部发现1个灰坑，为口大底小状，未见其他遗迹现象。灰坑内包含有少量陶片，地表也有陶片分布。陶片多夹砂灰陶，纹饰以绳纹为主，可辨器形有鬲、甗、蛋形瓮、盆等。

甗　1件。FS061102D009：1，夹砂红褐陶。圆唇，翻沿，深腹。器表饰绳纹，腹部有纽状錾手（图3-236，4）。

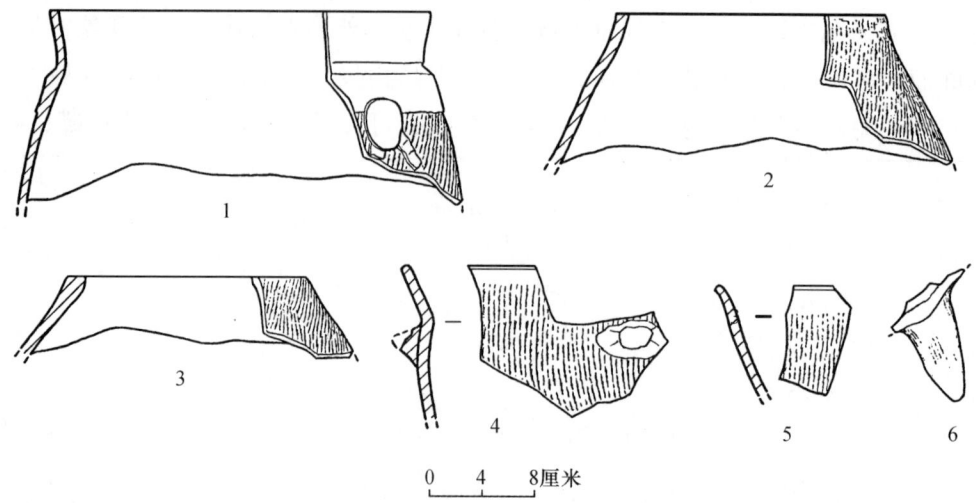

图 3-236　大李牛Ⅱ号遗址陶器

1. 直口罐（FS061102D007∶1）　2、3. 蛋形瓮（FS061102D009∶2、FS061102E002∶1）　4. 甗（FS061102D009∶1）　5. 盆（FS061102E002∶2）　6. 蛋形瓮足（FS061102D009∶3）

（1. 龙山时期；2~6. 二里头时期）

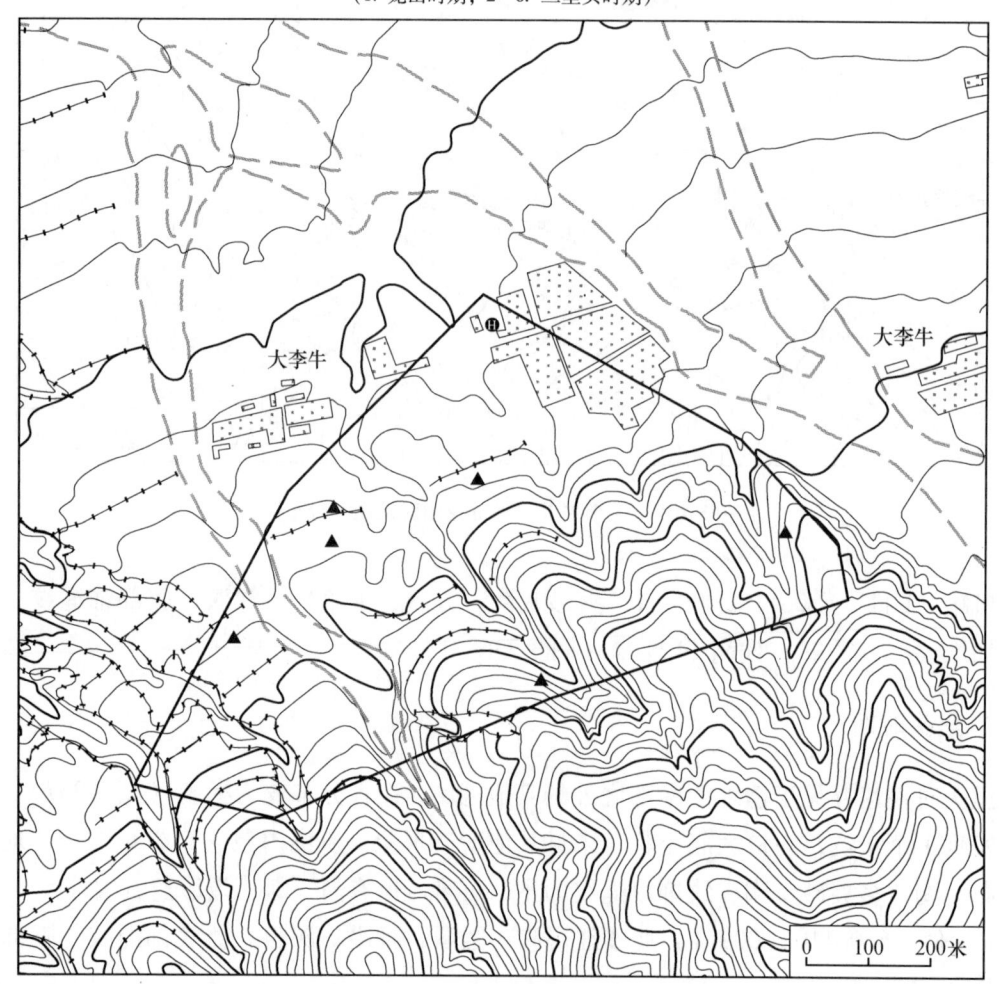

图 3-237　大李牛Ⅱ号遗址二里头时期遗存分布图

蛋形瓮　2件。FS061102D009：2，夹砂红褐陶。小平沿，敛口，深鼓腹。器表饰绳纹。口径20、残高10.8厘米（图3-236，2）。FS061102E002：1，夹砂灰陶（夹细砂）。小平沿，敛口，深鼓腹。器表饰绳纹。口径18、残高5.2厘米（图3-236，3）。

蛋形瓮足　1件。FS061102D009：3，夹砂灰陶。锥状实足跟。跟部有绳纹（图3-236，6）。

盆　1件。FS061102E002：2，夹砂灰陶。方唇，大敞口，深腹。器表饰绳纹（图3-236，5）。

3. 东周时期

东周时期遗存主要分布于遗址北、中部，东部有零星发现，遗存分布较为稀疏（图3-238）。只在遗址北部发现1个灰坑，为口大底小状，未见其他遗迹现象。灰坑内包含有少量陶片，地表也有陶片发现。陶片多夹砂灰陶，纹饰以绳纹为主，可辨器形有盆、罐等。

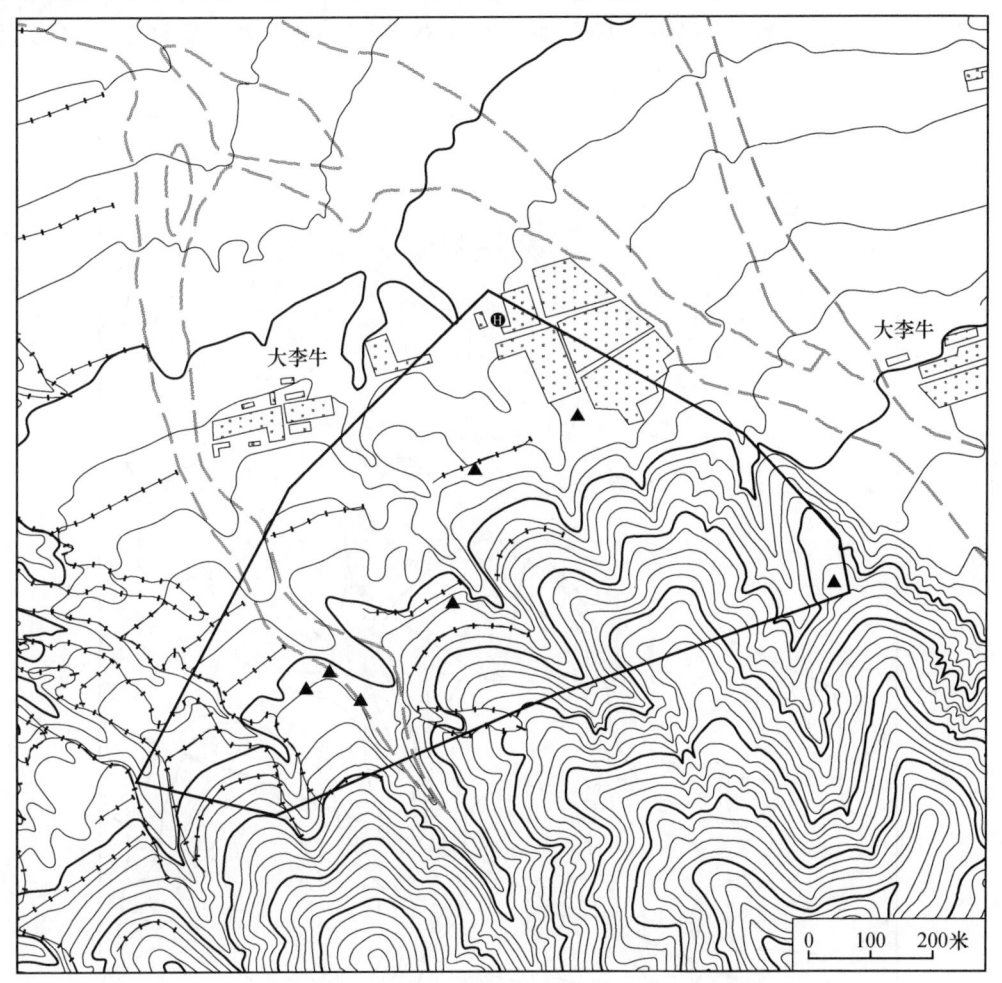

图3-238　大李牛Ⅱ号遗址东周时期遗存分布图

八二、华岩遗址

华岩遗址位于繁峙县光裕堡乡华岩村东北550米，面积2.6万平方米（彩版二五，1）。遗址处在滹沱河南岸的台地上，地势较低，海拔970~990米，略高于滹沱河河床数米，遗址所在位置略显开阔，但横跨冲沟两侧，有较大起伏。遗址北面原为滹沱河，现已蓄水为繁代水库。遗存分布密集，遗址包含仰韶、龙山、二里头、东周四个时期的遗存。

1. 仰韶时期

仰韶时期遗存见于遗址西北部之外的其他区域，主要见于冲沟东侧，遗址东部遗存分布密集（图3-239）。未见任何遗迹现象，只在地表发现有陶片。陶片多泥质红陶，多素面，有彩陶，可辨器形有钵等。

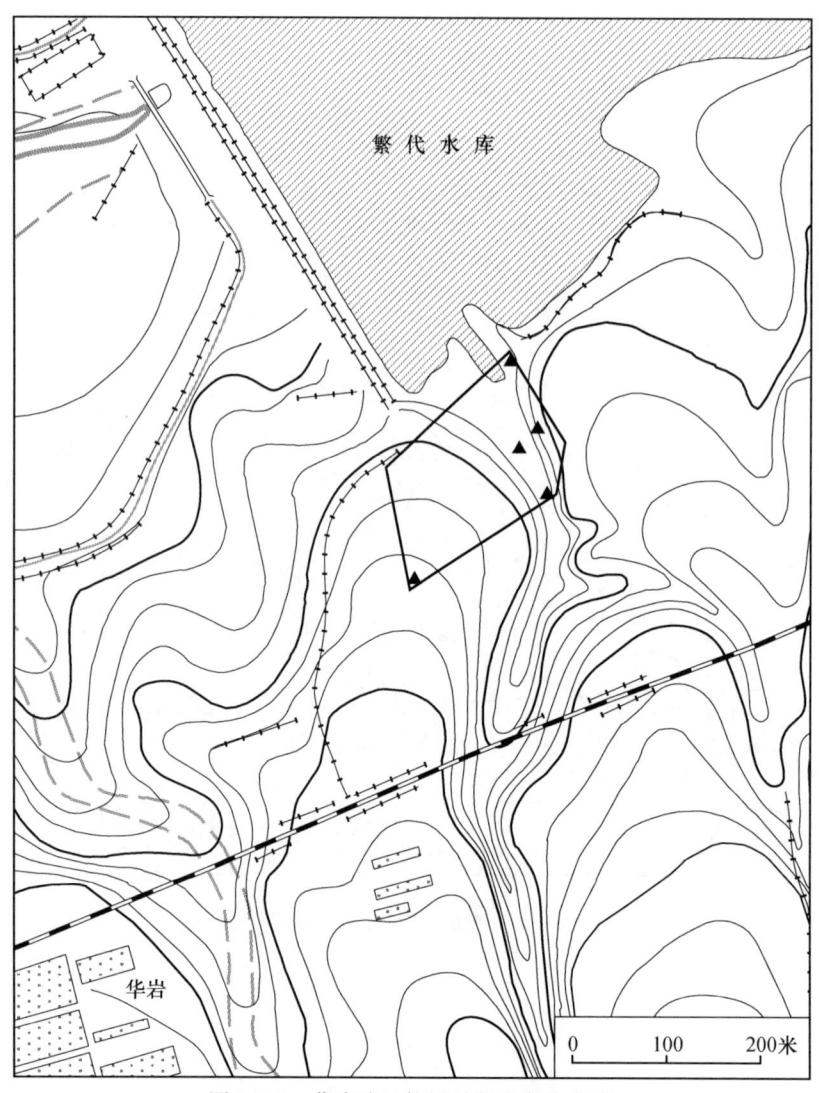

图3-239　华岩遗址仰韶时期遗存分布图

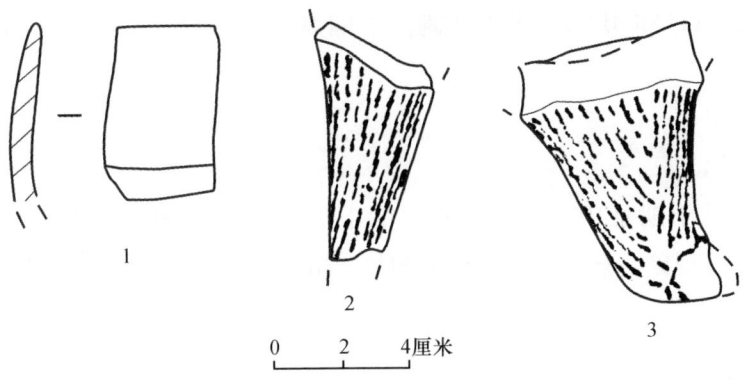

图 3-240　华岩遗址陶器

1. 钵（FS061114I001:2）　2. 鬲足（FS061114I001:1）　3. 蛋形瓮足（FS061114I004:1）

（1. 仰韶时期；2、3. 二里头时期）

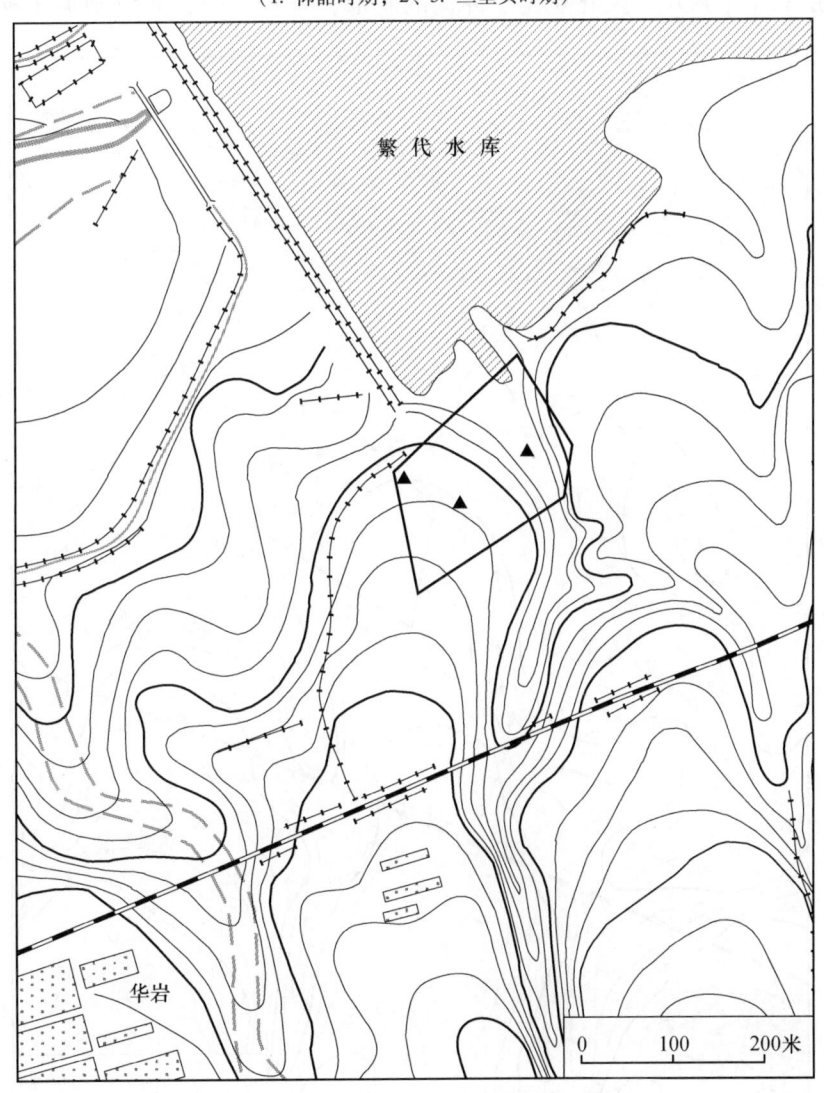

图 3-241　华岩遗址龙山时期遗存分布图

钵　1 件。FS061114I001：2，泥质红陶。小圆唇，微敛口，微鼓腹。口下有黑彩带（图3-240，1）。

2. 龙山时期

龙山时期遗存见于遗址中部，南、北两端不见，冲沟东侧不见，遗存分布稀疏（图3-241）。未见任何遗迹现象，只在地表发现有陶片。陶片多夹砂灰陶，纹饰多绳纹，可辨器形有鬲等。

3. 二里头时期

二里头时期遗存集中见于遗址北部，主要见于冲沟的东侧，遗存分布密集（图3-242）。共发现 1 处文化层和 1 个灰坑，文化层见于冲沟的底部，堆积较薄，灰坑则见于梯田的断面，为

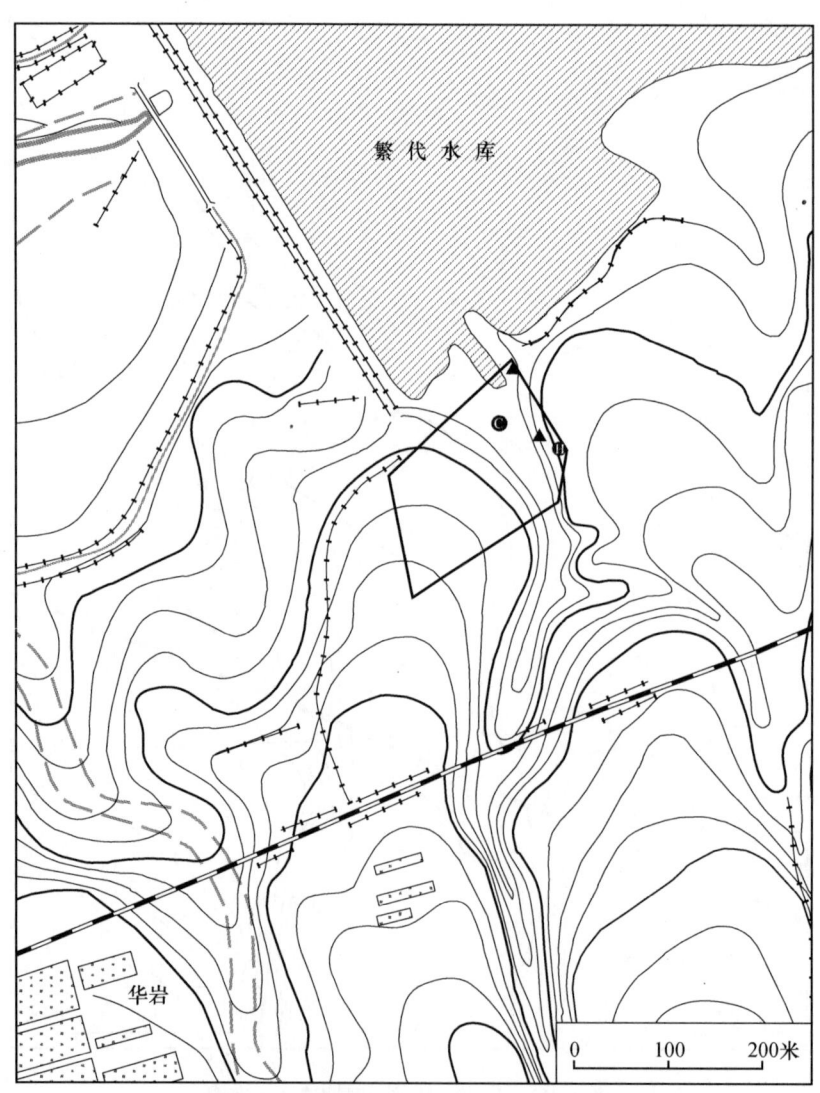

图 3-242　华岩遗址二里头时期遗存分布图

袋状坑。遗迹内包含有较多陶片，地表也有陶片发现。陶片多夹砂灰陶，纹饰以绳纹为主，可辨器形有鬲、蛋形瓮等。

鬲足　1件。FS061114I001∶1，夹砂褐陶。长锥状实足跟，足尖已残。器表饰绳纹（图3-240，2）。

蛋形瓮足　1件。FS061114I004∶1，夹砂灰陶。蹄状实足跟，较粗大。器表饰绳纹（图3-240，3）。

4. 东周时期

东周时期遗存集中见于遗址北部，主要分布于冲沟的东侧。遗存分布相对密集（图3-243）。未见任何遗迹现象，只在地表发现有陶片。陶片多夹砂灰陶，纹饰以绳纹为主，可辨器形有罐等。

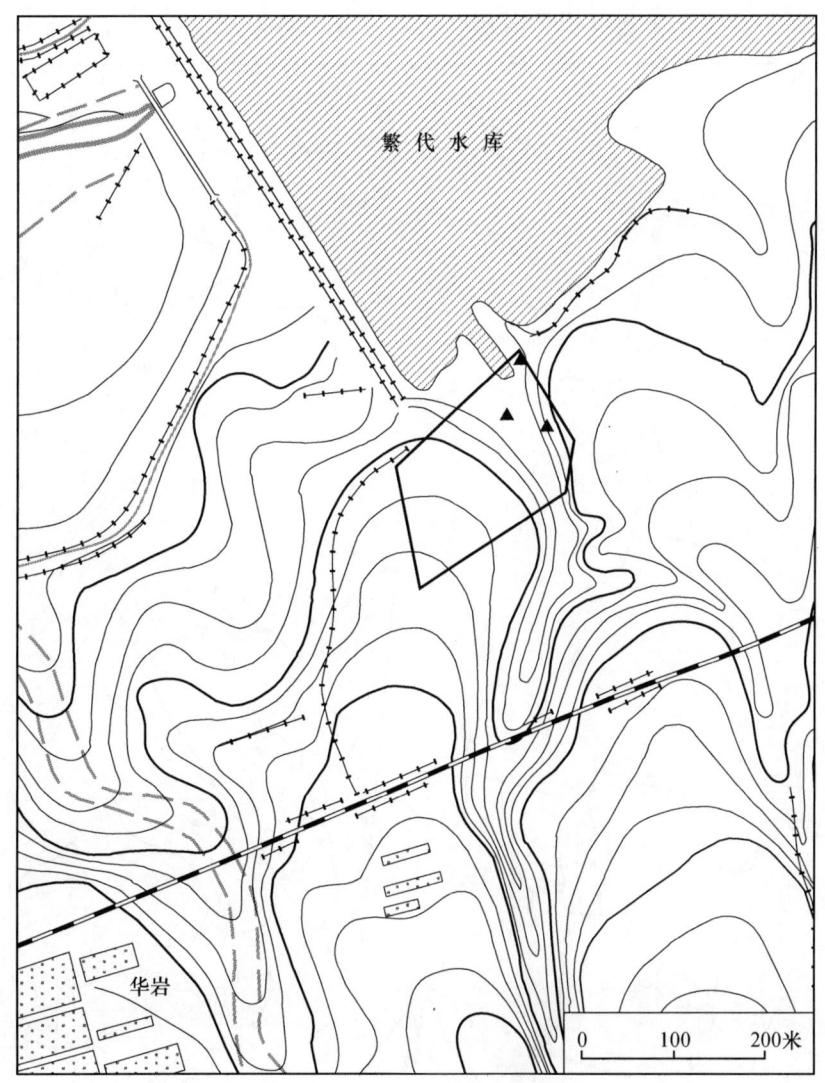

图3-243　华岩遗址东周时期遗存分布图

八三、梨峪Ⅱ号遗址

梨峪Ⅱ号遗址位于繁峙县光裕堡乡梨峪村东南450米,面积32.7万平方米(彩版二六)。遗址处在滹沱河南岸山坡的底部,海拔1200~1350米,南高北低,迎风背阴,遗址北部相对平缓,南部较陡,坡度大,加之内有多条冲沟,地势起伏也较大。一条发源于山间的水流横穿遗址东部外,遗址西面有发源于山沟的季节性水流由南向北流过,并与横穿遗址的水流汇合。遗存分布密集,遗址包含龙山、二里头、东周三个时期的遗存,其中,东周时期的遗存部分可进一步确认为战国时期。

1. 龙山时期

龙山时期遗存主要分布于遗址东部地势较高处,遗存分布略显稀疏(图3-244)。只在冲沟

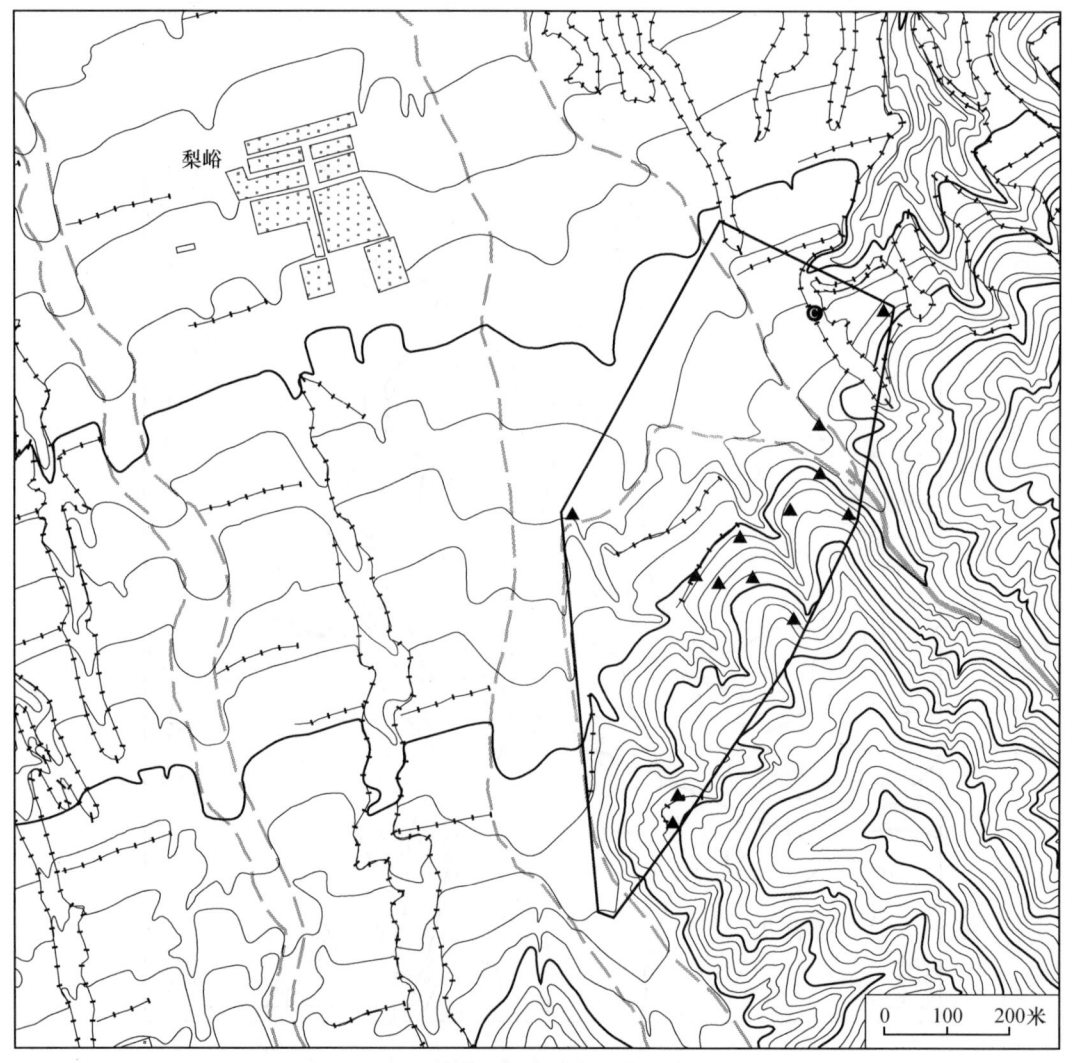

图3-244 梨峪Ⅱ号遗址龙山时期遗存分布图

的断面上发现1处文化层，未见其他遗迹现象，文化层分布在遗址北部地势较低处，堆积较薄。文化层内包含较多陶片，地表也有陶片分布。陶片多夹砂灰陶，纹饰多绳纹，可辨器形有鬲、蛋形瓮、罐等。

蛋形瓮 1件。FS061103H003∶1，夹砂灰陶。平沿，敛口，深腹。器表饰绳纹（图3-247，4）。

罐 1件。FS061103F001∶1，夹砂褐陶，杂有蚌粉。圆唇，口外翻，束颈，鼓腹。素面，器表粗糙（图3-247，3）。

2. 二里头时期

二里头时期遗存见于遗址中部，遗存分布稀疏（图3-245）。只在梯田的断面上，发现2处文化层，未见其他遗迹现象。文化层见于西部地势较低处，文化层内包含较多陶片，地表也有陶片分布。陶片多夹砂灰陶，纹饰以绳纹为主，可辨器形有蛋形瓮、盆等。

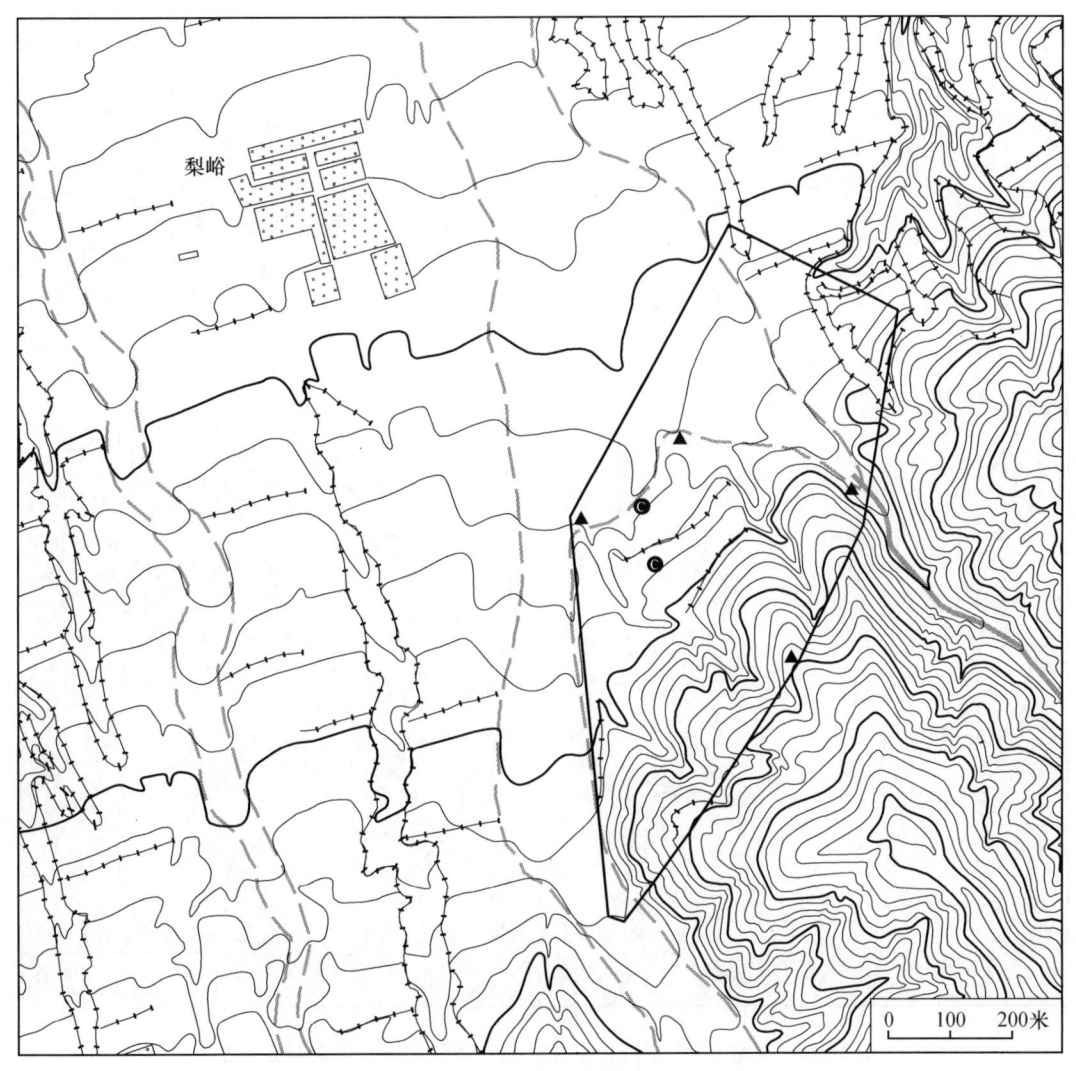

图3-245 梨峪Ⅱ号遗址二里头时期遗存分布图

蛋形瓮　1件。FS081119F003-C:1，夹砂灰褐陶。平沿，敛口，深鼓腹。器表饰旋断绳纹。口径22、残高15厘米（图3-247，1）。

盆　1件。FS081119F003-C:2，夹砂褐陶。圆唇，折沿，深鼓腹。器表饰绳纹（图3-247，5）。

3. 东周时期

东周时期遗存分布于整个遗址，遗存分布略显密集（图3-246）。共发现6处文化层和3个灰坑，所有的遗迹现象全部分布在遗址较低处，多见于冲沟或梯田的断面，其中，文化层主要分布在遗址北部，南部有个别分布，灰坑则见于遗址中、南部。文化层堆积多厚薄不等，最厚达3米以上，灰坑均为口大底小状，文化层和灰坑内包含物丰富，尤以陶片最多，地表也有陶片分布。陶片多夹砂灰陶，纹饰以绳纹为主，有粗大绳纹，可辨器形有豆、盆、罐等。

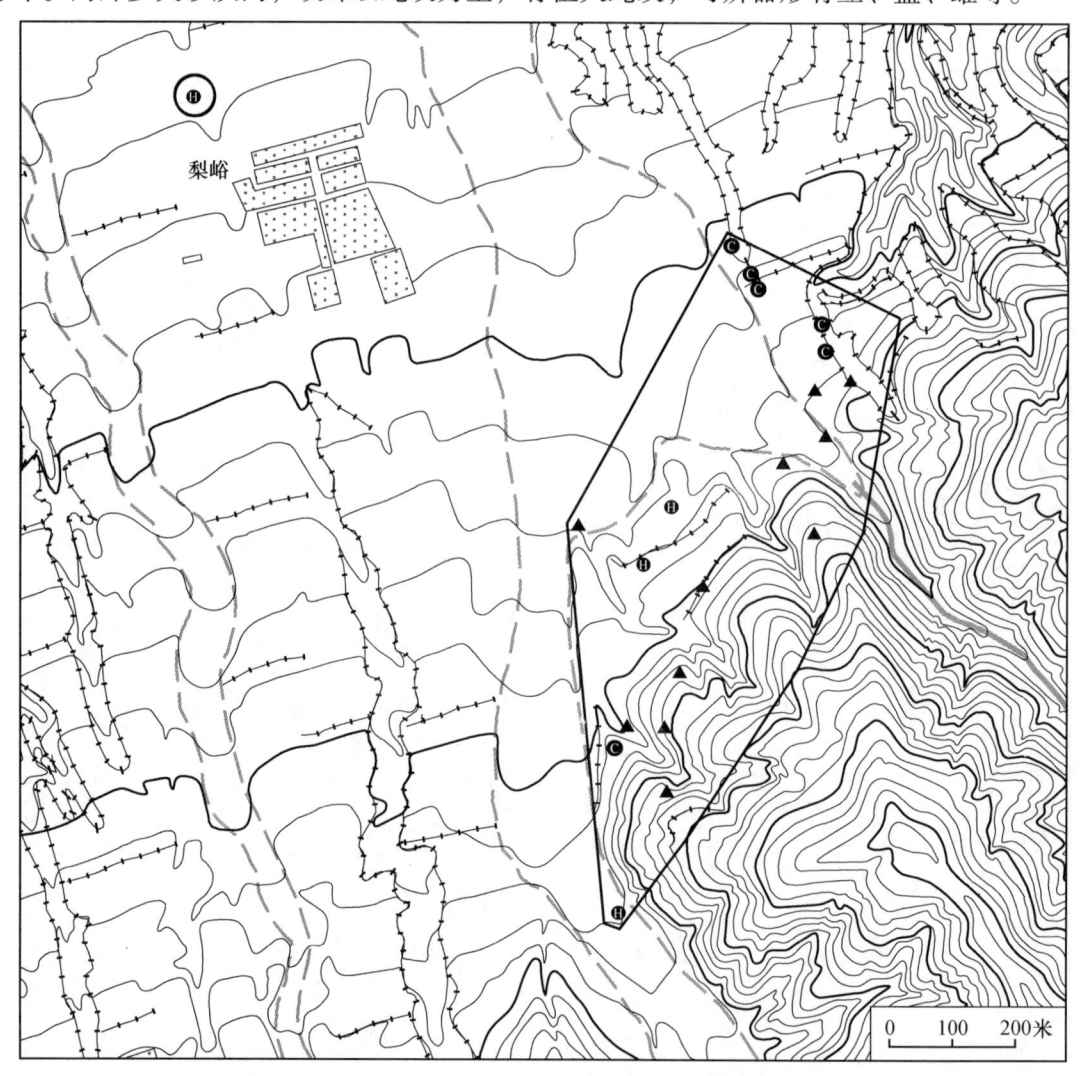

图3-246　梨峪Ⅱ号（右）、Ⅰ号（左）遗址东周时期遗存分布图

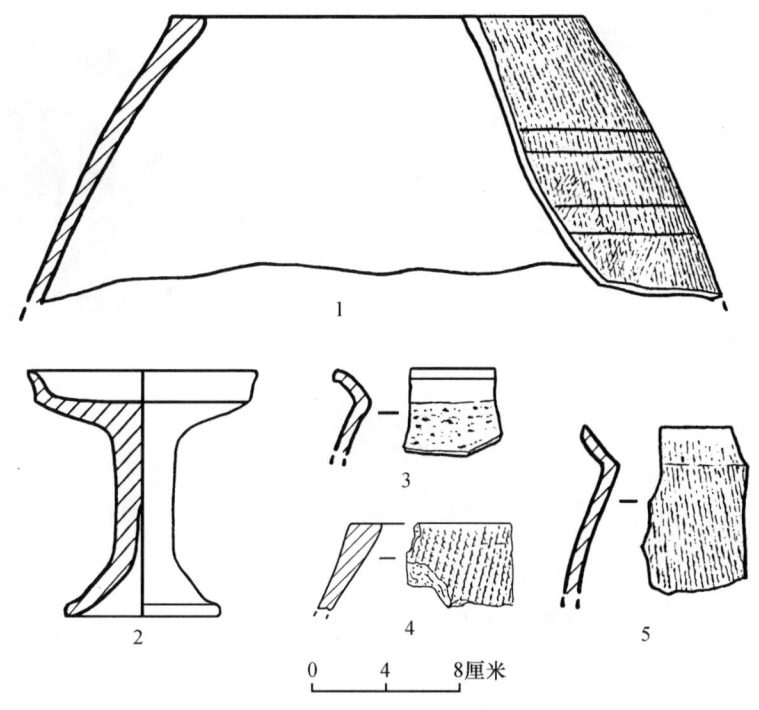

图 3-247 梨峪Ⅱ号遗址陶器

1、4. 蛋形瓮（FS081119F003-C∶1、FS061103H003∶1） 2. 豆（FS061103I001∶1） 3. 罐（FS061103F001∶1） 5. 盆（FS081119F003-C∶2）

（1、5. 二里头时期；2. 东周时期；3、4. 龙山时期）

豆 1件。FS061103I001∶1，泥质灰陶。圆唇，近直壁，浅盘，盘底近平，细柄，高圈足。素面。口径12.4、底径8.4、高13厘米（图3-247，2）。

八四、梨峪Ⅰ号遗址

梨峪Ⅰ号遗址位于繁峙县光裕堡乡梨峪村西北，面积较小，小于0.4万平方米（彩版二六）。遗址处在滹沱河南岸的山前冲积扇上，海拔1160多米，地势较为平整，起伏较小。遗址东、西面不远处有发源于山间的季节性水流由南向北流去。遗址只有战国时期的遗存（图3-246）。遗存分布非常稀疏。只发现1个灰坑，形状、结构不清，深度不清，未见其他遗迹现象。灰坑内包含有较多陶片，地表未见遗物。陶片多夹砂灰陶，纹饰以粗大绳纹为多，可辨器形有罐等。

罐 2件。FS061102E003-H∶2，夹砂灰褐陶。方唇，翻沿，沿上起脊，束颈，鼓腹。腹部饰粗大绳纹（图3-248，1）。FS061102E003-H∶1，夹砂灰褐陶。方唇，翻沿，束颈，鼓肩。口部以下饰粗大绳纹，肩部有文字"师"（图3-248，3）。口径30、残高7.5厘米（图3-248，2）。

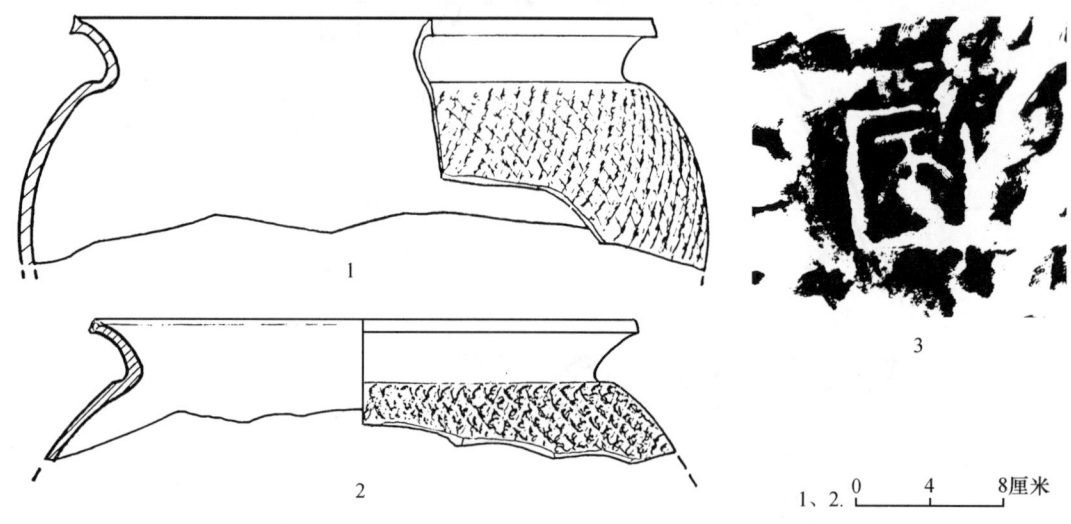

图 3-248　梨峪 I 号遗址陶器及印文
1、2. 罐（FS061102E003-H：2、FS061102E003-H：1）　3. "师"字印文

八五、麻峪口遗址

麻峪口遗址位于繁峙县光裕堡乡麻峪口村东、南，面积 51.7 万平方米（彩版二六）。遗址主要分布在滹沱河南岸冲积扇的最高处，海拔 1250～1405 米，南高北低，迎风背阴，地形逐渐下降，内有浅冲沟，山间的季节性水流也横穿遗址西部，地势有一定的起伏。遗址东面有发源于山沟内的季节性水流由南向北流过。遗存分布疏密不等，遗址中部遗存分布相对密集。遗址包含龙山、二里头、东周三个时期的遗存，其中，东周时期的遗存部分可进一步确认为战国时期。

1. 龙山时期

龙山时期遗存见于遗址中部，遗存分布相对稀疏（图 3-249）。共发现 1 处文化层、1 个灰坑和 2 座白灰面房址，全部暴露于梯田的断面，文化层分布于遗址偏西位置，堆积较薄，灰坑和房址分布于遗址东部，灰坑为口大底小状，房址为半地穴式。遗迹内包含物大多较为丰富，尤以陶片最多，地表也有陶片分布。陶片多夹砂灰陶，纹饰多绳纹、篮纹，可辨器形有蛋形瓮、罐等。

罐　2 件。FS061103G002-F1：1，夹砂灰陶。近方唇，口微外翻，矮领，鼓肩，深腹。肩、腹部饰绳纹。口径 22.5、残高 14 厘米（图 3-252，3）。FS061103G002-F1：2，夹砂灰陶。深鼓腹，底微凹。器表饰绳纹。底径 14.5、残高 24.5 厘米（图 3-252，6）。

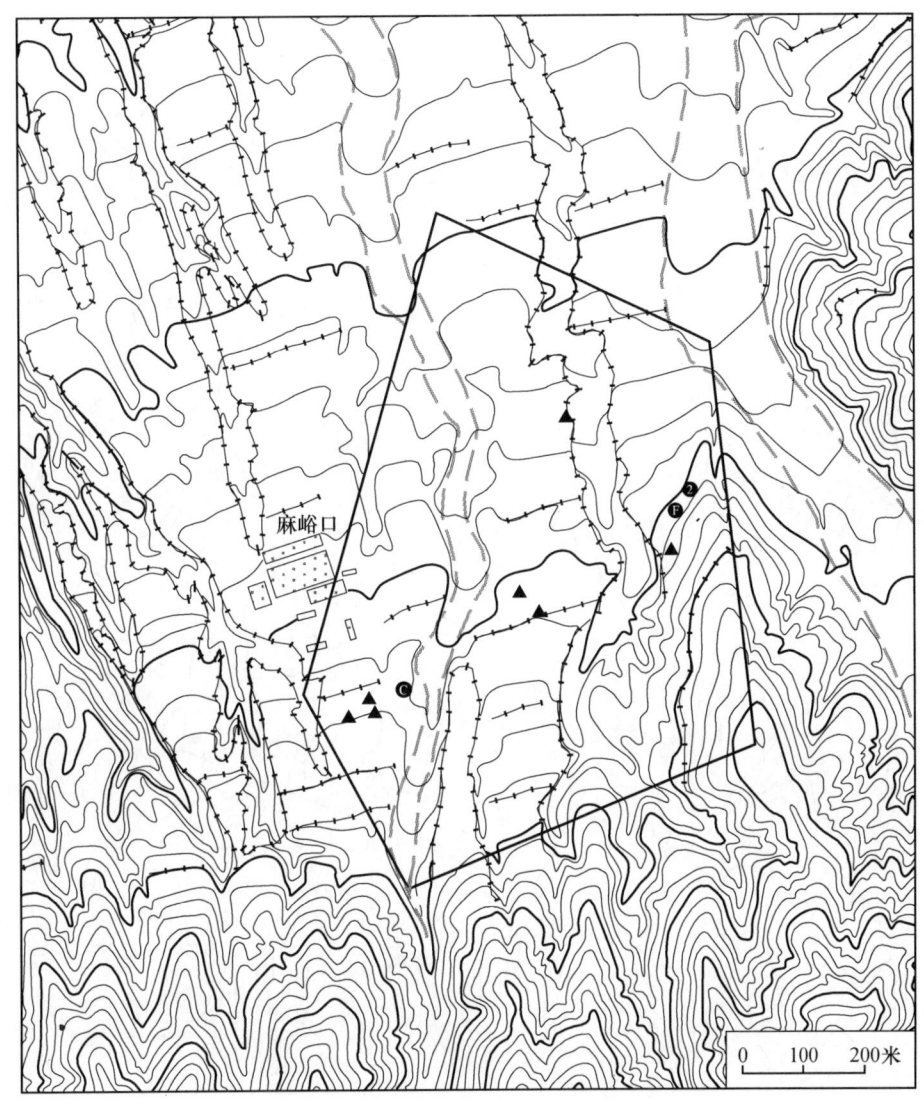

图 3-249　麻峪口遗址龙山时期遗存分布图

2. 二里头时期

二里头时期遗存见于遗址南部的地势较高处，尤以南部偏西遗存分布最为集中（图 3-250）。遗迹也集中发现于南部偏西，共发现 1 处文化层和 3 个灰坑，全部暴露于梯田的断面，其中，文化层堆积较薄，灰坑均为口大底小状，最深者可达 2 米以上。遗迹内大多包含物丰富，尤以陶片最多，地表也发现有陶片。陶片多夹砂灰陶，纹饰以绳纹为主，可辨器形有鬲、斝、蛋形瓮、罐等。

鬲　1 件。FS061103B003-H:2，夹砂灰褐陶。圆唇，侈口，束颈，鼓腹。颈部有一周凹弦纹，腹部饰绳纹。口径 26、残高 8.4 厘米（图 3-252，1）。

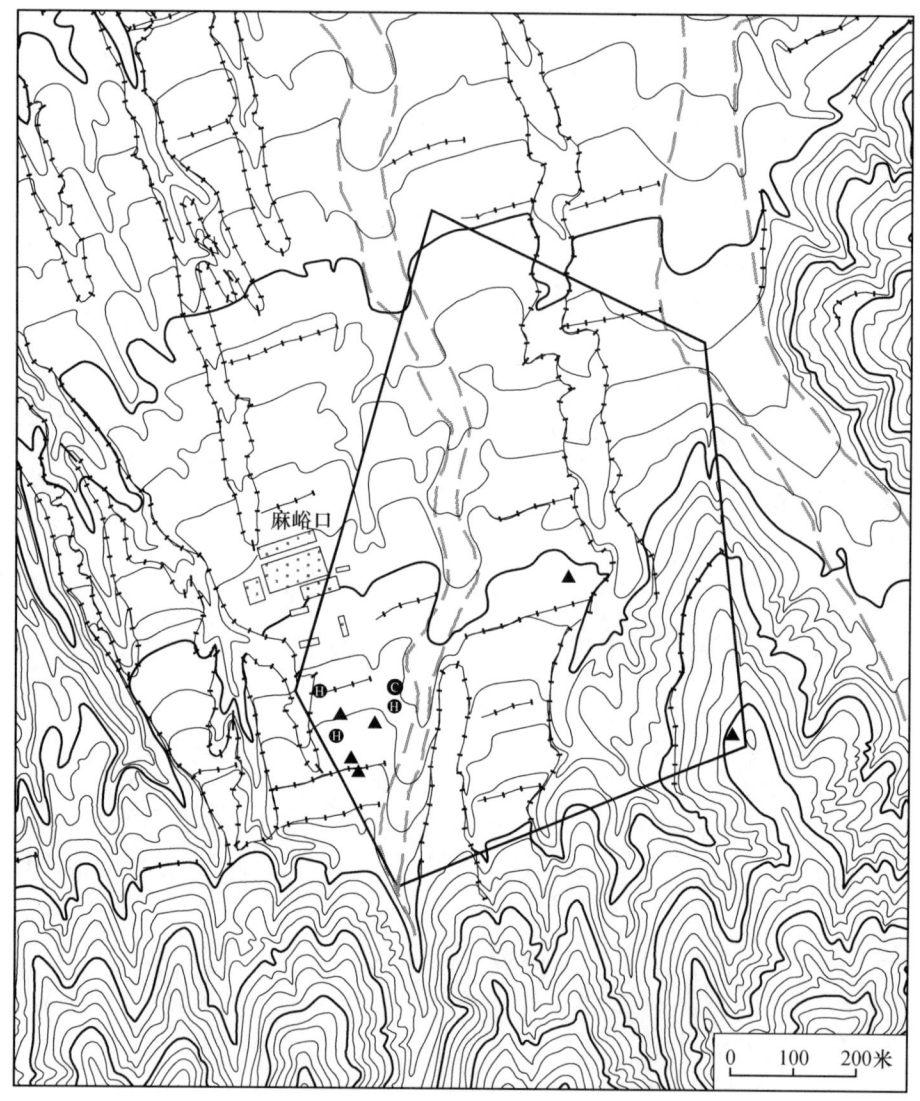

图3-250 麻峪口遗址二里头时期遗存分布图

罕 1件。FS061103B003-H：1，夹砂灰褐陶。圆唇，敛口，折肩，斜腹。腹部饰绳纹（图3-252，5）。

蛋形瓮足 1件。FS061103I009：1，泥质灰陶。矮胖实足跟，较粗大。足部饰绳纹（图3-252，7）。

3. 东周时期

东周时期遗存见于遗址东南部之外的其他区域，遗存分布相对密集，局部稀疏（图3-251）。只在遗址西部梯田的断面上发现1个灰坑，为口大底小状，未见其他遗迹现象。灰坑内包含有少量陶片，地表发现较多陶片。陶片多夹砂灰陶，纹饰以绳纹为主，有粗大绳纹，可辨器形有盆、豆、罐等。

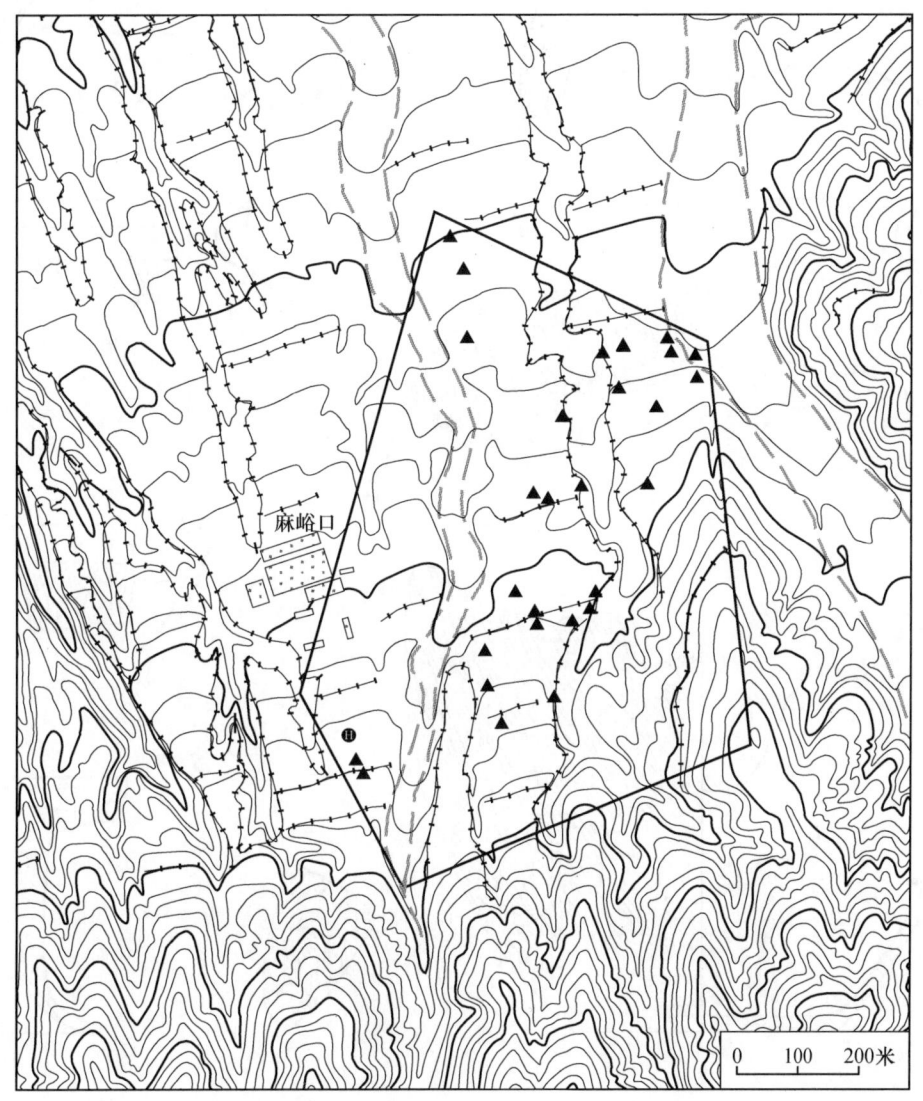

图 3-251　麻峪口遗址东周时期遗存分布图

豆　1 件。FS061103F005：1，泥质灰陶。圆唇，近直壁，浅盘，盘底微凸，细柄，高圈足。素面。口径 12.4、底径 9.6、高 13.6 厘米（图 3-252，8）。

罐　2 件。FS061103L007：1，夹砂灰陶。方唇，翻沿，束颈，深腹。器表饰粗大绳纹。口径 24、残高 8.4 厘米（图 3-252，2）。FS061102D010：1，夹砂灰陶。方唇，翻沿，沿上下起脊，束颈，鼓腹。腹部饰粗绳纹（图 3-252，4）。

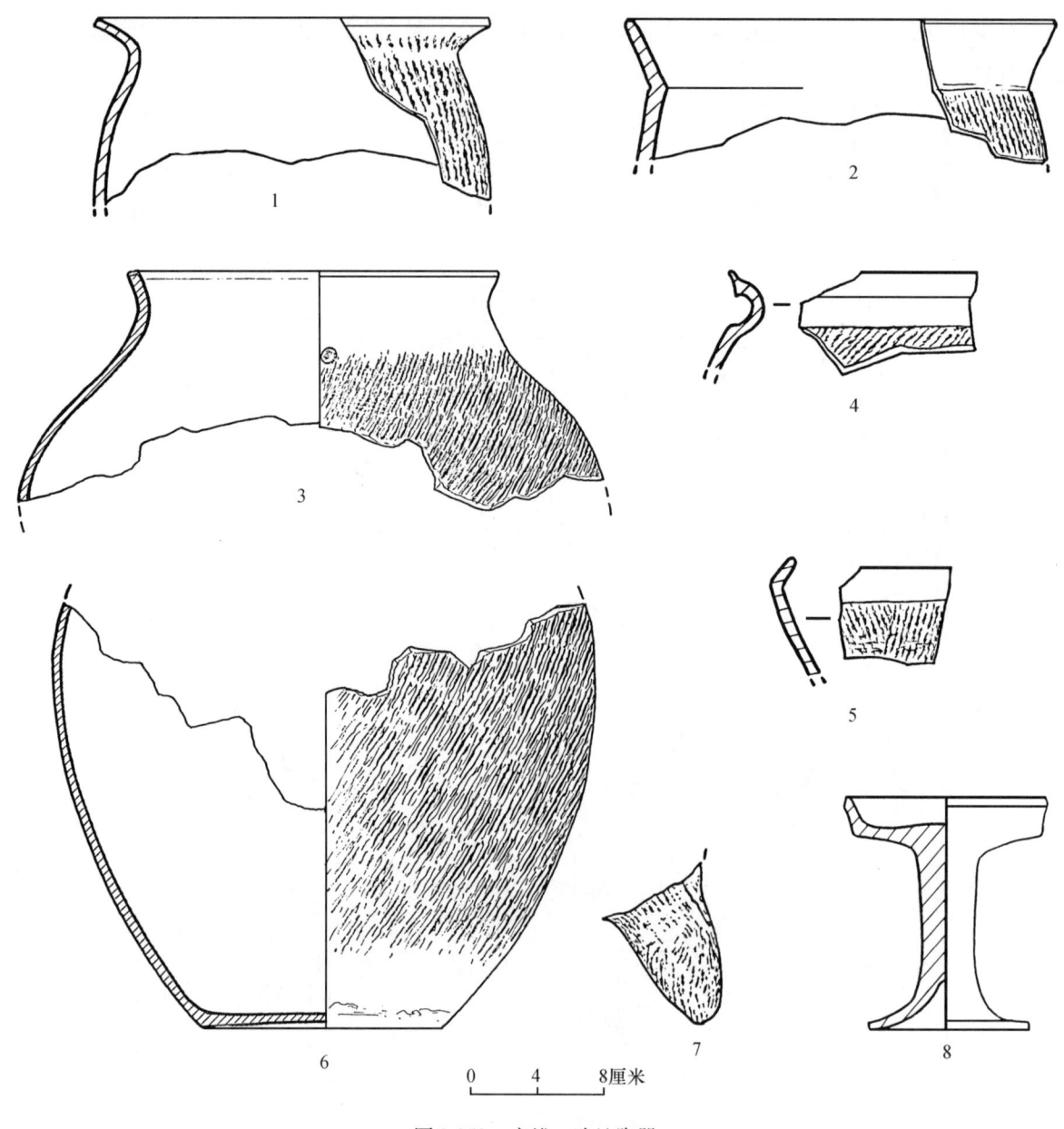

图 3-252 麻峪口遗址陶器

1. 鬲（FS061103B003-H:2） 2~4、6. 罐（FS061103L007:1、FS061103G002-F1:1、FS061102D010:1、FS061103G002-F1:2）
5. 斝（FS061103B003-H:1） 7. 蛋形瓮足（FS061103I009:1） 8. 豆（FS061103F005:1）
（1、5、7. 二里头时期；2、4、8. 东周时期；3、6. 龙山时期）

八六、公主Ⅰ号遗址

公主Ⅰ号遗址位于繁峙县杏园乡公主村东南200米，面积7.4万平方米（彩版二五，2）。遗址处在滹沱河南岸冲积扇的最高处，地势略显开阔，海拔1245~1320米，南高北低，迎风背阴，地形呈缓坡下降，内有浅冲沟，地势有一定起伏。遗址西面有发源于山沟的季节性水流由南向北流过。遗存分布稀疏，遗址包含仰韶、东周两个时期的遗存，其中，东周时期遗存部分可进一步确认为战国时期。

1. 仰韶时期

仰韶时期遗存只见于遗址中部，仅有个别发现，遗存分布非常稀疏（图3-253）。未见任何遗迹现象，只在地表发现少量陶片。陶片多红陶，多素面，可辨器形有钵等。

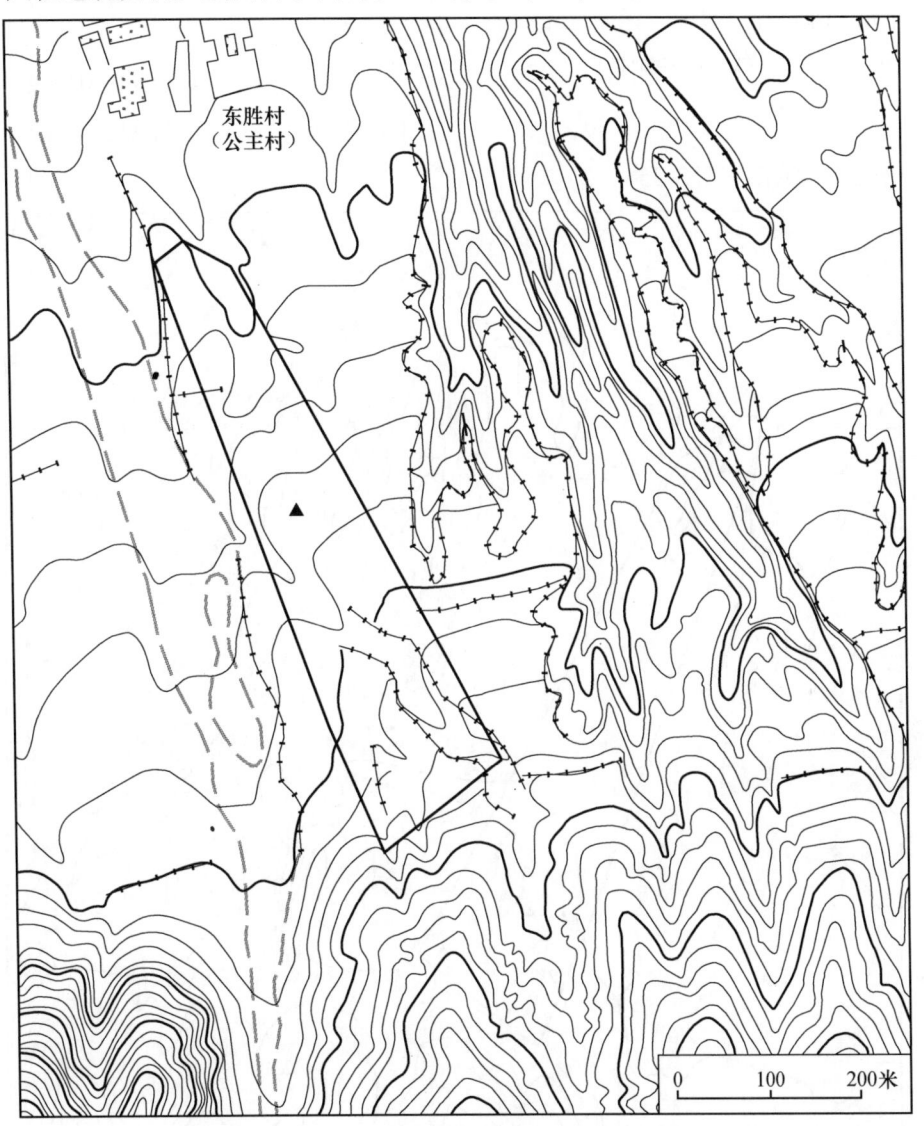

图3-253 公主Ⅰ号遗址仰韶时期遗存分布图

钵　1件。FS061104E002:1，夹砂红褐陶。圆唇，敛口，折腹，平底。素面。口径28、底径11.8、高12.4厘米（图3-254，1；彩版一〇三，4）。

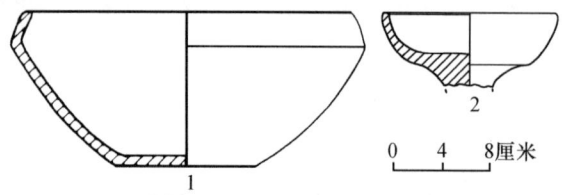

图 3-254 公主Ⅰ号遗址陶器
1. 钵（FS061104E002:1）　2. 豆（FS061104H002:1）
（1. 仰韶时期；2. 东周时期）

2. 东周时期

东周时期遗存见于遗址南、北部，遗存分布稀疏（图 3-255）。未见任何遗迹现象，只在地表发现有陶片。陶片多夹砂灰陶，纹饰以绳纹为主，有粗大绳纹，可辨器形有豆、罐等。

豆　1件。FS061104H002:1，泥质灰陶。圆唇，斜壁，浅盘，细柄中空。素面。口径 14.6、残高 6 厘米（图 3-254，2）。

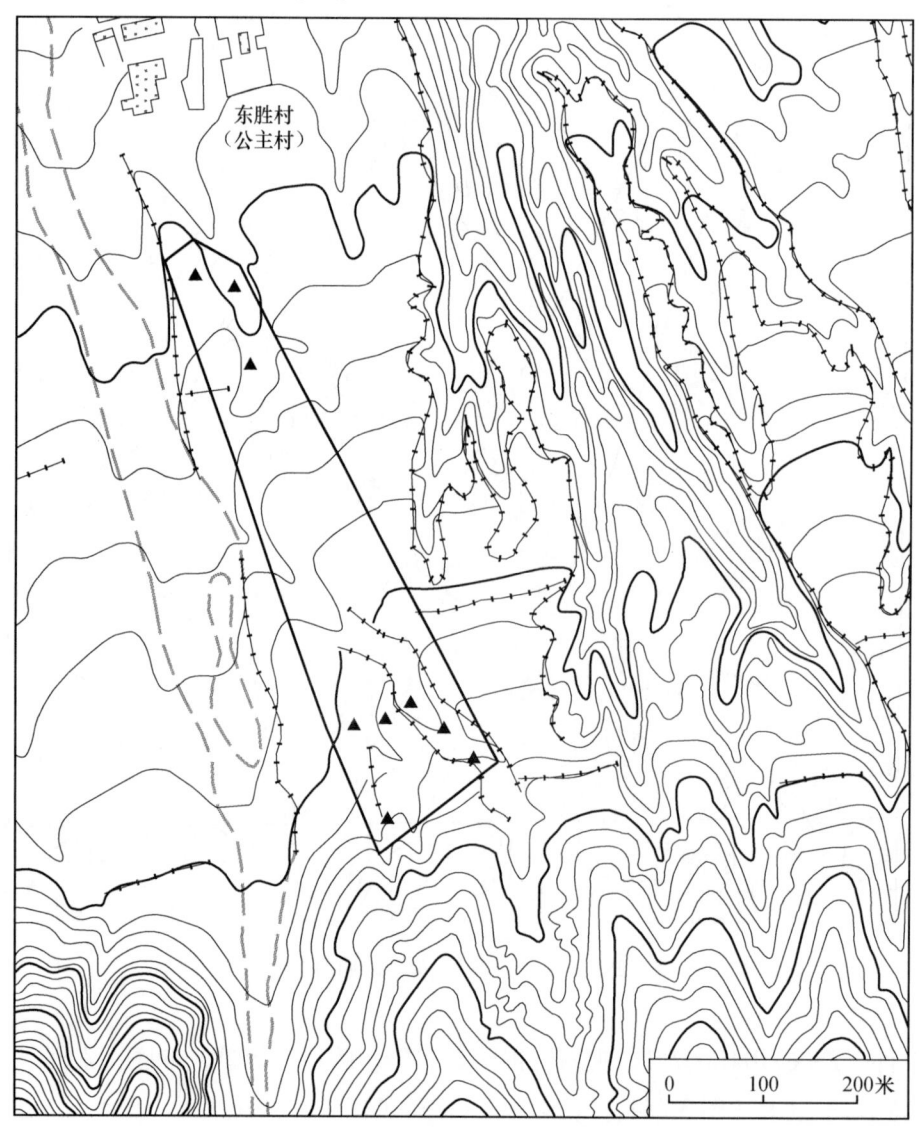

图 3-255　公主Ⅰ号遗址东周时期遗存分布图

八七、公主Ⅱ号遗址

公主Ⅱ号遗址位于繁峙县杏园乡公主村西南650米，面积8.6万平方米（彩版二五，2）。遗址处在滹沱河南岸山坡上，地势较高，海拔1285～1340米，南高北低，迎风背阴，坡度大，且内有冲沟，地势起伏较大。遗址东面不远处有发源于山沟的季节性水流由南向北流过。遗存分布疏密不等，遗址中部相对密集。遗址包含龙山、二里头、东周三个时期的遗存，其中，东周时期遗存部分可进一步确认为战国时期。

1. 龙山时期

龙山时期遗存主要见于遗址中部，北部有零星分布，遗存分布较为稀疏（图3-256）。未见

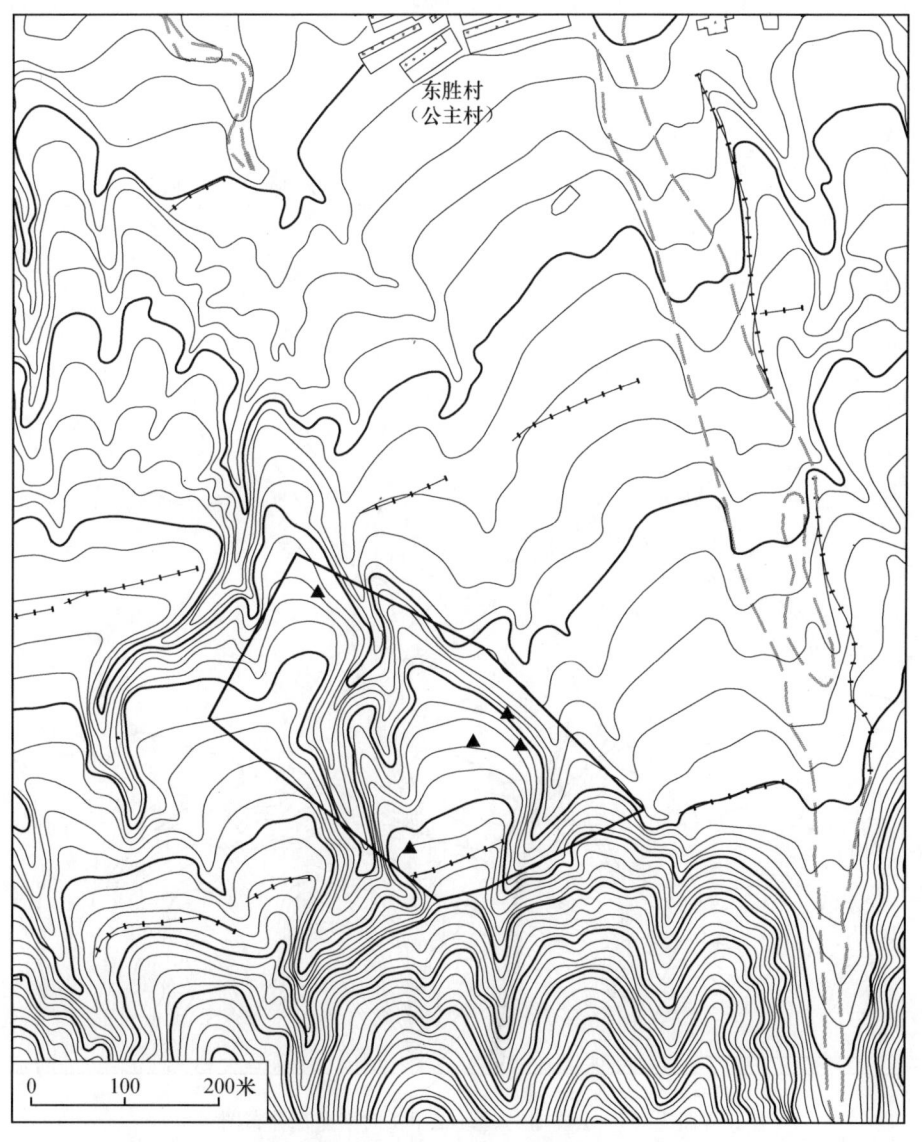

图3-256　公主Ⅱ号遗址龙山时期遗存分布图

任何遗迹现象，只在地表发现有陶片。陶片多夹砂灰陶，纹饰多绳纹、篮纹，可辨器形有鬲、蛋形瓮、罐等。

蛋形瓮　1件。FS061104C001∶1，夹砂灰褐陶。小平沿，敛口，深鼓腹。器表饰绳纹（图3-259，1）。

2. 二里头时期

二里头时期遗存主要见于遗址中部和北部，遗存分布较为稀疏（图3-257）。除在遗址北部地势较低的梯田断面上发现2个灰坑外，未见其他遗迹现象，灰坑均为口大底小状。灰坑内包含有较多陶片，地表也有陶片分布。陶片多夹砂灰陶，纹饰以绳纹为主，可辨器形有鬲、蛋形瓮、罐等。

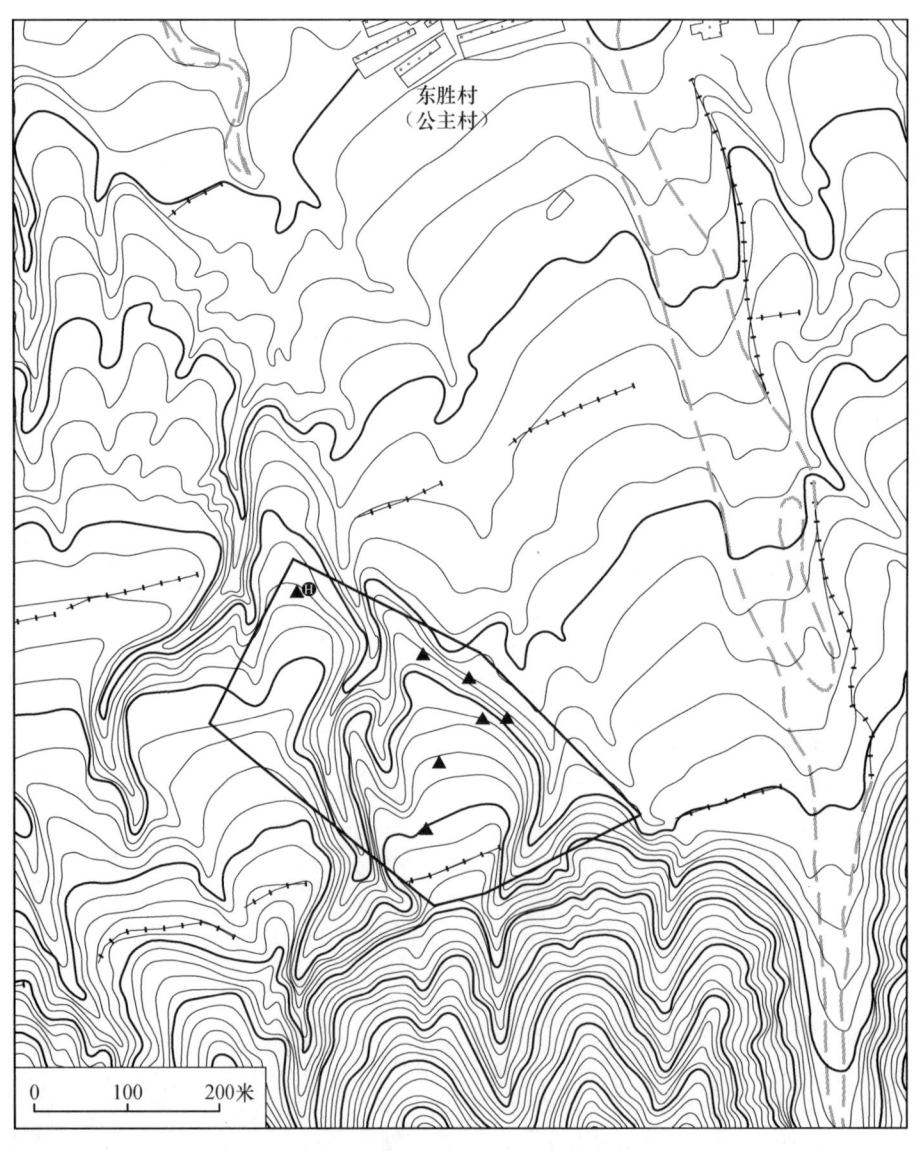

图 3-257　公主Ⅱ号遗址二里头时期遗存分布图

蛋形瓮　2件。FS061104F003:1，夹砂灰陶。平沿，敛口，深腹。器表饰绳纹（图3-259，2）。FS061104F001-H:2，夹砂灰陶。鼓腹，圜底，底部接三锥状足。器表饰绳纹（图3-259，3）。

蛋形瓮足　1件。FS061104C002:1，夹砂灰陶。矮锥状实足跟。器表饰绳纹，跟部有绳纹（图3-259，6）。

罐　1件。FS061104F001-H:1，夹砂灰褐陶。近圆唇，口外翻，矮领，束颈，鼓肩，底微凹。肩、腹部饰绳纹。口径15、底径19.5、高约31厘米（图3-259，4）。

3. 东周时期

东周时期遗存见于遗址最北端之外的其他区域，遗存分布密集（图3-258）。未见任何遗迹现象，只在地表发现有陶片。陶片多夹砂灰陶，纹饰以绳纹为主，有粗大绳纹，可辨器形有豆、盆、罐等。

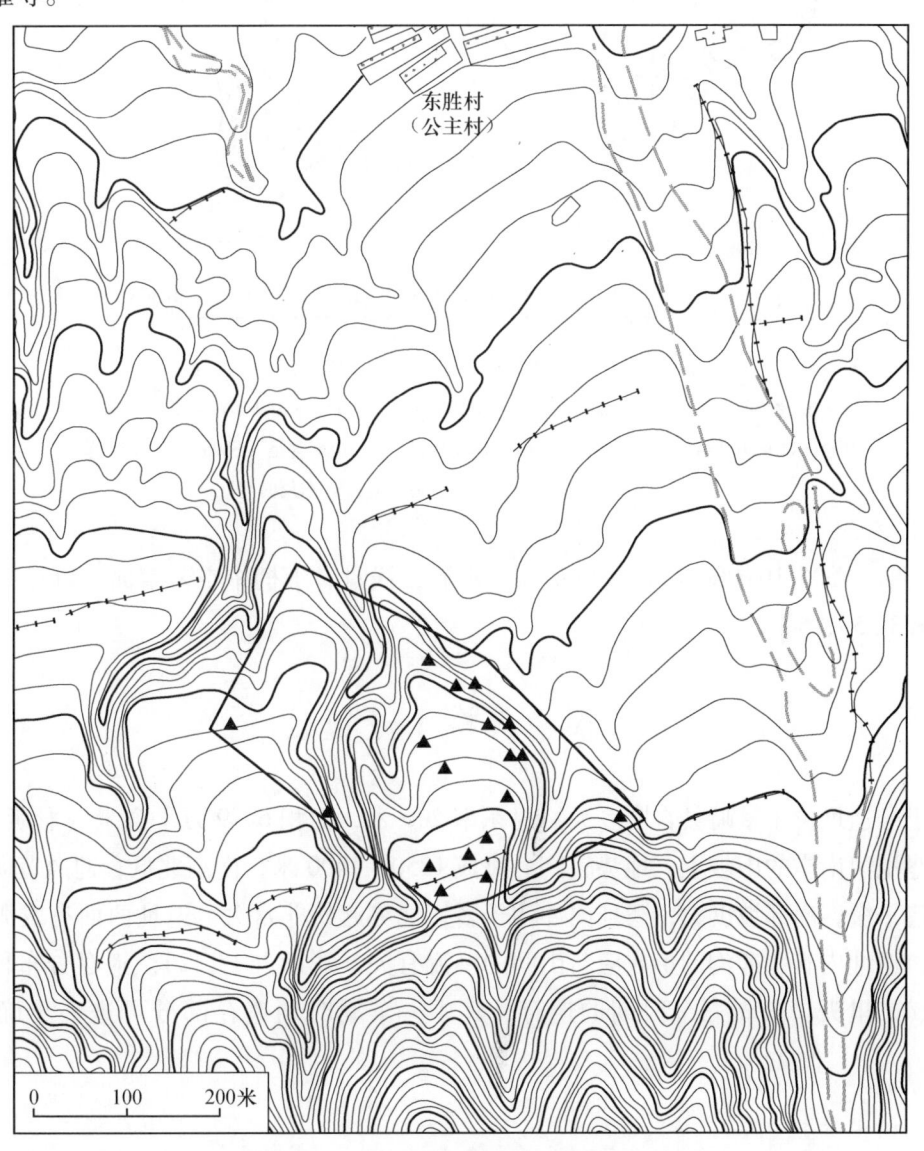

图3-258　公主Ⅱ号遗址东周时期遗存分布图

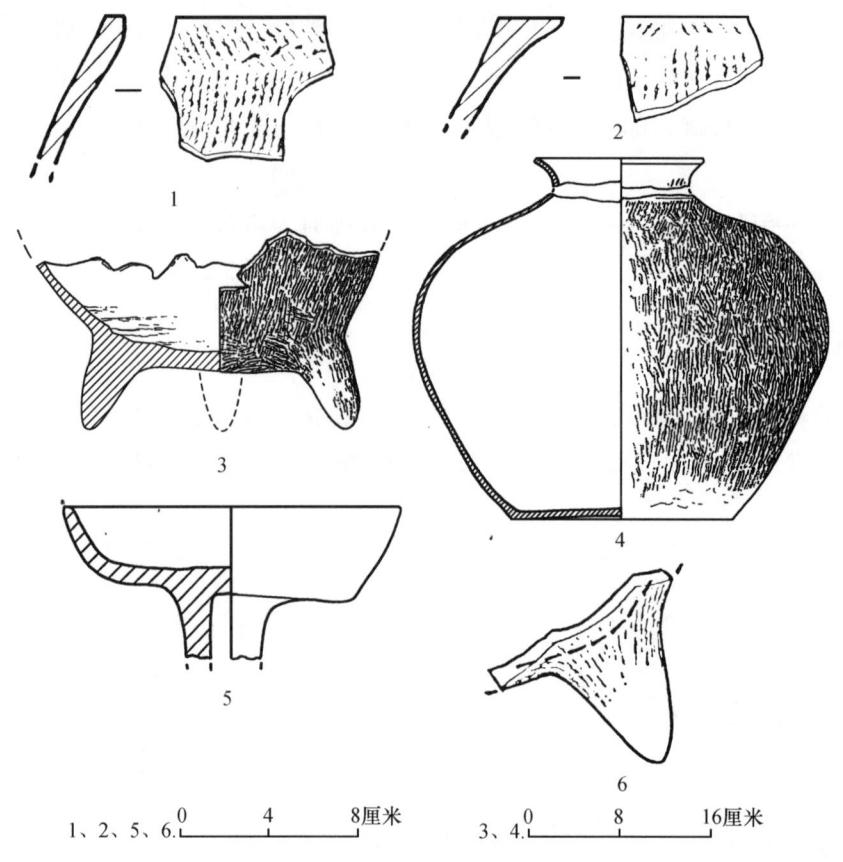

图 3-259　公主 II 号遗址陶器

1~3. 蛋形瓮（FS061104C001：1、FS061104F003：1、FS061104F001-H：2）　4. 罐（FS061104F001-H：1）　5. 豆（FS061104B003：1）　6. 蛋形瓮足（FS061104C002：1）

（1. 龙山时期；2~4、6. 二里头时期；5. 东周时期）

豆　1件。FS061104B003：1，泥质灰陶。圆唇，浅盘，细柄中空。素面。口径14.2、残高7厘米（图3-259，5）。

八八、大峪 I 号遗址

大峪 I 号遗址位于繁峙县杏园乡大峪村东南200米，面积64.9万平方米（彩版二七，1）。遗址处在滹沱河南岸的山坡上，地势较高，海拔1250~1400米，南高北低，迎风背阴，北部坡度小，略趋平缓，南部坡度大，遗址内冲沟较多，地势起伏非常大。遗址西面有发源于山沟的水流流过，遗址内有些冲沟的形成应与山间的溪流有关（彩版九七，2）。遗存分布稀疏，遗址包含龙山、二里头、东周三个时期的遗存，其中，东周时期遗存部分可进一步确认为战国时期。

1. 龙山时期

龙山时期遗存分布于遗址最东部之外的其他区域，遗存分布稀疏（图3-260）。共发现1处文化层、2个灰坑、1座陶窑和1座白灰面房址，全部暴露于梯田的断面，其中，文化层和一个灰坑见于遗址东北部，窑址和另一个灰坑见于遗址西部，房址则分布于东部偏南。遗迹内包含物丰富，尤以陶片最多，地表也有陶片分布。陶片多夹砂灰陶，纹饰多绳纹、篮纹，可辨器形有鬲、蛋形瓮、盆、盘、罐等。

蛋形瓮　2件。FS061105I004∶1，夹砂灰陶。宽沿，敛口，鼓腹。腹部饰旋断浅篮纹。口径26、残高13.6厘米（图3-263，3）。FS061105C002∶1，夹砂灰褐陶。平沿，微敛口，深腹。口下有附加堆纹，腹部饰篮纹。口径34、残高7.6厘米（图3-263，1）。

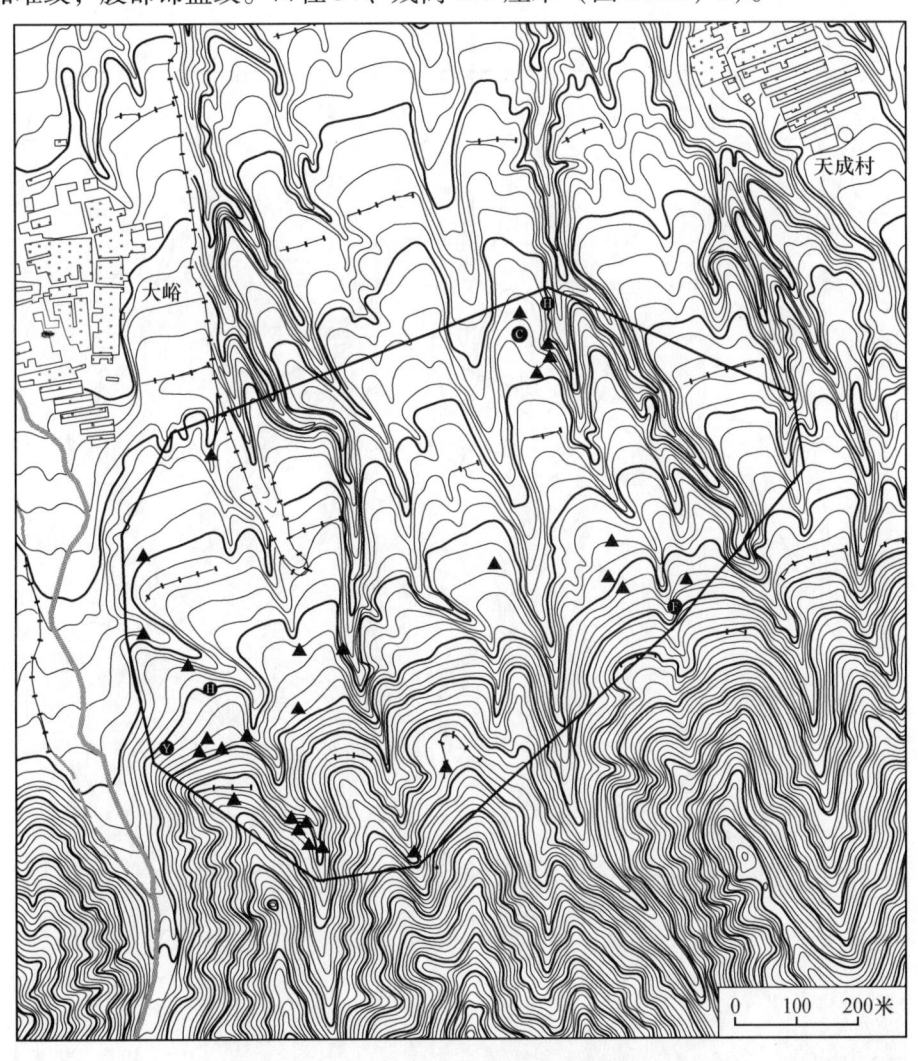

图3-260　大峪Ⅰ号遗址龙山时期遗存分布图

盆　1件。FS061105C001-Y:1，泥质灰陶。方唇，翻沿，深腹。腹部饰绳纹，有抹去痕迹（图3-263，2）。

盘　1件。FS061105C002:2，泥质灰褐陶。粗柄，大圈足。素面磨光（图3-263，5）。

罐　1件。FS061104I005-C:1，夹砂褐陶。深腹，平底。腹部饰绳纹。底径20、残高19.2厘米（图3-263，6）。

2. 二里头时期

二里头时期遗存主要分布于遗址西南角，中部有零星分布，遗存分布相对稀疏（图3-261）。共发现1处文化层和3个灰坑，其中，文化层分布于遗址南部地势较高处，灰坑全部分布于遗址西部。遗迹内包含物丰富，尤以陶片最多，地表也有陶片分布。陶片多夹砂灰陶，纹饰以绳纹为主，可辨器形有鬲、甗、蛋形瓮、盆、罐等。

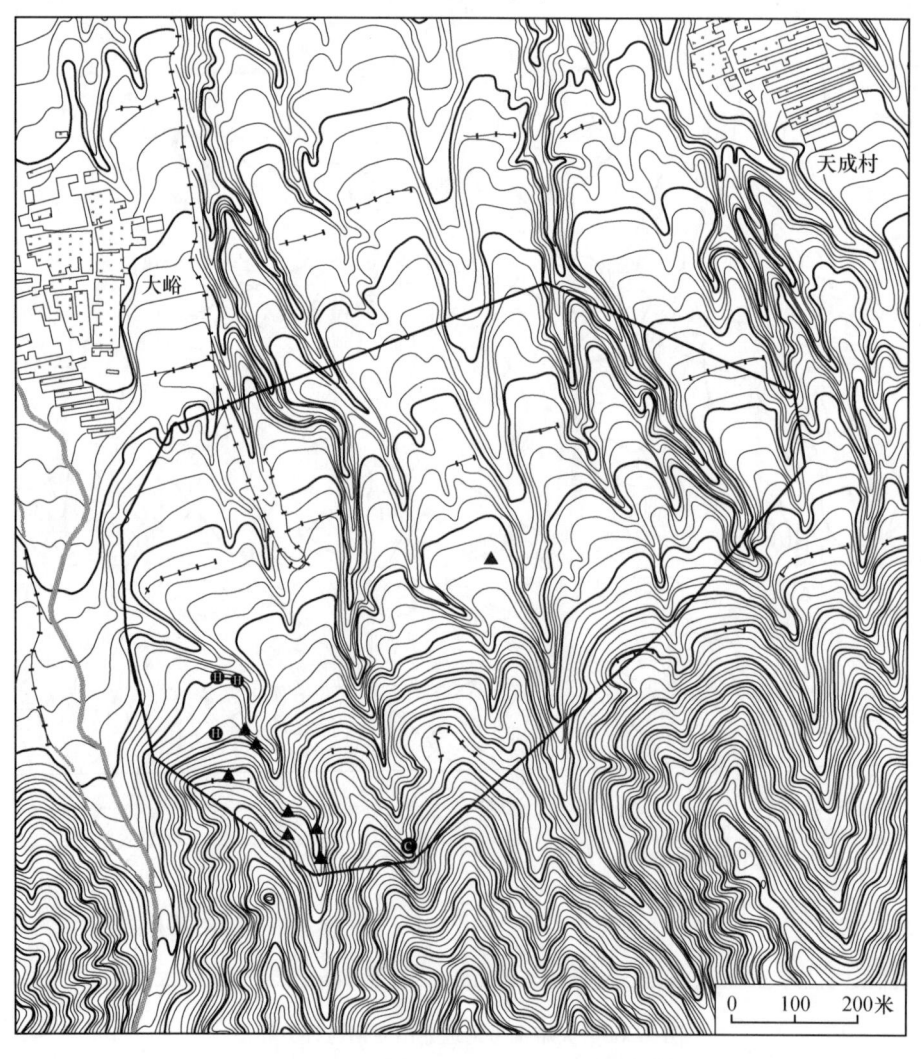

图3-261　大峪Ⅰ号遗址二里头时期遗存分布图

鬲　1件。FS061105G003-C1:1，夹砂褐陶。深腹，束腰，有隔。器表饰绳纹（图3-263，4）。

盆　4件。FS061105H001-H:1，夹砂黑灰陶。方唇，翻沿，深腹微鼓。腹部饰旋断绳纹。口径34、残高14厘米（图3-264，1）。FS061105H001-H:2，夹砂黑灰陶。方唇，侈口，微束颈，深腹微鼓。器表饰绳纹（图3-263，7）。FS061105B005:1，夹砂灰陶（夹细砂）。近方唇，大敞口，斜腹。器表饰绳纹，有抹去痕迹（图3-264，2）。FS061105B004:1，夹砂褐陶。圆唇，有小折沿，口外翻，斜腹。腹部饰旋断绳纹（图3-263，8）。

罐　1件。FS061105J005:1，夹砂灰陶。小圆唇，口外翻，束颈，鼓腹。口下及颈部各有一周附加堆纹，腹部饰绳纹（图3-264，3）。

3. 东周时期

东周时期遗存主要分布于遗址中部，南部最高处和北部最低处都不见，遗存分布稀疏（图3-262）。只在遗址西部的梯田断面上发现1处窑址，只有窑室部分暴露，未见其他遗迹现象。

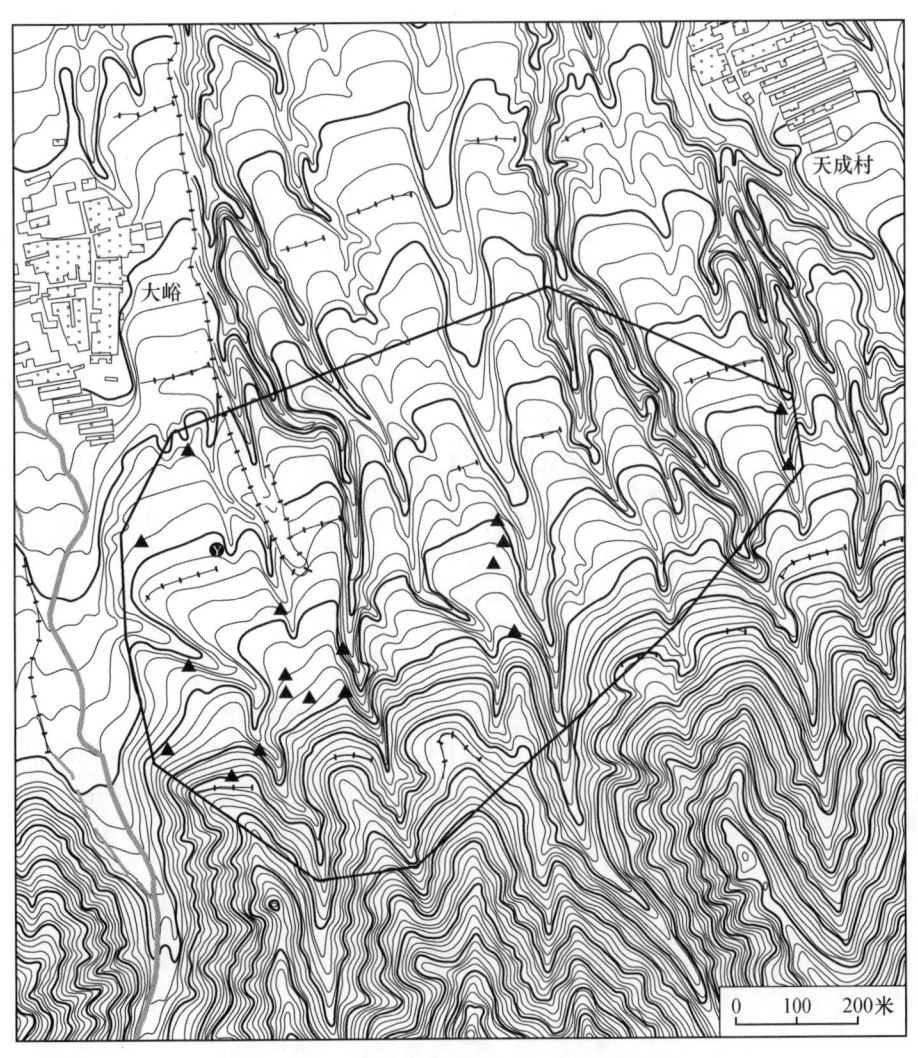

图3-262　大峪Ⅰ号遗址东周时期遗存分布图

窑址内发现少量陶片，地表有陶片发现。陶片多夹砂灰陶，纹饰以绳纹为主，有粗大绳纹，可辨器形豆、盆、罐等。

豆　1件。FS061105B008：1，泥质灰陶。圆唇，斜浅盘。素面（图3-264，4）。

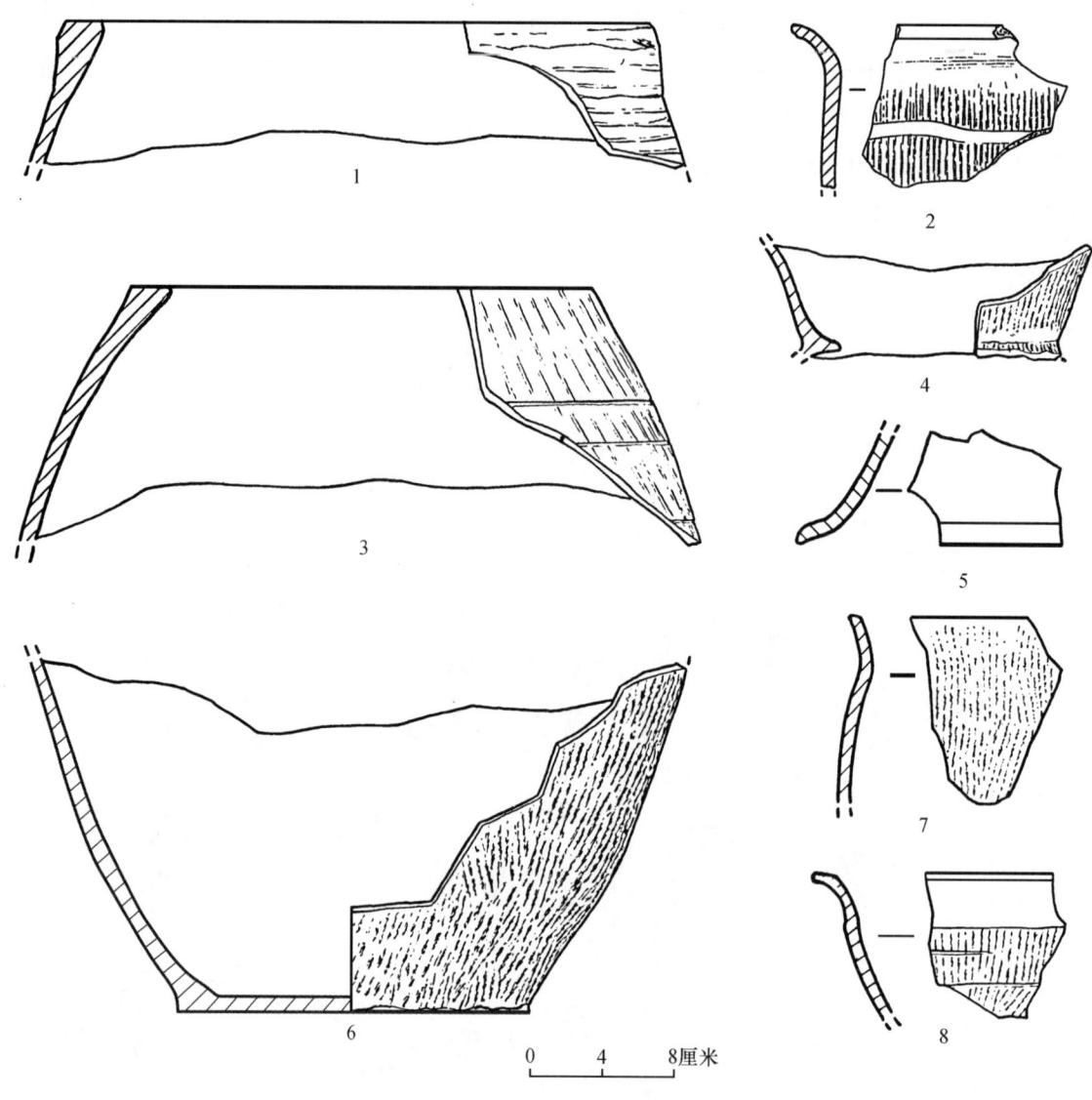

图3-263　大峪Ⅰ号遗址龙山、二里头时期陶器

1、3. 蛋形瓮（FS061105C002：1、FS061105I004：1）　2、7、8. 盆（FS061105C001-Y：1、FS061105H001-H：2、FS061105B004：1）　4. 甗（FS061105G003-C1：1）　5. 盘（FS061105C002：2）　6. 罐（FS061104I005-C：1）

（1~3、5、6. 龙山时期；4、7、8. 二里头时期）

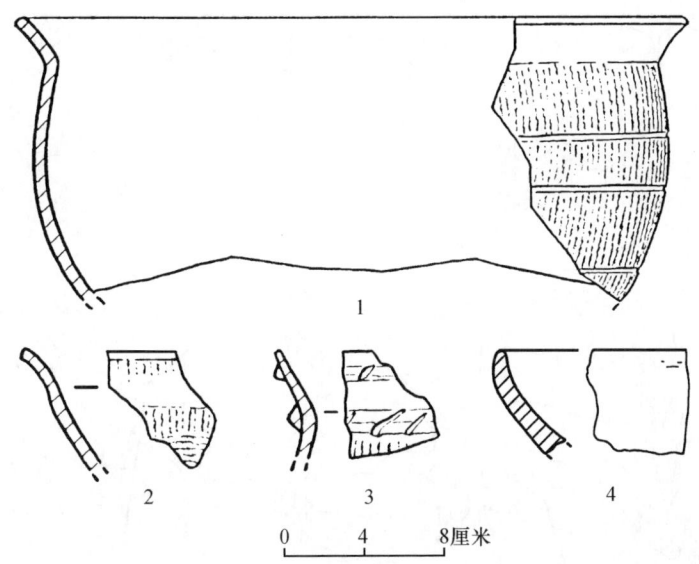

图 3-264 大峪 I 号遗址二里头、东周时期陶器

1、2. 盆（FS061105H001-H：1、FS061105B005：1） 3. 罐（FS061105J005：1） 4. 豆（FS061105B008：1）

(1~3. 二里头时期；4. 东周时期)

八九、大峪 II 号遗址

大峪 II 号遗址位于繁峙县杏园乡大峪村西南 150 米，面积 51.6 万平方米（彩版二七，2）。遗址处在滹沱河南岸的山坡上、山前冲积扇的最高处，海拔 1230~1400 米，南高北低，迎风背阴。北部地势略显平缓，坡度小，南部坡度大，较陡，加之内有多条冲沟，地势起伏较大。发源于山间的季节性水流横穿遗址西部，遗址东面有发源于山沟的水流由南向北流过。除遗址东南部遗存分布密集外，其他位置都较为稀疏。遗址包含龙山、二里头、东周三个时期的遗存，其中，东周时期遗存部分可进一步确认为战国时期。

1. 龙山时期

龙山时期遗存分布于遗址东南部地势较高处，遗存分布略显密集（图 3-265）。共发现 2 处文化层、3 个灰坑和 1 座白灰面房址，全部暴露于冲沟断面上。其中，灰坑全部分布在最东部，房址则分布在偏西位置。多数遗迹内包含物丰富，尤以陶片最多，地表也有陶片分布。陶片多夹砂灰陶，纹饰多绳纹、篮纹，可辨器形有鬲、蛋形瓮等。

蛋形瓮 2 件。FS061111E003：1，夹砂灰褐陶。宽平沿，微敛口，深腹。器表饰横篮纹（图 3-267，1）。FS061111L003：1，夹砂灰褐陶。小平沿，敛口，鼓腹。口部有附加堆纹，腹部饰篮纹（图 3-267，2）。

2. 二里头时期

二里头时期遗存只在遗址东南部和西部有零星分布，遗存分布非常稀疏（图 3-266）。未见

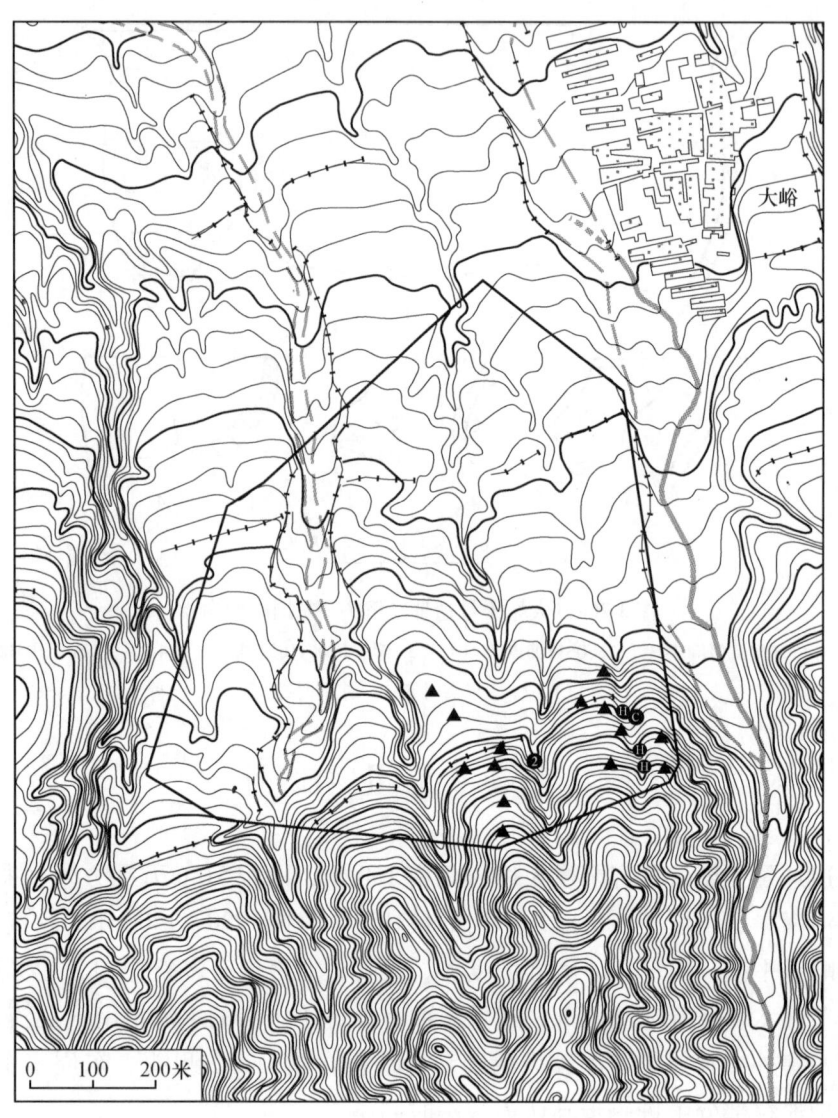

图 3-265　大峪Ⅱ号遗址龙山时期遗存分布图

任何遗迹现象，只在地表发现零星陶片分布。陶片多夹砂灰陶，纹饰以绳纹为主，可辨器形有甗。

甗　1 件。FS061111J004：1，夹砂灰褐陶。器薄，方唇，翻沿，敞口，斜深腹。器表饰绳纹，沿下有抹去痕迹（图 3-267，3）。

3. 东周时期

东周时期遗存见于遗址东南部之外的其他地势较低区域，遗存分布稀疏（图 3-266）。只在遗址西南部发现 1 处文化层，未见其他遗迹现象。文化层内包含有少量陶片，地表也有陶片分布。陶片多夹砂灰陶，纹饰以绳纹为主，有粗大绳纹，可辨器形有鼎、盆、罐等。

鼎足　1 件。FS061111F007：1，夹砂灰陶。柱足。足部饰粗大绳纹，外侧有扉棱（图 3-267，4）。

第三章　繁峙县境内遗址

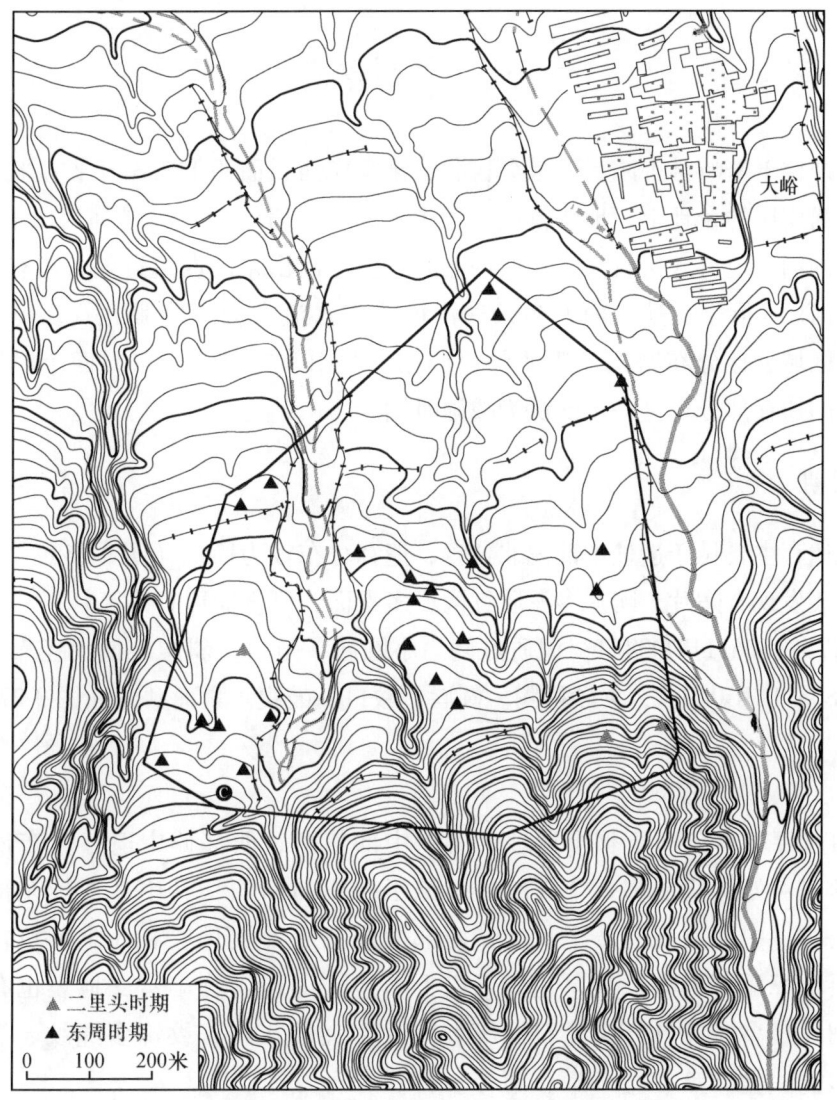

图 3-266　大峪Ⅱ号遗址二里头、东周时期遗存分布图

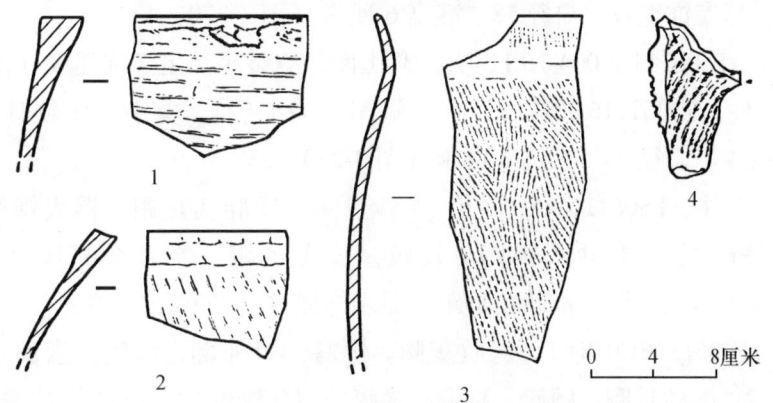

图 3-267　大峪Ⅱ号遗址陶器

1、2. 蛋形瓮（FS061111E003:1、FS061111L003:1）　3. 甗（FS061111J004:1）　4. 鼎足（FS061111F007:1）

（1、2. 龙山时期；3. 二里头时期；4. 东周时期）

九〇、铁家会遗址

铁家会遗址位于繁峙县杏园乡铁家会村北、姚家庄西，面积117.3万平方米（彩版二八）。遗址处在滹沱河南岸的台地上，地势较低，海拔940～970米，高于滹沱河河床十多米，南高北低，内有多条冲沟，地势起伏较大。除遗址北面有滹沱河由东向西流过外，还有水流穿过遗址西部汇入滹沱河。实际上，遗址内的多条冲沟可能与水流有关（彩版九八，1）。除少部分区域，绝大部分区域遗存分布密集。遗址包含仰韶、龙山、二里头、东周四个时期的遗存，其中，东周时期的遗存部分可进一步确认为战国时期。

1. 仰韶时期

仰韶时期遗存主要见于遗址中部偏北位置，遗存分布较为稀疏（图3-268）。未见任何遗迹现象，只在地表发现有陶片。陶片多泥质红陶，多素面，可辨器形有钵等。

陶钵　2件。FS061117I008∶1，泥质红陶。小圆唇，敞口，斜腹，最大径靠上。素面（图3-270，1）。FS061117G009∶1，夹砂褐陶。圆唇，敛口，鼓腹。素面磨光（图3-270，3）。

2. 龙山时期

龙山时期遗存基本分布于整个遗址，尤以中部偏西、西部偏中遗存分布最为密集（图3-269）。共发现4处文化层和8个灰坑，多见于梯田的断面，其中，遗址东部发现2处文化层和3个灰坑，中部发现有2个灰坑，西部发现有2处文化层和3个灰坑。灰坑多口大底小，文化层堆积厚薄不等，最厚达2米以上。遗迹内包含物丰富，地表也有较多遗物分布。遗物以陶片最多，此外有少量石器等。陶片多夹砂灰陶，纹饰多绳纹、篮纹，可辨器形有鬲、蛋形瓮、盆、盘、直口罐、罐等。石器有石刀等。

陶鬲　1件。FS081119F001-H∶1，夹砂灰黑陶。圆唇，近直口，矮领，分裆，袋足外鼓。口部有花边装饰，器表饰绳纹。口径18、残高6厘米（图3-270，4）。

陶鬲足　1件。FS061116B004-H∶1，夹砂灰黑陶。空袋足。足部饰绳纹（图3-270，9）。

陶蛋形瓮　1件。FS061116H017∶2，夹砂褐陶（夹细砂）。宽沿，微敛口，口部加厚，深腹。腹部饰浅竖篮纹。口径34、残高8厘米（图3-270，2）。

陶蛋形瓮足　3件。FS061116H017∶1，夹砂黑陶。矮胖实足跟。器表饰绳纹（图3-270，10）。FS061116C006-C∶1，夹砂灰褐陶。鼓腹，长实足跟。器表饰绳纹（图3-270，12）。FS061117G015∶1，夹砂灰黑陶。锥状实足跟。器表饰绳纹（图3-270，11）。

陶盆　3件。FS061116G018∶1，泥质灰陶。圆唇，口外翻，深腹。素面（图3-270，5）。FS061116B004-H∶2，夹砂灰陶。圆唇，翻沿，深腹。腹部饰绳纹，有两周抹去痕迹（图3-270，8）。FS061117F015-C∶1，夹砂灰陶。圆唇，微敛口，微弧腹，平底。器表饰绳纹。口径14、底径10.4、高8.8厘米（图3-270，6）。

图 3-268 铁家会遗址仰韶时期遗存分布图

图 3-269　铁家会遗址龙山时期遗存分布图

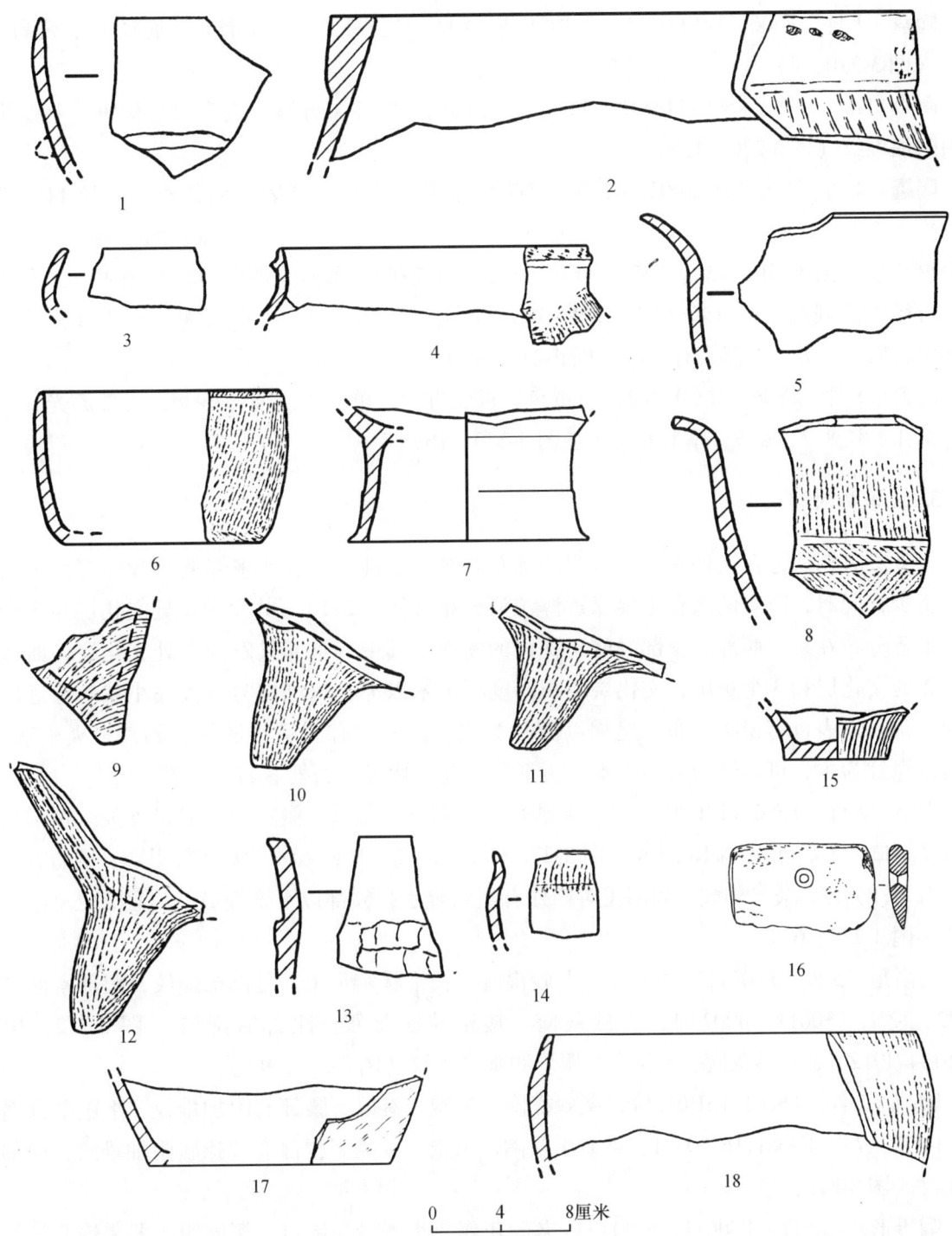

图 3-270 铁家会遗址仰韶、龙山时期陶、石器

1、3. 陶钵（FS061117I008：1、FS061117G009：1） 2. 陶蛋形瓮（FS061116H017：2） 4. 陶鬲（FS081119F001-H：1） 5、6、8. 陶盆（FS061116G018：1、FS061117F015-C：1、FS061116B004-H：2） 7. 陶盘（FS061116G003：1） 9. 陶鬲足（FS061116B004-H：1） 10~12. 陶蛋形瓮足（FS061116H017：1、FS061117G015：1、FS061116C006-C：1） 13. 陶直口罐（FS061116I013：1） 14、15、17、18. 陶罐（FS061116G017：1、FS061117B003：1、FS061117E002：1、FS061116I020：1） 16. 石刀（FS061116G017：2）

（1、3. 仰韶时期；2、4~18. 龙山时期）

陶盘　1件。FS061116G003：1，泥质灰陶。粗柄，矮圈足。素面磨光。底径14、残高7.6厘米（图3-270，7）。

陶直口罐　1件。FS061116I013：1，夹砂红褐陶。胎厚，方唇，近直口，深腹。上腹部有一周附加堆纹（图3-270，13）。

陶罐　4件。FS061117E002：1，夹砂灰陶。深腹，平底。器表饰斜篮纹。底径14、残高5.2厘米（图3-270，17）。FS061117B003：1，夹砂灰陶。深腹，平底。器表饰竖刻划纹，底内部中央凸起（图3-270，15）。FS061116I020：1，夹砂灰陶。圆唇，微敛口，微鼓腹。器表饰绳纹。口径22、残高7.6厘米（图3-270，18）。FS061116G017：1，夹砂灰陶（夹细砂）。圆唇，口外翻，束颈，鼓腹。器表有绳纹（图3-270，14）。

石刀　1件。FS061116G017：2，淡黄色。近长方形，单面刃。通体琢制，刃部磨光，中部有对钻孔。长8.7、宽5、厚1.1厘米（图3-270，16）。

3. 二里头时期

二里头时期遗存在遗址东、中、西部都有分布，不过，在遗址东部偏西和中部偏东遗存分布很少，同时，所有的遗存主要靠近滹沱河分布（图3-271）。共发现5处文化层和3个灰坑，主要分布在东、西部，全部暴露于梯田的断面。其中，东部只发现3处文化层，西部则发现2处文化层和3个灰坑，文化层堆积厚度在1米以上，灰坑均为口大底小状。遗迹内包含物丰富，地表也有遗物分布。遗物以陶片为主，此外，有少量石器等。陶片多夹砂灰陶，纹饰以绳纹为主，可辨器形有鬲、甗、蛋形瓮、盆、罐等。石器有石铲、石刀等。

陶鬲　2件。FS061117C008-C：1，夹砂灰陶。圆唇，翻沿，微束颈，袋足外鼓。颈部以下饰绳纹。口径18.6、残高10厘米（图3-272，1）。FS061116I006：1，夹砂灰黑陶。圆唇，微敞口，高领，分裆，袋足外鼓。领部正对裆处有纽状錾手，领部以下饰绳纹。口径21、残高8.4厘米（图3-272，6）。

陶鬲足　3件。FS061117C004：2，夹砂褐陶。长锥状实足跟。足部饰绳纹，跟部素面（图3-272，12）。FS061117B002：1，夹砂灰陶。矮锥状实足跟。跟部有绳纹（图3-272，10）。FS061117I012：1，夹砂灰陶。锥状实足跟。跟部饰绳纹（图3-272，9）。

陶甗　2件。FS061116H013：1，夹砂褐陶。束腰，有隔。腰部有附加堆纹，下腹部饰绳纹（图3-272，7）。FS061116J003：1，夹砂黑灰陶。束腰，有隔。腰部有按捺状附加堆纹，腹部饰细绳纹（图3-272，4）。

陶蛋形瓮　2件。FS061117F011：1，夹砂灰陶。小平沿，敛口，深鼓腹。器表饰绳纹。口径14、残高4.4厘米（图3-272，8）。FS061117F014：1，夹砂灰陶。宽平沿，敛口，深鼓腹。腹部饰旋断绳纹（图3-272，5）。

陶蛋形瓮足　3件。FS061117F011：2，夹砂灰陶。锥状实足跟。器表饰绳纹（图3-272，15）。FS061117J006：1，夹砂灰陶。粗锥状实足跟。足部饰绳纹（图3-272，14）。FS061116I017-C：1，夹砂灰陶。矮胖实足跟。腹部饰绳纹，跟部素面（图3-272，13）。

图 3-271　铁家会遗址二里头时期遗存分布图

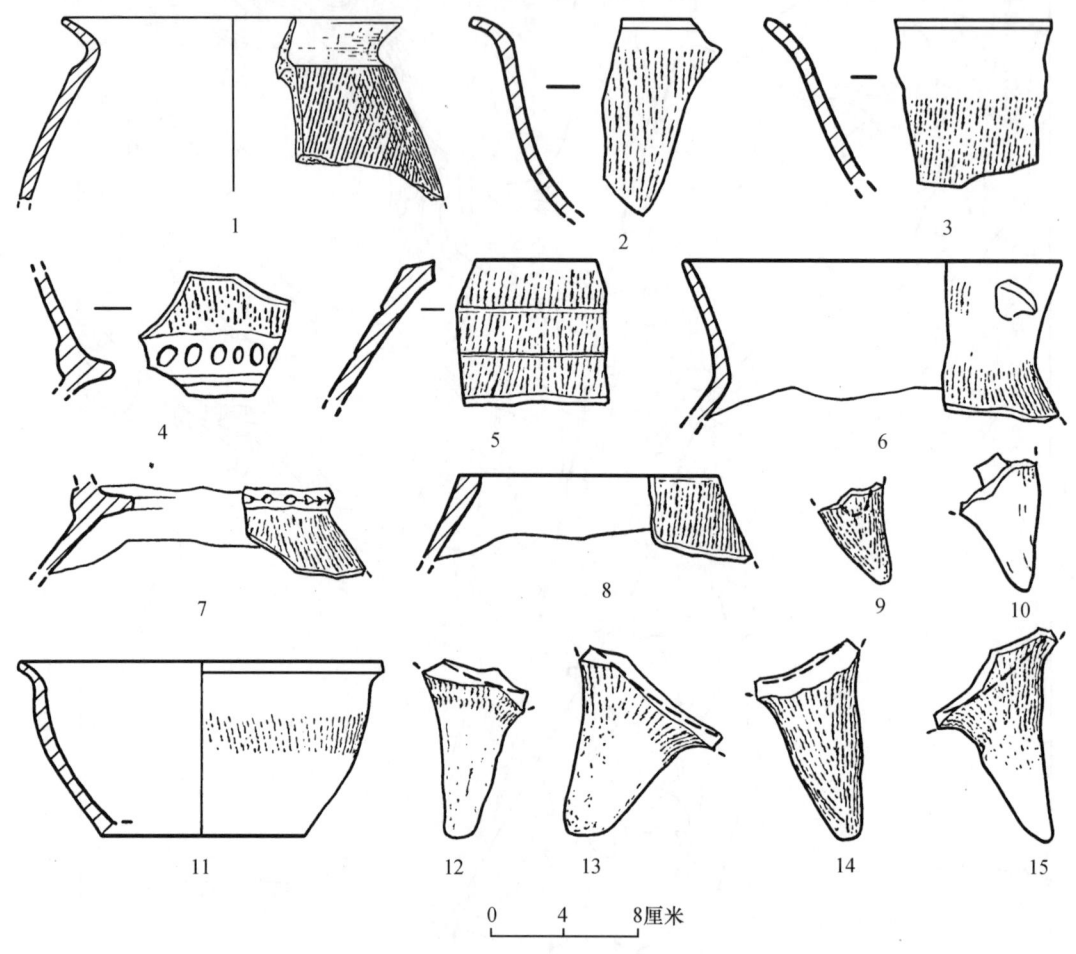

图 3-272 铁家会遗址二里头时期陶器

1、6. 陶鬲（FS061117C008-C：1、FS061116I006：1） 2、3、11. 陶盆（FS061117C004：1、FS061117J004：1、FS061117G004：1） 4、7. 陶甗（FS061116J003：1、FS061116H013：1） 5、8. 陶蛋形瓮（FS061117F014：1、FS061117F011：1） 9、10、12. 鬲足（FS061117I012：1、FS061117B002：1、FS061117C004：2） 13~15. 蛋形瓮足（FS061116I017-C：1、FS061117J006：1、FS061117F011：2）

陶盆 4件。FS061117G004：1，夹砂灰陶（夹细砂）。近方唇，口外翻，微束颈，深腹。腹部饰绳纹。口径20、底径11、高9.2厘米（图3-272，11）。FS061117J004：1，夹砂灰陶。圆唇，口外翻，斜腹。腹部有绳纹（图3-272，3）。FS061117C004：1，夹砂灰陶（夹细砂）。厚圆唇，口外翻，斜腹。腹部饰绳纹（图3-272，2）。FS061117F010：1，夹砂灰褐陶。圆唇，口外翻，斜腹。腹部饰绳纹（图3-273，5）。

石铲 1件。FS061117L001：1，灰色，已残。单面刃，通体磨制，刃部有使用痕迹（图3-273，4）。

石刀 1件。FS061117G005：2，黄褐色。长方形，双面刃。通体磨制，周缘有打制痕迹。长9.9、宽5.5、厚9厘米（图3-273，3）。

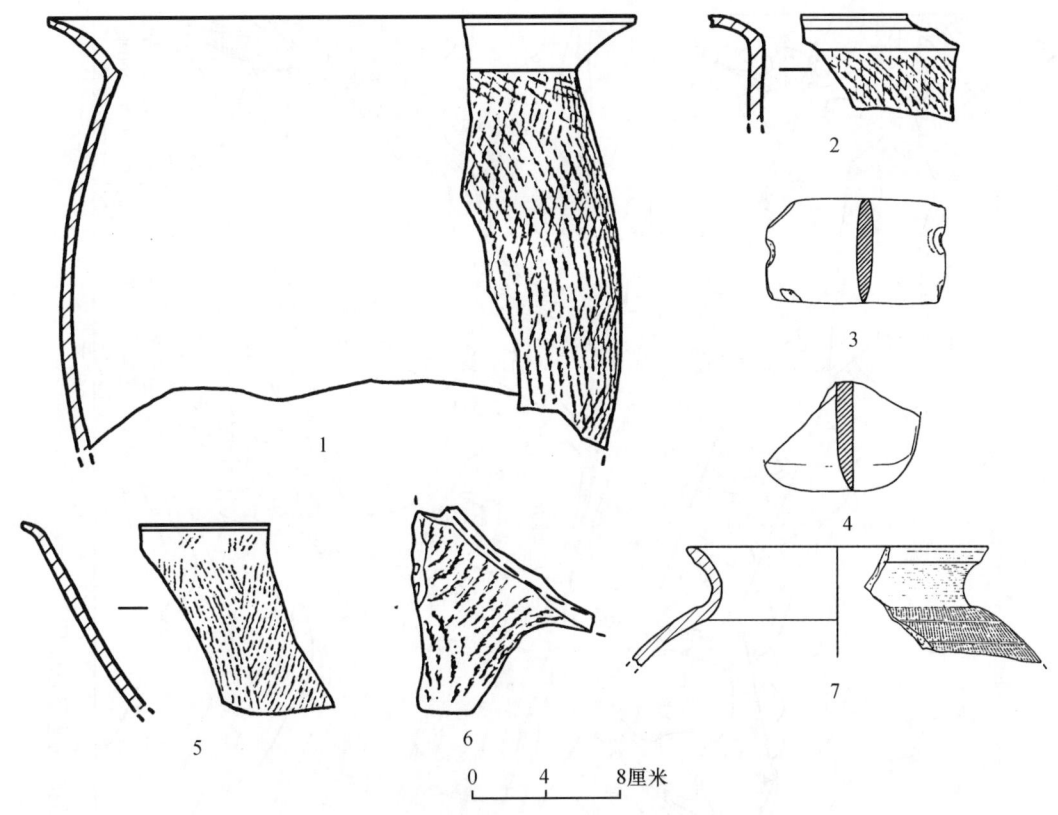

图 3-273 铁家会遗址二里头、东周时期陶、石器

1、7. 陶罐（FS061117I008：2、FS061117I003：2） 3. 石刀（FS061117G005：2） 4. 石铲（FS061117L001：1）
2、5. 陶盆（FS061117I003：1、FS061117F010：1） 6. 陶鬲足（FS061117G005：3）

（1、2、6. 东周时期；3~5. 二里头时期）

4. 东周时期

东周时期遗存在遗址东、中、西部都有发现，但遗存分布不连续，主要分三块分布，每块都较为集中（图 3-274）。只在遗址东部的梯田断面上发现 1 处文化层和 1 个灰坑，其他位置未见遗迹现象。遗迹内包含有少量陶片，地表也发现有陶片。陶片多夹砂灰陶，纹饰以绳纹为主，有粗大绳纹，可辨器形有鬲、盆、豆、罐等。

陶鬲足　1件。FS061117G005：3，夹砂灰陶。柱足。器表饰粗大绳纹（图 3-273，6）。

陶盆　1件。FS061117I003：1，泥质灰陶。方唇，折沿，深腹。沿外有一周凹槽，器表饰交错绳纹（图 3-273，2）。

陶罐　2件。FS061117I008：2，夹砂灰陶，方唇，宽折沿，束颈，深腹。腹部饰粗大绳纹。口径 32、残高 23 厘米（图 3-273，1）。FS061117I003：2，夹砂灰陶。圆唇，口外翻，微束颈，鼓腹。腹部饰旋断绳纹。口径 16.6、残高 6 厘米（图 3-273，7）。

图 3-274　铁家会遗址东周时期遗存分布图

九一、黄家庄Ⅰ号遗址

黄家庄Ⅰ号遗址位于繁峙县杏园乡黄家庄村东南150米，面积18.6万平方米（彩版二九，1）。遗址处在滹沱河南岸山坡上，地势较高，海拔1160~1335米，南高北低，迎风背阴，坡度大，内有冲沟，地势起伏较大。遗址西部有发源于山间的季节性水流流过。遗存分布落差较大，除北部遗存分布略显密集外，其他位置遗存分布都较为稀疏。遗址包含龙山、二里头、东周三个时期的遗存，其中，东周时期的遗存部分可进一步确认为战国时期。

1. 龙山时期

龙山时期遗存基本分布于整个遗址，但遗存分布较为稀疏（图3-275）。只在遗址南部地势

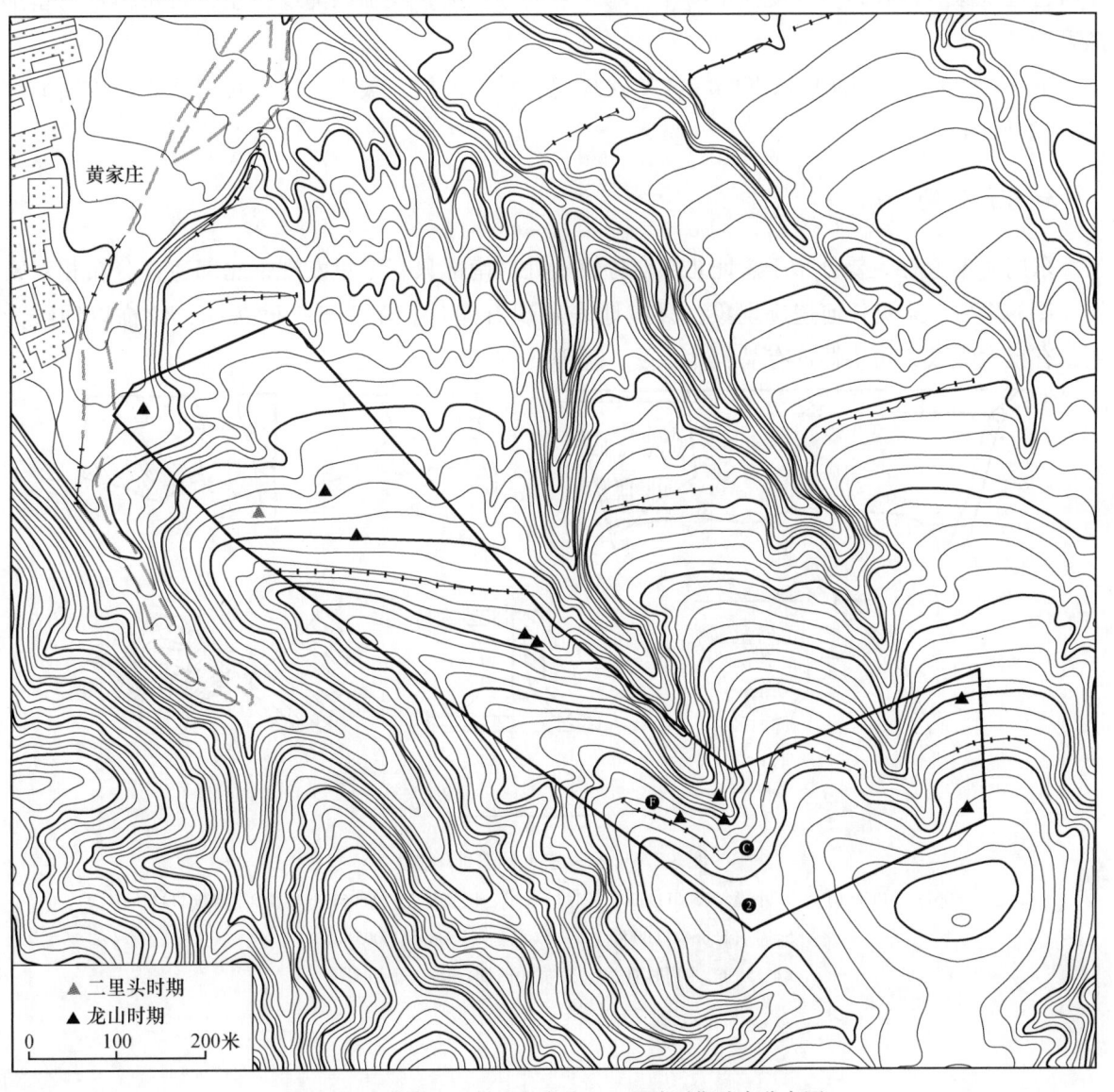

图3-275　黄家庄Ⅰ号遗址龙山、二里头时期遗存分布图

较高处发现3处文化层和2座白灰面房址，文化层堆积物较薄，房址为半地穴式的。遗迹内包含物丰富，尤以陶片最多，地表也发现有陶片。陶片多夹砂灰陶，纹饰多绳纹，可辨器形有鬲、蛋形瓮、罐等。

蛋形瓮　1件。FS061111I011：1，夹砂灰陶。宽沿，微敛口，深腹。口部有附加堆纹，腹部饰绳纹。（图3-276，3）。

小罐　1件。FS061111I011-C1：1，夹砂灰陶。圆唇，近直口，高领，鼓腹。素面。口径8、残高4.8厘米（图3-276，2）。

2. 二里头时期

二里头时期遗存只见于遗址西北部，只有个别发现，遗存分布非常稀疏（图3-275）。未见任何遗迹现象，只在地表发现少量陶片。陶片多夹砂灰陶，纹饰以绳纹为主，可辨器形有蛋形瓮等。

蛋形瓮　1件。FS061111H004：2，夹砂灰陶。平沿内折，敛口，深鼓腹。器表饰旋断绳纹（图3-276，4）。

3. 东周时期

东周时期遗存主要分布于遗址北部地势较低处，南部只有零星发现，北部遗存分布相对密集（图3-277）。未见任何遗迹现象，只在地表发现有陶片。陶片多夹砂灰陶，纹饰以绳纹为主，有粗大绳纹，可辨器形有鼎、盆、豆、罐等。

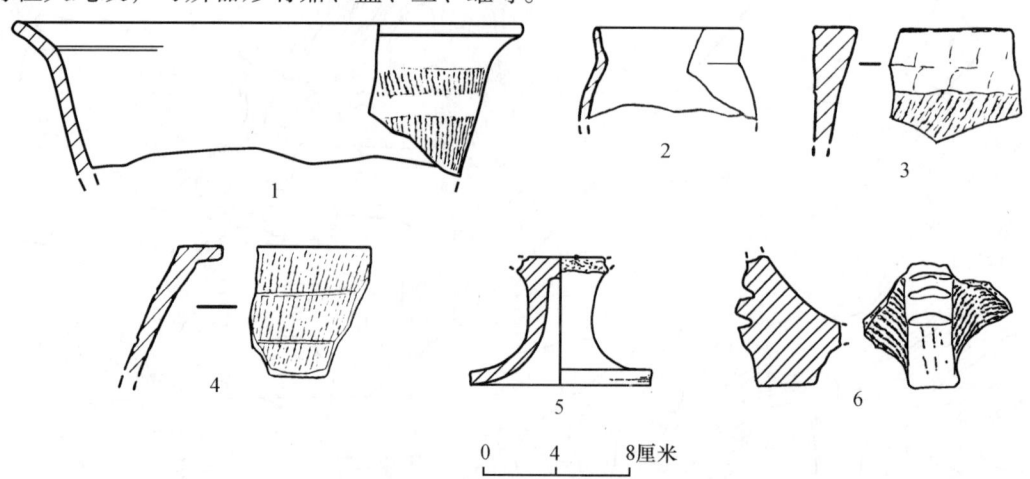

图3-276　黄家庄Ⅰ号遗址陶器

1. 盆（FS061111H004：1）　2. 小罐（FS061111I011-C1：1）　3、4. 蛋形瓮（FS061111I011：1、FS061111H004：2）
5. 豆（FS061111B004：1）　6. 鼎足（FS061111J005：1）
（1、5、6. 东周时期；2、3. 龙山时期；4. 二里头时期）

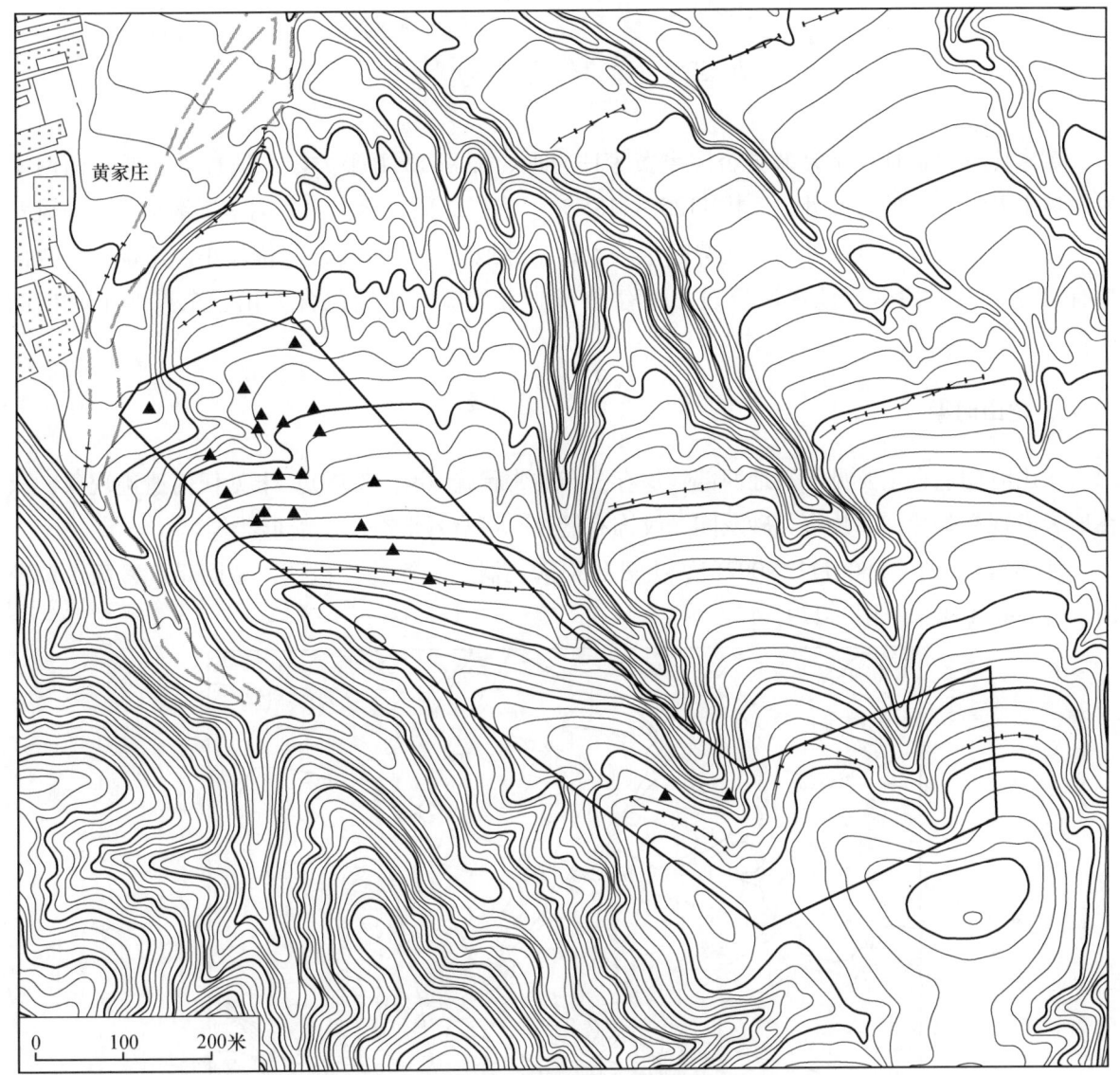

图 3-277 黄家庄 I 号遗址东周时期遗存分布图

鼎足 1件。FS061111J005:1,夹砂灰陶。裆较低,扁足,足外侧有扉棱。器表饰粗大绳纹(图3-276,6)。

盆 1件。FS061111H004:1,泥质灰陶。方唇,翻沿,敞口,深腹。沿外有一周凹旋纹,腹部饰绳纹,有抹去痕迹。口径28、残高8厘米(图3-276,1)。

豆 1件。FS061111B004:1,泥质灰陶。细柄中空,喇叭口矮圈足。素面。底径10、残高7厘米(图3-276,5)。

九二、黄家庄Ⅱ号遗址

黄家庄Ⅱ号遗址位于繁峙县杏园乡黄家庄村西，面积12万平方米。遗址处在滹沱河南岸的山坡上及冲积扇的最高处，海拔1125～1185米，南高北低，地形由北向南逐渐抬升，迎风背阴。遗址西部坡度大且有冲沟，地势起伏较大；东部地势相对平缓，起伏较小。遗址东、西面都有发源于山间的季节性水流流过。遗存分布非常稀疏，遗址包含龙山、东周两个时期的遗存。

1. 龙山时期

龙山时期遗存主要见于遗址西部，遗存分布非常稀疏（图3-278）。未见任何遗迹现象，只在地表发现有陶片。陶片多夹砂灰陶，纹饰有篮纹，可辨器形有鬲、甑形器等。

甑形器 1件。FS061112K002:1，夹砂红褐陶。器底有箅孔，粗柄，矮圈足。素面。口径16、残高6.4厘米（图3-279，1）。

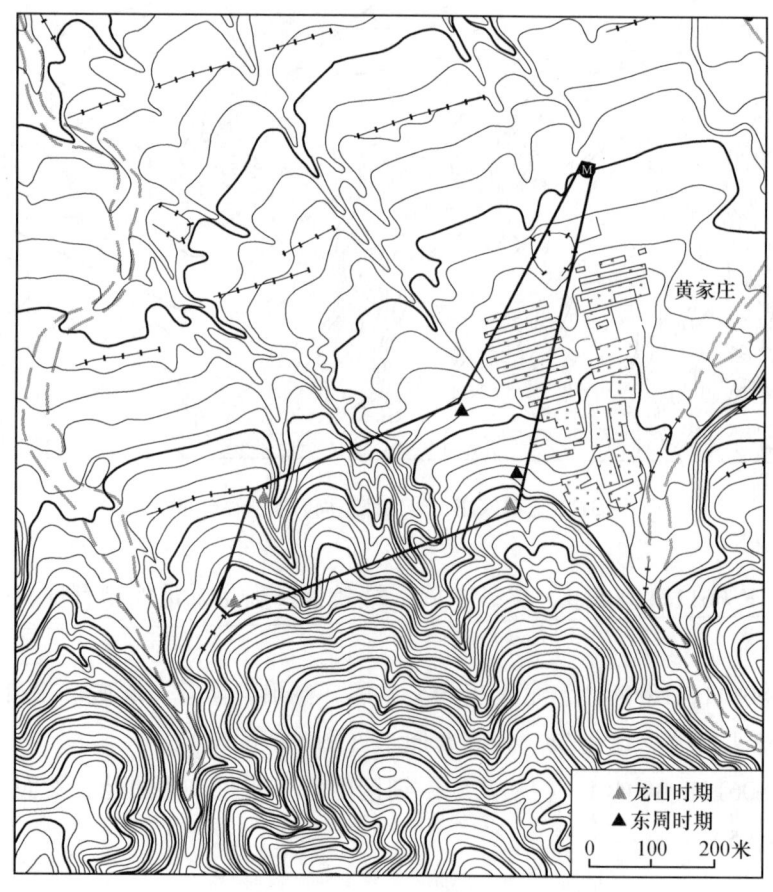

图3-278 黄家庄Ⅱ号遗址遗存分布图

2. 东周时期

东周时期遗存见于遗址东部，遗存分布非常稀疏（图3-278）。只在遗址东北部发现1座墓葬，未见其他遗迹现象。墓葬及其附近多有陶片发现，地表有零星陶片分布。陶片多夹砂灰陶，纹饰以绳纹为主，可辨器形有罐等。

罐 2件。FS061111L011：1，夹砂灰陶。方唇，翻沿，束颈，深腹，圜底。口径28、高36厘米（图3-279，3；彩版一〇三，5）。FS061111D008：1，夹砂灰陶。方唇，口外翻，深腹。腹部饰绳纹（图3-279，2）。

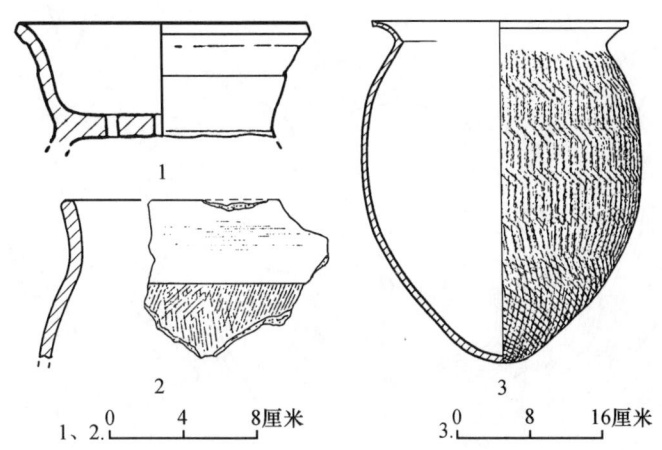

图3-279 黄家庄Ⅱ号遗址陶器
1. 甑形器（FS061112K002：1） 2、3. 罐（FS061111D008：1、FS061111L011：1）
（1. 龙山时期；2、3. 东周时期）

九三、北家岭遗址

北家岭遗址位于繁峙县杏园乡北家岭南350米，面积10.8万平方米（彩版二九，2）。遗址处在滹沱河南岸的山坡上，地势较高，海拔1140～1300米，南高北低，迎风背阴。遗址南部处在山顶上，地势相对平缓，北部则分布在山坡上，坡度大，起伏也大。遗址东面有发源于山间的季节性水流流过。遗存主要分布在中、南部地势较高的山顶上，北部遗存分布较为稀疏，中、南部相对密集。遗址包含龙山、二里头、东周三个时期的遗存。

1. 龙山时期

龙山时期遗存分布于整个遗址，北部只有零星分布，中、南部遗存分布较为密集，遗迹全部分布在中、南部地势较高的山顶上（图3-280）。共发现3处文化层、6个灰坑和2座白灰面房址，全部暴露于梯田的断面。其中，灰坑和房址主要分布在遗址最南部，文化层则分布在遗

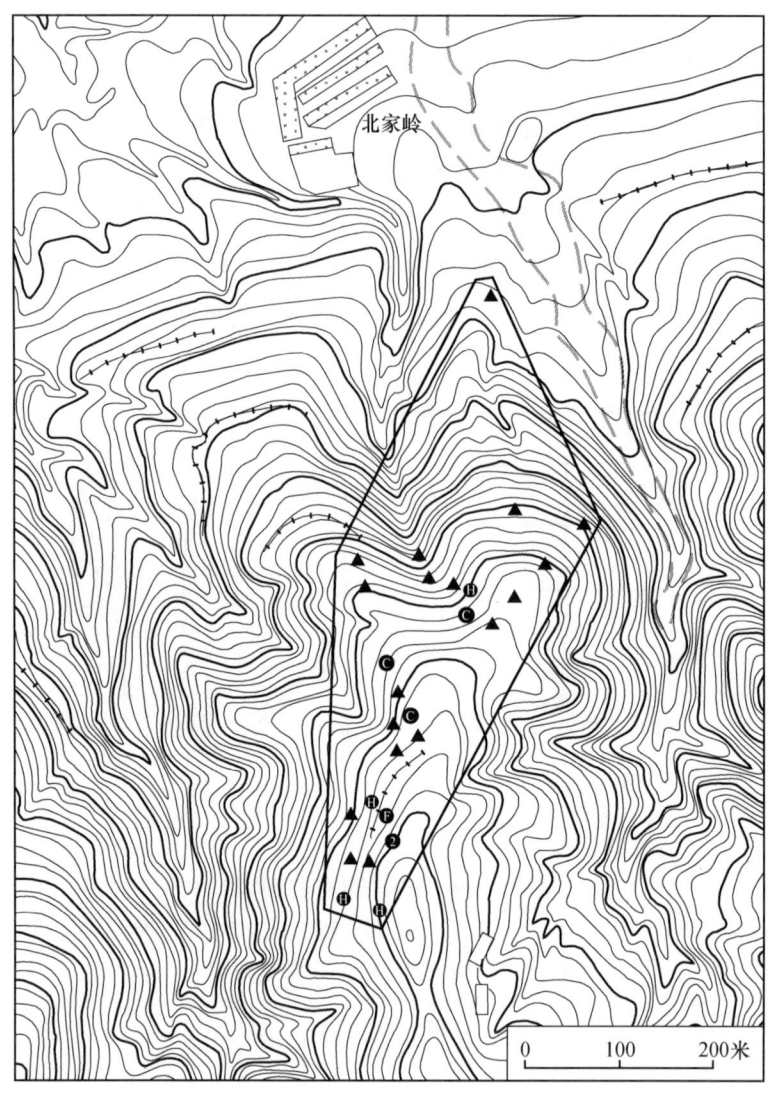

图 3-280　北家岭遗址龙山时期遗存分布图

址中部。文化层堆积多厚薄不等,最厚达 2 米以上,灰坑多口大底小状,房址则为半地穴式。遗迹内包含物丰富,尤以陶片最多,地表也有陶片分布。陶片多夹砂灰陶,纹饰多绳纹、篮纹,可辨器形有鬲、蛋形瓮、豆、折肩罐、高领罐等。

蛋形瓮　1 件。FS061112K003:1,夹砂褐陶。宽平沿,敛口,深腹。腹部饰斜篮纹。口径 32、残高 7.5 厘米(图 3-283,1)。

折肩罐　1 件。FS061112L001:2,夹砂灰陶。厚圆唇,口外翻,高领,折肩,深腹。上腹部有一周凹旋纹。口径 14、残高 8.4 厘米(图 3-283,6)。

高领罐　1 件。FS061112E005:1,泥质灰陶。厚圆唇,侈口,高领。领部饰浅斜篮纹(图 3-283,2)。

豆　1 件。FS061112L005:2,泥质黑皮陶。盘底近平,中空,细柄。素面磨光(图 3-

283, 3)。

圈足器 1件。FS061112L001:1,夹砂褐陶,杂有蚌粉。小底,喇叭口矮圈足。素面。底径9.6、残高4.8厘米(图3-283,4)。

2. 二里头时期

二里头时期遗存只见于遗址南部偏中的山顶上,只有零星发现,遗存分布较为稀疏(图3-281)。只在梯田的断面上发现1处文化层,堆积厚度超过2米,未见其他遗迹现象。文化层内包含有少量陶片,地表也有零星陶片发现。陶片多夹砂灰陶,纹饰以绳纹为主,可辨器形有鬲、盆、罐等。

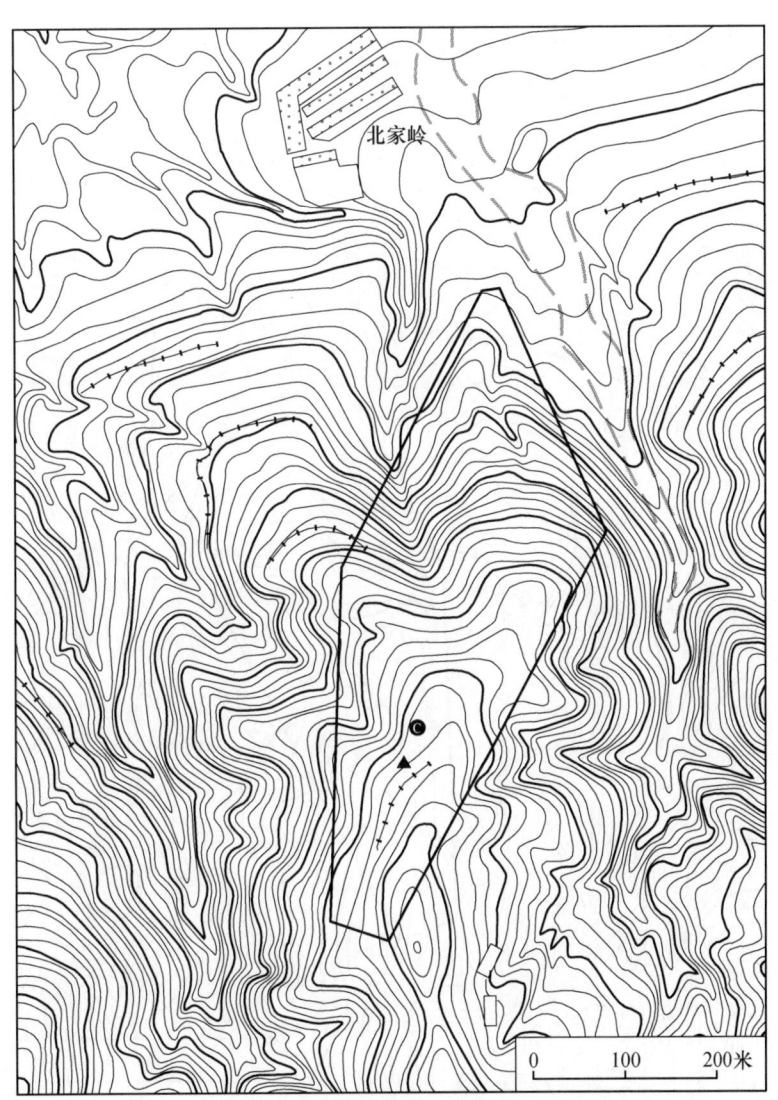

图3-281 北家岭遗址二里头时期遗存分布图

盆 1件。FS061112L009-C:1，夹砂灰陶。圆唇，口外翻，微束颈，深腹。腹部饰旋断绳纹。口径22、残高5.6厘米（图3-283，5）。

罐 1件。FS061112L009:1，夹砂灰陶，杂有蚌粉。器薄，小方唇，口微外翻，高领，鼓腹。腹部饰绳纹。口径16、残高8.8厘米（图3-283，7）。

3. 东周时期

东周时期遗存见于遗址中、南部地势较高的山顶上，遗存分布较为稀疏（图3-282）。未见任何遗迹现象，只在地表发现有陶片。陶片多夹砂灰陶，纹饰以绳纹为主，可辨器形有豆、罐等。

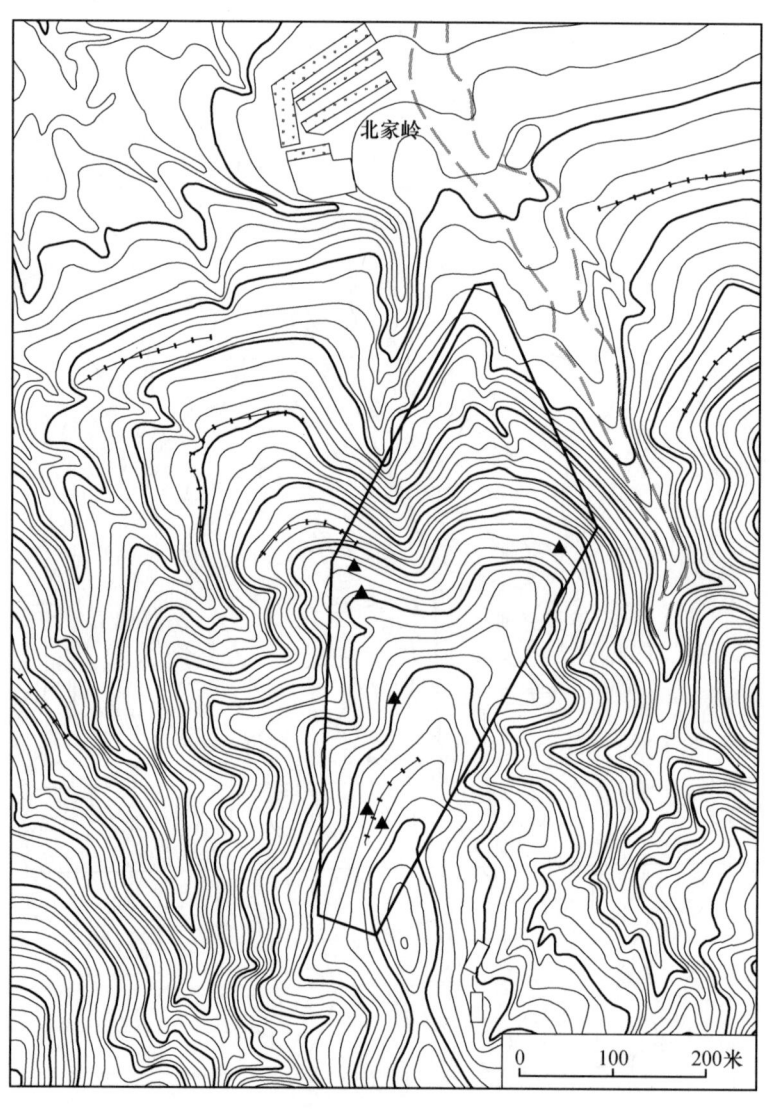

图3-282 北家岭遗址东周时期遗存分布图

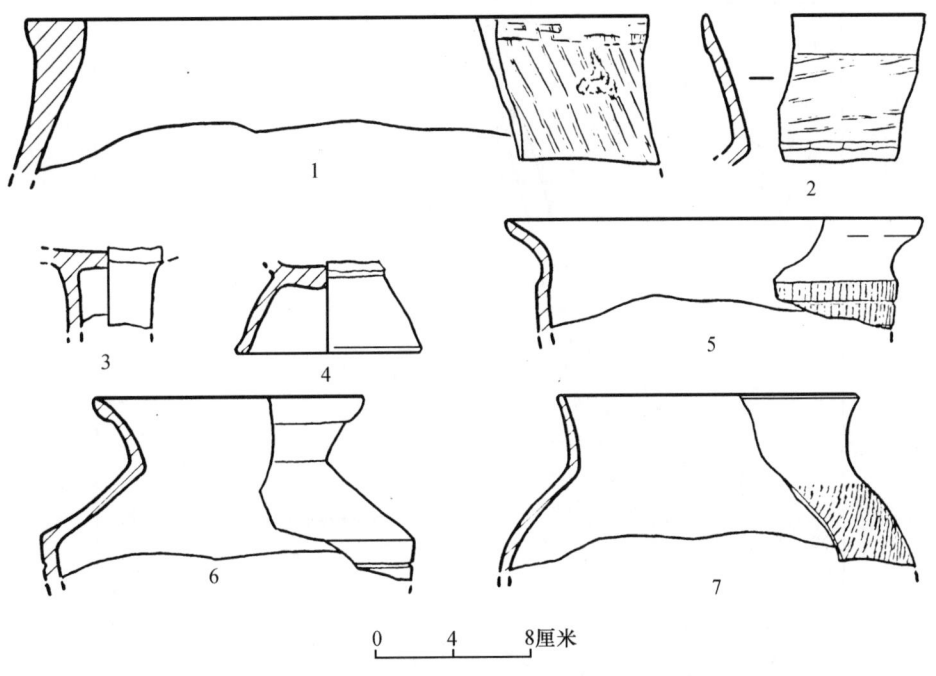

图 3-283 北家岭遗址陶器
1. 蛋形瓮（FS061112K003:1） 2. 高领罐（FS061112E005:1） 3. 豆（FS061112L005:2） 4. 圈足器（FS061112L001:1） 5. 盆（FS061112L009-C:1） 6. 折肩罐（FS061112L001:2） 7. 罐（FS061112L009:1）
（1～4、6. 龙山时期；5、7. 二里头时期）

九四、泽萌泉 I 号遗址

泽萌泉 I 号遗址位于繁峙县杏园乡泽萌泉村西北 900 米，面积 2.1 万平方米（图 3-284）。遗址处在滹沱河南岸的冲积扇上，海拔 1055～1085 米，南高北低，所在地势相对开阔，起伏较小。遗址西面不远处有发源于山沟的季节性水流流过。遗址只有东周时期的遗存，其中，部分可进一步确认为战国时期。

遗存分布稀疏。未见任何遗迹现象，只在地表发现有陶片。陶片多夹砂灰陶，纹饰以绳纹为主，有粗大绳纹，可辨器形有豆、罐等。

九五、泽萌泉 II 号遗址

泽萌泉 II 号遗址位于繁峙县杏园乡泽萌泉村西南 550 米，面积 1.4 万平方米。遗址处在滹沱河南岸的山坡上，海拔 1125～1195 米，南高北低，迎风背阴，地形陡峭，坡度大，地势起伏大。遗址北面有发源于山沟的季节性水流流过。遗址只有东周时期的遗存，其中部分可进一步确认为战国时期（图 3-284）。

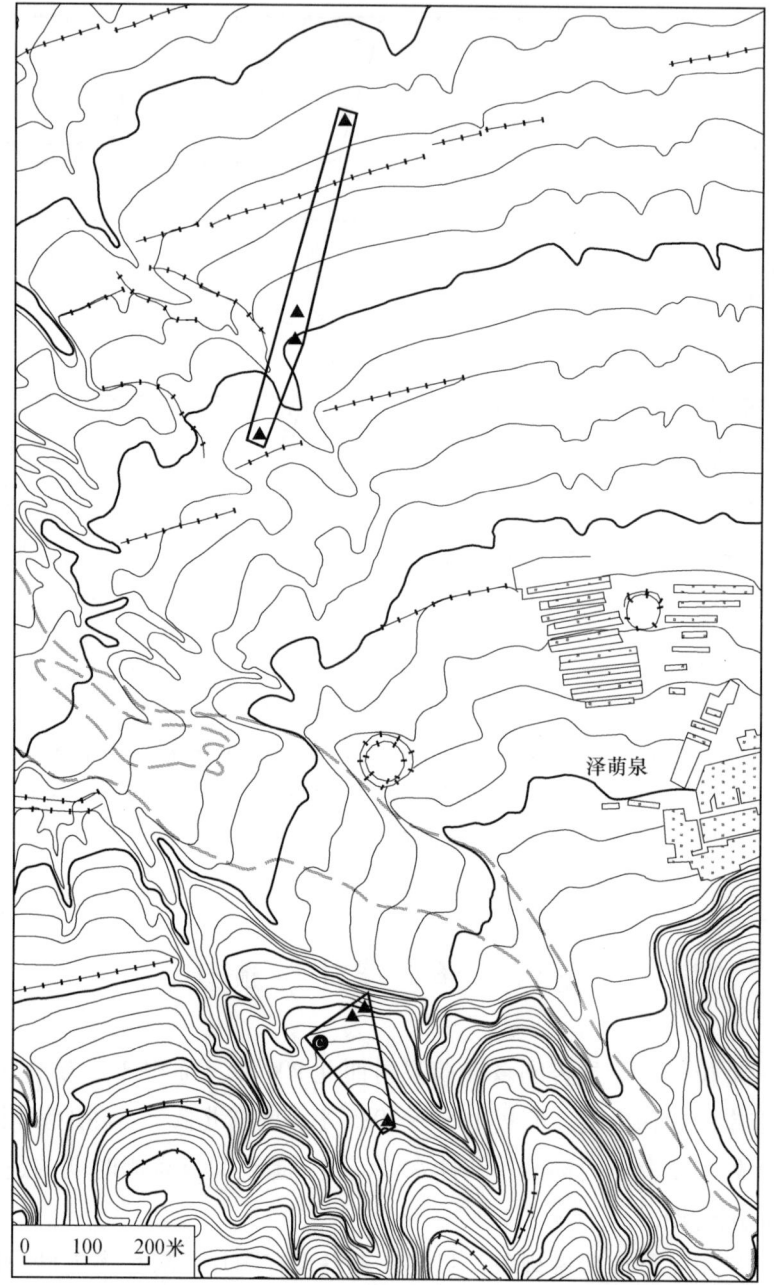

图 3-284　泽萌泉 I 号（上）、II 号（下）遗址东周时期遗存分布图

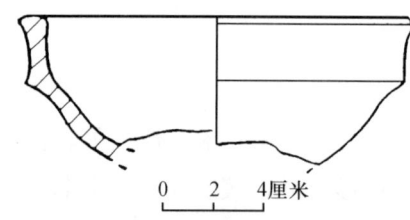

图 3-285　泽萌泉 II 号遗址陶器
小盆（FS061112J003-C:1）

遗存分布略显稀疏。只在遗址西北部断崖上发现 1 处文化层，堆积较薄，未见其他遗迹现象。文化层内包含有较多陶片，地表也有陶片分布。陶片多灰陶，纹饰以绳纹为主，有粗大绳纹，可辨器形有盆、罐等。

小盆　1 件。FS061112J003-C:1，泥质灰陶。圆唇，近直口，折壁，斜腹。素面。口径 15、残高 6 厘米（图 3-285）。

九六、鳌子头Ⅰ号遗址

鳌子头Ⅰ号遗址位于繁峙县杏园乡鳌子头村东 250 米，面积 4.7 万平方米（彩版三〇，1）。遗址处在滹沱河南岸山坡的较高处，地势较高，海拔 1175～1225 米，南高北低，地形由北向南逐渐抬高，迎风背阴，坡度大，地势较陡，内有冲沟，起伏较大。遗址西、北、东三面都有发源于山间的季节性水流流过。遗存分布略显稀疏，遗址包含仰韶、龙山、东周三个时期的遗存。

1. 仰韶时期

仰韶时期遗存见于遗址中部，只有零星发现，遗存分布较为稀疏（图3-286）。只在梯田的断面上发现 1 处文化层，堆积较薄，未见其他遗迹现象。文化层内包含有少量陶片，地表也有陶片发现。陶片多泥质红陶，多素面，可辨器形有钵等。

图 3-286　鳌子头Ⅰ号遗址仰韶时期遗存分布图

钵 1件。FS061112C006:1，泥质灰陶。圆唇，弧腹，内收。素面（图3-289，1）。

2. 龙山时期

龙山时期遗存分布于整个遗址，遗存分布略显稀疏（图3-287）。共发现2处文化层和1个灰坑，全部分布于遗址中、南部地势较高处，均暴露于梯田的断面，其中，文化层堆积均较薄，遗址中、南部各有一处分布，灰坑则见于遗址南部偏西位置，为袋状坑。遗迹内包含物丰富，尤以陶片最多，地表也有陶片分布。陶片多夹砂灰陶，纹饰多篮纹、绳纹，可辨器形有鬲、高领罐、罐等。

图3-287　鳌子头Ⅰ号遗址龙山时期遗存分布图

鬲　1件。FS061112J006-C:1，夹砂灰黑陶。圆唇，口微外翻，矮领，袋足外鼓。领部以下饰绳纹。口径12、残高5.6厘米（图3-289，2）。

鬲足　1件。FS061112C009:1，夹砂灰陶。空袋足。足部有篮纹（图3-289，4）。

高领罐　1件。FS061112C005-C:1，夹砂灰黑陶。圆唇，小口，高领，广肩。肩部有绳纹。口径9、残高6.4厘米（图3-289，3）。

3. 东周时期

东周时期遗存见于遗址南部偏东，遗存分布较为稀疏（图3-288）。未见任何遗迹现象，只在地表发现零星陶片。陶片多夹砂灰陶，纹饰以绳纹为主，可辨器形有罐等。

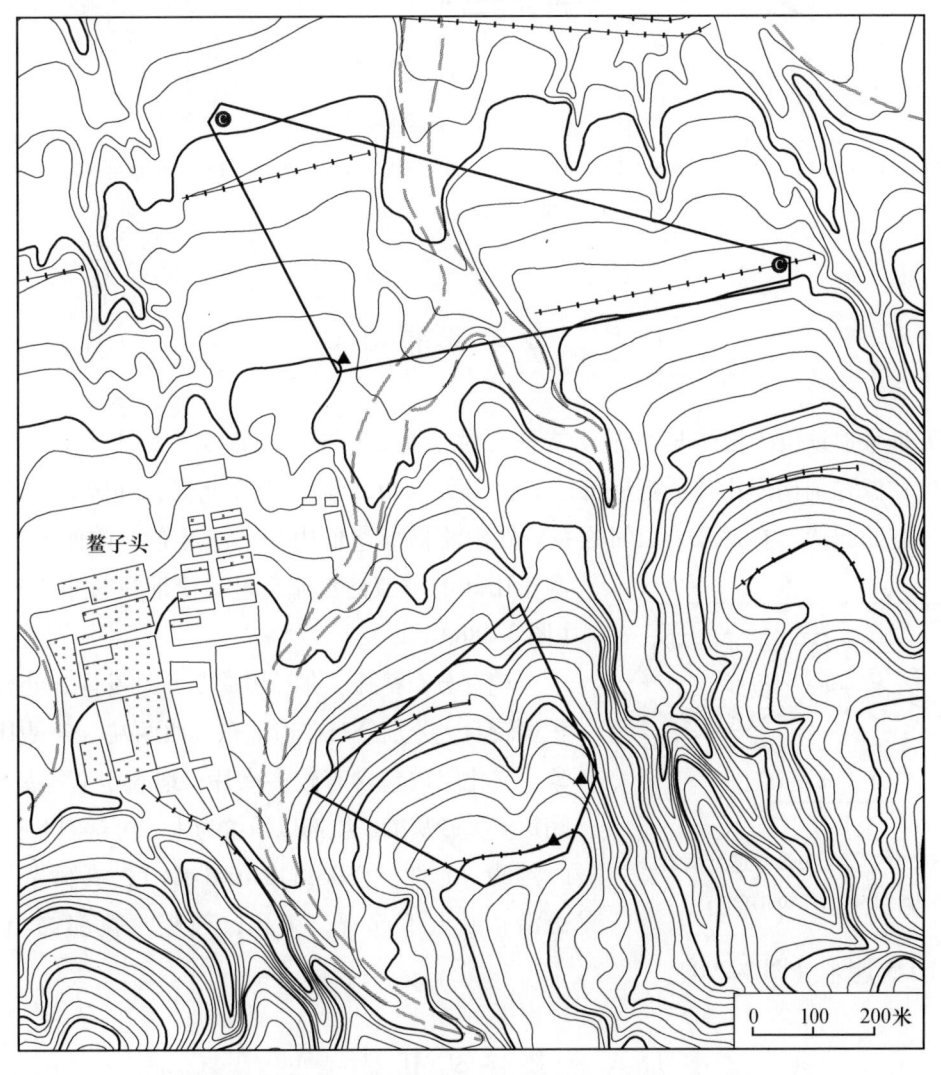

图3-288　鳖子头Ⅰ号（下）、Ⅲ号（上）遗址东周时期遗存分布图

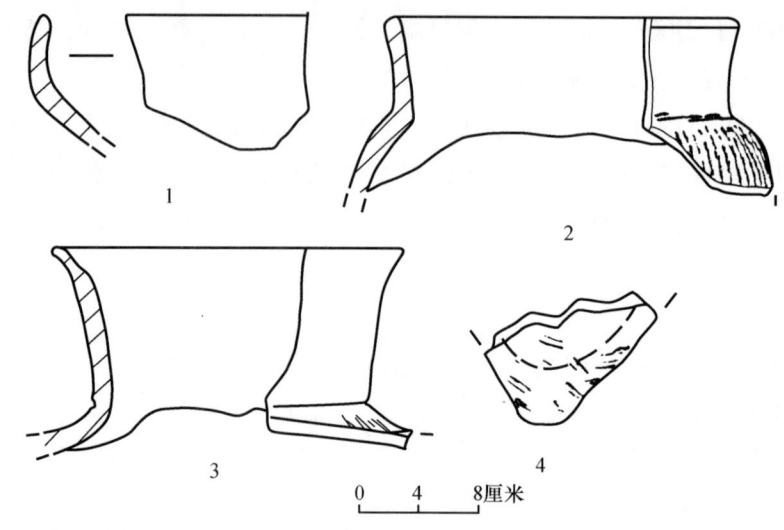

图 3-289　鳌子头 I 号遗址陶器
1. 钵（FS061112C006:1）　2. 鬲（FS061112J006-C:1）　3. 高领罐（FS061112C005-C:1）　4. 鬲足（FS061112C009:1）
（1. 仰韶时期；2~4. 龙山时期）

九七、鳌子头 III 号遗址

鳌子头 III 号遗址位于繁峙县杏园乡鳌子头村东北 250 米，面积 8.6 万平方米（彩版三〇，1）。遗址处在滹沱河南岸山坡的近底部，海拔 1095~1125 米，南高北低，迎风背阴，地势相对趋缓，有一定的起伏。有发源于山间的季节性水流横穿遗址中部，遗址东、西面不远处也有发源于山间的季节性水流流过。遗址只有东周时期的遗存（图 3-288）。

遗存分布稀疏。在梯田的断面上发现 2 处文化层，堆积均较薄，分别分布在遗址东、西两端，未见其他遗迹现象。文化层内包含有较多陶片，地表也有零星陶片发现。陶片多夹砂灰陶，纹饰以绳纹为主，可辨器形有盆、罐等。

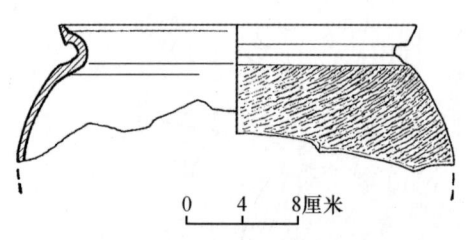

图 3-290　鳌子头 III 号遗址陶器
罐（FS061112K001-C:1）

罐　1 件。FS061112K001-C:1，夹砂灰陶。方唇，翻沿，沿上下起脊，束颈，鼓腹。腹部饰绳纹。口径 26、残高 10.5 厘米（图 3-290）。

九八、鳌子头 II 号遗址

鳌子头 II 号遗址位于繁峙县杏园乡鳌子头村西 100 米，面积 3.3 万平方米（彩版三〇，1）。遗址处在滹沱河南岸山坡的最低处，海拔 1120~1160 米，南高北低，迎风背阴，地势相对趋缓，但仍有一定的坡度，有一定的起伏。遗址东面有发源于山间的季节性水流流过。遗存分布稀疏。遗址包含二里头、东周两个时期的遗存，其中，东周时期遗存部分可进一步确认为战国时期。

1. 二里头时期

二里头时期遗存只见于遗址南部地势较高处，只有个别发现，遗存分布非常稀疏（图3-291）。未见任何遗迹现象，只在地表发现有陶片。陶片多夹砂灰陶，纹饰以绳纹为主，可辨器形有鬲等。

图 3-291　鳌子头 II 号遗址二里头时期遗存分布图

鬲足　1件。FS061112D001:1，夹砂红褐陶。空袋足，下有锥状实足跟。足部饰绳纹，跟部素面（图3-293，6）。

2. 东周时期

东周时期遗存分布于整个遗址，遗存分布稀疏（图3-292）。只在遗址北部冲沟的断面上发现1处文化层，未见其他遗迹现象。文化层内包含物丰富，尤以陶片最多。陶片多夹砂灰陶，纹饰以绳纹为主，有粗大绳纹，可辨器形有鬲、豆、罐等。

鬲足　1件。FS061112D002:1，夹砂灰陶。联裆，矮锥状实足跟。器表饰粗大绳纹（图3-293，5）。

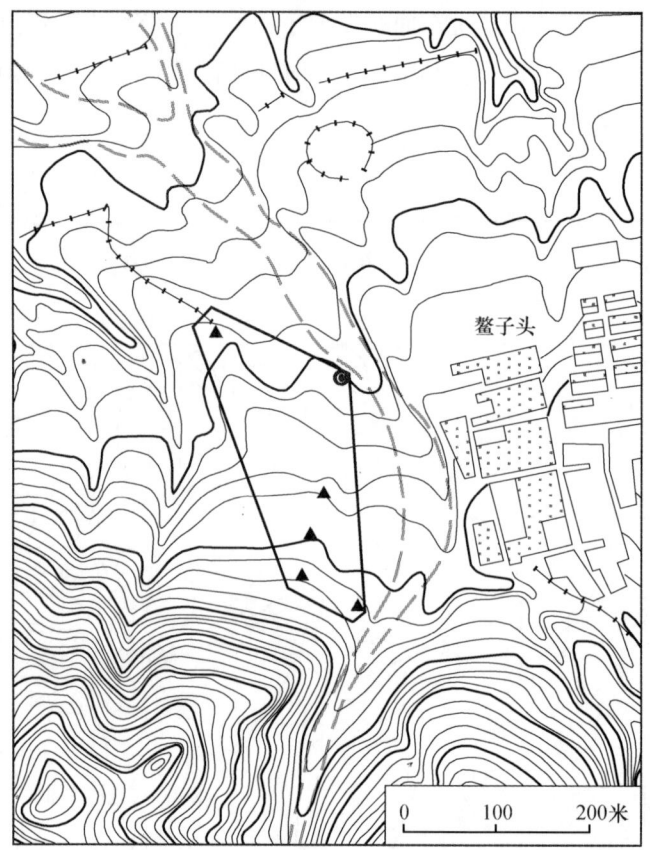

图 3-292 鳌子头 Ⅱ 号遗址东周时期遗存分布图

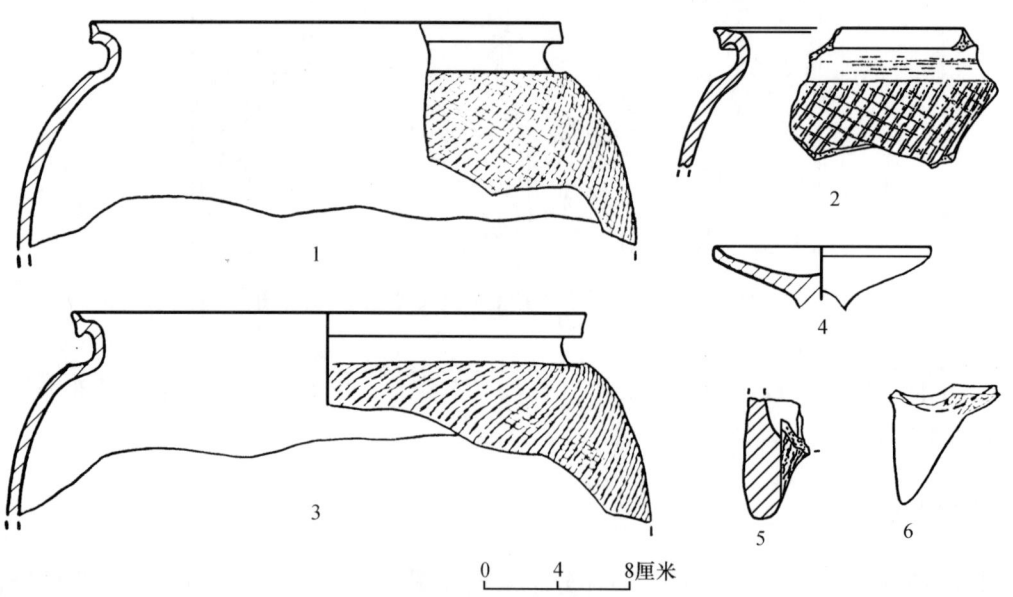

图 3-293 鳌子头 Ⅱ 号遗址陶器

1~3. 罐（FS061112F001-C：2、FS061112D002：2、FS061112F001-C：1） 4. 豆（FS061112B006：1） 5、6. 鬲足（FS061112D002：1、FS061112D001：1）

（1~5. 东周时期；6. 二里头时期）

豆 1件。FS061112B006:1，泥质灰陶。方唇，浅盘，细柄。素面。口径12、残高4厘米（图3-293，4）。

罐 3件。FS061112F001-C:1，夹砂灰陶。方唇，翻沿，沿上下起脊，束颈，鼓腹。器表饰粗绳纹。口径28、残高11厘米（图3-293，3）。FS061112F001-C:2，夹砂灰褐陶。方唇，翻沿，沿上下起脊，束颈，鼓腹。器表饰交错绳纹。口径26、残高11.6厘米（图3-293，1）。FS061112D002:2，夹砂灰陶。方唇，翻沿，沿上下起脊，束颈，鼓腹。腹部饰绳纹（图3-293，2）。

九九、南 关 遗 址

南关遗址位于繁峙县杏园乡南关村西南，面积30.5万平方米（彩版三〇，2）。遗址处在滹沱河南岸的台地上，被唐宋时期的城址所叠压，海拔925~950米，内有多条冲沟，加之后期取土严重，支离破碎，地势起伏较大。遗存分布疏密不等，中部较为稀疏，北部和南部略显密集。遗址包含龙山、二里头、东周三个时期的遗存，其中，东周时期遗存部分可进一步确认为战国时期。

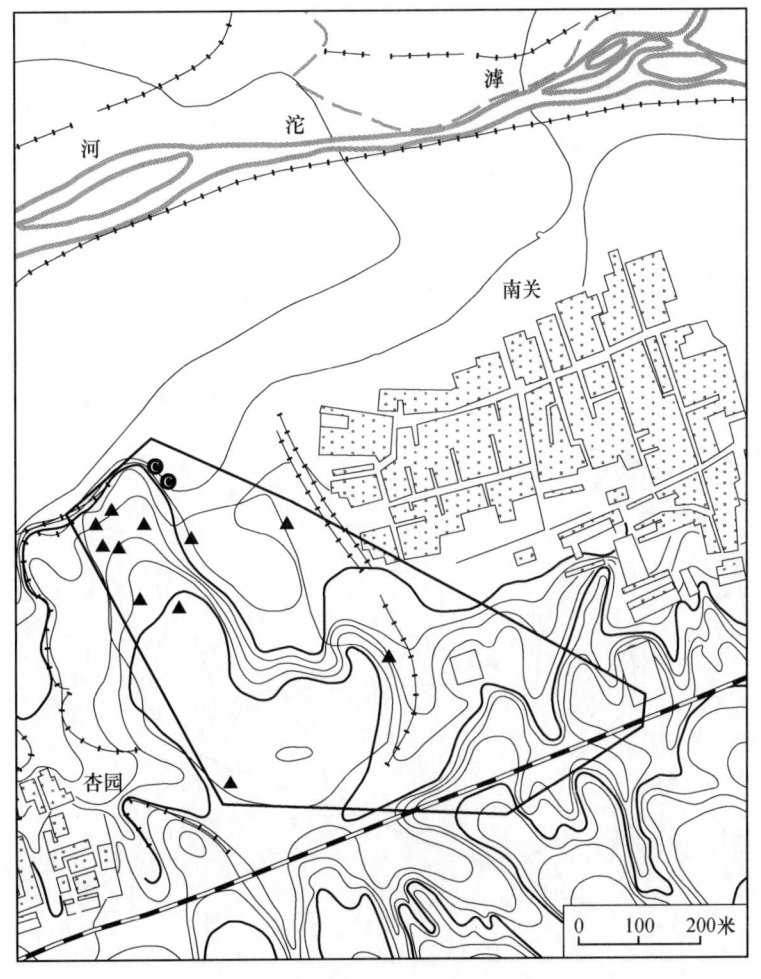

图3-294 南关遗址龙山时期遗存分布图

1. 龙山时期

龙山时期遗存主要见于遗址北、中部，尤以北部遗存分布密集（图3-294）。在遗址最北部断面上发现3处文化层，未见其他遗迹现象。文化层内包含有较多陶片，晚期城墙内也包含有很多陶片，地表亦有陶片分布。陶片多夹砂灰陶，纹饰多绳纹，可辨器形有鬲、斝、豆、盘、罐等。

斝　1件。FS061116F006:1，夹砂褐陶。敛口，微折肩，深腹。肩下有按捺状附加堆纹，腹部饰绳纹（图3-297，5）。

豆　1件。FS061116D001-C:1，泥质灰陶。粗柄，喇叭口圈足。素面，磨光，柄部有镂孔。底径19、残高4厘米（图3-297，8）。

盘　1件。FS061116D002-C:1，泥质黑皮陶。粗柄，喇叭口大圈足。素面磨光。口径34、残高6.4厘米（图3-297，7）。

2. 二里头时期

二里头时期遗存主要分布于遗址北部，中部和东部有零星发现，遗存分布稀疏（图3-295）。

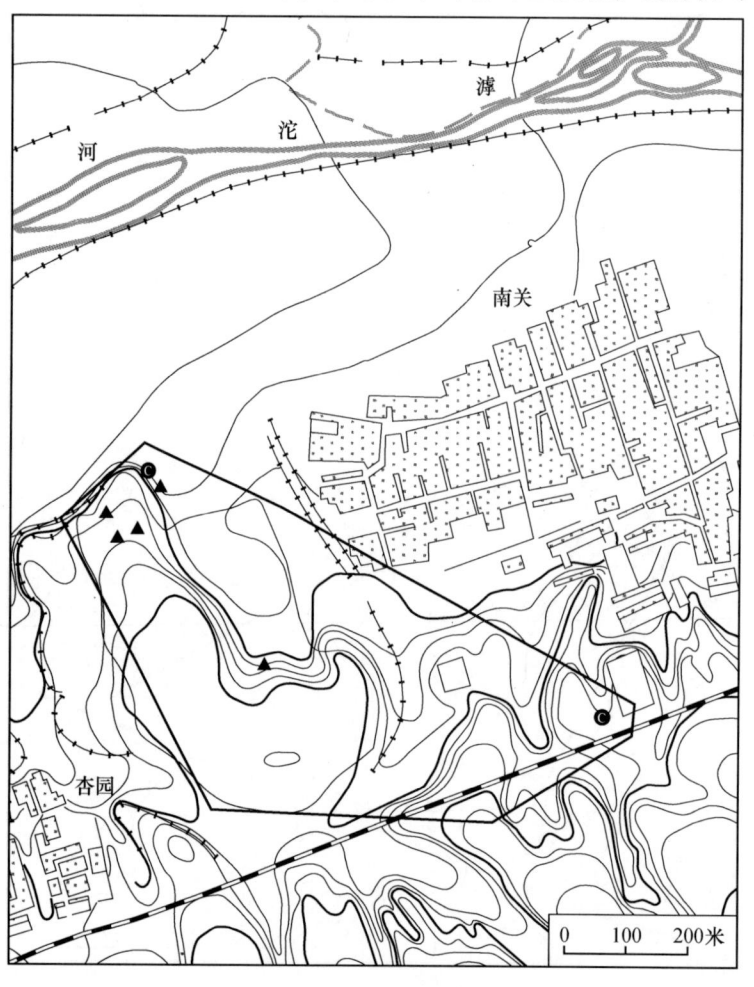

图3-295　南关遗址二里头时期遗存分布图

共发现2处文化层,未见其他遗迹现象,其中,在遗址北部断崖上和东部取土的断面上分别发现1处文化层,堆积均较薄。文化层包含有较多陶片,地表也有陶片分布。陶片多夹砂灰陶,纹饰以绳纹为主,可辨器形有鬲、蛋形瓮等。

蛋形瓮足 1件。FS061117F004-C:1,夹砂灰黑陶。深腹,平底,锥状实足跟。器表饰绳纹(图3-297,6)。

3. 东周时期

东周时期遗存主要见于遗址东部铁路和公路两侧,北部有零星发现,东南部遗存分布略显密集,其他位置遗存分布较为稀疏(图3-296)。共发现3处文化层和5个灰坑,集中分布在遗址东南部铁路和公路两侧取土的断面上,灰坑多口大底小,文化层堆积都较薄。遗迹内包含物丰富,尤以陶片最多,地表也有陶片分布。陶片多夹砂灰陶,纹饰以绳纹为主,有粗大绳纹,可辨器形有鬲、盆、甑、罐等。

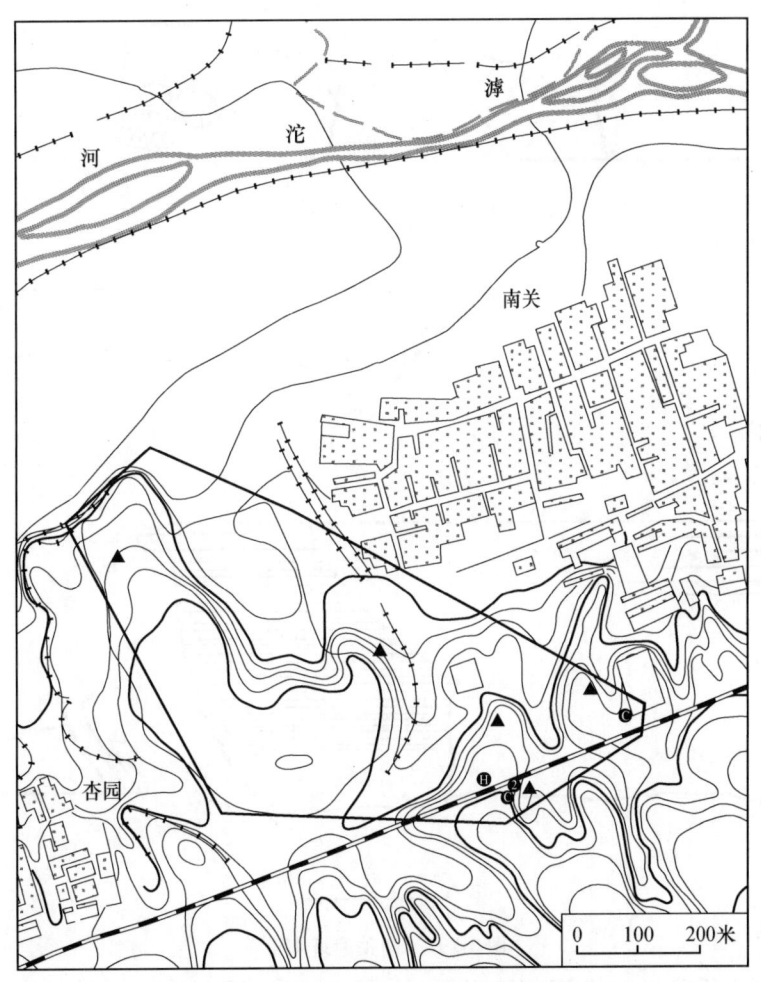

图3-296 南关遗址东周时期遗存分布图

盆 2件。FS061116L002-H:1，夹砂灰陶（夹细砂）。方唇，翻沿，束颈，深腹微鼓。腹部饰旋断绳纹。口径32、残高20厘米（图3-297，1）。FS061116L002-H:4，泥质灰陶。方唇，折沿，深腹。腹部有数周旋纹。口径42、残高15.2厘米（图3-297，3）。

甑 1件。FS061116L002-H:3，泥质灰陶。深腹，平底，底部有箅孔。素面。底径18、残高6.8厘米（图3-297，2）。

罐 1件。FS061116L002-H:2，夹砂灰陶。方唇，口外翻，束颈，鼓肩。器表饰绳纹。口径18、残高4.4厘米（图3-297，4）。

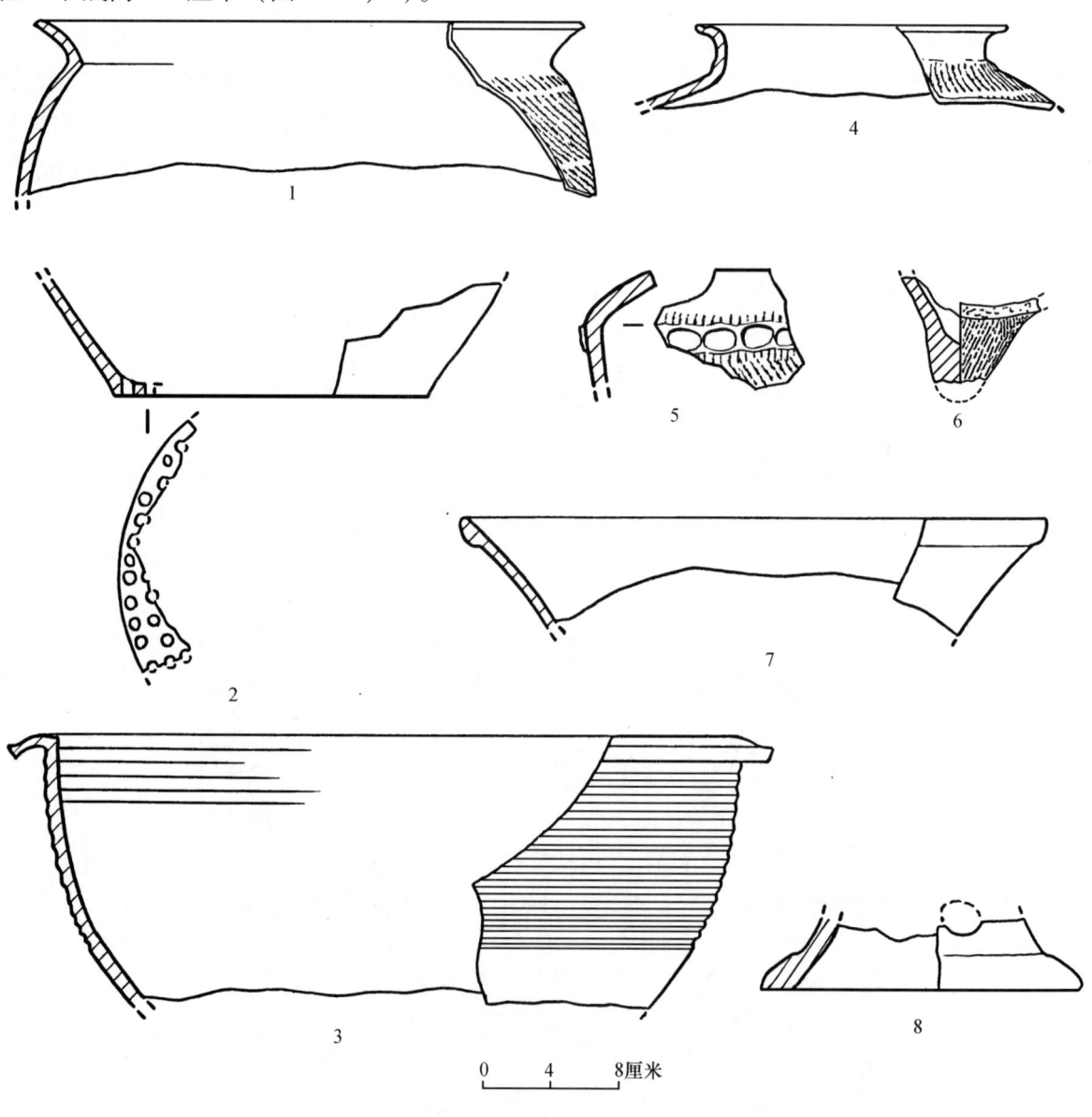

图3-297 南关遗址陶器

1、3. 盆（FS061116L002-H:1、FS061116L002-H:4） 2. 甑（FS061116L002-H:3） 4. 罐（FS061116L002-H:2）
5. 斝（FS061116F006:1） 6. 蛋形瓮足（FS061117F004-C:1） 7. 盘（FS061116D002-C:1） 8. 豆（FS061116D001-C:1）
（1~4. 东周时期；5、7、8. 龙山时期；6. 二里头时期）

一〇〇、杏园遗址

杏园遗址位于繁峙县杏园乡杏园村南、新砂村东，面积154.3万平方米（彩版三一，1）。遗址处在滹沱河南岸山前冲积扇的最低处，遗址往北、往西都是逐渐降低的河漫滩，整体地势较低，海拔930~985米，东南高，西北低，遗址东部有冲沟，东部地势起伏稍大，其他位置地势相对平整，起伏很小。遗址西面不远处有发源于山间的季节性水流由南向北流过。遗存分布疏密不等，一定程度上与后期取土严重有很大关系。遗址包含仰韶、龙山、二里头、东周四个时期的遗存，其中，东周时期遗存部分可进一步确认为战国时期。

1. 仰韶时期

仰韶时期遗存见于遗址中、东部，尤以东部遗存分布密集（图3-298）。未见任何遗迹现象，只在地表发现有陶片、石器等。陶片多泥质红陶，多素面，有彩陶，可辨器形有钵、盆、罐等。石器有石斧等。

陶钵　3件。FS070411H003：2，泥质红陶。圆唇，微敛口，微鼓腹。器表施黑彩（图3-300，2）。FS070411I001：2，泥质红陶。小圆唇，微鼓腹。素面磨光（图3-300，9）。FS070411H003：1，泥质红陶。厚圆唇，敛口，鼓腹。素面（图3-300，5）。

陶罐　6件。FS070411I002：1，泥质灰陶。圆唇，敛口，鼓肩。肩部饰数周旋纹。（图3-300，6）。FS070411H002：1，夹砂红褐陶（夹细砂）。斜圆唇，微敛口，深腹。器表有数周凹旋纹。口径20、残高5.2厘米（图3-300，1）。FS070411C003：1，夹砂红褐陶（夹细砂）。圆唇，敛口，鼓腹。腹部有数周旋纹（图3-300，12）。FS070411G001：1，夹砂褐陶。厚圆唇，敛口，鼓腹，口部有一周凹槽。腹部饰绳纹（图3-300，3）。FS070411I001：3，夹砂红褐陶。圆唇，翻沿，束颈，鼓腹。素面（图3-300，4）。FS070411H002：2，夹砂褐陶，杂有蚌粉。圆唇，卷沿，深腹微鼓。素面（图3-300，10）。

石斧　1件。FS070411I001：1，红褐色，只残留顶部。通体磨制，顶端有使用痕迹（图3-300，14）。

2. 龙山时期

龙山时期遗存主要分布在遗址中部，南部有零星分布，中部遗存分布较为密集（图3-299）。只在遗址中部偏北取土均发现1个灰坑，为口大底小状，未见其他遗迹现象。灰坑内包含有较多陶片，地表也有陶片分布。陶片多夹砂灰陶，纹饰多篮纹、绳纹，可辨器形有鬲、斝、蛋形瓮、瓮、盆、豆、盉、罐等。

陶鬲　2件。FS070411C010：2，夹砂褐陶。厚圆唇，近直口，矮领，分裆，袋足外鼓。器表饰篮纹，裆部有抹泥痕迹。口径18、残高14厘米（图3-300，18）。FS070411N006：1，夹砂灰陶。圆唇，口外翻，矮领，大袋足外鼓。领部以下饰绳纹（图3-300，17）。

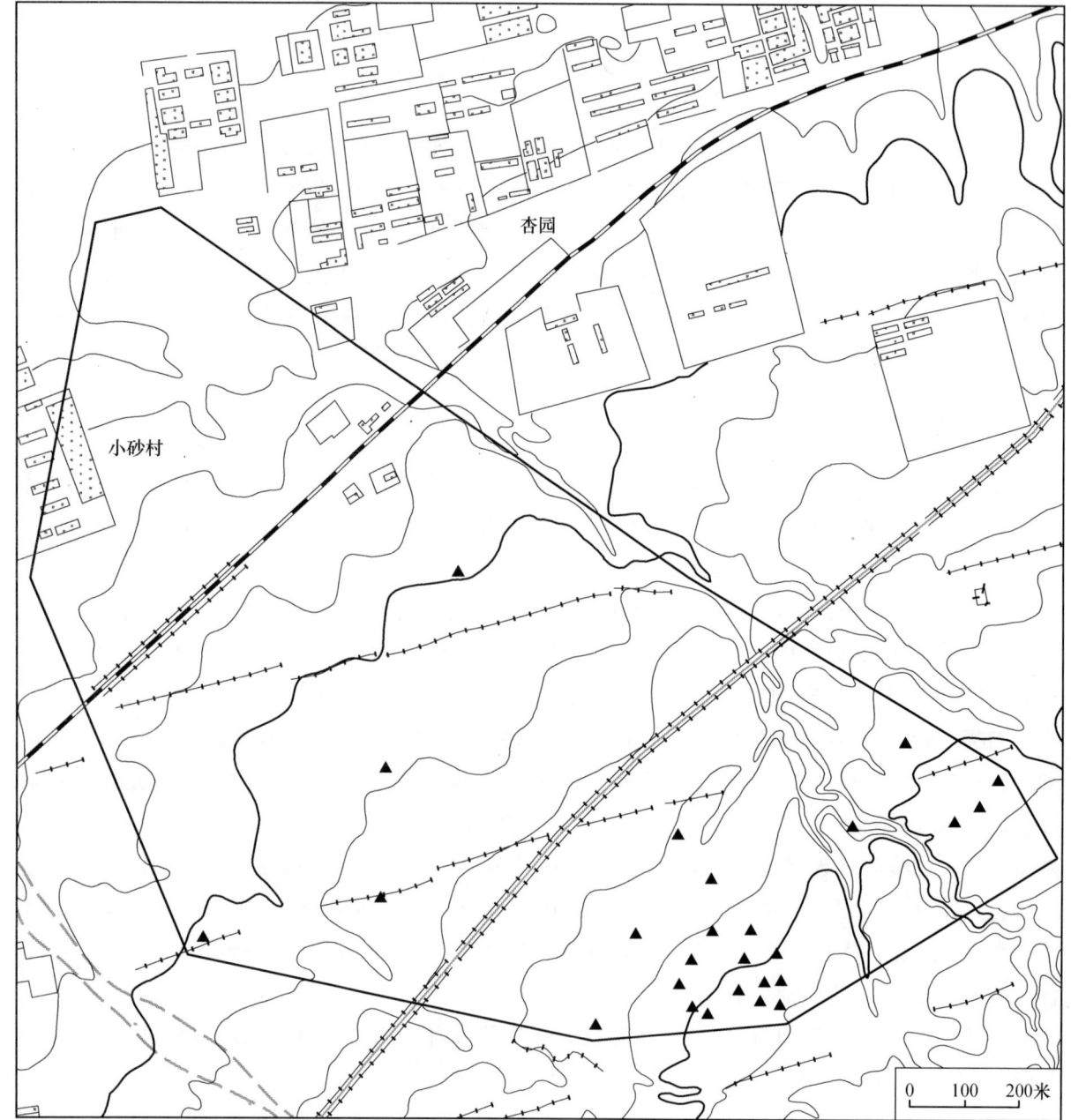

图 3-298　杏园遗址仰韶时期遗存分布图

陶罂　1件。FS070411I014：1，夹砂灰陶（夹细砂）。圆唇，敛口，折肩，深腹。腹部饰绳纹。口径16、残高4厘米（图3-300，8）。

陶蛋形瓮足　1件。FS070411B012：1，夹砂褐陶。柱状实足跟，粗大。足部饰绳纹（图3-300，20）。

陶瓮　1件。FS070411C010：1，夹砂灰陶（夹细砂）。小平沿，敛口，高领，鼓腹。腹部饰竖篮纹。口径16、残高9厘米（图3-300，19）。

陶盆　2件。FS070411N006:2，泥质灰陶。方唇，大敞口，斜腹。器表饰竖篮纹，腹部有錾手（图3-300，15）。FS070411C010:3，夹砂灰褐陶。胎厚，圆唇，敞口，斜腹。腹部有斜篮纹（图3-300，7）。

陶罐　1件。FS070411C010:4，夹砂灰陶。圆唇，口微外翻，高领，深鼓腹。领部有绳纹，腹部饰绳纹。口径18、残高6厘米（图3-300，16）。

陶盉　1件。FS070411B011:2，夹砂褐陶（夹细砂）。封口，向上管状流，深腹。腹部饰绳纹（图3-300，13）。

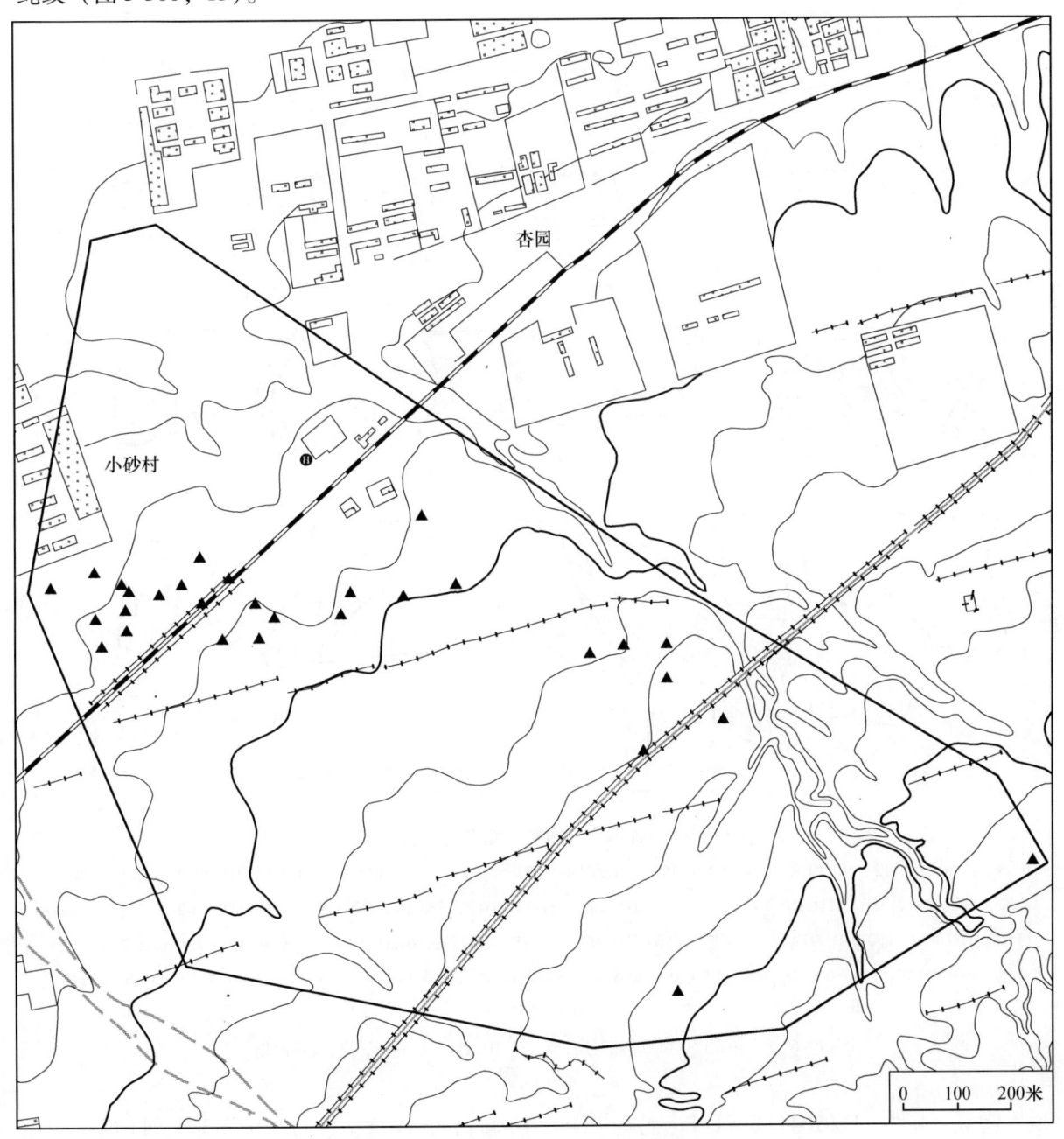

图3-299　杏园遗址龙山时期遗存分布图

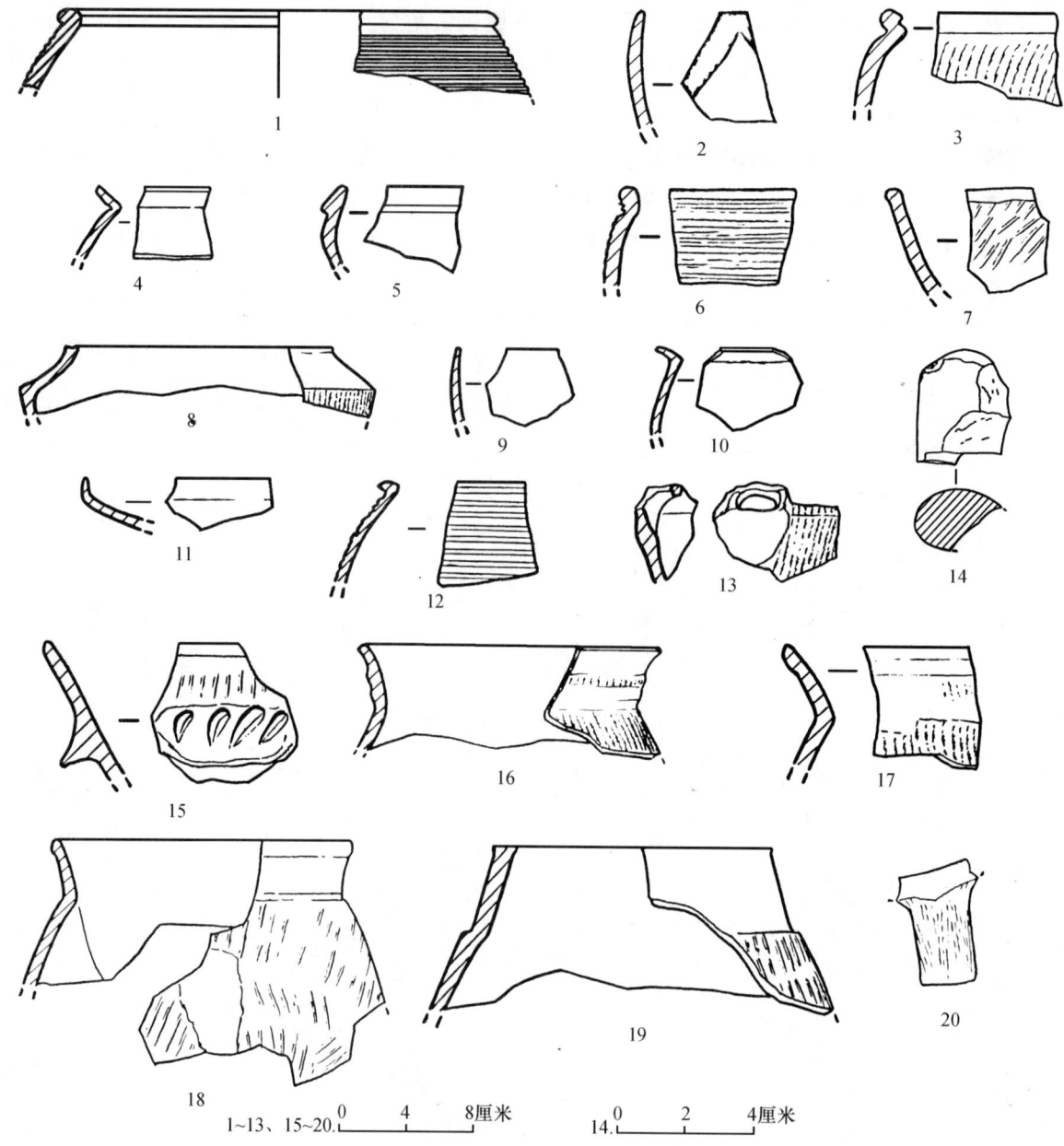

图 3-300　杏园遗址仰韶、龙山时期陶、石器

1、3、4、6、10、12、16. 陶罐（FS070411H002：1、FS070411G001：1、FS070411I001：3、FS070411I002：1、FS070411H002：2、FS070411C003：1、FS070411C010：4）　2、5、9. 陶钵（FS070411H003：2、FS070411H003：1、FS070411I001：2）　7、15. 陶盆（FS070411C010：3、FS070411N006：2）　8. 陶斝（FS070411I014：1）　11. 陶豆（FS070411B011：1）　13. 陶盉（FS070411B011：2）　14. 石斧（FS070411I001：1）　17、18. 陶鬲（FS070411N006：1、FS070411C010：2）　19. 陶瓮（FS070411C010：1）　20. 陶蛋形瓮足（FS070411B012：1）

（1~6、9、10、12、14. 仰韶时期；6、7、10、11、13~15、17. 龙山时期）

陶豆　1件。FS070411B011：1，泥质灰陶。小圆唇，斜浅盘。素面（图3-300，11）。

3. 二里头时期

二里头时期遗存主要分布在遗址中部，东部有个别发现，遗存分布稀疏（3-301）。在遗址中部偏北取土均发现4个灰坑，多圆形或椭圆形，深度不清，未见其他遗迹现象。灰坑内包含物丰富，尤以陶片最多，地表也有陶片分布。陶片多夹砂灰陶，纹饰以绳纹为主，可辨器形有鬲、甗、蛋形瓮、盆、罐等。

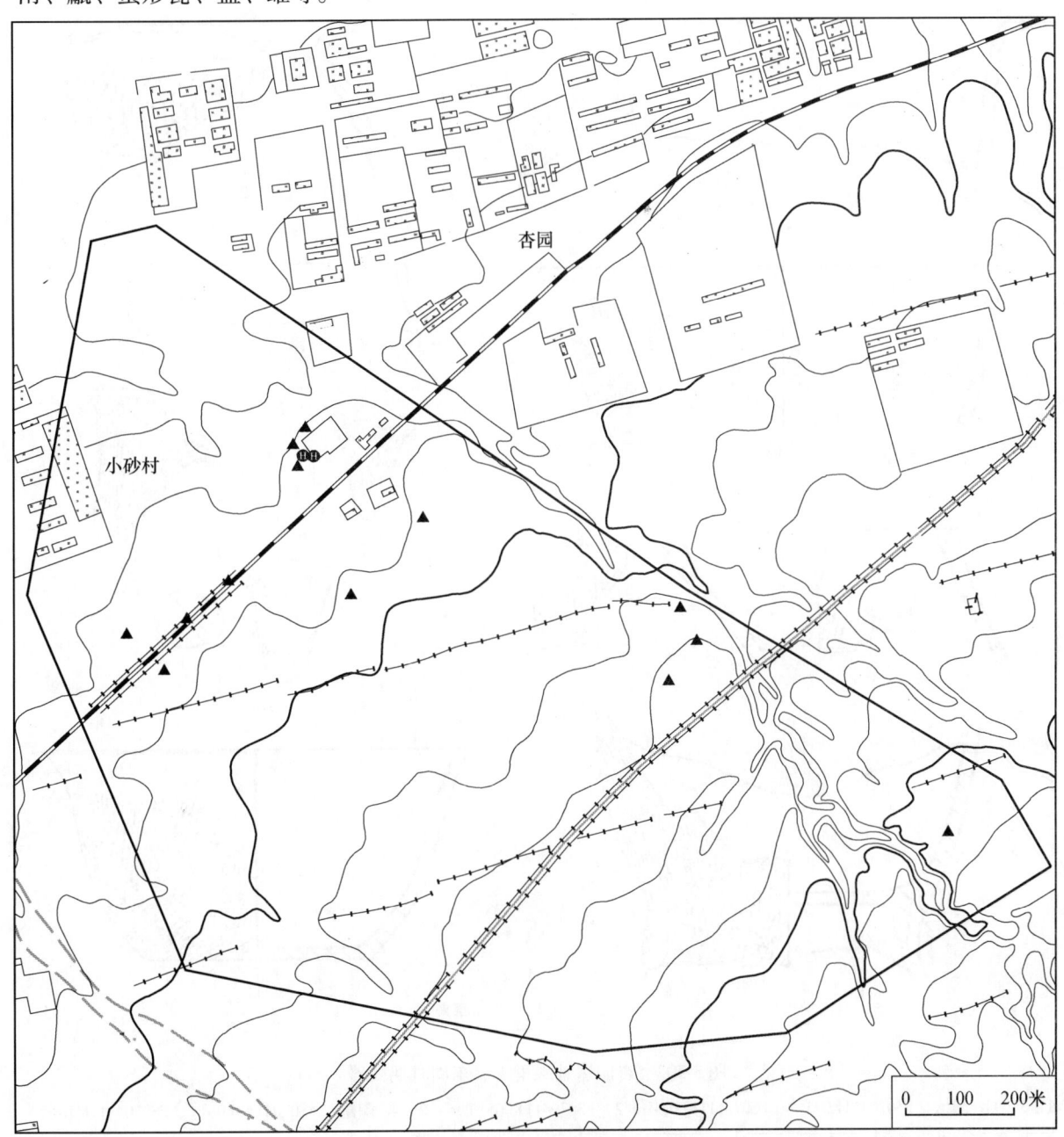

图3-301　杏园遗址二里头时期遗存分布图

陶鬲足　1件。FS070411K005-H1:1，夹砂灰褐陶。锥状实足跟。足部饰绳纹（图3-302，7）。

陶蛋形瓮　2件。FS070411K005-H2:1，夹砂灰黑陶。小平沿，敛口，深鼓腹。腹部饰绳纹（图3-302，6）。FS070411H010:3，夹砂灰陶。平沿，敛口，深鼓腹。器表饰绳纹（图3-303，5）。

陶蛋形瓮足　2件。FS070411H010:4，夹砂灰陶。矮胖实足跟。器表饰绳纹（图3-302，8）。FS070411K005:3，夹砂灰陶。扁实足跟。足部饰绳纹（图3-302，9）。

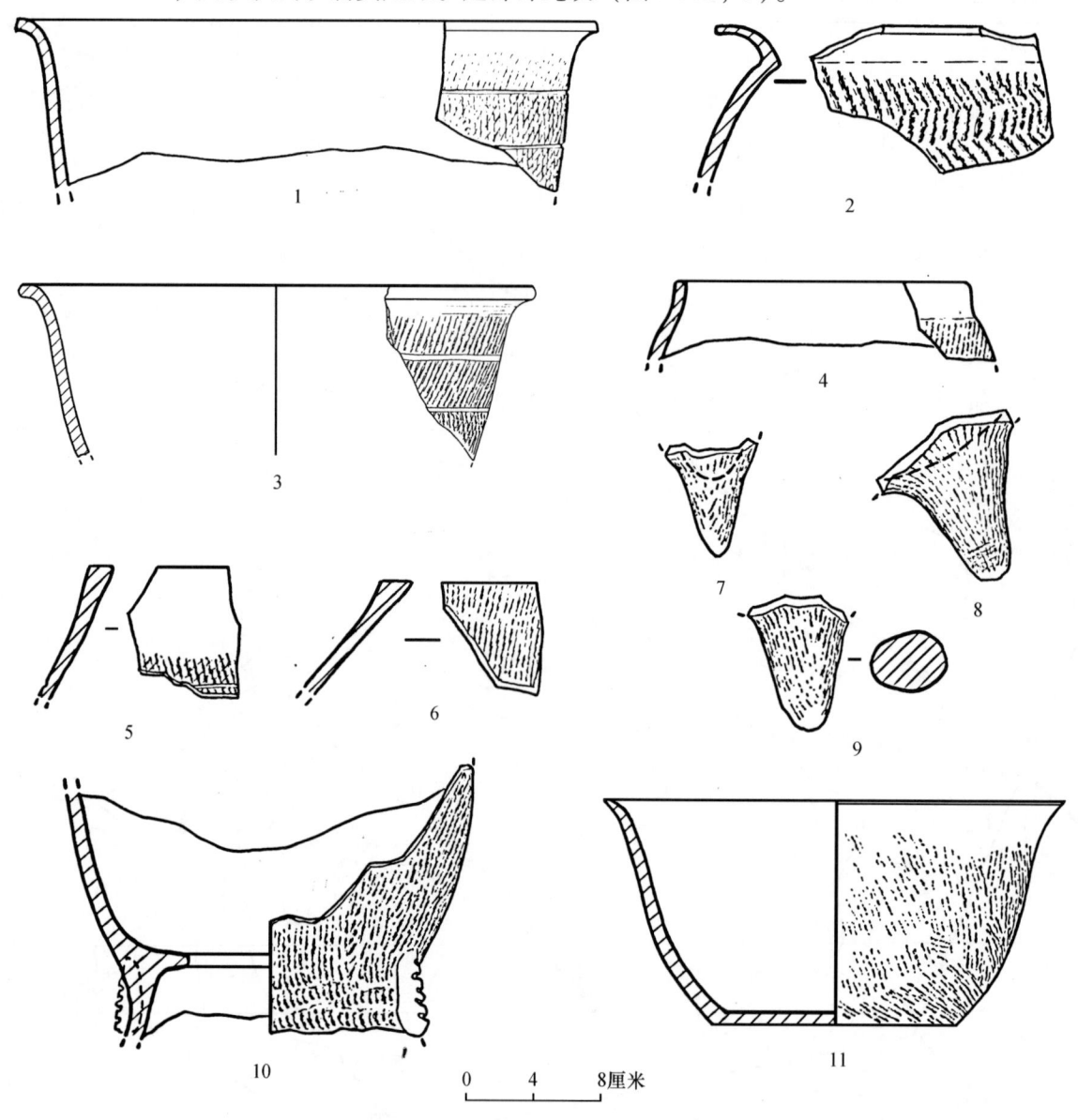

图3-302　杏园遗址二里头、东周时期陶器

1、3、11. 陶盆（FS070411K005:2、FS070411K005-H1:2、FS070411K005:1）　2、4. 陶罐（FS070411K006:1、FS070411H010:1）
5、6. 陶蛋形瓮（FS070411H010:3、FS070411K005-H2:1）　7. 陶鬲足（FS070411K005-H1:1）　8、9. 陶蛋形瓮足
（FS070411H010:4、FS070411K005:3）　10. 陶甗（FS070411K005:4）

（1、3~11. 二里头时期；2. 东周时期）

陶盆 3件。FS070411K005-H1:2,夹砂灰陶。圆唇,口外翻,深腹。腹部饰旋断绳纹。口径30、残高10厘米(图3-302,3)。FS070411K005:2,夹砂灰陶。近方唇,口外翻,深腹。口部以下饰旋断绳纹。口径34、残高11.4厘米(图3-302,1)。FS070411K005:1,夹砂灰陶。圆唇,敞口,斜深腹,平底。腹部饰绳纹。口径24.4、底径14、高13厘米(图3-302,11)。

陶甗 1件。FS070411K005:4,夹砂灰陶。深腹,束腰,有隔。器表饰绳纹,腰部有三道扉棱(图3-302,10)。

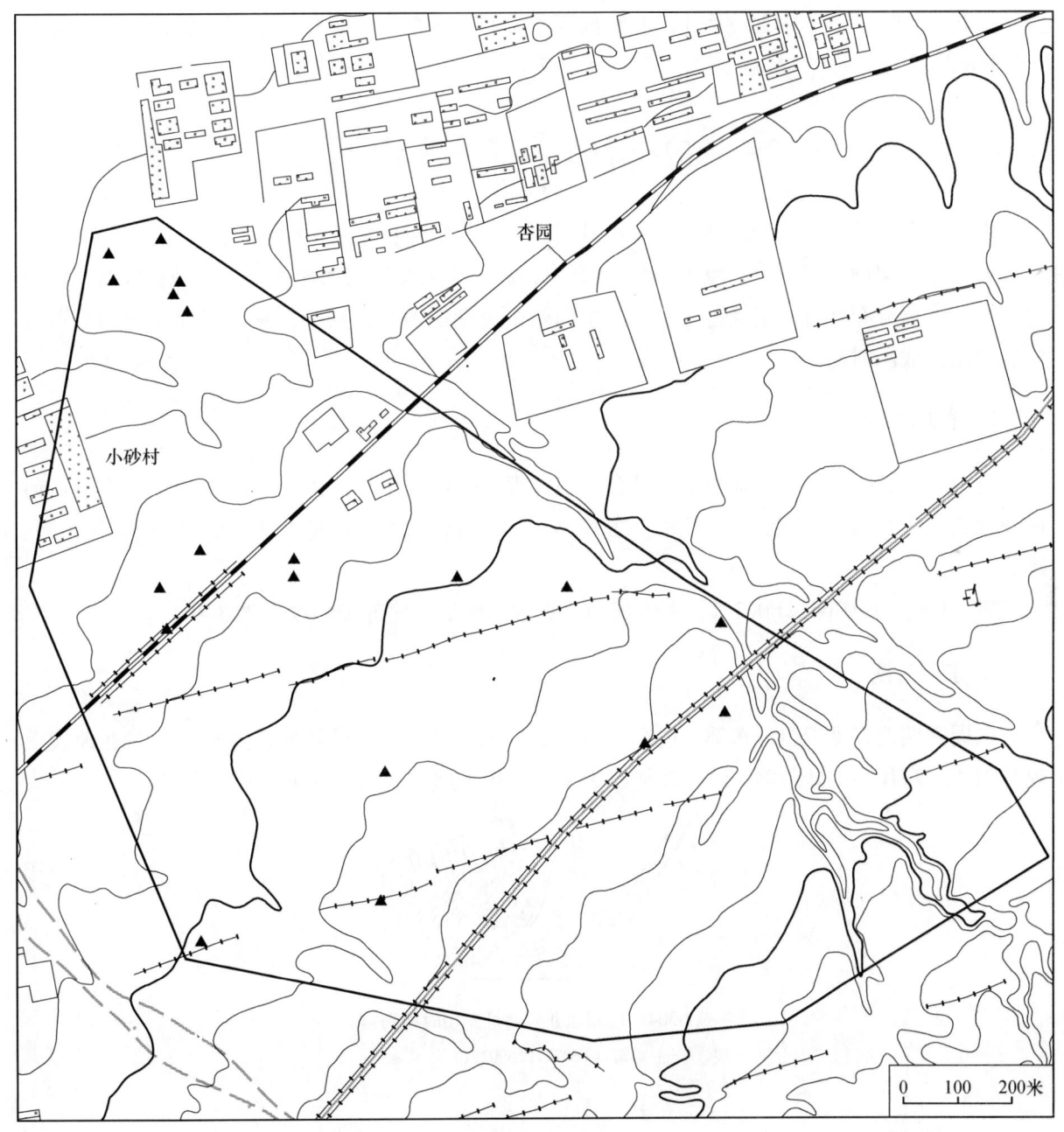

图3-303 杏园遗址东周时期遗存分布图

陶罐　1件。FS070411H010：1，夹砂灰陶。圆唇，微敛口，鼓腹。腹部饰绳纹。口径17、残高4.4厘米（图3-302，4）。

4. 东周时期

东周时期遗存见于遗址中、西部，遗存分布较为稀疏（图3-303）。未见任何遗迹现象，只在地表发现有陶片。陶片多夹砂灰陶，纹饰以绳纹为主，有粗大绳纹，可辨器形有盆、罐等。

陶罐　1件。FS070411K006：1，夹砂灰陶。方唇，大翻沿，束颈，鼓腹。腹部饰粗大绳纹（图3-302，2）。

一〇一、古家庄Ⅱ号遗址

古家庄Ⅱ号遗址位于繁峙县杏园乡小砂村西北、古家庄村东南700米，面积7.1万平方米。遗址处在滹沱河南岸滩地上，海拔915~935米，高于今天滹沱河河床十多米，地势较低，但较为平坦。遗存分布稀疏，遗址包含龙山、东周两个时期的遗存，其中，东周时期遗存部分可进一步确认为战国时期。

1. 龙山时期

龙山时期遗存只见于遗址西部，只有个别发现，遗存分布非常稀疏（图3-305）。未见任何遗迹现象，只在地表发现少量陶片。陶片多夹砂灰陶，纹饰以绳纹为主，可辨器形有鬲、罐等。

罐　1件。FS070412B002：1，夹砂灰陶。深腹，平底。腹部饰绳纹（图3-304）。

2. 东周时期

东周时期遗存见于遗址东部，遗存分布稀疏（图3-305）。未见任何遗迹现象，只在地表发现有陶片。陶片多夹砂灰陶，纹饰以绳纹为主，有粗大绳纹，可辨器形有豆、罐等。

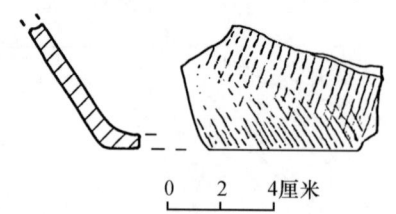

图3-304　古家庄Ⅱ号遗址龙山时期陶器
罐（FS070412B002：1）

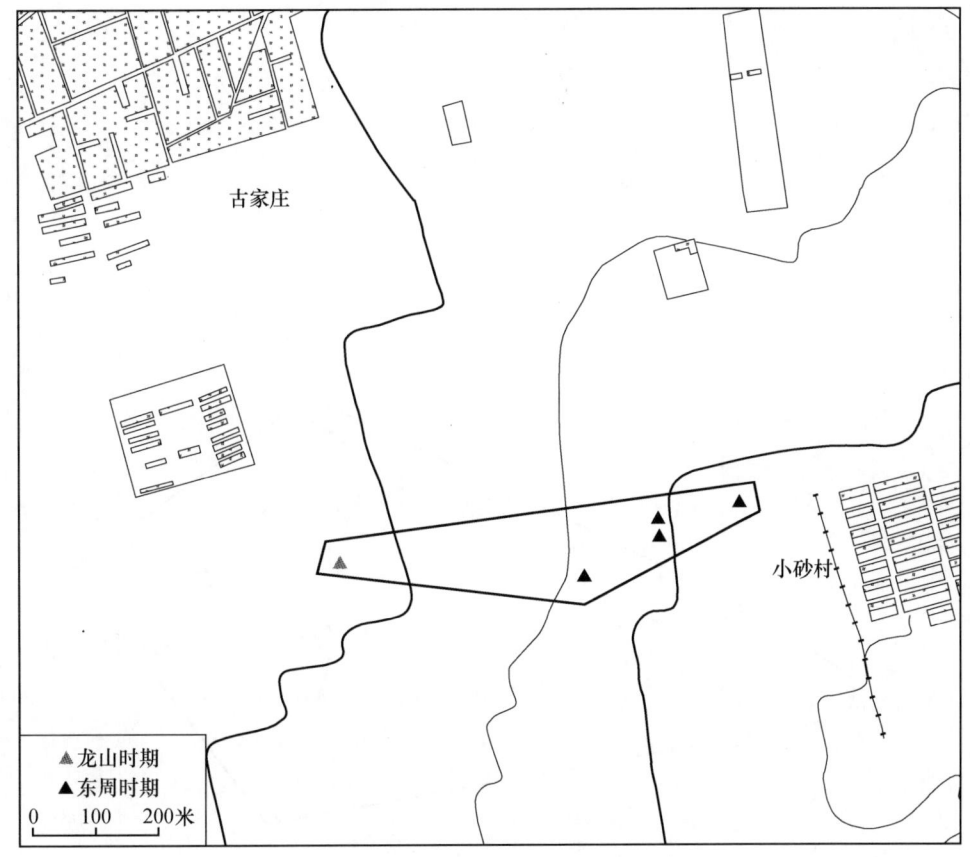

图 3-305　古家庄Ⅱ号遗址遗存分布图

一〇二、古家庄Ⅰ号遗址

古家庄Ⅰ号遗址位于繁峙县杏园乡古家庄村西南1000米，横跨代县、繁峙两县地界，面积65.8万平方米（彩版三一，2）。遗址处在滹沱河南岸的滩地上，地势较低且平坦，海拔910～920米。遗址西北面七八百米处有滹沱河流过。遗存分布疏密不等，遗址东部相对密集。遗址包含龙山、二里头、东周三个时期的遗存，其中，东周时期遗存部分可进一步确认为战国时期。

1. 龙山时期

龙山时期遗存主要分布在遗址北、中部，遗存分布略显稀疏（图3-306）。未见任何遗迹现象，只在地表发现有陶片。陶片多夹砂灰陶，纹饰多绳纹，有篮纹，可辨器形有蛋形瓮、双耳罐等。

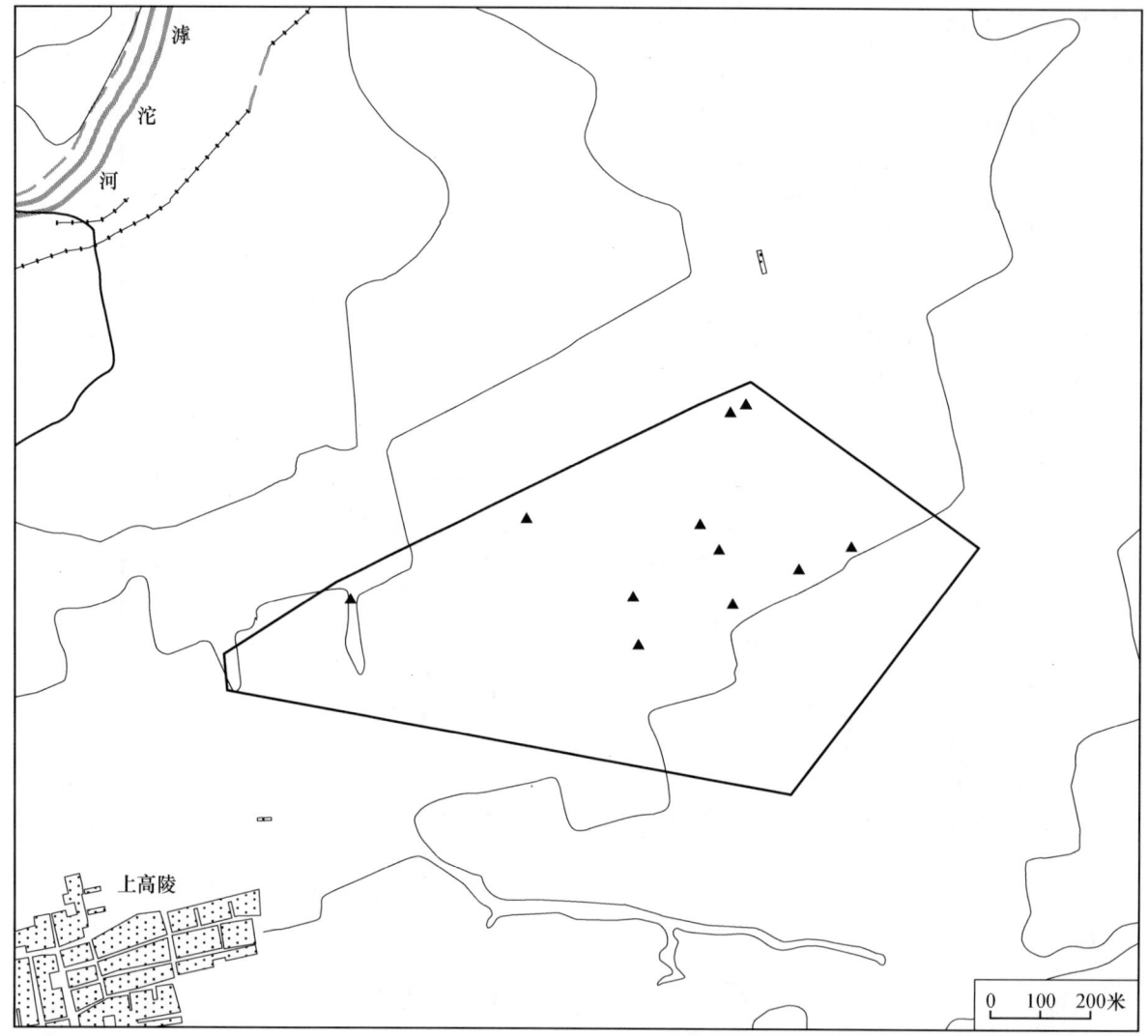

图 3-306 古家庄 I 号遗址龙山时期遗存分布图

蛋形瓮 1件。FS070413N009：1，夹砂灰陶。宽沿，微敛口，深腹。器表饰绳纹，口下有附加堆纹（图 3-309，4）。

带耳罐（口耳） 1件。FS070413N008：1，夹砂灰陶。口外翻，束颈，鼓腹，口部有桥形耳。器表饰绳纹（图 3-309，6）。

带耳罐（腹耳） 1件。FS070413N008：2，夹砂灰陶。深腹，腹部有桥形耳。素面（图 3-309，7）。

2. 二里头时期

二里头时期遗存主要分布在遗址东部，遗存分布相对集中且密集（图 3-307）。未见任何遗迹现象，只在地表发现有陶片。陶片多夹砂灰陶，纹饰以绳纹为主，可辨器形有鬲、甗、蛋形瓮等。

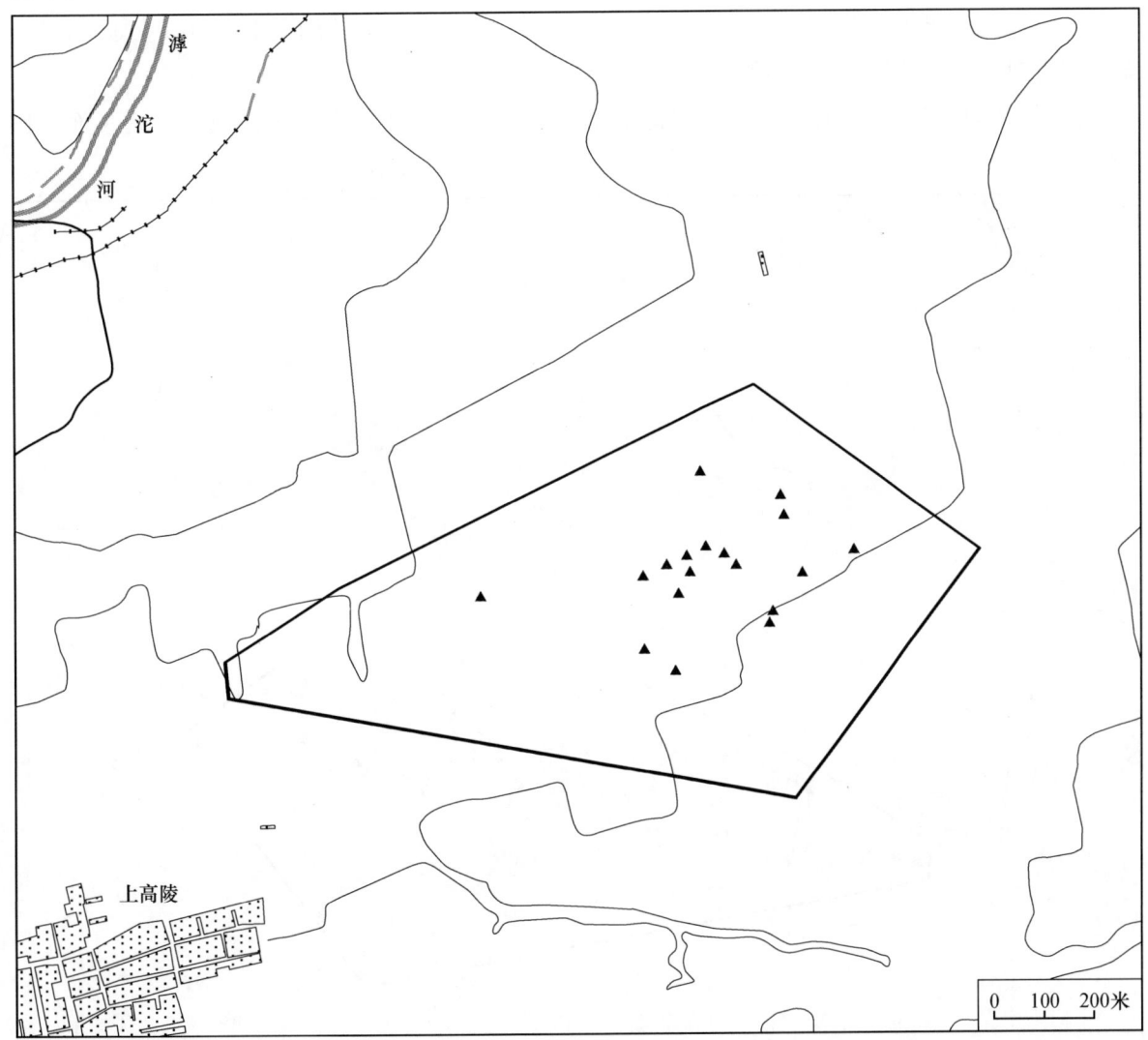

图 3-307　古家庄 I 号遗址二里头时期遗存分布图

蛋形瓮足　1 件。FS070413N010：1，夹砂灰陶。长锥状实足跟。足部饰绳纹（图 3-309，2）。

甗　1 件。FS070413J001：1，夹砂灰陶。深腹，束腰，有隔。器表饰绳纹（图 3-309，3）。

3. 东周时期

东周时期遗存分布于整个遗址,遗存分布疏密不等,东部相对密集(图3-308)。除在遗址西部发现2处文化层外,未见其他遗迹现象。文化层内包含有较多陶片,地表也有陶片分布。陶片多夹砂灰陶,纹饰以绳纹为主,有粗大绳纹,可辨器形有豆、罐、板瓦等。

罐 1件。FS070413L005-C:1,夹砂灰陶。方唇,口外翻,沿外侧上下起脊,束颈,鼓腹。腹部饰粗绳纹。口径26、残高12厘米(图3-309,1)。

板瓦 1件。FS070413L007-C:1,泥质灰陶。横截面呈弧形。器外饰绳纹,器内素面(图3-309,5)。

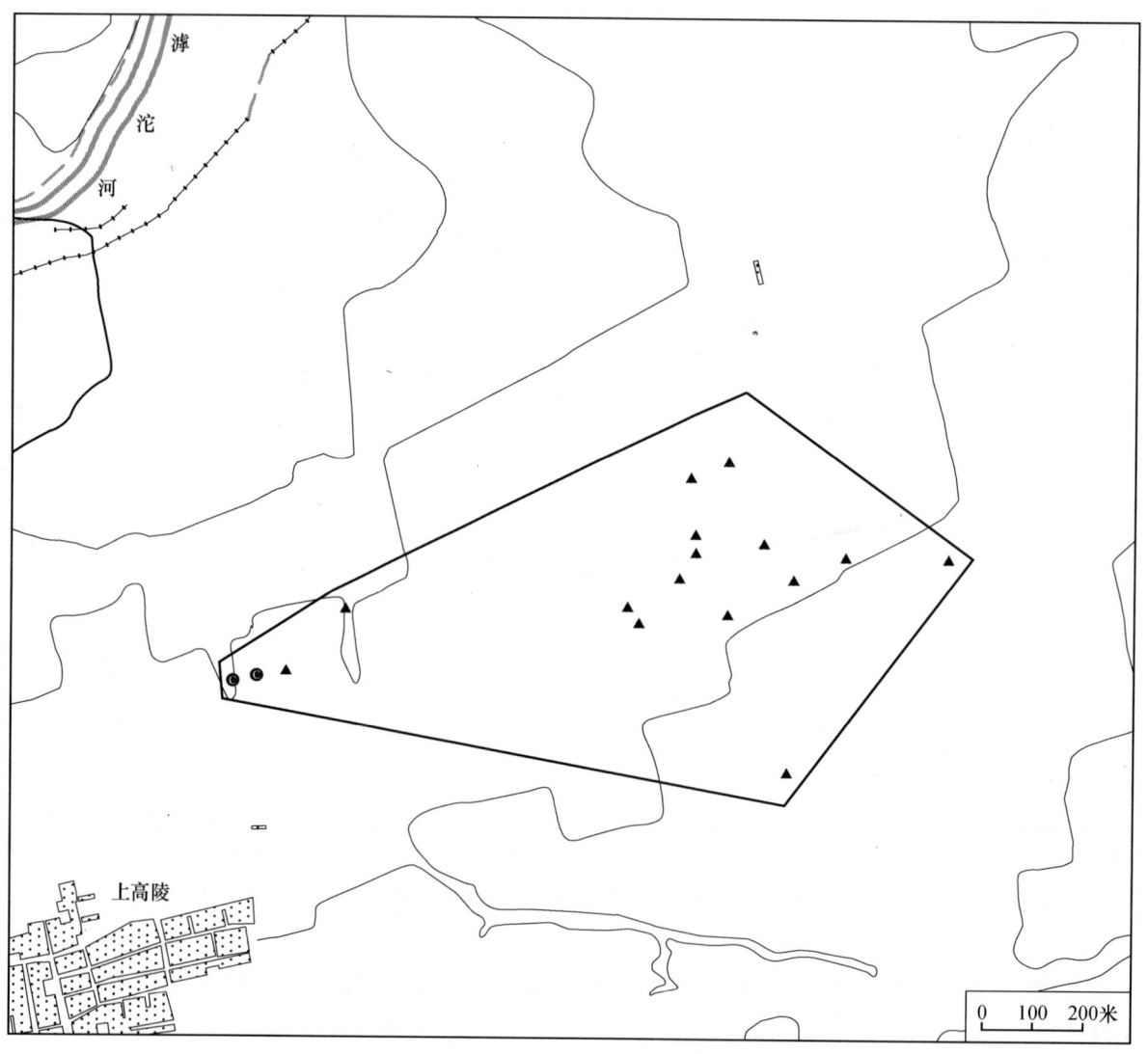

图 3-308 古家庄 I 号遗址东周时期遗存分布图

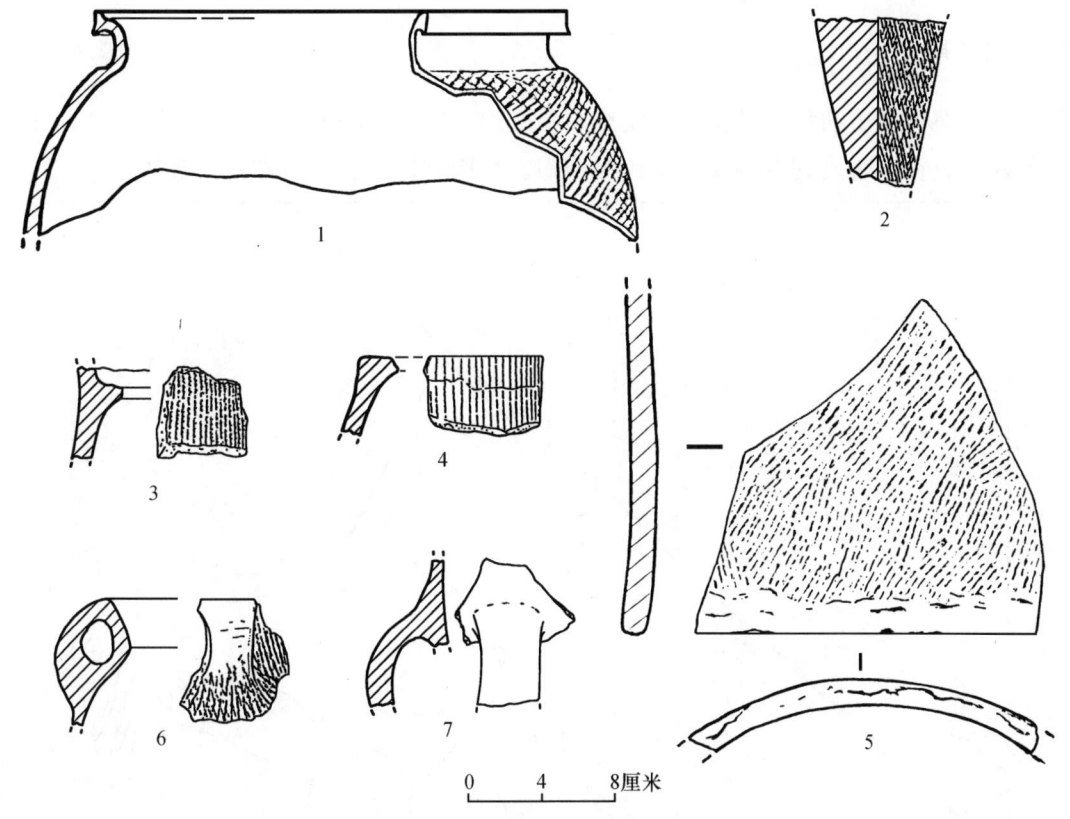

图 3-309 古家庄 I 号遗址陶器

1. 罐（FS070413L005-C:1） 2. 蛋形瓮足（FS070413N010:1） 3. 甗（FS070413J001:1） 4. 蛋形瓮（FS070413N009:1）
5. 板瓦（FS070413L007-C:1） 6、7. 带耳罐（FS070413N008:1、FS070413N008:2）
（1、5. 东周时期；2、3. 二里头时期；4、6、7. 龙山时期）

一〇三、大砂遗址

大砂遗址位于繁峙县杏园乡大砂村东南，面积19.6万平方米（彩版三二，1）。遗址处在滹沱河南岸山前冲积扇的最低处，地势较低，海拔930～960米，南高北低，地形较为平缓，逐渐下降，内有小冲沟，但起伏很小。遗存分布非常稀疏。遗址包含仰韶、龙山、东周三个时期的遗存。

1. 仰韶时期

仰韶时期遗存只见于南部，仅有个别发现，遗存分布非常稀疏（图3-310）。未见任何遗迹现象，只在地表发现有少量陶片。陶片多泥质红陶，多素面，可辨器形有钵等。

2. 龙山时期

龙山时期遗存见于遗址北部偏西，仅有零星发现，遗存分布非常稀疏（图3-310）。未见任何遗迹现象，只在地表发现有陶片。陶片多灰陶，纹饰有篮纹，可辨器形有罐等。

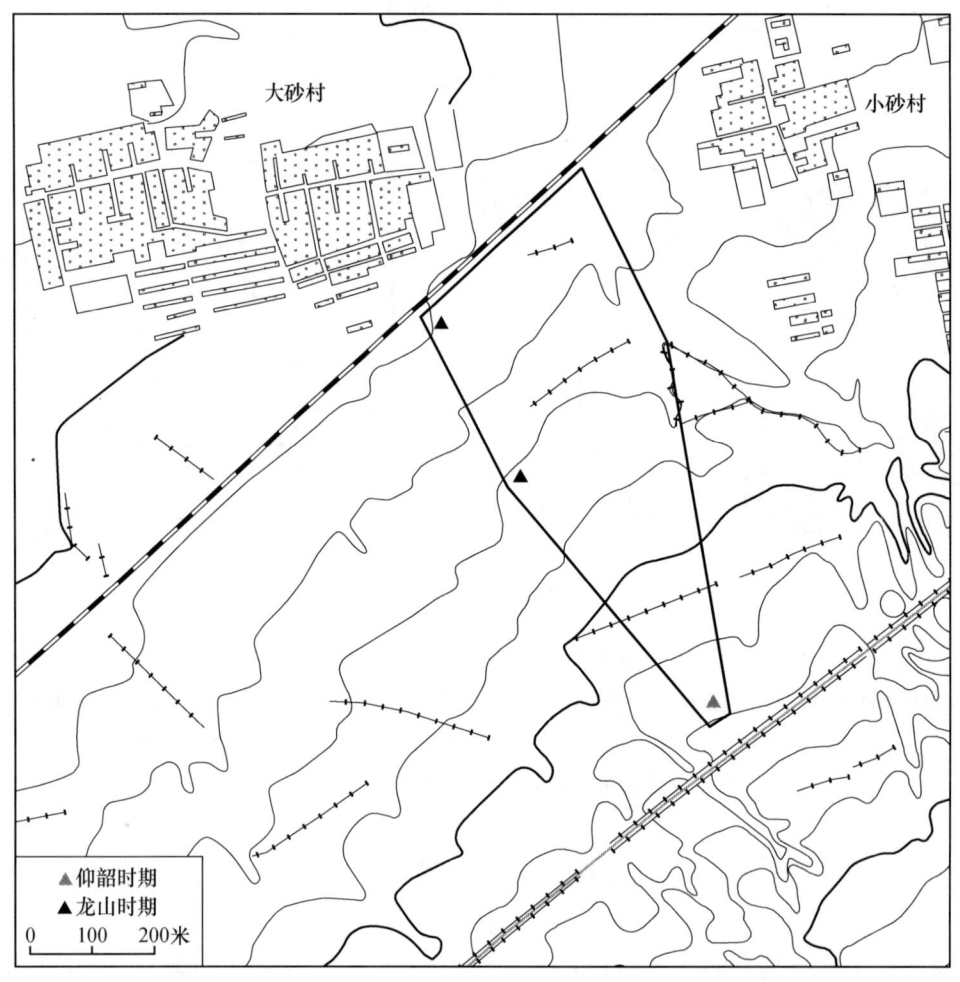

图3-310　大砂遗址仰韶、龙山时期遗存分布图

3. 东周时期

东周时期遗存见于遗址北部偏东，仅有零星发现，遗存分布非常稀疏（图3-311）。未见任何遗迹现象，只在地表发现有陶片。陶片多夹砂灰陶，纹饰以绳纹为主，可辨器形有豆、罐等。

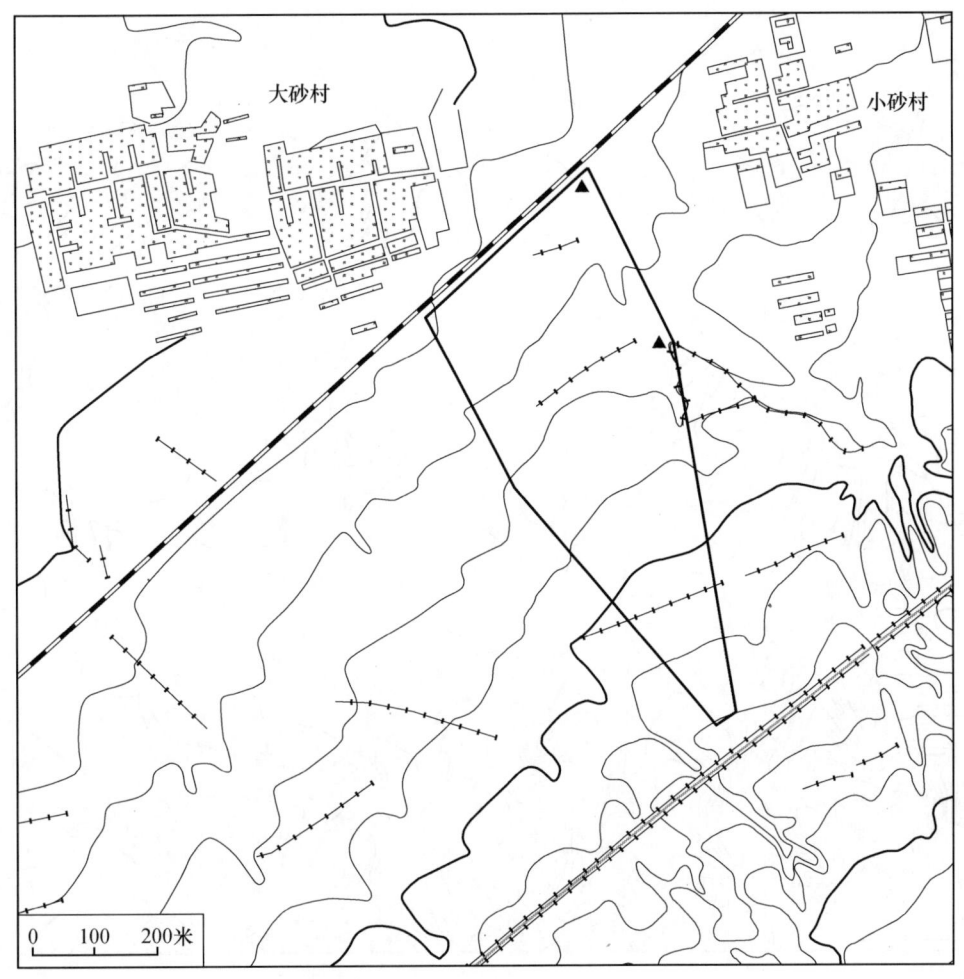

图 3-311　大砂遗址东周时期遗存分布图

一〇四、岗里Ⅰ号遗址

岗里Ⅰ号遗址位于繁峙县杏园乡岗里村东南 600 米，面积 33.2 万平方米（彩版三二，2）。遗址处在滹沱河南岸山前冲积扇的最高处，地势较高，海拔 985～1065 米，南高北低，迎风背阴，坡度大，加之内有冲沟较多，起伏较大。遗址东面也有发源于山间的季节性水流由南向北流过。遗存分布疏密不等，遗址西部相对密集，东部则非常稀疏。遗址包含仰韶、龙山、东周三个时期的遗存，其中，东周时期遗存部分可进一步确认为战国时期。

1. 仰韶时期

仰韶时期遗存只见于遗址东南部，仅有零星发现，遗存分布非常稀疏（图 3-312）。未见任何遗迹现象，只在地表发现有陶片。陶片多泥质红陶，多素面，可辨器形有钵等。

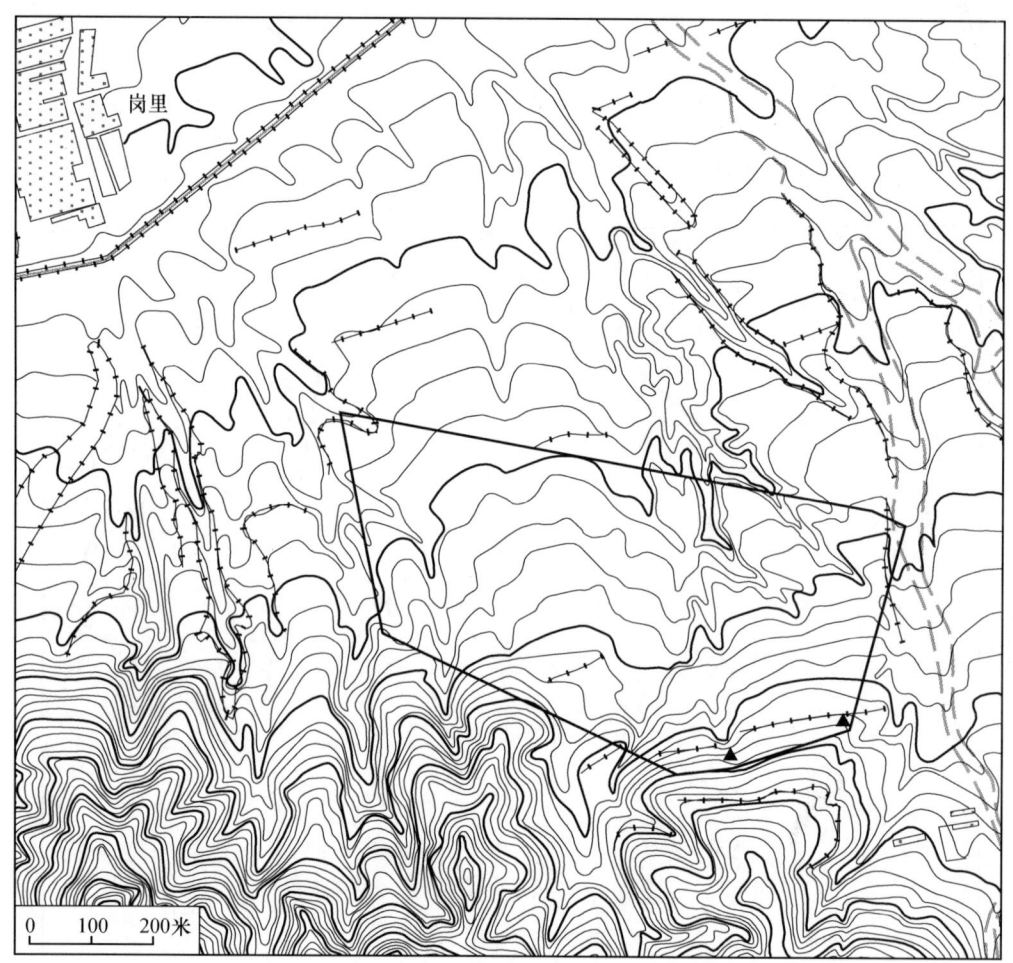

图 3-312　岗里 I 号遗址仰韶时期遗存分布图

钵　1件。FS070412J001∶1，泥质红褐陶。圆唇，敛口，鼓腹。素面（图 3-314，1）。

2. 龙山时期

龙山时期遗存主要见于遗址西部，遗址东部有零星发现，遗存分布稀疏（图3-313）。未见任何遗迹现象，只在地表发现有陶片。陶片多夹砂灰陶，纹饰多绳纹、篮纹，可辨器形有鬲、罐等。

罐　2件。FS070412K003∶1，夹砂灰陶。鼓腹，平底。腹部饰横篮纹（图 3-314，3）。FS070412F001∶1，夹砂褐陶。鼓腹，平底。素面（图 3-314，5）。

3. 东周时期

东周时期遗存主要见于遗址西部，且分布较为密集，遗址东部只有零星发现（图 3-315）。未见任何遗迹现象，只在地表发现有陶片分布。陶片多夹砂灰陶，纹饰以绳纹为主，有粗大绳纹，可辨器形有盆、罐等。

遗址北面约 500 米处发现有这个时期的零星陶片。

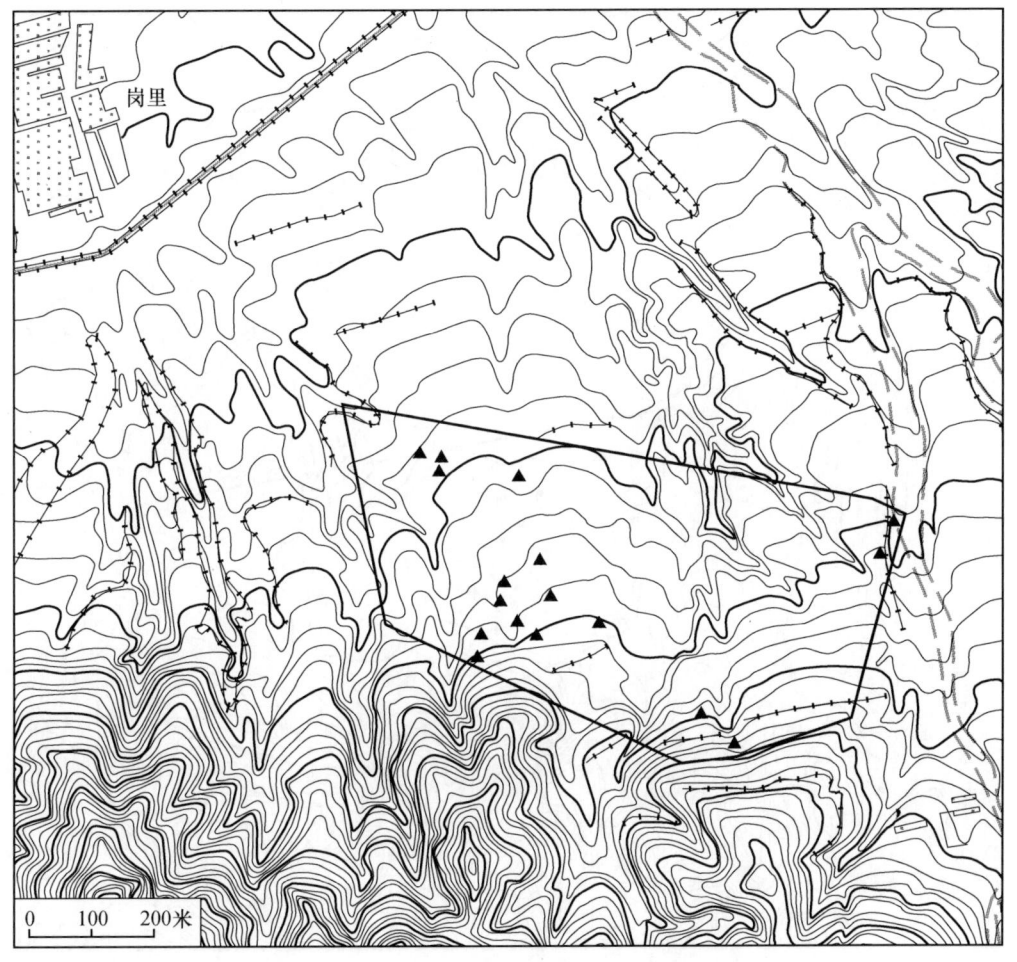

图 3-313　岗里 I 号遗址龙山时期遗存分布图

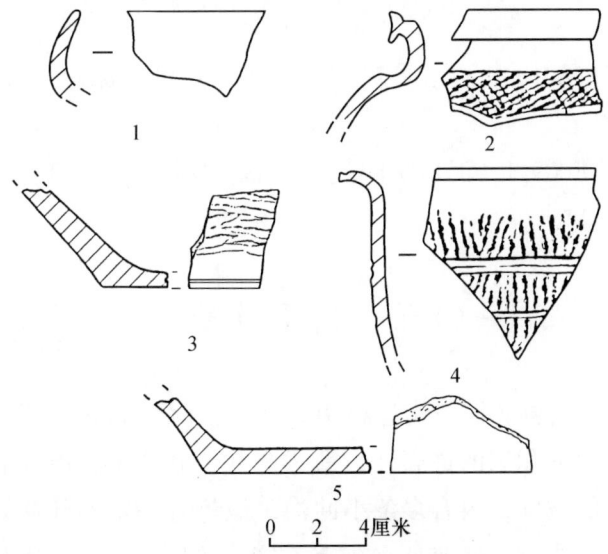

图 3-314　岗里 I 号遗址陶器

钵（FS070412J001:1）　2、3、5. 罐（FS070412E009:1、FS070412K003:1、FS070412F001:1）　4. 盆（FS070412E010:1）

（1. 仰韶时期；2、4. 东周时期；3、5. 龙山时期）

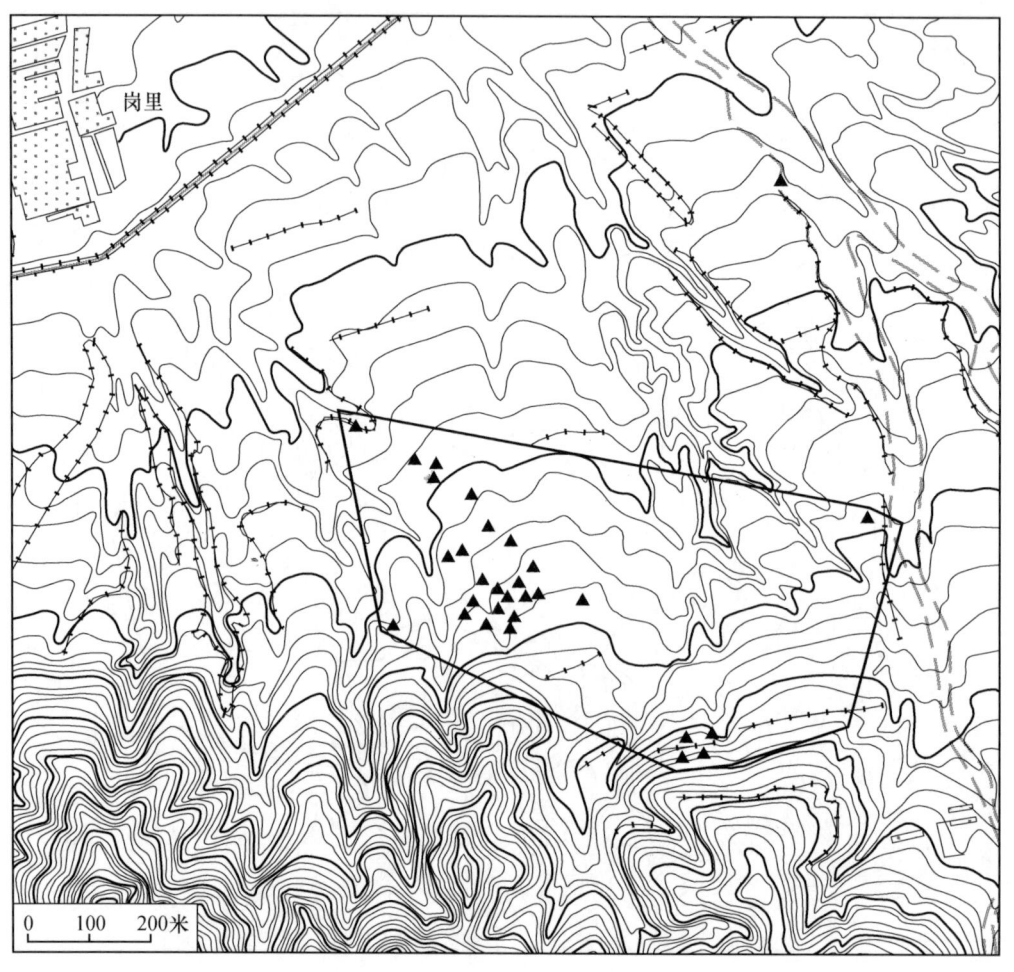

图 3-315　岗里 I 号遗址东周时期遗存分布图

盆　1件。FS070412E010：1，泥质灰陶。方唇，翻沿，深腹。腹部饰旋断粗绳纹（图 3-314，4）。

罐　1件。FS060412E009：1，泥质灰陶。厚方唇，翻沿，沿上下起脊，束颈，鼓腹。腹部饰交错绳纹（图 3-314，2）。

一〇五、岗里 II 号遗址

岗里 II 号遗址位于繁峙县杏园乡岗里村南 300 米，面积 11.1 万平方米（彩版三二，2）。遗址处在滹沱河南岸山前冲积扇的最高处，海拔 970～1010 米，南高北低，地形逐渐趋向开阔，迎风背阴，有一定的坡度，内有多条小冲沟，地势有一定的起伏。遗址西面有发源于山间的季节性水流由南向北流过。遗存分布疏密不等，遗址中部相对密集。遗址包含仰韶、龙山、二里头、东周四个时期的遗存，其中，东周时期遗存部分可进一步确认为战国时期。

1. 仰韶时期

仰韶时期遗存只见于遗址东北部，仅有个别发现，遗存分布非常稀疏（图3-316）。未见任何遗迹现象，只在地表发现少量陶片。陶片多泥质红陶，多素面。

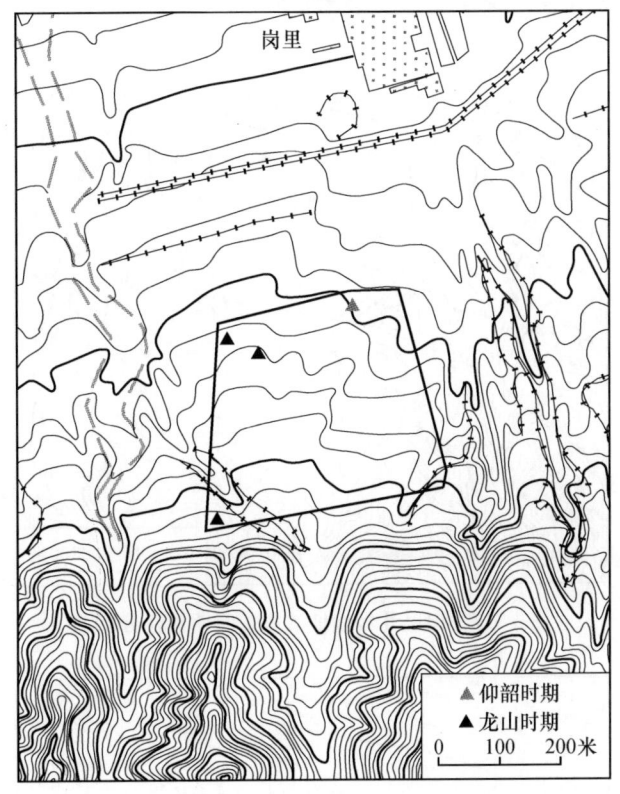

图3-316　岗里Ⅱ号遗址仰韶、龙山时期遗存分布图

2. 龙山时期

龙山时期遗存见于遗址西部，遗存分布非常稀疏（图3-316）。未见任何遗迹现象，只在地表发现有陶片。陶片多夹砂灰陶，纹饰有篮纹，可辨器形有罐等。

3. 二里头时期

二里头时期遗存见于遗址北部，遗存分布较为稀疏（图3-317）。未见任何遗迹现象，只在地表发现有陶片。陶片多夹砂灰陶，纹饰以绳纹为主，可辨器形有鬲、盆等。

图 3-317　岗里Ⅱ号遗址二里头时期遗存分布图

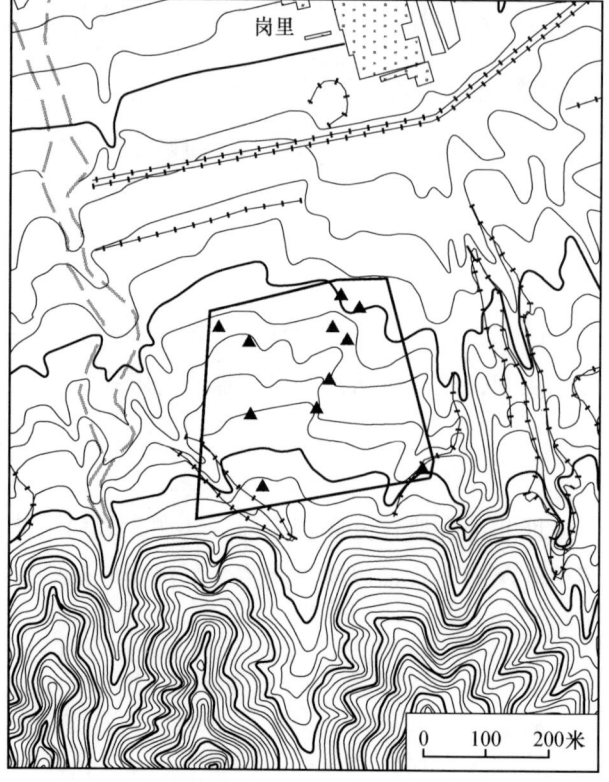

图 3-318　岗里Ⅱ号遗址东周时期遗存分布图

4. 东周时期

东周时期遗存分布于整个遗址，遗存分布略显稀疏（图3-318）。未见任何遗迹现象，只在地表发现有陶片。陶片多夹砂灰陶，纹饰以绳纹为主，有粗大绳纹，可辨器形有豆、罐等。

罐 1件。FS070412H002:1，夹砂灰陶。方唇、翻沿，沿外侧起脊，束颈，鼓腹。素面（图3-319）。

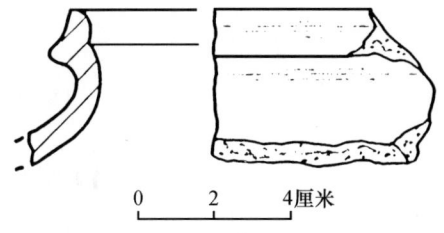

图3-319 岗里Ⅱ号遗址东周时期陶器罐（FS070412H002:1）

第四章　代县境内遗址

代县位于北部盆地的中部区域。其南为五台山山脉，其北为恒山山脉，南北高山遥相对望，中部滹沱河由东北向西南斜贯全境。以滹沱河河谷为中心，整个地势向南、北方向逐渐抬升，整体来看，东高西低，由东北向西南倾斜。北部山前是黄土覆盖较厚延伸较长的山前台地，南部山前多是较小的山前洪积扇和冲积扇，黄土覆盖较薄，多杂有碎石。发源于南、北两大山脉的水流或季节性河流夹带着大量泥沙、石子从上而下，呈南北向汇入滹沱河，这些水流把山前台地和冲积扇切割得支离破碎，深浅不一的冲沟随处可见。由于山地与河谷落差较大，加之气候、植被较为脆弱，黄土易遭侵蚀，终长年累月的冲刷，形成了今天沿滹沱河河谷地带向南北两岸逐渐抬升的地貌特点。随着水流的变化，不断有新的河道和冲沟形成。人类在利用大自然进行生产、生活的同时，也在不断地调整着自己的生存环境和居住环境，在趋利避害的同时，人类自身也得到了较大发展。在调查范围内，代县境内共发现117处包含不同时期遗存的遗址，这些遗址的空间分布遍及整个黄土覆盖区，从海拔较高的半山腰到海拔较低的河谷台地都有不同时期的遗存分布（彩版三三）。

一、神岗遗址

神岗遗址位于代县枣林镇神岗村东北、罗家泉村西南，面积约8.1万平方米（彩版三四，1）。遗址处在半山腰的较高位置，地势较高，海拔1130～1190米，落差60米左右。遗址背风向阳，北高南低，所在地呈扇形展开，略显开阔。遗址东、西两侧临深沟，最低处距沟底垂直距离达70米左右。遗址内遗存分布稀疏，且落差较大，包含仰韶、龙山、东周三个时期的遗存。

1. 仰韶时期

仰韶时期遗存只见于遗址西南角，遗存分布稀疏（图4-1）。未见任何遗迹现象，只在地表发现零星陶片，数量较少。陶片多泥质红陶和灰陶，有少量彩陶，可辨器形有钵等。

陶钵　1件。DX070420N004：1，泥质红褐陶。圆唇，敞口，深腹。器表施黑彩（图4-3，1）。

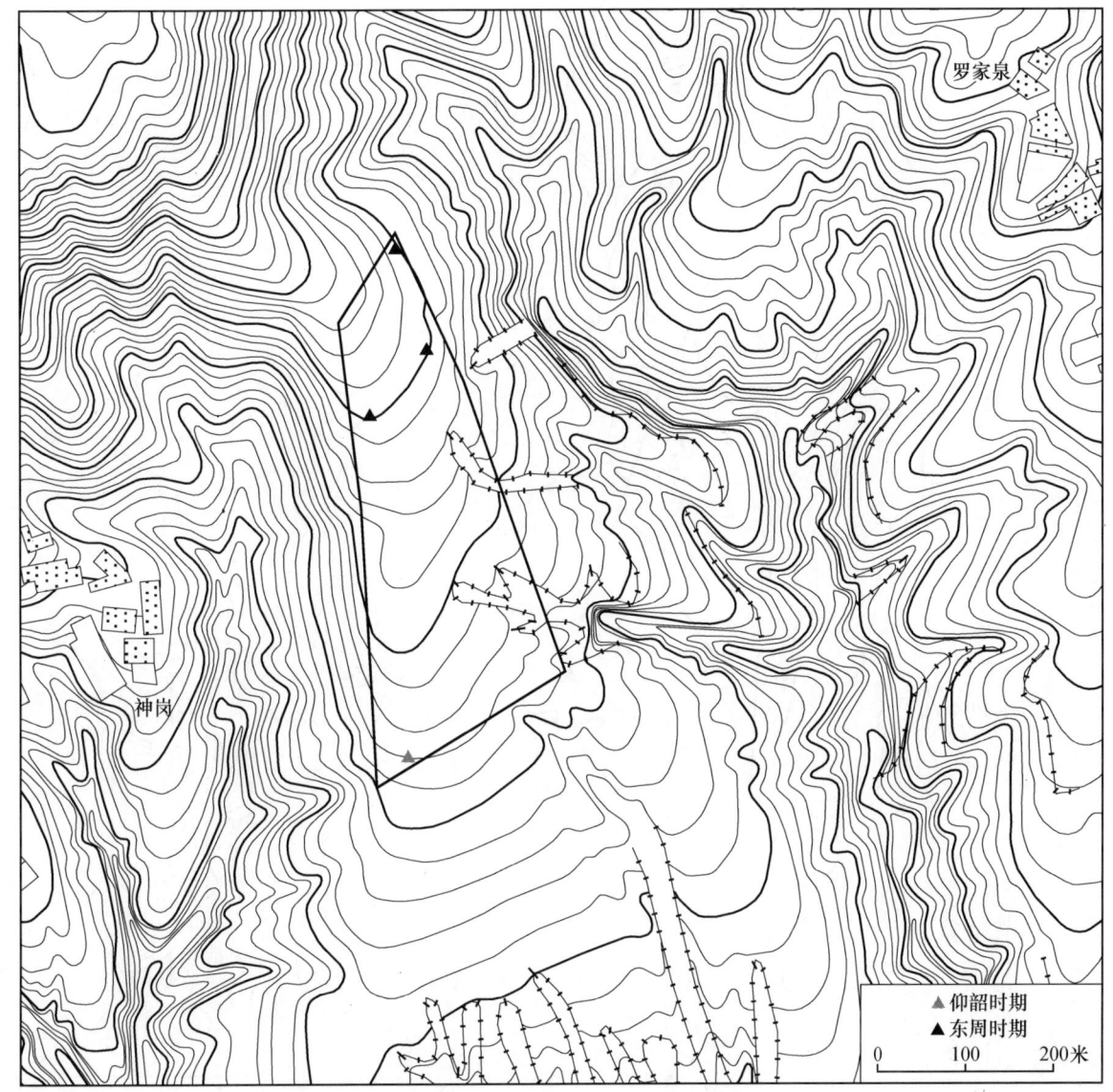

图 4-1　神岗遗址仰韶、东周时期遗存分布图

2. 龙山时期

龙山时期遗存发现最多，见于遗址东北角之外的其他区域，但遗存分布较为稀疏（图 4-2）。未见任何遗迹现象，只在地表发现有遗物，但遗物并不丰富。遗物有陶片和石器。陶片以夹砂灰陶为主，纹饰多篮纹和绳纹，可辨器形有鬲、器盖、罐等。石器仅见石斧，未见其他器类。

石斧　1件。DX070420I001∶1，青灰色。顶端残，双面刃。磨制，有使用痕迹。宽6.6、厚3.1厘米（图4-3，2）。

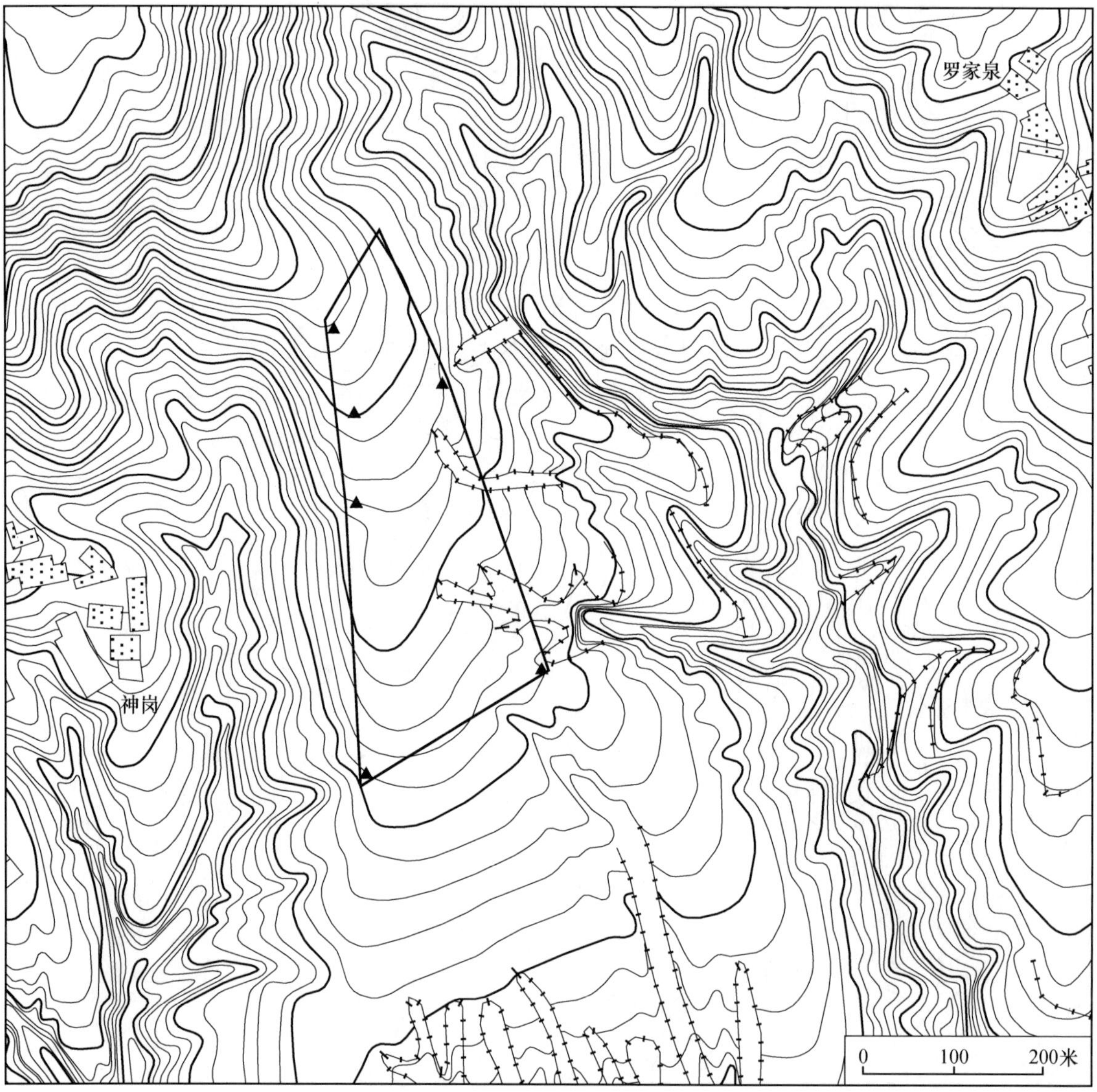

图 4-2 神岗遗址龙山时期遗存分布图

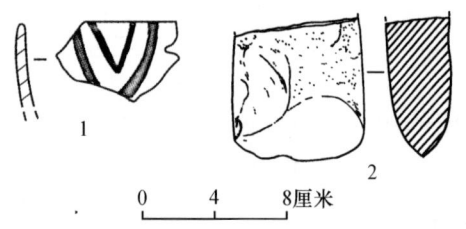

图 4-3 神岗遗址陶、石器
1. 陶钵（DX070420N004:1） 2. 石斧（DX070420I001:1）
（1. 仰韶时期；2. 龙山时期）

3. 东周时期

东周时期的遗存见于遗址北部，遗存分布稀疏（图4-1）。未见任何遗迹现象，只在地表发现有陶片，但数量并不多。陶片多夹砂灰陶，纹饰以绳纹为主，可辨器形有罐等。

二、沙沟遗址

沙沟遗址位于代县枣林镇沙沟村北 1200 米，面积 2.5 万平方米。遗址处在一山丘东侧坡上，山丘西侧地势较为陡峭，但面向东、南方向地势逐渐降低，呈扇形展开，略显开阔，遗存主要发现于此。遗址所处位置较高，但落差不大，海拔 1065~1080 米。遗址东有深沟，西有滹沱河支流黑坝河，遗址与河流落差达 50 米之多。遗存分布密集，遗址包含仰韶和龙山两个时期的遗存。

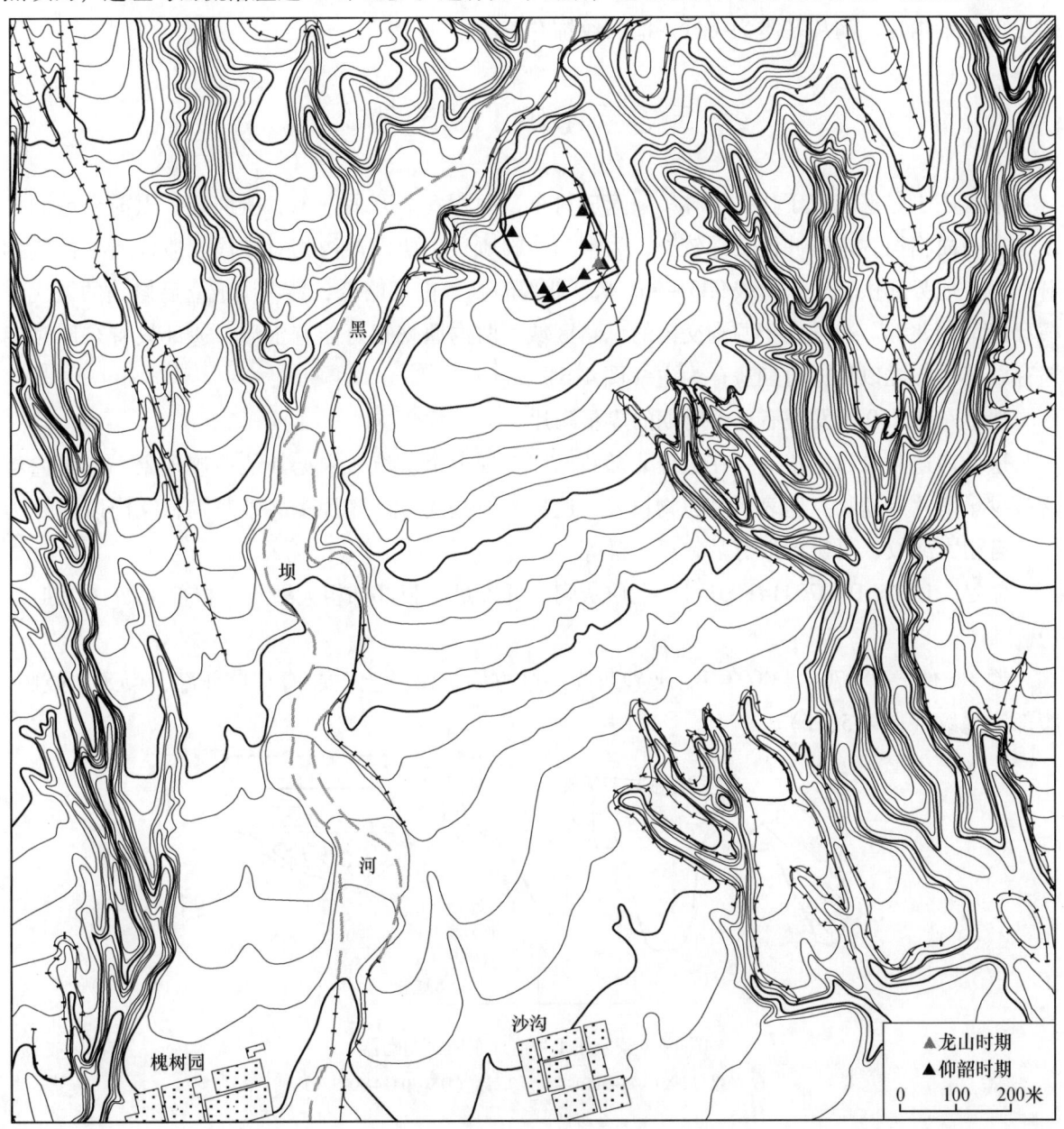

图 4-4　沙沟遗址遗存分布图

1. 仰韶时期

仰韶时期遗存分布于整个遗址，遗存分布相对密集（图4-4）。未见任何遗迹现象，只在地表发现有陶片，但数量并不多。陶片多泥质红陶，多素面。可辨器形有钵等。

2. 龙山时期

龙山时期遗存只见于遗址的东南部，只有少量发现（图4-4）。未见任何遗迹现象，只在地表发现少量陶片。陶片基本为夹砂灰陶，纹饰有篮纹。

三、蒙家庄 I 号遗址

蒙家庄 I 号遗址位于代县枣林镇蒙家庄村东，面积5.7万平方米。遗址处于山前台地的最下缘，三面临沟，东面冲沟较深较长，为常年冲刷所致，西面冲沟相对较浅。遗址所处位置相对平坦，地势起伏较小，海拔945～955米，北部略高，南部略低，新中国成立后修建的繁代渠横穿遗址的北部。遗址处于两沟交汇的三角区域，两沟原来很可能有水流。遗址只有东周时期遗存，其中，尤以战国时期遗存为主（图4-6）。

遗址东南250米发现有这个时期的零星陶片。

遗址内遗存分布密集。只在遗址北部断面上发现1个灰坑，未见其他遗迹现象。灰坑内包含有少量陶片等遗物，地表所见遗物较多。遗物主要是陶片，陶片多夹砂灰陶，纹饰以绳纹为主，有粗大绳纹，可辨器形有鼎、豆、罐等。

鼎足　1件。DX070414F001:1，泥质灰陶。近锥足。腹部饰粗大绳纹，根部素面（图4-5，1）。

罐　1件。DX070414M003:1，夹砂灰陶。厚方唇，沿外上下起脊，口外翻，束颈，鼓腹。腹部饰绳纹（图4-5，2）。

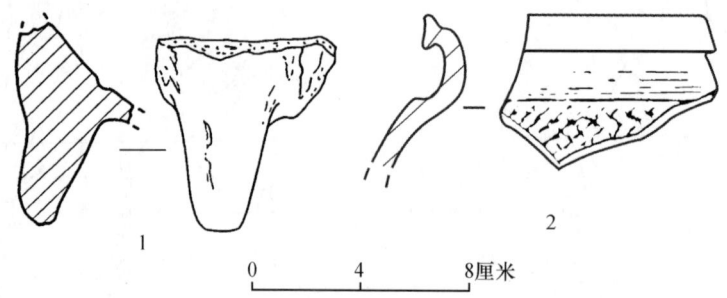

图4-5　蒙家庄 I 号遗址东周时期陶器
1. 鼎足（DX070414F001:1）　2. 罐（DX070414M003:1）

图 4-6 蒙家庄 I 号（右上）、II 号（左下）遗址遗存分布图

四、蒙家庄Ⅱ号遗址

蒙家庄Ⅱ号遗址位于代县枣林镇蒙家庄村南,面积3.4万平方米。遗址处于山前台地下,三面临沟,西北面有后期修建的水库。遗址所在海拔940~945米,北略高,南略低,地势相对平坦。只是遗址东部有冲沟,地势有一定的起伏。遗址周围的冲沟应与水流有关。遗址只有东周时期的遗存,其中,少量可以进一步确认为战国时期(图4-6)。

遗址西北500米处发现有这个时期零星陶片;遗址东南400米处亦发现有这个时期零星陶片。

除遗址西部有零星遗物发现外,遗存集中分布于遗址东部的冲沟附近。只在冲沟东、西两侧的断面上发现2处文化层,堆积均较薄,未见其他遗迹现象。文化层内包含物较为丰富,尤以陶片发现较多,地表也有陶片分布。陶片以夹砂灰陶为主,纹饰多绳纹,可辨器形有盆、罐等。

盆 2件。DX070414D004-C:1,夹砂灰陶。圆唇,卷沿,深腹。腹部饰绳纹(图4-7,1)。DX070414D004-C:2,夹砂灰黑陶。方唇,折沿,深腹。上腹部饰弦纹,下腹部饰绳纹(图4-7,2)。

罐 2件。DX070414D004-C:3,夹砂灰陶。厚方唇,翻沿,沿外侧上下起脊,束颈,鼓腹。腹部饰绳纹。口径30、残高6.8厘米(图4-7,3)。DX070414D004-C:4,夹砂灰陶。圆唇,口外翻,束颈,鼓肩。素面。口径15.2、残高4.4厘米(图4-7,4)。

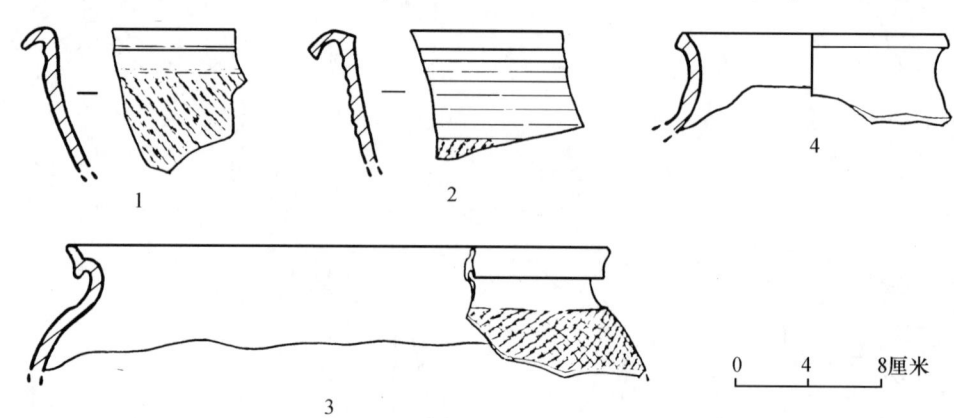

图4-7 蒙家庄Ⅱ号遗址陶器
1、2. 盆(DX070414D004-C:1、DX070414D004-C:2) 3、4. 罐(DX070414D004-C:3、DX070414D004-C:4)

五、西留属Ⅱ号遗址

西留属Ⅱ号遗址位于代县枣林镇西留属村西北,面积55.1万平方米。遗址处在滹沱河北岸一级阶地上,紧邻滹沱河河床,地势较低。遗址西有滹沱河支流黑坝河,东为深沟与浅沟汇合后形成的冲沟。遗址海拔 905~935 米，北高南低，平缓下降，有一定的落差，但地势相对平坦，几乎没有起伏。遗址包含二里头和东周两个时期的遗存，其中，东周时期遗存部分可进一步确认为战国时期。

1. 二里头时期

二里头时期遗存只见于遗址北部，仅有个别发现，遗存分布非常稀疏（图 4-8）。未见任何遗迹现象，只在地表发现少量陶片。陶片多夹砂陶，纹饰多绳纹，可辨器形有鬲、蛋形瓮等。

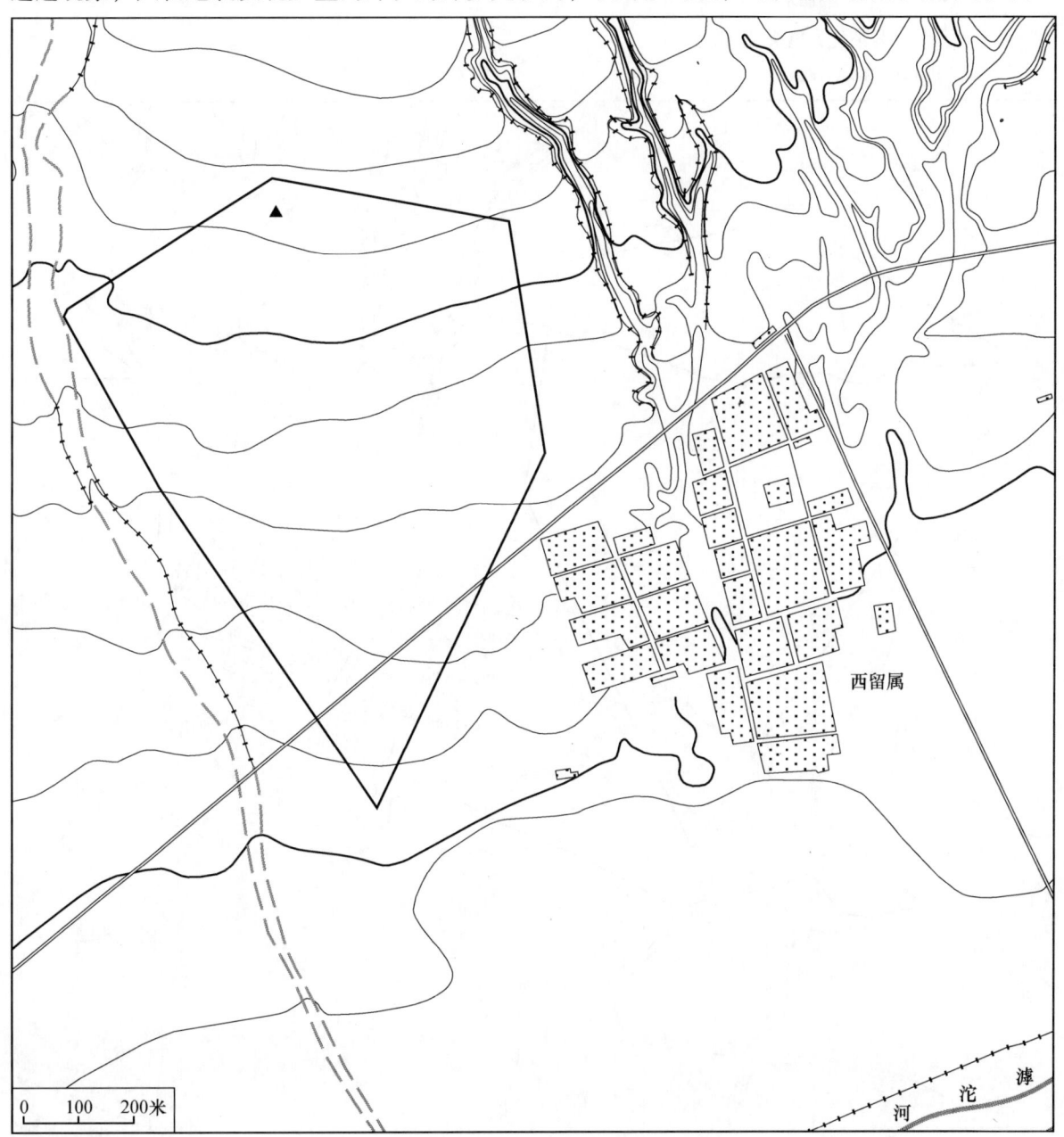

图 4-8　西留属 II 号遗址二里头时期遗存分布图

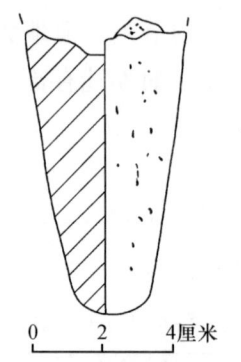

图4-9 西留属Ⅱ号遗址二里头时期陶器
　　　高足（DX070409B002∶1）

鬲足　1件。DX070409B002∶1，夹砂灰陶。锥状实足跟。跟部素面（图4-9）。

2. 东周时期

东周时期遗存基本见于整个遗址，但遗存分布较为稀疏（图4-10）。未见任何遗迹现象，只在地表发现有陶片。陶片多夹砂灰陶，纹饰多绳纹，可辨器形有罐等。

图4-10 西留属Ⅰ号（东）、Ⅱ号（西）遗址东周时期遗存分布图

六、西留属Ⅰ号遗址

西留属Ⅰ号遗址位于代县枣林镇西留属村东北一浅沟附近，目前可以确认的面积大约0.6万平方米，实际面积可能大于此。遗址处在滹沱河北岸一级阶地上，东、西两侧不远处均有深沟，特别是东侧深沟绵延较长，一直延续到北面山脚下。遗址横跨浅沟的两侧，海拔920～925米，北高南低，落差不大，但地势起伏较大。该遗址只有东周时期的遗存（图4-10）。

遗址内遗存分布稀疏，只发现1处文化层，未见其他遗迹现象，地表发现的遗物也很少。遗物只发现陶片，陶片多夹砂灰陶，纹饰多绳纹，可辨器形有罐等。

七、鹿蹄涧Ⅰ号遗址

鹿蹄涧Ⅰ号遗址位于代县枣林镇鹿蹄涧村东南，面积2.7万平方米。遗址处在滹沱河北岸逐渐抬升的一级阶地上，南距滹沱河河床1千米左右。地势较低，遗址海拔910～925米，北高南低，但南北落差很小，起伏很小。遗址东有浅沟，为多年季节性水流冲刷形成的，再往东几百米有黑坝河由北向南流过，最后汇入滹沱河。遗址只有东周时期的遗存，其中，部分遗存可进一步确认为战国时期（图4-12）。

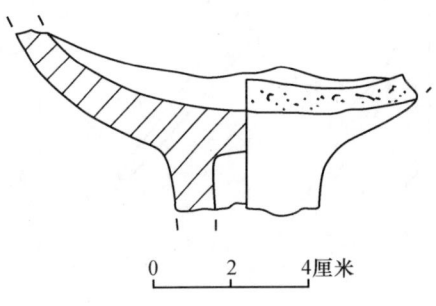

图4-11　鹿蹄涧Ⅰ号遗址陶器
豆（DX070414N004:1）

在遗址东北角750米处有零星陶片分布。

遗址内遗存分布稀疏。未见任何遗迹现象，只在地表发现有陶片。陶片多夹砂灰陶，纹饰多见粗大绳纹，可辨器形有豆、罐等。

豆　1件。DX070414N004:1，泥质灰陶。圜底，细柄中空。素面（图4-11）。

八、鹿蹄涧Ⅱ号遗址

鹿蹄涧Ⅱ号遗址位于代县枣林镇鹿蹄涧村南，面积1.9万平方米。遗址处于滹沱河北岸逐渐抬升的一级阶地上，南距滹沱河河床900多米。地势较低，遗址海拔910～925米，北高南低，但南北落差很小，地势相对平缓。遗址的东、西两侧都有多年季节性水流冲刷形成的浅沟。遗址只有东周时期的遗存（图4-12）。

在遗址东南角400米处有零星陶片分布。

遗存分布稀疏。未见任何遗迹现象，只在地表发现有陶片。陶片以夹砂灰陶为多，纹饰多绳纹，可辨器形有罐等。

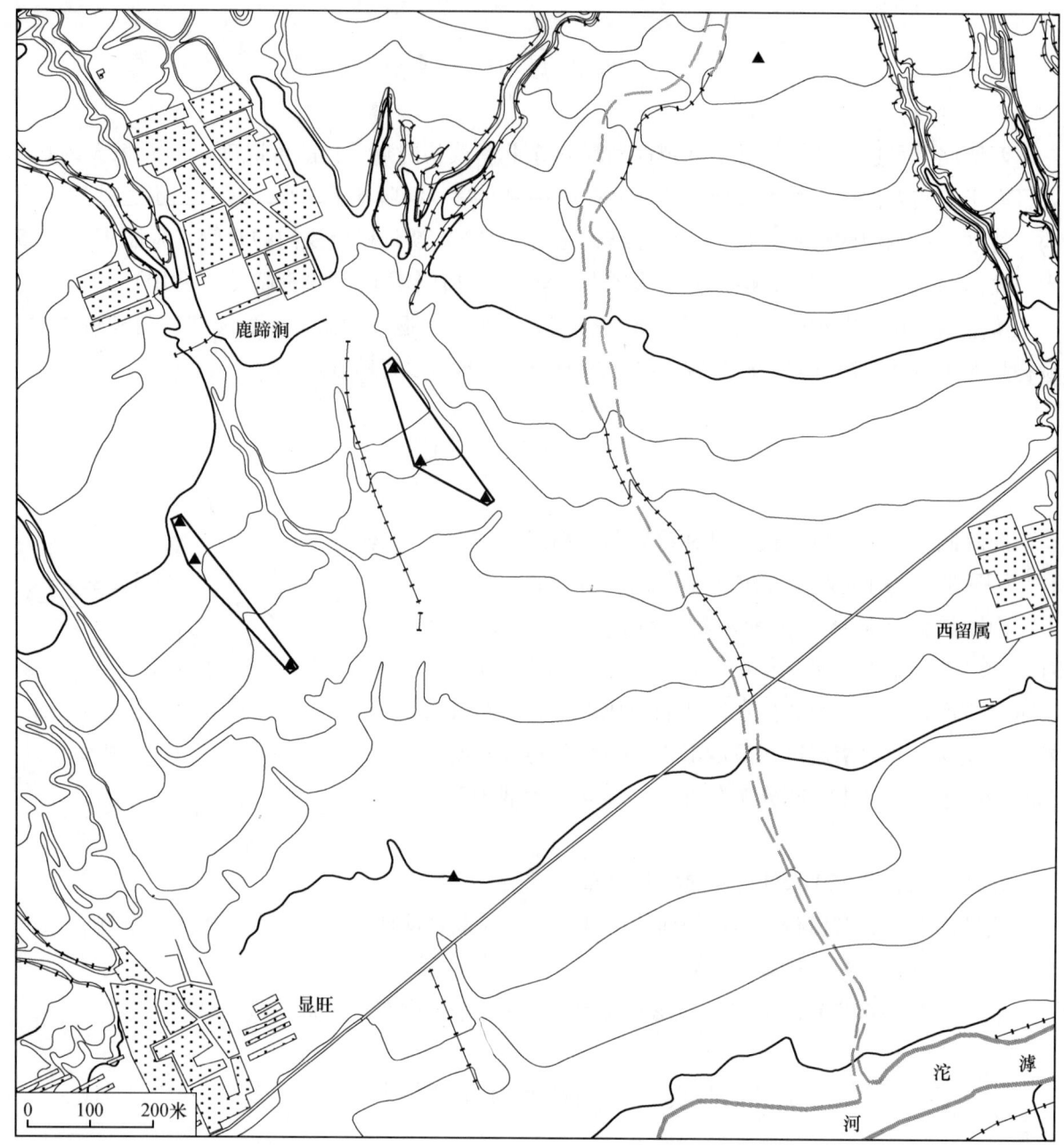

图 4-12　鹿蹄涧 I 号（右）、II 号（左）遗址遗存分布图

九、显旺遗址

显旺遗址位于代县枣林镇显旺村西，面积 85.7 万平方米（彩版三四，2）。遗址处在滹沱河北岸的一级阶地上，南距滹沱河只有不到 300 米。所处地势较低，海拔 890~920 米，最低处略高于今天的河床四五米，北高南低，内有多条浅冲沟，起伏较小。遗址处于两河交汇处，南

有滹沱河由东向西流过,西有滹沱河支流由北向南汇入滹沱河(彩版九八,2)。遗址包含龙山、二里头、东周三个时期遗存,东周时期遗存部分可进一步确认为战国时期遗存。

1. 龙山时期

龙山时期遗存分布于遗址中、南部,其中,尤以公路以南分布最为密集和丰富(图4-13)。已发现较多的遗迹现象,主要是文化层和灰坑,全部分布在公路以南。遗址西面临河的断面上遗迹现象暴露最多。此外,梯田的断面或沟坎的断面都有一些遗迹现象暴露,调查发现这个时期的文化层不少于5处、灰坑不少于32个。除遗迹内包含大量遗物外,地表随处可见遗物散布,遗物主要是陶片、石器等。陶片以夹砂灰陶为主,其次为泥质灰陶,纹饰以篮纹为多,其次为绳纹,可辨器形有鬲、甗、斝、蛋形瓮、尊、豆、盘、盆、带耳罐、折肩罐、高领罐、直

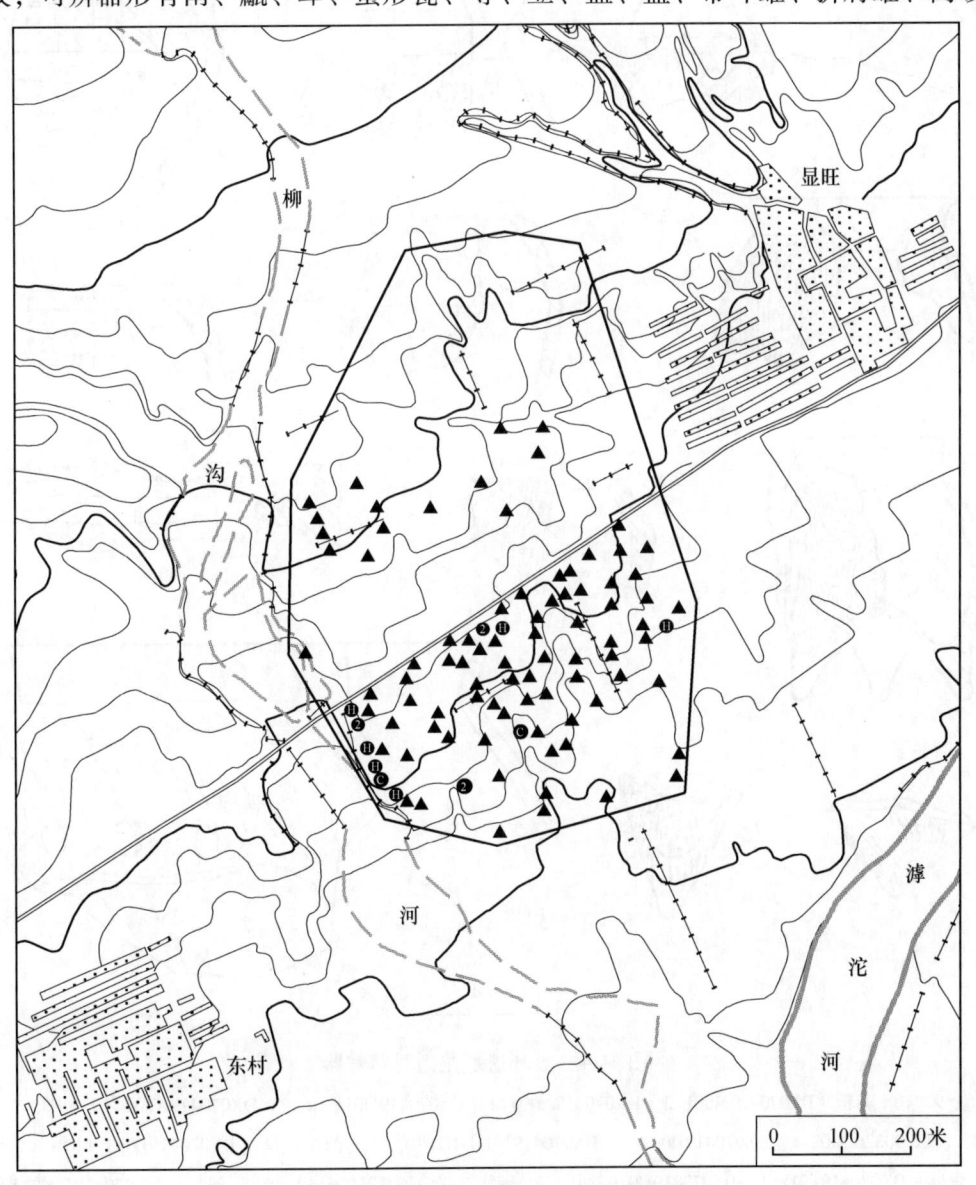

图4-13 显旺遗址龙山时期遗存分布图

口罐、罐、钵等。石器发现的数量和种类均较少，只有石刀、石斧等。

陶单把鬲 1件。DX070419L010:1，夹砂灰黑陶。小口，鼓腹，分裆，锥足，把手残。器表饰凌乱绳纹（图4-14，3）。

陶鬲 3件。DX070419H011-H2:1，夹砂灰陶。圆唇，口外翻，矮领，分裆，肥袋足。袋足一侧有鋬手，腹部饰宽斜篮纹。口径27、残高18厘米（图4-14，12）。DX090326D002:1，夹砂灰陶。圆唇，矮领，分裆。器表饰绳纹。口径12.4、残高9.6厘米（图4-14，2）。DX070419H007:1，夹砂灰陶。方唇，口外翻，矮领。腹部饰绳纹（图4-14，5）。

陶鬲足 2件。DX070419E012:1，夹砂灰陶。空袋足。足部饰绳纹（图4-14，4）。DX070419H010:2，夹砂灰黑陶。空袋足。足部饰绳纹（图4-14，8）。

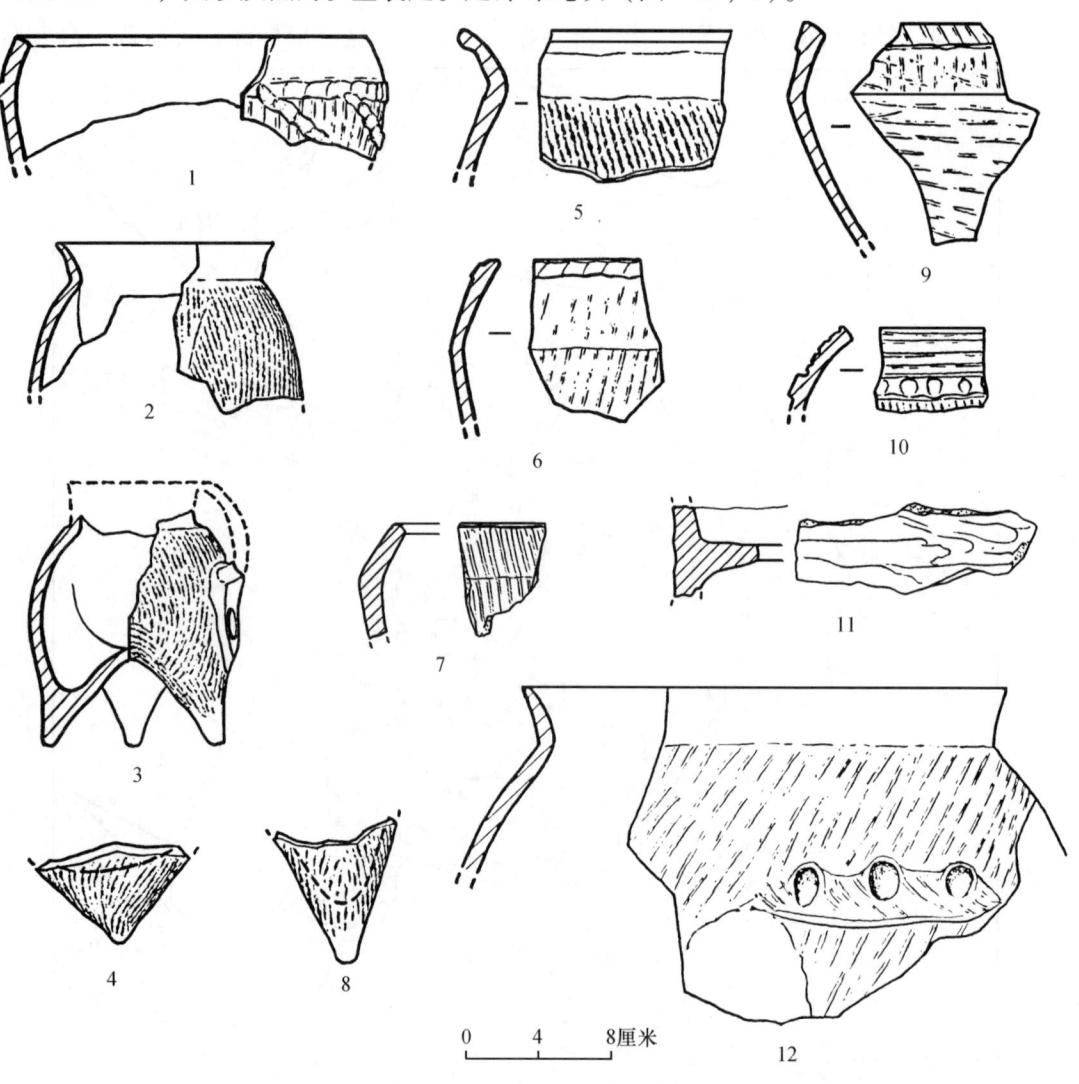

图4-14 显旺遗址龙山时期陶器

1、6、9、10. 陶斝（DX070419M001:2、DX070419N004:1、DX070419H011-H6:2、DX070419A002:1） 2、5、12. 陶鬲（DX090326D002:1、DX070419H007:1、DX070419H011-H2:1） 3. 陶单把鬲（DX070419L010:1） 4、8. 陶鬲足（DX070419E012:1、DX070419H010:2） 7. 陶瓮（DX070419L006:1） 11. 陶甗（DX070419D002:1）

陶罂　4件。DX070419A002：1，夹砂灰陶。敛口，鼓腹。口下有弦纹，肩部有附加堆纹，腹部饰绳纹（图4-14，10）。DX070419H011-H6：2，夹砂灰黑陶。方唇，敛口，口部加厚，折肩，深腹。肩部饰竖篮纹，腹部饰横篮纹（图4-14，9）。DX070419M001：2，夹砂灰黑陶。敛口，方唇，鼓腹。腹部饰竖篮纹，有附加堆纹（图4-14，1）。DX070419N004：1，夹砂灰陶。敛口，口部加厚，鼓腹。腹部饰篮纹，口部有附加堆纹（图4-14，6）。

陶蛋形瓮　2件。DX070419H006：1，泥质灰陶。平沿内折，微敛口，口部加厚，深腹。腹部饰竖篮纹。口径40、残高12厘米（图4-15，15）。DX090326D003-H：1，泥质灰褐陶。平沿，微敛口，深腹。器表饰竖篮纹（图4-15，10）。

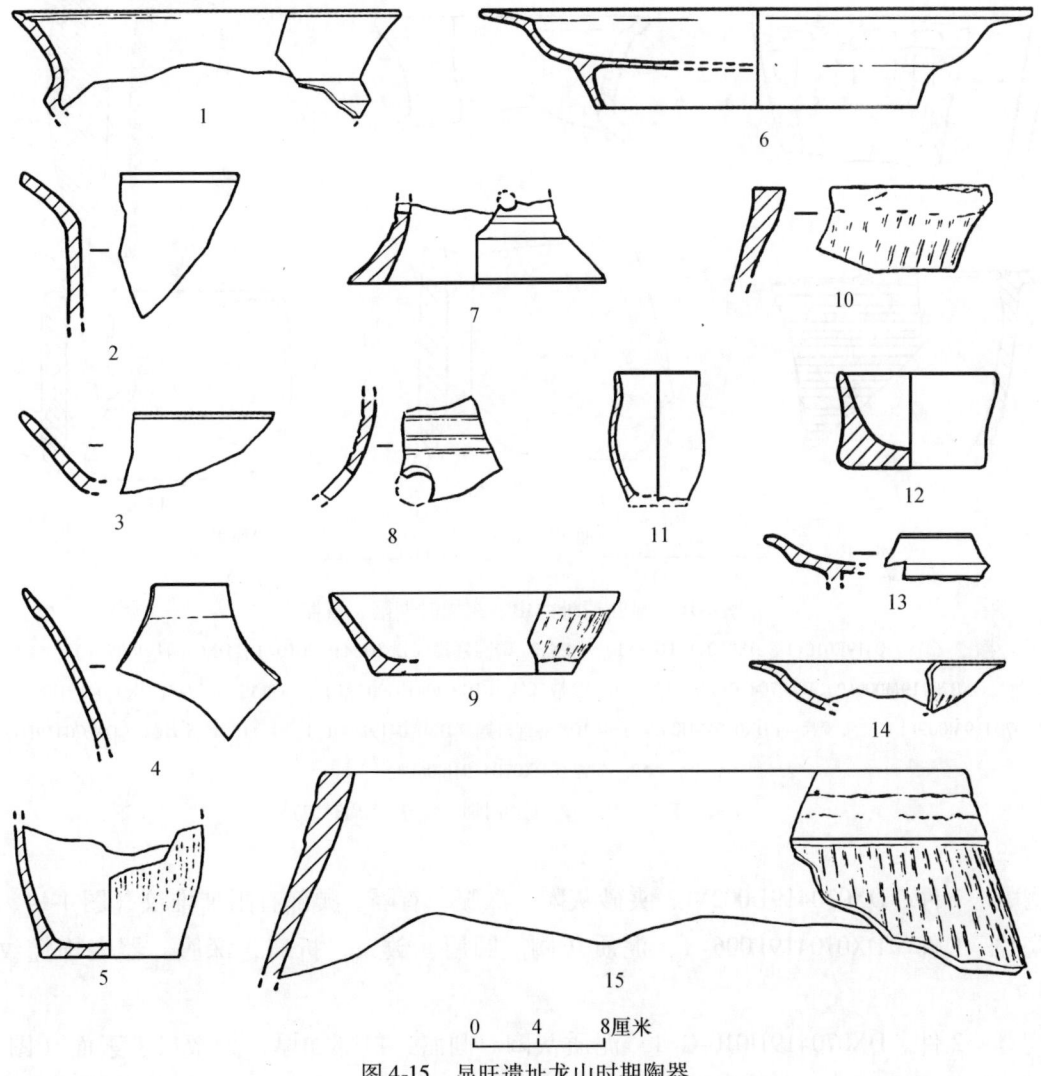

图4-15　显旺遗址龙山时期陶器

1、4. 陶尊（DX070419N004：2、DX070419H010-C：1）　2、9. 陶盆（DX070419F010-H1：1、DX090326E001-H：1）　3、6、13. 陶盘（DX070419A007：1、DX070419F011：1、DX070414H004：1）　5. 陶罐（DX070419F010-H2：1）　7、8、14. 陶豆（DX070419M001：3、DX070419E011：1、DX070414K008：1）　10、15. 陶蛋形瓮（DX090326D003-H：1、DX070419H006：1）　11. 陶直口小罐（DX070419H001-H6：1）　12. 陶小钵（DX090326D002：2）

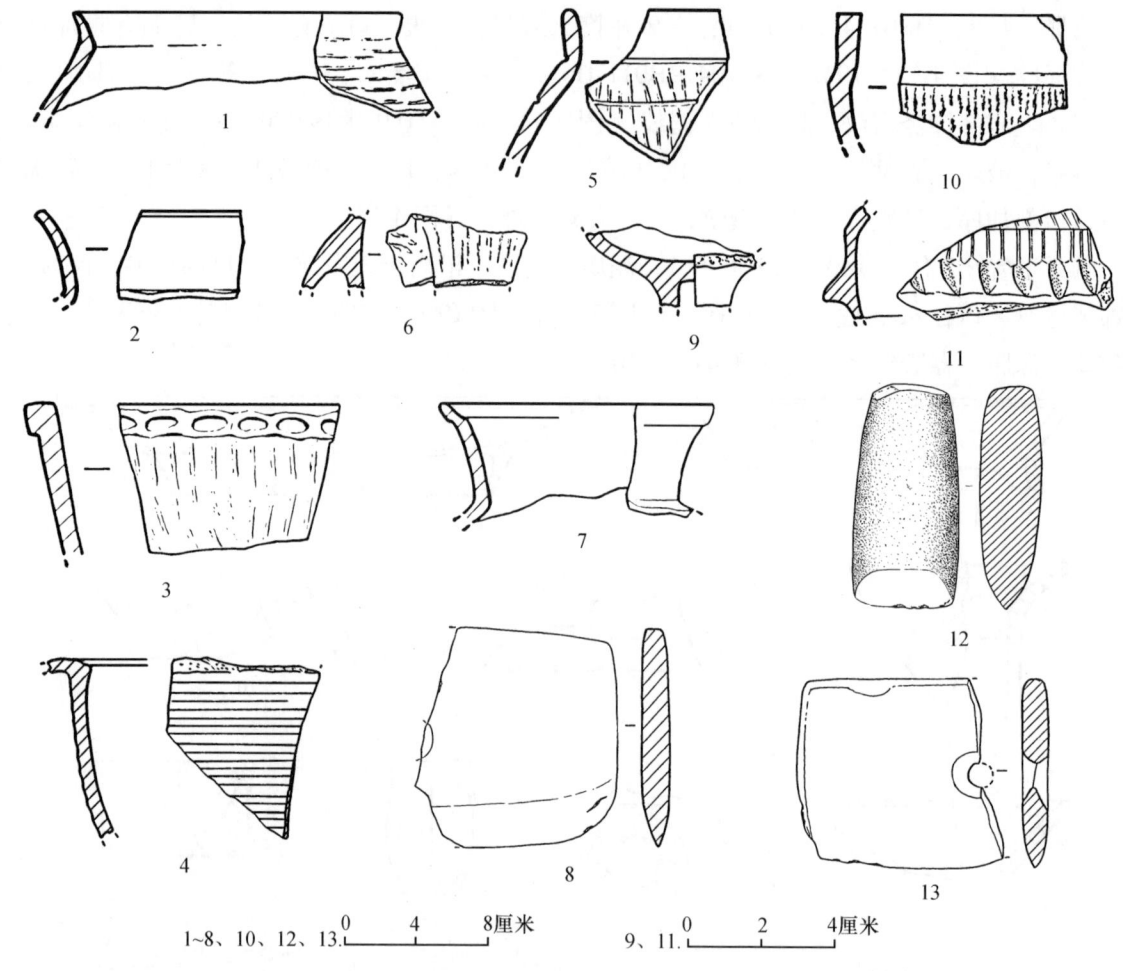

图 4-16 显旺遗址龙山、东周时期陶、石器

1、5. 陶罐（DX070419E010∶1、DX070419F013∶1） 2、7. 陶高领罐（DX070419H010∶1、DX070419I005∶1） 3、4. 陶盆（DX070419M009∶2、DX070419H008∶1） 6. 陶带耳罐（DX070419J004∶1） 8、13. 石刀（DX070419H005∶1、DX070419M009∶1） 9. 陶豆（DX070414I007∶1） 10. 陶直口罐（DX070419M001∶1） 11. 陶折肩罐（DX070419L007-C∶1） 12. 石斧（DX070419H006∶2）

（1~3、5~8、10~12. 龙山时期；4、9. 东周时期）

陶鬲　1件。DX070419D002∶1，夹砂灰陶。深腹，有隔。腰部有附加堆纹（图4-14，11）。

陶瓮　1件。DX070419L006∶1，泥质灰陶。圆唇，敛口，折肩，深腹。器表饰篮纹（图4-14，7）。

陶尊　2件。DX070419H010-C∶1，泥质灰陶。圆唇，口部加厚，大敞口。素面（图4-15，4）。DX070419N004∶2，泥质灰陶。圆唇，敞口，束颈，鼓肩。素面（图4-15，1）。

陶豆　3件。DX070414K008∶1，泥质黑陶。方唇，小平沿，斜浅腹。器外饰浅篮纹。口径16、残高3厘米（图4-15，14）。DX070419E011∶1，泥质灰陶。粗柄。有镂孔，顶部有旋纹（图4-15，8）。DX070419M001∶3，泥质黑陶。粗柄，大圈足。素面，磨光，圈足有镂孔，柄部有旋纹。底径16、残高4.8厘米（图4-15，7）。

陶盘　3件。DX070414H004：1，泥质黑陶。圆唇，斜浅腹，粗柄。素面，磨光（图4-15，13）。DX070419A007：1，泥质灰陶。圆唇，斜浅盘。素面（图4-15，3）。DX070419F011：1，泥质灰陶。圆唇，宽折沿，浅腹，有圈足。素面。口径34、底径20、高6厘米（图4-15，6；彩版一〇三，6）。

陶盆　3件。DX070419F010-H1：1，泥质灰陶。近方唇，翻沿，斜腹。素面（图4-15，2）。DX090326E001-H：1，泥质灰褐陶。圆唇，敞口，斜腹，平底。腹部饰篮纹。口径17.6、底径12、高5.6厘米（图4-15，9）。DX070419M009：2，泥质灰陶。敞口，口部加厚，深腹。口部有附加堆纹，器表饰竖篮纹（图4-16，3）。

陶小钵　1件。DX090326D002：2，夹砂褐陶。手工制作，较粗糙。圆唇，敞口，平底。素面。口径10、底径9.2、高6厘米（图4-15，12）。

陶高领罐　2件。DX070419I005：1，泥质灰黑陶。方唇，口外翻，高领，鼓肩。素面。口径15.2、残高6厘米（图4-16，7）。DX070419H010：1，泥质灰黑陶。方唇，口外翻，高领。素面（图4-16，2）。

陶直口罐　1件。DX070419M001：1，夹砂灰陶。方唇，近直口，深腹。腹部饰绳纹（图4-16，10）。

陶直口小罐　1件。DX070419H001-H6：1，泥质灰褐陶。直口，深腹微鼓。素面。口径5、残高7.6厘米（图4-15，11）。

陶带耳罐　1件。DX070419J004：1，泥质灰陶。器薄，有宽桥形耳。耳上有篮纹（图4-16，6）。

陶折肩罐　1件。DX070419L007-C：1，泥质灰陶。折肩，深腹，肩下有鋬手。器表饰篮纹，鋬手饰按捺纹（图4-16，11）。

陶罐　3件。DX070419F013：1，夹砂灰陶（细砂）。方唇，近直口，鼓肩，肩部饰横断篮纹（图4-16，5）。DX070419E010：1，夹砂灰陶。圆唇，口外翻，矮领，鼓肩。腹部饰横篮纹。口径18、残高5厘米（图4-16，1）。DX070419F010-H2：1，夹砂灰黑陶。深腹，平底。腹部饰绳纹，有抹过痕迹。底径8.4、残高8厘米（图4-15，5）。

石刀　2件。DX070419M009：1，石英砂岩，已残。近长方形，器体扁平。双面刃，有对钻孔，磨制（图4-16，13）。DX070419H005：1，灰褐色。长方形，双面刃。中部有对钻痕迹（图4-16，8）。

石斧　1件。DX070419H006：2，青灰色。上窄下宽，双面刃，顶端有使用痕迹。通体磨制。长11.8、宽5.8、厚3.4厘米（图4-16，12）。

2. 二里头时期

二里头时期遗存见于遗址南部，分布较为稀疏（图4-17）。未见任何遗迹现象，只在地表发现有陶片。陶片主要是夹砂灰陶，纹饰以绳纹为主，可辨器形有鬲、蛋形瓮等。

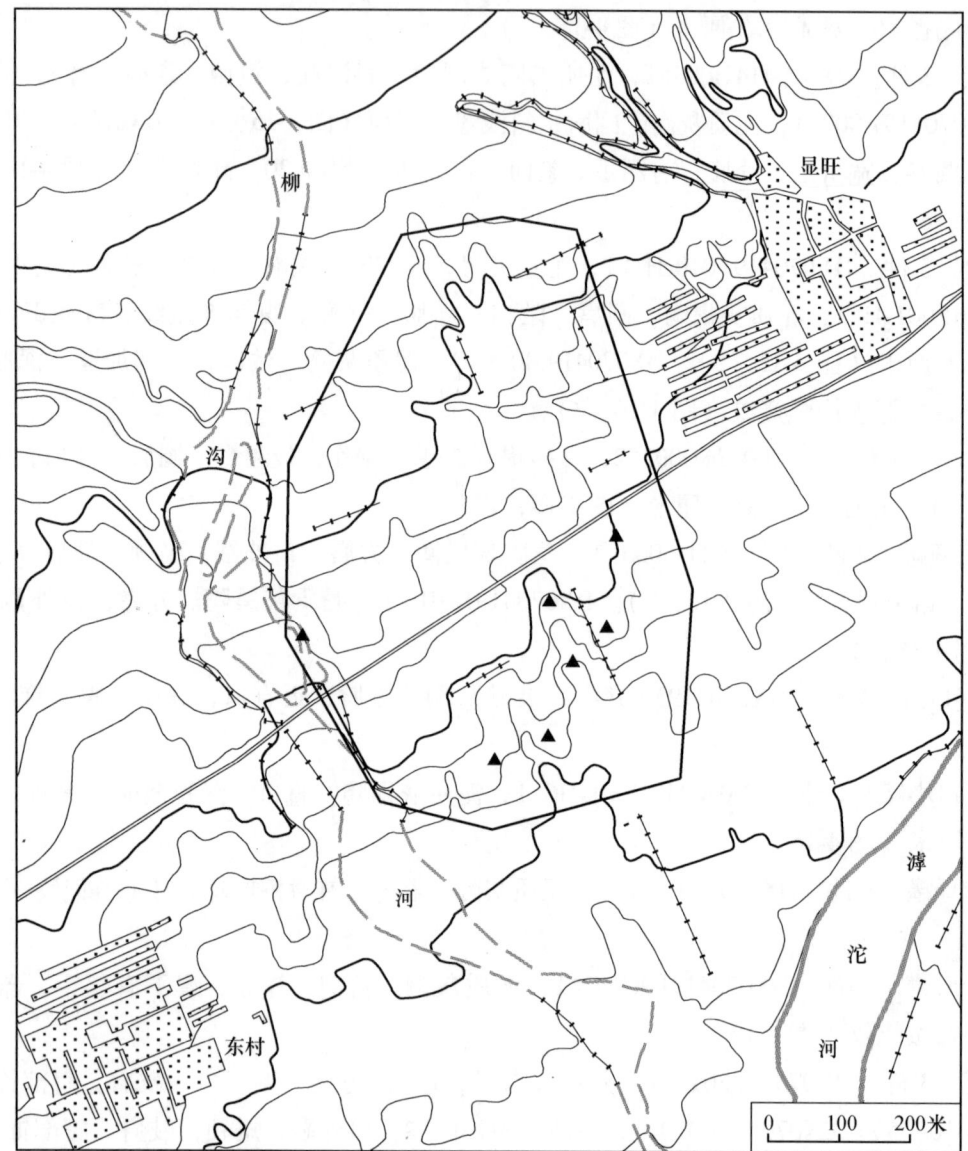

图 4-17　显旺遗址二里头时期遗存分布图

3. 东周时期

东周时期遗存见于除西部外的整个遗址，不过，在遗址中部遗存分布也很少，遗存主要分布在遗址南、北部（图 4-18）。除在遗址北部的梯田断面发现 1 处文化层外，未见其他遗迹现象。遗址南、北部地表所见遗物较多，遗物主要是陶片。陶片多夹砂灰陶和泥质灰陶，纹饰以绳纹为主，可辨器形有盆、豆、罐等。

陶盆　1 件。DX070419H008:1，泥质灰陶。折沿，深腹。腹部有数周旋纹（图 4-16，4）。

陶豆　1 件。DX070414I007:1，泥质灰陶。圜底，细柄中空。素面（图 4-16，9）。

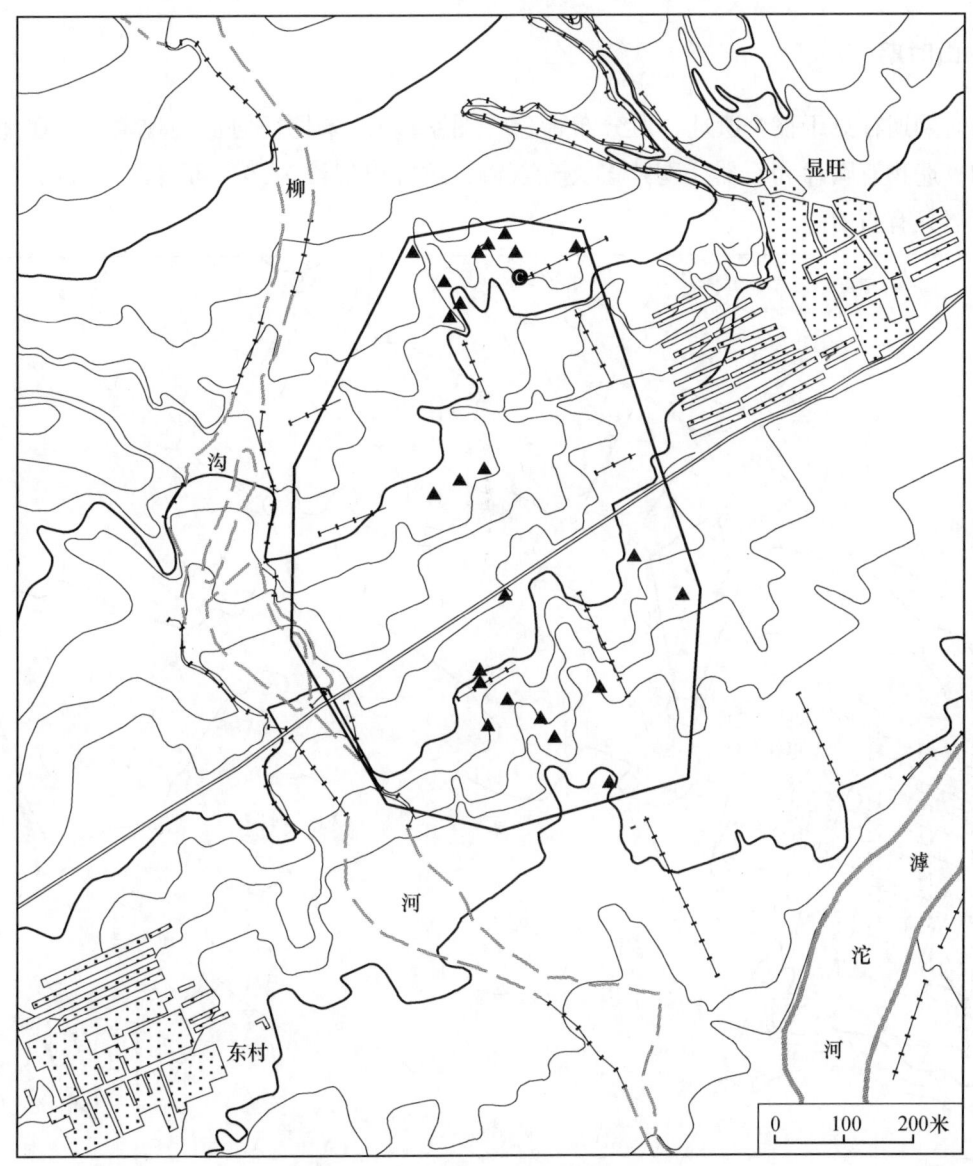

图 4-18　显旺遗址东周时期遗存分布图

一〇、枣林遗址

　　枣林遗址位于代县枣林镇枣林东村东北，面积 2.5 万平方米（彩版三四，2）。遗址处于滹沱河北岸的一级阶地上，海拔 895~900 米，北高南低，高于今天的滹沱河支流河床十米不到，地势较低，起伏很小，较为平坦。南面不远处有滹沱河，东有其支流由北向南注入滹沱河。遗存分布略显稀疏，遗迹主要分布在遗址东部面向河流的断面上，遗址包含龙山、二里头、东周三个时期的遗存。

1. 龙山时期

龙山时期遗存见于整个遗址，但分布稀疏（图4-19）。未见任何遗迹现象，只在地表有发现有遗物，遗物有陶片和石器。陶片多夹砂灰陶，纹饰以绳纹为多，可辨器形有鬲、带耳罐、罐等。石器只有石刀。

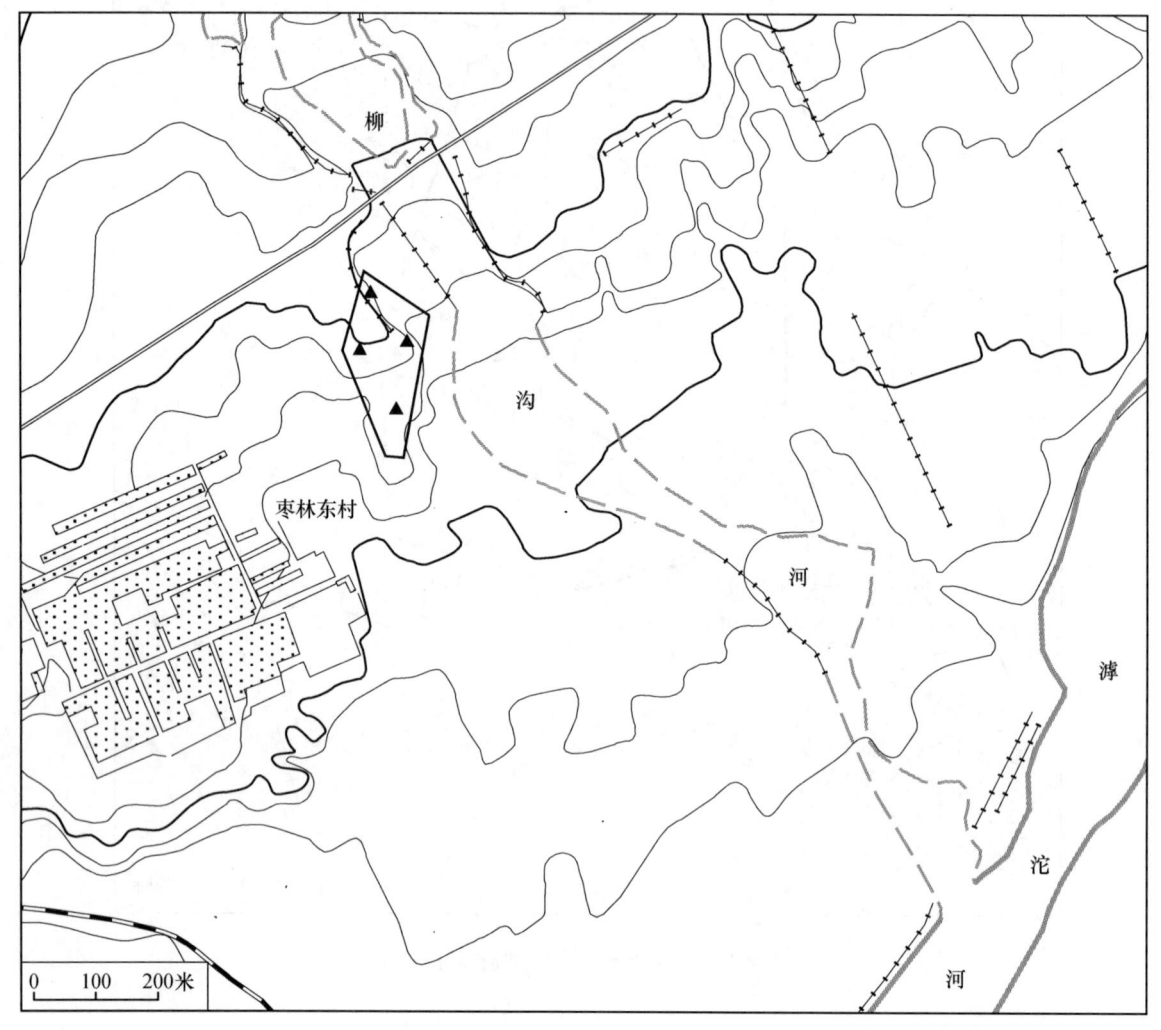

图4-19　枣林遗址龙山时期遗存分布图

陶罐　1件。DX070421I010:1，夹砂黑陶。圆唇，口外翻，束颈，鼓腹。素面。口径11.2、残高6.8厘米（图4-21，2）。

石刀　1件。DX070421N011:1，灰褐色。器已残，不规则长方形。单面刃，有对钻孔（图4-21，1）。

2. 二里头时期

二里头时期遗存见于遗址北部，分布范围较小，发现也较少，遗存分布稀疏（图4-20）。共发现2个灰坑，全部暴露于河流冲刷的断面，全部为口大底小状，未见其他遗迹现象。除了遗迹内包含较多陶片外，地表也发现有少量陶片。陶片多泥质灰陶，纹饰以绳纹为主，可辨器形有蛋形瓮等。

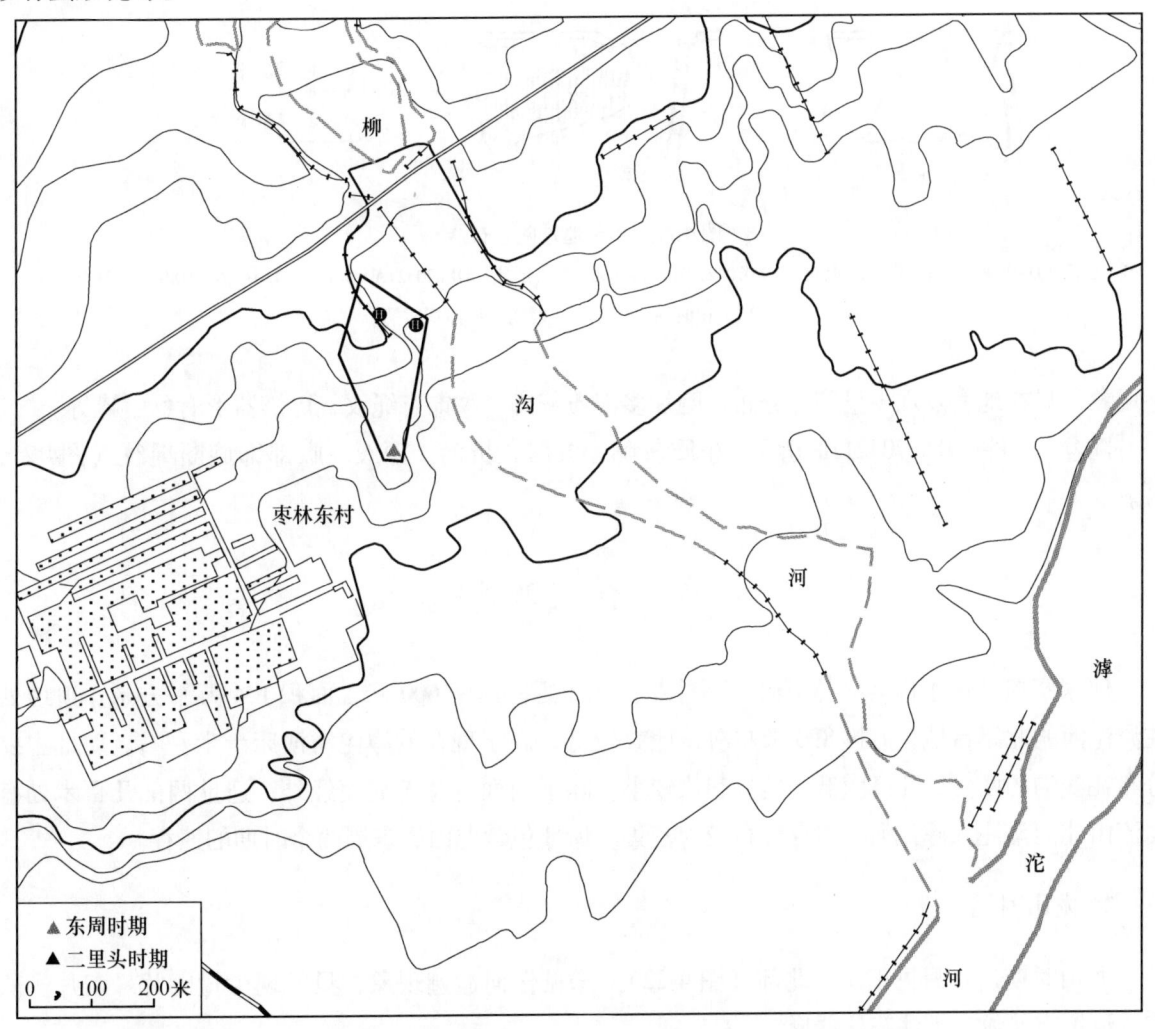

图4-20　枣林遗址二里头、东周时期遗存分布图

陶蛋形瓮　1件。DX070421A014:1，泥质褐陶。平沿内折，敛口，深鼓腹。腹部饰凌乱绳纹，上有弦纹。口径26、残高10厘米（图4-21，3）。

3. 东周时期

东周时期遗存只见于遗址南部，仅有个别发现，遗存分布非常稀疏（图4-20）。未见任何遗

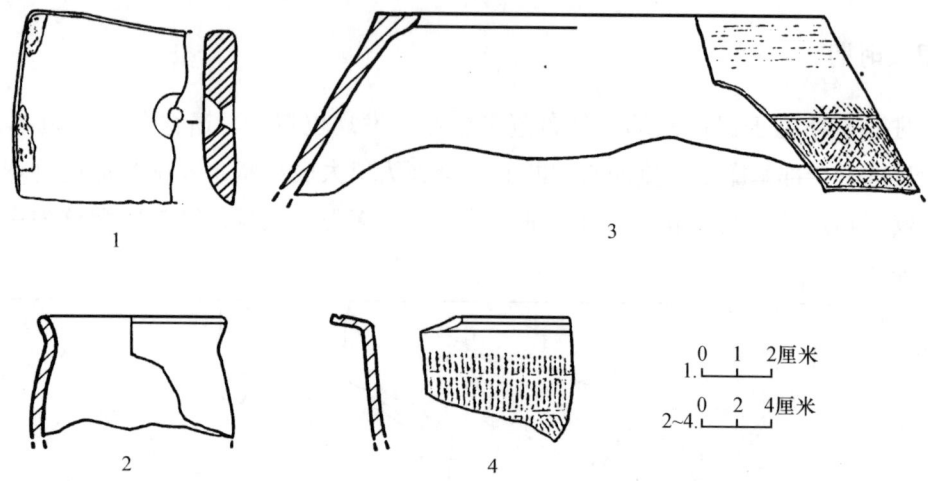

图 4-21　枣林遗址陶、石器

1. 石刀（DX07042N011:1）　2. 陶罐（DX070421I010:1）　3. 陶蛋形瓮（DX070421A014:1）　4. 陶盆（DX070421H007:1）

（1、2. 龙山时期；3. 二里头时期；4. 东周时期）

迹现象，只在地表发现少量陶片分布。陶片多泥质灰陶，纹饰有绳纹，可辨器形有盆、罐等。

陶盆　1件。DX070421H007:1，泥质灰陶。方唇，折沿，深腹。腹部饰旋断绳纹（图4-21，4）。

一一、何家寨遗址

何家寨遗址位于代县枣林镇何家寨村南、枣林西村西南600米，面积1.4万平方米。遗址处在滹沱河的北岸台地，海拔890米左右，地势较低，高于现在的滹沱河河床十米左右。遗址主要分布在浅沟的西侧，北高南低，地势起伏较小。除了南面有滹沱河流经外，遗址西部几百米处有支流由北向南注入滹沱河。遗存分布较为密集，遗址包含龙山、东周两个时期的遗存。

1. 龙山时期

龙山时期遗存只见于遗址北部（图4-22）。未见任何遗迹现象，只发现少量陶片。陶片多灰陶，纹饰有篮纹，无法辨认器形。

2. 东周时期

东周时期遗存见于整个遗址内，范围虽小，但分布较为密集（图4-22）。未见任何遗迹现象，只在地表发现有陶片。陶片以夹砂灰陶为多，纹饰以绳纹为主，可辨器形有罐等。

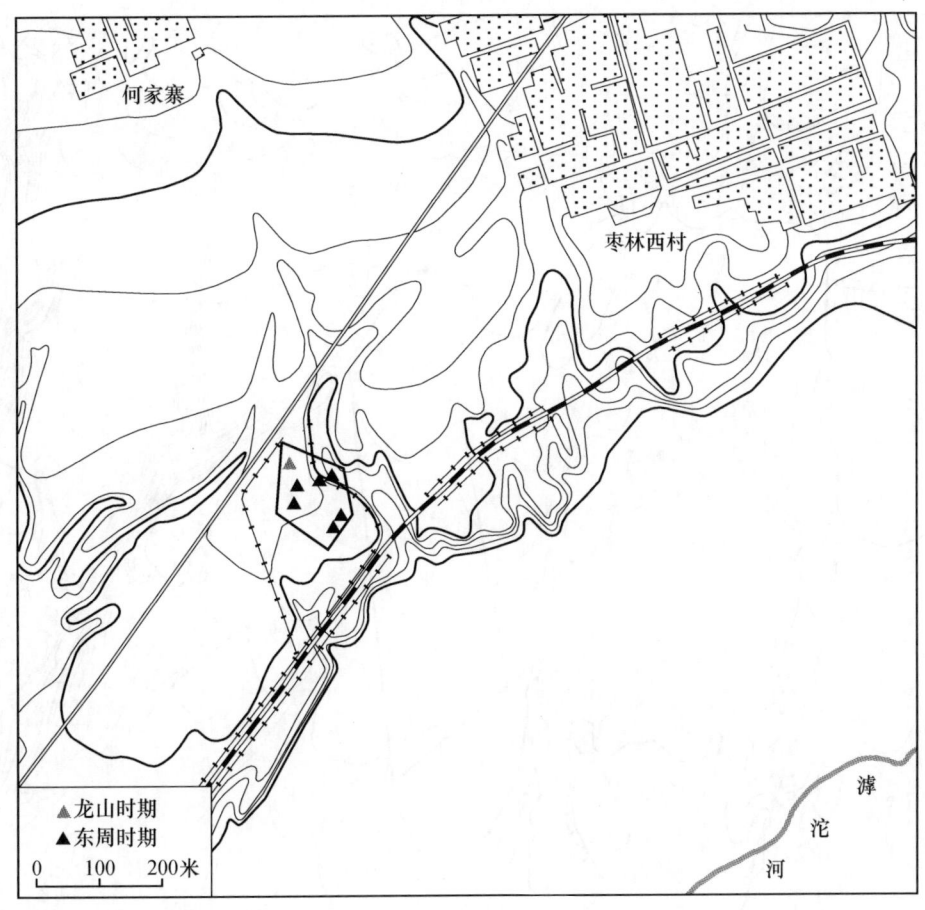

图 4-22　何家寨遗址遗存分布图

一二、望台遗址

望台遗址位于代县胡峪乡望台村西北 600 米，面积 12.4 万平方米（彩版三五，1）。遗址处于山前冲积扇近下缘，海拔 1000~1025 米，北高南低，背风向阳，整个地势面向东南呈扇形展开，略显开阔，但高低起伏较大。东有窄深沟，西有滹沱河的支流由北向南流过。遗存分布稀疏，遗址包含龙山、东周两个时期的遗存，其中，东周时期遗存部分可进一步确认为战国时期。

1. 龙山时期

龙山时期遗存主要分布于遗址北部，遗存分布较为稀疏（图 4-23）。未见任何遗迹现象，只在地表发现零星陶片。陶片以夹砂灰陶为多，纹饰有篮纹、绳纹，可辨器形有鬲等。

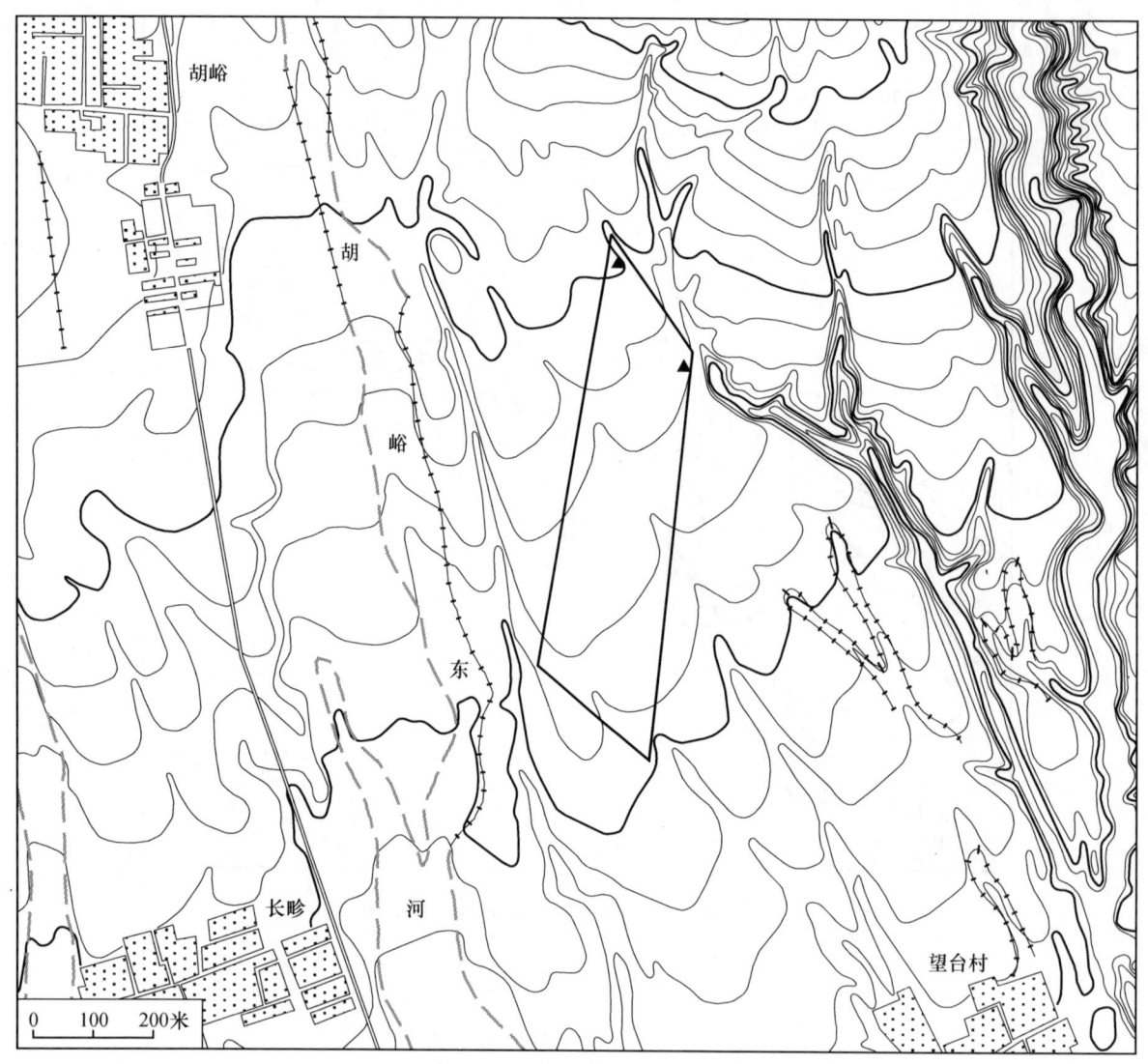

图 4-23　望台遗址龙山时期遗存分布图

2. 东周时期

东周时期遗存主要见于遗址南、北两端，尤以南部分布较多，但遗存分布稀疏（图 4-24）。未见任何遗迹现象，只在地表发现有陶片，但数量较少。陶片以灰陶为主，纹饰多绳纹，可辨器形有豆、罐等。

豆　1 件。DX070420E001:1，泥质灰陶。细柄中空，高圈足。素面（图 4-25，2）。

罐　1 件。DX070420M001:1，夹砂灰陶。方唇，翻沿，沿外侧上下起脊，束颈，鼓腹。腹部饰粗绳纹。口径 30、残高 10.2 厘米（图 4-25，1）。

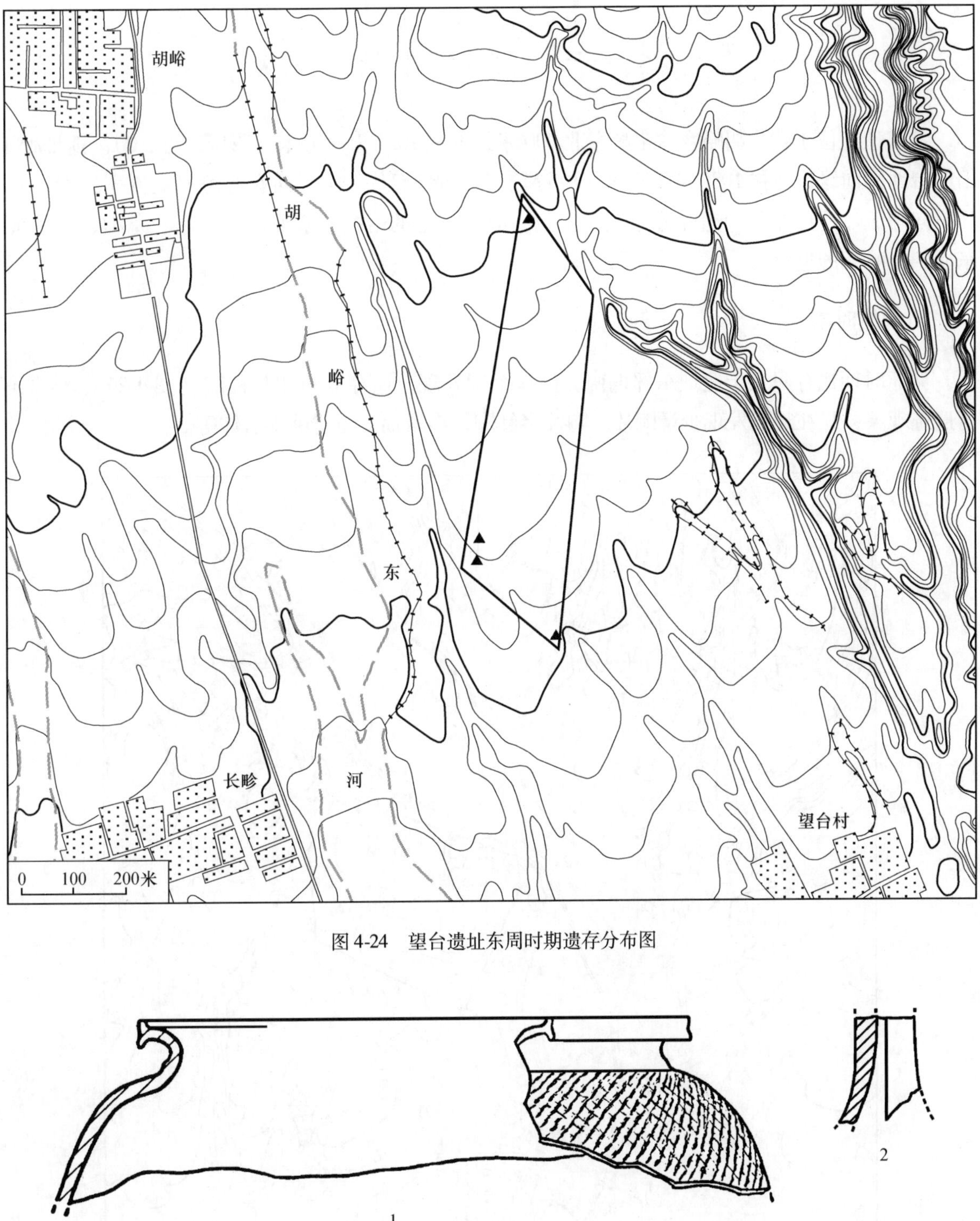

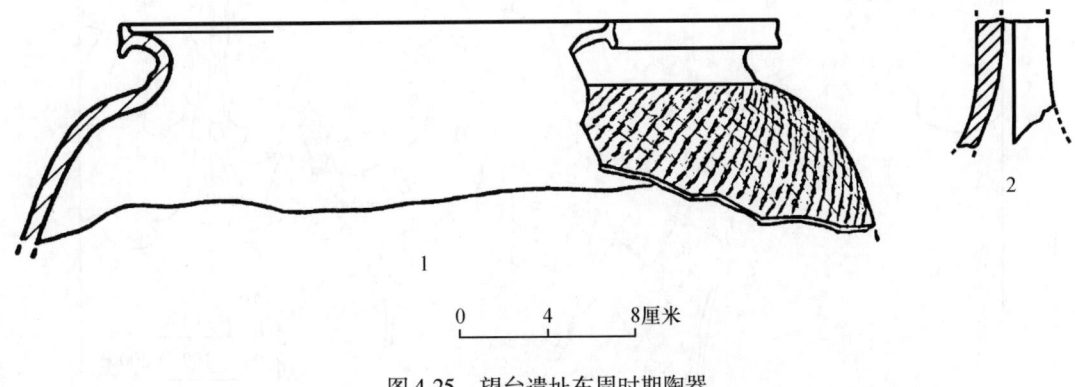

图 4-24 望台遗址东周时期遗存分布图

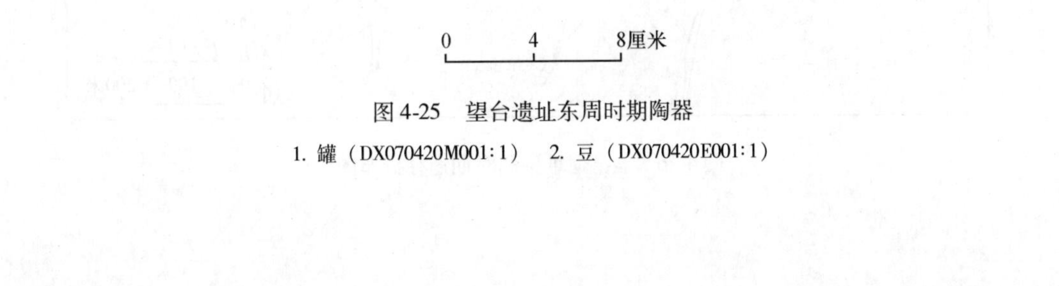

图 4-25 望台遗址东周时期陶器
1. 罐（DX070420M001:1） 2. 豆（DX070420E001:1）

一三、盆窑遗址

盆窑遗址位于代县胡峪乡盆窑村东北 200 米，面积 10.7 万平方米（彩版三五，2）。遗址处于山前台地的前缘，海拔 1080～1150 米，位置较高，地势起伏较大。西有滹沱河支流先经遗址北，后折向南流过遗址西部。遗存分布相对密集，但有一定的落差。遗址包含仰韶、龙山、二里头、东周四个时期的遗存。

1. 仰韶时期

仰韶时期遗存只见于遗址东部偏南，仅有个别发现，遗存分布非常稀疏（图 4-26）。未见任何遗迹现象，只在地表发现少量陶片。陶片多红陶，多素面，可辨器形有钵等。

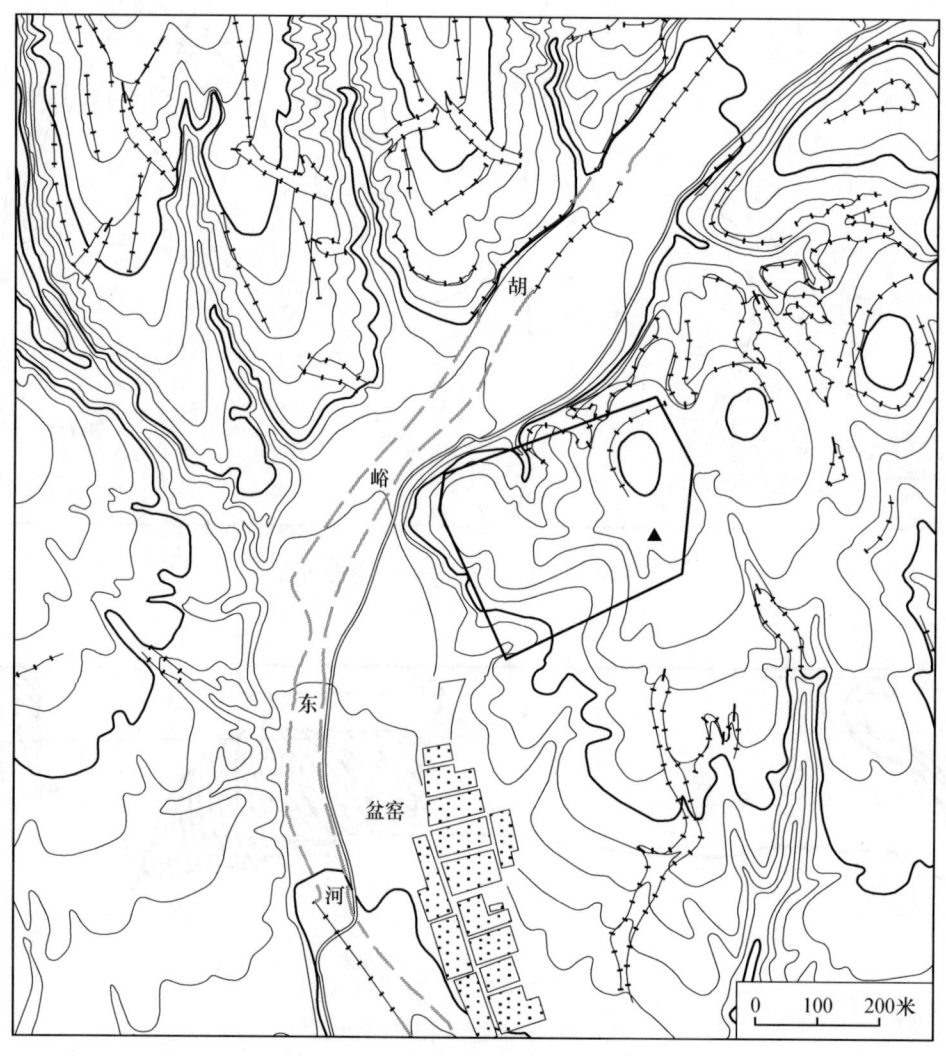

图 4-26　盆窑遗址仰韶时期遗存分布图

2. 龙山时期

龙山时期遗存遍布于整个遗址，尤以中部分布最为密集（图4-27）。在梯田的断面发现2处文化层，遗址南、北各有一处，堆积均较薄，未见其他遗迹现象。除了文化层中包含较多遗物外，地表所见陶片也较多。陶片以夹砂灰陶为主，纹饰多篮纹和绳纹，可辨器形有鬲、蛋形瓮、折肩罐、直口罐、带耳罐、罐等。

图 4-27 盆窑遗址龙山时期遗存分布图

罐 1件。DX070421I003：1，夹砂灰陶。深腹，平底。腹部饰篮纹。底径10、残高7厘米（图4-30，1）。

3. 二里头时期

二里头时期遗存见于遗址中、西部，遗存分布较为稀疏（图4-28）。未发现任何遗迹现

图 4-28　盆窑遗址二里头时期遗存分布图

象，只在地表发现有陶片。陶片以夹砂灰陶为多，纹饰以绳纹为主，可辨器形有鬲、蛋形瓮等。

鬲　1件。DX070421G001:1，夹砂灰黑陶。袋足，分裆。器表饰绳纹（图4-30,3）。

蛋形瓮　1件。DX070421G003:1，夹砂灰褐陶。小平沿，微敛口，深腹。器表饰绳纹（图4-30,2）。

4. 东周时期

东周时期遗存主要见于遗址中部，遗存分布非常稀疏（图4-29）。未发现任何遗迹现象，只在地表发现零星陶片，数量很少。陶片多夹砂灰陶，纹饰以绳粗纹为主，可辨器形有罐等。

图 4-29 盆窑遗址东周时期遗存分布图

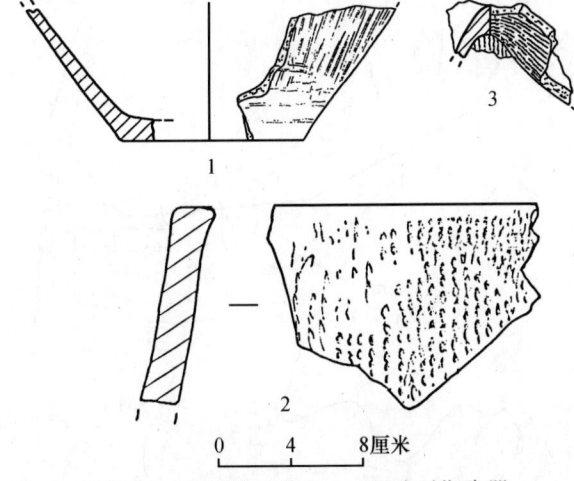

图 4-30 盆窑遗址龙山、二里头时期陶器
1. 罐（DX070421I003:1） 2. 蛋形瓮（DX070421G003:1） 3. 鬲（DX070421G001:1）
（1. 龙山时期；2、3. 二里头时期）

一四、赤岸遗址

赤岸遗址位于代县胡峪乡赤岸村东，面积58.2万平方米（彩版三五，2）。遗址处于山前冲积扇的下缘，海拔1040~1120米，北高南低，背风向阳，整个地势向东南呈扇形展开，有数条冲沟，起伏较大。遗址东、西两侧各有一条由北向南汇入滹沱河的支流（彩版九九，1）。遗存分布密集，但落差较大。遗址包含仰韶、龙山、二里头、二里冈、东周五个时期的遗存，其中，东周时期遗存部分可进一步明确为春秋、战国时期。

图 4-31 赤岸遗址仰韶时期遗存分布图

1. 仰韶时期

仰韶时期遗存见于遗址中、北部，遗存分布非常稀疏（图 4-31）。未见任何遗迹现象，只在地表发现零星陶片，数量较少。陶片多泥质红陶，多素面，可辨器形有尖底瓶等。

尖底瓶　1件。DX070421B013：1，夹砂褐陶。鼓腹、尖底。素面（图 4-35, 6）。

2. 龙山时期

龙山时期遗存见于整个遗址，遗存分布较为密集（图 4-32）。共发现 4 处文化层和 1 处小夯土层，夯土层见于遗址西南部浅冲沟的断面，堆积较薄，文化层除 1 处见于遗址东北部外，

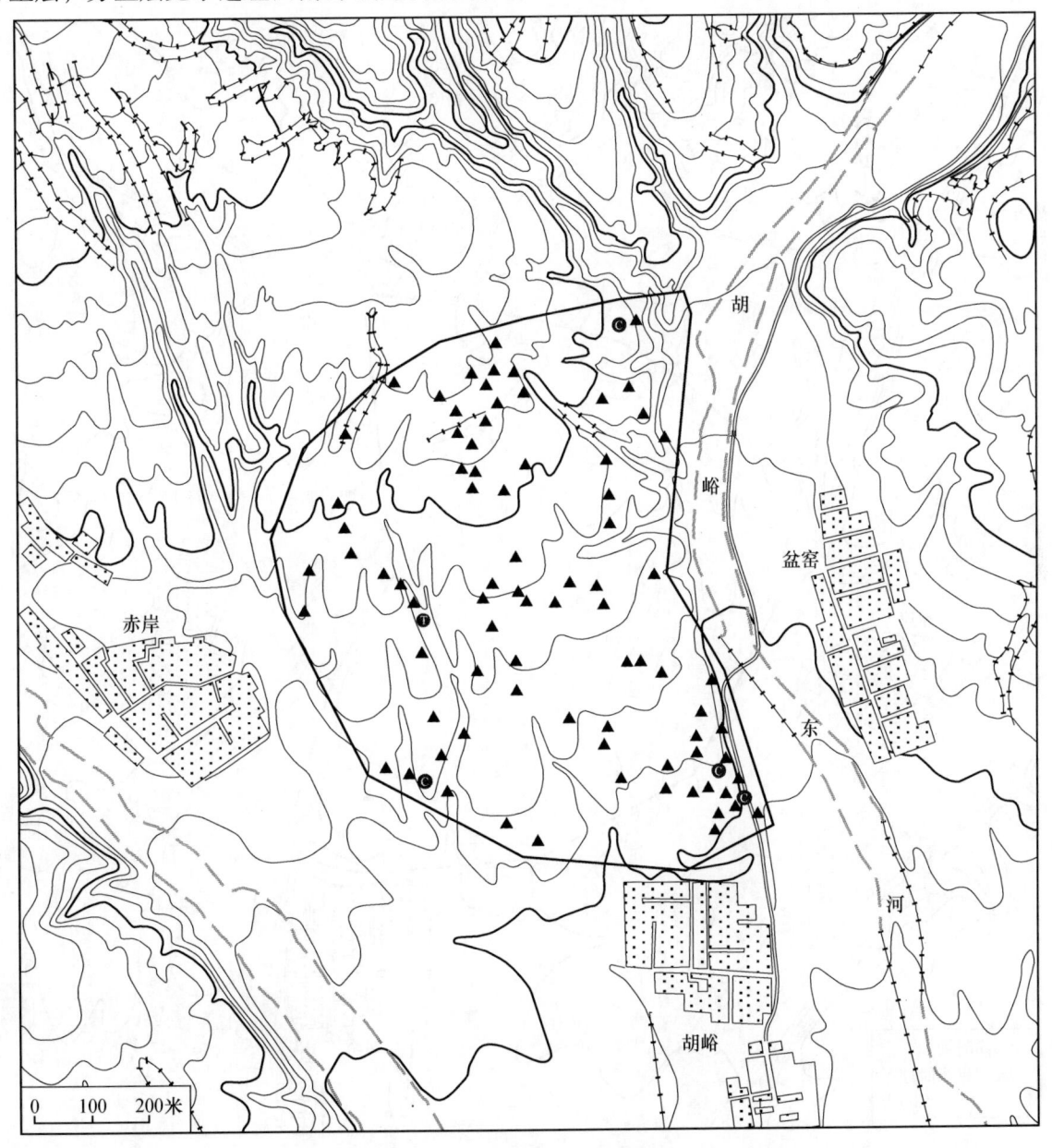

图 4-32　赤岸遗址龙山时期遗存分布图

东南部分布有2处，西南部分布有1处。文化层多暴露于断崖和沟坎的断面，堆积多较浅。文化层内包含物丰富，尤以陶片最多，地表所见陶片也较多。陶片以夹砂灰陶为主，纹饰以篮纹和绳纹为主，可辨器形有鬲、斝、豆、盆、蛋形瓮、高领罐、折肩罐、带耳罐（双耳罐）、罐等。

蛋形瓮　4件。DX070421N010：1，夹砂灰陶。平沿内折，敛口，鼓腹。沿下有两周宽附加堆纹，腹部饰竖宽篮纹。口径29.6、残高5.6厘米（图4-35，7）。DX070421N009：1，夹砂灰褐陶（细砂）。平沿内折，敛口，口部加厚，深腹。口部有附加堆纹，腹部饰横宽篮纹（图4-35，2）。DX070421G005：1，泥质灰陶。小平沿，敛口，鼓腹。腹部饰竖篮纹，最上端有三角戳印纹。口径20、残高9.6厘米（图4-35，17）。DX070421A002：1，夹砂灰陶。平沿内折，近直口，口部加厚，深腹微鼓。口下有附加堆纹，腹部饰竖篮纹（图4-35，18）。

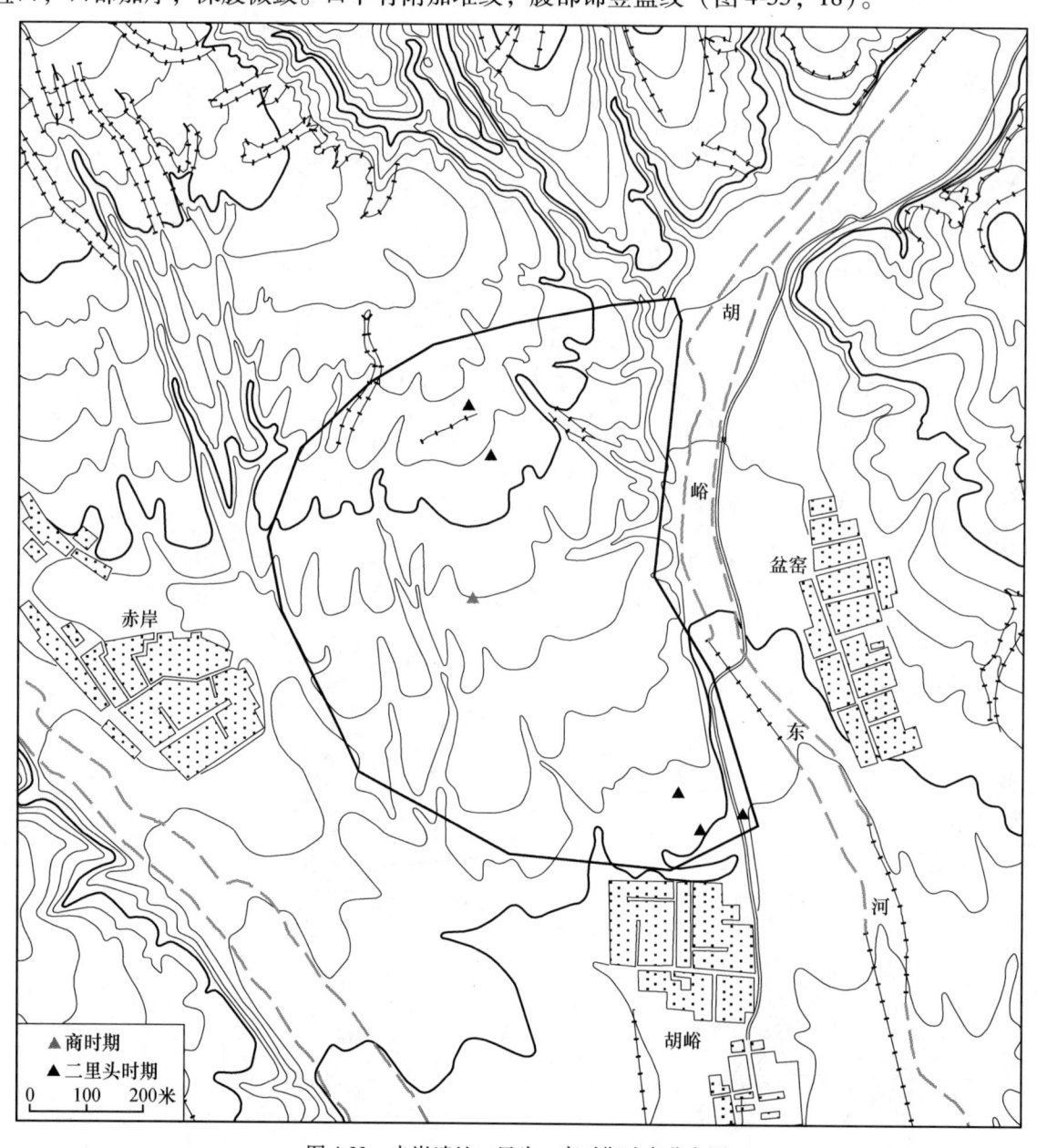

图4-33　赤岸遗址二里头、商时期遗存分布图

盆　1件。DX070421B008：1，夹砂灰陶。方唇，口外翻，深腹。腹部饰绳纹（图4-35，11）。

高领罐　1件。DX070421B013：2，夹砂褐陶。圆唇，近直口，高领，鼓肩。素面。口径12、残高6厘米（图4-35，14）。

罐　3件。DX070421E008：1，夹砂灰陶。圆唇，口外翻，鼓肩。肩部饰绳纹。口径22、残高7厘米（图4-35，1）。DX070421C021：1，泥质灰陶。方唇，口外翻，束颈，鼓腹。颈部以下饰绳纹（图4-35，5）。DX070421B016：1，夹砂褐陶。深腹，平底。底径8.4、残高3.5厘米（图4-35，12）。

3. 二里头时期

二里头时期遗存只见于遗址北部和东南角，遗存分布稀疏（图4-33）。未见任何遗迹现象，只在地表发现少量陶片。陶片多灰陶，纹饰多绳纹，可辨器形有蛋形瓮、豆等。

蛋形瓮足　1件。DX070421E006：1，夹砂灰陶。实足跟。跟部饰绳纹（图4-35，15）。

豆　1件。DX070421J001：1，泥质灰褐陶。圆唇，小平沿，斜浅腹。器表饰小横篮纹（图4-35，8）。

4. 商时期

商时期遗存只见于遗址中部，只有二里冈时期遗存，仅有个别分布，遗存分布非常稀疏（图4-33）。未见任何遗迹现象，只在地表发现零星陶片。陶片主要是灰陶，纹饰多绳纹，可辨器形为鬲。

5. 东周时期

东周时期遗存见于遗址西北部、西南部之外的其他位置，尤以遗址中、东部遗存分布较为密集，春秋时期遗存主要见于遗址东南角（图4-34）。遗迹现象发现多，且较为集中，共发现2处文化层和4个灰坑，文化层在遗址东北部和东南部各有1处分布，堆积多较薄，灰坑全部集中分布在遗址东南部，口大底小者和口小底大者皆有，无论文化层还是灰坑全部发现于梯田的断面。遗迹内包含遗物较为丰富，尤以陶片最多，地表所见陶片也较多。陶片以夹砂灰陶为主，纹饰以绳纹为多，可辨器形有鼎、鬲、盆、豆、高领罐、罐等。

鼎足　1件。DX070421A010：1，夹砂灰褐陶。柱足有深沟槽。素面（图4-35，4）。

鬲足　1件。DX070421H006：1，夹砂灰陶。联裆，矮实足跟。器表饰粗大绳纹（图4-35，13）。

豆　2件。DX070421K012：1，泥质灰陶。浅盘，圆唇，弧腹，细柄。素面。口径14.2、残高6厘米（图4-35，16）。DX070421K012-H3：1，泥质灰陶。圆唇，近直口，浅盘，细柄。素面。口径14.4、残高4.6厘米（图4-35，10）。

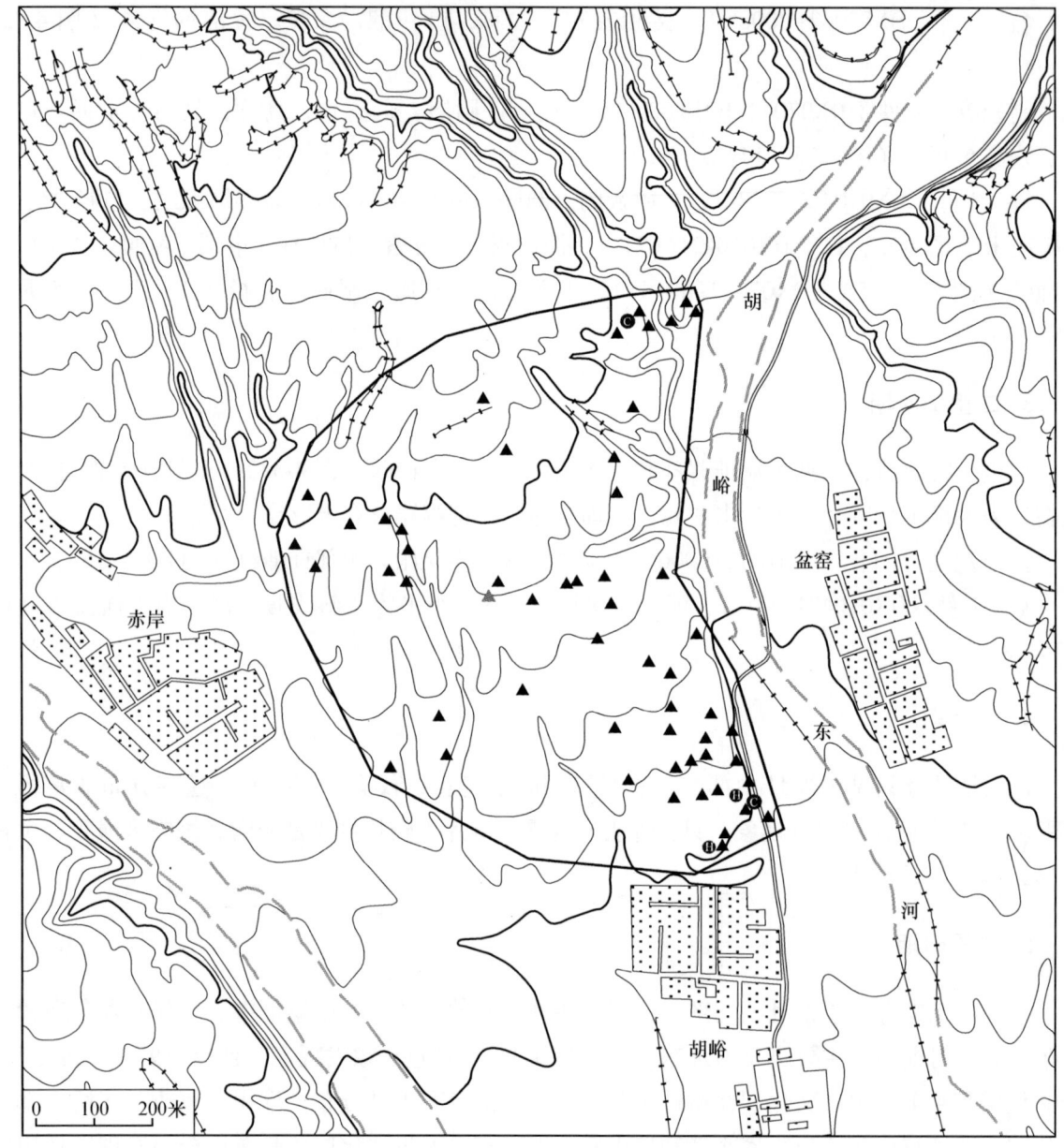

图 4-34 赤岸遗址东周时期遗存分布图

高领罐 1件。DX070421C010:1，夹砂灰陶。翻唇，口外翻，高领，鼓肩。素面。口径 11、残高 6.4 厘米（图 4-35，9）。

罐 1件。DX070421K012-H1:1，夹砂灰陶。圆唇，折沿，深鼓腹。腹部饰粗大绳纹。口径 24、残高 7.6 厘米（图 4-35，3）。

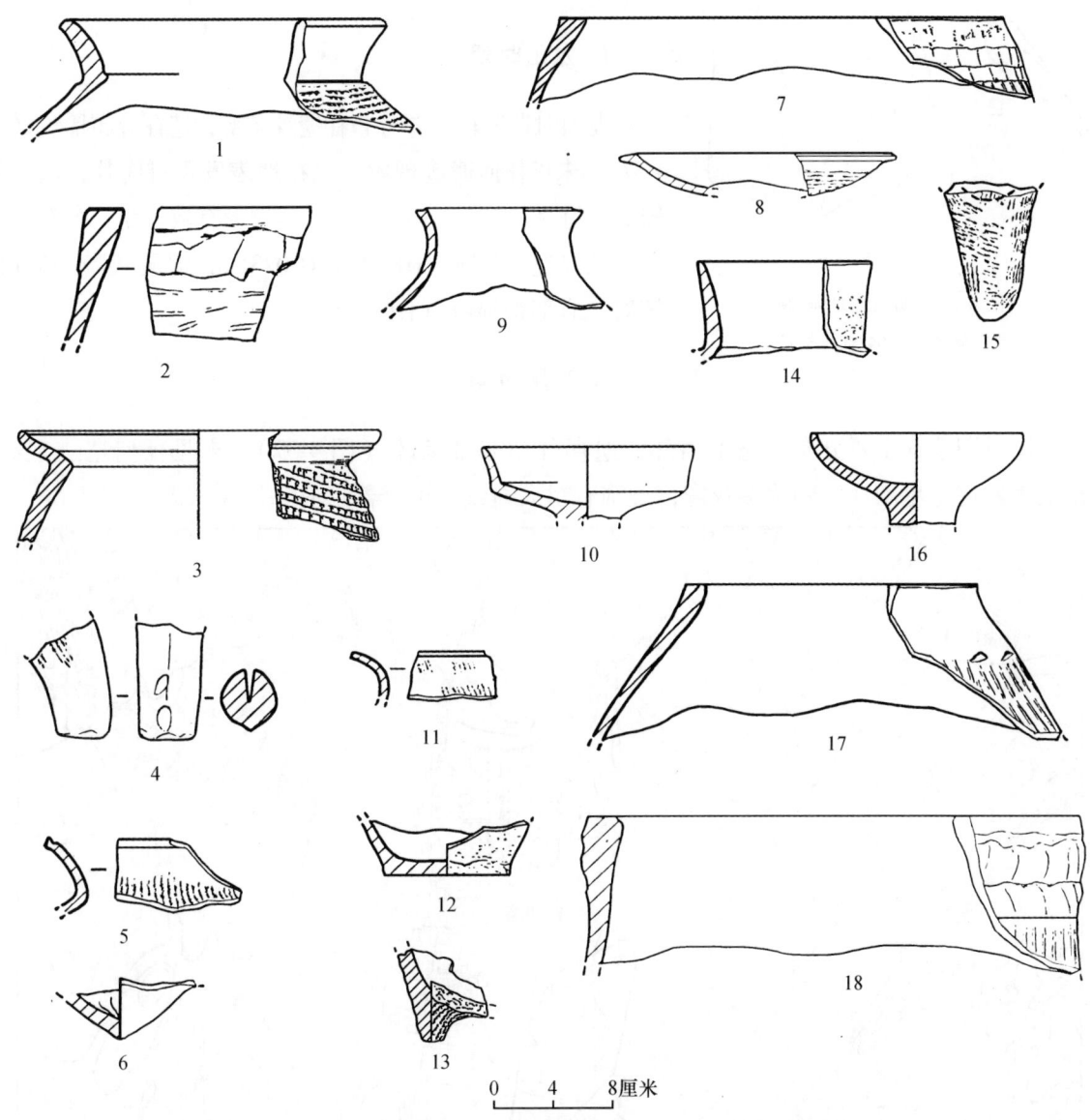

图 4-35 赤岸遗址仰韶、龙山、二里头、东周时期陶器

1、3、5、12. 罐（DX070421E008：1、DX070421K012-H1：1、DX070421C021：1、DX070421B016：1） 2、7、17、18. 蛋形瓮（DX070421N009：1、DX070421N010：1、DX070421G005：1、DX070421A002：1） 4. 鼎足（DX070421A010：1） 6. 尖底瓶（DX070421B013：1） 8、10、16. 豆（DX070421J001：1、DX070421K012-H3：1、DX070421K012：1） 9、14. 高领罐（DX070421C010：1、DX070421B013：2） 11. 盆（DX070421B008：1） 13. 鬲足（DX070421H006：1） 15. 蛋形瓮足（DX070421E006：1）

（1、2、5、7、11、12、14、17、18. 龙山时期；3、4、9、10、13、16. 东周时期；6. 仰韶时期；8、15. 二里头时期）

一五、胡峪遗址

胡峪遗址位于代县胡峪乡胡峪村南，面积 4.4 万平方米（彩版三五，1）。遗址处于山前冲积扇的最下缘，海拔 1030～1045 米，北高南低，地势较低，但起伏较小。遗址东、西两侧各有一条汇入滹沱河的支流由北向南流过。遗址包含龙山、东周两个时期的遗存。

1. 龙山时期

龙山时期遗存主要分布在遗址东部，遗存分布稀疏（图4-37）。未见任何遗迹现象，只在地表发现有陶片，但数量较少。陶片多灰陶，多绳纹，可辨器形有敛口瓮、罐等。

敛口瓮　1件。DX070421C023∶1，泥质灰陶。敛口，鼓肩。肩部饰绳纹（图4-36）。

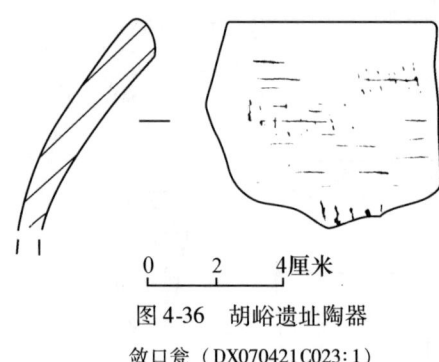

图4-36　胡峪遗址陶器

敛口瓮（DX070421C023∶1）

2. 东周时期

东周时期遗存主要分布在遗址西部，遗存分布非常稀疏（图4-37）。未见任何遗迹现象，只在地表发现零星陶片。陶片多灰陶，纹饰有粗大绳纹，可辨器形有罐等。

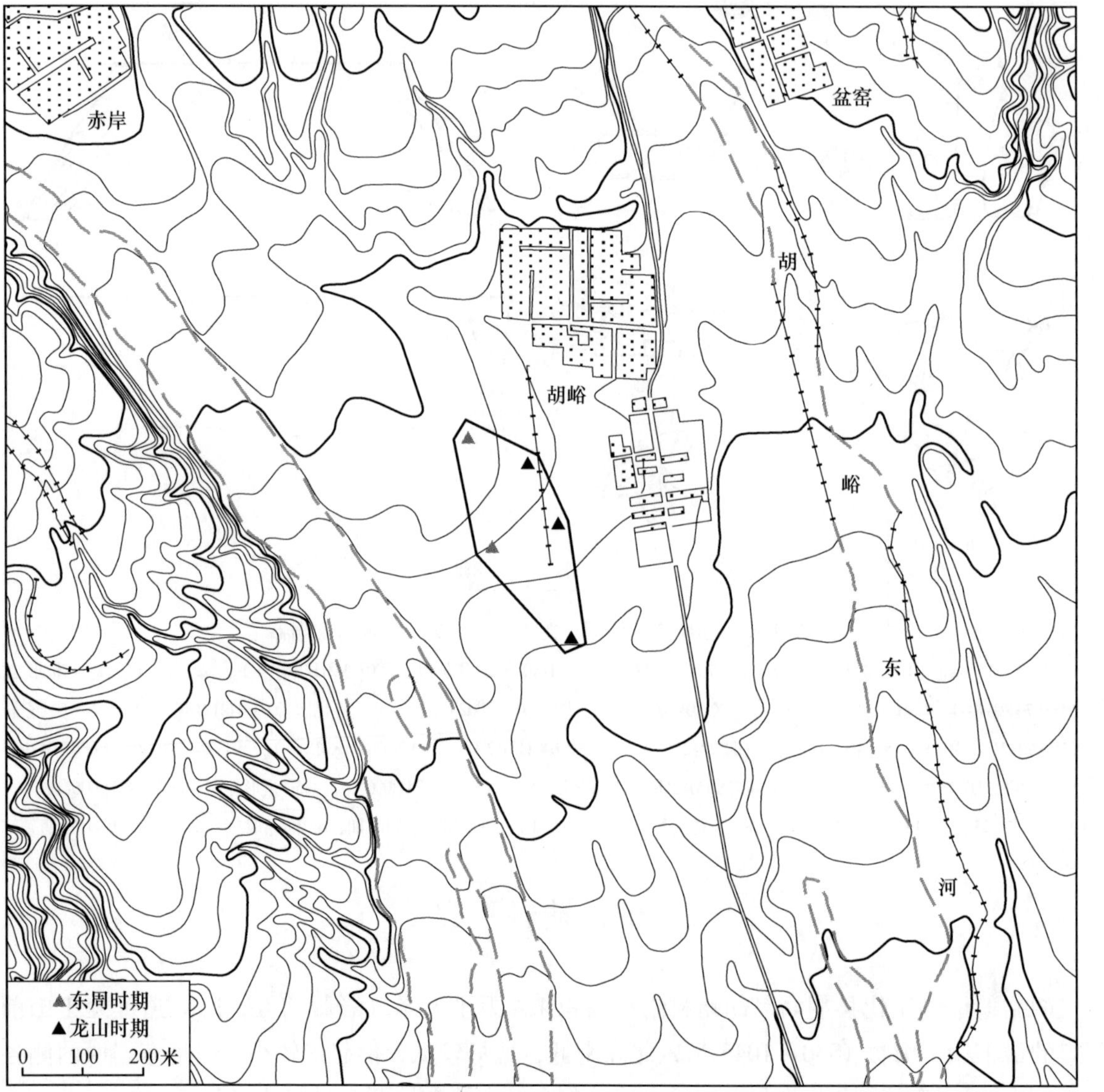

图4-37　胡峪遗址遗存分布图

一六、柳树坡遗址

柳树坡遗址位于代县枣林镇柳树坡村西北 500 米,面积 4.8 万平方米。遗址处于山前台地的下缘,整个地形呈扇形向东南展开,海拔 965~1010 米,北高南低,背风向阳,地势起伏较大。遗址东侧有一深沟,与滹沱河支流相连接,为多年水流不断冲刷形成的。遗存分布稀疏且落差大。遗址包含龙山、东周两个时期的遗存。

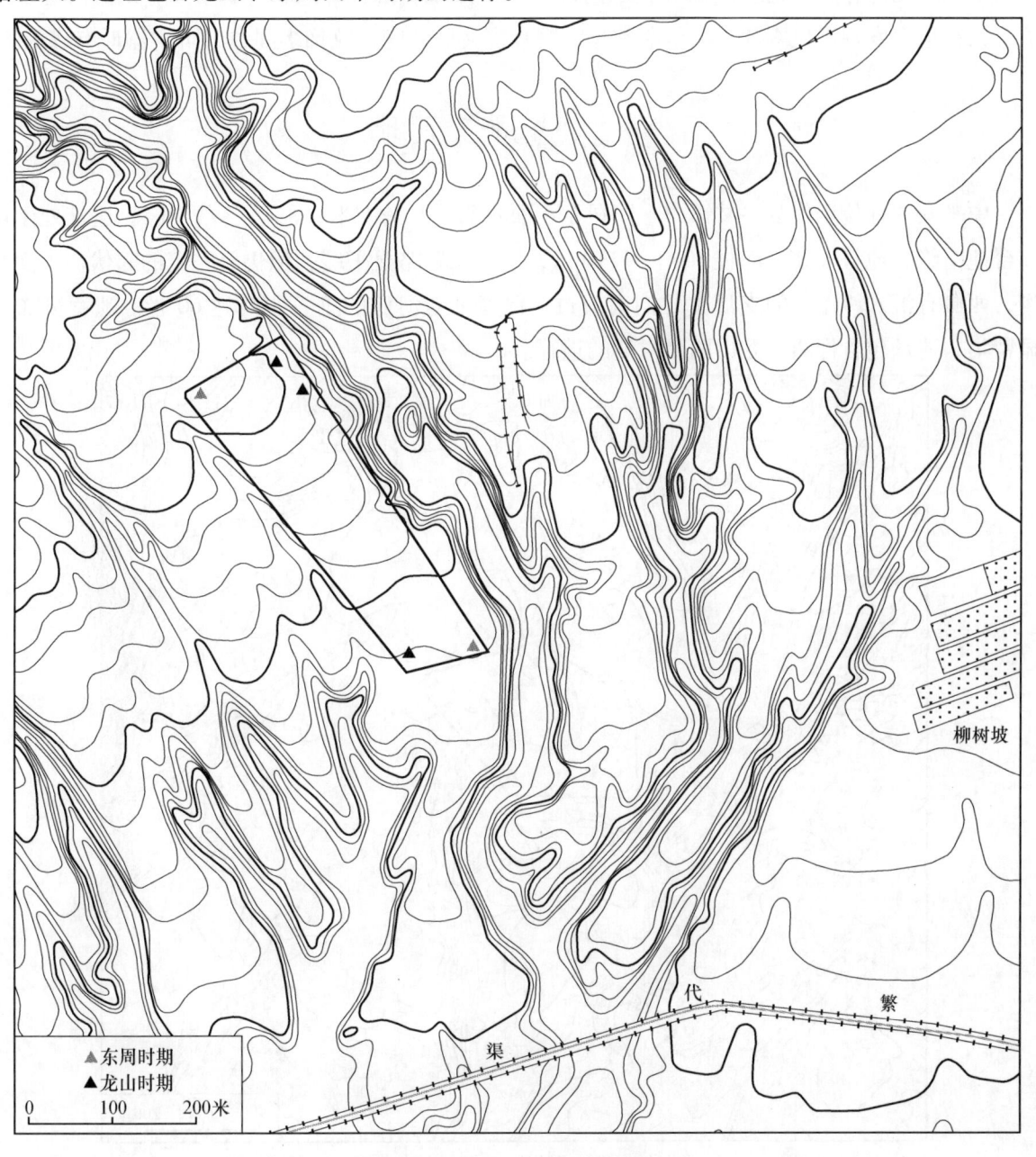

图 4-38 柳树坡遗址遗存分布图

1. 龙山时期

龙山时期遗存见于遗址东北部和西南部，分布较为稀疏（图4-38）。未见任何遗迹现象，只在地表发现零星陶片，数量较少。陶片多夹砂陶，纹饰有篮纹。

2. 东周时期

东周时期遗存见于遗址西北部和东南部，遗存分布非常稀疏（图4-38）。未见任何遗迹现象，只在地表发现零星陶片，数量非常少。陶片多夹砂灰陶，纹饰多绳纹，可辨器形有罐等。

一七、中平安遗址

中平安遗址位于代县枣林镇中平安村东，面积7.3万平方米（彩版三六，1）。遗址处于山前台地前缘，地势较高，海拔1080~1110米，所在位置略显平缓，但仍有一定的起伏。三面临沟，西侧有汇入滹沱河的支流由北向南流过，但遗址与河底的垂直距离达60米。遗存分布略显密集，遗址包含仰韶、龙山两个时期的遗存。

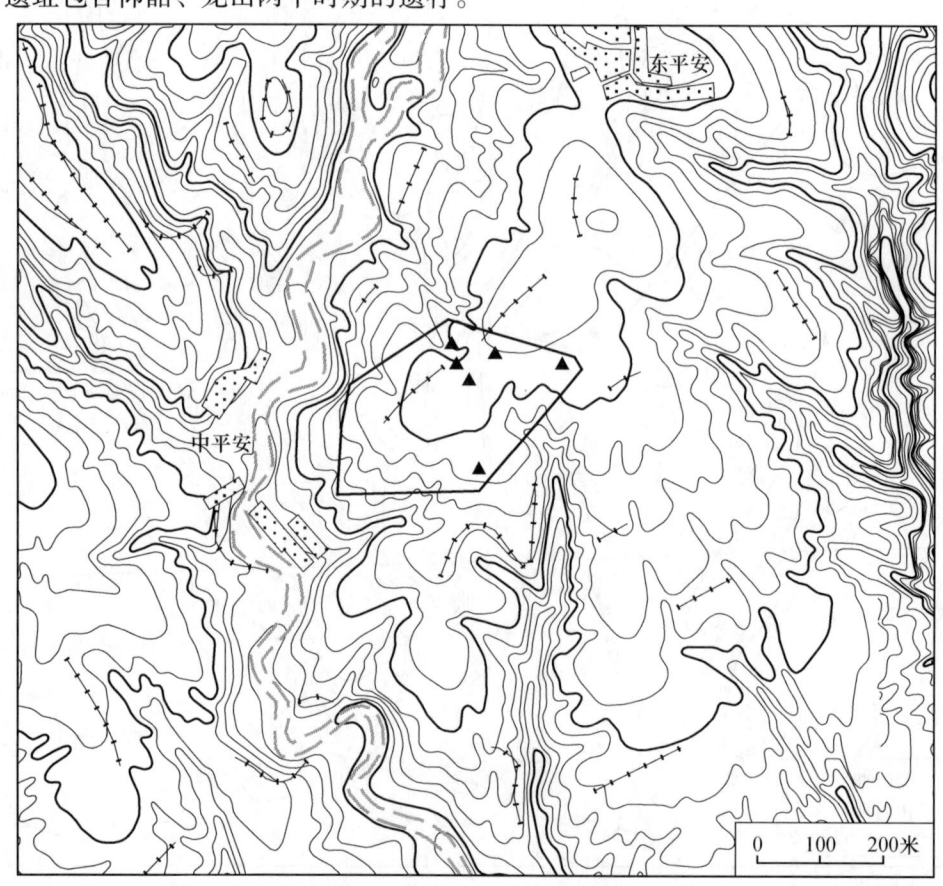

图4-39　中平安遗址仰韶时期遗存分布图

1. 仰韶时期

仰韶时期遗存主要分布在遗址东部,东部偏北遗存分布密集,偏南较为稀疏(图4-39)。未见任何遗迹现象,只在地表发现有陶片。陶片以泥质红褐陶为多,纹饰有线纹,可辨器形有钵等。

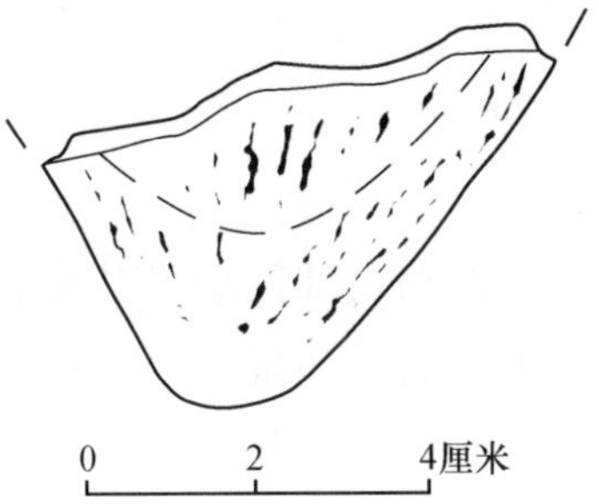

2. 龙山时期

图4-40 中平安遗址龙山时期陶器
鬲足(DX070425I001:1)

龙山时期遗存主要分布在遗址中、西部,中部遗存分布相对密集(图4-41)。未见任何遗迹现象,只在地表发现有陶片。陶片以夹砂灰陶为多,纹饰有篮纹、绳纹,可辨器形有鬲、罐等。

鬲足 1件。DX070425I001:1,夹砂灰褐陶。空袋足。足部饰绳纹(图4-40)。

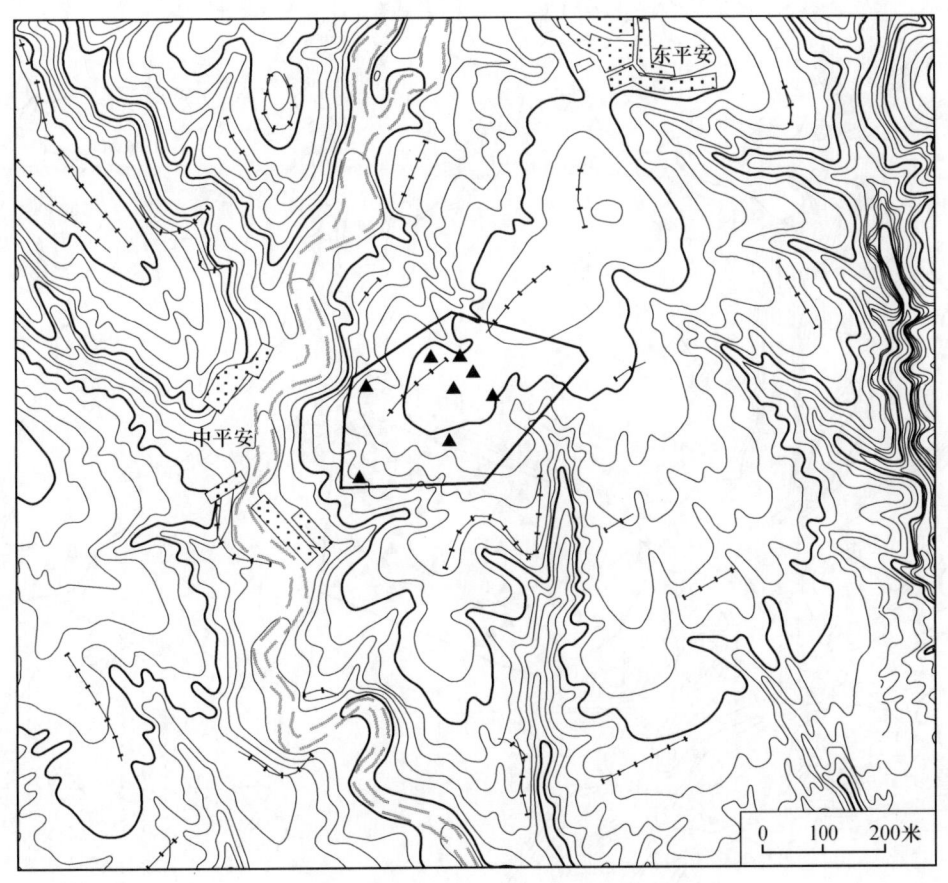

图4-41 中平安遗址龙山时期遗存分布图

一八、西马遗址

西马遗址位于代县枣林镇西马村西北，分布在繁代渠南面，面积14.1万平方米（彩版三六，2）。遗址处于山前台地最下缘，海拔935~950米，北高南低，背风向阳，地势较为平缓。东、西两侧各有一条水流不断冲刷形成的冲沟，两条冲沟在段村水库汇合后最终汇入滹沱河。遗存分布较为密集，遗址包含龙山、二里头、东周三个时期的遗存，其中，东周时期遗存部分可以进一步确认为战国时期。

1. 龙山时期

龙山时期遗存见于整个遗址，遗存分布较为密集（图4-42）。未见任何遗迹现象，地表随

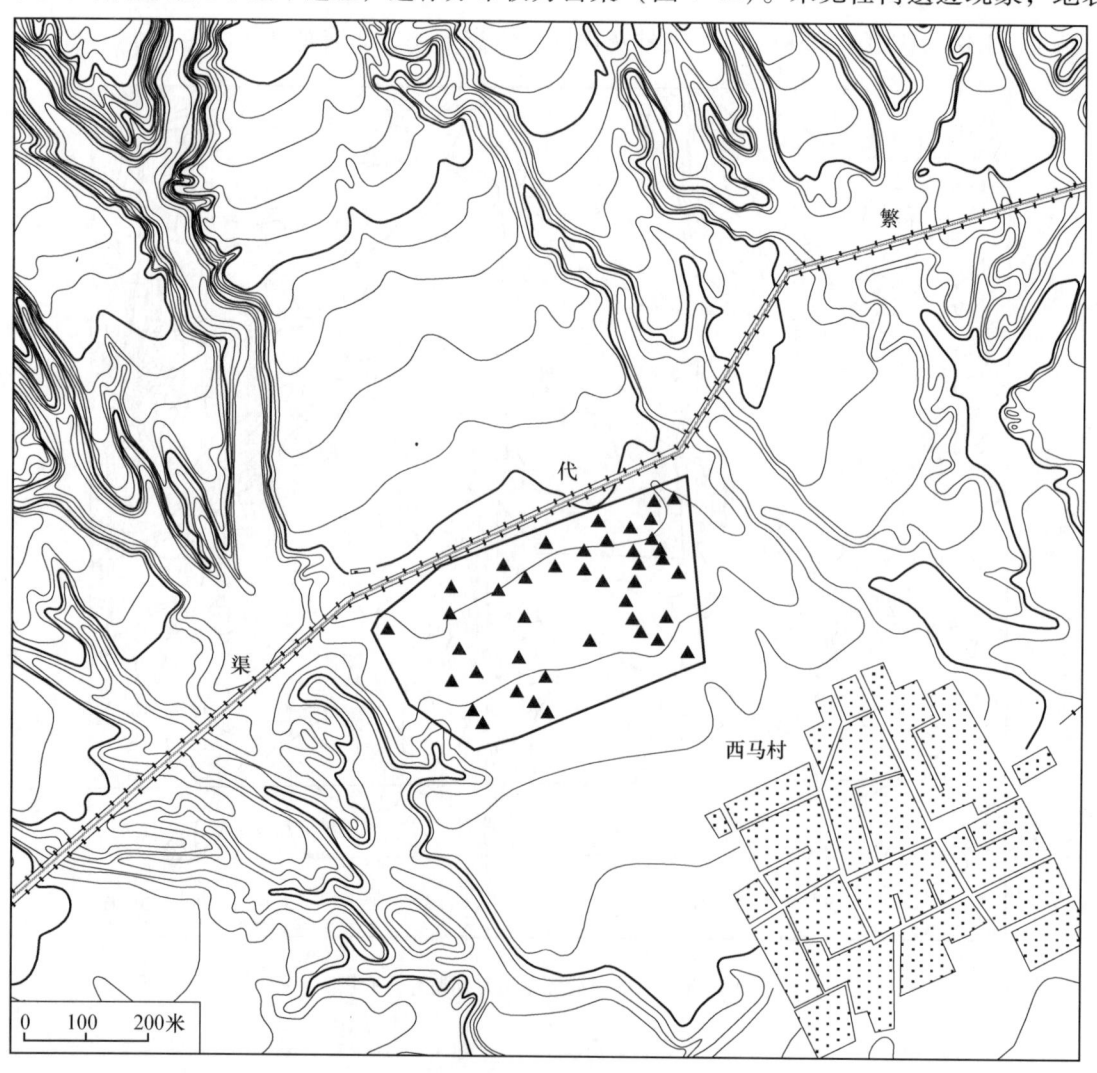

图4-42 西马遗址龙山时期遗存分布图

处可见遗物分布，遗物主要是陶片和石器。陶片以夹砂灰陶为主，纹饰多篮纹和绳纹，可辨器形有鬲、鬻、斝、蛋形瓮、盆、带耳罐、折肩罐、罐等。石器数量和种类都较少，只有石斧等。

陶鬲足　1件。DX070424E004：2，夹砂灰陶。空袋足，微有实足跟。足跟以上饰绳纹（图4-43，5）。

陶鬻　1件。DX070424F002：1，夹砂灰陶。上深腹，下鼓腹，束腰，有隔。上腹部饰绳纹（图4-43，8）。

陶斝　1件。DX070424L006：1，夹砂灰陶。敛口，折肩。器表饰篮纹，肩部有按捺纹（图4-43，4）。

陶蛋形瓮　1件。DX070424E006：1，泥质灰陶。小平沿，口部加厚，微敛口，深腹。口下有附加堆纹，腹部饰横、竖篮纹（图4-43，6）。

陶折肩罐　1件。DX070424L009：1，泥质灰陶。折肩，深腹，肩下有鋬手。器表饰篮纹，鋬手有戳印纹（图4-43，7）。

陶罐　2件。DX070424E005：1，夹砂灰陶。厚胎，圆唇，口外翻，束颈，鼓腹。腹部饰斜篮纹。口径26、残高8厘米（图4-43，1）。DX070424K005：1，夹砂灰陶。深腹，平底。腹部饰篮纹。底径10、残高5厘米（图4-43，3）。

石斧　1件。DX070424E004：1，青灰色，已残。上窄下宽。有对钻孔，通体磨光（图4-43，2）。

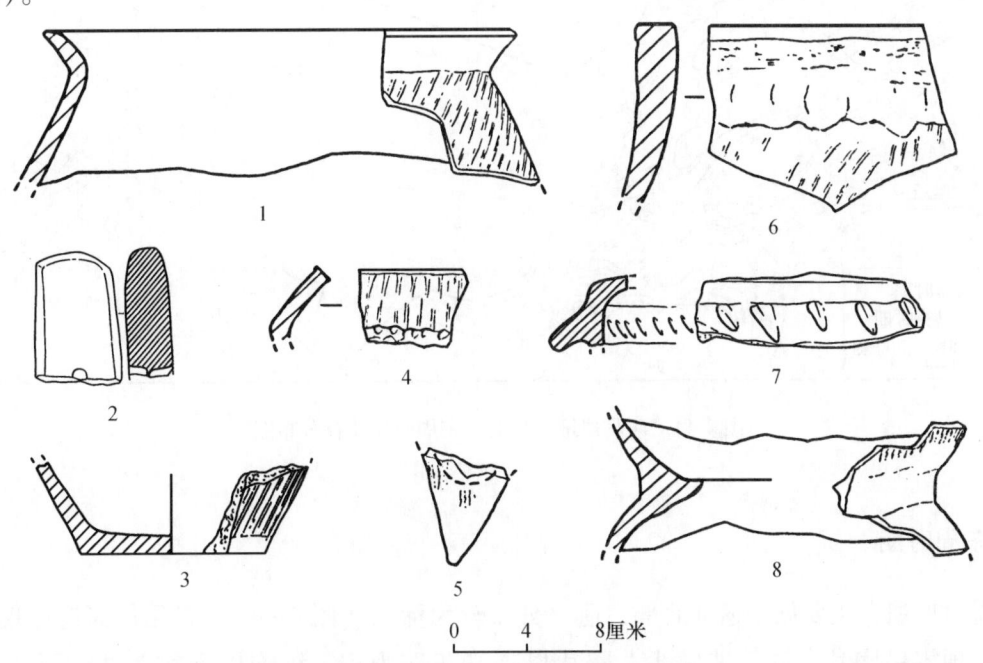

图4-43　西马遗址龙山时期陶、石器

1、3. 陶罐（DX070424E005：1、DX070424K005：1）　2. 石斧（DX070424E004：1）　4. 陶斝（DX070424L006：1）　5. 陶鬲足（DX070424E004：2）　6. 陶蛋形瓮（DX070424E006：1）　7. 陶折肩罐（DX070424L009：1）　8. 陶鬻（DX070424F002：1）

2. 二里头时期

二里头时期遗存见于遗址西部，遗存分布较为稀疏（图4-44）。未见任何遗迹现象，只在地表发现零星陶片，数量较少。陶片以夹砂灰陶为多，纹饰多绳纹，可辨器形有鬲等。

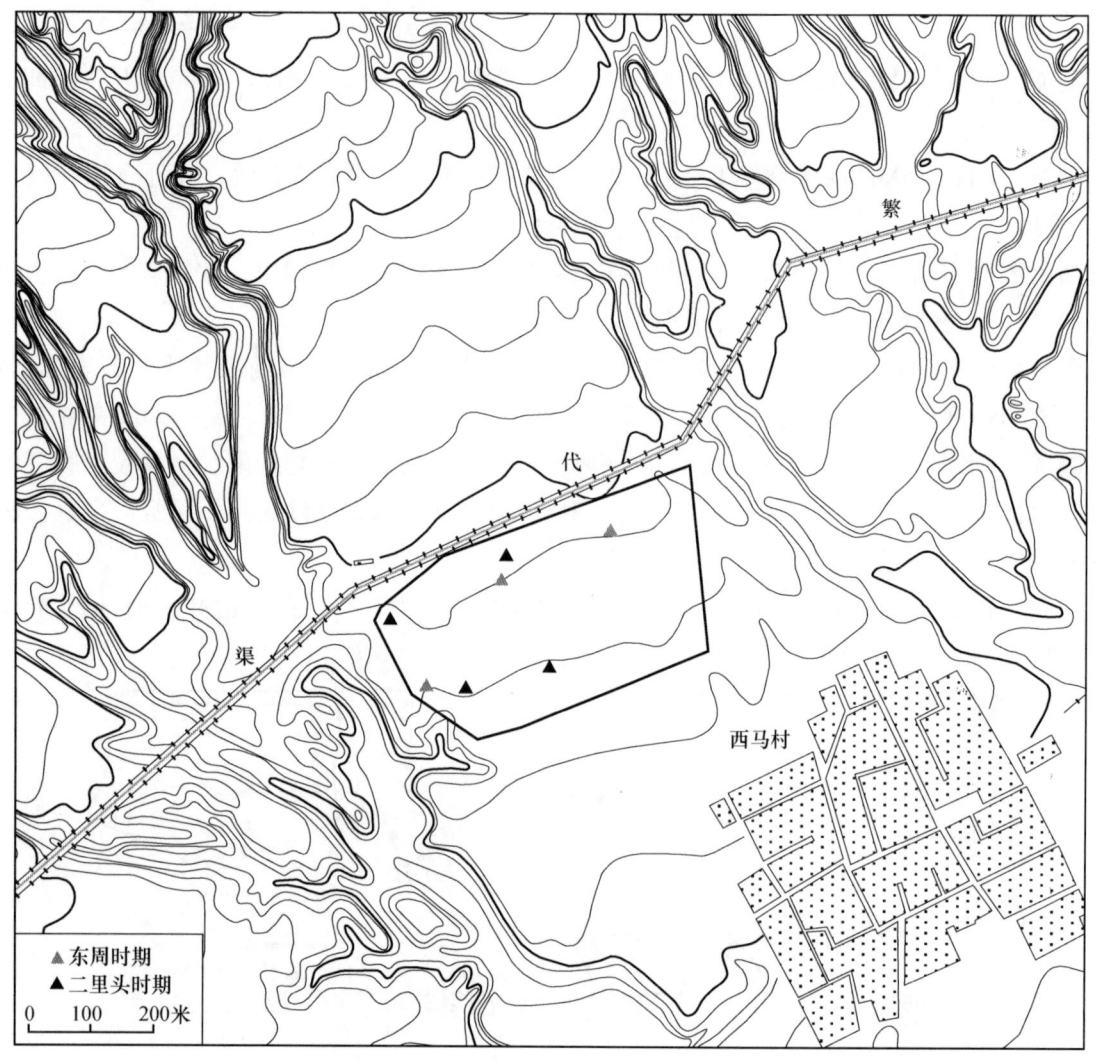

图4-44　西马遗址二里头、东周时期遗存分布图

3. 东周时期

东周时期遗存主要见于遗址北部，遗存分布较为稀疏（图4-44）。未见任何遗迹现象，只在地表发现零星陶片，数量非常少。陶片以夹砂灰陶为主，纹饰以绳纹为主，可辨器形有罐等。

一九、东马遗址

东马遗址位于代县枣林镇东马村南250米，面积1.8万平方米（彩版三七，1）。遗址处在滹沱河北岸逐渐抬升的一级阶地上，海拔900~910米，遗址主要分布在浅沟附近，地势有一定的起伏。遗址南部有滹沱河支流流过。遗存主要发现于冲沟两侧，分布相对密集，遗址包含龙山、二里头、东周三个时期的遗存。

1. 龙山时期

龙山时期遗存基本见于整个遗址，遗存分布稀疏（图4-45）。除1处文化层外，还发现2个灰坑，集中暴露于遗址东南部的冲沟断面上，文化层堆积较厚，灰坑全部为口大底小状。除灰坑和文化层内发现较多遗物外，地表也发现有遗物，主要是陶片，此外有少量石器等。陶片以夹砂灰陶为多，纹饰多绳纹，可辨器形有鬲、罐等。

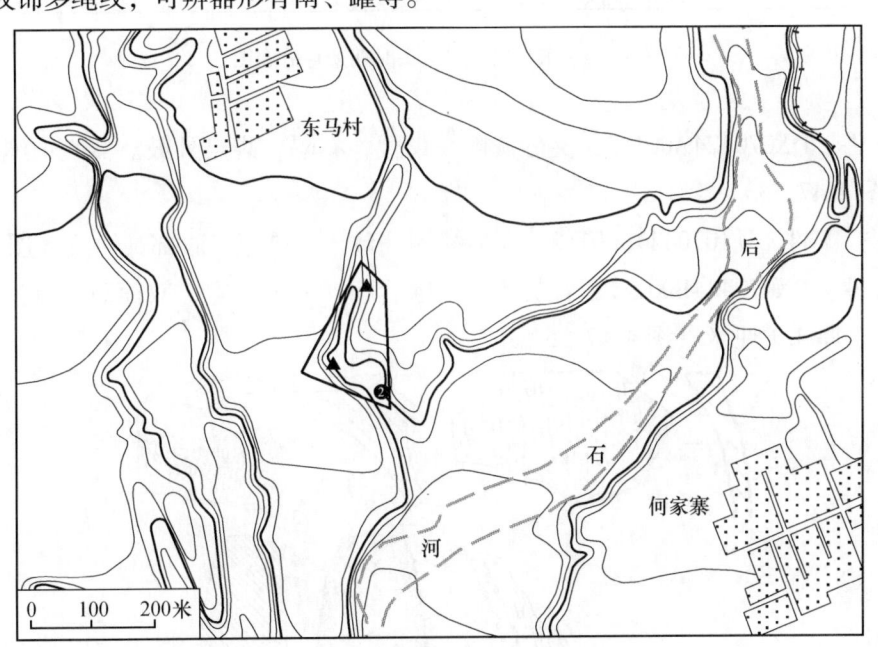

图4-45　东马遗址龙山时期遗存分布图

陶鬲足　DX070424C001-C:1。灰褐陶。空袋足。器表饰绳纹（图4-47，4）。

2. 二里头时期

二里头时期遗存见于遗址西部，遗存分布略显稀疏（图4-46）。没有发现任何遗迹现象，只在地表发现有遗物，遗物除陶片外，还有少量石器。陶片以夹砂灰陶为多，纹饰以绳纹为主，可辨器形有鬲、甗、蛋形瓮等。石器只有石斧。

陶鬲足　1件。DX070424A001:1，夹砂灰黑陶。锥状实足跟。器表饰绳纹（图4-47，2）。

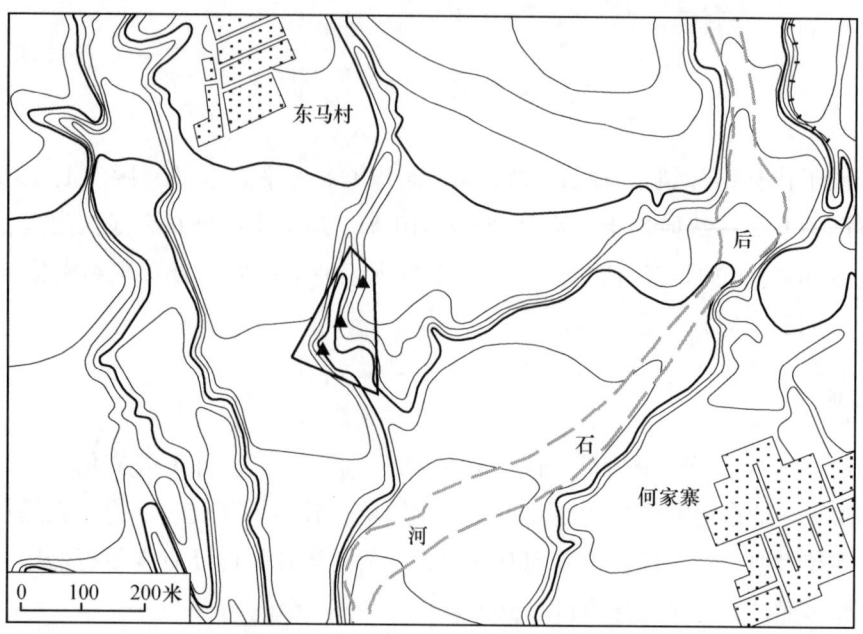

图 4-46　东马遗址二里头时期遗存分布图

陶甗　1件。DX070424A001：2，夹砂灰陶。束腰，有隔，袋足外鼓。器表饰绳纹，腰部有附加堆纹（图4-47，3）。

陶蛋形瓮　1件。DX070424B001：2，泥质褐陶。敛口，鼓腹。腹部饰绳纹（图4-47，1）。

石斧　1件。DX070424B001：1，青灰色。先琢后磨。上窄下宽，双面刃。有使用痕迹。长13.6、宽5.6、厚4.1厘米（图4-47，5）。

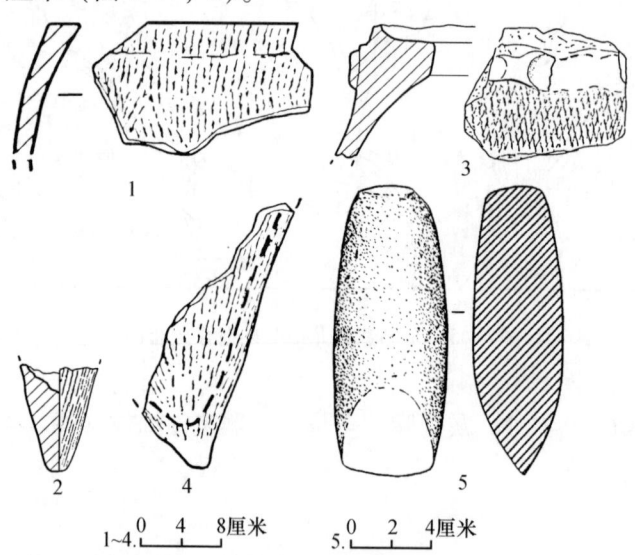

图 4-47　东马遗址龙山、二里头时期陶、石器
1. 陶蛋形瓮（DX070424B001：2）　2、4. 陶鬲足（DX070424A001：1、DX070424C001-C：1）
3. 陶甗（DX070424A001：2）　5. 石斧（DX070424B001：1）
（1、2、3、5. 二里头时期；4. 龙山时期）

3. 东周时期

东周时期遗存见于遗址中、南部，遗存分布稀疏（图4-48）。没有发现任何遗迹现象，只在地表发现有零星陶片。陶片多夹砂灰陶，纹饰多绳纹，可辨器形有罐等。

在遗址西北300多米处冲沟断面上发现有这个时期的零星陶片。

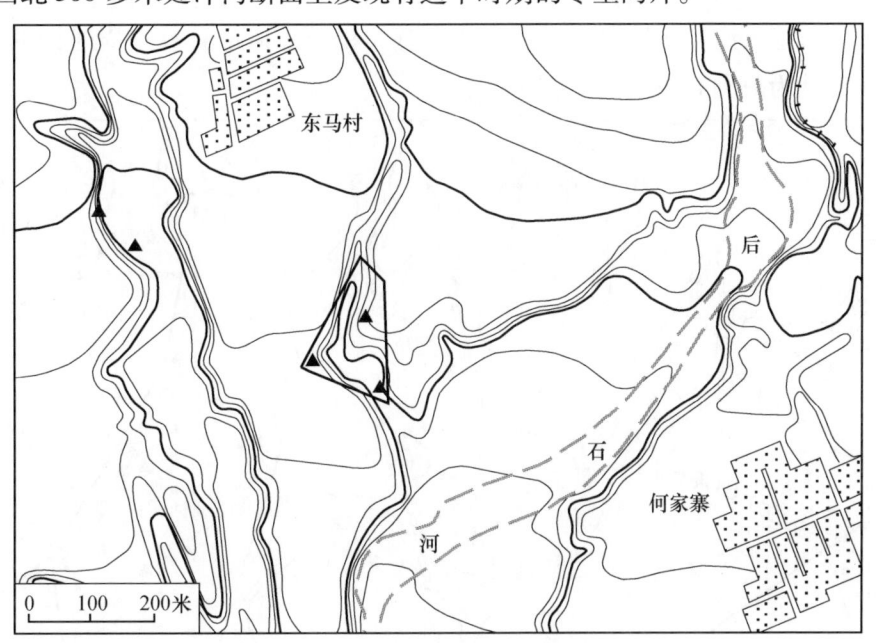

图4-48　东马遗址东周时期遗存分布图

二〇、段村Ⅱ号遗址

段村Ⅱ号遗址位于代县枣林镇段村东北800米，面积17.2万平方米。遗址处于滹沱河北岸的台地上，地势较低，海拔890~900米，高于滹沱河河床十多米，北高南低，地势较为平坦。遗址周围被水流环绕，其东、西两侧各有一条滹沱河支流流过，两支流在遗址西南部汇合后注入滹沱河。遗存分布略显稀疏，遗址包含龙山、东周两个时期的遗存。

1. 龙山时期

龙山时期遗存主要见于遗址西部，分布较为稀疏（图4-49）。未见任何遗迹现象，只在地表发现零星陶片，数量非常少。陶片多夹砂灰陶，纹饰有篮纹。

2. 东周时期

东周时期遗存见于遗址西北部之外其他部位，尤以遗址东部冲沟的断面附近遗存发现最多（图4-49）。未见任何遗迹现象，只在地表发现有陶片，数量少。陶片以夹砂灰陶为多，纹饰以绳纹为主，可辨器形有罐等。

二一、段村Ⅰ号遗址

段村Ⅰ号遗址位于代县枣林镇段村北，面积22.8万平方米。遗址处于滹沱河北岸的一级阶地上，地势较低，海拔890~900米，高于滹沱河河床20米左右，北略高，南略低，地势较为平坦。遗址东侧有汇入滹沱河的支流流过。遗存分布稀疏，遗址只有东周时期的遗存，其中，部分可进一步确认为战国时期遗存（图4-49）。

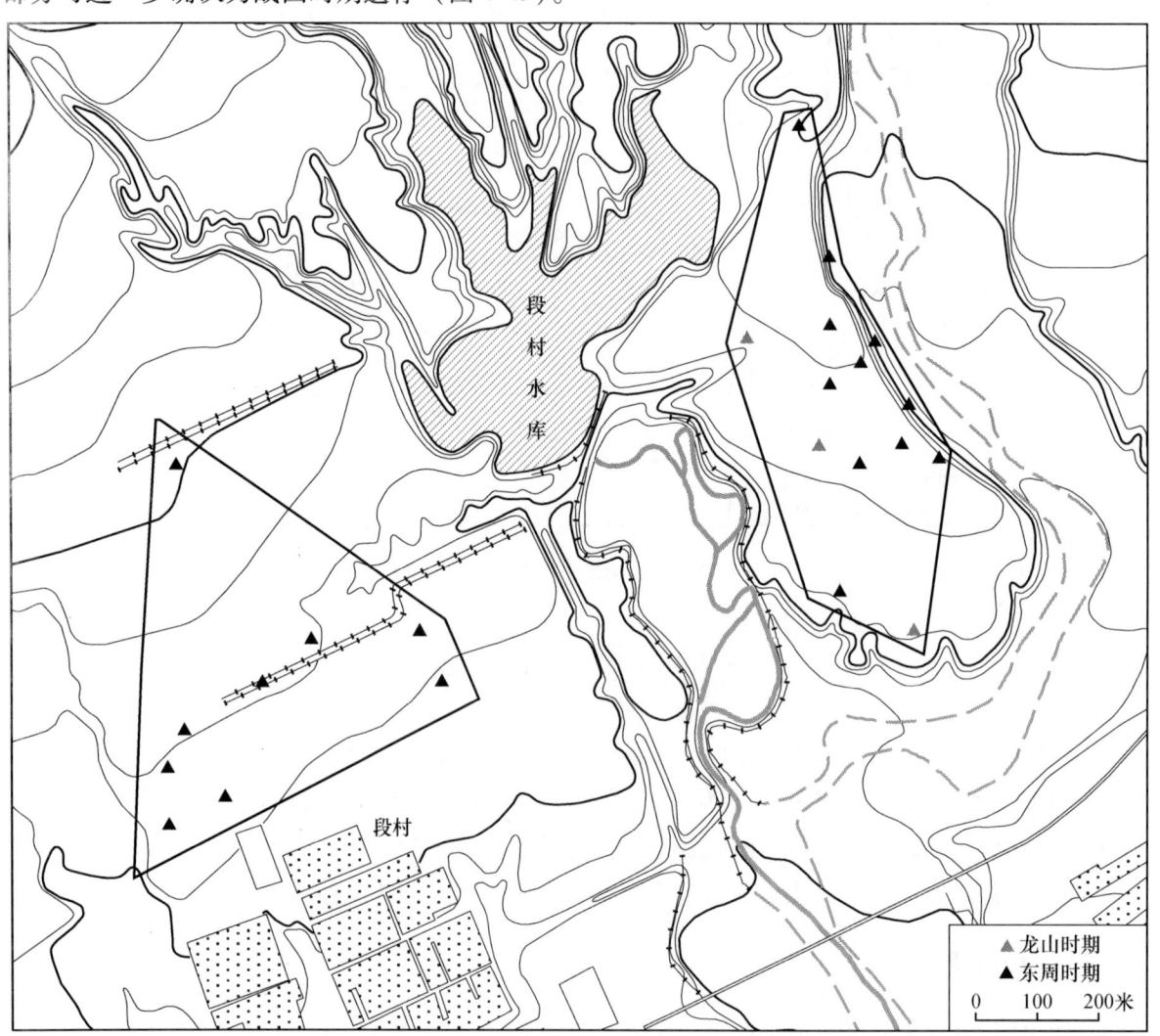

图4-49　段村Ⅰ号（左）、Ⅱ号（右）遗址遗存分布图

遗存主要分布于遗址南部，北部只有个别发现，遗存分布稀疏。未见任何遗迹现象，只在地表发现有陶片。陶片以夹砂灰陶为多，纹饰以绳纹为主，可辨器形有豆、罐等。

罐 1件。DX070425L001：1，夹砂灰陶（夹细砂）。方唇，翻沿，沿上下起脊，束颈，鼓腹（图4-50）。

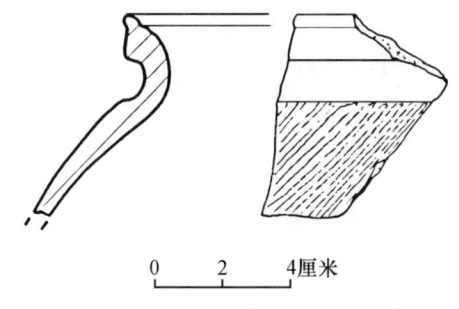

图4-50 段村Ⅰ号遗址东周时期陶器
罐（DX070425L001：1）

二二、东阳沟遗址

东阳沟遗址位于代县枣林镇东阳沟村东南600米，面积28.6万平方米（彩版三七，2）。遗址处于滹沱河北岸一级阶地上，南距滹沱河近3千米，地势较低，海拔895～915米，北高南低，东西两侧有冲沟，东北部地势有一定的起伏，其他位置相对平缓。遗址东侧有季节性河流，西侧有延伸到山脚下的冲沟与滹沱河相通。遗存分布稀疏。遗址包含龙山、东周两个时期遗存，其中，东周时期遗存部分可进一步确认为战国时期。

1. 龙山时期

龙山时期遗存只见于遗址北部，只有零星分布，遗存分布非常稀疏（图4-52）。未见任何遗迹现象，只在地表发现零星陶片，数量很少。陶片以夹砂灰陶为多，纹饰有篮纹，可辨器形有罐等。

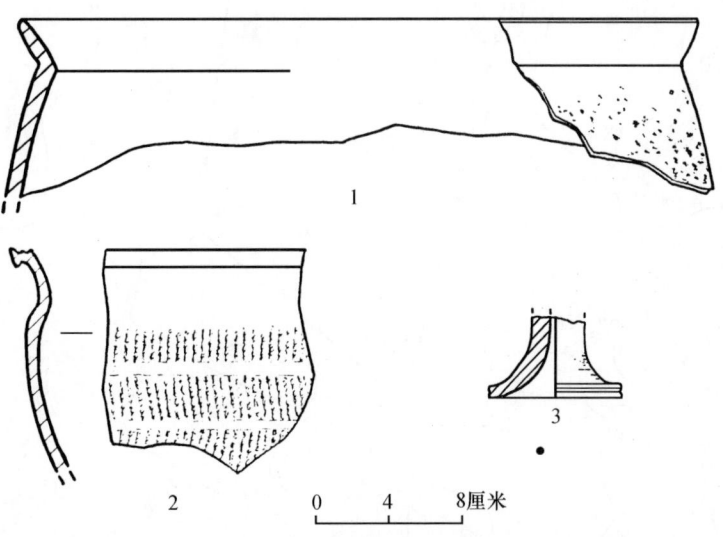

图4-51 东阳沟遗址陶器
1. 罐（DX070425F003：1） 2. 盆（DX090326D005：1） 3. 豆（DX070425E001：1）
（1. 龙山时期；2、3. 东周时期）

罐　1件。DX070425F003:1，夹砂灰陶，杂蚌粉。圆唇，侈口，深腹微鼓。素面。口径28、残高9.6厘米（图4-51，1）。

2. 东周时期

东周时期遗存见于遗址东北部和南部，遗存分布稀疏，东北部略显密集（图4-52）。只在遗址东北部冲沟的断面上发现1处文化层，未见其他遗迹现象，除了文化层内包含较多陶片外，地表也有陶片发现，但数量少。陶片以泥质灰陶为多，纹饰多绳纹，可辨器形有盆、豆等。

盆　1件。DX090326D005:1，泥质黑灰陶。方唇，折沿，束颈，微鼓肩，器表饰绳纹（图4-51，2）。

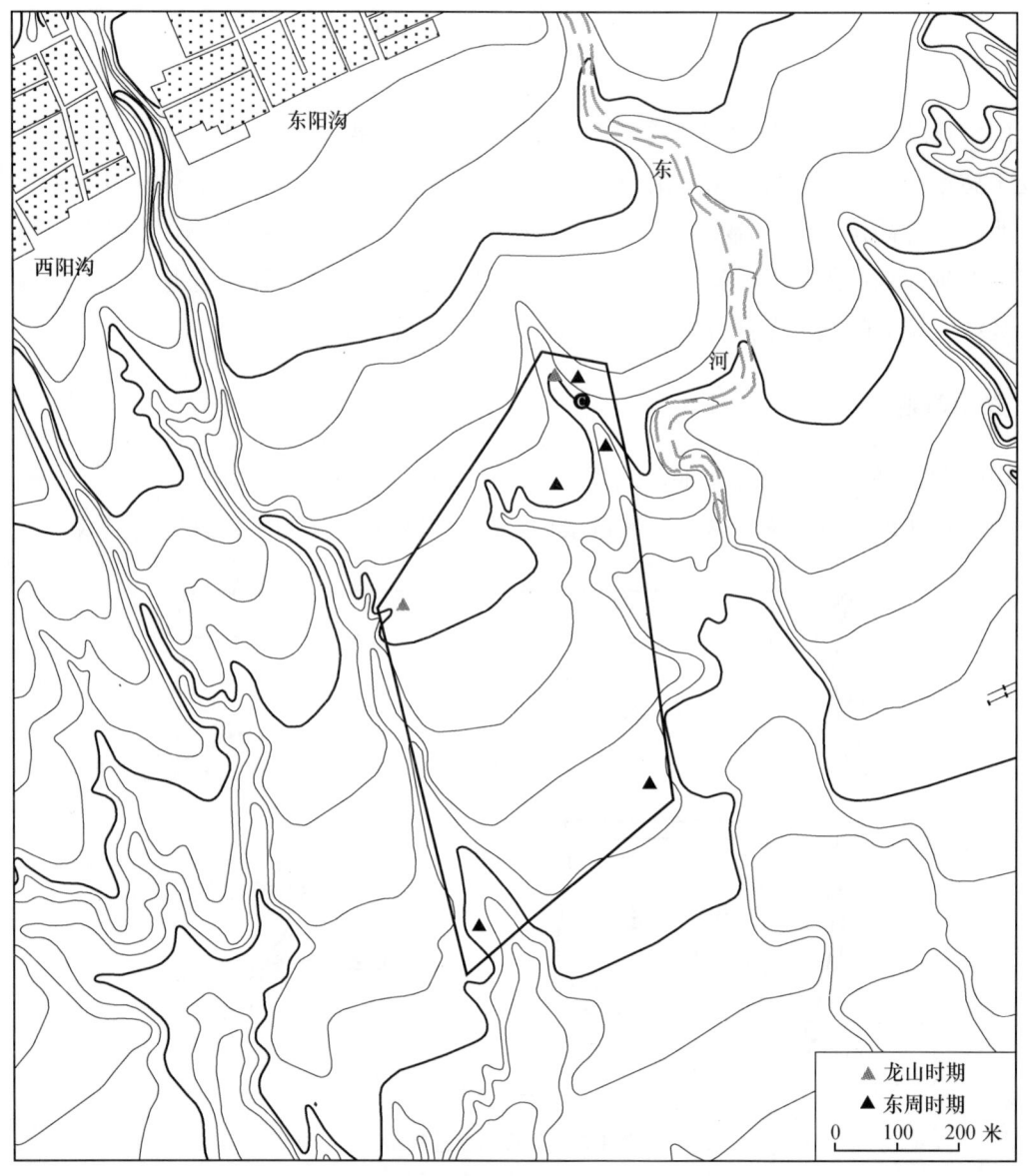

图4-52　东阳沟遗址遗存分布图

豆 1件。DX070425E001:1，泥质灰陶。细柄中空，喇叭口圈足。素面。底径7.6、残高4.8厘米（图4-51，3）

二三、西阳沟遗址

西阳沟遗址位于代县枣林镇西阳沟村南400米，面积25.1万平方米（彩版三七，2）。遗址处于滹沱河北岸的一级阶地上，南距滹沱河约3千米，海拔905~920米，北高南低，内有两条南北向冲沟，尤以东部冲沟稍深些，地势起伏较大。遗址东侧有延伸到山脚下的冲沟与滹沱河连通。遗存分布疏密不等，尤以遗址东部遗存分布相对密集。遗址包含仰韶、龙山两个时期的遗存。

1. 仰韶时期

仰韶时期遗存见于遗址西南角和东南角，遗存分布较为稀疏（图4-53）。仅在遗址东南部发现1处文化层，堆积较薄，未见其他遗迹现象。遗迹内包含有红陶片，数量较少，地表亦有零星陶片发现。陶片多泥质红褐陶，多素面磨光，可辨器形有钵等。

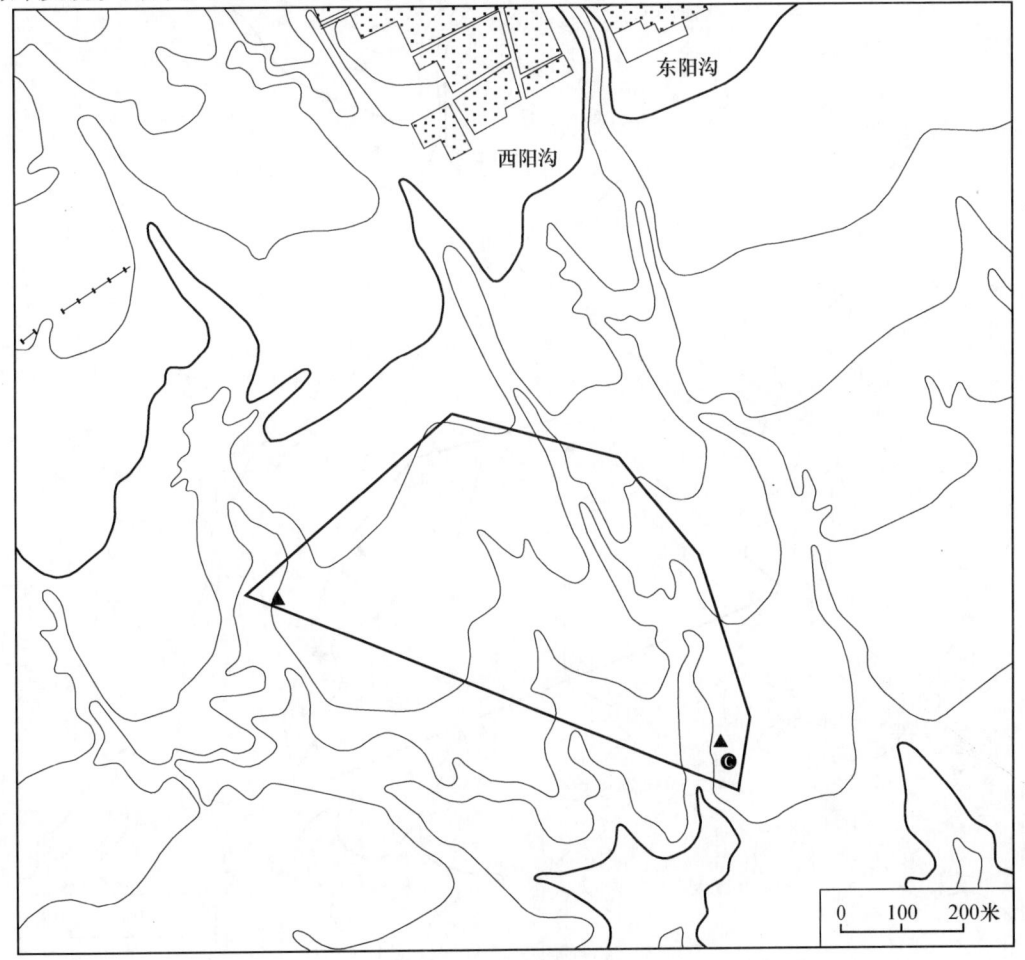

图4-53 西阳沟遗址仰韶时期遗存分布图

2. 龙山时期

龙山时期遗存基本见于整个遗址，尤以遗址东部遗存分布较为密集，遗迹集中分布于此（图4-54）。除3处文化层外，还发现4个灰坑、1座房址，其中，文化层主要见于梯田的断面，堆积均较薄，灰坑和房址多见于冲沟的断面，灰坑多口大底小状，房址为白灰面房。遗迹内包含物丰富，主要有陶片、石器等，地表也有陶片分布，尤以东部分布最为密集。陶片多夹砂灰陶，纹饰多绳纹，还有篮纹和方格纹等，可辨器形有鬲、豆、盆、瓮、折肩罐、罐等。石器有石斧等。

陶鬲足　1件。DX070425H006:1，夹砂灰陶。空袋足。足部饰绳纹（图4-55，4）。

陶豆　1件。DX070425G003-H:1，泥质灰陶。斜浅盘，细柄中空。素面（图4-55，2）。

陶瓮　1件。DX070425G003:1，夹砂灰陶（细砂）。小平沿，微敛口，口部加厚，深腹。口下有附加堆纹，腹部饰绳纹（图4-55，5）。

陶罐　2件。DX070425H004-C:1，夹砂褐陶。小圆唇，口外翻，鼓腹。腹部饰方格纹（图4-55，6）。DX070425H005:1，夹砂灰陶，杂有蚌粉。圆唇，口外翻，束颈，鼓腹。素面（图4-55，3）。

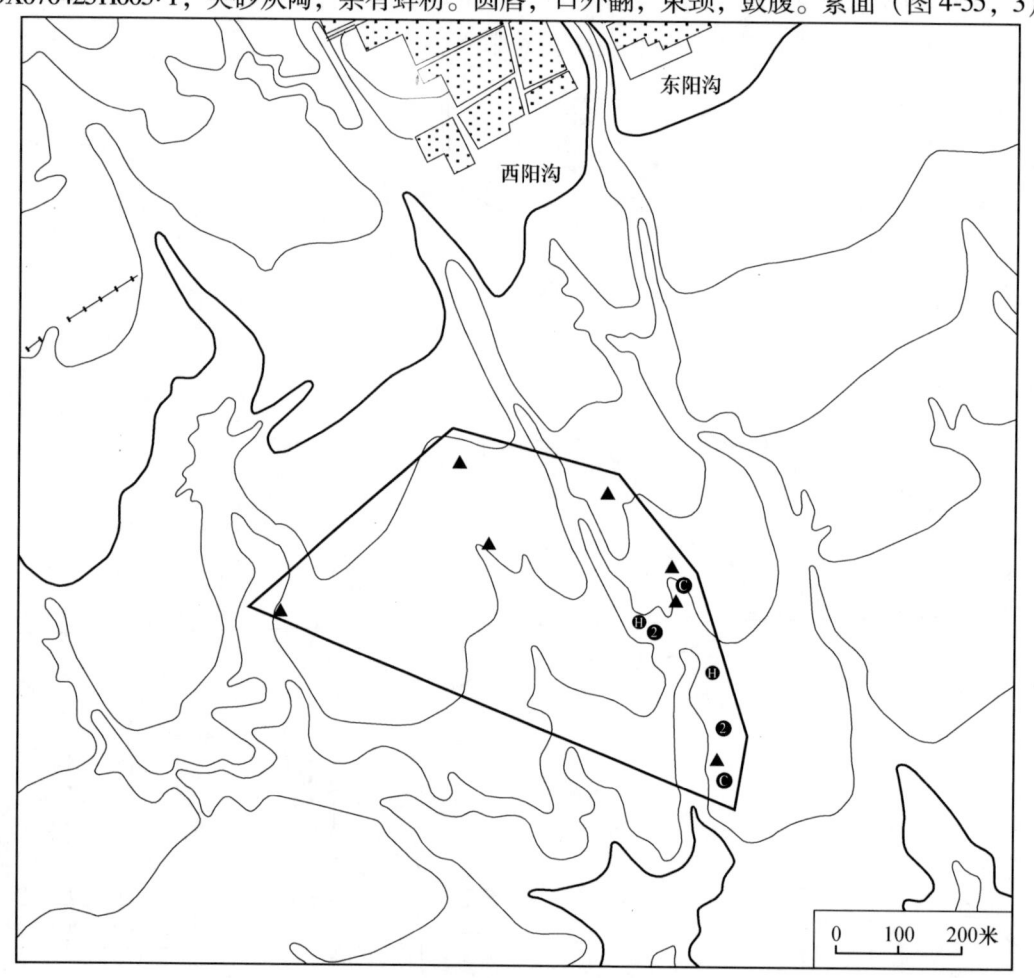

图4-54　西阳沟遗址龙山时期遗存分布图

石斧　1件。DX070425H007：1，青灰色，已残。近长方形，顶端略窄，双面刃（图4-55，1）。

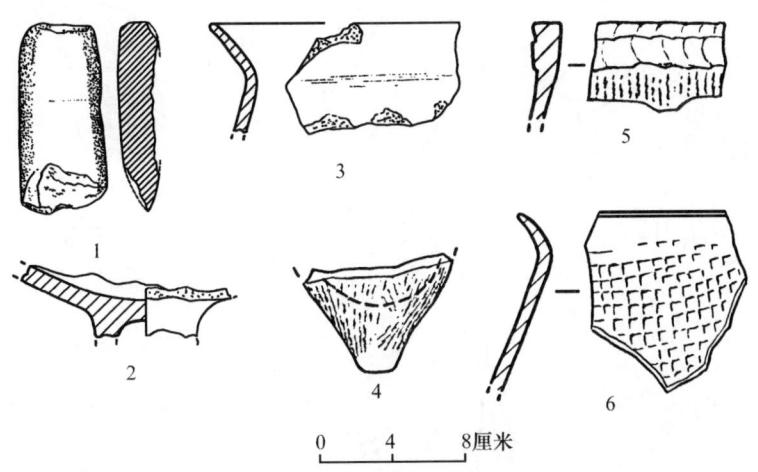

图 4-55　西阳沟遗址龙山时期陶、石器
1. 石斧（DX070425H007：1）　2. 陶豆（DX070425G003-H：1）　3、6. 陶罐（DX070425H005：1、DX070425H004-C：1）　4. 陶鬲足（DX070425H006：1）　5. 陶瓮（DX070425G003：1）

二四、小庄子遗址

小庄子遗址位于代县枣林镇小庄子（肖庄）村西，面积21.6万平方米（彩版三八）。遗址处在山前台地上一突出的山脊，地势较高，海拔1130～1270米，北高南低，背风向阳，坡度较大，内有多条深浅不一的冲沟，起伏较大。遗址东、西两侧各有一条来自北面山上的水流，水流在遗址南面汇合后最后流向了滹沱河。遗存分布疏密不等且落差较大，遗址西部遗存分布相对密集。遗址包含龙山和东周两个时期遗存，其中，东周时期遗存部分可进一步确认为战国时期。

1. 龙山时期

龙山时期遗存见于整个遗址，其中，尤以西部遗存分布略显密集，遗迹现象全部发现于此（图4-56）。除1处文化层外，还发现1个灰坑，均见于梯田的断面，文化层堆积较厚，灰坑为袋状坑。遗迹内包含物丰富，尤以陶片最多，地表也发现有陶片。陶片以夹砂灰陶为多，纹饰以篮纹为主，可辨器形有盆、高领罐、罐等。

罐　4件。DX070426D002-C：1，夹砂灰陶。深腹，平底。腹部饰斜篮纹。底径13、残高8厘米（图4-58，4）。DX070426D002-C：2，泥质灰褐陶。器薄，鼓腹，底微凹。腹部饰斜篮纹。底径12、残高10厘米（图4-58，1）。DX070426E002：1，夹砂灰褐陶（细砂）。鼓腹，平底。腹部饰竖篮纹。底径12、残高3.8厘米（图4-58，3）。DX070426E001：1，夹砂褐陶。深腹，平底。素面。底径10、残高4.8厘米（图4-58，2）。

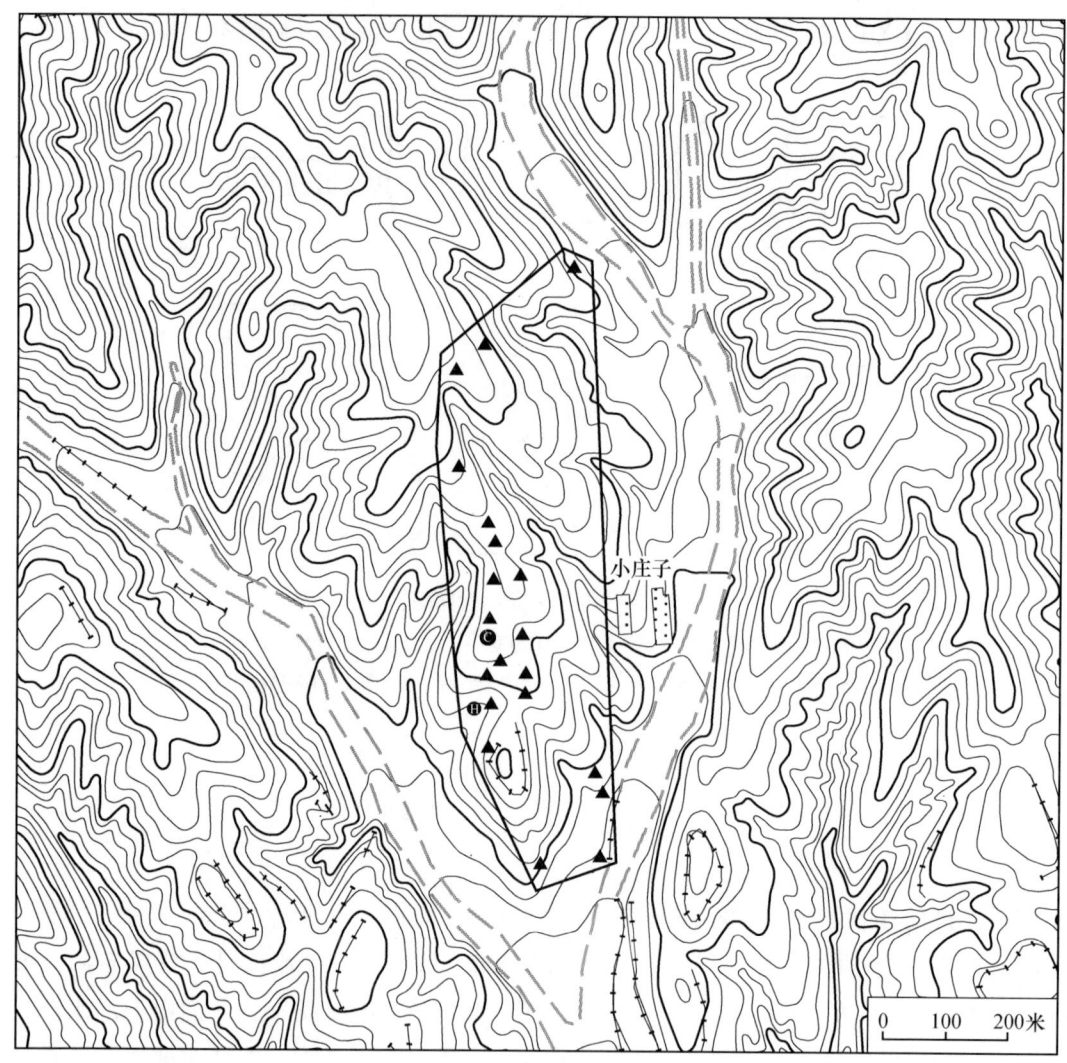

图 4-56　小庄子遗址龙山时期遗存分布图

2. 东周时期

东周时期遗存主要分布于遗址南部（图 4-57）。除在遗址东南部发现 1 处文化层外，未见其他遗迹现象，文化层堆积较薄。文化层内包含有少量陶片，但地表发现陶片更多，尤以遗址东南部分布更为密集。陶片以夹砂灰陶为主，纹饰多粗大绳纹，可辨器形有盆、罐等。

罐　2 件。DX070426D005：1，夹砂灰陶。小圆唇，折沿，微鼓腹。腹部饰粗大绳纹。口径 30、残高 8 厘米（图 4-58，5）。DX070426L005：1，夹砂灰陶。斜方唇，宽折沿，深腹。沿内外侧各有一周凹槽，腹部饰粗大绳纹。口径 32、残高 7.2 厘米（图 4-58，6）。

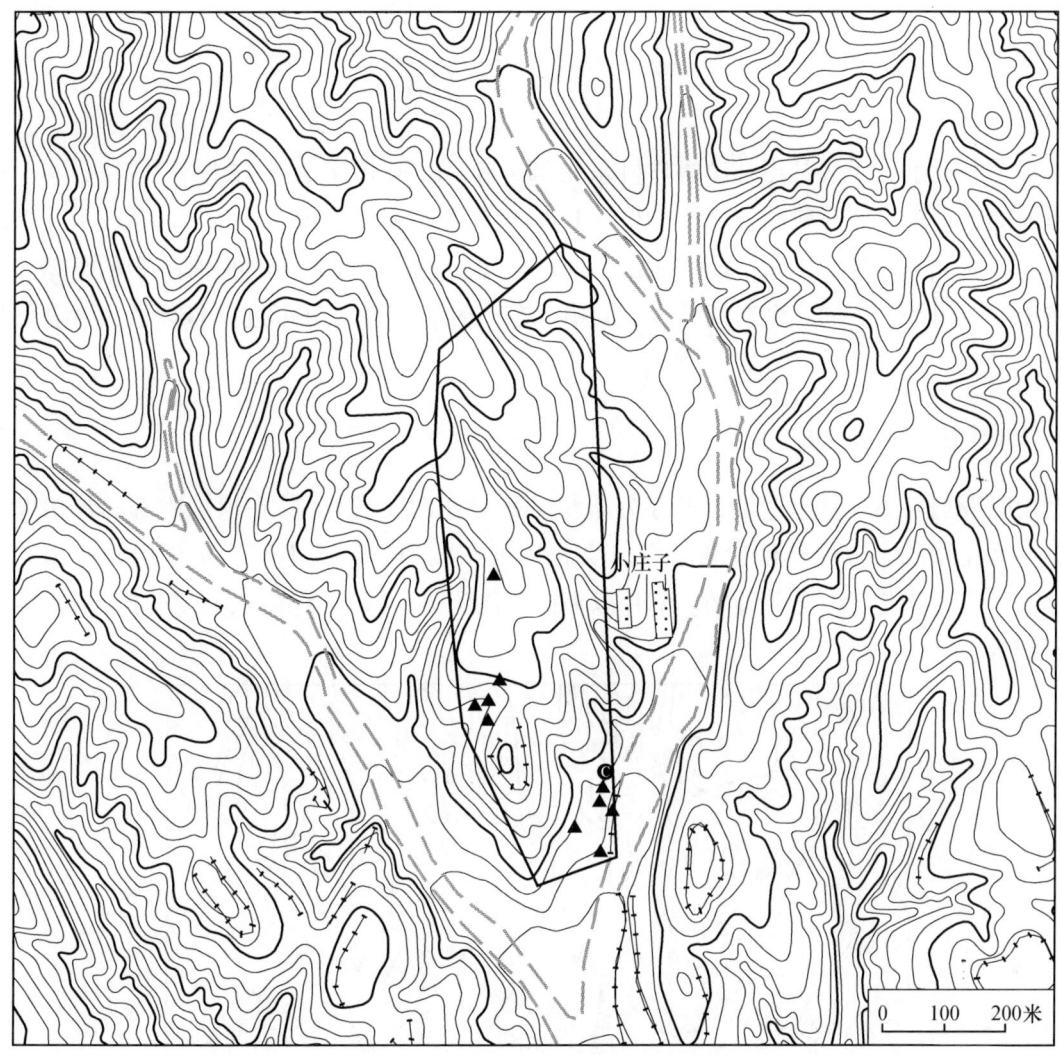

图 4-57 小庄子遗址东周时期遗存分布图

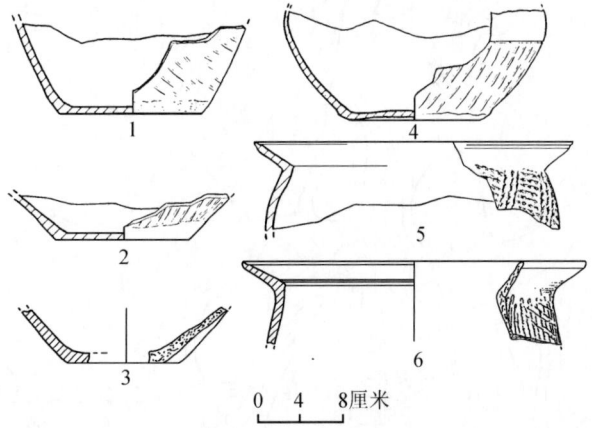

图 4-58 小庄子遗址龙山、东周时期陶器

1～6. 罐（DX070426D002-C:2、DX070426E001:1、DX070426E002:1、DX070426D002-C:1、DX070426D005:1、DX070426L005:1）

（1～4. 龙山时期；5、6. 东周时期）

二五、康户Ⅰ号遗址

康户Ⅰ号遗址位于代县枣林镇康户村东北300米,面积10.8万平方米(彩版三八)。遗址处在山前的台地上,地势较高,海拔1100~1180米,北高南低,内有冲沟,起伏较大。遗址东侧有深沟,西侧有发源于山脚下的水流由北向南流过。遗存分布密集,但有一定的落差。遗址包含龙山、二里头、东周三个时期遗存,其中,东周时期遗存部分可进一步确认为春秋、战国时期。

1. 龙山时期

龙山时期遗存见于整个遗址,遗存分布相对密集(图4-59)。除在遗址南部的梯田断面上发现1处文化层外,未见其他遗迹现象,文化层堆积较薄,长度不清。文化层内所出遗物较少,地表可见有陶片、石器等遗物。陶片以夹砂灰陶为多,纹饰多绳纹,可辨器形有鬲等,石器有石铲等。

图4-59　康户Ⅰ号遗址龙山时期遗存分布图

鬲足　1件。DX070426I004:1，夹砂灰陶。空袋足，微有实足跟。器表饰绳纹（图4-62，5）。

2. 二里头时期

二里头时期遗存分布于遗址中、南部，分布不太均匀，疏密有别（图4-60）。遗迹主要暴露于遗址南部梯田的断面，只发现2个灰坑，未见其他遗迹现象，灰坑均为口大底小状，深度不详。灰坑内包含物丰富，地表所见陶片也多。陶片以夹砂灰陶为多，纹饰以绳纹为主，可辨器形有鬲、豆、蛋形瓮、罐等。

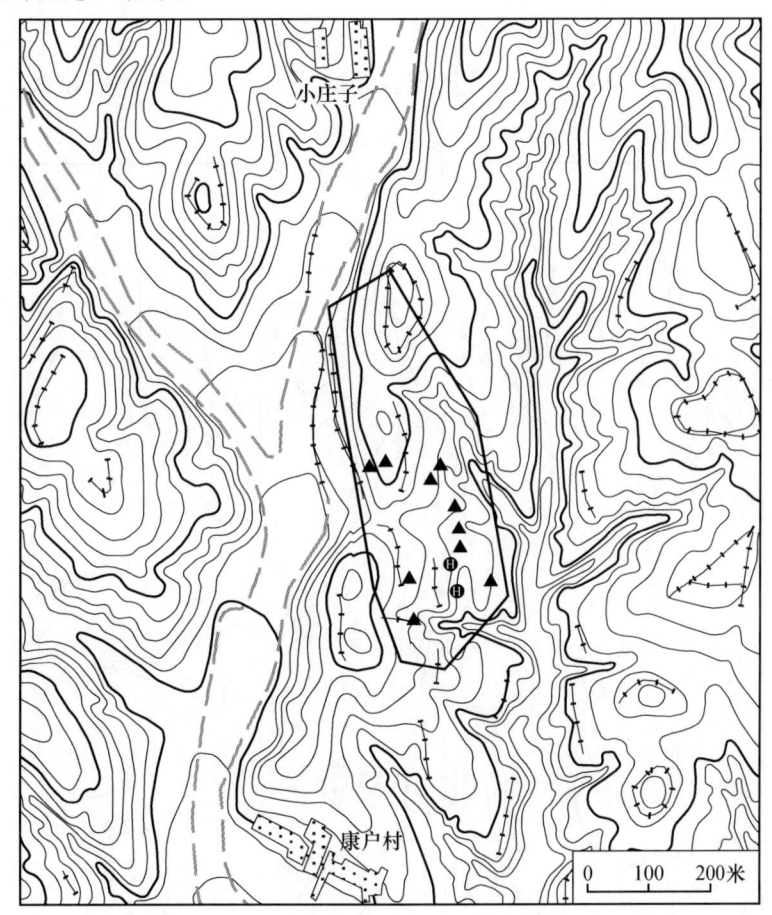

图4-60　康户Ⅰ号遗址二里头时期遗存分布图

鬲足　1件。DX070426C010:1，夹砂灰陶。肥袋足，锥状实足跟。通体饰绳纹（图4-62，3）。

蛋形瓮足　1件。DX070426G006:1，夹砂灰陶。实足跟。足跟饰绳纹（图4-62，2）。

豆　1件。DX070426B007:1，泥质红陶。翻沿，弧腹。素面（图4-62，4）。

罐　1件。DX070426C010:2，夹砂褐陶。深腹，平底。腹部饰绳纹。底径23.4、残高6厘米（图4-62，8）。

3. 东周时期

东周时期遗存主要分布于遗址北、中部，尤以西北部遗存分布最为密集，遗址东南部仅有零星分布（图4-61）。未见任何遗迹现象，仅在地表发现较多陶片。陶片以夹砂灰陶为多，纹饰多绳纹，可辨器形有鼎、鬲、盆、豆等。

盆　1件。DX070426B001：1，泥质灰陶。方唇，折沿，深腹。腹部饰绳纹，有抹过痕迹。口径20、残高6厘米（图4-62，1）。

鬲　1件。DX070426B003：1，夹砂褐陶。斜方唇，折沿，深腹。沿面内外侧各有一周旋纹，腹部饰粗大绳纹。口径26、残高7.6厘米（图4-62，6）。

鼎足　1件。DX070426C004：1，夹砂灰陶。矮胖实足跟。足外侧有扉棱，内侧有深沟槽。器表饰粗大绳纹（图4-62，7）。

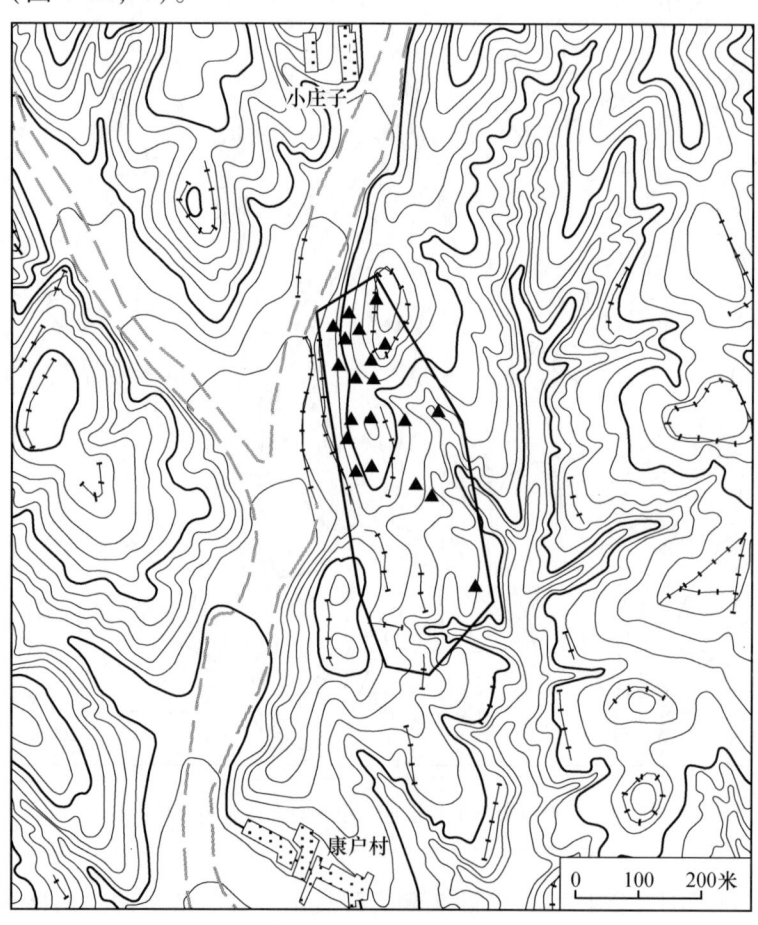

图4-61　康户Ⅰ号遗址东周时期遗存分布图

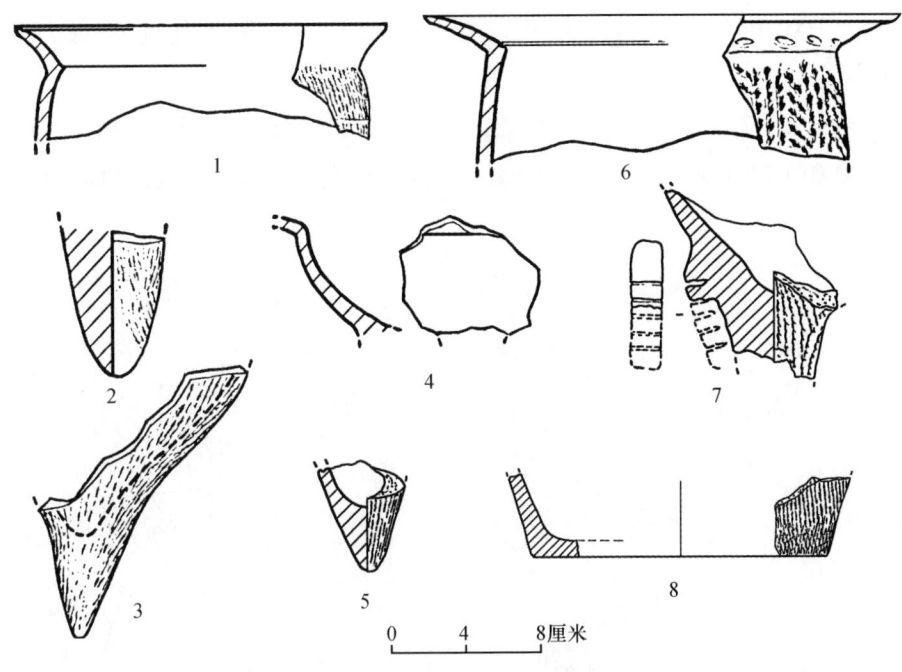

图 4-62　康户Ⅰ号遗址陶器

1. 盆（DX070426B001：1）　2. 蛋形瓮足（DX070426G006：1）　3、5. 鬲足（DX070426C010：1、DX070426I004：1）
4. 豆（DX070426B007：1）　6. 鬲（DX070426B003：1）　7. 鼎足（DX070426C004：1）　8. 罐（DX070426C010：2）
（1、6、7. 东周时期；2~4、8. 二里头时期；5. 龙山时期）

二六、康户Ⅱ号遗址

康户Ⅱ号遗址位于代县枣林镇康户村西北 400 米，面积 3 万平方米（彩版三八）。遗址处在山前台地一突出的山脊上，地势较高，海拔 1140~1190 米，西高东低，坡度大，起伏也较大。遗址东、北面有发源于山脚下的水流流过。遗址只有龙山时期遗存（图 4-64）。

遗址北部遗存分布相对密集，南部仅有零星分布。未见任何遗迹现象，只在地表发现较多陶片。陶片以夹砂灰褐陶为多，纹饰多绳纹和篮纹，可辨器形有甗、蛋形瓮、带耳罐、高领罐、罐等。

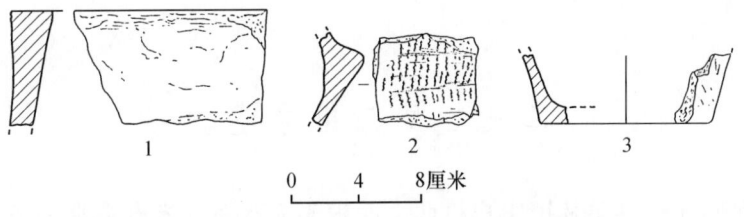

图 4-63　康户Ⅱ号遗址龙山时期陶器

1. 蛋形瓮（DX070426K005：1）　2. 甗（DX070426J004：1）　3. 罐（DX070426K001：1）

鬲　1件。DX070426J004：1，夹砂灰褐陶。束腰，有隔，袋足外鼓。器表饰绳纹（图4-63，2）。

蛋形瓮　1件。DX070426K005：1，夹砂褐陶。宽平沿，微敛口，深腹，素面（图4-63，1）。

罐　1件。DX070426K001：1，夹砂褐陶。深腹，平底。素面，器表粗糙。底径11、残高4.2厘米（图4-63，3）。

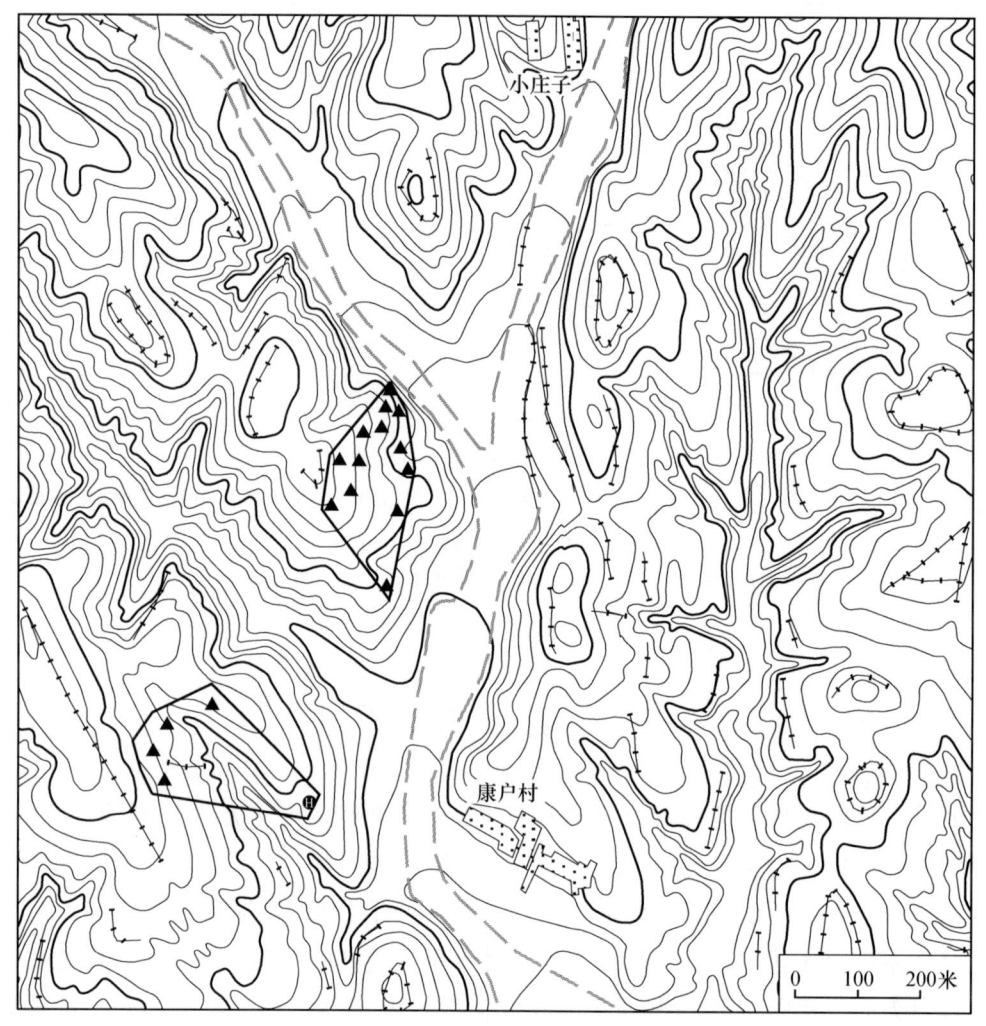

图4-64　康户Ⅱ号（上）、Ⅲ号（下）遗址遗存分布图

二七、康户Ⅲ号遗址

康户Ⅲ号遗址位于代县枣林镇康户村西，面积3.7万平方米（彩版三八）。遗址处于山前的台地上，地势较高，海拔1130～1180米，西高东低，南部有冲沟，地势有一定的起伏。遗址东侧有发源于山脚下的水流流过。遗址只有龙山时期的遗存（图4-64）。

遗址西部遗存分布相对密集,但遗迹只见于遗址东部梯田的断面。共发现2个灰坑,其中一个为袋状坑,另一个为口大底小。未见其他遗迹现象。灰坑内包含有较多陶片,地表也有零星陶片分布。陶片以夹砂灰陶为多,纹饰多篮纹,可辨器形有鬲、蛋形瓮、瓮等。

瓮 1件。DX070426K010:1,夹砂灰陶。平沿,微敛口,深腹微鼓。口下有附加堆纹,腹部饰篮纹(图4-65)。

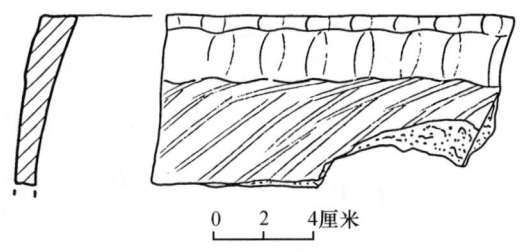

图4-65 康户Ⅲ号遗址陶器
瓮(DX070426K010:1)

二八、康户Ⅳ号遗址

康户Ⅳ号遗址位于代县枣林镇康户村南250米,面积0.8万平方米。遗址处于山前台地的

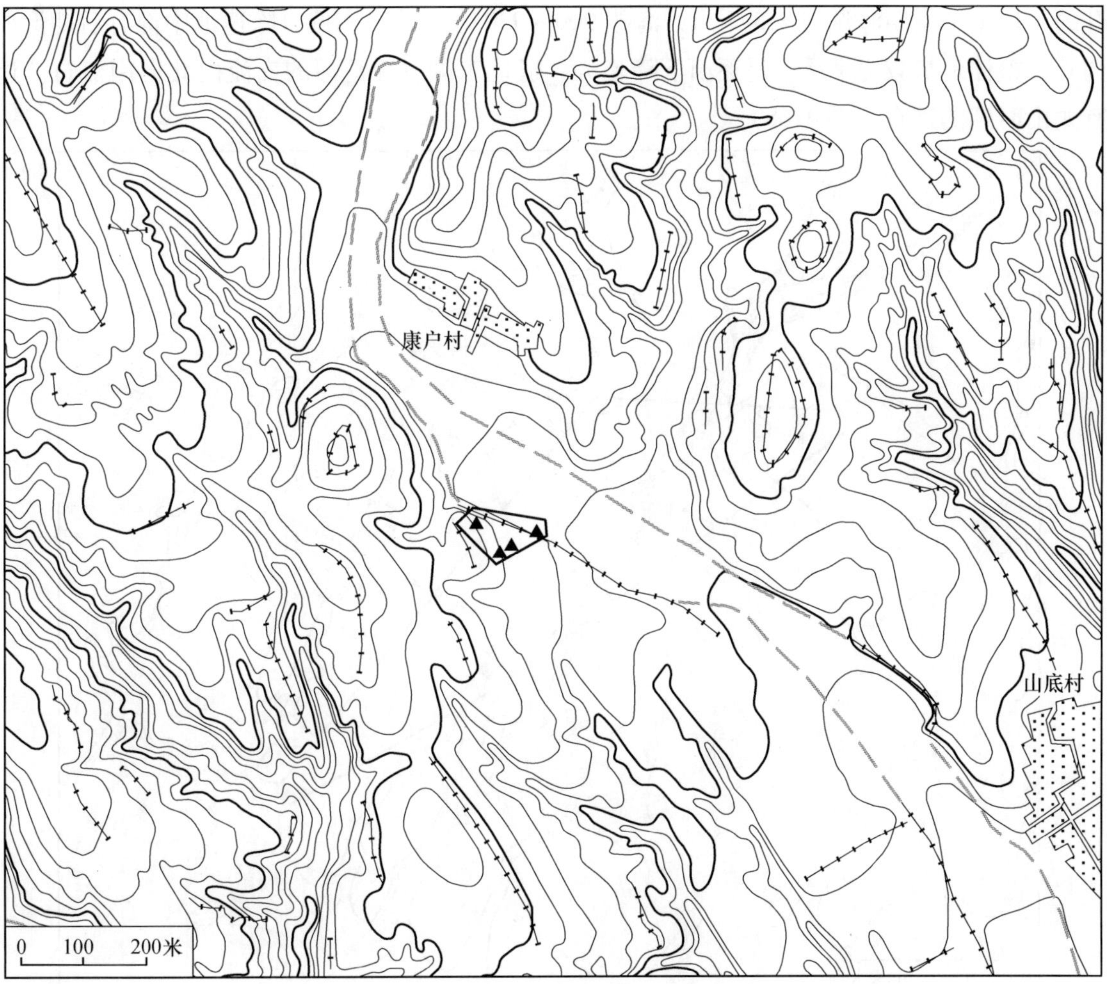

图4-66 康户Ⅳ号遗址遗存分布图

较低处，海拔1070~1100米，西高东低，地势相对较低，有一定的起伏。遗址东侧有发源于山脚下的水流由北向南流过。遗址只有东周时期遗存，其中，部分遗存可进一步确认为战国时期（图4-66）。

没有发现任何遗迹现象，只在地表发现有陶片。陶片多夹砂灰陶，纹饰多绳纹，可辨器形有豆等。

豆　1件。DX070426L012:1，泥质灰陶。细柄中空。素面（图4-67）。

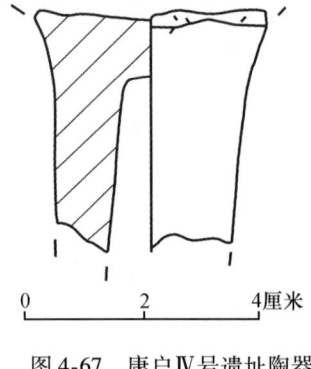

图4-67　康户Ⅳ号遗址陶器豆（DX070426L012:1）

二九、侯家沟遗址

侯家沟遗址位于代县上磨坊乡侯家沟村西，面积17.6万平方米。遗址处于滹沱河北岸逐渐抬升的阶地上，南距滹沱河2.5千米，海拔900~930米，北高南低，除遗址中部有后期形成的冲沟外，整体地势较为平缓，呈逐渐下降趋势。遗址东侧有滹沱河的支流由北向南流过。遗址只有龙山时期的遗存（图4-68）。

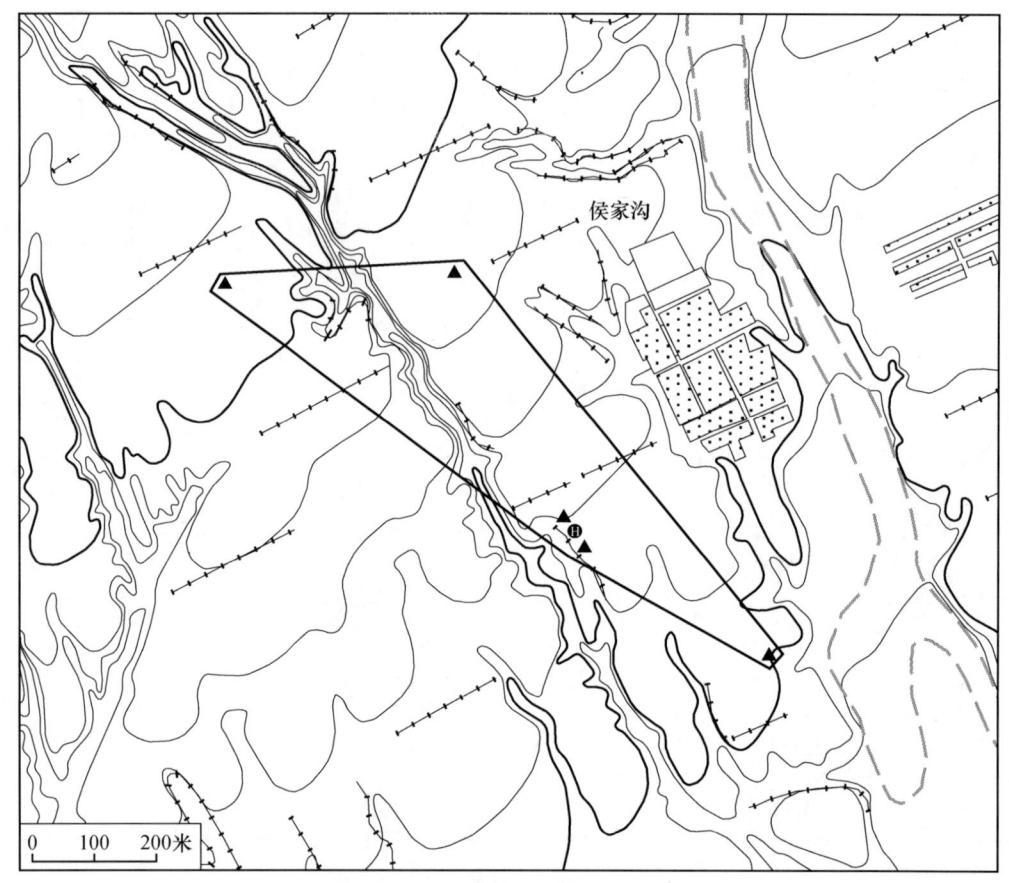

图4-68　侯家沟遗址遗存分布图

除遗址中部遗存分布略显密集外，其他位置都非常稀疏。除在遗址中部偏西的梯田断面上发现 1 个灰坑外，未见其他遗迹现象。灰坑内包含物丰富，尤以陶片最多，地表也可见零星陶片分布。陶片以灰陶为主，纹饰多篮纹，可辨器形有鬲、斝、盆、蛋形瓮、瓮、罐等。

鬲足　1件。DX070426F010:2，夹砂褐陶。空袋足。足部饰绳纹（图4-69，4）。

盆　2件。DX070426F010:1，泥质褐陶。近方唇，翻沿，深鼓腹。沿下饰竖篮纹（图4-69，2）。DX070426D006:1，夹砂褐陶。圆唇，大敞口，斜腹。素面（图4-69，1）。

蛋形瓮　1件。DX070426B008:1，泥质灰褐陶。宽沿，口部加厚，微敛口，深腹。口部有附加堆纹（图4-69，3）。

瓮　2件。DX070426E015:1，夹砂灰陶。圆唇，敛口，鼓腹。口部有附加堆纹，腹部饰绳纹（图4-69，5）。DX070426E014:1，夹砂灰褐陶。方唇，敛口，鼓肩。口部有附加堆纹，腹部饰斜篮纹（图4-69，6）。

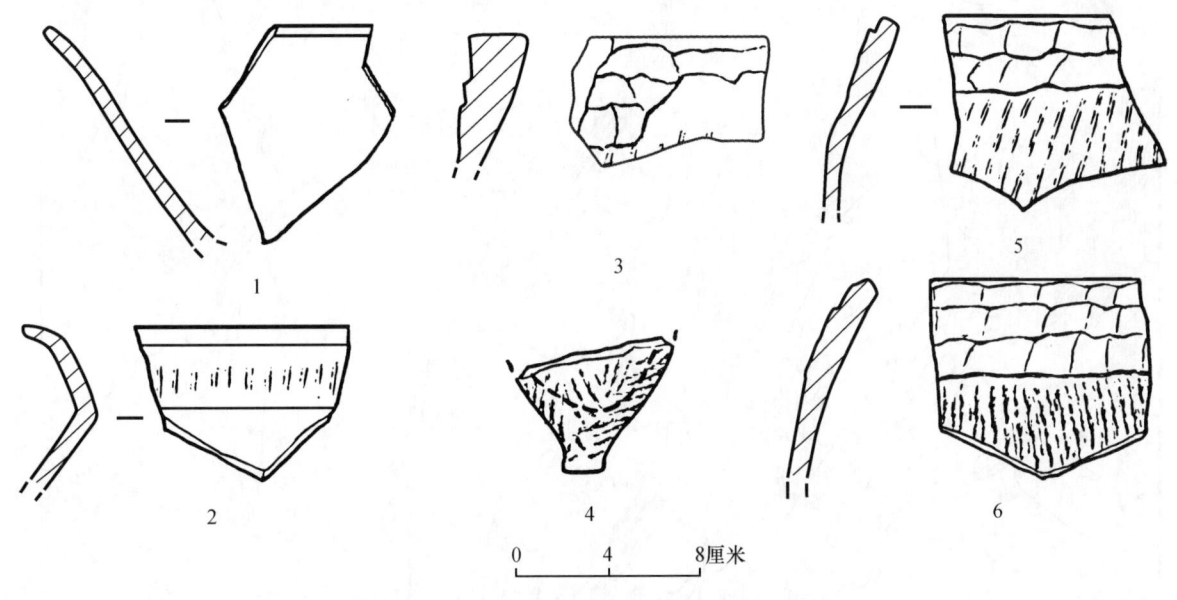

图 4-69　侯家沟遗址陶器

1、2. 盆（DX070426D006:1、DX070426F010:1）　3. 蛋形瓮（DX070426B008:1）　4. 鬲足（DX070426F010:2）
5、6. 瓮（DX070426E015:1、DX070426E014:1）

三〇、马家梁遗址

马家梁遗址位于代县上磨坊乡新任家庄村西 950 米，即马家梁南，面积 10.3 万平方米（彩版三九）。遗址处于山前台地的下缘，海拔 980～1040 米，北高南低，背风向阳，坡度大，中部有较深的冲沟，地势起伏也较大。遗址西侧有发源于山脚下的季节性水流流过。遗存分布略显稀疏且落差大。遗址包含仰韶、龙山、东周三个时期的遗存。

1. 仰韶时期

仰韶时期遗存见于遗址北、中部，遗存分布非常稀疏（图 4-70）。未见任何遗迹现象，只在地表发现零星陶片。陶片多泥质磨光褐陶，多素面。

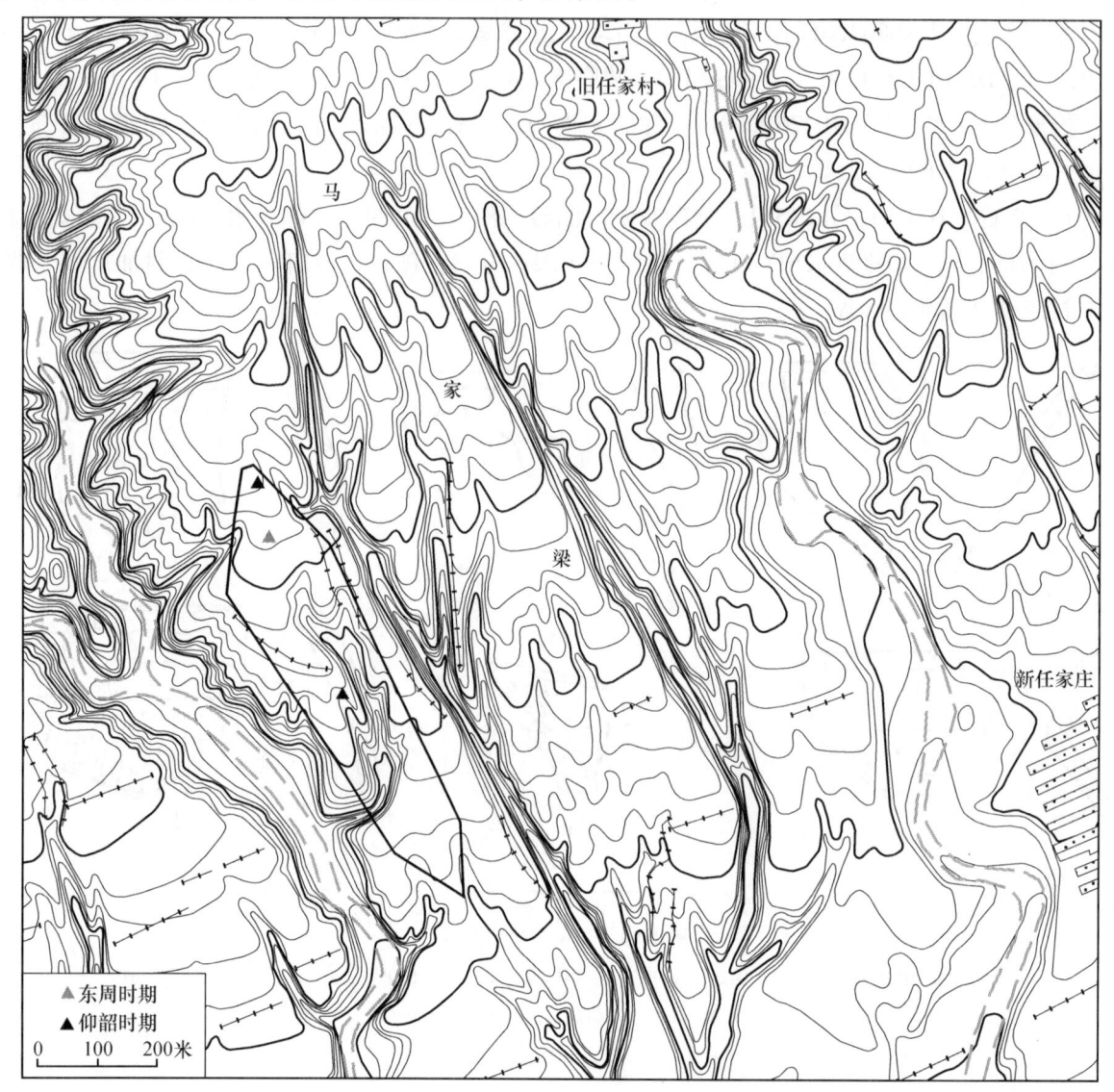

图 4-70　马家梁遗址仰韶、东周时期遗存分布图

2. 龙山时期

龙山时期遗存分布于遗址南、北两端，尤以北部遗存分布最为密集（图 4-71）。未见任何遗迹现象，只在地表发现有陶片。陶片以夹砂灰陶为多，纹饰有篮纹，可辨器形有鬲、罐、器盖等。

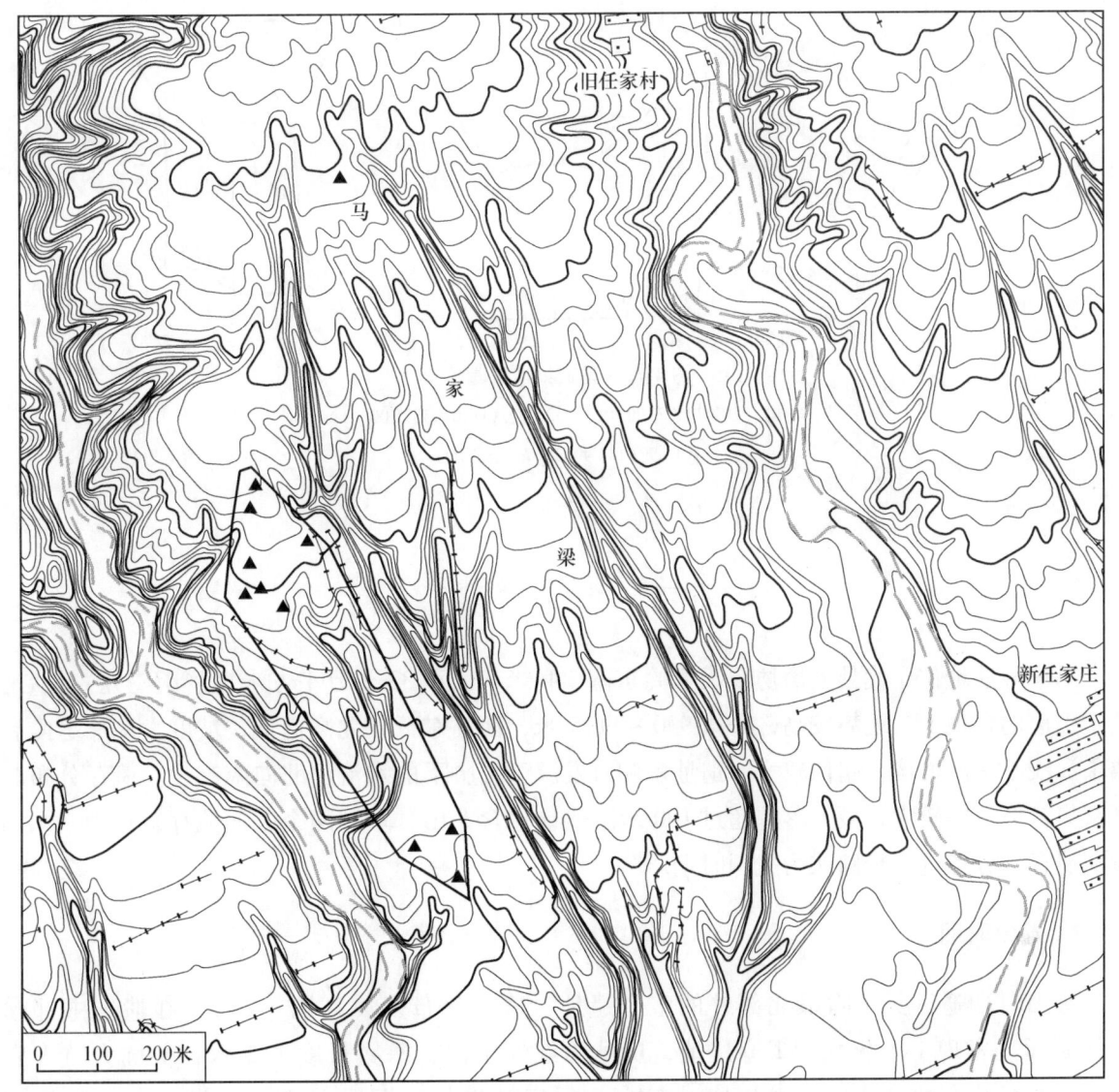

图 4-71　马家梁遗址龙山时期遗存分布图

罐　1件。DX070507L003:1，夹砂灰陶。圆唇，侈口。素面，器表粗糙。口径17、残高4厘米（图4-72，1）。

3. 东周时期

东周时期遗存只见于遗址北部，仅有个别发现，遗存分布非常稀疏（图4-70）。未见任何遗迹现象，只在地表发现少量陶片。陶片以泥质灰陶为多，多素面，可辨器形有豆等。

豆　1件。DX070507K002:1，泥质灰陶。细柄中空，高圈足。素面（图4-72，2）。

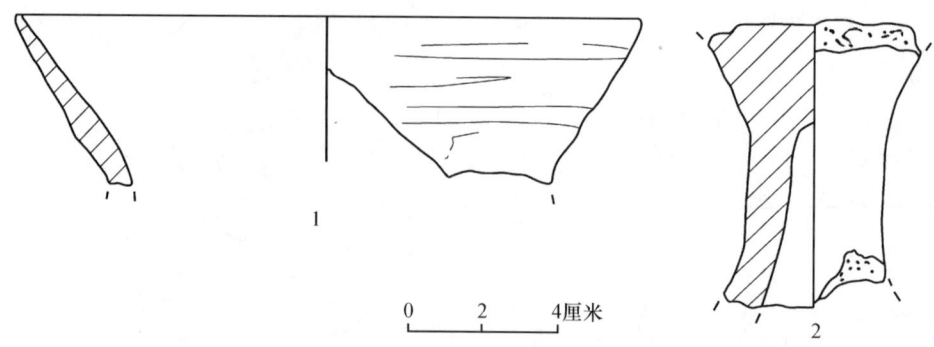

图 4-72　马家梁遗址陶器
1. 罐（DX070507L003:1）　2. 豆（DX070507K002:1）
（1. 龙山时期；2. 东周时期）

三一、冯家岭遗址

冯家岭遗址位于代县上磨坊乡冯家岭东南 300 米，面积 33.2 万平方米（彩版三九）。遗址处于山前的台地上，地势较高，海拔 990～1115 米，西高东低，北高南低，坡度大，加之内有数条深浅不一的冲沟，起伏较大。遗址东侧有发源于山脚下的水流由北向南流过。遗存分布略显密集，但落差较大，最大落差超过 100 米。遗址包含龙山、东周两个时期遗存，其中，东周时期遗存部分可进一步确认为战国时期。

1. 龙山时期

龙山时期遗存见于除最北部外的整个遗址，遗存分布密集（图 4-74）。在遗址中部梯田的断面上发现 1 个灰坑和 1 座房址，房址为红烧土面，暴露长度 1.5 米，灰坑为口大底小状。灰坑内包含物丰富，尤以陶片最多，但房址内仅发现少量陶片，地表所见陶片甚多。陶片以夹砂灰陶为多，纹饰多篮纹和绳纹，可辨器形有鬲、蛋形瓮、盆、器盖、高领罐、带耳罐、直口罐、罐等。

遗址东 700 米处有这个时期的零星陶片分布。

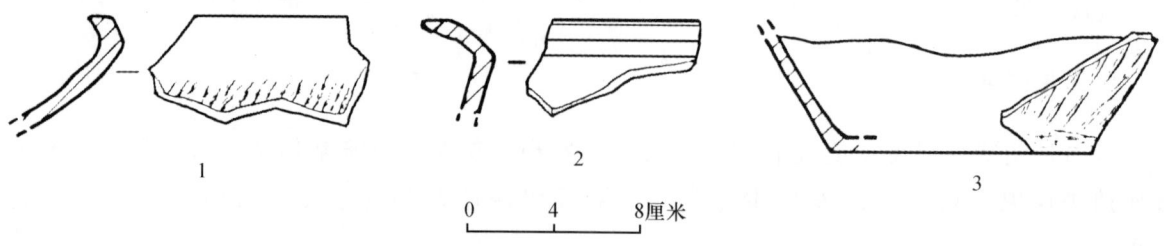

图 4-73　冯家岭遗址龙山时期陶器
1、3. 罐（DX070507K009:1、DX070507M006:1）　2. 盆（DX070507N009:1）

盆 1件。DX070507N009：1，泥质褐陶。圆唇，折沿，深腹。素面（图4-73，2）。

罐 2件。DX070507K009：1，夹砂灰褐陶。小平沿，口外翻，矮领，鼓肩。肩部饰绳纹（图4-73，1）。DX070507M006：1，夹砂灰陶。深腹，平底。腹部饰斜篮纹。底径12、残高5.2厘米（图4-73，3）。

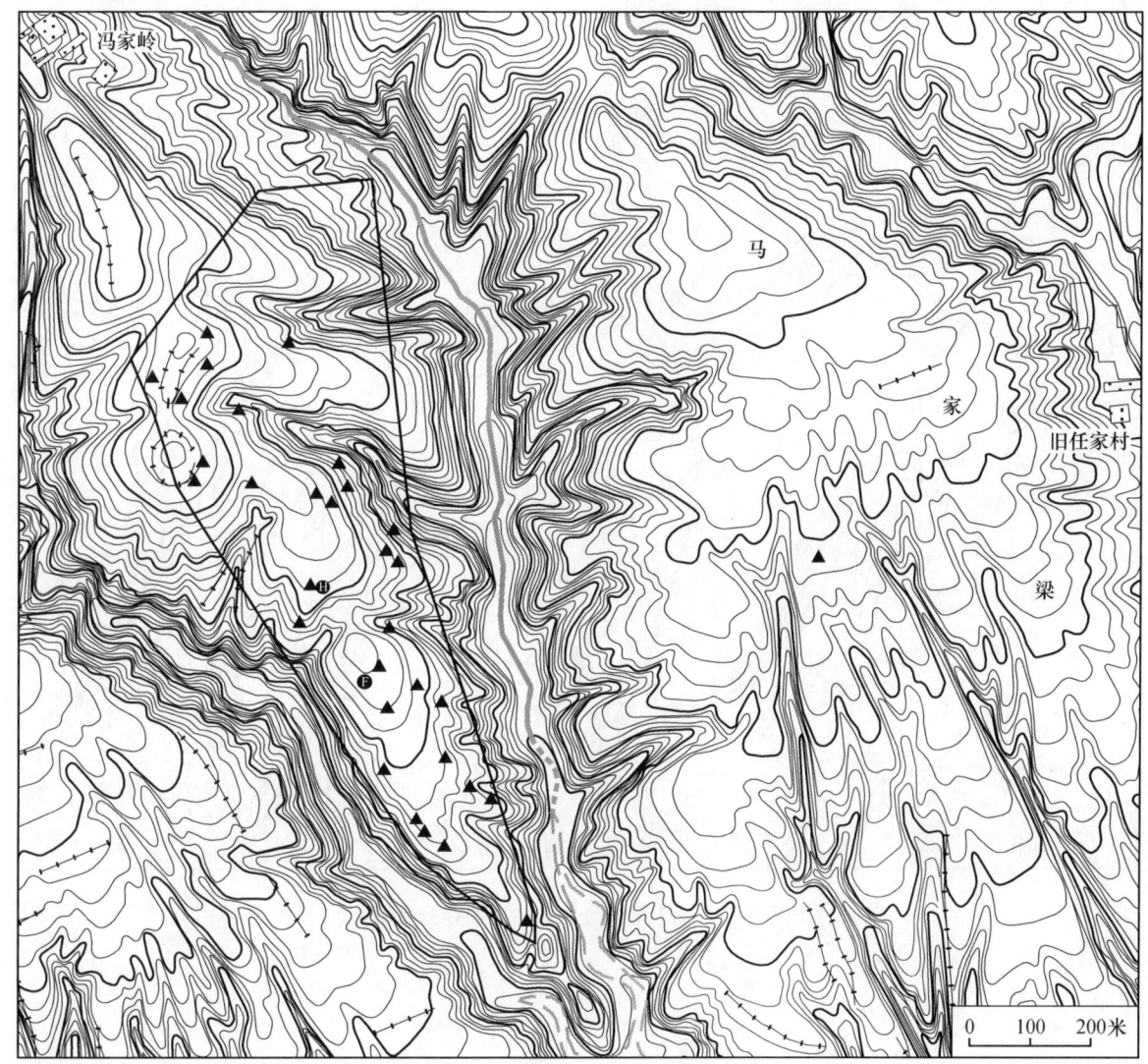

图4-74　冯家岭遗址龙山时期遗存分布图

2. 东周时期

东周时期遗存见于整个遗址，除遗址北部遗存分布略显密集外，其他位置遗存分布都非常稀疏（图4-75）。未见任何遗迹现象，只在地表发现有陶片。陶片多夹砂灰陶，纹饰多绳纹，可辨器形有罐等。

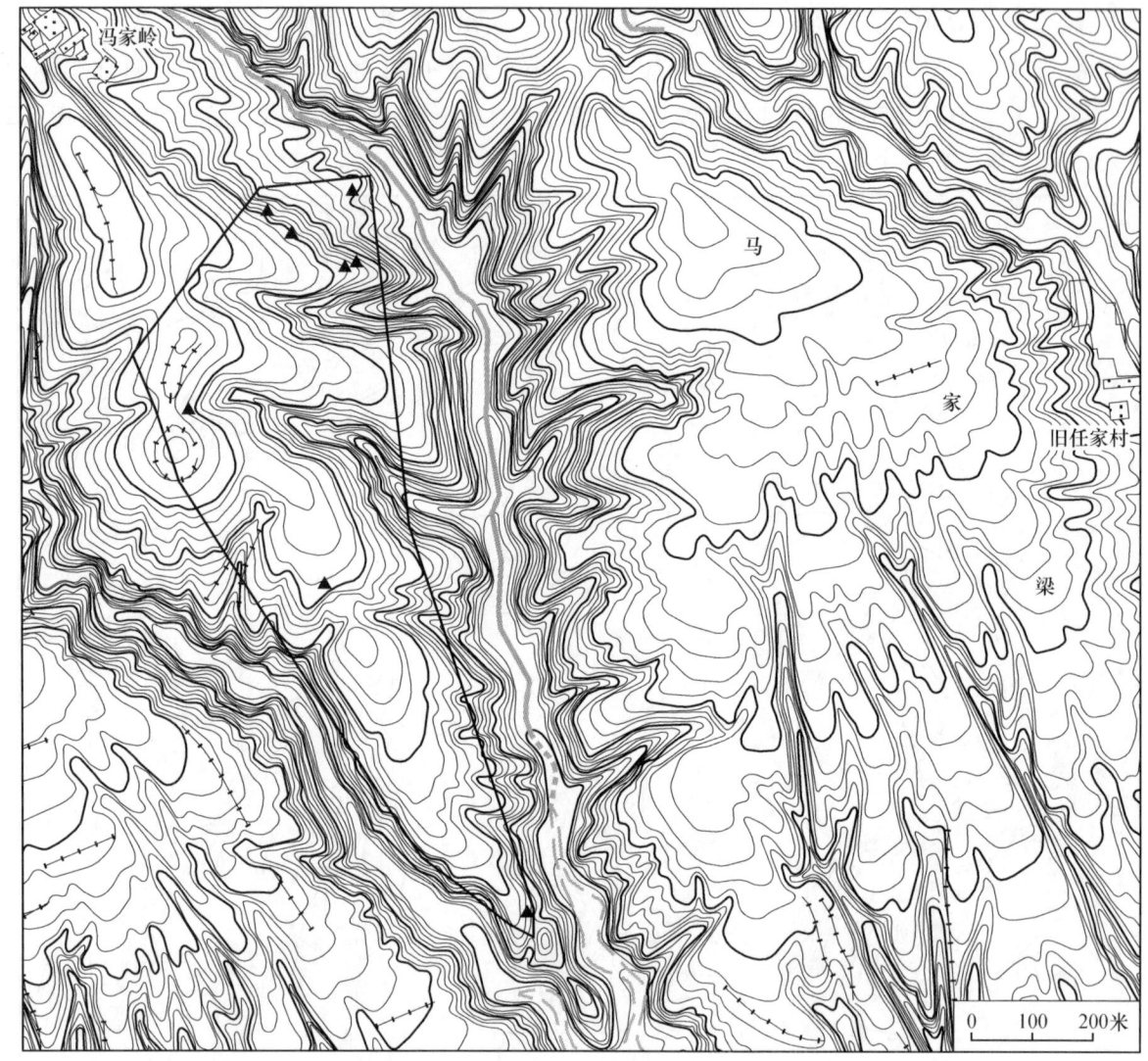

图 4-75　冯家岭遗址东周时期遗存分布图

三二、神涧 I 号遗址

神涧I号遗址位于代县上磨坊乡神涧村东北，面积47.8万平方米（彩版三九）。遗址处于山前台地的前缘，海拔930～1015米，北高南低，背风向阳，内有数条深浅不一的冲沟，地势起伏较大。遗址西侧有深沟，东侧有发源于山脚下的季节性水流由北向南流过。遗存分布稀疏。遗址包含仰韶、龙山、东周三个时期的遗存，其中，东周时期遗存部分可以进一步确认为春秋、战国时期。

1. 仰韶时期

仰韶时期遗存只见于遗址北部，只有零星发现，遗存分布非常稀疏（图4-76）。未见任何遗迹现象，只在地表发现少量陶片。陶片以泥质陶为多，多素面，可辨器形有钵等。在遗址西

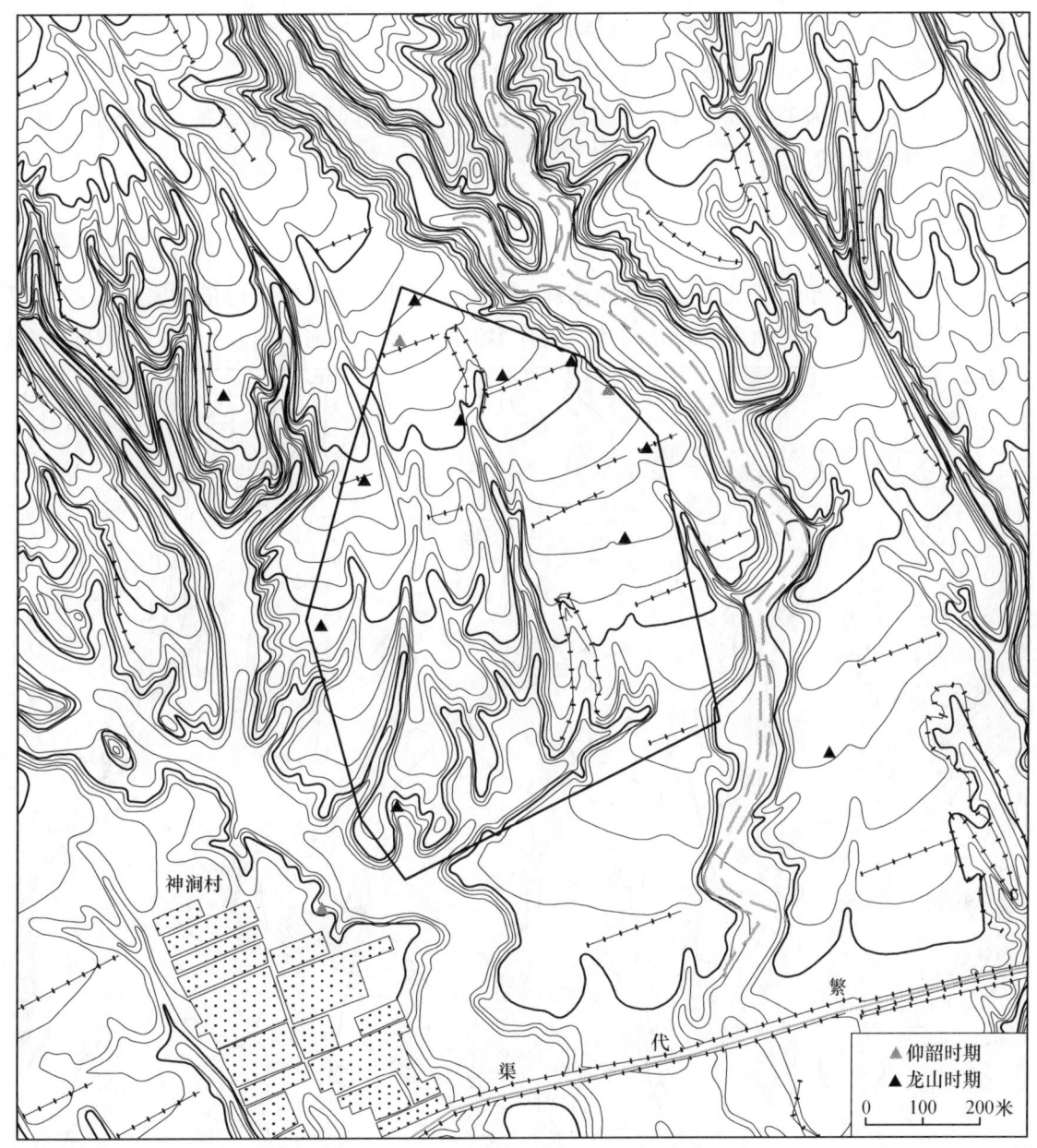

图 4-76　神涧Ⅰ号遗址仰韶、龙山时期遗存分布图

南面、神涧村东北角发现有这个时期零星陶片。

陶钵　1件。DX070507I003:1，泥质灰陶。圆唇，敛口，鼓腹。素面（图4-78，1）。

2. 龙山时期

龙山时期遗存见于遗址东南部之外的其他位置，分布较为稀疏（图4-76）。未见任何遗迹现象，只在地表发现零星陶片、石器等。陶片多夹砂灰陶，纹饰有篮纹、绳纹，可辨器形有罐等。石器有石刀等。

在遗址西 250 米处有这个时期的零星陶片分布。

在遗址东 200 米处也有这个时期的零星陶片分布。

石刀　1件。DX070507G002：1，石英砂岩，已残。近长方形，器体扁平，双面刃。有对钻孔，磨制（图4-78，2）。

3. 东周时期

东周时期遗存分布于遗址东南部和西南部，尤以西南部最为集中，也最为密集（图4-77）。未见任何遗迹现象，只在地表发现有陶片。陶片多泥质灰陶，纹饰以绳纹为主，可辨器形有鼎、

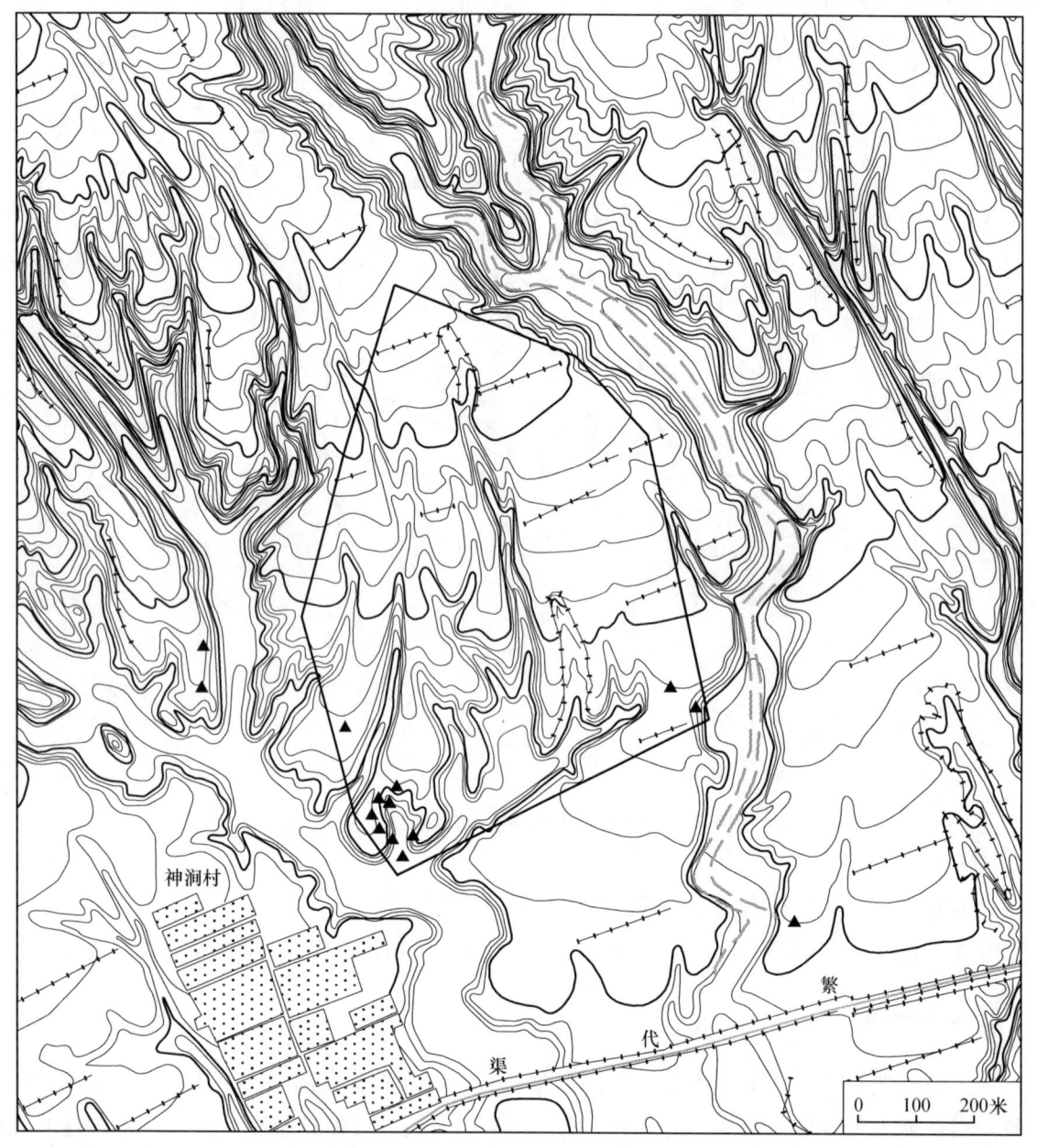

图4-77　神涧 I 号遗址东周时期遗存分布图

豆、罐、盆等。

在遗址西部200米处发现有这个时期的陶片。

在遗址东南400米处发现有这个时期的陶片。

陶豆　1件。DX070507I007:1，泥质灰陶。圆唇，弧腹，浅盘。素面（图4-78，3）。

陶盆　1件。DX070507I008:1，泥质灰陶。方唇，折沿，深腹，腹部有旋纹（图4-78，5）。

陶罐　1件。DX070507G005:1，夹砂灰陶。方唇，卷沿，沿外侧上下起脊，束颈，鼓肩。肩部饰粗大绳纹。口径29.4、残高6.8厘米（图4-78，4）。

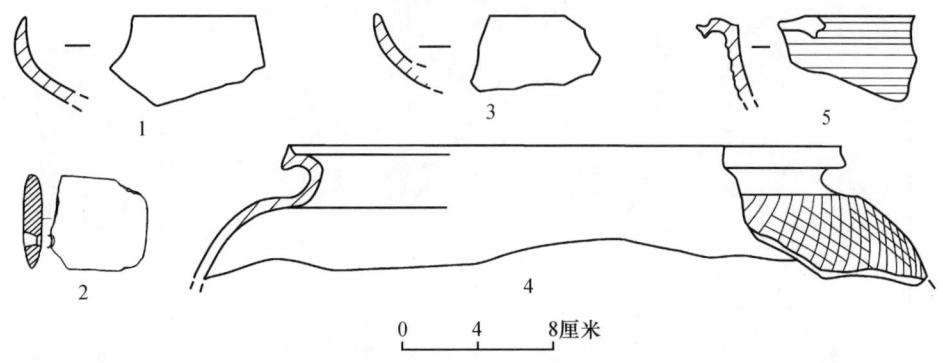

图4-78　神涧Ⅰ号遗址陶、石器

1. 陶钵（DX070507I003:1）　2. 石刀（DX070507G002:1）　3. 陶豆（DX070507I007:1）　4. 陶罐（DX070507G005:1）

5. 陶盆（DX070507I008:1）

（1. 仰韶时期；2. 龙山时期；3~5. 东周时期）

三三、神涧Ⅱ号遗址

神涧Ⅱ号遗址位于代县上磨坊乡神涧村北400米，面积13.8万平方米（彩版三九）。遗址处于山前台地前缘，地势较高，海拔935~1030米，北高南低，背风向阳，坡度大，地形陡峭，加之中部有冲沟，地势起伏较大。遗址东、西两侧有深沟，西侧沟内原来有发源于山脚下的季节性水流流过。遗存分布稀疏且落差较大，最大落差近百米。遗址包含龙山、二里头、东周三个时期遗存。

1. 龙山时期

龙山时期遗存见于遗址西部，集中分布在冲沟以西（图4-79）。未见任何遗迹现象，只在地表发现有陶片。陶片以夹砂灰陶为多，纹饰多篮纹和绳纹，可辨器形有高领罐、罐等。

在遗址东近300米处发现有这个时期的零星陶片。

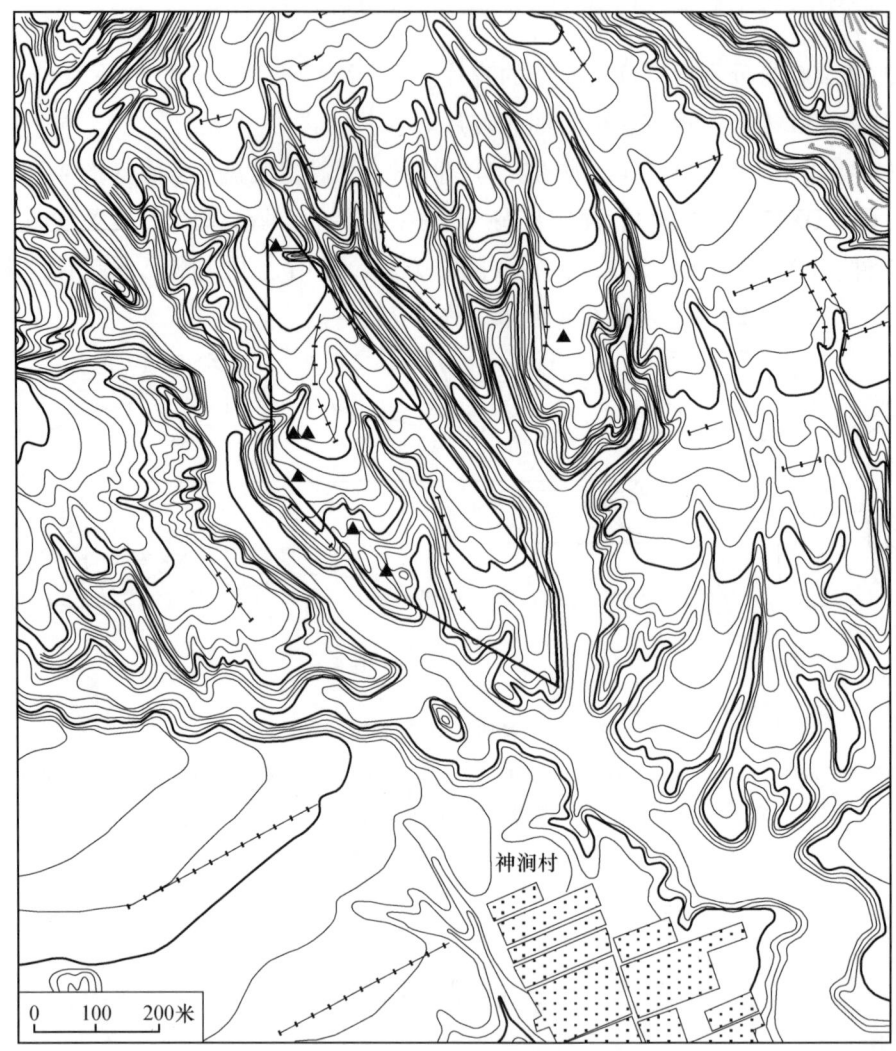

图 4-79　神㴠Ⅱ号遗址龙山时期遗存分布图

高领罐　1件。DX070507B001:1，泥质褐陶。厚圆唇，近直口，高领。领部饰横篮纹。口径18、残高5厘米（图4-80，1）。

罐　1件。DX070507B003:1，夹砂灰陶。深腹，平底。腹部饰绳纹。底径14.2、残高3.8厘米（图4-80，2）。

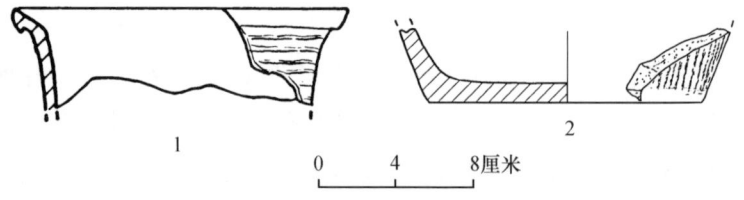

图 4-80　神㴠Ⅱ号遗址龙山时期陶器
1. 高领罐（DX070507B001:1）　2. 罐（DX070507B003:1）

2. 二里头时期

二里头时期遗存见于遗址西部，只有个别发现，遗存分布非常稀疏（图4-81）。未见任何遗迹现象，只在地表发现少量陶片。陶片多夹砂陶，纹饰多绳纹。

3. 东周时期

东周时期遗存见于遗址东南部，只有零星发现，遗存分布较为稀疏（图4-81）。未见任何遗迹现象，只在地表发现有陶片，但数量少。陶片多夹砂灰陶，纹饰以绳纹为主，可辨器形有豆等。

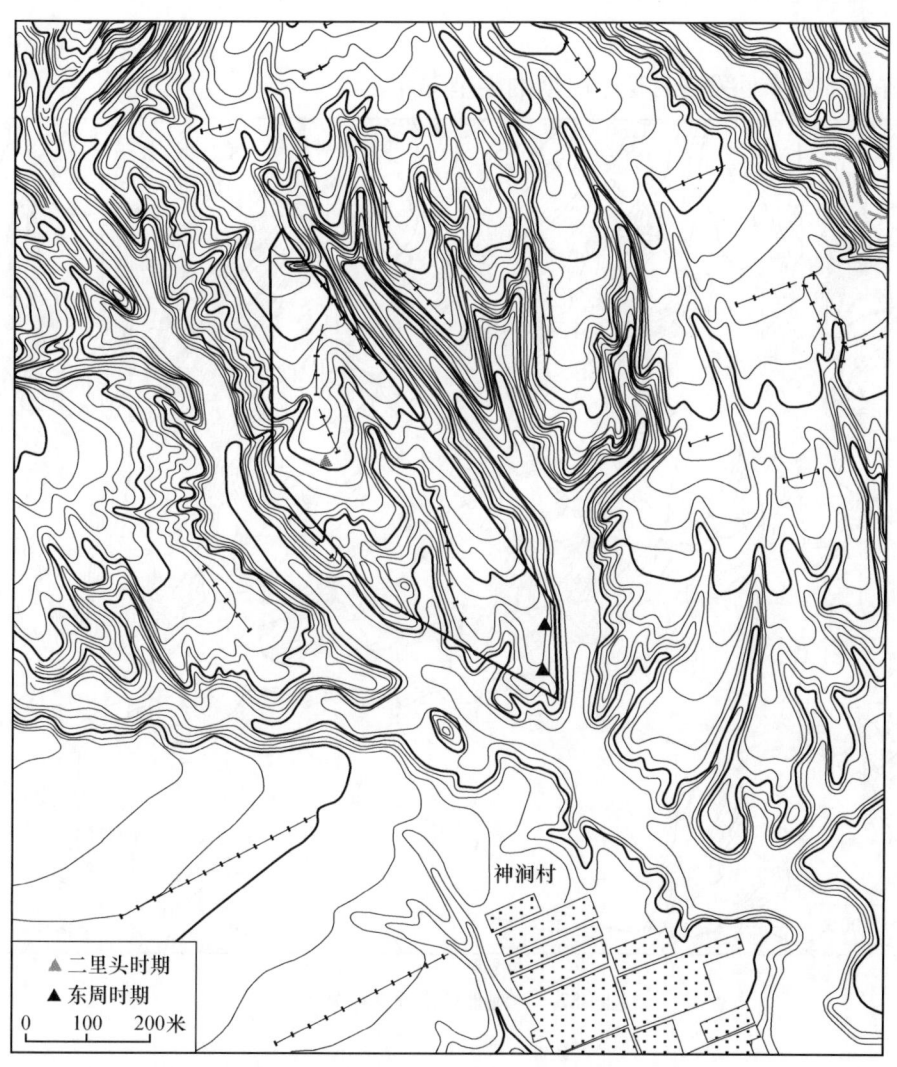

图 4-81　神涧Ⅱ号遗址二里头、东周时期遗存分布图

三四、神涧Ⅲ号遗址

神涧Ⅲ号遗址位于代县上磨坊乡神涧村西北550米，面积10万平方米（彩版三九）。遗址处于山前台地前缘，地势较高，海拔950～1030米，西北高东南低，背风向阳，坡度大，内有冲沟，地势起伏较大。遗址东、西、南侧原来有发源于山脚下的季节性水流流过。遗址只有龙山时期遗存（图4-82）。

遗存分布不均，以遗址东、西两头分布略显密集，中部基本不见遗存分布。未见任何遗迹现象，只在地表发现有陶片。陶片多夹砂灰陶，纹饰多篮纹和绳纹，可辨器形有鬲、蛋形瓮、罐等。

在遗址东北600米处发现有这个时期的零星陶片。

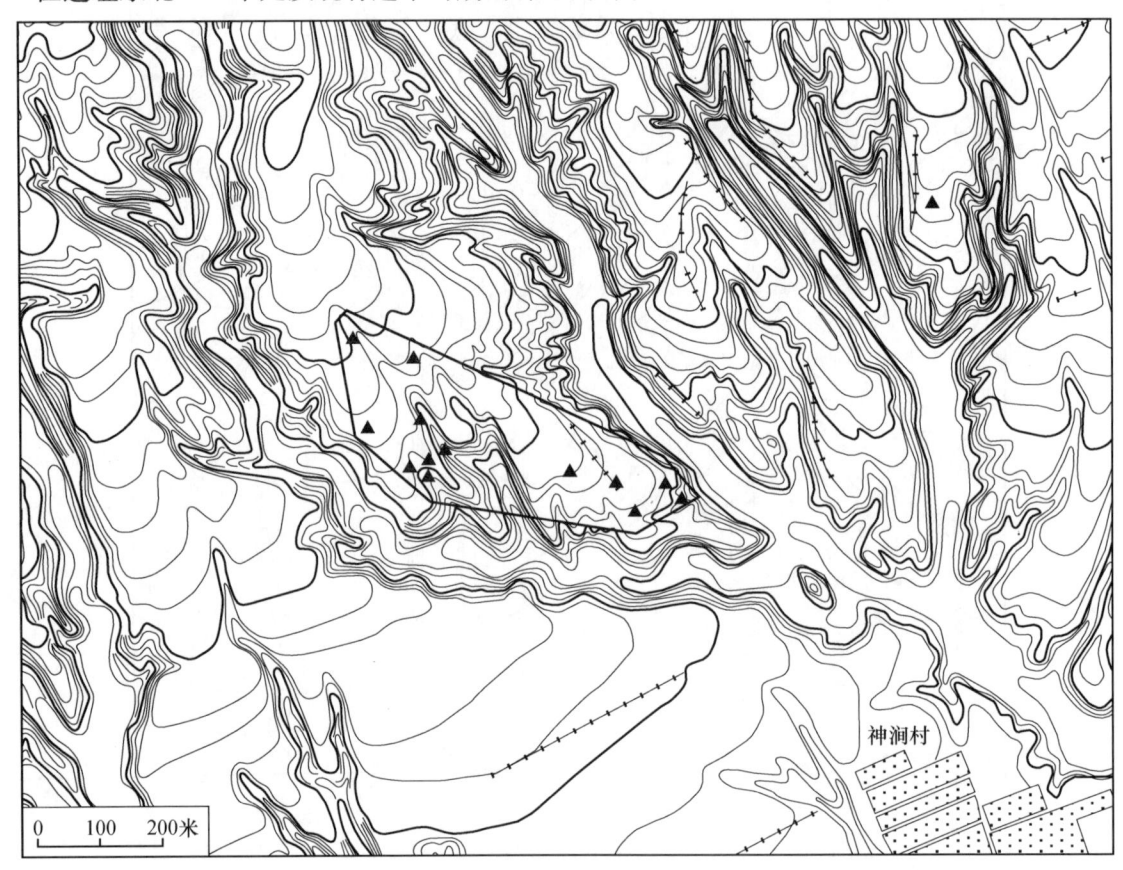

图4-82 神涧Ⅲ号遗址遗存分布图

蛋形瓮 1件。DX070507A006：1，夹砂褐陶。宽平沿，微敛口，深腹。腹部饰绳纹（图4-83，1）。

罐 1件。DX070507A003：1，泥质灰褐陶。深腹，平底。腹部饰斜篮纹。底径13、残高18.4厘米（图4-83，2）。

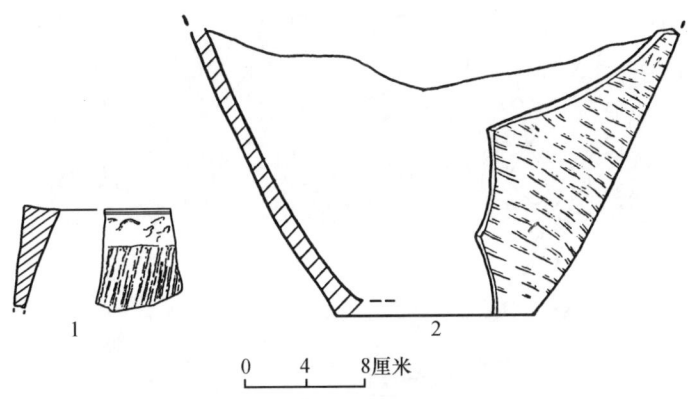

图 4-83　神涧Ⅲ号遗址陶器
1. 蛋形瓮（DX070507A006∶1）　2. 罐（DX070507A003∶1）

三五、神涧Ⅳ号遗址

神涧Ⅳ号遗址位于代县上磨坊乡神涧村北，面积27.5万平方米（彩版三九）。遗址处于山前台地的下缘，地势较高，海拔945～995米，西高东低，背风向阳，整个地形向南呈扇形展开，相对开阔，但有一定的起伏。遗址北面原来有发源于山脚下的季节性水流流过。遗存分布稀疏且有一定的落差，遗址包含仰韶、东周两个时期的遗存，其中，东周时期遗存部分可进一步确认为战国时期。

1. 仰韶时期

仰韶时期遗存分布于遗址中、东部偏北位置，遗存分布非常稀疏（图4-84）。未见任何遗迹现象，只在地表发现零星陶片。陶片多泥质褐陶，纹饰有线纹，可辨器形有罐等。

罐　1件。DX070507G006∶1，夹砂灰褐陶。厚圆唇，折沿内凹，深鼓腹。腹部饰线纹。口径32、残高11厘米（图4-85，1）。

2. 东周时期

东周时期遗存分布于遗址中、西部，尤以西部遗存分布最为密集（图4-86）。只在遗址西部梯田的断面上发现1个灰坑，为口大底小状，未见其他遗迹现象。灰坑内包含物很少，只发现少量陶片，但地表发现较多陶片。陶片多泥质灰陶，纹饰有绳纹，可辨器形有盆、豆、罐、钵等。

豆　1件。DX070507I010∶1，泥质灰陶。圆唇，近直口，浅盘，细柄，素面。口径12、残高3厘米（图4-85，3）。

盆　1件。DX070507D001∶1，泥质灰陶。圆唇，近直口，折腹。素面（图4-85，2）。

图 4-84　神涧Ⅳ号遗址仰韶时期遗存分布图

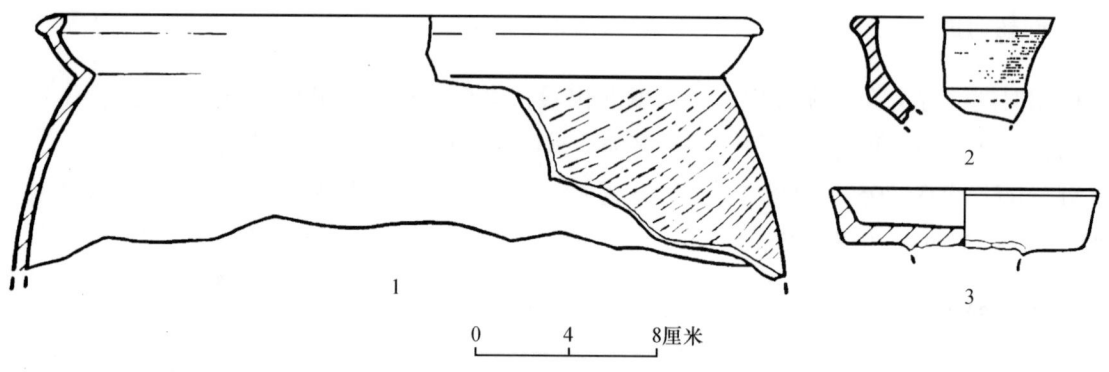

图 4-85　神涧Ⅳ号遗址陶器

1. 罐（DX070507G006∶1）　2. 盆（DX070507D001∶1）　3. 豆（DX070507I010∶1）

（1. 仰韶时期；2、3. 东周时期）

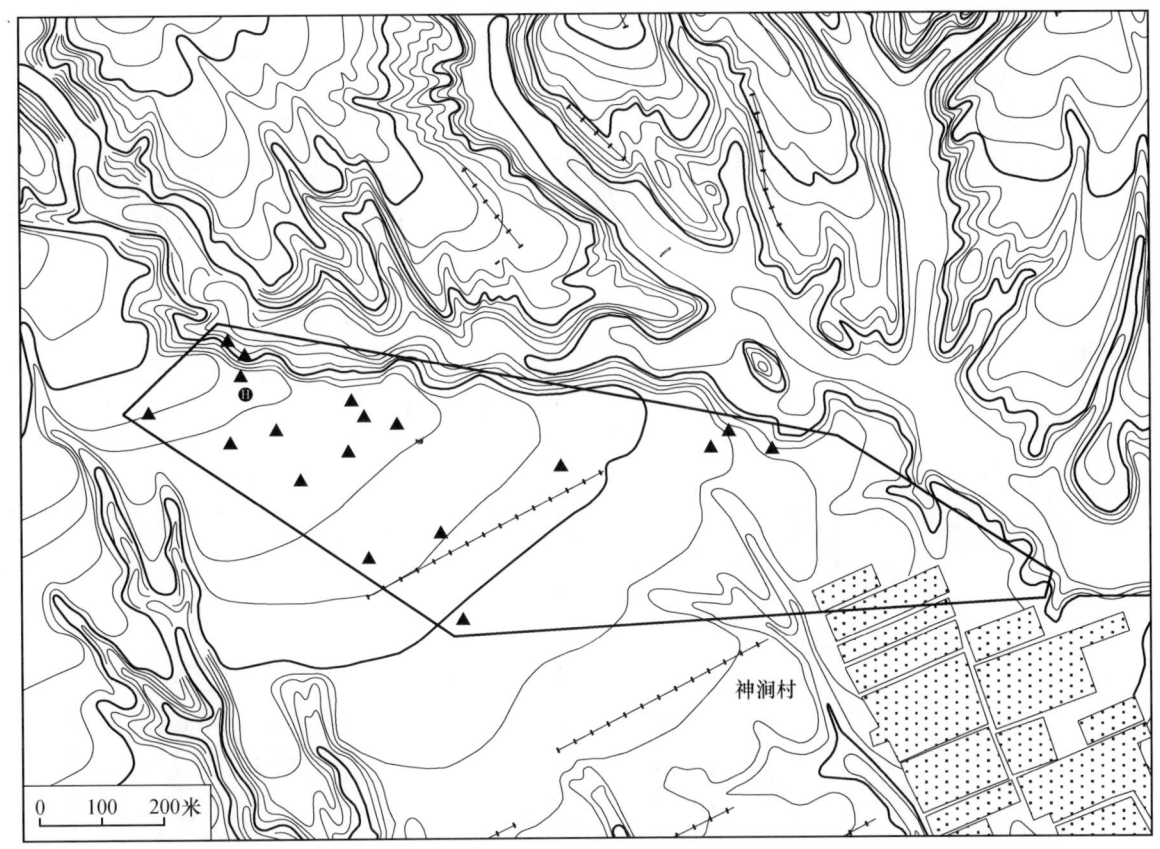

图 4-86　神涧Ⅳ号遗址东周时期遗存分布图

三六、上磨坊遗址

上磨坊遗址位于代县上磨坊乡上磨坊村西北 750 米，面积 3 万平方米。遗址处于滹沱河北岸逐渐抬升的阶地上，南距滹沱河约 3 千米，海拔 890 米左右，地势相对平坦，起伏很小。遗址西侧有通往滹沱河的季节性河流流过。遗存分布稀疏，遗址包含龙山、战国两个时期的遗存。

1. 龙山时期

龙山时期见于遗址北部，只有个别发现，遗存分布非常稀疏（图 4-88）。未见任何遗迹现象，只在地表发现少量陶片。陶片多夹砂陶，纹饰有篮纹。

2. 东周时期

东周时期遗存见于遗址中、南部，遗存分布稀疏（图 4-88）。未见任何遗迹现象，只在地表发现零星陶片。陶片多泥质灰陶，纹饰有绳纹，可辨器形有豆等。

豆　1 件。DX070427B001:1，泥质灰陶。盘底近平，细柄，中空。素面（图 4-87）。

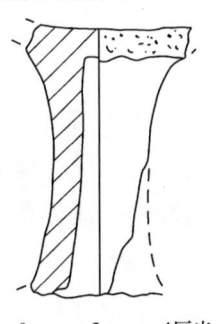

图 4-87　上磨坊遗址东周时期陶器
豆（DX070427B001:1）

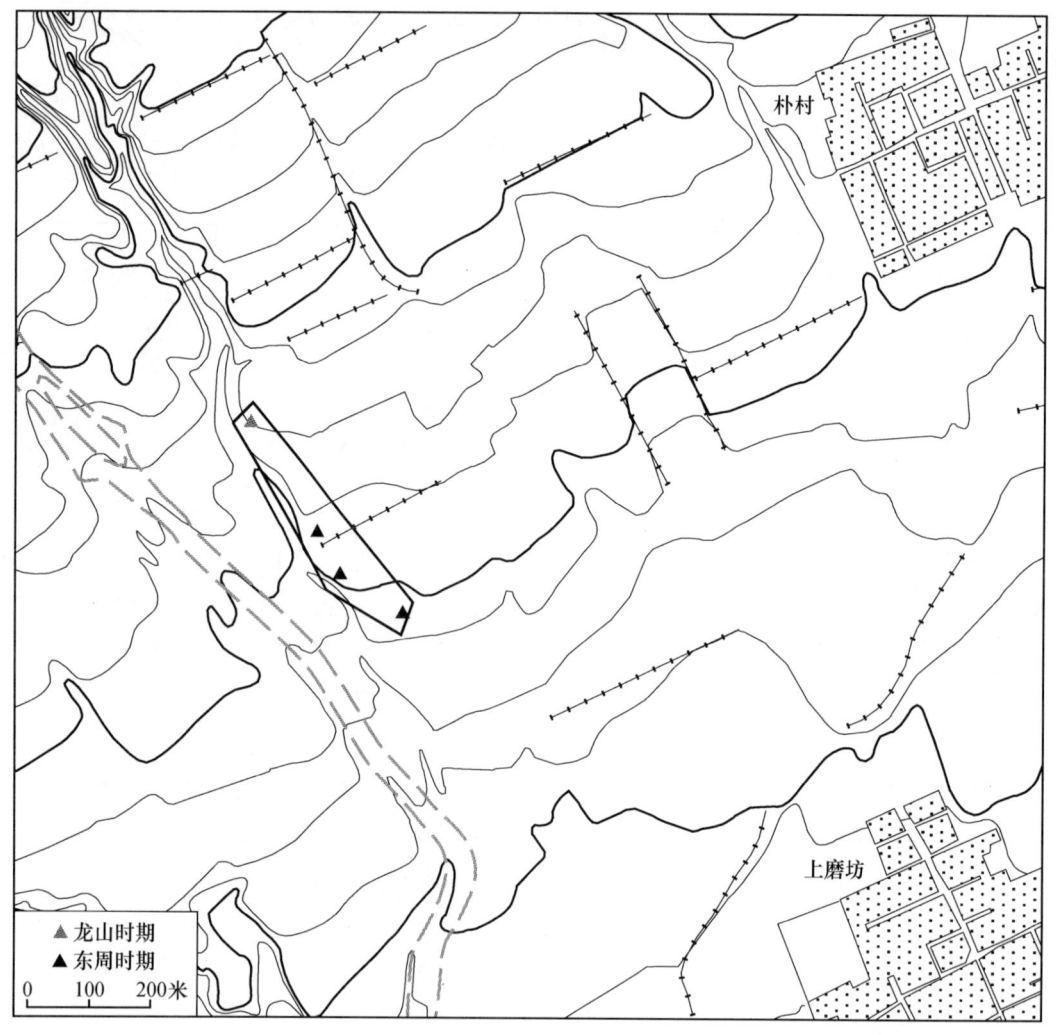

图 4-88　上磨坊遗址遗存分布图

三七、赤土沟遗址

赤土沟遗址位于代县上磨坊乡赤土沟村西北 600 米，面积 16.1 万平方米。遗址处于山前台地的最前缘，地势高，海拔 1020～1080 米，北高南低，背风向阳，有一定的坡度，遗址内有三条冲沟，地势高，起伏较大。遗址西侧有发源于山脚下的水流流过。遗址只有仰韶时期遗存（图 4-89）。

遗存分布较为稀疏，未见任何遗迹现象，只在地表发现有陶片。陶片以泥质红陶为多，多素面，可辨器形有盆、罐等。

盆　1 件。DX070508A002：1，泥质红陶。圆唇，口部加厚，微敛口，鼓腹（图 4-90，2）。

罐　1 件。DX070508A001：1，夹砂灰陶。深鼓腹，平底。素面（图 4-90，1）。

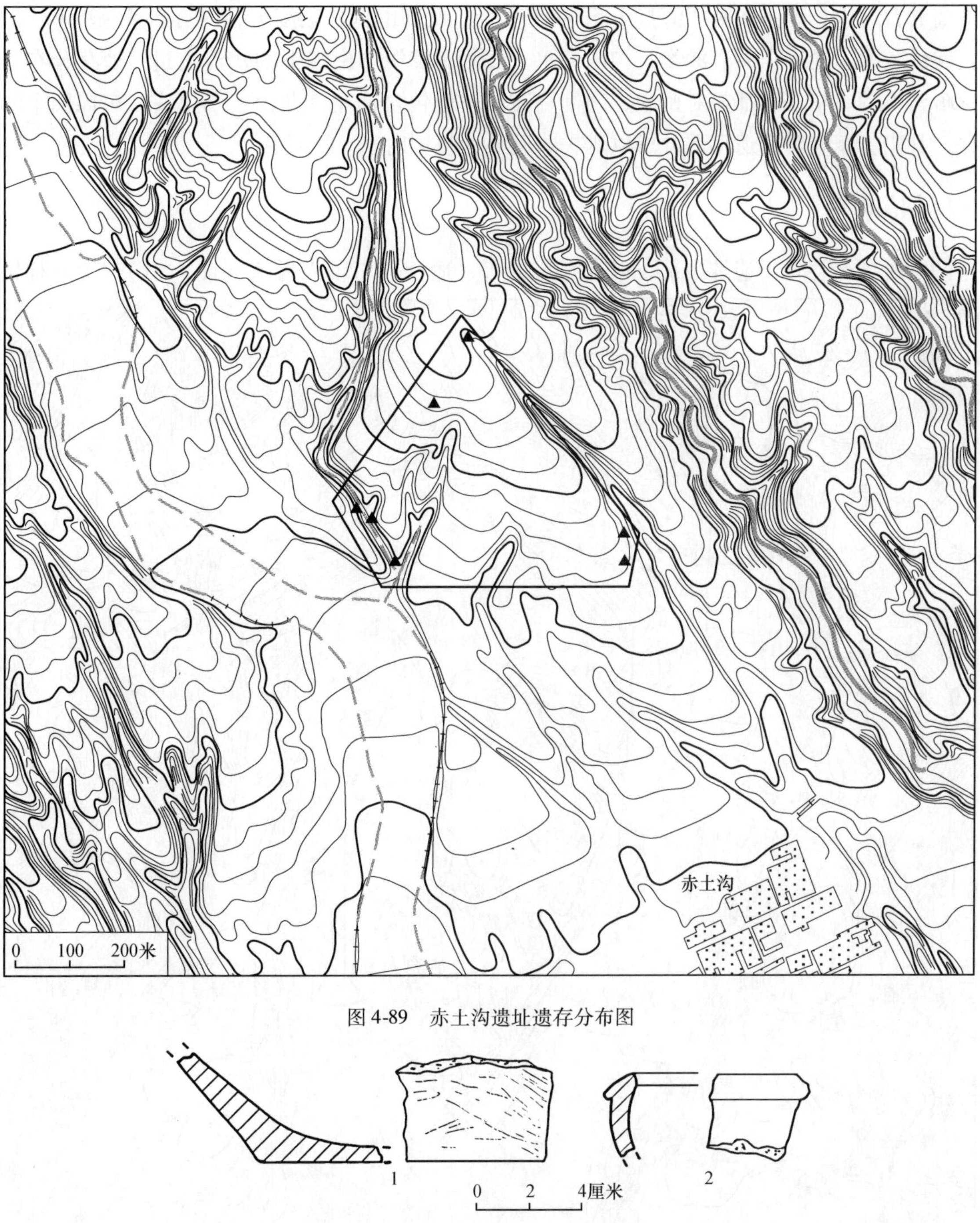

图4-89 赤土沟遗址遗存分布图

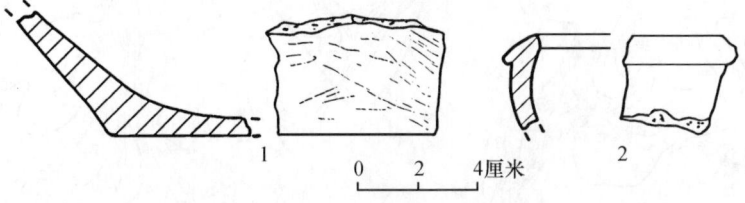

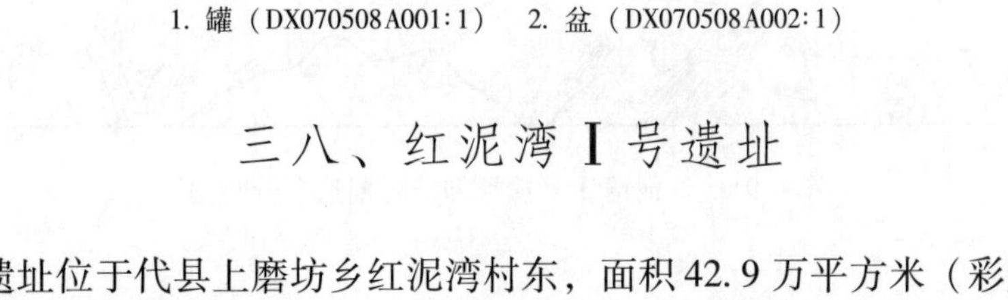

图4-90 赤土沟遗址仰韶时期陶器
1. 罐（DX070508A001:1） 2. 盆（DX070508A002:1）

三八、红泥湾Ⅰ号遗址

红泥湾Ⅰ号遗址位于代县上磨坊乡红泥湾村东，面积42.9万平方米（彩版四〇）。遗址处于山前的台地上,地势较高,海拔1050～1170米,北高南低,坡度大,内有多条深浅不一的冲沟,起伏较大。遗址东侧有深沟,沟内有水,西侧有发源于山脚下的水流流过。遗存分布落差大且疏密不等,中、北部相对密集,南部稀疏。遗址包含仰韶、龙山、二里头、东周四个时期遗存,其中,东周时期遗存部分可以进一步确认为战国时期。

1. 仰韶时期

仰韶时期遗存见于遗址中部,只有零星分布,遗存分布较为稀疏(图4-91)。除在梯田的

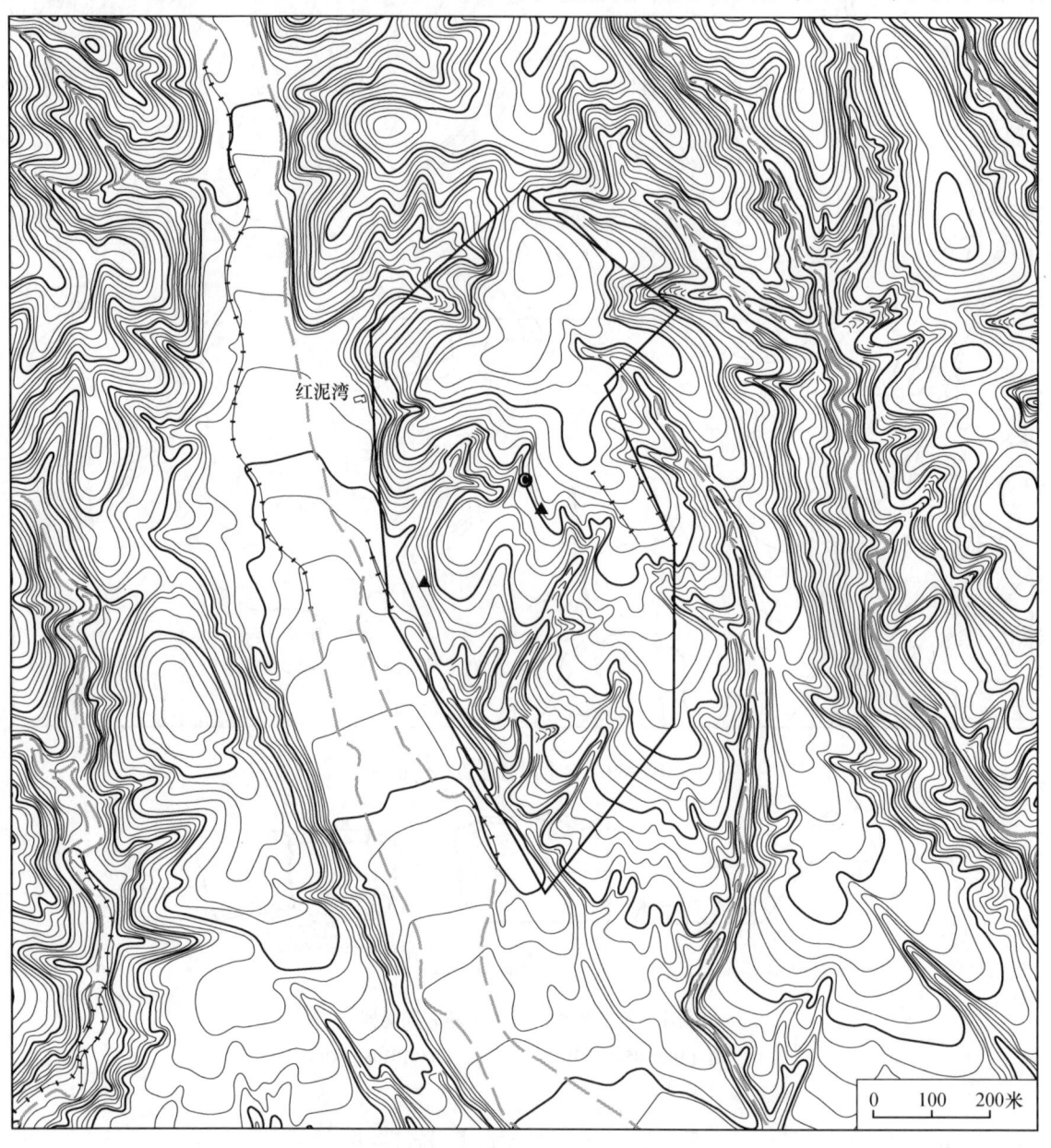

图4-91　红泥湾Ⅰ号遗址仰韶时期遗存分布图

断面上发现 1 处文化层外,堆积较薄,未见其他遗迹现象。文化层内包含物很少,地表发现少量陶片。陶片以泥质陶为多,多素面,可辨器形有罐等。

罐 1件。DX070508H005:1,泥质灰陶,杂有蚌粉。圆唇,翻沿,束颈,鼓腹。素面。口径 16、残高 5.4 厘米(图 4-95,2)。

2. 龙山时期

龙山时期遗存见于遗址北、中部,遗存分布疏密不等,北部遗存分布相对密集(图 4-92)。除在遗址北部偏西的梯田断面上发现 1 处文化层外,未见其他遗迹现象。文化层内包含物较

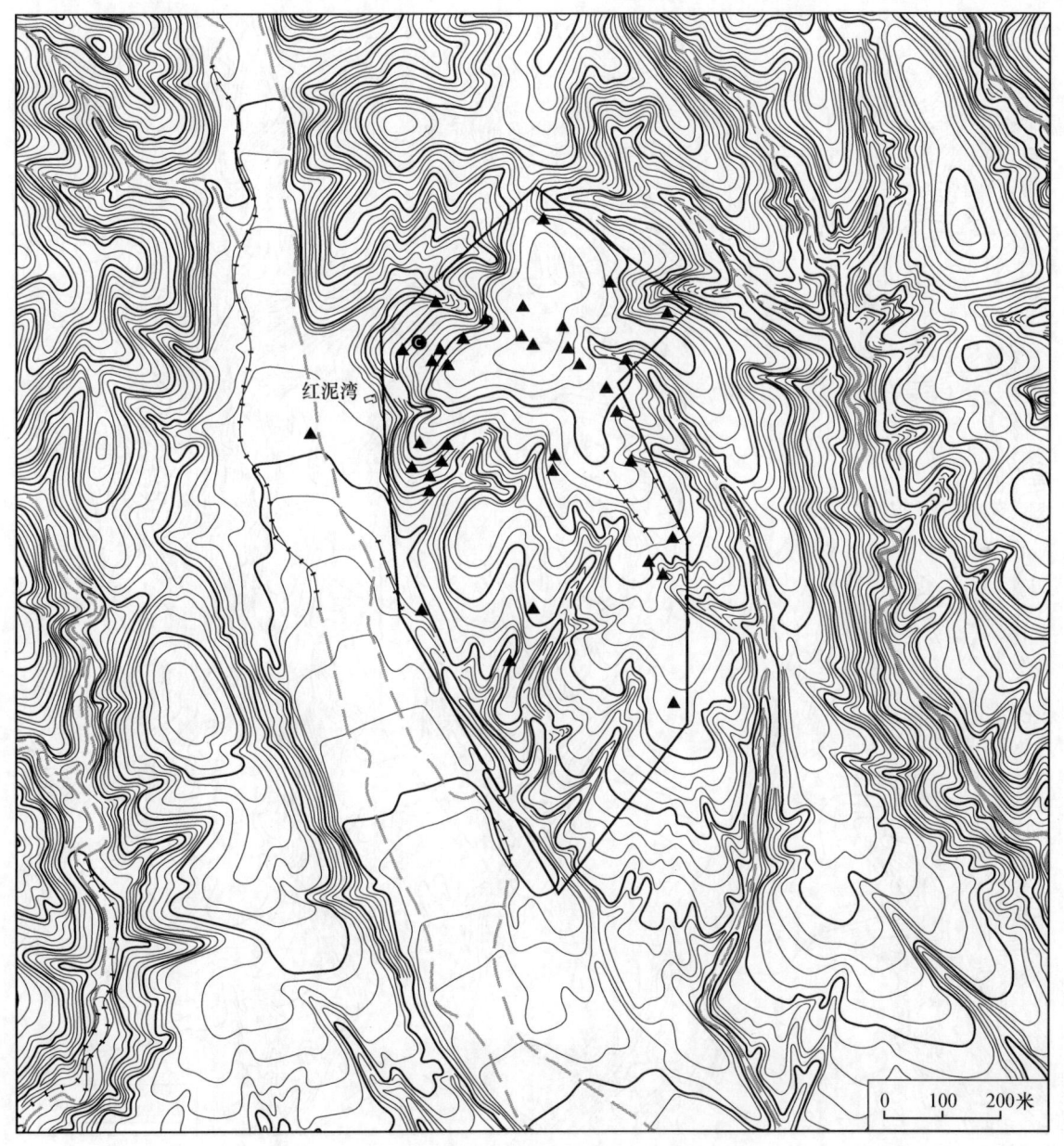

图 4-92　红泥湾 I 号遗址龙山时期遗存分布图

少，但地表发现有较多陶片。陶片以夹砂灰陶为多，纹饰多篮纹和绳纹，可辨器形有鬲、蛋形瓮、盆、高领罐、罐等。

在遗址西面100米处发现有这个时期的零星陶片。

蛋形瓮 2件。DX070508C003：1，泥质灰陶。小平沿，微敛口，深腹。腹部饰竖篮纹。口径26、残高10厘米（图4-95，1）。DX070508C004：2，夹砂灰陶。小平沿，敛口，鼓腹。器表饰规整绳纹（图4-95，3）。

罐 2件。DX070508C004：1，夹砂灰陶。鼓腹，底微凹。腹部饰绳纹。底径14、残高5厘米（图4-95，6）。DX070508B001：1，泥质灰陶。胎厚，深腹，平底。腹部饰斜篮纹（图4-95，4）。

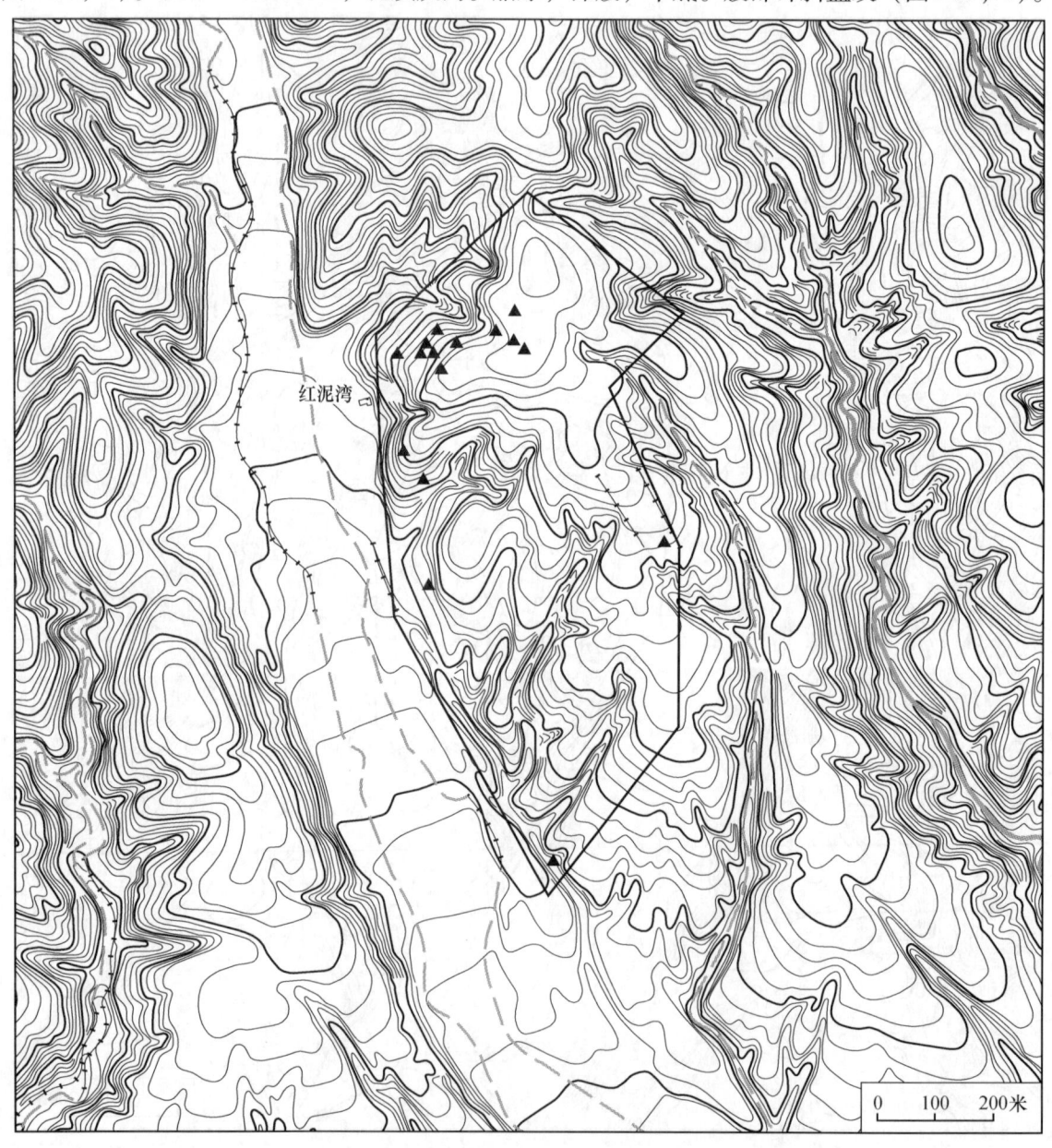

图4-93　红泥湾Ⅰ号遗址二里头时期遗存分布图

3. 二里头时期

二里头时期遗存主要分布于遗址北部，中、南部只有零星发现（图4-93）。未见任何遗迹现象，只在地表发现有陶片，其中，除遗址北部陶片分布较多外，其他位置陶片分布都很少。陶片多夹砂灰陶，纹饰以绳纹为主，可辨器形有鬲、蛋形瓮等。

鬲足　1件。DX070508C010：1，夹砂褐陶。长实足跟。素面（图4-95，5）。

蛋形瓮　1件。DX070508H001：1，夹砂灰褐陶。平沿，敛口，鼓腹。腹部饰规整绳纹。口径32、残高8.8厘米（图4-95，7）。

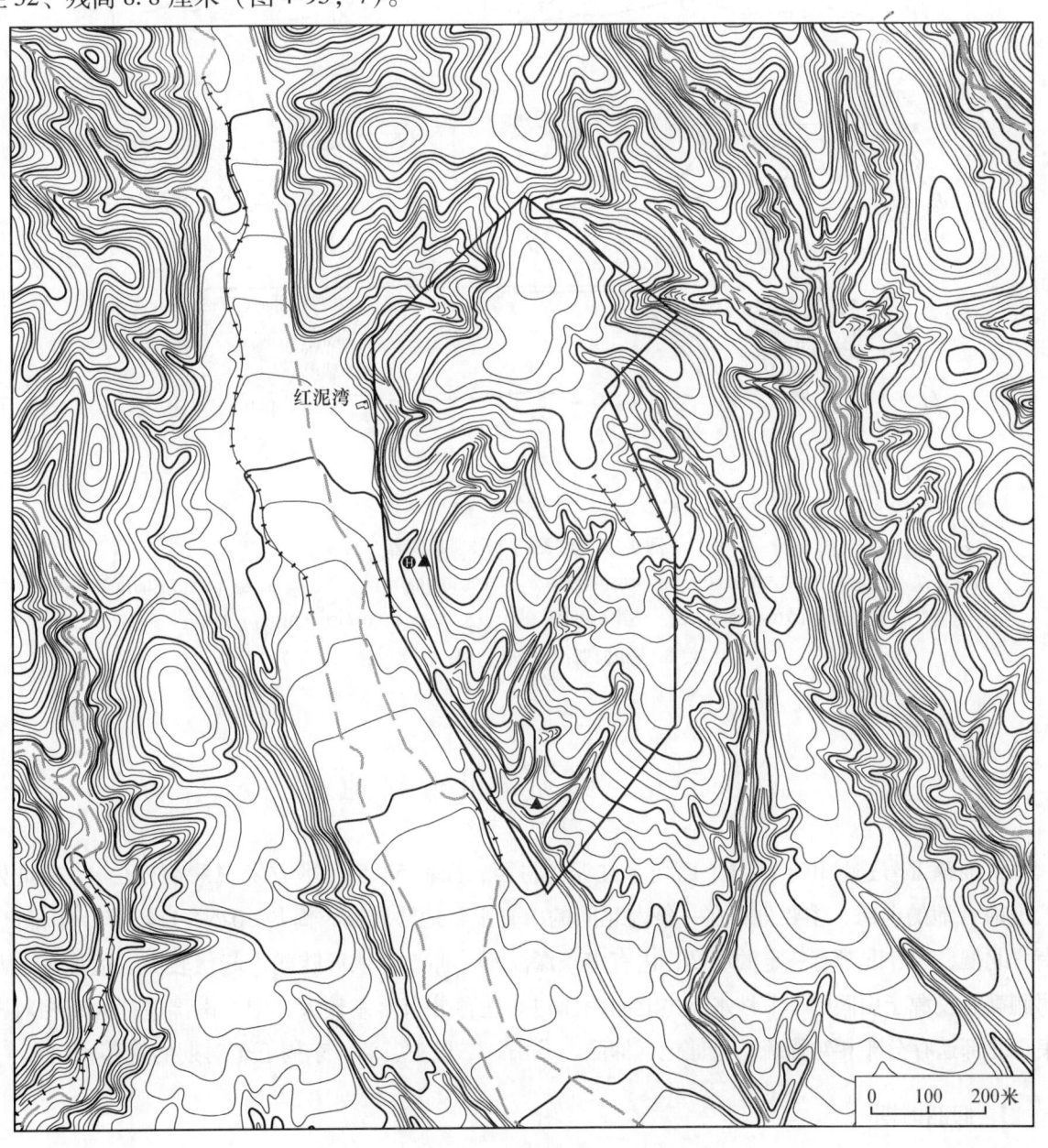

图 4-94　红泥湾Ⅰ号遗址东周时期遗存分布图

4. 东周时期

东周时期遗存见于遗址中部和南部偏西位置，遗存分布稀疏（图4-94）。除在西部较低处的梯田断面上发现1个灰坑外，未见其他遗迹现象。灰坑内包含物较少，地表发现的陶片也很少。陶片多夹砂灰陶，纹饰多绳纹，有粗大绳纹。

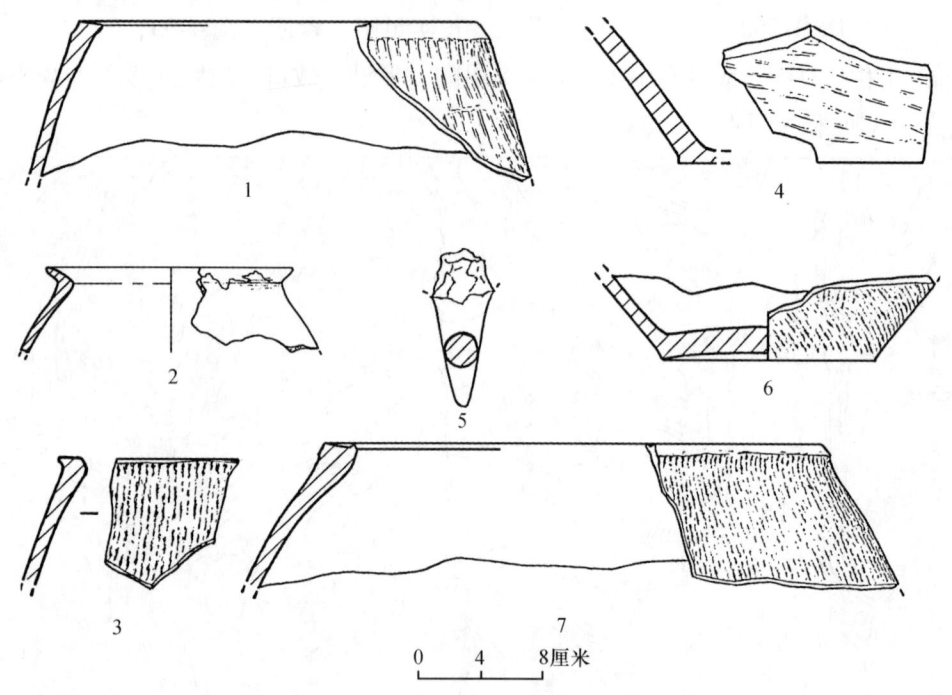

图4-95　红泥湾Ⅰ号遗址陶器

1、3、7. 蛋形瓮（DX070508C003:1、DX070508C004:2、DX070508H001:1）　2、4、6. 罐（DX070508H005:1、DX070508B001:1、DX070508C004:1）　5. 鬲足（DX070508C010:1）

（1、3、4、6. 龙山时期；2. 仰韶时期；5、7. 二里头时期）

三九、红泥湾Ⅱ号遗址

红泥湾Ⅱ号遗址位于代县上磨坊乡红泥湾村西，面积53.5万平方米（彩版四〇）。遗址处于山前台地的前缘，主要分布在一条南北向的山脊上，地势较高，海拔1025~1145米，中部高，南、北低，南、北都有一定的坡度，内有多条深浅不一冲沟，地形陡峭，起伏较大。遗址东、西两侧都有发源于山间的季节性水流由北向南流过。遗存分布落差较大，中、南部遗存分布相对密集，北部遗存分布相对稀疏。遗址包含仰韶、龙山、二里头、商、东周五个时期的遗存。

1. 仰韶时期

仰韶时期遗存见于遗址中、南部，其中，尤以中部所见遗存略多（图4-96）。除在中部地势较高处的梯田断面上发现1个灰坑外，未见其他遗迹现象，灰坑为袋状坑，深度不清。灰坑内包含有少量陶片，地表也有零星陶片发现。陶片以泥质褐陶为多，多素面，可辨器形有钵、盆、罐等。

罐 DX090326D006:1，夹砂褐陶，杂有蚌粉。圆唇，翻沿，鼓腹。素面。口径20、残高5.6厘米（图4-98，1）。

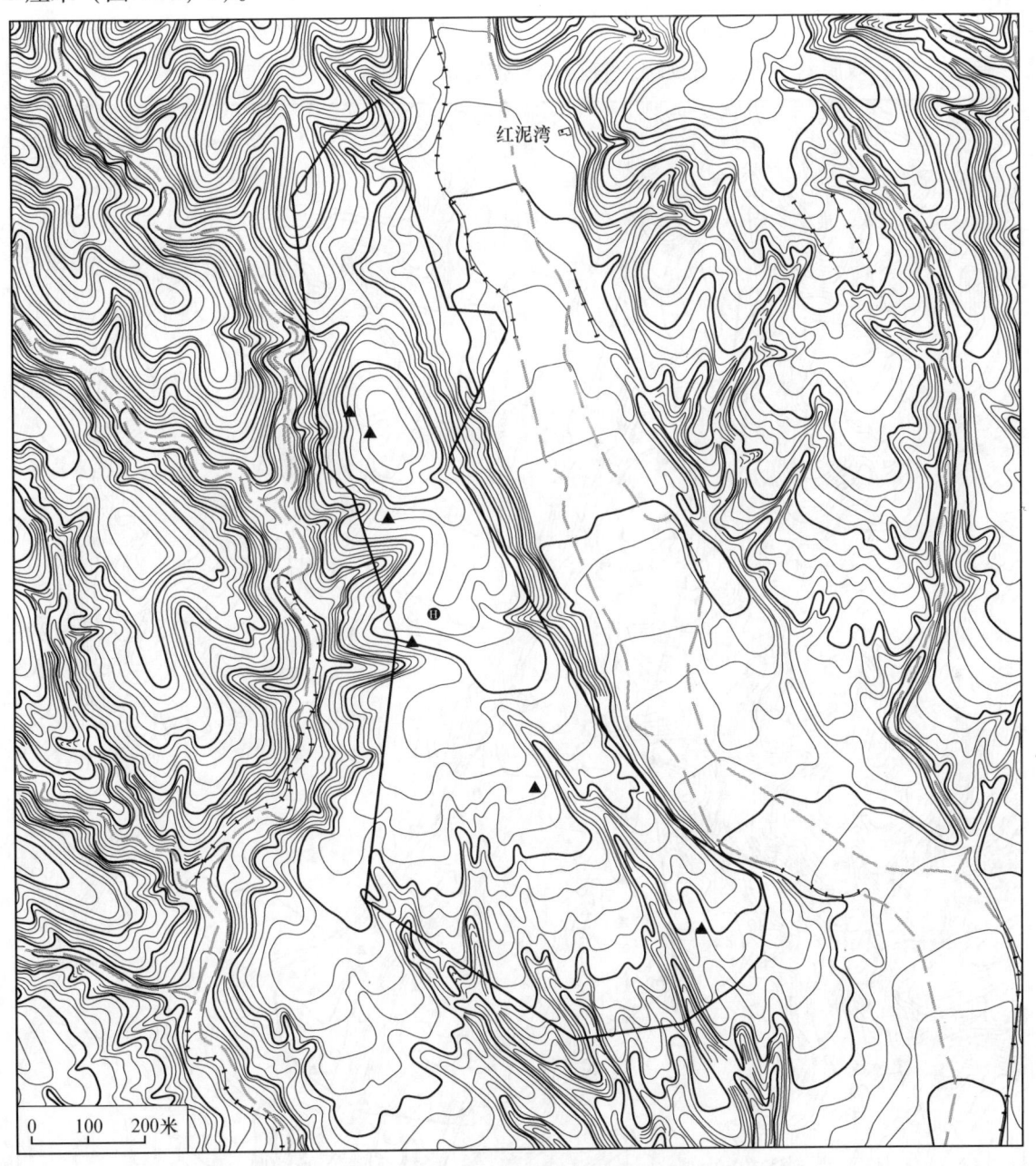

图4-96 红泥湾Ⅱ号遗址仰韶时期遗存分布图

2. 龙山时期

龙山时期遗存见于遗址北端之外的其他部位，尤以中部山丘上遗存分布最为密集（图4-97）。全部遗迹都集中分布在中部山丘的较高处，除1处文化层外，还发现4个灰坑，全部发现于梯田的断面，文化层堆积较薄，灰坑有口大底小者，也有口小底大者。遗迹内包含物丰富，以陶片为最多，地表所见陶片也较多。陶片以夹砂灰陶为主，纹饰多绳纹，有篮纹，可辨器形有鬲、甗、双腹盆、盆、高领罐、直口罐、带耳罐、罐等。

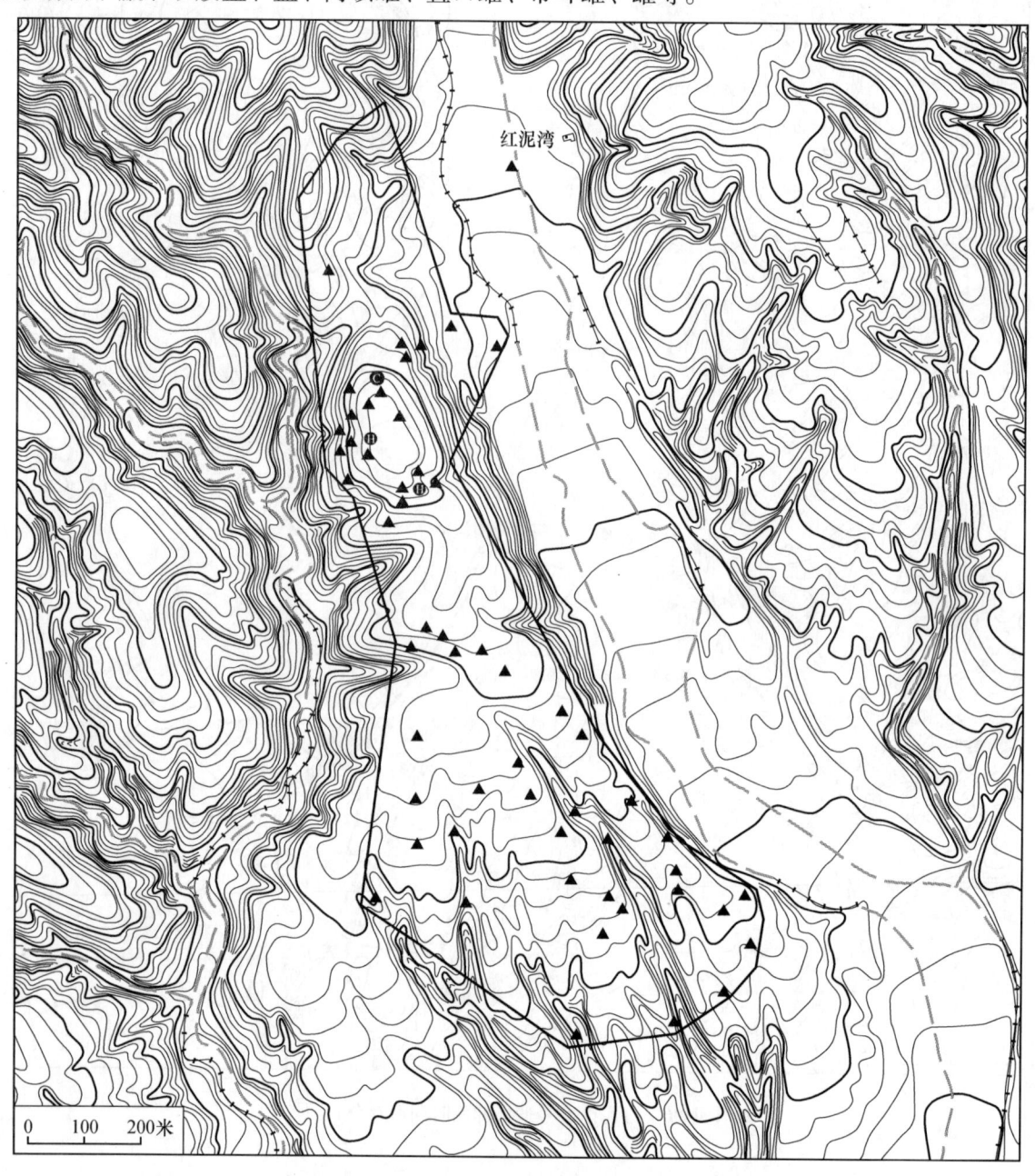

图 4-97　红泥湾 II 号遗址龙山时期遗存分布图

在遗址东北 200 米处河道内发现有这个时期零星陶器，应为水流携带来的。

鬲足　2 件。DX070508I018：2，夹砂灰陶。空袋足，微有实足跟。器表饰绳纹（图 4-98，8）。DX070508G008：1，夹砂灰陶。空袋足。足部饰绳纹（图 4-98，7）。

盆　3 件。DX070508I016：1，夹砂褐陶。圆唇，敞口，斜腹。器表饰规整绳纹。口径 20、残高 6 厘米（图 4-98，2）。DX070508H020：1，夹砂灰褐陶。圆唇，口外翻，深鼓腹。器表饰绳纹（图 4-98，11）。DX070508H018：1，夹砂褐陶。器薄，折沿，深腹，上下腹界限明显。素面（图 4-98，4）。

盘　1 件。DX070508C016：1，泥质灰黑陶。粗柄。器壁有凹旋纹。底径 22、残高 6 厘米（图 4-98，3）。

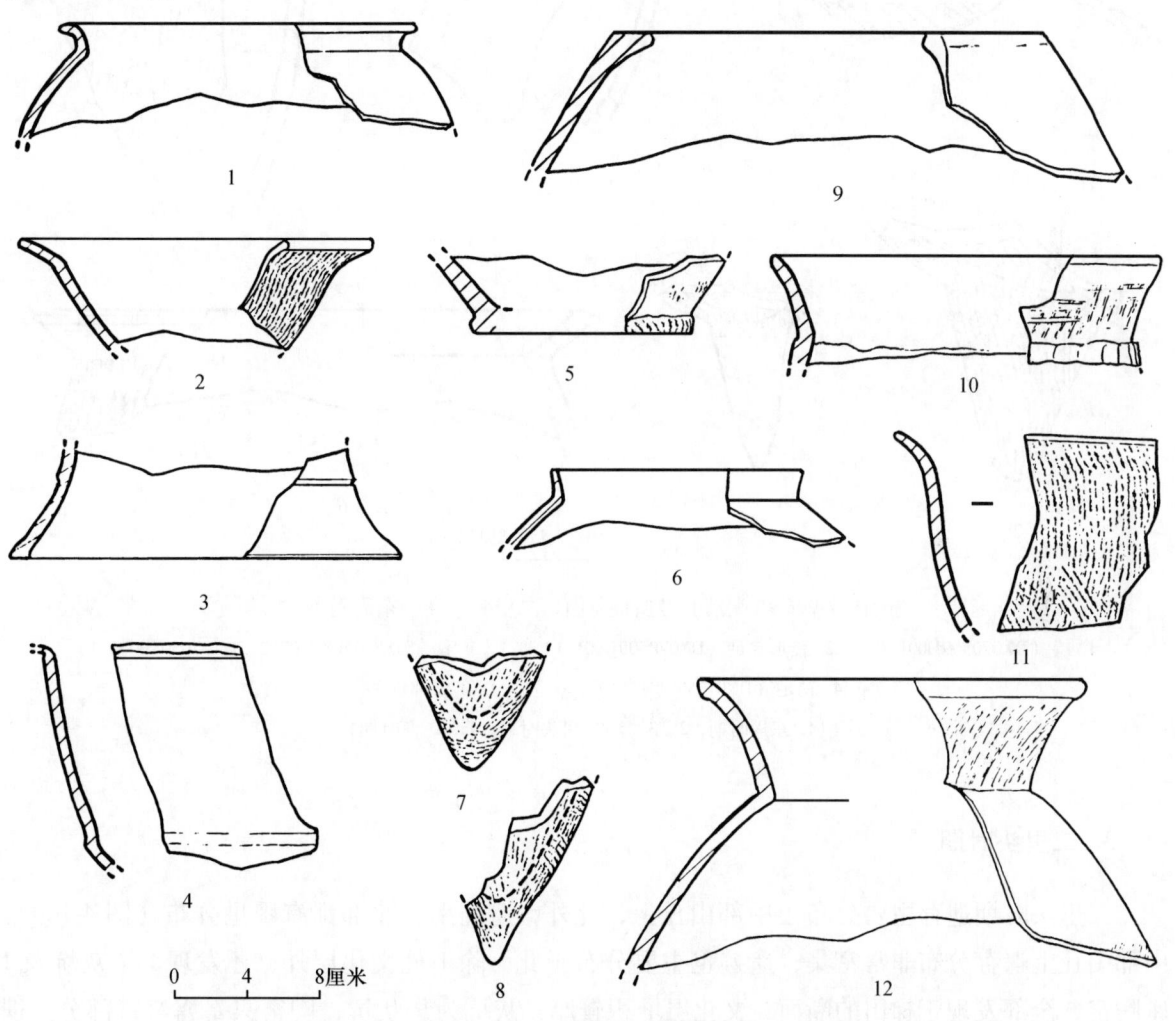

图 4-98　红泥湾Ⅱ号遗址仰韶、龙山、二里头陶器

1、5、6. 罐（DX090326D006：1、DX070509C001：1、DX070508J006：1）　2、4、11. 盆（DX070508I016：1、DX070508H018：1、DX070508H020：1）　3. 盘（DX070508C016：1）　7、8. 鬲足（DX070508G008：1、DX070508I018：2）　9. 蛋形瓮（DX070508B007：1）　10. 直口罐（DX070508I018：1）　12. 高领罐（DX070508A008-H1：1）

（1. 仰韶时期；2~8、10~12. 龙山时期；9. 二里头时期）

高领罐 1件。DX070508A008-H1:1,夹砂灰陶。厚圆唇,口外翻,高领,鼓腹。领部及下腹部饰斜篮纹。口径22、残高15.2厘米(图4-98,12)。

直口罐 1件。DX070508I018:1,泥质灰陶。圆唇,口外翻,直深腹。口下饰篮纹,颈部有附加堆纹。口径22、残高6厘米(图4-98,10)。

罐 2件。DX070508J006:1,泥质灰陶。圆唇,近直口,矮领,鼓肩。素面。口径14、残高4厘米(图4-98,6)。DX070509C001:1,夹砂灰陶。深腹,平底。下腹部有绳纹痕迹,近底处有附加堆纹。底径12、残高4厘米(图4-98,5)。

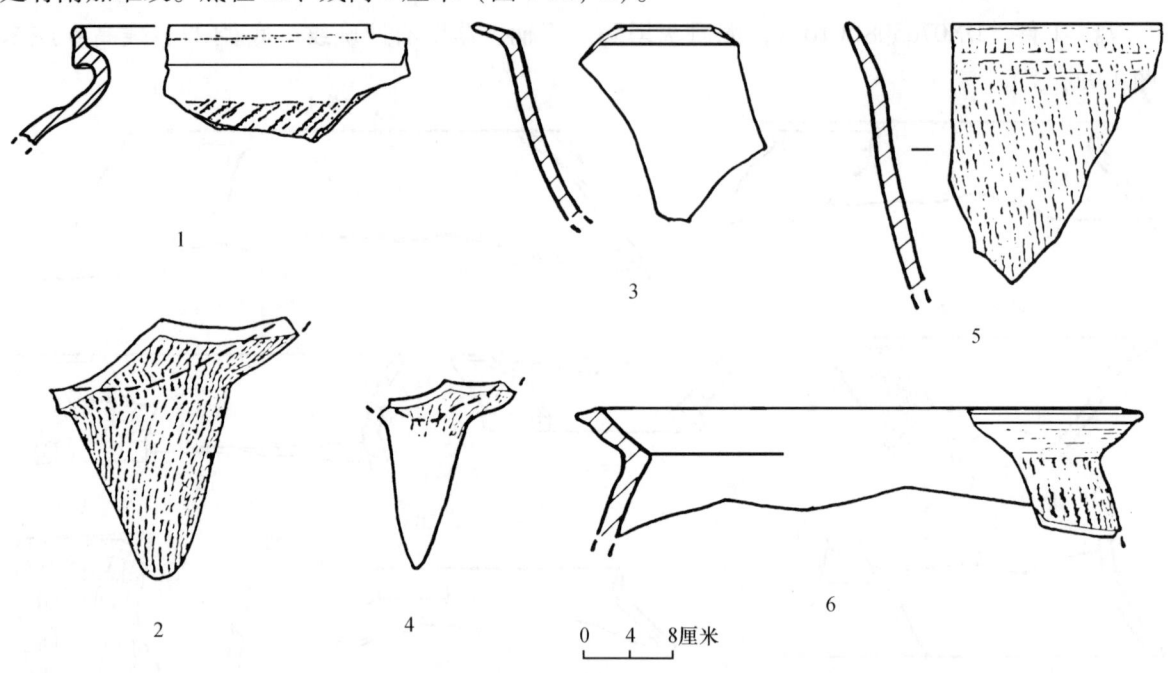

图4-99 红泥湾Ⅱ号遗址龙山、二里头、商、东周陶器
1. 罐(DX070509H001:1) 2. 蛋形瓮足(DX070509G001:1) 3、5. 盆(DX070508B007:2、DX070508B006:1)
4. 鬲足(DX070508I014:1) 6. 鬲(DX070508B009:1)
(1. 东周时期;2、3、5. 二里头时期;4、6. 商时期)

3. 二里头时期

二里头时期遗存主要分布于中部山丘上,此外,遗址南、北部都有零星分布(图4-100)。中部山丘上遗存分布非常密集,遗迹也主要分布于此。除1处文化层外,还发现1个灰坑及1座陶窑,全部发现于梯田的断面,文化层堆积较厚,灰坑为袋状坑,陶窑只暴露窑室部分。遗迹内包含物较为丰富,但地表遗物分布差别较大,遗址中部偏北所见陶片较多,南、北部陶片分布则相对较少。陶片以泥质灰陶略多,纹饰以绳纹为主,可辨器形有鬲、甗、盆、豆、蛋形瓮、罐等。

蛋形瓮 1件。DX070508B007:1,泥质灰褐陶。平沿内折,敛口,鼓腹。素面。口径

24.4、残高7.4厘米（图4-98，9）。

蛋形瓮足　1件。DX070509G001:1，夹砂灰陶。实足跟。器表饰规整绳纹（图4-99，2）。

盆　2件。DX070508B007:2，泥质灰陶。小圆唇，平折沿，斜腹。素面（图4-99，3）。DX070508B006:1，夹砂灰黑陶。圆唇，大敞口，斜深腹。器表饰规整绳纹（图4-99，5）。

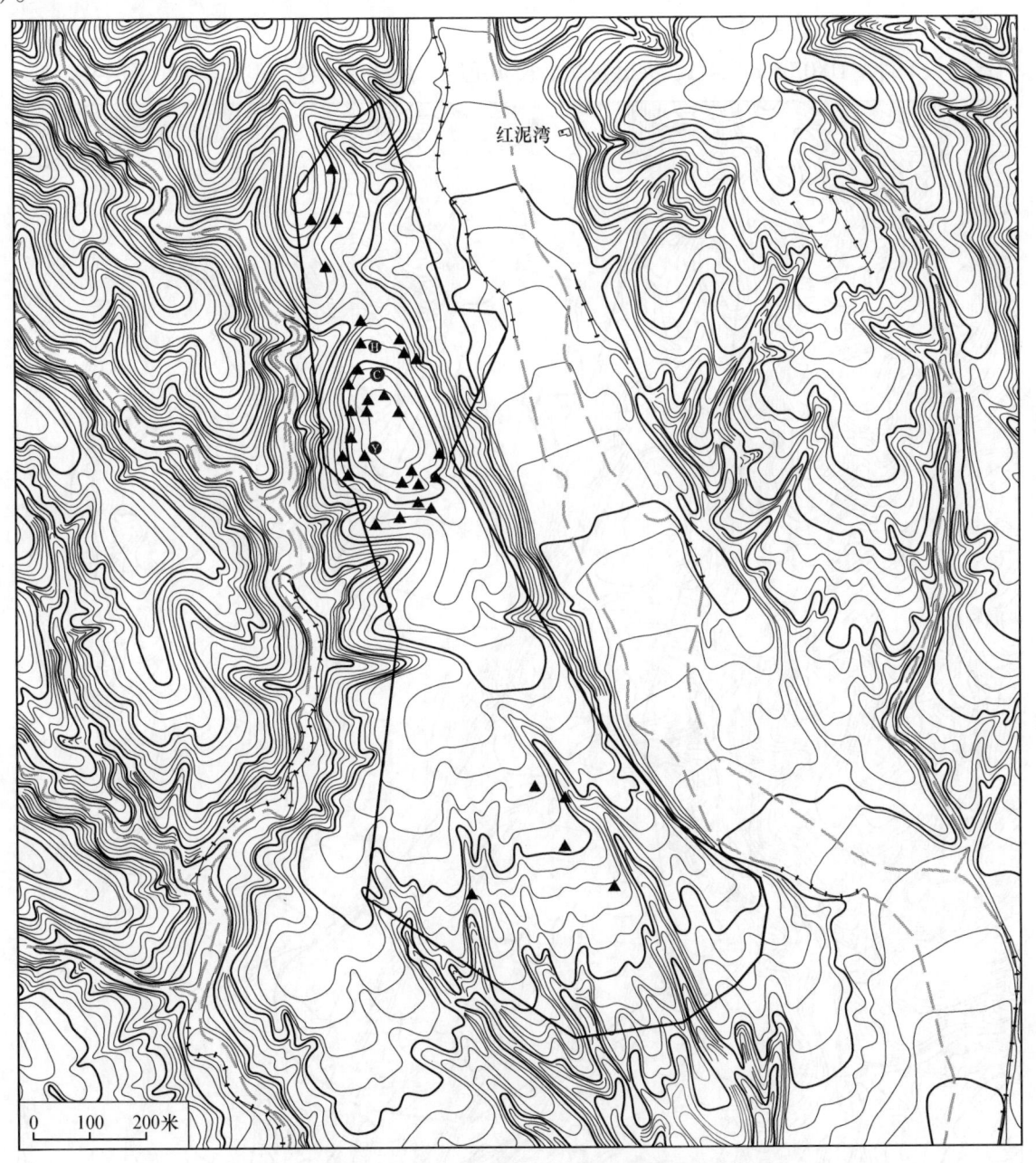

图4-100　红泥湾Ⅱ号遗址二里头时期遗存分布图

4. 商时期

商时期见于遗址北部，遗存分布非常稀疏（图4-101）。未见任何遗迹现象，只在地表发现零星陶片，数量很少。陶片多夹砂灰陶，纹饰以绳纹为主，可辨器形有鬲等。

鬲　1件。DX070508B009:1，夹砂灰陶。圆唇，折沿，深腹微鼓。腹部饰粗绳纹。口径24、残高5.2厘米（图4-99，6）。

鬲足　1件。DX070508I014:1，夹砂灰陶。长实足跟。足部饰绳纹，跟部素面（图4-99，4）。

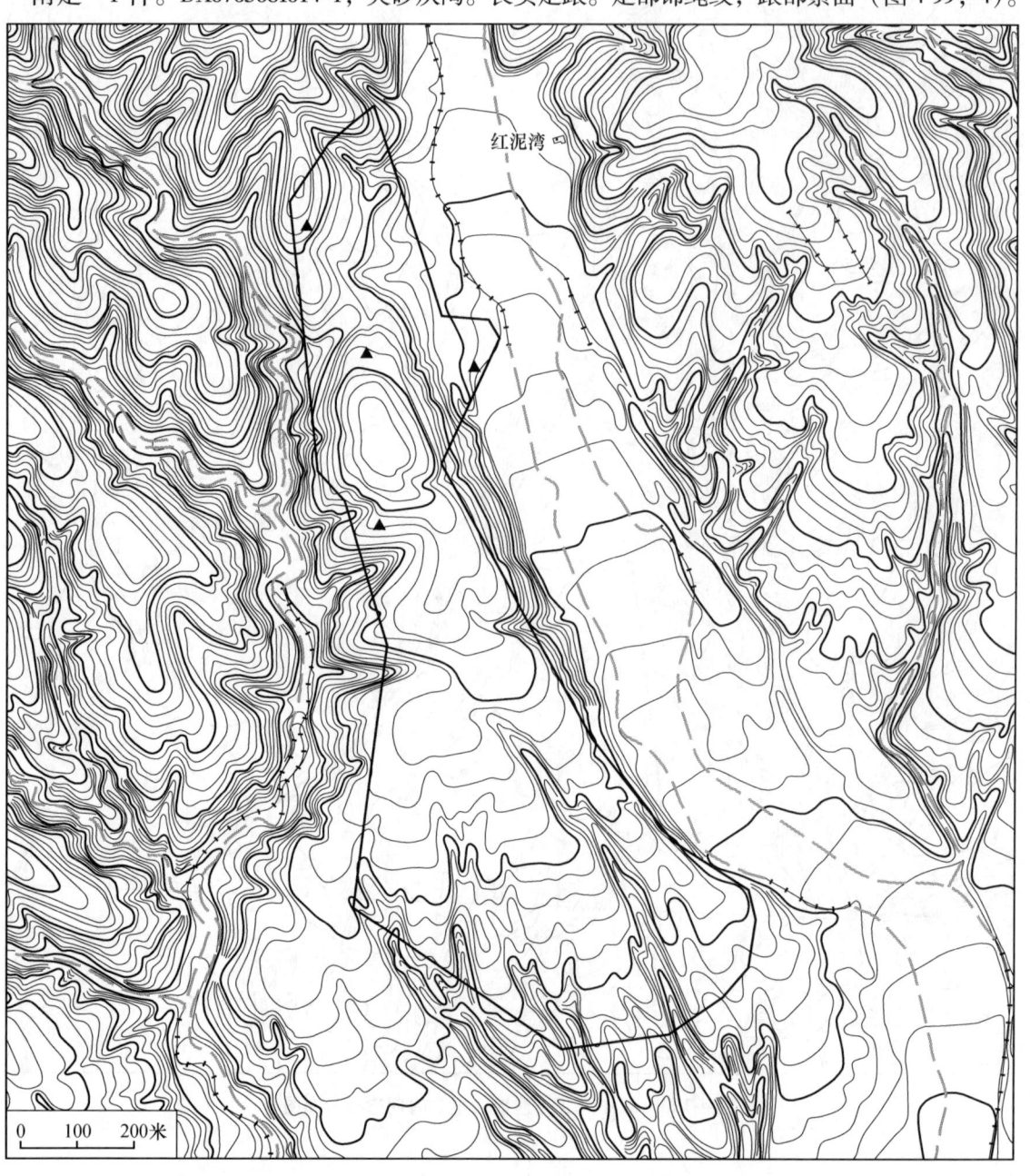

图4-101　红泥湾Ⅱ号遗址商时期遗存分布图

5. 东周时期

东周时期遗存见于遗址北部，只有个别分布（图4-102）。未见任何遗迹现象，只在地表发现少量陶片。陶片多夹砂灰陶，纹饰多绳纹，可辨器形有罐等。

罐 1件。DX070509H001:1，夹砂灰陶。方唇，翻沿，沿上下起脊，束颈，鼓腹。器表饰绳纹（图4-99，1）。

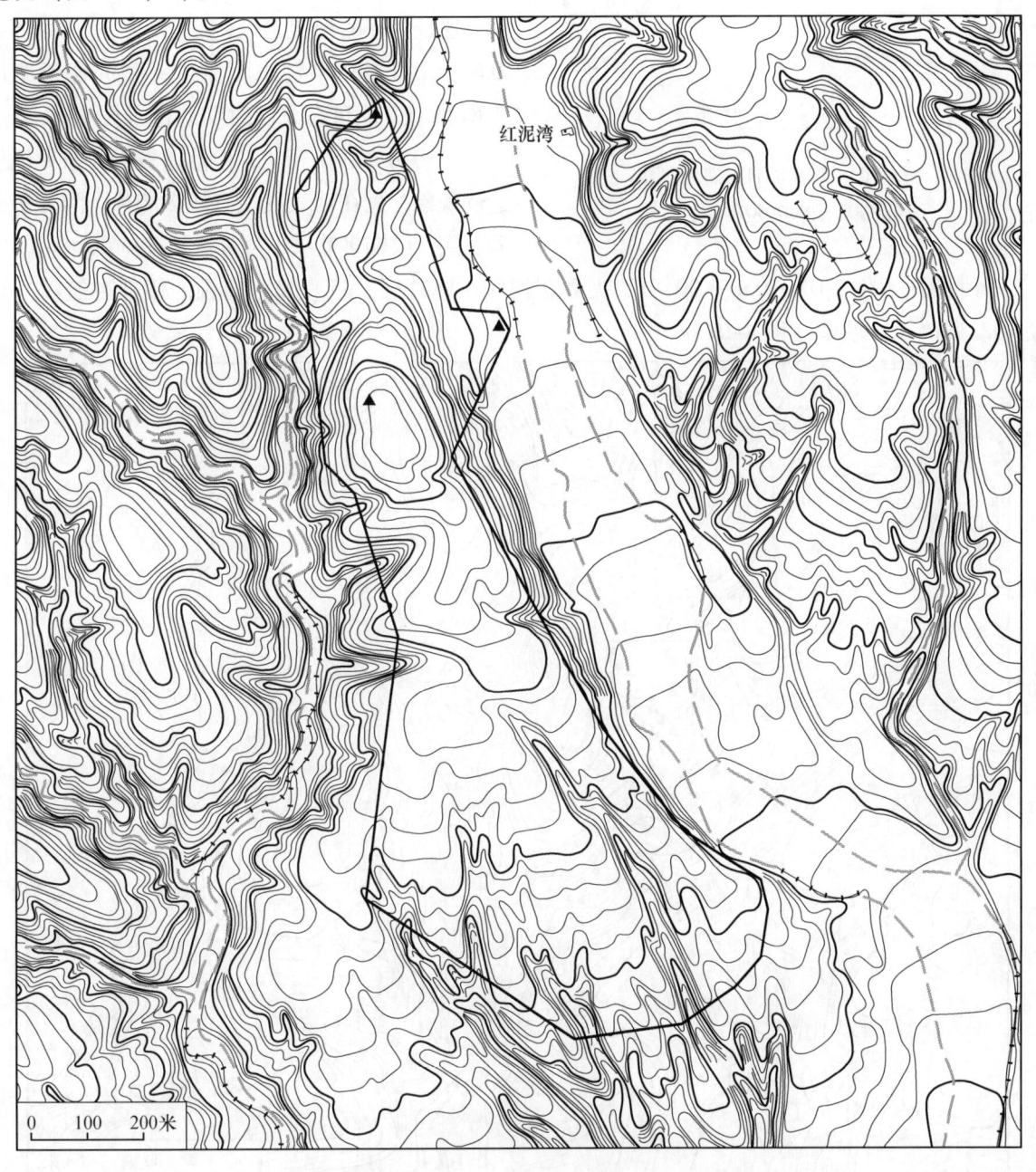

图4-102 红泥湾Ⅱ号遗址东周时期遗存分布图

四〇、红泥湾Ⅲ号遗址

红泥湾Ⅲ号遗址位于代县上磨坊乡红泥湾村西南700米，面积1.2万平方米（彩版四〇）。遗址处在山前台地上，地势较高，海拔1090～1155米，北高南低，背风向阳，坡度大，起伏大。遗址处于两河交汇处，北、东、南三面都有发源于山间的季节性水流流过，并汇合于遗址东南面。遗址只有龙山时期遗存（图4-104）。

遗存分布较为密集，但落差较大。未见任何遗迹现象，只在地表发现有较多陶片。陶片多夹砂灰陶，纹饰多篮纹，可辨器形有高领罐等。

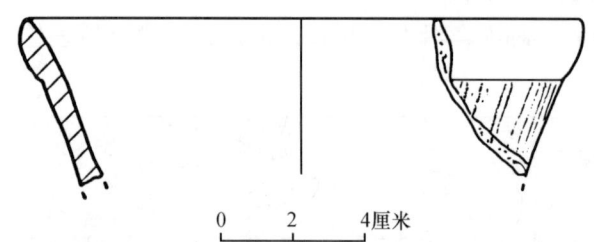

图4-103 红泥湾Ⅲ号遗址陶器

高领罐（DX070509K004:1）

高领罐 1件。DX070509K004:1，夹砂灰褐陶。厚圆唇，近直口，高领。领部有篮纹。口径16、残高4.6厘米（图4-103）。

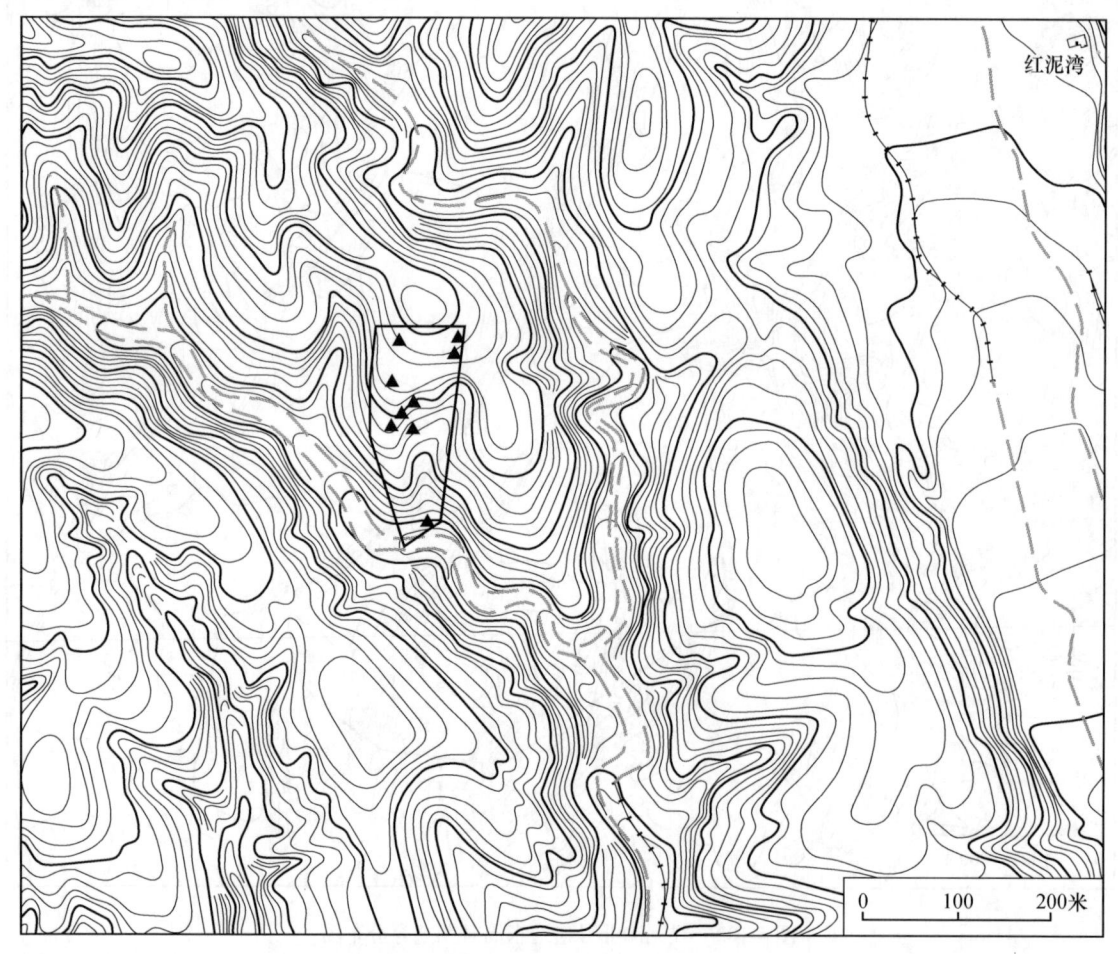

图4-104 红泥湾Ⅲ号遗址遗存分布图

四一、红泥湾Ⅳ号遗址

红泥湾Ⅳ号遗址位于代县上磨坊乡红泥湾村西南900米，面积31.2万平方米（彩版四〇）。遗址处于山前台地上，地势较高，海拔1065～1190米，内有一条较长较深的冲沟，地势起伏较大。遗址四面环水，有多条季节性的水源发源于山脚下。遗存分布密集，但落差也较大。遗址包含仰韶、龙山、东周三个时期遗存。

1. 仰韶时期

仰韶时期遗存见于遗址南部、东部，只有零星分布（图4-105）。只在遗址东部发现1座房

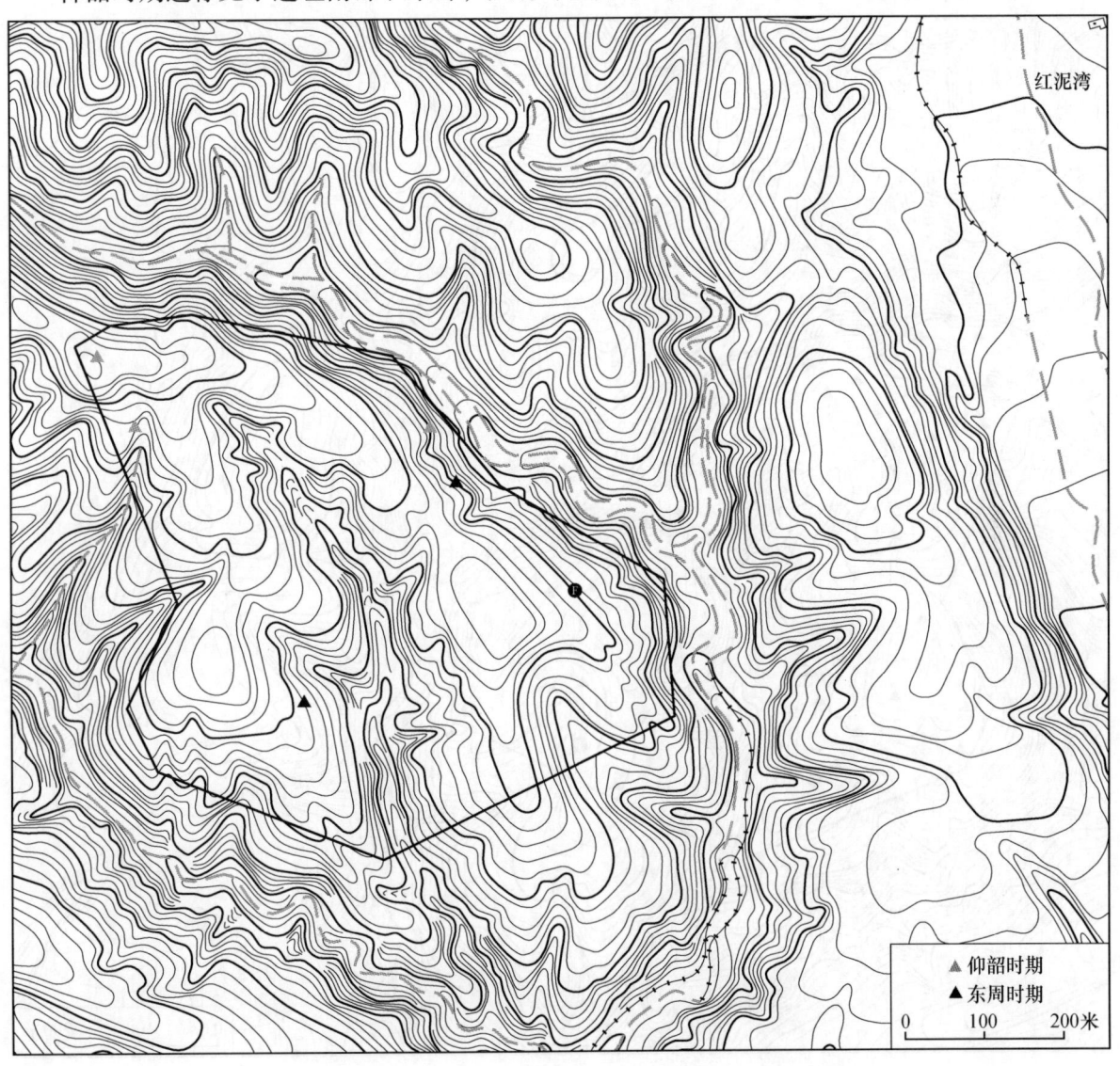

图4-105 红泥湾Ⅳ号遗址仰韶、东周时期遗存分布图

址，为红烧土面，暴露长约2米。房址内包含有少量陶片，地表发现陶片也很少。陶片多泥质红陶，多素面，可辨器形有钵等。

2. 龙山时期

龙山时期遗存见于整个遗址，尤以四周面向水源的位置遗存分布较为密集，遗迹也主要分布于此（图4-106）。遗迹主要暴露于梯田的断面上，除发现2处文化层外，发现的8座房址全部为白灰面，有些可能是地穴式或窑洞式。暴露最长者约7米，文化层堆积均较薄，集中分布于遗址东北角，房址则散见于遗址处围。遗迹内包含物并不多，地表所见陶片稍多。陶片以夹砂灰陶为主，纹饰多篮纹，可辨器形有鬲、单把鬲、豆、盘、盆、器盖、高领罐、带耳罐、小罐、罐等。

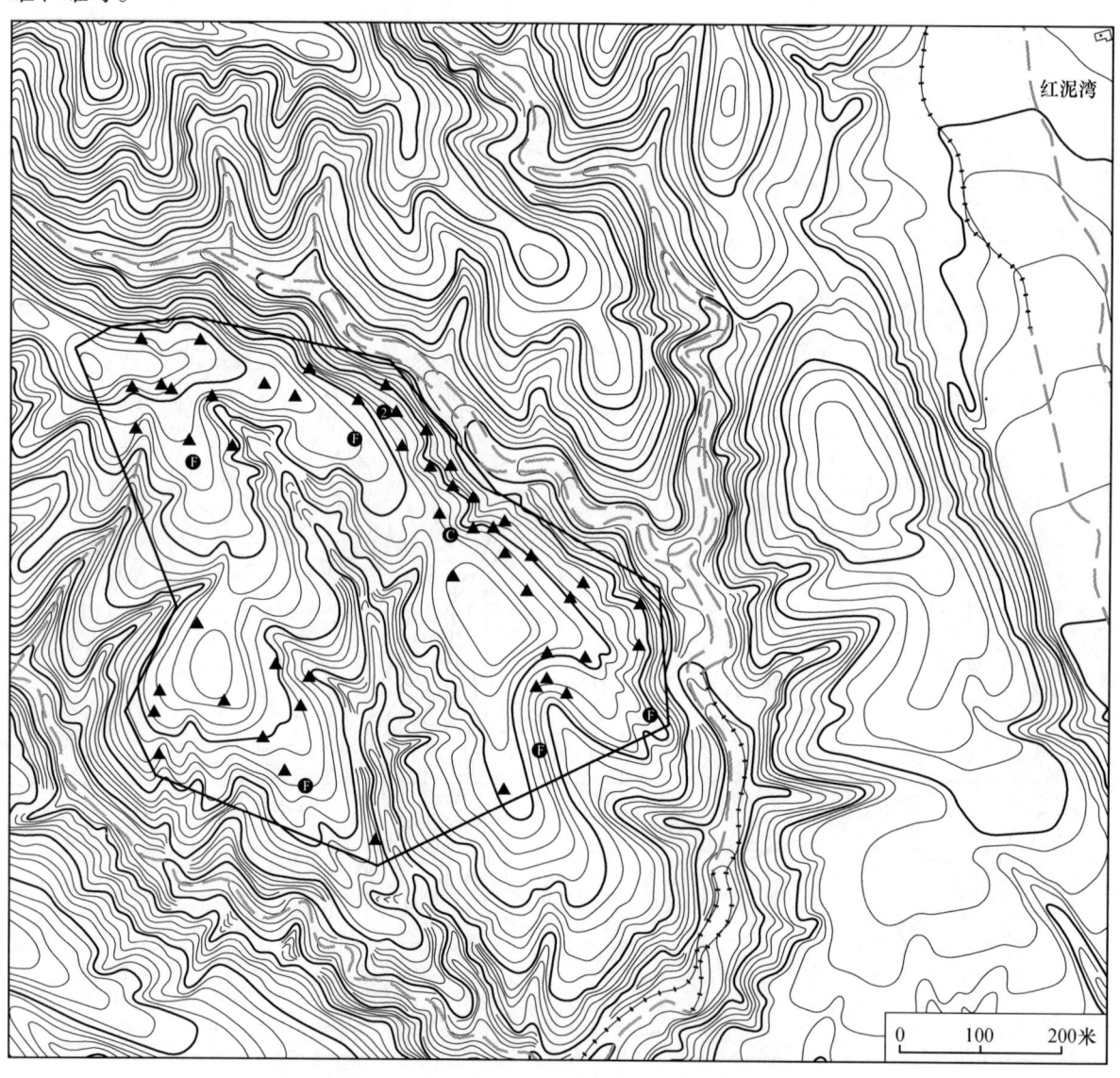

图4-106　红泥湾Ⅳ号遗址龙山时期遗存分布图

豆　1件。DX070509A004:1，泥质灰陶。圆唇，翻沿，斜腹，细柄。素面（图4-107，4）。

盆　2件。DX070509C005:1，夹砂灰褐陶。方唇，敞口，弧腹，平底。腹部饰斜篮纹。口径17.6、底径6.6、残高12厘米（图4-107，5；彩版一〇四，1）。DX070509L014:1，夹砂黑陶。圆唇，微敛口，深腹。腹部饰斜篮纹（图4-107，1）。

器盖　DX070509G003:1，夹砂灰黑陶。圆唇，斜壁。素面。口径20、残高5.6厘米（图4-107，7）。

带耳罐　1件。DX070509L010:1，泥质褐陶。腹耳，桥形耳。腹部饰斜篮纹（图4-107，3）。

罐　2件。DX070509L008:1，夹砂褐陶。圆唇，口外翻，鼓肩。腹部饰篮纹（图4-107，2）。DX070509A003:1，夹砂灰褐陶。深腹，平底。腹部饰横篮纹。底径11、残高6厘米（图4-107，6）。

3. 东周时期

东周时期遗存见于遗址北部，分布较为稀疏（图4-105）。未见任何遗迹现象，只在地表发现零星陶片。陶片多泥质灰陶，纹饰以绳纹为主，可辨器形有罐等。

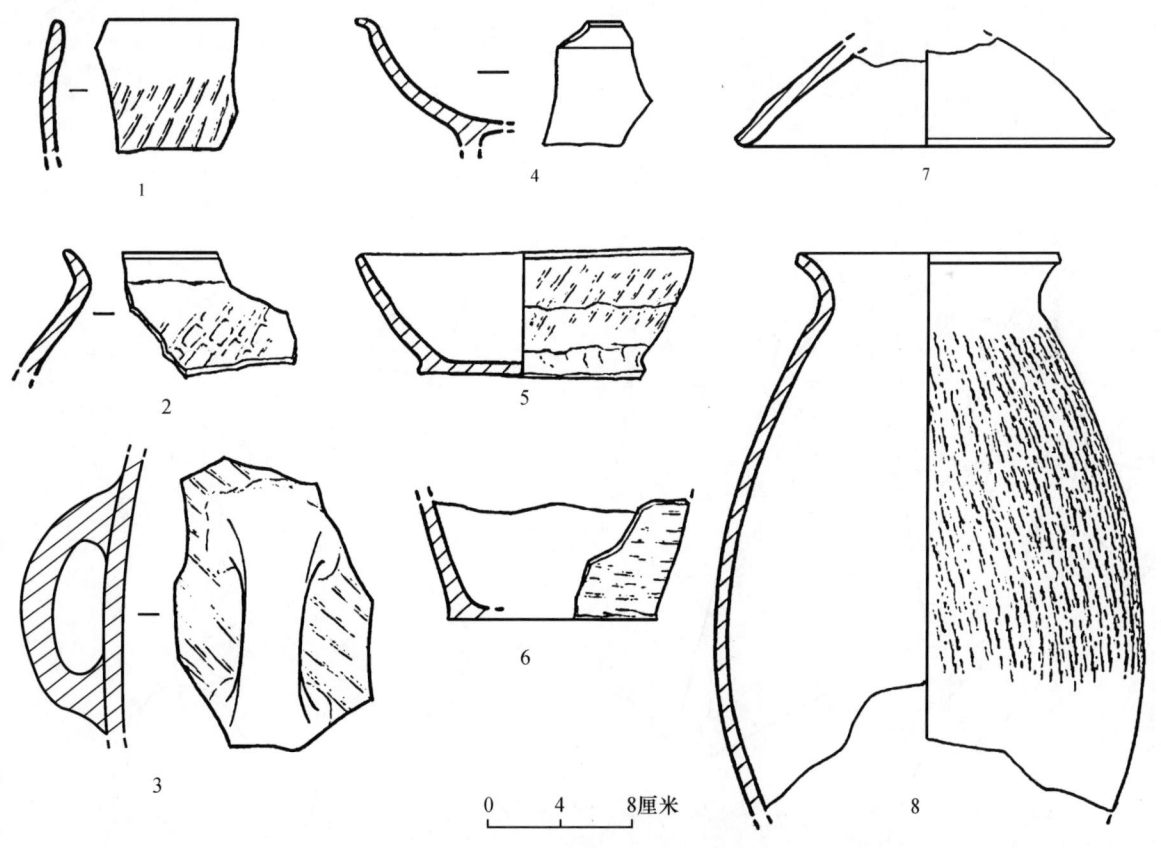

图4-107　红泥湾Ⅳ号遗址陶器

1、5. 盆（DX070509L014:1、DX070509C005:1）　2、6、8. 罐（DX070509L008:1、DX070509A003:1、DX070509C010:1）
3. 带耳罐（DX070509L010:1）　4. 豆（DX070509A004:1）　7. 器盖（DX070509G003:1）

（1~7. 龙山时期；8. 东周时期）

罐　1件。DX070509C010:1，泥质灰陶。小口，方唇，翻沿，深鼓腹。腹部饰绳纹。口径14、残高28厘米（图4-107，8）。

四二、小西庄遗址

小西庄遗址位于代县上磨坊乡小西庄村北，面积7.6万平方米（彩版四一，1）。遗址处于山前台地的最下缘，海拔980～1010米，北高南低，背风向阳，西部有浅冲沟，地势有一定的起伏。遗址东、西两侧都有发源于山间的季节性水流由北向南流过。遗存分布非常稀疏。遗址包含龙山、东周两个时期的遗存，其中，东周时期遗存部分可进一步确认为战国时期。

1. 龙山时期

龙山时期遗存见于遗址东南部，只有个别发现，遗存分布非常稀疏（图4-108）。未见任何遗迹现象，只在地表发现少量陶片。陶片以夹砂灰陶为多，纹饰有篮纹。

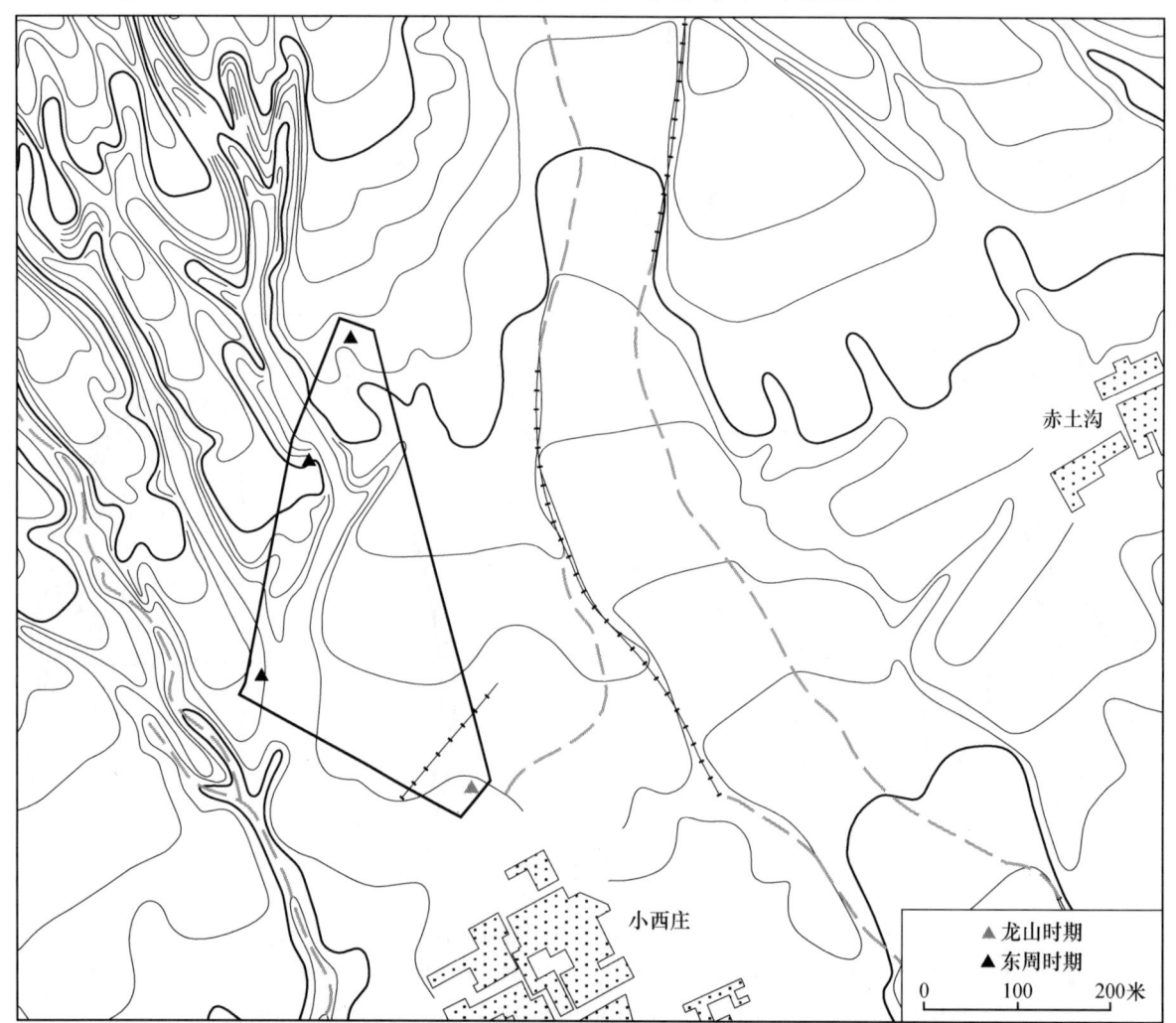

图4-108　小西庄遗址遗存分布图

2. 东周时期

东周时期遗存见于遗址北部、西部，分布非常稀疏（图4-108）。未见任何遗迹现象，只在地表发现有陶片，数量较少。陶片多夹砂灰陶，纹饰多绳纹，可辨器形有罐等。

四三、芳昌遗址

芳昌遗址位于代县上馆镇芳昌村东、小西庄村西，面积16.2万平方米（彩版四一，1）。遗址处于山前台地的最下缘，海拔960~990米，北高南低，背风向阳，内有浅冲沟，地势有一定的起伏。遗址处在两河交汇处，东、西两侧都有发源于山脚下的季节性水流流过。遗存分布

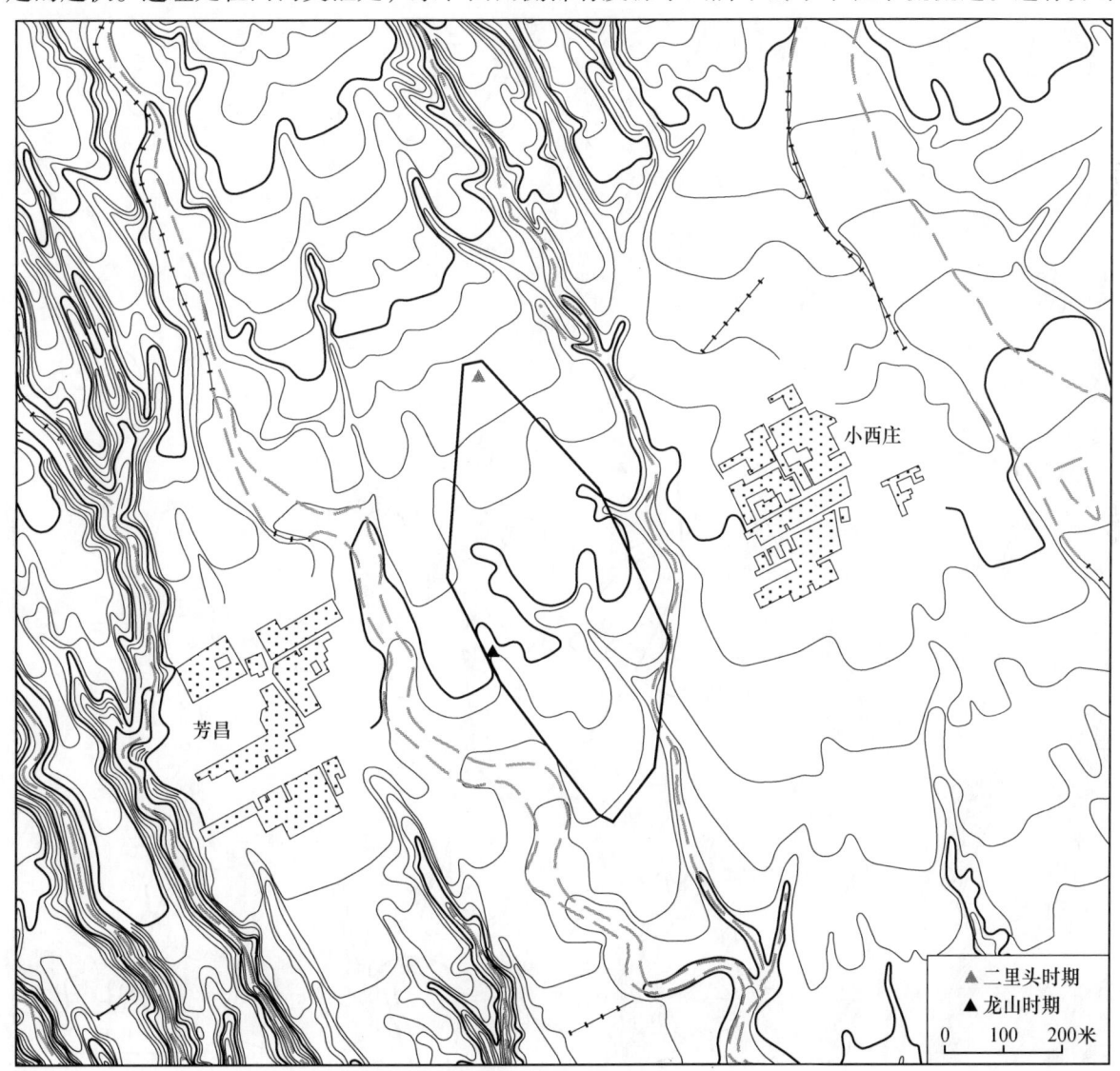

图4-109　芳昌遗址龙山、二里头时期遗存分布图

略显稀疏。遗址包含龙山、二里头、东周三个时期的遗存，其中，东周时期遗存部分可进一步确认为春秋和战国时期。

1. 龙山时期

龙山时期遗存见于遗址西部，只有个别发现，遗存分布非常稀疏（图4-109）。未见任何遗迹现象，只在地表发现少量陶片。陶片多夹砂灰陶，纹饰多篮纹。

2. 二里头时期

二里头时期遗存见于遗址北部，只有个别发现，遗存分布非常稀疏（图4-109）。未见任何遗迹现象，只在地表发现少量陶片。陶片多泥质灰陶，纹饰多绳纹。

图4-110　芳昌遗址东周时期遗存分布图

3. 东周时期

东周时期遗存见于遗址北端之外的其他位置，尤以中部遗存分布相对密集（图4-110）。未见任何遗迹现象，只在地表发现有陶片，数量较多。陶片多夹砂灰陶，纹饰以绳纹为主，可辨器形有罐等。

罐　1件。DX070509D002:1，夹砂灰陶。斜方唇，口外翻，束颈，鼓腹。腹部饰绳纹。口径20、残高10厘米（图4-111）。

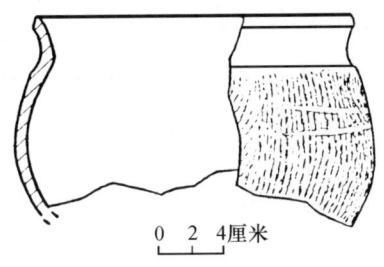

图4-111　芳昌遗址东周时期陶器罐（DX070509D002:1）

四四、窑子头Ⅲ号遗址

窑子头Ⅲ号遗址位于代县上馆镇窑子头村北700米，面积20.7万平方米。遗址处在滹沱

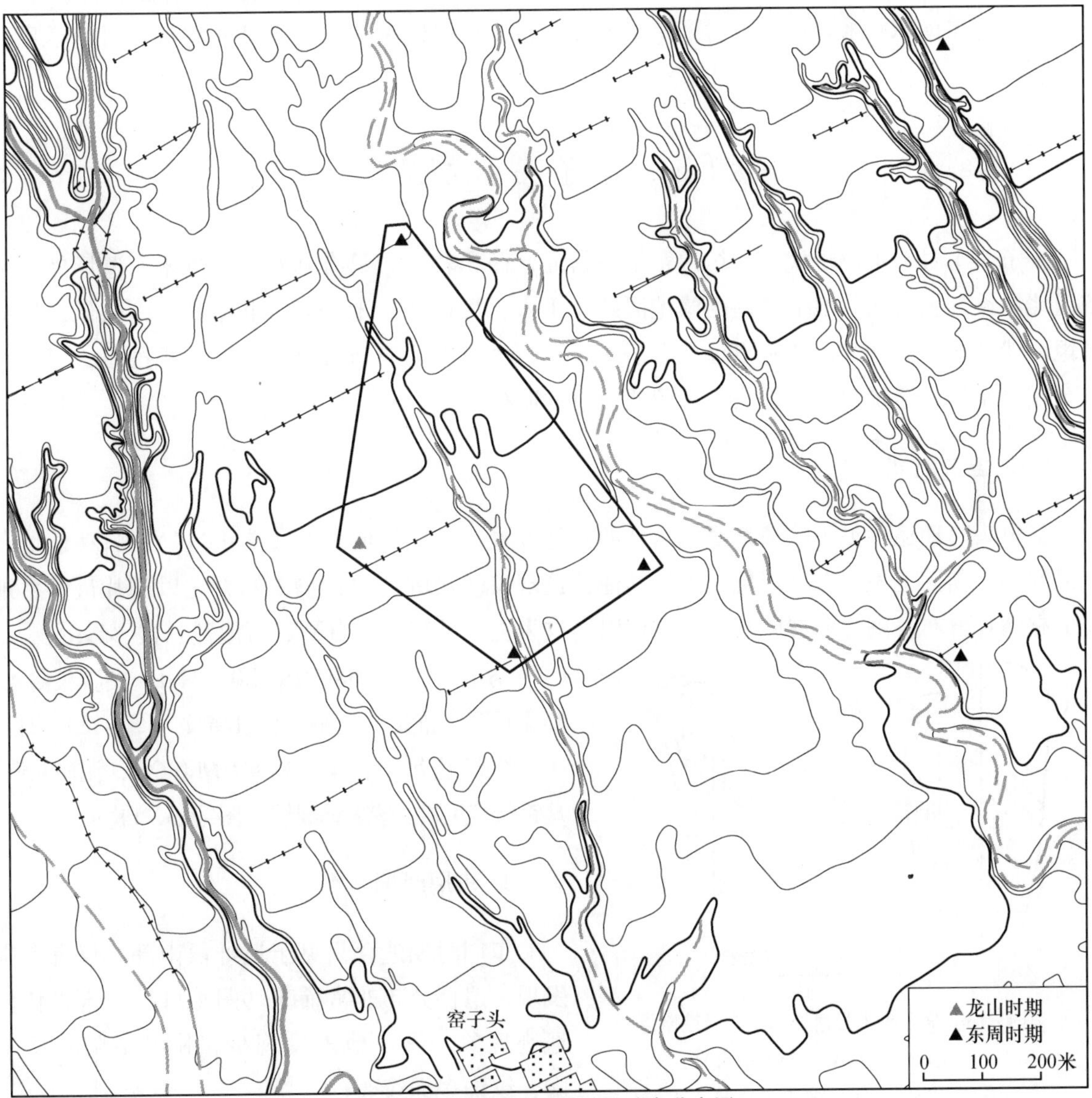

图4-112　窑子头Ⅲ号遗址遗存分布图

河北岸逐渐抬升的阶地上，海拔915～935米，北高南低，中部有一条南北向冲沟，地势有一定的起伏。遗址东侧有汇入滹沱河的季节性支流由北向南流过。遗存分布稀疏。遗址包含龙山、东周两个时期的遗存。

1. 龙山时期

龙山时期遗存见于遗址西部，只有个别发现，遗存分布非常稀疏（图4-112）。未见任何遗迹现象，只是在地表发现少量陶片。陶片为夹砂灰陶，纹饰有篮纹。

2. 东周时期

东周时期遗存见于遗址西部外其他位置，遗存分布非常稀疏（图4-112）。未见任何遗迹现象，只在地表发现有陶片，但数量少。陶片多夹砂灰陶，纹饰以绳纹为主，可辨器形有罐等。

在遗址东南500米处有这个时期零星陶片分布；在遗址东北900米处亦有这个时期零星陶片分布。

四五、窑子头Ⅰ号遗址

窑子头Ⅰ号遗址位于代县上馆镇窑子头村北，面积较小，只有0.6万平方米。遗址处在滹沱河北岸逐渐抬升的阶地上，南距滹沱河约3千米，海拔905米左右，北略高，南略低，地势平坦。遗址东侧有冲沟，西侧不远处有汇入滹沱河水流由北向南流过。遗址面积虽小，但遗存分布相对密集。遗址包含二里头、东周两个时期遗存。

1. 二里头时期

二里头时期遗存见于除遗址西南角外的其他位置，遗存分布密集（图4-114）。只在遗址东北部的梯田断面上发现1个灰坑，未见其他遗迹现象。灰坑内包含物丰富，尤以陶片最多，地表也有陶片分布。陶片多夹砂灰陶，纹饰以绳纹为主，可辨器形有鬲、蛋形瓮、盆、罐等。

鬲足　1件。DX070509K015-H:1，夹砂灰褐陶。高实足跟，锥足。足跟有少量绳纹（图4-113，2）。

蛋形瓮足　1件。DX070509K016:1，泥质灰陶。矮锥状实足跟。器表饰绳纹（图4-113，1）。

2. 东周时期

东周时期遗存只见于遗址西南部，仅有个别发现，遗存分布非常稀疏（图4-114）。未见任何遗迹现象，只在地表发现少量陶片。陶片多灰陶，纹饰多绳纹。

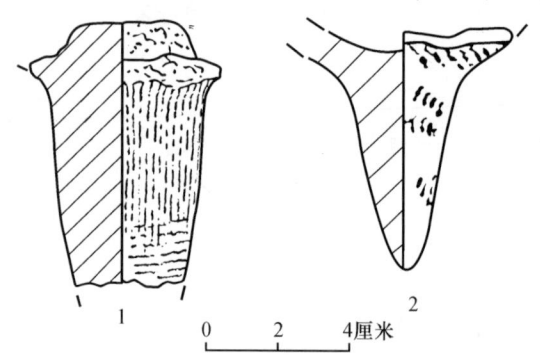

图4-113　窑子头Ⅰ号遗址二里头时期陶器
1. 蛋形瓮足（DX070509K016:1）
2. 鬲足（DX070509K015-H:1）

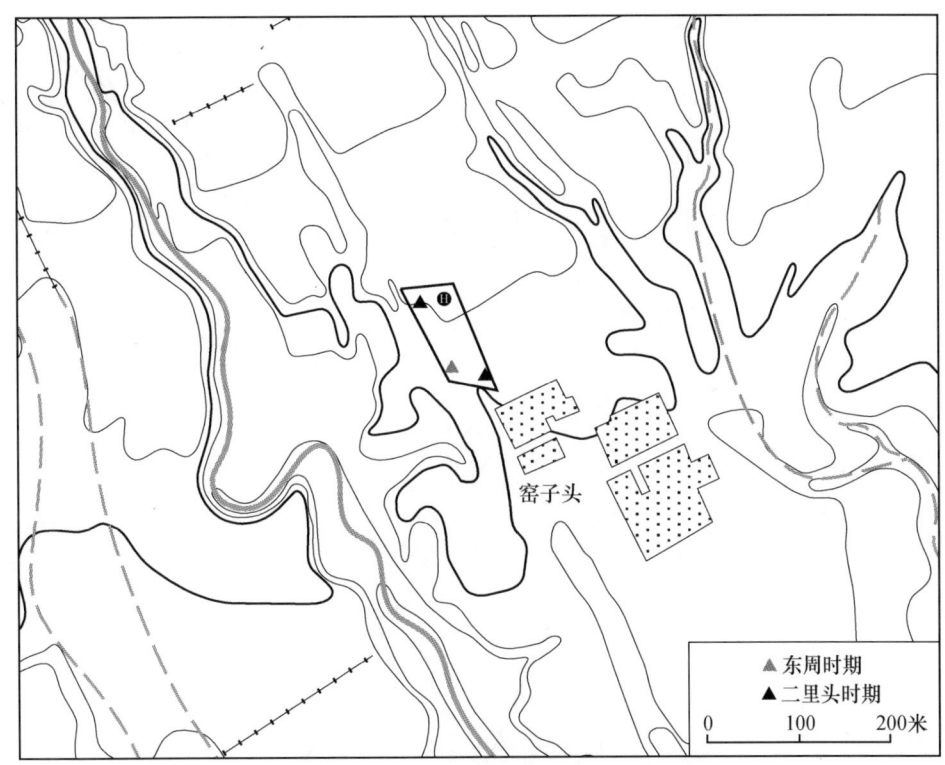

图 4-114　窑子头Ⅰ号遗址遗存分布图

四六、窑子头Ⅱ号遗址

窑子头Ⅱ号遗址位于代县上馆镇窑子头村西，面积 7.8 万平方米。遗址处在滹沱河北岸逐渐抬升的阶地上，南距滹沱河约 2.5 千米，海拔 880~900 米，北高南低，东部临浅沟，地势有起伏，其他位置则相对平坦。遗址西侧有季节性水流由北向南流过，东侧有滹沱河的支流由北向南流过。遗存分布非常稀疏。遗址包含龙山、东周两个时期的遗存。

1. 龙山时期

龙山时期遗存见于遗址北部，遗存分布较为稀疏（图 4-115）。未见任何遗迹现象，只在地表发现有陶片，但数量很少。陶片多夹砂灰陶，纹饰有篮纹。

2. 东周时期

东周时期遗存见于遗址南部，遗存分布较为稀疏（图 4-115）。未见任何遗迹现象，只在地表发现零星陶片。陶片多夹砂灰陶，纹饰以绳纹为主。

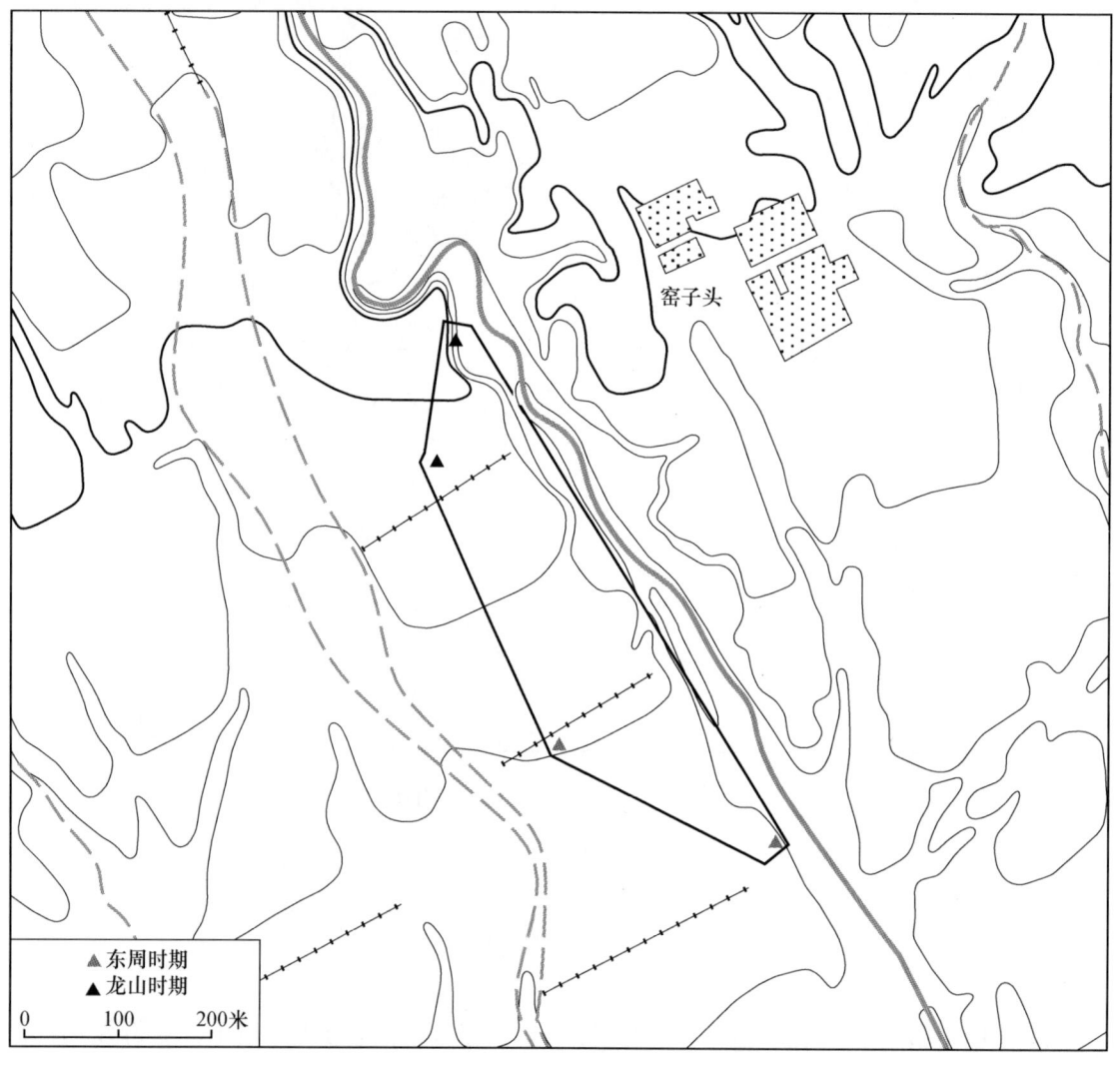

图 4-115　窑子头 Ⅱ 号遗址遗存分布图

四七、里 回 遗 址

里回遗址位于代县上磨坊乡里回村南 450 米，面积 0.4 万平方米。遗址处于滹沱河北岸逐渐抬升的阶地上，南距滹沱河 2.5 千米，海拔 875～885 米，北高南低，地势起伏较小。遗址东侧有季节性水流由北向南汇入滹沱河。遗址包含二里头、东周两个时期的遗存。

1. 二里头时期

二里头时期遗存见于遗址西部，分布非常稀疏（图 4-116）。未见任何遗迹现象，只在地表发现零星陶片，但数量很少。陶片为夹砂灰陶，纹饰多绳纹。

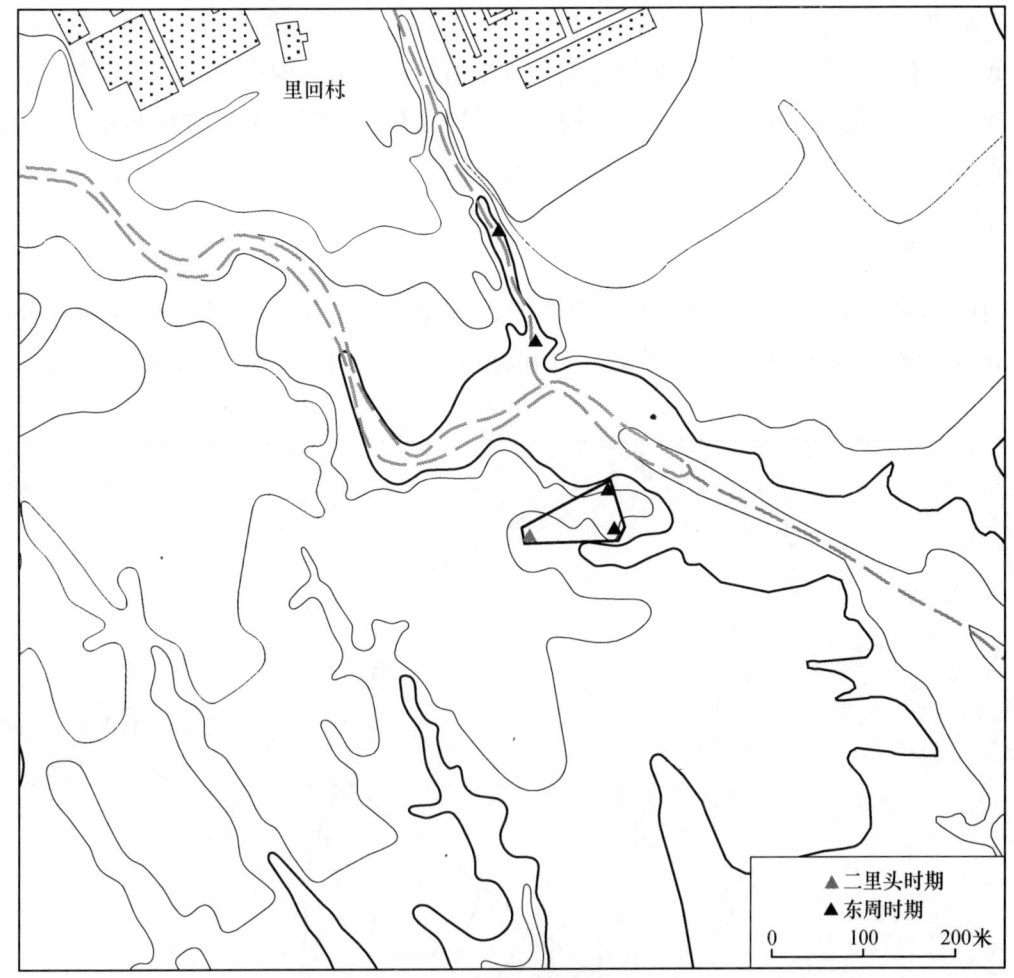

图 4-116　里回遗址遗存分布图

2. 东周时期

东周时期遗存见于遗址东部，分布稀疏（图 4-116）。未见任何遗迹现象，只在地表发现零星陶片。陶片多泥质灰陶，多素面，可辨器形有盆、豆等。

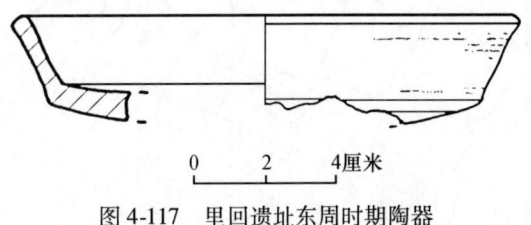

图 4-117　里回遗址东周时期陶器
豆（DX070509E004∶1）

在遗址北面 150 米处冲沟内发现有这个时期的陶片分布。

豆　1 件。DX070509E004∶1，泥质灰陶。敞口，斜壁，浅盘，底近平。素面。口径 13.6、残高 2.4 厘米（图 4-117）。

四八、十里铺遗址

十里铺遗址位于代县上磨坊乡十里铺村东北 250 米，面积 19.7 万平方米（彩版四一，2）。

遗址处于滹沱河北岸一级阶地上，略高于滹沱河河床10米左右，海拔865~880米，北高南低，地势较低，但有一定的起伏。遗址东侧有汇入滹沱河的支流由北向南流过。除北部外，遗存分布相对密集。遗址包含龙山、二里头、东周三个时期遗存，其中，东周时期部分遗存可进一步确认为战国时期。

1. 龙山时期

龙山时期遗存见于遗址西部和东南部之外的其他位置，其中，遗址北部遗存分布略显密集（图4-118）。未见任何遗迹现象，只在地表发现有陶片。陶片多夹砂灰陶，纹饰有篮纹。

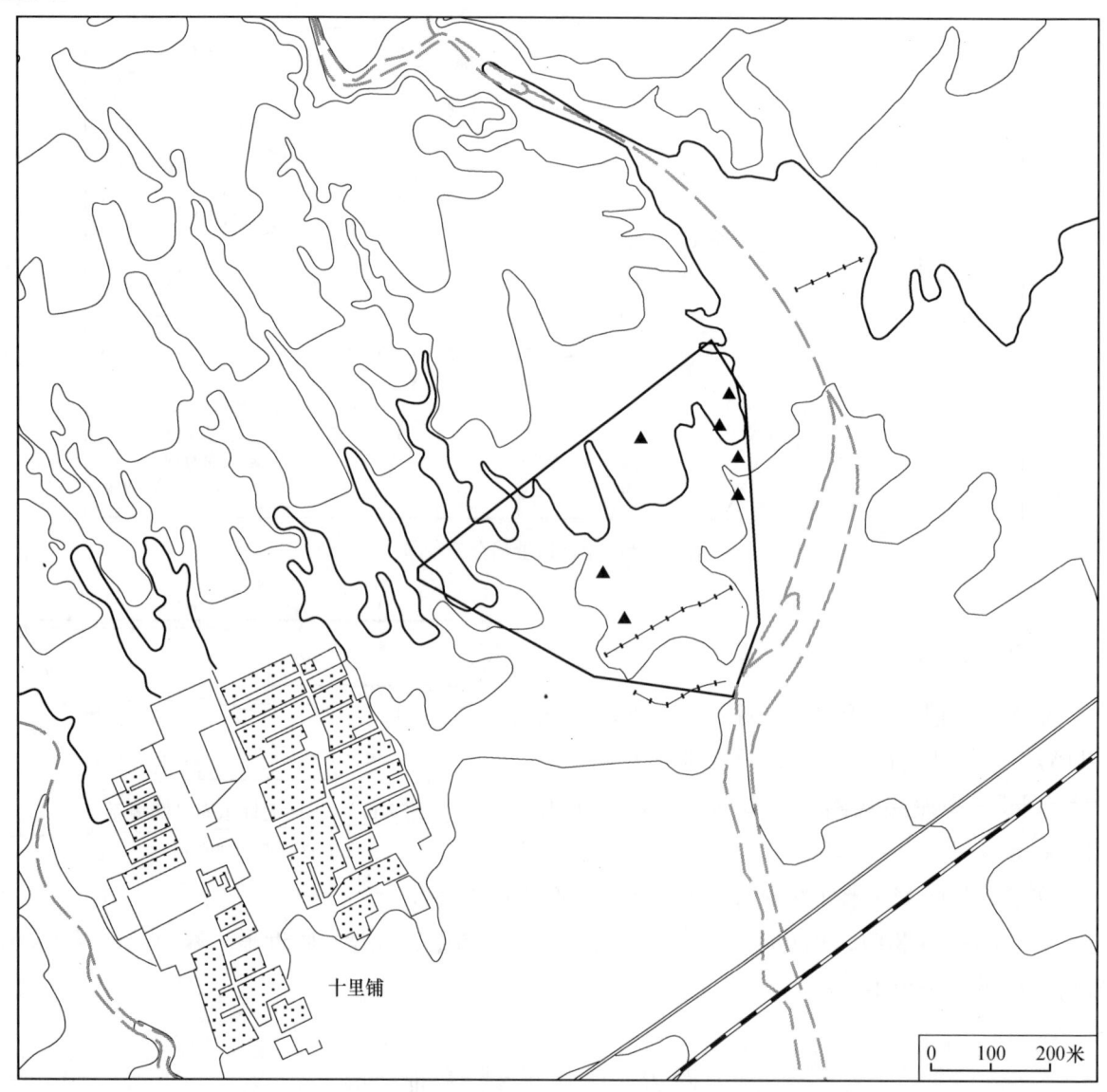

图4-118　十里铺遗址龙山时期遗存分布图

2. 二里头时期

二里头时期遗存见于北部之外其他位置，尤以南部遗存分布较为密集（图4-119）。遗迹见于南部梯田的断面上，共发现1处文化层和1个灰坑，文化层堆积较薄，灰坑为口大底小。遗迹内包含物丰富，尤以陶片为最多，地表也发现较多陶片。陶片以夹砂灰陶为多，纹饰以绳纹为主，可辨器形有盆、蛋形瓮等。

盆　1件。DX070509E008:1，夹砂褐陶（夹细砂）。圆唇，口外翻，微束颈，深腹。素面（图4-121，1）。

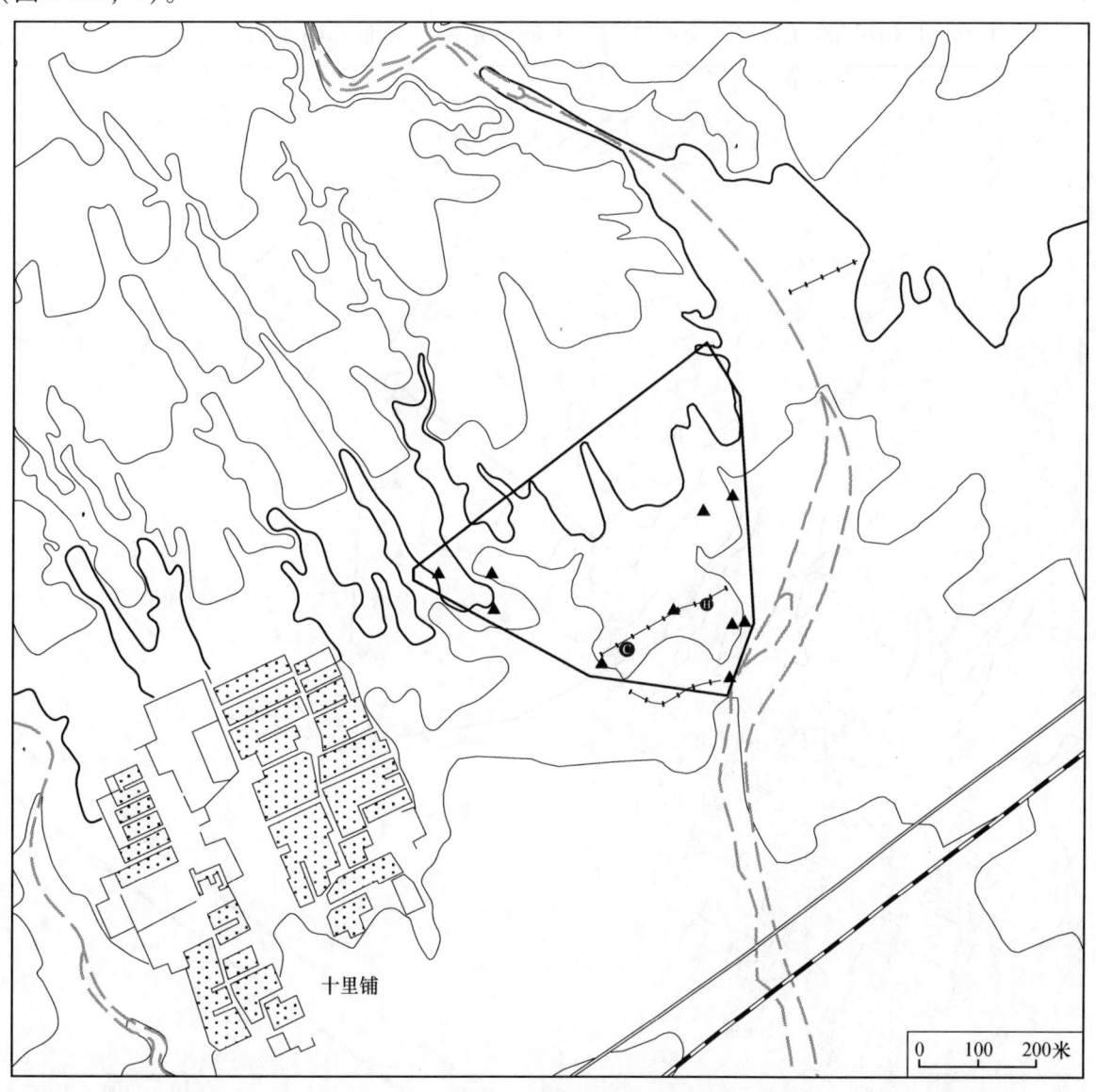

图4-119　十里铺遗址二里头时期遗存分布图

3. 东周时期

东周时期遗存基本见于整个遗址，遗存分布疏密不等，东部和西部遗存分布相对密集（图 4-120）。除在遗址东部偏南的梯田断面上发现 1 处文化层外，未见其他遗迹现象，文化层堆积较薄。文化层内包含陶片较多，地表也有陶片分布。陶片多夹砂灰陶，纹饰以绳纹为主，可辨器形有鼎、豆等。

鼎　1 件。DX070509C017:2，夹砂灰陶。子母口，腹耳，深腹，圜底，三足。下腹部饰绳纹。口径 14.8，残高 10.4 厘米（图 4-121，3）。

豆　1 件。DX070509C017:1，夹砂灰陶。平底，粗柄。素面（图 4-121，2）。

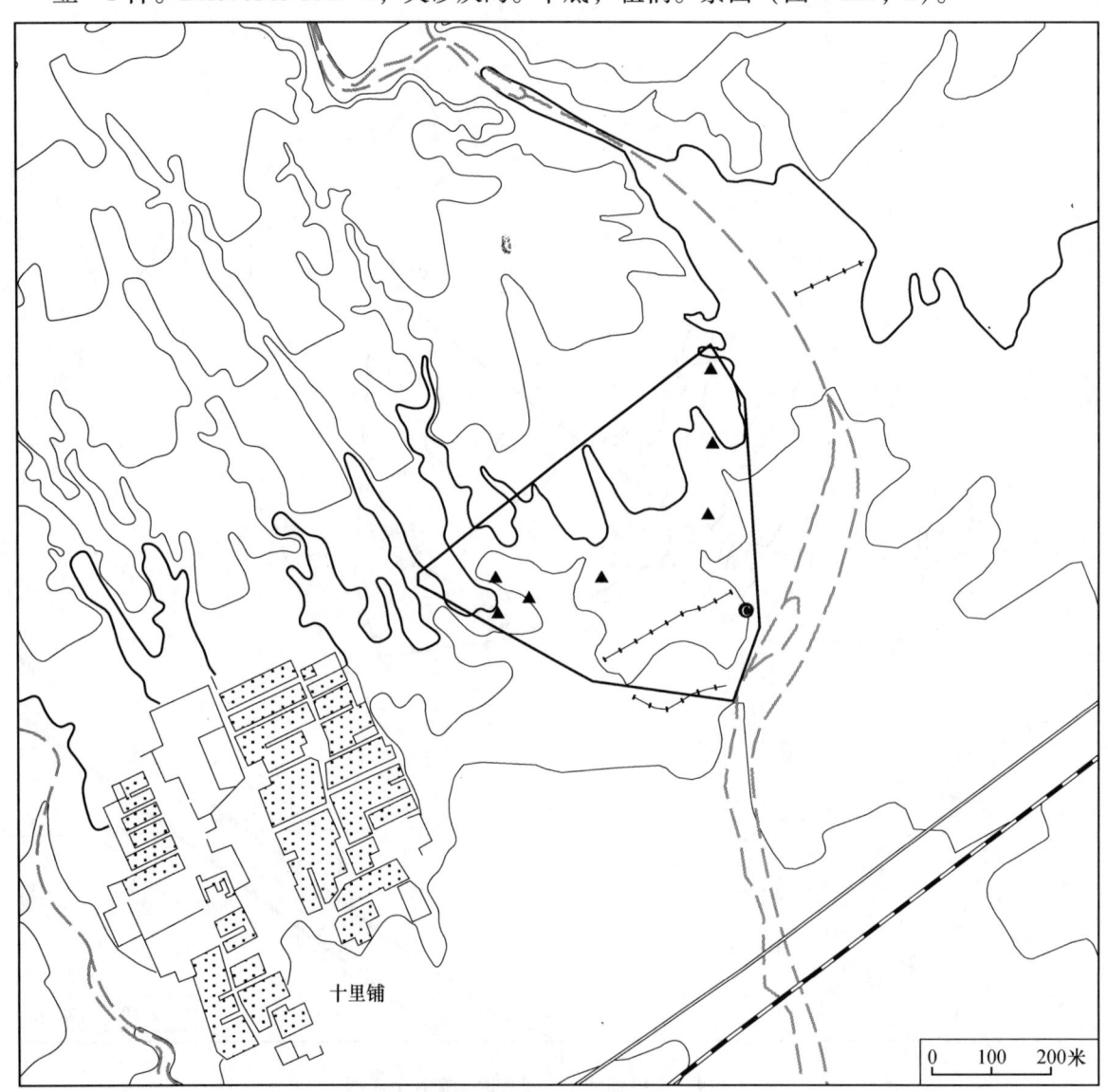

图 4-120　十里铺遗址东周时期遗存分布图

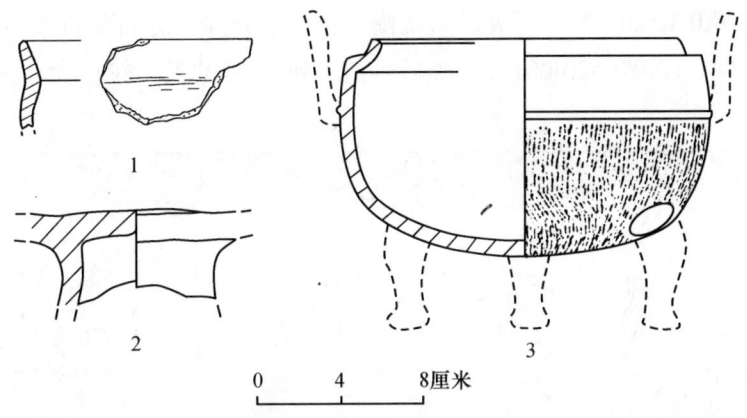

图 4-121　十里铺遗址陶器
1. 盆（DX070509E008：1）　2. 豆（DX070509C017：1）　3. 鼎（DX070509C017：2）
（1. 二里头时期；2、3. 东周时期）

四九、井沟Ⅲ号遗址

井沟Ⅲ号遗址位于代县上馆镇井沟村西南400米，面积15.5万平方米（彩版四二，1）。遗址处在滹沱河北岸逐渐抬升的阶地上，海拔895～920米；北高南低，整体地势相对平坦，但在遗址东、西部有浅冲沟分布，地势有一定的起伏，遗存主要发现于此。遗址西侧不远处有由北向南汇入滹沱河的支流，东侧有季节性水流由北向南流过。遗址西部遗存分布略显密集，中部几乎不见遗存，遗址包含龙山、二里头两个时期遗存。

1. 龙山时期

龙山时期遗存主要见于遗址西部冲沟附近（图4-122）。此外，东部冲沟偏北也有零星分布，遗址中部不见遗存分布可能与地势平坦有关。遗迹暴露于西部冲沟的断面，共发现3个灰坑，有袋状坑，未见其他遗迹现象。遗迹内包含物丰富，地表有陶片分布。陶片多夹砂灰陶，纹饰多篮纹，可辨器形有蛋形瓮等。

遗址西南300米处有这个时期的少量陶片分布。

蛋形瓮　1件。DX070520H003-H：1，泥质灰陶。平沿内折，敛口，深腹。腹部饰篮纹（图4-123，3）。

2. 二里头时期

二里头时期遗存分布于遗址东部冲沟偏南，只有零星发现（图4-122）。未见任何遗迹现象，只在地表发现有陶片。陶片多夹砂褐陶，纹饰以绳纹为主，可辨器形有鬲、盆、蛋形瓮等。

鬲足　1件。DX070520I001：1，夹砂灰褐陶。锥状实足跟。足部饰绳纹（图4-123，2）。

蛋形瓮足　1件。DX070520I001：2，夹砂褐陶。锥状实足跟，较粗大。足部饰绳纹（图4-123，1）。

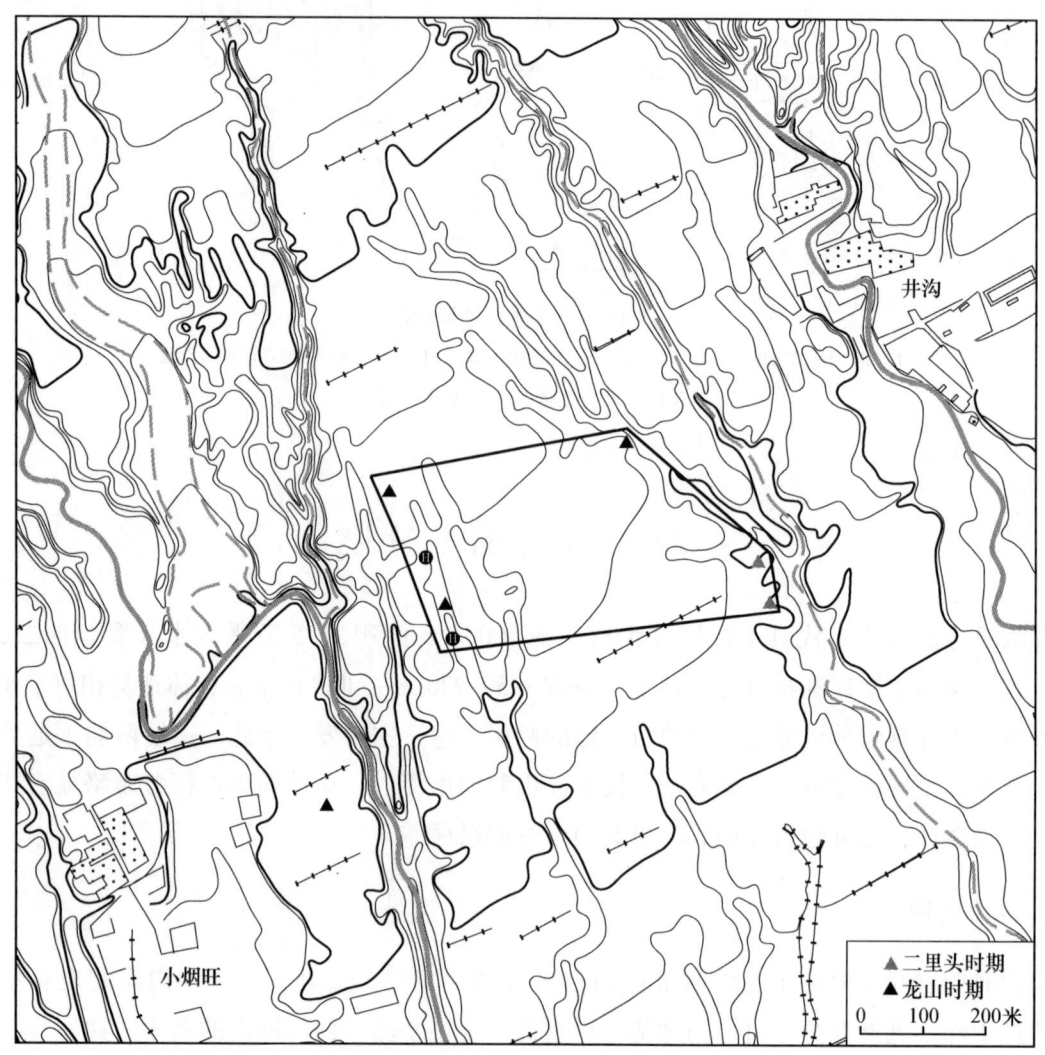

图4-122　井沟Ⅲ号遗址遗存分布图

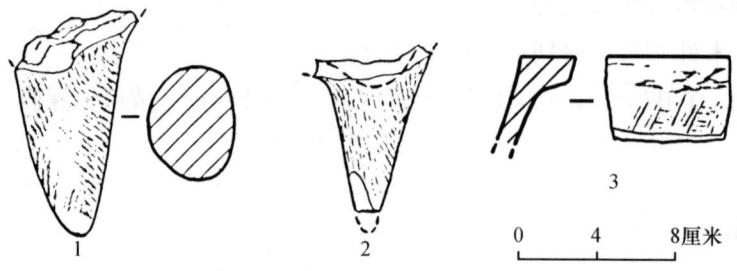

图4-123　井沟Ⅲ号遗址陶器

1. 蛋形瓮足（DX070520I001：2）　2. 鬲足（DX070520I001：1）　3. 蛋形瓮（DX070520H003-H：1）

（1、2. 二里头时期；3. 龙山时期）

五〇、井沟Ⅱ号遗址

井沟Ⅱ号遗址位于代县上馆镇井沟村南，面积4.5万平方米（彩版四二，1）。遗址处在滹沱河北岸逐渐抬升的阶地上，海拔915～900米，北高南低，地势有一定的起伏。遗址东、西两侧都有汇入滹沱河的水流由北向南流过。遗存分布略显稀疏。遗址包含龙山、东周两个时期遗存，其中，东周时期遗存部分可进一步确认为春秋时期。

1. 龙山时期

龙山时期遗存见于整个遗址，遗存分布稀疏（图4-124）。除发现3处文化层外，还发现2个灰坑、1座白灰面房址和1座窑址。其中，文化层有1处分布在遗址北部，2处分布在遗址南部，其他遗迹全部分布在遗址北部，除最北端遗迹见于取土场断面外，其他则见于梯田的断面。遗迹内包含物丰富，尤以陶片最多，地表也发现有陶片。陶片多夹砂灰陶，纹饰多绳纹、篮纹，可辨器形有鬲、鬶、罐等。

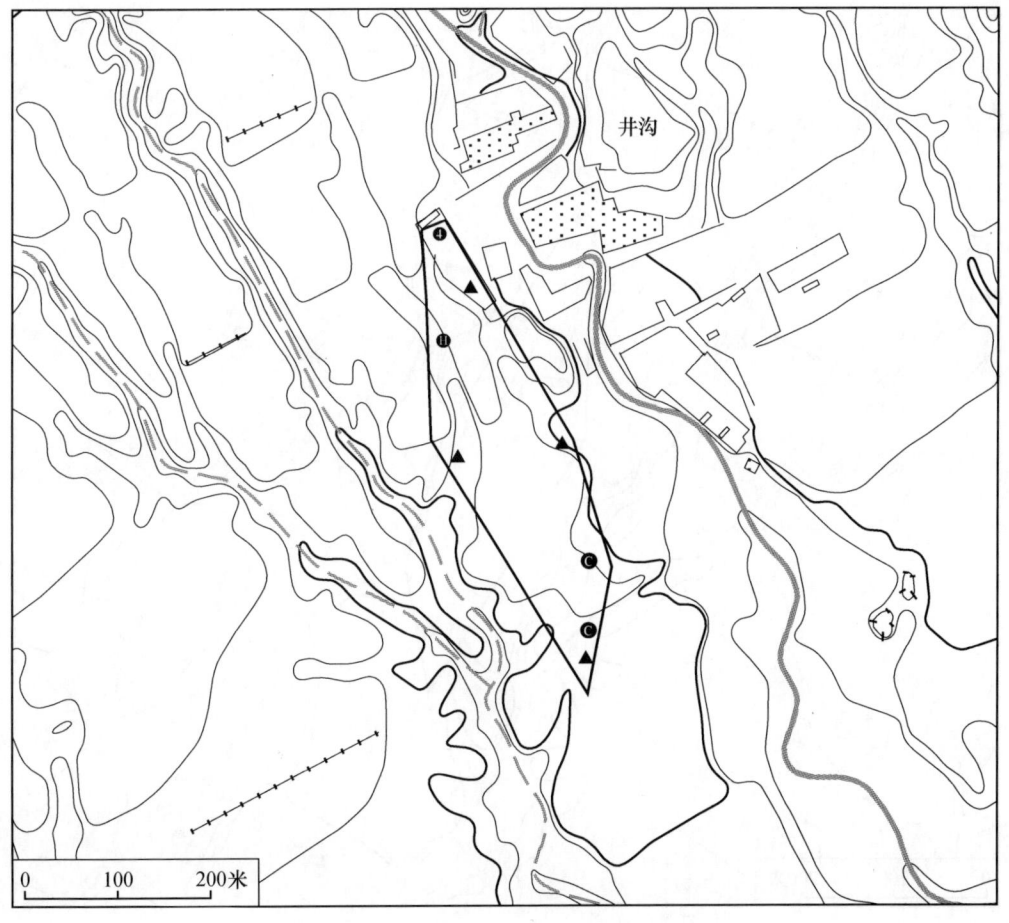

图4-124　井沟Ⅱ号遗址龙山时期遗存分布图

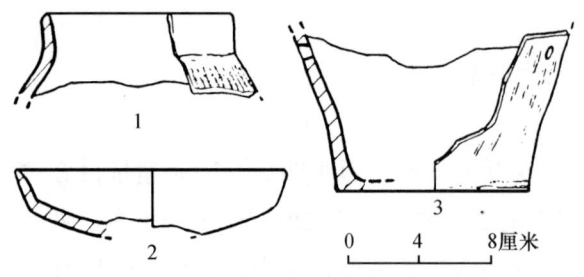

图 4-125　井沟 II 号遗址陶器
1、3. 罐（DX070511F005-C:1、DX070511M002-H:1）
2. 豆（DX070511M005-C:1）
(1、3. 龙山时期；2. 东周时期)

罐　2件。DX070511F005-C:1，夹砂灰褐陶（细砂）。圆唇，近直口，鼓腹。腹部饰绳纹。口径11、残高4.4厘米（图4-125，1）。DX070511M002-H:1，泥质褐陶。直深腹，平底。腹部有单面钻孔，饰竖浅篮纹。底径11、残高8.4厘米（图4-125，3）。

2. 东周时期

东周时期遗存见于遗址中、南部，只有零星分布（图4-126）。除在遗址南部发现1处文化层外（见于梯田的断面），未见其他遗迹现象。遗迹内包含有较多陶片，但地表只发现少量陶片。陶片以泥质灰陶为多，纹饰有绳纹，可辨器形有豆等。

豆　1件。DX070511M005-C:1，泥质灰陶。小圆唇，斜壁，浅盘。素面。口径15.2，残高3.6厘米（图4-125，2）。

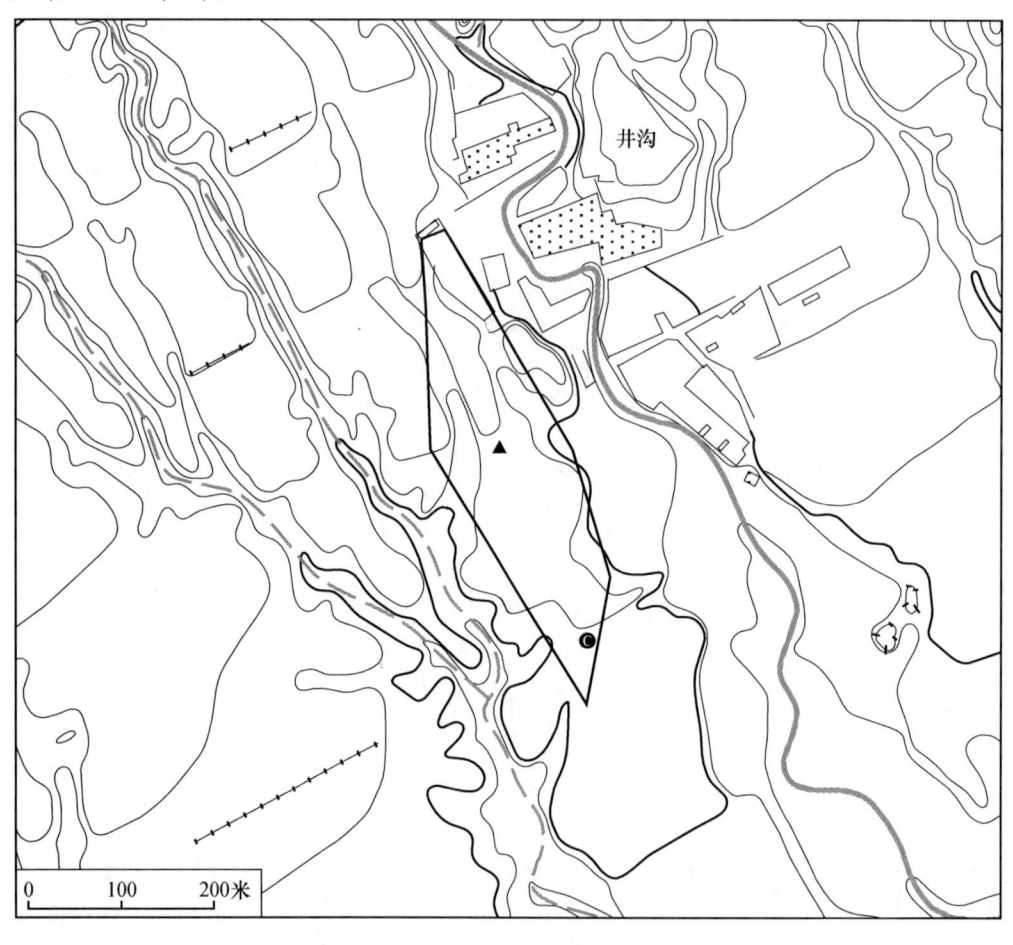

图 4-126　井沟 II 号遗址东周时期遗存分布图

五一、井沟Ⅰ号遗址

井沟Ⅰ号遗址位于代县上馆镇井沟村西北 950 米，面积较小，小于 0.3 万平方米。遗址处于滹沱河北岸逐渐抬升的阶地上，地势低，海拔 940 米，地势有一定起伏。遗址东侧有河流由北向南流过。遗址只有仰韶时期遗存（图 4-127）。

遗存分布非常稀疏。只在梯田的断面上发现 1 处文化层，堆积较薄，未见其他遗迹现象。文化层内包含有少量陶片，地表未见任何遗物分布。陶片多泥质褐陶，多素面，可辨器形有盆、钵等。

图 4-127　井沟Ⅰ号遗址遗存分布图

五二、富家窑Ⅰ号遗址

富家窑Ⅰ号遗址位于代县上馆镇富家窑村北300米，面积5.8万平方米（彩版四三）。遗址处在山前台地上，地势较高，海拔1130～1190米，背风向阳，坡度大，起伏大。遗址东、西两侧不远处都有发源于山脚下的水流流过。土丘附近遗存分布较为密集，但落差较大。遗址包含龙山、二里头、东周三个时期的遗存，其中，东周时期遗存部分可以进一步确认为战国时期。

1. 龙山时期

龙山时期遗存基本见于整个遗址，尤以南部山丘附近遗存分布最为密集（图4-128）。在遗址北部沟坎的断面发现1个灰坑，在遗址南部梯田的断面发现1座白灰面房址。灰坑内包含物丰富，房址内包含物很少，地表发现较多陶片。陶片以夹砂灰陶为主，纹饰多篮纹、绳纹，可辨器形有鬲、盆、罐等。

在遗址东南500米处发现有这个时期的零星陶片分布。

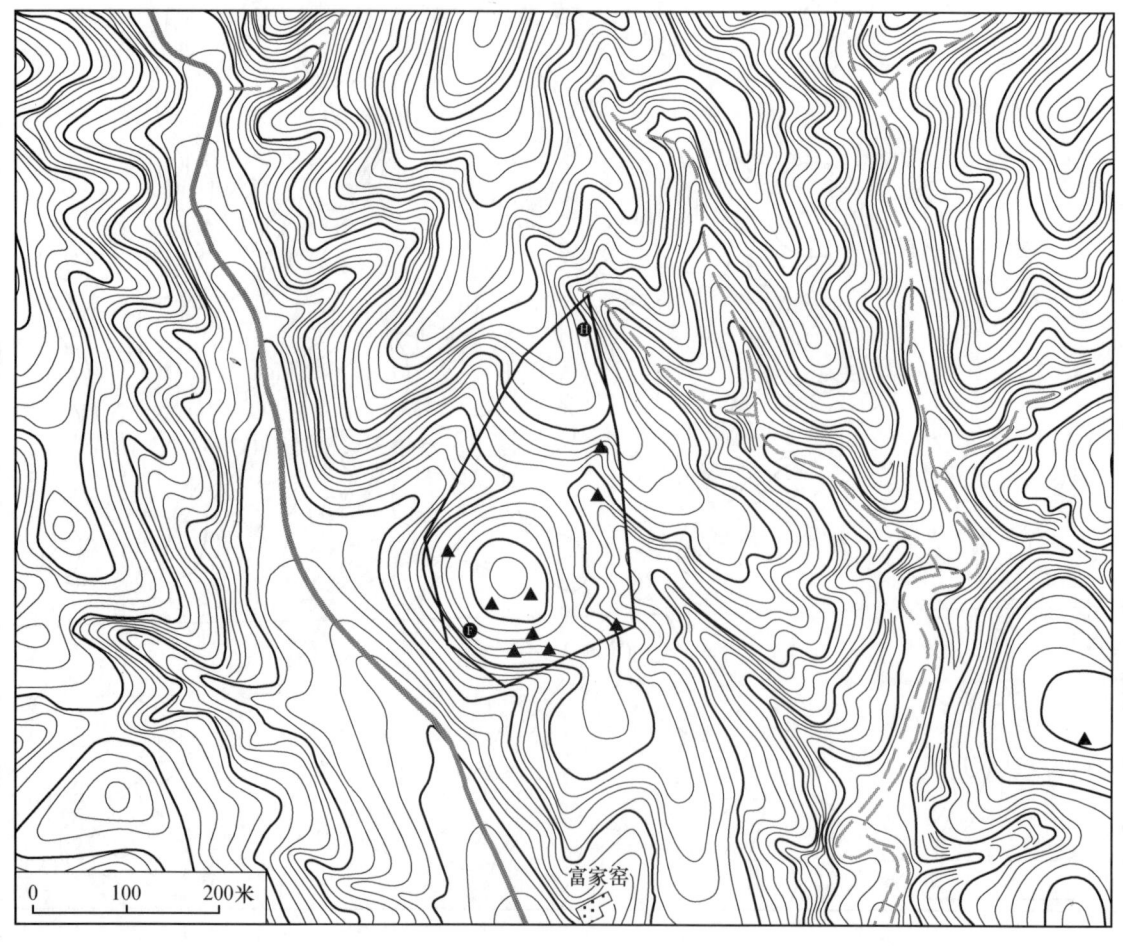

图4-128　富家窑Ⅰ号遗址龙山时期遗存分布图

鬲足　1件。DX070512K007:1，夹砂灰陶。空袋足。足部饰绳纹（图4-131，3）。

罐　1件。DX070512K004:1，夹砂灰褐陶。深腹，平底。器表饰篮纹。底径14、残高5厘米（图4-131，4）。

2. 二里头时期

二里头时期遗存见于遗址东北角之外其他位置，遗存分布相对密集（图4-129）。未见任何遗迹现象，只在地表发现较多陶片。陶片以夹砂灰陶为多，纹饰以绳纹为主，可辨器形有鬲、盆、蛋形瓮、罐等。

盆　1件。DX070512J003:1，泥质灰陶。圆唇，大敞口，斜腹。素面。口径16、残高4厘米（图4-131，1）。

蛋形瓮足　1件。DX070512J008:1，泥质灰陶。锥状实足跟，较粗大。器表饰绳纹（图4-131，2）。

罐　1件。DX070512K003:1，夹砂灰陶。鼓腹，平底。腹部及底部饰绳纹。底径14、残高8.8厘米（图4-131，5）。

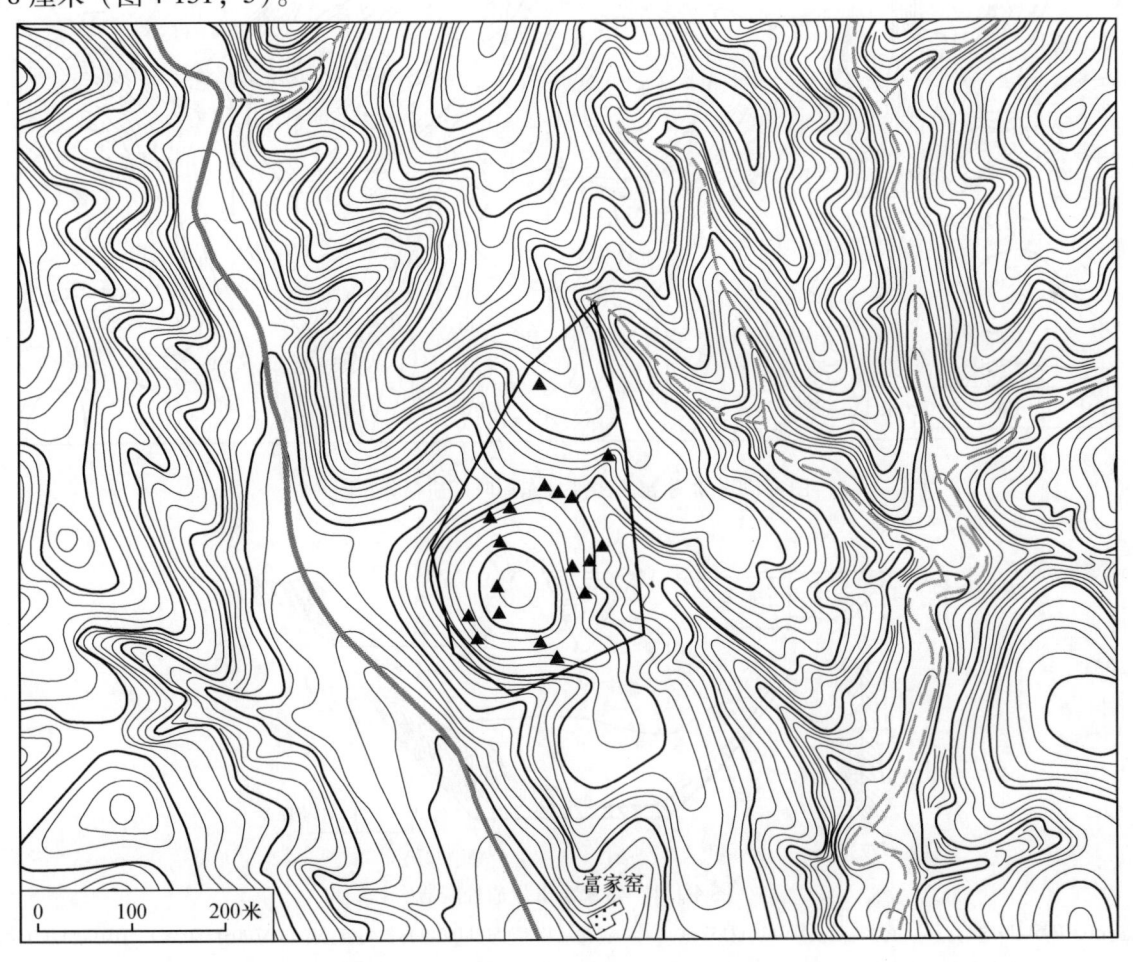

图4-129　富家窑Ⅰ号遗址二里头时期遗存分布图

3. 东周时期

东周时期遗存见于遗址中部，遗存分布较为稀疏（图4-130）。未见任何遗迹现象，只在地表发现零星陶片。陶片多夹砂灰陶，纹饰以绳纹为主。

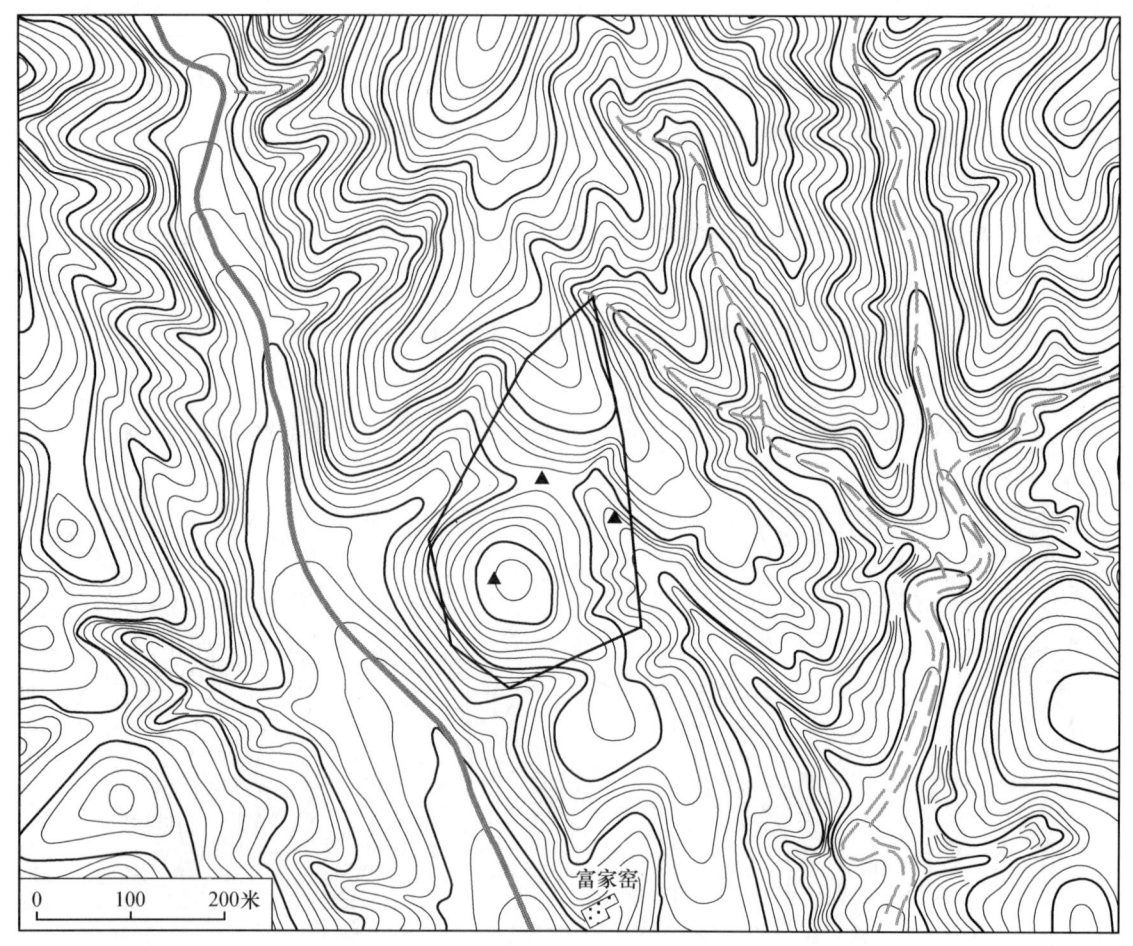

图4-130　富家窑Ⅰ号遗址东周时期遗存分布图

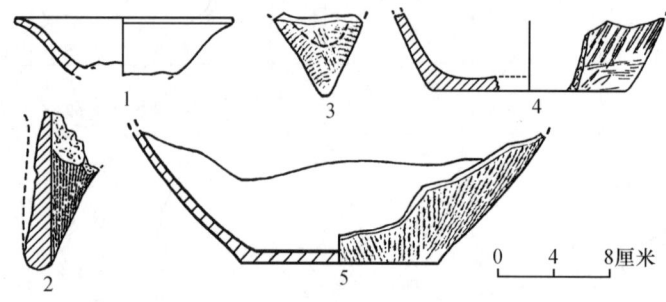

图4-131　富家窑Ⅰ号遗址陶器

1. 盆（DX070512J003:1）　2. 蛋形瓮足（DX070512J008:1）　3. 鬲足（DX070512K007:1）　4、5. 罐（DX070512K004:1、DX070512K003:1）

（1、2、5. 二里头时期；3、4. 龙山时期）

五三、富家窑 II 号遗址

富家窑 II 号遗址位于代县上馆镇富家窑村西，面积 52.7 万平方米（彩版四三）。遗址处在山前台地上，地势较高，海拔 1085~1190 米，总体是北高南低，背风向阳，坡度大，沟坎较多，起伏较大。遗址东、西两侧都有发源于山脚下的水流流过。遗存分布略显稀疏且落差较大。遗址包含仰韶、龙山、二里头、东周四个时期的遗存，其中，东周时期遗存部分可以进一步确认为战国时期。

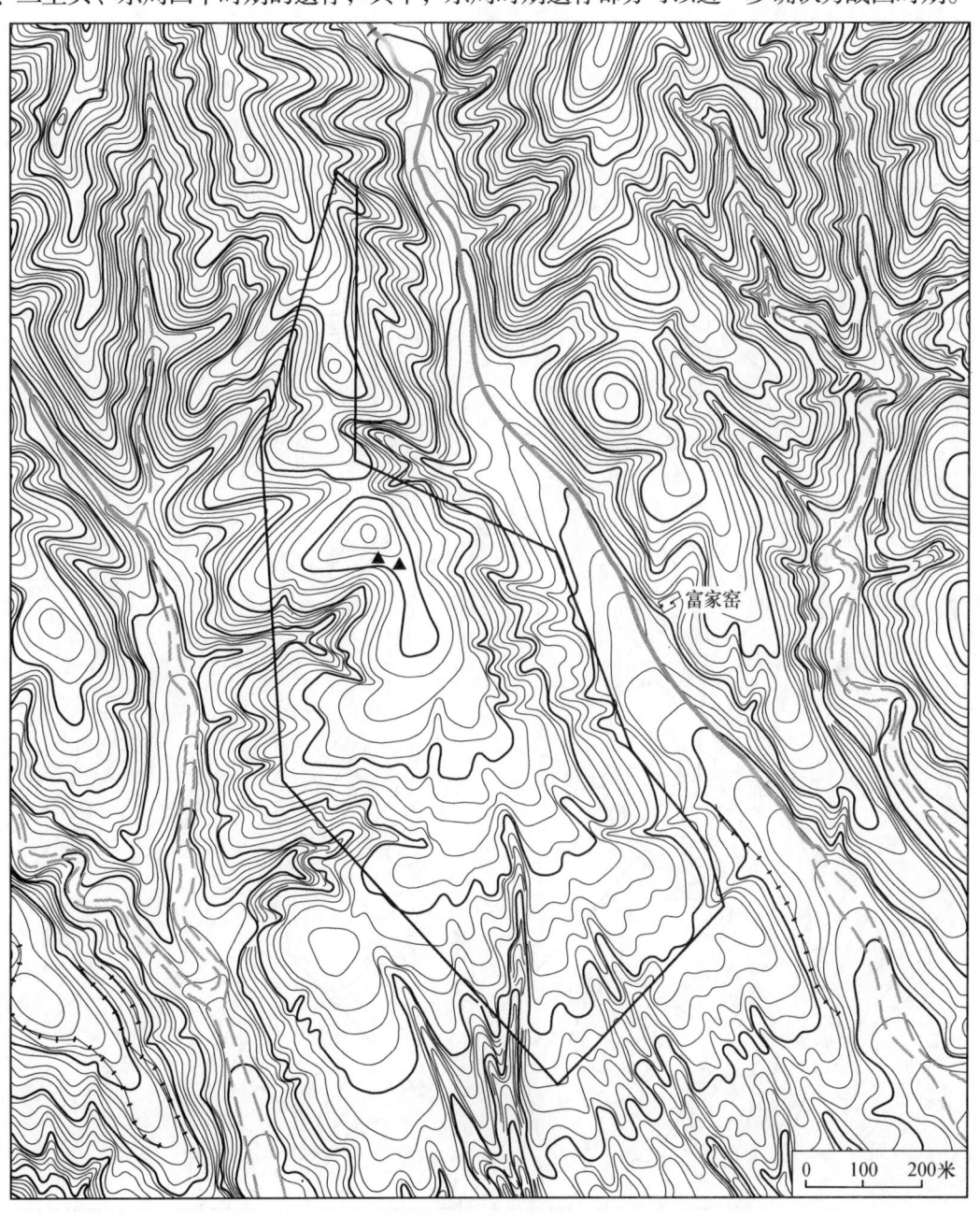

图 4-132　富家窑 II 号遗址仰韶时期遗存分布图

1. 仰韶时期

仰韶时期遗存见于遗址中部偏北，只有零星发现，遗存分布较为稀疏（图4-132）。未见任何遗迹现象，只在地表发现少量陶片。陶片多泥质褐陶，多素面，可辨器形有钵等。

钵　DX070512D002：1，夹砂褐陶。圆唇，微敛口，鼓腹。素面（图4-135，4）。

2. 龙山时期

龙山时期遗存见于整个遗址，其中，尤以遗址中部遗存分布相对密集（图4-133）。除在遗

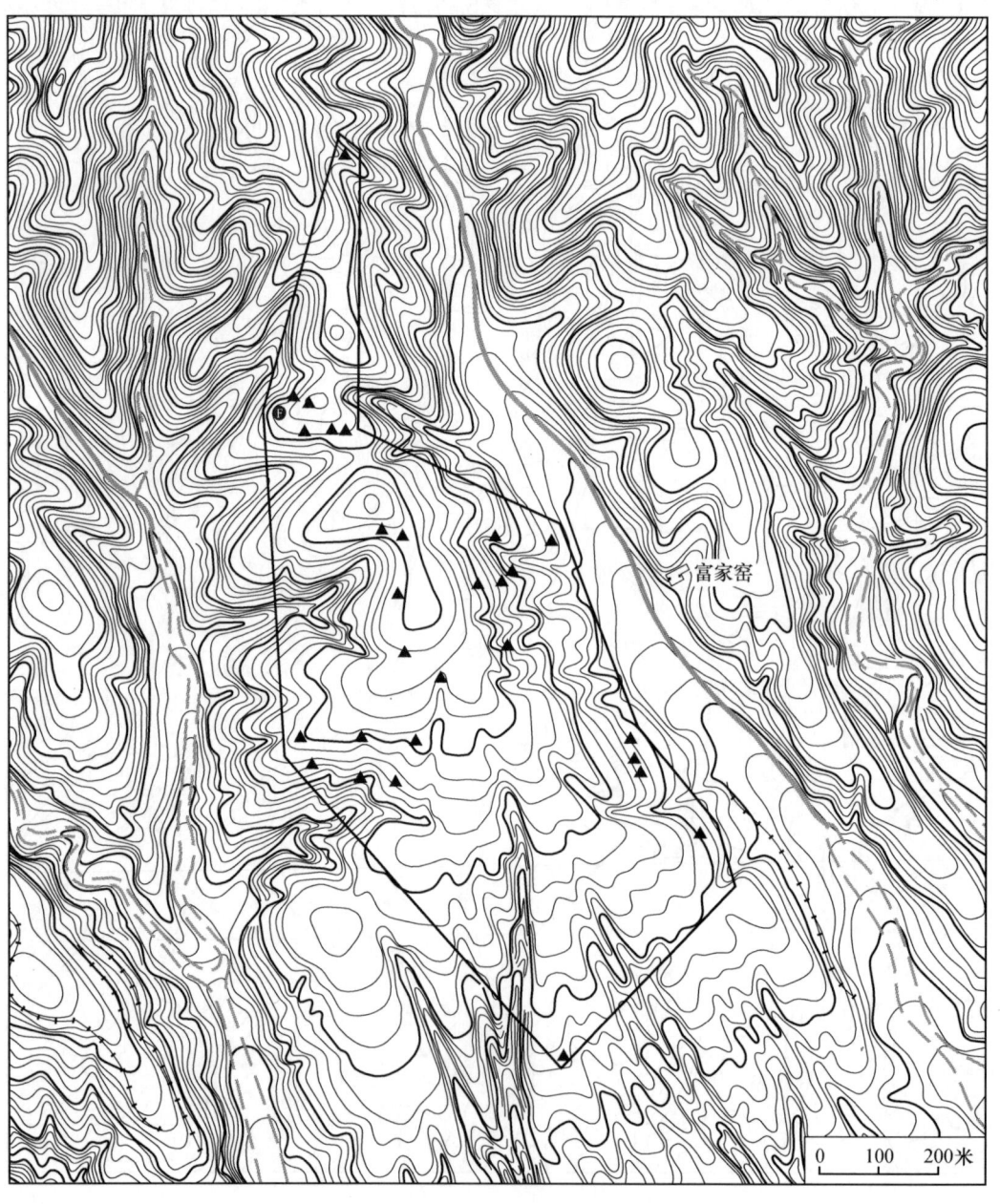

图4-133　富家窑Ⅱ号遗址龙山时期遗存分布图

址中部偏北的断面上发现 1 座白灰面房址外，未见其他遗迹现象。房址内发现少量陶片，地表发现较多陶片。陶片以夹砂灰陶为多，纹饰多篮纹、绳纹，可辨器形有鬲、蛋形瓮、器盖、豆、带耳罐、直口罐、高领罐、小罐、罐等。

盖纽　1 件。DX070512F002∶1，夹砂灰陶。蘑菇状纽。素面（图 4-135，3）。

直口罐　1 件。DX070512I001∶1，夹砂灰陶（细砂）。方唇，直口，直深腹。腹部有附加堆纹。口径 26、残高 3.6 厘米（图 4-135，5）。

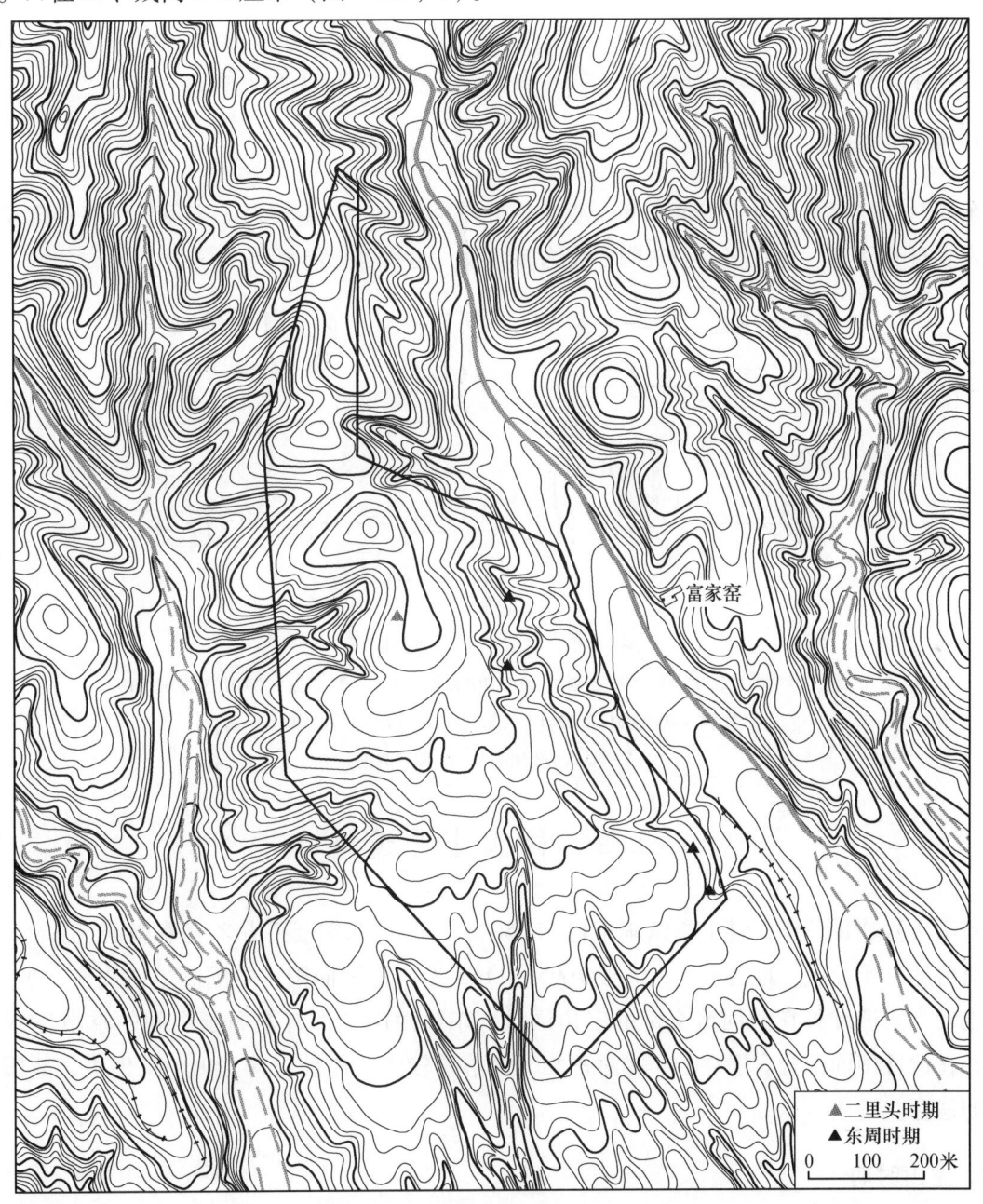

图 4-134　富家窑 Ⅱ 号遗址二里头、东周时期遗存分布图

高领罐 DX070512I001:2，泥质灰褐陶。圆唇，口微外翻，高领。领部饰篮纹，颈部有附加堆纹。口径14、残高6厘米（图4-135，2）。

罐 DX070512H002:1，夹砂灰褐陶。深腹，平底。腹部饰绳纹。底径14、残高4厘米（图4-135，1）。

3. 二里头时期

二里头时期遗存只见于遗址中部，只有个别发现，遗存分布非常稀疏（图4-134）。未见任何遗迹现象，只在地表发现少量陶片。陶片多泥质灰陶，纹饰以绳纹为主。

4. 东周时期

东周时期遗存主要见于遗址东部，遗存分布较为稀疏（图4-134）。未见任何遗迹现象，只在地表发现有陶片。陶片多泥质灰陶，纹饰多绳纹，可辨器形有豆等。

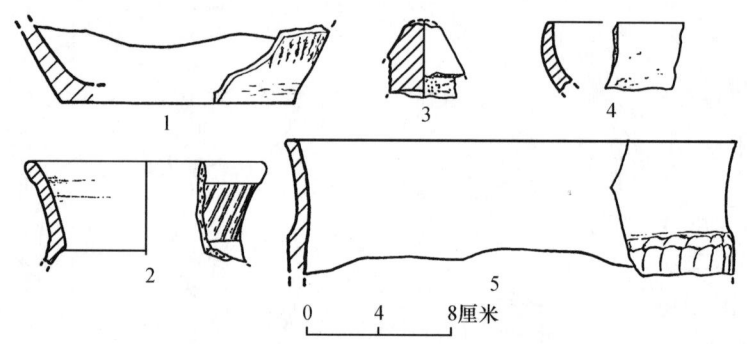

图4-135　富家窑Ⅱ号遗址陶器
1. 罐（DX070512H002:1）　2. 高领罐（DX070512I001:2）　3. 盖纽（DX070512F002:1）
4. 钵（DX070512D002:1）　5. 直口罐（DX070512I001:1）
（1~3、5. 龙山时期；4. 仰韶时期）

五四、闹市Ⅰ号遗址

闹市Ⅰ号遗址位于代县上馆镇闹市村东250米，面积7.9万平方米（彩版四三）。遗址处在山前台地一土丘上，地势较高，海拔1095~1165米，背风向阳，中间高，四周低，坡度大，起伏也较大。遗址处在两河流交汇的三角区域，东、西两侧都有发源于山间的季节性水流流过，并在遗址南面汇合。遗存分布相对密集，但落差较大。遗址包含龙山、二里头、战国三个时期的遗存。

1. 龙山时期

龙山时期遗存见于整个遗址，遗存分布较为密集（图4-136）。共发现4处文化层和1座白灰面房址，其中，除1处文化层暴露于遗址南部的梯田断面上外，其他遗迹现象都发现于遗址北部的断

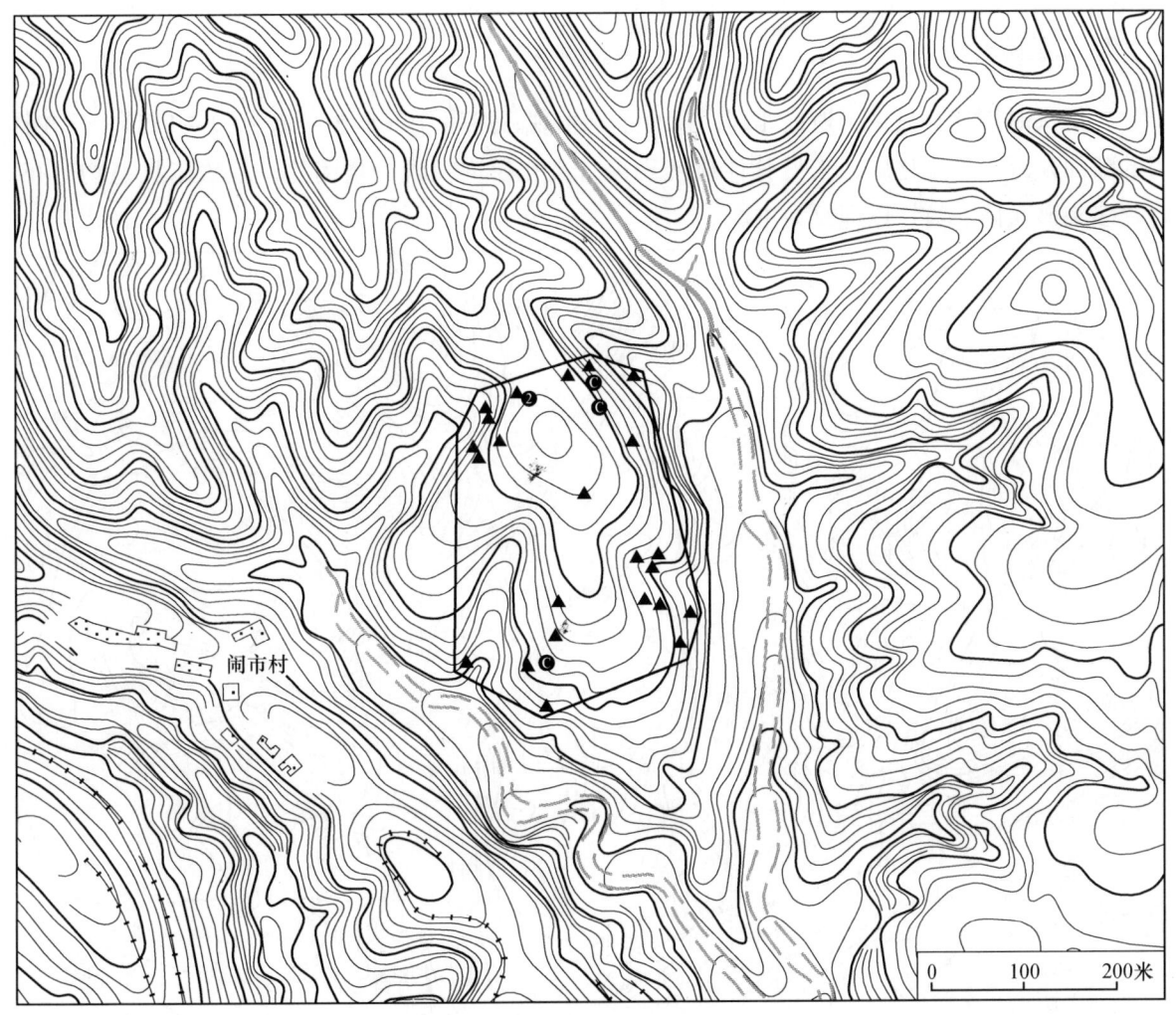

图 4-136 闹市 I 号遗址龙山时期遗存分布图

面上。房址内包含遗物较少，但文化层内包含物丰富，尤以陶片为最多，地表发现较多陶片和少量石器。陶片多夹砂灰陶，纹饰多绳纹，可辨器形有鬲、鼎、盆、器盖、瓮、带耳罐、罐等。石器有石环等。

陶鼎足　1件。DX070512I004:1，泥质灰褐陶。锥状长实足跟。足部饰绳纹（图 4-139，2）。

陶瓮　1件。DX070512L015-C:1，夹砂灰褐陶。平沿，微敛口，深腹。口下有附加堆纹，腹部饰绳纹，上有錾手（图 4-139，3）。

陶罐　1件。DX070512I005:1，夹砂灰陶。深腹，平底。腹部饰绳纹。底径 16、残高 5 厘米（图 4-139，4）。

石环　1件。DX070512L015:1，青灰色，已残。外略薄内略厚，通体磨制（图 4-139，1）。

2. 二里头时期

二里头时期遗存只见于遗址北部，仅有个别发现，遗存分布非常稀疏（图 4-137）。只在梯田的断面发现 1 处文化层，未见其他遗迹现象。文化层内发现少量陶片，地表未见遗物分布。陶片多夹砂灰陶，纹饰以绳纹为主。

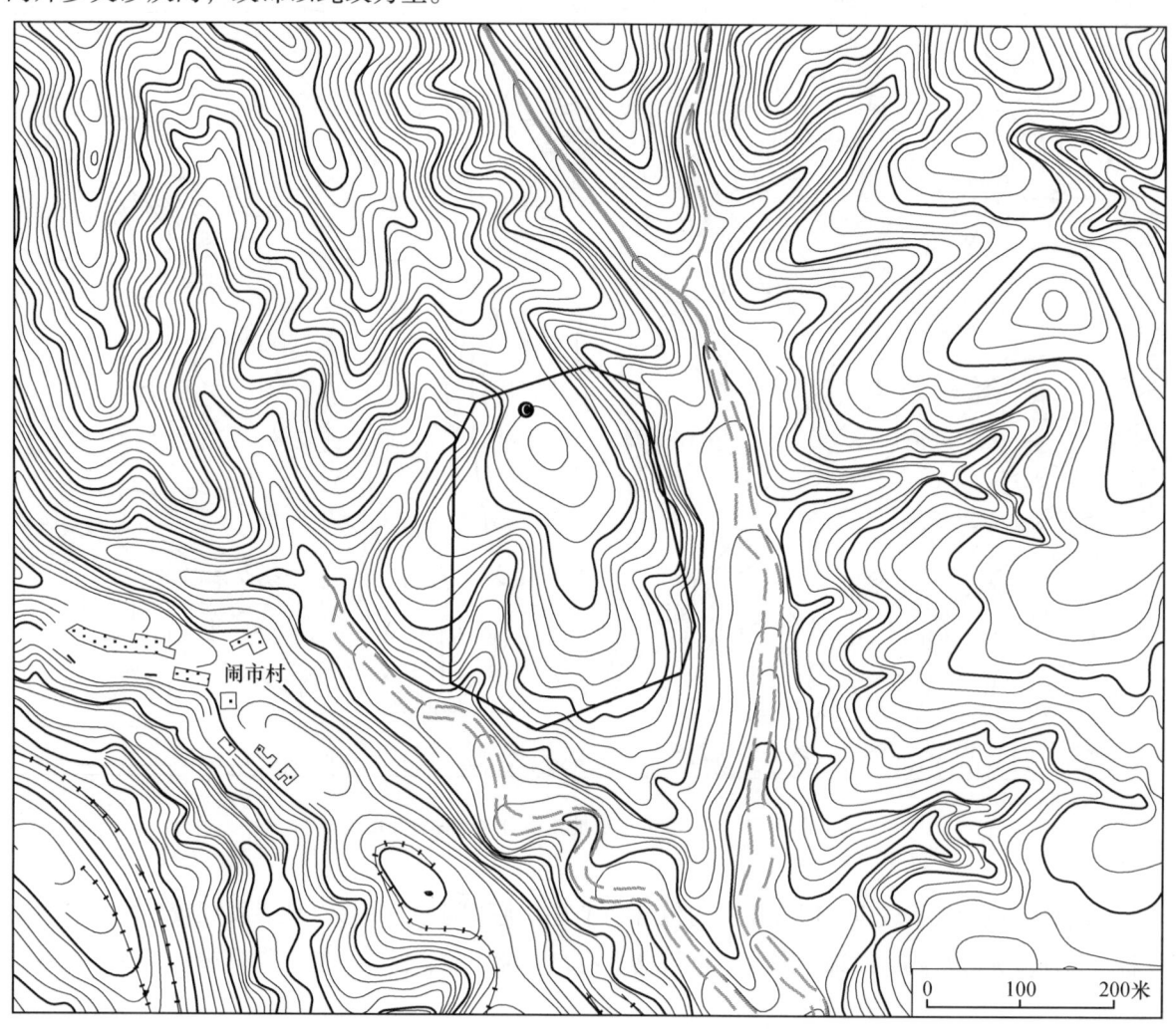

图 4-137　闹市 I 号遗址二里头时期遗存分布图

3. 战国时期

战国时期遗存见于遗址南部，只有个别发现，遗存分布非常稀疏（图 4-138）。未见任何遗迹现象，只在地表发现少量陶片。陶片多夹砂陶，纹饰多粗大绳纹。

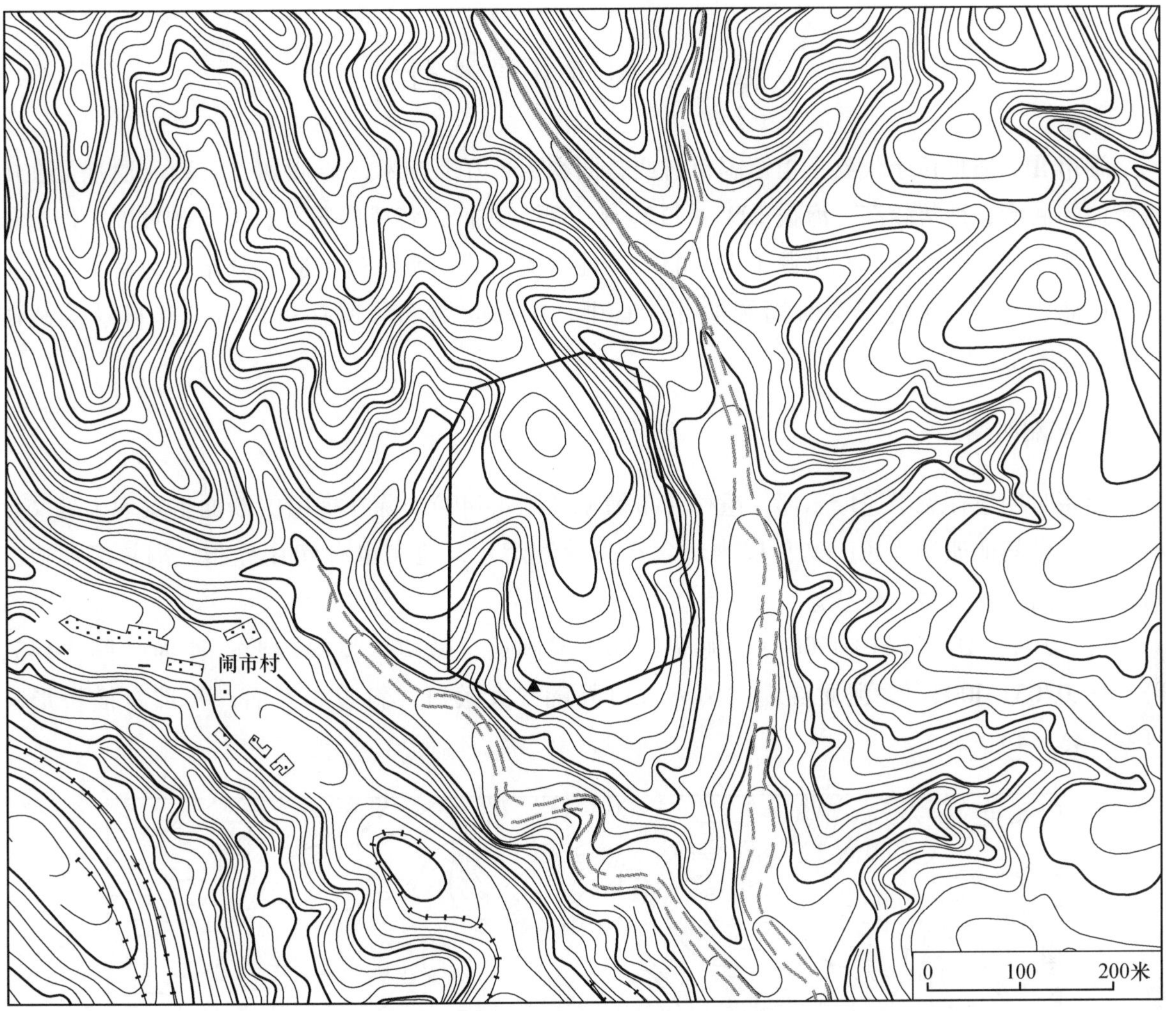

图4-138 闹市Ⅰ号遗址战国时期遗存分布图

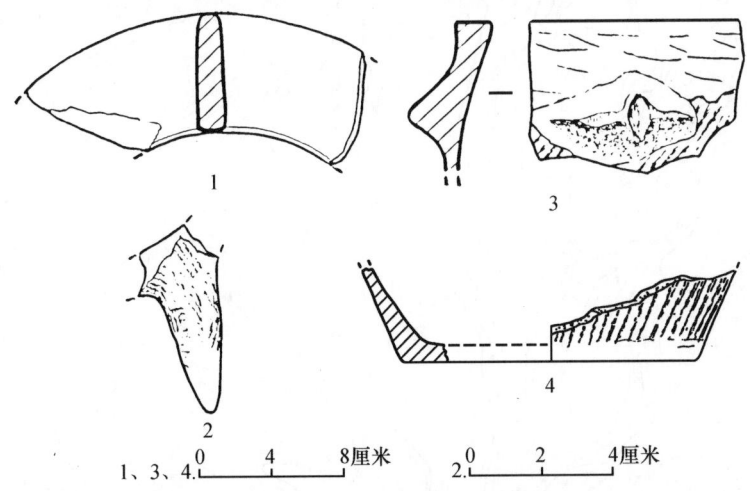

图4-139 闹市Ⅰ号遗址龙山时期陶、石器

1. 石环（DX070512L015:1） 2. 陶鼎足（DX070512I004:1） 3. 陶瓮（DX070512L015-C:1） 4. 陶罐（DX070512I005:1）

五五、闹市Ⅱ号遗址

闹市Ⅱ号遗址位于代县上馆镇闹市村西,面积1.8万平方米(彩版四二,2)。遗址处在山前台地的后缘,地势较高,海拔1095~1125米,西高东低,背风向阳,有一定的坡度,但起伏较小。遗址东、西两侧都有发源于山间的季节性水流由北向南流过。遗存分布较为密集。遗址包含仰韶、龙山、东周三个时期的遗存,其中,东周时期部分遗存可以进一步确认为战国时期。

1. 仰韶时期

仰韶时期遗存见于遗址东部,遗存分布稀疏(图4-140)。除在梯田的断面上发现1处文化层外,未见其他遗迹现象。文化层内包含有少量红陶片,地表也有陶片分布。陶片多泥质红陶,多素面,可辨器形有盆等。

盆 2件。DX070513H006:1,泥质红陶。厚圆唇,敞口,弧腹内收。素面(图4-143,3)。DX070513I004:1,泥质红陶。圆唇,口外翻,大敞口,斜腹。素面,腹部有横桥形耳(图4-143,4)。

图4-140 闹市Ⅱ号遗址仰韶时期遗存分布图

2. 龙山时期

龙山时期遗存基本见于整个遗址（图4-141）。除在遗址中北部的梯田断面上发现2处文化层外，在遗址东南部断崖上还发现1个灰坑。遗迹内包含物丰富，其中尤以陶片最多，地表也有较多陶片分布。陶片多泥质灰陶，纹饰多篮纹，可辨器形有罐等。

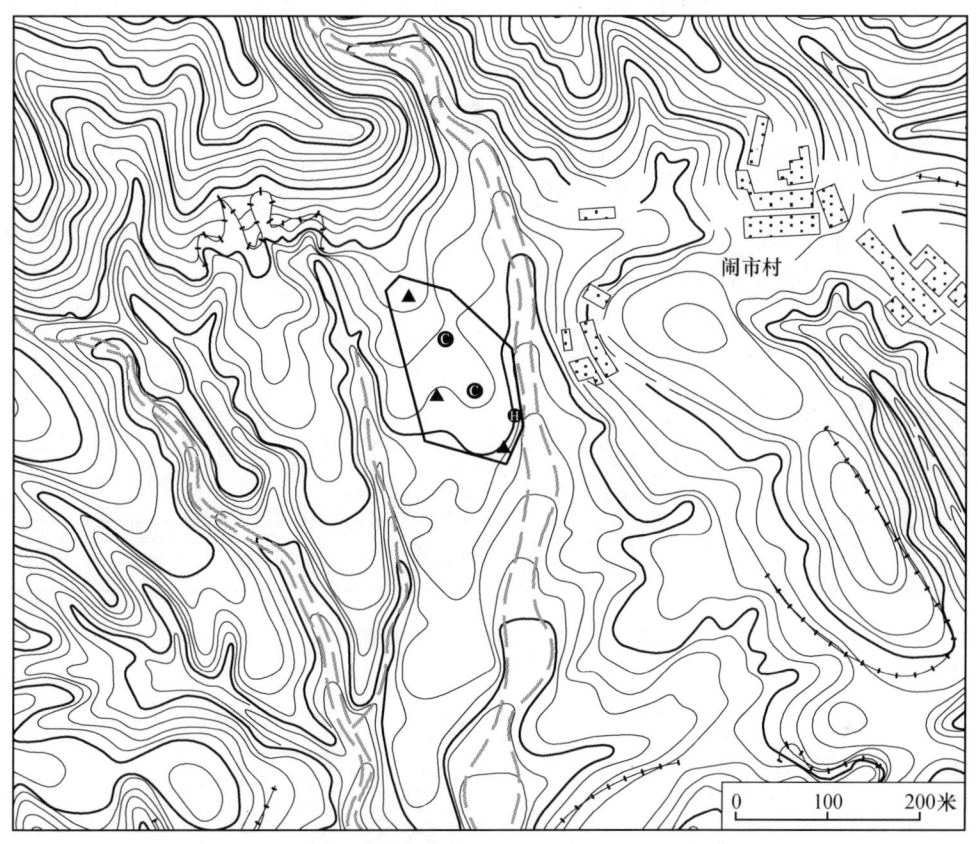

图4-141　闹市Ⅱ号遗址龙山时期遗存分布图

罐　2件。DX070513G001-C：1，泥质灰陶。圆唇，小折沿，鼓腹。器表饰斜篮纹。口径14、残高3.9厘米（图4-143，2）。DX070513H007：1，泥质灰陶。小圆唇，近直口，高领，折肩。素面。口径16、残高10.6厘米（图4-143，5）。

3. 东周时期

东周时期遗存见于遗址西北部之外的其他位置（图4-142）。在遗址北部的梯田断面上发现1个灰坑，未见其他遗迹现象。灰坑内包含较多陶片，地表也有较多陶片分布。陶片多夹砂灰陶，纹饰以绳纹为主，可辨器形有盆、豆、罐等。

豆　1件。DX070513I005-H：1，泥质灰陶。浅盘，大敞口，折壁。素面。口径18.5、残高3.6厘米（图4-143，1）。

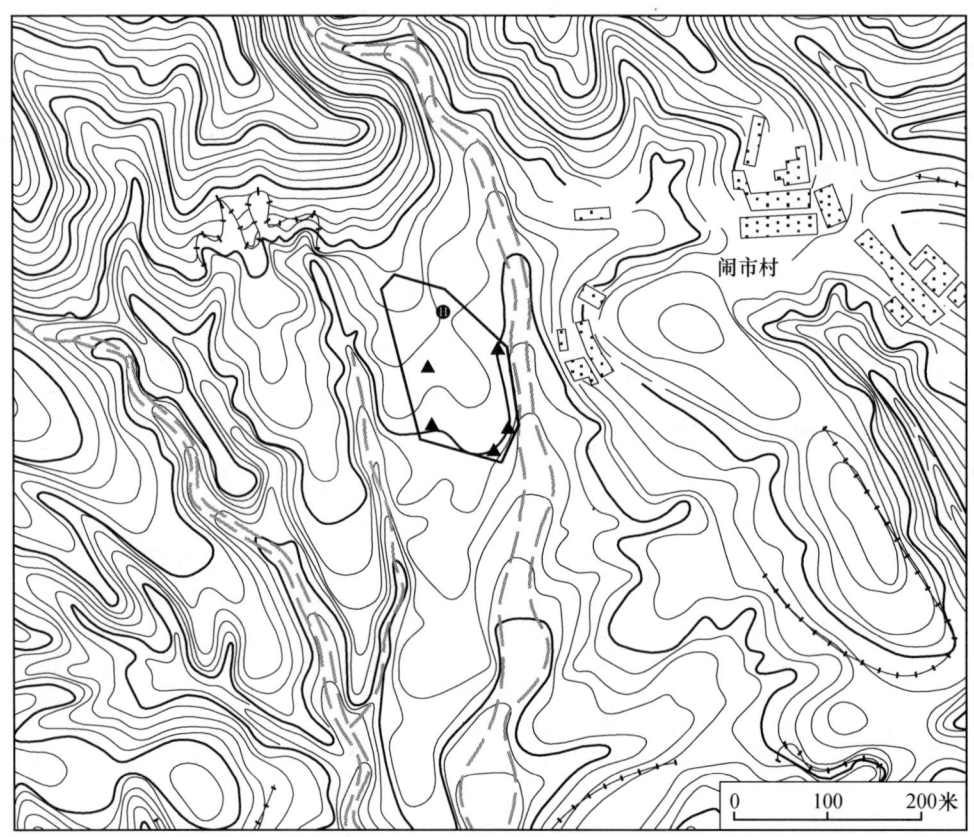

图 4-142　闹市Ⅱ号遗址东周时期遗存分布图

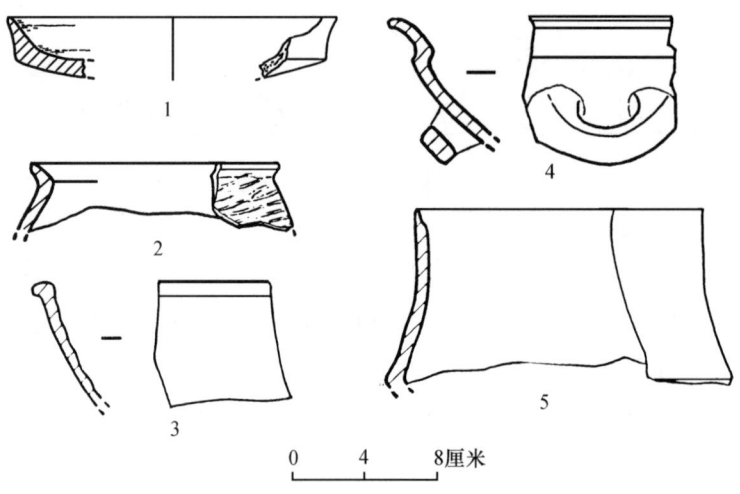

图 4-143　闹市Ⅱ号遗址陶器

1. 豆（DX070513I005-H:1）　2、5. 罐（DX070513G001-C:1、DX070513H007:1）

3、4. 盆（DX070513H006:1、DX070513I004:1）

（1. 东周时期；2、5. 龙山时期；3、4. 仰韶时期）

五六、闹市Ⅳ号遗址

闹市Ⅳ号遗址位于代县上馆镇闹市村南 150 米，面积 1.9 万平方米（彩版四二，2）。遗址处在山前台地的后缘，地势较高，海拔 1085~1145 米，东北高西南低，背风向阳，坡度大，起伏较大。遗址西侧有发源于山间的季节性水流由北向南流过。遗存分布稀疏且落差大。遗址包含二里头、东周两个时期的遗存。

1. 二里头时期

二里头时期遗存分布于遗址北部，遗存分布稀疏（图 4-144）。未见任何遗迹现象，只在地表发现有陶片，数量较少。陶片多夹砂灰陶，纹饰以绳纹为主。

2. 东周时期

东周时期遗存只见于遗址南部，仅有个别发现，遗存分布非常稀疏（图 4-144）。未见任何遗迹现象，只在地表发现零星陶片。陶片多灰陶，纹饰多绳纹。

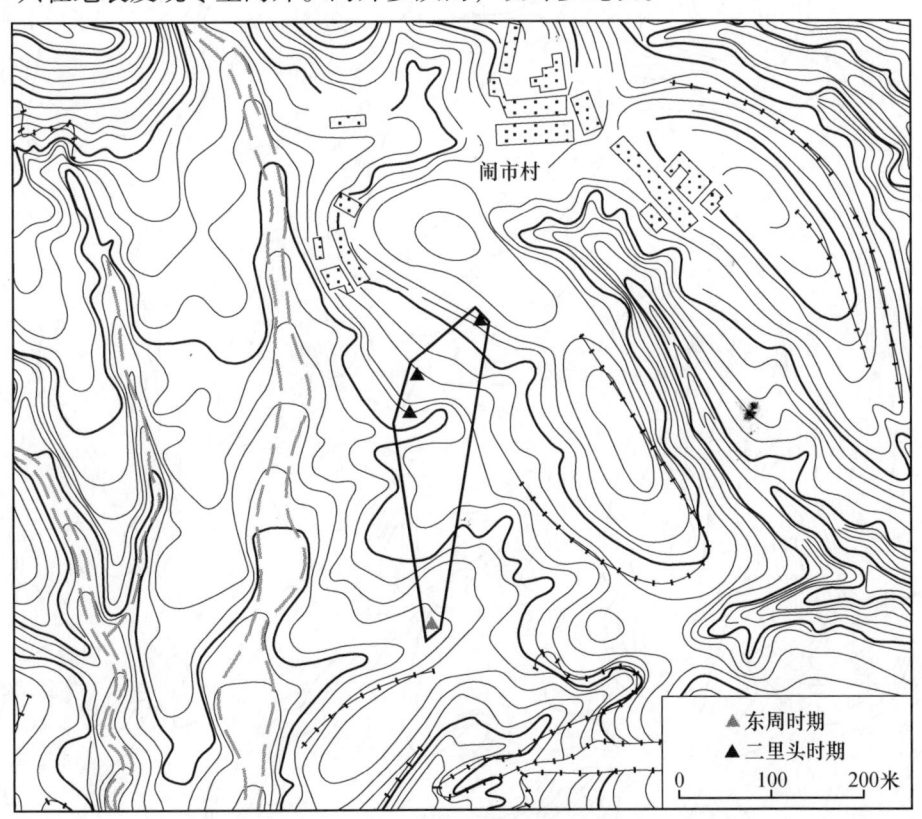

图 4-144　闹市Ⅳ号遗址遗存分布图

五七、闹市Ⅲ号遗址

闹市Ⅲ号遗址位于代县上馆镇闹市村西南800米,面积较小,只有0.7万平方米左右(彩版四二,2)。遗址处于山前台地的后缘,地势较高,海拔1130~1140米,背风向阳,有一定的起伏。遗址西侧有发源于山间的季节性水流由北向南流过。遗存分布略显稀疏,遗址包含仰韶、龙山两个时期的遗存。

1. 仰韶时期

仰韶时期遗存见于遗址东北部,仅有个别发现,遗存分布非常稀疏(图4-145)。只在梯田断面上发现1处文化层,未见其他遗迹现象。文化层内包含少量陶片,地表未发现陶片。陶片多泥质红陶,多素面。

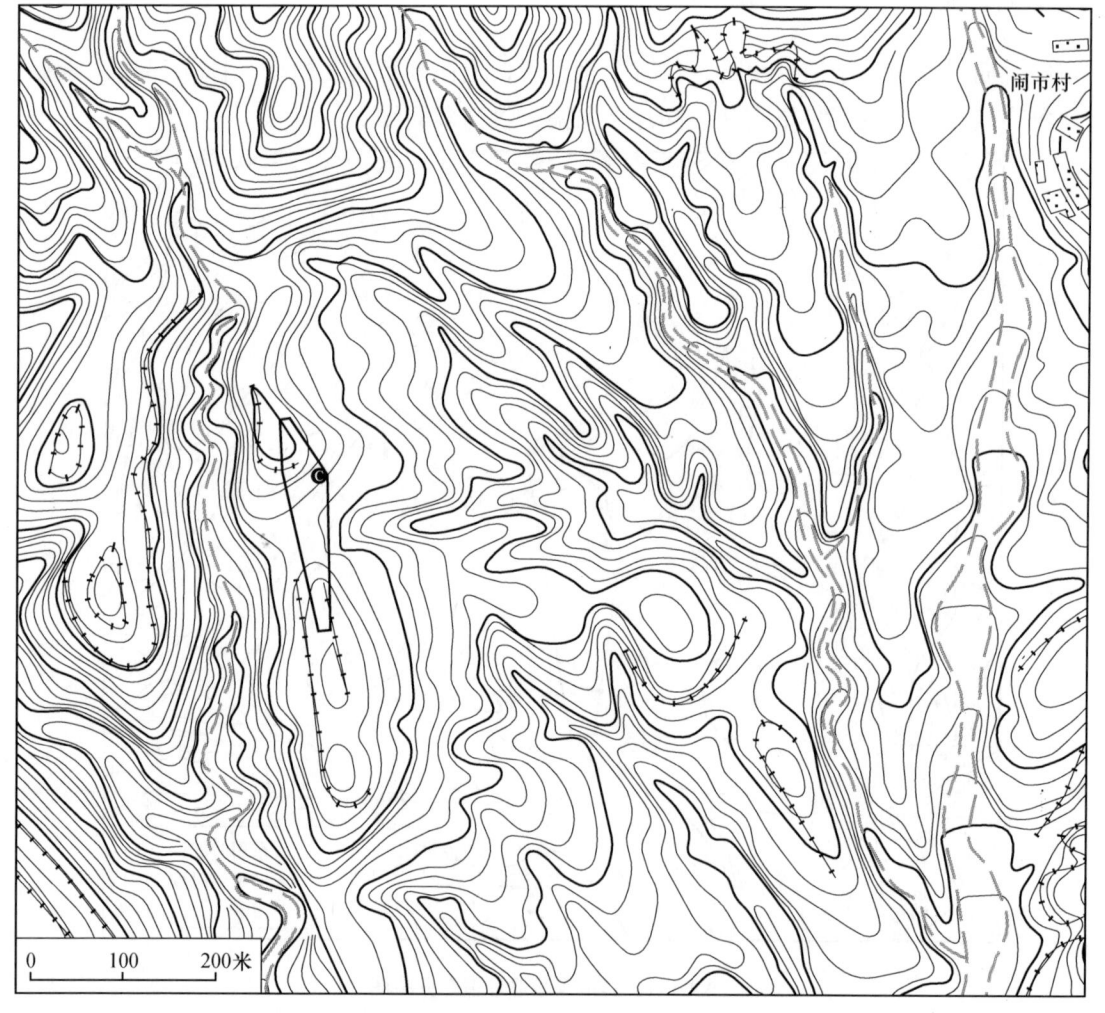

图4-145　闹市Ⅲ号遗址仰韶时期遗存分布图

2. 龙山时期

龙山时期遗存见于整个遗址，遗存分布略显稀疏（图4-146）。只在梯田的断面上发现1处文化层，未见其他遗迹现象。遗迹内包含较多陶片，地表发现少量陶片。陶片多夹砂灰陶，纹饰多篮纹，可辨器形有蛋形瓮、高领罐、罐等。

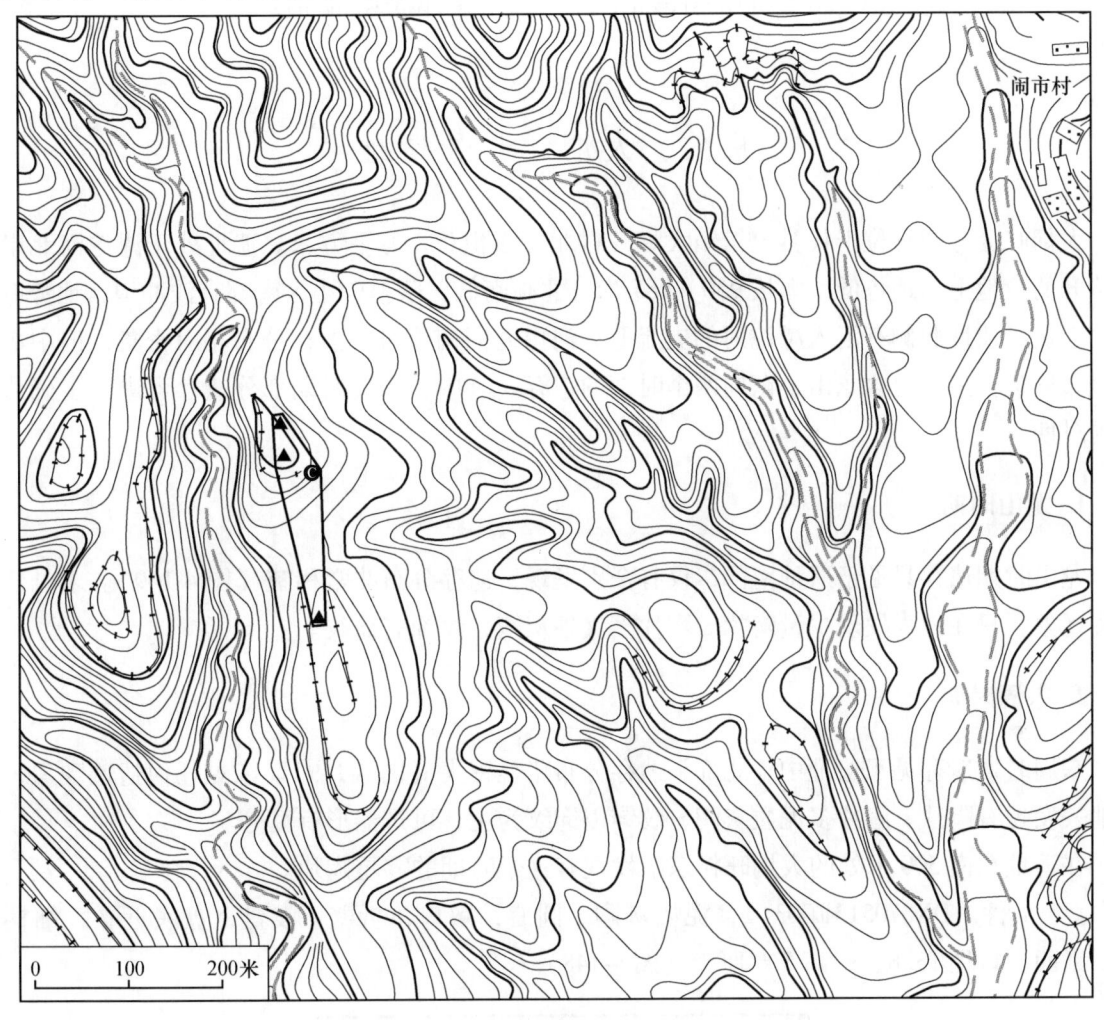

图4-146　闹市Ⅲ号遗址龙山时期遗存分布图

蛋形瓮　1件。DX070513H010-C:1，夹砂灰褐陶。小平沿，微敛口，深腹。口部有附加堆纹，腹部饰斜篮纹（图4-147，2）。

高领罐　1件。DX070513H010-C:2，泥质灰褐陶。厚方唇，侈口，高领。领部有篮纹。口径24、残高6厘米（图4-147，1）。

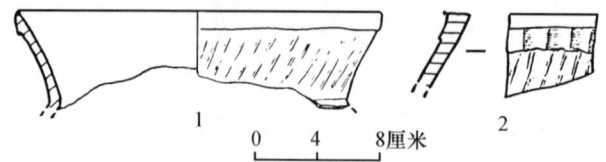

图 4-147　闹市Ⅲ号遗址龙山时期陶器
1. 高领罐（DX070513H010-C:2）　2. 蛋形瓮（DX070513H010-C:1）

五八、大烟旺Ⅱ号遗址

大烟旺Ⅱ号遗址位于代县上馆镇大烟旺村北，面积 0.8 万平方米。遗址处于滹沱河北岸逐渐抬升的阶地上，地势低，海拔 950～965 米，北高南低，落差较小，南部有浅冲沟，地势有一定的起伏。遗址西侧有汇入滹沱河的支流七星河由北向南流过。遗存分布相对密集，但中部遗存分布稀疏。遗址包含龙山、东周两个时期的遗存，其中，东周时期部分遗存可进一步确认为战国时期。

1. 龙山时期

龙山时期遗存只见于遗址南部，仅有个别发现，遗存分布非常稀疏（图 4-149）。未见任何遗迹现象，只在地表发现少量陶片。陶片多夹砂灰陶，纹饰有篮纹。

2. 东周时期

东周时期遗存见于遗址中、北部，遗存分布略显密集（图 4-149）。未见任何遗迹现象，只在地表发现有陶片。陶片多泥质灰陶，纹饰以绳纹为主，可辨器形有豆等。

在遗址东南 500 米处的大烟旺村东南发现有这个时期的零星陶片。

豆　1 件。DX070513E003:1，泥质灰陶。圆唇，敞口，折壁，浅盘，盘底近平，细柄中空。素面。口径 13.8、残高 5.6 厘米（图 4-148）。

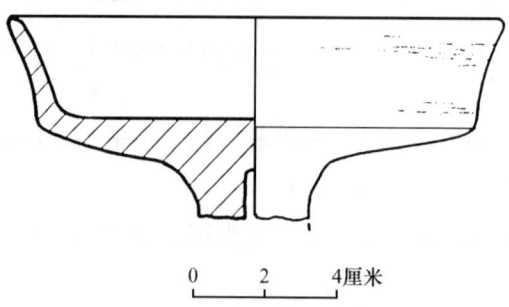

图 4-148　大烟旺Ⅱ号遗址东周时期陶器
豆（DX070513E003:1）

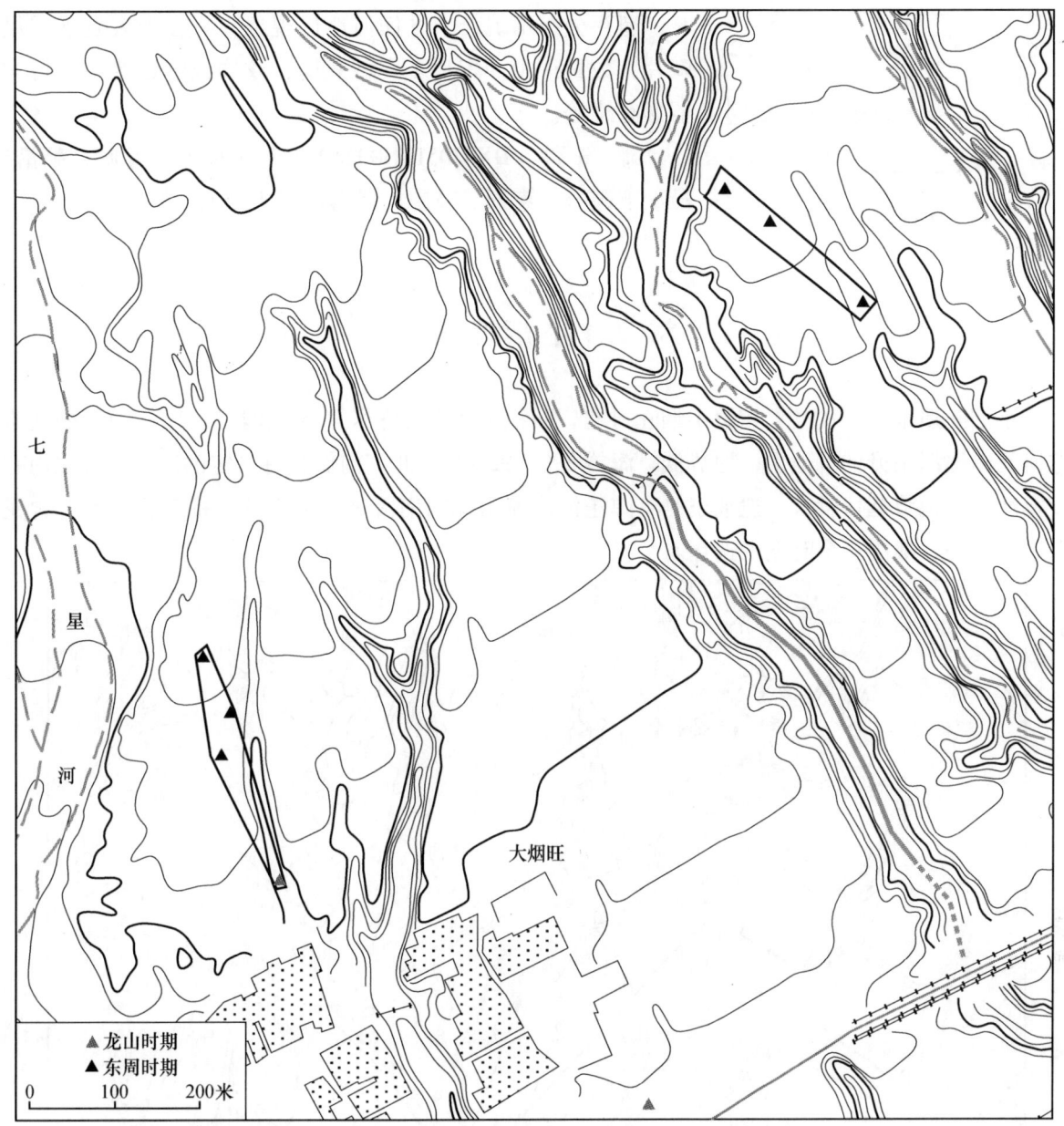

图 4-149 大烟旺Ⅱ号（左下）、Ⅰ号（右上）遗址龙山、东周时期遗存分布图

五九、大烟旺Ⅰ号遗址

大烟旺Ⅰ号遗址位于代县上馆镇大烟旺村东北 800 米，面积较小，只有 0.8 万平方米。遗址处在滹沱河北岸逐渐抬升的阶地上，海拔 950～965 米，北高南低，南部有浅沟，但地势起伏很小。遗址东、西两侧都有季节性水流由北向南流过。遗址只有东周时期遗存，其中，部分遗存可进一步确认为战国时期（图 4-149）。

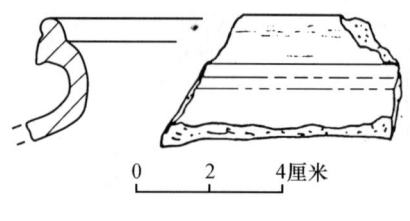

图 4-150 大烟旺遗址陶器
罐（DX070513H002∶1）

遗存分布稀疏，未见任何遗迹现象，只在地表发现零星陶片，数量很少。陶片多夹砂灰陶，纹饰以绳纹为主，可辨器形有罐等。

罐 1件。DX070513H002∶1，夹砂灰陶。方唇，翻沿，沿上下起脊，束颈，鼓肩。素面（图4-150）。

六〇、小烟旺遗址

小烟旺遗址位于代县上馆镇小烟旺村北，面积8.9万平方米（彩版四二，1）。遗址处在滹沱河北岸逐渐抬升的阶地上，地势低，海拔890~927米，北高南低，有一定的落差，加之内有较宽冲沟，地势起伏较大。遗址东侧有滹沱河支流由北向南流过。遗存分布稀疏。遗址包含龙山、二里头、战国三个时期的遗存。

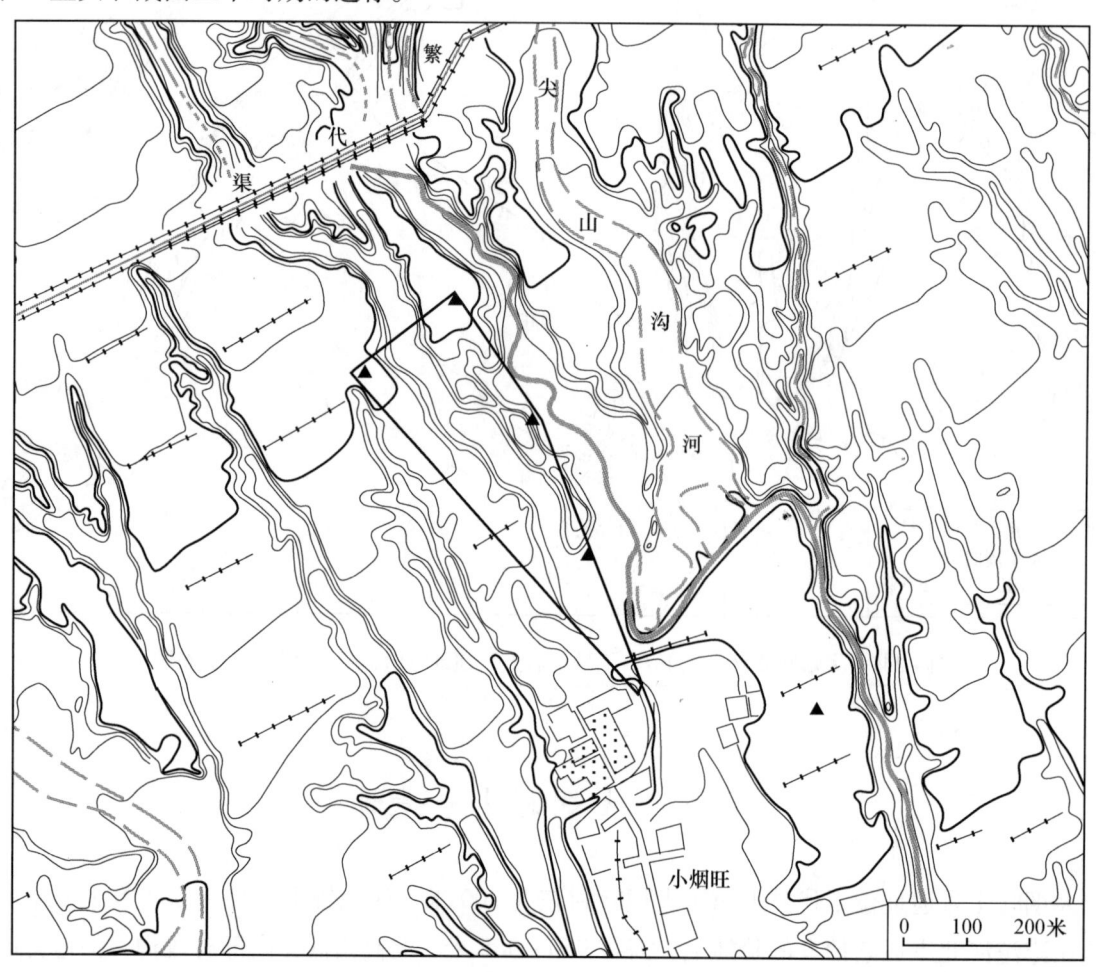

图4-151 小烟旺遗址龙山时期遗存分布图

1. 龙山时期

龙山时期遗存见于遗址南部之外的其他位置，遗存分布较为稀疏（图4-151）。未见任何遗迹现象，只在地表发现有陶片，数量很少。陶片多夹砂灰陶，纹饰有篮纹、绳纹。

在遗址东南300米处发现有这个时期的零星陶片。

2. 二里头时期

二里头时期遗存只见于遗址南部，只有个别发现，遗存分布非常稀疏（图4-152）。未见任何遗迹现象，只在地表发现少量陶片。陶片多泥质灰陶，纹饰以绳纹为主。

3. 战国时期

战国时期遗存见于遗址北部，只有零星发现，遗存分布非常稀疏（图4-152）。未见任何遗迹现象，只在地表发现少量陶片。陶片多夹砂灰陶，纹饰有粗大绳纹。可辨器形有罐等。

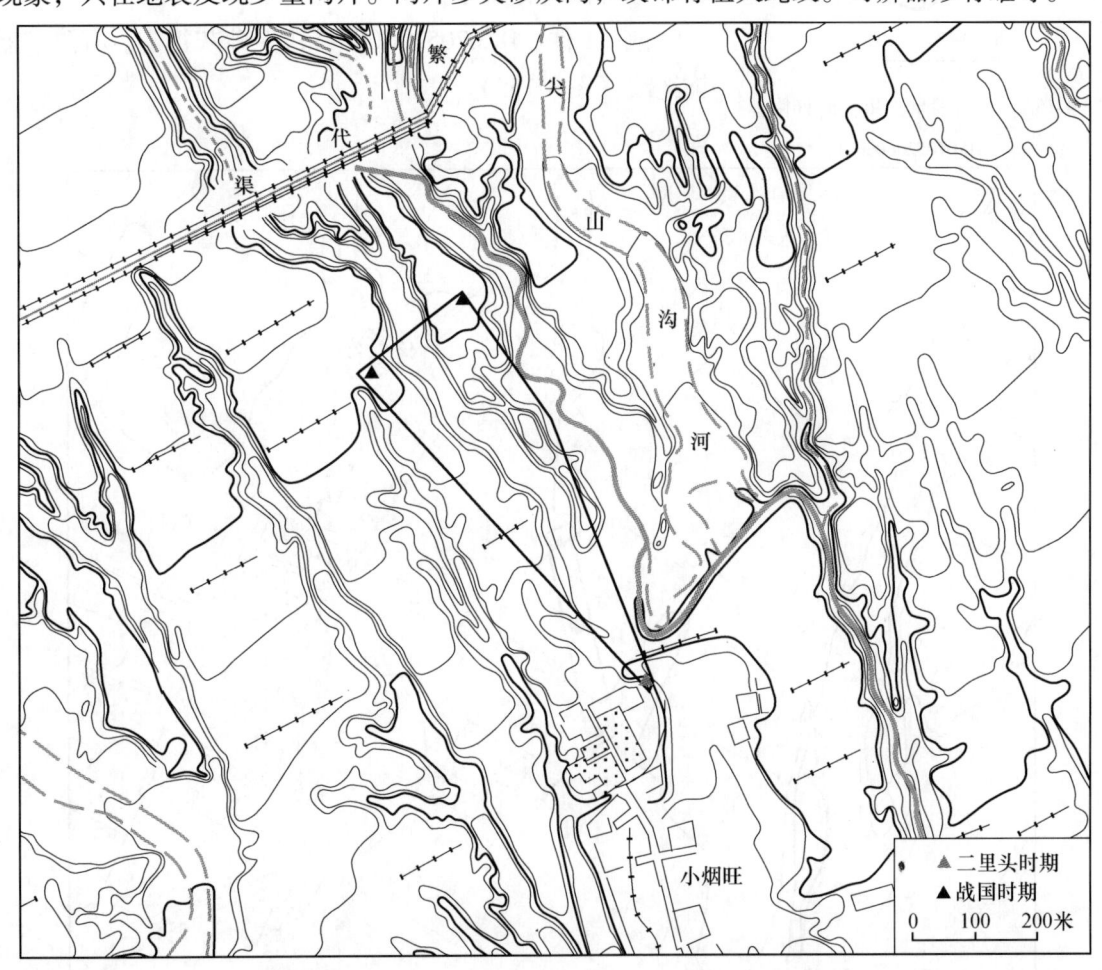

图4-152　小烟旺遗址二里头、战国时期遗存分布图

六一、苏村遗址

苏村遗址位于代县上馆镇苏村西，面积较小，只有0.7万平方米（彩版四四，1）。遗址处在滹沱河北岸逐渐抬升的阶地上，南距滹沱河2.5千米，海拔875米左右，地势较低且较为平坦。遗址东侧不远处有滹沱河支流由北向南流过。遗存分布稀疏。遗址包含二里头、东周两个时期遗存。

1. 二里头时期

二里头时期遗存见于整个遗址，遗存分布稀疏（图4-154）。除在遗址中部取土场的断面发现1处文化层外，未见其他遗迹现象。文化层内包含有少量陶片，地表也有陶片分布。陶片多夹砂灰陶，纹饰以绳纹为主，可辨器形有鬲等。

鬲　1件。DX070520C006:1，夹砂灰褐陶。有隔。器表饰绳纹（图4-155）。

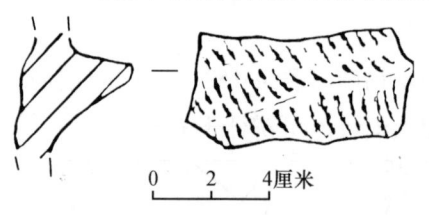

图4-153　苏村遗址二里头时期陶器鬲（DX070520C006:1）

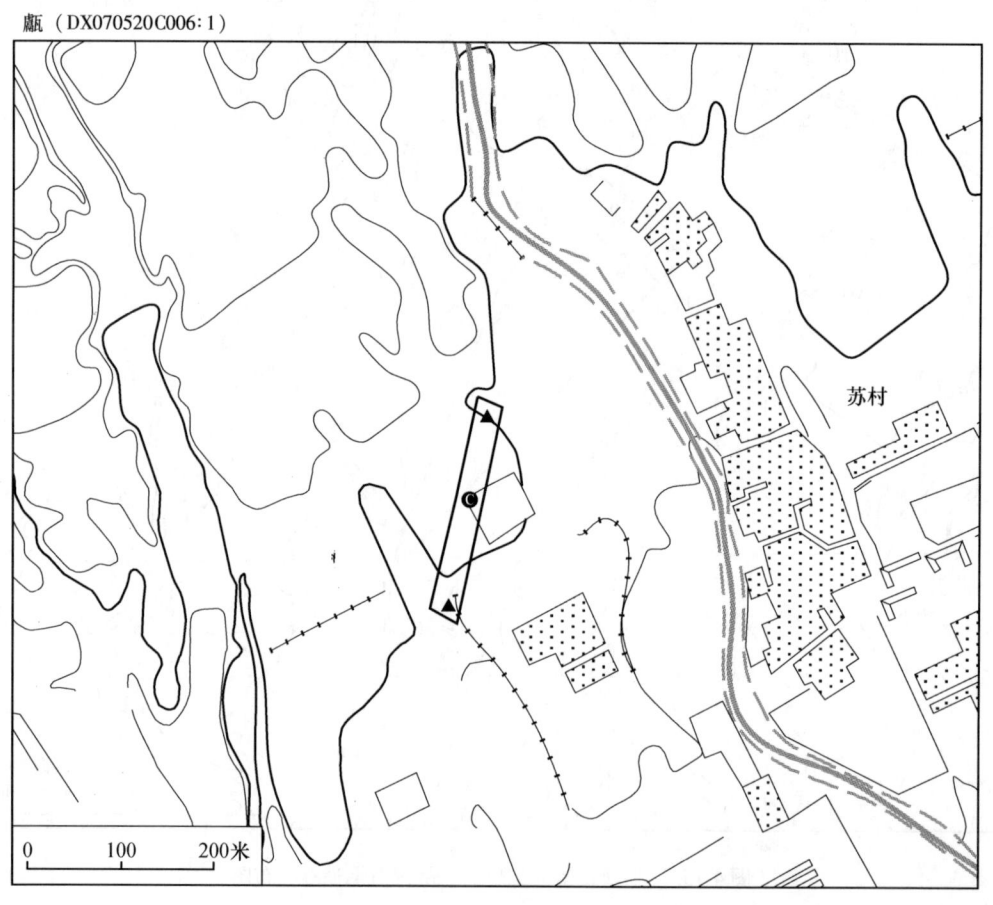

图4-154　苏村遗址二里头时期遗存分布图

2. 东周时期

东周时期遗存只见于遗址南部，仅有个别发现，遗存分布非常稀疏（图4-155）。除在南部断崖上发现1处文化层外，未见其他遗迹现象。地表未见任何遗物，只在文化层内发现少量陶片。陶片多夹砂灰陶，纹饰多绳纹。

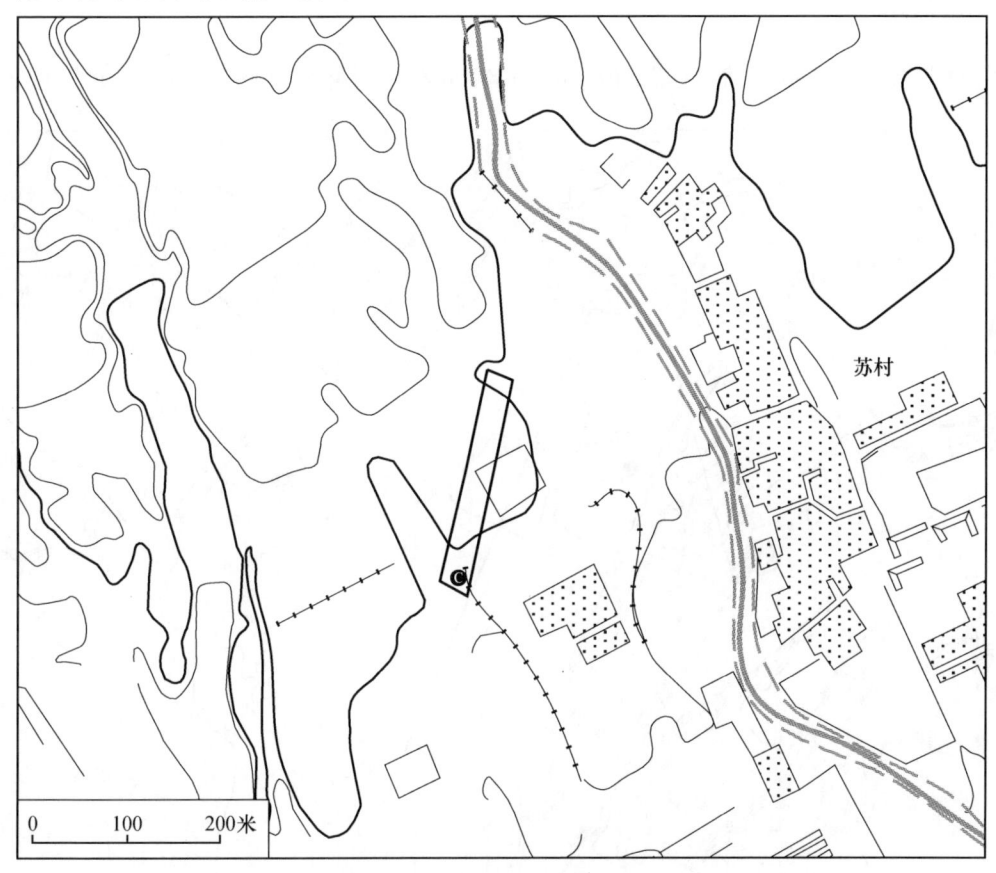

图4-155　苏村遗址东周时期遗存分布图

六二、橙槽沟遗址

橙槽沟遗址位于代县上馆镇橙槽沟村西、大烟旺村南，面积37.4万平方米（彩版四四，2）。遗址处在滹沱河北岸逐渐抬升的阶地上，海拔890~935米，北高南低，东部相对较平，但西部和南部有冲沟，地势起伏较大。遗址处于两河交汇的三角区域，东、西两侧都有滹沱河的支流流过，并汇合于遗址南面。遗存分布稀疏。遗址包含仰韶、龙山、二里头、东周四个时期的遗存。

1. 仰韶时期

仰韶时期遗存仅见于遗址北部，只有个别发现，遗存分布非常稀疏（图 4-156）。未见任何遗迹现象，只在地表发现少量陶片。陶片多泥质红陶，素面。

2. 龙山时期

龙山时期遗存主要见于遗址西部和南部，遗存分布相对稀疏（图 4-156）。共发现 3 处文化

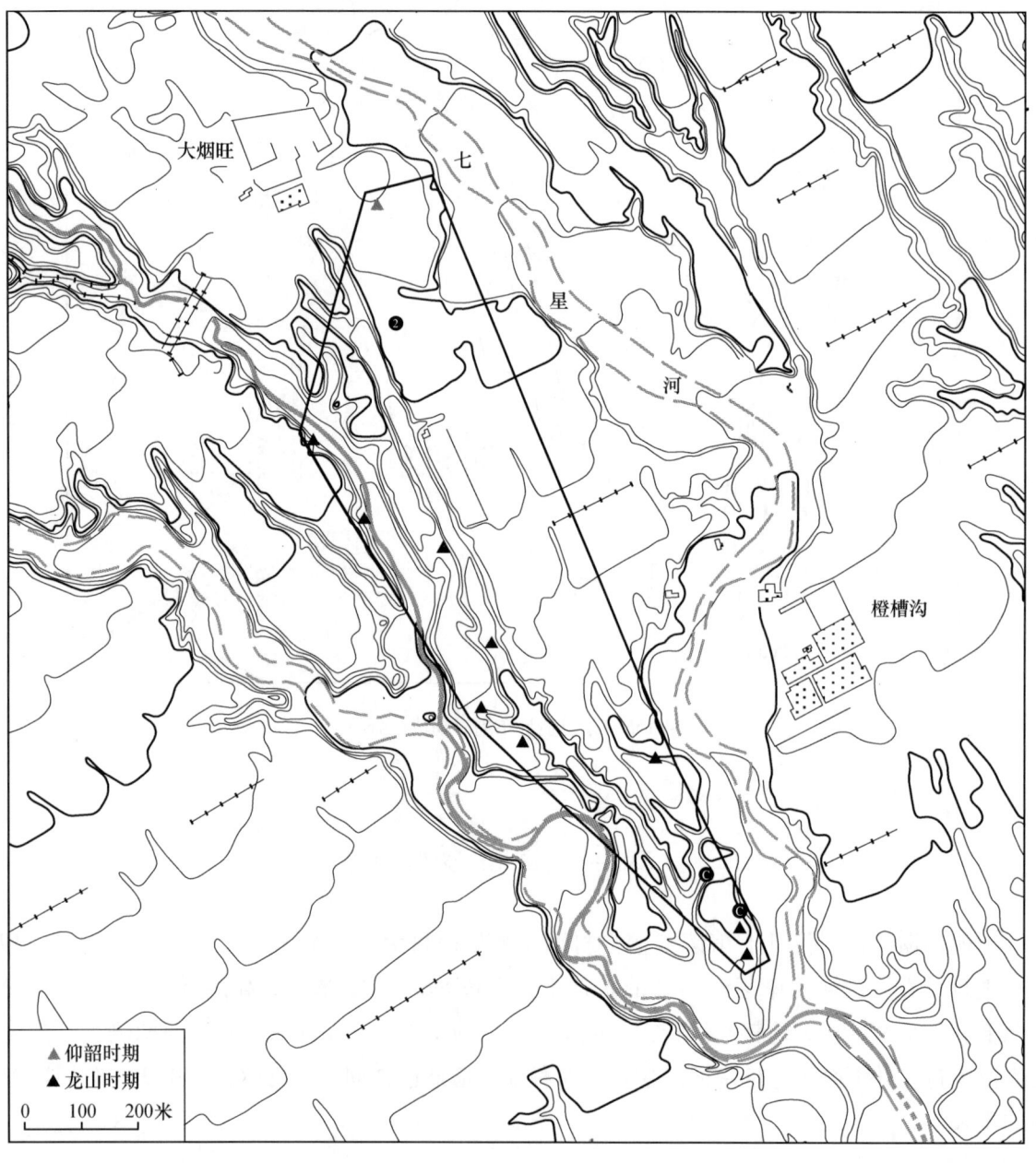

图 4-156　橙槽沟遗址仰韶、龙山时期遗存分布图

层和1个灰坑，其中，灰坑和1处文化层发现于遗址北部的梯田断面上，其他2处文化层暴露于遗址南部的断面上，灰坑为袋状坑，文化层堆积多较厚。遗迹内包含物丰富，尤以陶片最多，地表也有陶片发现。陶片多夹砂灰陶，纹饰多篮纹、绳纹，可辨器形有鬲、甗、豆、盆、蛋形瓮、瓮、折肩罐、带耳罐（口耳）、罐等。

鬲　1件。DX070520K005：1，夹砂灰黑陶。方唇，口外翻，束颈，袋足外鼓。颈部以下饰绳纹（图4-157，6）。

甗　1件。DX070520E007：2，夹砂灰褐陶。直腹，有隔。上腹部饰斜篮纹，下腹部饰绳纹，腰部有两周附加堆纹（图4-157，9）。

蛋形瓮　DX070520E011：2，泥质灰陶。平沿内折，深腹。腹部饰斜篮纹（图4-157，7）。

豆　1件。DX070520E001：1，泥质灰陶。圈足，粗柄。素面。底径20、残高4厘米（图4-157，8）。

盆　1件。DX070520E011：1，泥质灰陶。厚圆唇，大敞口，斜腹。腹部饰竖篮纹（图4-157，2）。

罐　2件。DX070520E007：1，夹砂灰陶。深腹，平底。腹部饰绳纹。底径20、残高11厘米（图4-157，10）。DX070520K005：2，泥质灰陶。圆唇，口外翻。素面。口径15、残高3.2厘米（图4-157，4）。

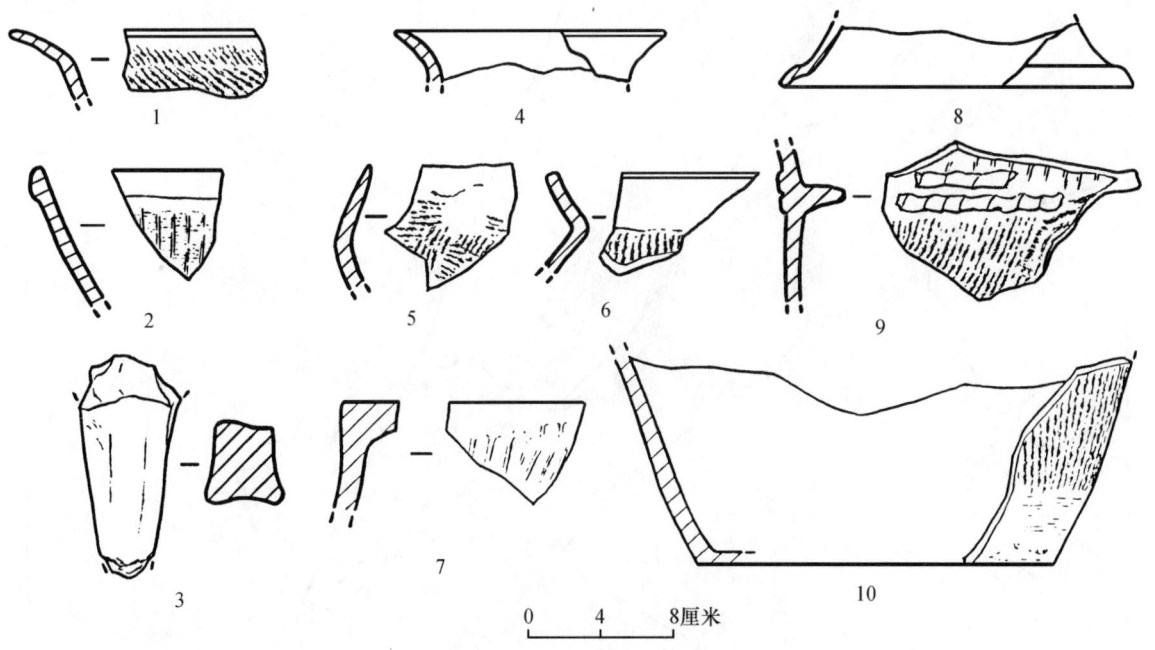

图4-157　橙槽沟遗址陶器
1、2. 盆（DX070520J001：1、DX070520E011：1）　3. 鼎足（DX070520K001：1）　4、5、10. 罐（DX070520K005：2、DX070520J001：2、DX070520E007：1）　6. 鬲（DX070520K005：1）　7. 蛋形瓮（DX070520E011：2）　8. 豆（DX070520E001：1）　9. 甗（DX070520E007：2）
（1、3、5. 二里头时期；2、4、6~10. 龙山时期）

3. 二里头时期

二里头时期遗存主要见于遗址北部，中部只有零星分布（图4-158）。未见任何遗迹现象，只在地表发现有陶片。陶片多泥质灰褐陶，纹饰以绳纹为主，可辨器形有鼎、盆、罐等。

鼎足　1件。DX070520K001∶1，泥质灰褐陶。实足跟，上粗下细，截面近方形。素面（图4-157，3）。

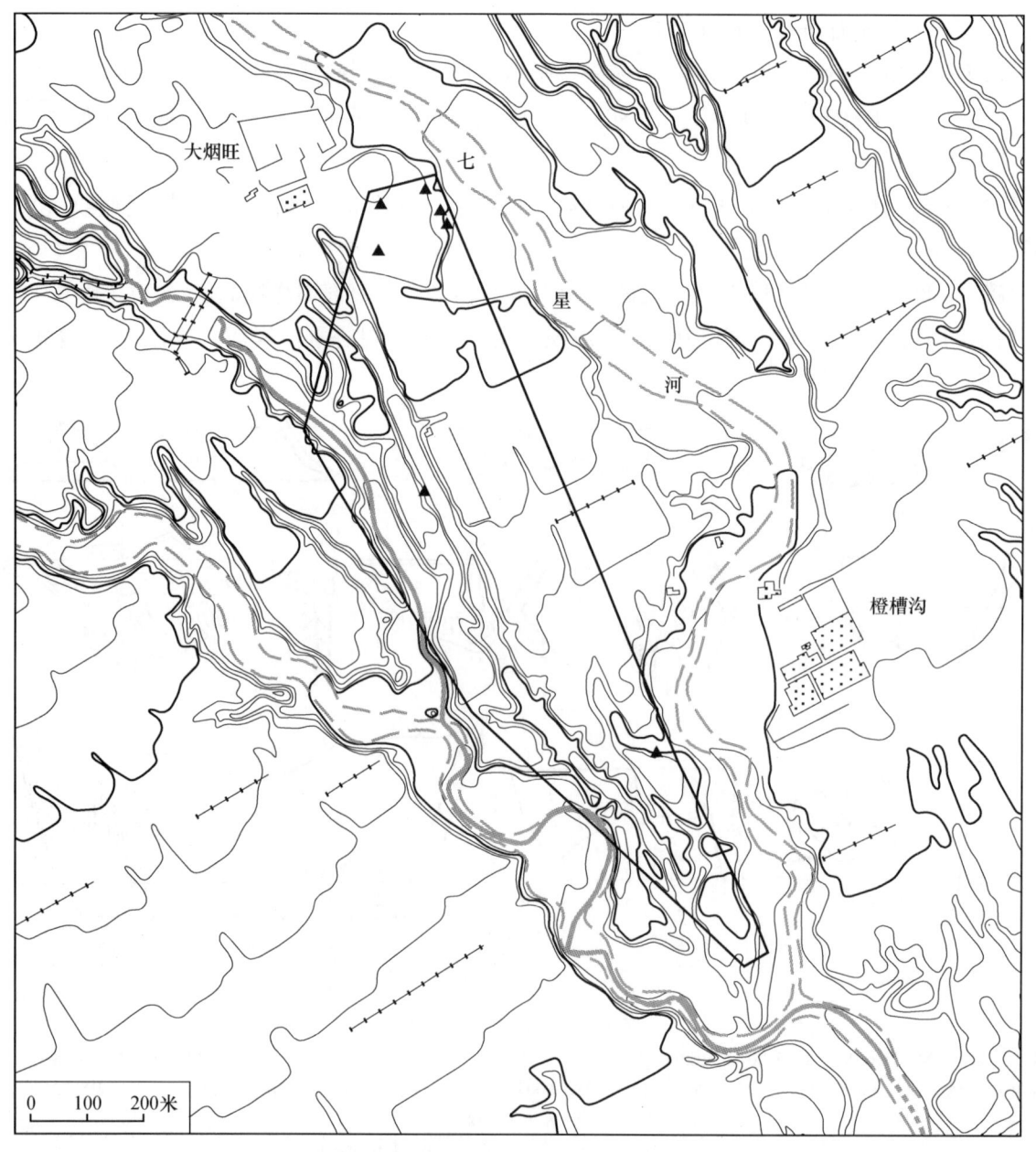

图4-158　橙槽沟遗址二里头时期遗存分布图

盆　1件。DX070520J001:1，夹砂灰褐陶。圆唇，翻沿，敞口，斜腹。器表饰绳纹（图4-157，1）。

罐　1件。DX070520J001:2，泥质灰褐陶。小圆唇，敛口，鼓腹。腹部饰绳纹（图4-157，5）。

4. 东周时期

东周时期遗存只见于遗址北部，仅有个别发现，遗存分布非常稀疏（图4-159）。未见任何遗迹现象，只在地表发现少量陶片。陶片多夹砂灰陶，纹饰多绳纹。

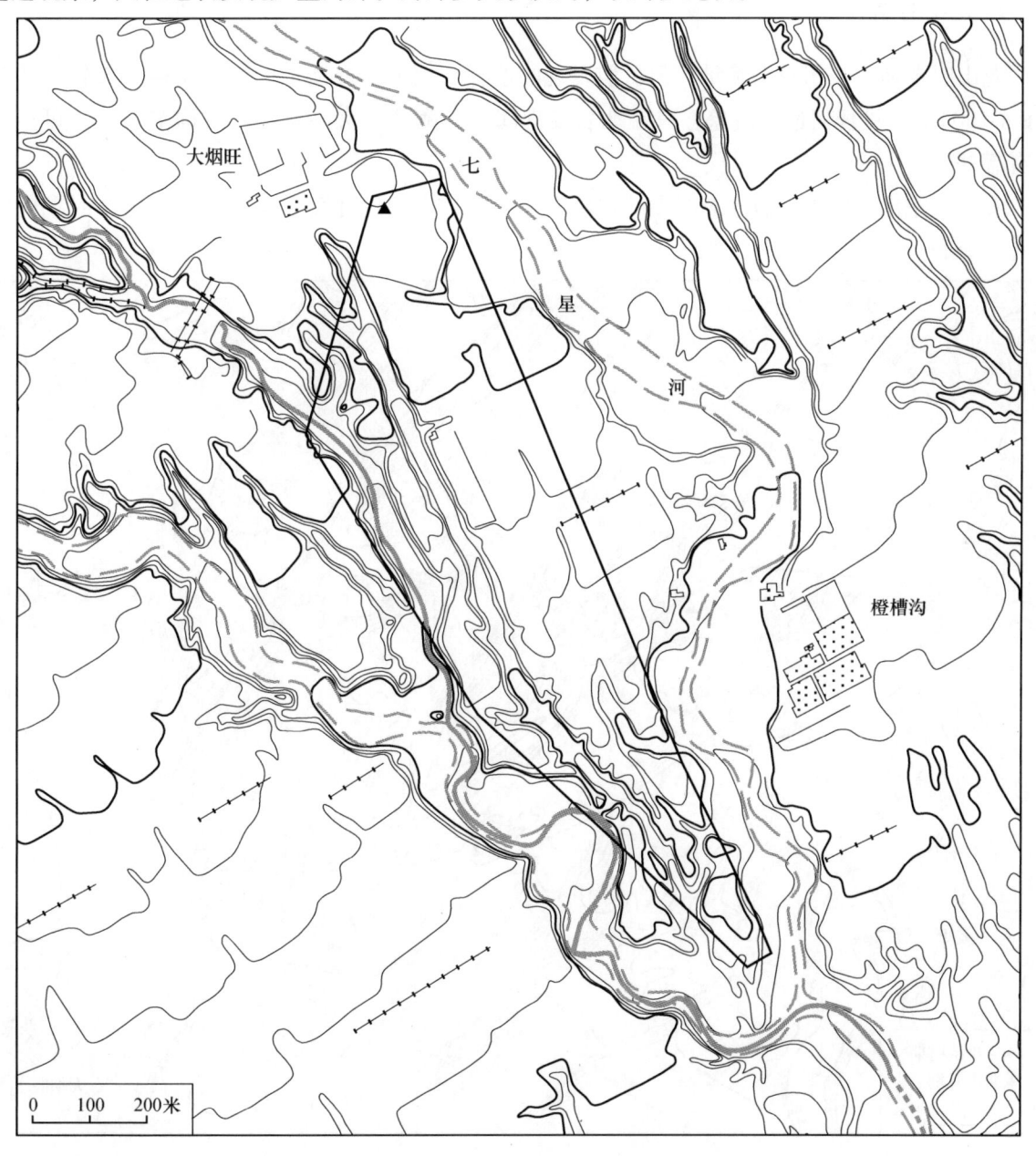

图4-159　橙槽沟遗址东周时期遗存分布图

六三、两界沟Ⅰ号遗址

两界沟Ⅰ号遗址位于代县上馆镇两界沟村东北550米，面积13.1万平方米。遗址处于山前台地的下缘，海拔960~1020米，西北高东南低，背风向阳，有一定的坡度，东、西两侧有较长冲沟，地势起伏较大。遗址西200米处有发源于山脚下的季节性水流流过，东南部不远也有发源于山脚下的季节性水流流过。遗存分布稀疏，且有较大的落差。遗址包含龙山、二里头两个时期的遗存。

1. 龙山时期

龙山时期遗存见于整个遗址，但目前发现的遗存主要分布在遗址四周，遗存分布较为稀疏（图4-160）。未见任何遗迹现象，只在地表发现陶片。陶片多夹砂灰陶，纹饰多篮纹，可辨器形有罐等。

在遗址东南300米处有这个时期的零星陶片分布；在遗址北面300米处也有这个时期的零星陶片分布。

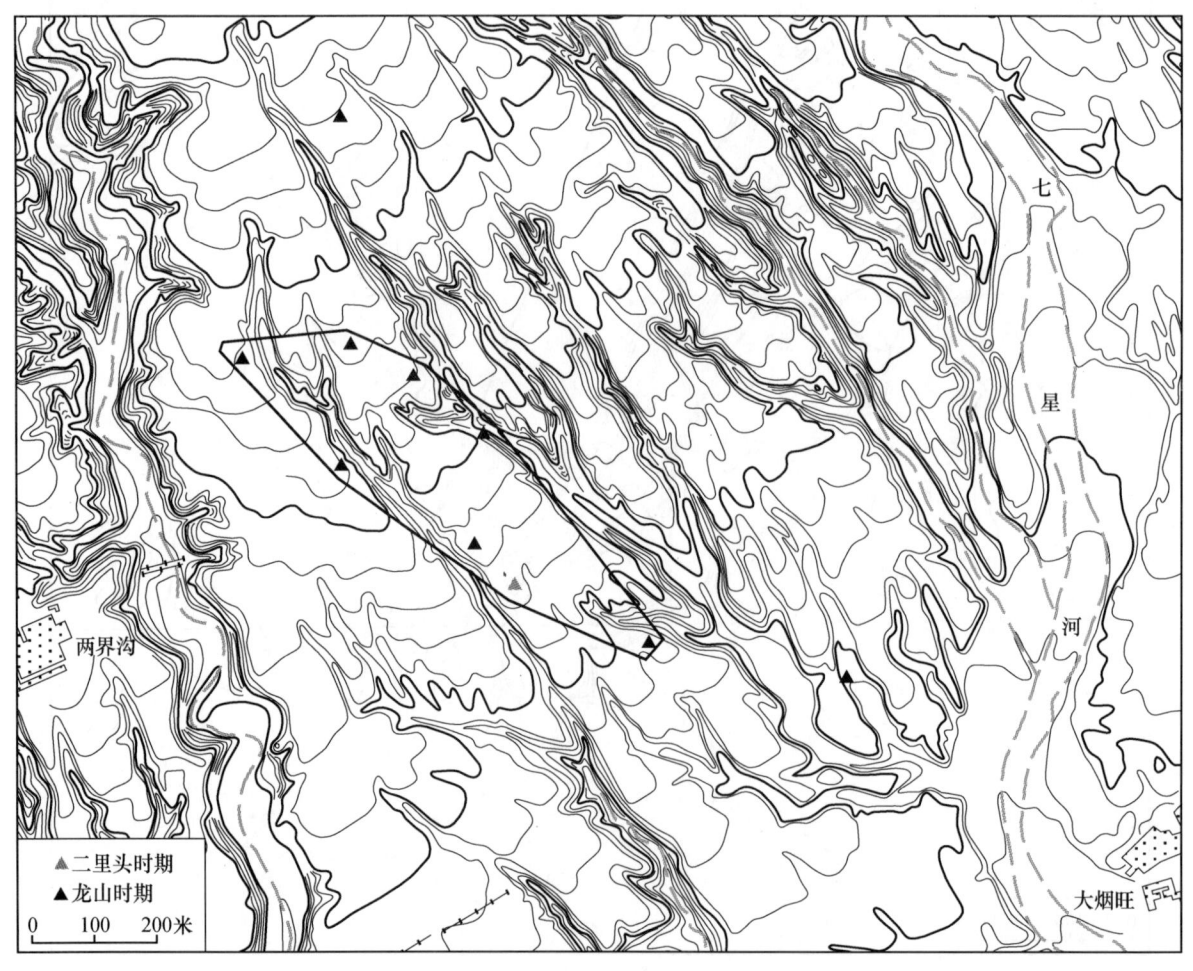

图4-160　两界沟Ⅰ号遗址遗存分布图

罐 1件。DX070514C004：1，夹砂灰陶。鼓腹，凹底。腹部饰斜篮纹（图4-161）。

2. 二里头时期

二里头时期遗存只见于遗址南部，仅有个别发现，遗存分布非常稀疏（图4-160）。未见任何遗迹现象，只在地表发现少量陶片。陶片多泥质褐陶，纹饰多绳纹，可辨器形有蛋形瓮等。

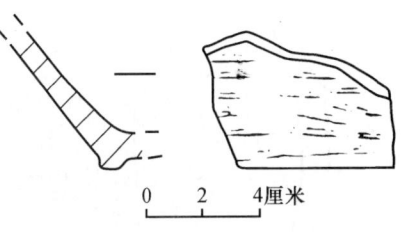

图4-161　两界沟I号遗址龙山时期陶器罐（DX070514C004：1）

六四、两界沟Ⅱ号遗址

两界沟Ⅱ号遗址位于代县上馆镇两界沟村北600米，面积2.7万平方米。遗址主要分布在山前台地一突出的土丘上，海拔975～1020米，北高南低，背风向阳，坡度大，地势有一定的起伏。遗址东面有发源于山脚下的季节性水流流过。遗址只有龙山时期的遗存（图4-162）。

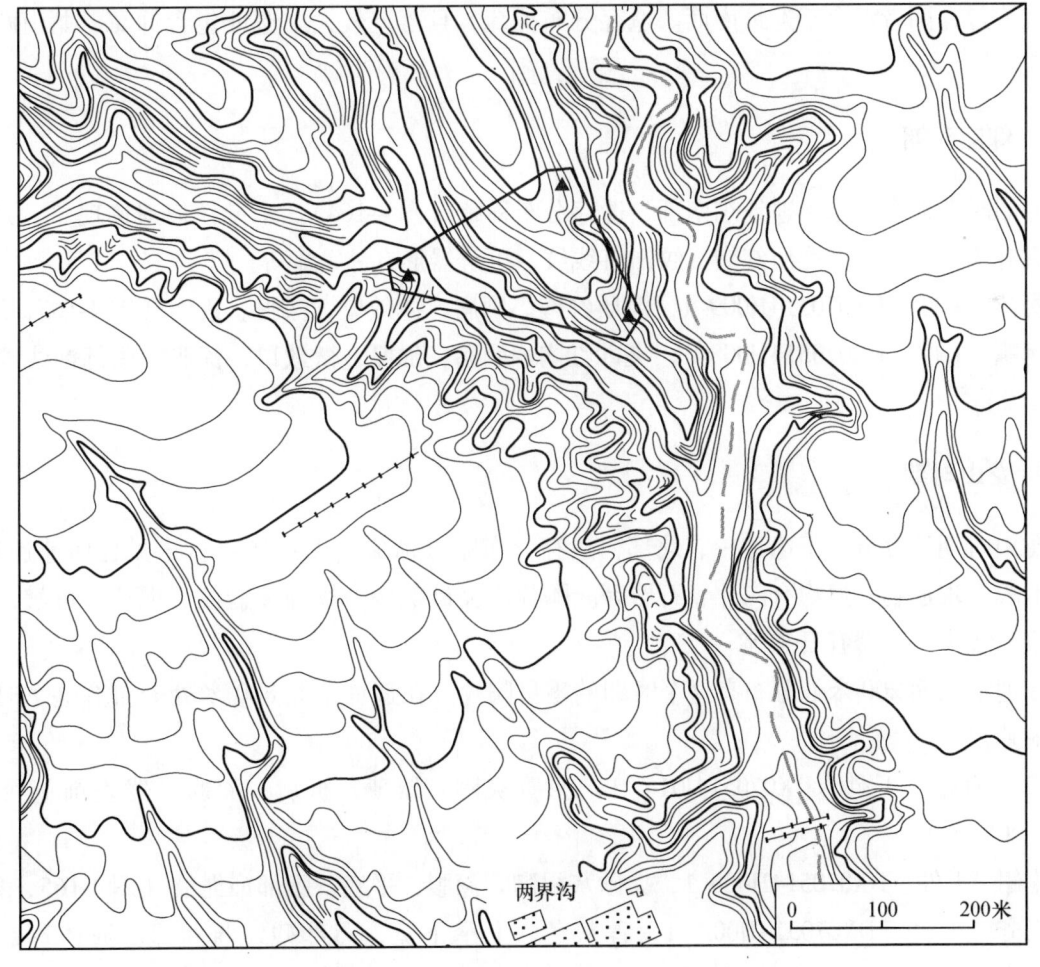

图4-162　两界沟Ⅱ号遗址遗存分布图

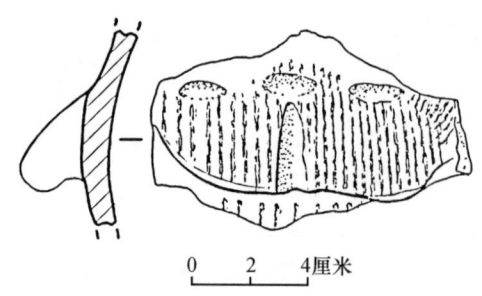

图4-163 两界沟Ⅱ号遗址陶器
鬲（DX070514H002∶1）

遗存分布较为稀疏。未见任何遗迹现象，只在地表发现有陶片。陶片多夹砂灰陶，纹饰多绳纹，可辨器形有鬲、带耳罐等。

鬲 1件。DX070514H002∶1，夹砂灰陶。大袋足，袋足近裆部上有鋬手。器表饰绳纹，鋬手处有按捺纹（图4-163）。

六五、两界沟Ⅲ号遗址

两界沟Ⅲ号遗址位于代县上馆镇两界沟村西北、东南，面积52万平方米。遗址处在山前台地的下缘，海拔970～1070米，北高南低，背风向阳，坡度大，内有多条深浅不一的冲沟，地势起伏较大。遗址处于两河交汇的三角区域，西侧有滹沱河支流流过，东侧有发源于山脚下的水流流过，两者汇合于遗址南面。遗存分布稀疏，且落差较大。遗址包含仰韶、龙山两个时期的遗存。

1. 仰韶时期

仰韶时期遗存分布于遗址东南部，遗存分布稀疏（图4-164）。未见任何遗迹现象，只在地表发现有陶片，陶片多泥质红陶，纹饰有线纹，可辨器形有钵、罐等。

陶钵 1件。DX070514H009∶1，泥质红陶。圆唇，微敛口，深腹。素面（图4-165，3）。

陶罐 1件。DX070514H008∶1，夹砂红陶。圆唇，加厚，微敛口，深腹。腹部饰线纹（图4-165，2）。

2. 龙山时期

龙山时期遗存分布于遗址中、北部，遗存分布略显稀疏（图4-164）。未见任何遗迹现象，只在地表发现遗物，遗物有陶片、石器等。陶片多夹砂灰陶，纹饰多篮纹、绳纹，可辨器形有折肩罐、罐等。石器有石斧等。

在遗址北面200米处分布有这个时期的零星陶片。在遗址东北800米处分布有这个时期的零星陶片。

陶折肩罐 1件。DX070514I014∶1，泥质灰陶。器薄，折肩，深腹。器表饰篮纹（图4-165，1）。

陶罐 1件。DX070514H006∶1，夹砂灰褐陶。深腹，平底。腹部饰绳纹（图4-165，4）。

石斧 1件。DX070514H003∶1，青灰色。上窄下宽，刃部残，两面刃。通体琢制。长12.7、宽5.2、厚3.8厘米（图4-165，5）。

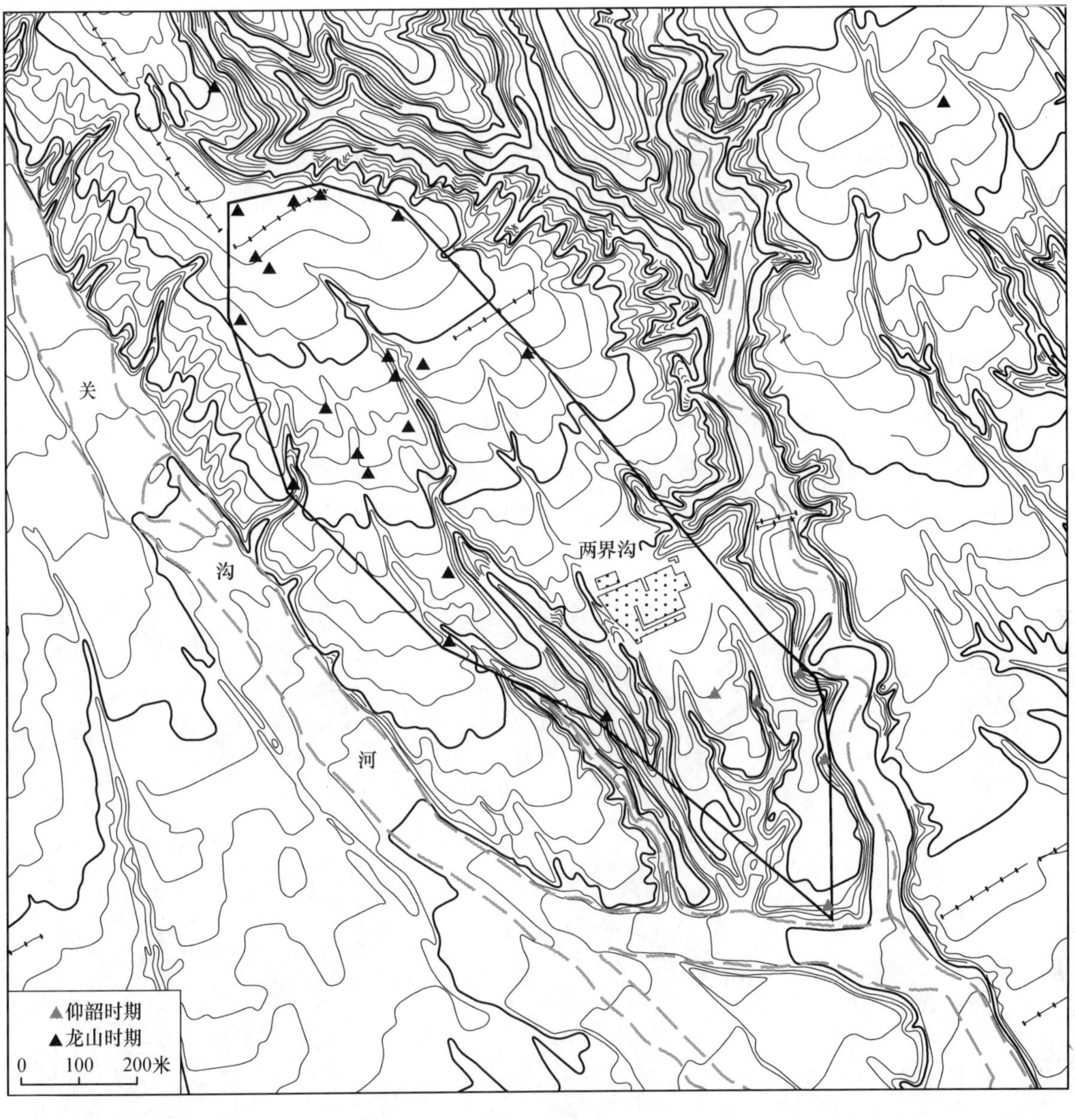

图 4-164　两界沟Ⅲ号遗址遗存分布图

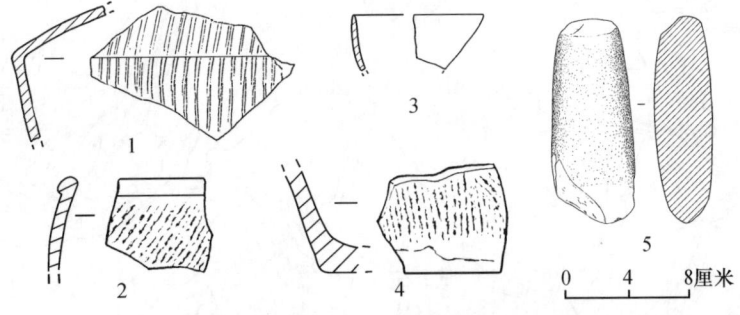

图 4-165　两界沟Ⅲ号遗址陶、石器
1. 陶折肩罐（DX070514I014:1）　2、4. 陶罐（DX070514H008:1、DX070514H006:1）　3. 陶钵（DX070514H009:1）　5. 石斧（DX070514H003:1）
（1、4、5. 龙山时期；2、3. 仰韶时期）

六六、试刀石Ⅰ号遗址

试刀石Ⅰ号遗址位于代县雁门关乡试刀石村东北550米，面积6.4万平方米（彩版四五）。遗址处于山前台地的前缘，地势较高，海拔1105～1135米，遗址所在位置略显平整，但仍有一定的起伏。遗址东、北面临较深的冲沟，西面有滹沱河支流由北向南流过。遗存分布稀疏。遗址包含龙山、二里头、东周三个时期遗存。

1. 龙山时期

龙山时期遗存主要分布于遗址西部，遗存分布稀疏（图4-166）。未见任何遗迹现象，只在地表发现有陶片。陶片多夹砂灰陶，纹饰多篮纹，可辨器形有豆等。

在遗址东北800米处发现有这个时期的零星陶片。在遗址西700米处也发现有这个时期的零星陶片。

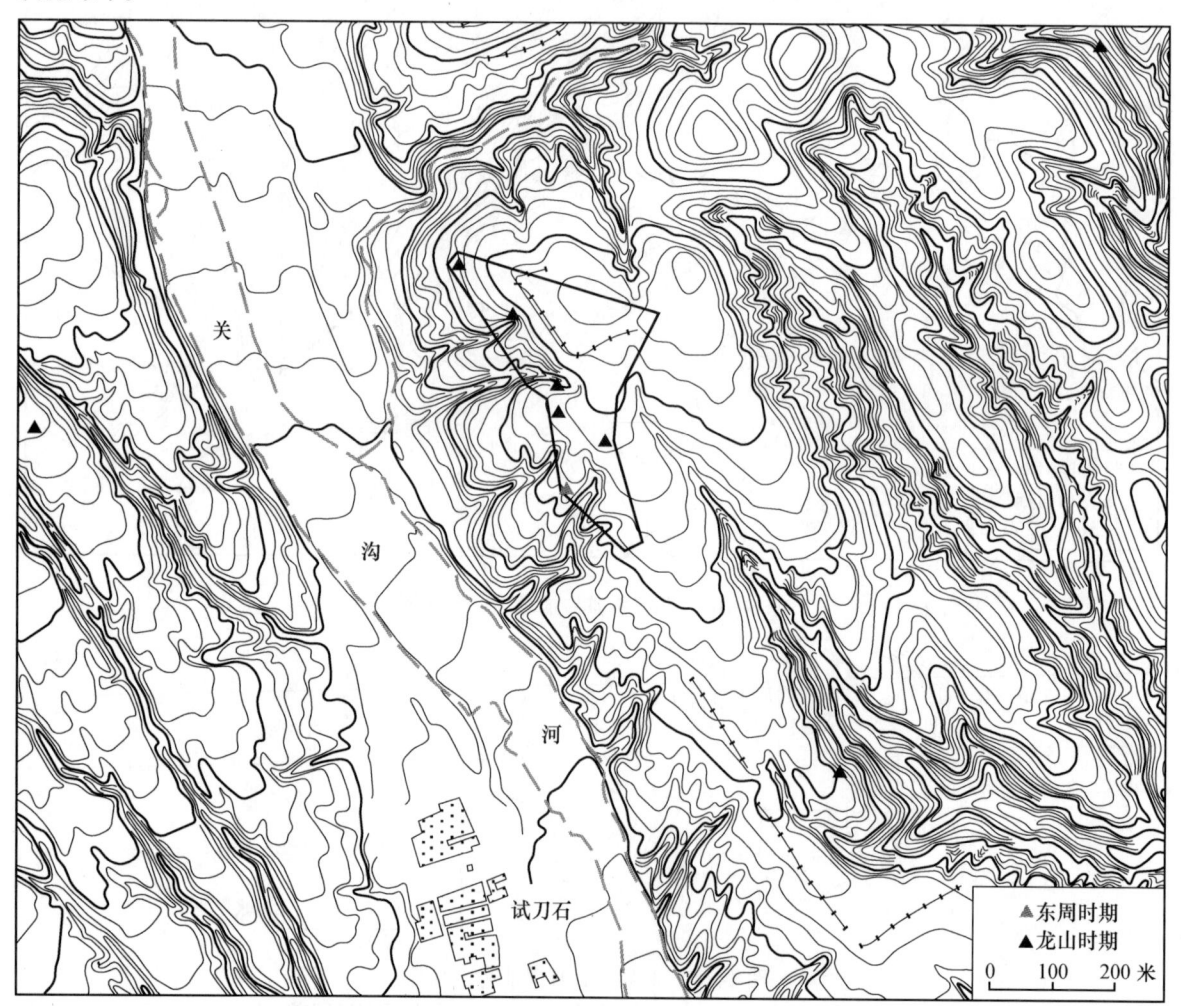

图4-166　试刀石Ⅰ号遗址龙山、东周时期遗存分布图

豆　1件。DX070514I003:1，泥质灰陶。圆唇，小平沿，斜浅腹。腹壁饰横篮纹（图4-168，1）。

2. 二里头时期

二里头时期遗存主要分布于遗址中、南部外围，遗存分布稀疏（图4-167）。仅在遗址南部的断面上发现1个灰坑，未见其他更多的遗迹现象。遗迹内包含有少量陶片，地表也有陶片发现。陶片多夹砂灰陶，纹饰多绳纹、篮纹，可辨器形有鬲等。

在遗址西500米处发现有这个时期的陶片。

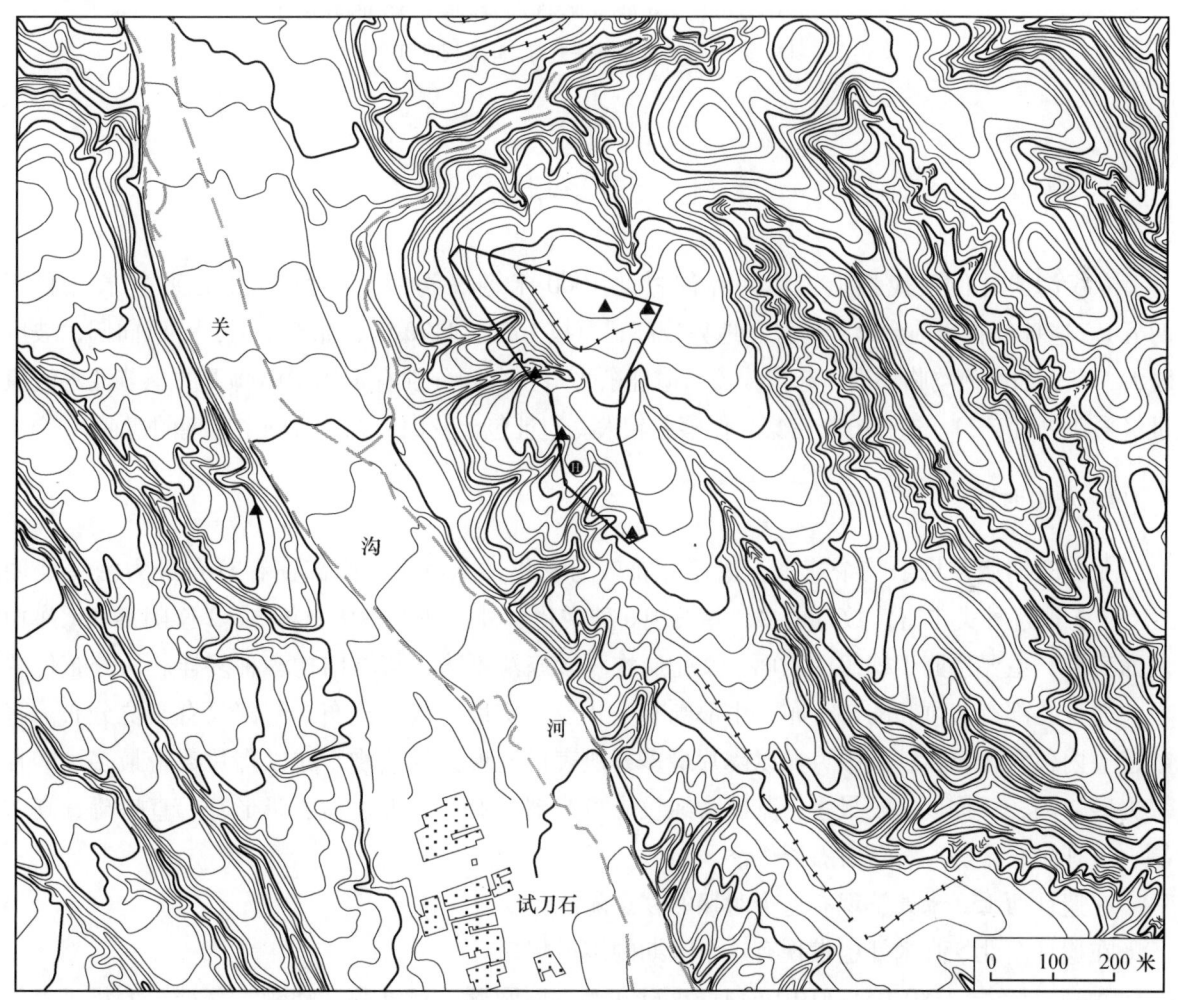

图4-167　试刀石Ⅰ号遗址二里头时期遗存分布图

鬲　1件。DX070514I001:1，夹砂灰陶。分裆，袋足。器表饰绳纹（图4-168，2）。

3. 东周时期

东周时期遗存只见于南部，仅有个别发现，分布非常稀疏（图4-166）。未见任何遗迹现象，只在地表发现少量陶片。陶片多泥质灰陶，纹饰有绳纹，可辨器形有豆等。

豆 1件。DX070514I006:1，泥质灰陶。盘底近平，细柄。素面（图4-168，3）。

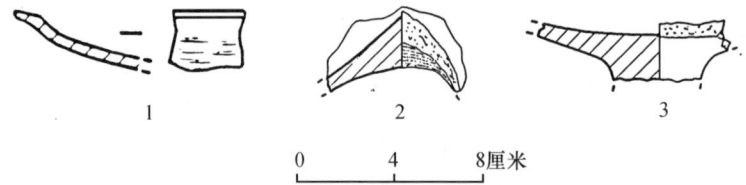

图4-168 试刀石 I 号遗址陶器
1、3. 豆（DX070514I003:1、DX070514I006:1） 2. 鬲（DX070514I001:1）
(1. 龙山时期；2. 二里头时期；3. 东周时期)

六七、老汉沟遗址

老汉沟遗址位于代县上馆镇两界沟村北1000米老汉沟西，面积17.4万平方米（彩版四五）。遗址处在山前台地的后缘，地势较高，海拔1025~1170米，北高南低，背风向阳，坡度较大，东、西两侧均临深沟，起伏较大。遗址东北角和东侧分别有发源于山脚下的季节性水流流过（彩版九九，2）。遗存分布密集，但落差较大。遗址包含龙山、二里头两个时期的遗存。

1. 龙山时期

龙山时期遗存见于整个遗址，遗存分布较为密集，尤以中、南部遗存分布最为密集（图4-169）。遗迹种类丰富，数量也多，除发现6处文化层外，还发现9个灰坑、2座陶窑和1座白灰面房址，主要暴露于梯田的断面，文化层堆积多厚薄不均，灰坑结构多种多样。从分布位置看，遗址北部有灰坑和陶窑分布，中部则有文化层、房址、灰坑分布，南部只有灰坑分布。多数遗迹内包含物丰富，其中，尤以陶片最多，地表也发现大量遗物，亦以陶片数量最多。陶片多夹砂灰陶，纹饰以篮纹最多，其次为绳纹，可辨器形有鬲、斝、盆、蛋形瓮、直口罐、高领罐、带耳罐、罐等。石器有石斧等。

在遗址西150米处发现有这个时期的零星陶片。

在遗址西北550米处也发现有这个时期的零星陶片。

陶鬲 1件。DX070514K010-C:1，夹砂灰陶。厚圆唇，口外翻，矮领，分档，大袋足。领部以下饰绳纹（图4-171，2）。

陶蛋形瓮 2件。DX070514K016:1，泥质灰陶。小平沿，口部加厚，微敛口，深腹。口部有附加堆纹，腹部饰横篮纹（图4-172，1）。DX070514J008-H1:1，夹砂红褐陶。宽沿，口部加厚，敛口，深腹。口下有附加堆纹，腹部饰横篮纹。口径30、残高10厘米（图4-171，6）。

陶瓠形器（?） 1件。DX070514L002:2，泥质褐陶。深腹，平底。素面。底径10.8、残高3.2厘米（图4-172，2）。

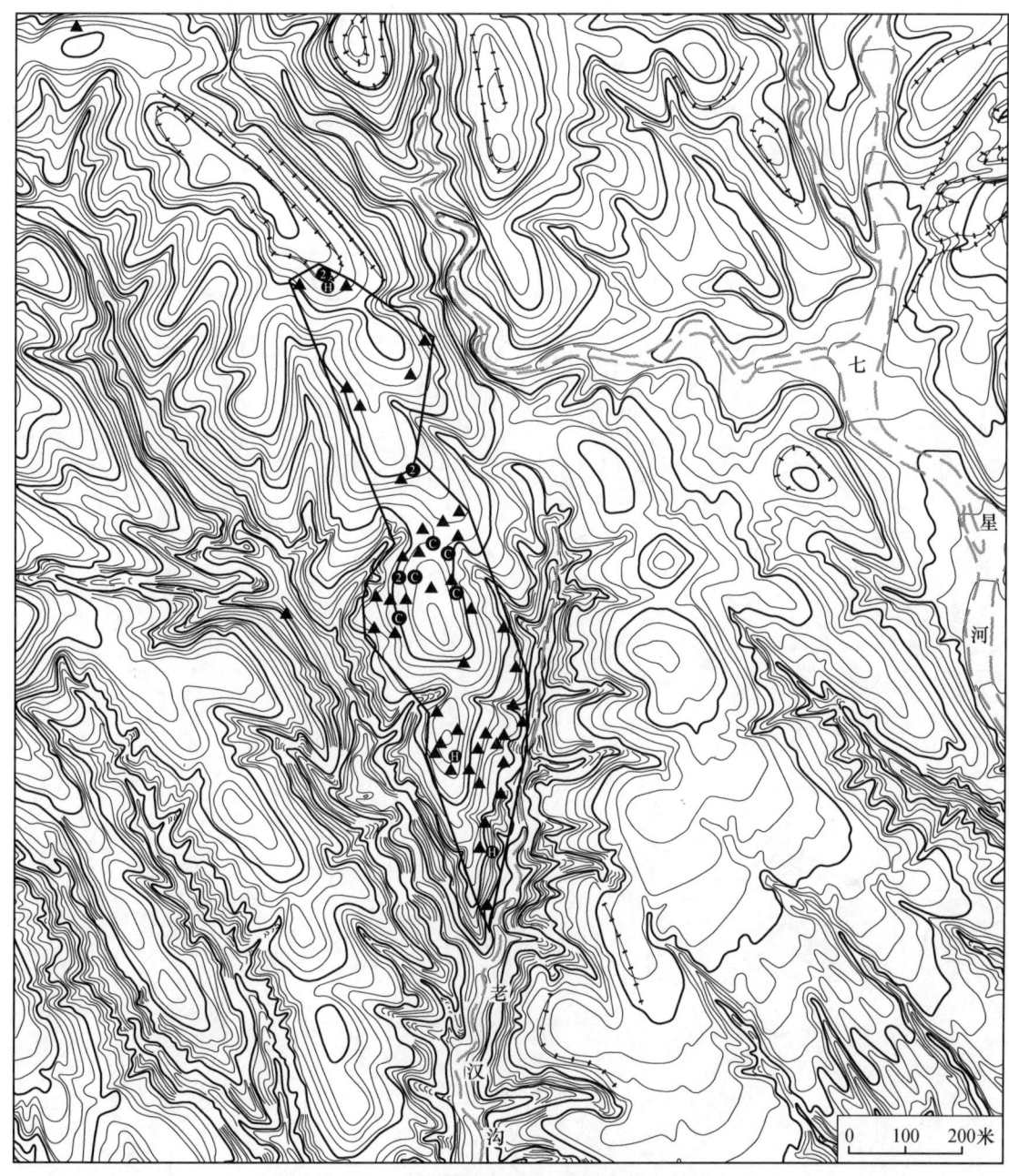

图4-169 老汉沟遗址龙山时期遗存分布图

陶盆 2件。DX070514J008-H2:1，夹砂灰陶。制作粗糙，厚圆唇，敞口，深腹，平底。素面，腹部两錾手。口径28.5、底径10.8、高13.6厘米（图4-171，1；彩版一○四，2）。DX070514L016:1，夹砂灰陶。圆唇，敞口，弧腹。素面（图4-172，3）。

陶器盖 1件。DX070514K004-C:1，泥质灰褐陶。厚圆唇，斜壁。器表饰斜篮纹。口径44、残高4厘米（图4-171，7）。

陶高领罐 1件。DX070514E004-H:1，泥质灰陶。厚圆唇，口外翻，高领，广肩。素面。口径20.8、残高8.8厘米（图4-171，4）。

陶罐 1件。DX070514L002：1，夹砂灰陶。小口，圆唇，矮领，鼓腹。腹部饰绳纹。口径14、残高6.4厘米（图4-171，5）。

石斧 1件。DX070514J009：1，青灰色。近梯形，上窄下宽，双面刃。通体琢制，刃部磨光。长11.8、宽4.5、厚3.4厘米（图4-171，3）。

2. 二里头时期

二里头时期遗存主要分布于遗址中部，北部有零星发现，遗存分布稀疏（图4-170）。除在

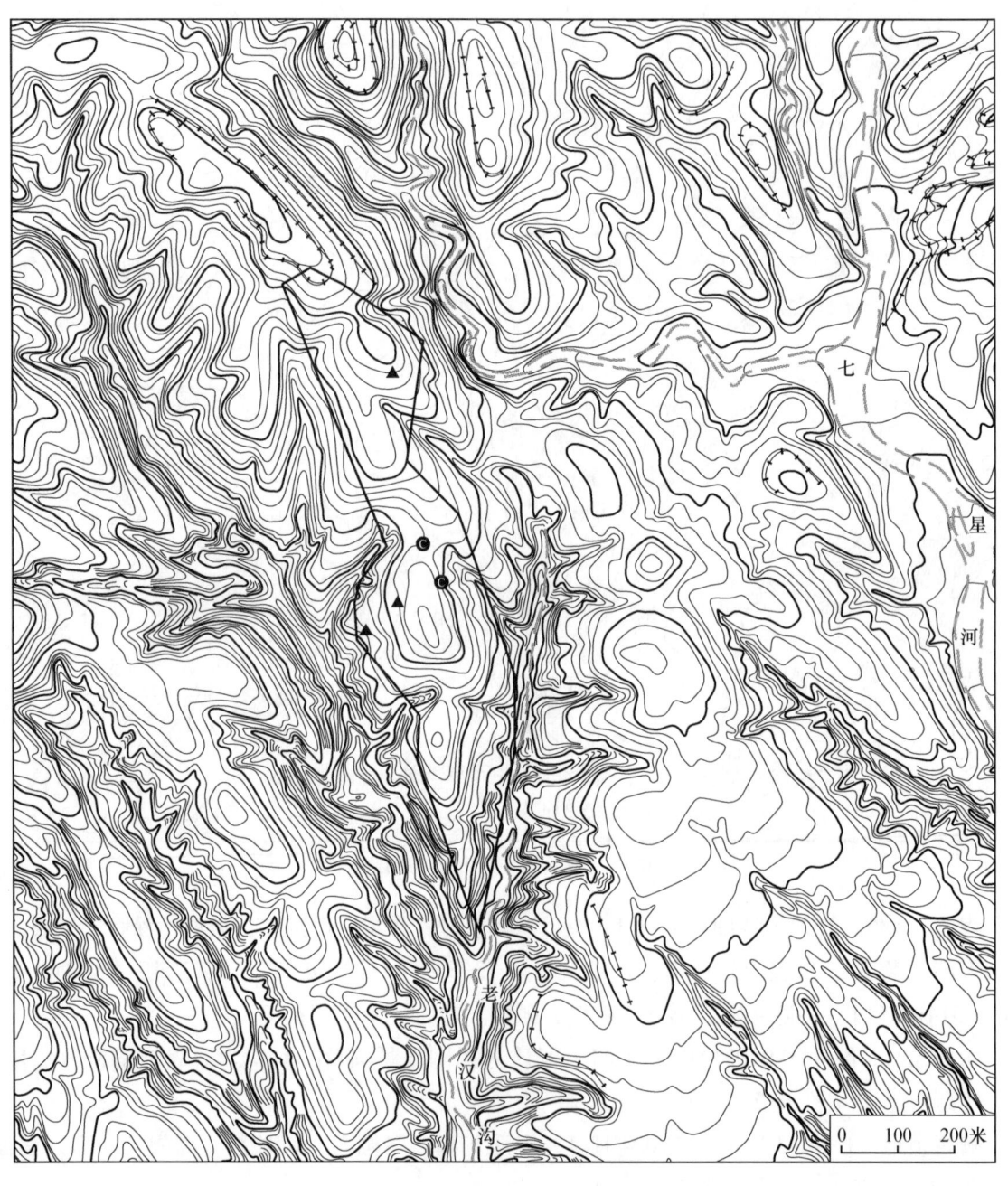

图4-170 老汉沟遗址二里头时期遗存分布图

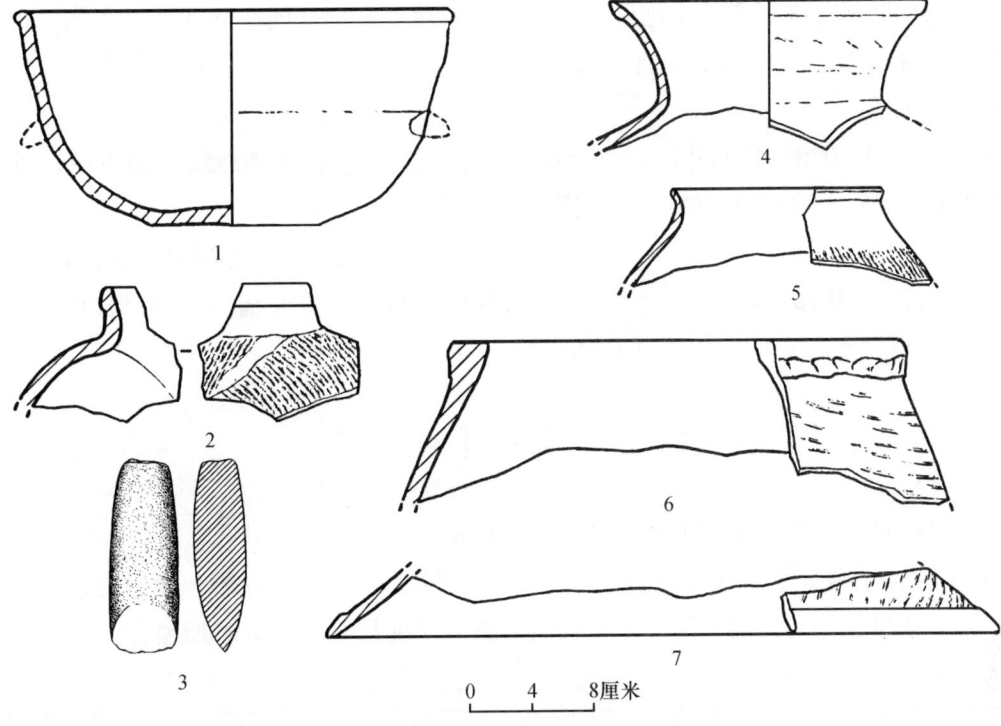

图 4-171　老汉沟遗址龙山时期陶、石器

1. 陶盆（DX070514J008-H2:1）　2. 陶鬲（DX070514K010-C:1）　3. 石斧（DX070514J009:1）
4. 陶高领罐（DX070514E004-H:1）　5. 陶罐（DX070514L002:1）　6. 陶蛋形瓮（DX070514J008-H1:1）
7. 陶器盖（DX070514K004-C:1）

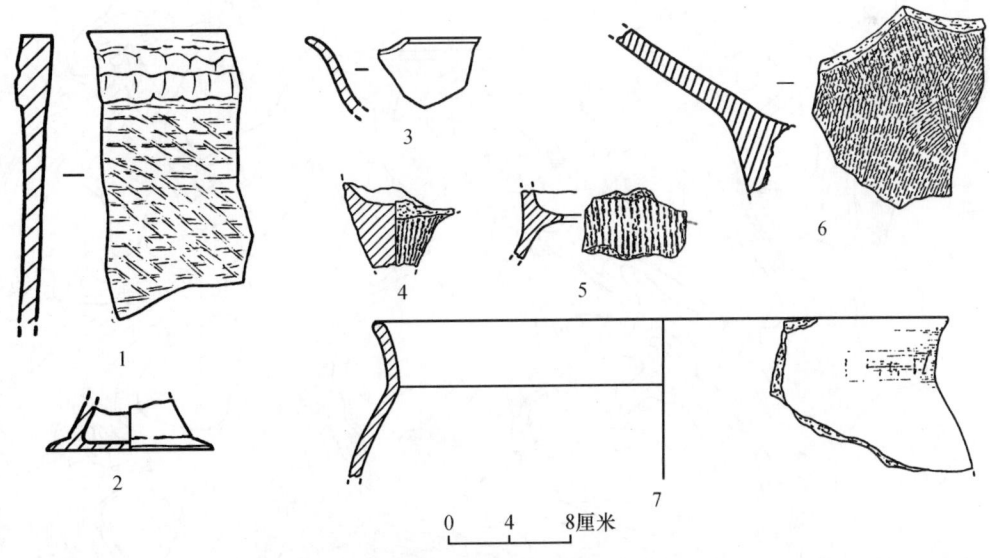

图 4-172　老汉沟遗址龙山、二里头时期陶器

1、6. 陶蛋形瓮（DX070514K016:1、DX070514J002:1）　2. 陶瓤形器（DX070514L002:2）　3. 陶盆（DX070514L016:1）
4. 陶蛋形瓮足（DX070514K007-C1:2）　5. 陶甗（DX070514L009:1）　7. 陶罐（DX070514K007-C1:1）

（1~3. 龙山时期；4~7. 二里头时期）

遗址中部的梯田断面上发现2处文化层外，堆积均较薄，未见其他遗迹现象。文化层内包含物丰富，尤以陶片最多，地表也发现有陶片。陶片多夹砂褐陶，纹饰以绳纹为主，可辨器形有鬲、蛋形瓮、罐等。

陶鬲　1件。DX070514L009:1，夹砂褐陶。束腰，有隔。器表饰绳纹（图4-172，5）。

陶蛋形瓮　1件。DX070514J002:1，泥质灰陶。鼓腹，实足跟。器表饰绳纹（图4-172，6）。

蛋形瓮足　1件。DX070514K007-C1:2，夹砂褐陶。矮实足跟，已残。器表饰绳纹（图4-172，4）。

陶罐　1件。DX070514K007-C1:1，夹砂黑灰陶。圆唇，口外翻，束颈，鼓腹。素面，器表粗糙。口径37、残高9.8厘米（图4-172，7）。

六八、南口Ⅰ号遗址

南口Ⅰ号遗址位于代县雁门关乡南口村东800米，面积较小，只有0.5万平方米（彩版四五）。遗址处在山前台地上，地势较高，海拔1130～1165米，背风向阳，地形陡，坡度大，有一定的起伏。遗址东侧有深沟，附近未见其他水源。遗址只有二里头时期遗存，应该是短期的人类行为形成的（图4-173）。

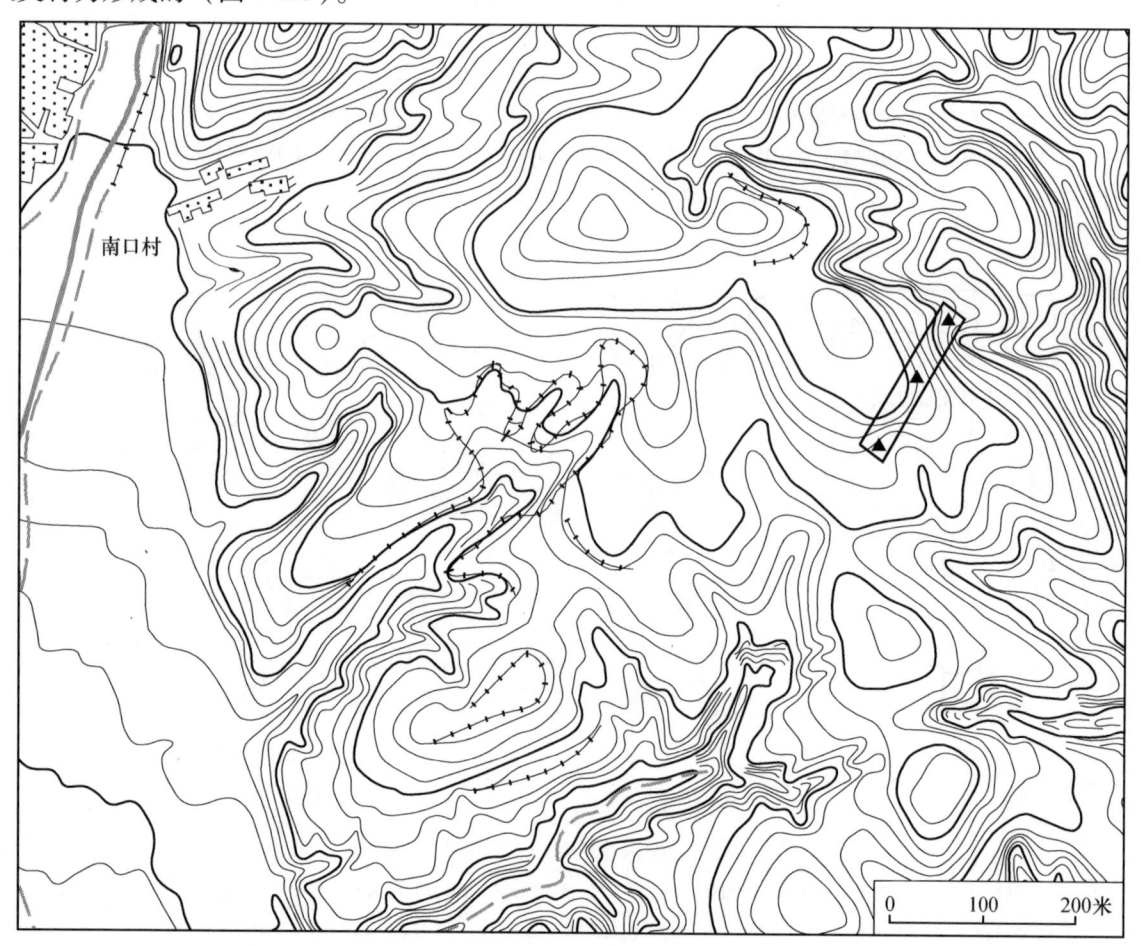

图4-173　南口Ⅰ号遗址遗存分布图

遗存分布较为稀疏，未见任何遗迹现象，只在地表发现有陶片。陶片多夹砂陶，纹饰以绳纹为主，可辨器形有罐等。

六九、南口Ⅱ号遗址

南口Ⅱ号遗址位于代县雁门关乡南口村东北1500米，面积较小，只有0.5万平方米。遗址处在山前台地一突起的土丘上，地势较高，海拔1150～1180米，背风向阳，有一定的坡度，起伏较大。遗址东侧沟底有发源于山脚下的季节性水流流过，遗址最低处距沟底的垂落差在25米左右。遗址只有龙山时期遗存（图4-174）。

在遗址西面450米处有这个时期的零星陶片分布。

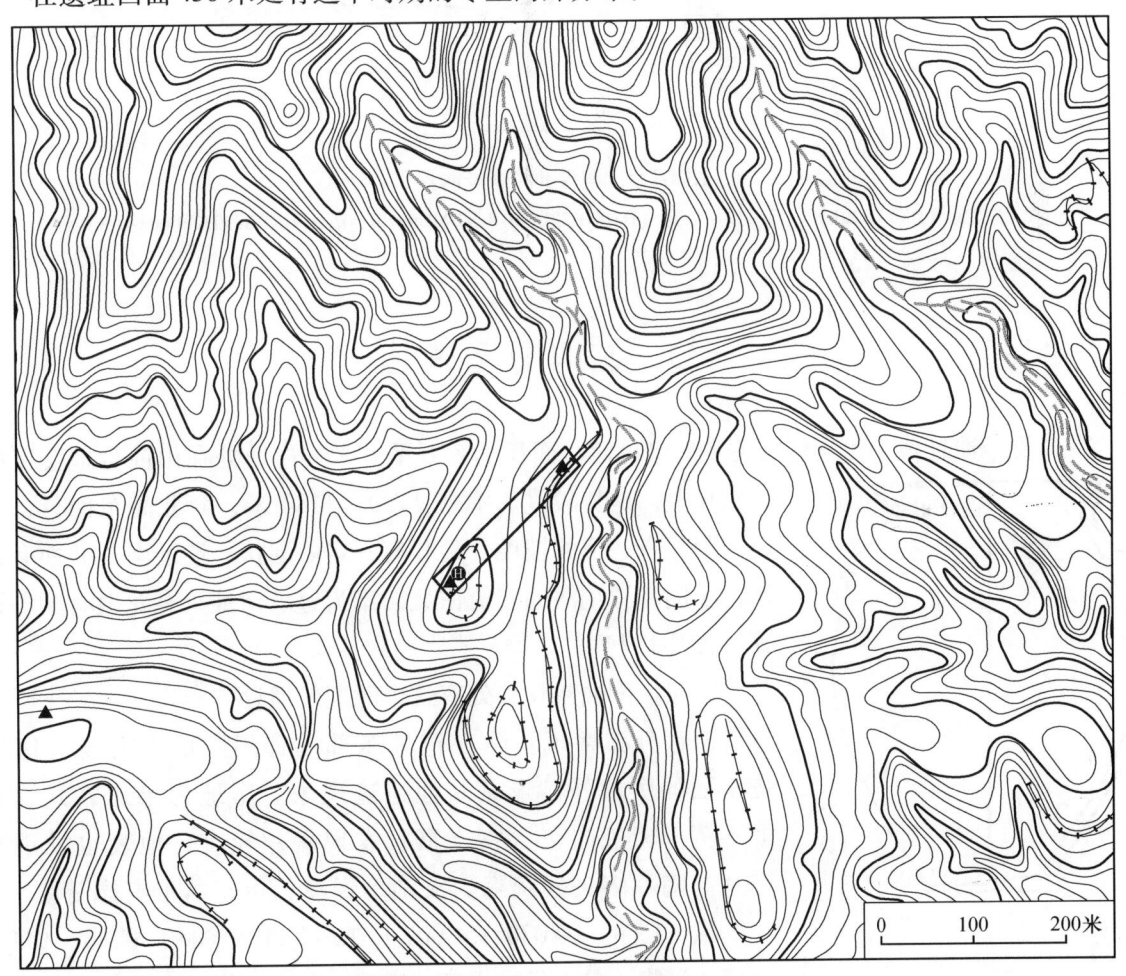

图4-174　南口Ⅱ号遗址遗存分布图

遗存分布稀疏。除在遗址西部的梯田断面上发现1个灰坑外，未见其他遗迹现象。遗迹内包含物丰富，尤以陶片最多，地表也有陶片分布。陶片多夹砂灰陶，纹饰多篮纹，可辨器形有鬲、高领罐、罐等。

高领罐　1件。DX090329E001：1，泥质灰陶。圆唇，近直口，高领，鼓肩。素面。口径19.6、残高7.2厘米（图4-175，1）。

罐　3件。DX090329D001：1，夹砂灰陶。圆唇，口外翻，鼓肩。器表饰横篮纹（图4-175，2）。DX090329D002-H：2，夹砂灰褐陶，圆唇，口外翻，束颈，鼓肩。素面。口径16、残高5.6厘米（图4-175，3）。DX090329D002-H：1，夹砂灰黑陶。深腹，平底。腹部饰横篮纹。底径16.4、残高4.8厘米（图4-175，4）。

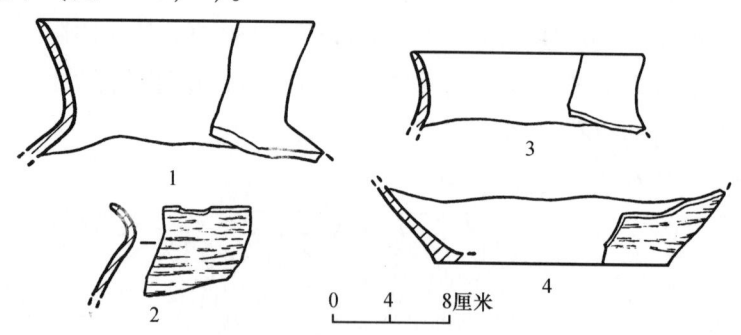

图4-175　南口Ⅱ号遗址陶器
1. 高领罐（DX090329E001：1）　2～4. 罐（DX090329D001：1、DX090329D002-H：2、DX090329D002-H：1）

七〇、南口Ⅲ号遗址

南口Ⅲ号遗址位于代县雁门关乡南口村西，面积1.8万平方米。遗址处在山前台地突出的一土丘上，地势较高，海拔1150～1180米，西北高东南低，背风向阳，有一定的坡度，地势有一定的起伏。遗址南、北面有冲沟，东侧有滹沱河的支流由北向南流过。遗址只有龙山时期的遗存（图4-177）。

在遗址南面400米处有这个时期的遗存分布。

遗存分布稀疏。除在遗址东部的梯田断面上发现1座红烧土面的房址外，未见其他遗迹现象。房址为半地穴式，长度不清。遗迹内包含物丰富，发现陶片较多，地表也发现有陶片。陶片多夹砂灰陶，纹饰多绳纹，可辨器形有罐等。

罐　1件。DX070515G001-F：1，夹砂灰黑陶。圆唇，侈口，束颈，深腹，最大径在中部，底残。口下有绳纹印痕，肩部有两鋬手。口径13.6、残高24厘米（图4-176；彩版一〇四，3）。

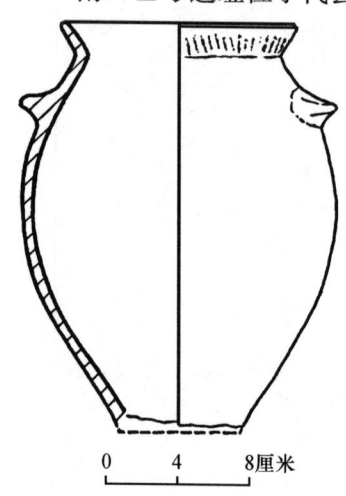

图4-176　南口Ⅲ号遗址陶器
罐（DX070515G001-F：1）

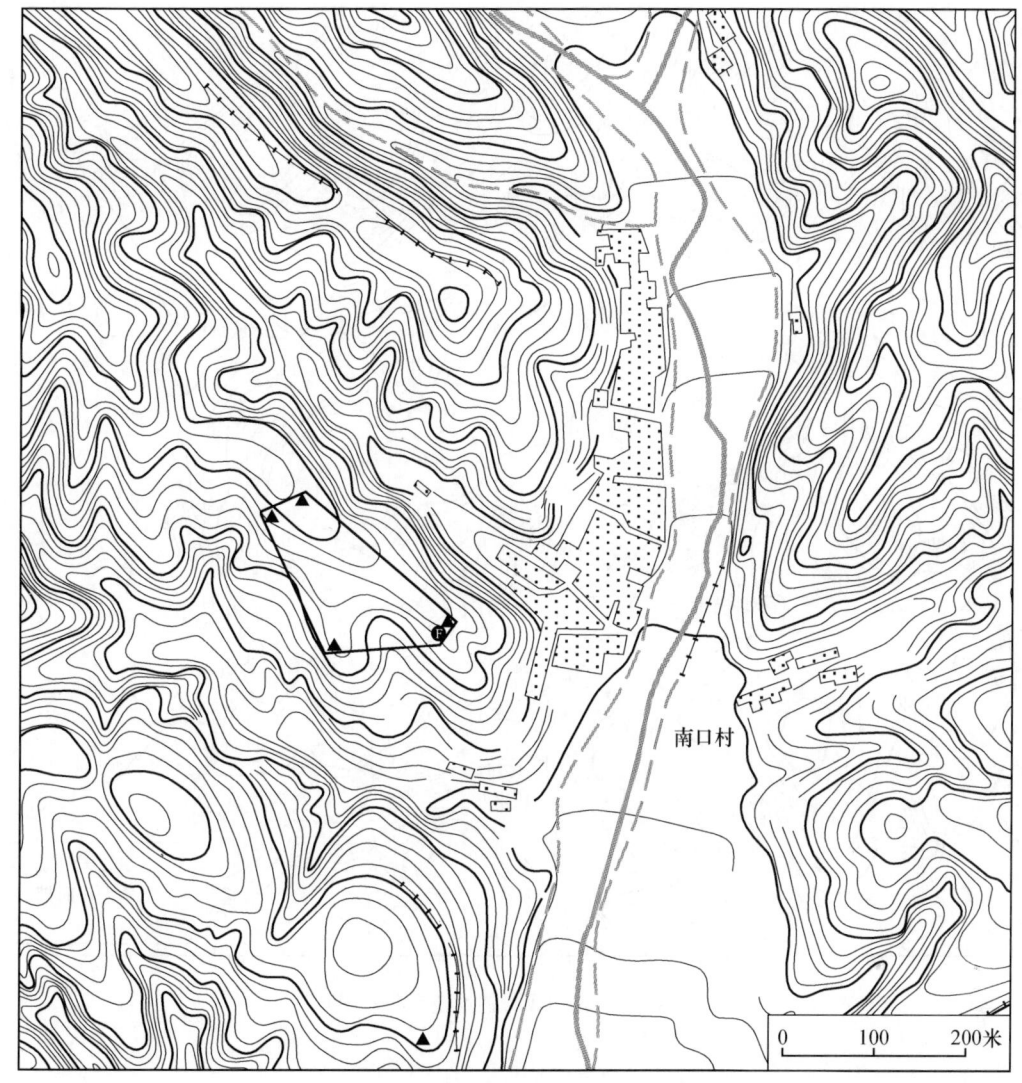

图 4-177 南口Ⅲ号遗址遗存分布图

七一、南口Ⅳ号遗址

南口Ⅳ号遗址位于代县雁门关乡南口村西南 850 米，面积较小，只有 0.2 万平方米。遗址处在山前台地一略高的土丘上，背风向阳，地势较高但起伏较小，海拔 1165～1180 米。遗址西侧沟内有发源于山脚下的季节性水流流过，沟底距遗址落差 40 米左右。面积虽小，但遗存分布密集。遗址包含龙山、战国两个时期的遗存。

1. 龙山时期

龙山时期遗存见于遗址南部，只有零星分布（图 4-178）。未见任何遗迹现象，只在地表发现零星陶片。陶片多夹砂灰陶，纹饰多绳纹，可辨器形有罐等。

在遗址东面 650 米处发现有这个时期的零星陶片。

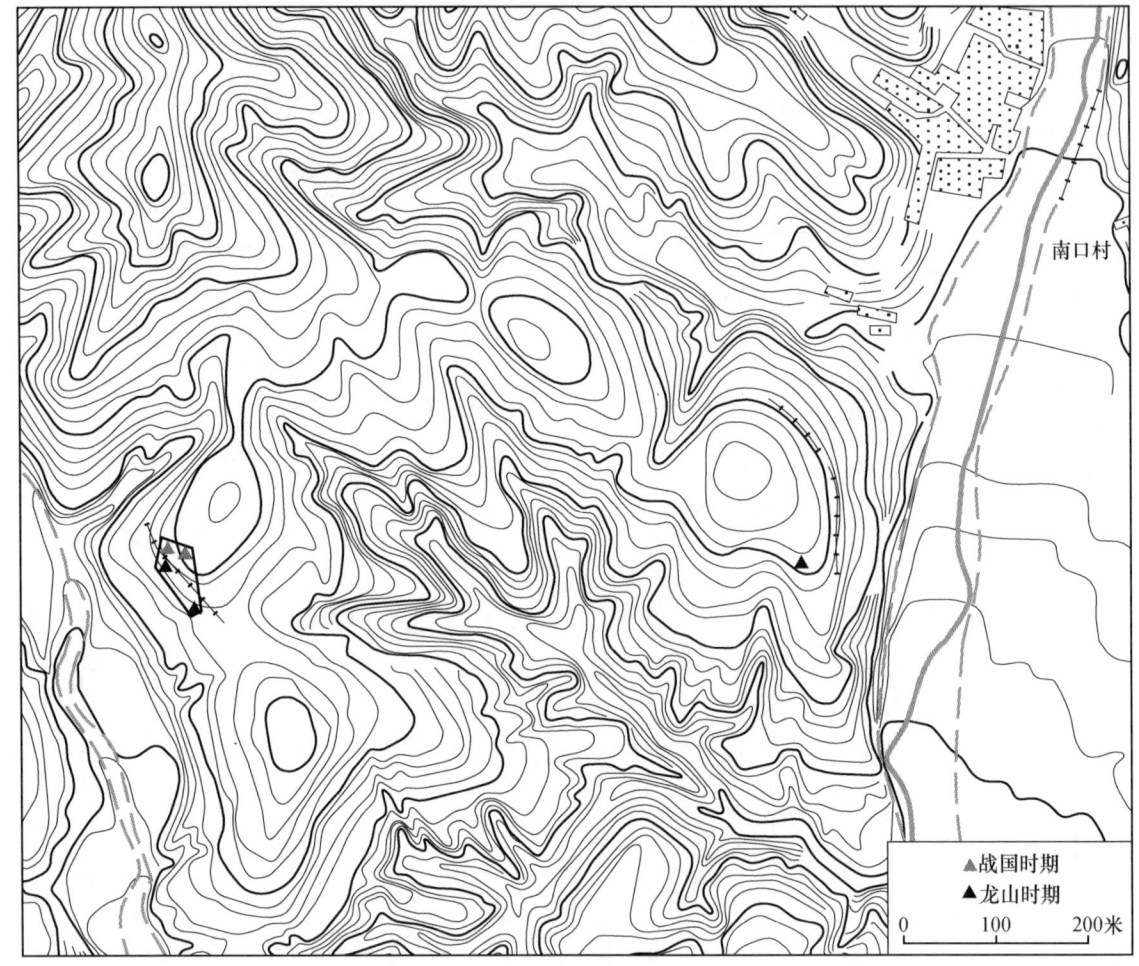

图 4-178　南口Ⅳ号遗址遗存分布图

2. 战国时期

战国时期遗存见于遗址北部，只有零星分布（图 4-178）。未见任何遗迹现象，只在地表发现少量陶片。陶片多夹砂灰陶，纹饰有粗大绳纹。

七二、试刀石Ⅱ号遗址

试刀石Ⅱ号遗址位于代县雁门关乡试刀石村西北 1100 米，面积 2.1 万平方米（彩版四六）。遗址处在山前地势相对平缓的土丘上，西、北面冲沟环绕，面向东南方向地势逐渐降低。遗址所处位置较高，海拔 995～1145 米，背风向阳，坡度大，地势高低起伏也较大。遗址东侧有滹沱河支流由北向南流过。遗存分布较为密集，尤以土丘的南部和东部分布最密集。遗址包含龙山、二里头、战国三个时期的遗存。

1. 龙山时期

龙山时期遗存只见于遗址中部，仅有个别发现，遗存分布非常稀疏（图 4-179）。未见任何遗迹现象，只在地表发现少量陶片。陶片多夹砂灰陶，纹饰多绳纹，可辨器形有鬲等。

在遗址南部 250 米处发现有这个时期的零星陶片。

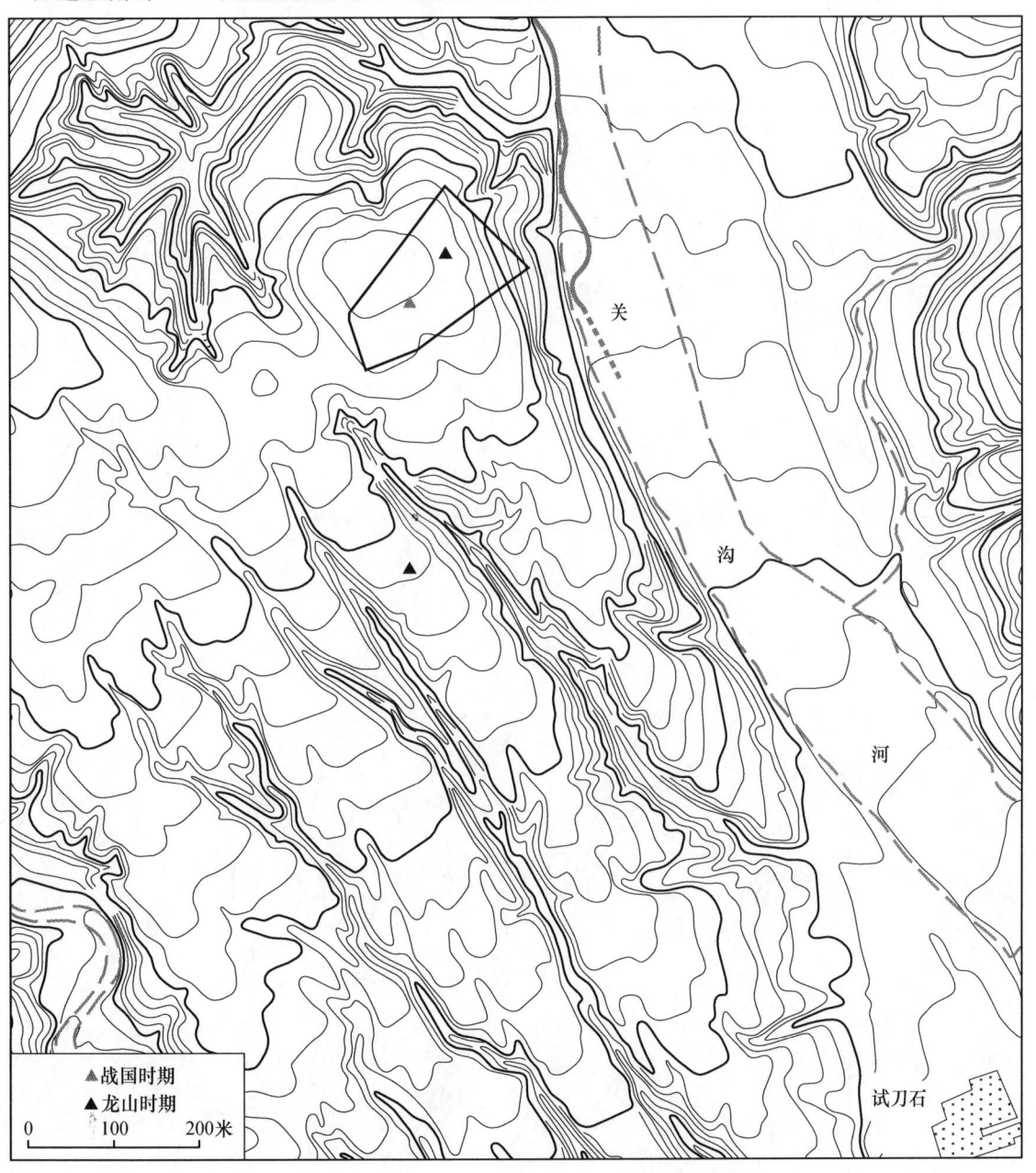

图 4-179　试刀石Ⅱ号遗址龙山、战国时期遗存分布图

陶鬲　1件。DX070515G002：1，夹砂灰陶。只有领部。厚圆唇，口外翻，矮领。素面（图4-181，1）。

2. 二里头时期

二里头时期遗存分布于整个遗址，遗存分布较为密集（图4-180）。未见任何遗迹现象，只在地表发现较多遗物，遗物主要是陶片，此外有少量石器等。陶片多夹砂褐陶，纹饰以绳纹为主，可辨器形有鬲、蛋形瓮等。石器有石刀等。

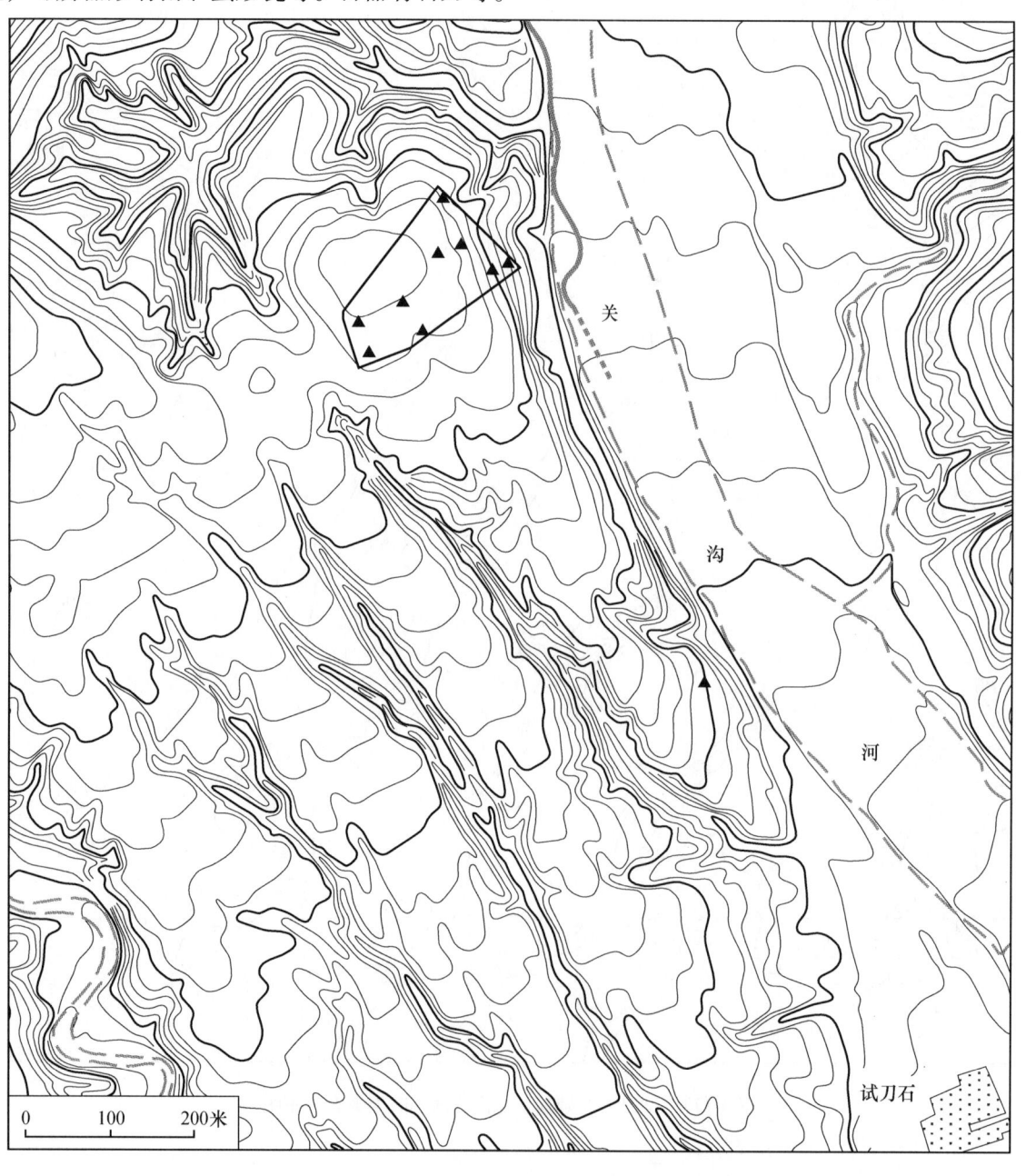

图4-180　试刀石Ⅱ号遗址二里头时期遗存分布图

在遗址东南550米处有这个时期的零星陶片分布。

陶鬲足　1件。DX070515H004：1，夹砂褐陶。空袋足，下有长锥状实足跟。足部饰绳纹，跟部素面（图4-181，2）。

陶蛋形瓮足　1件。DX070515G003：1，夹砂灰褐陶。锥状实足跟，粗大。跟部饰绳纹（图4-181，4）。

石刀　1件。DX070515H005：1，灰褐色。近长方形。单面刃，有对钻孔（图4-181，3）。

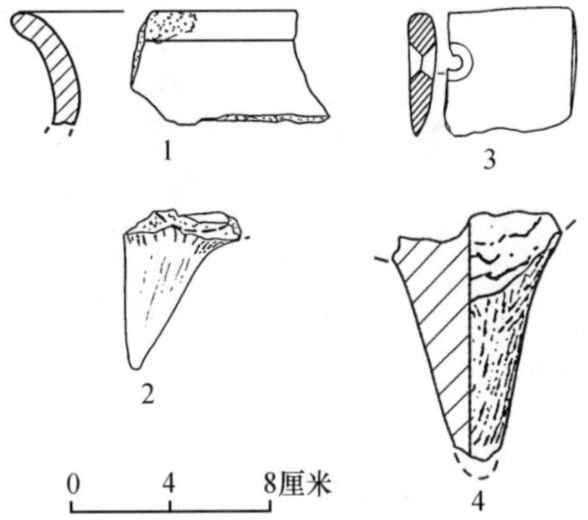

3. 战国时期

战国时期遗存只见于遗址中部，仅有个别发现，遗存分布非常稀疏（图4-179）。未见任何遗迹现象，只在地表发现少量陶片。陶片多夹砂灰陶，纹饰有粗大绳纹，可辨器形有罐等。

图4-181　试刀石Ⅱ号遗址陶、石器
1. 陶鬲（DX070515G002：1）　2. 陶鬲足（DX070515H004：1）
3. 石刀（DX070515H005：1）　4. 陶蛋形瓮足
（DX070515G003：1）
（1. 龙山时期；2~4. 二里头时期）

七三、试刀石Ⅲ号遗址

试刀石Ⅲ号遗址位于代县雁门关乡试刀石村西350米，面积23.3万平方米（彩版四六）。遗址处在山前台地上，呈条状分布于整个斜坡上，海拔1045~1160米，西北高东南低，背风向阳，内有深浅不一的冲沟，地势起伏较大。遗址西侧不远处有发源于山脚下的季节性水流由北向南流过，东侧500米之内有滹沱河支流由北向南流过。遗存分布较为稀疏。遗址包含龙山、二里头、东周三个时期的遗存，其中，东周时期遗存部分可进一步确认为春秋、战国时期。

1. 龙山时期

龙山时期遗存见于遗址南部和北端，遗存分布非常稀疏（图4-182）。未见任何遗迹现象，只在地表发现零星陶片。陶片多夹砂灰陶，纹饰有篮纹，可辨器形有蛋形瓮等。

在遗址东面300米处发现有这个时期的零星陶片分布。

2. 二里头时期

二里头时期遗存只见于遗址中部，仅有个别发现，遗存分布非常稀疏（图4-182）。未见任何遗迹现象，仅在地表发现少量陶片。陶片多夹砂灰陶，纹饰以绳纹为主。

在遗址北面200米处发现有这个时期的零星陶片分布。

在遗址东面400米处发现有这个时期的零星陶片分布。

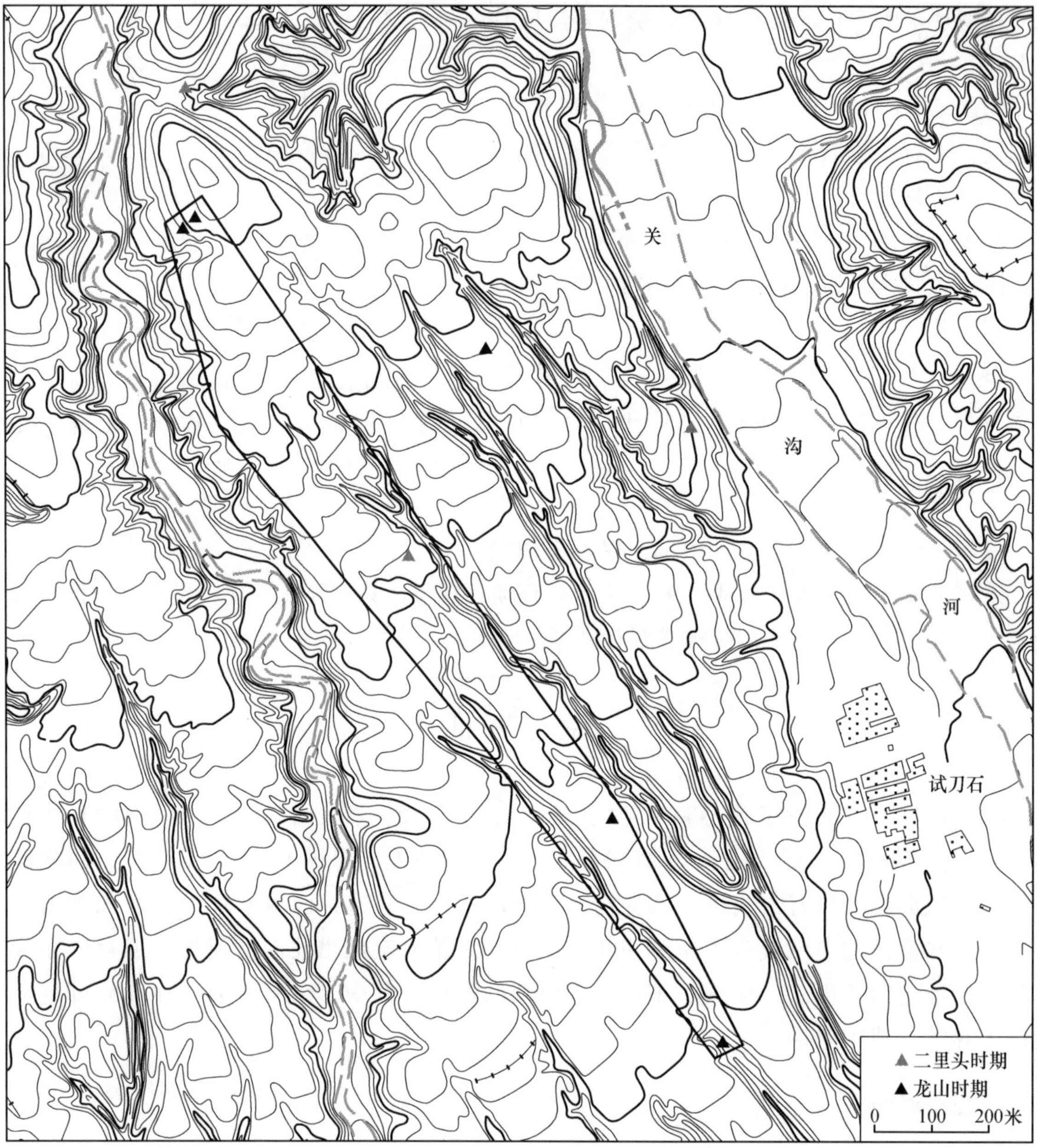

图 4-182 试刀石Ⅲ号遗址龙山、二里头时期遗存分布图

3. 东周时期

东周时期遗存见于遗址中部，遗存分布较为稀疏（图 4-184）。只发现 1 个灰坑，未见其他遗迹现象，灰坑暴露于梯田断面，遗迹内发现少量陶片，地表也有零星陶片分布。陶片多夹砂灰陶，纹饰以绳纹为主，可辨器形有鬲、豆、罐等。

鬲足 1 件。DX070515K001：1，夹砂灰陶。矮实足跟。足部饰粗绳纹（图 4-183）。

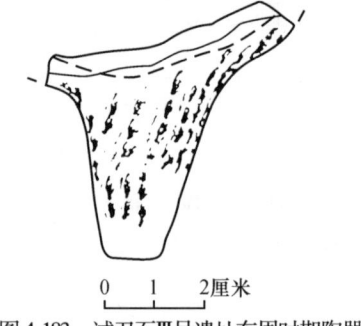

图 4-183 试刀石Ⅲ号遗址东周时期陶器
鬲足（DX070515K001：1）

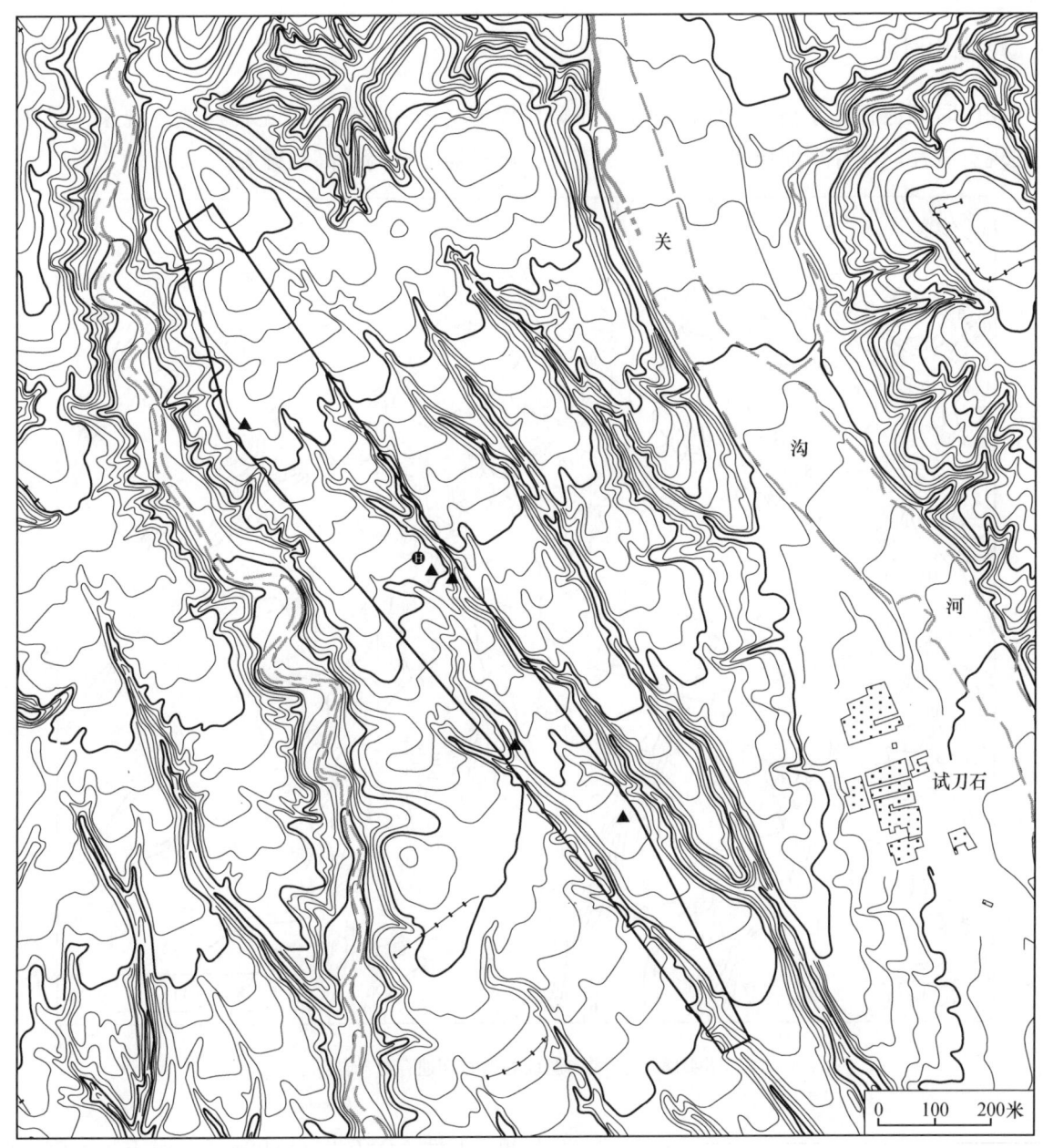

图 4-184　试刀石Ⅲ号遗址东周时期遗存分布图

七四、两顷沟遗址

两顷沟遗址位于代县雁门关乡两顷沟西、太和岭口东 1 千米处，面积 1.3 万平方米（彩版四六）。遗址处于山前台地上，海拔 1105~1115 米，北略高南略低，背风向阳，地势相对平坦。遗址东、西两侧都有冲沟，东侧沟内有发源于山脚下的季节性水流由北向南流过。遗存分布略显稀疏。遗址包含龙山、战国两个时期的遗存。

1. 龙山时期

龙山时期遗存见于整个遗址，遗存分布略显稀疏（图 4-185）。未见任何遗迹现象，只在地表发现有陶片。陶片多泥质灰陶，纹饰有篮纹，可辨器形有鬲、高领罐等。

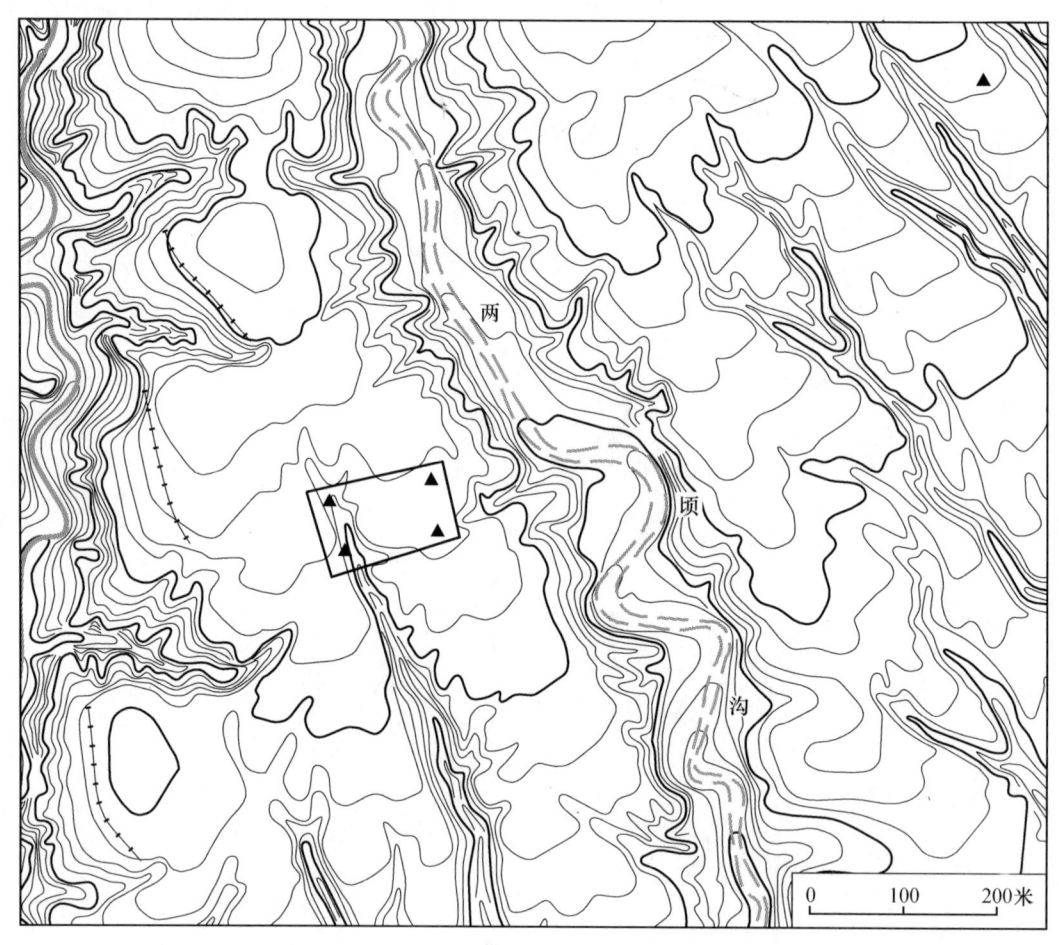

图 4-185　两顷沟遗址龙山时期遗存分布图

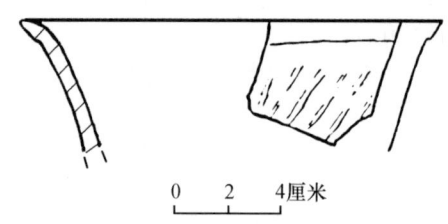

图 4-186　两顷沟遗址龙山时期陶器
高领罐（DX070516K001∶1）

高领罐　1 件。DX070516K001∶1，泥质灰黑陶。圆唇，口外翻，高领。领部饰斜篮纹。口径 16、残高 4.4 厘米（图 4-186）。

2. 战国时期

战国时期遗存只见于遗址西北角，仅有个别发现，遗存分布非常稀疏（图 4-187）。未见任何遗迹现象，只在地表发现少量陶片。陶片多灰陶，纹饰有粗大绳纹，可辨器形有罐等。

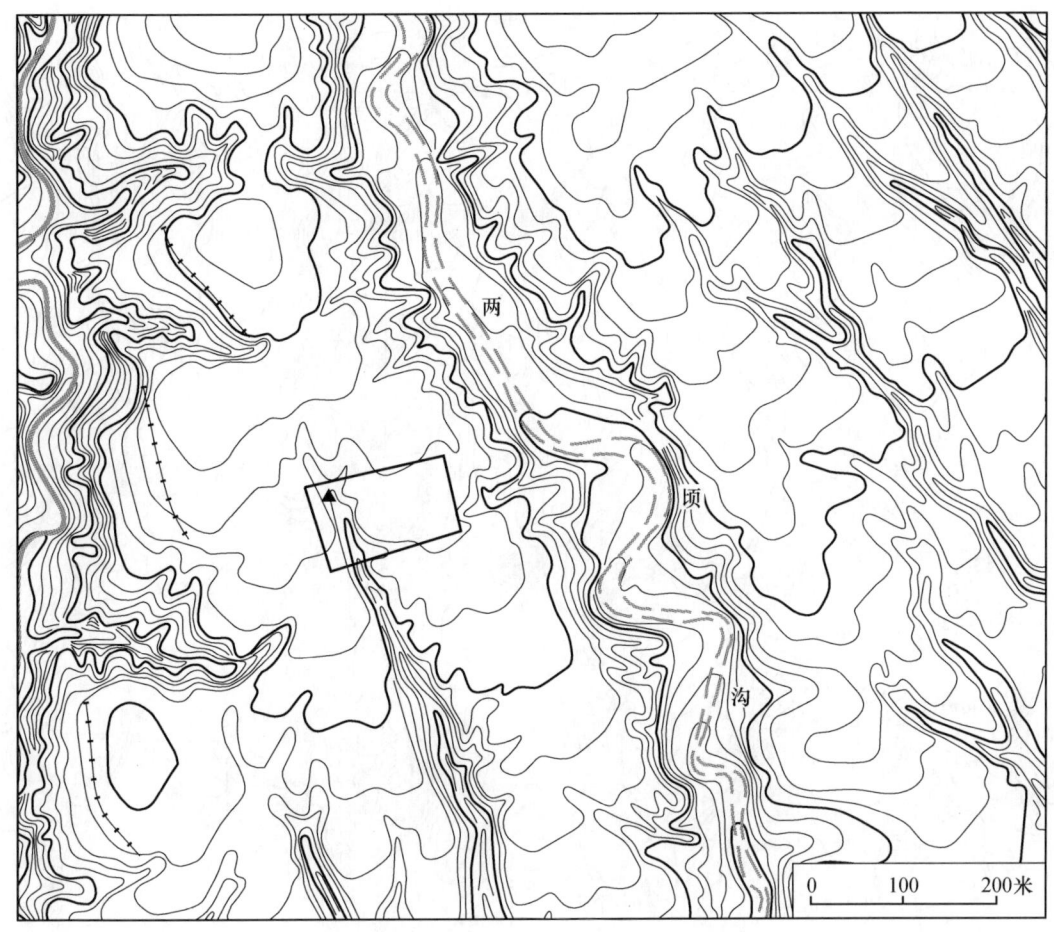

图 4-187　两顷沟遗址战国时期遗存分布图

七五、太和岭口Ⅰ号遗址

太和岭口Ⅰ号遗址位于代县雁门关乡太和岭口村东，面积 67.5 万平方米（彩版四七）。遗址处在山前台地上，横跨冲沟两侧，海拔 1060～1175 米，北高南低，背风向阳，地势支离破碎，起伏较大。遗址处于两河交汇处，东面深沟内有发源于山脚下的水流由北向南流过，南面有滹沱河支流由西北向东南流过，二者汇合于遗址南面。遗存分布疏密不等，北部稀疏，中、南部相对密集。遗址包含龙山、二里头、东周三个时期遗存，以二里头时期遗存最为丰富，东周时期遗存部分可以进一步确认为战国时期。

1. 龙山时期

龙山时期遗存见于遗址西南部之外的其他部位，遗存分布非常稀疏（图 4-188）。未见任何遗迹现象，只在地表发现有陶片，数量较少。陶片多夹砂灰陶，纹饰有篮纹。

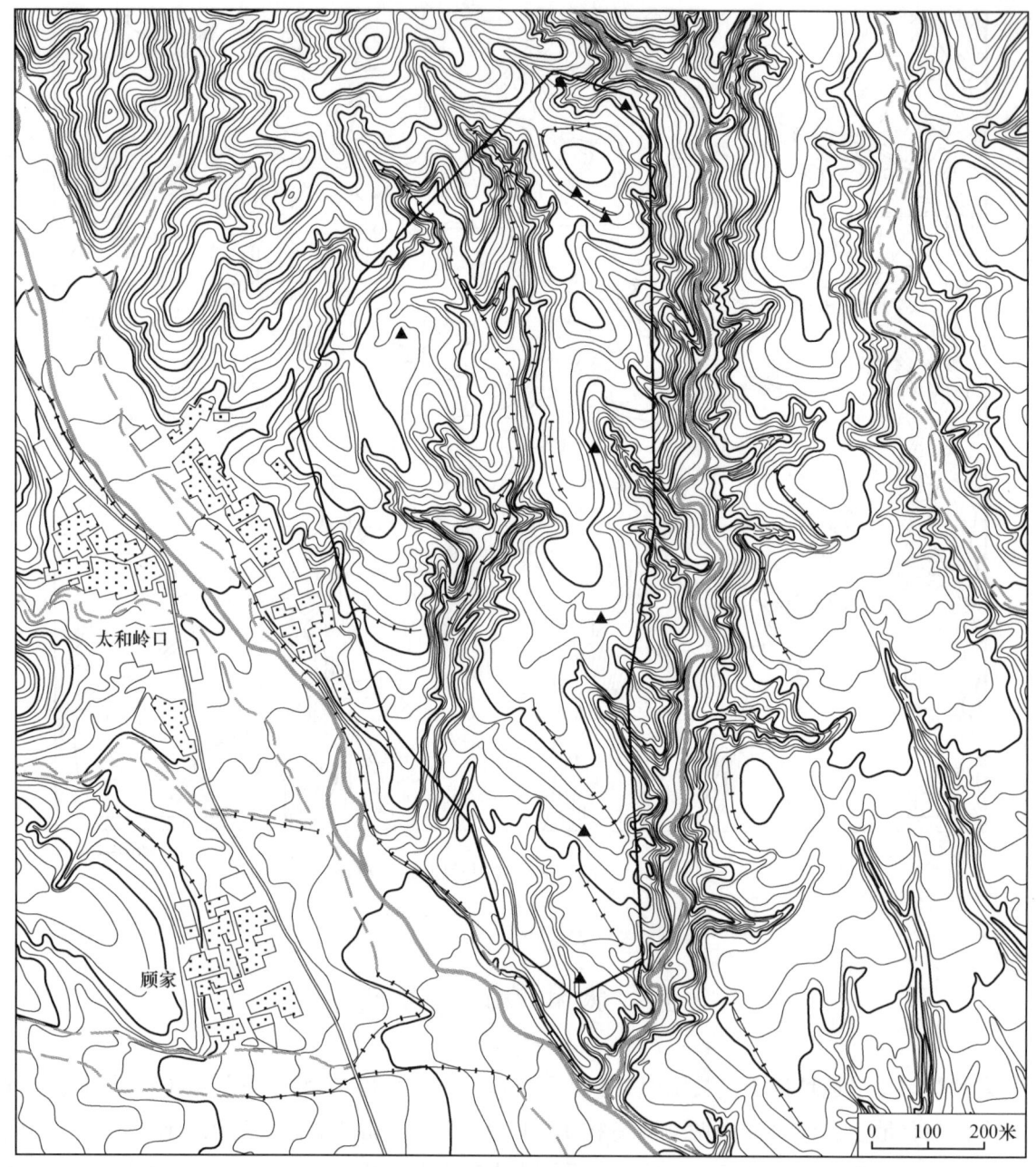

图 4-188　太和岭口 I 号遗址龙山时期遗存分布图

2. 二里头时期

二里头时期遗存见于整个遗址，遗址东部遗存分布略显密集（图 4-189）。只发现 1 处文化层外，未见其他遗迹现象，文化层发现于遗址西南部梯田的断面。文化层内包含有少量陶片，但地表陶片分布较多。陶片多夹砂灰陶，纹饰以绳纹为主，可辨器形有鬲、蛋形瓮、盆、罐等。

在遗址东北 600 米处发现有这个时期的零星陶片。

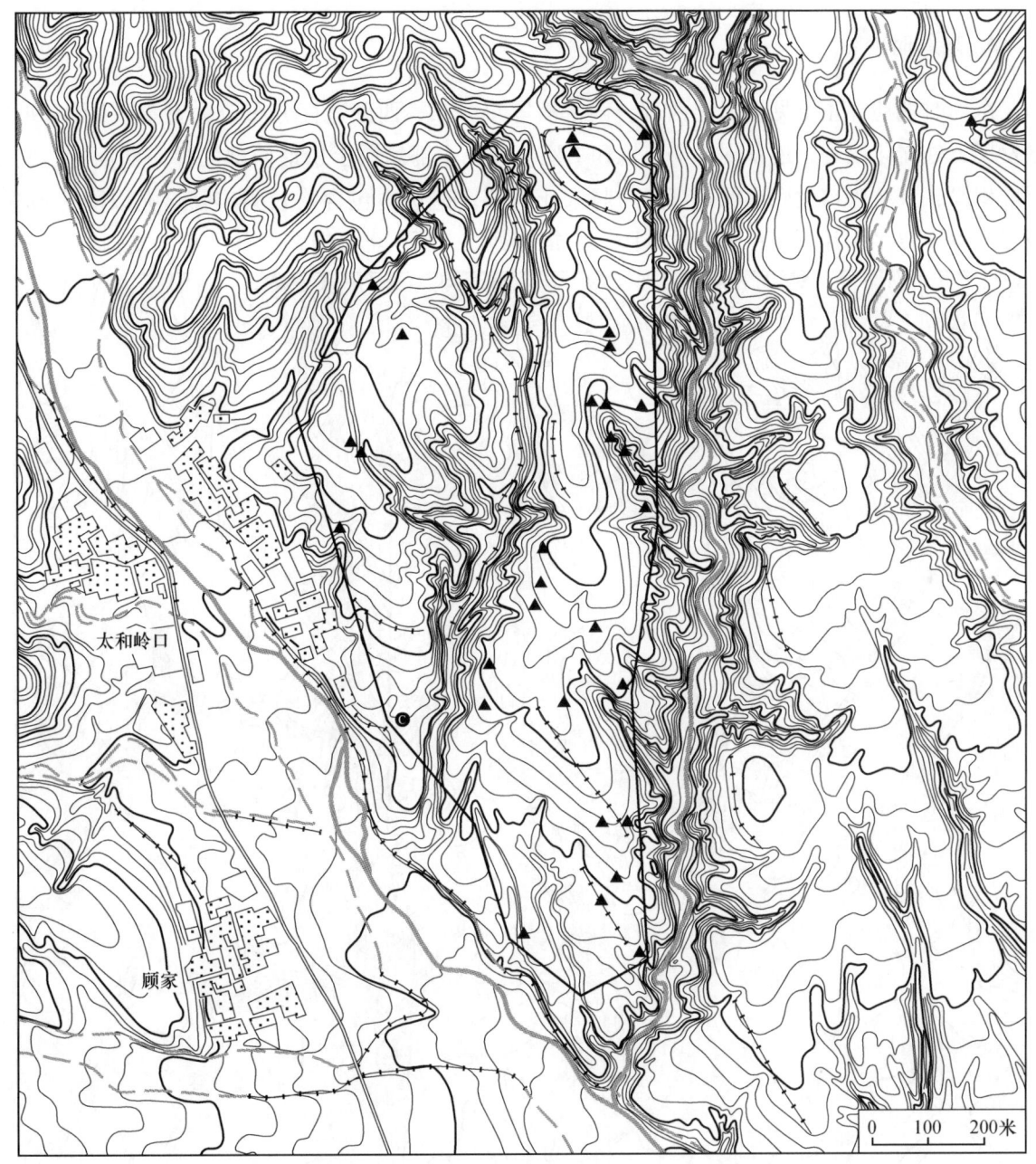

图4-189 太和岭口Ⅰ号遗址二里头时期遗存分布图

鬲 1件。DX070516C002：1，夹砂灰陶。束腰，有隔。器表饰绳纹（图4-191，2）。

蛋形瓮 2件。DX070516C007：1，泥质灰陶。平沿，敛口，鼓腹。腹部饰细绳纹。口径30、残高4.8厘米（图4-191，1）。DX070516A002：1，夹砂灰褐陶。平沿，敛口，鼓腹。腹部饰绳纹（图4-191，9）。

蛋形瓮足 1件。DX070516M003：1，泥质灰褐陶。锥状实足跟。通体饰绳纹（图4-191，8）。

盆 1件。DX070516C008：1，泥质灰褐陶。方唇，口外翻，斜腹。腹部饰绳纹（图4-191，6）。

3. 东周时期

东周时期遗存主要见于遗址西部，南部有零星分布，西部遗存分布较为密集（图4-190）。除发现1处文化层外，还发现1个灰坑和1座墓葬，全部暴露于遗址西部的梯田断面上，文化层堆积厚，灰坑为口大底小状，墓葬为竖穴土坑墓。遗迹内包含物较为丰富，尤以陶片最多，地表也发现较多陶片。陶片多泥质灰陶，纹饰有绳纹，可辨器形有鬲、鼎、豆、支脚等。

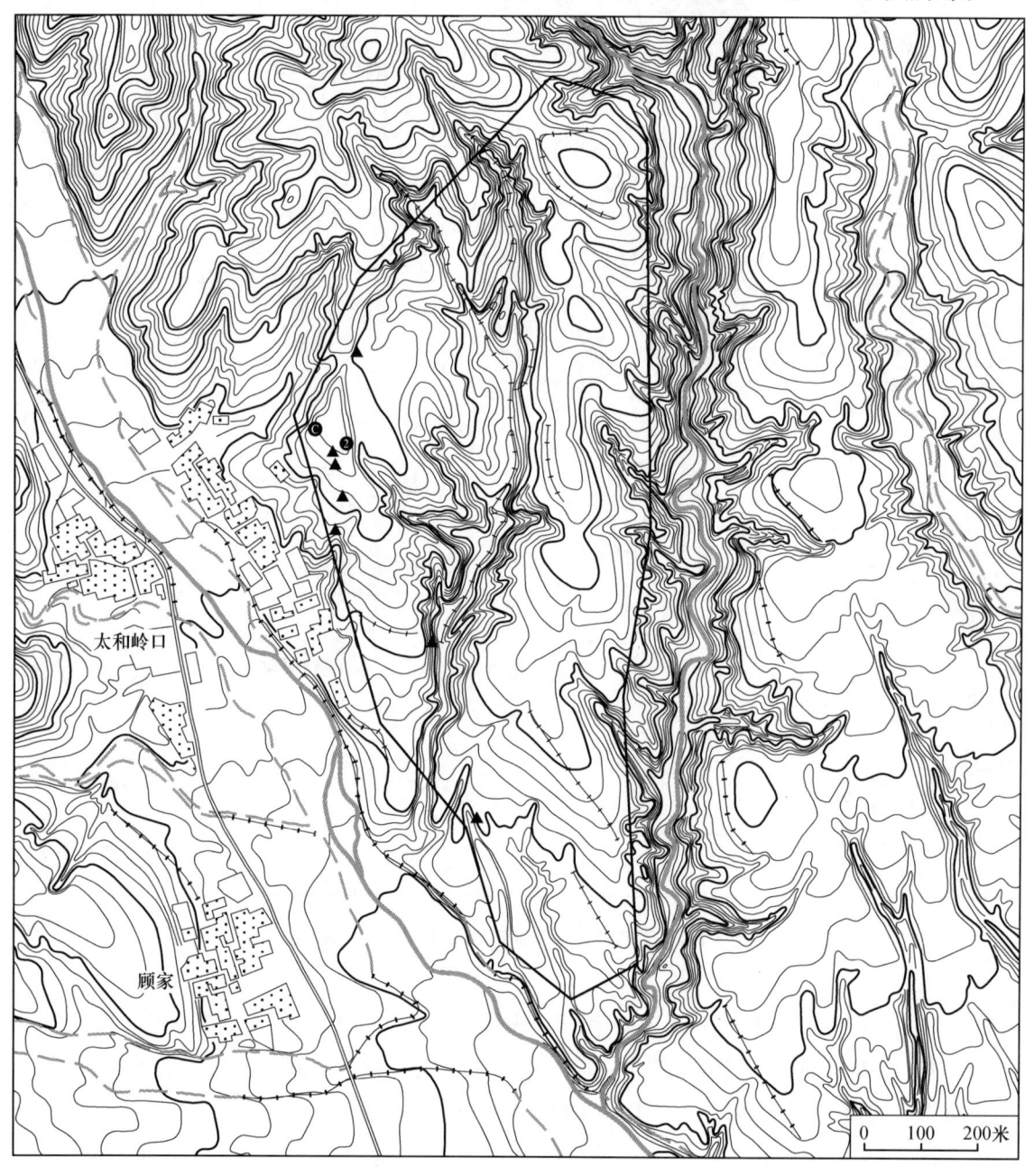

图4-190　太和岭口 I 号遗址东周时期遗存分布图

鬲足　1件。DX070516I002：1，夹砂灰褐陶。实足跟，足跟较矮。足部饰粗大绳纹（图4-191，4）。

鼎足　1件。DX070516I002：3，夹砂灰褐陶。柱足。外侧有扉棱（图4-191，5）。

豆　1件。DX070516I002：2，泥质灰陶。细柄，喇叭口矮圈足。素面。底径10、残高8.8厘米（图4-191，3）。

支脚　1件。DX070516I002：4，泥质灰褐陶。圆锥体。素面。底径2.4、高3.4厘米（图4-191，7）。

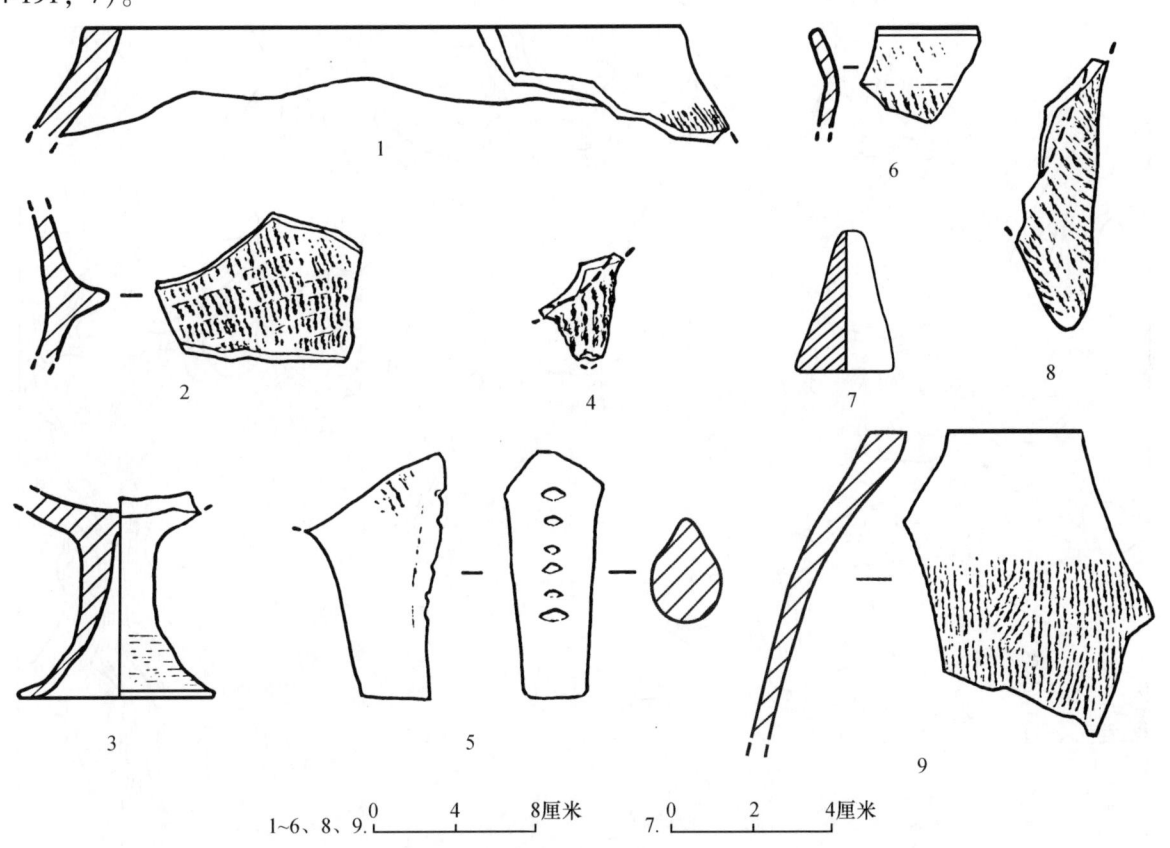

图4-191　太和岭口Ⅰ号遗址陶器

1、9. 蛋形瓮（DX070516C007：1、DX070516A002：1）　2. 瓿（DX070516C002：1）　3. 豆（DX070516I002：2）
4. 鬲足（DX070516I002：1）　5. 鼎足（DX070516I002：3）　6. 盆（DX070516C008：1）　7. 支脚（DX070516I002：4）
8. 蛋形瓮足（DX070516M003：1）

（1、2、6、8、9. 二里头时期；3~5、7. 东周时期）

七六、太和岭口Ⅱ号遗址

太和岭口Ⅱ号遗址位于代县雁门关乡太和岭口村西南，面积1.5万平方米。遗址处在山前台地一突出的东西向山岭上，岭南北两侧均为冲沟，遗址分布在山岭北坡，海拔1095~1120

米，坡度大，地势起伏大。遗址东侧不远处有滹沱河支流由北向南流过，南、北两侧沟内均有发源于山脚下的季节性水流由西向东汇入滹沱河支流。遗存分布较为稀疏，并有一定落差。遗址包含龙山、东周两个时期遗存，其中，东周时期遗存部分可进一步确认为战国时期。

1. 龙山时期

龙山时期遗存见于遗址西北部，只有零星发现，遗存分布较为稀疏（图4-192）。未见任何遗迹现象，只在地表发现有陶片。陶片多夹砂灰陶，纹饰有篮纹。

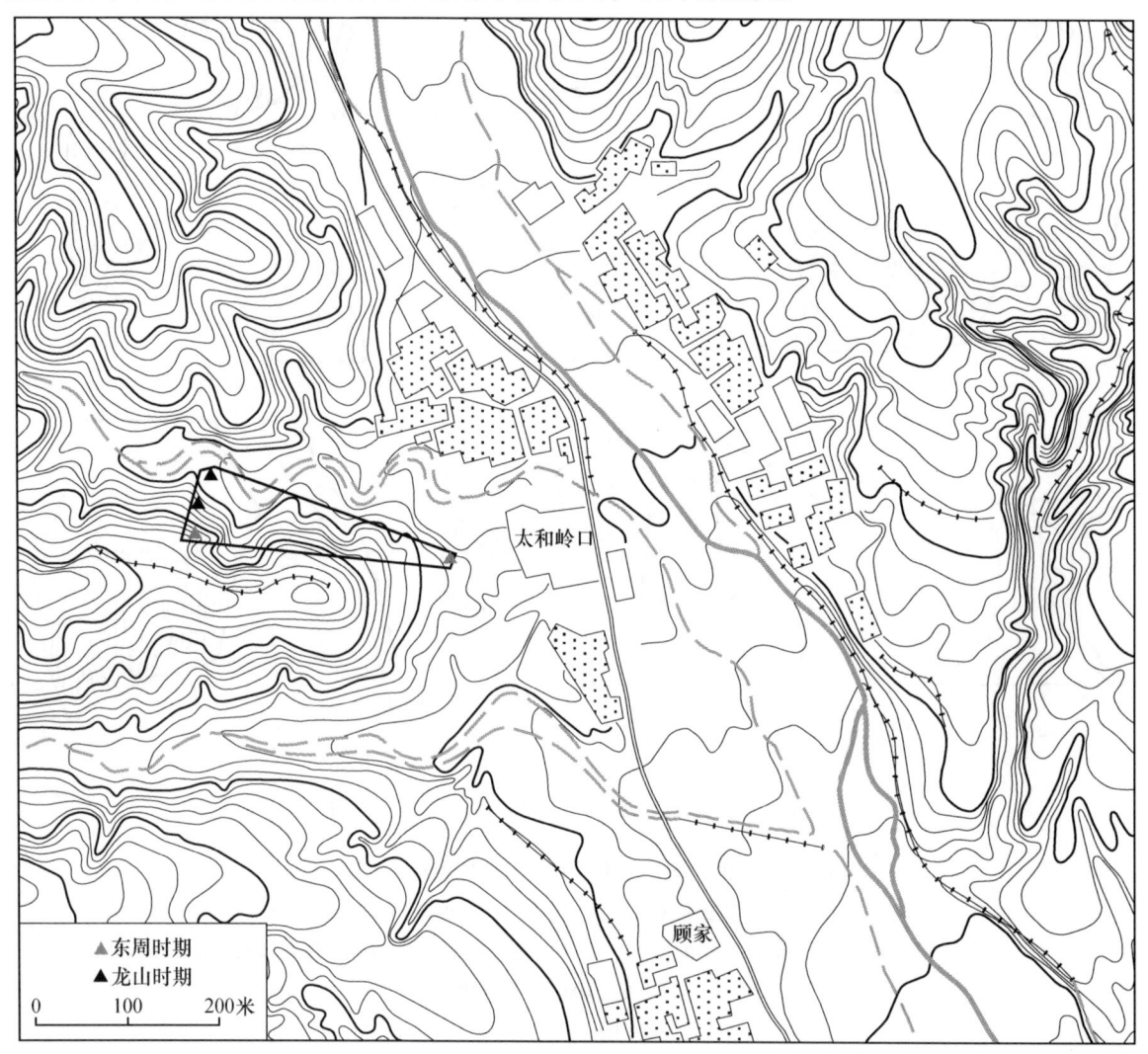

图4-192　太和岭口Ⅱ号遗址遗存分布图

2. 东周时期

东周时期遗存见于遗址南部和东部，只有零星发现，遗存分布非常稀疏（图4-192）。未见任何遗迹现象，只在地表发现零星陶片。陶片多泥质灰陶，纹饰有粗大绳纹，可辨器形有罐等。

七七、顾家遗址

顾家遗址位于代县雁门关乡顾家村西北，面积 19 万平方米（彩版四八，1）。遗址处在山前台地一突出的东西向山岭上，山岭北侧为冲沟，南侧为洪积扇地貌，遗址占据了山岭绝大部分，海拔 1075~1175 米，西高东低，地势起伏较大。遗址南、北都有来自山间的季节性水流由西向东流过，二者汇入遗址东面的滹沱河支流。遗存分布疏密不等，遗址西部相对密集，东部较为稀疏。遗址包含仰韶、龙山、二里头、东周四个时期的遗存，其中，东周时期部分遗存可进一步确认为战国时期。

1. 仰韶时期

仰韶时期遗存只见于遗址中部，仅有个别发现，遗存分布非常稀疏（图 4-193）。未见任何

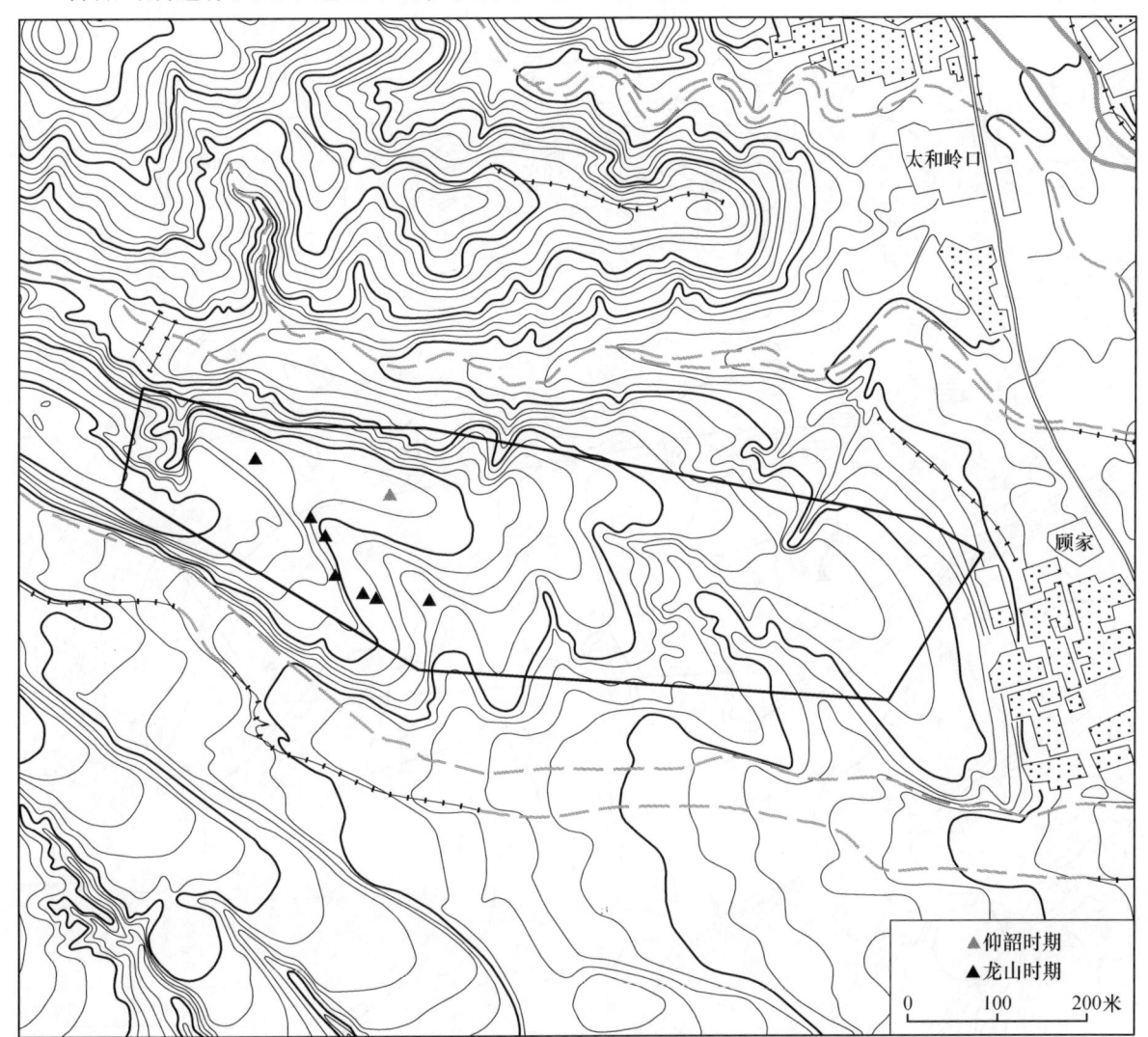

图 4-193　顾家遗址仰韶、龙山时期遗存分布图

遗迹现象，只在地表发现少量陶片。陶片多泥质红陶，多素面，可辨器形有钵等。

钵　2件。DX070516J006：1，泥质灰陶。圆唇，敛口，鼓腹。素面（图4-196，3）。DX070516J006：2，夹砂褐陶。圆唇，敛口，折腹。素面（图4-196，1）。

2. 龙山时期

龙山时期遗存见于遗址西部，分布比较集中，较为密集（图4-193）。未见任何遗迹现象，只在地表发现有陶片。陶片多夹砂灰陶，纹饰多篮纹、绳纹，可辨器形有鬲、盆、罐等。

罐　1件。DX070516K005：1，夹砂灰褐陶。鼓腹，平底。素面。底径9.4、残高3厘米（图4-196，2）。

3. 二里头时期

二里头时期遗存见于整个遗址，遗址西部遗存分布相对密集，东部较为稀疏（图4-194）。

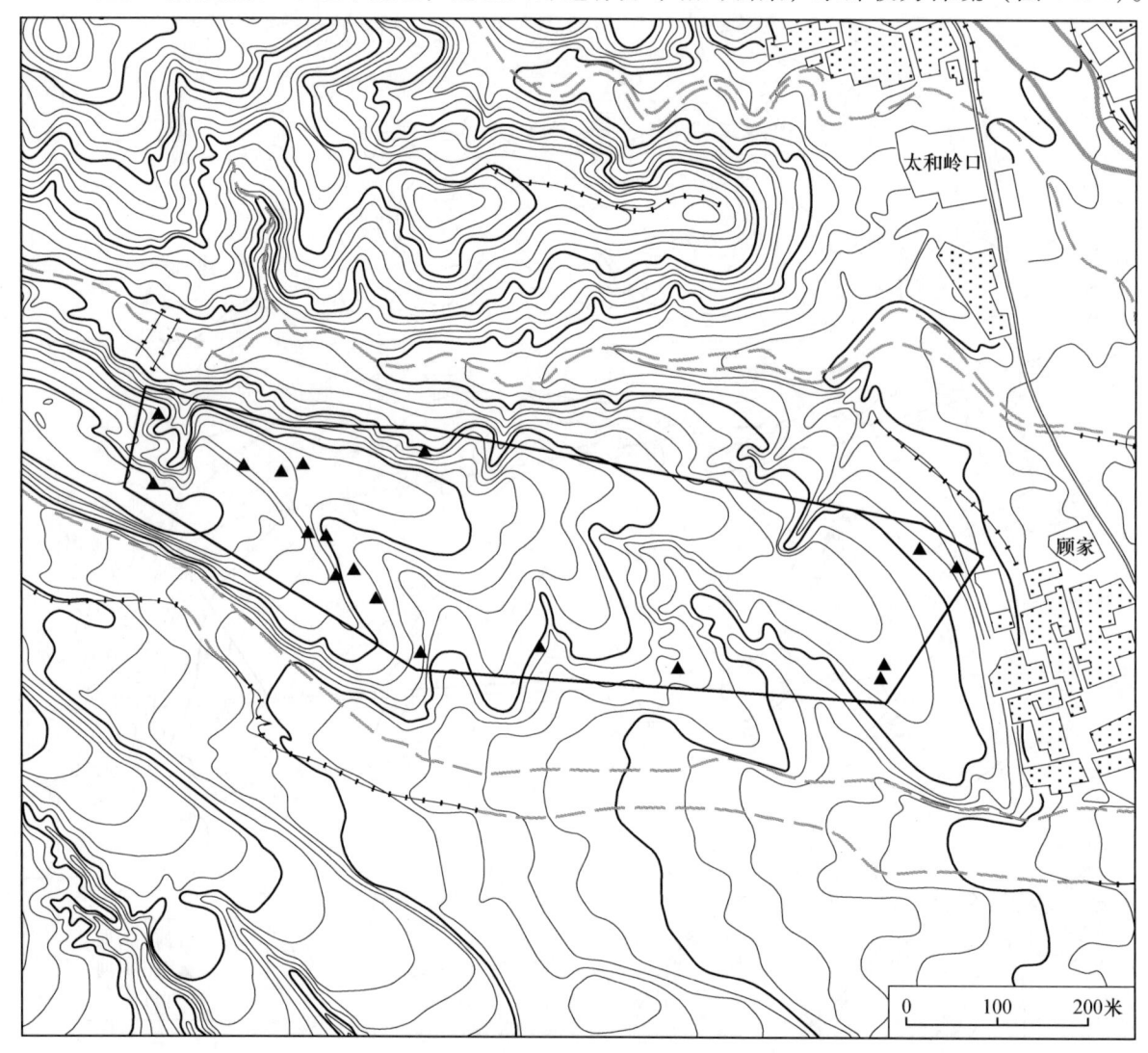

图4-194　顾家遗址二里头时期遗存分布图

未见任何遗迹现象，只在地表发现较多陶片。陶片多夹砂褐陶，纹饰以绳纹为主，可辨器形有鬲、罐等。

鬲足　1件。DX070516J004：1，夹砂灰褐陶。实足跟，锥足。足部饰绳纹，跟部素面（图4-196，4）。

罐　1件。DX070516F008：1，夹砂褐陶（夹细砂）。深腹，平底。腹部饰绳纹。底径13、残高2.4厘米（图4-196，5）。

4. 东周时期

东周时期遗存主要见于遗址西部，中部有零星分布，西部遗存分布范围较小，但较为密集（图4-195）。未见任何遗迹现象，只在地表发现有陶片。陶片多夹砂灰陶，纹饰以绳纹为主，有粗大绳纹。可辨器形有罐等。

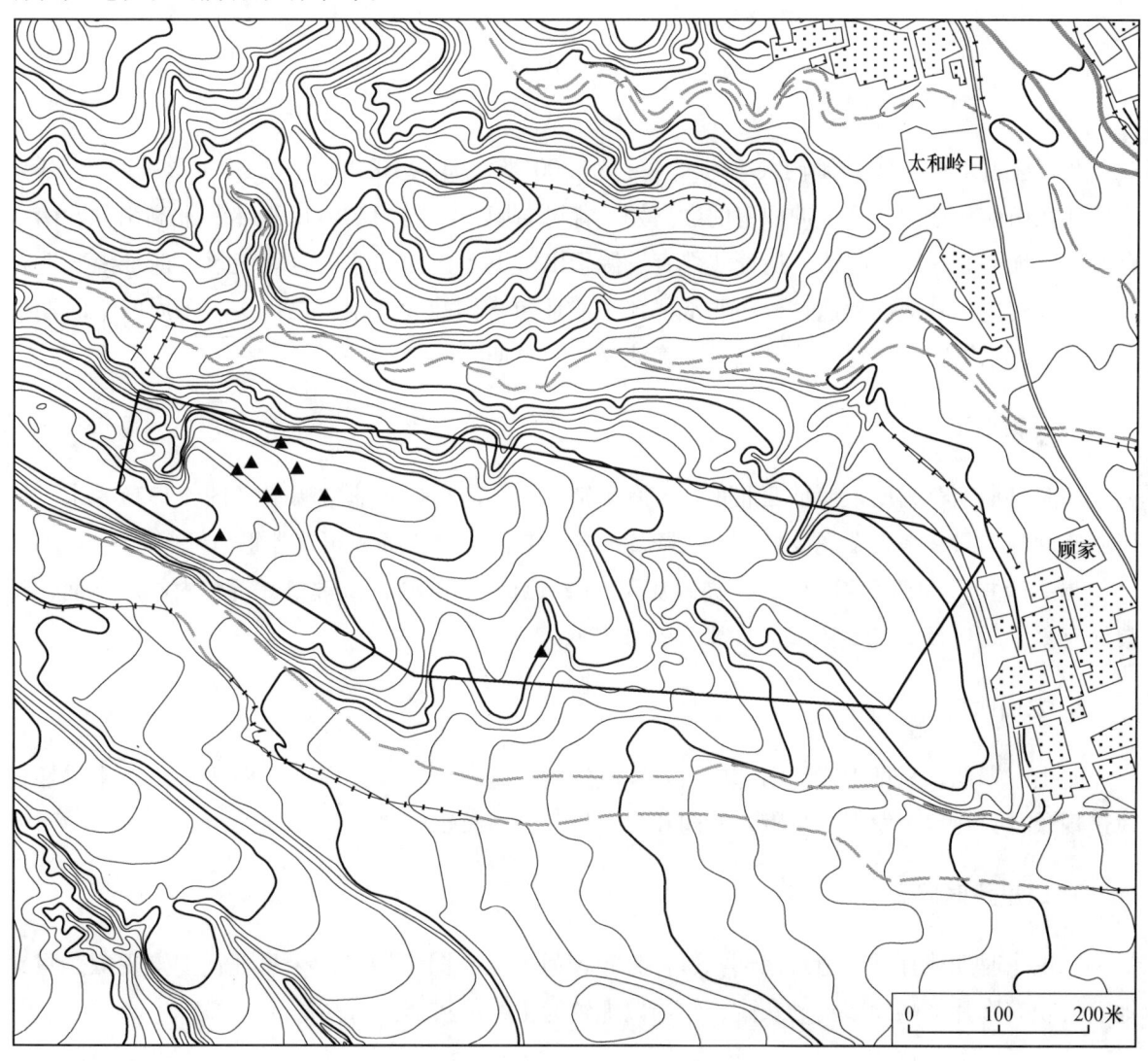

图4-195　顾家遗址东周时期遗存分布图

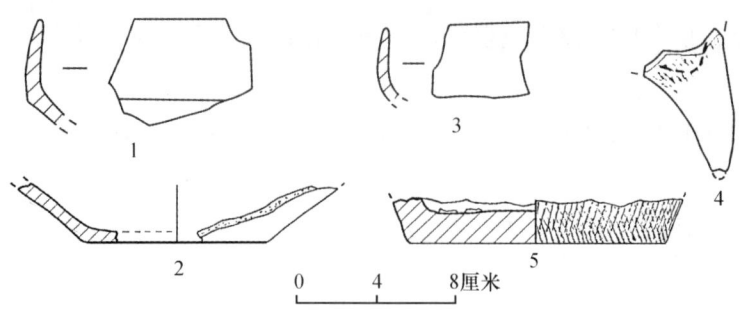

图 4-196　顾家遗址陶器

1、3. 钵（DX070516J006:2、DX070516J006:1）　2、5. 罐（DX070516K005:1、
DX070516F008:1）　4. 鬲足（DX070516J004:1）

（1、3. 仰韶时期；2. 龙山时期；4、5. 二里头时期）

七八、北王庄遗址

北王庄遗址位于代县雁门关乡北王庄村东 300 米，面积 10.2 万平方米（彩版四八，1）。遗址处在山前台地的下缘、冲积扇的最高处，背风向阳，海拔 1140～1200 米，北高南低，南部有冲沟，地势有一定的起伏。遗址北部有发源于山脚下水流由西北向东南流过。遗址南部遗存分布相对密集，其他位置遗存分布非常稀疏。遗址包含仰韶、龙山、二里头、东周四个时期遗存，其中，东周时期遗存部分可进一步确认为战国时期。

1. 仰韶时期

仰韶时期遗存只见于遗址西北角，仅有个别发现，遗存分布非常稀疏（图 4-197）。未见任何遗迹现象，只在地表发现少量陶片。陶片多夹砂灰陶，多素面，可辨器形有钵等。

钵　1件。DX070517H001:1，夹砂灰陶，杂有蚌粉。圆唇，微敛口，折腹内收。素面，折腹处有錾手。口径 21.2、残高 8 厘米（图 4-198，2）。

2. 龙山时期

龙山时期遗存只见于遗址南部，只有零星发现，遗存分布较为稀疏（图 4-199）。未见任何遗迹现象，只在地表发现少量陶片。陶片多夹砂灰陶，纹饰有篮纹。

3. 二里头时期

二里头时期遗存见于遗址南部，遗存分布较为稀疏（图 4-199）。未见任何遗迹现象，只在地表发现有陶片。陶片多夹砂灰陶，纹饰以绳纹为主，可辨器形有鬲等。

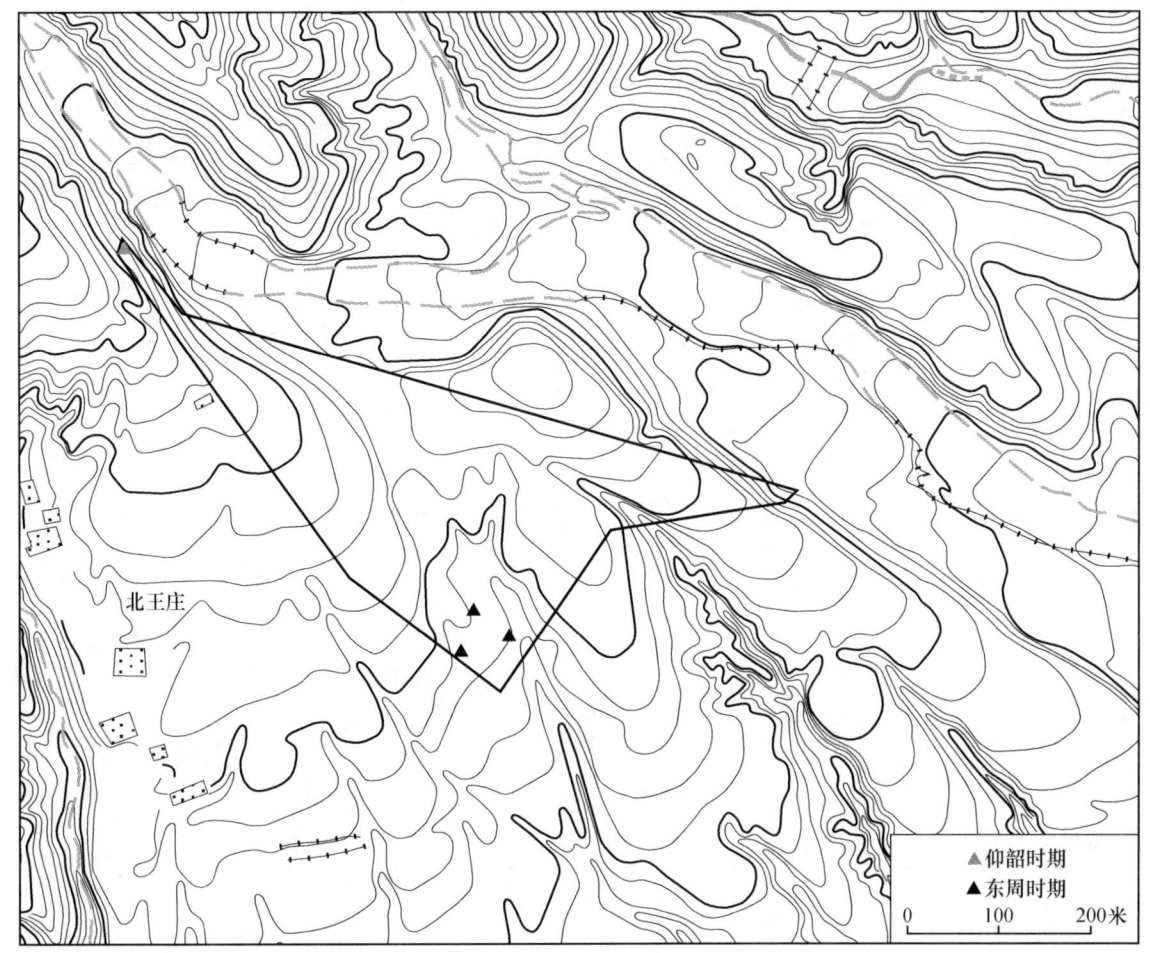

图 4-197　北王庄遗址仰韶、东周时期遗存分布图

鬲足　1件。DX070517A006∶1，夹砂褐陶。长实足跟。跟部饰绳纹（图4-198，3）。

罐　1件。DX0070517B008∶1，泥质黑皮陶。小圆唇，矮领，鼓腹。腹部饰绳纹（图4-198，1）。

4. 东周时期

东周时期遗存见于遗址南部，遗存分布范围较小，但分布密集（图4-197）。未见任何遗迹现象，只在地表发现有陶片。陶片多夹砂灰陶，纹饰有粗大绳纹。

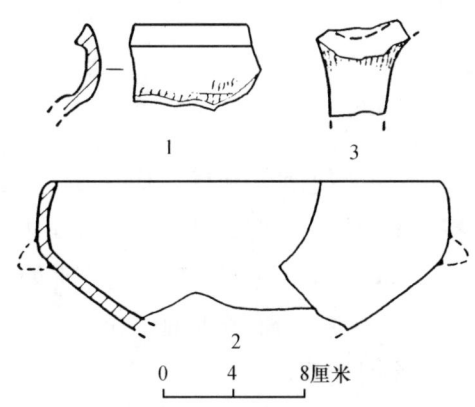

图 4-198　北王庄遗址陶器
1. 罐（DX070517B008∶1）　2. 钵（DX070517H001∶1）
3. 鬲足（DX070517A006∶1）
（1、3. 二里头时期；2. 仰韶时期）

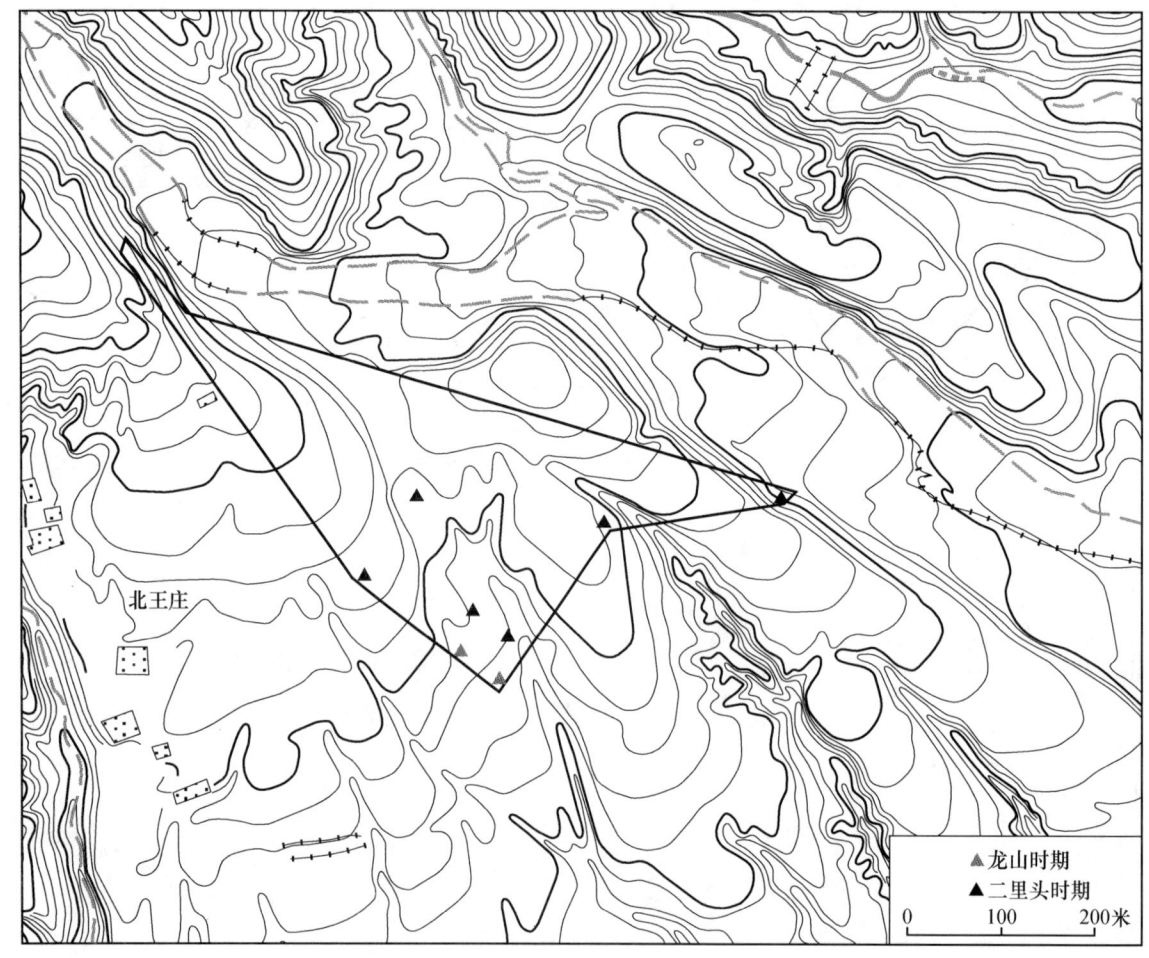

图 4-199　北王庄遗址龙山、二里头时期遗存分布图

七九、张家河遗址

张家河遗址位于代县雁门关乡张家河村西北，面积 8.7 万平方米（彩版四八，2）。遗址处在山前台地的前缘，横跨两个突出的山丘，海拔 1135～1210 米，背风向阳，地势较高，坡度大，起伏较大。遗址处在两河交汇处，除遗址横跨一条发源于山间的水流外，遗址东、南都临水。遗存主要分布在西面山丘上，东面山丘近底部只有零星发现。遗址包含龙山、二里头、战国三个时期遗存。

1. 龙山时期

龙山时期遗存主要分布于遗址中、西部，即西部山丘，遗存分布相对密集（图 4-200）。除在遗址南部的梯田断面上发现 1 处文化层外，堆积较薄，未见其他遗迹现象。文化层内包含物丰富，尤以陶片最多，地表发现陶片也较多。陶片多夹砂灰陶，纹饰多篮纹、绳纹，可辨器形有鬲、盆、蛋形瓮、带耳罐、罐等。

在张家河村东北250米处发现有这个时期的零星陶片。

在张家河村东北300米处也发现有这个时期的零星陶片。

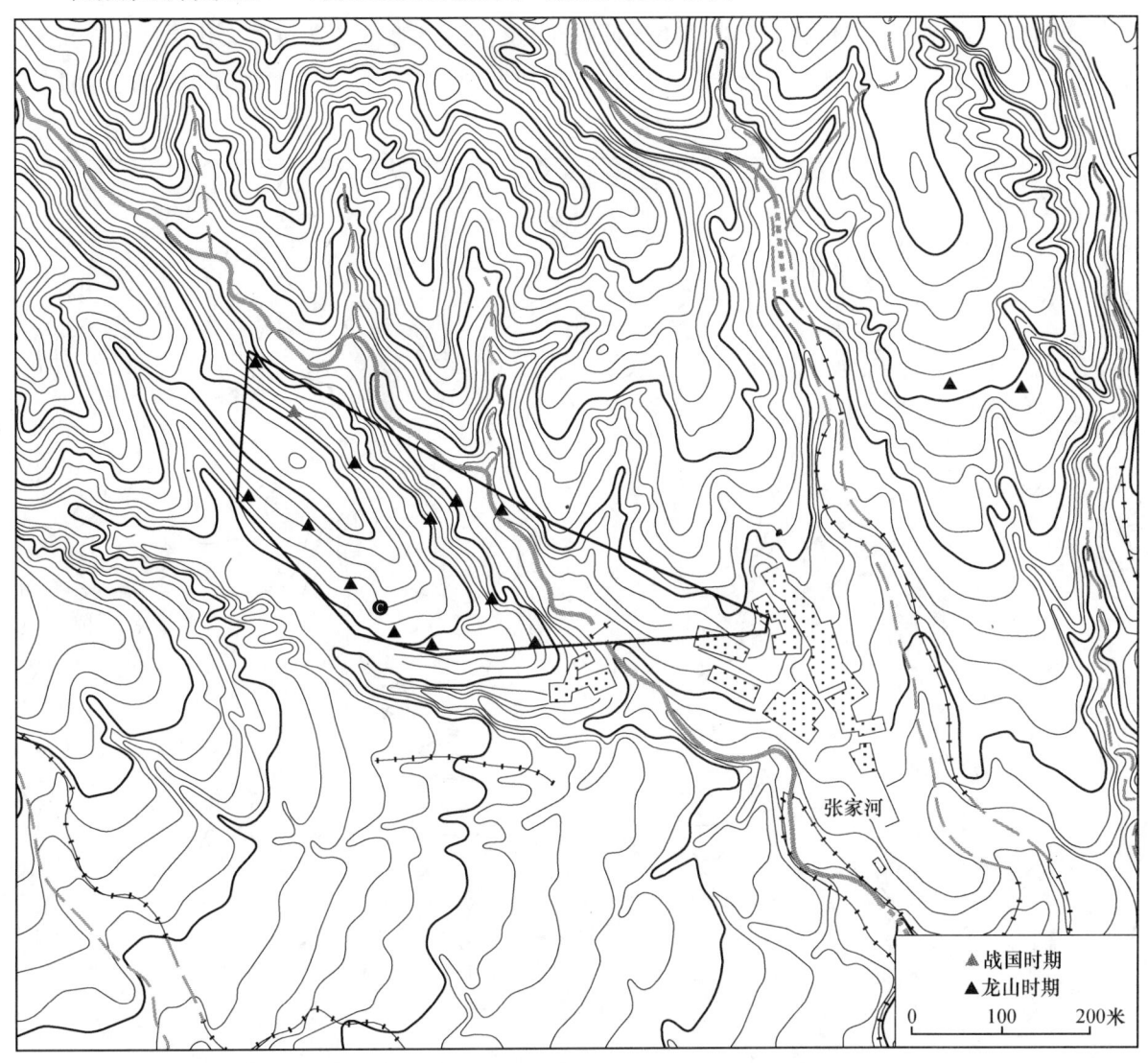

图4-200 张家河遗址龙山、战国时期遗存分布图

鬲 1件。DX070517C012-C：1，夹砂灰陶。近方唇，口外翻，矮领，大袋足。唇部及袋足饰绳纹。口径22、残高18厘米（图4-202，1）。

蛋形瓮 2件。DX070517C004：1，夹砂褐陶（细砂）。小平沿，微敛口，深腹。器表饰横篮纹（图4-202，5）。DX070517C004：3，夹砂灰褐陶。平沿内折，微敛口，深腹微鼓。腹部饰篮纹（图4-202，3）。

罐 1件。DX070517C004：2，夹砂灰陶。方唇，口外翻，鼓腹。器表饰绳纹（图4-202，6）。

2. 二里头时期

二里头时期遗存见于整个遗址，尤以遗址西部山丘分布最为密集（图4-201）。在西部山丘的梯田断面上发现3处文化层，在东部山丘近底部的断面上发现3个灰坑，文化层堆积多较薄，灰坑均为口大底小状。遗迹内包含物丰富，尤以陶片发现最多，地表也发现较多陶片。陶片多夹砂灰陶，纹饰以绳纹为主，可辨器形有鬲、甗、盆、带耳罐、罐等。

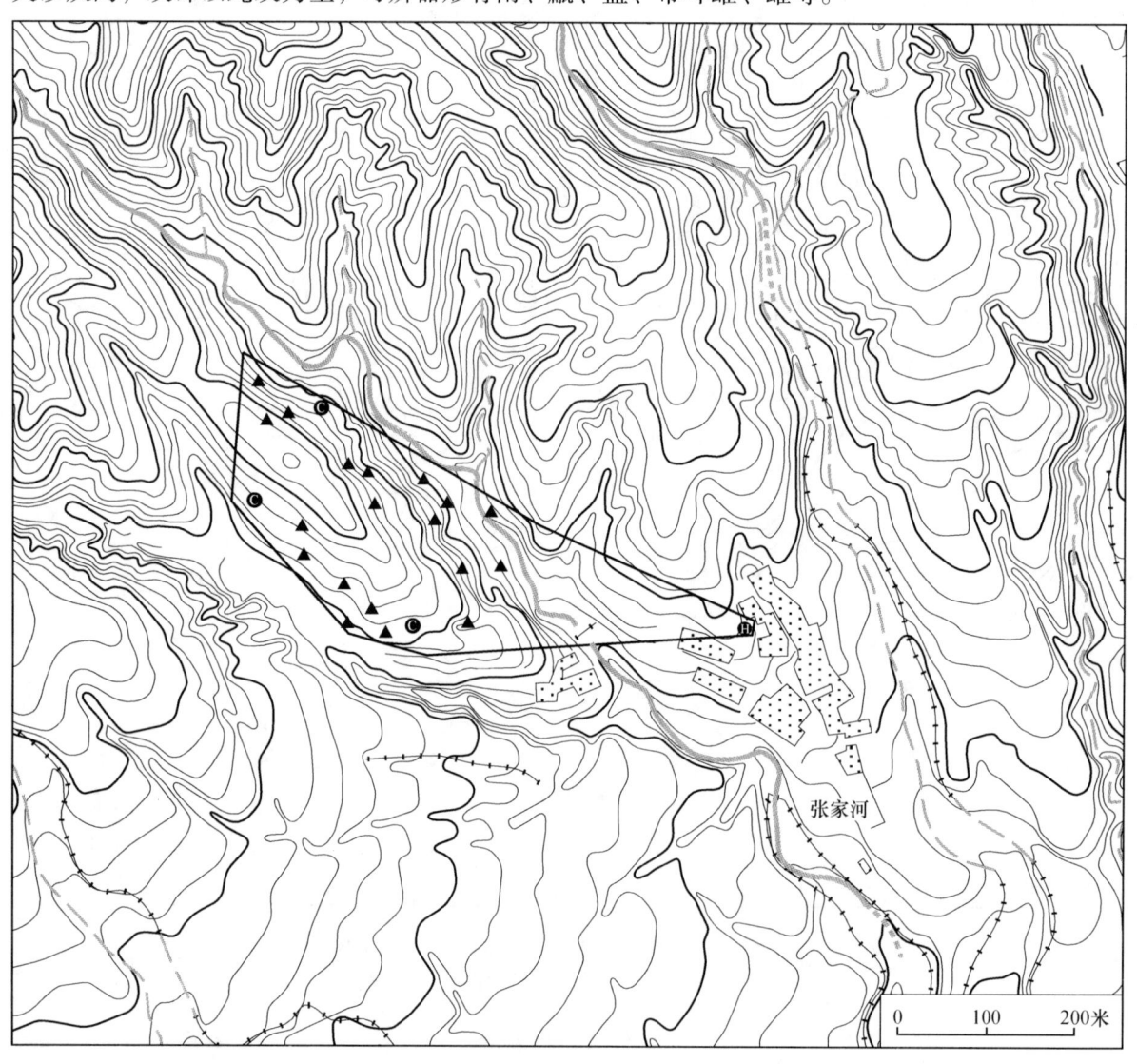

图4-201 张家河遗址二里头时期遗存分布图

鬲足 1件。DX070517B002-C:2，夹砂灰陶。锥状长实足跟。器表饰绳纹（图4-202，4）。

盆 2件。DX070517B002-C:1，夹砂褐陶。圆唇，大敞口，斜腹，平底。腹壁有一周旋纹。口径30、底径16、高7.6厘米（图4-202，7）。DX070517B003:1，夹砂灰陶。圆唇，敞口，斜腹，平底。器表饰绳纹。口径16.8、底径10、高7.6厘米（图4-202，2；彩版一〇四，4）。

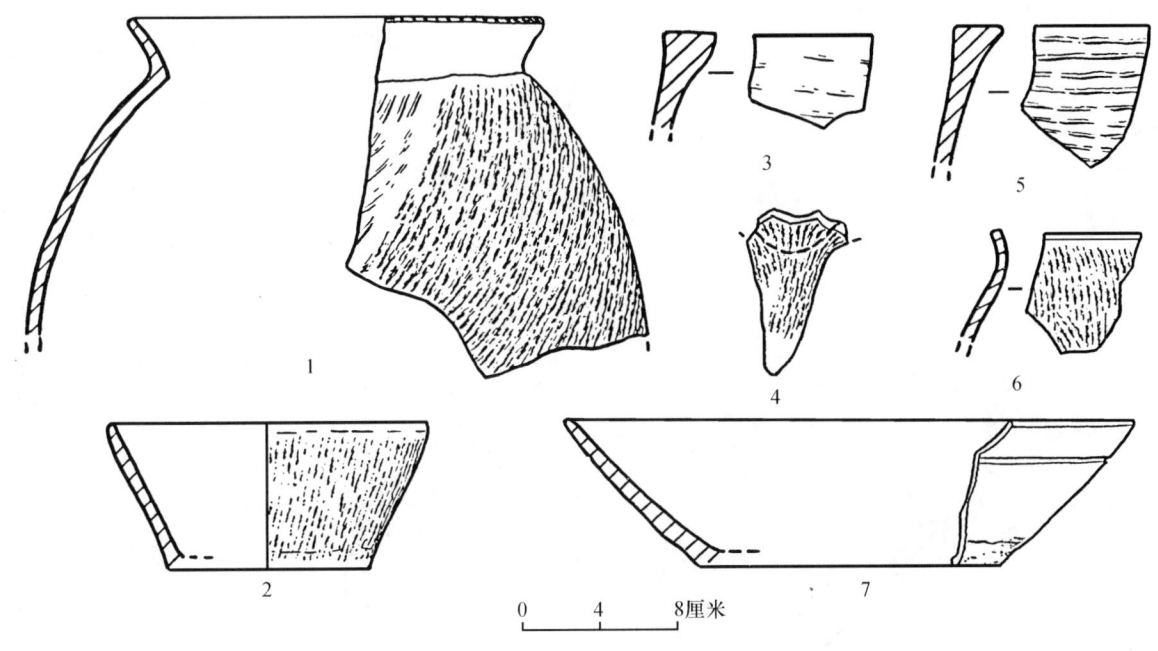

图 4-202 张家河遗址陶器
1. 鬲（DX070517C012-C:1） 2、7. 盆（DX070517B003:1、DX070517B002-C:1）
3、5. 蛋形瓮（DX070517C004:3、DX070517C004:1） 4. 鬲足（DX070517B002-C:2） 6. 罐（DX070517C004:2）
(1、3、5、6. 龙山时期；2、4、7. 二里头时期)

3. 战国时期

战国时期遗存只见于遗址西北部，仅有个别发现，遗存分布非常稀疏（图4-200）。未见任何遗迹现象，只在地表发现零星陶片。陶片多夹砂灰陶，纹饰有粗大绳纹。

八〇、下 田 遗 址

下田遗址位于代县上馆镇下田村西700米，面积19.2万平方米（彩版四九，1）。遗址处在滹沱河北岸逐渐抬升的阶地上，地势较低，海拔885～900米，北高南低，内有多条南北向冲沟，地势起伏大。遗址东、西两侧及遗址内都有季节性水流由北向南流过，遗址东侧不远处更有滹沱河的支流由北向南流过。遗存分布略显稀疏。遗址包含龙山、二里头、战国三个时期的遗存。

1. 龙山时期

龙山时期遗存分布于遗址北部，遗存分布略显稀疏（图4-203）。未见任何遗迹现象，只在地表发现较多陶片。陶片多夹砂灰陶，纹饰多篮纹，可辨器形有鬲、盆、蛋形瓮、高领罐、带耳罐、罐等。

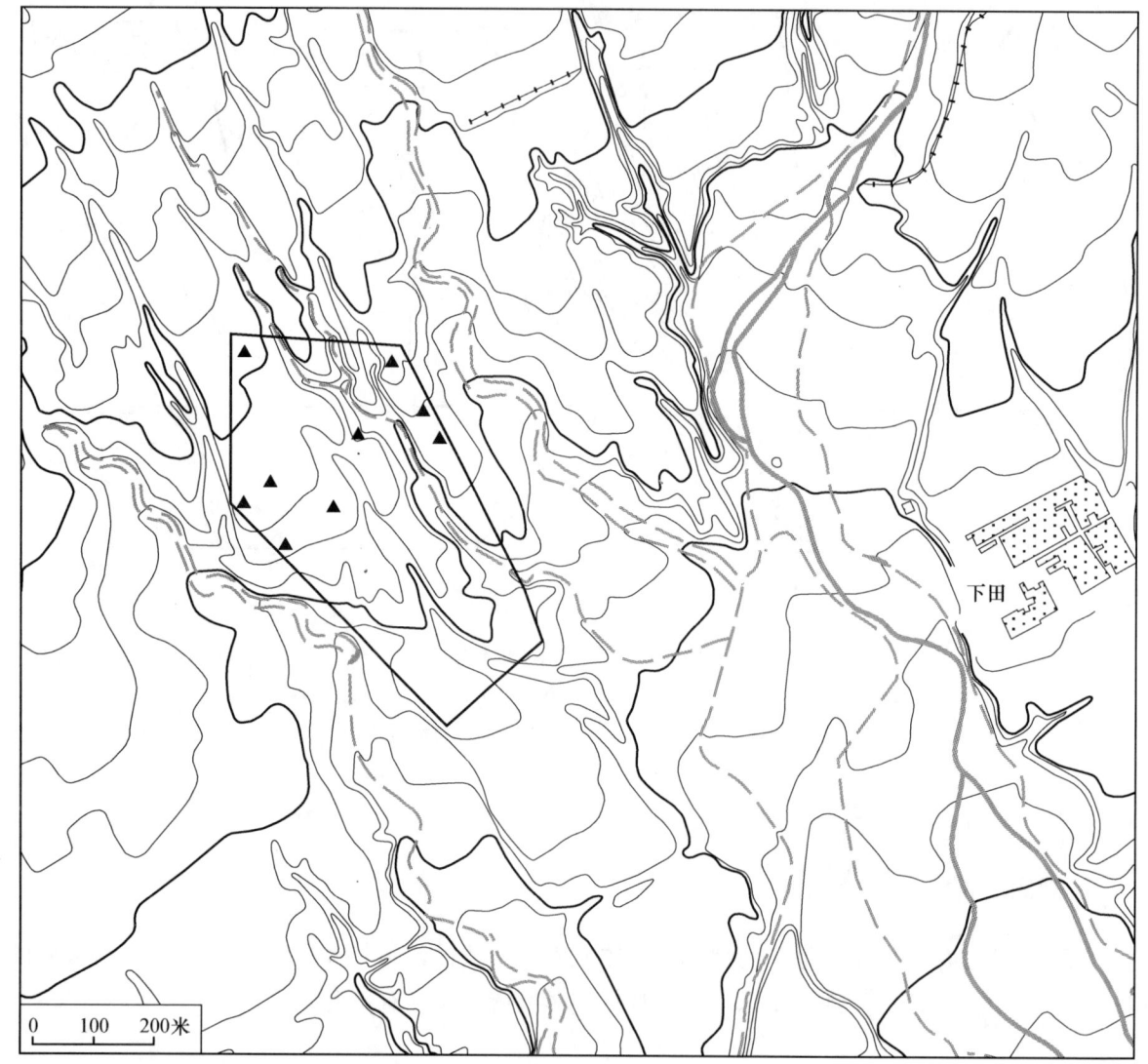

图 4-203　下田遗址龙山时期遗存分布图

鬲足　1件。DX070524F003:1，夹砂灰黑陶。空袋足。足部饰绳纹，跟部饰篮纹（图4-205，4）。

蛋形瓮　2件。DX070524F003:2，夹砂褐陶。平沿内折，口部加厚，微敛口，深腹。口下饰附加堆纹，腹部饰横篮纹（图4-205，3）。DX070524H004:1，夹砂褐陶。平沿内折，口部加厚，微敛口，深腹。口下有附加堆纹，腹部饰斜篮纹（图4-205，5）。

盆　1件。DX070524F005:1，夹砂灰陶。直口，斜腹。口下有附加堆纹，腹部饰斜篮纹（图4-205，6）。

高领罐　1件。DX070524F004:1，泥质灰陶。圆唇，加厚，口外翻，高领。素面。口径16、残高5厘米（图4-205，1）。

罐　1件。DX070524I001:1，泥质褐陶。厚胎，鼓腹，平底。腹部饰宽竖篮纹（图4-205，2）。

2. 二里头时期

二里头时期遗存集中分布在遗址南部,遗存分布相对密集(图4-204)。未见任何遗迹现象,只在地表发现有陶片。陶片多夹砂灰陶,纹饰以绳纹为主。

在遗址东面400米处发现有这个时期的零星陶片。

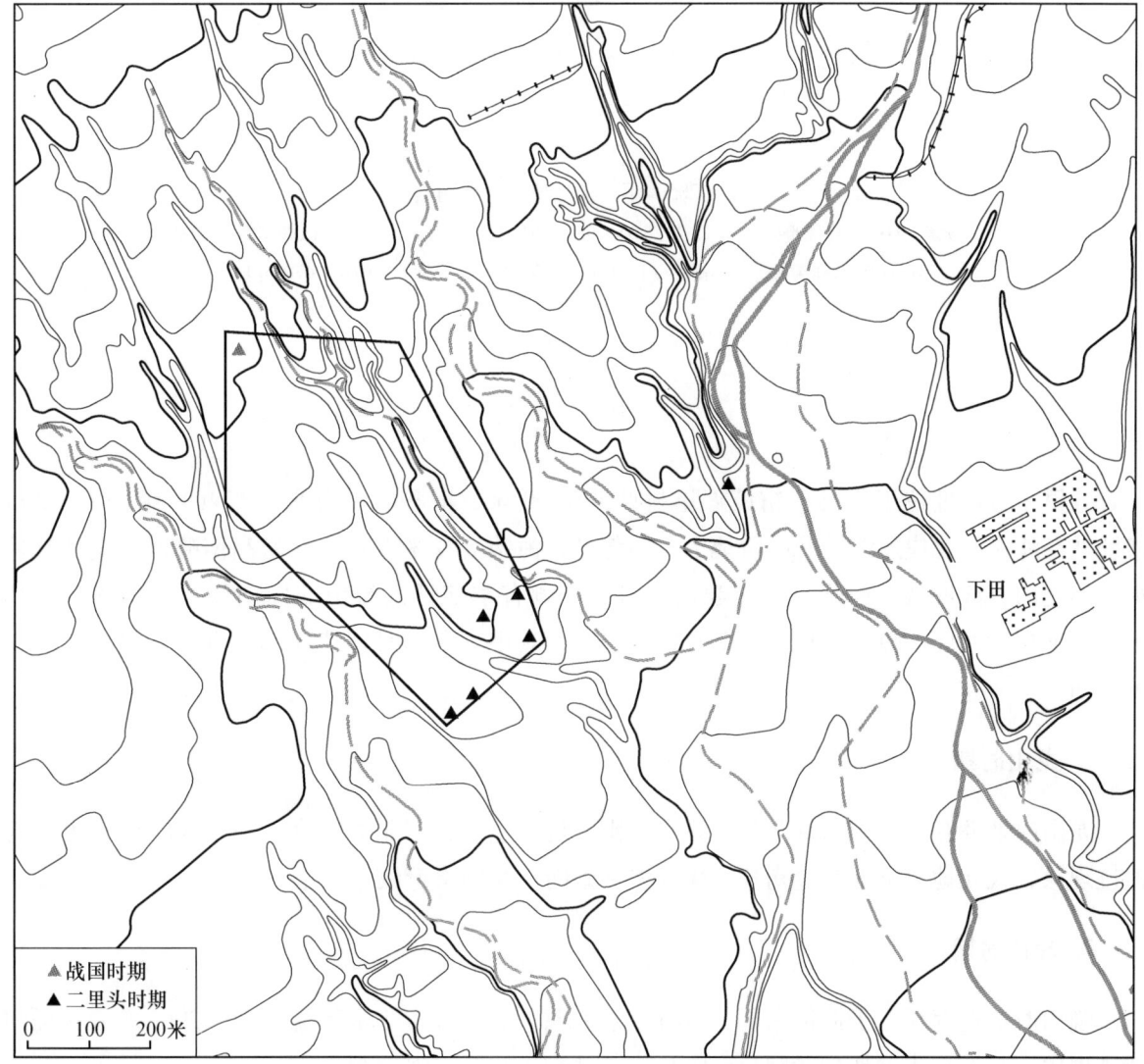

图4-204 下田遗址二里头、战国时期遗存分布图

3. 战国时期

战国时期遗存仅见于遗址北部,只有个别发现,遗存分布非常稀疏(图4-204)。未见任何遗迹现象,只在地表发现少量陶片。陶片多夹砂灰陶,纹饰有粗大绳纹。

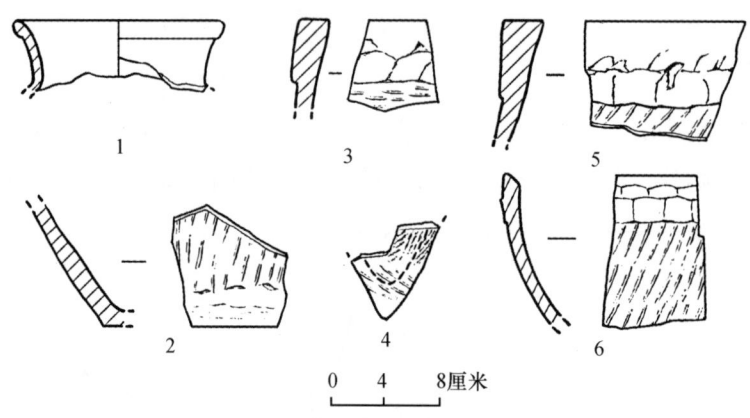

图 4-205　下田遗址龙山时期陶器
1. 高领罐（DX070524F004∶1）　2. 盆（DX070524I001∶1）　3、5. 蛋形瓮（DX070524F003∶2、DX070524H004∶1）　4. 鬲足（DX070524F003∶1）　6. 罐（DX070524F005∶1）

八一、五里Ⅰ号遗址

五里Ⅰ号遗址位于代县上馆镇五里村西北1100米，面积5.1万平方米（彩版四九，2）。遗址处在滹沱河北岸逐渐抬升的阶地上，地势低，海拔870米左右，北略高南略低，遗址临冲沟，加之内有浅冲沟，地势有一定起伏。遗址东侧有季节性河流由北向南流过。遗存分布稀疏。遗址包含龙山、晚商、东周三个时期的遗存，其中，东周时期遗存部分可进一步确认为春秋时期。

1. 龙山时期

龙山时期遗存仅见于遗址北部，只有个别发现，遗存分布非常稀疏（图4-206）。未见任何遗迹现象，仅在地表发现少量陶片。陶片多夹砂陶，纹饰有篮纹。

2. 晚商时期

晚商时期遗存仅见于遗址东部，只有个别发现，遗存分布非常稀疏（图4-206）。未见任何遗迹现象，只在地表发现少量陶片。陶片多夹砂陶，纹饰以绳纹为主。

3. 东周时期

东周时期遗存仅见于遗址南部，只有零星发现，遗存分布非常稀疏（图4-208）。未见任何遗迹现象，只在地表发现少量陶片。陶片多夹砂灰陶，纹饰以绳纹为主，可辨器形有盆、豆等。

在遗址东北1100米处有这个时期的零星陶片分布。

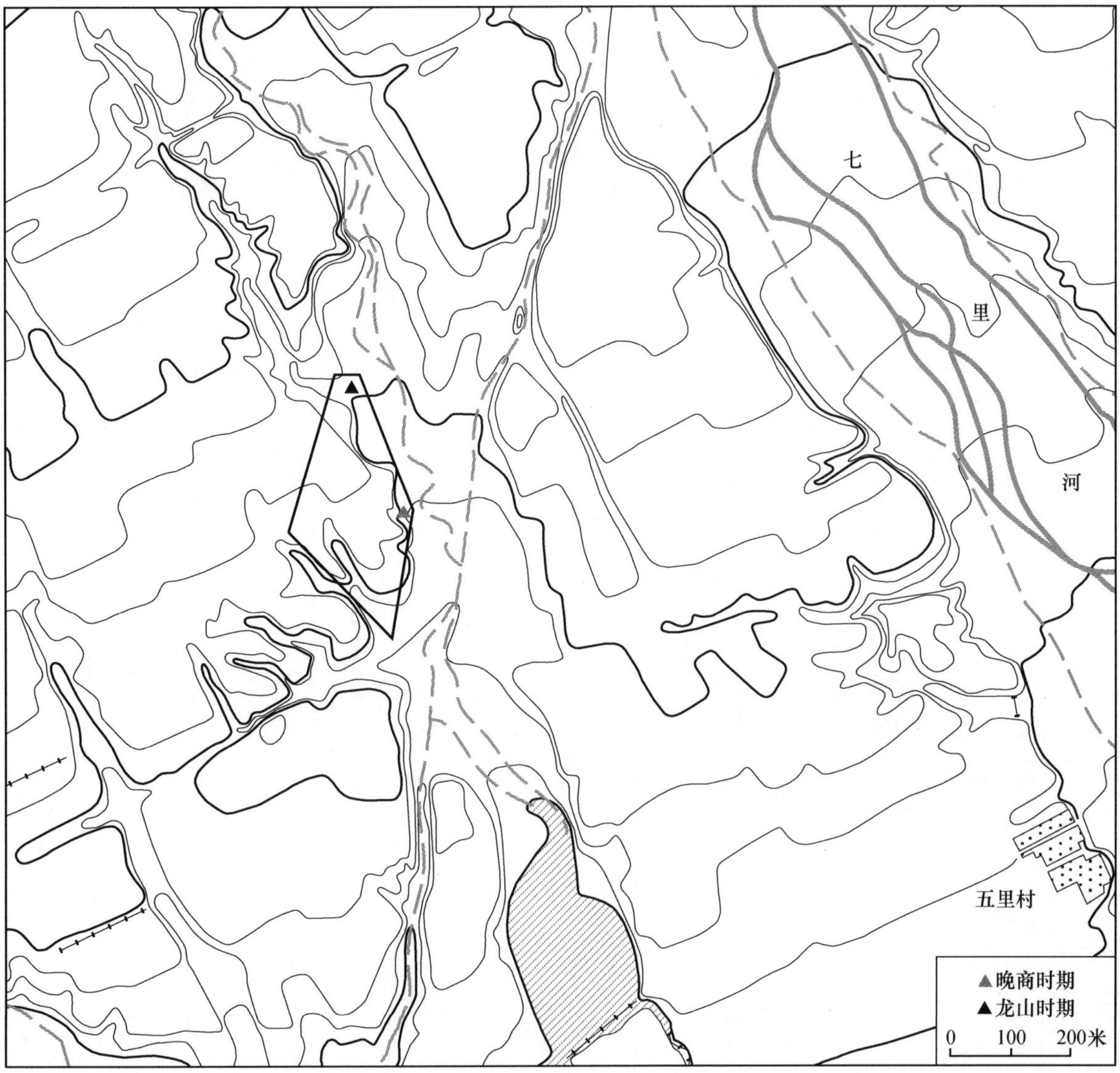

图 4-206 五里Ⅰ号遗址龙山、晚商时期遗存分布图

盆 1件。DX070524I007：1，泥质灰陶。方唇，翻沿，深腹微鼓。腹部饰细绳纹（图 4-207，1）。

豆 1件。DX070524A001：1，泥质灰陶。细柄，中空，喇叭口高圈足。素面。底径 6.2、残高 5.6 厘米（图 4-207，2）。

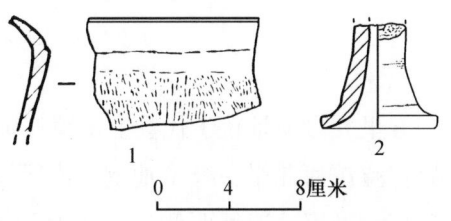

图 4-207 五里Ⅰ号遗址东周时期陶器
1. 盆（DX070524I007：1）
2. 豆（DX070524A001：1）

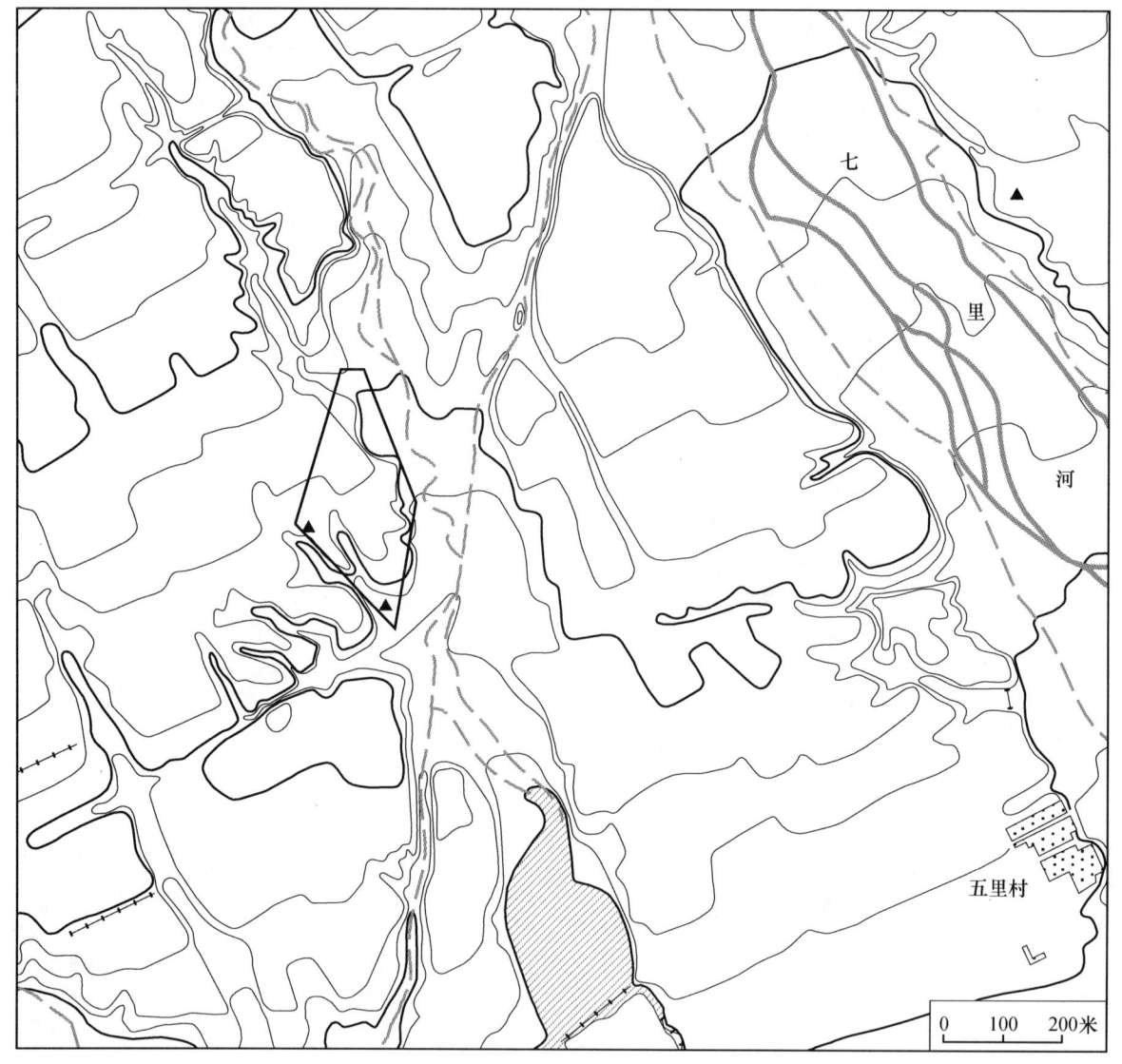

图 4-208　五里 I 号遗址东周时期遗存分布图

八二、五里 II 号遗址

五里 II 号遗址位于代县上馆镇五里村西南 600 米，面积 1.5 万平方米（彩版四九，2）。遗址处在滹沱河北岸一级阶地上，南距滹沱河 2.5 千米，地势较低，海拔 860 左右，起伏很小，地势较为平坦。遗址西侧有汇入滹沱河的河流由北向南流过。遗存分布稀疏。遗址包含二里头、战国时期的遗存。

1. 二里头时期

二里头时期遗存见于遗址南部，只有零星发现，遗存分布稀疏（图 4-209）。只在遗址南端

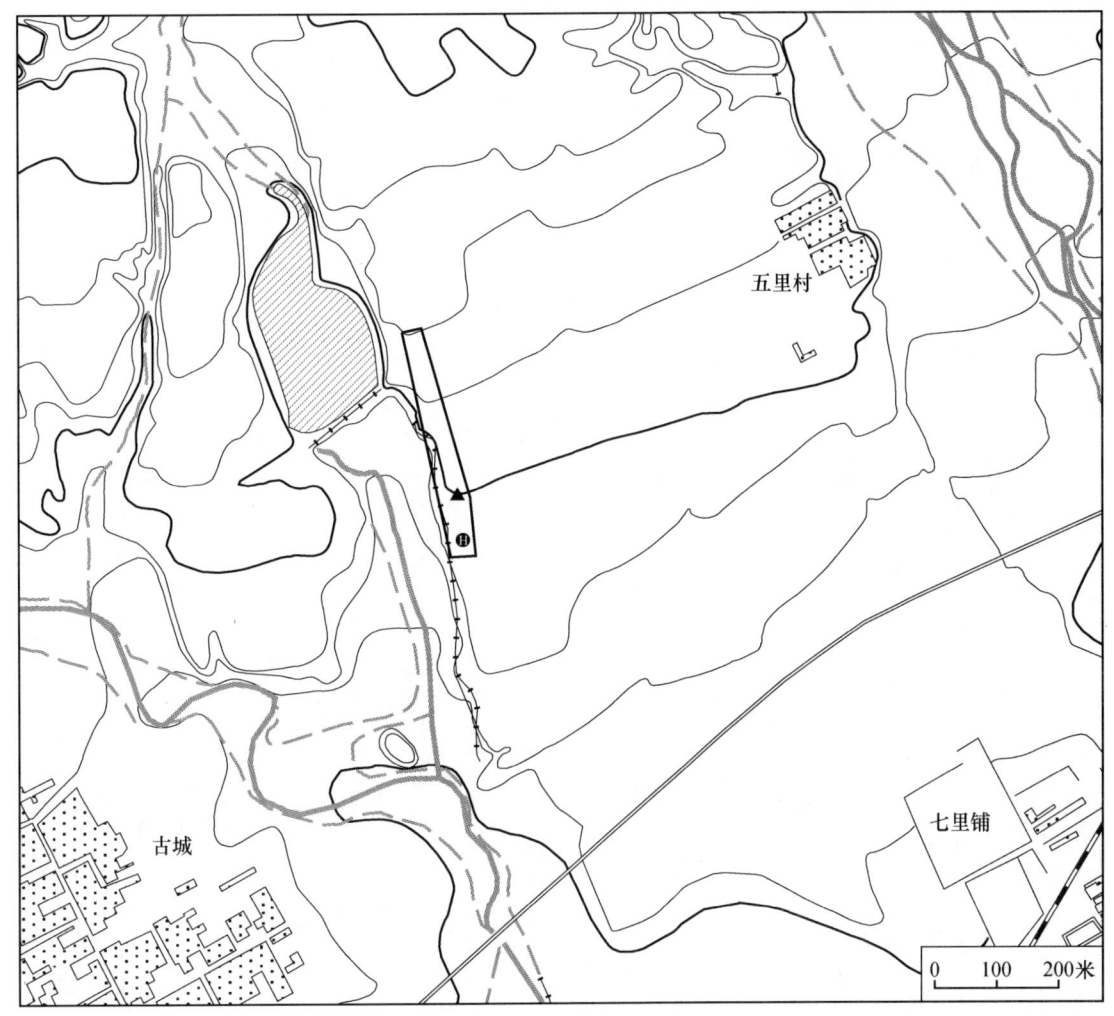

图 4-209　五里Ⅱ号遗址二里头时期遗存分布图

的梯田断面上发现1个灰坑，未见其他遗迹现象，灰坑为口大底小状。灰坑内包含有大量陶片，地表也有陶片分布。陶片多夹砂褐陶，纹饰以绳纹为主，可辨器形有鬲、蛋形瓮、花边罐、罐等。

花边罐　1件。DX070524I002:1，夹砂褐陶。近直口，高领，鼓腹。口部饰花边，器表饰细绳纹（图4-211，1）。

罐　1件。DX070524I002-H:1，夹砂灰褐陶。方唇，沿外翻，束颈，鼓腹。腹部饰绳纹（图4-211，2）。

蛋形瓮　1件。DX070524I003:1，夹砂灰褐陶。平沿内折，敛口，深腹。素面。口径30.2、残高4.4厘米（图4-211，3）。

2. 战国时期

战国时期遗存见于遗址南、北部，只有零星发现，遗存分布非常稀疏（图4-210）。未见任何遗迹现象，只在地表发现少量陶片。陶片多夹砂灰陶，纹饰有粗大绳纹。

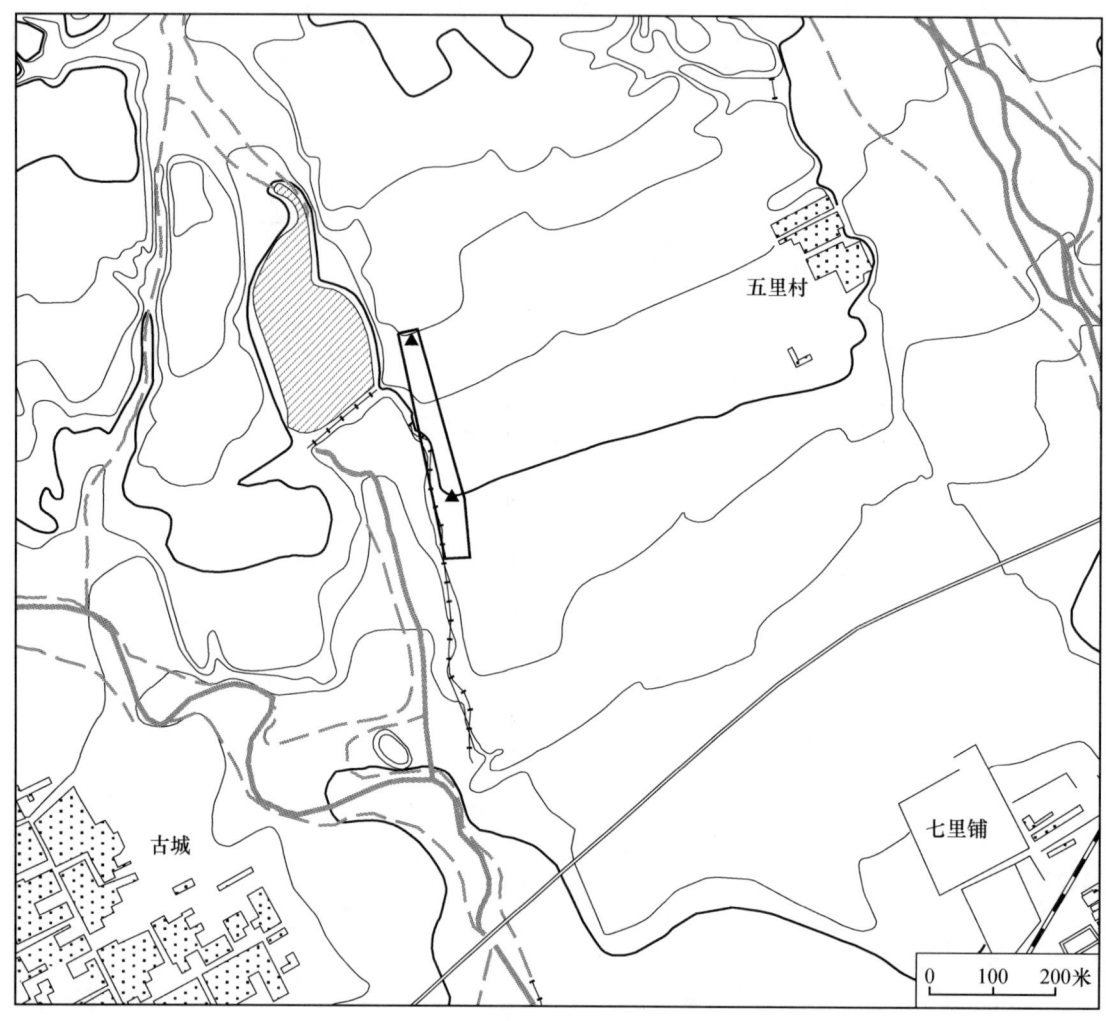

图 4-210　五里Ⅱ号遗址战国时期遗存分布图

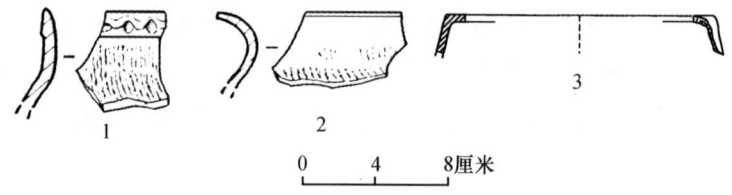

图 4-211　五里Ⅱ号遗址二里头时期陶器
1. 花边罐（DX070524I002:1）　2. 罐（DX070524I002-H:1）　3. 蛋形瓮（DX070524I003:1）

八三、七里铺Ⅰ号遗址

七里铺Ⅰ号遗址位于代县阳明堡镇七里铺村东北450米，面积11.4万平方米。遗址处在滹沱河北岸的一级阶地上，只高于滹沱河河床六七米，地势较低，海拔850米左右，较为平坦。遗址处于支流与滹沱河的交汇处，东面不远处即滹沱河，西南面则有滹沱河支流由北向南流过。遗址只有龙山时期遗存（图4-212）。

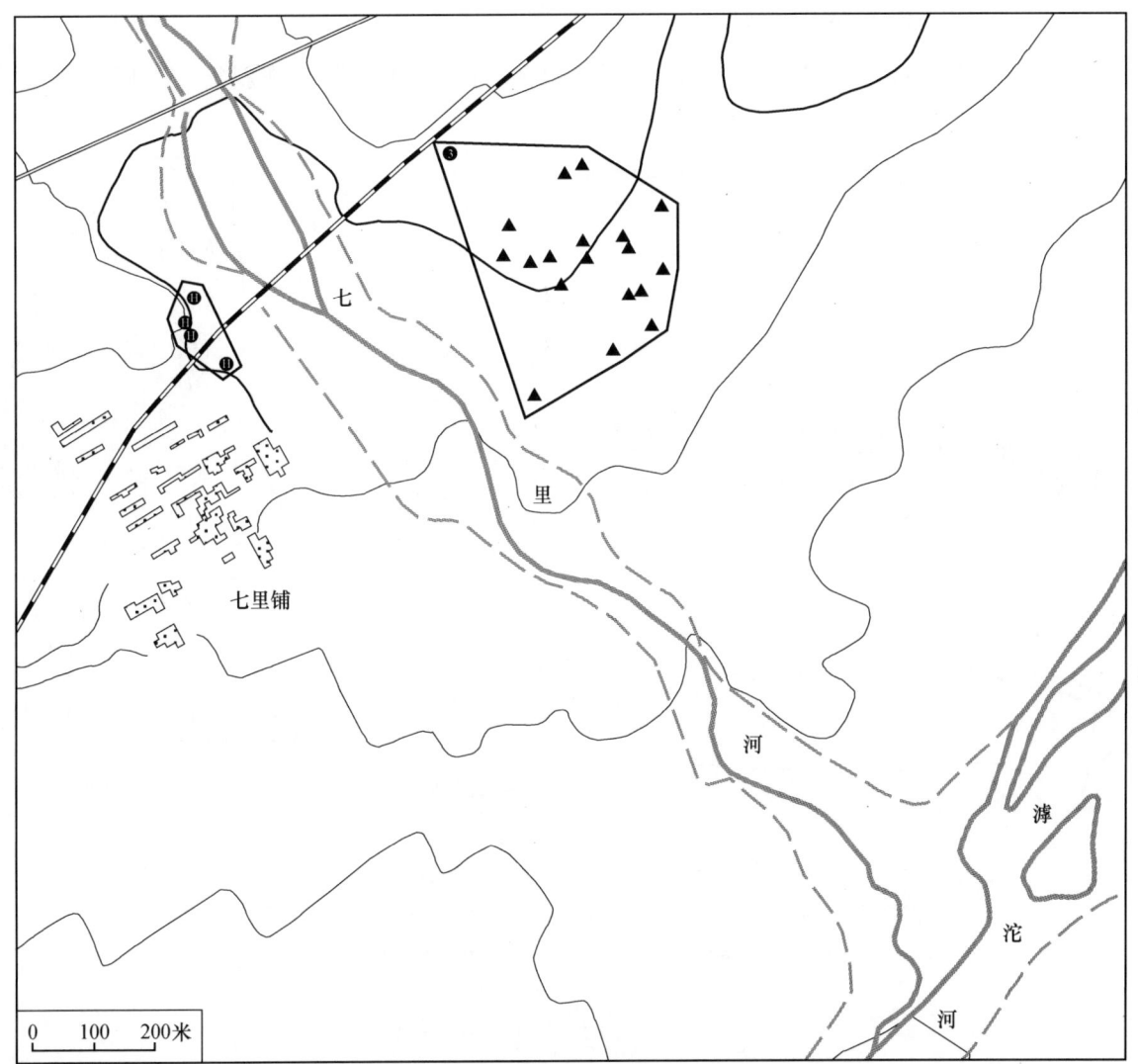

图4-212 七里铺Ⅰ号（右）、Ⅱ号（左）遗址遗存分布图

遗存分布较为密集。遗迹只见于遗址西北角，除发现1处文化层外，还发现1个灰坑和1座房址，全部暴露在梯田的断面上，文化层堆积较厚，灰坑为口大底小，房址为白灰面的半地穴式，遗迹长度多不清。遗迹内包含物丰富，尤以陶片较多，地表也发现较多陶片。陶片多夹砂灰陶，

纹饰多绳纹、篮纹，可辨器形有鬲、甗、斝、盘、蛋形瓮、带耳罐、折肩罐、高领罐、罐等。

鬲 1件。DX070521L001-F:1，夹砂灰陶。圆唇，口外翻，矮领，分裆，大袋足，足跟残。器表饰绳纹。口径26、残高42厘米（图4-213，5；彩版一○四，5）。

鬲足 1件。DX070521J003:1，夹砂灰陶。空袋足。足部饰绳纹（图4-213，4）。

甗 1件。DX070521L001-C:1，夹砂灰褐陶。束腰，有隔。腹部饰绳纹，腰部有附加堆纹（图4-213，2）。

盘 1件。DX070521L001-F:2，泥质灰陶。圆唇，大敞口，斜浅盘，粗柄。素面。口径24、残高4.4厘米（图4-213，1）。

折肩罐 DX070521L001-H:2，泥质灰黑陶。折肩，深腹。器表饰斜篮纹，肩下有鋬手（图4-213，3）。

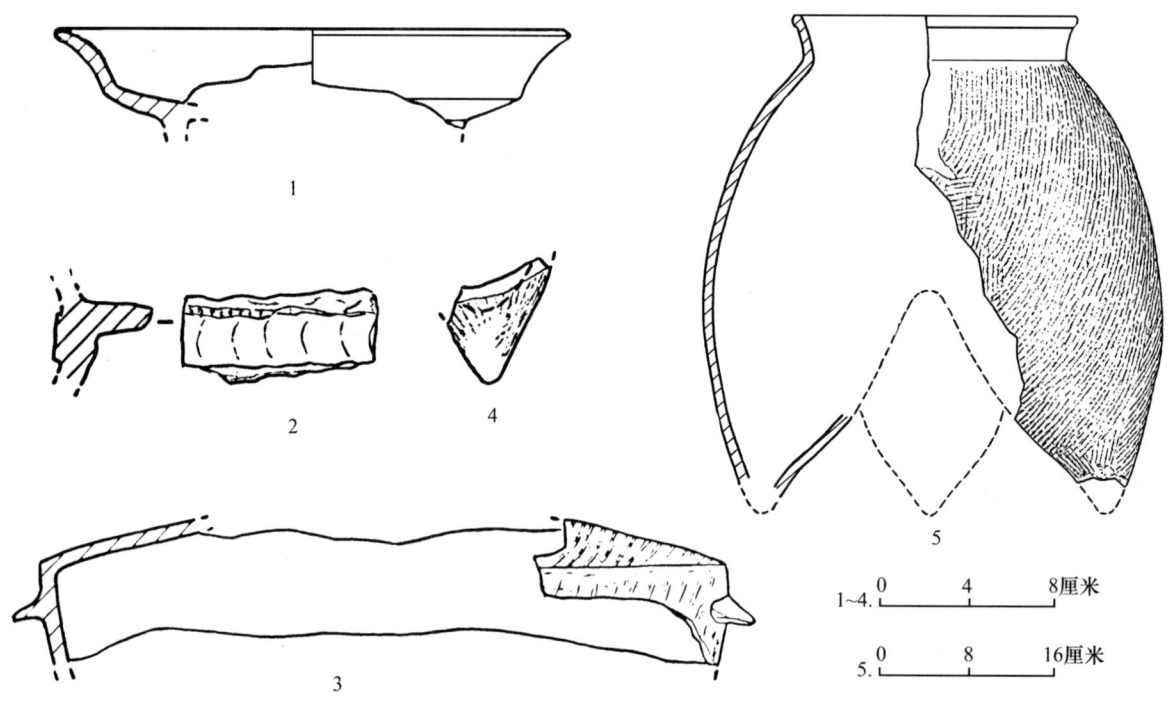

图4-213 七里铺Ⅰ号遗址陶器
1. 盘（DX070521L001-F:2） 2. 甗（DX070521L001-C:1） 3. 折肩罐（DX070521L001-H:2）
4. 鬲足（DX070521J003:1） 5. 鬲（DX070521L001-F:1）

八四、七里铺Ⅱ号遗址

七里铺Ⅱ号遗址位于代县阳明堡镇七里铺村东北，面积1万平方米。遗址处在滹沱河北岸的一级阶地上，只高于滹沱河河床六七米，地势较低，海拔850米左右，有一定的起伏。遗址东面有滹沱河支流由北向南流过。遗存全部暴露于河岸的断面，所以，遗址实际面积应该更大。遗址只有龙山时期的遗存（图4-212）。

遗址面积虽小，但遗存分布密集。在河岸的断面上共发现5个灰坑，未见其他遗迹现象，灰坑有口大底小状，也有口小底大状。灰坑内大多包含物丰富，尤以陶片最多，地表也有零星陶片分布。陶片多夹砂灰陶，纹饰多篮纹，可辨器形有鬲、盘、盆、罐等。

鬲　1件。DX070521F006-H：1，夹砂灰黑陶。束腰，有隔，隔上有箅孔，分裆，大袋足。器表饰绳纹，腰部有附加堆纹（图4-214，1）。

盘　1件。DX070521F007-H：1，泥质灰陶。圆唇，平折沿，斜浅盘，粗柄。器壁饰篮纹。口径34、残高4.8厘米（图4-214，4）。

盆　1件。DX090401E002-H：1，泥质灰陶。圆唇，大敞口，斜腹。素面。口径22.4、残高8厘米（图4-214，2）。

罐　1件。DX070521F006-H：2，泥质灰陶。深鼓腹，平底。腹部饰竖篮纹（图4-214，3）。

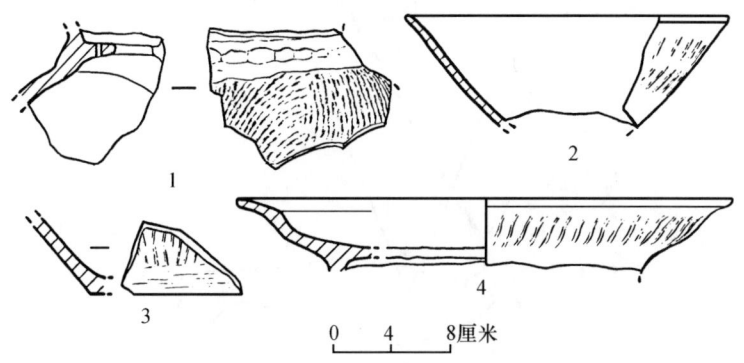

图4-214　七里铺Ⅱ号遗址陶器
1. 鬲（DX070521F006-H：1）　2. 盆（DX090401E002-H：1）　3. 罐（DX070521F006-H：2）　4. 盘（DX070521F007-H：1）

八五、马站遗址

马站遗址位于代县阳明堡镇马站村东650米，面积8.7万平方米。遗址处在滹沱河北岸的一级阶地上，紧邻滹沱河，海拔840～850米，略高于滹沱河河床，地势较低较平。遗址处在支流与滹沱河的交汇处，滹沱河支流先后经遗址西面和南面流过。遗址只有东周时期的遗存，其中，部分可进一步确认为春秋、战国时期（图4-215）。

遗存分布较为稀疏。除在遗址北部的梯田断面上发现1处文化层外，未见其他遗迹现象。文化层内包含有较多陶片，地表亦有零星陶片分布。陶片多泥质灰陶，纹饰多绳纹，可辨器形有盆、豆等。

盆　1件。DX070521F008-C：1，泥质灰陶。方唇，折沿，深腹。腹部饰规整绳纹。口径36、残高8厘米（图4-216，1）。

豆　1件。DX070521F008-C：2，泥质灰陶。厚圆唇，近直口，折壁，斜腹。素面（图4-216，2）。

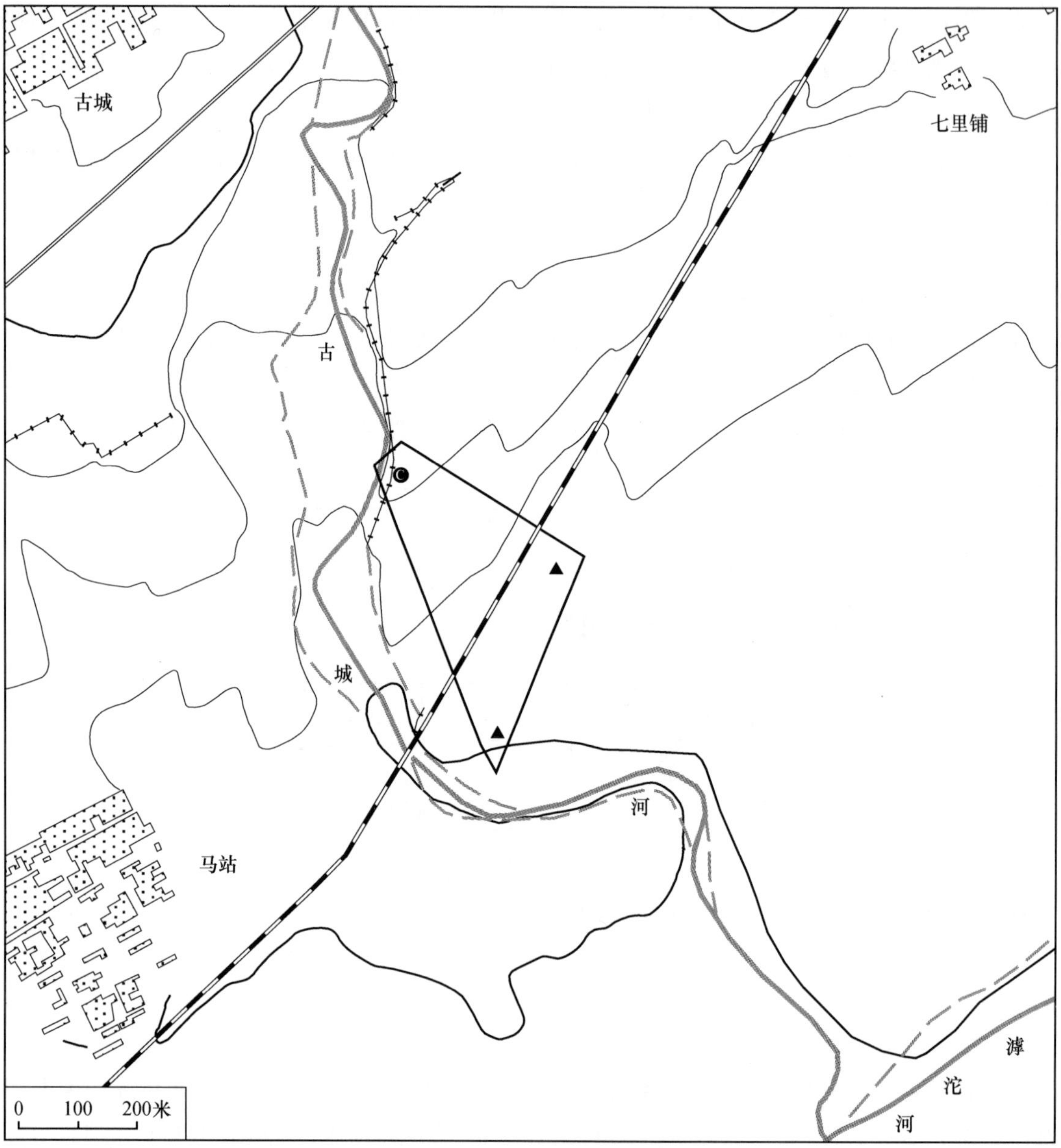

图 4-215　马站遗址遗存分布图

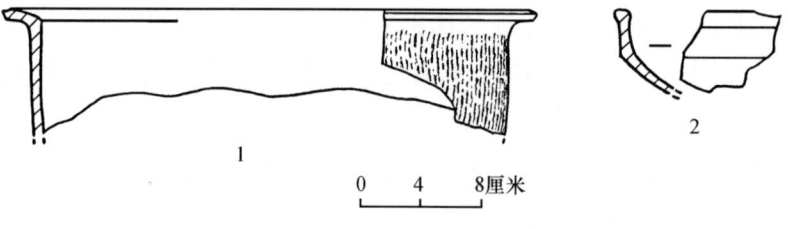

图 4-216　马站遗址陶器
1. 盆（DX070521F008-C:1）　2. 豆（DX070521F008-C:2）

八六、古城遗址

古城遗址位于代县阳明堡镇古城村西,面积 582.8 万平方米,涉及范围:东至古城,北到下沙河,西至孙家磨,南过马站。遗址处在滹沱河北岸的一级阶地上,紧邻滹沱河,遗址南部略高于滹沱河河床数米,海拔 835~885 米,北高南低,内有多条浅冲沟,有一定的起伏。遗址南面有滹沱河,东、西两侧都有汇入滹沱河的支流流过。遗存分布因位置不同而疏密有别,相

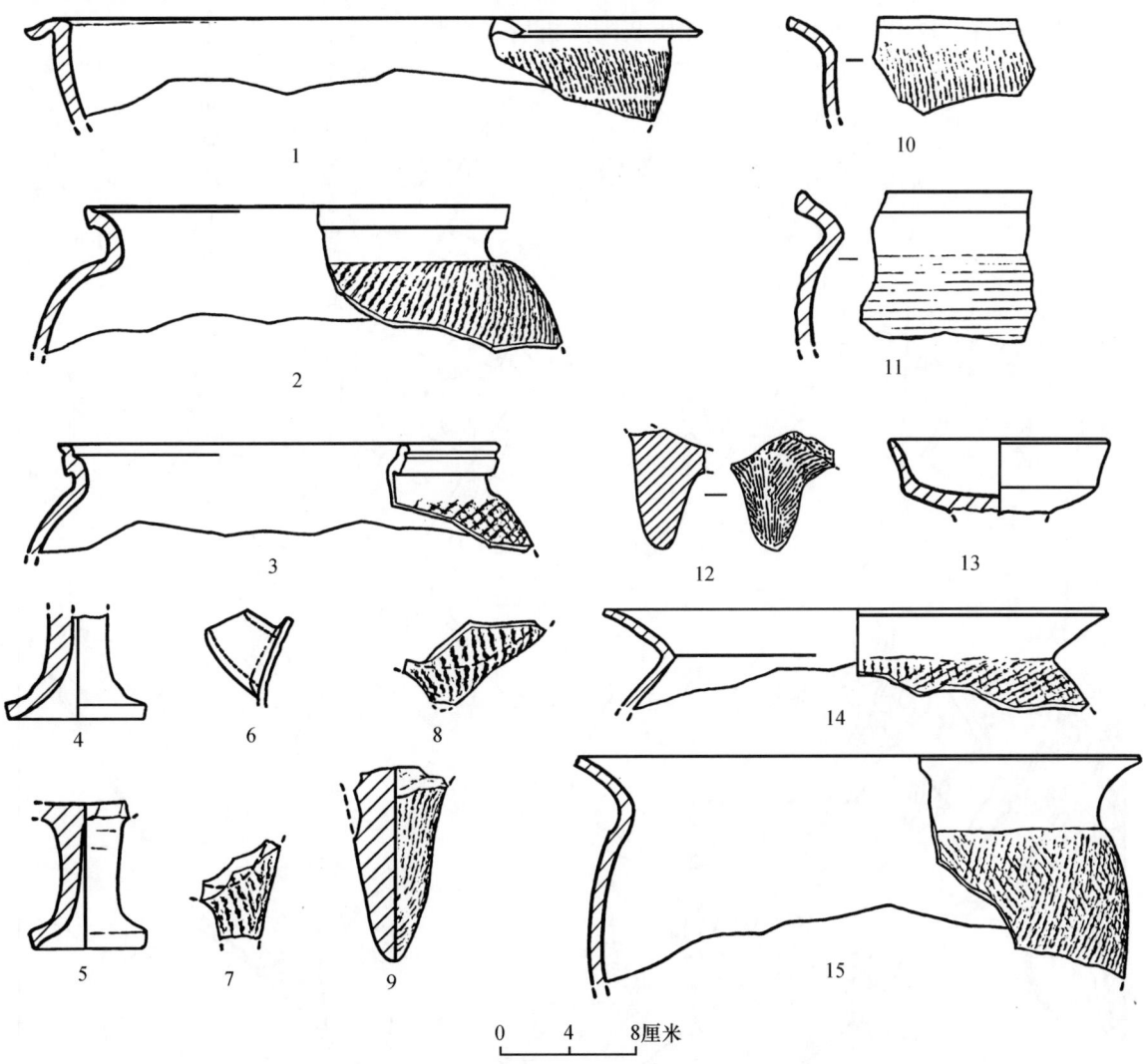

图 4-217 古城遗址龙山、二里头、东周时期陶器

1、10、11、15. 陶盆(DX070528C002:1、DX070527K006:1、DX070524I009:1、DX070527L004:1) 2、3、14. 陶罐(DX070527L004-H:1、DX070528F002:1、DX070524E010:1) 4、5、13. 陶豆(DX070528C002:2、DX070527L004-H:2、DX070524L007:1) 6. 陶盉(DX070528E003:1) 7、8. 陶鬲足(DX070524F007:1、DX070524E009:1) 9、12. 陶蛋形瓮足(DX070528E005:1、DX070528D002:1)

(1~5、7、8、10、11、13~15. 东周时期;6. 龙山时期;9、12. 二里头时期)

对而言，遗址中部遗存分布略显密集，北部则较为稀疏。遗址包含龙山、二里头、东周三个时期遗存，其中，东周部分遗存可进一步确认为春秋、战国时期，个别遗存不排除进入西周时期。

1. 龙山时期

龙山时期遗存主要分布在遗址西部，遗存分布较为稀疏（图 4-218）。未见任何遗迹现象，只在地表发现零星陶片。陶片多夹砂灰陶，纹饰有篮纹、绳纹，可辨器形有盉等。

陶盉　1件。DX070528E003：1，泥质灰陶。折肩，管状流。素面（图 4-217，6）。

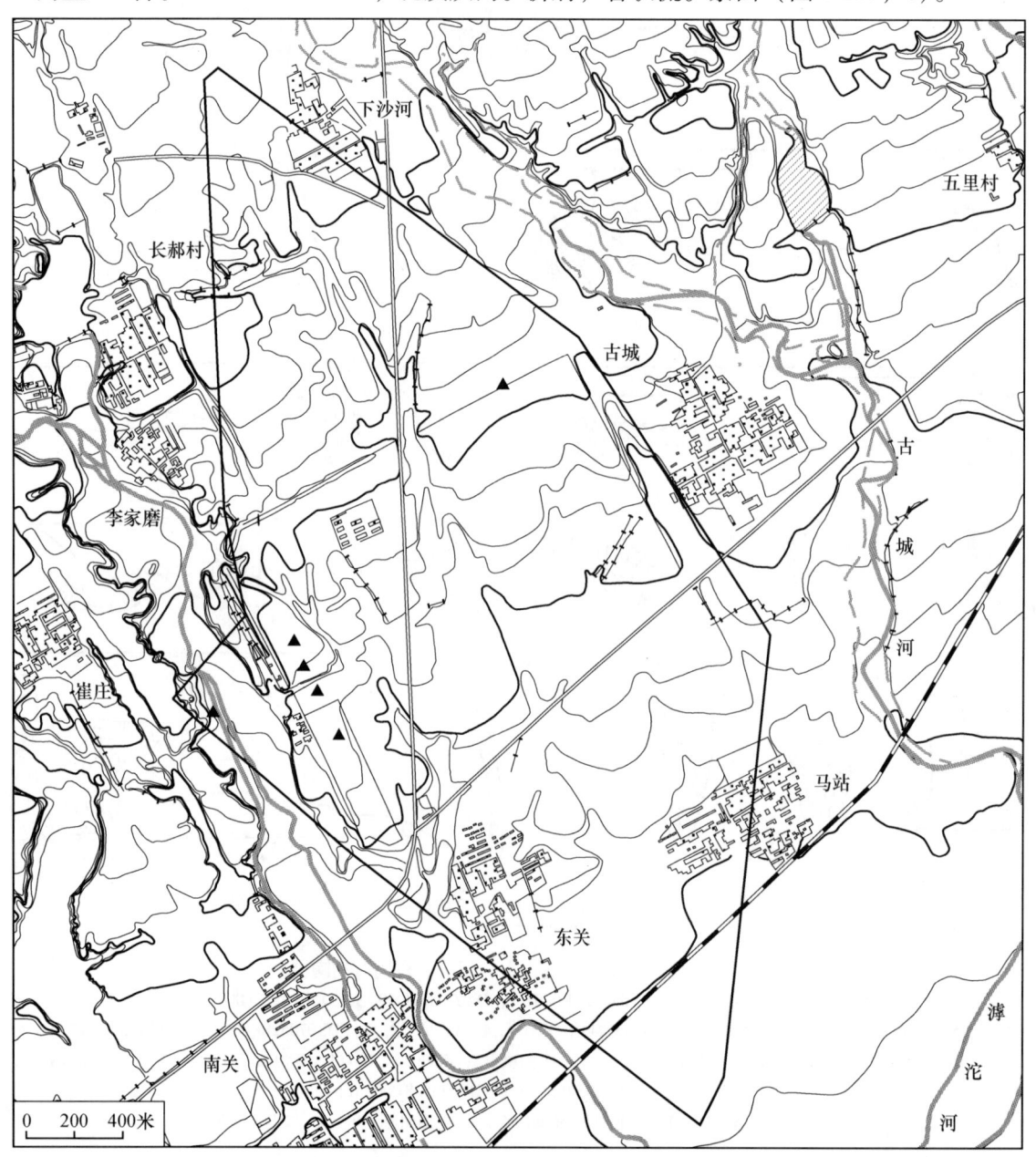

图 4-218　古城遗址龙山时期遗存分布图

2. 二里头时期

二里头时期遗存主要见于遗址西部，遗存分布稀疏（图4-219）。未见任何遗迹现象，只在地表发现少量陶片。陶片多夹砂灰陶，纹饰以绳纹为主，可辨器形有蛋形瓮等。

陶蛋形瓮足 2件。DX070528E005：1，夹砂灰陶。锥状实足跟。足部饰绳纹（图4-217，9）。DX070528D002：1，夹砂灰陶。矮胖实足跟。器表饰绳纹（图4-217，12）。

3. 东周时期

东周时期遗存见于整个遗址，尤以遗址中、南部分布较为密集（图4-220）。在遗址中部发

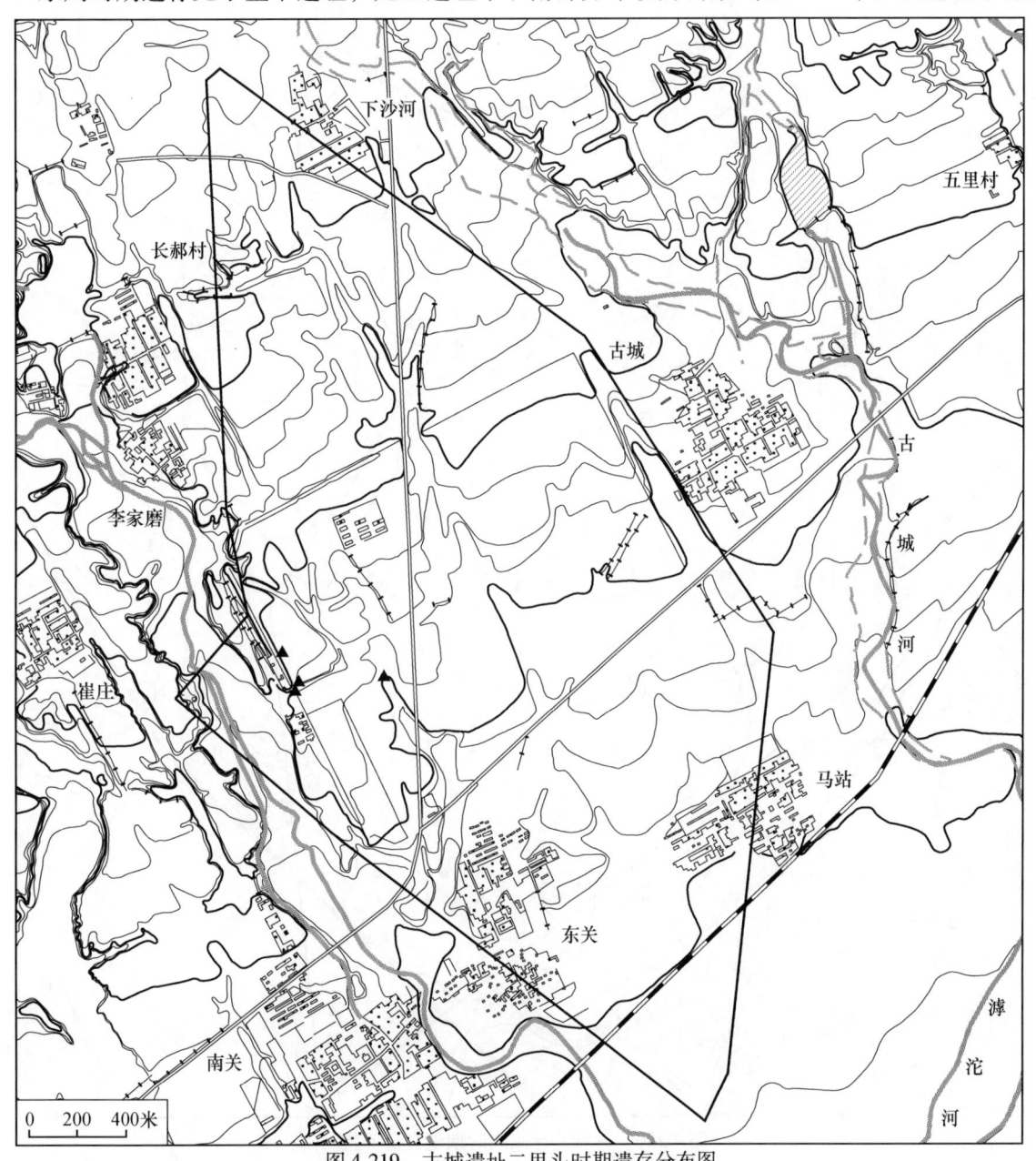

图 4-219　古城遗址二里头时期遗存分布图

现有夯土城，其中，东城墙和北城墙在地面上还有残留，西城墙和南城墙已不复存在，不过，在孙家磨一带沟坎的断面上发现一段夯土，应该与西城墙有关，在马站和东关一带也发现夯土的存在，南城墙应该与此不远。根据文献记载，此城即汉广武城，但对此城的始建年代，文献并没有明确记载。从调查发现看，不排除夯土城始建年代可能早到战国时期，汉代加固加高继续使用。考虑到地表及周边有大量战国时期遗存分布，特别是大量战国墓葬的存在，这种可能性是很大的。除在城内发现零星文化层外，在北墙外、西墙外及南部也发现少量文化层和灰坑，这些遗迹内包含物丰富，地表也发现较多遗物，特别是陶片的分布，此外还有石器等。陶片多夹砂灰陶，纹饰以绳纹为主，可辨器形有鬲、盆、豆、双耳罐、罐、钵、板瓦等。石器有石凿等。

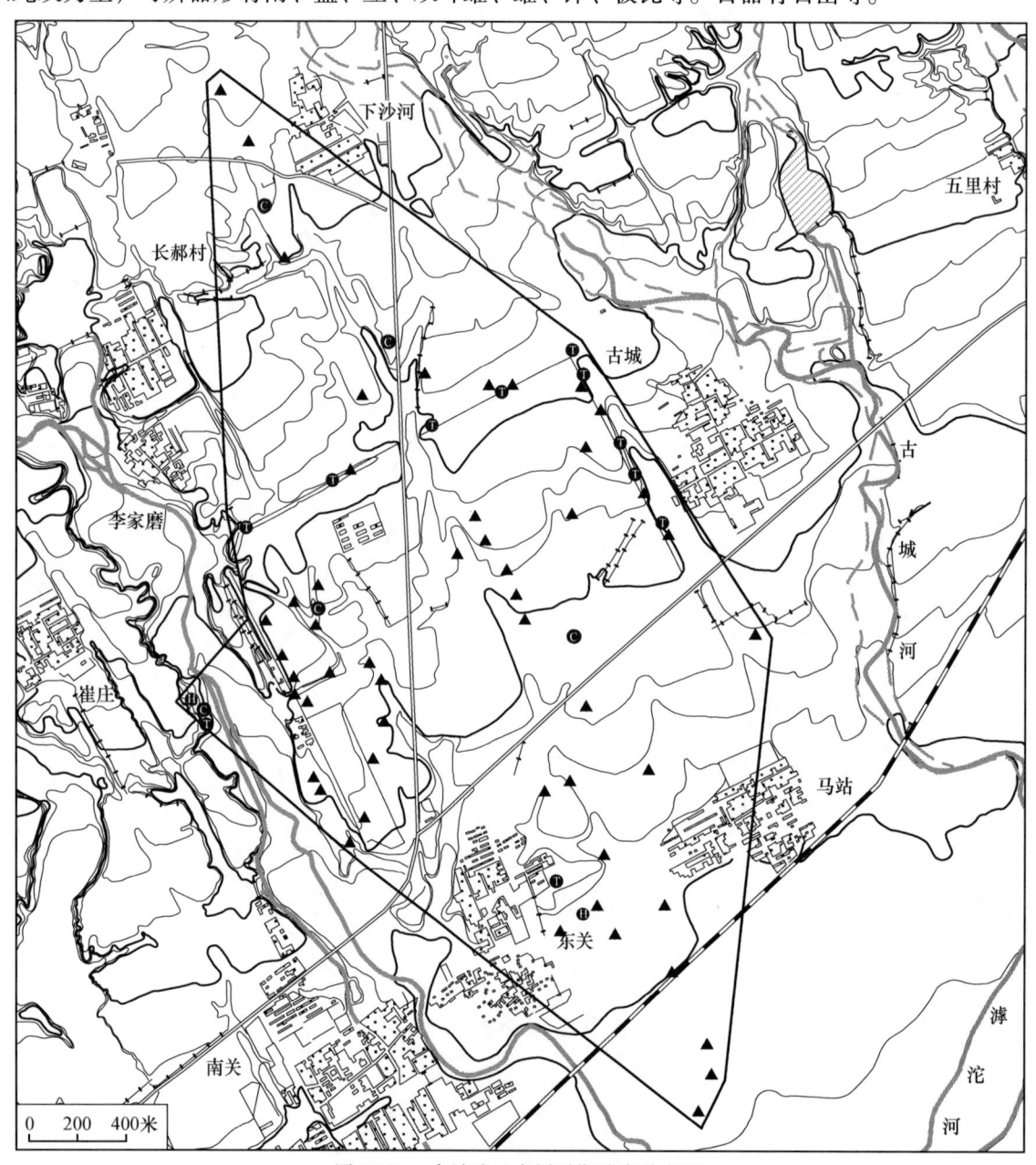

图4-220　古城遗址东周时期遗存分布图

陶鬲足　2件。DX070524E009：1，夹砂灰陶。矮实足跟。足部饰粗大绳纹（图4-217，8）。DX070524F007：1，夹砂灰陶。矮实足跟，足部饰粗大绳纹（图4-217，7）。

陶盆　4件。DX070527K006：1，泥质灰陶。方唇，翻沿，深腹。腹部饰规整绳纹（图4-217，10）。DX070527L004：1，泥质灰陶。方唇，翻沿，微束颈，鼓腹。腹部饰绳纹。口径34、残高13厘米（图4-217，15）。DX070528C002：1，泥质灰陶。方唇，折沿，深腹。腹部饰绳纹。口径40、残高6厘米（图4-217，1）。DX070524I009：1，夹砂褐陶。厚胎，圆唇，沿外翻，束颈，鼓腹。腹部饰弦纹（图4-217，11）。

陶豆　3件。DX070524L007：1，泥质灰陶。圆唇，敞口，浅盘，细柄。素面。口径13.2、残高4.2厘米（图4-217，13）。DX070528C002：2，泥质灰陶。细柄中空，小圈足。素面。底径8、残高6厘米（图4-217，4）。DX070527L004-H：2，泥质灰陶。细柄中空，小圈足。素面。底径7.2、残高8.4厘米（图4-217，5）。

陶罐　3件。DX070524E010：1，夹砂灰陶。斜方唇，折沿，束颈，鼓腹。腹部饰粗绳纹。口径30、残高5.5厘米（图4-217，14）。DX070527L004-H：1，夹砂灰陶。方唇，翻沿，沿上起脊，束颈，鼓腹。腹部饰粗大绳纹。口径25、残高8厘米（图4-217，2）。DX070528F002：1，夹砂灰陶。双唇，上圆下方，口外翻，束颈，鼓腹。腹部饰交错绳纹。口径26、残高6厘米（图4-217，3）。

陶双耳罐　1件。DX070528A003：1，夹砂灰陶。方唇，口外翻，束颈，鼓腹，双肩耳，平底。腹部饰细绳纹。口径13.2、底径8.8、高12.6厘米（图4-221，1；彩版一〇四，6）。

陶盆　1件。DX070524L005：1，泥质灰陶。小圆唇，折壁，斜腹，小圈足。素面。口径14、底径4.8、高5厘米（图4-221，3）。

陶板瓦　1件。DX070524I008：1，泥质灰陶。个体较大，瓦面微弧。顶端有按捺印纹，器表饰绳纹，器内饰方格纹（图4-221，4）。

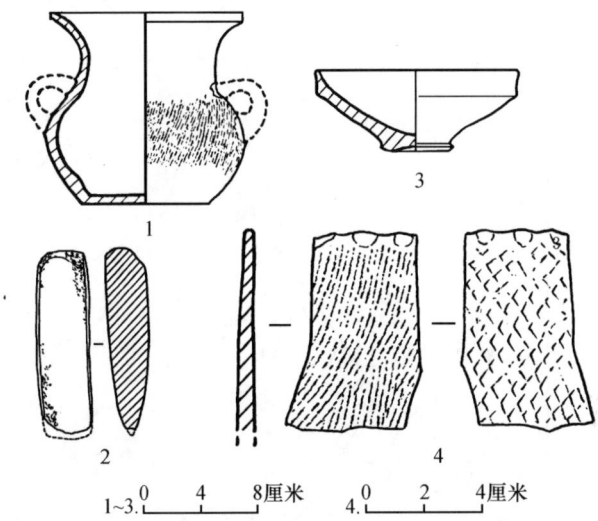

图4-221　古城遗址东周时期陶、石器
1. 陶双耳罐（DX070528A003：1）　2. 石凿（DX070528L006：1）
3. 陶盆（DX070524L005：1）　4. 陶板瓦（DX070524I008：1）

石凿　1件。DX070528L006：1，青灰色。楔形，两侧磨光，双面刃，刃部和顶端残（图4-221，2）。

八七、上沙河遗址

上沙河遗址位于代县阳明堡镇上沙河村周围，面积120.4万平方米（彩版五〇）。遗址处在滹沱河北岸逐渐抬升的一级阶地上，海拔890～940米，北高南低，内有多条深浅不一的冲沟，个别沟内还有季节性水流。由于常年水流冲刷，地面堆积较为支离破碎，地势起伏较大。遗址东侧有通往滹沱河的支流由北向南流过。遗址中部遗存分布较为密集，其他部位遗存分布较为稀疏。遗址包含龙山、二里头、东周三个时期的遗存，其中，东周时期的绝大部分遗存可进一步确认为战国时期。

1. 龙山时期

龙山时期遗存基本见于整个遗址，以遗址中部遗存分布最为集中、密集，遗迹也集中分布于此（图4-222）。除发现1处文化层外，还发现7个灰坑，遗迹主要暴露于沟坎的断面和梯田

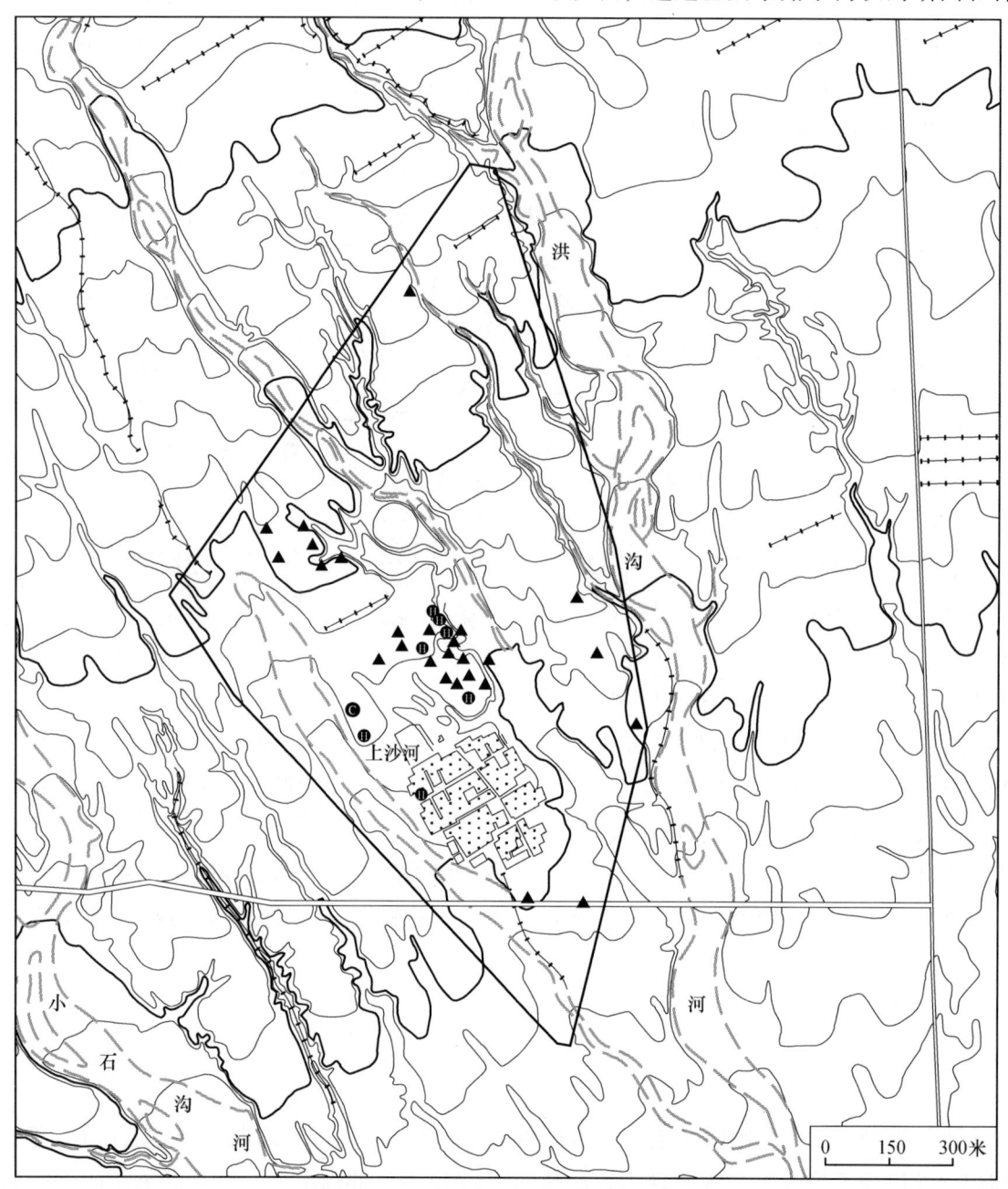

图4-222　上沙河遗址龙山时期遗存分布图

的断面，文化层堆积较薄，灰坑结构多样。多数遗迹内包含物丰富，地表发现遗物也较多，遗物以陶片为主，此外还有石器等。陶片多夹砂灰陶，纹饰多篮纹、绳纹，可辨器形有鬲、甗、斝、甑、蛋形瓮、盆、小杯、高领罐、罐等。石器有石斧等。

陶鬲　2件。DX070518F015：1，夹砂灰陶。圆唇，矮领，分裆，大袋足。口部以下饰绳纹。口径14、残高8厘米（图4-225，5）。DX070518K006-H：2，夹砂灰陶。圆唇，唇内有凹槽，口外翻，袋足外鼓。唇部及口下饰绳纹（图4-225，2）。

陶甗　1件。DX070518K007：3，夹砂灰褐陶。束腰，有隔。腹部饰绳纹，腰部有附加堆纹（图4-225，17）。

陶斝　3件。DX070518F018：1，泥质灰黑陶。圆唇，敛口，折肩，深腹。腹部饰竖篮纹。口径16、残高6.4厘米（图4-225，4）。DX070518F016：2，夹砂灰黑陶。方唇，敛口，折肩，深腹。肩部有两周凹旋纹，腹部饰篮纹（图4-225，12）。DX070518K007：2，夹砂灰陶。方唇，敛口，折肩，深腹。口部有附加堆纹，肩、腹部饰绳纹（图4-225，3）。

陶甑　1件。DX070518F021：1，泥质褐陶。深腹，平底。腹部饰竖篮纹，底部有箅孔。底径10、残高6厘米（图4-225，18）。

陶蛋形瓮　3件。DX070518J009：1，夹砂灰陶。小平沿，敛口，深鼓腹。腹部饰宽斜篮纹。口径28、残高13.6厘米（图4-225，20）。DX070518F021：2，夹砂灰陶。小平沿，微敛口，口厚，深腹。腹部饰竖篮纹（图4-225，13）。DX070518F016：1，泥质灰陶。小平沿，微敛口，口厚，深腹。腹部饰竖篮纹，上有戳印纹（图4-225，8）。

陶盆　5件。DX070518J004：1，泥质灰陶。圆唇，大敞口，斜腹，平底。腹部有浅篮纹。口径19.6、底径9、高7.2厘米（图4-225，6）。DX070518K008：1，泥质黑皮陶。圆唇，大敞口，斜腹。器表饰竖浅篮纹（图4-225，16）。DX070518J004：2，泥质灰陶。小圆唇，斜腹。腹部饰竖篮纹（图4-225，11）。DX070518K006-H：3，泥质黑皮陶。厚圆唇，翻沿。素面（图4-225，9）。DX070518F018：2，夹砂灰褐陶。圆唇，口外翻，深腹。器表饰绳纹（图4-225，7）。

陶小杯　2件。DX070518K008：2，夹砂灰陶。圆唇，敞口，斜腹，底微凹。器表饰细绳纹。口径7.6、底径5、高4.8厘米（图4-225，15）。DX070518F021-H：1，泥质灰陶。圆唇，直深腹，平底。素面。口径4.6、底径3.6、高5.8厘米（图4-225，14）。

陶高领罐　1件。DX070518K009：1，泥质灰陶。方唇，侈口，高领。领部饰旋纹。口径11.2、残高5厘米（图4-225，10）。

陶罐　3件。DX070518F017：1，夹砂灰黑陶。圆唇，口外翻，深腹微鼓。腹部饰竖篮纹。口径28、残高7.2厘米（图4-225，1）。DX070518F018：3，泥质灰陶。鼓腹，平底。腹部饰竖篮纹。底径14、残高4.4厘米（图4-226，2）。DX090401D001-C：1，夹砂灰褐陶。厚圆唇，近直口，鼓肩。唇部及肩部饰绳纹。口径22、残高4厘米（图4-226，1）。

石斧　2件。DX070518K007：1，青灰色。梯形，上窄下宽，刃部残（图4-226，8）。DX070518K006-H：1，青灰色，顶端残。近长方形，双面刃。刃部磨光（图4-226，7）。

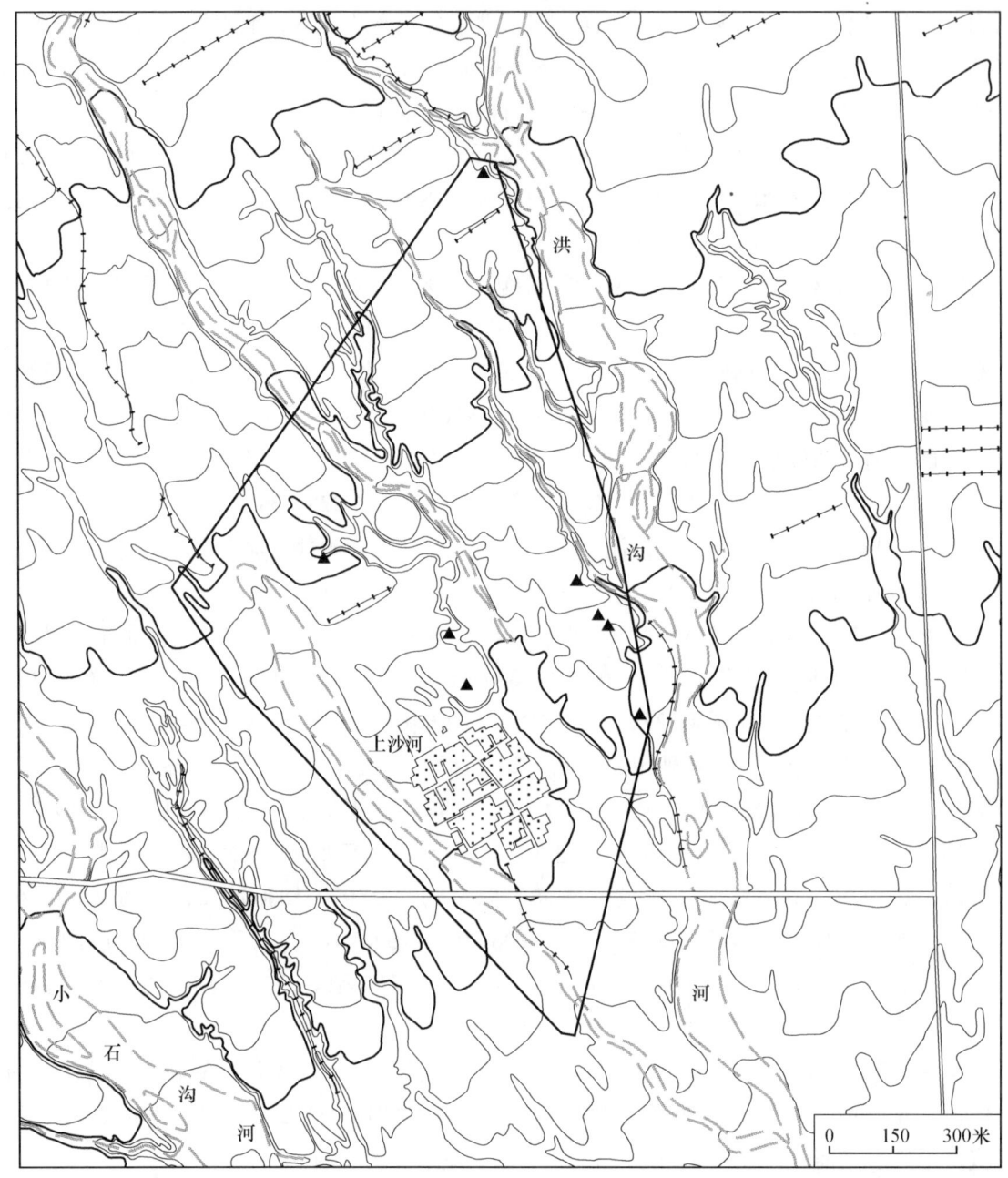

图 4-223　上沙河遗址二里头时期遗存分布图

2. 二里头时期

二里头时期遗存见于遗址中、北部，其中，尤以中部遗存分布相对集中（图 4-223）。未见任何遗迹现象，只在地表发现有陶片。陶片多夹砂灰陶，纹饰多绳纹，可辨器形有鬲、蛋形瓮等。

陶鬲足　1 件。DX070518K002：1，夹砂褐陶。实足跟。根部有浅竖沟槽（图 4-226，5）。

陶蛋形瓮足　2 件。DX070518F017：2，夹砂灰褐陶。实足跟。足部饰绳纹（图 4-225，

19）。DX070524E003：1，夹砂灰陶。长实足跟。足部饰绳纹（图4-226，11）。

3. 东周时期

东周时期遗存主要分布在遗址中、南部，遗存分布较为稀疏（图4-224）。遗迹主要发现于遗址西部临冲沟的一线，共发现墓葬9座，全部暴露于季节性冲沟的西部断面。有较多随葬的陶器暴露，这一片应该是战国时期墓地。墓内及附近发现较多陶片，陶片多泥质灰陶，多素面，可辨器形有鼎、豆、壶、盘等。

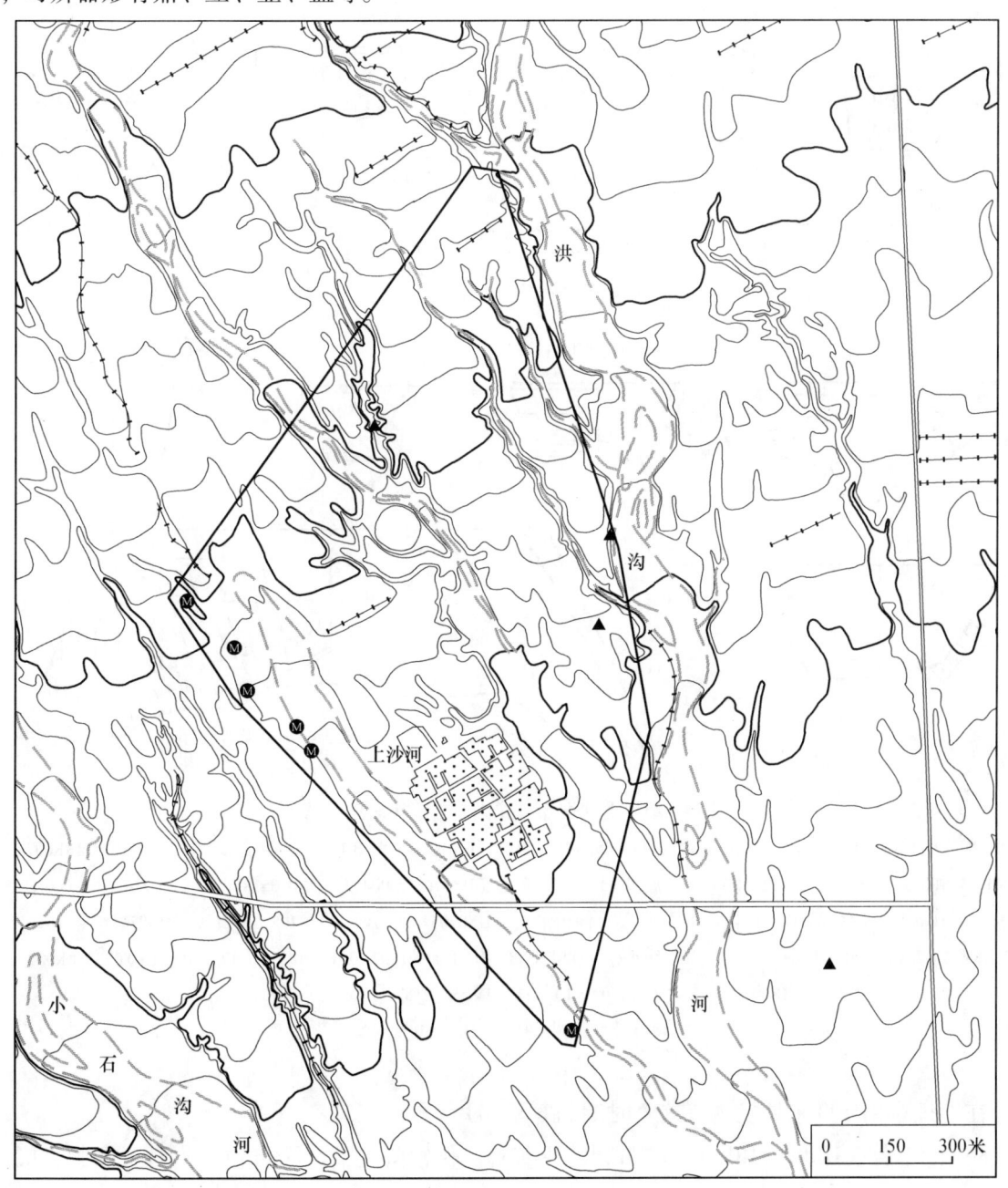

图4-224　上沙河遗址东周时期遗存分布图

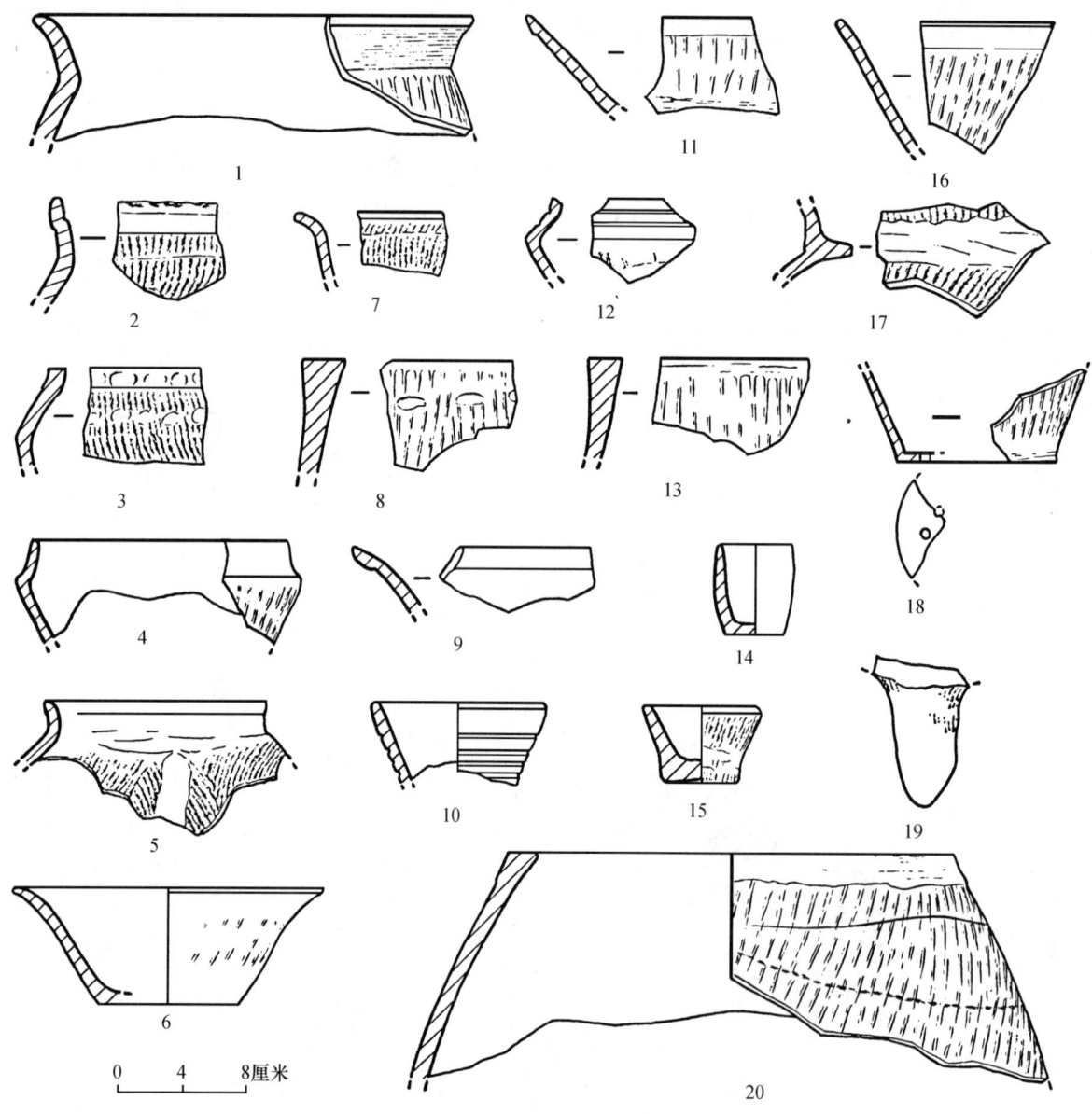

图 4-225 上沙河遗址龙山、二里头时期陶器

1. 陶罐（DX070518F017:1） 2、5. 陶鬲（DX070518K006-H:2、DX070518F015:1） 3、4、12. 陶斝（DX070518K007:2、DX070518F018:1、DX070518F016:2） 6、7、9、11、16. 陶盆（DX070518J004:1、DX070518F018:2、DX070518K006-H:3、DX070518J004:2、DX070518K008:1） 8、13、20. 陶蛋形瓮（DX070518F016:1、DX070518F021:2、DX070518J009:1） 10. 陶高领罐（DX070518K009:1） 14、15. 陶小杯（DX070518F021-H:1、DX070518K008:2） 17. 陶甗（DX070518K007:3） 18. 陶甑（DX070518F021:1） 19. 陶蛋形瓮足（DX070518F017:2）
（1~18、20. 龙山时期；19. 二里头时期）

在遗址东南 600 米处发现有这个时期的零星陶片。

陶鼎 2件。DX070518L011-M2:1，泥质灰陶。仿铜陶礼器。子母口，附耳，深腹，圜底，蹄足。腹部一周凸旋纹。口径 20.4，高 14.8 厘米（图 4-226，12）。DX070518L011-M2:4，泥质灰陶。仿铜陶礼器。附耳。素面（图4-226，10）。

陶豆　1件。DX070518L012：1，泥质黑陶。小圆唇，近直口，浅盘，细柄，无孔。素面。口径13.6、残高6厘米（图4-226，6）。

陶壶　1件。DX070518L011-M1：1，泥质灰陶。鼓腹，圈足。腹部饰三周凸旋纹。残高27.6厘米（图4-226，4）。

陶盘　2件。DX070518L011-M2：2，泥质灰陶。圆唇，近直口，斜浅腹，圜底，柱足。素面。口径24、高7.2厘米（图4-226，9）。DX070518L011-M2：3，泥质灰陶。小方唇，斜浅腹。素面（图4-226，3）。

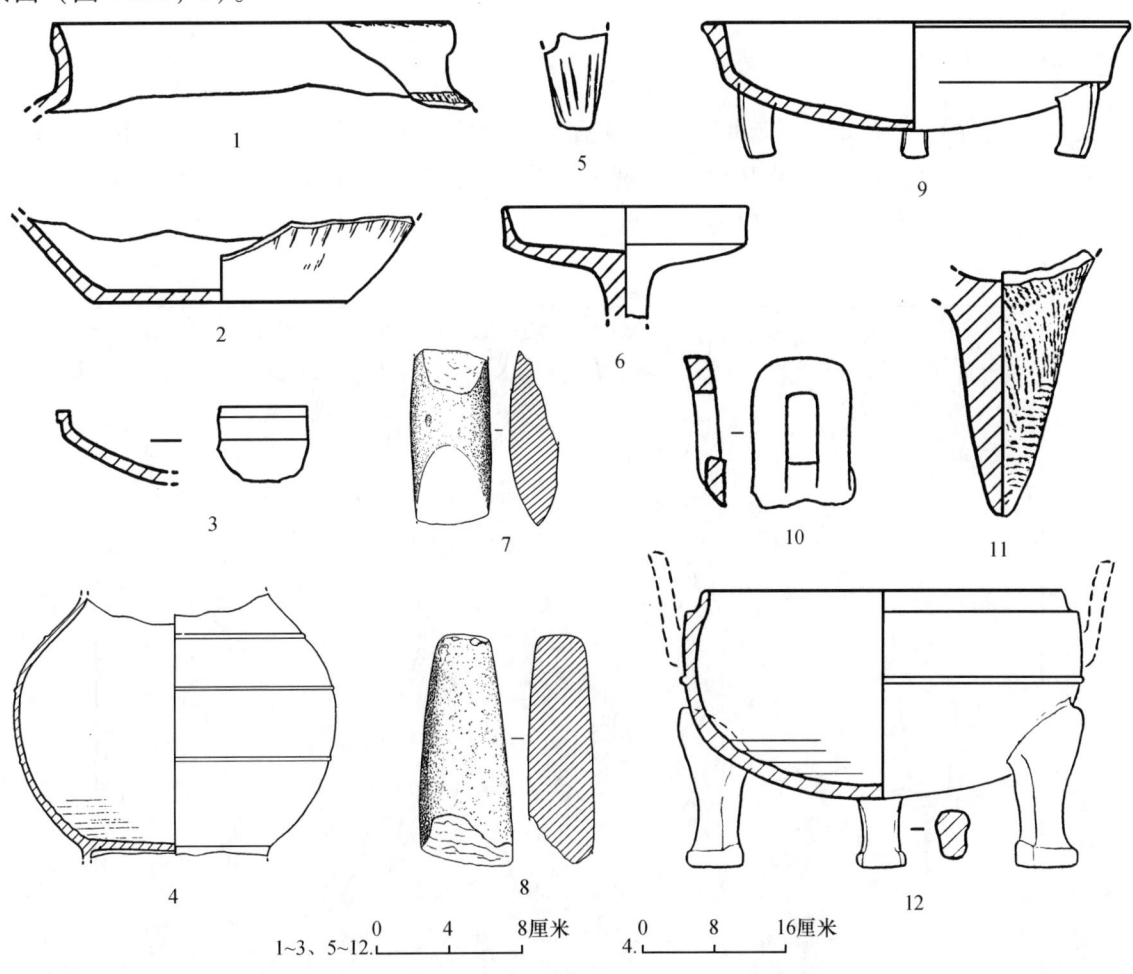

图4-226　上沙河遗址龙山、二里头、东周时期陶、石器

1、2.陶罐（DX090401D001-C：1、DX070518F018：3）　3、9.陶盘（DX070518L011-M2：3、DX070518L011-M2：2）　4.陶壶（DX070518L011-M1：1）　5.陶鬲足（DX070518K002：1）　6.陶豆（DX070518L012：1）　7、8.石斧（DX070518K006-H：1、DX070518K007：1）　10、12.陶鼎（DX070518L011-M2：4、DX070518L011-M2：1）　11.陶蛋形瓮足（DX070524E003：1）

（1、2、7、8.龙山时期；3、4、6、9、10、12.东周时期；5、11.二里头时期）

八八、新庄遗址

新庄遗址位于代县雁门关乡新庄村东北200米，面积2.7万平方米（彩版五二，1）。遗址处在山前台地一相对突出的山梁上，地势较高起伏也较大，海拔1240~1305米，北高南低，背风向阳，坡度大。遗址处在两河交汇的三角区域，东、西两侧都有来自山脚下的季节性水流由北向南流过。遗存分布密集且落差大。遗址包含龙山、二里头、东周三个时期的遗存，其中，东周时期部分遗存可进一步确认为战国时期。

1. 龙山时期

龙山时期遗存主要分布于遗址西部，遗存分布略显密集（图4-227）。只在梯田的断面上发现1座白灰面房址，未见其他遗迹现象。房址内有少量陶片发现，地表也有陶片分布。陶片多夹砂灰陶，纹饰多篮纹、绳纹，可辨器形有鬲、蛋形瓮、盆、带耳罐、高领罐、罐等。

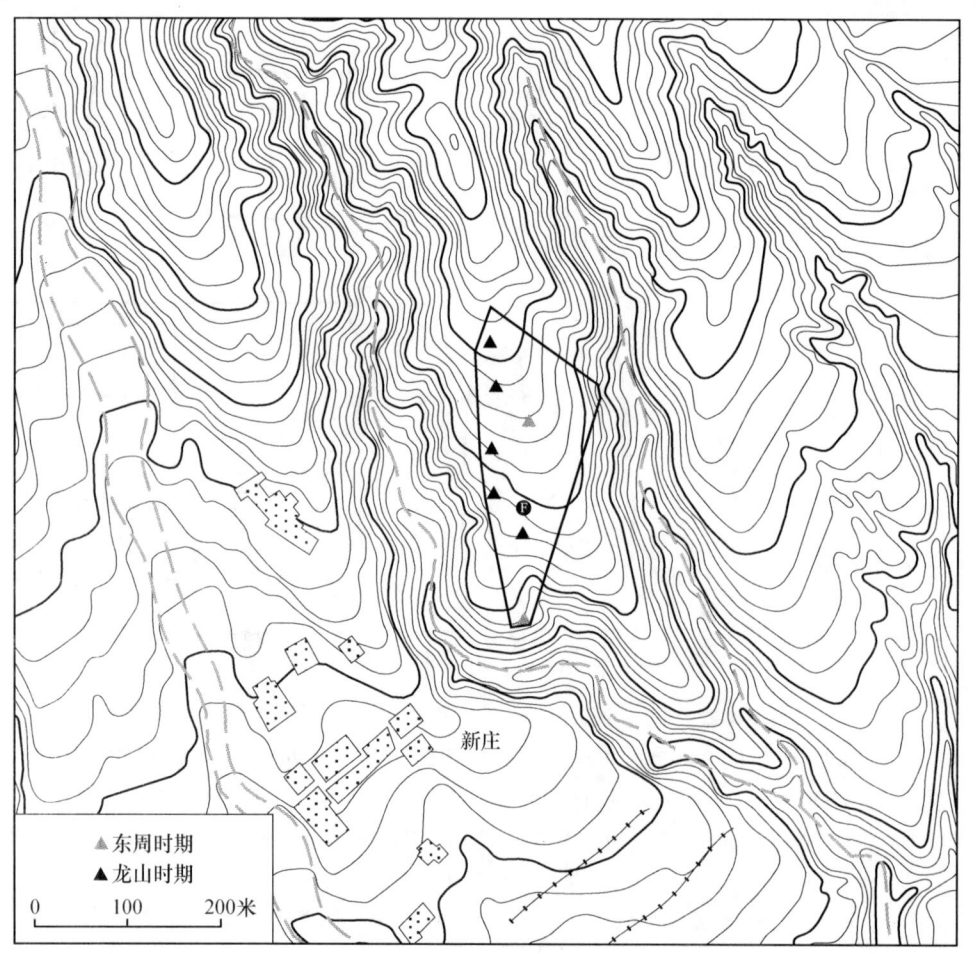

图4-227　新庄遗址龙山、东周时期遗存分布图

陶鬲足　2件。DX070518L009:1，夹砂灰黑陶。空袋足。足部饰绳纹（图4-229，3）。DX070518L006:1，夹砂灰褐陶。空袋足。足部饰绳纹（图4-229，4）。

陶高领罐　1件。DX070518L002:1，泥质灰陶。圆唇，近直口，高领。口部饰绳纹，领部饰篮纹。口径16、残高7.2厘米（图4-229，1）。

2. 二里头时期

二里头时期遗存见于整个遗址，遗存分布密集，尤以北部遗存分布最为密集（图4-228）。只在遗址西部的梯田断面上发现1个灰坑，未见其他遗迹现象。灰坑内包含物较为丰富，地表遗物分布也较多。遗物主要是陶片，此外，还发现少量石器等。陶片多夹砂灰陶，纹饰以绳纹为主，可辨器形有鬲、甗、盆、蛋形瓮等。石器有石斧等。

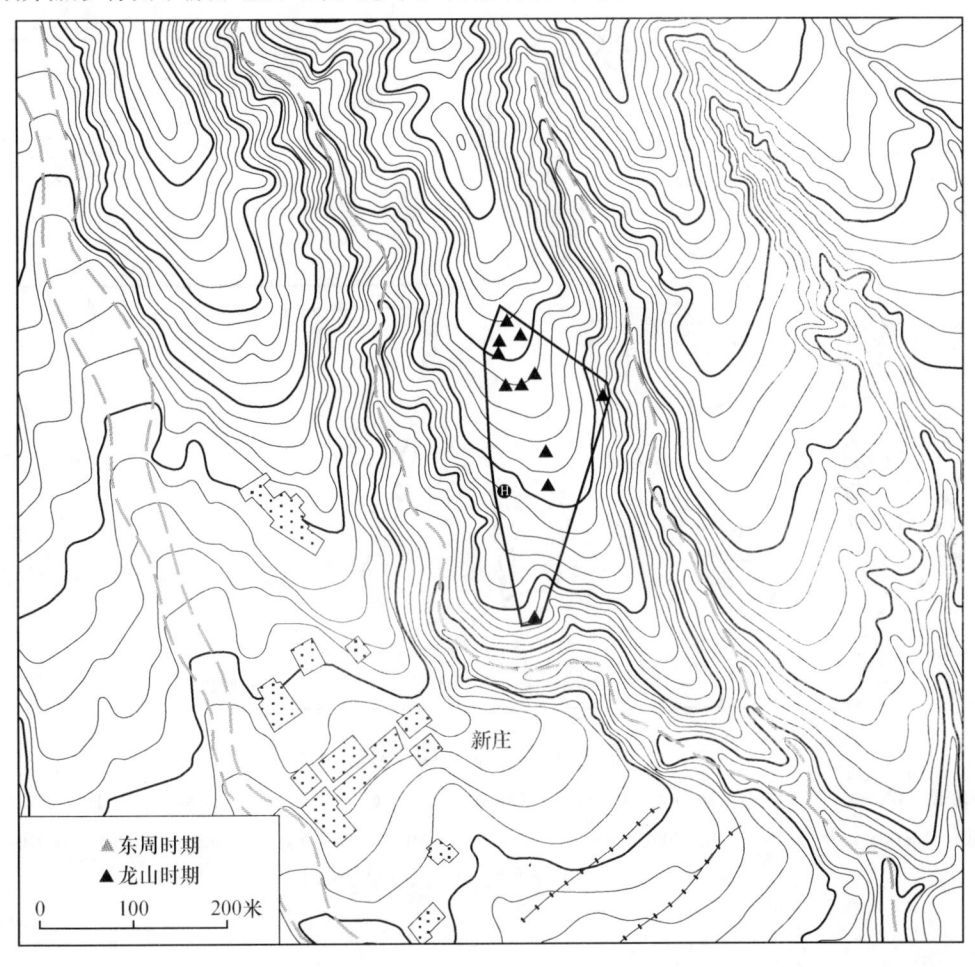

图4-228　新庄遗址二里头时期遗存分布图

陶鬲　DX070518I005:1，夹砂灰陶。方唇，口外翻，分裆。分裆处有泥饼装饰（图4-229，5）。

陶鬲足　DX070518L006:2，夹砂灰陶。实足跟，高锥足。足部饰细绳纹（图4-229，6）。

陶甗　DX070518L002-H∶1，夹砂褐陶。圆唇，翻沿，敞口，深腹。腹部饰规整绳纹。口径46、残高26厘米（图4-229，8）。

陶盆　DX070518I004∶1，夹砂灰陶。圆唇，口外翻，深腹。腹部饰绳纹（图4-229，7）。

石斧　DX070518L008∶1，青灰色。上窄下宽，双面刃。通体琢制，刃部磨光。长11.4、宽4.9、厚3.5厘米（图4-229，2）。

3. 东周时期

东周时期遗存见于遗址中、南部，只有零星发现，遗存分布非常稀疏（图4-227）。未见任何遗迹现象，只在地表发现有陶片。陶片多夹砂灰陶，纹饰有粗大绳纹，可辨器形有罐等。

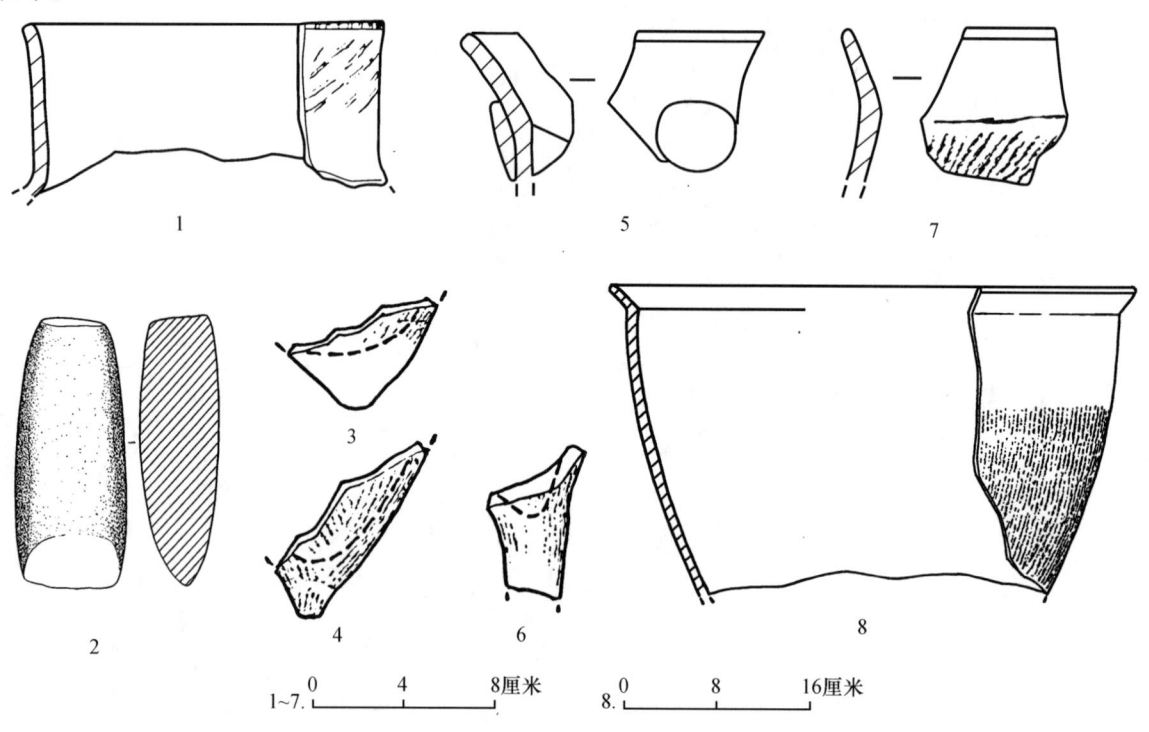

图4-229　新庄遗址陶、石器

1. 陶高领罐（DX070518L002∶1）　2. 石斧（DX070518L008∶1）　3、4、6. 陶鬲足（DX070518L009∶1、DX070518L006∶1、DX070518L006∶2）　5. 陶鬲（DX070518I005∶1）　7. 陶盆（DX070518I004∶1）　8. 陶甗（DX070518L002-H∶1）

（1、3、4. 龙山时期；2、5~8. 二里头时期）

八九、野庄遗址

野庄遗址位于代县雁门关乡野庄村西北300米，面积3.1万平方米。遗址处在山前台地下的冲积扇上，海拔1180~1240米，背风向阳，地势较高起伏大，坡度大。发源于山脚下的水流先经遗址北部，再经遗址东南部向南流去。遗存分布较为密集，但落差较大。遗址包含二里头、东周两个时期的遗存，其中，东周时期部分遗存可进一步确认为春秋、战国时期。

1. 二里头时期

二里头时期遗存只见于遗址北部，只有个别发现，遗存分布非常稀疏（图4-230）。未见任何遗迹现象，只在地表发现少量陶片。陶片多夹砂陶，纹饰以绳纹为主，可辨器形有鬲等。

在遗址东北500米处发现有这个时期的零星遗存。

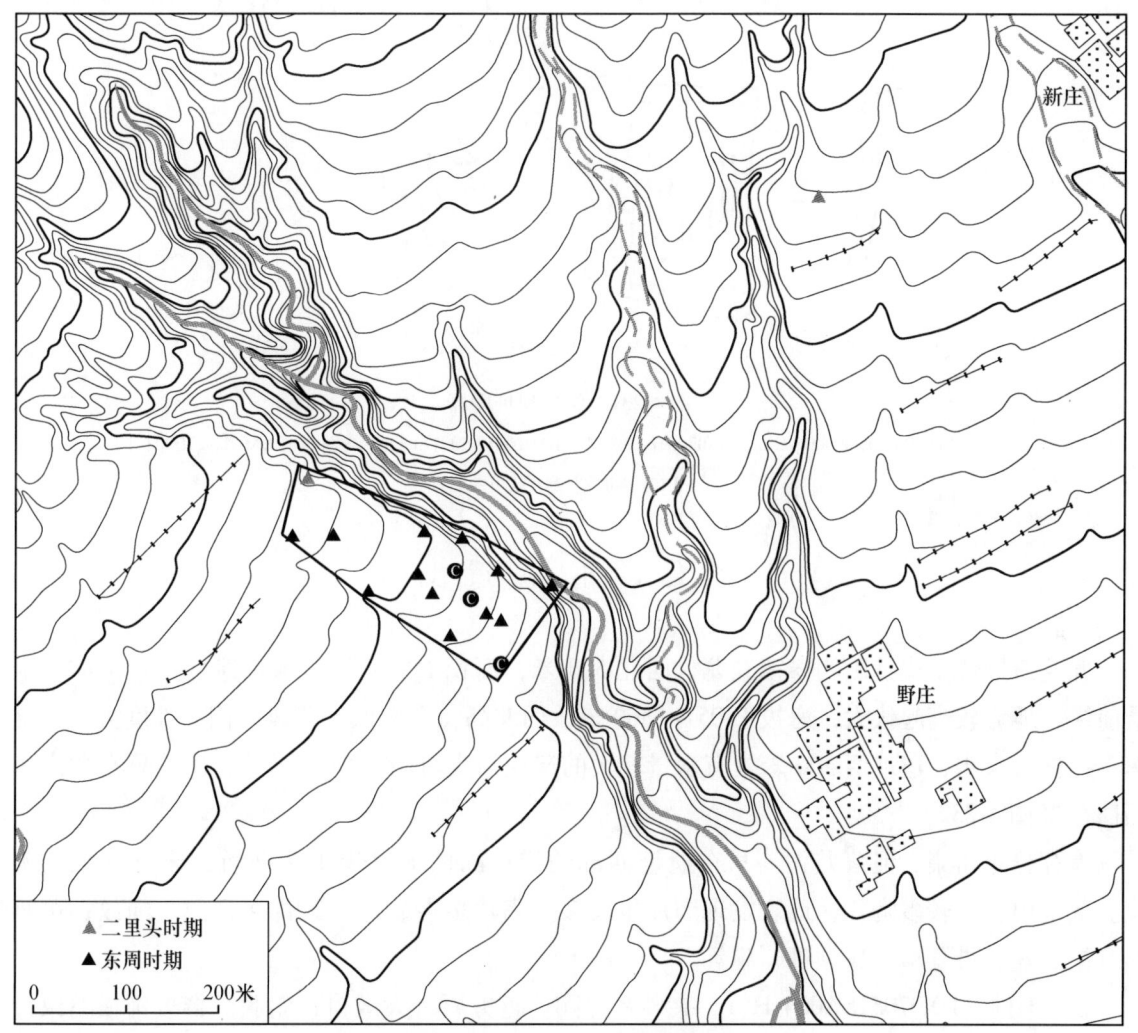

图4-230 野庄遗址遗存分布图

鬲足 1件。DX070518D007:1，夹砂褐陶。锥状实足跟。足部饰绳纹（图4-231，4）。

2. 东周时期

东周时期遗存见于遗址北部之外的其他位置，遗存分布较为密集（图4-230）。在遗址中、南部梯田的断面共发现3处文化层，未见其他遗迹现象，文化层厚薄不均，最厚超过2米多。

文化层内包含有较多陶片，地表也发现有陶片。陶片以泥质灰陶和夹砂灰陶为主，纹饰多绳纹，可辨器形有盆、鼎等。

盆　3件。DX070518D004-C:1，泥质灰陶。斜方唇，折沿，深腹。腹部饰绳纹（图4-231，1）。DX070518E003:1，泥质灰陶。方唇，折沿，深腹。腹部饰绳纹（图4-231，2）。DX070518H001:1，泥质灰陶。折沿，深腹。腹部饰绳纹（图4-231，3）。

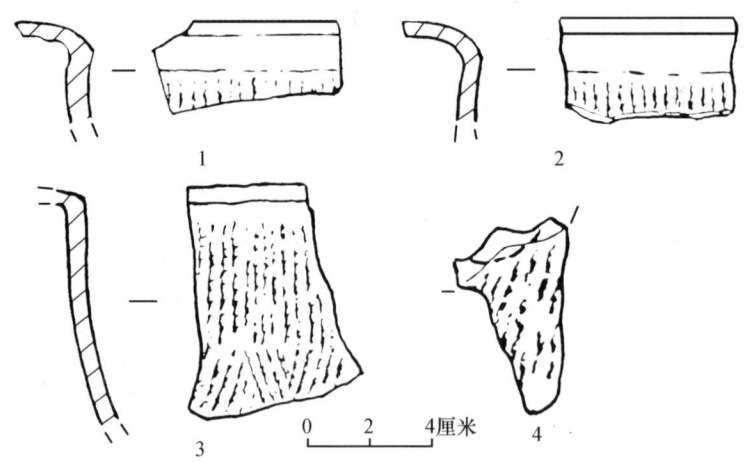

图 4-231　野庄遗址陶器
1~3. 盆（DX070518D004-C:1、DX070518E003:1、DX070518H001:1）　4. 鬲足（DX070518D007:1）
（1~3. 东周时期；4. 二里头时期）

九〇、九 龙 遗 址

九龙遗址位于代县阳明堡镇九龙村西北500米，面积1.7万平方米。遗址处在山前台地的最前缘，地势较高起伏大，海拔1305~1360米，西北高，东南低，背风向阳，坡度大。遗址东南不远处有泉水，遗址西400米处有水量较大的滹沱河支流由北向南流过。遗址只有龙山时期的遗存（图4-232）。

遗存分布密集，但落差大。只在遗址西部的梯田断面上发现1个灰坑，未见其他遗迹现象。灰坑内包含较多陶片，地表发现陶片也较多。陶片多夹砂陶，纹饰多篮纹、绳纹，可辨器形有鬲、盆、带耳罐、高领罐、罐等。

盆　1件。DX070518A004-H:1，夹砂灰黑陶。近方唇，大敞口，斜腹。器表饰横篮纹。口径36、残高8厘米（图4-233，1）。

带耳罐　1件。DX070518F003:1，泥质褐陶。口耳罐，桥形耳，折肩，深腹。素面（图4-233，3）。

高领罐　1件。DX070518C001:1，夹砂灰陶。圆唇加厚，高领。领部有绳纹（图4-233，4）。

罐　1件。DX070518A005:1，夹砂灰陶。深腹，平底。腹部饰绳纹。底径10、残高7厘米（图4-233，2）。

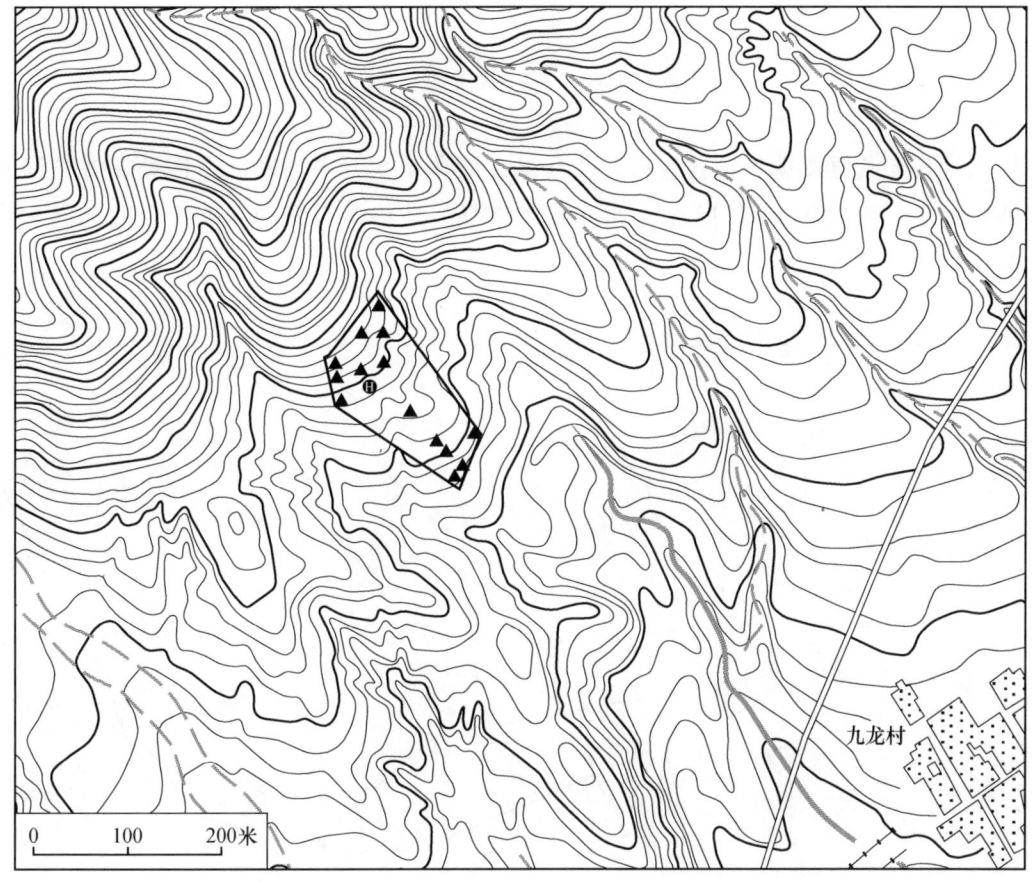

图 4-232　九龙遗址遗存分布图

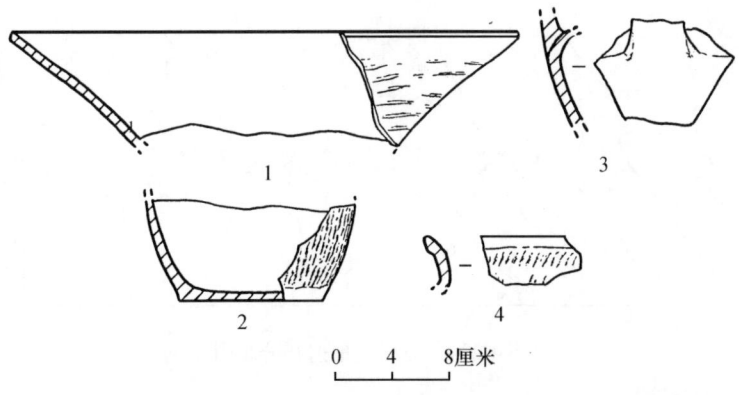

图 4-233　九龙遗址陶器

1. 盆（DX070518A004-H:1）　2. 罐（DX070518A005:1）　3. 带耳罐（DX070518F003:1）
4. 高领罐（DX070518C001:1）

九一、方村遗址

方村遗址位于代县阳明堡镇方村东北750米，面积7.5万平方米。遗址处在滹沱河北岸逐渐抬升的阶地上，海拔975~1015米，西北高东南低，地势略有倾斜，地形由西北向东南逐渐降低，起伏较小。遗址南、北面都有汇入滹沱河的季节性河流流过。遗址只有龙山时期的遗存（图4-234）。

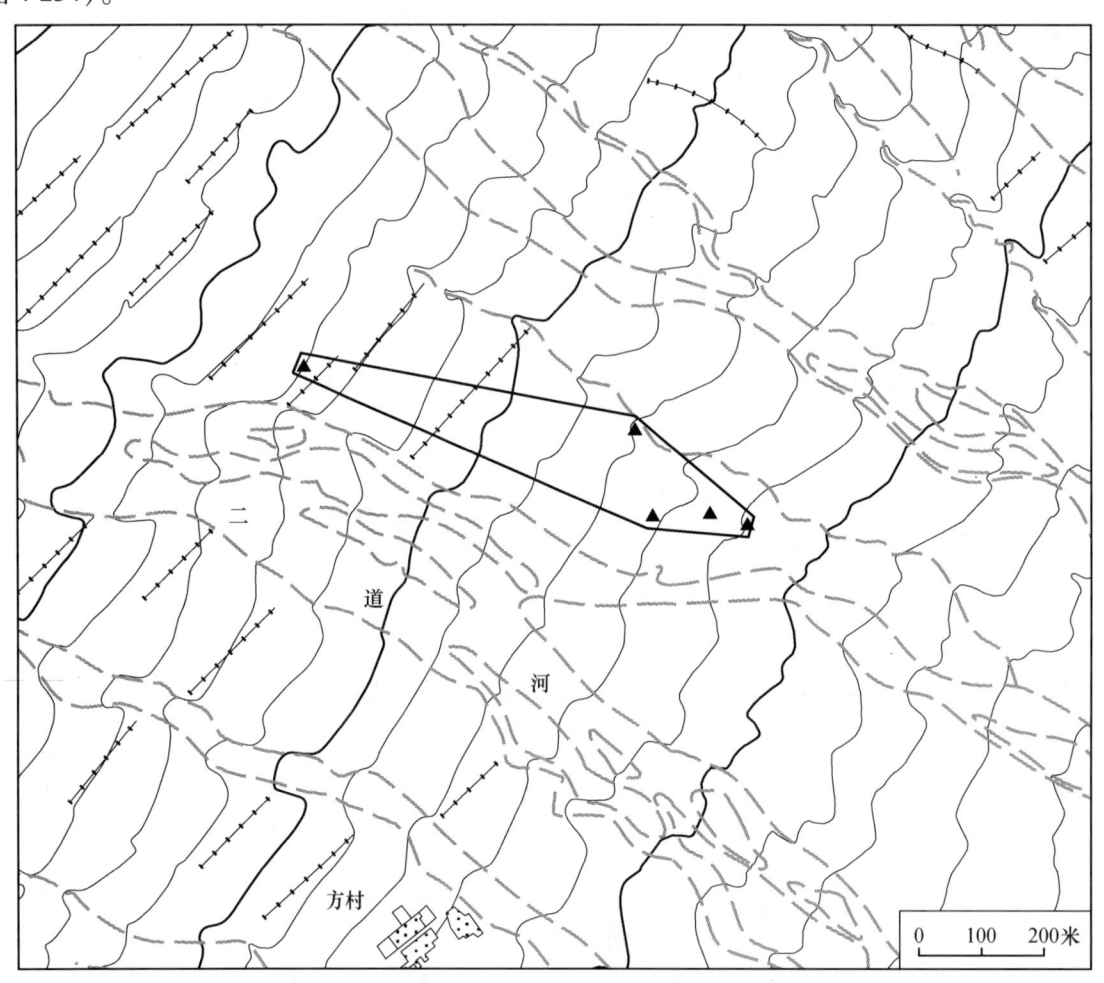

图4-234　方村遗址遗存分布图

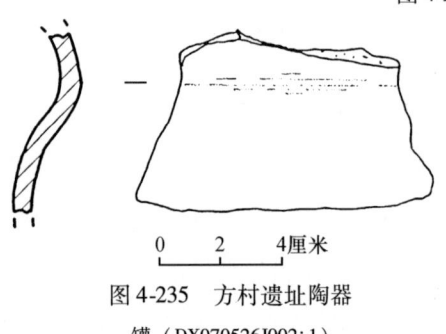

图4-235　方村遗址陶器
罐（DX070526I002∶1）

遗存分布稀疏。未见任何遗迹现象，只在地表发现有陶片。陶片多夹砂陶，纹饰多篮纹、绳纹，可辨器形有罐等。

罐　1件。DX070526I002∶1，夹砂褐陶。口外翻，束颈，鼓肩。素面（图4-235）。

九二、宇文遗址

宇文遗址位于代县阳明堡镇宇文村南、西王庄北，面积31.5万平方米（彩版五一）。遗址处在滹沱河北岸逐渐抬升的阶地上，海拔890~910米，北高南低，内有浅冲沟，地势起伏很小。遗址东、西两侧都有通往滹沱河的季节性河流流过。西部遗存分布相对稀疏，但东部遗存分布则较为密集。遗址包含龙山、二里头、东周三个时期的遗存。

1. 龙山时期

龙山时期遗存分布于整个遗址，尤以遗址东部遗存分布最为密集（图4-236）。在遗址中部梯田的断面上发现2个灰坑，未见其他遗迹现象。灰坑内包含有较多陶片，地表也发现较多陶片。陶片以夹砂灰陶为多，纹饰多绳纹、篮纹，可辨器形有鬲、甗、蛋形瓮、豆、高领罐、带耳罐、罐等。

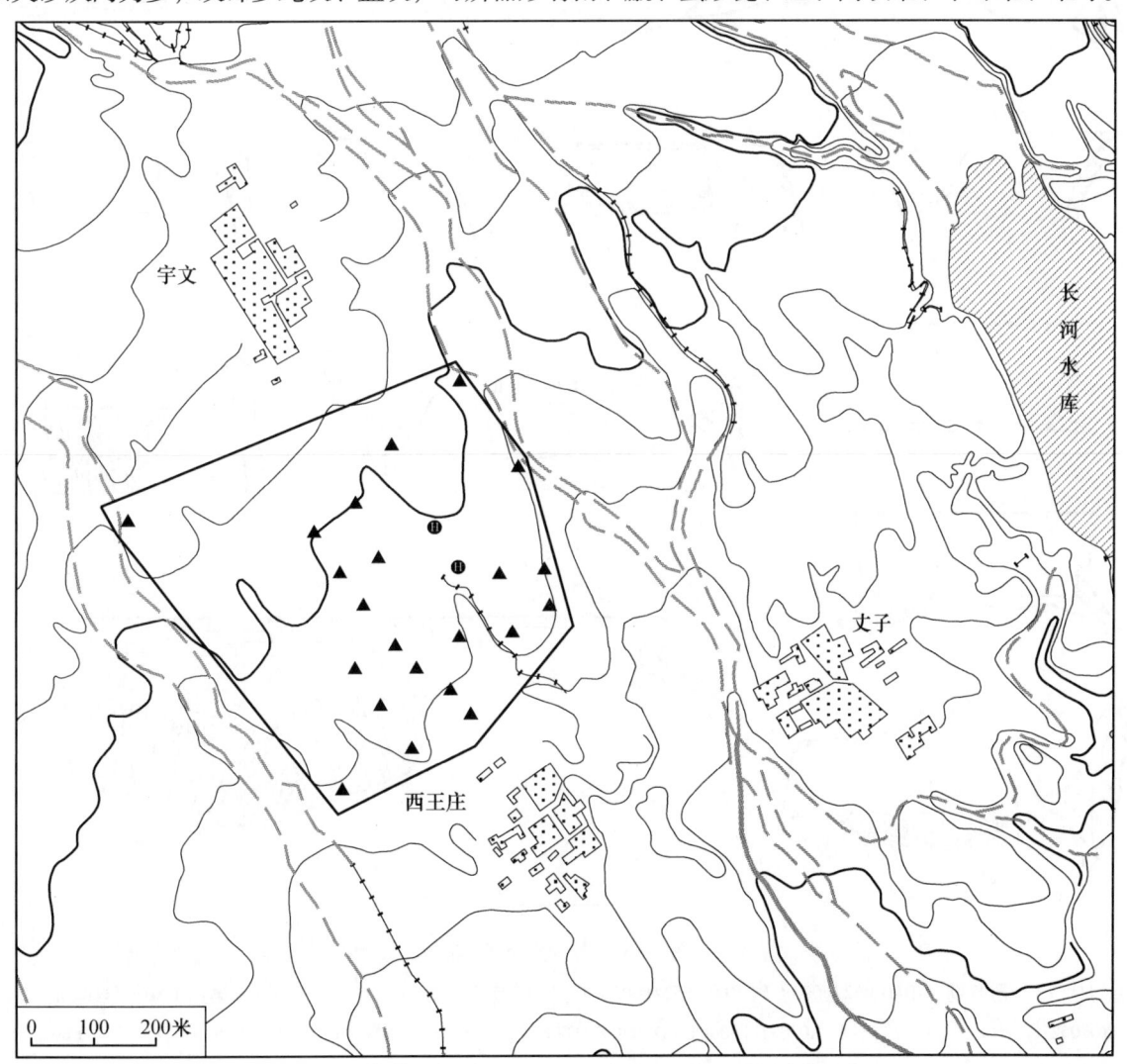

图4-236　宇文遗址龙山时期遗存分布图

鬲 1件。DX070527K002:1，夹砂灰陶。圆唇，口外翻，矮领，鼓腹，肥袋足。颈部饰不规则弦纹，唇部及腹部饰绳纹，裆部有鋬手。口径34、残高11.6厘米（图4-237，13）。

鬲足 1件。DX070527K002:4，夹砂灰陶。空袋足。足部饰不规整绳纹（图4-237，10）。

甗 3件。DX070527K004:2，夹砂灰黑陶。束腰，有隔，隔上有孔。腰部有附加堆纹，腹部饰绳纹（图4-237，8）。DX070527F005:3，夹砂灰陶。束腰，有隔。上、下腹饰绳纹，腰部有附加堆纹（图4-237，5）。DX070527K003:1，夹砂灰陶。束腰，有隔。上腹部饰篮纹，腰部有附加堆纹（图4-237，7）。

蛋形瓮 3件。DX070527F005:1，夹砂灰陶。平沿，口部加厚，微敛口，深腹。器表饰粗

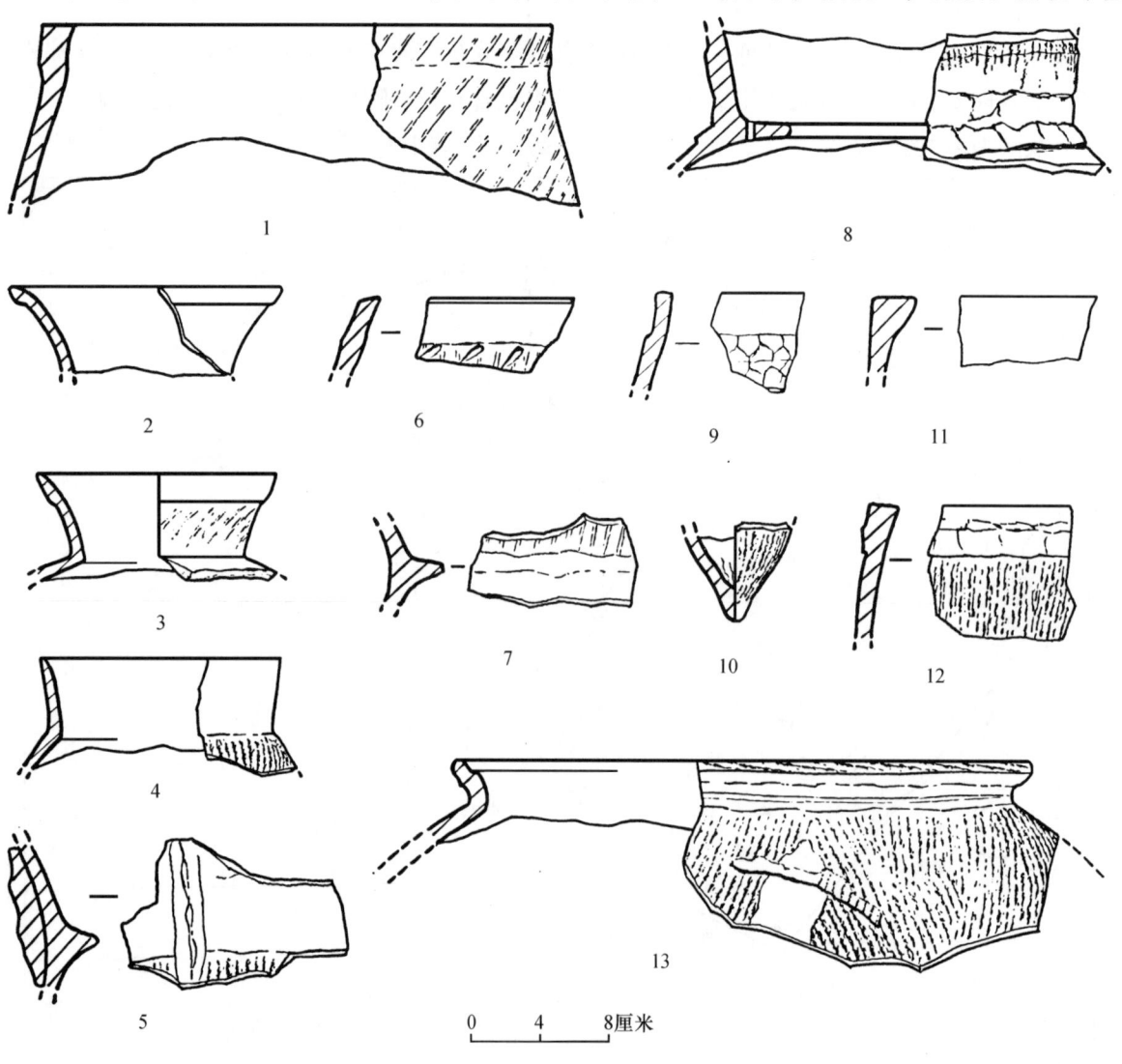

图4-237 宇文遗址陶器
1、11、12. 蛋形瓮（DX070527F003:1、DX070527F005:2、DX070527F005:1） 2、3. 高领罐（DX070527K002:2、DX070527K004:1） 4、9. 罐（DX070527F006:1、DX070527F006:2） 5、7、8. 甗（DX070527F005:3、DX070527K003:1、DX070527K004:2） 6. 敛口瓮（DX070527F004:1） 10. 鬲足（DX070527K002:4） 13. 鬲（DX070527K002:1）
（1～5、7～13. 龙山时期；6. 二里头时期）

乱绳纹（图4-237，12）。DX070527F005：2，泥质黑皮陶。平沿内折，口部加宽，微敛口，深腹。素面（图4-237，11）。DX070527F003：1，泥质灰陶。平沿，口厚，微敛口，深鼓腹。器表饰斜篮纹。口径30、残高10厘米（图4-237，1）。

高领罐　2件。DX070527K002：2，泥质褐陶。口外翻，高领。素面。口径16、残高4.8厘米（图4-237，2）。DX070527K004：1，泥质褐陶。小口，圆唇加厚，口外翻，高领，鼓肩。领部饰斜篮纹。口径14、残高6厘米（图4-237，3）。

罐　2件。DX070527F006：1，夹砂灰陶。圆唇，近直口，有领，鼓腹。腹部饰绳纹。口径14、残高6厘米（图4-237，4）。DX070527F006：2，夹砂褐陶。直口，微鼓腹。口下有附加堆纹（图4-237，9）。

2. 二里头时期

二里头时期遗存见于遗址中部偏南，遗存分布较稀疏（图4-238）。未见任何遗迹现象，只

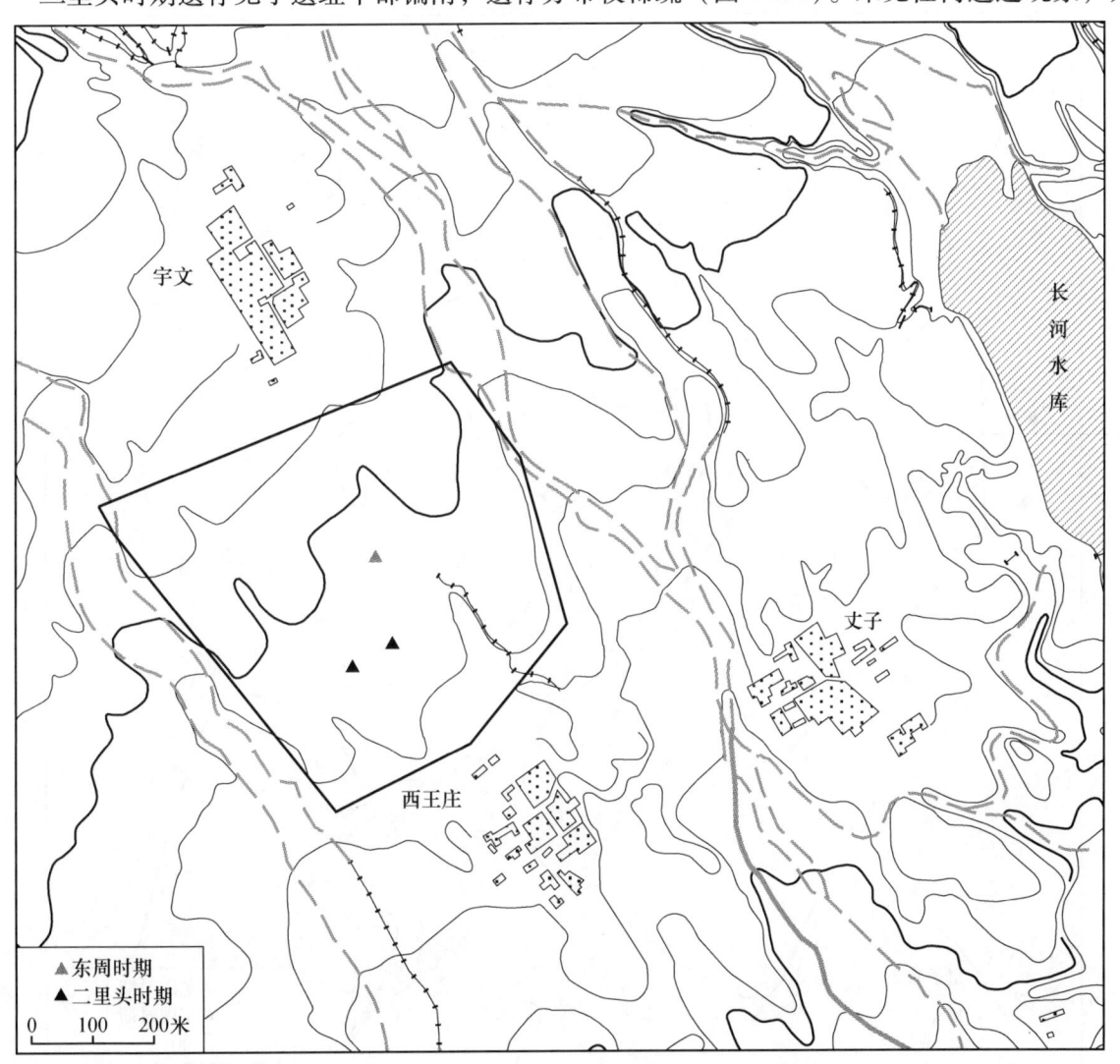

图4-238　宇文遗址二里头、东周时期遗存分布图

在地表发现零星陶片。陶片多灰陶，纹饰多绳纹，可辨器形有敛口瓮等。

敛口瓮　1件。DX070527F004∶1，泥质灰陶。平沿，敛口，鼓腹。腹部饰篮纹，上有楔形戳印纹（图4-237，6）。

3. 东周时期

东周时期遗存只见于遗址中部，只有个别发现，遗存分布很稀疏（图4-238）。未见任何遗迹现象，只在地表发现少量陶片。陶片多夹砂灰陶，纹饰多绳纹。

九三、窑子头遗址

窑子头遗址位于代县阳明堡镇窑子头村东北350米，面积8.6万平方米（彩版五一）。遗址处在滹沱河北岸逐渐抬升的阶地上，海拔875～895米，北高南低，内有浅冲沟，地势略有起

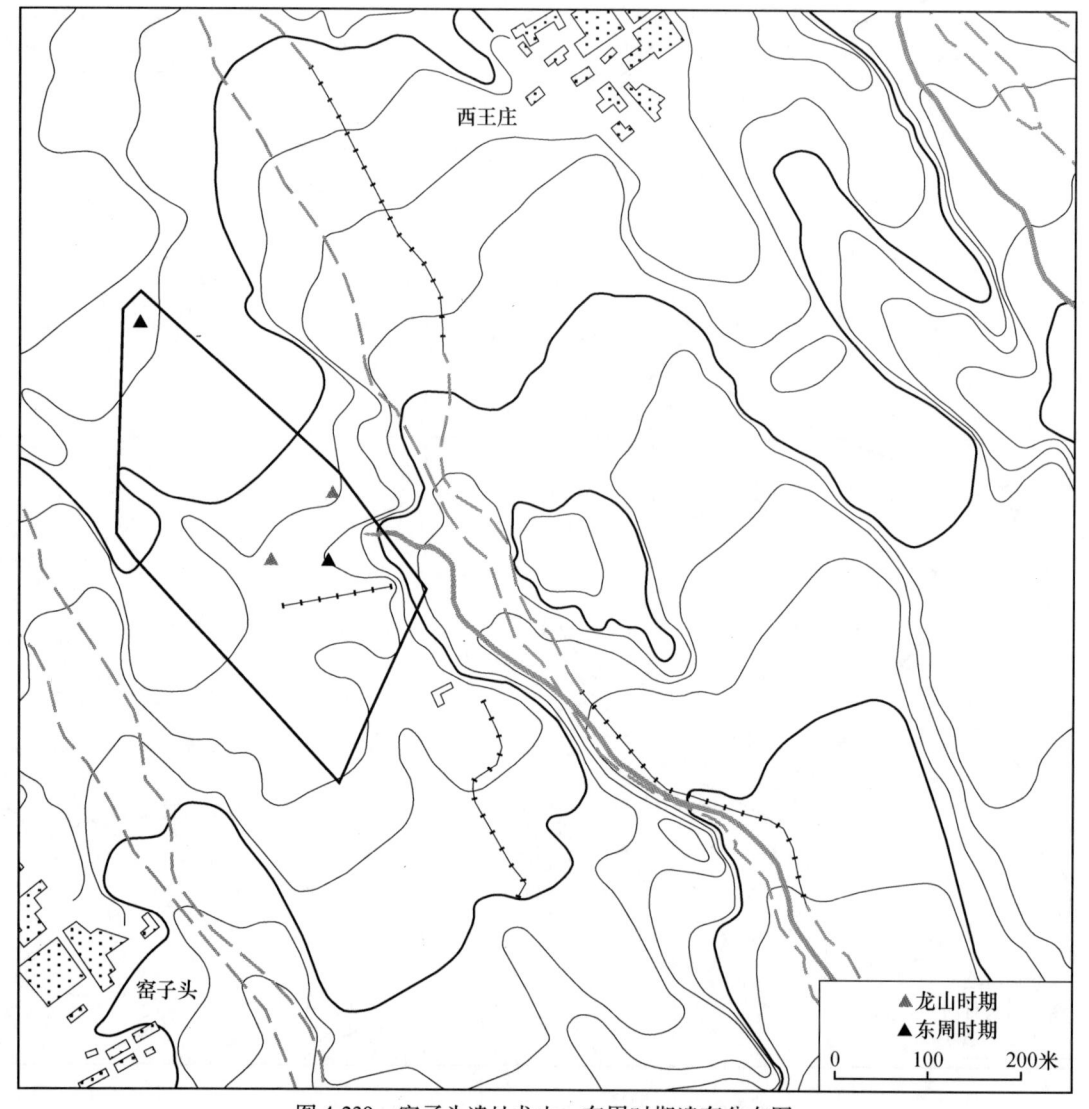

图4-239　窑子头遗址龙山、东周时期遗存分布图

伏。遗址东、西两侧都有通往滹沱河的河流流过。遗存分布略显稀疏。遗址包含有龙山、二里头、商、东周四个时期的遗存。

1. 龙山时期

龙山时期遗存见于遗址中部，只有零星发现，遗存分布较为稀疏（图4-239）。未见任何遗迹现象，只在地表发现有陶片。陶片多夹砂灰陶，纹饰有篮纹。

2. 二里头时期

二里头时期遗存见于整个遗址，遗存分布略显密集（图4-240）。除在遗址中部发现3个灰坑之外，未见其他遗迹现象。灰坑内包含陶片较多，地表也发现较多陶片。陶片多夹砂灰陶，纹饰以绳纹为主，可辨器形有鬲、甗、蛋形瓮、盆、罐等。

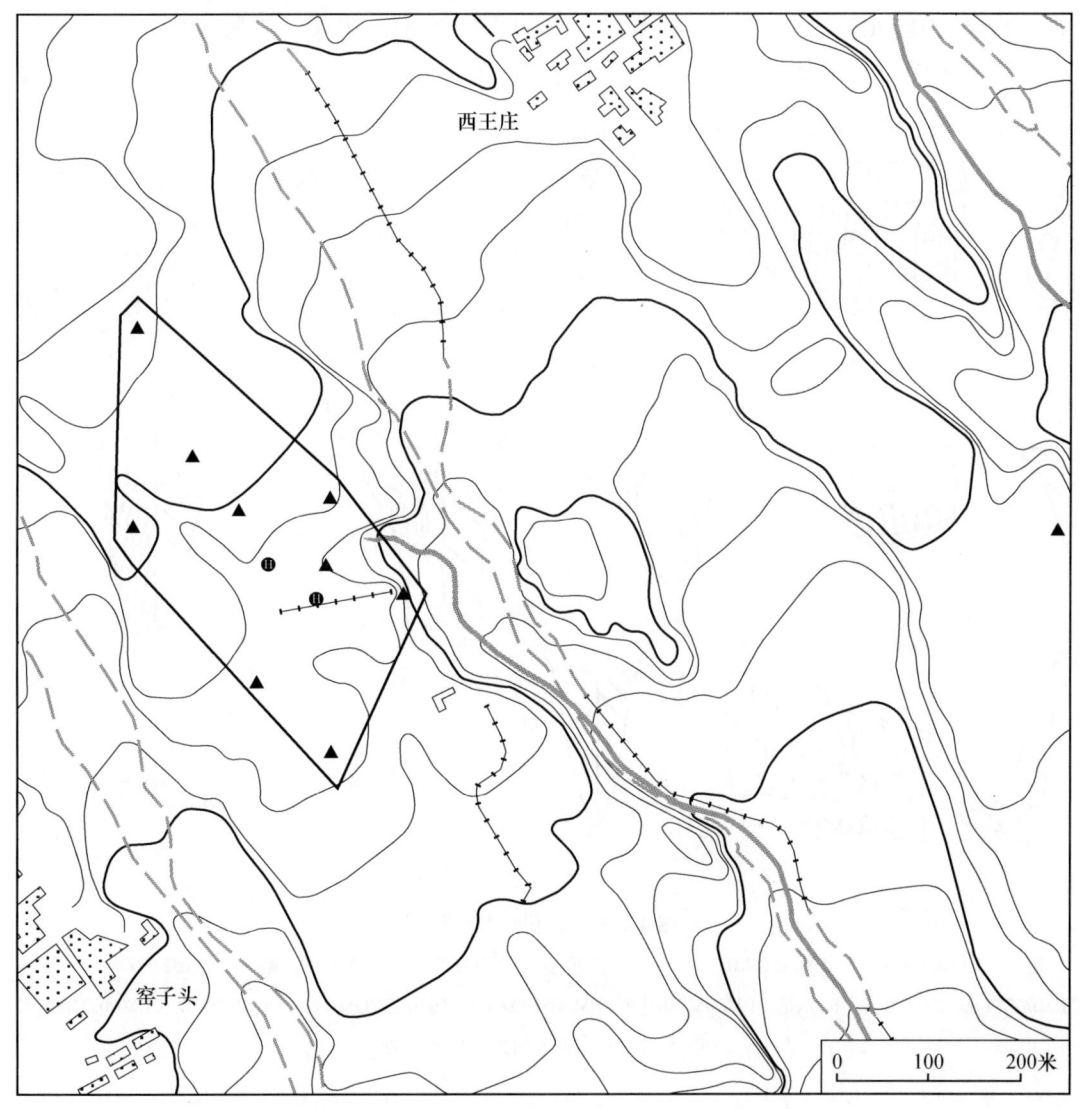

图4-240　窑子头遗址二里头时期遗存分布图

在遗址东面700米处有这个时期的零星陶片分布。

鬲足 2件。DX070527C002：1，夹砂灰陶（细砂）。肥袋足，实足跟。足部饰绳纹，跟部素面（图4-242，8）。DX070527A001：1，夹砂灰褐陶。实足跟，锥足。足部饰绳纹，跟部素面（图4-242，5）。

甗 1件。DX070527H004：1，夹砂灰陶。束腰，有隔。腹部饰绳纹，腰部有附加堆纹（图4-242，3）。

蛋形瓮 1件。DX070527H002：1，夹砂黑灰陶。平沿内折，敛口，鼓腹。腹部饰凌乱绳纹（图4-242，2）。

蛋形瓮足 1件。DX070527H003：2，夹砂灰褐陶。实足跟。足部饰绳纹（图4-242，9）。

盆 1件。DX070527C003：2，夹砂灰陶。圆唇，口外翻，微鼓腹。腹部饰绳纹，上有戳印纹（图4-242，4）。

罐 2件。DX070527I003：1，夹砂灰陶。方唇，口外翻，束颈，鼓腹。唇部有纹饰，口下饰绳纹，上有戳印纹（图4-242，7）。DX070527H004：2，夹砂灰褐陶。圆唇，侈口，束颈，鼓肩。口下有鋬手，器表饰规整细绳纹（图4-242，1）。

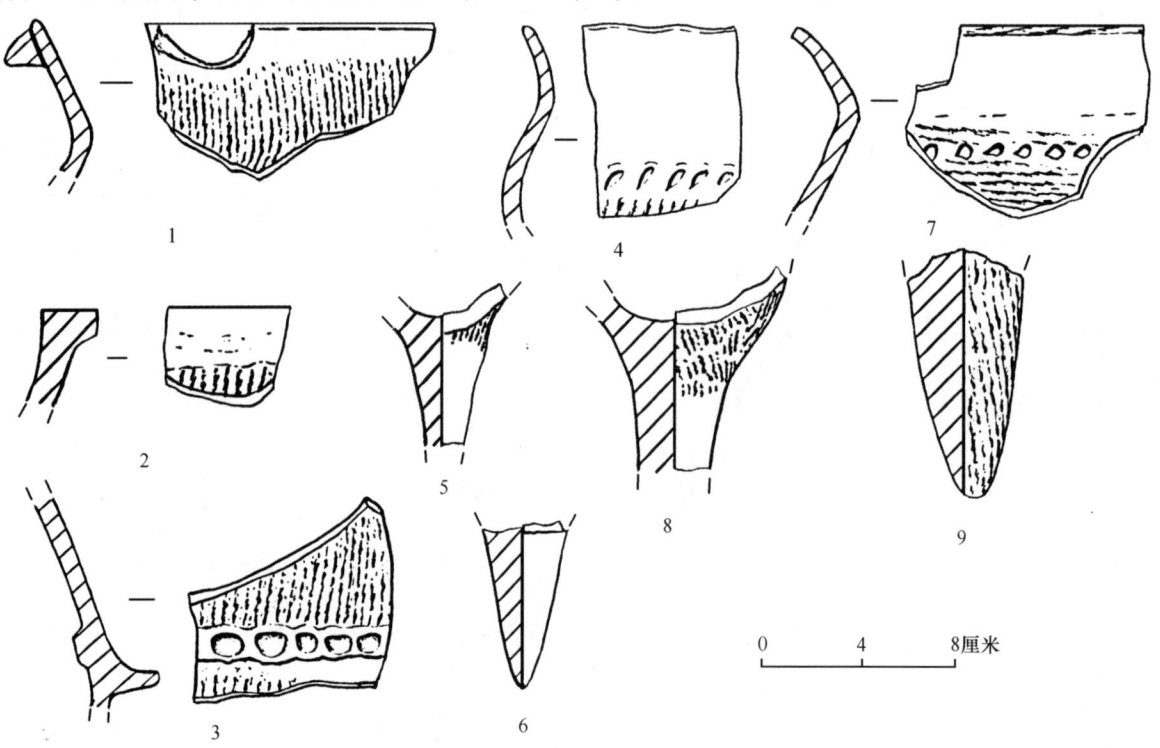

图4-241 窑子头遗址陶器

1、7. 罐（DX070527H004：2、DX070527I003：1） 2. 蛋形瓮（DX070527H002：1） 3. 甗（DX070527H004：1） 4. 盆（DX070527C003：2） 5、6、8. 鬲足（DX070527A001：1、DX070527C003：1、DX070527C002：1） 9. 蛋形瓮足（DX070527H003：2）

（1~5、7~9. 二里头时期；6. 商时期）

3. 商时期

商时期遗存见于遗址中部，只有零星发现，遗存分布较稀疏（图4-242）。未见任何遗迹现象，只在地表发现零星陶片，数量较少。陶片多夹砂灰陶，纹饰多绳纹，可辨器形有鬲等。

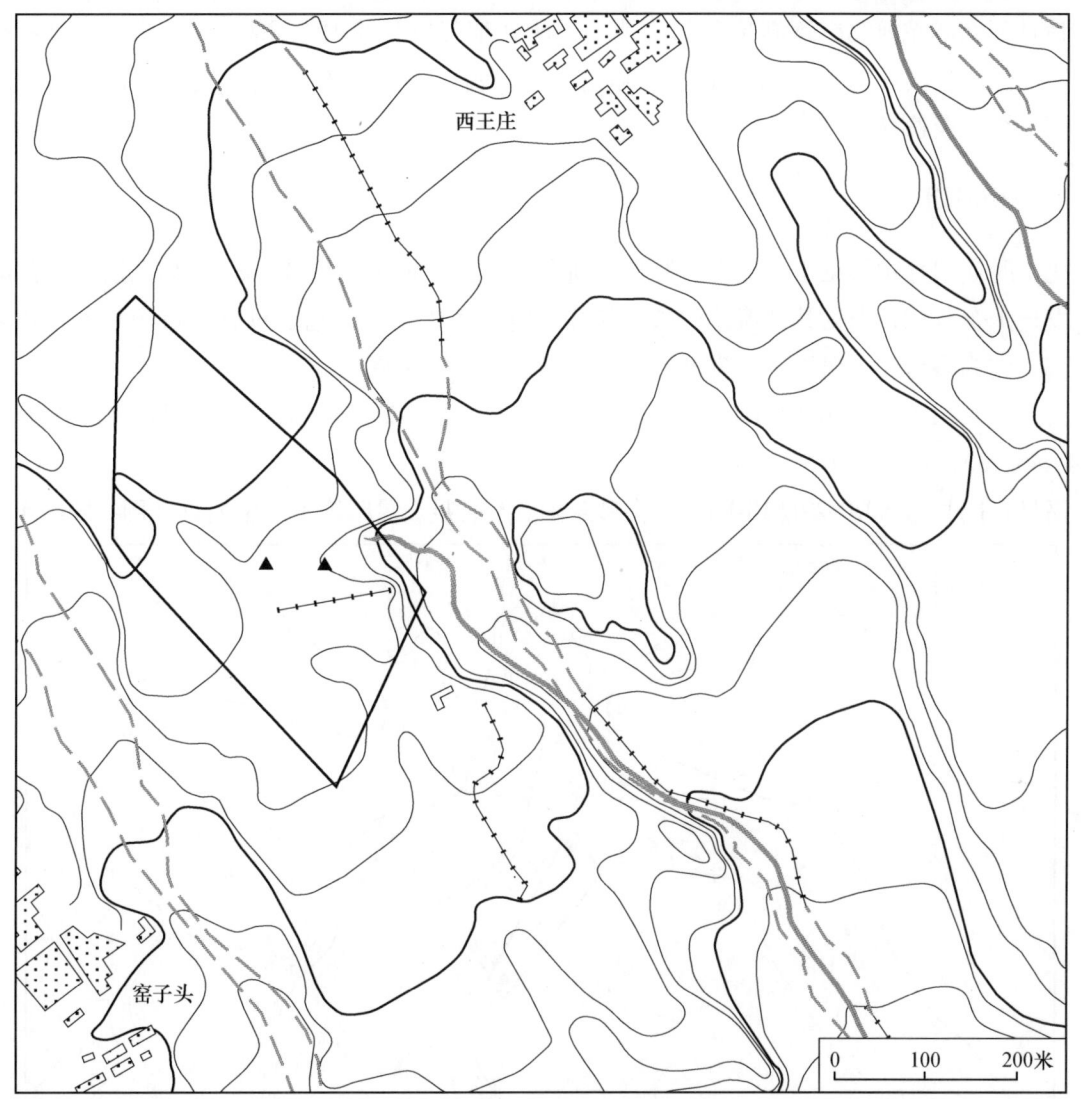

图 4-242　窑子头遗址商时期遗存分布图

鬲足　DX070527C003∶1，夹砂灰褐陶。高实足跟，锥足。素面（图4-241，6）。

4. 东周时期

东周时期遗存见于遗址中、北部，只有零星发现，遗存分布非常稀疏（图4-239）。未见任何遗迹现象，只在地表发现少量陶片。陶片多灰陶，纹饰以绳纹为主。

九四、西庄Ⅰ号遗址

西庄Ⅰ号位于代县阳明堡镇西庄村东北600米，面积较小，只有0.7万平方米（彩版五二，2）。遗址处在滹沱河北岸逐渐抬升的阶地上，所处地带狭长，海拔860~870米，地势略有起伏。遗址西侧是浅冲沟，东侧则是通往滹沱河的河流。遗存分布稀疏。遗址包含龙山、二里头、商三个时期遗存。

1. 龙山时期

龙山时期遗存主要见于遗址南、北部，遗存分布较为稀疏（图4-243）。只在遗址北部的断面上发现1个灰坑，未见其他遗迹现象。灰坑内包含陶片较多，地表只有少量陶片。陶片多夹砂灰陶，纹饰多篮纹、绳纹，可辨器形有鬲、盘、盆、折肩罐。

鬲　1件。DX070529L010-H1：2，夹砂灰黑陶。圆唇，侈口，矮领，鼓腹。器表饰不规整绳纹（图4-246，3）。

鬲足　1件。DX070529L010-H1：4，夹砂灰陶。空袋足。足跟饰不规整绳纹（图4-246，4）。

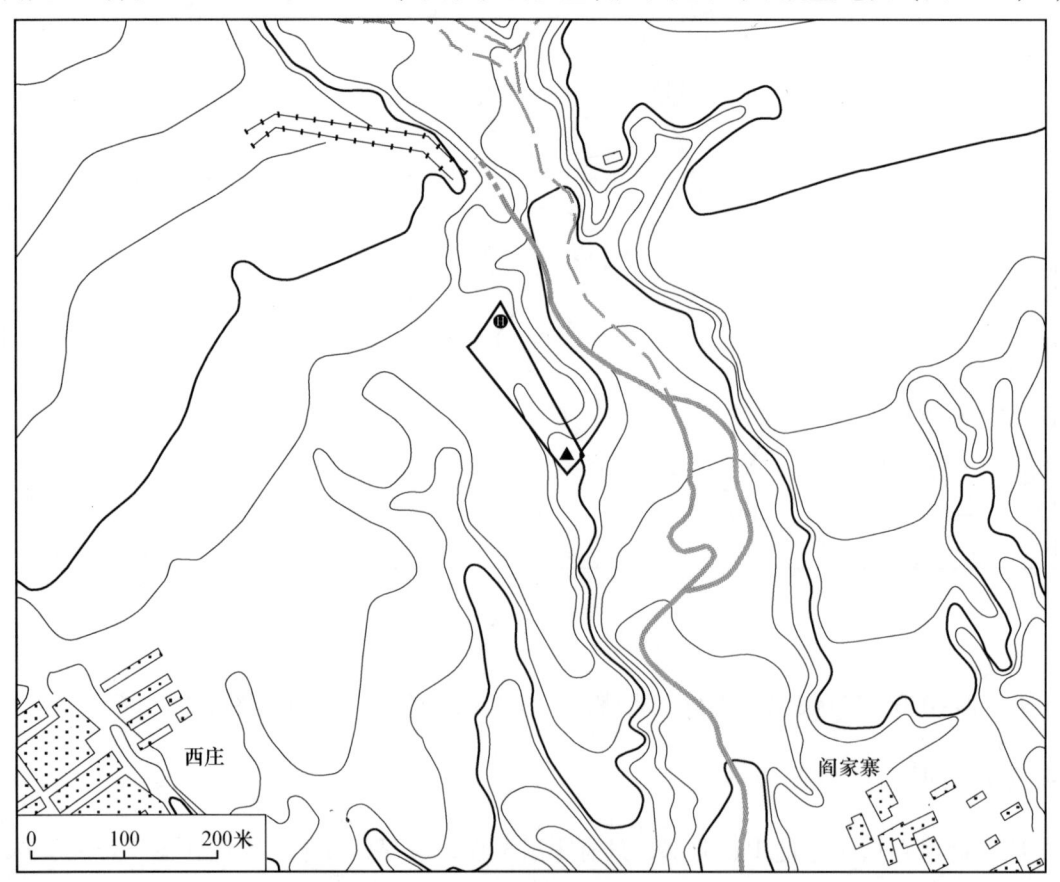

图4-243　西庄Ⅰ号遗址龙山时期遗存分布图

蛋形瓮　1件。DX070529L010-H1：3，泥质褐陶。平沿，微敛口，深腹。器表饰绳纹，上有三角刻划纹。口径16、残高6厘米（图4-246，5）。

蛋形瓮足　1件。DX070529L010-H1：1，夹砂褐陶。圜底，锥状实足跟，粗大。足部饰绳纹（图4-246，6）。

盆　1件。DX070529L010-H1：5，泥质灰陶。圆唇，敞口，斜腹，平底。腹部饰竖篮纹。口径30、底径13、高10厘米（图4-246，1；彩版一〇五，1）。

盘　1件。DX070529L010-H1：6，泥质灰陶。斜腹，平底，有圈足（图4-246，2）。

折肩罐　1件。DX070529L010-H1：7，夹砂灰陶（夹细砂）。折肩，深腹。器表饰篮纹（图4-246，7）。

2. 二里头时期

二里头时期遗存分布于整个遗址，遗存分布稀疏（图4-244）。遗迹全部暴露于遗址东北角的断面上，发现1处文化层和1个灰坑，未见其他遗迹现象，文化层堆积较薄，灰坑为口大底小状。遗迹内包含物丰富，尤以陶片最多，陶片多灰陶，纹饰以绳纹为主，可辨器形有鬲、蛋形瓮、盆、罐等。

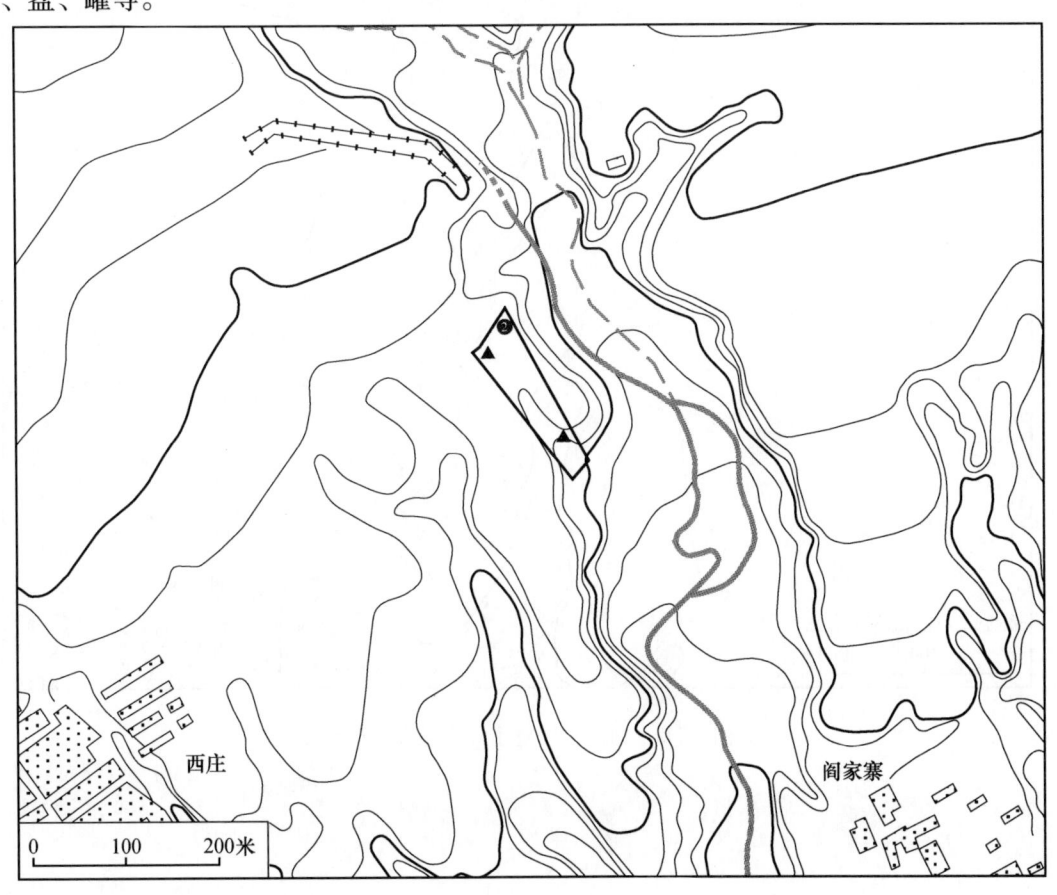

图4-244　西庄Ⅰ号遗址二里头时期遗存分布图

蛋形瓮　3件。DX070529L010-C:4，夹砂灰褐陶。平沿，敛口，鼓腹。腹部饰绳纹。口径32、残高4.4厘米（图4-246，8）。DX070529L010-C:3，泥质灰陶。平沿，敛口，鼓腹。腹部饰绳纹，最上部饰旋断绳纹。口径22、残高16厘米（图4-247，2）。DX070529L010-C:2，泥质灰陶。深鼓腹，圜底，实足跟。器表饰绳纹（图4-247，3）。

3. 商时期

商时期遗存只见于遗址北部，遗存分布非常稀疏（图4-245）。只发现1处文化层，堆积较薄，未见其他遗迹现象。文化层内包含有陶片等遗物，但地表未发现任何遗物。陶片多夹砂灰陶，纹饰以绳纹为主，可辨器形有鬲等。

鬲　1件。DX070529L010-C:1，夹砂灰陶。圆唇，沿外翻，束颈，鼓腹，分档，实足跟。腹部饰绳纹。口径12、高12.4厘米（图4-247，1；彩版一〇五，2）。

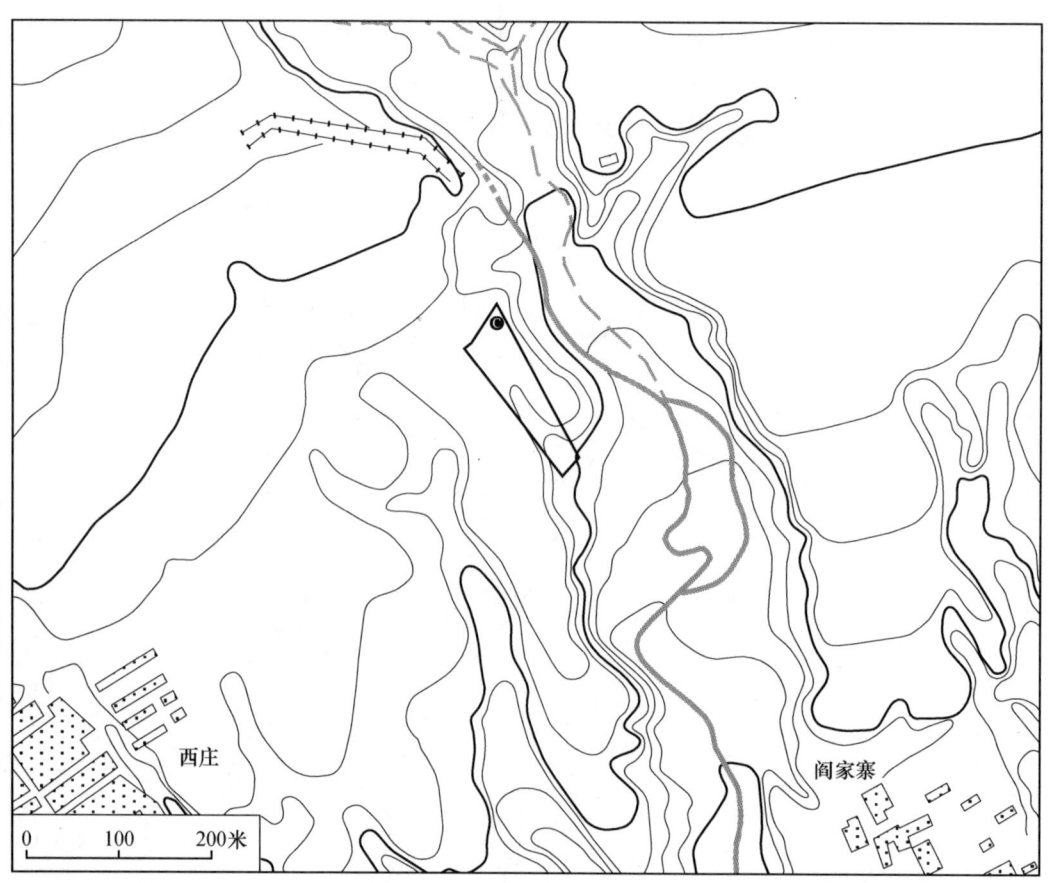

图4-245　西庄Ⅰ号遗址商时期遗存分布图

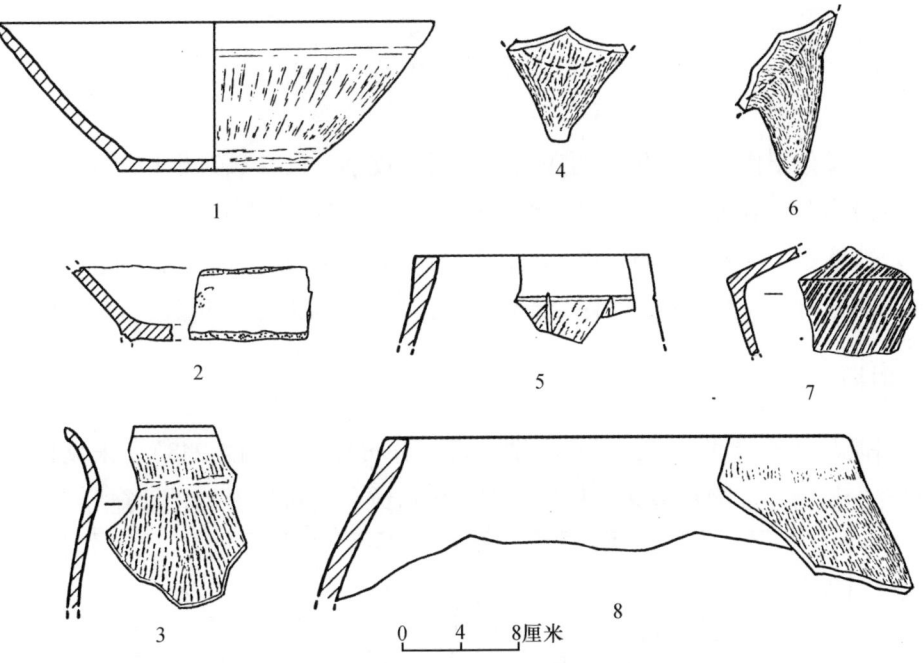

图 4-246　西庄 I 号遗址龙山、二里头时期陶器

1. 盆（DX070529L010-H1:5）　2. 盘（DX070529L010-H1:6）　3. 鬲（DX070529L010-H1:2）　4. 鬲足（DX070529L010-H1:4）　5、8. 蛋形瓮（DX070529L010-H1:3、DX070529L010-C:4）　6. 蛋形瓮足（DX070529L010-H1:1）　7. 折肩罐（DX070529L010-H1:7）

（1~7. 龙山时期；8. 二里头时期）

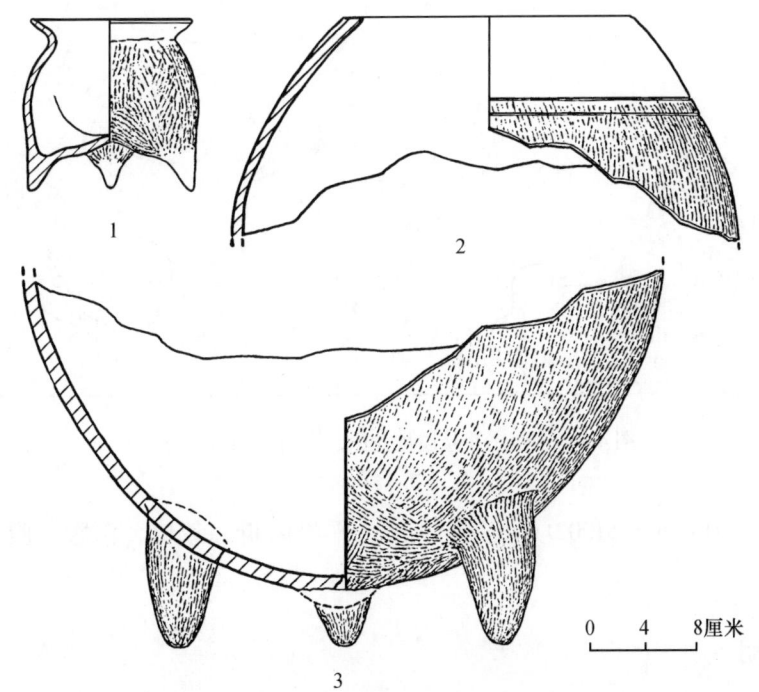

图 4-247　西庄 I 号遗址二里头、商时期陶器

1. 鬲（DX070529L010-C:1）　2、3. 蛋形瓮（DX070529L010-C:3、DX070529L010-C:2）

（1. 商时期；2、3. 二里头时期）

九五、西庄Ⅱ号遗址

西庄Ⅱ号遗址位于代县阳明堡镇西庄村西,面积较小,只有0.7万平方米(彩版五二,2)。遗址处于滹沱河北岸逐渐抬升的阶地上,地势较低,海拔870米左右,东部有一定的坡度,但地势起伏较小。遗址处在两河交汇的三角区域,东、西两侧都有季节性河流流过,两河汇合于遗址东南部后向东南方向注入滹沱河。遗存分布密集。遗址包含龙山、二里头、商三个时期遗存。

1. 龙山时期

龙山时期遗存见于遗址中部,只有个别发现,分布稀疏(图4-248)。未见任何遗迹现象,只在地表发现少量陶片。陶片多夹砂灰陶,纹饰多篮纹,可辨器形有蛋形瓮等。

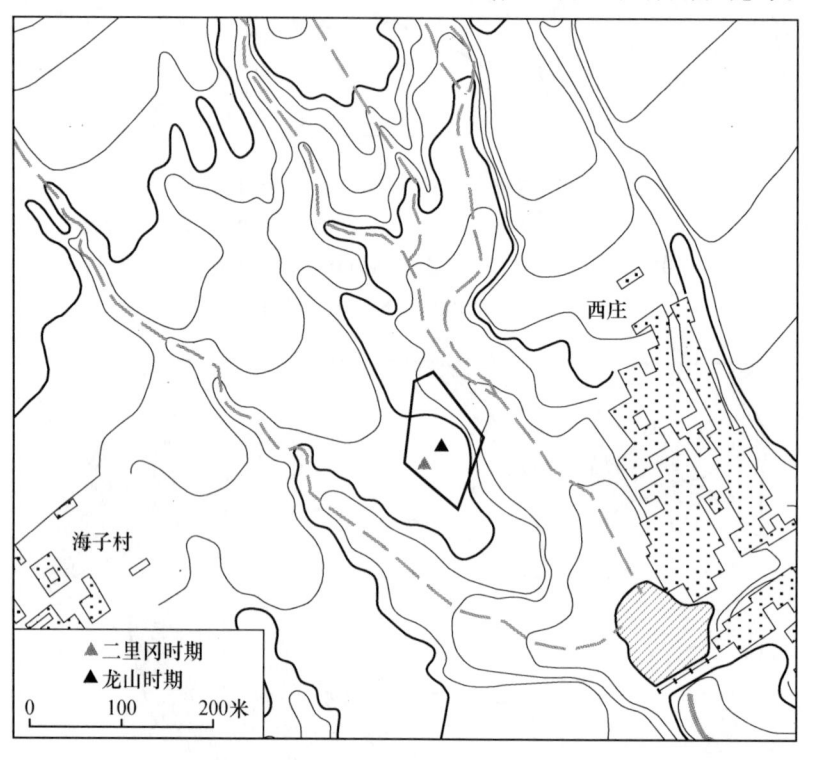

图4-248 西庄Ⅱ号遗址龙山、商时期遗存分布图

蛋形瓮 1件。DX070525I002:6,夹砂灰陶。平沿内折,敛口,深腹。腹部饰竖篮纹(图4-250,5)。

2. 二里头时期

二里头时期遗存分布于整个遗址,遗存分布较为密集(图4-249)。遗迹集中分布在遗址西部的梯田断面,共发现3个灰坑,口大底小者和口小底大者都有,未见其他遗迹现象。灰坑内包含物丰富，尤以陶片最多，地表也发现较多陶片。陶片多夹砂灰陶，纹饰以绳纹为主，可辨器形有鬲、甗、鬶、蛋形瓮、盆、带耳罐（腹耳）、罐等。

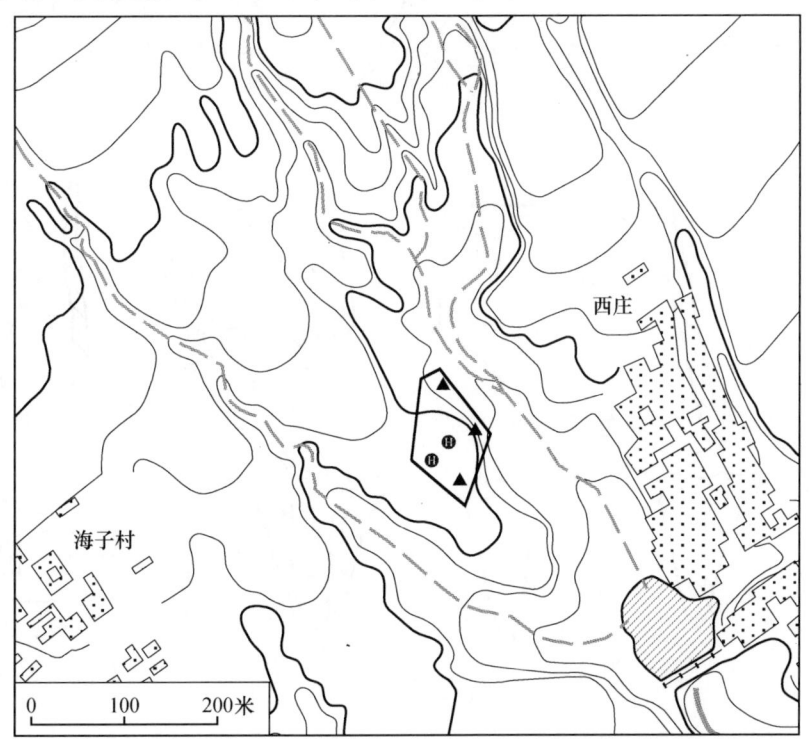

图 4-249　西庄Ⅱ号遗址二里头时期遗存分布图

鬲　3 件。DX070525B002:1，夹砂褐陶。方唇，口外翻，矮领，鼓腹。腹部饰绳纹。口径 28、残高 7.6 厘米（图 4-250，1）。DX070525I002:2，泥质褐陶。近直口，口部不规整，上腹部近直，下腹分裆，分裆靠下，袋足外撇。器表饰绳纹（图 4-250，13）。DX070525I001:3，夹砂灰陶。分裆。裆部饰绳纹（图 4-250，10）。

鬲足　7 件。DX070525I002:8，夹砂灰陶。实足跟。足跟有捆绑沟槽。足部饰绳纹（图 4-250，12）。DX070525B002:4，夹砂红褐陶。实足跟，足跟有捆绑沟槽。足部饰绳纹（图 4-250，11）。DX070525I001:8，夹砂灰褐陶。实足跟。足部饰绳纹，足跟有捆绑沟槽（图 4-250，8）。DX070525I002:5，夹砂灰陶。实足跟。足部饰绳纹，跟部素面（图 4-250，4）。DX070525I001:2，夹砂褐陶。实足跟。足部饰绳纹，足跟素面（图 4-250，6）。DX070525B002:3，夹砂灰褐陶。实足跟较高。足部饰绳纹，跟部素面（图 4-250，7），DX070525B001:1，夹砂灰陶。锥状实足跟。器表饰绳纹（图 4-250，2）

甗　3 件。DX070525I002:3，夹砂灰陶。束腰有隔。上腹部饰绳纹（图 4-250，15）。DX070525I002:4，夹砂灰陶。束腰有隔，鼓腹。腹部饰细绳纹（图 4-250，9）。DX070525I001:6，夹砂灰陶。束腰有隔。上下腹部饰绳纹，腰部有按捺纹（图 4-250，14）。

鬶足　1 件。DX070525I001-H:1，夹砂褐陶。实足跟，瘦长。足跟饰浅绳纹（图 4-250，3）。

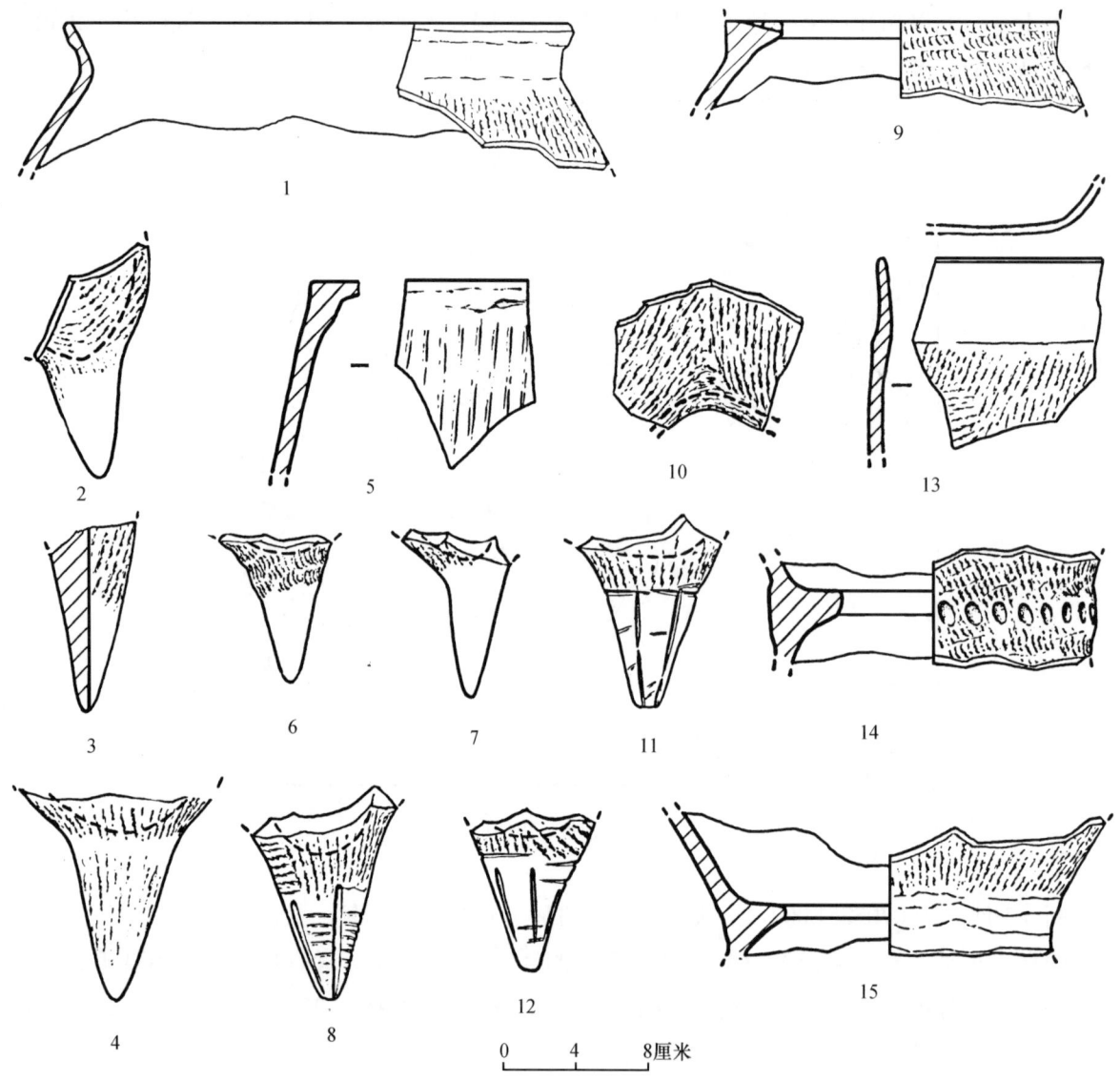

图 4-250　西庄Ⅱ号遗址龙山、二里头时期陶器

1、10、13. 鬲（DX070525B002∶1、DX070525I001∶3、DX070525I002∶2）　　2、4、6~8、11、12. 鬲足（DX070525B001∶1、DX070525I002∶5、DX070525I001∶2、DX070525B002∶3、DX070525I001∶8、DX070525B002∶4、DX070525I002∶8）　5. 蛋形瓮（DX070525I002∶6）　3. 鸾足（DX070525I001-H∶1）　9、14、15. 甗（DX070525I002∶4、DX070525I001∶6、DX070525I002∶3）

（1~4、6~15. 二里头时期；5. 龙山时期）

蛋形瓮　3 件。DX070525I001∶7，夹砂灰陶。平沿，敛口，深腹。腹部饰浅细绳纹（图 4-251，1）。DX070525I002∶7，泥质灰陶。平沿内折，口厚，微敛口，深鼓腹。腹部饰绳纹。口径 36、残高 11 厘米（图 4-251，7）。DX070525B002∶2，泥质灰褐陶。平沿内折，敛口，鼓腹。腹部饰绳纹（图 4-251，5）。

罐　1 件。DX070525I002∶1，夹砂灰陶。深腹，平底。器表饰绳纹（图 4-251，6）。

盆　2件。DX070525I001:5，夹砂灰陶。敞口，圆唇，口外翻，斜腹。腹部饰细绳纹（图4-251,2）。DX070525I001:4，夹砂黑皮陶。圆唇，翻沿，微束颈，鼓腹。腹下部饰绳纹（图4-251,4）。

带耳罐　1件。DX070525I001:1，泥质灰陶，深腹微鼓，腹部有耳，平底。素面。底径8、残高7.6厘米（图4-251,3）。

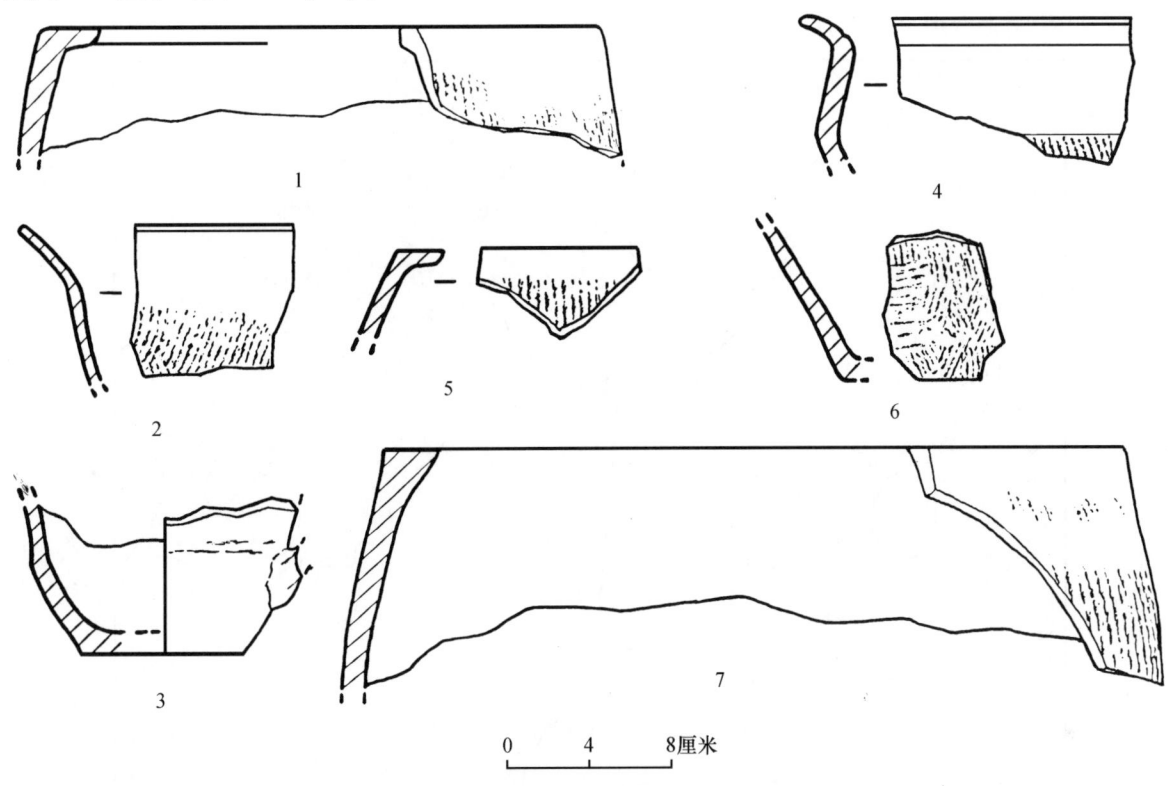

图4-251　西庄Ⅱ号遗址二里头时期陶器
1、5、7. 蛋形瓮（DX070525I001:7、DX070525B002:2、DX070525I002:7）　2、4. 盆（DX070525I001:5、DX070525I001:4）
3. 带耳罐（DX070525I001:1）　6. 罐（DX070525I002:1）

3. 商时期

商时期遗存见于遗址西部，仅有个别发现，分布较稀疏（图4-248）。未见任何遗迹现象，只在地表发现少量陶片。陶片多夹砂灰陶，纹饰多绳纹，可辨器形有鬲等。

九六、西庄Ⅲ号遗址

西庄Ⅲ号遗址位于代县阳明堡镇西庄村西南，面积2.2万平方米（彩版五二,2）。遗址处在滹沱河北岸逐渐抬升的阶地上，地势低，海拔865米左右，北略高，南略低，地势较为平坦。

遗址东、西两侧都有通往滹沱河的水流流过。遗存分布稀疏。遗址包含龙山、二里头、东周三个时期的遗存。

1. 龙山时期

龙山时期遗存只见于遗址南部，仅有个别发现，遗存分布稀疏（图4-252）。未见任何遗迹现象，只在地表发现少量陶片。陶片多夹砂灰陶，纹饰有篮纹。

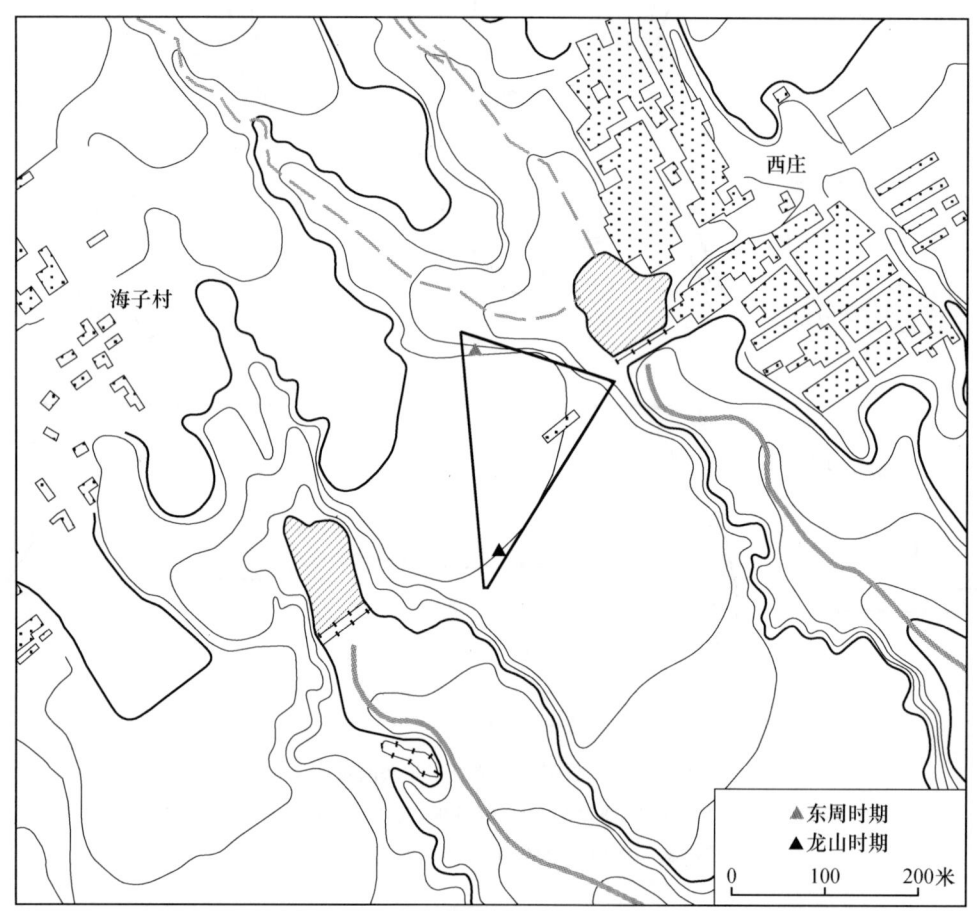

图4-252　西庄Ⅲ号遗址龙山、东周时期遗存分布图

2. 二里头时期

二里头时期遗存分布于整个遗址，遗存分布稀疏（图4-253）。未见任何遗迹现象，只在地表发现较多陶片。陶片多夹砂灰陶，纹饰以绳纹为主，可辨器形有鬲、蛋形瓮、盆、罐等。

鬲　1件。DX070529C001:1，夹砂灰陶。圆唇，口外翻，高领。领部及以下饰绳纹。口径24、残高10厘米（图4-254，1）。

鬲足　1件。DX070529A002:1，夹砂灰陶。长实足跟。足部饰绳纹，跟部素面（图4-254，4）。

第四章　代县境内遗址　　·509·

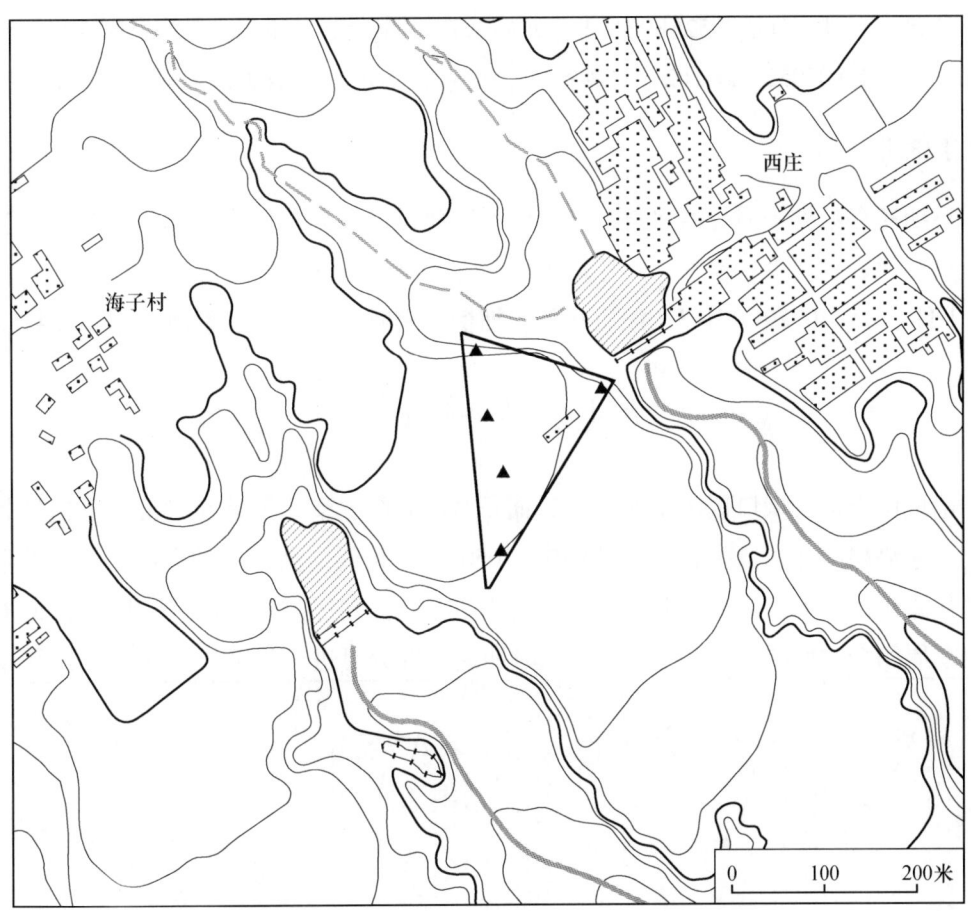

图 4-253　西庄Ⅲ号遗址二里头时期遗存分布图

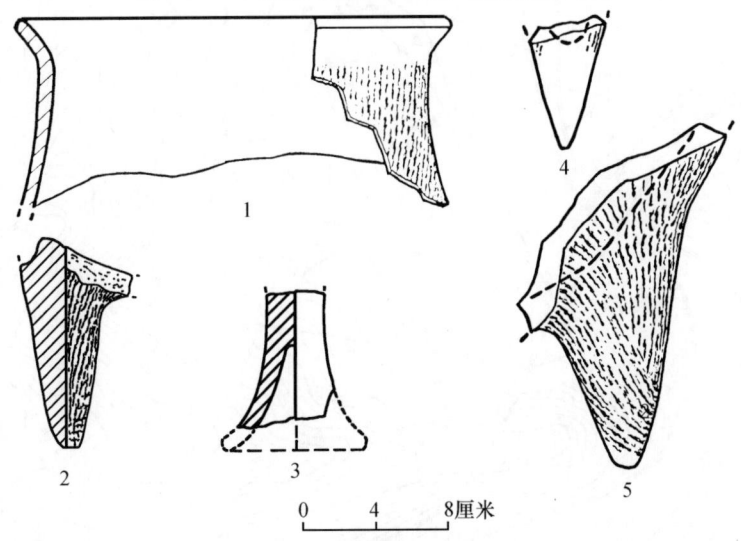

图 4-254　西庄Ⅲ号遗址陶器

1. 鬲（DX070529C001：1）　2、5. 蛋形瓮足（DX070529C001：2、DX070525B001：1）　3. 豆（DX070529C001：3）　4. 鬲足（DX070529A002：1）

（1、2、4、5. 二里头时期；3. 东周时期）

蛋形瓮足　2件。DX070525B001：1，夹砂灰陶。粗大，实足跟。袋足饰绳纹，跟部素面（图4-254，5）。DX070529C001：2，夹砂褐陶。长锥状实足跟。器表饰绳纹（图4-254，2）。

3. 东周时期

东周时期遗存只见于遗址西北角，仅有个别发现，遗存分布稀疏（图4-252）。未见任何遗迹现象，只在地表发现少量遗物。陶片多泥质灰陶，纹饰有绳纹，可辨器形有豆等。

豆　1件。DX070529C001：3，泥质灰陶。细柄，喇叭口高圈足。素面（图4-254，3）。

九七、沟子遗址

沟子遗址位于代县峨口镇沟子村东南，面积23万平方米（彩版五三，1）。遗址处在山前的缓坡上，地势趋向开阔、平缓，海拔970～1050米，北低南高，西低东高，迎风背阴。遗址西侧有通往滹沱河的支流由南向北流过。遗存分布密集，但落差较大。遗址包含仰韶、龙山、二里头、东周四个时期的遗存，其中，东周时期遗存部分可进一步确认为春秋、战国时期。

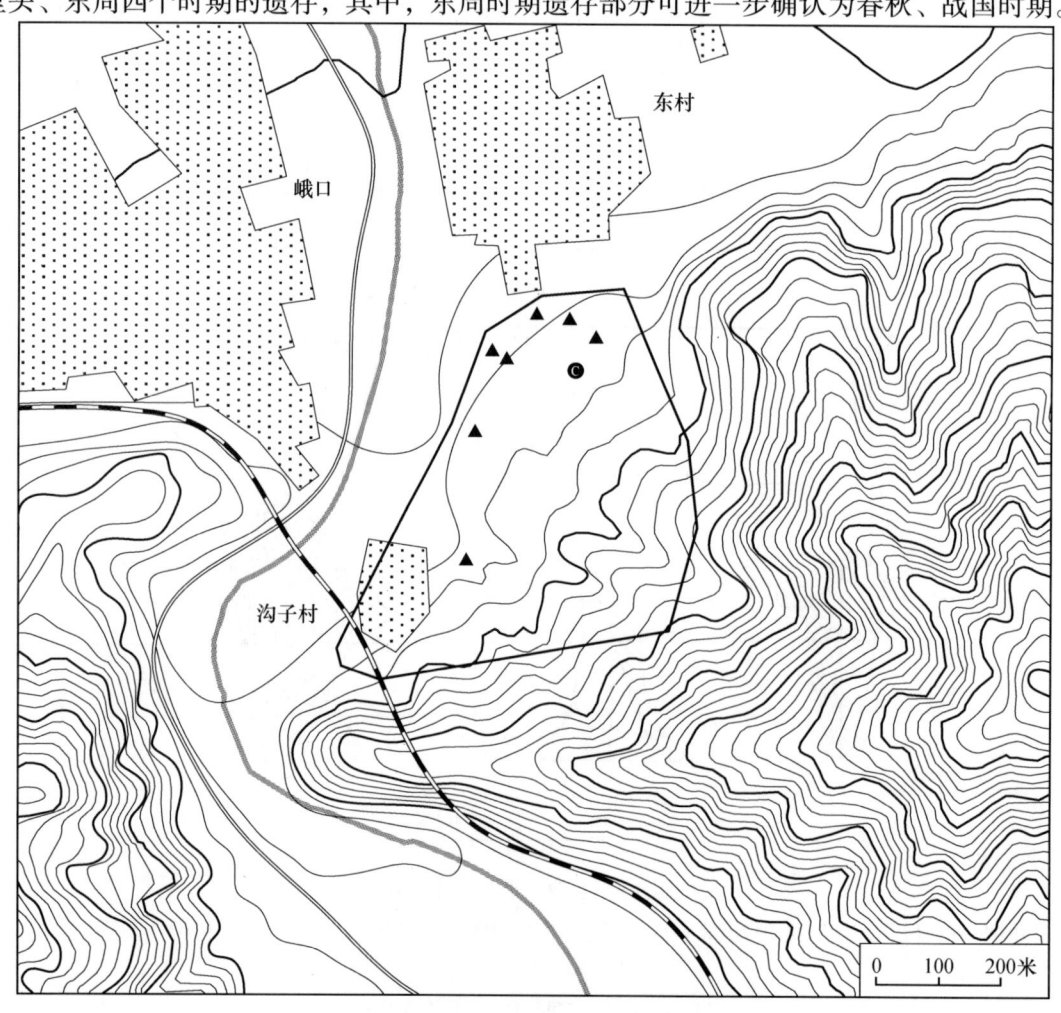

图4-255　沟子遗址仰韶时期遗存分布图

1. 仰韶时期

仰韶时期遗存主要见于遗址北部，南部有零星分布（图4-255）。除在遗址北部梯田断面上发现1处文化层外，未见其他遗迹现象。文化层内发现少量陶片，地表也有陶片分布。陶片多泥质红陶，多素面，可辨器形有钵等。

钵　1件。DX070413C004:1，泥质红陶，圆唇，敛口，鼓腹。素面（图4-259，7）。

2. 龙山时期

龙山时期遗存见于整个遗址，遗存分布较为密集（图4-256）。共发现1处文化层和4座白灰面房址，文化层发现于遗址西部地势较低的位置，房址全部分布在地势较高的东部山坡上，遗迹全部暴露于梯田的断面。遗迹内包含物并不多，以陶片为多，有的房址内甚至没有陶片，但地表发现较多陶片。陶片多夹砂灰陶，纹饰多绳纹，可辨器形有鬲、斝、蛋形瓮、折肩罐、高领罐、罐等。

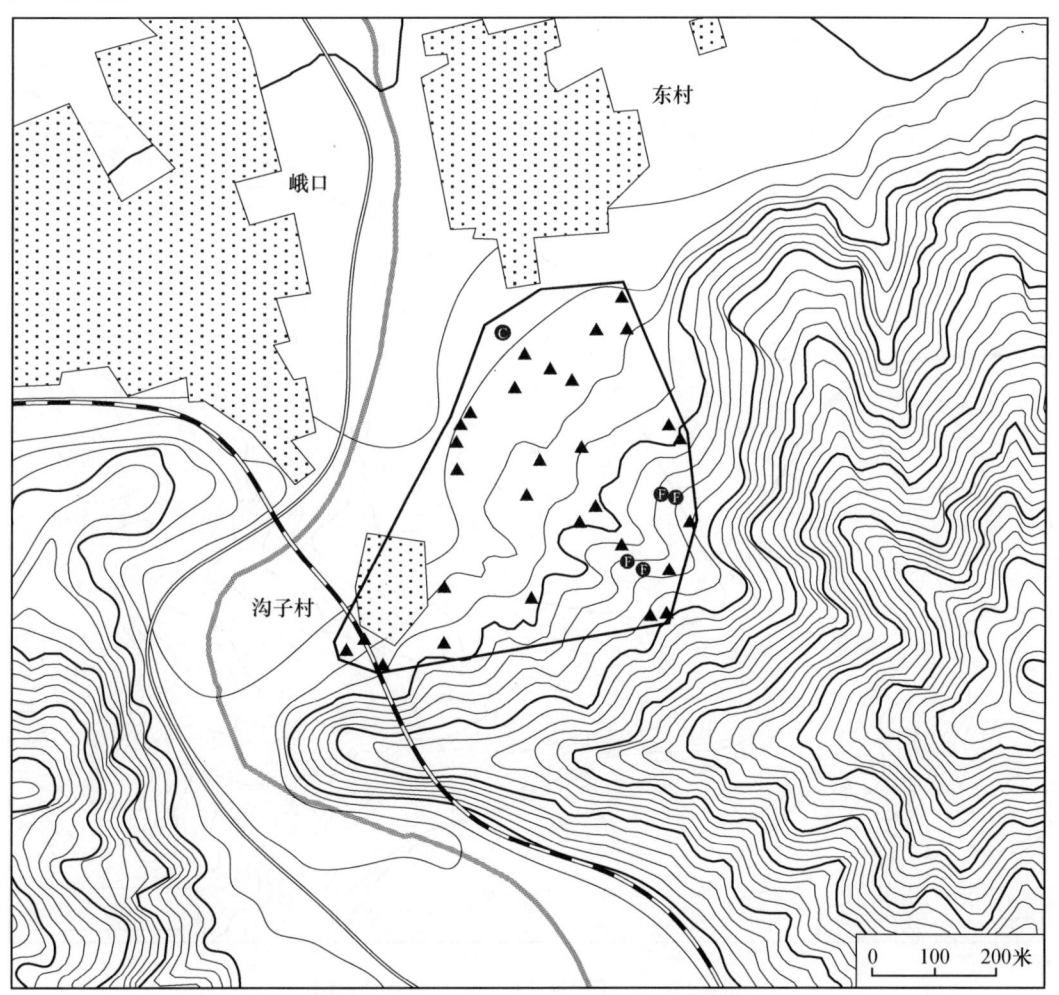

图4-256　沟子遗址龙山时期遗存分布图

蛋形瓮 1件。DX070413B008：1，夹砂灰陶。小平沿，近直口，深腹。口部有附加堆纹，腹部饰方格纹（图4-259，9）。

高领罐 2件。DX070413H009：1，泥质灰陶。圆唇，小口，口外翻，高领，鼓肩。领部饰斜浅篮纹。口径16、残高6厘米（图4-259，3）。DX070413B008：2，夹砂灰陶。圆唇，口外翻，高领。领部有划纹（图4-259，4）。

3. 二里头时期

二里头时期遗存主要见于遗址中、西部，遗存分布稀疏（图4-257）。只在遗址西北角的梯田断面上发现1处文化层，未见其他遗迹现象。文化层内包含有少量陶片，地表也有零星陶片发现。陶片多夹砂灰陶，纹饰以绳纹为主，可辨器形有盆、罐等。

盆 1件。DX070413C004：2，夹砂灰陶，掺杂蚌粉。圆唇，折沿，深腹。腹部饰绳纹（图4-259，2）。

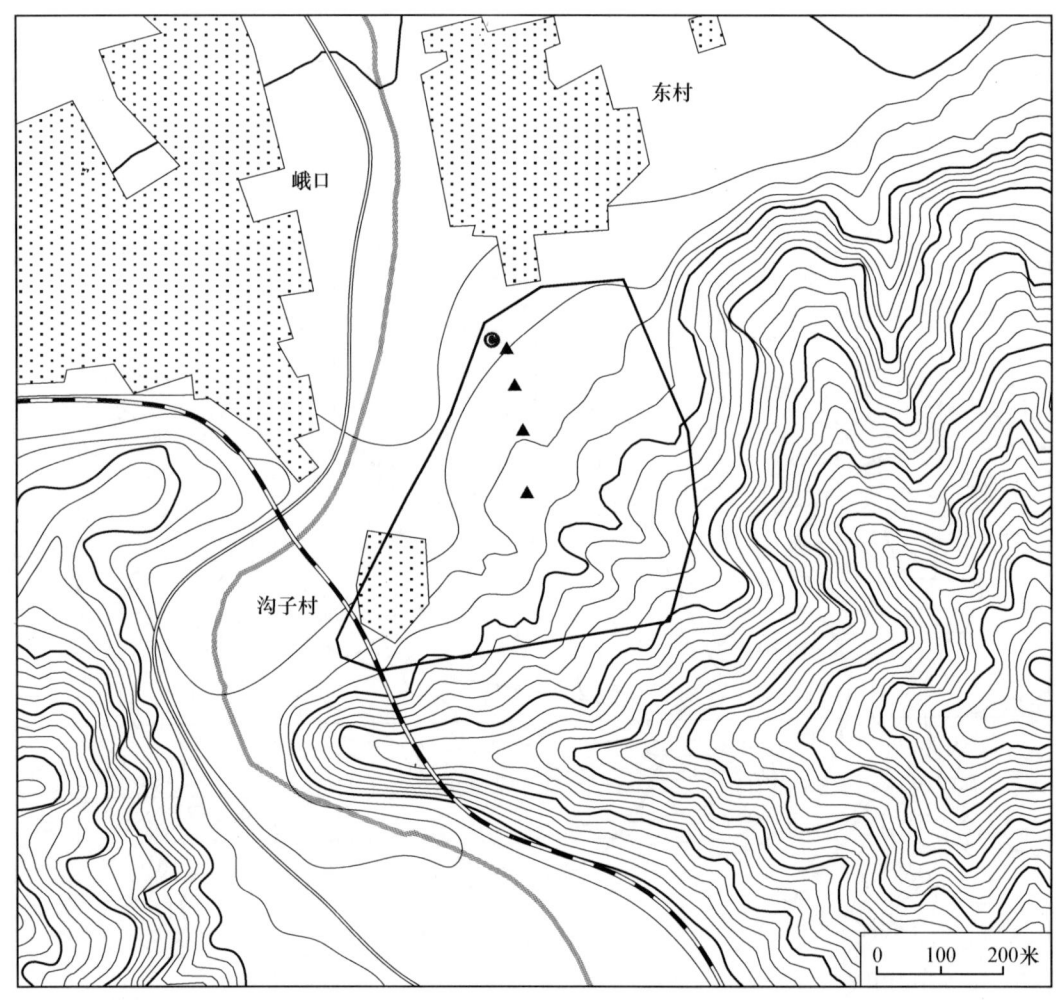

图4-257 沟子遗址二里头时期遗存分布图

罐 1件。DX070413C004:3，夹砂灰陶。圆唇，小口，矮领，广肩。肩部有绳纹（图4-259，6）。

4. 东周时期

东周时期遗存基本见于整个遗址，相比而言，遗址东部遗存分布稀疏，但其他位置遗存分布密集（图4-258）。共发现3处文化层和2个灰坑，全部发现在梯田的断面上，文化层分布在西部地势较低的位置，灰坑则分布在地势较高的位置：一个在遗址西南角，一个在遗址东部。遗迹内包含大量遗物，以陶片最多，地表所见陶片也较多。陶片多夹砂灰陶，纹饰以绳纹为主，可辨器形有鬲、豆、甑、鼎等。

在遗址东北300米处发现有这个时期的零星陶片分布。

豆 1件。DX070413I003:1，泥质灰陶。圆唇，敞口，弧壁，斜腹。素面。口径16、残高4厘米（图4-259，8）。

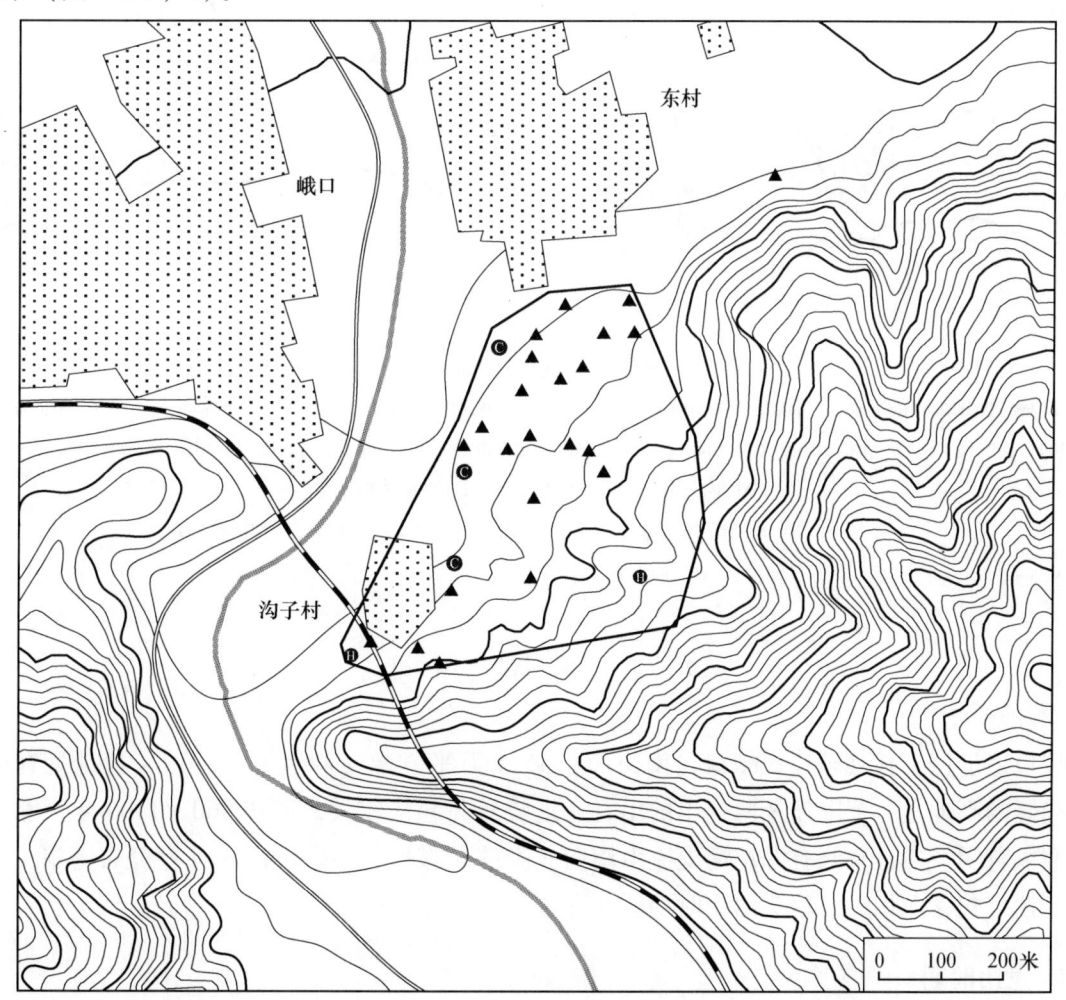

图4-258 沟子遗址东周时期遗存分布图

鬲　2件。DX070413H013-H:1，夹砂红褐陶。方唇，折沿，深腹。腹部饰粗绳纹。口径28、残高8厘米（图4-259，10）。DX070413G005-C:1，夹砂灰陶。方唇，折沿，深腹。腹部饰粗绳纹。口径27、残高4厘米（图4-259，1）。

鼎足　1件。DX070413C004-C:1，夹砂褐陶。柱足。腹部有扉棱，足部饰粗大绳纹，内侧有深沟槽（图4-259，5）。

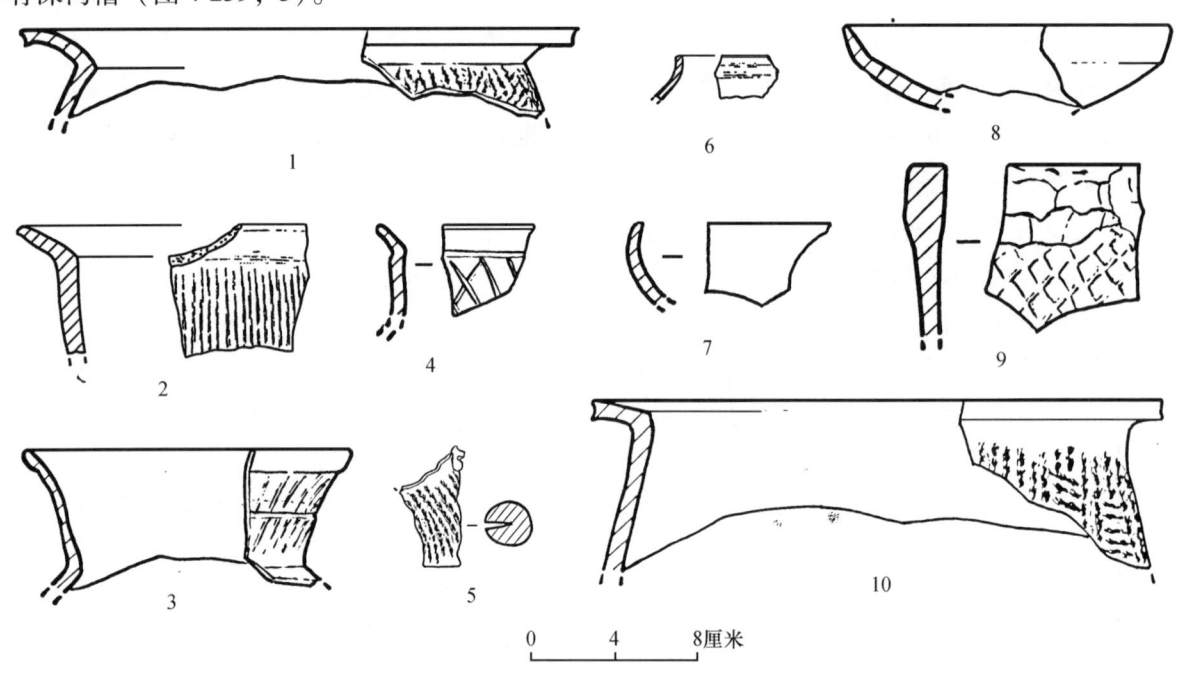

图4-259　沟子遗址陶器

1、10. 鬲（DX070413G005-C:1、DX070413H013-H:1）　2. 盆（DX070413C004:2）　3、4. 高领罐（DX070413H009:1、DX070413B008:2）　5. 鼎足（DX070413C004-C:1）　6. 罐（DX070413C004:3）　7. 钵（DX070413C004:1）　8. 豆（DX070413I003:1）　9. 蛋形瓮（DX070413B008:1）

（1、5、8、10. 东周时期；2、6. 二里头时期；3、4、9. 龙山时期；7. 仰韶时期）

九八、峨口遗址

峨口遗址位于代县峨口镇峨口村南，面积15.1万平方米（彩版五三，1）。遗址处在山前相对趋缓的高地上，范围涉及两突出的山脊，地势较高起伏较大，海拔960~1100米，北低南高，迎风背阴。遗址东侧有滹沱河支流由南向北流过（彩版一〇〇，1）。遗存分布密集，但落差大。遗址包含龙山、二里头两个时期的遗存。

1. 龙山时期

龙山时期遗存分布于整个遗址，遗存分布较为密集（图4-260）。发现遗迹较多，主要分布在遗址东部山脊上，共发现20处文化层和9个灰坑，多暴露于梯田的断面或沟坎的断面。多数遗迹内包含物丰富，尤以陶片最多，地表也发现较多遗物，其中陶片最多，此外还有石器等。陶片以夹砂灰陶为多，纹饰多绳纹、篮纹，可辨器形有鬲、豆、盘（镂孔）、盆、蛋形瓮、瓮、折肩罐、高领罐、带耳罐、直口罐、罐等。石器有石刀等。

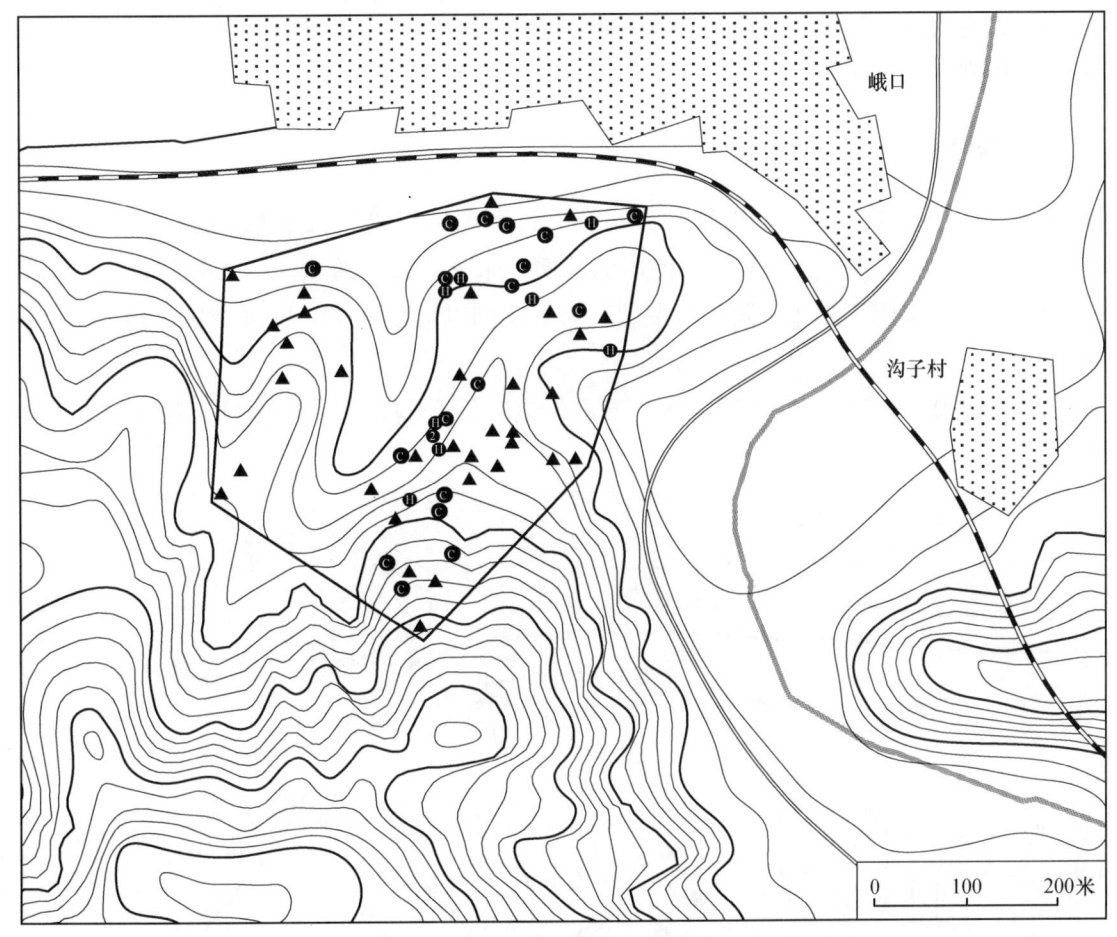

图 4-260　峨口遗址龙山时期遗存分布图

陶鬲足　2件。DX070416C005:1，夹砂灰陶。分裆，空袋足。足部饰绳纹（图 4-262，5）。DX070416A011:1，夹砂灰陶（细砂）。空袋足。足部饰绳纹（图 4-262，4）。

陶蛋形瓮　1件。DX070416N011:1，泥质灰陶。宽沿，微敛口，口厚，深腹。口下有附加堆纹，腹部饰斜篮纹（图 4-262，11）。

陶瓮　1件。DX070416N001:1，泥质灰陶。方唇，敛口，鼓腹。腹部饰竖篮纹（图 4-262，7）。

陶豆　1件。DX070416A008:1，泥质灰黑陶。圆唇，斜浅盘，细柄。素面，器内磨光。口径12、残高2.4厘米（图 4-262，9）。

陶高领罐　3件。DX070416B016-H:1，泥质灰陶。器薄，小圆唇，口外翻，高领，鼓肩。素面。口径17、残高6.4厘米（图 4-262，1）。DX070416A007-C:1，泥质黑灰陶。小圆唇，口外翻，高领。素面。口径18、残高6厘米（图 4-262，6）。DX070416B015:1，泥质灰陶。方唇，近直口，高领，鼓肩。素面。口径16、残高4.4厘米（图4-262，2）。

陶罐　2件。DX090325D001-H：1，夹砂灰陶（细砂）。器薄。小圆唇，口外翻，鼓腹。腹部饰旋断绳纹。口径19、残高20厘米（图4-262，13）。DX070416N011：2，夹砂灰褐陶，杂有蚌粉。方唇，近直口，鼓腹。素面（图4-262，8）。

石刀　DX070416A007：1，灰黑色。近长方形，双面刃，有对钻孔。通体磨制（图4-262，3）。

2. 二里头时期

二里头时期遗存主要分布在遗址东部山脊上，遗迹也主要发现于此，遗存分布密集（图4-261）。共发现5处文化层，多暴露于梯田的断面，未见其他遗迹现象。文化层内包含有较多陶片，地表也有较多陶片分布。陶片多夹砂灰陶，纹饰以绳纹为主，可辨器形有鬲、甗、蛋形瓮、罐等。

陶甗　DX070416B009：1，夹砂褐陶。深腹，束腰，有隔。器表饰绳纹，腰部有附加堆纹（图4-262，12）。

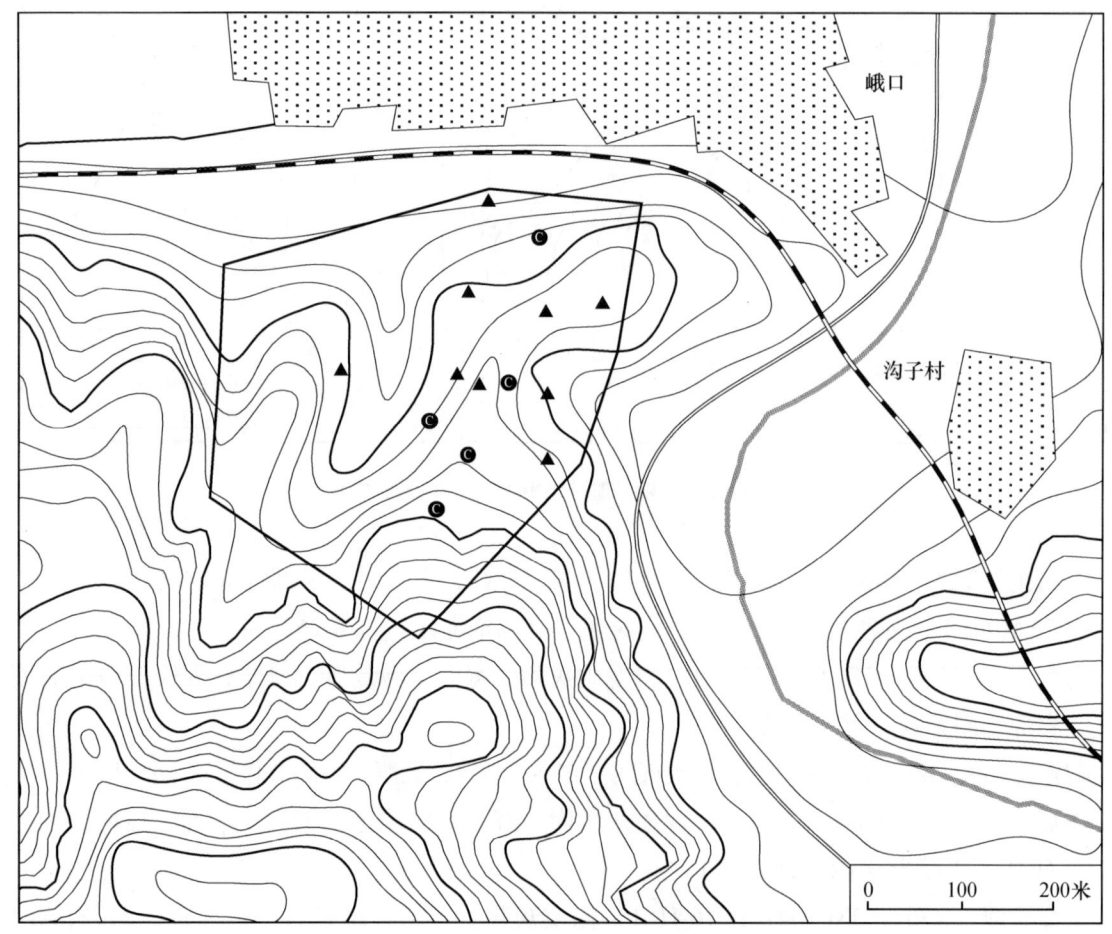

图4-261　峨口遗址二里头时期遗存分布图

陶蛋形瓮　1件。DX070416B012：1，夹砂灰黑陶。平沿，敛口，鼓腹。腹部饰旋断绳纹。口径30、残高11厘米（图4-262，14）。

陶蛋形瓮足　1件。DX070416C005：2，夹砂褐陶。矮胖实足跟，较粗大。器表饰绳纹（图4-262，10）。

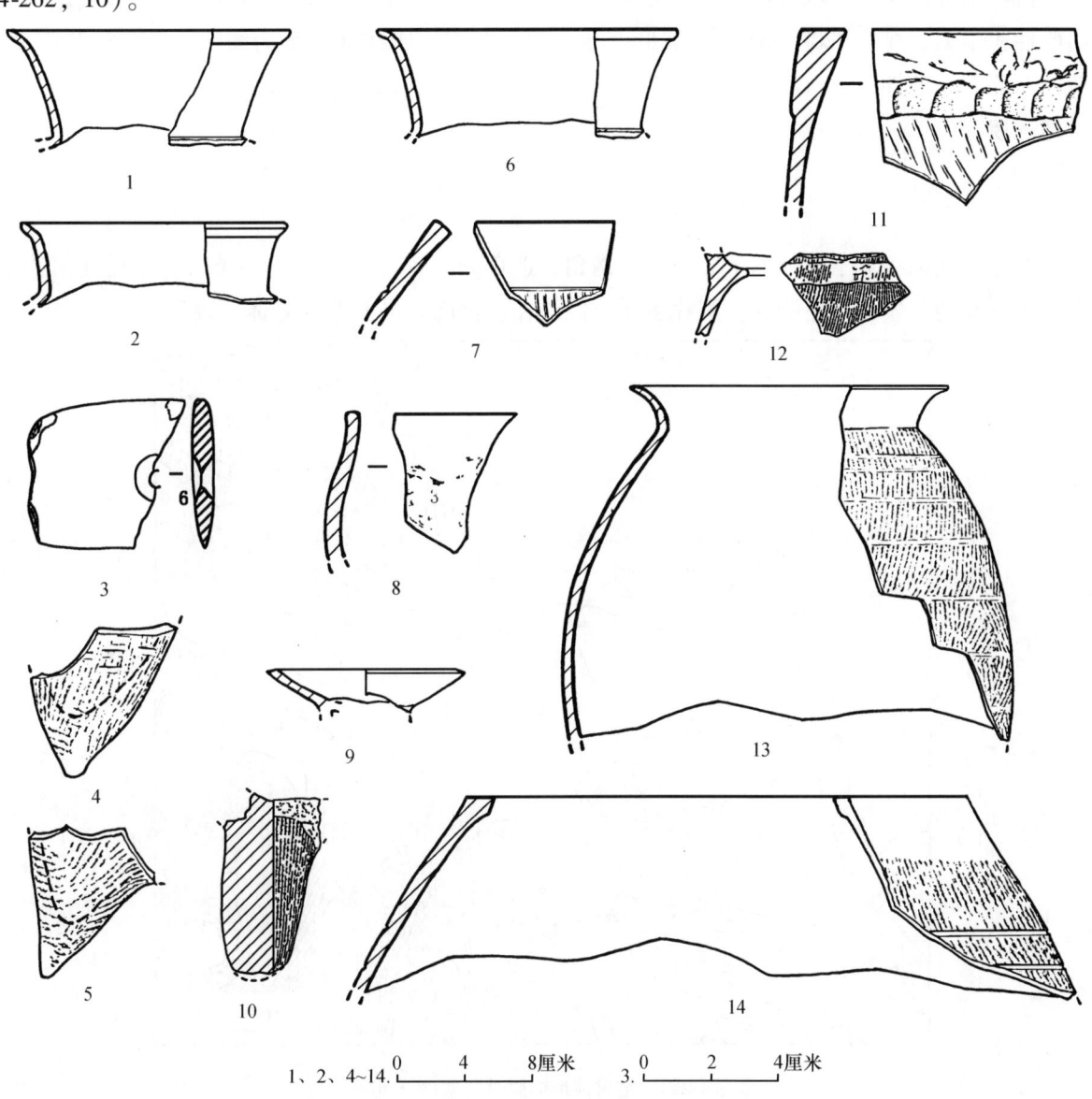

图4-262　峨口遗址陶、石器

1、2、6. 陶高领罐（DX070416B016-H：1、DX070416B015：1、DX070416A007-C：1）　3. 石刀（DX070416A007：1）　4、5. 陶鬲足（DX070416A011：1、DX070416C005：1）　7. 陶瓮（DX070416N001：1）　8、13. 陶罐（DX070416N011：2、DX090325D001-H：1）　9. 陶豆（DX070416A008：1）　10. 陶蛋形瓮足（DX070416C005：2）　11、14. 陶蛋形瓮（DX070416N011：1、DX070416B012：1）　12. 陶甗（DX070416B009：1）

（1~9、11、13. 龙山时期；10、12、14. 二里头时期）

九九、富村遗址

富村遗址位于代县峨口镇富村西南350米，面积6.5万平方米（彩版五三，2）。遗址处在山前冲积扇上，海拔920~935米，北低南高，迎风背阴，所在地势虽为缓坡，但起伏并不大。遗址西侧有季节性河流由南向北流过。遗存分布较为密集，遗址包含仰韶、龙山、二里头三个时期的遗存。

1. 仰韶时期

仰韶时期遗存见于遗址的东北角和西南角，遗存分布较为稀疏（图4-263）。未见任何遗迹现象，只在地表发现零星陶片。陶片多泥质红陶，多素面，可辨器形有钵、罐等。

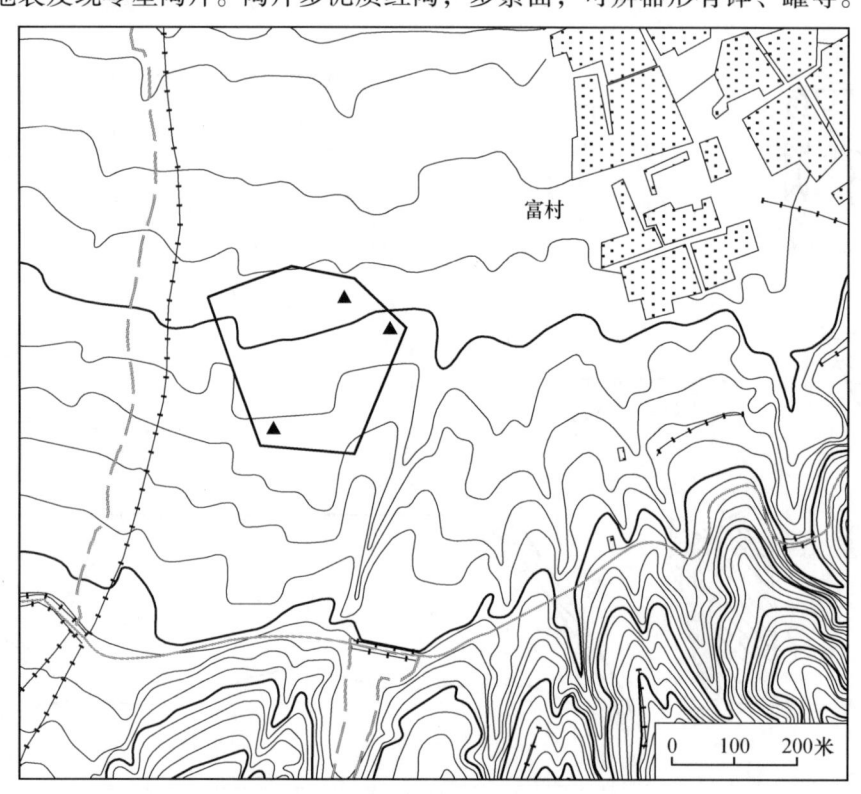

图4-263　富村遗址仰韶时期遗存分布图

钵　2件。DX070417G007:1，泥质红陶。圆唇，微敛口，深腹。素面（图4-266，2）。DX070417G007:2，泥质灰陶。圆唇，微敛口，深腹。口下施红彩带（图4-266，1）。

罐　1件。DX070417C001:1，泥质红陶。胎厚，只残留腹部，腹上部有鹰嘴装饰，腹下部有桥形耳（图4-266，3）。

2. 龙山时期

龙山时期遗存见于遗址西部之外的其他位置，遗存分布略显稀疏（图 4-264）。未见任何遗迹现象，只在地表发现有陶片。陶片多夹砂灰陶，纹饰多绳纹，可辨器形有蛋形瓮、带耳罐等。

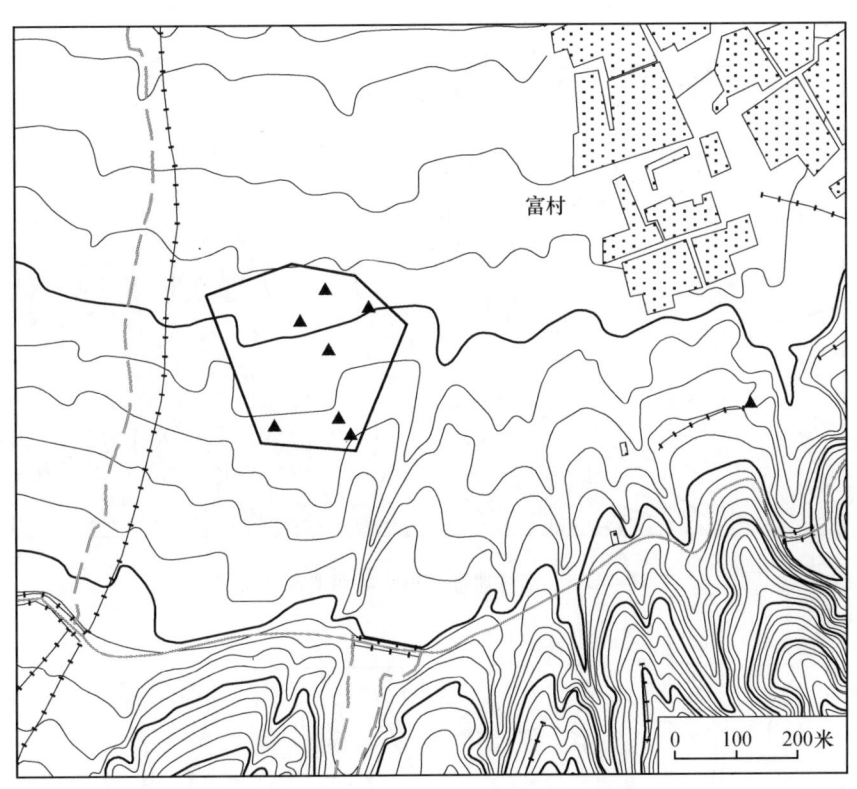

图 4-264　富村遗址龙山时期遗存分布图

蛋形瓮　1件。DX070417G006:1，夹砂灰陶。圜底，扁实足跟，足跟残。器表饰绳纹（图 4-266，6）。

3. 二里头时期

二里头时期遗存主要分布在遗址西部，尤以西部偏北位置遗存分布最为密集（图 4-265）。未见任何遗迹现象，只在地表发现有陶片。陶片多夹砂灰陶，纹饰以绳纹为主，可辨器形有鬲、蛋形瓮等。

鬲　1件。DX070417F001:1，夹砂灰陶。圆唇，口外翻，矮领，袋足外鼓。领部以下饰较细绳纹（图 4-266，4）。

蛋形瓮足　1件。DX070417N006:1，夹砂黑灰陶。锥状实足跟，较粗大。足部饰绳纹（图 4-266，5）。

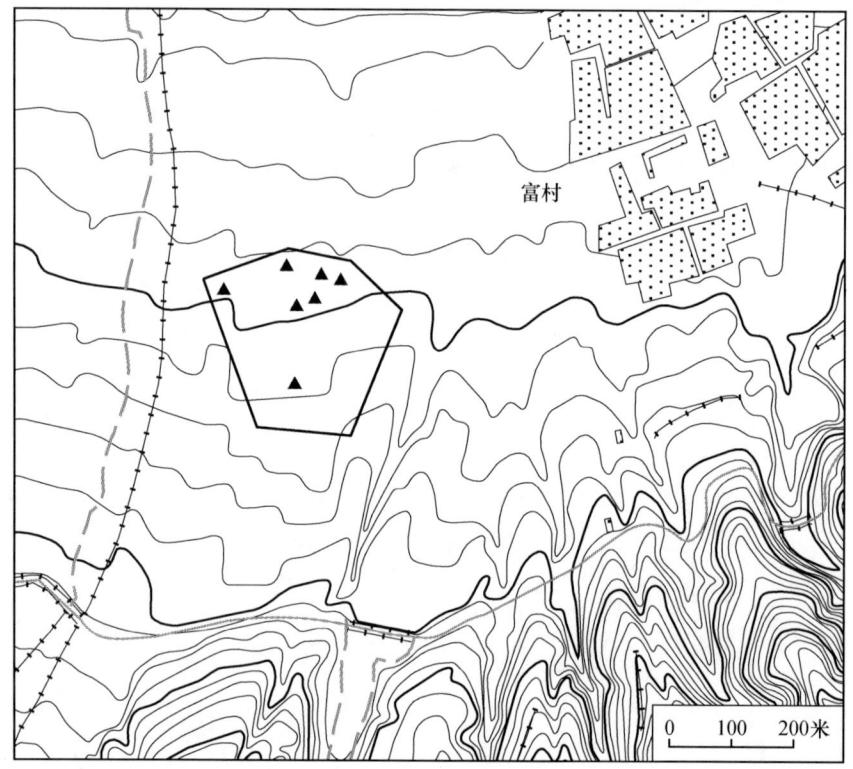

图 4-265　富村遗址二里头时期遗存分布图

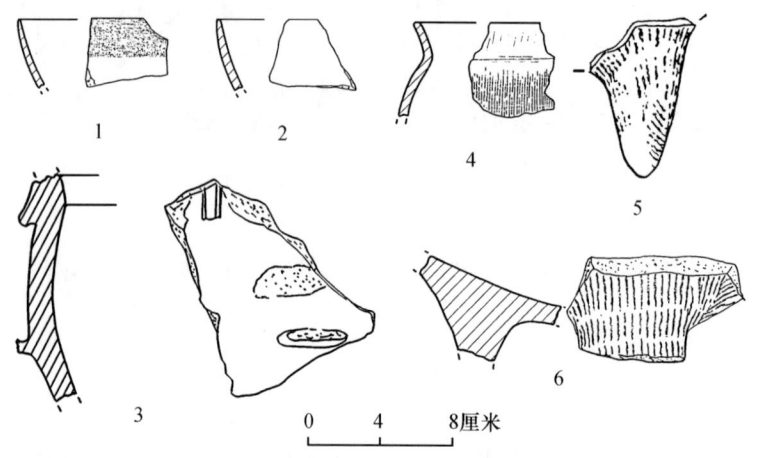

图 4-266　富村遗址陶器

1、2. 钵（DX070417G007:2、DX070417G007:1）　3. 罐（DX070417C001:1）　4. 鬲（DX070417F001:1）
5. 蛋形瓮足（DX070417N006:1）　6. 蛋形瓮（DX070417G006:1）
（1~3. 仰韶时期；4、5. 二里头时期；6. 龙山时期）

一〇〇、窑 子 遗 址

窑子遗址位于代县聂营镇窑子村东，面积7.9万平方米（彩版五四，1）。遗址地处滹沱河南岸一干沟东侧的两个山丘上，海拔1080～1170米，北低南高，坡度大，崎岖不平，地势较高，起伏也较大。遗址西侧有发源于山脚下的季节性水流流过。遗存分布密集，但落差较大。遗址包含仰韶、龙山两个时期的遗存。

1. 仰韶时期

仰韶时期遗存只有零星分布。只在遗址中部偏北的断面上发现1处文化层，未见其他遗迹现象（图4-267）。文化层内包含有少量陶片，地表也有陶片发现。陶片多泥质褐陶，多素面，可辨器形有钵等。

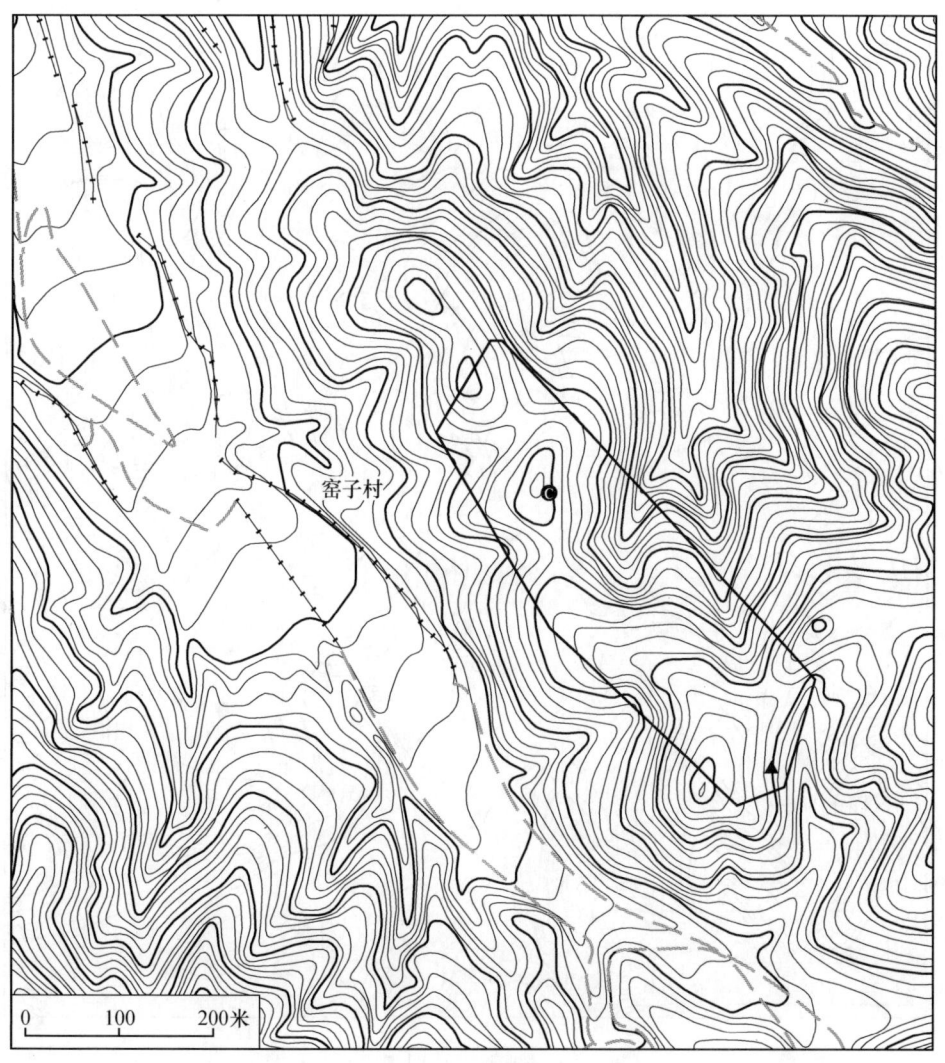

图4-267　窑子遗址仰韶时期遗存分布图

陶钵 2件。DX070417H002-C:2，夹砂褐陶（杂有蚌粉）。圆唇，敛口，鼓腹，平底。素面。口径21、底径10、高10厘米（图4-269，5；彩版一〇五，3）。DX070417N004:1，泥质红褐陶。圆唇，敛口，鼓腹。素面，腹部有小錾手（图4-269，7）。

2. 龙山时期

龙山时期遗存见于整个遗址，遗存分布密集，尤以遗址南部遗存分布最为密集（图4-268）。遗迹主要分布在遗址中、南部梯田的断面上，所处位置都较高，除1处文化层外，还发现2个灰坑、1座陶窑、5座白灰面房址，其中，文化层分布于北面山丘上，灰坑在南、北面山丘上各有1个分布，陶窑分布于北面山丘，房址除1座见于北面山丘之外，其他全部分布于南面山丘。遗迹内包含物丰富，地表也发现较多遗物，尤其陶片最多，此外，还有石器等。陶片多夹砂灰陶，纹饰多篮纹、绳纹，可辨器形有鬲、斝、蛋形瓮、瓮、豆、盆、高领罐、罐

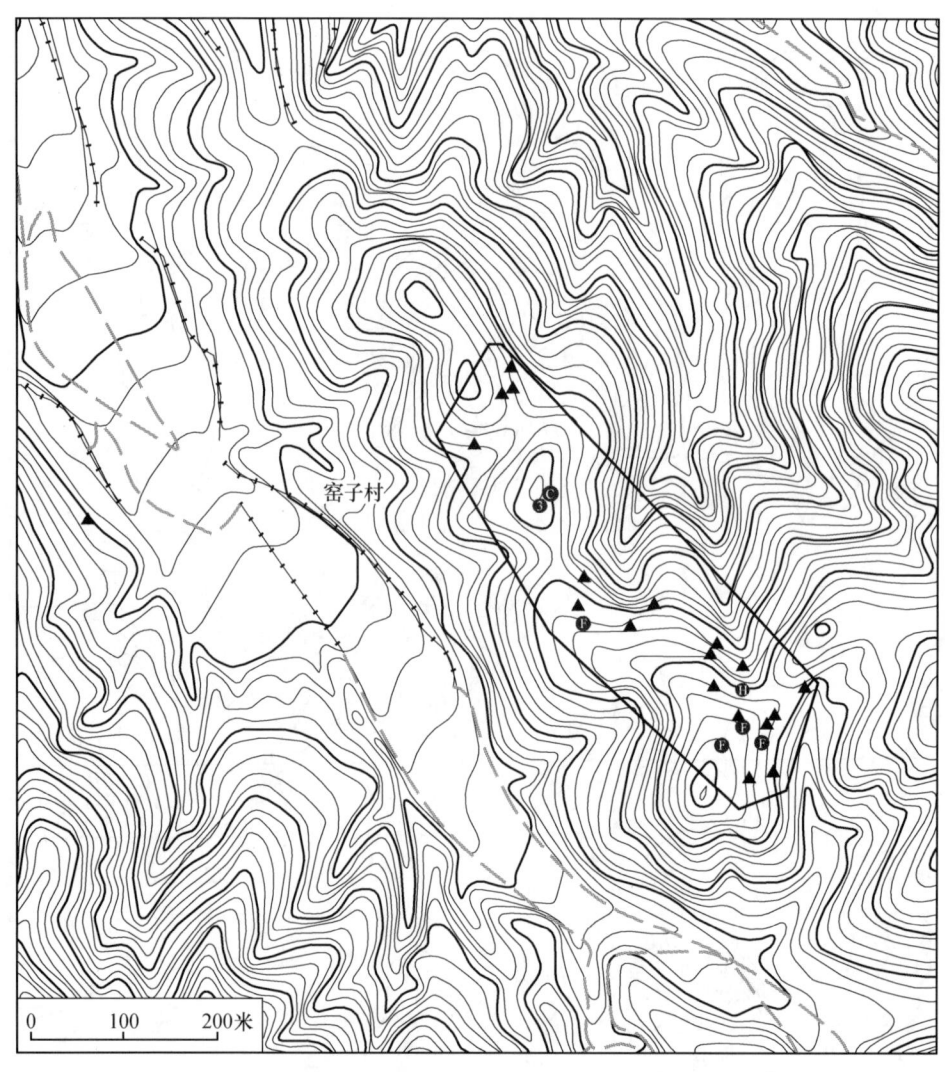

图4-268 窑子遗址龙山时期遗存分布图

等。石器有石斧等。

在遗址西面 400 米处有这个时期的零星陶片分布。

陶鬲　1件。DX070417H007-F:1，夹砂灰陶。圆唇，口外翻，束颈，大袋足。器表饰绳纹。口径25、残高10.8厘米（图4-269,1）。

陶斝足　1件。DX070417H002-C:1，夹砂灰陶。分裆，空袋足。足部饰绳纹（图4-269,8）。

陶蛋形瓮　1件。DX070417I006:1，夹砂灰陶。小平沿，微敛口，深腹微鼓。腹部饰斜篮纹。口径26、残高9厘米（图4-269,11）。

陶瓮　2件。DX070417H007:1，夹砂灰陶。胎厚，平沿，直口，深腹。口下饰斜篮纹，腹部饰绳纹，上有鋬手（图4-269,10）。DX070417I006:2，夹砂灰黑陶。平沿，微敛口，口厚，直深腹。口下有三周旋纹，腹部饰绳纹，上有附加堆纹（图4-269,9）。

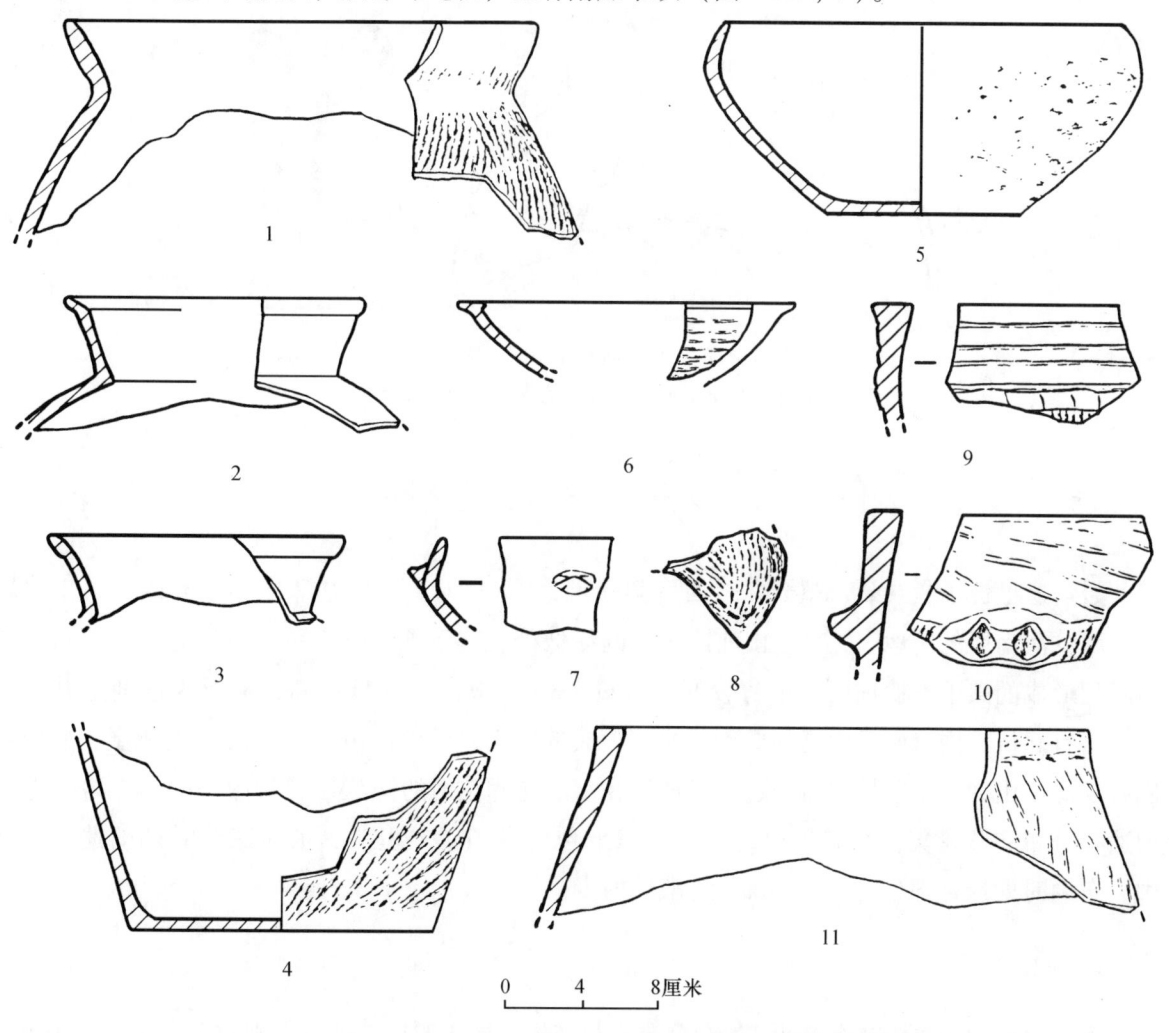

图 4-269　窑子遗址仰韶、龙山时期陶器
1. 陶鬲（DX070417H007-F:1）　2、3. 陶高领罐（DX070417H002-C:5、DX070417H002-C:6）　4. 陶罐（DX070417H002-C:3）
5、7. 陶钵（DX070417H002-C:2、DX070417N004:1）　6. 陶豆（DX070417G003:1）　8. 陶斝足（DX070417H002-C:1）
9、10. 陶瓮（DX070417I006:2、DX070417H007:1）　11. 陶蛋形瓮（DX070417I006:1）
（1~4、6、8~11. 龙山时期；5、7. 仰韶时期）

陶豆　1件。DX070417G003:1，泥质黑灰陶。圆唇，小平沿，斜腹。腹部饰横篮纹。口径18、残高4厘米（图4-269，6）。

陶高领罐　2件。DX070417H002-C:5，泥质灰褐陶。圆唇，侈口，高领，鼓腹。素面。口径16、残高6.4厘米（图4-269，2）。DX070417H002-C:6，夹砂灰陶。厚圆唇，口外翻，高领，鼓肩。素面。口径16、残高4.8厘米（图4-269，3）。

陶罐　2件。DX070417H002-C:4，夹砂红褐陶（杂有蚌粉）。小圆唇，近直口，高领，鼓腹。素面。口径18.5、残高18.4厘米（图4-270，1）。DX070417H002-C:3，夹砂红褐陶。深腹，平底。腹部饰凌乱绳纹。底径16、残高10.2厘米（图4-269，4）。

石斧　1件。DX070417H003:1，青灰色。近梯形，上窄下宽，双面刃。通体琢制，刃部磨光，顶端有使用痕迹。长12、宽6、厚3厘米（图4-270，2）。

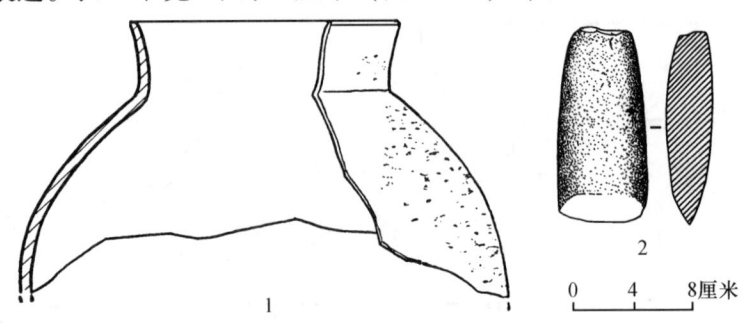

图4-270　窑子遗址龙山时期陶、石器
1. 陶罐（DX070417H002-C:4）　2. 石斧（DX070417H003:1）

一〇一、聂营遗址

聂营遗址位于代县聂营镇聂营村西南700米，面积31.7万平方米（彩版五四，2）。遗址处在滹沱河南岸的阶地上，也是山前冲积扇的最低处，其下地势较为平坦，当为滹沱河长年不断淤积形成的滩地。遗址所处地势较低，海拔880~910米，北低南高，地形为逐渐上升的缓坡，略有起伏，内有两条由高到低不断冲刷形成的冲沟，西南部由于取土已形成断崖。遗址西侧有发源于山间的季节性水流流过，遗址当在水流与滹沱河的交汇处（彩版一〇〇，2）。遗址内遗存分布非常密集，但有一定的落差。遗址包含龙山、二里头、东周三个时期的遗存，其中，东周时期遗存部分可进一步确认为战国时期。

1. 龙山时期

龙山时期遗存见于整个遗址，遗存分布非常密集（图4-271）。遗迹发现较多，主要见于断崖和梯田的断面上，共发现7处文化层、7个灰坑和2座白灰面房址。房址分布在地势较高的南部，灰坑分布在位置略高的遗址中、东部，文化层除了地势较高的中部有分布外，地势较低的西部也有分布。多数遗迹内包含物丰富，尤以陶片最多，地表发现陶片也较多。陶片多夹砂灰陶，纹饰

图 4-271 聂营遗址龙山时期遗存分布图

多绳纹和篮纹,可辨器形有鬲、甗、蛋形瓮、瓮、尊、豆、盘、盆、高领罐、带耳罐、罐等。

鬲 3件。DX070418G004:1,夹砂灰黑陶。近直口,矮领,大袋足。器表饰绳纹。口径22、残高7.6厘米(图4-272,15)。DX070418H011:1,夹砂灰陶。近直口,矮领,大袋足。器表饰篮纹(图4-272,12)。DX070418G013:1,夹砂灰陶。圆唇,侈口,矮领,深腹,袋足微鼓。器表饰绳纹,口部有按捺纹,颈部有旋纹。口径14、残高12厘米(图4-272,14)。

鬲足 1件。DX070419G004:2,夹砂灰陶。空袋足。器表饰绳纹(图4-272,8)。

甗　1件。DX070418F005:1，夹砂褐陶。束腰，有隔。器表饰篮纹（图4-272，3）。

蛋形瓮足　2件。DX070418G015:1，夹砂灰陶（细砂）。圜底，空锥足。足部饰凌乱绳纹（图4-272，10）。DX070419C005:1，泥质灰陶。粗短实足跟。足部饰绳纹（图4-272，9）。

瓮　1件。DX070418L004:1，泥质灰陶。近直口，深鼓腹。腹部饰篮纹（图4-272，6）。

尊　2件。DX070418G015:2，泥质灰陶。圆唇，喇叭口，高领，有肩。领部有数周旋纹（图4-272，2）。DX090405E002:1，夹砂灰黑陶。深腹，颈部有横桥形耳。腹部饰粗篮纹（图4-272，5）。

豆　1件。DX070418H004:1，泥质灰褐陶。粗柄，矮圈足。素面。底径16、残高4.8（图4-272，4）。

盘　1件。DX070418F006-F1:1，泥质灰陶。圆唇，平沿，斜浅腹。器外饰篮纹（图4-272，7）。

盆　4件。DX070418B003:1，泥质褐陶。敞口，小圆唇，斜腹，平底。素面。口径20、底径13.6、高6.6厘米（图4-272，11）。DX070418F005:3，泥质灰褐陶。圆唇，小平沿，口外翻，深腹。素面磨光。口径28、残高5.2厘米（图4-272，1）。DX070418G012:1，夹砂灰陶（细砂）。圆唇，宽沿外翻，深腹。器表饰绳纹（图4-274，9）。DX070418G012-C:1，夹砂灰褐陶。圆唇，口外翻，深腹。器表饰绳纹（图4-272，13）。

折腹盆（？）　1件。DX070418L005:1，泥质灰陶。敞口，折腹。素面磨光（图4-274，4）。

高领罐　1件。DX070418F005:2，泥质褐陶。圆唇，口外翻，高领。领部饰篮纹。口径24、残高5.2厘米（图4-274，1）。

带耳罐　1件。DX070418B005-C:1，泥质灰黑陶。圆唇，口外翻，长颈，有桥形耳。素面磨光（图4-274，11）。

罐　3件。DX070418F009-H1:1，夹砂灰陶。圆唇，近直口，矮领，鼓腹。腹部饰篮纹。口径10、残高7.6厘米（图4-274，8）。DX070418F011:1，夹砂褐陶，杂有蚌粉。圆唇，翻沿，束颈，鼓腹。素面。口径16、残高4厘米（图4-274，5）。DX070418H004:2，夹砂灰褐陶（细砂）。深腹，平底。腹部饰绳纹。底径18、残高6.6厘米（图4-274，6）。

2. 二里头时期

二里头时期遗存基本见于整个遗址，遗存分布较为密集（图4-273）。遗迹主要暴露于断崖和梯田的断面，共发现8处文化层和3个灰坑，灰坑只分布于遗址中部，文化层则分布于遗址中、西部。绝大多数遗迹内包含物丰富，地表也有较多遗物分布，遗物以陶片最多。陶片多夹砂灰陶，纹饰以绳纹为主，可辨器形有鬲、甗、盆、蛋形瓮、瓮、罐等。

蛇纹鬲　2件。DX070422A004:1，夹砂灰陶。近直口，肥袋足。器表饰规整细绳纹，口部有细附加堆纹装饰，颈部平均分布有四条竖细泥装饰。口径15.2、残高5.6厘米（图4-274，13）。DX070418L002:1，夹砂褐陶。侈口，高领。口下有小泥条装饰（图4-274，10）。

图 4-272 聂营遗址龙山时期陶器

1、11、13. 盆（DX070418F005：3、DX070418B003：1、DX070418G012-C：1） 2、5. 尊（DX070418G015：2、DX090405E002：1） 3. 甗（DX070418F005：1） 4. 豆（DX070418H004：1） 6. 瓮（DX070418L004：1） 7. 盘（DX070418F006-F1：1） 8. 鬲足（DX070419G004：2） 9、10. 蛋形瓮足（DX070419C005：1、DX070418G015：1） 12、14、15. 鬲（DX070418H011：1、DX070418G013：1、DX070418G004：1）

图 4-273　聂营遗址二里头时期遗存分布图

鬲　1件。DX070418B003-C：2，夹砂灰陶。深腹，束腰，有隔，袋足外鼓。器表饰绳纹，腰部有按捺状附加堆纹（图4-274，3）。

蛋形瓮　3件。DX070418G011：1，泥质灰陶。平沿内折，敛口，深鼓腹。器表饰绳纹（图4-274，14）。DX070418G007：1，夹砂灰褐陶。圜底，实足跟，较粗大。器表饰绳纹（图4-274，15）。DX070418F013：1，夹砂褐陶。微圜底，实足跟，较粗大。器表饰绳纹（图4-275，4）。

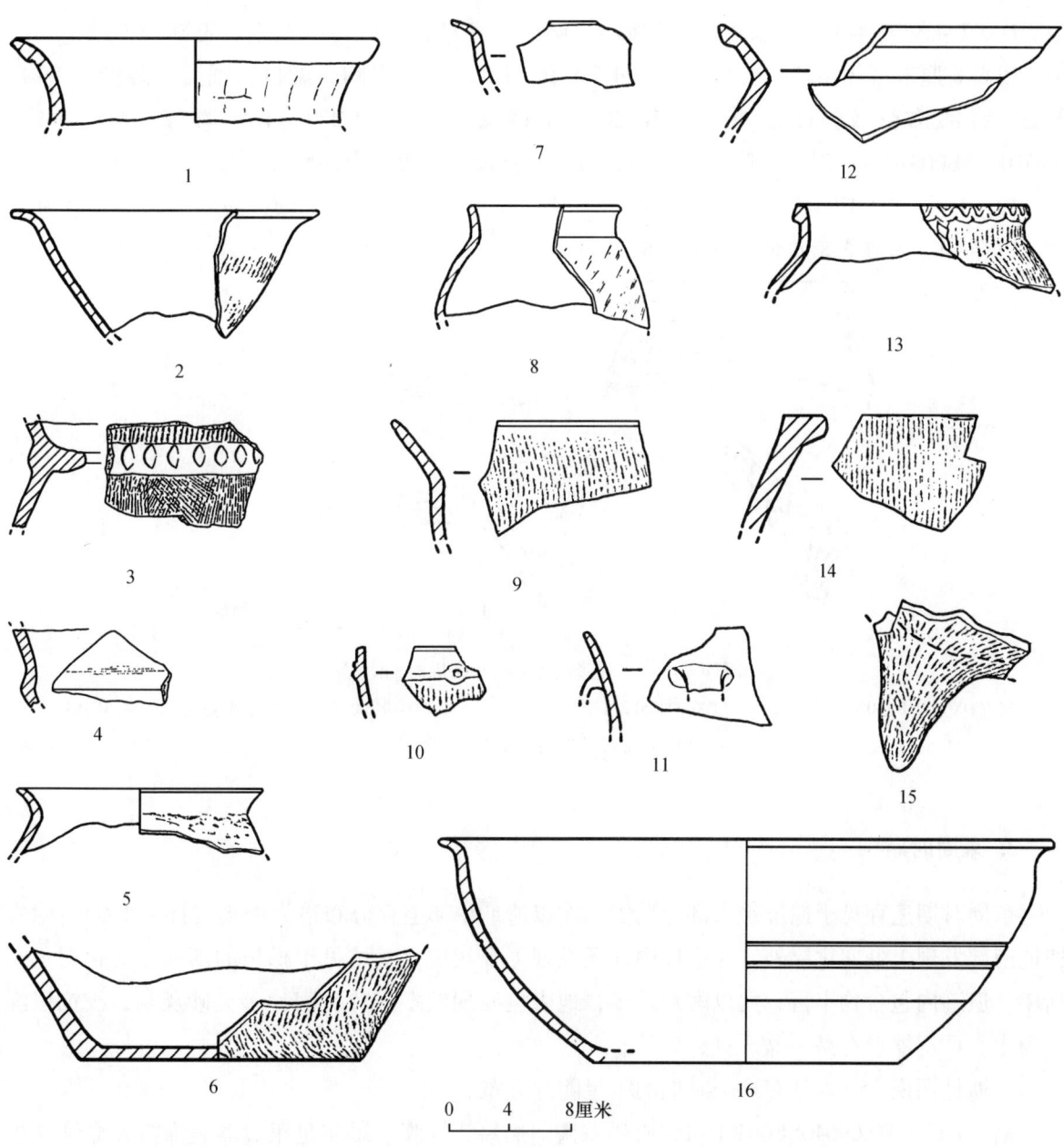

图 4-274　聂营遗址龙山、二里头时期陶器

1. 高领罐（DX070418F005：2）　2、7、9、12、16. 盆（DX070419C004：1、DX070418C004：2、DX070418G012：1、DX070418B003-C：1、DX070418N002-H：1）　3. 甗（DX070418B003-C：2）　4. 折腹盆（DX070418L005：1）　5、6、8. 罐（DX070418F011：1、DX070418H004：2、DX070418F009-H1：1）　14、15. 蛋形瓮（DX070418G011：1、DX070418G007：1）　10、13. 蛇纹鬲（DX070418L002：1、DX070422A004：1）　11. 带耳罐（DX070418B005-C：1）

（1、4~6、8、9、11. 龙山时期；2、3、7、10、12~16. 二里头时期）

盆 4件。DX070418C004：2，泥质黑皮陶。小圆唇，翻沿，弧腹。素面磨光（图4-274，7）。DX070419C004：1，夹砂灰陶（细砂）。圆唇，翻沿，大敞口，弧腹。腹部饰绳纹。口径20、残高8厘米（图4-274，2）。DX070418N002-H：1，泥质褐陶。敞口，圆唇，翻沿，弧腹，平底。腹部饰弦纹。口径40、底径20、高14厘米（图4-274，16；彩版一〇五，4）。DX070418B003-C：1，泥质灰陶。厚圆唇，折沿，束颈，深腹。素面磨光（图4-274，12）。

罐 1件。DX070418N002-H：2，夹砂灰陶。圆唇，近直口，矮领，鼓腹。器表饰凌乱绳纹。口径14、残高6.8厘米（图4-275，1）。

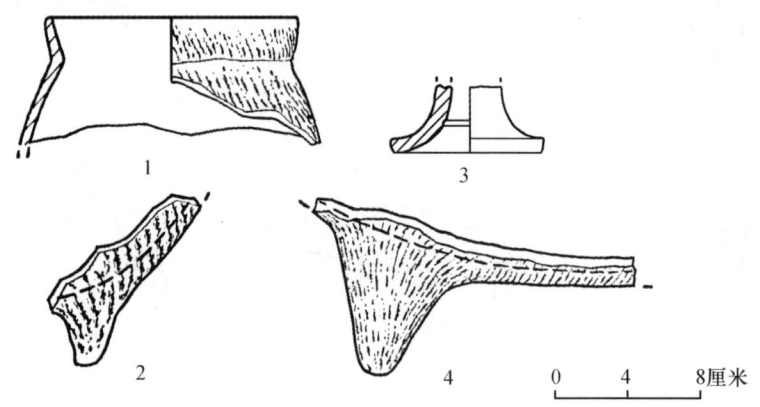

图4-275 聂营遗址二里头、东周时期陶器
1. 罐（DX070418N002-H：2） 2. 鬲（DX090405E001-H：1） 3. 豆（DX070419K005：1） 4. 蛋形瓮（DX070418F013：1）
（1、4. 二里头时期；2、3. 东周时期）

3. 东周时期

东周时期遗存见于遗址绝大部分范围，尤以遗址中部遗存分布最为密集（图4-276）。除在遗址南部发现1处文化层外，在遗址中部还发现1个灰坑，灰坑见于梯田的断面，文化层见于断崖。遗迹内包含物丰富，尤以陶片最多，地表也发现较多陶片。陶片多夹砂灰陶，纹饰以绳纹为主，可辨器形有鬲、盆、豆、罐等。

在遗址西南250米处有这个时期的零星陶片分布。

鬲 1件。DX090405E001-H：1，夹砂灰陶。胎厚，深腹，矮实足跟。器表饰粗大绳纹（图4-275，2）。

豆 1件。DX070419K005：1，泥质灰陶。细柄中空，喇叭口高圈足。素面。底径8、残高3.8厘米（图4-275，3）。

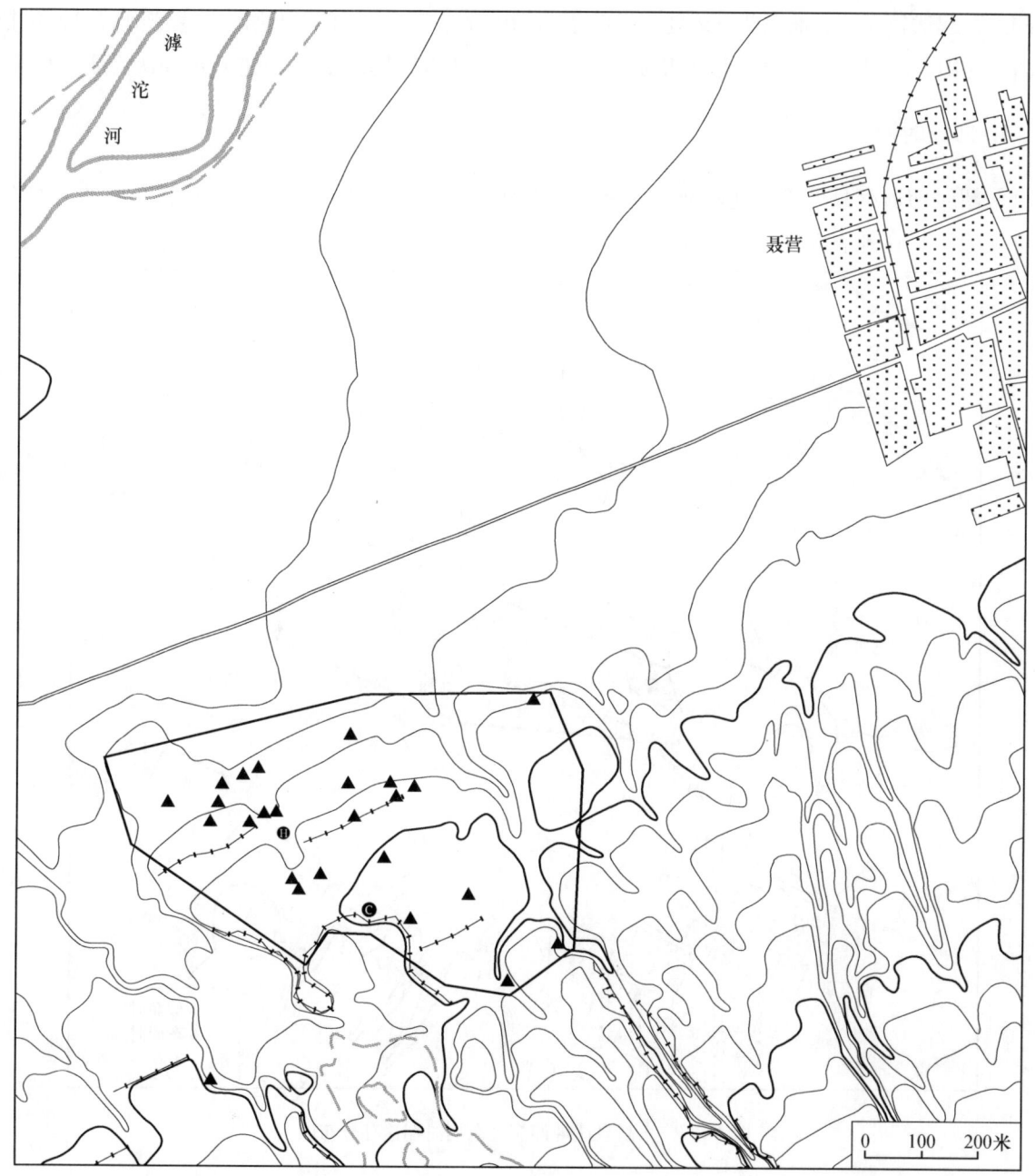

图 4-276　聂营遗址东周时期遗存分布图

一〇二、东高泉遗址

东高泉遗址位于代县聂营镇东高泉村东、南、西，面积14万平方米（彩版五四，2）。遗址处在滹沱河南岸的阶地上，也是冲积扇的最低处，其下地势平坦，当为滹沱河长年不断淤积形成的滩地。遗址所处地势较低，海拔880米左右，略高于现在的滹沱河河床，遗址中部有两条较宽的冲沟，起伏较大。遗址东侧不远处有发源于山间的季节性水流由南向北汇入滹沱河。遗址包括仰韶、龙山、二里头、东周四个时期的遗存，其中，东周时期遗存部分可进一步确认为战国时期。

1. 仰韶时期

仰韶时期遗存只见于遗址西部，仅有个别发现，遗存分布非常稀疏（图4-277）。未见任何遗迹现象，只在地表发现零星陶片。陶片多泥质红陶，素面，可辨器形有钵等。

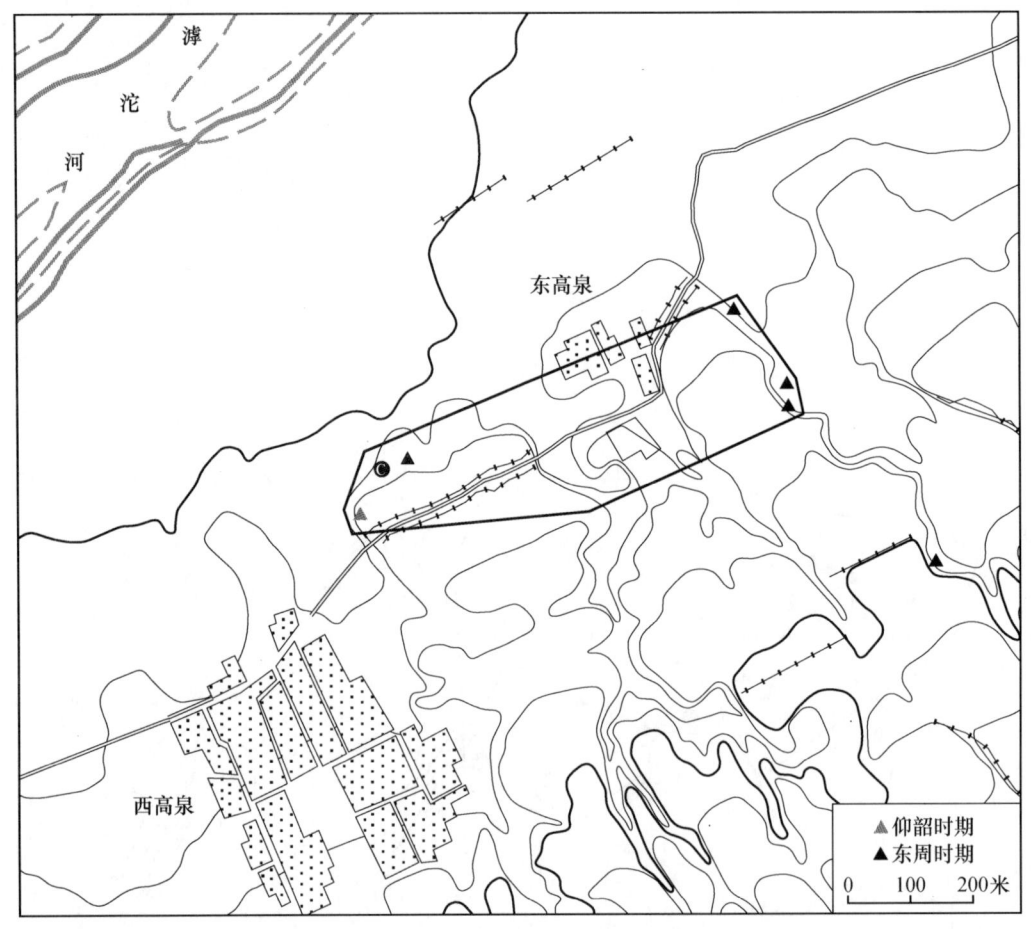

图4-277　东高泉遗址仰韶、东周时期遗存分布图

2. 龙山时期

龙山时期遗存见于遗址西部，只有零星发现，遗存分布较为稀疏（图4-278）。只在遗址西北部的梯田断面上发现1处文化层，未见其他遗迹现象，文化层堆积较薄。文化层内包含有少量陶片，地表也有零星陶片分布。陶片多夹砂灰陶，纹饰有篮纹。

3. 二里头时期

二里头时期遗存见于整个遗址，遗存分布较为稀疏（图4-278）。未见任何遗迹现象，只在

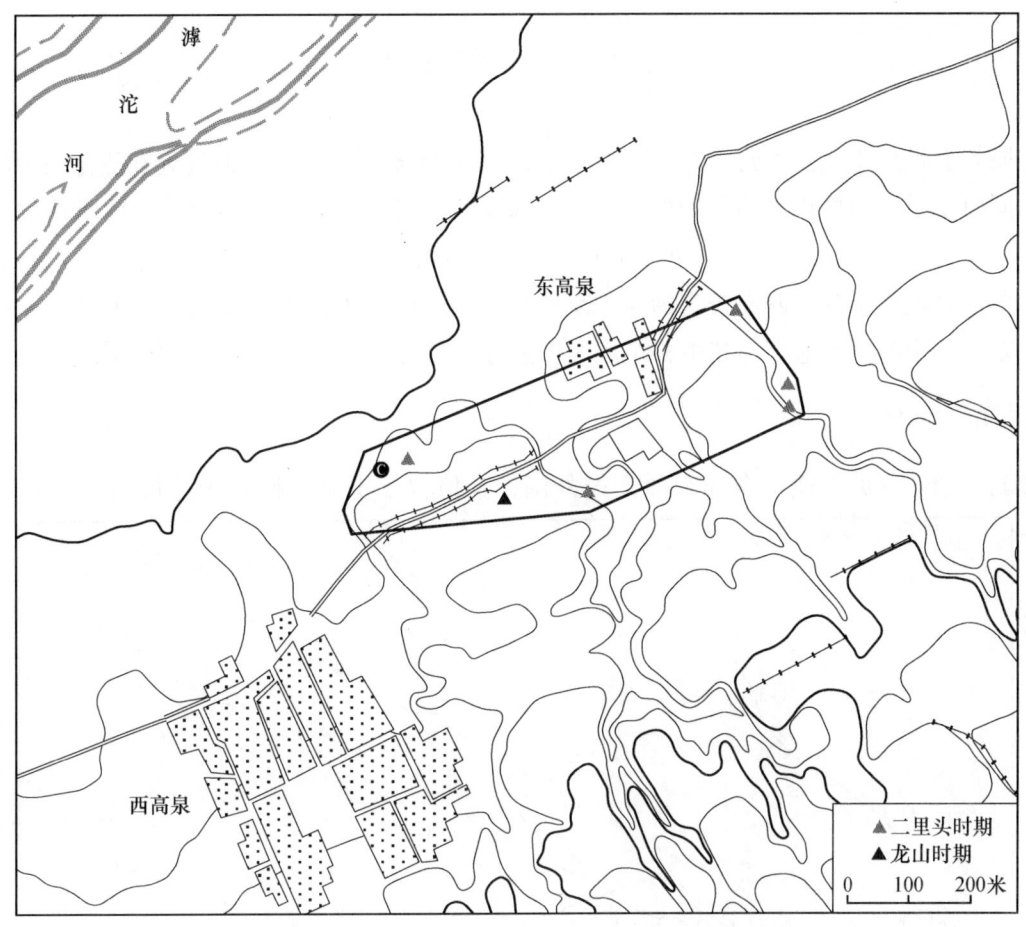

图 4-278 东高泉遗址龙山、二里头时期遗存分布图

地表发现有陶片。陶片多夹砂灰陶，纹饰多绳纹，可辨器形有蛋形瓮、罐等。

蛋形瓮足 1件。DX070419L001:1，夹砂灰褐陶。实足跟，较粗大。足部饰绳纹（图4-279）。

4. 东周时期

东周时期遗存见于遗址东、西两端，遗存分布稀疏（图4-277）。除在遗址西北角的梯田断面上发现1处文化层外，未见其他遗迹现象，文化层堆积较薄。文化层内包含有少量陶片，地表也有陶片分布。陶片多夹砂灰陶，纹饰多绳纹，可辨器形有罐等。

在遗址东南300米处发现有这个时期的零星陶片分布。

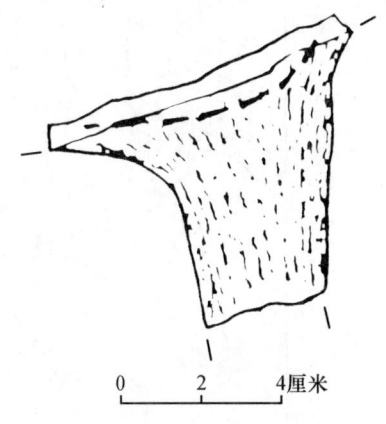

图 4-279 东高泉遗址二里头时期陶器
蛋形瓮足（DX070419L001:1）

一〇三、东段景遗址

东段景遗址位于代县聂营镇东段景村东南，面积45.6万平方米。遗址处在滹沱河南岸的阶地上，同时也是山前冲积扇的最低处，其下为滹沱河长年淤积形成的滩地。遗址所在位置地势较低，海拔870~905米，略高于滹沱河河床数米，内有多条冲沟，有一定的起伏。遗存分布有一定的落差且疏密不等，西部较为稀疏，东部遗存分布则较为密集。遗址包含仰韶、龙山、二里头、东周四个时期的遗存，其中，东周时期遗存部分可以进一步确认为战国时期。

1. 仰韶时期

仰韶时期遗存见于遗址东部和西部的外围，其他位置不见，相对于遗址西部只有个别发

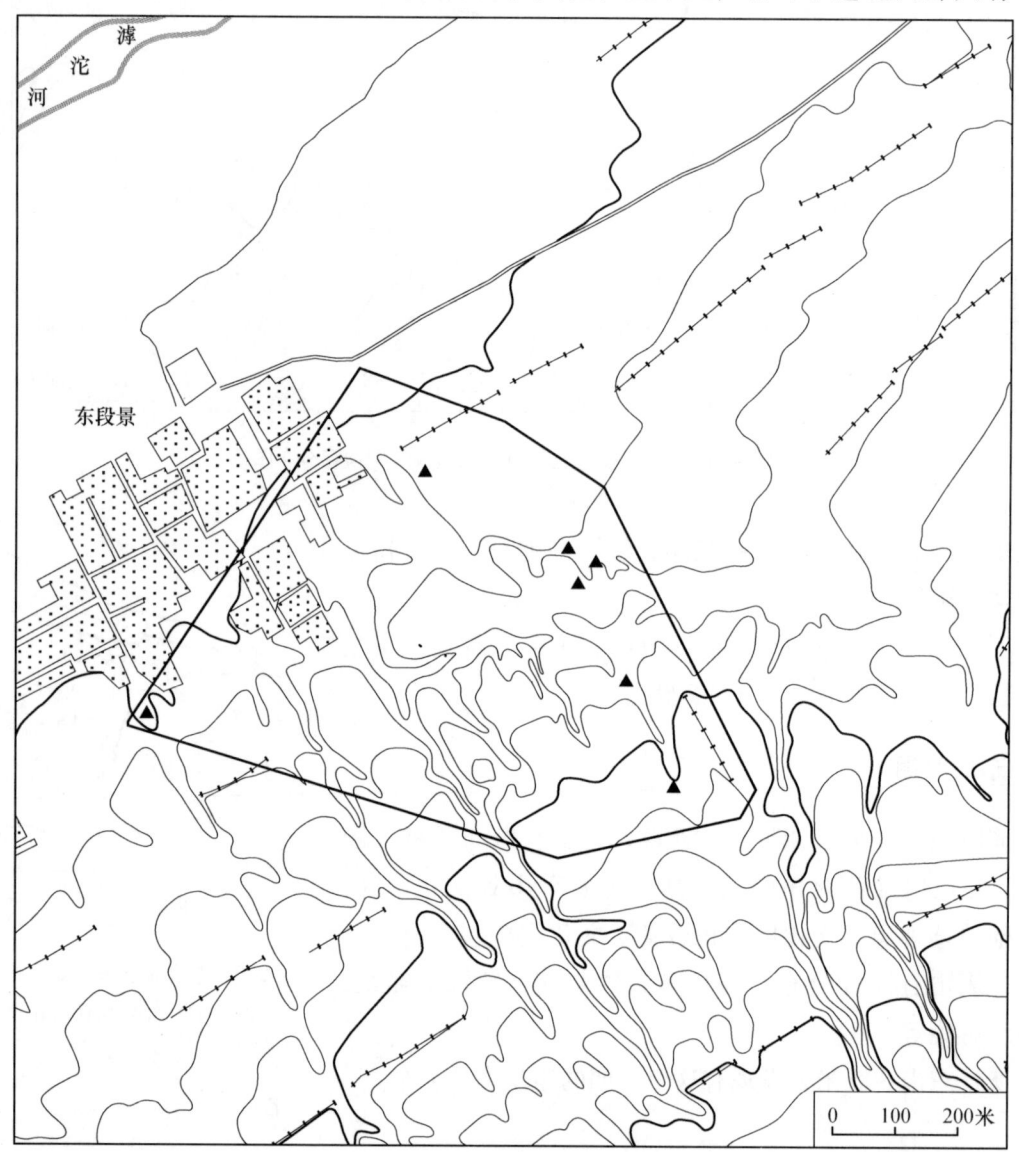

图4-280 东段景遗址仰韶时期遗存分布图

现，在东部仰韶时期遗存分布要多。整体来说，仰韶时期遗存分布较为稀疏（图 4-280）。未见任何遗迹现象，只在地表发现有陶片。陶片多泥质红陶，多素面，有彩陶，可辨器形有钵、小口尖底瓶等。

钵　1件。DX070428C004:2，泥质红陶。小圆唇，弧腹。口下饰黑彩带（图 4-282，8）。

小口尖底瓶　1件。DX070428C004:1，泥质红陶。重唇口，束颈，鼓腹。器表饰线纹。口径 8.8、残高 5.6 厘米（图 4-282，19）。

2. 龙山时期

龙山时期遗存基本见于整个遗址，不过，遗存主要分布在遗址东部，西部则非常稀疏（图 4-281）。遗迹发现较多，尤以东部偏北地势较低处分布最多，共发现 3 处文化层和 19 个灰坑，

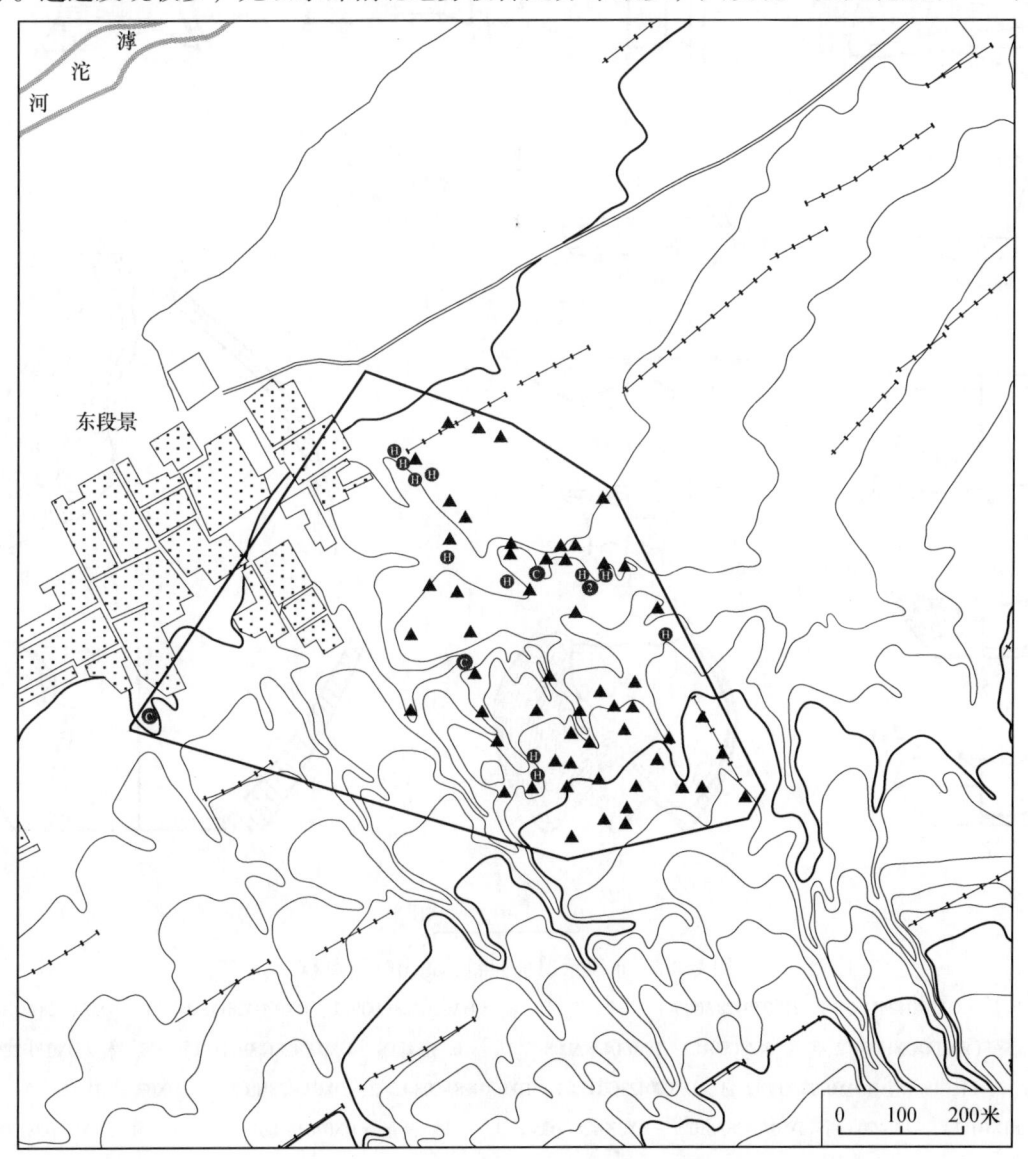

图 4-281　东段景遗址龙山时期遗存分布图

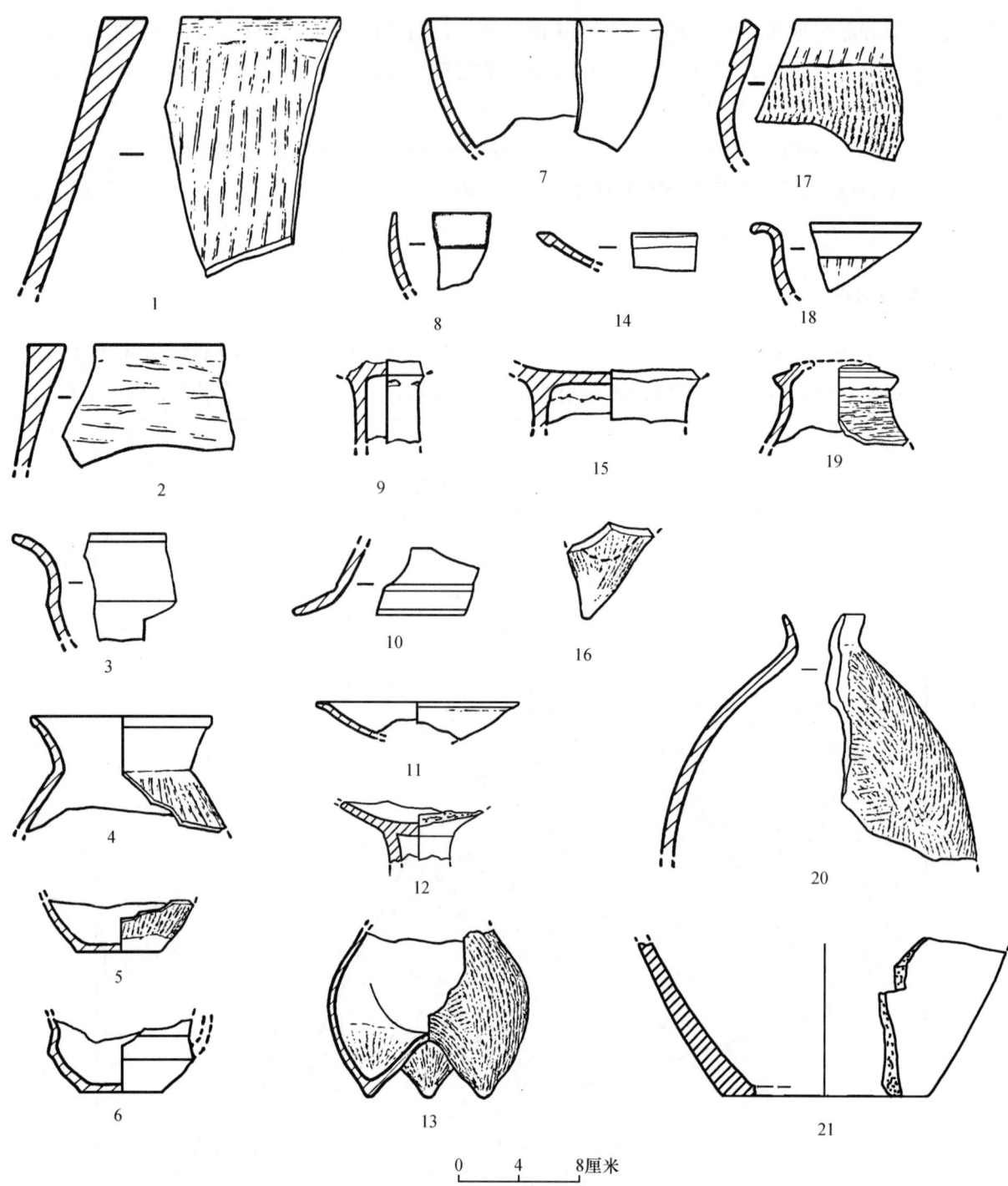

图 4-282 东段景遗址仰韶、龙山时期陶器

1、2. 蛋形瓮（DX070428G004∶1、DX070428A006∶1） 3、7、18. 盆（DX070428C005∶1、DX070428C003-H∶1、DX070428A010∶3） 4、5、21. 罐（DX070428H004∶2、DX070428G004∶2、DX070428A008-C∶1） 6. 带耳罐（DX070428G001-H∶1） 8. 钵（DX070428C004∶2） 9、11、12、14、15. 豆（DX070428H011∶1、DX070428G006∶1、DX070428A008-C∶2、DX070428H003∶1、DX070428H011∶2） 10. 盘（DX070428H004∶1） 13、20. 鬲（DX070428A010∶1、DX070428G005-H∶1） 16. 鬲足（DX070428B019∶1） 17. 斝（DX070428I008∶1） 19. 小口尖底瓶（DX070428C004∶1）

（1~7、9~18、20、21. 龙山时期；8、19. 仰韶时期）

主要暴露于沟坎的断面和梯田的断面，文化层厚薄不等，灰坑结构多样，有口小底大状，也有口大底小状。遗迹内包含物丰富，尤以陶片最多，地表也发现大量陶片。陶片以夹砂灰陶为主，纹饰以绳纹为主，可辨器形有鬲、斝、鬶、蛋形瓮、豆、盘、盆、高领罐、带耳罐、折肩罐、罐等。

鬲　2件。DX070428A010：1，夹砂黑灰陶。小口，鼓腹，空袋足。器饰规整细绳纹（图4-282，13）。DX070428G005-H：1，夹砂灰黑陶。圆唇，矮领，肥袋足。通体饰规整细绳纹（图4-282，20）。

鬲足　1件。DX070428B019：1，夹砂灰陶。空袋足，微有实足跟。器饰粗乱绳纹（图4-282，16）。

斝　1件。DX070428I008：1，夹砂灰陶。敛口，口部加厚，折肩，腹内收。肩腹部饰粗绳纹（图4-282，17）。

蛋形瓮　2件。DX070428G004：1，夹砂灰陶（细砂）。厚胎，平沿，敛口，斜直深腹。器表饰竖宽篮纹（图4-282，1）。DX070428A006：1，夹砂灰陶（细砂）。平沿，口部较厚，微敛口，深腹。器表饰横宽篮纹（图4-282，2）。

豆　5件。DX070428A008-C：2，泥质灰陶。圜底，细柄中空。素面（图4-282，12）。DX070428H011：1，夹砂红褐陶。细柄。柄部有戳印纹（图4-282，9）。DX070428H011：2，泥质灰黑陶。平底，粗柄。素面（图4-282，15）。DX070428G006：1，泥质褐陶。圆唇，平沿，斜浅腹。素面。口径14、残高2.4厘米（图4-282，11）。DX070428H003：1，泥质黑皮陶。尖圆唇，斜浅腹。素面磨光（图4-282，14）。

盘　1件。DX070428H004：1，泥质褐陶。粗柄，大圈足。素面磨光（图4-282，10）。

盆　3件。DX070428C003-H：1，泥质褐陶。敞口，弧壁，深腹。素面。口径16、残高8.5厘米（图4-282，7）。DX070428C005：1，夹砂黑皮陶。圆唇，翻沿，敞口，深腹。素面磨光（图4-282，3）。DX070428A010：3，泥质黑皮陶。圆唇，卷沿，微束颈，深腹。腹部饰浅篮纹（图4-282，18）。

带耳罐　1件。DX070428G001-H：1，泥质灰陶。有耳，束颈，折腹，平底。素面。底径5、残高4.8厘米（图4-282，6）。

罐　3件。DX070428G004：2，夹砂灰陶。鼓腹，平底。腹部饰细绳纹。底径6、残高3.2厘米（图4-282，5）。DX070428A008-C：1，夹砂灰黑陶（夹细砂）。深腹，平底。腹部有浅篮纹。底径13.6、残高10厘米（图4-282，21）。DX070428H004：2，泥质灰陶。圆唇加厚，口外翻，高领，鼓肩。肩部饰细篮纹。口径12、残高7.2厘米（图4-282，4）。

3. 二里头时期

二里头时期遗存见于遗址东北部，遗存分布相对密集（图4-283）。遗迹发现较多，共发现8个灰坑，多暴露于梯田的断面和沟坎的断面，结构多样，有口小底大状，也有口大底小状。遗迹内包含物丰富，尤以陶片最多，地表也发现有陶片。陶片多夹砂灰陶，纹饰

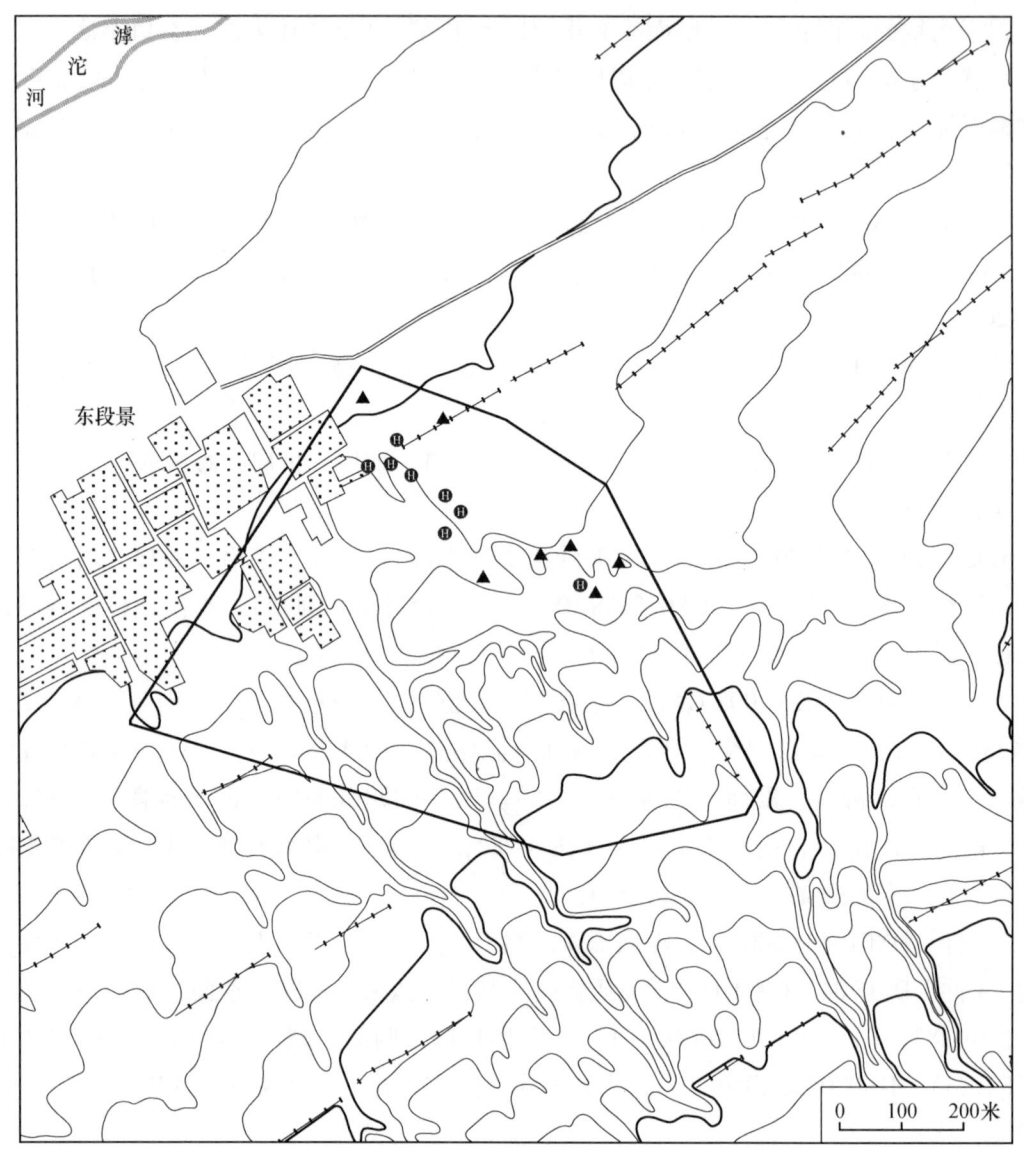

图 4-283　东段景遗址二里头时期遗存分布图

以绳纹为主，可辨器形有鬲、爵、蛋形瓮、盆、罐等。

鬲足　1件。DX070428G007：1，夹砂灰陶，空袋足，下接锥状实足跟。器表饰绳纹（图4-285，7）。

爵　1件。DX090403C005-H：1，夹砂褐陶（细砂）。敞口，深腹，平底，三足，有流，有把手。素面（图4-285，2）。

蛋形瓮　2件。DX070428B009：1，夹砂灰褐陶。底部近平，实足跟。器饰规整绳纹（图4-285，9）。DX070428A010：2，夹砂灰褐陶。弧底，柱足。器饰规整绳纹（图4-285，3）。

盆　2件。DX070428H017-H1：1，泥质黑灰陶。圆唇，翻沿，深腹。腹部饰绳纹（图

4-285，8）。DX090403C007-H：1，泥质灰褐陶。圆唇，敞口，深腹，腹部有小錾手。素面（图 4-285，6）。

罐　1件。DX070428A010-H1：1，夹砂灰陶。鼓腹，平底。腹部饰规整细绳纹。底径14、残高6.4厘米（图4-285，5）。

4. 东周时期

东周时期遗存见于遗址中部偏东，遗存分布较为稀疏（图4-284）。只发现1个灰坑，暴露于梯田的断面，为袋状坑，未见其他遗迹现象。灰坑内包含有较多陶片，地表也有陶片分布。陶片多夹砂灰陶，纹饰多绳纹，可辨器形有鬲、豆、罐、瓮等。

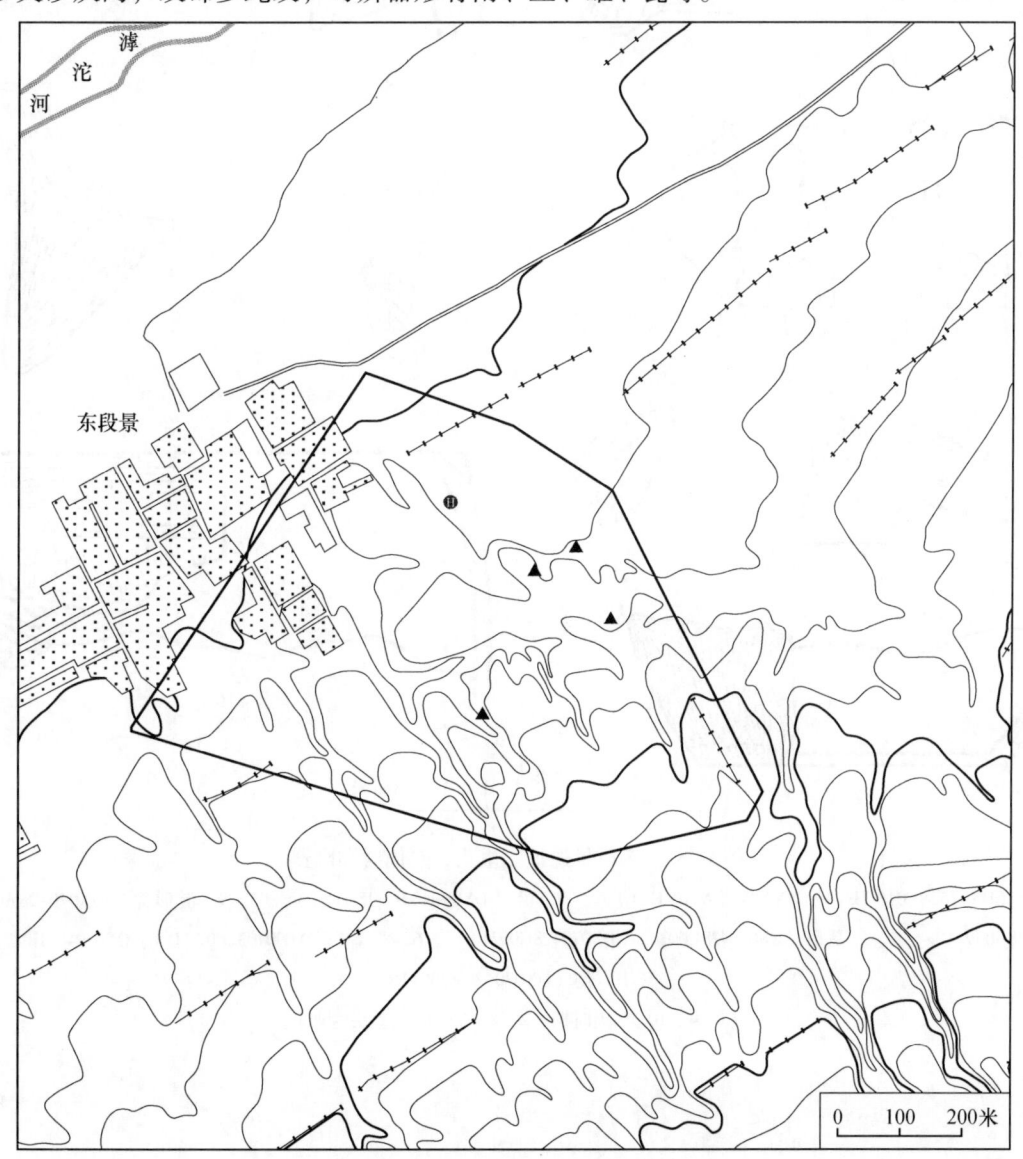

图4-284　东段景遗址东周时期遗存分布图

鬲足　1件。DX070428H003：2，夹砂灰陶。联裆，矮实足跟。器表饰粗大绳纹（图4-285，4）。

罐　1件。DX070428C013-H3：1，夹砂灰黑陶。方唇，折沿，束颈，鼓腹。器表饰粗大绳纹。口径24、残高6.4厘米（图4-285，1）。

瓮　1件。DX070428A009：1，夹砂灰陶（细砂）。微敛口，深腹。上腹部饰细绳纹，下腹部饰粗大绳纹。口径22、残高10厘米（图4-285，10）。

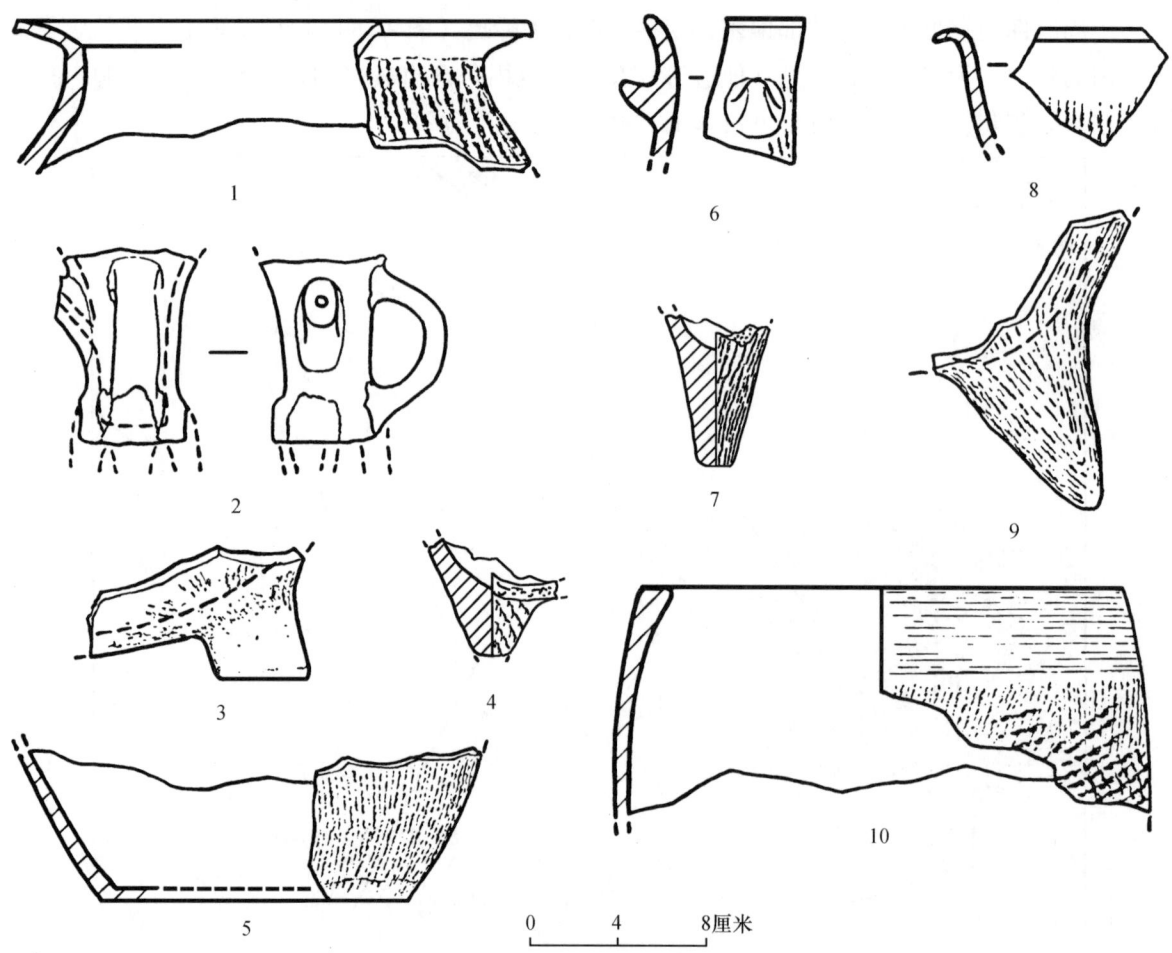

图4-285　东段景遗址二里头、东周时期陶器
1、5. 罐（DX07428C013-H3：1、DX070428A010-H1：1）　2. 爵（DX090403C005-H：1）　3、9. 蛋形瓮（DX070428A010：2、DX070428B009：1）　4、7. 鬲足（DX070428H003：2、DX070428G007：1）　6、8. 盆（DX090403C007-H：1、DX070428H017-H1：1）
10. 瓮（DX070428A009：1）
（1、4、10. 东周时期；2、3、5~9. 二里头时期）

一〇四、西段景遗址

西段景遗址位于代县聂营镇西段景村南 300 米，面积 14.5 万平方米。遗址处在滹沱河南岸山前冲积扇的最低处，海拔 875～895 米，北低南高，所在位置地势较低，呈缓坡逐渐上升，内有浅冲沟，略有起伏。遗存分布稀疏。遗址包括二里头、东周两个时期的遗存，其中，东周时期遗存部分可进一步确认为战国时期。

1. 二里头时期

二里头时期遗存见于遗址南部，遗存分布较为稀疏（图 4-286）。只在遗址中部的梯田断面

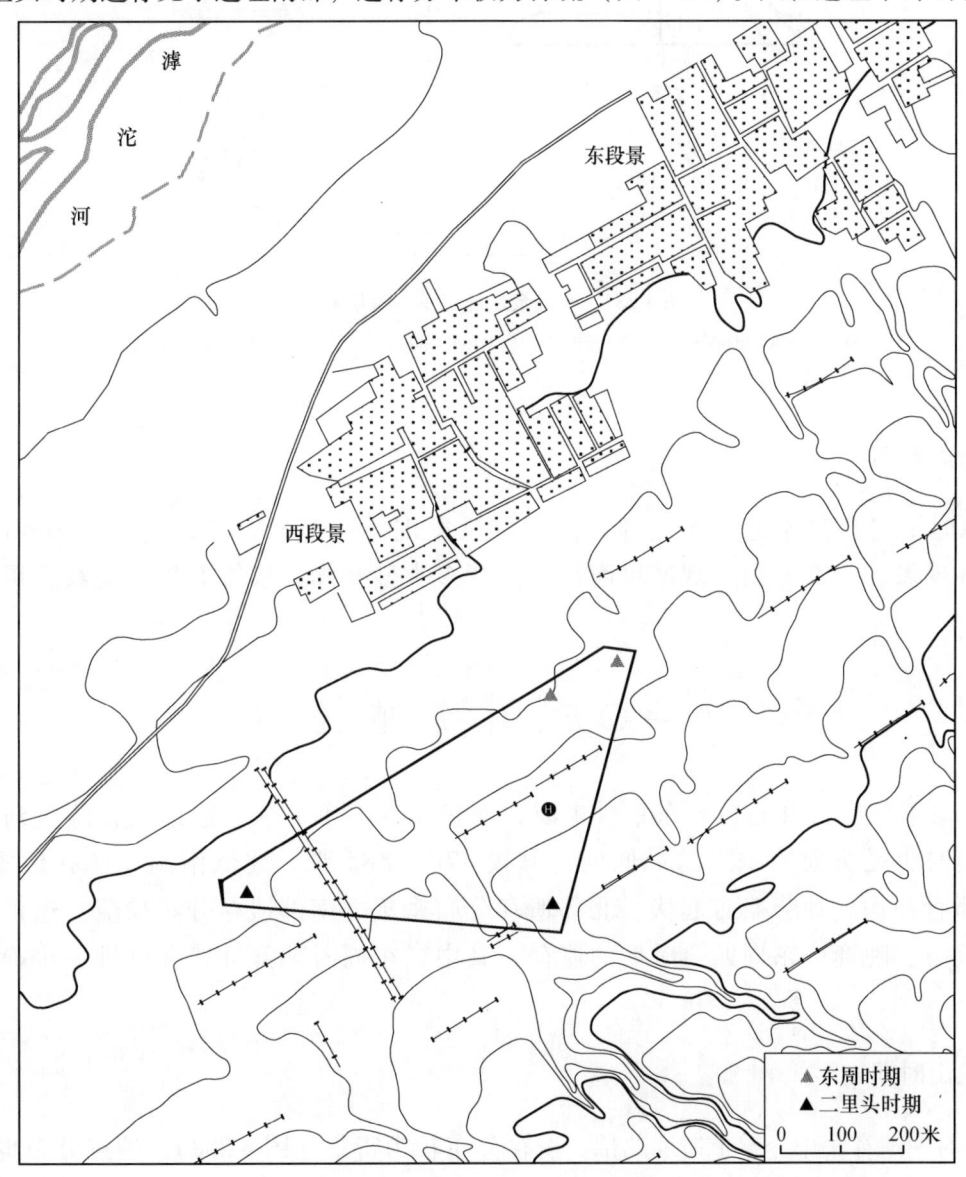

图 4-286　西段景遗址遗存分布图

上发现1个灰坑，未见其他遗迹现象。灰坑内包含有较多陶片，地表也有零星陶片发现。陶片多夹砂灰陶，纹饰多绳纹，可辨器形有豆、鬲、蛋形瓮等。

豆　1件。DX070428B001：1，夹砂黑皮陶。粗柄，厚圈足。素面磨光。底径16.8、残高5.6厘米（图4-287，1）。

鬲　1件。DX070428B003：2，夹砂灰褐陶。束腰，有隔。腰部有按捺状附加堆纹（图4-287，3）。

蛋形瓮　1件。DX070428B003：1，泥质黑皮陶。小平沿，敛口，深鼓腹。腹部饰绳纹。口径24、残高5.8厘米（图4-287，2）。

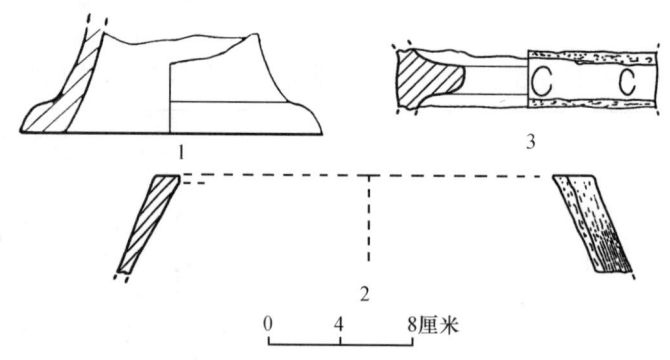

图4-287　西段景遗址二里头时期陶器
1. 豆（DX070428B001：1）　2. 蛋形瓮（DX070428B003：1）　3. 鬲（DX070428B003：2）

2. 东周时期

东周时期遗存见于遗址东北部，只有零星发现，遗存分布稀疏（图4-286）。未见任何遗迹现象，只在地表发现零星陶片。陶片多夹砂灰陶，纹饰有粗大绳纹，可辨器形有罐等。

一〇五、东章遗址

东章遗址位于代县峪口乡东章村东南，面积5.6万平方米。遗址处在滹沱河南岸阶地上，同时也是山前冲积扇的最低处，海拔870～885米，北低南高，所在位置较低，遗址中部有冲沟，地势略有起伏。北部遗存分布密集，南部遗存分布稀疏。遗址包含龙山、二里头、晚商、东周四个时期的遗存，其中，东周时期部分遗存可进一步确认为战国时期。

1. 龙山时期

龙山时期遗存集中分布于遗址北部，遗存分布较为密集（图4-288）。遗迹分布也较为集中，大多见于梯田的断面，除1处文化层外，还发现5个灰坑，文化层堆积较厚，灰坑有口大

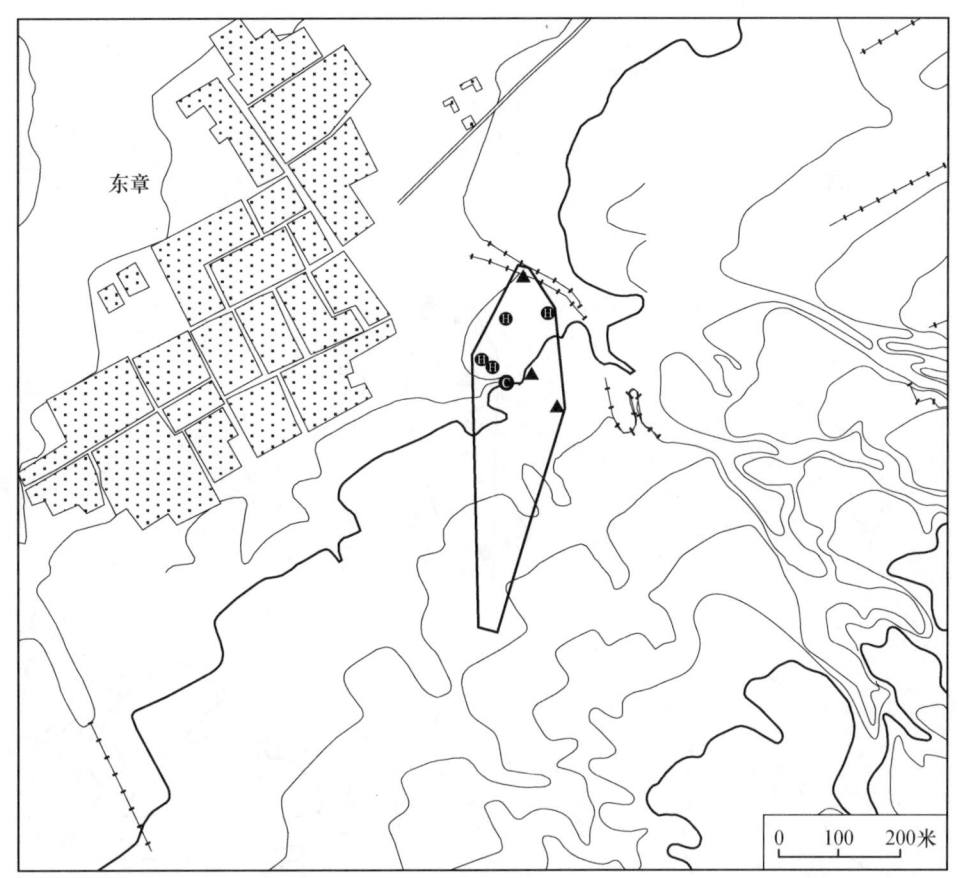

图 4-288　东章遗址龙山时期遗存分布图

底小状，也有口小底大状。多数遗迹内包含物丰富，地表也有较多遗物分布，遗物以陶片最多，此外，还有发现少量石器等。陶片多夹砂灰陶，纹饰多绳纹，可辨器形有鬲、甗、蛋形瓮、罐等。石器有石斧等。

石斧　1件。DX070529F002：1，青灰色。近梯形，上窄下宽，形制不甚规整，双面刃。通体琢制，刃部磨光。残长10.6、宽5.4、厚3厘米（图4-290，5）。

2. 二里头时期

二里头时期遗存基本分布于整个遗址，遗址北部遗存分布密集，南部则较为稀疏（图4-289）。共发现4处文化层和1个灰坑，其中，遗址北部分布有3处文化层，南部分布有1处文化层和1个灰坑，所有的遗迹全部见于梯田的断面，文化层多厚薄不等，灰坑为口大底小状。遗迹内包含陶片较多，地表也有陶片分布。陶片多夹砂灰陶，纹饰以绳纹为主，可辨器形有鬲、甗、蛋形瓮、盆等。

陶蛋形瓮　1件。DX070429E001：1，夹砂灰黑陶。平沿内折，敛口，深腹微鼓。腹部饰规整绳纹。口径26、残高8厘米（图4-290，4）。

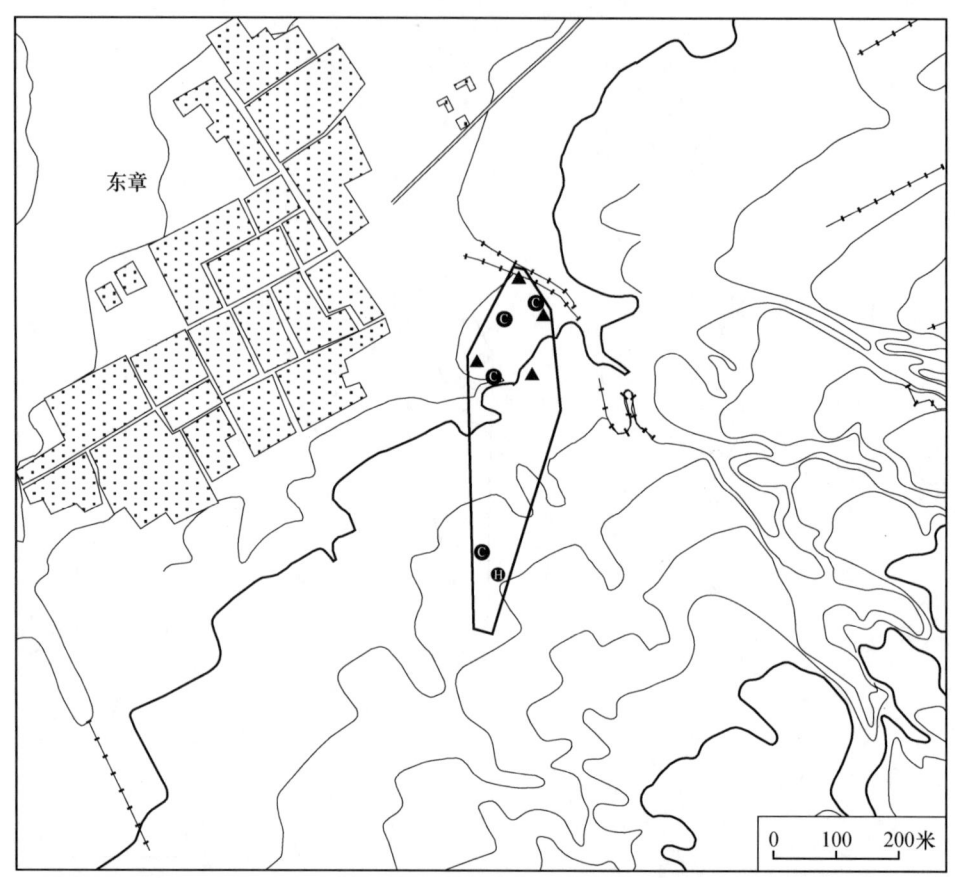

图 4-289 东章遗址二里头时期遗存分布图

陶蛋形瓮足　1件。DX070429E001：2，夹砂褐陶。实足跟。足部有绳纹（图 4-290，3）。

陶盆　1件。DX070429K001：1，夹砂灰陶。圆唇，近折沿，深腹。器表饰规整绳纹（图 4-290，2）。

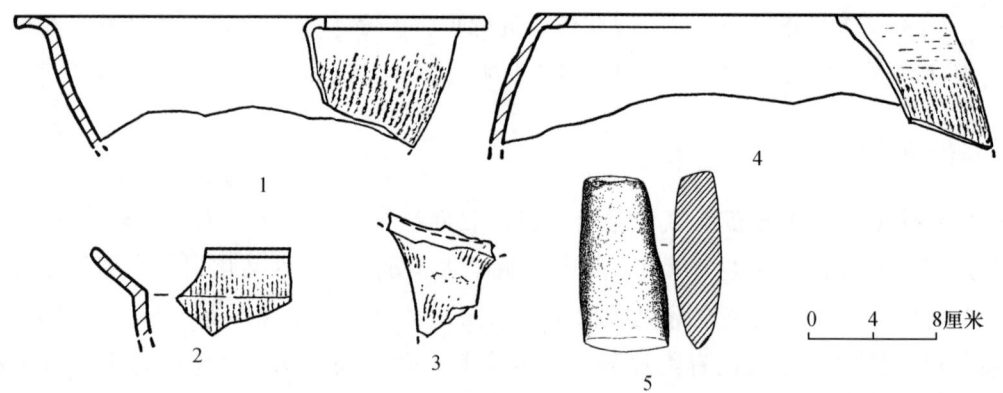

图 4-290　东章遗址陶、石器

1、2. 陶盆（DX070429F002-H：1、DX070429K001：1）　3. 陶蛋形瓮足（DX070429E001：2）　4. 陶蛋形瓮（DX070429E001：1）

5. 石斧（DX070529F002：1）

(1. 晚商时期；2~4. 二里头时期；5. 龙山时期)

3. 晚商时期

晚商时期遗存仅见于遗址北部，仅有个别发现，遗存分布很稀疏（图4-291）。未见任何遗迹现象，只在地表发现少量陶片。陶片多夹砂灰陶，纹饰以绳纹为主，可辨器形有盆等。

陶盆　1件。DX070429F002-H∶1，夹砂灰陶。方唇，翻沿，斜腹。腹部饰绳纹。口径30、残高8厘米（图4-290，1）。

4. 东周时期

东周时期遗存见于遗址南、北两端，只有零星发现，遗存分布非常稀疏（图4-292）。未见任何遗迹现象，只在地表发现少量陶片。陶片多夹砂灰陶，多素面，可辨器形有豆等。

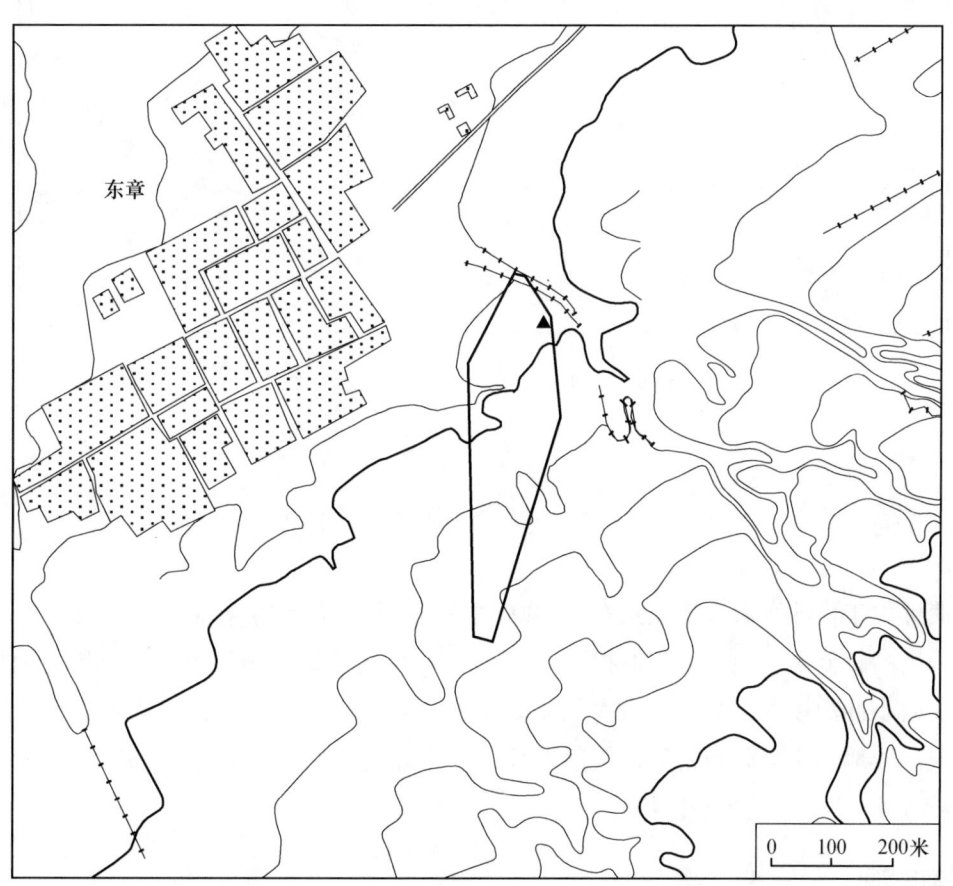

图4-291　东章遗址晚商时期遗存分布图

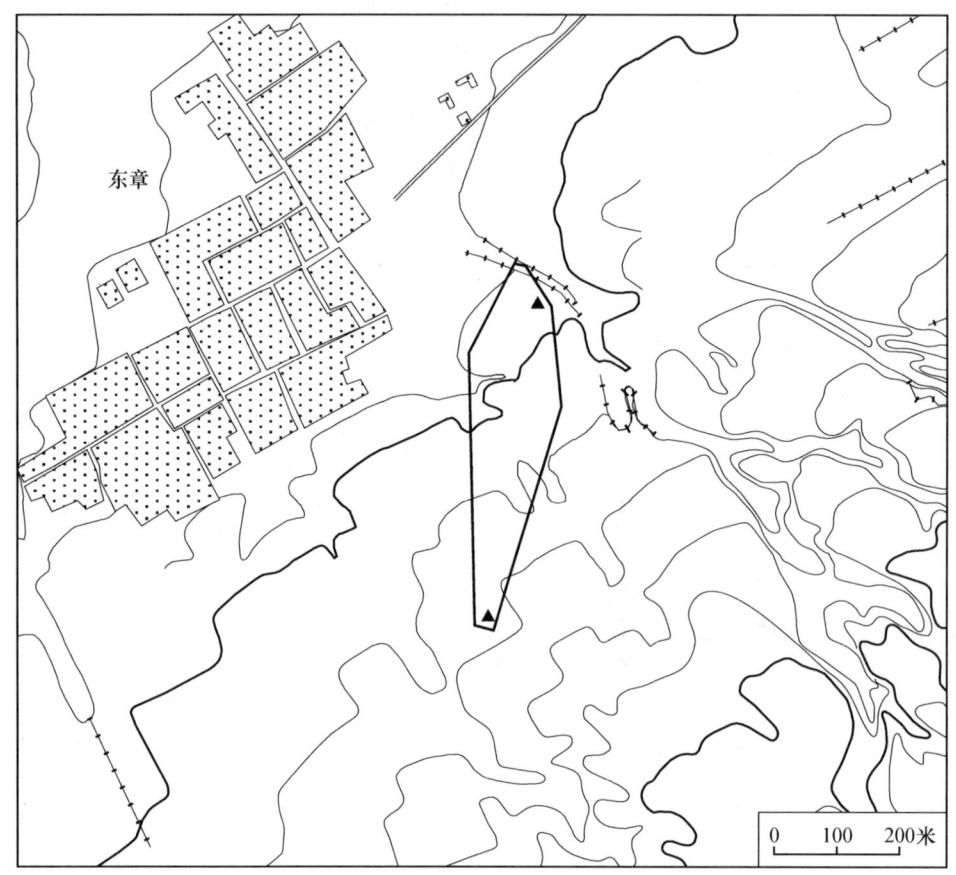

图4-292　东章遗址东周时期遗存分布图

一〇六、下庄遗址

下庄遗址位于代县峪口乡下庄村东北1800米，面积54万平方米（彩版五五，1）。遗址处在山前冲积扇的较低处，地势低，海拔900～980米，北低南高，坡度大，相比周边地势略显开阔，但遗址内小冲沟较多，起伏也较大。遗址往下地势逐渐趋向平缓，起伏很小，是滹沱河长年泛滥形成的滩地。遗存分布密集，但落差较大。遗址包含仰韶、龙山、二里头、东周四个时期的遗存。

1. 仰韶时期

仰韶时期遗存见于遗址南、北部之外的其他位置，遗存分布较为稀疏（图4-293）。未见任何遗迹现象，只在地表发现有陶片。陶片多泥质红陶，多素面，可辨器形有钵等。

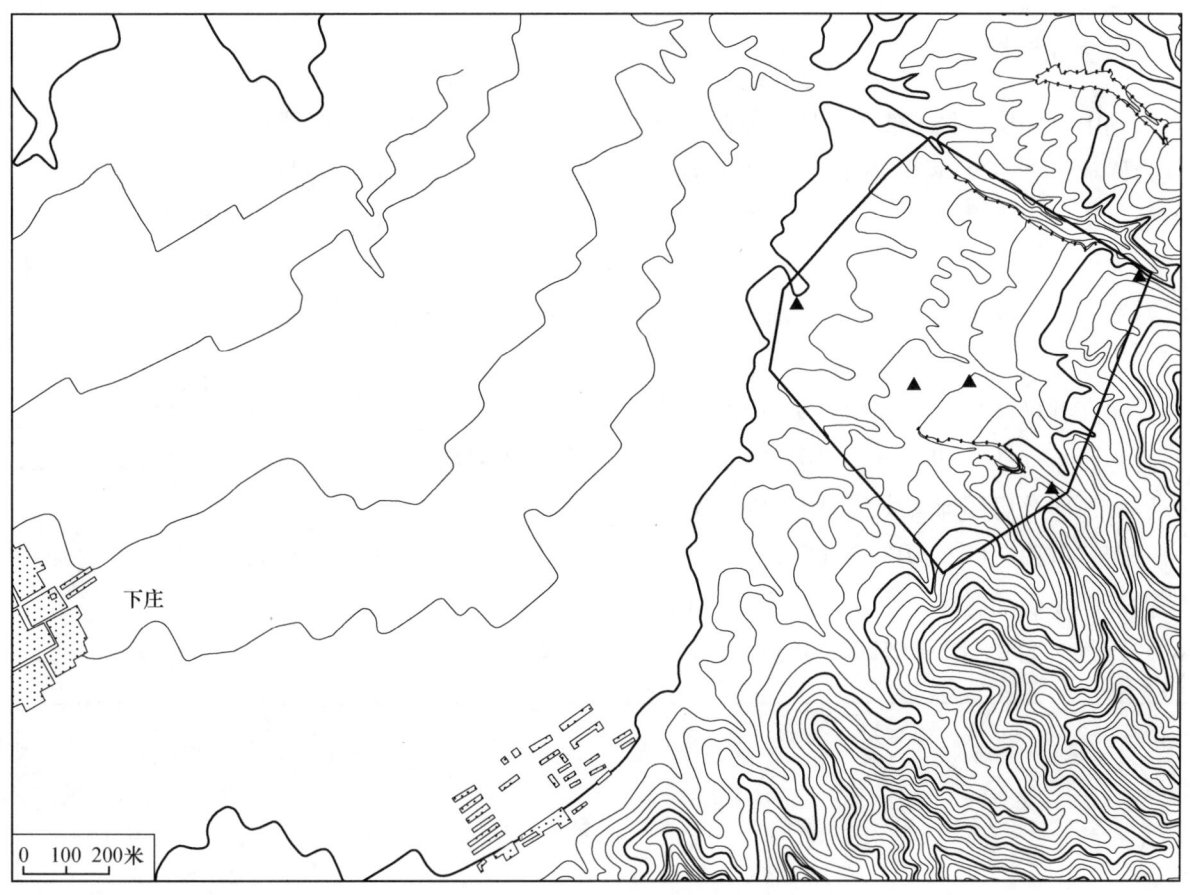

图 4-293　下庄遗址仰韶时期遗存分布图

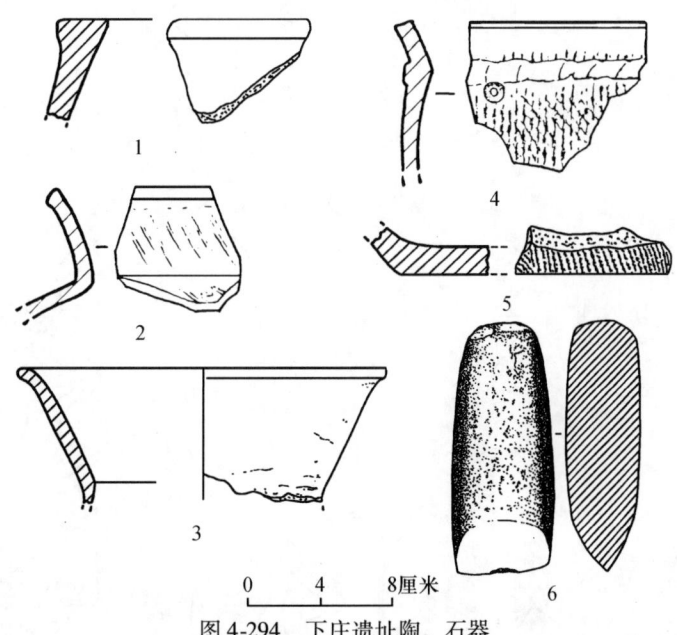

图 4-294　下庄遗址陶、石器

1. 陶蛋形瓮（DX070429A003:1）　2、3. 陶高领罐（DX070429H008:1、DX070429A006:1）　4. 陶直口罐（DX070429H003-C:1）
5. 陶罐（DX070429B014:1）　6. 石斧（DX070529H005-H:1）

（1、5. 二里头时期；2~4、6. 龙山时期）

2. 龙山时期

龙山时期遗存见于整个遗址，但遗存分布疏密不等，遗址东部遗存分布较为密集，西部则较为稀疏（图4-295）。共发现3处文化层和2个灰坑，多发现于沟坎的断面，灰坑全部分布在遗址东部，文化层则有2处分布在遗址西部，另有1处分布在东部，文化层堆积厚薄不等，灰坑均为口大底小状。遗迹内包含物丰富，地表也发现较多遗物。遗物以陶片为最多，此外，还有石器等。陶片多夹砂灰陶，纹饰多篮纹、绳纹，可辨器形有鬲、盆、高领罐、直口罐等。石器有石斧等。

陶高领罐　2件。DX070429A006：1，夹砂褐陶。圆唇，口微外翻，高领。素面。口径20、残高7厘米（图4-294，3）。DX070429H008：1，夹砂灰褐陶（细砂）。圆唇，口外翻，高领，鼓肩。领部及肩部饰篮纹（图4-294，2）。

陶直口罐　1件。DX070429H003-C：1，夹砂灰陶。方唇，口外翻，直深腹。颈部有附加堆纹，腹部饰凌乱绳纹，并有一单面钻孔（图4-294，4）。

石斧　1件。DX070529H005-H：1，青灰色。近梯形，上窄下宽，双面刃。通体琢制，刃部

图4-295　下庄遗址龙山时期遗存分布图

磨光。长13.1、宽5.7、厚4厘米（图4-294，6）。

3. 二里头时期

二里头时期遗存见于遗址中部偏东位置，遗存分布略显稀疏（图4-296）。未见任何遗迹现象，只在地表发现有陶片。陶片多夹砂灰陶，纹饰以绳纹为主，可辨器形有鬲、蛋形瓮、盆、罐等。

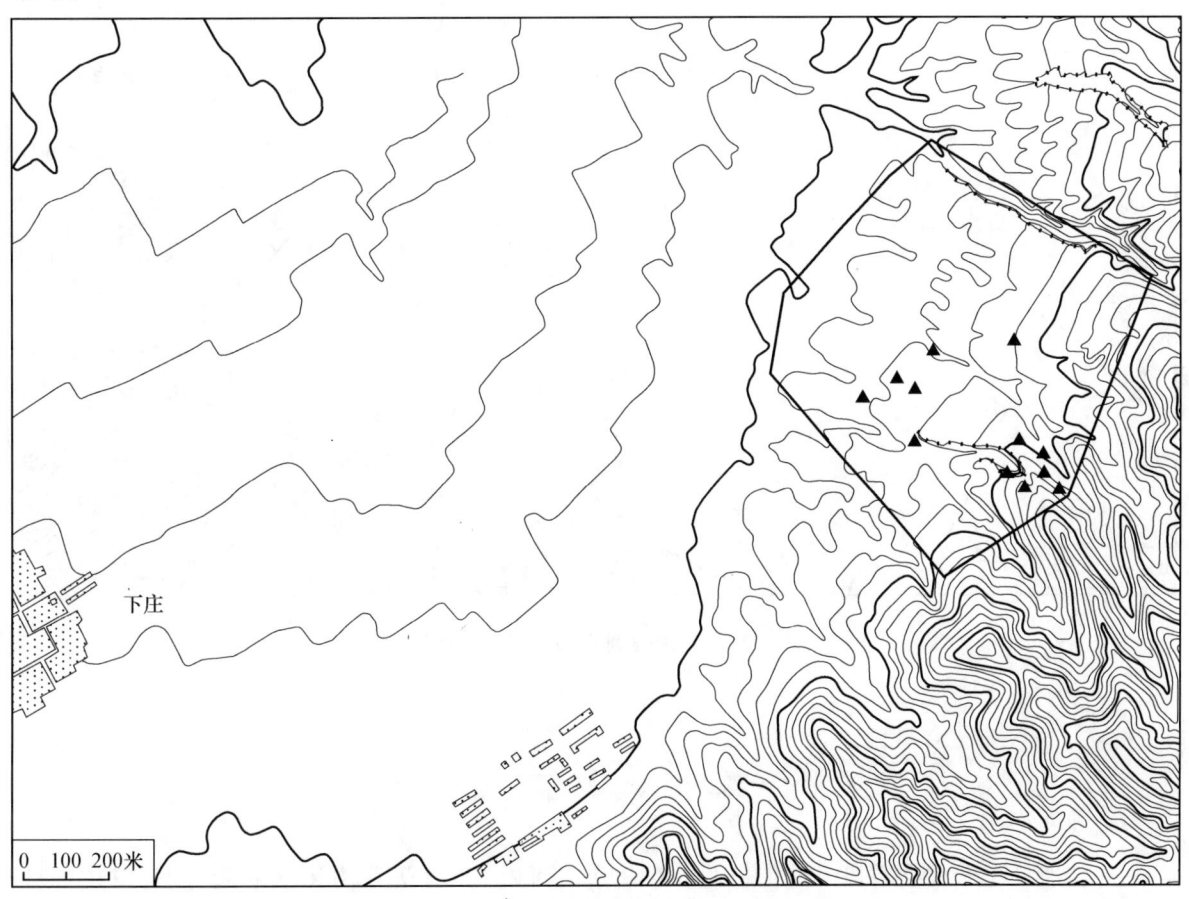

图4-296　下庄遗址二里头时期遗存分布图

陶蛋形瓮　1件。DX070429A003：1，夹砂灰陶。宽平沿，敛口，深腹。素面（图4-294，1）。

陶罐　1件。DX070429B014：1，泥质褐陶。胎厚，鼓腹，平底。器表饰绳纹（图4-294，5）。

4. 东周时期

东周时期遗存主要见于遗址中部，遗存分布较为稀疏（图4-297）。未见任何遗迹现象，只在地表发现少量陶片。陶片多夹砂灰陶，纹饰多绳纹，可辨器形有豆、盆等。

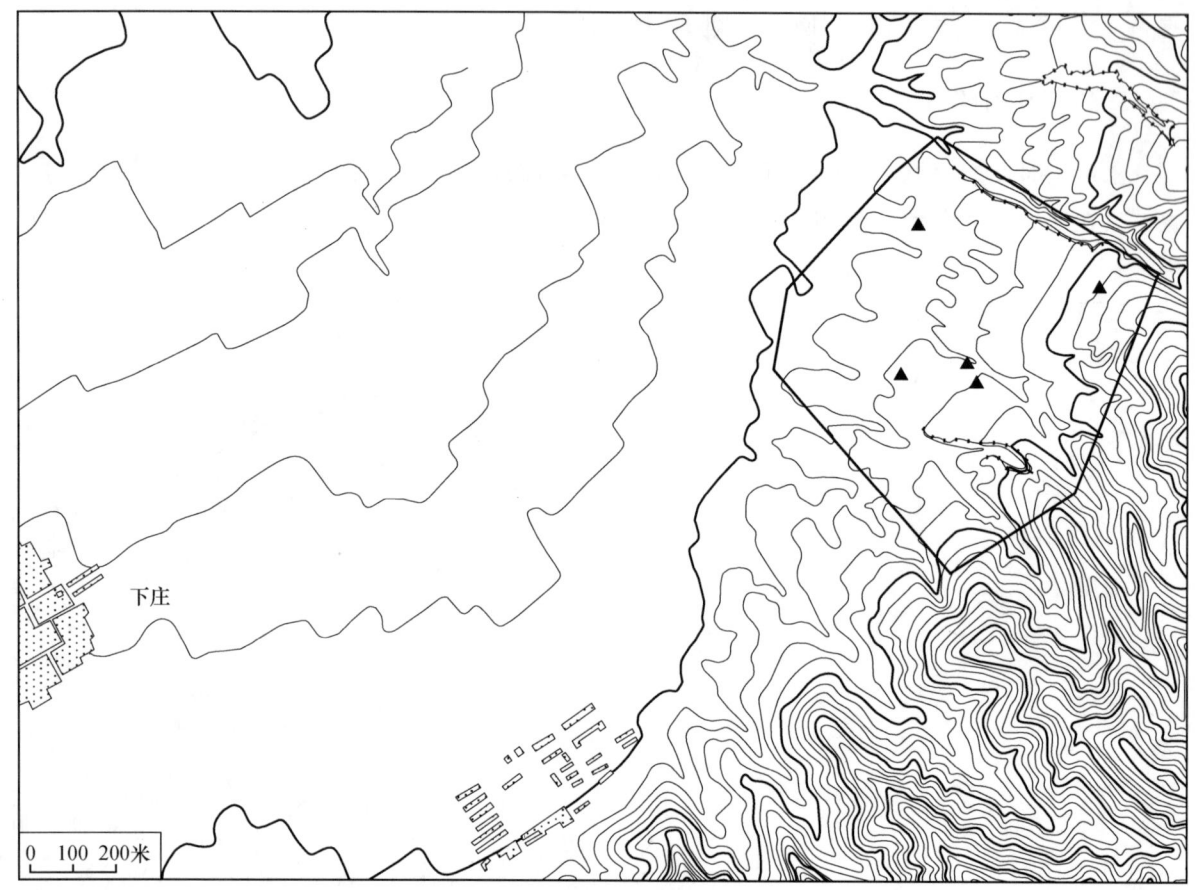

图 4-297　下庄遗址东周时期遗存分布图

一〇七、选仁遗址

选仁遗址位于代县峪口乡选仁村北、东、南，面积126.2万平方米（彩版五五，2）。遗址处在滹沱河南岸的台地上，海拔860～880米，所处地势较低，略高于滹沱河河床数米，较为平坦，很少有沟坎，遗存主要发现于台地的断面和沟坎的断面。沿台地的断面和沟坎的断面遗存分布密集，其他较为平坦的区域发现遗存很少。遗址包含仰韶、龙山、二里头、东周四个时期的遗存，其中，东周时期遗存部分可进一步确认为春秋或战国时期。

1. 仰韶时期

仰韶时期遗存主要分布在遗址北部的河岸地带，遗存分布较为稀疏（图4-298）。遗迹主要见于台地的断面，只发现2处文化层，分别分布于遗址东北角和西北角，其中一处堆积较薄，另一处堆积较厚，在2米以上，未见其他遗迹现象。文化层内发现少量陶片，地表也有零星陶片发现。陶片多泥质红陶，多素面，可辨器形有钵等。

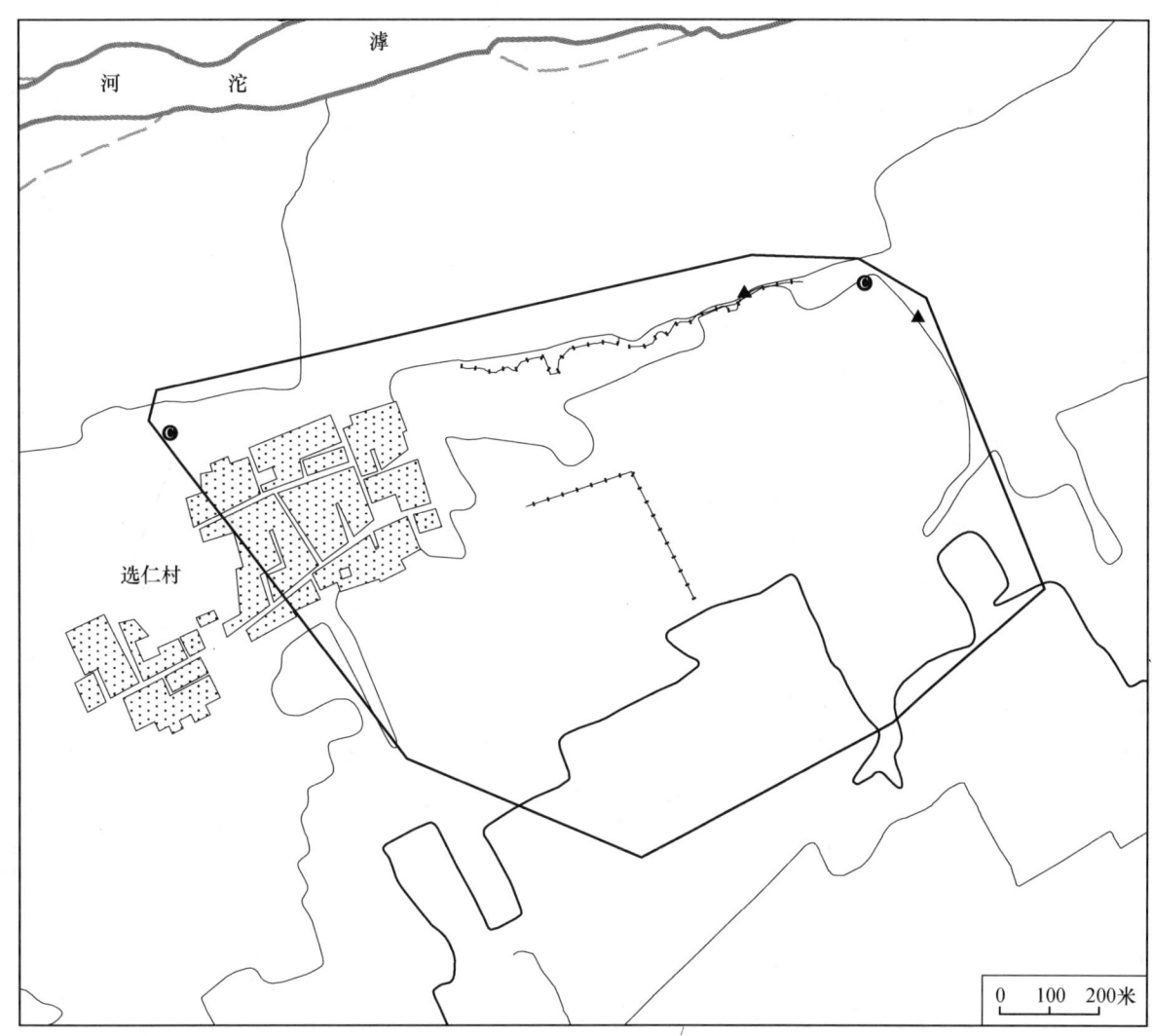

图 4-298　选仁遗址仰韶时期遗存分布图

2. 龙山时期

龙山时期遗存见于整个遗址，目前发现主要见于遗址外围，遗存分布疏密不等，以北部临河台地的断面遗存发现最多，遗迹也主要发现于此（图 4-299）。共发现 5 处文化层和 5 个灰坑，除 1 处文化层分布在西部沟坎的断面，其余则分布在台地的断面，灰坑全部暴露于台地的断面。文化层堆积厚薄不等，最厚在 2 米以上，灰坑多为口大底小状。多数遗迹内包含物丰富，尤以陶片最多，地表也有陶片分布。陶片多夹砂灰陶，纹饰多绳纹，可辨器形有鬲、斝、盆、瓮、折肩罐、罐等。

在遗址西南 600 米处发现有这个时期的零星遗存。

斝　1 件。DX070429F011：1，夹砂黑灰陶。敛口，折肩，鼓腹。肩部饰斜篮纹，腹部饰绳纹（图 4-303，8）。

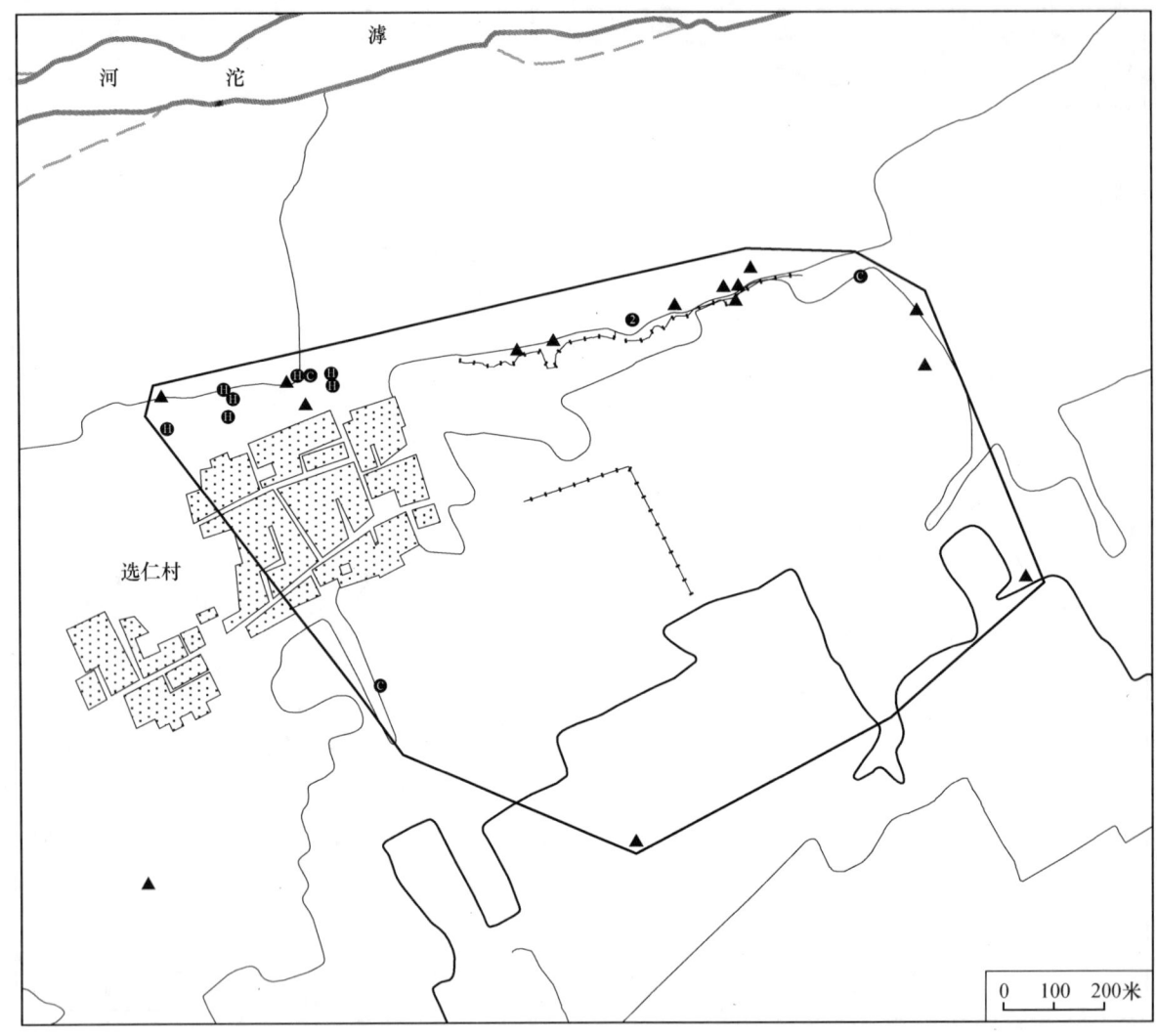

图 4-299　选仁遗址龙山时期遗存分布图

盆　3 件。DX090403A001-H:1，泥质灰黑陶。近方唇，折沿，鼓腹，平底。腹部饰旋断绳纹。口径 24、底径 14、高 14 厘米（图 4-303，13；彩版一〇五，5）。DX070429F016-C:1，夹砂灰陶。圆唇，敞口，斜腹，平底。口径 16.8、底径 11、高 6 厘米（图 4-303，4）。DX070429K006-H:1，泥质灰陶。圆唇，斜腹。腹部饰竖篮纹（图 4-303，7）。

瓮　1 件。DX070430K002:1，夹砂灰褐陶。小平沿，敛口，口厚，深腹。口部饰旋纹，腹部饰绳纹（图 4-302，2）。

3. 二里头时期

二里头时期遗存见于遗址的中、北部，遗存分布非常稀疏（图 4-300）。除在遗址西部沟坎的断面发现 1 处文化层外，未见其他遗迹现象。文化层内包含有少量陶片，地表有零星陶片分布。陶片多夹砂灰陶，纹饰以绳纹为主，可辨器形有盘、罐等。

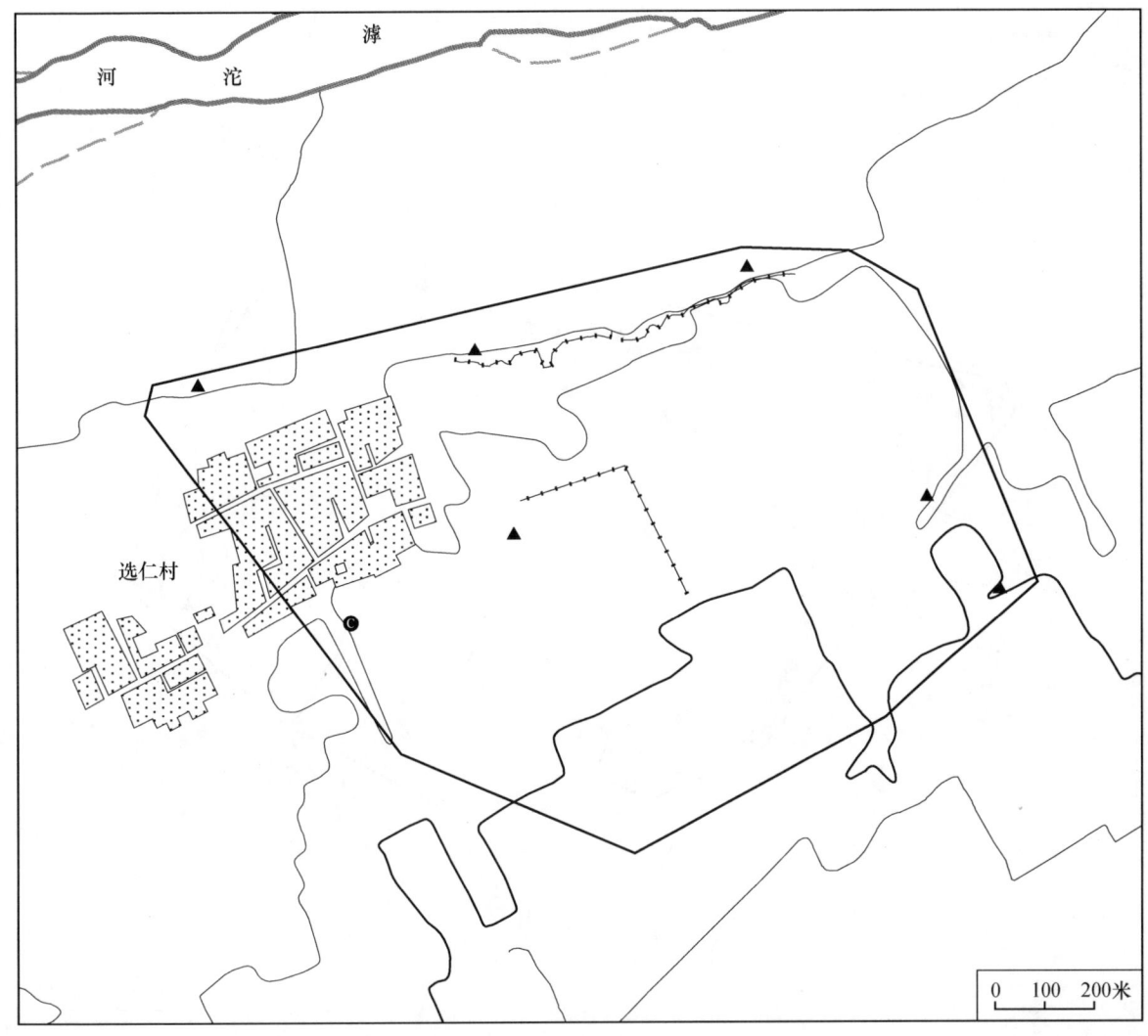

图 4-300 选仁遗址二里头时期遗存分布图

盘 DX070429L002：1，泥质灰褐陶。斜腹，平底，大圈足。素面（图4-303，11）。

4. 东周时期

东周时期遗存主要沿遗址外围分布，即沿台地和沟坎的断面附近分布，在遗址北部、西部遗存分布较为密集（图4-301）。遗迹发现较多，共发现11处文化层和5个灰坑，遗址西部沟坎的断面上只有文化层分布，北部台地的断面则有两类遗迹分布，文化层堆积厚薄不等，最厚超过2米，灰坑结构多样，口大底小者和口小底大者均有。绝大多数遗迹内包含物丰富，尤以陶片最多，地表也发现较多陶片。陶片多夹砂灰陶，纹饰以绳纹为主，可辨器形有鬲、盆、豆、罐、缸等。

盆 2件。DX070429F015：1，夹砂灰褐陶。近方唇，折沿，深腹。腹部饰旋断绳纹（图4-303，12）。DX070430E004：3，夹砂灰陶。圆唇，大敞口，斜腹。素面。口径21、残高6厘米（图4-303，3）。

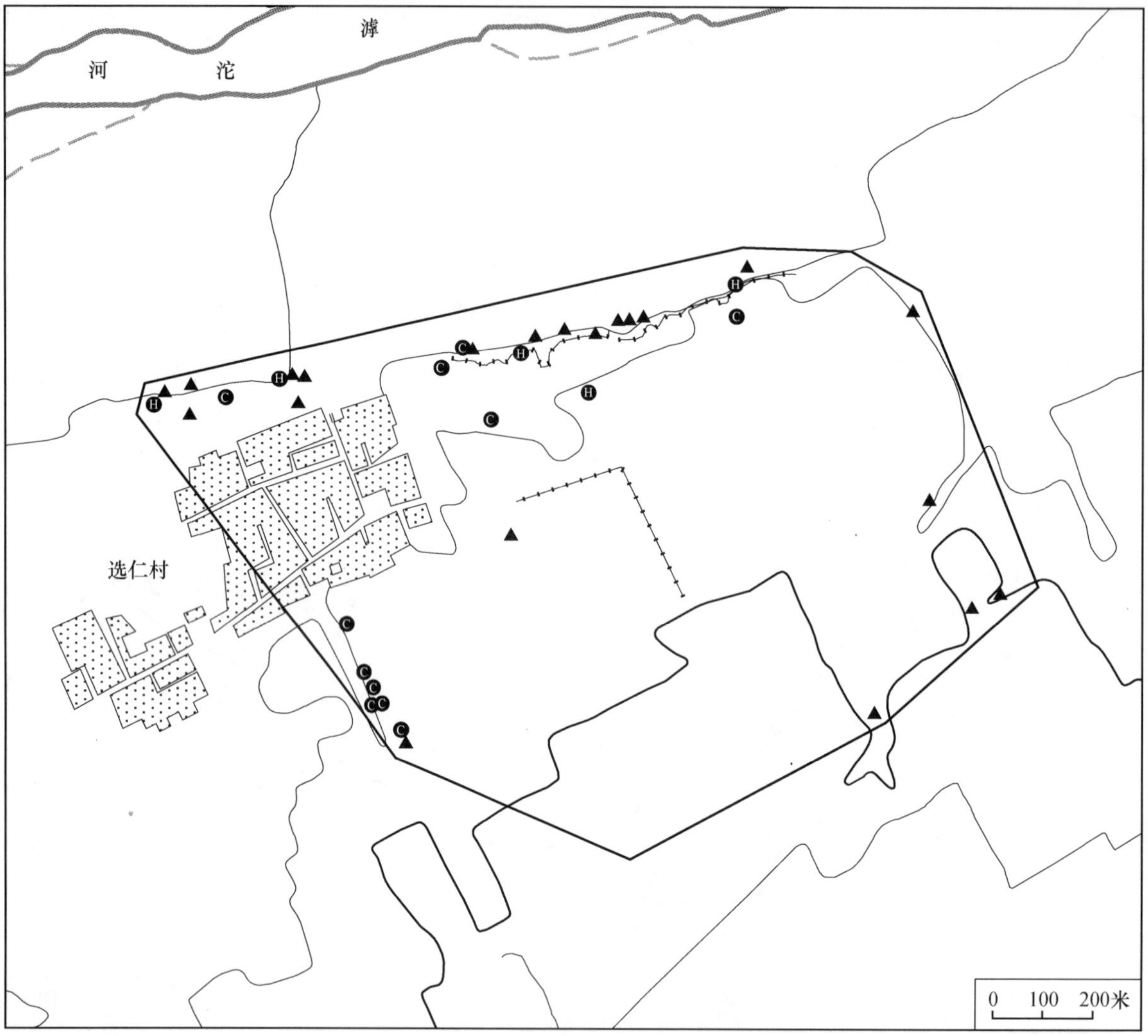

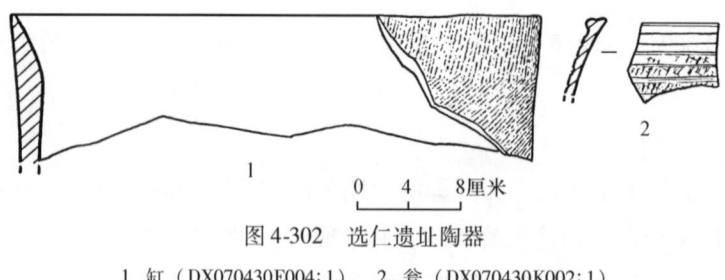

图 4-301　选仁遗址东周时期遗存分布图

图 4-302　选仁遗址陶器
1. 缸（DX070430E004:1）　2. 瓮（DX070430K002:1）
（1. 东周时期；2. 龙山时期）

鬲　1件。DX070430E004:4，夹砂灰陶。平裆，小实足跟。器表饰绳纹（图4-303，9）。

豆　2件。DX070430E004-C:1，泥质灰陶。小圆唇，弧壁，浅盘，细柄。素面，盘内底部有同心圈纹。口径14、残高3.8厘米（图4-303，6）。DX070430K004-H:1，泥质灰陶。圆唇，近直口，浅盘，细柄。素面。口径15、残高3.6厘米（图4-303，2）。

罐 3件。DX070430H005-C:1，夹砂灰陶。方唇，折沿，束颈，深鼓腹。沿面内外侧各有一周旋纹，腹部饰绳纹。口径25、残高6厘米（图4-303，10）。DX070430L001:1，夹砂灰陶。方唇，折沿，深腹。沿下饰三角戳印纹，腹部饰粗大绳纹。口径28、残高8.4厘米（图4-303，1）。DX070430E004:2，泥质灰陶。方唇，折沿，束颈，鼓肩。肩部饰绳纹。口径18、残高6.4厘米（图4-303，5）。

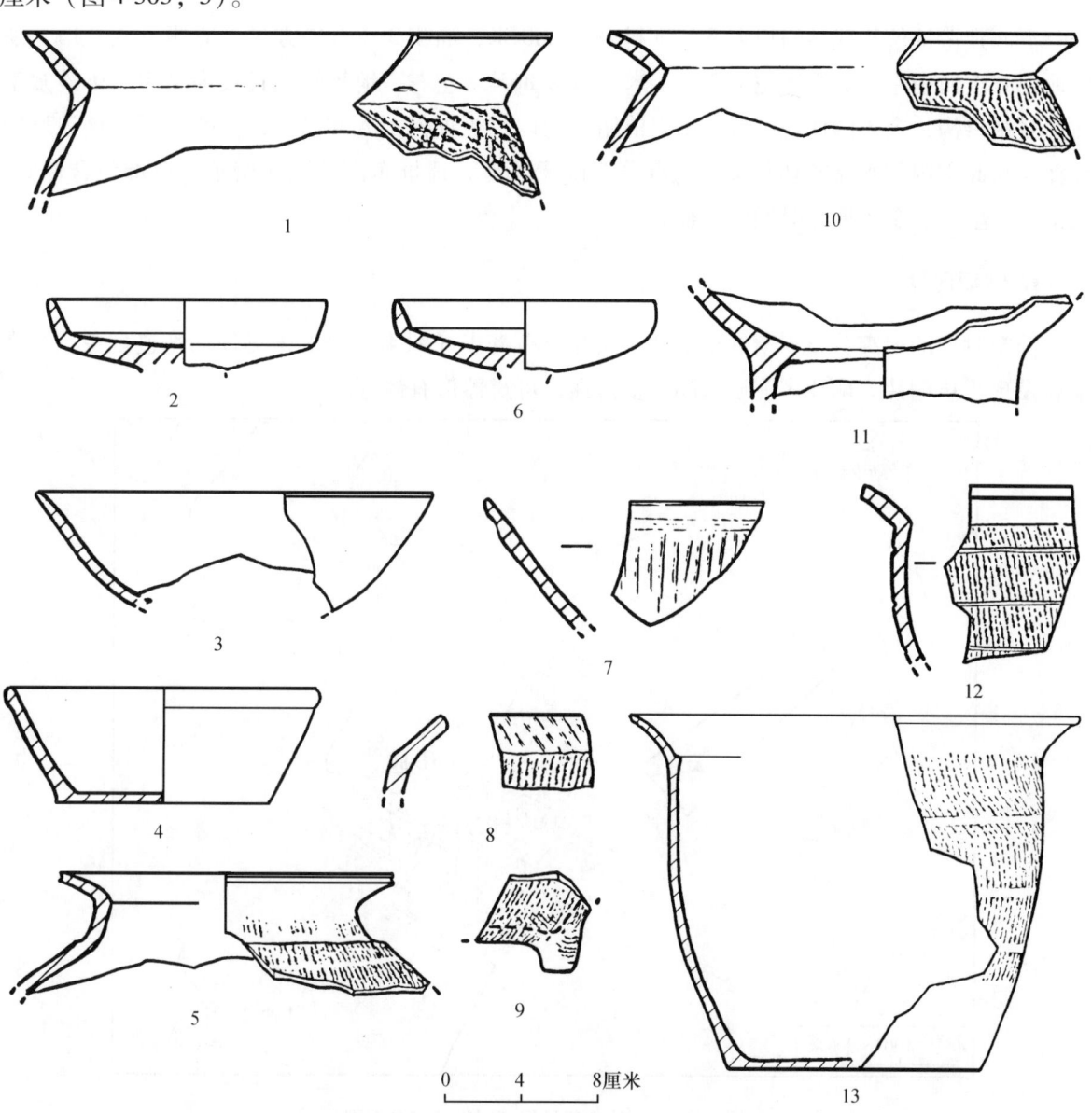

图4-303 选仁遗址龙山、二里头、东周时期陶器

1、5、10. 罐（DX070430L001:1、DX070430E004:2、DX070430H005-C:1） 2、6. 豆（DX070430K004-H:1、DX070430E004-C:1）
3、4、7、12、13. 盆（DX070430E004:3、DX070429F016-C:1、DX070429K006-H:1、DX070429F015:1、DX090403A001-H:1）
8. 斝（DX070429F011:1） 9. 鬲（DX070430E004:4） 11. 盘（DX070429L002:1）
(1~3、5、6、9、10、12. 东周时期；4、7、8、13. 龙山时期；11. 二里头时期)

缸　1件。DX070430E004：1，夹砂灰陶。胎厚，小圆唇，直壁，深腹。腹部饰规整绳纹。口径42、残高11厘米（图4-302，1）。

一〇八、下沙窊遗址

下沙窊遗址位于代县峪口乡下沙窊村东北200米，面积3.2万平方米（彩版五六，1）。遗址地处滹沱河南岸，北距滹沱河1.5千米，海拔865米左右，地势较低且较为平坦。下沙窊南面正对峪口沟，今天的地貌已看不出以前峪口沟内水流如何汇入滹沱河，但毫无疑问该遗址的存在应与此沟内的水流密切相关。遗存分布疏密不等，遗址东南部相对密集。遗址包含仰韶、龙山、二里头、东周四个时期的遗存。

1. 仰韶时期

仰韶时期的遗存分布于遗址东南部，遗存分布密集（图4-304）。未见任何遗迹现象，只在地表发现零星陶片。陶片多泥质红陶，多素面，可辨器形有钵等。

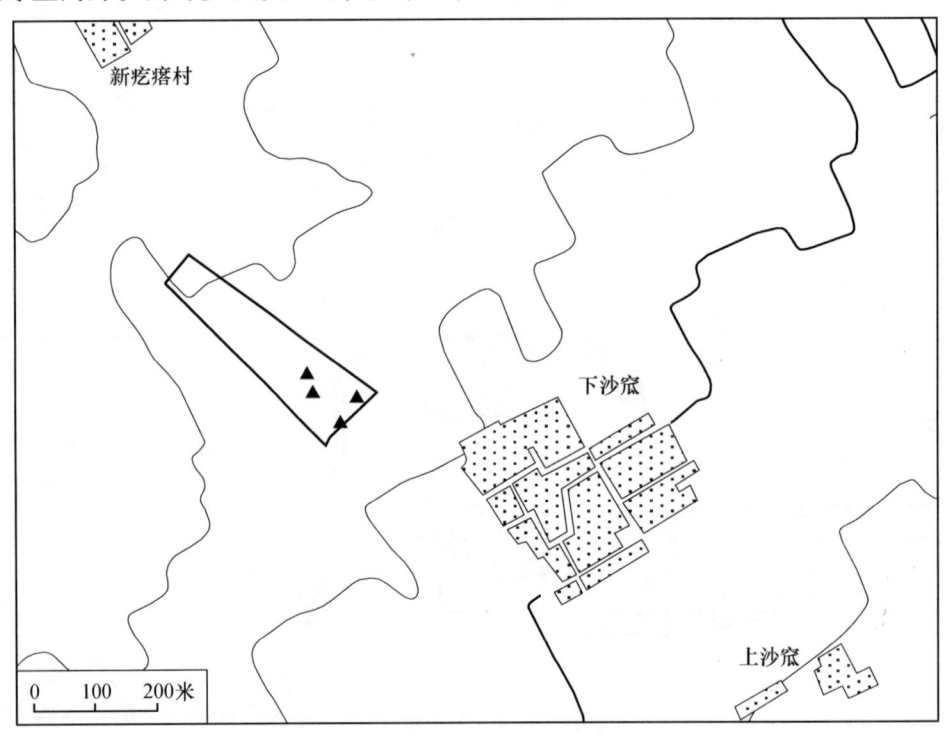

图4-304　下沙窊遗址仰韶时期遗存分布图

钵　2件。DX070430F004：1，泥质红陶，圆唇，微敛口，鼓腹。素面（图4-307，1）。DX070430J002：1，泥质红陶。小圆唇，微敛口，弧腹。素面（图4-307，2）。

2. 龙山时期

龙山时期遗存见于遗址东南部，只有个别发现，遗存分布稀疏（图4-305）。未见任何遗迹现象，只在地表发现零星陶片。陶片多夹砂灰陶，纹饰有篮纹。

在遗址东北500米处发现这个时期的零星陶片。

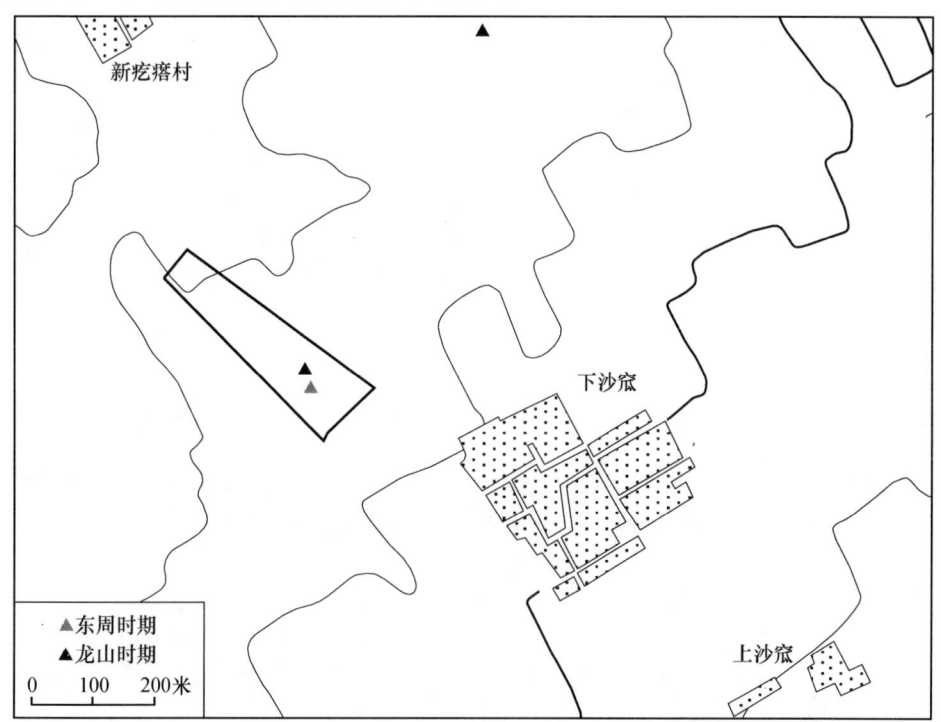

图4-305　下沙窊遗址龙山、东周时期遗存分布图

3. 二里头时期

二里头时期遗存见于整个遗址，东部遗存分布相对密集（图4-306）。在遗址西部发现1处文化层，堆积较薄，在遗址东部发现3个灰坑，有袋状坑，均见于梯田的断面。遗迹内包含有少量陶片，地表也有零星陶片分布。陶片多泥质灰陶，纹饰以绳纹为主，可辨器形有鬲、盆、蛋形瓮等。

蛋形瓮　1件。DX070430F005：1，泥质灰陶。平沿内折，敛口，鼓腹。器表饰规整绳纹（图4-307，3）。

4. 东周时期

东周时期遗存见于遗址东南部，只有个别发现，遗存分布稀疏（图4-305）。未见任何遗迹现象，只在地表发现少量陶片。陶片多夹砂灰陶，纹饰有绳纹。

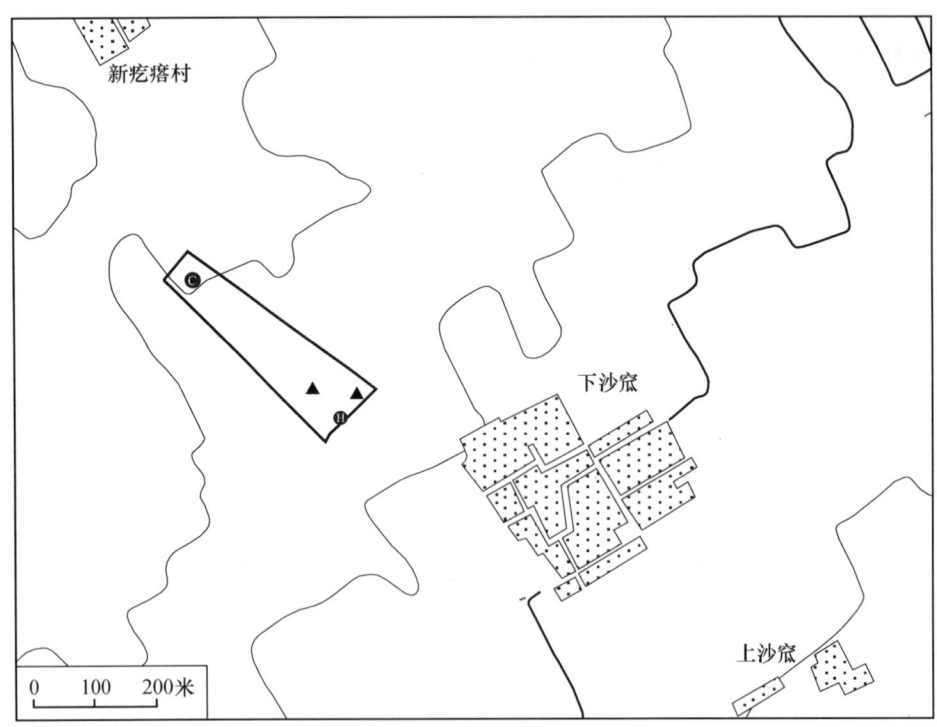

图 4-306　下沙窊遗址二里头时期遗存分布图

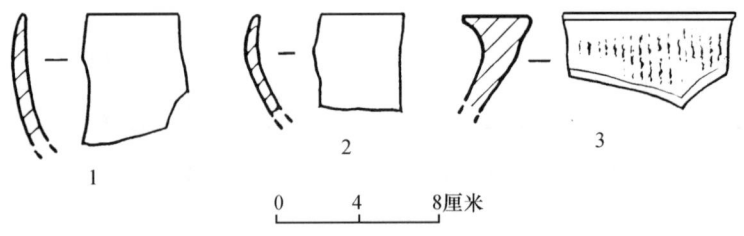

图 4-307　下沙窊遗址陶器

1、2. 钵（DX070430F004:1、DX070430J002:1）　3. 蛋形瓮（DX070430F005:1）

（1、2. 仰韶时期；3. 二里头时期）

一〇九、峪口遗址

峪口遗址位于代县峪口乡峪口村东，面积2.2万平方米（彩版五六，2）。遗址处在山前最低处，海拔920～975米，地势较陡，坡度大，起伏较大。遗址南面不远处有发源于山间的水流经过。遗存分布较为密集，但落差也较大。遗址包括龙山、二里头、东周三个时期的遗存。

1. 龙山时期

龙山时期遗存主要分布在遗址中部，遗存分布稀疏（图4-308）。未见任何遗迹现象，只在地表发现有陶片。陶片多夹砂灰陶，纹饰多篮纹、绳纹，可辨器形有鬲等。

鬲足　1件。DX070430I006：1，夹砂灰陶。空袋足。足部饰绳纹（图4-310，2）。

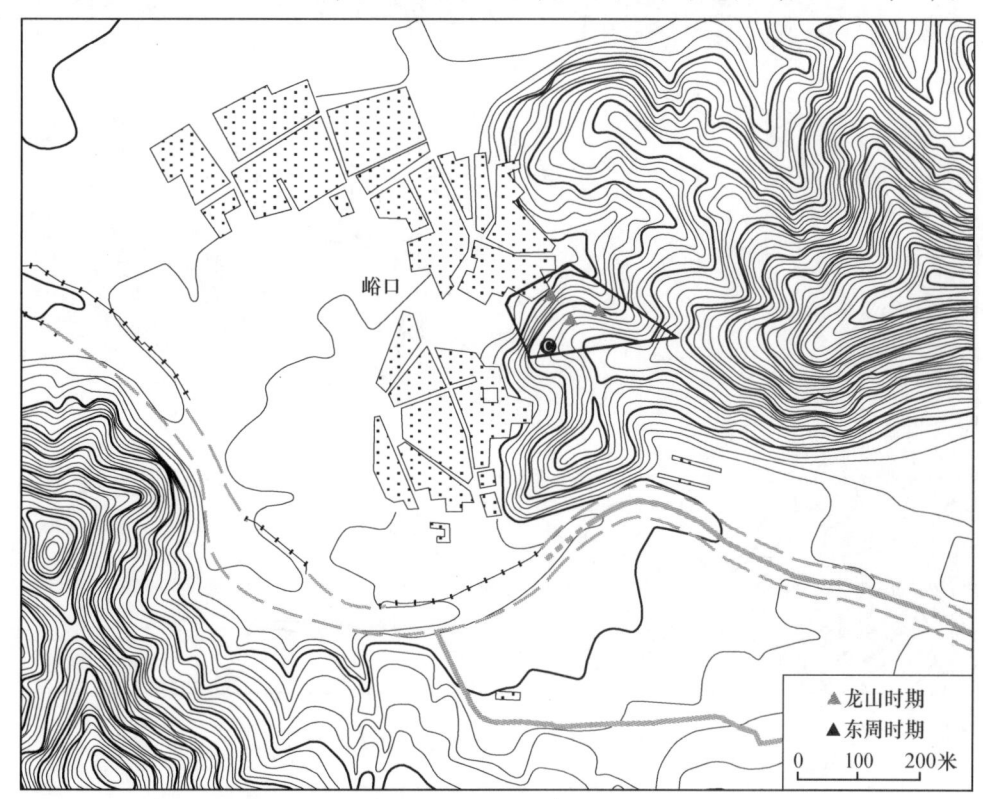

图4-308　峪口遗址龙山、东周时期遗存分布图

2. 二里头时期

二里头时期遗存见于整个遗址，遗存分布较为密集（图4-309）。遗迹主要暴露于梯田的断面，共发现3个文化层、1个灰坑和1座陶窑，所有的遗迹全部分布在中、南部位置较高处，其中，灰坑和陶窑分布在遗址中部。遗迹内包含物丰富，尤以陶片最多，地表也发现较多陶片。陶片多夹砂灰陶，纹饰以绳纹为主，可辨器形有鬲、盆、蛋形瓮等。

盆　1件。DX070430I001-H：1，夹砂褐陶。圆唇，口外翻，深腹。腹部饰规整绳纹。口径30、残高8.8厘米（图4-310，1）。

蛋形瓮　1件。DX070430C002-C：1，夹砂灰陶（夹细砂）。鼓腹，浅空足。器表饰绳纹（图4-310，3）。

3. 东周时期

东周时期遗存见于遗址西南部，仅有个别发现，遗存分布很稀疏（图4-308）。只在梯田的断面上发现1处文化层，未见其他遗迹现象。文化层内发现少量陶片，地表未发现陶片。陶片多夹砂灰陶，纹饰多绳纹。

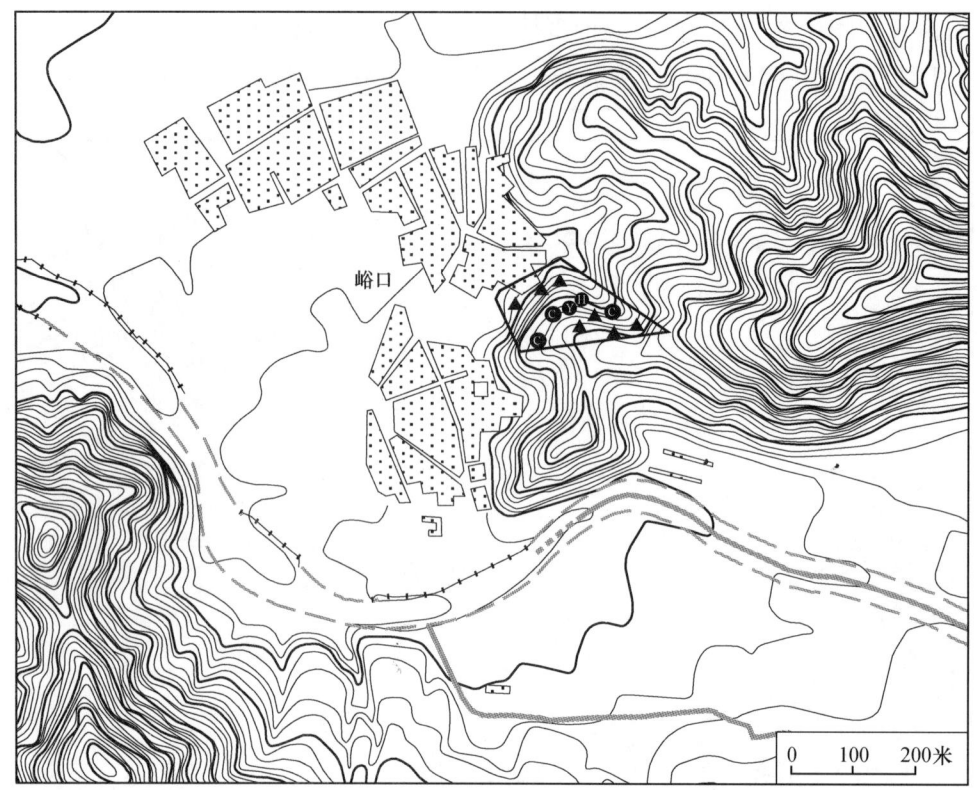

图 4-309　峪口遗址二里头时期遗存分布图

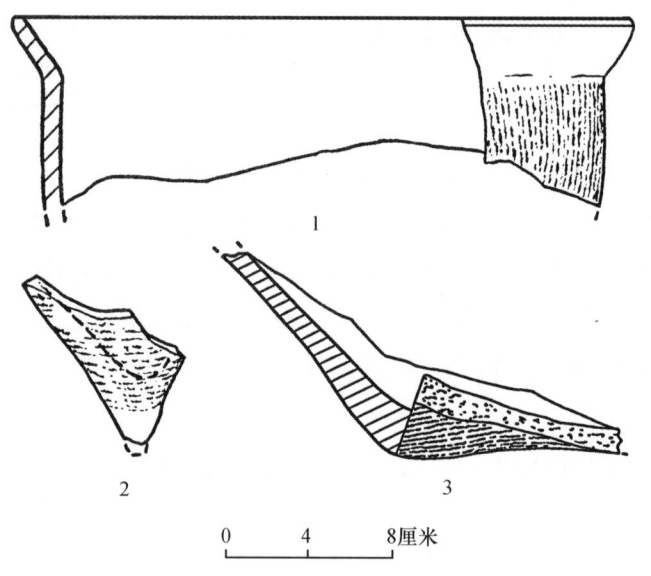

图 4-310　峪口遗址陶器

1. 盆（DX070430I001-H:1）　2. 鬲足（DX070430I006:1）　3. 蛋形瓮（DX070430C002-C:1）

（1、3. 二里头时期；2. 龙山时期）

一一〇、西田Ⅰ号遗址

西田Ⅰ号遗址位于代县峪口乡西田村东200米,面积10.3万平方米(彩版五七,1)。遗址处在山前地势较低且逐渐趋缓的山坡上,迎风背阴,海拔895~940米,坡度大,遗址内有一条较宽的冲沟,地势起伏较大。遗存分布密集,但落差大。遗址包含仰韶、龙山、二里头、东周四个时期的遗存。

1. 仰韶时期

仰韶时期遗存主要见于遗址中、东部,只有零星发现,遗存分布非常稀疏(图4-311)。只在遗址中部较低处的梯田断面上发现1处文化层,未见其他遗迹现象,文化层堆积较薄。遗迹内包含有少量陶片,地表也有陶片分布。陶片多泥质红陶,多素面,有彩陶,可辨器形有钵等。

陶钵 1件。DX070502N001:2,泥质红陶。圆唇,微敛口,微鼓腹。口下施红彩(图4-314,11)。

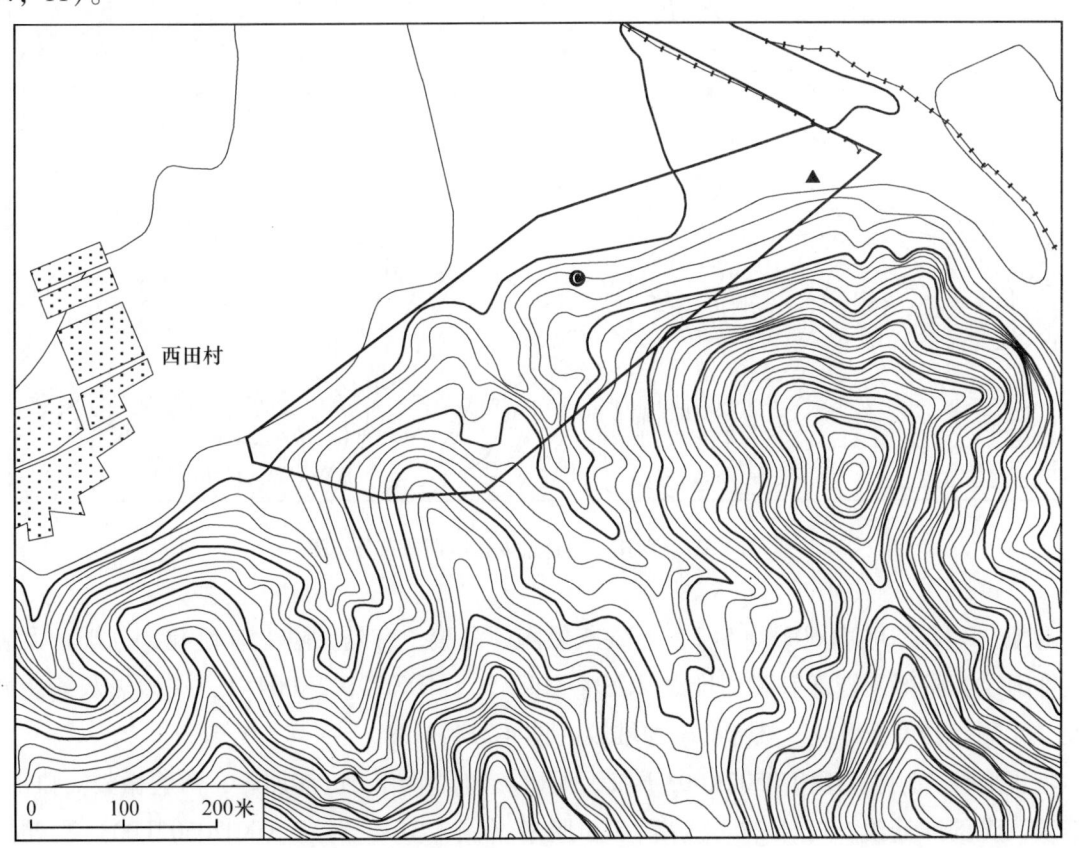

图4-311 西田Ⅰ号遗址仰韶时期遗存分布图

2. 龙山时期

龙山时期遗存见于整个遗址，遗存分布密集（图4-312）。发现遗迹较少，共发现1个灰坑、1座白灰面房址和1座陶窑，全部暴露于梯田的断面，其中，房址和陶窑分布在遗址西南部地势较高处，灰坑则分布在遗址中部位置较低处。房址可能是窑洞式，陶窑只暴露出窑室部分，灰坑为袋状坑。遗迹内包含物丰富，地表也发现较多遗物，遗物以陶片最多，此外，还有少量石器等。陶片多夹砂灰陶，纹饰以绳纹为主，其次是篮纹，可辨器形有鬲、斝、罍、蛋形瓮、盆、折肩罐、罐等。石器有石杵等。

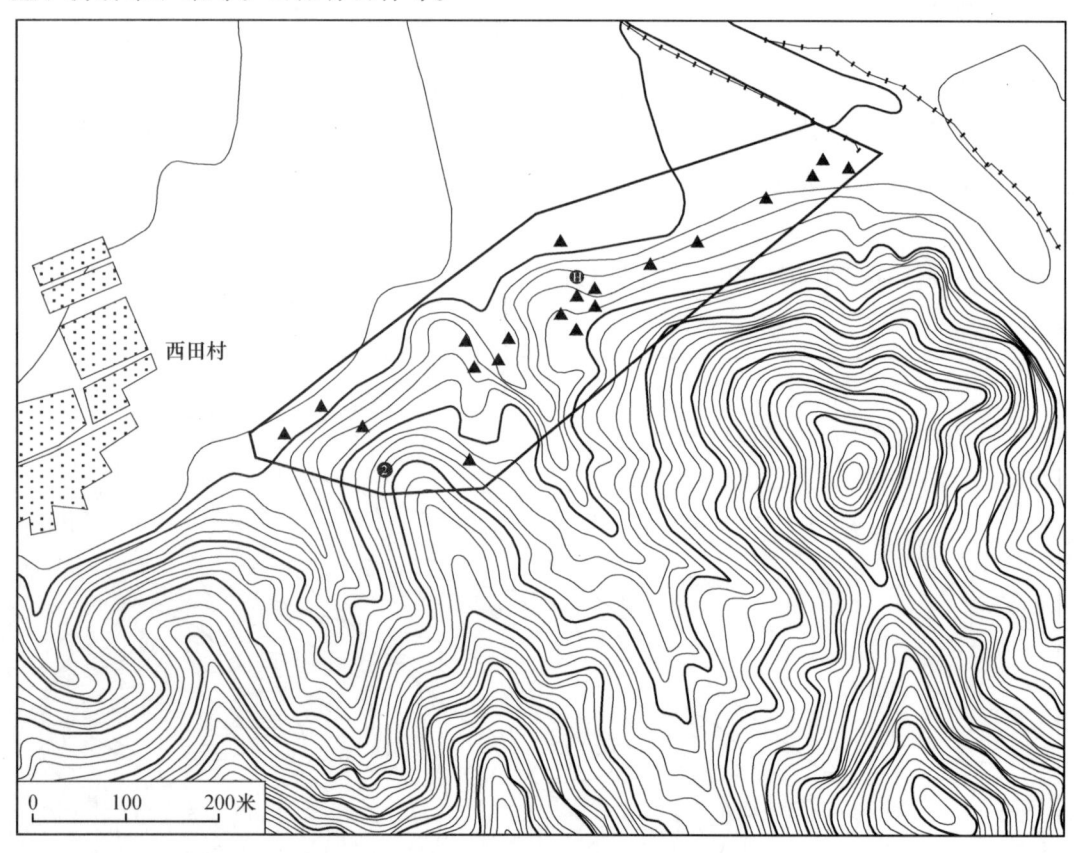

图4-312　西田Ⅰ号遗址龙山时期遗存分布图

陶鬲　2件。DX070502K005：2，夹砂灰黑陶。深腹，有隔，隔上有箅孔，分裆，大袋足。器表饰绳纹，腰部及裆部有附加堆纹（图4-314，5）。DX070502K004：1，夹砂黑灰陶。鼓腹，束腰，无隔。器表饰绳纹，腰部有附加堆纹（图4-314，13）。

陶蛋形瓮　2件。DX070502K003-H：1，泥质灰陶，平沿，口部加厚，深腹微鼓。口下有附加堆纹，腹部饰篮纹。口径27、残高15.6厘米（图4-314，14）。DX070502L003：2，泥质灰陶。宽沿，口厚，微敛口，深腹。腹部饰斜篮纹（图4-314，2）。

陶盆　1件。DX070502J003：1，泥质灰陶。圆唇，大敞口，斜腹。腹部饰斜篮纹，有三个单面钻孔（图4-314，10）。

陶器盖　1件。DX070502K005：7，泥质褐陶。圆唇，斜腹。器表饰斜篮纹（图4-314，12）。

陶高领罐　1件。DX070502K005：6，泥质灰陶。厚圆唇，口外翻，高领。素面。口径20、残高6.4厘米（图4-314，9）。

陶圈足罐　1件。DX070502K005：3，夹砂灰陶。平底，高圈足。素面。底径7.4、残高6厘米（图4-314，3）。

石杯　1件。DX070502N001：1，青灰色。圆唇，斜浅腹，粗柄。通体磨制。口径4.8厘米（图4-314，8）。

3. 二里头时期

二里头时期遗存见于遗址中、东部，遗址中部遗存分布略显密集（图4-313）。未见任何遗迹现象，只在地表发现有陶片。陶片多夹砂灰陶，纹饰以绳纹为主，可辨器形有鬲、盆、蛋形瓮等。

陶鬲足　1件。DX070502K005：4，夹砂灰褐陶。锥状小实足跟。素面（图4-314，7）。

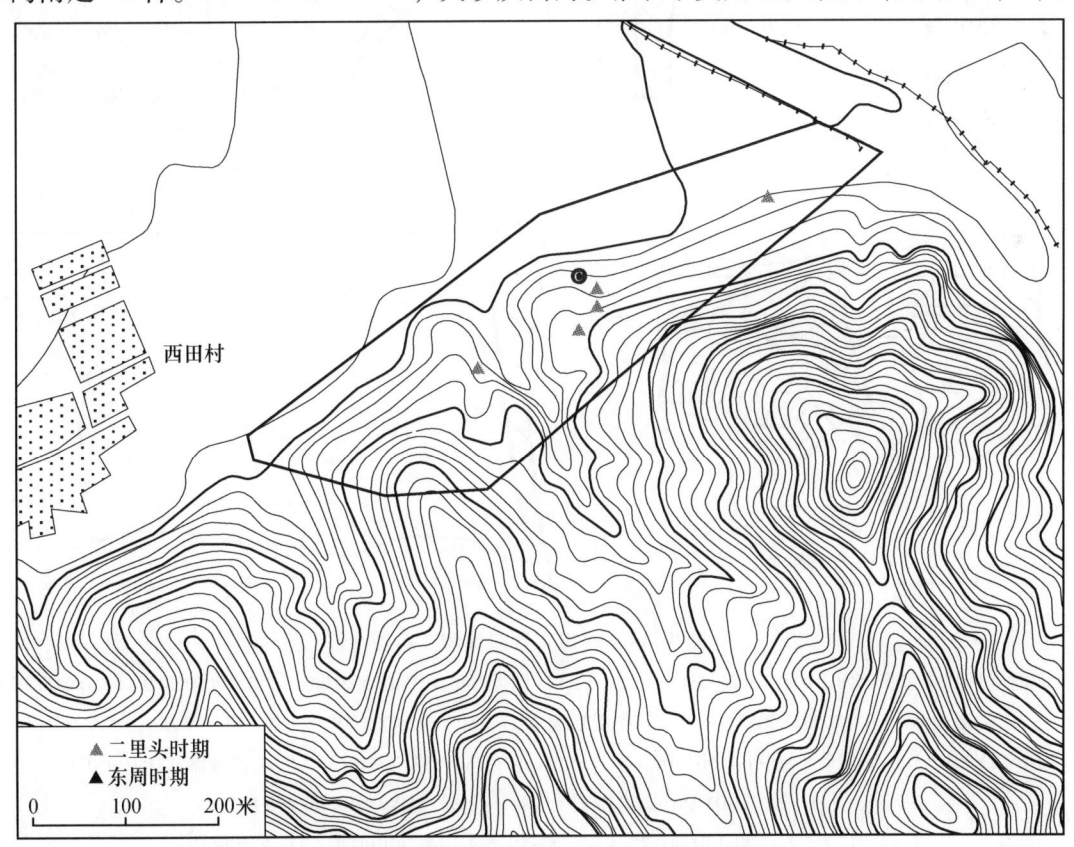

图4-313　西田Ⅰ号遗址二里头、东周时期遗存分布图

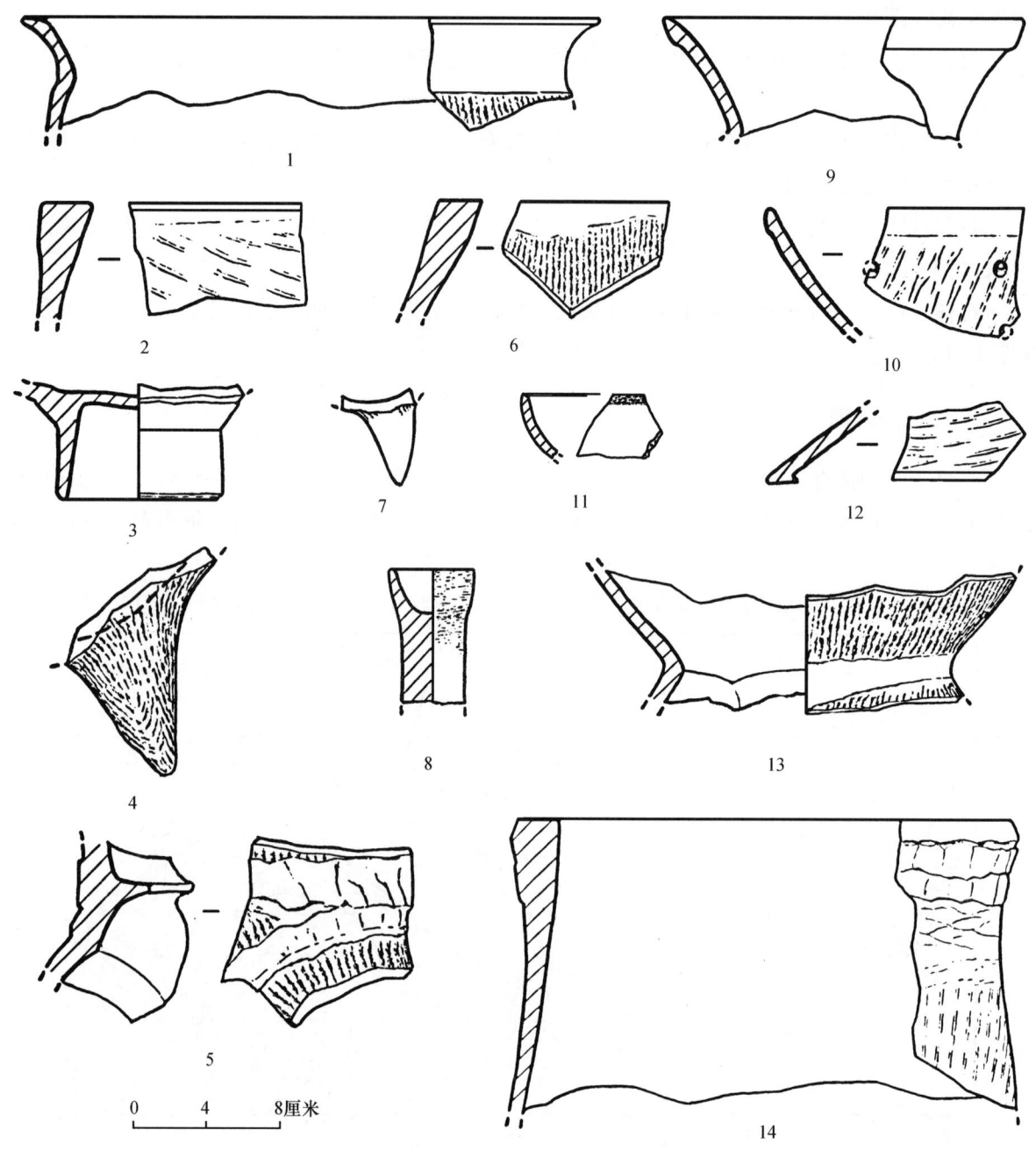

图 4-314　西田Ⅰ号遗址陶、石器

1、10. 陶盆（DX070502K005：8、DX070502J003：1）　2、6、14. 陶蛋形瓮（DX070502L003：2、DX070502K005：5、DX070502K003-H：1）　3. 陶圈足罐（DX070502K005：3）　4. 陶蛋形瓮足（DX070502K005：9）　5、13. 陶甗（DX070502K005：2、DX070502K004：1）　7. 陶鬲足（DX070502K005：4）　8. 石杯（DX070502N001：1）　9. 陶高领罐（DX070502K005：6）　11. 陶钵（DX070502N001：2）　12. 陶器盖（DX070502K005：7）

（1、4、6、7. 二里头时期；2、3、5、8~10、12~14. 龙山时期；11. 仰韶时期）

陶蛋形瓮　2件。DX070502K005:5，泥质灰褐陶。平沿，敛口，深鼓腹。腹部饰规整绳纹（图4-314，6）。DX070502K005:1，泥质褐陶。深鼓腹，尖底，有实足。器表饰绳纹（图4-315，1）。

陶蛋形瓮足　1件。DX070502K005:9，夹砂褐陶。实足跟。足部饰绳纹（图4-314，4）。

陶盆　2件。DX070502K005:8，泥质灰褐陶。圆唇，小折沿，口外翻，深腹。腹部饰绳纹。口径32、残高6厘米（图4-314，1）。DX070502L005:1，泥质灰褐陶。圆唇，口外翻，弧腹。腹部饰旋断绳纹（图4-315，2）。

陶罐　1件。DX070502L003:1，夹砂褐陶。圆唇，口外翻，鼓腹。腹部饰旋断绳纹（图4-315，3）。

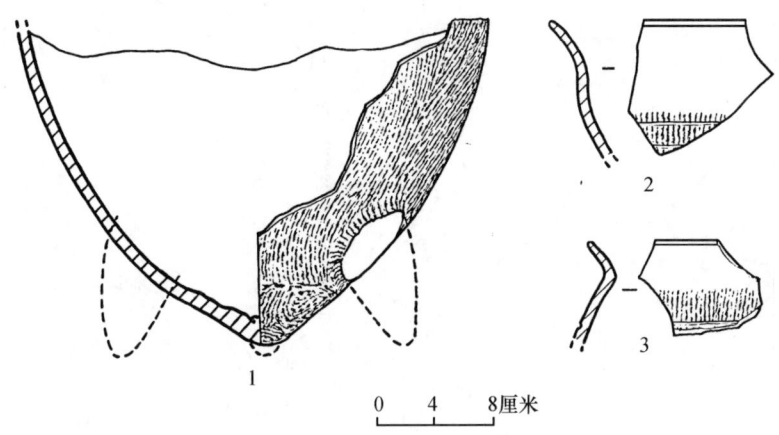

图4-315　西田Ⅰ号遗址二里头时期陶器
1. 陶蛋形瓮（DX070502K005:1）　2. 陶盆（DX070502L005:1）
3. 陶罐（DX070502L003:1）

4. 东周时期

东周时期遗存见于遗址中部，只有个别发现，遗存分布较稀疏（图4-313）。只在遗址中部位置较低处发现1处文化层，未见其他遗迹现象，文化层见于梯田的断面。文化层内发现少量陶片，地表未见遗物分布。陶片多夹砂灰陶，纹饰以绳纹为主。

一一一、西田Ⅱ号遗址

西田Ⅱ号遗址位于代县峪口乡西田村西，面积3.8万平方米（彩版五七，1）。遗址处在山前冲积扇的前缘位置，同时也是冲积扇的最低处，遗址所在地形是长年不断淤积形成的，海拔890～920米，北低南高，迎风背阴，呈缓坡逐渐抬升，内有宽冲沟，地势有一定的起伏。遗址东侧不远有来自峪口沟内的水流流过。遗存分布稀疏。遗址包含仰韶、龙山、东周三个时期的遗存。

1. 仰韶时期

仰韶时期遗存主要分布在遗址北部地势较低处，遗存分布稀疏（图4-316）。只在梯田的断面发现1个灰坑，未见其他遗迹现象。灰坑内包含有少量陶片，地表也有陶片分布。陶片多泥质红陶，多素面，有彩陶，可辨器形有钵等。

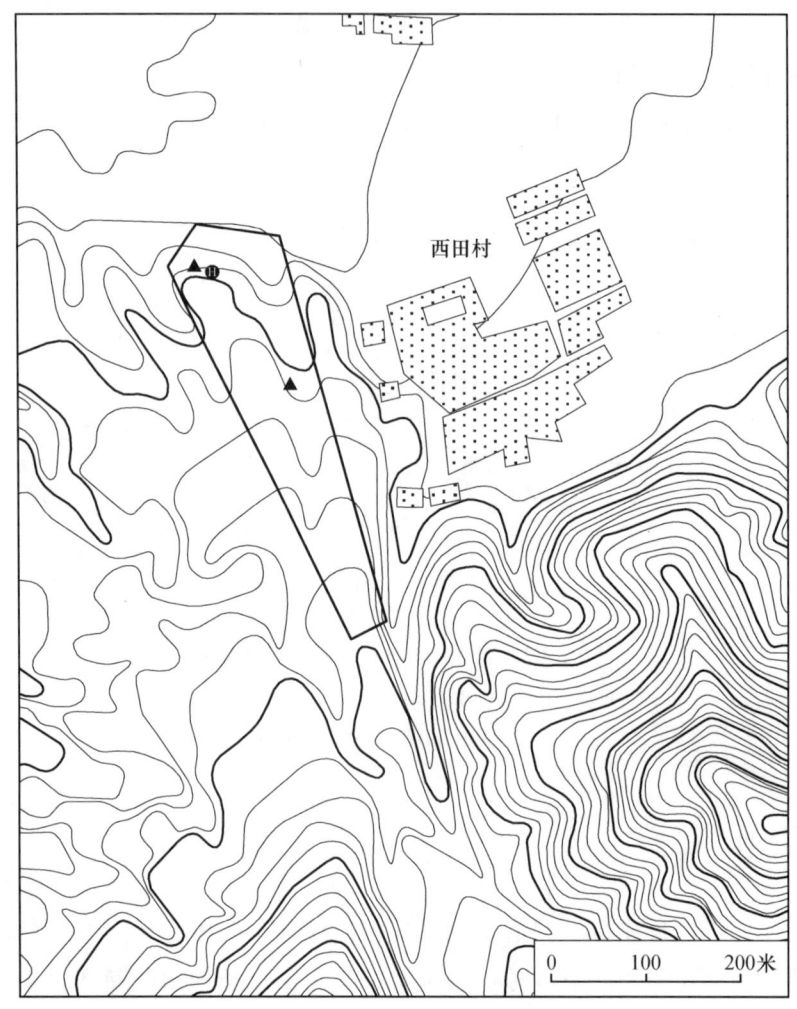

图4-316　西田Ⅱ号遗址仰韶时期遗存分布图

彩陶片　1件。DX070502C005：1，泥质褐陶。钵或盆的腹壁。饰网格纹红彩（图4-319，1）。

2. 龙山时期

龙山时期遗存见于整个遗址，但遗址中部遗存分布很少，遗存分布稀疏（图4-317）。发现2个灰坑，未见其他遗迹现象，灰坑均暴露于遗址南部的梯田断面上。灰坑内包含物丰富，尤以陶片最多，此外还有少量石器，地表也有陶片分布。陶片多夹砂灰陶，纹饰有篮纹，可辨器

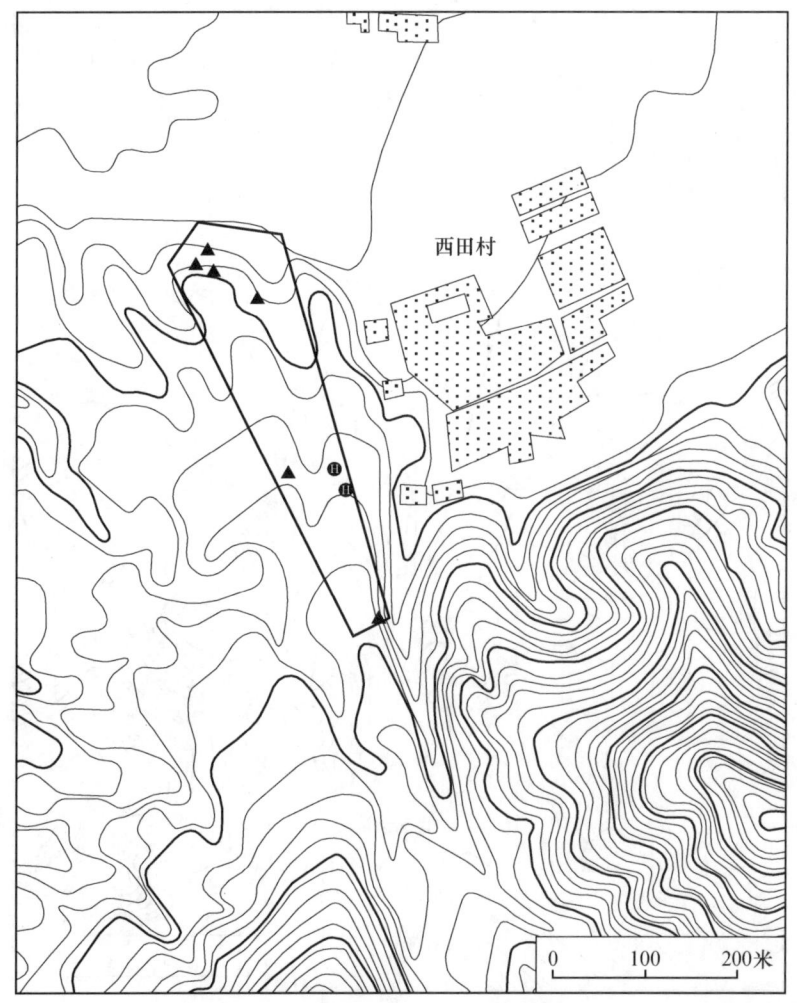

图 4-317 西田Ⅱ号遗址龙山时期遗存分布图

形有鬲、盆、罐等。石器有石斧等。

陶盆 1件。DX070502C004：1，泥质褐陶。深腹，平底。素面磨光（图4-319，2）。

石斧 1件。DX090403D004-H：1，青灰色。刃部残，上窄下宽。通体琢制，顶部有使用痕迹（图4-319，2）。

3. 东周时期

东周时期遗存见于遗址北部，只有零星发现，遗存分布较为稀疏（图4-318）。未见任何遗迹现象，只在地表发现零星陶片。陶片多夹砂灰陶，纹饰以绳纹为主。

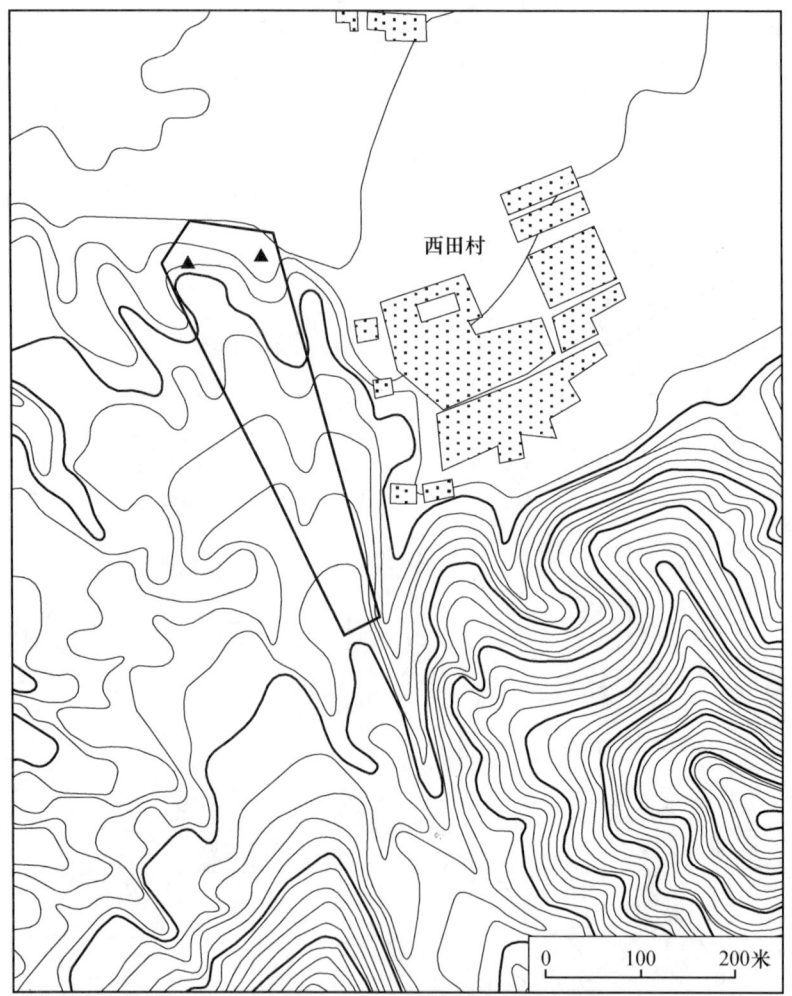

图 4-318　西田Ⅱ号遗址东周时期遗存分布图

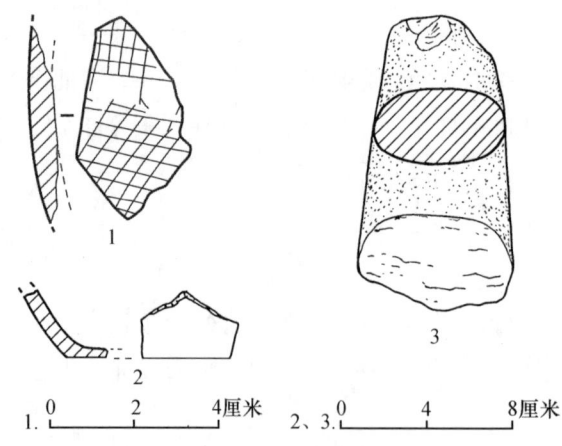

图 4-319　西田Ⅱ号遗址陶、石器

1. 彩陶片（DX070502C005:1）　2. 陶盆（DX070502C004:1）　3. 石斧（DX090403D004-H:1）

（1. 仰韶时期；2、3. 龙山时期）

一一二、上阳阁遗址

上阳阁遗址位于代县峪口乡上阳阁村东南，面积29.5万平方米（彩版五七，2）。遗址处在山前冲积扇的近底部，海拔865~900米，北低南高，地势呈缓坡逐渐抬升，遗址内有浅冲沟，有一定的起伏。遗址西侧不远处有发源于山间的季节性水流流过。遗存分布密集，遗址包含龙山、二里头、东周三个时期的遗存，其中，东周时期遗存部分可进一步确认为春秋时期。

1. 龙山时期

龙山时期遗存分布于整个遗址，遗存分布较为密集（图4-320）。遗迹较多，共发现7处文化层和11个灰坑，多见于梯田的断面和沟坎的断面，其中，大多数文化层分布在遗址南部，全部灰坑和个别文化层则分布在遗址北部。遗迹内包含物很丰富，地表也发现较多遗物，遗物

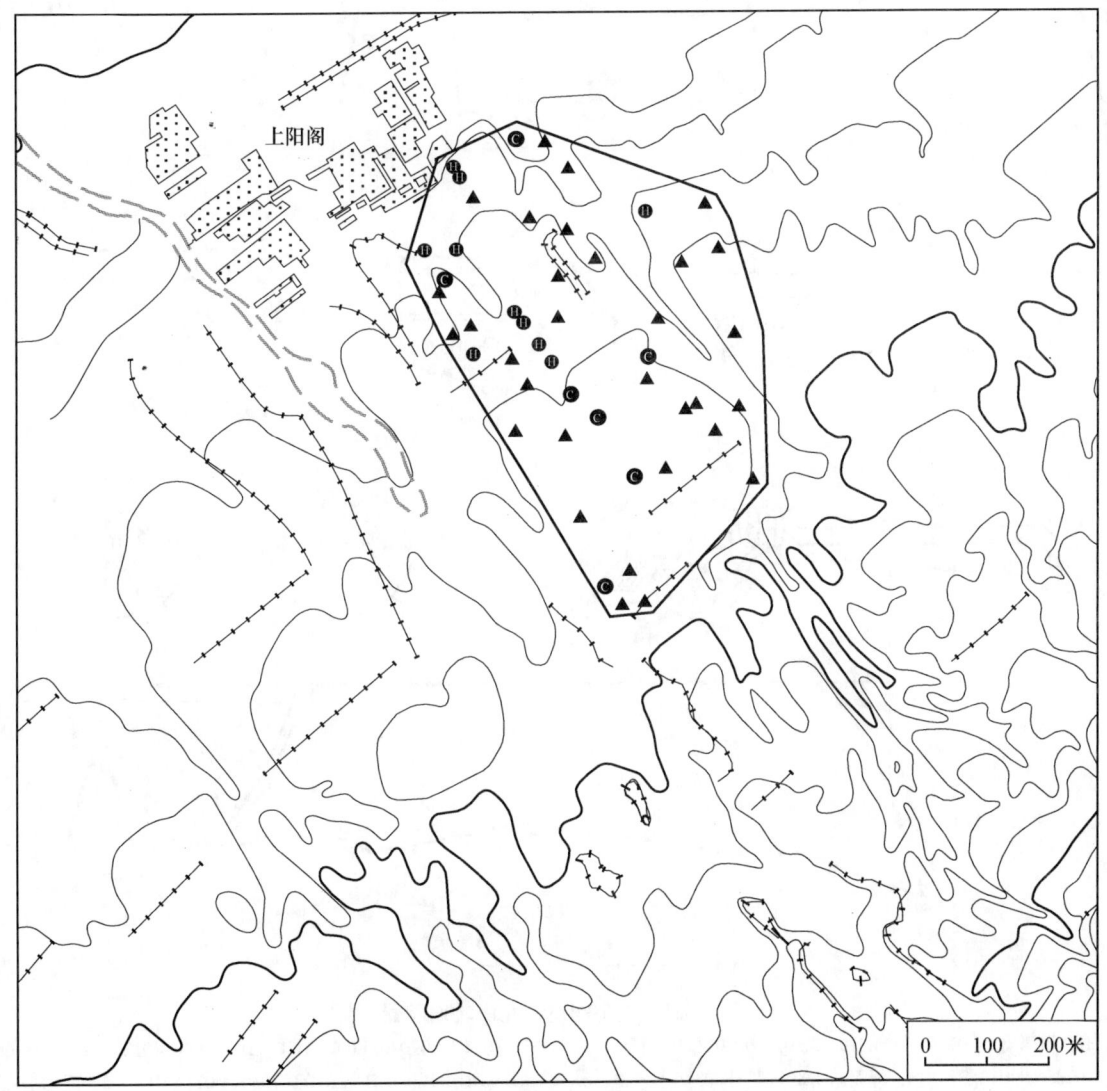

图4-320 上阳阁遗址龙山时期遗存分布图

以陶片最多。陶片多夹砂灰陶，纹饰以绳纹为主，可辨器形有鬲、鬶、斝、蛋形瓮、器盖、高领罐、罐等。

鬲 2件。DX070502M012:1，夹砂灰陶。圆唇，口外翻，束颈，分裆，大袋足。沿面有凹旋纹，领下饰绳纹（图4-321，7）。DX090403E002-H:1，夹砂灰黑陶。厚圆唇，矮领。领部饰绳纹。口径22、残高6厘米（图4-321，2）。

鬲足 1件。DX070502M011:2，夹砂灰陶。空袋足。足部饰绳纹（图4-321，9）。

鬶 1件。DX070502M012:2，夹砂褐陶。束腰，有隔，大袋足。腹部及袋足饰绳纹，腰部有附加堆纹（图4-321，3）。

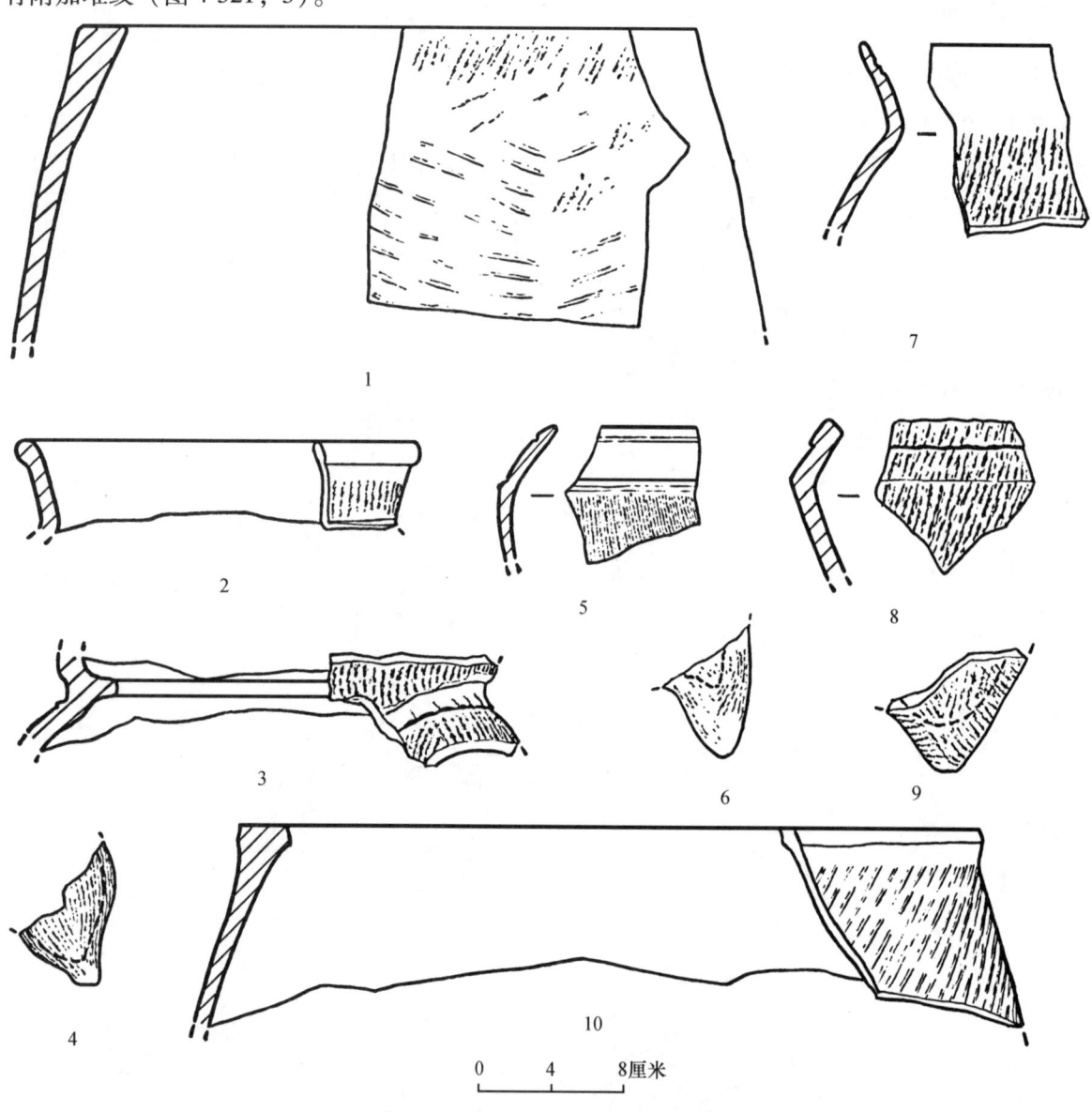

图4-321 上阳阁遗址龙山时期陶器
1、10. 蛋形瓮（DX070502M013:1、DX090403C001-H:1） 2、7. 鬲（DX090403E002-H:1、DX070502M012:1） 3. 鬶（DX070502M012:2） 4. 斝足（DX090403E003:1） 5、8. 斝（DX070502C020-H:1、DX070502M011:1） 6. 蛋形瓮足（DX070502B009:1） 9. 鬲足（DX070502M011:2）

鬲 2件。DX070502M011：1，夹砂灰陶。方唇，敛口，口部加厚，折肩，斜腹。口下有附加堆纹，腹部饰绳纹（图4-321，8）。DX070502C020-H：1，夹砂黑陶。圆唇，敛口，鼓肩，收腹。口部及肩部各有一周凹旋纹，腹部饰规整细绳纹（图4-321，5）。

鬲足 1件。DX090403E003：1，夹砂灰褐陶。空袋足。器表饰绳纹（图4-321，4）。

蛋形瓮 2件。DX090403C001-H：1，泥质灰陶。宽沿，微敛口，深腹。腹部饰斜篮纹。口径40、残高10.4厘米（图4-321，10）。DX070502M013：1，泥质灰陶。宽沿，敛口，深腹。腹部饰横篮纹。口径34、残高16厘米（图4-321，1）。

蛋形瓮足 1件。DX070502B009：1，泥质灰褐陶。矮空足。足部饰绳纹（图4-321，6）。

器盖 1件。DX090403E003-H：1，泥质褐陶。厚圆唇，斜壁。器表饰竖篮纹（图4-322，8）。

高领罐 1件。DX070502B015-H2：1，泥质灰陶。圆唇，口外翻，高领。素面。口径18、残高5.6厘米（图4-322，4）。

罐 4件。DX070502N012：1，泥质灰陶。圆唇，近直口，鼓腹。腹部有弦纹。口径14.4、残高6厘米（图4-322，2）。DX070502C012：1，夹砂灰陶。方唇，口外翻，矮领，鼓腹。唇部及腹

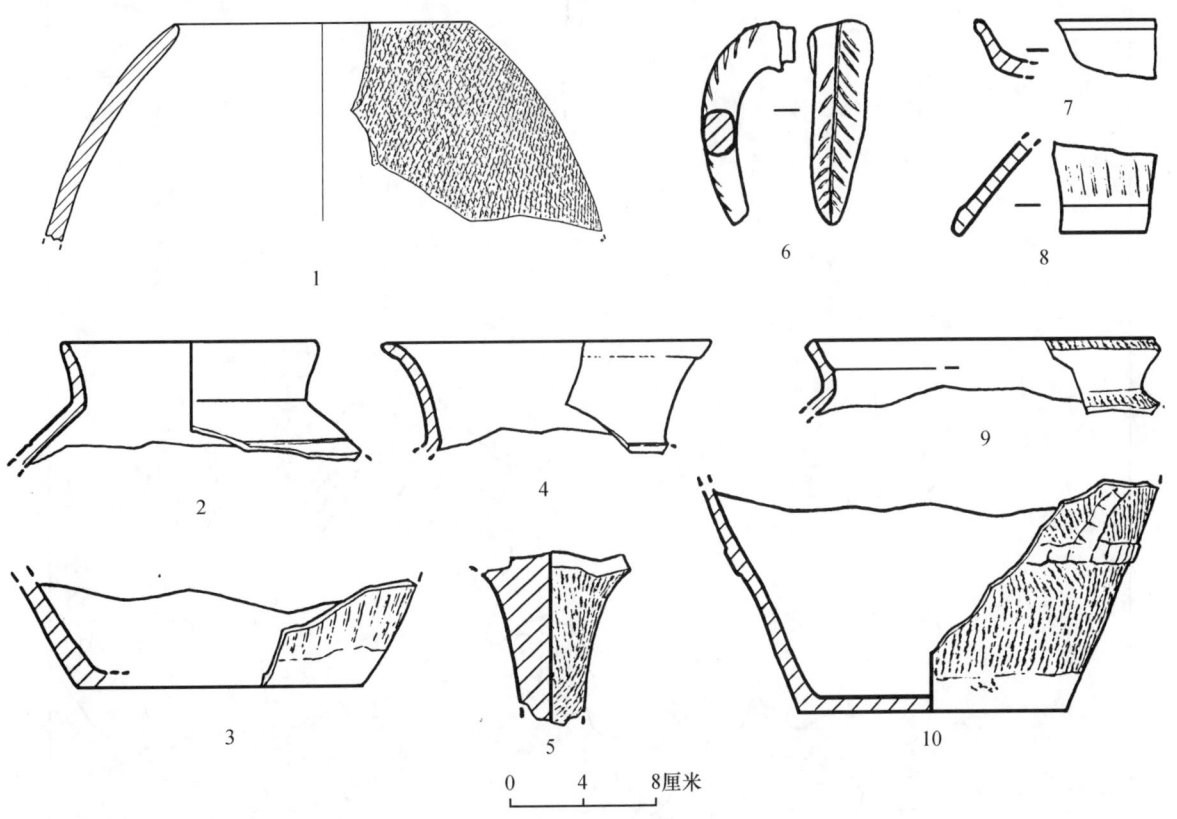

图4-322 上阳阁遗址龙山、二里头、东周时期陶器

1. 蛋形瓮（DX070502C008：1） 2、3、9、10. 罐（DX070502N012：1、DX070502C017：1、DX070502C012：1、DX070502M004-C：1）
4. 高领罐（DX070502B015-H2：1） 5. 蛋形瓮足（DX070502B002：1） 6. 把手（DX090403D002-H：1） 7. 豆（DX070502C016：1） 8. 器盖（DX090403E003-H：1）

（1、5. 二里头时期；2~4、6、8~10. 龙山时期；7. 东周时期）

部饰绳纹。口径20、残高3.6厘米（图4-322，9）。DX070502C017：1，夹砂灰陶（细砂）。深腹，平底。腹部饰竖篮纹。底径16、残高7厘米（图4-322，3）。DX070502M004-C：1，夹砂灰陶。深腹，平底。腹部饰绳纹，上有捆绑状附加堆纹。底径15、残高10.6厘米（图4-322，10）。

把手　1件。DX090403D002-H：1，夹砂灰黑陶。羊角形，为器物把手。把手饰麦穗纹（图4-322，6）。

2. 二里头时期

二里头时期遗存分布于遗址最南端之外的其他位置，主要沿遗址外围分布，遗存分布较为稀疏（图4-323）。未见任何遗迹现象，只在地表发现有陶片。陶片多夹砂灰陶，纹饰以绳纹为主，可辨器形有鬲、蛋形瓮等。

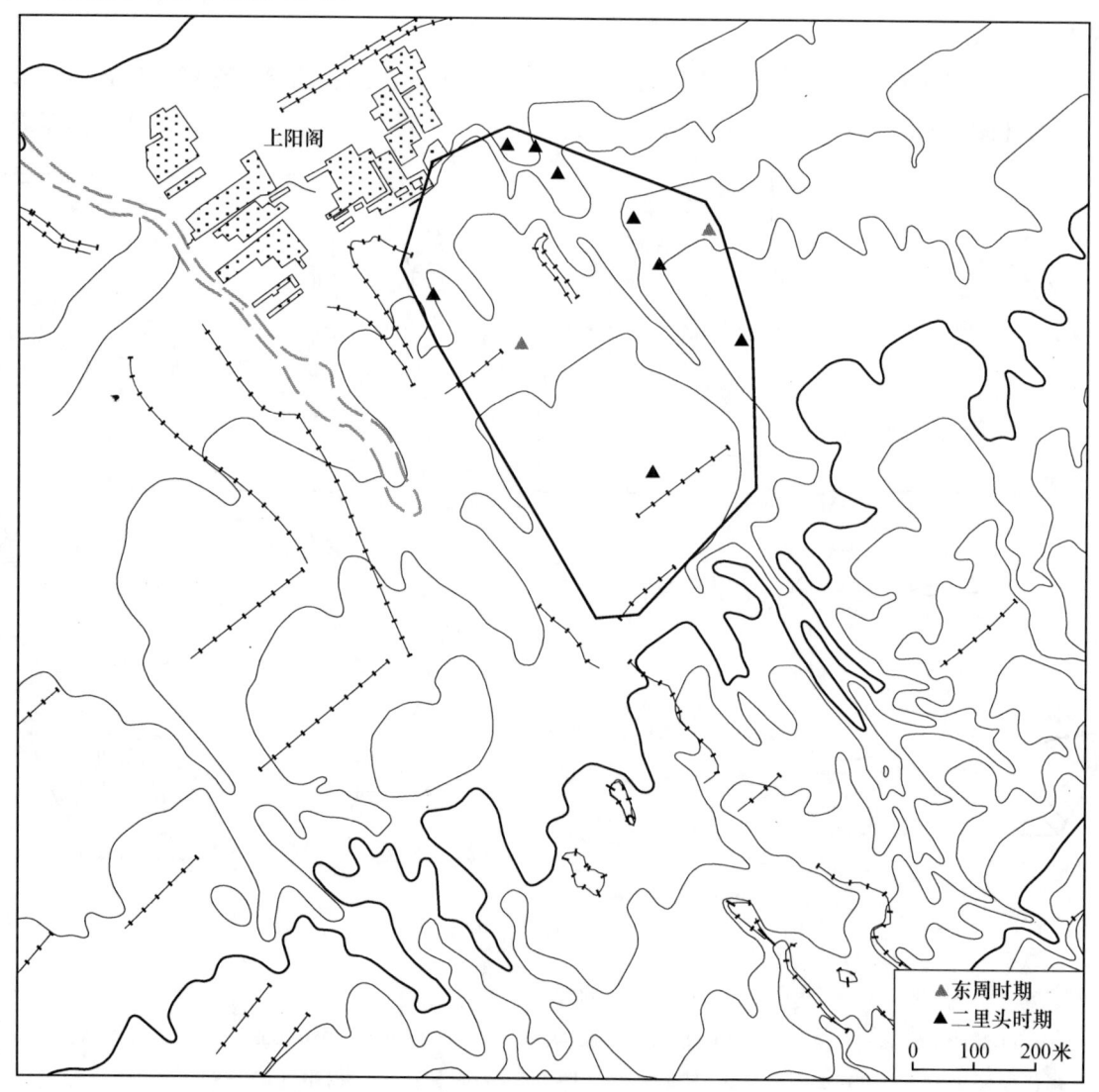

图4-323　上阳阁遗址二里头、东周时期遗存分布图

蛋形瓮　1件。DX070502C008：1，泥质灰陶。圆唇，敛口，鼓腹。器表饰绳纹。口径16.2、残高12厘米（图4-322，1）。

蛋形瓮足　1件。DX070502B002：1，夹砂灰褐陶。实足跟，较粗大。足部饰绳纹（图4-322，5）。

3. 东周时期

东周时期遗存见于遗址中部，仅有零星发现，遗存分布非常稀疏（图4-323）。未见任何遗迹现象，只在地表发现少量陶片。陶片多泥质陶，纹饰有绳纹，可辨器形有豆等。

豆　1件。DX070502C016：1，泥质灰黑陶。方唇，斜壁，浅盘。素面（图4-322，7）。

一一三、上苑庄遗址

上苑庄遗址位于代县峪口乡上苑庄村东南，面积28.7万平方米（彩版五八，1）。遗址处在山前冲积扇的近底部，海拔865～905米，北低南高，缓坡抬升，有一定的坡度，加之内有冲沟，地势起伏较大。遗址东、西两侧不远处都有源自山间的季节性水流流过。以遗址北部遗存分布相对密集，中、南部都较为稀疏。遗址包含龙山、二里头、东周时期的遗存，其中，东周时期遗存部分可进一步确认为战国时期。

1. 龙山时期

龙山时期遗存见于整个遗址，遗存分布较为稀疏（图4-324）。未见任何遗迹现象，只在地表发现有陶片。陶片多夹砂陶，纹饰有篮纹。

2. 二里头时期

二里头时期遗存见于遗址南、北两端，南部遗存非常稀疏，北部地势较低处遗存相对密集，遗迹全部分布于此（图4-325）。在梯田的断面上共发现2个灰坑，未见其他遗迹现象。灰坑内包含有较多陶片，地表也有陶片发现。陶片多泥质灰陶，纹饰以绳纹为主，可辨器形有鬲、蛋形瓮、罐等。

鬲足　1件。DX070503B001：2，夹砂灰陶。锥状长实足跟。足部饰绳纹（图4-326，2）。

蛋形瓮足　1件。DX070503D001：1，泥质灰陶。锥状实足跟，较粗大。足部饰绳纹（图4-326，3）。

罐　1件。DX070503B001：1，泥质灰褐陶。方唇，口外翻，束颈，鼓腹。腹部旋断绳纹。口径14、残高9.6厘米（图4-326，1）。

图 4-324　上苑庄遗址龙山时期遗存分布图

3. 东周时期

东周时期遗存见于遗址中部地势较高处，遗存分布比较集中（图 4-327）。除梯田的断面发现 2 个灰坑外，未见其他遗迹现象。灰坑内包含有少量陶片，地表也有零星陶片发现。陶片多夹砂灰陶，纹饰以绳纹为主。

图 4-325　上苑庄遗址二里头时期遗存分布图

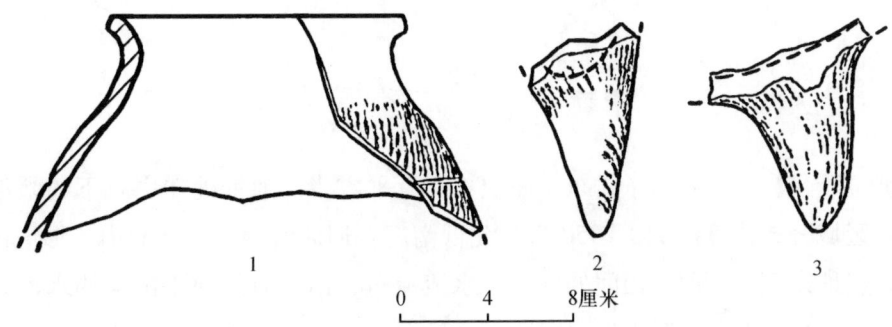

图 4-326　上苑庄遗址二里头时期陶器
1. 罐（DX070503B001:1）　2. 鬲足（DX070503B001:2）　3. 蛋形瓮足（DX070503D001:1）

图 4-327　上苑庄遗址东周时期遗存分布图

一一四、口 子 遗 址

口子遗址位于代县新高乡口子村东，面积4.9万平方米。遗址处在山脚下的缓坡地带，主要沿山势平缓区域分布，海拔910~950米，北低南高，迎风背阴，内有沿山势形成的冲沟，地势起伏较大。遗址东侧有发源于山间的季节性水流流过，西侧有发源于山沟的水流流过，向北均注入滹沱河。遗址只有龙山时期的遗存。

遗存分布稀疏，在遗址南部和北部共发现5个灰坑，未见其他遗迹现象（图4-328）。其中，南部发现 4 个灰坑，全部暴露于梯田的断面，北部发现 1 个灰坑，见于沟坎的断面。灰坑内发现的陶片均较少，地表有零星陶片分布。陶片多夹砂灰陶，纹饰多绳纹、篮纹、可辨器形有罐等。

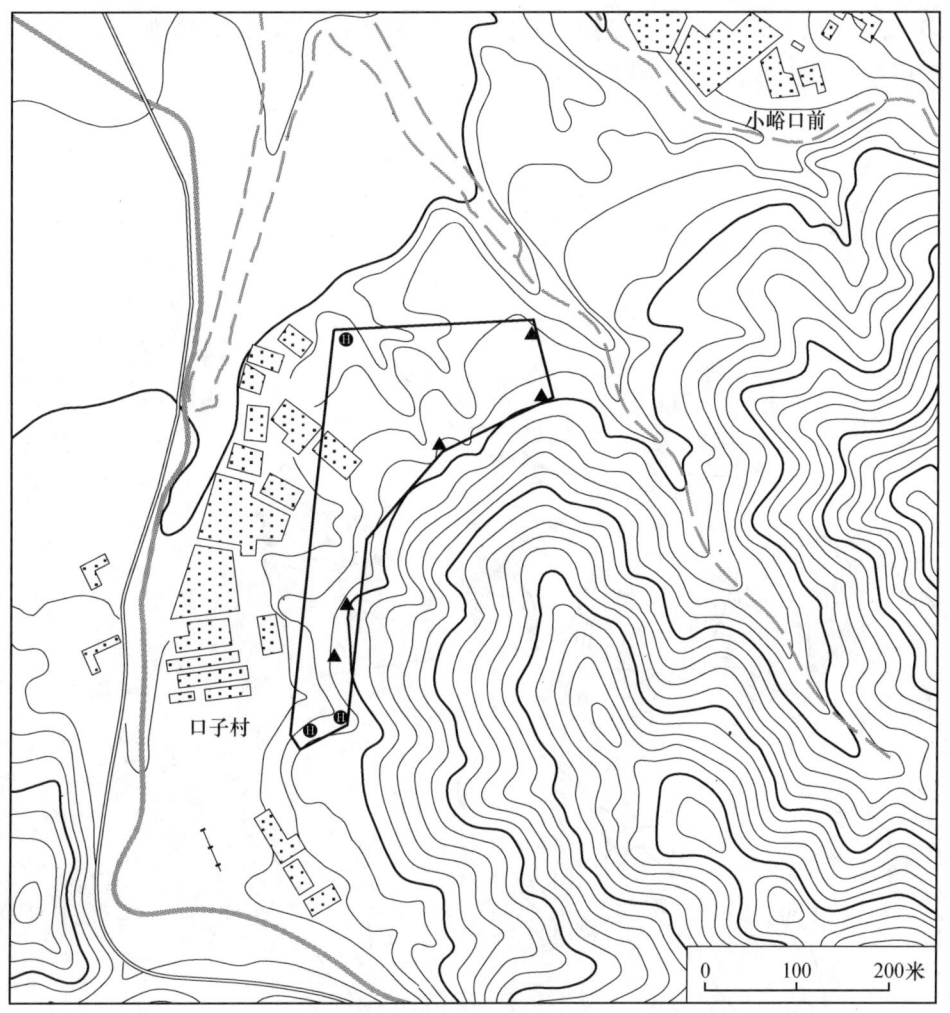

图 4-328　口子遗址遗存分布图

一一五、张寨遗址

张寨遗址位于代县新高乡张寨村南的山坡上，面积 10.5 万平方米（彩版五八，2）。遗址处在山坡的底部，海拔 900～980 米，北高南低，迎风背阴，内有数条深浅、长宽不等的冲沟，地势较陡起伏较大。遗址东侧有发源于山沟的水流流过，向北注入滹沱河。遗存分布密集，但落差大。遗址包含龙山、二里头、春秋三个时期的遗存。

1. 龙山时期

龙山时期遗存分布于整个遗址，除遗址西部遗存分布略显稀疏外，其他位置的遗存分布都较为密集（图4-329）。共发现6个灰坑、1座房址和1座陶窑。房址、陶窑和1个灰坑分布在遗址北部较低处的沟坎断面，其余则分布在遗址东南部位置较高的地方。遗迹内包含物丰富，以陶片最多，地表也有较多陶片发现。陶片以夹砂灰陶略多，纹饰多绳纹，可辨器形有鬲、甗、斝、蛋形瓮、盆、器盖、高领罐、罐等。

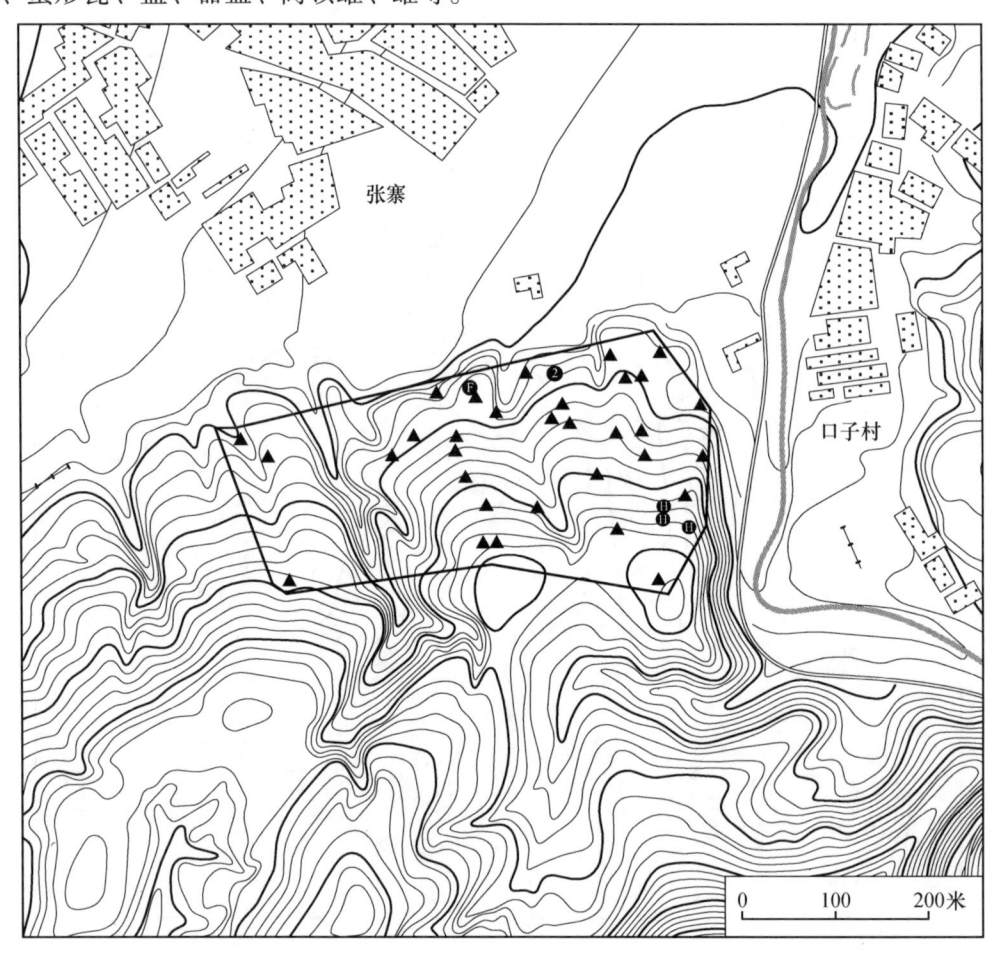

图4-329　张寨遗址龙山时期遗存分布图

鬲　1件。DX070504B004-H1:3，夹砂褐陶。口外翻，矮领，分裆，大袋足。口部有花边装饰，腹部饰绳纹，袋足有鋬手（图4-331，10）。

鬲足　1件。DX070504B004-H2:1，夹砂灰褐陶。空袋足。足部饰细绳纹（图4-331，7）。

甗　1件。DX070504A008:2，夹砂灰陶。束腰，有隔，隔上有箅孔。腹部饰绳纹，腰部有附加堆纹（图4-331，5）。

斝　1件。DX070504B004-H1:1，泥质黑陶。小圆唇，敞口，微束腰，深腹，圜底，有足。素面，磨光。口径12、残高6.4厘米（图4-331，4）。

蛋形瓮　2件。DX070504A008:1，泥质灰陶。平沿，口部加厚，微敛口，深腹。口下有附加堆纹，腹部饰斜篮纹。口径40、残高7.2厘米（图4-331，13）。DX070504B009:2，泥质灰陶。平沿内折，微敛口，口部加厚，深腹。口下有附加堆纹，腹部饰篮纹（图4-331，9）。

盆 1件。DX070504B004-H1：2，泥质黑皮陶。圆唇，翻沿，深腹。素面（图4-331，3）。

器盖 1件。DX070504B006：1，泥质灰陶。厚圆唇，斜壁。器表饰斜篮纹。口径24、残高5.6厘米（图4-331，12）。

高领罐 1件。DX070504C006：1，夹砂灰陶。圆唇，口外翻，高领，鼓肩。肩部饰绳纹（图4-331，6）。

罐 3件。DX070504B004-H3：1，夹砂褐陶。圆唇，近直口，高领，鼓腹。素面。口径36、残高10.4厘米（图4-331，1）。DX070504B006：2，夹砂灰陶。圆唇，翻沿，束颈，鼓腹。素面。口径16、残高3.6厘米（图4-331，8）。DX070504B004：1，泥质灰陶。深腹，平底。腹部饰斜篮纹。底径6.8、残高3.5厘米（图4-331，11）。

2. 二里头时期

二里头时期遗存见于遗址东部，只有个别发现，遗存分布稀疏（图4-330）。未见任何遗迹现象，只在地表发现少量陶片。陶片多夹砂灰陶，纹饰以绳纹为主。

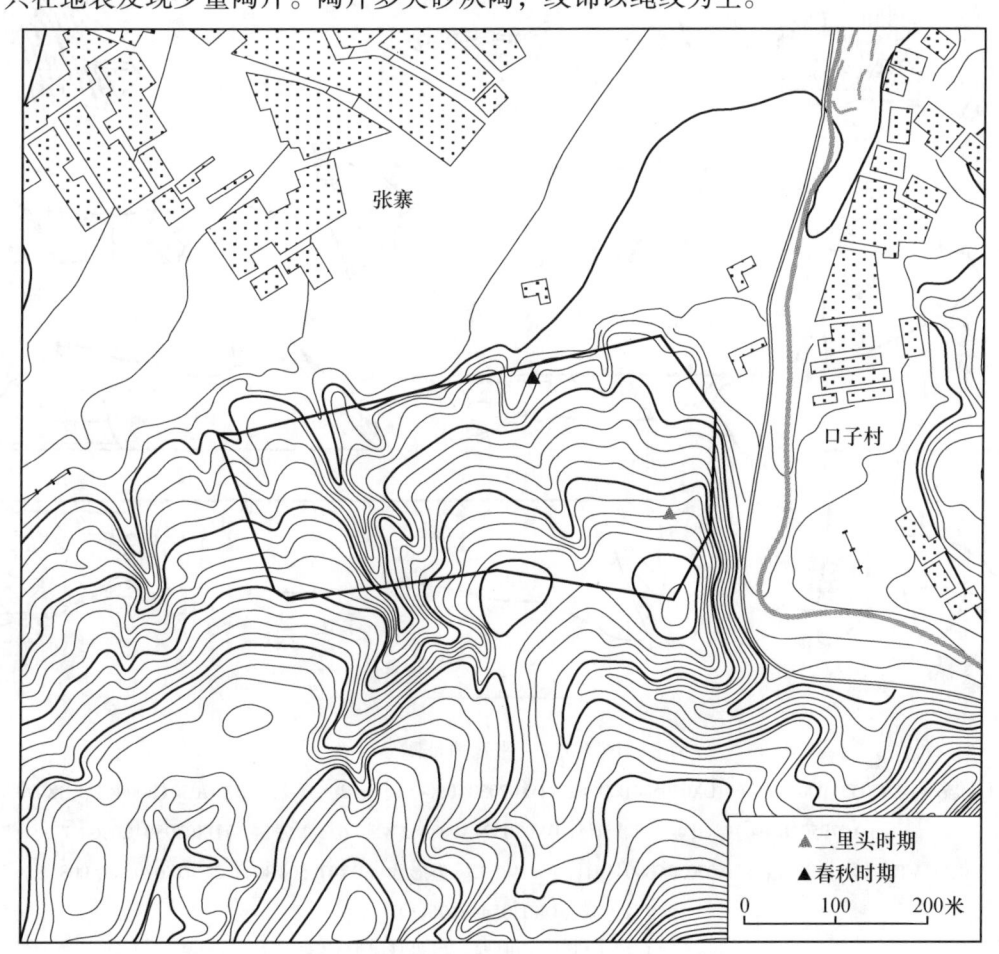

图4-330 张寨遗址二里头、春秋时期遗存分布图

3. 春秋时期

春秋时期遗存仅见于遗址北部，只有个别发现，遗存分布稀疏（图4-330）。未见任何遗迹现象，只在地表发现零星陶片。陶片多泥质灰陶，纹饰以绳纹为主，可辨器形有盆等。

盆　1件。DX070504B009：1，泥质灰陶。方唇，折沿，深腹。腹部饰旋断绳纹（图4-331，2）。

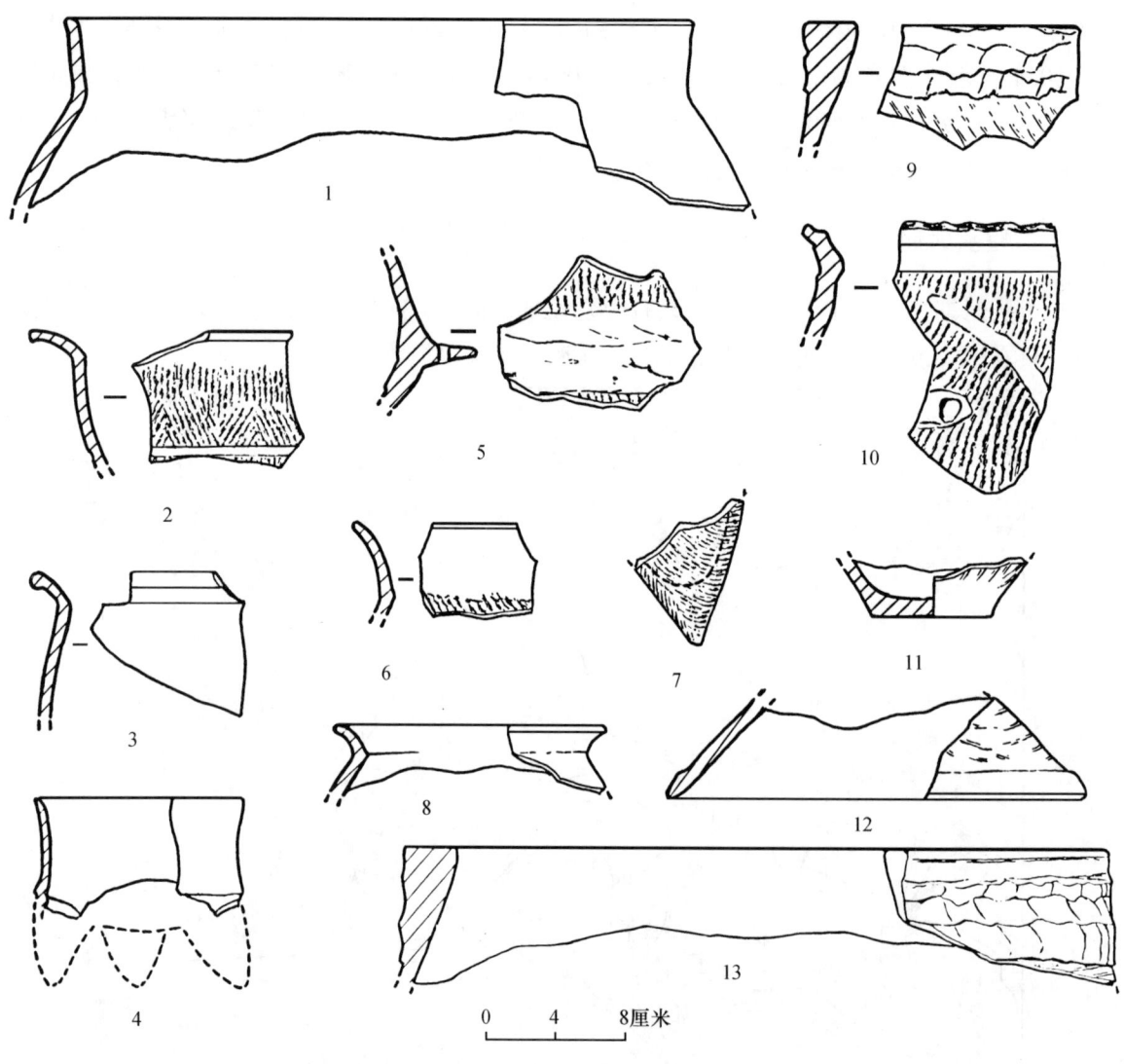

图 4-331　张寨遗址陶器

1、8、11. 罐（DX070504B004-H3：1、DX070504B006：2、DX070504B004：1）　2、3. 盆（DX070504B009：1、DX070504B004-H1：2）　4. 斝（DX070504B004-H1：1）　5. 甑（DX070504A008：2）　6. 高领罐（DX070504C006：1）　7. 鬲足（DX070504B004-H2：1）　10. 鬲（DX070504B004-H1：3）　9、13. 蛋形瓮（DX070504B009：2、DX070504A008：1）　12. 器盖（DX070504B006：1）

（1、3~13. 龙山时期；2. 春秋时期）

一一六、中解遗址

中解遗址位于代县新高乡中解村金街西南950米，面积47.2万平方米（彩版五九，1）。遗址处在山前缓坡的最高处，地势较高，海拔880～970米，北低南高，迎风背阴，坡度大，内有多条冲沟，起伏较大。除了遗址东侧有源于山间的季节性水流流过外，有数条源于遗址南部山上的水流穿越遗址而下，但这些水流的流量都不是很大。遗址西南部遗存分布稀疏，中、东部遗存分布相对密集。遗址包含仰韶、龙山、二里头、东周四个时期的遗存，其中，东周时期遗存部分可进一步确认为战国时期。

1. 仰韶时期

仰韶时期遗存见于遗址中部，仅有个别发现，遗存分布非常稀疏（图4-332）。未见任何遗迹现象，只在地表发现少量陶片。陶片多泥质红陶，多素面。

图4-332 中解遗址仰韶、东周时期遗存分布图

2. 龙山时期

龙山时期遗存见于整个遗址，西南部分布较稀疏，中、东部遗存分布相对密集（图4-333）。未见任何遗迹现象，只在地表发现较多陶片。陶片多夹砂灰陶，纹饰多绳纹、篮纹、可辨器形有斝等。

图4-333　中解遗址龙山时期遗存分布图

3. 二里头时期

二里头时期遗存见于遗址中部偏南，遗存分布略显稀疏（图4-334）。未见任何遗迹现象，只在地表发现零星陶片。陶片多夹砂灰陶，纹饰以绳纹为主。

图 4-334　中解遗址二里头时期遗存分布图

4. 东周时期

东周时期遗存见于遗址中部偏南，遗存分布较为稀疏（图4-332）。未见任何遗迹现象，只在地表发现少量陶片。陶片多夹砂灰陶，纹饰有粗大绳纹，可辨器形有罐等。

一一七、周流遗址

周流遗址位于代县新高乡周流村南部，面积54万平方米（彩版五九，2）。遗址处在山前缓坡的近低处，海拔855～910米，北低南高，迎风背阴，内有多条深浅、宽窄不一的冲沟，地势起伏较大。遗址东、西两侧均有源于南部高山的季节性水流流过，遗址本身也有源于南部高山的水流穿越而下。遗址北部为洼地，已拦截成小水库，其周围遗存分布稀疏，除此之外，其他位置都有遗存分布，尤以东南部遗存分布最为密集。遗址包含仰韶、龙山、二里头、东周四个时期的遗存，其中，东周时期部分遗存可进一步确认为春秋和战国时期。

1. 仰韶时期

仰韶时期遗存见于遗址东部，只有零星发现，遗存分布稀疏（图4-335）。未见任何遗迹现象，只在地表发现零星陶片。陶片多泥质红陶，多素面。

2. 龙山时期

龙山时期遗存见于整个遗址，但遗存分布疏密不等，仅东南部分布较为密集（图4-336）。

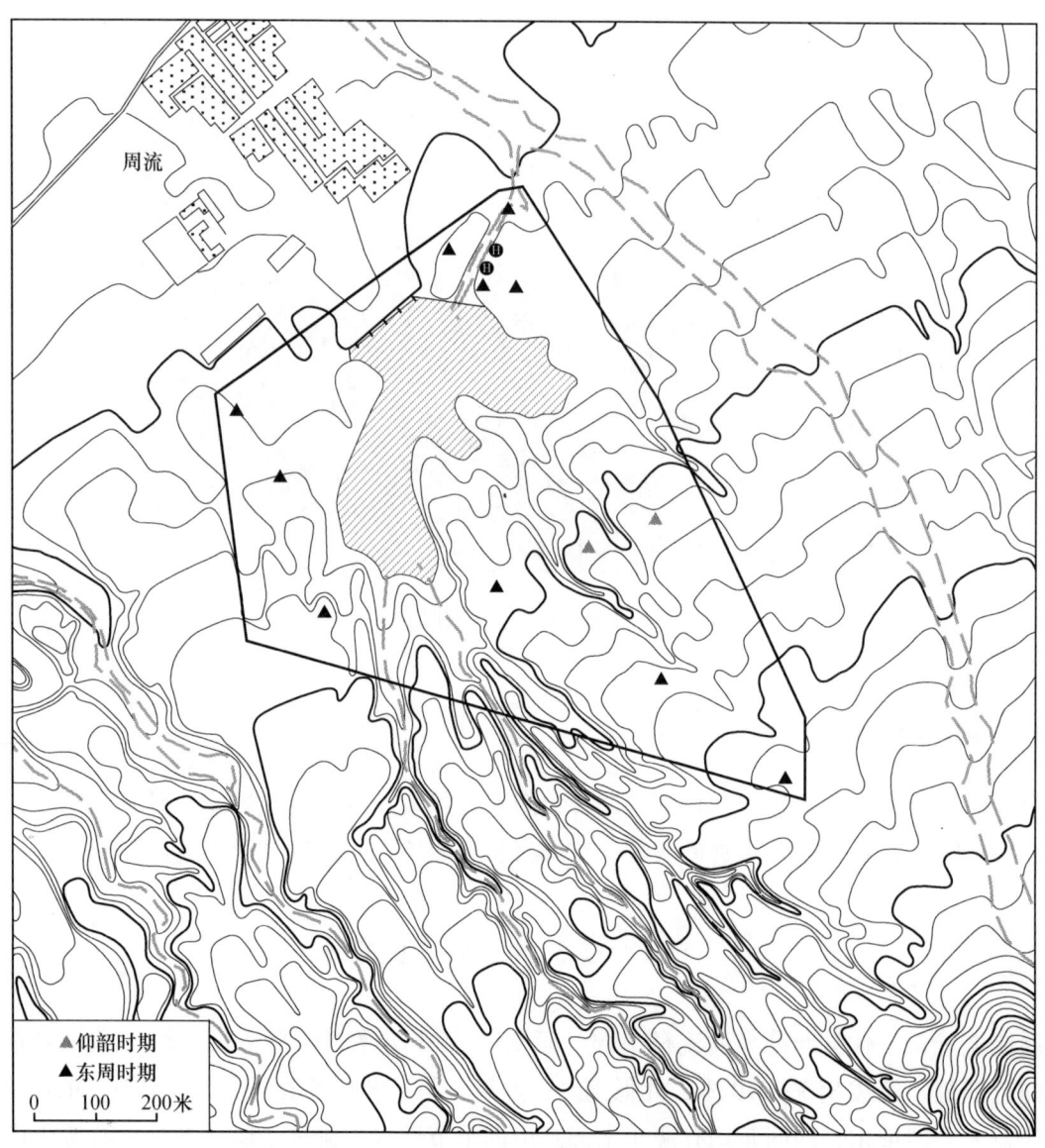

图4-335　周流遗址仰韶、东周时期遗存分布图

遗迹发现多，共发现3处文化层和10个灰坑，多暴露于沟坎和梯田的断面。这些遗迹全部分布在遗址东部，其中，东北部只有灰坑分布，东南部则兼有这两类遗迹。遗迹内包含物丰富，尤以陶片最多，地表也发现较多陶片。陶片多夹砂灰陶，纹饰以绳纹为多，其次为篮纹，可辨器形有鬲、蛋形瓮、瓮、盆、圈足罐、带耳罐等。

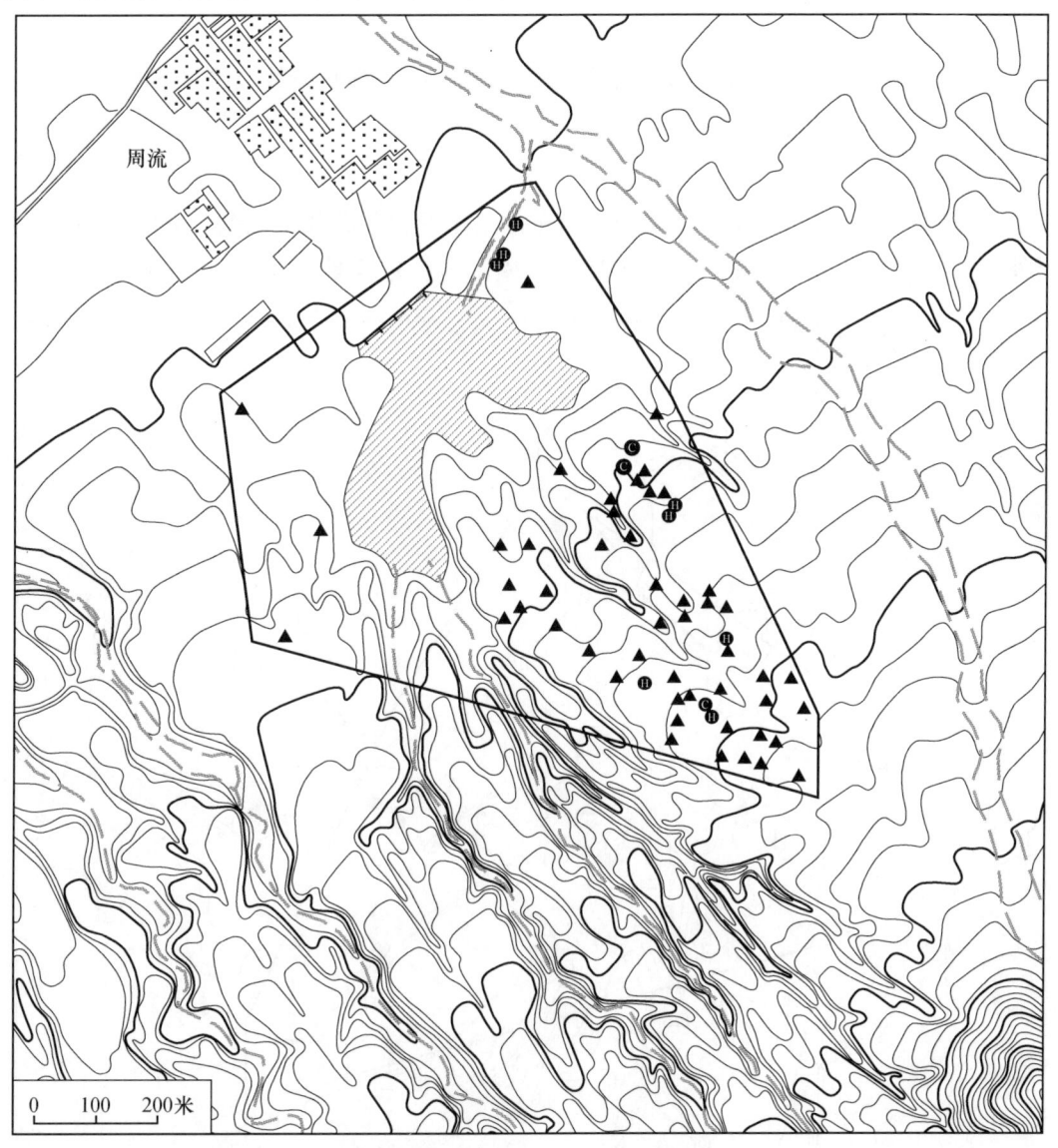

图 4-336　周流遗址龙山时期遗存分布图

鬲足　2件。DX070505C022-H:1，夹砂灰陶。空袋足，微有实足跟。足部饰绳纹（图4-339，12）。DX070505B013:1，夹砂灰陶。空袋足，微有实足跟。足部饰绳纹（图4-339，13）。

蛋形瓮　2件。DX070505C017:1，泥质灰陶。宽沿，口部加厚，敛口，深腹。口下有附加堆纹，腹部饰斜篮纹。口径34、残高10厘米（图4-339，1）。DX070505H016:1，夹砂灰褐陶。宽沿，微敛口，深腹。腹部饰斜篮纹。口径40.6、残高10.2厘米（图4-339，14）。

瓮　1件。DX070505I016:1，夹砂灰陶。宽沿，敛口，深腹。腹部饰绳纹，上有圆饼装饰（图4-339，9）。

盆　2件。DX070505H010-C:1，泥质灰褐陶。方唇，大敞口，斜腹，平底。腹部饰横篮纹。口径24.4、底径14、高5.6厘米（图4-339，3）。DX070505C020:1，泥质灰陶。厚圆唇，敞口，斜腹。腹部饰竖篮纹（图4-339，10）。

罐　DX070505M009-C:1，泥质灰陶。深腹，平底。腹部饰竖篮纹（图4-339，6）。

3. 二里头时期

二里头时期遗存见于遗址东部，其中，以东部偏中遗存分布相对密集（图4-337）。除1处文化层外，还发现6个灰坑。文化层见于遗址东南部地势较高处，灰坑见于遗址东部：东北2

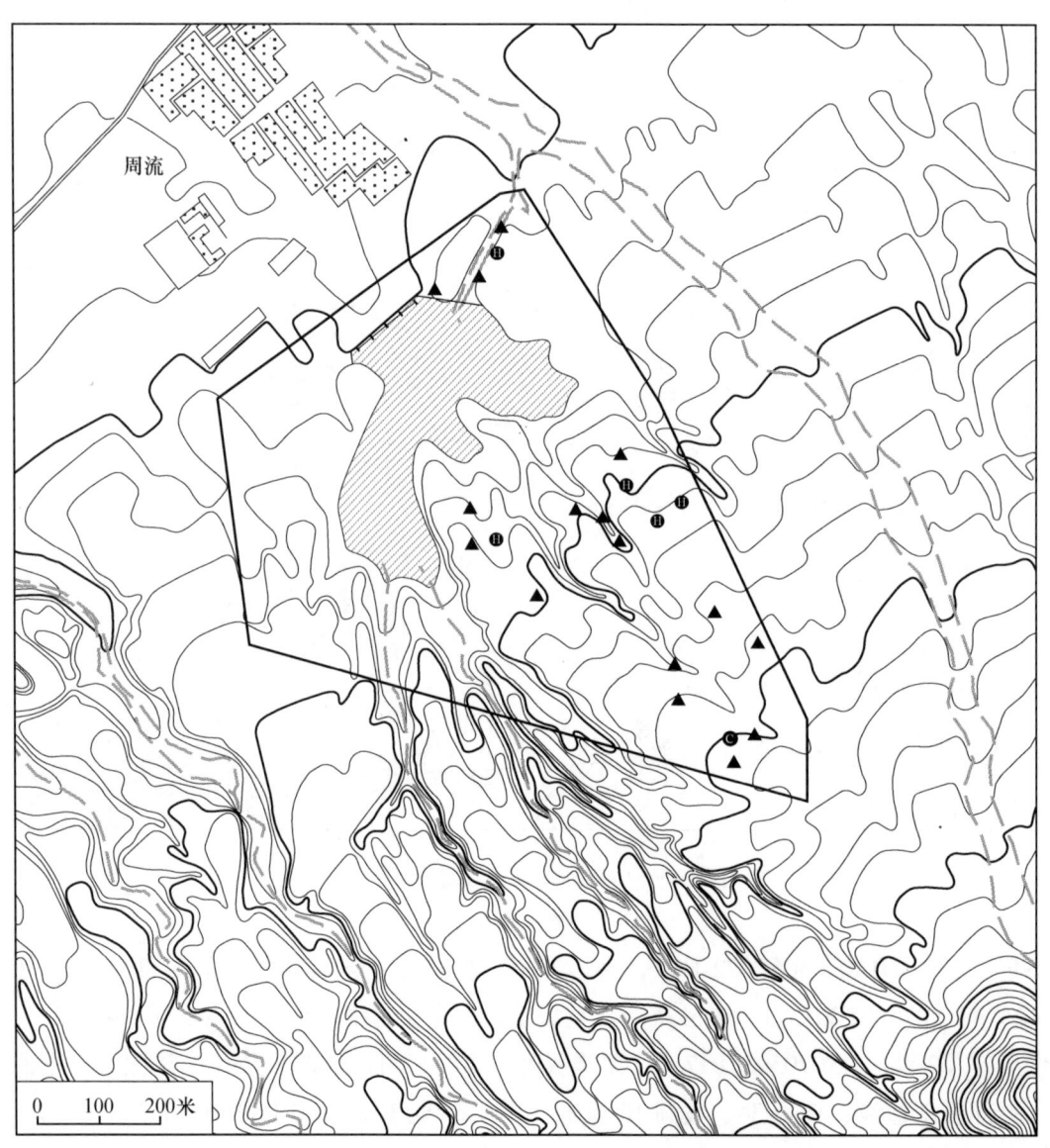

图4-337　周流遗址二里头时期遗存分布图

个，东部偏中4个，遗迹多暴露于梯田的断面。遗迹内包含物丰富，尤以陶片最多，地表也有陶片分布。陶片多夹砂灰陶，纹饰以绳纹为主，可辨器形有鬲、蛋形瓮、罐等。

鬲足　3件。DX070505I013：1，夹砂灰陶。矮实足跟。足部饰绳纹，跟部素面（图4-338，2）。DX070505M002：1，夹砂灰褐陶。长实足跟。足部饰绳纹（图4-339，5）。DX090402D002-H：2，夹砂灰黑陶。长实足跟。足部有绳纹，跟部素面（图4-338，3）。

蛋形瓮　4件。DX070505G003-H：1，夹砂灰褐陶。小平沿，敛口，深鼓腹。腹部饰规整绳纹。口径22、残高10.4厘米（图4-338，5）。DX070505C014：1，夹砂褐陶。平沿内折，敛口，深腹。素面（图4-339，2）。DX090402D001-H：1，夹砂褐陶。深腹，圜底，实足跟。器表饰绳纹（图4-339，4）。DX070505H014：1，夹砂灰陶。实足跟。器表饰绳纹（图4-339，11）。

蛋形瓮足　1件。DX070505M009：1，夹砂褐陶。矮实足跟。足部饰绳纹（图4-339，8）。

罐　2件。DX070505M006：1，夹砂灰陶。圆唇，口外翻，束颈。口下有泥条装饰及鋬手，沿下饰绳纹（图4-339，7）。DX090402D002-H：1，泥质褐陶。深腹，平底。器表饰细绳纹。底径18、残高4.4厘米（图4-338，1）。

4. 东周时期

东周时期遗存见于遗址东部之外的其他位置，除遗址东北角外，遗存分布较为稀疏（图4-335）。除在遗址东北角发现2个灰坑外，未见其他遗迹现象，灰坑全部暴露于沟坎的断面。灰坑内包含有较多陶片，地表也有零星陶片分布。陶片多夹砂灰陶，纹饰以绳纹为主，可辨器形有豆、罐等。

罐　1件。DX070505I002：1，夹砂灰陶。方唇，翻沿，沿上起脊，束颈，鼓肩。肩部饰绳纹（图4-338，4）。

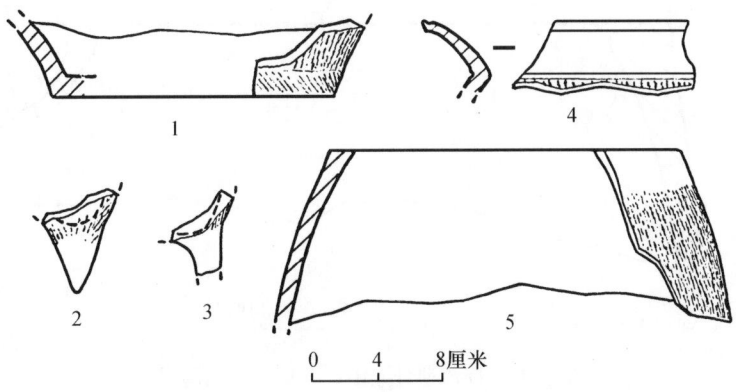

图4-338　周流遗址二里头、东周时期陶器

1、4. 罐（DX090402D002-H：1、DX070505I002：1）　2、3. 鬲足（DX070505I013：1、DX090402D002-H：2）　5. 蛋形瓮（DX070505G003-H：1）

（1~3、5. 二里头时期；4. 东周时期）

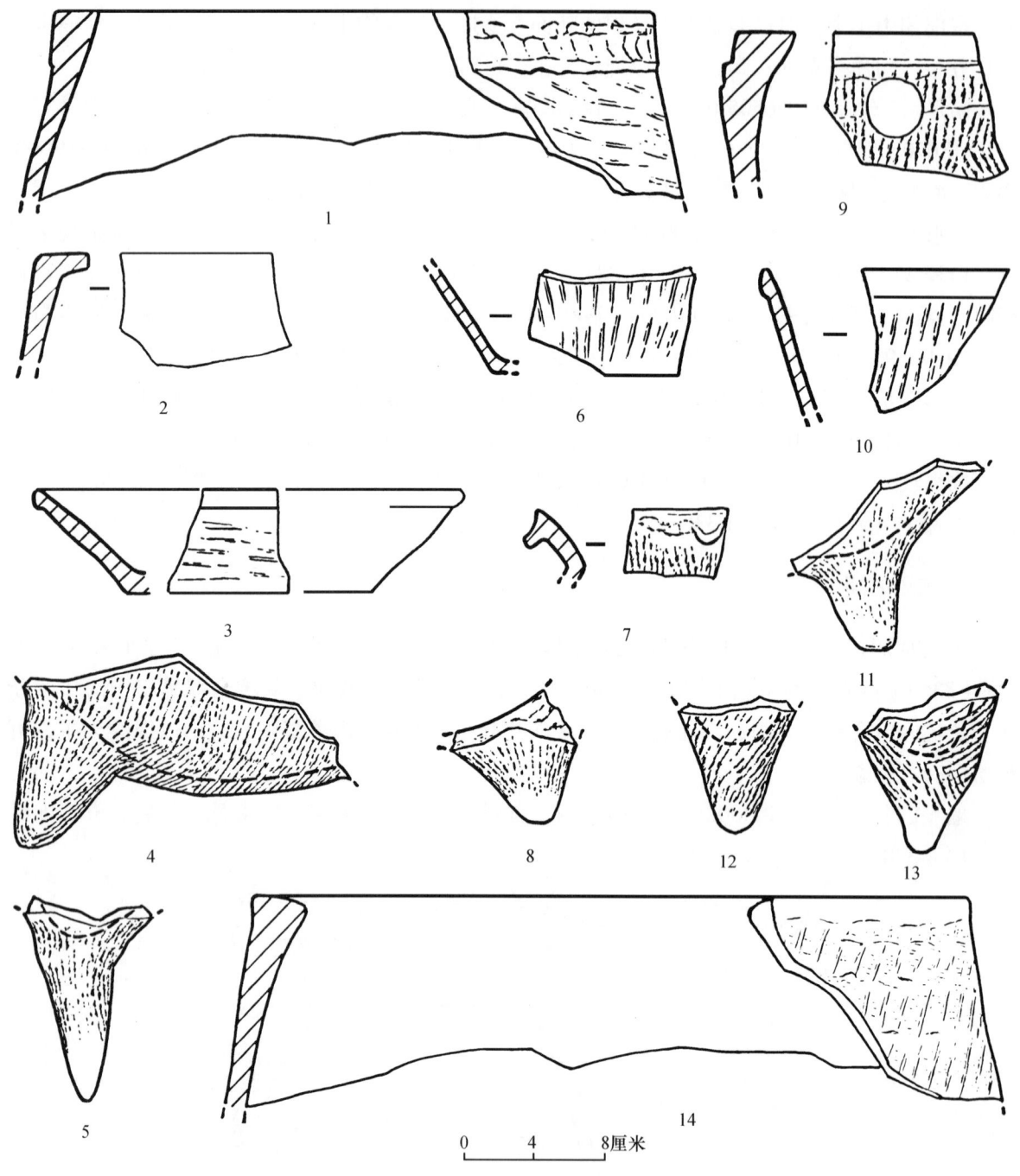

图 4-339 周流遗址龙山、二里头时期陶器

1、2、4、11、14. 蛋形瓮（DX070505C017:1、DX070505C014:1、DX090402D001-H:1、DX070505H014:1、DX070505H016:1） 3、10. 盆（DX070505H010-C:1、DX070505C020:1） 5、12、13. 鬲足（DX070505M002:1、DX070505C022-H:1、DX070505B013:1） 6、7. 罐（DX070505M009-C:1、DX070505M006:1） 8. 蛋形瓮足（DX070505M009:1） 9. 瓮（DX070505I016:1）

（1、3、6、9、10、12~14. 龙山时期；2、4、5、7、8、11. 二里头时期）

滹沱河上游先秦遗存
调查报告（一）
下

山西省考古研究所
中国国家博物馆田野考古研究中心　编著
忻州市文物管理处

科学出版社
北　京

第五章　原平市境内遗址

原平位于北部盆地的西部区域。其西是云中山，其东是五台山支脉，两山东西相望，滹沱河夹处其中。滹沱河由东北进入境内，由北向南横贯全境，属于境内最低处。滹沱河东岸为山前台地，与河床有较大落差；滹沱河西岸则为逐渐抬升的山前冲积扇，越往西地势越高。支流或季节性河流从东西两侧地势较高的山地流向滹沱河，长年累月不断地冲刷，形成了较多冲沟和河道，它们把冲积扇和山前台地分割得更为零碎。在已调查范围内共发现141处先秦时代不同时期遗存的遗址，这些遗址从山坡到山脚下、从山间小溪到滹沱河两岸台地都有分布（彩版六〇）。

一、李家庄 I 号遗址

李家庄 I 号遗址位于原平市沿沟乡李家庄村西北1200米，面积3.2万平方米。遗址处在

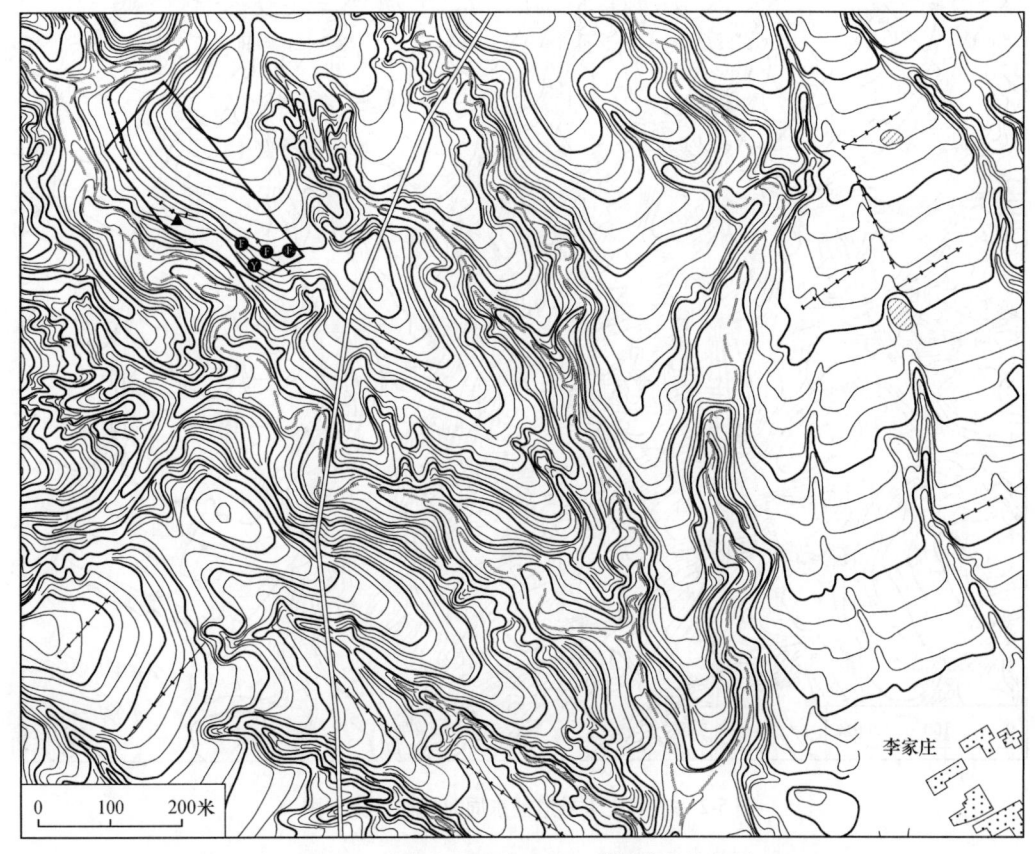

图 5-1　李家庄 I 号遗址龙山时期遗存分布图

山前冲积扇的较高处，遗存集中分布在一突出的山丘西、南面，地势较高，海拔 1115～1140 米，北高南低，背风向阳，坡度大，有一定的起伏。遗址周围有两条发源于山间的季节性水流流过。遗存分布相对密集，遗址包含龙山、东周两个时期的遗存。

1. 龙山时期

龙山时期遗存主要见于遗址中、东部位置较低处（图 5-1）。遗迹主要见于梯田的断面上，共发现 5 座房址和 1 座陶窑，遗迹集中分布于遗址东南部，房址多为白灰面，个别为红烧土面，有些较深，可能为地穴式或窑洞式房址，陶窑只暴露窑室部分。多数遗迹内包含物并不丰富，只在个别遗迹内发现少量陶片，地表也有零星陶片发现。陶片多夹砂灰陶，纹饰有篮纹、绳纹等。

2. 东周时期

东周时期遗存见于遗址西北部（图 5-2）。未见任何遗迹现象，只在地表发现有少量陶片。陶片多夹砂灰陶，纹饰以绳纹为主，可辨器形有罐等。

在遗址南面 100 米处发现有这个时期的零星陶片。

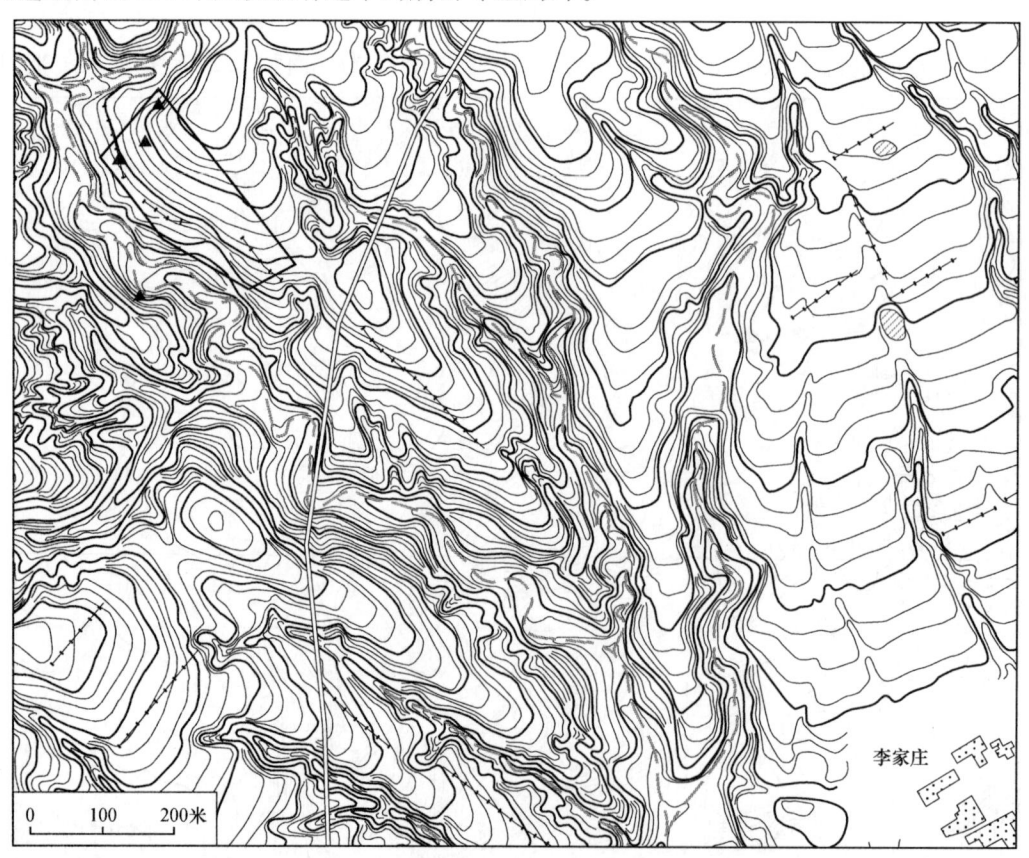

图 5-2　李家庄 I 号遗址东周时期遗存分布图

二、李家庄Ⅱ号遗址

李家庄Ⅱ号遗址位于原平市沿沟乡李家庄村西北500米，面积0.3万平方米。遗址处在山前冲积扇的较高处，分布在一缓坡的近底部，海拔1045~1070米，西高东低，坡度大，地势略有起伏。遗址位于两河交汇处，遗址北、东、南三面都有发源于山间的季节性水流流过。遗址虽小，但遗存分布相对密集。遗址包含龙山、二里头两个时期的遗存。

1. 龙山时期

龙山时期遗存只见于遗址东北部，仅有个别发现，遗存分布稀疏（图5-3）。未见任何遗迹现象，只在地表发现少量陶片。陶片多夹砂灰陶，纹饰有篮纹。

2. 二里头时期

二里头时期遗存见于遗址西部和南部（图5-3）。未见任何遗迹现象，只在地表发现有陶片。陶片多夹砂灰陶，纹饰以绳纹为主。

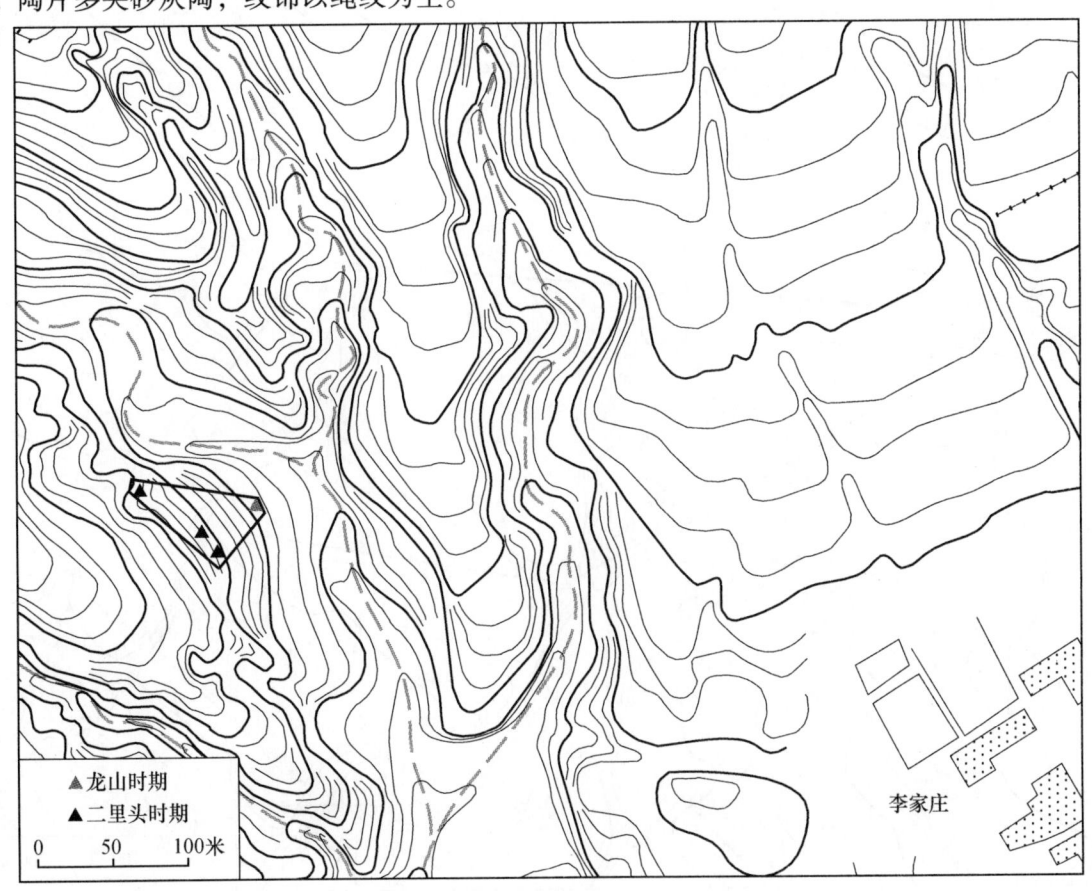

图5-3　李家庄Ⅱ号遗址遗存分布图

三、李家庄Ⅲ号遗址

李家庄Ⅲ号遗址位于原平市沿沟乡李家庄村东南600米，面积18.3万平方米（彩版六一，1）。遗址处在山前冲积扇的较高处，海拔900~1020米，北高南低，背风向阳，遗址内主要有两条较长冲沟，地势有一定的起伏。遗存分布较为稀疏，遗址包含龙山、二里头、东周三个时期的遗存。

1. 龙山时期

龙山时期遗存主要见于遗址东部和西南部，遗存分布较为稀疏（图5-4）。未见任何遗迹

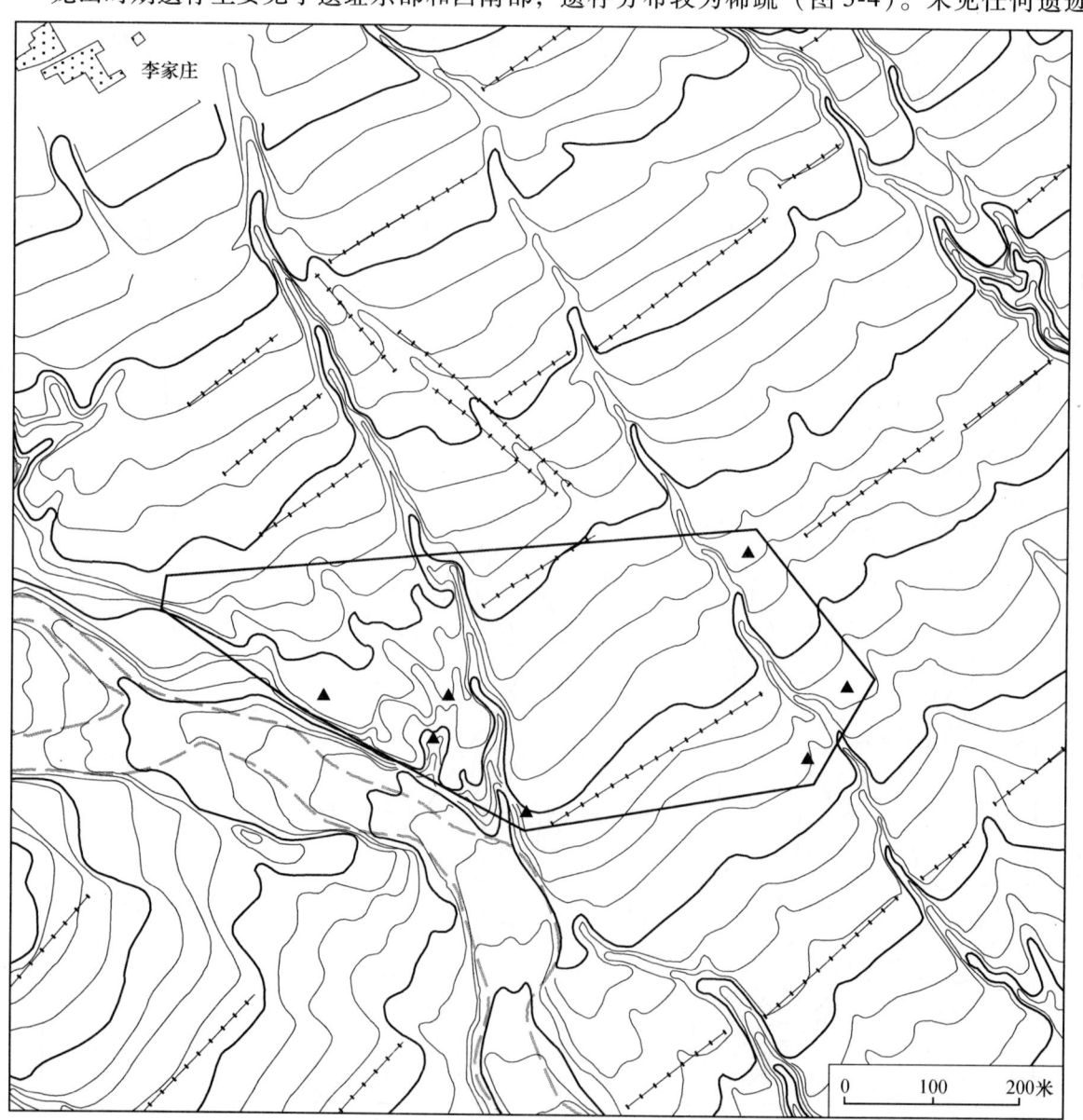

图5-4　李家庄Ⅲ号遗址龙山时期遗存分布图

现象，只在地表发现有陶片。陶片多夹砂灰陶，纹饰多绳纹，可辨器形有盆等。

盆　1件。YP080529E001∶1，夹砂褐陶。圆唇，口外翻，深腹。素面，器表凹凸不平（图5-6，1）。

2. 二里头时期

二里头时期遗存主要分布于遗址中部偏西，遗存分布略显密集（图5-5）。只在沟坎的断面发现1处文化层，此外，未见其他遗迹现象。文化层内包含有少量陶片，地表也有陶片分布。陶片多夹砂灰陶，纹饰以绳纹为主，可辨器形有蛋形瓮等。

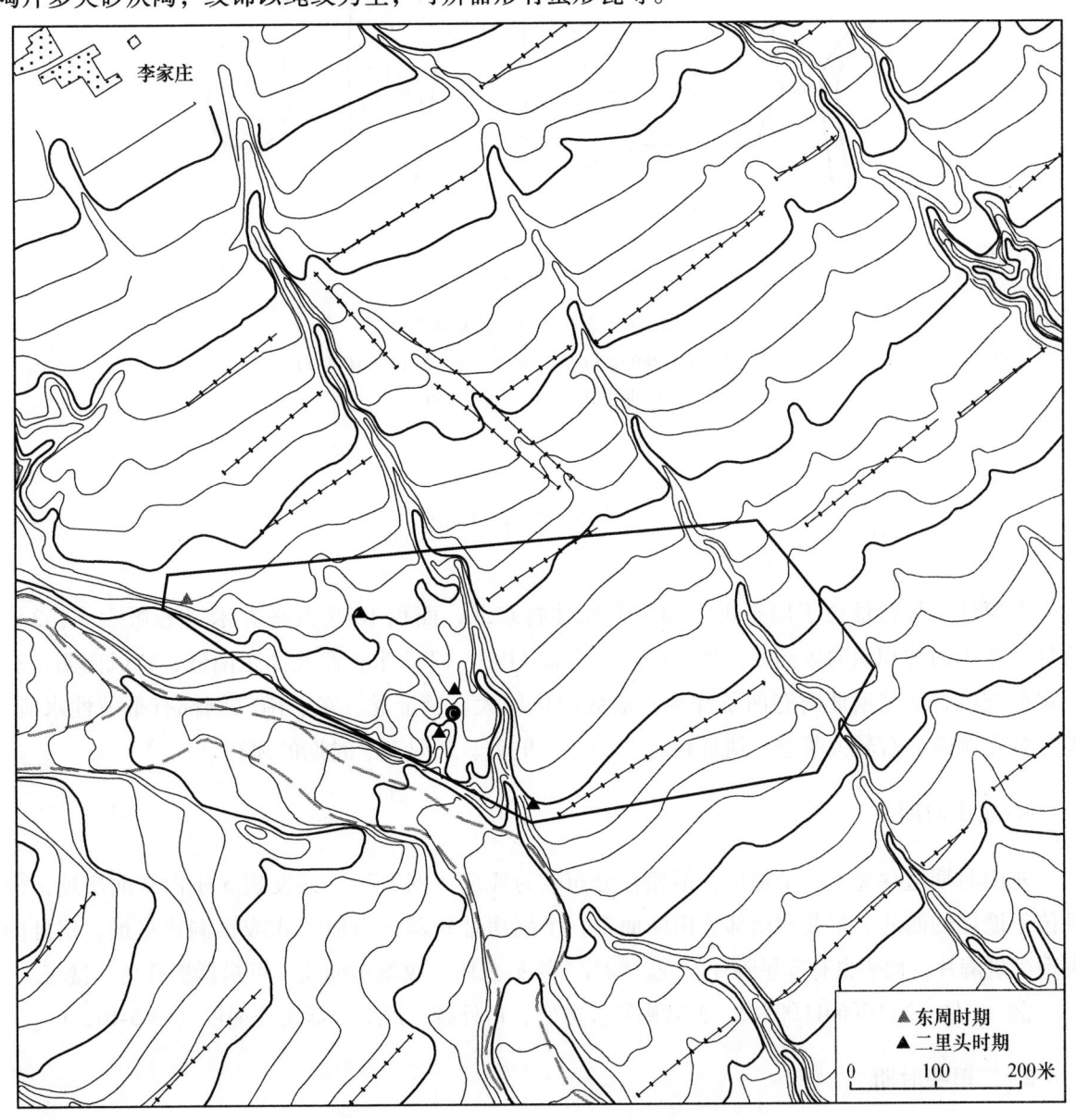

图 5-5　李家庄Ⅲ号遗址二里头、东周时期遗存分布图

蛋形瓮足　1件。YP070529L006:1，夹砂灰褐陶。锥状实足跟。足部饰绳纹（图5-6，2）。

3. 东周时期

东周时期遗存只见于遗址西部，仅有个别发现，遗存分布非常稀疏（图5-5）。未见任何遗迹现象，只在地表发现少量陶片。陶片多夹砂灰陶，纹饰以绳纹为主，可辨器形有罐等。

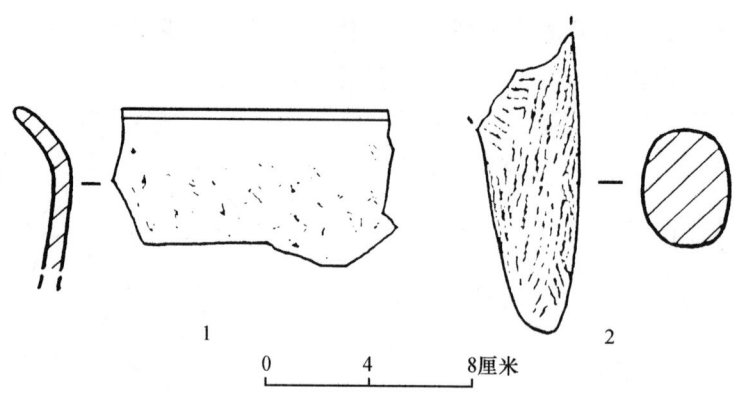

图5-6　李家庄Ⅲ号遗址陶器
1. 盆（YP080529E001:1）　2. 蛋形瓮足（YP70529L006:1）
（1. 龙山时期；2. 二里头时期）

四、尹家洼Ⅰ号遗址

尹家洼Ⅰ号遗址位于原平市沿沟乡尹家洼村东北，面积16.3万平方米（彩版六一，2）。遗址处在山前冲积扇的较高处，地势较高，海拔1190～1285米，西北高东南低，背风向阳，有一定的坡度，加之遗址内有两条冲沟，地势起伏较大。遗址北、东、南三侧都有季节性水流。遗存分布稀疏，有较大落差。遗址包含龙山、二里头、东周三个时期的遗存。

1. 龙山时期

龙山时期遗存见于整个遗址，但遗存分布较为稀疏（图5-7）。共发现3座白灰面房址，分别位于遗址的西北、东北和南部梯田断面上，个别房址较深，为地穴式或窑洞式房址。房址内发现少量陶片，地表也有零星陶片发现。陶片多夹砂灰陶，纹饰多绳纹，可辨器形有鬲、盆等。

盆　1件。YP070601L001:2，夹砂褐陶。方唇，口外翻，深腹。器表饰绳纹（图5-10，1）。

2. 二里头时期

二里头时期只见于遗址东北部，遗存分布稀疏（图5-8）。除在梯田的断面上发现1个灰坑

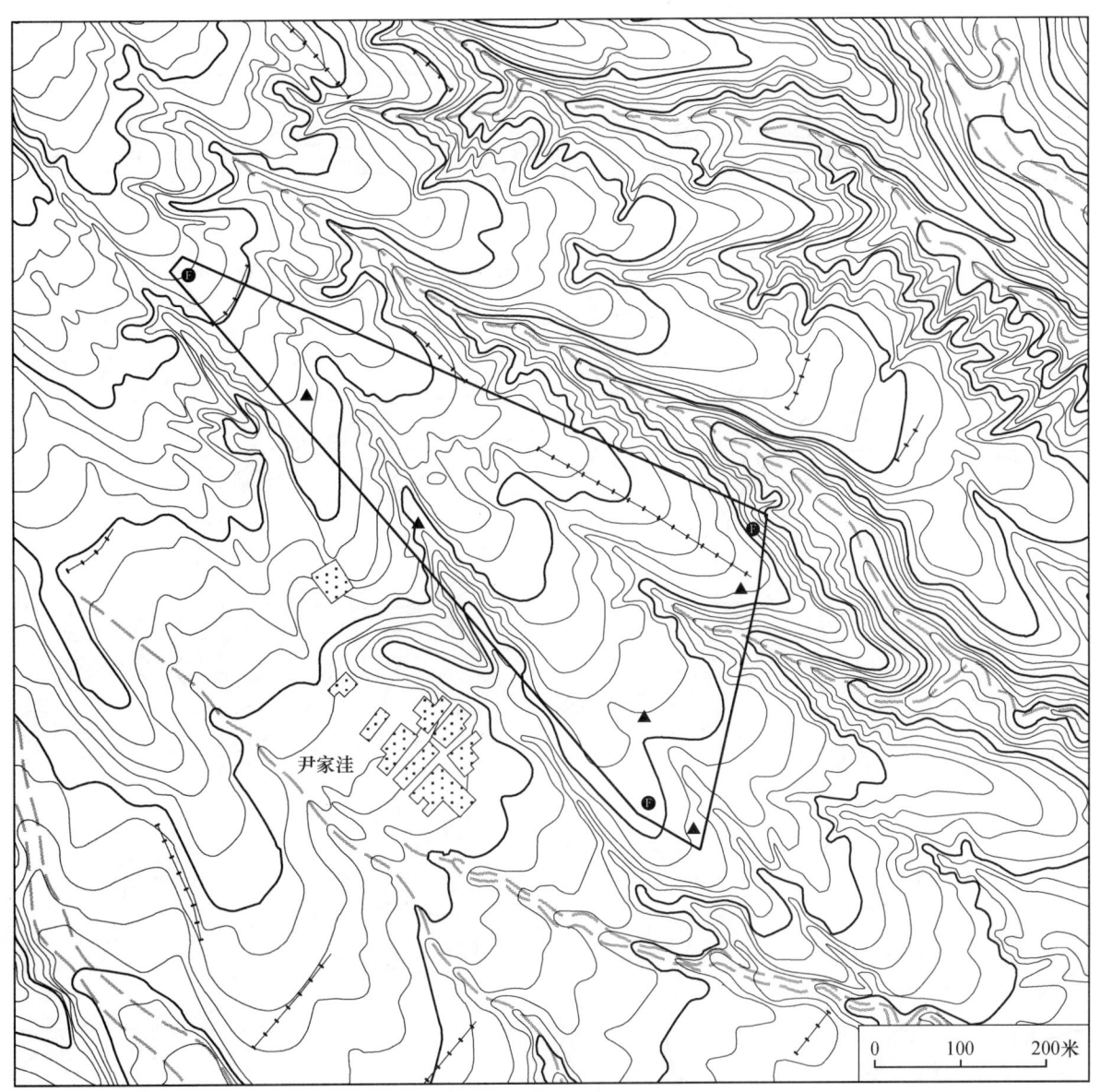

图 5-7 尹家洼 I 号遗址龙山时期遗存分布图

外，未见其他遗迹现象。灰坑内包含物丰富，尤以陶片最多，地表也有少量陶片发现。陶片多夹砂灰陶，纹饰以绳纹为主，可辨器形有蛋形瓮、盆、钵、罐等。

蛋形瓮足　1件。YP070601L001-H:1，夹砂黑灰陶。锥状长实足跟。器表饰绳纹（图5-10，6）。

盆　1件。YP070601L001-H:4，夹砂黑灰陶。圆唇，翻沿，鼓腹。腹部饰绳纹。口径16、残高8厘米（图5-10，2）。YP070601L001-H:3，泥质灰褐陶。圆唇，折沿，高领，鼓腹。素面磨光（图5-10，3）。

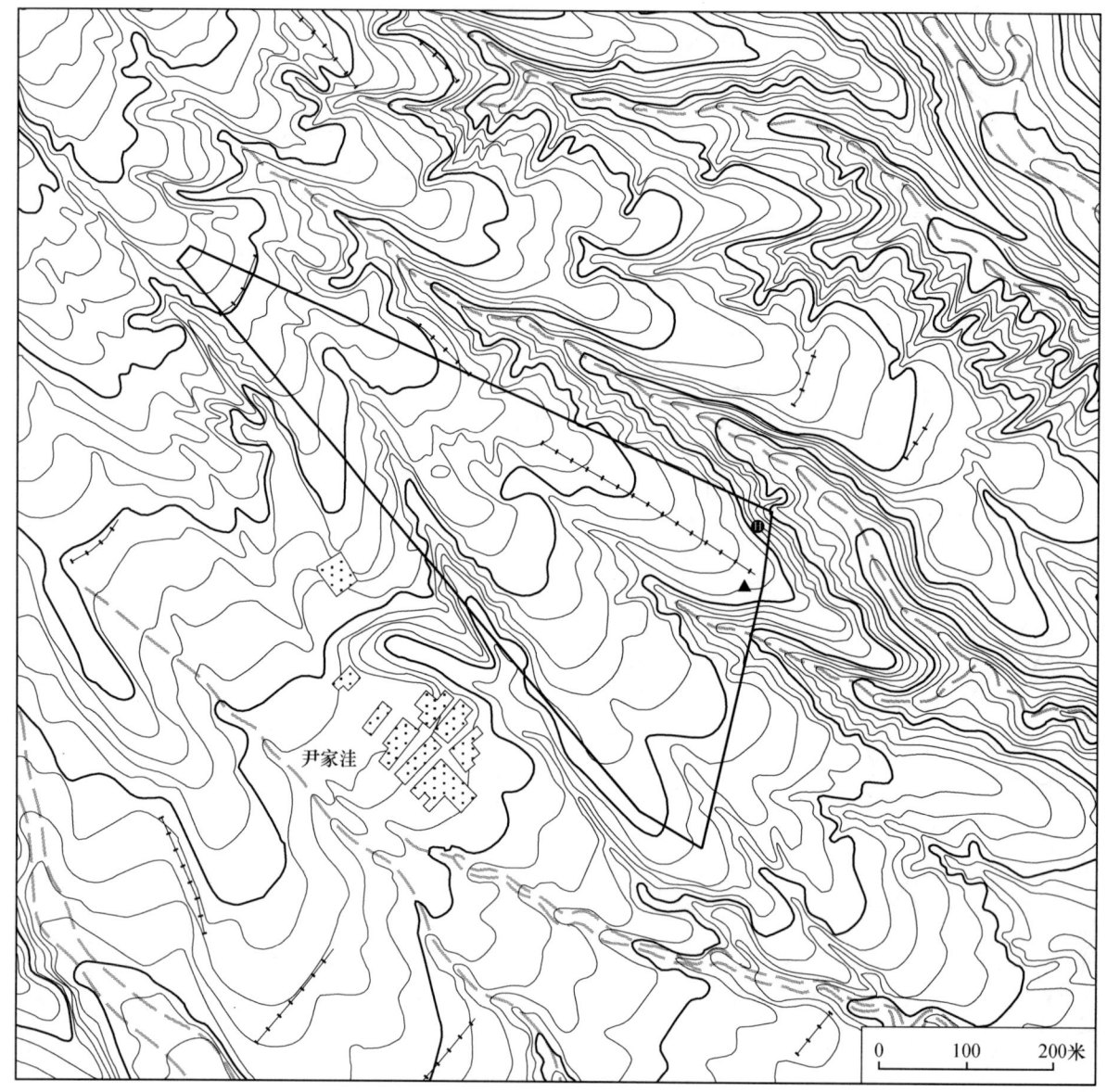

图 5-8 尹家洼 I 号遗址二里头时期遗存分布图

小盆 1件。YP070601L001-H:2，夹砂灰陶。圆唇，敛口，微鼓腹。腹部饰绳纹。口径 11.5、残高 4.8 厘米（图 5-10，5）。

3. 东周时期

东周时期遗存只见于遗址东北角，仅有个别发现，遗存分布非常稀疏（图 5-9）。未见

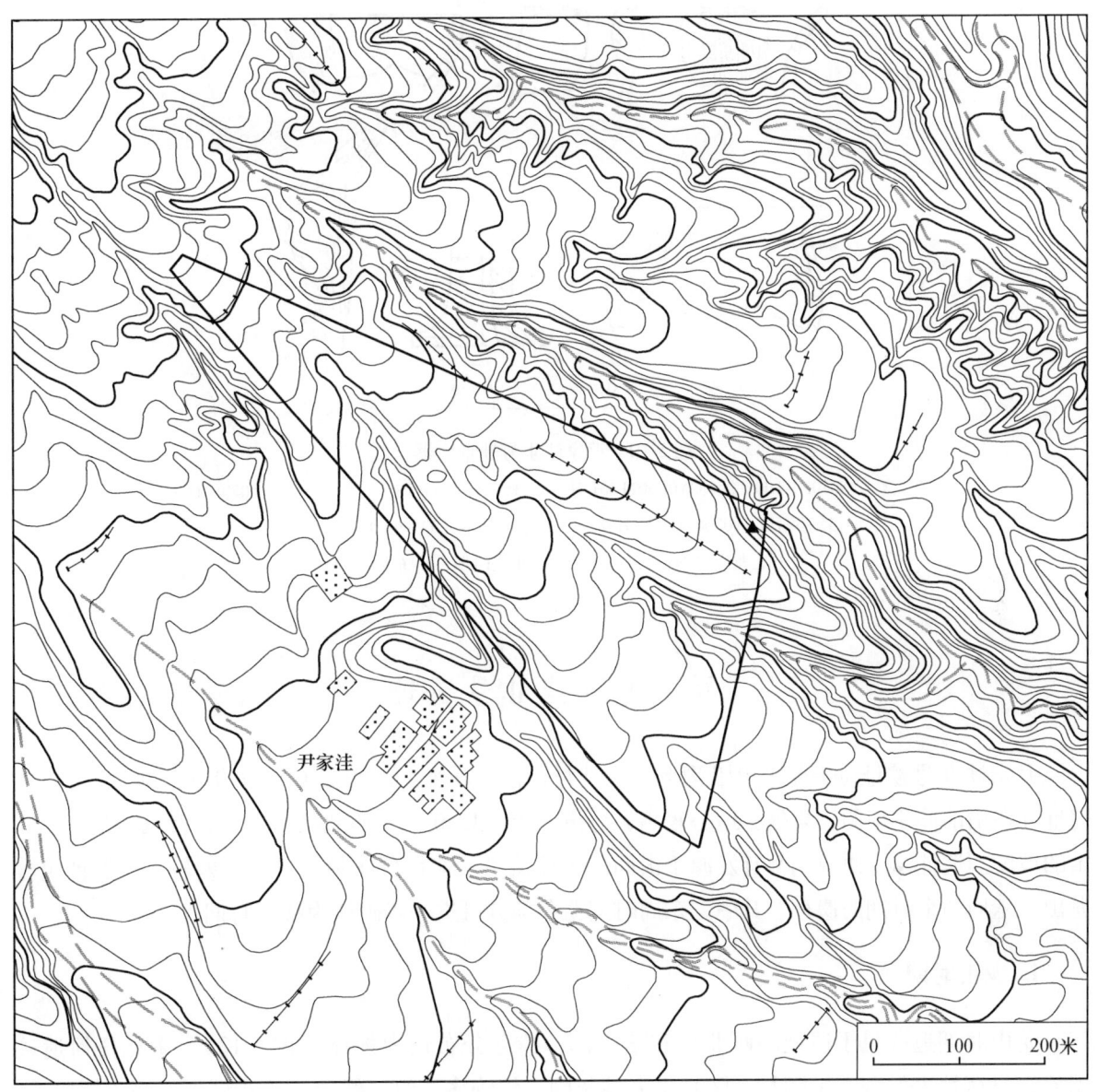

图 5-9　尹家洼 I 号遗址东周时期遗存分布图

任何遗迹现象，只在地表发现少量陶片。陶片多夹砂灰陶，纹饰有绳纹，可辨器形有豆等。

豆　1件。YP070601L001∶1，夹砂灰陶。细柄中空，平圈足。素面。底径9.6、残高6.4厘米（图5-10，4）。

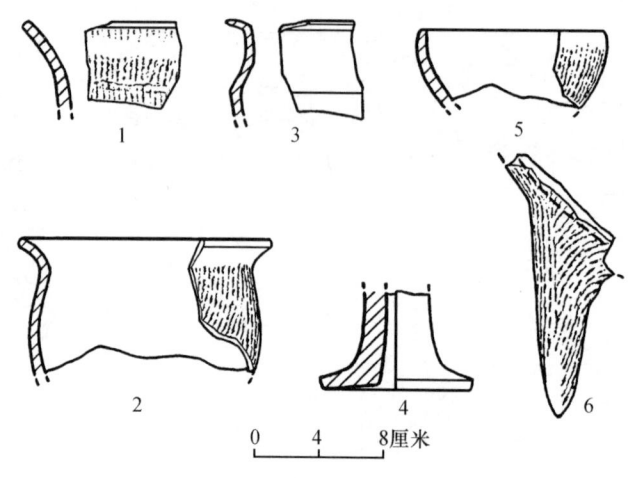

图 5-10　尹家洼 I 号遗址陶器

1、2、3. 盆（YP070601L001：2、YP070601L001-H：4、YP070601L001-H：3）　4. 豆（YP070601L001：1）

5. 小盆（YP070601L001-H：2）　6. 蛋形瓮足（YP070601L001-H：1）

（1. 龙山时期；2、3、5、6. 二里头时期；4. 东周时期）

五、尹家洼 II 号遗址

尹家洼 II 号遗址位于原平市沿沟乡尹家洼村西南 450 米，面积 2 万平方米（彩版六一，2）。遗址处在山前冲积扇的较高处，地势较高，海拔 1195～1240 米，西北高东南低，背风向阳，有一定的坡度。遗址东、西两侧都有发源于山间的水流流过。遗存分布稀疏，且落差较大。遗址包含龙山、东周两个时期的遗存，其中，东周时期遗存部分可进一步确认为战国时期。

1. 龙山时期

龙山时期遗存见于遗址的西北部和东南部，遗存分布较为稀疏（图 5-12）。未见任何遗迹现象，只在地表发现零星陶片。陶片多夹砂灰陶，纹饰多篮纹、绳纹，可辨器形有鬲、罐等。

2. 东周时期

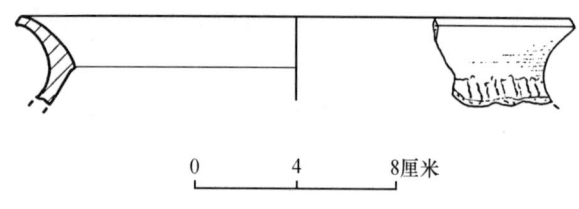

图 5-11　尹家洼 II 号遗址东周时期陶器
罐（YP070602E001：1）

东周时期遗存见于遗址的西北部，遗存分布稀疏（图 5-13）。未见任何遗迹现象，只在地表发现零星陶片。陶片多夹砂灰陶，纹饰多绳纹，可辨器形有罐等。

在遗址西南 500 米处发现有这个时期的零星陶片。

罐　1 件。YP070602E001：1，夹砂灰陶。小方唇，口外翻，束颈，鼓腹。腹部饰粗大绳纹。口径 22、残高 3.5 厘米（图 5-11）。

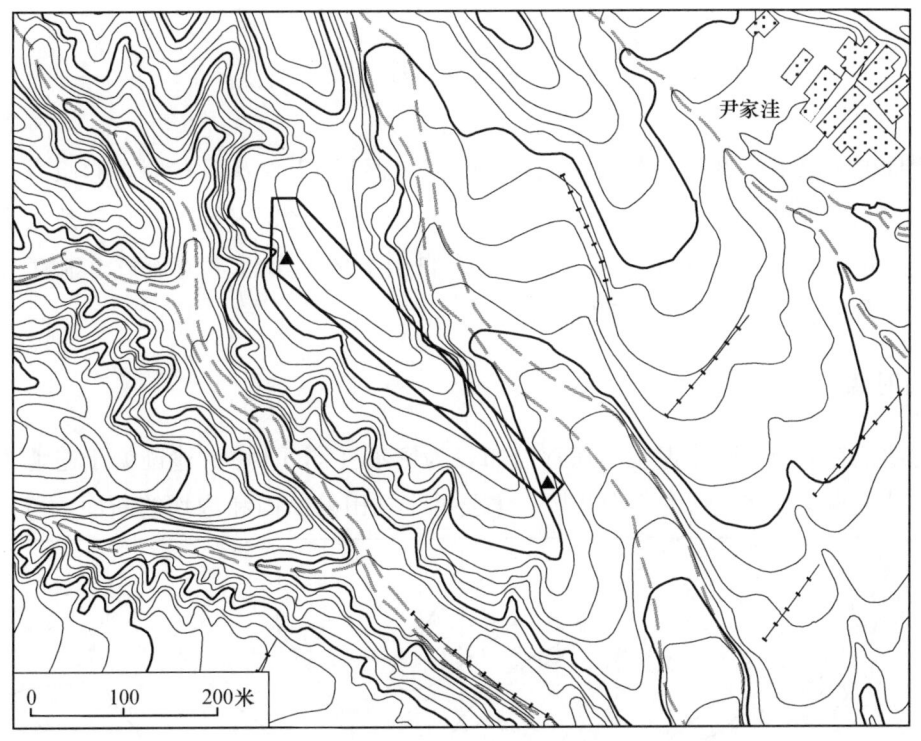

图 5-12　尹家洼Ⅱ号遗址龙山时期遗存分布图

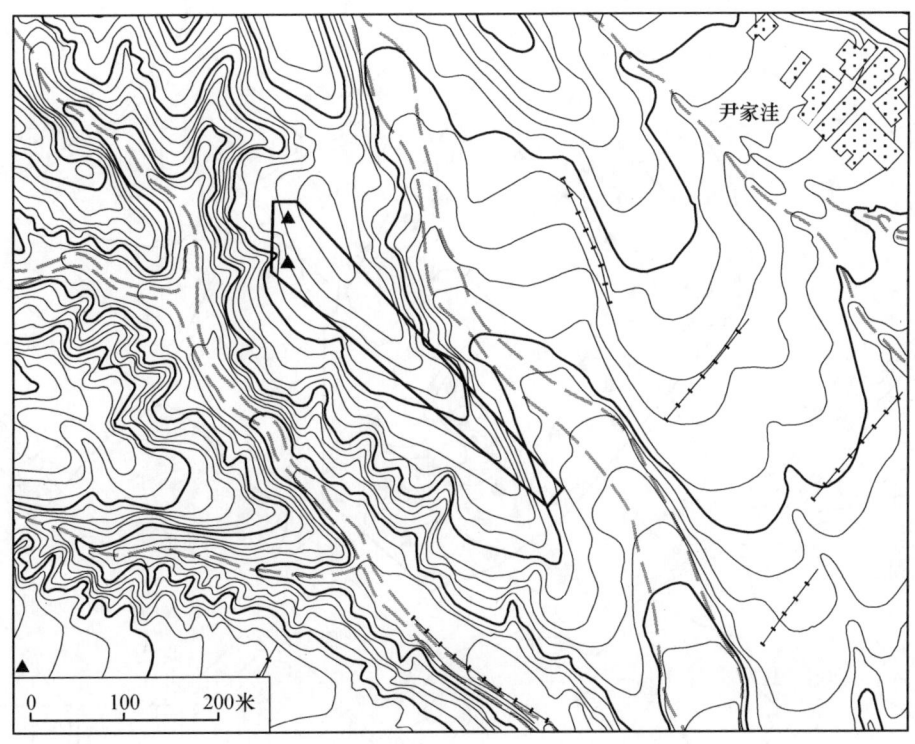

图 5-13　尹家洼Ⅱ号遗址东周时期遗存分布图

六、茹岳遗址

茹岳遗址位于原平市沿沟乡茹岳村西北 150 米，面积 17.8 万平方米（彩版六二，1）。遗址处在滹沱河北岸逐渐抬升的阶地上，海拔 875~895 米，北高南低，内有多条宽窄不一的冲沟，地势有一定的起伏。遗址北、东、西都有来自山上的季节性水流流过。遗存分布较为密集，遗址包含龙山、二里头两个时期的遗存。

1. 龙山时期

龙山时期遗存分布于整个遗址，遗存分布较为密集（图 5-14）。遗迹见于遗址东部之外的其他位置，共发现 4 处文化层和 6 个灰坑，主要见于梯田的断面和沟坎的断面。遗迹内包含物

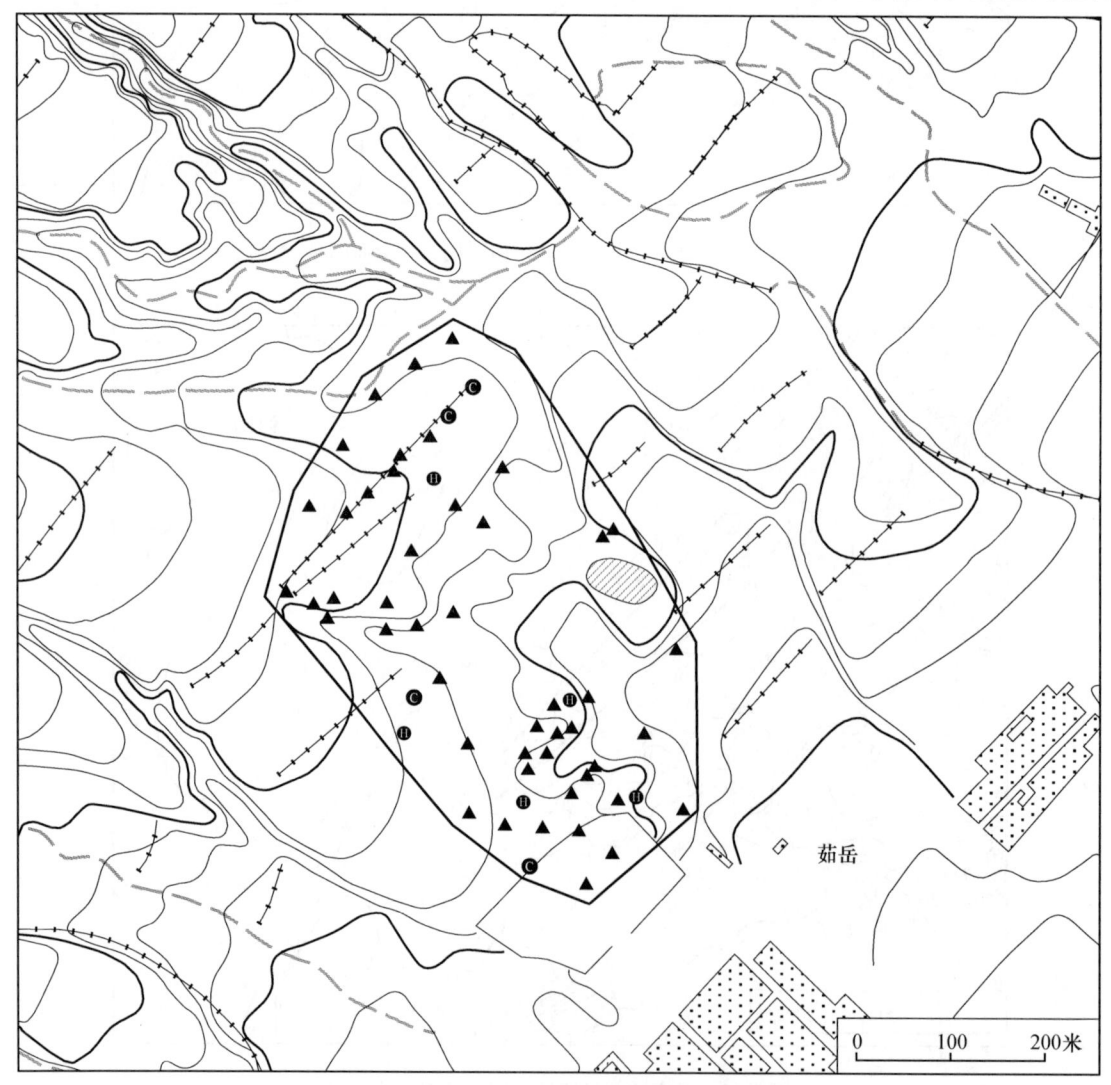

图 5-14　茹岳遗址龙山时期遗存分布图

丰富，尤以陶片发现最多，地表也发现较多陶片。陶片多夹砂灰陶，纹饰多绳纹、篮纹，可辨器形有鬲、斝、甗、蛋形瓮、盆、豆、盘、尊、高领罐、罐、杯、陶垫等。

鬲 3件。YP070602F006：1，夹砂灰陶。圆唇，口外翻，矮领，袋足外鼓。唇部及领部以下饰绳纹，袋足相接处有附加堆纹。口径24、残高5.6厘米（图5-15，9）。YP070602K008：3，夹砂灰陶。圆唇，口外翻，矮领，分裆，袋足外鼓。唇部及领部以下饰绳纹，袋足相接处有附加堆纹。口径18.4、残高7.6厘米（图5-15，2）。YP070602I001：2，夹砂灰褐陶。圆唇，口外翻，矮领，分裆，肥袋足。领部以下饰绳纹。口径22、残高8.4厘米（图5-15，3）。

鬲足 2件。YP070602J002：2，夹砂灰褐陶。空袋足。袋足饰篮纹（图5-15，5）。YP070602G008：1，夹砂灰陶。空袋足，微有实足跟。足部饰凌乱绳纹（图5-15，15）。

单把鬲 1件。YP070602L001：1，夹砂黑灰陶。分裆，肥袋足，微有实足跟。器表饰绳纹，袋足有把手。残高10厘米（图5-15，4）。

斝 2件。YP070602G007：1，夹砂灰黑陶（夹细砂）。圆唇，敛口，折肩，斜腹。肩部饰旋纹，肩以下饰绳纹，肩下有鋬手（图5-15，8）。YP070602H013：1，夹砂灰陶。敛口，折肩，深腹。唇部及肩部饰篮纹，腹部饰绳纹（图5-15，14）。

斝足 1件。YP070602K001：2，夹砂灰褐陶。空足。足部连接处饰附加堆纹，足部饰绳纹（图5-15，10）。

蛋形瓮 7件。YP070602H009：2，夹砂灰陶。宽沿，敛口，深腹。口部有附加堆纹，腹部饰篮纹。口径44、残高11厘米（图5-16，7）。YP070602H010：1，泥质褐陶。宽沿，微敛口，深腹微鼓。腹部饰横篮纹。口径33、残高10厘米（图5-16，15）。YP090411C001-H：1，泥质黑灰陶。平沿内折，敛口，深腹。腹部饰篮纹（图5-16，12）。YP090411D001-H：1，夹砂灰陶。宽沿，微敛口，深腹。器表饰篮纹，口部有附加堆纹（图5-15，7）。YP070602G008：2，夹砂灰黑陶。平沿，敛口，深腹。腹部饰宽斜篮纹（图5-15，1）。YP070602H007：1，泥质灰陶。平沿，口部加厚，微敛口，直深腹。器表饰宽竖篮纹（图5-15，13）。YP070602I001：3，泥质灰陶。宽沿，敛口，深腹。腹部饰竖篮纹（图5-15，6）。

蛋形瓮足 1件。YP070602J006：1，夹砂褐陶。圜底，实足跟。腹部饰细绳纹，足部素面（图5-15，12）。

豆 2件。YP070602L002-C：1，泥质灰褐陶。器薄，粗柄，喇叭口圈足。素面，柄部有镂孔。底径15.2、残高4.4厘米（图5-16，11）。YP070602K008：1，夹砂黑陶。圆唇，敞口，斜浅盘，细柄。素面。口径14、残高4.4厘米（图5-16，9）。

盘 4件。YP070602J007：1，泥质灰陶。器薄，斜腹，浅盘，盘底近平，粗柄，矮圈足。素面（图5-16，14）。YP070602H006：1，泥质灰陶。深腹，平底，粗柄，矮圈足。素面（图5-16，4）。YP070602I001：4，泥质灰褐陶。斜浅腹，粗柄，矮圈足。素面，柄部有镂孔。底径16、残高6.4厘米（图5-16，5）。YP070602H005：1，泥质灰陶。粗柄，矮圈足。素面，柄部有镂孔。底径23、残高4.2厘米（图5-16，6）。

盆 3件。YP070602A004：3，夹砂灰陶。厚圆唇，大敞口，斜腹。腹部饰篮纹。口径32、

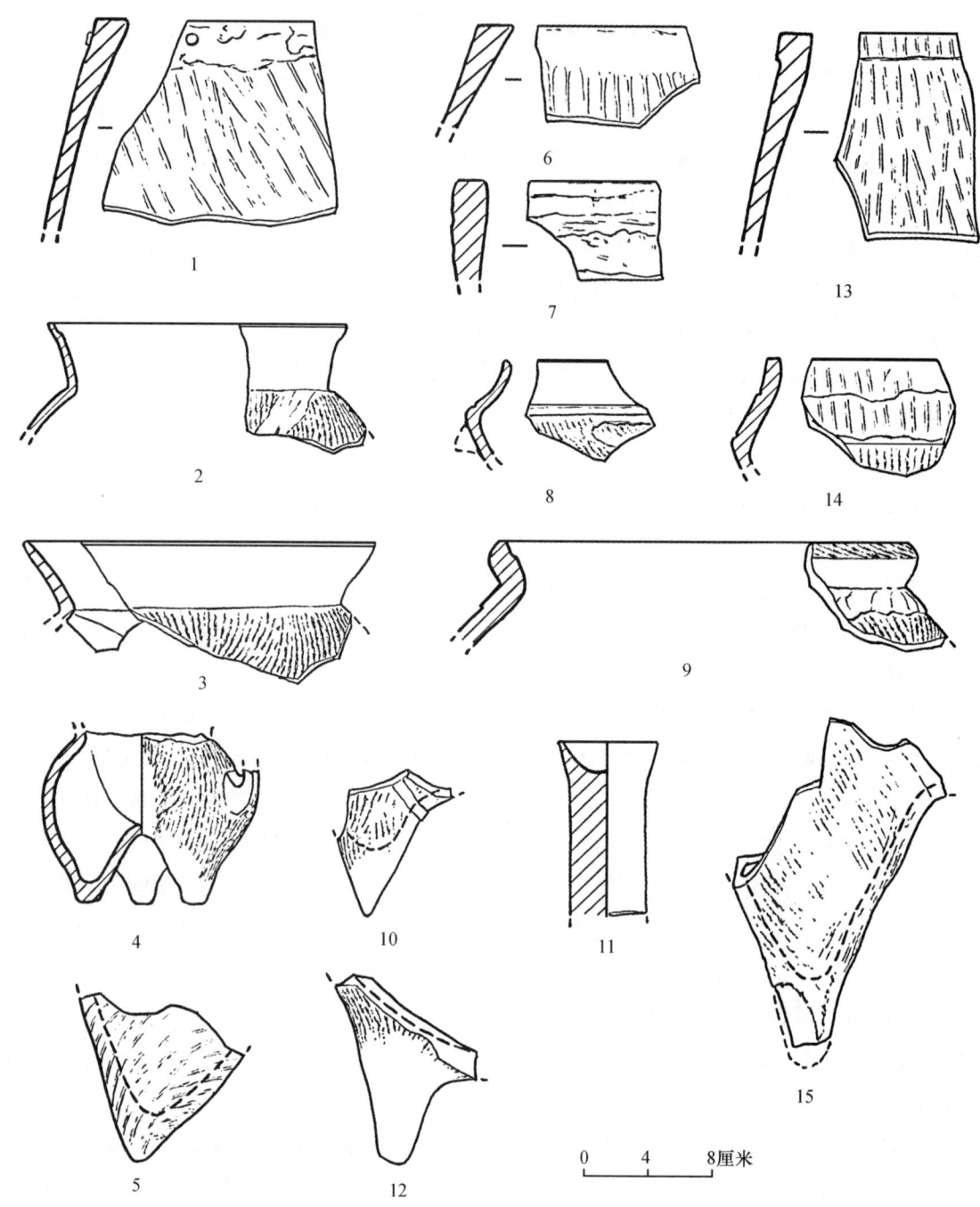

图 5-15　茹岳遗址龙山时期陶器

1、6、7、13. 蛋形瓮（YP070602G008:2、YP070602I001:3、YP090411D001-H:1、YP070602H007:1）　2、3、9. 鬲（YP070602K008:3、YP070602I001:2、YP070602F006:1）　4. 单把鬲（YP070602L001:1）　5、15. 鬲足（YP070602J002:2、YP070602G008:1）　8、14. 斝（YP070602G007:1、YP070602H013:1）　10. 斝足（YP070602K001:2）　11. 小杯（YP070602I001:1）　12. 蛋形瓮足（YP070602J006:1）

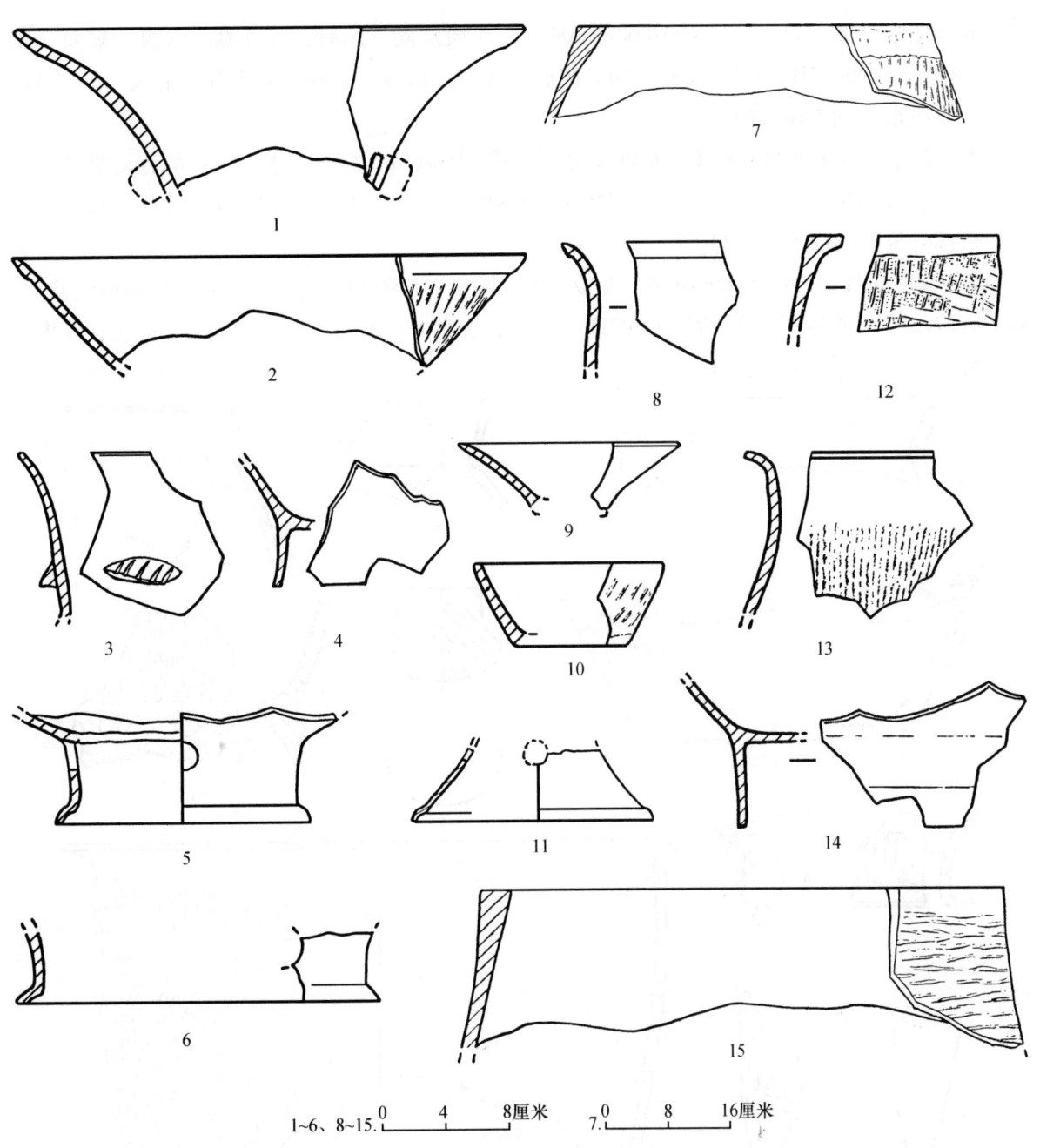

图 5-16 茹岳遗址龙山时期陶器

1、3. 尊（YP070602J002：1、YP070602K008：2） 2、8、10. 盆（YP070602A004：3、YP070602H004：1、YP070602H013：2） 4~6、14. 盘（YP070602H006：1、YP070602I001：4、YP070602H005：1、YP070602J007：1） 7、12、15. 蛋形瓮（YP070602H009：2、YP090411C001-H：1、YP070602H010：1） 9、11. 豆（YP070602K008：1、YP070602L002-C：1） 13. 高领罐（YP070602H010-C：1）

残高 6.8 厘米（图 5-16，2）。YP070602H004：1，泥质灰陶。圆唇，口外翻，深腹。素面（图 5-16，8）。YP070602H013：2，泥质灰陶。圆唇，敞口，斜腹，平底。器表饰斜篮纹。口径 12、残高 4.8 厘米（图 5-16，10）。

尊　2 件。YP070602J002：1，泥质灰陶。方唇，喇叭口，深腹。素面，颈部有横贯耳。口径 32、残高 10 厘米（图 5-16，1）。YP070602K008：2，泥质灰褐陶。圆唇，敞口，高领。素面，领部有錾手（图 5-16，3）。

高领罐　2 件。YP070602I001：6，夹砂褐陶。圆唇，口外翻，高领，鼓肩。领部饰竖篮纹，其下有戳印纹（图 5-17，3）。YP070602H010-C：1，夹砂灰褐陶。方唇，近折沿，高领，深腹外鼓。腹部饰绳纹（图 5-16，13）。

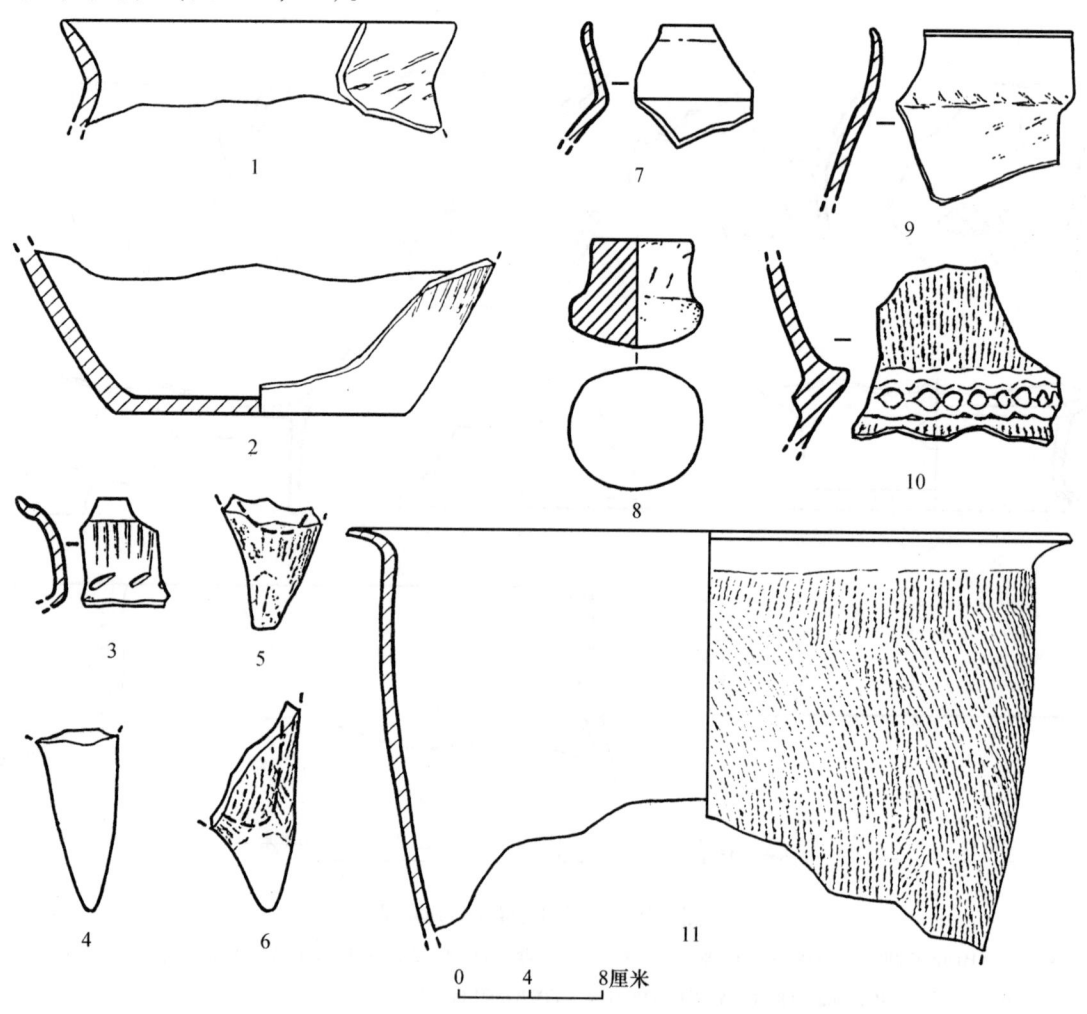

图 5-17　茹岳遗址龙山、二里头时期陶器
1、2、7、9. 罐（YP070602I001-C：1、YP070602G004-H：1、YP090411C001-H：2、YP070602K001：1）　3. 高领罐（YP070602I001：6）　4~6. 鬲足（YP070602I001：5、YP070602A002：1、YP070602A005：1）　8. 陶垫（YP070602J001：1）　10、11. 瓿（YP070602B001：1、YP070602G005-C：1）
（1~3、7~9. 龙山时期；4~6、10、11. 二里头时期）

罐 4件。YP090411C001-H:2,泥质褐陶。器薄,圆唇,近直口,高领,鼓肩。素面磨光(图5-17,7)。YP070602K001:1,夹砂褐陶。圆唇,近直口,鼓腹。腹部有斜篮纹(图5-17,9)。YP070602I001-C:1,夹砂灰褐陶。圆唇,口外翻,束颈,鼓腹。器表饰斜篮纹。口径22、残高5.6厘米(图5-17,1)。YP070602G004-H:1,泥质灰陶。深腹,平底。腹部饰竖篮纹。底径16、残高8厘米(图5-17,2)。

小杯 1件。YP070602I001:1。泥质灰褐陶。敞口,斜浅腹,粗柄。素面。口径6.4、残高10厘米(图5-15,11)。

陶垫 1件。YP070602J001:1,夹砂灰陶。呈蘑菇形,束腰,捉手较粗,垫面外弧。素面。直径5.6~7.2、高6厘米(图5-17,8)。

2. 二里头时期

二里头时期遗存见于遗址的绝大部分区域,遗址南部和北部遗存分布密集(见图5-18)。

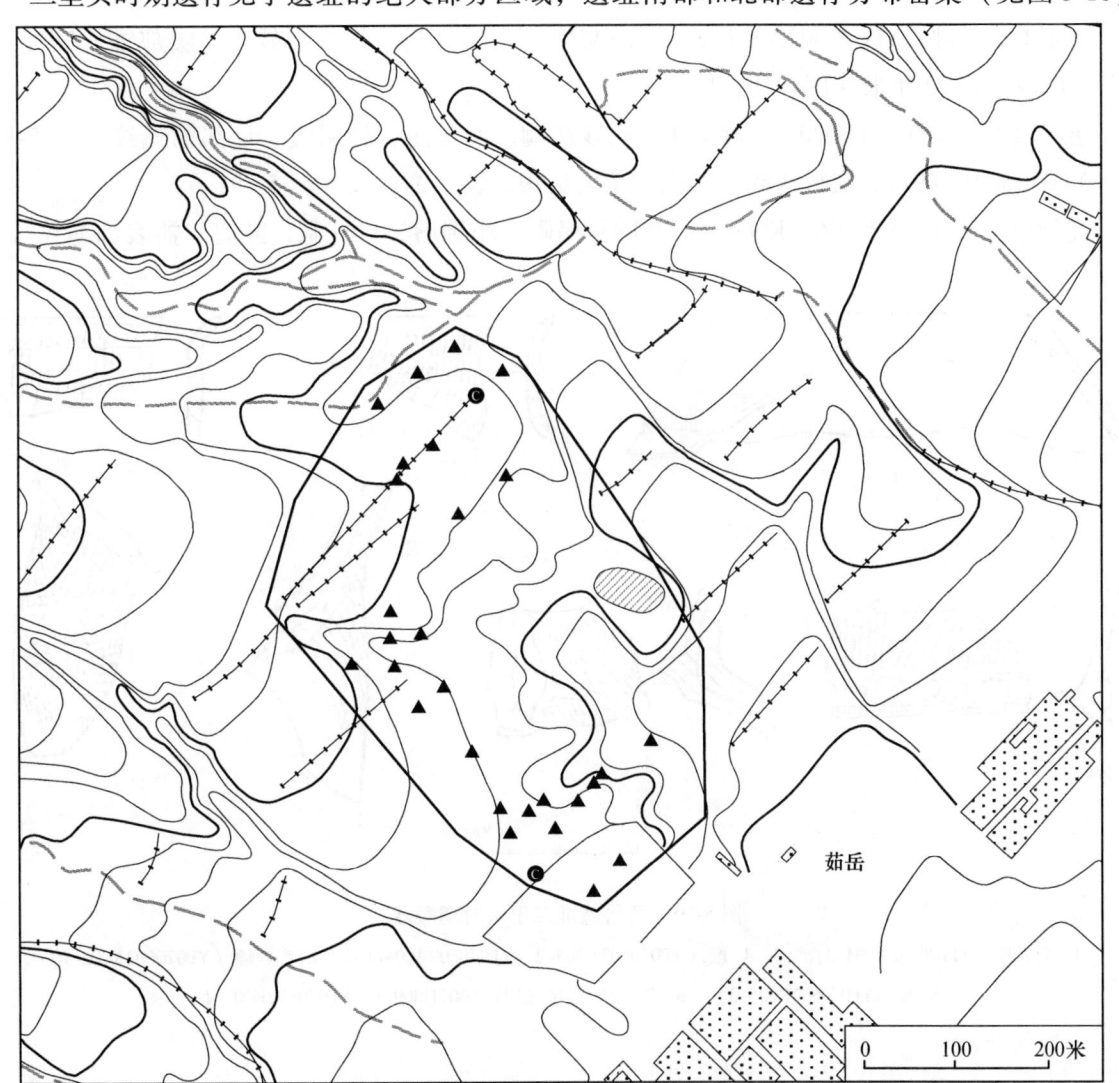

图5-18 茹岳遗址二里头时期遗存分布图

除在遗址南、北部梯田断面上各发现1处文化层外,未见其他遗迹现象。文化层内包含陶片较多,地表也有较多陶片分布。陶片多夹砂灰陶,纹饰以绳纹为主,可辨器形有鬲、甗、盆、蛋形瓮、高领罐等。

鬲足 3件。YP070602A005：1,夹砂褐陶。器瘦长,分裆,袋足下接实足跟。袋足饰绳纹,跟部素面（图5-17,6）。YP070602A002：1,夹砂灰黑陶。实足跟。足部有绳纹（图5-17,5）。YP070602I001：5,夹砂灰褐陶。锥状实足跟。素面（图5-17,4）。

甗 4件。YP070602G005-C：1,夹砂灰陶。圆唇,翻沿,敞口,深腹。腹部饰绳纹。口径40、残高22厘米（图5-17,11）。YP070602B001：1,夹砂褐陶。束腰,有隔。腹部饰绳纹,腰部有按捺状附加堆纹（图5-17,10）。YP070602A004：1,夹砂灰陶。束腰,有隔,分裆,袋足外鼓。器表饰粗绳纹,腰部有扉棱（图5-19,4）。YP070602K005：2,夹砂灰黑陶。束腰,有隔。上腹部饰绳纹,腰部饰按捺附加堆纹（图5-19,2）。

盆 1件。YP070602K005：3,夹砂灰褐陶。方唇,口外翻,深腹。器表饰绳纹（图5-19,5）。

蛋形瓮 1件。YP070602A004：2,泥质灰陶。平沿内折,敛口,鼓腹。腹部饰旋断绳纹。口径14、残高6.2厘米（图5-19,1）。

蛋形瓮足 2件。YP070602K007：1,夹砂灰陶。实足跟,较粗大。足部饰绳纹（图5-19,7）。YP070602H009：1,夹砂褐陶。圜底,长实足跟。器表饰绳纹（图5-19,6）。

高领罐 1件。YP070602K005：1,泥质灰褐陶。小圆唇,口外翻,鼓肩。器表饰绳纹（图5-19,3）。

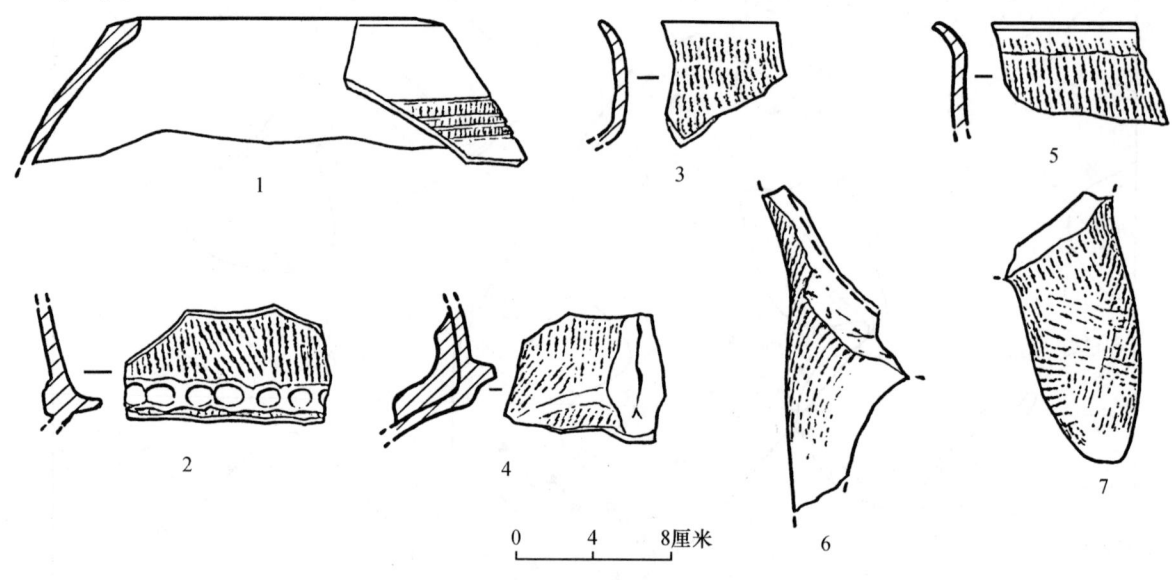

图5-19 茹岳遗址二里头时期陶器
1. 蛋形瓮（YP070602A004：2） 2、4. 甗（YP070602K005：2、YP070602A004：1） 3. 高领罐（YP070602K005：1）
5. 盆（YP070602K005：3） 6、7. 蛋形瓮足（YP070602H009：1、YP070602K007：1）

七、下班政遗址

下班政遗址位于原平市沿沟乡下班政村西南，面积7.7万平方米（彩版六二，2）。遗址处于滹沱河北岸台地上，地势较低，较为平坦，海拔830~835米，略高于滹沱河河床数米。遗址处在两河交汇处，除南面有滹沱河自西向东流过外，西面有滹沱河支流流过。遗址西部和南部，即面向河水的区域遗存分布相对密集。遗址包含龙山、二里头、东周三个时期的遗存，其中，东周时期遗存部分可进一步确认为春秋时期。

1. 龙山时期

龙山时期遗存主要见于遗址西部，遗存分布稀疏（图5-20）。只在遗址西部断面上发现1处文化层，未见其他遗迹现象。文化层包含物丰富，尤以陶片发现最多，地表也发现有陶片。

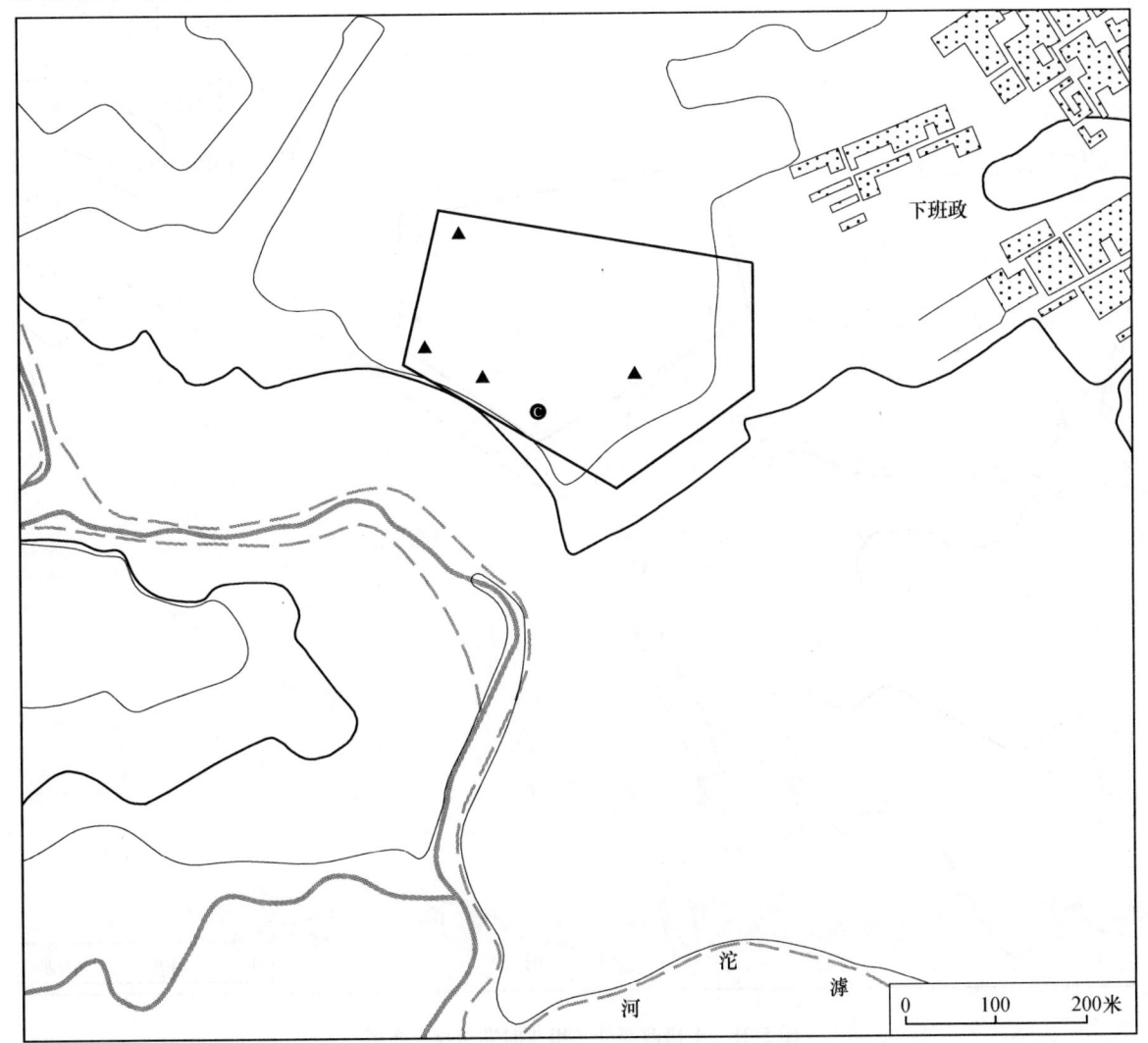

图5-20　下班政遗址龙山时期遗存分布图

陶片多夹砂灰陶，纹饰多绳纹，可辨器形有鬲、蛋形瓮、罐等。

鬲　1件。YP070528E008-C:1，夹砂褐陶。分裆，肥袋足，裆距大。器表饰绳纹（图5-23，4）。

2. 二里头时期

二里头时期遗存分布于遗址南部，遗存分布略显密集（图5-21）。只在遗址西部的梯田断面上发现2个灰坑，未见其他遗迹现象。灰坑内包含陶片较多，地表也有陶片分布。陶片多夹砂灰陶，纹饰以绳纹为主，可辨器形有蛇纹鬲、甗、罐等。

蛇纹鬲　1件。YP070528L007-H1:1，夹砂黑陶。圆唇，口外翻，矮领，分裆，袋足外鼓。器表饰绳纹，分裆处贴附有细泥条。口径16、残高5厘米（图5-23，1）。

甗　1件。YP070528L007-H1:3，夹砂褐陶。束腰，有隔，腹部饰绳纹（图5-23，2）。

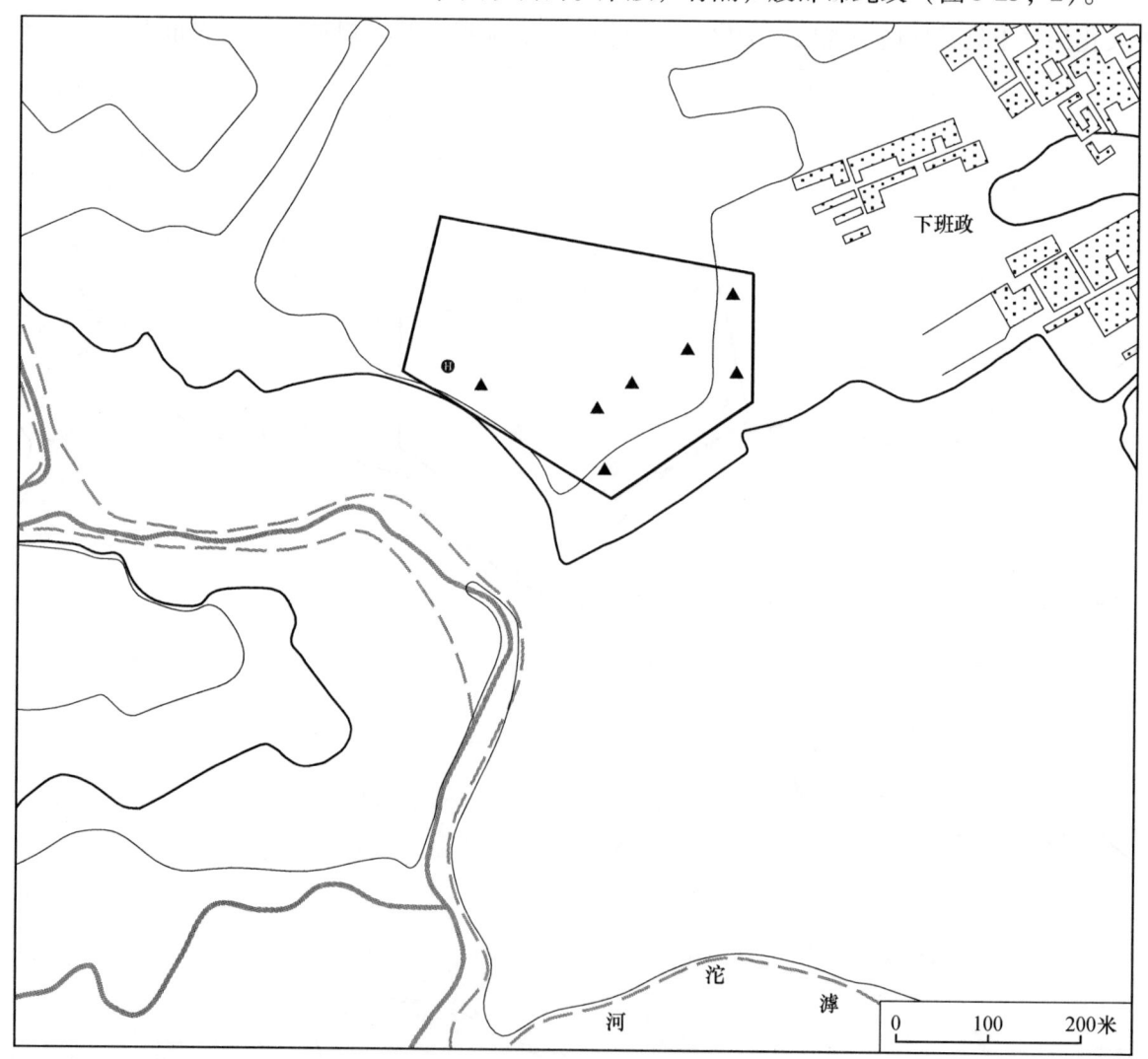

图5-21　下班政遗址二里头时期遗存分布图

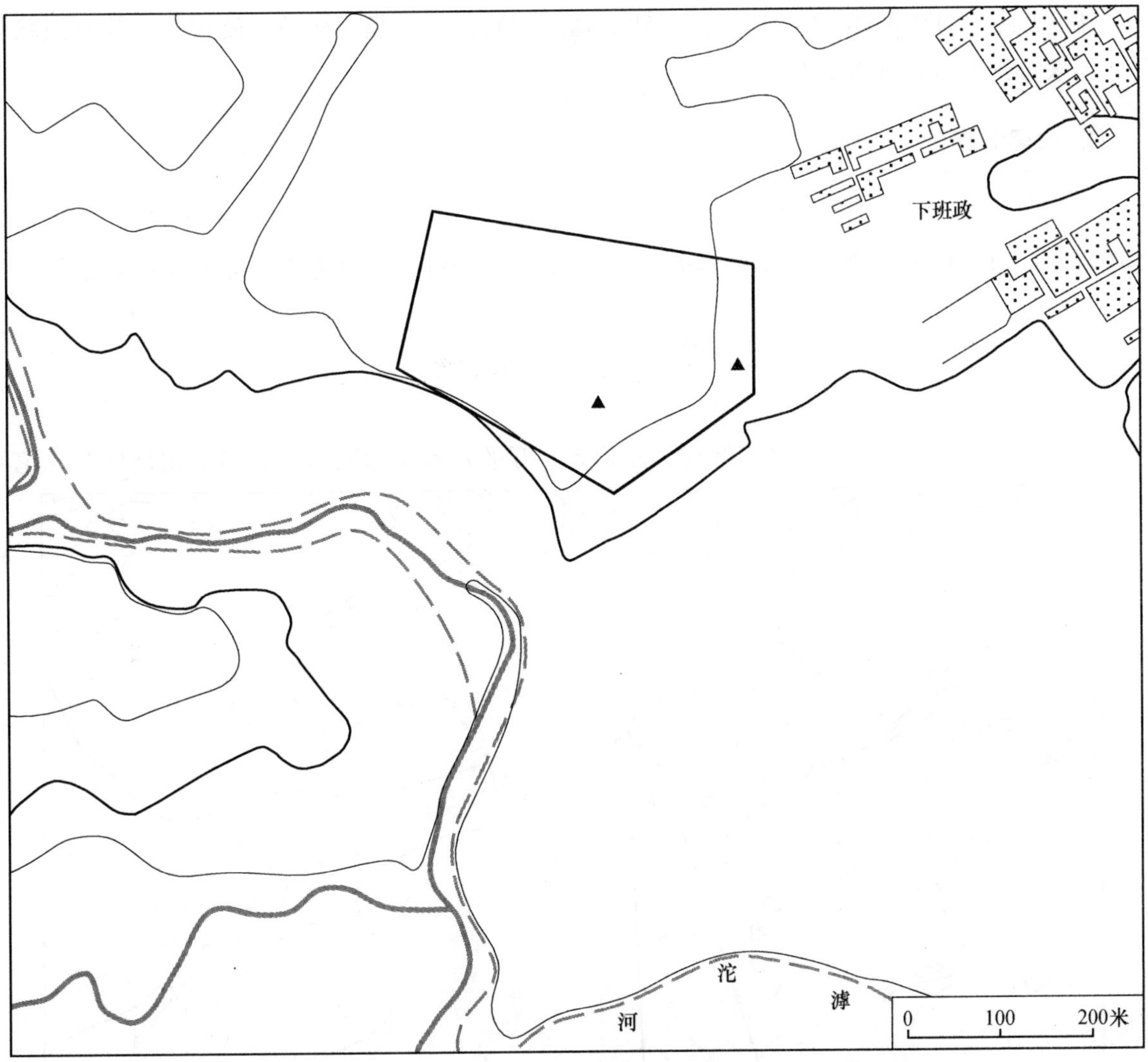

图 5-22 下班政遗址东周时期遗存分布图

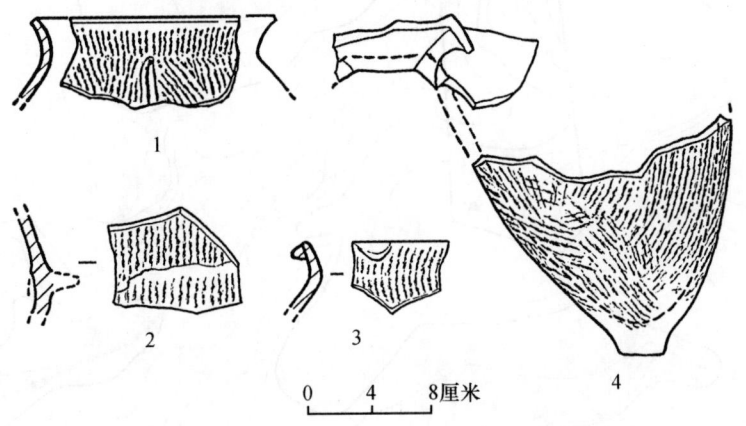

图 5-23 下班政遗址龙山、二里头时期陶器

1. 蛇纹鬲（YP070528L007-H1:1） 2. 甗（YP070528L007-H1:3） 3. 罐（YP070528L007-H1:2） 4. 鬲（YP070528E008-C:1）

(1~3. 二里头时期；4. 龙山时期)

罐　1件。YP070528L007-H1∶2，夹砂黑陶。圆唇，口外翻，矮领，鼓腹。口部有纽状鋬手，器表饰绳纹（图5-23，3）。

3. 东周时期

东周时期遗存见于遗址南部，只有零星发现，遗存分布较为稀疏（见图5-22）。未见任何遗迹现象，只在地表发现零星陶片。陶片多夹砂灰陶，纹饰以绳纹为主，可辨器形有盆等。

八、南邨遗址

南邨遗址位于原平市沿沟乡南邨村，面积6.6万平方米（彩版六三，1）。遗址处在滹沱河

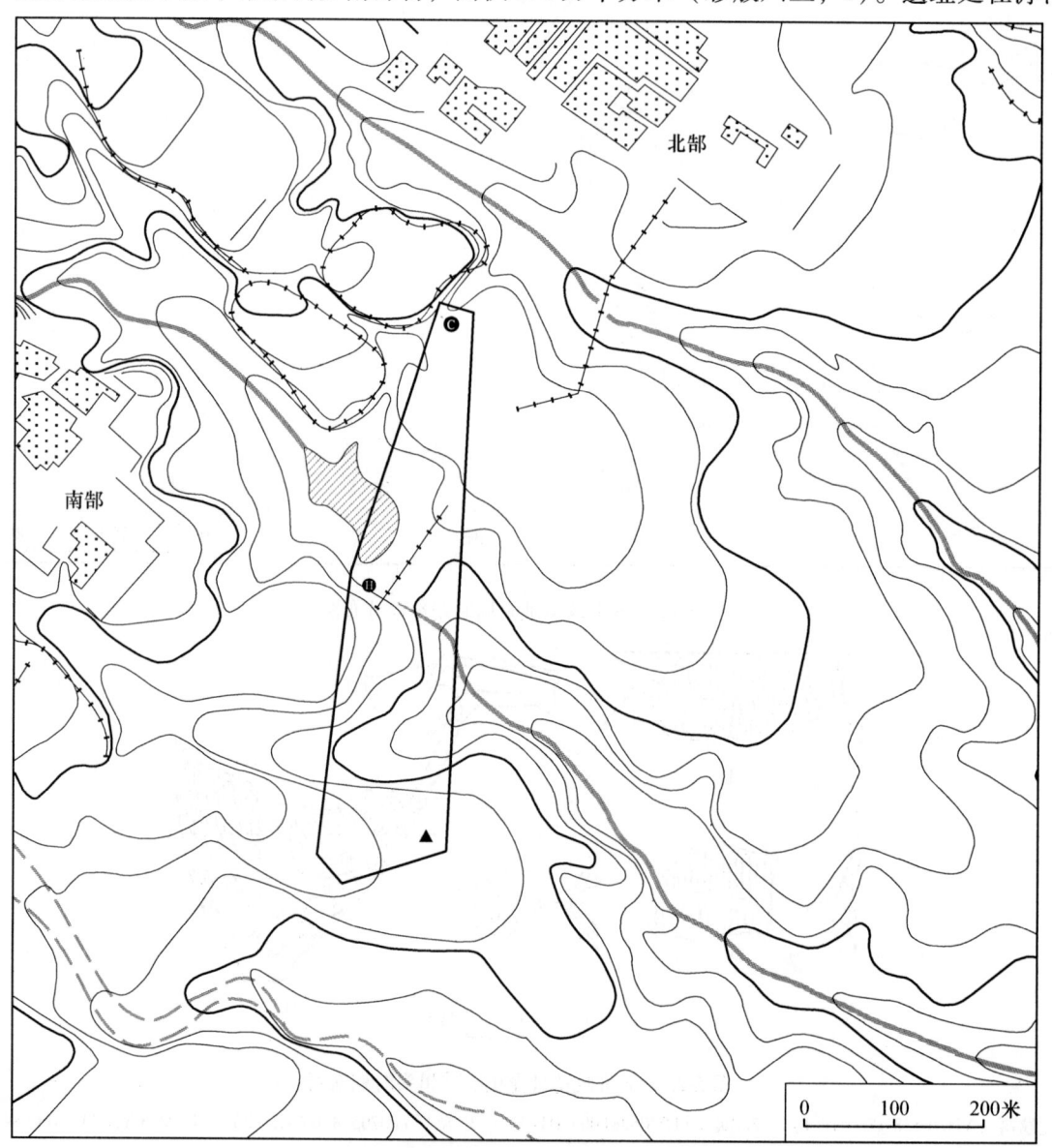

图5-24　南邨遗址龙山时期遗存分布图

北岸逐渐抬升的阶地上,呈南北向长条状分布,海拔860~870米,中部有较大冲沟,遗址分布于冲沟南北两端,地势起伏较大。有水流穿过遗址中部,遗址东、西两面都有发源于山上的水流流过。遗存分布较为稀疏。遗址包含龙山、东周两个时期的遗存,其中,东周时期遗存部分可进一步确认为战国时期。

1. 龙山时期

龙山时期分布于遗址西南角之外的其他位置,遗存分布较为稀疏(图5-24)。在遗址北部发现1处文化层,在遗址中部发现1个灰坑。遗迹内包含有少量陶片,地表也有零星陶片发现,数量很少。陶片多夹砂灰陶,纹饰有绳纹、篮纹,可辨器形有蛋形瓮、罐等。

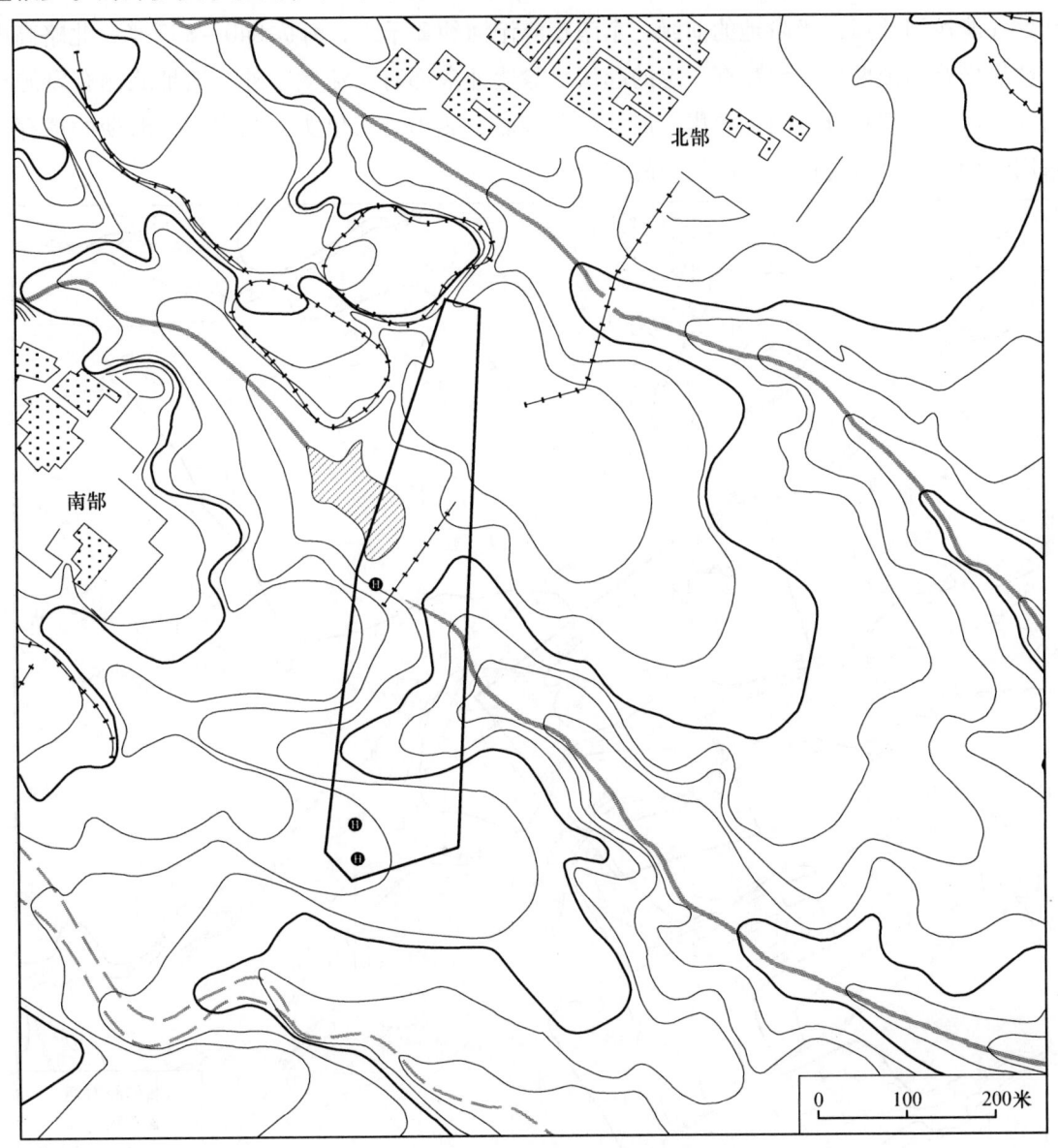

图5-25 南部遗址东周时期遗存分布图

2. 东周时期

东周时期遗存见于遗址中、南部的偏西位置，遗存分布稀疏（图 5-25）。共发现 3 个灰坑，一个分布在遗址中部，两个分布在遗址西南角，未见其他遗迹现象。灰坑内包含有少量陶片，地表未见陶片等遗物。陶片多夹砂灰陶，纹饰以绳纹为主，可辨器形有罐等。

九、丁家寨遗址

丁家寨遗址位于原平市沿沟乡丁家寨村南 300 米，面积 18.4 万平方米（彩版六三，2）。遗址处在滹沱河北岸二级阶地的前缘，东南距滹沱河约 2 千米，海拔 840~855 米，北略高南略低，遗址横跨河流两岸，地势有一定的起伏。除遗址南部有水流横穿外，遗址北侧有发源于高山的河流流过。遗存分布较为密集。遗址包含仰韶、龙山、二里头、东周四个时期的遗存，其中东周时期遗存部分可进一步确认为战国时期。

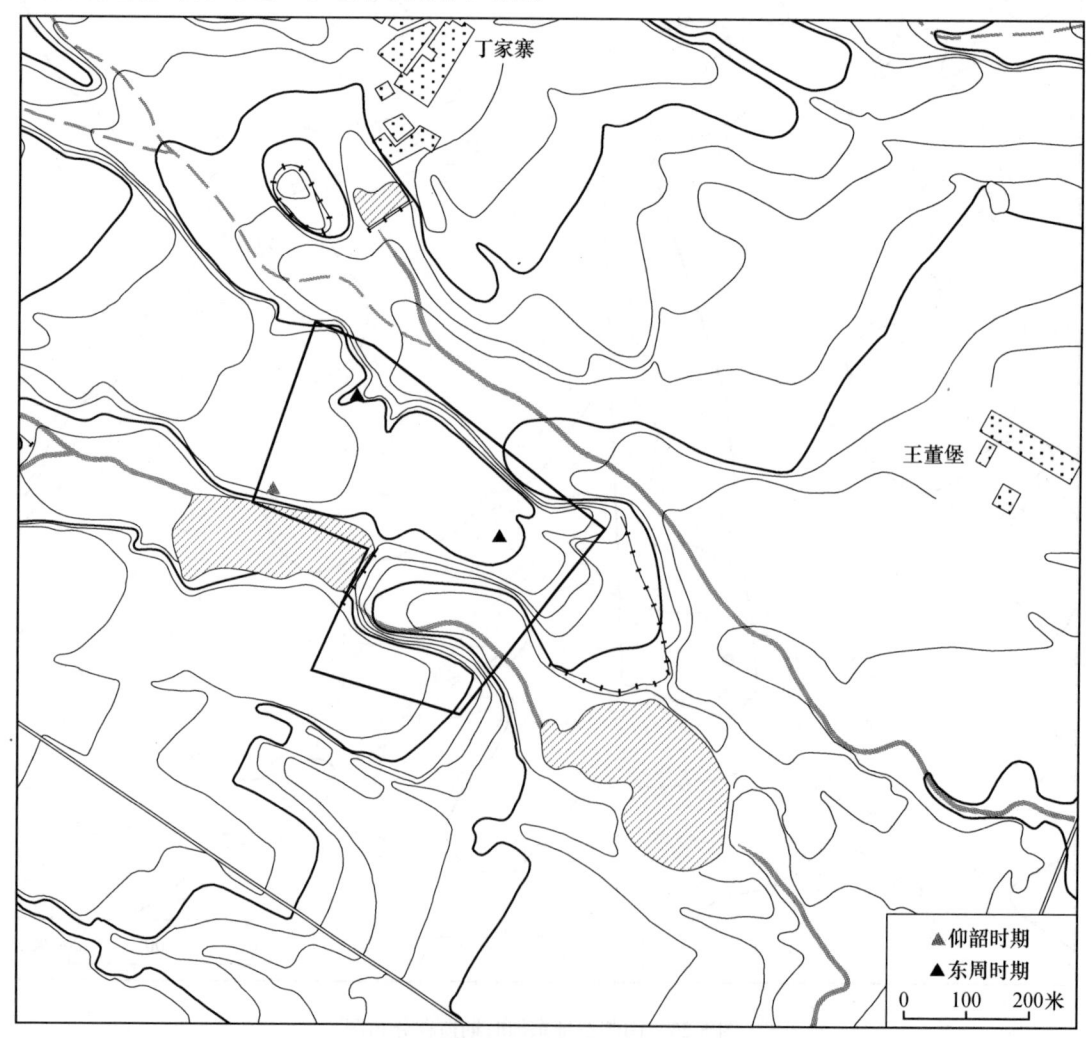

图 5-26　丁家寨遗址仰韶、东周时期遗存分布图

1. 仰韶时期

仰韶时期遗存见于遗址西部,仅有个别发现,遗存分布非常稀疏(图 5-26)。未见任何遗迹现象,只在地表发现少量陶片。陶片多泥质红陶,多素面,可辨器形有钵等。

2. 龙山时期

龙山时期遗存分布于遗址北部,即两条河流之间,遗存分布较为密集(图 5-27)。除 1 处文化层外,还发现 4 个灰坑,全部见于遗址北部偏中一带的梯田断面。遗迹内包含物丰富,尤以陶片最多,地表亦发现较多陶片。陶片多夹砂灰陶,纹饰多绳纹、篮纹,可辨器形有鬲、斝、蛋形瓮、罐等。

鬲　3件。YP070603I002:1,夹砂灰褐陶。圆唇,口微外翻,矮领,分裆,袋足外鼓。唇

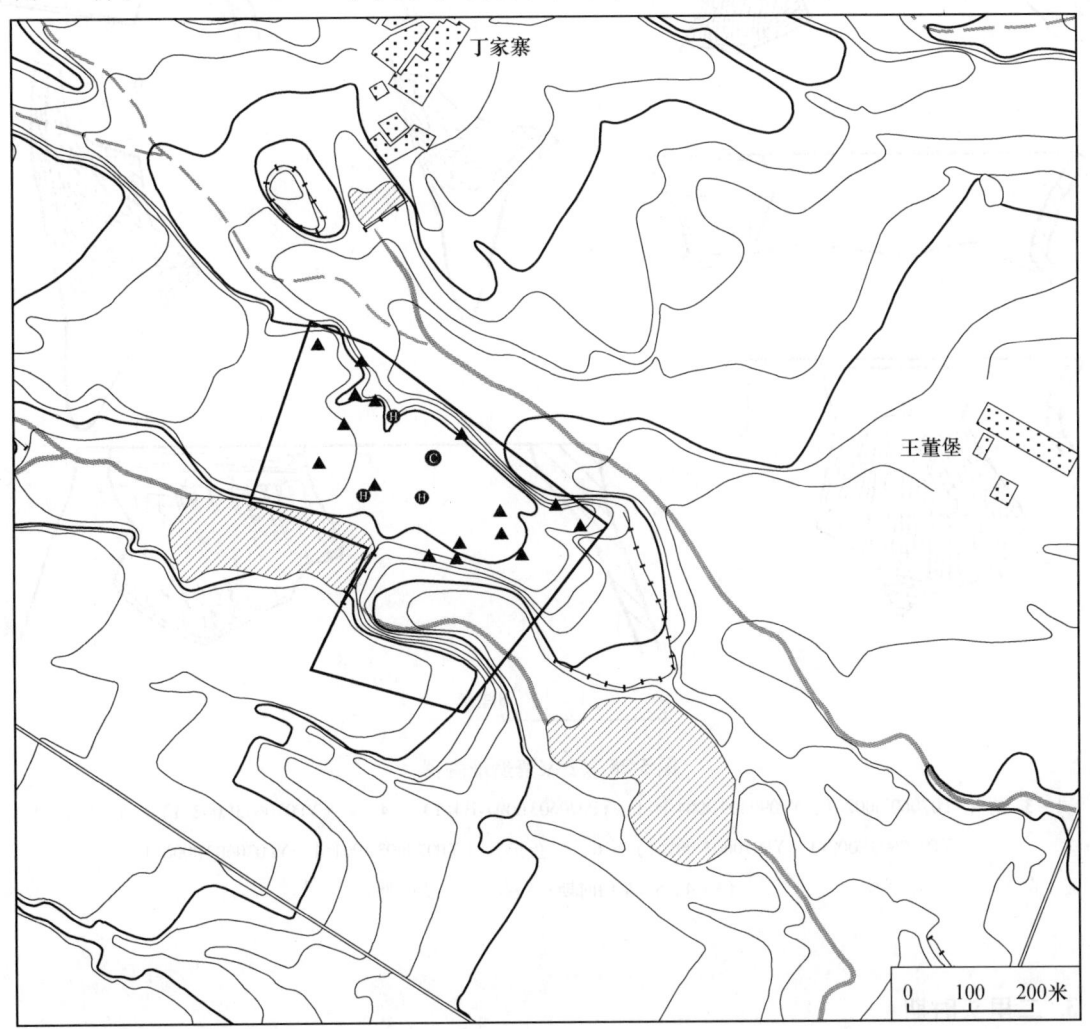

图 5-27　丁家寨遗址龙山时期遗存分布图

部有花边装饰，领部以下饰绳纹。口径18、残高8厘米（图5-28，1）。YP070603B004-H4：1，夹砂褐陶。圆唇，口外翻，矮领，分裆，袋足。领部以下饰凌乱绳纹。口径18、残高12厘米（图5-28，3）。YP090409D004-H：1，夹砂褐陶。近方唇，口外翻，矮领，袋足外鼓。唇部有花边装饰，领部饰竖篮纹。口径20、残高6厘米（图5-28，2）。

斝 1件。YP070603C002：1，夹砂灰陶。敛口，口部加厚，折肩，深腹。器表饰绳纹（图5-28，4）。

蛋形瓮 1件。YP070603B006：1，夹砂灰陶。宽平沿，口厚，敛口，鼓腹。腹部饰篮纹。口径26、残高10.2厘米（图5-28，8）。

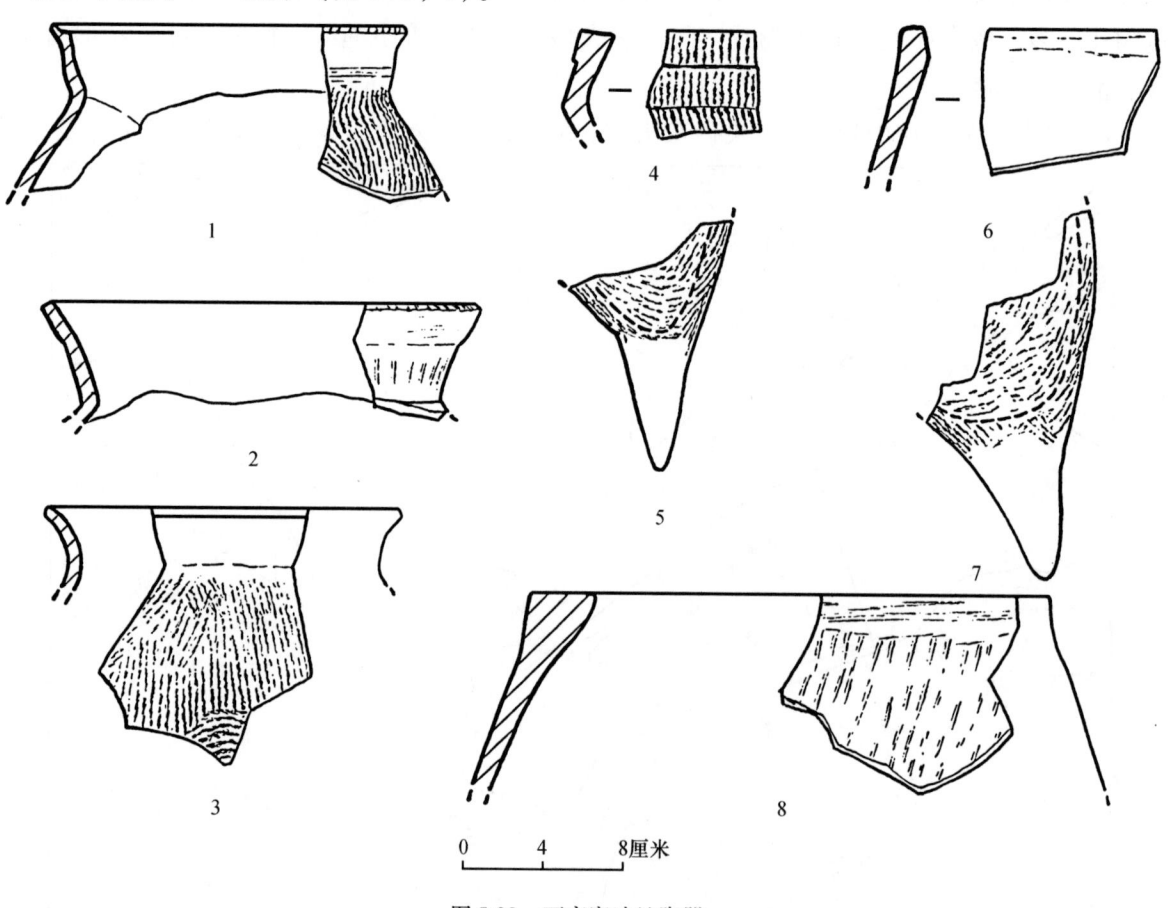

图5-28 丁家寨遗址陶器

1~3. 鬲（YP070603I002：1、YP090409D004-H：1、YP070603B004-H4：1） 4. 斝（YP070603C002：1） 5、7. 鬲足（YP070603E002：1、YP070603I001：1） 6、8. 蛋形瓮（YP070603A001：1、YP070603B006：1）

（1~4、8. 龙山时期；5~7. 二里头时期）

3. 二里头时期

二里头时期遗存见于遗址的绝大部分区域，尤以遗址北部偏东遗存分布较为密集（图5-29）。除在遗址北部偏中的梯田断面上发现2个灰坑外，未见其他遗迹现象。灰坑内包含物丰

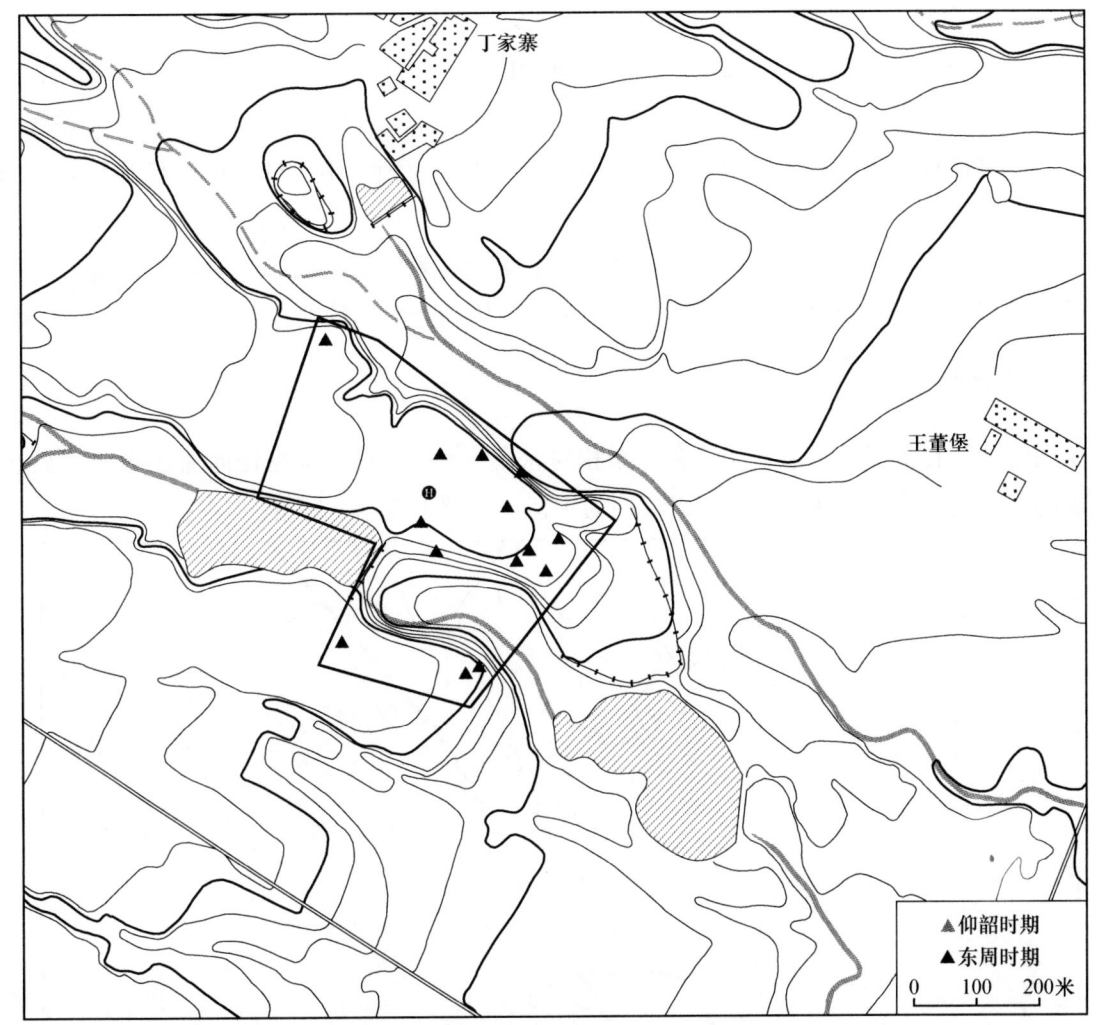

图 5-29　丁家寨遗址二里头时期遗存分布图

富,尤以陶片发现最多。陶片多夹砂灰陶,纹饰以绳纹为主,可辨器形有鬲、斝、蛋形瓮等。

鬲足　2件。YP070603I001:1,夹砂灰褐陶。肥袋足,有锥状实足跟。足部饰绳纹,根部素面(图5-28,7)。YP070603E002:1,夹砂灰陶。胎厚,器瘦长,袋足下接长实足跟。足部饰绳纹,根部素面(图5-28,5)。

蛋形瓮　1件。YP070603A001:1,夹砂灰褐陶。小平沿,微敛口,深腹微鼓。素面(图5-28,6)。

4. 东周时期

东周时期遗存见于遗址北部和东部,只有零星发现,遗存分布非常稀疏(图5-26)。未见任何遗迹现象,只在地表发现零星陶片。陶片多夹砂灰陶,纹饰有粗大绳纹,可辨器形有罐等。

一○、大营Ⅱ号遗址

大营Ⅱ号遗址位于原平市沿沟乡大营村西南550米，面积较小，只有0.7万平方米（彩版六四，1）。遗址处在滹沱河西岸一级阶地上，东距滹沱河700米，地势较低，海拔不足830米，略高于滹沱河河床数米。遗址所在地势较平，遗址南400米处有汇入滹沱河的水流流过。遗址面积虽小，但遗存分布相对密集。遗址包含龙山、东周两个时期的遗存。

1. 龙山时期

龙山时期遗存见于整个遗址，遗存分布相对密集（图5-30）。未见任何遗迹现象，只在地表发现陶片。陶片多夹砂灰陶，纹饰以绳纹为主，可辨器形有鬲、罐等。

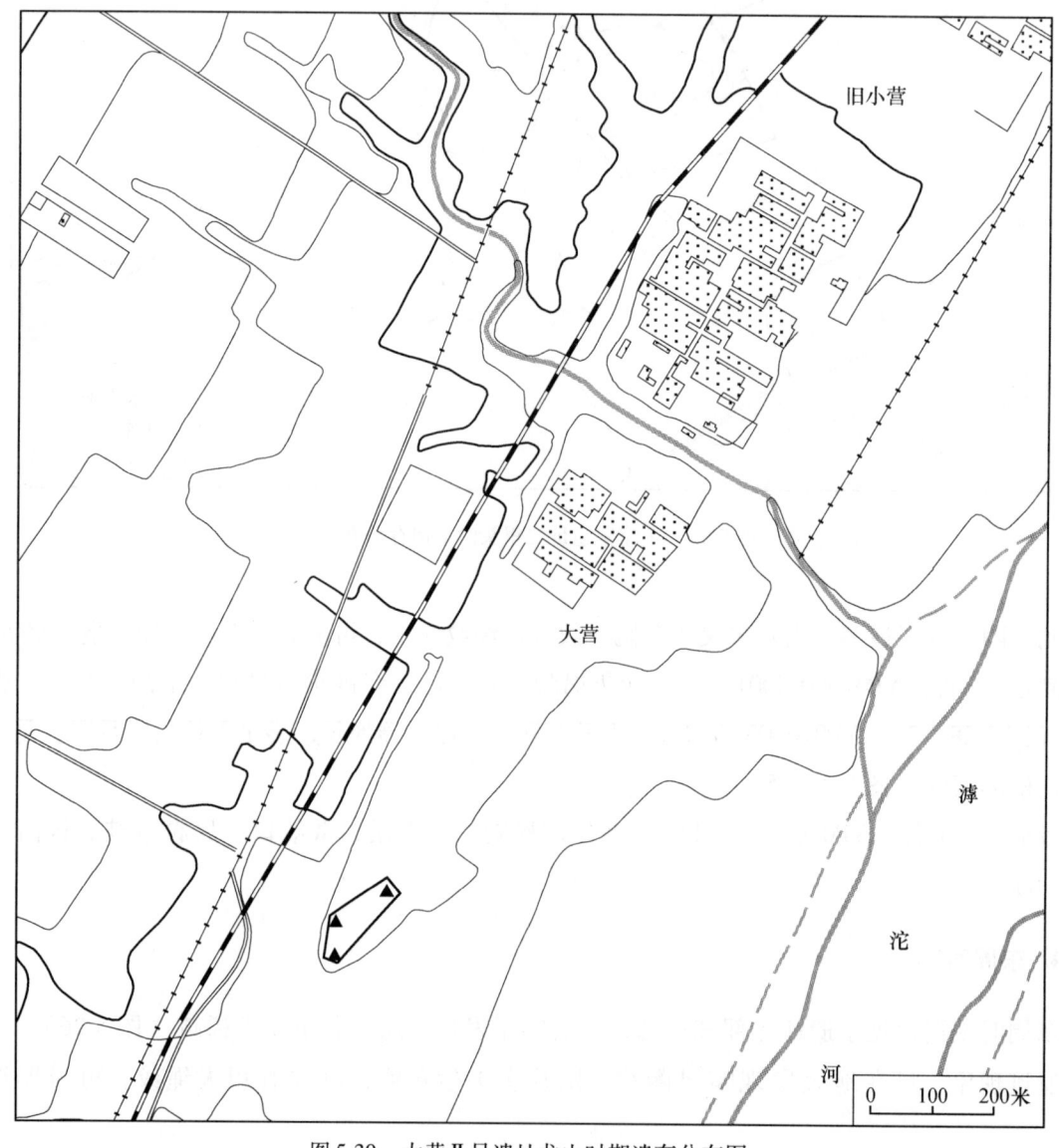

图5-30　大营Ⅱ号遗址龙山时期遗存分布图

2. 东周时期

东周时期遗存见于遗址西部，发现较少，分布稀疏（图5-31）。未见任何遗迹现象，只在地表发现少量陶片。陶片多泥质灰陶，多素面，可辨器形有豆等。

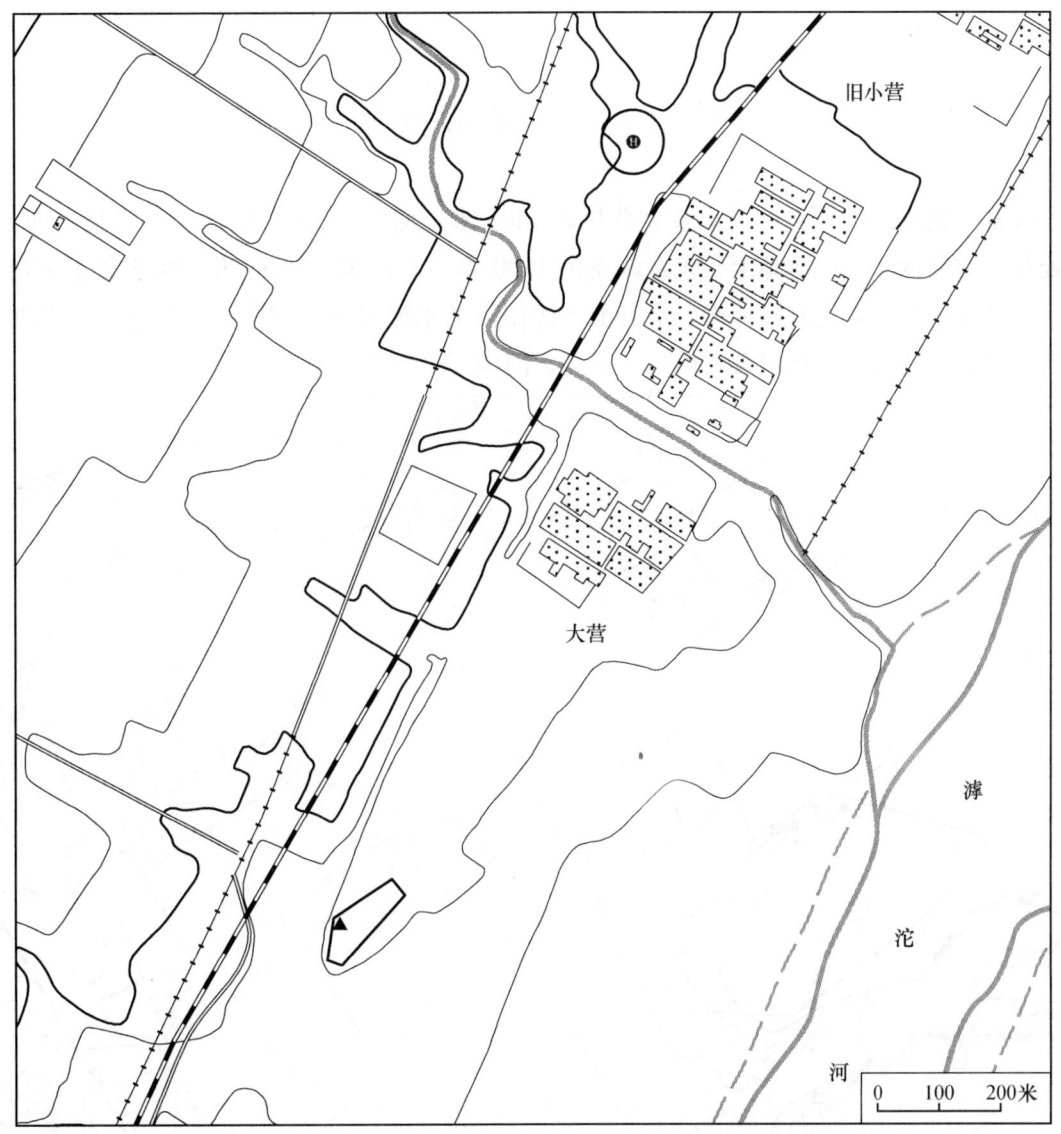

图5-31 大营Ⅰ号（北）、Ⅱ号（南）遗址东周时期遗存分布图

一一、大营Ⅰ号遗址

大营遗址Ⅰ号遗址位于原平市沿沟乡大营村北，面积较小，小于0.4万平方米（彩版六四，1）。遗址处在滹沱河西岸一级阶地上，东南距滹沱河800多米，地势较低，海拔不足

830米，略高于滹沱河河床数米。遗址发现于一冲沟附近，地势有一定起伏。遗址南、北400米处都有汇入滹沱河的水流流过。遗址只有东周时期的遗存（图5-31）。

遗存发现较少，且遗存分布较为稀疏。仅发现1个灰坑，未见其他遗迹现象，灰坑见于冲沟的断面。灰坑内发现少量陶片，地表未见任何遗物分布。陶片多夹砂灰陶，纹饰以绳纹为主，可辨器形有罐等。

一二、大营Ⅲ号遗址

大营Ⅲ号遗址位于原平市沿沟乡大营村西1400米，面积14.8万平方米（彩版六四，1）。遗址处在滹沱河西岸二级阶地上，东距滹沱河1800米，海拔840～855米，西北高东南低，但地势相对平坦。遗址东北有浅冲沟，南有汇入滹沱河的水流形成的宽冲沟。遗存主要发现于遗址四周，且分布稀疏。遗址包含龙山、二里头、战国三个时期的遗存。

图5-32　大营Ⅲ号遗址龙山时期遗存分布图

1. 龙山时期

龙山时期遗存主要见于遗址北部，遗存分布稀疏（图5-32）。未见任何遗迹现象，只在地表发现有陶片。陶片多夹砂灰陶，纹饰有篮纹、绳纹，可辨器形有鬲、蛋形瓮、罐等。

2. 二里头时期

二里头时期遗存见于遗址南部，遗存分布稀疏（图5-34）。未见任何遗迹现象，只在地表发现陶片。陶片多夹砂灰陶，纹饰以绳纹为主，可辨器形有蛋形瓮等。

蛋形瓮足　1件。YP070603L003:1，泥质灰褐陶。锥状实足跟。足部饰绳纹（图5-33）。

图5-33　大营Ⅲ号遗址二里头时期陶器

蛋形瓮足（YP070603L003:1）

3. 战国时期

战国时期遗存见于遗址北部，仅有个别发现，遗存分布非常稀疏（图5-34）。未见任何遗迹现象，只在地表发现少量陶片。陶片多夹砂灰陶，纹饰有粗大绳纹，可辨器形有罐等。

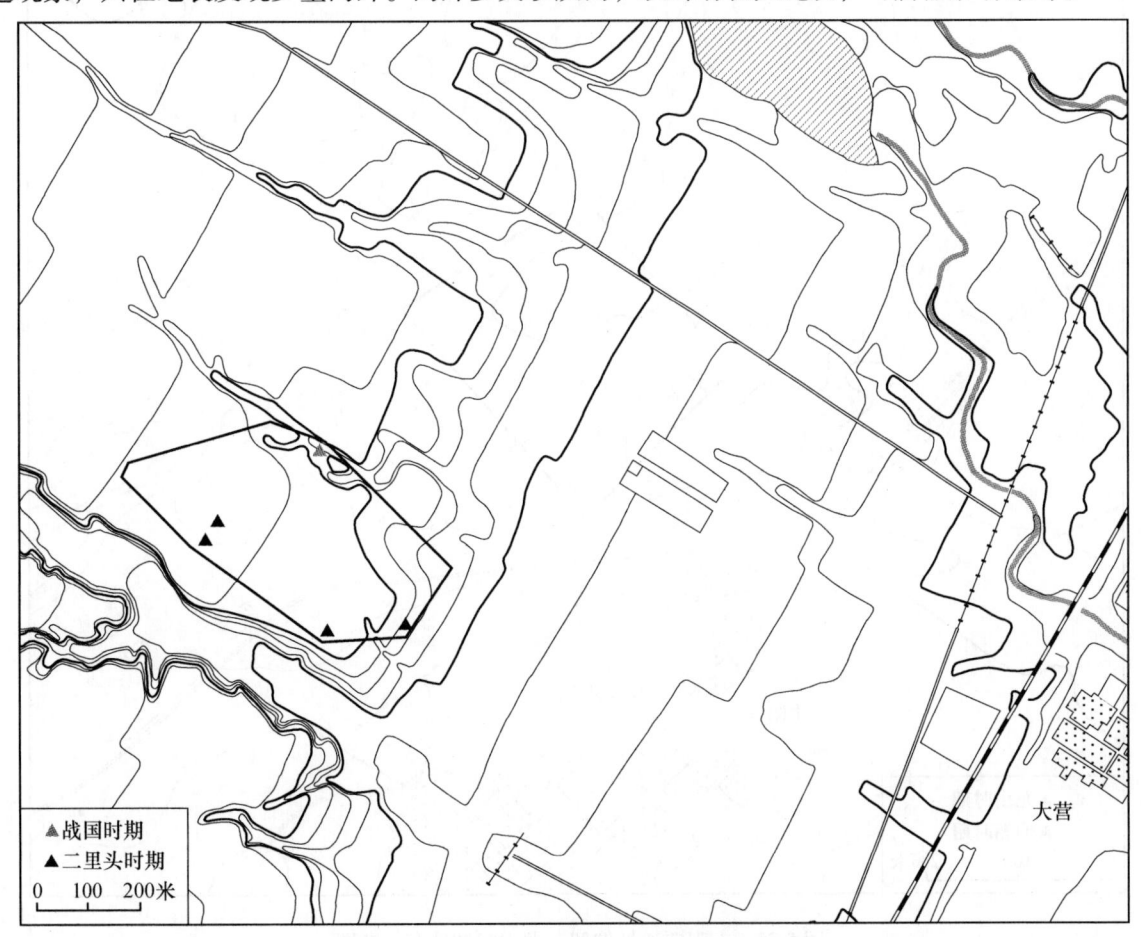

图5-34　大营Ⅲ号遗址二里头、战国时期遗存分布图

一三、上阳贾遗址

上阳贾遗址位于原平市沿沟乡上阳贾村北,面积6万平方米(彩版六四,2)。遗址处在山前冲积扇上,海拔885~905米,西北高东南低,遗址西南有较宽冲沟,地势起伏较大。遗址东、西两侧有季节性水流流过。遗存分布稀疏,主要分布在遗址四周。遗址包含仰韶、龙山、二里头、战国四个时期的遗存。

1. 仰韶时期

仰韶时期遗存主要见于遗址中、西部,遗存分布稀疏(图5-35)。未见任何遗迹现象,仅在地表发现有陶片。陶片多泥质红陶,多素面,可辨器形有钵等。

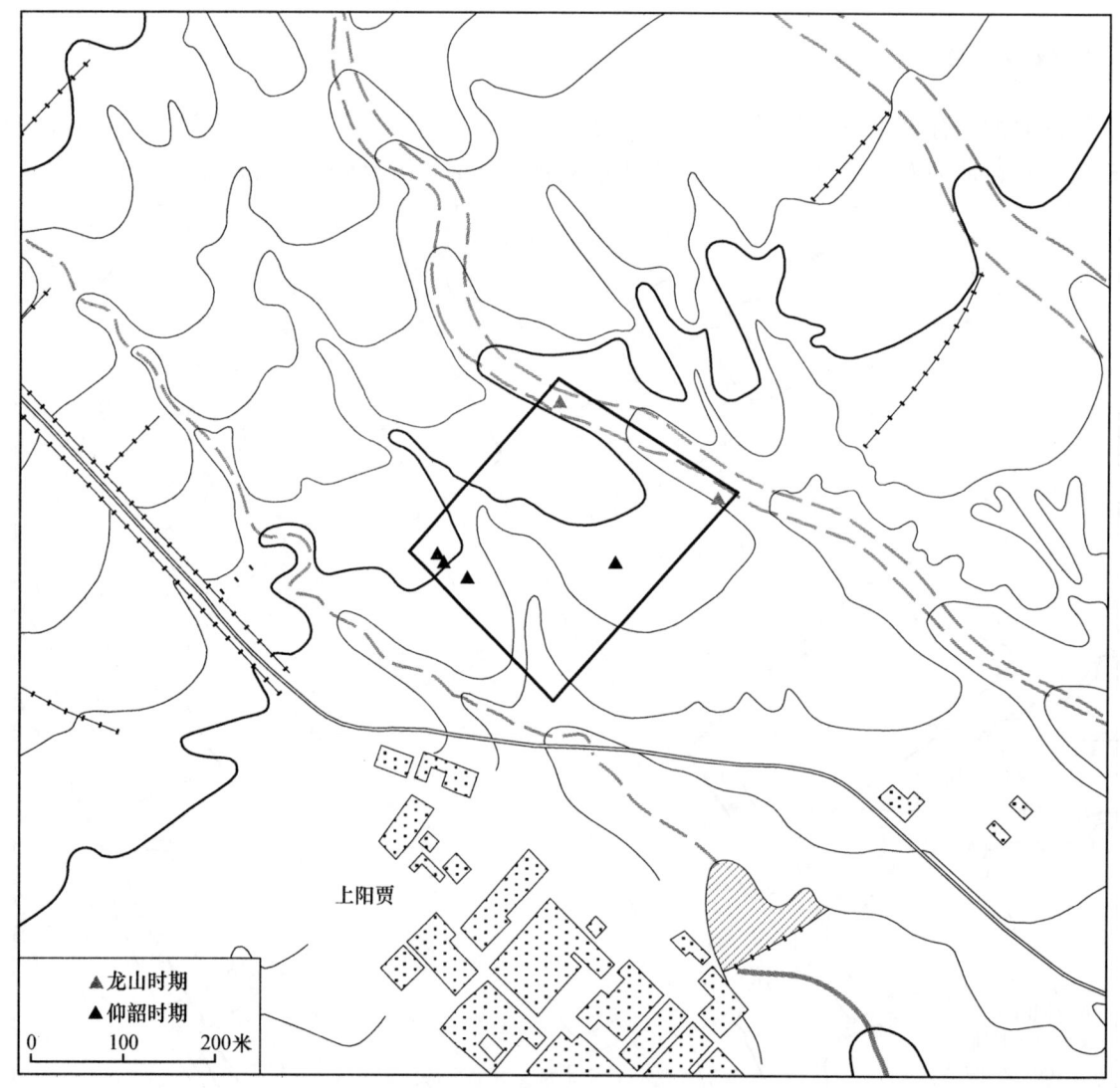

图5-35 上阳贾遗址仰韶、龙山时期遗存分布图

钵 1件。YP071014J001:1，泥质红陶。圆唇，微鼓肩，斜腹。素面（图5-36）。

2. 龙山时期

龙山时期遗存分布于遗址北部，遗存分布非常稀疏（图5-35）。未见任何遗迹现象，只在地表发现有零星陶片分布。陶片多夹砂灰陶，有篮纹，可辨器形有鬲、罐等。

3. 二里头时期

图5-36 上阳贾遗址仰韶时期陶器
钵（YP071014J001:1）

二里头时期遗存见于遗址西部，遗存分布非常稀疏（图5-37）。未见任何遗迹现象，只在地表发现少量陶片。陶片多夹砂灰陶，纹饰以绳纹为主，可辨器形有蛋形瓮等。

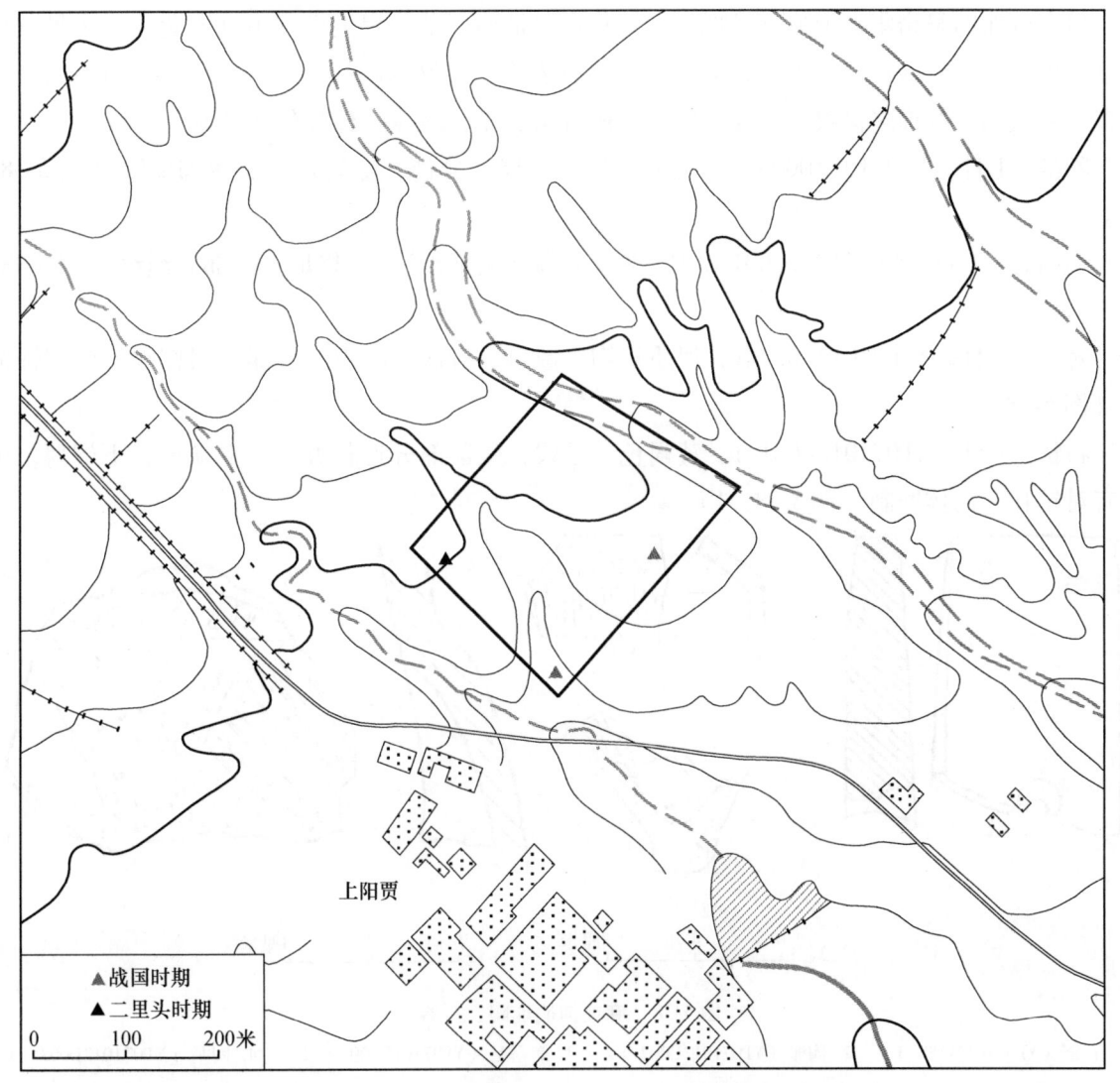

图5-37 上阳贾遗址二里头、东周时期遗存分布图

4. 战国时期

战国时期遗存见于遗址南部、东部，遗存分布非常稀疏（图5-37）。未见任何遗迹现象，只在地表发现零星陶片。陶片多夹砂灰陶，纹饰有粗大绳纹，可辨器形有罐等。

一四、麻地沟遗址

麻地沟遗址位于原平市沿沟乡麻地沟村东南800米，面积8.3万平方米。遗址靠近山脚下分布，地势较高，海拔1010~1025米，西高东低，起伏很小，呈缓坡分布。遗址北侧有冲沟，遗址南侧有发源于山间的季节性河流流过，河水较大时曾改道穿过遗址中部。遗址只有龙山时期遗存（图5-39）。

遗存分布略显密集，但遗迹发现很少，只在遗址西北部断崖上发现1处文化层，未见其他遗迹现象。文化层内包含物丰富，地表也发现有遗物，遗物以陶片最多，此外，还有石器。陶片多夹砂褐陶，纹饰多篮纹、绳纹，可辨器形有鬲、斝、罐等。石器有石铲等。

陶鬲　1件。YP071012D003:1，夹砂褐陶。胎厚，分裆，空袋足。器表饰篮纹（图5-38，4）。

陶鬲足　1件。YP071012C001-C:1，夹砂褐陶（夹细砂）。空袋足。足部有绳纹（图5-38，3）。

陶斝　1件。YP071012C002:1，泥质褐陶。敛口，折肩，斜腹。肩部饰斜篮纹，腹部饰绳纹（图5-38，2）。

石铲　1件。YP071012C001:1，黄褐色。已残，残留部分近长方形，上端厚，下端薄，中部有对钻孔。通体磨制（图5-38，1）。

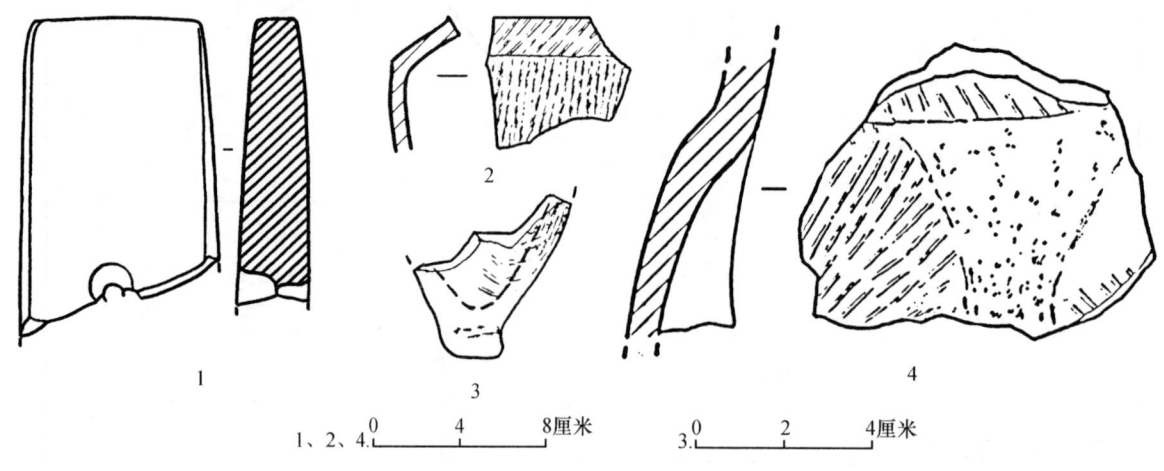

图5-38　麻地沟遗址陶、石器
1. 石铲（YP071012C001:1）　2. 陶斝（YP071012C002:1）　3. 陶鬲足（YP071012C001-C:1）　4. 陶鬲（YP071012D003:1）

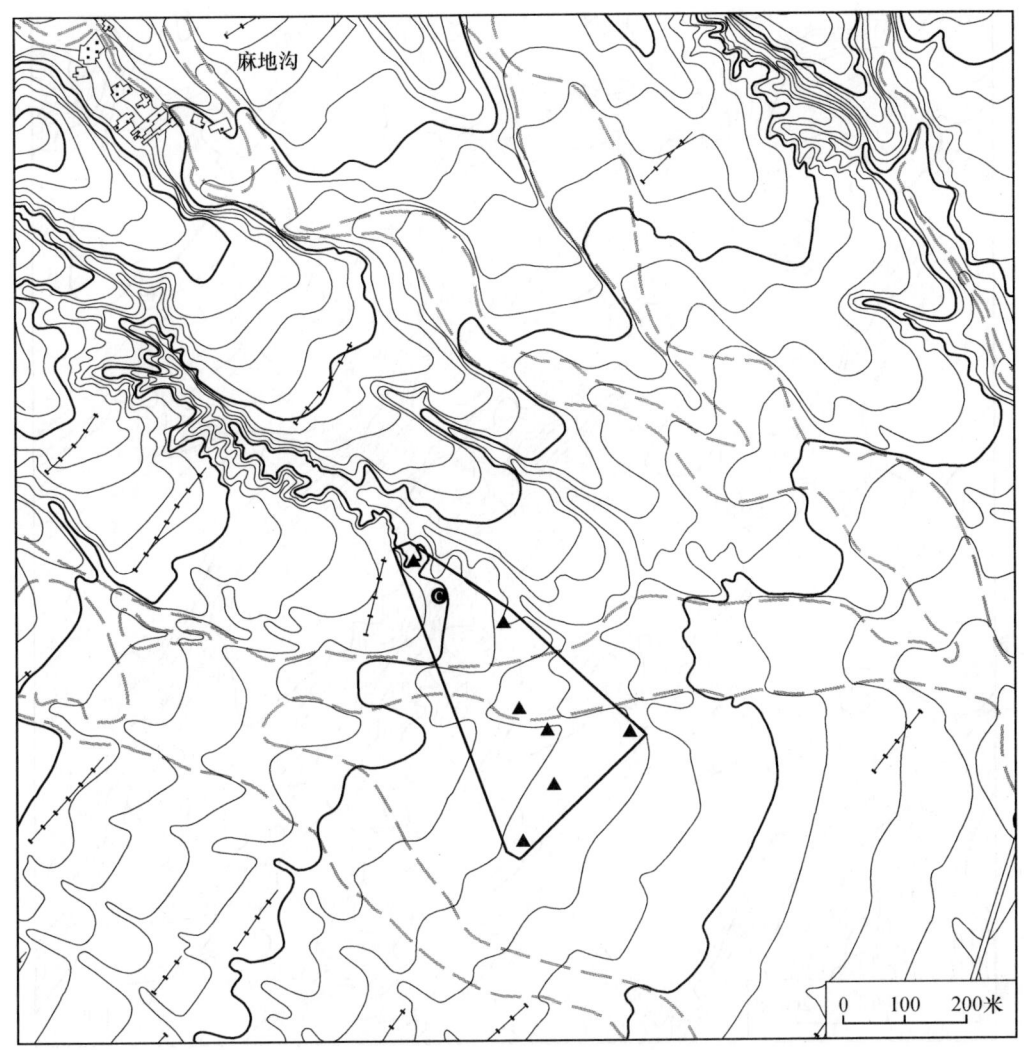

图 5-39 麻地沟遗址遗存分布图

一五、土屯寨遗址

土屯寨遗址位于原平市沿沟乡土屯寨村西北 1000 米，面积 0.5 万平方米。遗址处在一突出的山梁上，地势较高，海拔 1200～1215 米，西高东低，有一定的起伏，遗址所在山梁南、北侧沟内都有发源于山间的季节性水流流过。遗址只有龙山时期遗存（图 5-40）。

遗存分布密集，不过，遗迹发现较少，只在遗址西部的梯田断面上发现 1 个灰坑，未见其他遗迹现象。灰坑内包含物较为丰富，尤以陶片最多，地表也发现较多陶片。陶片以夹砂灰陶为多，纹饰多绳纹、篮纹，可辨器形有鬲、蛋形瓮、带耳罐、直口罐、罐等。

蛋形瓮　YP071008L001-H:3，夹砂灰陶。宽沿，微敛口，深腹。腹部饰绳纹。口径 36、残高 6 厘米（图 5-41，5）。

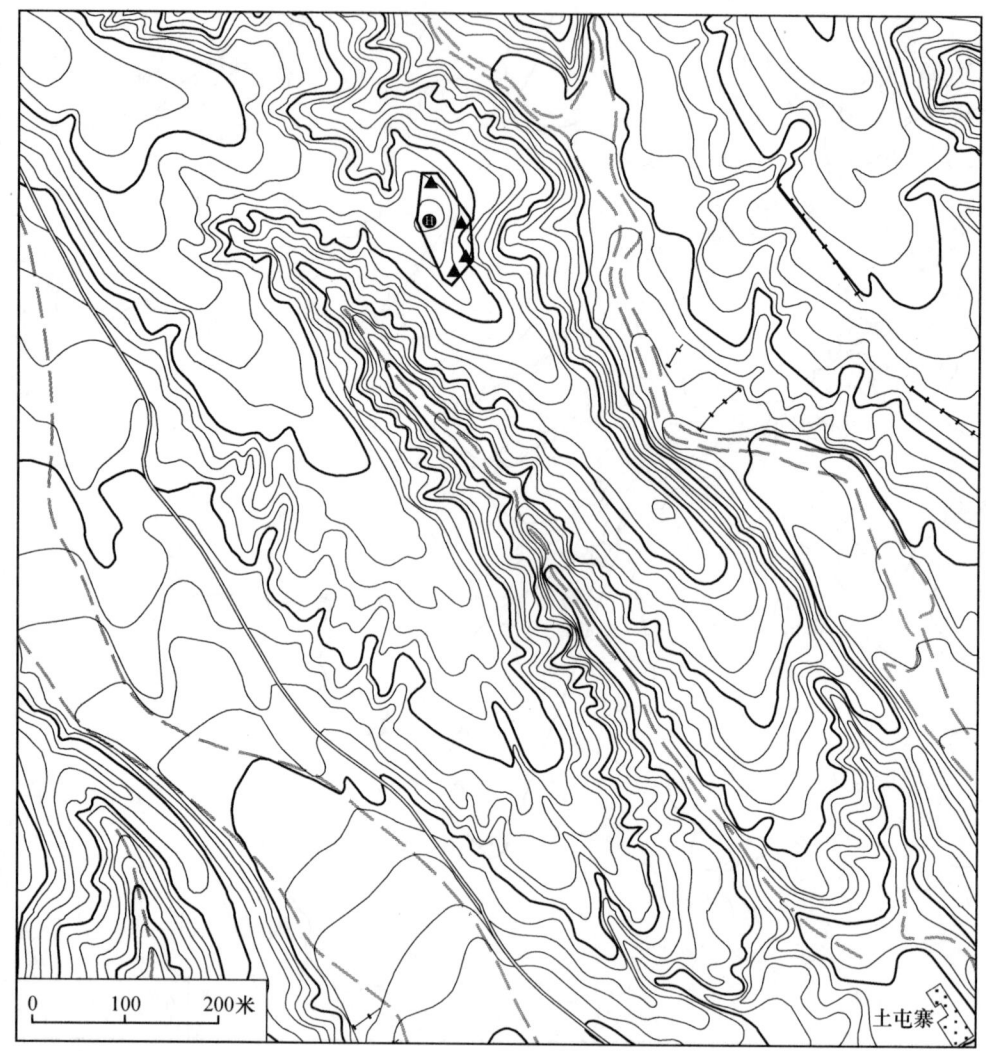

图 5-40　土屯寨遗址遗存分布图

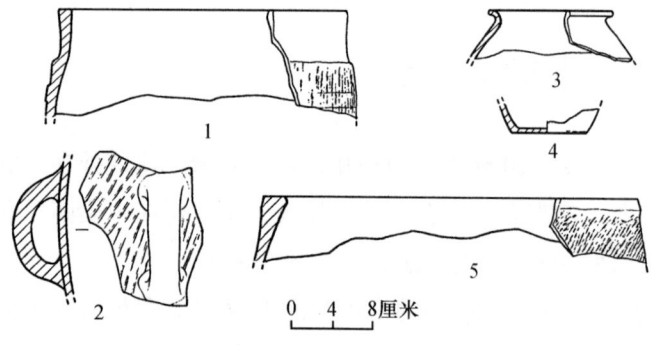

带耳罐　YP071008L001-H:1，夹砂黑灰陶。鼓腹。腹部饰斜篮纹，有桥形耳（图5-41，2）。

直口罐　YP071008L001:1，夹砂褐陶。直口，深腹。腹部饰绳纹。口径28、残高10厘米（图5-41，1）。

图 5-41　土屯寨遗址陶器
1. 直口罐（YP071008L001:1）　2. 带耳罐（YP071008L001-H:1）
3、4. 罐（YP071008L001-H:2、YP071008L001-H:4）
5. 蛋形瓮（YP071008L001-H:3）

罐　YP071008L001-H:2，夹砂黑陶。圆唇，卷沿，束颈，鼓腹。素面。口径12、残高4.8厘米（图5-41，3）。YP071008L001-H:4，夹砂褐陶。深腹，平底。素面。底径6.8、残高2.8厘米（图5-41，4）。

一六、刘家窑Ⅰ号遗址

刘家窑Ⅰ号遗址位于原平市沿沟乡刘家窑村北，面积较小，只有0.3万平方米。遗址处在山前一突出的山梁上，地势较高，海拔1125米左右，北高南低，背风向阳，有一定的起伏。遗址南面有发源于山间的季节性水流流过。遗址只有战国时期的遗存（图5-42）。

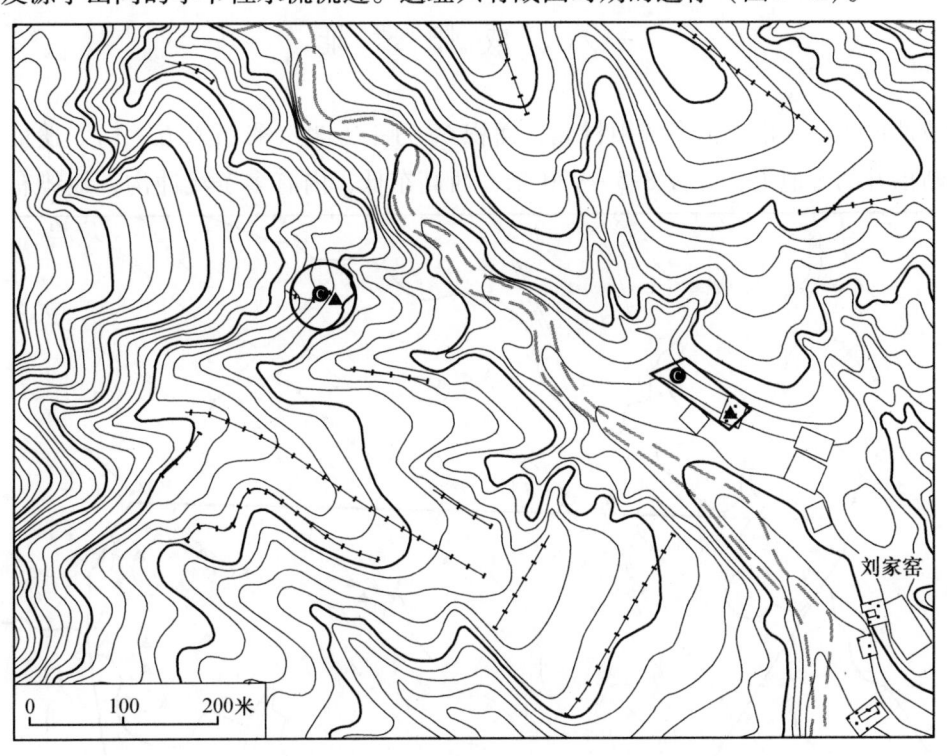

图5-42　刘家窑Ⅰ号（右）、Ⅱ号（左）遗址遗存分布图

遗存分布较为稀疏。除在遗址西部梯田的断面上发现2处文化层外，未见其他遗迹现象。遗迹内包含有较多陶片等遗物，地表也有零星陶片发现。陶片多夹砂灰陶，纹饰以绳纹为主，有粗大绳纹，可辨器形有豆、罐等。

罐　YP071010I001-C:1，夹砂灰陶。方唇，翻沿，沿上起脊，束颈，鼓腹。腹部饰粗大绳纹（图5-43）。

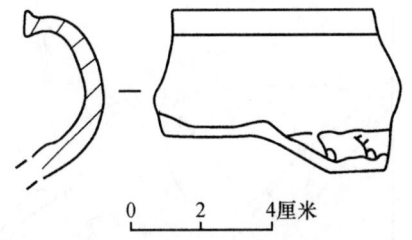

图5-43　刘家窑Ⅰ号遗址陶器
罐（YP071010I001-C:1）

一七、刘家窑Ⅱ号遗址

刘家窑Ⅱ号遗址位于原平市沿沟乡刘家窑村西北450米，面积较小，小于0.4万平方米。遗址处在山前一突出的山梁上，地势较高，海拔1150～1155米，西高东低，内有冲沟，有一定的起伏。遗址北面有发源于山间的季节性水流流过。遗址只有战国时期的遗存（图5-42）。

遗存发现较少，分布较为稀疏。只在梯田的断面上发现1处文化层，未见其他遗迹现象，地表有少量陶片分布。陶片多夹砂灰陶，纹饰有粗大绳纹，可辨器形有罐等。

一八、咸阳遗址

咸阳遗址位于原平市沿沟乡咸阳村北，面积65万平方米（彩版六五，1）。遗址处在滹沱河西岸逐渐抬升的阶地上，海拔895～930米，西高东低，内有多条浅冲沟，地势有一定的起

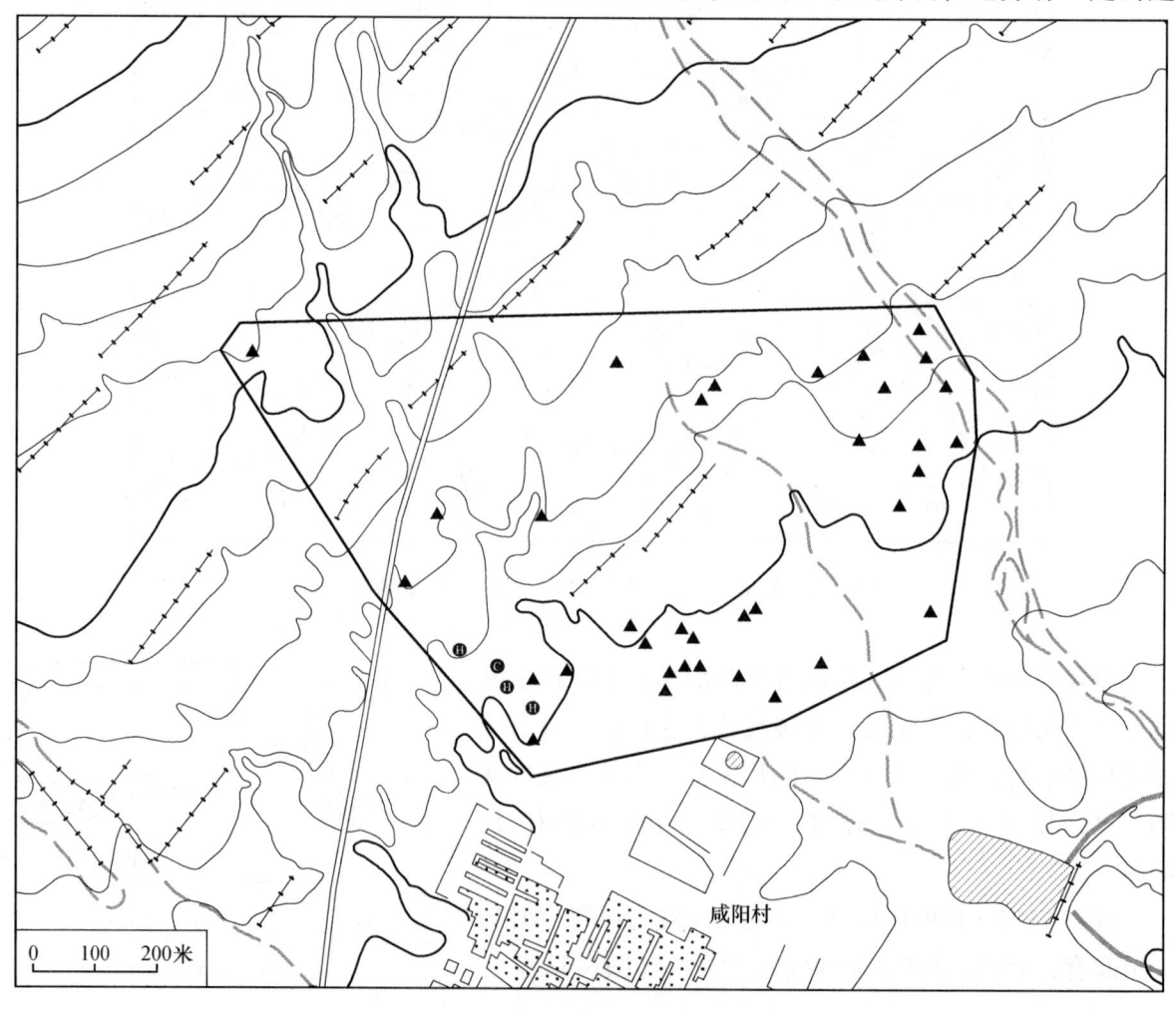

图5-44　咸阳遗址龙山时期遗存分布图

伏。遗址东面和西面不远处有发源于山间的季节性水流流过。遗存分布疏密不等，东部、南部遗存分布较为密集。遗址包含龙山、战国两个时期的遗存。

1. 龙山时期

龙山时期遗存见于整个遗址，尤以遗址东部、南部分布较为密集（图5-44）。遗迹分布较为集中，主要分布在遗址南部的梯田断面，共发现1处文化层和5个灰坑。遗迹内包含物丰富，尤以陶片最多，地表也发现较多陶片。陶片多夹砂灰陶，纹饰以绳纹、篮纹为多，可辨器形有鬲、鬶、甑、尊、瓮、罐等。

鬲足　1件。YP071014K001:1，夹砂褐陶。空袋足。足部饰绳纹（图5-45，4）。

鬶　1件。YP071014B001:1，夹砂褐陶。深腹，束腰，无隔，袋足外鼓。腹部饰绳纹，腰部有附加堆纹（图5-45，8）。

甑　1件。YP090409E001-H:1，泥质褐陶。器薄，深腹，平底，底部有对钻箅孔。素面。底径9.2、残高3.6厘米（图5-45，6）。

尊　1件。YP071015D001:1，泥质黑皮陶。圆唇，喇叭口，高领。素面磨光（图5-45，7）。

瓮　1件。YP071014L003:1，夹砂褐陶。近直口，深腹。腹部饰绳纹（图5-45，3）。

罐　3件。YP071015D006:1，夹砂灰褐陶。方唇，口外翻，束颈，鼓肩。腹部饰绳纹。口径24、残高6厘米（图5-45，1）。YP071015M005:1，夹砂褐陶，杂有蚌粉。圆唇，口外翻，

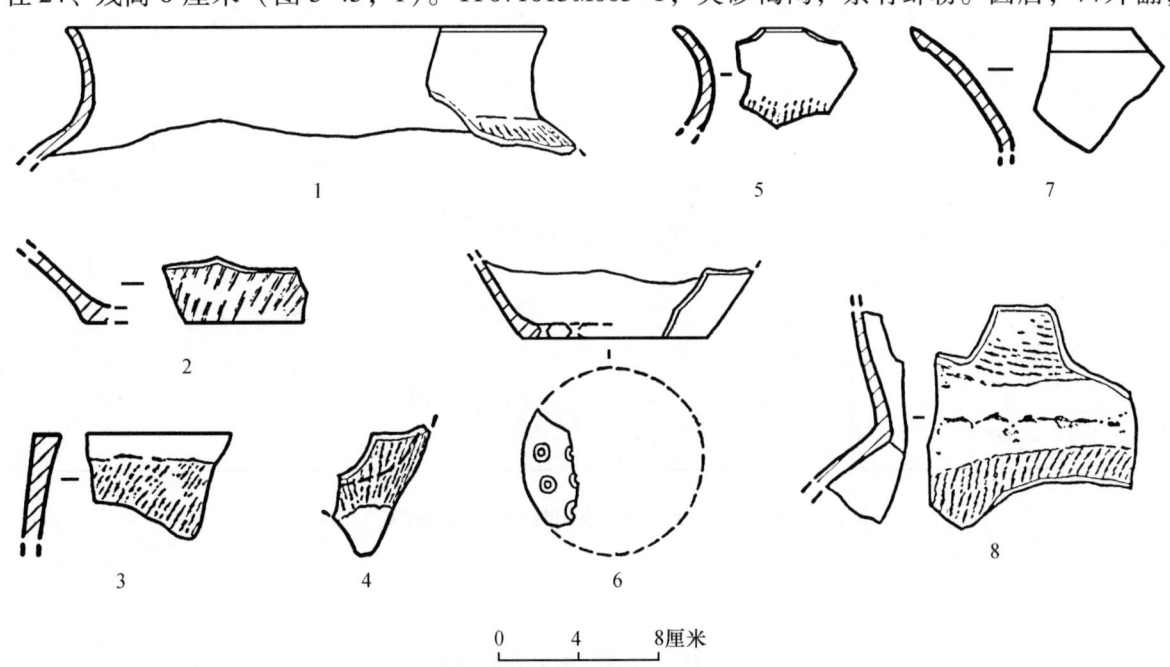

图5-45　咸阳遗址龙山时期陶器

1、2、5. 罐（YP071015D006:1、YP071015M003:1、YP071015M005:1）　3. 瓮（YP071014L003:1）　4. 鬲足（YP071014K001:1）
6. 甑（YP090409E001-H:1）　7. 尊（YP071015D001:1）　8. 鬶（YP071014B001:1）

束颈，鼓腹。颈部以下饰绳纹（图5-45，5）。YP071015M003∶1，夹砂褐陶。鼓腹，平底。腹部饰斜篮纹（图5-45，2）。

2. 战国时期

战国时期遗存见于遗址东南角，仅有个别发现，遗存分布非常稀疏（图5-46）。未见任何遗迹现象，只在地表发现少量陶片。陶片多夹砂灰陶，纹饰有粗大绳纹，可辨器形有罐等。

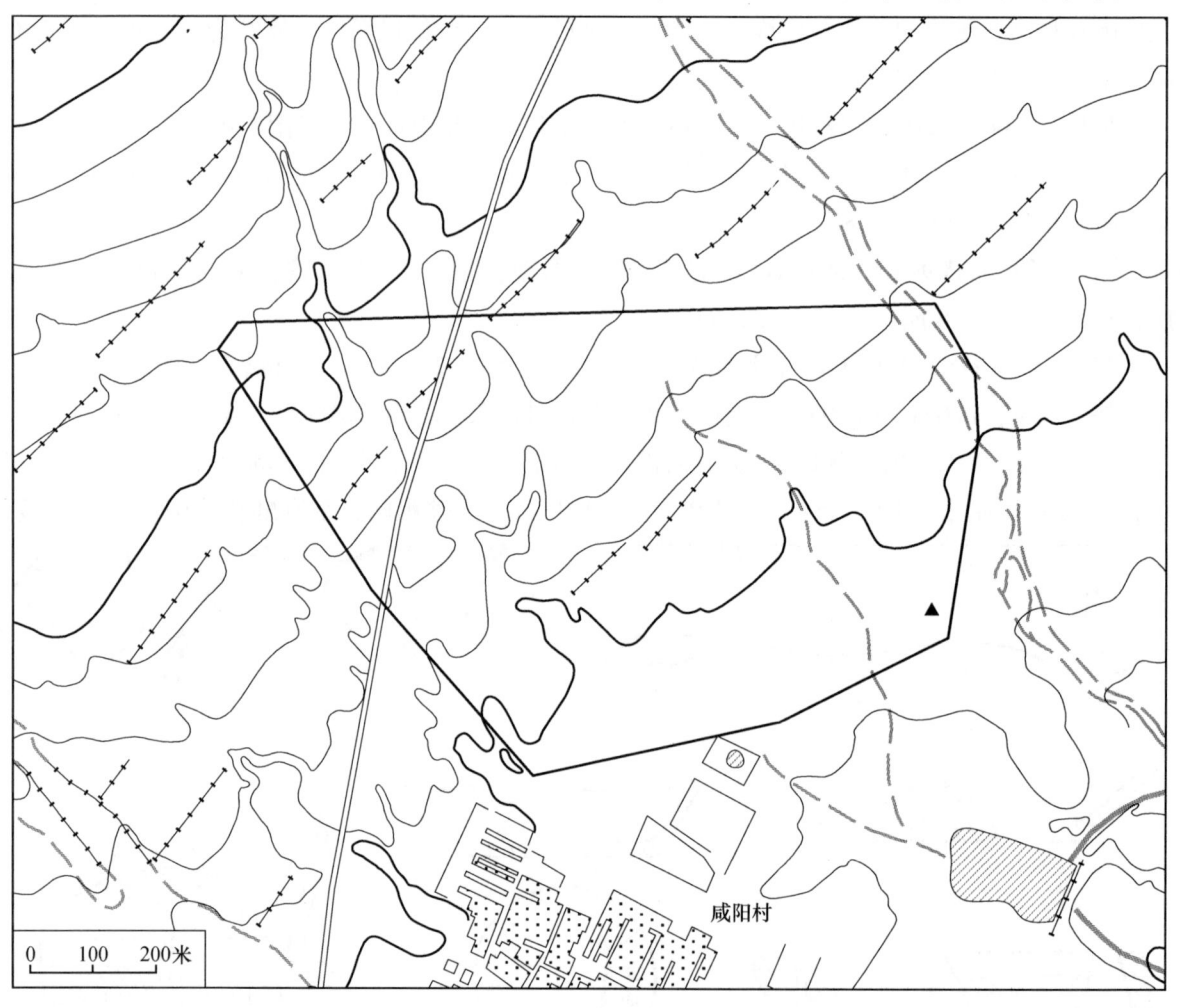

图5-46 咸阳遗址战国时期遗存分布图

一九、璜珥遗址

璜珥遗址位于原平市崞阳镇璜珥村西北450米，面积71.8万平方米。遗址处在滹沱河西岸逐渐抬升的阶地上，海拔865~885米，西高东低，内有数条深浅不一的冲沟，地势起伏较大。遗址南、北两面都有汇入滹沱河的水流流过。遗址只有东周时期的遗存，其中，部分遗存可进

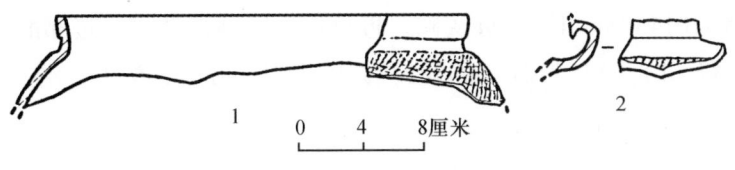

图 5-47 璜珥遗址陶器
1、2. 罐（YP071014M006:1、YP071014D005:1）

一步确认为战国时期（图 5-48）。

遗存分布疏密不等，遗址四周遗存分布较为稀疏，但在中部略显密集。除在遗址东部沟坎的断面发现 1 处文化层外，未见其他遗迹现象。文化层内包含有少量陶片，地表也发现有陶片。陶片多夹砂灰陶，纹饰以绳纹为主，有粗大绳纹，可辨器形有豆、盆、罐等。

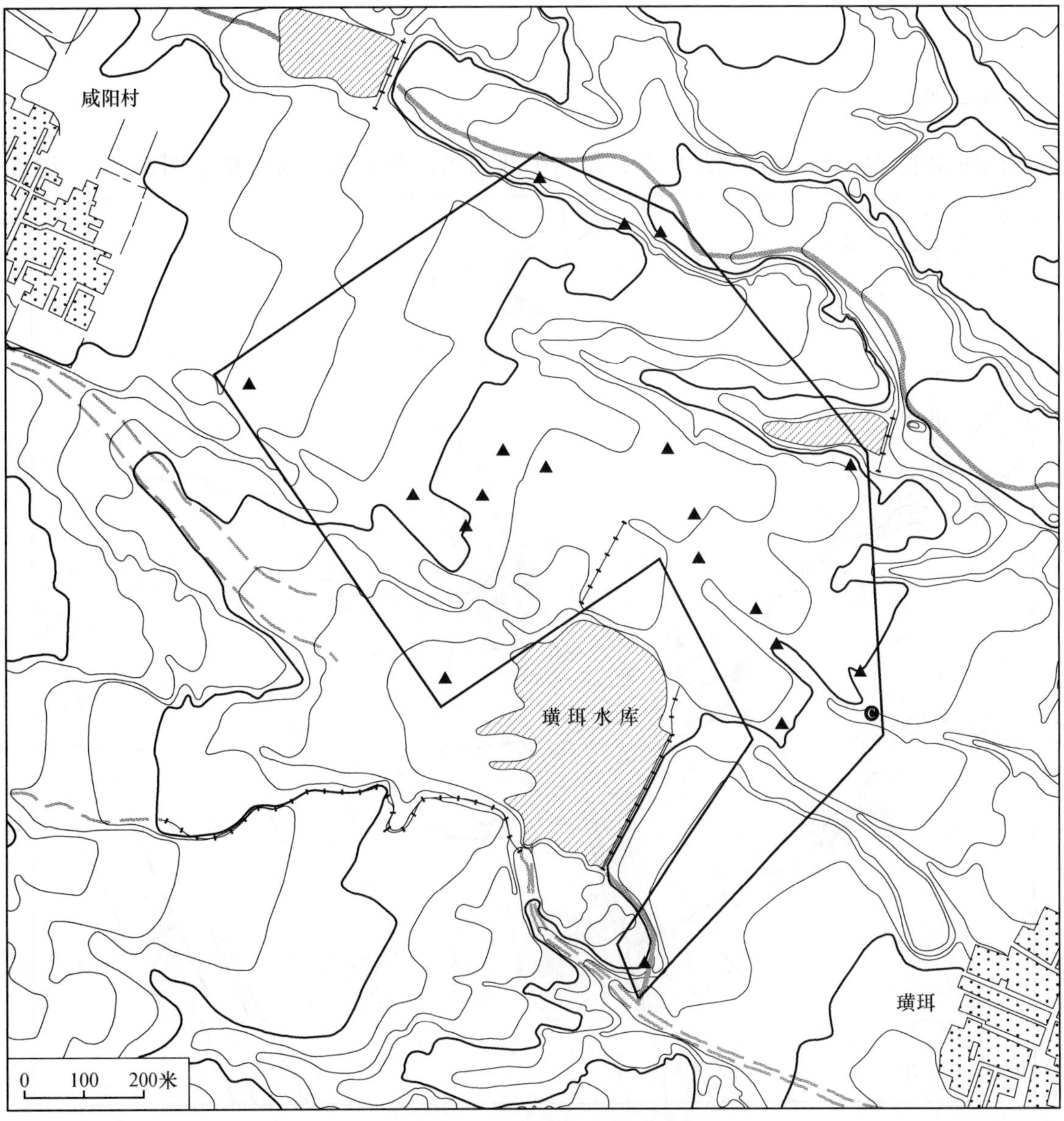

图 5-48 璜珥遗址遗存分布图

罐 2件。YP071014M006:1，夹砂灰陶。近直口，矮领，鼓腹。腹部饰绳纹。口径26、残高5.6厘米（图5-47，1）。YP071014D005:1，夹砂灰陶。方唇，翻沿，沿上下起脊，束颈，鼓肩。肩部饰粗大绳纹（图5-47，2）。

二〇、唐昌遗址

唐昌遗址位于原平市崞阳镇唐昌村东南600米，面积11.8万平方米（彩版六五，2）。遗址处在滹沱河西岸二级阶地的前缘，东距滹沱河1.5千米，海拔830～860米，西高东低，遗址西部地势相对平坦，起伏很小，东部为阶地的断面，坡度较陡，起伏较大。遗址南面有汇入滹沱河的水流流过（彩版一〇一，1）。遗存分布相对密集。遗址包含龙山、二里头、东周三个时期的遗存。

1. 龙山时期

龙山时期遗存主要分布在遗址中部，尤以中部偏北遗存分布最为密集（图5-49）。除在遗

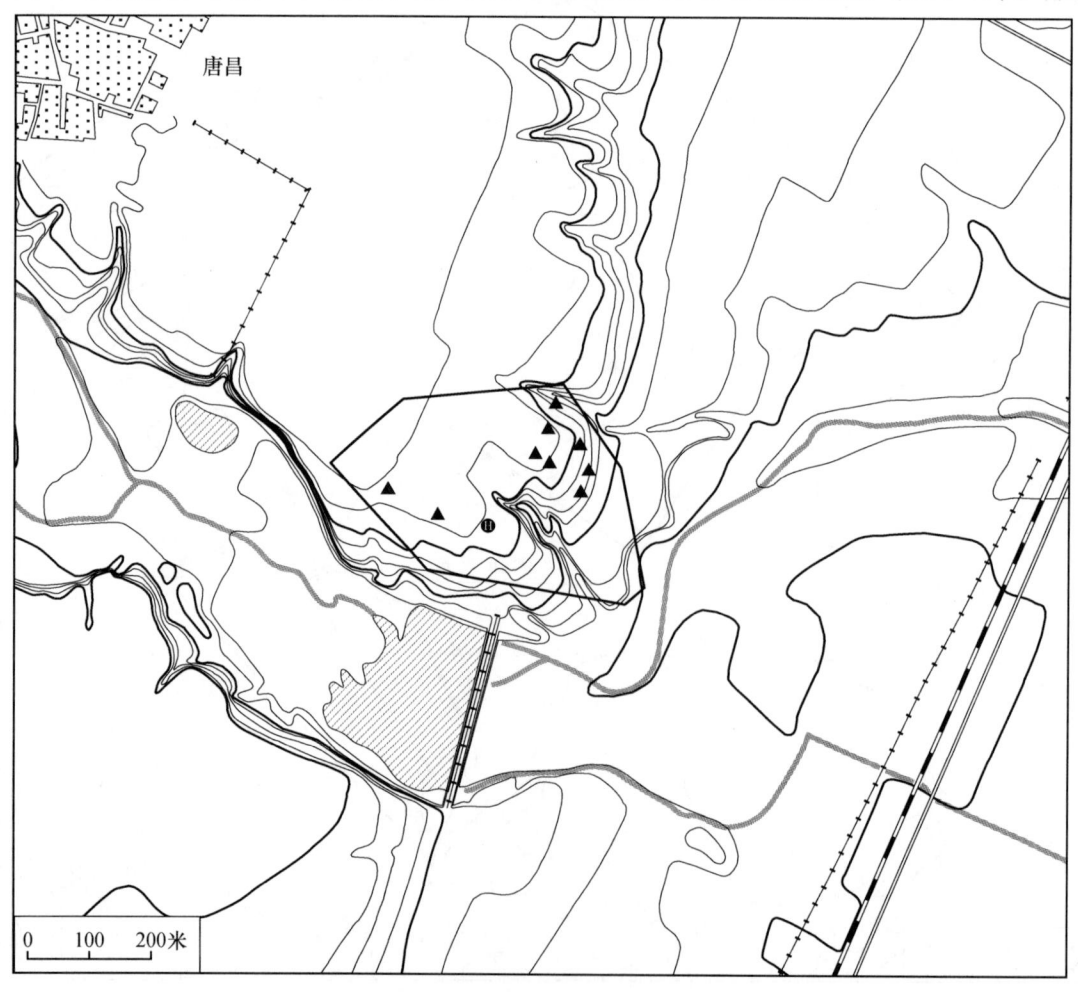

图5-49　唐昌遗址龙山时期遗存分布图

址中部偏南的梯田断面上发现1个灰坑外，未见其他遗迹现象。灰坑内包含有陶片等遗物，地表也有陶片分布。陶片多夹砂灰陶，纹饰多绳纹、篮纹，可辨器形有鬲、甗、盆、尊、罐等。

鬲足　2件。YP070603H004:7，夹砂褐陶。空袋足。足部饰绳纹（图5-52，5）。YP070603C006:1，夹砂灰陶。大袋足，有实足跟。袋足饰绳纹，根部素面（图5-52，4）。

甗　1件。YP070603H004:1，夹砂灰褐陶。束腰，有隔。腹部饰绳纹，腰部有附加堆纹（图5-52，9）。

盆　1件。YP070603H004:4，泥质灰陶。圆唇，敞口，深腹，平底。素面。口径10.8、底径5.2、高5.2厘米（图5-52，7）。

尊　1件。YP070603F002:1，泥质灰陶。圆唇，大敞口。器表有弦纹（图5-52，6）。

2. 二里头时期

二里头时期遗存主要分布在遗址西部，遗存分布稀疏（图5-50）。除在梯田的断面上发现1个灰坑外，未见其他遗迹现象。灰坑内包含较多陶片，地表也有陶片分布。陶片多夹砂灰陶，纹饰以绳纹为主，可辨器形有鬲、甗、蛋形瓮、罐等。

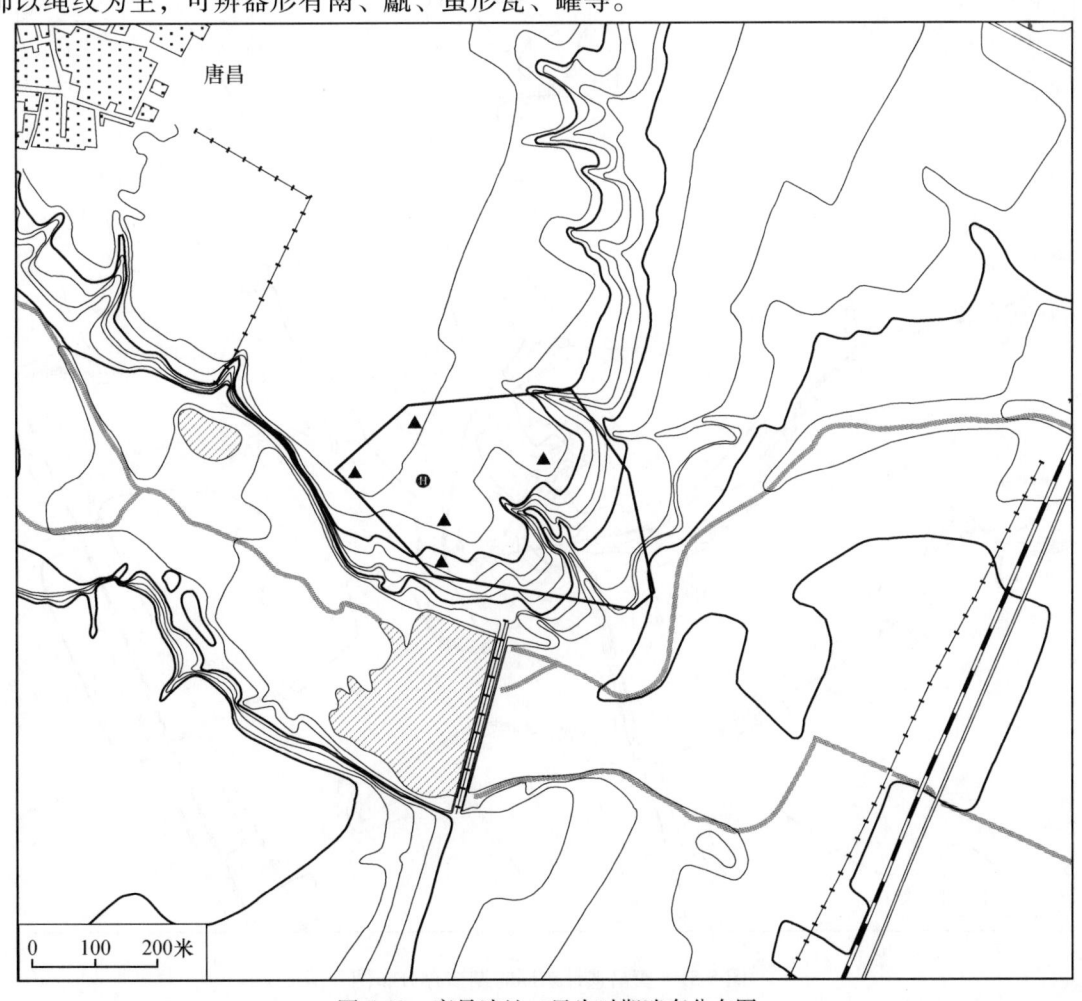

图5-50　唐昌遗址二里头时期遗存分布图

鬲　1件。YP070603H004：5，夹砂灰褐陶。圆唇，口外翻，矮领，分裆，袋足。口部有花边装饰，口下有纽状鋬手，腹部饰绳纹（图5-52，1）。

鬲足　1件。YP070603H004：6，夹砂褐陶。锥状长实足跟。足部有绳纹（图5-52，2）。

甗　1件。YP070603H002：1，夹砂褐陶。束腰，有隔，隔上有箅孔。腹部饰绳纹，腰部有附加堆纹（图5-52，8）。

蛋形瓮　1件。YP070603H004：3，夹砂灰褐陶。小平沿，敛口，深鼓腹。腹部饰绳纹。口径24、残高6.8厘米（图5-52，10）。

蛋形瓮足　1件。YP070603H004：2，夹砂灰褐陶。实足跟。足部饰绳纹（图5-52，3）。

3. 东周时期

东周时期遗存分布于遗址东部阶地断面上，遗存分布稀疏（图5-51）。除在断面上发现1处文化层外，未见其他遗迹现象。文化层内包含有少量陶片，地表也有陶片发现。陶片多夹砂灰陶，纹饰以绳纹为主，可辨器形有豆、罐等。

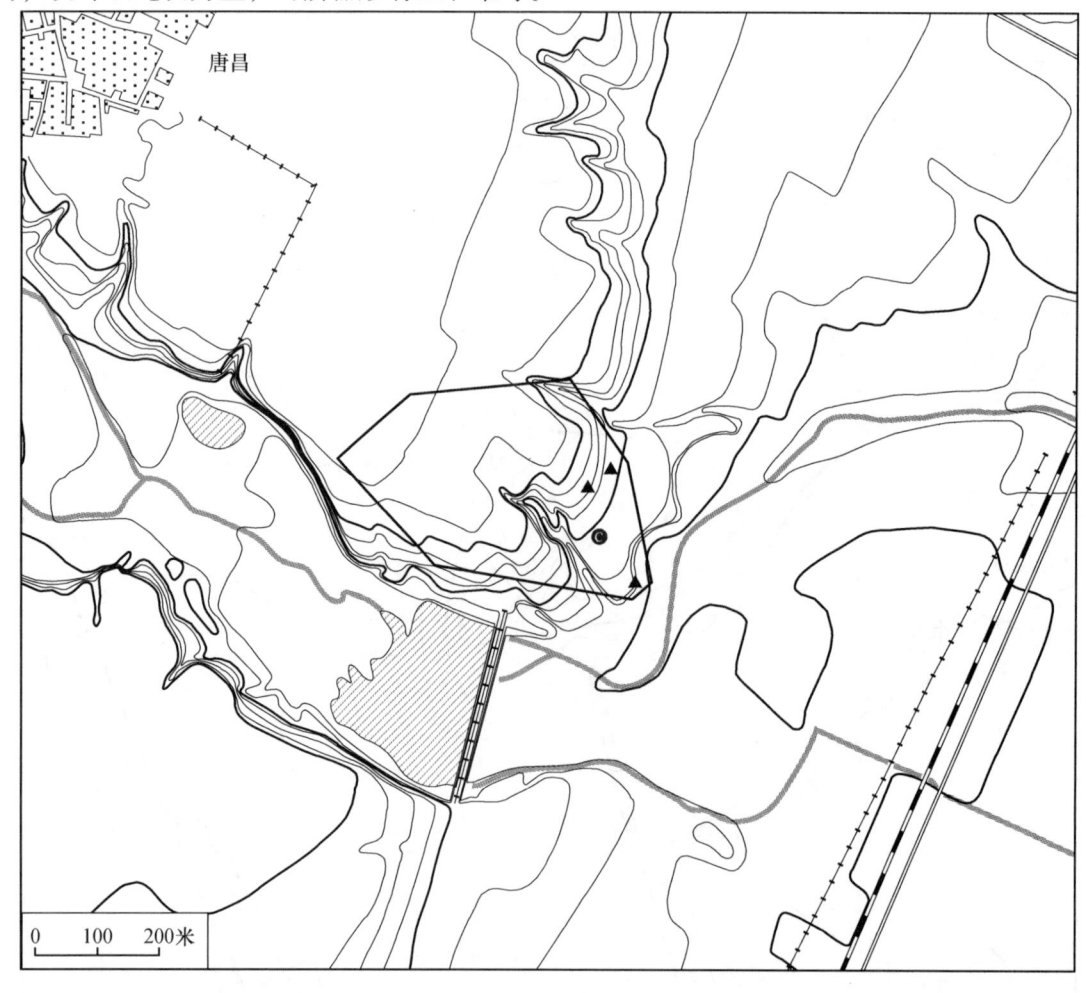

图5-51　唐昌遗址东周时期遗存分布图

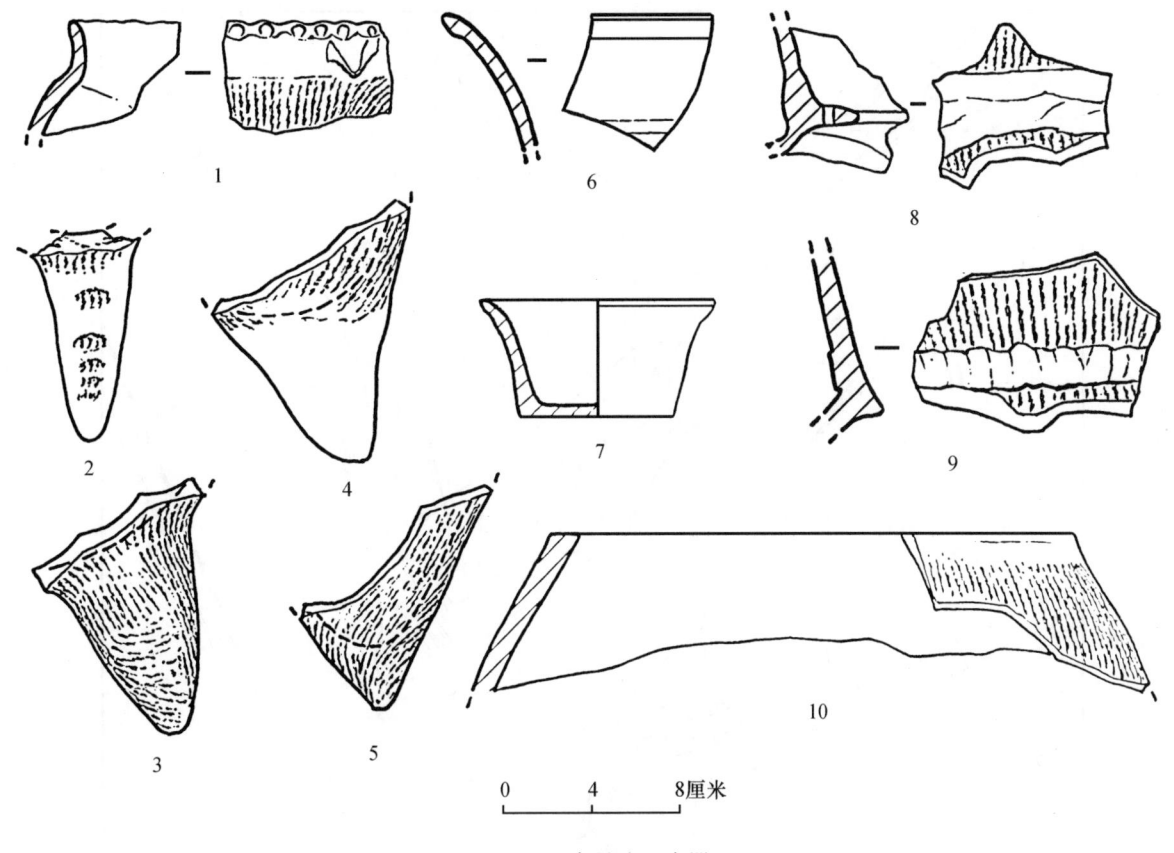

图 5-52 唐昌遗址陶器

1. 鬲（YP070603H004:5） 2、4、5. 鬲足（YP070603H004:6、YP070603C006:1、YP070603H004:7） 3. 蛋形瓮足（YP070603H004:2）
6. 尊（YP070603F002:1） 7. 盆（YP070603H004:4） 8、9. 甗（YP070603H002:1、YP070603H004:1） 10. 蛋形瓮（YP070603H004:3）
（1~3、8、10. 二里头时期；4~7、9. 龙山时期）

二一、沙沟窑遗址

沙沟窑遗址位于原平市崞阳镇沙沟窑村东南，面积3.6万平方米（彩版六六，1）。遗址处于滹沱河西岸二级阶地的前缘，东距滹沱河2千米，海拔830~845米，遗址分布在阶地前缘一突出的三角区域，上部较平，侧面为坡状堆积，遗迹主要发现于侧面。遗址南侧有汇入滹沱河的水流流过。遗存分布密集，但有一定的落差。遗址包含龙山、二里头、战国三个时期的遗存。

1. 龙山时期

龙山时期遗存分布在遗址东南部之外的绝大部分区域，遗存分布相对密集（图5-53）。除在遗址西南部断面上发现1处文化层外，未见其他遗迹现象。文化层内包含有少量陶片，地表亦有陶片分布。陶片多夹砂灰陶，纹饰多绳纹、篮纹，可辨器形有鬲、罐等。

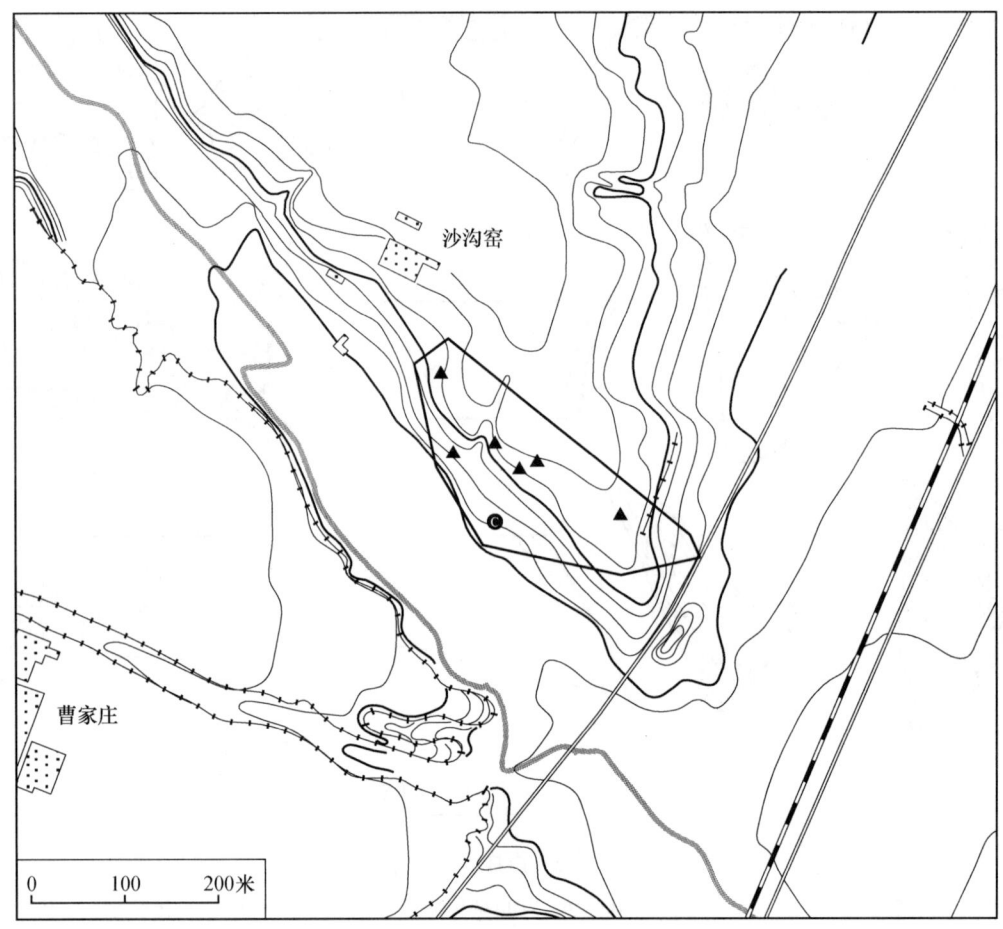

图 5-53　沙沟窑遗址龙山时期遗存分布图

2. 二里头时期

二里头时期遗存见于遗址西南部之外的其他区域，遗存分布略显稀疏（图 5-54）。仅在遗址西部断面上发现 1 个灰坑，此外未见其他遗迹现象。灰坑内包含物丰富，尤以陶片最多，地表也有较多陶片分布。陶片多夹砂灰陶，纹饰以绳纹为主，可辨器形有鬲、蛋形瓮、盆、罐等。

鬲足　2件。YP071018M003：1，夹砂灰陶。空袋足，下有实足跟，跟部残。器表饰绳纹（图 5-55，2）。YP071018M004-H：1，夹砂褐陶。锥状实足跟。足部饰绳纹，跟部平均分布有三道纵向捆绑沟槽（图 5-55，3）。

蛋形瓮　1件。YP071018M004-H：2，泥质褐陶。平沿内折，敛口，深腹。素面（图 5-55，1）。

3. 战国时期

战国时期遗存分布于遗址中、东部，分布范围虽小，但相对集中（图 5-56）。未见任何遗迹现象，只在地表发现有陶片。陶片多夹砂灰陶，纹饰有粗大绳纹，可辨器形有豆、罐等。

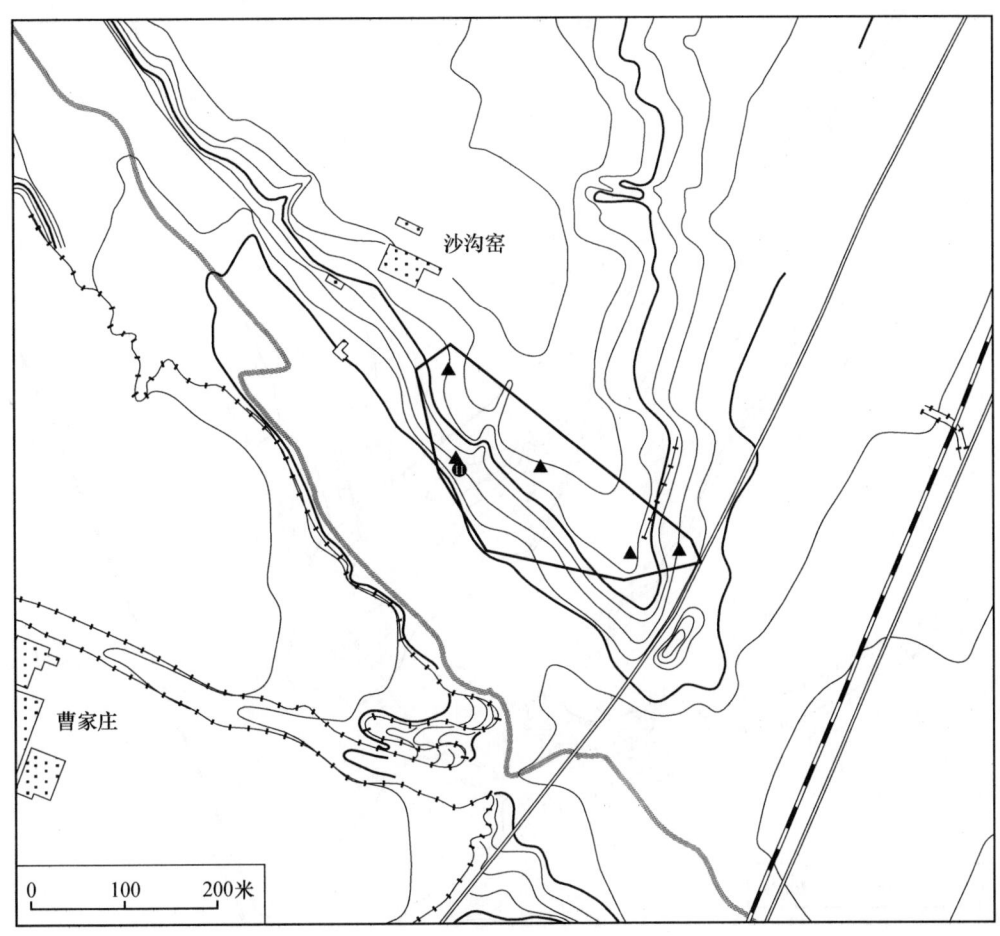

图 5-54 沙沟窑遗址二里头时期遗存分布图

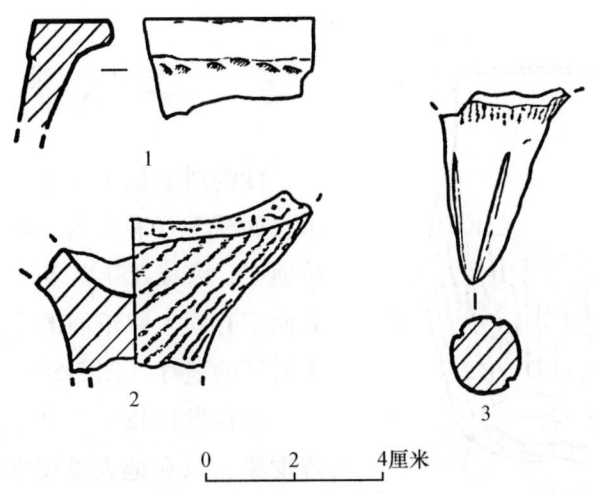

图 5-55 沙沟窑遗址二里头时期陶器
1. 蛋形瓮（YP071018M004-H:2） 2、3. 鬲足（YP071018M003:1、YP071018M004-H:1）

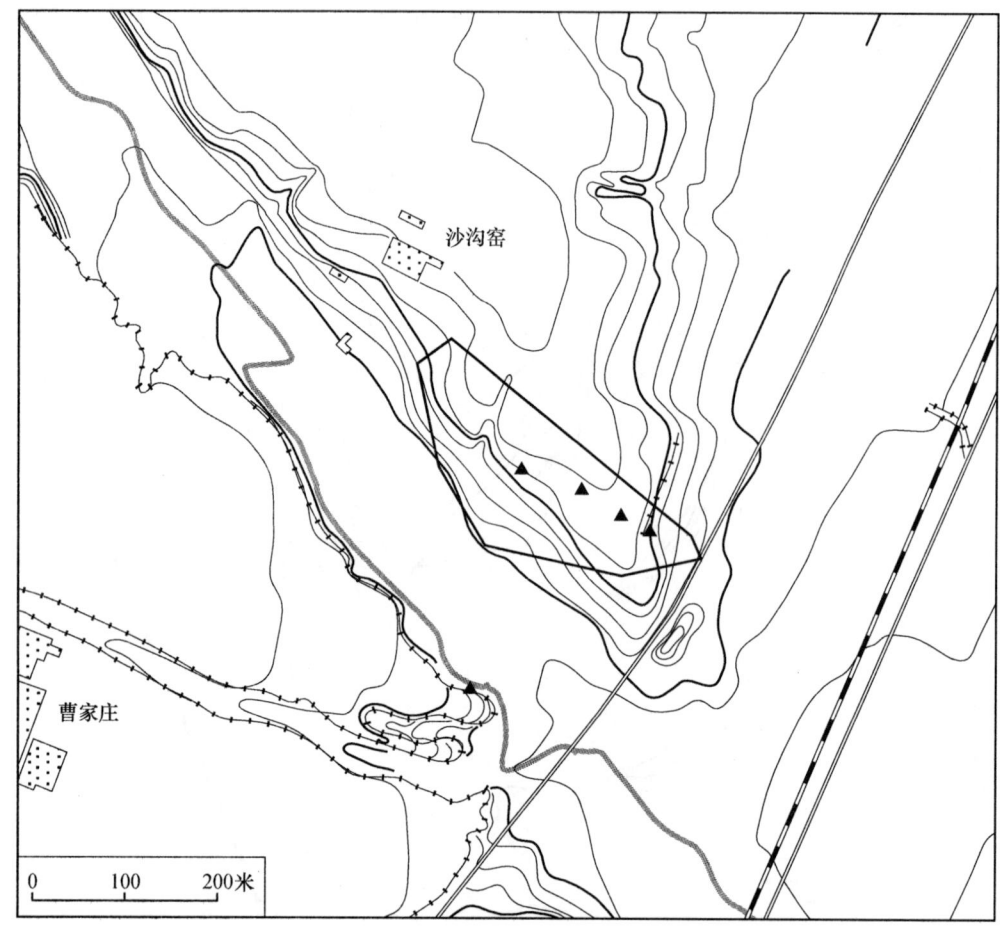

图 5-56　沙沟窑遗址战国时期遗存分布图

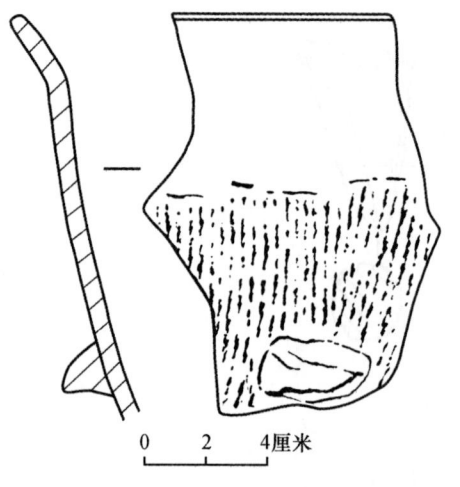

图 5-57　沙沟遗址陶器
甗（YP071016F001∶1）

二二、沙沟遗址

沙沟遗址位于原平市崞阳镇沙沟村西北 400 米，面积 3 万平方米。遗址处在滹沱河西岸二级阶地上，海拔 850 米多，地势较为平坦。遗址南、北面都有汇入滹沱河的水流流过。遗址只有二里头时期的遗存（图 5-58）。

遗存发现较少，分布较为稀疏。未见任何遗迹现象，只在地表发现零星陶片，数量较少。陶片多夹砂灰陶，纹饰以绳纹为主，可辨器形有甗、蛋形瓮等。

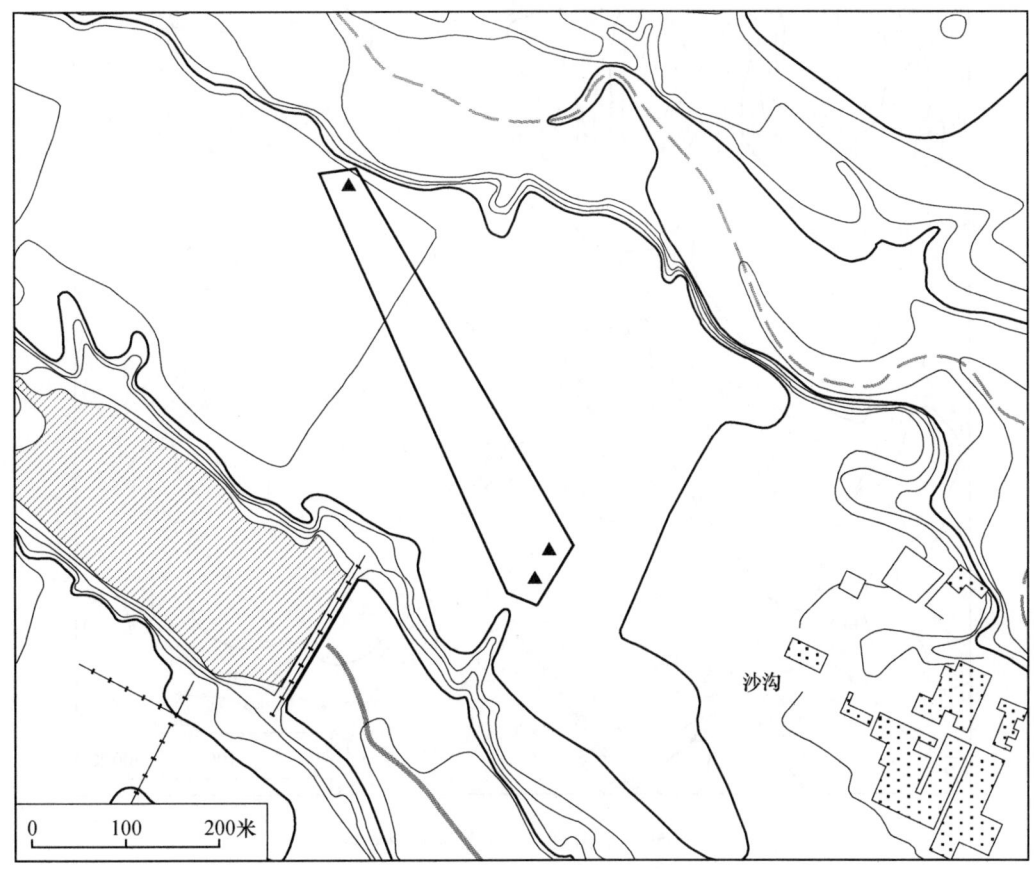

图 5-58　沙沟遗址遗存分布图

甗　1件。YP071016F001:1，夹砂灰黑陶。方唇，敞口，斜深腹。腹部饰绳纹，其上有鋬手（图5-57）。

二三、平山梁Ⅰ号遗址

平山梁Ⅰ号遗址位于原平市崞阳镇平山梁村北350米，面积较小，只有0.9万平方米。遗址处于山前冲积扇的最高处，地势较高，海拔1145~1160米，西北高，东南低，有一定坡度，有一定的起伏。发源于山间的溪水穿过遗址东部。遗址只有东周时期的遗存，其中，部分可进一步确认为战国时期（图5-59）。

遗存只有零星发现，分布也略显稀疏。未见任何遗迹现象，只在地表发现零星陶片。陶片多夹砂灰陶，纹饰有粗大绳纹，可辨器形有罐等。

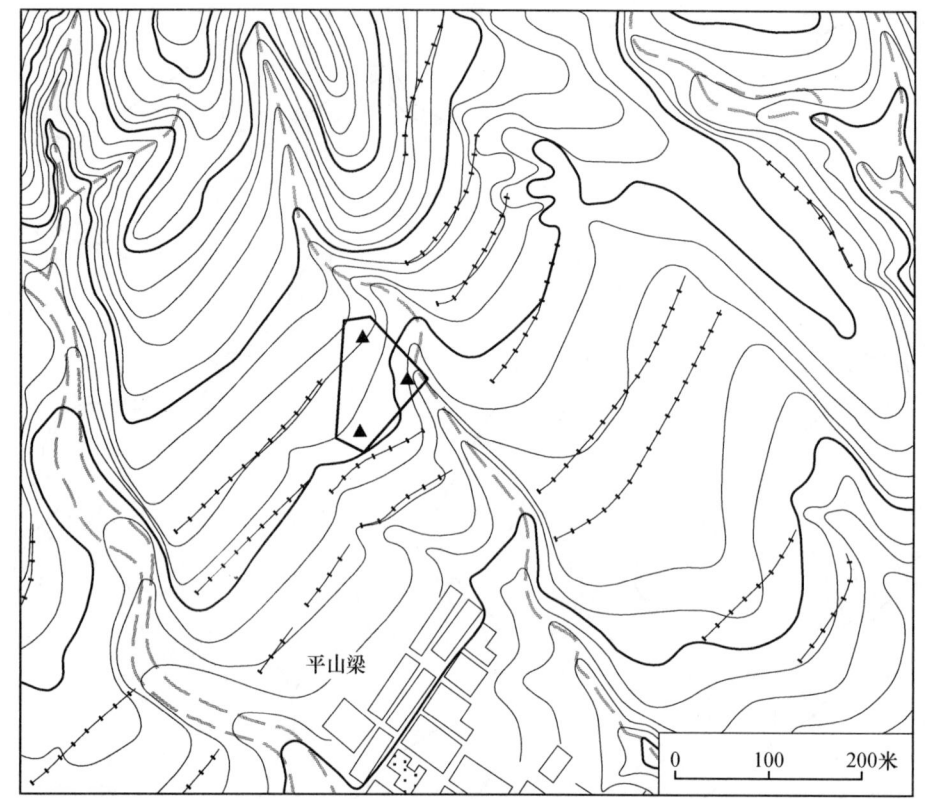

图5-59 平山梁Ⅰ号遗址遗存分布图

二四、平山梁Ⅱ号遗址

平山梁Ⅱ号遗址位于原平市崞阳镇平山梁村西，面积10.9万平方米。遗址处于山前冲积扇最高处一突出的山梁上，地势较高，海拔1130~1190米，西北高东南低，坡度大，起伏大。遗址南、北两侧都有发源于山间的水流流过。遗址只有龙山时期的遗存（图5-60）。

遗存分布密集，尤以东南部分布较为密集，遗存分布落差大。除在遗址中部偏北断面上发现1处文化层外，未见其他遗迹现象。文化层内包含陶片较少，地表发现陶片较多。陶片多夹砂灰陶，纹饰多篮纹、绳纹，可辨器形有鬲、蛋形瓮、罐等。

鬲足 2件。YP080416I007：1，夹砂灰褐陶。空袋足。足部饰绳纹（图5-61，6）。YP080416E003：1，夹砂灰陶。空袋足，有实足跟，足跟横截面呈椭圆形。足部饰方格纹（图5-61，7）。

蛋形瓮 3件。YP080416F008：1，夹砂灰陶。平沿，敛口，深腹。腹部饰篮纹（图5-61，1）。YP080416I012：1，夹砂灰陶。平沿内折，敛口，深腹。腹部饰竖宽篮纹（图5-61，2）。YP080416F011：1，泥质灰陶。平沿内折，敛口，深腹，腹部饰篮纹（图5-61，4）。

蛋形瓮足 1件。YP080416F009：1，夹砂褐陶。柱状实足跟。足部饰绳纹（图5-61，5）。

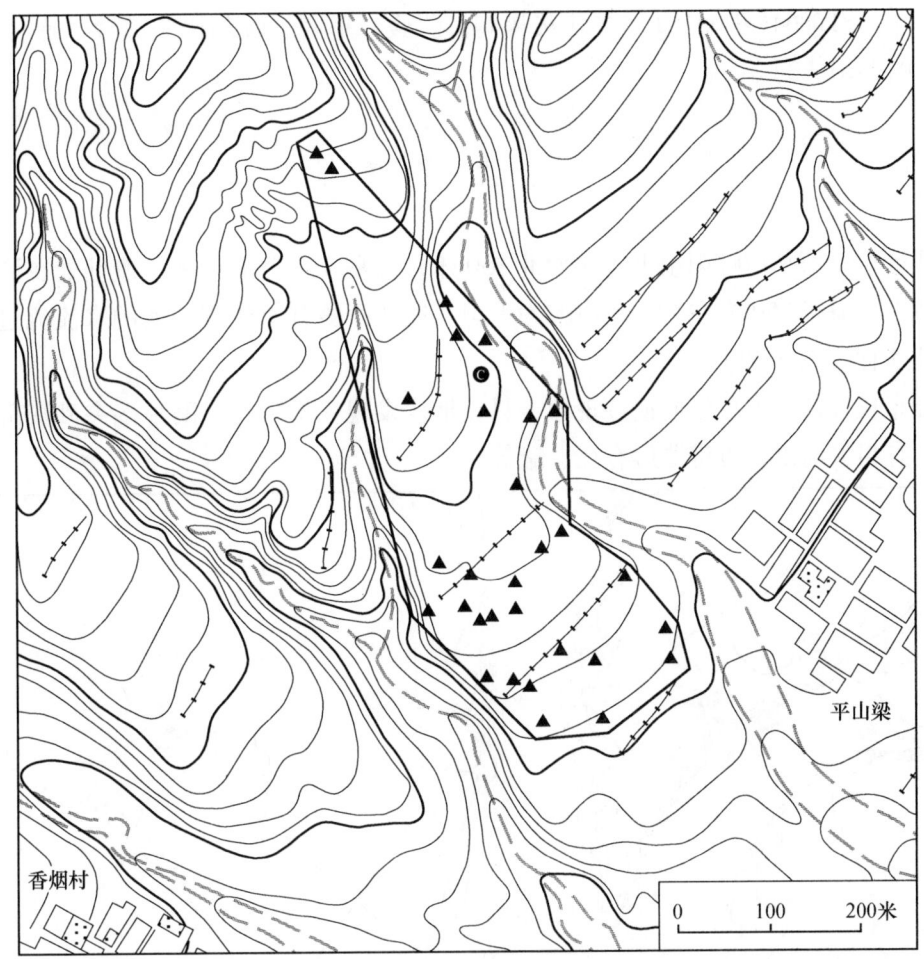

图 5-60　平山梁Ⅱ号遗址遗存分布图

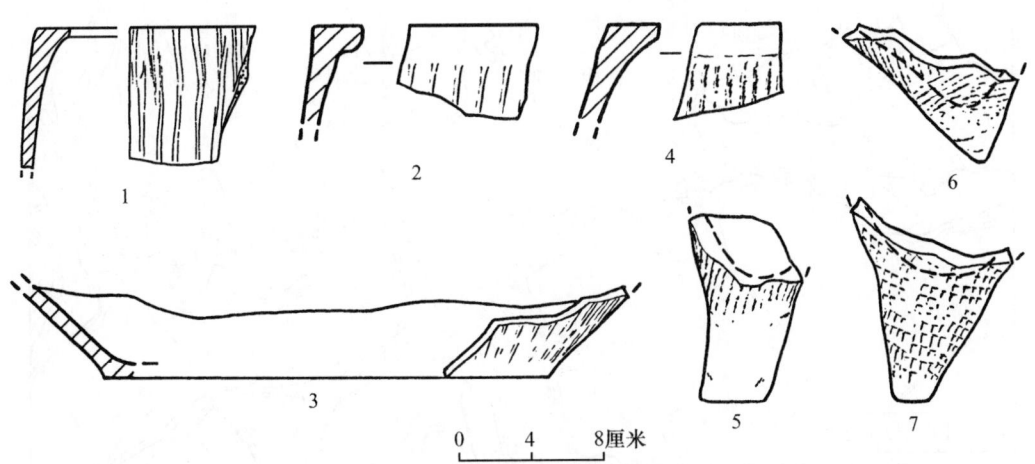

图 5-61　平山梁Ⅱ号遗址陶器

1、2、4. 蛋形瓮（YP080416F008∶1、YP080416I012∶1、YP080416F011∶1）　3. 罐（YP080416D002∶1）
5. 蛋形瓮足（YP080416F009∶1）　6、7. 鬲足（YP080416I007∶1、YP080416E003∶1）

罐　1件。YP080416D002：1，夹砂灰褐陶。斜腹，平底。腹部饰竖篮纹。底径24、残高4.8厘米（图5-61，3）。

二五、上吉遗址

上吉遗址位于原平市崞阳镇上吉村西北350米，面积4.4万平方米。遗址处在滹沱河西岸的二级阶地上，海拔850米左右，地势较为平坦。遗址西侧有通往滹沱河的水流流过。遗址只有战国时期遗存（图5-62）。

遗存分布较稀疏。未见任何遗迹现象，只在地表发现零星陶片。陶片多夹砂灰陶，纹饰以绳纹为主，有粗大绳纹，可辨器形有豆、罐等。

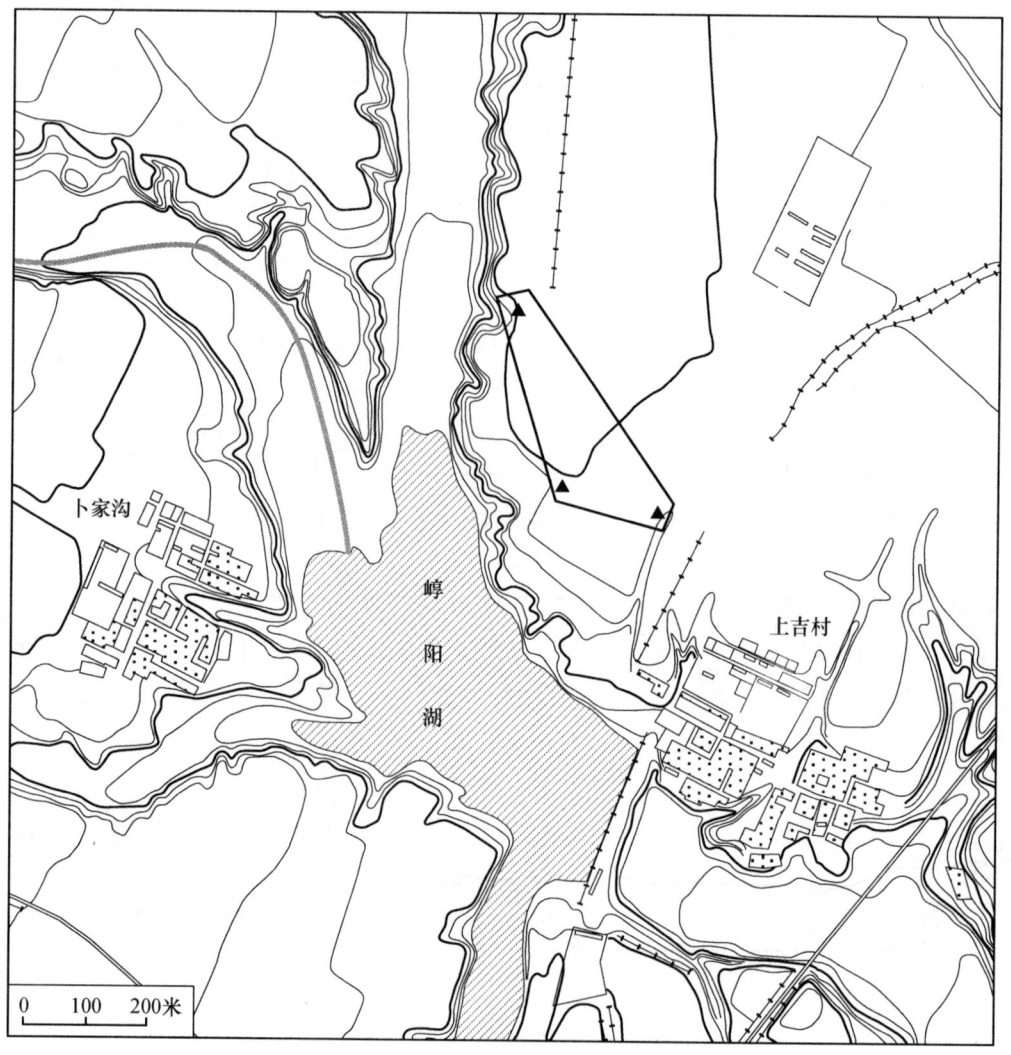

图5-62　上吉遗址遗存分布图

二六、庄头遗址

庄头遗址位于原平市崞阳镇庄头村西南550米，面积6.8万平方米（彩版六六，2）。遗址处在滹沱河西岸台地的前缘，东距滹沱河1.5千米，海拔835～845米，遗址西部有沟壑，东部则为阶地断面，地势起伏较大。遗存分布在东、西两端，中部未见，遗存分布稀疏。遗址包含龙山、二里头、东周三个时期的遗存，其中，东周时期遗存很多可进一步确认为战国时期。

1. 龙山时期

龙山时期遗存见于遗址最东部，仅有个别发现，遗存分布非常稀疏（图5-63）。未见任何遗迹现象，只在地表发现少量陶片。陶片多夹砂灰陶，纹饰有篮纹。

2. 二里头时期

二里头时期遗存见于遗址最东部，只有零星发现，遗存分布非常稀疏（图5-63）。未见任何遗迹现象，只在地表发现有陶片。陶片多夹砂灰陶，纹饰以绳纹为主，可辨器形有蛋形瓮、罐等。

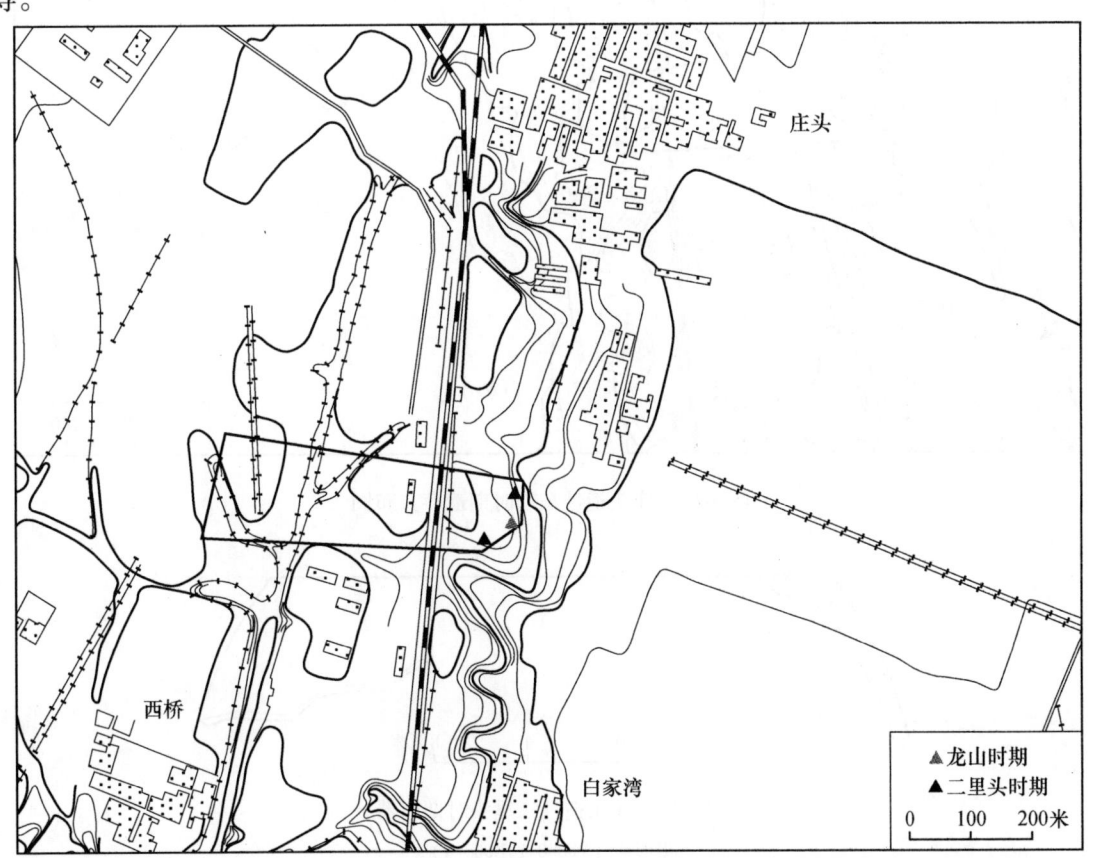

图5-63　庄头遗址龙山、二里头时期遗存分布图

蛋形瓮　1件。YP080414K003：1，夹砂灰褐陶。平沿内折，敛口，深鼓腹。素面。口径24、残高6厘米（图5-65）。

3. 东周时期

东周时期遗存主要见于遗址西部，东部有零星发现，西部遗存分布略显密集（图5-64）。未见任何遗迹现象，只在地表发现有陶片。陶片多夹砂灰陶，纹饰有粗大绳纹，可辨器形有盆、豆、罐等。

在遗址西南400米处有这个时期的零星陶片分布。

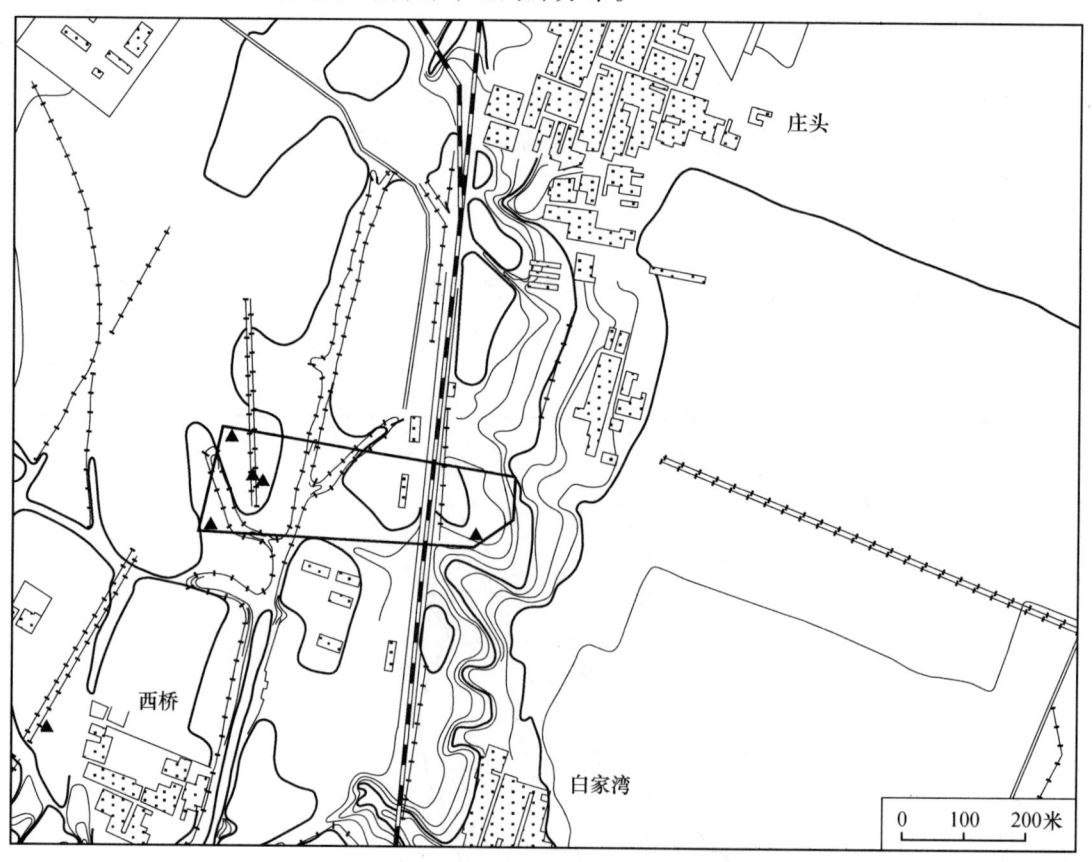

图5-64　庄头遗址东周时期遗存分布图

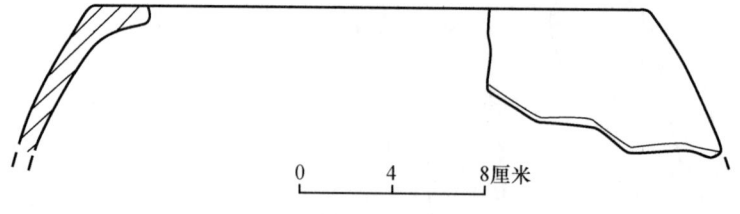

图5-65　庄头遗址二里头时期陶器
蛋形瓮（YP080414K003：1）

二七、大东关遗址

大东关遗址位于原平市崞阳镇大东关村东,面积17.3万平方米(彩版六七,1)。遗址呈长条状沿滹沱河西岸台地的前缘分布,东距滹沱河不足1千米,海拔815~835米,因为靠近滹沱河,遗址内有三条流向滹沱河的宽冲沟,地势起伏较大。除了遗址东面滹沱河外,其北侧有汇入滹沱河的河流流过,南侧不远处也有汇入滹沱河的河流。遗址北部遗存分布密集,遗址包含龙山、二里头、东周三个时期的遗存,其中,东周时期遗存部分可进一步确认为战国时期。

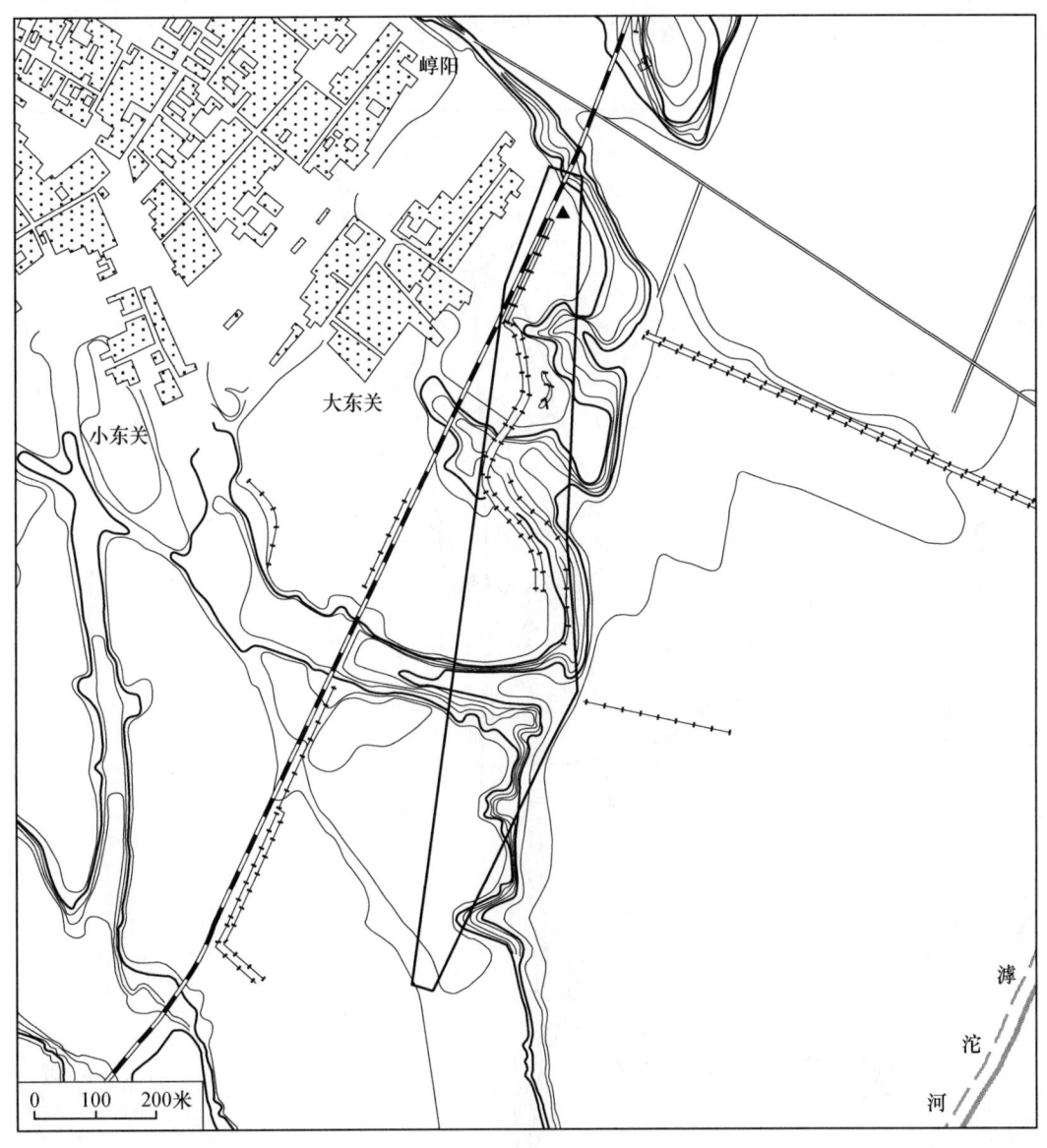

图 5-66　大东关遗址龙山时期遗存分布图

1. 龙山时期

龙山时期遗存仅见于遗址最北部，只有个别发现，遗存分布非常稀疏（图 5-66）。未见任何遗迹现象，只在地表发现少量陶片。陶片多夹砂灰陶，纹饰有篮纹，可辨器形有罐等。

罐　1件。YP080414E002：1，夹砂褐陶。深腹、平底。素面（图 5-69，2）。

2. 二里头时期

二里头时期遗存仅见于遗址中部偏东，只有个别发现，遗存分布非常稀疏（图 5-67）。未见任何遗迹现象，只在地表发现少量陶片。陶片多夹砂灰陶，纹饰以绳纹为主，可辨器形有蛋形瓮等。

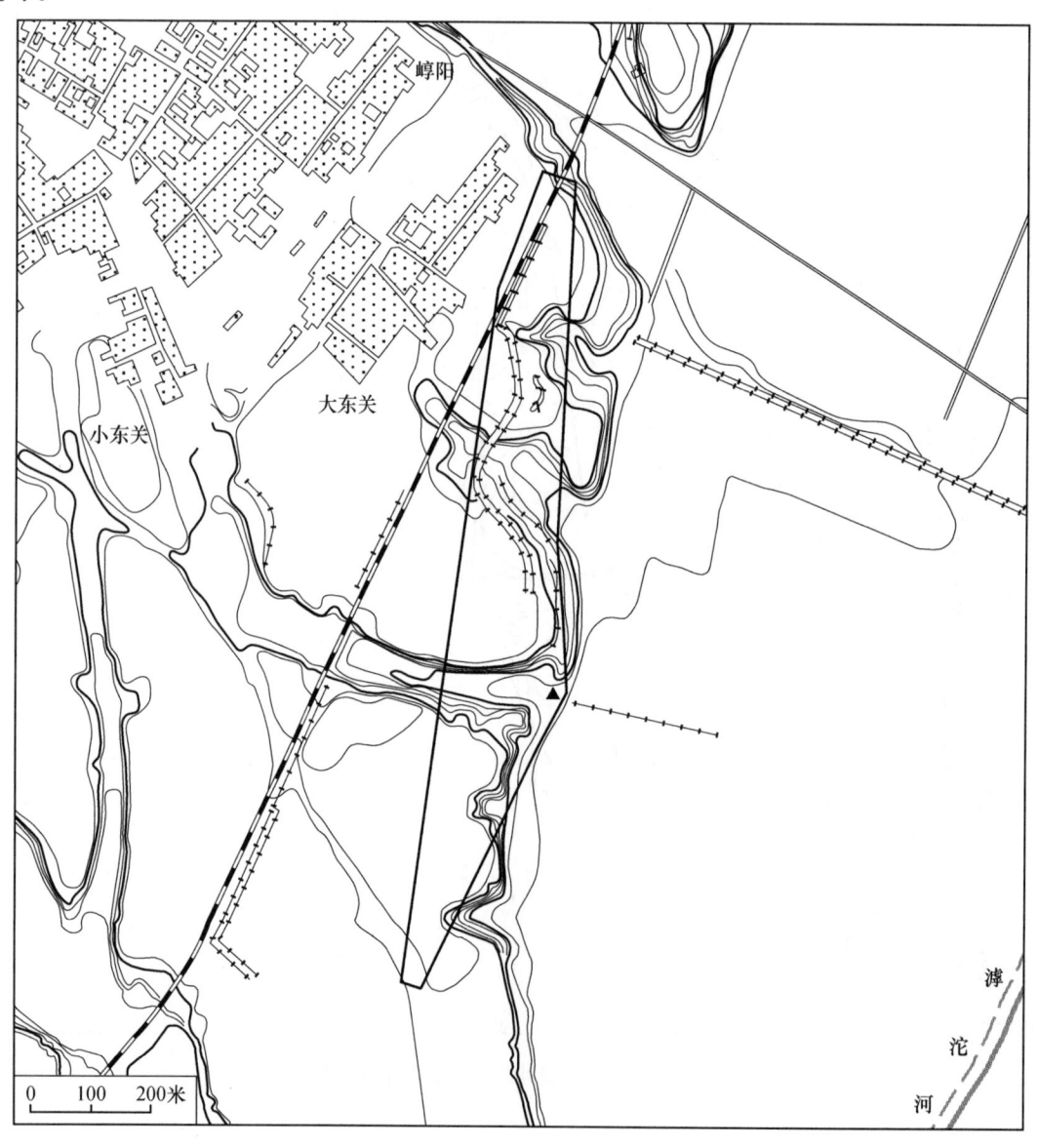

图 5-67　大东关遗址二里头时期遗存分布图

3. 东周时期

东周时期遗存见于整个遗址，尤以北部遗存分布较为密集（图 5-68）。遗迹见于遗址北部沟的断面，仅发现 1 个灰坑，未见其他遗迹现象。灰坑内包含有较多陶片，地表也有陶片发现。陶片多夹砂灰陶，纹饰以绳纹为主，有粗大绳纹，可辨器形有豆、罐等。

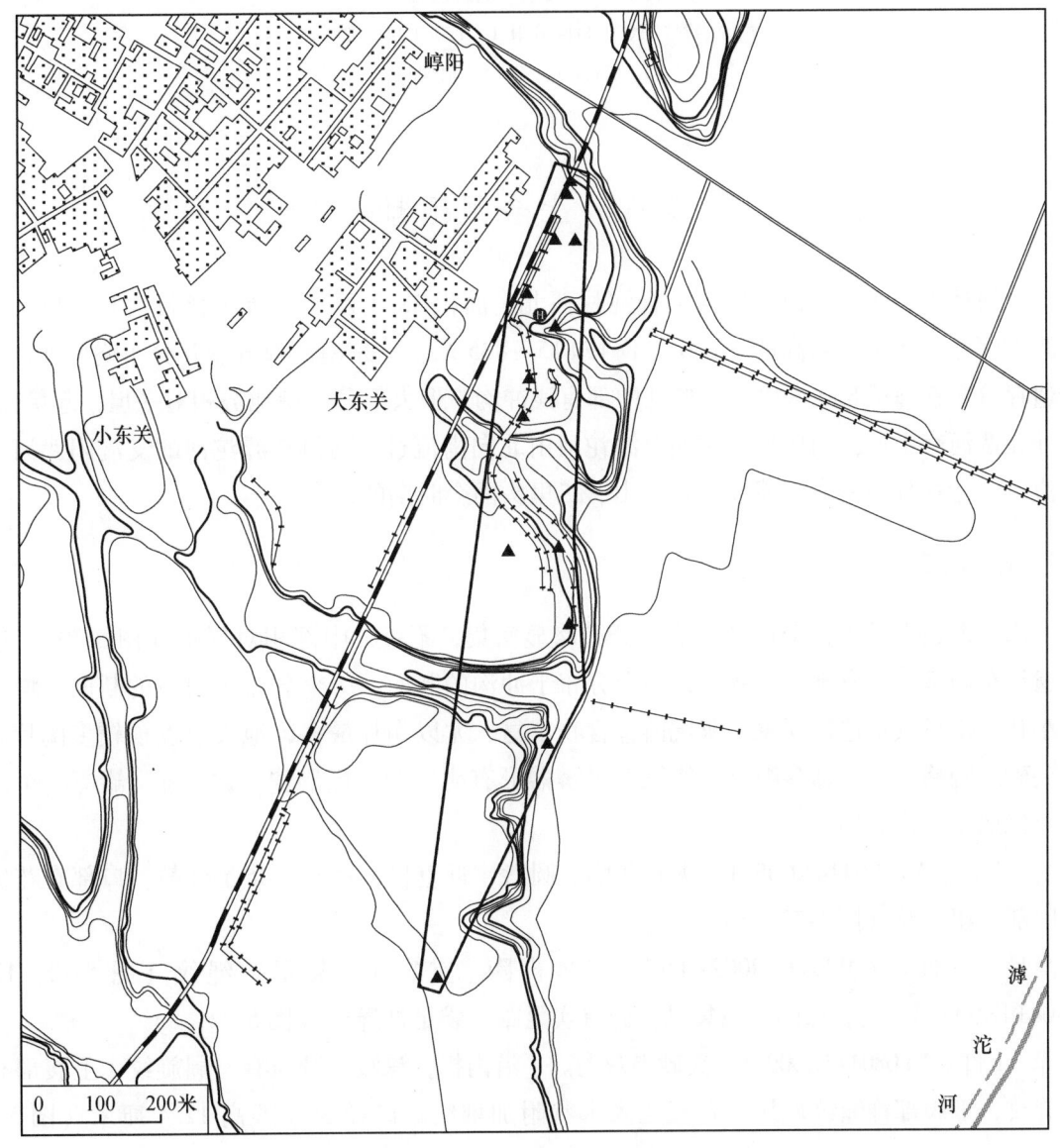

图 5-68　大东关遗址东周时期遗存分布图

罐　1件。YP080414D001-H∶1，夹砂褐陶。方唇，翻沿，沿上下起脊，束颈，鼓腹。腹部饰绳纹。口径 30、残高 6 厘米（图 5-69，1）。

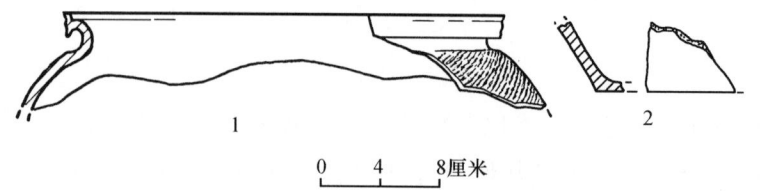

图 5-69　大东关遗址陶器
1、2. 罐（YP080414D001-H：1、YP080414E002：1）
(1. 东周时期；2. 龙山时期)

二八、上合河遗址

上合河遗址位于原平市崞阳镇上合河村西北，面积 38.2 万平方米（彩版六七，2）。遗址处在滹沱河西岸台地一略高的土丘上，海拔 815～835 米，除东南部部分遗存分布略低外，绝大部分遗存分布在海拔 830 米以上，遗址中部有浅冲沟，但大部分区域地势相对平坦，起伏较小。遗址处在两河交汇的三角区域，东面有滹沱河由北向南流过，南侧有滹沱河的支流阳武河由西向东流过。遗存分布密集，遗址包含龙山、二里头两个时期的遗存。

1. 龙山时期

龙山时期遗存见于整个遗址，遗存分布略显密集，不过，中部相对稀疏（图 5-70）。遗迹见于遗址东南部，只发现 2 个灰坑，一个分布于冲沟的断面，一个分布于斜坡的断面，均为口大底小状，未见其他遗迹现象。灰坑内包含物丰富，尤以陶片最多，地表也发现较多陶片。陶片以夹砂灰陶略多，纹饰多绳纹、篮纹，可辨器形有鬲、斝、蛋形瓮、瓮、盆、罐等，个别器物的年代属于龙山时期末。

鬲　1 件。YP080414K005：1，夹砂灰陶。圆唇，近直口，矮领，袋足外鼓。口部有花边装饰，腹部饰粗绳纹（图 5-72，3）。

鬲足　2 件。YP080414H002-H：2，夹砂褐陶。空袋足。袋足饰绳纹（图 5-72，10）。YP080414K009：2，夹砂黑陶。空袋足，微有实足跟。袋足饰绳纹（图 5-72，8）。

斝　1 件。YP080414K009：1，夹砂黑灰陶。平沿内折，深腹。沿面有三周旋纹，上腹部有数周凹旋纹，下腹部饰绳纹，其上有五花大绑状附加堆纹。口径 35、残高 12.4 厘米（图 5-72，11）。

蛋形瓮　1 件。YP080414C008：1，泥质灰陶。宽平沿，敛口，深腹。腹部饰竖篮纹（图 5-72，9）。

蛋形瓮足　1 件。YP080414K009：3，夹砂褐陶。实足跟。足部饰绳纹（图 5-72，4）。

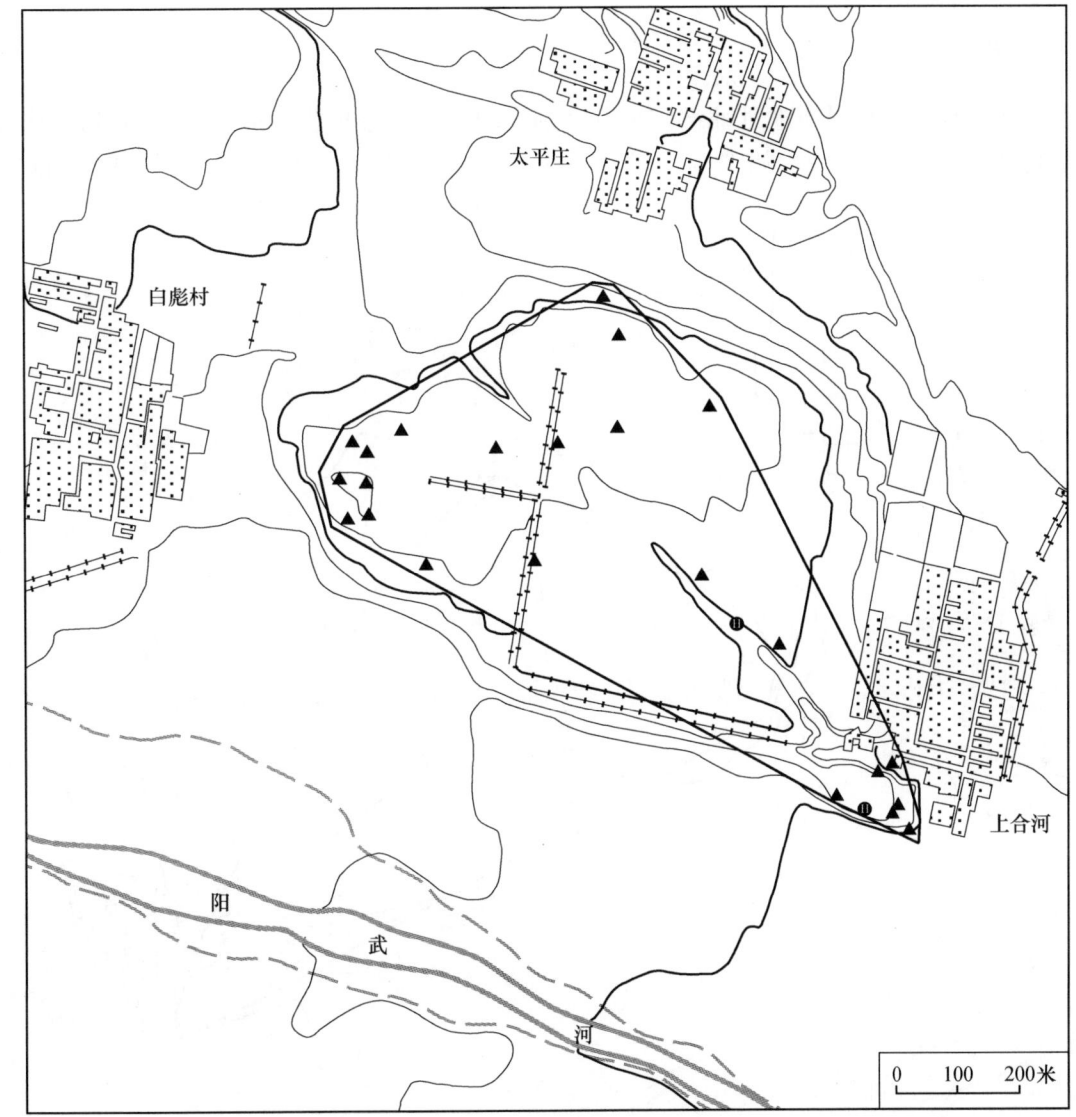

图 5-70　上合河遗址龙山时期遗存分布图

瓮　1件。YP080414H002-H:1，夹砂褐陶。圆唇，敛口，鼓肩。素面。口径19.6、残高4厘米（图5-72，1）。

盆　3件。YP080414K005:2，泥质褐陶。圆唇，口外翻，深腹。器表饰绳纹（图5-72，6）。YP080414I010:1，夹砂灰陶。圆唇，直深腹。腹部饰绳纹（图5-72，5）。YP080414I009:1，泥质黑皮陶。圆唇，大敞口，斜浅腹。素面磨光（图5-72，7）。

2. 二里头时期

二里头时期遗存仅见于遗址北部，只有个别发现，遗存分布非常稀疏（图 5-71）。未见任何遗迹现象，只在地表发现少量陶片。陶片多夹砂灰陶，纹饰以绳纹为主，可辨器形有罐等。

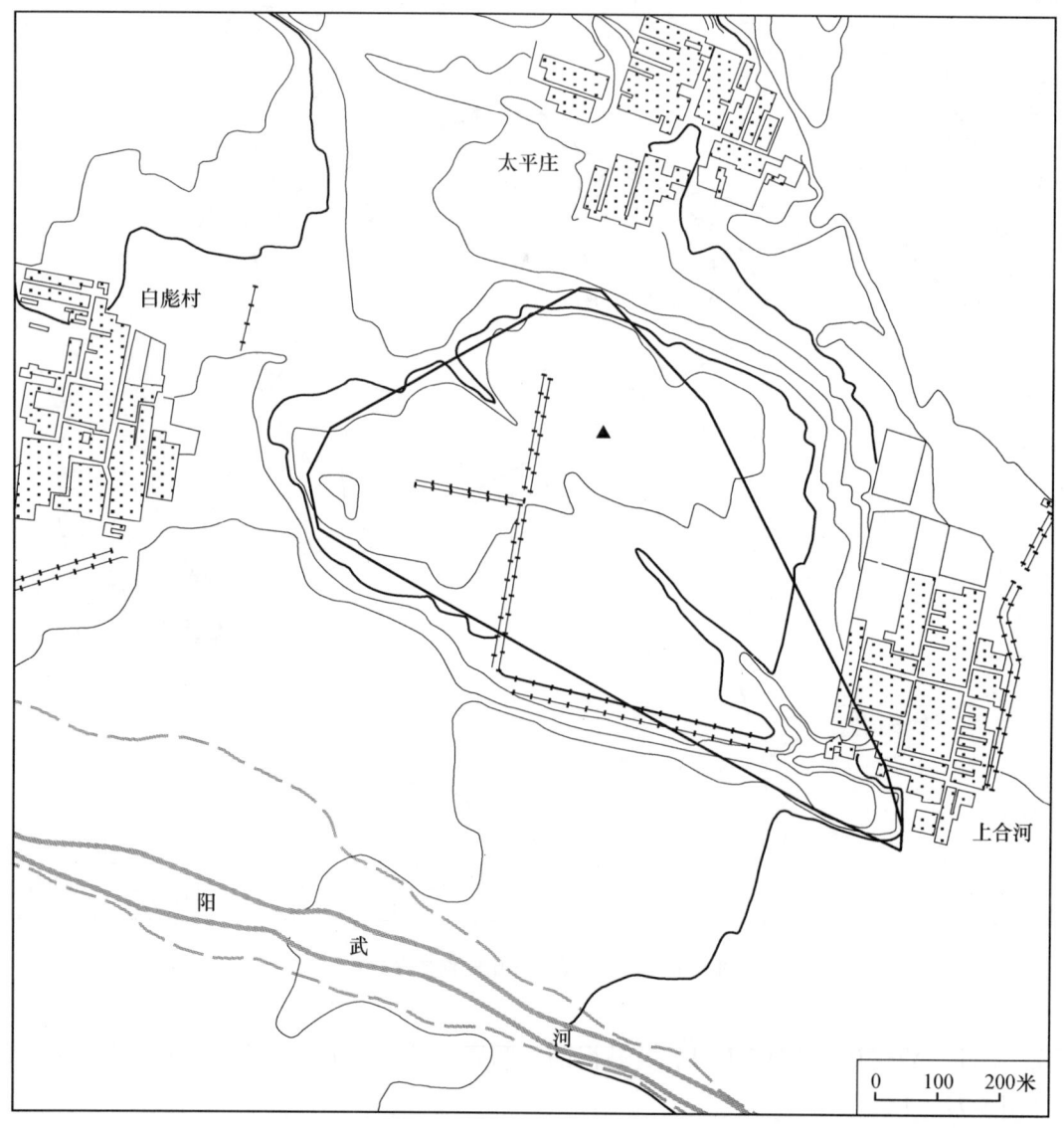

图 5-71　上合河遗址二里头时期遗存分布图

罐　1件。YP080414C007:1，泥质灰陶。圆唇，折沿，矮领，鼓肩。素面。口径30、残高3.6厘米（图5-72，2）。

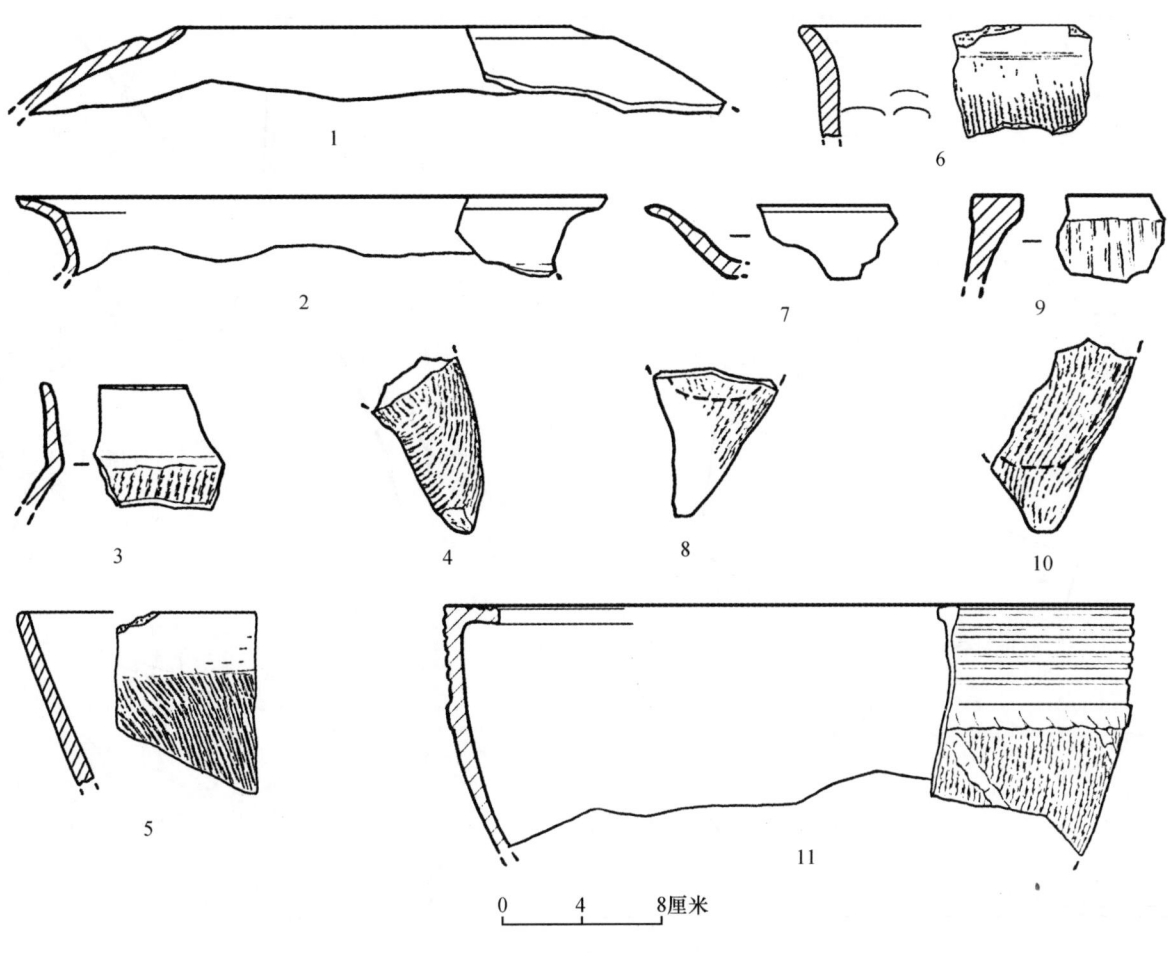

图 5-72 上合河遗址陶器

1. 瓮（YP080414H002-H:1） 2. 罐（YP080414C007:1） 3. 鬲（YP080414K005:1） 4. 蛋形瓮足（YP080414K009:3）
5~7. 盆（YP080414I010:1、YP080414K005:2、YP080414I009:1） 8、10. 鬲足（YP080414K009:2、YP080414H002-H:2）
9. 蛋形瓮（YP080414C008:1） 11. 斝（YP080414K009:1）

（1、3~11. 龙山时期；2. 二里头时期）

二九、白彪遗址

白彪遗址位于原平市崞阳镇白彪村西 1000 米，面积 10.9 万平方米。遗址处在滹沱河西岸的台地上，海拔 830~840 米，西略高，东略低，地势较为平坦。遗址南面不远处有滹沱河的支流阳武河流过。遗址只有战国时期的遗存（图 5-73）。

遗存分布稀疏。未见任何遗迹现象，只在地表发现有陶片。陶片多夹砂灰陶，纹饰有粗大绳纹，可辨器形有豆、罐等。

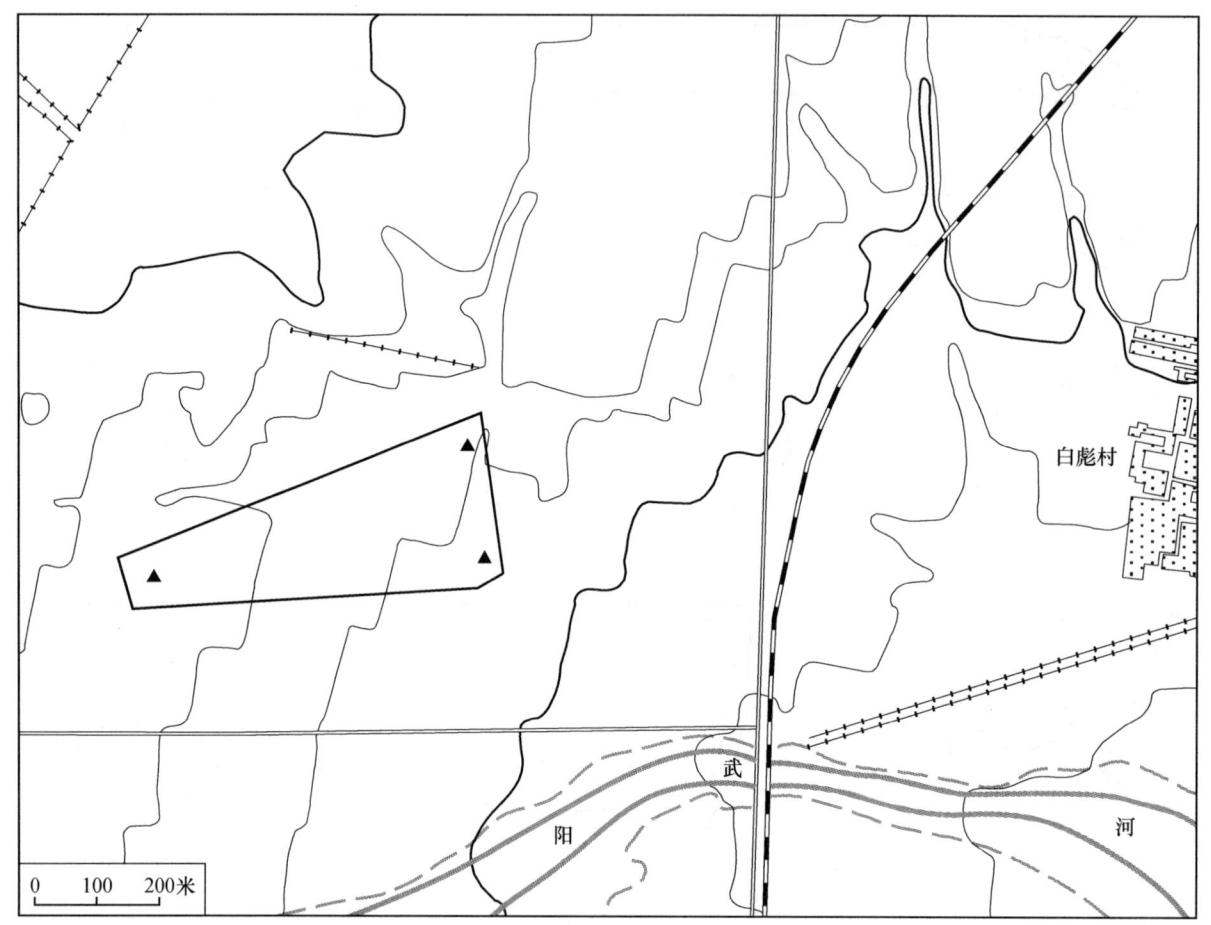

图 5-73　白彪遗址遗存分布图

三〇、新野庄遗址

新野庄遗址位于原平市大林乡新野庄村东 800 米，面积 19.4 万平方米（彩版六八，1）。遗址处在滹沱河西岸逐渐抬升的冲积扇上，海拔 870～880 米，西略高，东略低，遗址中部有两条东西向冲沟，其中一条略深，地势略有起伏。遗址北面不远处有发源于山间的季节性水流流过。遗址内遗存分布较为密集，遗址包含龙山、二里头、东周三个时期的遗存。

1. 龙山时期

龙山时期遗存分布于遗址最北部之外的其他区域，遗存分布密集，尤以南部分布最为密集（图 5-74）。未见任何遗迹现象，只在地表发现较多陶片。陶片多夹砂灰陶，纹饰有绳纹、篮纹，可辨器形有罐等。

罐　1 件。YP080430A001:1，夹砂灰黑陶。深腹，平底。腹部饰绳纹（图 5-76，1）。

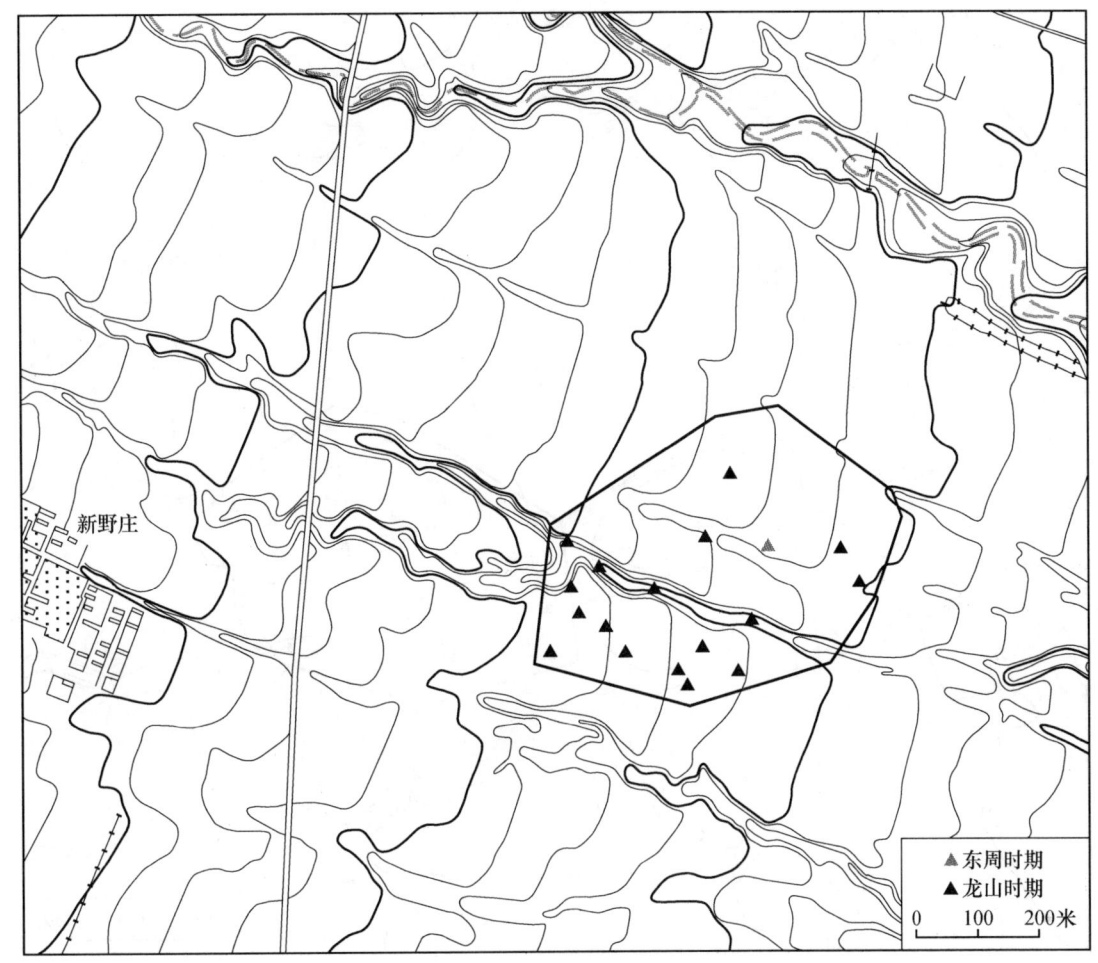

图 5-74　新野庄遗址龙山、东周时期遗存分布图

2. 二里头时期

二里头时期遗存见于整个遗址，遗存分布密集，尤以北部遗存分布最为密集（图 5-75）。未见任何遗迹现象，只在地表发现较多陶片。陶片多夹砂灰陶，纹饰以绳纹为主，可辨器形有鬲、甗、蛋形瓮、罐等。

鬲足　2件。YP080410K002:2，夹砂褐陶。长实足跟。足部饰绳纹，跟部有捆绑沟槽（图 5-76，4）。YP080430K003:1，夹砂褐陶。袋足，有长实足跟。足部饰绳纹，跟部有捆绑沟槽（图 5-76，5）。

甗　1件。YP080430K002:1，夹砂灰陶。深腹，束腰，有隔，袋足外鼓。腹部饰绳纹，腰部有扉棱（图 5-76，6）。

蛋形瓮　1件。YP080430B008:1，夹砂灰陶。平沿内折，敛口，深腹。素面（图 5-76，3）。

蛋形瓮足　1件。YP080430B007:1，夹砂灰陶。实足跟。足部饰绳纹（图 5-76，2）。

罐　1件。YP080430A004:1，夹砂灰陶。胎厚，深腹，平底。腹部饰绳纹。底径14、残高10厘米（图 5-76，7）。

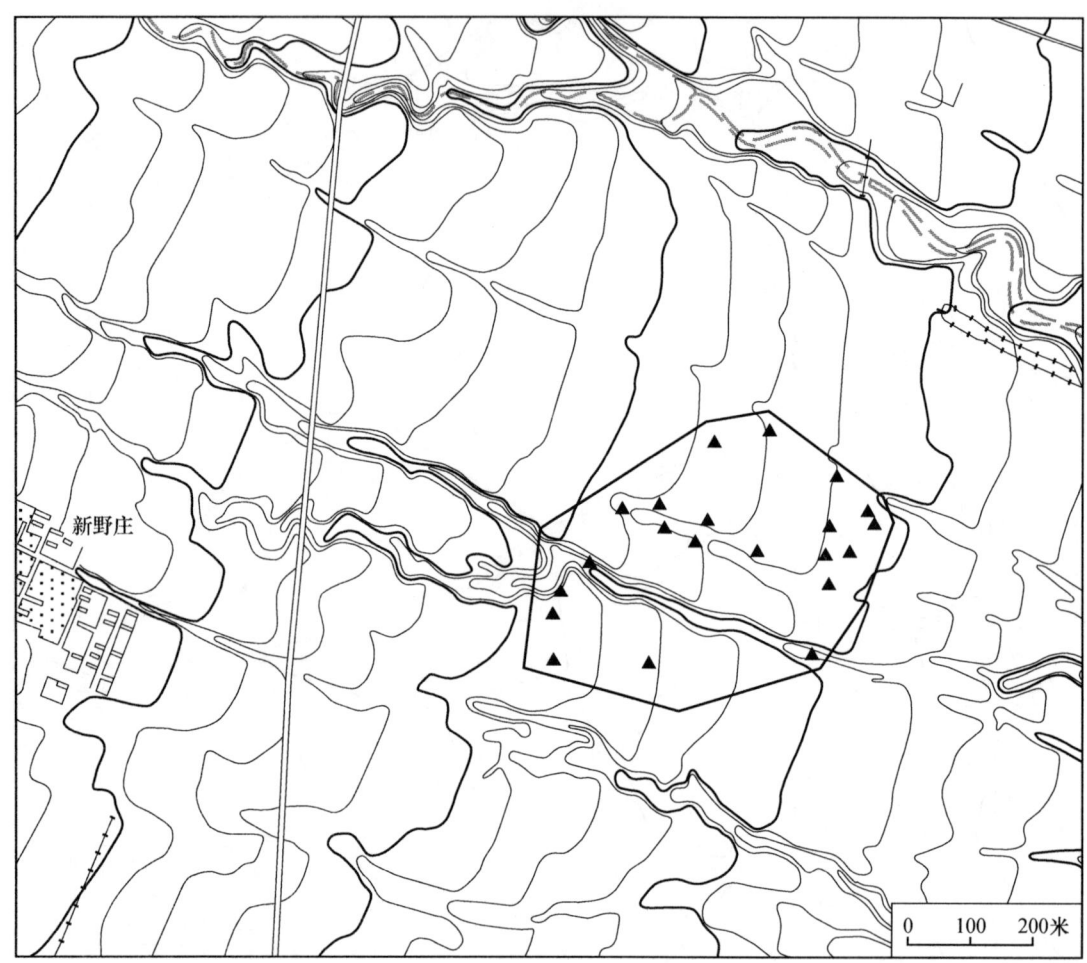

图 5-75　新野庄遗址二里头时期遗存分布图

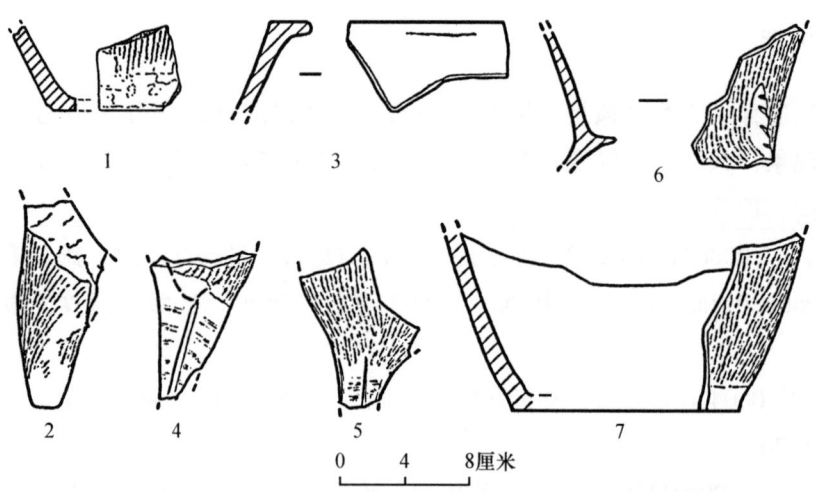

图 5-76　新野庄遗址陶器

1、7. 罐（YP080430A001:1、YP080430A004:1）　2. 蛋形瓮足（YP080430B007:1）　3. 蛋形瓮（YP080430B008:1）
4、5. 鬲足（YP080410K002:2、YP080430K003:1）　6. 甗（YP080430K002:1）

（1. 龙山时期；2~7. 二里头时期）

3. 东周时期

东周时期遗存仅见于遗址中部，只有个别发现，遗存分布非常稀疏（图5-74）。未见任何遗迹现象，只在地表发现有少量陶片。陶片多夹砂灰陶，纹饰以绳纹为多，可辨器形有罐等。

三一、下连狄遗址

下连狄遗址位于代县大林乡下连狄村西南200米，面积14.4万平方米。遗址处在滹沱河西岸逐渐抬升的冲积扇上，海拔860~870米，西高东低，内有浅冲沟，地势有一定的起伏。遗址北面有水流流过。遗址只有东周时期的遗存，其中，部分遗存可进一步确认为春秋和战国时期（图5-77）。

在遗址东南500米处发现有这个时期的零星陶片分布。

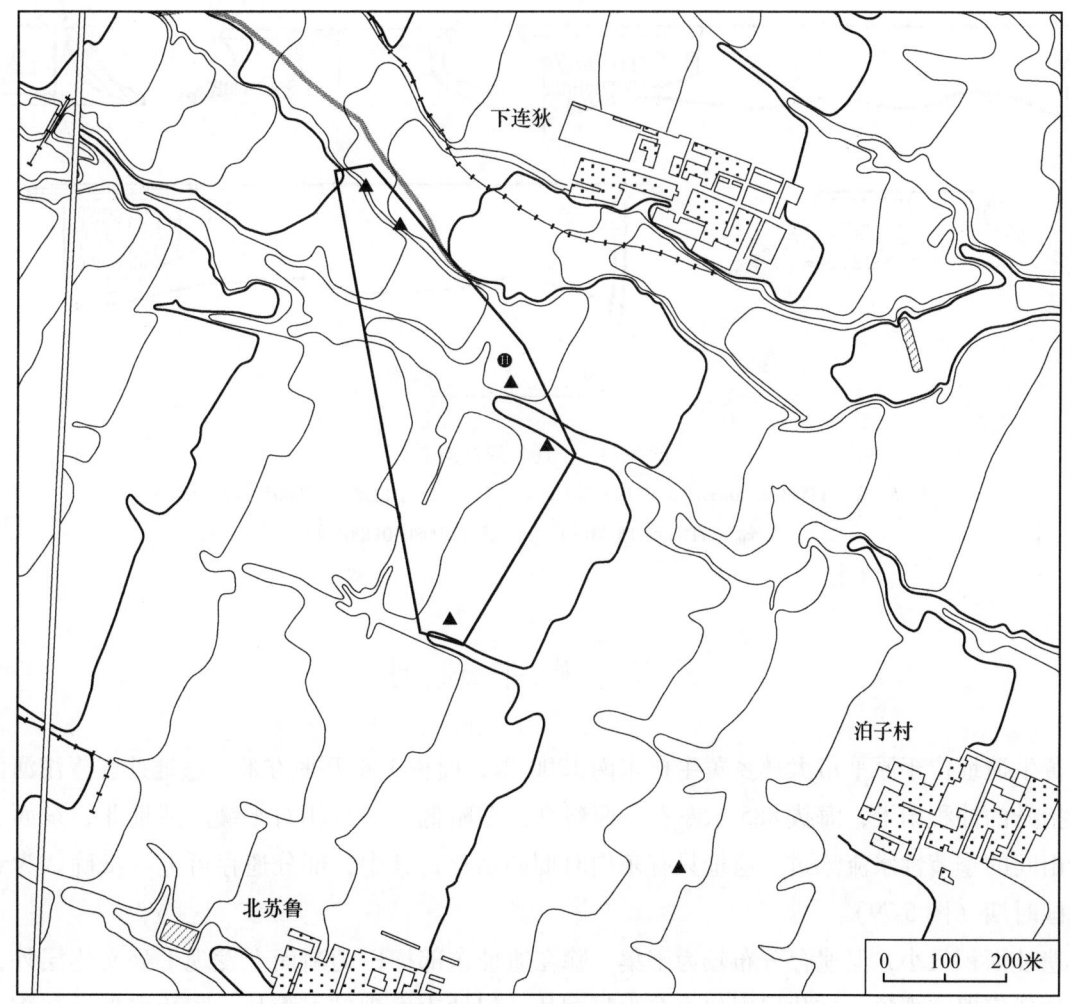

图5-77 下连狄遗址遗存分布图

遗存主要分布在遗址四周，分布相对稀疏。只在遗址东部梯田的断面上发现1个灰坑，未见其他遗迹现象。灰坑内包含物丰富，尤以陶片最多。陶片多泥质灰陶，纹饰以绳纹为主，可辨器形有小口罐、盆、豆、罐等。

小口罐　1件。YP080501I003-H:2，泥质灰陶。斜方唇，小口，口外翻，束颈，鼓肩。腹部饰绳纹。口径9.2、残高4.3厘米（图5-78,2）。

盆　2件。YP080501I003-H:3，泥质灰陶。方唇，折沿，深腹。腹部饰绳纹，有抹去痕迹。口径30、残高4.8（图5-78,1）。YP080501I003-H:1，泥质灰陶。方唇，卷沿，深腹。沿内外各有一周凹槽，腹部饰绳纹（图5-78,5）。

豆　1件。YP080501I004:1，泥质灰陶。细柄中空，喇叭口圈足。素面。底径9.2、残高4厘米（图5-78,4）。

罐　1件。YP080501I003:1，泥质灰陶。方唇，口外翻，束颈，鼓腹。腹部饰绳纹。口径12、残高4厘米（图5-78,3）。

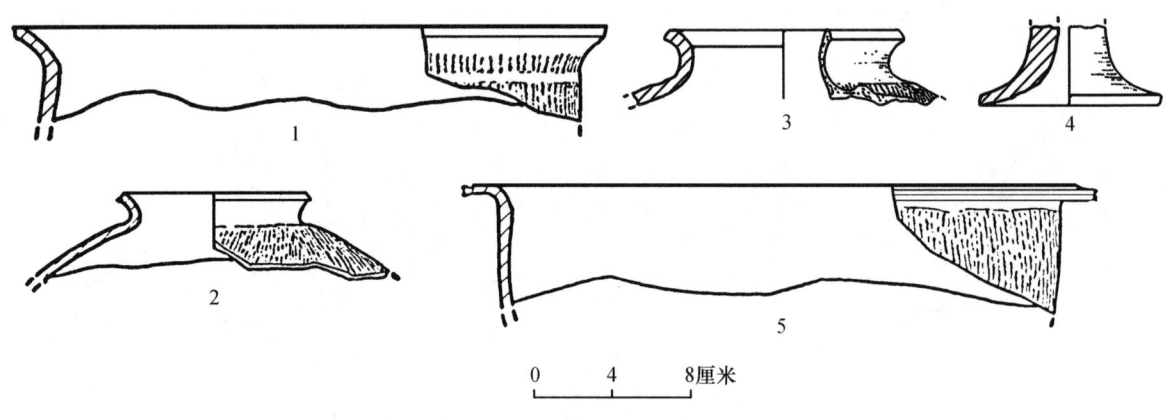

图5-78　下连狄遗址陶器

1、5. 盆（YP080501I003-H:3、YP080501I003-H:1）　2. 小口罐（YP080501I003-H:2）
3. 罐（YP080501I003:1）　4. 豆（YP080501I004:1）

三二、黄牛遗址

黄牛遗址位于原平市大林乡黄牛村东南1200米，面积1.4万平方米。遗址处在滹沱河西岸逐渐抬升的冲积扇上，海拔885米左右，西略高，东略低，地势相对平缓。遗址北、东面有发源于山间的季节性水流流过。遗址只有东周时期的遗存，其中，部分遗存可进一步确认为春秋和战国时期（图5-79）。

遗址面积虽小，但遗存分布较为密集。除在遗址东部梯田的断面上发现1处文化层外，未见其他任何遗迹现象。文化层内包含有少量陶片，但地表发现较多陶片。陶片多夹砂灰陶，纹饰以绳纹为主，可辨器形有豆、盆、罐等。

图 5-79　黄牛遗址遗存分布图

盆　2件。YP080502L001:3，夹砂灰陶。方唇，折沿，深腹。腹部饰绳纹。口径26、残高8厘米（图5-80，2）。YP080502L001:2，夹砂黑灰陶。方唇，折沿，束颈，鼓腹。腹部饰粗大绳纹（图5-80，3）。

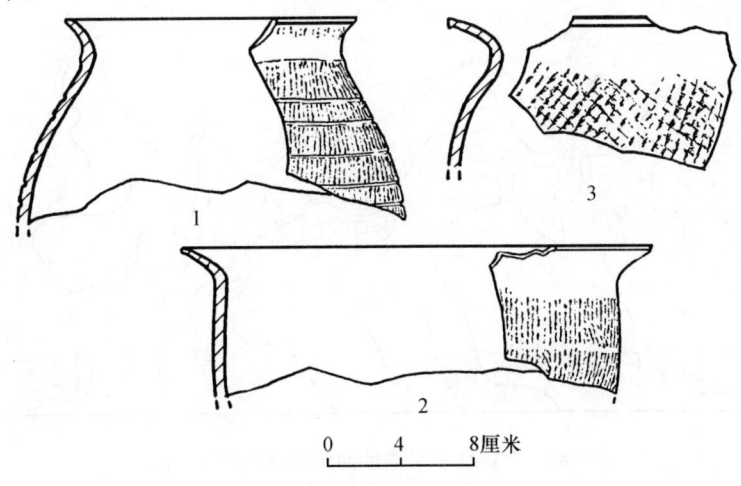

图 5-80　黄牛遗址陶器

1. 罐（YP080502L001:1）　　2、3. 盆（YP080502L001:3、YP080502L001:2）

罐　1件。YP080502L001：1，泥质灰陶。圆唇，口外翻，束颈，鼓腹。腹部饰旋断绳纹。口径16、残高10.8厘米（图5-80，1）。

三三、上连狄Ⅰ号遗址

上连狄Ⅰ号遗址位于代县大林乡上连狄村西南，面积1.6万平方米（彩版六八，2）。遗址处在山前冲积扇较高处的一突出山梁上，南、北面都是冲沟，地势较高，海拔950~960米，西高东低，呈缓坡下降，但起伏并不大。遗址南面冲沟内及东面不远处有发源于山间的季节性水流流过。遗址包含仰韶、二里头、东周三个时期的遗存，其中，东周时期部分遗存可进一步确认为战国时期。

1. 仰韶时期

仰韶时期遗存见于遗址南部，仅有个别发现，遗存分布非常稀疏（图5-81）。未见任何遗迹现象，只在地表发现零星陶片。陶片多泥质红陶，多素面，可辨器形有钵等。

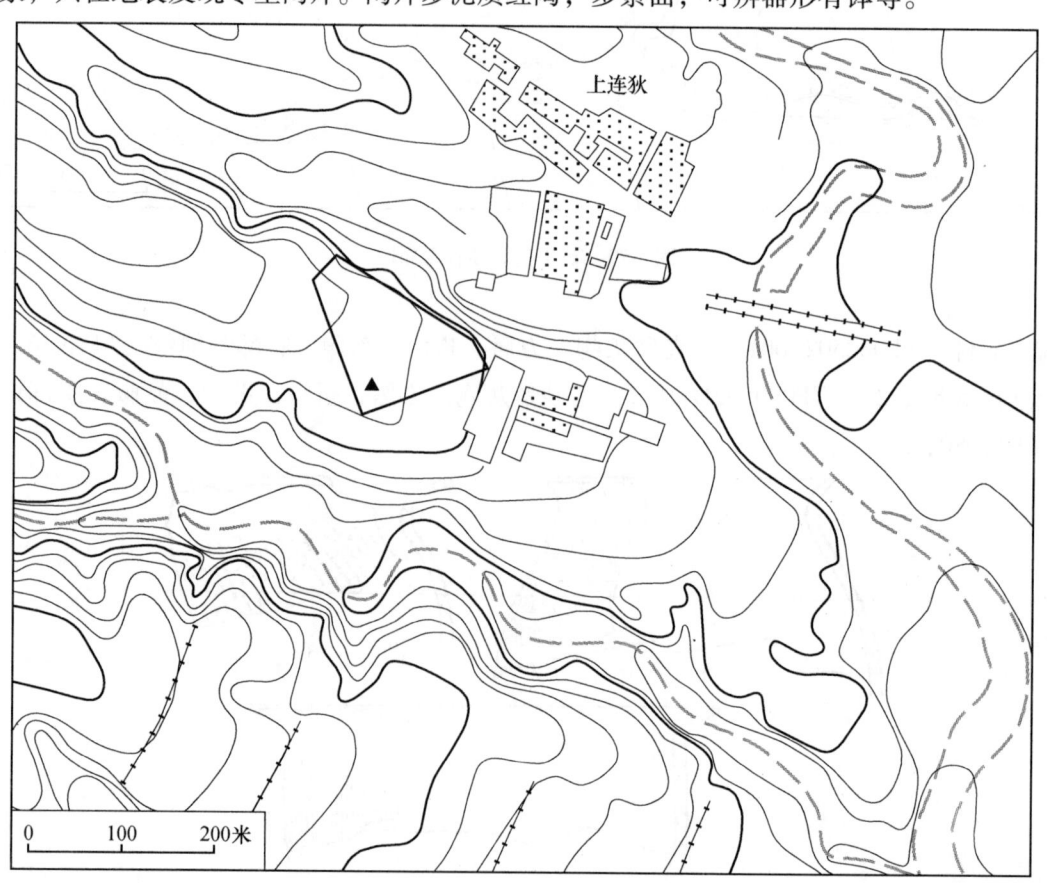

图5-81　上连狄Ⅰ号遗址仰韶时期遗存分布图

钵 YP080501A004:1，泥质褐陶。小圆唇，近直口，微鼓腹。素面磨光，有红彩（图5-82）。

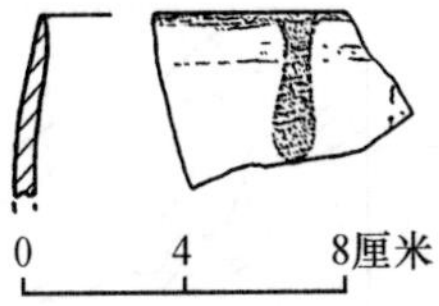

2. 二里头时期

二里头时期遗存仅见于遗址南部，只有个别发现，遗存分布非常稀疏（图5-83）。未见任何遗迹现象，只在地表发现少量陶片。陶片多夹砂灰陶，纹饰以绳纹为主，可辨器形有蛋形瓮等。

图5-82 上连狄Ⅰ号遗址仰韶时期陶器钵（YP080501A004:1）

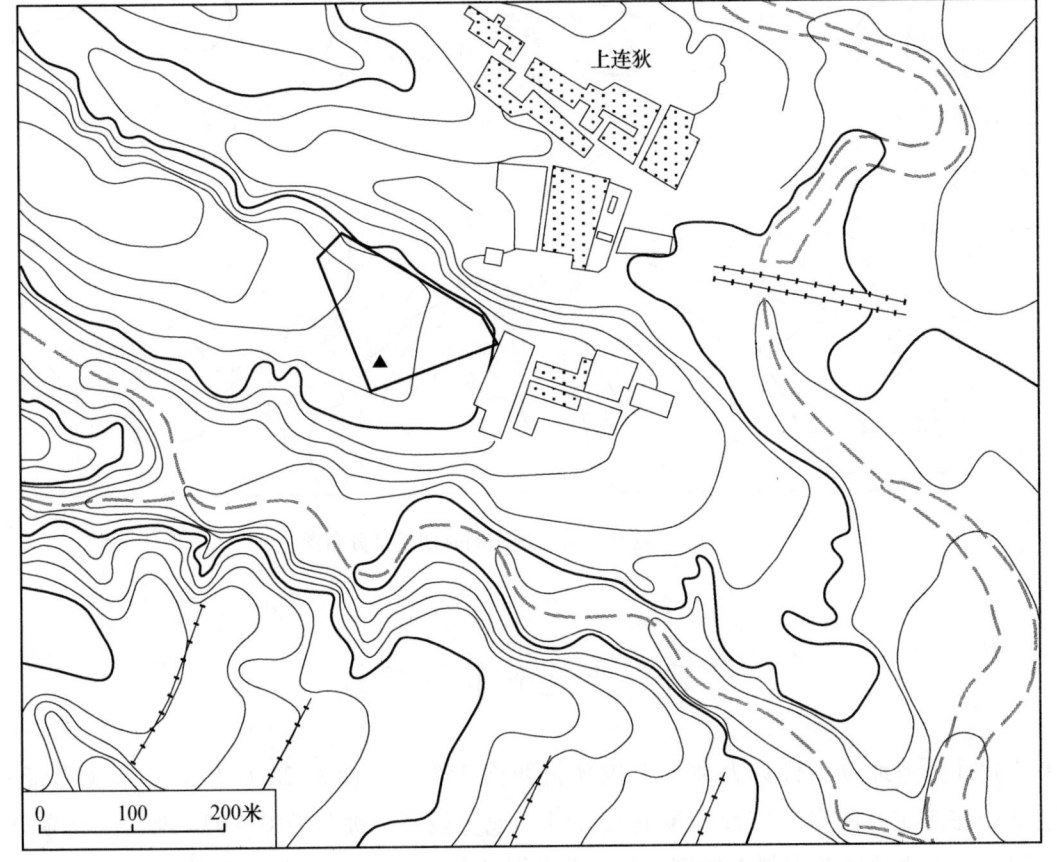

图5-83 上连狄Ⅰ号遗址二里头时期遗存分布图

3. 东周时期

东周时期遗存分布于整个遗址，遗存分布相对密集（图5-84）。未见任何遗迹现象，仅在地表发现陶片。陶片多夹砂灰陶，纹饰以绳纹为主，可辨器形有豆、罐等。

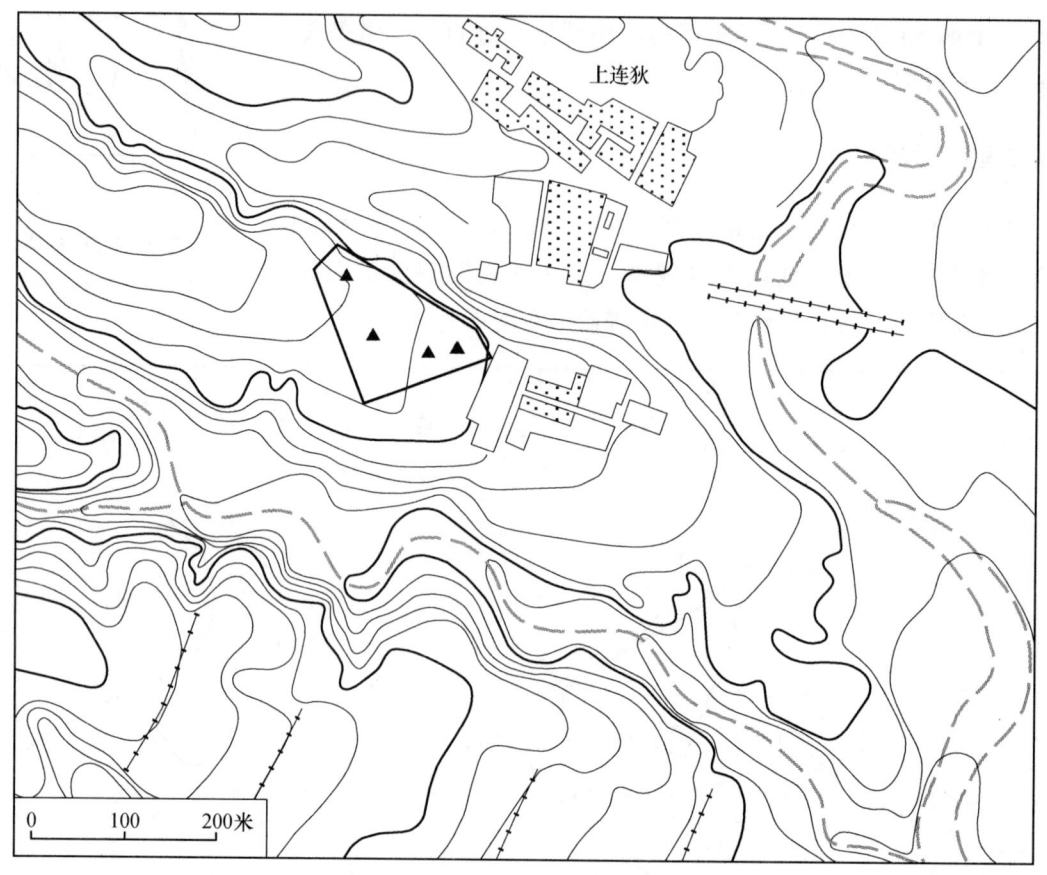

图 5-84　上连狄 I 号遗址东周时期遗存分布图

三四、上连狄 II 号遗址

上连狄 II 号遗址位于代县大林乡上连狄村西南 250 米，面积 28.6 万平方米（彩版六八，2）。遗址处在滹沱河西岸山前冲积扇的较高处，地势较高，海拔 930~975 米，西高东低，有一定的坡度，加之遗址西南部有较宽冲沟，起伏较大。除遗址北部外，其他位置的遗存分布都较为稀疏。遗址包含龙山、二里头、东周三个时期的遗存，其中，东周时期遗存部分可进一步确认为战国时期。

1. 龙山时期

龙山时期遗存主要分布在遗址北、中部，遗存分布相对密集（图 5-85）。在遗址北部的梯田断面上发现 1 处文化层和 1 个灰坑，此外未见其他遗迹现象。遗迹内包含物丰富，尤以陶片最多，地表也发现较多陶片。陶片多夹砂灰陶，纹饰多绳纹、篮纹，可辨器形有鬲、蛋形瓮、罐等。

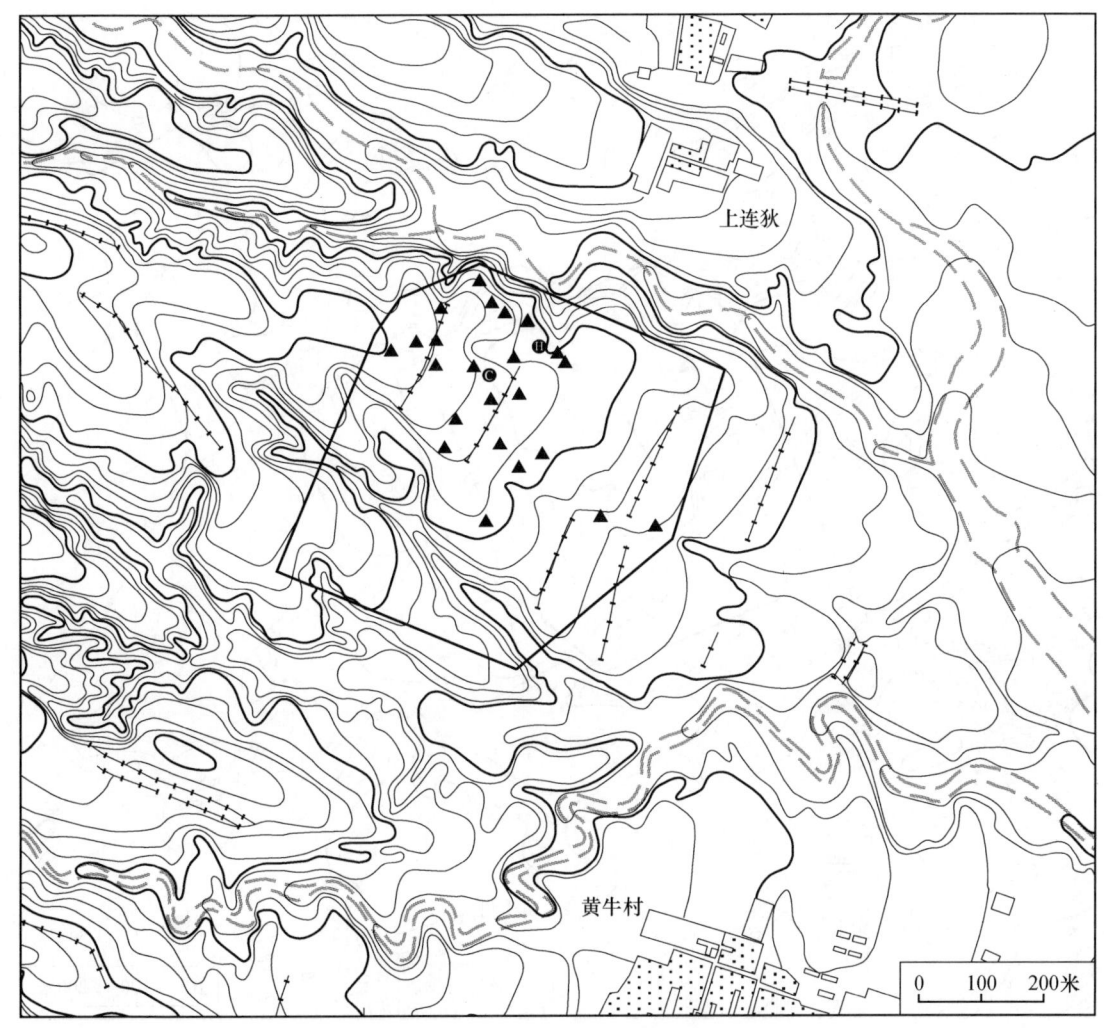

图 5-85 上连狄Ⅱ号遗址龙山时期遗存分布图

罐 1件。YP080502C013:1,夹砂褐陶。方唇,口外翻,束颈,鼓肩。素面。口径26、残高5.2厘米(图5-88,2)。

鬲 1件。YP080502A005:1,夹砂灰陶。圆唇,口外翻,矮领,分裆,大袋足外鼓。唇部有花边装饰,领部以下饰绳纹,裆部有錾手。口径22、残高15厘米(图5-88,6)。

2. 二里头时期

二里头时期遗存主要见于遗址北部,此外,东部亦有零星发现,遗存分布稀疏(图5-86)。未见任何遗迹现象,只在地表发现陶片。陶片多夹砂灰陶,纹饰以绳纹为主,可辨器形有鬲、蛋形瓮等。

鬲足 2件。YP080502A011:1,夹砂褐陶。长锥状实足跟。素面(图5-88,4)。YP080502C011:1,夹砂灰陶。空袋足,有实足跟。足部饰绳纹(图5-88,3)。

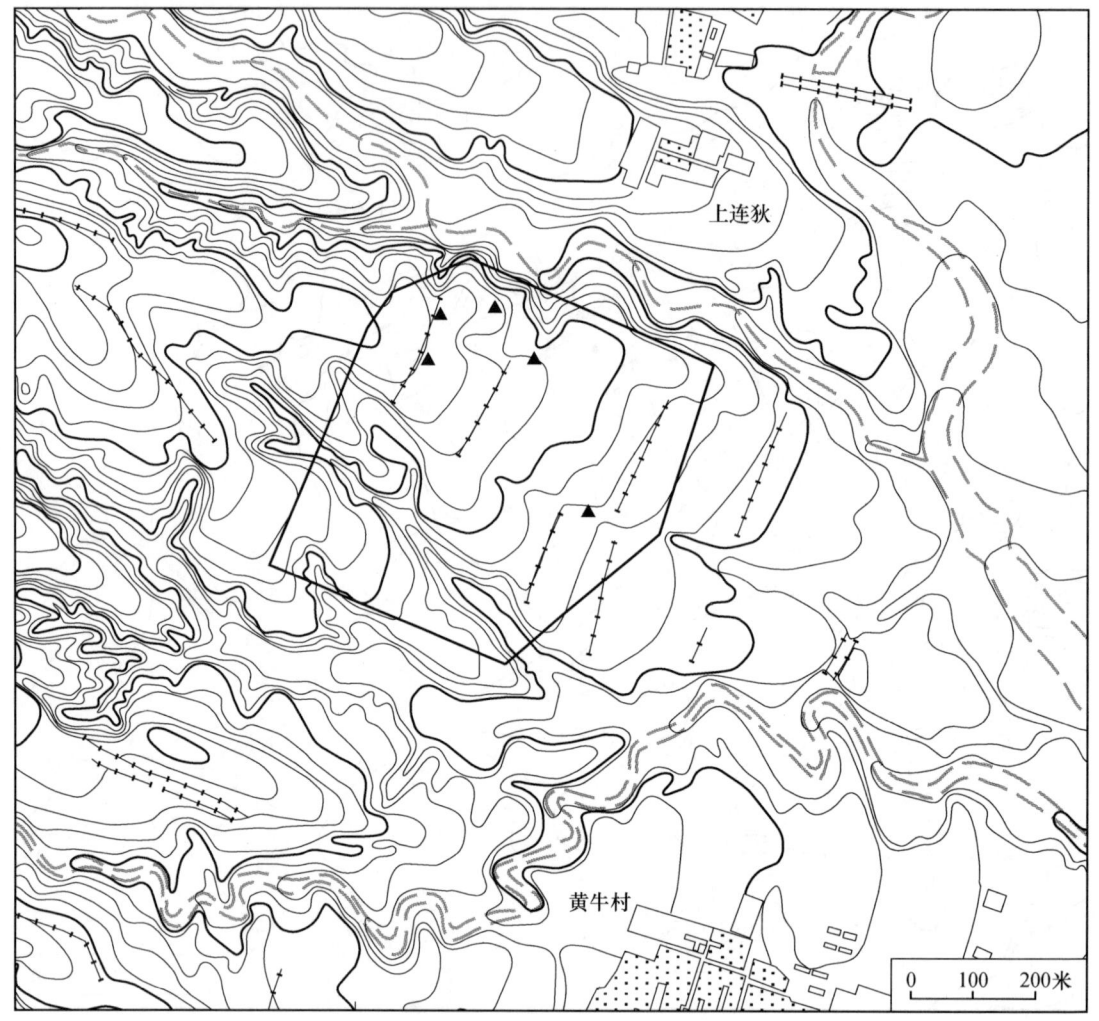

图 5-86　上连狄Ⅱ号遗址二里头时期遗存分布图

蛋形瓮　1 件。YP080502C005：1，夹砂灰陶（细砂）。平沿，敛口，深鼓腹。素面。口径 34、残高 3.6 厘米（图 5-88，1）。

3. 东周时期

东周时期遗存基本见于整个遗址，尤以北部遗存分布最为密集（图 5-87）。除在遗址北部的梯田断面上发现 1 处文化层外，未见其他遗迹现象。文化层内包含有较多陶片，地表亦有陶片分布。陶片多夹砂灰陶，纹饰以绳纹为主，可辨器形有鬲、罐等。

鬲　1 件。YP080502A003-C：1，夹砂灰陶。联裆，矮实足跟。器表饰绳纹（图 5-88，5）。

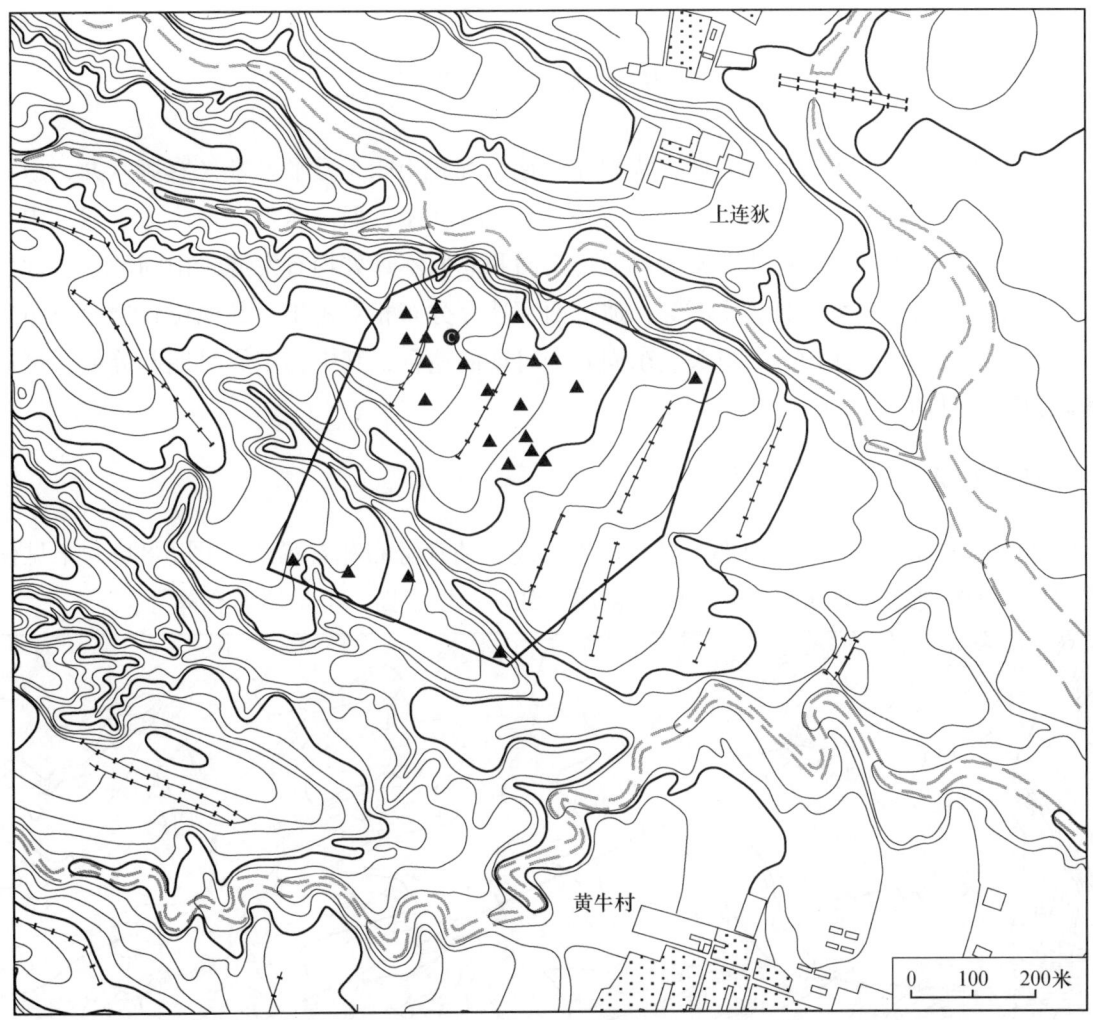

图 5-87　上连狄Ⅱ号遗址东周时期遗存分布图

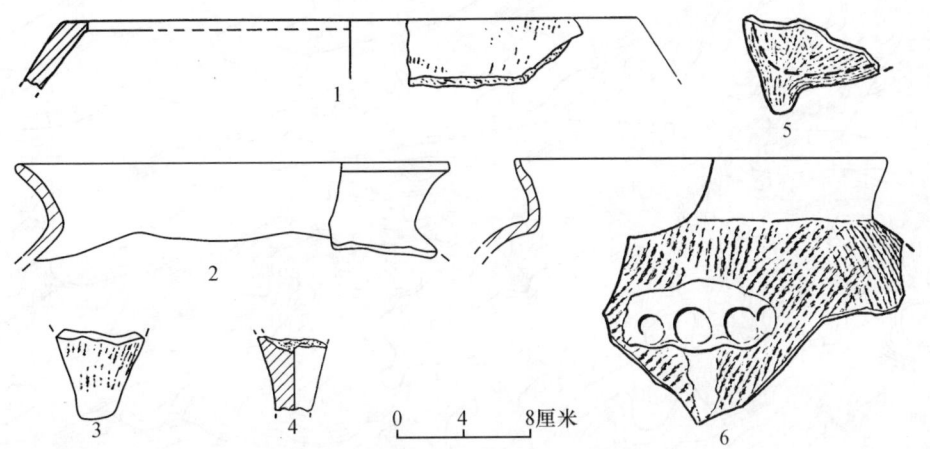

图 5-88　上连狄Ⅱ号遗址陶器

1. 蛋形瓮（YP080502C005：1）　2. 罐（YP080502C013：1）　3、4. 鬲足（YP080502C011：1、YP080502A011：1）

5、6. 鬲（YP080502A003-C：1、YP080502A005：1）

(1、3、4. 二里头时期；2、6. 龙山时期；5. 东周时期)

三五、西神头遗址

西神头遗址位于原平市大林乡西神头村东、南，面积102.5万平方米（彩版六九，1）。遗址处在山前冲积扇的最高处，地势较高，海拔970～1090米，西高东低，坡度大，遗址内有多条宽窄、深浅不一的冲沟，起伏非常大。遗址南面和北面不远处均有发源于山间的季节性水流流过。遗存分布落差较大，且疏密不等，遗址西部遗存分布相对密集，其他位置遗存分布较为稀疏。遗址包含仰韶、龙山、二里头、东周四个时期的遗存，其中，东周时期部分遗存可进一步确认为战国时期。

1. 仰韶时期

仰韶时期遗存仅见于遗址西部，只有个别发现，遗存分布非常稀疏（图5-89）。未见任何遗迹现象，只在地表发现少量陶片。陶片多泥质红陶，多素面，可辨器形有钵等。

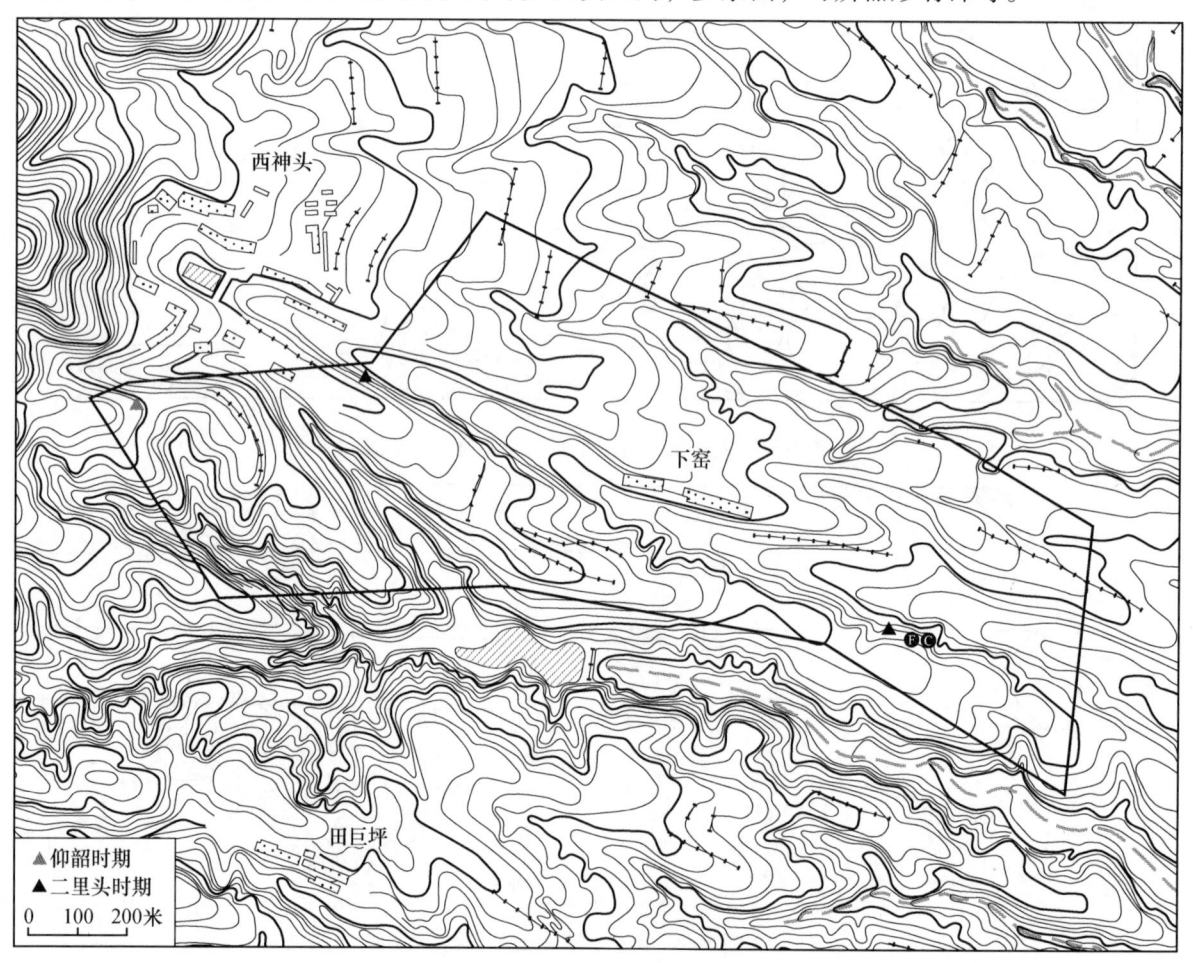

图5-89　西神头遗址仰韶、二里头时期遗存分布图

2. 龙山时期

龙山时期遗存见于遗址西部和东部，中部未见，其中，东部遗存分布较为稀疏，西部遗存分布相对密集（图5-90）。除在遗址西部的梯田断面上发现1处文化层外，未见其他遗迹现象。文化层内包含有少量陶片，地表也有较多陶片分布。陶片多泥质灰陶，纹饰多篮纹、绳纹，可辨器形有鬲、盆、罐等。

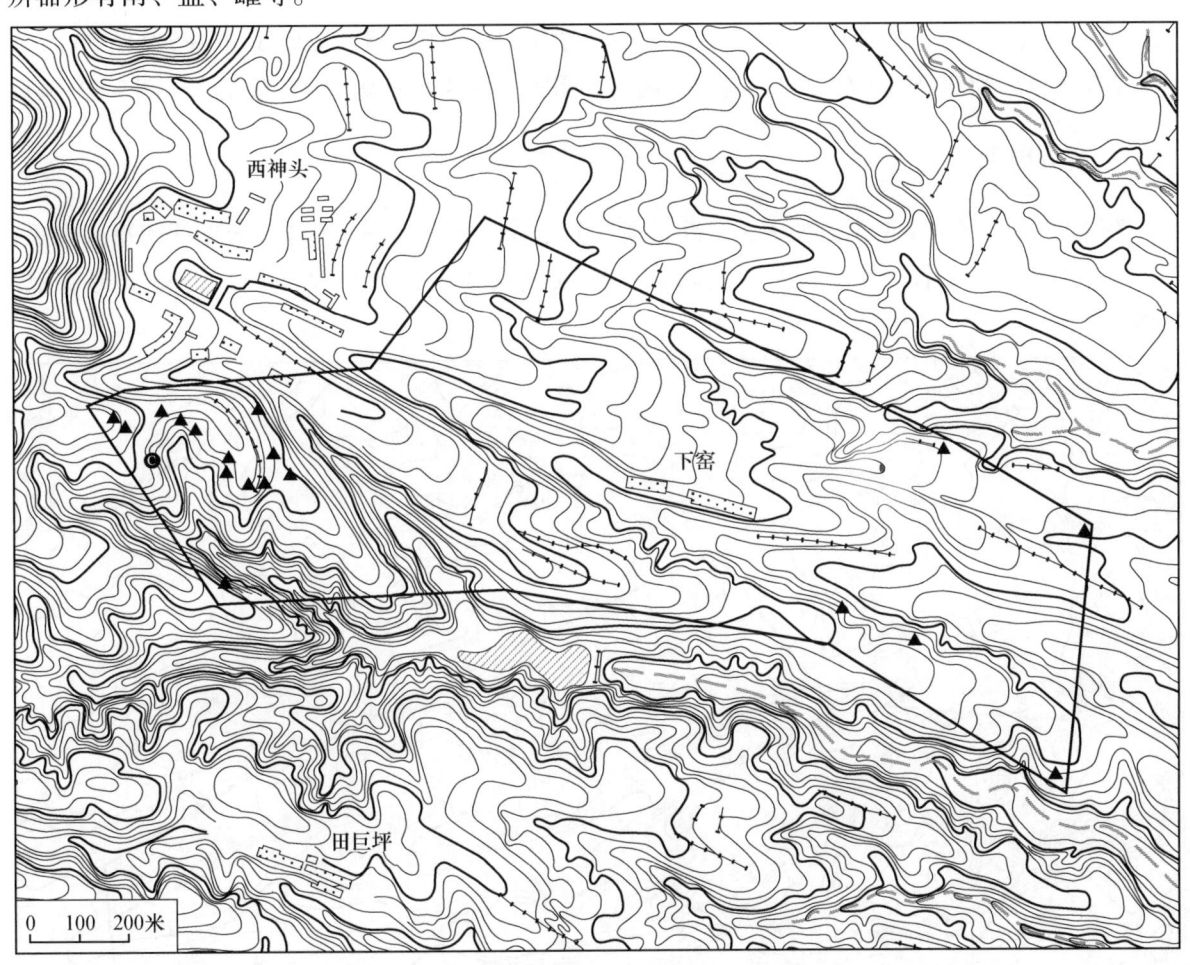

图 5-90 西神头遗址龙山时期遗存分布图

盆 2件。YP080501F001：1，泥质褐陶。圆唇，敞口，斜腹，平底。腹部有绳纹。口径18、残高6厘米（图5-92，1）。YP080501D001：2，泥质黑灰陶。圆唇，大敞口，斜腹。腹部饰竖篮纹。口径20、残高4.4厘米（图5-92，2）。

罐 1件。YP080501D001：1，泥质灰黑陶。鼓腹，平底。腹部有篮纹。底径11.2、残高3.6厘米（图5-92，5）。

3. 二里头时期

二里头时期遗存主要见于遗址东部，西部只有个别发现，东部遗存分布较为集中（图5-89）。在遗址东部断面上发现1处文化层和1座房址，未见其他遗迹现象。文化层内包含较多陶片，房址内只发现少量陶片，地表也发现少量陶片。陶片多夹砂灰陶，纹饰以绳纹为主，可辨器形有蛋形瓮、盆等。

蛋形瓮足　1件。YP080501A003-C:2，夹砂褐陶。实足跟。器表饰绳纹（图5-92，3）。

盆　1件。YP080501A003-C:1，夹砂灰褐陶。圆唇，翻沿，斜腹。器表有绳纹（图5-92，4）。

4. 东周时期

东周时期遗存主要见于遗址中、东部，遗存分布较为稀疏（图5-91）。未见任何遗迹现象，只在地表发现有陶片。陶片多夹砂灰陶，纹饰以绳纹为主，有粗大绳纹，可辨器形有豆、罐等。

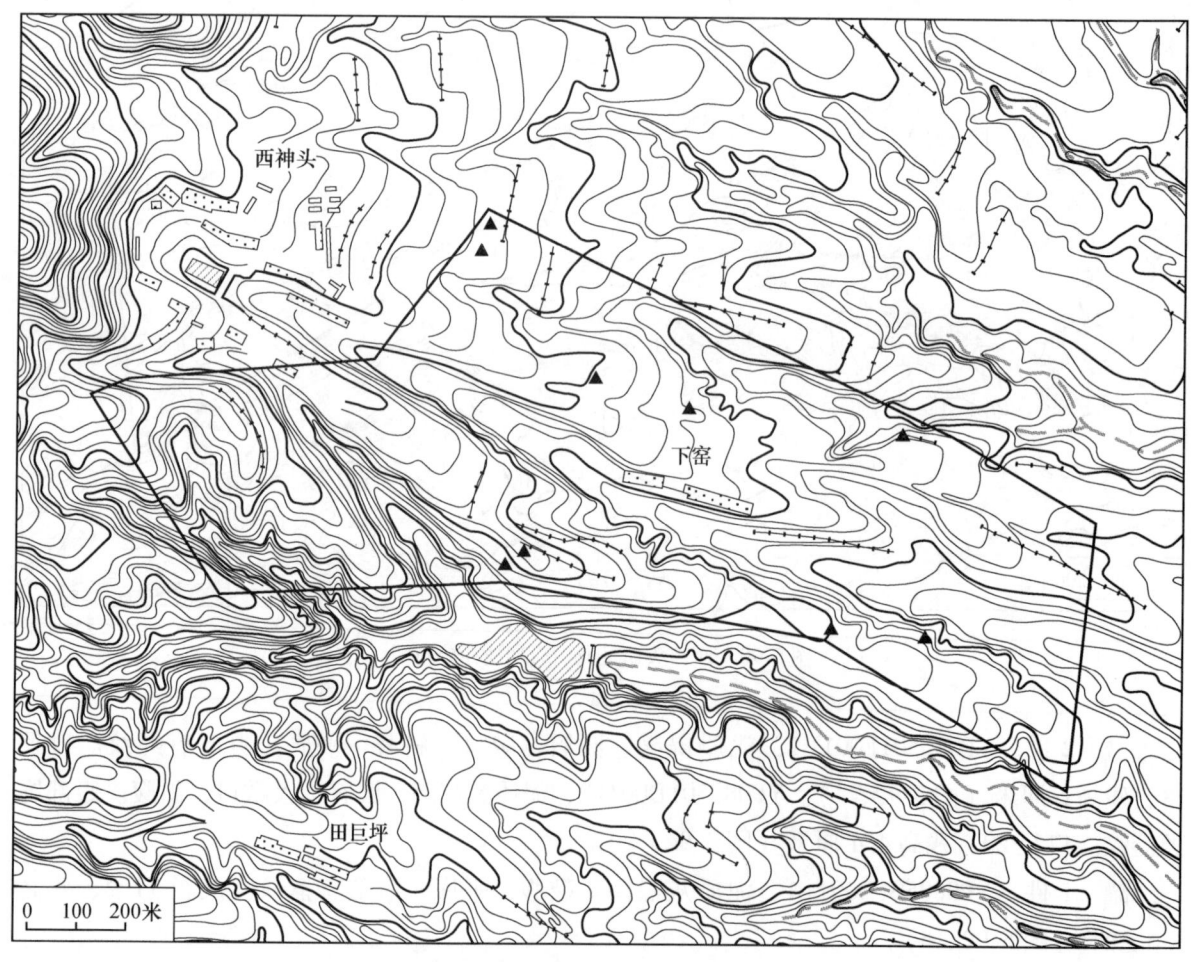

图5-91　西神头遗址东周时期遗存分布图

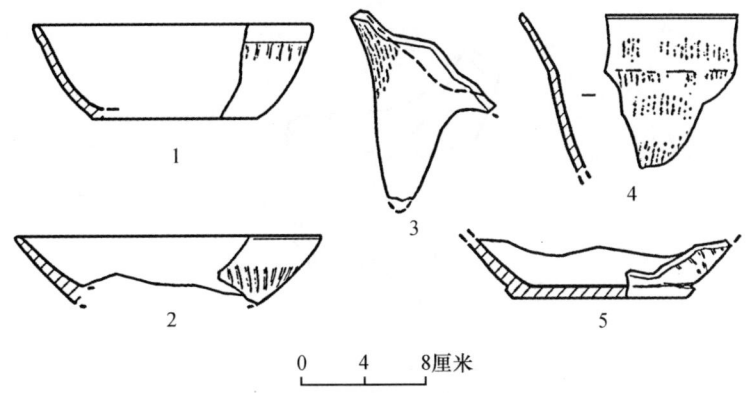

图 5-92　西神头遗址陶器

1、2、4. 盆（YP080501F001：1、YP080501D001：2、YP080501A003-C：1）　3. 蛋形瓮足（YP080501A003-C：2）

5. 罐（YP080501D001：1）

（1、2、5. 龙山时期；3、4. 二里头时期）

三六、土黄沟Ⅰ号遗址

土黄沟Ⅰ号遗址位于原平市大林乡土黄沟村北，面积5.2万平方米（彩版六九，2）。遗址处在山前冲积扇的最高处，沿山梁呈南北向条状分布，地势较高，海拔1000～1025米，北高南低，有一定的坡度。遗址西、南面有发源于山间的季节性水流流过。遗存主要分布在西北高地、地势略显平缓处。遗址包含龙山、战国两个时期的遗存。

1. 龙山时期

龙山时期遗存只见于遗址东南部地势较低处，仅有个别发现，遗存分布非常稀疏（图5-94）。只在梯田的断面上发现1处文化层，未见其他遗迹现象。文化层内包含有少量陶片，地表未有陶片发现。陶片多夹砂灰陶，纹饰有篮纹，可辨器形有罐等。

2. 战国时期

战国时期遗存见于遗址西北部，遗存分布稍显稀疏（图5-95）。除在梯田的断面发现1处文化层外，未见其他遗迹现象。文化层内包含有较多陶片，地表也有陶片分布。陶片多夹砂灰陶，纹饰以绳纹为主，有粗大绳纹，可辨器形有鬲、罐等。

鬲足　1件。YP080507B012-C：1，夹砂褐陶。联裆，矮实足跟。器表饰粗大绳纹（图5-93）。

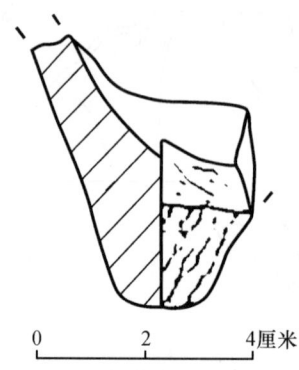

图 5-93 土黄沟 I 号遗址战国时期陶器
鬲足（YP080507B012-C:1）

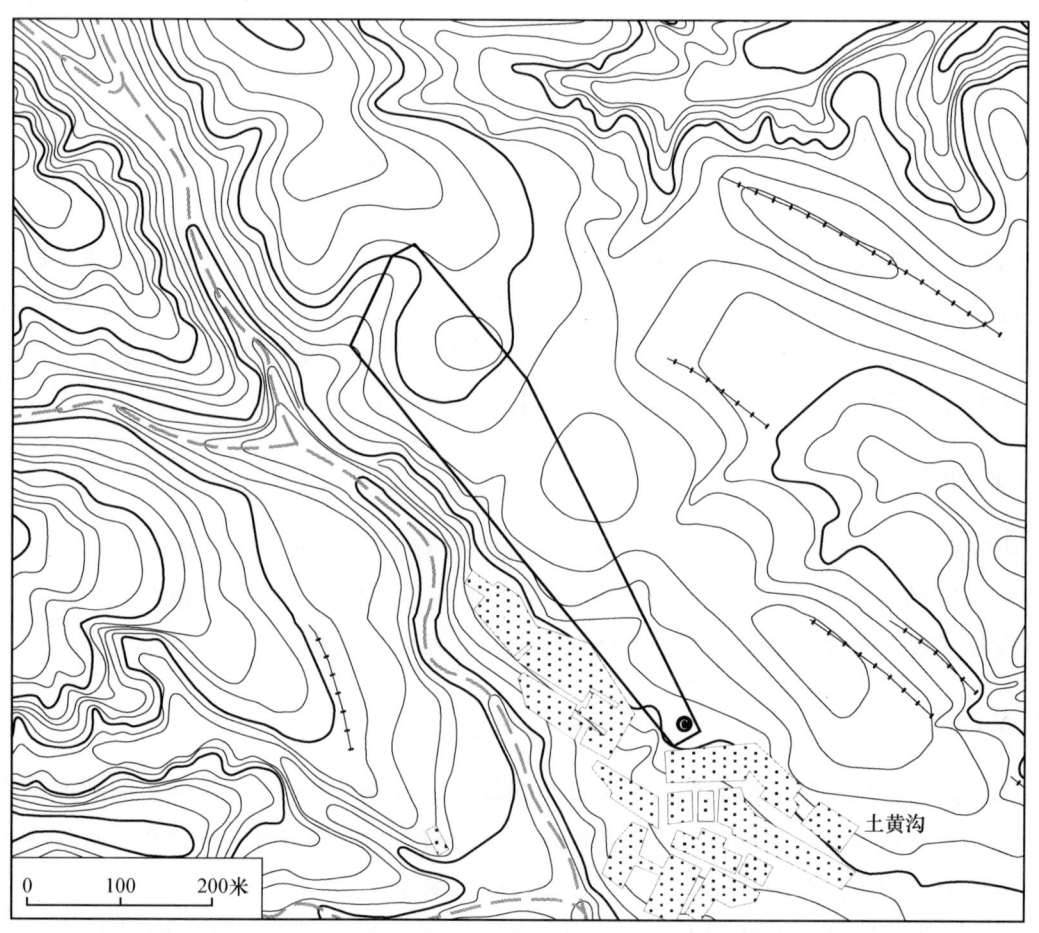

图 5-94 土黄沟 I 号遗址龙山时期遗存分布图

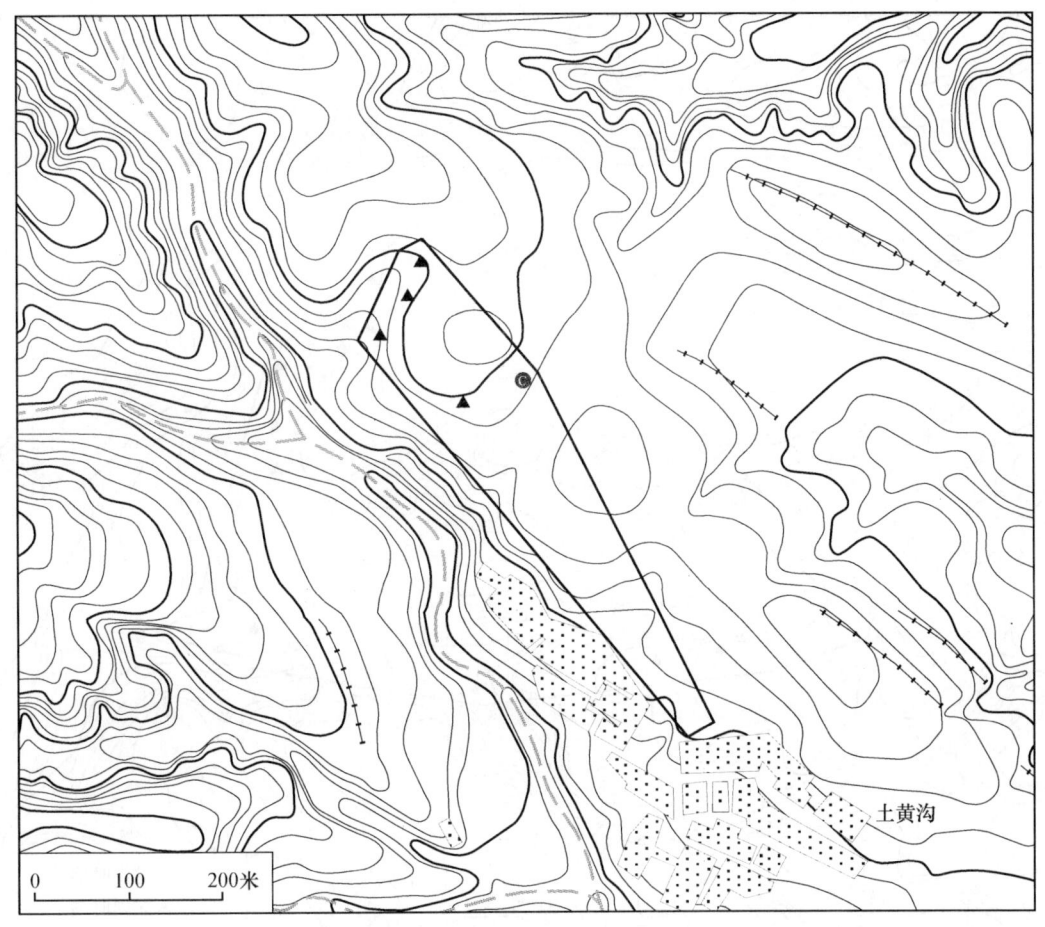

图 5-95　土黄沟Ⅰ号遗址战国时期遗存分布图

三七、土黄沟Ⅱ号遗址

土黄沟Ⅱ号遗址位于原平市大林乡土黄沟村西北，面积 23.6 万平方米（彩版六九，2）。遗址处在山前冲积扇的最高处，地势较高，海拔 975～1060 米，西高东低，坡度大，内有两条较大的冲沟，起伏较大。遗址北、东、南三面有发源于山间的季节性水流流过。遗存分布落差较大且疏密不等，东部和南部遗存分布最为密集。遗址包含龙山、二里头、东周三个时期的遗存，其中，东周时期遗存部分可进一步确认为战国时期。

1. 龙山时期

龙山时期遗存分布于遗址西部，范围较小，遗存分布稀疏（图5-96）。未见任何遗迹现象，只在地表发现有陶片。陶片以灰陶为主，纹饰有篮纹。

在遗址西北 500 米处发现有这个时期的零星陶片。

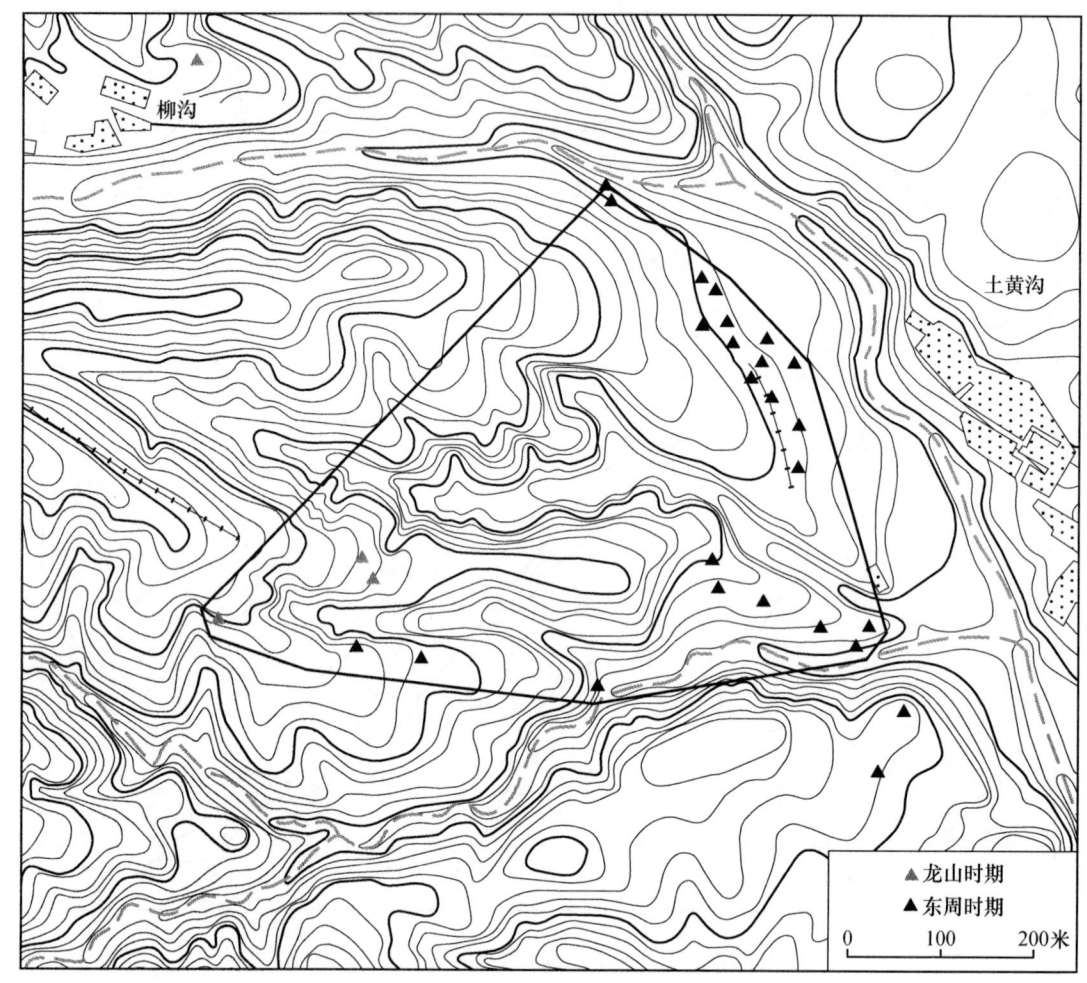

图 5-96　土黄沟Ⅱ号遗址龙山、东周时期遗存分布图

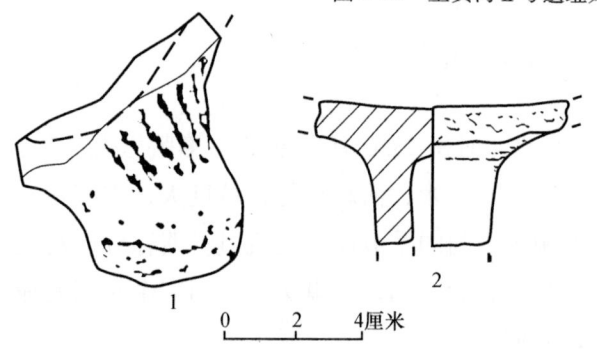

图 5-97　土黄沟Ⅱ号遗址东周时期陶器
1. 蛋形瓮足（YP080507B008:1）　2. 豆（YP080507A005:1）

2. 二里头时期

二里头时期遗存分布于遗址西部，遗存分布稍显密集（图 5-98）。未见任何遗迹现象，只在地表发现有陶片。陶片多夹砂灰陶，纹饰以绳纹为主，可辨器形有蛋形瓮等。

3. 东周时期

东周时期遗存分布于遗址东部和南部，东部遗存分布较为密集（图 5-96）。未见任何遗迹现象，只在地表发现较多陶片。陶片多夹砂灰陶，纹饰以绳纹为主，有粗大绳纹，可辨器形有豆、罐等。

在遗址东南 50 米处发现有这个时期的零星陶片。

在遗址东南 100 米处也发现有这个时期的零星陶片。

蛋形瓮足　1件。YP080507B008：1，夹砂灰陶。矮胖实足跟。足部饰粗绳纹（图5-97，1）。

豆　1件。YP080507A005：1，泥质灰陶。盘底近平，细柄中空。素面（图5-97，2）。

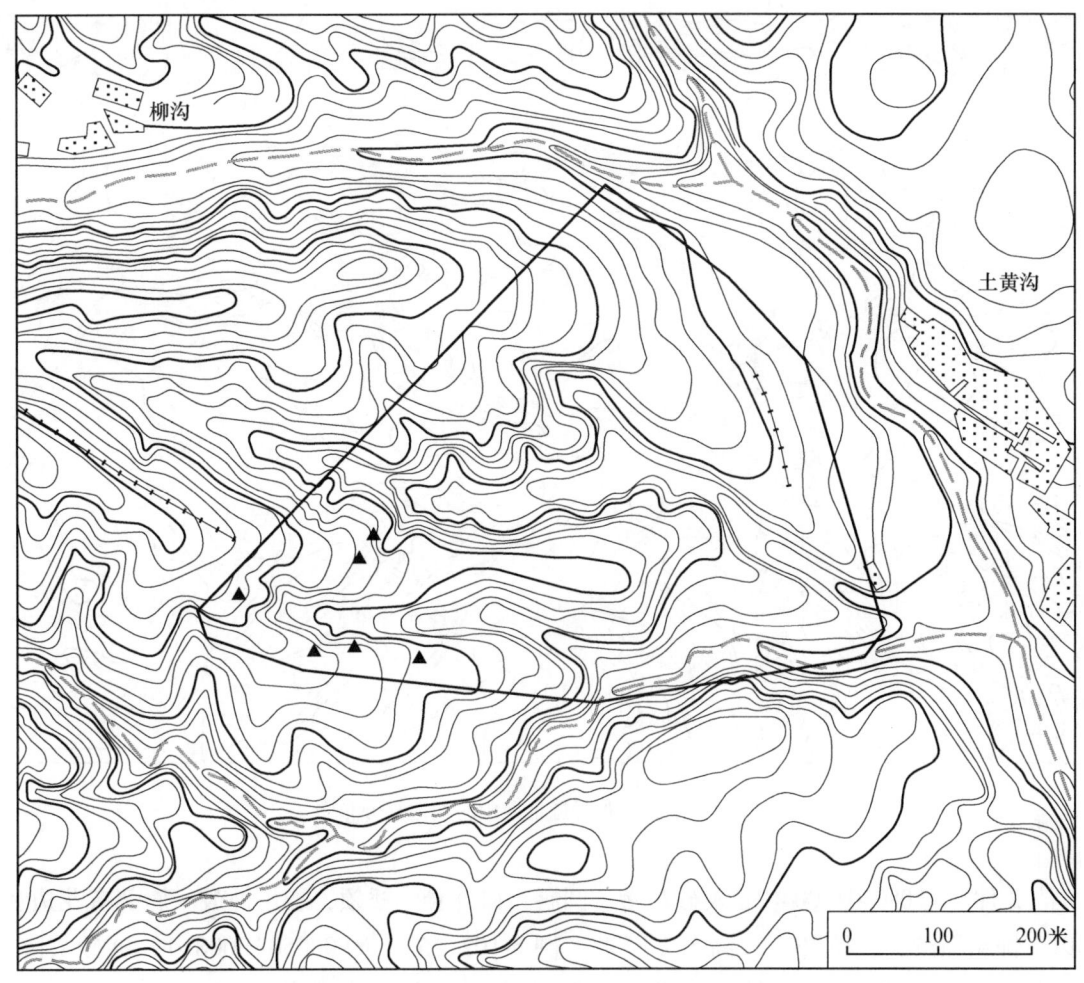

图5-98　土黄沟Ⅱ号遗址二里头时期遗存分布图

三八、土黄沟Ⅲ号遗址

土黄沟Ⅲ号遗址位于原平市大林乡土黄沟村西900米，面积4.9万平方米（彩版六九，2）。遗址处在山前冲积扇的最高处，地势较高，海拔1025～1070米，西高东低，坡度大，加之内有多条小冲沟，有一定的起伏。遗址处于两河交汇的三角区域，遗址北、东、南三面均有发源于山间的季节性水流流过。遗存主要分布在面向水流的山坡上，落差较大，但遗存分布较为密集。遗址包含龙山、二里头、东周三个时期的遗存，其中，东周时期遗存部分可进一步确认为战国时期。

1. 龙山时期

龙山时期遗存见于整个遗址，遗存分布密集（图5-99）。共发现4处文化层和2座白灰面房址，主要分布在梯田的断面上，文化层主要分布在遗址南部，房址集中分布在遗址北部。文化层内包含陶片多，房址内仅有少量陶片发现，地表发现陶片较多。陶片多夹砂灰陶，纹饰以绳纹、篮纹为主，可辨器形有鬲、蛋形瓮、高领罐、罐等。

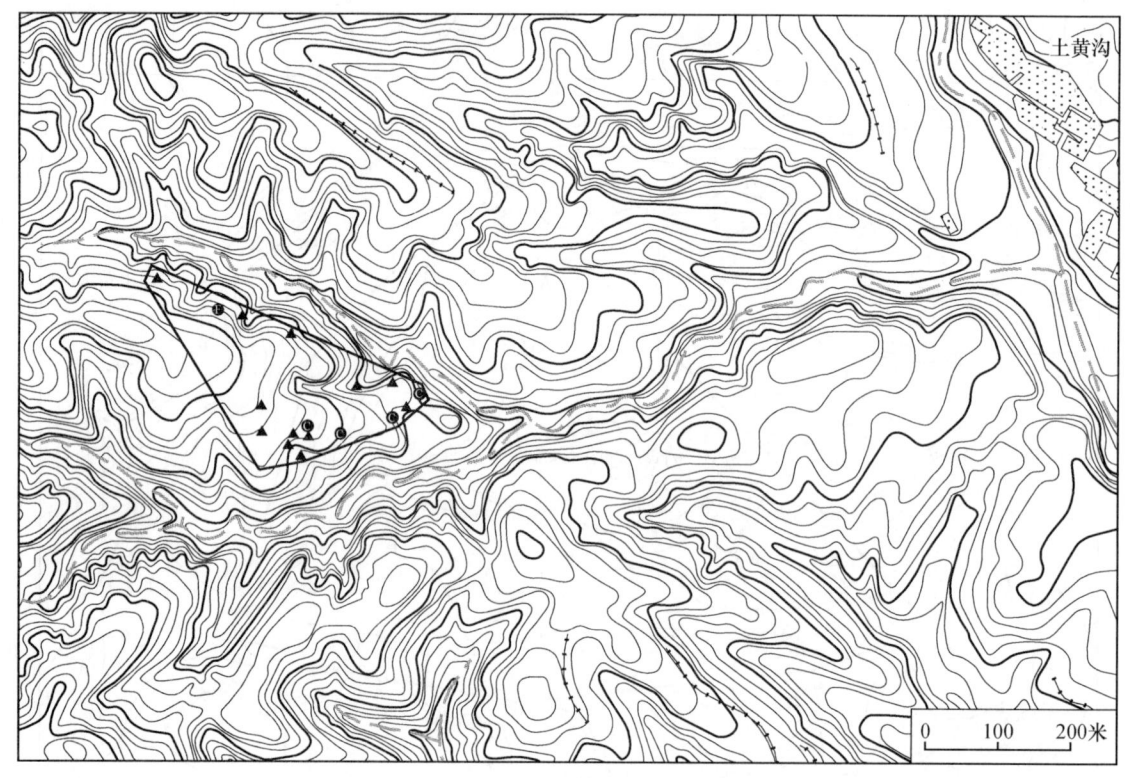

图5-99　土黄沟Ⅲ号遗址龙山时期遗存分布图

鬲　2件。YP080504L004:2，夹砂灰陶。圆唇，口外翻，矮领，袋足外鼓。唇部有花边装饰，领部以下饰粗绳纹。口径13、残高5.2厘米（图5-102,6）。YP080504B008:1，夹砂灰陶。方唇，口外翻，小矮领，分裆，鼓腹。领部以下饰绳纹。口径12、残高7.5厘米（图5-102,3）。

鬲足　2件。YP080504L004:1，夹砂褐陶。分裆，空袋足。器表饰绳纹（图5-102,4）。YP080504L005:1，夹砂褐陶。空足，微有实足跟。器表饰粗乱绳纹（图5-102,8）。

蛋形瓮　1件。YP080504B011-C:1，夹砂灰陶。平沿内折，敛口，深腹。腹部饰斜篮纹。口径36、残高6厘米（图5-102,1）。

高领罐　YP080504B011-C:2，泥质黑灰陶。圆唇，小折沿，口外翻，高领，鼓肩。素面。口径16、残高6.8厘米（图5-102,2）。YP080504B003:3，泥质灰陶。圆唇，口外翻，高领，鼓肩。素面。口径16、残高6厘米（图5-102,5）。

罐　1件。YP080504B008-C:1，夹砂灰陶。鼓腹，平底。器表饰宽斜篮纹。底径22、残高4.8厘米（图5-102,11）。

2. 二里头时期

二里头时期遗存见于遗址西北部和南部，分布相对集中（图5-100）。共发现2处文化层和

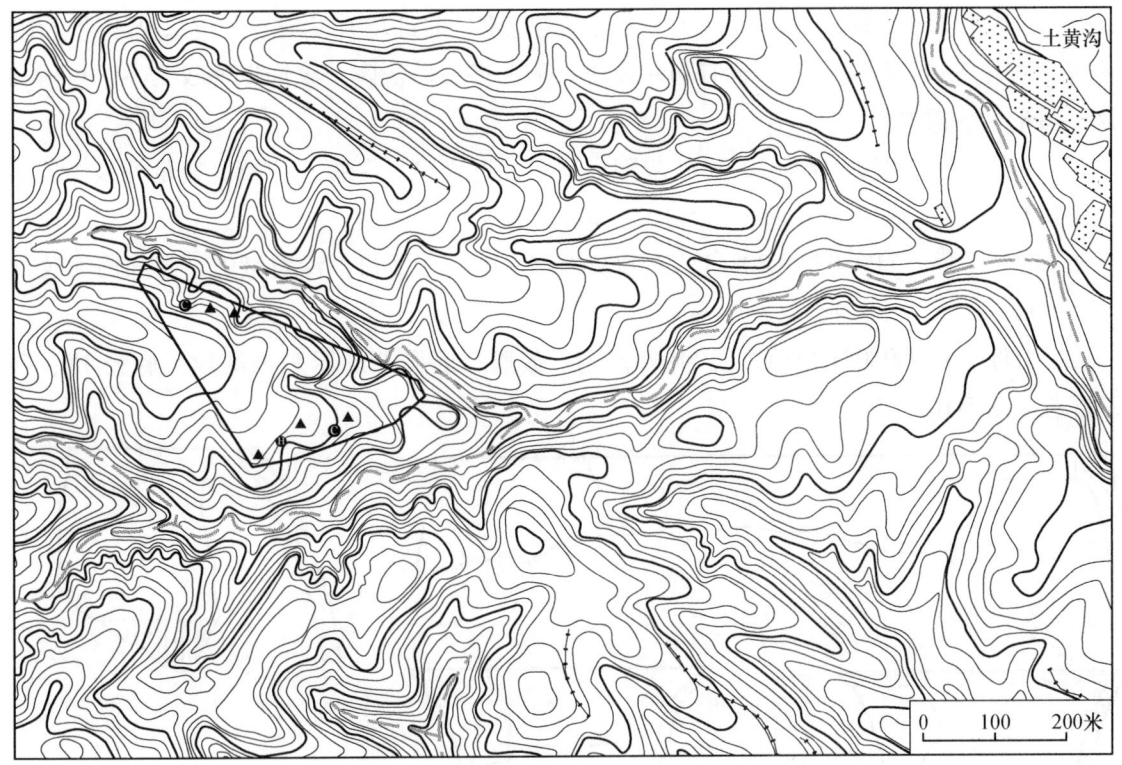

图 5-100　土黄沟Ⅲ号遗址二里头时期遗存分布图

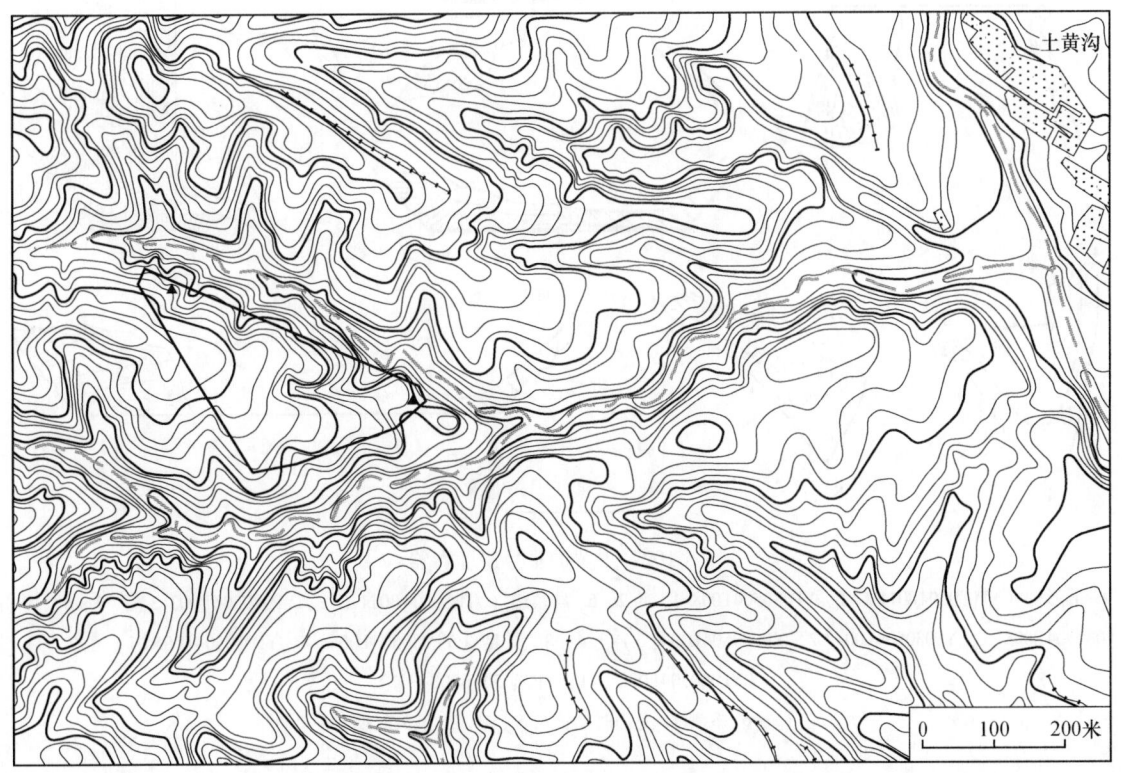

图 5-101　土黄沟Ⅲ号遗址东周时期遗存分布图

1个灰坑，均见于梯田的断面，其中，文化层在遗址南、北部均有发现，灰坑只见于遗址南部。遗迹包含陶片等遗物较多，地表也有陶片发现。陶片多夹砂灰陶，纹饰以绳纹为主，可辨器形有鬲、蛋形瓮、罐等。

鬲　1件。YP080504L004:3，夹砂灰陶。圆唇，近直口，深腹，分裆、袋足外鼓。器表饰绳纹。口径13、残高17.4厘米（图5-102，10）。

蛋形瓮　1件。YP080504L008:1，夹砂灰褐陶。圆唇，敛口，深腹微鼓。腹部饰绳纹（图5-102，9）。

罐　1件。YP080504L002-C:1，夹砂褐陶。鼓腹，底微凹。器表饰绳纹。底径14、残高5.2厘米（图5-102，7）。

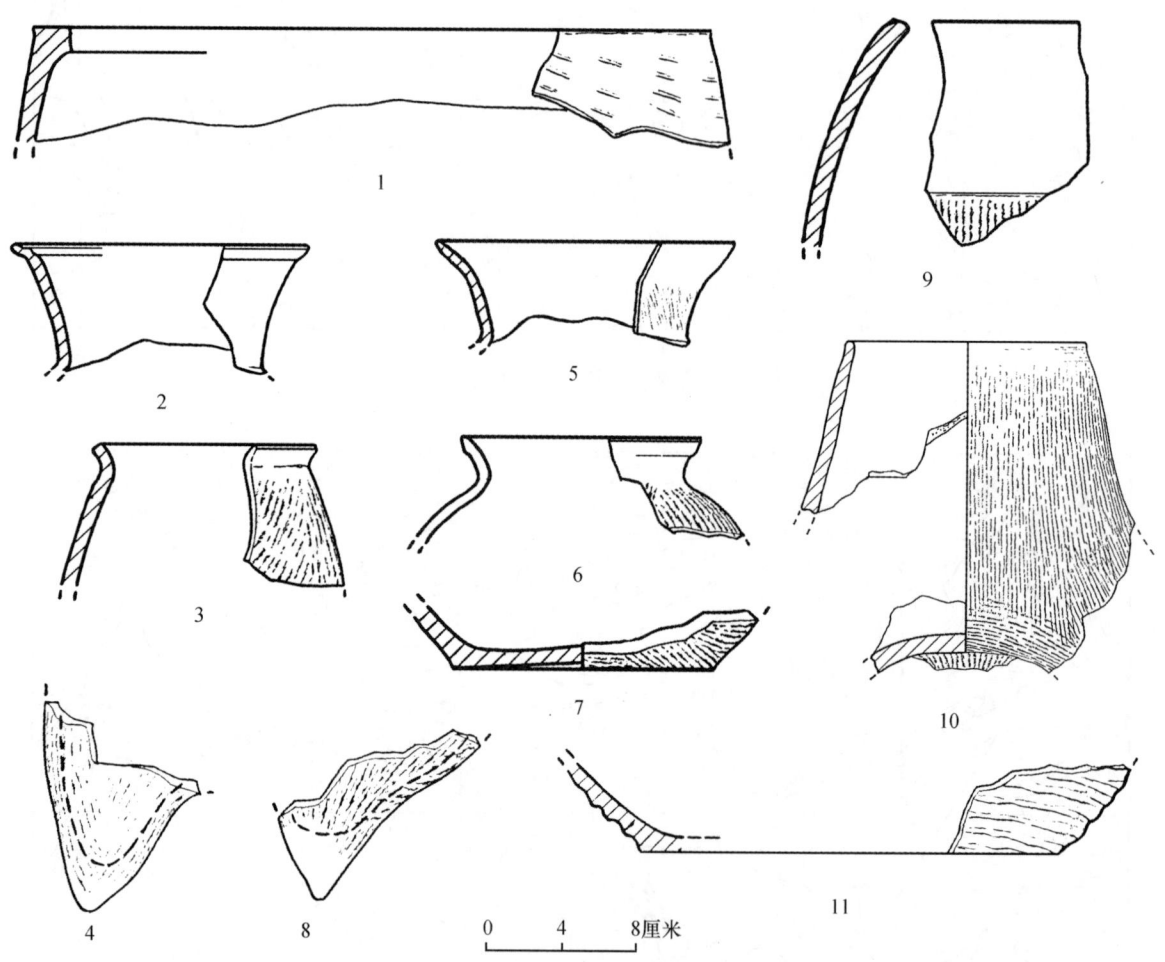

图5-102　土黄沟Ⅲ号遗址陶器

1、9. 蛋形瓮（YP080504B011-C:1、YP080504L008:1）　2、5. 高领罐（YP080504B011-C:2、YP080504B003:3）　3、6、10. 鬲（YP080504B008:1、YP080504L004:2、YP080504L004:3）　4、8. 鬲足（YP080504L004:1、YP080504L005:1）　7、11. 罐（YP080504L002-C:1、YP080504B008-C:1）

（1~6、8、11. 龙山时期；7、9、10. 二里头时期）

3. 东周时期

东周时期遗存见于遗址西北部和东部，只有零星发现，遗存分布非常稀疏（图 5-101）。未见任何遗迹现象，只在地表发现零星陶片，数量较少。陶片以夹砂灰陶为多，纹饰有粗大绳纹，可辨器形有罐等。

三九、上大林遗址

上大林遗址位于原平市大林乡上大林村北，面积 24.8 万平方米（彩版七〇，1）。遗址处在滹沱河西岸逐渐抬升的山前冲积扇上，海拔 860~875 米，西高东低，内有浅冲沟，地势稍有

图 5-103　上大林遗址龙山时期遗存分布图

起伏。遗址呈东西向长条状分布,南面不远有滹沱河的支流阳武河由西向东流过。遗存分布密集,遗址包含龙山、二里头、东周三个时期的遗存,其中,东周时期遗存部分可进一步确认为战国时期。

1. 龙山时期

龙山时期遗存分布于整个遗址,遗存疏密不等,以遗址西部遗存分布最为密集(图5-103)。共发现6处文化层和4个灰坑,主要见于沟坎和梯田的断面。遗迹内包含物丰富,尤以陶片最多,地表也有较多陶片发现。陶片多夹砂灰陶,纹饰多绳纹、篮纹,可辨器形有鬲、蛋形瓮、盆、罐等。

在遗址南500米处河边发现有零星的陶片。

鬲 1件。YP080508E001:1,夹砂黑陶。圆唇,近直口,矮领,大袋足外鼓。口部有花边装饰,领部以下饰粗绳纹(图5-104,7)。

鬲足 1件。YP080508H003:1,夹砂褐陶。空袋足。足部饰绳纹(图5-105,3)。

蛋形瓮 2件。YP080508G002-C:1,夹砂灰陶。平沿内折,敛口,深鼓腹。腹部饰竖篮纹。口径26、残高9.6厘米(图5-104,1)。YP080508G002-C:2,泥质褐陶。平沿内折,敛口,深腹。器表饰篮纹。口径32、残高12.4厘米(图5-104,9)。

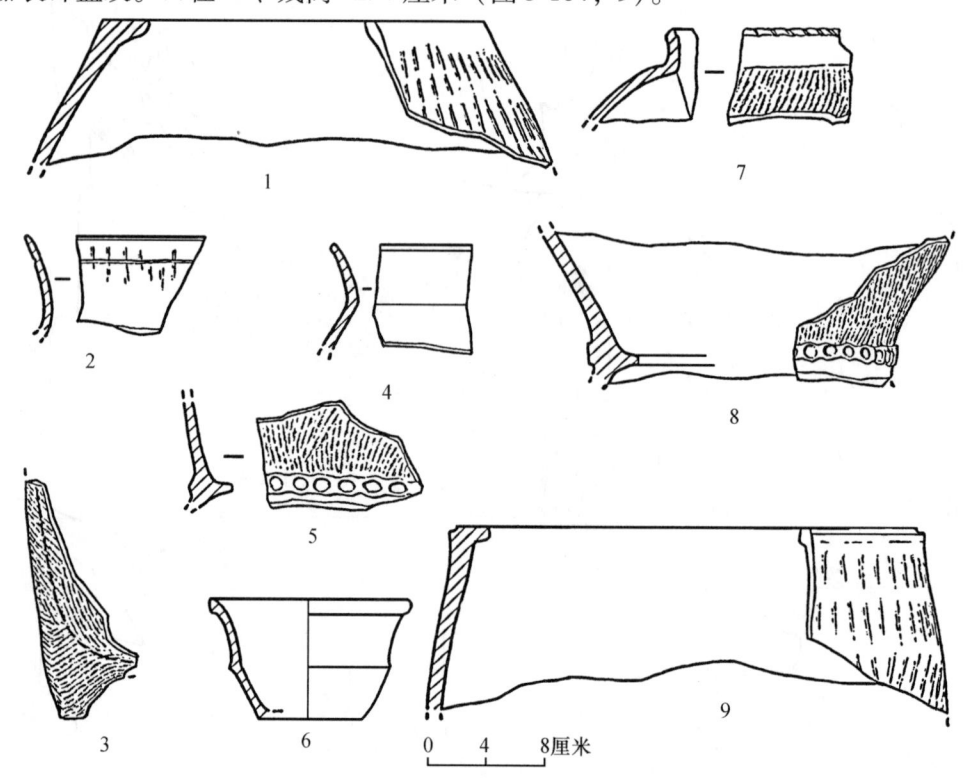

图5-104 上大林遗址陶器

1、9. 蛋形瓮(YP080508G002-C:1、YP080508G002-C:2) 2、4. 罐(YP080508G001-H:1、YP080508I007:1) 3. 鬲足(YP080508I004:1) 5、8. 甗(YP080508I006:2、YP080508I006:1) 6. 盆(YP080508F001-C:1) 7. 鬲(YP080508E001:1)

(1、2、4、6、7、9. 龙山时期;3. 东周时期;5、8. 二里头时期)

盆　1件。YP080508F001-C:1，泥质灰黑陶。厚圆唇，敞口，折腹，平底。素面磨光。口径13.6、底径6.8、高8厘米（图5-104，6；彩版一〇五，6）。

罐　2件。YP080508I007:1，夹砂褐陶。圆唇，口外翻，束颈，深腹。素面（图5-104，4）。YP080508G001-H:1，泥质灰陶。圆唇，口外翻，束颈。口部有篮纹，其上有一周凹旋纹（图5-104，2）。

2. 二里头时期

二里头时期遗存见于遗址中部，遗存分布稀疏（图5-106）。在沟断面上发现2处文化层，此外，未见其他遗迹现象。文化层内包含物丰富，尤以陶片最多，地表也有零星陶片发现。陶片多夹砂灰陶，纹饰以绳纹为主，可辨器形有鬲、甗、蛋形瓮等。

鬲足　3件。YP080508H005:2，夹砂灰褐陶。空袋足，微有实足跟。足部饰绳纹，跟部素面（图5-105，6）。YP080508H005:1，夹砂褐陶。实足跟。跟部素面（图5-105，5）。YP080508I006:3，夹砂褐陶。长实足跟。足部饰绳纹，跟部素面（图5-105，2）。

甗　2件。YP080508I006:1，夹砂灰陶。深腹，束腰，有隔。腹部饰绳纹，腰部有按捺状附加堆纹（图5-104，8）。YP080508I006:2，夹砂褐陶。深腹，束腰，有隔。腹部饰绳纹，腰部有按捺状附加堆纹（图5-104，5）。

蛋形瓮　1件。YP080508I008:1，夹砂灰陶。小平沿，微敛口，深腹微鼓。腹部饰绳纹（图5-105，1）。

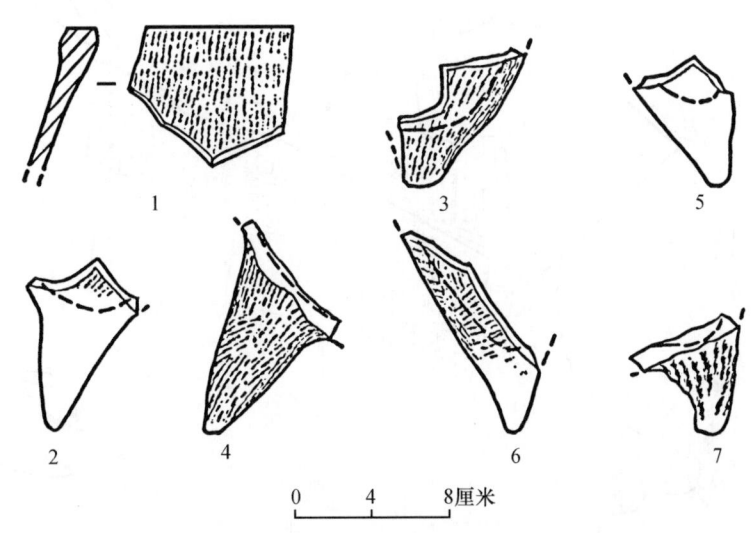

图5-105　上大林遗址陶器
1. 蛋形瓮（YP080508I008:1）　2、3、5~7. 鬲足（YP080508I006:3、YP080508H003:1、YP080508H005:1、YP080508H005:2、YP080508H004:1）　4. 蛋形瓮足（YP080508I006:4）
（1、3~6. 二里头时期；2. 龙山时期；7. 东周时期）

蛋形瓮足　1件。YP080508I006：4，夹砂褐陶。锥状实足跟，粗大。足部饰绳纹（图5-105，4）。

3. 东周时期

东周时期遗存见于遗址中部，遗存分布较为稀疏（图5-106）。未见任何遗迹现象，只在地表发现陶片。陶片多夹砂灰陶，纹饰以绳纹为主，有粗大绳纹，可辨器形有鬲、罐等。

鬲足　2件。YP080508I004：1，夹砂褐陶。联裆，矮实足跟。足部饰绳纹（图5-104，3）。YP080508H004：1，夹砂褐陶。联裆，矮实足跟。足部饰粗大绳纹（图5-105，7）。

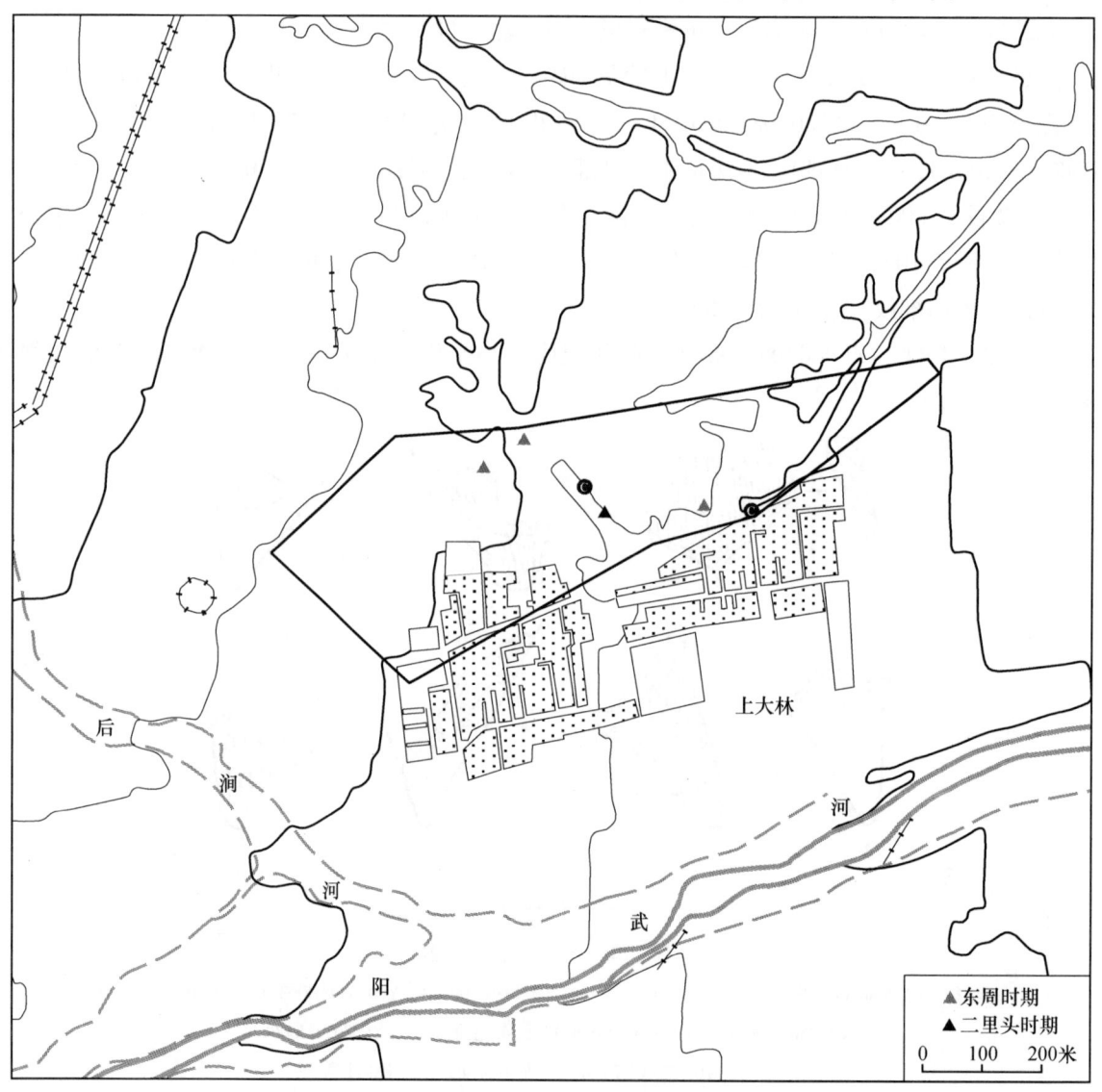

图5-106　上大林遗址二里头、东周时期遗存分布图

四〇、向阳 I 号遗址

向阳 I 号遗址位于原平市大林乡向阳村西北 1200 米，面积较小，只有 0.8 万平方米。遗址处在山前一突出的高地上，地势较高，海拔 950~970 米，起伏较小。遗址西、南面有发源于山间的水流流过。遗址只有仰韶时期的遗存（图 5-107）。

遗存分布范围虽小，但遗存分布并不稀疏。未见任何遗迹现象，只在地表发现零星陶片。陶片多泥质红陶，多素面，可辨器形有钵等。

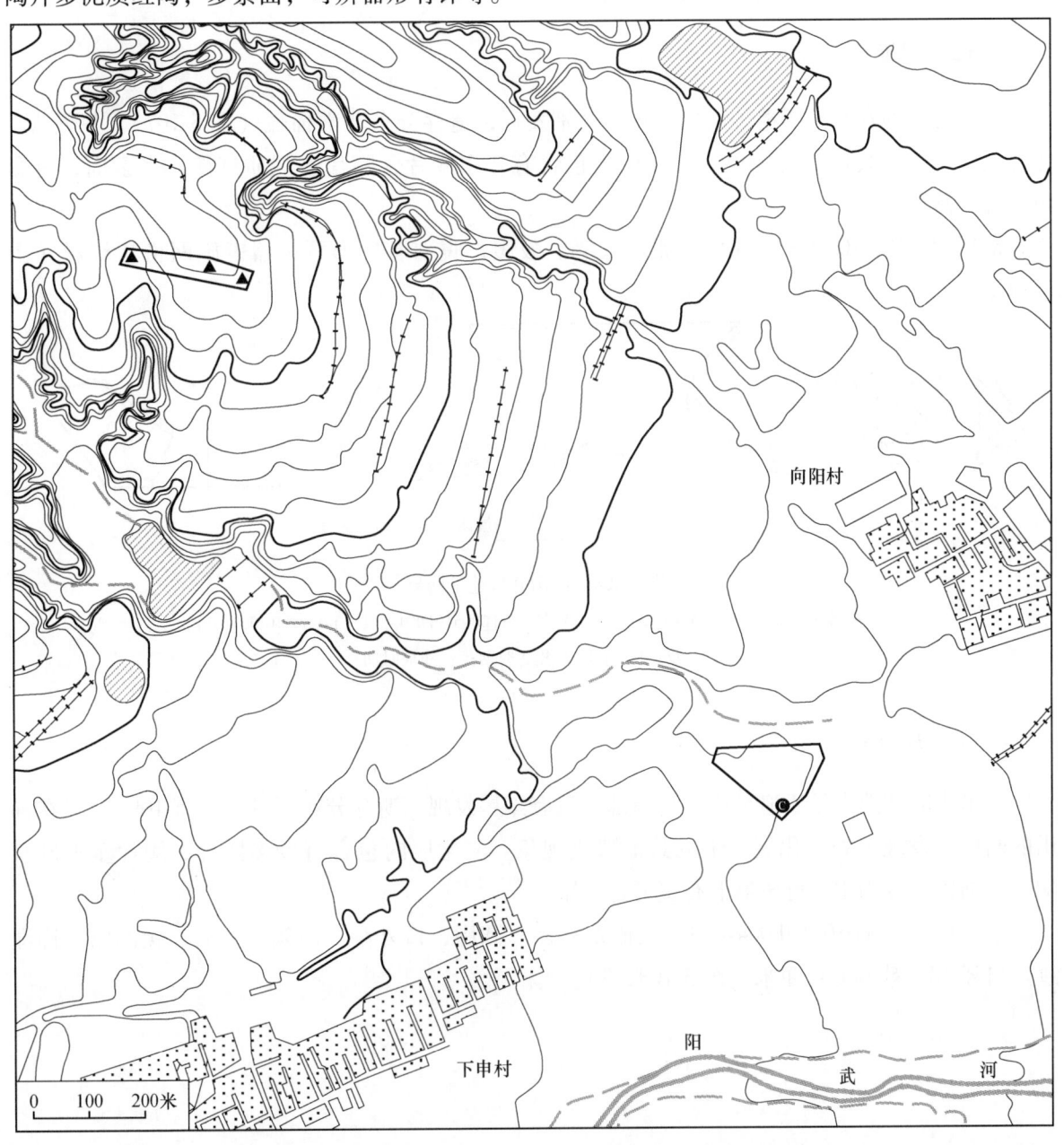

图 5-107　向阳 I 号（左）、II 号（右）遗址仰韶时期遗存分布图

四一、向阳Ⅱ号遗址

向阳Ⅱ号遗址位于原平市大林乡向阳村西南300米，面积1.6万平方米（彩版七〇，2）。遗址处在滹沱河西岸逐渐抬升的山前冲积扇上，海拔890米左右，地势平坦，起伏很小。遗址北面有发源于山间的季节性水流流过，南面不远处有滹沱河的支流阳武河由西向东流过。遗存分布范围小，但遗存分布相对密集。遗址包含仰韶、二里头、东周三个时期的遗存，其中，东周时期部分遗存可进一步确认为战国时期。

1. 仰韶时期

仰韶时期遗存只见于遗址南部，仅有个别发现，遗存分布非常稀疏（图5-107）。只发现1处文化层，未见其他遗迹现象。文化层内包含有较多陶片，陶片多泥质红陶，多素面，有彩陶，可辨器形有钵、带耳罐等。

带耳罐　YP080510F004-C:2，泥质红陶。鼓腹，腹部有桥形耳。器表施网格状红彩（图5-108，1）。

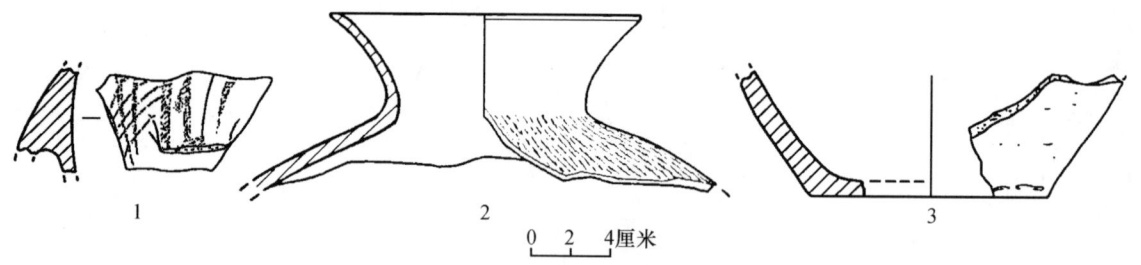

图5-108　向阳Ⅱ号遗址陶器
1. 带耳罐（YP080510F004-C:2）　2、3. 罐（YP080510F004-C:1、YP080510I004-H:1）
（1. 仰韶时期；2. 二里头时期；3. 东周时期）

2. 二里头时期

二里头时期遗存见于遗址西部和南部，只有零星发现，遗存分布稀疏（图5-109）。只在梯田的断面上发现1处文化层，未见其他遗迹现象。文化层内包含有较多陶片，陶片多夹砂灰陶，纹饰以绳纹为主，可辨器形有蛋形瓮、罐等。

罐　1件。YP080510F004-C:1，夹砂灰褐陶。圆唇，口外翻，高领，鼓肩。领部以下饰绳纹。口径18、残高8.4厘米（图5-108，2）。

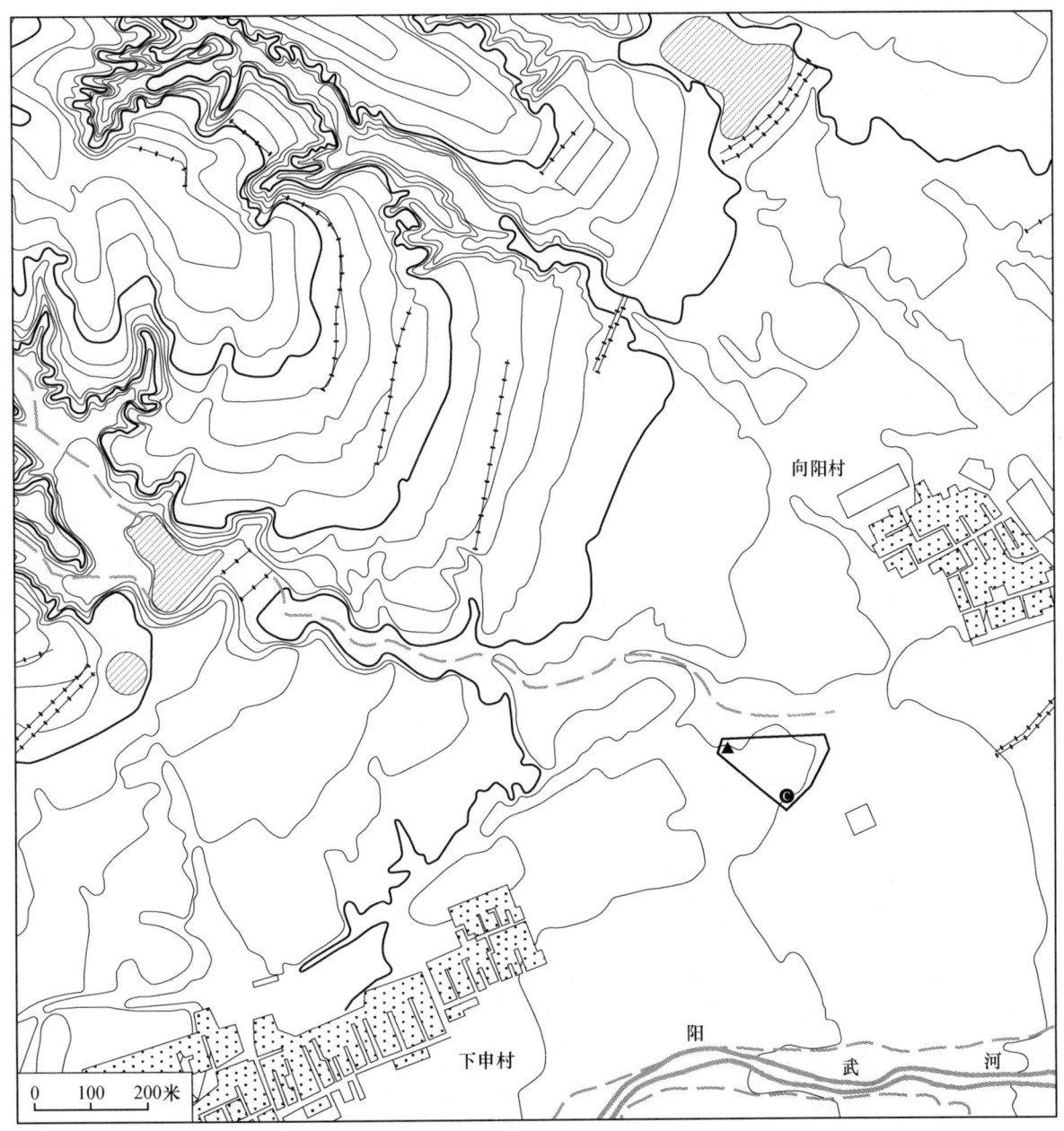

图 5-109 向阳Ⅱ号遗址二里头时期遗存分布图

3. 东周时期

东周时期遗存见于遗址东部,只有零星发现,遗存分布稀疏(图 5-110)。除在梯田的断面上发现 2 个灰坑外,未见其他遗迹现象。灰坑内包含物丰富,尤以陶片最多,陶片多夹砂灰陶,纹饰以绳纹为主,可辨器形有罐等。

罐 1 件。YP080510I004-H:1,夹砂灰陶。深腹,平底。素面。底径 12、残高 6 厘米(图 5-108,3)。

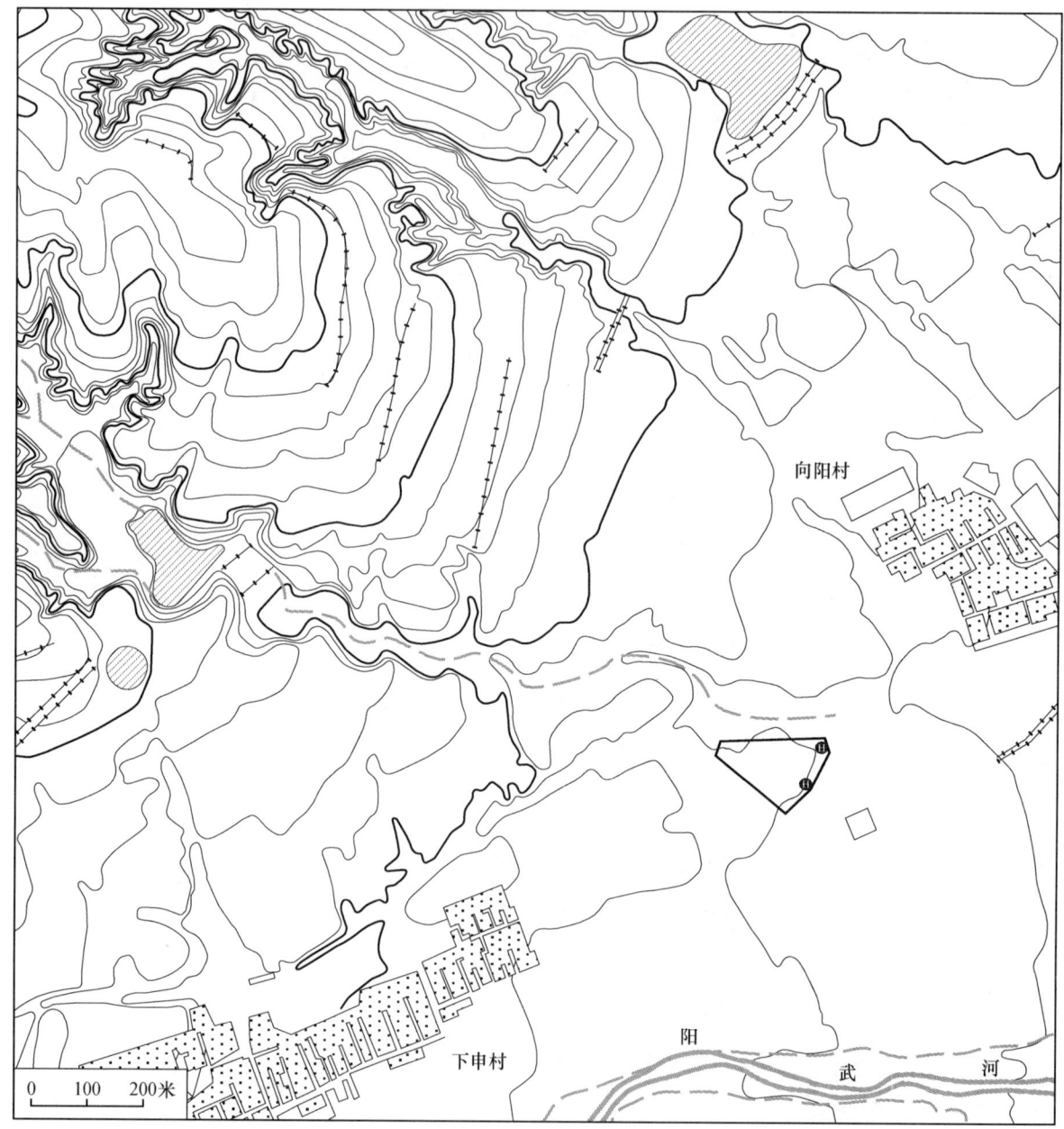

图 5-110　向阳Ⅱ号遗址东周时期遗存分布图

四二、下 申 遗 址

下申遗址位于原平市大林乡下申村北，面积 7.2 万平方米（彩版七〇，2）。遗址处在山脚下地势略高的缓坡上，沿缓坡呈东西向长条状分布，海拔 900～915 米，西北高，东南低，内有冲沟，有一定的起伏。遗址南面有滹沱河的支流阳武河由西向东流过。遗存分布疏密不等，遗址西部遗存分布较为密集。遗址包含龙山、二里头、东周三个时期的遗存。

1. 龙山时期

龙山时期遗存只见于遗址西部，遗存分布较为集中（图5-112）。未见任何遗迹现象，只在地表发现零星陶片。陶片多夹砂灰陶，纹饰多绳纹、篮纹，可辨器形有斝、罐等。

斝 1件。YP080510D001:1，夹砂灰陶。微凸底，下接空袋足。袋足上部有一周附加堆纹，器表饰绳纹（图5-111）。

2. 二里头时期

二里头时期遗存见于整个遗址，尤以西部遗存分布较为密集（图5-113）。未见任何遗迹现象，只在地表发现较多陶片。

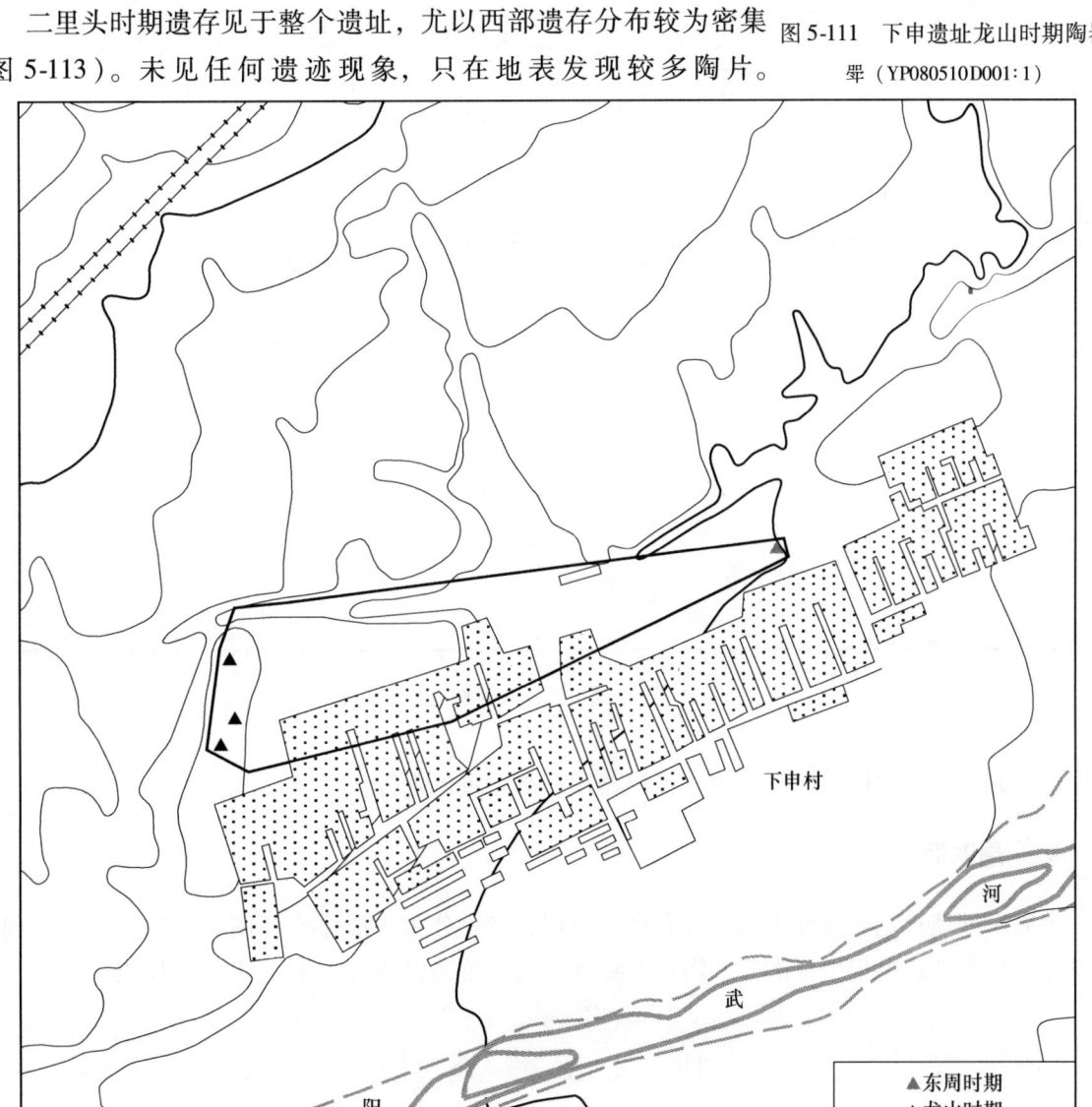

图5-111 下申遗址龙山时期陶器 斝（YP080510D001:1）

图5-112 下申遗址龙山、东周时期遗存分布图

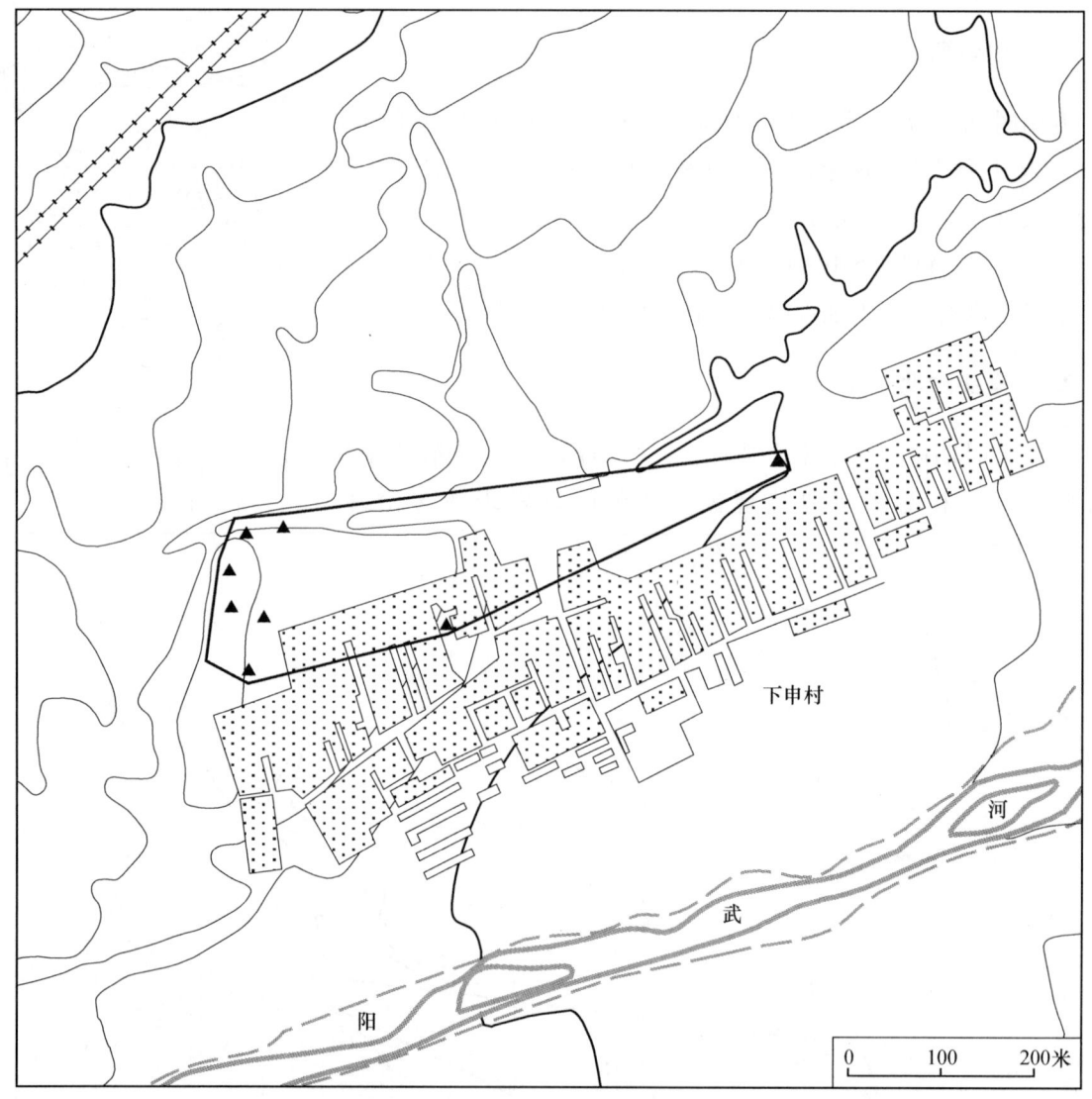

图 5-113 下申遗址二里头时期遗存分布图

陶片多夹砂灰陶，纹饰以绳纹为主，可辨器形有鬲、蛋形瓮等。

3. 东周时期

东周时期遗存见于遗址东部，仅有个别发现，遗存分布非常稀疏（图 5-112）。未见任何遗迹现象，只在地表发现少量陶片。陶片多夹砂灰陶，纹饰以绳纹为多，可辨器形有罐等。

四三、上申遗址

上申遗址位于原平市大林乡上申村北，面积 18.7 万平方米（彩版七一，1）。遗址处在山脚下地势略高的缓坡上，沿缓坡呈东西向长条状分布，海拔 925～950 米，内有两条较宽的冲沟把遗址切割成东、中、西部三块。遗址南面有滹沱河支流阳武河由西向东流过，遗址西侧有发源于山间的季节性水流汇入阳武河，东侧也有深沟连接阳武河。遗存主要分为三块，尤以中部遗存分布最为密集。遗址包含龙山、二里头、东周三个时期遗存，其中，东周时期遗存部分可进一步确认为战国时期。

1. 龙山时期

龙山时期遗存主要见于遗址中部，东部只有零星分布，遗址中部遗存分布密集（图5-114）。遗迹集中分布在中部，共发现3处文化层和13个灰坑，主要暴露于沟坎的断面。遗迹包含物丰富，尤以陶片最多，地表也发现有陶片。陶片多夹砂灰陶，纹饰多绳纹、篮纹，可辨器形有鬲、甗、豆等。

鬲 4件。YP080512C004-H1∶2，夹砂灰陶。厚圆唇，口外翻，矮领，大袋足外鼓。领部

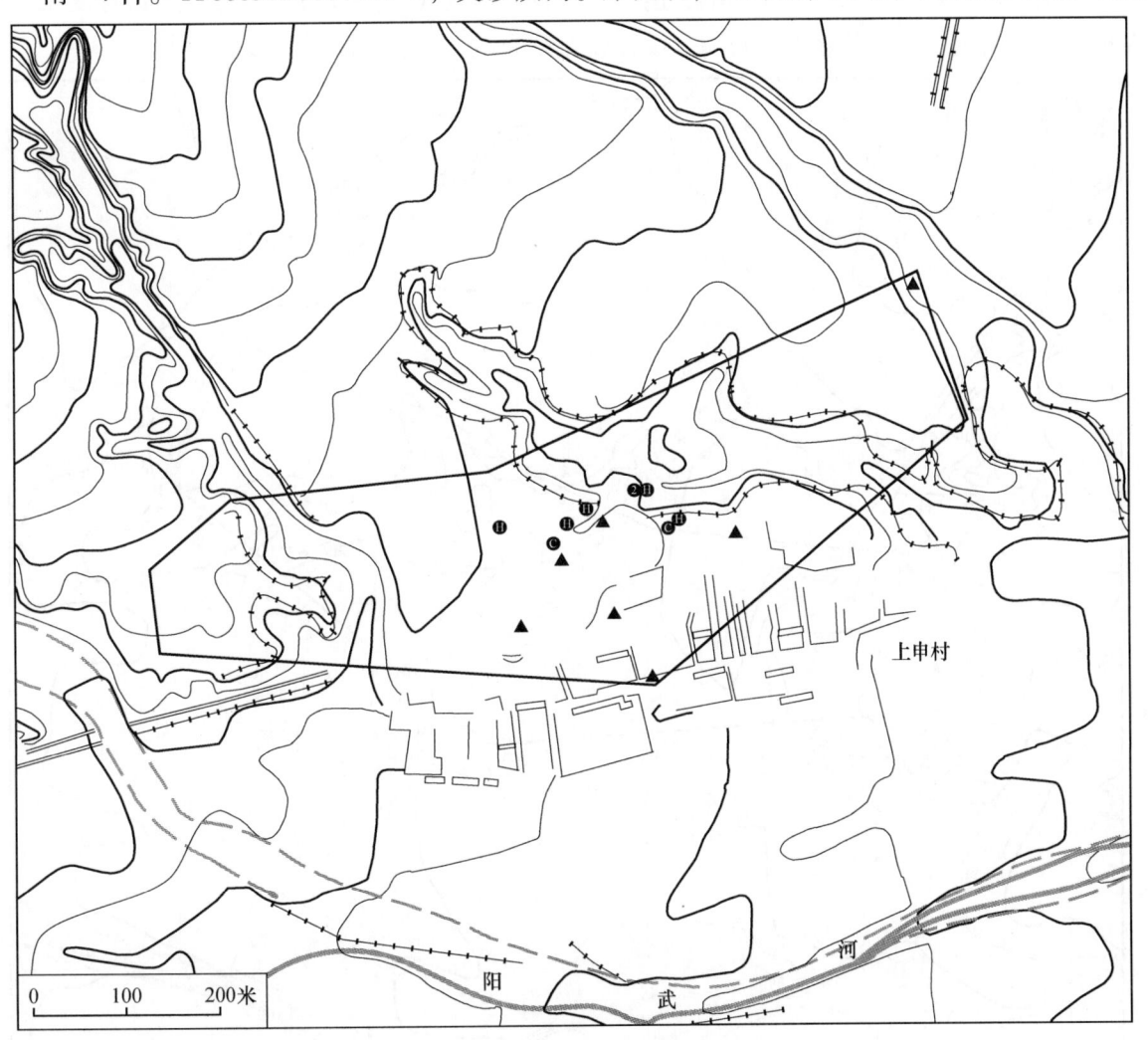

图5-114 上申遗址龙山时期遗存分布图

以下饰绳纹。口径28、残高12厘米（图5-117，11）。YP080512C002-H2：1，夹砂灰陶。圆唇，侈口，矮领，分裆，大袋足外鼓。领部以下饰绳纹（图5-117，9）。

鬲足　2件。YP080512C004-H1：1，夹砂灰褐陶。空袋足，有实足跟。足部饰绳纹（图5-117，2）。YP080512C002-H2：2，夹砂灰陶。空袋足，微有实足跟。足部饰绳纹（图5-117，3）。

甗　1件。YP090420C003-H：1，夹砂灰陶。束腰，有隔，袋足微外鼓。器表饰绳纹（图5-117，10）。

豆　1件。YP080512C002-H2：3，泥质褐陶。小圆唇，大敞口，斜浅腹，盘底近平，柄残。素面。口径14、残高2.8厘米（图5-117，6）。

2. 二里头时期

二里头时期遗存见于遗址东西端，遗存分布较为稀疏（图5-115）。未见任何遗迹现象，只在地表发现有陶片。陶片多泥质灰陶，纹饰以绳纹为主，可辨器形有蛋形瓮、盆等。

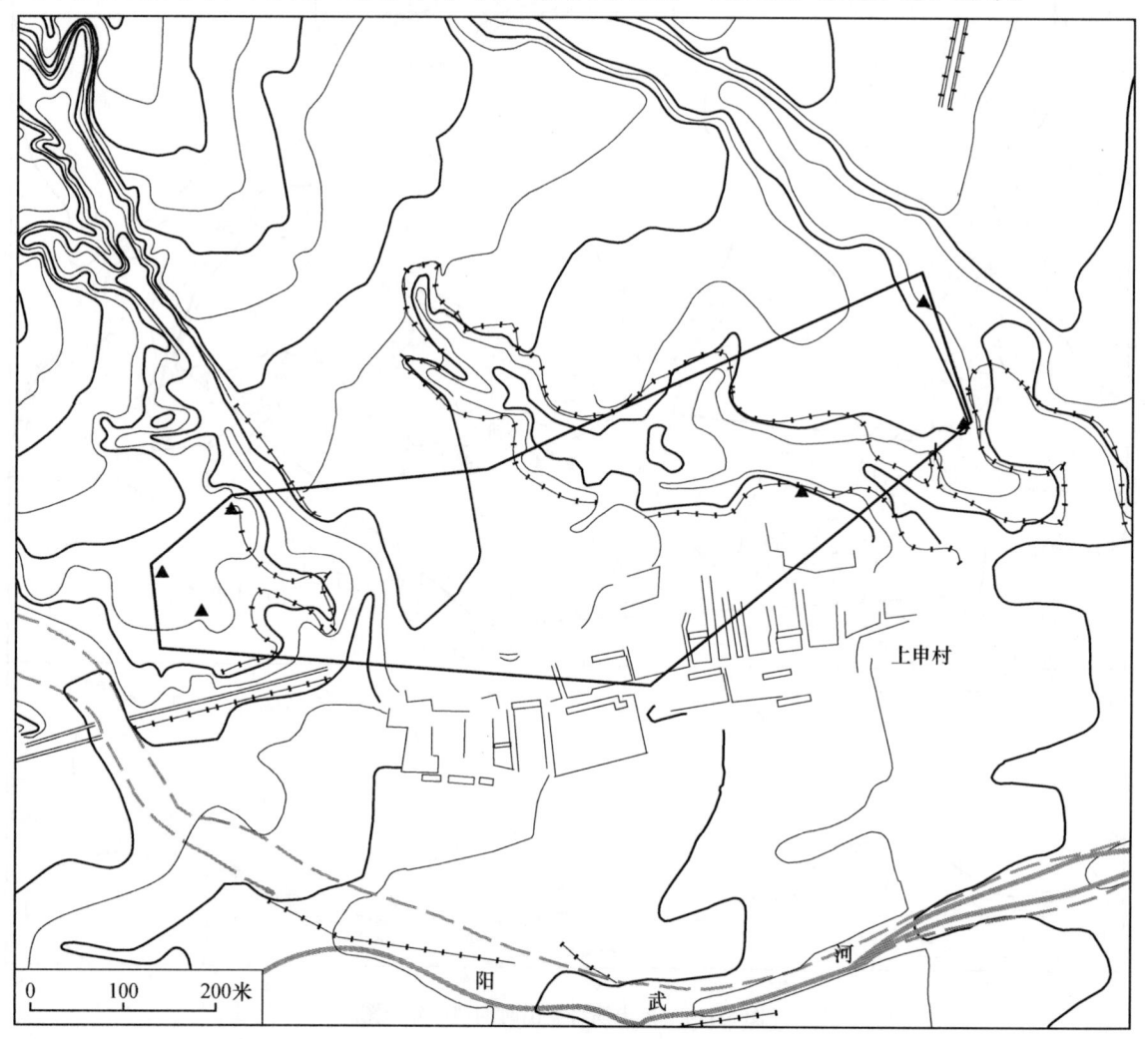

图5-115　上申遗址二里头时期遗存分布图

蛋形瓮足　2件。YP080512K004∶1，泥质褐陶。实足跟。足部饰绳纹（图5-117，4）。YP080512G001∶1，泥质红褐陶。实足跟。足部饰绳纹（图5-117，5）。

3. 东周时期

东周时期遗存见于整个遗址，以遗址西部遗存分布最为密集（图5-116）。仅在遗址中部断面上发现1处文化层，未见其他遗迹现象。文化层内包含有少量陶片，地表也有陶片分布。陶片多夹砂灰陶，纹饰以绳纹为主，有粗大绳纹，可辨器形有鬲、豆、罐等。

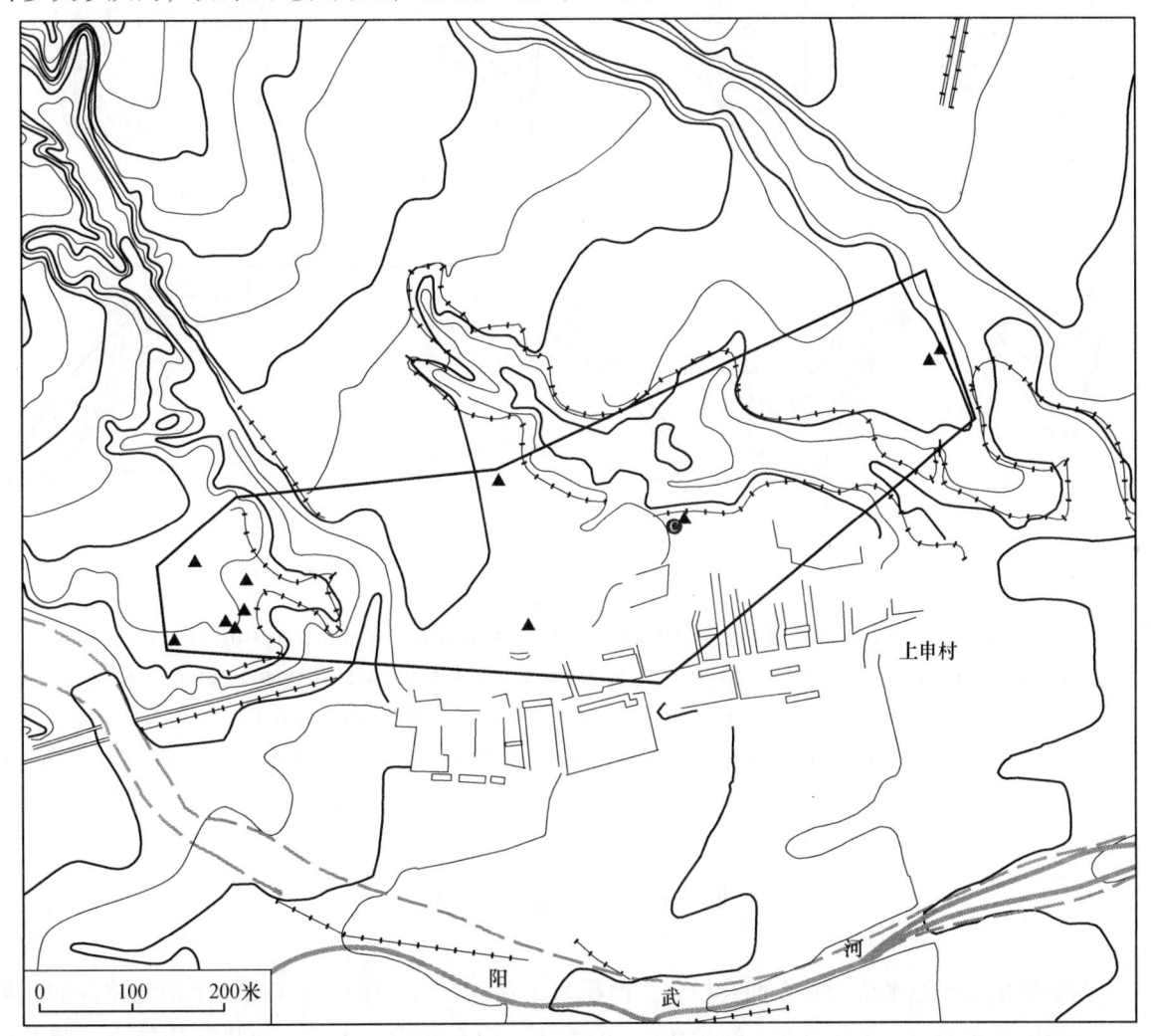

图5-116　上申遗址东周时期遗存分布图

鬲　2件。YP080512G002∶3，夹砂灰陶。方唇，宽折沿，深鼓腹。腹部饰粗大绳纹。口径26、残高10厘米（图5-117，1）。YP080512G002∶2，夹砂灰褐陶。联裆，柱足。器表饰粗大绳纹（图5-117，8）。

豆　1件。YP080512G002∶1，泥质灰陶。浅盘，近直壁，平底，细柄。素面。口径12、残高4厘米（图5-117，7）。

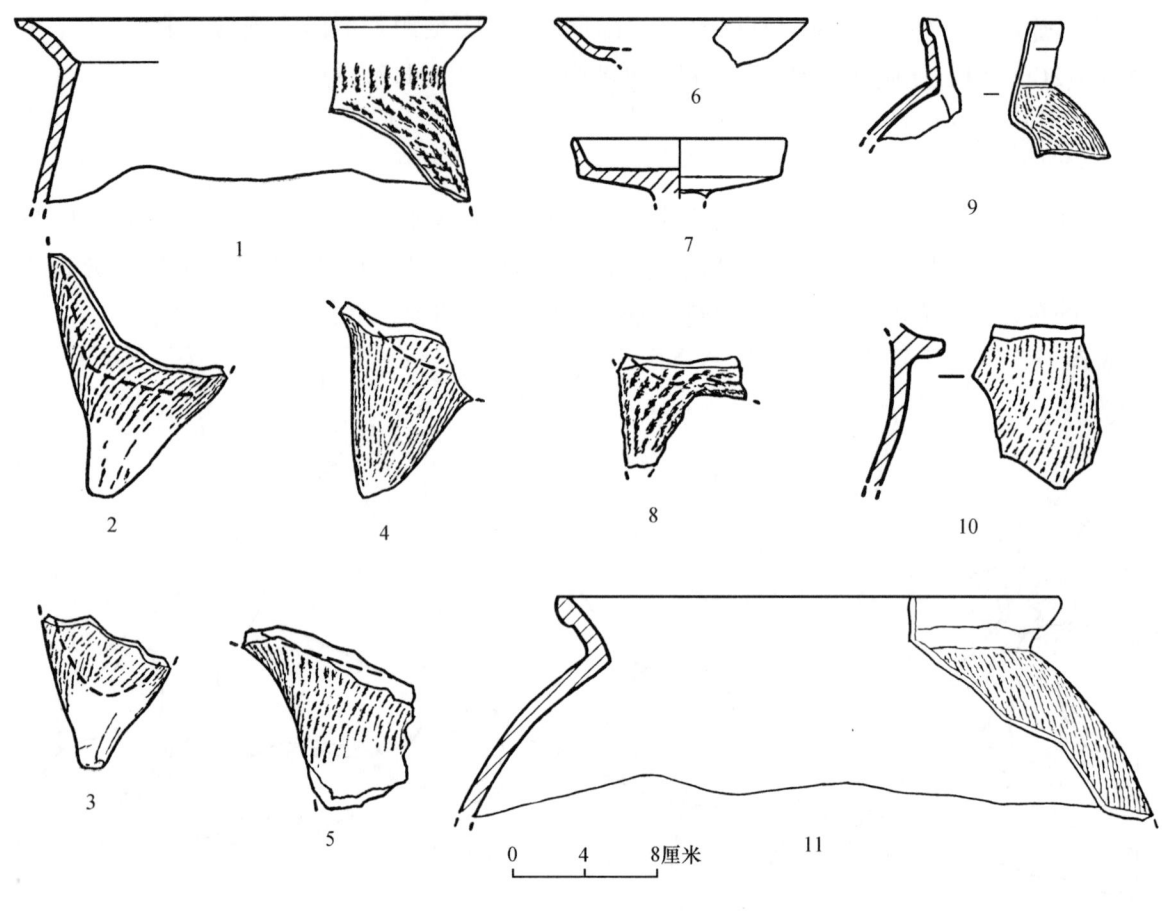

图 5-117　上申遗址陶器

1、8、9、11. 鬲（YP080512G002:3、YP080512G002:2、YP080512C002-H2:1、YP080512C004-H1:2）　2、3. 鬲足（YP080512C004-H1:1、YP080512C002-H2:2）　4、5. 蛋形瓮足（YP080512K004:1、YP080512G001:1）　6、7. 豆（YP080512C002-H2:3、YP080512G002:1）　10. 甗（YP090420C003-H:1）

（1、7、8. 东周时期；2、3、6、9~11. 龙山时期；4、5. 二里头时期）

四四、西会遗址

西会遗址位于原平市大林乡西会村北，面积 8.5 万平方米。遗址处在山脚下地势略高的缓坡上，沿缓坡呈东西向长条状分布，海拔 940~1000 米，内有冲沟和土丘，地势起伏较大，落差也较大。遗址南面有滹沱河的支流阳武河由西向东流过，遗址东、西两侧均有发源于山间的季节性水流汇入阳武河。遗存分布略显稀疏且落差较大。遗址包含龙山、二里头两个时期的遗存。

1. 龙山时期

龙山时期遗存分布于整个遗址，但遗存分布并不密集（图 5-118）。遗迹见于遗址东、西两端梯田的断面上，在遗址最东部发现 1 处文化层，在遗址西北角发现 1 座白灰面房址。文化层内包含有较多陶片，但房址内没有发现遗物，地表有陶片分布。陶片多夹砂灰陶，纹饰多绳纹、篮纹，可辨器形有蛋形瓮、罐等。

在遗址北 400 米处发现有这个时期的零星陶片。

蛋形瓮　1件。YP080512G004-C：1，夹砂灰黑陶。厚圆唇，敛口，深鼓腹。器表饰绳纹（图 5-119，1）。

罐　1件。YP080512G004-C：2，泥质灰陶。鼓腹，平底。腹部饰斜篮纹。底径 16、残高 10 厘米（图 5-119，2）。

2. 二里头时期

二里头时期遗存只见于遗址东部，仅有个别发现，遗存分布非常稀疏（图 5-118）。未见任何遗迹现象，仅在地表发现少量陶片。陶片多灰陶，纹饰以绳纹为主。

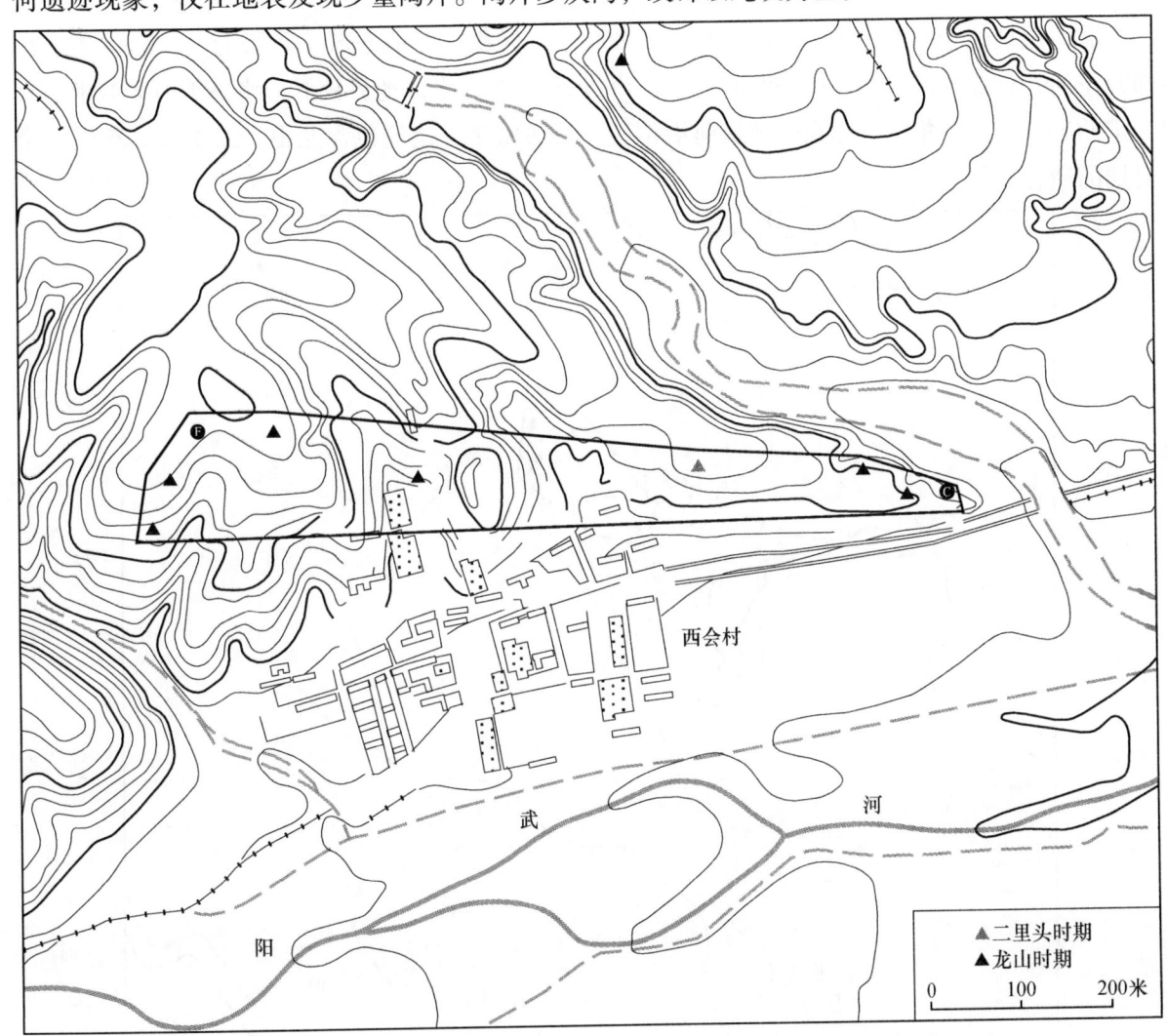

图 5-118　西会遗址遗存分布图

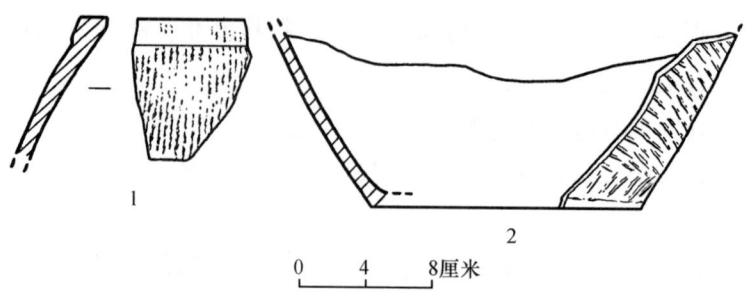

图 5-119　西会遗址龙山时期陶器
1. 蛋形瓮（YP080512G004-C:1）　2. 罐（YP080512G004-C:2）

四五、磨头遗址

　　磨头遗址位于原平市子干乡磨头村东北 850 米，面积 3 万平方米（彩版七一，2）。遗址紧邻滹沱河，处在滹沱河西岸的一级阶地上，海拔 800～810 米，地势较低，略高于河床数米，有一定的起伏。遗存集中分布在阶地最前沿位置，分布密集，遗址包含龙山、二里头、东周三个时期的遗存。

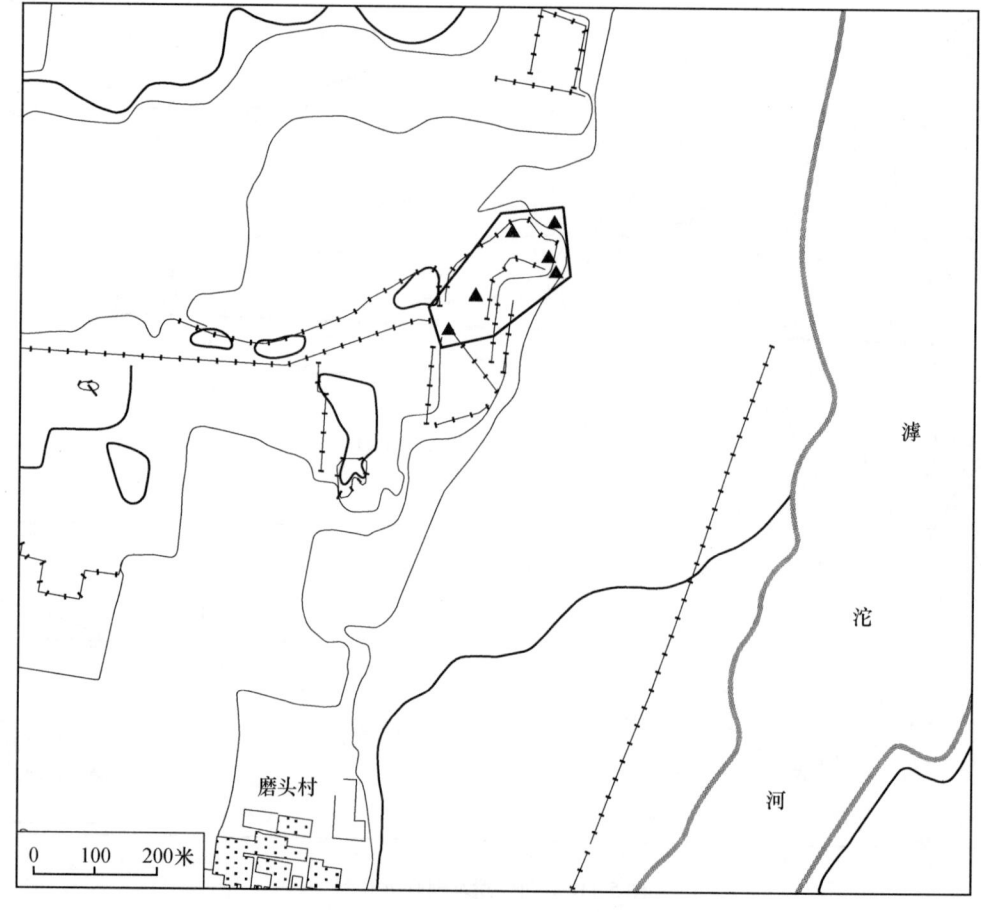

图 5-120　磨头遗址龙山时期遗存分布图

1. 龙山时期

龙山时期的遗存基本见于整个遗址，遗存分布密集（图 5-120）。未见任何遗迹现象，只在地表发现有陶片。陶片多夹砂灰陶，纹饰多篮纹，可辨器形有鬲、盆、盘、折肩罐、罐等。

盆　1件。YP080425B002:1，泥质灰陶。圆唇，翻沿。素面（图5-122, 3）。

盘　1件。YP080425A001:1，泥质黑皮陶。粗柄，大圈足。素面磨光。底径20、残高4厘米（图5-122, 4）。

折肩罐　1件。YP080425A001:2，夹砂灰陶（细砂）。折肩，深腹。器表饰篮纹（图5-122, 2）。

罐　1件。YP080425C006:1，夹砂灰褐陶。折肩，深腹。腹部饰篮纹（图5-122, 1）。

2. 二里头时期

二里头时期遗存主要见于遗址中部，只有零星发现，遗存分布稀疏（图5-121）。未见任何遗迹现象，只在地表发现有陶片。陶片多灰陶，纹饰以绳纹为主，可辨器形有鬲等。

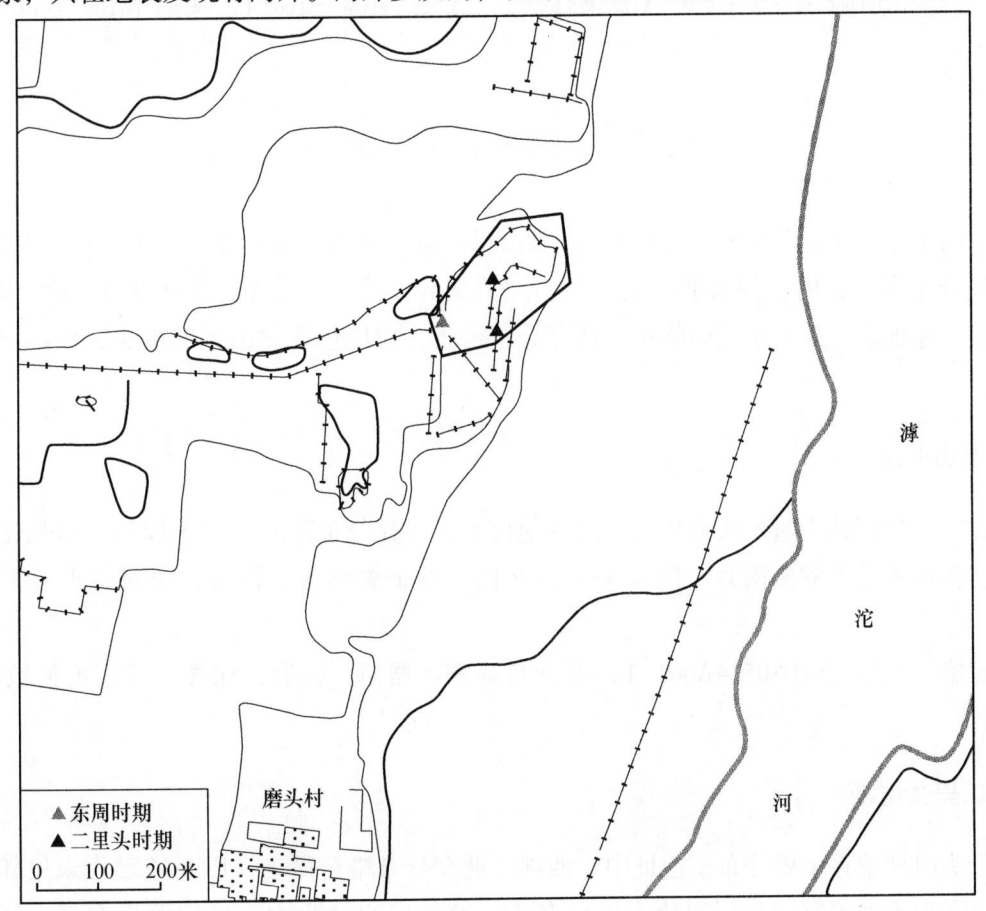

图 5-121　磨头遗址二里头、东周时期遗存分布图

3. 东周时期

东周时期遗存只见于遗址西南角，仅有个别发现，遗存分布非常稀疏（图5-121）。未见任何遗迹现象，只在地表发现少量陶片。陶片多夹砂灰陶，纹饰以绳纹为主，可辨器形有罐等。

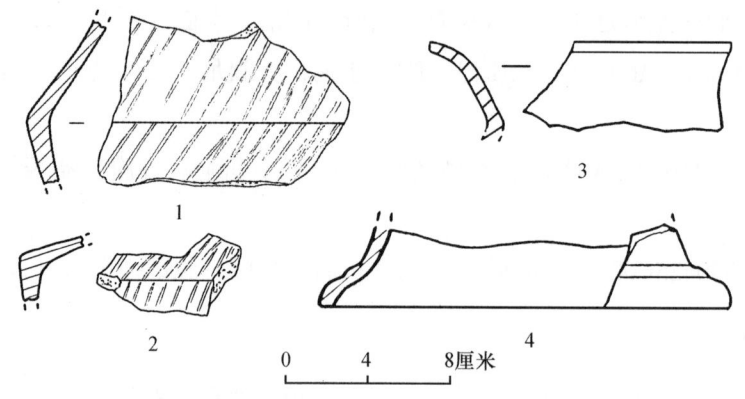

图 5-122　磨头遗址龙山时期陶器
1. 罐（YP080425C006：1）　2. 折肩罐（YP080425A001：2）　3. 盆（YP080425B002：1）　4. 盘（YP080425A001：1）

四六、上神山 I 号遗址

上神山 I 号遗址位于原平市大牛店镇上神山村西南1700米，面积2.6万平方米（彩版七二，1）。遗址分布在山谷内一伸出的一山脊上，地势突起，呈丘状分布，海拔950~975米，有较大的起伏。遗址北、东、南三面临水。遗存分布密集，遗址包含龙山、二里头、战国三个时期的遗存。

1. 龙山时期

龙山时期遗存见于遗址西南角之外的其他位置，遗存分布密集（图5-123）。未见任何遗迹现象，仅在地表发现较多陶片。陶片多夹砂灰陶，纹饰多绳纹、篮纹，可辨器形有鬲、折肩罐等。

折肩罐　1件。YP080514A001：1，夹砂灰褐陶。器薄，折肩，深腹。器表饰篮纹（图5-124，1）。

2. 二里头时期

二里头时期遗存主要分布于遗址中、西部，遗存分布略显稀疏（图5-125）。未见任何遗迹现象，只在地表发现有陶片。陶片多夹砂灰陶，纹饰以绳纹为主，可辨器形有鬲、甗、蛋形瓮等。

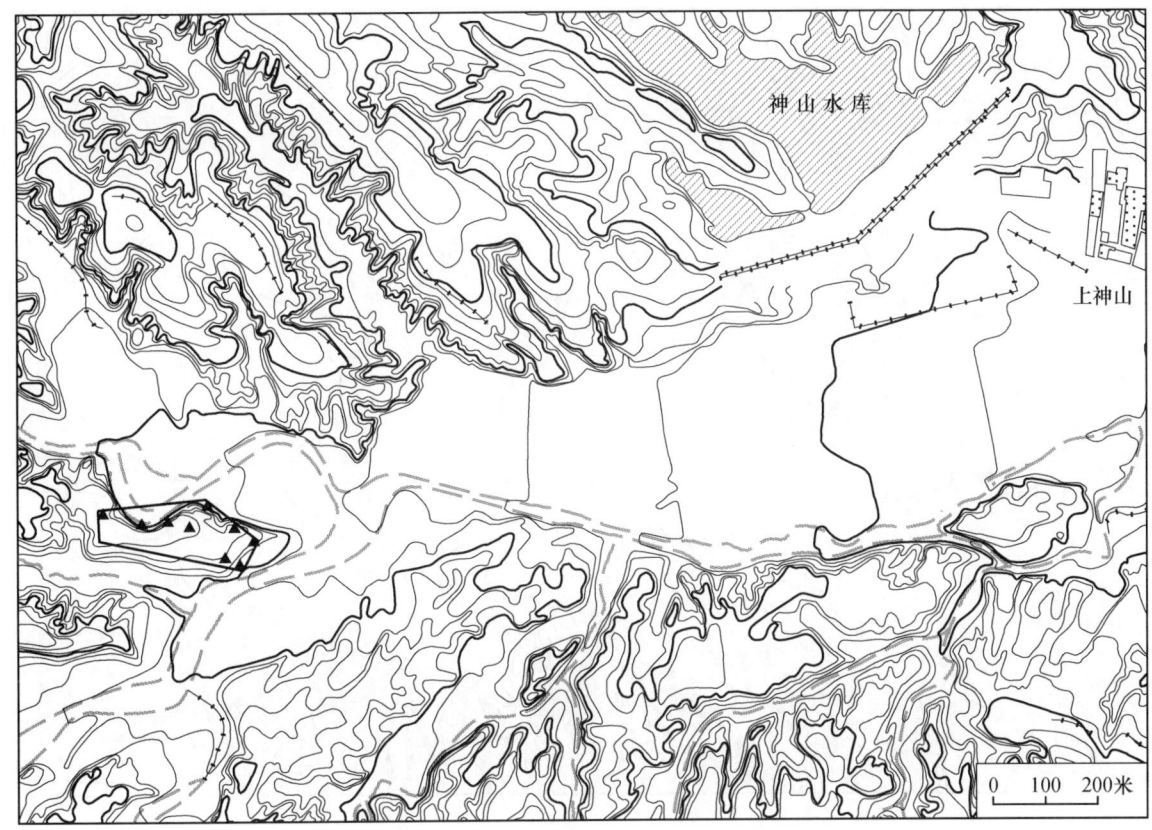

图 5-123　上神山 I 号遗址龙山时期遗存分布图

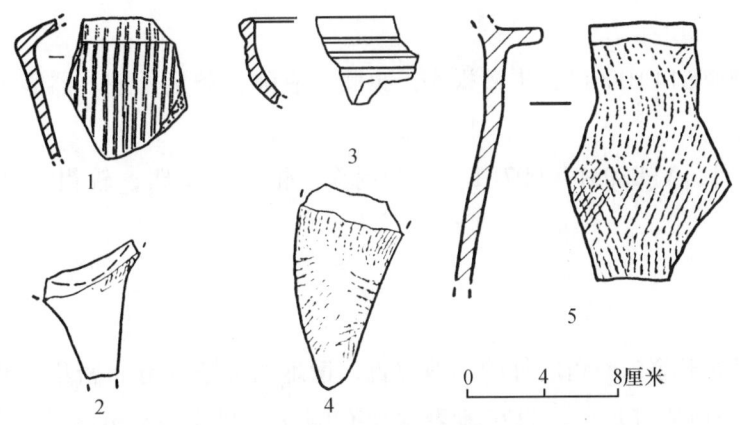

图 5-124　上神山 I 号遗址陶器

1. 折肩罐（YP080514A001:1）　2. 鬲足（YP080514C004:1）　3. 盆（YP080514A006:2）　4. 蛋形瓮足（YP080514C007:1）
5. 甗（YP080514A006:1）

（1. 龙山时期；2、4、5. 二里头时期；3. 战国时期）

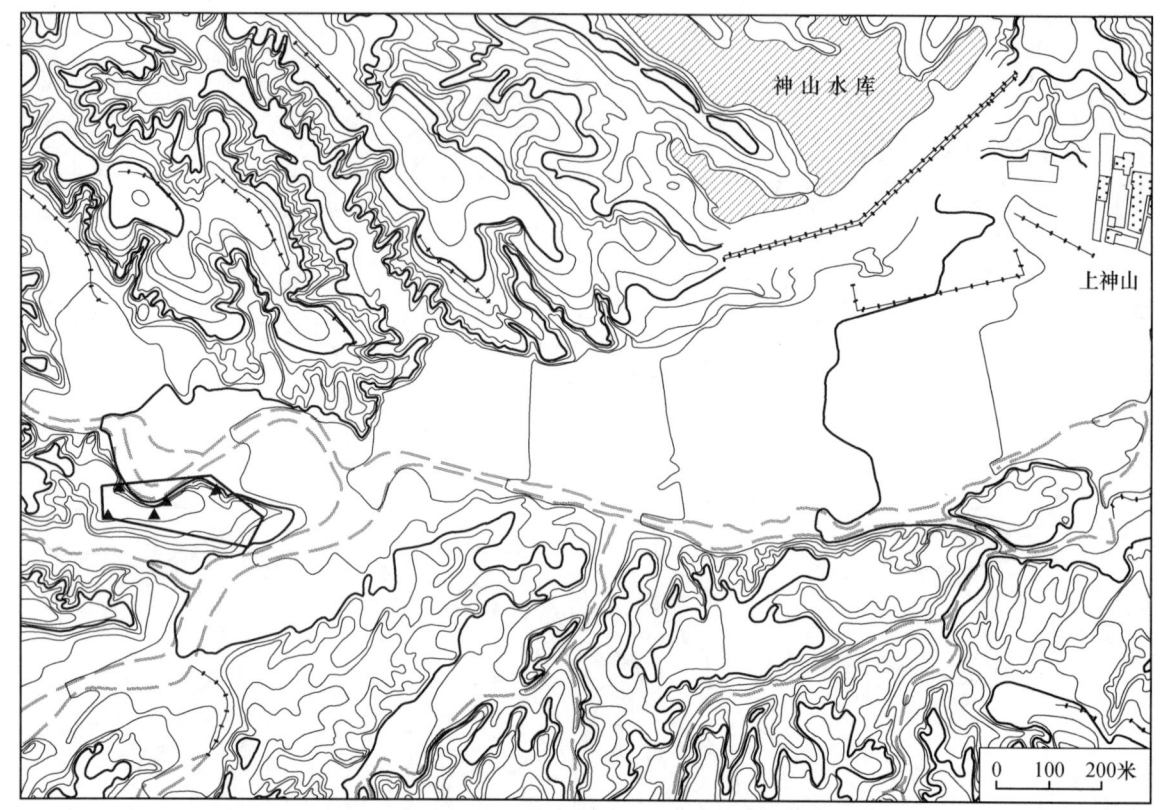

图 5-125　上神山 I 号遗址二里头时期遗存分布图

鬲足　1件。YP080514C004∶1，夹砂灰陶。锥状实足跟。足部饰绳纹，跟部素面（图 5-124，2）。

甗　1件。YP080514A006∶1，夹砂褐陶。束腰，有隔，袋足外鼓。器表饰绳纹（图 5-124，5）。

蛋形瓮足　1件。YP080514C007∶1，夹砂褐陶。锥状实足跟，较粗。足部饰绳纹（图 5-124，4）。

3. 战国时期

战国时期遗存见于除东南角之外的其他位置，遗址西部遗存分布密集，其他位置分布稀疏（图 5-126）。未见任何遗迹现象，只在地表发现有陶片。陶片多夹砂灰陶，纹饰以绳纹为主，可辨器形有盆、罐等。

盆　1件。YP080514A006∶2，夹砂灰黑陶。厚圆唇，颈直口，斜深腹。腹部饰旋纹（图 5-124，3）。

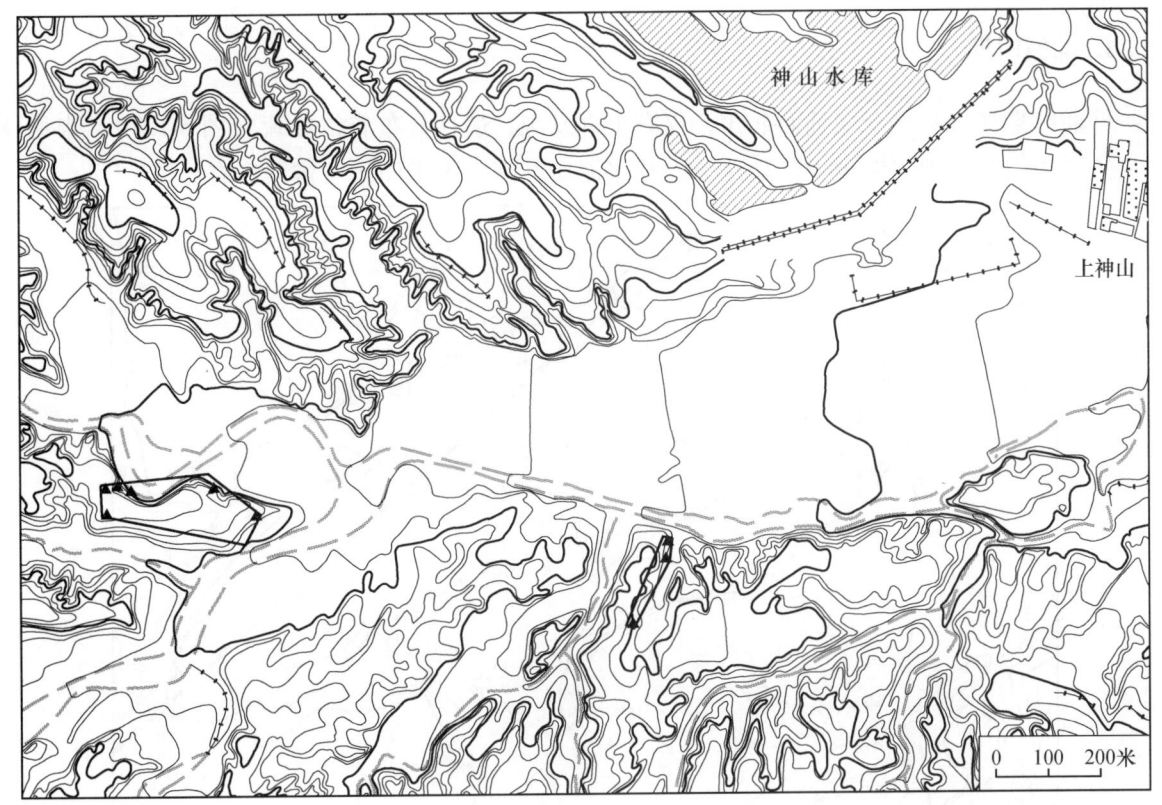

图 5-126　上神山 I 号遗址（左）战国时期遗存、II 号遗址（右）东周时期遗存分布图

四七、上神山 II 号遗址

上神山 II 号遗址位于原平市大牛店镇上神山村西南 1000 米，面积较小，只有 0.4 万平方米。遗址处在山间水流南岸的台地前缘，分布在一南高北低的窄长山脊上，两侧为冲沟，海拔 935~950 米，地势起伏较大。遗址西、北两面都有发源于山间的水流流过。遗址只有东周时期遗存，其中，部分可进一步确认为战国时期（图 5-126）。

遗存分布稀疏，未见任何遗迹现象，只在地表发现零星陶片。陶片多夹砂灰陶，纹饰以绳纹为主，可辨器形有豆、罐等。

四八、下神山遗址

下神山遗址位于原平市大牛店镇下神山村东南 500 米，面积较小，只有 0.9 万平方米。遗址分布在山前冲积扇上，海拔 890 米左右，有一定的起伏。遗址处在两条季节性水流交汇的三角区域，地势略高于河床。遗址包含仰韶、龙山两个时期遗存。

1. 仰韶时期

仰韶时期遗存只见于遗址西北角，仅有个别发现，遗存分布非常稀疏（图5-127）。未见任何遗迹现象，只在地表发现少量陶片。陶片多泥质红陶，多素面，可辨器形有钵等。

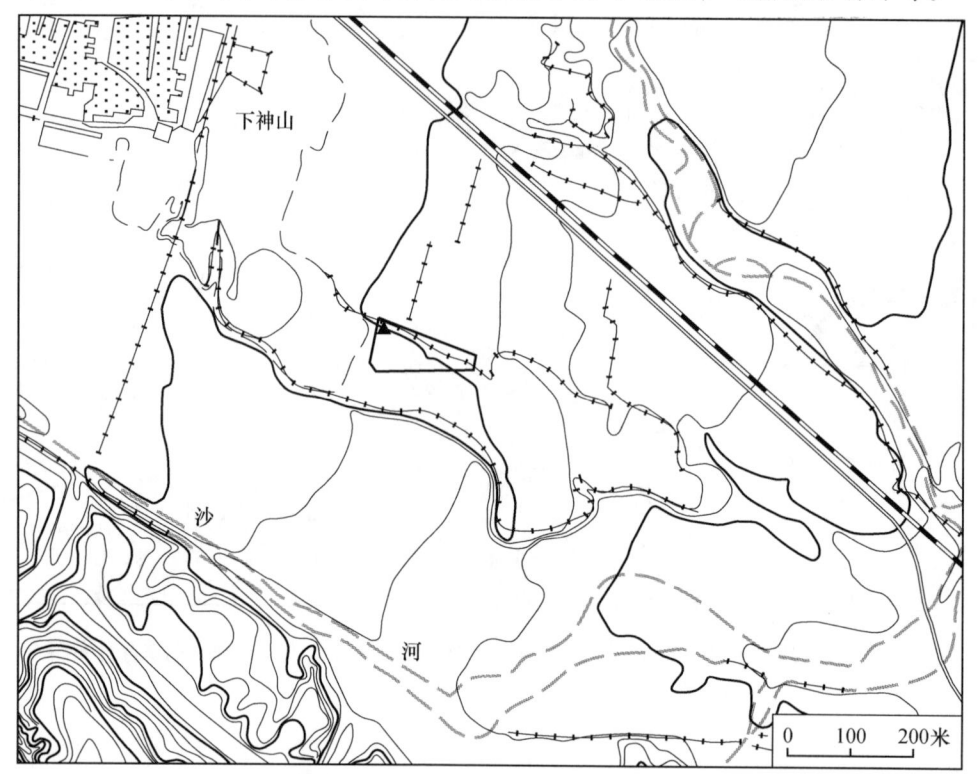

图 5-127　下神山遗址仰韶时期遗存分布图

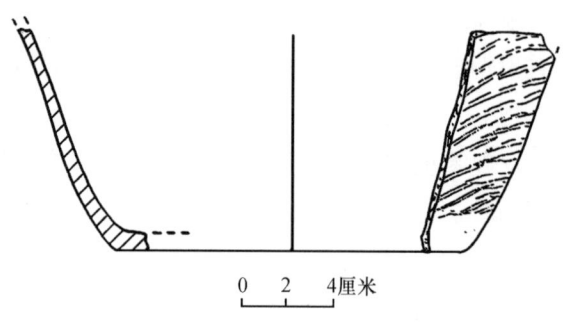

图 5-128　下神山遗址龙山时期陶器
　　　　　　　罐（YP080515I002:1）

2. 龙山时期

龙山时期遗存见于整个遗址，分布密集（图5-129）。未见任何遗迹现象，仅在地表发现有陶片。陶片多夹砂灰陶，纹饰多篮纹，可辨器形有罐等。

罐　1件。YP080515I002:1，泥质灰陶。胎薄，深腹，平底。腹部饰篮纹。底径15.7、残高9.4厘米（图5-128）。

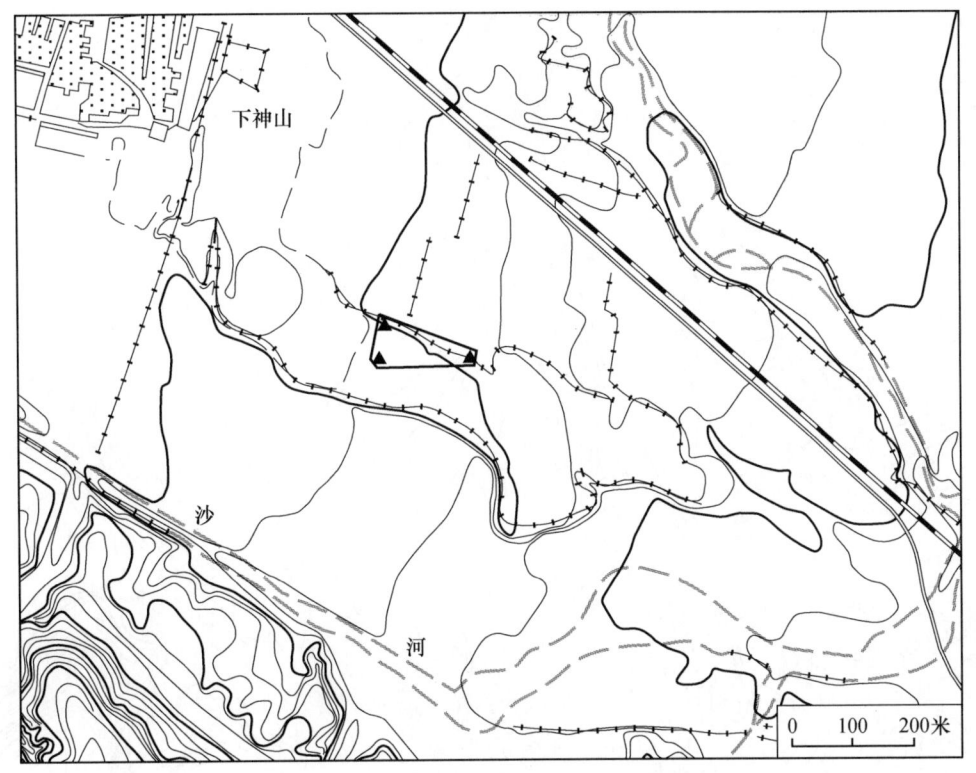

图 5-129　下神山遗址龙山时期遗存分布图

四九、小泉沟 I 号遗址

小泉沟 I 号遗址位于原平市大牛店镇小泉沟村北 600 米，面积 16.4 万平方米（彩版七二，2）。遗址处在滹沱河支流沙河南岸的山前台地，主要分布在两个小土丘上，海拔 900～950 米，南高北低，地形被冲刷得支离破碎，地势起伏较大。遗址三面临水，东、西两侧有发源于山间的水流汇入北面的沙河，沙河则由西北向东南流向滹沱河。因位置不同，遗存分布的疏密程度也不同，南部土丘上遗存分布略显密集。遗址包含龙山、二里头两个时期的遗存。

1. 龙山时期

龙山时期遗存见于整个遗址（图 5-130）。除北部土丘向阳的位置发现 1 个灰坑外，未见其他遗迹现象。灰坑包含陶片较多，地表也有陶片分布。陶片多夹砂灰陶，纹饰多绳纹，可辨器形有鬲、瓮、盆、豆等。

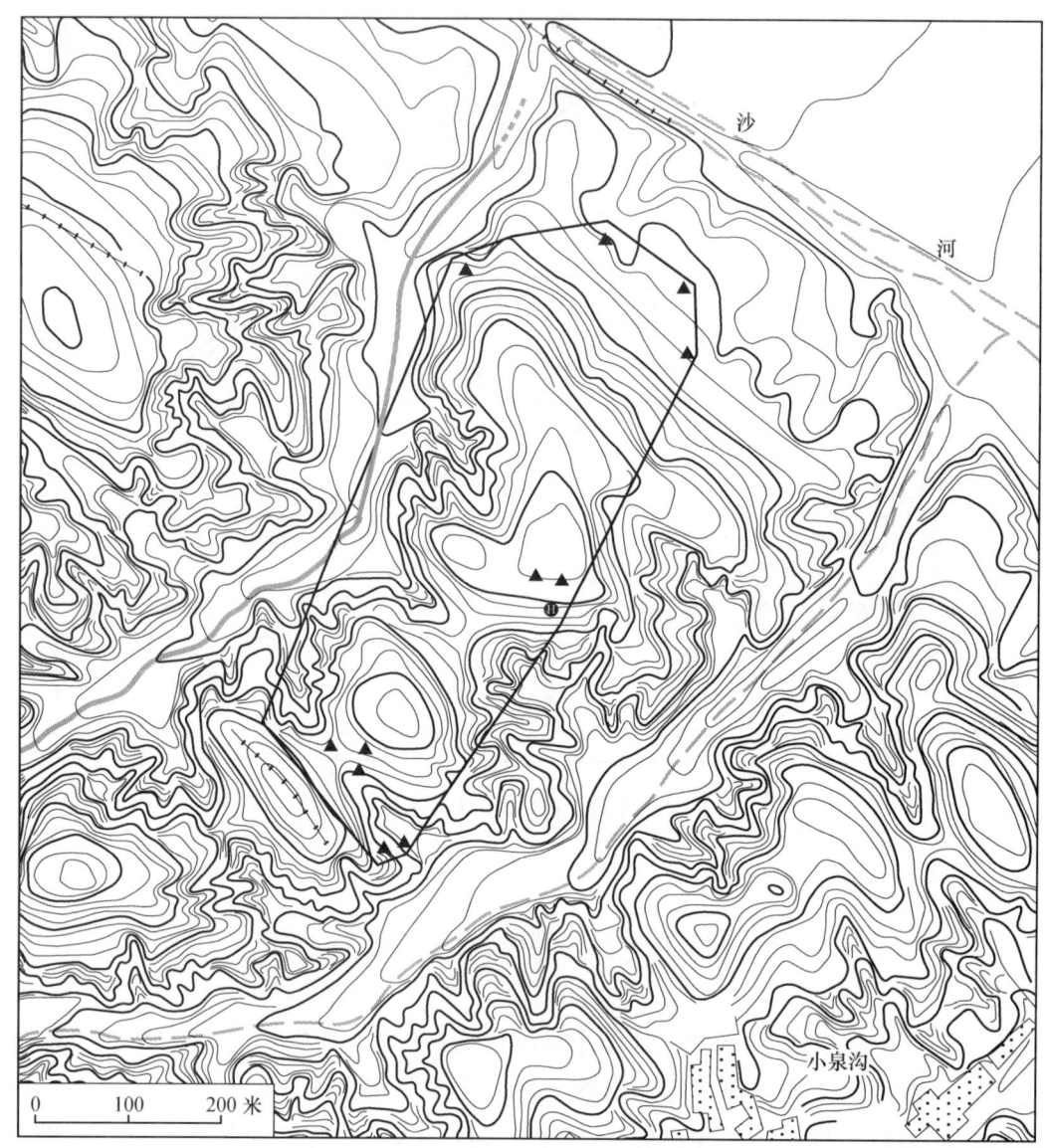

图 5-130　小泉沟 I 号遗址龙山时期遗存分布图

瓮　1 件。YP080515C005-H：1，夹砂灰陶。方唇，敛口，鼓腹。腹部有按捺纹（图 5-132，4）。

盆　1 件。YP080515C006：1，夹砂褐陶。圆唇，敞口，斜深腹。腹部饰绳纹（图 5-132，1）。

豆　1 件。YP080515B001：1，泥质黑皮陶。盘底近平，粗柄有孔。素面磨光（图 5-132，3）。

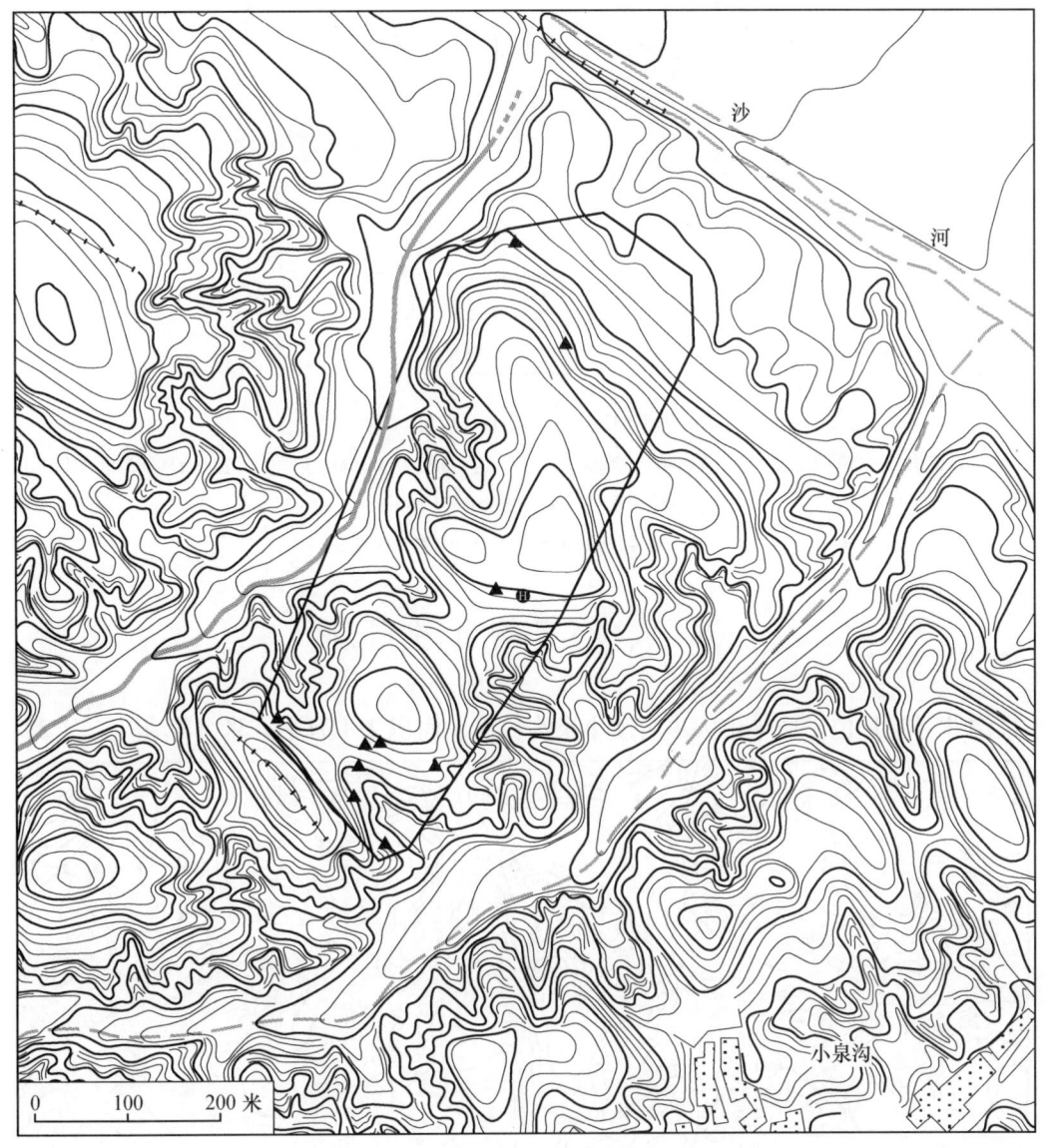

图 5-131　小泉沟Ⅰ号遗址二里头时期遗存分布图

2. 二里头时期

二里头时期遗存基本见于整个遗址，尤以南部土丘遗存分布密集（图 5-131）。遗迹只见于北部土丘上，只发现 1 个灰坑，未见其他遗迹现象。灰坑内包含物丰富，尤以陶片最多，地表也发现较多陶片。陶片多夹砂灰陶，纹饰以绳纹为主，可辨器形有蛋形瓮、罐等。

蛋形瓮　1 件。YP080515C004-H: 1，夹砂褐陶。长锥状实足跟。器表饰绳纹（图 5-132，5）。

罐　1 件。YP080515C002: 1，夹砂褐陶。深腹。腹部饰绳纹（图 5-132，2）。

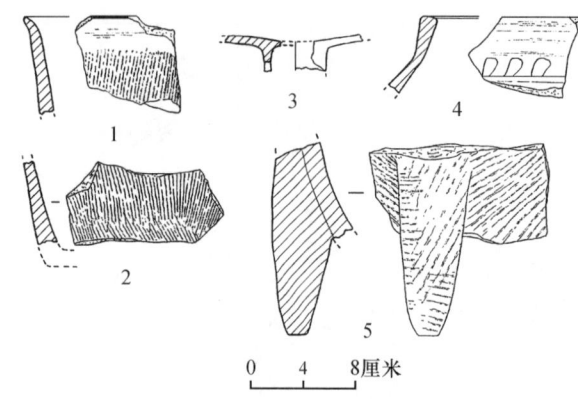

图 5-132　小泉沟Ⅰ号遗址陶器

1. 盆（YP080515C006:1）　2. 罐（YP080515C002:1）　3. 豆（YP080515B001:1）　4. 瓮（YP080515C005-H:1）

5. 蛋形瓮（YP080515C004-H:1）

（1、3、4. 龙山时期；2、5. 二里头时期）

五〇、小泉沟Ⅱ号遗址

小泉沟Ⅱ号遗址位于原平市大牛店镇小泉沟村西，面积 2.4 万平方米（彩版七二，2）。遗址

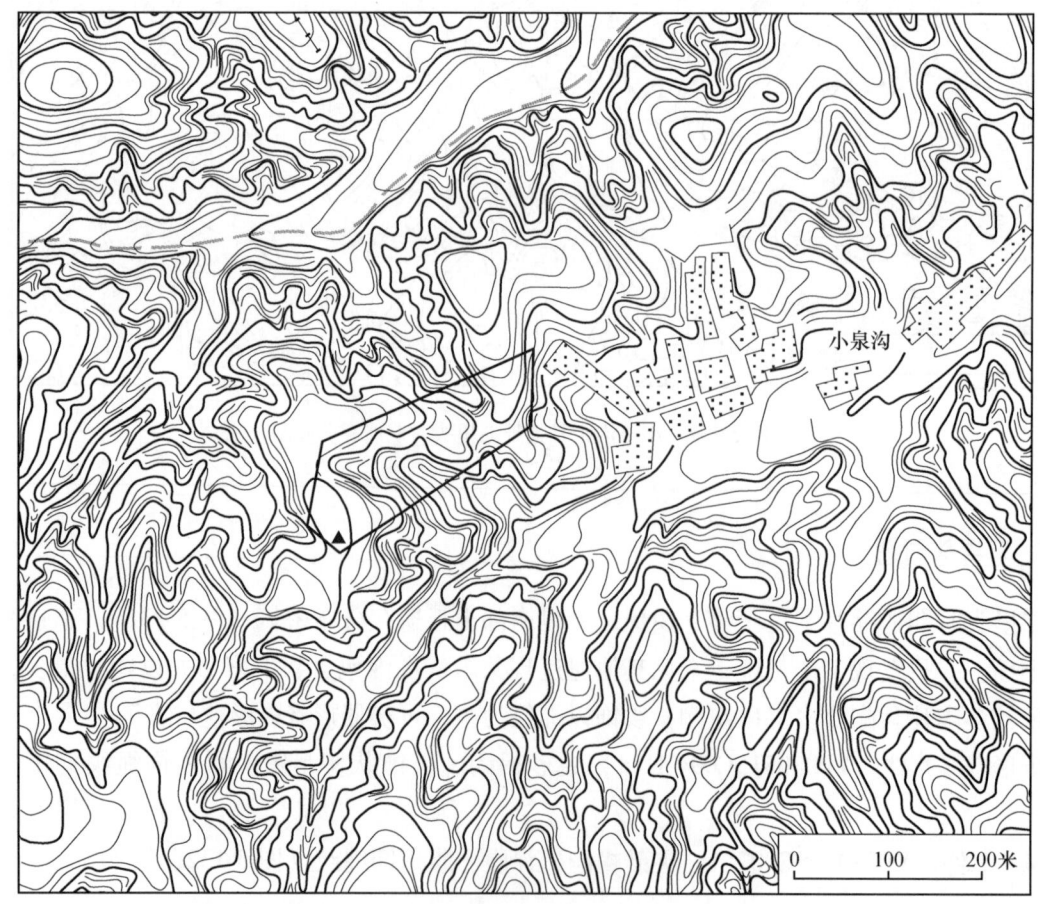

图 5-133　小泉沟Ⅱ号遗址二里头时期遗存分布图

分布在滹沱河支流沙河南岸的台地上，地势较高，海拔 930~975 米，起伏较大，既有沟又有脊，崎岖不平。遗址北侧不远处有发源于山间的季节性水流。遗址包含二里头、东周两个时期的遗存，其中，东周时期遗存部分可进一步确认为战国时期。

1. 二里头时期

二里头时期遗存只见于遗址南部，仅有个别发现，遗存分布非常稀疏（图5-133）。未见任何遗迹现象，只在地表发现少量陶片。陶片多夹砂灰陶，纹饰以绳纹为多，可辨器形有鬲等。

2. 东周时期

东周时期遗存分布于整个遗址，遗存分布相对密集（图5-134）。未见任何遗迹现象，只在地表发现有陶片。陶片多夹砂灰陶，纹饰以绳纹为主，有粗大绳纹，可辨器形有鬲、罐等。

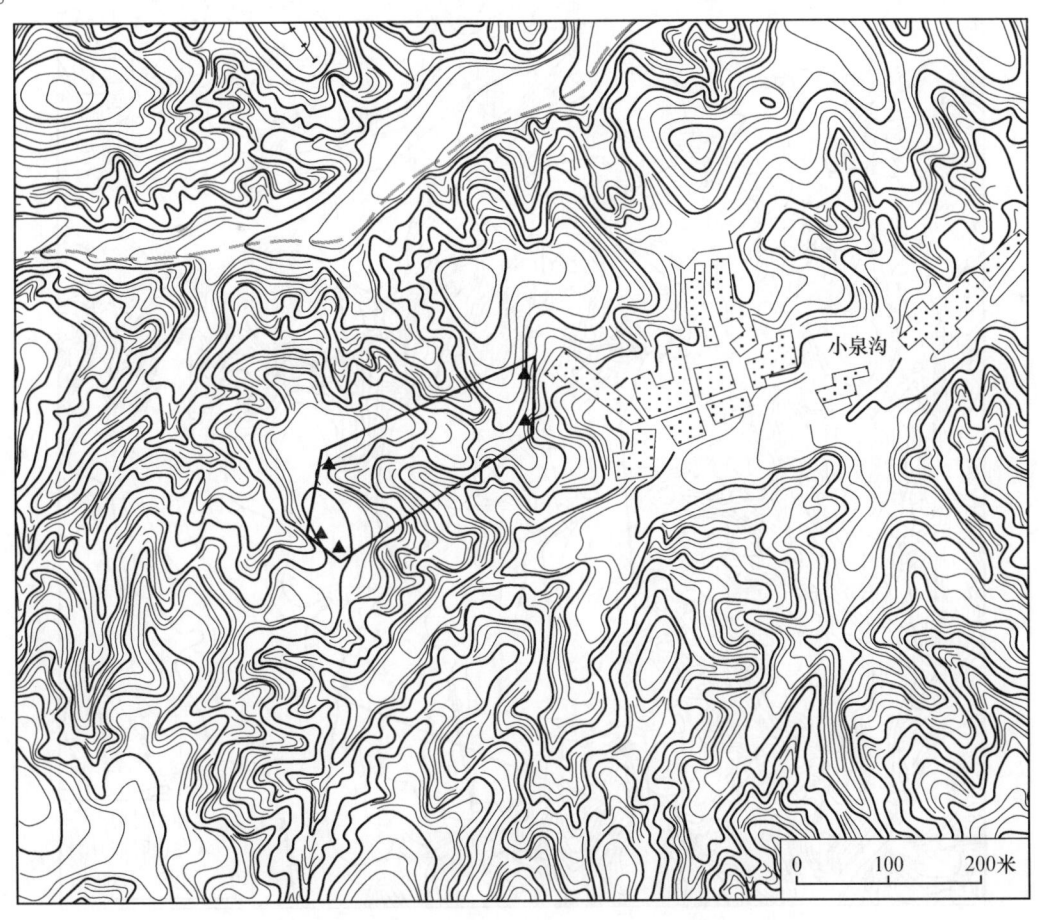

图 5-134　小泉沟 Ⅱ 号遗址东周时期遗存分布图

五一、北岗Ⅱ号遗址

北岗Ⅱ号遗址位于原平市解村乡北岗村西南700米，面积20万平方米（彩版七三，1）。遗址处在山前斜坡的较高处，不过地势相对开阔，海拔930～960米，西高东低，有一定的起伏。遗址北面有发源于山间的北岗河流过，南面不远处也有发源于山间的溪流流过。遗存主要分布在遗址外围，遗址包含仰韶、龙山、东周三个时期的遗存。

1. 仰韶时期

仰韶时期遗存见于遗址中部，仅有个别发现，遗存分布非常稀疏（图5-135）。未见任何遗迹现象，只在地表发现少量陶片。陶片多泥质红陶，多素面，可辨器形有钵等。

钵　1件。YP080520H001∶1，泥质褐陶。圆唇，微敛口，微鼓腹。素面（图5-137，1）。

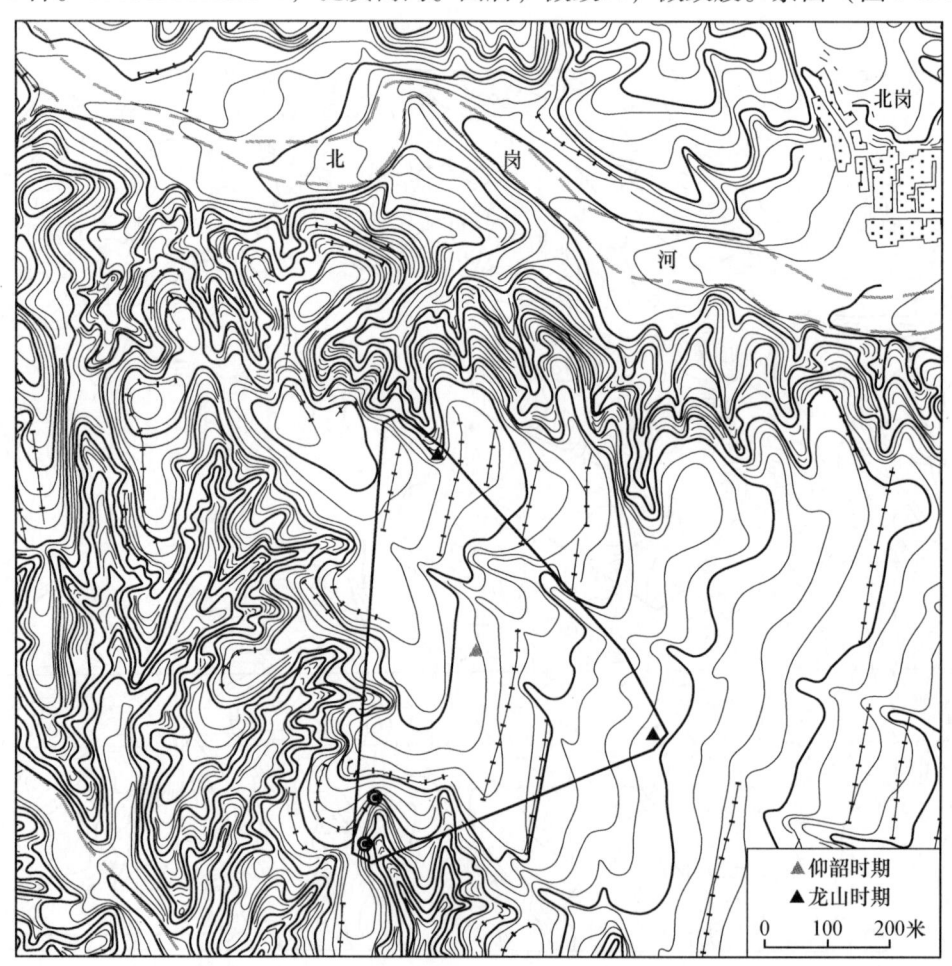

图5-135　北岗Ⅱ号遗址仰韶、龙山时期遗存分布图

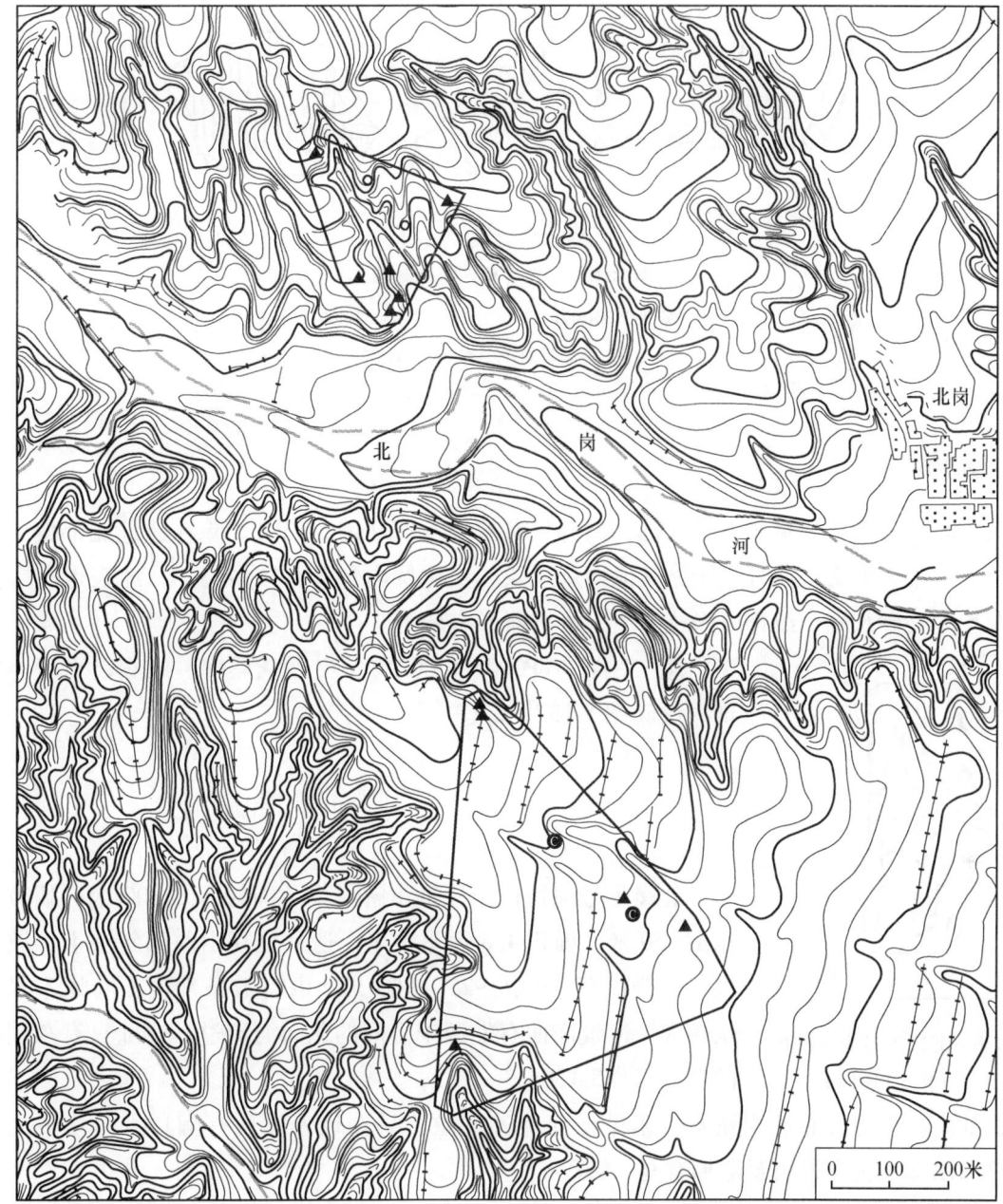

图 5-136　北岗Ⅰ号（上）、Ⅱ号（下）遗址东周时期遗存分布图

2. 龙山时期

龙山时期遗存主要见于遗址外围，遗存分布非常稀疏（图 5-135）。除在遗址南部断面上发现 2 处文化层外，未见其他遗迹现象。文化层内包含有少量陶片，地表也有零星陶片分布。陶片多夹砂灰陶，纹饰多篮纹、绳纹，可辨器形有鬲、罐等。

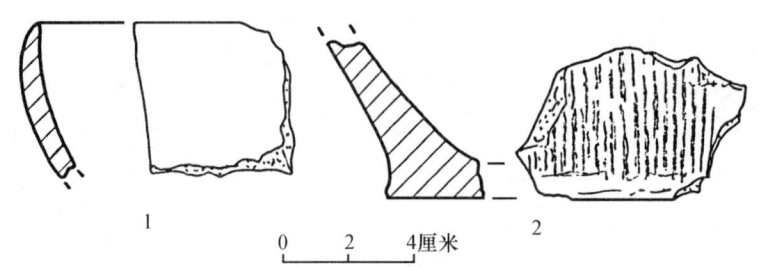

图 5-137　北岗Ⅱ号遗址陶器
1. 钵（YP080520H001:1）　2. 罐（YP080520I002:1）
(1. 仰韶时期；2. 东周时期)

3. 东周时期

东周时期遗存主要见于遗址北部，南部只有零星发现（图 5-136）。除在遗址北部偏中的梯田断面上发现 2 处文化层外，未见其他遗迹现象。文化层内包含有较多陶片，地表也有陶片分布。陶片多夹砂灰陶，纹饰以绳纹为主，可辨器形有罐等。

罐　1 件。YP080520I002:1，夹砂灰黑陶。鼓腹，平底。腹部饰绳纹（图 5-137，2）。

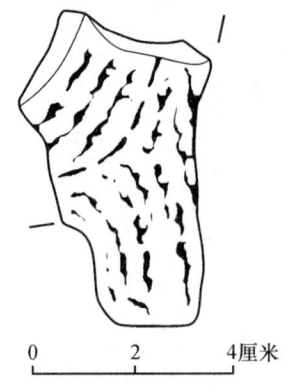

图 5-138　北岗Ⅰ号遗址陶器
鬲足（YP080520F003:1）

五二、北岗Ⅰ号遗址

北岗Ⅰ号遗址位于原平市解村乡北岗村西北 800 米，朝霞峪村东南 550 米，面积 4.8 万平方米。遗址处在山前的斜坡上，坡度较大，地势较高，海拔 925～960 米，内有数条冲沟，崎岖不平，起伏较大。遗址南面有发源于山间的北岗河流过。遗址只有东周时期的遗存（图 5-136）。

遗址南部遗存分布相对密集。未见任何遗迹现象，只在地表发现有陶片。陶片多夹砂灰陶，纹饰以绳纹为主，可辨器形有鬲、罐等。

鬲足　1 件。YP080520F003:1，夹砂灰陶。矮实足跟。器表饰粗大绳纹（图 5-138）。

五三、立道遗址

立道遗址位于原平市解村乡立道村西 1000 米，面积 15.8 万平方米。遗址处在山前一相对宽阔的平台上，地势高，海拔 1085～1140 米。遗址中部有两条较宽冲沟，外围也是沟壑纵横，崎岖不平，起伏较大。遗址四周有五条以上的溪流，它们均发源于遗址所在平台的四周，与遗址的直线距离在 150～500 米。遗址只有龙山时期的遗存（图 5-139）。

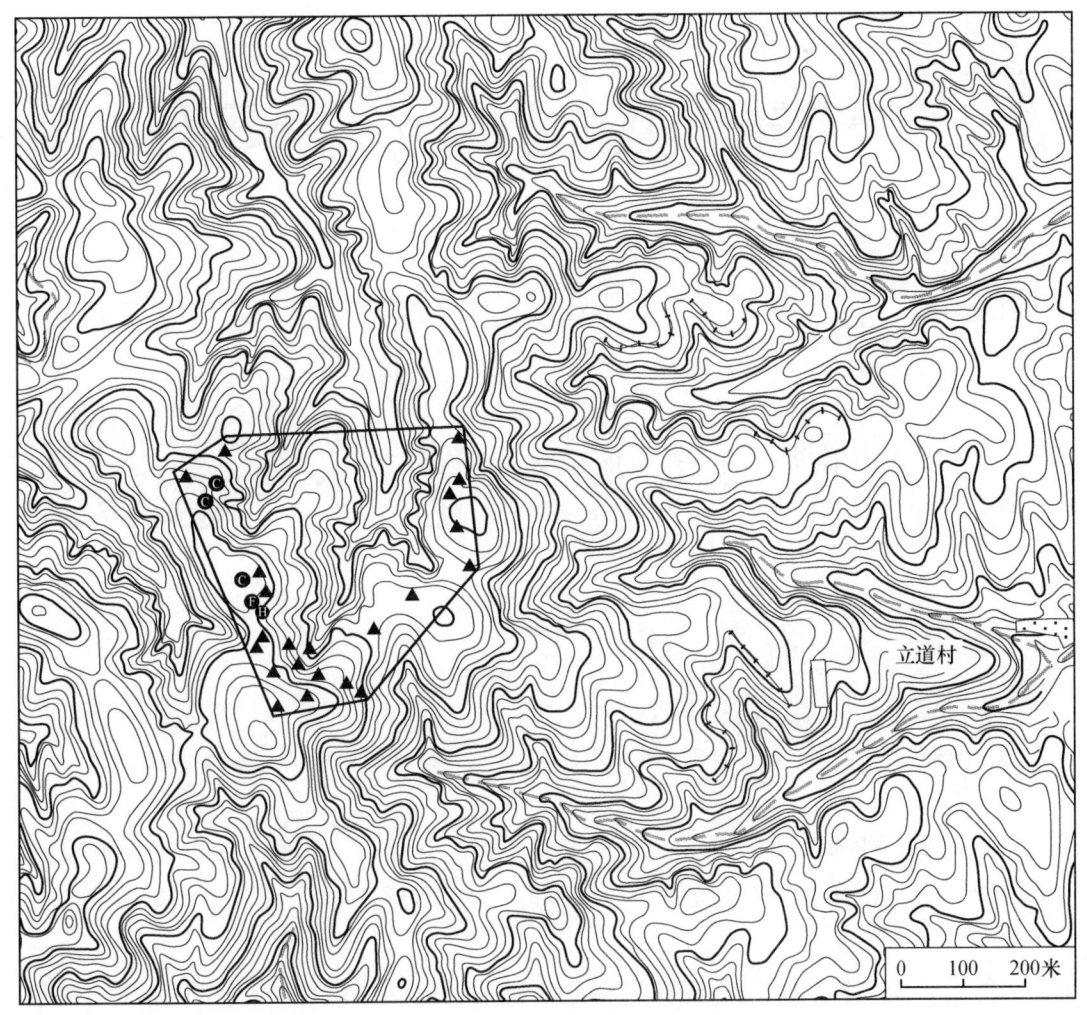

图 5-139　立道遗址遗存分布图

遗存主要分布在遗址的四周，即地势较高的地方，这些区域遗存分布较为密集，但冲沟内基本不见遗存分布。遗迹全部集中分布在遗址西部，多见于梯田的断面，共发现 3 处文化层、1 个灰坑和 1 座房址，其中，文化层全部发现在遗址西北部，灰坑和房址则见于遗址西部偏南位置。遗迹内包含物丰富，尤以陶片最多。陶片多夹砂灰陶，纹饰多绳纹、篮纹，可辨器形有鬲、甗、蛋形瓮、盆、杯、罐等。

鬲　1 件。YP080521A003：1，夹砂灰陶。圆唇，口外翻，矮领，分裆，袋足外鼓。唇部有花边装饰，领部以下饰绳纹（图 5-140，8）。

鬲足　2 件。YP080521A011-C：2，夹砂灰陶。空袋足。袋足饰绳纹，足尖饰横篮纹（图 5-140，5）。YP080521A008：1，夹砂灰陶。袋足，有柱状实足跟。足部饰绳纹，跟部饰横篮纹（图 5-140，6）。

甗　1 件。YP080521A011-C：1，夹砂黑陶。束腰，有隔，隔上有箅孔。腹部饰绳纹（图 5-140，2）。

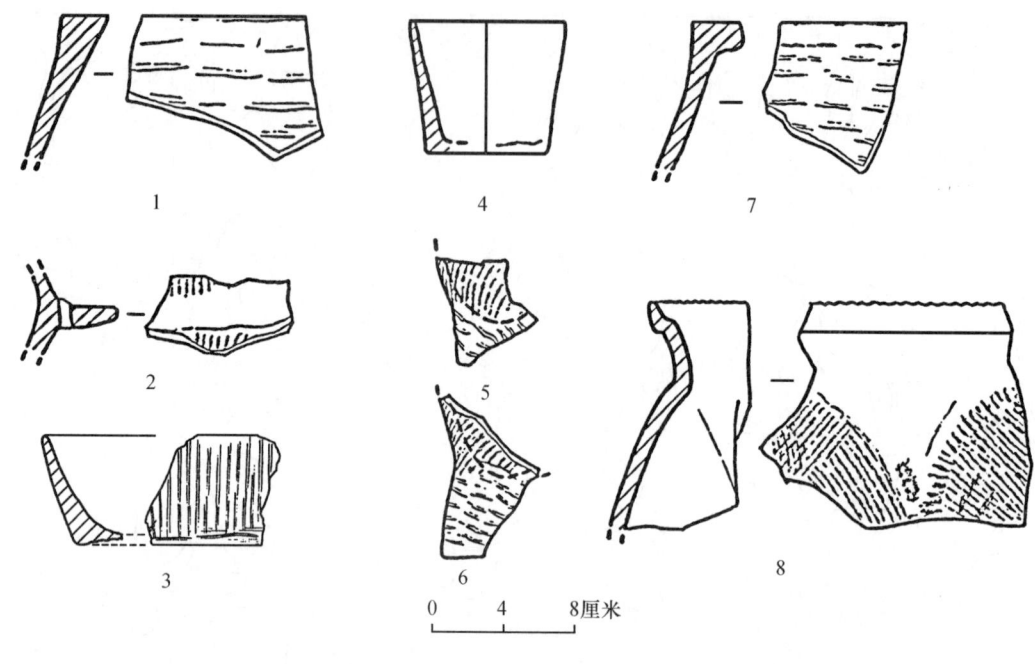

图 5-140　立道遗址陶器

1、7. 蛋形瓮（YP080521A009：1、YP080521A003：2）　2. 甗（YP080521A011-C：1）　3. 盆（YP080521B004：1）
4. 杯（YP080521A004：1）　5、6. 鬲足（YP080521A011-C：2、YP080521A008：1）　8. 鬲（YP080521A003：1）

蛋形瓮　2件。YP080521A009：1，泥质灰陶。宽沿，敛口，深腹。腹部饰横篮纹（图5-140，1）。YP080521A003：2，夹砂灰陶。平沿内折，敛口，深鼓腹。腹部饰横篮纹（图5-140，7）。

盆　1件。YP080521B004：1，泥质灰黑陶。圆唇，敞口，深腹，平底。腹部饰篮纹（图5-140，3）。

杯　1件。YP080521A004：1，泥质灰陶。圆唇，敞口，深腹，平底。素面。口径8.8、底径6.8、高7.2厘米（图5-140，4）。

五四、尚家庄遗址

尚家庄遗址位于原平市解村乡尚家庄西南150米，面积较小，只有0.3万平方米。遗址处于山前斜坡的最底部、滹沱河西岸冲积扇的最高处，海拔840~850米，地势较为平坦。遗址东面400米处有汇入滹沱河的支流流过。遗址只有东周时期的遗存，其中，部分遗存可进一步确认为战国时期（图5-141）。

遗址面积虽小，但遗存分布密集。未见任何遗迹现象，只在地表发现有陶片，但数量并不多。陶片多夹砂灰陶，纹饰以绳纹为主，有粗大绳纹，可辨器形有罐等。

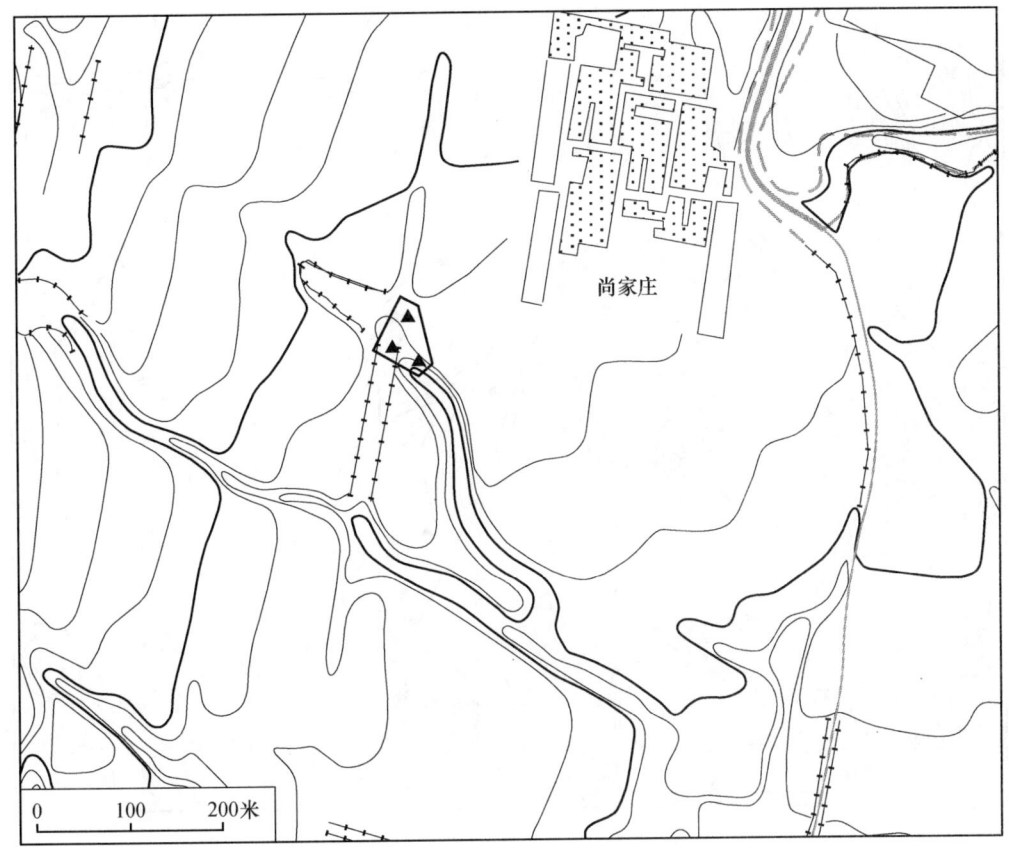

图 5-141　尚家庄遗址遗存分布图

五五、上院Ⅱ号遗址

上院Ⅱ号遗址位于原平市解村乡上院村西，面积12.6万平方米。遗址处在近山脚的缓坡上，海拔870~890米，西高东低，有一定的坡度，内有两条深浅、宽窄不一的冲沟，地势起伏较大。遗存分布有一定的落差，在不同的位置遗存分布疏密程度也有较大差别，尤以遗址南部遗存分布密集。遗址包含龙山、东周两个时期的遗存。

1. 龙山时期

龙山时期遗存见于遗址西北部之外的其他位置，遗存分布疏密不等，南部较为密集（图5-142）。遗迹多暴露于梯田和冲沟的断面，共发现7处文化层、4个灰坑和1座瓮棺葬，瓮棺葬见于遗址西部，灰坑见于遗址东北部和南部，文化层则见于整个遗址。遗迹内包含物丰富，尤以陶片最多，地表也有较多陶片发现。陶片多夹砂灰陶，纹饰多绳纹、篮纹，可辨器形有鬲、斝、蛋形瓮、尊、罐等。

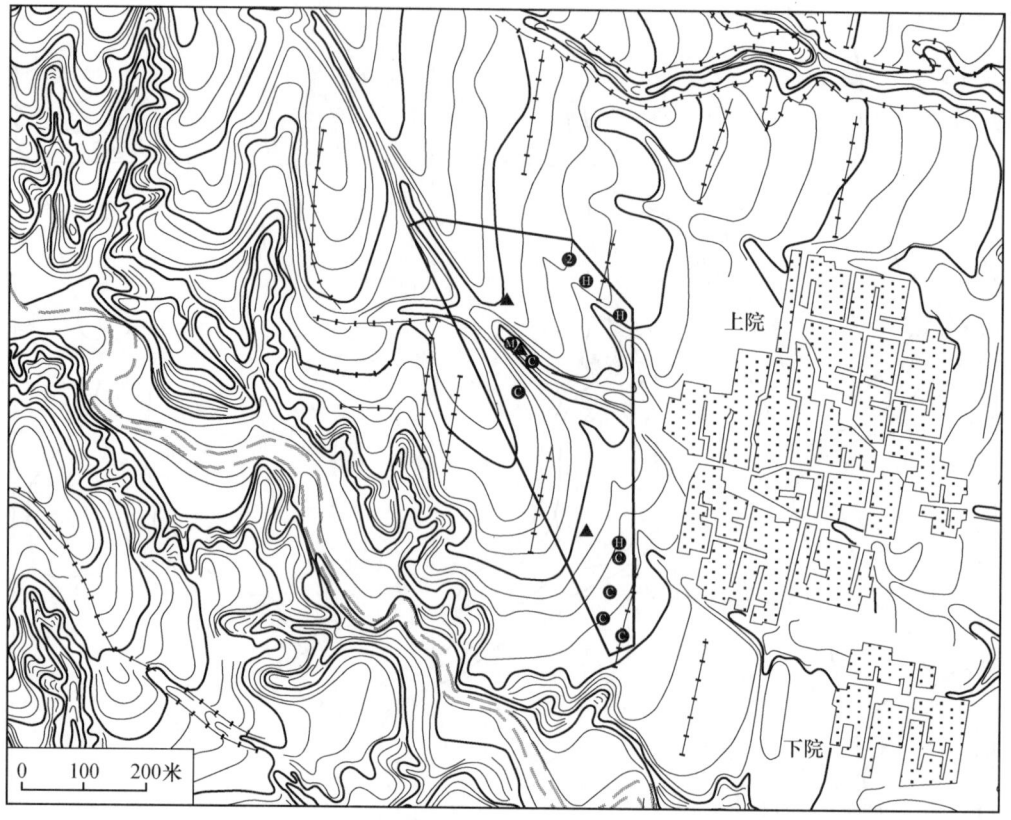

图 5-142　上院Ⅱ号遗址龙山时期遗存分布图

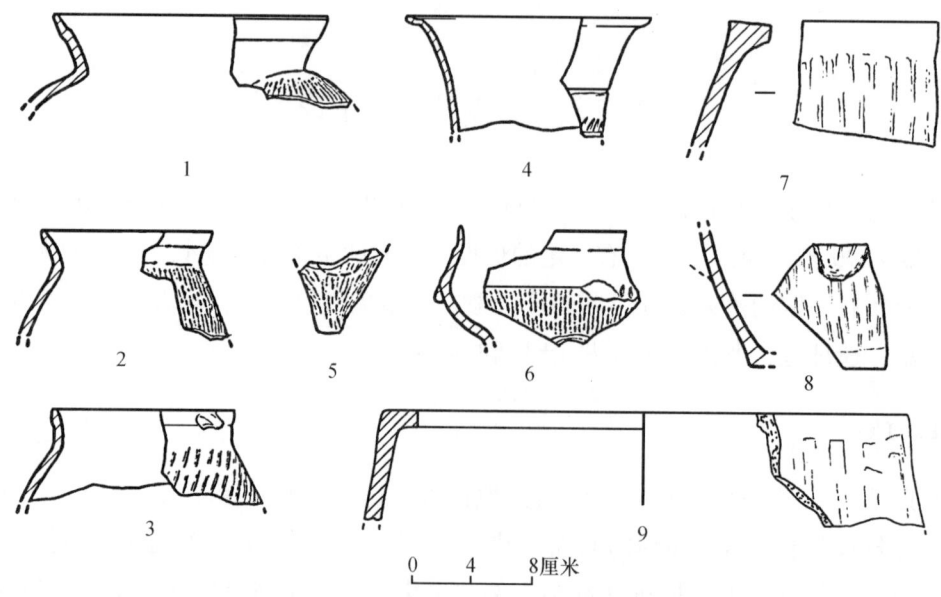

图 5-143　上院Ⅱ号遗址龙山时期陶器

1. 鬲（YP080521I009-C：1）　2、3、8. 罐（YP080520H007-C：2、YP080520H007-C：1、YP090417C004-H：1）　4. 尊（YP080521I011-C：1）　5. 鬲足（YP080521I008-H：1）　6. 斝（YP080520H006：1）　7、9. 蛋形瓮（YP080521I010-C：1、YP080521I010-C：2）

鬲　1件。YP080521I009-C:1，夹砂黑陶。圆唇，口外翻，矮领，袋足外鼓。领部以下饰绳纹。口径18、残高7厘米（图5-143，1）。

鬲足　1件。YP080521I008-H:1，夹砂灰褐陶。空袋足，微有实足跟。足部饰绳纹（图5-143，5）。

斝　1件。YP080520H006:1，夹砂黑陶（夹细砂）。器薄，小圆唇，敛口，折肩，斜腹。腹部饰绳纹，肩部有鋬手（图5-143，6）。

尊　1件。YP080521I011-C:1，泥质灰褐陶。器薄，圆唇，喇叭口，高领。领部有戳印纹。口径16、残高6.5厘米（图5-143，4）。

蛋形瓮　2件。YP080521I010-C:2，泥质灰陶。平沿内折，敛口，深腹。腹部饰篮纹。口径34、残高7厘米（图5-143，9）。YP080521I010-C:1，泥质灰陶。平沿内折，敛口，深腹。腹部饰竖篮纹（图5-143，7）。

罐　3件。YP080520H007-C:1，泥质黑陶。圆唇，近直口，矮领，鼓腹。口部有纽状鋬手，领部以下饰斜篮纹。口径12、残高6厘米（图5-143，3）。YP080520H007-C:2，夹砂灰黑

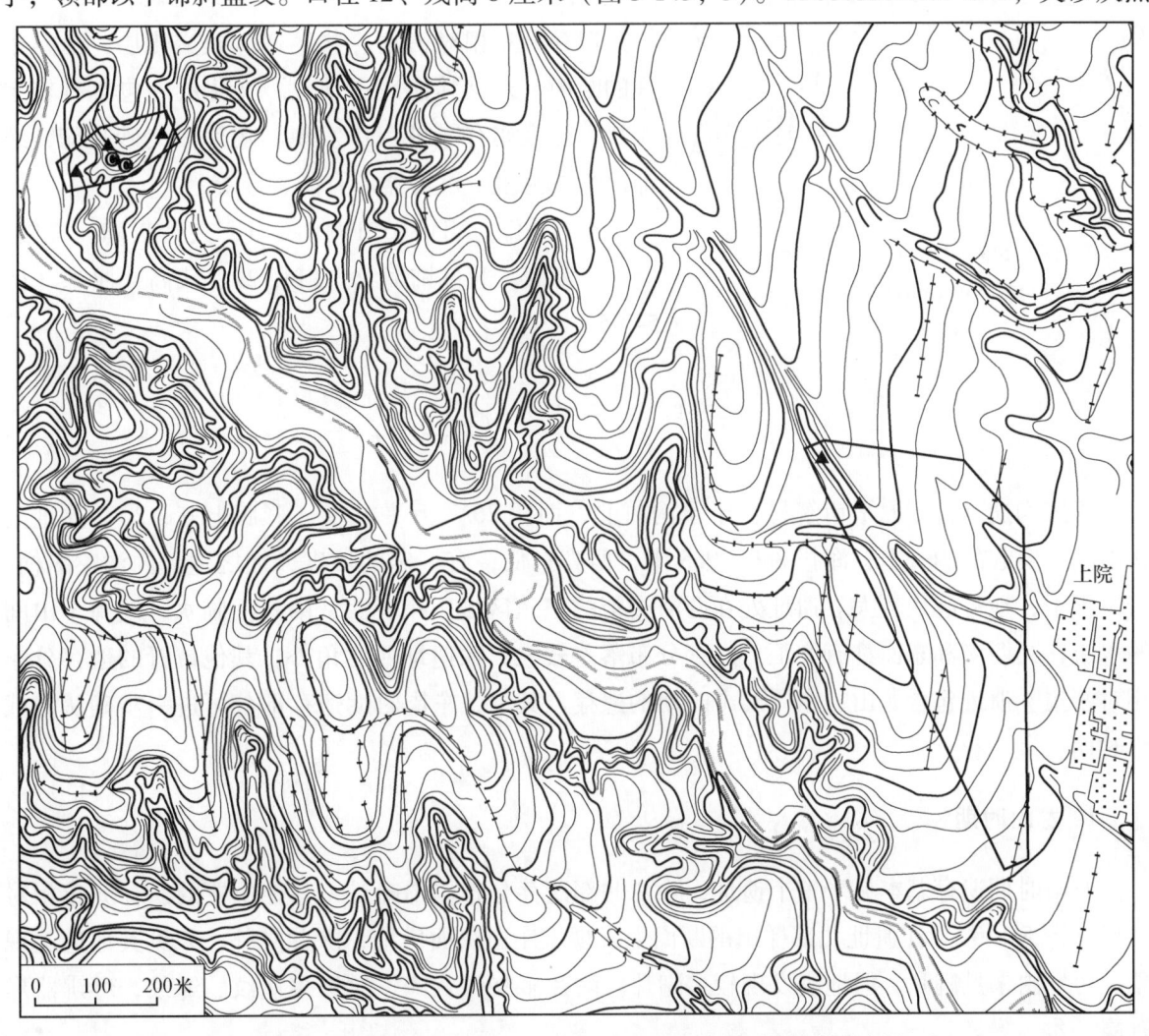

图5-144　上院Ⅰ号（左）、Ⅱ号（右）遗址东周时期遗存分布图

陶。圆唇，侈口，矮领，鼓腹。腹部饰绳纹。口径 11.2、残高 6.5 厘米（图 5-143，2）。YP090417C004-H：1，泥质灰陶。制作粗糙，鼓腹，平底。器表饰竖篮纹（图 5-143，8）。

2. 东周时期

东周时期遗存只见于遗址西北角，遗存分布较为稀疏（图 5-144）。未见任何遗迹现象，只在地表发现有陶片分布。陶片多夹砂灰陶，以绳纹为主，有粗大绳纹，可辨器形有罐等。

五六、上院Ⅰ号遗址

上院Ⅰ号遗址位于原平市解村乡上院村西北 1700 米，面积 1.4 万平方米。遗址处在山前半山腰一突出的山脊上，地势较高，海拔 830~850 米，北高南低，背风向阳，坡度大，起伏也大。遗址西、南面有发源于山间的季节性水流流过。遗址只有东周时期的遗存，其中，东周时期遗存部分可进一步确认为战国时期（图 5-144）。

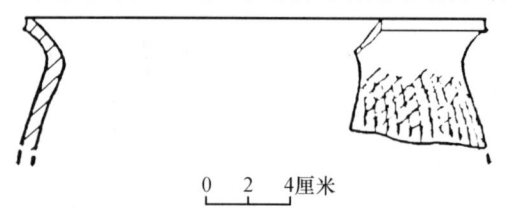

图 5-145　上院Ⅰ号遗址陶器
鬲（YP080521I001-C：1）

遗存分布相对密集。共发现 2 处文化层，暴露于梯的断面。未见其他遗迹现象。文化层内包含有较多陶片，地表亦有零星陶片发现。陶片多夹砂灰陶，纹饰以绳纹为主，可辨器形有鬲、罐等。

鬲　1 件。YP080521I001-C：1，夹砂灰陶。方唇，翻沿，深腹。腹部饰绳纹。口径 22、残高 6 厘米（图 5-145）。

五七、于家沟遗址

于家沟遗址位于原平市解村乡于家沟村北，面积 26.7 万平方米（彩版七三，2）。遗址处在山间一突起的山脊上，海拔 880~955 米，西高东低，有一定的坡度，加之遗址内沟壑纵横，崎岖不平，地势起伏较大。遗址处在两河交汇的三角区域，东、西、南三面临水，发源于山间的水流在其西南和东面都有交汇。遗存分布落差较大，除遗址西北角外，其他位置的遗存分布相对密集。遗址包含龙山、东周两个时期的遗存，其中，东周时期遗存部分可进一步确认为战国时期。

1. 龙山时期

龙山时期遗存基本见于整个遗址，除西北部遗存分布较稀疏外，其他位置的遗存分布相对密集（图 5-146）。在遗址北部梯田的断面上发现 1 座白灰面房址，除此之外，未见其他遗迹现象。房址内未见陶片，但地表发现较多陶片。陶片多夹砂灰陶，纹饰多篮纹、绳纹，可辨器形有鬲、盆、罐等。

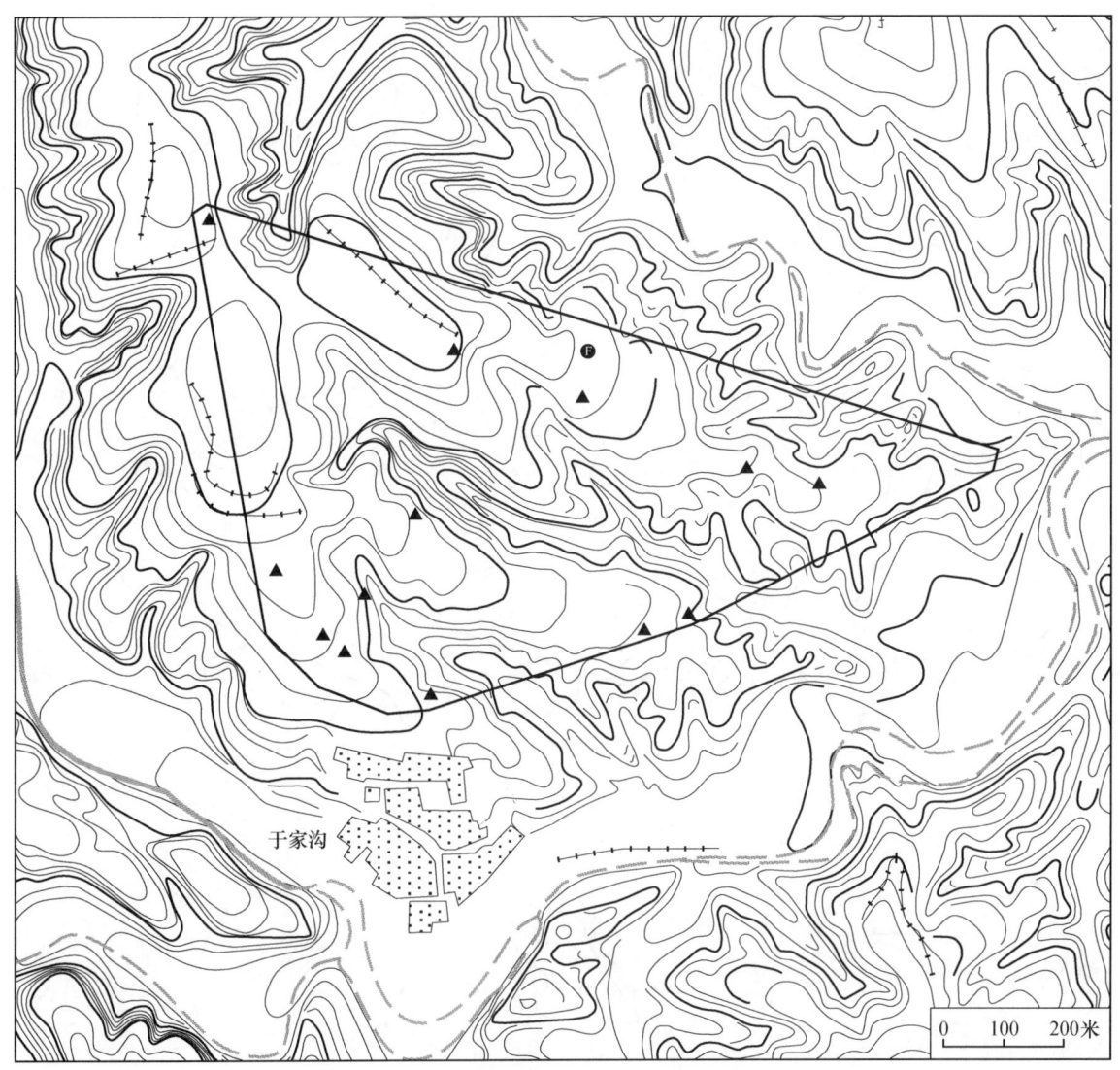

图 5-146 于家沟遗址龙山时期遗存分布图

鬲　1 件。YP080521A024∶1，夹砂灰陶。厚圆唇，口外翻，矮领。素面（图 5-148，1）。
盆　1 件。YP080521C011∶1，夹砂褐陶。平沿，敞口，斜腹。器表饰粗大篮纹（图 5-148，3）。
罐　1 件。YP080521A025∶1，夹砂灰陶。深腹，平底。腹部饰篮纹（图 5-148，4）。

2. 东周时期

东周时期遗存见于整个遗址，尤以东部遗存分布最为密集（图 5-147）。未见任何遗迹现象，只在地表发现较多陶片。陶片多夹砂灰陶，纹饰以绳纹为主，有粗大绳纹，可辨器形有豆、罐等。

鬲　1 件。YP080521A018∶1，夹砂褐陶。联裆，柱足。足部饰绳纹（图 5-148，2）。

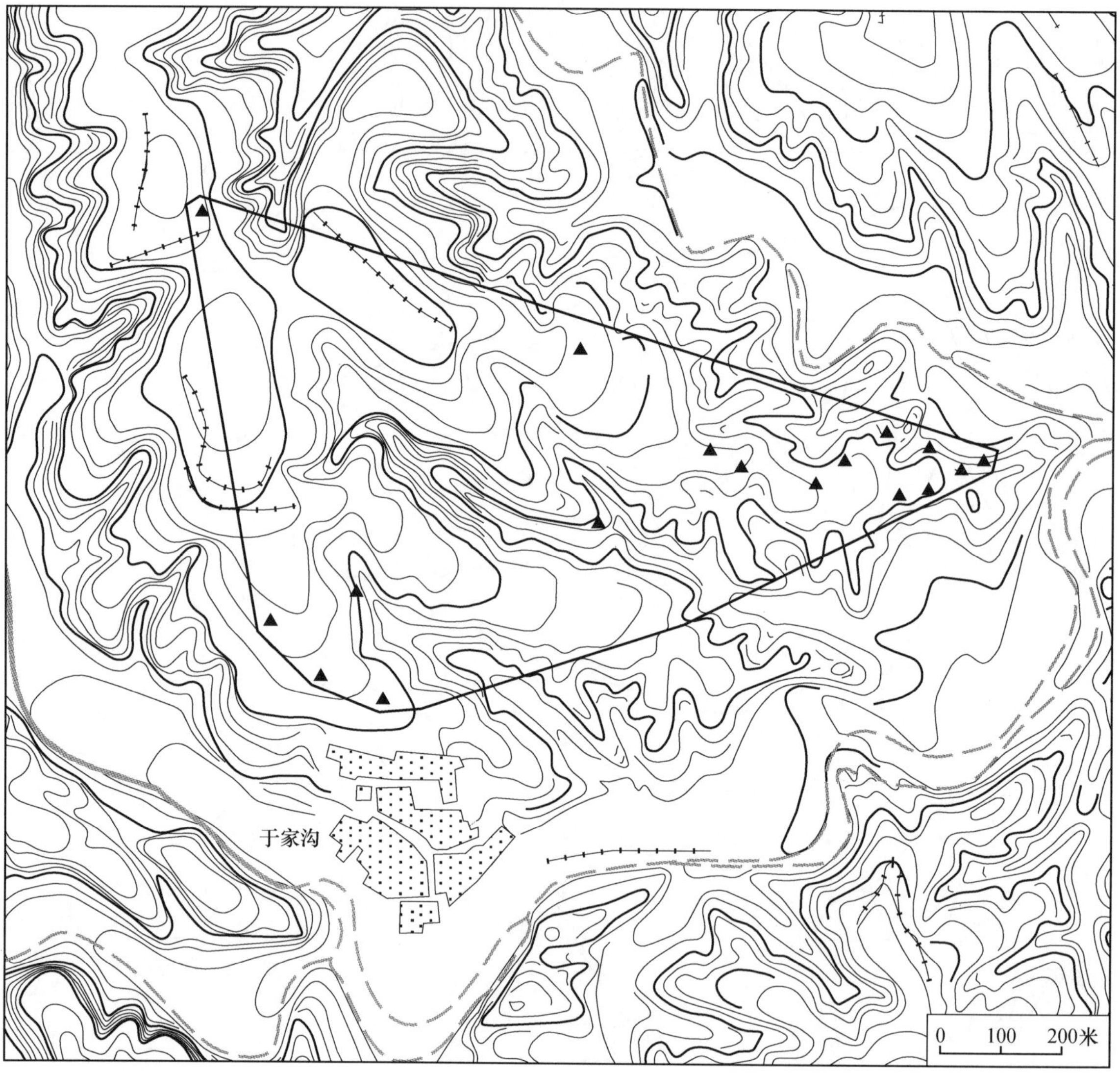

图 5-147 于家沟遗址东周时期遗存分布图

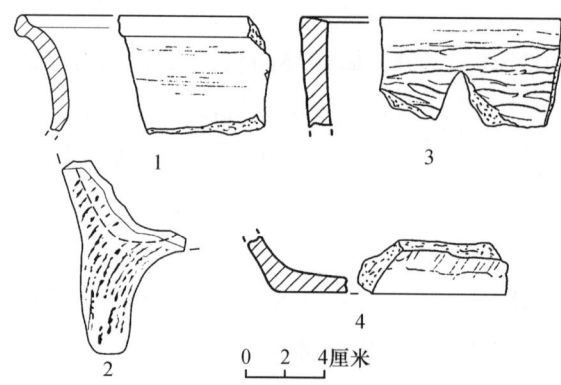

图 5-148 于家沟遗址陶器

1、2. 鬲（YP080521A024：1、YP080521A018：1） 3. 盆（YP080521C011：1） 4. 罐（YP080521A025：1）

（1、3、4. 龙山时期；2. 东周时期）

五八、下 院 遗 址

下院遗址位于原平市解村乡下院西南 400 米，面积 10.7 万平方米（彩版七四，1）。遗址处在山前斜坡的近底部，所在位置略显平缓，海拔 845~875 米，西高东低，有一定的起伏。遗址处在两水交汇的三角区域，发源于山间的水流在遗址东部交汇后向南流去。遗存分布较为稀疏，主要分布在遗址外围的斜坡上，遗址包含仰韶、龙山、东周三个时期的遗存。

1. 仰韶时期

仰韶时期遗存见于遗址东部，只有零星发现，遗存分布较为稀疏（图 5-149）。未见任何遗迹现象，只在地表发现零星陶片。陶片多泥质红陶，多素面，可辨器形有钵等。

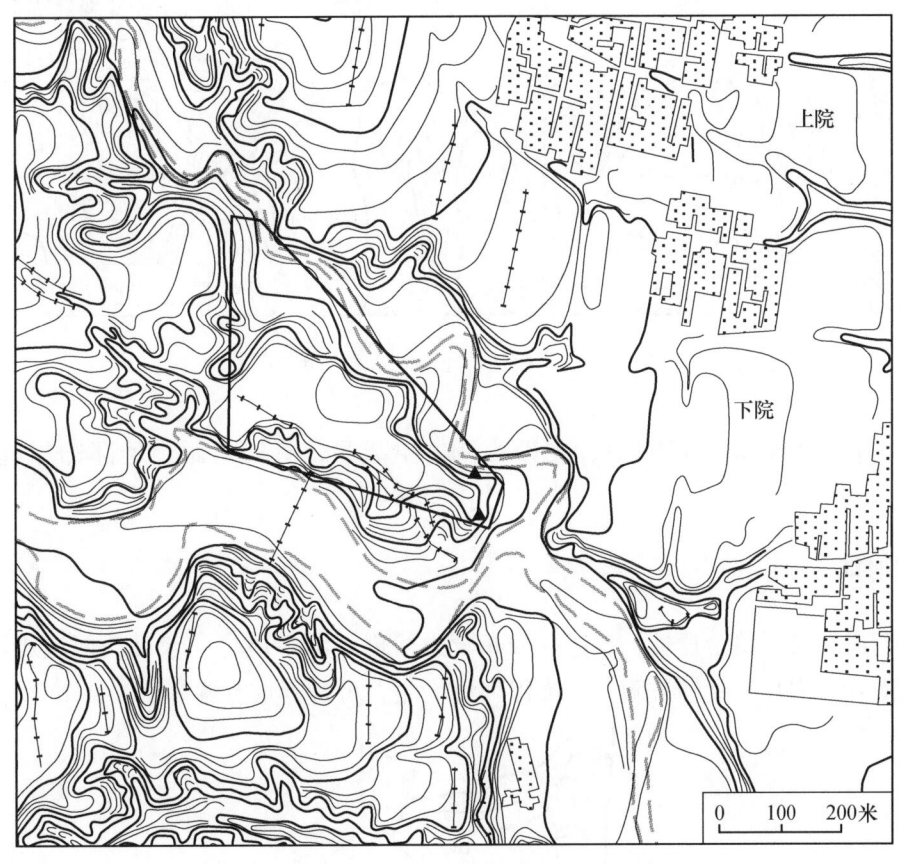

图 5-149　下院遗址仰韶时期遗存分布图

2. 龙山时期

龙山时期遗存见于遗址东部，遗存分布较为稀疏（图 5-150）。未见任何遗迹现象，只在地表发现少量陶片。陶片多夹砂灰陶，纹饰多绳纹、篮纹，可辨器形有鬲、罐等。

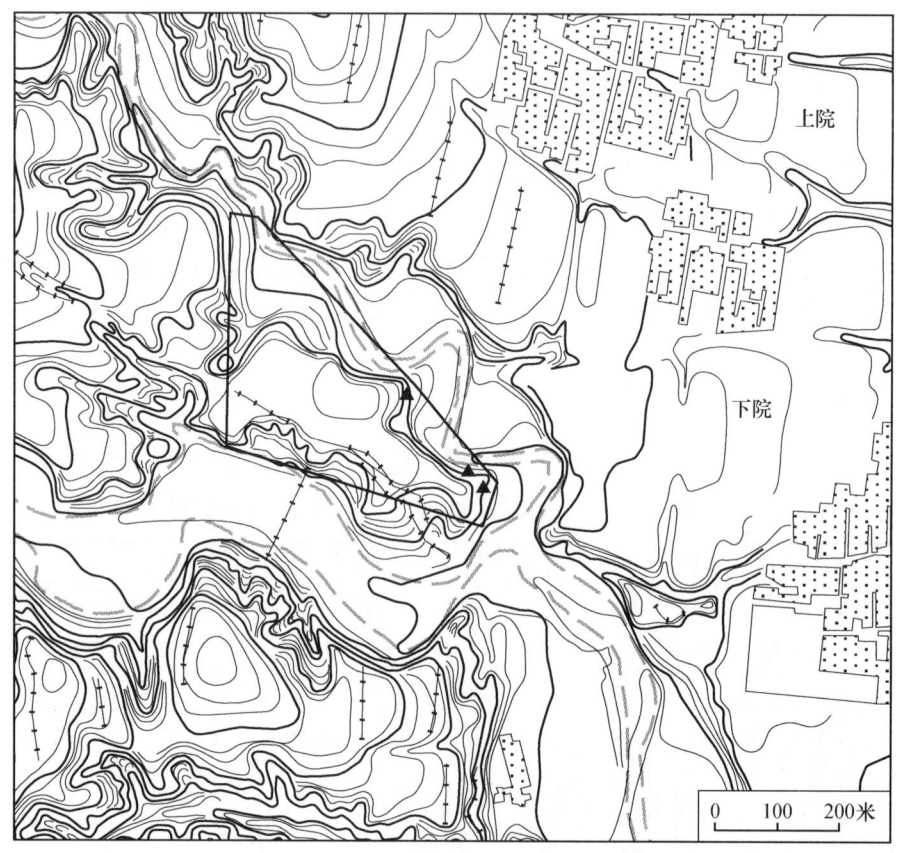

图 5-150　下院遗址龙山时期遗存分布图

鬲足　1件。YP080521F002：1，夹砂褐陶。空袋足，有实足跟。足部饰粗绳纹（图 5-151）。

3. 东周时期

东周时期遗存见于整个遗址，但遗存分布较为稀疏（图 5-152）。未见任何遗迹现象，仅在地表发现有陶片。陶片多夹砂灰陶，纹饰以绳纹为主，可辨器形有罐等。

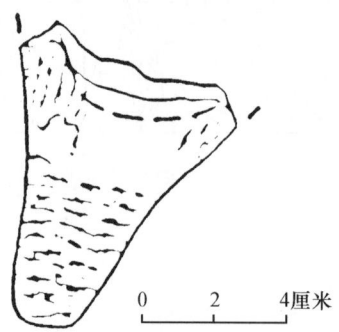

图 5-151　下院遗址龙山时期陶器
鬲足（YP080521F002：1）

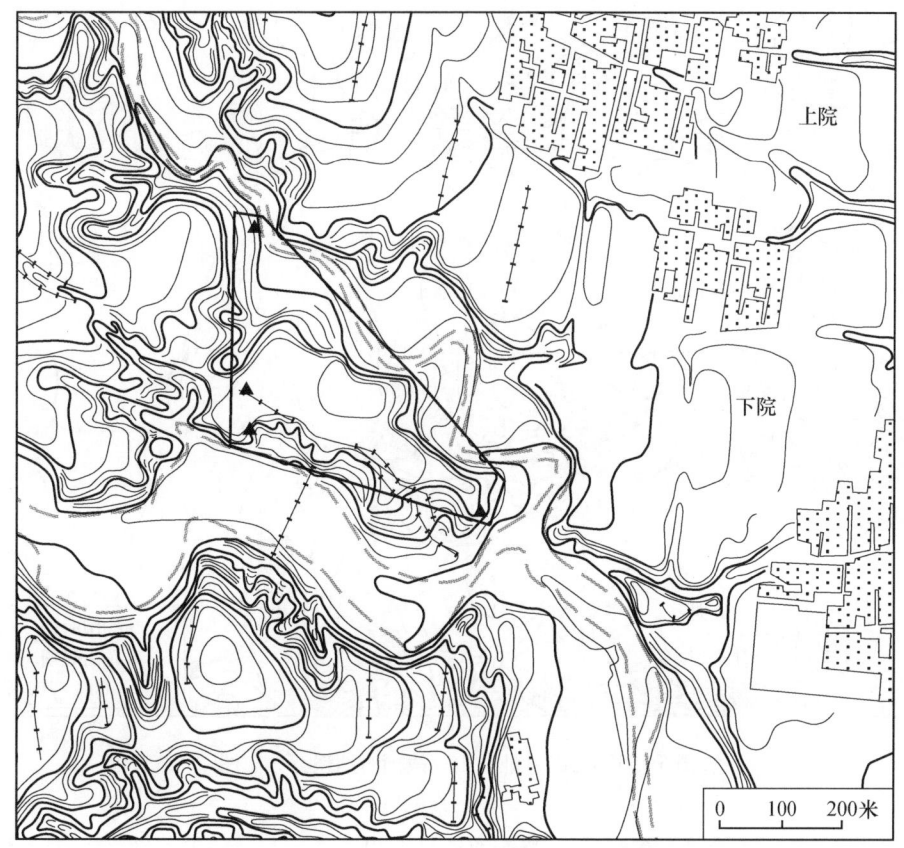

图 5-152　下院遗址东周时期遗存分布图

五九、南岗遗址

南岗遗址位于原平市解村乡南岗村东北 400 米，面积 3.2 万平方米（彩版七四，1）。遗址处在近山脚下的缓坡上，位置略高，海拔 875~890 米，西高东低，有一定的坡度，但地势相对开阔、平缓。遗址北面、东面有发源于山间的水流流过。遗存分布略显稀疏，遗址包含龙山、二里头、战国三个时期的遗存。

1. 龙山时期

龙山时期遗存见于遗址中部，仅有个别发现，遗存分布非常稀疏（图 5-153）。未见任何遗迹现象，只在地表发现零星陶片。陶片多夹砂灰陶，纹饰有篮纹，可辨器形有罐等。

2. 二里头时期

二里头时期遗存见于遗址中、东部，遗存分布稀疏（图 5-154）。除在遗址中部的梯田断面上发现 2 处文化层外，未见其他遗迹现象。文化层内包含物丰富，尤以陶片最多。陶片多夹砂灰陶，纹饰以绳纹为主，可辨器形有蛋形瓮、罐等。

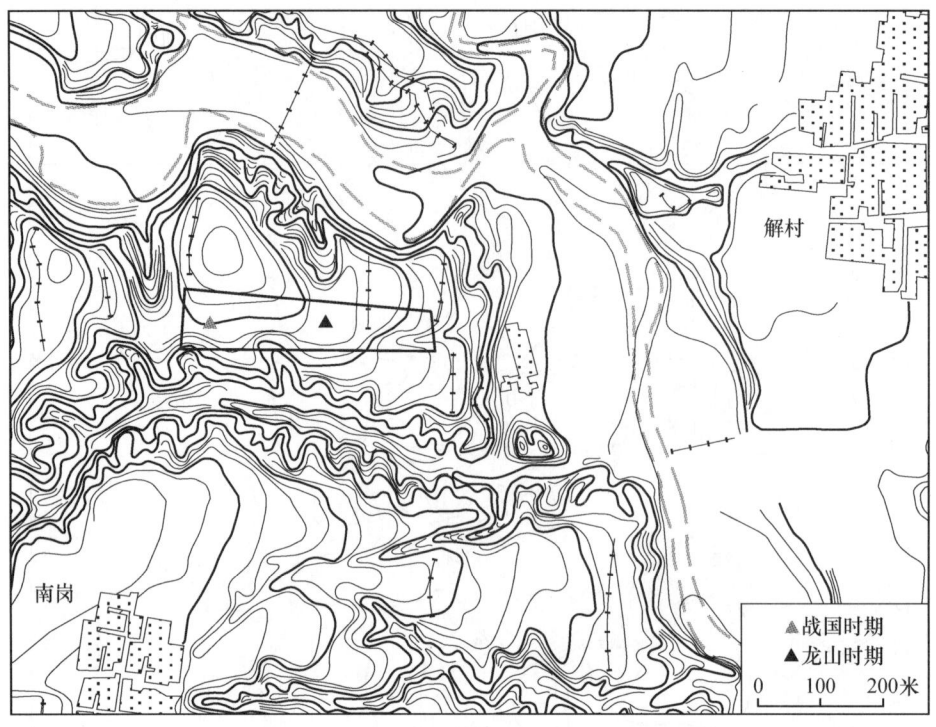

图 5-153　南岗遗址龙山、战国时期遗存分布图

图 5-154　南岗遗址二里头时期遗存分布图

蛋形瓮 1件。YP080521I014-C:1，夹砂褐陶。平沿内折，敛口，深腹。素面（图5-155）。

3. 战国时期

战国时期遗存只见于遗址西部，仅有个别发现，遗存分布非常稀疏（图5-153）。未见任何遗迹现象，只在地表发现少量陶片。陶片多夹砂灰陶，纹饰以绳纹为主，有粗大绳纹，可辨器形有鬲、罐等。

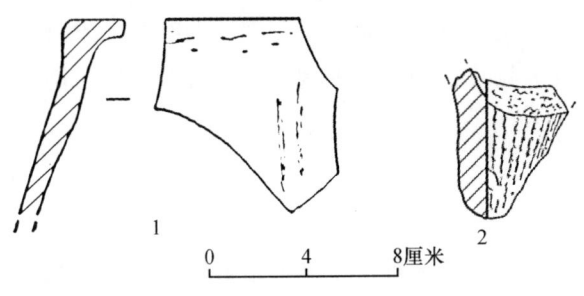

图5-155 南岗遗址陶器
1. 蛋形瓮（YP080521I014-C:1） 2. 鬲足（YP080521I013:1）
（1. 二里头时期；2. 战国时期）

鬲足 1件。YP080521I013:1，夹砂灰陶。矮实足跟。器表饰粗大绳纹（图5-155，2）。

六〇、解村遗址

解村遗址位于原平市解村乡解村南，面积较小，小于0.4万平方米（彩版七四，1）。遗址处在山前冲积扇的最高处，地势较为平坦，海拔850多米。遗址西面不远处有来自山间的季节性水流由北向南流过。遗址只有二里头时期的遗存（图5-156）。

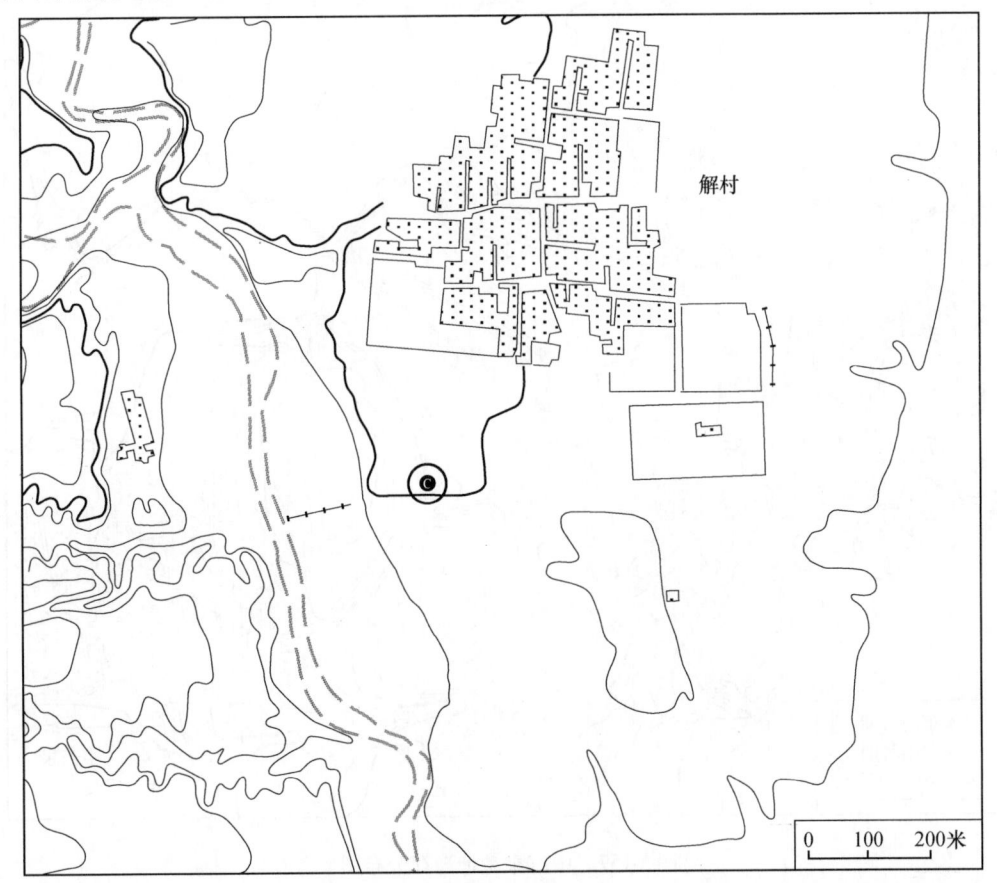

图5-156 解村遗址遗存分布图

遗存分布稀疏。只在梯田的断面上发现1处文化层，未见其他遗迹现象。文化层内包含有较多陶片，地表未见陶片。陶片多夹砂灰陶，纹饰以绳纹为主，可辨器形有鬲、罐等。

六一、中三泉遗址

中三泉遗址位于原平市解村乡中三泉村西北900米，面积较小，只有0.3万平方米。遗址处于山前台地前缘的斜坡上，海拔845~850米，西南高东北低，有一定的坡度，但地势起伏较小。遗址北面不远处有发源于山间的水流流过。遗存发现少，分布稀疏。遗址包含龙山、东周两个时期的遗存。

1. 龙山时期

龙山时期遗存见于遗址南、北，只有零星发现，遗存分布稀疏（图5-157）。未见任何遗迹现象，只在地表发现有陶片。陶片多夹砂灰陶，纹饰多绳纹、篮纹，可辨器形有鬲、罐等。

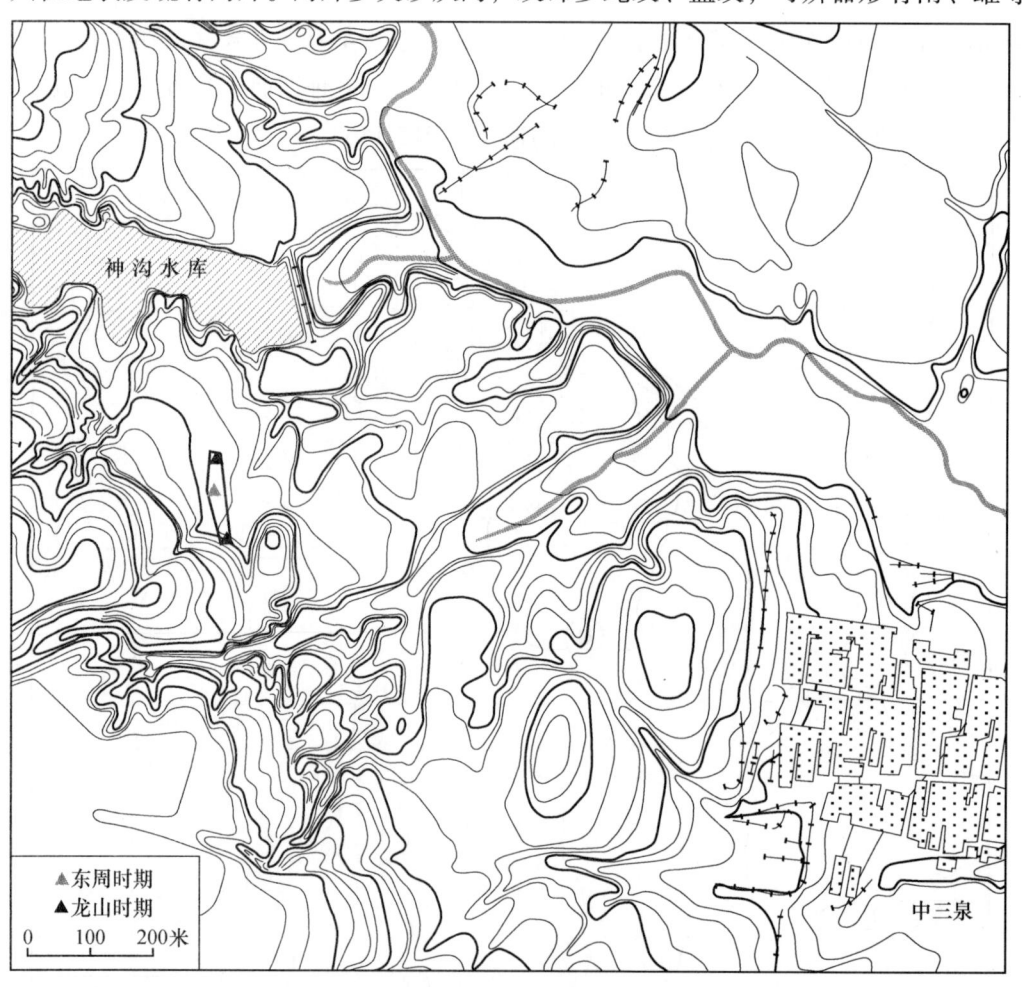

图5-157　中三泉遗址遗存分布图

2. 东周时期

东周时期遗存见于遗址中部，仅有个别发现，遗存分布非常稀疏（图 5-157）。未见任何遗迹现象，只在地表发现零星陶片。陶片多灰陶，纹饰以绳纹为多，可辨器形有罐等。

六二、南三泉遗址

南三泉遗址位于原平市解村乡南三泉村东 400 米，面积 3.5 万平方米。遗址处在山前台地下的冲积扇上，遗址靠近山脚下分布，海拔 815 米左右，地势较为平坦。遗址西面有发源于山间的水流在山前台地下由北向南流过。遗址只有东周时期的遗存，其中，部分遗存可进一步确认为战国时期（图 5-158）。

在遗址西北 350 米处发现有这个时期的陶片分布。

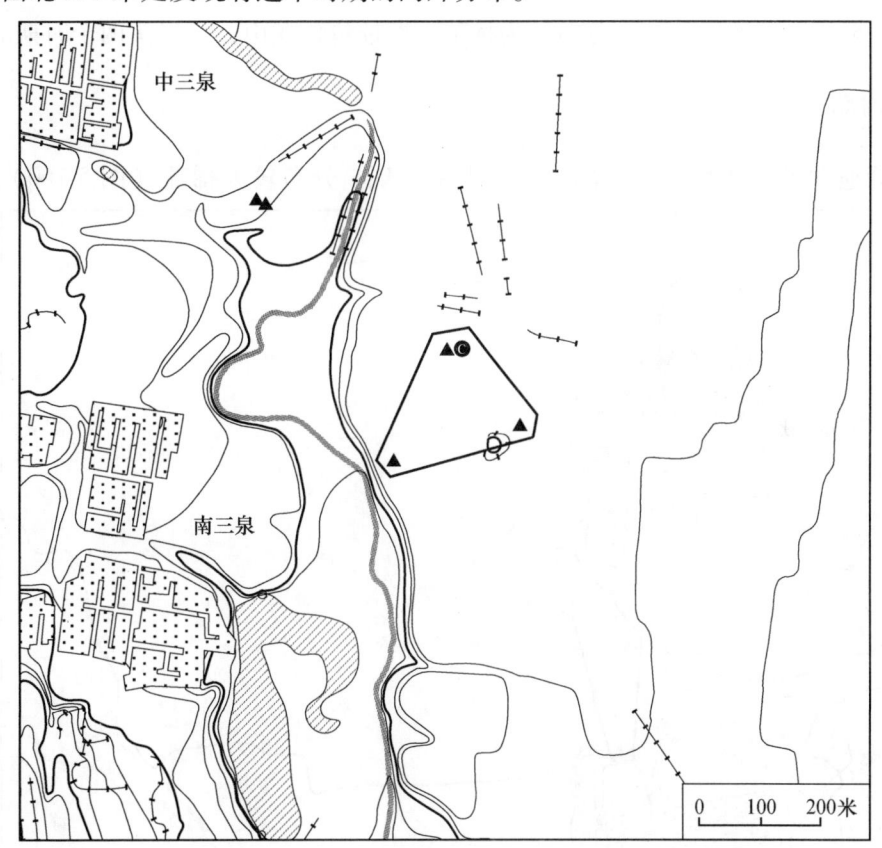

图 5-158　南三泉遗址遗存分布图

遗存分布较为稀疏。只发现 1 处文化层，未见其他遗迹现象。文化层内包含有少量陶片，地表也有陶片发现。陶片多泥质灰陶，纹饰多绳纹，可辨器形有豆、罐等。

豆　1件。YP080517I005:1，泥质灰陶。圆唇，近直口，浅盘，近平底。素面。口径14、残高3.4厘米（图 5-159）。

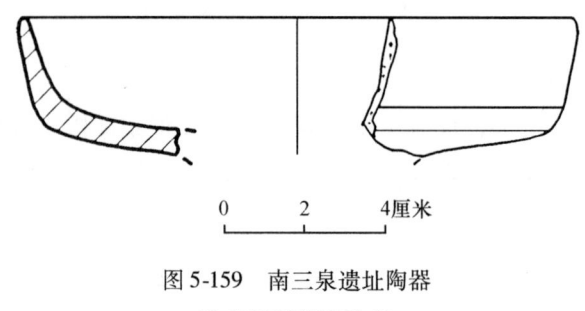

图 5-159　南三泉遗址陶器

豆（YP080517I005：1）

六三、小库狄遗址

小库狄遗址位于原平市子干乡小库狄村东南，面积 2.2 万平方米。遗址处在滹沱河西岸一级阶地的最前缘，地势较低，海拔 790～795 米，略高于滹沱河河床数米。遗址东临滹沱河，遗存主要发现于阶地临河的断面上，分布较为稀疏。遗址包含龙山、二里头两个时期的遗存。

1. 龙山时期

龙山时期遗存见于遗址中、南部，只有零星发现，分布较为稀疏（图 5-160）。未见任何

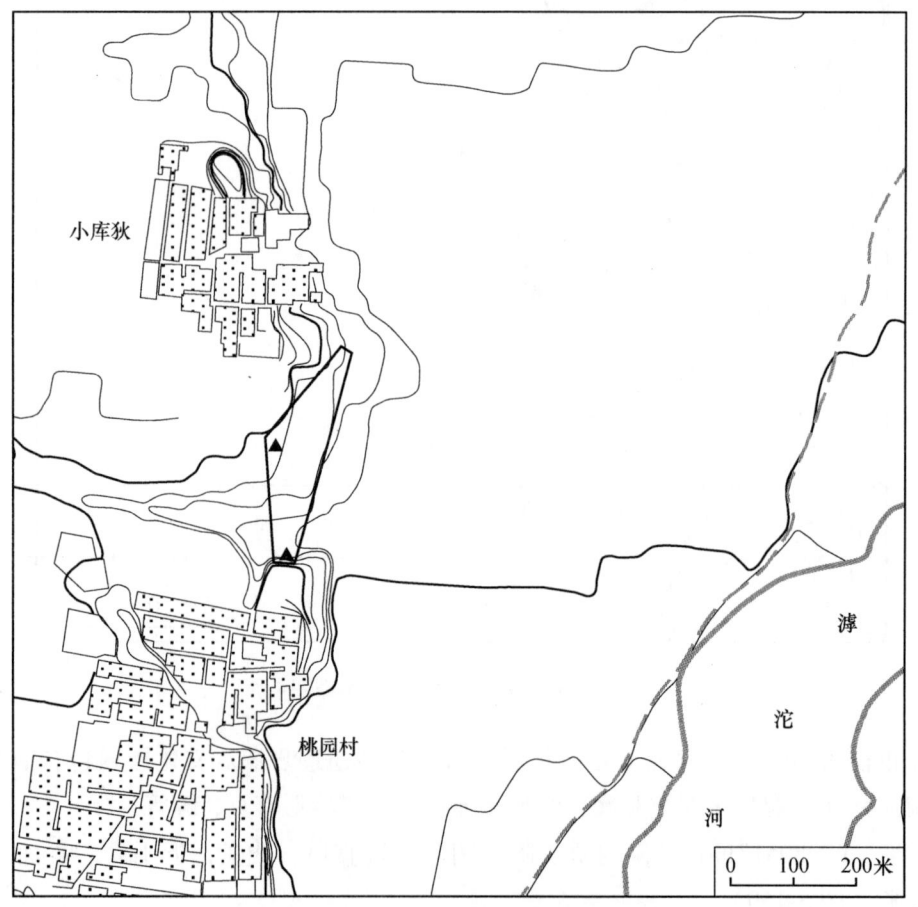

图 5-160　小库狄遗址龙山时期遗存分布图

遗迹现象，只在地表发现零星陶片。陶片多夹砂灰陶，纹饰多绳纹，可辨器形有鬲、罐等。

罐　1件。YP080505I003：1，夹砂灰陶。深腹，平底。腹部饰绳纹（图5-161）。

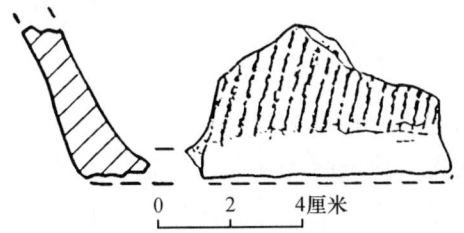

图5-161　小库狄遗址龙山时期陶器

罐（YP080505I003：1）

2. 二里头时期

二里头时期遗存仅见于遗址北部，仅有个别发现，遗存分布非常稀疏（图5-162）。未见任何遗迹现象，只在地表发现少量陶片。陶片多夹砂灰陶，纹饰以绳纹为主，可辨器形有盆等。

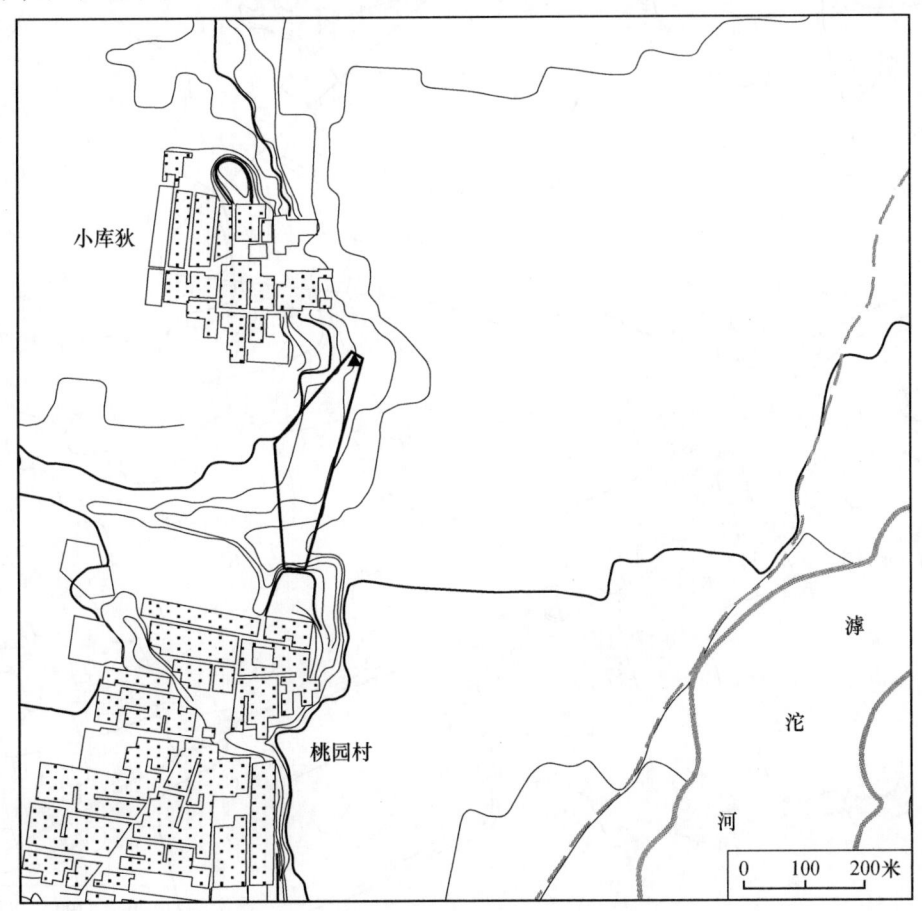

图5-162　小库狄遗址二里头时期遗存分布图

六四、永兴庄Ⅰ号遗址

永兴庄Ⅰ号遗址位于原平市王家庄乡永兴庄东北250米，面积41.7万平方米。遗址处在山前缓坡的近底部，横跨冲沟的两侧，海拔815～855米，背风向阳，有一定的坡度，其中，西部较缓，东部较陡，地势起伏较大。遗址南面有永兴河流过，遗址中部的冲沟不排除原来有水流的可能。遗存分布有一定的落差，除北部外，遗存分布密集，其中，尤以西南部遗存分布最为密集。遗址包含龙山、东周两个时期的遗存，其中，东周时期部分遗存可进一步确认为战国时期。

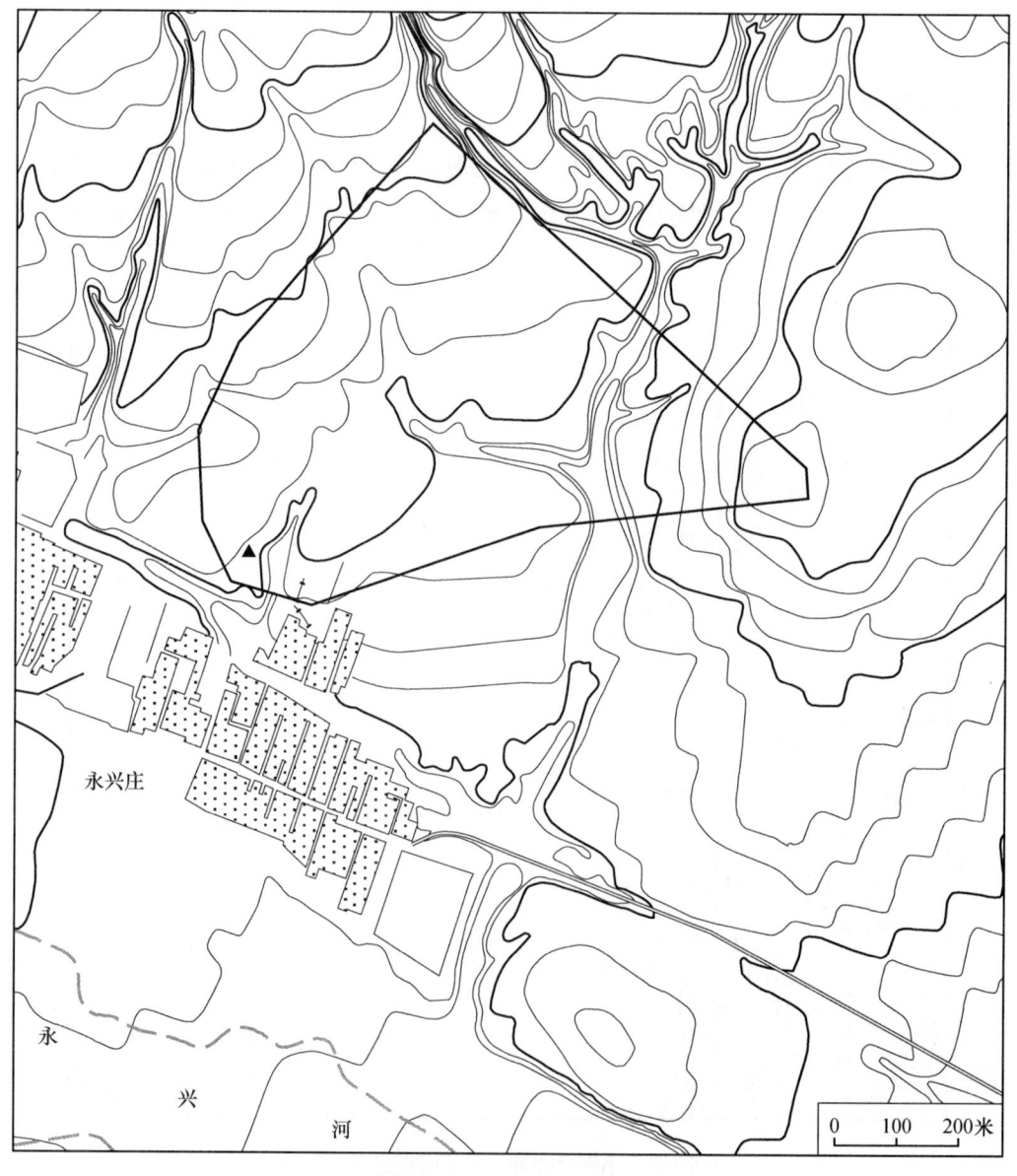

图 5-163　永兴庄Ⅰ号遗址龙山时期遗存分布图

1. 龙山时期

龙山时期遗存仅见于遗址南部，仅有个别发现，遗存分布非常稀疏（图 5-163）。未见任何遗迹现象，只在地表发现零星陶片。陶片多夹砂灰陶，纹饰有篮纹，可辨器形有鬲等。

2. 东周时期

东周时期遗存见于整个遗址，其中，尤以遗址西南部遗存分布最为密集（图 5-164）。除在遗址中部梯田的断面上发现 2 处文化层外，未见其他遗迹现象。文化层内包含物丰富，其中，尤以陶片最多，地表也发现较多陶片。陶片多灰陶，纹饰以绳纹为主，有粗大绳纹，可辨器形有豆、盆、罐、支垫等。

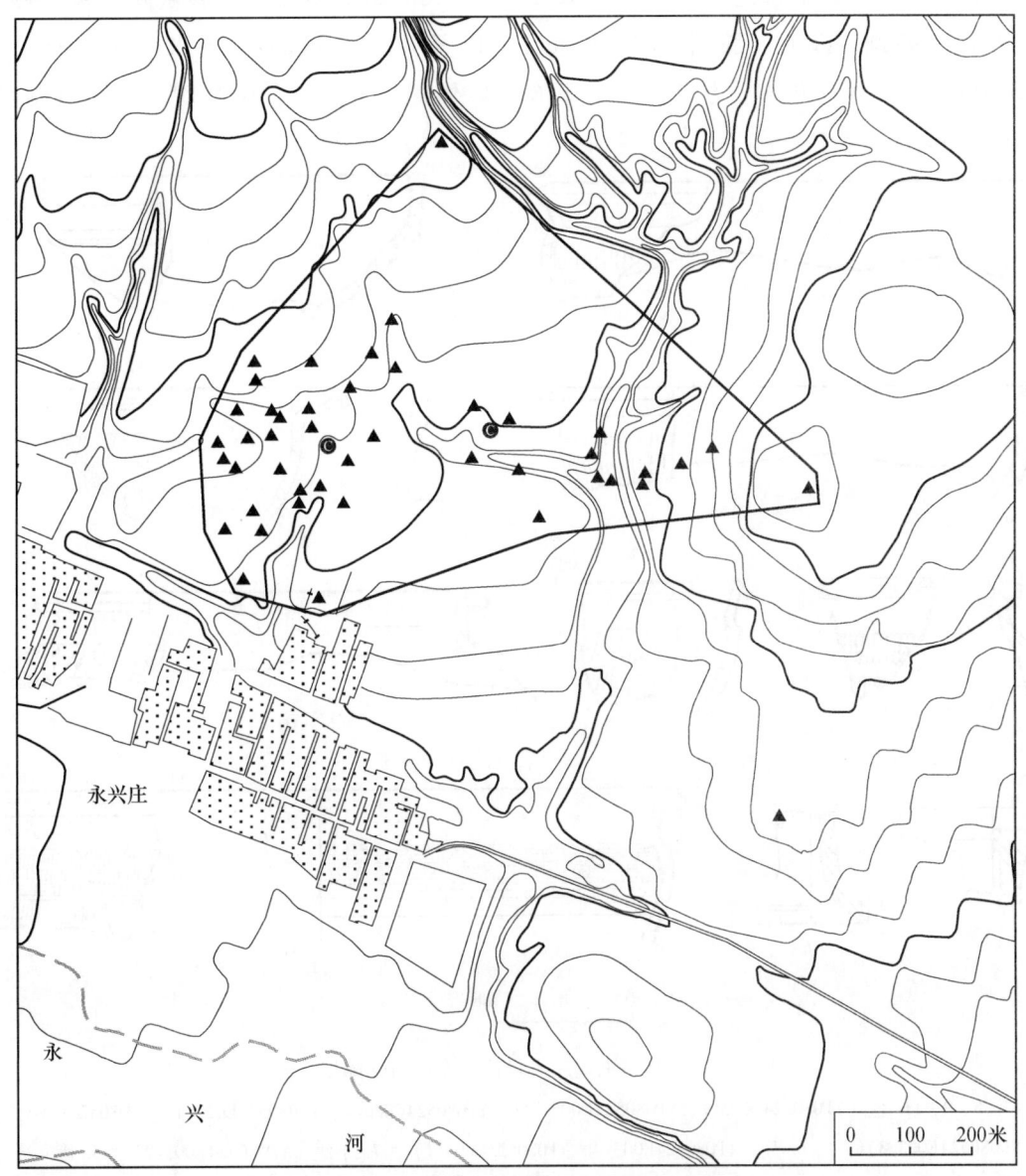

图 5-164　永兴庄 I 号遗址东周时期遗存分布图

在遗址南面 500 米处发现有这个时期的陶片。

豆 2件。YP080525C003:1，夹砂灰陶（夹细砂）。细柄中空，喇叭口高圈足。素面。底径6、残高6.5厘米（图5-165,6）。YP080524E003:4，泥质灰陶。直壁，浅盘，平底，细柄中空。口径10.6、残高5厘米（图5-165,4）。

盆 6件。YP080524D003:2，夹砂灰陶（夹细砂）。方唇，折沿下耷，敞口，微束颈，微鼓腹。腹部饰旋断绳纹（图5-165,9）。YP080524D005-C:1，泥质灰陶。方唇，折沿下耷，敞口，束颈，鼓腹。器表饰绳纹，有抹去痕迹。口径30、残高6厘米（图5-165,2）。YP080524D003:1，泥质灰陶。方唇，折沿下耷，敞口，束颈，鼓腹。腹部饰绳纹，有抹去痕迹。口径32、残高6.6厘米（图5-165,1）。YP080524C025:1，泥质灰陶。方唇，折沿下耷，敞口，束颈，鼓腹。腹部饰绳纹（图5-165,5）。YP080524E003:3，夹砂灰陶（夹细砂）。方唇，口外翻，束颈，鼓腹。腹部饰旋断绳纹。口径40.8、残高8厘米（图5-165,11）。YP080524C026:1，泥质灰陶。方唇，折沿下耷，口外翻，微束颈，微鼓腹。腹部有旋断绳纹（图5-165,3）。

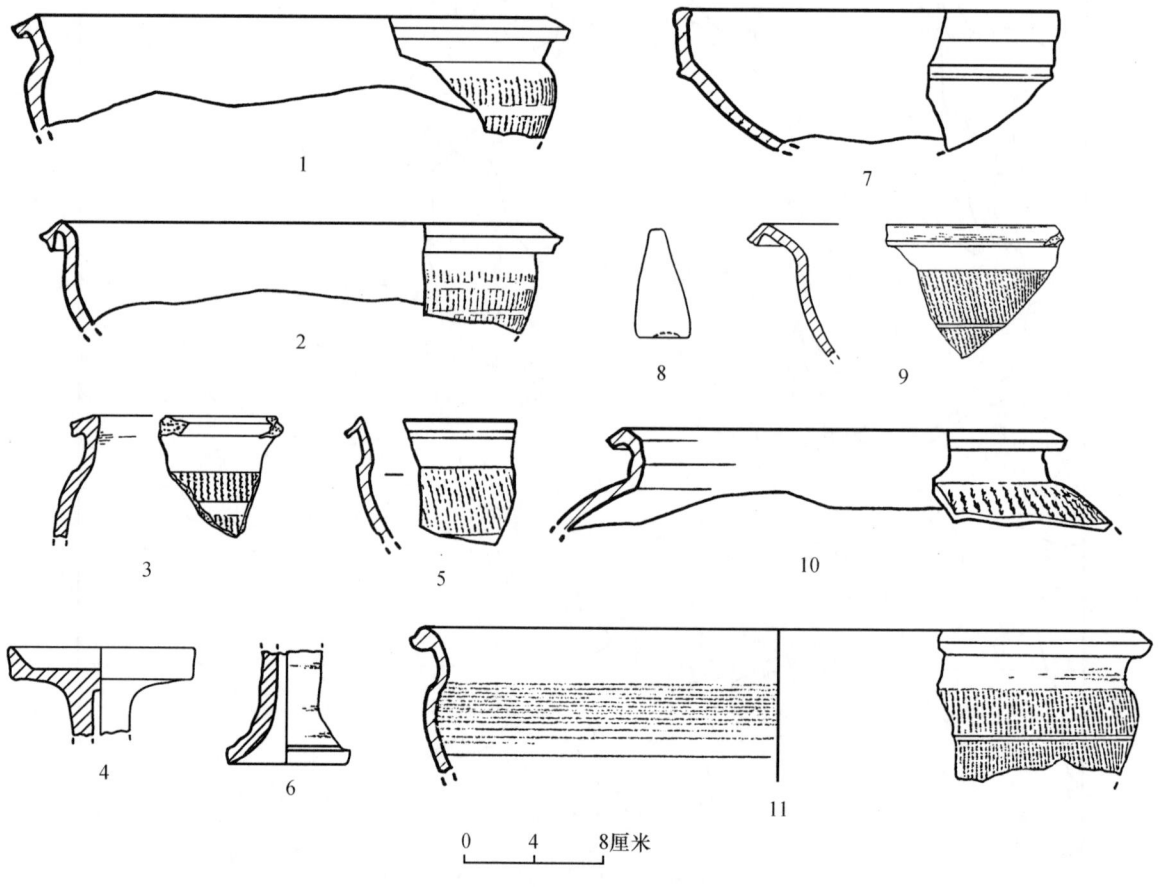

图5-165 永兴庄Ⅰ号遗址东周时期陶器

1~3、5、9、11. 盆（YP080524D003:1、YP080524D005-C:1、YP080524C026:1、YP080524C025:1、YP080524D003:2、YP080524E003:3） 4、6. 豆（YP080524E003:4、YP080525C003:1） 7. 小盆（YP080524E003:2） 8. 陶支垫（YP080524E003:5） 10. 罐（YP080524E003:1）

小盆　1件。YP080524E003：2，泥质灰陶。圆唇，折腹，上腹部近直，下腹部斜收。素面。口径22、残高8厘米（图5-165，7）。

罐　1件。YP080524E003：1，夹砂灰陶，（夹细砂）。方唇，翻沿，矮领，鼓肩。腹部饰粗绳纹。口径26、残高5.2厘米（图5-165，10）。

陶支垫　1件。YP080524E003：5，夹砂褐陶。锥状。素面。底径3.2、残高6厘米（图5-165，8）。

六五、永兴庄Ⅱ号遗址

永兴庄Ⅱ号遗址位于原平市王家庄乡永兴庄西北300米，面积9.1万平方米（彩版七四，2）。遗址处在山前缓坡的近底部，海拔855~880米，北高南低，背风向阳，有一定的坡度，

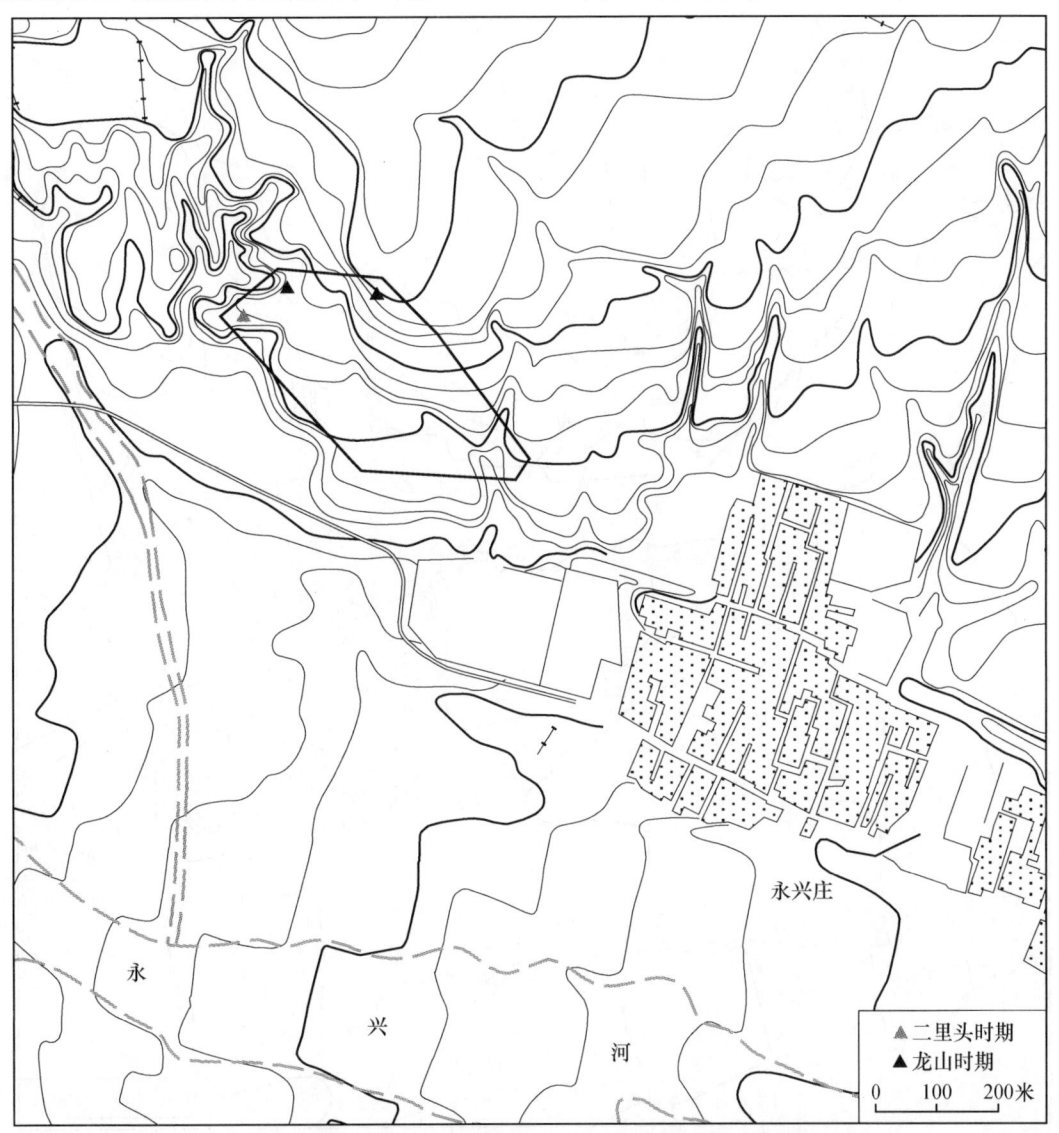

图5-166　永兴庄Ⅱ号遗址龙山、二里头时期遗存分布图

地势有一定的起伏。遗址西面不远处有发源于山间的水流流过，并汇入遗址南部的永兴河。遗存主要发现于遗址外围，分布相对稀疏。遗址包含龙山、二里头、东周三个时期的遗存，其中，东周时期部分遗存可进一步确认为战国时期。

1. 龙山时期

龙山时期见于遗址北部，只有零星发现，遗存分布较为稀疏（图5-166）。未见任何遗迹现象，仅在地表发现有陶片。陶片多夹砂灰陶，纹饰多绳纹、篮纹，可辨器形有鬲、蛋形瓮等。

2. 二里头时期

二里头时期遗存仅见于遗址西部，仅有个别发现，遗存分布非常稀疏（图5-166）。未见任何遗迹现象，只在地表发现少量陶片。陶片多灰陶，纹饰多绳纹，可辨器形有蛋形瓮等。

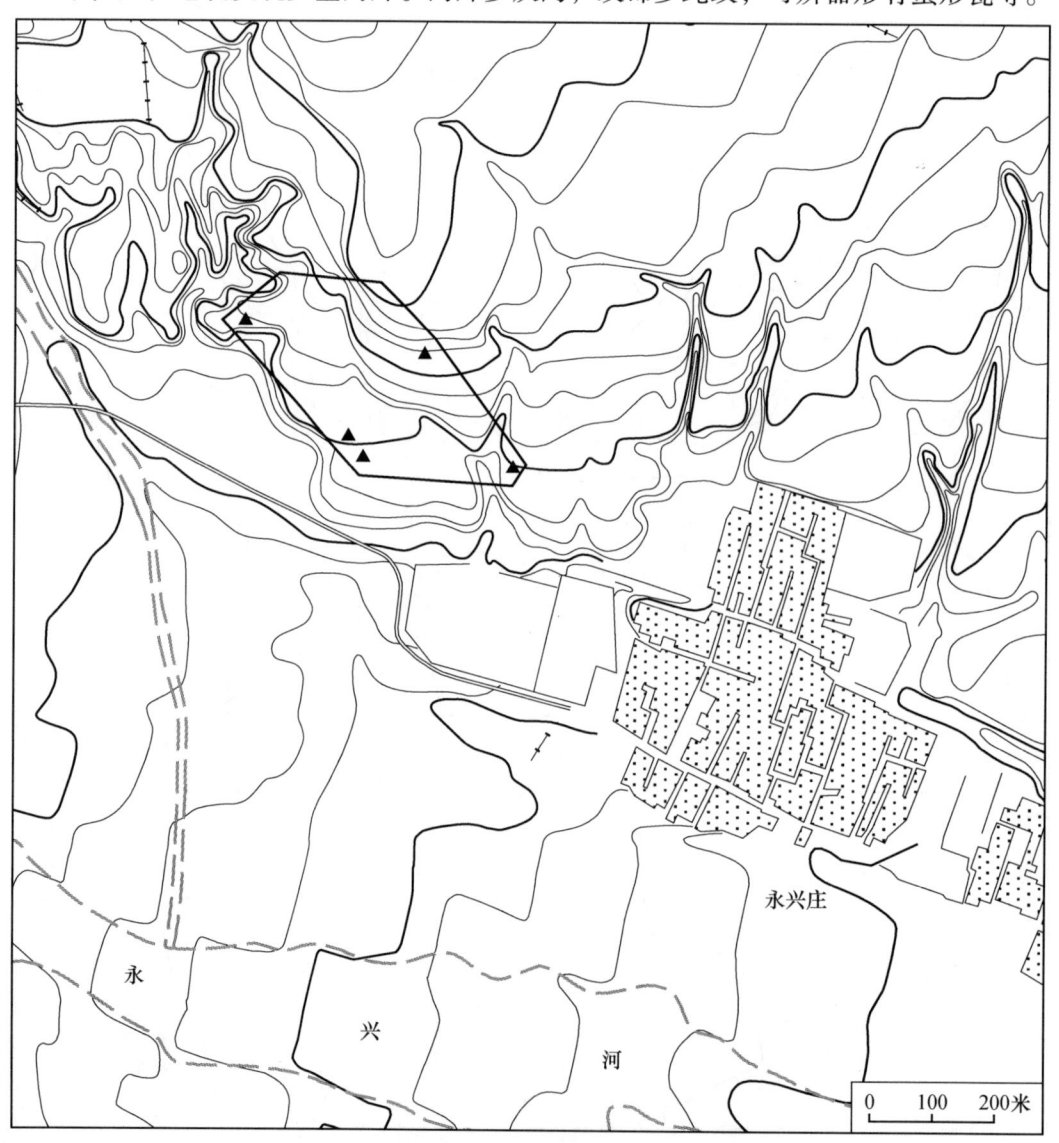

图5-167　永兴庄Ⅱ号遗址东周时期遗存分布图

3. 东周时期

东周时期遗存见于遗址北部之外其他位置，遗存分布稀疏（图 5-167）。未见任何遗迹现象，只在地表发现有陶片。陶片多夹砂灰陶，纹饰以绳纹为主，有粗大绳纹，可辨器形有豆、罐等。

六六、崖底 I 号遗址

崖底 I 号遗址位于原平市阎庄镇崖底村东北，面积 62.7 万平方米（彩版七五，1）。遗址处在山前台地前缘的缓坡上，东西向呈长条状分布在整个缓坡底部，遗址海拔 855~945 米，西高东低。除遗址中部有条较大的冲沟外，四周还有较多小冲沟，地势起伏较大。遗址处在两河交汇的三角区域，南面有永兴河，东侧有汇入永兴河的水流流过（彩版一〇一，2）。遗存分布落差较大，疏密不等，除西北部外，其他位置遗存分布都较为密集，尤以遗址中部遗存分布最为密集。遗址包含龙山、二里头、东周三个时期的遗存，其中，东周时期遗存部分可进一步确认为战国时期。

1. 龙山时期

龙山时期遗存见于整个遗址，遗存分布疏密不等：西北部非常稀疏，东部密集，中部较为密集（图 5-168）。遗迹发现较多，以遗址中部最多，多暴露于沟坎的断面，共发现 12 处文化层、23 个灰坑、3 座房址和 1 座窑址。其中，遗址西部只发现有文化层；中部除文化层外，还有灰坑、房址、窑址；东部除文化层外，还发现有房址。遗迹包含物丰富，尤以陶片最多。陶片多夹砂灰陶，纹饰多绳纹、篮纹，可辨器形有鬲、甗、斝、鬶、蛋形瓮、瓮、盆、高领罐、罐、陶抹等。

鬲　1 件。YP080525H010-H:1，夹砂灰褐陶。方唇，侈口，矮领，袋足外鼓。唇部有花边装饰，领部以下饰绳纹（图 5-171，10）。

鬲足　3 件。YP090417B001-Y:1，夹砂黑灰陶。空袋足。跟部饰横篮纹（图 5-169，10）。YP080523B006:1，夹砂灰褐陶。袋足，有实足跟。足部饰绳纹，跟部素面（图 5-169，5）。YP080523K004:1，夹砂褐陶。袋足，有实足跟。足部饰绳纹，跟部素面（图 5-169，4）。

甗　1 件。YP080523K009:1，夹砂灰陶。束腰，有隔。腹部饰绳纹（图 5-169，3）。

斝　2 件。YP080525H010-H:2，夹砂褐陶（夹细砂）。圆唇，宽平沿，敛口，斜腹内收。沿面有两周凹槽，腹部饰绳纹，上有附加堆纹（图 5-169，6）。YP080525G001:1，夹砂黑灰陶。微敛口，深腹。腹部饰绳纹，其上有五花大绑状附加堆纹。口径 32、残高 7.6 厘米（图 5-169，13）。

鬶足　1 件。YP090417C001-H:1，夹砂黑陶。器薄，制作精致，空袋足，有尖锥状实足跟。足部有篮纹（图 5-169，9）。

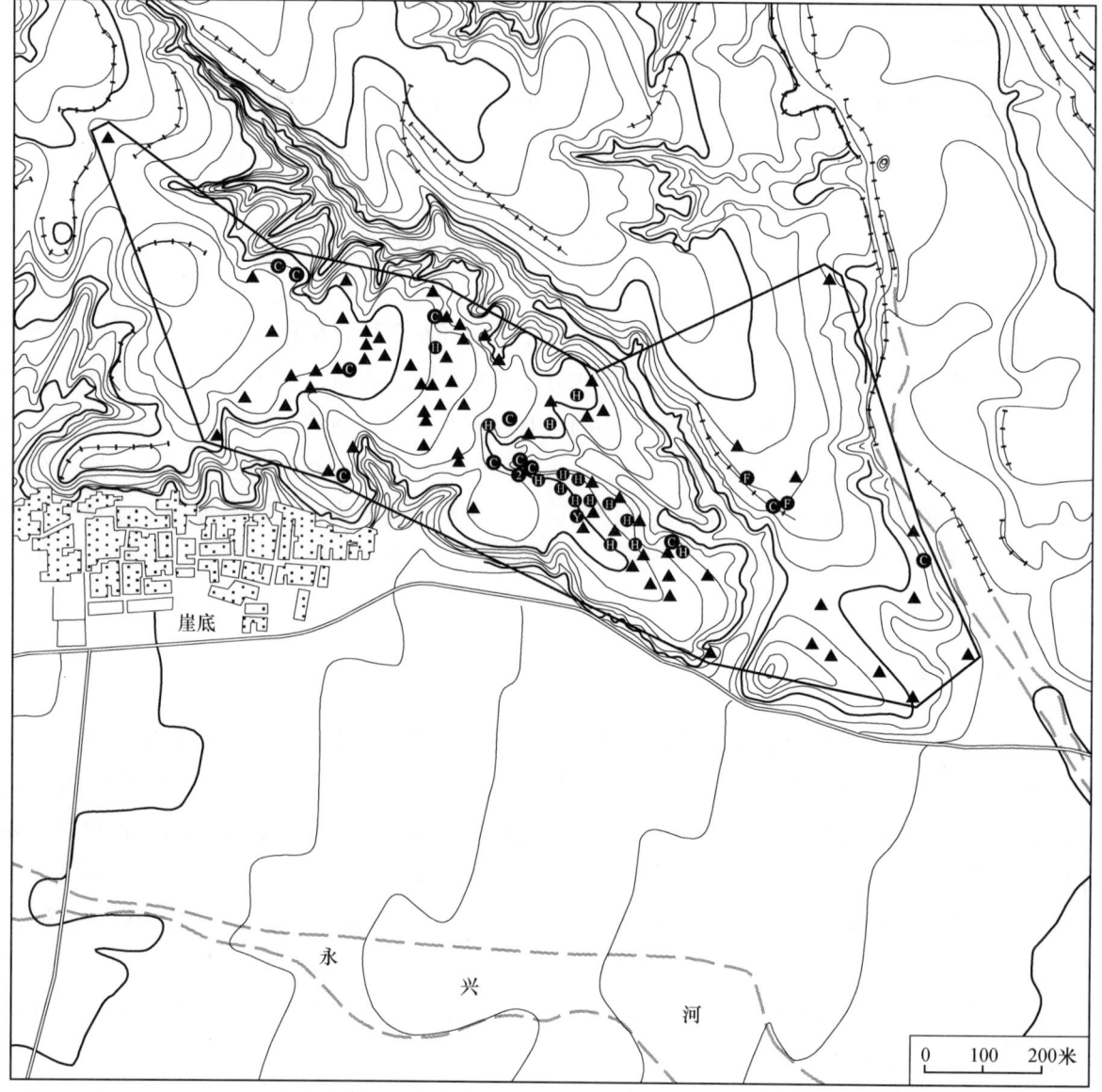

图 5-168 崖底 I 号遗址龙山时期遗存分布图

蛋形瓮　2 件。YP080523E010：1，夹砂灰陶。宽沿，微敛口，深腹。口下有三周附加堆纹（图 5-169，7）。YP080523K007：1，泥质灰陶。宽沿，微敛口，深腹。腹部饰竖篮纹（图 5-169，12）。

蛋形瓮足　1 件。YP090417D001：1，夹砂灰陶。锥状实足跟，粗大。足部饰绳纹（图 5-169，8）。

瓮　1 件。YP080525J001：1，泥质灰褐陶。方唇，敛口，鼓肩。素面。口径 26.5、残高 6.5 厘米（图 5-169，1）。

盆　1 件。YP080523B006：2，夹砂灰陶（夹细砂）。鼓腹，平底。腹部饰竖篮纹，内壁磨光。底径20、残高8厘米（图5-171，11）。

高领罐　1件。YP080525I012：1，泥质灰陶。器薄，圆唇，口外翻，高领，鼓肩。素面磨光。口径17、残高6.6厘米（图5-169，2）。

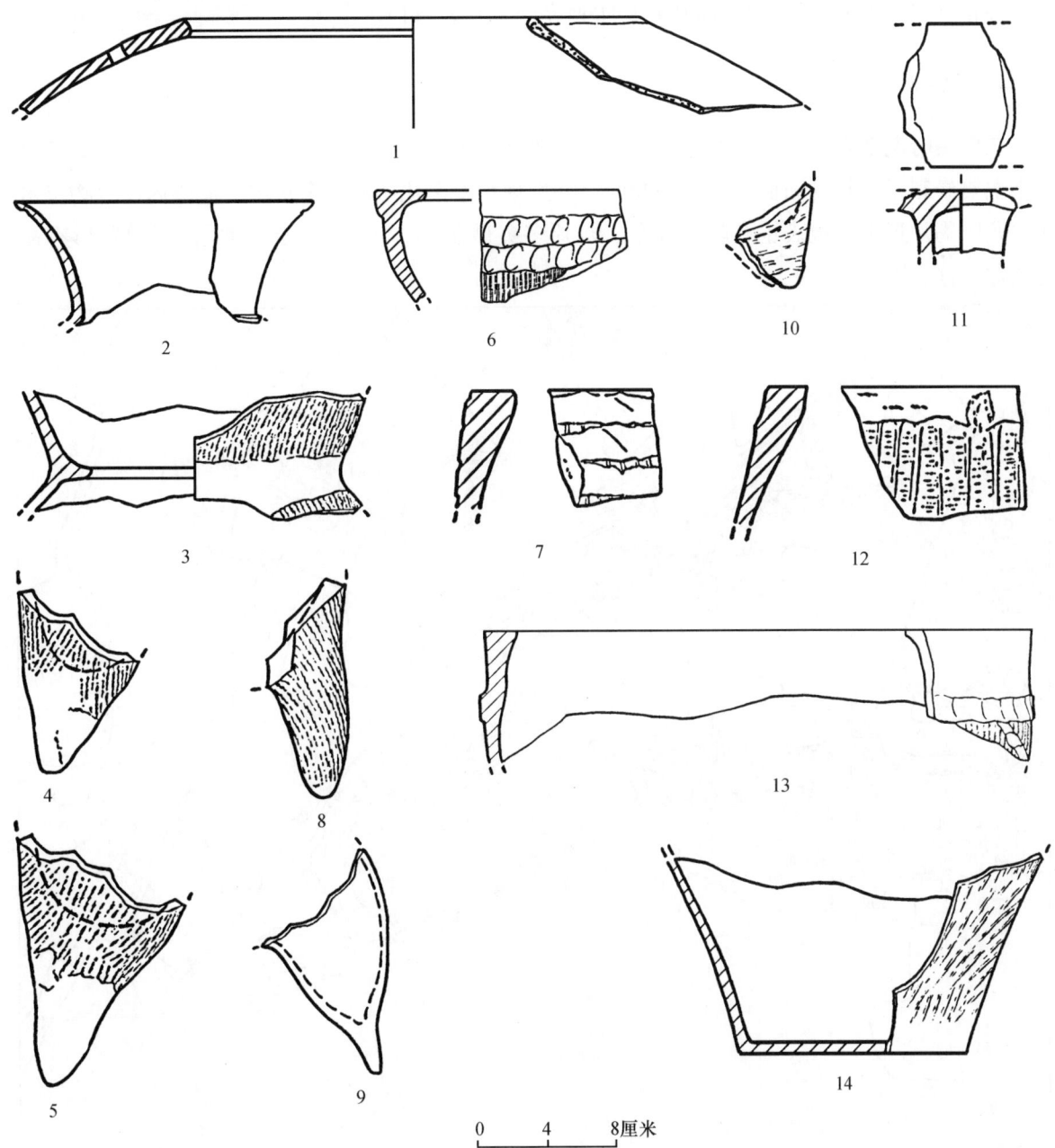

图5-169　崖底 I 号遗址龙山时期陶器

1. 瓮（YP080525J001：1）　2. 高领罐（YP080525I012：1）　3. 甗（YP080525K009：1）　4、5、10. 鬲足（YP080523K004：1、YP080523B006：1、YP090417B001-Y：1）　6、13. 斝（YP080525H010-H：2、YP080525G001：1）　7、12. 蛋形瓮足（YP080523E010：1、YP080523K007：1）　8. 蛋形瓮足（YP090417D001：1）　9. 鬶足（YP090417C001-H：1）　11. 陶抹（YP080525I014-C：1）　14. 罐（YP080525G006：1）

罐　1件。YP080525G006:1，泥质灰黑陶。深腹，平底。腹部饰斜篮纹。底径13、残高11厘米（图5-169，14）。

陶抹　1件。YP080525I014-C:1，泥质灰陶，已残。方形（或长方形），抹面平整光滑，背面有管状把手。宽8、厚1.2、残长6.8厘米（图5-169，11）。

2. 二里头时期

二里头时期遗存见于遗址中、东部，尤以遗址东部遗存分布最为集中、密集（图5-170）。遗迹主要暴露于沟坎的断面和梯田的断面，共发现6处文化层和2个灰坑。遗迹内包含物丰富，其中尤以陶片最多，地表也有陶片分布。陶片多夹砂灰陶，纹饰以绳纹为主，可辨器形有鬲、蛋形瓮、盆、罐等。

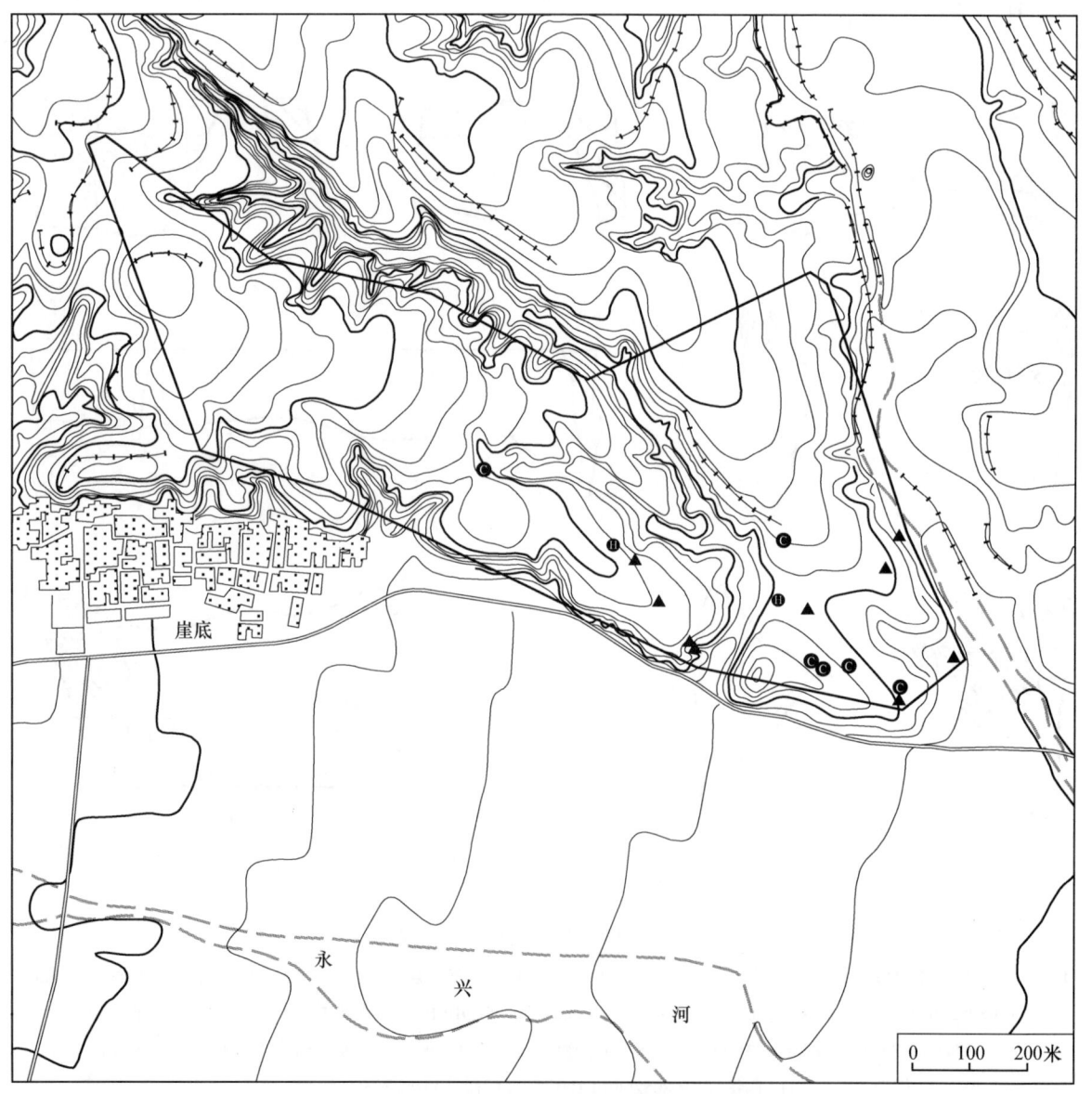

图5-170　崖底Ⅰ号遗址二里头时期遗存分布图

鬲足　3件。YP080525K008：1，夹砂灰褐陶。袋足，有实足跟。足部饰绳纹，跟部素面（图5-171，9）。YP080525K008-C：1，夹砂灰褐陶。袋足，有锥状实足跟。足部饰绳纹，跟部有四道纵向捆绑沟槽（图5-171，8）。YP080523G005：1，夹砂灰陶。长实足跟。足部饰绳纹，跟部素面（图5-171，2）。

蛋形瓮　1件。YP080525I025：1，夹砂褐陶。平沿，敛口，深鼓腹，腹部饰绳纹（图5-171，1）。

蛋形瓮足　1件。YP080525H014：1，夹砂褐陶。矮胖实足跟，足部饰绳纹（图5-171，3）。

盆　1件。YP080525J016-C：1，夹砂褐陶。圆唇，敞口，斜腹，平底。器表饰绳纹。口径15.2、底径7.2、高8厘米（图5-171，4；彩版一〇六，1）。

小罐　1件。YP080525J017-C：1，夹砂灰褐陶。鼓腹，平底。腹部饰绳纹。底径8.8、残高6.8厘米（图5-171，6）。

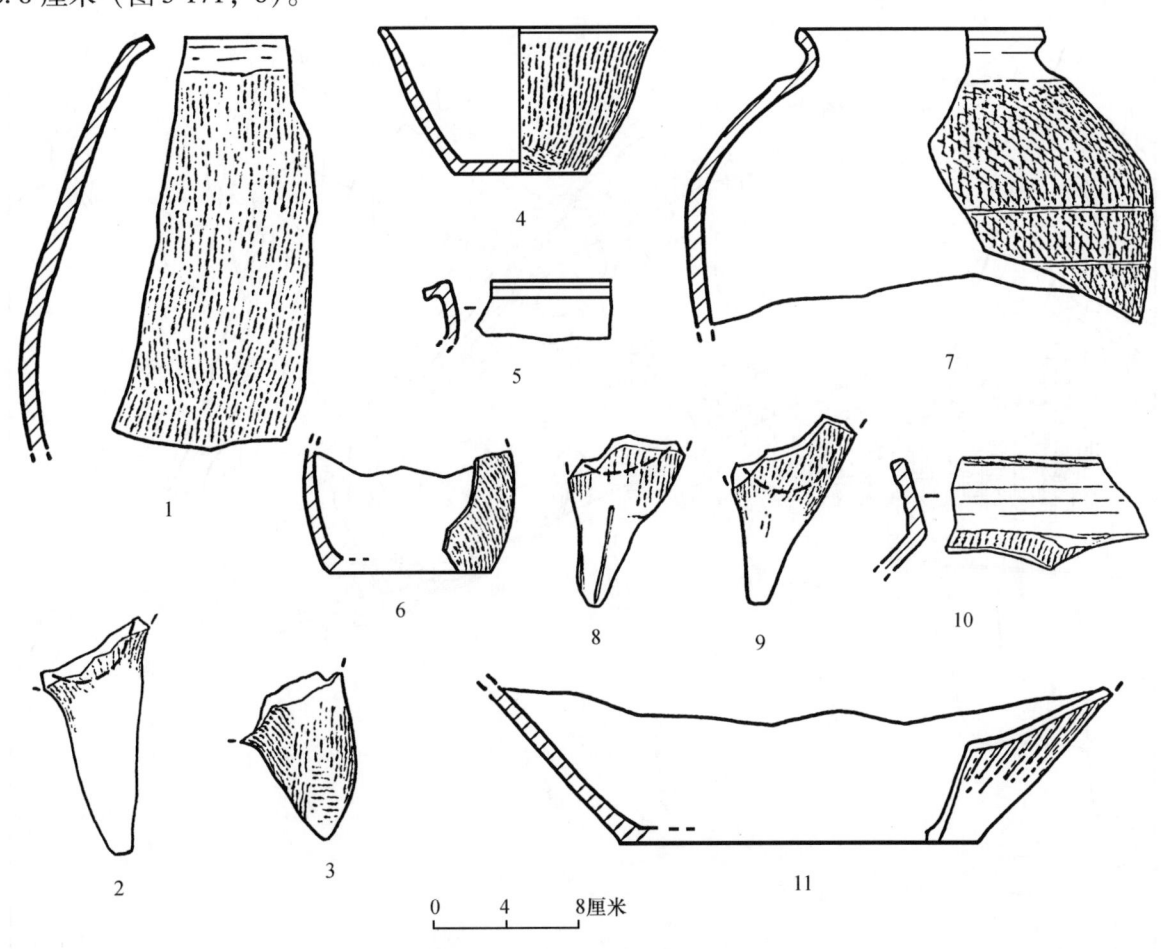

图5-171　崖底Ⅰ号遗址陶器

1. 蛋形瓮（YP080525I025：1）　2、8、9. 鬲足（YP080523G005：1、YP080525K008-C：1、YP080523K008：1）　3. 蛋形瓮足（YP080525H014：1）　4、11. 盆（YP080525J016-C：1、YP080523B006：2）　5、7. 罐（YP080525H001：1、YP080525H008-C：1）　6. 小罐（YP080525J017-C：1）　10. 鬲（YP080525H010-H：1）

（1~4、6、8、9. 二里头时期；5、7. 东周时期；10、11. 龙山时期）

3. 东周时期

东周时期遗存见于遗址中、西部，遗存分布较为稀疏（图 5-172）。除在遗址中部冲沟的断面发现 1 处文化层外，未见其他遗迹现象。文化层内包含有较多陶片，地表也有零星陶片分布。陶片多夹砂灰陶，纹饰以绳纹为主，可辨器形有罐等。

罐　2 件。YP080525H008-C：1，夹砂褐陶。圆唇，口外翻，小矮领，鼓腹。腹部饰凌乱的旋断绳纹。口径 14、残高 16 厘米（图 5-171，7）。YP080525H001：1，泥质灰陶。方唇，折沿，矮领，鼓腹。素面（图 5-171，5）。

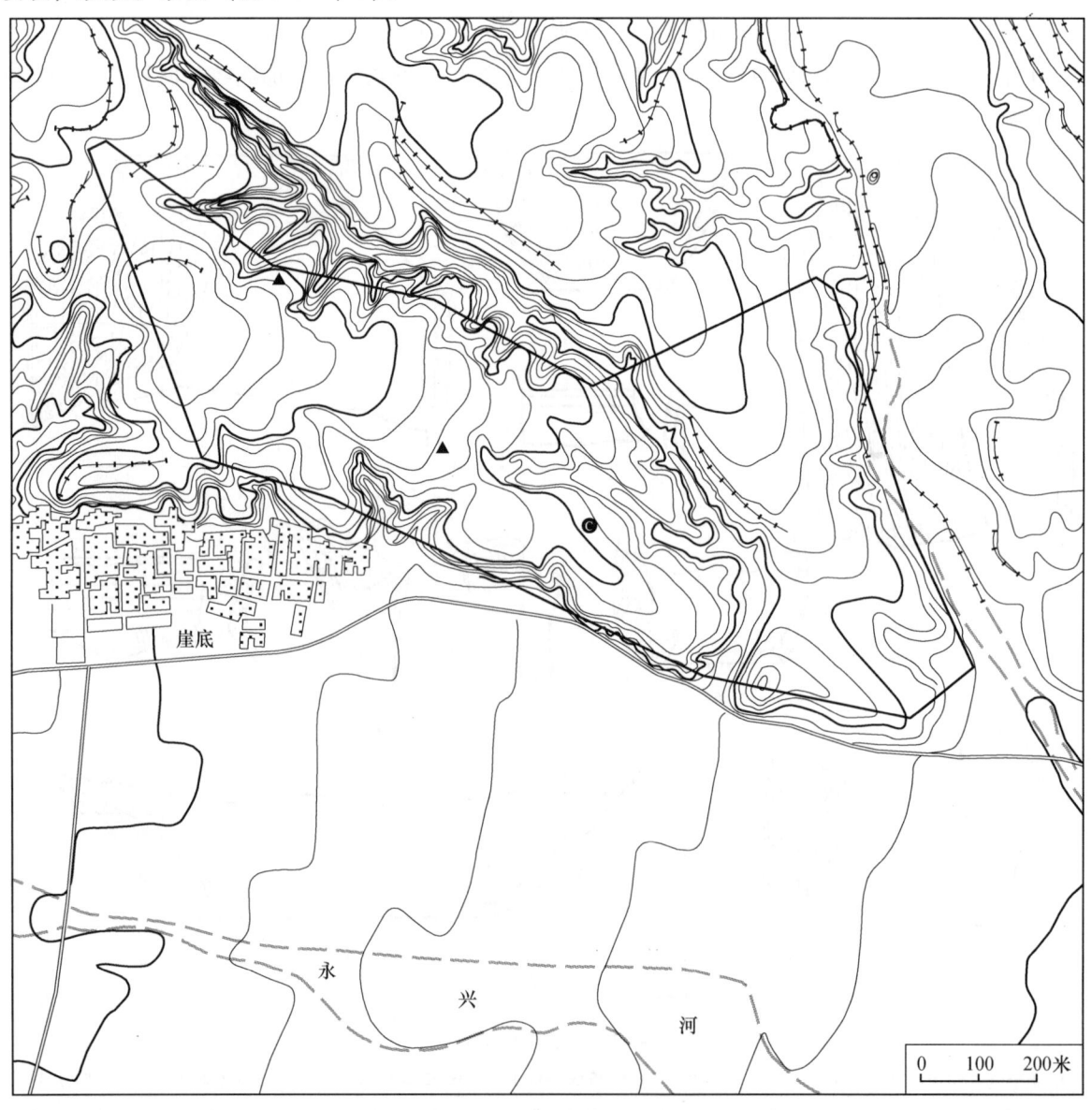

图 5-172　崖底 I 号遗址东周时期遗存分布图

六七、崖底Ⅱ号遗址

崖底Ⅱ号遗址位于原平市阎庄镇崖底村西北，面积40.2万平方米（彩版七五，2）。遗址处在山前台地前缘的斜坡上，海拔895～1000米，西北高东南低，坡度大，内有数条宽窄、深浅不一的冲沟，地势起伏较大。遗址东侧有发源于山间的水流流过，西、南面有永兴河流过。遗存分布较为密集，但落差较大。遗址包含龙山、东周两个时期的遗存，其中，东周时期遗存部分可进一步确认为战国时期。

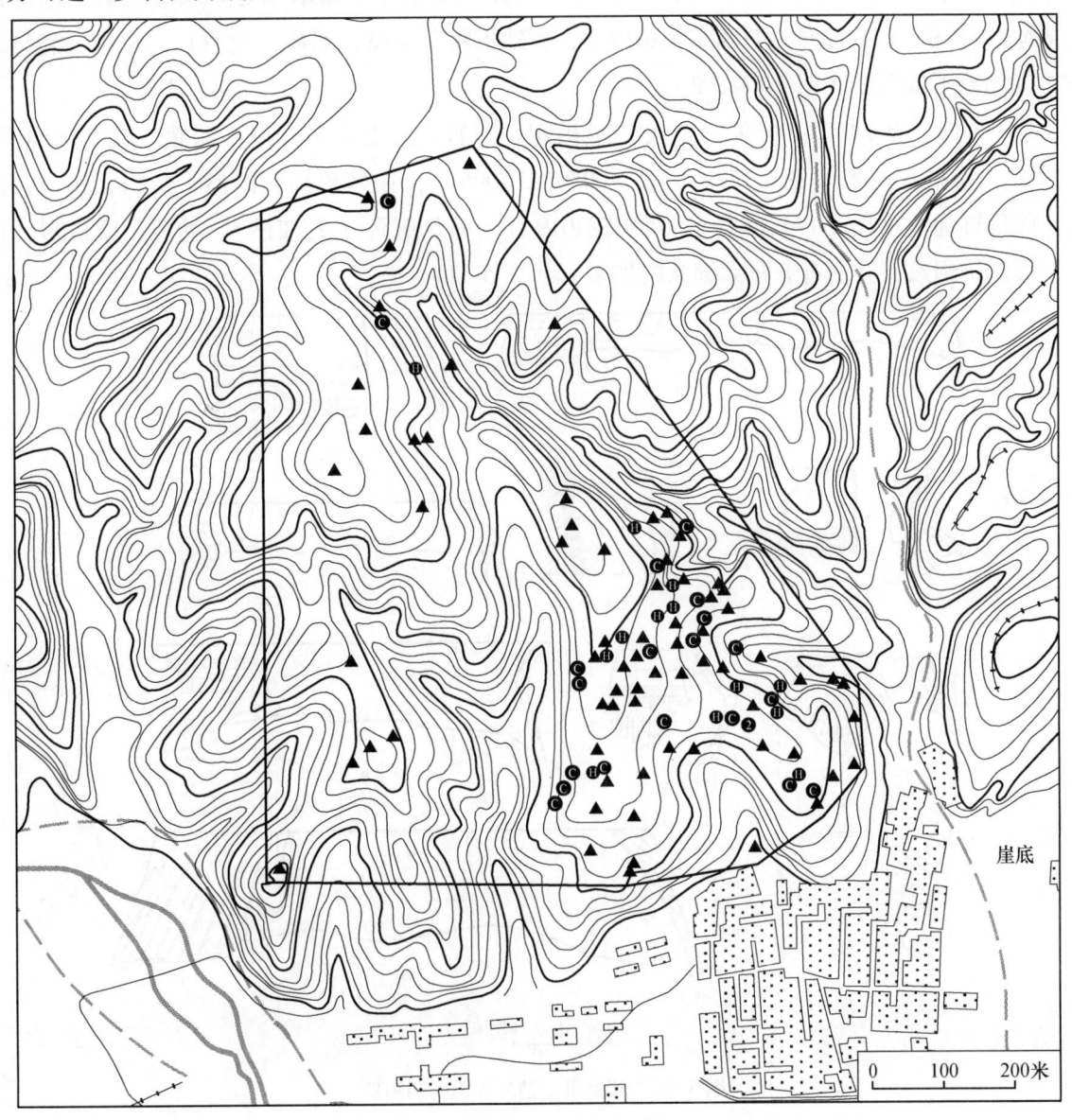

图5-173 崖底Ⅱ号遗址龙山时期遗存分布图

1. 龙山时期

龙山时期遗存见于遗址西北角之外的其他位置，遗存分布疏密不等，东部遗存分布较为密集（图5-173）。遗迹发现较多，除遗址西北角发现少量遗迹外，遗迹主要分布在遗址东部，发现于沟坎的断面和梯田的断面，共发现20处文化层、14个灰坑和1座房址，其中，房址只见于遗址东部。遗迹包含物丰富，尤以陶片最多，地表也发现较多陶片。陶片多夹砂灰陶，纹饰多篮纹、绳纹，可辨器形有鬲、斝、甗、蛋形瓮、圈足瓮、盆、豆、盘、罐、陶垫、陶支脚等。

鬲 2件。YP080524J002∶1，夹砂灰陶。方唇，口外翻，矮领，分档，袋足外鼓。领部以下饰绳纹（图5-174，2）。YP080524H019∶1，夹砂褐陶。胎厚，圆唇，近直口，矮领，袋足外鼓。领部以下饰绳纹（图5-174，3）。

斝 3件。YP080524I003-C∶1，夹砂灰褐陶。圆唇，微敛口，折肩，深腹。腹部饰绳纹。口径22、残高6厘米（图5-174，8）。YP080523A006∶1，夹砂褐陶。圆唇，敛口，折肩，深腹。腹部饰绳纹（图5-174，6）。YP080524I019∶1，夹砂灰陶（夹细砂）。胎厚，微敛口，深腹。腹部饰绳纹，其上有五花大绑状附加堆纹（图5-174，7）。

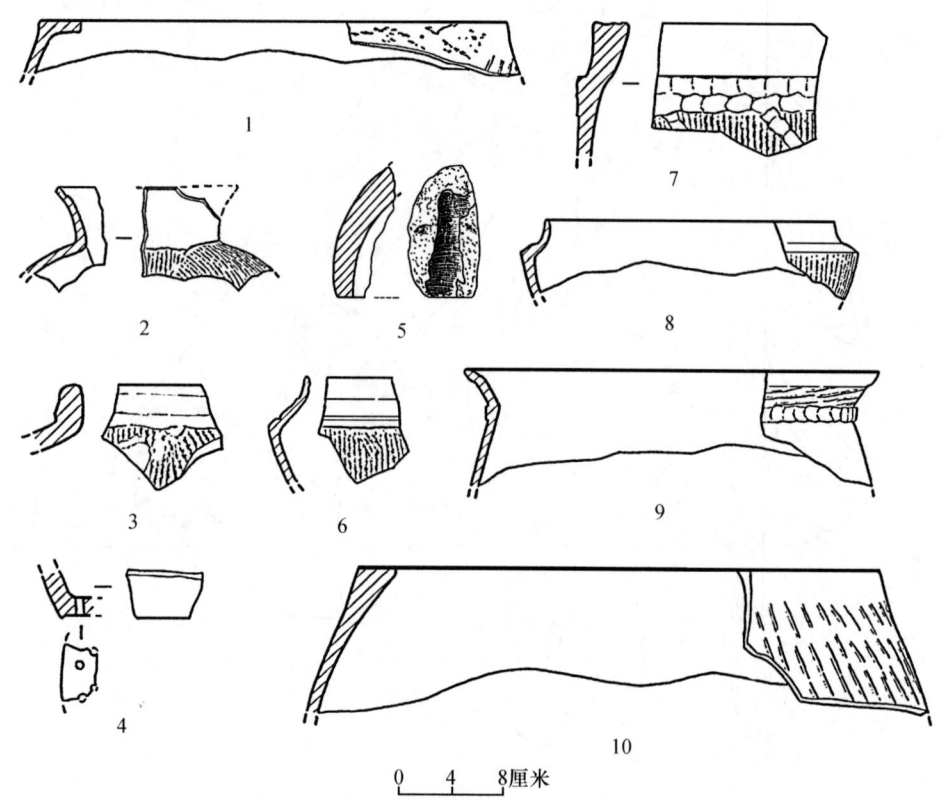

图5-174 崖底Ⅱ号遗址龙山时期陶器
1、10. 蛋形瓮（YP080524K005∶1、YP080524I016∶1） 2、3. 鬲（YP080524J002∶1、YP080524H019∶1） 4. 甗（YP080524I024∶1） 5. 陶垫（YP080524G004-H∶1） 6~8. 斝（YP080523A006∶1、YP080524I019∶1、YP080524I003-C∶1） 9. 罐（YP080524H005∶1）

甑 1件。YP080524I024：1，夹砂灰褐陶。深腹，平底，底部有箅孔。素面（图5-174，4）。

蛋形瓮 3件。YP080524I016：1，夹砂灰陶。宽沿，敛口，深腹。腹部饰斜篮纹。口径40、残高10.8厘米（图5-174，10）。YP080524K005：1，泥质灰黑陶。平沿内折，敛口，深腹。腹部饰斜篮纹。口径36、残高4厘米（图5-174，1）。YP080524H015-C：1，泥质灰陶。深腹，圜底，空袋足。腹部饰竖篮纹，袋足饰方格纹（图5-175，6）。

圈足瓮 1件。YP080524G001：1，泥质褐陶。鼓腹，圜底，圈足。器表饰绳纹（图5-175，5）。

盆 1件。YP080524A002：1，泥质灰褐陶。圆唇加厚，敞口，斜腹。腹部饰竖篮纹，口部有一单面钻孔。口径30、残高6厘米（图5-175，1）。

豆 1件。YP080524J003：1，泥质黑皮陶。粗柄。素面磨光（图5-175，2）。

盘 1件。YP080524K001：1，泥质黑皮陶。盘底近平，粗柄。素面磨光（图5-175，4）。

罐 1件。YP080524H005：1，泥质褐陶。圆唇，折沿，直深腹。沿下饰斜篮纹，颈部有附加堆纹，腹部素面磨光。口径32、残高8.8厘米（图5-174，9）。

陶垫 1件。YP080524G004-H：1，夹砂灰陶。近圆锥状，中空。素面，表面光滑（图5-174，5）。

陶支脚 1件。YP080524C015：1，泥质褐陶。近四棱锥体。素面。底径4.3、高7.5厘米（图5-175，3）。

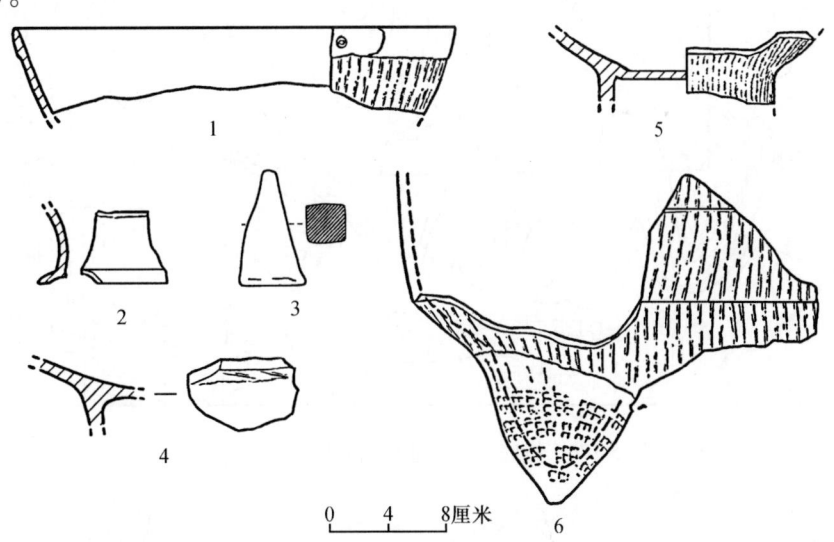

图5-175 崖底Ⅱ号遗址龙山时期陶器
1. 盆（YP080524A002：1） 2. 豆（YP080524J003：1） 3. 陶支脚（YP080524C015：1） 4. 盘（YP080524K001：1）
5. 圈足瓮（YP080524G001：1） 6. 蛋形瓮（YP080524H015-C：1）

2. 东周时期

东周时期遗存主要分布于遗址北、中部，其中，尤以北部偏西最为密集（图5-176）。除在遗址北部冲沟的断面上发现1处文化层外，未见其他遗迹现象。文化层内发现少量陶片，地表亦分布有较多陶片。陶片多夹砂灰陶，纹饰以绳纹为主，有粗大绳纹，可辨器形有豆、罐等。

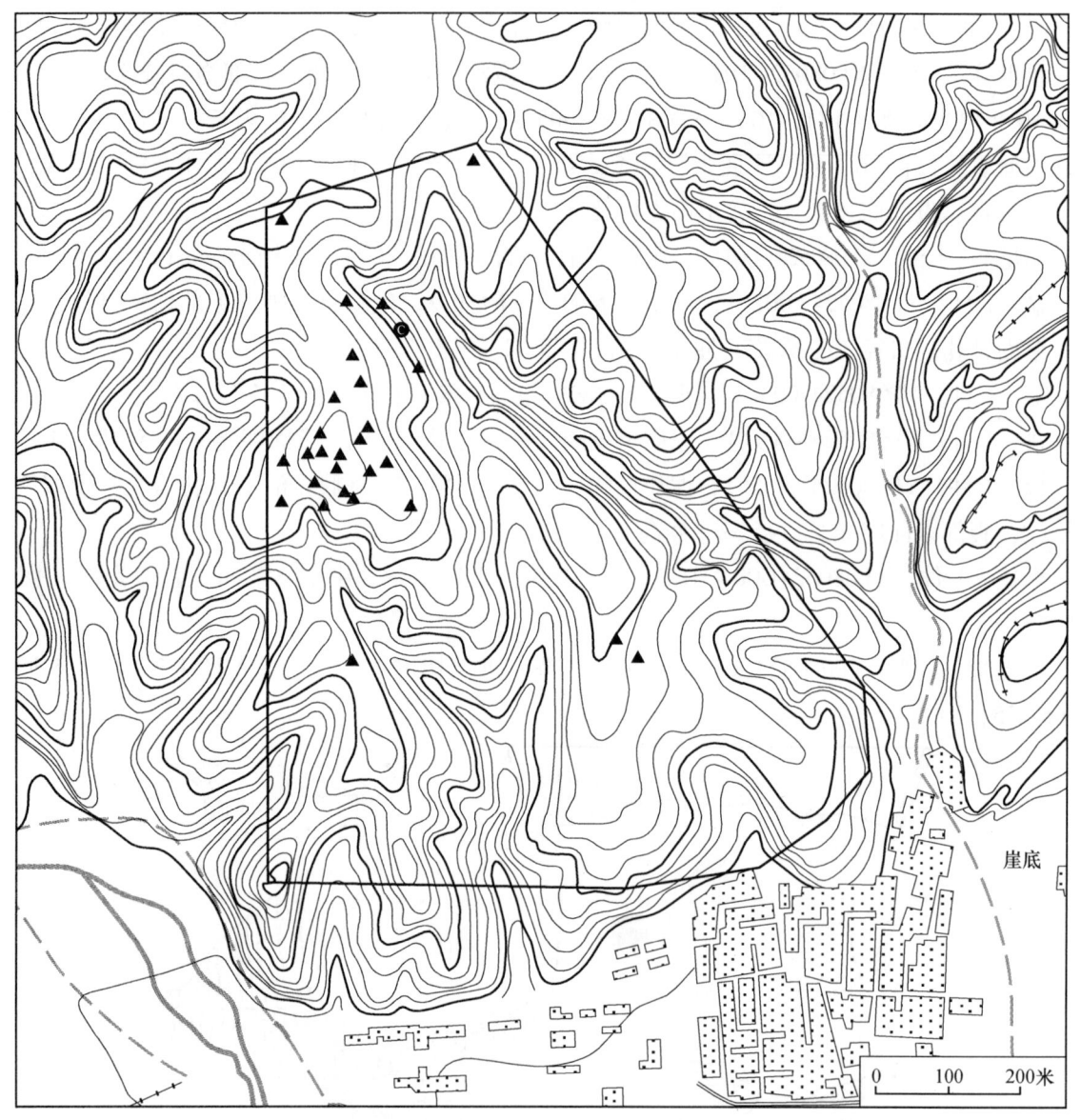

图 5-176　崖底Ⅱ号遗址东周时期遗存分布图

六八、楼板寨遗址

楼板寨遗址位于原平市楼板寨乡楼板寨村西北 1200 米，面积较小，只有 0.9 万平方米。遗址处在滹沱河支流永兴河西岸的山坡上，所在位置略显平缓，但地势较高，海拔 1040～1050 米，地势起伏较大。遗址只有龙山时期的遗存（图 5-177）。

遗存分布稀疏。未见任何遗迹现象，只在地表发现有陶片。陶片多夹砂灰陶，纹饰多篮纹，可辨器形有蛋形瓮、罐等。

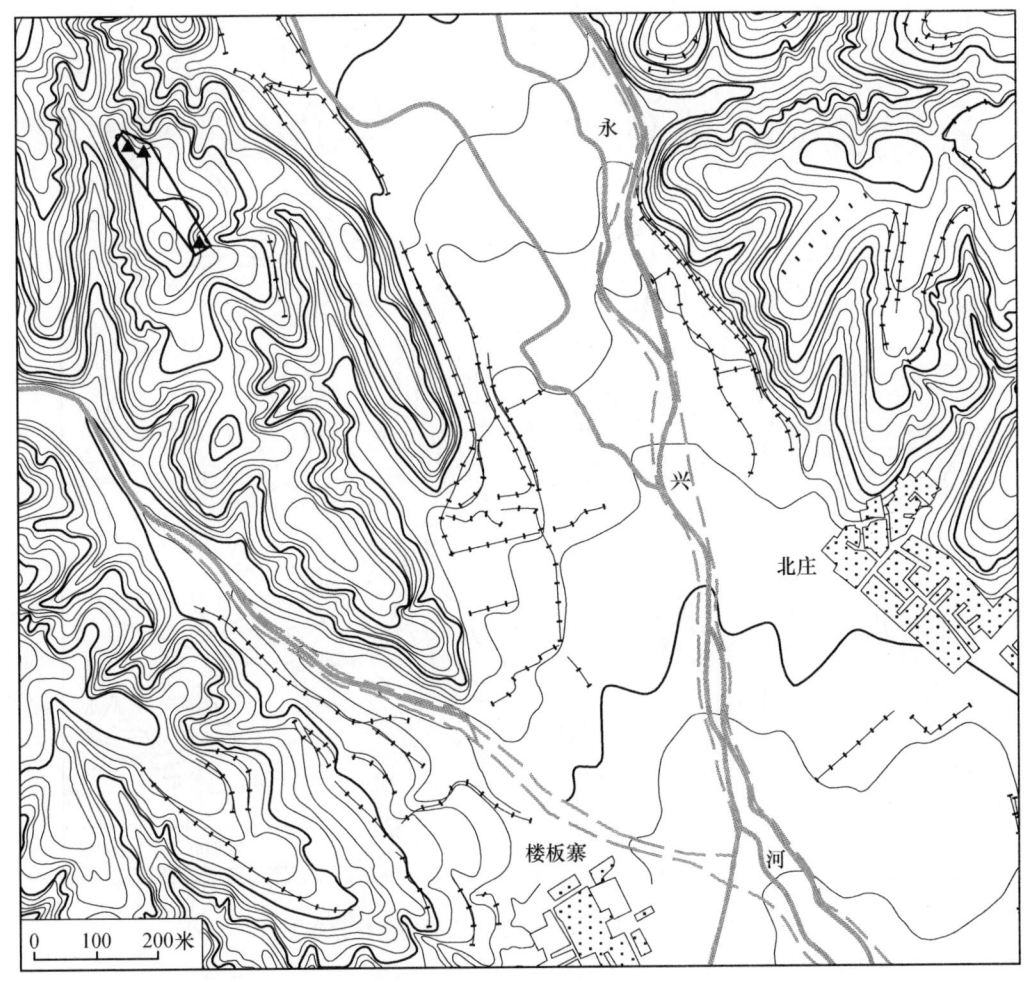

图 5-177　楼板寨遗址遗存分布图

六九、南庄头Ⅰ号遗址

南庄头Ⅰ号遗址位于原平市阎庄镇南庄头村西北 1000 米，面积 4 万平方米（彩版七六，1）。遗址处在山前突出的山脊上，东、西两侧为沟，海拔 910~960 米，西北高东南低，有一定的坡度，地势起伏较大。东、西两侧沟内有发源于山间的水流流过。遗存分布密集，但落差较大。遗址包含龙山、二里头、东周三个时期的遗存，其中，东周时期遗存部分可进一步确认为战国时期。

1. 龙山时期

龙山时期遗存见于整个遗址，遗存分布较为密集（图 5-178）。除在遗址中部偏北梯田断面上发现 1 处文化层外，未见其他遗迹现象。遗迹内包含物丰富，尤以陶片最多，地表也发现较多陶片。陶片多夹砂灰陶，纹饰多篮纹、绳纹，可辨器形有鬲、斝、蛋形瓮、豆、罐等。

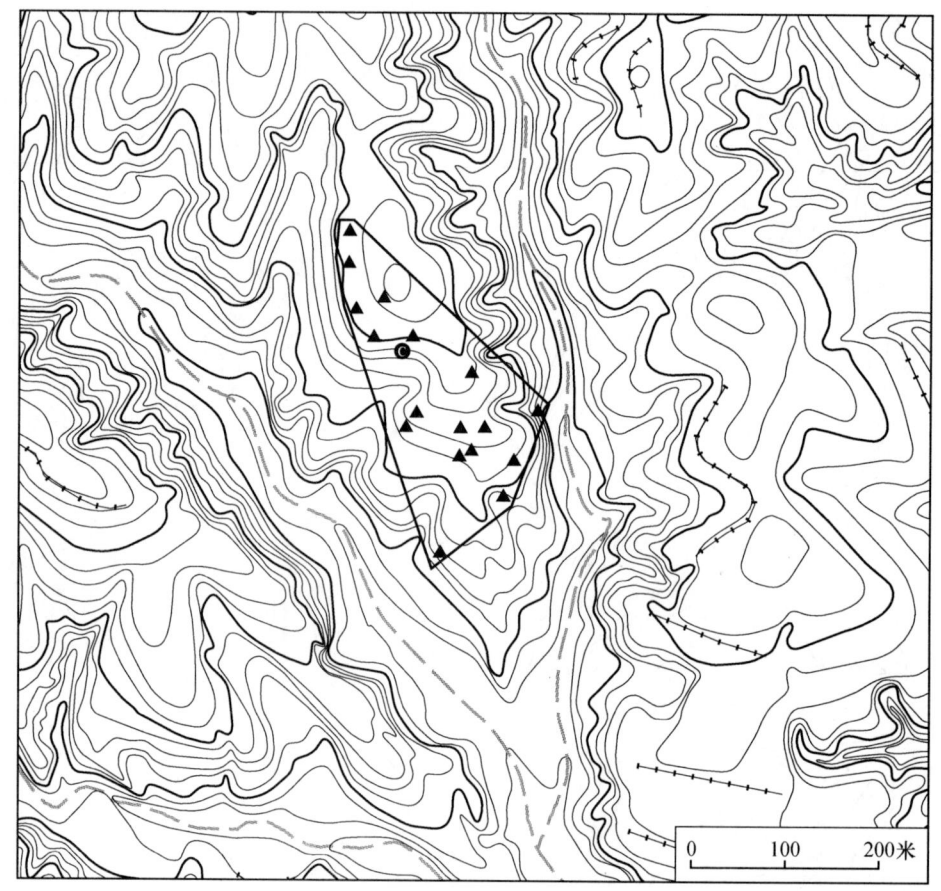

图5-178 南庄头Ⅰ号遗址龙山时期遗存分布图

鬲 1件。YP080527C011：1，夹砂灰黑陶。圆唇，口外翻，矮领，袋足外鼓。口部有鋬手，领部以下饰绳纹。口径18.2、残高6.4厘米（图5-180，4）。

鬲足 1件。YP080527C012-C：3，夹砂褐陶。空袋足，微有实足跟。足部饰粗绳纹（图5-180，2）。

罍 1件。YP080527C003：1，夹砂灰陶。敛口，口部加厚，折肩，深腹。肩部饰竖篮纹，腹部饰绳纹（图5-180，1）。

蛋形瓮 1件。YP080527C012-C：2，泥质灰陶。宽沿，敛口，深腹。腹部饰竖篮纹。口径40、残高8厘米（图5-180，5）。

豆 1件。YP080527C012-C：1，泥质黑皮陶。圆唇，折壁，浅盘，盘底近平，粗柄。素面磨光（图5-180，3）。

2. 二里头时期

二里头时期遗存仅见于遗址西北角，仅有个别发现，遗存分布非常稀疏（图5-179）。未见任何遗迹现象，只在地表发现少量陶片。陶片多灰陶，纹饰以绳纹为主，可辨器形有蛋形瓮等。

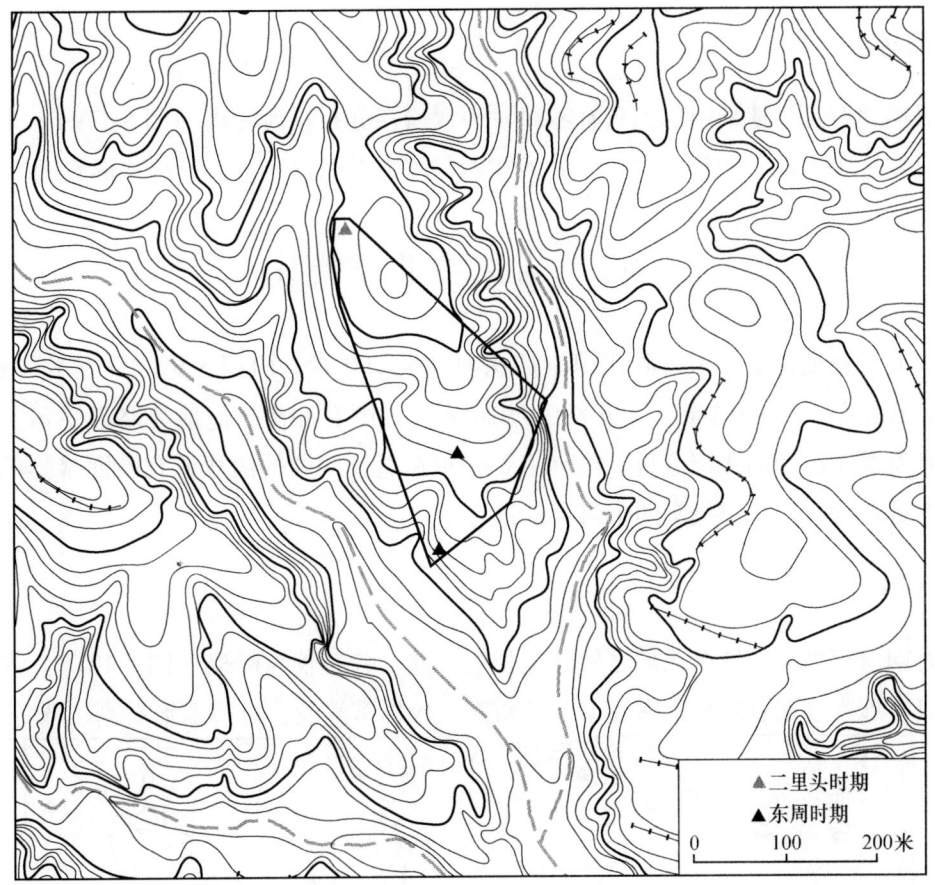

图 5-179　南庄头 I 号遗址二里头、东周时期遗存分布图

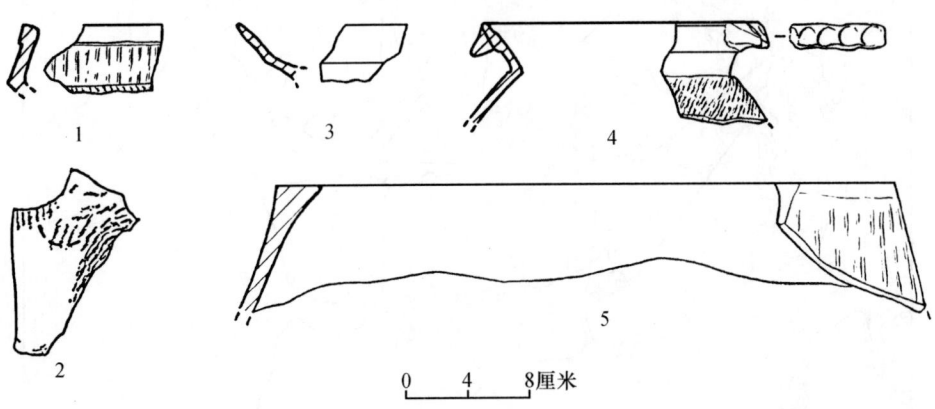

图 5-180　南庄头 I 号遗址龙山时期陶器

1. 斝（YP080527C003:1）　2. 鬲足（YP080527C012-C:3）　3. 豆（YP080527C012-C:1）　4. 鬲（YP080527C011:1）
5. 蛋形瓮（YP080527C012-C:2）

3. 东周时期

东周时期遗存见于遗址南部，只有零星发现，遗存分布较为稀疏（图 5-179）。未见任何遗迹现象，只在地表发现有陶片。陶片多夹砂灰陶，纹饰以绳纹为主，可辨器形有罐等。

七〇、南庄头Ⅱ号遗址

南庄头Ⅱ号遗址位于原平市阎庄镇南庄头村西北 500 米，面积 3.9 万平方米（彩版七六，1）。遗址处在山前台地的前缘，海拔 890~910 米，外围有冲沟，但地势略显平坦。遗址南面的山沟内有发源于山间的水流流过。遗存主要分布在遗址四周的沟坎或有断面暴露的位置，较为稀疏。遗址包含龙山、二里头两个时期的遗存。

1. 龙山时期

龙山时期遗存见于遗址东北部之外其他位置，遗存分布较为稀疏（图 5-181）。未见任何遗迹现象，只在地表发现有陶片。陶片多夹砂灰陶，纹饰多绳纹，可辨器形有鬲、斝等。

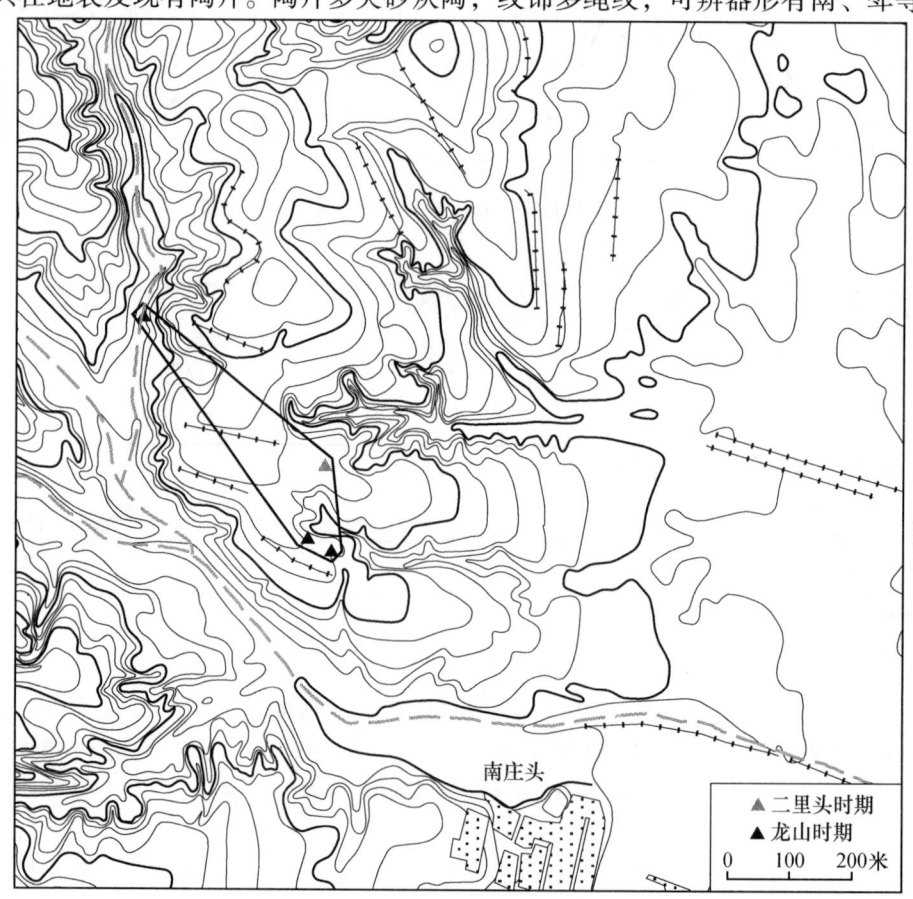

图 5-181　南庄头Ⅱ号遗址遗存分布图

斝　1件。YP080527F001:1，夹砂灰陶。折腹，腹下接空袋足。器表饰绳纹，腹部和袋足相接处有附加堆纹（图5-182）。

2. 二里头时期

二里头时期遗存只见于遗址东北部，仅有个别发现，遗存分布非常稀疏（图5-181）。未见任何遗迹现象，只在地表发现少量陶片。陶片多夹砂灰陶，纹饰以绳纹为主，可辨器形有甗等。

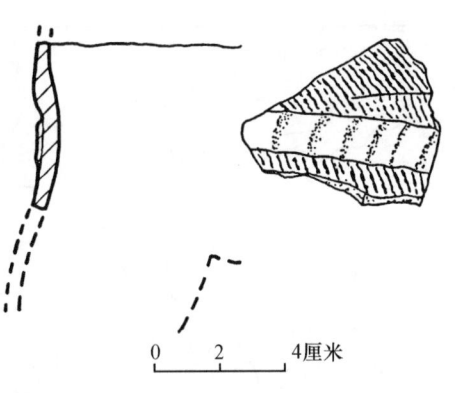

图5-182　南庄头Ⅱ号遗址龙山时期陶器斝（YP080527F001:1）

七、卫村遗址

卫村遗址位于原平市阎庄镇卫村西南400米，面积46.6万平方米（彩版七六，2）。遗址处在山前台地前缘的斜坡上，海拔880～960米，西高东低，有一定的坡度，遗址四周有多条深浅、宽窄不一的冲沟，崎岖不平，地势起伏较大。遗址处在两河交汇的三角区域，东面滹沱河的支流白水河由北向南流过，西、南面均有发源于山间的季节性水流流过，在遗址东部汇入白水河（彩版一〇二，1）。遗址分布较为密集，但落差较大。遗址包含龙山、二里头、晚商、东周四个时期的遗存。

1. 龙山时期

龙山时期遗存见于整个遗址，遗存分布较为密集（图5-183）。遗迹发现较多，除遗址北部外，其他位置都有遗迹分布。遗迹多暴露在沟坎的断面和梯田的断面，共发现22处文化层、29个灰坑和6座陶窑，文化层和灰坑在不同的位置都有分布，陶窑除个别分布在遗址东南部外，主要分布在遗址中部。遗迹内包含物丰富，尤以陶片发现最多，地表也发现较多陶片。陶片多夹砂灰陶，纹饰多绳纹、篮纹，可辨器形有鬲、甗、斝、蛋形瓮、瓮、盆、盘、豆、杯、直口罐、高领罐、罐等。

鬲　5件。YP080528D017-C:1，夹砂黑陶。方唇，口微外翻，矮领，袋足外鼓。领部以下饰绳纹。口径26、残高12厘米（图5-184，16）。YP080528F039:1，夹砂灰陶。方唇，口外翻，矮领，分裆，袋足外鼓。唇部有花边装饰，口下有附加堆纹，领部以下饰绳纹。口径22、残高7.6厘米（图5-184，2）。YP080528H020:1，夹砂灰黑陶。厚圆唇，口外翻，矮领，袋足外鼓。领部以下饰绳纹（图5-184，13）。YP090418D003-H:1，夹砂灰陶。方唇，口外翻，矮领，大袋足外鼓。领部以下饰绳纹（图5-184，8）。YP080528B005:1，夹砂黑灰陶。圆唇，口外翻，矮领，袋足外鼓。口部有錾手，领部以下饰绳纹。口径9.2、残高6.4厘米（图5-184，4）。

鬲足　3件。YP090418D003-H:2，夹砂灰陶。空袋足，有锥状实足跟，袋足横截面呈椭圆形。足部有篮纹（图5-184，11）。YP080528D019:1，夹砂灰陶。空袋足，微有实足跟。足部饰

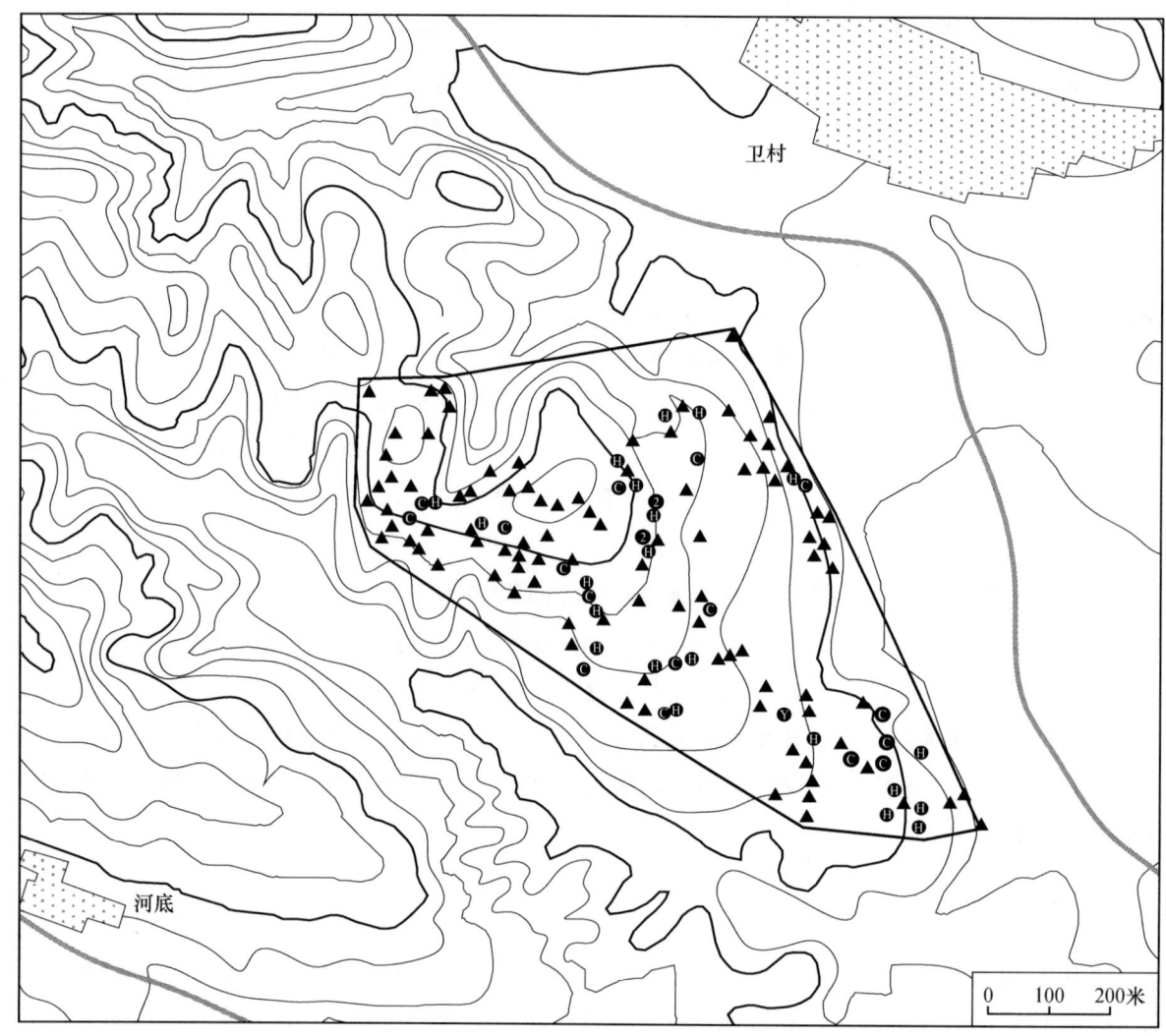

图 5-183　卫村遗址龙山时期遗存分布图

绳纹（图 5-184，15）。YP090418D001-H：1，夹砂褐陶。空袋足，横截面呈椭圆形。足部饰绳纹（图 5-184，14）。

甗　4件。YP080528J010-H：1，泥质灰陶。圆唇，近直口，矮领，折肩，深腹。腹部饰旋断绳纹。口径18、残高6.4厘米（图5-184，7）。YP080528B007：1，夹砂灰褐陶。圆唇，近直口，矮领，折肩，深腹。肩部有篮纹，腹部饰旋断绳纹（图5-184，9）。YP080528C015-H：1，夹砂褐陶（夹细砂）。鼓腹，束腰，有隔。腹部饰绳纹，腰部有按捺状附加堆纹（图5-184，5）。YP090418D001-H：2，夹砂灰陶。深腹，束腰，有隔，袋足外鼓。器表饰绳纹，腰部有两周附加堆纹（图5-184，3）。

斝　1件。YP080528I002-H：1，夹砂黑陶。平沿内折，敛口，鼓腹，空袋足。腹部饰绳纹，其上有五花大绑状附加堆纹。口径20、残高12厘米（图5-185，5）。

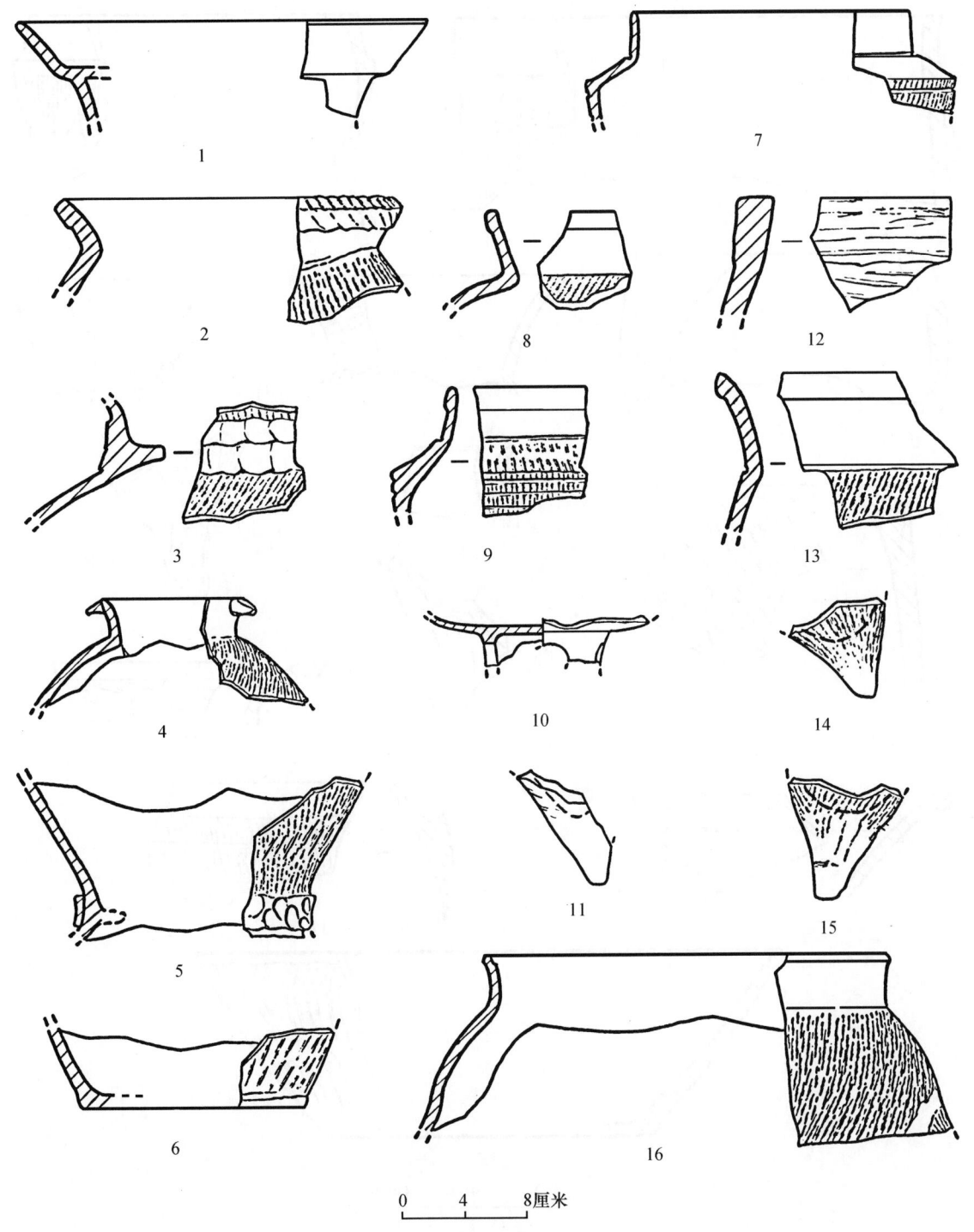

图 5-184 卫村遗址龙山时期陶器

1. 盘（YP080528H019-C:1） 2、4、8、13、16. 鬲（YP080528F039:1、YP080528B005:1、YP090418D003-H:1、YP080528H020:1、YP080528D017-C:1） 3、5、7、9. 甗（YP090418D001-H:2、YP080528C015-H:1、YP080528J010-H:1、YP080528B007:1） 6. 罐（YP080528D005:1） 10. 豆（YP080528G007:1） 11、14、15. 鬲足（YP090418D003-H:2、YP090418D001-H:1、YP080528D019:1） 12. 蛋形瓮（YP090418D002-H:1）

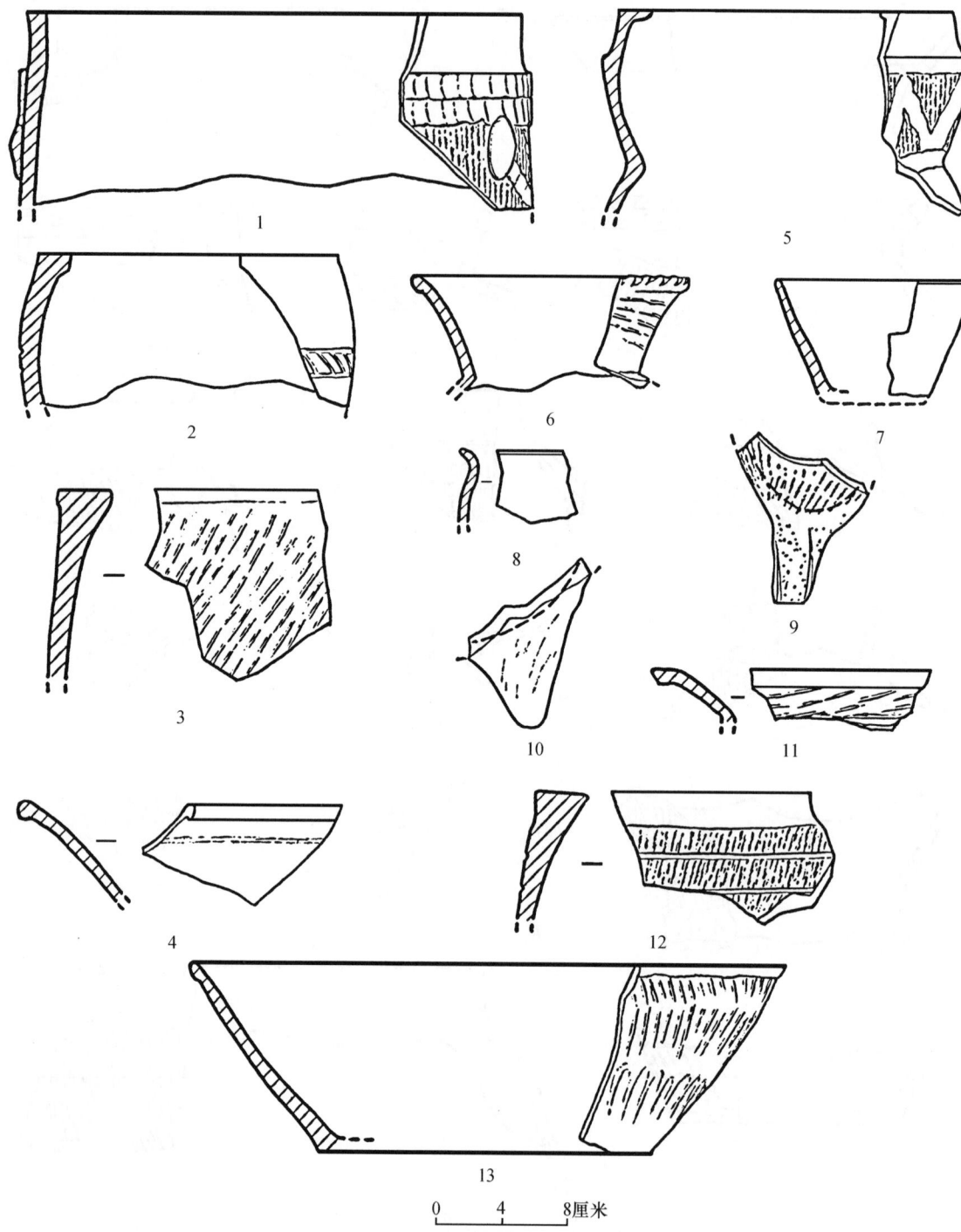

图 5-185 卫村遗址龙山、二里头时期陶器

1. 直口罐（YP080528B007:2） 2. 瓮（YP080528K007:2） 3、12. 蛋形瓮（YP080528D014:1、YP080528C015-H:2）
4、11、13. 盆（YP080528K007:1、YP080528H009-C:1、YP080528I014-H:1） 5. 斝（YP080528I002-H:1）
6. 高领罐（YP080528A004:1） 7. 杯（YP080528K005:1） 8. 罐（YP080528D017-C:2）
9. 鬲足（YP080528B017-C:1） 10. 蛋形瓮足（YP080528J005:1）
（1～8、10～13. 龙山时期；9. 二里头时期）

蛋形瓮 3件。YP080528D014：1，夹砂灰陶。宽沿，敛口，深腹。腹部饰斜篮纹（图5-185，3）。YP080528C015-H：2，泥质灰陶。宽沿，微敛口，深腹。腹部饰旋断绳纹（图5-185，12）。YP090418D002-H：1，夹砂灰陶。胎厚，宽沿，微敛口，深腹。器表饰篮纹，口下有附加堆纹（图5-184，12）。

蛋形瓮足 1件。YP080528J005：1，泥质黑灰陶。矮胖实足跟。素面（图5-185，10）。

瓮 1件。YP080528K007：2，夹砂黑陶。胎厚，平沿内折，敛口，鼓腹。腹部有一周戳印纹。口径18、残高9厘米（图5-185，2）。

盆 3件。Y0080528I014-H：1，泥质灰褐陶。厚圆唇，大敞口，斜腹，平底。腹部饰斜篮纹。口径36、底径20、高11.2厘米（图5-185，13；彩版一〇六，2）。YP080528K007：1，泥质灰黑陶。厚圆唇，大敞口，斜腹。素面（图5-185，4）。YP080528H009-C：1，泥质灰陶。斜方唇，折沿，深腹。沿下饰斜篮纹（图5-185，11）。

盘 1件。YP080528H019-C：1，泥质黑皮陶。圆唇，斜腹，平底，粗柄。素面磨光。口径26、残高6厘米（图5-184，1）。

豆 1件。YP080528G007：1，泥质黑陶。平底，粗柄。素面磨光，柄部有镂孔（图5-184，10）。

杯 1件。YP080528K005：1，泥质褐陶。圆唇，敞口，斜腹。素面磨光。口径12、残高6.8厘米（图5-185，7）。

直口罐 1件。YP080528B007：2，夹砂黑陶。直口，深腹。腹部饰绳纹，其上有五花大绑状附加堆纹。口径30、残高11.6厘米（图5-185，1）。

高领罐 1件。YP080528A004：1，泥质褐陶。圆唇，口外翻，高领，鼓肩。唇部有花边装饰，领部饰斜篮纹。口径17、残高6厘米（图5-185，6）。

罐 2件。YP080528D017-C：2，夹砂黑陶。圆唇，翻沿，束颈，鼓腹。素面（图5-185，8）。YP080528D005：1，泥质灰陶。深腹，平底。腹部饰斜篮纹。底径14、残高4.5厘米（图5-184，6）。

2. 二里头时期

二里头时期遗存见于遗址东南部，遗存分布较为稀疏（图5-186）。只在梯田的断面上发现2处文化层，未见其他遗迹现象。文化层内包含有较多陶片，但地表未发现有陶片。陶片多夹砂灰陶，纹饰以绳纹为主，可辨器形有鬲、蛋形瓮等。

鬲足 1件。YP080528B017-C：1，夹砂灰陶。袋足，有实足跟。足部饰绳纹，跟部有纵向捆绑沟槽（图5-185，9）。

3. 晚商时期

晚商时期遗存见于遗址东南部，仅有个别发现，遗存分布非常稀疏（图5-188）。未见任何遗迹现象，仅在地表发现零星陶片。陶片多夹砂灰陶，纹饰以绳纹为主，可辨器形有鬲等。

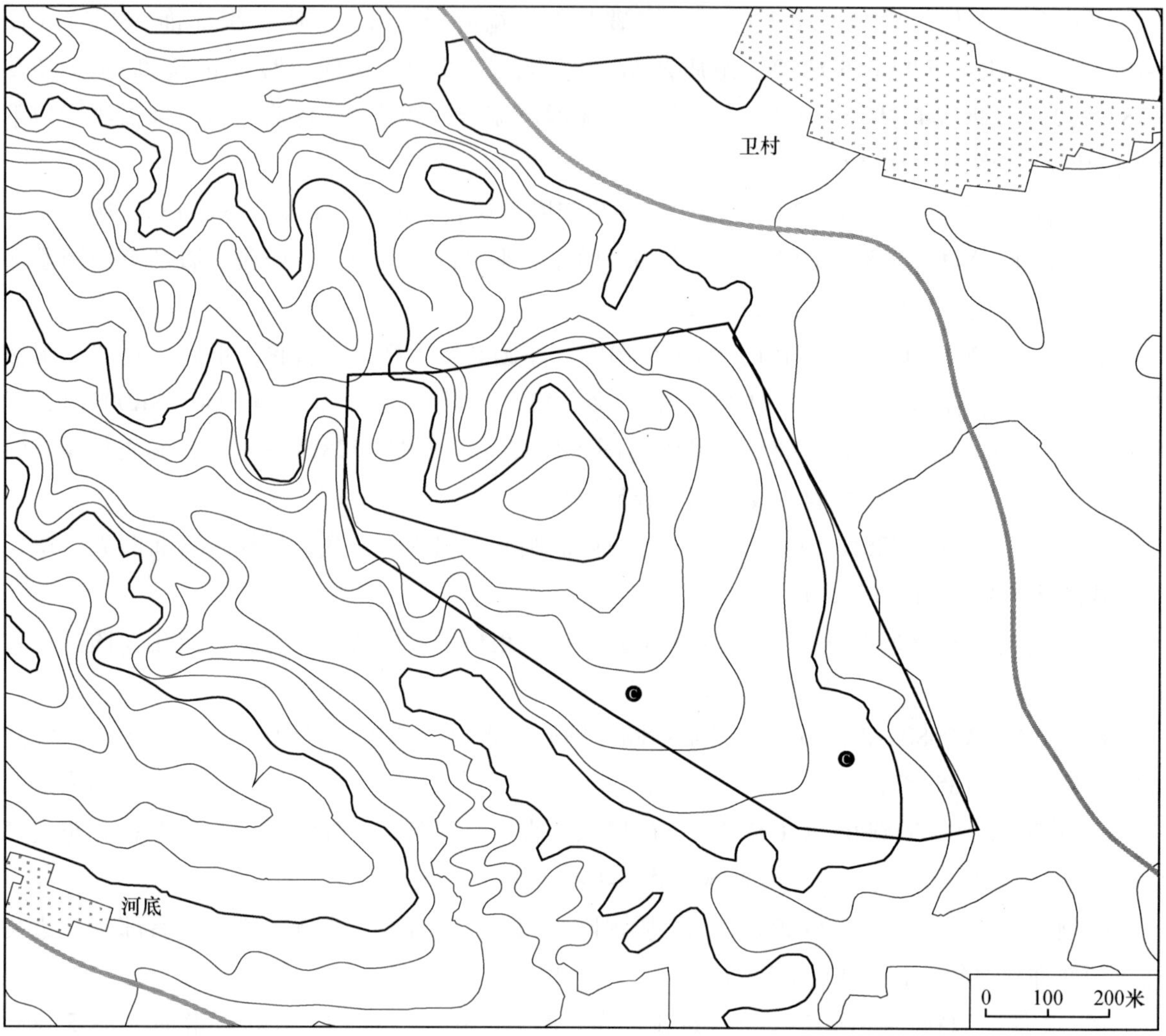

图 5-186 卫村遗址二里头时期遗存分布图

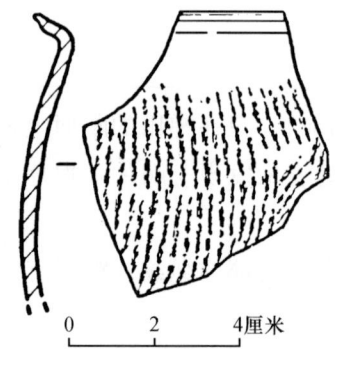

图 5-187 卫村遗址晚商时期陶器
鬲（YP080528G007:2）

鬲　1件。YP080528G007:2，夹砂灰褐陶（夹细砂）。小圆唇，翻沿，分裆，袋足，裆部较低。腹部饰规整绳纹（图 5-187）。

4. 东周时期

东周时期遗存见于遗址北部，遗存分布非常稀疏（图 5-188）。未见任何遗迹现象，仅在地表发现零星陶片。陶片多夹砂灰陶，纹饰以绳纹为主，可辨器形有罐等。

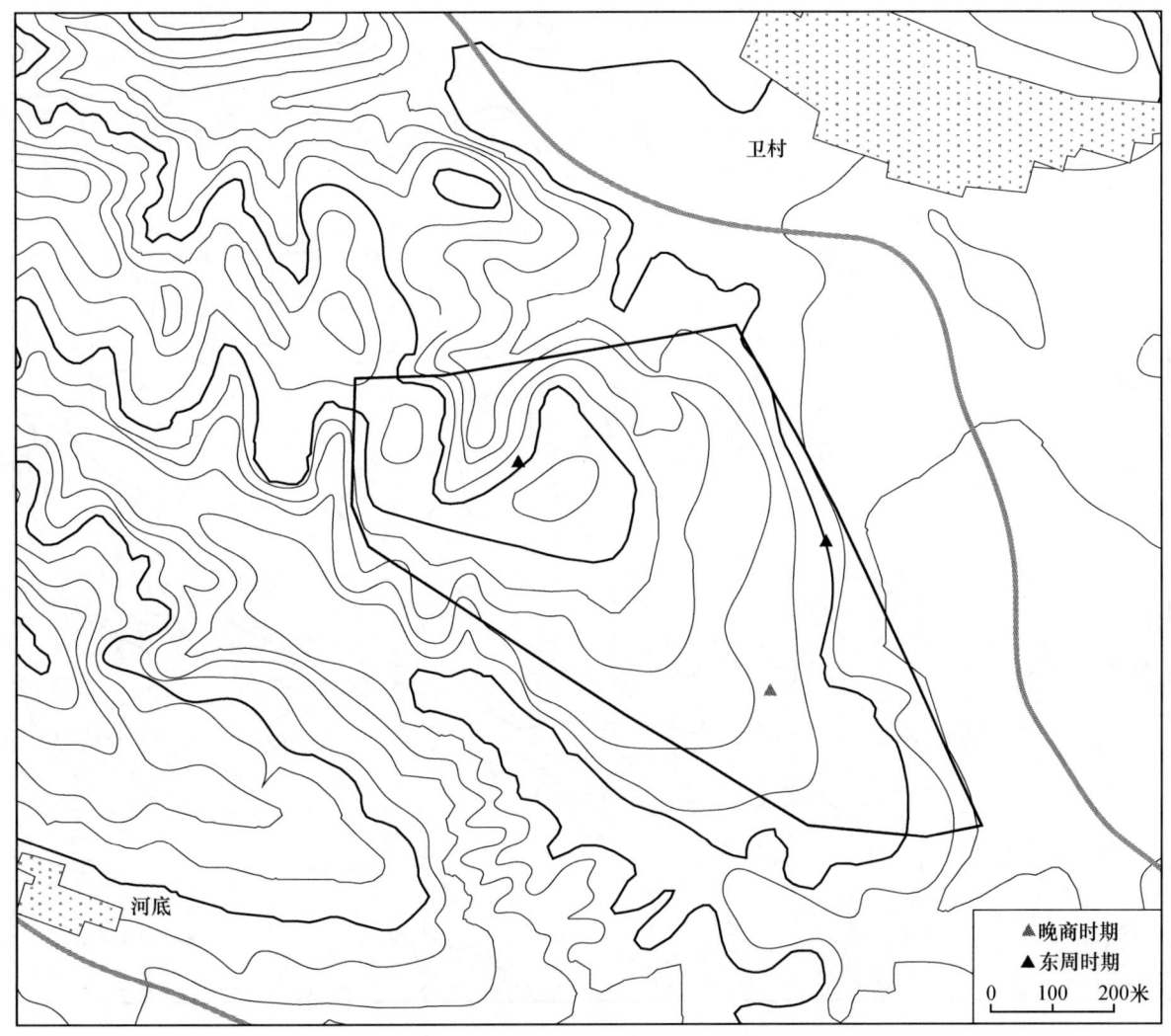

图 5-188　卫村遗址晚商、东周时期遗存分布图

七二、河 南 遗 址

河南遗址位于原平市王家庄乡河南村东 1200 米，面积较小，只有 0.3 万平方米。遗址处在滹沱河及其支流北云中河之间的山丘上，地势较高，海拔 900 米左右，山丘相对平缓，但仍有一定的起伏。遗址外围不远处有三条水流流往滹沱河及其支流。遗存分布稀疏，遗址包含龙山、二里头两个时期的遗存。

1. 龙山时期

龙山时期遗存见于遗址西北角，仅有个别发现，遗存分布非常稀疏（图 5-189）。未见任何遗迹现象，只在地表发现少量陶片。陶片多夹砂灰陶，纹饰有篮纹，可辨器形有罐等。

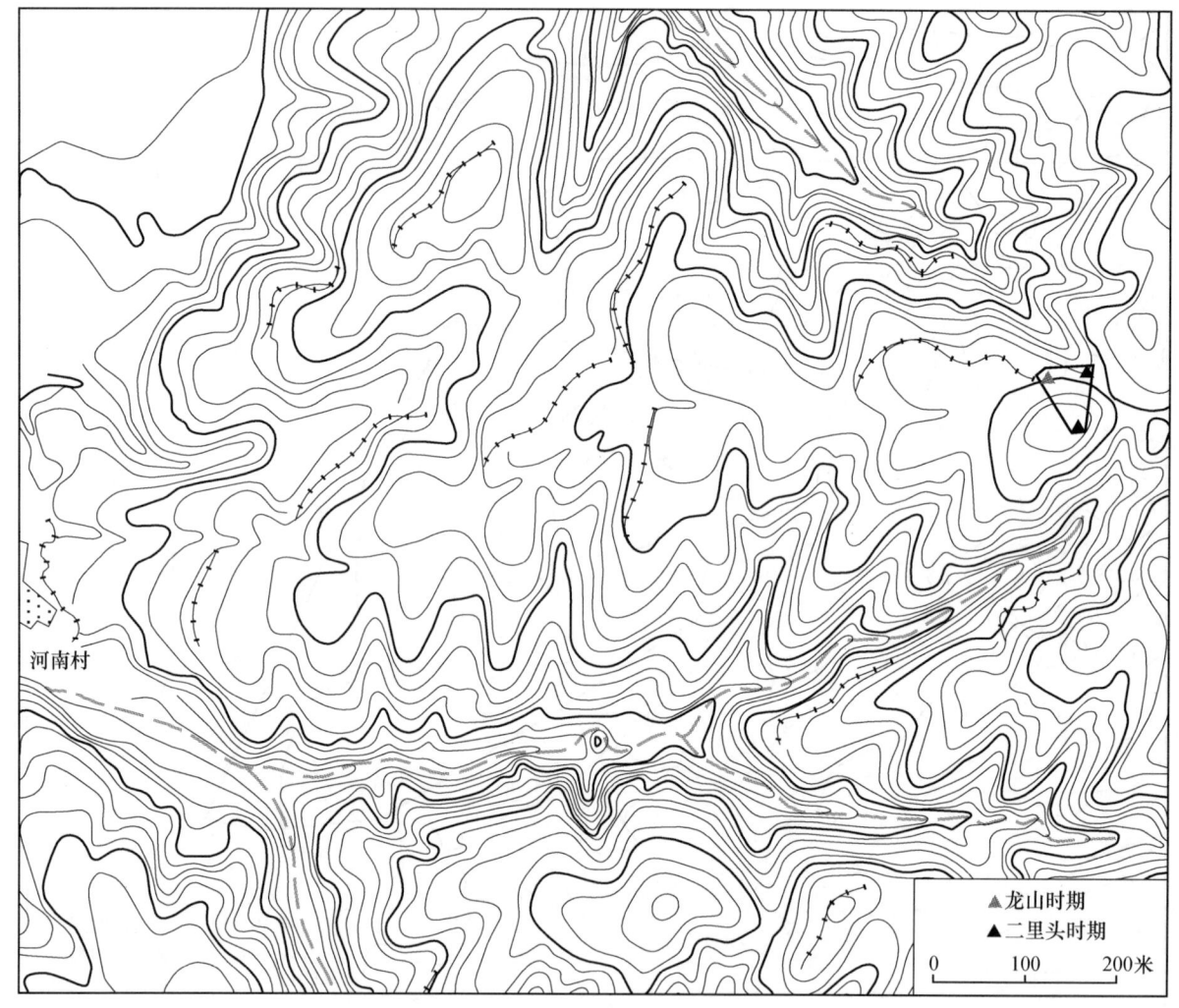

图 5-189　河南遗址遗存分布图

2. 二里头时期

二里头时期遗存见于遗址东部，遗存分布稀疏（图 5-189）。未见任何遗迹现象，只在地表发现零星陶片。陶片多夹砂灰陶，纹饰以绳纹为主，可辨器形有鬲、蛋形瓮等。

七三、关子遗址

关子遗址位于原平市王家庄乡关子村东，面积 11.9 万平方米（彩版七七，1）。遗址处在北云中河南岸的山丘上，海拔 800～850 米，北低南高，虽然所在区域地势相对平缓，但遗址内沟壑较多，崎岖不平，起伏较大。滹沱河支流北云中河先经遗址西部，再绕遗址北部汇入滹沱河，遗址东部也有发源于山间的水流流过，最后汇入滹沱河。遗存分布落差较大，但分布密集，遗址包含仰韶、龙山两个时期的遗存。

1. 仰韶时期

仰韶时期遗存见于遗址中部，遗存分布稀疏（图5-190）。只发现1个灰坑，分布于梯田断面，未见其他遗迹现象。遗迹内包含有较多陶片，地表也有陶片分布。陶片多泥质红陶，多素面，可辨器形有小口尖底瓶、钵等。

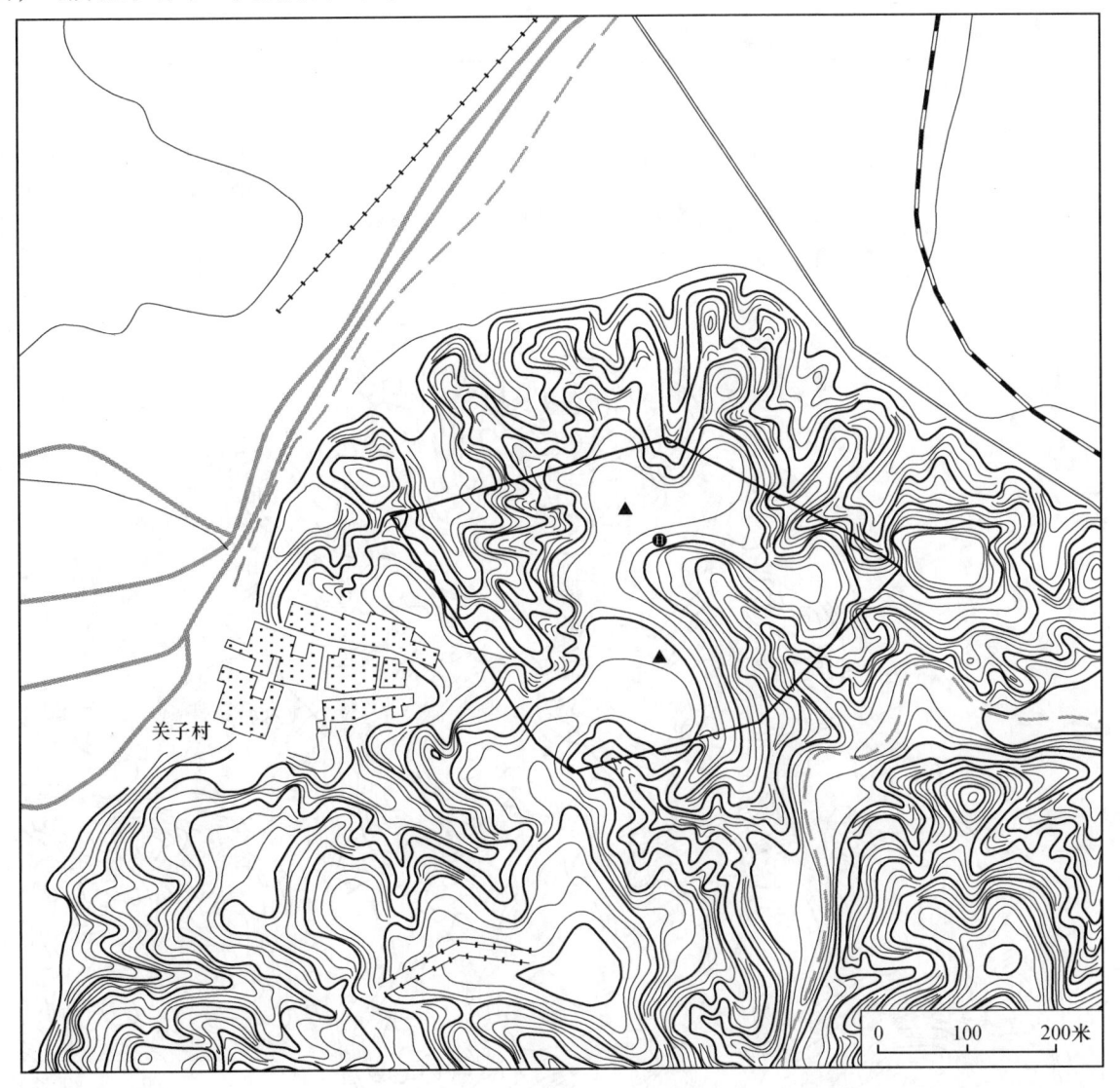

图 5-190　关子遗址仰韶时期遗存分布图

小口尖底瓶　1件。YP080531D002:1，泥质灰陶。重唇口，束颈，鼓腹。素面（图5-192，6）。

2. 龙山时期

龙山时期遗存见于整个遗址，遗存分布略显密集（图5-191）。共发现3处文化层和5个灰坑，多暴露于梯田和沟坎的断面，其中，灰坑多见于遗址中南部，文化层多见于北中部。遗迹内包含物丰富，尤以陶片最多。陶片多夹砂褐陶，纹饰多绳纹、篮纹，可辨器形有鬲、斝、蛋形瓮、盆、罐等。

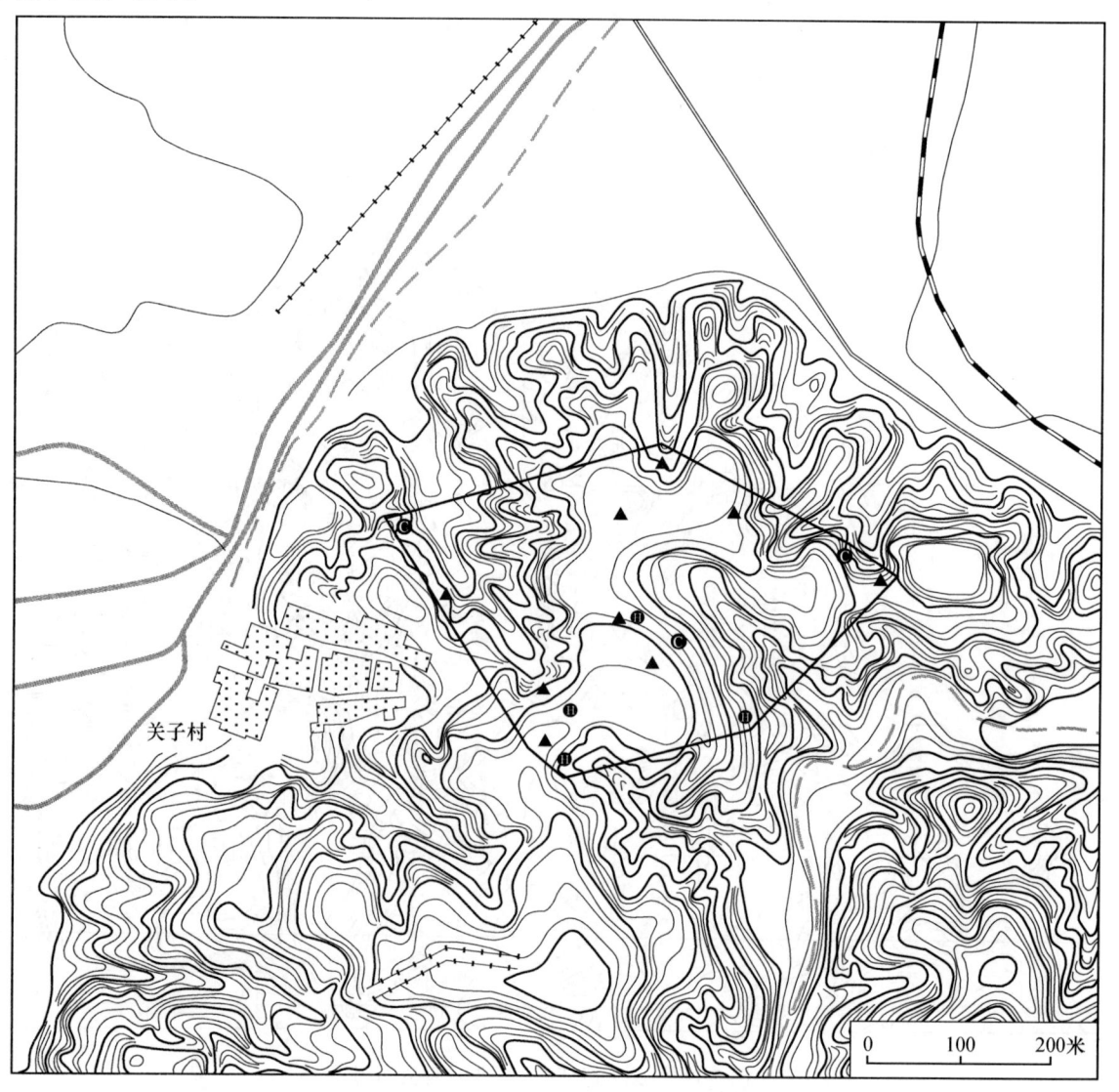

图5-191 关子遗址龙山时期遗存分布图

鬲 3件。YP090422D002-C:1，夹砂灰陶。厚圆唇，口微外翻，矮领，分裆，大袋足外鼓，裆间距大。领部有三周凹槽，领部以下饰绳纹。口径22、残高32厘米（图5-192，9；彩版一〇六，3）。YP090422B001-H:1，夹砂灰褐陶。方唇，近直口，矮领，袋足外鼓。领下有一周凹槽，领部以下饰绳纹（图5-192，2）。YP080531F001-C:1，夹砂褐陶。方唇，近直口，矮领，分档，袋足外鼓。唇部有花边装饰，领部以下饰绳纹（图5-192，8）。

鬲足　2件。YP080531F001-C：2，夹砂褐陶。有锥状实足跟。足部饰绳纹，跟部素面（图5-192，5）。YP080531D003-H：1，夹砂黑陶。袋足，有实足跟。足部饰绳纹（图5-192，7）。

斝　1件。YP080531I001：1，夹砂褐陶。近直口，深腹。腹部饰绳纹，其上有附加堆纹（图5-192，4）。

蛋形瓮　1件。YP080531D002：2，泥质灰陶。平沿，微敛口，深腹。素面（图5-192，3）。

盆　1件。YP080531H002：1，夹砂褐陶（夹细砂）。圆唇，翻沿，敞口，高领。领部有划纹（图5-192，1）。

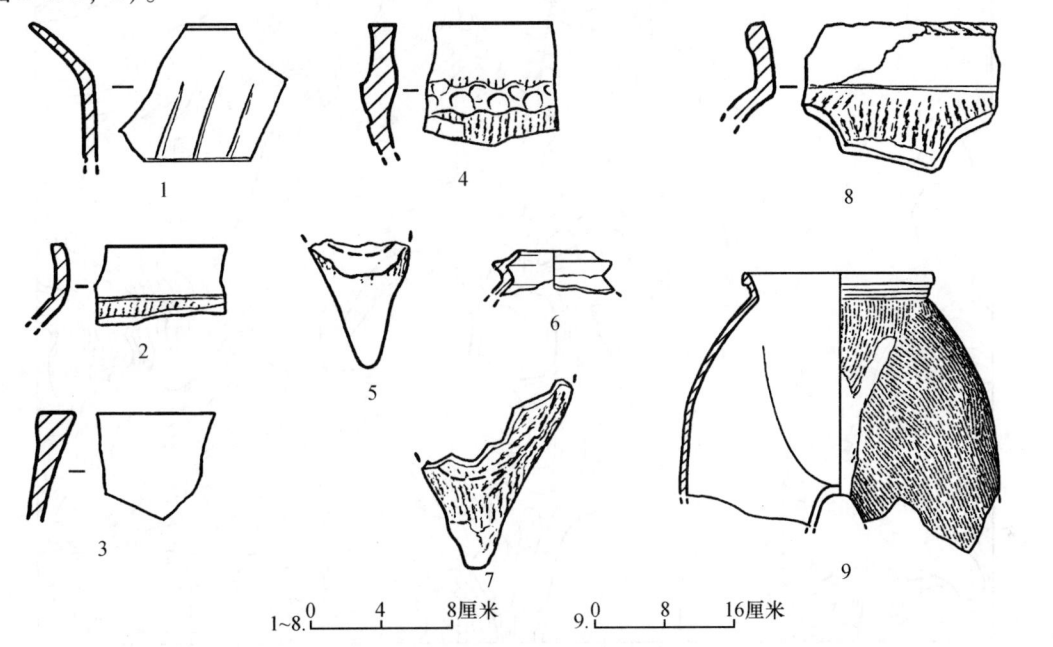

图5-192　关子遗址陶器

1. 盆（YP080531H002：1）　2、8、9. 鬲（YP090422B001-H：1、YP080531F001-C：1、YP090422D002-C：1）　3. 蛋形瓮（YP080531D002：2）　4. 斝（YP080531I001：1）　5、7. 鬲足（YP080531F001-C：2、YP080531D003-H：1）　6. 小口尖底瓶（YP080531D002：1）

（1～5、7～9. 龙山时期；6. 仰韶时期）

七四、皇家庄Ⅳ号遗址

皇家庄Ⅳ号遗址位于原平市苏龙口镇皇家庄村东北350米，面积4.8万平方米（彩版七八）。遗址处在滹沱河南岸的山前缓坡上，海拔965～1035米，北低南高，东高西低，有一定的坡度，地势起伏较大。遗址西面有发源于山沟的水流由南向北流过，最后汇入滹沱河。遗存主要沿西侧坡分布，稀疏且落差较大。遗址包含龙山、战国两个时期的遗存。

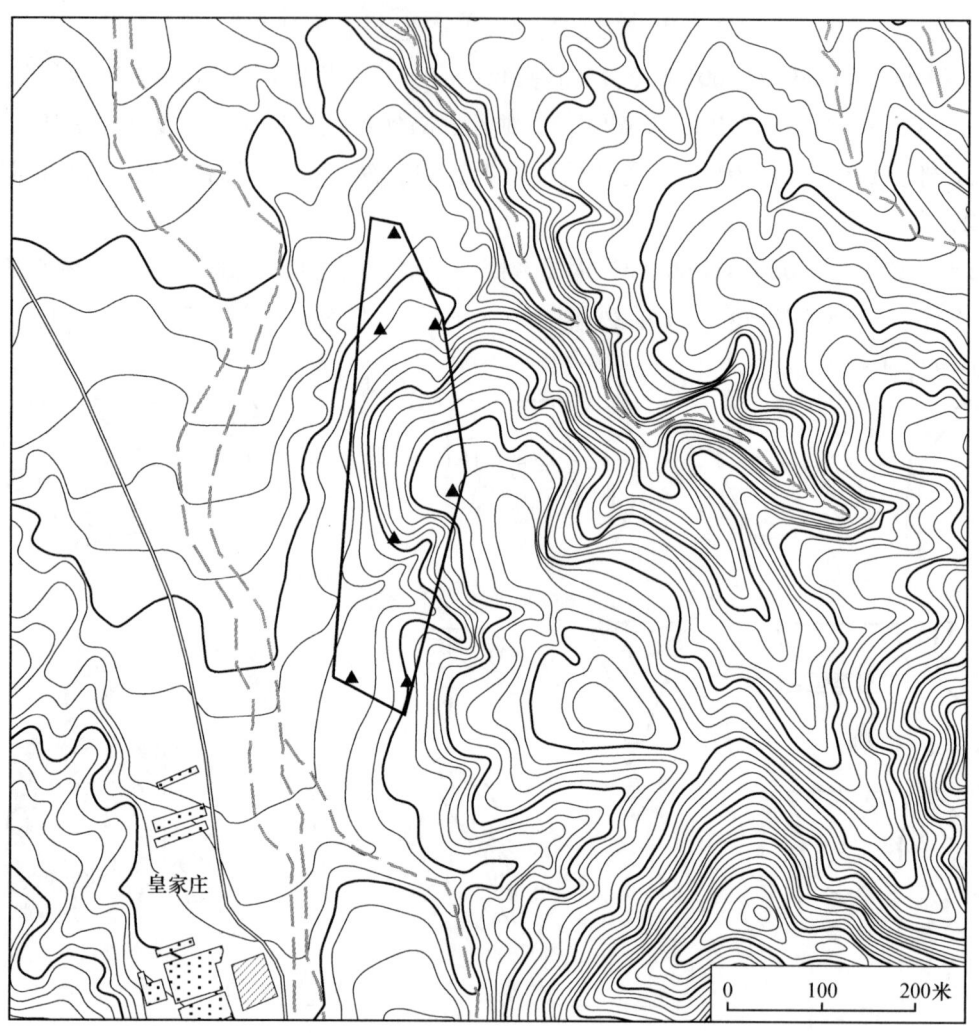

图 5-193　皇家庄Ⅳ号遗址龙山时期遗存分布图

1. 龙山时期

龙山时期遗存见于整个遗址，遗存分布稀疏（图 5-193）。未见任何遗迹现象，只在地表发现有陶片。陶片多夹砂灰陶，纹饰多篮纹、绳纹，可辨器形有鬲、罐等。

2. 战国时期

战国时期遗存只见于遗址中部偏东，仅有个别发现，遗存分布非常稀疏（图 5-194）。未见任何遗迹现象，只在地表发现有少量陶片。陶片多夹砂灰陶，纹饰以粗大绳纹为主，可辨器形有罐等。

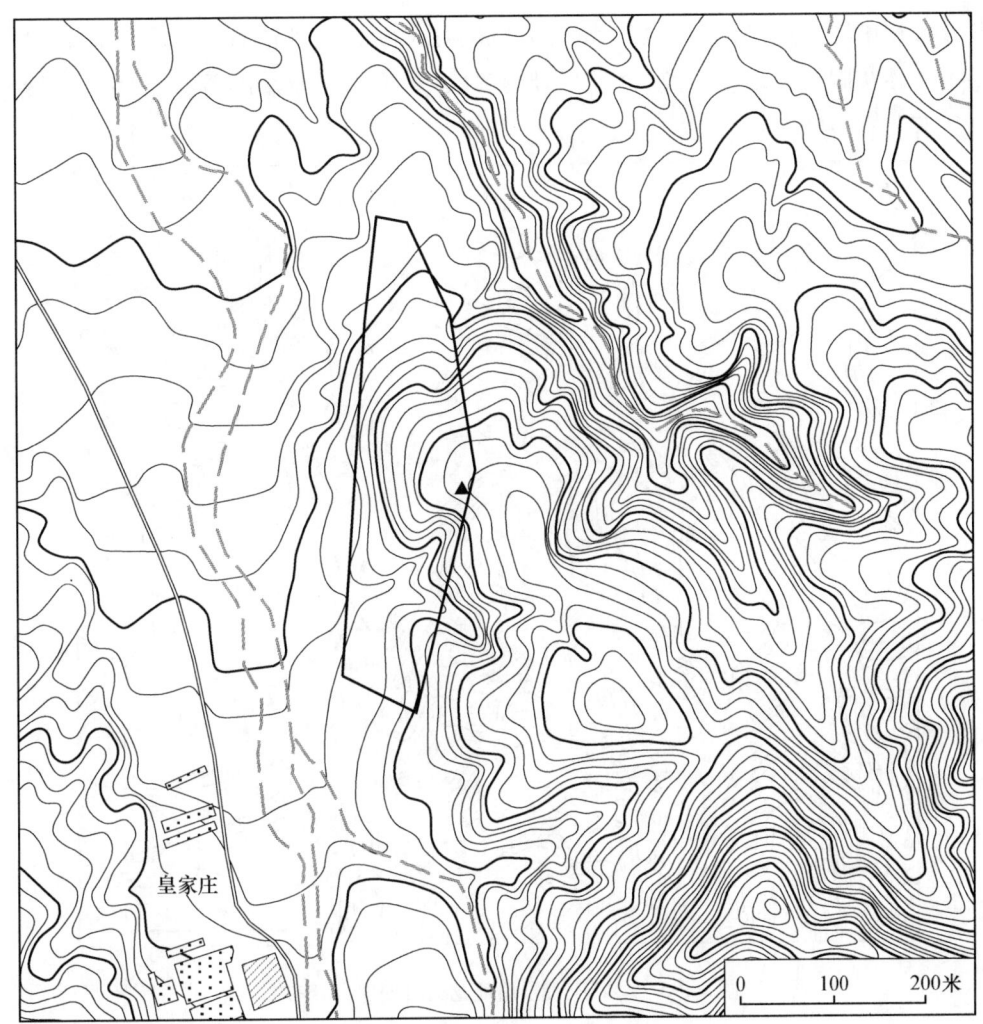

图 5-194　皇家庄Ⅳ号遗址战国时期遗存分布图

七五、皇家庄Ⅲ号遗址

皇家庄Ⅲ号遗址位于原平市苏龙口镇皇家庄村西南，面积1.7万平方米（彩版七八）。遗址处在滹沱河南岸的山前缓坡上，海拔1030~1065米，北低南高，有一定的坡度，地势有一定的起伏。除了遗址南面有溪流流过外，遗址东面不远处有发源于山沟的水流由南向北流过。遗存分布密集，遗址包含龙山、二里头、东周三个时期的遗存。

1. 龙山时期

龙山时期遗存分布于遗址中、东部，遗存分布疏密不等，中部相对密集（图5-195）。遗迹主要见于梯田的断面，共发现2处文化层和3个灰坑，其中，文化层分布在遗址南、北部，灰坑则集中分布在中部。遗迹内包含物丰富，尤以陶片最多，此外还有石器等，地表也发现有陶片。陶片多夹砂灰陶，纹饰多绳纹，可辨器形有鬲、蛋形瓮、盘、罐等，有些器物特点接近二里头时期。石器有石铲、石锛等。

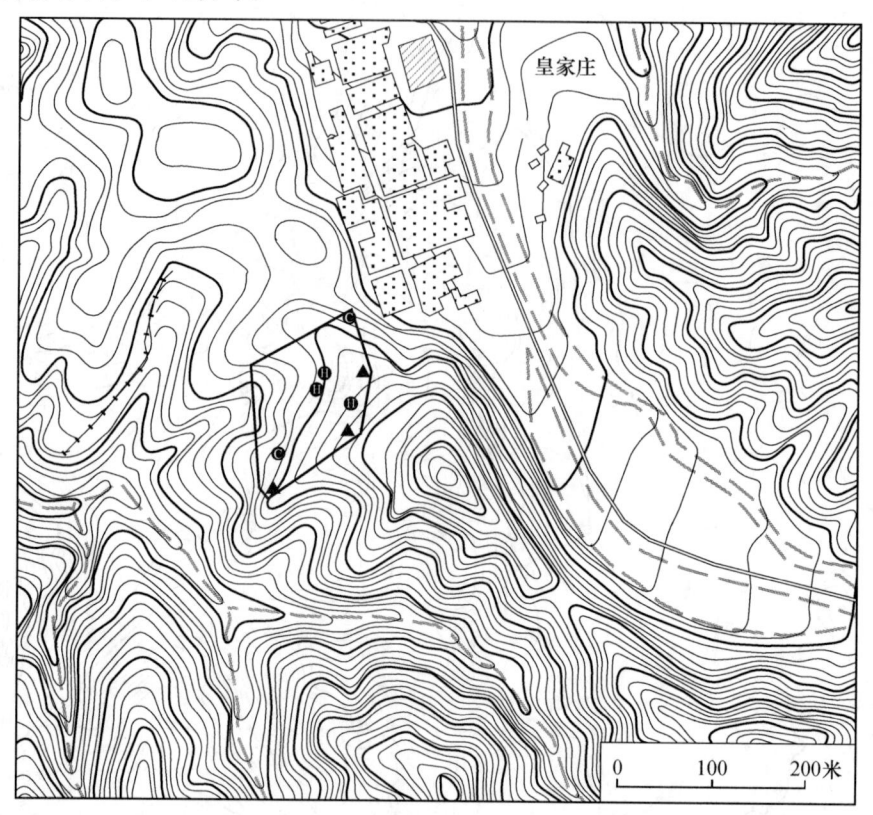

图5-195　皇家庄Ⅲ号遗址龙山时期遗存分布图

陶鬲　2件。YP090406E001：1，夹砂褐陶。圆唇，口外翻，矮领，大袋足外鼓。器表饰绳纹。口径22、残高13.6厘米（图5-196，9）。YP080331C006-H：2，夹砂灰褐陶。圆唇，侈口，矮领，袋足外鼓。器表饰绳纹。口径18、残高6厘米（图5-196，1）。

陶鬲足　1件。YP090406D001-H：1，夹砂黑陶。空袋足，有锥状实足跟。足部饰绳纹（图5-196，8）。

陶蛋形瓮　1件。YP080331C006-H：3，夹砂灰陶。宽沿，敛口，深腹。腹部有绳纹（图5-196，5）。

陶盘　1件。YP080331C006-H：4，夹砂黑灰陶。盘底近平，粗柄。素面磨光，柄部有镂孔（图5-196，2）。

石锛　1件。YP080331C006-H：1，黑灰色。近长方形，顶端已残，单面刃。通体磨制（图5-196，3）。

石刀　1件。YP080331C005-C：1，灰黑色。近长方形，已残，扁平，前端有刃，单面刃。通体磨制，较精致。长8、厚1.2厘米（图5-196，6）。

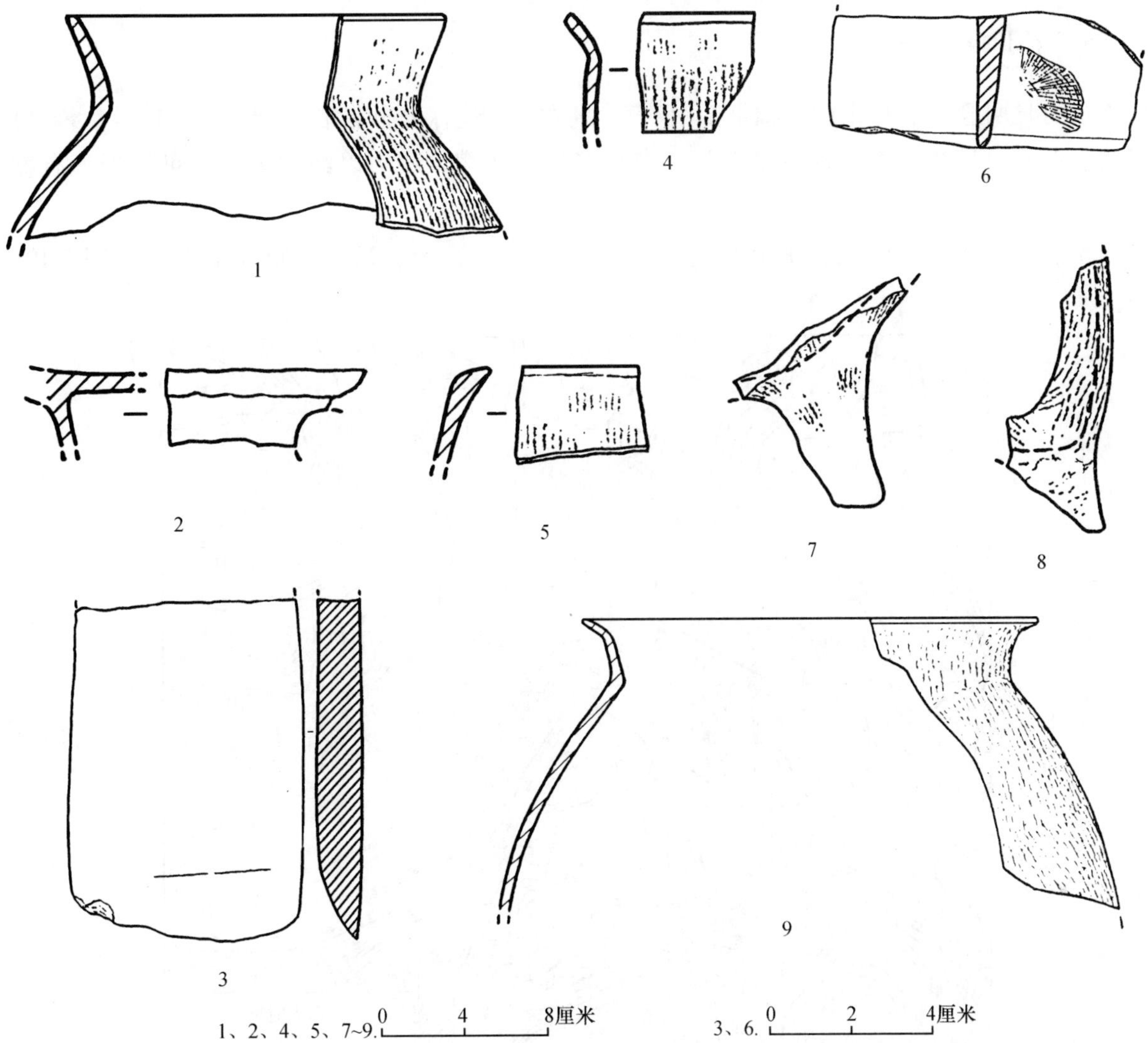

第五章　原平市境内遗址

图 5-196　皇家庄Ⅲ号遗址陶、石器

1、9. 陶鬲（YP080331C006-H:2、YP090406E001:1）　2. 陶盘（YP080331C006-H:4）　3. 石锛（YP080331C006-H:1）　4. 陶盆
（YP080331B006:1）　5. 陶蛋形瓮（YP080331C006-H:3）　6. 石刀（YP080331C005-C:1）　7. 陶蛋形瓮足（YP080331B007-H:1）
8. 陶鬲足（YP090406D001-H:1）

（1~3、5、6、8、9. 龙山时期；4. 东周时期；7. 二里头时期）

2. 二里头时期

二里头时期遗存见于遗址中、北部。遗存分布较为稀疏（图 5-197）。除在遗址中部的梯田断面上发现 1 个灰坑外，未见其他遗迹现象。灰坑包含物丰富，以陶片最多，地表也有陶片分布。陶片多夹砂灰陶，纹饰以绳纹为主，可辨器形有鬲、蛋形瓮等。

陶蛋形瓮足　1件。YP080331B007-H:1，夹砂褐陶。柱状实足跟，上粗下细。足部饰绳纹（图 5-196，7）。

3. 东周时期

东周时期遗存见于遗址中部偏北，仅有个别发现，遗存分布非常稀疏（图 5-197）。未见任何遗迹现象，只在地表发现少量陶片。陶片多夹砂灰陶，纹饰以绳纹为主，可辨器形有盆、罐等。

陶盆　1 件。YP080331B006：1，夹砂褐陶。方唇，翻沿，深腹。腹部饰绳纹（图 5-196，4）。

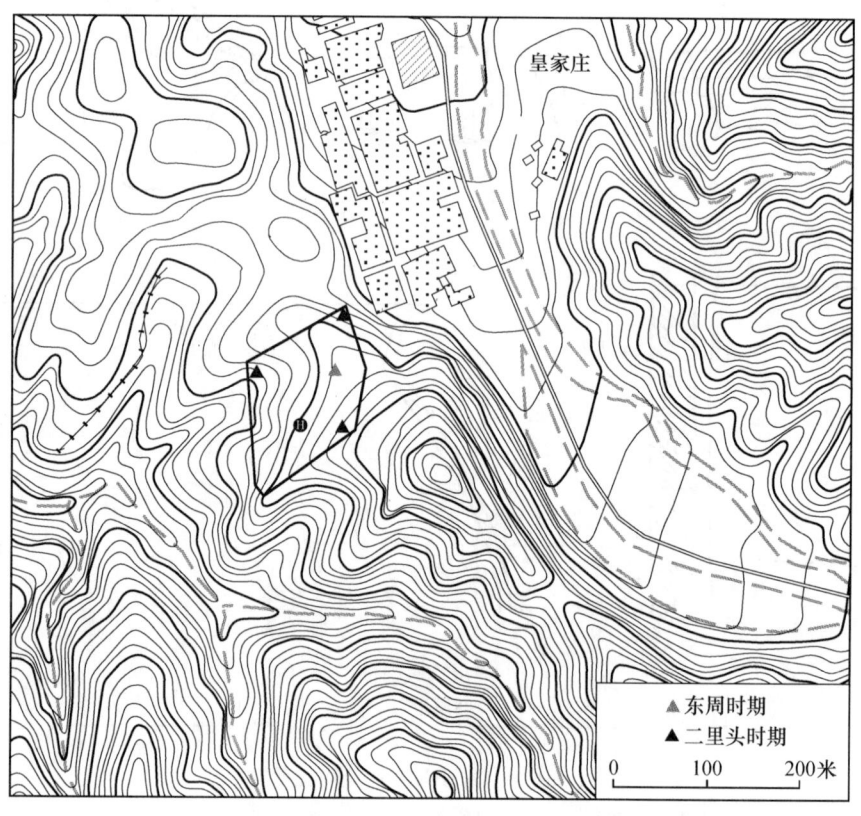

图 5-197　皇家庄Ⅲ号遗址二里头、东周时期遗存分布图

七六、皇家庄Ⅱ号遗址

皇家庄Ⅱ号遗址位于原平市苏龙口镇皇家庄村西，面积 3.3 万平方米（彩版七八）。遗址处在滹沱河南岸的山前缓坡上，所在位置相对平缓，海拔 1025～1055 米，西高东低，有一定的坡度，地势有一定的起伏。遗址南面不远处有山间溪流流过，遗址东面有发源于山沟的水流由南向北流过，最后汇入滹沱河。遗存分布疏密不等，东部分布密集。遗址包含龙山、二里头、东周三个时期的遗存。

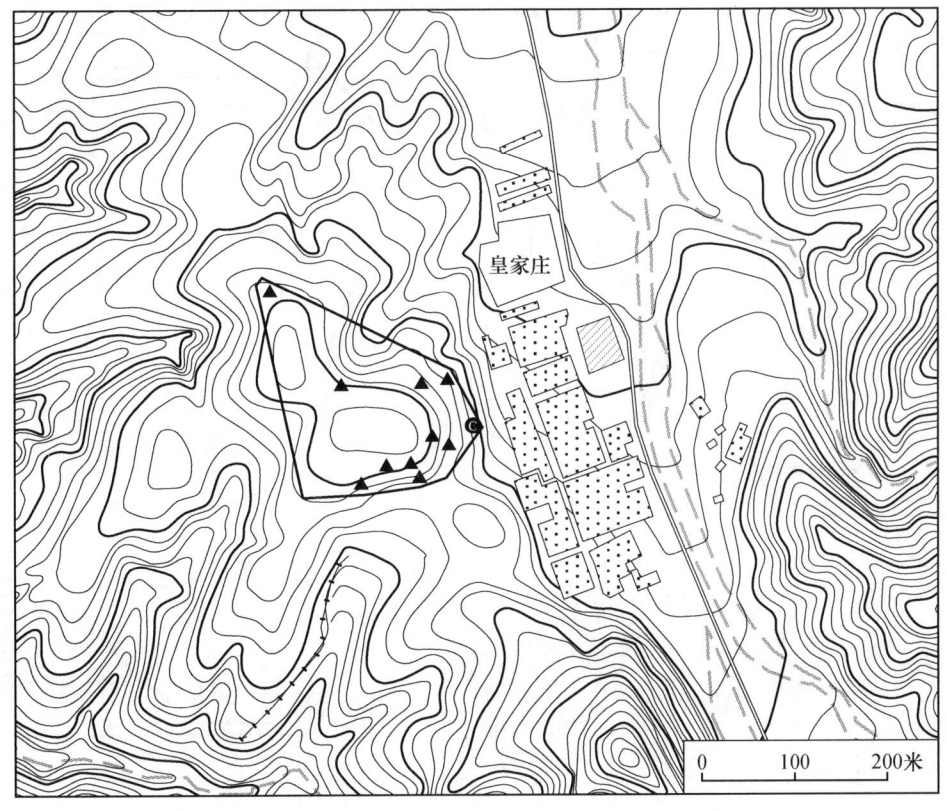

图 5-198　皇家庄Ⅱ号遗址龙山时期遗存分布图

1. 龙山时期

龙山时期遗存见于遗址西南角之外其他位置，遗址东部遗存分布较为密集，西部较为稀疏（图 5-198）。除在遗址东部的梯田断面上发现 1 处文化层外，未见其他遗迹现象。遗址包含物丰富，尤以陶片最多，地表也发现较多陶片。陶片多夹砂灰陶，纹饰多绳纹、篮纹，可辨器形有鬲、甑、尊、直口罐、小口罐、罐等。

鬲　3 件。YP080331K001-C:4，夹砂灰褐陶。圆唇，侈口，矮领，袋足外鼓。唇部有花边装饰，领部以下饰绳纹。口径 14、残高 4.4 厘米（图 5-199，6）。YP080331K001-C:7，夹砂灰陶。圆唇，近直口，矮领，袋足外鼓。领部以下饰竖篮纹（图 5-199，2）。YP080331K001-C:5，夹砂黑陶。分裆，空袋足。器表饰绳纹（图 5-199，5）。

甑　1 件。YP080331K002:1，夹砂灰陶。深腹，平底，底部有箅孔。素面。底径 12、残高 2 厘米（图 5-199，3）。

尊　1 件。YP080331K001-C:2，泥质灰陶。圆唇，喇叭口，高领。素面磨光。口径 22、残高 8.6 厘米（图 5-199，7）。

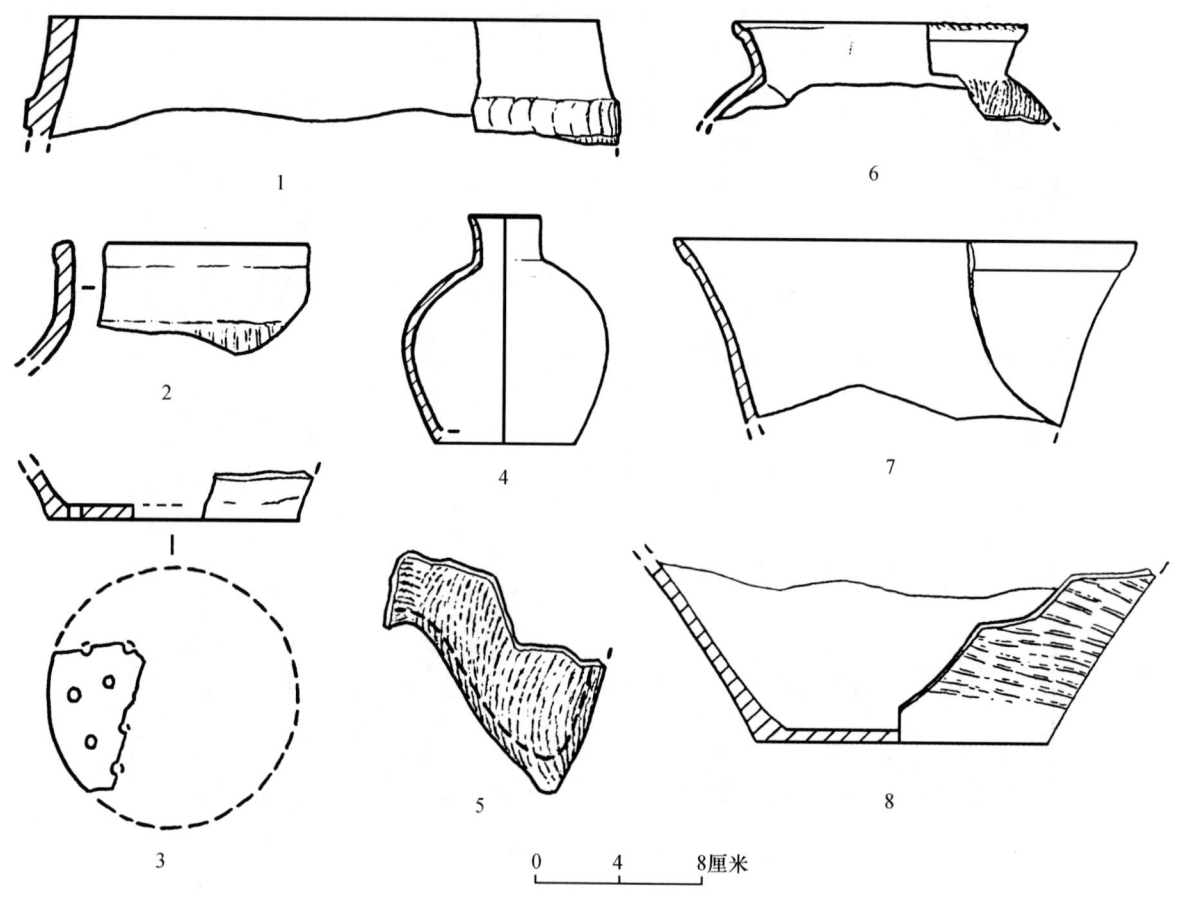

图 5-199　皇家庄 II 号遗址龙山时期陶器

1. 直口罐（YP080331K001-C：3）　2、5、6. 鬲（YP080331K001-C：7、YP080331K001-C：5、YP080331K001-C：4）　3. 甑（YP080331K002：1）　4. 小口罐（YP080331K001-C：1）　7. 尊（YP080331K001-C：2）　8. 罐（YP080331K001-C：6）

直口罐　1件。YP080331K001-C：3，夹砂黑灰陶。直口，深腹。口下有附加堆纹，腹部饰绳纹。口径26、残高5.6厘米（图5-199，1）。

小口罐　1件。YP080331K001-C：1，夹砂灰陶。圆唇，口外翻，小口，圆鼓腹，平底。素面。口径3.5、底径7、高10.6厘米（图5-199，4）。

罐　1件。YP080331K001-C：6，夹砂黑陶。深腹，平底。腹部饰斜篮纹。底径14、残高8厘米（图5-199，8）。

2. 二里头时期

二里头时期遗存只见于遗址西南角，仅有个别发现，遗存分布非常稀疏（图5-200）。未见任何遗迹现象，只在地表发现少量陶片。陶片多夹砂灰陶，纹饰以绳纹为主，可辨器形有鬲等。

3. 东周时期

东周时期遗存见于遗址东部，遗存分布较为集中、较为密集（图5-200）。未见任何遗迹现象，只在地表发现有陶片。陶片多夹砂灰陶，纹饰以绳纹为主，可辨器形有盆、罐等。

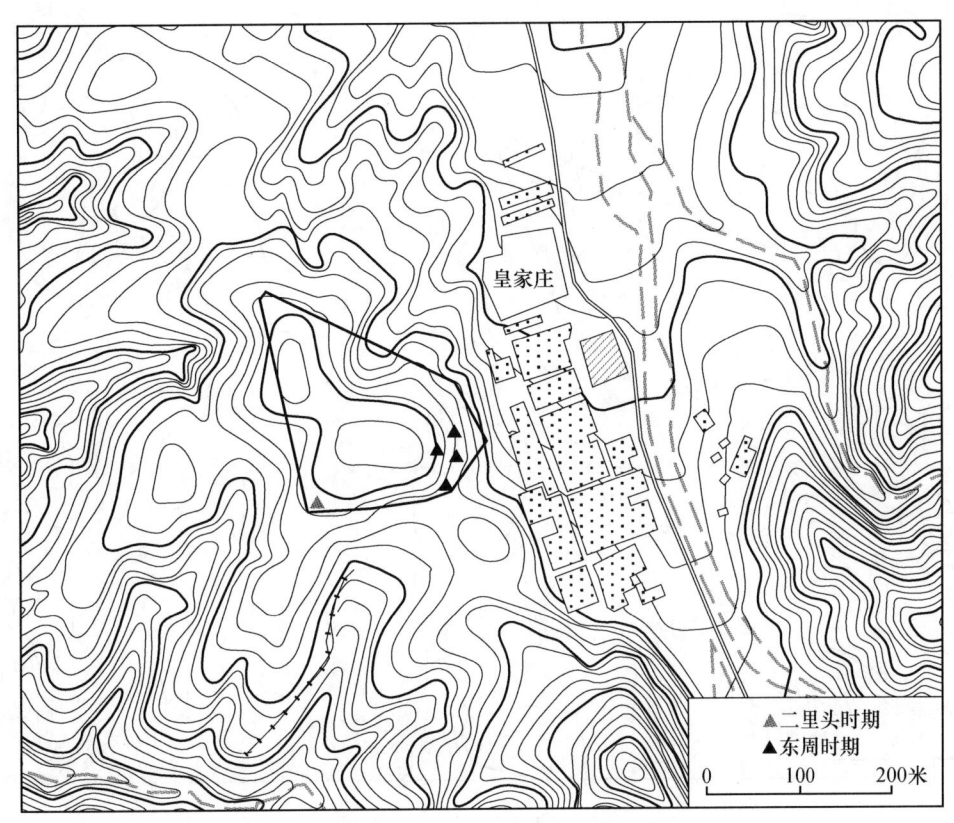

图5-200 皇家庄Ⅱ号遗址二里头、东周时期遗存分布图

七七、皇家庄Ⅰ号遗址

皇家庄Ⅰ号遗址位于原平市苏龙口镇皇家庄村西北350米，面积6.2万平方米（彩版七八）。遗址处在滹沱河南岸的山前缓坡上，分布从坡顶到坡底，海拔970~1020米，北低南高，有一定的坡度，内有数条较宽的冲沟，地势起伏较大。遗址东面有发源于山沟的水流由南向北流过，最后汇入滹沱河。遗存分布落差大且疏密不等，中、东部遗存分布相对密集。遗址包含龙山、东周两个时期的遗存，其中，东周时期遗存部分可进一步确认为战国时期。

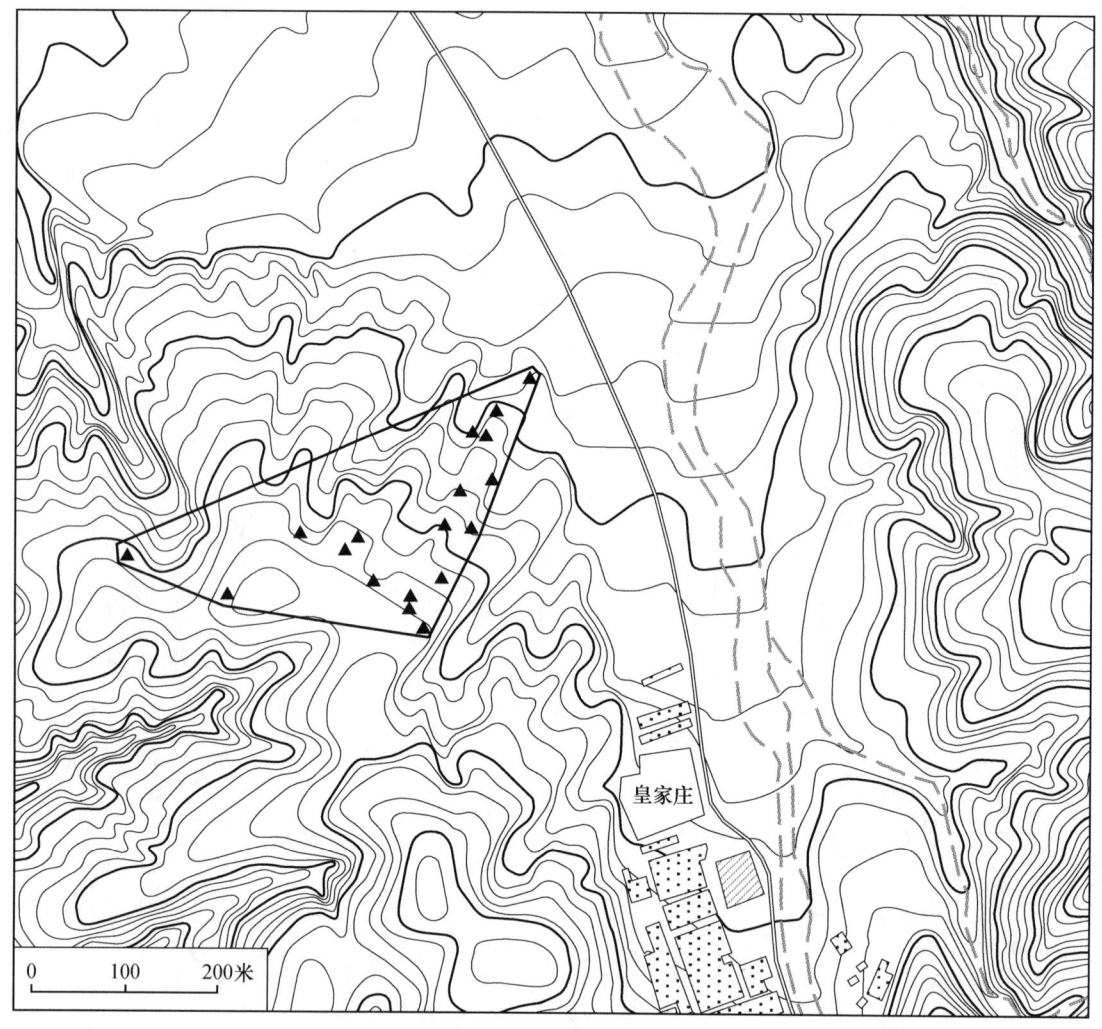

图 5-201　皇家庄 I 号遗址龙山时期遗存分布图

1. 龙山时期

龙山时期遗存见于整个遗址，尤以东部遗存分布最为密集（图 5-201）。未见任何遗迹现象，只在地表发现较多陶片。陶片多夹砂灰陶，纹饰多篮纹、绳纹，可辨器形有鬲、蛋形瓮、罐等。

2. 东周时期

东周时期遗存见于遗址中部及东南角，遗存分布较为稀疏（图 5-202）。未见任何遗迹现象，只在地表发现零星陶片。陶片多夹砂灰陶，纹饰以绳纹为主，可辨器形有罐等。

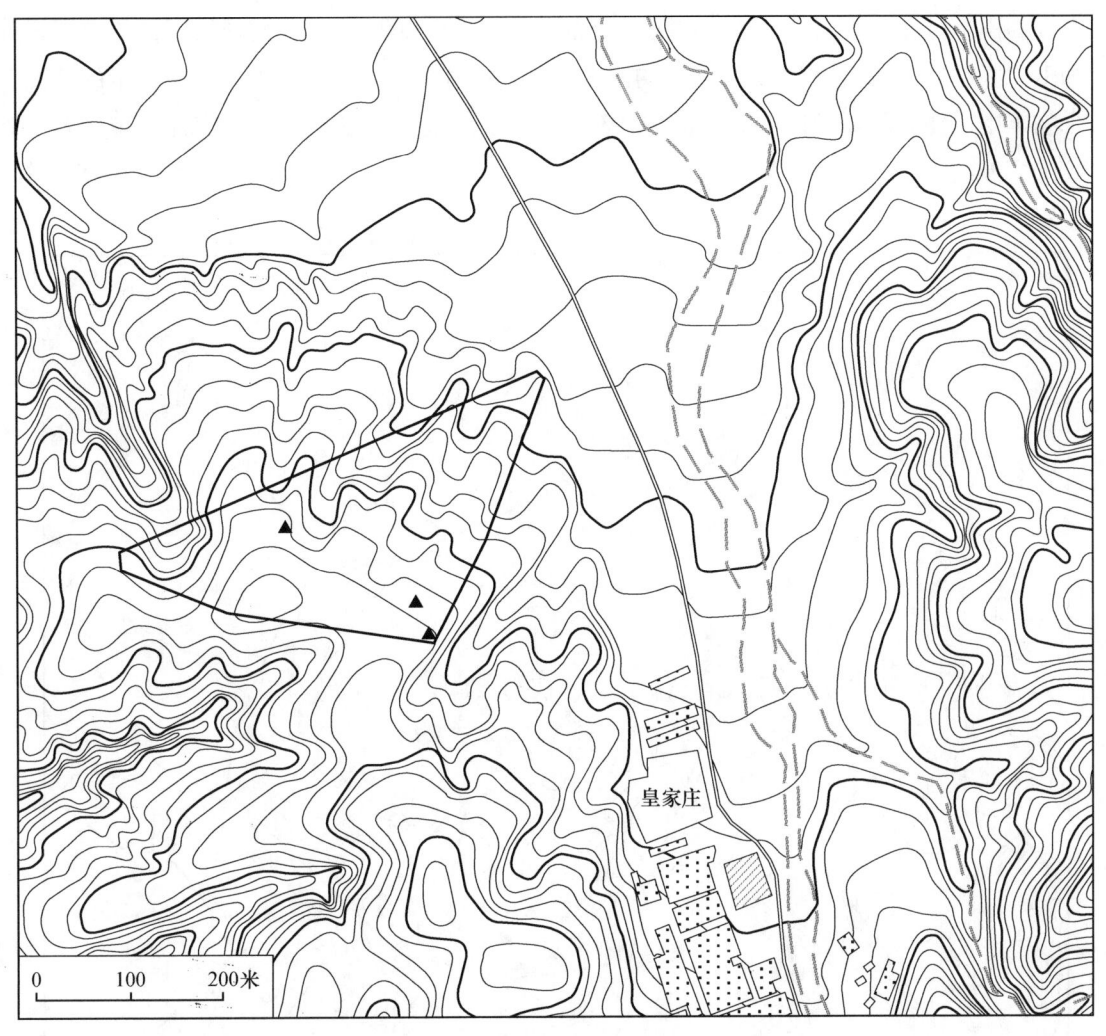

图 5-202　皇家庄 I 号遗址东周时期遗存分布图

七八、上政化遗址

上政化遗址位于原平市苏龙口镇上政化村西、南，面积 49.6 万平方米（彩版七七，2）。遗址主要分布在滹沱河南岸的台地上，部分则分布在山前冲积扇上，海拔 845~905 米，北低南高，内有多条冲沟，崎岖不平，地势起伏较大。有一条发源于山间的水流横穿遗址南北，与发源于西面的水流汇合后注入滹沱河。遗存分布疏密不等，遗址南部遗存分布密集，北部较为稀疏。遗址包含龙山、二里头、东周三个时期的遗存，其中，东周时期遗存可进一步确认为战国时期。

1. 龙山时期

龙山时期遗存见于遗址最北端之外的其他位置，中部遗存分布较为稀疏，南部遗存分布密集，尤以西南部分布最为密集，遗迹也集中分布于此（图5-203）。遗迹发现较多，共发现5处文化层和10个灰坑，主要暴露于横穿遗址的河水西侧，遗迹多分布在河岸的断面和梯田的断面。遗迹包含物丰富，尤以陶片发现最多，此外，还有石器等。地表也发现有较多陶片，陶片多夹砂灰陶，纹饰多绳纹、篮纹，可辨器形有鬲、斝、甗、甑、盘、豆、蛋形瓮、瓮、盆、高领罐、罐等。石器有石刀等。

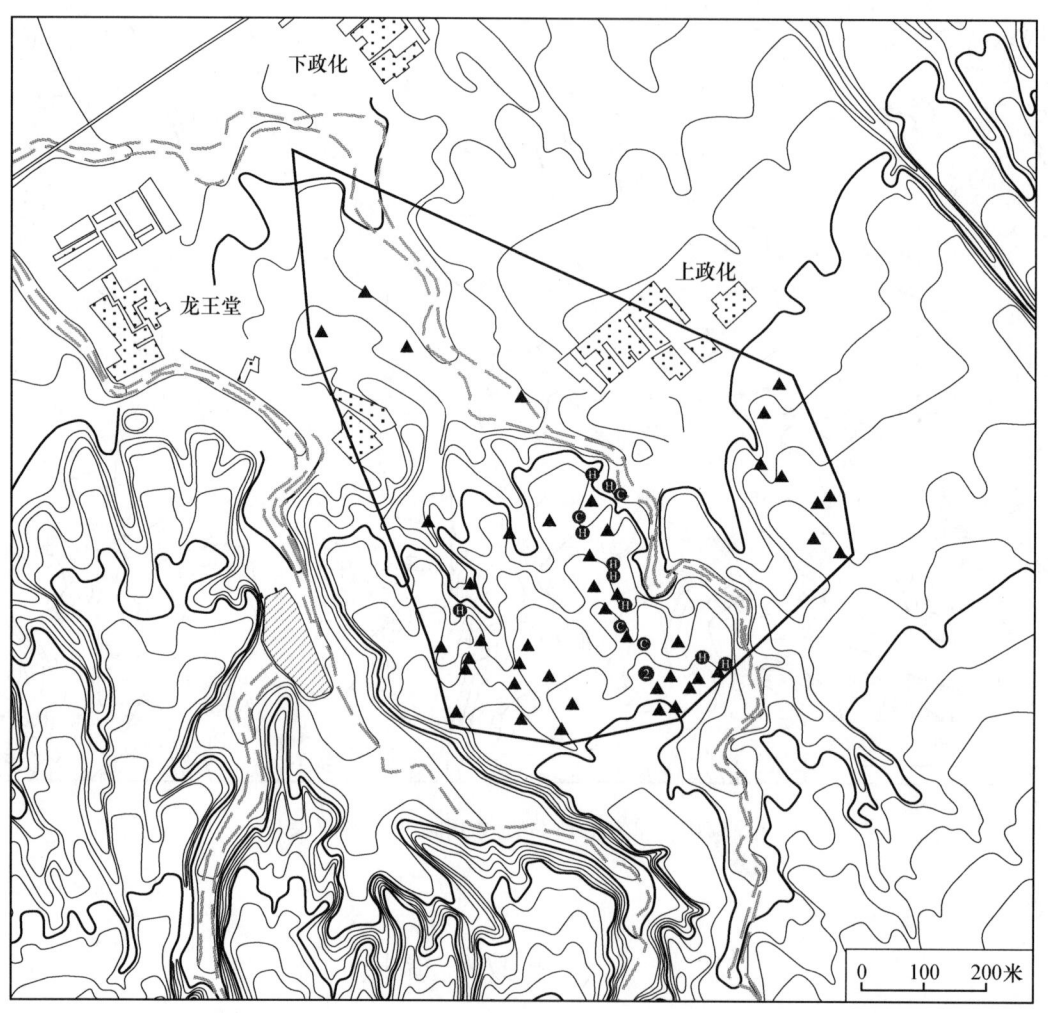

图 5-203　上政化遗址龙山时期遗存分布图

陶鬲　3件。YP080330D002:1，夹砂灰陶。圆唇，近直口，矮领，袋足外鼓。领部以下饰绳纹。口径16、残高4.8厘米（图5-206，3）。YP080330H015:1，夹砂灰陶。圆唇，近直口，矮领，袋足外鼓。唇部有花边装饰，领部饰篮纹，领部以下饰绳纹（图5-206，4）。YP080330I006:1，夹砂褐陶（夹细砂）。方唇，口外翻，矮领，袋足外鼓。领部以下饰绳纹。口径14、残高6.8厘米（图5-206，2）。

陶鬲足　1件。YP080330I022:2，夹砂褐陶。空袋足。足部饰绳纹（图5-206，11）。

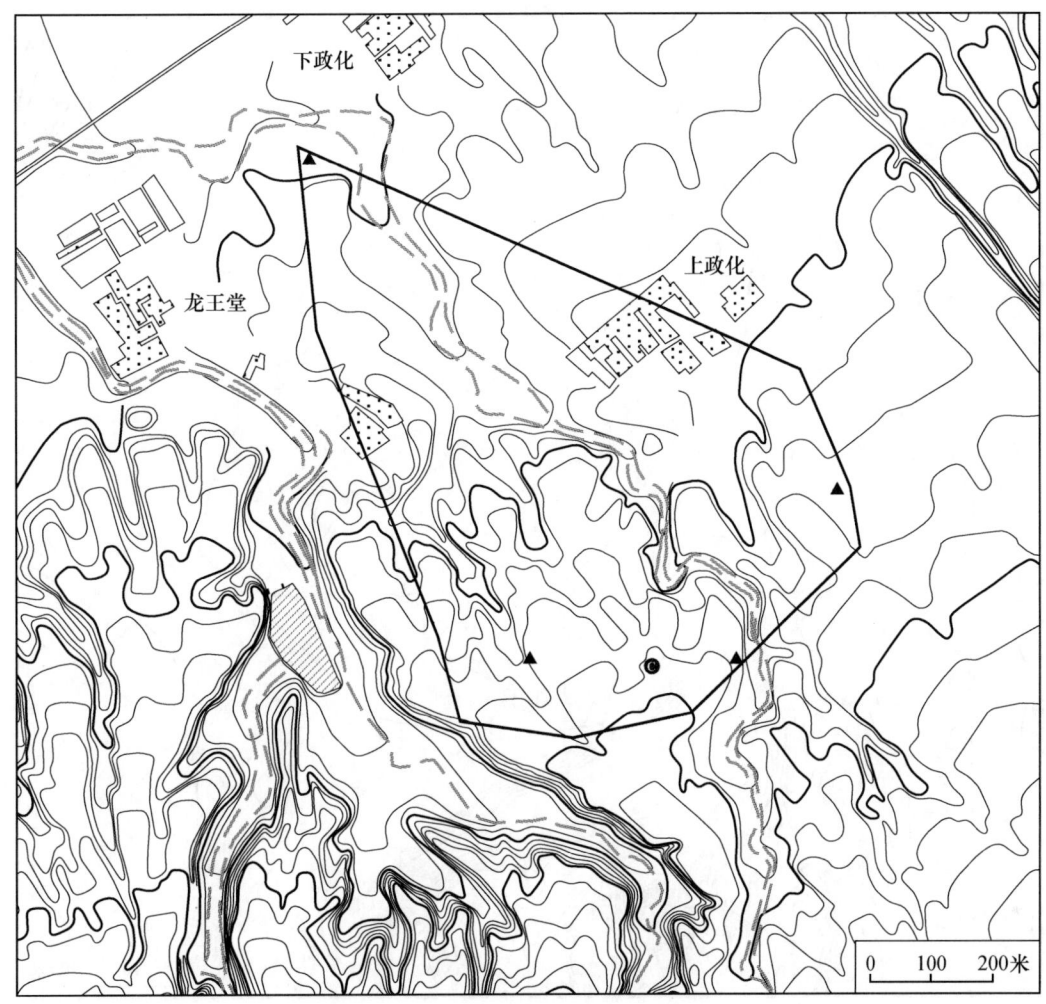

图 5-204　上政化遗址二里头时期遗存分布图

陶斝　1件。YP080331C007-H2:1，夹砂黑陶。小圆唇，敛口，折肩，深腹，空袋足。腹部饰绳纹，其上有錾手。口径18、残高10厘米（图5-206，1）。

陶鬲　1件。YP080330I020:1，夹砂褐陶。束腰，有隔。腹部饰绳纹，腰部有附加堆纹（图5-206，7）。

陶甑　1件。YP080330H010-H:1，泥质褐陶。敛口，鼓腹，平底，底部有箅孔。腹部有竖篮纹，其上有錾手。口径21、底径16、残高12.8厘米（图5-206，14；彩版一〇六，4）。

陶盘　1件。YP080330H014-H:1，泥质黑皮陶。圆唇，折沿，斜浅盘，粗柄。素面磨光（图5-206，9）。

陶豆　3件。YP080330F005:1，泥质灰陶。盘底近平，细柄。器表有篮纹（图5-206，8）。YP080330F005:3，泥质灰皮陶。细柄。素面磨光，柄部有镂空。底径8.4，残高4厘米（图5-206，10）。YP080330I018-C:1，泥质黑皮陶。细柄。素面磨光，柄部有镂孔。底径9.2、残高4.4厘米（图5-206，5）。

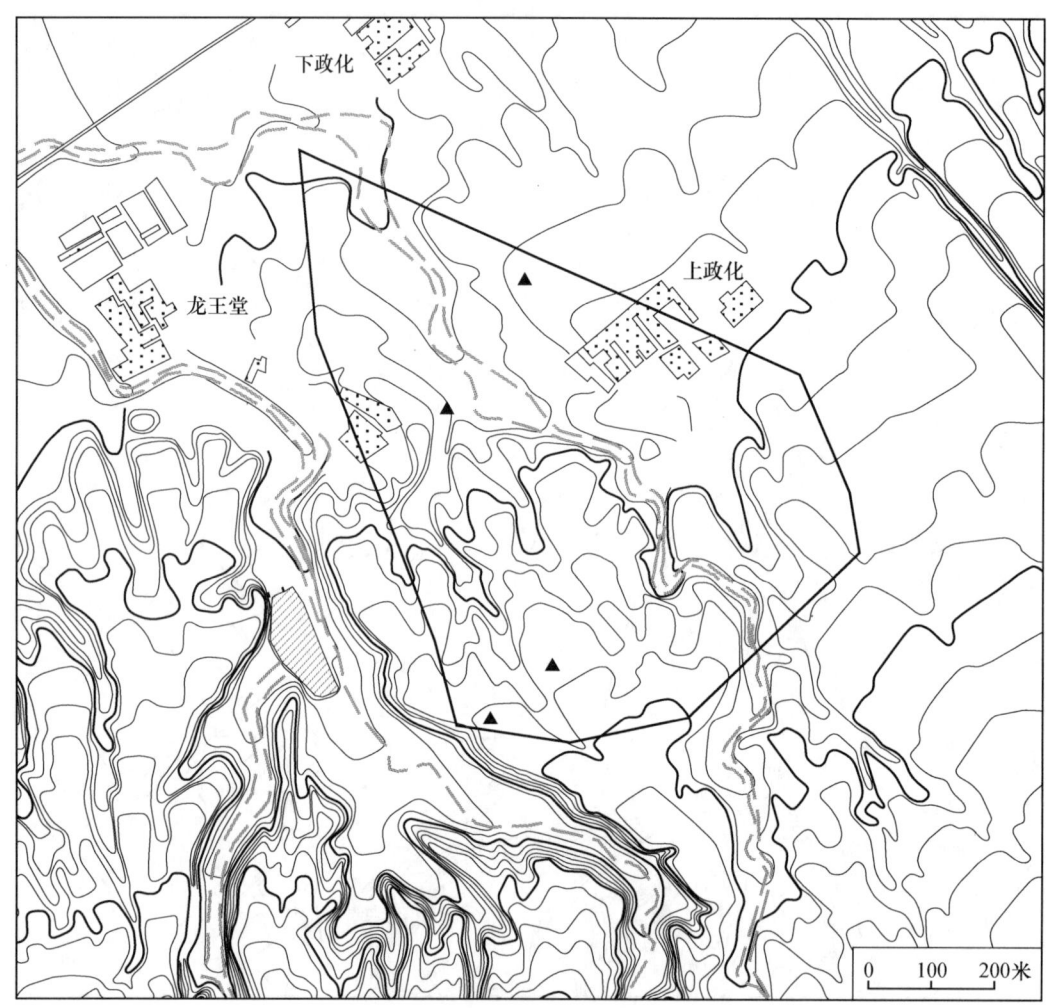

图 5-205　上政化遗址东周时期遗存分布图

陶蛋形瓮　5件。YP080330H011：1，夹砂灰褐陶。宽沿，敛口，深鼓腹。腹部饰篮纹。口径28、残高9厘米（图5-207，12）。YP080330H011：2，泥质灰褐陶。宽沿，微敛口，深腹。口下有按捺状附加堆纹，腹部饰横篮纹（图5-206，13）。YP080330I010：1，夹砂灰陶。平沿，微敛口，深腹。腹部饰绳纹（图5-207，11）。YP080330D003：2，夹砂灰陶。宽沿，敛口，深腹。腹部饰竖篮纹（图5-206，6）。YP080330F005：2，泥质灰陶。宽沿，敛口，深腹。腹部饰横篮纹（图5-206，12）。

陶瓮　1件。YP090406E003：1，夹砂灰褐陶。平沿，敛口，鼓腹。口部有附加堆纹，腹部饰宽横篮纹。口径28、残高8厘米（图5-207，1）。

陶盆　4件。YP080330D006：1，泥质灰陶。胎厚，直口，深腹。器表饰横篮纹。口径20、残高4厘米（图5-207，9）。YP080330D006：2，夹砂灰黑陶。敞口，斜腹。腹部饰绳纹，其上有一周附加堆纹（图5-207，6）。YP080330B012：1，夹砂灰褐陶。圆唇，敞口，深腹。腹部饰绳纹（图5-207，8）。YP080330D003：1，泥质灰褐陶。斜腹，平底。腹部饰竖篮纹。底径14、

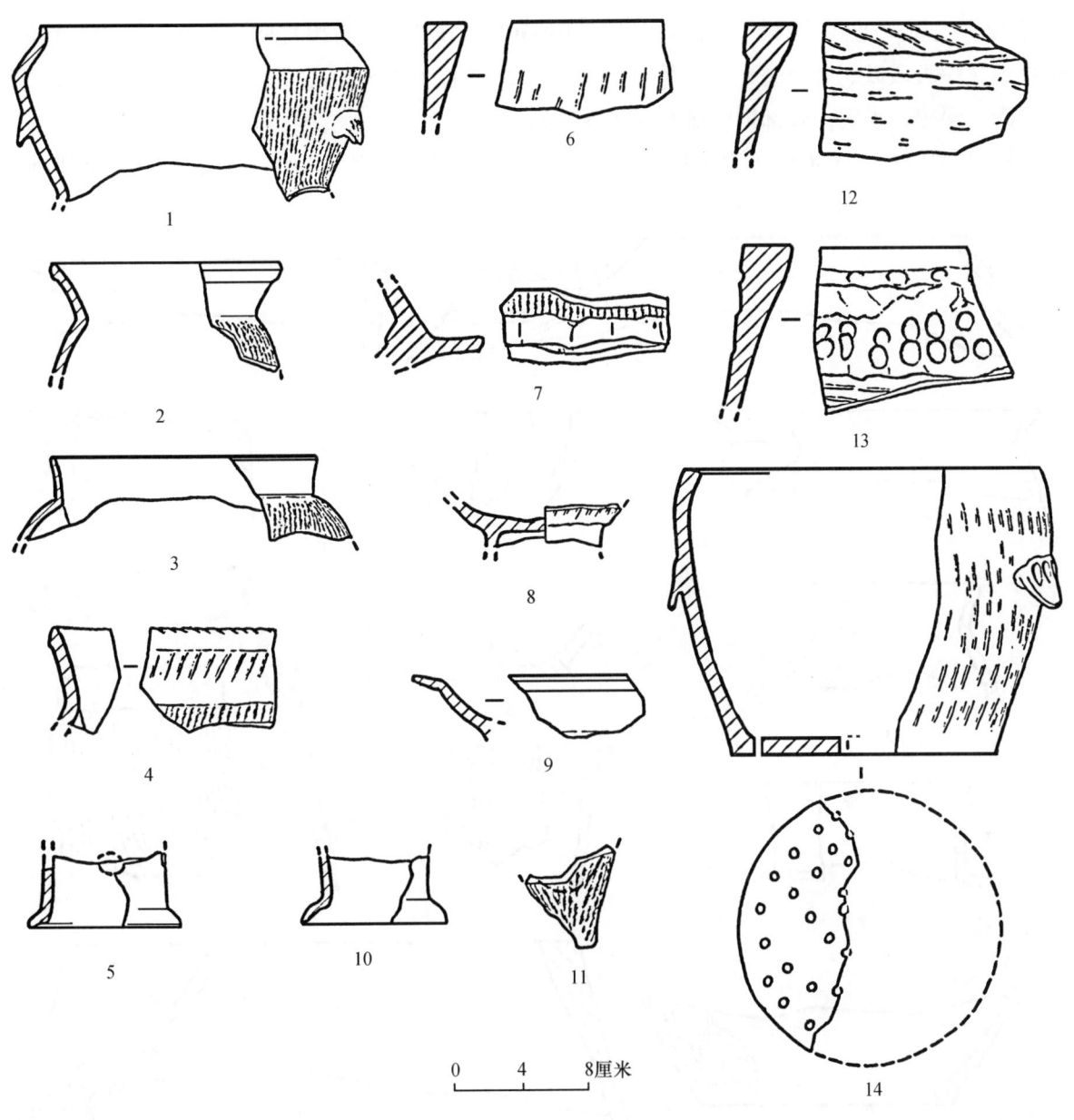

图 5-206　上政化遗址龙山时期陶器

1. 陶斝（YP080331C007-H2:1）　2~4. 陶鬲（YP080330I006:1、YP080330D002:1、YP080330H015:1）　5、8、10. 陶豆（YP080330I018-C:1、YP080330F005:1、YP080330F005:3）　6、12、13. 陶蛋形瓮（YP080330D003:2、YP080330F005:2、YP080330I011:2）　7. 陶甗（YP080330I020:1）　9. 陶盘（YP080330H014-H:1）　11. 陶鬲足（YP080330I022:2）　14. 陶甑（YP080330H010-H:1）

残高5.6厘米（图5-207，5）。

陶高领罐　1件。YP080330H012-H:1，泥质褐陶。圆唇，近直口，高领，鼓肩。素面。口径12、残高6.4厘米（图5-207，4）。

陶罐　3件。YP080330I022:1，泥质灰陶。圆唇，口外翻，束颈，鼓肩。腹部饰斜篮纹。

口径 12、残高 6 厘米（图 5-207，3）。YP090406C001-H：1，泥质黑皮陶。器薄，方唇，翻沿，微束颈，深腹微鼓。素面磨光。口径 18、残高 4.5 厘米（图 5-207，2）。YP080330E005：1，泥质褐陶。深腹，平底，腹部饰竖篮纹（图 5-207，7）。

石刀　1件。YP090406E004-H：1，青灰色。近长方形，已残。边缘有打制痕迹，中部有未穿透的对钻痕迹（图 5-207，10）。

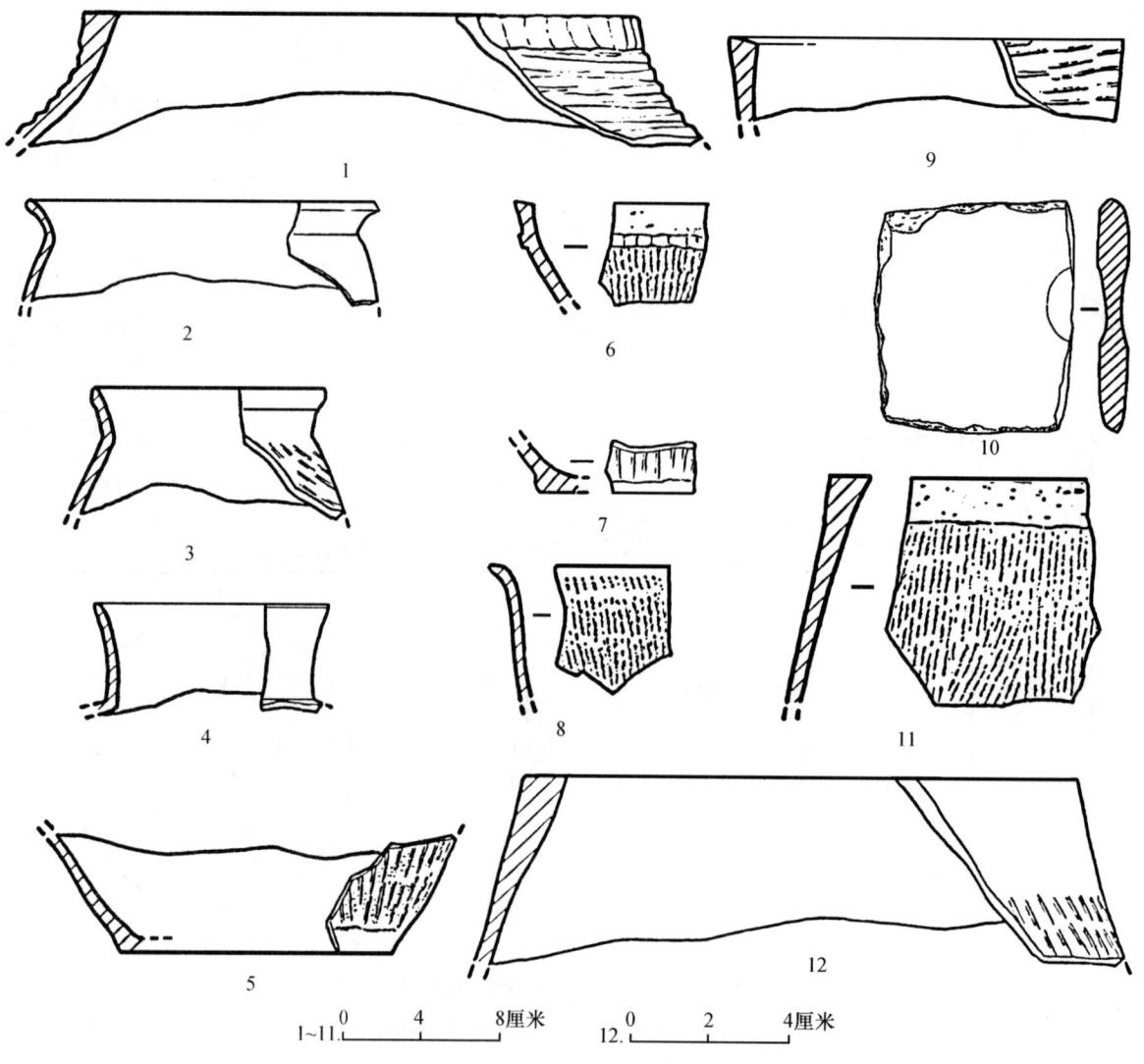

图 5-207　上政化遗址龙山时期陶、石器

1. 陶瓮（YP090406E003：1）　2、3、7. 陶罐（YP090406C001-H：1、YP080330I022：1、YP080330E005：1）　4. 陶高领罐（YP080330H012-H：1）　5、6、8、9. 陶盆（YP080330D003：1、YP080330D006：2、YP080330B012：1、YP080330D006：1）　10. 石刀（YP090406E004-H：1）　11、12. 陶蛋形瓮（YP080330I010：1、YP080330H011：1）

2. 二里头时期

二里头时期遗存见于遗址外围的北端、南端和东端，遗存分布非常稀疏（图 5-204）。只在

遗址南端冲沟的断面上发现1处文化层，未见其他遗迹现象。文化层内包含有少量陶片，地表也有零星陶片发现。陶片多夹砂灰陶，纹饰以绳纹为主，可辨器形有鬲、蛋形瓮等。

3. 东周时期

东周时期遗存见于遗址中部及西南部，遗存分布非常稀疏（图5-205）。未见任何遗迹现象，只在地表发现零星陶片。陶片多夹砂灰陶，纹饰以绳纹为主，有粗大绳纹，可辨器形有豆、罐等。

七九、龙王堂遗址

龙王堂遗址位于原平市苏龙口镇龙王堂南，面积4.9万平方米（彩版七七，2）。遗址处在滹沱河南岸的山前台地上，海拔855～880米，北低南高，内有两条较宽的冲沟，地势起伏较大。遗址东面有发源于山沟的水流绕经遗址北面，最后汇入滹沱河。遗存分布略显密集，但有较大的落差。遗址包含龙山、二里头、东周三个时期的遗存。

1. 龙山时期

龙山时期遗存见于遗址东部，遗存分布略显密集（图5-208）。未见任何遗迹现象，只在地表发现有陶片。陶片多夹砂灰陶，纹饰多绳纹，可辨器形有鬲、蛋形瓮等。

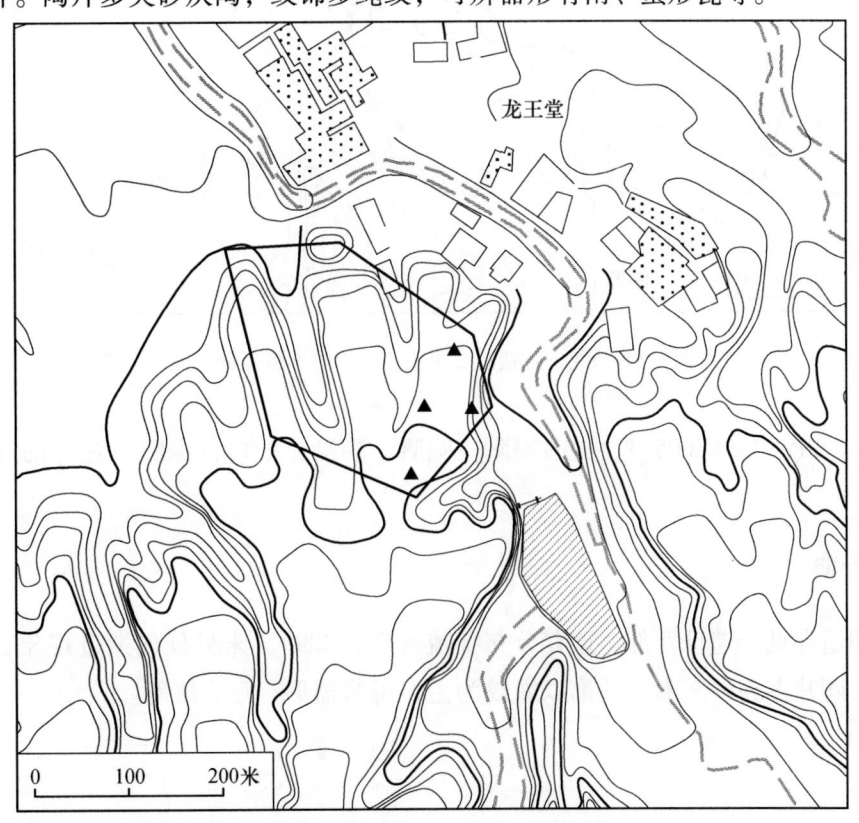

图 5-208　龙王堂遗址龙山时期遗存分布图

鬲足　1件。YP080331F001:2，夹砂褐陶。空袋足。足部有绳纹（图5-210，3）。

蛋形瓮　1件。YP080331F001:1，夹砂灰陶。平沿内折，敛口，深腹。腹部饰绳纹。口径26、残高9厘米（图5-210，1）。

2. 二里头时期

二里头时期遗存主要见于遗址北部偏中，南部亦有零星分布（图5-209）。未见任何遗迹现象，只在地表发现有陶片。陶片多夹砂灰陶，纹饰以绳纹为主，可辨器形有甗等。

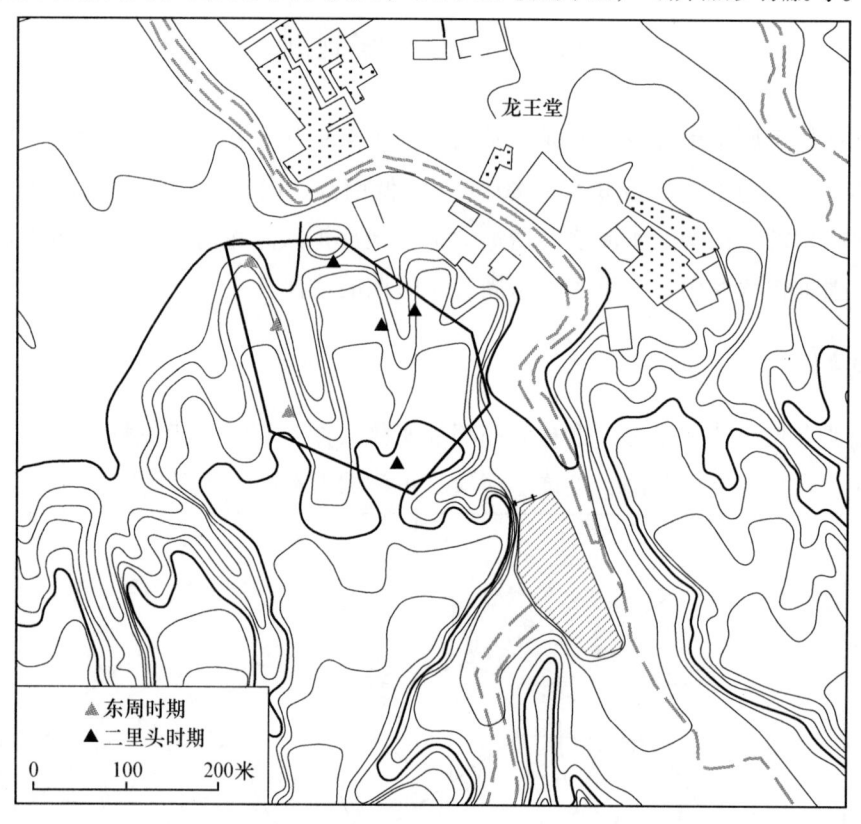

图5-209　龙王堂遗址二里头、东周时期遗存分布图

甗　1件。YP080331E005:1，夹砂褐陶。圆唇，翻沿，敞口，深腹。腹部饰旋断绳纹（图5-210，2）。

3. 东周时期

东周时期遗存见于遗址西部，遗存分布稀疏（图5-209）。未见任何遗迹现象，只在地表发现零星陶片。陶片多夹砂灰陶，纹饰以绳纹为主，可辨器形有豆、罐等。

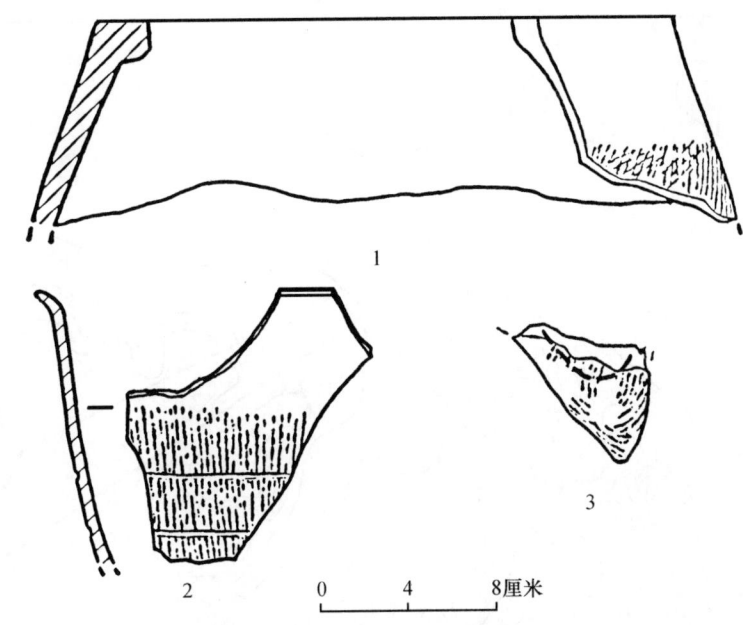

图 5-210 龙王堂遗址陶器
1. 蛋形瓮（YP080331F001:1） 2. 甗（YP080331E005:1） 3. 鬲足（YP080331F001:2）
（1、3. 龙山时期；2. 二里头时期）

八〇、东松彰Ⅱ号遗址

东松彰Ⅱ号遗址位于原平市苏龙口镇东松彰村东550米，面积2.7万平方米（彩版七九，1）。遗址处在滹沱河南岸的台地上，海拔850～890米，西北低，东南高，坡度较小，大部分遗存分布在台地上较为平坦的区域，少部分则分布在台地前的斜坡上。遗址西面有发源于山间的水流流过，水流最后注入了北面的滹沱河。遗存分布稀疏，遗址包含龙山、战国两个时期的遗存。

1. 龙山时期

龙山时期遗存只见于遗址东南角，仅有个别发现，遗存分布非常稀疏（图5-211）。未见任何遗迹现象，只在地表发现少量陶片。陶片多夹砂灰陶，纹饰有篮纹，可辨器形有鬲等。

2. 战国时期

战国时期遗存见于东南角之外其他位置，遗存分布稀疏（图5-213）。未见任何遗迹现象，只在地表发现零星陶片。陶片多灰陶，纹饰以绳纹为主，可辨器形有豆、盆等。

豆 1件。YP080331I002:1，泥质灰陶。斜腹，盘底近平，细柄中空。素面（图5-212）。

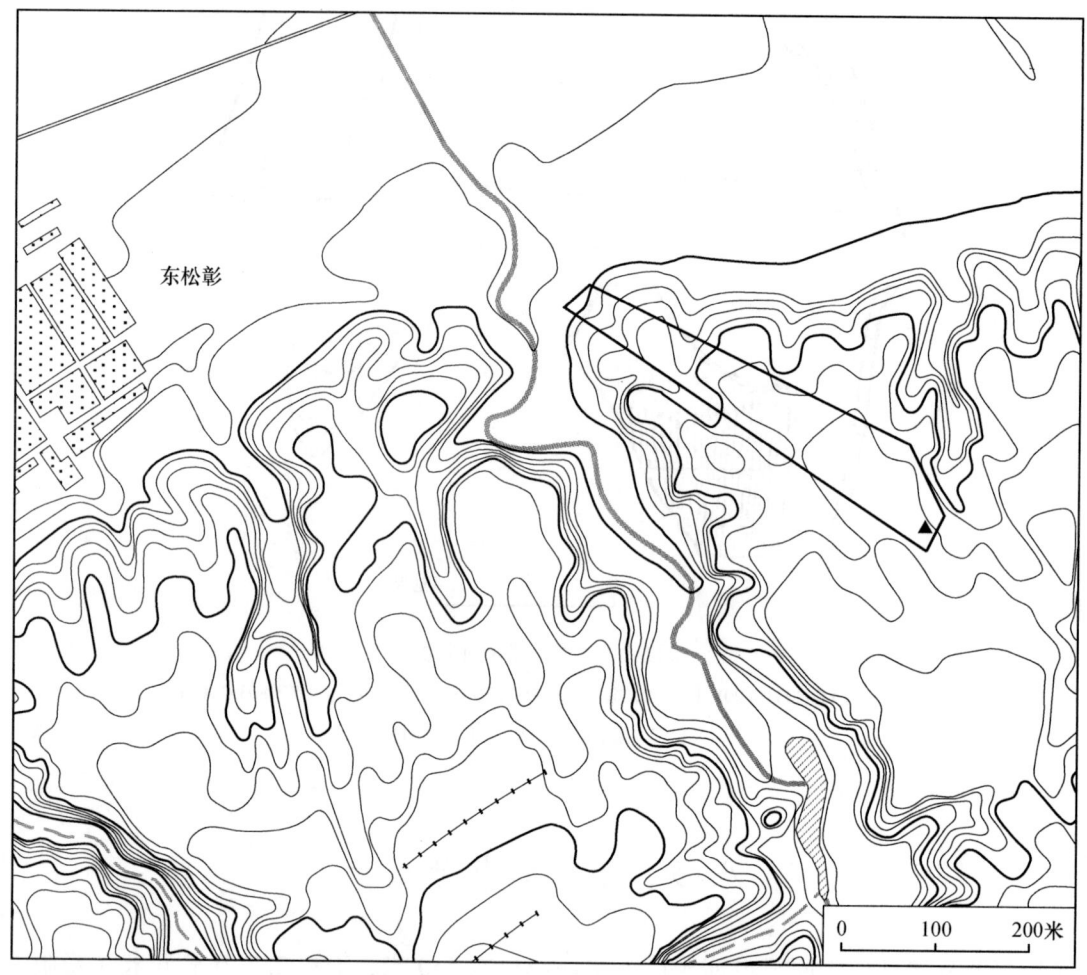

图 5-211　东松彰Ⅱ号遗址龙山时期遗存分布图

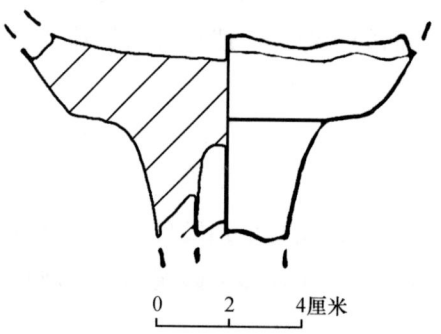

图 5-212　东松彰Ⅱ号遗址战国时期陶器
豆（YP080331I002：1）

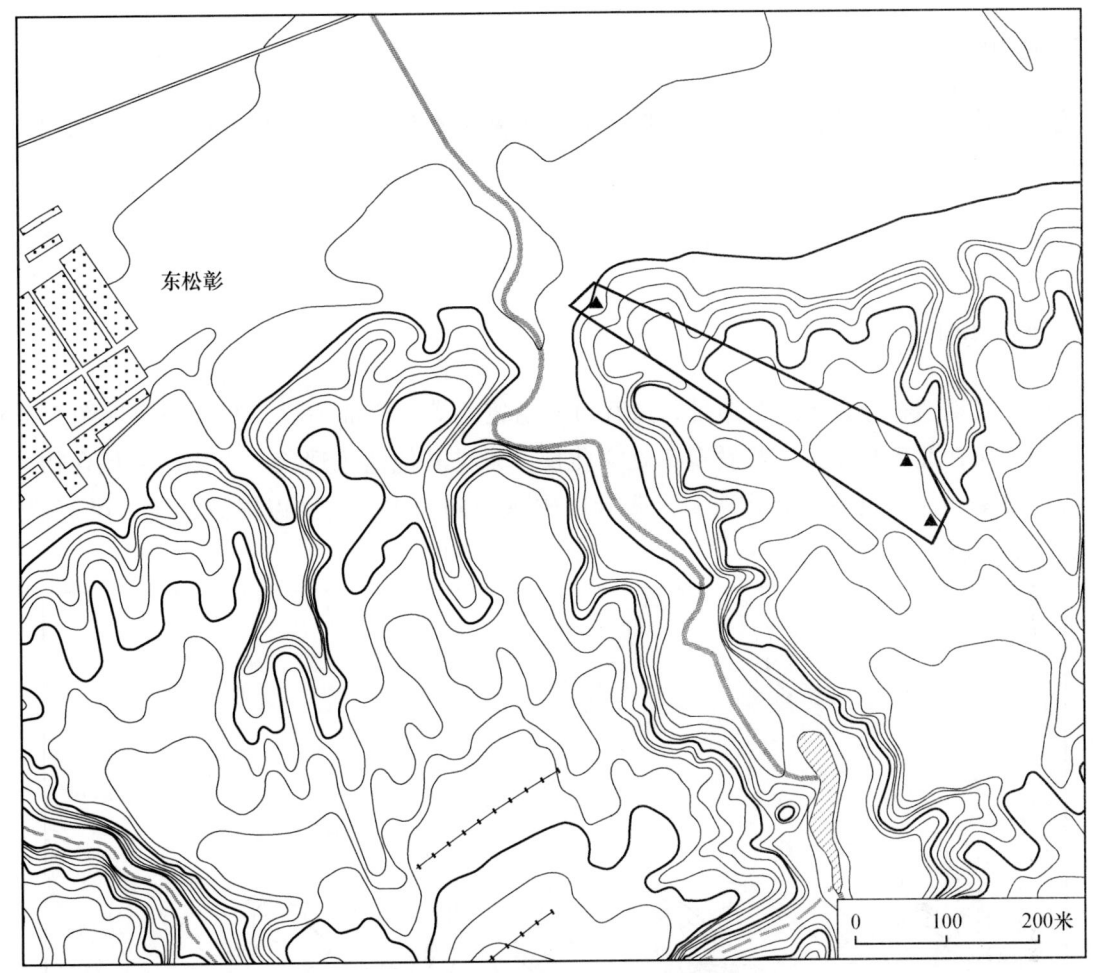

图 5-213　东松彰Ⅱ号遗址战国时期遗存分布图

八一、东松彰Ⅰ号遗址

东松彰Ⅰ号遗址位于原平市苏龙口镇东松彰村东南450米,面积1.7万平方米(彩版七九,1)。遗址处在滹沱河南岸的台地上,海拔875～885米,所在位置地势相对平坦,起伏较小。遗址东面有发源于山沟的水流流过,最后汇入滹沱河。遗存分布疏密不等,遗址北部较密集,南部较稀疏。遗址包含仰韶、龙山、二里头三个时期的遗存。

1. 仰韶时期

仰韶时期遗存只见于遗址南部,仅有个别发现,遗存分布非常稀疏(图5-214)。未见任何遗迹现象,只在地表发现少量陶片。陶片多泥质红陶,多素面,有彩陶,可辨器形有钵等。

钵　YP080331I009:1,泥质红陶。小圆唇,微敛口,弧腹。口下有黑彩带(图5-216,4)。

2. 龙山时期

龙山时期遗存见于遗址中、北部，遗存分布稀疏（图 5-214）。未见任何遗迹现象，只在地表发现零星陶片。陶片多夹砂灰陶，纹饰多绳纹，可辨器形有鬲、罐等。

鬲（？） 1件。YP080331I003:1，夹砂灰陶。圆唇，沿上翻，深腹。器表饰绳纹（图 5-216，5）。

3. 二里头时期

二里头时期遗存分布于整个遗址，遗存分布疏密不等，南部稀疏，北部密集（图 5-215）。遗迹集中分布在北部断面上，共发现 2 处文化层，未见其他遗迹现象。文化层内包含物丰富，尤以陶片最多，地表也发现较多陶片。陶片以夹砂灰陶为多，纹饰以绳纹为主，可辨器形有鬲、甗、蛋形瓮、杯等。

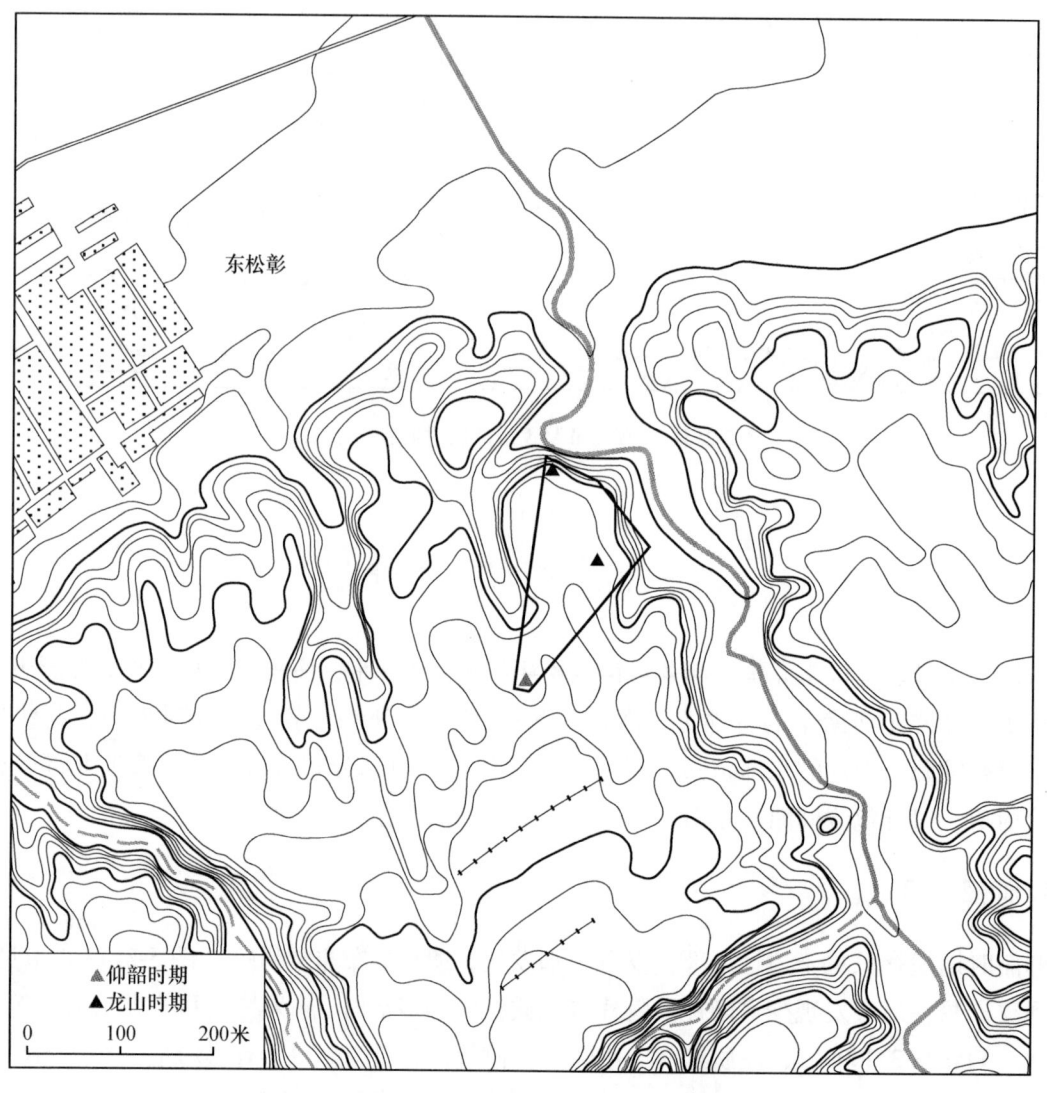

图 5-214　东松彰 I 号遗址仰韶、龙山时期遗存分布图

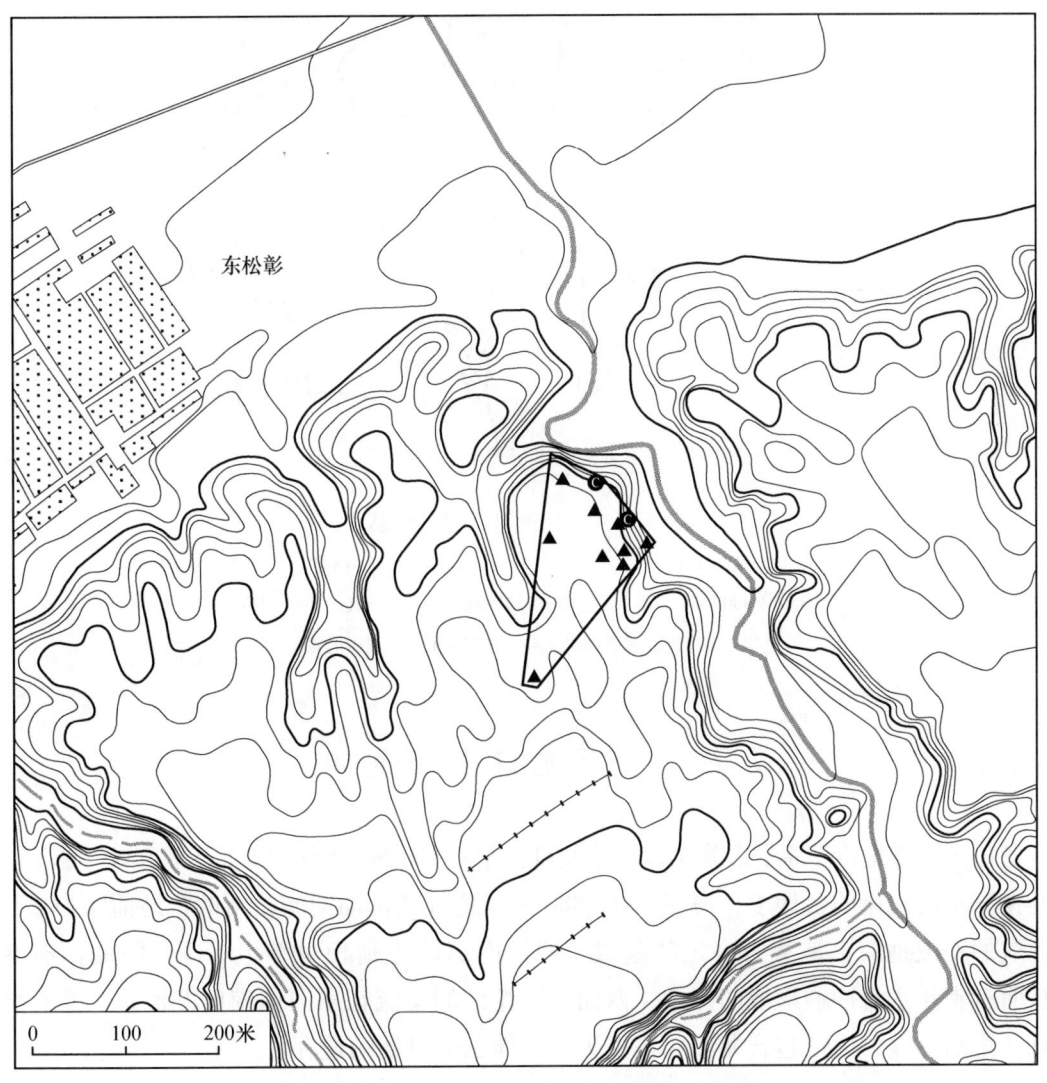

图5-215 东松彰Ⅰ号遗址二里头时期遗存分布图

鬲足 1件。YP080331H004:1，夹砂褐陶。锥状长实足跟。足部饰绳纹，跟部素面（图5-216，3）。

甗 1件。YP080331I006-C:1，夹砂褐陶。深腹，束腰，有隔。器表饰绳纹（图5-216，6）。

蛋形瓮 1件。YP080331I004:1，夹砂褐陶。敛口，深鼓腹。器表饰绳纹（图5-216，1）。

杯 1件。YP080331I008:1，泥质褐陶。圆唇，敞口，斜腹。素面。口径12、残高6厘米（图5-216，2）。

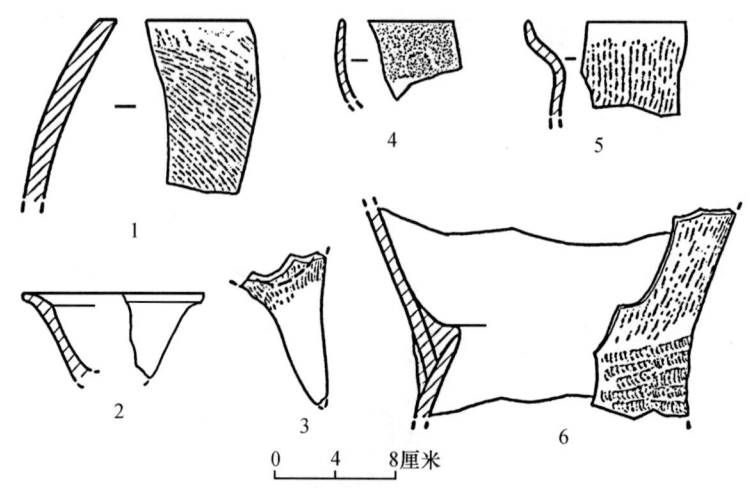

图 5-216　东松彰 I 号遗址陶器
1. 蛋形瓮（YP080331I004:1）　2. 杯（YP080331I008:1）　3. 鬲足（YP080331H004:1）
4. 钵（YP080331I009:1）　5. 鬲（YP080331I003:1）　6. 甗（YP080331I006-C:1）
（1~3、6. 二里头时期；4. 仰韶时期；5. 龙山时期）

八二、苏龙口 I 号遗址

苏龙口 I 号遗址位于原平市苏龙口镇苏龙口村东北 150 米，面积 12.4 万平方米（彩版八〇）。遗址处在滹沱河南岸的台地上，海拔 850~880 米，遗址北部面向滹沱河的台地前缘为多年雨水冲刷形成的斜坡地貌，地势有一定的起伏，遗址南部地势则相对平坦。遗址除北面有滹沱河外，东面有常年水流冲刷形成的深沟，西面有滹沱河的支流长乐河由南向北流过。遗存分布密集且有一定的落差，遗址包含龙山、二里头、东周三个时期的遗存。

1. 龙山时期

龙山时期遗存见于整个遗址，遗存分布密集，尤以遗址西部和中部遗存分布较为密集（图 5-217）。共发现 1 处文化层和 3 个灰坑，集中分布于遗址中部的梯田断面上。遗迹内包含物丰富，尤以陶片最多，地表也发现有陶片。陶片多夹砂灰陶，纹饰多绳纹、篮纹，可辨器形有鬲、罐等。

罐　1 件。YP080403F009:1，夹砂褐陶。圆唇，口外翻，束颈，鼓腹。器表饰绳纹。口径 26、残高 4.2 厘米（图 5-218，2）。

2. 二里头时期

二里头时期遗存见于遗址西部，遗存分布略显稀疏（图 5-219）。共发现 2 处文化层，暴露于梯田的断面，未见其他遗迹现象。文化层内包含有较多陶片，地表也有零星陶片分布。陶片多夹砂灰陶，纹饰以绳纹为主，可辨器形有甗、蛋形瓮等。

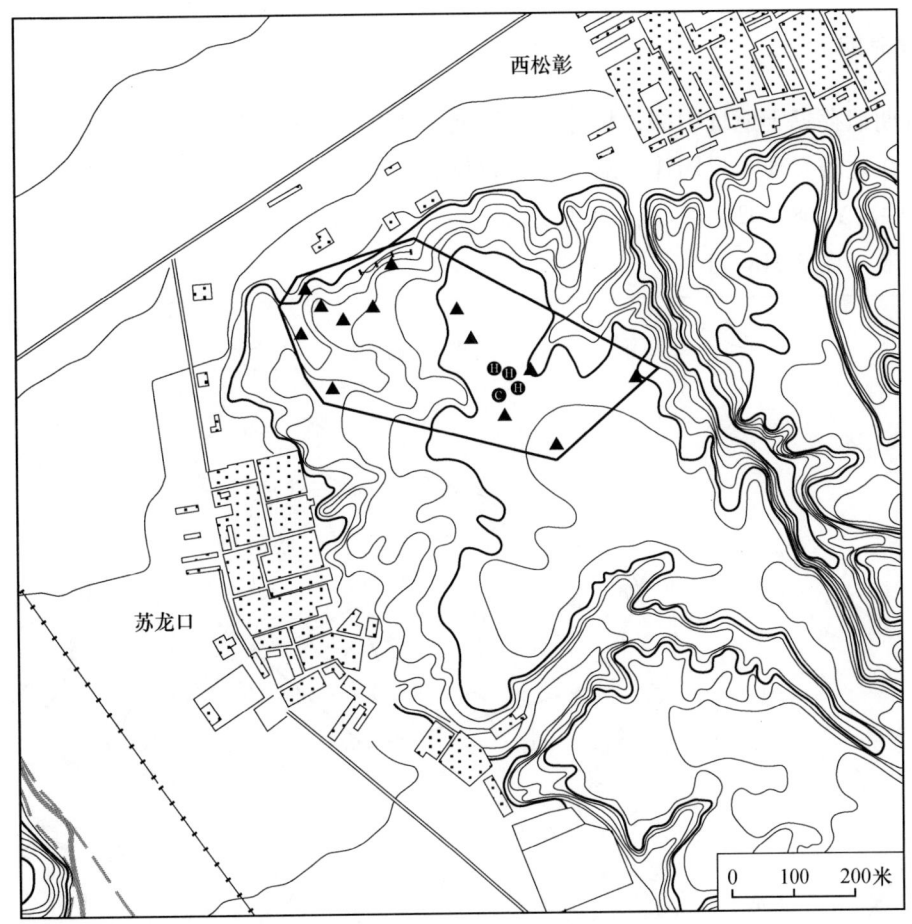

图5-217 苏龙口Ⅰ号遗址龙山时期遗存分布图

蛋形瓮 2件。YP080403I010-C:1，夹砂褐陶。平沿内折，敛口，深鼓腹。腹部饰绳纹（图5-218，3）。YP080403I009-C:1，夹砂褐陶。宽沿，敛口，深腹。器表饰绳纹（图5-218，4）。

蛋形瓮足 1件。YP080403I010-C:2，夹砂褐陶。矮胖实足跟。足部饰绳纹（图5-218，5）。

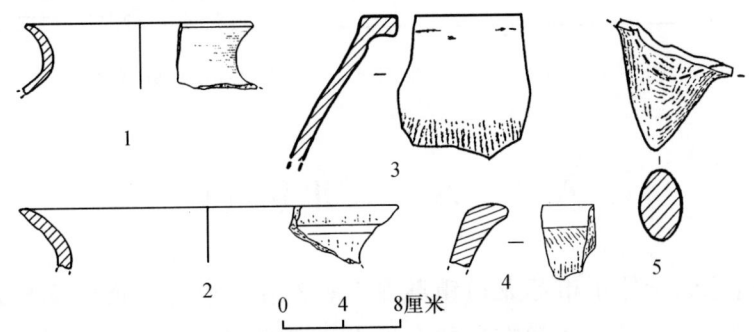

图5-218 苏龙口Ⅰ号遗址陶器

1、2. 罐（YP080403F002:1、YP080403F009:1） 3、4. 蛋形瓮（YP080403I010-C:1、YP080403I009-C:1）
5. 蛋形瓮足（YP080403I010-C:2）
（1. 东周时期；2. 龙山时期；3~5. 二里头时期）

3. 东周时期

东周时期遗存见于遗址中部，只有零星发现，遗存分布较为稀疏（图5-219）。未见任何遗迹现象，只在地表发现零星陶片。陶片多泥质灰陶，纹饰以绳纹为主，可辨器形有罐等。

罐 1件。YP080403F002:1，泥质灰陶。方唇，口外翻，束颈，鼓肩。素面。口径15.8、残高4.6厘米（图5-218，1）。

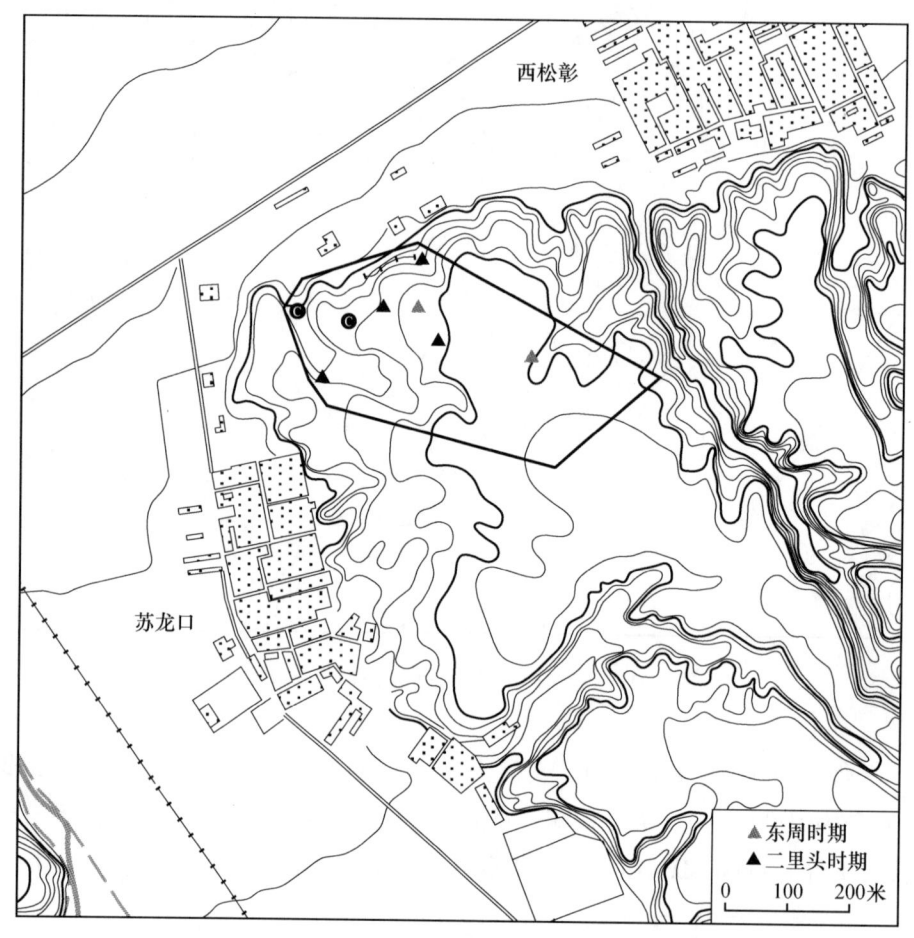

图5-219 苏龙口Ⅰ号遗址二里头、东周时期遗存分布图

八三、苏龙口Ⅱ号遗址

苏龙口Ⅱ号遗址位于原平市苏龙口镇苏龙口村东南350米，面积2.8万平方米（彩版八〇）。遗址处在滹沱河支流长乐河东岸的台地上，海拔870～890米，遗址中部有冲沟，但南、北部相对平坦。遗址南面有水流由东向西流过，最终汇入长乐河，西面有长乐河由南向北流过。遗存分布略显稀疏，主要分布在遗址南、北两端。遗址包含龙山、二里头、东周三个时期的遗存，其中，东周时期遗存部分可进一步确认为战国时期。

1. 龙山时期

龙山时期遗存见于遗址北部，仅有个别发现，遗存分布非常稀疏（图5-220）。未见任何遗迹现象，只在地表发现少量陶片。陶片多夹砂陶，纹饰有篮纹，可辨器形有罐等。

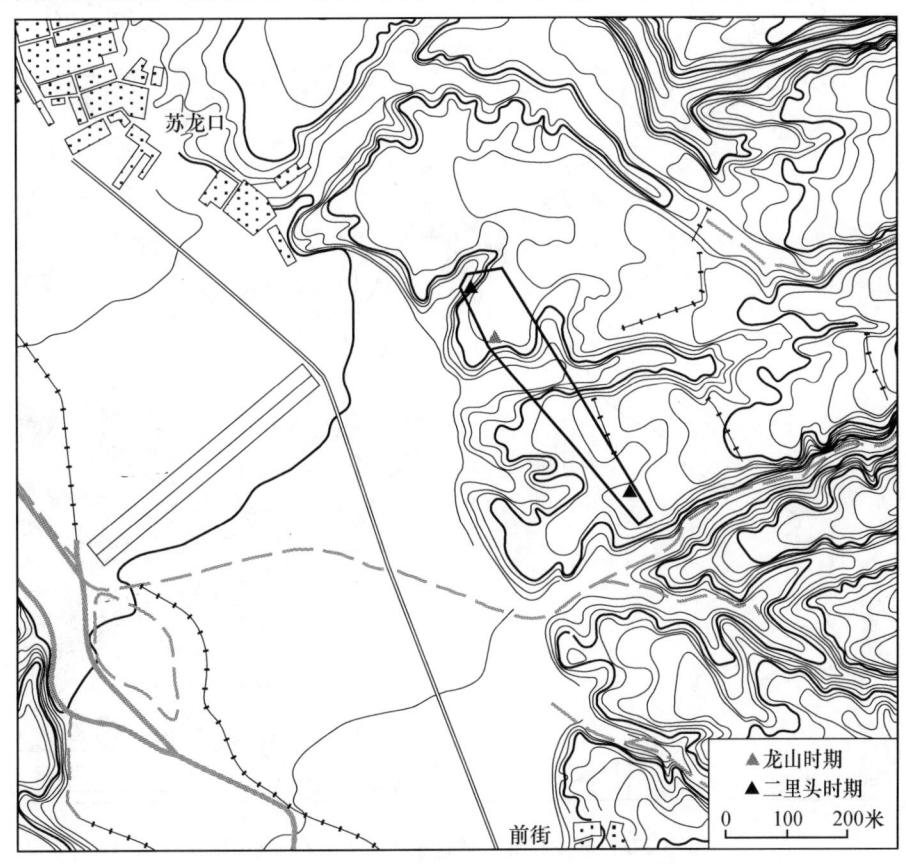

图 5-220　苏龙口Ⅱ号遗址龙山、二里头时期遗存分布图

2. 二里头时期

二里头时期遗存见于遗址南、北两端，只有零星发现，遗存分布较为稀疏（图5-220）。未见任何遗迹现象，只在地表发现零星陶片。陶片多夹砂灰陶，纹饰以绳纹为主，可辨器形有鬲、蛋形瓮等。

3. 东周时期

东周时期遗存见于遗址南、北两端，遗存分布稀疏（图5-222）。未见任何遗迹现象，只在地表发现有陶片。陶片多夹砂灰陶，纹饰以绳纹为主，有粗大绳纹，可辨

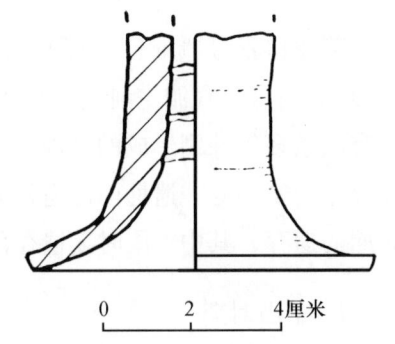

图 5-221　苏龙口Ⅱ号遗址东周时期陶器
豆（YP080403G001∶1）

器形有豆、罐等。

豆 1件。YP080403G001：1，夹砂灰陶。细柄中空，喇叭口圈足。素面。底径7.6、残高5.2厘米（图5-221）。

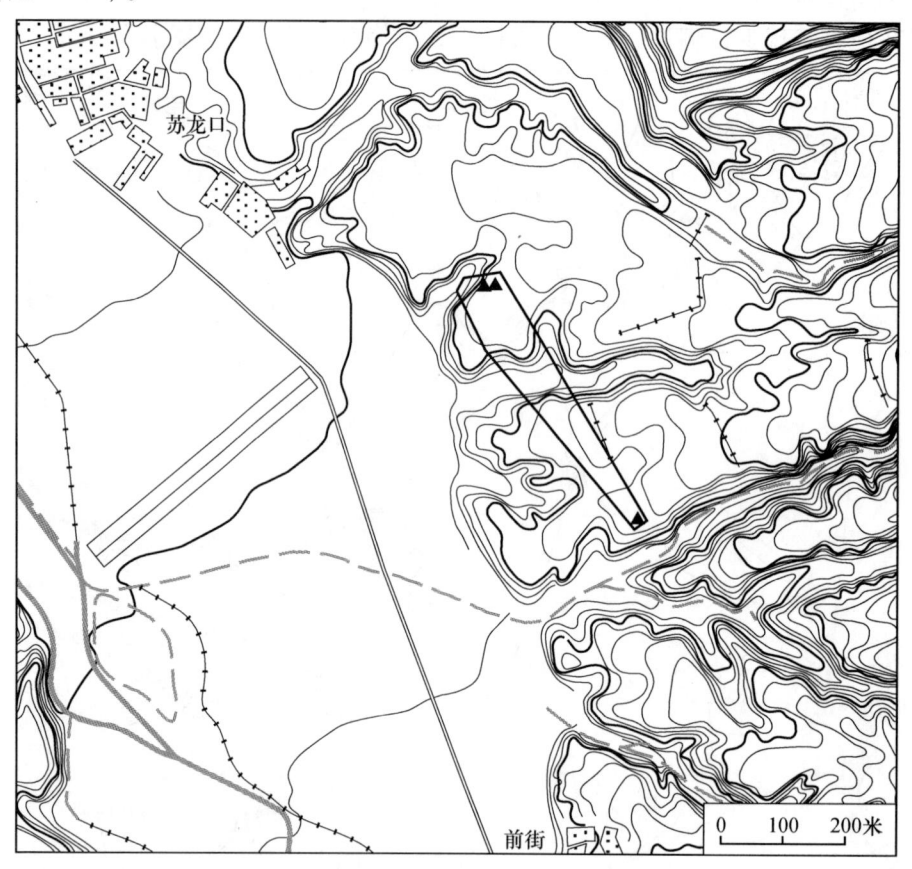

图5-222 苏龙口Ⅱ号遗址东周时期遗存分布图

八四、苏龙口Ⅲ号遗址

苏龙口Ⅲ号遗址位于原平市苏龙口镇苏龙口村西南450米，面积10.5万平方米（彩版八〇）。遗址处在滹沱河支流长乐河西岸的台地前缘，海拔865~885米。遗址处在台地边缘，内有四条多年冲刷形成的冲沟，地势起伏较大。遗址东侧有汇入滹沱河的支流长乐河流过。遗存分布疏密不等，遗址南部遗存分布密集，北部则较为稀疏。遗址包含龙山、二里头、周三个时期的遗存，其中，周时期遗存部分可早到西周时期。

1. 龙山时期

龙山时期遗存见于遗址西南角，只有零星发现，遗存分布稀疏（图5-223）。未见任何遗迹现象，只在地表发现有陶片。陶片多夹砂灰陶，纹饰多篮纹，可辨器形有鬲、带耳罐等。

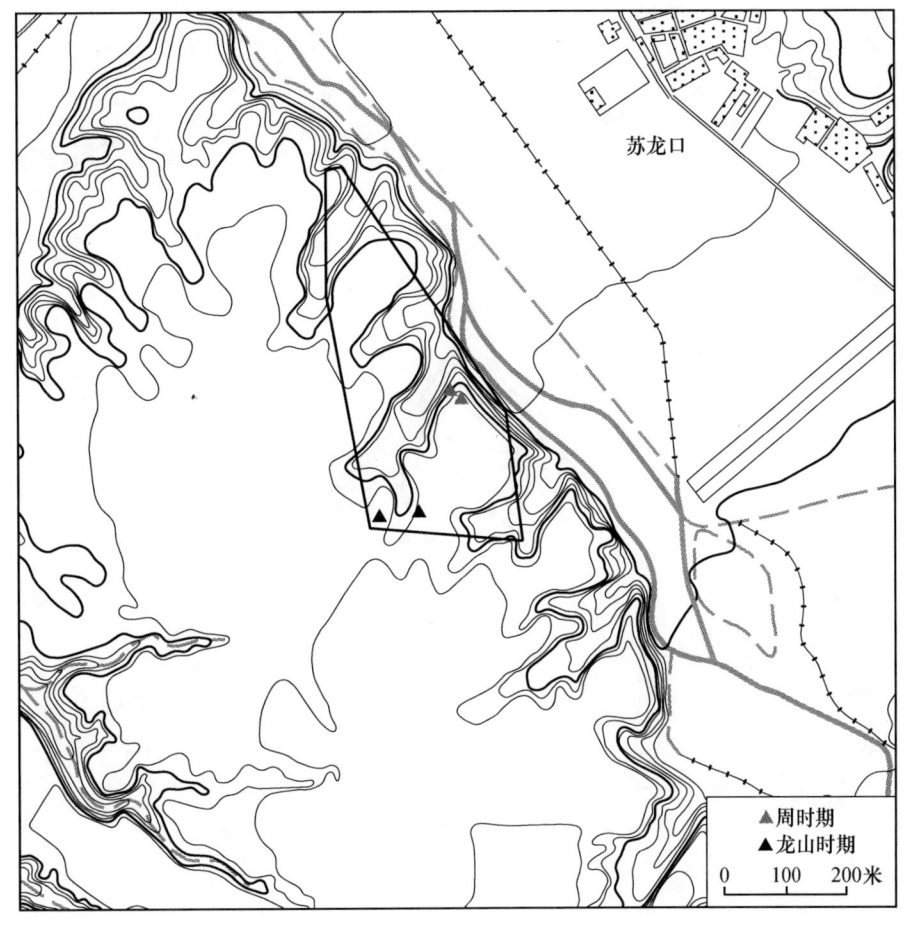

图 5-223　苏龙口Ⅲ号遗址龙山、周时期遗存分布图

带耳罐　1件。YP080403C006：1，泥质灰褐陶。深腹。腹部有桥形耳，器表饰篮纹（图5-225，6）。

2. 二里头时期

二里头时期遗存见于整个遗址，遗存分布疏密不等，遗址北部遗存分布较稀疏，南部则较为密集（图5-224）。未见任何遗迹现象，只在地表发现有较多陶片。陶片多夹砂灰陶，纹饰以绳纹为主，可辨器形有鬲、蛋形瓮、盆、盉、罐等。

鬲足　1件。YP080403A004：1，夹砂褐陶。袋足，锥状实足跟。足部饰绳纹（图5-225，5）。

蛋形瓮　1件。YP080403B006：1，夹砂褐陶。平沿内折，敛口，深鼓腹。素面（图5-225，3）。

蛋形瓮足　1件。YP080403A004：2，夹砂褐陶。长实足跟。足部饰绳纹（图5-225，8）。

盆　2件。YP080403A003：1，夹砂褐陶。小翻沿，敞口，斜腹。唇部有花边装饰，腹部饰绳纹（图5-225，2）。YP080403C004：1，夹砂褐陶（夹细砂）。圆唇，翻沿，深腹。腹部有绳纹（图5-225，1）。

鬶足　1件。YP080403A002：1，夹砂褐陶。空足，细长锥状。足上部饰绳纹（图5-225，7）。

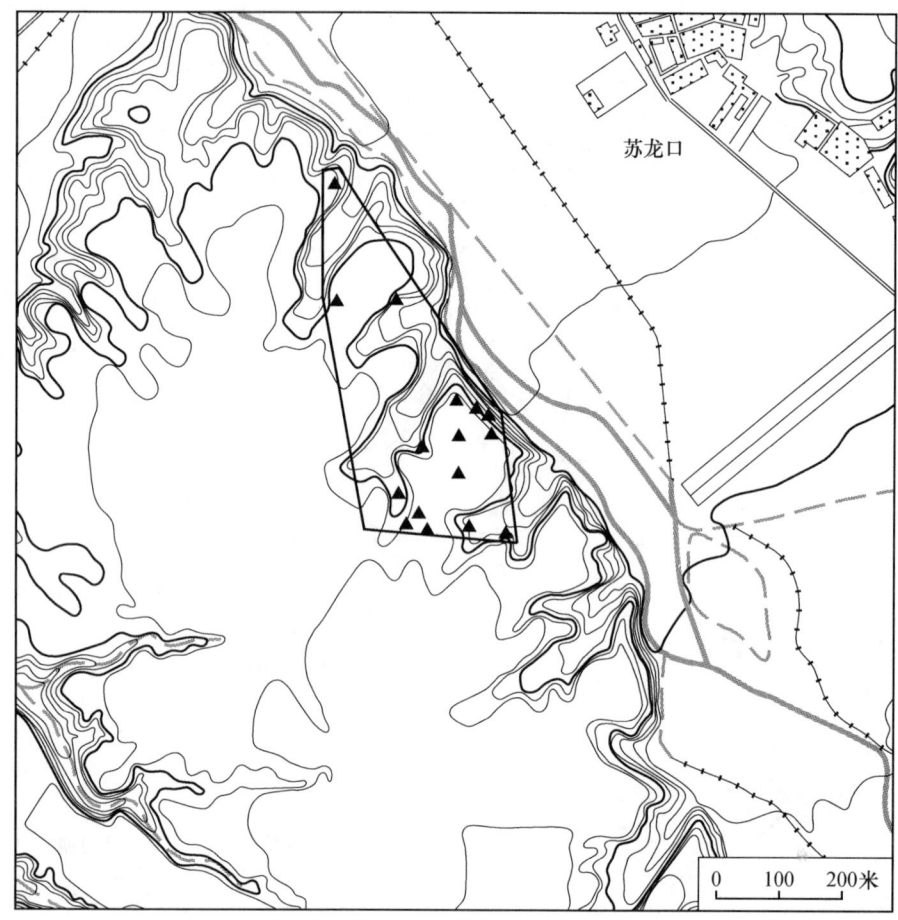

图 5-224　苏龙口Ⅲ号遗址二里头时期遗存分布图

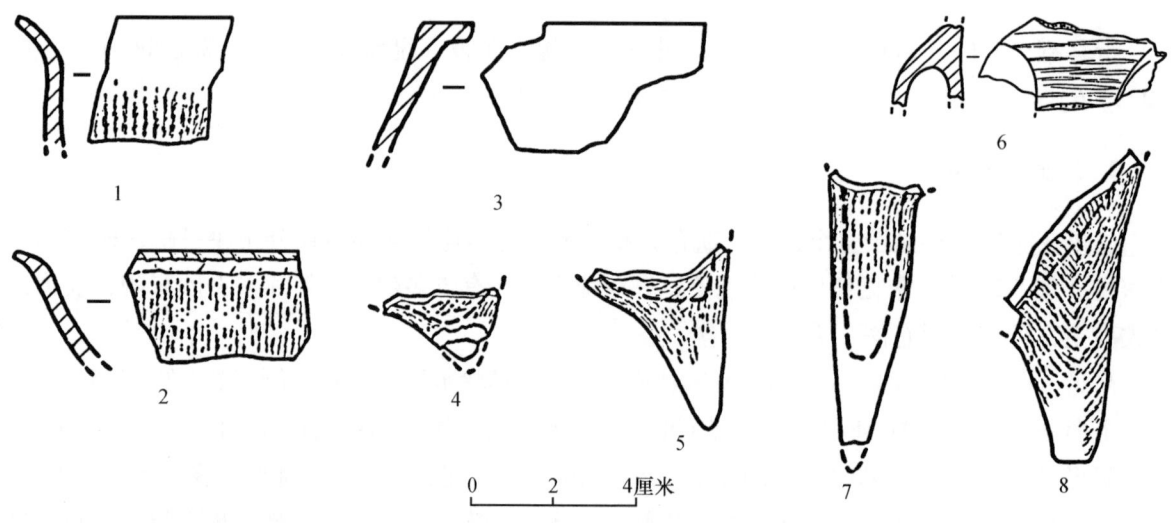

图 5-225　苏龙口Ⅲ号遗址陶器

1、2. 盆（YP080403C004:1、YP080403A003:1）　3. 蛋形瓮（YP080403B006:1）　4、5. 鬲足（YP080403B004:1、YP080403A004:1）　6. 带耳罐（YP080403C006:1）　7. 鬶足（YP080403A002:1）　8. 蛋形瓮足（YP080403A004:2）

（1、3、5、7、8. 二里头时期；4. 周时期；6. 龙山时期）

3. 周时期

周时期遗存见于遗址中部，遗存分布密集（图 5-223）。未见任何遗迹现象，只在地表发现有陶片。陶片多夹砂灰陶，纹饰以绳纹为主，可辨器形有鬲、罐等。

鬲足　1 件。YP080403B004:1，夹砂灰陶。空袋足。足部饰绳纹（图 5-225，4）。

八五、前街遗址

前街遗址位于原平市苏龙口镇郭家庄前街村东 150 米，面积 1.3 万平方米（彩版八一）。遗址处在滹沱河支流长乐河东岸的缓坡上，海拔 880~900 米，东高西低，向西倾斜。遗址除西面有长乐河由南向北流过外，南、北面都有水流流过。遗址面积虽小，但遗存分布略显密集。遗址包含龙山、二里头两个时期的遗存。

1. 龙山时期

龙山时期遗存见于遗址北部，遗存分布密集（图 5-226）。在冲沟的断面上和梯田的断面上发现 2 处文化层，未见其他遗迹现象。文化层内发现有少量陶片，地表也发现有陶片。陶片多夹砂灰陶，纹饰多绳纹、篮纹，可辨器形有鬲、罐等。

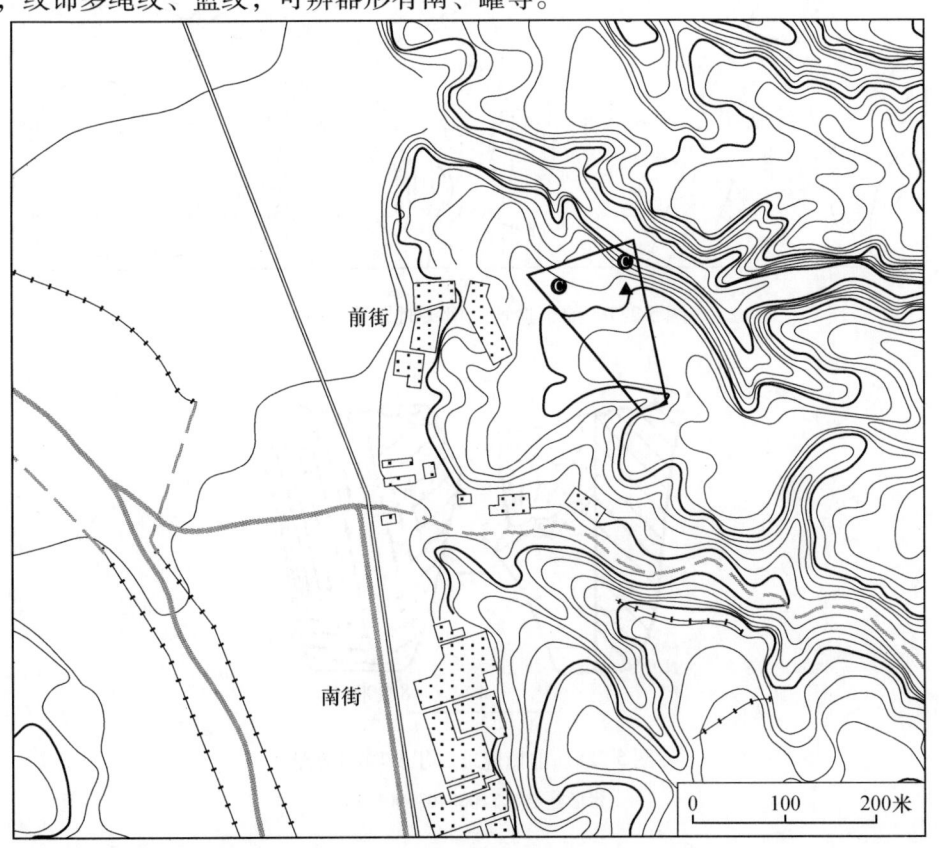

图 5-226　前街遗址龙山时期遗存分布图

2. 二里头时期

二里头时期遗存见于遗址东部，遗存分布较为稀疏（图 5-227）。未见任何遗迹现象，只在地表发现零星陶片。陶片多夹砂灰陶，纹饰以绳纹为主，可辨器形有蛋形瓮等。

蛋形瓮足　1 件。YP080403F001:1，夹砂灰褐陶。矮胖实足跟。器表饰绳纹（图 5-228）。

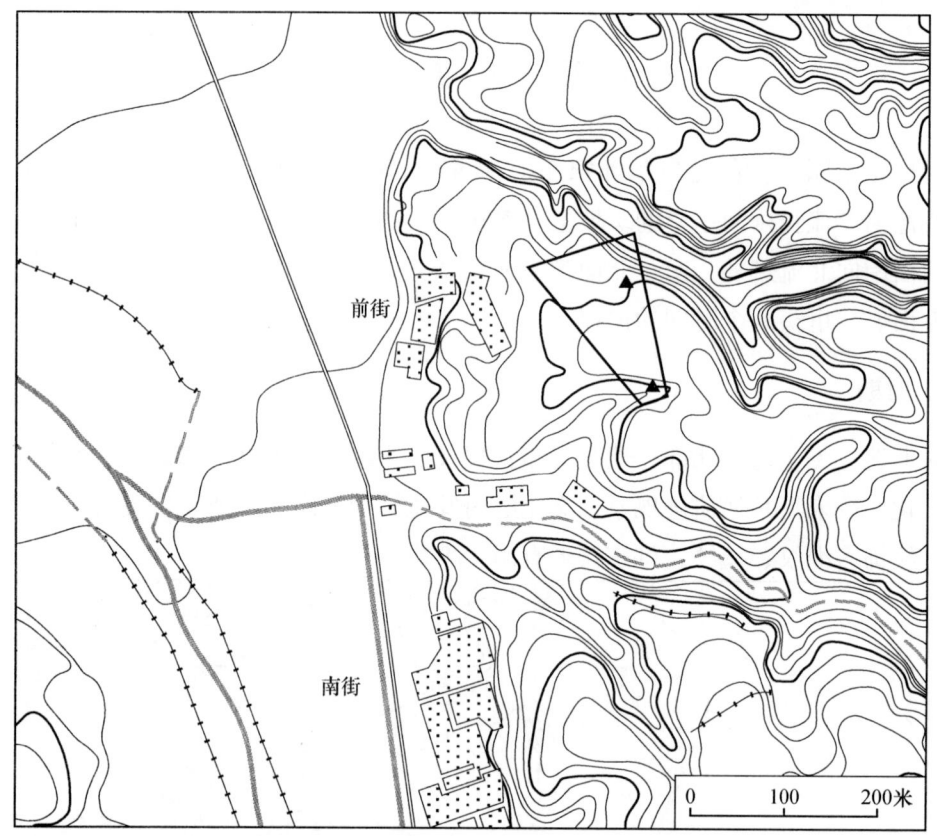

图 5-227　前街遗址二里头时期遗存分布图

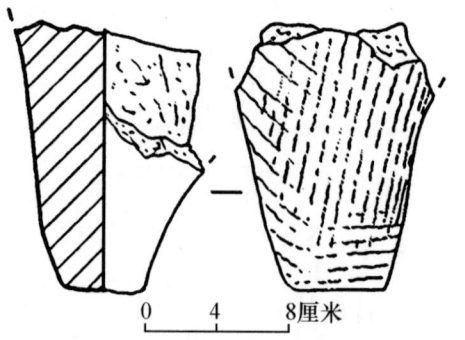

图 5-228　前街遗址二里头时期陶器
蛋形瓮足（YP080403F001:1）

八六、南街Ⅰ号遗址

南街Ⅰ号遗址位于原平市苏龙口镇郭家庄南街东，面积5.9万平方米（彩版八一），遗址处在滹沱河支流长乐河东岸的缓坡上，所在位置相对平缓，海拔895~925米，东高西低，向西倾斜，内有两条较宽的冲沟，起伏大。遗址北面有发源于山间的水流流过，西面有长乐河由南向北流过。遗存分布密集，遗址包含仰韶、龙山、二里头、东周四个时期的遗存。

1. 仰韶时期

仰韶时期遗存见于遗址中、东部，遗存分布稀疏（图5-229）。只在遗址中部的梯田断面上发现1处文化层，未见其他遗迹现象。文化层内包含有少量陶片，地表也有陶片发现。陶片多泥质红陶，多素面，有彩陶，可辨器形有盆、钵等。

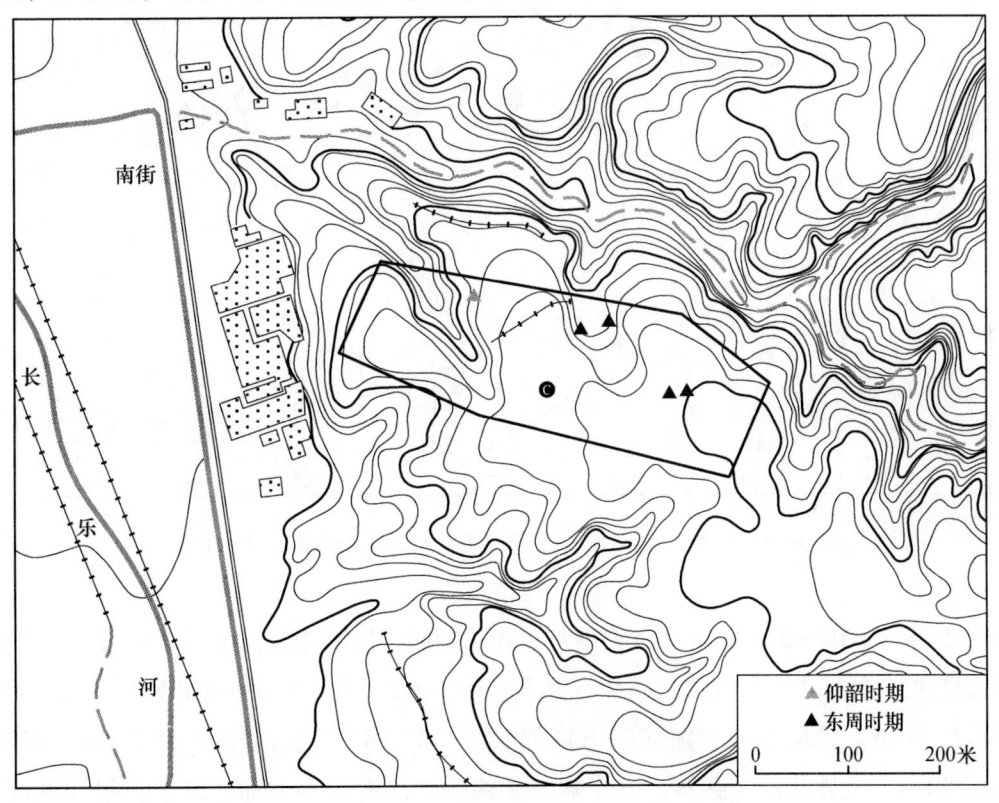

图5-229 南街Ⅰ号遗址仰韶、东周时期遗存分布图

陶罐 2件。YP080402I005∶1，泥质红陶。圆唇，敛口，深腹。腹部有旋纹（图5-232，3）。YP080402I006∶1，泥质褐陶。厚圆唇，微敛口，微鼓腹。腹部饰凹旋纹（图5-232，5）。

陶钵 1件。YP080402F009∶1，泥质褐陶。圆唇，微敛口，微鼓腹。素面（图5-232，6）。

2. 龙山时期

龙山时期遗存见于整个遗址，遗存分布较为密集（图 5-230）。遗迹较多，共发现 11 处文化层和 9 个灰坑，主要暴露于沟坎的断面和梯田的断面。遗迹内包含物丰富，尤以陶片最多，其次是石器。陶片多夹砂灰陶，纹饰多绳纹、篮纹、可辨器形有鬲、斝、甗、鬶、蛋形瓮、高领罐、带耳罐、罐等。石器有石刀等。

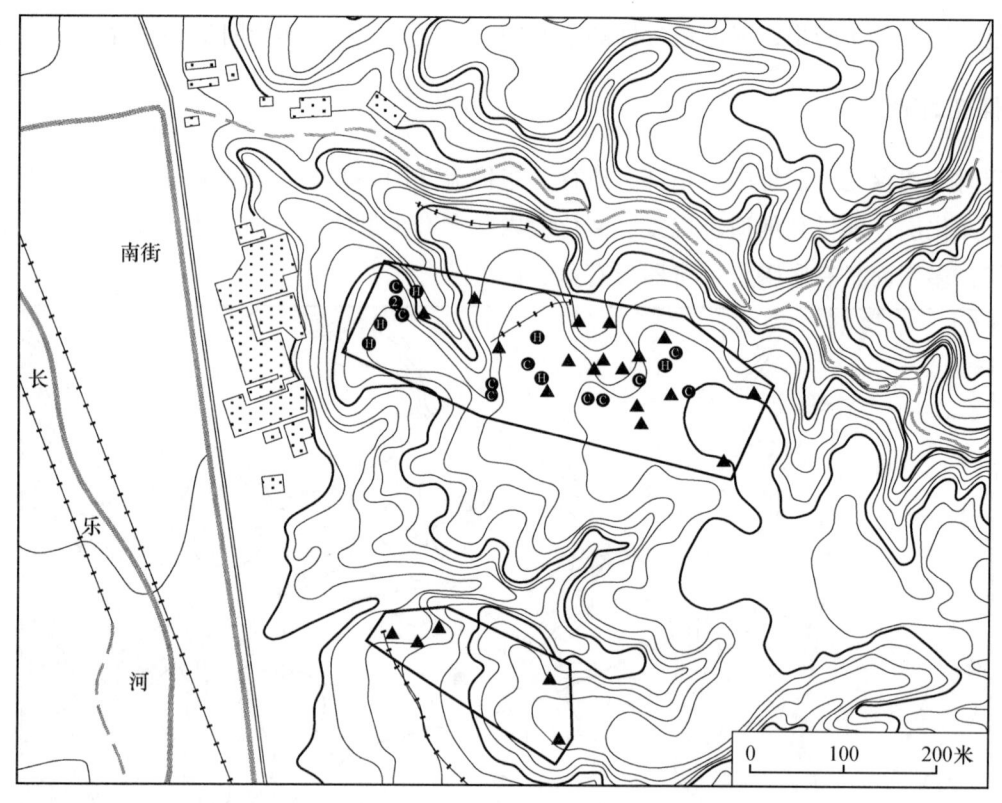

图 5-230 南街Ⅰ号（上）、Ⅱ号（下）遗址龙山时期遗存分布图

陶鬲 5 件。YP080402H003-C:5，夹砂灰黑陶。圆唇，口微外翻，矮领，分裆，大袋足外鼓。唇部有花边装饰，领部以下饰绳纹，裆部有鋬手（图 5-232，4）。YP080402I013:1，夹砂黑陶。尖圆唇，翻沿，矮领，袋足外鼓。领部以下饰绳纹。口径 18.4、残高 13.5 厘米（图 5-232，14）。YP080402G001:1，夹砂灰陶。圆唇，口外翻，矮领。唇部有花边装饰，口下有附加堆纹，领部饰斜篮纹。口径 24、残高 5.6 厘米（图 5-232，9）。YP080402H005:1，夹砂灰黑陶。圆唇，口外翻，矮领，袋足外鼓。唇部有花边装饰，口内有凹旋纹，器表饰绳纹（图 5-232，2）。YP080402H007:1，夹砂灰黑陶。矮领，近直口，袋足外鼓。领部以下饰绳纹（图 5-232，12）。

陶鬲足 4 件。YP080402H003-C:3，夹砂灰黑陶。肥袋足，微有实足跟。袋足饰绳纹（图 5-232，13）。YP080402H003-C:4，夹砂灰褐陶。大袋足，微有实足跟。袋足饰绳纹，其上有鋬手，跟部素面（图 5-232，11）。YP080402H005:3，夹砂灰陶。空袋足，微有实足跟。足部饰

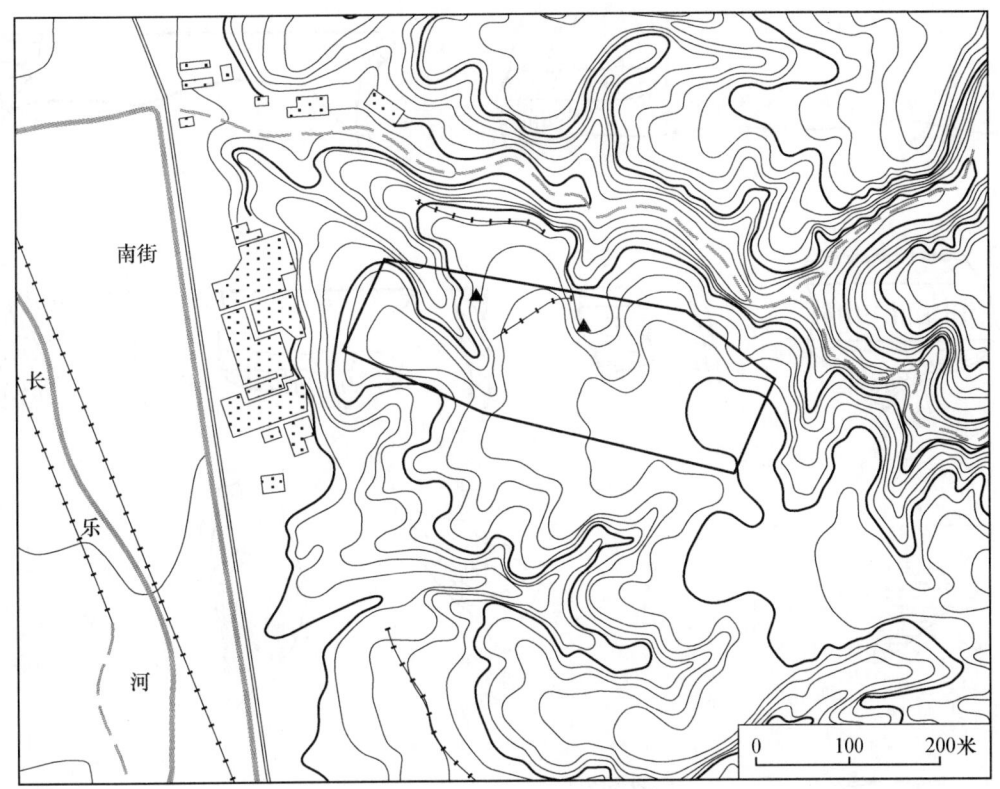

图 5-231　南街 I 号遗址二里头时期遗存分布图

绳纹（图 5-232，7）。YP080402I014-H：1，夹砂灰褐陶。中空，有实足跟。足部饰绳纹（图 5-232，8）。

陶斝　2 件。YP080402F005：1，夹砂灰黑陶。敛口，口部加厚，折肩，深腹。肩部有竖篮纹，腹部饰绳纹。口径 26、残高 6.4 厘米（图 5-232，1）。YP090407E001-H：1，夹砂黑灰陶。宽沿，近直口，深腹微鼓。腹部饰绳纹，其上有附加堆纹（图 5-232，10）。

陶鬲　2 件。YP080402F008：2，夹砂灰黑陶。束腰，有隔，分裆，大袋足外鼓。腹部饰绳纹，腰部有附加堆纹（图 5-232，15）。YP080402H003-C：2，夹砂灰陶。束腰，有隔，大袋足外鼓。器表饰绳纹（图 5-233，3）。

陶鬶足　1 件。YP080402G005-C：1，夹砂灰陶（夹细砂）。器薄，空袋足。足部饰绳纹（图 5-233，7）。

陶蛋形瓮　3 件。YP080402H003-C：1，泥质褐陶。平沿，敛口，深鼓腹。腹部饰斜篮纹。口径 36、残高 8 厘米（图 5-233，1）。YP080402F008：1，泥质褐陶。宽沿，敛口，深鼓腹。口部有附加堆纹，腹部饰竖篮纹（图 5-233，2）。YP080402F006：1，泥质灰陶。宽沿，敛口，深鼓腹。腹部饰竖篮纹（图 5-233，6）。

陶蛋形瓮足　1 件。YP090407C001：2，夹砂灰黑陶。柱状实足跟，已残，截面呈方形。器表饰绳纹（图 5-233，9）。

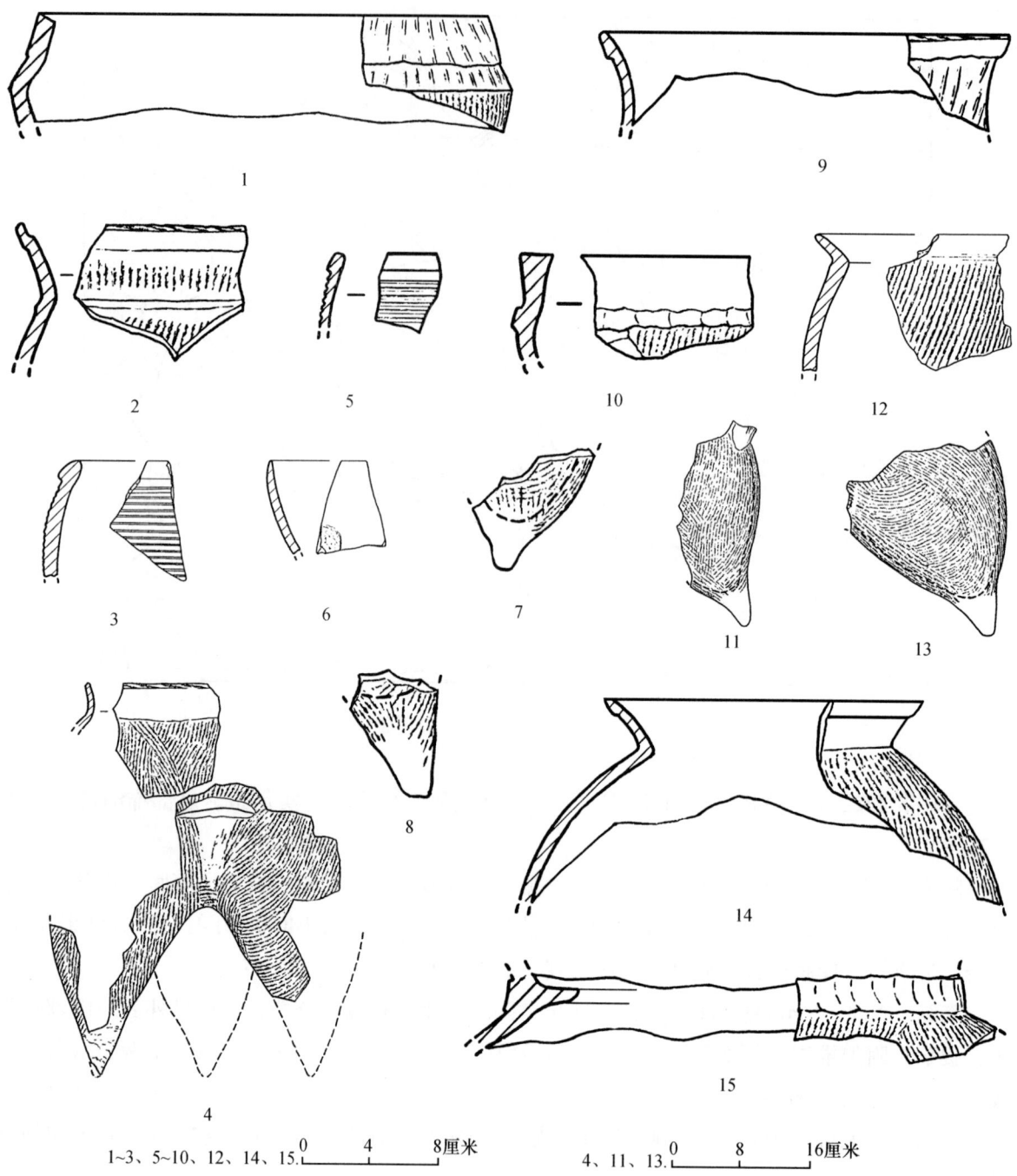

图 5-232 南街 I 号遗址仰韶、龙山时期陶器

1、10. 陶斝（YP080402F005：1、YP090407E001-H：1） 2、4、9、12、14. 陶鬲（YP080402H005：1、YP080402H003-C：5、YP080402G001：1、YP080402H007：1、YP080402I013：1） 3、5. 陶罐（YP080402I005：1、YP080402I006：1） 6. 陶钵（YP080402F009：1） 7、8、11、13. 陶鬲足（YP080402H005：3、YP080402I014-H：1、YP080402H003-C：4、YP080402H003-C：3） 15. 陶甗（YP080402F008：2）

（1、2、4、7~15. 龙山时期；3、5、6. 仰韶时期）

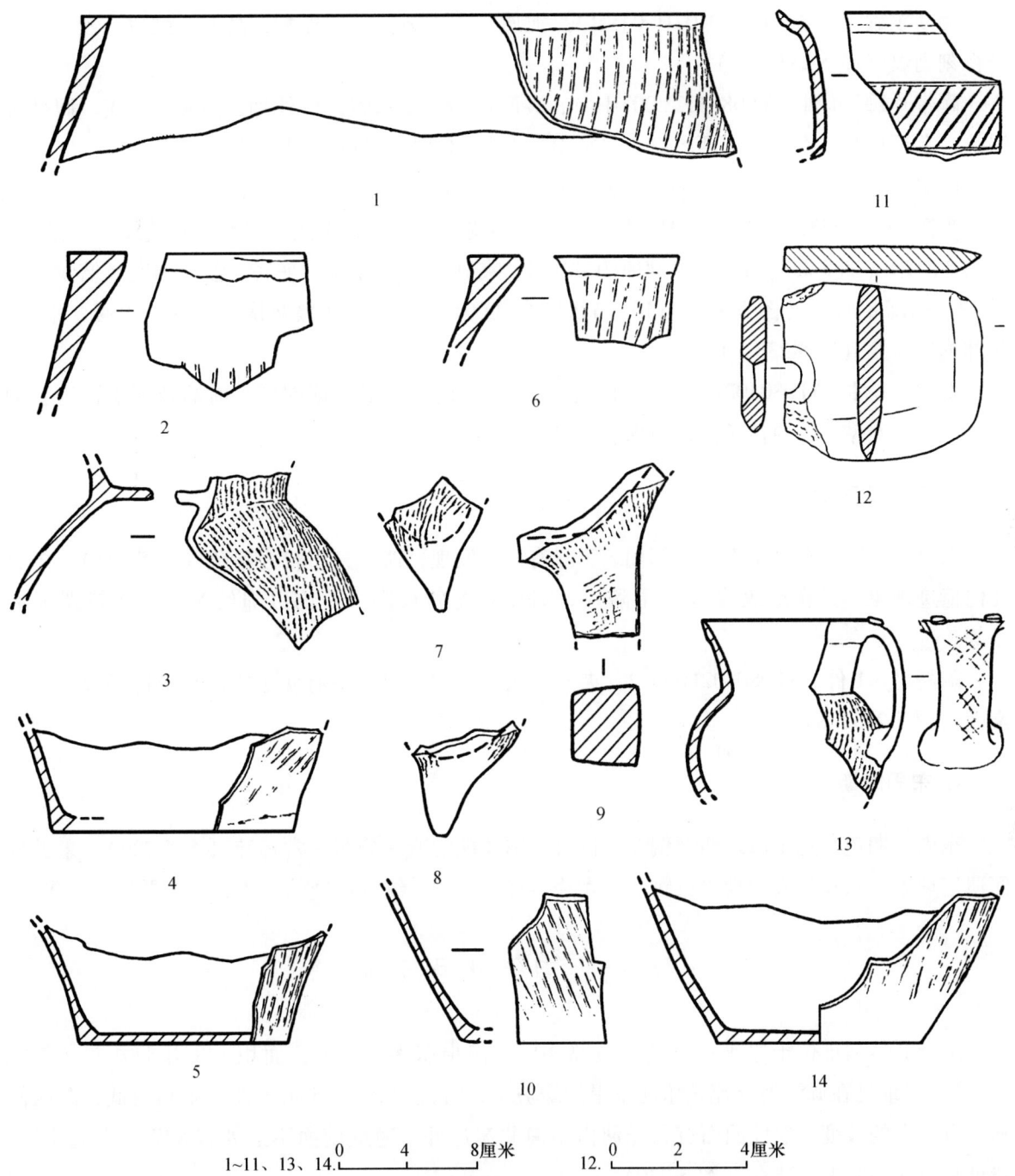

图 5-233 南街Ⅰ号遗址龙山、二里头时期陶、石器

1、2、6. 陶蛋形瓮（YP080402H003-C:1、YP080402F008:1、YP080402F006:1） 3. 陶甗（YP080402H003-C:2） 4、5、10、14. 陶罐（YP080402F008:3、YP080402H005:2、YP090407E001-H:2、YP090407C001:1） 7. 陶鬶足（YP080402G005-C:1） 8. 陶鬲足（YP080402F009:2） 9. 陶蛋形瓮足（YP090407C001:2） 11. 陶高领罐（YP080402H004-C:1） 12. 石刀（YP080402I017:1） 13. 陶带耳罐（YP080402H007-H:1）

（1~7、9~14. 龙山时期；8. 二里头时期）

陶高领罐　1件。YP080402H004-C:1，泥质灰陶。圆唇，口外翻，高领，鼓肩。领下部有平行刻划纹（图5-233，11）。

陶带耳罐　1件。YP080402H007-H:1，夹砂灰陶。小圆唇，口外翻，高领，鼓腹。腹部饰绳纹，有桥形耳，耳顶端有两乳钉。口径10、残高10厘米（图5-233，13）。

陶罐　4件。YP080402H005:2，夹砂灰褐陶。深腹，平底。腹部饰竖篮纹。底径12、残高6.4厘米（图5-233，5）。YP080402F008:3，夹砂褐陶。深腹，平底。腹部饰斜篮纹。底径14、残高6厘米（图5-233，4）。YP090407C001:1，夹砂灰陶。深腹，平底。器表饰宽竖篮纹。底径12、残高8厘米（图5-233，14）。YP090407E001-H:2，夹砂黑灰陶。器薄，深腹，平底。腹部饰斜篮纹（图5-233，10）。

石刀　1件。YP080402I017:1，红褐色，已残。近长方形，顶端厚，前端及下端皆为双面刃，中部有对钻孔。通体琢制，刃部磨光（图5-233，12）。

3. 二里头时期

二里头时期遗存见于遗址中部偏北，只有零星发现，遗存分布较为稀疏（图5-231）。未见任何遗迹现象，只在地表发现零星陶片。陶片多夹砂灰陶，纹饰以绳纹为主，可辨器形有鬲等。

陶鬲足　1件。YP080402F009:2，夹砂灰黑陶。肥袋足，下有实足跟。足部饰绳纹，跟部素面（图5-233，8）。

4. 东周时期

东周时期遗存见于遗址西部偏北，仅有个别发现，遗存分布非常稀疏（图5-229）。未见任何遗迹现象，只在地表发现少量陶片。陶片多夹砂灰陶，纹饰以绳纹为主，可辨器形有罐等。

八七、南街Ⅱ号遗址

南街Ⅱ号遗址位于原平市苏龙口镇郭家庄村南街东南200米，面积1.8万平方米（彩版八一）。遗址处在滹沱河支流长乐河东岸的缓坡上，海拔880~915米，地势东高西低，向西倾斜，有一定的坡度。遗址西面有长乐河由南向北流过外，遗址南面不远处有季节性水流流过。遗址只有龙山时期的遗存（图5-230）。

遗存分布略显稀疏，且有一点落差。未见任何遗迹现象，只在地表发现有陶片。陶片多夹砂灰陶，纹饰多篮纹、绳纹，可辨器形有蛋形瓮、罐等。

八八、梁顶遗址

梁顶遗址位于原平市苏龙口镇郭家庄梁顶东南200米，面积26.5万平方米（彩版八一）。

遗址处在滹沱河支流长乐河西岸的台地上，海拔860～920米，西高东低，由于遗址处在台地边缘，宽窄、深浅不一的冲沟布满整个遗址，地势起伏较大，遗存多发现于这些冲沟的边缘。遗址除东面有由南向北汇入滹沱河的长乐河外，南面还有较小的水流分布。遗存分布疏密不等，靠近台地的边缘位置遗存分布相对密集。遗址包含仰韶、龙山、二里头、东周四个时期的遗存，其中，东周时期遗存部分可进一步确认为战国时期。

1. 仰韶时期

仰韶时期遗存见于遗址东部，主要见于台地边缘的位置，遗存分布非常稀疏（图5-234）。未见任何遗迹现象，只在地表发现零星陶片。陶片多泥质红陶，多素面，可辨器形有钵等。

陶钵　1件。YP080402A005:1，泥质红陶。圆唇，敛口，微鼓腹。素面（图5-237，7）。

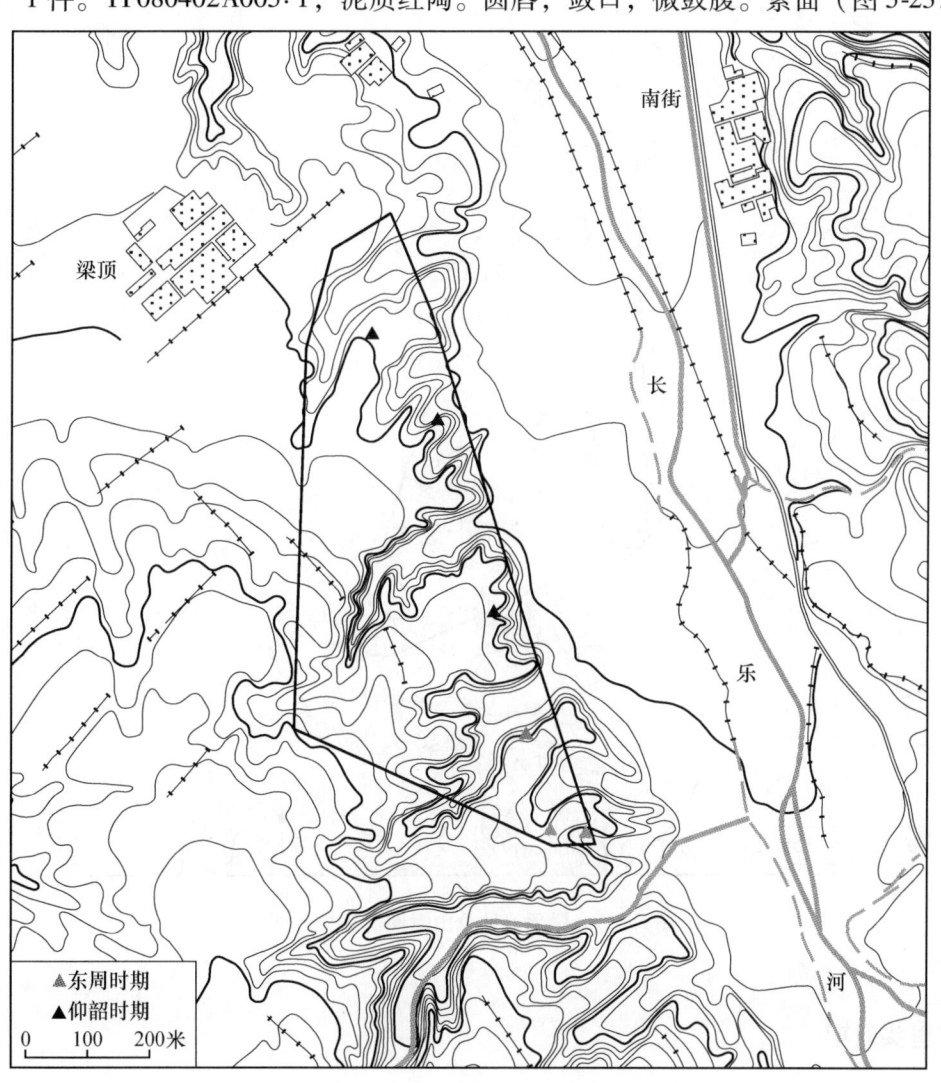

图 5-234　梁顶遗址仰韶、东周时期遗存分布图

2. 龙山时期

龙山时期遗存见于遗址北端及中部地势相对平坦的位置，遗存分布稀疏（图5-235）。未见任何遗迹现象，只在地表发现有陶片。陶片多夹砂灰陶，纹饰多绳纹、篮纹，可辨器形有鬲、罐等。

陶鬲　1件。YP080402C016:1，夹砂灰陶。矮领，袋足外鼓。腹部饰绳纹（图5-237，1）。

图5-235　梁顶遗址龙山时期遗存分布图

3. 二里头时期

二里头时期遗存见于遗址中、北部，主要分布在靠近台地边缘的位置，遗存分布密集（图5-236）。共发现1处文化层和1个灰坑，分别见于遗址中部和北部的断面上。遗迹内包含物

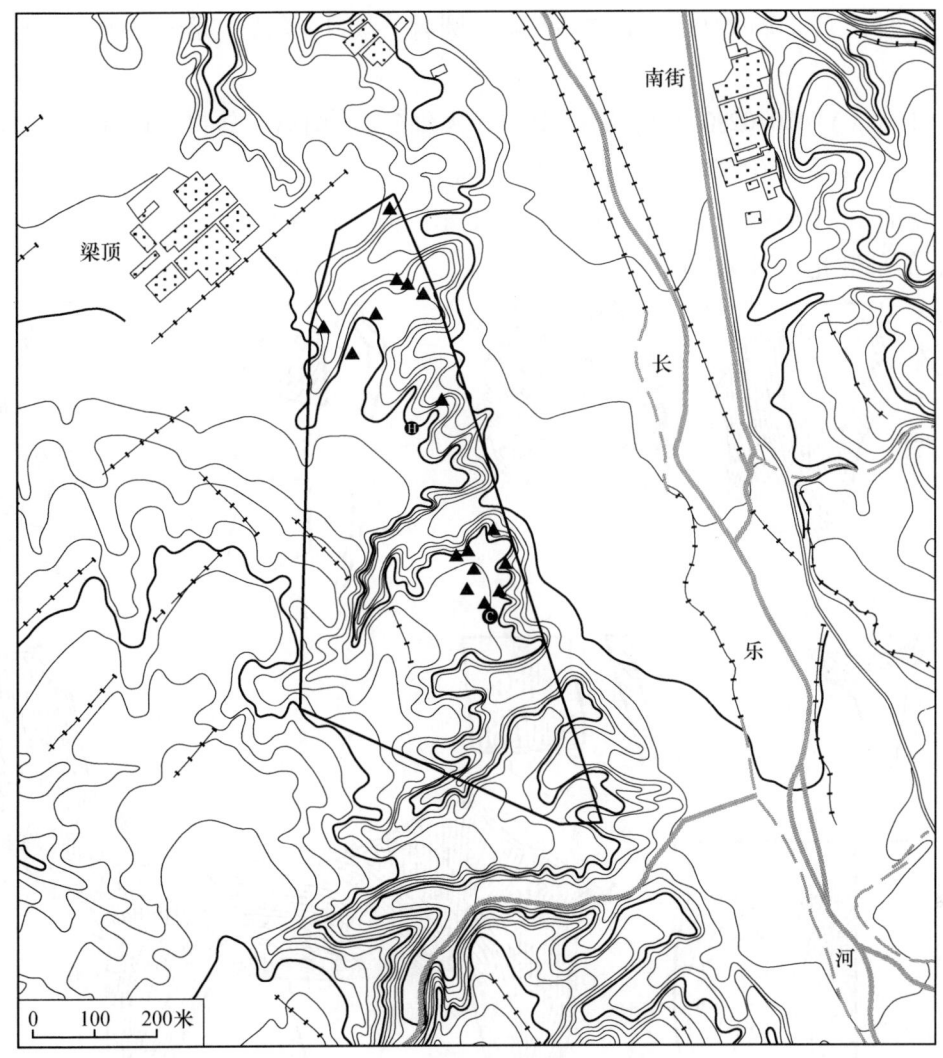

图 5-236 梁顶遗址二里头时期遗存分布图

丰富，尤以陶片最多，地表也有较多遗物分布，遗物以陶片为主，此外发现有少量石器。陶片多夹砂灰陶，纹饰以绳纹为主，可辨器形有鬲、斝、蛋形瓮、盆、罐等。石器有石斧等。

陶鬲　1件。YP080402B015-C∶1，夹砂黑陶。圆唇，口外翻，矮领，分裆。领部以下饰绳纹（图5-237，3）。

陶鬲足　1件。YP080402B013∶1，泥质灰陶。锥状实足跟。足部饰绳纹，跟部素面（图5-237，2）。

陶斝　1件。YP080402A004∶1，夹砂褐陶。圆唇，敛口，折肩，深腹。肩部有戳印纹，腹部饰绳纹（图5-237，6）。

陶蛋形瓮　2件。YP080402B012∶2，夹砂褐陶。小平沿，微敛口，深腹，器表有绳纹（图5-237，5）。YP080402B012∶1，夹砂红褐陶。鼓腹，近平底，三实足跟。器表饰绳纹（图5-237，10）。

陶盆　1件。YP080402A006:1，夹砂灰陶。圆唇，敞口，斜腹。器表饰绳纹，腹部有錾手（图5-237，8）。

陶罐　1件。YP080402J007:1，夹砂褐陶（夹细砂）。圆唇，侈口。口部有按捺状附加堆纹，其上有纽状錾手，领部饰绳纹（图5-237，9）。

石斧　1件。YP080402B016:1，青灰色。上窄下宽，近梯形，双面刃，刃部有使用痕迹。通体琢制，刃部磨光（图5-237，4）。

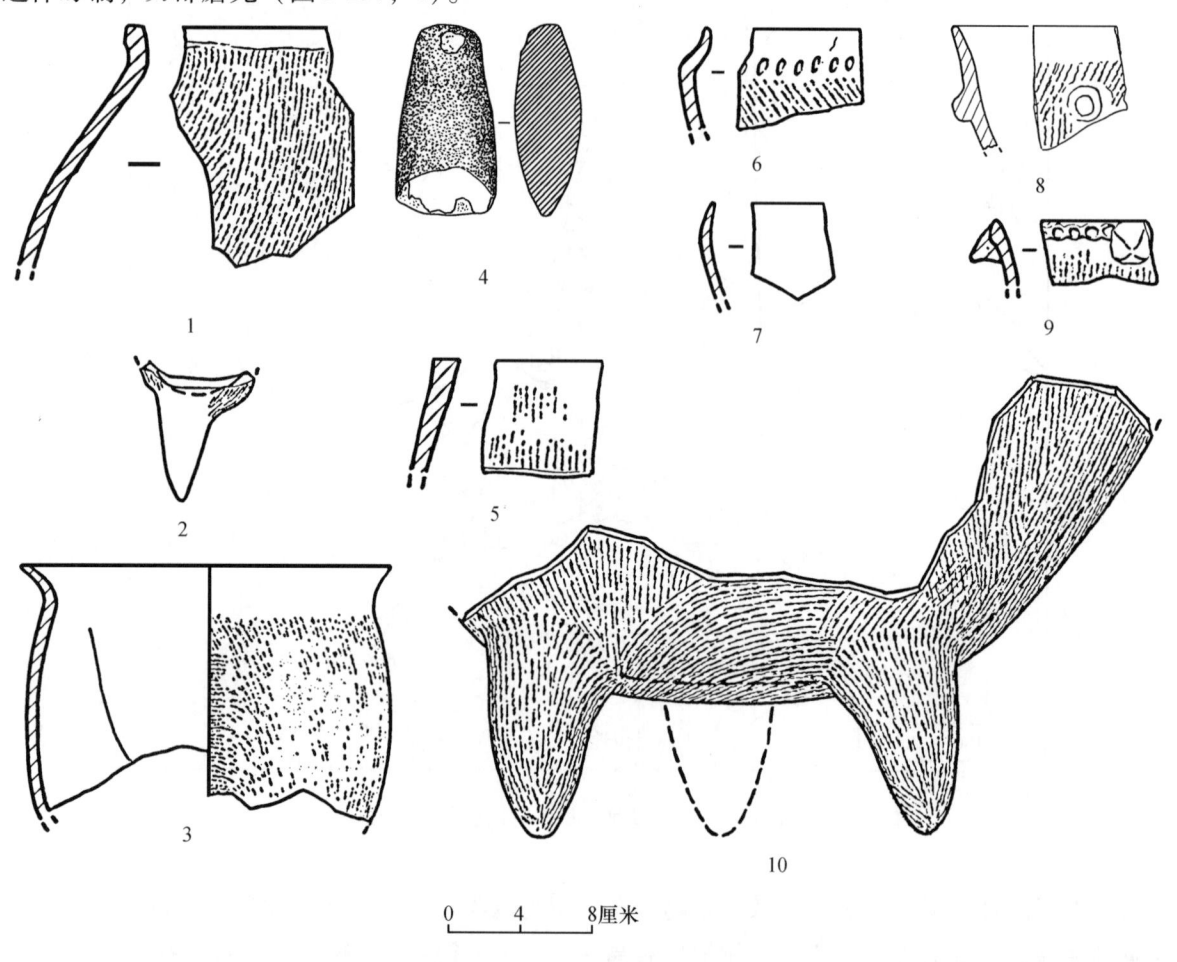

图5-237　梁顶遗址陶、石器

1、3. 陶鬲（YP080402C016:1、YP080402B015-C:1）　2. 陶鬲足（YP080402B013:1）　4. 石斧（YP080402B016:1）　5、10. 陶蛋形瓮（YP080402B012:2、YP080402B012:1）　6. 陶斝（YP080402A004:1）　7. 陶钵（YP080402A005:1）　8. 陶盆（YP080402A006:1）　9. 陶罐（YP080402J007:1）

（1. 龙山时期；2~6、8~10. 二里头时期；7. 仰韶时期）

4. 东周时期

东周时期遗存见于遗址东南部，遗存分布稀疏（图5-234）。未见任何遗迹现象，只在地表发现有陶片。陶片多夹砂灰陶，纹饰以绳纹为主，有粗大绳纹，可辨器形有豆、罐等。

八九、下长乐Ⅰ号遗址

下长乐Ⅰ号遗址位于原平市苏龙口镇下长乐村南400米，面积18.5万平方米（彩版七九，2）。遗址处在滹沱河支流长乐河西岸的台地前缘，海拔895~970米，遗址南、北各据一山丘，中间地势较低，崎岖不平，起伏较大。发源于山间的水流横穿遗址中部，遗址南面也有发源于山间的水流，长乐河由南向北流过遗址东面。遗存分布疏密不均，南部遗存分布较为密集。遗址包含龙山、二里头、东周三个时期的遗存，其中，东周时期遗存部分可进一步确认为战国时期。

1. 龙山时期

龙山时期遗存见于南部山丘较高处，遗存分布相对密集（图5-238）。未见任何遗迹现象，只在地表发现有陶片。陶片多夹砂灰陶，纹饰多绳纹，可辨器形有罐等。

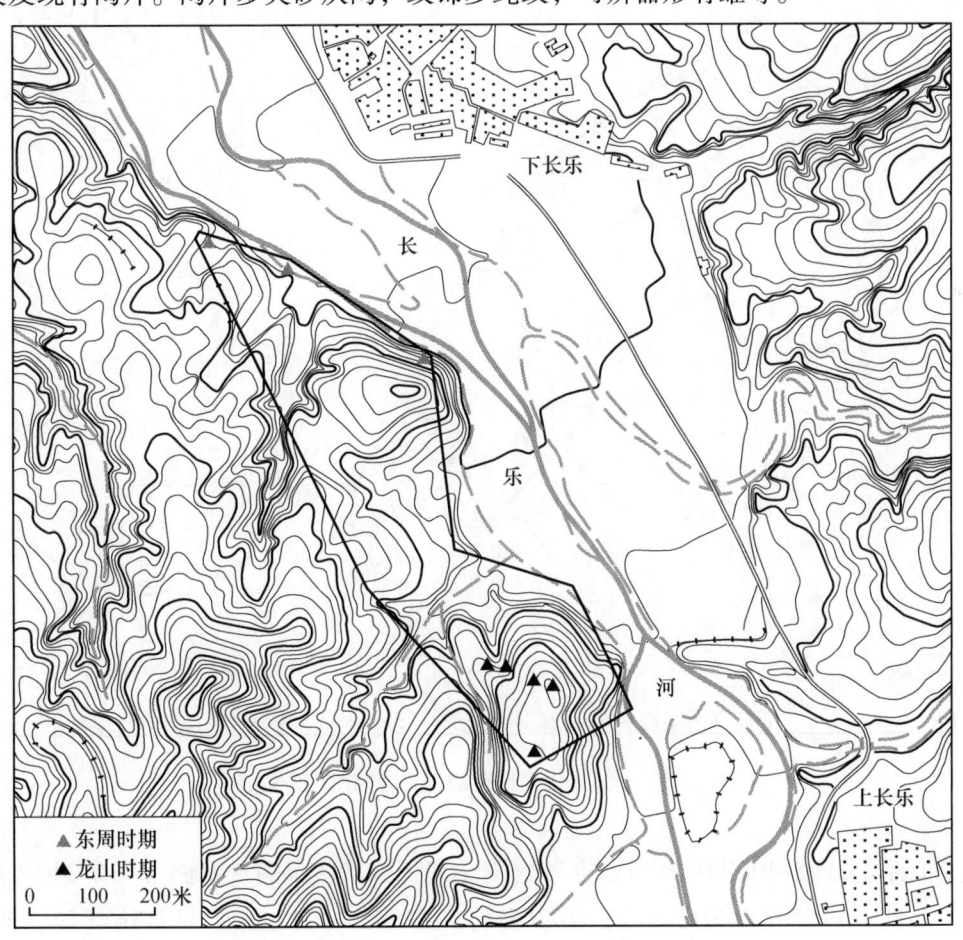

图5-238　下长乐Ⅰ号遗址龙山、东周时期遗存分布图

罐 1件。YP080402K002:1，夹砂灰陶（夹细砂）。鼓腹，平底。素面，器表粗糙。底径18.2、残高4厘米（图5-240，5）。

2. 二里头时期

二里头时期遗存见于遗址西北角之外的其他位置，遗址南部遗存分布密集（图5-239）。共发现2处文化层、1个灰坑和1座陶窑，其中，文化层全部分布在遗址南部山丘上，灰坑则见于北部山丘上，陶窑见于遗址中部较高位置，遗迹见于梯田的断面。遗迹内包含物丰富，尤以陶片最多，地表也发现较多陶片。陶片多夹砂灰陶，纹饰以绳纹为主，可辨器形有鼎、鬲、甗、蛋形瓮、盆、罐等。

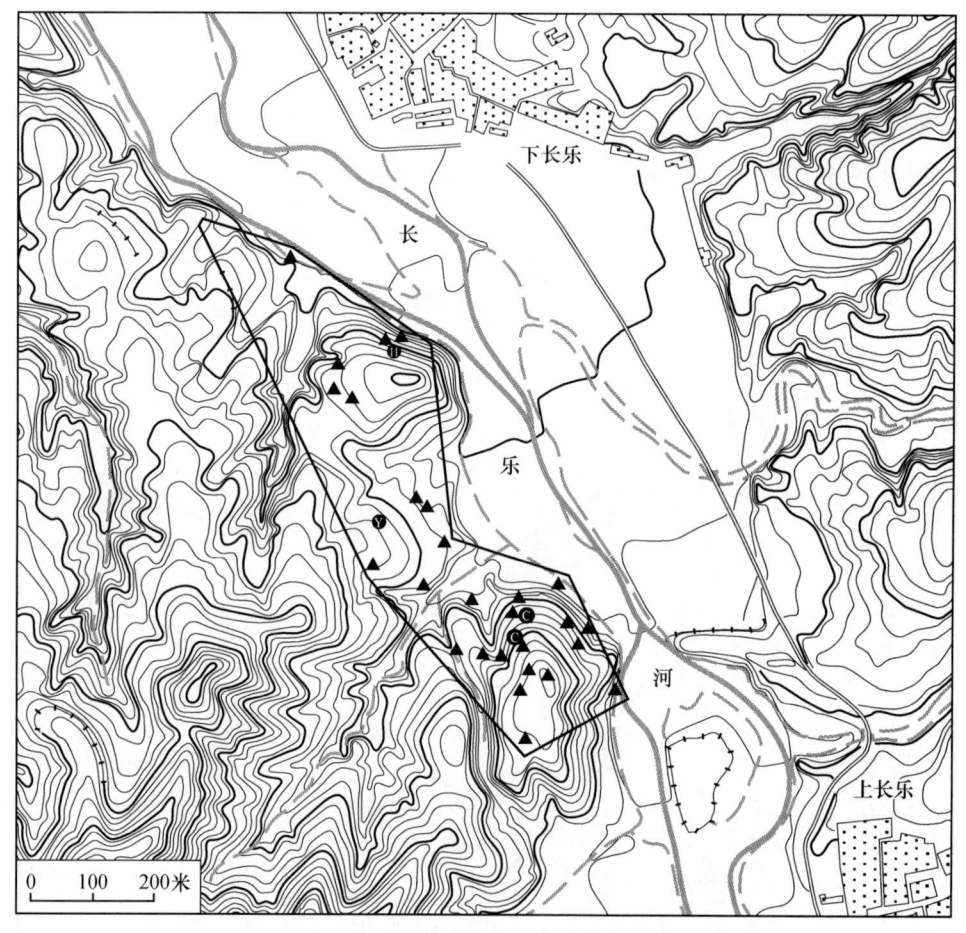

图5-239 下长乐Ⅰ号遗址二里头时期遗存分布图

鼎足 1件。YP080402B010-Y:1，夹砂褐陶。细长锥状实足跟。素面（图5-240，7）。

鬲足 1件。YP080402B010-Y:2，夹砂褐陶。袋足，有实足跟。足部饰绳纹，跟部素面（图5-240，4）。

甗 1件。YP080402B008:1，夹砂褐陶。束腰，有隔。器表饰绳纹（图5-240，6）。

盆 3件。YP080402K006：1，夹砂灰褐陶。圆唇，大敞口，斜腹。腹部饰绳纹（图5-240，1）。YP080402A001-C：1，夹砂褐陶。圆唇，敞口，斜腹，平底。器表饰绳纹。底径8.8、残高7厘米（图5-240，2；彩版一〇六，5）。YP080402K008：1，夹砂褐陶。圆唇，敞口，斜腹。腹部饰绳纹（图5-240，3）。

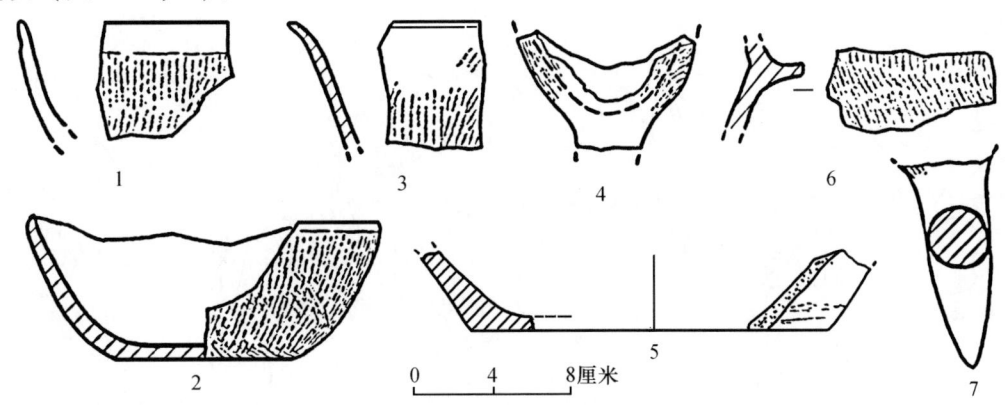

图5-240 下长乐Ⅰ号遗址陶器

1~3. 盆（YP080402K006：1、YP080402A001-C：1、YP080402K008：1） 4. 鬲足（YP080402B010-Y：2） 5. 罐（YP080402K002：1）
6. 甗（YP080402B008：1） 7. 鼎足（YP080402B010-Y：1）
（1~4、6、7. 二里头时期；5. 龙山时期）

3. 东周时期

东周时期遗存只见于遗址北部位置较低处，遗存分布稀疏（图5-238）。未见任何遗迹现象，只在地表发现零星陶片。陶片多夹砂灰陶，纹饰以绳纹为主，可辨器形有罐等。

九〇、下长乐Ⅱ号遗址

下长乐Ⅱ号遗址位于原平市苏龙口镇下长乐村西南1500米，面积4.2万平方米（彩版八二，1）。遗址处在滹沱河南岸台地的纵深地带，分布在一略高起的平台上，海拔975~990米，地势较高，但较平坦。遗址四周为多条水流的源头。遗存分布密集，遗址包含仰韶、龙山、二里头三个时期的遗存。

1. 仰韶时期

仰韶时期遗存分布于整个遗址，除中部略显稀疏外，其他位置遗存分布都较为密集（图5-241）。未见任何遗迹现象，只在地表发现较多陶片。陶片多泥质红陶，多素面，可辨器形有钵、盆等。

盆 2件。YP080405E005：1，泥质红陶。厚圆唇，敞口，弧腹。素面（图5-243，1）。YP080405I001：1，泥质红陶。鼓腹，平底。素面。底径6.4、残高2厘米（图5-243，2）。

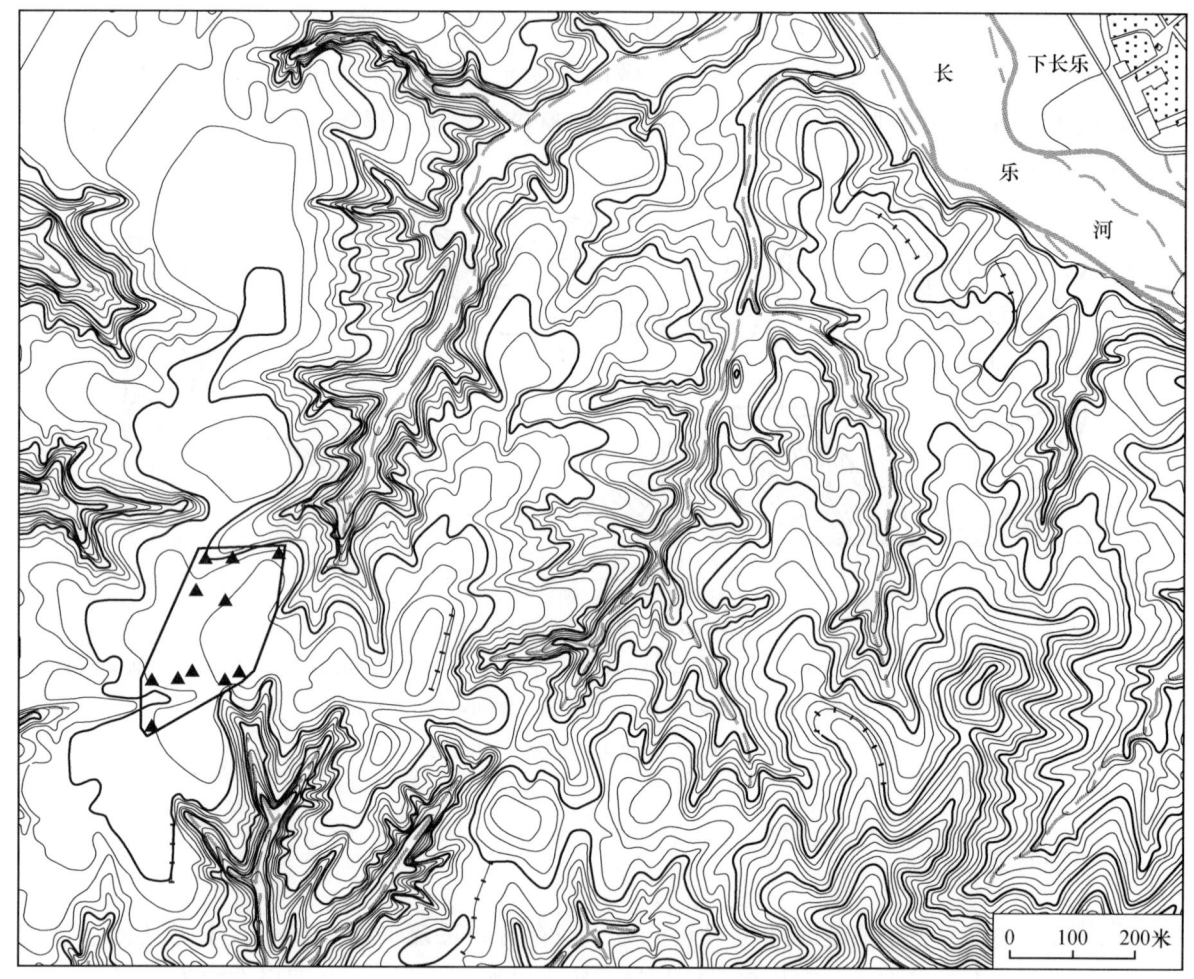

图 5-241　下长乐 II 号遗址仰韶时期遗存分布图

2. 龙山时期

龙山时期遗存见于遗址东部，只有零星发现，遗存分布稀疏（图 5-242）。未见任何遗迹现象，只在地表发现零星陶片。陶片多夹砂灰陶，纹饰有篮纹，可辨器形有盆等。

盆　1 件。YP080405E004：1，夹砂灰陶。近直口，深腹微鼓。素面，器表粗糙。口径 12.2、残高 5 厘米（图 5-243，3）。

3. 二里头时期

二里头时期遗存只见于遗址东南角，仅有个别发现，遗存分布非常稀疏（图 5-244）。未见任何遗迹现象，只在地表发现少量陶片。陶片多夹砂灰陶，纹饰以绳纹为主，可辨器形有鬲等。

鬲足　1 件。YP080405E002：1，夹砂褐陶。锥状实足跟。足部有绳纹，跟部素面（图 5-243，4）。

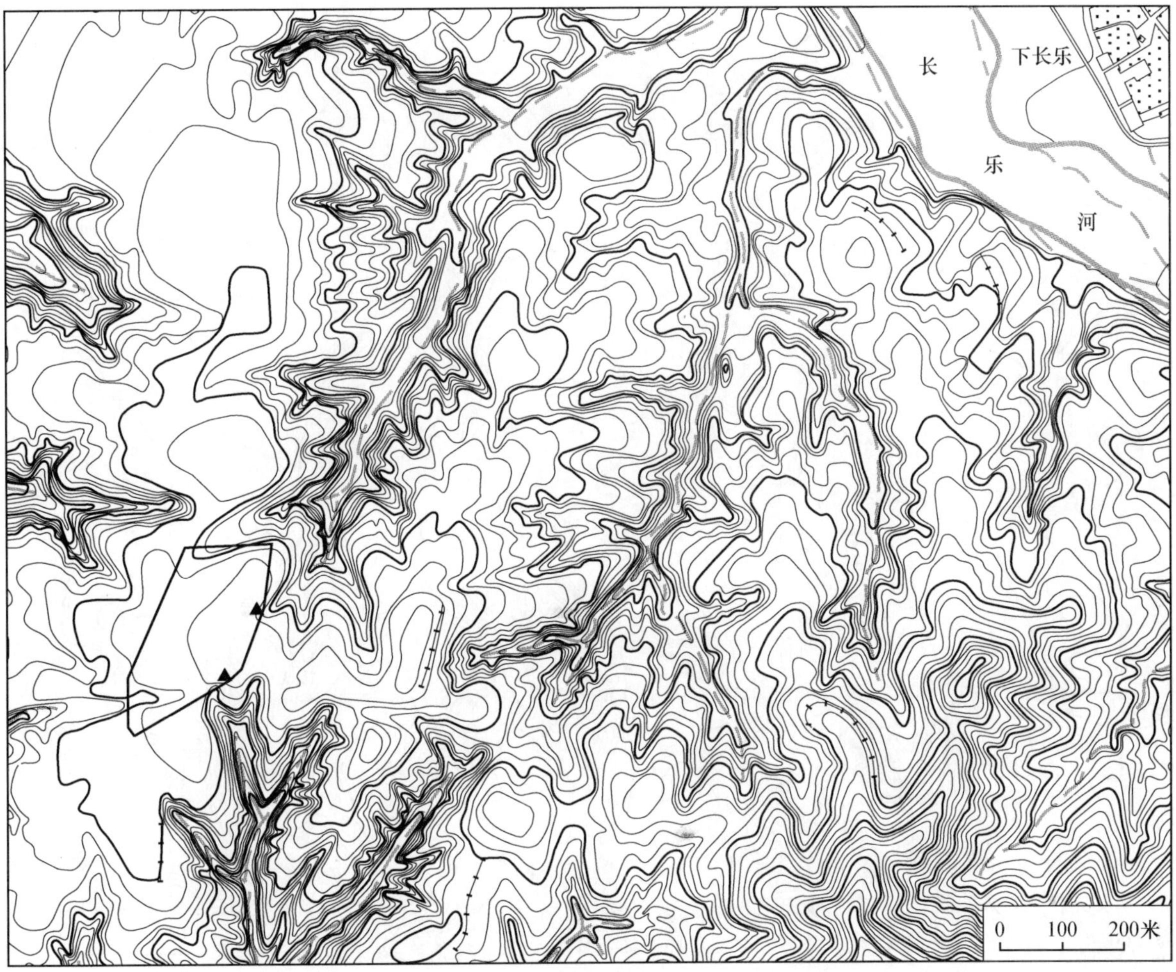

图 5-242　下长乐Ⅱ号遗址龙山时期遗存分布图

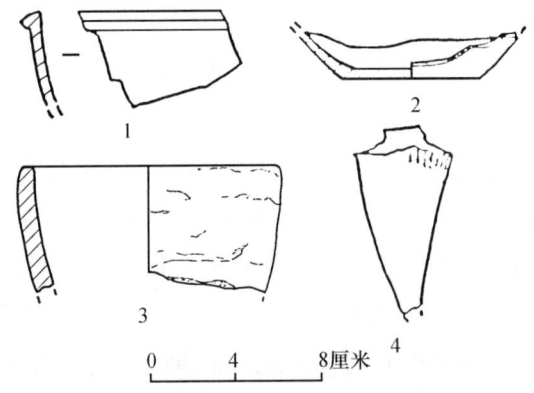

图 5-243　下长乐Ⅱ号遗址陶器

1~3. 盆（YP080405E005:1、YP080405I001:1、YP080405E004:1）　4. 鬲足（YP080405E002:1）

（1、2. 仰韶时期；3. 龙山时期；4. 二里头时期）

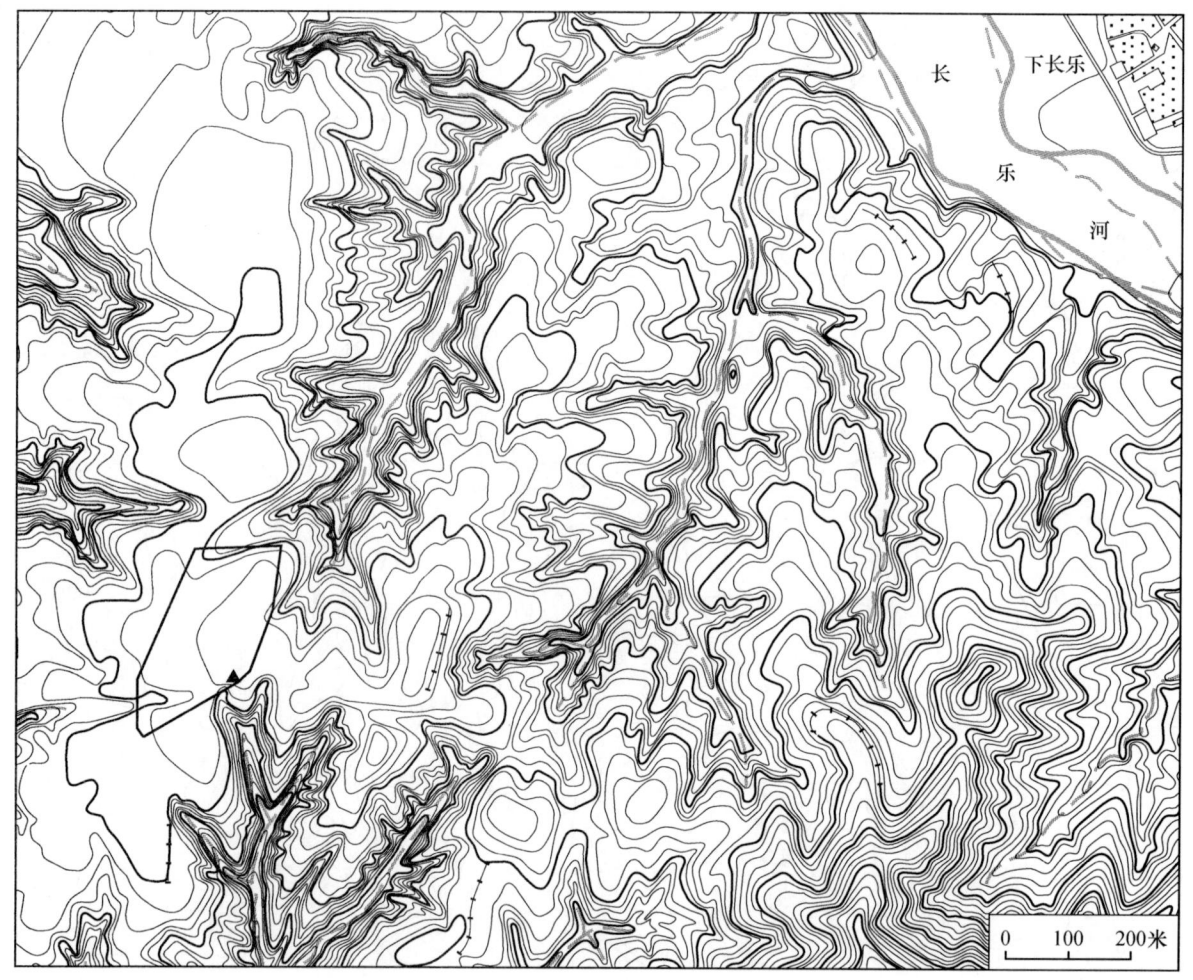

图 5-244　下长乐 II 号遗址二里头时期遗存分布图

九一、上长乐 I 号遗址

上长乐 I 号遗址位于原平市上长乐村东南 400 米，面积 40.4 万平方米（彩版八二，2）。遗址处在滹沱河支流长乐河东岸的缓坡上，海拔 940~1040 米，东高西低，向西倾斜，有一定的坡度。遗址横跨一条较大冲沟，沟内有水流汇入长乐河。遗址除西面有长乐河流过外，南面也有水流流过，最后汇入长乐河。遗存分布疏密不等，遗址北部遗存分布较为稀疏，南部则较为密集。遗址包含仰韶、龙山、二里头、东周四个时期的遗存，其中，东周时期遗存部分可进一步确认为战国时期。

1. 仰韶时期

仰韶时期遗存见于遗址南部，遗存分布略显稀疏（图 5-245）。未见任何遗迹现象，只在地表发现有陶片。陶片多泥质红陶，多素面，有彩陶，可辨器形有盆、钵等。

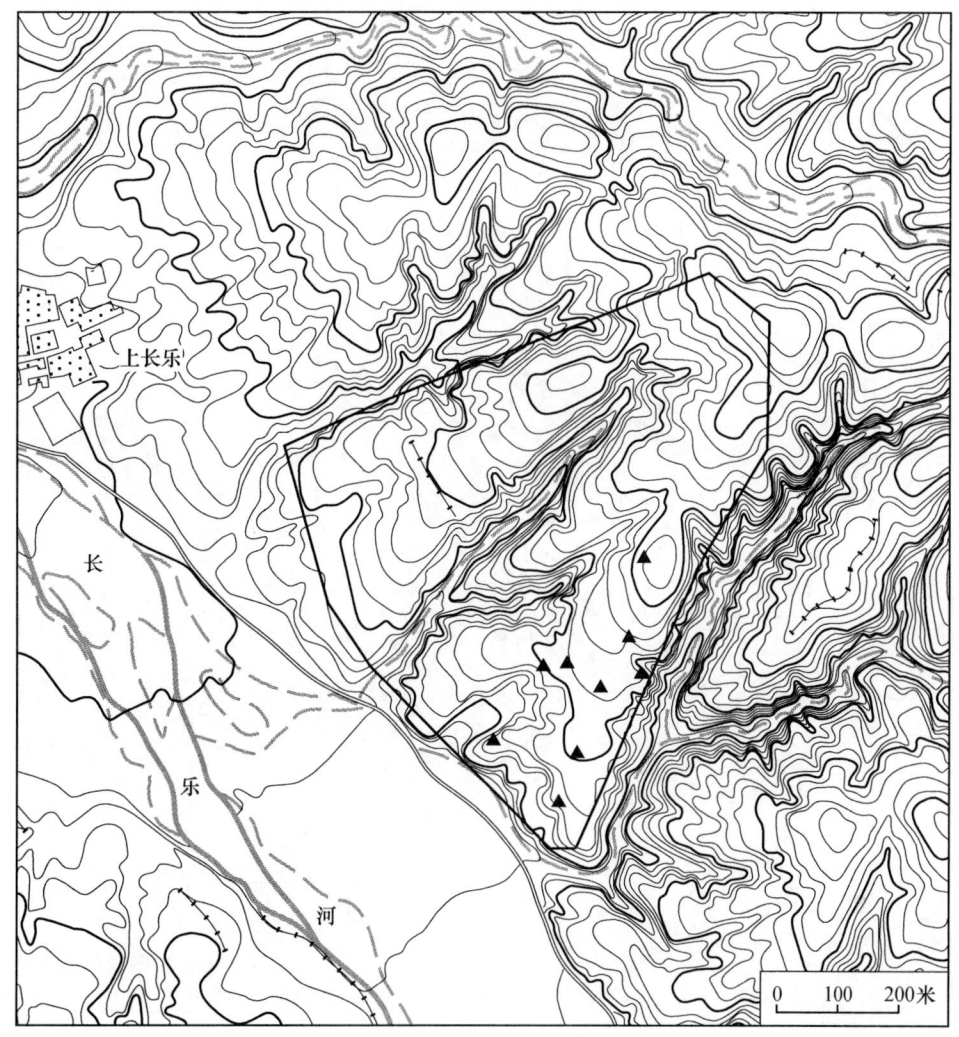

图 5-245　上长乐Ⅰ号遗址仰韶时期遗存分布图

盆　1件。YP080401E005：1，泥质红陶。深腹，平底。素面磨光。底径10、残高2.4厘米（图 5-247，5）。

钵　2件。YP080401H008：1，泥质红陶。微敛口，深腹。素面磨光，器表施黑彩（图 5-247，7）。YP080401F008：1，泥质红陶。圆唇，微敛口，深腹。素面磨光（图 5-247，8）。

2. 龙山时期

龙山时期遗存见于整个遗址，遗存分布疏密不等，北部稀疏，南部较为密集，遗迹也主要分布在南部（图 5-246）。共发现9处文化层和5个灰坑，除遗址西南部的梯田断面发现2处文化层外，其余全部分布在遗址南部梯田的断面上。遗迹内包含物丰富，尤以陶片最多，地表也发现有较多陶片。陶片多夹砂灰陶，纹饰多绳纹、篮纹，可辨器形有鬲、甗、蛋形瓮、直口罐、高领罐、罐等。

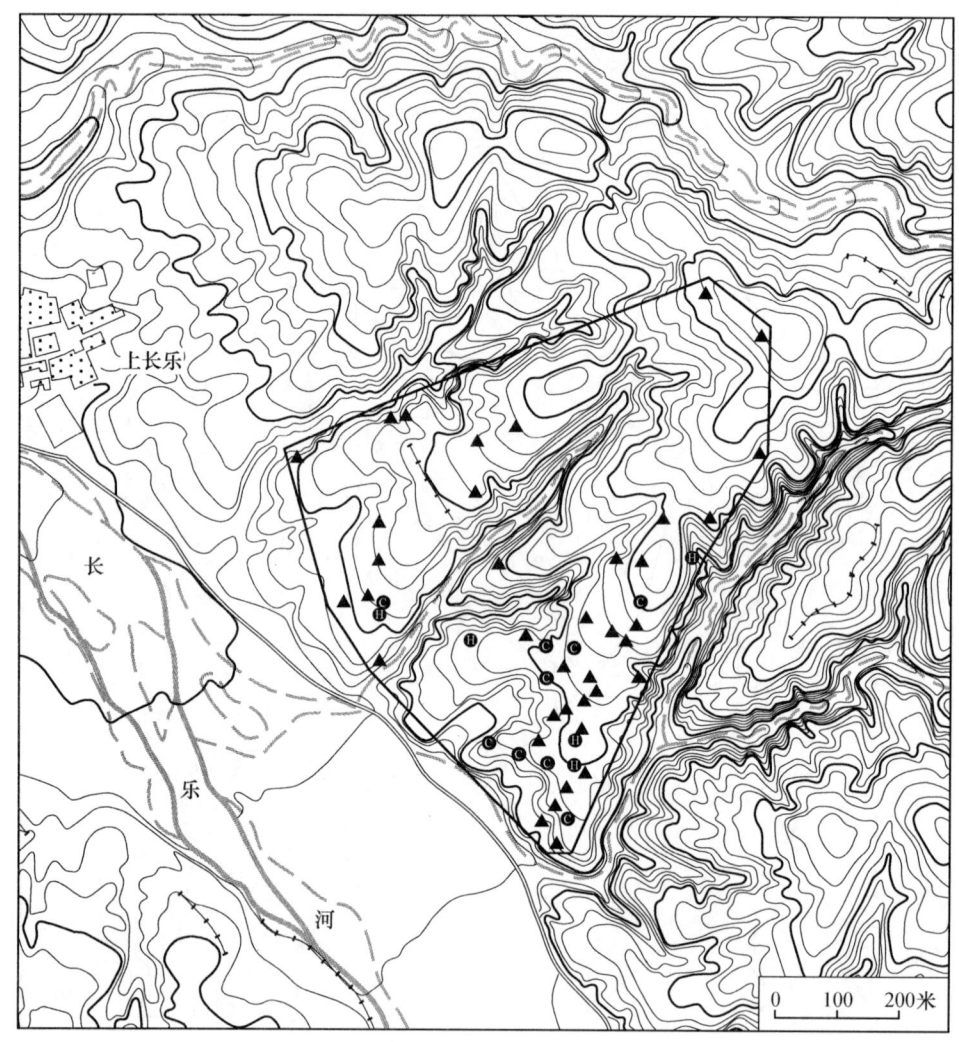

图 5-246　上长乐 I 号遗址龙山时期遗存分布图

鬲　3 件。YP090406C002-H：1，夹砂灰褐陶。厚圆唇，口外翻，矮领，分裆，大袋足外鼓。唇部有花边装饰，领部以下饰绳纹。口径 28、残高 7.4 厘米（图 5-247，1）。YP090406C003-H：1，夹砂灰陶。圆唇，口微外翻，矮领，大袋足外鼓。领部以下饰绳纹。口径 14、残高 6 厘米（图 5-247，2）。YP080401I017-H：1，夹砂灰陶。口外翻，矮领。唇部有花边装饰（图 5-247，4）。

鬲足　1 件。YP080401D001：3，夹砂褐陶。空袋足。足部饰绳纹（图 5-248，9）。

蛋形瓮　4 件。YP080401E008：1，夹砂灰陶。宽沿，微敛口，深腹。腹部饰竖篮纹。口径 30、残高 12.8 厘米（图 5-247，14）。YP080401F005-C：1，夹砂黑灰陶。宽沿，敛口，深腹。腹部饰绳纹。口径 22、残高 18 厘米（图 5-247，13）。YP080401H010：1，夹砂褐陶。宽沿，微敛口，口部加厚，深腹。口部有附加堆纹，腹部饰粗绳纹（图 5-247，10）。YP080402E001：1，夹砂灰陶。宽平沿，敛口，深腹。口部有附加堆纹，腹部饰横篮纹（图 5-248，5）。

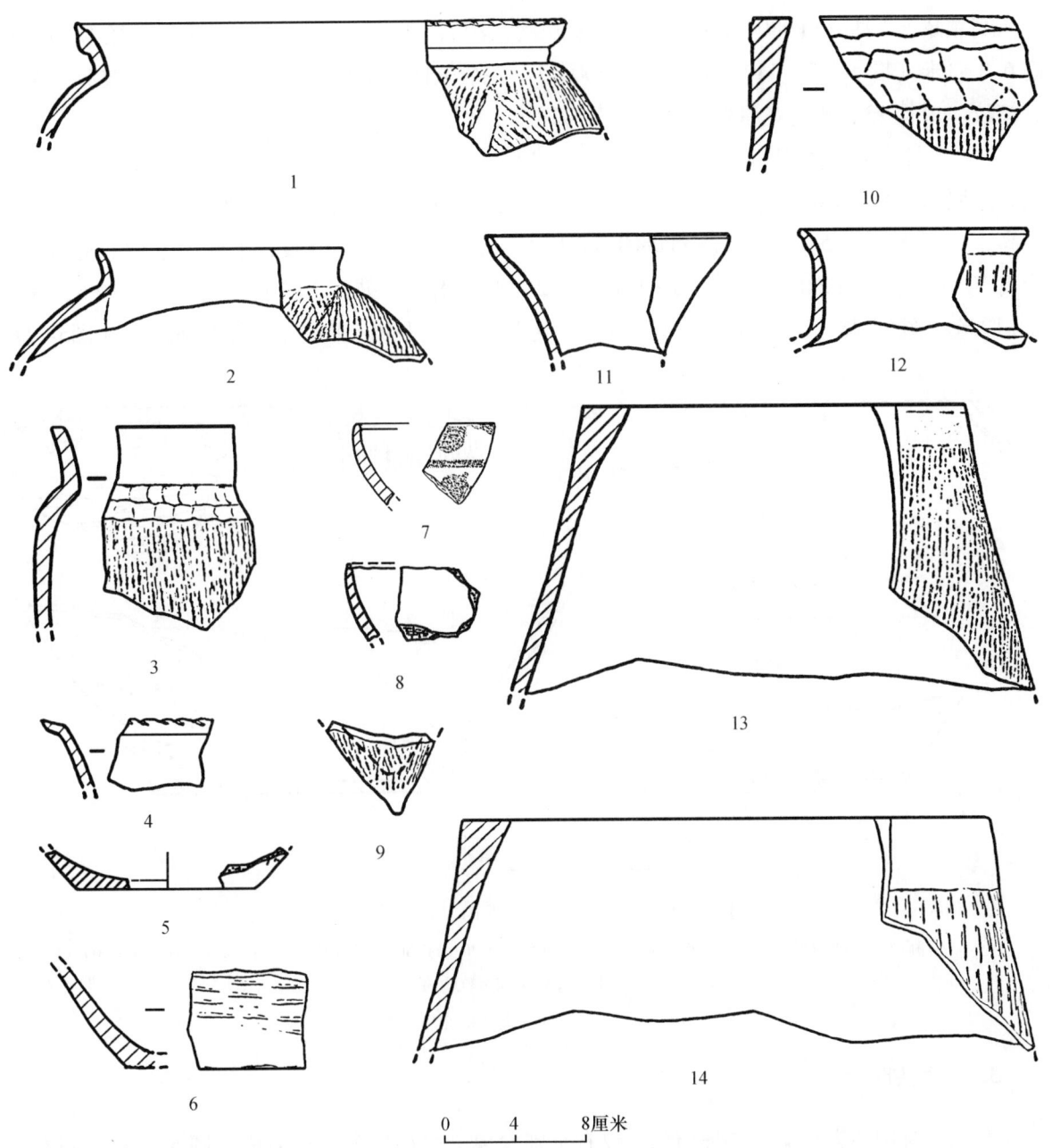

图 5-247 上长乐 I 号遗址仰韶、龙山时期陶器

1、2、4. 鬲（YP090406C002-H:1、YP090406C003-H:1、YP080401I017-H:1） 3. 直口罐（YP090406C003-H:2） 5. 盆（YP080401E005:1） 6. 罐（YP080401E011:1） 7、8. 钵（YP080401H008:1、YP080401F008:1） 9. 鬲足（YP080401D001:3） 10、13、14. 蛋形瓮（YP080401H010:1、YP080401F005-C:1、YP080401E008:1）
11、12. 高领罐（YP080401D001:2、YP080401F004:1）
（1~4、6、9~14. 龙山时期；5、7、8. 仰韶时期）

直口罐 1件。YP090406C003-H:2，夹砂灰陶。方唇，近直口，鼓肩，深腹。肩部有两周附加堆纹，腹部饰绳纹（图5-247，3）。

高领罐　2件。YP080401D001:2，泥质灰陶。圆唇，喇叭口，高领。素面。口径13.6、残高6.8厘米（图5-247，11）。YP080401F004:1，泥质灰陶。圆唇，口外翻，高领，鼓肩。领部有篮纹。口径13、残高6厘米（图5-247，12）。

罐　5件。YP080401I008:1，泥质褐陶。圆唇，小平沿，敛口，鼓腹。素面磨光。口径18、残高4厘米（图5-248，1）。YP080401I006:1，夹砂褐陶。鼓腹，平底。腹部有绳纹。底径9、残高4.8厘米（图5-248，3）。YP080401I013-C:1，夹砂褐陶。鼓腹，平底。素面。底径16、残高10厘米（图5-248，6）。YP080401F004:2，夹砂褐陶。鼓腹，平底。素面。底径6、残高2.8厘米（图5-248，2）。YP080401E011:1，夹砂灰陶。鼓腹，平底。腹部饰横篮纹（图5-247，6）。

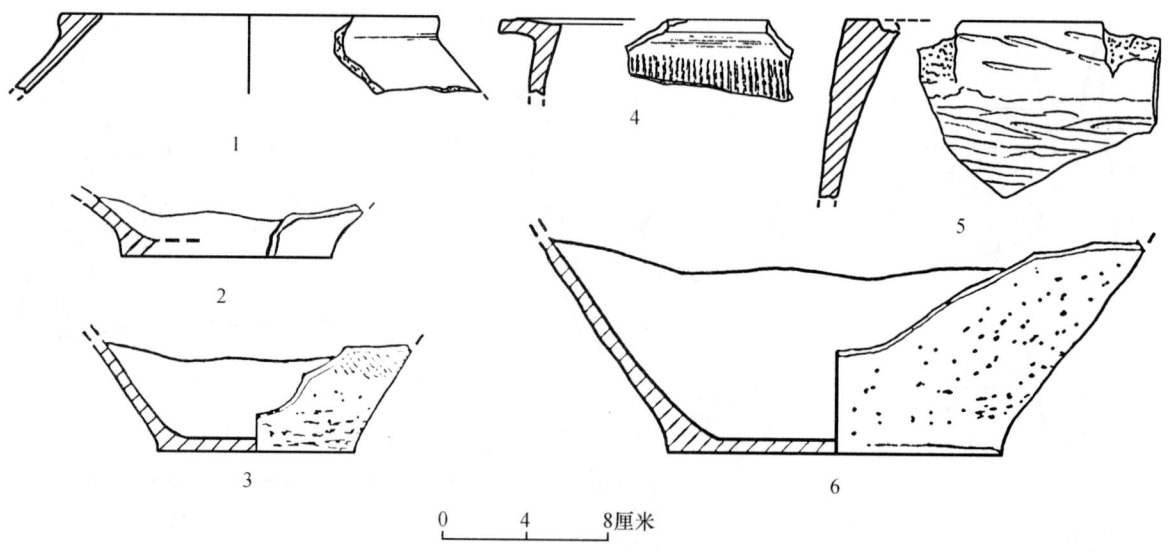

图5-248　上长乐Ⅰ号遗址龙山、东周时期陶器
1~3、6. 罐（YP080401I008:1、YP080401F004:2、YP080401I006:1、YP080401I013-C:1）　4. 盆（YP080401H005:1）
5. 蛋形瓮（YP080401E001:1）
（1~3、5、6. 龙山时期；4. 东周时期）

3. 二里头时期

二里头时期遗存只见于遗址南部，仅有个别发现，遗存分布非常稀疏（图5-249）。只在梯田的断面上发现1个灰坑，未见其他遗迹现象。灰坑内包含有少量陶片，未见地表有遗物分布。陶片多夹砂灰陶，纹饰以绳纹为主，可辨器形有鬲等。

4. 东周时期

东周时期遗存见于遗址南部，遗存分布密集（图5-249）。未见任何遗迹现象，只在地表发现有陶片。陶片多灰陶，纹饰以绳纹为主，有粗大绳纹，可辨器形有豆、盆、罐等。

盆　1件。YP080401H005:1，泥质灰陶。方唇，折沿，深腹。腹部饰绳纹（图5-248，4）。

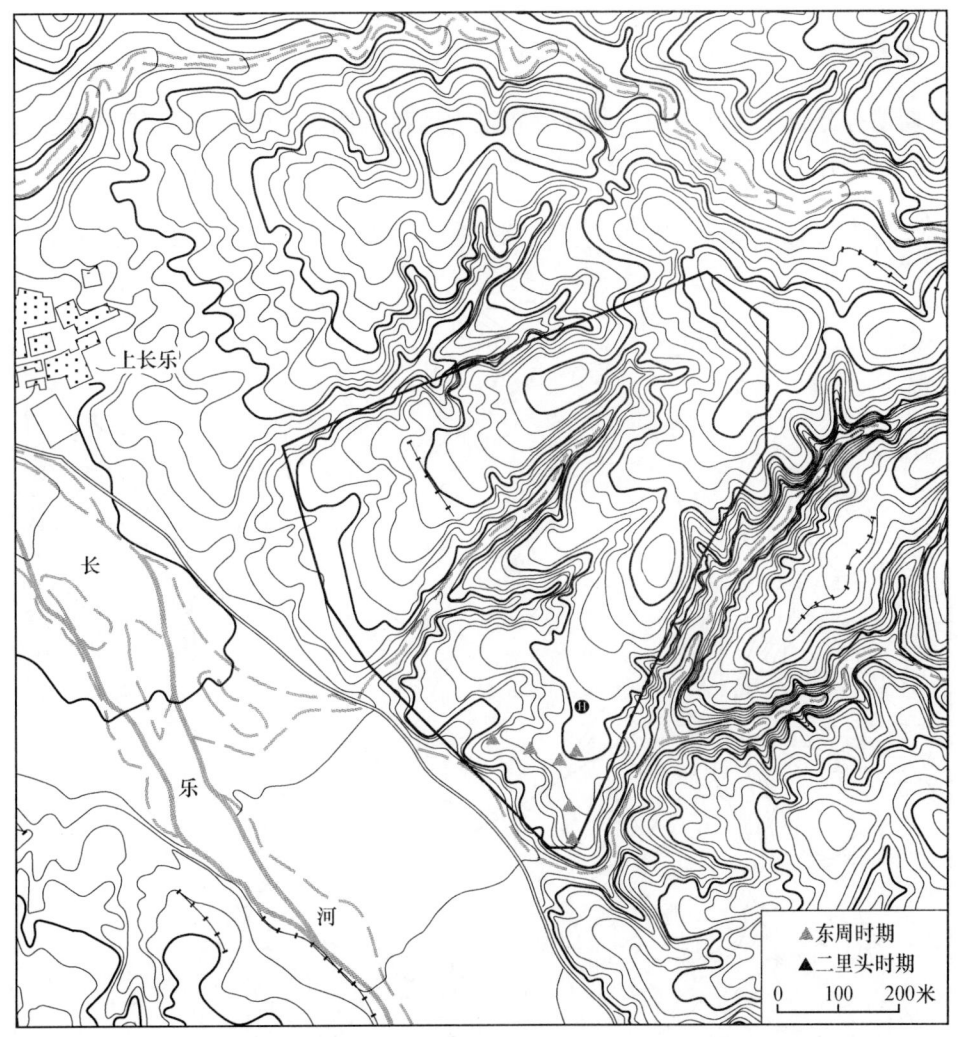

图 5-249　上长乐 I 号遗址二里头、东周时期遗存分布图

九二、上长乐 II 号遗址

上长乐 II 号遗址位于原平市苏龙口镇上长乐村南 750 米，面积 10.2 万平方米（彩版八二，2）。遗址处在滹沱河支流长乐河西岸的缓坡上，地势低，海拔 940～960 米，西南高，东北低，内有浅冲沟，崎岖不平，起伏较大。遗址西面和南面都有发源于山间的水流流过，东面有长乐河由南向北流过。遗存分布疏密不等，遗址西部相对密集，东部稀疏。遗址包含龙山、二里头、东周三个时期的遗存，其中，东周时期遗存部分可进一步确认为战国时期。

1. 龙山时期

龙山时期遗存分布于遗址中部，遗存分布较为稀疏（图5-250）。未见任何遗迹现象，只在地表发现有零星陶片。陶片多夹砂灰陶，纹饰有篮纹，可辨器形有罐等。

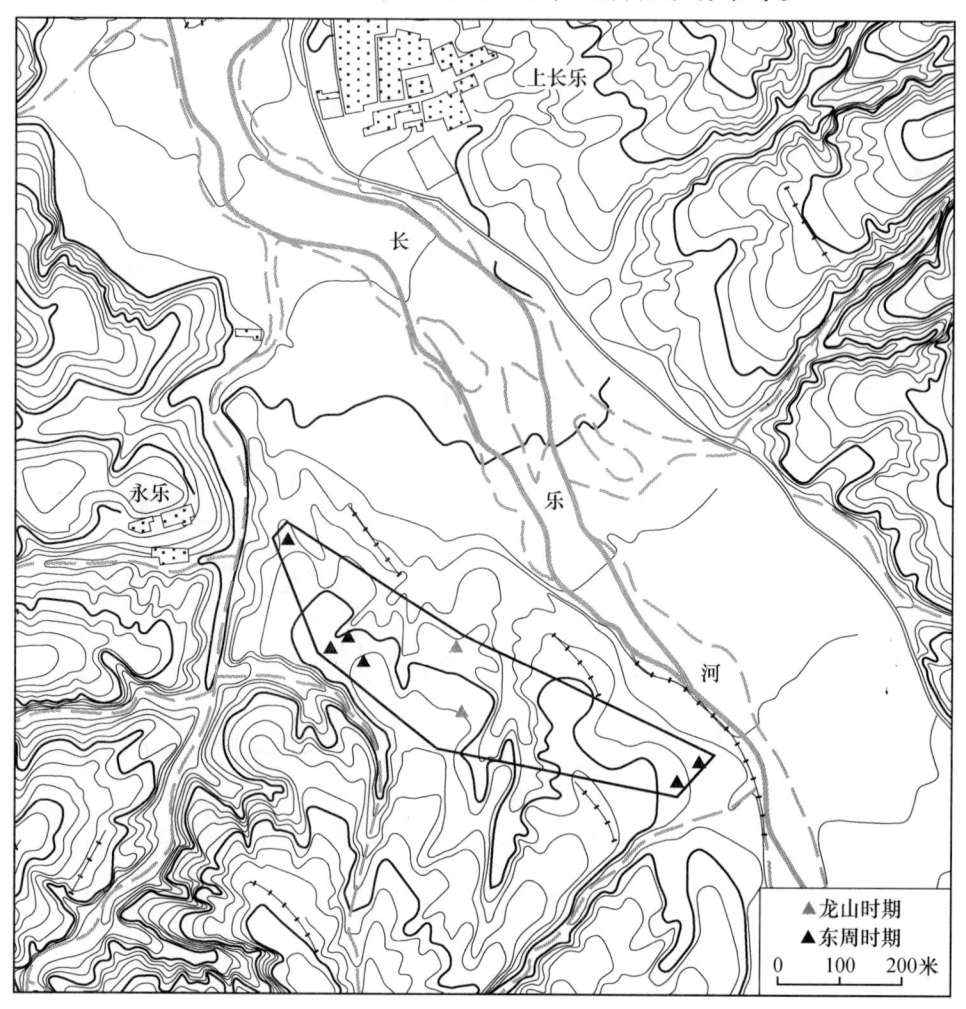

图5-250　上长乐Ⅱ号遗址龙山、东周时期遗存分布图

2. 二里头时期

二里头时期遗存见于遗址中、西部，遗存分布密集（图5-251）。未见任何遗迹现象，只在地表发现较多陶片，此外还发现少量石器。陶片多夹砂灰陶，纹饰以绳纹为主，可辨器形有鬲、甗、瓮等。石器有石铲等。

陶鬲　1件。YP080401B003:1，夹砂灰陶。方唇，口外翻，高领，鼓腹。腹部饰绳纹（图5-252，5）。

陶鬲足　1件。YP080401C004:1，夹砂褐陶。实足跟。跟部饰绳纹，有纵向捆绑沟槽（图5-252，4）。

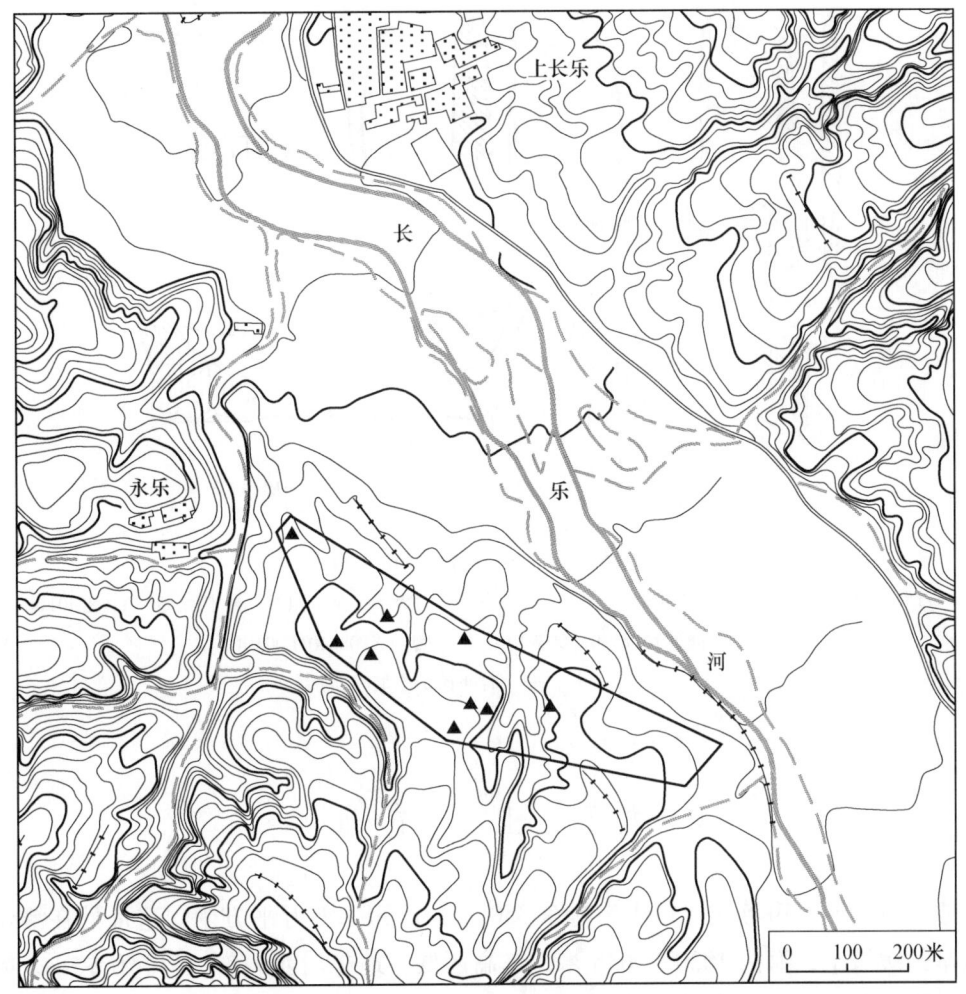

图 5-251　上长乐Ⅱ号遗址二里头时期遗存分布图

陶鬲　1件。YP080401C003:1，夹砂灰陶。深腹，束腰，有隔。腹部饰绳纹，腰部有按捺状附加堆纹（图5-252，6）。

石铲　2件。YP080401B007:1，青灰色。上窄下宽，刃部残。通体磨制。长16、宽7.4、厚1.4厘米（图5-252，1）。YP080401B005:1，黄褐色。上窄下宽，近梯形，上部有单面钻穿孔，下端残。通体磨制（图5-252，3）。

3. 东周时期

东周时期遗存见于遗址东部和西部，中部未见（图5-250）。遗存分布相对稀疏，未见任何遗迹现象，只在地表发现有陶片。陶片多夹砂灰陶，纹饰以绳纹为主，有粗大绳纹，可辨器形有豆、罐等。

陶豆　1件。YP080401B006:1，泥质灰陶。细柄中空。素面（图5-252，2）。

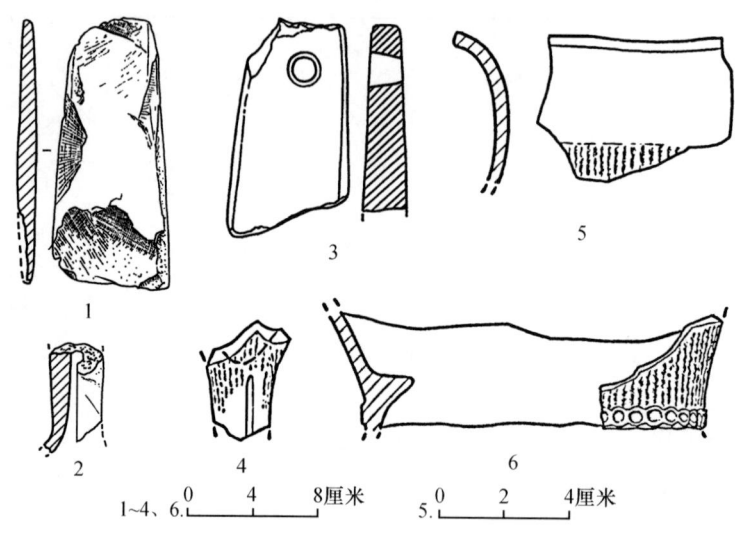

图 5-252　上长乐Ⅱ号遗址陶、石器

1、3. 石铲（YP080401B007：1、YP080401B005：1）　2. 陶豆（YP080401B006：1）　4. 陶鬲足（YP080401C004：1）
5. 陶鬲（YP080401B003：1）　6. 陶甗（YP080401C003：1）
（1、3~6. 二里头时期；2. 东周时期）

九三、土沟遗址

土沟遗址位于原平市苏龙口镇土沟村东 350 米，面积 1.1 万平方米。遗址处在滹沱河支流长乐河东岸的缓坡上，海拔 1020~1035 米，东高西低，地势向西倾斜，但起伏较小。除遗址南面有长乐河流过外，东、西两面都有发源于山间的水流流过。遗址面积虽小，但遗存分布密集。遗址包含龙山、战国两个时期的遗存。

1. 龙山时期

龙山时期遗存见于整个遗址，遗存分布略显密集（图 5-254）。未见任何遗迹现象，只在地表发现陶片。陶片多夹砂灰陶，纹饰多篮纹、绳纹，可辨器形有鬲、罐等。

罐　1 件。YP090415E005：1，夹砂褐陶。鼓腹，平底。腹部有篮纹（图 5-253）。

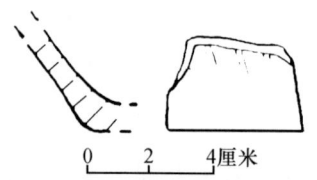

图 5-253　土沟遗址
龙山时期陶器
罐（YP090415E005：1）

2. 战国时期

战国时期遗存见于遗址中部，只有零星发现，遗存分布稀疏（图 5-254）。未见任何遗迹现象，只在地表发现有零星陶片，陶片多夹砂灰陶，纹饰以粗大绳纹为主，可辨器形有豆、罐等。

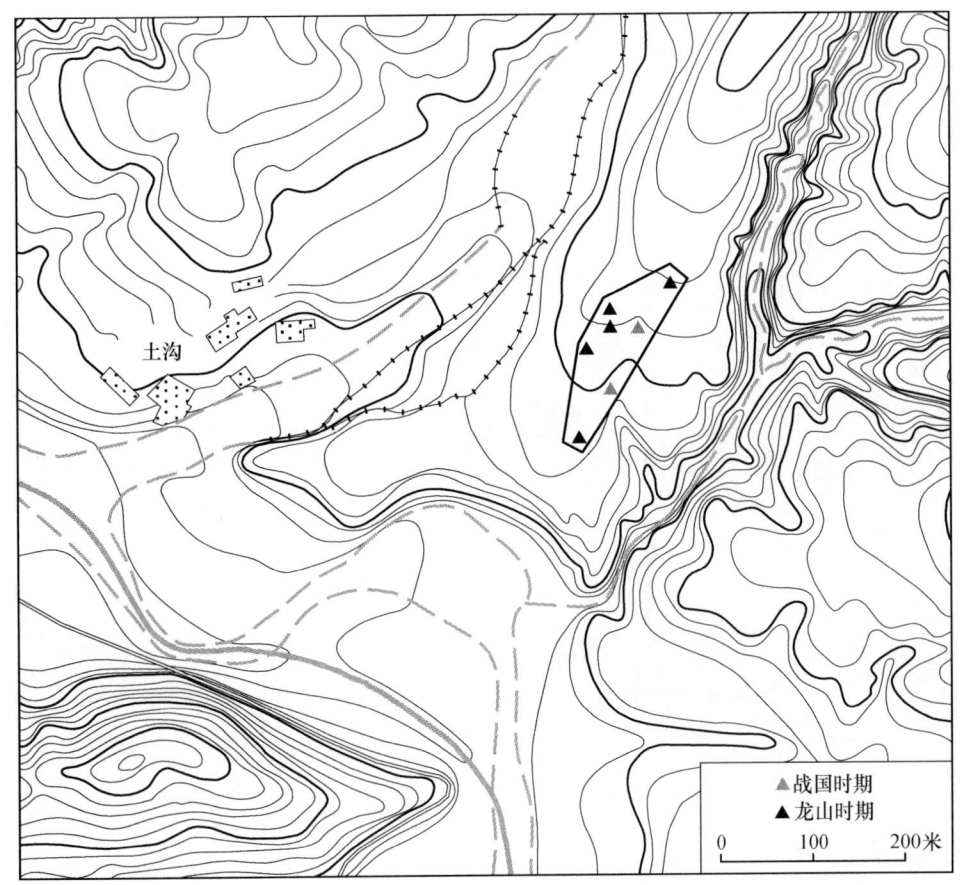

图 5-254　土沟遗址遗存分布图

九四、白石Ⅰ号遗址

白石Ⅰ号遗址位于原平市苏龙口镇白石村北 250 米，面积 4 万平方米（彩版八三，1）。遗址处在滹沱河支流长乐河西岸的山坡上，海拔 1015～1095 米，北高南低，西高东低，地势由西向东倾斜，坡度较大。遗址北部为地势较高的山丘，南部为较低的缓坡，东面有长乐河由南向北流过。遗存分布密集，但落差较大，遗址包含龙山、二里头两个时期的遗存。

1. 龙山时期

龙山时期遗存分布于整个遗址，遗存分布较为密集（图 5-255）。遗迹全部发现于遗址南部地势较低的缓坡上，共发现 4 处文化层和 2 个灰坑，主要暴露于梯田的断面。遗迹内包含物丰富，尤以陶片最多，地表也有较多陶片发现。陶片多夹砂灰陶，纹饰多绳纹、篮纹，可辨器形有鬲、蛋形瓮、盆、盘等。

鬲　2 件。YP090412A006-C:1，夹砂灰陶。圆唇，口外翻，矮领，分档，大袋足外鼓。唇部有花边装饰，领部以下饰绳纹。口径 18、残高 4.4 厘米（图 5-257，1）。YP090412E005:1，

图 5-255　白石Ⅰ号遗址龙山时期遗存分布图

夹砂灰黑陶。圆唇，口外翻，矮领，分裆，袋足外鼓。口部有纽状鋬手，一侧正对分裆处，一侧正对袋足，领部以下饰绳纹。口径 14、残高 8 厘米（图 5-257，2）。

蛋形瓮足　1件。YP090412E004：1，夹砂褐陶。实足跟，已残。足部饰绳纹（图 5-257，5）。

盆　1件。YP090412C003-C：1，夹砂灰陶（夹细砂）。厚圆唇，敞口，深腹，平底。腹部饰竖篮纹。口径 32、残高 10.8 厘米（图 5-257，4）。

盘　1件。YP090412D004-H：1，泥质黑皮陶。盘底近平，粗柄。素面磨光（图 5-257，3）。

2. 二里头时期

二里头时期遗存见于遗址东北角，遗存分布密集（图 5-256）。未见任何遗迹现象，只在地表发现有陶片。陶片多夹砂灰陶，纹饰以绳纹为主，可辨器形有鬲等。

图 5-256 白石 I 号遗址二里头时期遗存分布图

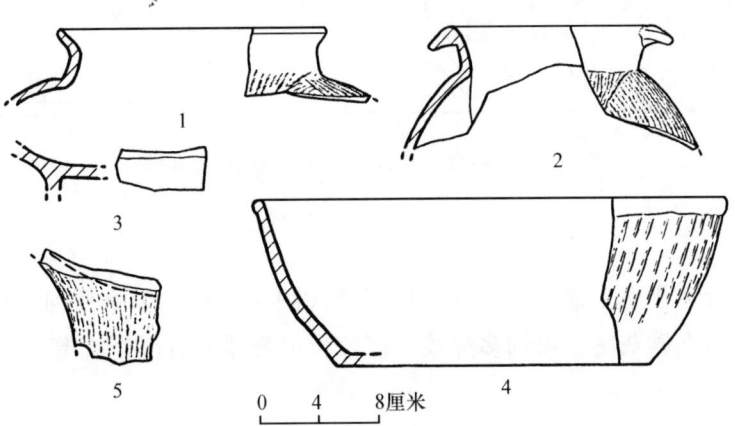

图 5-257 白石 I 号遗址龙山时期陶器

1、2. 鬲（YP090412A006-C:1、YP090412E005:1） 3. 盘（YP090412D004-H:1） 4. 盆（YP090412C003-C:1）
5. 蛋形瓮足（YP090412E004:1）

九五、白石Ⅱ号遗址

白石Ⅱ号遗址位于原平市苏龙口镇白石村南450米，面积1.5万平方米（彩版八四）。遗址处在滹沱河支流长乐河西岸山前缓坡的近底部，海拔1030~1050米，西高东低，由西向东倾斜。除了遗址东面有长乐河由南向北流过外，北面还有发源于山间的水流流过。遗存分布相对密集，遗址包含龙山、二里头两个时期的遗存。

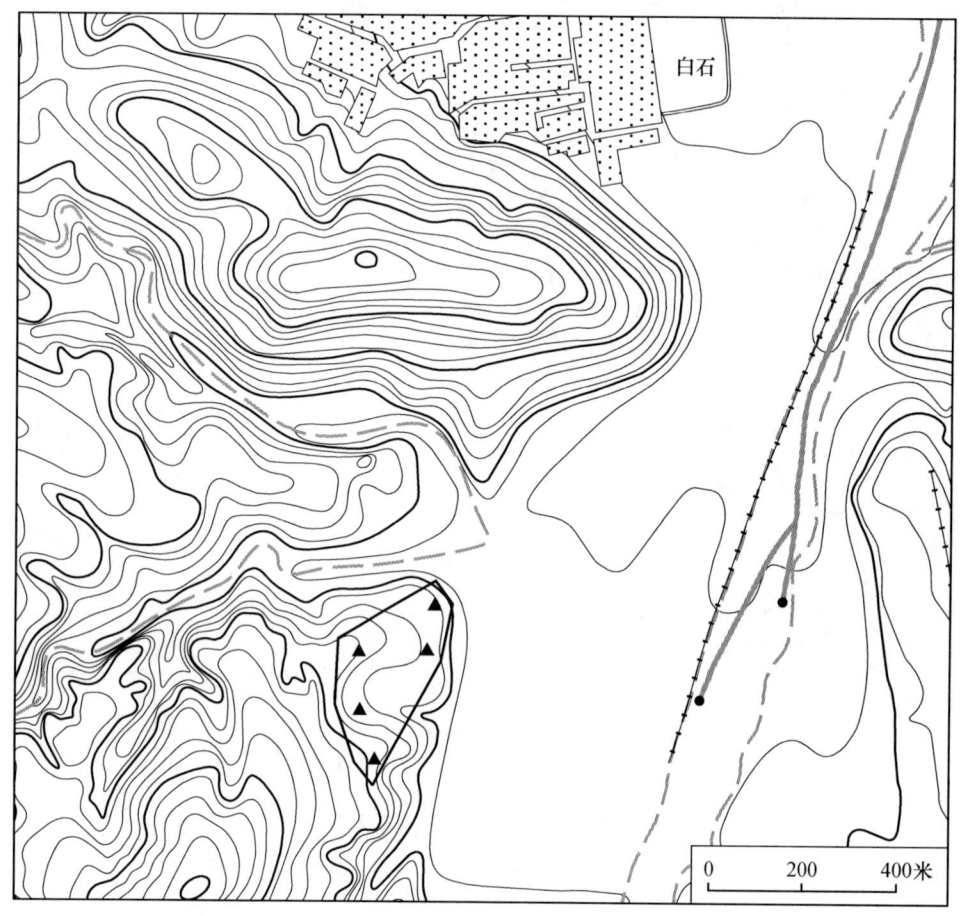

图5-258　白石Ⅱ号遗址龙山时期遗存分布图

1. 龙山时期

龙山时期遗存分布于整个遗址，遗存分布密集（图5-258）。未见任何遗迹现象，只在地表发现有陶片。陶片多夹砂灰陶，纹饰多绳纹、篮纹，可辨器形有鬲、罐等。

2. 二里头时期

二里头时期遗存分布于遗址中部偏东，分布范围较小，但遗存分布密集（图5-259）。未见任何遗迹现象，只在地表发现有陶片。陶片多夹砂灰陶，纹饰以绳纹为主，可辨器形有鬲等。

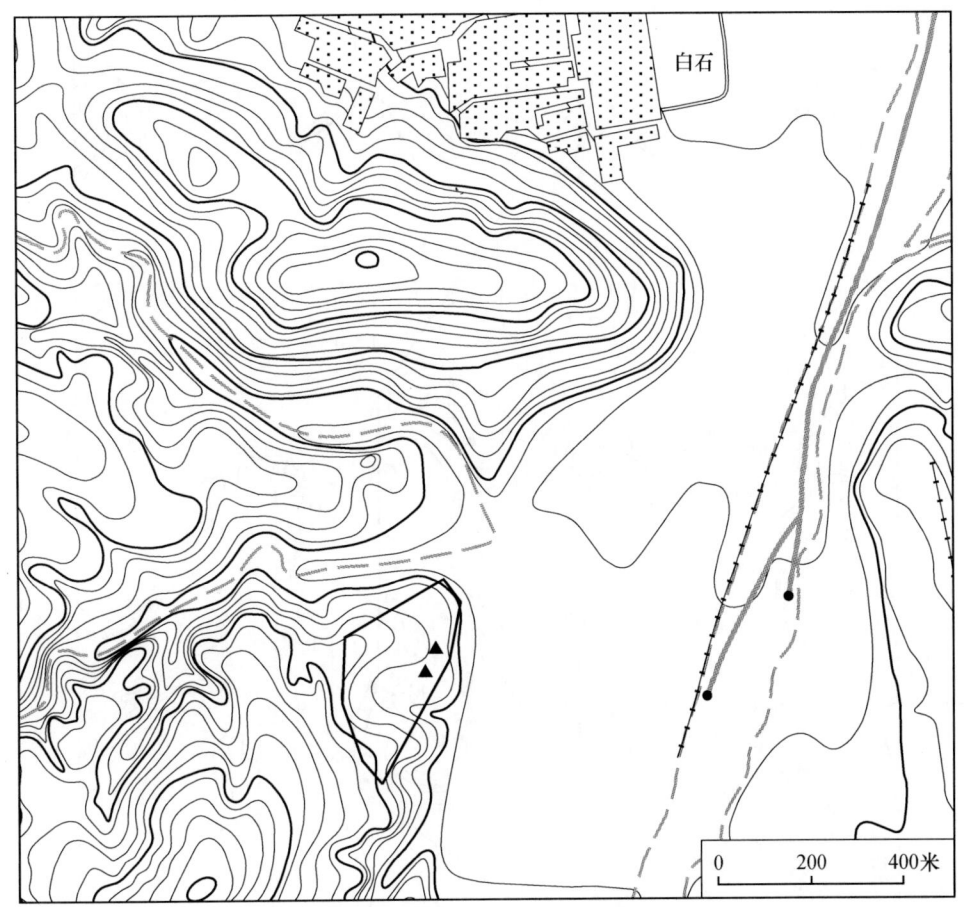

图 5-259　白石Ⅱ号遗址二里头时期遗存分布图

九六、白石Ⅲ号遗址

白石Ⅲ号遗址位于原平市苏龙口镇白石村南 900 米，面积 36.6 万平方米（彩版八四）。遗址处在滹沱河支流长乐河西岸山前缓坡的近底部，海拔 1025~1080 米，西高东低，地势由西向东倾斜。遗址东面有长乐河由南向北流过，至少有四条发源于山间的水流由西向东横穿遗址汇入长乐河，这些水流把遗址切割成数块（彩版一〇二，2）。遗存主要沿长乐河一侧分布，遗址中、南部遗存分布较为密集，北部相对稀疏。遗址包含龙山、二里头、东周三个时期的遗存，其中，东周时期遗存部分可进一步确认为战国时期。

1. 龙山时期

龙山时期遗存主要见于遗址中、南部，北部只有零星发现（图 5-260）。遗迹只见于遗址中、南部，共发现 3 处文化层和 2 个灰坑，大多暴露于位置较高的梯田断面。其中，文化层见

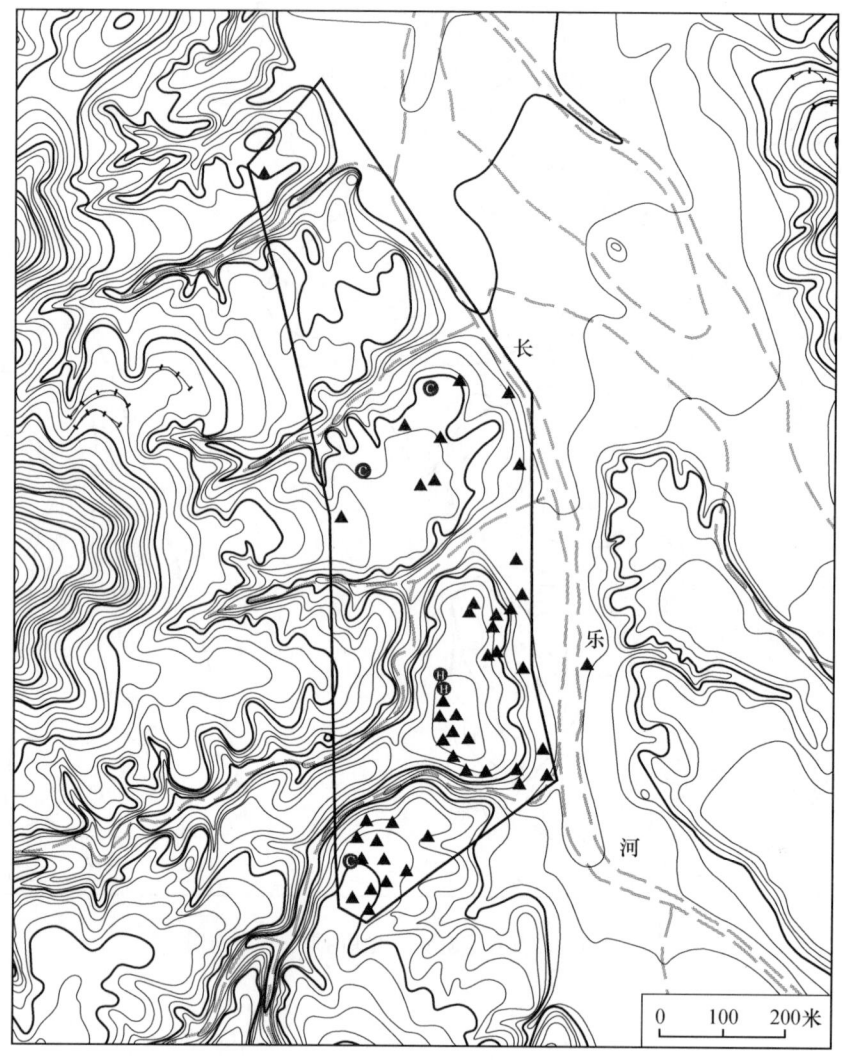

图 5-260　白石Ⅲ号遗址龙山时期遗存分布图

于遗址中部和西南部,灰坑则见于遗址南部偏北。遗迹内包含物丰富,尤以陶片最多。陶片多夹砂灰陶,纹饰以绳纹、篮纹为多,可辨器形有鬲、斝、蛋形瓮、罐等。

鬲　1件。YP090413A006-H:2,夹砂灰陶。圆唇,近直口,矮领,分裆,大袋足。领部以下饰绳纹(图5-262,1)。

瓮　2件。YP090413A006-H:1,夹砂灰陶。宽平沿,微敛口,深腹。口下有附加堆纹(图5-262,2)。YP090412B004-C:1,夹砂褐陶。宽沿,微敛口,深腹。口部饰横篮纹,唇部及腹部饰绳纹,腹部靠上处有錾手。口径36、残高22.8厘米(图5-262,4)。

罐　3件。YP090413B006-H:2,泥质黑皮陶。圆唇,折沿,矮领,折肩。领部有篮纹,腹部有戳印纹,领部以下磨光。口径41.2、残高14.4厘米(图5-262,3)。YP090413B006-H:1,夹砂褐陶。圆唇,口微外翻,高领,鼓腹。素面。口径28.2、残高15厘米(图5-263,6)。

YP090413B004：1，泥质灰褐陶。深腹，平底。腹部饰斜篮纹。底径14、残高6厘米（图5-263，2）。

2. 二里头时期

二里头时期遗存在遗址北、中、南部都有分布，不过，发现都很少，遗存分布非常稀疏（图5-261）。除在遗址东北角位置较低处发现1处文化层外，未见其他遗迹现象。文化层内包含有少量陶片，地表也发现有零星陶片。陶片多夹砂灰陶，纹饰以绳纹为主，可辨器形有鬲等。

鬲足　1件。YP090413C002：1，夹砂褐陶。锥状实足跟。足部饰绳纹，跟部素面（图5-263，4）。

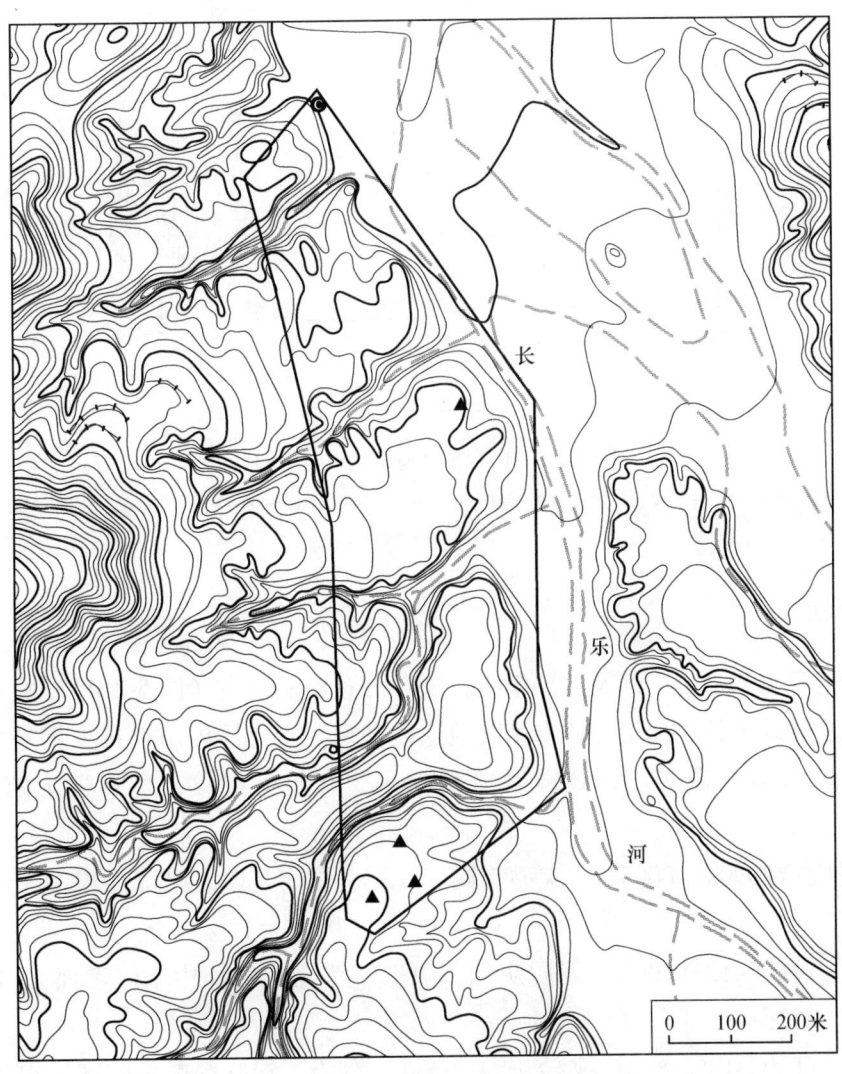

图5-261　白石Ⅲ号遗址二里头时期遗存分布图

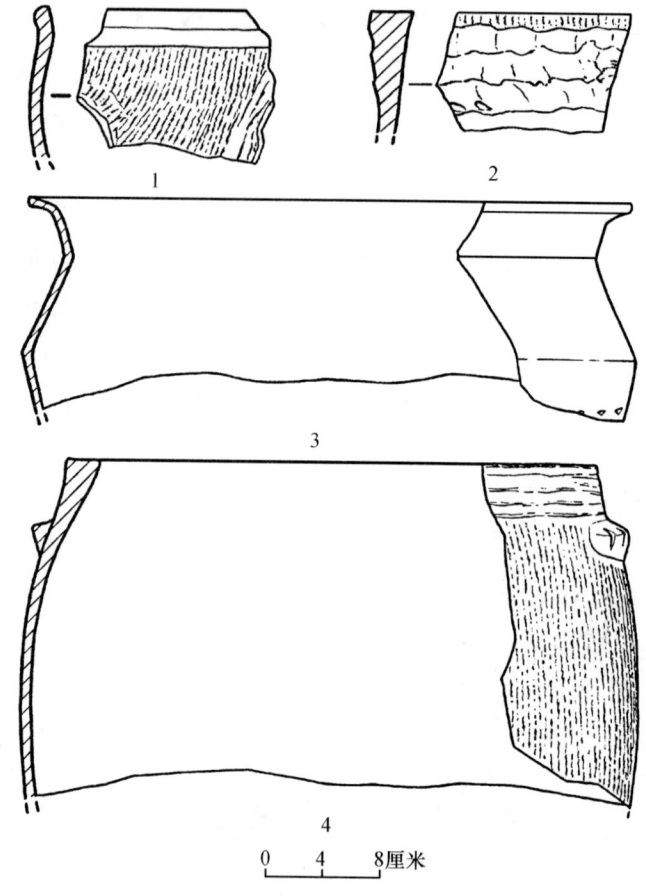

图 5-262　白石Ⅲ号遗址龙山时期陶器
1. 鬲（YP090413A006-H:2）　2、4. 瓮（YP090413A006-H:1、YP090412B004-C:1）　3. 罐（YP090413B006-H:2）

3. 东周时期

东周时期遗存见于遗址中部及北部偏南，遗存分布略显密集（图 5-264）。除在遗址北部偏南的梯田断面上发现 1 处文化层外，未见其他遗迹现象。文化层内出土有少量陶片，地表却发现较多陶片。陶片多夹砂灰陶，纹饰以绳纹为主，有粗大绳纹，可辨器形有鬲、豆、盆、罐等。

鬲足　1件。YP090412B005:1，夹砂褐陶。联裆，矮实足跟。足部饰粗大绳纹（图 5-263，3）。

豆　1件。YP090412E010:1，泥质灰陶。弧壁，浅盘，细柄中空。素面。口径 14、残高 6.8 厘米（图 5-263，1）。

盆　1件。YP090412C006:1，夹砂灰陶。圆唇，翻沿，深腹微鼓。腹部饰绳纹，有抹去痕迹。口径 18、残高 5 厘米（图 5-263，5）。

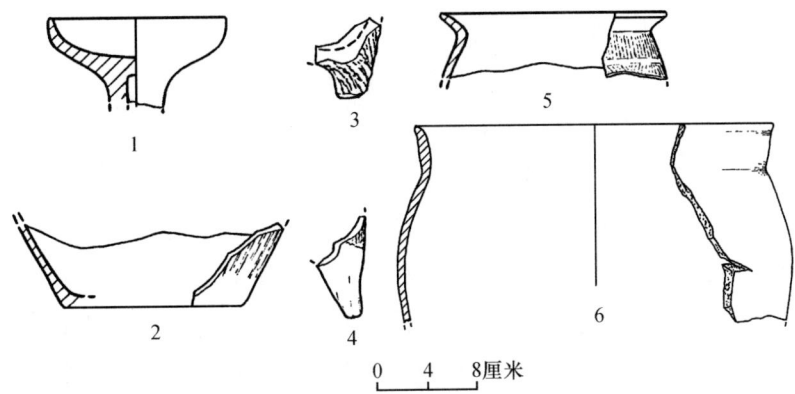

图 5-263　白石Ⅲ号遗址陶器

1. 豆（YP090412E010∶1）　2、6. 罐（YP090413B004∶1、YP090413B006-H∶1）　3、4. 鬲足（YP090412B005∶1、YP090413C002∶1）　5. 盆（YP090412C006∶1）

（1、3、5. 东周时期；2、6. 龙山时期；4. 二里头时期）

图 5-264　白石Ⅲ号遗址东周时期遗存分布图

九七、白石Ⅳ号遗址

白石Ⅳ号遗址位于原平市苏龙口镇白石村东南1500米，面积9.9万平方米（彩版八四）。遗址处在苏龙口沟内一伸出的长条形台子上，海拔1045~1065米，南面略高。台子较为平坦，除南部因冲沟起伏较大外，其他位置几乎没有太大起伏。遗址东、西两面都有水流由南向北流过，两河最终在遗址北端汇合。遗存分布疏密不等，除遗址西南部因地势起伏较大遗存分布较稀疏外，其他位置遗存分布都较为密集。遗址包含龙山、二里头、战国三个时期的遗存。

1. 龙山时期

龙山时期遗存分布于整个遗址，其中，北、中部遗存分布较为密集，南部稀疏（图5-265）。遗迹集中分布在北、中部断面上，共发现2处文化层、8个灰坑和1座白灰面房子，其中，房址只见于遗址中部，文化层和灰坑在北、中部都有发现。房址内未发现遗物，但文化层和灰坑内包含物丰富，尤以陶片最多，此外还有石器，地表也发现较多陶片。陶片以夹砂灰陶为多，纹饰多绳纹、篮纹，可辨器形有鬲、斝、蛋形瓮、直口罐、罐等。石器有石斧等。

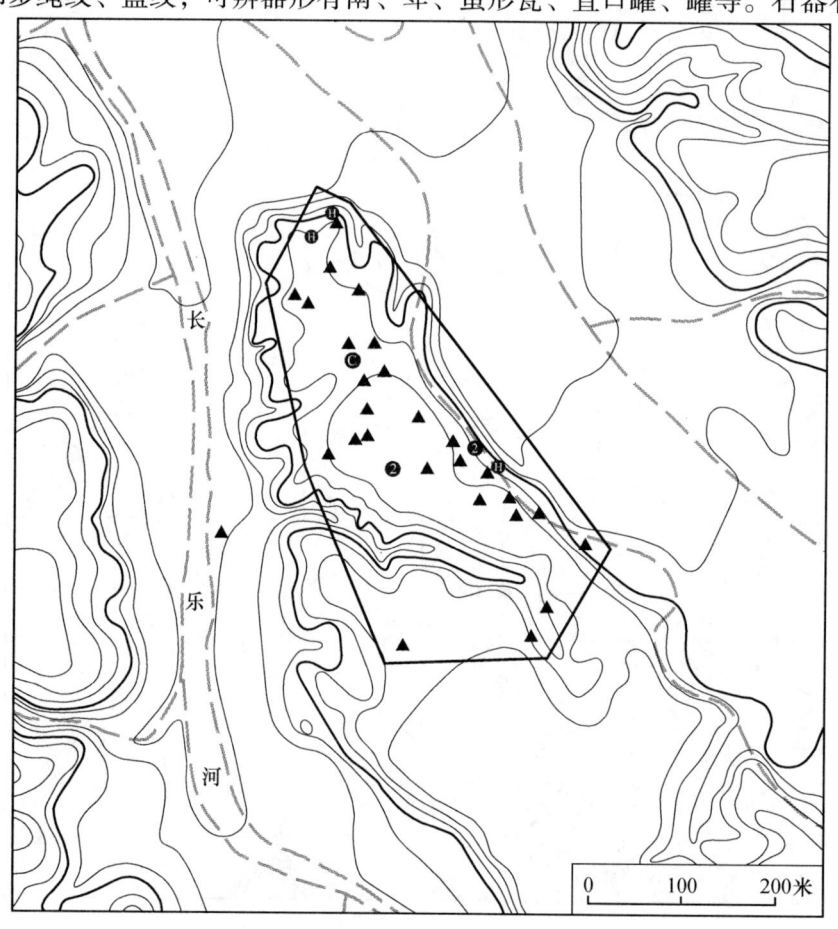

图5-265　白石Ⅳ号遗址龙山时期遗存分布图

在遗址西面不到100米处发现有这个时期的零星陶片。

陶鬲　3件。YP090414B005-H:2，夹砂灰陶。圆唇，近直口，矮领，分裆，大袋足外鼓。唇部有花边装饰，领部以下饰绳纹。口径16、残高8.8厘米（图5-266，7）。YP090414A006-H:1，夹砂灰陶。口外翻，矮领，大袋足外鼓。唇部有花边装饰，领部以下饰绳纹。口径20、残高8.5厘米（图5-266，2）。YP090414A006-C:1，夹砂褐陶。大袋足。足部饰绳纹（图5-266，8）。

陶斝足　1件。YP090414E003-H:1，夹砂灰陶。空袋足。足部饰绳纹（图5-266，5）。

陶蛋形瓮　1件。YP090414D011:1，夹砂灰陶。胎厚，宽沿，敛口，深腹。器表饰宽篮纹（图5-266，6）。

陶直口罐　1件。YP090414A004:1，夹砂灰黑陶。方唇，近直口，深腹。腹部饰绳纹，其上有附加堆纹（图5-266，4）。

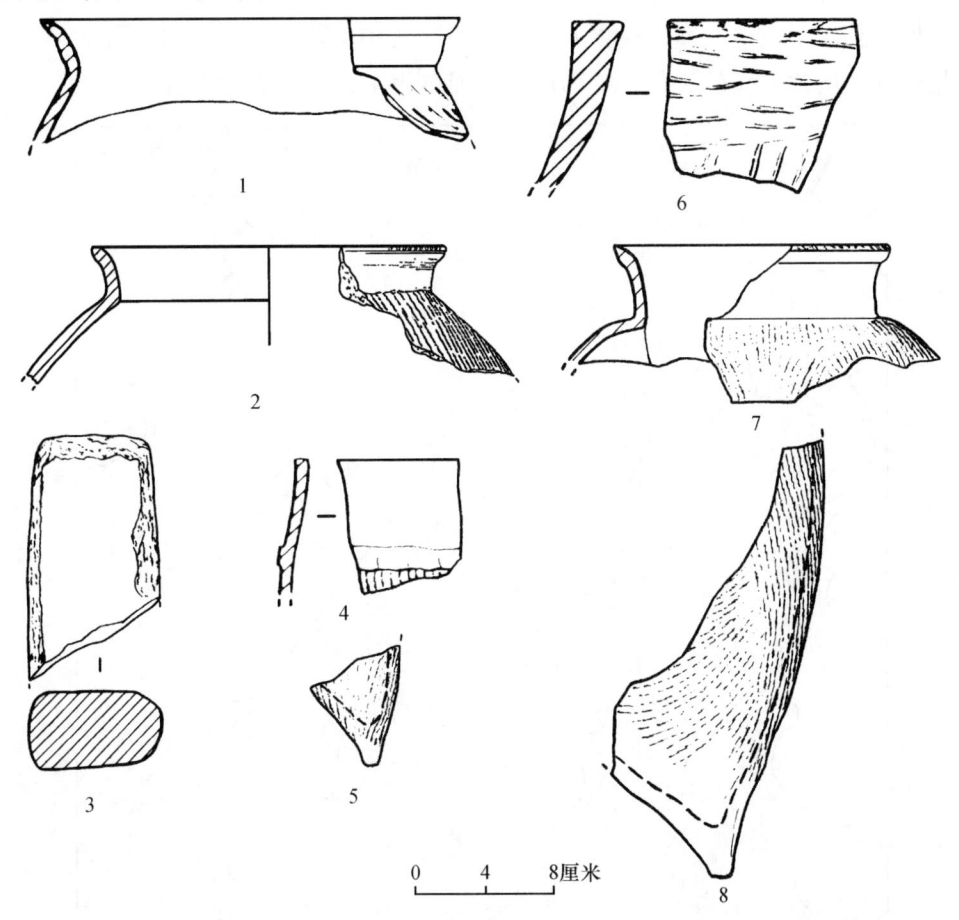

图5-266　白石Ⅳ号遗址龙山时期陶、石器
1. 陶罐（YP090414B005-H:1）　2、7、8. 陶鬲（YP090414A006-H:1、YP090414B005-H:2、YP090414A006-C:1）
3. 石斧（YP090414E003-H:2）　4. 陶直口罐（YP090414A004:1）　5. 陶斝足（YP090414E003-H:1）
6. 陶蛋形瓮（YP090414D011:1）

陶罐　1件。YP090414B005-H:1，夹砂黑陶（夹细砂）。圆唇，口外翻，矮领，鼓腹。腹部饰斜篮纹。口径24、残高6.6厘米（图5-266，1）。

石斧　1件。YP090414E003-H:2，青灰色，下端残。上端略窄下端略宽，上端薄，下端厚。边缘有打制痕迹。宽7.4、厚4.2厘米（图5-266，3）。

2. 二里头时期

二里头时期遗存见于遗址北部，遗存分布非常稀疏（图5-267）。只在梯田的断面上发现1处文化层，未见其他遗迹现象。地表未发现陶片，但文化层内出土有少量陶片。陶片多灰陶，纹饰以绳纹为多，可辨器形有鬲等。

3. 战国时期

战国时期遗存见于遗址北部，遗存分布非常稀疏（图5-267）。未见任何遗迹现象，只在地表发现少量陶片。陶片多夹砂灰陶，纹饰以粗大绳纹为主，可辨器形有罐等。

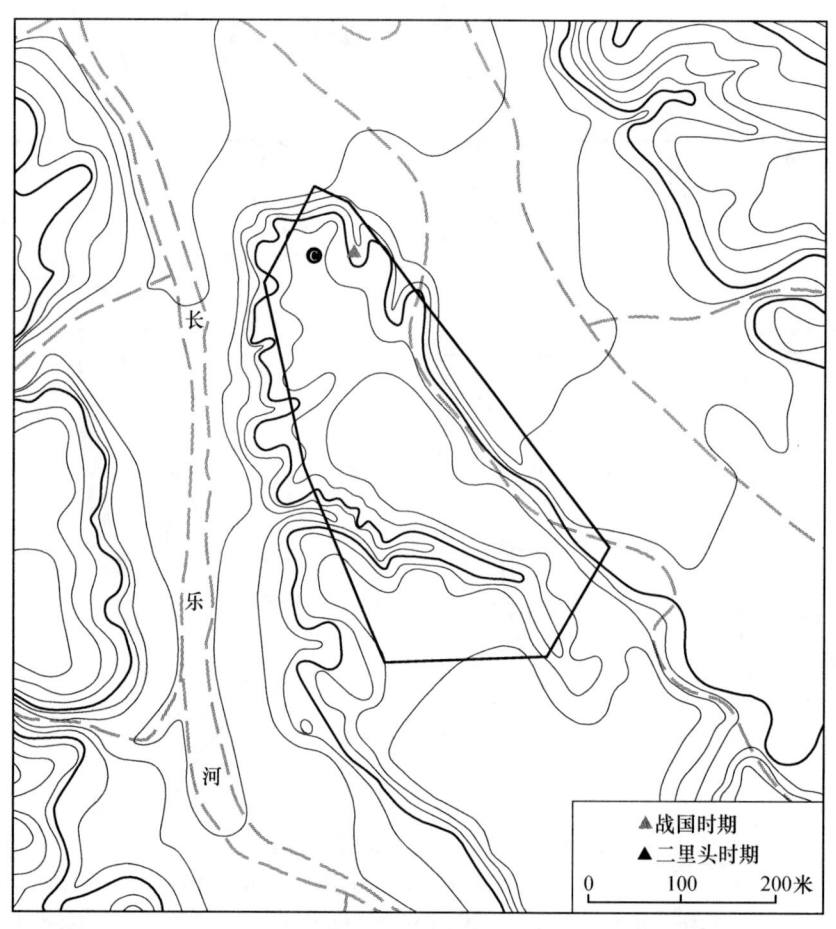

图5-267　白石Ⅳ号遗址二里头、战国时期遗存分布图

九八、水沟遗址

水沟遗址位于原平市苏龙口镇水沟村北550米，面积7.4万平方米（彩版八三，2）。遗址处在滹沱河东岸台地前缘，海拔870~890米，遗址所在地势较平，但临近台地前缘多有小冲沟。遗存分布密集，遗址包含仰韶、龙山、二里头、东周四个时期的遗存。

1. 仰韶时期

仰韶时期遗存见于遗址东北部，只有个别发现，遗存分布非常稀疏（图5-268）。未见任何遗迹现象，只在地表发现少量陶片。陶片多泥质红陶，多素面，可辨器形有盆等。

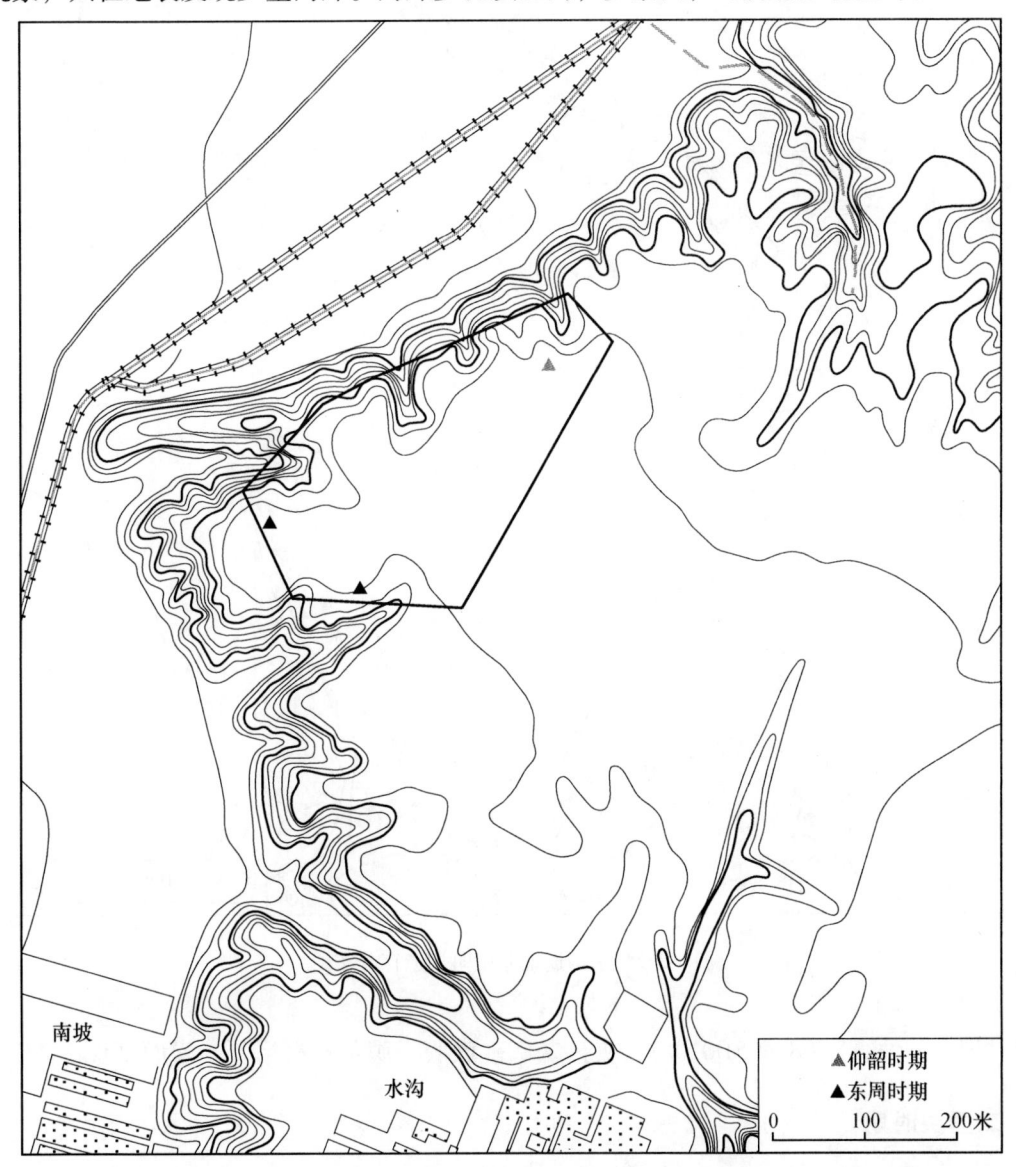

图5-268　水沟遗址仰韶、东周时期遗存分布图

盆　YP080405D009:1，夹砂灰褐陶。圆唇，深腹。素面，表面粗糙（图5-271，3）。

2. 龙山时期

龙山时期遗存见于遗址北、中部偏西的位置，遗存分布较为稀疏（图5-269）。未见任何遗迹现象，只在地表发现有陶片。陶片多夹砂灰陶，纹饰多绳纹，可辨器形有带耳罐等。

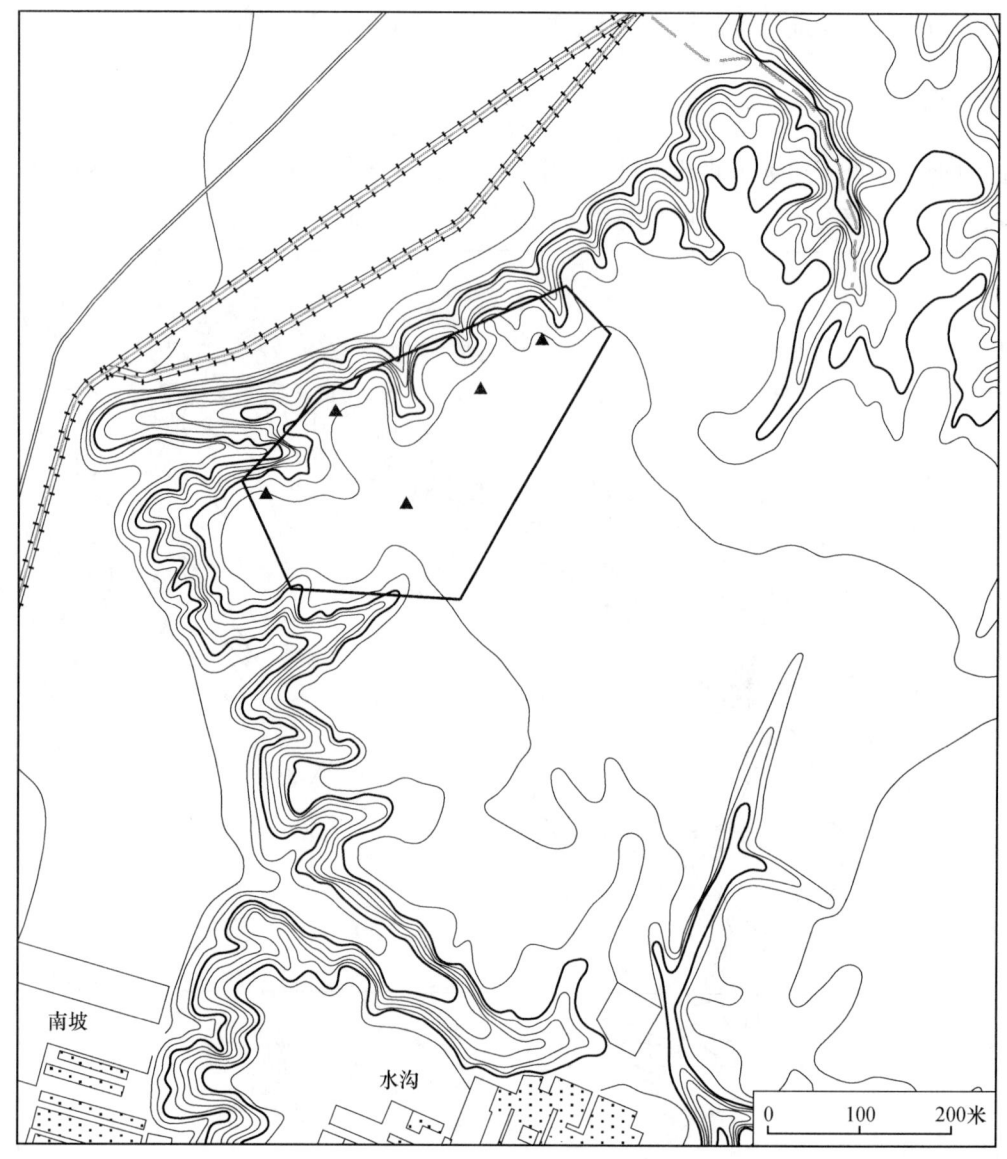

图5-269　水沟遗址龙山时期遗存分布图

带耳罐　1件。YP080405D010:1，夹砂灰陶。鼓腹，腹部有桥形耳。素面（图5-271，2）。

3. 二里头时期

二里头时期遗存见于遗址西南角之外的其他位置，遗存分布较为密集（图5-270）。未见任何遗迹现象，只在地表发现较多陶片。陶片多夹砂灰陶，纹饰以绳纹为主，可辨器形有鬲、甗、蛋形瓮、盆、罐等。

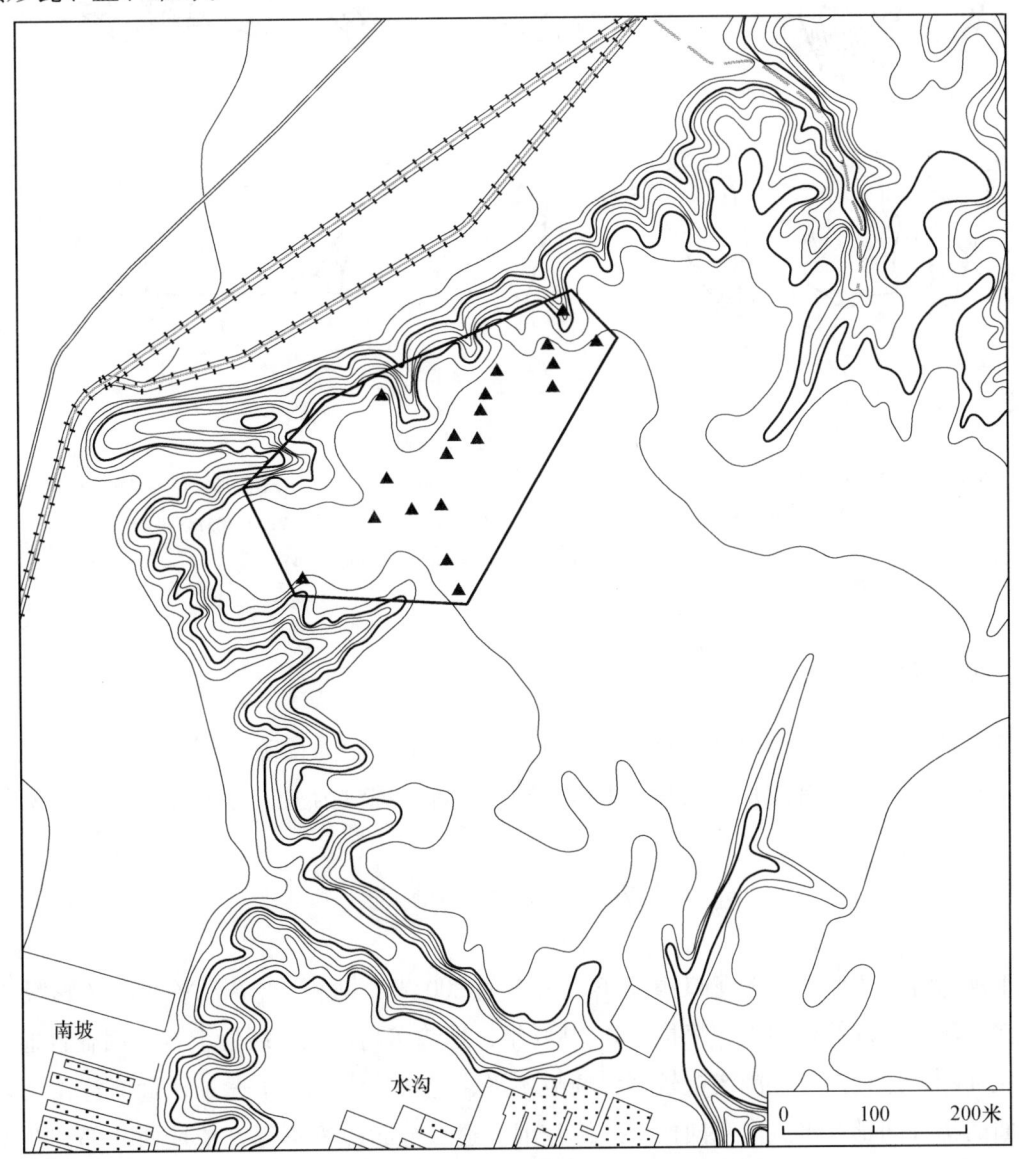

图 5-270　水沟遗址二里头时期遗存分布图

鬲足　1 件。YP080405D008：1，夹砂褐陶。锥状实足跟。素面（图 5-271，5）。

甗　1 件。YP080405D011：1，夹砂褐陶。束腰，有隔。器表饰绳纹（图 5-271，6）。

蛋形瓮足　1 件。YP080405D007：1，夹砂褐陶。粗大实足跟。器表饰绳纹（图 5-271，4）。

盆　1 件。YP080405D003：1，夹砂灰陶。方唇，折沿，弧腹。器表饰旋断绳纹（图 5-271，1）。

罐　1 件。YP080405D006：1，泥质灰褐陶。深腹，平底。器表饰绳纹。底径 14、残高 6.6 厘米（图 5-271，7）。

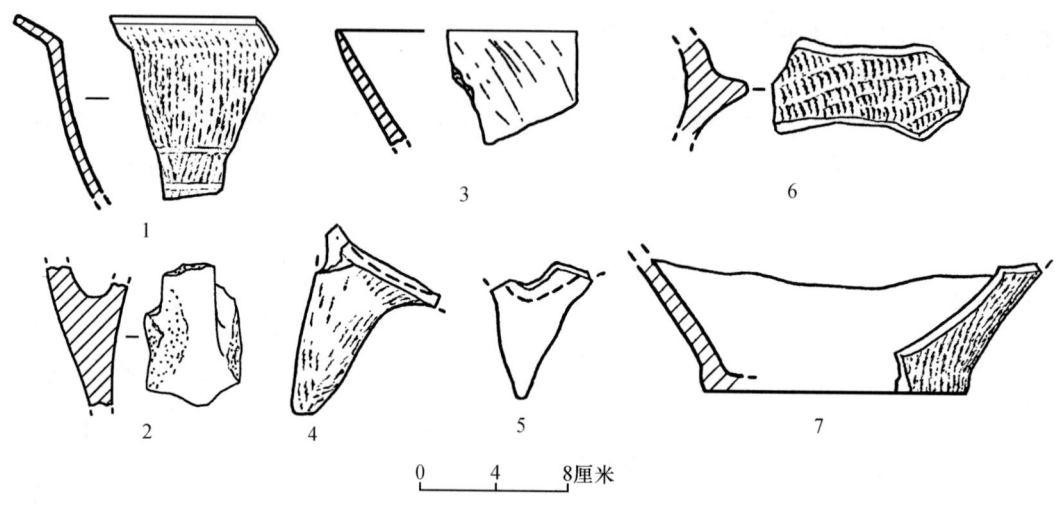

图 5-271　水沟遗址陶器

1、3. 盆（YP080405D003:1、YP080405D009:1）　2. 带耳罐（YP080405D010:1）　4. 蛋形瓮足（YP080405D007:1）
5. 鬲足（YP080405D008:1）　6. 甗（YP080405D011:1）　7. 罐（YP080405D006:1）
（1、4~7. 二里头时期；2. 龙山时期；3. 仰韶时期）

4. 东周时期

东周时期遗存见于遗址南部，只有零星分布，遗存分布较为稀疏（图5-268）。未见任何遗迹现象，只在地表发现有陶片。陶片多夹砂灰陶，纹饰以绳纹为主，可辨器形有豆、盆等。

九九、北王就遗址

北王就遗址位于原平市苏龙口镇北王就村东南200米，面积24.7万平方米（彩版八五）。遗址处在滹沱河东岸的台地上，海拔850~900米，地势东高西低，缓慢上升，因临台地前缘常年被水流冲刷，遗址内及外围沟壑较多，崎岖不平，起伏较大。除了遗址西面有滹沱河外，北面和南面的沟谷间都有水流由东向西汇入滹沱河。遗存分布疏密不等，遗址西北部和西南部遗存分布密集，其他位置则较为稀疏。遗址包含仰韶、龙山、二里头、东周四个时期的遗存，其中，东周时期遗存部分可进一步确认为战国时期。

1. 仰韶时期

仰韶时期遗存主要见于遗址南部，尤以西南部遗存分布最为密集（图5-272）。未见任何遗迹现象，只在地表发现有陶片。陶片多泥质红陶，多素面，可辨器形有钵等。

2. 龙山时期

龙山时期遗存见于遗址西北部及南部偏西，遗存分布较为稀疏（图5-274）。除在遗址西北部的梯田断面上发现 1 个灰坑外，未见其他遗迹现象。灰坑内出土有少量陶片，地表也有零星陶片发现。陶片多夹砂陶，纹饰有篮纹，可辨器形有罐等。

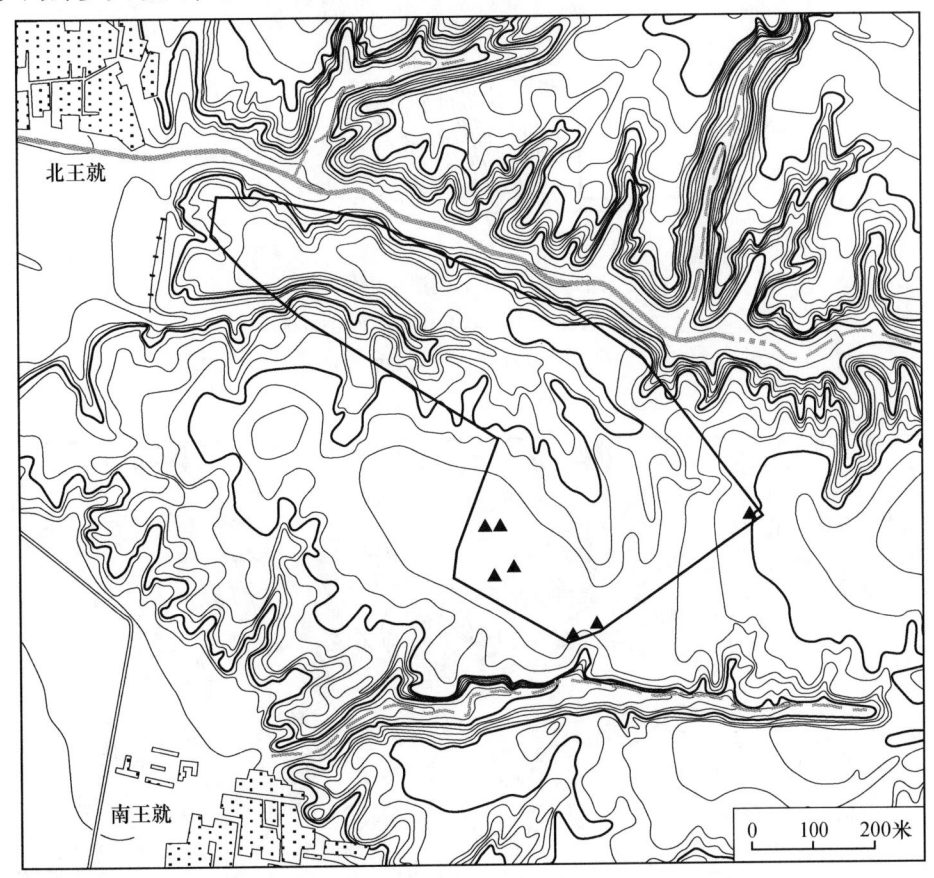

图 5-272　北王就遗址仰韶时期遗存分布图

3. 二里头时期

二里头时期遗存主要见于遗址西北部，南部偏西仅有个别发现（图 5-275）。除在遗址西北部的梯田断面上发现 1 座瓮棺葬外，未见其他遗迹现象。瓮棺葬使用的是陶器，地表也有较多陶片分布。陶片多夹砂灰陶，纹饰以绳纹为主，可辨器形有鬲、罐等。

罐　1 件。YP080405K014-M：1，夹砂褐陶。鼓腹，平底。器表饰绳纹。底径 14、残高 16.8 厘米（图 5-273，1）。

4. 东周时期

东周时期遗存主要见于遗址中部偏北，遗存分布相对密集（图 5-275）。未见任何遗迹现象，只在地表发现有陶片。陶片多夹砂灰陶，纹饰以绳纹为主，可辨器形有罐等。

罐　1 件。YP080405K009：1，夹砂灰陶。口外翻，鼓肩。肩部饰绳纹（图 5-273，2）。

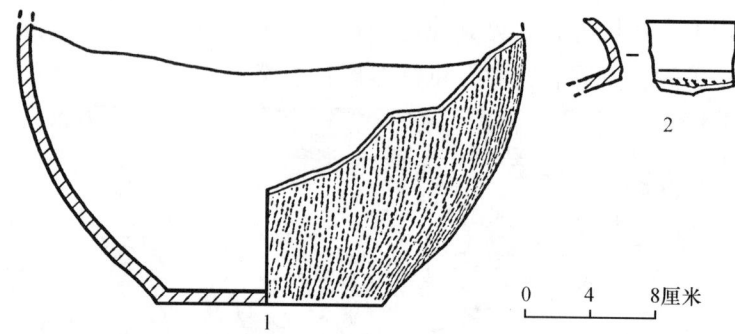

图 5-273　北王就遗址陶器

1、2. 罐（YP080405K014-M:1、YP080405K009:1）

（1. 二里头时期；2. 东周时期）

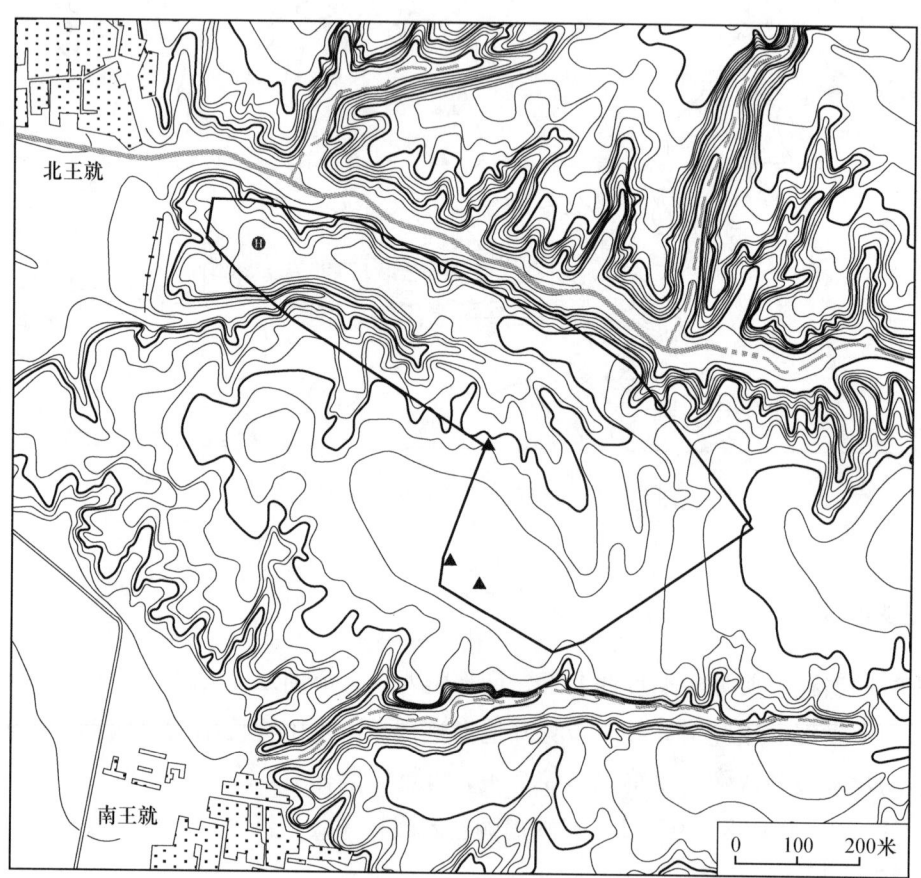

图 5-274　北王就遗址龙山时期遗存分布图

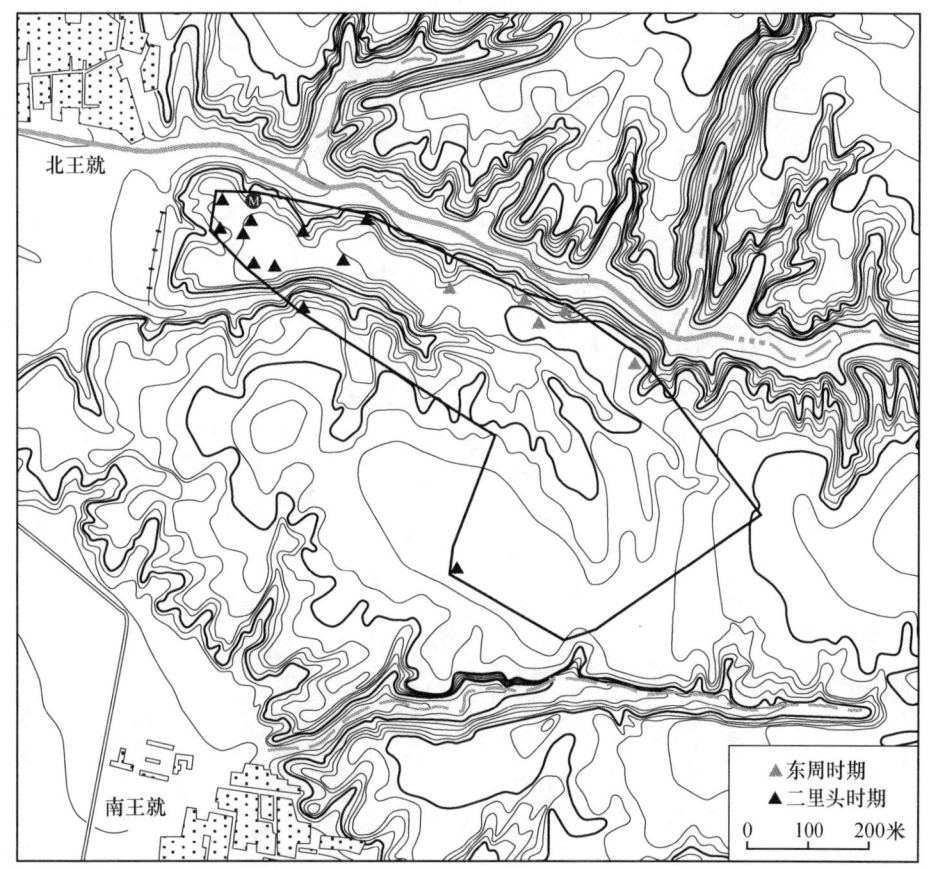

图 5-275　北王就遗址二里头、东周时期遗存分布图

一〇〇、南王就Ⅲ号遗址

南王就Ⅲ号遗址位于原平市苏龙口镇南王就村南 150 米，面积 9.2 万平方米（彩版八五）。遗址处在滹沱河东岸的台地前缘，海拔 830~860 米，东略高，西略低，地势由西向东缓慢上升，遗址所在位置较为平坦，除遗址边缘有小冲沟略有起伏外，整体地势起伏较小。遗址西面有滹沱河流过，南面沟谷间也有水流由东向西流过。遗存分布密集，遗址包含龙山、二里头两个时期的遗存。

1. 龙山时期

龙山时期遗存主要见于遗址外围，遗存分布稀疏（图 5-276）。除在遗址中部偏北的梯田断面上发现 1 个灰坑外，未见其他遗迹现象。灰坑内发现少量陶片，地表也发现有陶片。陶片多夹砂灰陶，纹饰多绳纹，可辨器形有罐等。

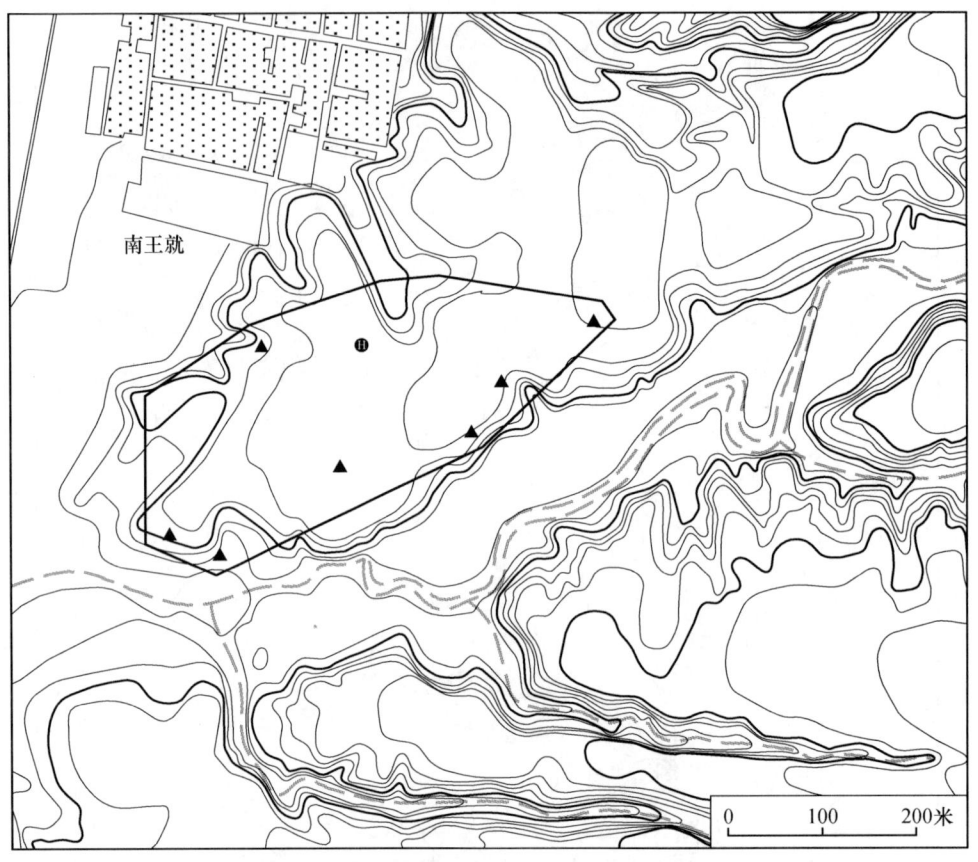

图 5-276　南王就Ⅲ号遗址龙山时期遗存分布图

罐　1 件。YP080405I003:1，夹砂灰陶（夹细砂）。深腹，平底。腹部饰绳纹。底径 10.2 厘米（图 5-278，1）。

2. 二里头时期

二里头时期遗存见于遗址东北角之外的其他位置，遗存分布较为密集（图 5-277）。遗迹见于遗址北部冲沟断面和梯田断面，共发现 1 处文化层和 1 个灰坑，无论文化层还是灰坑，堆积均较薄。遗迹内包含物丰富，尤以陶片最多。陶片多夹砂灰陶，纹饰以绳纹为主，可辨器形有鬲、蛋形瓮等。

鬲足　3 件。YP090407D002-H:1，夹砂灰陶。空袋足，有锥状实足跟，袋足横截面呈椭圆形。足部饰绳纹，跟部素面（图 5-278，3）。YP080405I005:1，夹砂褐陶。实足跟。足部饰绳纹，跟部有捆绑沟槽（图 5-278，4）。YP080405G002:1，夹砂灰陶。实足跟。足部饰绳纹，跟部有捆绑沟槽（图 5-278，5）。

蛋形瓮　1 件。YP080405G003:1，夹砂灰陶。平沿内折，深腹。素面（图 5-278，2）。

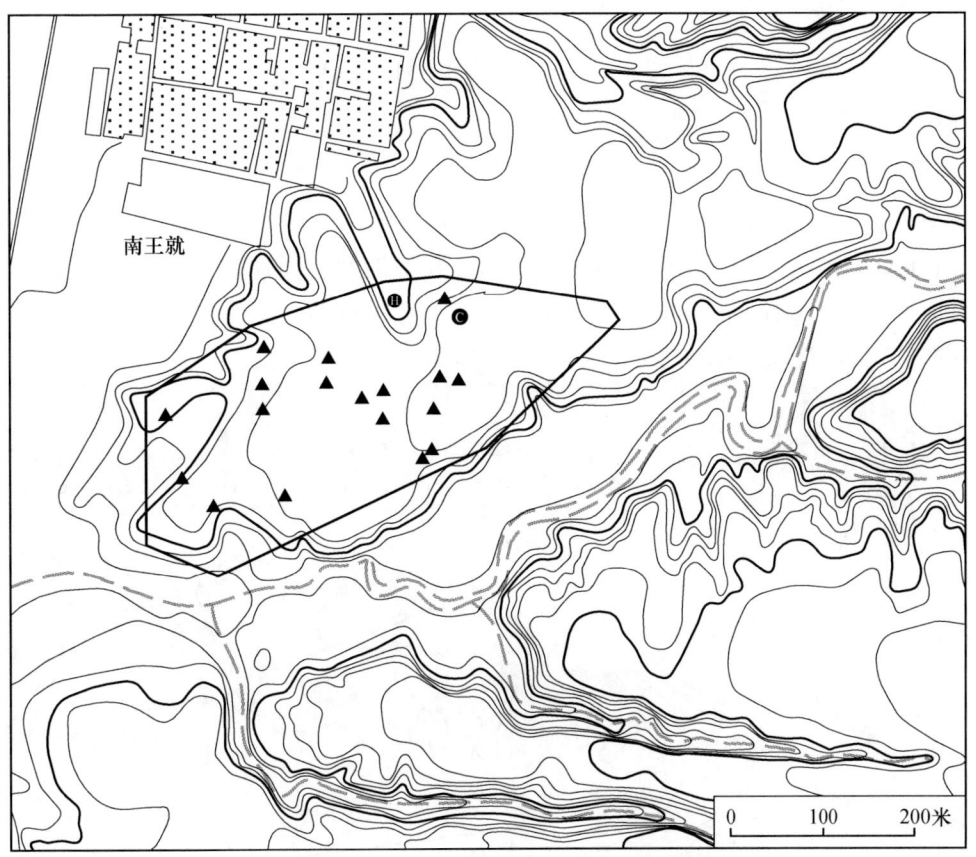

图 5-277　南王就Ⅲ号遗址二里头时期遗存分布图

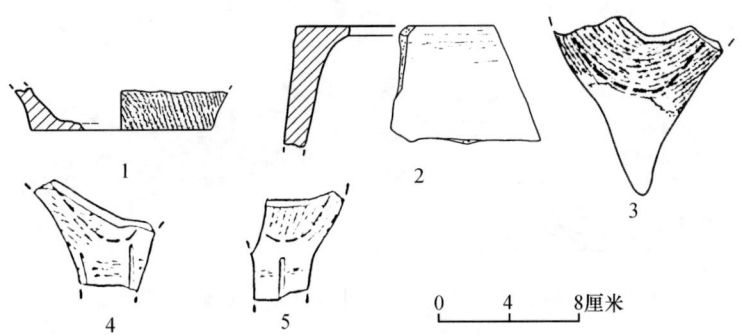

图 5-278　南王就Ⅲ号遗址陶器

1. 罐（YP080405I003：1）　2. 蛋形瓮（YP080405G003：1）　3～5. 鬲足（YP090407D002-H：1、YP080405I005：1、YP080405G002：1）

（1. 龙山时期；2～5. 二里头时期）

一〇一、南王就Ⅱ号遗址

南王就Ⅱ号遗址位于原平市苏龙口镇南王就村东南750米，面积1.3万平方米（彩版八五）。遗址处在滹沱河东岸台地上，北有沟谷，南有冲沟，遗址介于二者之间。海拔860~895米，遗址所在地势相对较平，起伏很小。遗址北面和南面都有通往滹沱河的水流流过。遗址只有东周时期的遗存，其中，部分遗存可进一步确认为战国时期（图5-279）。

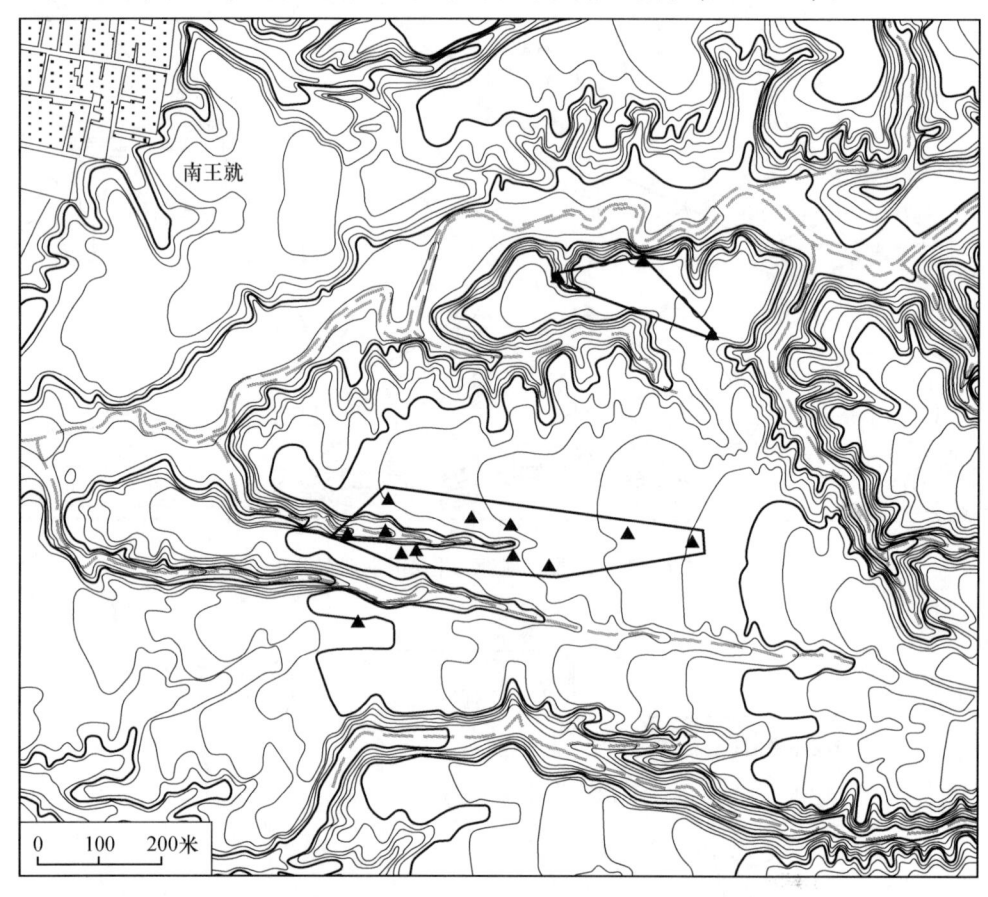

图5-279 南王就Ⅰ号（下）、Ⅱ号（上）遗址遗存分布图

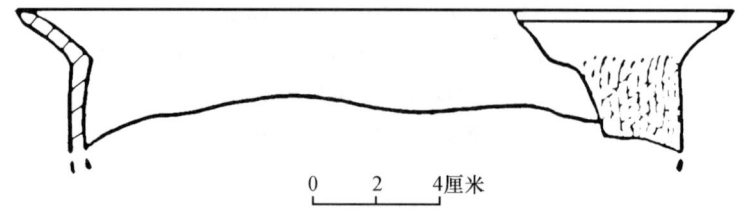

图5-280 南王就Ⅱ号遗址陶器
盆（YP080405A002:1）

遗存分布稀疏。未见任何遗迹现象，只在地表发现有陶片。陶片多夹砂灰陶，纹饰以绳纹为主，可辨器形有盆、罐等。

盆　1件。YP080405A002:1，泥质灰陶。斜方唇，折沿，深腹。腹部饰绳纹。口径23、残高4.4厘米（图5-280，1）。

一〇二、南王就Ⅰ号遗址

南王就Ⅰ号遗址位于原平市苏龙口镇南王就村东南700米，面积5.3万平方米（彩版八五）。遗址处在滹沱河东岸的台地上，海拔870~885米，东略高西略低，由西向东缓慢抬升。遗址西部有一条窄冲沟，内有水流，造成遗址有一定的起伏。南面及北面不远处的沟谷内亦有水流向西流去，最后汇入滹沱河。遗址只有战国时期的遗存（图5-279）。

在遗址南面100米处有这个时期零星陶片分布。

遗存分布密集。未见任何遗迹现象，只在地表发现有陶片。陶片多夹砂灰陶，纹饰以绳纹为主，有粗大绳纹，可辨器形有罐等。

罐　1件。YP080405B003:1，夹砂灰陶。卷沿，深腹。腹部饰粗大绳纹（图5-281）。

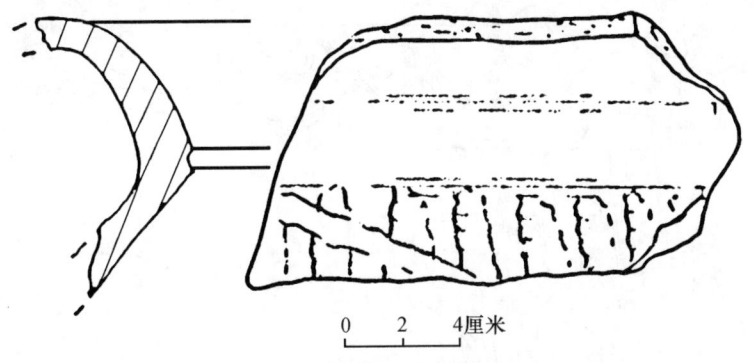

图5-281　南王就Ⅰ号遗址陶器

罐（YP080405B003:1）

一〇三、大阳Ⅱ号遗址

大阳Ⅱ号遗址位于原平市中阳乡大阳村北200米，面积6.4万平方米（彩版八六，1）。遗址处在滹沱河东岸台地上，海拔870~910米，地势东高西低，由西向东缓慢抬升，遗址西部和东部因冲沟地势有起伏外，其他位置都较为平坦。遗址南、北均临沟，沟内有水流由东向西流过。遗存分布疏密不等，遗址西部遗存分布相对密集。遗址包含龙山、二里头、战国三个时期的遗存。

1. 龙山时期

龙山时期遗存主要见于遗址东、西部，中部基本不见，遗存分布略显密集（图 5-282）。未见任何遗迹现象，只在地表发现有陶片。陶片多夹砂灰陶，纹饰多绳纹、篮纹，可辨器形有鬲、蛋形瓮、盆等。

图 5-282 大阳 II 号遗址龙山时期遗存分布图

鬲 1件。YP080406I001：1，夹砂灰陶。厚圆唇，翻沿，矮领，鼓腹。口部有花边装饰，腹部饰绳纹（图 5-285，5）。

蛋形瓮 1件。YP080406I009：1，夹砂灰陶。平沿内折，敛口，深腹。腹部饰篮纹（图 5-285，7）。

盆 1件。YP080406I008：1，夹砂灰陶。胎厚，近方唇，口外翻，深腹。腹部饰竖篮纹。口径30、残高6.8厘米（图 5-285，9）。

陶抹　1件。YP080406I009:2，泥质灰陶。近长方形，一端微弧，另端已残。抹面平整磨光，背面饰戳印纹，其上有泥条状附加堆纹。宽7.2、厚1.2、残长6.8厘米（图5-285，6）。

2. 二里头时期

二里头时期遗存主要分布于遗址中部，西部只有少量分布，遗存分布密集（图5-283）。未见任何遗迹现象，只在地表发现有陶片。陶片多夹砂灰陶，纹饰以绳纹为主，可辨器形有鬲、斝、罐等。

鬲　1件。YP080406K002:3，夹砂褐陶。圆唇，口外翻，矮领，分裆，袋足外鼓。器表饰绳纹。口径14、残高8厘米（图5-285，1）。

鬲足　1件。YP080406H004:1，夹砂褐陶。锥状实足跟。跟部素面（图5-285，3）。

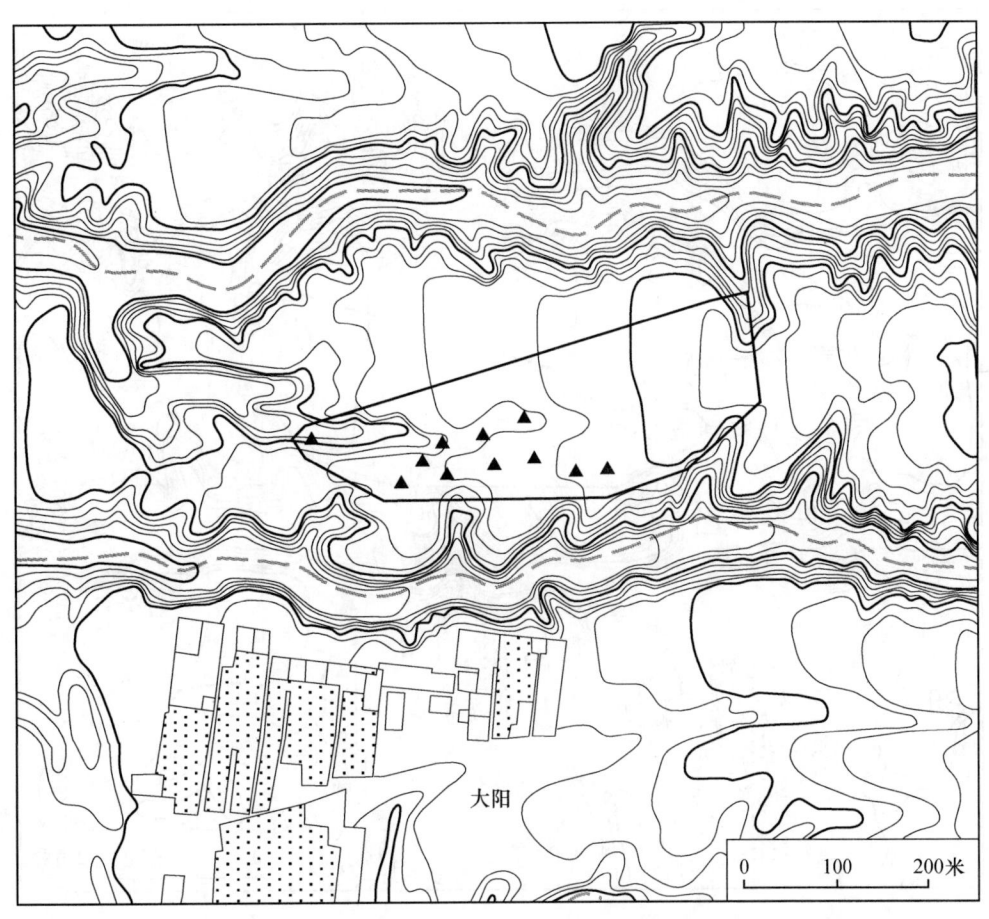

图5-283　大阳Ⅱ号遗址二里头时期遗存分布图

罩　2件。YP080406K002：2，泥质灰陶。敛口，鼓肩，深腹。器表饰绳纹（图5-285，8）。YP080406K002：1，夹砂灰黑陶。胎厚，敛口，深腹，一面扁平，一面弧壁。器表饰绳纹（图5-285，2）。

3. 战国时期

战国时期遗存见于遗址中、东部，只有零星分布，遗存分布非常稀疏（图5-284）。未见任何遗迹现象，只在地表发现零星陶片。陶片多夹砂灰陶，纹饰以粗大绳纹为多，可辨器形有罐等。

鬲　1件。YP080406K006：1，夹砂褐陶。联裆，矮实足跟。足部饰粗大绳纹（图5-285，4）。

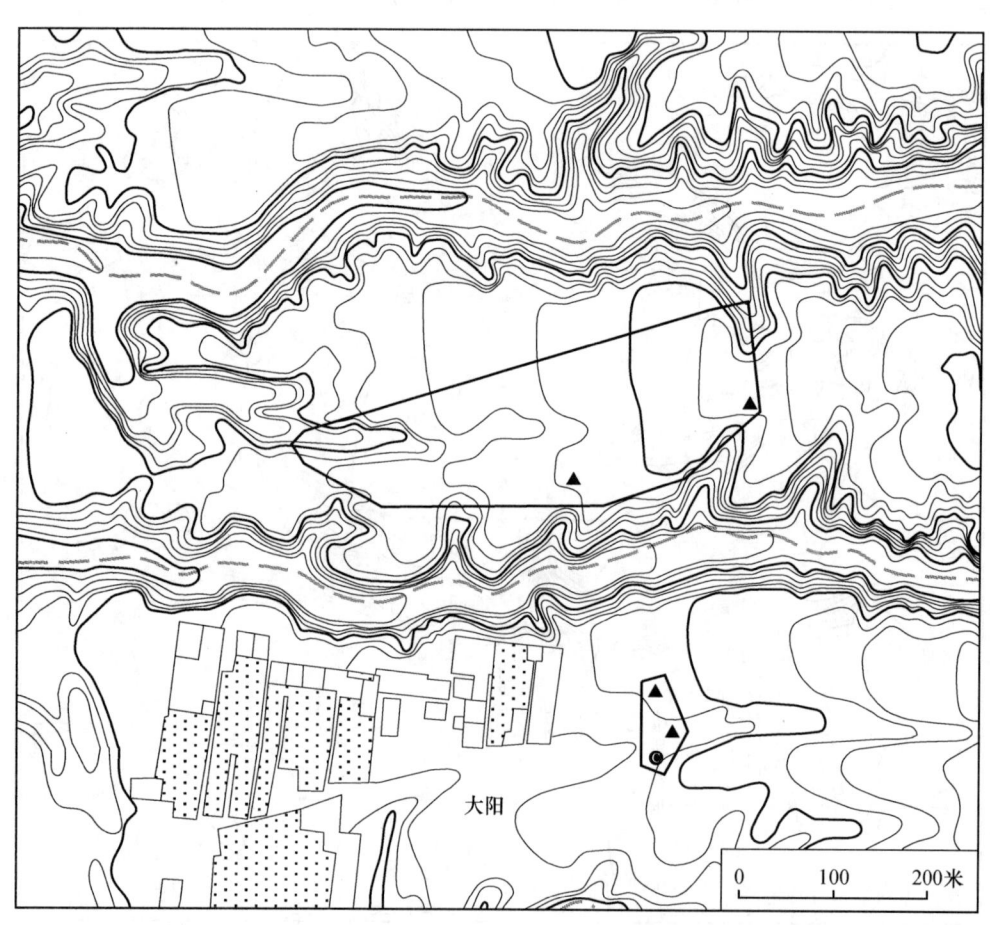

图5-284　大阳Ⅱ号（上）、Ⅰ号（下）遗址战国时期遗存分布图

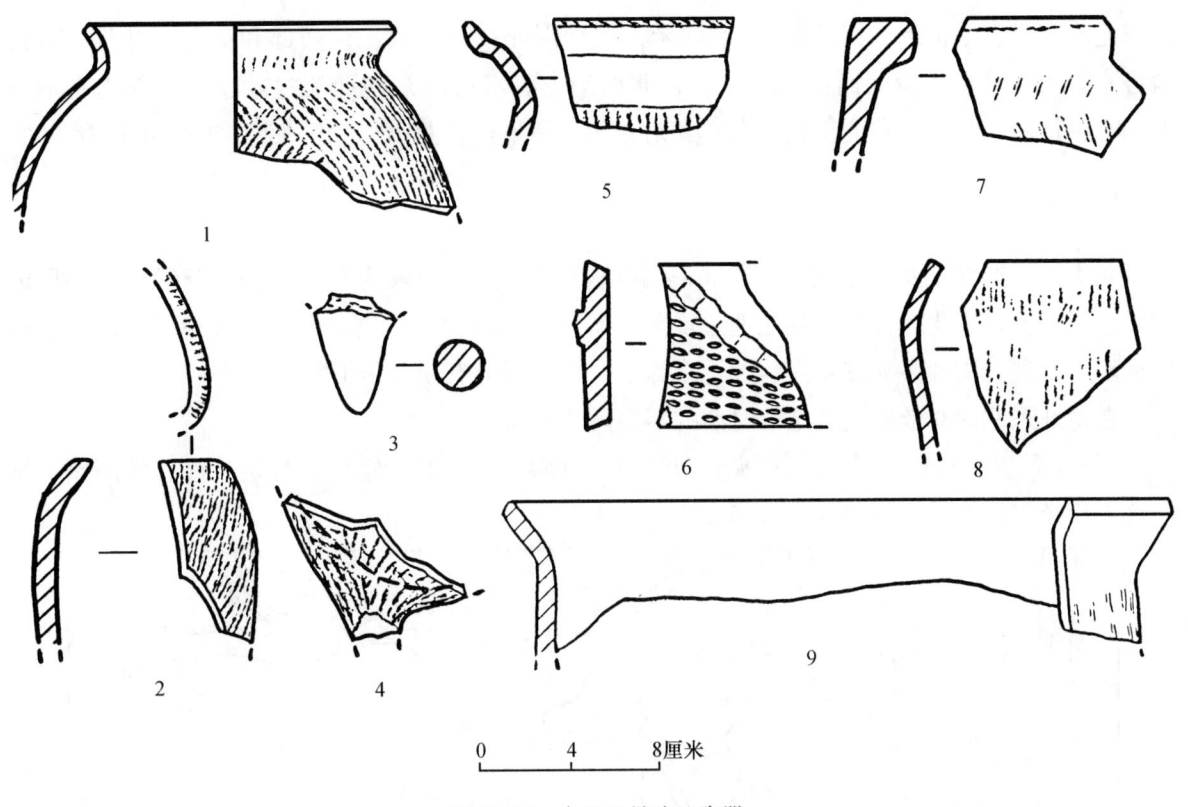

图 5-285 大阳Ⅱ号遗址陶器

1、4、5. 鬲（YP080406K002:3、YP080406K006:1、YP080406I001:1） 2、8. 斝（YP080406K002:1、YP080406K002:2）
3. 鬲足（YP080406H004:1） 6. 陶抹（YP080406I009:2） 7. 蛋形瓮（YP080406I009:1） 9. 盆（YP080406I008:1）
（1~3、8. 二里头时期；4. 战国时期；5~7、9. 龙山时期）

一〇四、大阳Ⅰ号遗址

大阳Ⅰ号遗址位于原平市中阳乡大阳村东200米，面积较小，只有0.4万平方米（彩版八六，1）。遗址处在滹沱河东岸台地上，海拔895米左右，西低东高，横跨小冲沟两侧，地势起伏较小。遗址北面临沟，沟内有水，南面不远处也有水流。遗址只有战国时期遗存（图5-284）。

遗存分布密集。只在梯田的断面上发现1处文化层，未见其他遗迹现象。文化层内出土有少量陶片，地表也有陶片分布。陶片多夹砂灰陶，纹饰以粗大绳纹为主，可辨器形有豆、罐等。

一〇五、西头遗址

西头遗址位于原平市中阳乡西头村西北400米，面积3.9万平方米（彩版八七）。遗址处在滹沱河东岸台地前缘，海拔845~860米，遗址因处在台地边缘，西部和南部有冲沟，因此地势有较大的起伏。遗址西面有滹沱河，北面沟内有水流由东向西流过。遗址西部为台地斜坡，有少量陶片分布，东北部遗存分布相对密集。遗址包含龙山、二里头两个时期的遗存。

1. 龙山时期

龙山时期遗存主要分布在遗址北部，尤以东北部遗存分布较为密集（图5-286）。在梯田的断面上发现3处文化层，未见其他遗迹现象。文化层内包含物丰富，尤以陶片最多，地表也有少量陶片发现。陶片多夹砂灰陶，纹饰多绳纹，可辨器形有鬲、蛋形瓮等。

在遗址东北550米处发现这个时期的零星陶片分布。

鬲　1件。YP080407H001∶1，夹砂灰黑陶。圆唇，口外翻，矮领，袋足外鼓。领部以下饰绳纹。口径32、残高6.4厘米（图5-288，1）。

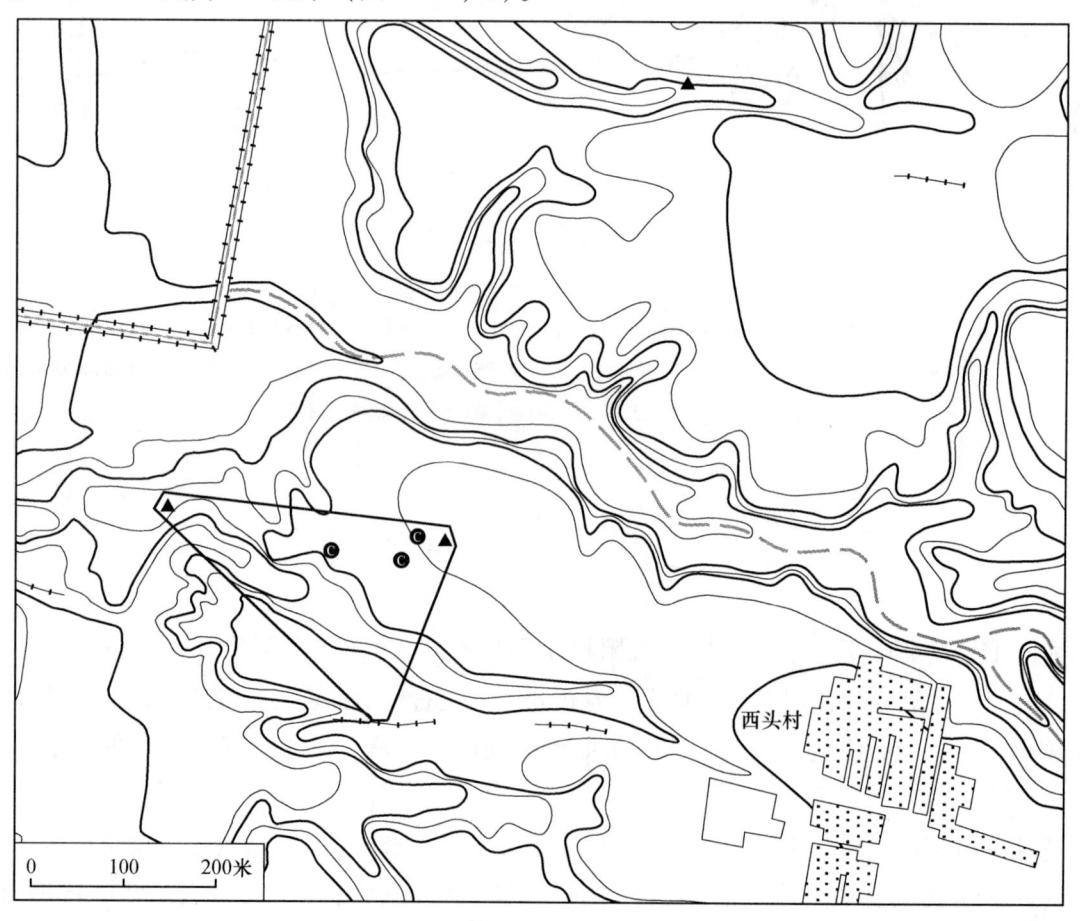

图5-286　西头遗址龙山时期遗存分布图

2. 二里头时期

二里头时期遗存见于遗址中、南部，遗存分布稀疏（图5-287）。在梯田的断面上发现1处文化层和1个灰坑。遗迹内包含物丰富，尤以陶片最多，地表未见遗物分布。陶片多夹砂灰陶，纹饰以绳纹为主，可辨器形有鬲、罐等。

罐　1件。YP080407I001-C:1，夹砂灰陶。圆唇，口外翻，束颈，鼓腹。腹部有细绳纹。口径12、残高5.6厘米（图5-288，2）。

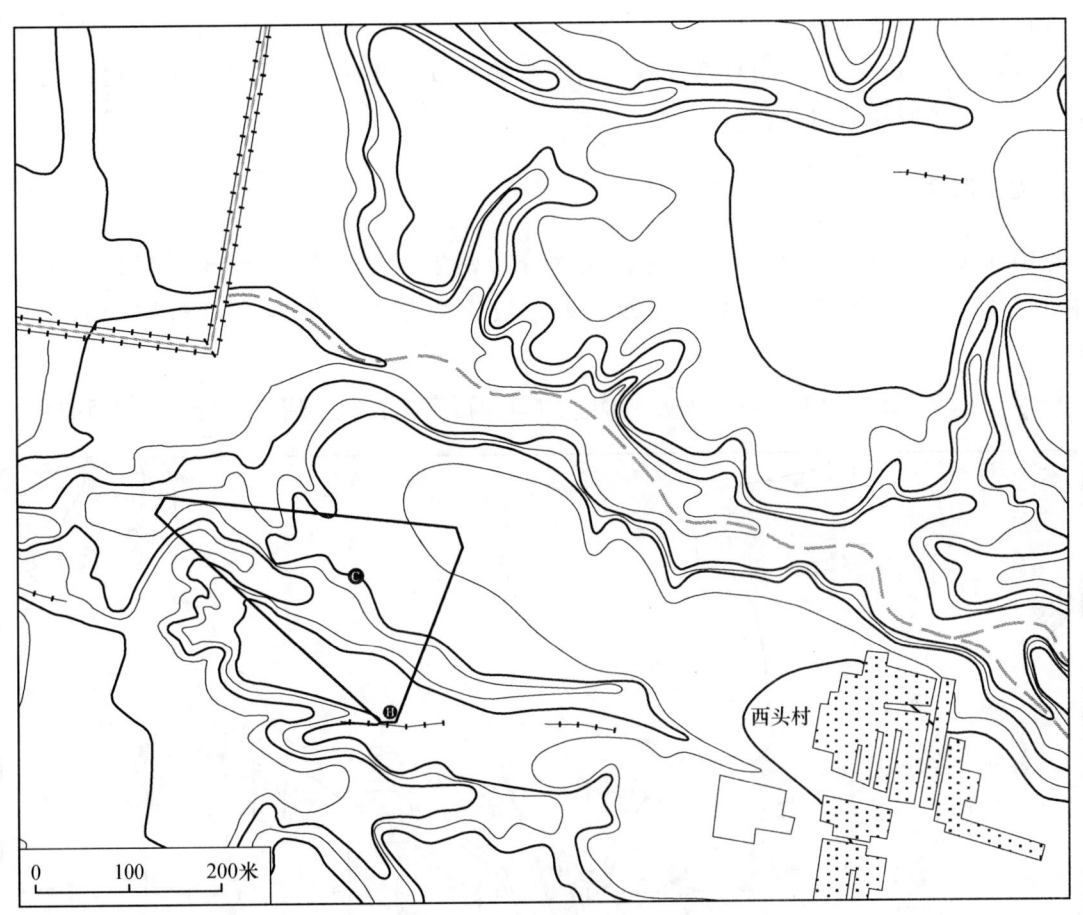

图5-287　西头遗址二里头时期遗存分布图

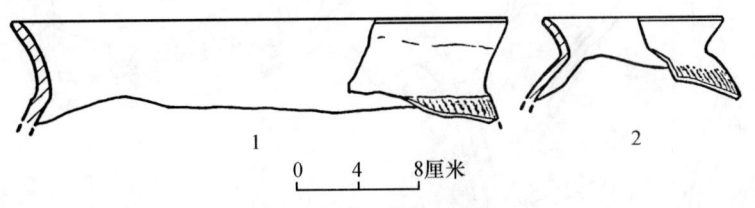

图5-288　西头遗址陶器
1. 鬲（YP080407H001:1）　2. 罐（YP080407I001-C:1）
（1. 龙山时期；2. 二里头时期）

一〇六、临河遗址

临河遗址位于原平市中阳乡临河村东南 650 米，面积 1.1 万平方米（彩版八七）。遗址处在滹沱河东岸台地前缘，海拔 840~850 米，因临近台地边缘分布，有冲沟，外围多为斜坡，地势略有起伏。遗址南面有流往滹沱河的水流流过。遗存分布密集，遗址包含龙山、二里头、战国三个时期的遗存。

1. 龙山时期

龙山时期遗存见于遗址北、中部，遗存分布密集（图 5-289）。未见任何遗迹现象，只在地表发现较多陶片。陶片多夹砂灰陶，纹饰多篮纹、绳纹，可辨器形有鬲、斝、罐等。

斝　1 件。YP080410B007:1，夹砂灰陶。敛口，折肩，斜腹。肩部饰旋纹（图 5-290）。

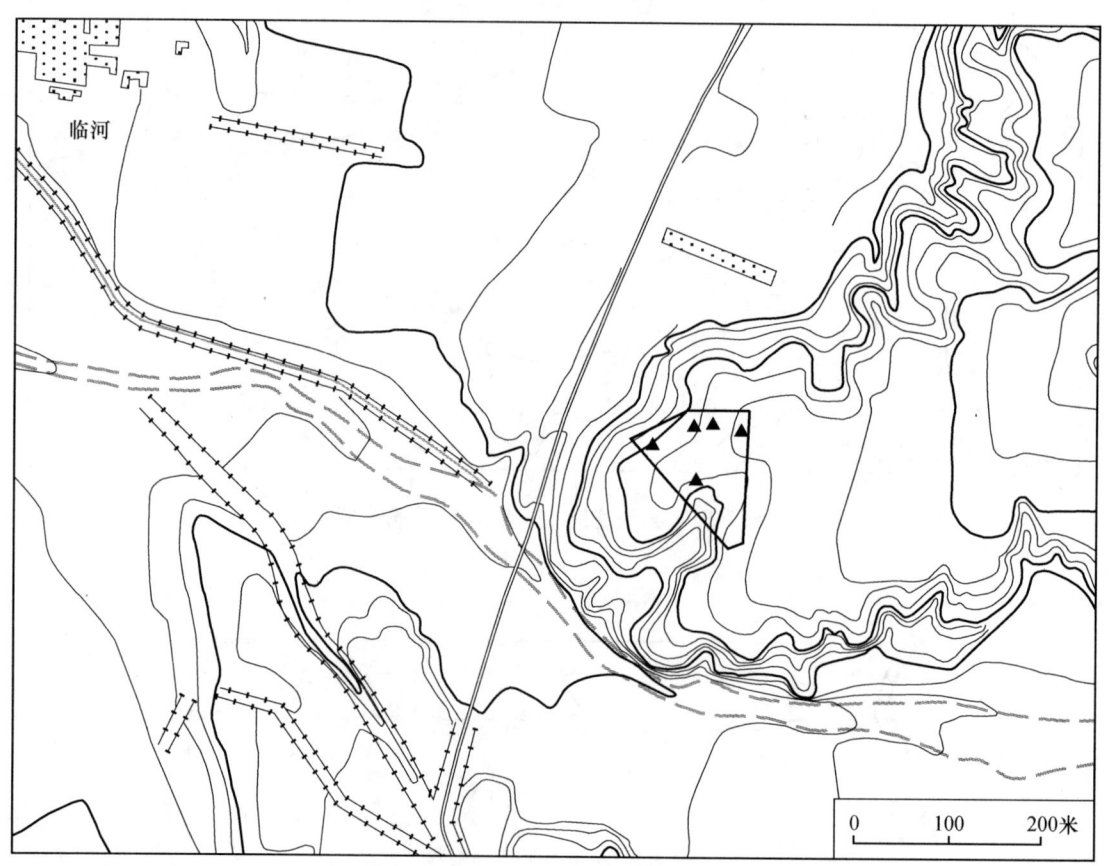

图 5-289　临河遗址龙山时期遗存分布图

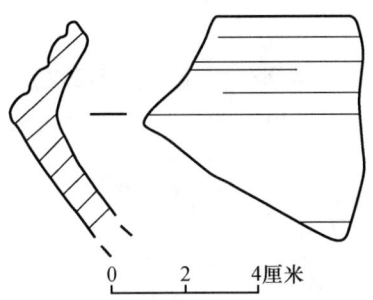

图 5-290　临河遗址龙山时期陶器
斝（YP080410B007∶1）

2. 二里头时期

二里头时期遗存见于遗址东部，遗存分布稀疏（图 5-291）。未见任何遗迹现象，只在地表发现零星陶片。陶片多夹砂灰陶，纹饰以绳纹为主，可辨器形有鬲等。

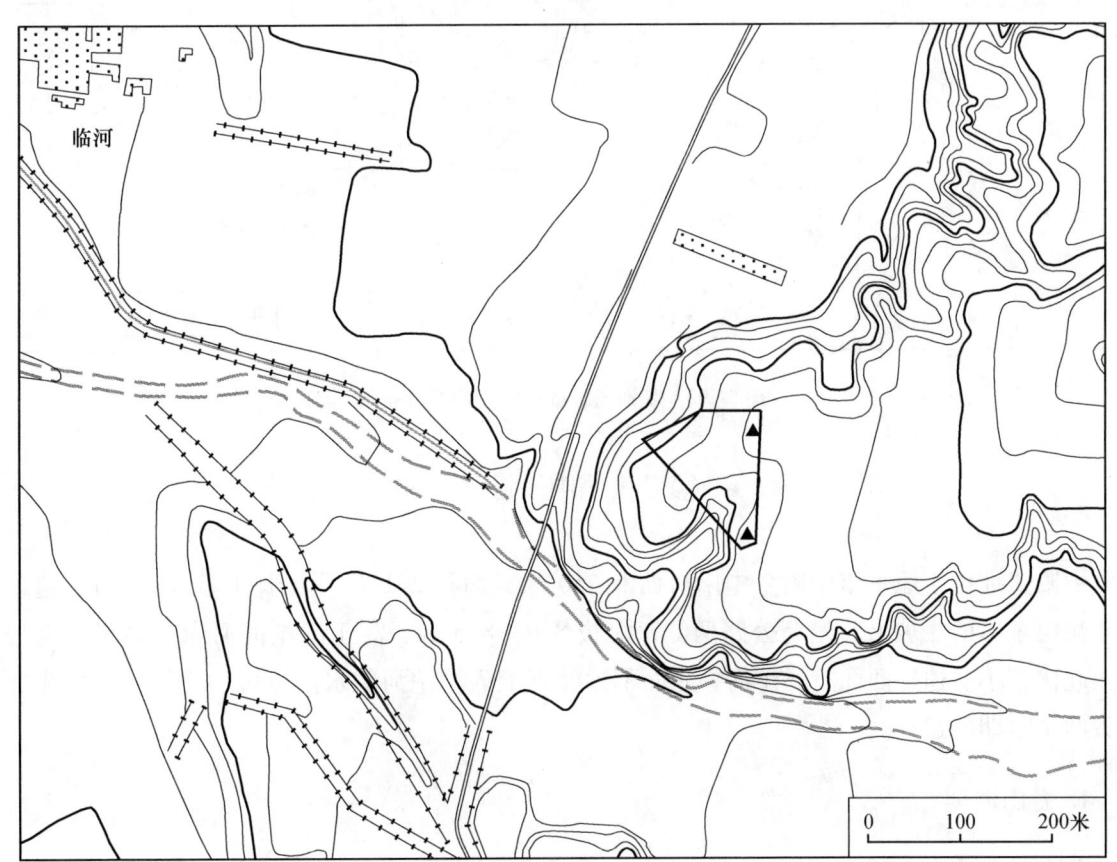

图 5-291　临河遗址二里头时期遗存分布图

3. 战国时期

战国时期遗存见于遗址东部，遗存分布稀疏（图 5-292）。未见任何遗迹现象，只在地表发现零星陶片。陶片多夹砂灰陶，纹饰以粗大绳纹为主，可辨器形有罐等。

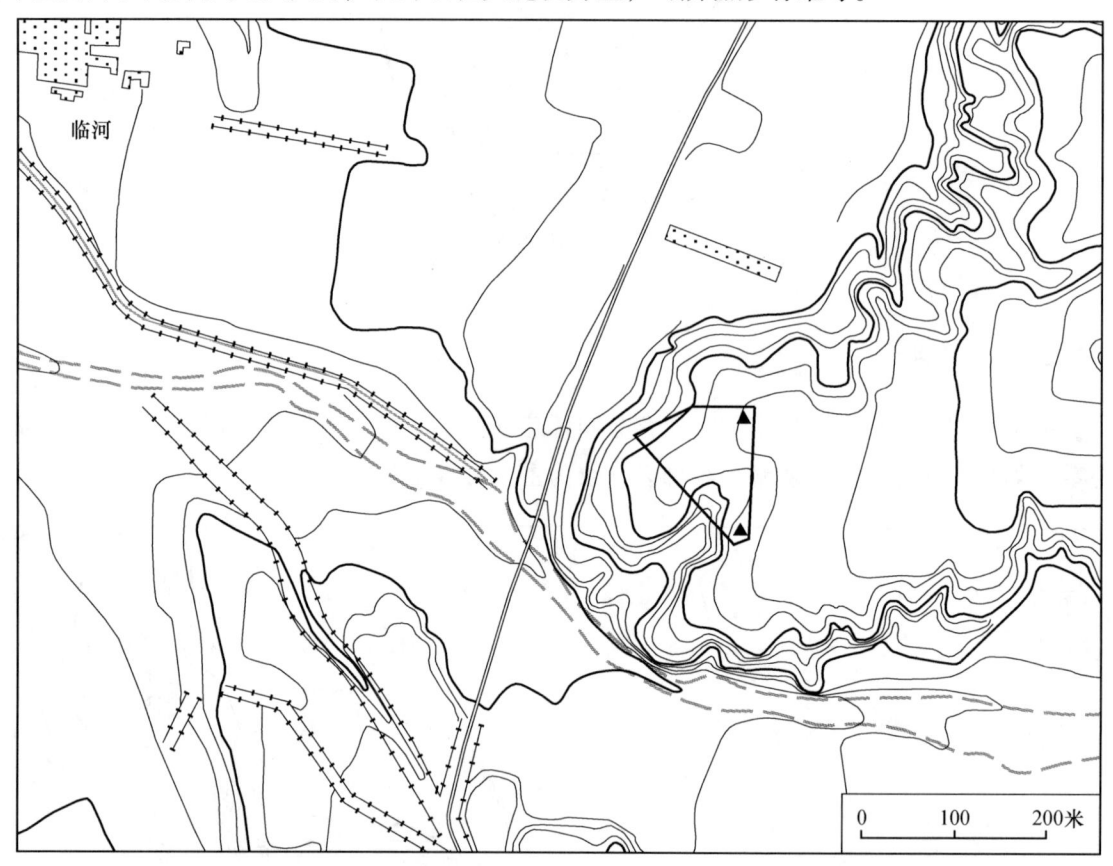

图 5-292　临河遗址战国时期遗存分布图

一〇七、中阳遗址

中阳遗址位于原平市中阳乡中阳村西北 250 米，面积 2.1 万平方米（彩版八七）。遗址处在滹沱河东岸的缓坡上，横跨公路两侧，海拔 820～825 米，高于滹沱河河床十多米，地势较低，起伏较小。遗址西面有滹沱河，北面不远处有汇入滹沱河的水流流过。遗址包含龙山、二里头两个时期的遗存。

1. 龙山时期

龙山时期遗存主要见于遗址东部偏南，西部只有零星分布（图 5-293）。未见任何遗迹现象，只在地表发现较多陶片。陶片多夹砂灰陶，纹饰多篮纹、绳纹，可辨器形有鬲、罐等。

图 5-293　中阳遗址龙山时期遗存分布图

罐　1件。YP080411A002：1，夹砂黑灰陶。深腹，平底。腹部饰竖篮纹。底径15、残高6.4厘米（图5-295，3）。

2. 二里头时期

二里头时期遗存主要见于遗址外围，遗存分布相对稀疏（图5-294）。除在遗址西部的梯田断面上发现1个灰坑外，未见其他遗迹现象。灰坑内包含物丰富，尤以陶片最多，陶片多夹砂灰陶，纹饰以绳纹为主，可辨器形有鬲、蛋形瓮、罐等。

鬲足　2件。YP080411B001-H：1，夹砂灰褐陶。袋足，有长实足跟。足部饰绳纹，跟部有捆绑沟槽（图5-295，1）。YP080411A001：1，夹砂灰褐陶。实足跟。足部有绳纹，跟部素面（图5-295，2）。

罐 1件。YP080411B001-H:2，泥质灰陶。深腹，平底。腹部有浅划纹。底径16、残高4.4厘米（图5-295，4）。

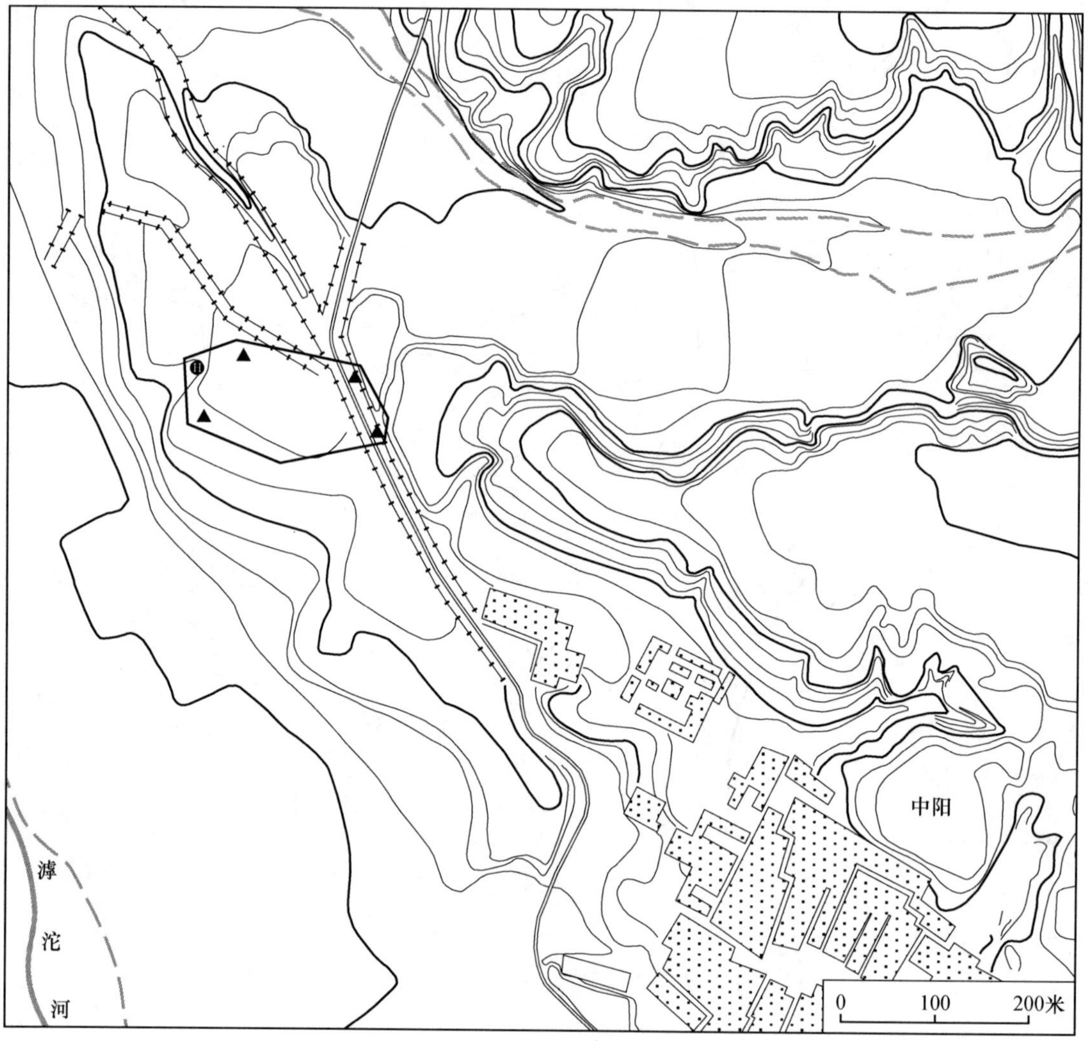

图5-294 中阳遗址二里头时期遗存分布图

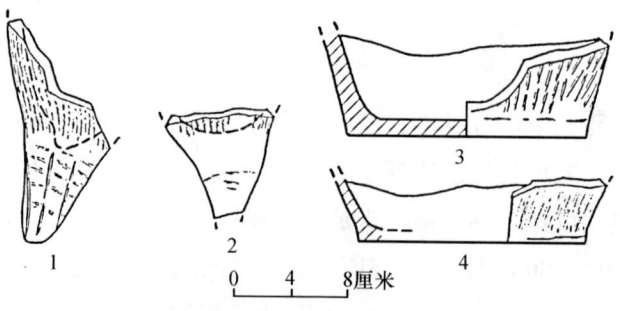

图5-295 中阳遗址陶器

1、2. 鬲足（YP080411B001-H:1、YP080411A001:1） 3、4. 罐（YP080411A002:1、YP080411B001-H:2）

（1、2、4. 二里头时期；3. 龙山时期）

一〇八、南头Ⅰ号遗址

南头Ⅰ号遗址位于原平市中阳乡南头村南250米，面积1.6万平方米（彩版八六，2）。遗址处在滹沱河东岸台地深处，海拔865~885米，西、北面临浅沟的斜坡有一定的起伏，遗址所在地势整体较为平坦。遗址北面浅沟内水流由东向西流过，南面不远处也有由东向西的水流。遗存分布密集，遗址包含龙山、二里头、东周三个时期的遗存，其中，东周时期遗存部分可进一步确认为战国时期。

1. 龙山时期

龙山时期遗存见于遗址西南部之外的其他位置，遗存分布密集（图5-296）。除在遗址中部的梯田断面上发现2处文化层外，未见其他遗迹现象。文化层内包含物丰富，尤以陶片最多，地表也有陶片分布。陶片多夹砂灰陶，纹饰多绳纹，可辨器形有鬲、甗、罐等。

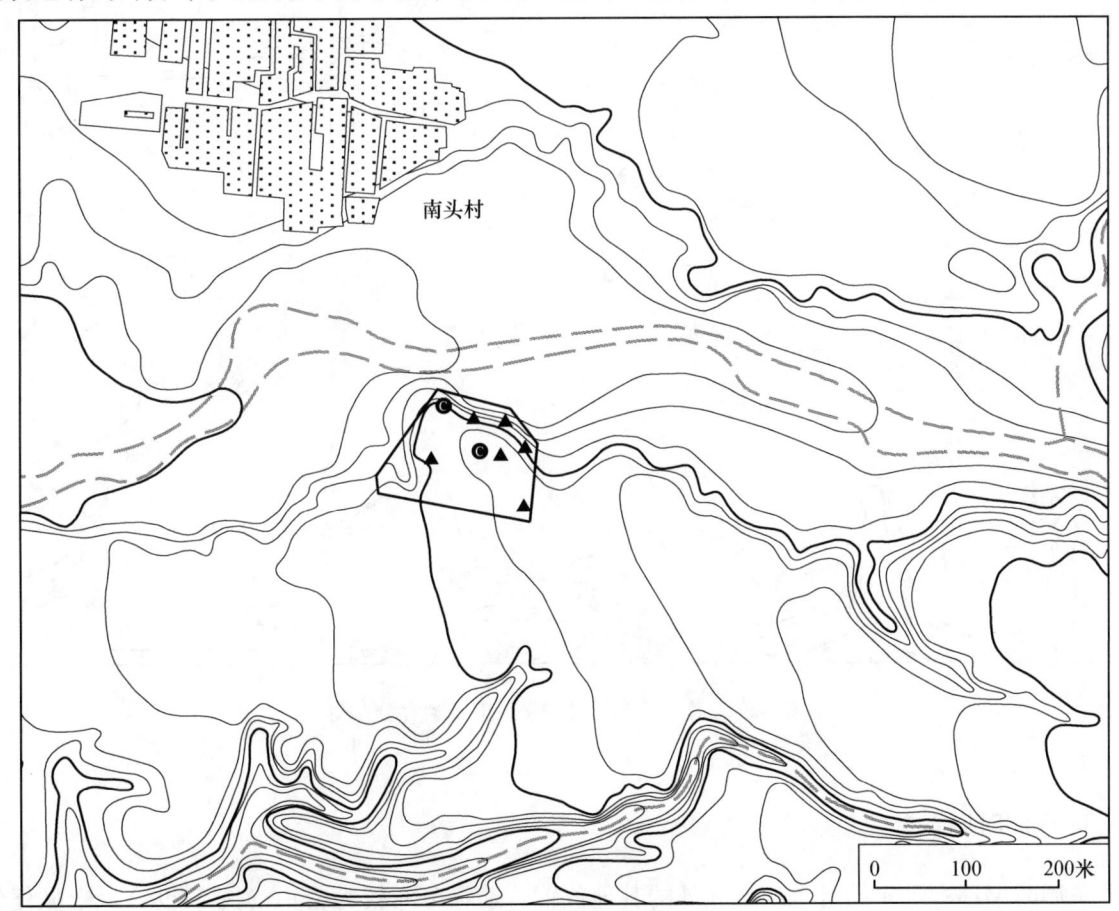

图 5-296　南头Ⅰ号遗址龙山时期遗存分布图

鬲足　1件。YP080410B003-C：1，夹砂褐陶。空袋足，微有实足跟。足部饰绳纹（图5-299，2）。

甗　1件。YP080410B002：1，夹砂灰陶。深腹，有隔。器表饰绳纹（图5-299，1）。

2. 二里头时期

二里头时期遗存仅见于遗址北部，只有个别发现，遗存分布非常稀疏（图5-297）。未见任何遗迹现象，只在地表发现少量陶片。陶片多夹砂灰陶，纹饰以绳纹为主，可辨器形有鬲等。

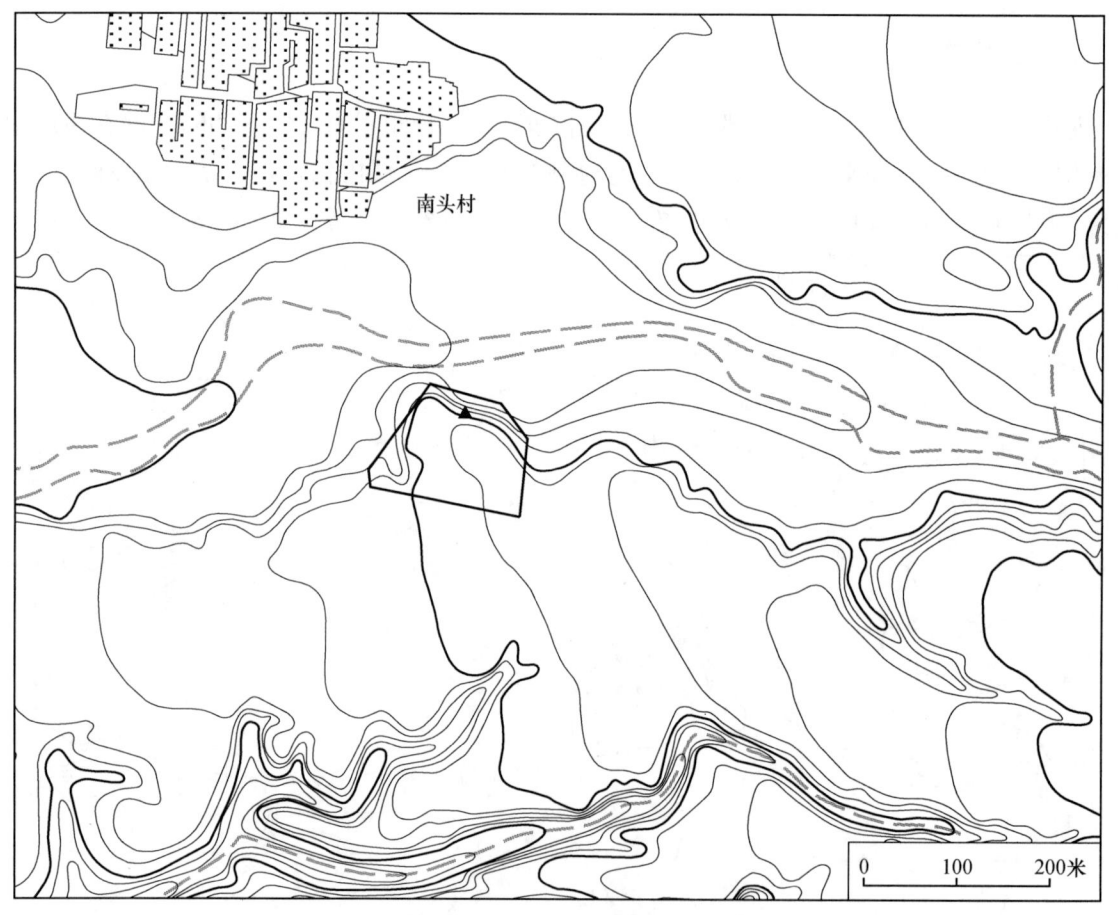

图5-297　南头Ⅰ号遗址二里头时期遗存分布图

3. 东周时期

东周时期遗存见于遗址东南部之外的其他位置，遗存分布较为密集（图5-298）。未见任何遗迹现象，只在地表发现有陶片。陶片多夹砂灰陶，纹饰以绳纹为主，有粗大绳纹，可辨器形有豆、罐等。

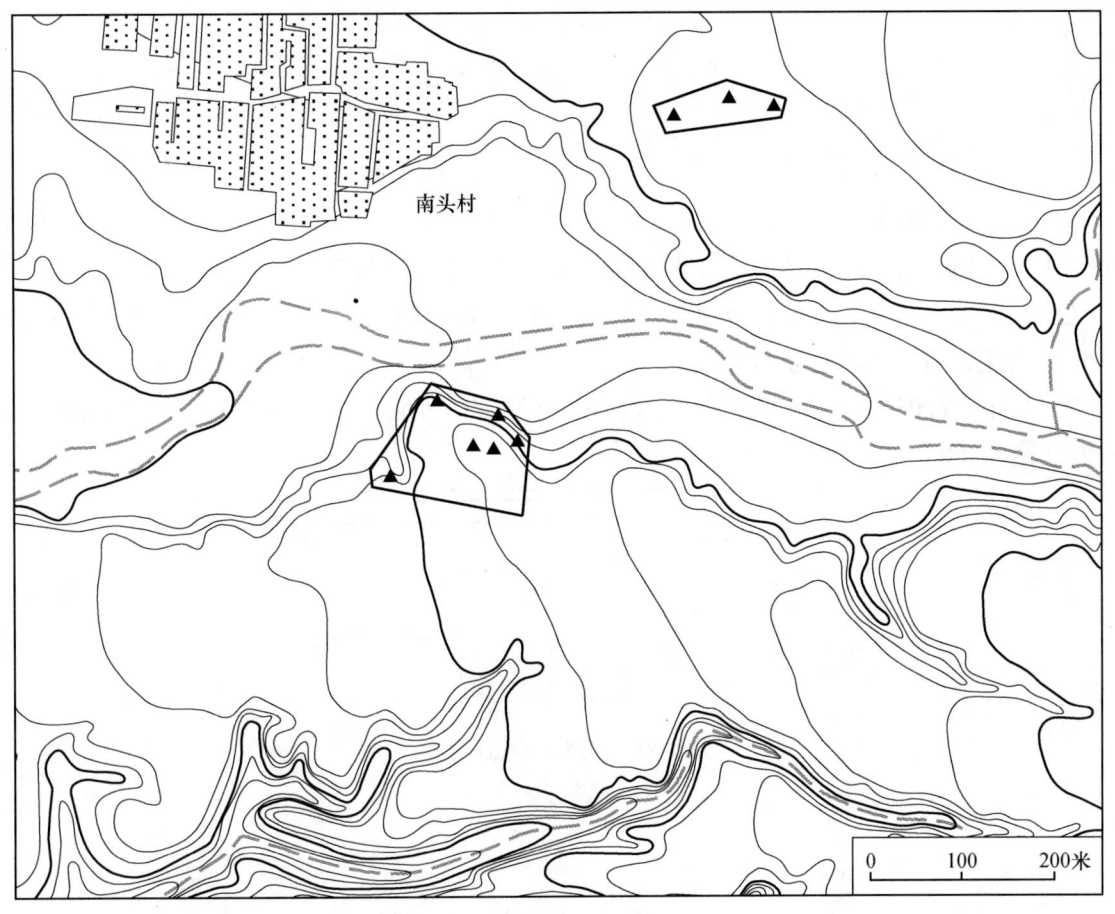

图 5-298　南头Ⅰ号遗址（下）东周时期遗存、南头Ⅱ号遗址（上）战国时期遗存分布图

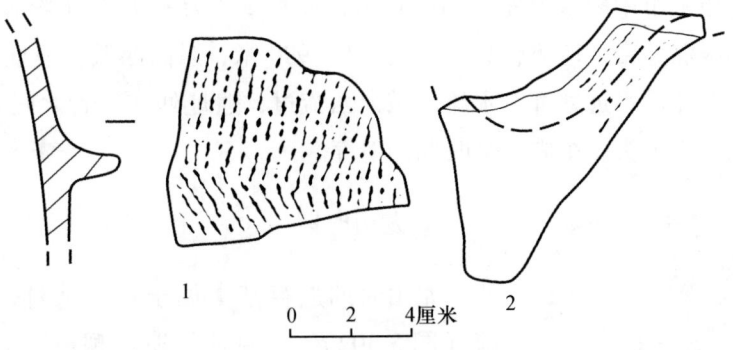

图 5-299　南头Ⅰ号遗址龙山时期陶器
1. 甗（YP080410B002:1）　2. 鬲足（YP080410B003-C:1）

一○九、南头Ⅱ号遗址

南头Ⅱ号遗址位于原平市中阳乡南头村东 250 米，面积较小，只有 0.5 万平方米（彩版八六，2）。遗址处在滹沱河东岸台地深处，海拔 880～885 米，地势平坦。遗址四周有数条流向滹沱河的水流，距离最远处不超过 350 米。遗址只有战国时期的遗存（图 5-298）。

遗存分布相对密集。未见任何遗迹现象，只在地表发现有陶片。陶片多夹砂灰陶，纹饰以粗大绳纹为主，可辨器形有罐等。

罐　1 件。YP080407I009:1，泥质灰陶。斜方唇，口外翻，广肩。素面。口径 14.5、残高 4 厘米（图 5-300）。

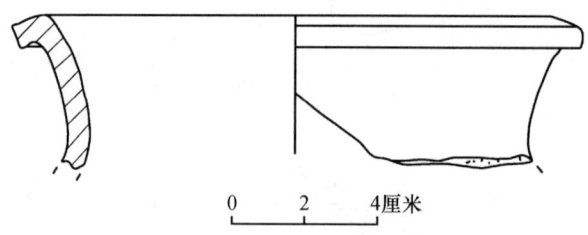

图 5-300　南头Ⅱ号遗址陶器

罐（YP080407I009:1）

一一○、上庄遗址

上庄遗址位于原平市中阳乡上庄东南 300 米，面积 2.3 万平方米（彩版八八）。遗址处在滹沱河东岸台地的纵深地带，地势较高，海拔 910～920 米，东高西低，遗址北部有冲沟，但起伏较小。遗址南面及北面不远处都有水流由东向西流过，遗址处在二者之间。遗存分布相对稀疏，遗址包含龙山、二里头、东周三个时期的遗存。

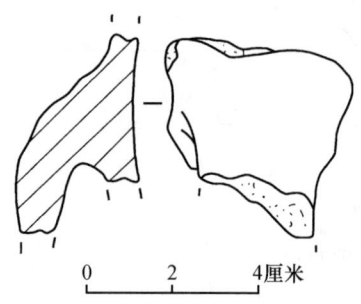

图 5-301　上庄遗址龙山时期陶器

带耳罐（YP080407G001:1）

1. 龙山时期

龙山时期遗存基本见于整个遗址，遗存分布相对稀疏（图 5-302）。未见任何遗迹现象，只在地表发现有陶片。陶片多夹砂灰陶，纹饰多篮纹，可辨器形有带耳罐、罐等。

带耳罐　1 件。YP080407G001:1，泥质灰陶。桥形耳。素面（图 5-301）。

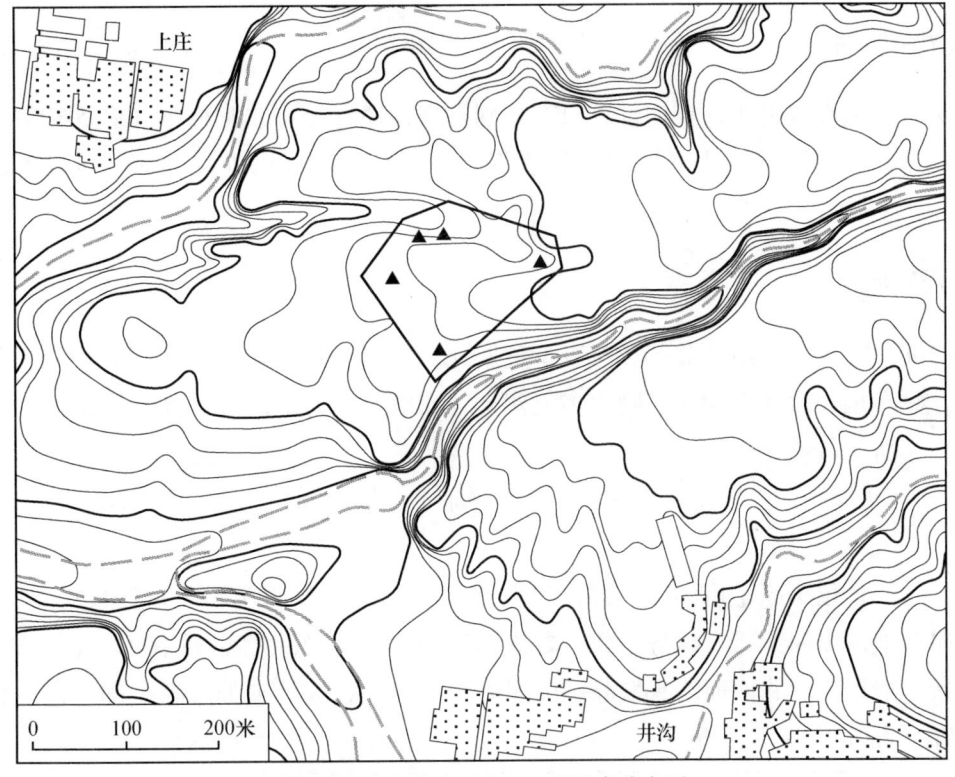

图 5-302　上庄遗址龙山时期遗存分布图

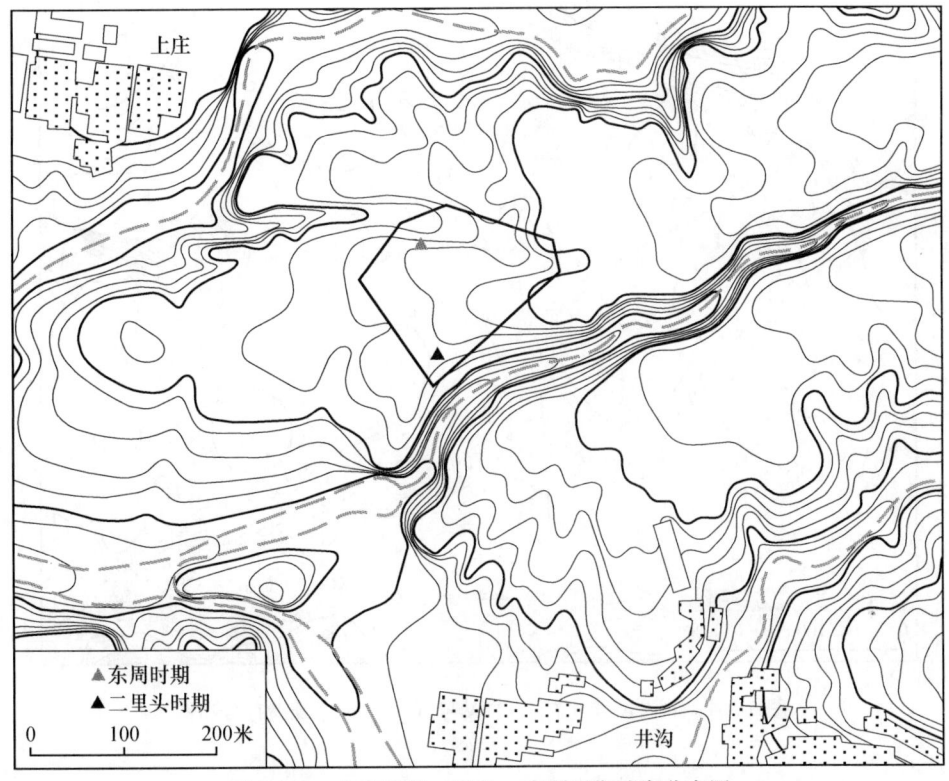

图 5-303　上庄遗址二里头、东周时期遗存分布图

2. 二里头时期

二里头时期遗存仅见于遗址南部，只有个别发现，遗存分布非常稀疏（图5-303）。未见任何遗迹现象，只在地表发现少量陶片。陶片多夹砂灰陶，纹饰以绳纹为多，可辨器形有蛋形瓮等。

3. 东周时期

东周时期遗存仅见于遗址北部，只有少量发现，遗存分布非常稀疏（图5-303）。未见任何遗迹现象，只在地表发现有陶片。陶片多灰陶，纹饰以绳纹为主，可辨器形有罐等。

一一一、井沟Ⅴ号遗址

井沟Ⅴ号遗址位于原平市中阳乡井沟村西北，面积2.4万平方米（彩版八八）。遗址处在滹沱河东岸台地的纵深地带，地势较高，海拔915～925米，东北高，西南低，呈缓坡抬升，有一定的起伏。遗址南、北两面均有发源于山间的水流流过，遗址夹处二者之间。遗址只有龙山时期的遗存（图5-304）。

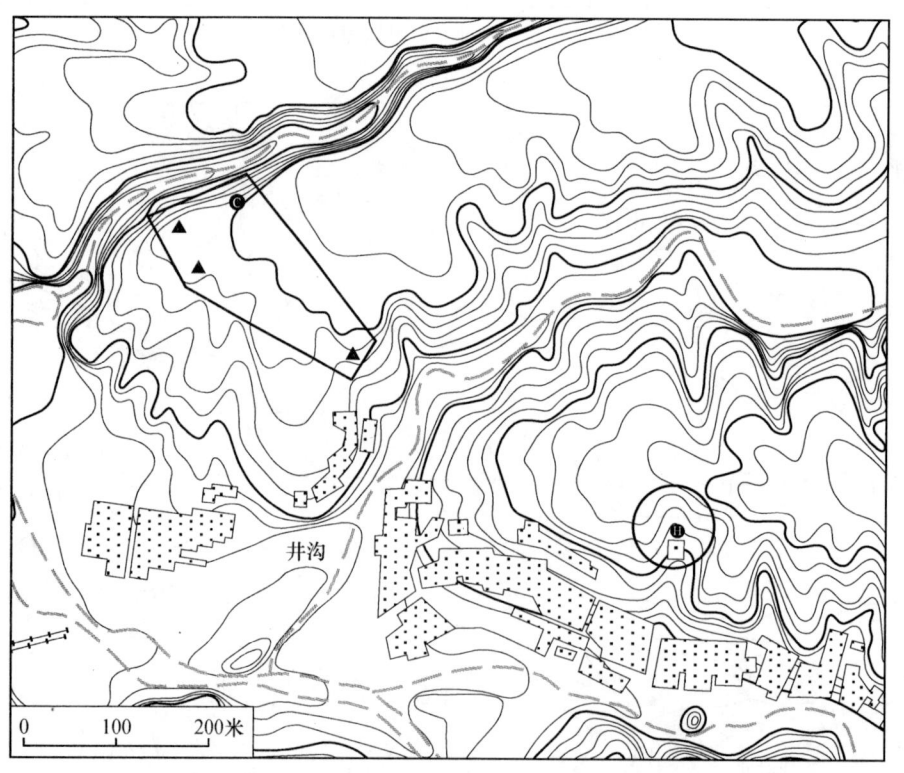

图5-304　井沟Ⅳ号（右下）、Ⅴ号（左上）遗址遗存分布图

遗存分布略显稀疏。除在遗址北部的断崖上发现 1 处文化层外，未见其他遗迹现象。文化层内包含有陶片，但并不丰富，地表也有陶片分布。陶片多夹砂灰陶，纹饰多篮纹、绳纹，可辨器形有蛋形瓮、盆等。

蛋形瓮　1 件。YP080407K001：1，夹砂褐陶。平沿，微敛口，深腹。口部有附加堆纹，腹部饰绳纹（图 5-305，1）。

盆　1 件。YP080407K001：2，泥质灰陶。鼓腹，平底。腹部饰篮纹。底径 16、残高 4 厘米（图 5-305，2）。

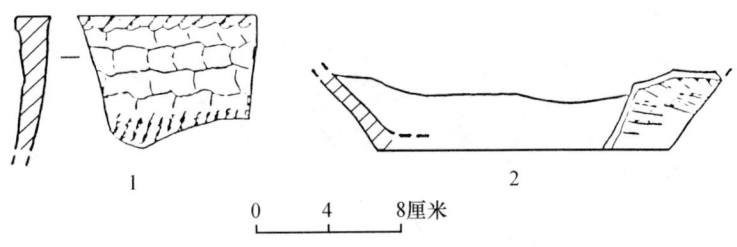

图 5-305　井沟 V 号遗址陶器
1. 蛋形瓮（YP080407K001：1）　2. 盆（YP080407K001：2）

一一二、井沟 IV 号遗址

井沟 IV 号遗址位于原平市中阳乡井沟村北，面积较小，小于 0.4 万平方米（彩版八八）。遗址处在滹沱河东岸纵深地带一斜坡上，地势较高，海拔 930 米左右，北高南低，有一定的坡度。遗址南面有发源于山间的水流，北面不远处也有发源于山间的水流。遗址只有龙山时期的遗存（图 5-304）。

遗存发现较少，分布稀疏。只在梯田的断面发现 1 个灰坑，未见其他遗迹现象。灰坑内包含物较多，尤以陶片最多，地表未发现陶片。陶片多夹砂灰陶，纹饰以绳纹为多，可辨器形有罐等。

罐　1 件。YP090425D001-H：1，夹砂黑陶。直深腹，平底。器表饰绳纹，其上有附加堆纹。底径 22、残高 12 厘米（图 5-306）。

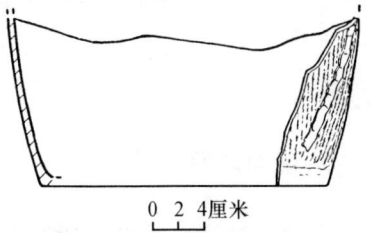

图 5-306　井沟 IV 号遗址陶器
罐（YP090425D001-H：1）

一一三、井沟 I 号遗址

井沟 I 号遗址位于原平市中阳乡井沟村东，面积较小，只有 0.5 万平方米（彩版八八）。遗址处在滹沱河东岸台地纵深地带的一斜坡上，地势较高，海拔 925～940 米，东高西低，呈缓坡抬升。发源于山间的水流流过遗址南面、西面。遗址包含龙山、晚商、东周三个时期的遗存，其中，东周时期遗存可进一步确认为战国时期。

1. 龙山时期

龙山时期遗存见于整个遗址，遗存分布稀疏（图5-307）。未见任何遗迹现象，只在地表发现有陶片。陶片多灰陶，纹饰有篮纹，可辨器形有罐等。

在遗址东北200米处发现有这个时期的零星陶片。

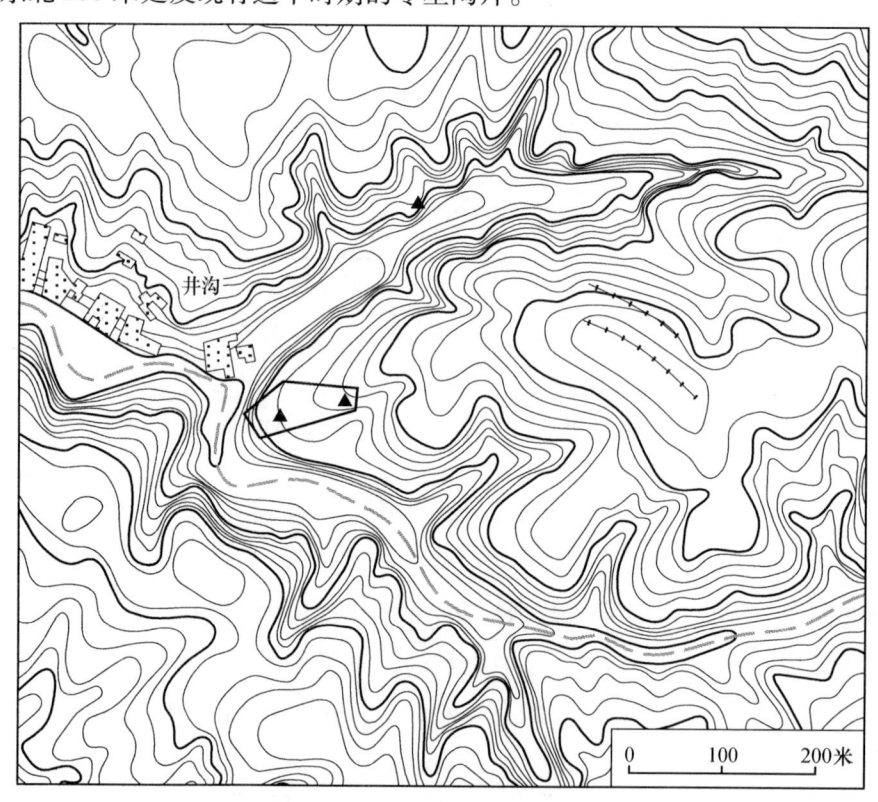

图5-307　井沟Ⅰ号遗址龙山时期遗存分布图

2. 晚商时期

晚商时期遗存只见于遗址东部，仅有个别发现，遗存分布非常稀疏（图5-309）。未见任何遗迹现象，只在地表发现少量陶片。陶片多夹砂灰陶，纹饰以绳纹为主，可辨器形有罐等。

罐　1件。YP080407C001:1，夹砂灰陶。深腹，平底。器表饰细绳纹（图5-308）。

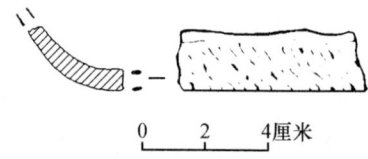

图5-308　井沟Ⅰ号遗址晚商时期陶器罐（YP080407C001:1）

3. 东周时期

东周时期遗存见于遗址西部，遗存分布密集（图5-308）。未见任何遗迹现象，只在地表发现有陶片。陶片多夹砂灰陶，纹饰以绳纹为主，有粗大绳纹，可辨器形有豆、罐等。

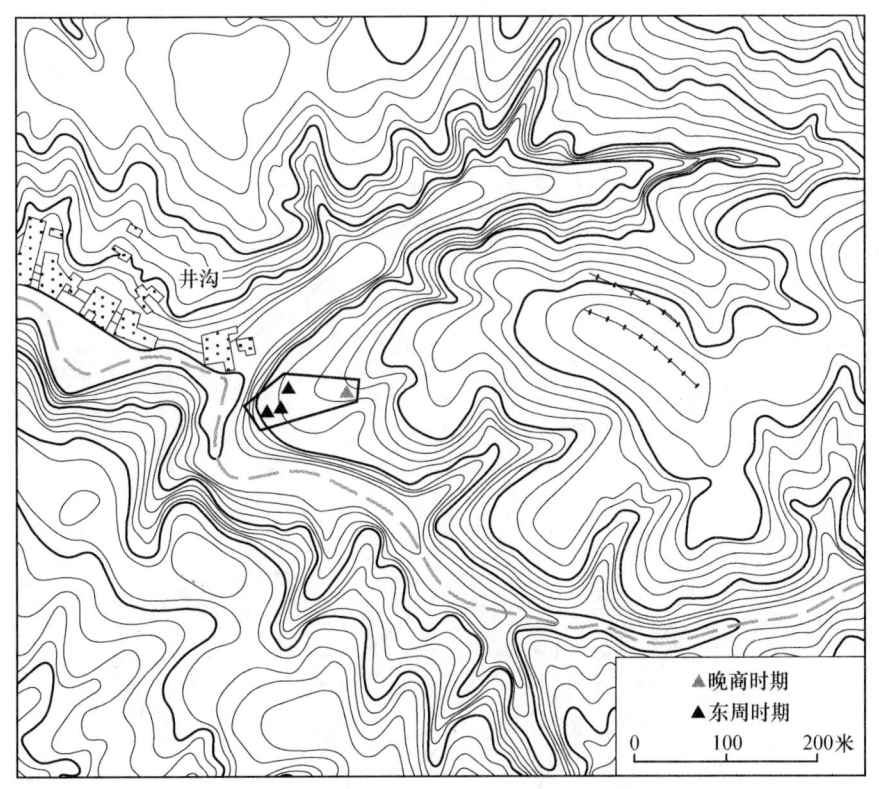

图 5-309　井沟Ⅰ号遗址晚商、东周时期遗存分布图

一一四、井沟Ⅱ号遗址

井沟Ⅱ号遗址位于原平市中阳乡井沟村南，面积15.3万平方米（彩版八八）。遗址处在滹沱河东岸台地的纵深地带，地势较高，海拔910～960米，遗址分布在一西北－东南向的山脊上，中间高，两边低，冲沟较多，起伏较大，遗址主要分布在阳坡上。遗址处在两河交汇的三角区域，南面和北面都有发源于山间的水流流过。遗存分布疏密不等，中部遗存分布最为密集。遗址包含仰韶、龙山、二里头、东周四个时期的遗存。

1. 仰韶时期

仰韶时期遗存见于遗址中部，遗存分布非常稀疏（图5-310）。除在遗址中部偏北的最高处发现1座红烧土面房址外，未见其他遗迹现象，房址暴露于梯田的断面，长度和深度都不清楚。房址内出土有少量陶片，地表也有少量陶片分布。陶片多泥质红陶，多素面，可辨器形有钵等。

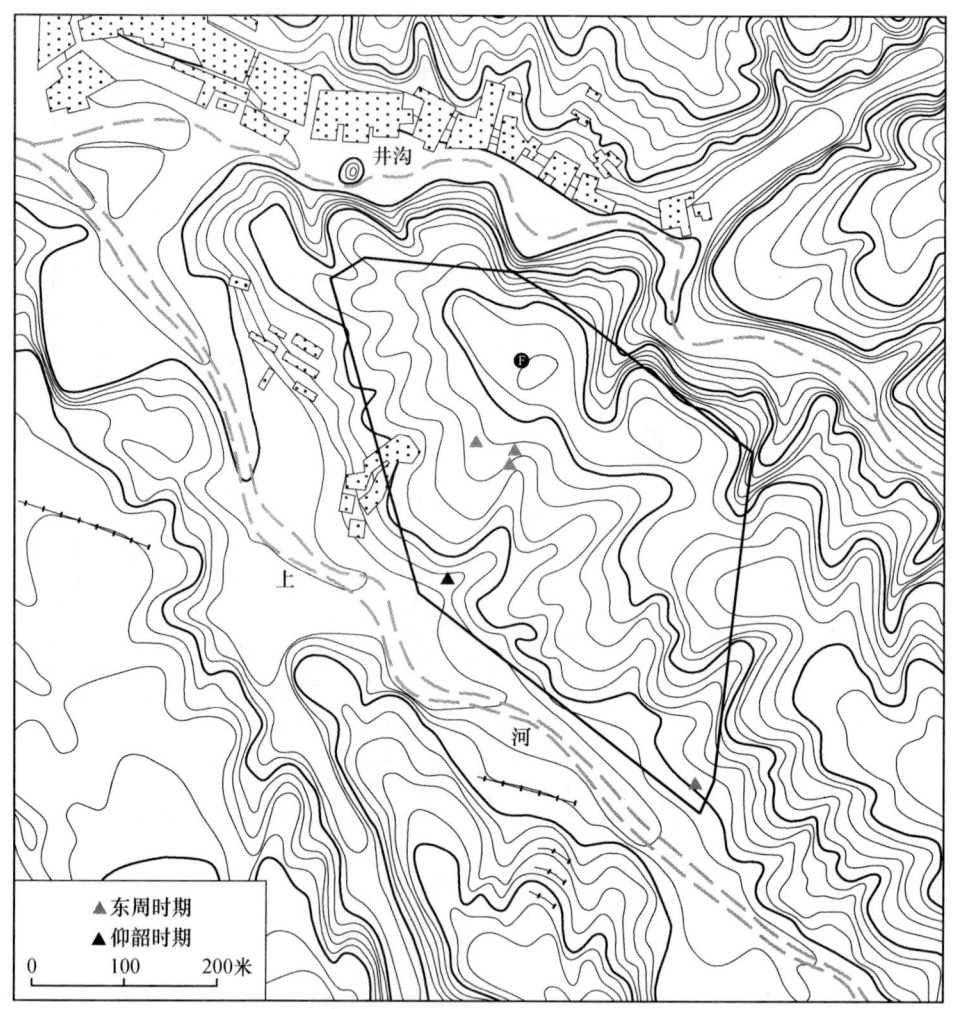

图 5-310　井沟Ⅱ号遗址仰韶、东周时期遗存分布图

2. 龙山时期

龙山时期遗存见于整个遗址，除遗址西部遗存分布稀疏外，其他位置遗存分布都相对密集（图 5-311）。遗迹主要见于遗址中部偏北的梯田断面上，所处位置都较高，共发现 2 处文化层和 4 个灰坑。遗迹内包含物丰富，尤以陶片最多，地表也发现较多陶片。陶片多夹砂灰陶，纹饰多篮纹、绳纹，可辨器形有鬲、甗、斝、蛋形瓮、罐等。

鬲　3 件。YP090425C001-H:3，夹砂灰黑陶。口微外翻，矮领，大袋足外鼓。唇部及领部以下饰绳纹。口径 28、残高 6.8 厘米（图 5-313，1）。YP080407E011:1，夹砂褐陶。圆唇，口外翻，矮领，袋足外鼓。领部以下饰绳纹（图 5-313，7）。YP090425C001-H:1，夹砂灰黑陶。分裆，袋足外鼓。器表饰绳纹（图 5-313，3）。

鬲足　1 件。YP080407E004-H:1，夹砂褐陶。空袋足。足部饰绳纹（图 5-313，5）。

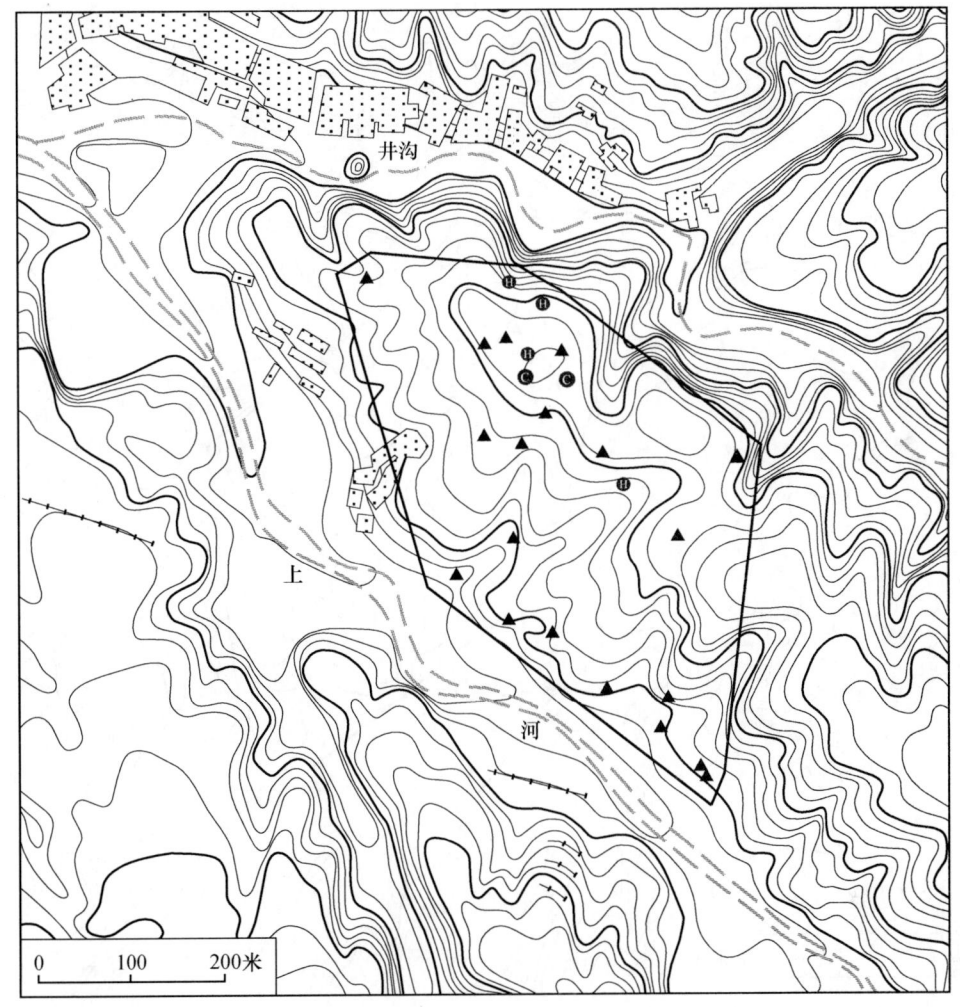

图 5-311 井沟Ⅱ号遗址龙山时期遗存分布图

鬲 1件。YP080407E008:1，夹砂褐陶。深腹，束腰，有隔，隔上有箅孔，空袋足。器表饰竖篮纹（图5-313，11）。

斝足 1件。YP090425C001-H:2，夹砂灰陶。空袋足。素面（图5-313，10）。

蛋形瓮 1件。YP080407E004-H:2，夹砂褐陶。微敛口，深鼓腹。腹部有绳纹（图5-313，4）。

3. 二里头时期

二里头时期遗存主要见于遗址中部偏北地势较高处，遗存分布密集（图5-312）。除在北部最高处的梯田断面上发现1个灰坑外，未见其他遗迹现象。灰坑内包含有较多陶片，地表也有陶片分布。陶片多夹砂灰陶，纹饰以绳纹为主，可辨器形有鬲、鬲等。

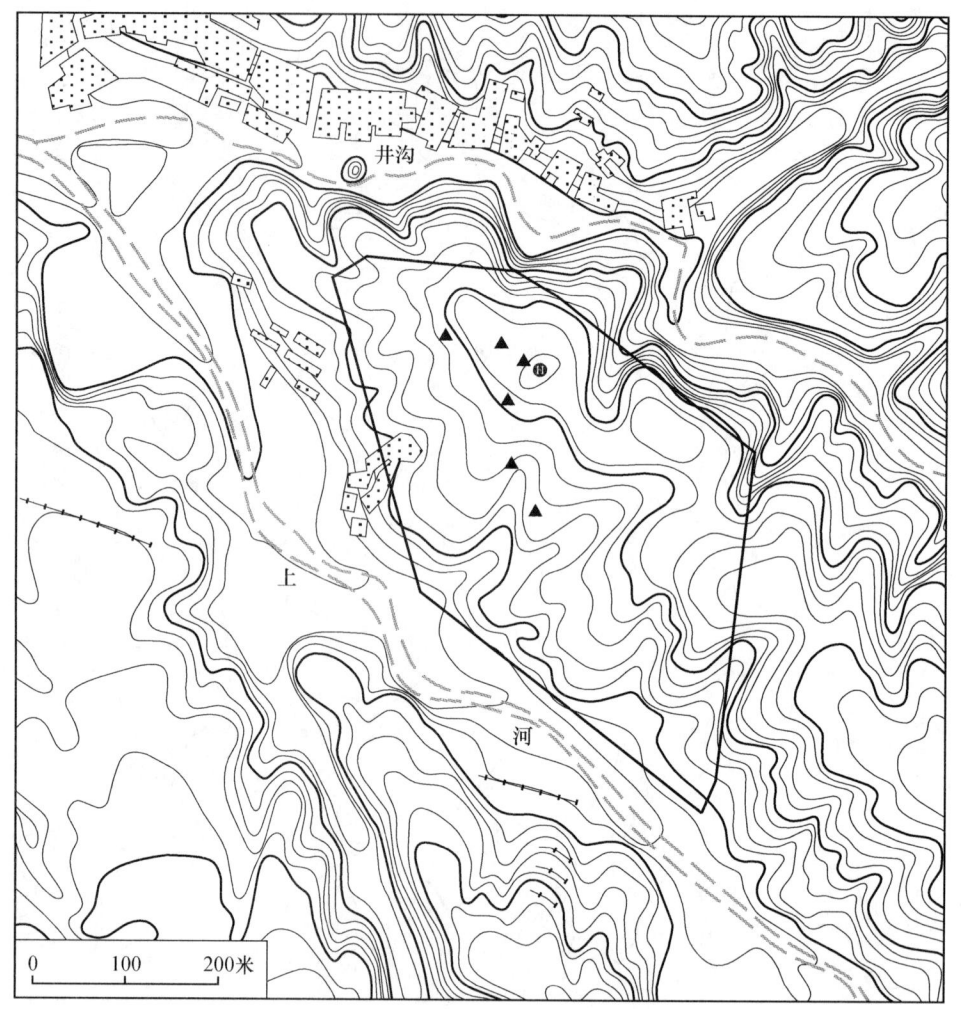

图 5-312　井沟 Ⅱ 号遗址二里头时期遗存分布图

鬲足　2 件。YP080407F003:1，夹砂褐陶。锥状实足跟，跟部有捆绑沟槽（图 5-313，6）。YP080407E002:1，夹砂褐陶。长实足跟。足部饰绳纹，有捆绑痕迹（图 5-313，9）。

甗　1 件。YP080407E002:2，夹砂红褐陶。束腰，有隔。腹部饰绳纹，腰部有按捺状附加堆纹（图 5-313，2）。

4. 东周时期

东周时期遗存主要见于遗址中部，遗址东南角亦有零星分布（图 5-310）。未见任何遗迹现象，只在地表发现有陶片。陶片多夹砂灰陶，纹饰以绳纹为主，可辨器形有盆、罐等。

盆　1 件。YP080407E008:2，泥质灰陶。方唇，折沿，深腹。沿内外各有一周凹槽，腹部饰旋纹（图 5-313，8）。

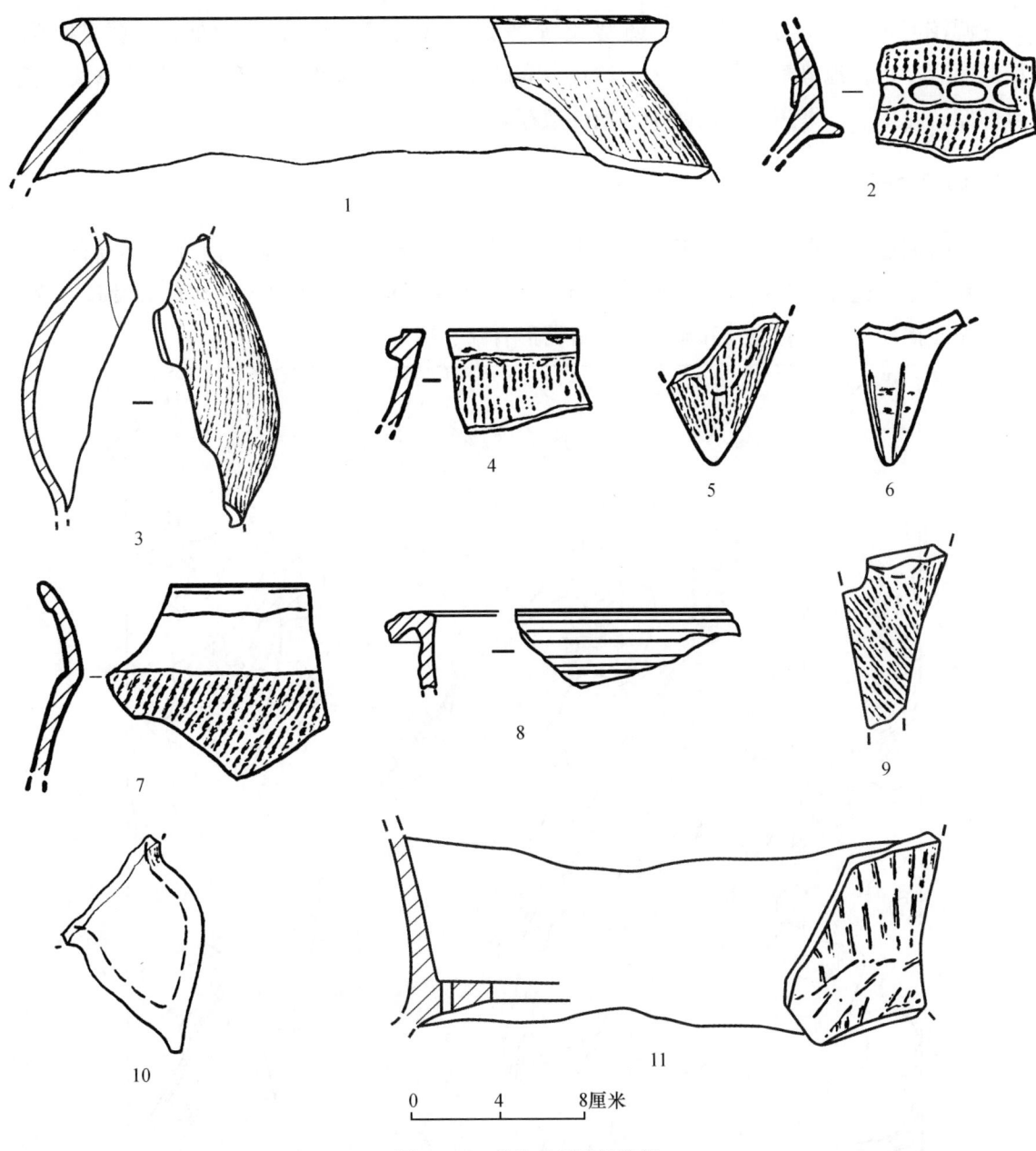

图 5-313 井沟Ⅱ号遗址陶器

1、3、7. 鬲（YP090425C001-H:3、YP090425C001-H:1、YP080407E011:1） 2、11. 甗（YP080407E002:2、YP080407E008:1） 4. 蛋形瓮（YP080407E004-H:2） 5、6、9. 鬲足（YP080407E004-H:1、YP080407F003:1、YP080407E002:1） 8. 盆（YP080407E008:2） 10. 斝足（YP090425C001-H:2）

（1、3~5、7、10、11. 龙山时期；2、6、9. 二里头时期；8. 东周时期）

一一五、井沟Ⅲ号遗址

井沟Ⅲ号遗址位于原平市中阳乡井沟村西南150米，面积28.9万平方米（彩版八八）。遗址处在滹沱河东岸台地的纵深地带，地势较高，海拔 920~955 米，南高北低，呈缓慢抬升状。遗址西部有冲沟，地势整体起伏较大。遗存分布疏密不等，尤以南部遗存分布最为密集。遗址包含仰韶、龙山、二里头、东周四个时期的遗存。

1. 仰韶时期

仰韶时期遗存基本见于整个遗址，但中、北部遗存发现较少。除遗址南部遗存分布略显密集外，其他位置遗存分布都非常稀疏（图 5-314）。未见任何遗迹现象，只在地表发现有陶片。陶片多泥质褐陶，装饰有线纹和彩绘，可辨器形有盆、罐等。

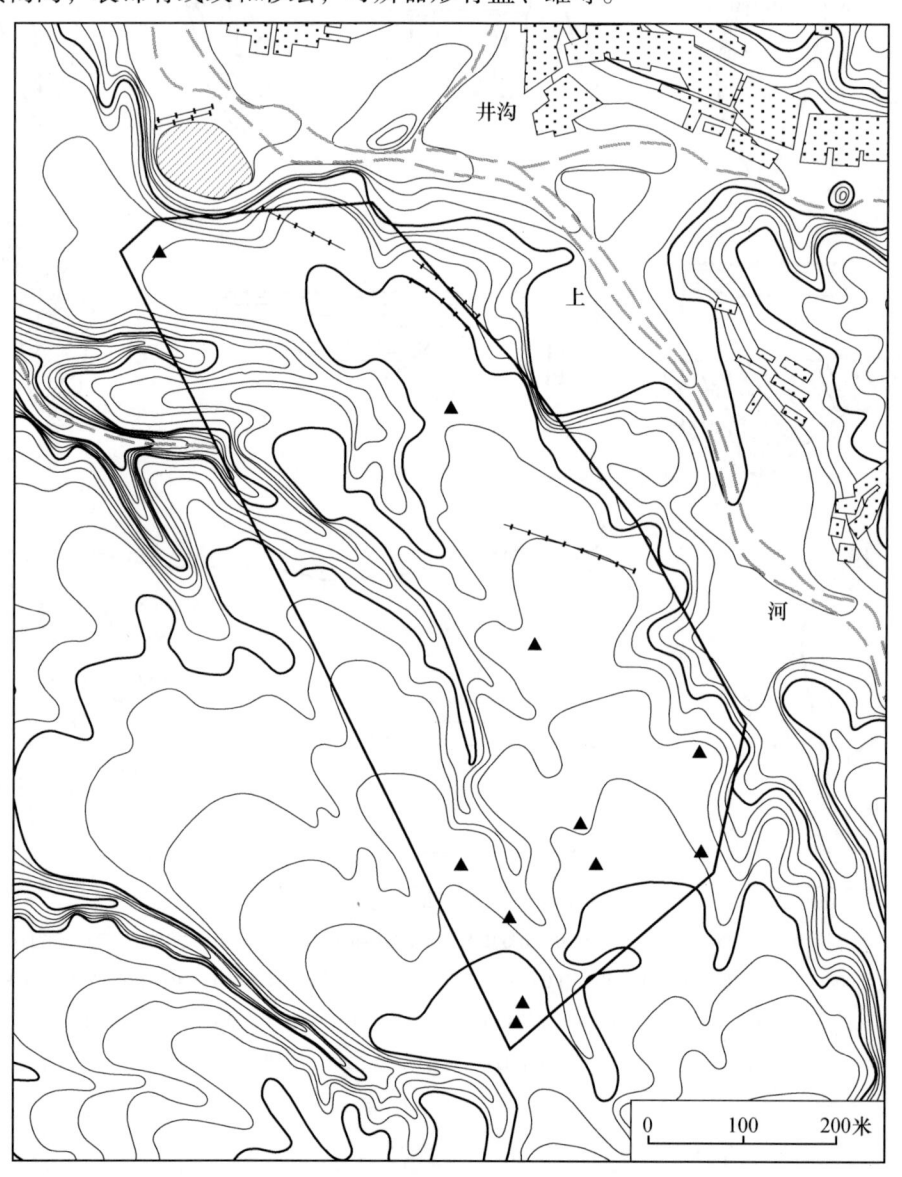

图 5-314　井沟Ⅲ号遗址仰韶时期遗存分布图

盆 1件。YP080410J003:1，泥质褐陶。腹片，施网格状红彩，素面磨光（图5-317，2）。

带耳罐 1件。YP080410K007:1，泥质褐陶。鼓腹，腹部有桥形耳。器表饰线纹（图5-317，6）。

2. 龙山时期

龙山时期遗存见于遗址西北部之外的其他位置，遗存分布略显密集（图5-315）。未见任何遗迹现象，只在地表发现有陶片。陶片多夹砂灰陶，纹饰多绳纹，可辨器形有高领罐、罐等。

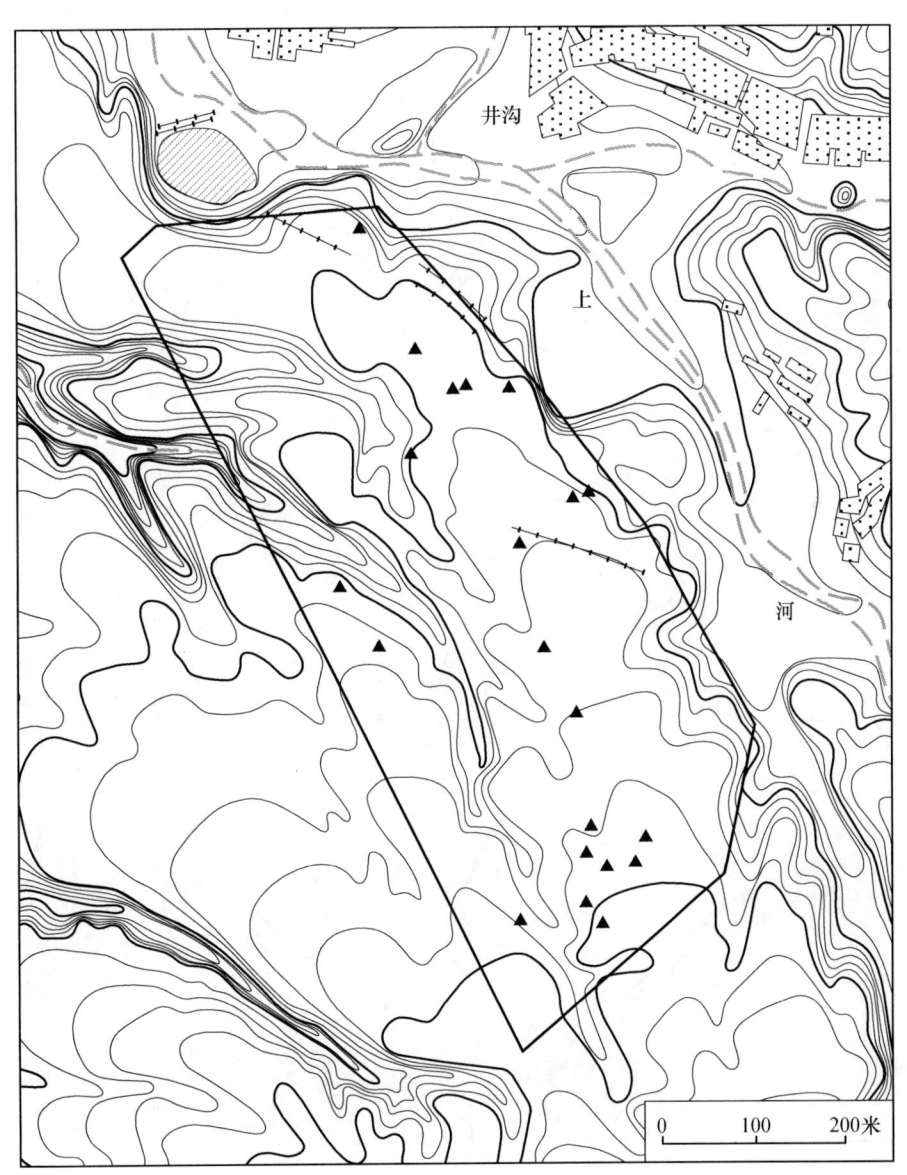

图5-315 井沟Ⅲ号遗址龙山时期遗存分布图

高领罐　2件。YP080410K006:1，夹砂褐陶。小圆唇，口外翻，高领，鼓肩。素面（图5-317，3）。YP080410K004:1，夹砂褐陶。圆唇，口外翻，高领，鼓肩。肩部有绳纹（图5-317，5）。

罐　1件。YP080410K008:1，夹砂灰陶。鼓腹，假圈足。素面（图5-317，4）。

3. 二里头时期

二里头时期遗存见于遗址南部，仅有个别发现，遗存分布非常稀疏（图5-316）。未见任何遗迹现象，只在地表发现少量陶片。陶片多灰陶，纹饰多绳纹，可辨器形有蛋形瓮等。

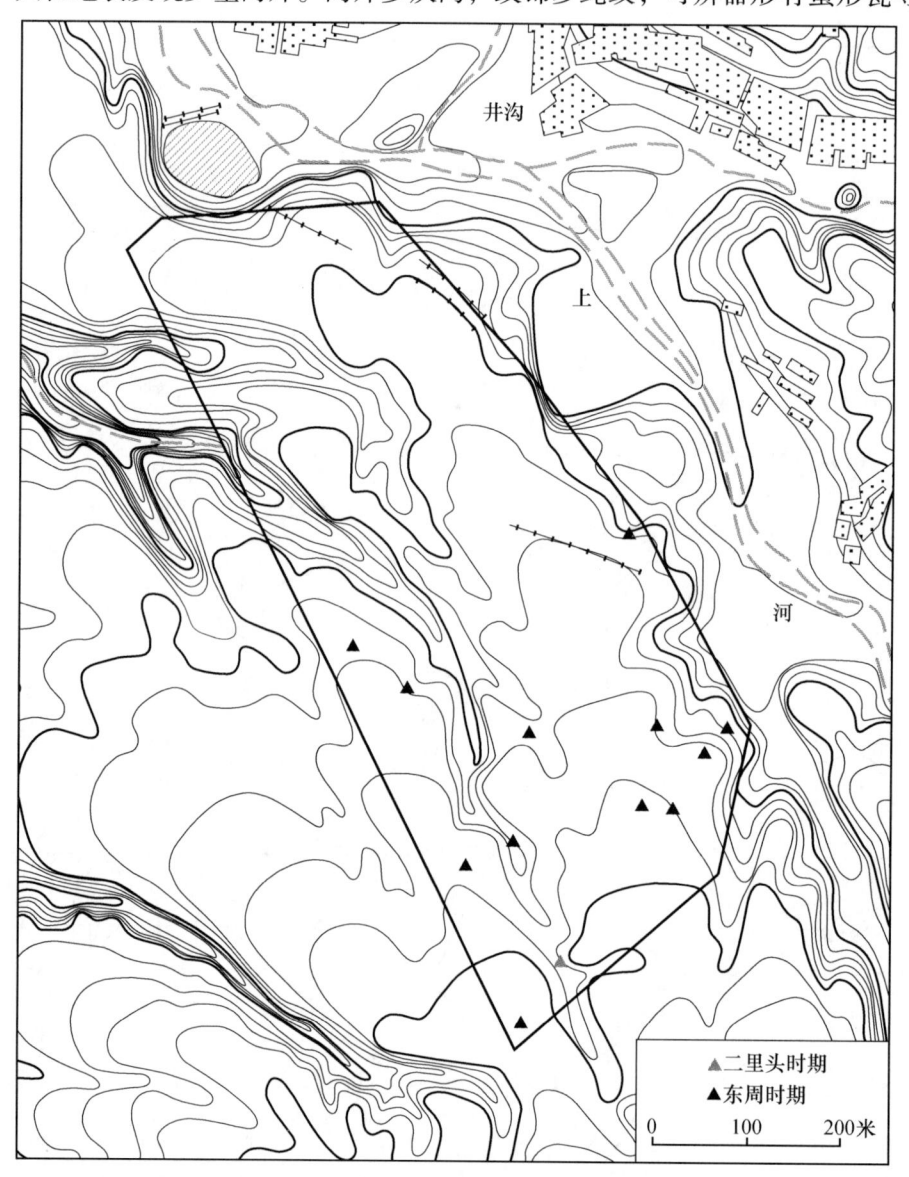

图5-316　井沟Ⅲ号遗址二里头、东周时期遗存分布图

4. 东周时期

东周时期遗存见于遗址中、南部，遗存分布略显稀疏（图 5-316）。未见任何遗迹现象，只在地表发现有陶片，陶片多夹砂灰陶，纹饰以绳纹为主，可辨器形有豆、盆、罐等。

盆 1件。YP080410K005:1，泥质灰褐陶。方唇，折沿，深腹。沿内外各有一周凹槽，上腹部有数周凹旋纹，下腹部饰绳纹（图 5-317，1）。

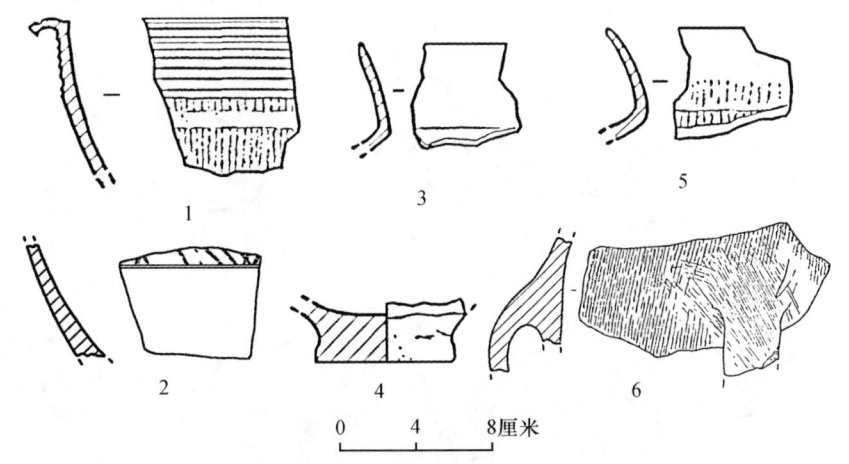

图 5-317 井沟Ⅲ号遗址陶器
1、2. 盆（YP080410K005:1、YP080410J003:1） 3、5. 高领罐（YP080410K006:1、YP080410K004:1）
4. 罐（YP080410K008:1） 6. 带耳罐（YP080410K007:1）
（1. 东周时期；2、6. 仰韶时期；3~5. 龙山时期）

一一六、下木章遗址

下木章遗址位于原平市中阳乡下木章村东北 400 米，面积 1.5 万平方米。遗址处在滹沱河东岸台地的前缘，海拔 850 米左右，地势较为平坦，起伏很小。除了遗址西面有滹沱河外，遗址南面不远处也有流往滹沱河的水流。遗址只有东周时期的遗存（图 5-319）。

遗存分布稀疏。未见任何遗迹现象，只在地表发现有陶片。陶片多夹砂灰陶，纹饰以绳纹为主，可辨器形有罐等。

罐 1件。YP080411K002:1，泥质灰陶。圆唇，口外翻，素面（图 5-318）。

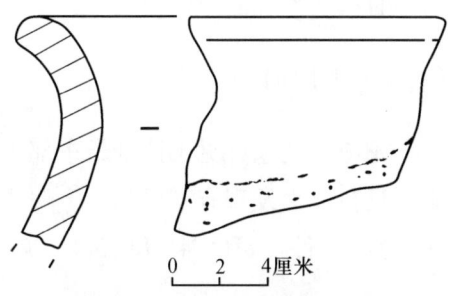

图 5-318 下木章遗址陶器
罐（YP080411K002:1）

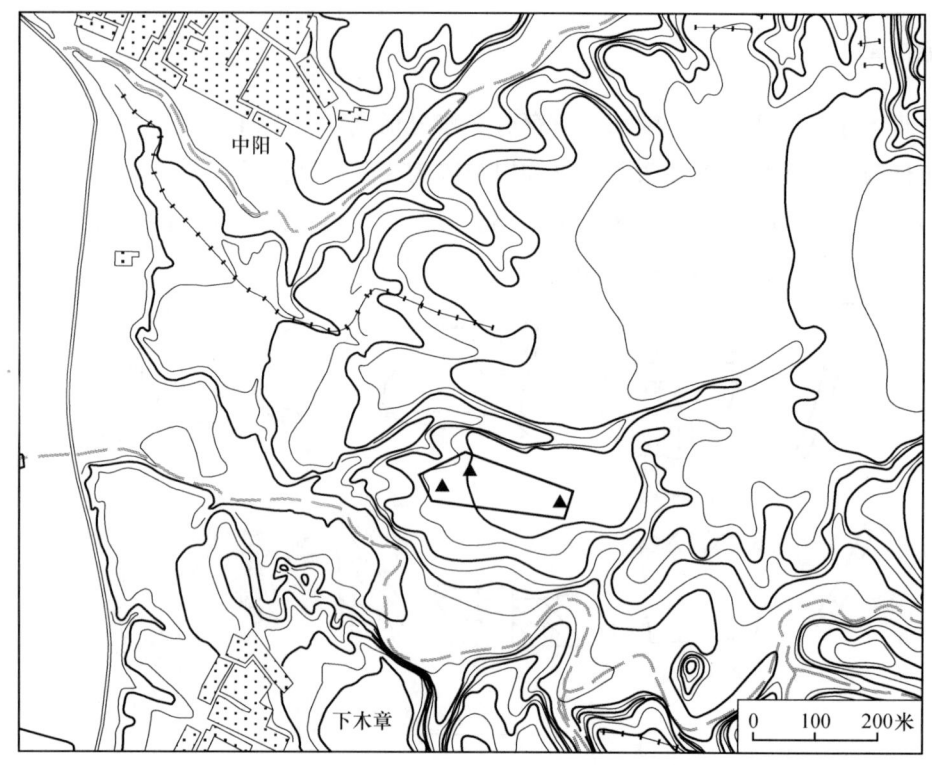

图 5-319　下木章遗址遗存分布图

一一七、史家岗遗址

史家岗遗址位于原平市中阳乡史家岗村西南 100 米，面积 4.9 万平方米（彩版八九，1）。遗址处在滹沱河东岸的台地深处，海拔 840~870 米，遗址由三个各自相对独立的小土丘和一个突出的小台地构成，地势起伏较大，三个土丘不排除原来是连在一起的，经后期水流不断冲刷形成的。遗址南、北面都有水流流过，遗址夹处其中。遗存分布稀疏，遗址包含龙山、二里头两个时期的遗存。

1. 龙山时期

龙山时期遗存见于遗址最东部小台地上，遗存分布较为稀疏（图 5-320）。未见任何遗迹现象，只在地表发现有零星陶片。陶片多夹砂灰陶，纹饰多绳纹，可辨器形有盆等。

盆　1 件。YP080413K015:1，夹砂灰褐陶。圆唇，敞口，斜腹。器表饰绳纹（图 5-322，1）。

2. 二里头时期

二里头时期遗存分布在中部小土丘之外的其他位置，遗存分布稀疏（图 5-321）。除在东部土丘的断面上发现 1 个灰坑外，未见其他遗迹现象。灰坑内包含物丰富，尤以陶片最多，地表也有陶片分布。陶片多夹砂褐陶，纹饰以绳纹为主，可辨器形有鬲、甗、盆等。

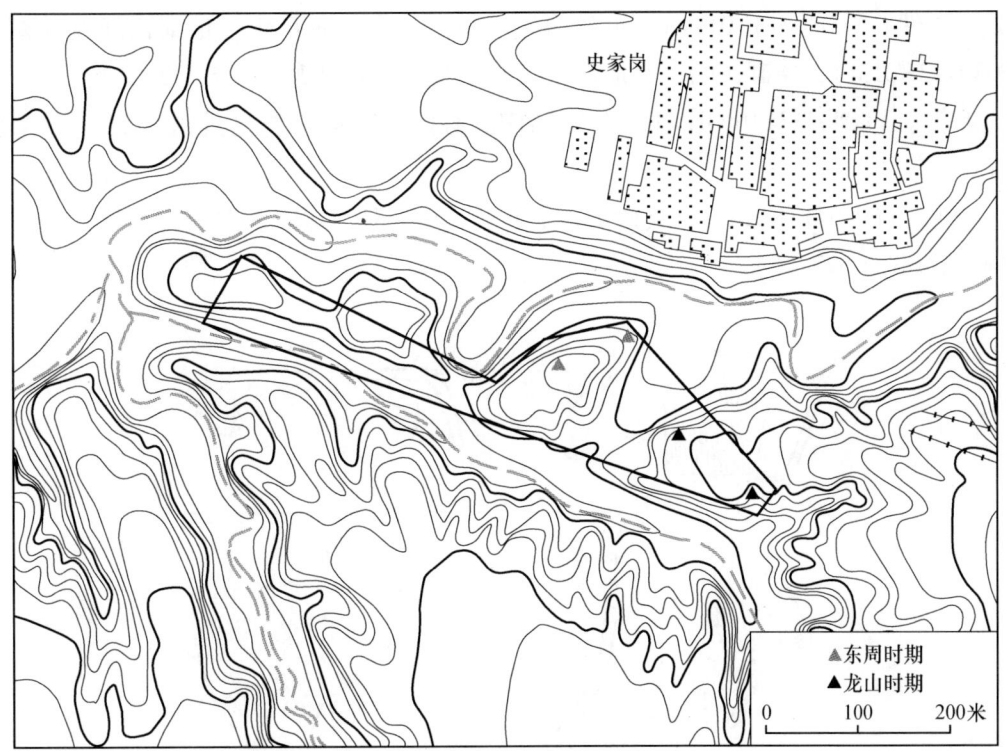

图 5-320　史家岗遗址龙山、东周时期遗存分布图

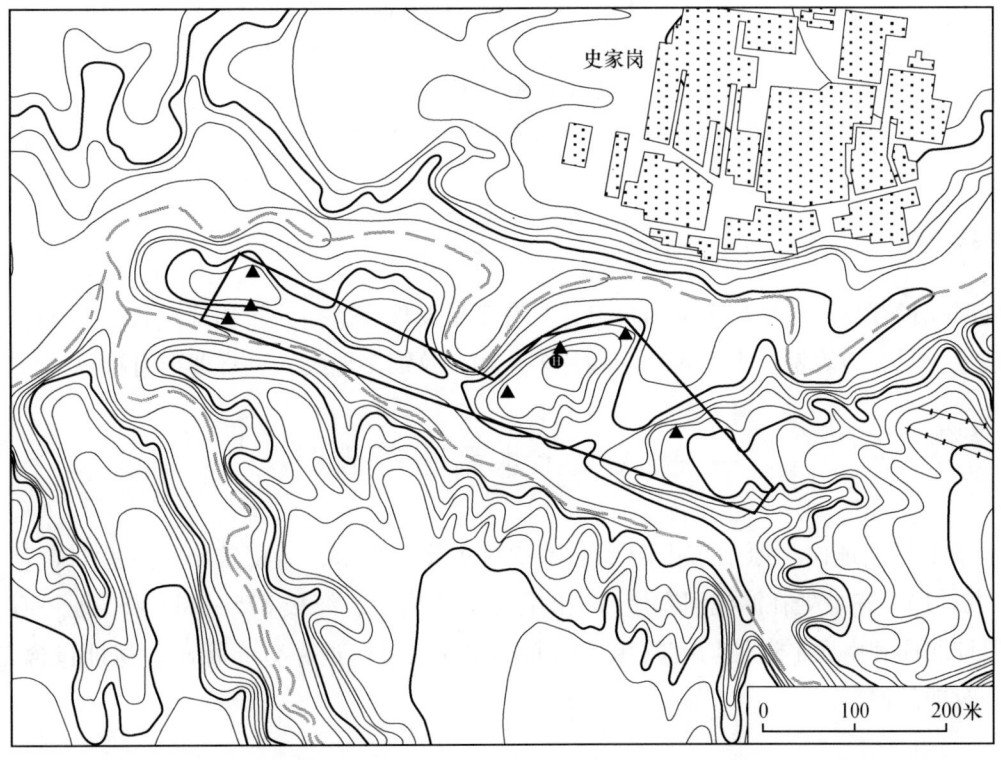

图 5-321　史家岗遗址二里头时期遗存分布图

鬲足　2件。YP080413K014:1，夹砂褐陶。袋足，有长实足跟。足部饰绳纹（图5-322，2）。YP080413K013:1，夹砂灰陶。实足跟。跟部有纵向捆绑沟槽（图5-322，3）。

甗　1件。YP080413K013-H:1，夹砂褐陶。有隔，分裆，袋足外鼓。腹部饰绳纹（图5-322，4）。

盆　1件。YP080413K014:2，夹砂褐陶。方唇，口外翻，深腹。器表饰绳纹。口径30、残高17.2厘米（图5-322，5）。

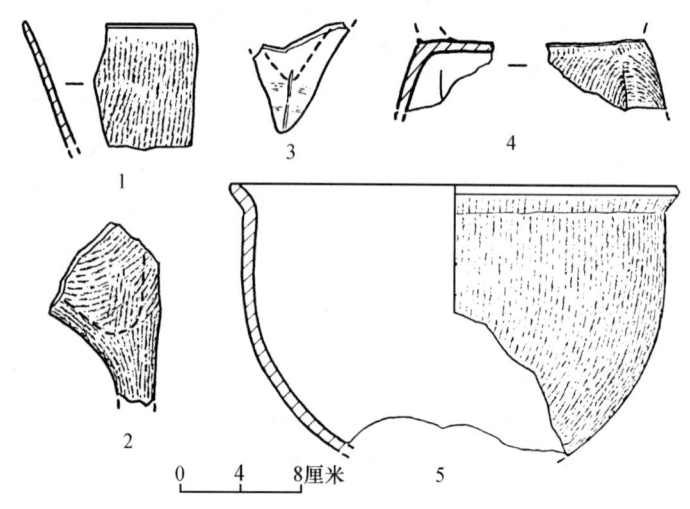

图5-322　史家岗遗址陶器

1、5. 盆（YP080413K015:1、YP080413K014:2）　2、3. 鬲足（YP080413K014:1、YP080413K013:1）
4. 甗（YP080413K013-H:1）
(1. 龙山时期；2~5. 二里头时期)

3. 东周时期

东周时期遗存见于遗址最东部山丘上，只有零星发现，遗存分布稀疏（图5-320）。未见任何遗迹现象，只在地表发现零星陶片。陶片多灰陶，纹饰多绳纹，可辨器形有罐等。

一一八、上木章Ⅰ号遗址

上木章Ⅰ号遗址位于原平市中阳乡上木章村东北150米，面积较小，只有0.6万平方米（彩版八九，1）。遗址处在滹沱河东岸台地的深处一平台上，海拔875~885米，地势有一定的起伏。遗址北面和南面不远处均有发源于山间的水流流过。遗存分布稀疏，遗址包含二里头、战国两个时期的遗存。

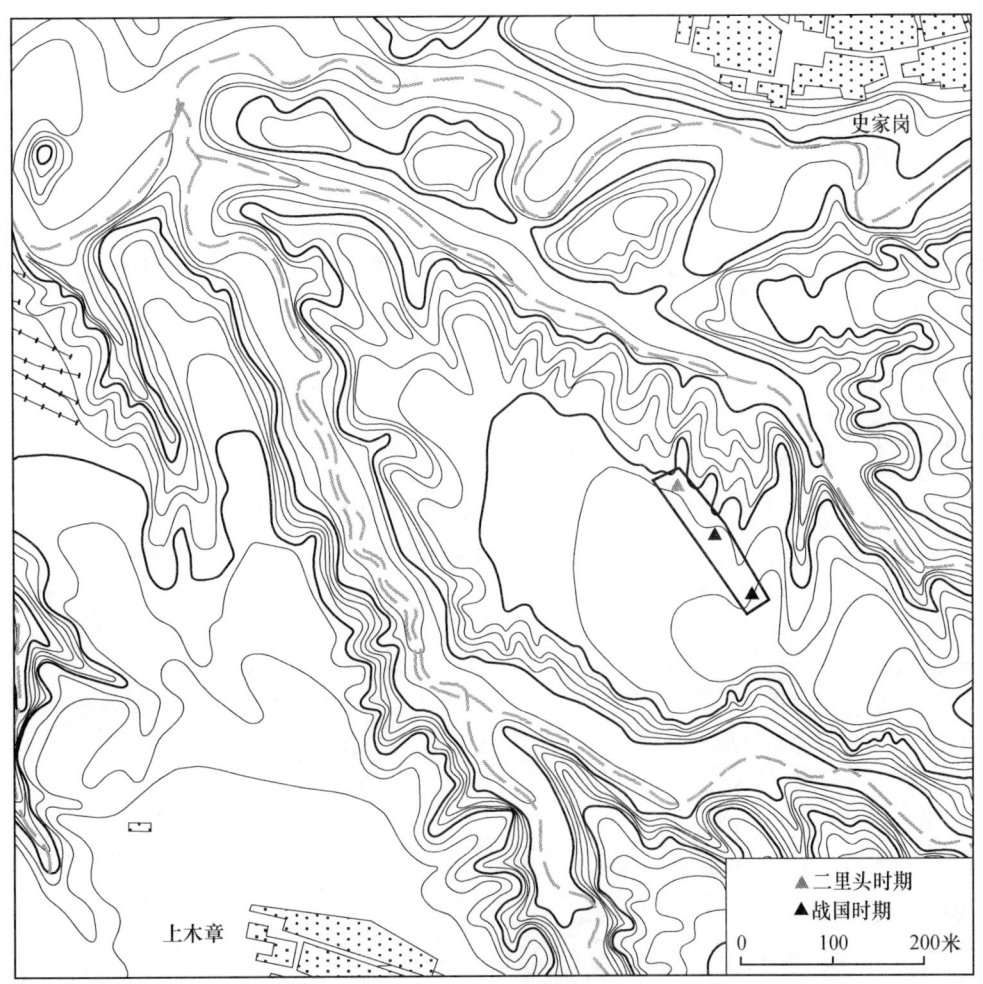

图 5-323　上木章 I 号遗址遗存分布图

1. 二里头时期

二里头时期遗存只见于遗址北部，遗存分布非常稀疏（图 5-323）。未见任何遗迹现象，只在地表发现有少量陶片。陶片多夹砂陶，纹饰以绳纹为主，可辨器形有鬲等。

2. 战国时期

战国时期遗存见于遗址中、南部，遗存分布较为稀疏（图 5-323）。未见任何遗迹现象，仅在地表发现有陶片。陶片多夹砂灰陶，纹饰以绳纹为主，可辨器形有豆、罐等。

豆　1件。YP080413C011:1，泥质灰陶。细柄中空。素面（图 5-324）。

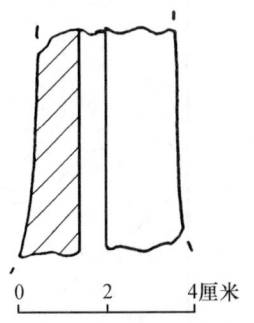

图 5-324　上木章 I 号遗址
战国时期陶器
豆（YP080413C011:1）

一一九、上木章Ⅱ号遗址

上木章Ⅱ号遗址位于原平市中阳乡上木章村北300米，面积13.3万平方米（彩版八九，1）。遗址处在滹沱河东岸台地的深处，海拔830～885米，南高北低，遗址中部有较深的冲沟，地势逐渐抬升，起伏较大。遗址东、北、西三面均有水流流过，最后在遗址西北角汇合。遗存分布疏密不等，遗址北部偏东和偏西位置遗存分布较为密集。遗址包含仰韶、龙山、二里头、东周四个时期的遗存。

1. 仰韶时期

仰韶时期遗存见于遗址西南部，仅有少量发现，遗存分布非常稀疏（图5-325）。未见任何遗迹现象，只在地表发现有陶片，数量较少。陶片多泥质红陶，有彩陶，可辨器形有钵、盆等。

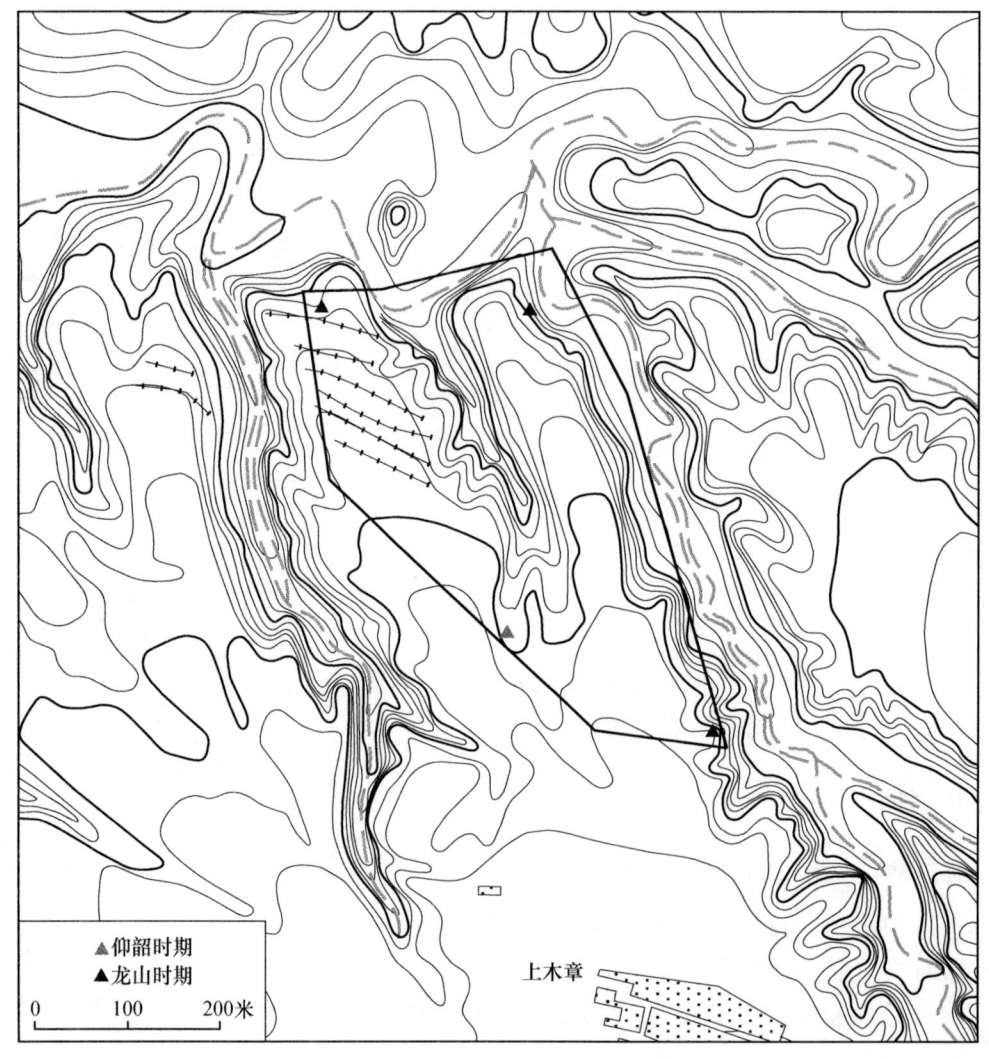

图 5-325　上木章Ⅱ号遗址仰韶、龙山时期遗存分布图

彩陶片 1件。YP080413B001:1，泥质红陶。器腹。施网格状红彩，素面磨光（图5-327，8）。

2. 龙山时期

龙山时期遗存见于遗址西北角、东北角和东南角，遗存分布非常稀疏（图5-325）。未见任何遗迹现象，只在地表发现有陶片。陶片多夹砂灰陶，纹饰有篮纹，可辨器形有罐等。

3. 二里头时期

二里头时期遗存集中分布在遗址中、北部，遗存分布相对密集（图5-326）。未见任何遗迹现象，只在地表发现较多陶片。陶片多夹砂灰陶，纹饰以绳纹为主，可辨器形有鬲、甗、蛋形瓮、盆、带耳罐等。

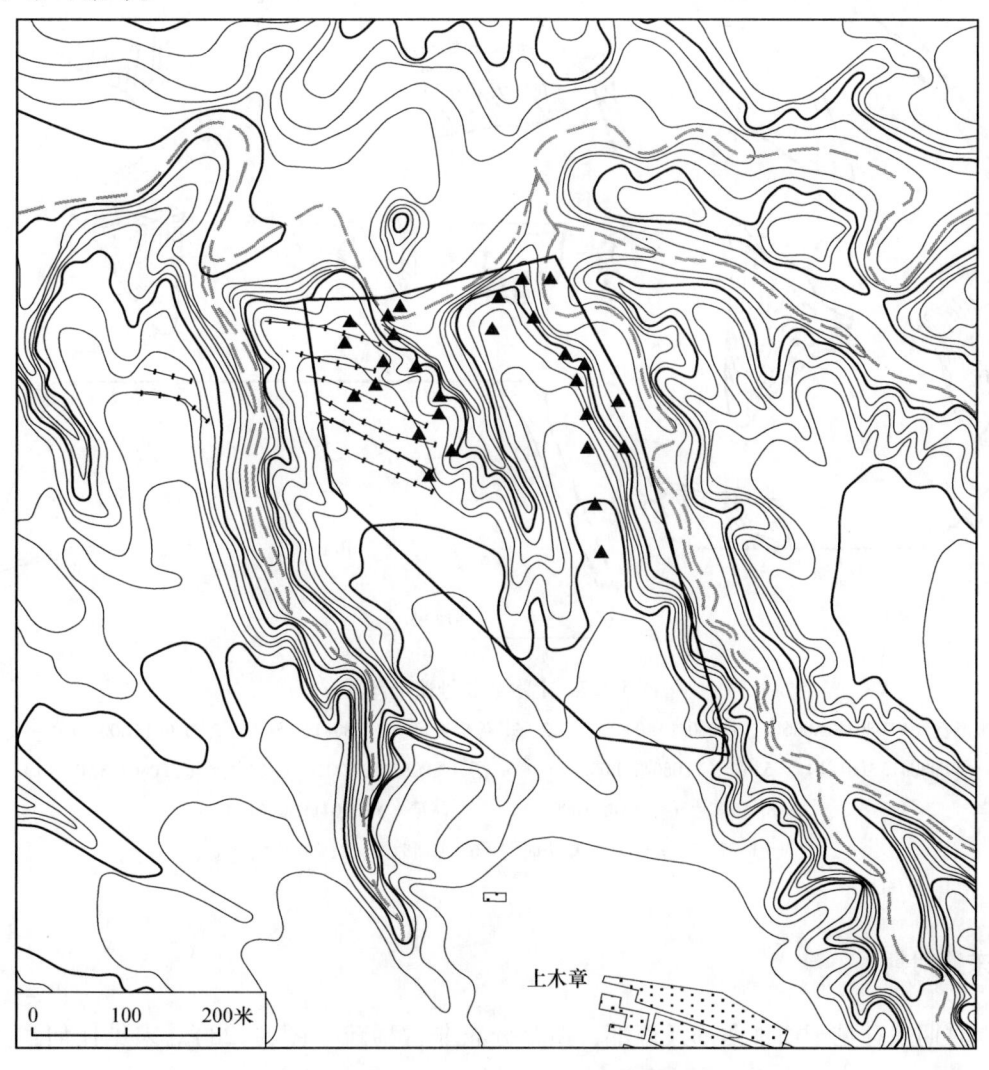

图5-326　上木章Ⅱ号遗址二里头时期遗存分布图

鬲足　1件。YP080413A006:1，夹砂褐陶。锥状实足跟。足部饰绳纹（图5-327，9）。

甗　1件。YP080413B008:2，夹砂灰陶。有隔。腹部饰绳纹（图5-327，5）。

蛋形瓮　2件。YP080413K007:1，夹砂褐陶。平沿内折，敛口，深鼓腹。素面。口径16、残高10厘米（图5-327，10）。YP080413A006:2，夹砂褐陶。平沿内折，敛口，深鼓腹。腹部饰绳纹（图5-327，1）。

蛋形瓮足　2件。YP080413A005:1，夹砂褐陶。实足跟，较粗大。足部饰绳纹（图5-327，3）。YP080413B008:1，夹砂褐陶。锥状实足跟。足部饰绳纹（图5-327，2）。

盆　1件。YP080413A003:1，夹砂灰褐陶。圆唇，折沿，深腹。器表饰绳纹（图5-327，7）。

带耳罐　1件。YP080413A001:1，夹砂褐陶。鼓腹，平底。器表饰绳纹，腹部有耳。底径13.6、残高3.6厘米（图5-327，4）。

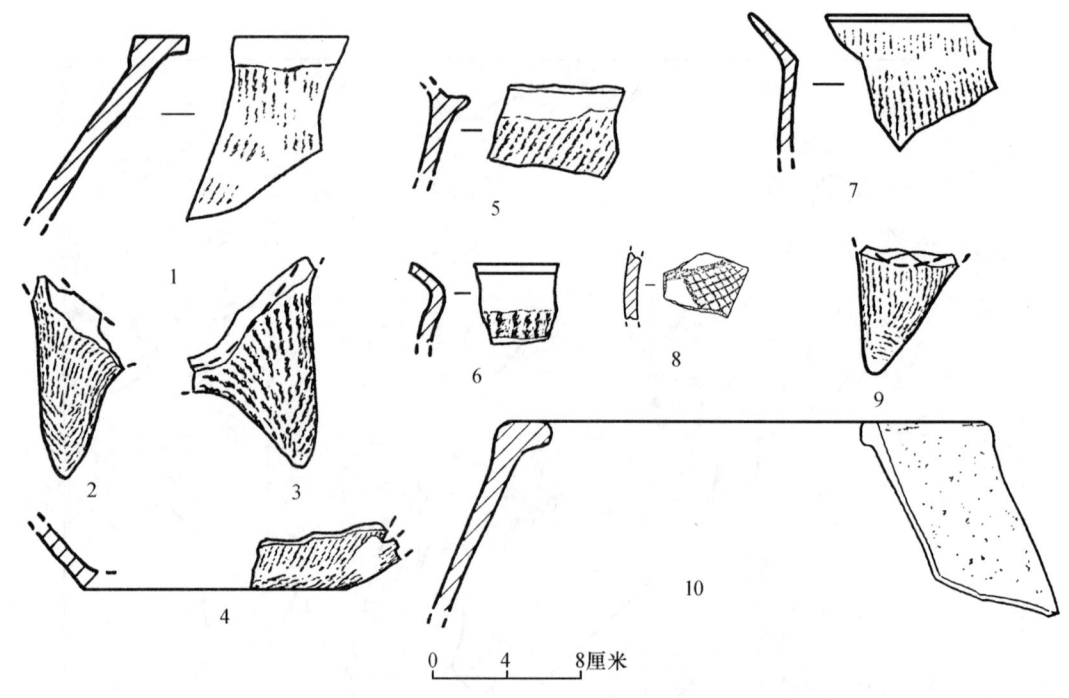

图5-327　上木章Ⅱ号遗址陶器

1、10. 蛋形瓮（YP080413A006:2、YP080413K007:1）　2、3. 蛋形瓮足（YP080413B008:1、YP080413A005:1）　4. 带耳罐（YP080413A001:1）　5. 甗（YP080413B008:2）　6. 鬲（YP080413K002:1）　7. 盆（YP080413A003:1）　8. 彩陶片（YP080413B001:1）　9. 鬲足（YP080413A006:1）

（1~5、7、9、10. 二里头时期；6. 东周时期；8. 仰韶时期）

4. 东周时期

东周时期遗存见于遗址西部及南部，遗存分布非常稀疏（图5-328）。未见任何遗迹现象，只在地表发现有陶片。陶片多夹砂灰陶，纹饰以绳纹为主，可辨器形有鬲等。

鬲　1件。YP080413K002:1，夹砂灰陶。方唇，折沿，深腹。腹部饰粗大绳纹（图5-327，6）。

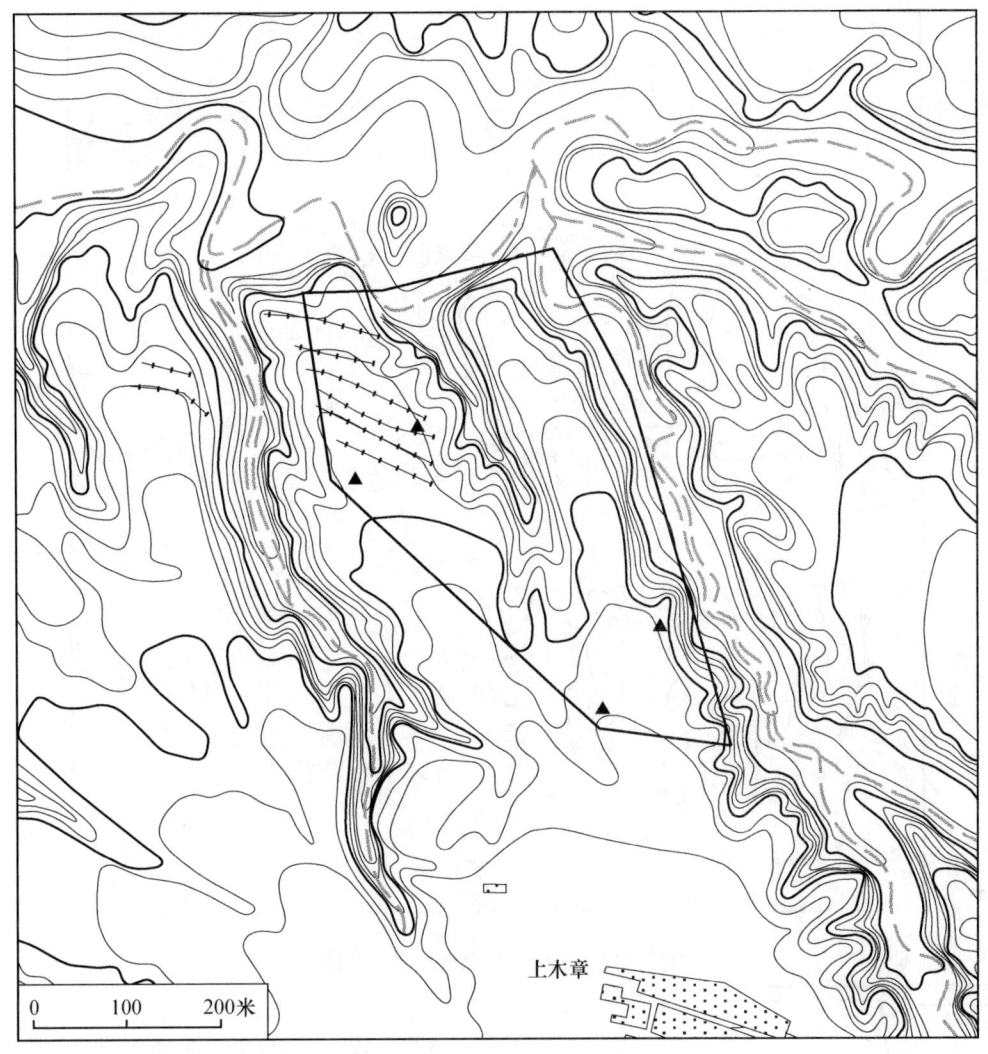

图 5-328 上木章Ⅱ号遗址东周时期遗存分布图

一二〇、辛章Ⅱ号遗址

辛章Ⅱ号遗址位于原平市中阳乡辛章村北 900 米，面积较小，只有 0.7 万平方米。遗址处在滹沱河东岸台地的前缘，海拔 835 米左右，遗址所在位置相对平坦，地势起伏很小。遗存分布略显稀疏，遗址包含龙山、东周两个时期的遗存。

1. 龙山时期

龙山时期遗存分布于遗址东部，遗存分布稀疏（图 5-329）。未见任何遗迹现象，只在地表发现有陶片。陶片多夹砂灰陶，纹饰有篮纹，可辨器形有盆等。

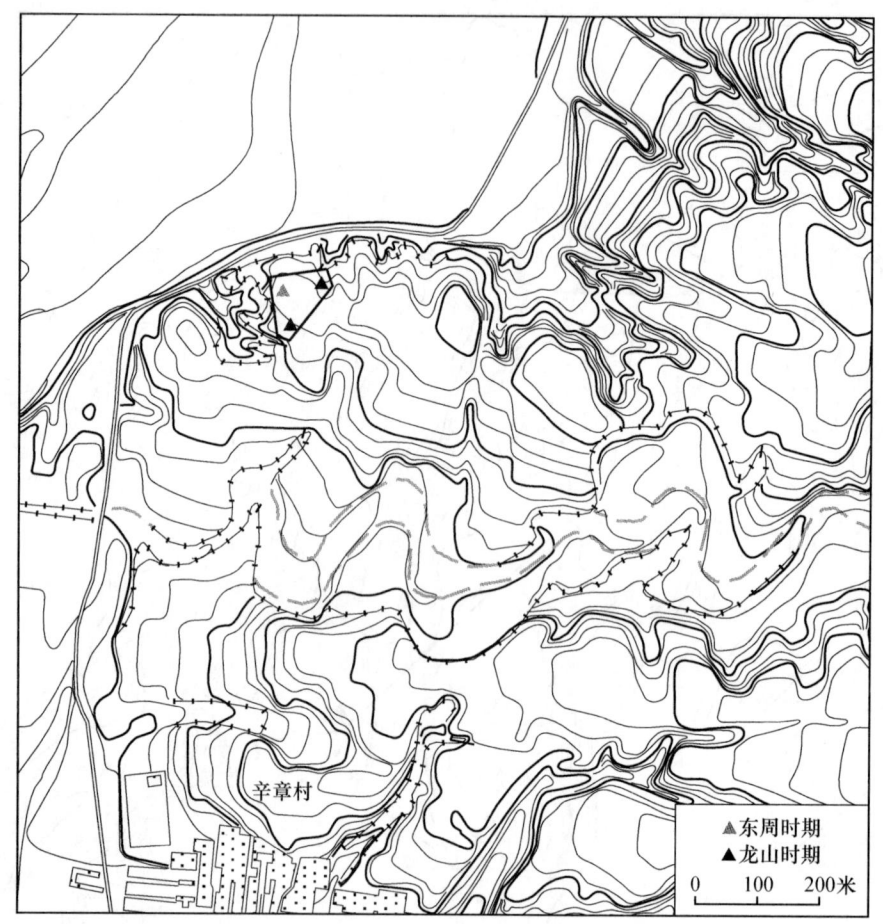

图 5-329　辛章Ⅱ号遗址遗存分布图

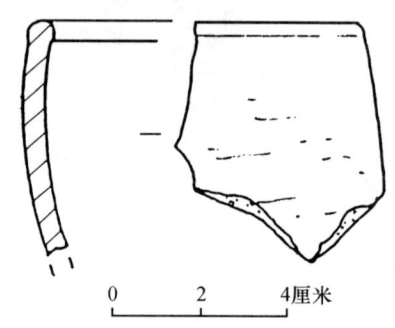

图 5-330　辛章Ⅱ号遗址龙山时期陶器
盆（YP080413F001:1）

盆　1件。YP080413F001:1，泥质灰陶。微敛口，深腹。素面（图5-330）。

2. 东周时期

东周时期遗存见于遗址西部，遗存分布非常稀疏（图5-329）。未见任何遗迹现象，只在地表发现少量陶片。陶片多夹砂灰陶，纹饰以绳纹为主，可辨器形有罐等。

一二一、辛章Ⅰ号遗址

辛章Ⅰ号遗址位于原平市中阳乡辛章村东，面积90.6万平方米（彩版八九，2）。遗址处在滹沱河东岸台地上，海拔830~945米，东高西低。遗址主要由东、西两部分构成，东部主要分布在海拔略高的山坡上，西部地势略低，主要分布在内凹的斜坡上。遗址内多冲沟，加之有一定的坡度，地势起伏较大。除了西面有滹沱河外，遗址南、北面都有发源于山间的水流由东向西流过。遗存分布疏密不等，遗址东部较为稀疏，西部则较为密集。遗址包含仰韶、龙山、二里头、东周四个时期的遗存，其中，东周时期遗存部分可进一步确认为战国时期。

1. 仰韶时期

仰韶时期遗存见于遗址中部，遗存分布较为稀疏（图5-331）。未见任何遗迹现象，只在地表发现零星陶片。陶片多泥质红陶，多素面，可辨器形有钵、盆等。

钵　1件。YP080413D004:1，泥质红陶。圆唇，微敛口，鼓腹。素面（图5-335，11）。

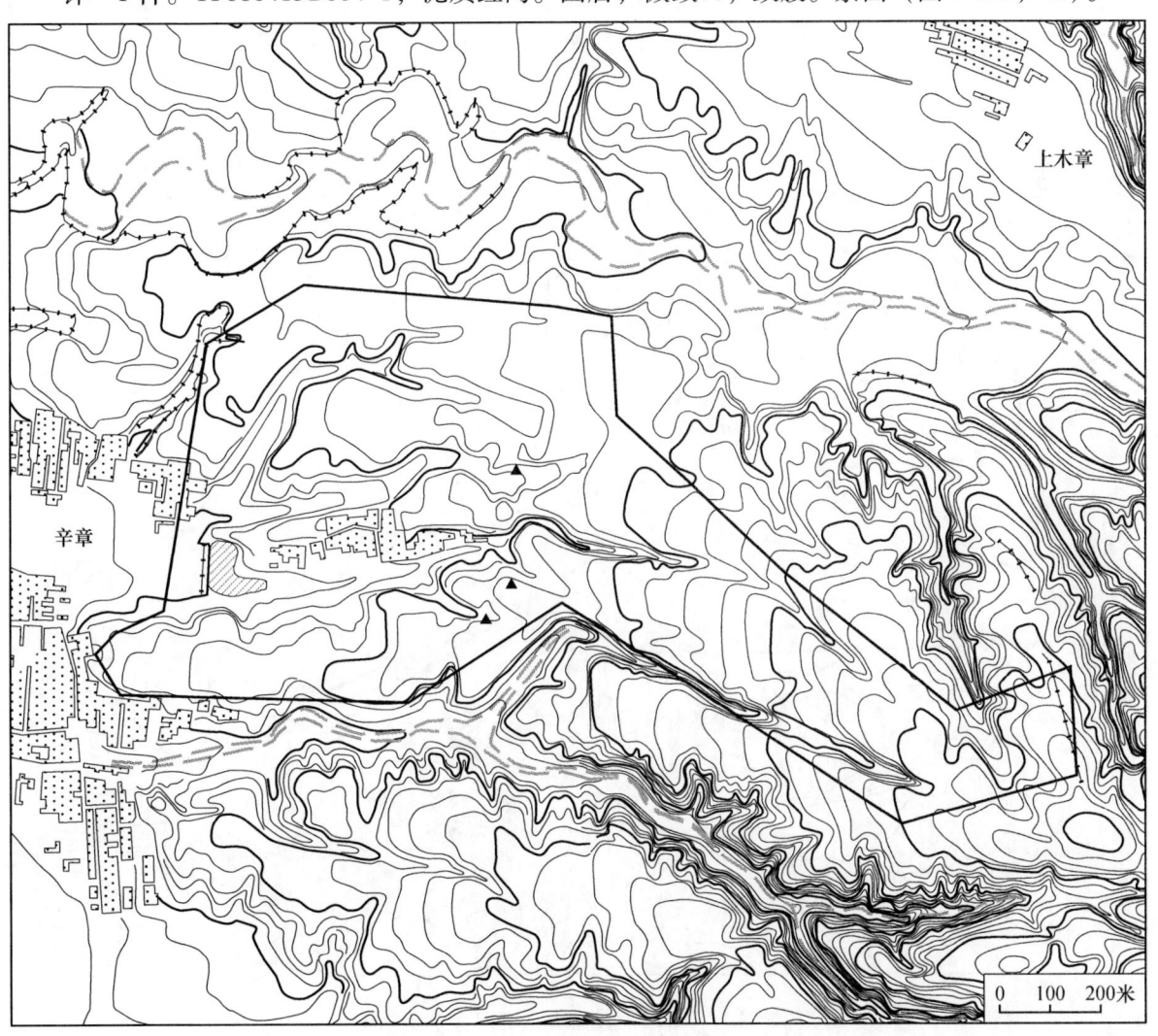

图 5-331　辛章Ⅰ号遗址仰韶时期遗存分布图

2. 龙山时期

龙山时期遗存分布于整个遗址，遗址东部遗存分布稀疏，西部则较为密集（图5-332）。遗迹全部发现于遗址西部，尤以西部偏北遗迹发现最为集中，多见于梯田的断面和冲沟的断面，共发现7处文化层、24个灰坑和1座房址。其中，除房址仅见于遗址西南角外，文化层和灰坑见于遗址西部的南、北处。遗迹内包含物丰富，尤以陶片最多，地表也发现较多陶片。陶片多夹砂灰陶，纹饰多绳纹、篮纹，可辨器形有鬲、甗、斝、甑、盉、蛋形瓮、盆、高领罐、带耳罐、罐等。

在遗址东北400米处发现有这个时期的零星陶片。

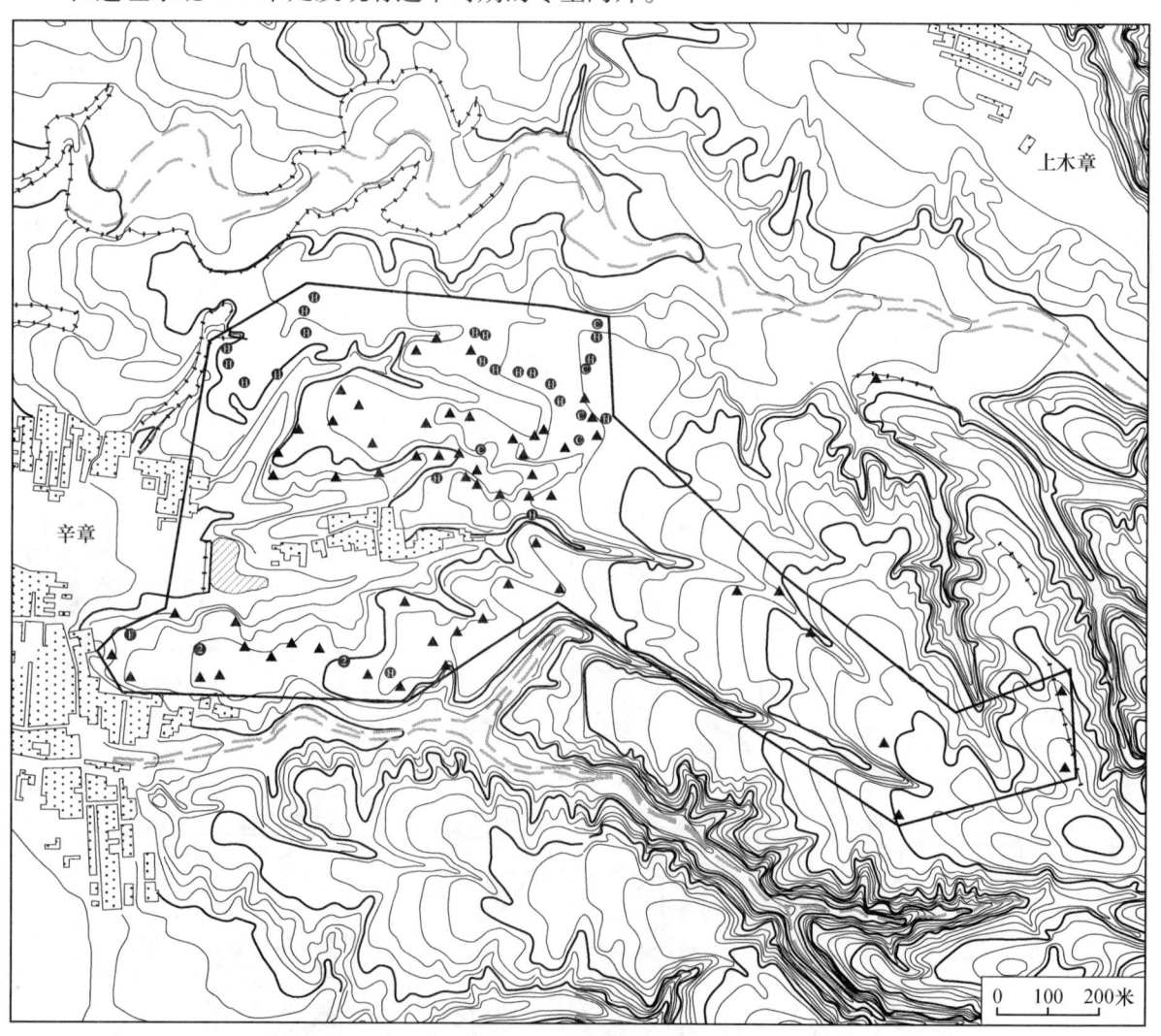

图5-332　辛章Ⅰ号遗址龙山时期遗存分布图

鬲　2件。YP080413I024-H:1，夹砂灰黑陶。圆唇，侈口，矮领，分裆，袋足外鼓。领部以下饰绳纹。口径18、残高9.6厘米（图5-335，14）。YP080413E018-H:1，夹砂黑陶。圆唇，翻沿，矮领，袋足外鼓。唇部有花边装饰，领部以下饰绳纹（图5-335，6）。

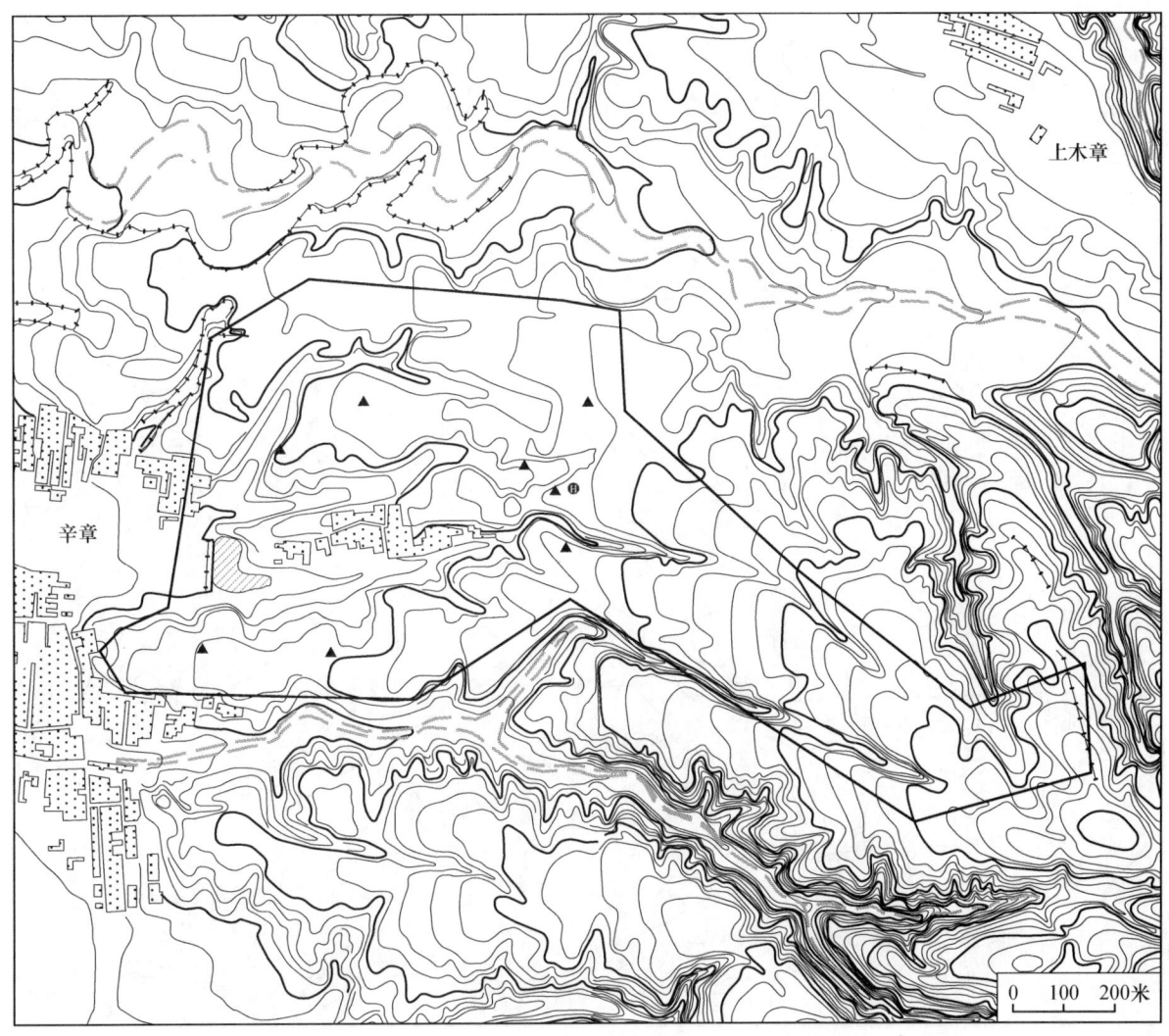

图 5-333 辛章Ⅰ号遗址二里头时期遗存分布图

鬲足 4件。YP080413F016：1，夹砂灰陶。空袋足，微有实足跟。足部饰绳纹（图5-335，9）。YP080413H009：2，夹砂黑灰陶。袋足，有实足跟。足部饰绳纹（图5-336，8）。YP080413D007：1，夹砂灰褐陶。袋足，微有实足跟。足部饰绳纹，跟部素面（图5-335，8）。YP080413F013：1，夹砂灰陶。袋足，有实足跟。足部饰绳纹（图5-336，4）。

甗 1件。YP080413G016-C：1，夹砂褐陶。束腰，有隔。腹部饰绳纹（图5-335，2）。

罐 1件。YP080413I019：1，夹砂灰黑陶。圆敛口，折肩，深腹。器表饰竖篮纹。口径19、残高6厘米（图5-335，13）。

盉 1件。YP080413I028：1，夹砂红褐陶（加细砂）。鼓腹，下接三空足，空袋足。腹部饰绳纹，足部素面（图5-335，7）。

甑 1件。YP080413G005：1，夹砂灰陶。深腹，平底，底部有箅孔。底径10、残高2.4厘米（图5-335，4）。

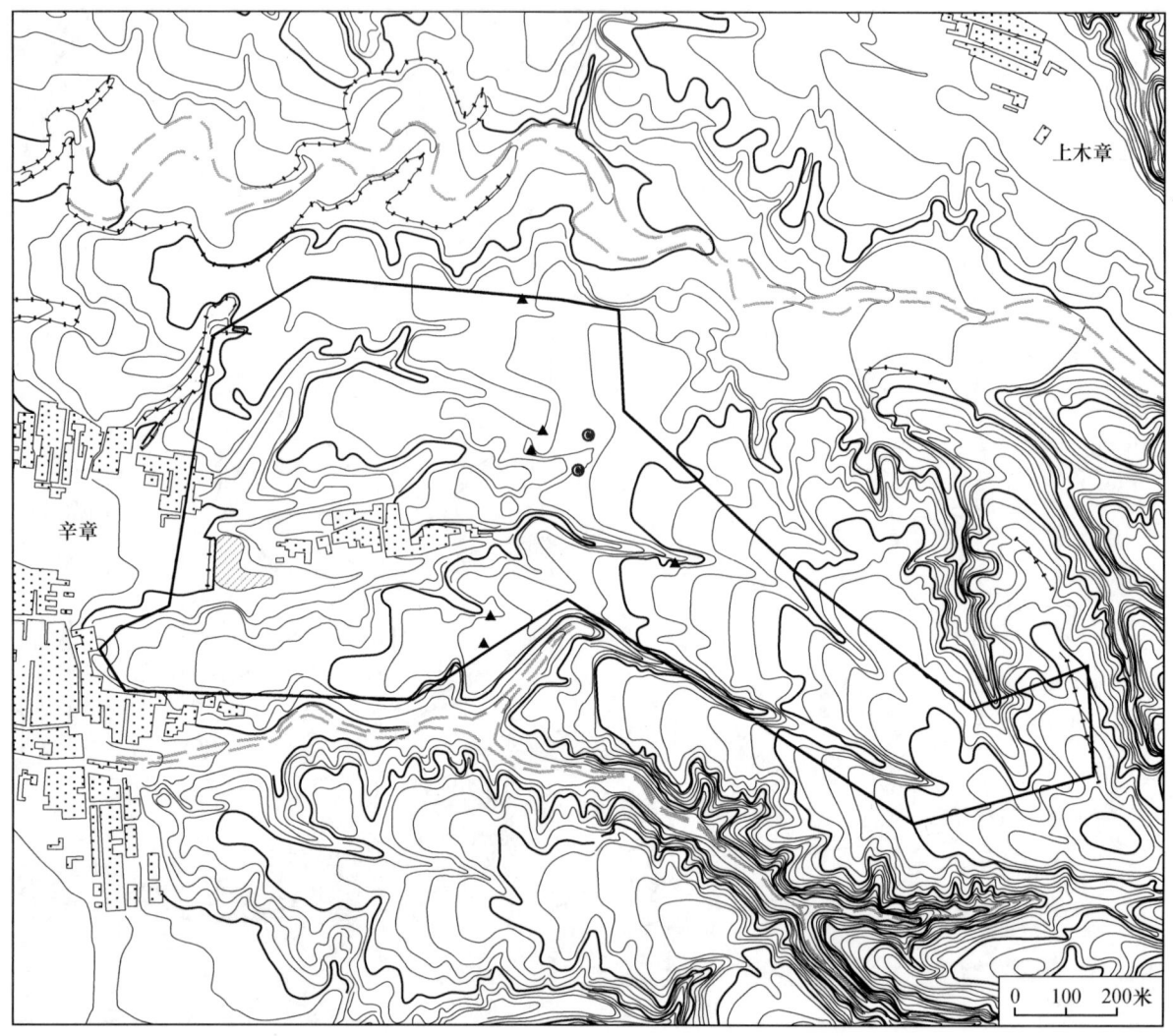

图 5-334　辛章 I 号遗址东周时期遗存分布图

蛋形瓮　3 件。YP080413E017：1，夹砂灰黑陶。平沿内折，敛口，深鼓腹。腹部饰竖篮纹（图 5-335，5）。YP080413E017：2，泥质灰陶。平沿，微敛口，深腹。口下有附加堆纹，腹部饰篮纹（图 5-335，1）。YP090424D004-H：1，夹砂褐陶。胎厚，宽平沿，微敛口，深腹。腹部饰宽竖篮纹（图 5-335，10）。

盆　3 件。YP080413I021-H：1，泥质灰陶。圆唇，敞口，斜腹，平底。素面。口径 13.6、底径 8.4、高 6.6 厘米（图 5-335，12；彩版一〇六，6）。YP080413I023：1，泥质灰褐陶。圆唇，近直口，深腹。腹部饰竖篮纹。口径 24、残高 8 厘米（图 5-335，15）。YP080413H011：1，夹砂灰黑陶。敞口，弧腹。腹部饰竖篮纹，其上有錾手（图 5-336，10）。

瓠形器　1 件。YP080413F015：1，夹砂黑灰陶（夹细砂）。器薄，深腹，平底。素面。底径 16、残高 7.2 厘米（图 5-336，2）。

带耳罐　1 件。YP090424D003-H：1，泥质灰陶。深腹，有桥形耳。素面磨光（图 5-336，3）。

高领罐 2件。YP080413E013-C:1，夹砂黑皮陶。圆唇，折沿，高领，鼓肩。素面磨光。口径23、残高6厘米（图5-336，11）。YP080413F014:1，泥质灰陶。圆唇，口外翻，高领，鼓肩。素面。口径16、残高5.6厘米（图5-336，5）。

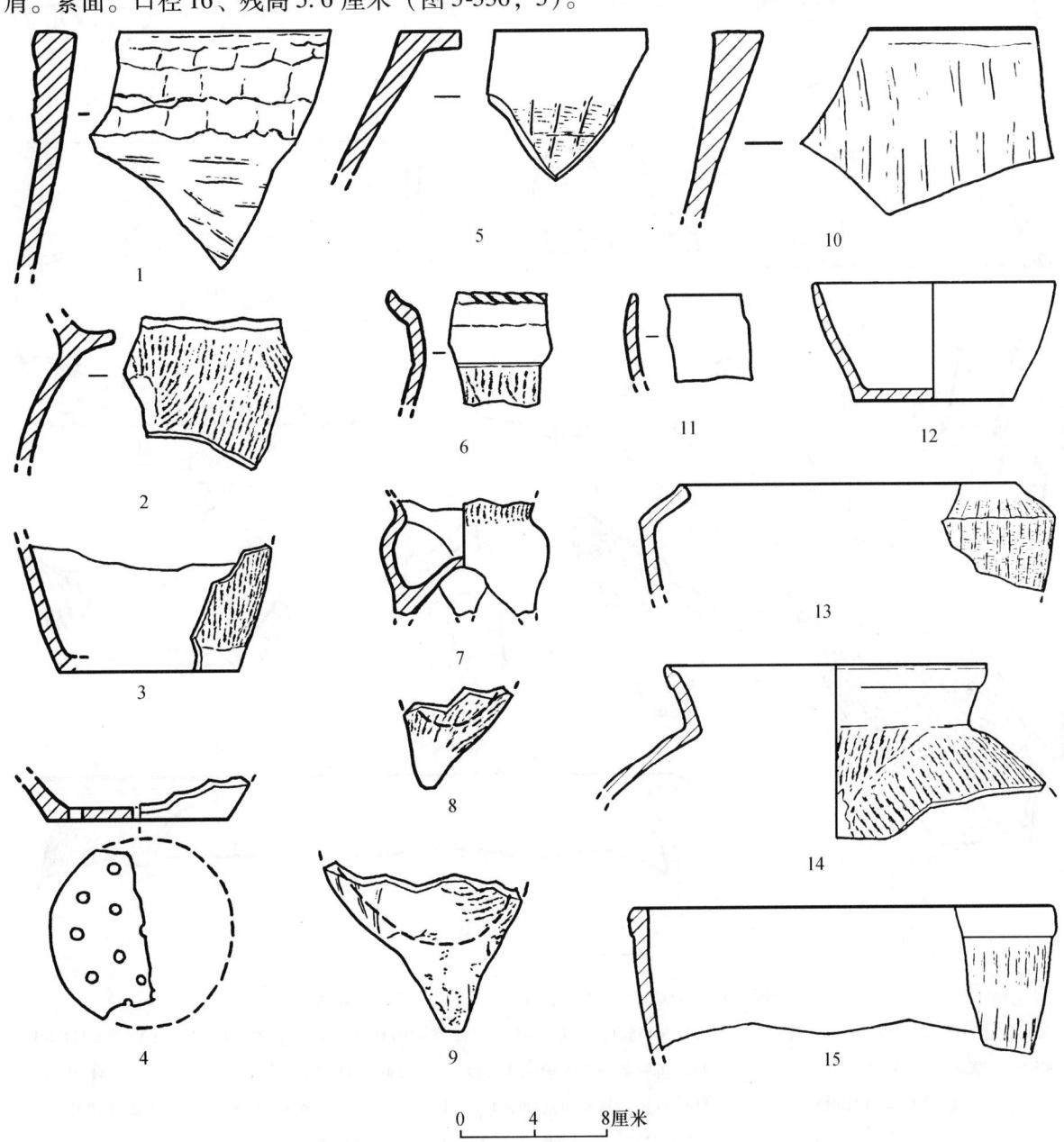

图5-335 辛章Ⅰ号遗址仰韶、龙山时期陶器

1、5、10. 蛋形瓮（YP080413E017:2、YP080413E017:1、YP090424D004-H:1） 2. 甑（YP080413G016-C:1） 3. 罐（YP080413F013:2） 4. 甑（YP080413G005:1） 6、14. 鬲（YP080413E018-H:1、YP080413I024-H:1） 7. 盉（YP080413I028:1） 8、9. 鬲足（YP080413D007:1、YP080413F016:1） 11. 钵（YP080413D004:1） 12、15. 盆（YP080413I021-H:1、YP080413I023:1） 13. 斝（YP080413I019:1）

（1~10、12~15. 龙山时期；11. 仰韶时期）

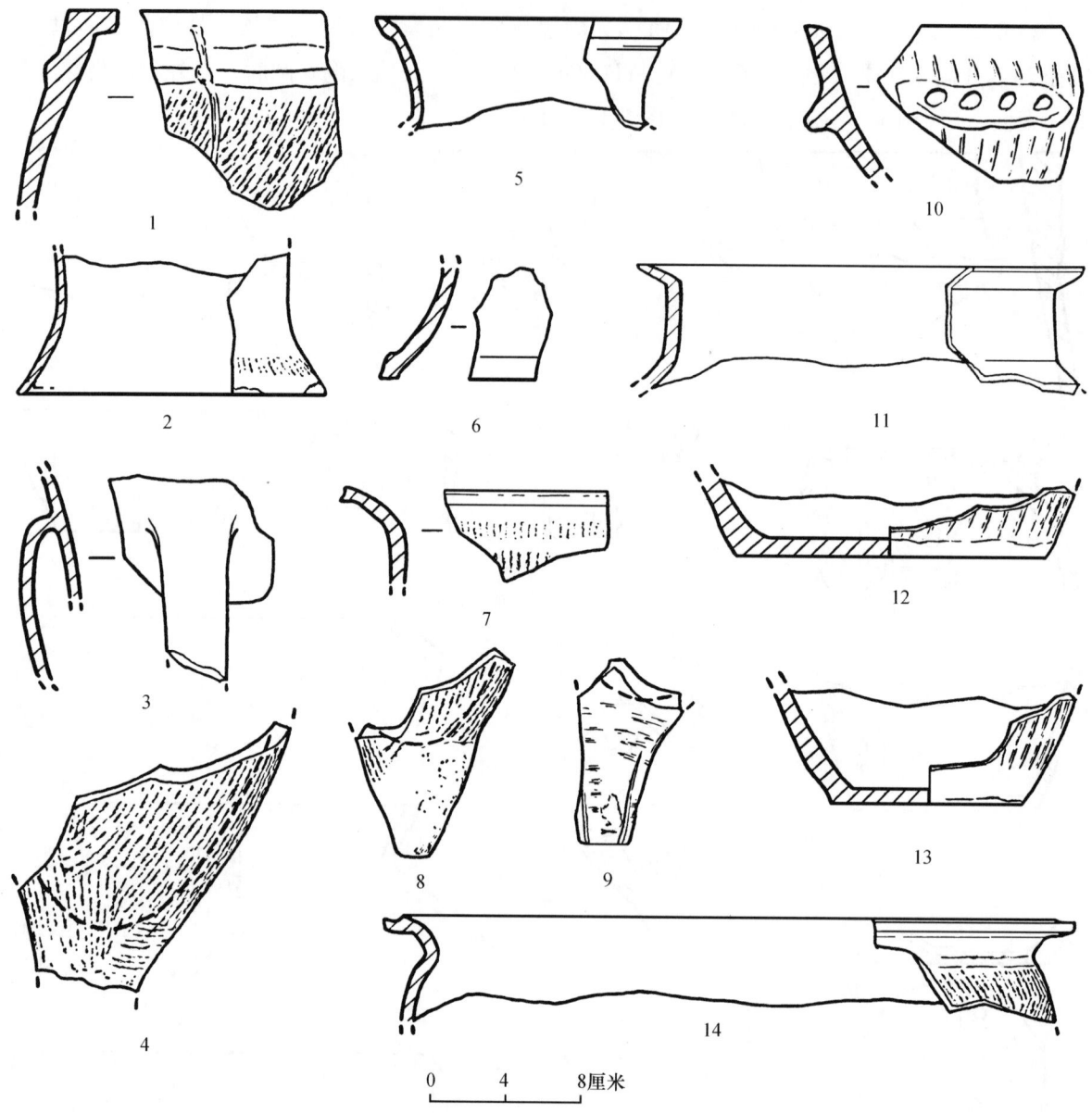

图 5-336　辛章 I 号遗址龙山、二里头、东周时期陶器

1. 蛋形瓮（YP080413E018：1）　2. 瓠形器（YP080413F015：1）　3. 带耳罐（YP090424D003-H：1）　4、8、9. 鬲足（YP080413F013：1、YP080413H009：2、YP080413F010：1）　5、11. 高领罐（YP080413F014：1、YP080413E013-C：1）　6. 豆（YP080413H018：1）　7、10、14. 盆（YP080413H015：1、YP080413H011：1、YP080413H009：1）　12、13. 罐（YP080413I026-H：1、YP080413E013-H：1）

（1、6、7、9. 二里头时期；2~5、8、10~13. 龙山时期；14. 东周时期）

罐　3件。YP080413F013：2，夹砂灰陶。深腹，平底。腹部饰绳纹。底径10、残高7.2厘米（图5-335，3）。YP080413E013-H：1，夹砂灰陶（夹细砂）。胎厚，深腹，平底。腹部饰竖篮纹。底径10、残高6厘米（图5-336，13）。YP080413I026-H：1，泥质灰陶。深腹，平底。腹部饰竖篮纹。底径14、残高4厘米（图5-336，12）。

3. 二里头时期

二里头时期遗存只见于遗址西部，遗存分布较为稀疏（图5-333）。除在梯田的断面上发现1个灰坑外，未见其他遗迹现象。灰坑内只发现少量陶片，地表也有陶片发现。陶片多夹砂灰陶，纹饰以绳纹为主，可辨器形有鬲、蛋形瓮、豆、盆等。

鬲足　1件。YP080413F010:1，夹砂灰褐陶。长实足跟。根部有三道纵向捆绑沟槽（图5-336，9）。

蛋形瓮　1件。YP080413E018:1，夹砂灰陶。平沿内折，敛口，深鼓腹。口下有泥条装饰，腹部饰绳纹（图5-336，1）。

豆　1件。YP080413H018:1，泥质褐陶。细柄，高圈足。素面磨光（图5-336，6）。

盆　1件。YP080413H015:1，泥质灰陶。方唇，翻沿，深腹。腹部饰绳纹（图5-336，7）。

4. 东周时期

东周时期遗存见于遗址中部地势相对平坦的区域，遗存分布稀疏（图5-334）。除在断面上发现2处文化层外，未见其他遗迹。文化层内包含有少量陶片，地表也有陶片分布。陶片多灰陶，纹饰以绳纹为主，可辨器形有盆、罐等。

盆　1件。YP080413H009:1，泥质灰陶。方唇，翻沿，微束颈，深腹。腹部饰绳纹。口径36、残高5.2厘米（图5-336，14）。

一二二、上神头遗址

上神头遗址位于原平市中阳乡上神头东北，面积4.7万平方米。遗址处在滹沱河东岸沟谷中一突出的山梁上，地势较高，海拔1025～1055米，两头高，中间低，起伏较大。遗址北面有发源于山间的水流流过。遗存分布较为稀疏，遗址包含龙山、东周两个时期的遗存，其中，东周时期遗存部分可进一步确认为战国时期。

1. 龙山时期

龙山时期遗存主要分布在遗址中、东部，遗存分布稀疏（图5-337）。未见任何遗迹现象，只在地表发现有陶片。陶片多夹砂灰陶，纹饰有篮纹，可辨器形有罐等。

2. 东周时期

东周时期遗存见于遗址西部，遗存分布较为稀疏（图5-337）。未见任何遗迹现象，只在地表发现有陶片。陶片多灰陶，纹饰以绳纹为主，可辨器形有豆、罐等。

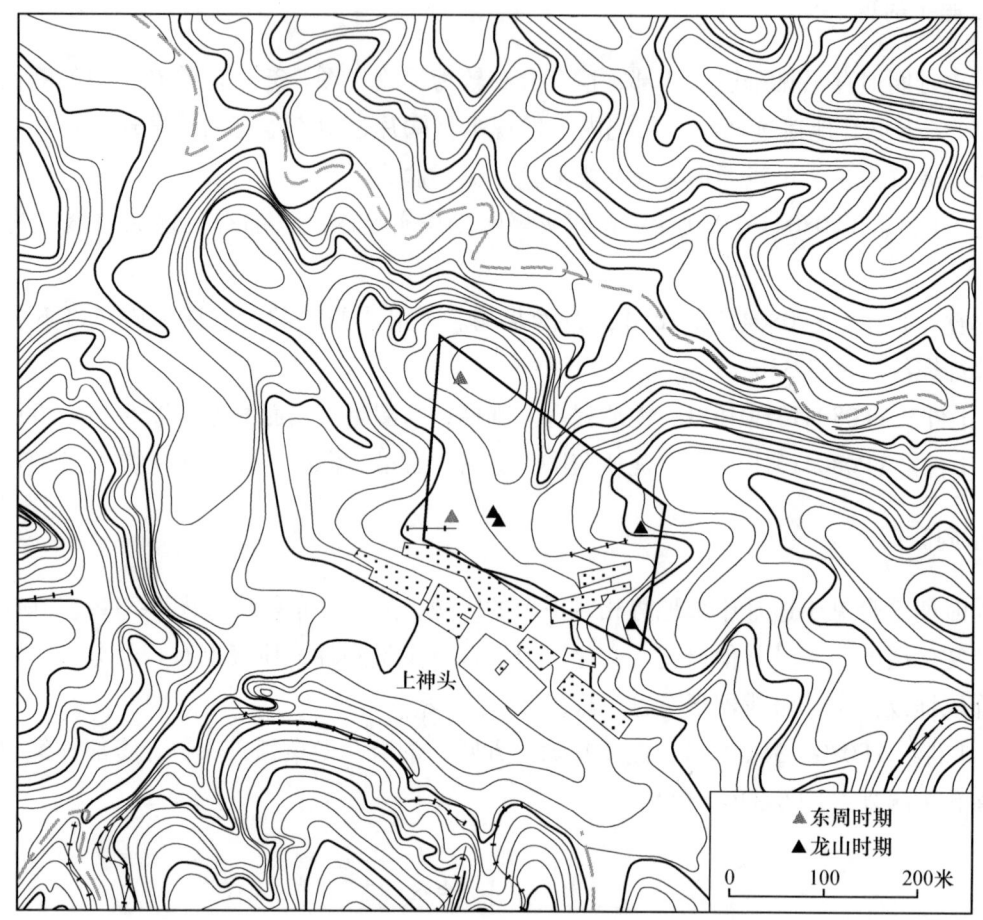

图 5-337　上神头遗址遗存分布图

一二三、练家岗Ⅲ号遗址

练家岗Ⅲ号遗址位于原平市中阳乡练家岗村北 1500 米，面积 1.4 万平方米（彩版九〇）。遗址处在滹沱河东岸台地上，海拔 840~855 米，外围多为斜坡和冲沟，崎岖不平，地势起伏较大。遗存分布稀疏，遗址包含龙山、二里头、战国三个时期的遗存。

1. 龙山时期

龙山时期遗存分布于遗址东部，分布较为稀疏（图 5-338）。未见任何遗迹现象，只在地表发现有陶片。陶片多夹砂灰陶，纹饰有篮纹，可辨器形有鬲、罐等。

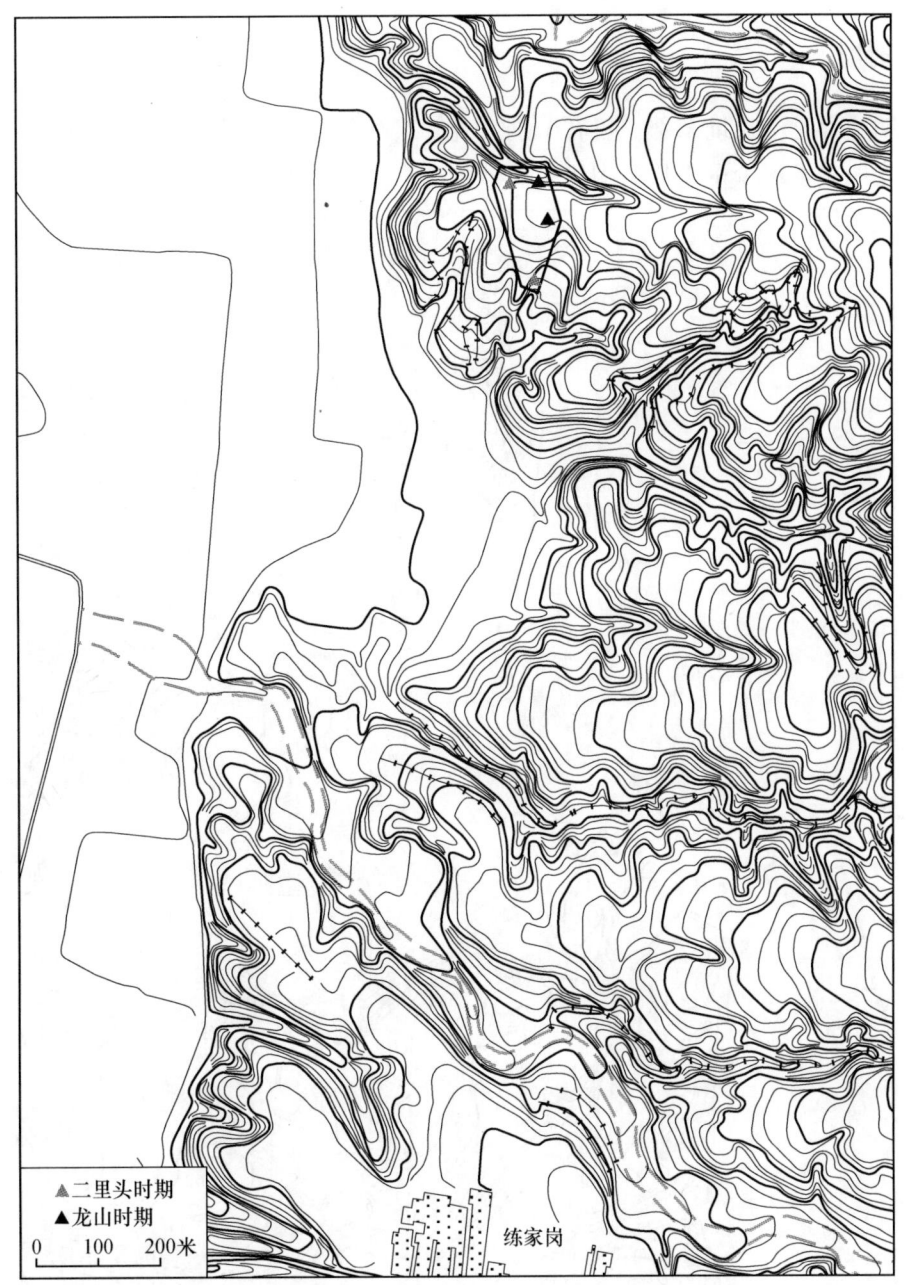

图 5-338　练家岗Ⅲ号遗址龙山、二里头时期遗存分布图

2. 二里头时期

二里头时期遗存分布于遗址西部，遗存分布稀疏（图 5-338）。未见任何遗迹现象，只在地表发现有陶片。陶片多夹砂灰陶，纹饰以绳纹为主，可辨器形有鬲、蛋形瓮等。

蛋形瓮　1件。YP080417C001∶1，夹砂红褐陶。平沿，敛口，深鼓腹。腹部饰绳纹。口径 32、残高 7 厘米（图 5-340）。

3. 战国时期

战国时期遗存见于遗址东部，仅有个别发现，遗存分布非常稀疏（图 5-339）。未见任何遗迹现象，只在地表发现少量陶片。陶片多夹砂灰陶，纹饰有粗大绳纹，可辨器形有罐等。

图 5-339　练家岗 II 号遗址（下）东周时期、
练家岗 III 号遗址（上）战国时期遗存分布图

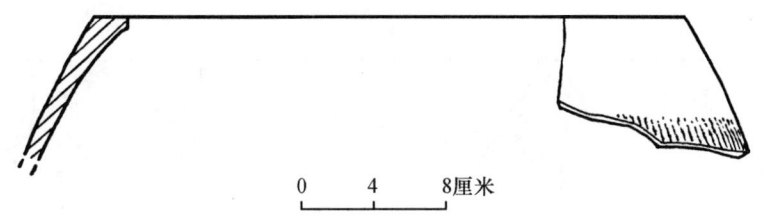

图 5-340 练家岗Ⅲ号遗址二里头时期陶器
蛋形瓮（YP080417C001：1）

一二四、练家岗Ⅱ号遗址

练家岗Ⅱ号遗址位于原平市中阳乡练家岗村西北700米，面积2.1万平方米（彩版九〇）。遗址处在滹沱河东岸台前的最前沿，地势较低，海拔810~825米，南高北低，呈缓坡抬升状。除了西面有滹沱河外，遗址南面沟谷内也有水流流过。遗址只有东周时期遗存，其中，部分可进一步确认为战国时期（图5-339）。

遗存分布密集。未见任何遗迹现象，只在地表发现有陶片。陶片多夹砂灰陶，纹饰以绳纹为主，有粗大绳纹，可辨器形有豆、罐等。

豆　1件。YP080417B004：1，泥质灰陶。圆唇，近直壁，浅盘。素面。口径14、残高4厘米（图5-341）。

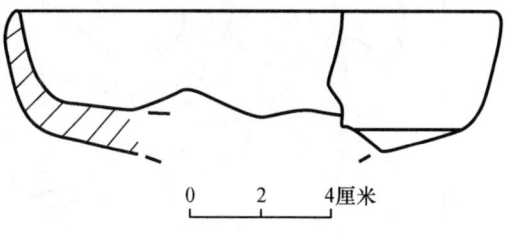

图 5-341 练家岗Ⅱ号遗址陶器
豆（YP080417B004：1）

一二五、练家岗Ⅰ号遗址

练家岗Ⅰ号遗址位于原平市中阳乡练家岗西，面积7万平方米（彩版九〇）。遗址处在滹沱河东岸台地的前缘，海拔830~845米，南北各有一条较大的冲沟，起伏较大，其他位置的地势相对平坦。除了西面有滹沱河外，遗址南、北面沟谷中都有水流流过，最后汇入了滹沱河。遗存分布密集，遗址包含仰韶、龙山、东周三个时期的遗存。

1. 仰韶时期

仰韶时期遗存见于遗址北部，遗存分布较为集中，略显密集（图5-342）。未见任何遗迹现象，只在地表发现有陶片。陶片多泥质灰陶，多素面，可辨器形有钵、盆等。

钵　1件。YP080417D003：1，泥质灰陶。圆唇，敛口，鼓腹。素面（图5-344，1）。

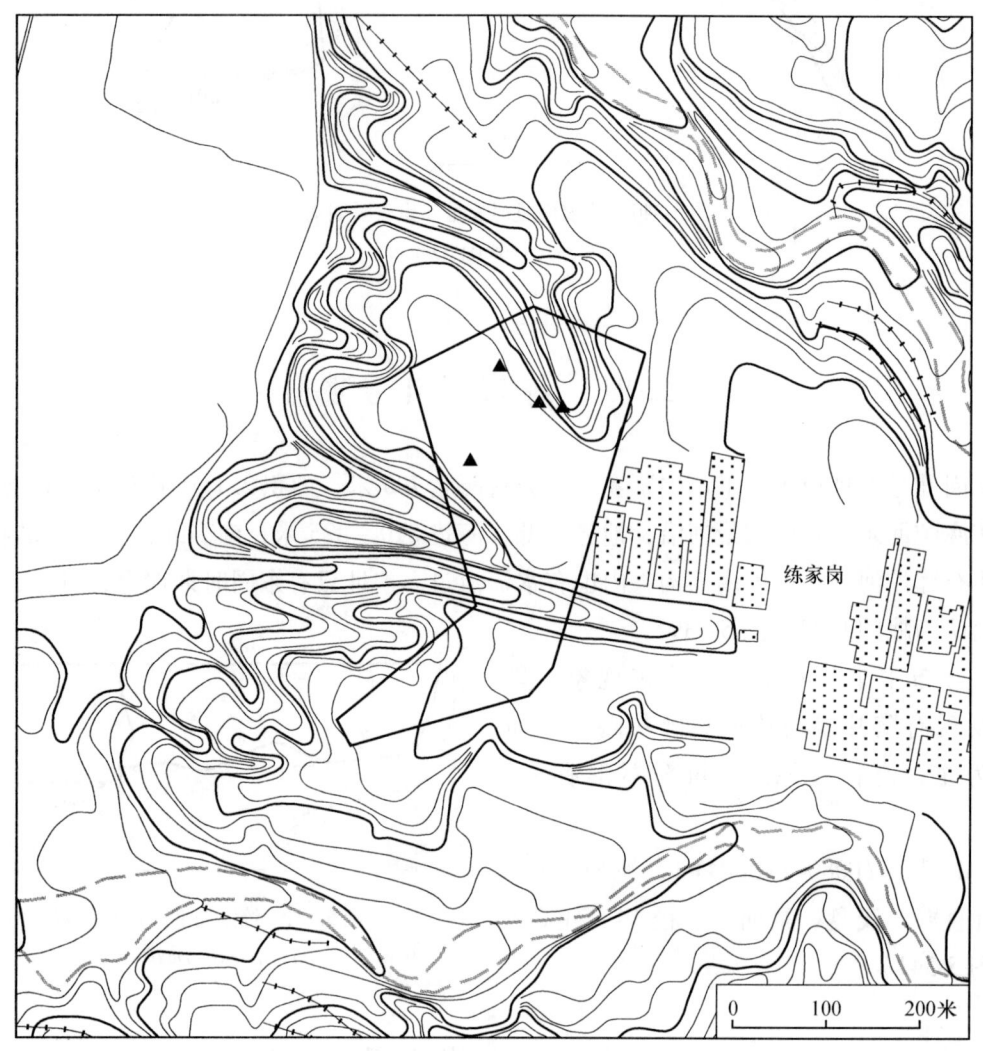

图 5-342　练家岗 I 号遗址仰韶时期遗存分布图

2. 龙山时期

龙山时期遗存主要见于遗址北部，南部只有零星发现，北部遗存分布密集（图 5-343）。遗迹集中分布在遗址西北部的梯田断面上，共发现 2 个灰坑和 1 座陶窑。遗迹内包含物丰富，尤以陶片最多。陶片多夹砂灰陶，纹饰以绳纹为多，可辨器形有盆、罐等。

盆　1 件。YP080417D004-H：1，夹砂灰陶。圆唇，口外翻，深腹。素面（图 5-344，2）。

罐　1 件。YP080417F001：1，夹砂灰陶。圆唇，口微外翻，高领，广肩。口下有附加堆纹（图 5-344，3）。

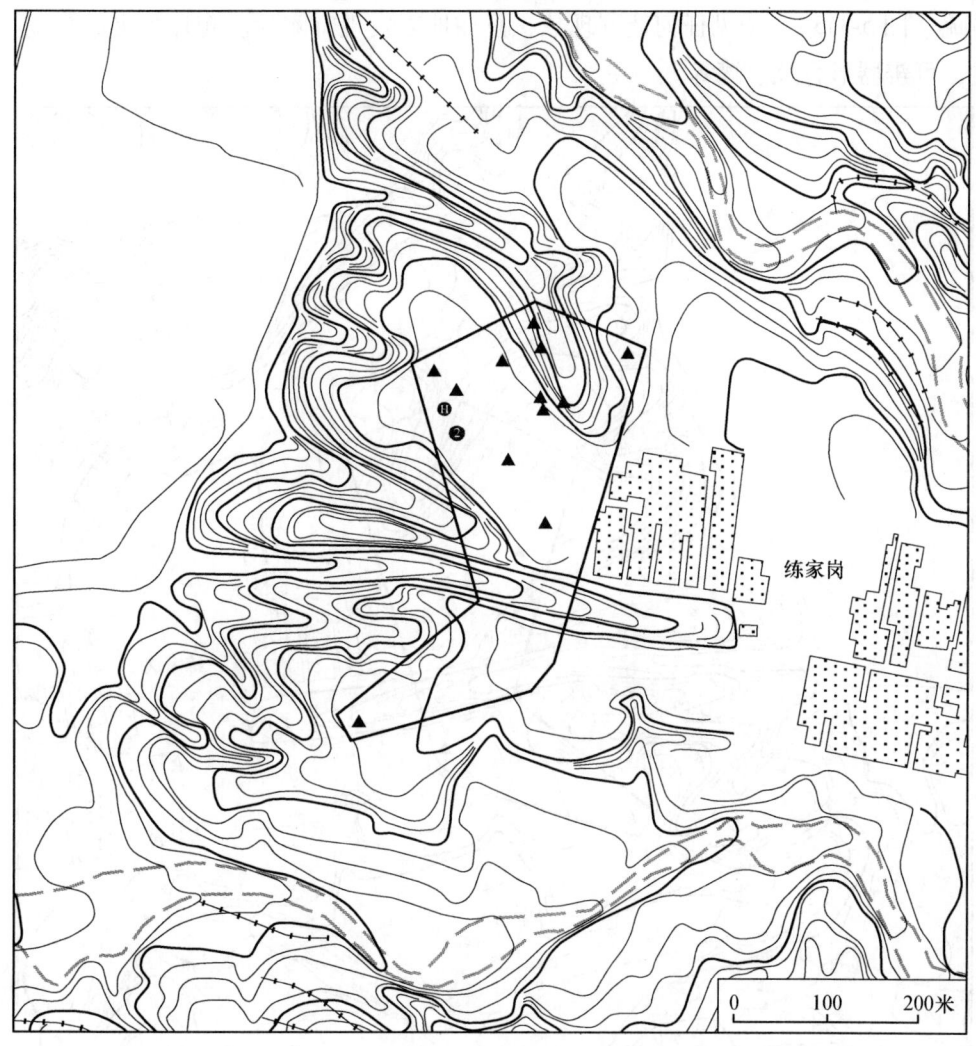

图 5-343　练家岗 I 号遗址龙山时期遗存分布图

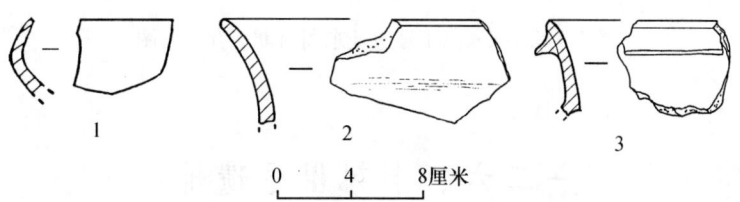

图 5-344　练家岗 I 号遗址陶器

1. 钵（YP080417D003:1）　2. 盆（YP080417D004-H:1）　3. 罐（YP080417F001:1）

（1. 仰韶时期；2、3. 龙山时期）

3. 东周时期

东周时期遗存主要见于遗址南部，北部偏西有零星发现，南部遗存分布略显密集，北部遗存分布稀疏（图5-345）。未见任何遗迹现象，只在地表发现有陶片。陶片多夹砂灰陶，纹饰以绳纹为主，可辨器形有豆、罐等。

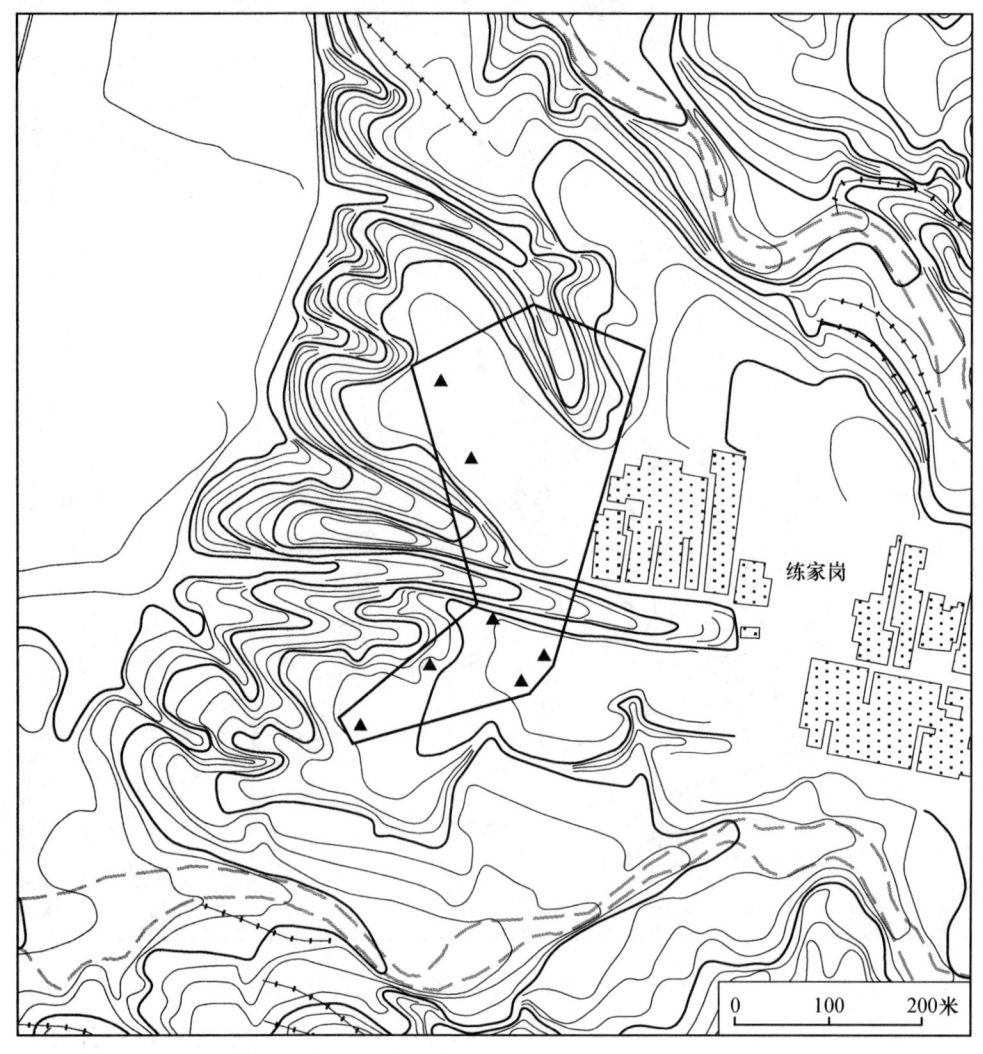

图5-345　练家岗Ⅰ号遗址东周时期遗存分布图

一二六、上封Ⅲ号遗址

上封Ⅲ号遗址位于原平市中阳乡上封村北400米，面积8.5万平方米（彩版九一，1）。遗址处在滹沱河东岸的台地前缘，海拔810～840米，东高西低，东部地势略显平坦，但遗址外围则为缓坡或冲沟，地势起伏较大。除了西面有滹沱河外，遗址南面有水流由东向西流过，最后汇入了滹沱河。遗存分布疏密不等，尤以南部最为密集，遗址包含龙山、商、东周三个时期的遗存。

1. 龙山时期

龙山时期遗存分布于整个遗址，遗存分布密集，尤以遗址南部遗存分布最为密集（图5-346）。遗迹多暴露于梯田的断面，共发现5处文化层和3个灰坑，其中，灰坑全部分布在遗址北部，文化层全部分布在南部。遗迹内包含物丰富，尤以陶片最多，地表也发现较多陶片。陶片多夹砂灰陶，纹饰多篮纹、绳纹，可辨器形有鬲、甗、鬹、蛋形瓮、盆、罐等。

图 5-346　上封Ⅲ号遗址龙山时期遗存分布图

鬲足　3件。YP090424D002-H:2，夹砂灰黑陶。圆唇，口外翻，矮领，袋足外鼓。唇部有花边装饰，领部以下饰绳纹。口径16、残高6厘米（图5-347，3）。YP080417H009:1，夹砂黑陶。圆唇，口外翻，矮领，袋足外鼓。唇部有花边装饰，腹部饰绳纹（图5-347，10）。YP080417I004:1，夹砂灰陶。厚圆唇，口微外翻，矮领，袋足外鼓。领部以下饰绳纹（图5-347，9）。

鬲足　5件。YP080417I007-C:1，夹砂褐陶。空袋足，微有实足跟。足部饰绳纹，跟部素面（图5-347，4）。YP090424D003-H:2，夹砂灰陶。胎厚，空袋足，微有实足跟。足部饰

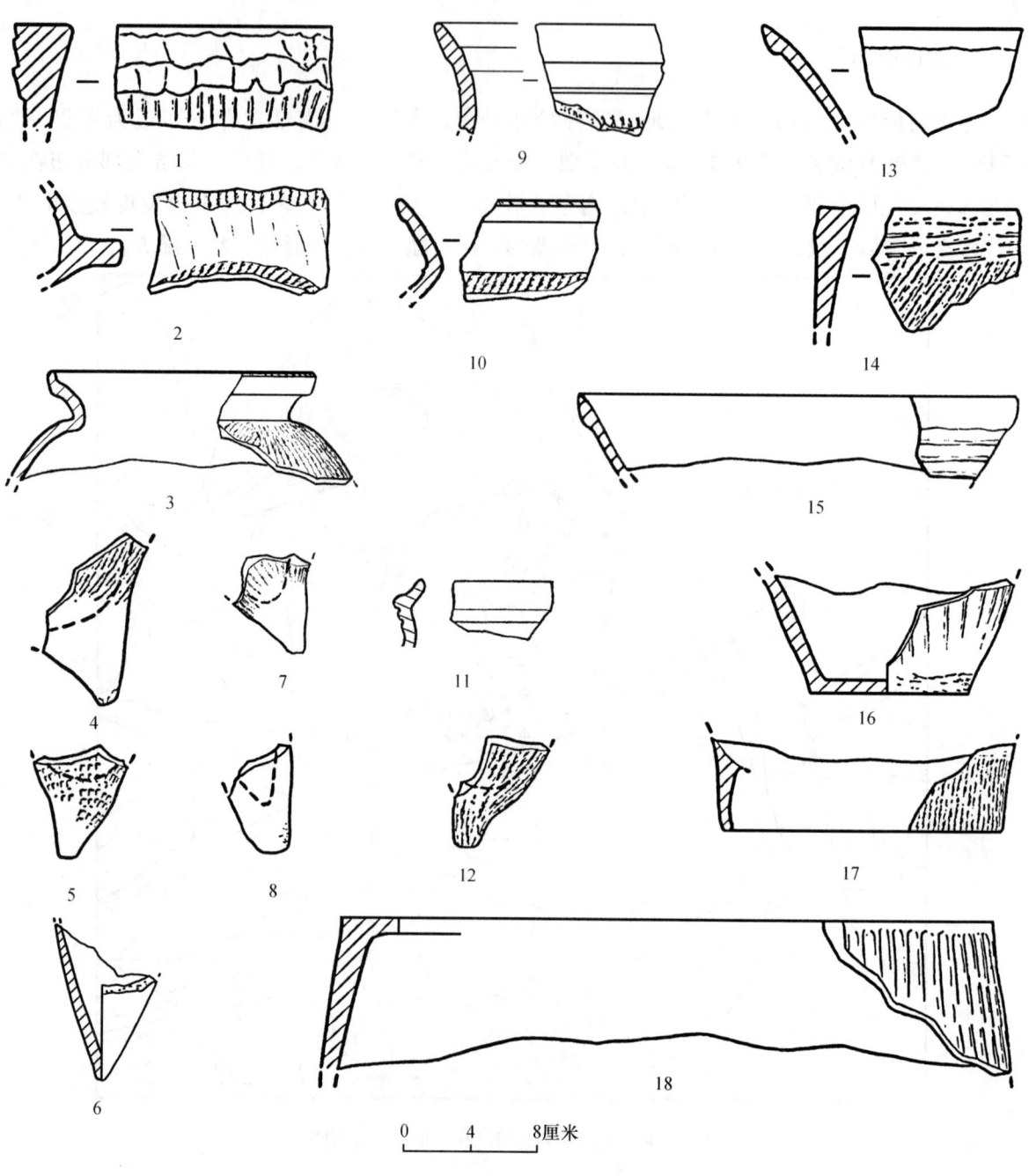

图 5-347　上封Ⅲ号遗址陶器

1、14、17、18. 蛋形瓮（YP080417I009-C:1、YP080417G006:1、YP080417I012:1、YP080417H009:2）　2. 甑（YP080417H009:3）
3、9、10. 鬲（YP090424D002-H:2、YP080417I004:1、YP080417H009:1）　4、5、7、8、12. 鬲足（YP080417I007-C:1、YP080417H009:4、YP090424D003-H:2、YP090424D001-H:1、YP080417G004:1）　6. 鬶足（YP080417I006-C:1）
11. 斝（YP080417I005:1）　13、15. 盆（YP080417I008-C:1、YP090424D002-H:1）　16. 罐（YP080417I008-C:2）
（1~10、12~18. 龙山时期；11. 商时期）

图 5-348　上封Ⅲ号遗址商、东周时期遗存分布图

绳纹，跟部素面（图 5-347，7）。YP080417H009：4，夹砂灰黑陶。空袋足，微有实足跟。足部饰方格纹（图 5-347，5）。YP080417G004：1，夹砂灰褐陶。空袋足，微有实足跟。足部饰绳纹（图 5-347，12）。YP090424D001-H：1，夹砂灰陶。空袋足，微有实足跟。跟部素面（图 5-347，8）。

甗　1 件。YP080417H009：3，夹砂灰陶。深腹，束腰，有隔，袋足外鼓。腹部饰绳纹，腰部有附加堆纹（图 5-347，2）。

鬲足　1 件。YP080417I006-C：1，夹砂黑陶。空袋足。素面磨光（图 5-347，6）。

蛋形瓮　4 件。YP080417H009：2，夹砂灰陶。平沿内折，敛口，深腹，腹部饰竖篮纹。口径 38、残高 8.8 厘米（图 5-347，18）。YP080417G006：1，夹砂褐陶。宽沿，微敛口，深腹。口部饰篮纹，腹部饰粗绳纹（图 5-347，14）。YP080417I009-C：1，夹砂灰褐陶。宽沿，微敛口，深腹。口部有附加堆纹，腹部饰竖篮纹（图 5-347，1）。YP080417I012：1，夹砂褐陶。圜底，矮圈足。腹部饰绳纹。底径 16、残高 5.2 厘米（图 5-347，17）。

盆　2 件。YP090424D002-H：1，泥质灰陶。厚圆唇，敞口，斜腹。腹部饰横篮纹。口径

26、残高4.8厘米（图5-347，15）。YP080417I008-C:1，泥质黑皮陶。厚圆唇，敞口，斜腹。素面磨光（图5-347，13）。

罐 1件。YP080417I008-C:2，夹砂褐陶。深腹，平底。腹部饰竖篮纹。底径9.2、残高6.4厘米（图5-347，16）。

2. 商时期遗存

商时期遗存只见于遗址东南部，仅有个别发现，遗存分布非常稀疏（图5-348）。除发现1处文化层外，未见其他遗迹现象。文化层内发现少量陶片，地表也有陶片分布。陶片多夹砂灰陶，纹饰多绳纹，可辨器形有罌等。

罌 1件。YP080417I005:1，夹砂黑灰陶（细砂）。圆唇，敛口，长颈。素面（图5-347，11）。

3. 东周时期

东周时期遗存见于遗址东南角，遗存分布非常稀疏（图5-348）。未见任何遗迹现象，只在地表发现少量陶片。陶片多灰陶，纹饰以绳纹为主。

一二七、上封Ⅱ号遗址

上封Ⅱ号遗址位于原平市中阳乡上封村东北，面积2.1万平方米（彩版九一，1）。遗址处在滹沱河东岸台地上，海拔845米左右，崎岖不平，地势有一定的起伏。除了西面有滹沱河之外，遗址北面有水流由东向西流过，最后汇入滹沱河。遗存分布稀疏，遗址包含龙山、东周两个时期的遗存。

1. 龙山时期

龙山时期遗存见于遗址东部，只有零星发现，遗存分布较为稀疏（图5-350）。未见任何遗迹现象，只在地表发现有陶片。陶片多夹砂灰陶，纹饰多篮纹，可辨器形有盘、罐等。

盘 1件。YP080417F006:1，泥质灰陶。圆唇，小平沿，斜腹。素面（图5-349）。

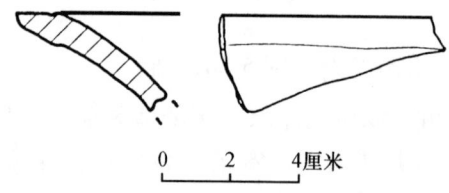

图5-349 上封Ⅱ号遗址龙山时期陶器盘（YP080417F006:1）

2. 东周时期

东周时期遗存见于整个遗址，遗存分布较为稀疏（图5-351）。未见任何遗迹现象，只在地表发现有陶片。陶片多夹砂灰陶，纹饰以绳纹为主，可辨器形有豆、罐等。

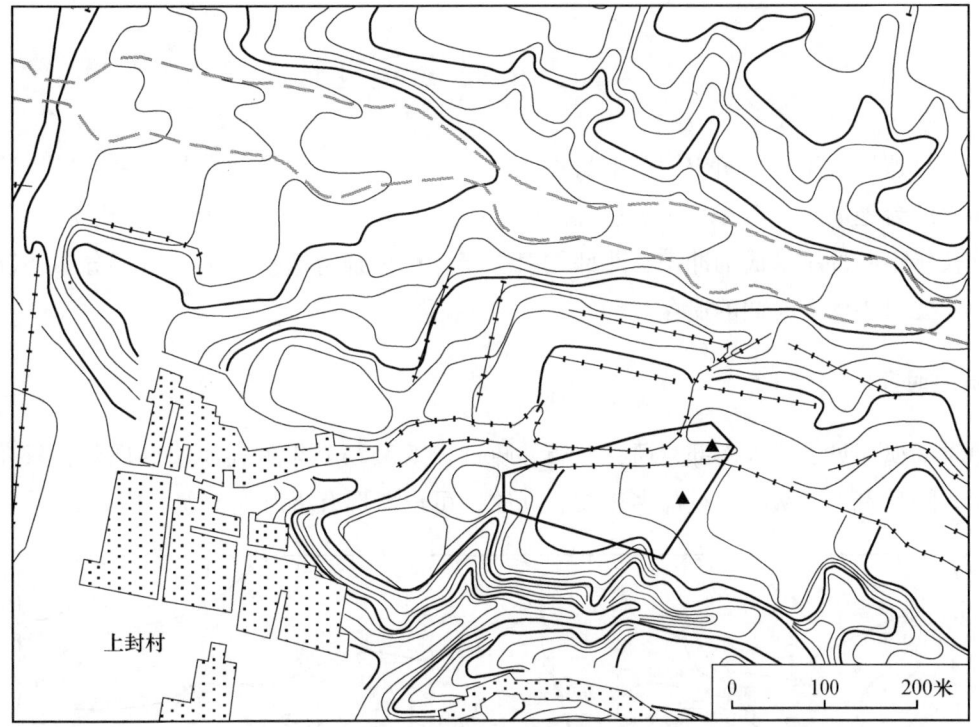

图 5-350　上封Ⅱ号遗址龙山时期遗存分布图

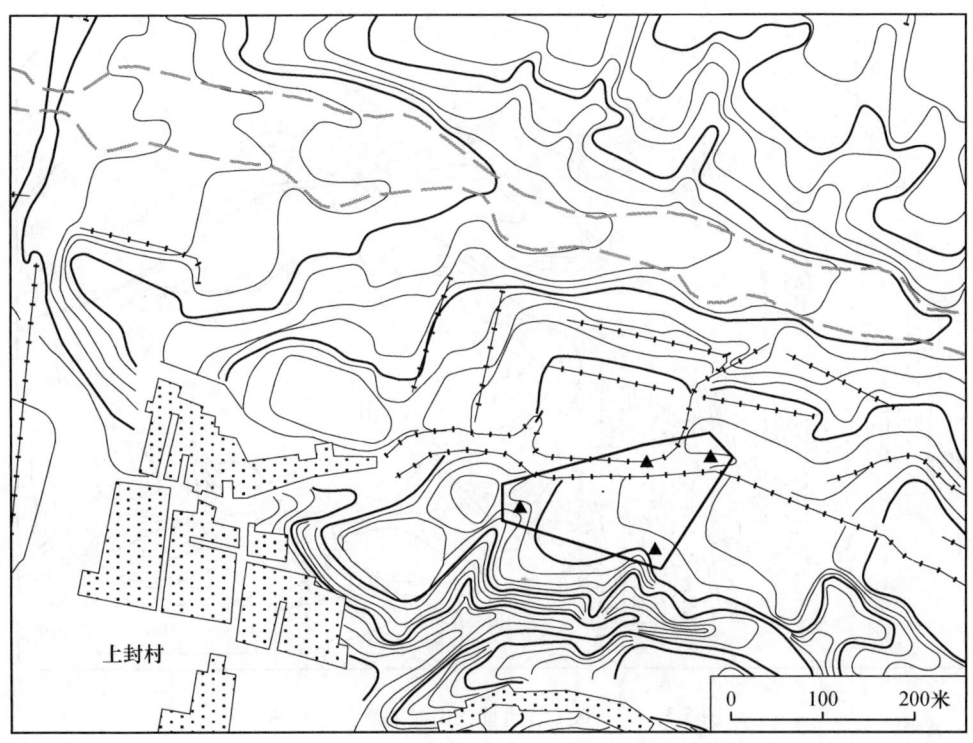

图 5-351　上封Ⅱ号遗址东周时期遗存分布图

一二八、上封 I 号遗址

上封 I 号遗址位于原平市中阳乡上封村东，面积 2.5 万平方米（彩版九一，1）。遗址处在滹沱河东岸的台地前缘，海拔 835 米左右，东高西低。由于处在台地边缘，西南部为斜坡地形，中部则是长年不断冲刷形成的冲沟，北部相对平坦，整体地势起伏较大。遗存分布稀疏，遗址包含龙山、二里头两个时期的遗存。

1. 龙山时期

龙山时期遗存见于遗址南部，遗存分布稀疏（图 5-352）。未见任何遗迹现象，只在地表发现有陶片。陶片多夹砂灰陶，纹饰多篮纹、绳纹，可辨器形有蛋形瓮、盆、罐等。

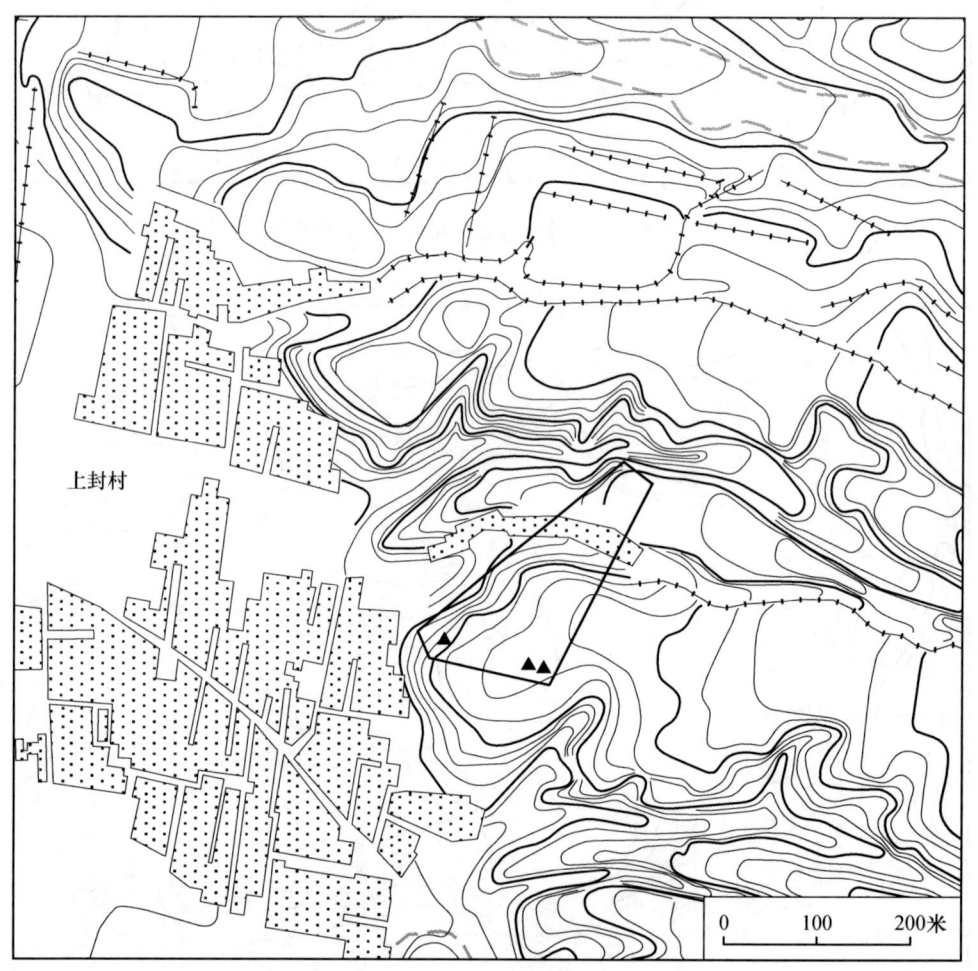

图 5-352　上封 I 号遗址龙山时期遗存分布图

蛋形瓮 1件。YP080417A004：2，夹砂灰陶，（夹细砂）。平沿内折，敛口，深腹微鼓。腹部饰竖篮纹（图5-354，2）。

盆 2件。YP080417A004：5，夹砂黑陶。厚圆唇，口微外翻，高领。素面（图5-354，1）。YP080417A004：4，泥质灰陶。厚圆唇，近直口，深腹。腹部饰篮纹（图5-354，5）。

罐 1件。YP080417A003：1，夹砂灰陶。深腹、平底。腹部饰绳纹（图5-354，4）。

2. 二里头时期

二里头时期遗存见于遗址东部，遗存分布非常稀疏（图5-353）。未见任何遗迹现象，只在地表发现有陶片。陶片多夹砂灰陶，纹饰以绳纹为主，可辨器形有鬲等。

鬲足 2件。YP080417A004：1，夹砂褐陶。长实足跟。足部饰绳纹，跟部平均分布有三道捆绑沟槽（图5-354，6）。YP080417A004：3，夹砂褐陶。长锥状实足跟，已残。跟部有三道纵向捆绑沟槽（图5-354，3）。

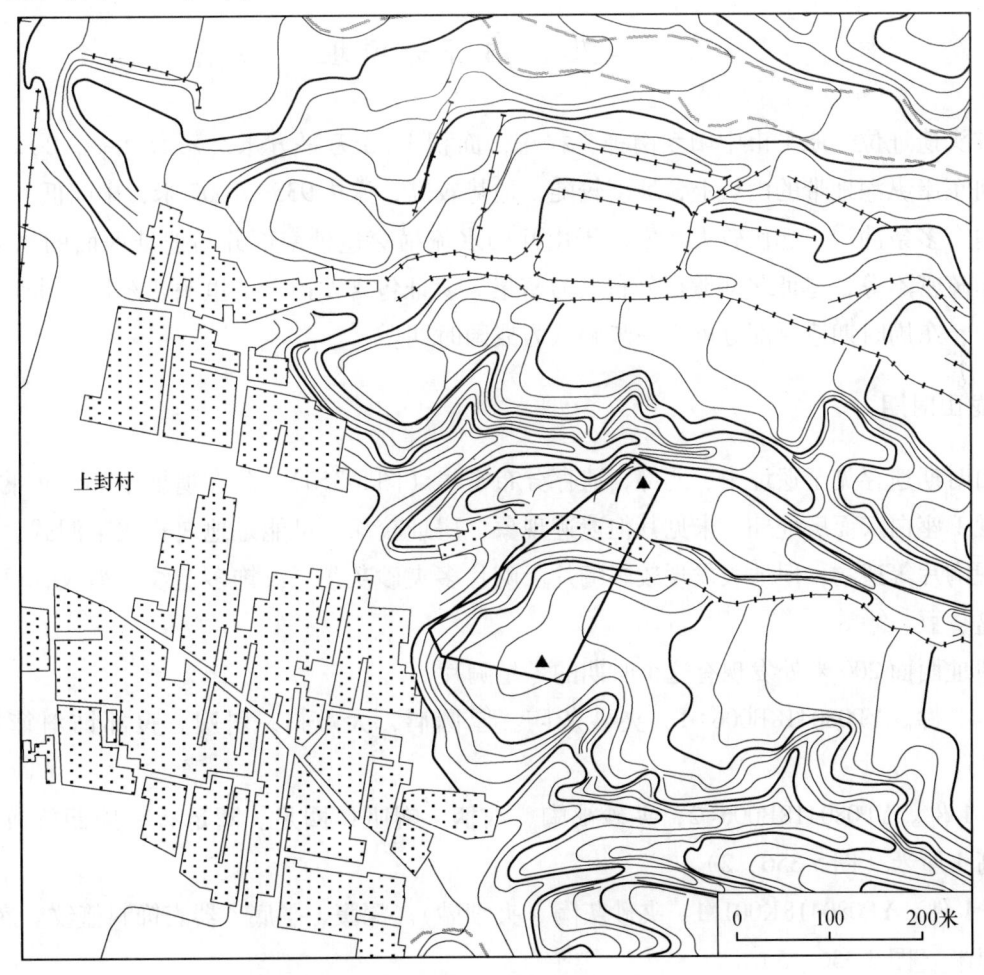

图5-353 上封Ⅰ号遗址二里头时期遗存分布图

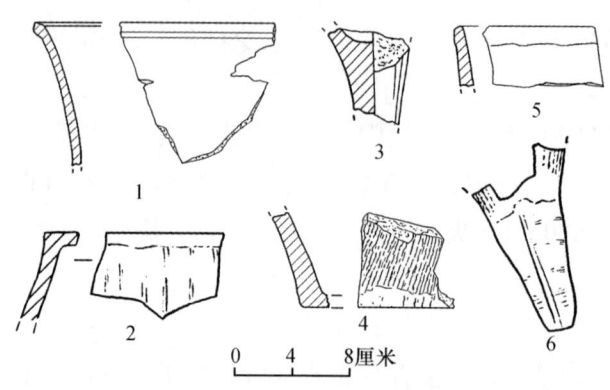

图 5-354　上封Ⅰ号遗址陶器

1、5. 盆（YP080417A004：5、YP080417A004：4）　2. 蛋形瓮（YP080417A004：2）　3、6. 鬲足
（YP080417A004：3、YP080417A004：1）　4. 罐（YP080417A003：1）
（1、2、4、5. 龙山时期；3、6. 二里头时期）

一二九、南神头遗址

南神头遗址位于原平市中阳乡南神头村东，面积13.3万平方米（彩版九一，2）。遗址处在滹沱河东岸纵深地带的山坡上，坡度较陡，地势较高，海拔935～1005米，中间低，北、东、南高，内有多条冲沟，起伏较大。发源于山间的水流横穿遗址南部并与遗址西面的水流汇合。遗存分布疏密不等，遗址北部遗存分布最为密集。遗址包含龙山、二里头、东周三个时期的遗存，其中，东周时期遗存部分可进一步确认为战国时期。

1. 龙山时期

龙山时期遗存见于遗址中、北部，遗存分布密集（图5-355）。除在遗址中部偏东的梯田断面上发现1座白灰面房址外，未见其他遗迹现象，房址较深，可能是地穴式或窑洞式。房址内没有发现陶片等遗物，但地表发现较多陶片。陶片多夹砂灰陶，纹饰多篮纹、绳纹，可辨器形有鬲、盆、豆、罐等。

在遗址西面200米处发现有这个时期的零星陶片。

盆　1件。YP080418B006：1，夹砂灰陶。厚圆唇，大敞口，斜腹。腹部饰斜篮纹（图5-356，1）。

豆　1件。YP080418B006：2，夹砂褐陶。细柄，喇叭口圈足。圈足有一周凹旋纹。底径14、残高4厘米（图5-356，2）。

罐　1件。YP080418K001：1，夹砂灰陶（夹细砂）。深腹，平底。器表饰斜篮纹。底径12、残高6厘米（图5-356，5）。

鋬手　1件。YP080418A003：1，夹砂褐陶。腹部有鋬手。器表饰绳纹，鋬手上有圆饼状装饰（图5-356，4）。

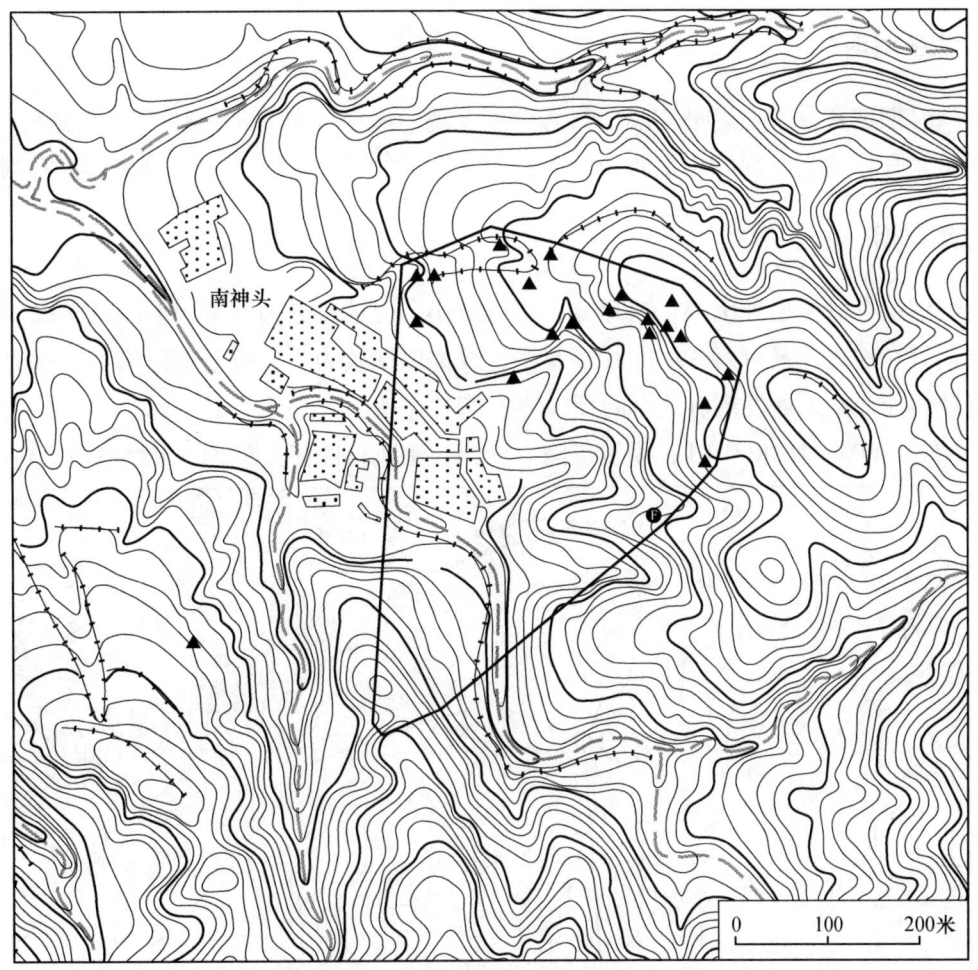

图 5-355 南神头遗址龙山时期遗存分布图

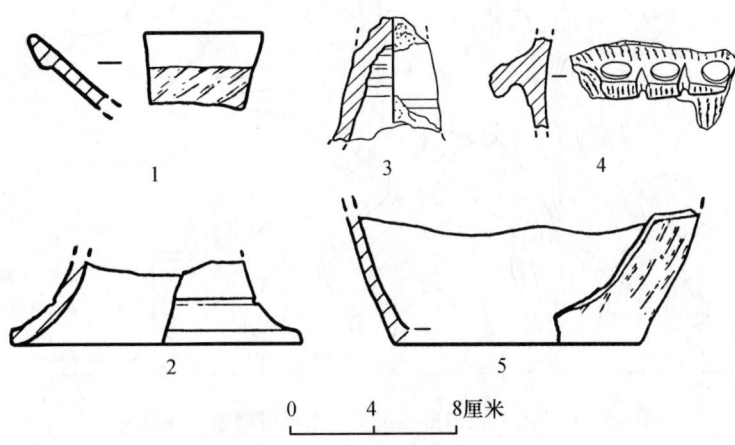

图 5-356 南神头遗址陶器

1. 盆（YP080418B006:1） 2、3. 豆（YP080418B006:2、YP080418K005:1）
4. 鋬手（YP080418A003:1） 5. 罐（YP080418K001:1）

（1、2、4、5. 龙山时期；3. 东周时期）

2. 二里头时期

二里头时期遗存见于遗址最南端，只有个别发现，遗存分布非常稀疏（图5-357）。未见任何遗迹现象，只在地表发现有少量陶片。陶片多灰陶，纹饰以绳纹为主，可辨器形有鬲等。

3. 东周时期

东周时期遗存见于遗址南部，遗存分布范围虽小，但遗存分布密集（图5-357）。未见任何遗迹现象，只在地表发现有陶片。陶片多灰陶，纹饰以绳纹为主，可辨器形有豆、罐等。

在遗址西面200米处发现有这个时期的零星陶片。

豆　1件。YP080418K005:1，泥质灰陶。细柄，喇叭口圈足。素面（图5-356，3）。

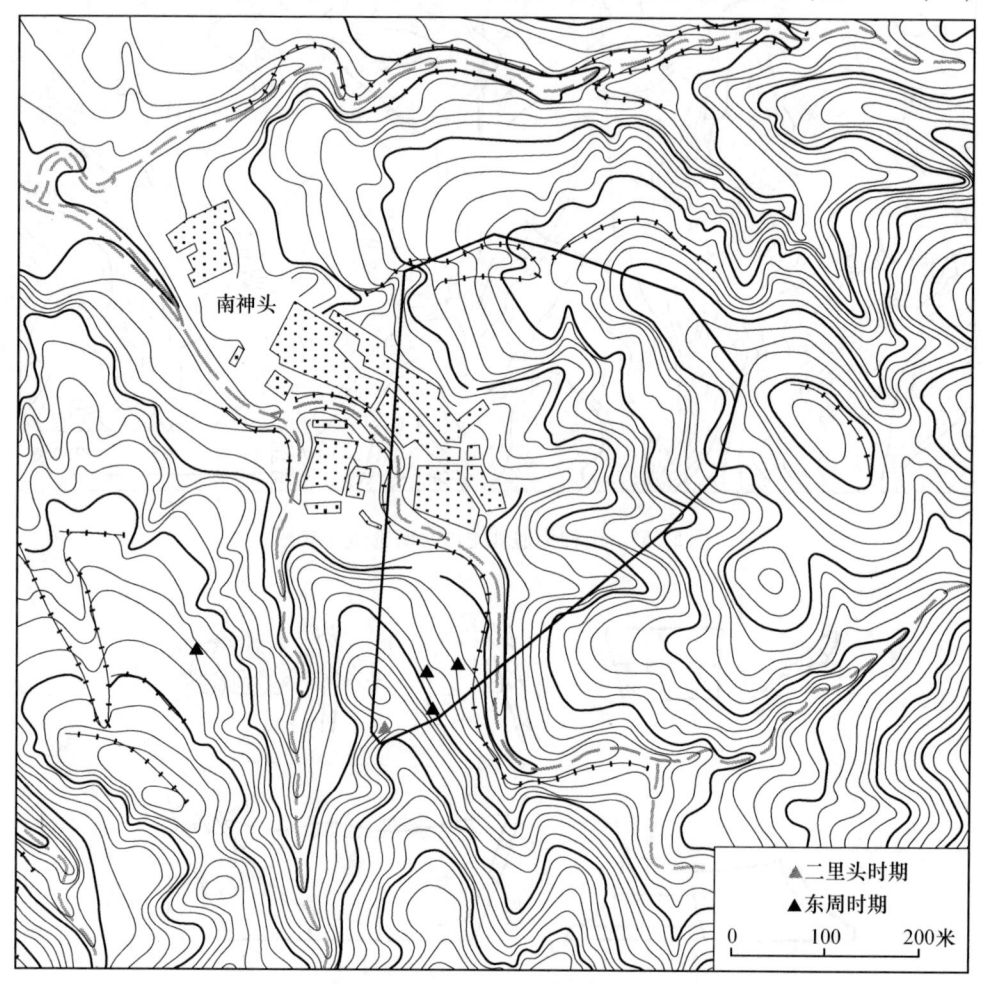

图5-357　南神头遗址二里头、东周时期遗存分布图

一三〇、峙峪Ⅰ号遗址

峙峪Ⅰ号遗址位于原平市中阳乡峙峪村南,面积44.6万平方米(彩版九二)。遗址处在滹沱河东岸的台地前缘,海拔810~885米,南高北低,东高西低,呈缓坡逐渐抬升,因处在台地边缘,流向滹沱河的冲沟较多,地势起伏也较大。除了西面有滹沱河外,遗址东面沟中有发源于山间的水流由东南向西北流去。遗存分布疏密不等,尤以遗址中部和西南部遗存分布最为密集。遗址包含仰韶、龙山、二里头、东周四个时期的遗存。

1. 仰韶时期

仰韶时期遗存主要见于遗址中部,遗存分布密集(图5-358)。在梯田断面上共发现1个灰

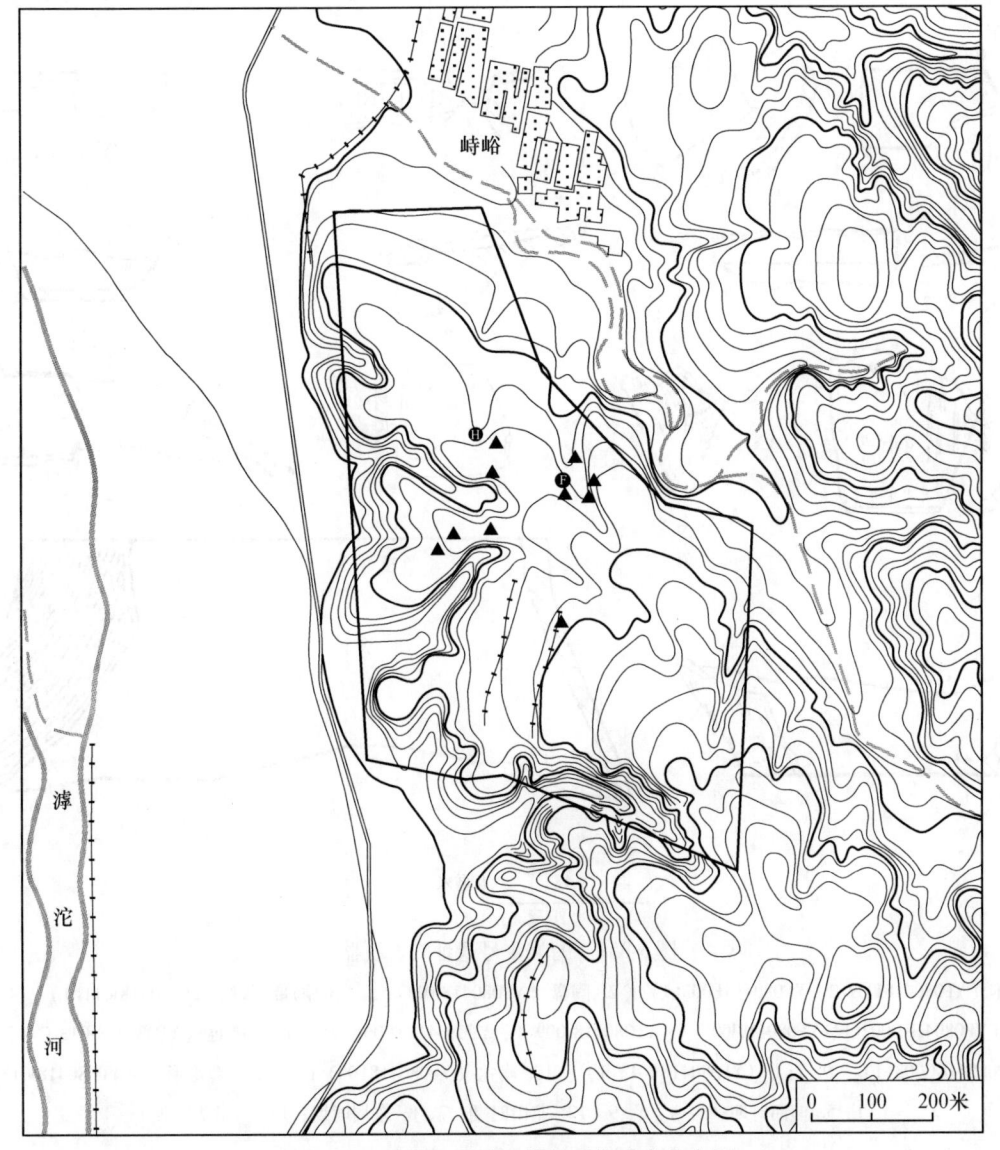

图 5-358 峙峪Ⅰ号遗址仰韶时期遗存分布图

坑和1座红烧土面房址。遗迹内包含有少量遗物，地表发现有陶片。陶片多泥质灰陶，多素面，可辨器形有钵、盆等。

陶钵 2件。YP080418E003:1，泥质黑灰陶。小圆唇，微敛口，微鼓腹，最大径靠上。素面磨光（图5-359，5）。YP080418I009:2，泥质褐陶。小圆唇，敛口，鼓腹。素面磨光（图5-359，1）。

2. 龙山时期

龙山时期遗存见于遗址东北角之外的其他位置，尤以中部及西南部分布密集，遗迹也分布于此（图5-360）。遗迹主要暴露于梯田的断面，共发现3处文化层和3个灰坑。遗迹内包含物丰富，地表也发现较多遗物，遗物以陶片为主，有少量石器等。陶片多夹砂灰陶，纹饰多绳纹、篮纹，可辨器形有鬲、盆、盘、带耳罐、罐等，石器有石刀等。

陶鬲足 1件。YP080418I013-C:1，夹砂灰陶。空袋足，微有实足跟。足部饰绳纹（图5-359，6）。

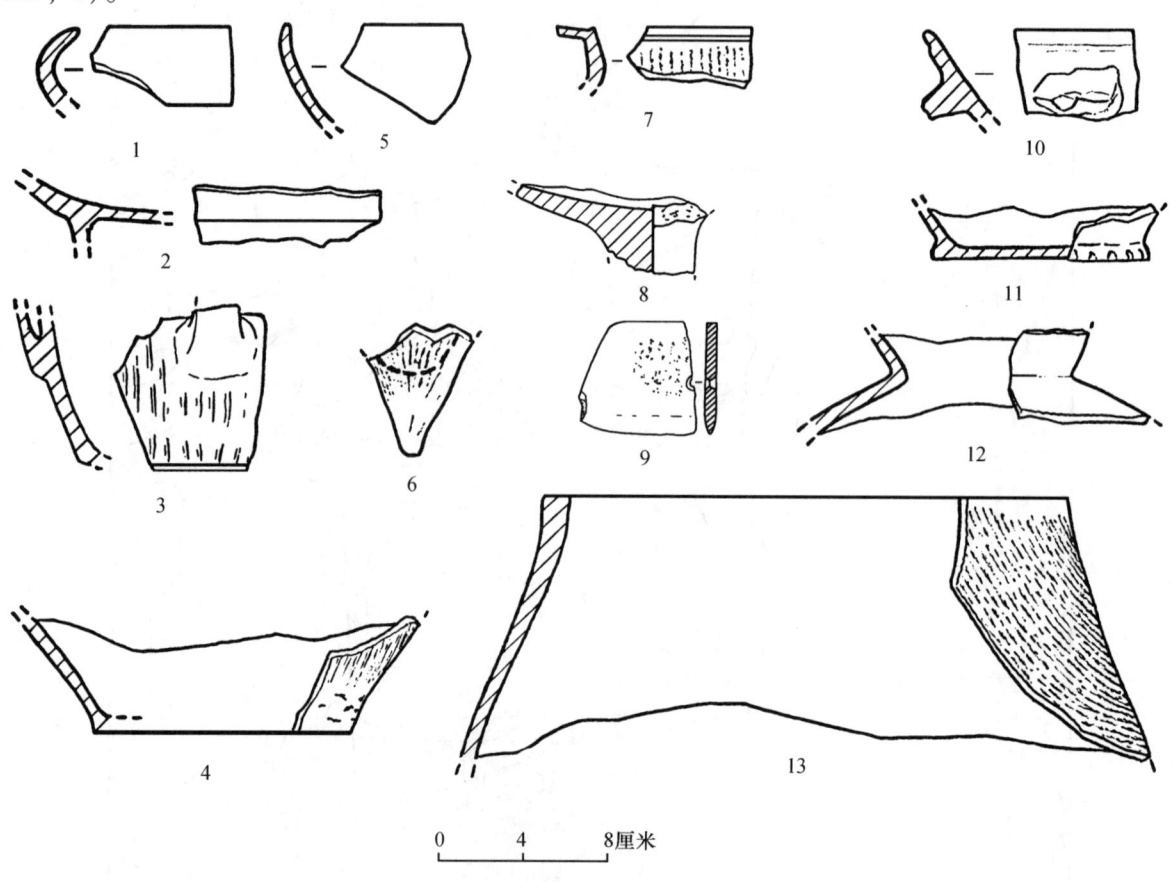

图5-359 峙峪Ⅰ号遗址陶、石器

1、5. 陶钵（YP080418I009:2、YP080418E003:1） 2. 陶盘（YP080418I011:2） 3. 陶带耳罐（YP080418I011:1） 4、7、11、12. 陶罐（YP080418D002:1、YP080418I005:1、YP080418I009:1、YP080418K006:1） 6. 陶鬲足（YP080418I013-C:1） 8. 陶豆（YP080418G003:1） 9. 石刀（YP080418B015:1） 10. 陶盆（YP080418F003:1） 13. 陶蛋形瓮（YP080418I013-C:2）

（1、5. 仰韶时期；2~4、6、9~12. 龙山时期；7、8. 东周时期；13. 二里头时期）

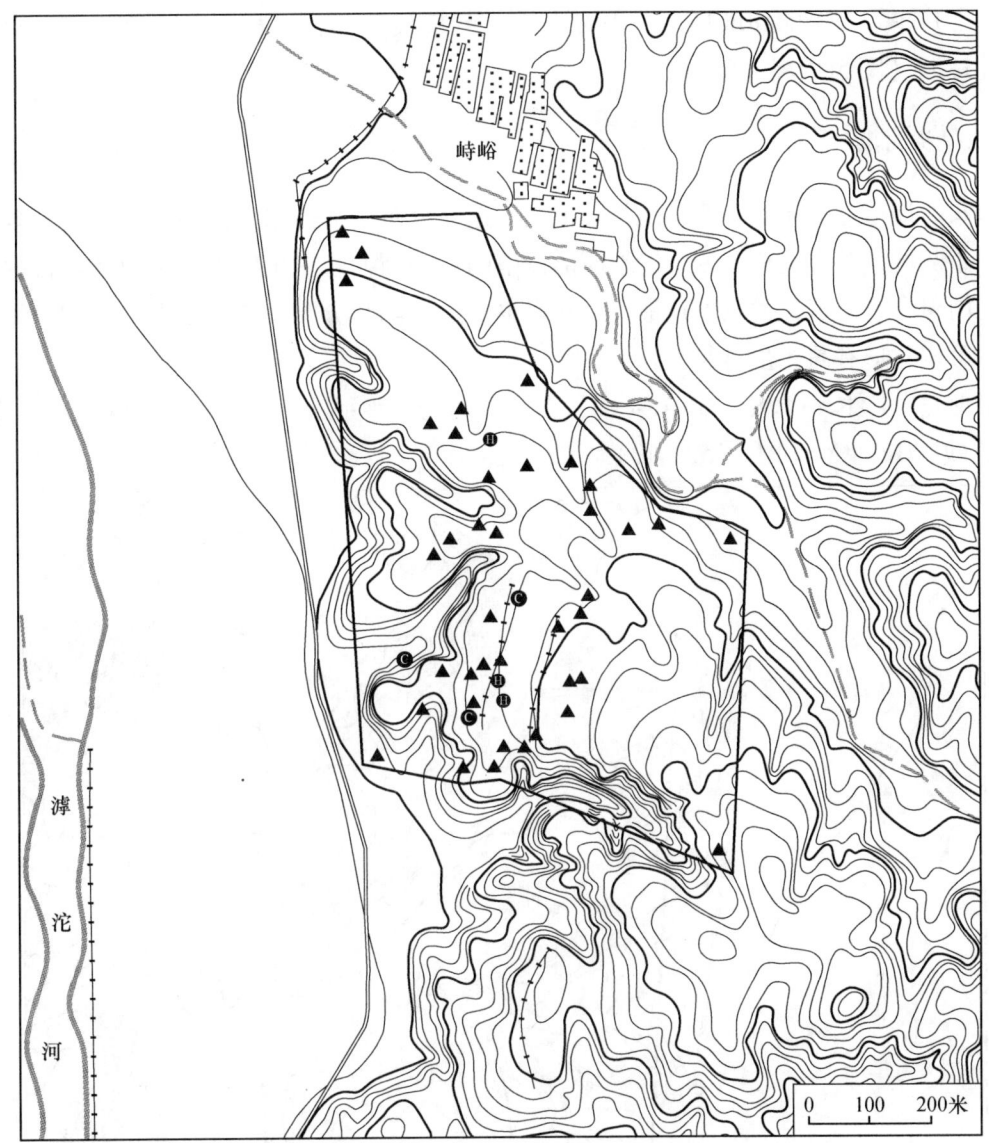

图 5-360 峙峪 I 号遗址龙山时期遗存分布图

陶盆 1件。YP080418F003：1，夹砂灰陶。圆唇，敞口，斜腹。素面，腹部有鋬手（图5-359，10）。

陶盘 1件。YP080418I011：2，泥质灰陶。盘底近平，粗柄。素面磨光（图5-359，2）。

陶带耳罐 1件。YP080418I011：1，泥质灰陶。深腹，平底。腹部饰竖篮纹，有桥形耳（5-359，3）。

陶罐 3件。YP080418K006：1，夹砂灰黑陶。侈口，束颈，鼓肩。素面（图5-359，12）。YP080418I009：1，夹砂灰褐陶。深腹，平底。素面，底部有花边装饰。底径10、残高2.4厘米（图5-359，11）。YP080418D002：1，泥质灰黑陶。深鼓腹，平底。腹部饰竖篮纹。底径12、残高5.2厘米（图5-359，4）。

石刀　1件。YP080418B015:1,黄褐色。已残,残留部分近梯形,双面刃,中部有对钻孔。通体琢制（图5-359,9）。

3. 二里头时期

二里头时期遗存见于遗址西部地势较低处,遗存分布非常稀疏（图5-361）。共发现1处文化层和1个灰坑,其中文化层见于遗址西部偏南的冲沟断面,灰坑则见于偏中部位置的梯田断面。遗迹内包含物丰富,尤以陶片最多,地表也有少量陶片分布。陶片多夹砂灰陶,纹饰以绳纹为主,可辨器形有鬲、蛋形瓮等。

陶蛋形瓮　1件。YP080418I013-C:2,夹砂红褐陶。小平沿,敛口,深鼓腹。器表饰绳纹。口径24、残高12厘米（图5-359,13）。

图5-361　峙峪Ⅰ号遗址二里头时期遗存分布图

4. 东周时期

东周时期遗存见于遗址北部地势较低处，遗存分布稀疏（图5-362）。只在梯田的断面上发现1处文化层，未见其他遗迹现象。文化层内包含有少量陶片，地表亦有陶片分布。陶片多泥质灰陶，纹饰以绳纹为主，可辨器形有豆、罐等。

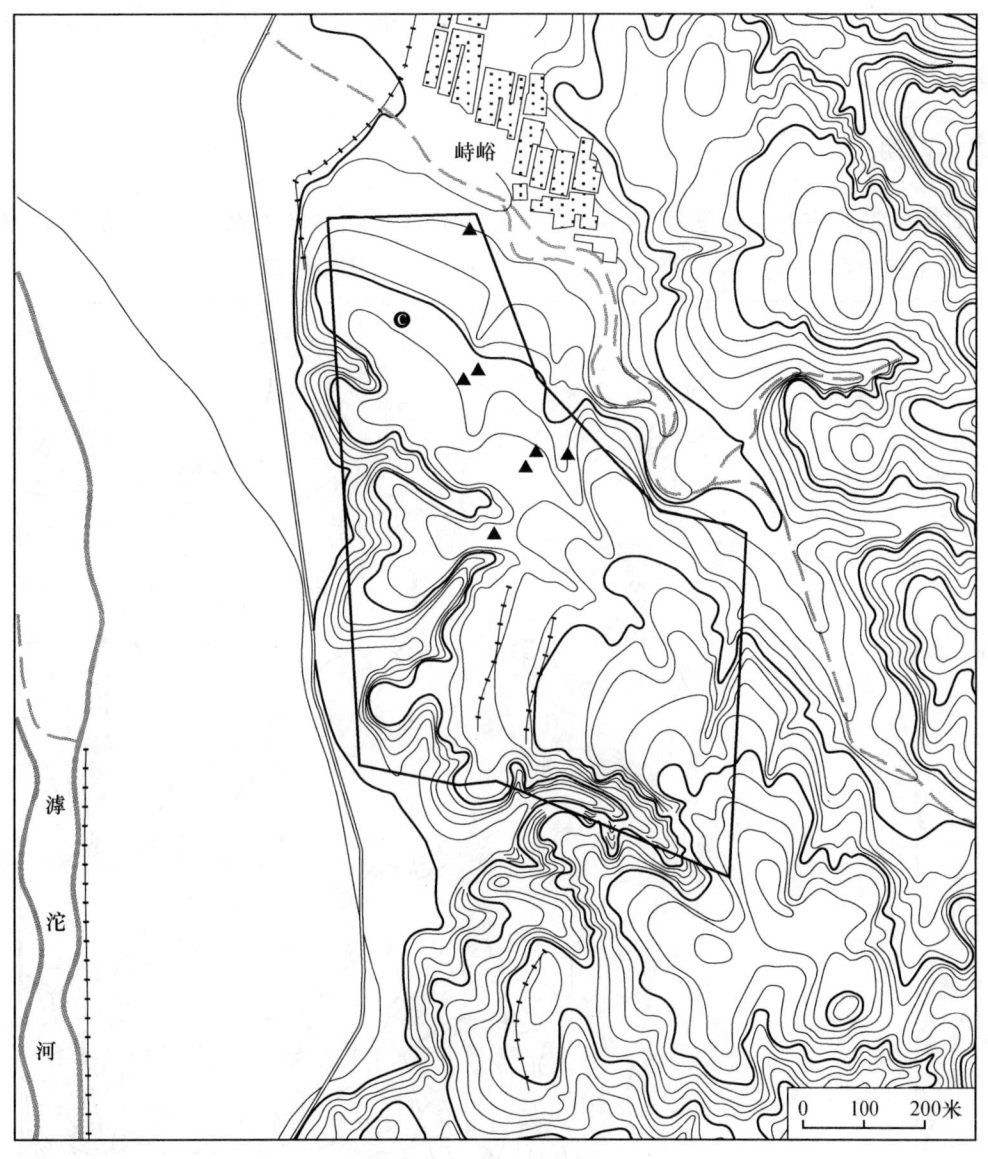

图 5-362　峙峪Ⅰ号遗址东周时期遗存分布图

陶豆　1件。YP080418G003∶1，泥质灰陶。斜腹，细柄。素面（图5-359，8）。

陶罐　1件。YP080418I005∶1，泥质灰陶。方唇，折沿，束颈，鼓腹。沿下饰绳纹（图5-359，7）。

一三一、峙峪Ⅱ号遗址

峙峪Ⅱ号遗址位于原平市中阳乡峙峪村南1000米，面积6.3万平方米（彩版九二）。遗址处在滹沱河东岸台地的前缘，海拔825～855米，因处在台地边缘，常年雨水冲刷，致使台地中间高，三面低，三面都是斜坡，起伏较大。遗存分布密集，遗址包含龙山、二里头、东周三个时期的遗存。

1. 龙山时期

龙山时期的遗存主要见于遗址中部，遗存分布略显稀疏（图5-363）。未见任何遗迹现象，只在地表发现有陶片。陶片多夹砂灰陶，纹饰多绳纹，可辨器形有鬲、罐等。

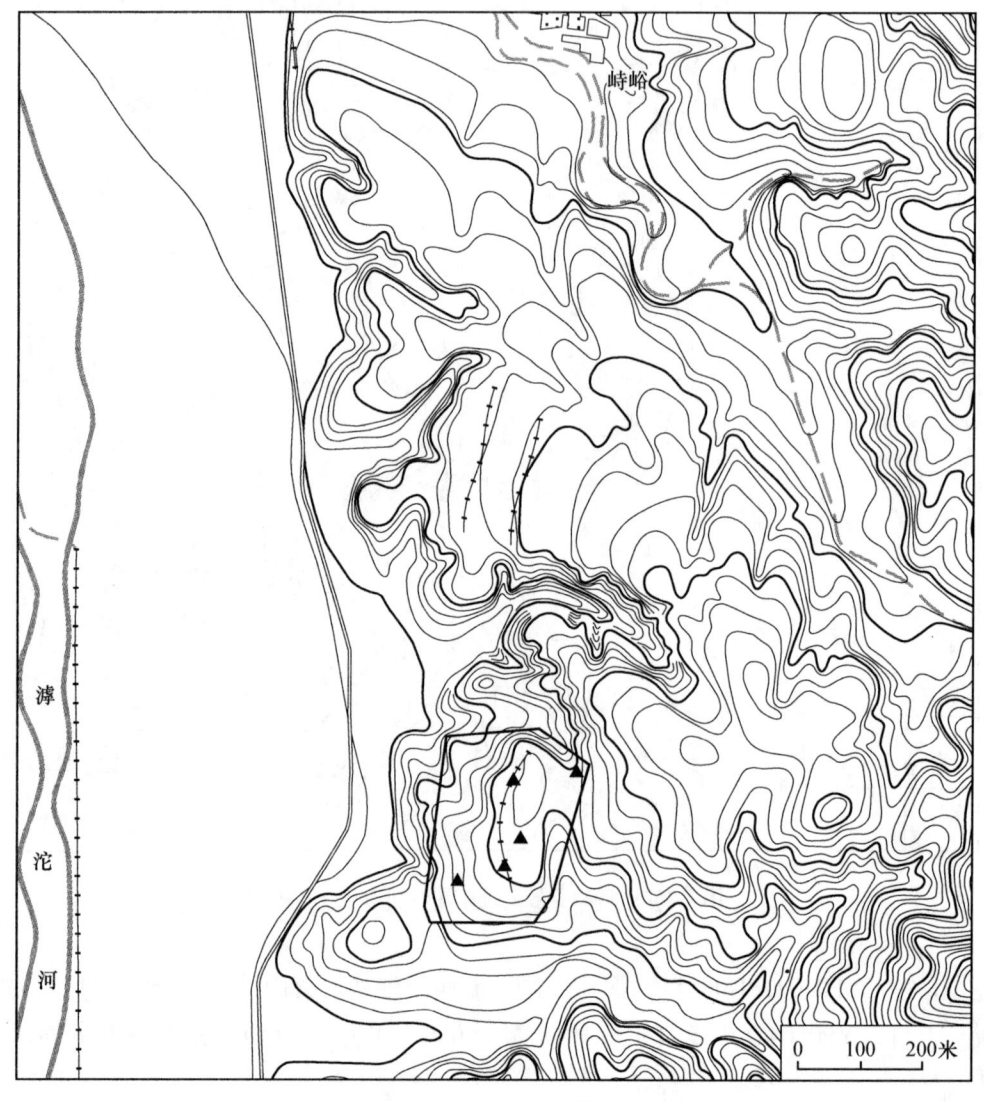

图5-363　峙峪Ⅱ号遗址龙山时期遗存分布图

2. 二里头时期

二里头时期遗存基本见于整个遗址，遗存分布密集（图5-364）。除在遗址中部的梯田断面上发现1处文化层外，未见其他遗迹现象。文化层内包含物丰富，尤以陶片最多，地表也发现较多陶片。陶片多夹砂灰陶，纹饰以绳纹为主，可辨器形有鬲、盆、高领罐、罐等。

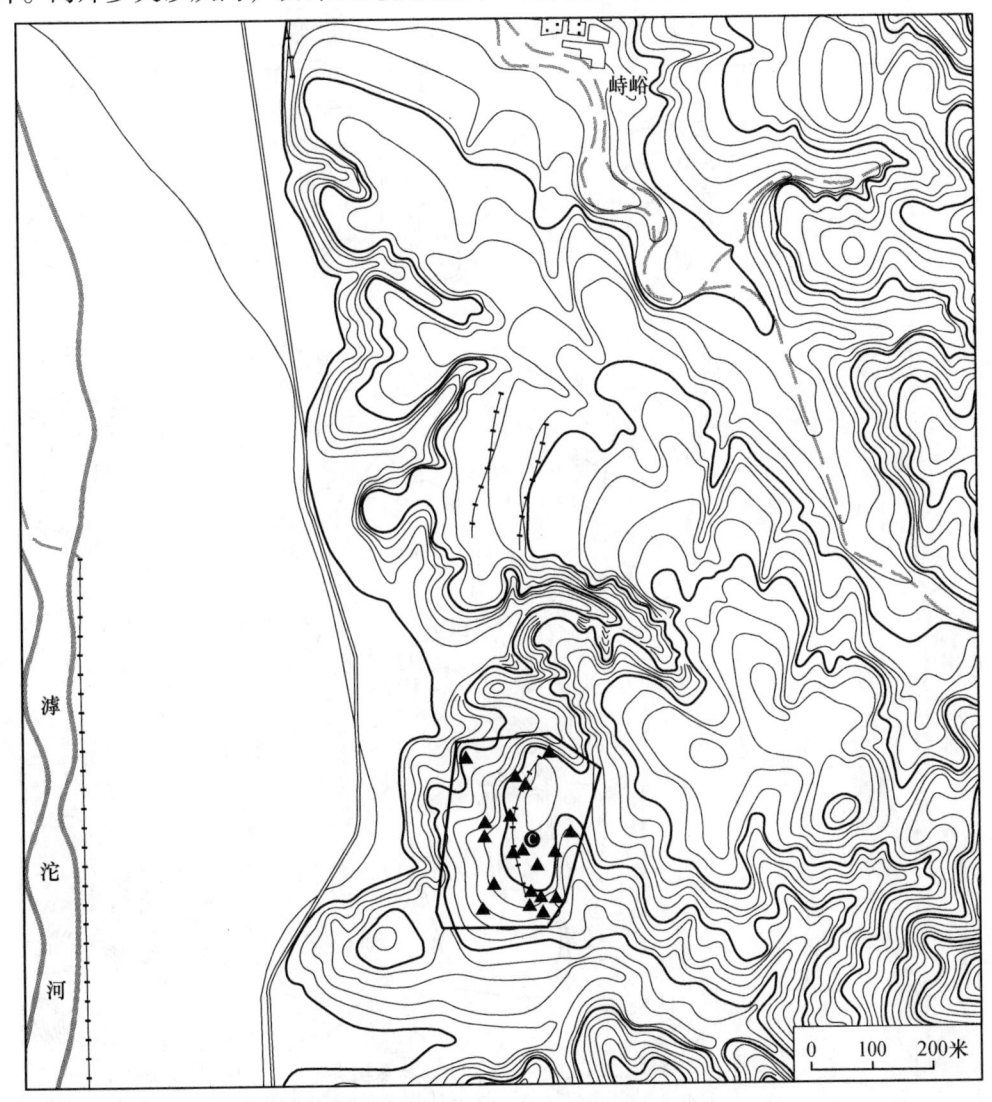

图5-364　峙峪Ⅱ号遗址二里头时期遗存分布图

鬲足　3件。YP080418H009:1，夹砂褐陶。长实足跟。足部饰绳纹（图5-366，7）。YP080418F010:1，夹砂灰陶。长实足跟。跟部饰绳纹（图5-366，6）。YP080418G006:1，夹砂褐陶。实足跟。素面（图5-366，5）。

盆　1件。YP080418F012-C:1，夹砂褐陶。方唇，翻沿，斜腹。腹部饰绳纹（图5-366，1）。

高领罐 1件。YP080418K011:1，夹砂灰褐陶。厚圆唇，口外翻，高领，鼓肩。素面。口径12、残高6厘米（图5-366，2）。

3. 东周时期

东周时期遗存主要见于遗址西部，遗存分布较为稀疏（图5-365）。未见任何遗迹现象，只在地表发现有陶片。陶片多夹砂灰陶，纹饰以绳纹为主，可辨器形有盆、罐等。

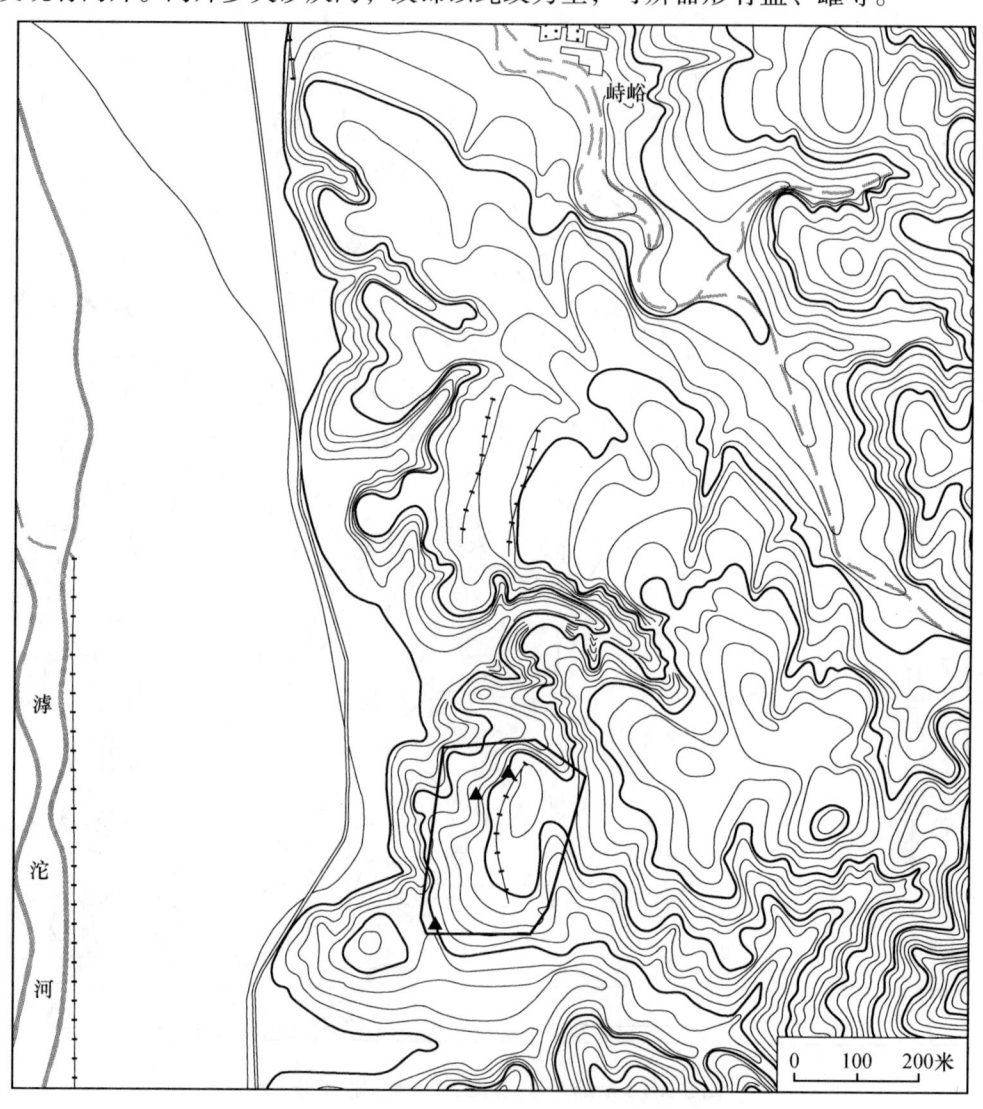

图5-365 峙峪Ⅱ号遗址东周时期遗存分布图

盆 1件。YP080418K016:1，夹砂灰陶。方唇，折沿，深腹。沿外侧有一周凹槽，腹部有旋纹（图5-366，4）。

罐 1件。YP080418H004:1，夹砂灰陶。鼓腹，平底。素面，器表粗糙。底径10、残高3厘米（图5-366，3）。

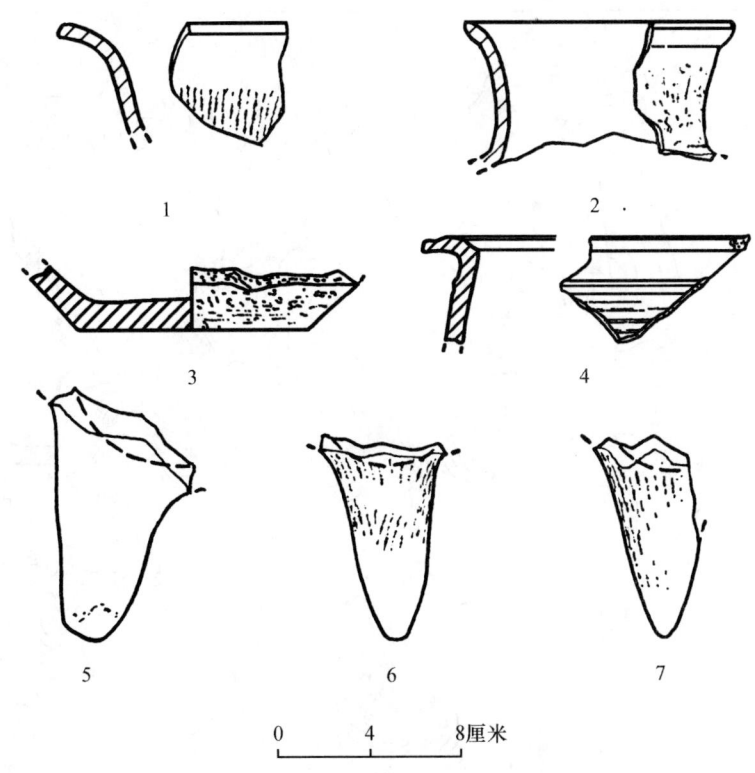

图 5-366　峙峪Ⅱ号遗址陶器
1、4. 盆（YP080418F012-C：1、YP080418K016：1）　2. 高领罐（YP080418K011：1）　3. 罐（YP080418H004：1）
5～7. 鬲足（YP080418G006：1、YP080418F010：1、YP080418H009：1）
（1、2、5～7. 二里头时期；3、4. 东周时期）

一三二、停旨头Ⅱ号遗址

停旨头Ⅱ号遗址位于原平市子干乡停旨头村北300米，面积2.9万平方米。遗址处在滹沱河东岸台地的前缘，海拔820～845米，因处在台地边缘，为斜坡地形，东北高，其他位置都低，地势有一定的起伏。遗址只有龙山时期遗存（图5-368）。

遗存分布密集。未见任何遗迹现象，只在地表发现有陶片。陶片多夹砂灰陶，纹饰多篮纹，可辨器形有鬲、罐等。

罐　1件。YP080422I001：1，夹砂灰陶。鼓腹，平底。腹部饰篮纹（图5-367）。

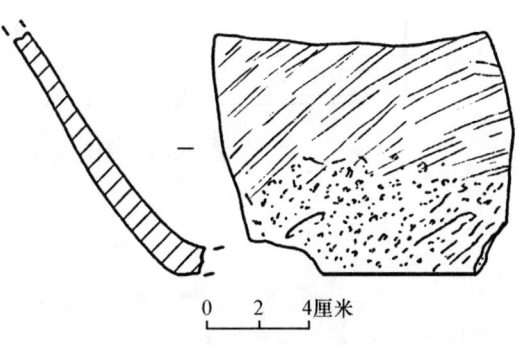

图 5-367　停旨头Ⅱ号遗址陶器
罐（YP080422I001：1）

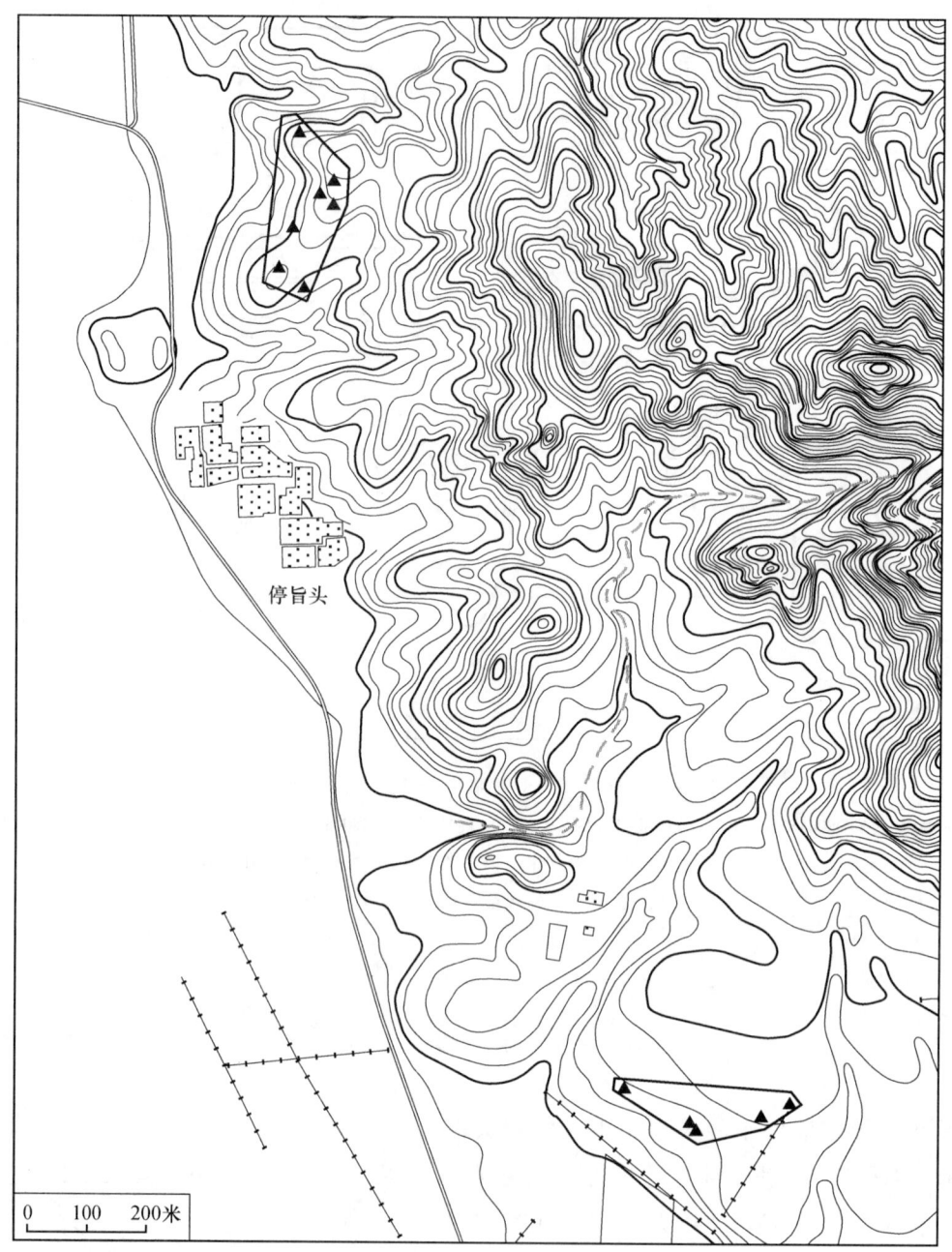

图 5-368　停旨头Ⅱ号（上）、Ⅰ号（下）遗址遗存分布图

一三三、停旨头Ⅰ号遗址

停旨头Ⅰ号遗址位于原平市子干乡停旨头村东南1000米，面积1.9万平方米。遗址位在滹沱河东岸的缓坡上，海拔810~825米，东北高，西南低，地势较低，呈缓坡抬升。除了西面有滹沱河外，遗址南面不远处有发源于山间的水流流过。遗址只有龙山时期遗存（图5-368）。

遗存分布略显稀疏。未见任何遗迹现象，只在地表发现有陶片。陶片多夹砂灰陶，纹饰多篮纹，可辨器形有鬲、蛋形瓮等。

一三四、子干Ⅰ号遗址

子干Ⅰ号遗址位于原平市子干乡子干村东北2200米，面积17.9万平方米。遗址位于滹沱河北岸的缓坡上，地势开阔，海拔850~890米，北高南低，背风向阳。有一条发源于山间的水流由北向南横穿遗址中部，同时，遗址南面还有由东北流往西南的水流流过。遗存分布疏密不等，其中，北部遗存分布最为密集。遗址包含仰韶、龙山两个时期的遗存。

1. 仰韶时期

仰韶时期遗存见于遗址南部之外的其他位置，遗存分布相对密集，尤以北部遗存分布最为密集（图5-369）。遗迹集中分布于遗址北部的梯田断面，共发现4个灰坑，未见其他遗迹现象。灰坑内包含物丰富，尤以陶片最多，地表也发现较多陶片。陶片多泥质褐陶，装饰有细绳纹和彩绘，可辨器形有钵、盆、带耳罐等。

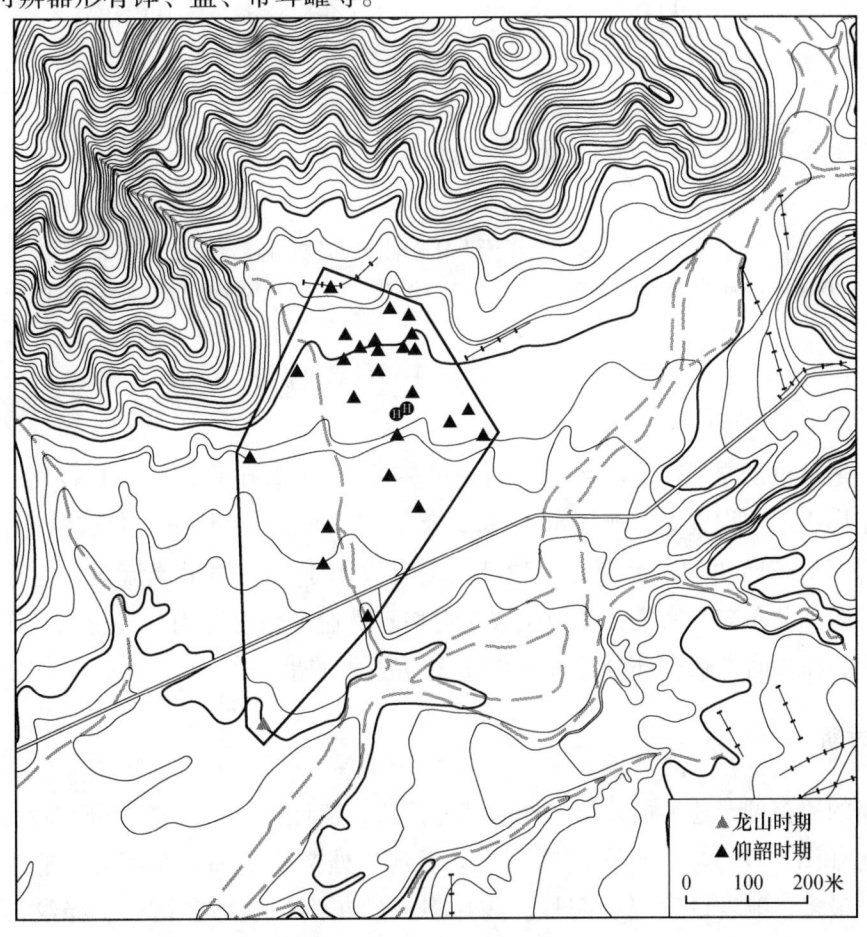

图5-369　子干Ⅰ号遗址遗存分布图

盆 1件。YP090421D002-H:1，泥质褐陶。小圆唇，口外翻，束颈，深腹外鼓。腹部施网格状红彩（图5-370，4）。

带耳罐 2件。YP080422F005-H3:1，夹砂灰褐陶。深腹。腹部饰绳纹，其上有桥形耳（图5-370，3）。YP080422C006:1，泥质褐陶。鼓腹。腹部施红彩，其上有桥形耳（图5-370，1）。

彩陶片 1件。YP090421A001-H:1，泥质褐陶。施网格状红彩（图5-370，2）。

2. 龙山时期

龙山时期遗存只见于遗址南部，仅有个别发现，遗存分布非常稀疏（图5-369）。未见任何遗迹现象，只在地表发现少量陶片。陶片多夹砂灰陶，纹饰有篮纹。

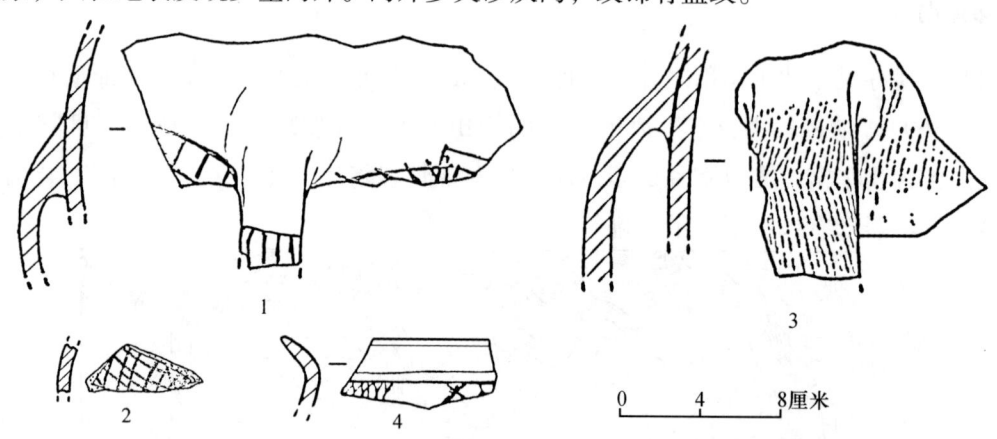

图5-370 子干Ⅰ号遗址仰韶时期陶器
1、3. 带耳罐（YP080422C006:1、YP080422F005-H3:1） 2. 彩陶片（YP090421A001-H:1） 4. 盆（YP090421D002-H:1）

一三五、子干Ⅱ号遗址

子干Ⅱ号遗址位于原平市子干乡子干村东南，面积77.2万平方米（彩版九三，1）。遗址处在滹沱河东岸山前冲积扇上，海拔800~825米，东高西低，地势由西向东缓慢抬升，较为平坦。遗址南部有由东向西的水流穿过，遗址北面有发源于山间的水流流过。遗存分布疏密不等，遗址中、东部分布较为密集，其他位置相对稀疏。遗址包含龙山、二里头、东周三个时期的遗存，其中，东周时期遗存部分可进一步确认为战国时期。

1. 龙山时期

龙山时期的遗存见于遗址最北端之外的其他位置，遗址中、东部遗存分布较为密集，遗迹主要分布于此（图5-371）。在梯田的断面上共发现2处文化层和7个灰坑。遗迹内包含物丰富，尤以陶片最多，地表也发现有陶片。陶片多夹砂灰陶，纹饰多篮纹、绳纹，可辨器形有鬲、斝、盆、豆、罐等。

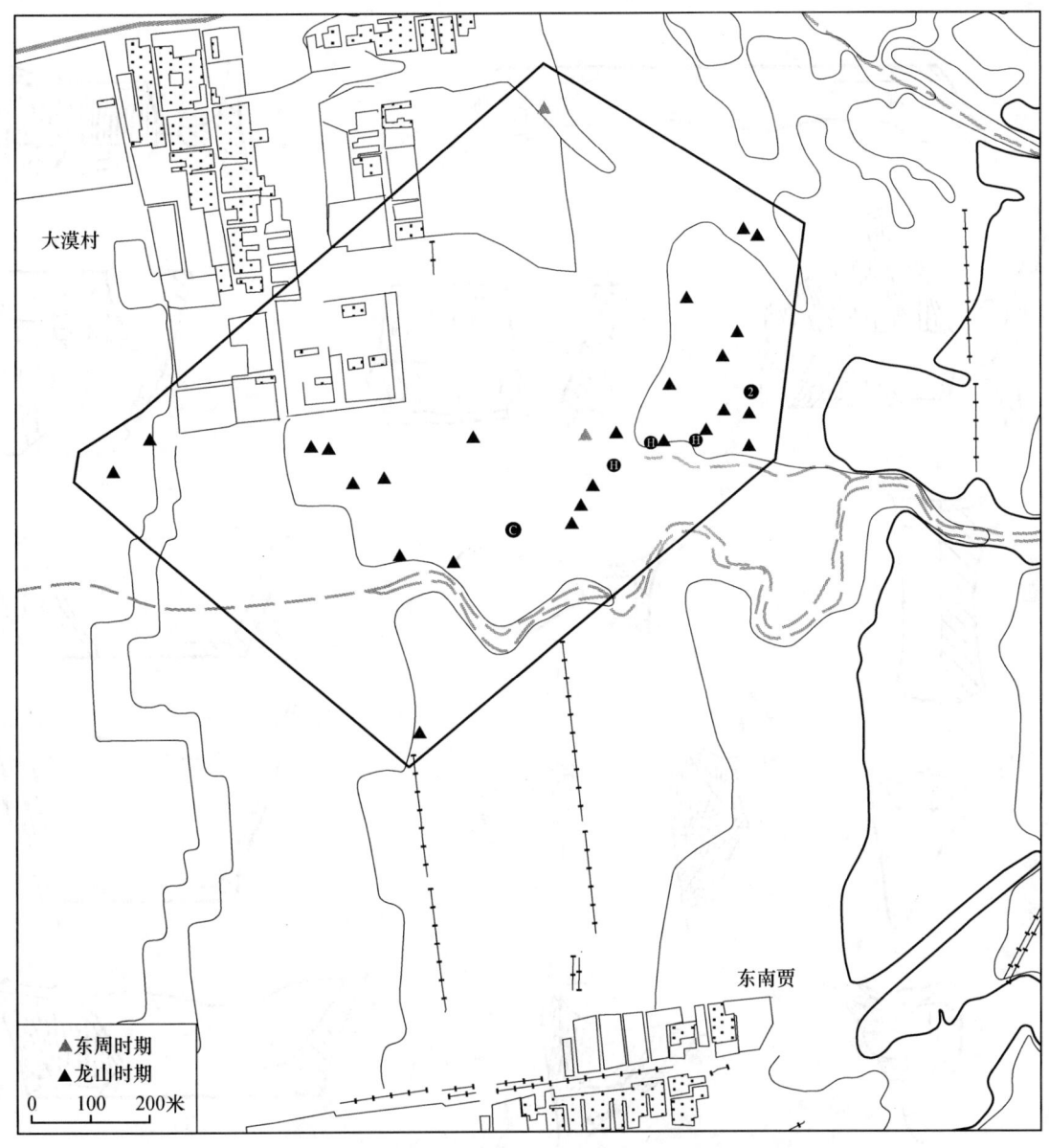

图 5-371　子干Ⅱ号遗址龙山、东周时期遗存分布图

鬲足　1件。YP080424H001∶1，夹砂灰陶。空足，短实足跟。足部饰绳纹（图5-372，9）。

斝足　1件。YP090421C003-H∶1，夹砂褐陶。空袋足。器表饰绳纹，袋足转折处有一周附加堆纹（图5-372，10）。

盆　2件。YP080423E002∶1，泥质灰黑陶。宽沿，大敞口，弧腹。腹部饰竖篮纹（图5-372，12）。YP080423I009∶1，夹砂灰褐陶。宽沿，大敞口，斜腹。器表饰篮纹，腹部有鋬手（图5-372，6）。

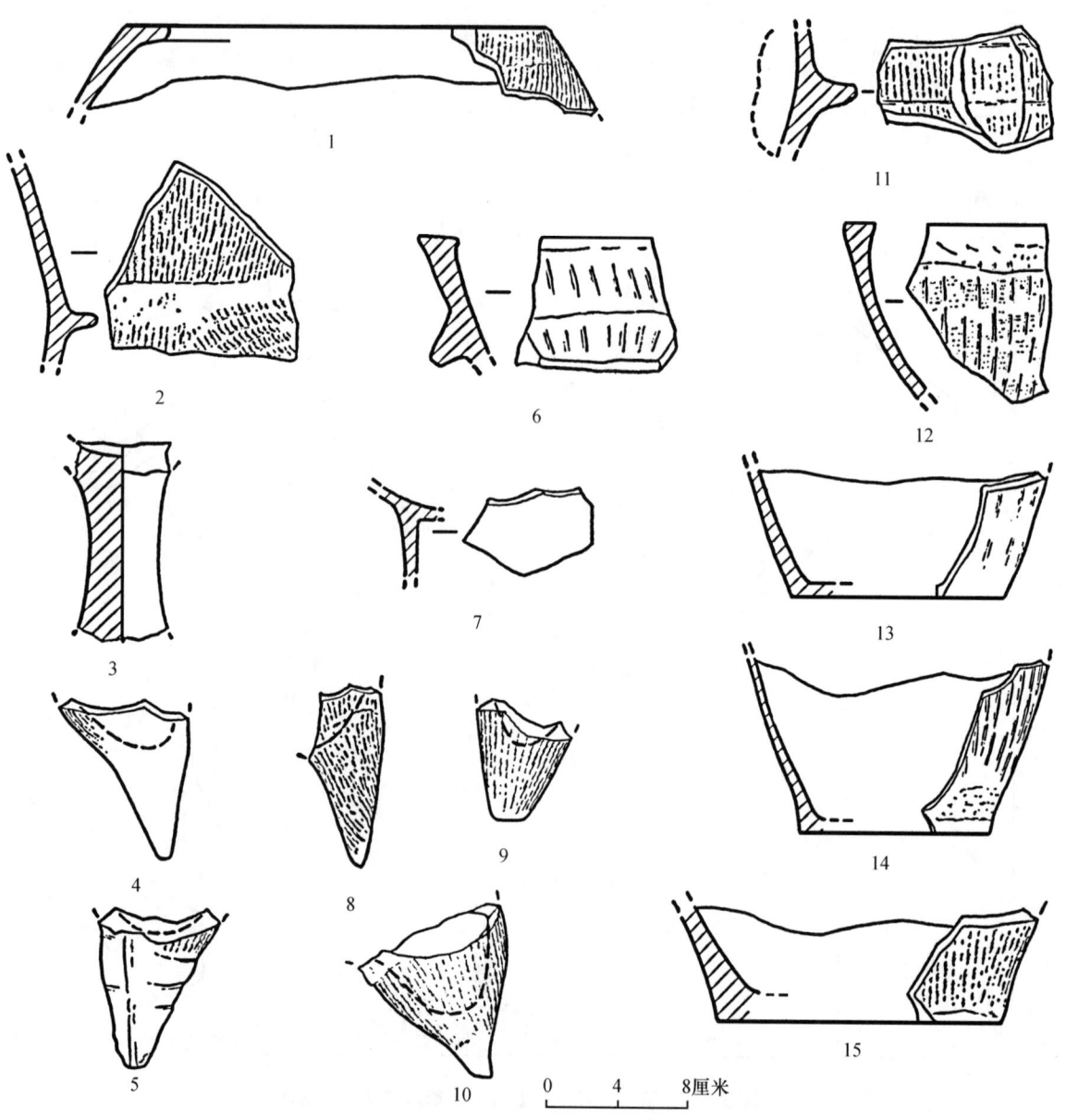

图 5-372 子干Ⅱ号遗址陶器

1. 蛋形瓮（YP080423F006:1） 2、11. 甗（YP080423I007:1、YP080423H002:1） 3、7. 豆（YP080423F004:1、YP080423F001:1）
4、5、9. 鬲足（YP080423I010-C:2、YP080423I002:2、YP080424H001:1） 6、12. 盆（YP080423I009:1、YP080423E002:1）
8. 蛋形瓮足（YP080423I001:1） 10. 斝足（YP090421C003-H:1） 13~15. 罐（YP080423E002:2、
YP080423I010-C:1、YP080423I005:1）

（1~5、8、11、15. 二里头时期；6、7、9、10、12~14. 龙山时期）

豆 1件。YP080423F001:1，泥质灰陶。盘底近平，细柄。素面磨光（图5-372，7）。

罐 2件。YP080423E002:2，泥质灰褐陶。深腹，平底。腹部饰竖篮纹。底径12、残高6.5厘米（图5-372，13）。YP080423I010-C:1，泥质灰陶。器薄，深腹，平底。腹部饰竖篮纹。底径10.8、残高9.6厘米（图5-372，14）。

2. 二里头时期

二里头时期遗存主要见于遗址中、东部，遗存分布较为密集（图5-373）。在梯田的断面上

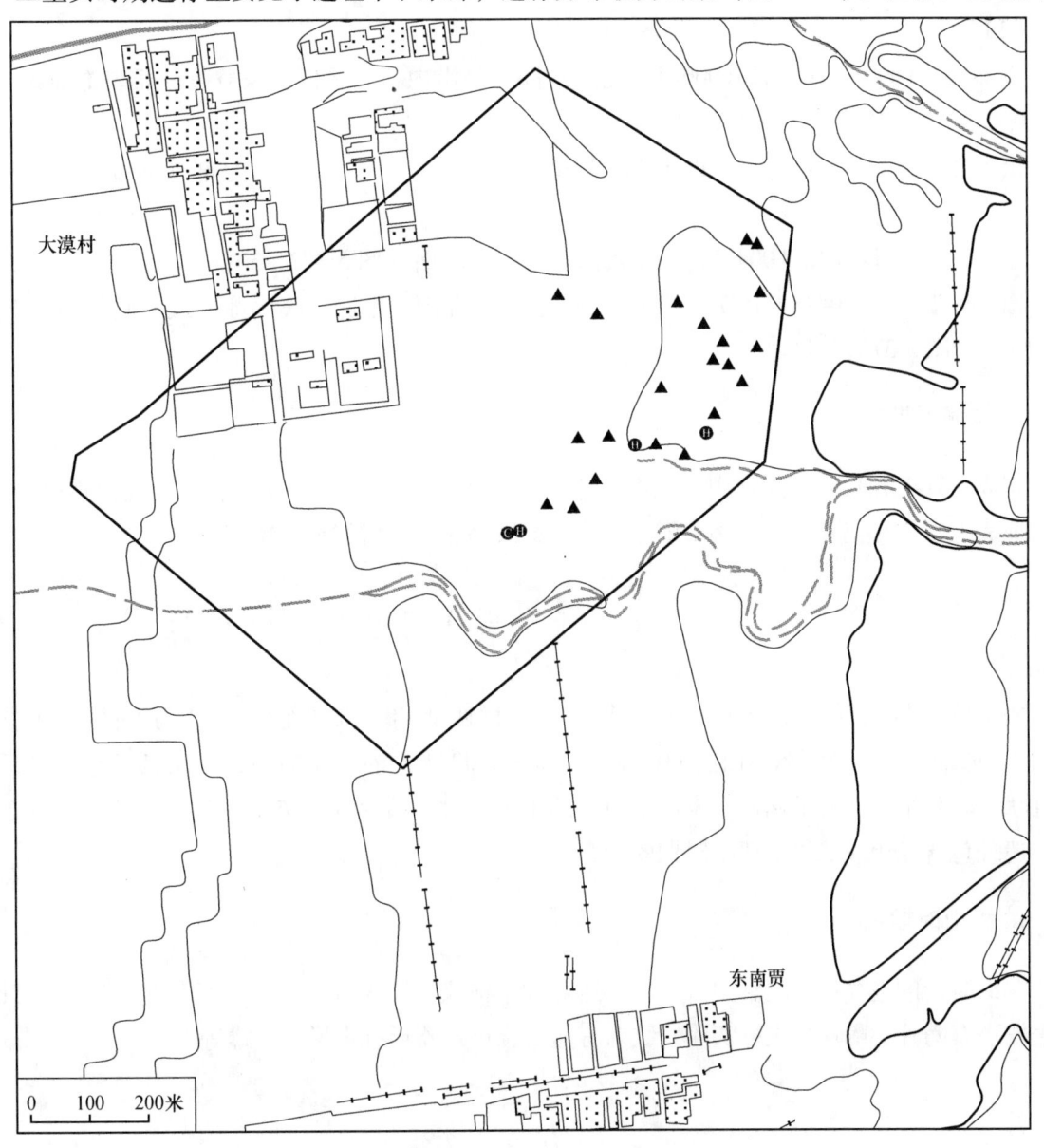

图5-373 子干Ⅱ号遗址二里头时期遗存分布图

共发现1处文化层和3个灰坑，未见其他遗迹现象，文化层只见于遗址中部，灰坑在中、东部都有分布。灰坑内包含物丰富，尤以陶片最多，地表也有陶片分布。陶片多夹砂灰陶，纹饰以绳纹为主，可辨器形有鬲、甗、蛋形瓮、豆、罐等。

鬲足　2件。YP080423I010-C∶2，夹砂灰褐陶。锥状实足跟。足部饰绳纹，跟部素面（图5-372，4）。YP080423I002∶2，夹砂褐陶。实足跟。足部饰绳纹，跟部有捆绑沟槽（图5-372，5）。

甗　2件。YP080423I007∶1，夹砂灰褐陶。深腹，束腰，有隔。腹部饰绳纹（图5-372，2）。YP080423H002∶1，夹砂黑陶。束腰，有隔。器表饰绳纹，腰部有扉棱（图5-372，11）。

蛋形瓮　1件。YP080423F006∶1，泥质灰陶。平沿内折，敛口，深鼓腹。器表饰绳纹。口径20、残高4.4厘米（图5-372，1）。

蛋形瓮足　1件。YP080423I001∶1，夹砂褐陶。长实足跟，略高。足部饰绳纹（图5-372，8）。

豆　1件。YP080423F004∶1，泥质褐陶。细柄。素面（图5-372，3）。

罐　1件。YP080423I005∶1，夹砂褐陶。胎厚，深腹，平底。腹部饰绳纹。底径16、残高6.4厘米（图5-372，15）。

3. 东周时期

东周时期遗存仅见于遗址中、北部，遗存分布非常稀疏（图5-371）。未见任何遗迹现象，只在地表发现零星陶片。陶片多灰陶，纹饰以绳纹为主，可辨器形有罐等。

一三六、西南贾Ⅰ号遗址

西南贾Ⅰ号遗址位于原平市子干乡西南贾村西北600米，面积27.3万平方米（彩版九四）。遗址处在滹沱河东岸山前冲积扇上，海拔800米左右，东略高，西略低，地势呈缓慢抬升状，较为平坦。遗址南部有发源于山间的水流流过。遗存分布疏密不等，遗址中部分布密集。遗址包含龙山、二里头两个时期的遗存。

1. 龙山时期

龙山时期的遗存见于遗址中、北部，遗存分布稀疏（图5-374）。未见任何遗迹现象，只在地表发现有陶片。陶片多夹砂灰陶，纹饰有篮纹，可辨器形有蛋形瓮、罐等。

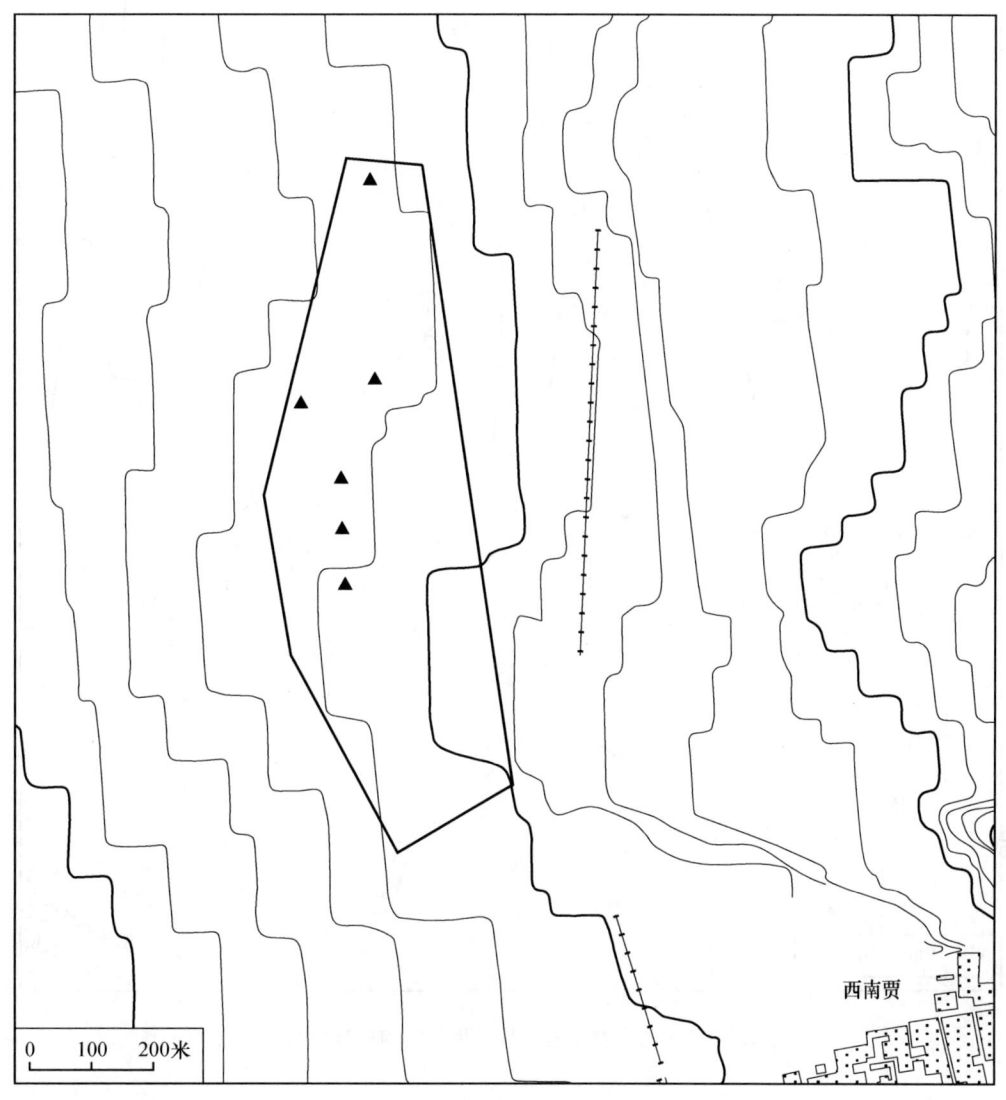

图 5-374　西南贾 I 号遗址龙山时期遗存分布图

2. 二里头时期

二里头时期遗存见于整个遗址，其中，遗址中部分布略显密集（图 5-375）。未见任何遗迹现象，只在地表发现有陶片。陶片多夹砂灰陶，纹饰以绳纹为主，可辨器形有鬲、蛋形瓮、罐等。

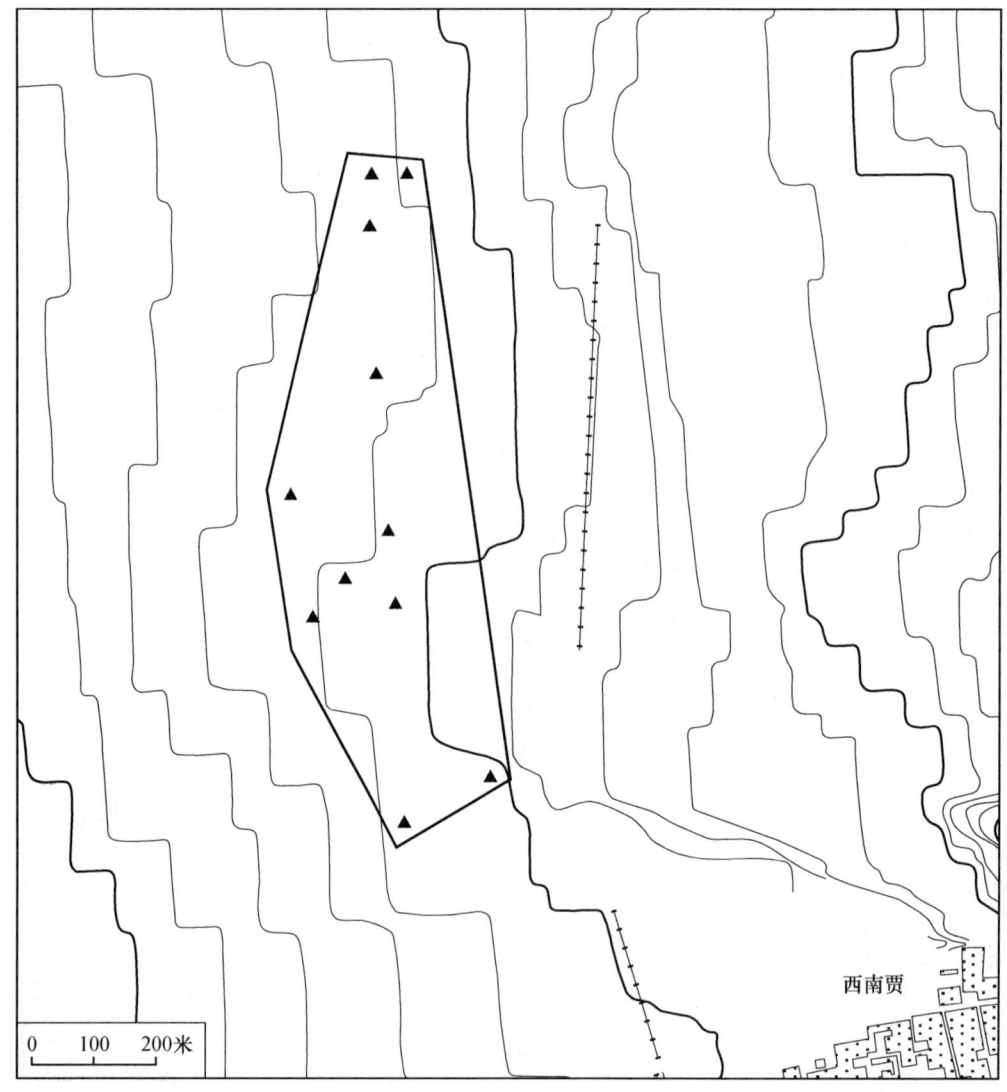

图 5-375　西南贾 I 号遗址二里头时期遗存分布图

一三七、西南贾 II 号遗址

西南贾 II 号遗址位于原平市子干乡西南贾村西，面积 28.2 万平方米（彩版九四）。遗址处在滹沱河东岸山前冲积扇上，海拔 800 米左右，东略高，西略低，地势呈缓慢上升状，较为平坦。遗址东部有发源于山间的水流流过。遗存分布稀疏，遗址包含龙山、二里头两个时期的遗存。

1. 龙山时期

龙山时期的遗存只见于遗址西部，仅有个别发现，遗存分布非常稀疏（图 5-376）。未见任何遗迹现象，只在地表发现有陶片。陶片多灰陶，纹饰有篮纹，可辨器形有罐等。

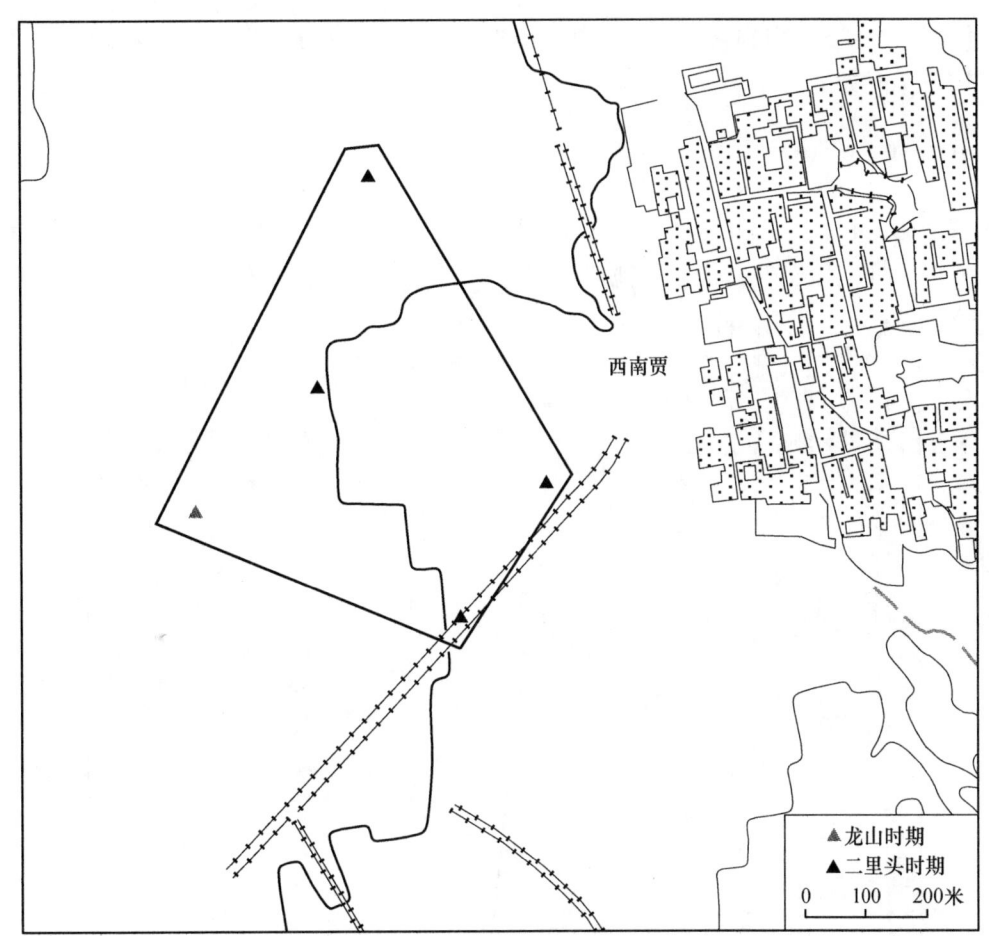

图 5-376　西南贾Ⅱ号遗址遗存分布图

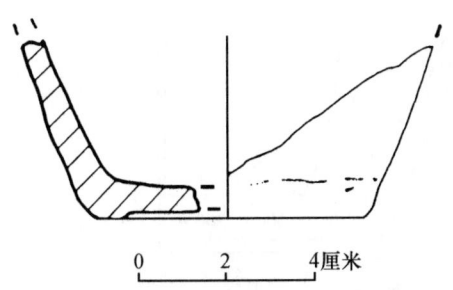

图 5-377　西南贾Ⅱ号遗址二里头时期陶器
罐（YP080424I001:1）

2. 二里头时期

二里头时期遗存见于遗址中、东部，遗存分布非常稀疏（图 5-376）。未见任何遗迹现象，只在地表发现有陶片。陶片多夹砂灰陶，纹饰以绳纹为主，可辨器形有鬲、罐等。

罐　1件。YP080424I001:1，夹砂灰陶。深腹，平底。素面。底径6、残高4厘米（图 5-377）。

一三八、西南贾Ⅲ号遗址

西南贾Ⅲ号遗址位于原平市子干乡西南贾村东，面积19.4万平方米（彩版九四）。遗址处在滹沱河东岸山前冲积扇上，海拔820米左右，东高西低，地势呈缓慢上升状，内有浅冲沟，有一定的起伏。遗址南、北面都有发源于山间的水流流过。遗存分布稀疏，遗址包含龙山、二里头、东周三个时期的遗存。

1. 龙山时期

龙山时期的遗存见于遗址北部，只有零星发现，遗存分布较为稀疏（图5-378）。除在冲沟的断面上发现1处文化层外，未见其他遗迹现象。文化层内和地表有零星陶片发现。陶片多夹砂灰陶，纹饰有篮纹，可辨器形有罐等。

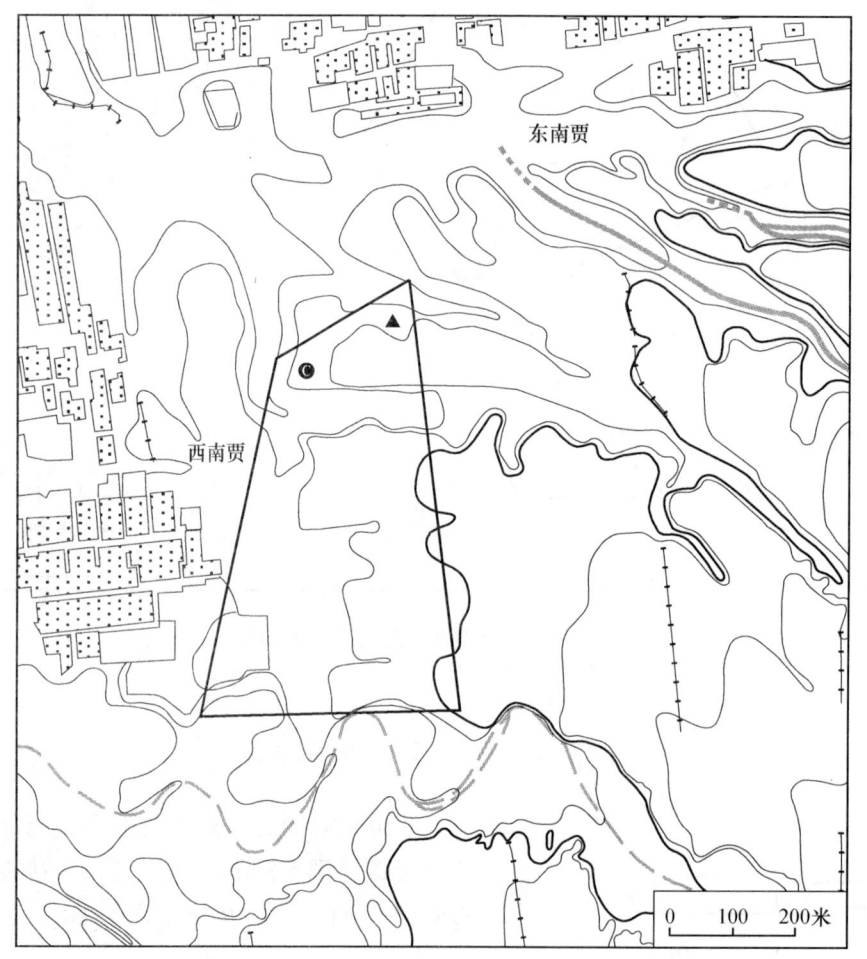

图5-378　西南贾Ⅲ号遗址龙山时期遗存分布图

2. 二里头时期

二里头时期遗存主要见于遗址外围，遗存分布非常稀疏（图5-379）。未见任何遗迹现象，只在地表发现有陶片。陶片多夹砂灰陶，纹饰以绳纹为主，可辨器形有鬲等。

3. 东周时期

东周时期遗存见于遗址东部，遗存分布较为稀疏（图5-379）。未见任何遗迹现象，只在地表发现有陶片。陶片多灰陶，纹饰以绳纹为主，可辨器形有豆等。

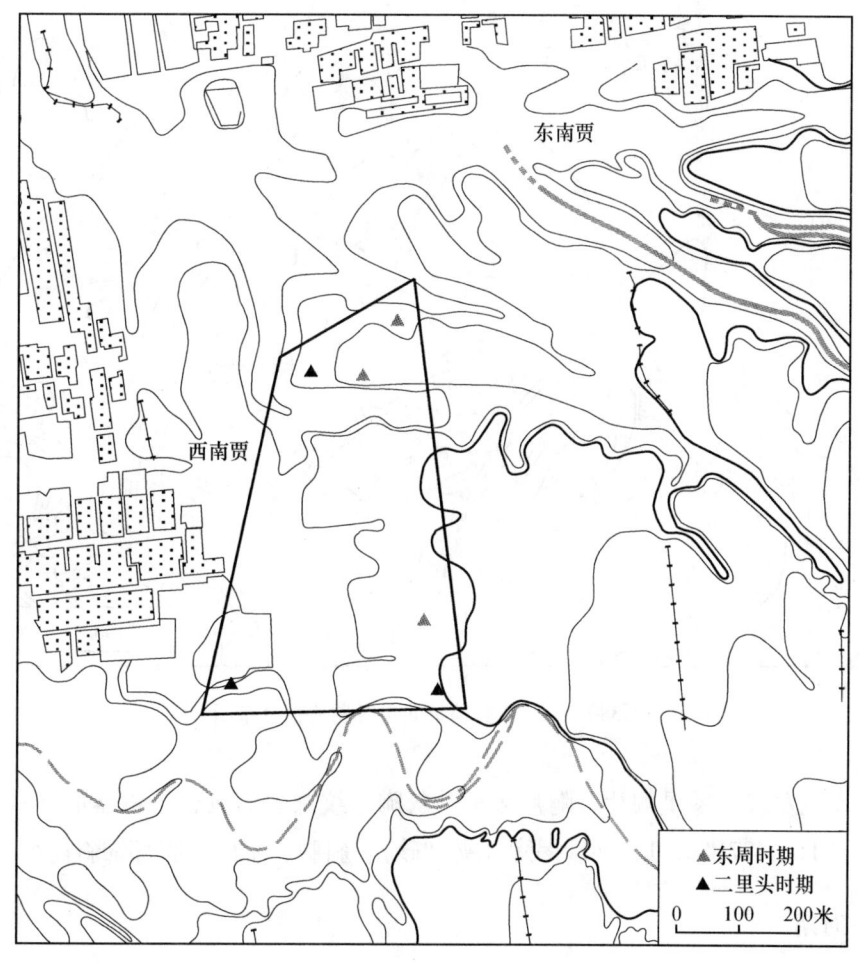

图 5-379　西南贾Ⅲ号遗址二里头、东周时期遗存分布图

一三九、新村Ⅰ号遗址

新村Ⅰ号遗址位于原平市子干乡新村东南200米，面积较小，只有0.5万平方米（彩版九三，2）。遗址处在滹沱河南岸的台地前缘，海拔825米左右，遗址处在斜坡上，东、西两侧为冲沟，但遗址所在地势略显平坦，起伏较小。遗存分布稀疏，遗址包含龙山、二里头两个时期的遗存。

1. 龙山时期

龙山时期遗存见于整个遗址（图5-380）。除在梯田的断面上发现1处文化层外，未见其他

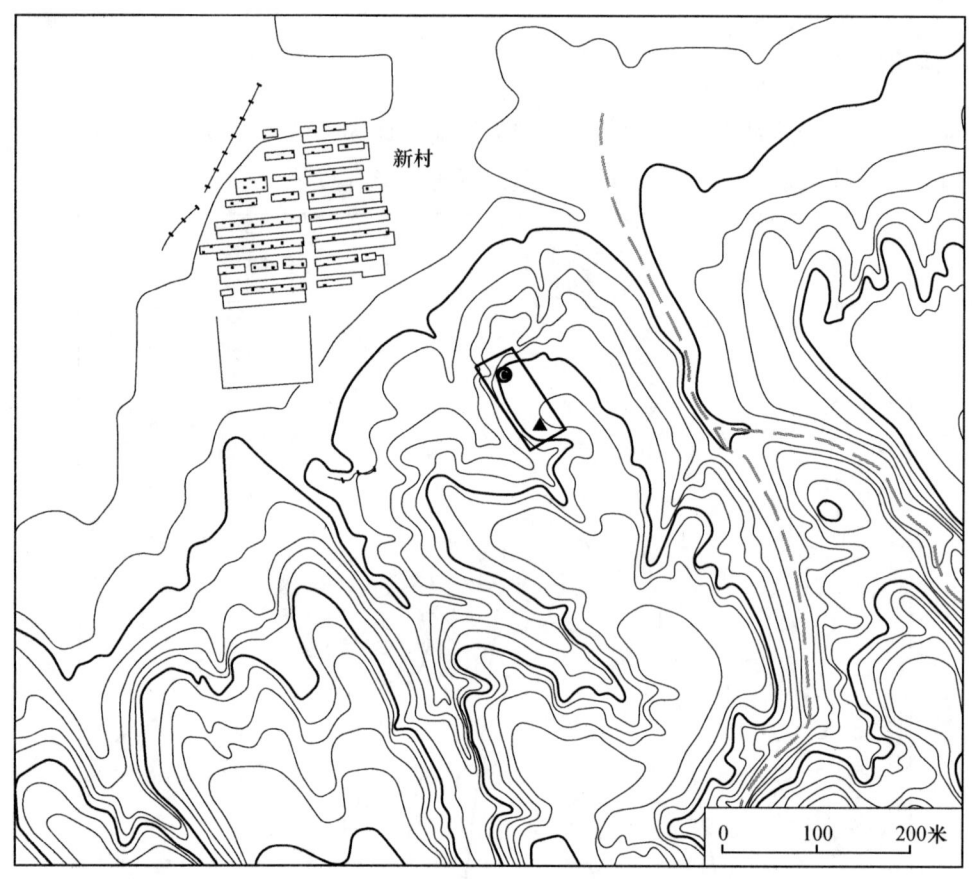

图 5-380　新村 I 号遗址龙山时期遗存分布图

遗迹现象，地表也发现有零星陶片。陶片多夹砂灰陶，纹饰多篮纹，可辨器形有盆、罐等。

盆　1件。YP080427B001:1，夹砂褐陶（夹细砂）。斜腹，平底。腹部饰斜篮纹（图5-381）。

2. 二里头时期

二里头时期遗存仅见于遗址南部，仅有个别发现，遗存分布非常稀疏（图5-382）。未见任何遗迹现象，只在地表发现少量陶片。陶片多灰陶，纹饰以绳纹为主。

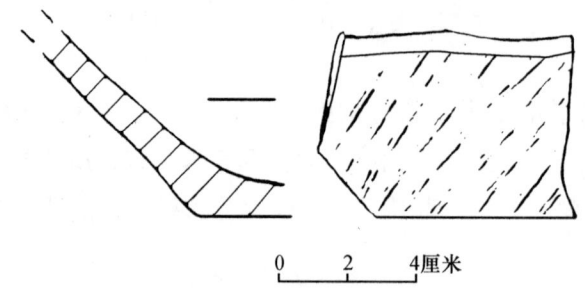

图 5-381　新村 I 号遗址龙山时期陶器
盆（YP080427B001:1）

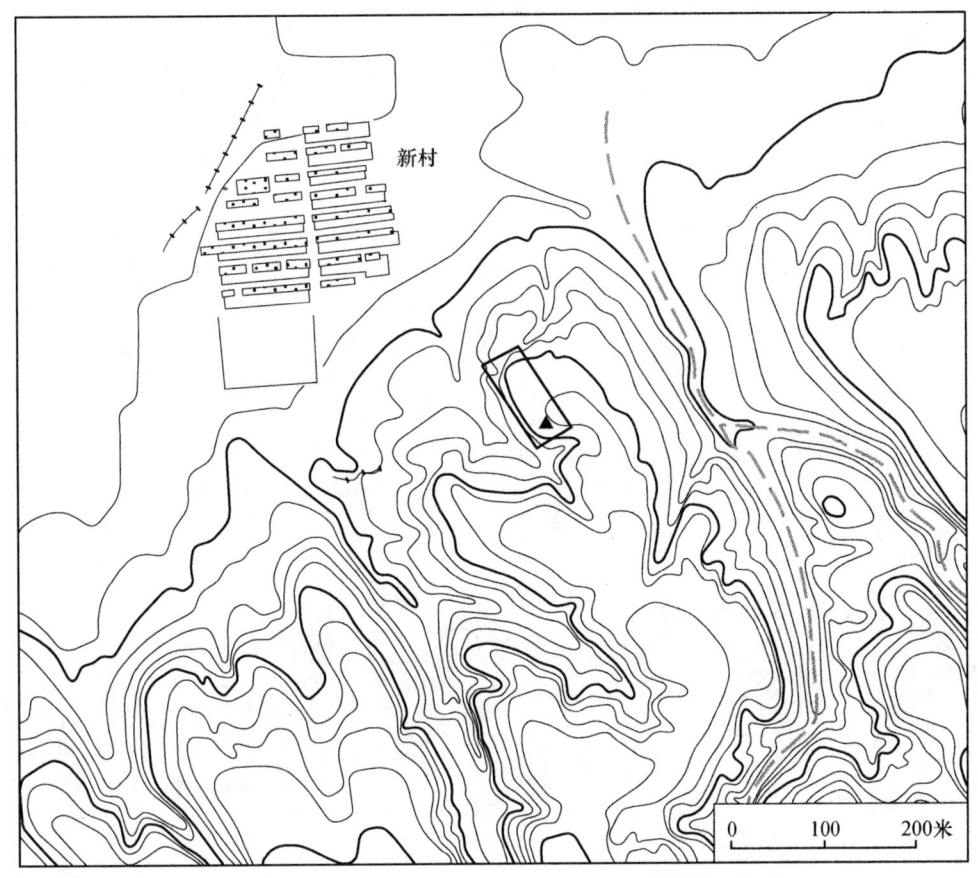

图 5-382　新村 I 号遗址二里头时期遗存分布图

一四〇、新村 II 号遗址

新村 II 号遗址位于原平市子干乡新村南 400 米，面积 7.2 万平方米（彩版九三，2）。遗址处在滹沱河南岸的台地前缘，海拔 810～860 米，南高北低，有一定的坡度，因处台地边缘，遗址内及遗址两侧都有常年雨水冲刷所致的冲沟，地势起伏较大。遗存分布略显密集，遗址包含仰韶、龙山、二里头、周四个时期的遗存，其中，周时期的遗存可能早到西周时期。

1. 仰韶时期

仰韶时期遗存见于遗址南部偏东，遗存分布相对密集（图 5-383）。未见任何遗迹现象，只在地表发现有陶片。陶片多泥质灰陶，多素面，可辨器形有钵等。

2. 龙山时期

龙山时期遗存见于遗址南部，遗存分布稀疏（图 5-383）。未见任何遗迹现象，只在地表发现有陶片。陶片多夹砂灰陶，纹饰有篮纹，可辨器形有盆、罐等。

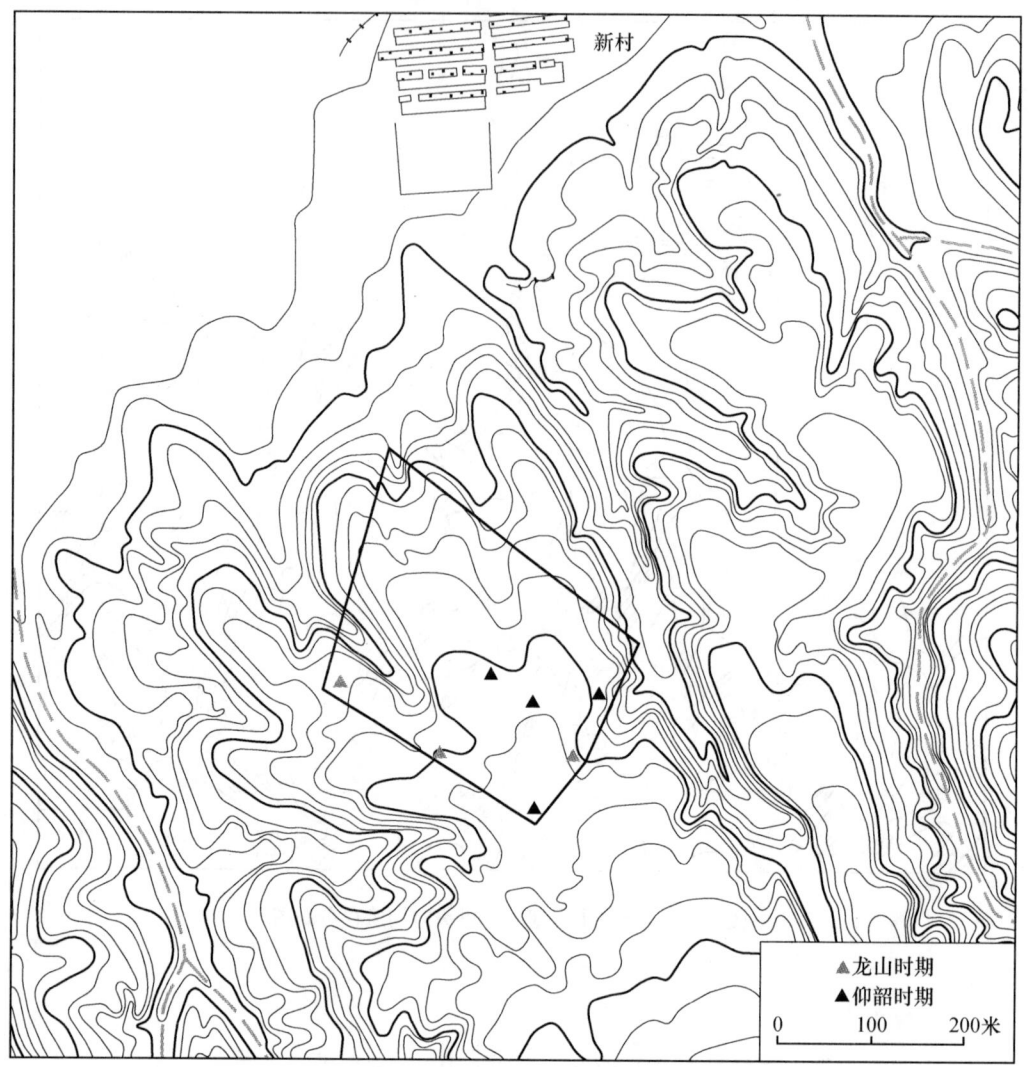

图 5-383　新村Ⅱ号遗址仰韶、龙山时期遗存分布图

3. 二里头时期

二里头时期遗存仅见于遗址北部，只有个别发现，遗存分布非常稀疏（图 5-384）。未见任何遗迹现象，只在地表发现少量陶片。陶片多灰陶，纹饰多绳纹，可辨器形有鬲等。

4. 周时期

周时期遗存见于遗址中部，只有零星发现，遗存分布较为稀疏（图 5-384）。未见任何遗迹现象，只在地表发现有陶片。陶片多夹砂灰陶，纹饰以绳纹为主，可辨器形有蛋形瓮、罐等。

蛋形瓮　1 件。YP080427D001:1，夹砂灰陶。平沿内折，敛口，深腹。器表饰绳纹。口径 20、残高 5.6 厘米（图 5-385）。

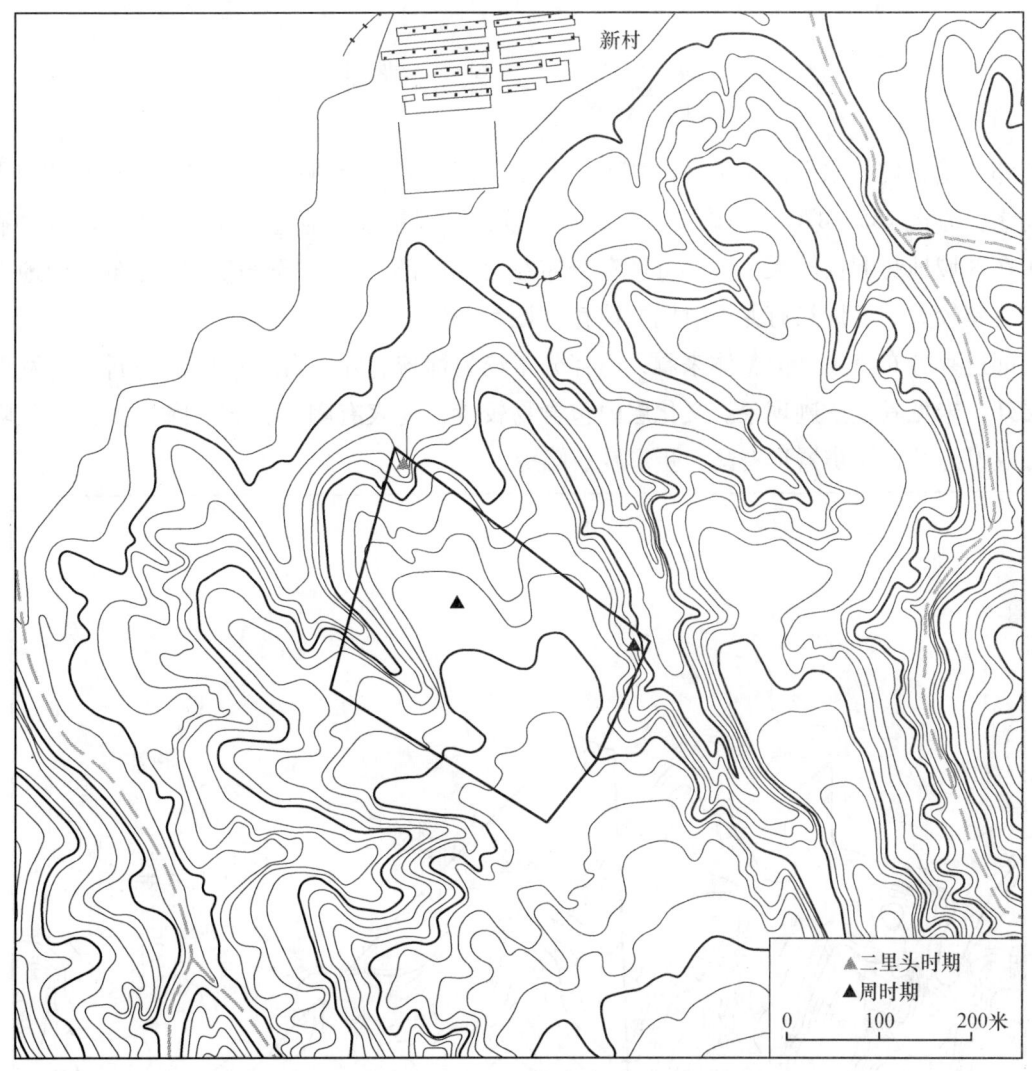

图 5-384　新村 Ⅱ 号遗址二里头、周时期遗存分布图

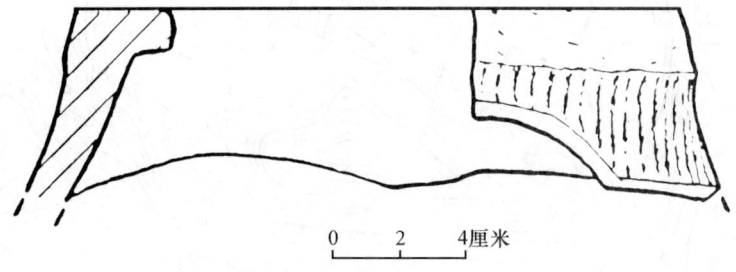

图 5-385　新村 Ⅱ 号遗址周时期陶器
蛋形瓮（YP080427D001∶1）

一四一、南郭下遗址

南郭下遗址位于原平市子干乡南郭下村西南,面积12.7万平方米。遗址处在滹沱河南岸的台地前缘,海拔785~870米,南高北低,坡度较大,因靠近台地边缘分布,多年雨水冲刷导致遗址所在区域地势起伏较大。一部分遗存分布在台地底部,另一部分遗存则分布在台地上,遗存分布落差较大。遗址只有龙山时期的遗存(图5-386)。

局部遗存分布密集,但整体来看,遗存分布较为稀疏。除在台地近底部的断面上发现1处文化层外,未见其他遗迹现象。文化层内包含物较少,地表有陶片分布。陶片多夹砂灰陶,纹饰多篮纹、绳纹,可辨器形有鬲、蛋形瓮、罐等。

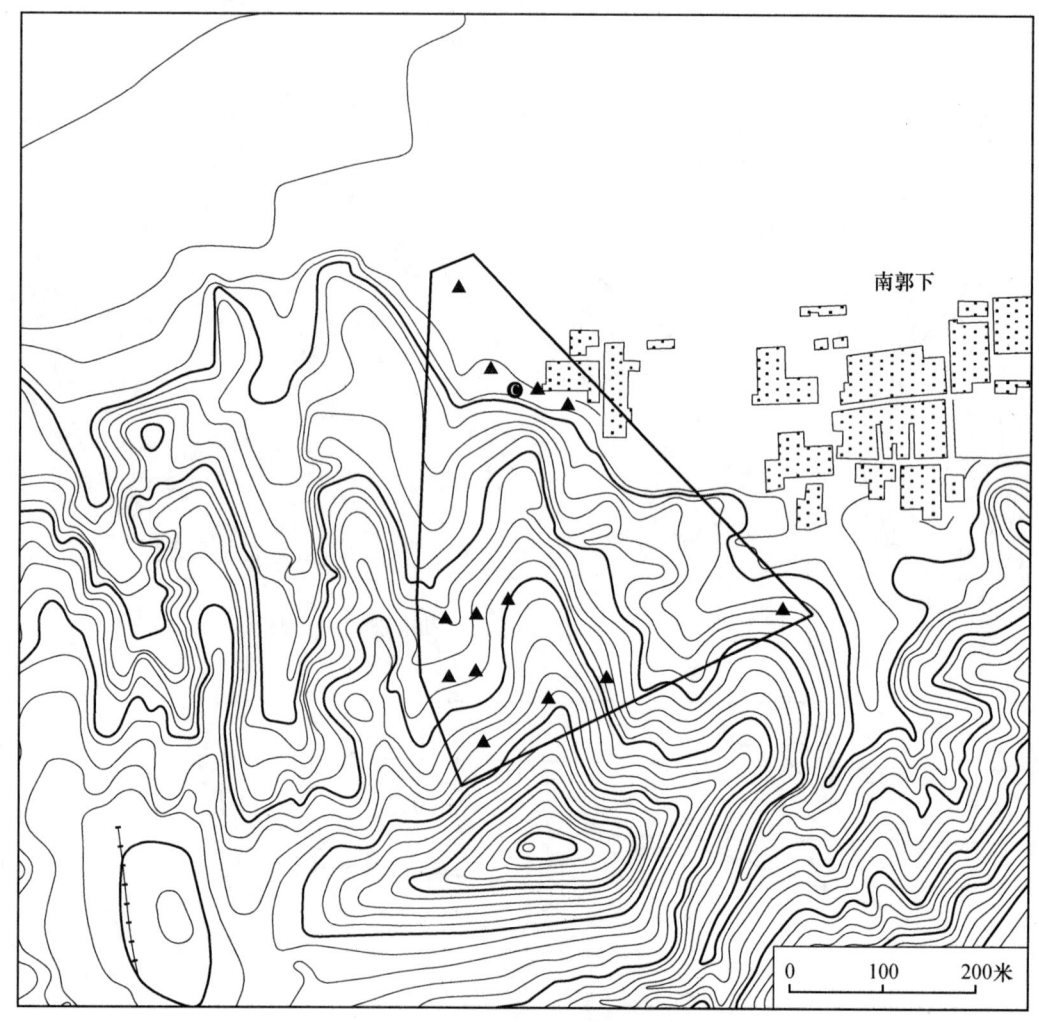

图5-386　南郭下遗址遗存分布图

鬲　1件。YP080427K002：1，夹砂灰陶。方唇，口外翻，短领，袋足外鼓。领下饰绳纹（图5-387，4）。

蛋形瓮　2件。YP080427I002：1，夹砂褐陶。宽沿，敛口，深腹。腹部饰斜篮纹（图5-387，1）。YP080427I003：1，夹砂灰黑陶。宽平沿，敛口，深腹。腹部饰篮纹（图5-387，3）。

罐　1件。YP080427I002：2，夹砂灰陶。鼓腹，平底。腹部饰篮纹（图5-387，2）。

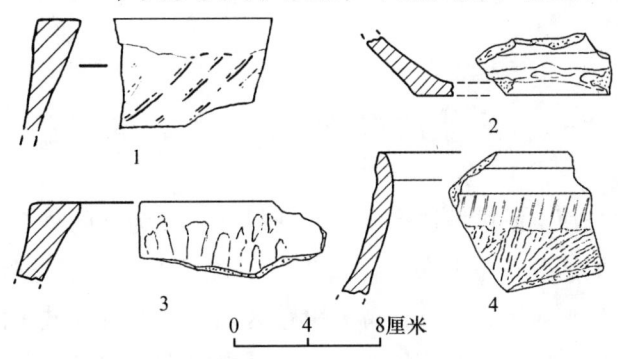

图5-387　南郭下遗址陶器

1、3. 蛋形瓮（YP080427I002：1、YP080427I003：1）　2. 罐（YP080427I002：2）　4. 鬲（YP080427K002：1）

第六章 结 语

一、遗址的分布规律及基本特征

由于客观原因，滹沱河上游区域调查未能实现以分水岭为界的全部地面踏查，但此次调查基本覆盖了流域内的绝大部分黄土分布范围，也就是说基本覆盖了先秦人类的主要活动区域。未调查区域主要是非黄土覆盖区，此外，黄土覆盖区内有少部分区域未能调查，这部分地貌环境多表现为沟壑较深、地形较为复杂崎岖的山区，其中很多是交通工具无法到达或步行无法当天返回的地方，所以，不得已只好放弃，这些未调查区域留待以后条件改善后进一步补充、完善。鉴于此，这些未调查区域中肯定还会有或多或少的先秦遗存存在，有一部分信息未能收入此次调查报告中。不过，相比已调查区域，这些未调查的区域只是很小的一部分，不会影响我们从整个流域视角看待遗存及其遗址的分布规律。

在已调查的2263平方千米区域内（投影面积），繁峙、代县、原平三县共发现先秦时期的遗址或地点（以下统称遗址）363处。即便如此，由于种种客观原因（如土壤覆盖状况、植物可见度等）或主观原因（调查者的经验判断等），仍不排除有一些零星遗存被遗漏，甚至不排除个别小遗址被疏漏，但这并不影响我们对整个区域相关问题的认识。事实上，如此多、如此密集的遗址被发现，已经远远超越了以往的认识，同时从另一方面也说明此次拉网式踏查已完全达到了原先课题的设计目的。

从表面看，调查发现的这些遗址在空间的分布上往往具有较大差异性，具体表现为稀疏不均，大小不等，高低有别，呈现出较为复杂多样的特点。不过，剔除个别零星遗存的分布，繁峙、代县、原平三县363处遗址还是有一些基本的特点可以把握的，那就是遗址的分布位置主要集中在滹沱河及其支流两岸的台地上、山前台地的前后缘、山脚下及其略高的半山腰。

过去的经验证明，河流及其支流的两岸台地是遗址的主要分布区，此次调查结果也基本如此。不过，相比于其他流域，滹沱河两岸发现的遗址明显偏少，但支流及其山间溪流附近分布的遗址明显偏多，这应该与整个滹沱河上游的地形地貌有关。特别是繁峙、代县境内的滹沱河南岸以及原平境内的滹沱河西岸多为冲积扇和洪积扇地形，河流所处位置地势最低，雨水季节易受到洪水袭击，这是滹沱河两岸发现遗址较少的主要原因。不过，在一些地势趋向平缓且有一定高度的位置，遗址的分布逐渐多起来，且不乏有一些较大遗址的分布，如繁峙铁家会遗址、南关遗址、杏园遗址、代县选仁遗址，等等。支流多是从两侧高地垂直流向滹沱河的，数量较多，流量大小不均，支流两岸地形相对平缓的区域特别是两河交汇的三角区域常有遗址分布，相比较于干流，支流两岸的遗址分布较为普遍。不过，由于支流流经的多是沟深谷窄的区域，遗址所处的位置往往有一定的高度。

山前台地前缘多是滹沱河二级阶地的前缘，其本质同于滹沱河两岸的台地，主要是以繁峙、代县境内的滹沱河北岸以及原平境内的滹沱河东岸为代表的地形地貌。相比于滹沱河两岸，山前台地前缘遗址分布明显增多，遗址分布也相对密集，这样的地形地貌在整个遗址分布中占有相当大的比例。由于水土流失较为严重，山前台地前缘的地形地貌往往较为崎岖不平，沟坎较多，坡度较大，直接导致遗址分布也多如此，正因为地形起伏较大，山前台地前缘很少发现较大的遗址。

山前台地的后缘，很多处在土石交界地带，再高一些便成为以碎石为主的山坡，以繁峙、代县境内的滹沱河北岸多处地形地貌最具代表性，在此位置，也有不少遗址分布。过去，在这个位置和高度基本没有发现过遗址的存在，此次调查却发现了相对多的遗址分布，并且非常密集。因为容易受到来自山上来水的袭击，所以，此类遗址往往分布在隆起的高地或山丘上，地形崎岖不平，起伏较大。

过去，滹沱河上游很少发现山脚下有遗址存在。此次调查发现山脚下往往也是遗址的重要分布区，其中，尤以滹沱河南岸的山脚下最具普遍性，从繁峙到代县的整个五台山阴坡下密布遗址。这些遗址因为山脚下地形地貌的不同而略有差别：一种分布在山脚下地形趋向平缓但高于河道的台地上，以大宋峪Ⅲ号遗址和大峪Ⅰ号遗址等为例；一种分布在接近山脚下的位置，仍属于有较大坡度的地貌，以大李牛Ⅱ号遗址和公主Ⅱ号遗址等为代表。不过，就具体位置而言，二者是比较接近的。

半山腰分布的遗址，其所处的地形地貌特点同于山脚下遗址分布的后一种情况，只不过遗址所在位置比后一种情况更高，地形相对更陡，有些遗址甚至分布在山坡上的土石交界处，很多遗址内包含有大量碎小石子。以天岩Ⅰ号遗址最具代表性，该遗址北部地势较低处地形相对平缓，南部地形则陡峭得多且遗存分布位置非常高，几乎接近山顶。

除了上述特点，还有少量遗址所处的地形地貌未能归入上述范围之内，但上述特点基本涵盖了滹沱河上游绝大部分遗址的分布情况。从调查结果来看，虽然很多遗址的分布特点符合传统的认识，但有意思的是，还有相当多遗址的分布位置和所处的地形地貌与传统的经验和认识有较大差距。

滹沱河北岸北高南低，背风向阳，日照较长，尤以山前台地或坡地最为典型；滹沱河南岸则南高北低，整个地形都是迎风而上，并且一年中日照时间也较短。同样，很多其他区域的遗址调查结果也显示，背风向阳的位置确实是遗址的主要分布区。正因如此，一般以为，滹沱河北岸才是遗址的主要分布区，南岸即便有遗址存在也不应有太多的遗址分布。过去数次调查所收集的资料也基本反映了这种状况。但此次调查获取的信息却并非如此。以代县为例，发现的117处遗址中，处在滹沱河南岸迎风背阴的遗址有21处，接近18%；同样，在繁峙发现的105处遗址中，处在滹沱河南岸的遗址有57处之多，达一半以上，其中，处在山脚下或半山腰的遗址有50处，接近一半，达到总数的47.6%。在滹沱河南岸，尤其是在南岸山脚下和半山腰有如此多的遗址分布，这是我们始料不及的。处在滹沱河南岸阴坡上的这些遗址，越往高处，日照越短，风力越大，与北岸遗址所处的环境形成明显的反差，但遗址的分布却没有明显减少。看来，朝向及日照等因素对人类居址选择的影响是有限的，迎风背阴的地方未必就是人类聚居弃之的地方，至少其影响不是决定性的。

从调查发现遗址所处的海拔高度来看，785～1530米都有遗址分布。其中，原平市南郭下遗址所处海拔最低，接近785米，靠近滹沱河的滩地分布。繁峙县天岩Ⅰ号遗址所处海拔最高，接近1530米，处在山坡上较高位置的土石交汇处，遗址内包含有较多碎小石块，再往上就是乱石覆盖区。海拔最低的遗址与最高的遗址之间最大落差达740多米，同一区域内如此小的范围内，遗址的分布高度竟然有这么大的落差，这是过去所没有注意到的现象，而且很难想象在那么高而陡的位置上还会有类似天岩Ⅰ号这样的遗址分布。但不可否认的是，海拔高的地方，遗址的规模大多偏小而且时代较为集中。这样看来，海拔高度对遗址的形成和规模是有影响的，但不是绝对的。

类似的情况还有不少。在传统认为不应该有遗址存在的地形地貌却有遗址的发现，而且不止一处；同样，在传统认为可能只有个别小遗址存在的位置往往常有遗址分布。很多遗址的分布位置虽不符合传统的认识，但调查发现的这些遗址，其所处位置却与今天村落的空间分布状况基本接近（见彩版四、彩版三三、彩版六〇），凸显出几千年来人类在选择聚居地方面惊人的相似性，也足证这些遗址存在的可能性和合理性。造成与传统认识有较大反差的原因，主要是滹沱河上游较为特殊的冲积扇和洪积扇地形地貌。需要强调的是，过去几十年的田野考古已经为今天的考古调查提供了越来越多的经验，并且在实际的考古工作中证明是行之有效的，滹沱河上游区域调查中获得的这些信息进一步丰富了过去的认识，可以为以后类似的考古调查提供有益的借鉴。

透过前面所述的遗址分布特征，我们进一步观察和分析，发现滹沱河上游所有遗址的分布都有一个无法忽视的规律：几乎所有的遗址附近都有水源的分布，水源似乎对人类聚居地的选择起着决定性的影响。虽然在没有水源的地方也有一些零星遗存的分布，但基本看不到稍大点的聚落或遗址分布。同样的现象也见于前些年我们在晋南运城盆地区域调查所获得的材料中[1]。事实上，过去的考古工作已证明了聚落及遗址与水源密切相关。需要说明的是，由于水源的多样性特点，不同性质的水源对聚落的规模、发展影响完全不一样，同样，同一性质的水源也因水量的大小等因素对聚落影响不同。还有，尽管地质地貌环境变化很小，但气候环境是不断变化的，会造成不同时期降雨量及水文等方面的一定差异，进而直接影响到不同时期遗存、聚落的分布状况。滹沱河上游水源种类较多，从遗址分布情况来看，对遗址分布有影响的水源主要有干流（滹沱河）、支流、山间溪流、泉水等，稍有规模的聚落和遗址尤其需要有长期稳定的水源。

滹沱河两岸是遗址的重要分布区，遗址规模普遍偏大，但遗址的分布偏少。靠近大河容易解决日常生产、生活用水，而且水源相对稳定，不利的是水质不稳定，而且随时面临水患的威胁。事实上，因为滹沱河谷地中间低，两边山地高，雨季极易引发洪水泛滥。所以，遗址多分布在两岸地势相对高且平缓的地方，以原平市滹沱河东岸最具代表性，从北到南的台地上密集分布着几十处遗址。不过，在滹沱河两岸这样的地形并不多见，遗址偏少也就不足为怪了。

整个滹沱河上游有众多大小不一的支流，流域面积和流量都有很大差别，流经地貌也有很大的不同，正因如此，在支流两岸分布的遗址差别较大，多以中、小型遗址为主，一定程度上地形的开阔程度对遗址的规模有很大的影响，在相对开阔的区域往往有规模稍大的遗址分布，在沟深谷窄的位置多分布一些较小的遗址。在已调查区域内，相当多的遗址分布在这些支流两岸。支流相对于滹沱河干流水量较小，但水患侵害小，而且水质稳定，这也是很多遗址选择在此分布的主要原因。

山间溪流遍布整个滹沱河上游，在一定意义上，它也是滹沱河的支流，不过，除了爆发山洪时容易与滹沱河连通外，平时都是断流，而且多断流在山脚下。山间溪流水量更小，但水质同样较为稳定。不过，因为水量较小，很少能形成较大的聚落或遗址，多是一些中、小型遗址，尤以小型遗址为主。

泉水与山间溪流密切相关，很多山间溪流就是泉水的延伸。泉水水量较小，但水质最为稳定，也不会受到山洪等其他水源的影响，所以，一直以来泉水附近都是人类理想的聚居地，不过，在泉水附近形成的遗址规模都较小。

不同性质的水源对人类的生产生活影响很大，人类在趋利避害的同时，特别是在选择聚居地的时候可能有意无意地受到了这些客观因素的影响，选择不同的聚居环境意味着人类聚落的兴盛和规模很可能有很大的不同。

二、滹沱河上游先秦时期的基本文化面貌

过去，在滹沱河上游地区做过的先秦考古工作少之又少，公布于众的资料主要有忻州游邀、五台阳白、原平唐昌和一些零星的东周墓葬，未发表的材料有忻州尹村、定襄汤头等。近些年，滹沱河上游地区陆续进行过一些发掘，年代涉及仰韶一直到战国时期，尽管这些资料的年代相对集中，且多有重叠，但还是为我们判断调查采集的遗物年代奠定了基础，结合太原盆地等周围其他地区的相关发现，我们基本可以判断出遗存所属的文化年代。也正因为上述原因，我们还不可能把整个先秦时期遗存分得很细，只能就遗物所属的文化年代做出判断。在遗物年代判断上，器形特征并不明显的遗物，主要依靠纹饰特征来判断。根据调查发现并结合发掘成果，可以把整个先秦时期的遗存分为仰韶时期、龙山时期、二里头时期、商时期、周时期前后延续的五个时期，个别时期之间可能有缺环，如西周时期。需要说明的是，虽然也发现特点接近晋南庙底沟二期文化的个别器类，如深腹罐（报告中的瓮）等，但此类器物常常与龙山时期的其他器类共存，此外，不见庙底沟二期文化的典型器物斝、鼎、釜灶等，包括区域内已发掘的考古材料，也不见庙底沟二期文化的常见器物。几年来如此大范围的调查没有发现庙底沟二期文化的任何线索，足证该区域内应该没有相关遗存。现就不同时期陶器的总体特点概括如下。

1. 仰韶时期

仰韶时期遗存在滹沱河上游发现较少，不过，从一些零星的发现中我们还是可以大致窥探到这个时期的基本特征及文化面貌。从年代来看，仰韶早期、仰韶中期和仰韶晚期三个不同阶段的遗物都有。仰韶早期的遗存发现很少，可辨器形有钵等。从仰韶中期开始，器类逐渐增多，小口尖底瓶、钵、盆、带耳罐、罐等都有发现，文化面貌较接近庙底沟类型。仰韶晚期，彩陶多流行网格纹和几何纹，器类有钵、盆、带耳罐、罐等，地域特色加强（图6-1）。

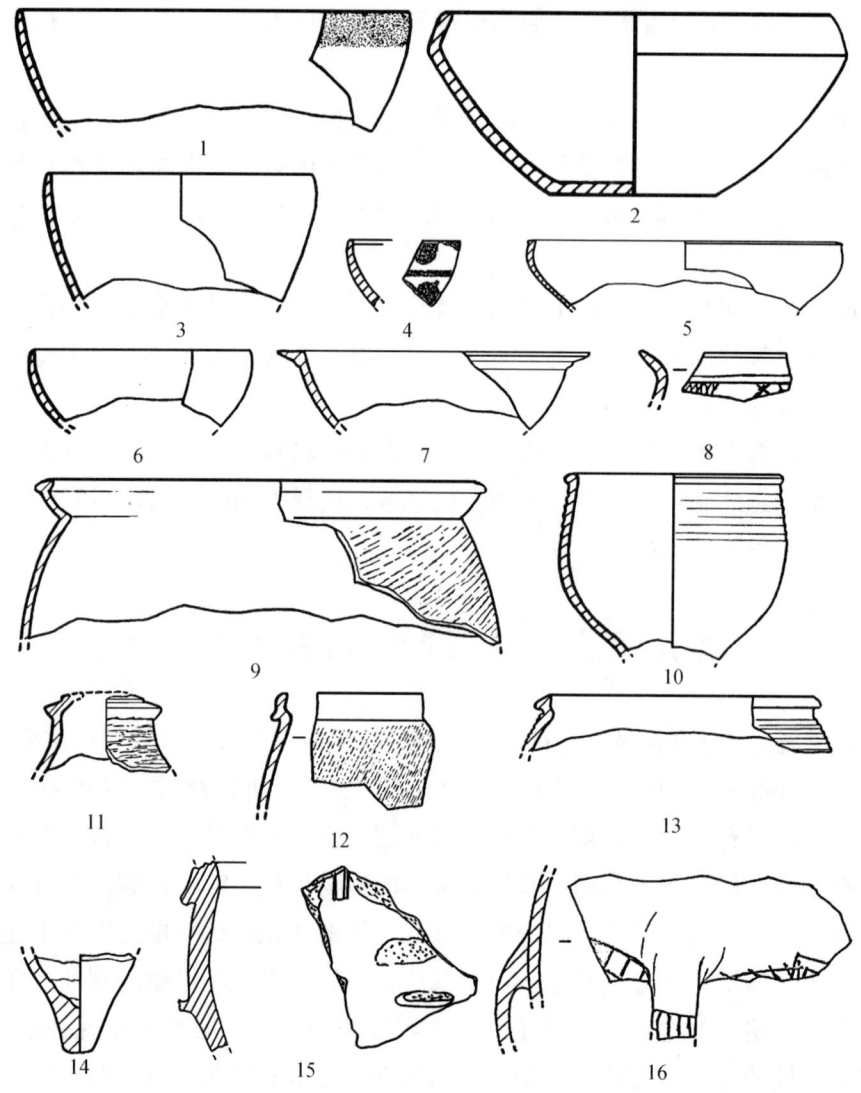

图 6-1 仰韶时期主要陶器

1~4、6. 钵（FS061107L005∶1、FS061104E002∶1、FS061107J06-C∶1、YP080401H008∶1、FS061023B007∶1） 5、7、8. 盆（FS061107J006∶2、FS061107J006∶1、YP090421D002-H∶1） 9、10、12、13. 罐（DX070507G006∶1、FS061023H004-C∶1、FS061022F001-F∶2、FS061023B007∶2） 11、14. 小口尖底瓶（DX070428C004∶1、FS061022F001-F∶1） 15、16. 带耳罐（DX070417C001∶1、YP080422C006∶1）

2. 龙山时期

此时滹沱河上游开始进入大发展时期，这个时期的遗存非常多，相当多的遗址中都包含有这个时期的遗存。这个时期陶器以夹砂陶为主，应该在2/3左右，其中，尤以夹砂灰陶最多，接近40%。纹饰以绳纹为主，接近一半，其次为篮纹，大约在1/3左右。器类种类较多，以赵家庄Ⅱ号遗址清理的一个灰坑（FS061108C007-H）为例，发现的器类有鬲、斝、尊、蛋形瓮、豆、盆、大口罐、双耳罐、高领罐、罐等十多种，此外，其他遗址还发现这个时期的器类鬶、盉、甗、盘、器盖、杯、直口罐、折肩罐等。这个时期主要器类是鬲、甗、瓮（含蛋形瓮）、盆、豆和各式罐类（图6-2）。

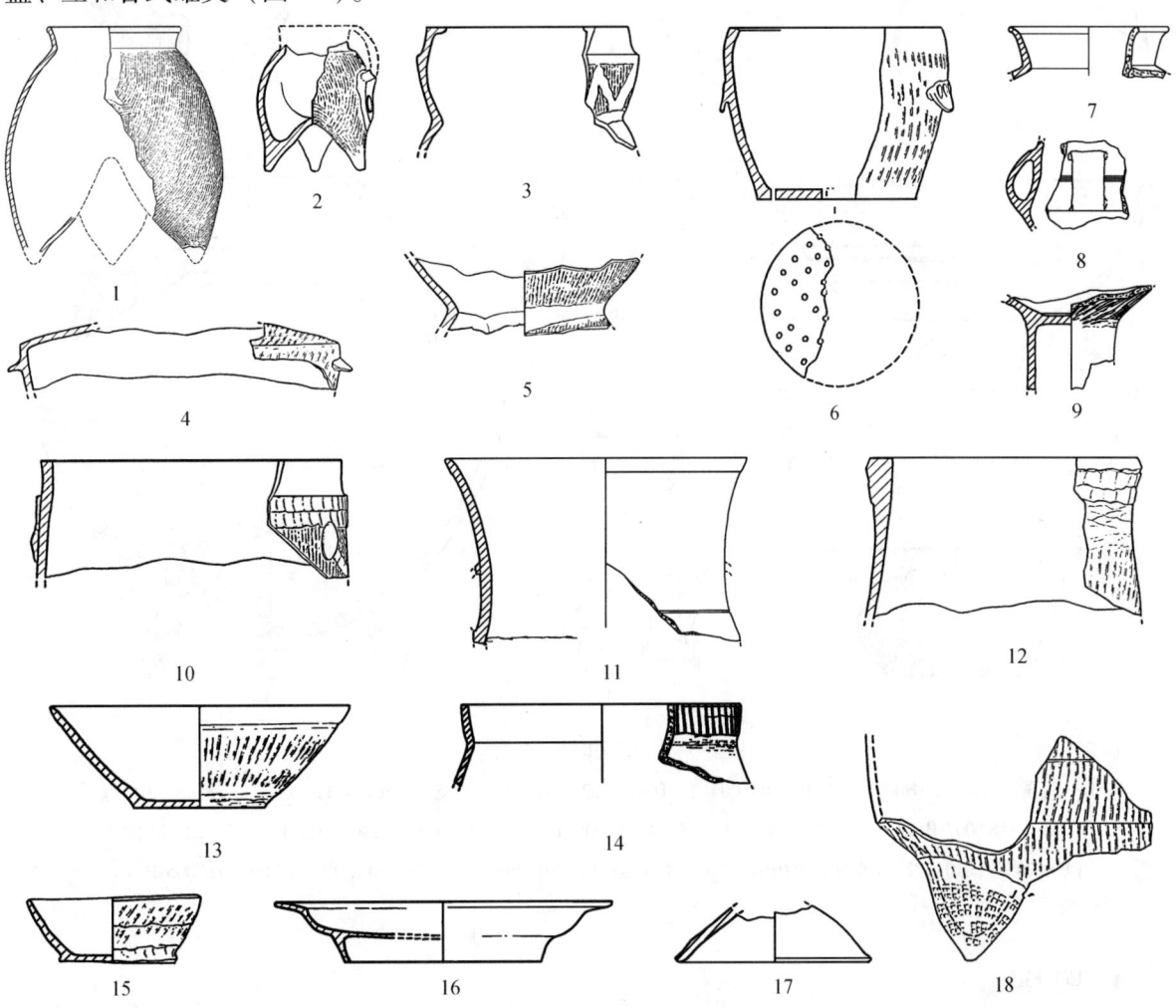

图6-2 龙山时期主要陶器

1、2. 鬲（DX070521L001-F:1、DX070419L010:1） 3. 斝（YP080528I002-H:1） 4. 折肩罐（DX070521L001-H:2） 5. 甗（DX070502K004:1） 6. 甑（YP080330H010-H1:1） 7. 高领罐（FS06aa08C007-H:3） 8. 双耳罐（FS061108C007-H:12） 9. 豆（FS061108C007-H:10） 10. 直口罐（YP080528B007:2） 11. 尊（FS061108C007-H:9） 12、18. 蛋形瓮（DX070502K003-H:1、YP080524H015-C:1） 13、15. 盆（DX070529L010-H1:5、DX070509C005:1） 14. 大口罐（FS061108C007-H:4） 16. 盘（DX070419F011:1） 17. 器盖（DX070509G003:1）

3. 二里头时期

比之龙山时期，二里头时期遗存分布范围有所收缩，也不及龙山时期遗存丰富。二里头时期陶器仍然以夹砂灰陶为主，而且比重有所增强。纹饰主要是绳纹，篮纹比例急剧减小，年代越晚，篮纹越少。这个时期的文化主要是在当地龙山文化的基础上发展起来的，较多延续了先前文化的因素。相比之前，这个时期的器类明显较少，器物变化也不及之前丰富。器类主要有鬲、甗、蛋形瓮、盆、豆、罐、爵等（图6-3）。

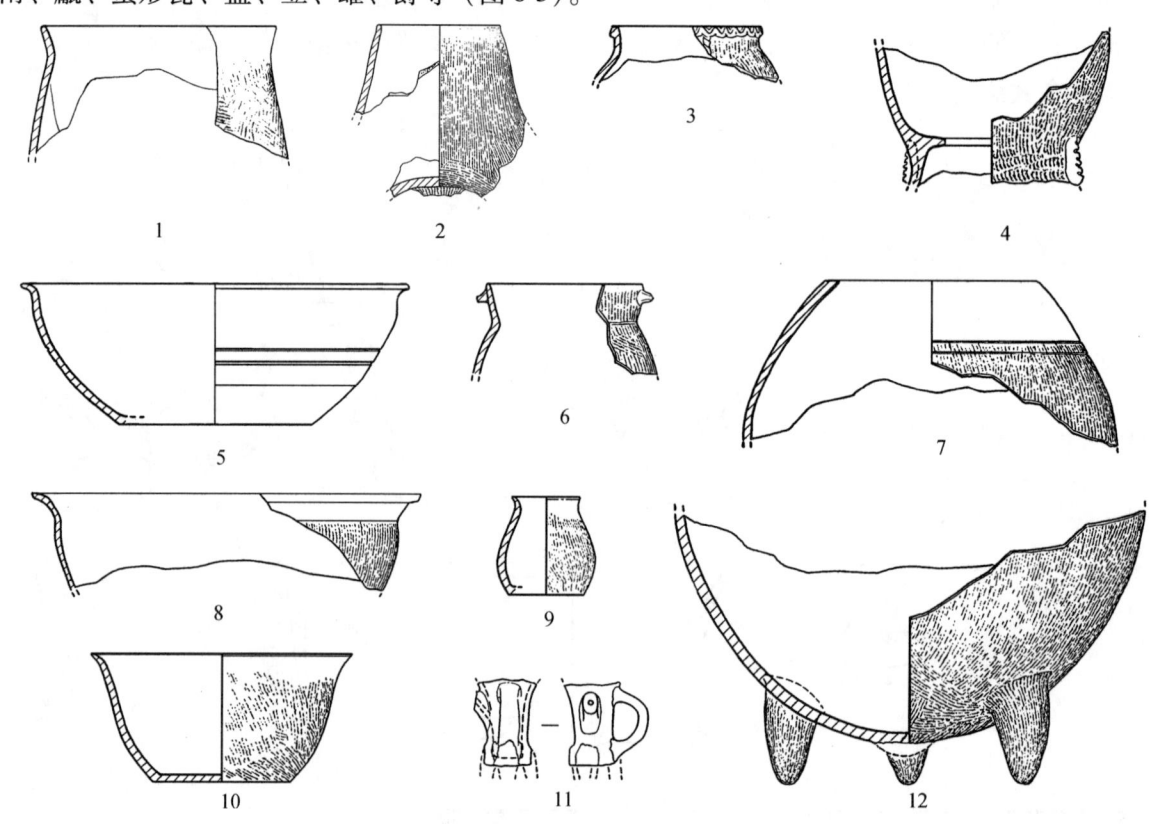

图6-3　二里头时期主要陶器

1～3. 鬲（FS061023H003：1、YP080504L004：3、DX070422A004：1）　4. 甗（FS070411K005：4）　5、8、10. 盆（DX070418N002-H：1、FS061028L006-H：1、FS070411K005：1）　6. 罐（FS061028002-H5：1）　7、12. 蛋形瓮（DX070529L010-C：2、DX070529L010-C：3）　9. 小罐（FS061023I004-C1：2）　11. 爵（DX090403C005-H：1）

4. 商时期

商时期遗存发现较少，不过年代跨度从早商到晚商都有。陶器器类有鬲、斝、豆、簋、盆等，其中以鬲的发现最多，较早的鬲可到二里冈下层偏晚阶段，最晚的鬲可晚到殷墟四期（图6-4）。对商时期遗存判断更多依据的是中原商文化的年代标准，是否有不同于商文化面貌的遗存暂时还无法辨认，尚待以后工作的进一步深入。

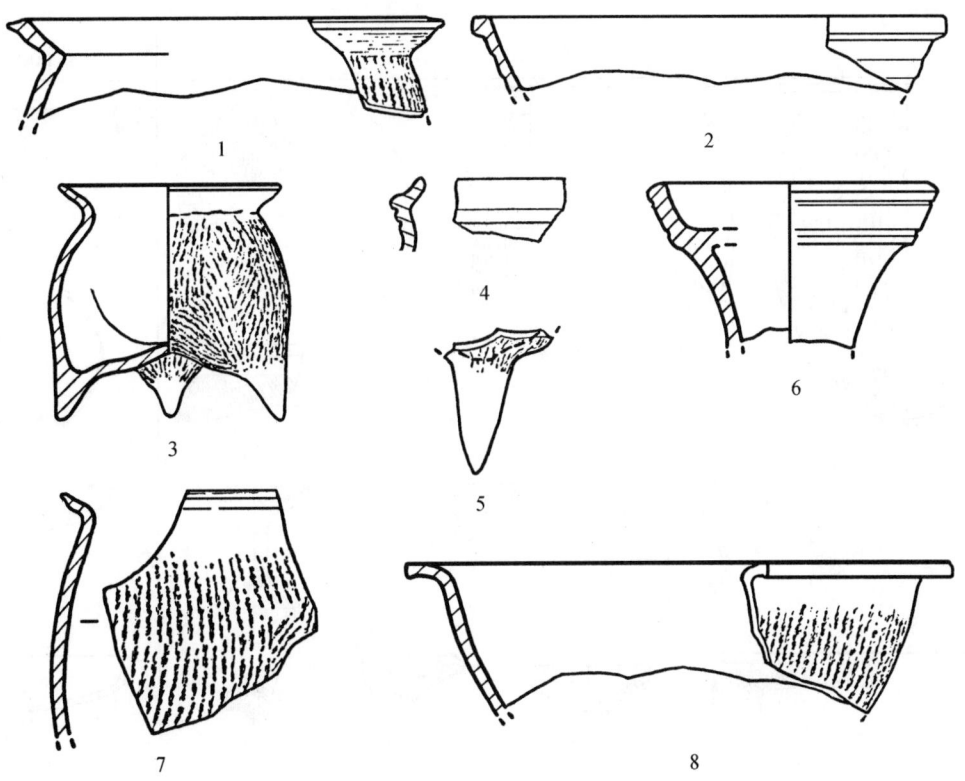

图 6-4 商时期主要陶器
1、3、5、7. 鬲（DX0708B009:1、DX070529L010-C:1、DX070508I014:1、YP080528G007:2） 2. 甗（FS061008F001:1）
4. 斝（YP080417I005:1） 6. 豆（FS061022E001:1） 8. 盆（DX070429F002-H:1）

5. 周时期

主要是东周时期的遗存，仅发现个别似西周时期的陶片，因为残存较小，且发现较少，尚不敢肯定是否有西周时期的遗存。东周时期的遗存以战国时期为主，春秋时期的发现较少。东周时期陶器在墓葬和普通居址中都有发现，但随葬陶器和日常生活用具有很大差别。墓葬多见鼎、豆、壶的组合。居址中则以鬲、盆、豆、罐发现最多，尤以罐最常见，此外，还有少量瓮、双耳罐等器类。墓葬随葬陶器多泥质灰陶，居址中则以夹砂灰陶为主，绳纹主要是绳纹，战国时期流行一种较为粗大的绳纹（图6-5）。

在调查发现的遗址中，时代较为单纯的遗址很少，大多数遗址包含两个及两个以上的时代，最多有包含上述五个时代的遗物。其中，包含仰韶时期遗存的遗址有77处，包含龙山时期遗存的遗址有300处，包含二里头时期遗存的遗址有203处，包含商时期遗存的遗址有11处，包含周时期遗存的遗址有284处。不同时期遗存的分布范围及分布密度从另一个层面反映了这个时期文化的兴盛状况。

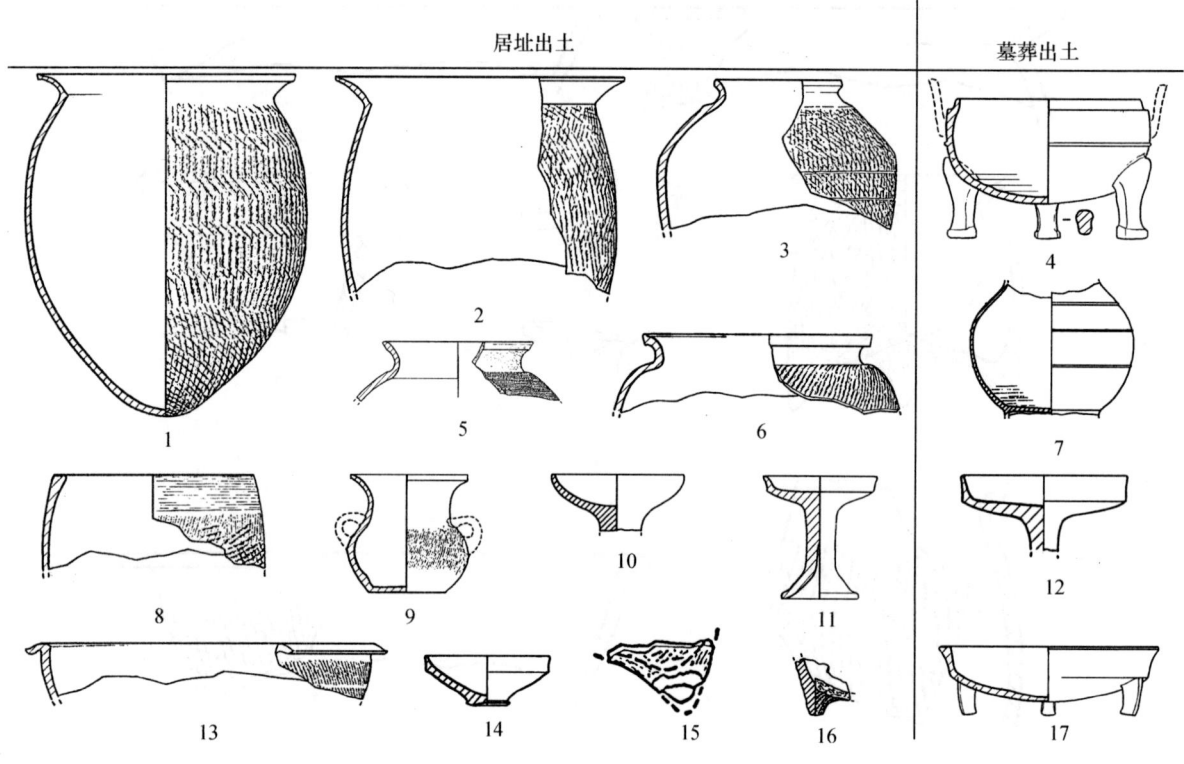

图 6-5 周时期主要陶器

1~3、5、6. 罐（FS061111L011：1、FS061117I008：2、YP080525H008-C：1、FS061117I003：1、DX070527L004-H：1）
4. 鼎（DX070518L011-M2：1） 7. 壶（DX070518L011-M1：1） 8. 瓮（DX070428A009：1） 9. 双耳罐（DX070528A003：1）
10~12. 豆（DX070421K012：1、FS061103I001：1、DX070518L012：1） 13、14. 盆（DX070528C002：1、DX070524L005：1）
15、16. 鬲足（YP080403B004：1、DX070421H006：1） 17. 盘（DX070518L011-M2：2）

从文化特征看，二里头时期与龙山时期有较多的文化渊源和联系，但其他文化在传承关系上几乎没有太多的联系，这也从侧面反映了整个先秦时期该地区较多地受到了外来文化的影响。正因为受到了外来文化的冲击，很难形成一脉相承的文化特质。

注　释

[１] 中国国家博物馆田野考古研究中心、山西省考古研究所、运城市文物保护研究所：《运城盆地东部聚落考古调查与研究》，文物出版社，2011年。

附　表

附表一　遗址登记表（繁峙县）

编号	遗址名	位置	面积	时代	备注
1	桥儿沟Ⅱ号	桥儿沟东南 650 米	1.3	龙山、东周	
2	桥儿沟Ⅰ号	桥儿沟东 500 米	3.6	龙山、东周	
3	横涧Ⅰ号	横涧东北 950 米	0.8	战国	
4	横涧Ⅱ号	横涧西北 500 米	4.4	东周	
5	平型关	平型关北 150 米	6.4	龙山、东周	
6	涧头Ⅱ号	涧头西南	11.1	龙山、东周	
7	涧头Ⅲ号	涧头东南 250 米	7.6	东周	
8	涧头Ⅰ号	涧头北	36.6	仰韶、龙山	
9	上固庄	上固庄南、北	18.4	龙山、二里头、东周	
10	刘家尧	刘家尧东南 150 米	13.5	龙山、东周	
11	西涧岔Ⅱ号	西涧岔东南 200 米	5.8	龙山、东周	
12	西涧岔Ⅰ号	西涧岔东南 1000 米	0.8	龙山、周	
13	涧峪	涧峪西北	5.8	龙山、二里头	
14	上浪涧	上浪涧西南	3.7	龙山、二里头	
15	东沿口	东沿口西北 250 米	19.5	龙山、二里头、东周	
16	后庄Ⅰ号	后庄北	1.4	龙山、东周	
17	后庄Ⅱ号	后庄西北 900 米	0.9	龙山、战国	
18	尧湾	尧湾西	3.3	龙山、东周	
19	河东	河东东南 350 米	1.8	龙山、东周	
20	下小沿Ⅰ号	下小沿东 200 米	20.4	龙山	
21	下小沿Ⅱ号	下小沿北	5.9	龙山、二里头、战国	
22	下小沿Ⅲ号	下小沿西南 350 米	6.8	龙山、东周	
23	泉沟	泉沟北	4.9	龙山、东周	
24	砂河	砂河西北	27.1	龙山、二里头、东周	
25	西砂河Ⅰ号	西砂河东北	8.5	龙山、二里头、战国	
26	西砂河Ⅱ号	西砂河西北	49.6	仰韶、龙山、二里头、晚商、东周	
27	四美地	四美地北	50.2	龙山、二里头	
28	兴旺庄	兴旺庄北	31.9	龙山、东周	
29	北胜地	北胜地西北	4.8	龙山、东周	

续表

编号	遗址名	位置	面积	时代	备注
30	下双井	下双井东500米	50.4	仰韶、龙山、二里头、东周	
31	上双井	上双井西	<0.4	龙山	
32	净林	净林南350米	1.1	龙山	
33	下永兴	下永兴北	55.2	仰韶、龙山、二里头、东周	
34	大沟	大沟东	2.6	龙山、二里头	
35	下茹越	下茹越东1000米	12.7	仰韶、龙山、二里头、东周	
36	赵家峪	赵家峪西400米	1.2	龙山、东周	
37	作头Ⅰ号	作头东北	26.8	龙山、二里头、东周	
38	作头Ⅱ号	作头西北	28.6	龙山、二里头、东周	
39	作头Ⅲ号	作头西南	24.1	龙山、二里头、东周	
40	赵家庄Ⅲ号	赵家庄东南1100米	5.4	仰韶、二里头	
41	赵家庄Ⅰ号	赵家庄东北	5.8	龙山、二里头、东周	
42	赵家庄Ⅱ号	赵家庄西北	26.8	龙山、二里头、东周	
43	高升寨Ⅰ号	高升寨北	11.6	二里头、东周	
44	高升寨Ⅱ号	高升寨西北750米	22.5	仰韶、龙山、东周	
45	高升寨Ⅲ号	高升寨西南850米	2.6	东周	
46	南湾Ⅱ号	南湾西南	6.5	龙山、二里头、东周	
47	南湾Ⅰ号	南湾西北	8.8	龙山、东周	
48	西庄	西庄北	4.1	龙山、东周	
49	云雾峪	云雾峪西300米	1.8	龙山、二里头、东周	
50	老石塘沟	老石塘沟西	1.8	龙山、东周	
51	小柏峪Ⅲ号	小柏峪东南850米	2.5	龙山、二里头	
52	小柏峪Ⅱ号	小柏峪南	4.1	龙山、东周	
53	小柏峪Ⅰ号	小柏峪西南650米	19.5	龙山、二里头、东周	
54	西淤地	西淤地北300米	2.1	龙山、东周	
55	天岩Ⅰ号	天岩东	15.7	龙山、二里头、东周	
56	天岩Ⅲ号	天岩北300米	10.7	龙山、东周	
57	天岩Ⅱ号	天岩东北1000米	7.4	东周	
58	天岩Ⅳ号	天岩西北150米	1.8	龙山、东周	
59	新蛟坨	新蛟坨东北350米	0.7	龙山	
60	山会Ⅱ号	山会东南650米	8.8	仰韶、龙山、二里头、东周	
61	山会Ⅰ号	山会西南400米	5	龙山、二里头	
62	南峪口Ⅰ号	南峪口南	10.4	龙山、二里头、东周	
63	南峪口Ⅱ号	南峪口西南900米	11	龙山、二里头、东周	
64	中庄寨Ⅰ号	中庄寨东南1800米	6.1	龙山、二里头	
65	中庄寨Ⅱ号	中庄寨东南1900米	0.4	龙山	
66	中庄寨Ⅲ号	中庄寨南1100米	16.3	龙山、二里头、东周	
67	中庄寨Ⅳ号	中庄寨西南1400米	10.8	仰韶、龙山、二里头、东周	

续表

编号	遗址名	位置	面积	时代	备注
68	小宋峪Ⅰ号	小宋峪东南	23.8	龙山、二里头、商、东周	
69	小宋峪Ⅱ号	小宋峪西南800米	0.3	二里头、东周	
70	大宋峪Ⅰ号	大宋峪东南200米	2.4	龙山、二里头	
71	大宋峪Ⅱ号	大宋峪东南250米	0.4	龙山、二里头、东周	
72	大宋峪Ⅲ号	大宋峪西	33.8	仰韶、龙山、二里头、东周	
73	小木瓜Ⅱ号	小木瓜东250米	0.7	龙山、东周	
74	小木瓜Ⅰ号	小木瓜东800米	0.7	东周	
75	大木瓜Ⅰ号	大木瓜东600米	2.5	龙山、二里头、东周	
76	大木瓜Ⅱ号	大木瓜东南250米	0.5	龙山、二里头	
77	大木瓜Ⅲ号	大木瓜西400米	12.6	龙山、二里头、东周	
78	小李牛Ⅰ号	小李牛东	33.1	龙山、二里头、东周	
79	小李牛Ⅱ号	小李牛西南300米	0.7	二里头、东周	
80	大李牛Ⅰ号	大李牛东	12	龙山、二里头、东周	
81	大李牛Ⅱ号	大李牛南	48.3	龙山、二里头、东周	
82	华岩	华岩东北550米	2.6	仰韶、龙山、二里头、东周	
83	梨峪Ⅱ号	梨峪东南450米	32.7	龙山、二里头、东周	
84	梨峪Ⅰ号	梨峪西北	<0.4	战国	
85	麻峪口	麻峪口东、南	51.7	龙山、二里头、东周	
86	公主Ⅰ号	公主东南200米	7.4	仰韶、东周	
87	公主Ⅱ号	公主西南650米	8.6	龙山、二里头、东周	
88	大峪Ⅰ号	大峪东南200米	64.9	龙山、二里头、东周	
89	大峪Ⅱ号	大峪西南150米	51.6	龙山、二里头、东周	
90	铁家会	铁家会北	117.3	仰韶、龙山、二里头、东周	
91	黄家庄Ⅰ号	黄家庄东南150米	18.6	龙山、二里头、东周	
92	黄家庄Ⅱ号	黄家庄西	12	龙山、东周	
93	北家岭	北家岭南350米	10.8	龙山、二里头、东周	
94	泽萌泉Ⅰ号	泽萌泉西北900米	2.1	东周	
95	泽萌泉Ⅱ号	泽萌泉西南550米	1.4	东周	
96	鳌子头Ⅰ号	鳌子头东250米	4.7	仰韶、龙山、东周	
97	鳌子头Ⅲ号	鳌子头东北250米	8.6	东周	
98	鳌子头Ⅱ号	鳌子头西100米	3.3	二里头、东周	
99	南关	南关西南	30.5	龙山、二里头、东周	
100	杏园	杏园南	154.3	仰韶、龙山、二里头、东周	
101	古家庄Ⅱ号	古家庄东南700米	7.1	龙山、东周	
102	古家庄Ⅰ号	古家庄西南1000米	65.8	龙山、二里头、东周	
103	大砂	大砂东南	19.6	仰韶、龙山、东周	
104	岗里Ⅰ号	岗里东南600米	33.2	仰韶、龙山、东周	
105	岗里Ⅱ号	岗里南300米	11.1	仰韶、龙山、二里头、东周	

附表二 遗址登记表（代县）

遗址编号	遗址名	位置	面积（万平米）	时代	备注
1	神岗	神岗东300米	8.1	仰韶、龙山、东周	
2	沙沟	沙沟北1200米	2.5	仰韶、龙山	
3	蒙家庄Ⅰ号	蒙家庄东	5.7	东周	
4	蒙家庄Ⅱ号	蒙家庄南	3.4	东周	
5	西留属Ⅱ号	西留属西北	55.1	二里头、东周	
6	西留属Ⅰ号	西留属东北	0.6	东周	
7	鹿蹄涧Ⅰ号	鹿蹄涧东南	2.7	东周	
8	鹿蹄涧Ⅱ号	鹿蹄涧南	1.9	东周	
9	显旺	显旺西	85.7	龙山、二里头、东周	
10	枣林	枣林东村东北	2.5	龙山、二里头、东周	
11	何家寨	何家寨南600米	1.4	龙山、东周	
12	望台	望台西北600米	12.4	龙山、东周	
13	盆窑	盆窑东北200米	10.7	仰韶、龙山、二里头、东周	
14	赤岸	赤岸东	58.2	仰韶、龙山、二里头、商、东周	
15	胡峪	胡峪南	4.4	龙山、东周	
16	柳树坡	柳树坡西北500米	4.8	龙山、东周	
17	中平安	中平安东	7.3	仰韶、龙山	
18	西马	西马村西北	14.1	龙山、二里头、东周	
19	东马	东马村南250米	1.8	二里头、龙山、东周	
20	段村Ⅱ号	段村东北800米	17.2	龙山、东周	
21	段村Ⅰ号	段村北	22.8	东周	
22	东阳沟	东阳沟东南600米	28.6	龙山、东周	
23	西阳沟	西阳沟南400米	25.1	仰韶、龙山	
24	小庄子	小庄子西	21.6	龙山、东周	
25	康户Ⅰ号	康户东北300米	10.8	龙山、二里头、东周	
26	康户Ⅱ号	康户西北400米	3	龙山	
27	康户Ⅲ号	康户西	3.7	龙山	
28	康户Ⅳ号	康户南250米	0.8	东周	
29	侯家沟	侯家沟西	17.6	龙山	
30	马家梁	新任家庄西950米	10.3	仰韶、龙山、东周	
31	冯家岭	冯家岭东南300米	33.2	龙山、东周	
32	神涧Ⅰ号	神涧东北	47.8	仰韶、龙山、东周	
33	神涧Ⅱ号	神涧北400米	13.8	龙山、二里头、东周	
34	神涧Ⅲ号	神涧西北550米	10	龙山	
35	神涧Ⅳ号	神涧北	27.5	仰韶、东周	
36	上磨坊	上磨坊西北750米	3	龙山、东周	
37	赤土沟	赤土沟西北600米	16.1	仰韶	

续表

遗址编号	遗址名	位置	面积（万平米）	时代	备注
38	红泥湾Ⅰ号	红泥湾东	42.9	仰韶、龙山、二里头、东周	
39	红泥湾Ⅱ号	红泥湾西	53.5	仰韶、龙山、二里头、商、东周	
40	红泥湾Ⅲ号	红泥湾西南700米	1.2	龙山	
41	红泥湾Ⅳ号	红泥湾西南900米	31.2	仰韶、龙山、东周	
42	小西庄	小西庄北	7.6	龙山、东周	
43	芳昌	芳昌东	16.2	龙山、二里头、东周	
44	窑子头Ⅲ号	窑子头东北700米	20.7	龙山、东周	
45	窑子头Ⅰ号	窑子头北	0.6	二里头、东周	
46	窑子头Ⅱ号	窑子头西	7.8	龙山、东周	
47	里回	里回南450米	0.4	二里头、东周	
48	十里铺	十里铺东北250米	19.7	龙山、二里头、东周	
49	井沟Ⅲ号	井沟西南400	15.5	龙山、二里头	
50	井沟Ⅱ号	井沟南	4.5	龙山、东周	
51	井沟Ⅰ号	井沟西北950米	<0.3	仰韶	
52	富家窑Ⅰ号	富家窑北300米	5.8	龙山、二里头、东周	
53	富家窑Ⅱ号	富家窑西	52.7	仰韶、龙山、二里头、东周	
54	闹市Ⅰ号	闹市东250米	7.9	龙山、二里头、战国	
55	闹市Ⅱ号	闹市西	1.8	仰韶、龙山、东周	
56	闹市Ⅳ号	闹市南150米	1.9	二里头、东周	
57	闹市Ⅲ号	闹市西南800米	0.7	仰韶、龙山	
58	大烟旺Ⅱ号	大烟旺北	0.8	龙山、东周	
59	大烟旺Ⅰ号	大烟旺东北800	0.8	东周	
60	小烟旺	小烟旺北	8.9	龙山、二里头、战国	
61	苏村	苏村西	0.7	二里头、东周	
62	橙槽沟	橙槽沟西	37.4	仰韶、龙山、二里头、东周	
63	两界沟Ⅰ号	两界沟东北550	13.1	龙山、二里头	
64	两界沟Ⅱ号	两界沟北650米	2.7	龙山	
65	两界沟Ⅲ号	两界沟西北、东南	52	仰韶、龙山	
66	试刀石Ⅰ号	试刀石东北550米	6.4	龙山、二里头、东周	
67	老汉沟	老汉沟西	17.4	龙山、二里头	
68	南口Ⅰ号	南口东800米	0.5	二里头	
69	南口Ⅱ号	南口东北1500米	0.5	龙山	
70	南口Ⅲ号	南口西	1.8	龙山	

续表

遗址编号	遗址名	位置	面积（万平米）	时代	备注
71	南口Ⅳ号	南口西南850米	0.2	龙山、战国	
72	试刀石Ⅱ号	试刀石西北1100米	2.1	龙山、二里头、战国	
73	试刀石Ⅲ号	试刀石西350米	23.3	龙山、二里头、东周	
74	两顷沟	两顷沟西	1.3	龙山、战国	
75	太和岭口Ⅰ号	太和岭口东	67.5	龙山、二里头、东周	
76	太和岭口Ⅱ号	太和岭口西南	1.5	龙山、东周	
77	顾家	顾家西北	19	仰韶、龙山、二里头、东周	
78	北王庄	北王庄东300米	10.2	仰韶、龙山、二里头、东周	
79	张家河	张家河西北	8.7	龙山、二里头、战国	
80	下田	下田西700米	19.2	龙山、二里头、战国	
81	五里Ⅰ号	五里西北1100米	5.1	龙山、晚商、东周	
82	五里Ⅱ号	五里西南600米	1.5	二里头、战国	
83	七里铺Ⅰ号	七里铺东北450米	11.4	龙山	
84	七里铺Ⅱ号	七里铺东北	1	龙山	
85	马站	马站东650米	8.7	东周	
86	古城	古城西	582.8	龙山、二里头、东周	
87	上沙河	上沙河北、南	120.4	龙山、二里头、东周	
88	新庄	新庄东北200米	2.7	龙山、二里头、东周	
89	野庄	野庄西北300米	3.1	二里头、东周	
90	九龙	九龙西北500米	1.7	龙山	
91	方村	方村东北750米	7.5	龙山	
92	宇文	宇文南	31.5	龙山、二里头、东周	
93	窑子头（西）	窑子头东北350米	8.6	龙山、二里头、商、东周	
94	西庄Ⅰ号	西庄东北600米	0.7	龙山、二里头、商	
95	西庄Ⅱ号	西庄西	0.7	龙山、二里头、商	
96	西庄Ⅲ号	西庄西南	2.2	龙山、二里头、东周	
97	沟子	沟子东、南	23	仰韶、龙山、二里头、东周	
98	峨口	峨口南	15.1	龙山、二里头	
99	富村	富村西南350米	6.5	仰韶、龙山、二里头	
100	窑子	窑子东	7.9	仰韶、龙山	
101	聂营	聂营西南700米	31.7	龙山、二里头、东周	
102	东高泉	东高泉东、西	14	仰韶、龙山、二里头、东周	
103	东段景	东段景东南	45.6	仰韶、龙山、二里头、东周	

续表

遗址编号	遗址名	位置	面积（万平米）	时代	备注
104	西段景	西段景南300米	14.5	二里头、东周	
105	东章	东章东南	5.6	龙山、二里头、晚商、东周	
106	下庄	下庄东北1800米	54	仰韶、龙山、二里头、东周	
107	选仁	选仁东、北	126.2	仰韶、龙山、二里头、东周	
108	下沙窊	下沙窊东北200米	3.2	仰韶、龙山、二里头、东周	
109	峪口	峪口东	2.2	龙山、二里头、东周	
110	西田Ⅰ号	西田东200米	10.3	仰韶、龙山、二里头、东周	
111	西田Ⅱ号	西田西	3.8	仰韶、龙山、东周	
112	上阳阁	上阳阁东南	29.5	龙山、二里头、东周	
113	上苑庄	上苑庄东南	28.7	龙山、二里头、东周	
114	口子	口子东	4.9	龙山	
115	张寨	张寨南	10.5	龙山、二里头、春秋	
116	中解	中解金街西南950米	47.2	仰韶、龙山、二里头、东周	
117	周流	周流南	54	仰韶、龙山、二里头、东周	

附表三 遗址登记表（原平市）

序号	遗址名	位置	面积	时代	地形地貌	备注
1	李家庄Ⅰ号	李家庄西北 1200 米	3.2	龙山、东周		
2	李家庄Ⅱ号	李家庄西北 500 米	0.3	龙山、二里头		
3	李家庄Ⅲ号	李家庄东南 600 米	18.3	龙山、二里头、东周		
4	尹家洼Ⅰ号	尹家洼东北	16.3	龙山、二里头、东周		
5	尹家洼Ⅱ号	尹家洼西南 450 米	2	龙山、东周		
6	茹岳	茹岳西北 150 米	17.8	龙山、二里头		
7	下班政	下班政西南	7.7	龙山、二里头、东周		
8	南部	南部东 300 米	6.6	龙山、东周		
9	丁家寨	丁家寨南 300 米	18.4	仰韶、龙山、二里头、东周		
10	大营Ⅱ号	大营西南 550 米	0.7	龙山、东周		
11	大营Ⅰ号	大营北	<0.4	东周		
12	大营Ⅲ号	大营西 1400 米	14.8	龙山、二里头、战国		
13	上阳贾	上阳贾北	6	仰韶、龙山、二里头、战国		
14	麻地沟	麻地沟东南 800 米	8.3	龙山		
15	土屯寨	土屯寨西北 1000 米	0.5	龙山		
16	刘家窑Ⅰ号	刘家窑北	0.3	战国		
17	刘家窑Ⅱ号	刘家窑西北 450 米	<0.4	战国		
18	咸阳	咸阳北	65	龙山、战国		
19	璜珥	璜珥西北 450 米	71.8	东周		
20	唐昌	唐昌东南 600 米	11.8	龙山、二里头、东周		
21	沙沟窑	沙沟窑东南	3.6	龙山、二里头、战国		
22	沙沟	沙沟西北 400 米	3	二里头		
23	平山梁Ⅰ号	平山梁北 350 米	0.9	东周		
24	平山梁Ⅱ号	平山梁西	10.9	龙山		
25	上吉	上吉西北 350 米	4.4	战国		
26	庄头	庄头西南 550 米	6.8	龙山、二里头、东周		
27	大东关	大东关东、南	17.3	龙山、二里头、东周		
28	上合河	上合河西北	38.2	龙山、二里头		
29	白彪	白彪西 1000 米	10.9	战国		
30	新野庄	新野庄东 800 米	19.4	龙山、二里头、东周		
31	下连狄	下连狄西南 200 米	14.4	东周		
32	黄牛	黄牛东南 1200 米	1.4	东周		
33	上连狄Ⅰ号	上连狄西南	1.6	仰韶、二里头、东周		
34	上连狄Ⅱ号	上连狄西南 250 米	28.6	龙山、二里头、东周		
35	西神头	西神头东、南	102.5	仰韶、龙山、二里头、东周		
36	土黄沟Ⅰ号	土黄沟北	5.2	龙山、战国		
37	土黄沟Ⅱ号	土黄沟西北	23.6	龙山、二里头、东周		

续表

序号	遗址名	位置	面积	时代	地形地貌	备注
38	土黄沟Ⅲ号	土黄沟西900米	4.9	龙山、二里头、东周		
39	上大林	上大林北	24.8	龙山、二里头、东周		
40	向阳Ⅰ号	向阳西北1200米	0.8	仰韶		
41	向阳Ⅱ号	向阳西南300米	1.6	仰韶、二里头、东周		
42	下申	下申北	7.2	龙山、二里头、东周		
43	上申	上申北	18.7	龙山、二里头、东周		
44	西会	西会北	8.5	龙山、二里头		
45	磨头	磨头东北850米	3	龙山、二里头、东周		
46	上神山Ⅰ号	上神山西南1700米	2.6	龙山、二里头、战国		
47	上神山Ⅱ号	上神山西南1000米	0.4	东周		
48	下神山	下神山东南500米	0.9	仰韶、龙山		
49	小泉沟Ⅰ号	小泉沟北600米	16.4	龙山、二里头		
50	小泉沟Ⅱ号	小泉沟西	2.4	二里头、东周		
51	北岗Ⅱ号	北岗西南700米	20	仰韶、龙山、东周		
52	北岗Ⅰ号	北岗西北800米	4.8	东周		
53	立道	立道西1000米	15.8	龙山		
54	尚家庄	尚家庄西南150米	0.3	东周		
55	上院Ⅱ号	上院西	12.6	龙山、东周		
56	上院Ⅰ号	上院西北1700米	1.4	东周		
57	于家沟	于家沟北	26.7	龙山、东周		
58	下院	下院西南400米	10.7	仰韶、龙山、东周		
59	南岗	南岗东北450米	3.2	龙山、二里头、战国		
60	解村	解村南	<0.4	二里头		
61	中三泉	中三泉西北900米	0.3	龙山、东周		
62	南三泉	南三泉东400米	3.5	东周		
63	小库狄	小库狄东南150米	2.2	龙山、二里头		
64	永兴庄Ⅰ号	永兴庄东北250米	41.7	龙山、东周		
65	永兴庄Ⅱ号	永兴庄西北300米	9.1	龙山、二里头、东周		
66	崖底Ⅰ号	崖底东北	62.7	龙山、二里头、东周		
67	崖底Ⅱ号	崖底西北	40.2	龙山、东周		
68	楼板寨	楼板寨西北1200米	0.9	龙山		
69	南庄头Ⅰ号	南庄头西北1000米	4	龙山、二里头、东周		
70	南庄头Ⅱ号	南庄头西北500米	3.9	龙山、二里头		
71	卫村	卫村西南400米	46.6	龙山、二里头、晚商、东周		
72	河南	河南东1200米	0.3	龙山、二里头		
73	关子	关子东	11.9	仰韶、龙山		
74	皇家庄Ⅳ	皇家庄东北350米	4.8	龙山、战国		

续表

序号	遗址名	位置	面积	时代	地形地貌	备注
75	皇家庄Ⅲ号	皇家庄西南	1.7	龙山、二里头、东周		
76	皇家庄Ⅱ号	皇家庄西	3.3	龙山、二里头、东周		
77	皇家庄Ⅰ号	皇家庄西北 350 米	6.2	龙山、东周		
78	上政化	上政化南、西	49.6	龙山、二里头、东周		
79	龙王堂	龙王堂南	4.9	龙山、二里头、东周		
80	东松彰Ⅱ号	东松彰东 550 米	2.7	龙山、战国		
81	东松彰Ⅰ号	东松彰东南 450 米	1.7	仰韶、龙山、二里头		
82	苏龙口Ⅰ号	苏龙口东北 150 米	12.4	龙山、二里头、东周		
83	苏龙口Ⅱ号	苏龙口东南 350 米	2.8	龙山、二里头、东周		
84	苏龙口Ⅲ号	苏龙口西南 450 米	10.5	龙山、二里头、周		
85	前街	郭家庄前街东 150 米	1.3	龙山、二里头		
86	南街Ⅰ号	郭家庄南街东	5.9	仰韶、龙山、二里头、东周		
87	南街Ⅱ号	郭家庄南街东南 200 米	1.8	龙山		
88	梁顶	梁顶东南 200 米	26.5	仰韶、龙山、二里头、东周		
89	下长乐Ⅰ号	下长乐南 300 米	18.5	龙山、二里头、东周		
90	下长乐Ⅱ号	下长乐西南 1500 米	4.2	仰韶、龙山、二里头		
91	上长乐Ⅰ号	上长乐东南 400 米	40.4	仰韶、龙山、二里头、东周		
92	上长乐Ⅱ号	上长乐南 750 米	10.2	龙山、二里头、东周		
93	土沟	土沟东 350 米	1.1	龙山、战国		
94	白石Ⅰ号	白石北 250 米	4	龙山、二里头		
95	白石Ⅱ号	白石南 450 米	1.5	龙山、二里头		
96	白石Ⅲ号	白石南 900 米	36.6	龙山、二里头、东周		
97	白石Ⅳ号	白石东南 1500 米	9.9	龙山、二里头、战国		
98	水沟	水沟北 550 米	7.4	仰韶、龙山、二里头、东周		
99	北王就	北王就东南 200 米	24.7	仰韶、龙山、二里头、东周		
100	南王就Ⅲ号	南王就南 150 米	9.2	龙山、二里头		
101	南王就Ⅱ号	南王就东南 750 米	1.3	东周		
102	南王就Ⅰ号	南王就东南 700 米	5.3	战国		
103	大阳Ⅱ号	大阳北 200 米	6.4	龙山、二里头、战国		
104	大阳Ⅰ号	大阳东 200 米	0.4	战国		
105	西头	西头西北 400 米	3.9	龙山、二里头		
106	临河	临河东南 650 米	1.1	龙山、二里头、战国		
107	中阳	中阳西北 250 米	2.1	龙山、二里头		
108	南头Ⅰ号	南头南 250 米	1.6	龙山、二里头、东周		
109	南头Ⅱ号	南头东 250 米	0.5	战国		
110	上庄	上庄东南 300 米	2.3	龙山、二里头、东周		
111	井沟Ⅴ号	井沟西北	2.4	龙山		

续表

序号	遗址名	位置	面积	时代	地形地貌	备注
112	井沟Ⅳ号	井沟北	<0.4	龙山		
113	井沟Ⅰ号	井沟东	0.5	龙山、晚商、东周		
114	井沟Ⅱ号	井沟南	15.3	仰韶、龙山、二里头、东周		
115	井沟Ⅲ号	井沟西南150米	28.9	仰韶、龙山、二里头、东周		
116	下木章	下木章东北400米	1.5	东周		
117	史家岗	史家岗西南100米	4.9	龙山、二里头、东周		
118	上木章Ⅰ号	上木章东北150米	0.6	二里头、战国		
119	上木章Ⅱ号	上木章北300米	13.3	仰韶、龙山、二里头、东周		
120	辛章Ⅱ号	辛章北900米	0.7	龙山、东周		
121	辛章Ⅰ号	辛章东	90.6	仰韶、龙山、二里头、东周		
122	上神头	上神头东北	4.7	龙山、东周		
123	练家岗Ⅲ号	练家岗北1500米	1.4	龙山、二里头、战国		
124	练家岗Ⅱ号	练家岗西北700米	2.1	东周		
125	练家岗Ⅰ号	练家岗西	7	仰韶、龙山、东周		
126	上封Ⅲ号	上封北400米	8.5	龙山、商、东周		
127	上封Ⅱ号	上封东北	2.1	龙山、东周		
128	上封Ⅰ号	上封东	2.5	龙山、二里头		
129	南神头	南神头东	13.3	龙山、二里头、东周		
130	峙峪Ⅰ号	峙峪南	44.6	仰韶、龙山、二里头、东周		
131	峙峪Ⅱ号	峙峪南1000米	6.3	龙山、二里头、东周		
132	停旨头Ⅱ号	停旨头北300米	2.9	龙山		
133	停旨头Ⅰ号	停旨头东南1000米	1.9	龙山		
134	子干Ⅰ号	子干东北2200米	17.9	仰韶、龙山		
135	子干Ⅱ号	子干东南	77.2	龙山、二里头、东周		
136	西南贾Ⅰ号	西南贾西北600米	27.3	龙山、二里头		
137	西南贾Ⅱ号	西南贾西	28.3	龙山、二里头		
138	西南贾Ⅲ号	西南贾东	19.4	龙山、二里头、东周		
139	新村Ⅰ号	新村东南200米	0.5	龙山、二里头		
140	新村Ⅱ号	新村南400米	7.2	仰韶、龙山、二里头、周		
141	南郭下	南郭下西南	12.7	龙山		

后　　记

　　本项目承担单位是山西省考古研究所、中国国家博物馆和忻州市文物管理处，项目负责人为宋建忠和王力之，在田野调查过程中各县相关文物部门都给予了积极的配合。

　　报告的圆满出版积聚了太多人的辛苦汗水。绪论中提到的几十位参与调查的人员，跋山涉水，风吹日晒，收集了今天报告的原始材料，此外还有不少人陆续参与了后期相关的室内工作。其中，参与了遗物、数据库整理工作的有王力之、郭银堂、李刚、钟杰、王凯峰、李志华；刘绪教授先后两次参与了全部陶片整理及断代；常怀颖参与了短期陶片整理。器物线图由程浩和吕赵力绘制。先后参与器物图扫描、处理及排图的有刘佳君、王怡萍、王力之、李鹏为、刘翠，矢量图处理及调查信息叠加则由王力之、刘佳君完成。

　　正是大家的共同努力，报告才能顺利进入文字撰写过程。各章分头编写，具体分工如下：

第一章　郭银堂

第二章　王力之

第三章　郭银堂、李刚

第四章　王力之、钟杰

第五章　王力之、郭银堂

第六章　郭银堂、王力之

初稿完成后由宋建忠、王力之分头进行审阅，最后进入出版环节。

彩版一

1.2006年上半年参加调查部分人员

（前排从左到右：王力之、冯雄杰、郝晓宏、樊娇凤、张光辉、魏石磊；
后排从左到右：陈树奇、温亮、葛茂亮、张建峰、王艳忠、王继平）

2.2006年下半年参加调查部分人员

（前排从左到右：王凯峰、梁永鹏、钟杰、康建名、陈亮、王瑞龙；
后排从左到右：王力之、张南、余勇、李刚、路宁、吕广超、李治华）

调查人员合影

彩版二

1.2007年上半年参加调查部分人员

（前排从左到右：李刚、刘华伟、张博、钟杰、韩飞、王思源；
后排从左到右：王力之、刘丁辉、王磊、黄超、童黎明、
李治华、张光辉、魏石磊、王凯峰）

2.2008年上半年参加调查部分人员

（前排从左到右：陶伟、钟杰、李治华、王凯峰；
后排从左到右：刘朋朋、荀雄、褚亚龙、冀瑞宝、刘青山、李鹏为）

调查人员合影

滹沱河上游卫星影像图

彩版四

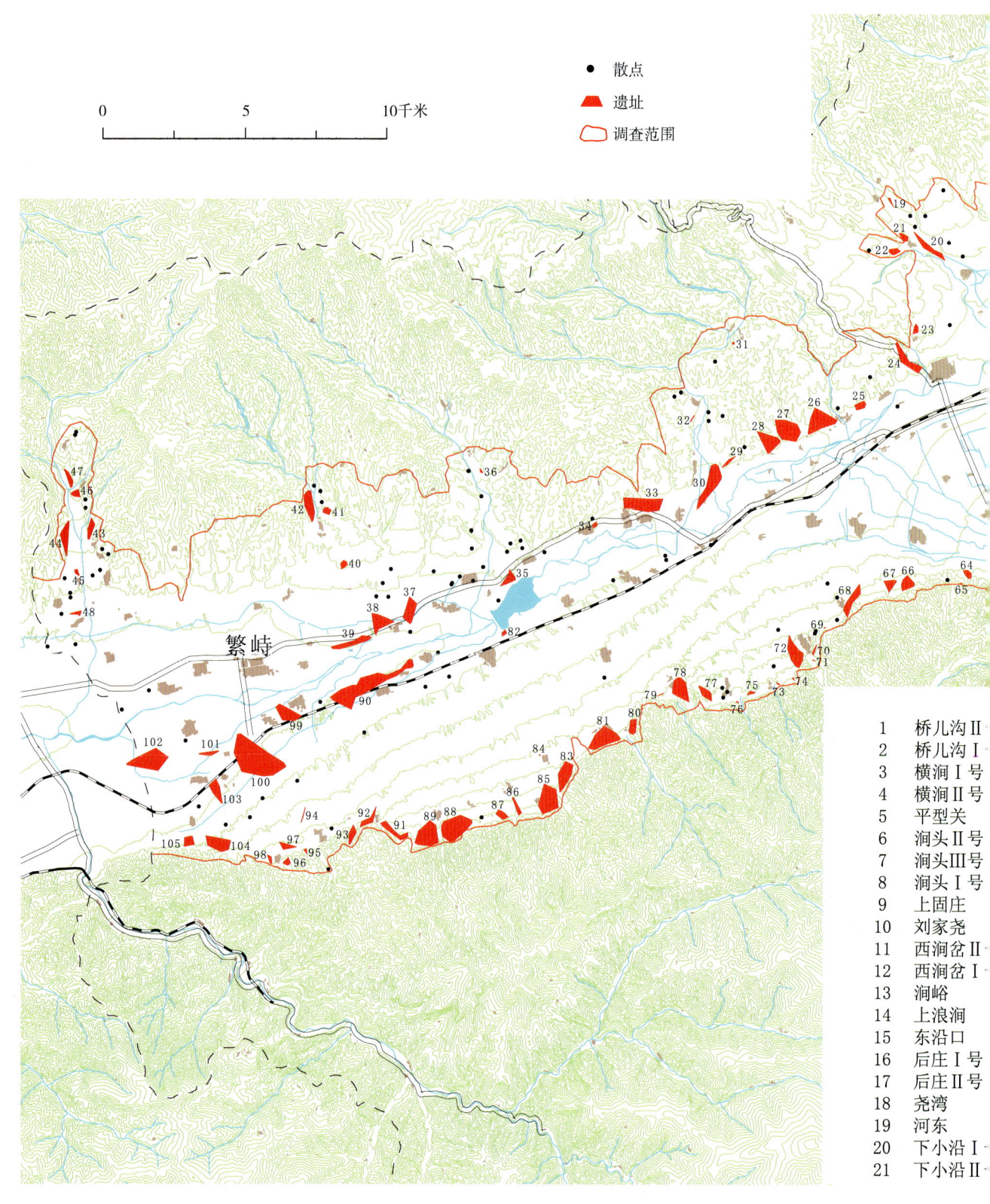

繁峙县境内

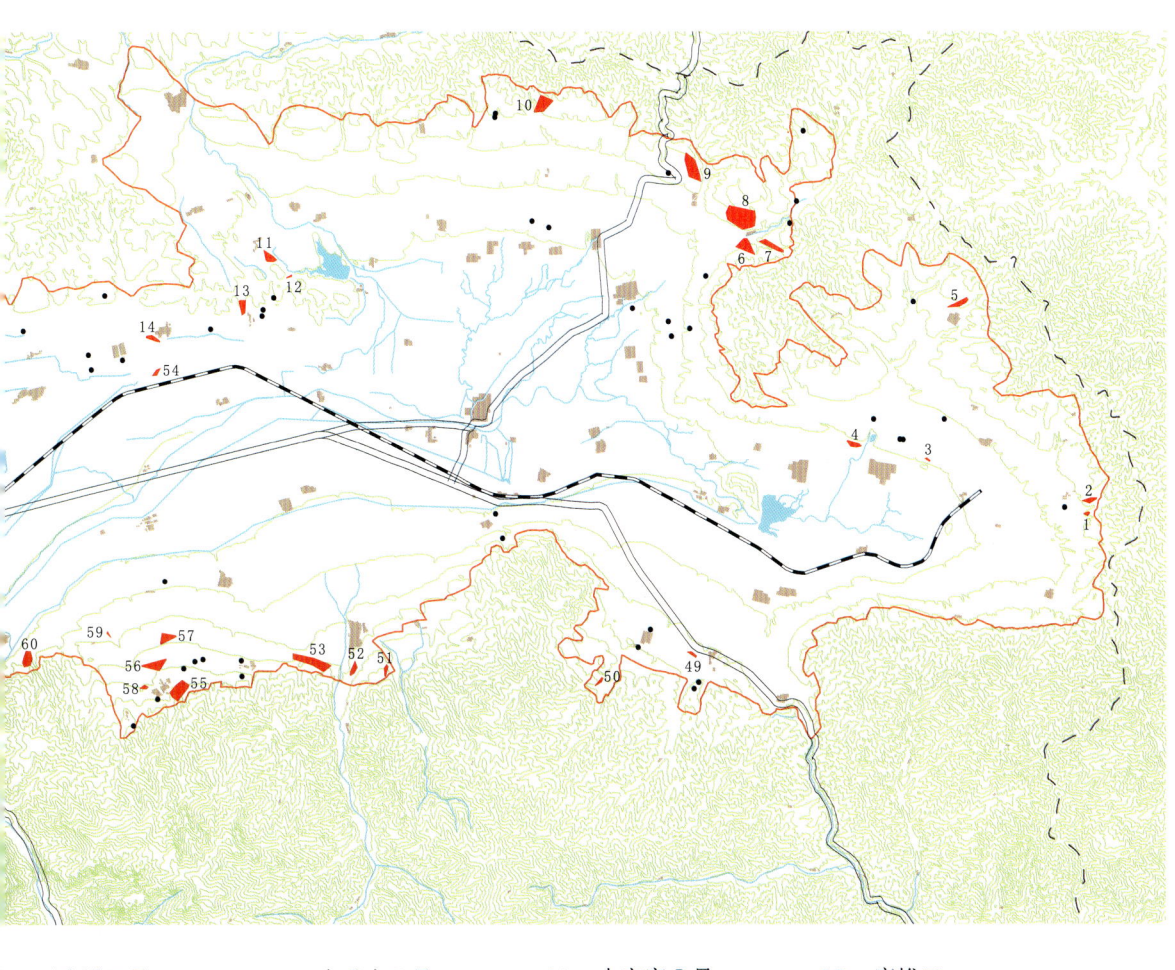

1	下小沿Ⅲ号	43	高升寨Ⅰ号	64	中庄寨Ⅰ号	85	麻峪口
2	泉沟	44	高升寨Ⅱ号	65	中庄寨Ⅱ号	86	公主Ⅰ号
3	砂河	45	高升寨Ⅲ号	66	中庄寨Ⅲ号	87	公主Ⅱ号
4	西砂河Ⅰ号	46	南湾Ⅱ号	67	中庄寨Ⅳ号	88	大峪Ⅰ号
5	西砂河Ⅱ号	47	南湾Ⅰ号	68	小宋峪Ⅰ号	89	大峪Ⅱ号
6	四美地	48	西庄	69	小宋峪Ⅱ号	90	铁家会
7	兴旺庄	49	云雾峪	70	大宋峪Ⅰ号	91	黄家庄Ⅰ号
8	北胜地	50	老石塘沟	71	大宋峪Ⅱ号	92	黄家庄Ⅱ号
9	下双井	51	小柏峪Ⅲ号	72	大宋峪Ⅲ号	93	北家岭
10	上双井	52	小柏峪Ⅱ号	73	小木瓜Ⅱ号	94	泽萌泉Ⅰ号
11	净林	53	小柏峪Ⅰ号	74	小木瓜Ⅰ号	95	泽萌泉Ⅱ号
12	下永兴	54	西淤地	75	大木瓜Ⅰ号	96	鳌子头Ⅰ号
13	大沟	55	天岩Ⅰ号	76	大木瓜Ⅱ号	97	鳌子头Ⅲ号
14	下茹越	56	天岩Ⅲ号	77	大木瓜Ⅲ号	98	鳌子头Ⅱ号
15	赵家峪	57	天岩Ⅱ号	78	小李牛Ⅰ号	99	南关
16	作头Ⅰ号	58	天岩Ⅳ号	79	小李牛Ⅱ号	100	杏园
17	作头Ⅱ号	59	新蛟坨	80	大李牛Ⅰ号	101	古家庄Ⅱ号
18	作头Ⅲ号	60	山会Ⅱ号	81	大李牛Ⅱ号	102	古家庄Ⅰ号
19	赵家庄Ⅲ号	61	山会Ⅰ号	82	华岩	103	大砂
20	赵家庄Ⅰ号	62	南峪口Ⅰ号	83	梨峪Ⅱ号	104	岗里Ⅰ号
21	赵家庄Ⅱ号	63	南峪口Ⅱ号	84	梨峪Ⅰ号	105	岗里Ⅱ号

遗址分布图

彩版五

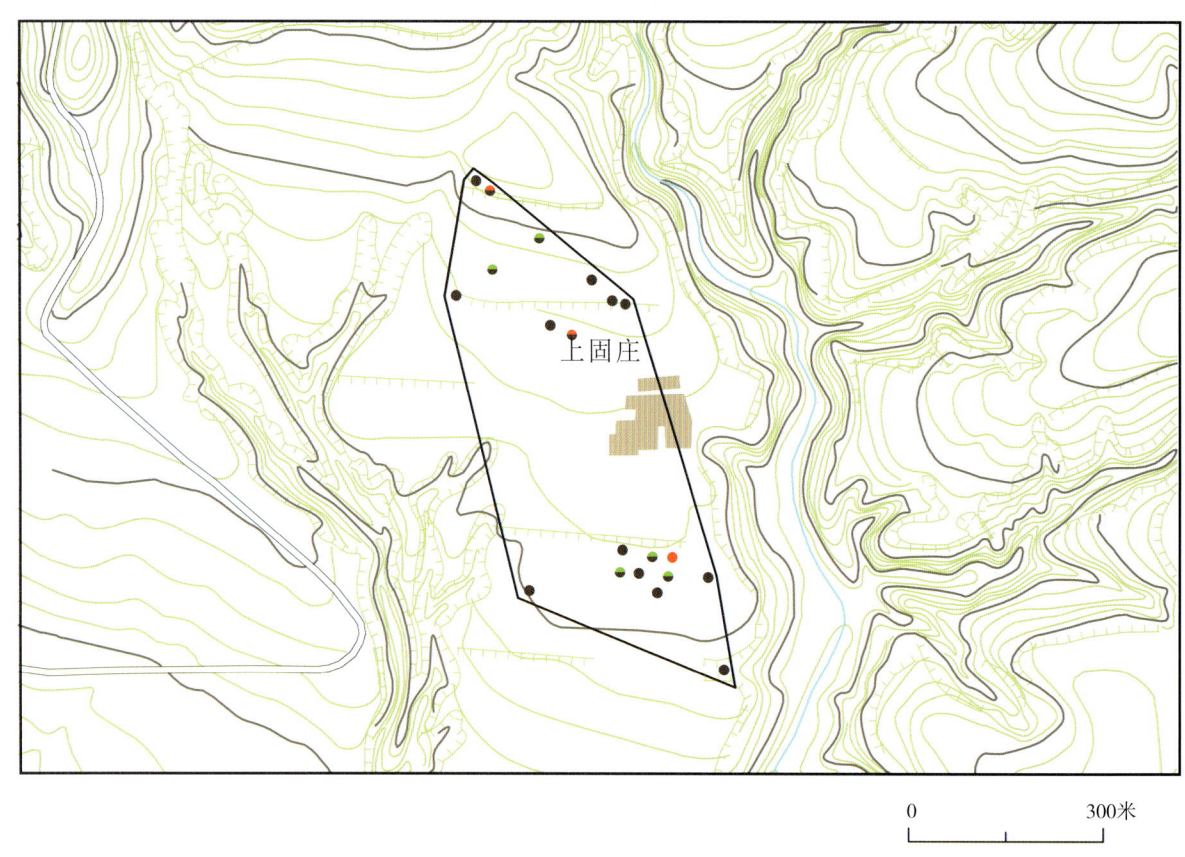

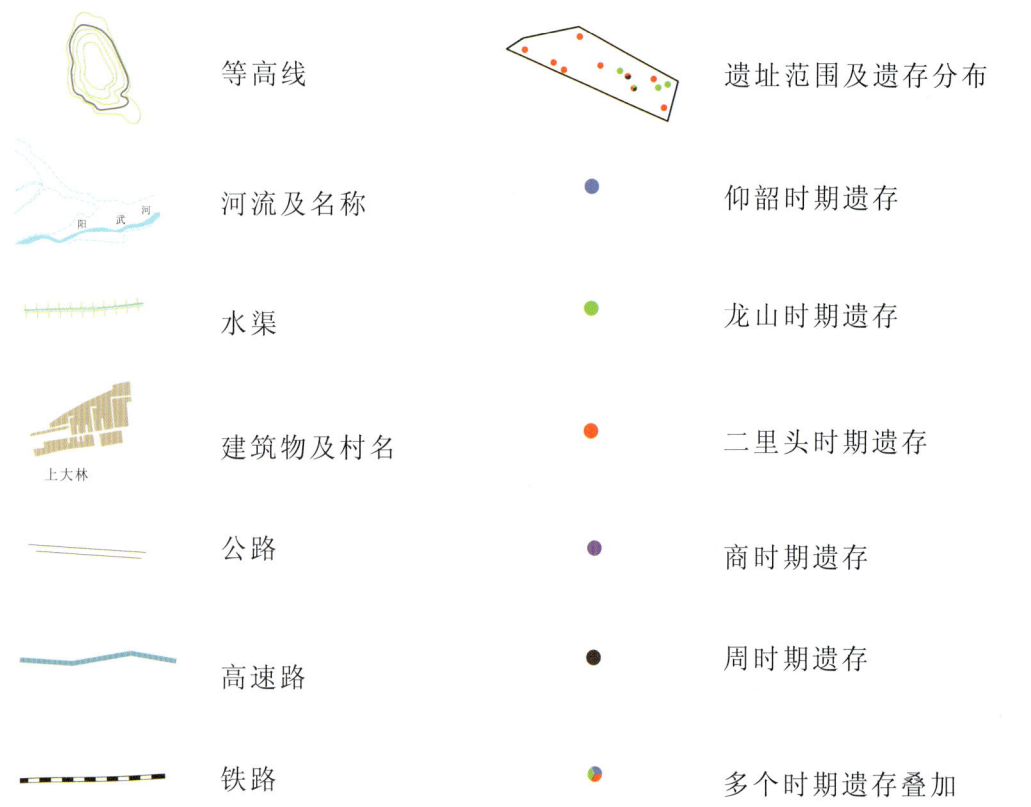

上固庄遗址遗存分布图

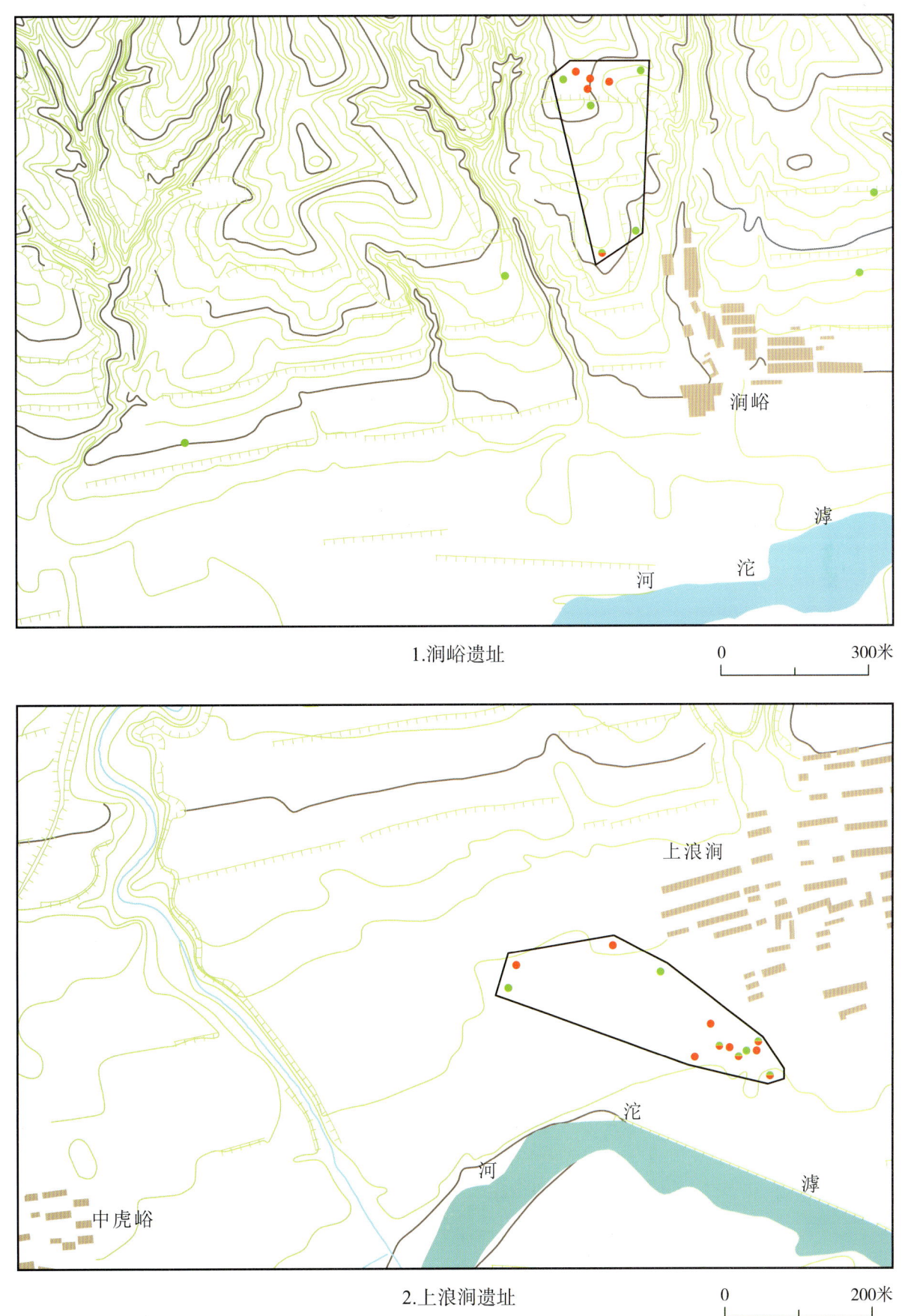

1. 涧峪遗址

2. 上浪涧遗址

涧峪和上浪涧遗址遗存分布图

彩版七

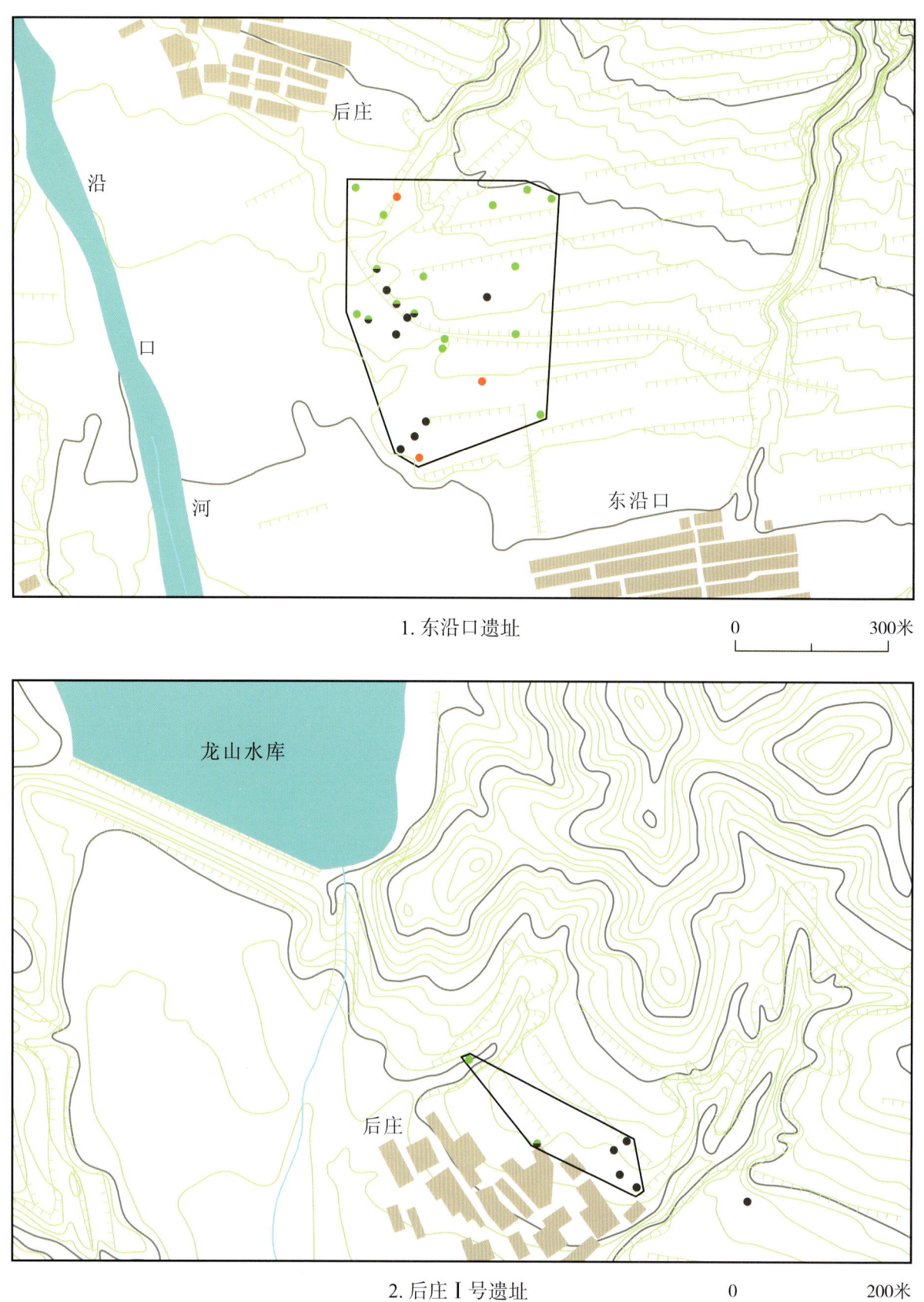

1. 东沿口遗址

2. 后庄Ⅰ号遗址

东沿口和后庄Ⅰ号遗址遗存分布图

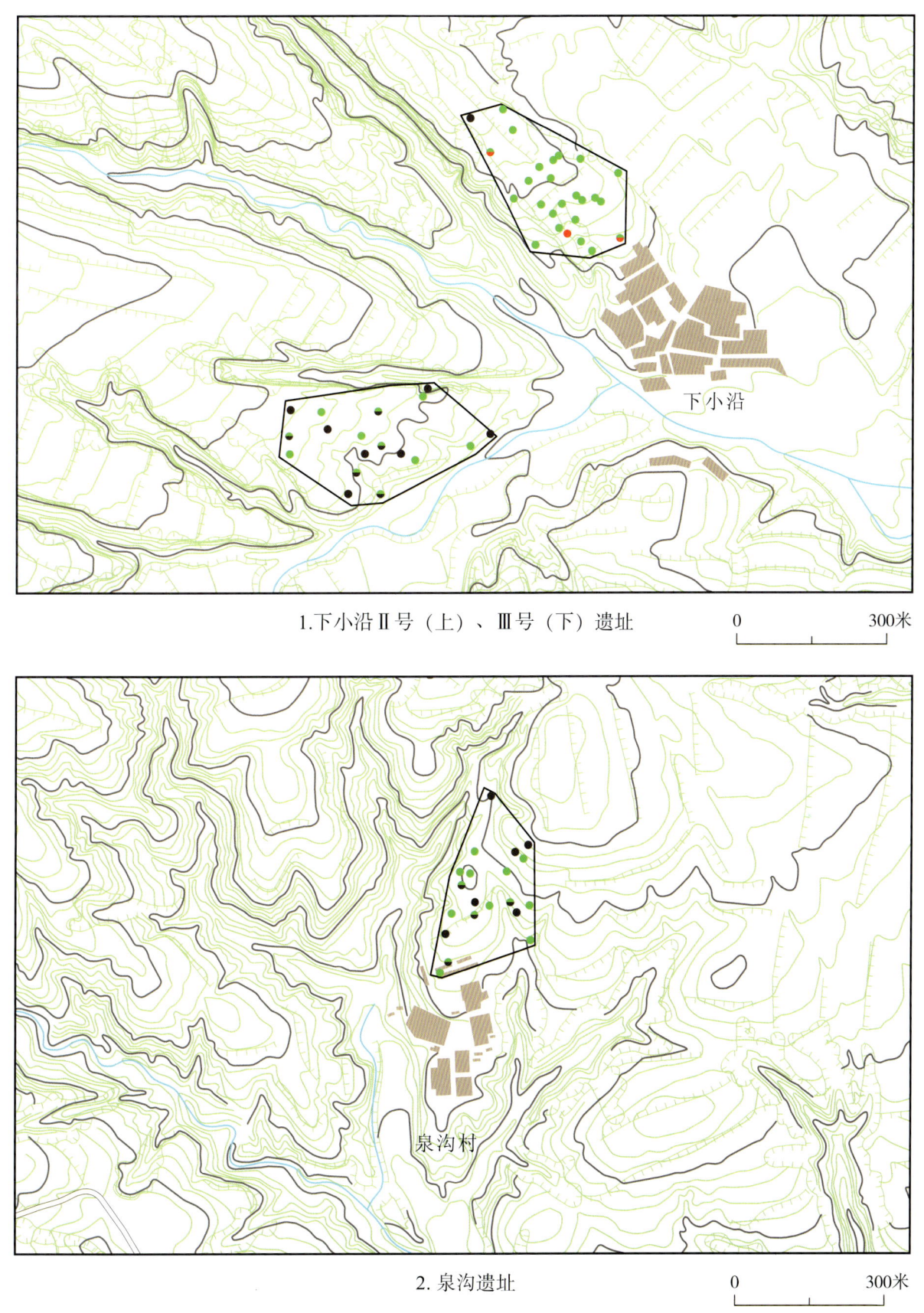

1. 下小沿Ⅱ号（上）、Ⅲ号（下）遗址

2. 泉沟遗址

下小沿Ⅱ号、Ⅲ号和泉沟遗址遗存分布图

彩版九

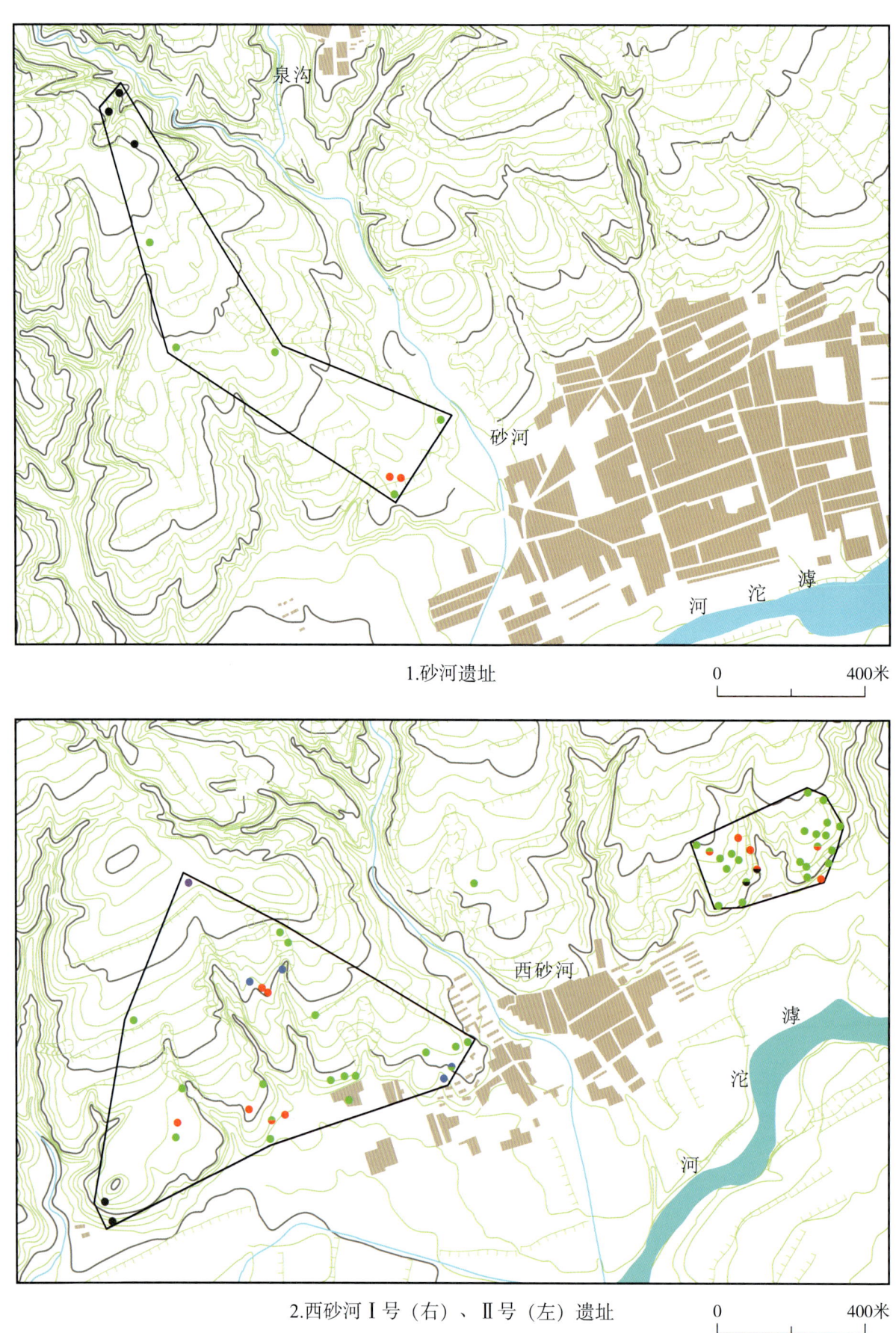

1. 砂河遗址

2. 西砂河Ⅰ号（右）、Ⅱ号（左）遗址

砂河和西砂河Ⅰ号、Ⅱ号遗址遗存分布图

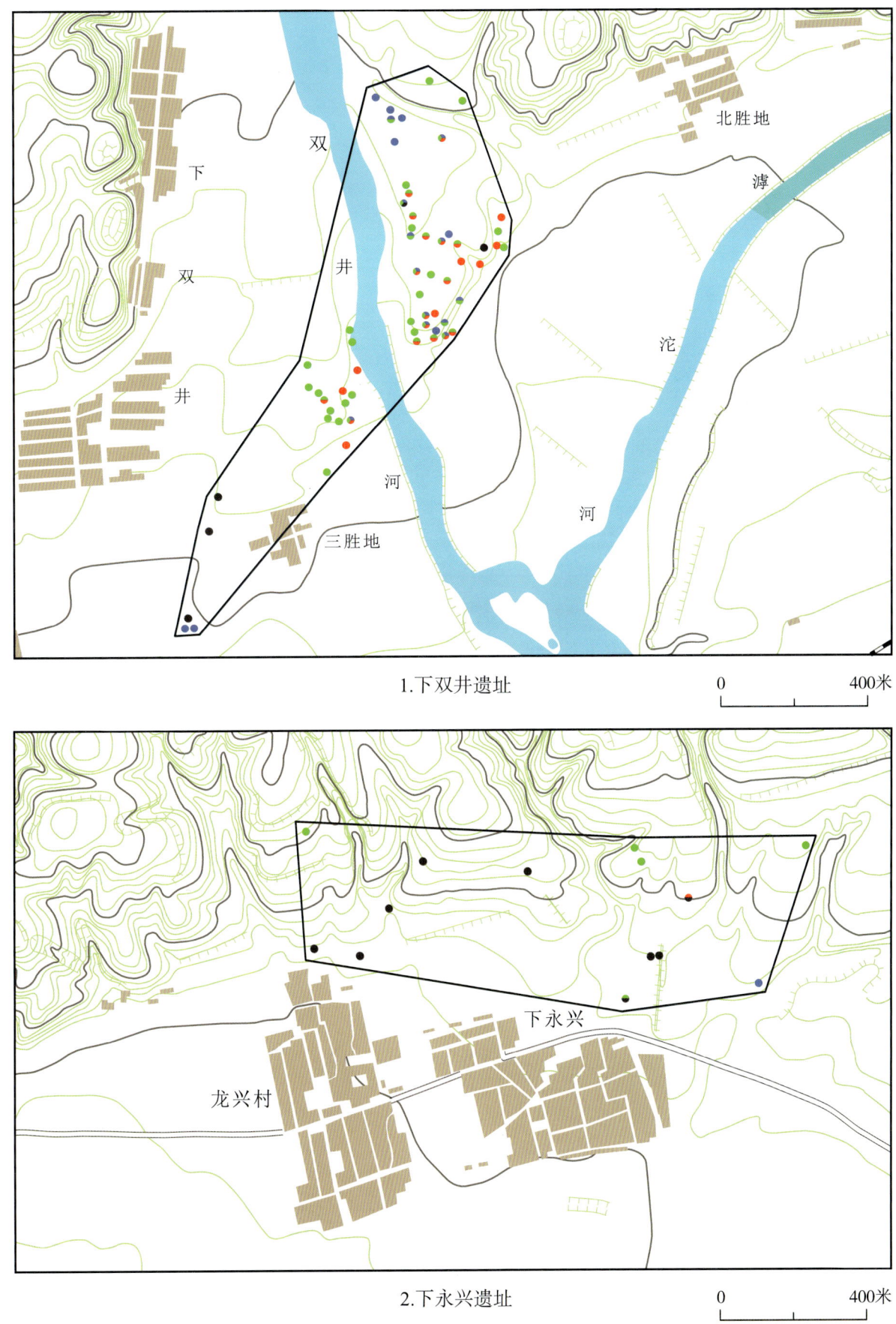

1. 下双井遗址

2. 下永兴遗址

下双井和下永兴遗址遗存分布图

彩版一一

1. 大沟遗址

2. 下茹越遗址

大沟和下茹越遗址遗存分布图

1. 作头Ⅰ号（右）、Ⅱ号（左）遗址

2. 作头Ⅲ号遗址

作头Ⅰ号、Ⅱ号、Ⅲ号遗址遗存分布图

彩版一三

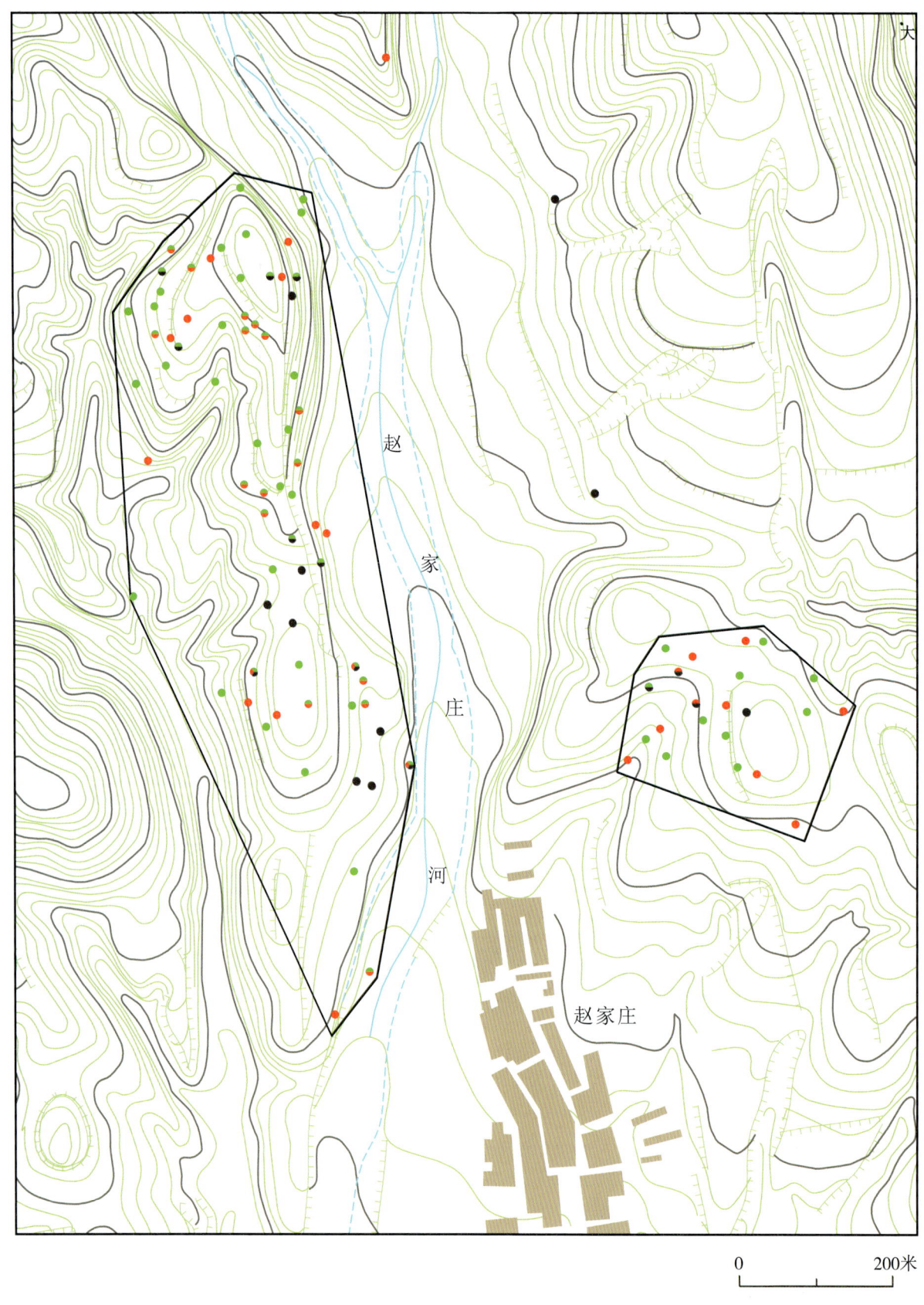

赵家庄Ⅰ号（右）、Ⅱ号（左）遗址遗存分布图

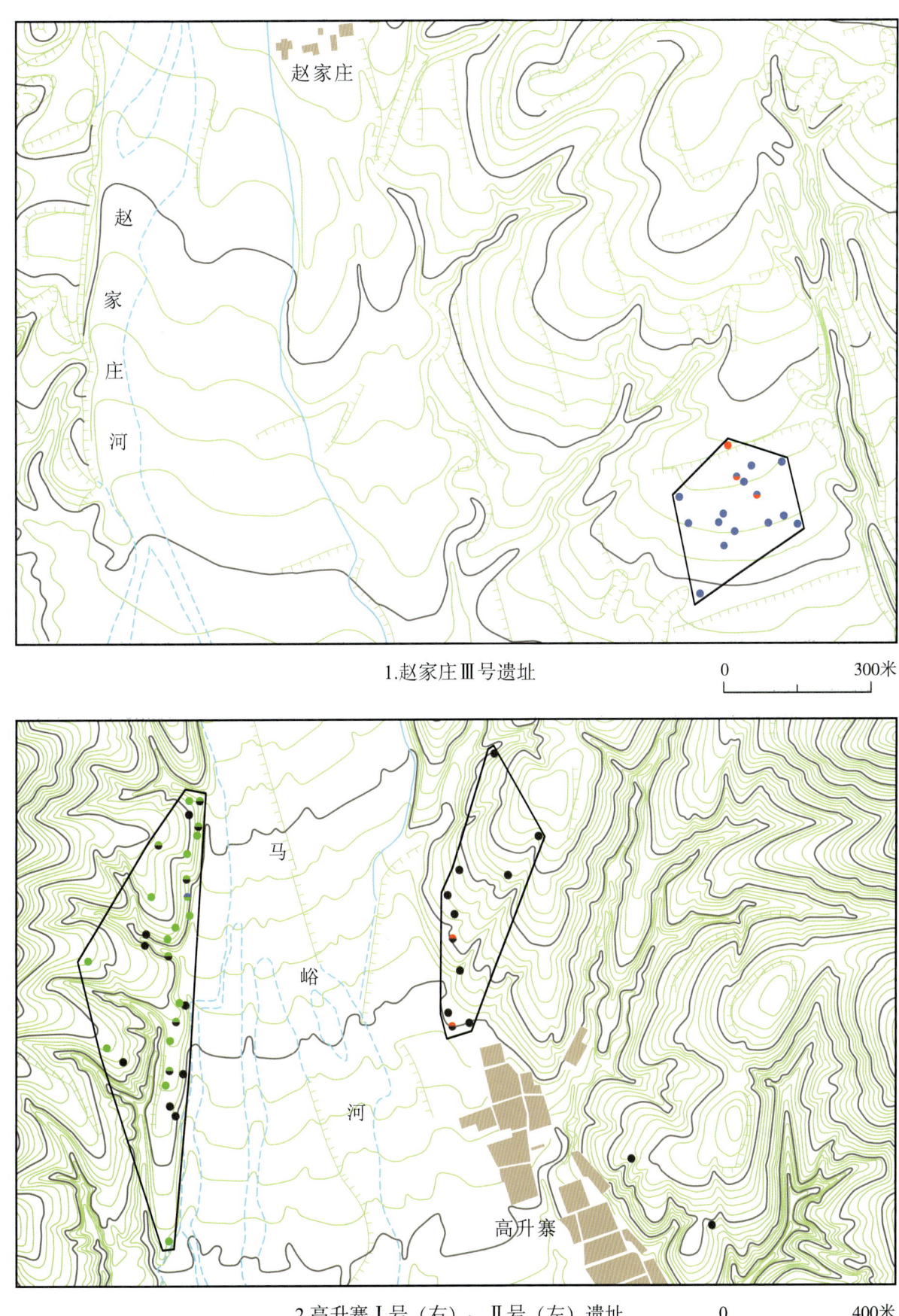

1. 赵家庄Ⅲ号遗址

2. 高升寨Ⅰ号（右）、Ⅱ号（左）遗址

赵家庄Ⅲ号和高升寨Ⅰ号、Ⅱ号遗址遗存分布图

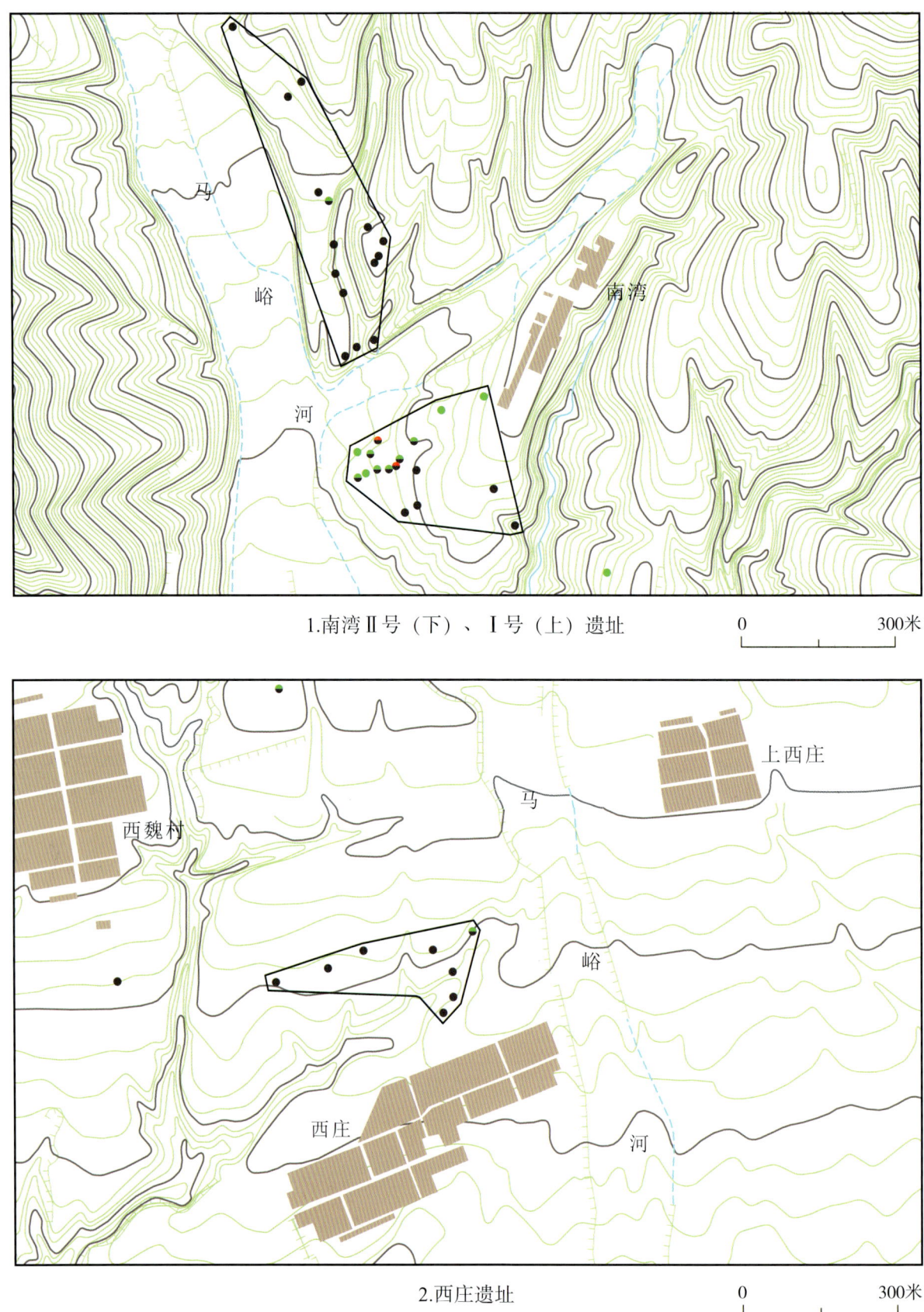

1. 南湾Ⅱ号（下）、Ⅰ号（上）遗址

2. 西庄遗址

南湾Ⅱ号、Ⅰ号和西庄遗址遗存分布图

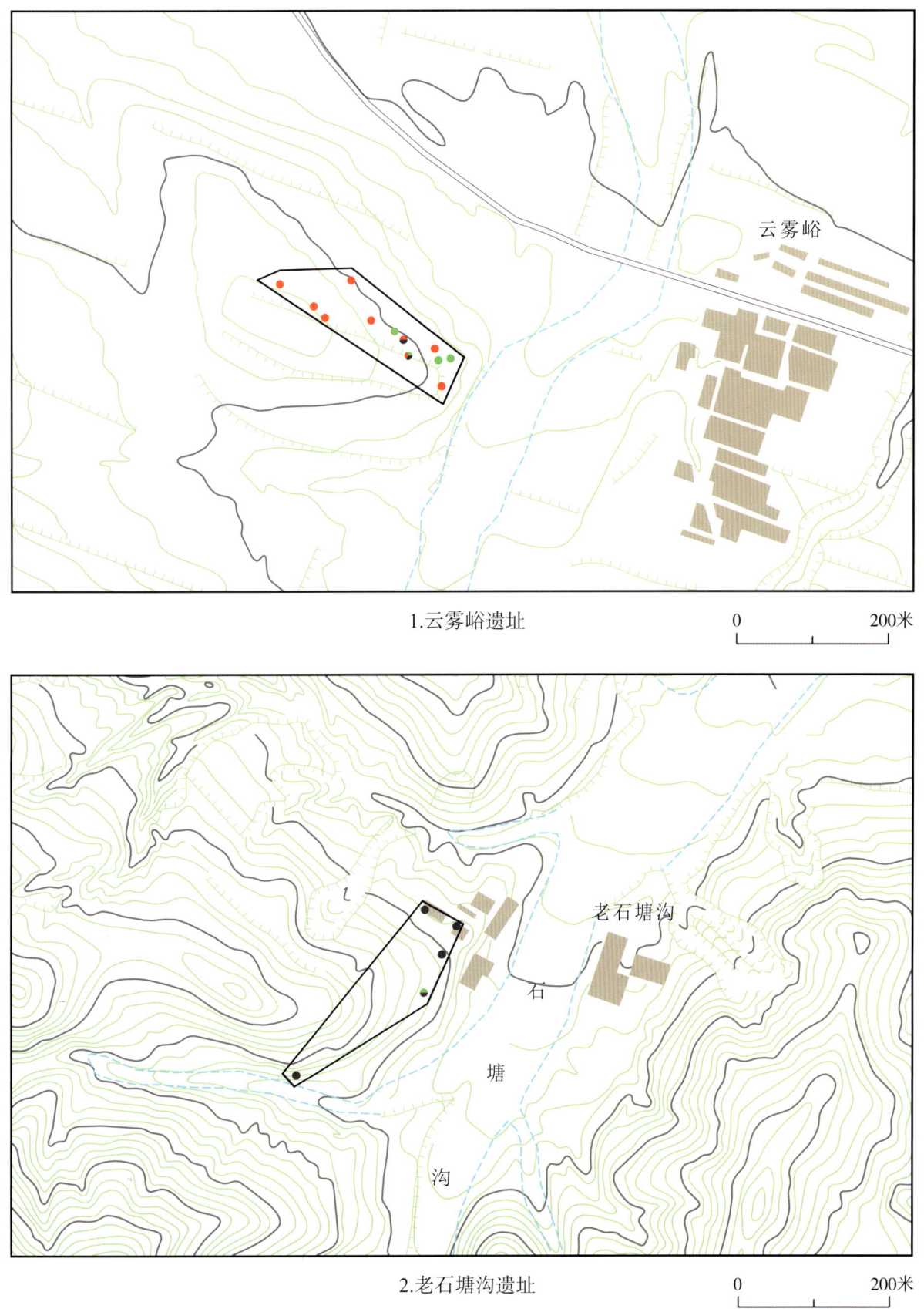

1. 云雾峪遗址

2. 老石塘沟遗址

云雾峪和老石塘沟遗址遗存分布图

彩版一七

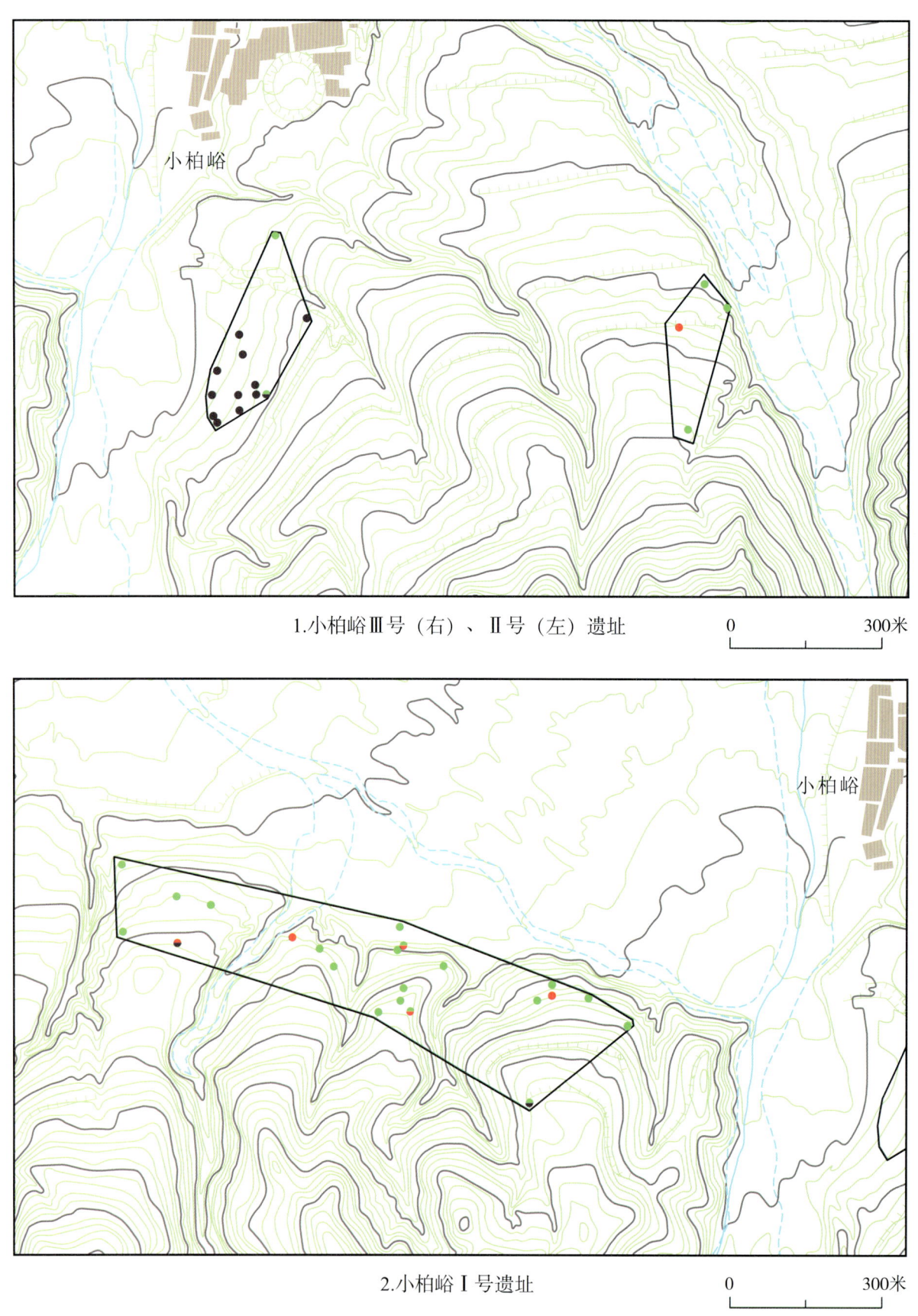

1. 小柏峪Ⅲ号（右）、Ⅱ号（左）遗址

2. 小柏峪Ⅰ号遗址

小柏峪Ⅲ号、Ⅱ号、Ⅰ号遗址遗存分布图

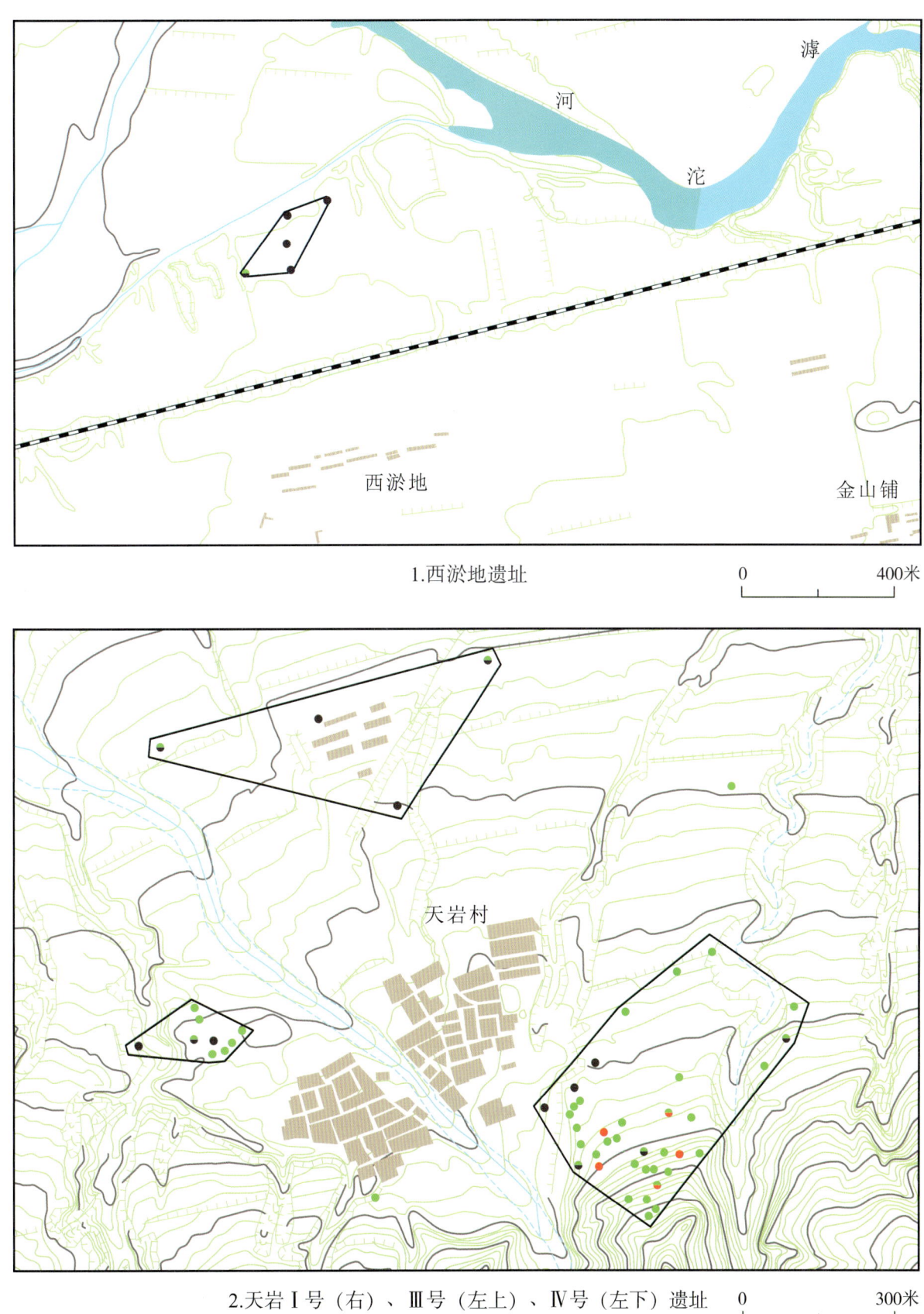

1. 西淤地遗址

2. 天岩Ⅰ号（右）、Ⅲ号（左上）、Ⅳ号（左下）遗址

西淤地和天岩Ⅰ号、Ⅲ号、Ⅳ号遗址遗存分布图

彩版一九

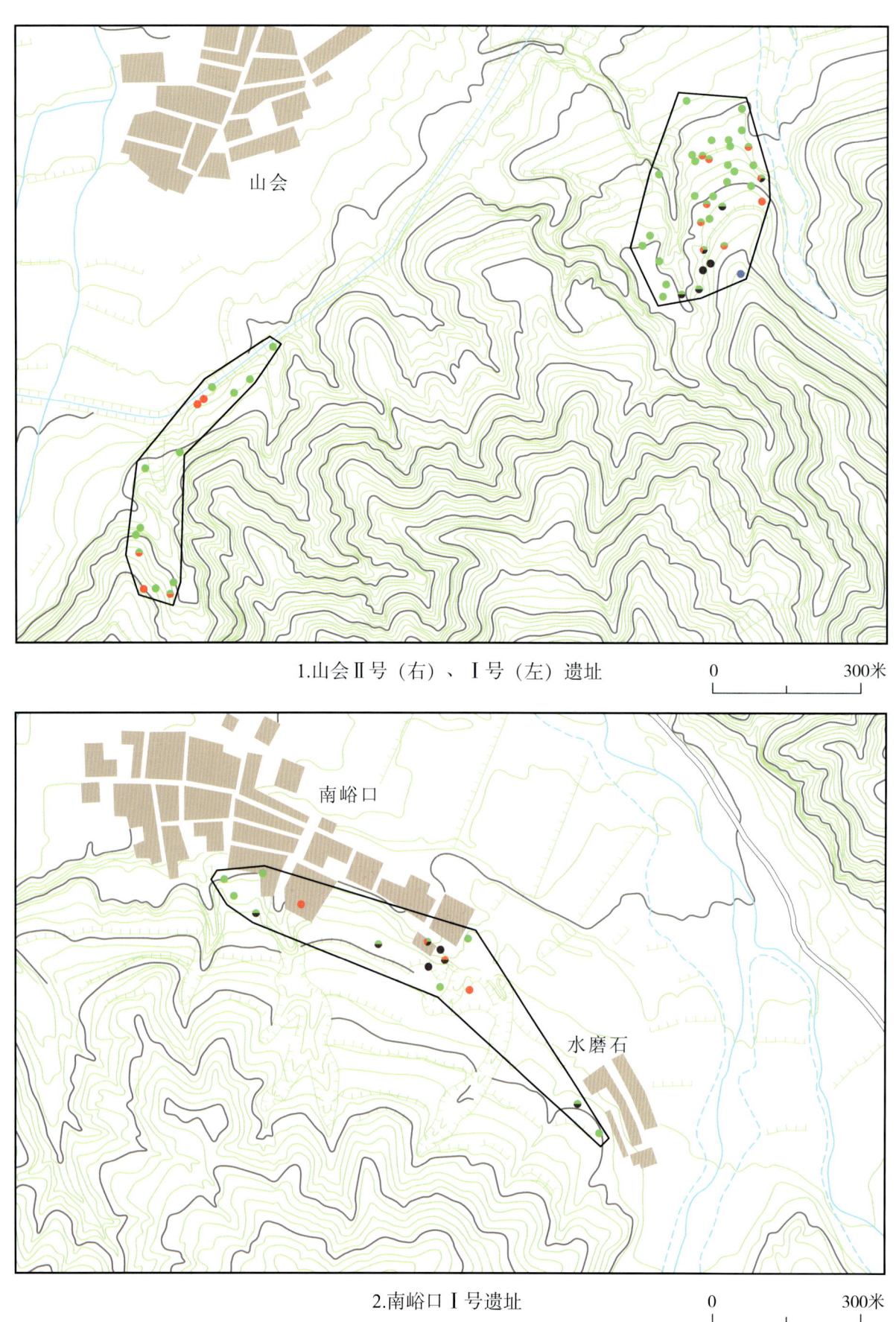

1. 山会Ⅱ号（右）、Ⅰ号（左）遗址

2. 南峪口Ⅰ号遗址

山会Ⅱ号、Ⅰ号和南峪口Ⅰ号遗址遗存分布图

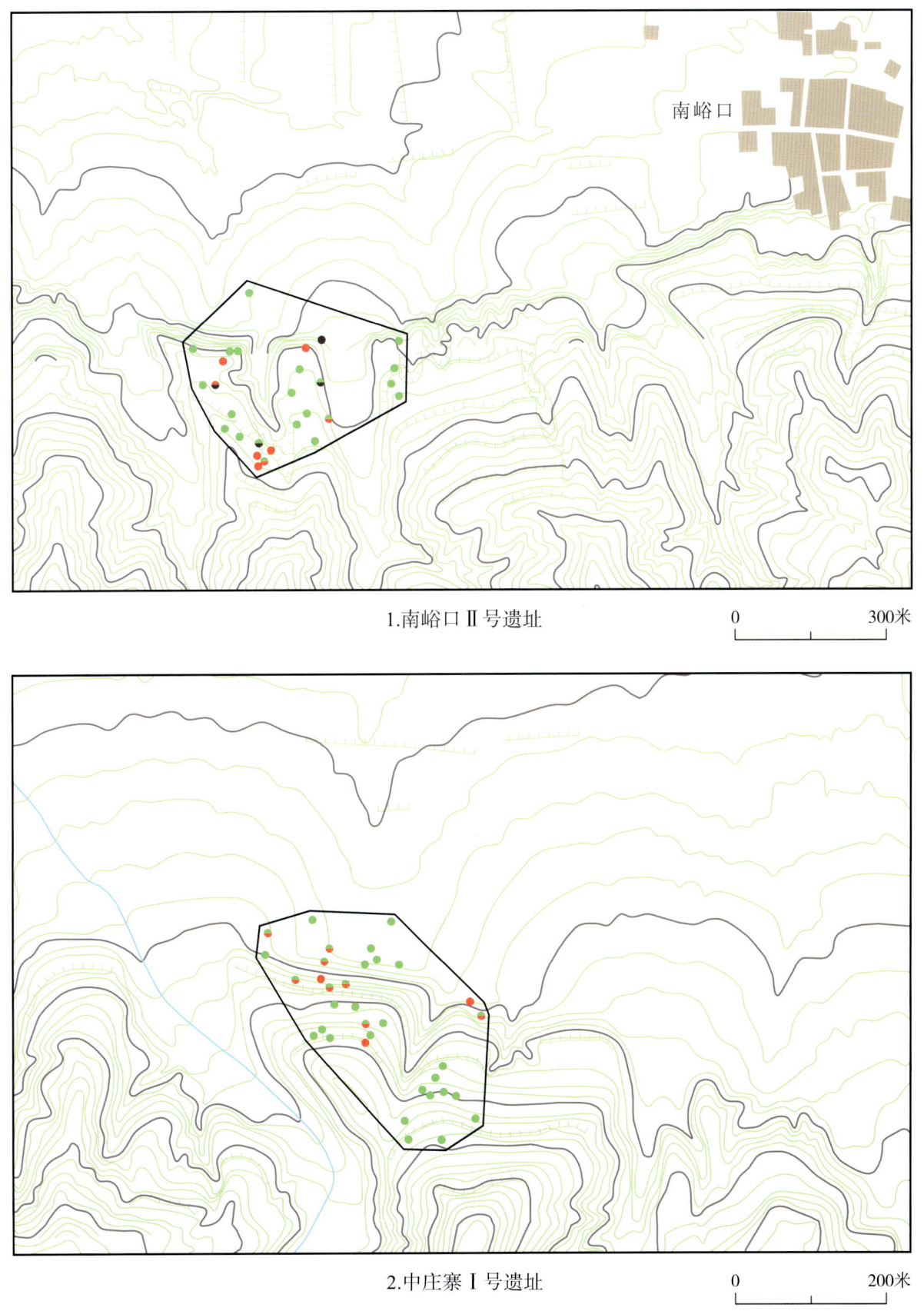

1. 南峪口Ⅱ号遗址

2. 中庄寨Ⅰ号遗址

南峪口Ⅱ号和中庄寨Ⅰ号遗址遗存分布图

彩版二一

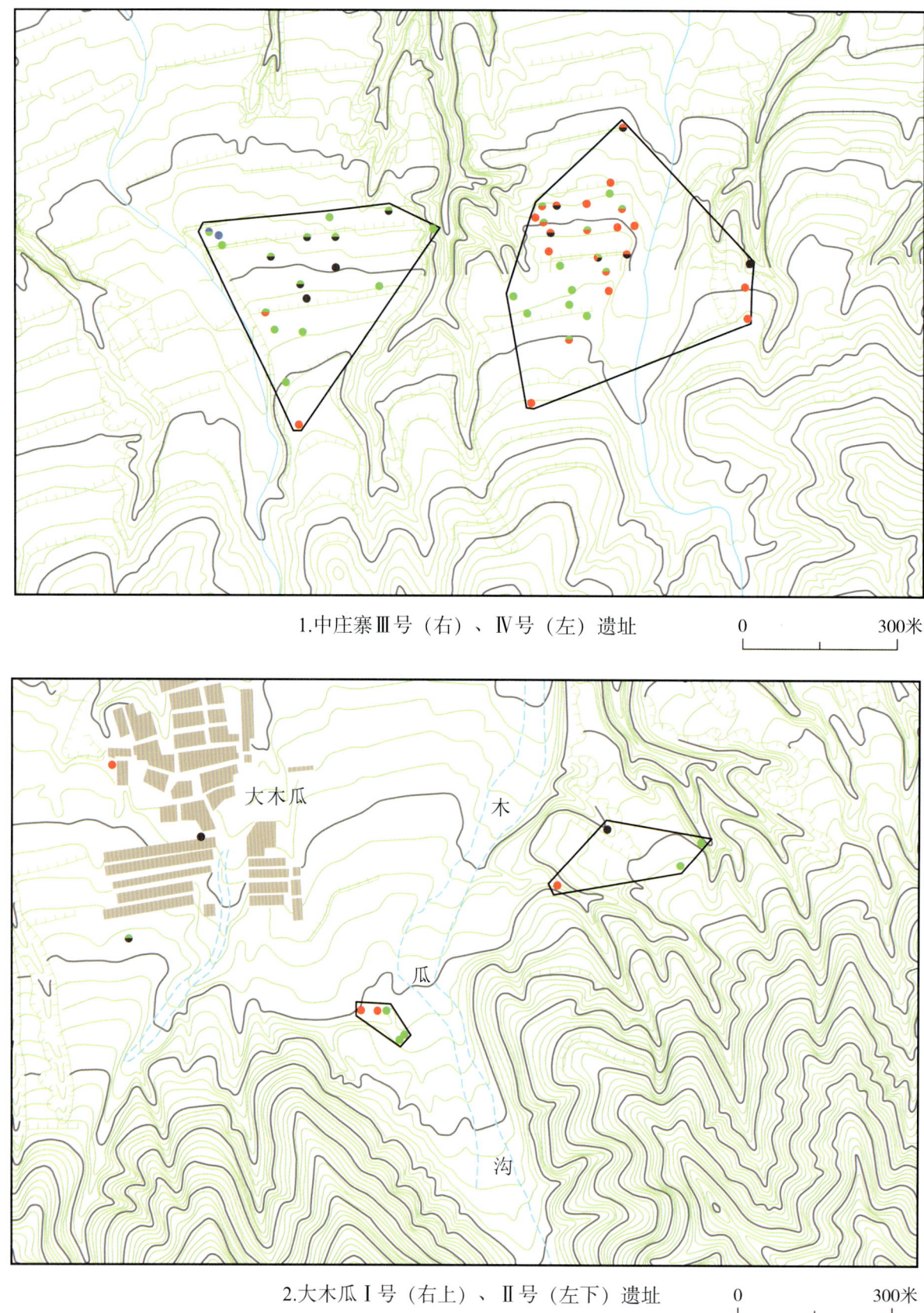

1. 中庄寨Ⅲ号（右）、Ⅳ号（左）遗址　　0　300米

2. 大木瓜Ⅰ号（右上）、Ⅱ号（左下）遗址　　0　300米

中庄寨Ⅲ号、Ⅳ号和大木瓜Ⅰ号、Ⅱ号遗址遗存分布图

小宋峪Ⅰ号（右上）、Ⅱ号（左下）遗址遗存分布图

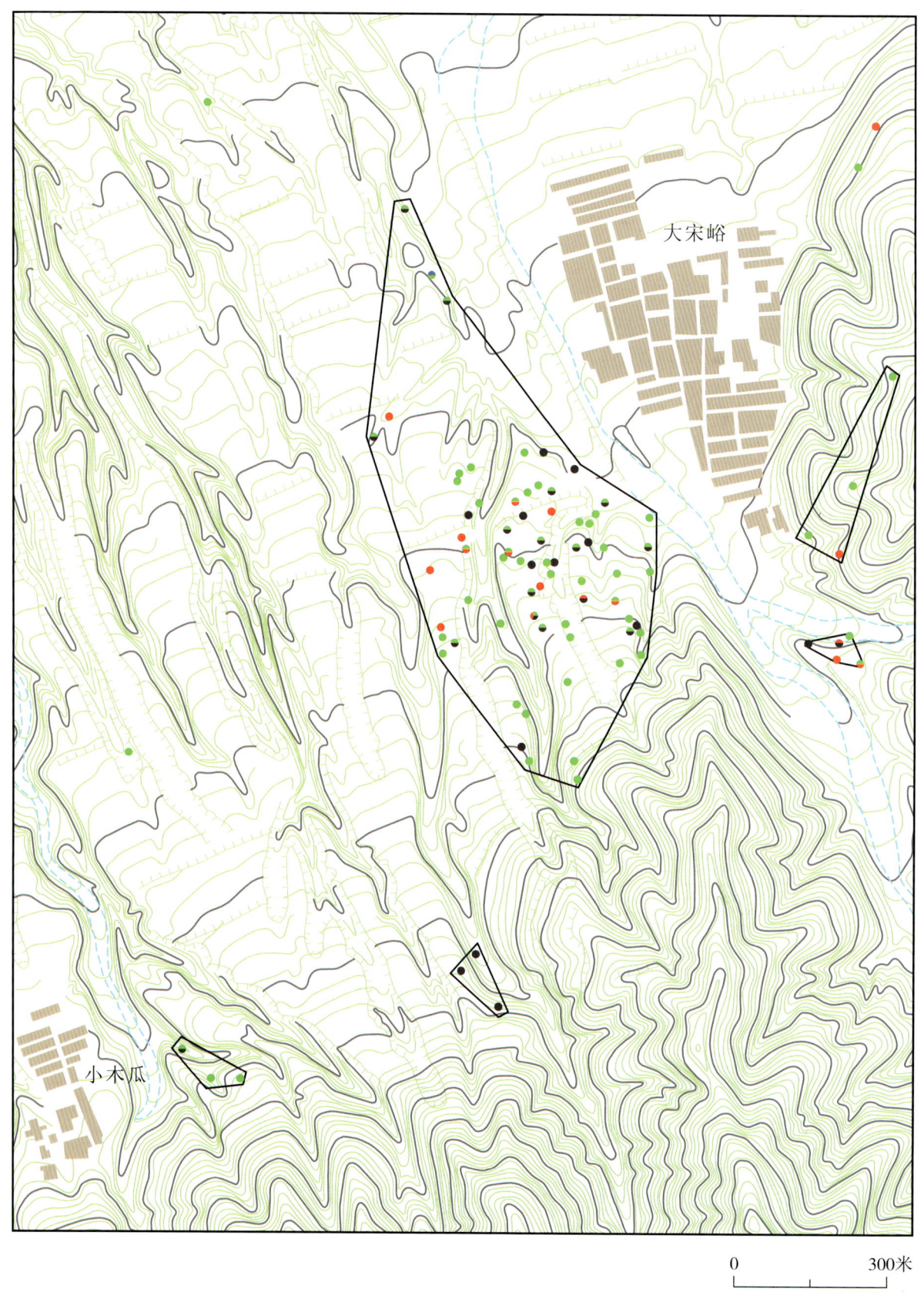

大宋峪Ⅰ号（右上）、Ⅱ号（右下）、Ⅲ号（中上）和
小木瓜Ⅱ号（左）、Ⅰ号（中下）遗址遗存分布图

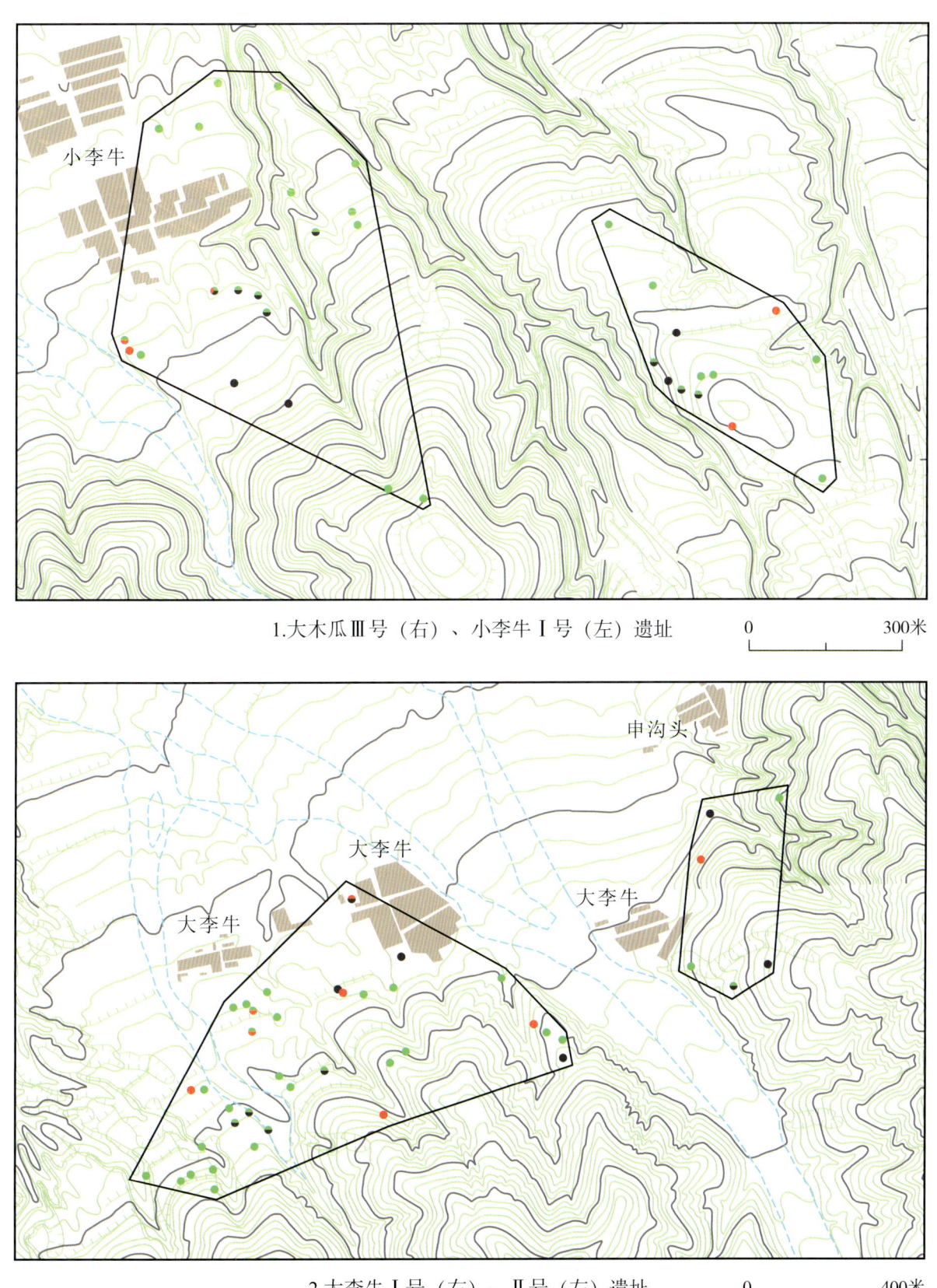

1. 大木瓜Ⅲ号（右）、小李牛Ⅰ号（左）遗址

2. 大李牛Ⅰ号（右）、Ⅱ号（左）遗址

大木瓜Ⅲ号、小李牛Ⅰ号和大李牛Ⅰ号、Ⅱ号遗址遗存分布图

彩版二五

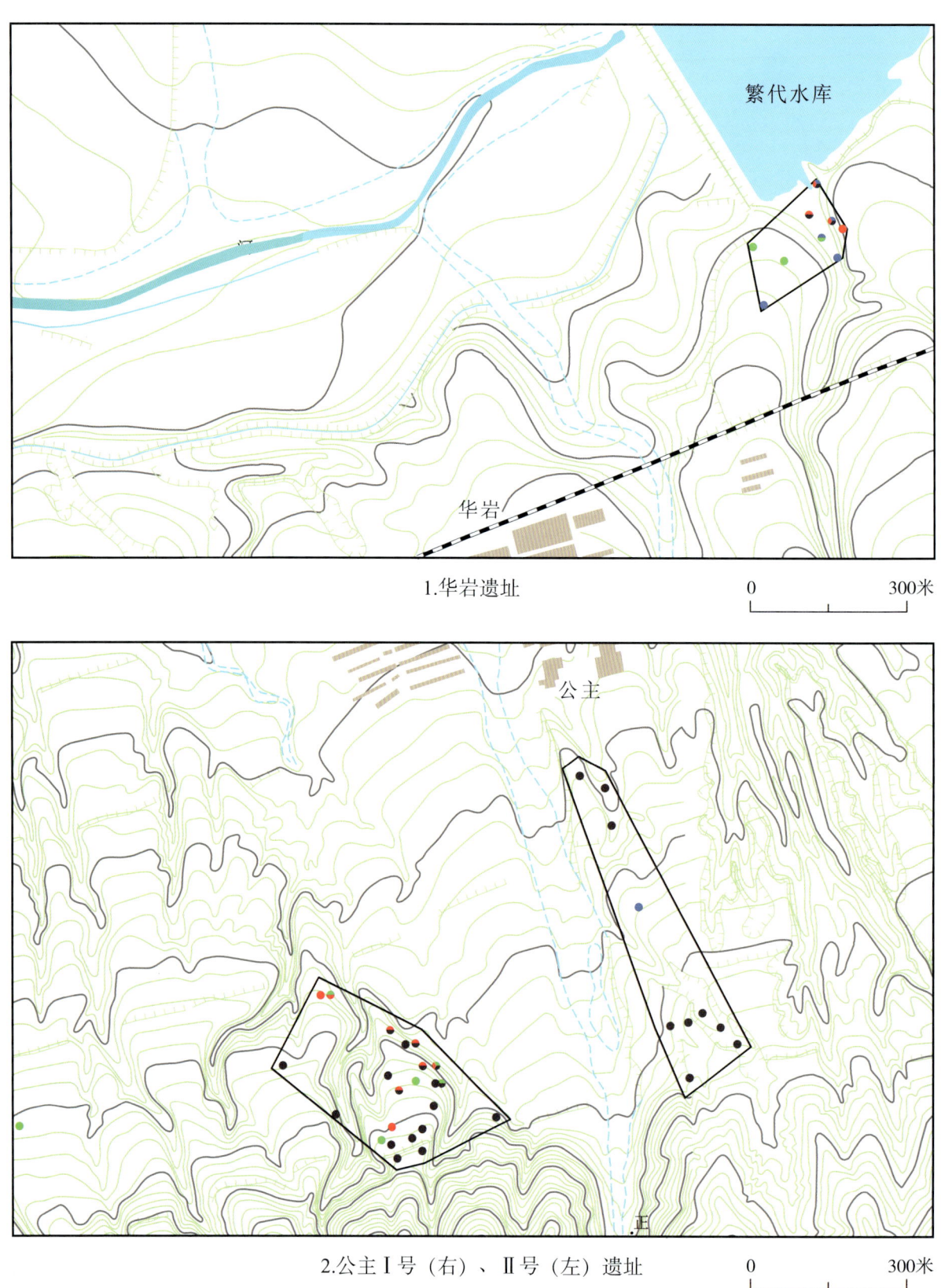

1. 华岩遗址　　0　300米

2. 公主Ⅰ号（右）、Ⅱ号（左）遗址　　0　300米

华岩和公主Ⅰ号、Ⅱ号遗址遗存分布图

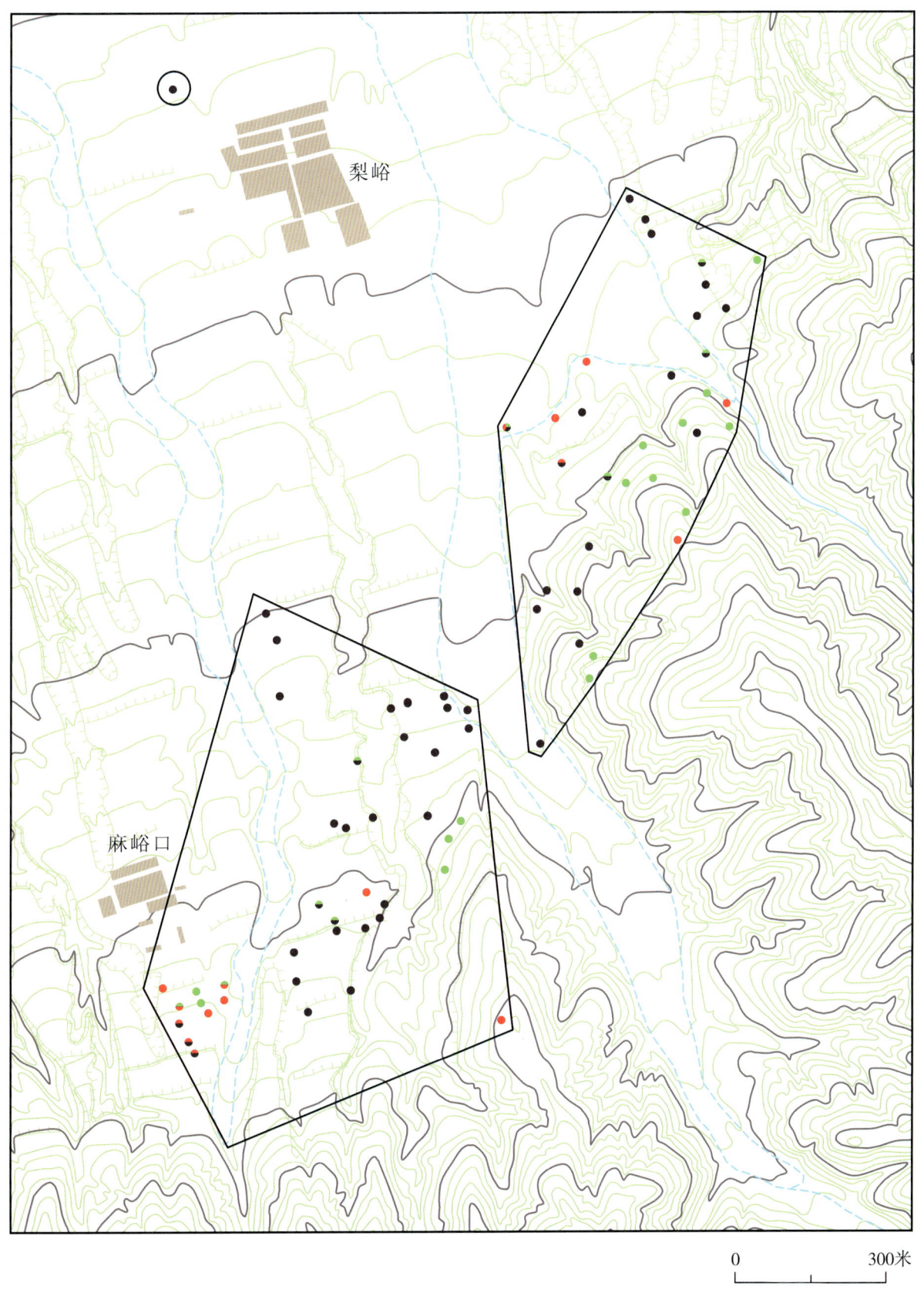

梨峪Ⅱ号（右）、Ⅰ号（左上）和麻峪口（左下）遗址
遗存分布图

彩版二七

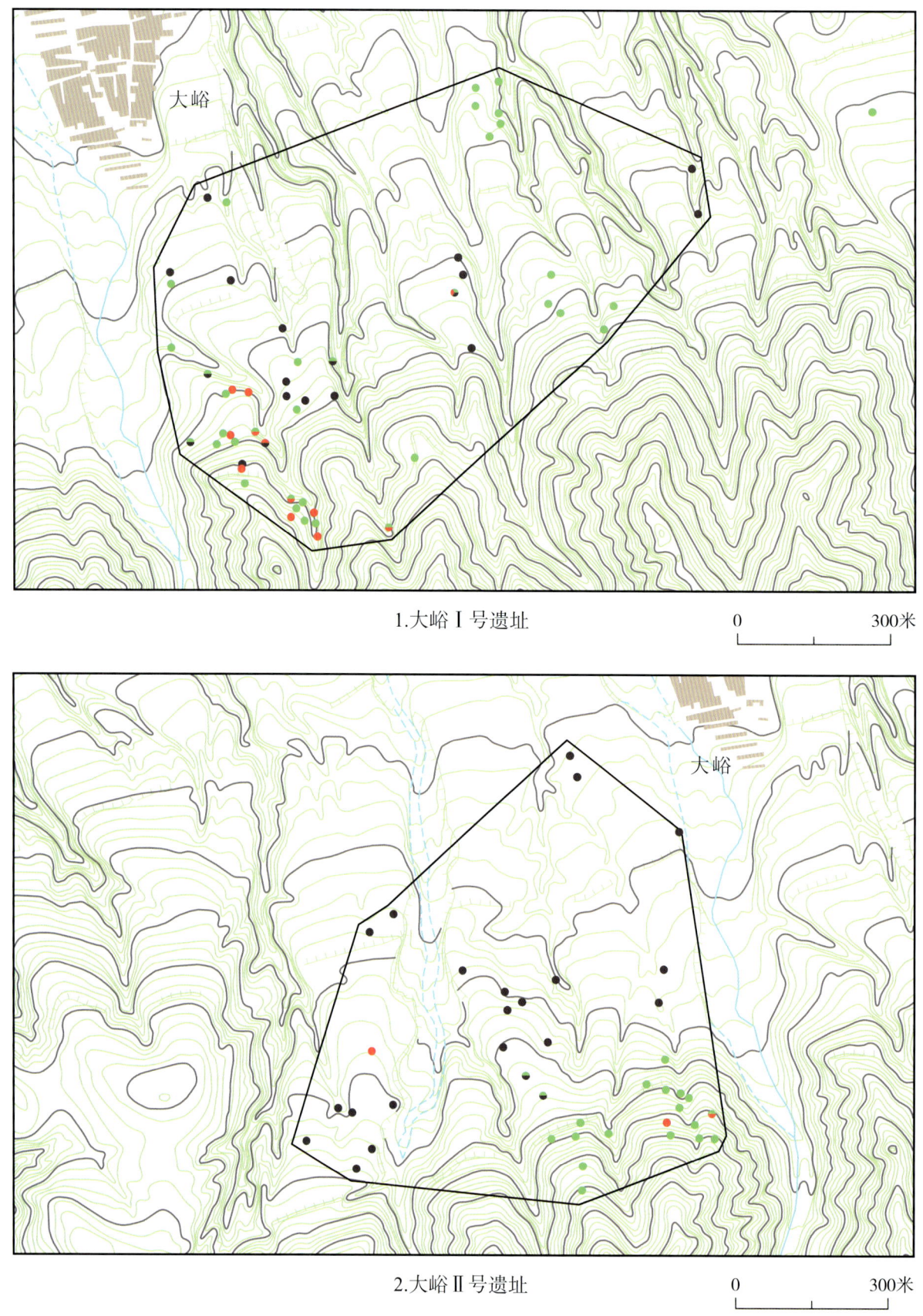

1. 大峪Ⅰ号遗址

2. 大峪Ⅱ号遗址

大峪Ⅰ号、Ⅱ号遗址遗存分布图

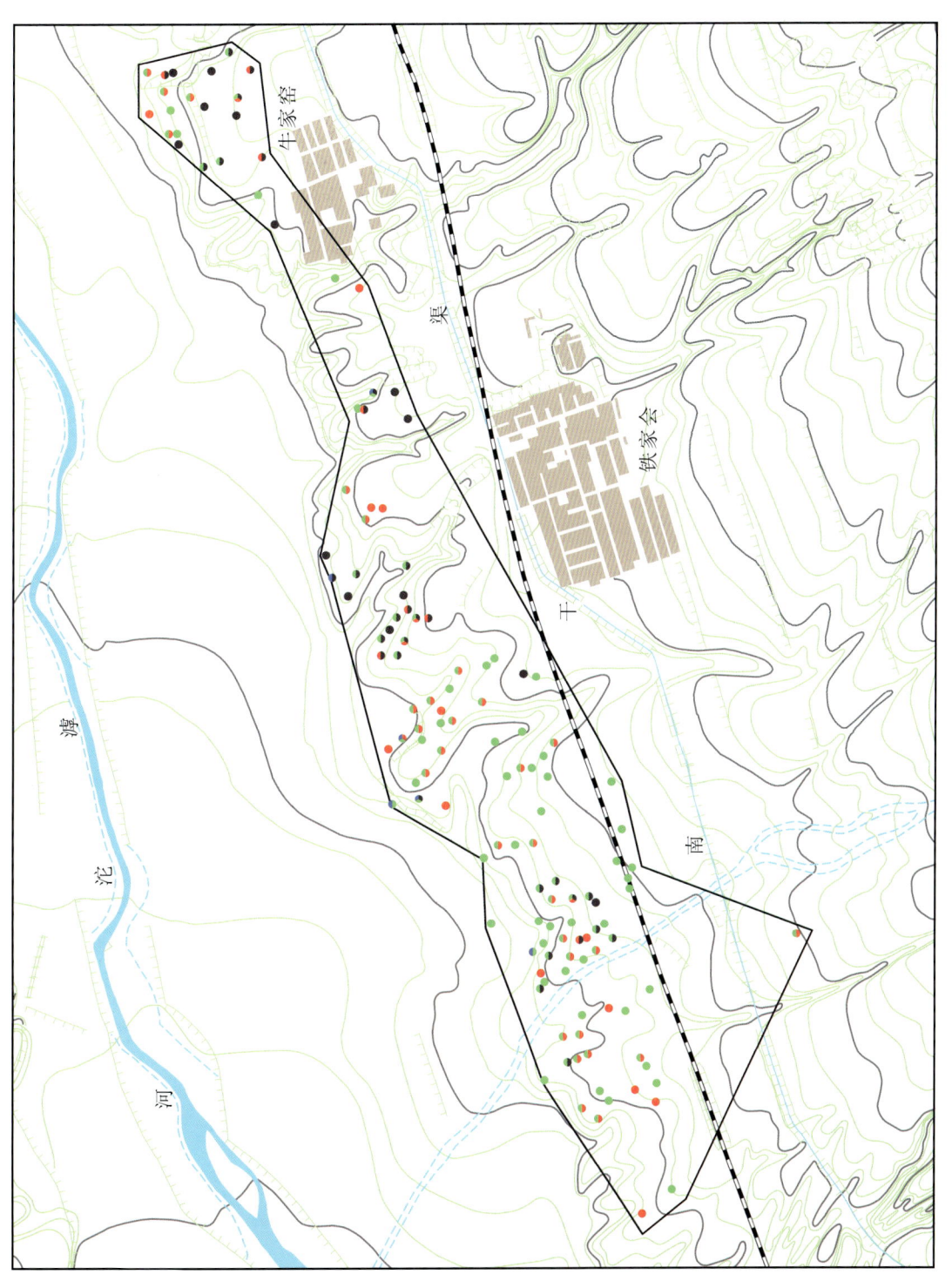

铁家会遗址遗存分布图

彩版二九

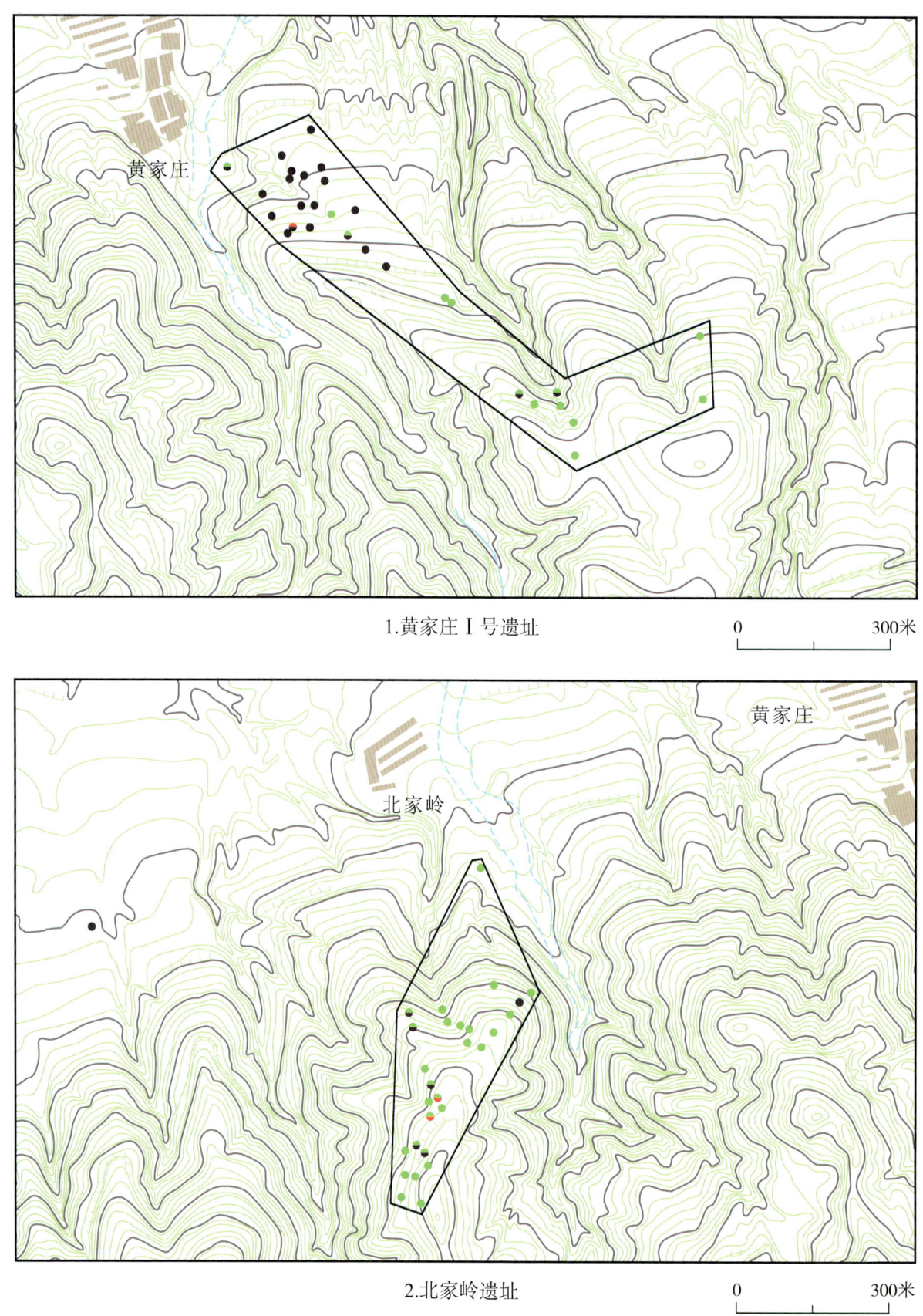

1. 黄家庄Ⅰ号遗址

2. 北家岭遗址

黄家庄Ⅰ号和北家岭遗址遗存分布图

彩版三〇

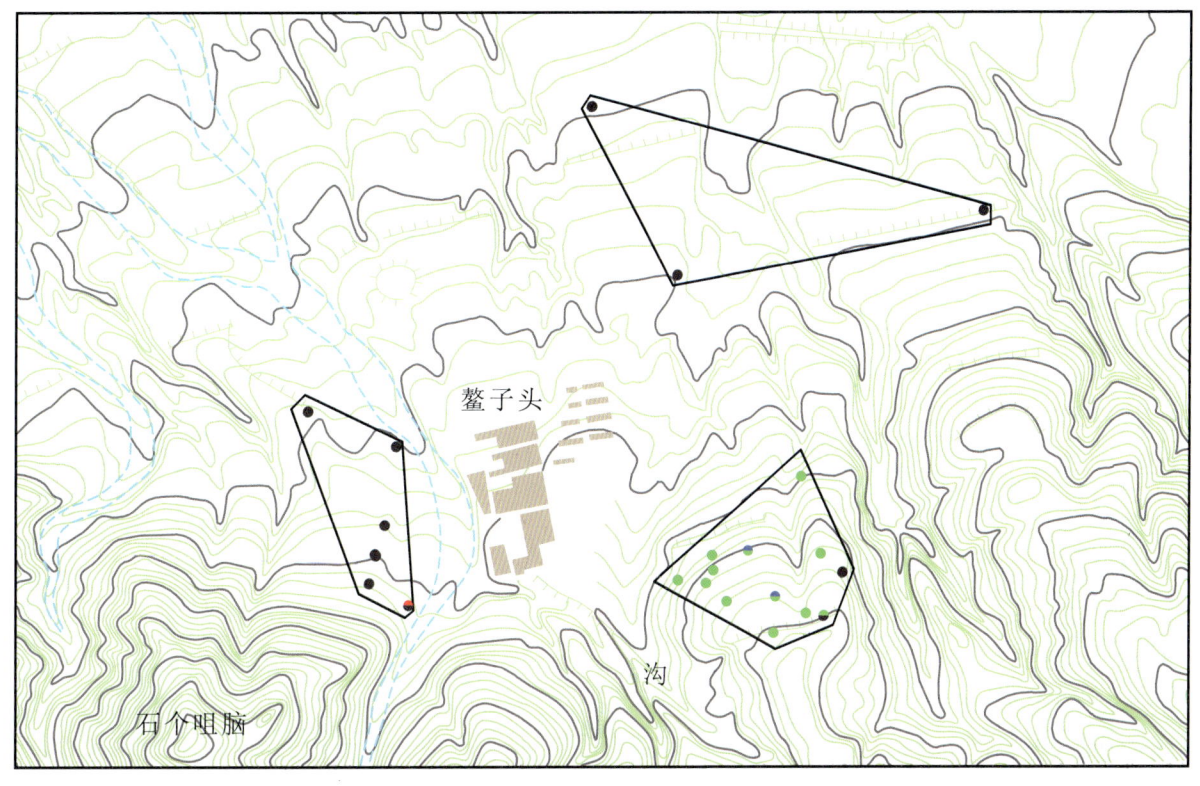

1. 鳌子头Ⅰ号（右下）、Ⅲ号（右上）、Ⅱ号（左）遗址　　0　　300米

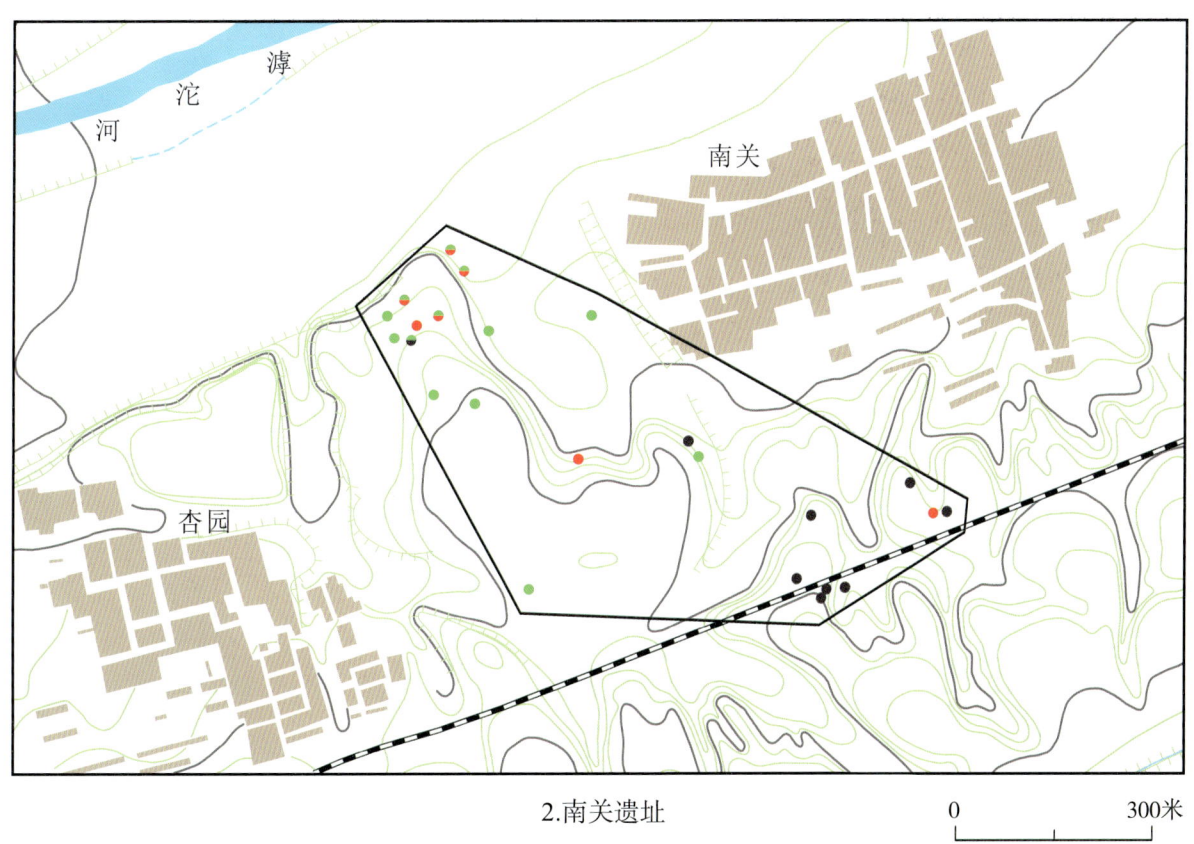

2. 南关遗址　　　　0　　300米

鳌子头Ⅰ号、Ⅲ号、Ⅱ号和南关遗址遗存分布图

彩版三一

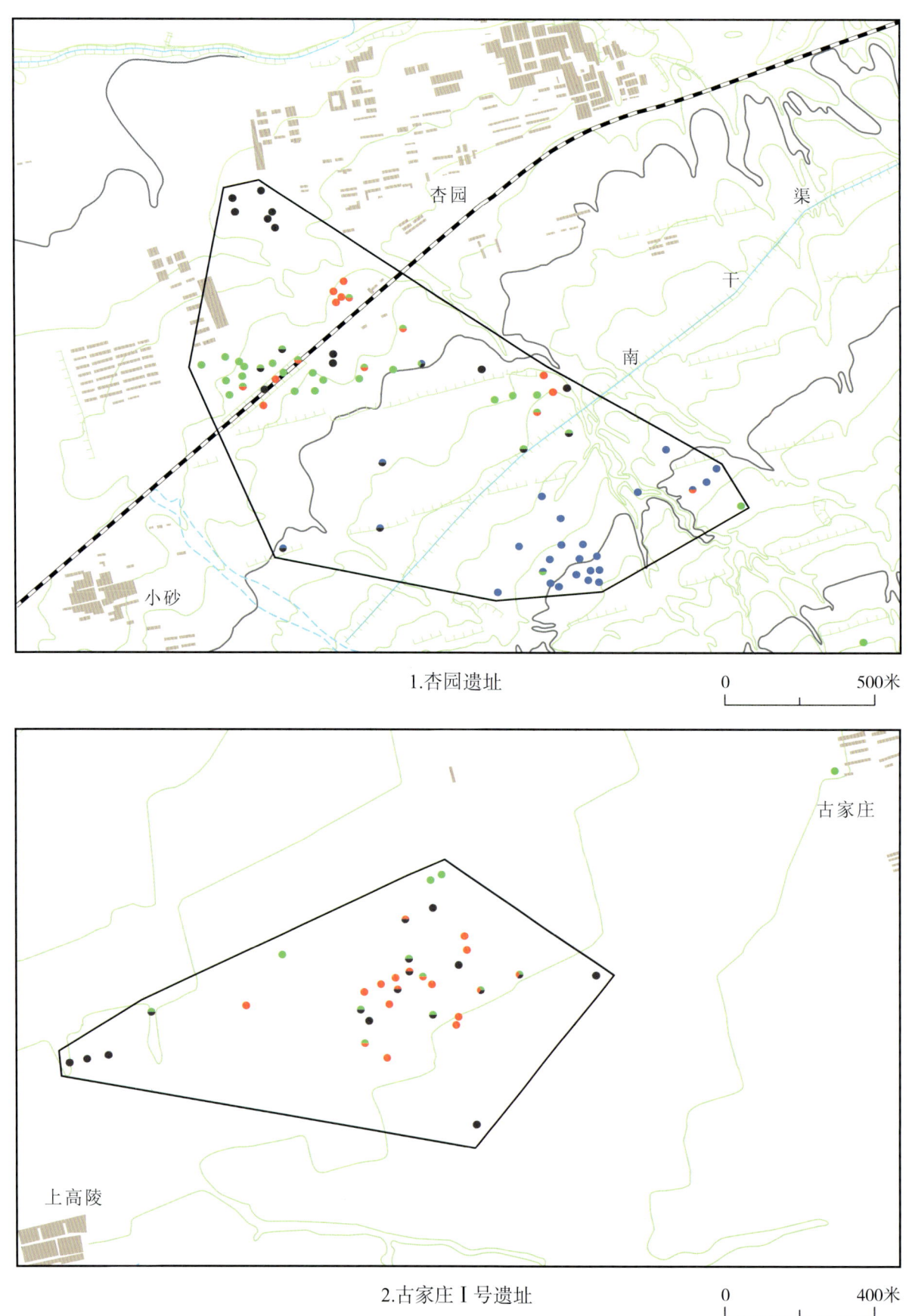

1. 杏园遗址

2. 古家庄 I 号遗址

杏园和古家庄 I 号遗址遗存分布图

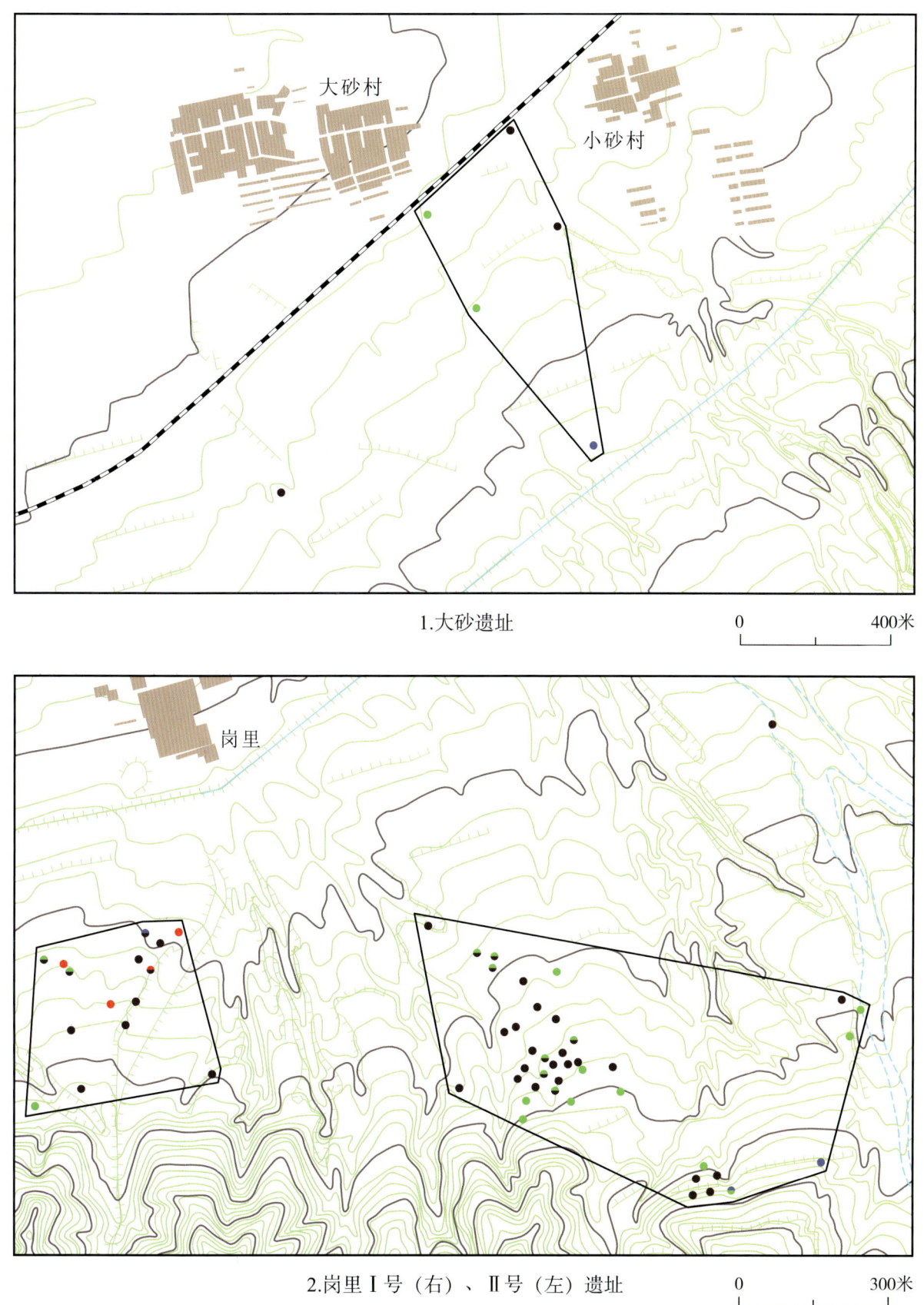

1. 大砂遗址

2. 岗里Ⅰ号（右）、Ⅱ号（左）遗址

大砂和岗里Ⅰ号、Ⅱ号遗址遗存分布图

彩版三三

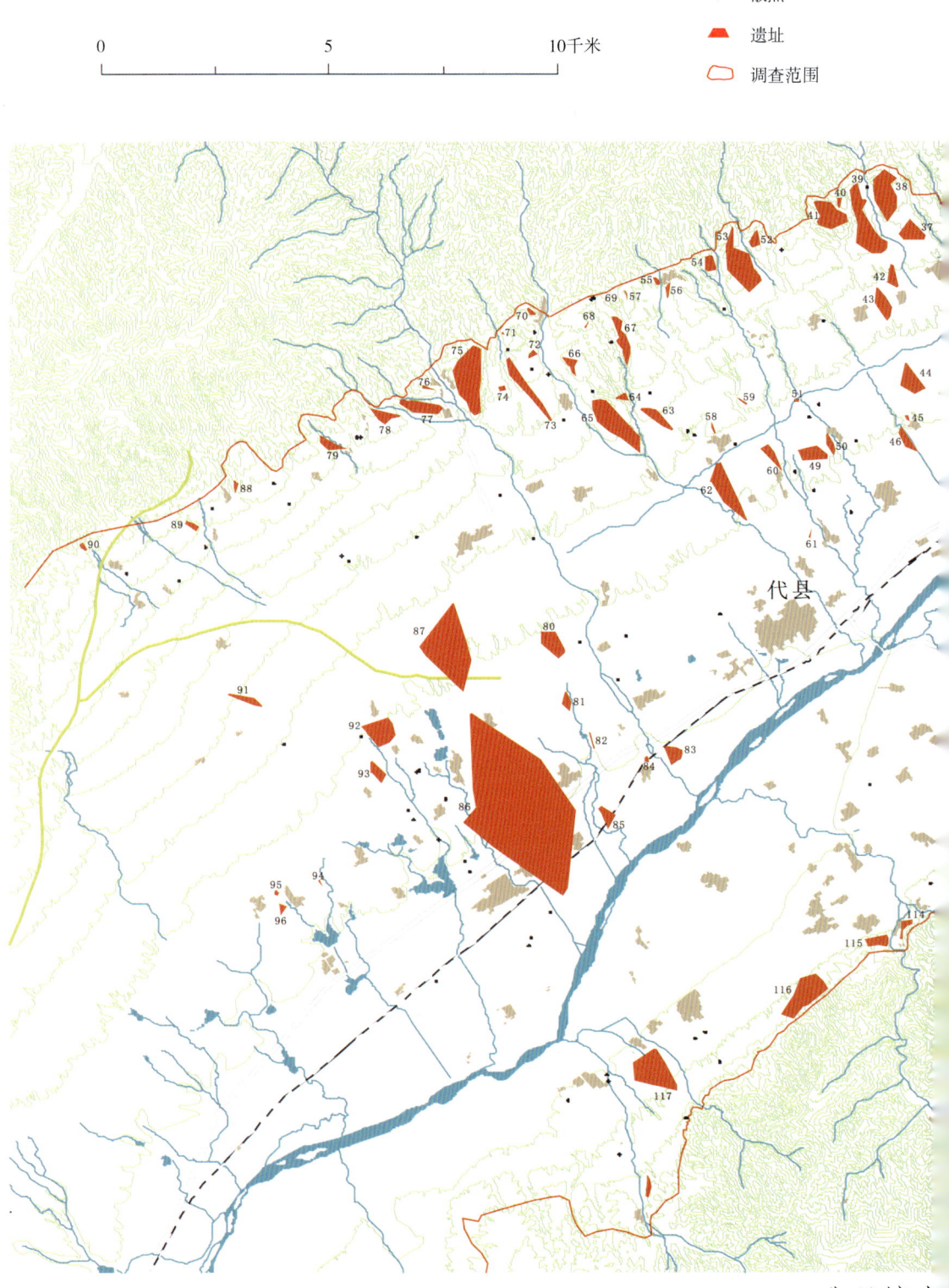

代县境内

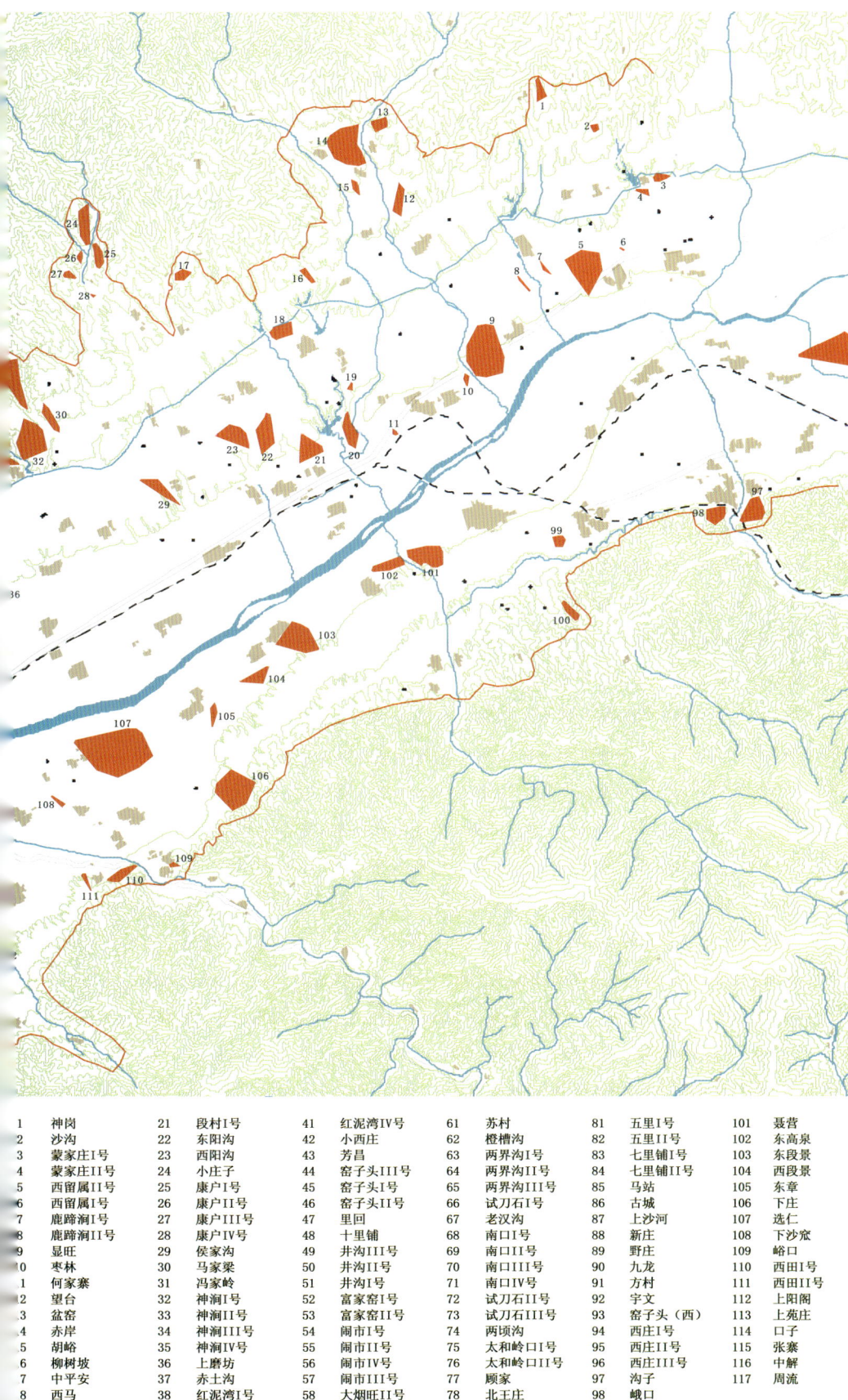

#	名称	#	名称	#	名称	#	名称	#	名称	#	名称
1	神岗	21	段村I号	41	红泥湾IV号	61	苏村	81	五里I号	101	聂营
2	沙沟	22	东阳沟	42	小西庄	62	橙槽沟	82	五里II号	102	东高泉
3	蒙家庄I号	23	西阳沟	43	芳昌	63	两界沟I号	83	七里铺I号	103	东段景
4	蒙家庄II号	24	小庄子	44	窑子头III号	64	两界沟II号	84	七里铺II号	104	西段景
5	西留属II号	25	康户I号	45	窑子头I号	65	两界沟III号	85	马站	105	东马
6	西留属I号	26	康户II号	46	窑子头II号	66	试刀石I号	86	古城	106	下庄
7	鹿蹄涧I号	27	康户III号	47	里回	67	老汉沟	87	上沙河	107	选仁
8	鹿蹄涧II号	28	康户IV号	48	十里铺	68	南口I号	88	新庄	108	下沙窊
9	昱旺	29	侯家沟	49	井沟III号	69	南口II号	89	野庄	109	峪口
10	枣林	30	马家梁	50	井沟II号	70	南口III号	90	九龙	110	西田I号
11	何家寨	31	冯家岭	51	井沟I号	71	南口IV号	91	方村	111	西田II号
12	望台	32	神涧I号	52	富家窑I号	72	试刀石II号	92	宇文	112	上阳阁
13	盆窑	33	神涧II号	53	富家窑II号	73	试刀石III号	93	窑子头（西）	113	上苑庄
14	赤岸	34	神涧III号	54	闹市I号	74	两顷沟	94	西庄I号	114	口子
15	胡峪	35	神涧IV号	55	闹市II号	75	太和岭口I号	95	西庄II号	115	张寨
16	柳树坡	36	上磨坊	56	闹市IV号	76	太和岭口II号	96	西庄III号	116	中解
17	中平安	37	赤土沟	57	闹市III号	77	顾家	97	沟子	117	周流
18	西马	38	大烟旺II号	58	大烟旺II号	78	北王庄	98	峨口		
19	东马	39	红泥湾I号	59	大烟旺I号	79	张家河	99	富村		
20	段村II号	40	红泥湾III号	60	小烟旺	80	下田	100	窑子		

遗址分布图

彩版三四

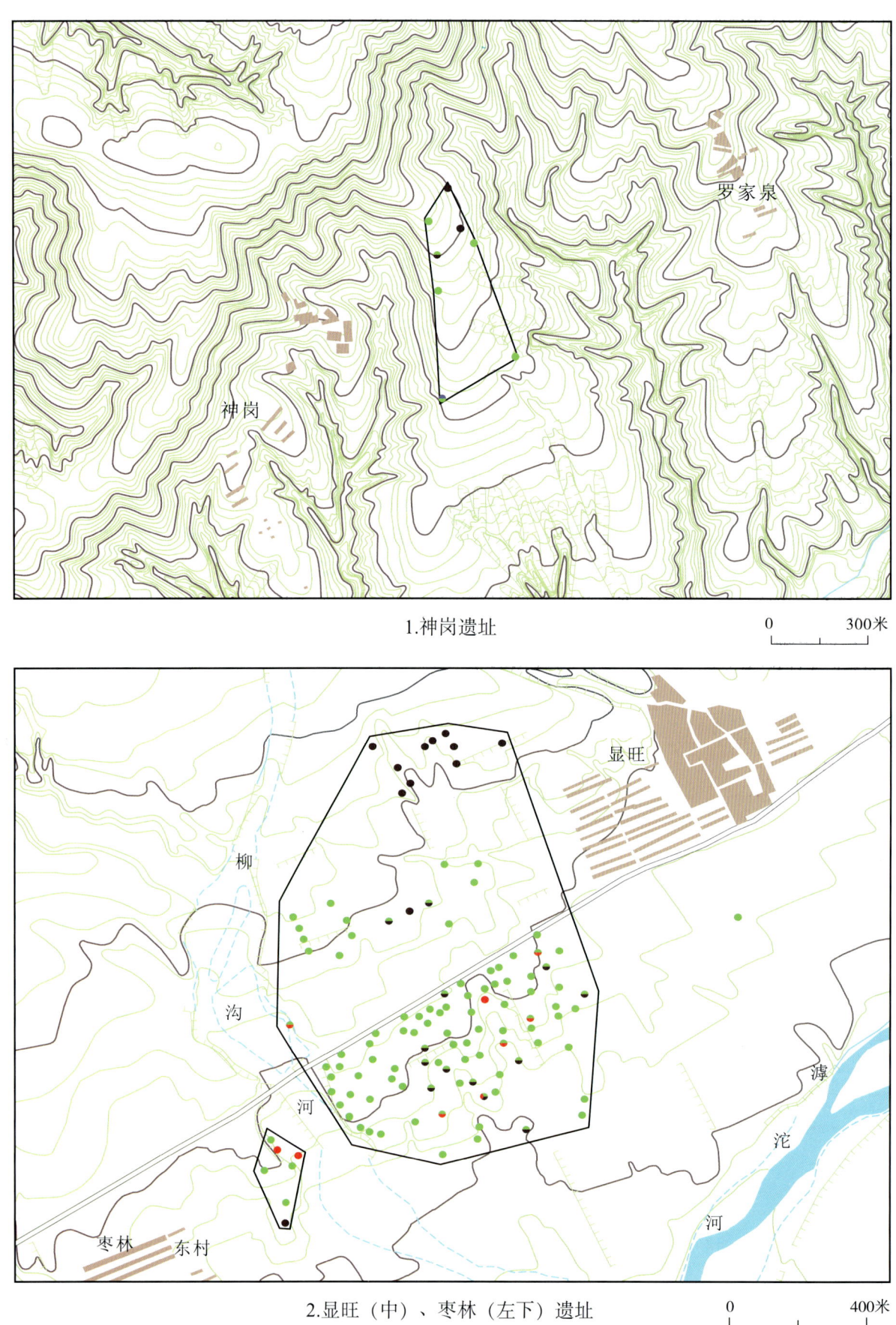

1. 神岗遗址

2. 显旺（中）、枣林（左下）遗址

神岗、显旺、枣林遗址遗存分布图

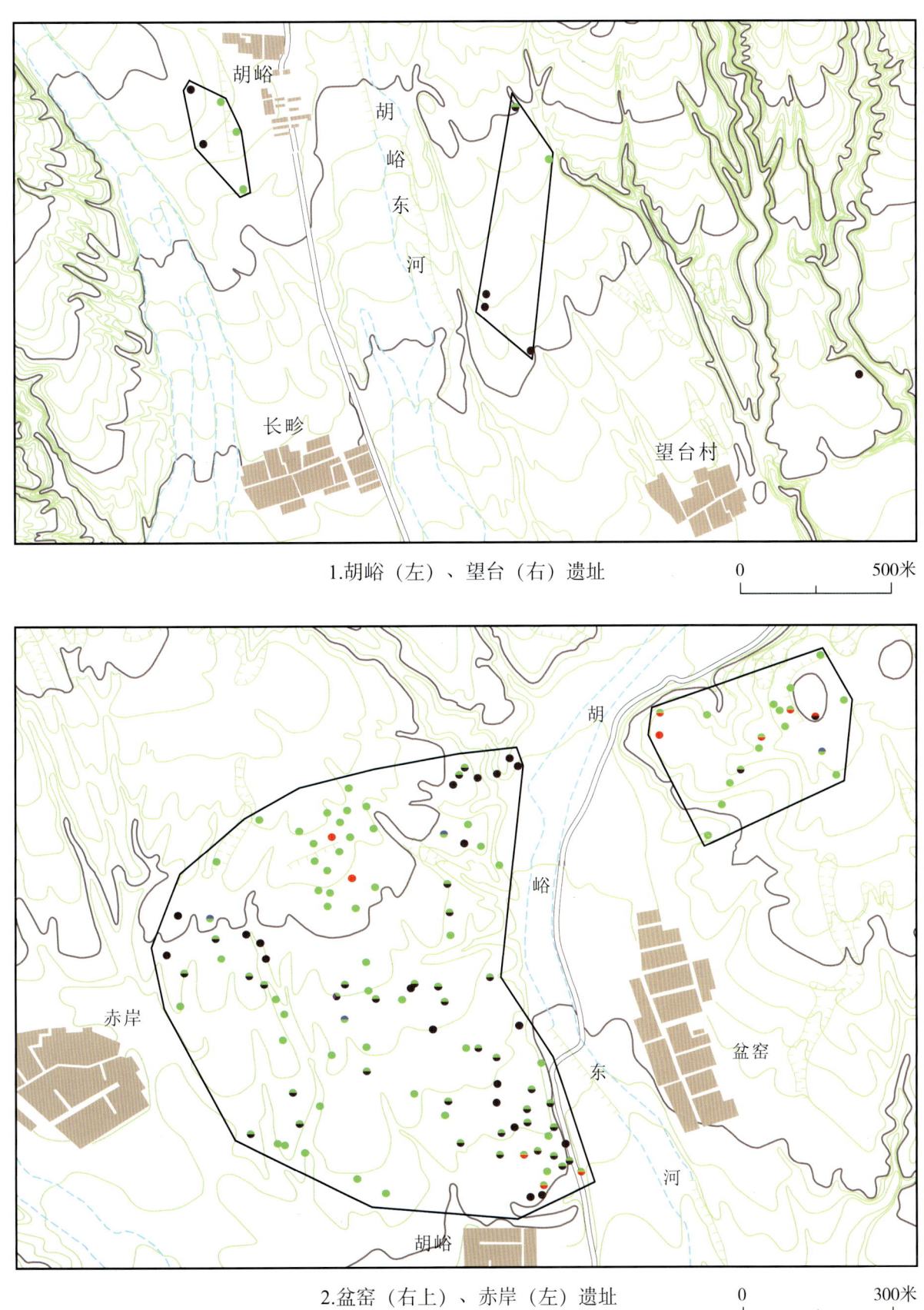

1. 胡峪（左）、望台（右）遗址

2. 盆窑（右上）、赤岸（左）遗址

胡峪、望台、盆窑、赤岸遗址遗存分布图

彩版三六

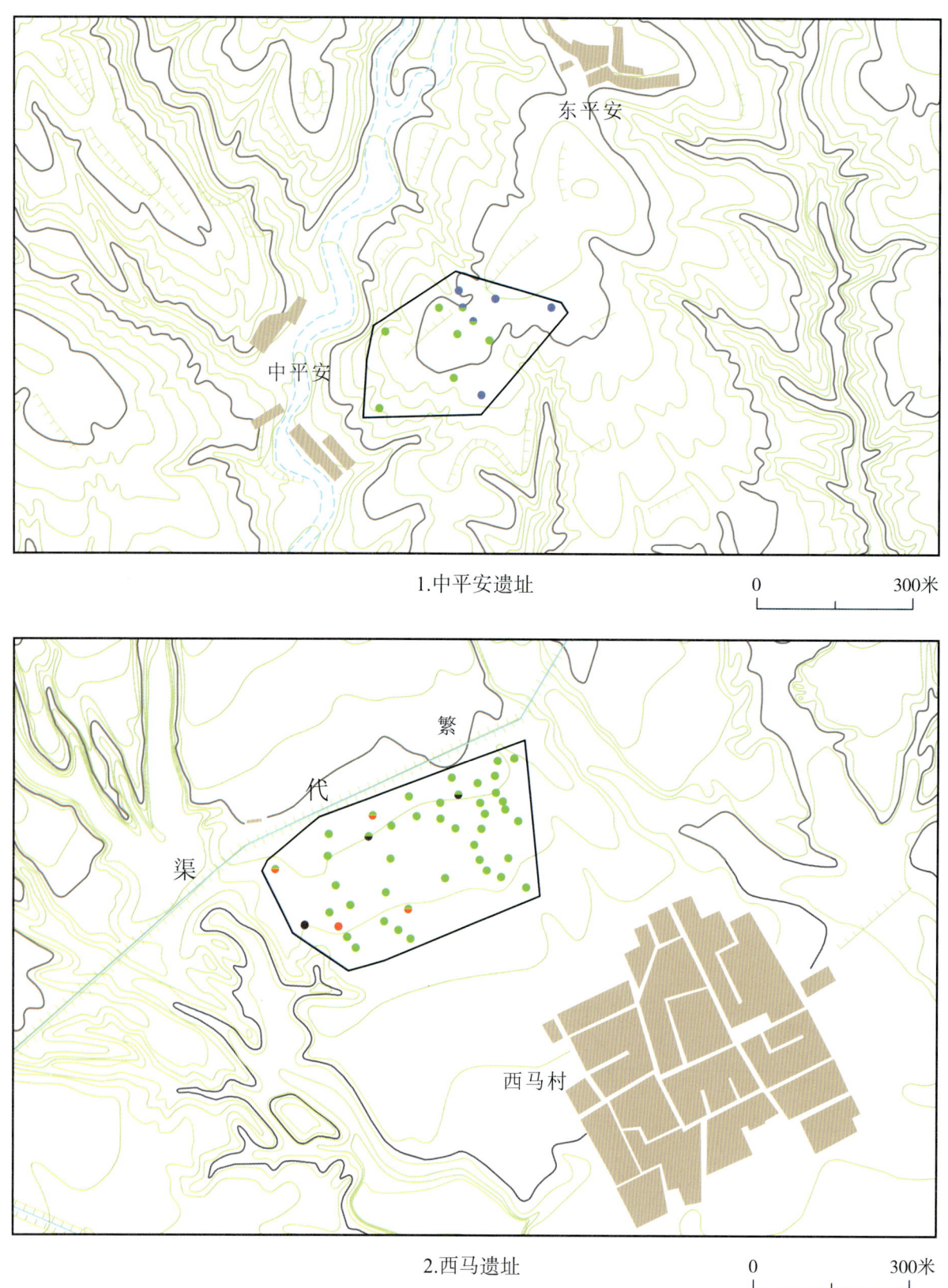

1. 中平安遗址

2. 西马遗址

中平安和西马遗址遗存分布图

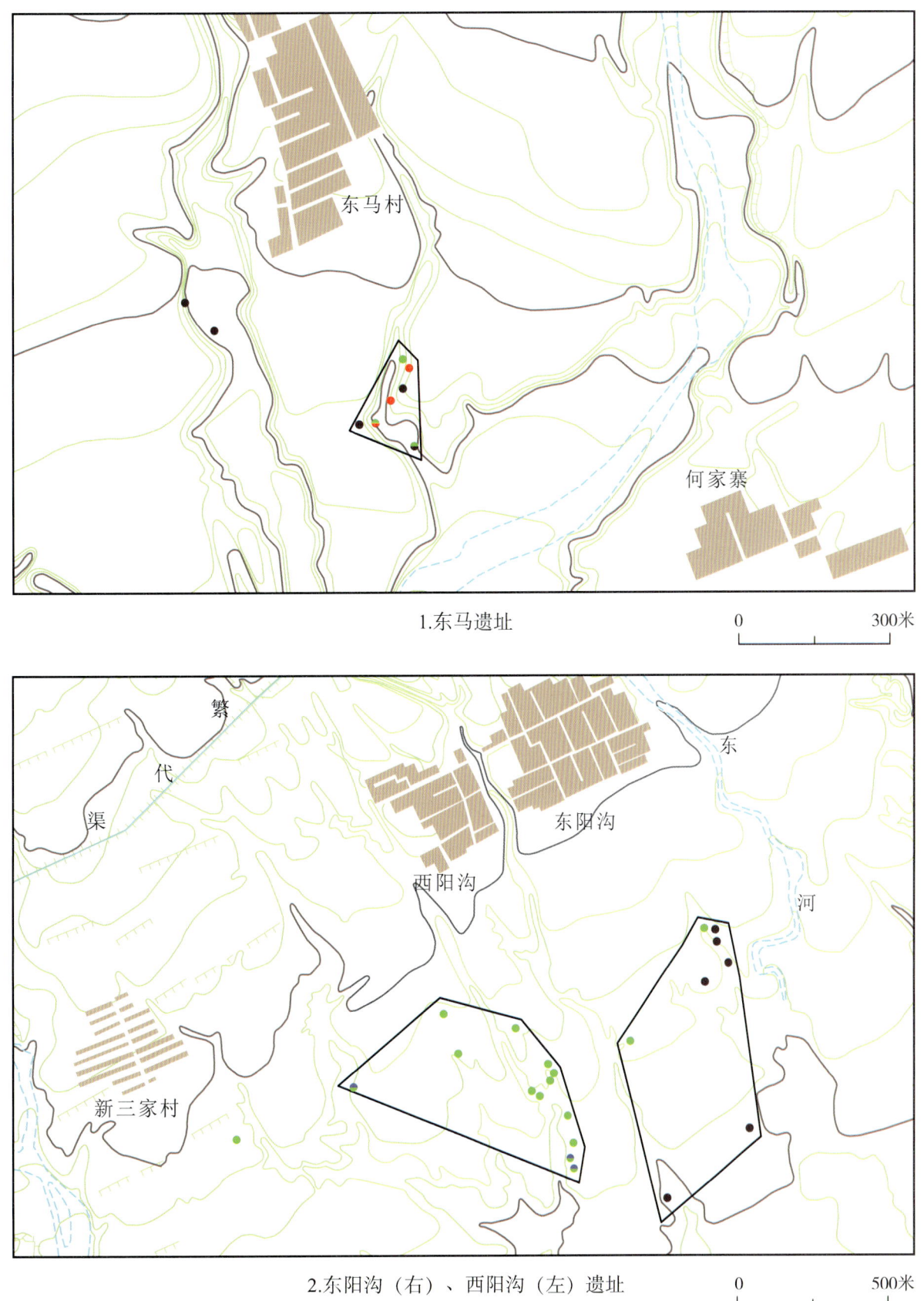

1. 东马遗址

2. 东阳沟（右）、西阳沟（左）遗址

东马、东阳沟、西阳沟遗址遗存分布图

彩版三八

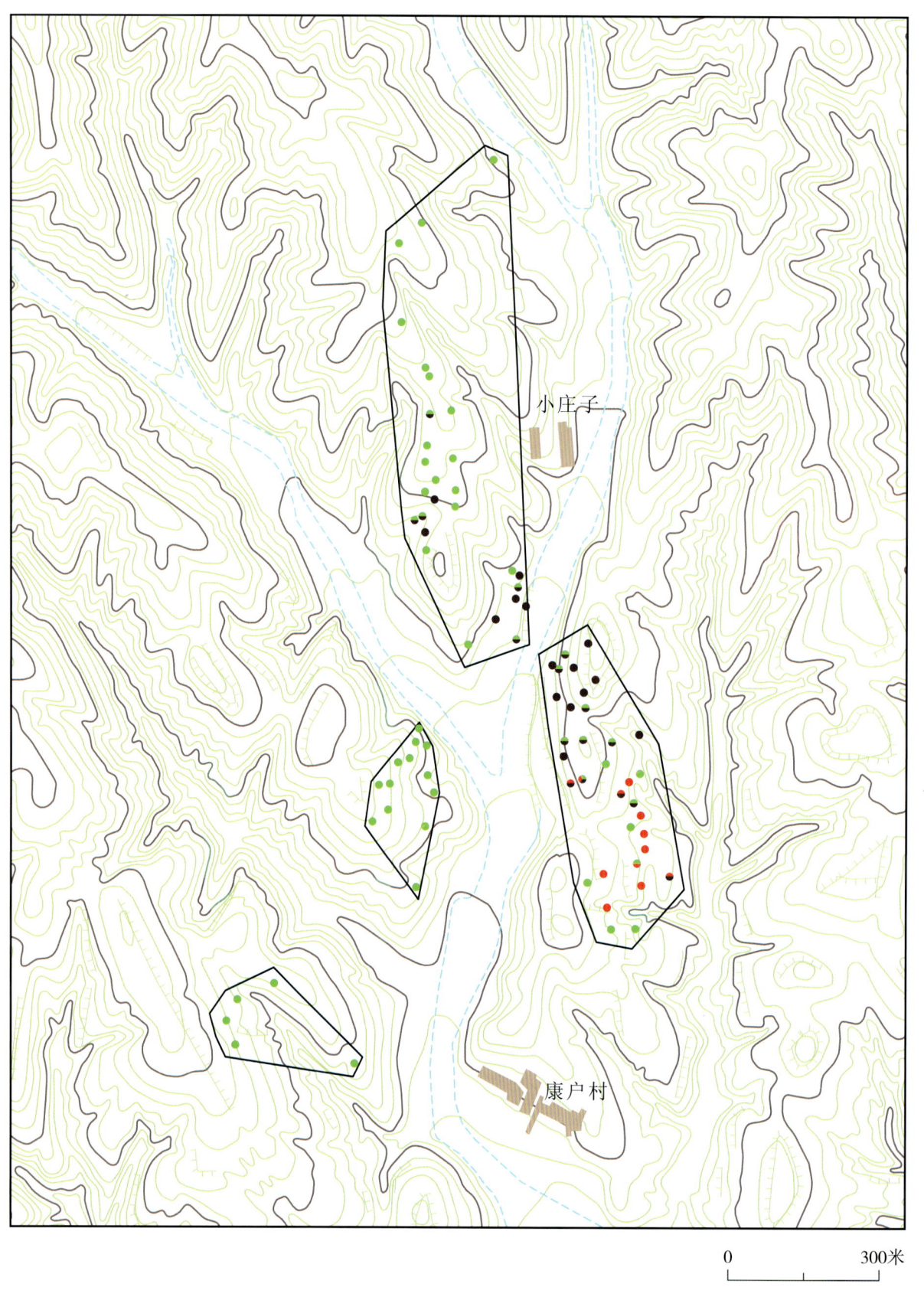

小庄子（上）和康户Ⅰ号（右）、Ⅱ号（左上）、Ⅲ号（左下）
遗址遗存分布图

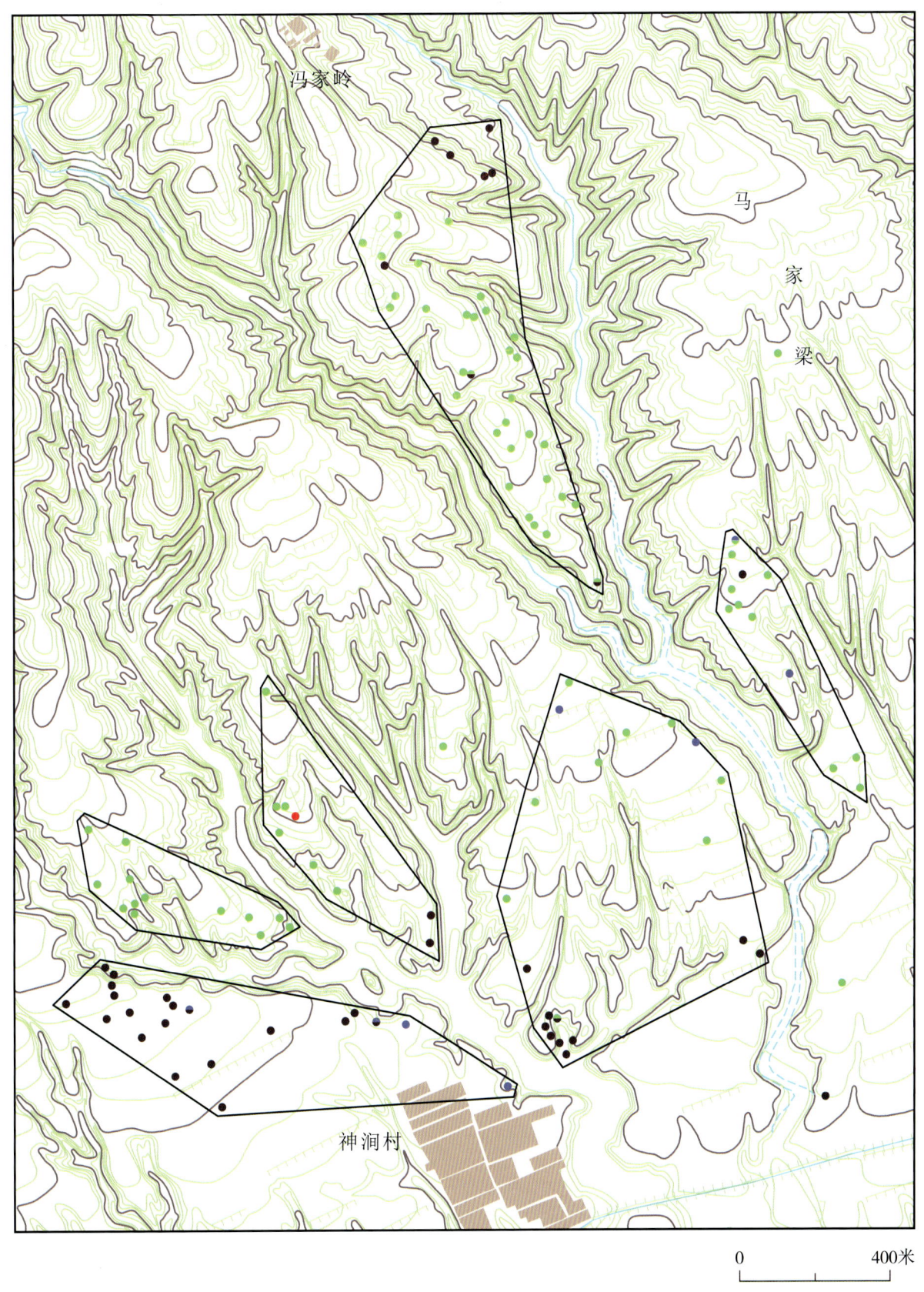

马家梁（右上）、冯家岭（上）和神润Ⅰ号（右下）、Ⅱ号（左上）、Ⅲ号（左下）、Ⅳ号（下）遗址遗存分布图

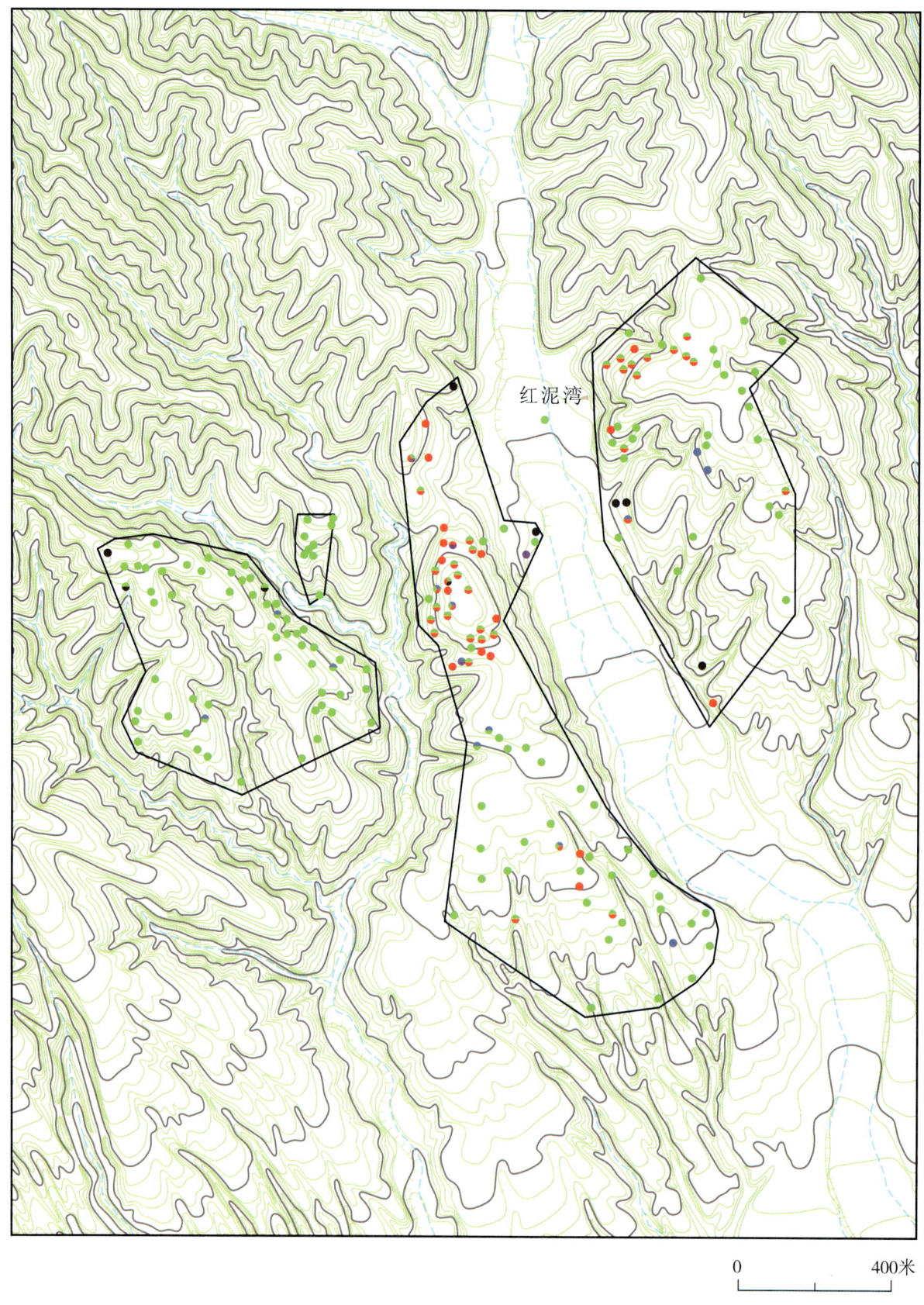

红泥湾Ⅰ号（右）、Ⅱ号（中）、Ⅲ号（左上）、Ⅳ号（左下）遗址遗存分布图

彩版四一

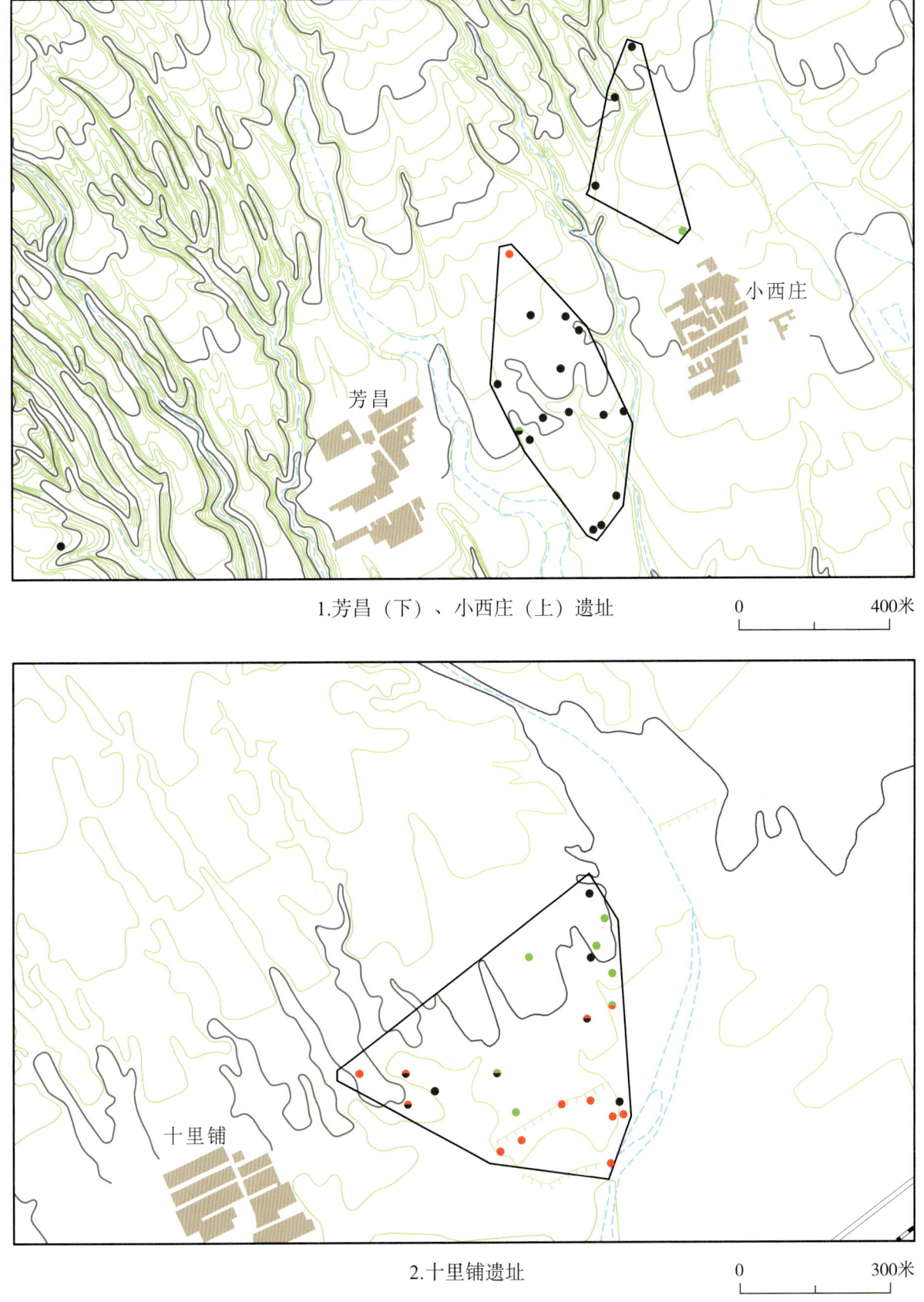

1. 芳昌（下）、小西庄（上）遗址　　0　400米

2. 十里铺遗址　　0　300米

芳昌、小西庄、十里铺遗址遗存分布图

彩版四二

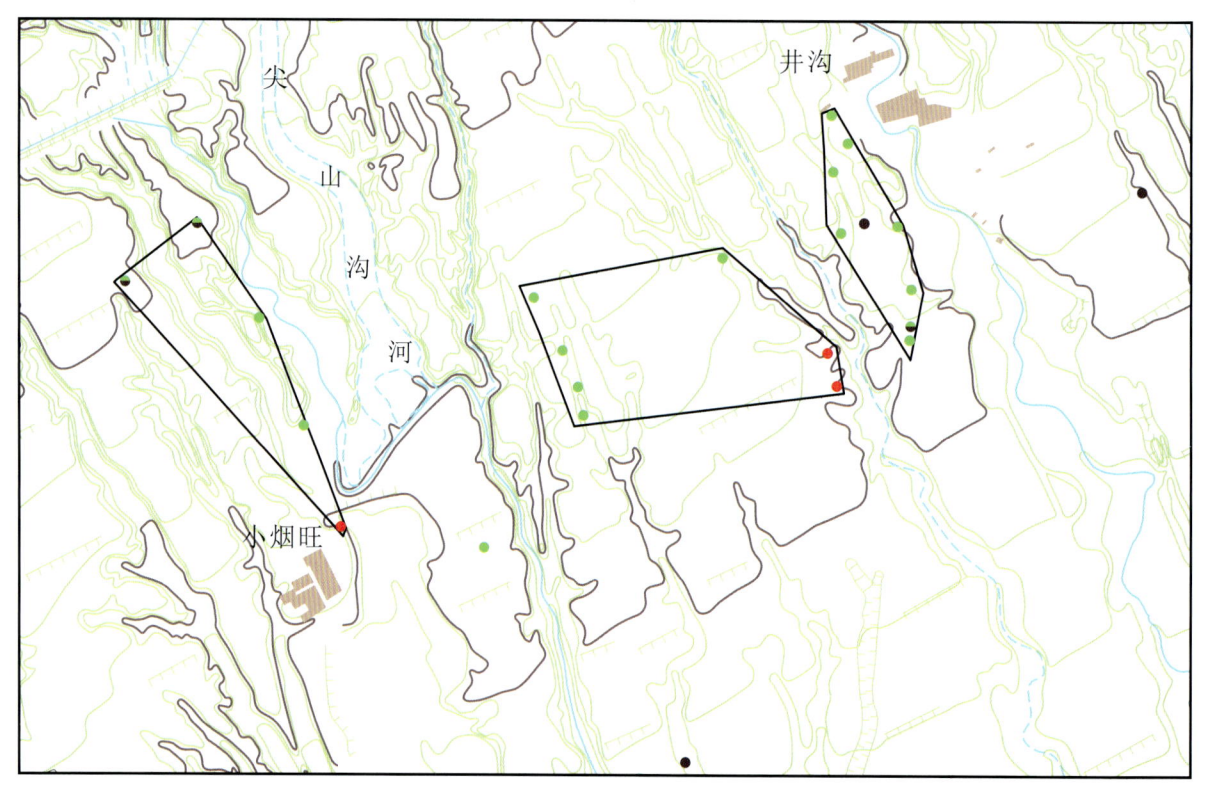

1. 井沟Ⅱ号（右）、Ⅲ号（中）和小烟旺（左）遗址　　0　　400米

2. 闹市Ⅱ号（中）、Ⅲ号（左）、Ⅳ号（右）遗址　　0　　200米

井沟Ⅱ号、Ⅲ号、小烟旺和闹市Ⅱ号、Ⅲ号、Ⅳ号遗址遗存分布图

富家窑Ⅰ号（右）、Ⅱ号（中）和闹市Ⅰ号（左）遗址遗存分布图

彩版四四

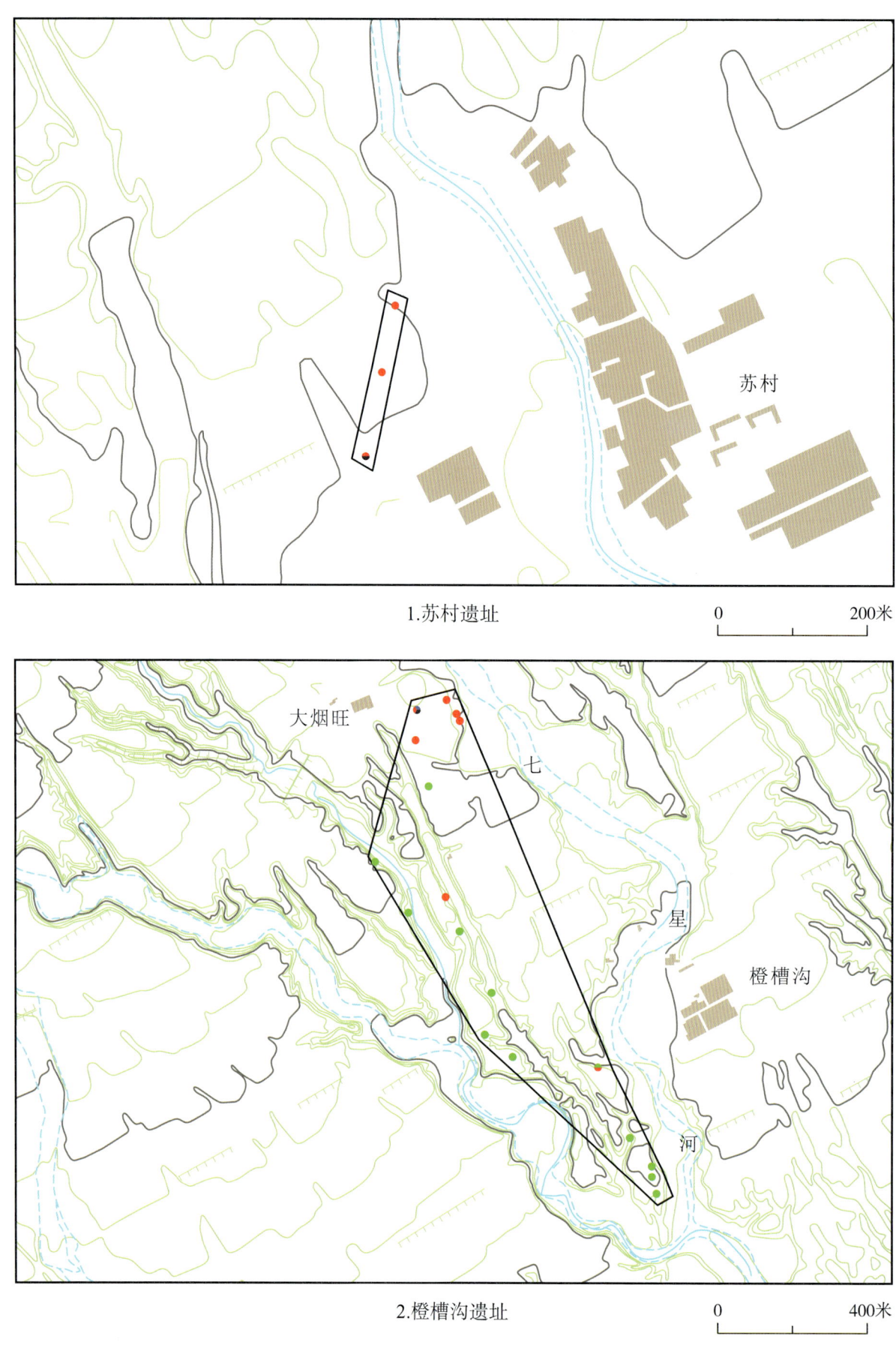

1. 苏村遗址

2. 橙槽沟遗址

苏村和橙槽沟遗址遗存分布图

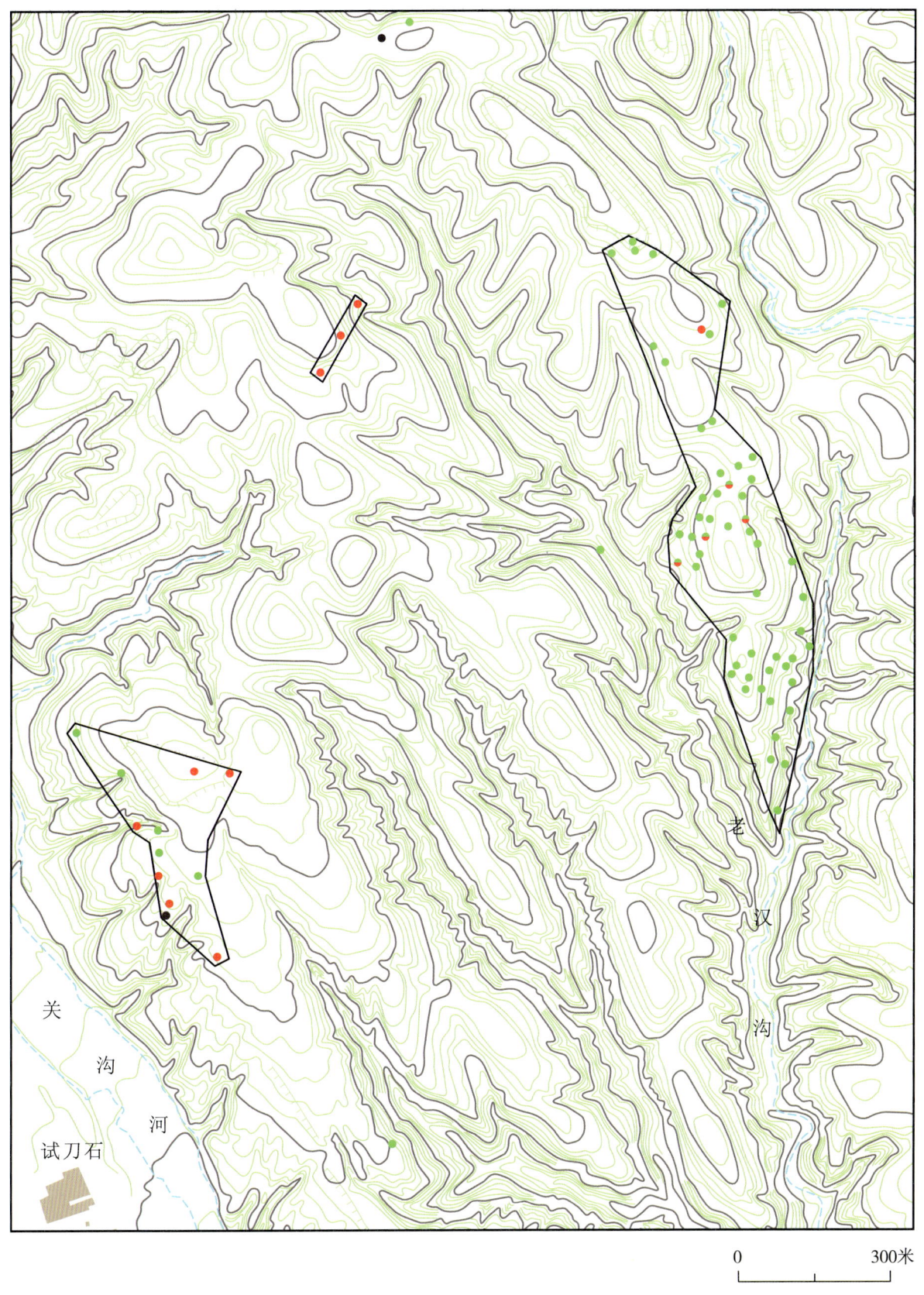

试刀石Ⅰ号（左下）、老汉沟（右）、南口Ⅰ号（左上）遗址遗存分布图

彩版四六

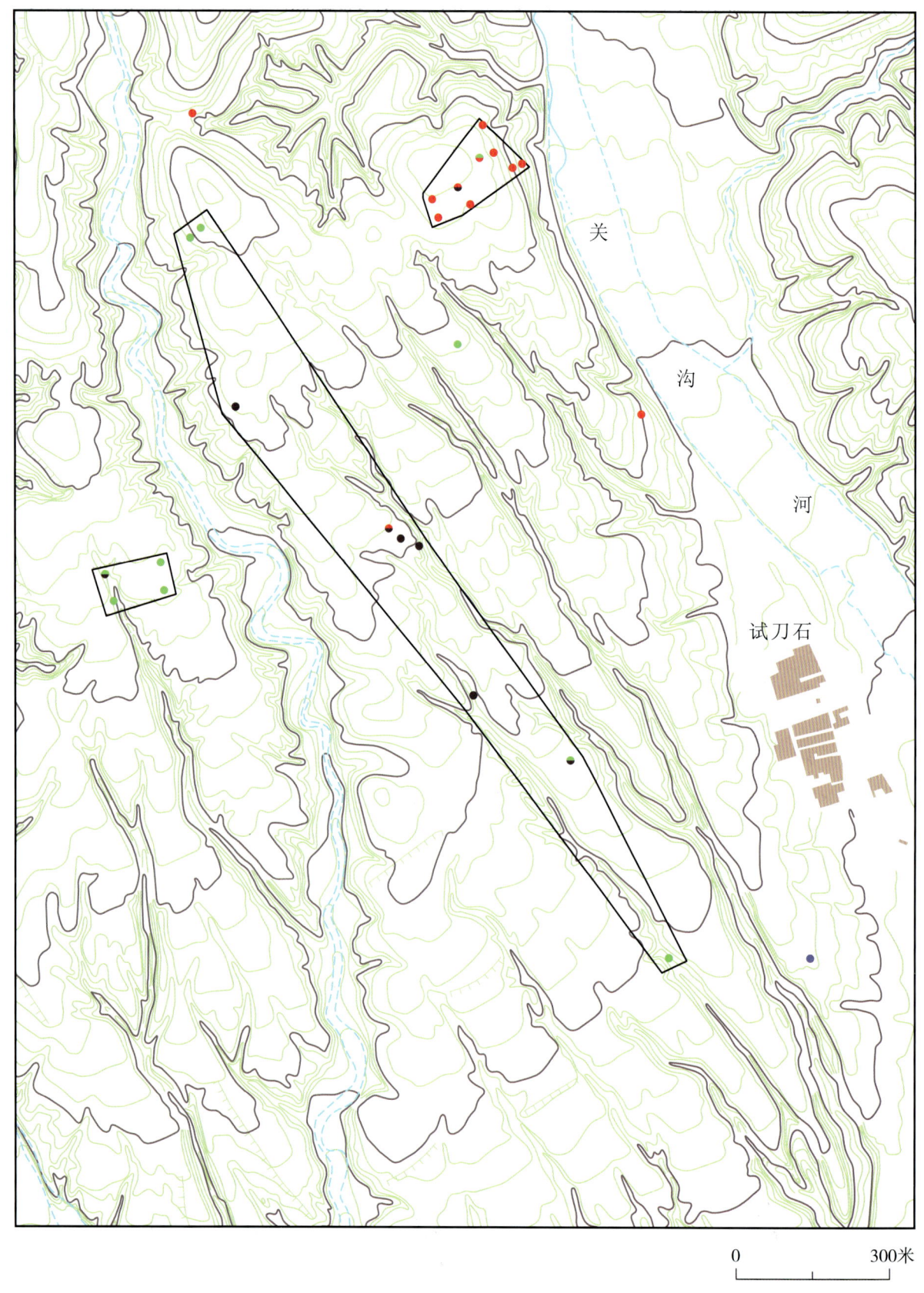

试刀石Ⅱ号（上）、Ⅲ号（中）和两顷沟（左）遗址遗存分布图

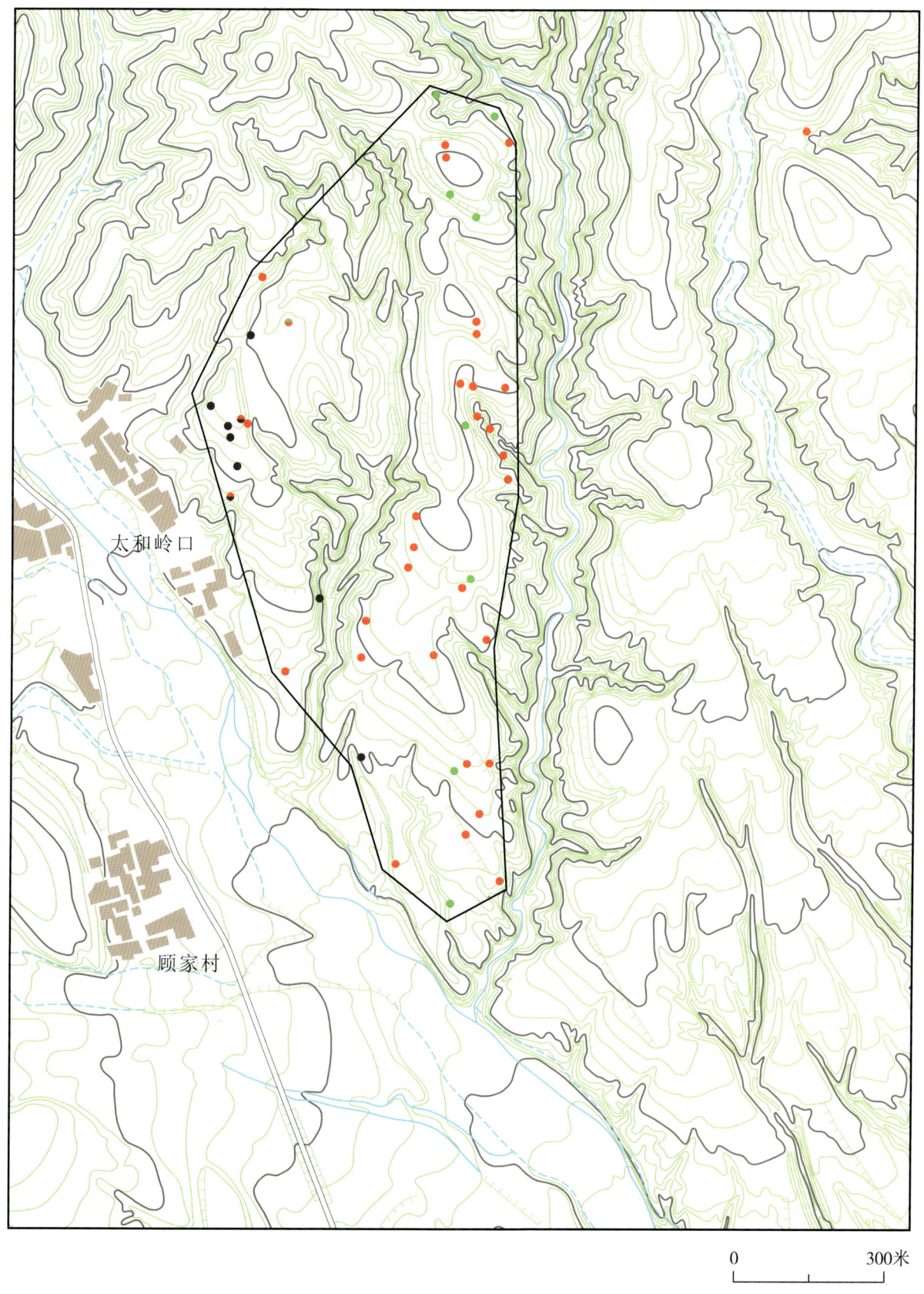

太和岭口Ⅰ号遗址遗存分布图

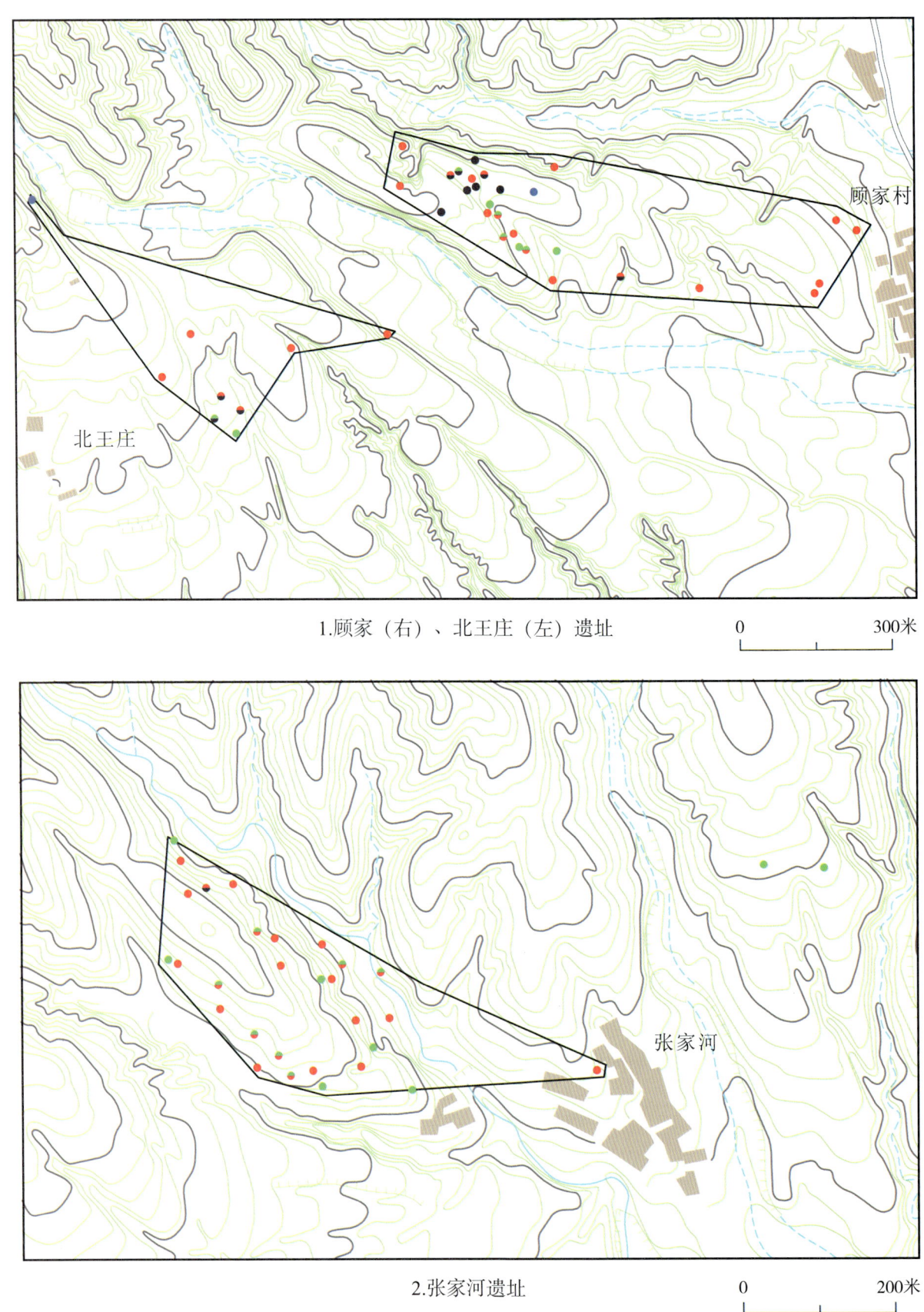

1. 顾家（右）、北王庄（左）遗址

2. 张家河遗址

顾家、北王庄、张家河遗址遗存分布图

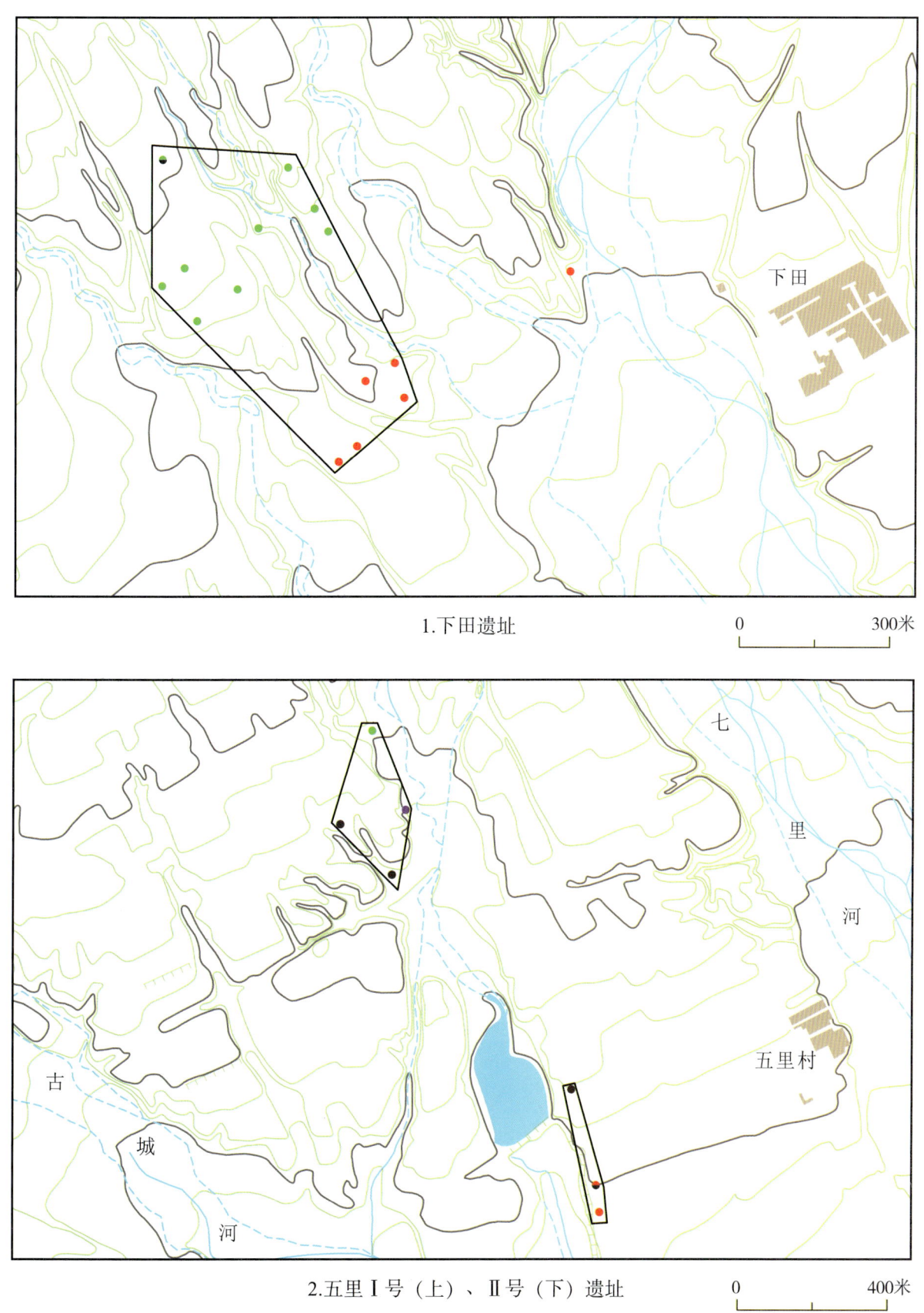

下田和五里Ⅰ号、Ⅱ号遗址遗存分布图

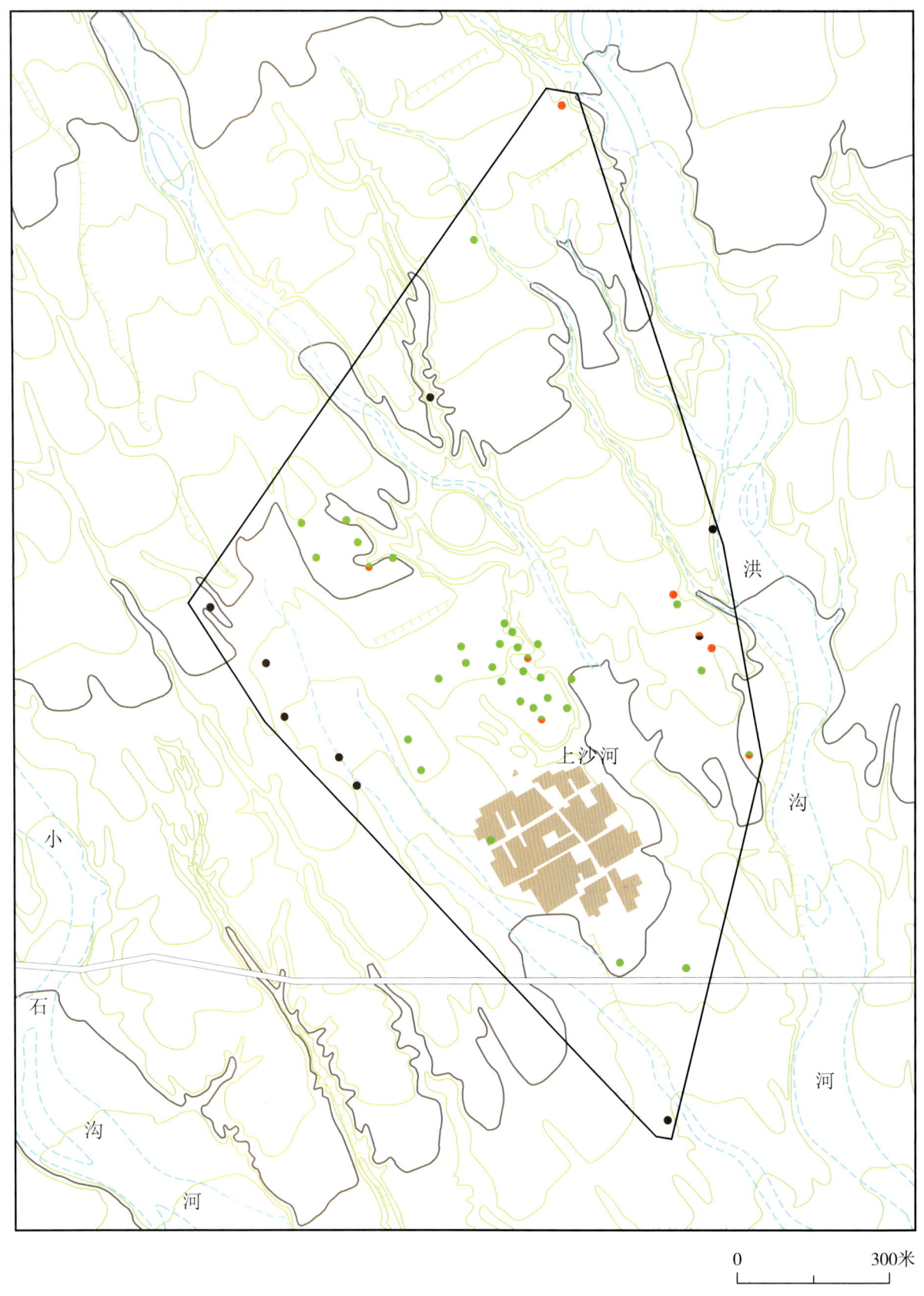

上沙河遗址遗存分布图

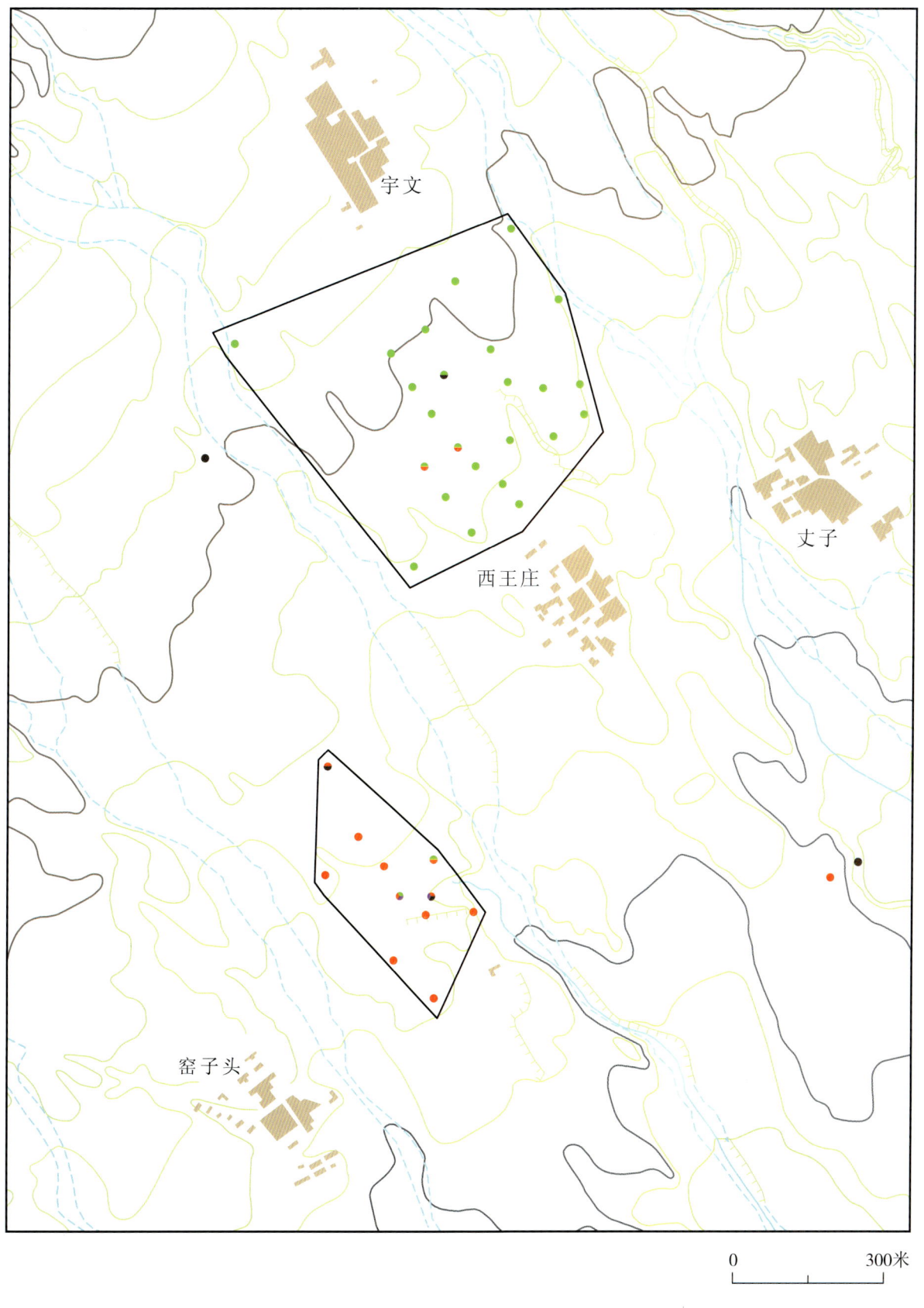

宇文（上）、窑子头（下）遗址遗存分布图

彩版五二

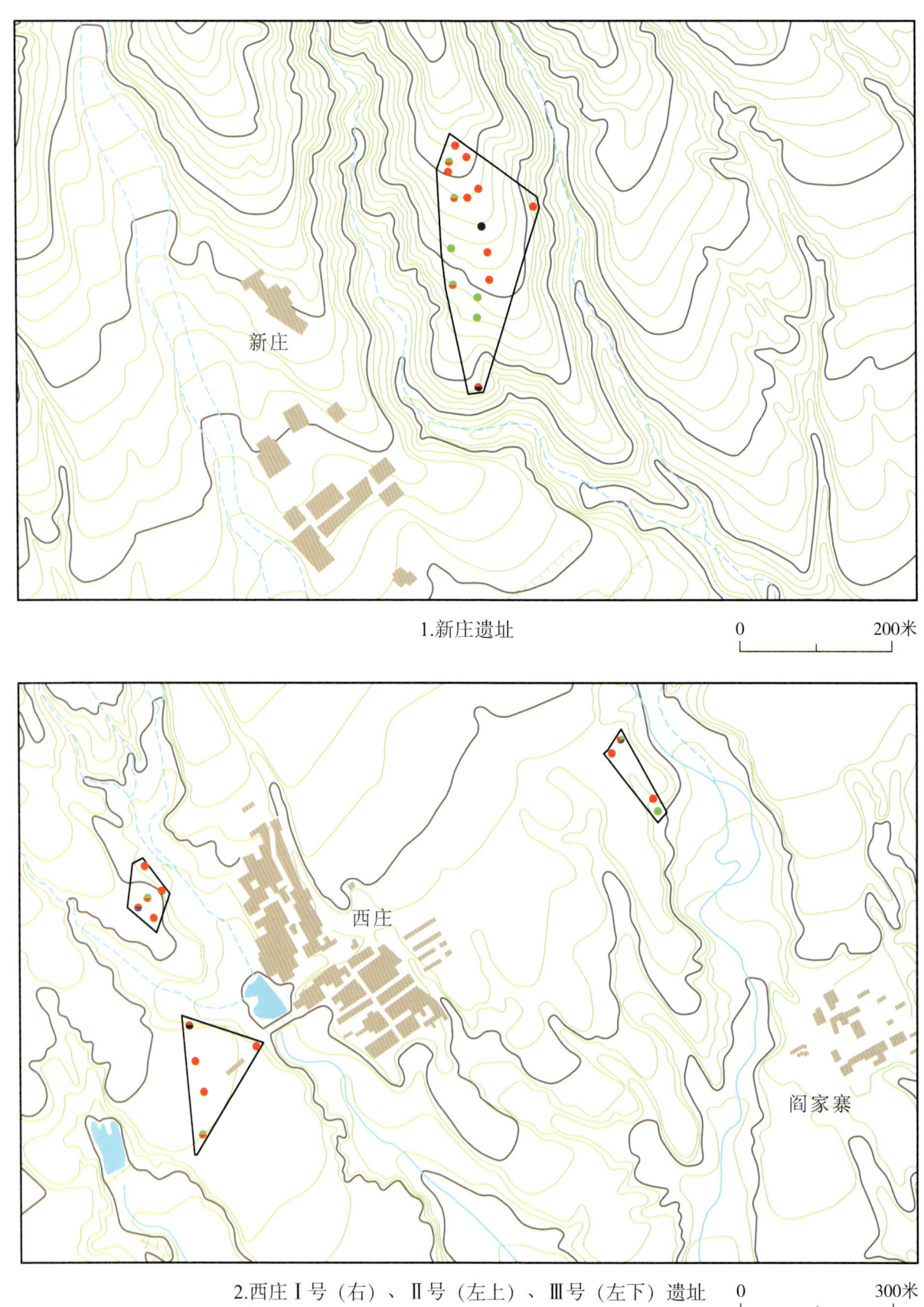

1. 新庄遗址　　　　　0　　200米

2. 西庄Ⅰ号（右）、Ⅱ号（左上）、Ⅲ号（左下）遗址　　　0　　300米

新庄和西庄Ⅰ号、Ⅱ号、Ⅲ号遗址遗存分布图

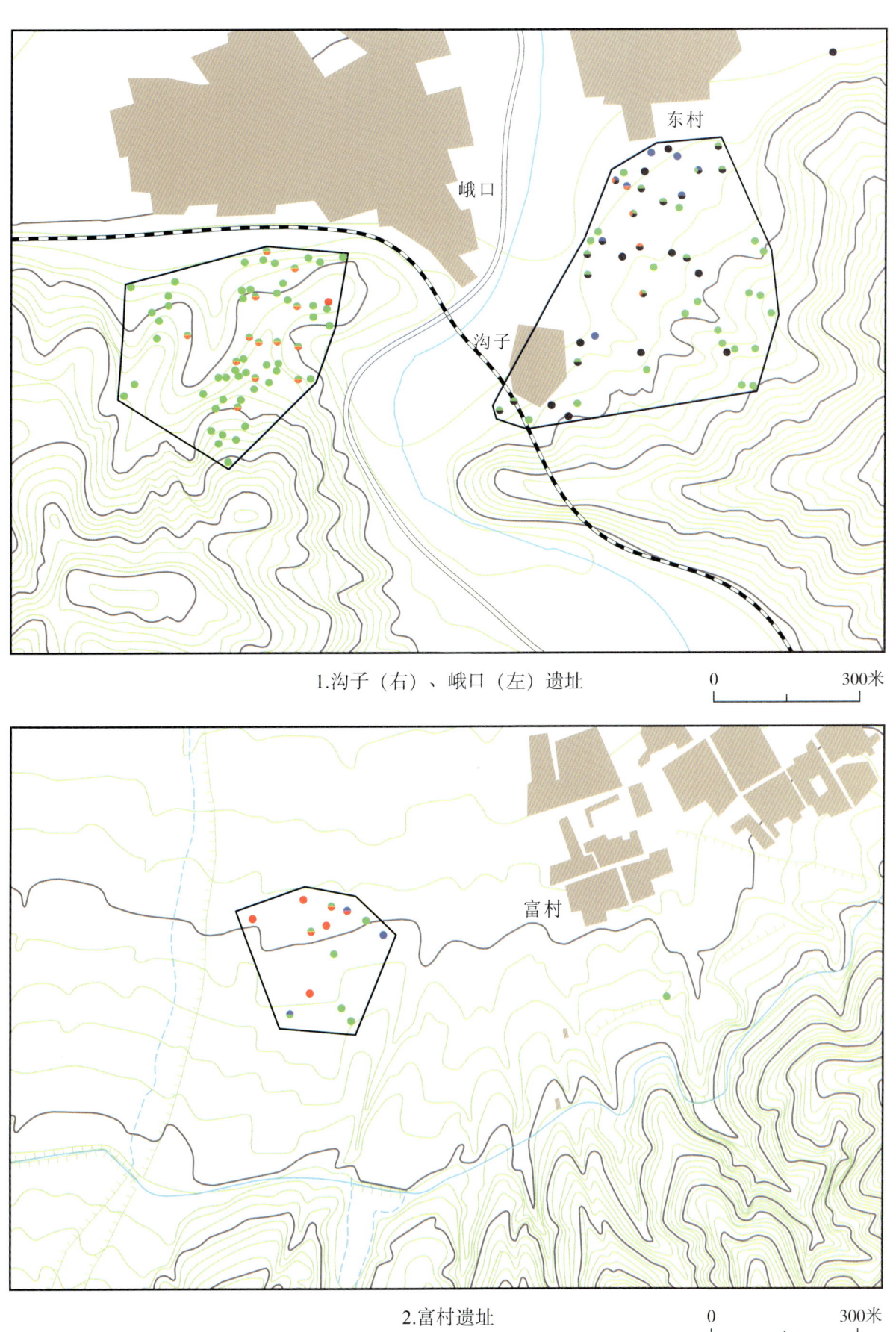

1. 沟子（右）、峨口（左）遗址

2. 富村遗址

沟子、峨口、富村遗址遗存分布图

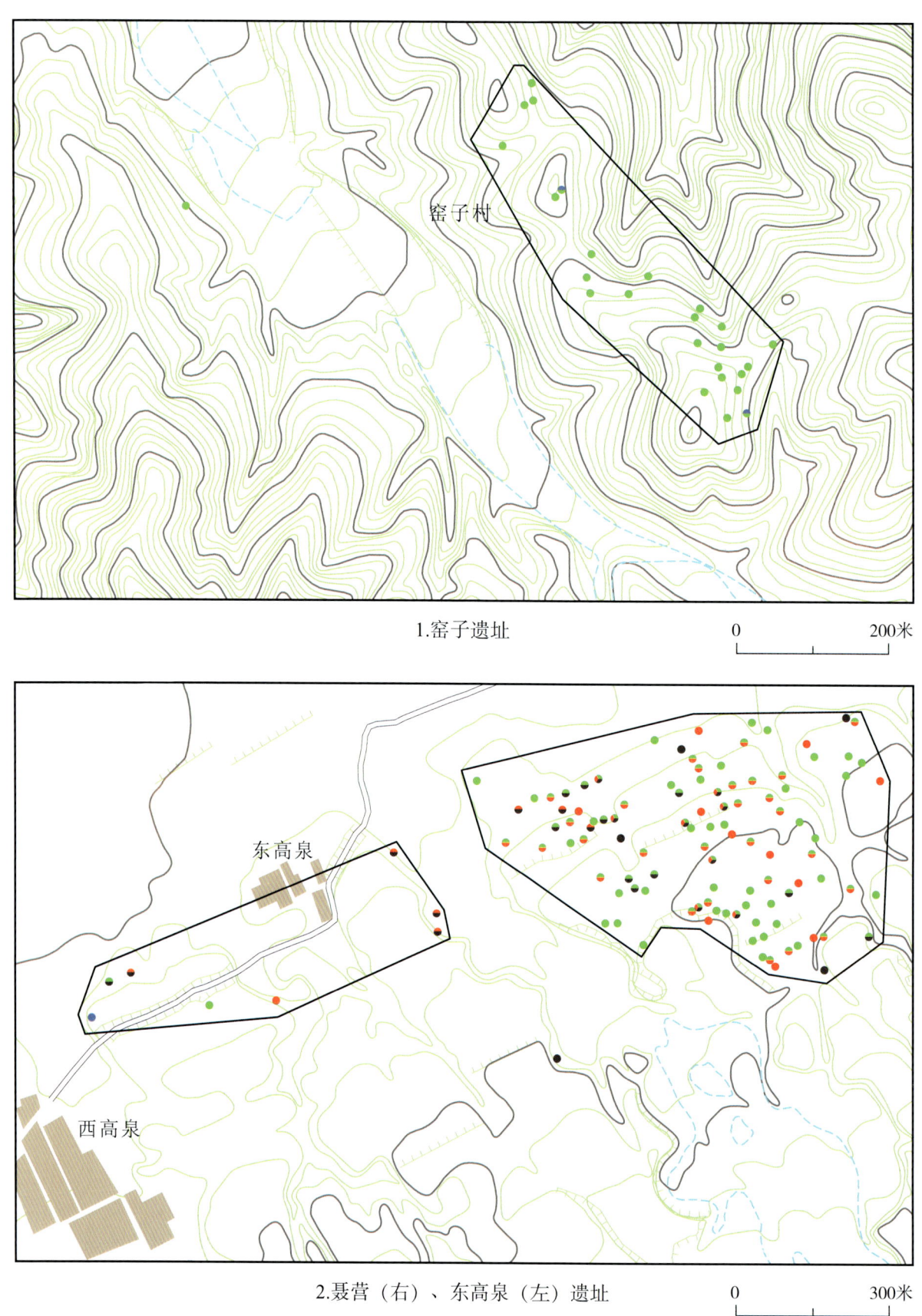

1. 窑子遗址

2. 聂营（右）、东高泉（左）遗址

窑子、聂营、东高泉遗址遗存分布图

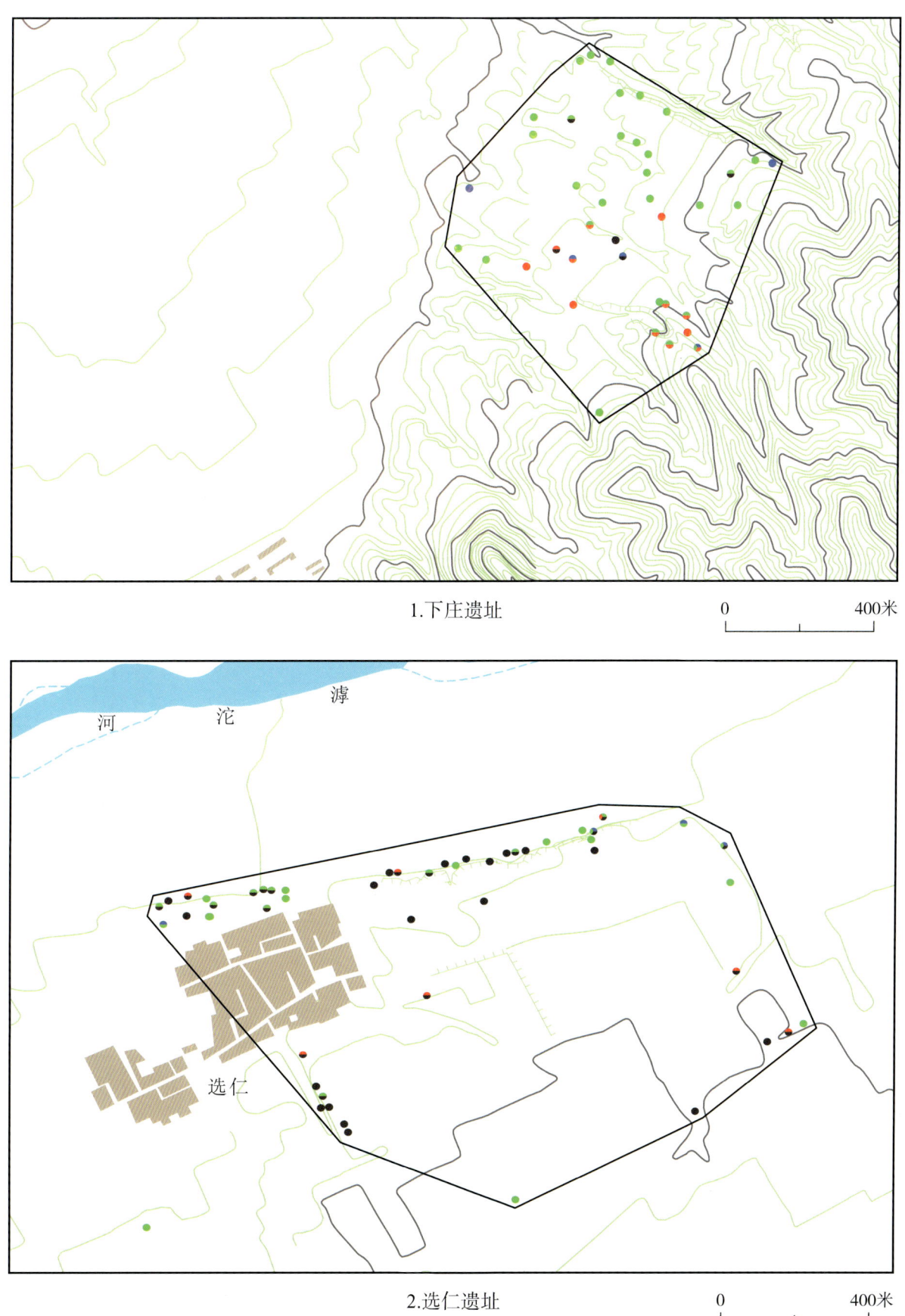

1. 下庄遗址

2. 选仁遗址

下庄和选仁遗址遗存分布图

彩版五六

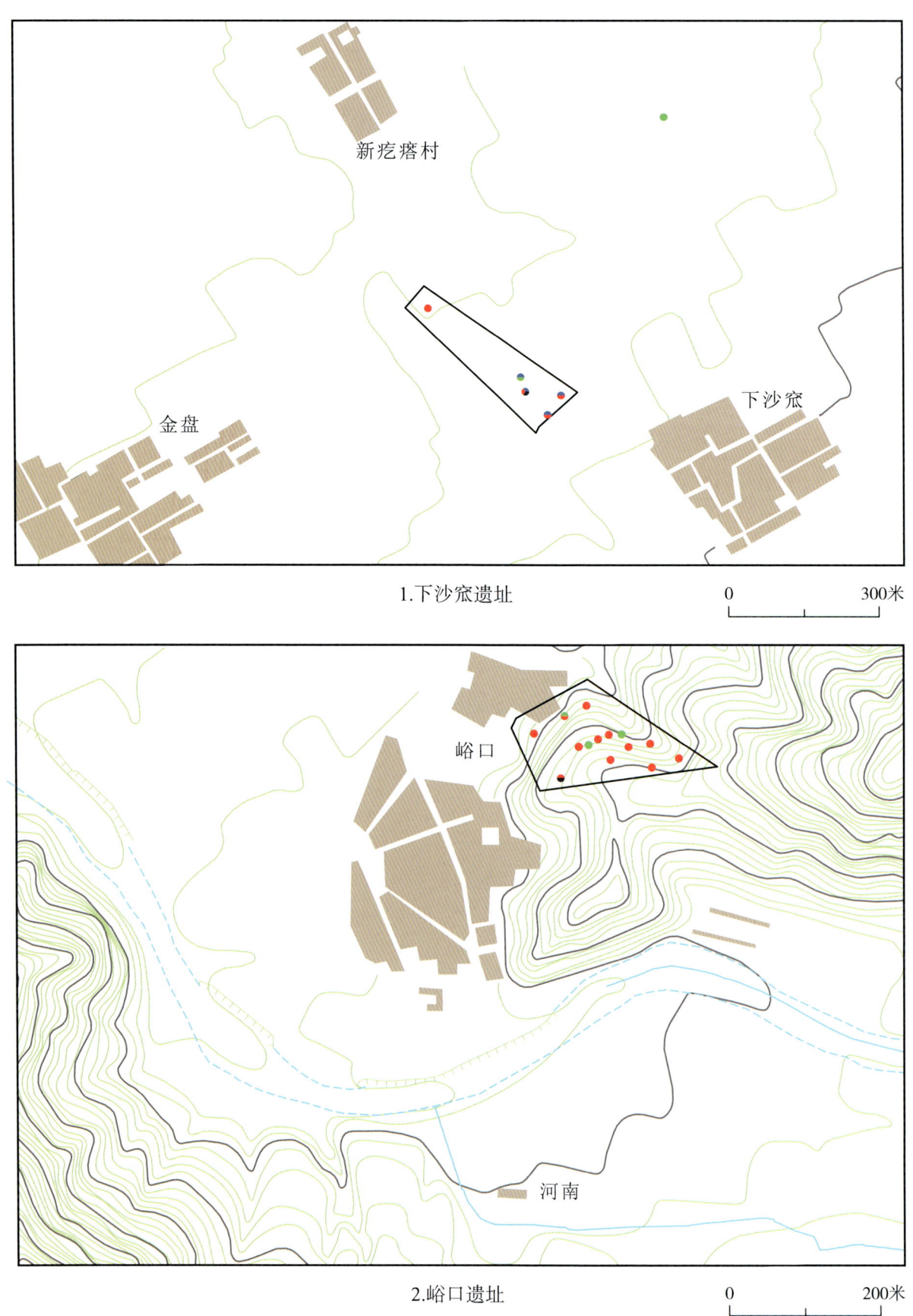

1. 下沙窊遗址

2. 峪口遗址

下沙窊和峪口遗址遗存分布图

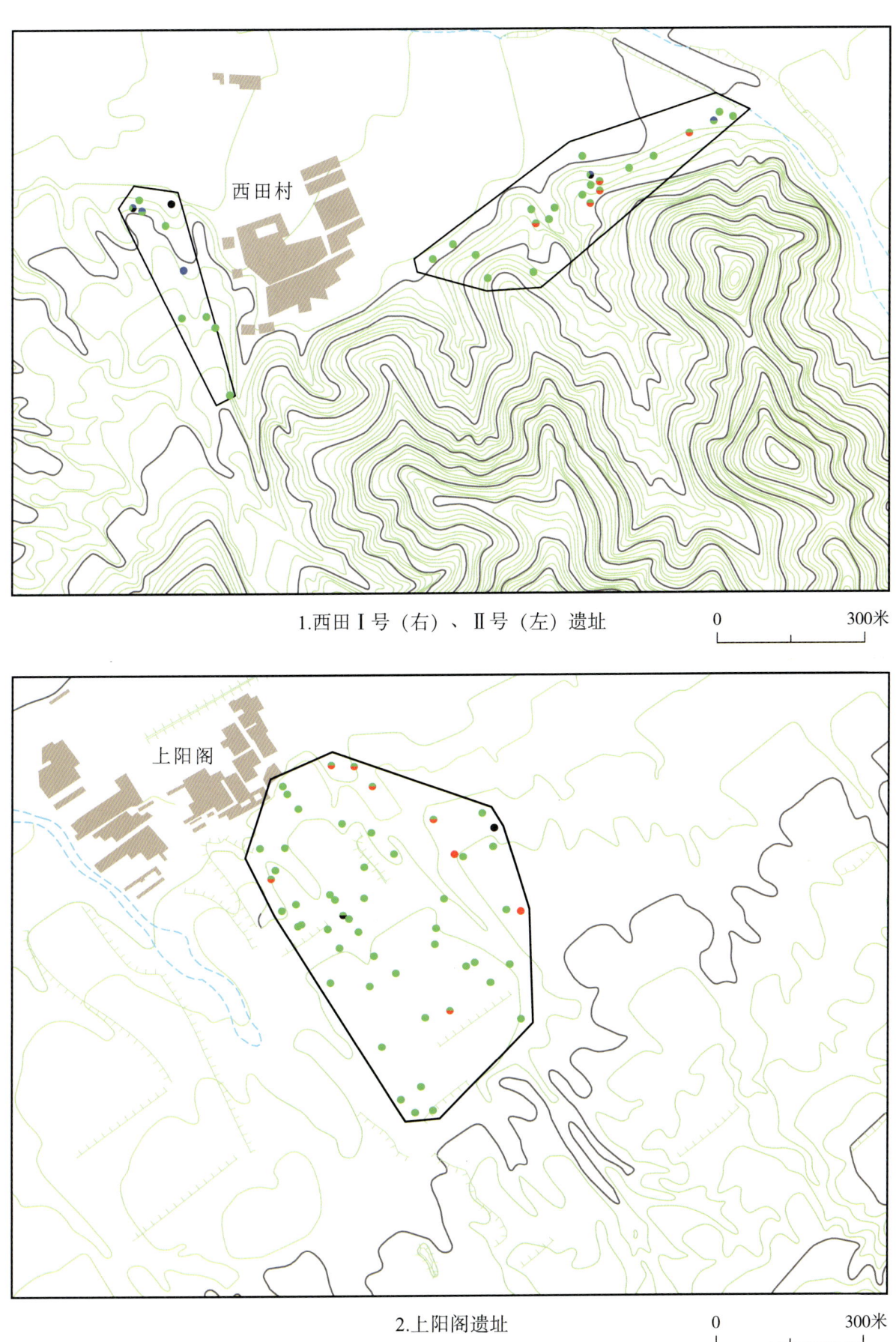

1. 西田Ⅰ号（右）、Ⅱ号（左）遗址

2. 上阳阁遗址

西田Ⅰ号、Ⅱ号和上阳阁遗址遗存分布图

彩版五八

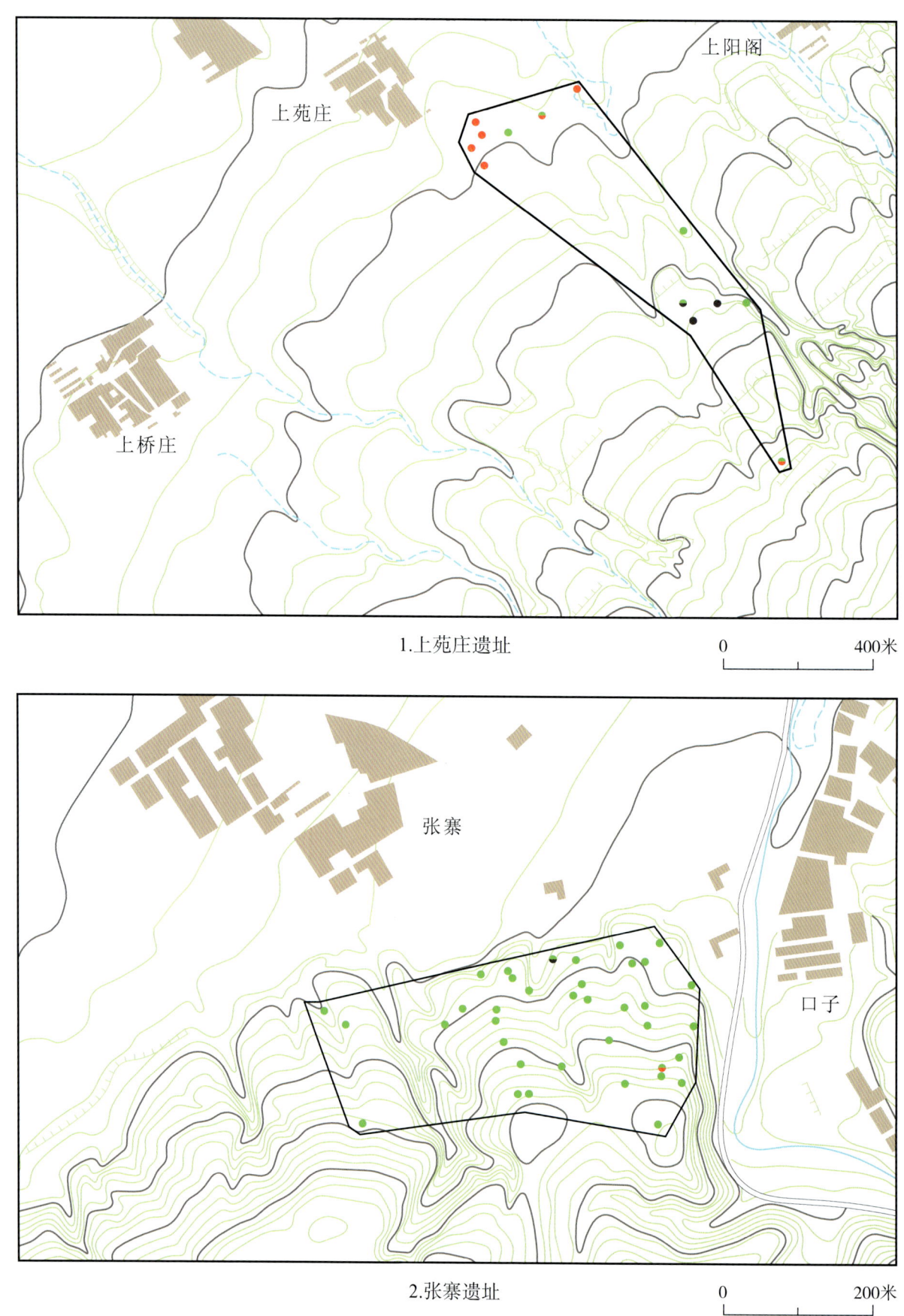

1. 上苑庄遗址

2. 张寨遗址

上苑庄和张寨遗址遗存分布图

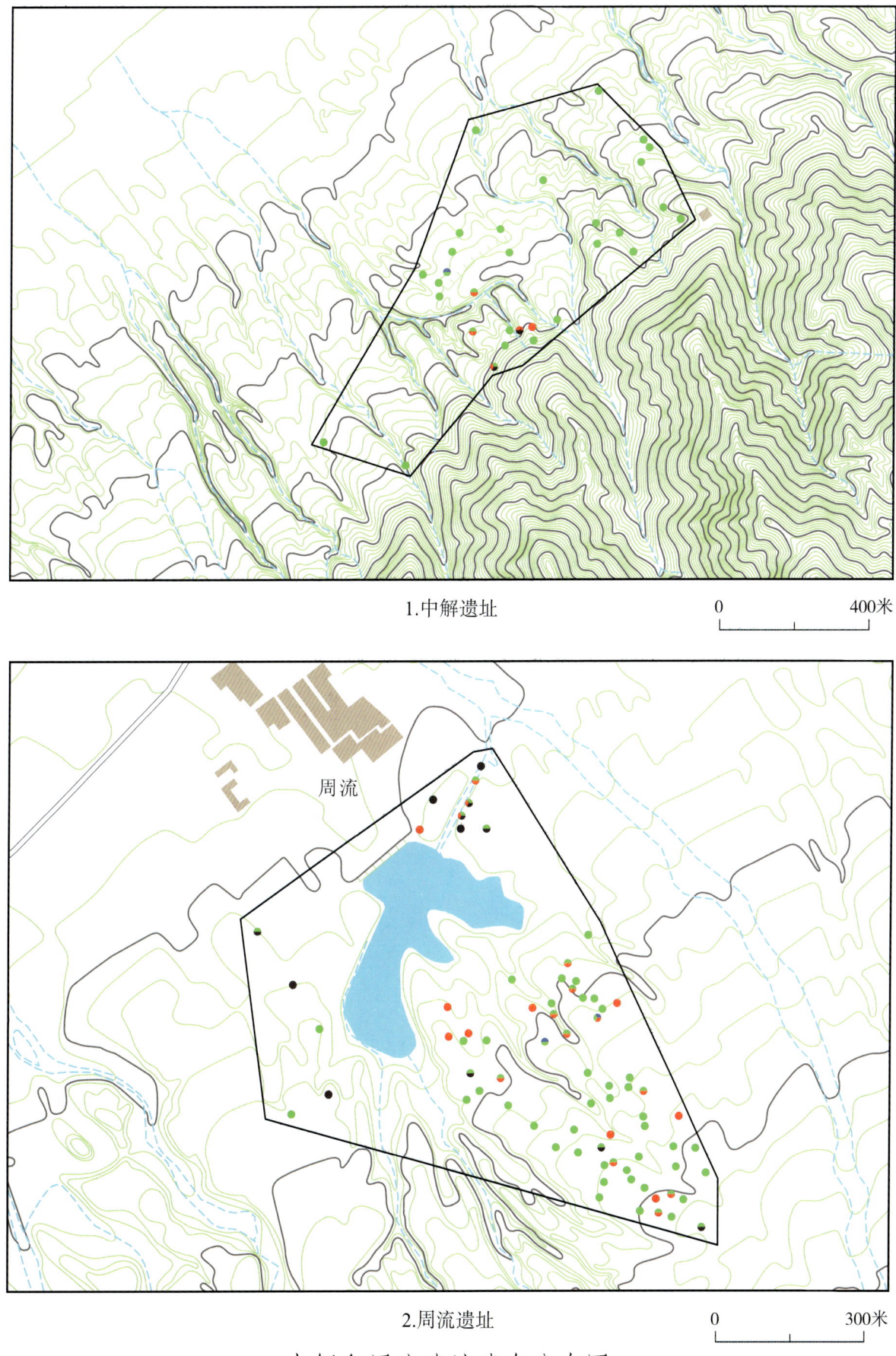

1. 中解遗址

2. 周流遗址

中解和周流遗址遗存分布图

彩版六〇

1 李家庄I号	71 卫村		
2 李家庄II号	72 河南		
3 李家庄III号	73 关子		
4 尹家洼I号	74 皇家庄IV		
5 尹家洼II号	75 皇家庄III号		
6 茹岳	76 皇家庄II号		
7 下班政	77 上政化		
8 南部	78 龙王堂		
9 丁家寨	79 东松彭I号		
10 大营I号	80 东松彭II号		
11 大营II号	81 苏龙口I号		
12 大阳贾	82 苏龙口II号		
13 上阳容	83 苏龙口III号		
14 麻地沟	84 前街		
15 土屯寨	85 南街I号		
16 刘家窑I号	86 南街II号		
17 刘家窑II号	87 梁顶		
18 咸阳	88 下长乐I号		
19 磺珥	89 下长乐II号		
20 唐昌	90 上长乐I号		
21 沙沟窑	91 上长乐II号		
22 沙沟	92 土沟		
23 平山梁I号	93 白石I号		
24 平山梁II号	94 白石II号		
25 上吉	95 白石III号		
26 庄头	96 白石IV号		
27 大东关	97 水沟		
28 上合河	98 北王瀛		
29 白彪	99 北王瀛II号		
30 新野牧	100 南王瀛I号		
31 下连枚	101 南王瀛II号		
32 黄牛	102 大阳I号		
33 上连枚I号	103 大阳II号		
34 上连枚II号	104 西头		
35 西神头	105 临河		
36 土黄沟I号	106 中阳		
37 土黄沟II号	107 南头I号		
38 土黄沟III号	108 南头II号		
39 上大林	109 上庄		
40 向阳I号	110 井沟IV号		
41 向阳II号	111 井沟V号		
42 下申	112 井沟II号		
43 上申	113 井沟I号		

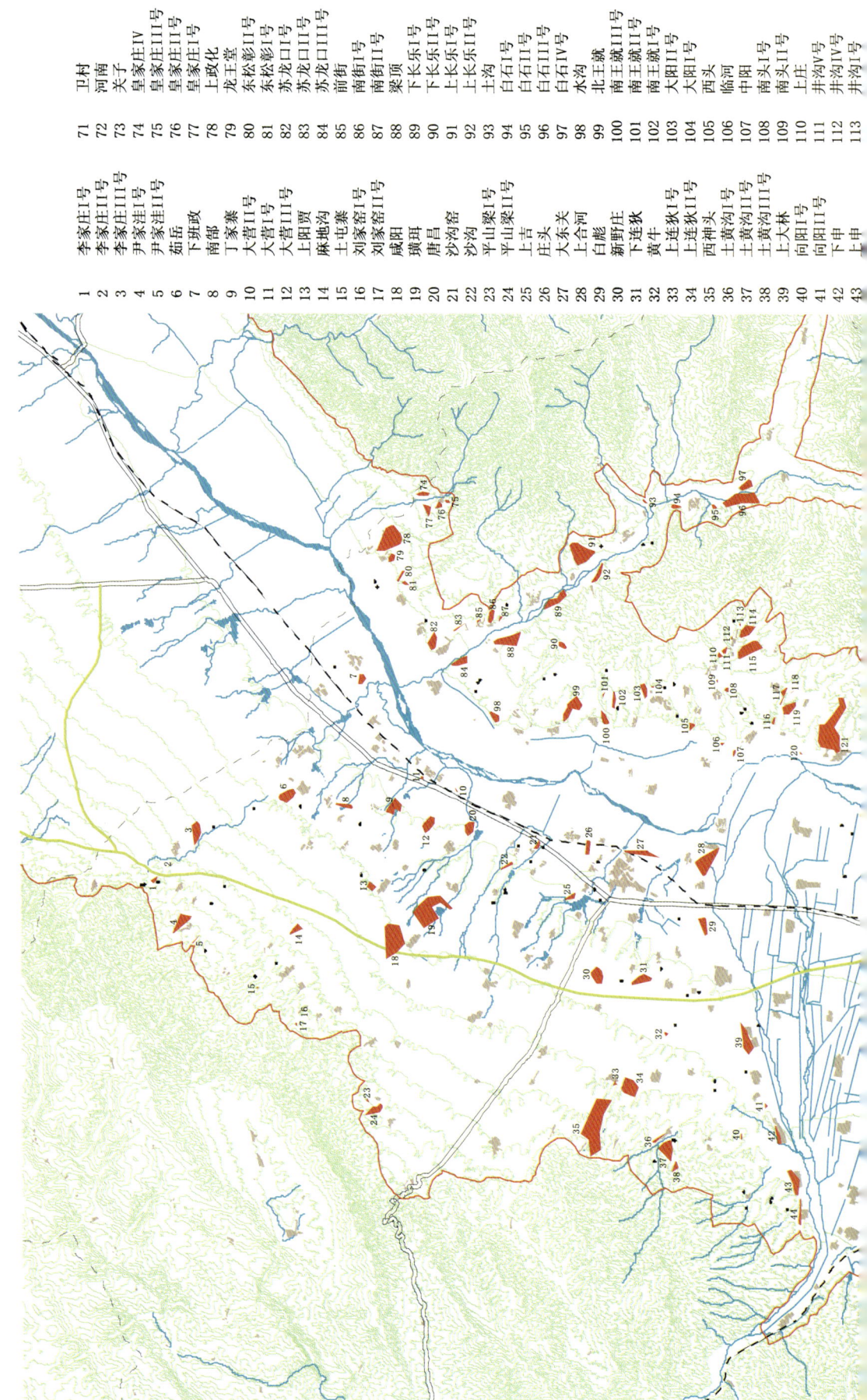

46	上神山I号	116	下木章
47	上神山II号	117	史家岗
48	下神山	118	上木章I号
49	小泉沟I号	119	上木章II号
50	小泉沟II号	120	辛章I号
51	北岗I号	121	辛章II号
52	北岗II号	122	上神头
53	立道	123	练家岗I号
54	尚家庄	124	练家岗II号
55	上院I号	125	练家岗III号
56	上院II号	126	上封I号
57	于家沟	127	上封II号
58	下院	128	上封III号
59	南岗	129	南神头
60	解村	130	峙峪I号
61	中三泉	131	峙峪II号
62	南三泉	132	停旨头I号
63	小牟庄I号	133	停旨头II号
64	永兴庄I号	134	子干I号
65	永兴庄II号	135	子干II号
66	崖底I号	136	西南贾I号
67	崖底II号	137	西南贾II号
68	楼板寨	138	西南贾III号
69	南庄头I号	139	新村I号
70	南庄头II号	140	新村II号
		141	南郭下

- 散点
- ▲ 遗址
- ◯ 调查范围

原平市境内遗址分布图

彩版六一

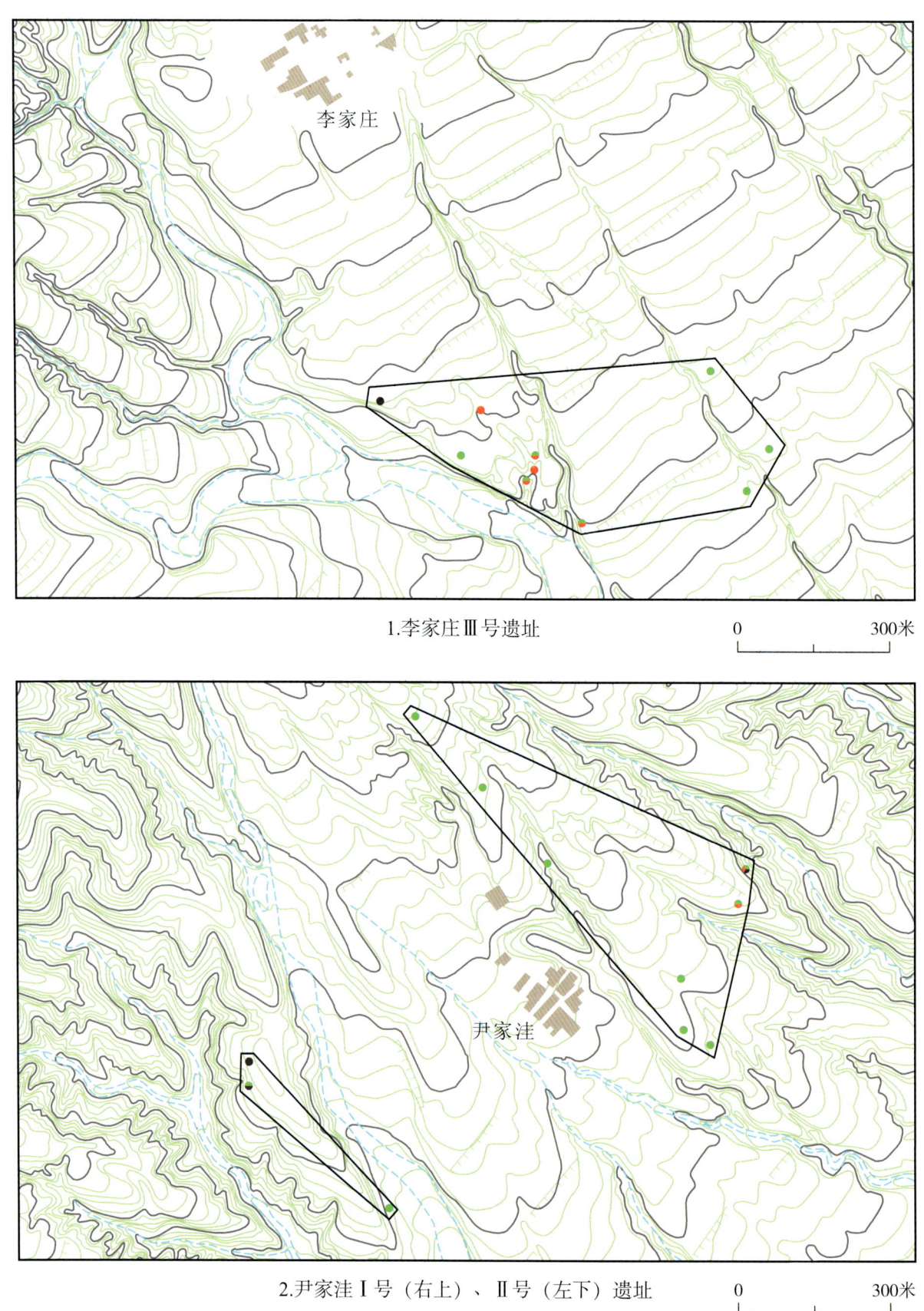

1. 李家庄Ⅲ号遗址　　　0　　300米

2. 尹家洼Ⅰ号（右上）、Ⅱ号（左下）遗址　　　0　　300米

李家庄Ⅲ号和尹家洼Ⅰ号、Ⅱ号遗址遗存分布图

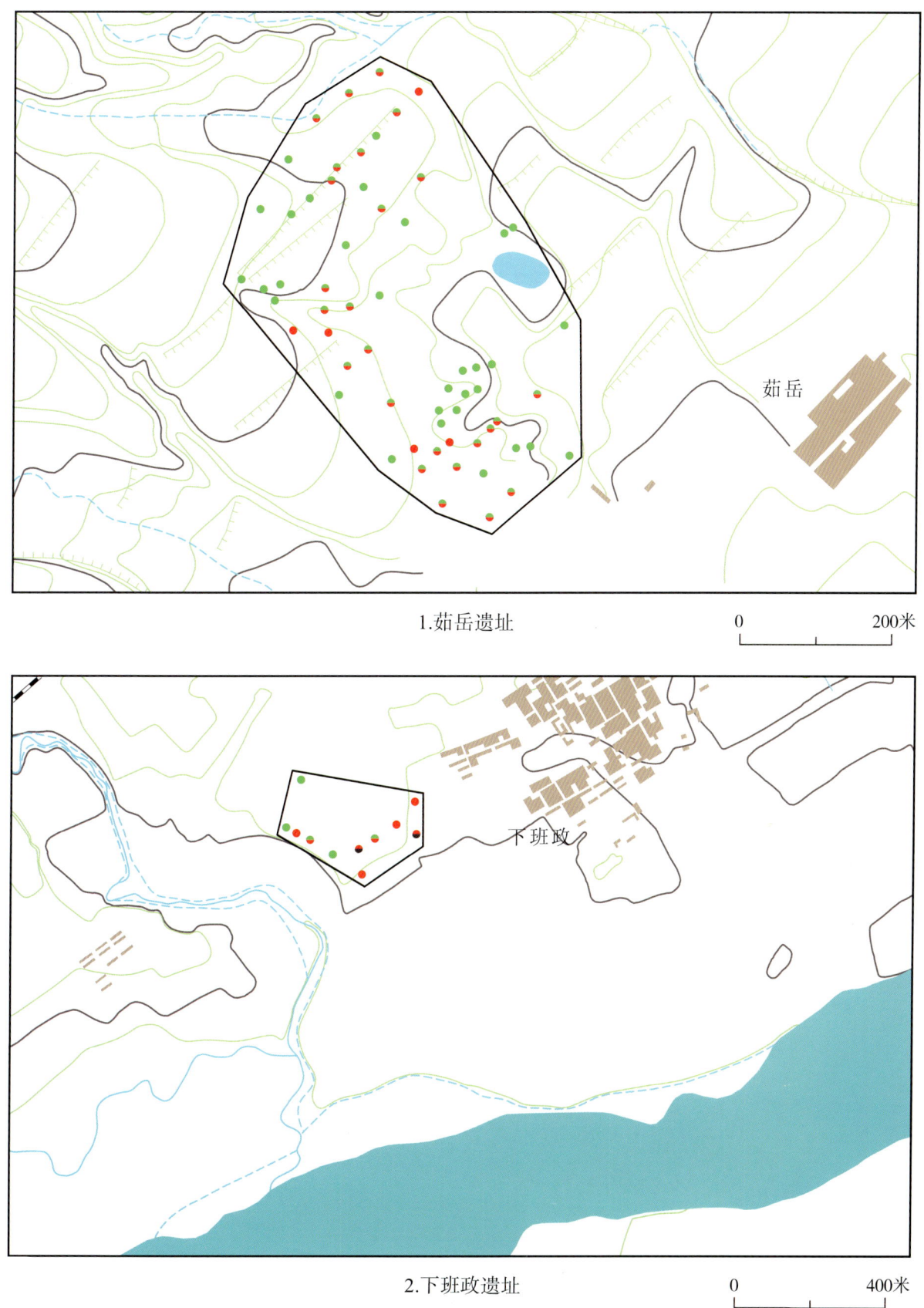

1.茹岳遗址

2.下班政遗址

茹岳和下班政遗址遗存分布图

彩版六三

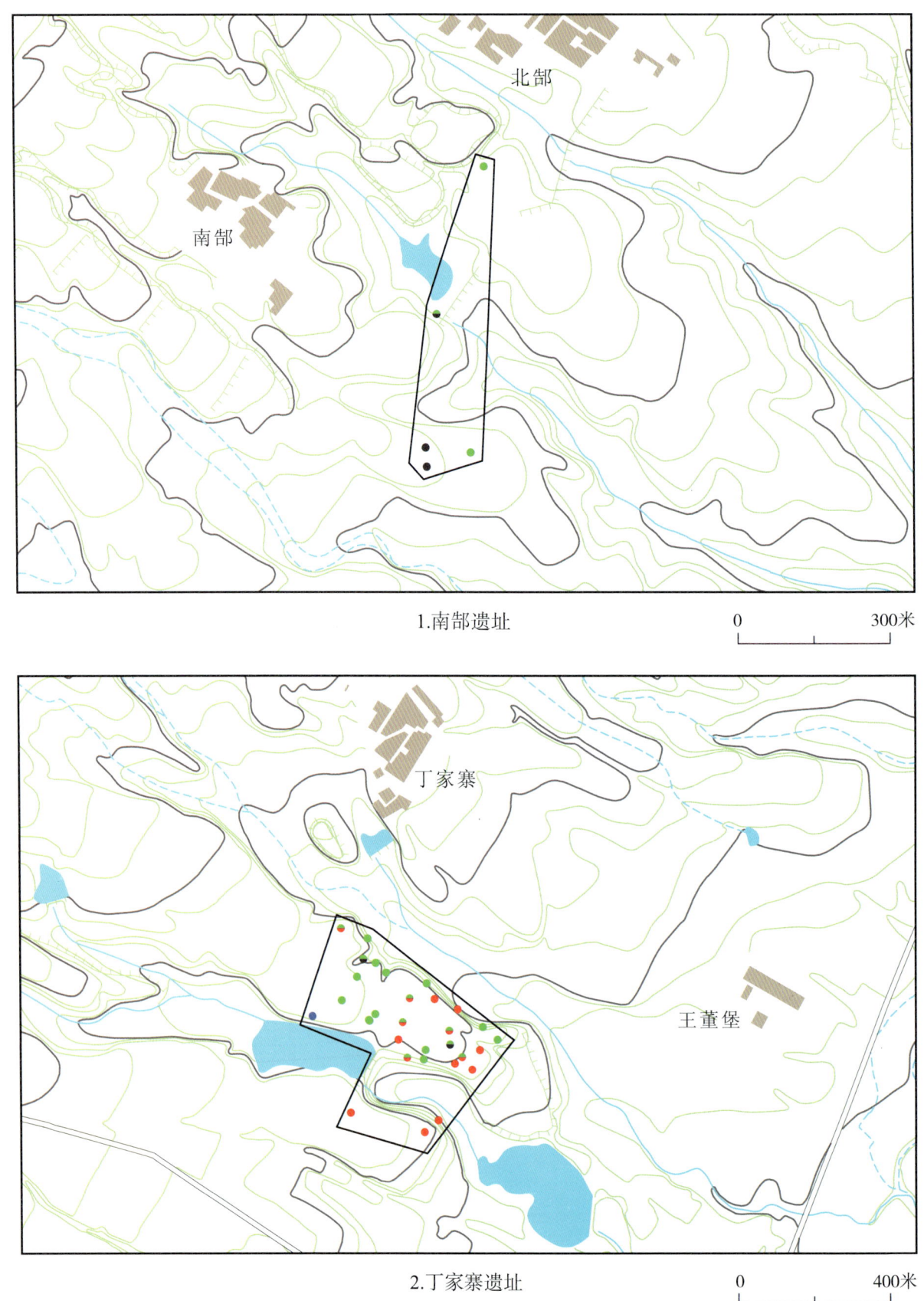

1. 南邰遗址

2. 丁家寨遗址

南邰和丁家寨遗址遗存分布图

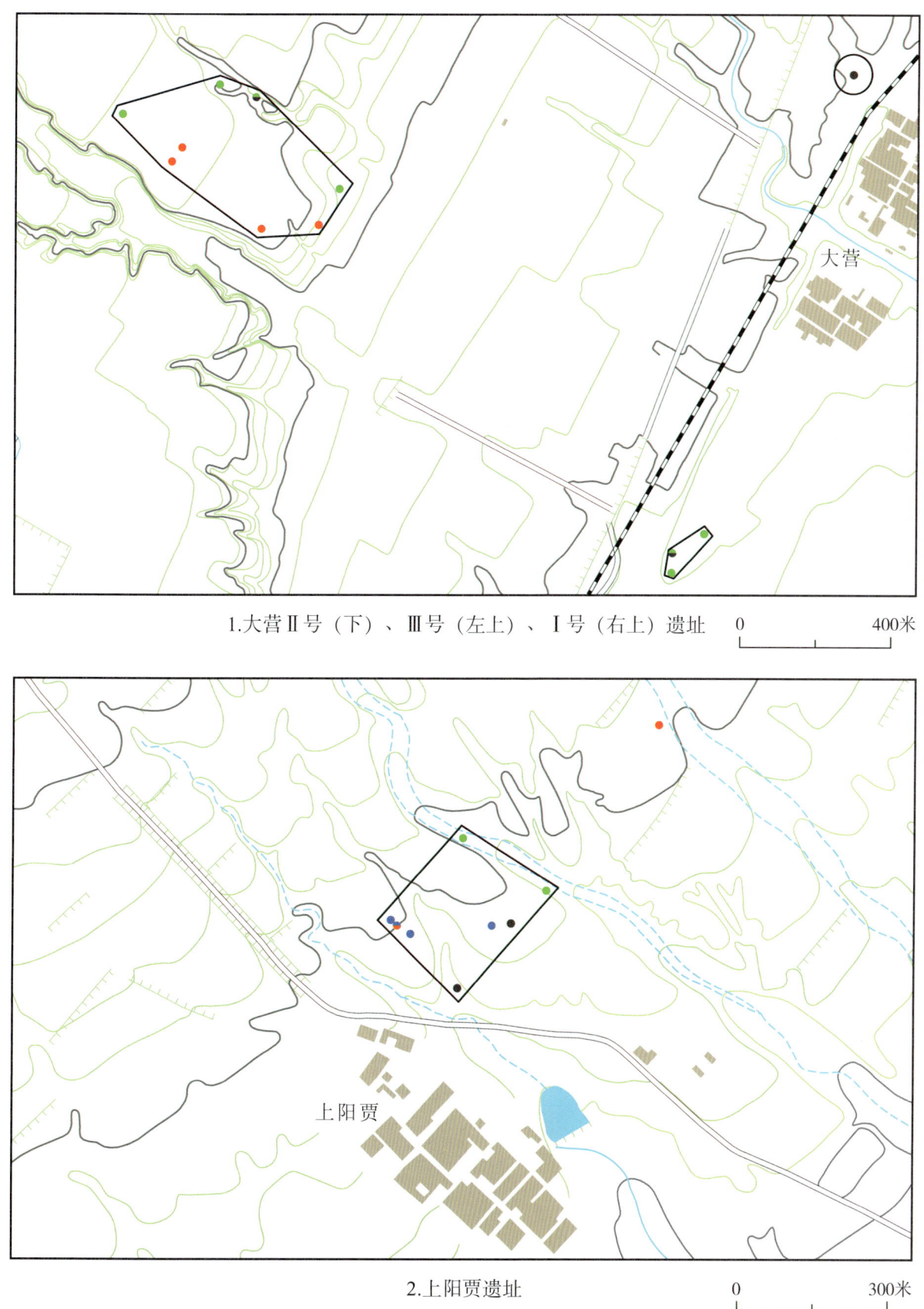

1. 大营Ⅱ号（下）、Ⅲ号（左上）、Ⅰ号（右上）遗址

2. 上阳贾遗址

大营Ⅱ号、Ⅲ号、Ⅰ号和上阳贾遗址遗存分布图

彩版六五

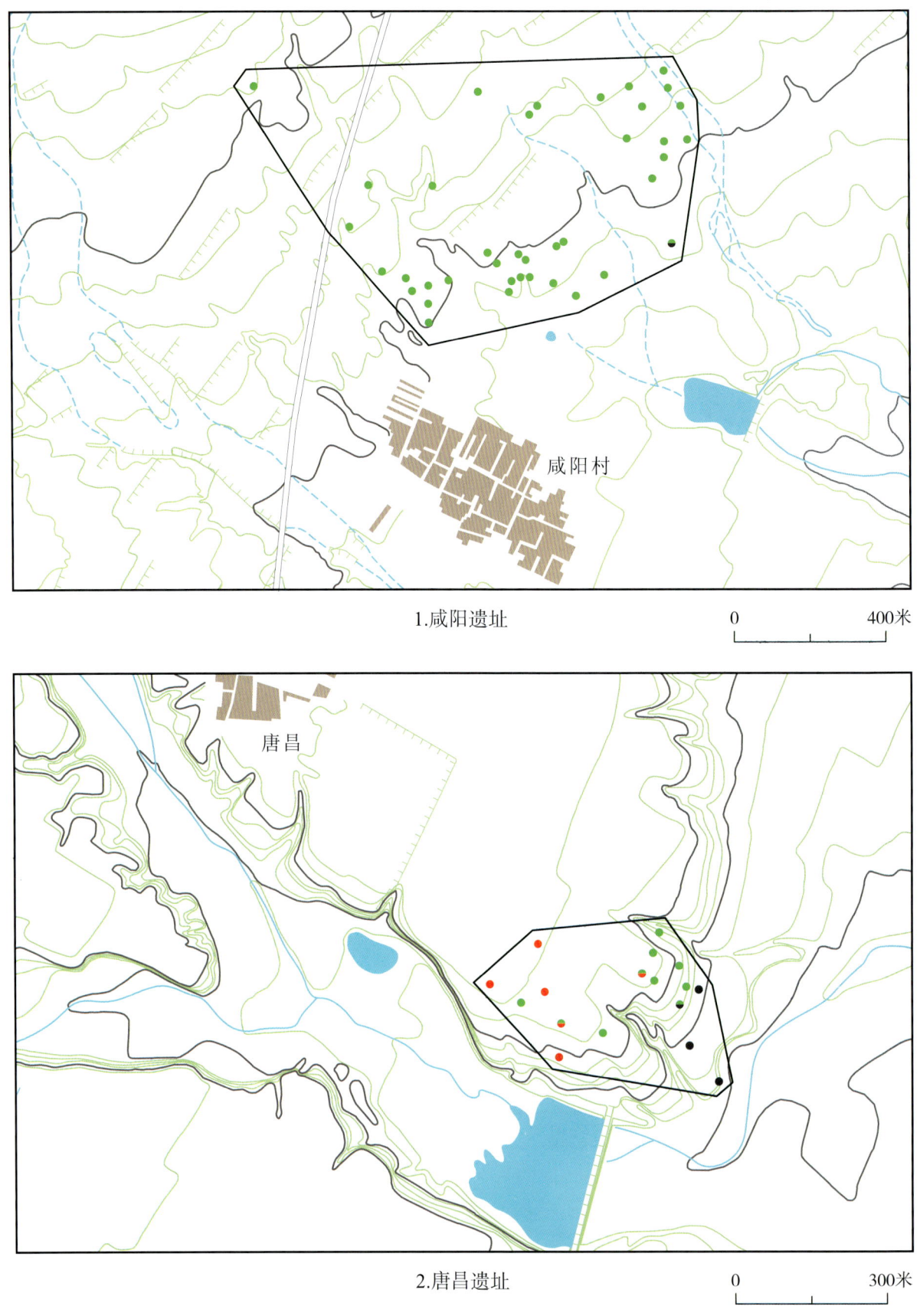

1. 咸阳遗址

2. 唐昌遗址

咸阳和唐昌遗址遗存分布图

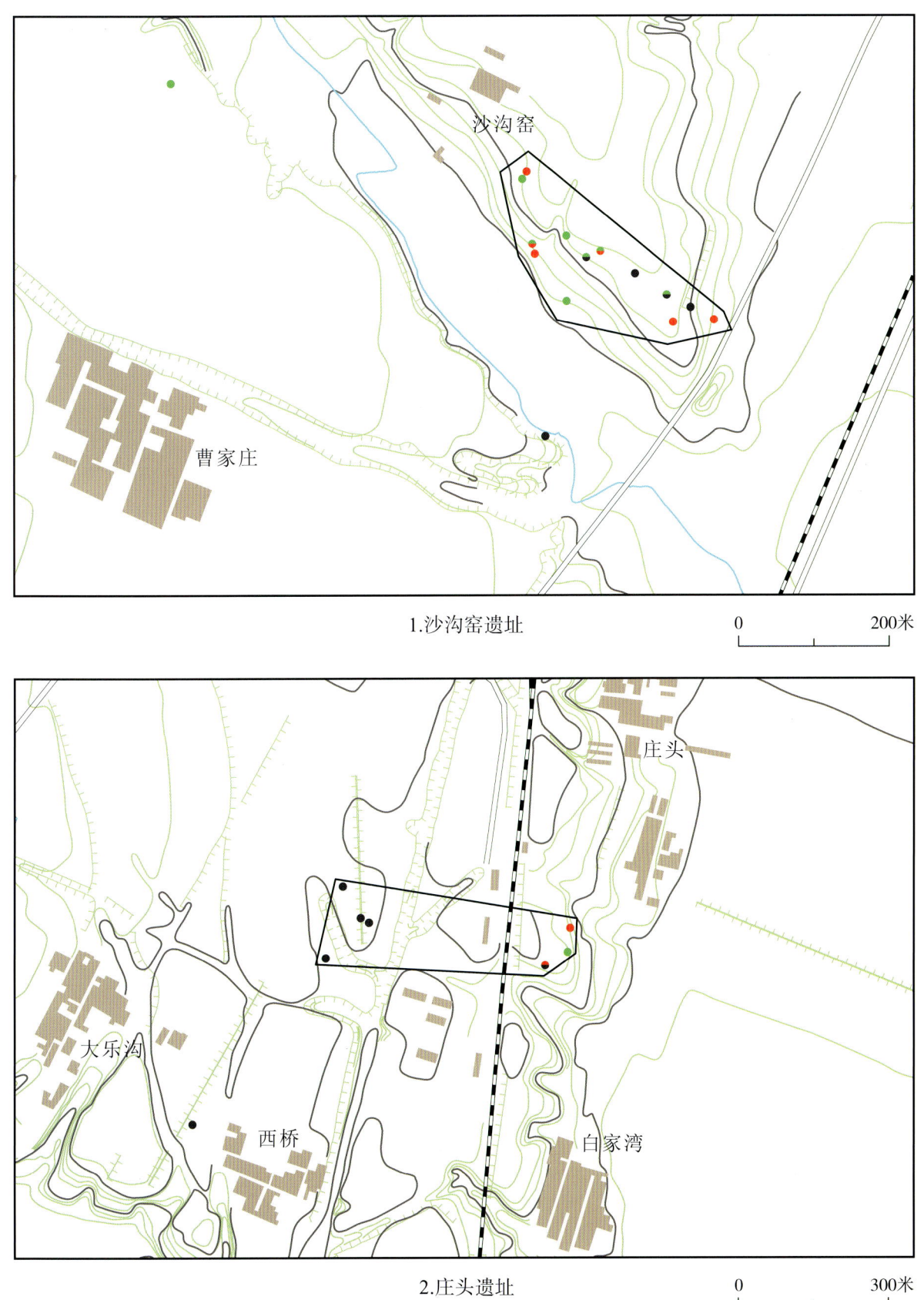

1.沙沟窑遗址

2.庄头遗址

沙沟窑和庄头遗址遗存分布图

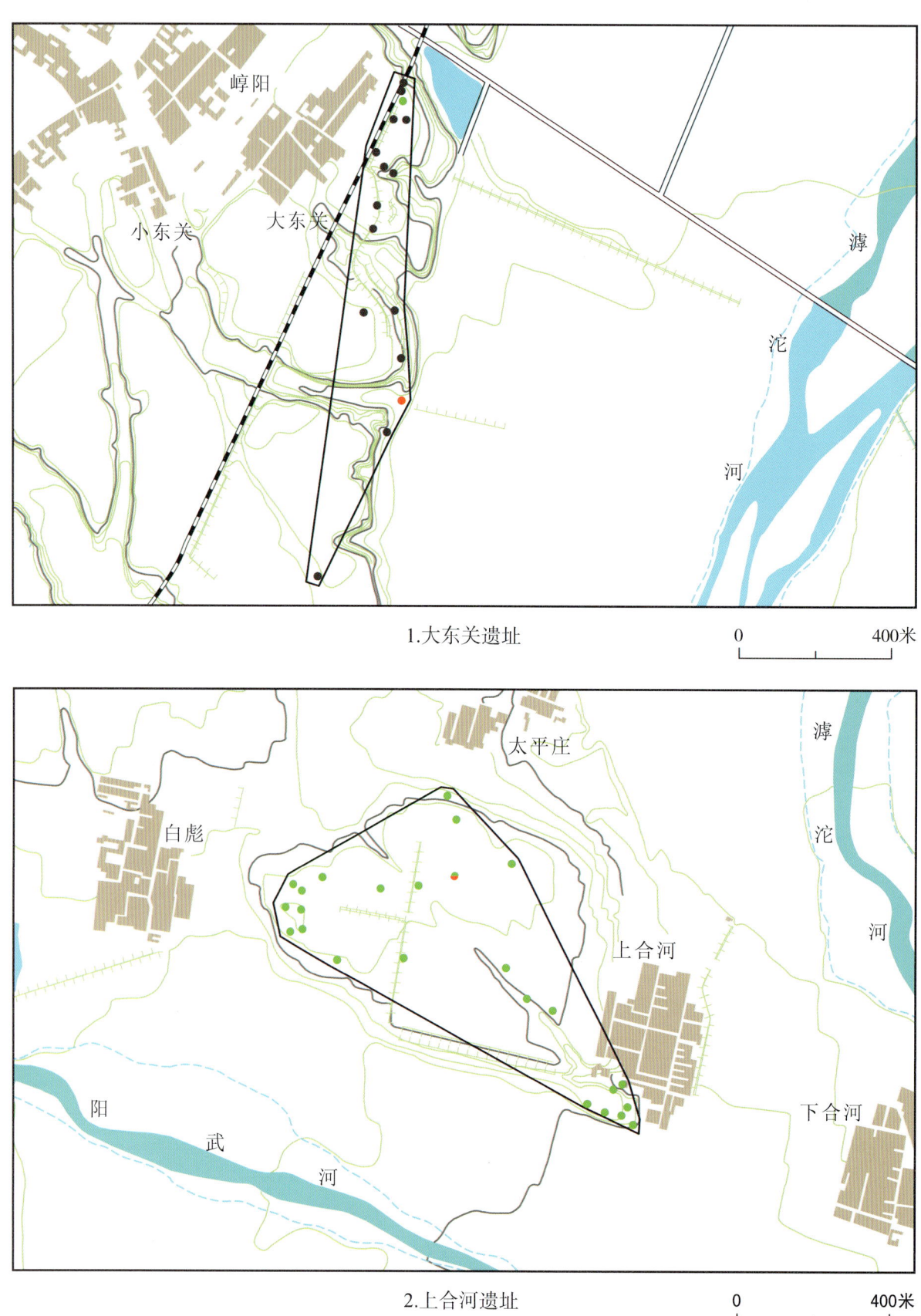

大东关和上合河遗址遗存分布图

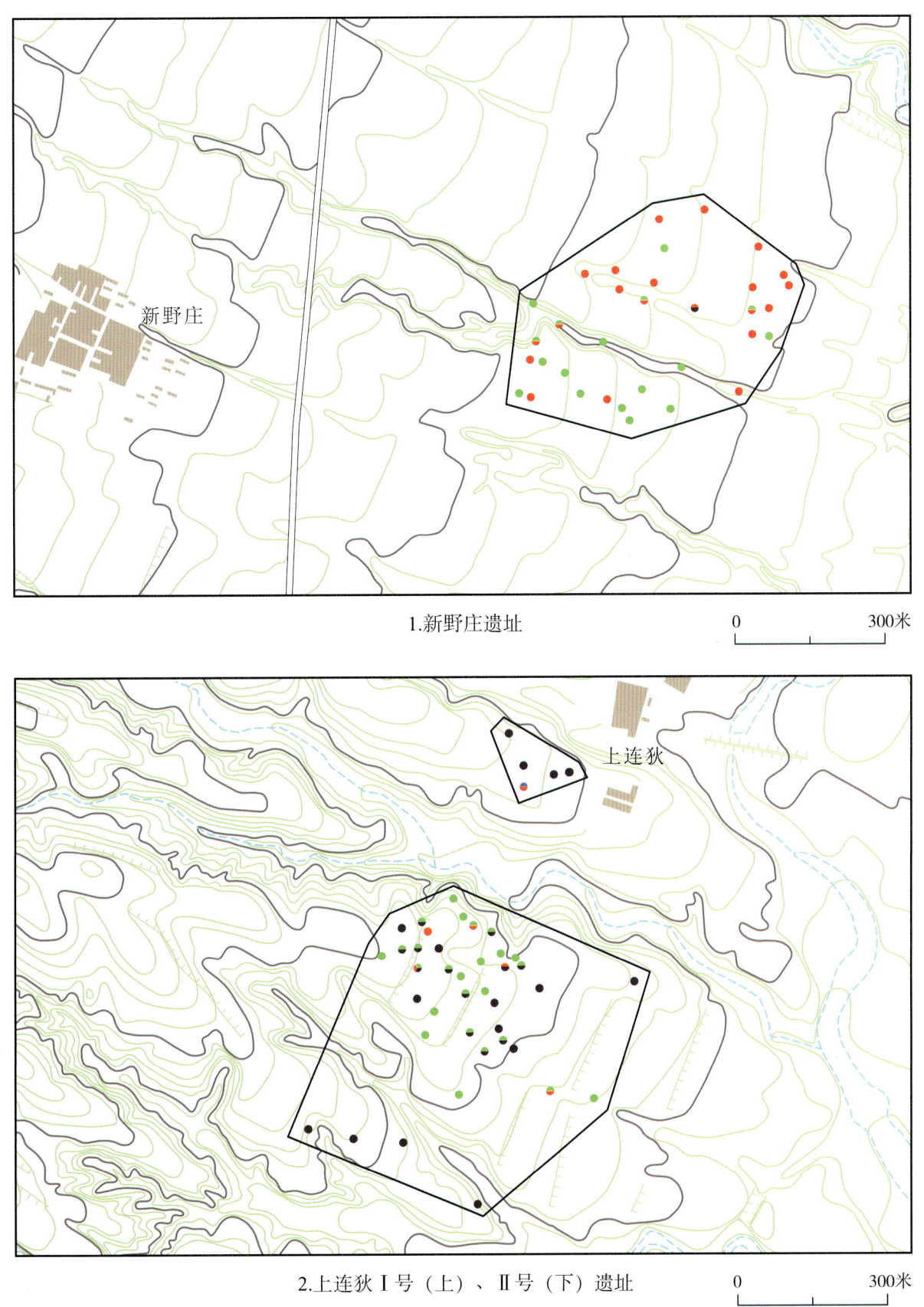

1. 新野庄遗址

2. 上连狄Ⅰ号（上）、Ⅱ号（下）遗址

新野庄和上连狄Ⅰ号、Ⅱ号遗址遗存分布图

彩版六九

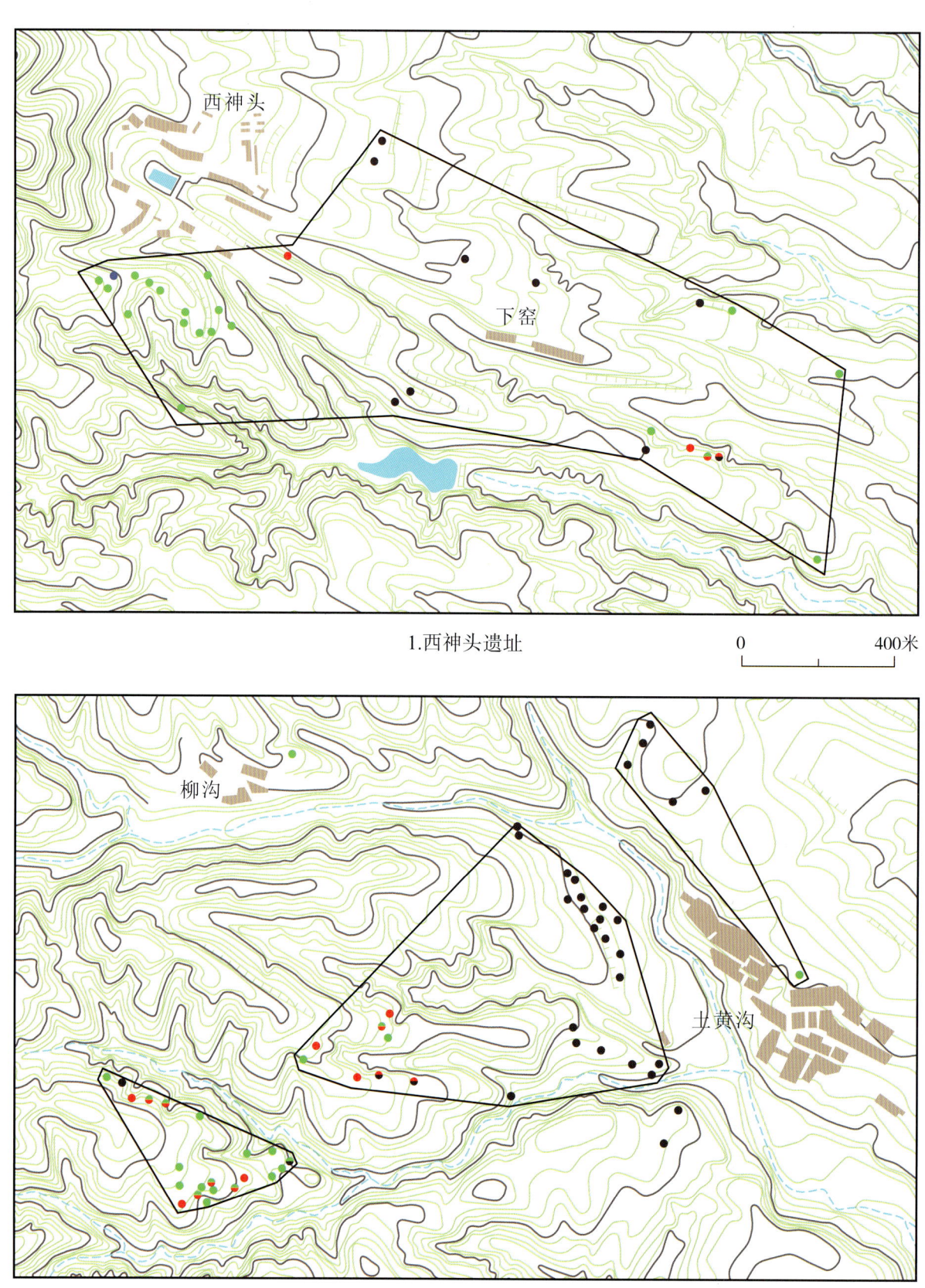

1. 西神头遗址　　　0　400米

2. 土黄沟Ⅰ号（右上）、Ⅱ号（中）、Ⅲ号（左下）遗址　　0　300米

西神头和土黄沟Ⅰ号、Ⅱ号、Ⅲ号遗址遗存分布图

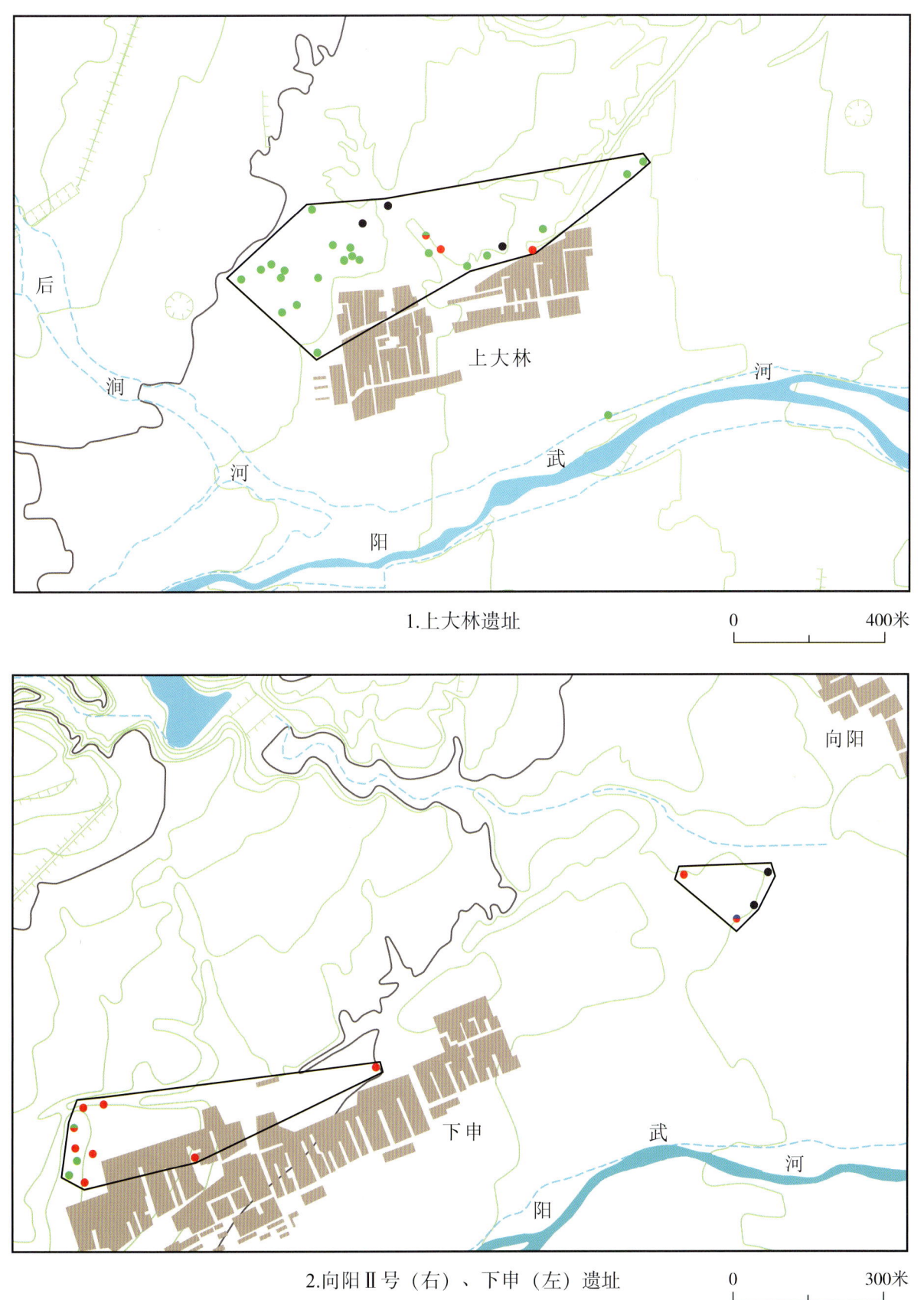

1. 上大林遗址

2. 向阳Ⅱ号（右）、下申（左）遗址

上大林、向阳Ⅱ号、下申遗址遗存分布图

彩版七一

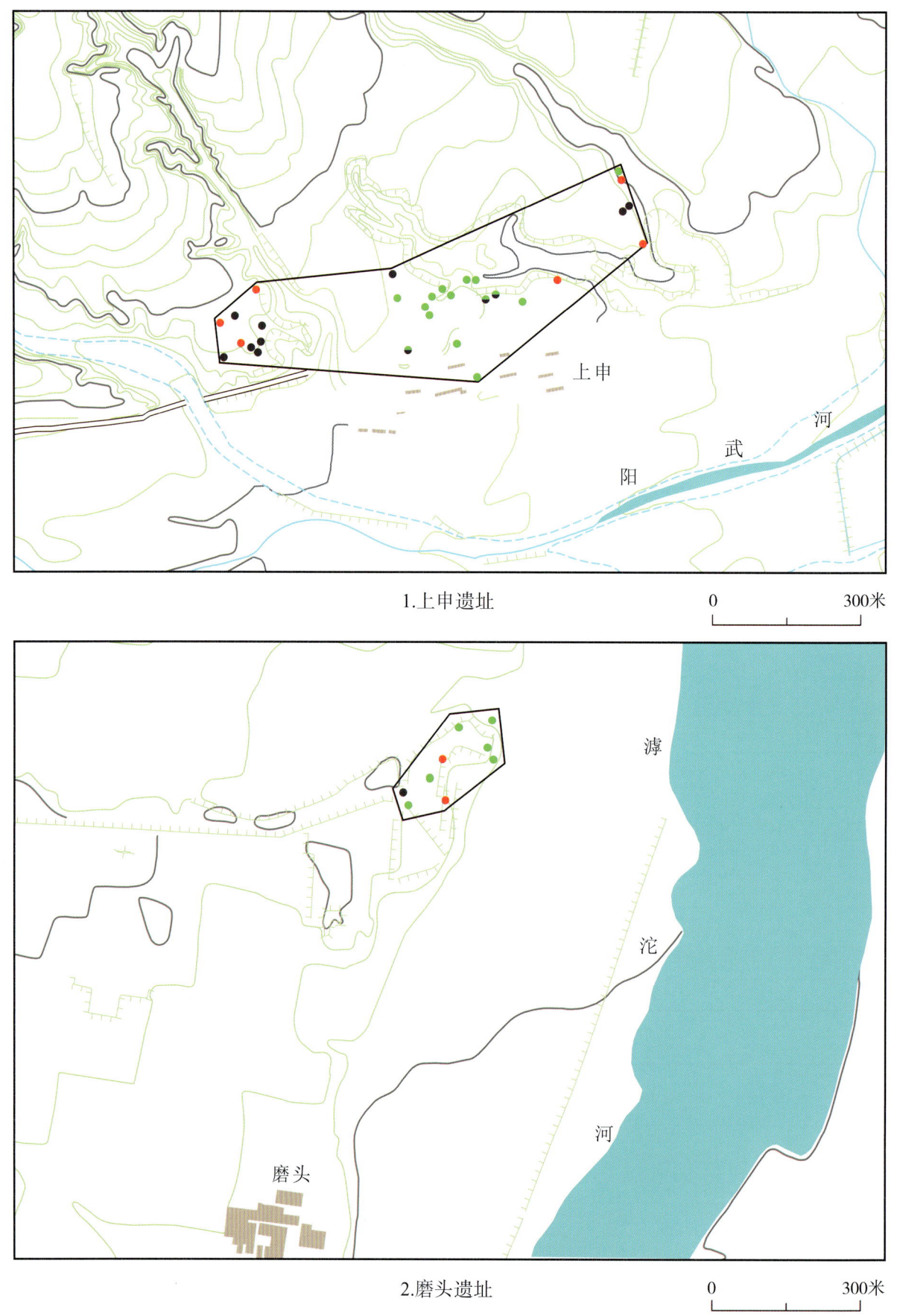

1. 上申遗址

2. 磨头遗址

上申和磨头遗址遗存分布图

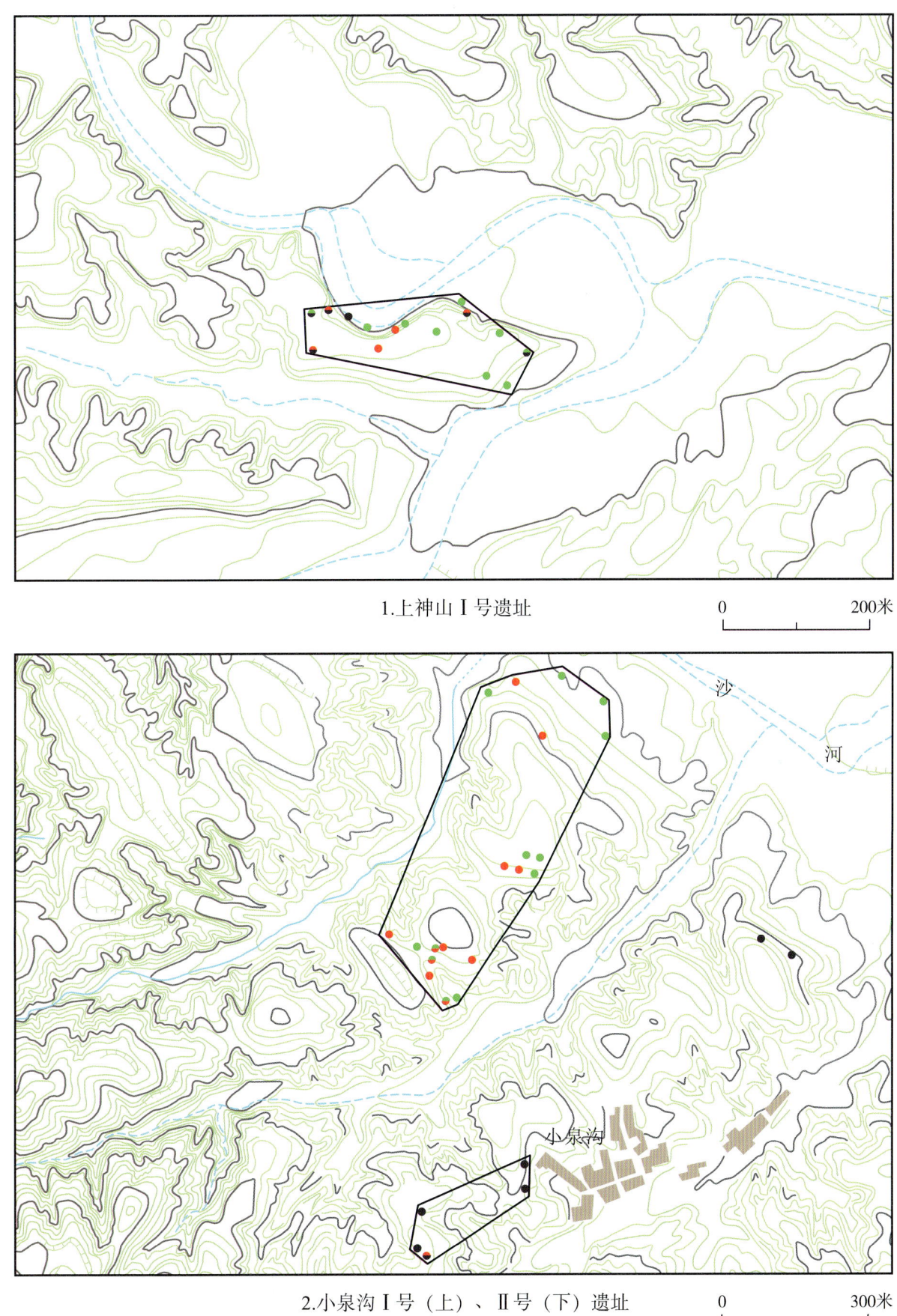

1. 上神山Ⅰ号遗址

2. 小泉沟Ⅰ号（上）、Ⅱ号（下）遗址

上神山Ⅰ号和小泉沟Ⅰ号、Ⅱ号遗址遗存分布图

彩版七三

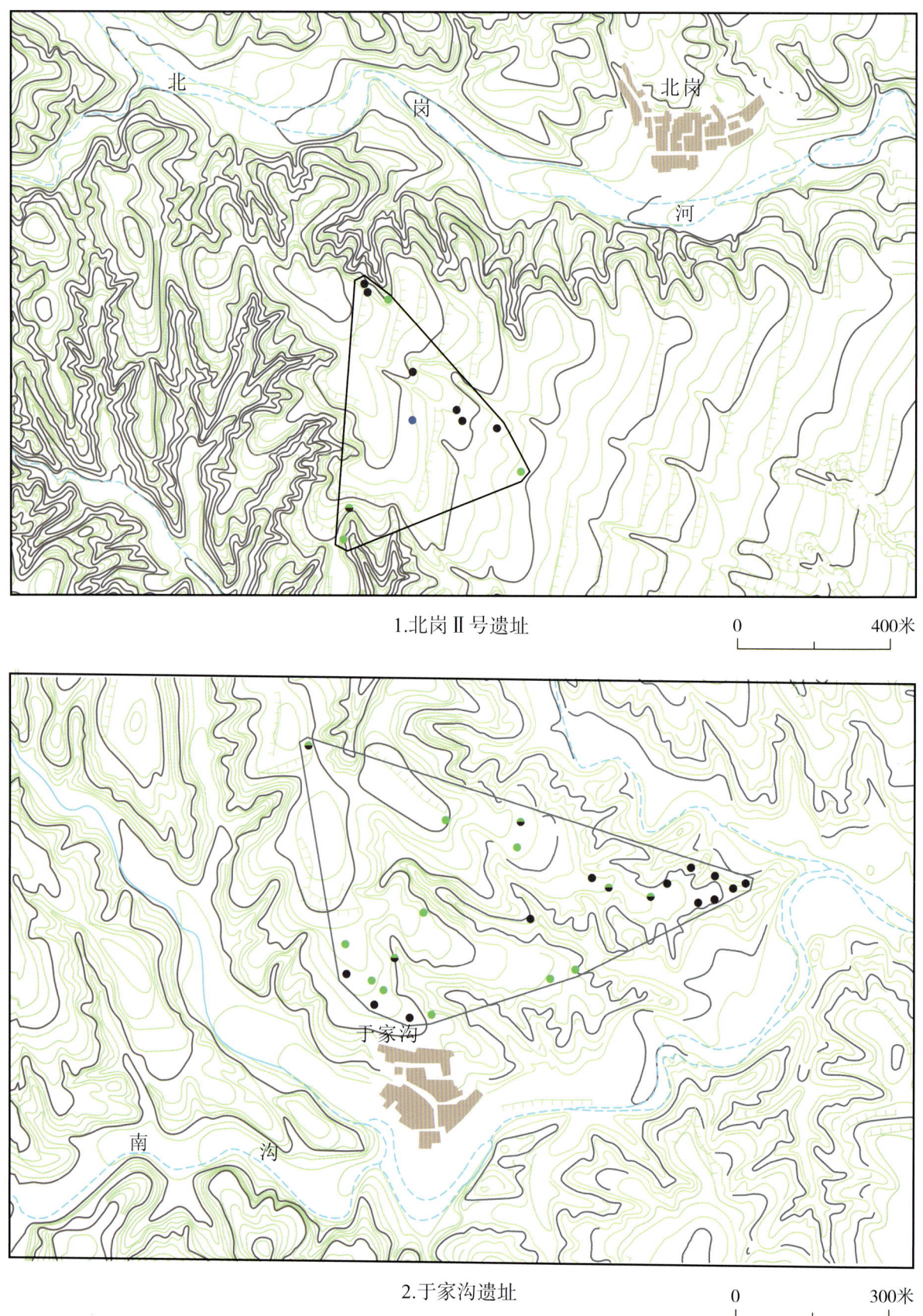

1. 北岗Ⅱ号遗址

2. 于家沟遗址

北岗Ⅱ号和于家沟遗址遗存分布图

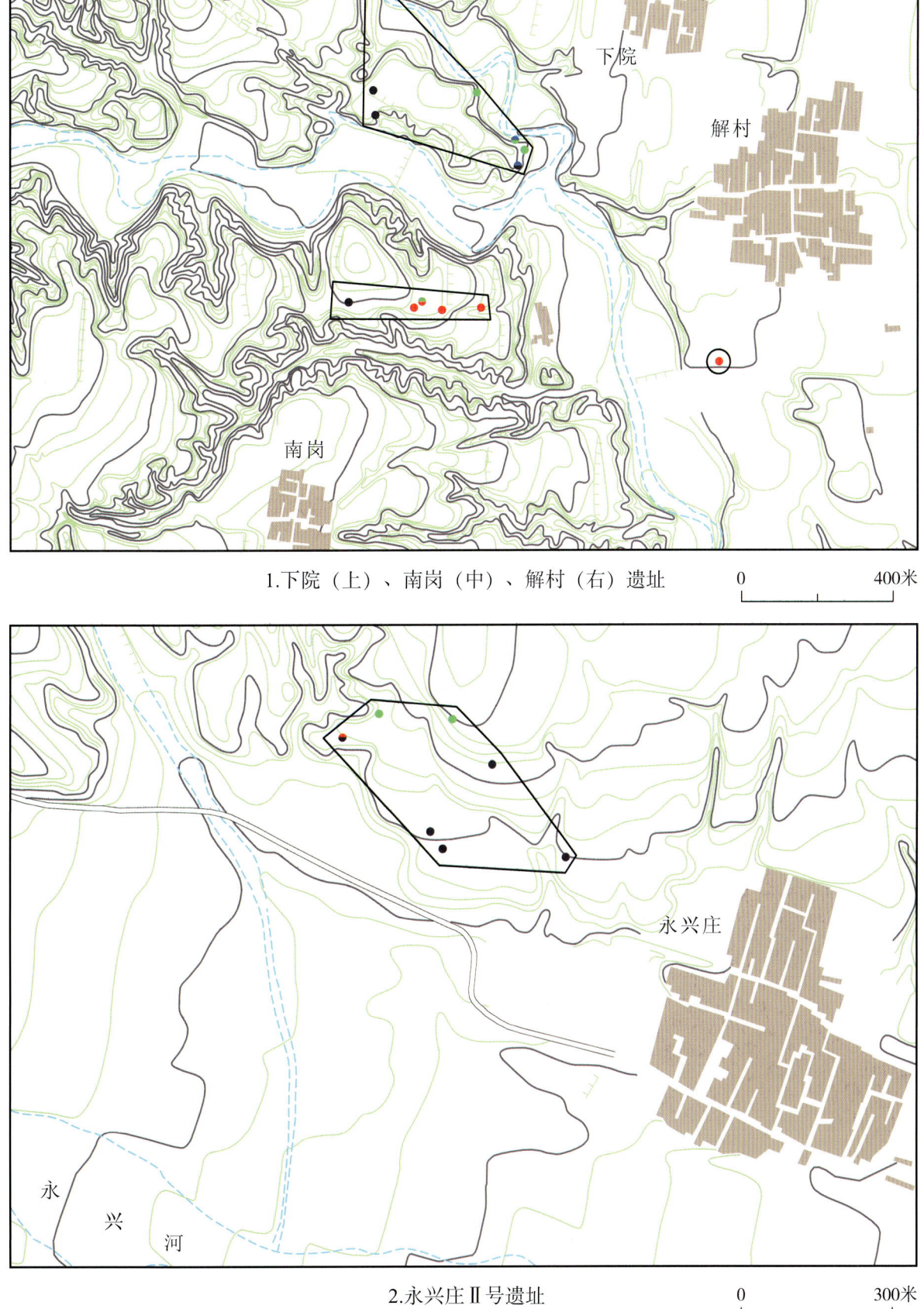

1. 下院（上）、南岗（中）、解村（右）遗址

2. 永兴庄Ⅱ号遗址

下院、南岗、解村、永兴庄Ⅱ号遗址遗存分布图

彩版七五

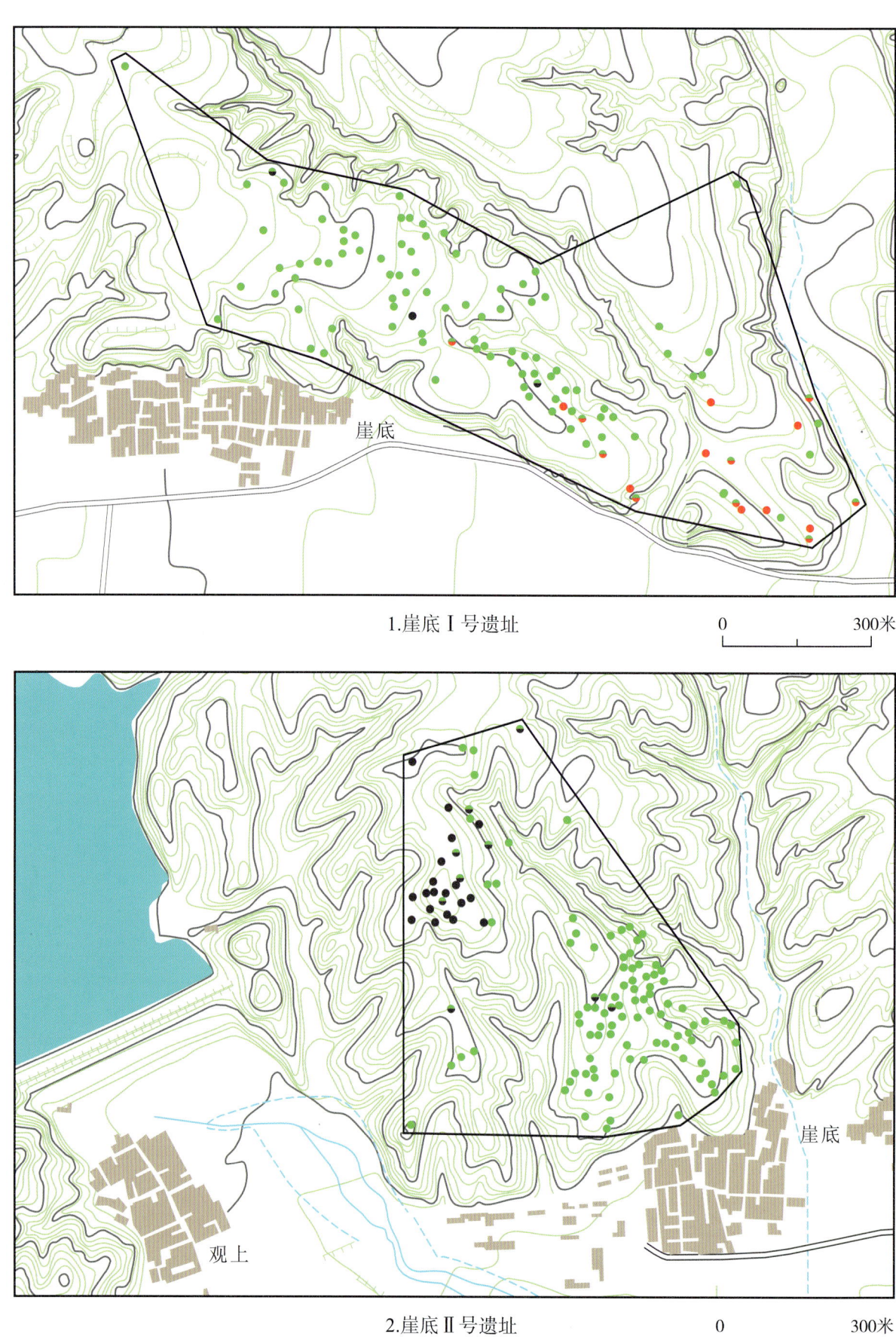

1. 崖底Ⅰ号遗址

2. 崖底Ⅱ号遗址

崖底Ⅰ号、Ⅱ号遗址遗存分布图

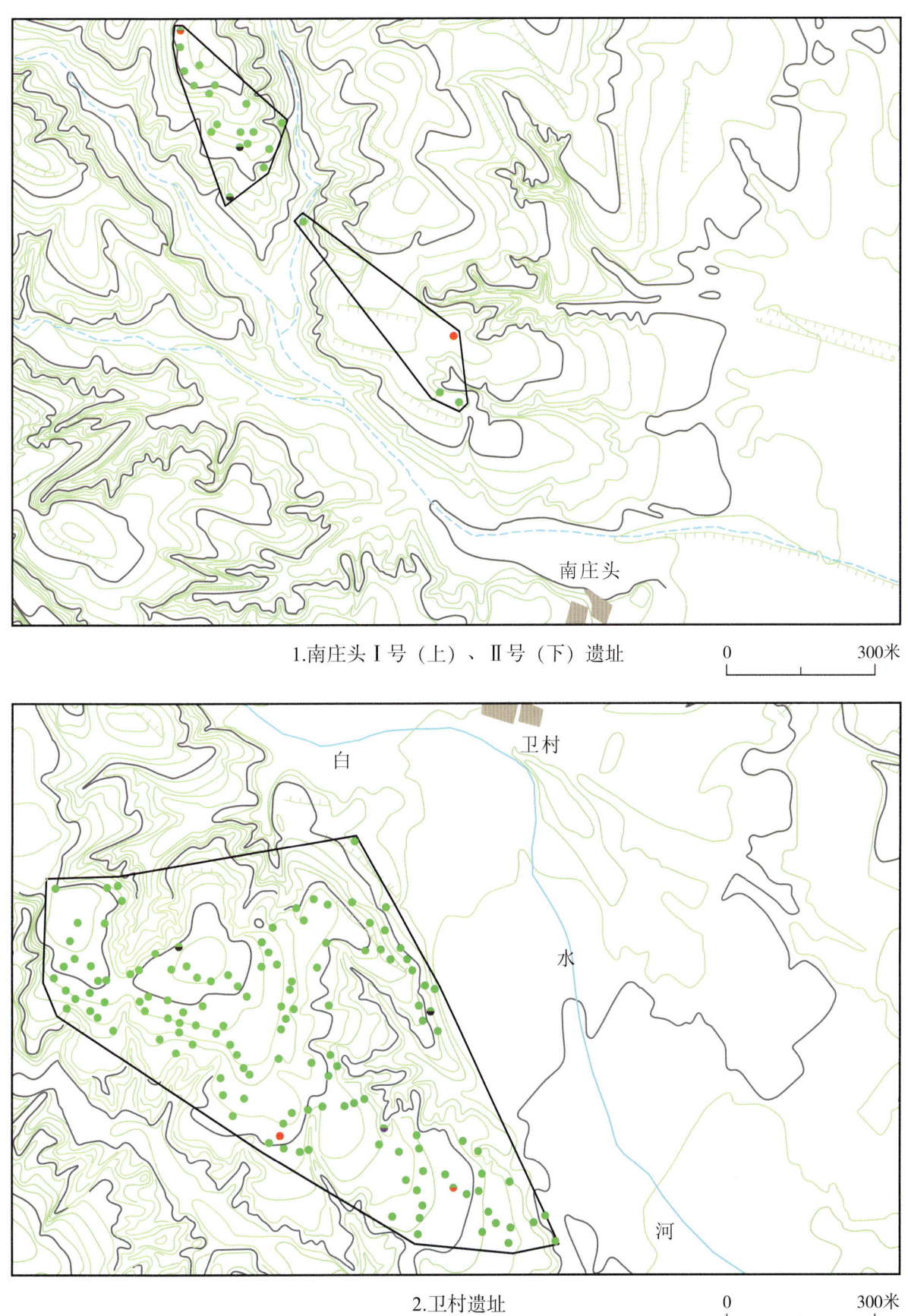

1. 南庄头Ⅰ号（上）、Ⅱ号（下）遗址

2. 卫村遗址

南庄头Ⅰ号、Ⅱ号和卫村遗址遗存分布图

彩版七七

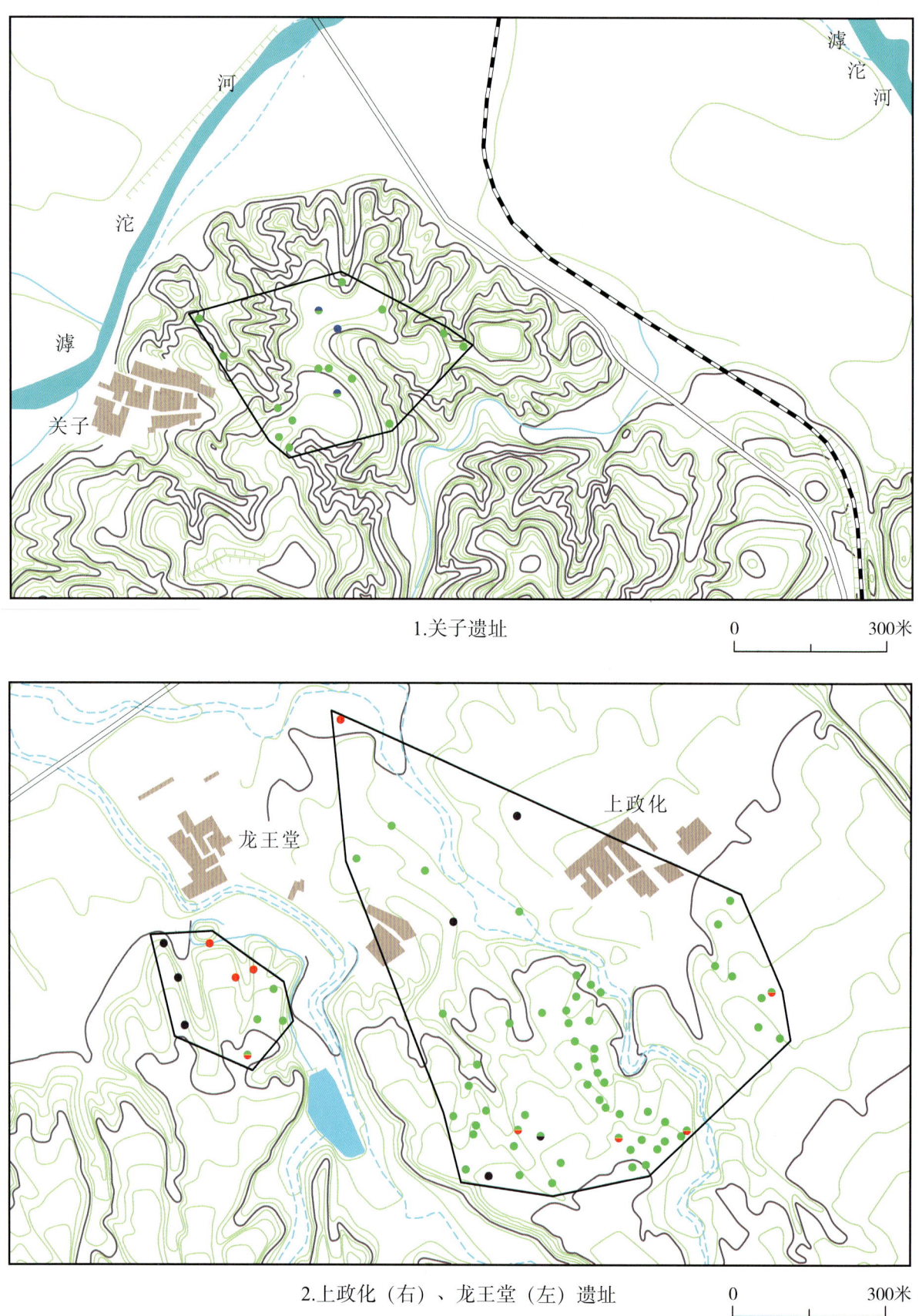

1. 关子遗址

2. 上政化（右）、龙王堂（左）遗址

关子、上政化、龙王堂遗址遗存分布图

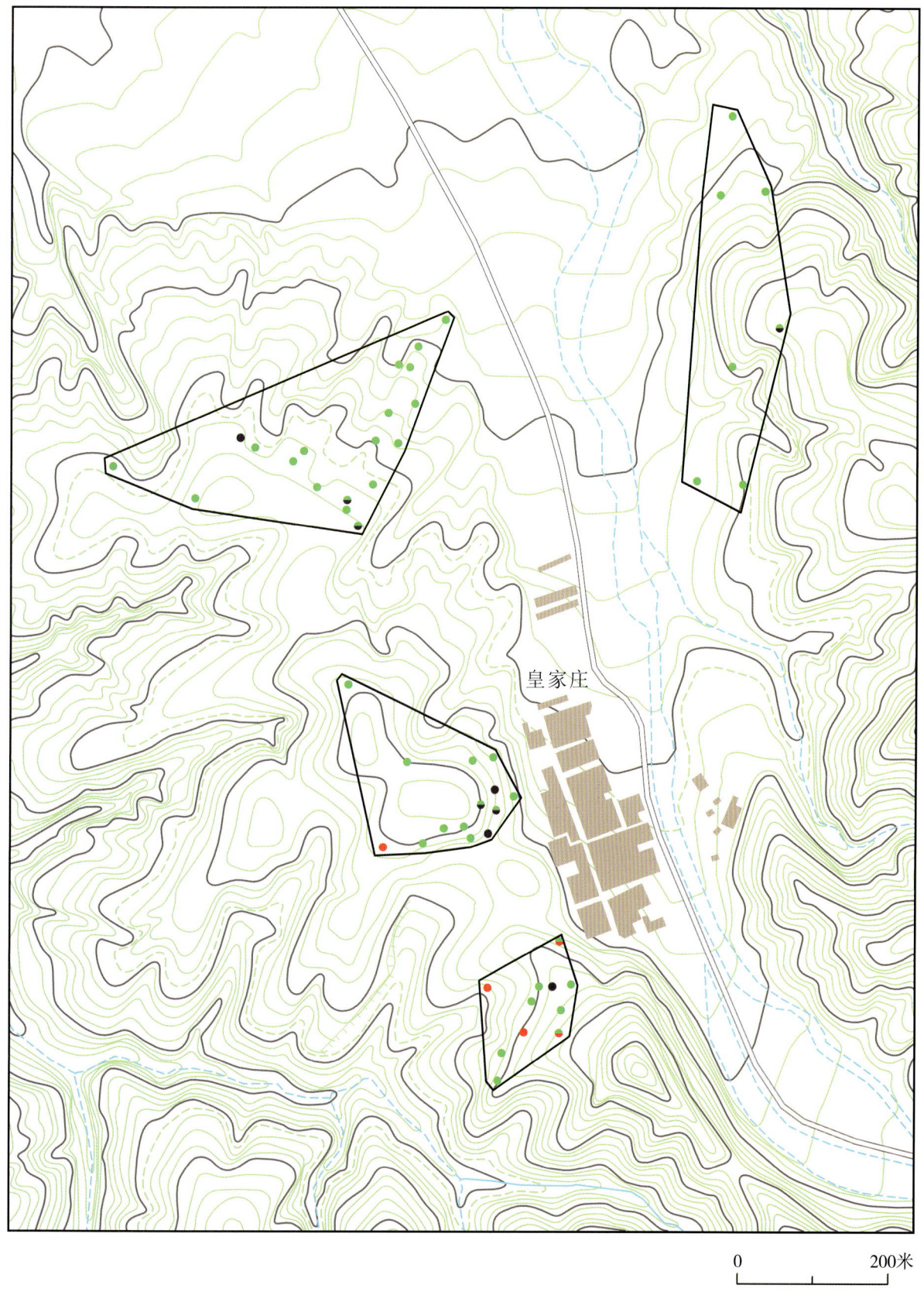

皇家庄Ⅳ号（右上）、Ⅲ号（下）、Ⅱ号（中）、Ⅰ号（左上）遗址遗存分布图

彩版七九

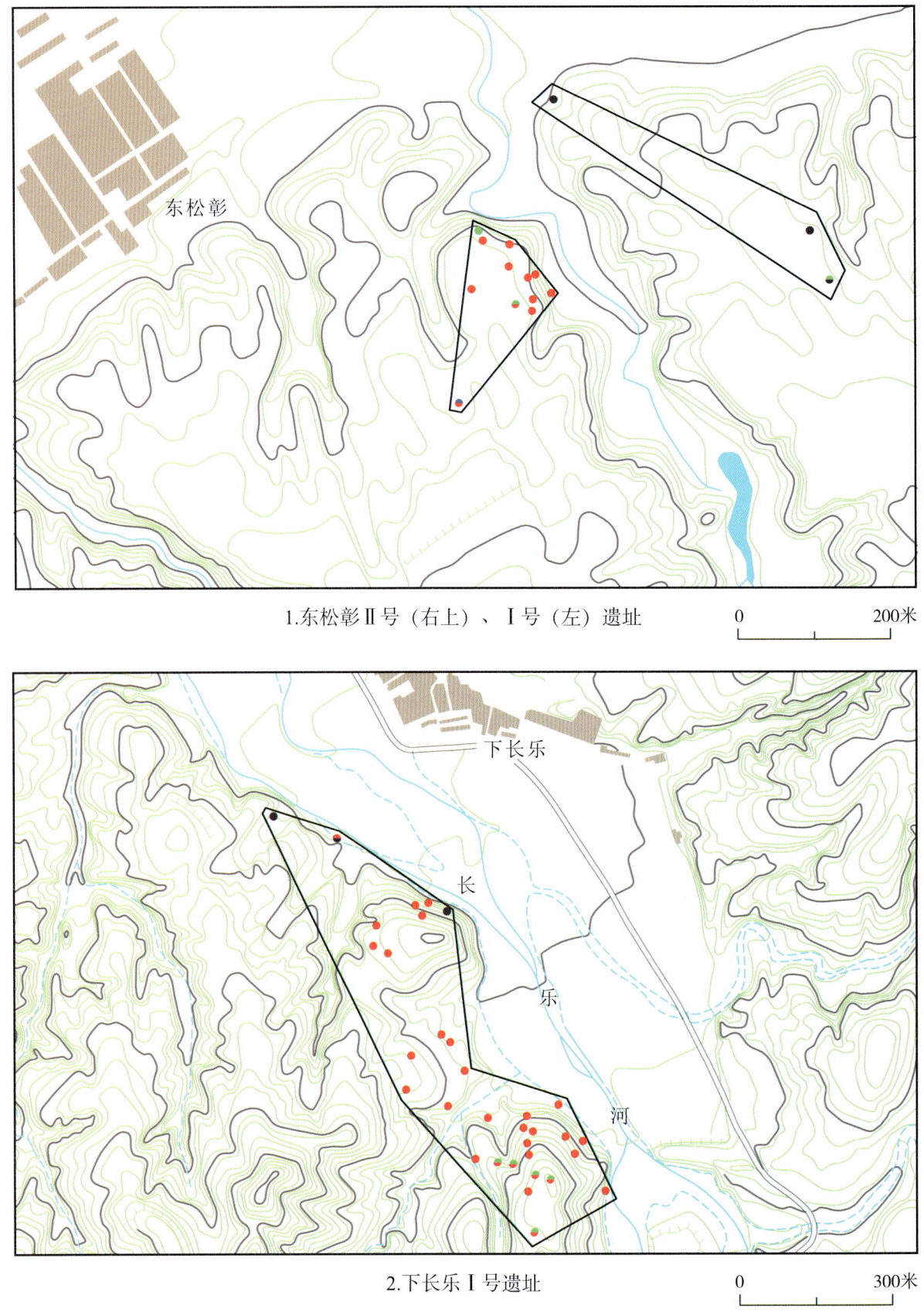

1. 东松彰Ⅱ号（右上）、Ⅰ号（左）遗址

2. 下长乐Ⅰ号遗址

东松彰Ⅱ号、Ⅰ号和下长乐Ⅰ号遗址遗存分布图

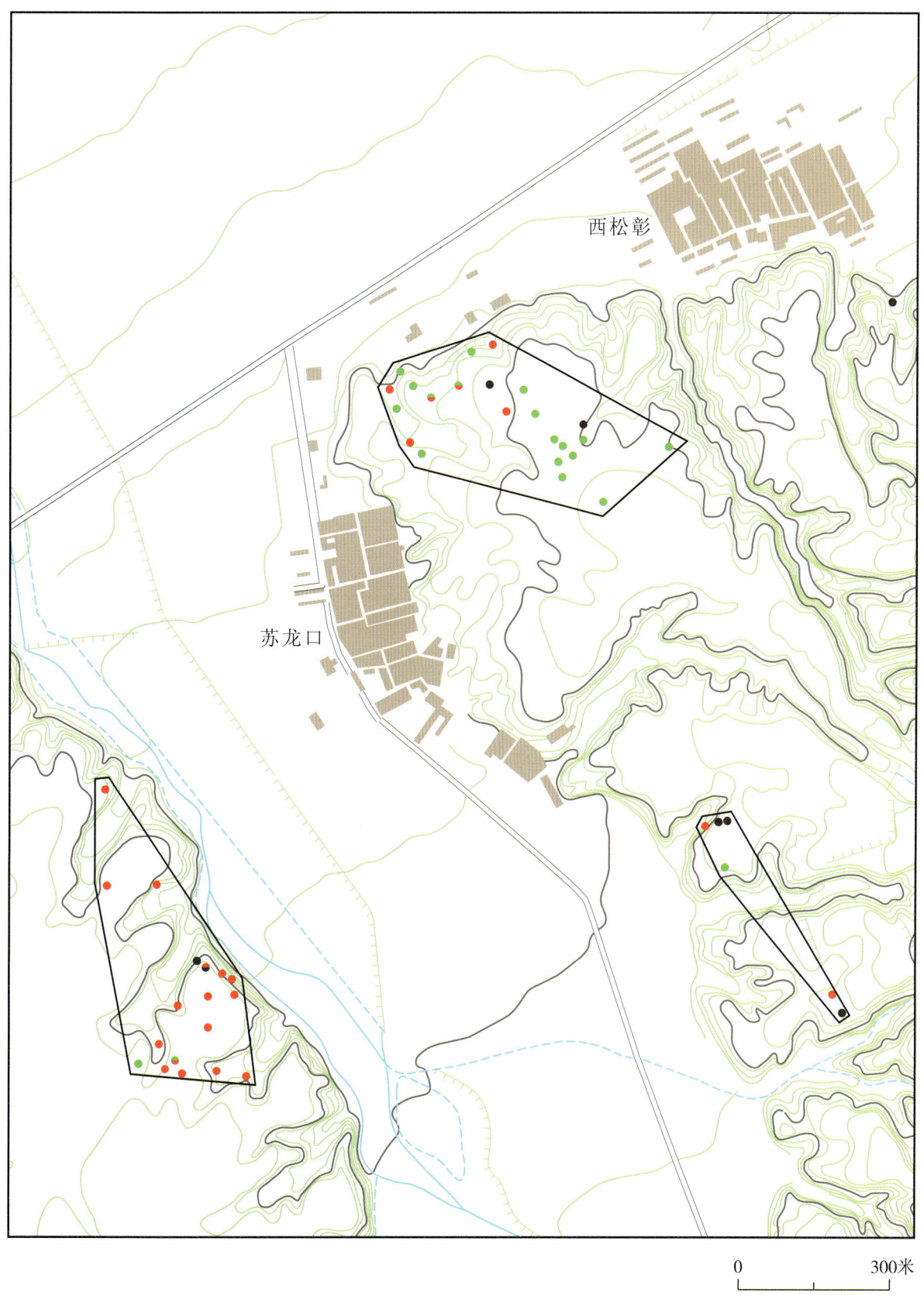

苏龙口Ⅰ号（上）、Ⅱ号（右下）、Ⅲ号（左下）遗址遗存分布图

彩版八一

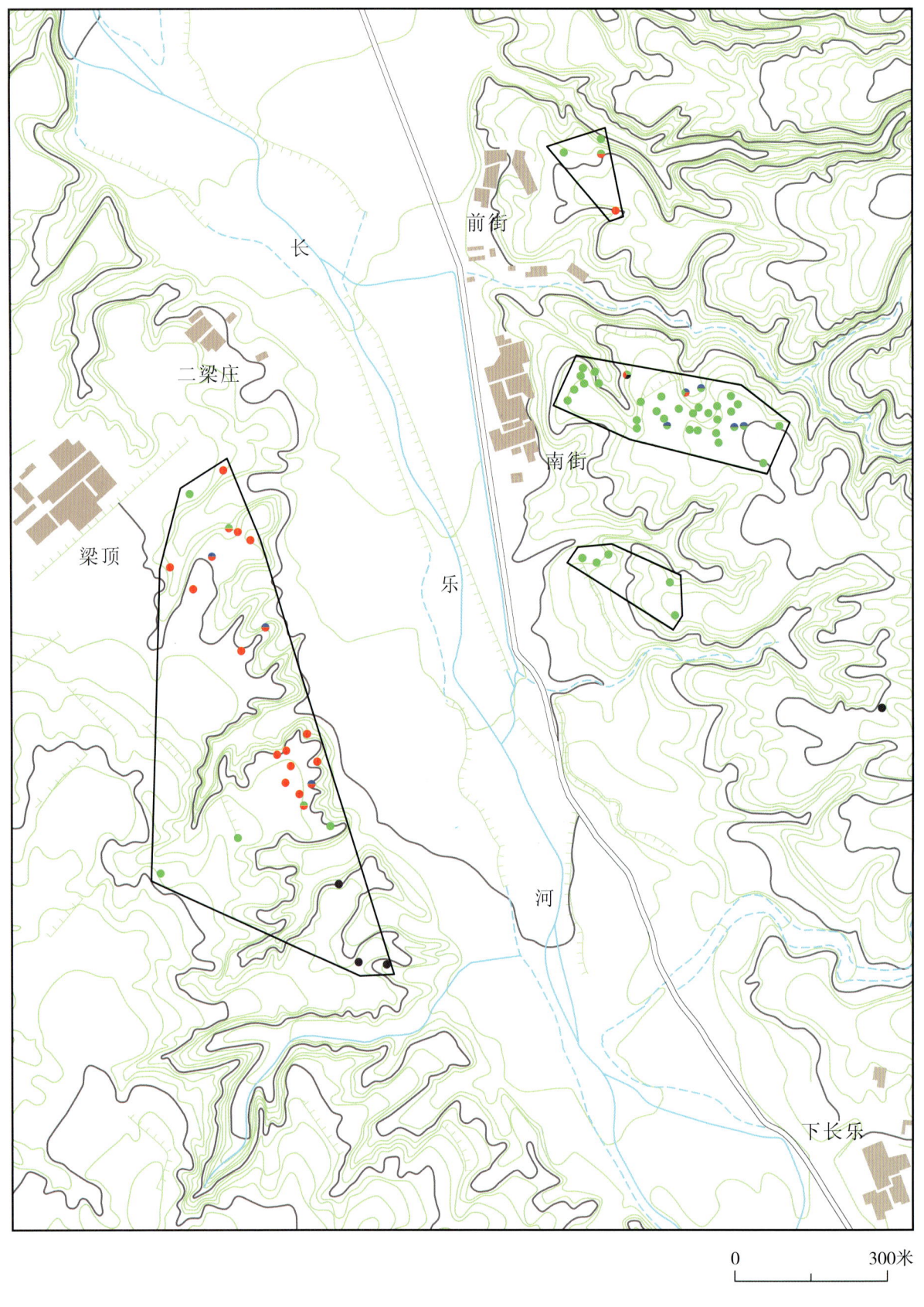

前街（右上）和南街Ⅰ号（右中）、Ⅱ号（右下）、梁顶（左）遗址
遗存分布图

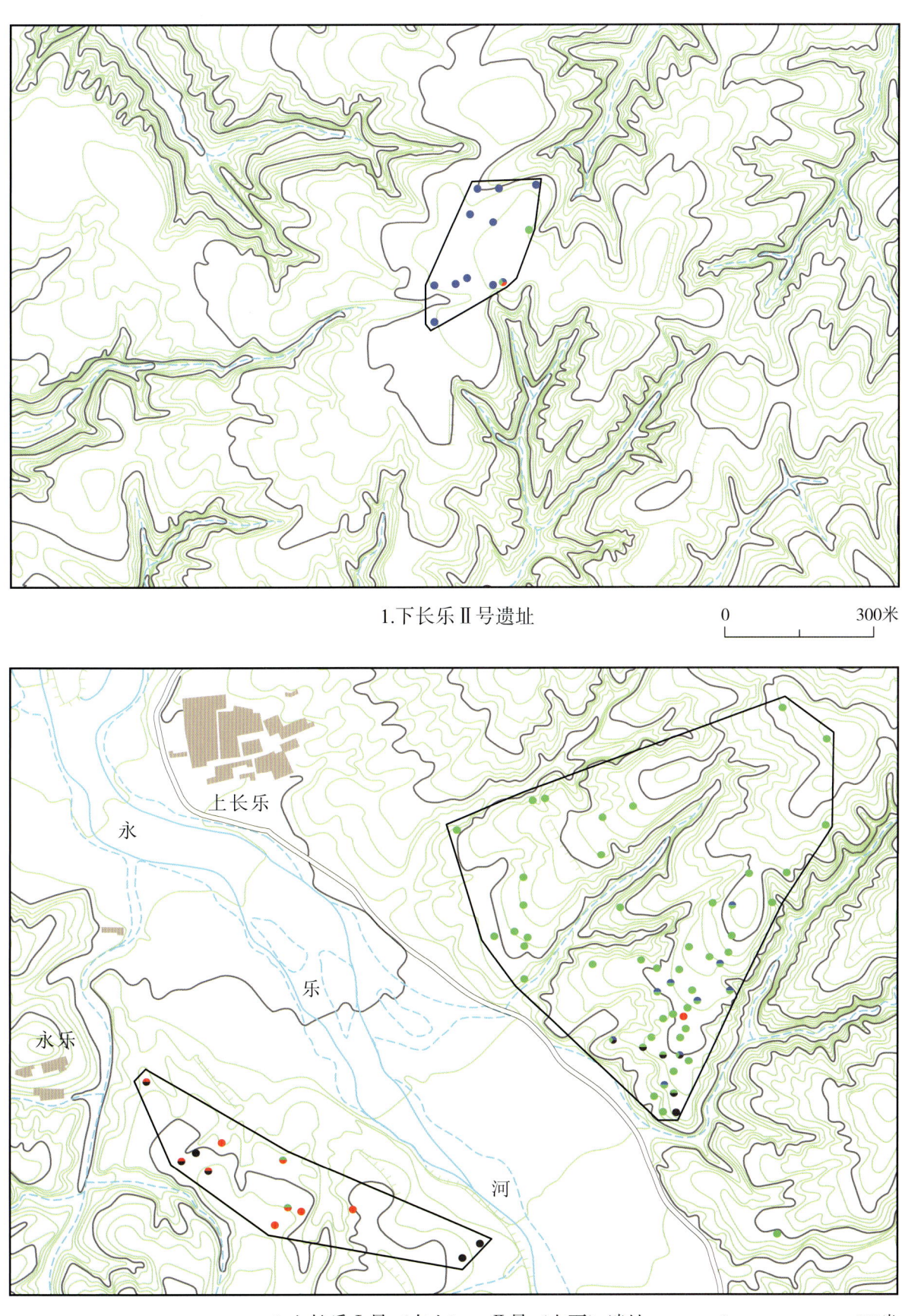

1. 下长乐Ⅱ号遗址

2. 上长乐Ⅰ号（右上）、Ⅱ号（左下）遗址

下长乐Ⅱ号和上长乐Ⅰ号、Ⅱ号遗址遗存分布图

彩版八三

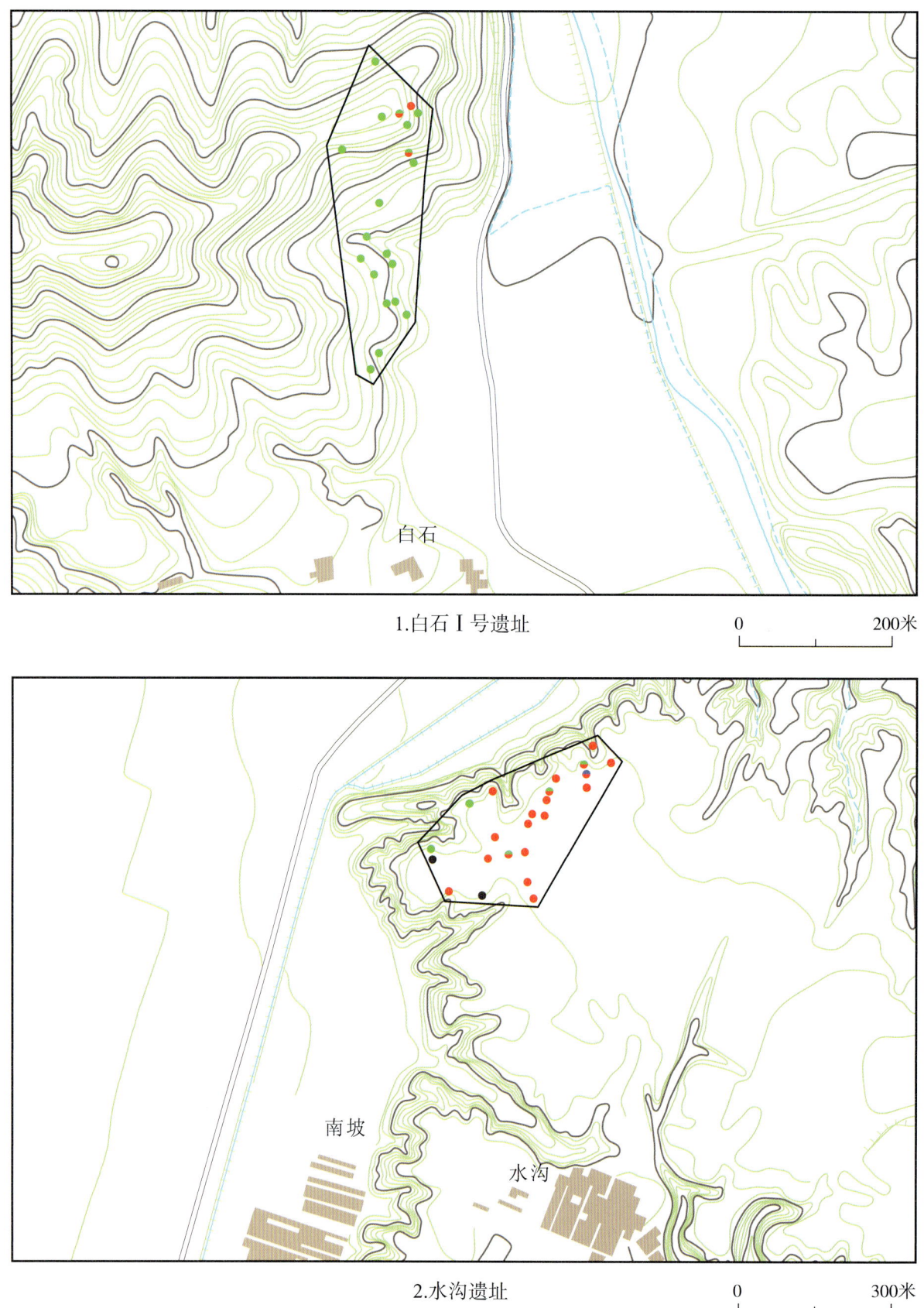

1. 白石Ⅰ号遗址　　　　0　　200米

2. 水沟遗址　　　　0　　300米

白石Ⅰ号和水沟遗址遗存分布图

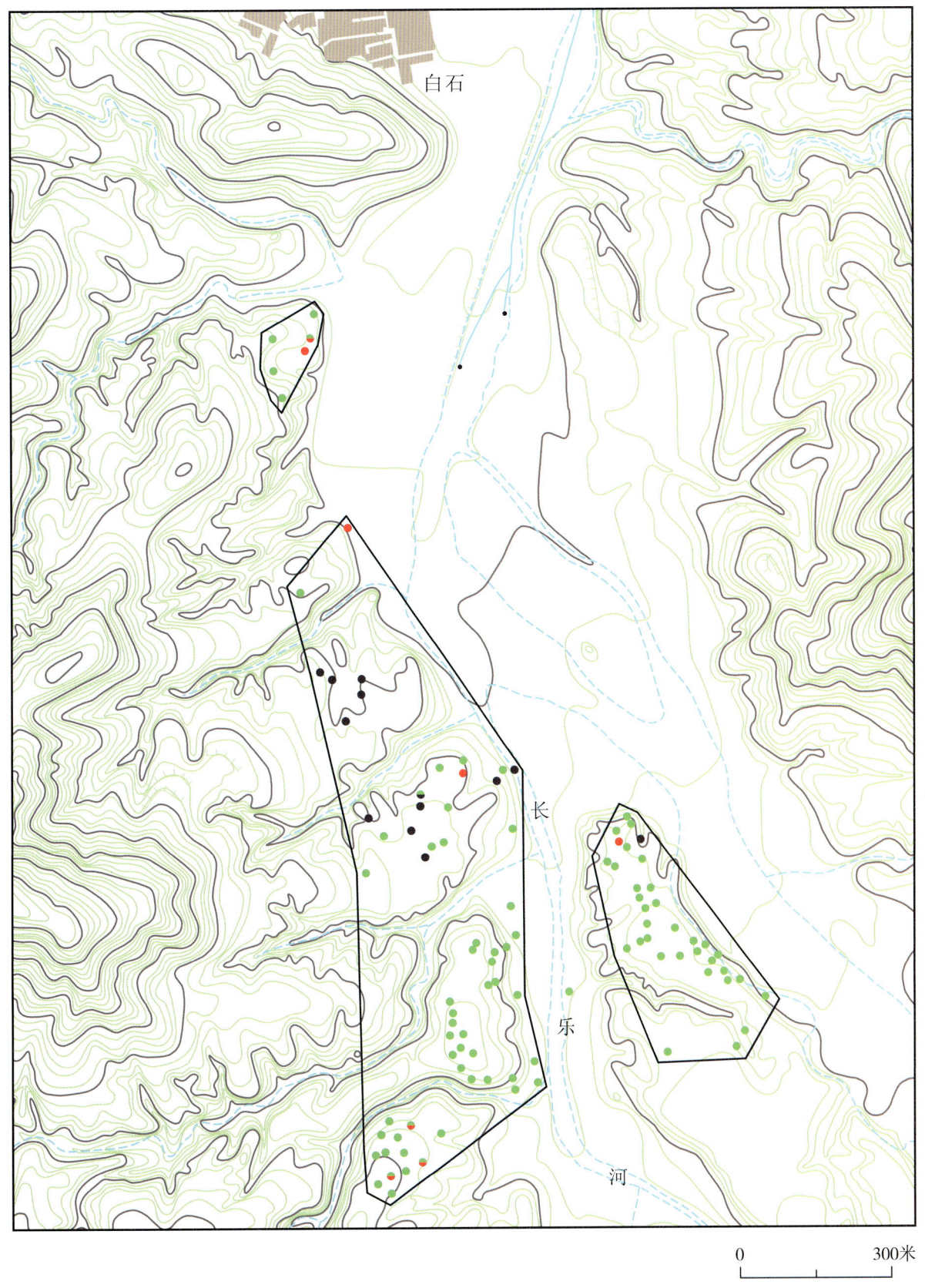

白石Ⅱ号（左上）、Ⅲ号（左下）、Ⅳ号（右下）遗址遗存分布图

彩版八五

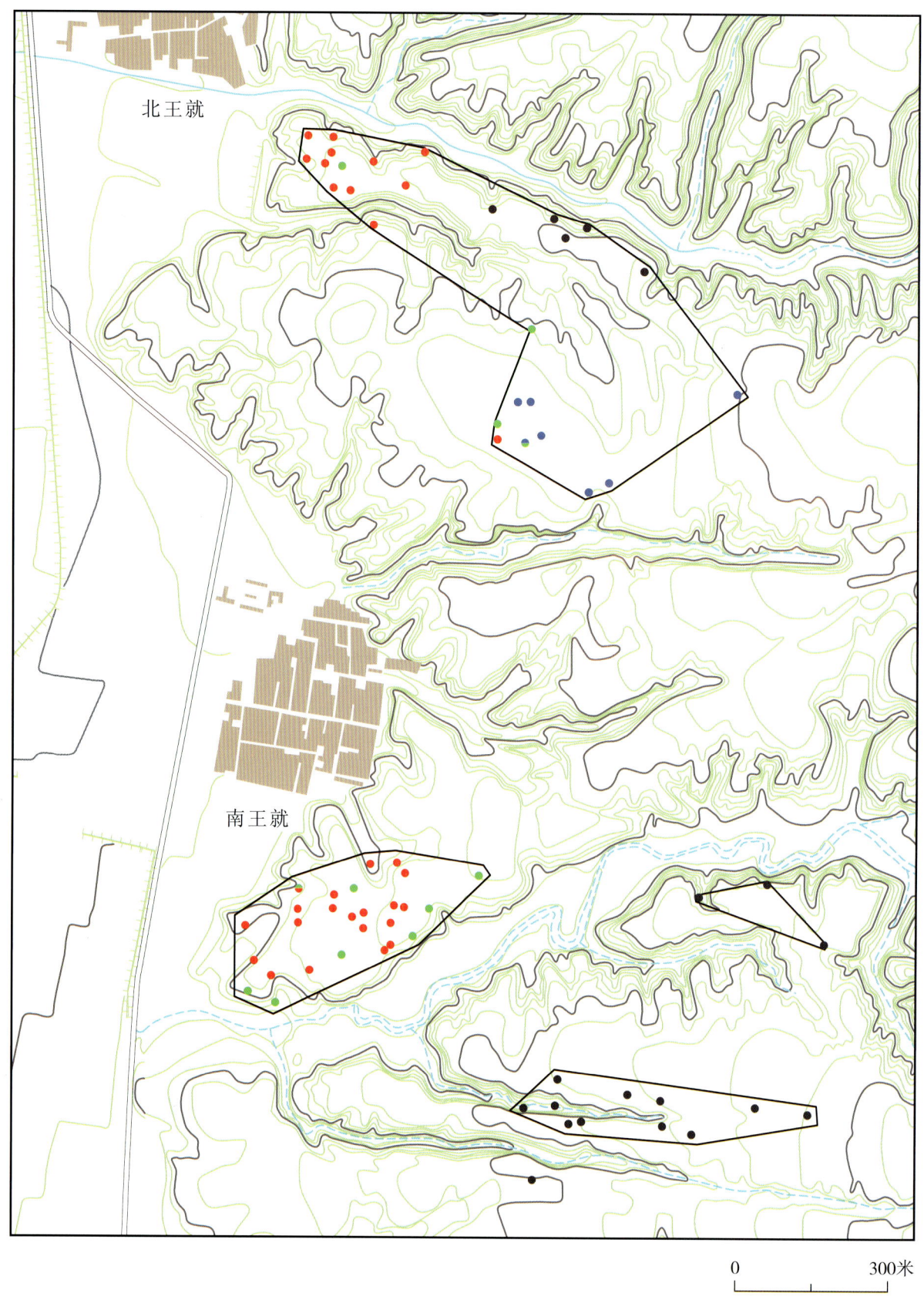

北王就（上）和南王就Ⅲ号（左下）、Ⅱ号（右下）、Ⅰ号（右中）遗址遗存分布图

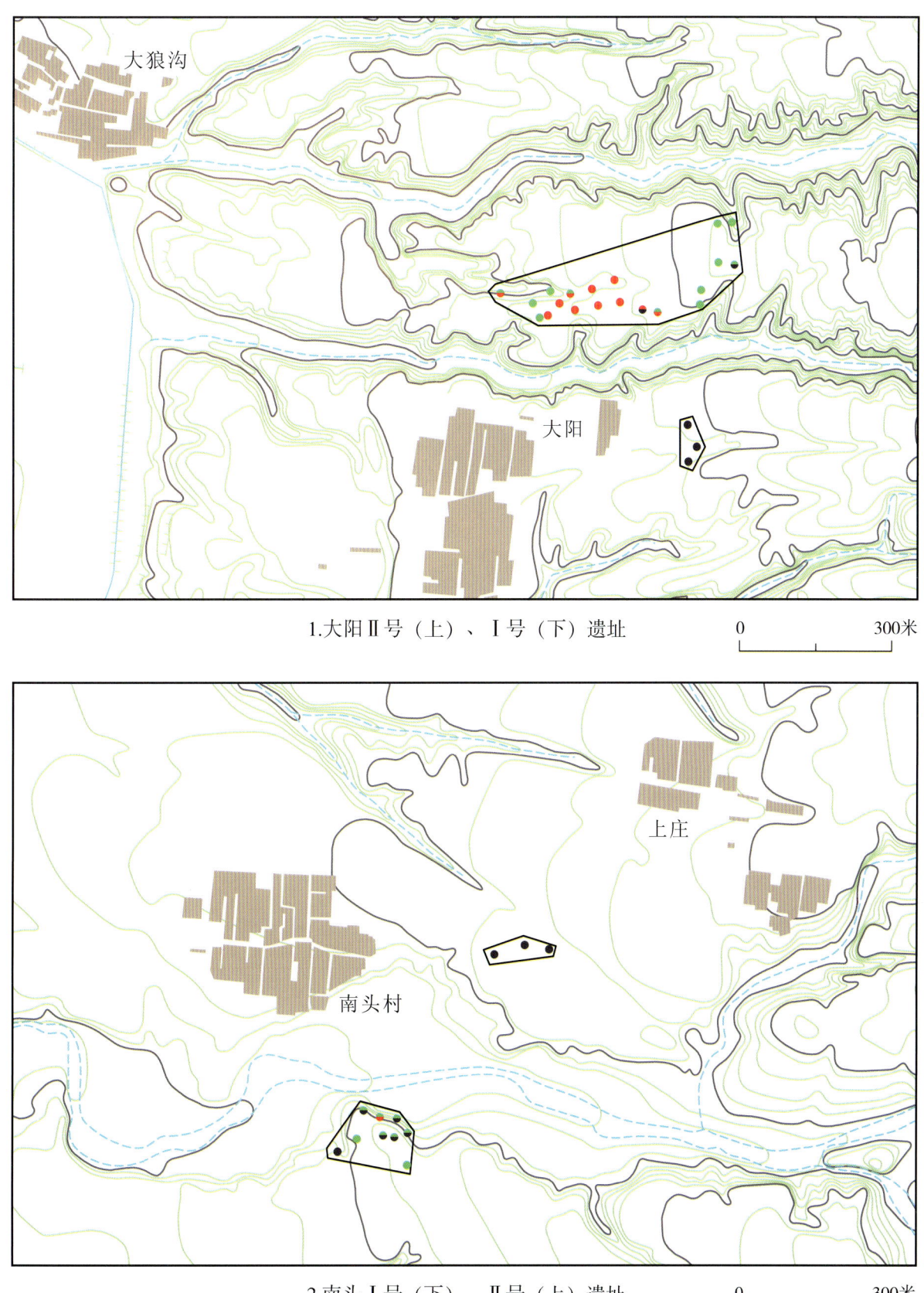

1. 大阳Ⅱ号（上）、Ⅰ号（下）遗址

2. 南头Ⅰ号（下）、Ⅱ号（上）遗址

大阳Ⅱ号、Ⅰ号和南头Ⅰ号、Ⅱ号遗址遗存分布图

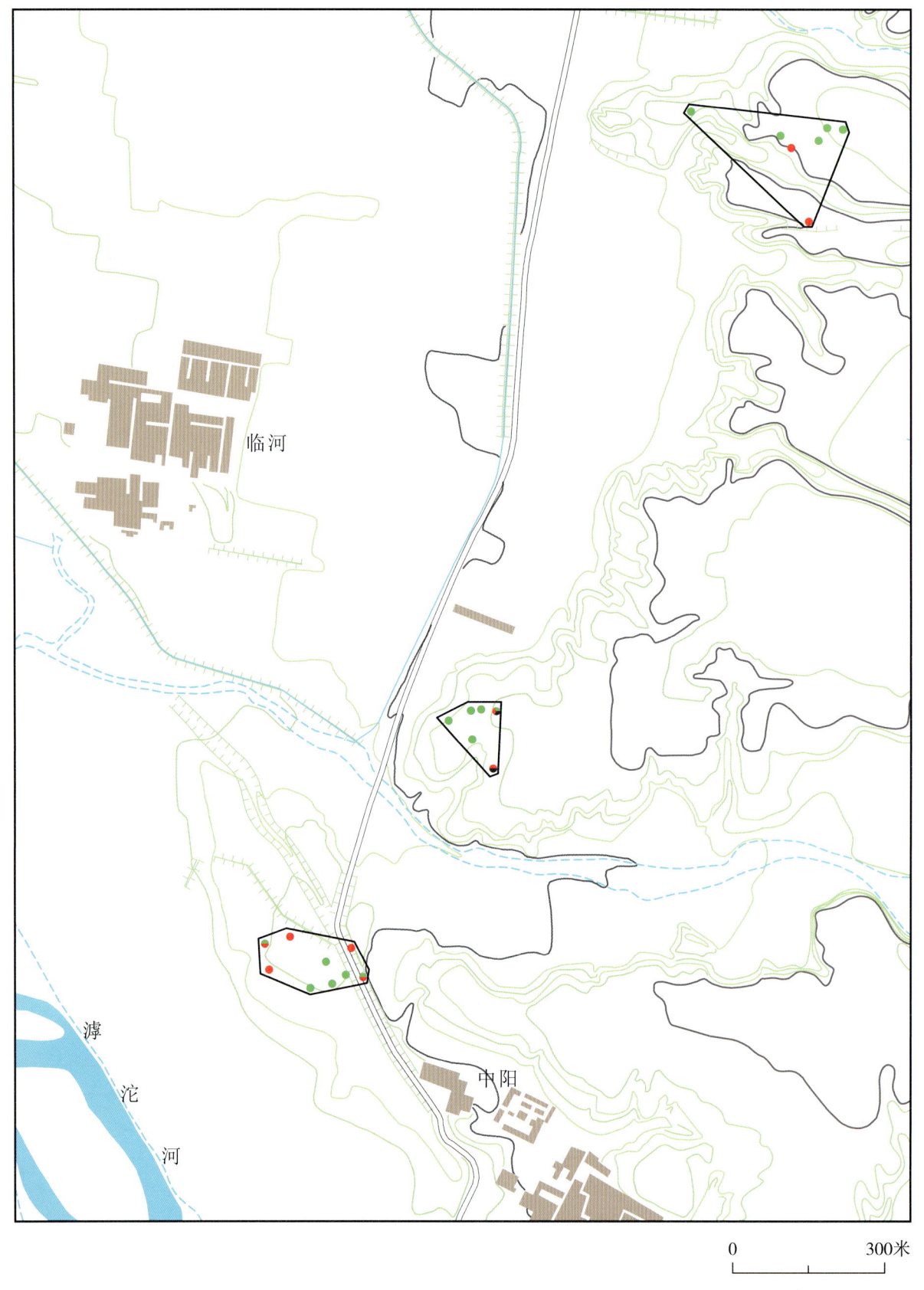

西头（上）、临河（中）、中阳（下）遗址遗存分布图

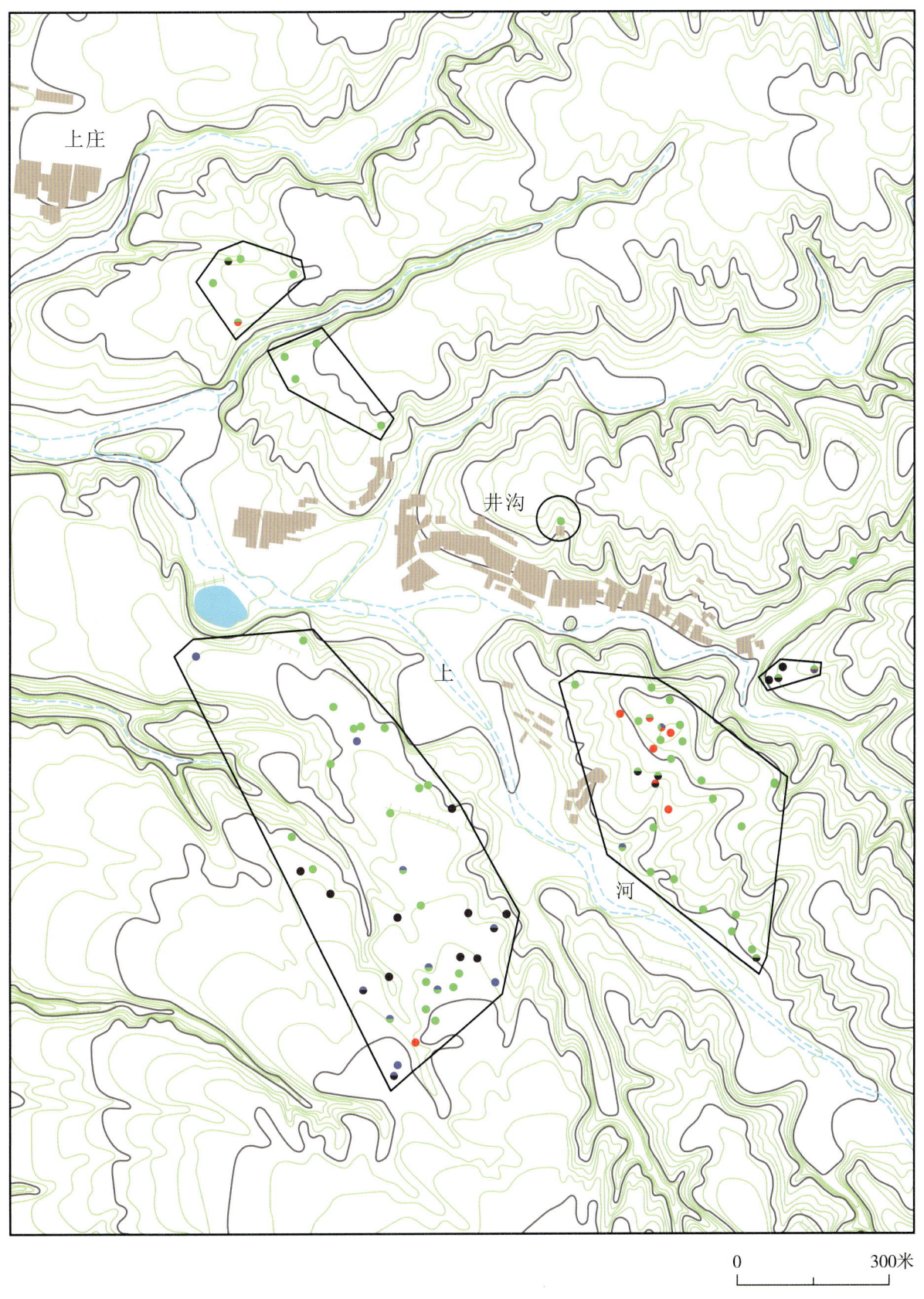

上庄（左上）和井沟Ⅴ号（左中）、Ⅳ号（右上）、Ⅰ号（右）、
Ⅱ号（右下）、Ⅲ号（左下）遗址遗存分布图

彩版八九

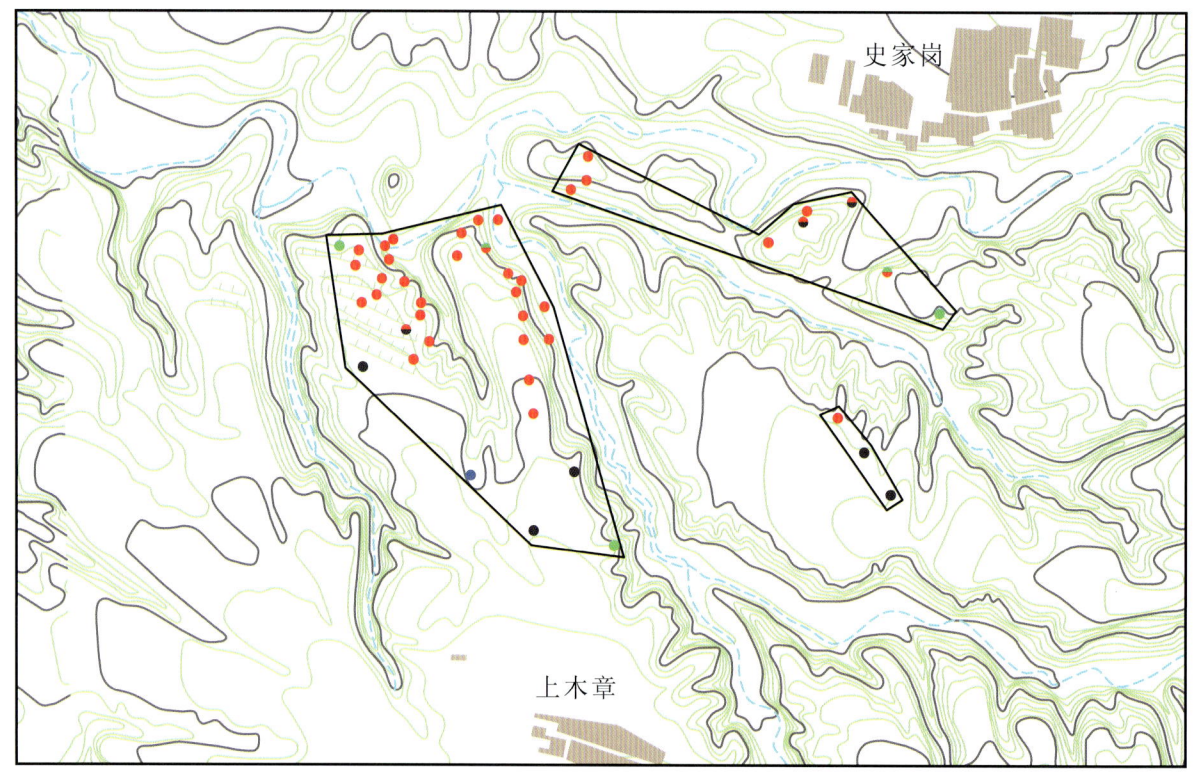

1. 史家岗（右上）和上木章Ⅱ号（左）、Ⅰ号（右下）遗址

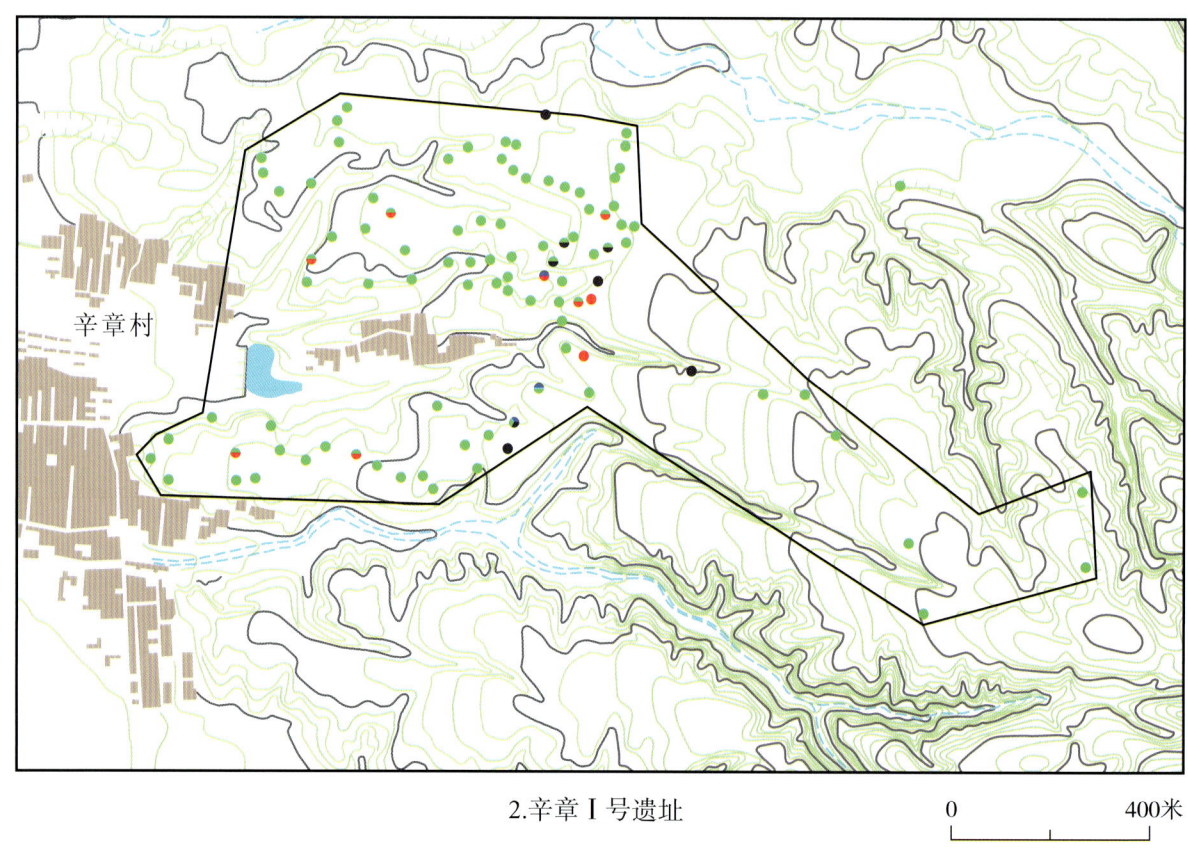

2. 辛章Ⅰ号遗址

史家岗和上木章Ⅱ号、Ⅰ号、辛章Ⅰ号遗址遗存分布图

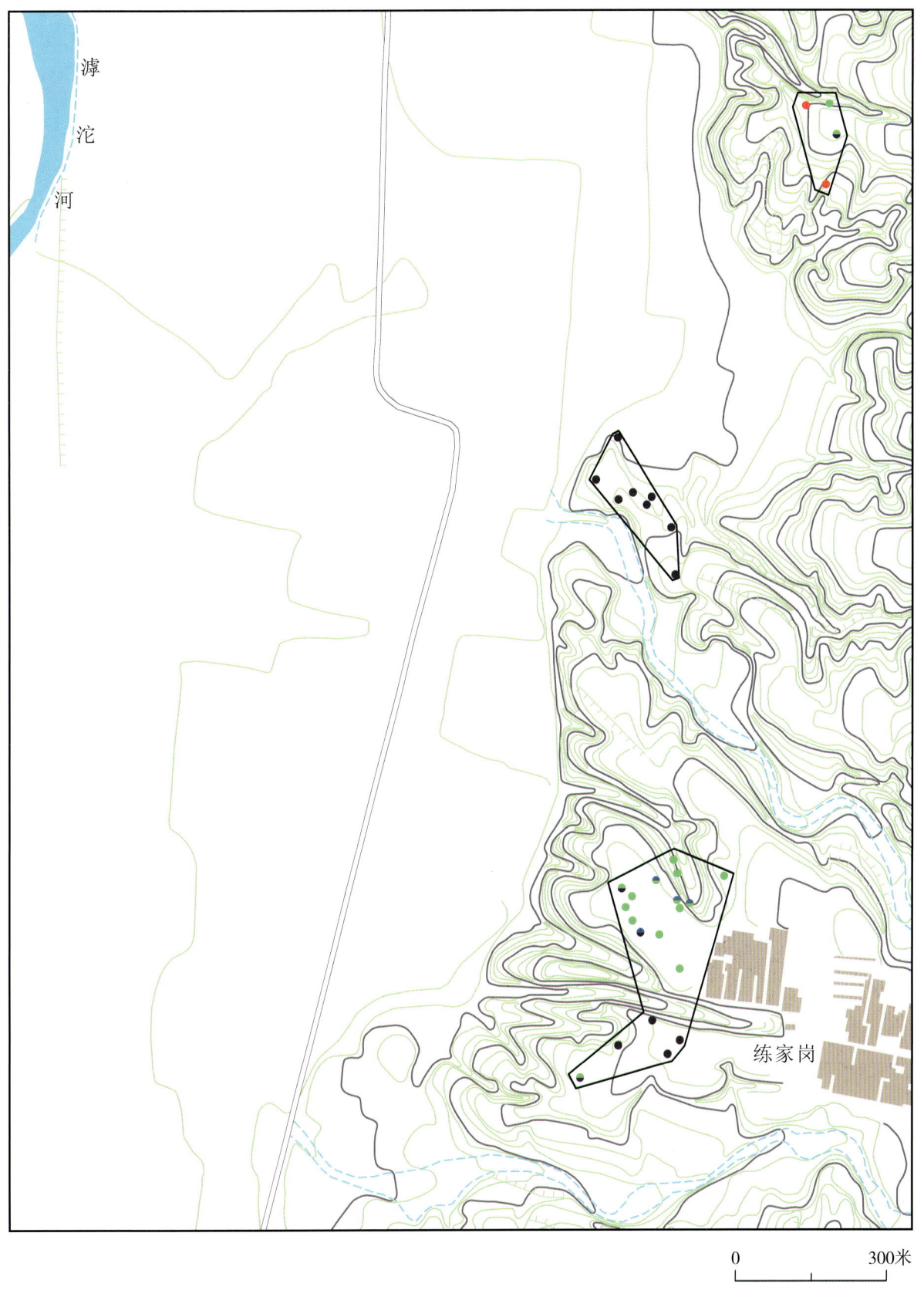

练家岗Ⅲ号（上）、Ⅱ号（中）、Ⅰ号（下）遗址遗存分布图

彩版九一

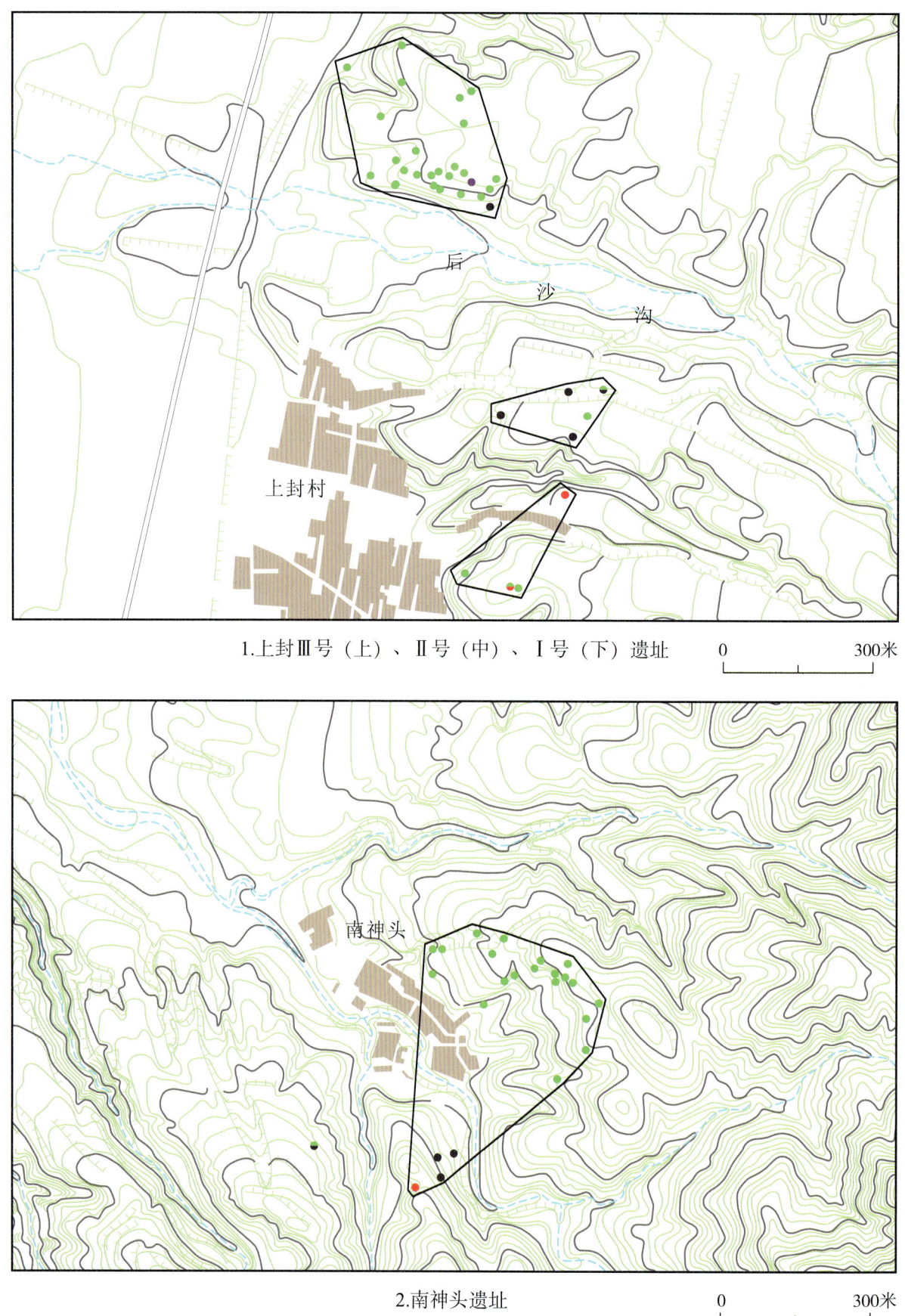

1. 上封Ⅲ号（上）、Ⅱ号（中）、Ⅰ号（下）遗址　　0　　300米

2. 南神头遗址　　0　　300米

上封Ⅲ号、Ⅱ号、Ⅰ号和南神头遗址遗存分布图

峙峪Ⅰ号（上）、Ⅱ号（下）遗址遗存分布图

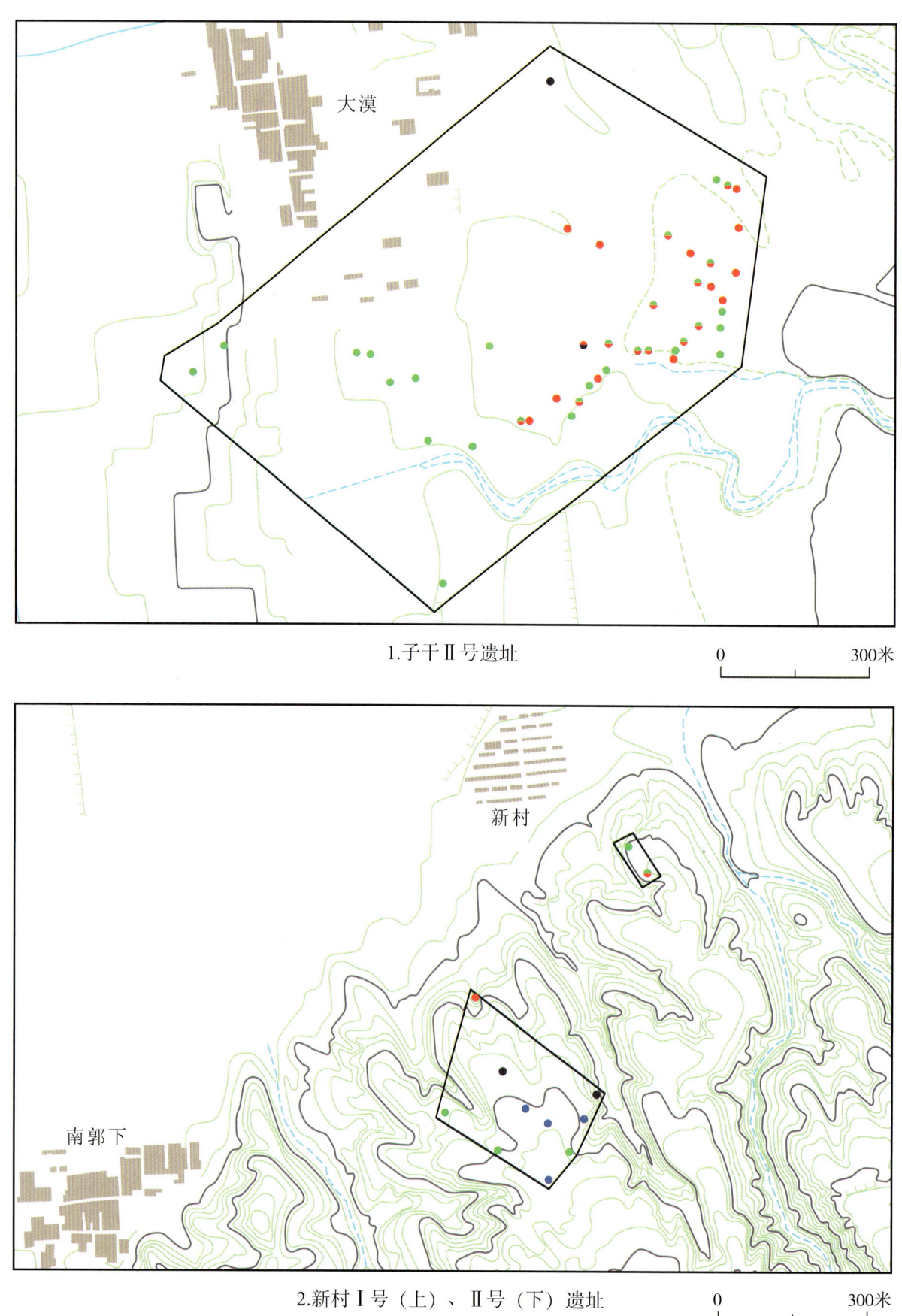

1. 子干Ⅱ号遗址

2. 新村Ⅰ号（上）、Ⅱ号（下）遗址

子干Ⅱ号和新村Ⅰ号、Ⅱ号遗址遗存分布图

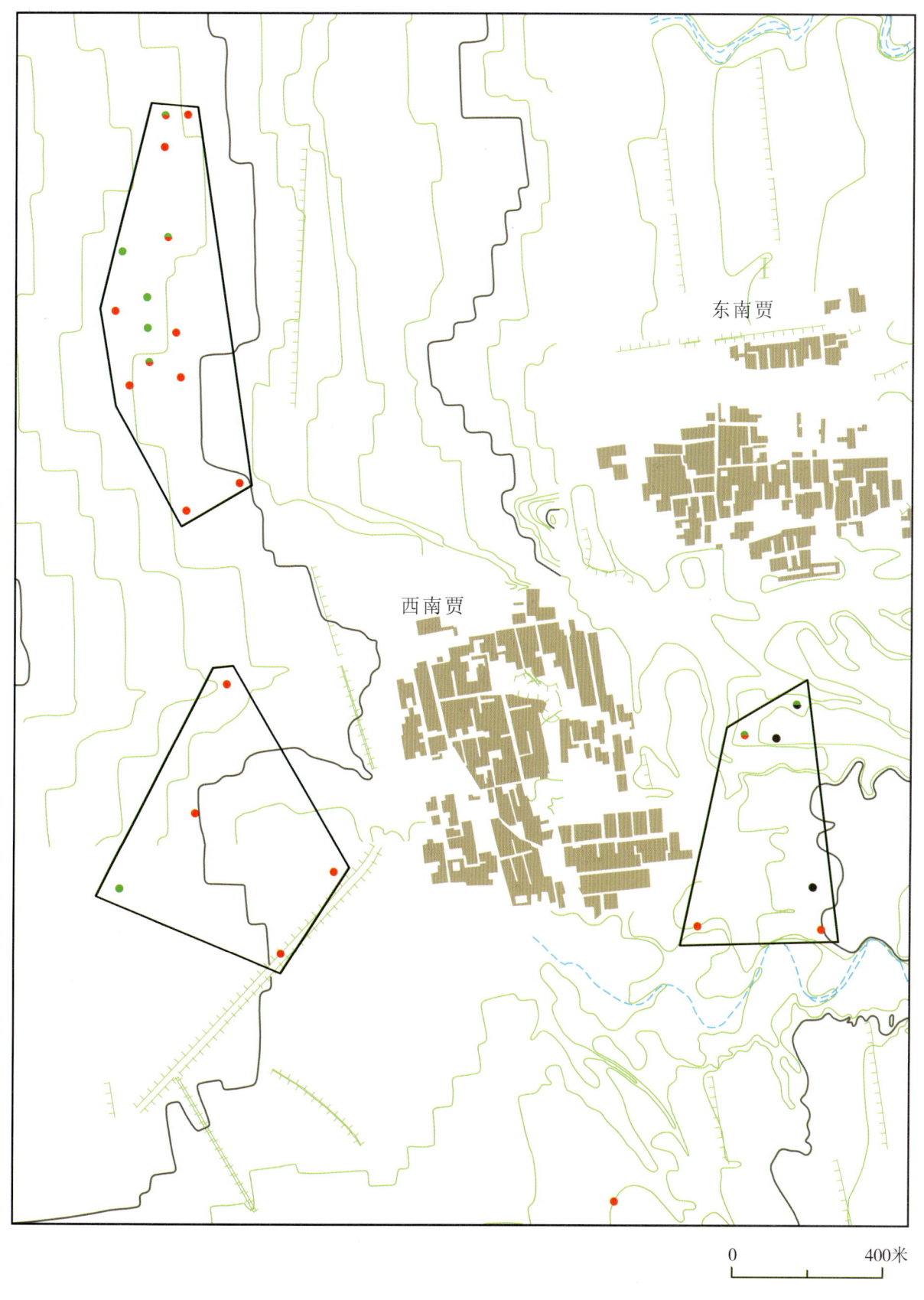

西南贾Ⅰ号（左上）、Ⅱ号（左下）、Ⅲ号（右下）遗址遗存分布图

下双井遗址地貌(东北—西南)

1. 兴旺庄遗址（南—北）

2. 大宋峪Ⅲ号遗址（北—南）

兴旺庄和大宋峪Ⅲ号遗址地貌

1. 大李牛Ⅱ号（北—南）

2. 大峪Ⅰ号（西北—东南）

大李牛Ⅱ号和大峪Ⅰ号遗址地貌

彩版九八

1. 铁家会局部（东北—西南）

2. 显旺（西南—东北）

铁家会和显旺遗址地貌

1. 赤岸（西—东）

2. 老汉沟（东南—西北）

赤岸和老汉沟遗址地貌

1. 峨口（东北—西南）

2. 聂营（西南—东北）

峨口和聂营遗址地貌

彩版一〇一

1. 唐昌（东—西）

2. 崖底Ⅰ号（南—北）

唐昌和崖底Ⅰ号遗址地貌

彩版一○二

1. 卫村（北—南）

2. 白石Ⅲ号（东南—西北）

卫村和白石Ⅲ号遗址地貌

1. 小罐（下双井FS061023I004-C1:2）

2. 盆（赵家庄Ⅱ号FS061108C007-H:15）

3. 豆（大宋峪Ⅲ号FS061026A021:1）

4. 钵（公主Ⅰ号FS061104E002:1）

5. 罐（黄家庄Ⅱ号FS061111L011:1）

6. 盘（显旺DX070419F011:1）

繁峙县、代县调查采集陶器

1. 盆（红泥湾Ⅳ号DX070509C005∶1）

2. 盆（老汉沟DX070514J008-H2∶1）

3. 罐（南口Ⅲ号DX070515G001-F∶1）

4. 盆（张家河DX070517B003∶1）

5. 鬲（七里铺Ⅰ号DX070521L001-F∶1）

6. 双耳罐（古城DX070528A003∶1）

代县调查采集陶器

彩版一〇五

1. 盆（西庄Ⅰ号DX070529L010-H1:5）

2. 鬲（西庄Ⅰ号DX070529L010-C:1）

3. 钵（窑子DX070417H002-C:2）

4. 盆（聂营DX070418N002-H:1）

5. 盆（选仁DX090413A001-H:1）

6. 盆（上大林YP080508F001-C:1）

代县、原平市调查采集陶器

1. 盆（崖底Ⅰ号YP080525J016-C:1）

2. 盆（卫村YP080528I014-H:1）

3. 鬲（关子YP090422D002-C:1）

4. 甑（上政化YP080330H010-H:1）

5. 盆（下长乐Ⅰ号YP080402A001-C:1）

6. 盆（辛章Ⅰ号YP080413I021-H:1）

原平市调查采集陶器